Münchener Prozessformularbuch
Band 6
Arbeitsrecht

Münchener Prozessformularbuch

Band 6
Arbeitsrecht

Herausgegeben von

Ulrich Zirnbauer

Rechtsanwalt in Nürnberg, Fachanwalt für Arbeitsrecht

Bearbeitet von

Dr. Frank Hahn, Rechtsanwalt und Fachanwalt für Arbeitsrecht in Stuttgart; *Michael Holthaus,* Richter am Arbeitsgericht Jena; *Prof. Dr. Franz Kasper,* Rechtsanwalt in Stuttgart; *Rüdiger Köhne,* Richter am Arbeitsgericht Leipzig; *Wolfgang Manske,* Rechtsanwalt und Fachanwalt für Arbeitsrecht in Nürnberg; *Dr. Hans-Georg Meier,* Rechtsanwalt und Fachanwalt für Arbeitsrecht in Berlin; *Dr. Katharina Reidel,* Rechtsanwältin und Fachanwältin für Arbeitsrecht in Nürnberg; *Dr. Dieter Sziegoleit,* Rechtsanwalt und Fachanwalt für Arbeitsrecht in Nürnberg; *Dr. Carsten Witt,* Richter am Arbeitsgericht Stuttgart; *Ulrich Zirnbauer,* Rechtsanwalt und Fachanwalt für Arbeitsrecht in Nürnberg

2. Auflage

Verlag C.H.Beck München 2004

Verlag C. H. Beck im Internet:
beck.de

ISBN 3 406 50182 6

© 2004 Verlag C. H. Beck oHG
Wilhelmstraße 9, 80801 München

Druck: Bercker Graphischer Betrieb GmbH
Hooge Weg 100, 47623 Kevelaer

Satz Druckerei C. H. Beck
(Adresse wie Verlag)

Gedruckt auf säurefreiem, alterungsbeständigem Papier
(hergestellt aus chlorfrei gebleichtem Zellstoff)

Vorwort zur 2. Auflage

Seit dem 24. 1. 2003 wissen wir es jetzt auch vom BVerfG (NZA 2003, 509): Der Rechtsanwalt hat jeden Rechtsirrtum zu vertreten.

Die Entscheidung greift zurück auf ein Urteil des BGH vom 29. 3. 1983 (NJW 1983, 1665), dessen einer Leitsatz besagt, dass nur derjenige Anwalt die im Verkehr erforderliche Sorgfalt beachte, der die veröffentlichte Rechtsprechung des BAG berücksichtige.

Betrachtet man die Zeitspanne der letzten 20 Jahre und die in dieser Zeit in der Rechtsprechung des BAG vollzogenen Schwenks, so ist die Jeweiligkeit der zu beachtenden Rechtsprechung besonderer Recherche wert.

Doch nicht nur die Schwenks der Rechtsprechung machen die Standort-Bestimmung immer schwieriger: Auch die der Gesetzgebung haben ein Besorgnis erregendes Tempo angenommen.

Wichtig war es für das Erscheinen dieses Buches, mit erfassen zu können, was der Gesetzgeber am 26. 9. 2003 von den Korrekturen des Korrekturgesetzes vom 19. 12. 1998 übrig lassen würde oder was uns in den Stand zurückversetzt, der in der Zeit vom 1. 10. 1996 bis 31. 12. 1998 bestanden hat.

Wichtig für den Anwender des Arbeitsrechts ist also die jeweilige Standort-Bestimmung im Sinne der anzuwendenden Gesetzesversion und im Sinne der neuesten Rechtsprechung.

Es bleibt weiterhin Anliegen dieses Buches, dem Anwender Hilfestellung zu leisten beim Überspringen der hohen Hürden, die ihm die Haftungs-Rechtsprechung vorgibt.

Nürnberg, im Oktober 2003 *Ulrich Zirnbauer*

Vorwort zur 1. Auflage

Der Begriff der gefahrgeneigten Arbeit hat zwar seit der Änderung der Rechtsprechung zur Arbeitnehmerhaftung durch Urteil des BAG vom 27. 9. 1994 einen deutlich anderen Stellenwert erhalten.

Er existiert jedoch weiter und ist demjenigen als allgegenwärtiges Gespenst vor Augen, der die Unsicherheit über den Umfang drohender Korrekturen gerade erst in Kraft getretener Gesetze durch die neue Bundesregierung ab Herbst 1998 miterleben durfte:

Die Bewegungsgeschwindigkeit in den Änderungen war groß und unkalkulierbar. Am Beispiel der am 17. 11. 1998 in der BT-Drucksache 14/45 noch gar nicht vorgesehenen Streichung des § 1 Abs. 5 KSchG (Namensliste) und der am 18. 12. 1998 dann doch insoweit beschlossenen Korrektur sei dies konkretisiert.

Dennoch bauen die in diesem Buch enthaltenen Texte auf der ab 1. 1. 1999 gültigen Gesetzeslage auf.

Für den Benutzer des Buches gilt weiterhin, was schon im August 1980 im Vorwort der 1. Auflage des Beck'schen Prozeßformularbuches vom Herausgeber empfohlen wurde:

Der Benutzer ist deshalb gehalten, anhand der in diesem Buch niedergelegten Gestaltungsvorschläge in eigener Verantwortung die angemessene Formulierung zu finden.

Die Texte geben Anregungen, aber keine starren Vorgaben.

Es wäre wohl auch ein Verlust für die „Streitkultur", wenn es so weit käme, sich gegenseitig nur noch mit „Baustein 13.2" zu bekriegen bzw. mit „Baustein 24.1" zu antworten.

EDV–Verarbeitung von Mustern darf nicht zur Uniformität führen, wohl aber zur Entlastung vom Formalen zu Gunsten der individuellen Ausgestaltung beitragen. Sie soll den Kopf frei machen vom Nachdenken über das „wie-geht-das-denn?" und Zeit schaffen für die spezifisch mandatsbezogenen Eigenheiten des Falles.

Mit vorliegendem Buch wird versucht, für fast alle denkbaren arbeitsrechtlichen „Lebenslagen" Anregungen für die anzuwendende Tenorierung und den nötigen Mindestinhalt der Begründungen zu geben und zugleich – mit kurzer und übersichtlicher Kommentierung – aufzuzeigen, warum die Textvorschläge so lauten, wie vorgeschlagen.

In diesem Sinne wolle das Buch als Anleitung dienen: man nehme ...! Abgeschmeckt werden muß weiterhin individuell.

Im Oktober 1999   *Ulrich Zirnbauer*

Inhaltsübersicht

Inhaltsübersicht

Inhaltsübersicht

Inhaltsverzeichnis

1. Kapitel. Urteilsverfahren

Inhaltsverzeichnis

Inhaltsverzeichnis

2. Kapitel. Beschlußverfahren

D. Vorbemerkungen

E. Hauptsacheverfahren

Inhaltsverzeichnis

Inhaltsverzeichnis

3. Kapitel. Rechtsmittelverfahren

G. Das Rechtsmittel- und Rechtsbehelfsverfahren gegen Urteile der Arbeitsgerichte und Landesarbeitsgerichte (Urteilsverfahren gem. §§ 46 ff. ArbGG)

Inhaltsverzeichnis

4. Kapitel. Zwangsvollstreckung

I. Anträge in der Zwangsvollstreckung

J. Rechtsbehelfe in der Zwangsvollstreckung

5. Kapitel. Sonstige rechtsförmliche Verfahren

K. Kündigungsvoraussetzungen

L. Arbeitszeitfragen

M. Schlichtungsverfahren

N. Einigungsstelle

O. Strafvorschriften des BetrVG

Inhaltsverzeichnis

Inhaltsverzeichnis

Verzeichnis der Bearbeiter

Dr. Frank Hahn	B. III. 1–6; J.; Z; L. 1, 2
Michael Holthaus	B. II. 14; D.
Prof. Dr. Franz Kasper	G.; H.
Rüdiger Köhne	B. II. 1, 2, 8.1 und 8.4 (zusammen mit Dr. Katharina Reidel)
Wolfgang Manske	E. (zusammen mit Dr. Carsten Witt); O.
Dr. Hans-Georg Meier	F.; L. 5; P.; Q.; R.; S.
Dr. Katharina Reidel	B. II. 1, 2, 8.1 und 8.4 (zusammen mit Rüdiger Köhne), 7–12; B. IV.; C. I., II.; L. 2
Dr. Dieter Sziegoleit	B. III. 7–10; C. III., IV. L. 4; M.
Dr. Carsten Witt	E. (zusammen mit Wolfgang Manske), N.
Ulrich Zirnbauer	A.; B. I., II. 3–6, 13, III. 11; K. 3, 4; L. 5, 6

Abkürzungsverzeichnis

Bsp.	Beispiel
BStBl	Bundessteuerblatt
BT-Drucks.	Bundestagsdrucksache
BUrlG	Bundesurlaubsgesetz
BVerfG	Bundesverfassungsgericht
BVerwG	Bundesverwaltungsgericht
BZRG	Bundeszentralregistergesetz
bzw.	beziehungsweise
d. h.	das heißt
DAG	Deutsche Angestellten Gewerkschaft
DB	Der Betrieb (Zeitschrift)
DGB	Deutscher Gewerkschaftsbund
DIHK	Deutsche Industrie- und Handelskammer
DKK	Däubler/Kittner/Klebe/Schneider (Hrsg.), Kommentar
DRiG	Deutsches Richtergesetz
DRiZ	Deutsche Richterzeitung
E	Entscheidung
Einf.	Einführung
Einl.	Einleitung
EntgeltFZG	Entgeltfortzahlungsgesetz
EStG	Einkommenssteuergesetz
EStR	Einkommenssteuer-Richtlinien
EU	Europäische Union
EuGH	Gerichtshof der Europäischen Gemeinschaften
EWG	Europäische Wirtschaftsgemeinschaft
EzA	Entscheidungssammlung zum Arbeitsrecht
f.	folgende
FA	Fachanwalt Arbeitsrecht (Zeitschrift)
ff.	folgende
FFG	Frauenfördergesetz
FKHE	Fitting/Kaiser/Heither/Engels, Kommentar zum BetrVG
Form.	Formular
GbR	Gesellschaft des bürgerlichen Rechts
GdB	Grad der Behinderung
GewO	Gewerbeordnung
GFG	Graduiertenförderungsgesetz
GG	Grundgesetz
ggf.	gegebenenfalls
GK	Gemeinschaftskommentar
GK-ArbGG	Gemeinschaftskommentar zum Arbeitsgerichtsgesetz
GK-SBG III	Gemeinschaftskommentar zum Sozialgesetzbuch III
GKG	Gerichtskostengesetz
GmbH	Gesellschaft mit beschränkter Haftung
grds.	grundsätzlich
GRUR	Gewerblicher Rechtsschutz und Urheberrecht (Zeitschrift)
GS	Gemeinsamer Senat
GVKostG	Gerichtsvollzieherkostengesetz
h. A.	herrschende Ansicht
h. L.	herrschende Lehre
h. M.	herrschende Meinung
Halbs.	Halbsatz
HessVGH	Hessischer Verwaltungsgerichtshof
HGB	Handelsgesetzbuch
HS	Halbsatz
i. d. R.	in der Regel
i. S. d.	im Sinne des
i. V. m.	in Verbindung mit

XXXII

IHK	Industrie- und Handelskammer
InsO	Insolvenzordnung
JA	Juristische Arbeitsblätter
JurBüro	Das juristische Büro
JuS	Juristische Schulung
JZ	Juristenzeitung
KG	Kammergericht; Kommanditgesellschaft
KO	Konkursordnung
KostG	Kostengesetz
KR	Kontrollrat
krit.	kritisch
KSchG	Kündigungsschutzgesetz
LadSchlG	Ladenschlußgesetz
LAG	Landesarbeitsgericht
LAGE	Entscheidungen der Landesarbeitsgerichte, herausgegeben von Stahlhacke
LG	Landgericht
lit.	Buchstabe
Lit.	Literatur
LStR	Lohnsteuer-Richtlinien
m. w. N.	mit weiteren Nachweisen
MDR	Monatsschrift für Deutsches Recht (Zeitschrift)
MTV	Manteltarifvertrag
Mü-Ko	Münchener Kommentar
MuSchG	Mutterschutzgesetz
n. F.	neue Fassung
n. v.	nicht veröffentlicht
Nachw.	Nachweis
NachwG	Nachweisgesetz
NJW	Neue Juristische Wochenschrift (Zeitschrift)
NJW-RR	NJW-Rechtsprechungs-Report (Zeitschrift)
Nr.	Nummer
NZA	Neue Zeitschrift für Arbeitsrecht (Zeitschrift)
NZA-RR	NZA–Rechtsprechungs-Report (Zeitschrift)
OLG	Oberlandesgericht
OVG	Oberverwaltungsgericht
OVG NW	Oberverwaltungsgericht Nordrhein-Westfalen
PersR	Personalrat
PersV	Personalvertretung
PSV	Pensionssicherungsverein
RdA	Recht der Arbeit
Rdn.	Randnummer
RGZ	Reichsgericht, amtliche Sammlung der Entscheidungen
S.	Satz, Seite
s.	siehe
s. u.	siehe unten
Sächs. LAG	Sächsisches LAG
SAE	Sammlung arbeitsgerichtlicher Entscheidungen
SchwbG	Schwerbehindertengesetz
SGB III	Sozialgesetzbuch III
SGB IV	Sozialgesetzbuch IV
SGB VI	Sozialgesetzbuch VI
SprAuG	Sprecherausschußgesetz
StBl	Steuerblatt
str.	streitig
TdL	Tarifgemeinschaft deutscher Länder
TVG	Tarifvertagsgesetz

Abkürzungen

umstr.	umstritten
UmwG	Umwandlungsgesetz
UWG	Gesetz gegen unlauteren Wettbewerb
VergGr.	Vergütungsgruppe
VersR	Versicherungsrecht
VG	Verwaltungsgericht
VGH	Verwaltungsgerichtshof
vgl.	vergleiche
VKA	Vereinigung der kommunalen Arbeitgeberverbände
Vorbem.	Vorbemerkungen
VwGOÄndG	Änderungsgesetz zur VwGO
w. o.	wie oben
WFG	Wachstumsförderungsgesetz, BGBl. 1996 I. S. 1476 ff.
WO	Wahlordnung
WRP	Wettbewerb in Recht und Praxis (Zeitschrift)
z. B.	zum Beispiel
ZfA	Zeitschrift für Arbeitsrecht (Zeitschrift)
ZIP	Zeitschrift für Wirtschaftsrecht (Zeitschrift)
ZivildienstG	Zivildienstgesetz
ZPO	Zivilprozeßordnung
ZTR	Zeitschrift für Tarifpolitik (Zeitschrift)
zust.	zustimmend

1. Kapitel. Urteilsverfahren

A. Vorbemerkungen zum Urteilsverfahren

Das Urteilsverfahren findet wegen § 2 Abs. 5 ArbGG statt
- in den Fällen der ausschließlichen Zuständigkeit der Arbeitsgerichte, die in § 2 Abs. 1 Nr. 1 bis 10 und Abs. 2 aufgezählt sind
- in den Fällen fakultativer Zuständigkeit nach § 2 Abs. 3 und 4 (Zusammenhang oder Prorogation)
- in den Fällen, in denen nach § 3 ArbGG die Rechtsnachfolger der in den genannten Bestimmungen bezeichneten Parteien agieren müssen.

Soweit auf „Arbeitnehmer" als potentielle Parteien abgehoben wird, ist deren Begriff im Sinne des ArbGG in § 5 **definiert.**

Das Urteilsverfahren ist demnach stets einschlägig, wenn eine Partei eines Arbeitsverhältnisses individualrechtliche Ansprüche aus dem Arbeitsverhältnis geltend macht.

Abzugrenzen ist hiervon das nach § 2a ArbGG einschlägige **Beschlussverfahren,** welches ausschließlich zur Klärung kollektivrechtlicher Streitigkeiten vorgesehen ist; die Verfahrensarten schließen sich gegenseitig aus.

Ist ein Anspruch im falschen Verfahren geltend gemacht, so erfolgt nach § 48 ArbGG i.V.m. § 17a Abs. 2 GVG die Verweisung in die richtige Verfahrensart.

Auf das arbeitsgerichtliche Urteilsverfahren finden die für das amtsgerichtliche Verfahren in der ZPO enthaltenen Vorschriften Anwendung, jedoch mit den Ausnahmen, die in § 46 Abs. 2 ArbGG aufgeführt sind. Es gelten danach insbesondere nicht
- die Vorschriften über den frühen ersten Termin und das schriftliche Vorverfahren (§§ 275 bis 277 ZPO)
- das vereinfachte Verfahren (§ 495a ZPO)
- der Urkunden- und Wechselprozess (§§ 592 bis 605a ZPO)
- die Entscheidung ohne mündliche Verhandlung (§ 128 ZPO)
- die Vorschriften für die Terminierung zwischen dem 1.7. und 31.8. eines Jahres (§ 227 Abs. 3 ZPO)
- für das Mahnverfahren gibt § 46a ArbGG abweichende Vorschriften.

Stattdessen sind Besonderheiten des arbeitsgerichtlichen Verfahrens
- der generell gültige **Beschleunigungsgrundsatz** (§ 9 Abs. 1 ArbGG) und der gesteigerte Beschleunigungsgrundsatz für Bestandsschutzverfahren nach § 61a ArbGG
- die Vorschrift für die einzuhaltende **Ladungsfrist** von einer Woche aber in der Regel unterbleibende Aufforderung zur schriftlichen Äußerung (§ 47 ArbGG)
- die Vorschaltung des **Güteverfahrens** (§ 54 ArbGG)
- die **Fiktion der Klagerücknahme** bei Nichterscheinen beider Parteien im Gütetermin und unterbleibendem neuen Aufruf (§ 54 Abs. 5 ArbGG)
- die Vorschriften über die **Alleinentscheidung durch den Vorsitzenden** (§ 55 ArbGG)
- die Vorschriften über die Kammerverhandlung „möglichst in einem Termin" (§ 57 ArbGG)
- die **Zustellung des Urteils von Amts wegen** (§ 50 ArbGG) und notwendige Rechtsmittelbelehrung (§ 9 ArbGG)
- die automatische **vorläufige Vollstreckbarkeit** arbeitsgerichtlicher Urteile (§ 62 ArbGG)

– die Zulässigkeit der Berufungen nach § 64 Abs. 2 ArbGG (bei vermögensrechtlichen Streitigkeiten mit über 600,– EUR Streitwert oder bei Zulassung; bei Bestandsstreitigkeiten jedoch stets)
– die Revision nur im Falle der Zulassung (§ 72 ArbGG) oder Erzwingung durch Nichtzulassungsbeschwerde (§ 72a Abs. 5 ArbGG)

Die Fristenregelung des § 66 ArbGG n. F. entspricht jetzt § 517 ZPO: Die Frist für die Einlegung der Berufung (1 Monat) und der Begründung (2 Monate) beginnend mit der Zustellung des in vollständiger Form abgefassten Urteils. Unterbleibt die Zustellung, so beginnen die beiden Fristen 5 Monate nach der Verkündung des Urteils.

Das Urteilsverfahren richtet sich im Grundsatz also nach den für den Zivilprozess maßgeblichen **Maximen,** insbesondere dem Beibringungsgrundsatz.

Die Parteien haben die Herrschaft über das Verfahren. Deshalb steht es in deren Macht, durch Rücknahme der Anträge oder durch Vergleichsabschluss das Verfahren zu beenden.

Der Vergleichsabschluss, der obendrein – auch wenn nur außergerichtlich erfolgt, aber dem Gericht mitgeteilt – von der Pflicht zur Entrichtung von Gerichtskosten befreit, ist vom Gericht in jeder Lage des Verfahrens anzustreben (§§ 54 Abs. 1 Satz 1, 57 Abs. 2 ArbGG).

Für die Partei ist er – ganz im Gegensatz zum Verfahren vor den ordentlichen Gerichten – auch deshalb in der Regel leichter zu bewirken, weil jedes Feilschen um Kostenquoten in Bezug auf außergerichtliche Kosten entfällt (Ausnahme: hypothetische oder tatsächliche Wegekosten der Partei); § 12a ArbGG befreit das gesamte erstinstanzliche Verfahren nicht nur von der Zugangsschwelle des Gerichtskostenvorschusses und limitiert die Gerichtskosten auf maximal 500,– EUR; vielmehr stellt er auch klar, dass kein Erstattungsanspruch der Parteien entsteht. Es herrscht Selbstzahler-Prinzip.

Partei im Urteilsverfahren kann sein
– wer nach § 50 ZPO parteifähig ist, also wer prozessfähig ist
– nach § 10 Abs. 1 ArbGG auch Gewerkschaften oder Vereinigungen von Arbeitgebern sowie deren Zusammenschlüsse.

Untergliederungen von Gewerkschaften sind dann parteifähig, wenn sie selbst die Voraussetzungen des arbeitsrechtlichen Gewerkschaftsbegriffs erfüllen und selbstständig sind (BAG 29. 11. 1989, AP 3 zu § 10 ArbGG 79).

Arbeitgebervereinigungen sind parteifähig, wenn sie tarifvertragsfähig sind (BAG 16. 11. 1989, AP 11 zu § 11 ArbGG 79 Prozessvertreter).

Die **Prozessvertretung** ist für Urteils- und Beschlussverfahren in § 11 ArbGG einheitlich geregelt. In der ersten Instanz herrscht kein Vertretungszwang (§ 11 Abs. 1 Satz 1 ArbGG).

In der zweiten Instanz herrscht Vertretungszwang, wobei neben Rechtsanwälten auch Verbandsvertreter zugelassen sind.

In der dritten Instanz ist die Vertretungsbefugnis auf Rechtsanwälte beschränkt.

Schrifttum: Becker/Etzel/Bader/Fischermeier/Friedrich/Lipke/Pfeiffer/Rost/Spilger/ Vogt/Weigand/Wolff, Gemeinschaftskommentar zum Kündigungsschutzgesetz und zu sonstigen kündigungsrechtlichen Vorschriften (KR, 6. Auflage 2002); *Däubler,* Das Arbeitsrecht 1, 15. Aufl. 1998; *Däubler,* Das Arbeitsrecht 2, 11. Aufl. 1998; *Germelmann/Matthes/Prütting,* Arbeitsgerichtsgesetz, 4. Aufl. 2002; *Hauck,* Arbeitsgerichtsgesetz, 1996; *Herschel/Löwisch,* Kommentar zum Kündigungsschutzgesetz, 6. Aufl. 1984; *von Hoyningen-Huene/Linck,* Kündigungsschutzgesetz, 13. Aufl. 2002; *Kittner/Trittin,* Kündigungsschutzrecht, 3. Aufl. 1997; *Küttner* (Hrsg.), Personalbuch 2003; *Leinemann* (Hrsg.), Kasseler Handbuch zum Arbeitsrecht, Band 1: Arbeitsverhältnis und Inhalt des Arbeitsverhältnisses 1997; *Löwisch,* Kommentar zum Kündigungsschutzgesetz, 7. Aufl.

1997; *Preis*, Prinzipien des Kündigungsrechts bei Arbeitsverhältnissen, 1987; *Richardi/Wlotzke* (Hrsg.), Münchener Handbuch zum Arbeitsrecht, Band 1: Individualarbeitsrecht I, 2. Aufl. 2000, Band 2: Individualarbeitsrecht II, 2. Aufl. 2000, Band 3: Kollektives Arbeitsrecht 2. Aufl. 2000; *Schaub*, Arbeitsrechts-Handbuch, 10. Aufl. 2002; *Stahlhacke/Preis/Nassen*, Kündigung und Kündigungsschutz im Arbeitsverhältnis, 8. Aufl. 2002; *Zöller*, Zivilprozeßordnung, 23. Aufl. 2002.

B. Das Hauptsacheverfahren

I. Besondere Vorbemerkungen

Statistisch betrachtet ist das Bestandsschutzverfahren (Kündigungsschutz, Änderungsschutz, Befristungskontrolle) der Hauptanwendungsfall des arbeitsgerichtlichen Urteilsverfahrens.

In all den hiernach in Betracht kommenden Fällen ist die **Klageerhebung** fristgebunden (§§ 2, 4 KSchG bzw. § 1 Abs. 5 BeschFG).

Klageerhebung i. S. § 253 Abs. 1 ZPO heißt: Zustellung eines Klageschriftsatzes.

Für die Fristwahrung genügt die Einreichung beim Arbeitsgericht nur, soweit die Voraussetzungen des § 270 Abs. 3 ZPO erfüllt werden, also die **Zustellung „demnächst"** erfolgt.

Werden die Voraussetzungen des Mindestinhalts der Klage (z. B. nach § 253 Abs. 2 Nr. 1 ZPO: die Bezeichnung der Parteien) nicht beachtet, so ist durch eventuelle Rückfragen des Gerichts die Fristwahrung im Sinne des „demnächst" aus § 270 Abs. 3 ZPO gefährdet. Daher gilt es bei Fertigung der Klage von Anfang an der Bezeichnung des **Passivrubrums** besondere Sorgfalt zu widmen. Zwar ist nicht erforderlich, den jeweiligen gesetzlichen Vertreter einer juristischen Person **namentlich** zu bezeichnen (BGH, 22. 5. 1989, NJW 1989, 2689), doch ist die Angabe der Vertretungsverhältnisse juristischer Personen nötig (§ 253 Abs. 2 Nr. 1 ZPO). Also ist zu beachten, dass vertreten werden:

AG	=	Vorstand (§ 76 Abs. 1 AktG)
GmbH	=	Geschäftsführer (§ 35 Abs. 1 GmbHG)
eG	=	Vorstand (§ 24 Abs. 1 GenG)
GmbH & Co. KG	=	Geschäftsführer der Komplementär GmbH (§ 35 Abs. 1 GmbHG, §§ 161 Abs. 2, 170 HGB)
KGaA	=	persönlich haftender Gesellschafter (§§ 278 Abs. 3, 76 Abs. 3 AktG) stets natürliche Personen
KG	=	Komplementär (§§ 161 Abs. 2, 170 HGB)
oHG	=	Gesellschafter (§§ 105, 114 HGB)
eV	=	Vorstand (§ 26 Abs. 2 BGB)
GdBR	=	Gesellschafter (§ 709 Abs. 1 BGB)
Einzelkaufmann (Vollkaufmann)	=	kann unter seiner Firma klagen und verklagt werden (§ 17 Abs. 2 HGB). Partei ist aber nicht die Firma (der Name des Handelsgeschäfts) sondern nur deren Inhaber.

Weil § 17 Abs. 2 HGB nur „unter seiner Firma" die Klage erlaubt, lautet die korrekte Angabe des Passivrubrums auch z. B. bei der GmbH:

> „die Gesellschaft mit beschränkter Haftung in Firma XY GmbH, diese vertreten durch den Geschäftsführer"

Die Nichteinhaltung dieser exakten Bezeichnung bleibt unschädlich; wegen der relativen Kompliziertheit bleibt die Verwendung der korrekten Bezeichnung in der Praxis auch meistens besonderen Puristen vorbehalten.

Theoretisch unschädlich im Sinne der Fristwahrung, aber gefährlich, ist schließlich die Erhebung der Klage beim örtlich unzuständigen Gericht.

Der Rechtsstreit ist für diesen Fall nach § 48 Abs. 1 ArbGG i. V. m. § 17a Abs. 2 Satz 1 GVG an das örtlich zuständige Gericht zu verweisen, jedoch muss erst das örtlich zuständige Gericht die Zustellung an die beklagte Partei vornehmen (*Tschöpe-Holthöwer,* 5 A Rdn. 40). Ob dann noch „demnächst" zugestellt wird, ist nicht steuerbar und von der Effizienz der Geschäftsstelle des Gerichts abhängig und somit unberechenbar.

Dies gilt erst recht bei der theoretisch möglichen Einreichung der Klage bei einem Gericht eines anderen Rechtsweges. Wegen § 17b Abs. 1 Satz 2 GVG blieben auch hier „die Wirkungen der Rechtshängigkeit ... bestehen". Wenn sie aber mangels Zustellung noch gar nicht eingetreten sein sollten, so könnte die fristwahrende Wirkung in gleicher Weise gefährdet sein, wie bei der Klageerhebung vor dem unzuständigen Gericht.

Die Empfehlung muss also lauten:

Je unzuständiger (funktional oder örtlich) das Einreichungsgericht, desto sorgfältiger die Rubrumsangabe und desto früher die Klageeinreichung.

II. Arbeitnehmerseitige Klagen

1. Zahlungsklagen

1.1 Zahlungsklage wegen rückständigen Lohnes

An das
Arbeitsgericht ......

Klage

des Arbeitnehmers ......

– Kläger –

Prozessbevollmächtigter: ......

gegen

den Handwerksmeister ....../Herrn ...... als Inhaber der Firma ......

– Beklagter –

wegen Arbeitsvergütung

Namens und in Vollmacht des Klägers erhebe ich Klage und werde in der mündlichen Verhandlung beantragen zu erkennen:

1. Der Beklagte wird verurteilt, ... EUR brutto[1] nebst 5%-Punkte Zinsen über den jeweiligen Basiszinssatz[2] seit dem[3] ...... an den Kläger zu zahlen.
2. Der Beklagte trägt die Kosten des Rechtsstreites[4].

Begründung:

Zwischen den Parteien besteht seit dem ...... ein Arbeitsverhältnis. Der Kläger ist als ...... bei einem monatlichen Bruttoentgelt von ....../bei einem Bruttostundenlohn von ...... mit einer regelmäßigen wöchentlichen Arbeitszeit von ...... Stunden tätig. Der Lohn ist zahlbar zum ......[5,6]. Der Kläger ist am ...... geboren/und ist verheiratet; er hat ...... Kinder.[7]

Beweis: Arbeitsvertrag vom ......

Das Arbeitsverhältnis ist von dem Kläger/dem Beklagten gekündigt zum ....../ besteht ungekündigt fort/wurde am beendet.[5,6]

Der Beklagte hat den Lohn für die Zeit von ...... bis ...... wie folgt abgerechnet: ......

Beweis: Lohnabrechnungen vom ......

Der Kläger hat die vertragsgemäß geschuldete Arbeitsleistung erbracht.

Alt. 2 (keine Lohnabrechnung):
Der Beklagte hat den Lohn für die Zeit von ...... bis ...... nicht abgerechnet.[5,6] Nach dem Arbeitsvertrag vom ...... hat der Kläger einen Lohnanspruch von ...... EUR brutto im Monat/in der Stunde. Nach der vereinbarten wöchentlichen Arbeitszeit von ...... Stunden errechnen sich ...... EUR am Tag/in der Woche/im

Monat. Für den benannten Zeitraum demnach ...... EUR brutto, und zwar wie folgt: ...... Diese Zeit hat der Kläger auch gearbeitet.

Alt. 3 (keine Lohnabrechnung/Anspruch nach Tarifvertrag):
Der Beklagte hat den Lohn für die Zeit von ...... bis ...... nicht abgerechnet. Der Beklagte betreibt einen Handwerksbetrieb für ....../ist Inhaber eines Betriebes, der sich (überwiegend) mit ...... befasst. Beide Parteien sind kraft Organisationszugehörigkeit tarifgebunden.[8] Der Kläger ist Mitglied der IG ......, der Beklagte Mitglied der Handwerksinnung in ....../des Arbeitgeberverbandes ......
Beweis: Mitgliedsausweis des Klägers.

oder: In dem Arbeitsvertrag vom ...... unter § ....../Ziffer ...... haben die Parteien die Geltung des Tarifvertrages (genaue Bezeichnung) vom ...... vereinbart.
oder: Es gilt der allgemeinverbindliche[9] Tarifvertrag ...... vom ......
Es gilt daher der Lohntarifvertrag/Gehaltstarifvertrag vom ...... Nach der insoweit einschlägigen Tarifvorschrift ...... hat der Kläger einen Lohnanspruch von EUR ...... brutto im Monat/in der Stunde. Bei einer wöchentlichen Arbeitszeit von ...... Stunden errechnen sich ...... EUR am Tag/in der Woche/im Monat.[10] Für den benannten Zeitraum demnach ...... EUR brutto, und zwar wie folgt: ......

Der Kläger hat seine Lohnansprüche mit Schreiben vom ...... gegenüber dem Beklagten geltend gemacht.[5, 6] Dem Beklagten wurde eine Zahlungsfrist bis zum ...... gesetzt. Er befindet sich daher seit dem ...... im Verzug.[3]
Der Beklagte weigert sich zu zahlen.

Rechtsanwalt

Anmerkungen

1. Der Arbeitnehmer hat Anspruch auf die **Bruttovergütung**. Die „vereinbarte Vergütung" gemäß § 611 BGB ist mangels abweichender Regelung der Vertragsparteien ein Bruttoentgelt (BAG 18. 1. 1974 – 3 AZR 183/73 – AP Nr. 19 zu § 670 BGB = EzA BGB § 611 Nettolohn, Lohnsteuer Nr. 2, zu I 1 und 2 der Gründe; ErfK/*Preis* 2. Aufl. § 611 BGB Rdn. 704; *Schaub,* § 71 Rdn. 3 mwN.; MüKo-*Hanau* 2. Aufl. § 64 Rdn. 50 mwN.). Eine Nettolohnabrede ist die Ausnahme und muss ausdrücklich vereinbart sein, freilich in bestimmten Branchen durchaus nicht unüblich: z.B. im Bau „10,– EUR auf die Hand". Nur aus technischen Erwägungen werden Lohnsteuern und Sozialversicherungsbeiträge gleich vom Lohn abgezogen (vgl. §§ 28 d ff., insbes. 28 e SGB IV). Kommt es zur Zwangsvollstreckung, ist zu differenzieren: Kann der Arbeitgeber nachweisen, dass er die Steuern und Sozialversicherungsbeiträge abgeführt hat, stellt der Gerichtsvollzieher hinsichtlich dieser Forderungen die Vollstreckung ein. Weist der Arbeitgeber die Abführung nicht nach, vollstreckt der Gerichtsvollzieher den Bruttobetrag. Der Arbeitnehmer haftet sodann dem Finanzamt für die Steuern und den Sozialversicherungsträgern für den Arbeitnehmeranteil (BAGE 15, 220, 228).

2. Ob sich die **Zinsen** auf den Brutto- oder Nettobetrag errechnen, ist nach der Rspr. des Bundesarbeitsgerichts mittlerweile beantwortet (BAG GS v. 7. 3. 2001 – GS 1/00, NZA 2001, 1195 ff.):
Der Arbeitnehmer kann die Verzugszinsen nach § 288 Abs. 1 BGB aus der in Geld geschuldeten Bruttovergütung verlangen. Der Schuldner kommt nach § 284 BGB mit der gesamten Bruttovergütung in Verzug, wenn er nach dem Eintritt der Fälligkeit nicht leistet. Der Arbeitgeber, der keine Vergütung zahlt, gerät nicht etwa nur mit dem Nettoanspruch in Verzug; denn die Lohnsteuer ist als Teil des Bruttolohnanspruchs mit diesem

zusammen und wie dieser zu erfüllen (BAG 17. 4. 1985 – 5 AZR 74/84 – BAGE 48, 229, 234; BFH 16. 5. 1975 – VI R 101/71 – BFHE 116, 20, 22). Zahlt der Arbeitgeber bei Fälligkeit zwar den Nettolohn an den Arbeitnehmer, führt er dann aber nicht die Lohnsteuer an das Finanzamt ab, gerät er insoweit ab dem in § 41 a EStG bestimmten Zeitpunkt gegenüber dem Arbeitnehmer in Verzug. Ebenso wie das Lohnzuflussprinzip wirkt § 41 a EStG nur für den vertragsgerecht handelnden, nicht zugunsten des säumigen Arbeitgebers. Zahlt der Arbeitgeber den Lohn nicht aus, kann er sich wegen der Verpflichtung zur Abführung von Lohnsteuer auch nicht auf die durch das Lohnsteuerrecht eingeräumten Fristen berufen. Diese dienen der steuerrechtlichen Vereinfachung und gelten nur für den Fall, dass Lohn an den Arbeitnehmer tatsächlich gezahlt wurde. Deshalb kommt der Arbeitgeber auch mit dem Teil des Lohnes, der als Lohnsteuer abzuführen ist, schon zum Fälligkeitszeitpunkt in Verzug. Zahlt der Arbeitgeber den Gesamtsozialversicherungsbeitrag an die zuständige Einzugsstelle, so erfüllt er seine eigene Beitragspflicht gemäß § 28 e Abs. 1 Satz 1 SGB IV. Die Einzugsstelle überwacht die Einreichung des Beitragsnachweises und die Zahlung des Gesamtsozialversicherungsbeitrags. Beitragsansprüche, die nicht rechtzeitig erfüllt worden sind, hat die Einzugsstelle geltend zu machen (§ 28 h Abs. 1 Satz 2, 3 SGB IV). Hinsichtlich des vom Arbeitgeber zu tragenden Teils kommt ein Verzug gegenüber dem Arbeitnehmer nicht in Betracht. Der Arbeitgeber hat dem Arbeitnehmer hier nichts zu leisten. Der Arbeitnehmeranteil stammt dagegen aus dem Verdienst des Arbeitnehmers und soll dem Arbeitnehmer zugute kommen. Die Regelungen über Entstehen und Fälligkeit der Beitragspflicht (§§ 22, 23 SGB IV) konkretisieren ebenso wie die entsprechenden steuerrechtlichen Vorschriften, wann der Arbeitgeber in Verzug gerät. Auch hier kann sich der Arbeitgeber, der überhaupt nicht leistet, auf die der Vereinfachung dienende Verfahrensregelung nicht berufen. Verzug tritt dann insgesamt mit Fälligkeit der Arbeitsvergütung ein.

Die Verzugszinsen haben ebenso wie die Prozesszinsen die Funktion, den Nachteil auszugleichen, den der Gläubiger dadurch erleidet, dass er infolge nicht rechtzeitiger Zahlung des Schuldners daran gehindert ist, einen ihm zustehenden Geldbetrag zu nutzen (vgl. BGH 12. 5. 1998 – XI ZR 79/97 – BB 1998, 1385). Aus der Vorenthaltung der Vergütung kann dem Arbeitnehmer ein Schaden entstehen. Dem pauschalen Ausgleich dient der Zinsanspruch. Eine Aufteilung des Vergütungsanspruchs danach, ob und welche Schäden bei verspäteter Leistung entstehen können, würde der Pauschalierungsfunktion entgegenstehen. Die Pauschalierung bezieht sich nach der Regelung des Gesetzes auf den gesamten Anspruch, nicht lediglich auf den Nettoanteil der Vergütung. Im Übrigen kann der Arbeitnehmer auf Zahlung des Bruttolohns klagen und den Gesamtbetrag vollstrecken. § 288 BGB bietet keinerlei Anhaltspunkte dafür, die Verzinsung einzuschränken, weil der Arbeitnehmer einen Teil des Geldbetrages nicht endgültig behalten darf, sondern abführen muss.

Für Zinsen auf den Nettobetrag, der sich aus dem Bruttolohn errechnet, wurde wie folgt argumentiert (ältere Rspr., z. B.: LAG Hamm vom 9. 12. 1982 in EzA Art. 9 GG Arbeitskampf Nr. 49): Der Arbeitgeber befindet sich mit der Auszahlung des Nettolohnes gegenüber dem Arbeitnehmer im Verzug, nicht mit den von ihm abzuführenden Steuern und Sozialversicherungsabgaben. Der Zinsanspruch knüpft an den Geldbetrag an, der durch Vollstreckung dem Arbeitnehmer tatsächlich zufließen kann (BAGE 42, 244, 258). Weist der Arbeitgeber im Rahmen der Vollstreckung nicht die Abführung der Steuern und Sozialversicherungsabgaben nach, berechnet der Gerichtsvollzieher die Zinsen auf den Gesamtbetrag und zieht diese ein. Freilich handelt es sich dabei nicht um Zinsen aus dem Bruttobetrag, sondern aus einem dem Bruttobetrag entsprechenden Nettobetrag. Dem Arbeitgeber bleibt es dann überlassen, den Nachweis über die auf den Bruttobetrag entfallenden Steuern und Sozialversicherungsbeiträge zu führen und vom Arbeitnehmer die darauf entfallenden und vom Gerichtsvollzieher eingezogenen Zinsen zurückzufordern (BAG vom 13. 2. 1985, NZA 1990, 569).

Köhne

Die **Zinshöhe** ergibt sich aus § 288 Abs. 1, 247 BGB. Danach ist eine Geldschuld während des Verzugs mit fünf Prozentpunkten über dem Basiszinssatz zu verzinsen. Die Höhe des Basiszinssatzes ist nach § 247 BGB zu bestimmen. Aus letzterer Bestimmung ergibt sich, dass es sich nach dem Willen des Gesetzgebers um einen variablen Zinssatz handeln soll; deshalb sollte es im Antrag heißen: „über dem jeweiligen Basiszinssatz".

Problematisch ist, ob der Arbeitnehmer Zinsen nach § 288 Abs. 2 BGB verlangen kann, mit der Folge, dass ein Anspruch auf acht statt fünf Prozentpunkte Zinsen über den Basiszinssatz bestünde. Diese Vorschrift setzt voraus, dass es sich um ein Rechtsgeschäft handelt, an dem ein **Verbraucher** nicht beteiligt ist. Der Arbeitnehmer dürfte demnach nicht Verbraucher im Sinne der Vorschrift sein. Verbraucher ist nach § 13 BGB diejenige Person, die ein Rechtsgeschäft zu einem Zwecke abschließt, der weder ihrer gewerblichen noch ihrer selbstständigen beruflichen Tätigkeit zugerechnet werden kann. Im Schrifttum wird in diesem Zusammenhang der sog. „absolute Verbraucherbegriff" und zum anderen der sog. „relative Verbraucherbegriff" diskutiert (vgl. *Hümmerich/Holthausen*, Der Arbeitnehmer als Verbraucher, NZA 2002, 173 ff. m. w. N.). Der absolute Verbraucherbegriff geht von dem Ansatz aus, dass die Arbeitsleistung keine gewerbliche Tätigkeit ist, weil der Arbeitnehmer seine Leistung weisungsgebunden in persönlicher und wirtschaftlicher Abhängigkeit erbringt (entspricht Rspr. BAG, vgl. Urteil vom 6. 5. 1988, NZA 1998, 873). Im Sinne von § 13 BGB wäre der Arbeitnehmer demnach Verbraucher. Daraus folgt zugleich, dass sämtliche Rechtsgeschäfte um das Arbeitsverhältnis dem Verbraucherschutz unterliegen. Das hat zur Folge, dass der Arbeitnehmer, da Verbraucher, keinen Zinsanspruch nach § 288 Abs. 2 BGB hat. Der relative Verbraucherbegriff setzt hingegen an dem Zweck des zu beurteilenden Rechtsgeschäfts an. Bei Abschluss von Arbeitsverträgen sei der Arbeitnehmer kein Verbraucher, bei anderen Rechtsgeschäften könne er hingegen als Verbraucher handeln. Hintergrund dieser Meinung ist, dass im Gesetz der Begriff „Verbraucher" im Gegensatz zum „Unternehmer" nach § 14 BGB gestellt werde und nicht zum Arbeitgeber. Sprachlich werde zudem als Verbraucher derjenige gemeint, der Waren kaufe und verbrauche. Das sei beim Arbeitnehmer bezogen auf die arbeitsvertraglichen Rechte und Pflichten nicht der Fall. Die Vorschrift des § 13 BGB beziehe sich zudem auf die jeweilige Situation, denn eine natürliche Person sei nicht von vornherein immer Verbraucher. Diese Ansicht käme daher zu dem Ergebnis, dass ein Zinsanspruch nach § 288 Abs. 2 BGB bestünde, da der Arbeitnehmer kein Verbraucher sei. Allerdings wird gleichwohl der höhere Zinsanspruch abgelehnt, und zwar durch richtlinienkonforme Auslegung der europäischen Zahlungsverzugsrichtlinie. Unter Anwendung von Art. 1 und Art. 2 dieser Richtlinie müsse § 288 Abs. 2 BGB im Arbeitsrecht dahingehend ausgelegt werden, dass – unabhängig vom Rechtsgrund – grundsätzlich § 288 Abs. 1 BGB zur Anwendung komme.

3. **Verzugsbeginn** ist der Tag nach Ablauf der gesetzten Frist bzw. der nach dem Arbeitsvertrag/Tarifvertrag bestimmten Fälligkeit; eigentlich selbstverständlich, in der Praxis jedoch immer wieder unzutreffend angegeben. Soweit eine Fälligkeitsabrede im Arbeitsvertrag/Tarifvertrag fehlt, gilt § 614 BGB. Eine Mahnung ist nach § 286 Abs. 2 BGB i. d. R. entbehrlich.

4. Der Antrag ist im Hinblick auf §§ 46 Abs. 2 ArbGG, 308 Abs. 2 ZPO im Grunde überflüssig, in der täglichen Praxis jedoch üblich.

Im arbeitsgerichtlichen Verfahren 1. Instanz ist § 12a Abs. 1 ArbGG zu beachten: jede Partei trägt die eigenen Kosten, unabhängig vom Ausgang des Rechtsstreits. Die Kostenentscheidung im Urteil des Arbeitsgerichts bezieht sich daher nur auf die **Gerichtsgebühren** und **Auslagen** sowie die Kosten nach § 12a Abs. 1 Satz 3 ArbGG. Bei Anordnung des persönlichen Erscheinens sind die durch die Terminwahrnehmung entstandenen Kosten erstattungsfähig, z. B. für Übernachtung, Fahrtauslagen, Verpflegungsaufwendungen. Die Kosten für die Hinzuziehung eines Prozessbevollmächtigten sind ebenso wenig erstattungsfähig. Das schließt den **materiell-rechtlichen Erstattungsanspruch** ein (BAG v. 30. 4. 1992, NZA 1992, 1101), also auch die vorprozessualen Anwaltskosten (BAG v. 14. 12. 1977, AP Nr. 14 zu § 61 ArbGG 1953 „Kosten"). Allerdings können die Kosten eines Anwaltes bis zur Höhe der ersparten, ansonsten notwendigen **Reisekosten** der Partei erstattungsfähig sein (LAG Berlin, AP Nr. 14 zu § 61 ArbGG 1953 „Kosten", LAG Düsseldorf, AP Nr. 1 zu § 61 ArbGG 1953 „Kosten", LAG Köln EzA Nr. 3 zu § 91 ZPO, LAG München, AP Nr. 25 zu § 61 ArbGG 1953 „Kosten"). Der Fahrtkostenanspruch ist nach § 104 ZPO durchzusetzen.

5. Unabhängig von Fragen des Verzuges im Sinne von §§ 284 ff. BGB ist die Geltendmachung bei der Anwendbarkeit von einzelvertraglichen/tarifvertraglichen **Verfallfristen** von Bedeutung.

Daher ist in der Klageschrift der Fälligkeitstermin des Lohnes bzw. der Zeitpunkt der Beendigung des Arbeitsverhältnisses anzugeben. Die **Verfallklauseln** werden von Amts wegen beachtet (BAG v. 13. 5. 1970 in EzA Nr. 2 § 611 BGB Gefahrgeneigte Arbeit; BAG v. 12. 7. 1972 in AP Nr. 48 § 4 TVG Ausschlussfristen). Zu unterscheiden sind einfache, einfache qualifizierte (z. B. § 70 BAT) und mehrstufige Verfallklauseln (z. B. § 15 BRTV Baugewerbe). Für die Einhaltung dieser Ausschlussfristen ist der Arbeitnehmer als Anspruchsteller darlegungs- und beweispflichtig. Soweit der Arbeitgeber den Lohn abgerechnet hat, kommt es auf die Geltendmachung im Sinne tarifrechtlicher Vorschriften nach der Rechtsprechung des BAG nicht an; freilich nur soweit es um die vom Arbeitgeber abgerechneten Beträge geht (BAG v. 22. 2. 1979 in EzA Nr. 39 zu § 4 TVG Ausschlussfristen; BAG v. 20. 10. 1982, NZA 1990, 397). Will der Arbeitnehmer mehr, als die Lohnabrechnung ausweist, hat er die Ausschlussfristen zu wahren. Zu beachten ist, dass bei qualifizierten Verfallklauseln (schriftliche Geltendmachung binnen ......) nicht die Anhängigkeit der Klage (also § 270 Abs. 3 ZPO) von Bedeutung ist, sondern erst der Zugang und damit die Zustellung der Klage.

6. Uneinheitlich wird in der Rspr. die Frage beantwortet, welche Folgen der unterlassene Hinweis im Arbeitsvertrag entgegen dem **Nachweisgesetz** (§ 2 Abs. 1 Nr. 10 NachwG) auf die Geltung eines Tarifvertrages und damit auf die Anwendung von Verfallklauseln hat und ob zwischen allgemeinverbindlichen und nicht allgemeinverbindlichen Tarifverträgen zu unterscheiden ist:

Nach dem BAG ist dem Nachweisgesetz auch hinsichtlich einer tarifvertraglichen Ausschlussfrist Genüge getan, wenn gemäß § 2 Abs. 1 Nr. 10 NachwG auf die Anwendbarkeit des einschlägigen Tarifvertrages hingewiesen wird (BAG v. 23. 1. 2002 – 4 AZR 56/01, NZA 2002, 800 ff.). Die Verfallklausel selbst muss nicht wiedergegeben werden. So auch LAG Schleswig-Holstein: § 2 Abs. 1 Ziff. 10 NachwG verlangt nur einen allgemeinen Hinweis auf Tarifverträge, Betriebs- oder Dienstvereinbarungen. Es ist daher nicht erforderlich, über den Inhalt der tarifvertraglichen Verfallfristen zu belehren (LAG Schleswig-Holstein 6. 11. 2001 – 3 Sa 388/01).

Der Verstoß gegen § 2 Abs. 1 Nr. 10 NachwG kann auf Seiten des Arbeitnehmers zu einem Schadenersatzanspruch nach §§ 286 Abs. 1, 284 Abs. 2, 249 BGB führen. Der Schaden besteht in dem Erlöschen des Vergütungsanspruchs. Der Arbeitnehmer ist dann so zu stellen, als sei der Anspruch nicht erloschen. Nach dem BAG wird zudem vermutet, dass der Arbeitnehmer die tarifliche Ausschlussfrist beachtet hätte, wenn der Arbeitgeber nur auf den Tarifvertrag hingewiesen hätte (BAG v. 17. 4. 2002 – 5 AZR 89/01, NZA 2002, 1096–1099). Liegt hingegen auf Seiten des Arbeitnehmers ein Mitverschulden vor, dann kann dies dennoch zum Ausschluss des Ersatzanspruches führen. Dieses Mitverschulden kann z. B. darin bestehen, dass der Anwalt des Arbeitnehmers trotz Kenntnis der tariflichen Ausschlussfristen nicht rechtzeitig reagiert hat (!) (BAG v. 27. 5. 2002 – 5 AZR 105/01, EzA § 2 NachwG Nr. 4).

Nach dem LAG Brandenburg gilt § 2 Abs. 1 S. 2 Ziff. 10 NachwG auch für allgemein-verbindliche Tarifverträge. Bei einer schuldhaften Verletzung der Nachweispflicht nach § 2 Abs. 1 S. 2 Ziff. 10 NachwG besteht ein Schadensersatzanspruch aus pVV. Für den Arbeitnehmer besteht die Vermutung des „aufklärungsrichtigen Verhaltens", die durch den Arbeitgeber widerlegbar ist (LAG Brandenburg v. 10. 8. 2001, Az: 4 Sa 265/01). So auch das LAG Düsseldorf: Der Arbeitgeber ist gemäß § 2 Abs. 1 Ziff. 10 NachwG verpflichtet, den Arbeitnehmer auf einen anzuwendenden Tarifvertrag auch dann hinzuweisen, wenn der Tarifvertrag für allgemeinverbindlich erklärt worden ist. Unterlässt er dies, ist es ihm gemäß § 242 BGB verwehrt, sich gegenüber Zahlungsansprüchen des Arbeitnehmers auf eine im Tarifvertrag befindliche Verfallklausel zu berufen (LAG Düsseldorf v. 17. 5. 2001 – 5 (3) Sa 45/01, DB 2001, 1995).

Demgegenüber das LAG Schleswig-Holstein: Die Ausschlussfristen des allgemeinverbindlichen Bundesrahmentarifvertrages für das Baugewerbe finden auf das Arbeitsverhältnis zwischen Bauarbeiter und Bauunternehmer auch ohne schriftliche Vereinbarung oder Niederlegung in einem Nachweis gem. § 2 Abs. 1 NachwG Anwendung, denn (mit LAG Köln, Urteil vom 6. 12. 2000, 3 Sa 1089/00 = ZIP 2001, 477 und abweichend von LAG Schleswig-Holstein, Urteil vom 8. 2. 2000, 1 Sa 563/99 = DB 2000, 724) sie bestimmen das Arbeitsverhältnis kraft Gesetzes (§ 5 Abs. 4 TVG); sie sind zwischen den Arbeitsvertragsparteien nicht verhandelbar, so dass es sich nicht um Vertragsbedingungen i. S. v. § 2 Abs. 1 NachwG handelt, sie finden daher im Arbeitsverhältnis auch ohne schriftliche Niederlegung Anwendung (LAG Schleswig-Holstein, v. 31. 5. 2001, Az: 4 Sa 417/00).

Zur Vergütungsklage bei Nichtbeachtung des Nachweisgesetzes im Übrigen siehe auch LAG Köln v. 31. 7. 1998 NZA 1999, 545: Die Verletzung der Pflicht nach § 2 Abs. 1 NachwG soll danach zumindest zu einer erheblichen Erleichterung der Beweislastführung zugunsten des Arbeitnehmers führen.

7. Die persönlichen Daten sind bei Zahlungsklagen dann von Bedeutung, wenn hiervon die Einstufung nach tariflichen oder sonstigen Vergütungsregelungen abhängt. Ansonsten ist die Angabe in der Klageschrift nicht entscheidungserheblich, aber durchaus üblich.

8. Die Parteien sind **tarifgebunden,** wenn sie Mitglieder der den Tarifvertrag abschließenden Organisationen sind (§ 3 TVG) oder dieser für allgemeinverbindlich erklärt worden ist (§ 5 TVG). Handwerksmeister sind i. d. R. Mitglied der Innung (Landesinnung), die den Tarifvertrag abgeschlossen hat, so dass auf diese Weise Tarifbindung für den Arbeitgeber eintritt.

9. Die **Allgemeinverbindlichkeit** regelt sich nach § 5 TVG. Soweit Tarifverträge allgemeinverbindliche sind, kommt es auf die Tarifbindung nach § 3 TVG nicht an. Allgemeinverbindliche Tarifverträge werden vom Gericht von Amts wegen berücksichtigt und angewendet. Das Verzeichnis der allgemeinverbindlichen Tarifverträge ist u. a. zugänglich im Internet unter: http://www.bmwi.de/Navigation/Arbeit/arbeitsrecht.html.

10. Bei dieser Klagealternative muss natürlich Satz 2 der Begründung anders lauten, da eine konkrete Vergütungsabrede im Arbeitsvertrag nicht enthalten ist, sondern nur der Verweis auf die tarifrechtliche Norm.

Kosten und Gebühren

Es handelt sich um eine vermögensrechtliche Streitigkeit im Sinne von § 64 Abs. 2 ArbGG. Der **Wert der Beschwer** berechnet sich unter Anwendung von § 46 Abs. 2 ArbGG nach 2 ff. ZPO sowie § 12 Abs. 7 ArbGG. Beachtet werden sollte, dass es sich bei dem Wert des Streitgegenstandes im Urteil um den Wert des im Urteil entschiedenen Streitgegenstandes handelt; § 61 Abs. 1 ArbGG. Der **Gebührenstreitwert** folgt aus §§ 1 Abs. 3, 12, 17 GKG. Die **Gerichtsgebühren** ergeben sich aus § 12 Abs. 1, 2 ArbGG unter Beachtung der hierzu maßgeblichen Tabelle. Für die **Rechtsanwaltsgebühren** ist § 9 Abs. 1 BRAGO maßgebend. Wegen eines vermeintlich zu geringen Wertes im Urteil ist keine gesonderte Beschwerde möglich. Freilich kann bei einer Veränderung des Streitwertes während der Instanz nach §§ 31, 10 Abs. 1 BRAGO eine gesonderte Festsetzung auf Antrag (!) erfolgen; ein Nachteil für die anwaltliche Vergütung entsteht somit nicht.

1.2 Zahlungsklage wegen Überstunden

An das
Arbeitsgericht ......

Klage

des Arbeitnehmers ......

– Kläger –

Prozessbevollmächtigter: ......

gegen

den Handwerksmeister ....../Herrn ...... als Inhaber der Firma ......

– Beklagter –

wegen Überstundenvergütung

Namens und in Vollmacht des Klägers erhebe ich Klage und werde in der mündlichen Verhandlung beantragen zu erkennen:[1]

1. Der Beklagte wird verurteilt, ... EUR brutto nebst 5%-Punkte Zinsen über den jeweiligen Basiszinssatz seit dem ...... an den Kläger zu zahlen.
2. Der Beklagte trägt die Kosten des Rechtsstreites.

Begründung:

Zwischen den Parteien besteht seit dem ...... ein Arbeitsverhältnis. Der Kläger ist als ...... bei einem monatlichen Bruttoentgelt von ....../bei einem Bruttostundenlohn[2] von ...... mit einer regelmäßigen wöchentlichen Arbeitszeit von ...... Stunden tätig. Der Lohn ist zahlbar zum ...... Der Kläger ist am ...... geboren/und ist verheiratet; er hat ...... Kinder.

Beweis: Arbeitsvertrag vom ......

Das Arbeitsverhältnis ist von dem Kläger/dem Beklagten gekündigt zum ....../ besteht ungekündigt fort/wurde am beendet.

In der Zeit von ...... bis ...... hat der Kläger Überstunden[3] geleistet. Diese Überstunden wurden von dem Beklagten am ...... angeordnet[4]. Er wies den Kläger an, länger auf der Baustelle zu bleiben, um die Verschalung der Betonwand fertig zu stellen[5].

Beweis: Zeugnis des ......

Die Arbeitszeit des Klägers betrug am ...... von ...... bis ......
Anschließend hat er von ...... bis ...... gearbeitet.[6] (Weitere Substantiierung)
Beweis: gegengezeichnete Stundenzettel des Vorarbeiters ......

Insgesamt errechnen sich daher ...... Überstunden. Diese hat der Beklagte nicht bezahlt[7].

Beweis: Lohnabrechnungen für die Zeit von ...... bis ......

Der Beklagte weigert sich zu zahlen. Klage ist geboten.

Rechtsanwalt

Anmerkungen

1. Siehe Form. B. II. 1.1 Anm. 1 bis 6.

2. Bei einem Monatslohn errechnet sich der Stundenlohn wie folgt: dreifacher Monatslohn dividiert durch 65 Arbeitstage (bei einer 5-Tage-Woche, bei 6-Tage-Woche 78 Tage), dieses dividiert durch die Stundenzahl pro Tag; also: (Monatslohn × 3/65): Stunden pro Tag. Nach einer anderen Berechnungsmethode wird das Gehalt durch die Anzahl der konkreten Arbeitstage im betreffenden Monat dividiert und dieses Ergebnis durch die Anzahl der vereinbarten Arbeitsstunden pro Tag geteilt.

3. Überstunden sind die Stunden, die der Arbeitnehmer über die vertraglich vereinbarte Arbeitszeit oder über den Tarifvertrag hinaus leistet (BAG v. 4. 5. 1994, NZA 1994, 1035). Ist demnach eine wöchentliche Arbeitszeit von 40 Stunden Vertragsinhalt, entstehen Überstunden ab der 41. Stunde; also nicht, wenn der Arbeitnehmer an einem Tag statt 8 Stunden 9 Stunden arbeitet, aber die vereinbarte wöchentliche Arbeitszeit nicht überschritten wird. Es geht demnach stets um die individuelle regelmäßige Arbeitszeit, die überschritten sein muss (BAG vom 26. 6. 2002 – 5 AZR 500/00 n.v.).

4. Überstunden müssen vom Arbeitgeber angeordnet oder stillschweigend geduldet werden (BAG v. 15. 6. 1961 in AP Nr. 7 zu § 253 ZPO; BAG v. 28. 11. 1973, BB 1974, 933). Eine **stillschweigende Anordnung** ist z.B. dann gegeben, wenn sich die **Überstundenanordnung** mittelbar aus der Übertragung bestimmter Arbeitsaufgaben ergibt. Also wenn ein bestimmter Auftrag nur an diesem Tage erledigt werden kann, weil sich am Folgetag zu Arbeitsbeginn zwingend bestimmte Nachfolgearbeiten anschließen. Im Prozess und damit bereits in der Klageschrift muss der Arbeitnehmer im Einzelnen darlegen, a) an welchen Tagen und b) zu welchen Tageszeiten er über die übliche Tageszeit hinaus tätig geworden ist. Ferner bedarf es der konkreten Darlegung, a) ob die Überstunden vom Arbeitgeber angeordnet worden sind oder b) zur Erledigung der übertragenen Aufgaben notwendig waren oder c) vom Arbeitgeber gebilligt oder geduldet worden sind (BAG v. 25. 11. 1993, NZA 1994, 837; BAG vom 26. 6. 2002 – 5 AZR 500/00 n.v.)

5. Soweit der Arbeitgeber Überstunden nicht ausdrücklich angeordnet hat, hat der Arbeitnehmer Einzelheiten dazu darzulegen, dass und weshalb die von ihm geleisteten Überstunden sachdienlich gewesen sind (LAG Baden-Württemberg v. 20. 1. 1993 in LAGE Nr. 2 zu § 611 BGB Mehrarbeit).

6. Der Arbeitnehmer hat im Einzelnen darzulegen, an welchen Tagen und zu welchen Tageszeiten er über die übliche Arbeitszeit hinaus gearbeitet hat Alleine die Behauptung, es seien „20 Stunden im Monat ......" an Überstunden angefallen, ist streitgegenständlich nicht hinreichend bestimmt (BAG v. 5. 9. 1995, NZA 1996, 266). Vielmehr muss der Arbeitnehmer, der die Vergütung für Überstunden fordert, konkret die Tage und genau die Tageszeiten benennen, an denen er über die übliche Arbeitszeit hinaus gearbeitet hat. Der Anspruch auf Überstundenvergütung setzt weiter voraus, dass die Überstunden vom Arbeitgeber angeordnet, gebilligt oder geduldet wurden und jedenfalls zur Erledigung der geschuldeten Arbeitsleistung notwendig waren (BAG v. 15. 6. 1961 in AP

Nr. 7 zu § 253 ZPO; BAG v. 4. 5. 1994, NZA 1994, 1035; BAG v. 29. 5. 2002 –
5 AZR 370/01, n.v.; BAG v. 17. 4. 2002 – 5 AZR 644/00, NZA 2002, 1340–1344).

7. Wenn die Arbeitsvertragsparteien bei Abschluss des Vertrages oder später vereinbart haben, dass Überstunden grundsätzlich nur durch **Freizeitausgleich** abgegolten werden sollen, dann kann nach einer Entscheidung des LAG Köln der Arbeitnehmer auch
nicht nach Beendigung des Arbeitsverhältnisses grundsätzlich keine Bezahlung verlangen
(LAG Köln v. 20. 5. 1992, NZA 1993, 24). Das BAG wiederum hat entschieden, dass in
dem Fall, in dem nach einen auf das Arbeitsverhältnis anzuwendenden Tarifvertrag
Überstunden innerhalb einer bestimmten Frist durch Freizeit auszugleichen und zu gewähren sind und der Arbeitgeber dem nicht nachkommt, der Freizeitausgleichsanspruch
erlischt. An seine Stelle tritt dann ein Verzugsschadensanspruch, wenn der Arbeitgeber
den Verzug zu vertreten hat (BAG v. 4. 5. 1994, NZA 1995, 638).

Kosten und Gebühren

Es handelt sich um eine vermögensrechtliche Streitigkeit im Sinne von § 64 Abs. 2
ArbGG. Der **Wert der Beschwer** berechnet sich unter Anwendung von § 46 Abs. 2
ArbGG nach 2 ff. ZPO sowie § 12 Abs. 7 ArbGG. Beachtet werden sollte, dass es sich
bei dem Wert des Streitgegenstandes im Urteil um den Wert des im Urteil entschiedenen
Streitgegenstandes handelt; § 61 Abs. 1 ArbGG. Der **Gebührenstreitwert** folgt aus §§ 1
Abs. 3, 12, 17 GKG. Die **Gerichtsgebühren** ergeben sich aus § 12 Abs. 1, 2 ArbGG unter Beachtung der hierzu maßgeblichen Tabelle. Für die **Rechtsanwaltsgebühren** ist § 9
Abs. 1 BRAGO maßgebend. Wegen eines vermeintlich zu geringen Wertes im Urteil ist
keine gesonderte Beschwerde möglich. Freilich kann bei einer Veränderung des Streitwertes während der Instanz nach §§ 31, 10 Abs. 1 BRAGO eine gesonderte Festsetzung
auf Antrag (!) erfolgen; ein Nachteil für die anwaltliche Vergütung entsteht somit nicht.

1.3 Zahlungsklage wegen Urlaubsabgeltung

An das
Arbeitsgericht ......

Klage

des Arbeitnehmers ......

– Kläger –

Prozessbevollmächtigter: ......

gegen

den Handwerksmeister ....../Herrn ...... als Inhaber der Firma ......

– Beklagter –

wegen Urlaubsabgeltung[11]

Namens und in Vollmacht des Klägers erhebe ich Klage und werde in der mündlichen Verhandlung beantragen zu erkennen:[1]

1. Der Beklagte wird verurteilt, ... EUR brutto nebst 5%-Punkte Zinsen über
   den jeweiligen Basiszinssatz seit dem ...... an den Kläger zu zahlen.
2. Der Beklagte trägt die Kosten des Rechtsstreites.

Köhne

Begründung:

Zwischen den Parteien bestand vom ...... bis ...... ein Arbeitsverhältnis[2]. Der Kläger war als ...... bei einem monatlichen Bruttoentgelt von ....../bei einem Bruttostundenlohn von ...... mit einer regelmäßigen wöchentlichen Arbeitszeit von ...... Stunden tätig. Das Arbeitsverhältnis endete durch Kündigung des Klägers/des Beklagten vom ....../durch Befristung mit Ablauf des ......[3]

Beweis: Arbeitsvertrag vom ....../Kündigung vom ......

Nach dem Arbeitsvertrag hat der Kläger Anspruch auf ...... Urlaubstage im Jahr[4,5]. Hiervon hat der Kläger insgesamt ...... Tage in Anspruch genommen, ... und zwar am ....../vom ...... bis ......

Beweis: Urlaubsantrag vom ....../Zeugnis des ......

Die restlichen ...... Tage konnten wegen der Beendigung des Arbeitsverhältnisses zum ...... nicht mehr verwirklicht werden. Demzufolge hat der Kläger Anspruch auf Abgeltung im Sinne von § 7 Abs. 4 BUrlG[6,7].

Der Höhe nach errechnet sich der Abgeltungsanspruch wie folgt: Der Bruttostundenlohn beträgt ...... EUR/der Bruttomonatslohn beträgt ...... EUR. Für jeden Arbeitstag ergeben sich somit ...... EUR. Bei insgesamt ...... Tagen abzugeltenden Urlaub errechnen sich daher ...... EUR.

Der Beklagte wurde mit Schreiben vom ...... zur Abgeltung des Urlaubes aufgefordert. Er weigert sich zu zahlen. Klage ist geboten.

Rechtsanwalt

Alt.:

Zwischen den Parteien bestand vom ...... bis ...... ein Arbeitsverhältnis[2]. Der Kläger war als ...... bei einem monatlichen Bruttoentgelt von ....../bei einem Bruttostundenlohn von ...... mit einer regelmäßigen wöchentlichen Arbeitszeit von ...... Stunden tätig. Das Arbeitsverhältnis endete durch Kündigung des Klägers/des Beklagten vom ....../durch Befristung mit Ablauf des ......[3]

Beweis: Arbeitsvertrag vom ....../Kündigung vom ......

Nach dem Arbeitsvertrag hat der Kläger Anspruch auf ...... Urlaubstage im Jahr[4,5]. Hiervon hat der Kläger insgesamt ...... Tage in Anspruch genommen, und zwar am ....../vom ...... bis ......

Beweis: ...... Urlaubsantrag vom ....../Zeugnis des ......

Der Kläger hat mehrfach versucht, den Resturlaub von ...... Tagen/den Urlaub zu erhalten[8]. So mit Antrag vom ....../mündlichem Antrag vom ...... (konkrete Beschreibung, wann und mit welchem Worten gegenüber wem) ......

Beweis: ...... Antrag vom ....../Zeugnis des ......

Der Beklagte hat den begehrten Urlaub immer wieder ohne ersichtlichen Grund abgelehnt[9]/sich dazu nicht geäußert.

Beweis: Zeugnis des ......

Wegen der Nichtgewährung[10] besteht zugunsten des Klägers ein Schadensersatzanspruch, der sich der Höhe nach wie folgt errechnet: (siehe oben).

Da der Beklagte trotz Aufforderung vom ...... einen Ausgleich verweigert, ist Klage geboten.

Beweis: Schreiben vom ......

Rechtsanwalt

Anmerkungen

1. Siehe Form. B. II. 1.1 Anm. 1 bis 6.

2. Der **Urlaubsabgeltungsanspruch** besteht nur bei einem beendeten Arbeitsverhältnis, vgl. § 7 Abs. 4 BUrlG. Im bestehenden Arbeitsverhältnis kommt eine Abgeltung nicht in Betracht. Vielmehr erlischt der Urlaubsanspruch mit Ablauf des Urlaubsjahres. In der Klage muss daher der Beendigungszeitpunkt angegeben werden.

3. Auf die Frage, wer das Arbeitsverhältnis beendet hat und wie es beendet worden ist, kommt es entscheidungserheblich nicht an. Selbst bei einem vom Arbeitnehmer verschuldeten Ende oder vertragswidrigem Verhalten bei der Beendigung (Nichteinhaltung der Kündigungsfrist), bleibt der Abgeltungsanspruch bestehen (BAG v. 18. 10. 1990, BAGE 66, 134, 139 = AP Nr. 56 zu § 7 BUrlG).

4. Der **Mindesturlaub** beträgt 24 Werktage (§ 3 Abs. 1 BUrlG), wobei Werktage alle Tage einer Woche sind, die nicht auf einen Sonn- oder Feiertag fallen; ergo: i.d.R. Montag bis einschließlich Sonnabend. Die gesetzgeberische Wertung ist demnach, dass jeder Arbeitnehmer 4 Wochen Mindesturlaub im Jahr hat; ferner ist daraus abzuleiten, dass der Gesetzgeber von einer 6-tägigen Arbeitswoche ausgeht. Wenn die individuelle Arbeitszeit auf weniger als 6 Tage in der Woche verteilt ist, müssen nach der Rspr des BAG die Arbeitstage und die Wochentage zueinander in Beziehung gesetzt werden (BAGE 45, 199; 54, 141; BAG v. 14. 1. 1992 EzA § 13 BUrlG Nr. 52). Das lässt sich anhand folgender Formel errechnen: $(24 \times n) : 6 = \times$, wobei n die Anzahl der individuellen Wochenarbeitstage ist; Beispiel bei 3 AT pro Woche: $(24 \times 3) : 6 = 12$ Urlaubstage und damit ebenfalls 4 Wochen. Zum Urlaub im Baugewerbe bei Verteilung der Arbeit auf neun Tage in der Doppelwoche siehe BAG v. 8. 9. 1998 NZA 1999, 665.

5. Hat der Arbeitnehmer nicht die 6-monatige **Wartezeit** des § 4 BUrlG erfüllt, besteht zu seinen Gunsten lediglich ein Anspruch auf Teilurlaub im Sinne § 5 BUrlG. Zu beachten ist, dass **Teilurlaub** nur für jeden vollen Monat entsteht, was in der Praxis häufig übersehen wird. Ebenso wird häufig nicht gesehen, dass bei einem Ausscheiden nach erfüllter Wartezeit in der zweiten Hälfte des Folgejahres (also nach dem 30. 6.) der volle Urlaubsanspruch besteht und damit auch ein dementsprechender Abgeltungsanspruch. Besonderheiten können sich aus einem auf das Arbeitsverhältnis anzuwendenden Tarifvertrag ergeben.

6. Beachte tarifrechtliche Sondervorschriften, z.B. § 7 BRTV-Baugewerbe. Danach ist wegen der Besonderheiten des **Urlaubskassenverfahrens** grundsätzlich eine Abgeltung des Urlaubsanspruches ausgeschlossen, es sei denn, es liegt einer der dort genannten Ausnahmetatbestände vor. § 13 BUrlG enthält insoweit eine Tariföffnungsklausel, die eine abweichende Regelung zur Gesetzeslage zulässt. So ist beispielsweise vom BAG eine tarifvertragliche Regelung, nach der anstelle eines Anspruchs auf Urlaubsabgeltung der Anspruch auf Entschädigung durch eine gemeinsame Einrichtung der Tarifvertragsparteien tritt, für wirksam erachtet worden (BAG v. 26. 6. 2001 – 9 AZR 347/00, NZA 2002, 680 ff.).

7. Der Abgeltungsanspruch ist ein Ersatz des Urlaubsanspruches. Der Urlaubsanspruch wandelt sich in einen Abgeltungsanspruch um, wenn der Urlaub wegen der Beendigung nicht mehr genommen werden kann. In diesem Fall entsteht der Abgeltungsanspruch (BAGE 46, 224; 48, 186; BAG v. 19. 1. 1993 EzA § 7 BUrlG Nr. 89; *Leinemann-Linck*, Urlaubsrecht, 2. Auflage, § 7 Rdnr.195 ff.; *Steffen*, Die Abgeltung des Urlaubsanspruchs, AR-Blattei SD 1640.3). Ist bei Fortbestand des Arbeitsverhältnisses der Urlaub freilich nicht mehr erfüllbar, entfällt ein Abgeltungsanspruch. Zu fragen ist daher zunächst immer, ob bei Fortbestand des Arbeitsverhältnisses bis zum Ende des

Urlaubsjahres der Urlaub noch genommen werden konnte. Scheidet daher die Erfüllbarkeit aus anderen Gründen als der der Beendigung des Arbeitsverhältnisses aus, dann besteht auch kein Abgeltungsanspruch (BAG v. 5. 12. 1995, AP Nr. 48 zu § 7 BUrlG Abgeltung; BAG v. 27. 5. 1997, AP Nr. 74 zu § 7 BUrlG Abgeltung). Das ist z.B. dann der Fall, wenn der Arbeitnehmer bis zum Ende des Urlaubsjahres arbeitsunfähig erkrankt ist. Dann verfällt der Urlaubsanspruch wegen seiner zeitlichen Befristung infolge der Erkrankung und der damit verbundenen mangelnden Erfüllbarkeit.

8. Wenn der Arbeitgeber mit der Urlaubserteilung in Verzug ist und dadurch die Urlaubsgewährung unmöglich wird, hat der Arbeitnehmer nach der Rspr des BAG einen Schadensersatzanspruch nach §§ 249 Satz 1, 251 Abs. 1 BGB (BAGE 52, 254; BAG v. 23. 6. 1992, AP Nr. 22 zu § 1 BUrlG). Voraussetzung ist freilich, dass der Arbeitnehmer seinen **Urlaubswunsch** rechtzeitig geltend macht und somit den Arbeitgeber in Verzug setzt, § 286 Abs. 1 BGB. Der Arbeitgeber kommt dann nicht in Verzug, wenn die tatbestandlichen Voraussetzungen des § 7 Abs. 1 Satz 1 oder Abs. 3 BUrlG vorliegen. Die Folgen des Verzuges im Sinne von § 280 Abs. 2 BGB enden mit dem Ablauf der Befristung des Urlaubsanspruches. Dann gelten nach § 287 Satz 2 BGB die Regeln nach § 280 Abs. 1 BGB.

9. Der Arbeitgeber kommt z.B. auch in Verzug, wenn er beharrlich die Erfüllung des Urlaubsanspruches verweigert. Der Arbeitgeber kommt hingegen nicht bereits deshalb in Verzug, weil er von sich aus nicht Urlaub angeordnet hat. Der Arbeitgeber ist Schuldner des Urlaubsanspruches des Arbeitnehmers und nicht verpflichtet, die Leistung von sich aus zu erbringen (BAG v. 23. 6. 1992, NZA 1993, 360 unter II 2 der Gründe).

10. Der Arbeitnehmer als Gläubiger des Urlaubsanspruches ist auf die Gewährung durch den Arbeitgeber angewiesen. Ein **Selbstbeurlaubungsrecht** des Arbeitnehmers besteht nicht (BAG v. 31. 1. 1985, AP Nr. 6 zu § 8a MuSchG 1968; v. 20. 1. 1994, AP Nr. 14 zu § 626 BGB). Ein eigenmächtiger Urlaubsantritt ist eine Verletzung der arbeitsvertraglichen Pflichten und kann ggf. eine Kündigung aber auch Schadensersatzansprüche auslösen (*v. Hoyningen-Huene/Linck,* KSchG, 13. Auflage, § 1 Rdn. 333).

11. Der Urlaubsabgeltungsanspruch wird nicht durch einen außergerichtlichen oder gerichtlich protokollierten Vergleich ausgeschlossen, wenn es dort lediglich heißt: „Mit diesem Vergleich sind alle gegenseitigen Ansprüche abgegolten ......" Solche Klauseln verstoßen gegen § 13 Abs. 1 BUrlG bzw. § 4 Abs. 4 Satz TVG. Über den Rechtsanspruch auf Abgeltung kann nicht von den Parteien abweichend von den gesetzlichen Bestimmungen disponiert werden. Möglich ist hingegen eine Einigung darüber, ob Urlaubstage verbraucht wurden oder nicht, also eine Einigung über Tatsachen (BAG vom 21. 7. 1978, AP Nr. 5 § 13 BUrlG Unabdingbarkeit; BAG v. 31. 5. 1990, AP Nr. 13 § 13 BUrlG Unabdingbarkeit). Ferner sollte beachtet werden, dass die vom Arbeitgeber erklärte Freistellung von der Arbeitspflicht während der Kündigungsfrist nicht zugleich die Anordnung der Inanspruchnahme restlicher Urlaubstage beinhaltet; das muss vielmehr ausdrücklich gesagt werden.

Kosten und Gebühren

Es handelt sich um eine vermögensrechtliche Streitigkeit im Sinne von § 64 Abs. 2 ArbGG. Der **Wert der Beschwer** berechnet sich unter Anwendung von § 46 Abs. 2 ArbGG nach 2ff. ZPO sowie § 12 Abs. 7 ArbGG. Beachtet werden sollte, dass es sich bei dem Wert des Streitgegenstandes im Urteil um den Wert des im Urteil entschiedenen Streitgegenstandes handelt; § 61 Abs. 1 ArbGG. Der **Gebührenstreitwert** folgt aus §§ 1 Abs. 3, 12, 17 GKG. Die **Gerichtsgebühren** ergeben sich aus § 12 Abs. 1, 2 ArbGG unter Beachtung der hierzu maßgeblichen Tabelle. Für die **Rechtsanwaltsgebühren** ist § 9

Abs. 1 BRAGO maßgebend. Wegen eines vermeintlich zu geringen Wertes im Urteil ist keine gesonderte Beschwerde möglich. Freilich kann bei einer Veränderung des Streitwertes während der Instanz nach §§ 31, 10 Abs. 1 BRAGO eine gesonderte Festsetzung auf Antrag (!) erfolgen; ein Nachteil für die anwaltliche Vergütung entsteht somit nicht.

1.4 Entgeltfortzahlung im Krankheitsfall

An das
Arbeitsgericht ......

Klage

des Arbeitnehmers ......

– Kläger –

Prozessbevollmächtigter: ......

gegen

den Handwerksmeister ....../Herrn ...... als Inhaber der Firma ......

– Beklagter –

wegen Entgeltfortzahlung

Namens und in Vollmacht des Klägers erhebe ich Klage und werde in der mündlichen Verhandlung beantragen zu erkennen:[1]

1. Der Beklagte wird verurteilt, ... EUR brutto nebst 5%-Punkte Zinsen über den jeweiligen Basiszinssatz seit dem ...... an den Kläger zu zahlen.
2. Der Beklagte trägt die Kosten des Rechtsstreites.

Begründung:

Zwischen den Parteien besteht seit dem ...... ein Arbeitsverhältnis[2]. Der Kläger ist als ...... bei einem monatlichen Bruttoentgelt von ....../bei einem Bruttostundenlohn von ...... mit einer regelmäßigen wöchentlichen Arbeitszeit von ...... Stunden tätig. Der Lohn ist zahlbar zum ...... Der Kläger ist am ...... geboren/und ist verheiratet; Er hat ...... Kinder.

Beweis: Arbeitsvertrag vom ......

Das Arbeitsverhältnis ist von dem Kläger/dem Beklagten gekündigt zum ....../besteht ungekündigt fort/wurde am ...... beendet.

Der Kläger war vom ...... bis ...... arbeitsunfähig erkrankt, also für insgesamt ...... Tage.

Beweis: Kopie der AU vom ......

Dem Beklagten wurde die Arbeitsunfähigkeitsbescheinigung am ...... durch ...... persönlich/dem Mitarbeiter ...... übergeben *oder* durch Einschreiben mit Rückschein am ...... zugesandt[3,4].

Beweis: Zeugnis des/der ....../Einlieferungsschein mit Rückschein vom ......

Der Beklagte ist daher zur Entgeltfortzahlung verpflichtet, zu seinen Gunsten besteht kein Zurückbehaltungsrecht am Lohn[5]. Der Höhe nach berechnet sich die Entgeltfortzahlung wie folgt[6,7]:

Köhne   19

Der Bruttostundenlohn/Monatslohn beträgt ...... EUR. Daher errechnen sich für jeden Arbeitstag ...... EUR. Für die Zeit der Erkrankung von insgesamt ...... Tagen errechnen sich somit ...... EUR.

Der Beklagte wurde mit Schreiben vom ...... zur Zahlung aufgefordert. Er weigert sich zu zahlen. Klage ist geboten.

Rechtsanwalt

Anmerkungen

1. Siehe Form. B. II. 1.1. Anm. 1 bis 6.

2. Der Anspruch auf **Entgeltfortzahlung** für die Dauer von sechs Wochen entsteht erst nach vierwöchiger Dauer des Arbeitsverhältnisses, vgl. § 3 Abs. 3 EntFG. Daher gehört zur Schlüssigkeit der Klage die Angabe, seit wann das Arbeitsverhältnis besteht.

3. Nach § 5 EntFG besteht für den Arbeitnehmer die Verpflichtung bei einer längeren als 3 Tage dauernden Erkrankung eine **Arbeitsunfähigkeitsbescheinigung** dem Arbeitgeber vorzulegen. Demnach muss sie spätestens am 4. Tag beim Arbeitgeber vorliegen. Für die ersten drei Tage (sog. **Karenztage**) besteht grundsätzlich keine Verpflichtung zur Vorlage einer AU-Bescheinigung. In der Praxis wird vielfach übersehen, dass der Arbeitgeber allerdings nach § 5 Abs. 1 Satz 3 EntFG bereits früher die Vorlage verlangen kann (also auch bereits am ersten Tag!); vgl. hierzu BAG v. 1. 10. 1997 – 5 AZR 726/96 = BAGE 86, 357 ff. = NZA 1998, 369. Der Arbeitnehmer ist weiter verpflichtet, bereits innerhalb der ersten Arbeitsstunden des ersten Krankheitstages seine Verhinderung mitzuteilen (BAG v. 16. 8. 1991, AP Nr. 41 zu § 1 KSchG 1969 Verhaltensbedingte Kündigung [die Fundstelle verrät, welche rechtlichen Möglichkeiten der Arbeitgeber ansonsten hat]).

4. Zur Beweiskraft **ausländischer Arbeitsunfähigkeitsbescheinigungen** ist die Rspr des EuGH und die daraufhin ergangene Rspr des BAG zu beachten (EuGH v. 3. 6. 1992, AP Nr. 1 zu Art. 18 EWG-Verordnung Nr. 574/72; v. 2. 5. 1996, AP Nr. 2 zu Art. 18 EWG-Verordnung Nr. 574/72; BAG v. 19. 2. 1997, AP Nr. 3 zu Art. 18 EWG-Verordnung Nr. 574/72 = NZA 1997, 705). Der EuGH hat ausgeführt, dass der Arbeitgeber in tatsächlicher und rechtlicher Hinsicht an die von dem Träger des Wohn- und Aufenthaltsortes getroffenen ärztlichen Feststellungen über den Eintritt und die Dauer der Arbeitsunfähigkeit gebunden ist, sofern er die betroffene Person nicht durch einen Arzt seiner Wahl untersuchen lässt. Dem Arbeitgeber ist es jedoch nicht verwehrt, Nachweise zu erbringen, anhand derer feststellbar ist, dass der Arbeitnehmer ggf. missbräuchlich oder betrügerisch eine festgestellte Arbeitsunfähigkeit gemeldet hat, ohne krank gewesen zu sein. In Anwendung dieser Entscheidungen hat das BAG ausgeführt, dass ein Anspruch auf Lohnfortzahlung im Krankheitsfall dann nicht besteht, wenn der Arbeitnehmer in Wirklichkeit nicht arbeitsunfähig erkrankt war und sein Verhalten rechtsmissbräuchlich oder betrügerisch war; dass ist i. d. R. dann der Fall, wenn sich der Arbeitnehmer krankschreiben lässt, ohne es zu sein. Allerdings trage der Arbeitgeber die Beweislast (und damit vorgeschaltet die Darlegungslast) dafür, dass der Arbeitnehmer nicht erkrankt war. Anders als bei nationalen Arbeitsunfähigkeitsbescheinigungen reicht es nicht aus, dass der Arbeitgeber Umstände darlegt und beweist, die nur zu ernsthaften Zweifeln an der krankheitsbedingten Arbeitsunfähigkeitsbescheinigung Anlass geben (!). Das Gericht hat gemäß § 286 Abs. 1 ZPO unter Berücksichtigung des gesamten Inhalts der Verhandlungen und des Ergebnisses einer etwaigen Beweisaufnahme nach freier Überzeugung zu entscheiden, ob eine tatsächliche Behauptung für wahr oder unwahr zu erachten ist.

5. Solange der Arbeitnehmer seiner Verpflichtung zur Vorlage der AU-Bescheinigung nicht nachkommt, hat der Arbeitgeber nach § 7 Abs. 1 Nr. 1 EntFG ein **Leistungsverweigerungsrecht**. Dieses Leistungsverweigerungsrecht ist nach der Rspr des BAG kein dauerndes, sondern nur ein vorübergehendes, d.h. also bis zur Vorlage der AU-Bescheinigung. Sobald die Bescheinigung vorliegt, besteht die Verpflichtung zur Entgeltfortzahlung (BAGE 23, 411), und zwar dann rückwirkend.

6. Nach § 4 Abs. 1 EntFG ist auf den Verdienst der regelmäßigen Arbeitszeit abzustellen. Überstunden und Zulagen sowie Aufwendungsersatz bleiben außer Betracht. Die vormalige vom 1. 10.1996 bis 31. 12. 1998 geltende Reduzierung auf 80% der regelmäßigen Vergütung ist damit weitestgehend rückgängig gemacht. Für etwaige Altfälle ist die Übergangsvorschrift in § 13 zu beachten, wonach Arbeitnehmer, die in dem dort genannten Zeitraum (9. 12. 1998 bis 31. 12. 1998) erkranken, bereits nach der seit 1. 1. 1999 geltenden Änderung Anspruch auf Vergütung haben, es sei denn, die Neuregelung ist für den Arbeitnehmer ungünstiger. Zu beachten ist ferner, dass durch Tarifverträge nach dem 1. 10. 1996 vielfach die 80%-Regel eingeführt wurde und an deren Stelle im Tarifwerk hierfür ein Ausgleich geschaffen worden ist. Zulässig ist es, wenn die Tarifvertragsparteien nach § 4 Abs. 4 EntFG tarifliche Zuschläge, die im Arbeitsverhältnis regelmäßig anfallen, von der Entgeltfortzahlung ausnehmen (BAG v. 13. 3. 2002 – 5 AZR 648/00, NZA 2002, 744). Hingegen ist eine tarifliche Bestimmung, wonach der Arbeitnehmer für jeden Tag der Entgeltfortzahlung 1,5 Stunden nacharbeiten muss bzw. von seinem Arbeitszeitkonto pro Tag 1,5 Stunden abgezogen werden, unwirksam, da ein Verstoß gegen § 12 EntFG vorliegt (BAG v. 26. 9. 2001 – 5 AZR 539/00, NZA 2002, 387).

7. Der Entgeltfortzahlung liegt nach § 4 EntFG ein modifiziertes Lohnausfallprinzip zugrunde. Bei Schwankungen der individuellen Arbeitszeit ist zur Bestimmung der regelmäßigen Arbeitszeit eine vergangenheitsbezogene Betrachtung zulässig und geboten. Nach der Rspr. des BAG ist dann der Durchschnitt der vergangenen zwölf Monate maßgebend. Hierbei sind Urlaubs- und Krankheitstage nicht mit in die Durchschnittsberechnung einzubeziehen. Nimmt der Arbeitnehmer Freizeitausgleich in Anspruch, mindert das seine durchschnittliche regelmäßige Arbeitszeit, soweit nicht nur Überstundenzuschläge abgefeiert werden. Haben die Parteien hingegen eine feste Monatsvergütung vereinbart, ist diese grundsätzlich auch im Krankheitsfall fortzuzahlen. Der Arbeitgeber kann allerdings einwenden, mit dem Festlohn seien vereinbarungsgemäß bestimmte Überstunden oder bestimmte tarifliche Überstundenzuschläge abgegolten worden. (BAG v. 26. 6. 2002 – 5 AZR 592/00, AP Nr. 61 zu § 4 EntgeltFG).

Kosten und Gebühren

Es handelt sich um eine vermögensrechtliche Streitigkeit im Sinne von § 64 Abs. 2 ArbGG. Der **Wert der Beschwer** berechnet sich unter Anwendung von § 46 Abs. 2 ArbGG nach 2 ff. ZPO sowie § 12 Abs. 7 ArbGG. Beachtet werden sollte, dass es sich bei dem Wert des Streitgegenstandes im Urteil um den Wert des im Urteil entschiedenen Streitgegenstandes handelt; § 61 Abs. 1 ArbGG. Der **Gebührenstreitwert** folgt aus §§ 1 Abs. 3, 12, 17 GKG. Die **Gerichtsgebühren** ergeben sich aus § 12 Abs. 1, 2 ArbGG unter Beachtung der hierzu maßgeblichen Tabelle. Für die **Rechtsanwaltsgebühren** ist § 9 Abs. 1 BRAGO maßgebend. Wegen eines vermeintlich zu geringen Wertes im Urteil ist keine gesonderte Beschwerde möglich. Freilich kann bei einer Veränderung des Streitwertes während der Instanz nach §§ 31, 10 Abs. 1 BRAGO eine gesonderte Festsetzung auf Antrag (!) erfolgen; ein Nachteil für die anwaltliche Vergütung entsteht somit nicht.

Köhne 21

1.5 Schadensersatz und Zeugnis

An das
Arbeitsgericht ......

Klage

des Arbeitnehmers ......

– Kläger –

Prozessbevollmächtigter: ......

gegen

den Handwerksmeister ....../Herrn ...... als Inhaber der Firma ......

– Beklagter –

wegen Schadensersatz

Namens und in Vollmacht des Klägers erhebe ich Klage und werde in der mündlichen Verhandlung beantragen zu erkennen:[1]

1. Der Beklagte wird verurteilt, ... EUR brutto nebst 5%-Punkte Zinsen über den jeweiligen Basiszinssatz seit dem ...... an den Kläger zu zahlen.
2. Der Beklagte trägt die Kosten des Rechtsstreites.

Begründung:

Zwischen den Parteien besteht seit dem ...... ein Arbeitsverhältnis. Der Kläger ist als ...... bei einem monatlichen Bruttoentgelt von ....../bei einem Bruttostundenlohn von ...... mit einer regelmäßigen wöchentlichen Arbeitszeit von ...... Stunden tätig. Der Lohn ist zahlbar zum ...... Der Kläger ist am ...... geboren/und ist verheiratet; er hat ...... Kinder.

Beweis: Arbeitsvertrag vom ......

Das Arbeitsverhältnis ist von dem Kläger/dem Beklagten gekündigt zum ....../ besteht ungekündigt fort/wurde am ...... beendet.

Beweis: Kündigung vom ......

Aus Anlass der Beendigung verlangte der Kläger am ......[2] die Ausstellung eines qualifizierten Zeugnisses[3, 4]. Er benötigte das Zeugnis zur Vorlage einer Bewerbung bei ...... Anlässlich des Bewerbungsgespräches wurde dem Kläger mitgeteilt, dass er die ausgeschriebene Stelle als ...... erhalten würde, wenn das Zeugnis des Beklagten vorliegen würde[5]. Dem Kläger wurde Gelegenheit gegeben, das Zeugnis bis zum ...... nachzureichen.

Beweis: Zeugnis des ....../Schreiben vom ......

Trotz Aufforderung vom ...... an den Beklagten und Vorsprache am ...... das Zeugnis bis zum ...... auszustellen, erhielt der Kläger das Zeugnis nicht[6]. Die bei der Firma ...... ausgeschriebene Stelle wurde zwischenzeitlich anderweitig besetzt[5], obgleich der Kläger sich bemüht hatte[7], einen Aufschub zur Vorlage des Zeugnisses zu erhalten.

Beweis: Schreiben vom ....../Zeugnis des ......

Durch die verweigerte Zeugniserteilung/verspätete Zeugniserteilung hat der Kläger einen Schaden erlitten[8], der darin besteht, dass er die ausgeschriebene Stelle als

...... nicht erhalten hat. Er hätte einen Verdienst von ...... EUR gehabt. Stattdessen hat er lediglich Arbeitslosengeld bis zum ...... erhalten, und zwar in Höhe von ...... EUR. Insgesamt hat der Kläger daher einen Schaden in Höhe von ...... EUR erlitten.

Der Beklagte wurde mit Schreiben vom ...... zur Zahlung aufgefordert. Er weigert sich zu zahlen. Klage ist geboten.

Rechtsanwalt

Anmerkungen

1. Siehe Form. B. II. 1.1 Anm. 1 bis 6.

2. Zur Klage gehört die Angabe, wann das **Zeugnis** verlangt wurde. Das folgt aus der Rspr des BAG, wonach der Anspruch ggf. wegen widersprüchlichen Verhaltens ausgeschlossen sein kann. Wenn nämlich das Verhalten eines Arbeitnehmers nach seinem Ausscheiden bei seinem bisherigen Arbeitgeber nur so aufgefasst werden kann, dass er dem ihm von seinem Arbeitgeber ausgestellten Zeugnis keine besondere Bedeutung beimesse, ergibt sich hieraus, dass er den Arbeitgeber über fünf Monate nach seinem Ausscheiden mit Schadensersatzansprüchen wegen Formulierungen des Zeugnisses nicht mehr überziehen kann (BAG v. 17. 10. 1972, AP Nr. 8 zu § 630 BGB).

3. Der Arbeitnehmer hat nach § 109 GewO einen Anspruch auf Erteilung eines Zeugnisses; der Handlungsgehilfe nach § 73 HGB, für bestimmte gewerbliche Arbeitnehmer nach § 113 GewO, Auszubildende nach § 8 BBiG beachte: § 630 BGB gilt seit dem 1. 1. 2003 nicht mehr für Arbeitsverhältnisse. Der Zeugnisanspruch entsteht bei Beendigung des Arbeitsverhältnisses, im laufenden Arbeitsverhältnis besteht kein Anspruch auf ein Zeugnis. Allerdings muss das Arbeitsverhältnis nicht tatsächlich oder rechtlich beendet sein, sondern es genügt, dass es in absehbarer Zeit beendet wird. Daher hat der Arbeitnehmer bereits bei Zugang einer Kündigung einen Zeugnisanspruch (BAG v. 21. 1. 1993, NZA 1993, 1031). Begrifflich davon zu unterscheiden ist das in der Praxis vielfach verlangte **Zwischenzeugnis**. Darunter ist ein solches zu verstehen, welches der Arbeitnehmer dann verlangen kann, wenn der Arbeitgeber eine Beendigung in Aussicht stellt, aber noch keine rechtlichen Schritte insoweit unternommen hat. Der Zeugnisanspruch ist unabdingbar.

4. Zu unterscheiden ist das **einfache** vom **qualifizierten Zeugnis** vgl. § 109 Abs. 1 S. 2 und S. 3 GewO. Das einfache Zeugnis beinhaltet nur Aussagen über die Art und Dauer der Beschäftigung. Das qualifizierte Zeugnis beinhaltet Aussagen über die Art und Dauer sowie Führung und Leistung des Arbeitnehmers. Neben den tatsächlichen Angaben sind hier also auch Beurteilungen durch den Arbeitgeber erforderlich. Das qualifizierte Zeugnis ist nur auf Verlangen des Arbeitnehmers zu erteilen. Hat der Arbeitgeber ein qualifiziertes Zeugnis erteilt, kann der Arbeitnehmer nicht mehr ein einfaches Zeugnis verlangen, da der Arbeitgeber den Zeugnisanspruch erfüllt hat. Mit dem Zeugnis soll ein Gesamtbild wiedergegeben werden, woraus folgt, dass einmalige Vorfälle, die nicht charakteristisch sind, nicht in das Zeugnis aufzunehmen sind. Ferner muss das Zeugnis der Wahrheit entsprechen, soll aber nicht zugleich den Arbeitnehmer in seinem beruflichen Fortkommen behindern vgl. § 109 Abs. 2 GewO. Diese Forderung hat in der Praxis zu einer eigentümlichen Zeugnissprache geführt. Verlangt der Arbeitnehmer einen bestimmten Zeugnisinhalt, dann hat er im Klageantrag genau zu bezeichnen, was in welcher Form das Zeugnis enthalten soll (BAG v. 14. 3. 2000 – 9 AZR 246/00, ArbuR 2000, 360 f.).

Zur äußeren **Form des Zeugnisses** siehe BAG v. 21. 9. 1999 – 9 AZR 893/98, NZA 2000, 257 ff. (Knick im Zeugnisbogen?); BAG v. 20. 2. 2001 – 9 AZR 44/00, NZA

2001, 843 ff. (Grußformel?); BAG v. 26. 6. 2001 – 9 AZR 392/00, NZA 2002, 33 ff. (wer muss das Zeugnis ausstellen?). Nach § 109 Abs. 3 GewO ist die Erteilung des Zeugnisses in elektronischer Form ausgeschlossen (z. B.: per e-mail).

5. Der Arbeitnehmer muss darlegen und ggf. beweisen, dass er bei einem bestimmten Arbeitgeber eine Stelle erhalten hätte, dies jedoch daran gescheitert ist, dass der vorherige Arbeitgeber das Zeugnis verspätet oder gar nicht erstellt hat. Einen allgemeinen Erfahrungssatz mit dem Inhalt, dass eine missglückte Bewerbung durch ein fehlerhaftes Zeugnis oder fehlendes Zeugnis verursacht wurde, gibt es nicht. Allerdings kann dem Arbeitnehmer die Beweiserleichterung des § 287 ZPO zu Hilfe kommen und eine gewisse Wahrscheinlichkeit für den Ursachenzusammenhang genügen. Dem Arbeitnehmer kommt dabei § 252 Satz 2 BGB zugute (BAG v. 26. 2. 1976, AP Nr. 3 zu § 252 BGB; v. 24. 3. 1977, DB 1977, 1369).

6. Grundsätzlich hat der Arbeitnehmer das Zeugnis beim Arbeitgeber abzuholen (BAG v. 8. 3. 1995, AP Nr. 21 zu § 630 BGB), nur ausnahmsweise muss der Arbeitgeber das Zeugnis an den Arbeitnehmer senden. Tarifrechtliche Besonderheiten sind zu beachten: BRTV-Baugewerbe!

7. Auch hier gilt § 254 BGB.

8. Die Schadenshöhe kann nach entsprechendem Sachvortrag des Arbeitnehmers vom Gericht nach § 287 Abs. 1 Satz 1 ZPO geschätzt werden (BAG v. 24. 3. 1977, DB 1977, 1369).

Kosten und Gebühren

Es handelt sich um eine vermögensrechtliche Streitigkeit im Sinne von § 64 Abs. 2 ArbGG. Der **Wert der Beschwer** berechnet sich unter Anwendung von § 46 Abs. 2 ArbGG nach 2 ff. ZPO sowie § 12 Abs. 7 ArbGG. Beachtet werden sollte, dass es sich bei dem Wert des Streitgegenstandes im Urteil um den Wert des im Urteil entschiedenen Streitgegenstandes handelt; § 61 Abs. 1 ArbGG. Der **Gebührenstreitwert** folgt aus §§ 1 Abs. 3, 12, 17 GKG. Die **Gerichtsgebühren** ergeben sich aus § 12 Abs. 1, 2 ArbGG unter Beachtung der hierzu maßgeblichen Tabelle. Für die **Rechtsanwaltsgebühren** ist § 9 Abs. 1 BRAGO maßgebend. Wegen eines vermeintlich zu geringen Wertes im Urteil ist keine gesonderte Beschwerde möglich. Freilich kann bei einer Veränderung des Streitwertes während der Instanz nach §§ 31, 10 Abs. 1 BRAGO eine gesonderte Festsetzung auf Antrag (!) erfolgen; ein Nachteil für die anwaltliche Vergütung entsteht somit nicht.

1.6 Zahlungsklage wegen Annahmeverzug

An das
Arbeitsgericht ......

Klage

des Arbeitnehmers ......

– Kläger –

Prozessbevollmächtigter: ......

gegen

den Handwerksmeister ....../Herrn ...... als Inhaber der Firma ......

– Beklagter –

wegen Annahmeverzug

Namens und in Vollmacht des Klägers erhebe ich Klage und werde in der mündlichen Verhandlung beantragen zu erkennen:[1]

1. Der Beklagte wird verurteilt, ... EUR brutto nebst 5%-Punkte Zinsen über den jeweiligen Basiszinssatz seit dem ...... an den Kläger zu zahlen.
2. Der Beklagte trägt die Kosten des Rechtsstreites.

Begründung:

Zwischen den Parteien besteht seit dem ...... ein Arbeitsverhältnis. Der Kläger ist als ...... bei einem monatlichen Bruttoentgelt von ....../bei einem Bruttostundenlohn von ...... mit einer regelmäßigen wöchentlichen Arbeitszeit von ...... Stunden tätig. Der Lohn ist zahlbar zum ...... Der Kläger ist am ...... geboren/und ist verheiratet; er hat ...... Kinder.

Beweis: Arbeitsvertrag vom ......

Alt. 1: Annahmeverzug im bestehenden ungekündigten Arbeitsverhältnis
Das Arbeitsverhältnis besteht ungekündigt fort. Am ...... erklärte der Beklagte ...... (genaue Bezeichnung wer!) ......, dass der Kläger nach Hause gehen könne, da zurzeit keine Arbeit vorhanden sei[2]. Der Beklagte erklärte ferner, er werde sich wieder bei dem Kläger melden, wenn die Arbeit fortgesetzt werden könne.

Beweis: Zeugnis des ......

Am ...... meldete sich der Beklagte telefonisch und forderte den Kläger auf, wieder am ...... zur Arbeit zu erscheinen[3], was Letzterer auch tat. In der Zeit der nicht angenommenen Arbeit vom ...... bis ...... wäre der Kläger in der Lage gewesen, die vertragsgemäße Arbeitsleistung zu erbringen[4].

Für die Zeit vom ...... bis ...... schuldet der Beklagte den Lohn wie folgt: ...... (genaue Berechnung) ......

Alt. 2: Annahmeverzug im gekündigten Arbeitsverhältnis
Das Arbeitsverhältnis wurde am ...... mit Ablauf des ...... durch den Beklagten gekündigt[5]. Dagegen hat der Kläger Kündigungsschutzklage beim ...... erhoben. Durch Urteil vom ...... des ...... zu dem AZ ...... wurde festgestellt, dass die Kündigung vom ...... das Arbeitsverhältnis nicht aufgelöst hat.

Beweis: Urteil vom ......

Der Beklagte schuldet daher den Lohn für den Zeitraum der Nichtbeschäftigung. In dieser Zeit hätte der Kläger auch arbeiten können. Der Lohn errechnet sich wie folgt:[6] ......

In der gleichen Zeit hat der Kläger anderweitig verdient/erhalten[7, 8, 9]: ......

Beweis: Beleg vom ....../Arbeitslosenbescheid vom ......

Unter Abzug des Zwischenverdienstes ergibt sich daher ein Restanspruch in Höhe von ...... EUR.

Beachte für den Fall, dass der Kläger Bruttolohn einklagt und z.B. zwischenzeitlich Arbeitslosengeld (netto!) erhalten hat, dann könnte der Antrag zu 1) lauten:[10]

1. Der Beklagte wird verurteilt, ... EUR brutto abzüglich vom Arbeitsamt erhaltener ...... EUR netto nebst 5%-Punkte Zinsen über den jeweiligen Basiszinssatz seit dem ...... an den Kläger zu zahlen.

Der Beklagte wurde mit Schreiben vom ...... zur Zahlung aufgefordert. Er weigert sich zu zahlen. Klage ist geboten.

Rechtsanwalt

Anmerkungen

1. Siehe Form. B. II. 1.1 Anm. 1 bis 6.

2. Dieses Verhalten ist z. Zt. leider nicht untypisch, vor allem in der Baubranche und bei kleinen Handwerksbetrieben.

3. Der **Annahmeverzug** endet mit der Aufforderung des Arbeitgebers zur Aufnahme der Arbeitsleistung. Dazu gehört auch die im Rahmen eines Kündigungsschutzprozesses im Termin erklärte Aufforderung, am Folgetag wieder zur Arbeit zu erscheinen (BAG v. 24. 10. 1991, EzA § 615 BGB Nr. 70; v. 21. 1. 1993, NZA 1993, 550).

4. Der Annahmeverzug setzt auf Seiten des Arbeitnehmers voraus, dass er willens und in der Lage ist bzw. war, die vertragsgemäß geschuldete Arbeitsleistung zu erbringen. Das fehlende Leistungsvermögen des Arbeitnehmers muss objektiv begründet sein, auf die subjektive Einschätzung des Arbeitnehmers kommt es nicht an („ich bin topfit"), vgl. BAG v. 29. 10. 1998 NZA 1999, 377. War der Arbeitnehmer nach Ablauf der Kündigungsfrist arbeitsunfähig erkrankt, dann konnte er nicht die Arbeitsleistung erbringen, so dass der Annahmeverzug entfällt, vgl. § 297 BGB (BAG v. 14. 11. 1985, EzA § 615 BGB Nr. 46). In einem solchen Fall (Erkrankung) hat der Arbeitnehmer bei Feststellung der Unwirksamkeit der Kündigung und damit Fortbestand des Arbeitsverhältnisses freilich einen Anspruch aus § 3 EntFG.

5. Der Arbeitgeber kommt bei einer wirksamen Kündigung nicht in Annahmeverzug, wenn er für die Zeit nach der Kündigungsfrist die Arbeitsleistung ablehnt. Wenn sich jedoch später herausstellt, dass die Kündigung unwirksam war, kann Annahmeverzug vorliegen, da es auf ein Verschulden des Arbeitgebers nicht ankommt, vgl. § 293 BGB. Weil in der Kündigungserklärung zugleich die Ablehnung der Arbeitsleistung nach dem Kündigungstermin liegt, genügt ein mündliches Angebot des Arbeitnehmers im Sinne von § 295 BGB. Nach der Rspr des BAG liegt ein solches Angebot in der Erhebung der **Kündigungsschutzklage** (so schon BAG v. 10. 4. 1963, EzA § 4 TVG Nr. 5).

Nach § 296 BGB ist jedoch in dem Fall, in dem der Gläubiger (= Arbeitgeber) eine fristgebundene Handlung vorzunehmen hat und diese nicht rechtzeitig vornimmt, ein Angebot des Schuldners (= Arbeitnehmer) entbehrlich. Die Arbeitsleistung des Arbeitnehmers hängt davon ab, dass ihm der Arbeitgeber das Betreten und den Zugang zum Arbeitsplatz gestattet, Arbeitsmittel zur Verfügung stellt usw., denn nur so kann der Arbeitnehmer seine vertragliche Pflicht aus § 611 BGB erfüllen. Diese Mitwirkungspflicht des Arbeitgebers besteht für jeden Tag der vereinbarten Arbeitszeit und muss von ihm erbracht werden. Durch den Zeitablauf kann sie jedoch nicht nachgeholt werden. Im Sinne von § 296 BGB wird ein Angebot des Arbeitnehmers dadurch überflüssig. Der Arbeitgeber bringt vielmehr mit der Kündigung zum Ausdruck, dass er nach Ablauf der Kündigungsfrist seine erforderliche Mitwirkung nicht erbringen wird. Der Annahmeverzug tritt daher mit Zugang der Kündigung ein, es sei denn, der Arbeitgeber weist nach, dass der Arbeitnehmer nicht willens und in der Lage war, vertragsgemäß zu arbeiten (BAG v. 9. 8. 1994, EzA § 615 BGB Nr. 4; v. 18. 12. 1986, EzA § 615 BGB Nr. 53; v. 31. 3. 1985, EzA § 615 BGB Nr. 44).

Der Annahmeverzug endet im Falle der Stattgabe der Kündigungsschutzklage mit der Arbeitsaufnahme.

Der Arbeitgeber kommt nicht in Annahmeverzug, wenn er den Arbeitnehmer rechtswirksam von der Arbeitspflicht befreit hat, etwa Urlaub erteilt oder Freizeitausgleich angeordnet hat (BAG v. 23. 1. 2001 – 9 AZR 26/00, NZA 2001, 897). Freilich besteht dann eine Vergütungspflicht aus anderen Rechtsgründen.

6. Bei der Lohnhöhe, die der Arbeitnehmer im Wege des Annahmeverzugs verlangen kann, gilt grundsätzlich das sog. **Lohnausfallprinzip.** Zu fragen und in der Klage (substantiiert!) darzulegen ist demnach, was der Arbeitnehmer verdient hätte, wenn er gearbeitet hätte. So gehört nicht nur der eigentliche Stundenlohn bzw. Monatslohn zum Annahmeverzugslohn, sondern auch eine etwaig eingetretene Lohnerhöhung ist zu berücksichtigen oder etwaig angefallenen Zulagen, Prämien, Überstundenzuschläge, Provisionen (BAG v. 11. 8. 1998 – 9 AZR 410/97, n. v.). Sofern dem Arbeitnehmer Sachbezüge entzogen werden (z. B. Firmenfahrzeug zur Privatnutzung), sind diese abzugelten. Kurzum: der Arbeitnehmer ist so zustellen, wie er gestellt wäre, wenn er tatsächlich gearbeitet und deshalb die vertragsgemäß geschuldeten Leistungen des Arbeitgebers erhalten hätte (vgl. BAG v. 23. 6. 1994 – 8 AZR 537/92, AP Nr. 34 zu § 249 BGB: das BAG hatte u. a. zu entscheiden über entgangene Steuervorteile, Steuerprogressionsschaden, vermögenswirksame Leistungen, Zuschüsse des Arbeitgebers zur Krankenversicherung und Steuerberatungskosten).

Nach der Rspr. des BAG kann die Vermögenseinbuße, die der Arbeitnehmer im Fall der Nichtbeschäftigung dadurch erleidet, dass der Steuerbefreiungstatbestand des § 3 b EStG für Sonntags-, Feiertags- und Nachtarbeit keine Anwendung findet, dem Arbeitgeber regelmäßig nicht als zu ersetzender Schaden zugerechnet werden (BAG v. 19. 10. 2000 – 8 AZR 20/00, NJW 2001, 1666–1668). Hierbei handelt es sich nach der Auffassung des BAG nicht um einen Verzugsschaden des Arbeitnehmers, sondern rührt aus der tatsächlichen Nichtbeschäftigung des Arbeitnehmers her und ist normativ dem Arbeitgeber nicht zuzurechnen (§ 3 b EStG). Das ergebe sich aus dem Sinn und Zweck der steuerlichen Regelung (wirtschafts- und arbeitsmarktpolitische Gründe und Ausgleich für die besonderen Erschwernisse und Belastungen beim Arbeitnehmer).

7. Nach § 615 Satz 2 BGB hat sich der Arbeitnehmer dasjenige anrechnen zu lassen, was er in der Zeit des Annahmeverzuges anderweitig verdient oder böswillig unterlassen hat zu verdienen. Dabei ist der erzielte Bruttoverdienst ausschlaggebend und der Verdienst auf den gesamten Zeitraum des Annahmeverzugs entscheidend (so schon RGZ 58, 401; BAGE 5, 217). Um böswilliges Unterlassen handelt es sich dann, wenn der Arbeitnehmer grundlos zumutbare Arbeit ablehnt oder vorsätzlich verhindert, dass ihm zumutbare Arbeit angeboten wird. Auf eine unterlassene Meldung beim Arbeitsamt als Arbeitssuchender kommt es hingegen regelmäßig nicht an. Die Vorschriften des Annahmeverzugs begründen nach der Rspr. des BAG keine Obliegenheit des Arbeitnehmers, die Vermittlung des Arbeitsamtes in Anspruch zu nehmen (BAG v. 16. 5. 2000 – 9 AZR 203/99, NZA 2001, 26 f.). Vielmehr könne der Arbeitgeber den Arbeitnehmer über konkrete Stellenangebote informieren, ihn dadurch in „Zugzwang" versetzen und Bewerbungen veranlassen, um gegebenenfalls die Ansprüche aus Annahmeverzug dann kürzen zu können, wenn der Arbeitnehmer auf diese Mitteilungen hin vorsätzlich das Zustandekommen eines Arbeitsverhältnisses verhindert.

8. Bei einer Kündigung gilt die besondere Vorschrift des § 11 KSchG (natürlich nur soweit das KSchG Anwendung findet). Bei dieser Vorschrift handelt es sich nicht um eine Anspruchsgrundlage für den Annahmeverzug (!), sondern nur um eine Sonderregelung zu § 615 Satz 2 BGB. Anspruchsgrund und -höhe richten sich auch hier nach §§ 615 Satz 1 BGB, 616 Abs. 2 BGB, 63 HGB, 133 c GewO.

9. Anzurechnen ist dasjenige, was der Arbeitnehmer in der Zeit verdient, in der er ansonsten dem Arbeitgeber die Arbeitszeit zur Verfügung hätte stellen müssen. Hierzu gehören z. B. Einkünfte aus einem anderen Dienst- oder Arbeitsverhältnis, Nebenbeschäftigungen, Gefälligkeitsarbeiten, selbstständige Gewerbe- oder Berufstätigkeit. Da der Verdienst anzurechnen ist, sind die Einnahmen um Aufwendungen zu bereinigen. Dem Arbeitgeber steht insoweit ein Auskunftsanspruch zu.

10. Erhebt der Arbeitnehmer eine Bruttolohnklage, was der Regelfall ist (er weiß ja zumeist nicht, ob der Arbeitgeber die Steuern und Sozialversicherungsabgaben auch tatsächlich abgeführt hat), dann muss er sich gleichwohl nach § 615 Satz 2 BGB dasjenige anrechnen lassen, was er im Annahmeverzugszeitraum an Leistungen von der Bundesanstalt für Arbeit erhalten hat. Dies muss im Klageantrag berücksichtigt werden, denn durch das Arbeitsamt ist der Lohn zum Teil erfüllt, obgleich eigentlich kein Anspruch bestand (§ 143 Abs. 1 SGB III). Um auch den gesamten Bruttolohn zu titulieren, ist die Klage entsprechend auszurichten und zugleich sind die erhaltenen Beträge vom Arbeitsamt in Abzug zu bringen (zu einem etwaigen Erstattungsanspruch des Arbeitsamtes gegenüber dem Arbeitgeber vgl. auch § 147 a SGB III). Keineswegs sollte von dem Bruttolohn der erhaltene Betrag einfach abgezogen werden. Im Rahmen der Vollstreckung sind zunächst die Steuern und Sozialversicherungsabgaben bezüglich des Bruttolohnes zu berechnen (wegen des Steuerzuflussprinzips in der Regel erst im Zeitpunkt der Erfüllung ermittelbar) und sodann ist der erhaltene Arbeitslosenbetrag abzuziehen. Daraus resultiert ein anderer Geldbetrag, als wenn von dem Bruttolohn einfach die empfangene Leistung vom Arbeitsamt abgezogen wird und sodann die Abgaben ermittelt werden; diese wären viel zu gering, denn das steuerpflichtige Einkommen ist höher als diese Differenz, mit der Folge, dass der Arbeitnehmer gleichwohl die höheren Steuern zahlen müsste!

Kosten und Gebühren

Es handelt sich um eine vermögensrechtliche Streitigkeit im Sinne von § 64 Abs. 2 ArbGG. Der **Wert der Beschwer** berechnet sich unter Anwendung von § 46 Abs. 2 ArbGG nach 2 ff. ZPO sowie § 12 Abs. 7 ArbGG. Beachtet werden sollte, dass es sich bei dem Wert des Streitgegenstandes im Urteil um den Wert des im Urteil entschiedenen Streitgegenstandes handelt; § 61 Abs. 1 ArbGG. Der **Gebührenstreitwert** folgt aus §§ 1 Abs. 3, 12, 17 GKG. Die **Gerichtsgebühren** ergeben sich aus § 12 Abs. 1, 2 ArbGG unter Beachtung der hierzu maßgeblichen Tabelle. Für die **Rechtsanwaltsgebühren** ist § 9 Abs. 1 BRAGO maßgebend. Wegen eines vermeintlich zu geringen Wertes im Urteil ist keine gesonderte Beschwerde möglich. Freilich kann bei einer Veränderung des Streitwertes während der Instanz nach §§ 31, 10 Abs. 1 BRAGO eine gesonderte Festsetzung auf Antrag (!) erfolgen; ein Nachteil für die anwaltliche Vergütung entsteht somit nicht.

1.7 Provisionsklage

An das
Arbeitsgericht ......

Klage

des Arbeitnehmers/Handelsvertreters ......

– Kläger –

Prozessbevollmächtigter: ......

gegen

den Handwerksmeister ....../Herrn ...... als Inhaber der Firma ......

– Beklagter –

wegen Auskunft und Provision

Namens und in Vollmacht des Klägers erhebe ich Klage und werde in der mündlichen Verhandlung beantragen zu erkennen:[1,2]

1. Der Beklagte wird verurteilt, dem Kläger Auskunft über die in der Zeit von ......
   bis ...... verdienten Provisionen zu erteilen.
2. Dem Kläger über die in der benannten Zeit verdienten Provisionen einen Buchauszug zu erteilen.
   Der Beklagte wird weiter verurteilt, die Richtigkeit der Auskünfte an Eides statt
   zu versichern.
3. Der Beklagte wird verurteilt, die sich nach der Auskunft ergebenden Provisionen
   an den Kläger zu zahlen.
4. Der Beklagte trägt die Kosten des Rechtsstreites.

Begründung:

Zwischen den Parteien besteht seit dem ...... ein Arbeitsverhältnis. Der Kläger ist
als[3] ...... bei einem monatlichen Bruttoentgelt von ....../bei einem Bruttostundenlohn von ...... mit einer regelmäßigen wöchentlichen Arbeitszeit von ......
Stunden tätig. Der Lohn ist zahlbar zum ...... Der Kläger ist am ...... geboren/und
ist verheiratet; er hat ...... Kinder.

Beweis: Arbeitsvertrag vom ......

Das Arbeitsverhältnis ist von dem Kläger/dem Beklagten gekündigt zum   ....../
besteht ungekündigt fort/wurde am ...... beendet.
In dem Arbeitsvertrag ist die Vergütung unter ...... geregelt. Danach soll der Kläger zusätzlich zum Gehalt[4] eine Provision in Höhe von 5 % der durch ihn erzielten
Erlöse erhalten.

Beweis: Vertrag vom ......

Die Provisionen wurden jeweils zum ...... eines Monats fällig und abgerechnet.
Der Beklagte hat seit dem ...... keine Abrechnungen mehr erteilt. Der Kläger hat
jedoch provisionspflichtige Geschäfte seit dem ...... bis zum ...... getätigt[5]. Dabei
handelt es sich im Einzelnen um ...... Welche Erlöse hieraus geflossen sind, kann
der Kläger selbst nicht errechnen, so dass der Beklagter zunächst Auskunft zu geben
hat.

Beweis: Unterlagen/Belege/Zeugnis des, der ......

Mit Schreiben vom ...... wurde der Beklagte aufgefordert, Abrechnung zu erteilen
und entsprechend zu zahlen. Er hat dies mit Schreiben vom ...... abgelehnt/nicht
reagiert.

Beweis: Aufforderungsschreiben vom ....../Schreiben des Beklagten vom ......

Klage ist daher geboten[6].

Rechtsanwalt

Anmerkungen

1. Siehe Form. B. II. 1.1 Anm. 3, 4 und 6.

2. Grundsätzlich können in der Klageschrift aus Gründen der Prozessökonomie alle
Anträge gestellt werden. Freilich ist zu beachten, dass in dem Fall, in dem bereits der
erste Antrag unbegründet ist, alle Anträge abzuweisen sind. Ansonsten wird über jede
Stufe in der Regel durch **Teilurteil** entschieden und nach Rechtskraft der jeweiligen Teilentscheidung das Verfahren auf Antrag fortgesetzt.

3. Bei der Anwendung von Vorschriften des Rechts der **Handelsvertreter** auf gegen **Provision** tätige Arbeitnehmer (§ 65 HGB) sind die Unterschiede in der rechtlichen und wirtschaftlichen Stellung des Handelsvertreters einerseits und des Arbeitnehmers andererseits zu beachten. Mit einem Handelsvertreter kann – in Abweichung von § 87 Abs. 1 HGB – vereinbart werden, dass er erarbeitete Provisionen, die erst nach Beendigung des Vertreterverhältnisses fällig werden, nicht erhält (BGHZ 33, 92 ff.). Mit einem auf Provisionsbasis tätigen Arbeitnehmer (§ 65 HGB) kann derartiges nicht ohne sachlichen Grund vereinbart werden. Ob ein sachlicher Grund vorliegt oder nicht, unterliegt der gerichtlichen Billigkeitskontrolle (BAG v. 4. 7. 1972, EzA § 87 HGB Nr. 4).

4. Wird einem Provisionsberechtigten ein bestimmter monatlicher Mindestverdienst garantiert, so ist im Zweifel ausgeschlossen, dass Minderverdienste in einem Monat mit Verdienstspitzen in einem anderen Monat verrechnet werden (BAG v. 22. 9. 1975, AP Nr. 8 zu § 65 HGB).

5. Der für die Vermittlung von Geschäften gegen Provision angestellte Handlungsgehilfe hat auch dann gemäß §§ 65, 87 Abs. 1 HGB Anspruch auf die Provision, wenn nicht allein seine Bemühung, sondern erst zusätzliche Bemühungen des Arbeitgebers oder eines von diesem beanspruchten Dritten (**Händlerfirma**) zu dem Geschäftsabschluss geführt haben. Dabei muss jedoch die Tätigkeit des Handlungsgehilfen insoweit erfolgreich gewesen sein, dass sie die zum Abschluss führenden Verhandlungen veranlasst hat (BAG v. 4. 11. 1968, AP Nr. 5 zu § 65 BGB). Der Handelsvertreter kann nach § 87 Abs. 1 Satz 1 HGB Provision auch dann beanspruchen, wenn seine Tätigkeit für das Zustandekommen des Geschäfts nur mitursächlich war. Ob der Beitrag des Handelsvertreters für das Zustandekommen des Geschäfts mitursächlich war, ist danach zu beurteilen, was von ihm nach den Vertragsbedingungen an Mitwirkung erwartet wurde (BAG v. 22. 1. 1971, AP Nr. 2 zu § 87 HGB).

6. Erhält ein Bauarbeiter von seinem Arbeitgeber Provisionen für Verkäufe von Baumaterialien, so stehen diese Ansprüche im Zweifel in Verbindung mit dem Arbeitsverhältnis und unterliegen daher der tariflichen Ausschlussfrist nach § 15 BRTV-Bau. Diese Ausschlussfrist läuft nicht, solange der Arbeitgeber die erforderliche Abrechnung der Provisionsansprüche unterlässt. Sobald jedoch der Anspruch auf Erteilung einer Abrechnung verfallen ist, beginnt auch der Lauf der Verfallfrist für den Zahlungsanspruch (BAG v. 27. 11. 1984, AP Nr. 89 zu § 4 TVG Ausschlussfristen).

Kosten und Gebühren

Es handelt sich um eine vermögensrechtliche Streitigkeit im Sinne von § 64 Abs. 2 ArbGG. Der **Wert der Beschwer** berechnet sich unter Anwendung von § 46 Abs. 2 ArbGG nach 2 ff. ZPO sowie § 12 Abs. 7 ArbGG. Beachtet werden sollte, dass es sich bei dem Wert des Streitgegenstandes im Urteil um den Wert des im Urteil entschiedenen Streitgegenstandes handelt; § 61 Abs. 1 ArbGG. Der **Gebührenstreitwert** folgt aus §§ 1 Abs. 3, 12, 17 GKG. Die **Gerichtsgebühren** ergeben sich aus § 12 Abs. 1, 2 ArbGG unter Beachtung der hierzu maßgeblichen Tabelle. Für die **Rechtsanwaltsgebühren** ist § 9 Abs. 1 BRAGO maßgebend. Wegen eines vermeintlich zu geringen Wertes im Urteil ist keine gesonderte Beschwerde möglich. Freilich kann bei einer Veränderung des Streitwertes während der Instanz nach §§ 31, 10 Abs. 1 BRAGO eine gesonderte Festsetzung auf Antrag (!) erfolgen; ein Nachteil für die anwaltliche Vergütung entsteht somit nicht.

1.8 Zahlungsklage wegen Gehaltsanpassung

An das
Arbeitsgericht ......

Klage

des Arbeitnehmers ......

– Kläger –

Prozessbevollmächtigter: ......

gegen

den Handwerksmeister ....../Herrn ...... als Inhaber der Firma ......

– Beklagter –

wegen Arbeitsvergütung

Namens und in Vollmacht des Klägers erhebe ich Klage und werde in der mündlichen Verhandlung beantragen zu erkennen:[1]

1. Der Beklagte wird verurteilt, ... EUR brutto nebst 5%-Punkte Zinsen über den jeweiligen Basiszinssatz seit dem ...... an den Kläger zu zahlen.
2. Der Beklagte wird verurteilt, ab dem ...... über den Betrag von monatlich ...... weitere ...... EUR brutto nebst 5%-Punkte Zinsen über den jeweiligen Basiszinssatz seit dem ...... an den Kläger zu zahlen.
3. Der Beklagte trägt die Kosten des Rechtsstreites.

Begründung:

Zwischen den Parteien besteht seit dem ...... ein Arbeitsverhältnis. Der Kläger ist als ...... bei einem monatlichen Bruttoentgelt von ....../bei einem Bruttostundenlohn von ...... mit einer regelmäßigen wöchentlichen Arbeitszeit von ...... Stunden tätig. Der Lohn ist zahlbar zum ...... Der Kläger ist am ...... geboren/und ist verheiratet; er hat ...... Kinder.

Beweis: Arbeitsvertrag vom ......

Alt.:
Die Vergütung richtet sich nach dem ...... Tarifvertrag vom ...... in der Fassung vom ...... Nach § ...... des benannten Tarifvertrages beträgt der Lohn in der Vergütungsgruppe ...... EUR ...... im Monat/in der Stunde. Der Tarifvertrag findet Anwendung, weil die Parteien die Anwendbarkeit im Arbeitsvertrag vereinbart haben/der Tarifvertrag seit dem ...... allgemeinverbindlich ist/beide Parteien auf Grund ihrer Organisationszugehörigkeit zu einer der beiden tarifvertragsschließenden Parteien gehören.

Das Arbeitsverhältnis ist von dem Kläger/dem Beklagten gekündigt zum ....../ besteht ungekündigt fort/wurde am beendet.

Das Gehalt/der Stundenlohn ist seit ...... unverändert. In den vergangenen Jahren hat der Arbeitgeber in individuell unterschiedlicher Höhe den Lohn bei den meisten übrigen Arbeitnehmern erhöht, nur bei dem Kläger nicht.[2, 3, 6] Dem Kläger sind von den insgesamt ...... Beschäftigten, mindestens ...... Arbeitnehmer bekannt, die ei-

ne höhere Vergütung erhalten haben. Dabei handelt es sich im Einzelnen um ......
Die Erhöhungen waren jeweils am ......

Beweis: Zeugnis des Buchhalters ....../Zeugnis der Arbeitnehmer ......

Zwar ist der jeweilige Erhöhungsbetrag unterschiedlich, jedoch lässt sich daraus ein gleich bleibender durchschnittlicher Wert von ...... % ermitteln; und zwar wie folgt: ...... (Berechnung) ...... Die Herausnahme des Klägers aus diesen Erhöhungen entbehrt einer sachlichen Begründung.[4, 5] Unter Zugrundelegung des ermittelten durchschnittlichen Erhöhungsfaktors und des Verdienstes des Klägers errechnet sich ein monatlicher Erhöhungsbetrag von ...... EUR; und zwar wie folgt ...... Mit dem Klageantrag zu 1) wird die rückständige Vergütung für die Zeit von ...... bis ......, mit dem Klageantrag zu 2) die künftige Erhöhung ab dem ...... verlangt.

Der Beklagte wurde mit Schreiben vom ...... zur Lohnanpassung um ...... EUR aufgefordert. Der Beklagte weigert sich zu zahlen. Klage ist geboten.

Rechtsanwalt

Anmerkungen

1. Siehe Form. B. II. 1.1 Anm. 1 bis 6 und Form. B. II. 1.12.

2. Der **Gleichbehandlungsgrundsatz** ist dort nicht anzuwenden, wo die Bedingungen des Arbeitsverhältnisses individuell ausgehandelt werden. Die Privatautonomie hat insoweit Vorrang, was insbes. bei der Lohnvereinbarung gilt. Aus dem Gleichbehandlungsgrundsatz folgt nicht, dass der Arbeitgeber gehindert wäre, mit bestimmten Arbeitnehmern bessere Lohnkonditionen auszuhandeln. Daher kann ein Arbeitnehmer nicht einen höheren Lohn mit der Begründung verlangen, der Arbeitgeber zahle an vergleichbare Arbeitnehmer eine höhere Vergütung. Freilich gilt dies nicht, wo tarifrechtliche Ansprüche bestehen (LAG Schleswig-Holstein v. 23. 6. 1988, DB 1988, 2058). Bei einem tariflich nicht gebundenen Arbeitgeber kann jedoch eine betriebliche Übung der Erhöhung der Löhne und Gehälter entsprechend der Tarifentwicklung in einem bestimmten Tarifgebiet angenommen werden, jedoch nur dann, wenn es deutliche Anhaltspunkte im Verhalten des Arbeitgebers dafür gibt, dass er auf Dauer die von den Tarifvertragsparteien ausgehandelten Tariflohnerhöhungen übernehmen will (BAG v. 13. 3. 2002 – 5 AZR 755/00 n.v.).

3. In einem solchen Falle muss es sich um die überwiegende Mehrheit der Arbeitnehmer handeln (80–90%). Dann spricht nach der Rspr. des BAG eine tatsächliche Vermutung dafür dass in diesen Erhöhungen zumindest ein Grundbetrag zum Zwecke des Kaufkraftausgleichs enthalten ist (BAG v. 11. 9. 1985, NZA 1987, 156). Nach dem Gleichbehandlungsgrundsatz darf der Arbeitgeber dann nicht einen einzelnen Arbeitnehmer von diesem Grundbetrag herausnehmen, es sei denn, es liegen hierfür sachliche Gründe vor. Die Ermittlung des Grundbetrages, der in jeder Erhöhung enthalten ist, kann im Wege einer Schätzung nach § 287 Abs. 2 ZPO vorgenommen werden, sofern eine nähere Aufschlüsselung nicht möglich ist.

4. Ein sachlicher Grund für unterschiedliche **Gehaltserhöhungen** können wirtschaftliche Schwierigkeiten des Arbeitgebers sein. Nach der Rspr des BAG müssen dann jedoch die Lasten gerecht verteilt werden. So ist zum Beispiel der Ausschluss von Angestellten mit weniger als 2 Jahren Betriebszugehörigkeit und einem absehbaren, kurzfristigem Ausscheiden nicht als sachlicher Grund angesehen worden (BAG v. 17. 5. 1978, BB 1978, 1521).

5. Außertarifliche Angestellte können weder aus dem Gleichbehandlungsgrundsatz oder den Grundsätzen der betrieblichen Übung eine **Gehaltsanpassung** herleiten. Das gilt auch dann, wenn der Arbeitgeber bei diesem Personenkreis über mehrere Jahre hinweg jeweils zum 1. Januar in Anlehnung an die Tarifentwicklung des vergangenen Jahres Erhöhungen vorgenommen hat. Es besteht auch keine Verpflichtung nach billigem Ermessen im Sinne von § 315 BGB künftig über Vergütungserhöhungen zu entscheiden (BAG v. 4. 9. 1985, NZA 1986, 521).

6. Zur Gleichbehandlung bei Urlaubs- u. Weihnachtsgeld siehe BAG v. 27. 10. 1998, NZA 1999, 700.

Kosten und Gebühren

Es handelt sich um eine vermögensrechtliche Streitigkeit im Sinne von § 64 Abs. 2 ArbGG. Der **Wert der Beschwer** berechnet sich unter Anwendung von § 46 Abs. 2 ArbGG nach 2 ff. ZPO sowie § 12 Abs. 7 ArbGG. Beachtet werden sollte, dass es sich bei dem Wert des Streitgegenstandes im Urteil um den Wert des im Urteil entschiedenen Streitgegenstandes handelt; § 61 Abs. 1 ArbGG. Der **Gebührenstreitwert** folgt aus §§ 1 Abs. 3, 12, 17 GKG. Die **Gerichtsgebühren** ergeben sich aus § 12 Abs. 1, 2 ArbGG unter Beachtung der hierzu maßgeblichen Tabelle. Für die **Rechtsanwaltsgebühren** ist § 9 Abs. 1 BRAGO maßgebend. Wegen eines vermeintlich zu geringen Wertes im Urteil ist keine gesonderte Beschwerde möglich. Freilich kann bei einer Veränderung des Streitwertes während der Instanz nach §§ 31, 10 Abs. 1 BRAGO eine gesonderte Festsetzung auf Antrag (!) erfolgen; ein Nachteil für die anwaltliche Vergütung entsteht somit nicht.

1.9 Zahlungsklage wegen Karenzentschädigung

An das
Arbeitsgericht . . . . . .

Klage

des Arbeitnehmers . . . . . .

– Kläger –

Prozessbevollmächtigter: . . . . . .

gegen

den Handwerksmeister . . . . . ./Herrn . . . . . . als Inhaber der Firma . . . . . .

– Beklagter –

wegen Karenzentschädigung

Namens und in Vollmacht des Klägers erhebe ich Klage und werde in der mündlichen Verhandlung beantragen zu erkennen:[1]

1. Der Beklagte wird verurteilt, ... EUR brutto nebst 5%-Punkte Zinsen über den jeweiligen Basiszinssatz seit dem . . . . . . an den Kläger zu zahlen.
2. Der Beklagte trägt die Kosten des Rechtsstreites.

Begründung:

Zwischen den Parteien bestand vom . . . . . . bis . . . . . . ein Arbeitsverhältnis. Der Kläger war als . . . . . . bei einem monatlichen Bruttoverdienst von . . . . . ./einem Bruttostundenlohn von ...... mit einer wöchentlichen Arbeitszeit von ...... Stunden tätig. Der Lohn war zahlbar jeweils zum ...... eines Monats. Der Kläger ist am geboren/ und verheiratet; er hat ...... Kinder.

Beweis: Arbeitsvertrag vom ......

In dem Arbeitsvertrag vom ....../in einer gesonderten Vereinbarung[2, 3] vom ...... haben die Parteien eine Wettbewerbsabrede mit folgendem Inhalt[4, 5] getroffen: .... (genaue Wiedergabe) ......

Beweis: Arbeitsvertrag vom ....../Vereinbarung vom ......

Als Gegenleistung für die Wettbewerbsenthaltung wurde dem Kläger eine monatliche Entschädigung in Höhe von ...... EUR zugesagt[6, 7].

Beweis: Arbeitsvertrag vom ...... unter Ziffer ....../Vereinbarung vom ......

Nach Beendigung des Arbeitsverhältnisses hat sich der Kläger an die Vereinbarung gehalten und keine vergleichbare Beschäftigung ausgeübt[8]. Er war vielmehr arbeitslos[9] bis zum ....../hat am ...... bei ...... eine Beschäftigung als ...... aufgenommen[10], die nicht mit der vorherigen, der Wettbewerbsvereinbarung zugrundeliegenden, Tätigkeit vergleichbar ist/ist seit dem ...... selbstständig[11] als ......

Beweis: Arbeitslosenbescheid vom ....../Arbeitsvertrag vom ...... mit ......

Der Beklagte wurde mehrfach aufgefordert, die versprochene Karenzentschädigung zu zahlen; zuletzt mit Schreiben vom ...... Ihm wurde zugleich der anderweitige Zwischenverdienst mitgeteilt[8].

Beweis: Schreiben vom ......

Der Höhe nach errechnet sich der Klageanspruch wie folgt: ......
Der Beklagte verweigert die Zahlung mit der Ansicht, der Kläger habe sich nicht an die getroffene Vereinbarung gehalten. Das ist jedoch nicht zutreffend. Klage ist daher geboten[12].

Rechtsanwalt

Anmerkungen

1. Siehe Form. B. II. 1.1 Anm. 1 bis 6.

2. Vgl. §§ 74 Abs. 1 und 90 Abs. 1 HGB.

3. Der in §§ 74 Abs. 2, 75 d und 90 a HGB für kaufmännische Angestellte und Handelsvertreter zwingend ausgesprochene Grundsatz der bezahlten Karenz ist auch auf **Wettbewerbsverbote** mit Arbeitnehmern anderer Art anzuwenden (BAG v. 2. 5. 1979, EzA § 74 HGB Nr. 12; v. 13. 9. 1969, EzA § 74 HGB Nr. 10). Das bedeutet, Wettbewerbsverbote mit Arbeitnehmern jeder Art sind ungültig, wenn sie keine **Karenzentschädigung** für den Arbeitnehmer vorsehen (BAG v. 18. 1. 2000 – 9 AZR 929/00 n.v.). Sie sind unverbindlich, soweit die Karenzentschädigung nicht dem entspricht, was § 74 Abs. 2 HGB zwingend als Karenzentschädigung für Wettbewerbsverbote mit kaufmännischen Angestellten vorschreibt. Soweit sich Wettbewerbsverbote mit Arbeitnehmern über eine längere Zeit als zwei Jahre von der Beendigung des Arbeitsverhältnisses an erstrecken, sind sie unverbindlich.

4. Eine Vertragsbestimmung, in der sich ein Arbeitgeber vorbehält, bei Ausscheiden des Arbeitnehmers diesem ein Wettbewerbsverbot aufzuerlegen, ist für den Arbeitnehmer unverbindlich. Der Arbeitnehmer hat die Wahl, ob er sich auf die **Unverbindlichkeit** berufen oder aber Wettbewerb unterlassen und dafür Karenzentschädigung beanspruchen will (ständige Rechtsprechung). Für einen Anspruch auf Karenzentschädigung aus einem für den Arbeitnehmer unverbindlichen Wettbewerbsverbot genügt es, wenn der Arbeitnehmer sich zu Beginn der Karenzzeit endgültig für das Wettbewerbsverbot entscheidet und seiner Unterlassungspflicht nachkommt. Einer darüber hinausgehenden Erklärung gegenüber dem Arbeitgeber bedarf es nicht (Abweichung von Urteilen des Senats vom 13. 5. 1986 – 3 AZR 85/85 – und vom 16. 12. 1986 – 3 AZR 73/86 – AP Nr. 51 und 53 zu § 74 HGB). Der Arbeitgeber hat in Anwendung des Rechtsgedankens aus § 264 Abs. 2 Satz 1 BGB das Recht, den wahlberechtigten Arbeitnehmer unter Bestimmung einer angemessenen Frist zur Vornahme der Wahl aufzufordern. Mit Ablauf der Frist geht das Wahlrecht auf den Arbeitgeber über, § 264 Abs. 2 Satz 2 BGB (BAG v. 22. 5. 1990, AP Nr. 60 § 74 HGB).

Besondere Aufmerksamkeit sollte bei (gerichtlichen) Vergleichen geübt werden. Der Wortlaut eines Vergleiches mit der Formulierung, wonach mit der Erfüllung der Vereinbarung sämtliche Ansprüche „hinüber und herüber" aus dem Arbeitsverhältnis und seiner Beendigung abgegolten und ausgeglichen sein sollen, umfasst auch Ansprüche aus einem vertraglichen Wettbewerbsverbot. Aus weiteren Umständen wie dem Zustandekommen der Vereinbarung oder dem nachvertraglichen Verhalten kann sich freilich ergeben, dass die Parteien ein Wettbewerbsverbot dennoch aufrechterhalten bzw. nicht auf Ansprüche daraus verzichten wollten (BAG v. 31. 7. 2002 – 10 AZR 513/01, NZA 2003, 100–104).

5. Das **nachvertragliche Wettbewerbsverbot** des Handlungsgehilfen ist unverbindlich, wenn es nicht zum Schutz eines berechtigten geschäftlichen Interesses des Arbeitgebers dient und das berufliche Fortkommen des Handlungsgehilfen unbillig erschwert. Das trifft zu, wenn der Arbeitgeber mit dem Wettbewerbsverbot das Ziel verfolgt, jede Stärkung der Konkurrenz durch den Arbeitsplatzwechsel zu verhindern, ohne dass die Gefahr der Weitergabe von Geschäftsgeheimnissen oder des Einbruchs in den Kundenstamm zu besorgen ist (Weiterführung von BAG Urteil vom 24. 6. 1966 – 3 AZR 501/65 – AP Nr. 2 zu § 74 a HGB), BAG v. 1. 8. 1995, EzA § 74 a HGB Nr. 13.

6. Die Vereinbarung über ein nachvertragliches Wettbewerbsverbot muss so eindeutig formuliert sein, dass aus Sicht des Arbeitnehmers kein vernünftiger Zweifel über den Anspruch auf Karenzentschädigung bestehen kann. Das gilt insbesondere, wenn sich der Arbeitgeber vorbehält, das Wettbewerbsverbot nachträglich sachlich und örtlich zu beschränken oder die Beschäftigung bei einem bestimmten Arbeitgeber freizugeben (Fortführung der Rechtsprechung BAG Urteil vom 4. 6. 1985 – 3 AZR 265/83 – AP Nr. 50 zu § 4 HGB; BAG v. 5. 9. 1995, NZA 1996, 700).

7. Ein nachvertragliches Wettbewerbsverbot, das mehrere Monate vor Beendigung des Arbeitsverhältnisses im Rahmen eines Aufhebungsvertrages vereinbart wird, ist nichtig, wenn es überhaupt keine Karenzentschädigung vorsieht. Eine für den Verlust des Arbeitsplatzes zugesagte Abfindung ist keine Karenzentschädigung nach § 74 Abs. 2 HGB (BAG v. 3. 5. 1994, NZA 1995, 72).

8. Ist einem Arbeitnehmer, der nicht **kaufmännischer Angestellter** ist, in einer Wettbewerbsabrede die Mindestentschädigung des § 74 Abs. 2 HGB zugesagt worden, dann muss er sich hierauf in entsprechender Anwendung des § 74 c HGB **anderweitiges Arbeitseinkommen** anrechnen lassen. Die gegenteilige Auffassung (BAGE 15, 329) wurde aufgegeben. Das gilt auch, wenn das Wettbewerbsverbot rechtswirksam ohne Entschädigungspflicht hätte vereinbart werden können, tatsächlich aber eine Entschädigung im Umfang des § 74 Abs. 2 HGB versprochen worden ist. Zum anrechenbaren neuen Arbeitseinkommen (§ 74 c HGB) gehören regelmäßig nicht die Einnahmen aus wissenschaftlicher Nebentätigkeit. Vergütungen, die im neuen Arbeitsverhältnis neben den laufenden Bezügen gewährt werden, insbesondere einmalige Zahlungen wie Weihnachtsgratifikation oder zusätzliches Urlaubsgeld gehören nur dann zum anrechenbaren

Arbeitseinkommen (§ 74 c HGB), wenn der Arbeitnehmer auf diese Bezüge einen Rechtsanspruch hat. Vom Finanzamt anerkannte Werbungskosten können nicht von dem anrechenbaren neuen Arbeitseinkommen abgesetzt werden. Sie sind nicht ohne weiteres identisch mit den Auslagen im Sinne des § 74 b Abs. 3 HGB. Darunter werden solche Bezüge verstanden, die der Arbeitgeber zweckgebunden, nämlich zum Ersatz besonderer Auslagen, gewährt. Das anderweitige Arbeitseinkommen darf im Regelfall nur auf die Entschädigung für denjenigen Monat angerechnet werden, in dem es erzielt worden ist. Die Ansicht, das anderweitige Einkommen sei auf die Entschädigung für die gesamte Dauer des Verbots anzurechnen (BAG v. 23. 1. 1967 EzA § 74 c HGB Nr. 1) hat das BAG aufgegeben. Solange der zur Auskunft über sein anderweitiges Einkommen verpflichtete Arbeitnehmer (§ 74 c Abs. 2 HGB) diese Auskunft nicht erteilt, hat der Arbeitgeber ein Leistungsverweigerungsrecht; er kommt nicht in Verzug (BAG v. 16. 5. 1969, EzA § 74 c HGB Nr. 4).

9. Ein Arbeitnehmer der durch ein nachvertragliches Wettbewerbsverbot gebunden und während der Karenzzeit arbeitslos ist, muss sich das Arbeitslosengeld auf die Karenzentschädigung anrechnen lassen. § 74 c HGB ist entsprechend anwendbar (BAG v. 25. 6. 1985, NZA 1986,194). Der Arbeitgeber hat gegenüber dem Arbeitsamt dasjenige zu erstatten, was die Bundesanstalt für Arbeit tatsächlich an **Arbeitslosengeld** und den darauf entfallenden Beiträgen erbracht hat, jedoch nicht mehr, als sie auf Grund von Rechtsvorschriften zu erbringen hatte (BSG v. 24. 9. 1992, NZA 1993, 528).

10. Ein Arbeitnehmer unterlässt böswillig einen anderweitigen Erwerb im Sinne von § 74 c Abs. 1 Satz 1 HGB, wenn er eine ihm mögliche und nach den gesamten Umständen zumutbare anderweitige Tätigkeit nicht aufnimmt. Bei der Abwägung, was dem Arbeitnehmer zumutbar ist, kommt wegen der durch die Konkurrenzklausel geschehenen Behinderung seiner bisherigen beruflichen Betätigung im Hinblick auf Art. 12 Abs. 1 GG seinen Interessen an einem künftigen verbesserten Fortkommen ein erhebliches Gewicht zu, auch gegenüber den Interessen des Arbeitgebers an einem Wegfall der Karenzentschädigung (im Anschluss an BAG EzA § 74 c HGB Nr. 1 und 11); BAG v. 8. 2. 1974, EzA § 74 c HGB Nr. 12.

11. Nimmt der Arbeitnehmer, der einem nachvertraglichen Wettbewerbsverbot unterworfen ist, während der Karenzzeit eine selbstständige Tätigkeit auf, sind seine Geschäftsergebnisse jedoch geringer als das Arbeitslosengeld, das er beanspruchen könnte, wenn er sich arbeitslos melden würde, so liegt darin allein noch keine Böswilligkeit. Der Arbeitgeber kann nicht gemäß § 74 c Abs. 1 HGB das entgangene Arbeitslosengeld auf die Karenzentschädigung anrechnen. Für die Berechnung der Karenzentschädigung und die Auskunftspflicht nach § 74 c Abs. 2 HGB gelten bei einer selbstständigen Tätigkeit des karenzpflichtigen Arbeitnehmers folgende Besonderheiten: Die anrechnungspflichtigen Einkünfte sind grundsätzlich jährlich zu ermitteln, darzulegen und mit der Jahreskarenzentschädigung zu verrechnen. Der Arbeitnehmer kann aber nach § 74 b Abs. 1 HGB monatliche Abschlagszahlungen beanspruchen. Wenn er das tut, muss er im Rahmen des Zumutbaren monatlich über sein Geschäftsergebnis vorläufige Auskünfte geben und entsprechende Kürzungen der monatlichen Abschlagszahlungen hinnehmen. Am Jahresende ist dann endgültig abzurechnen (BAG v. 2. 6. 1987, NZA 88, 130 = BAGE 55, 309).

12. Ansprüche auf Karenzentschädigung gemäß § 74 HBG sind nach der Rspr des BAG Ansprüche auf andere Dienstbezüge im Sinne von § 196 Abs. 1 Nr. 8 BGB a.F.; sie unterliegen daher der kurzen Verjährung von 2 Jahren (BAG v. 3. 4. 1984, NZA 1984, 354). Infolge der Änderungen durch die Schuldrechtsreform unterliegen sie nunmehr der dreijährigen Verjährung gem. § 195 BGB. *Beachte:* Übergangsvorschrift zur Verjährung nach § 6 Einführungsgesetz zum BGB v. 21. 9. 1994 i.d.F. v. 11. 12. 2001 (BGBl I S. 3513).

Kosten und Gebühren

Es handelt sich um eine vermögensrechtliche Streitigkeit im Sinne von § 64 Abs. 2 ArbGG. Der **Wert der Beschwer** berechnet sich unter Anwendung von § 46 Abs. 2 ArbGG nach 2 ff. ZPO sowie § 12 Abs. 7 ArbGG. Beachtet werden sollte, dass es sich bei dem Wert des Streitgegenstandes im Urteil um den Wert des im Urteil entschiedenen Streitgegenstandes handelt; § 61 Abs. 1 ArbGG. Der **Gebührenstreitwert** folgt aus §§ 1 Abs. 3, 12, 17 GKG. Die **Gerichtsgebühren** ergeben sich aus § 12 Abs. 1, 2 ArbGG unter Beachtung der hierzu maßgeblichen Tabelle. Für die **Rechtsanwaltsgebühren** ist § 9 Abs. 1 BRAGO maßgebend. Wegen eines vermeintlich zu geringen Wertes im Urteil ist keine gesonderte Beschwerde möglich. Freilich kann bei einer Veränderung des Streitwertes während der Instanz nach §§ 31, 10 Abs. 1 BRAGO eine gesonderte Festsetzung auf Antrag (!) erfolgen; ein Nachteil für die anwaltliche Vergütung entsteht somit nicht.

1.10 Schadensersatz im Berufsausbildungsverhältnis

An das
Arbeitsgericht ......

Klage

des Auszubildenden ......

– Kläger –

Prozessbevollmächtigter: ......

gegen

den Handwerksmeister ....../Herrn ...... als Inhaber der Firma ......

– Beklagter –

wegen Schadensersatz

Namens und in Vollmacht des Klägers erhebe ich Klage und werde in der mündlichen Verhandlung beantragen zu erkennen:[1]

1. Der Beklagte wird verurteilt, ... EUR brutto nebst 5%-Punkte Zinsen über den jeweiligen Basiszinssatz seit dem ...... an den Kläger zu zahlen.
2. Der Beklagte trägt die Kosten des Rechtsstreites.

Begründung:

Zwischen den Parteien bestand vom ...... bis ....../besteht seit dem ...... ein Berufsausbildungsverhältnis[2]. Danach wurde/wird der Kläger als ...... ausgebildet. Der Kläger bestand am ...... die Abschlussprüfung/wird die Abschlussprüfung am ...... ablegen.

Beweis: Ausbildungsvertrag vom ......

Alt. 1:
Der Beklagte kündigte nach Ablauf der Probezeit die weitere Ausbildung mit Schreiben vom ....../in einem Gespräch[3] vom ......

Beweis: Schreiben vom ....../Zeugnis des/der ......

Durch rechtskräftiges Urteil des ...... wurde festgestellt, dass diese Kündigung das Ausbildungsverhältnis nicht aufgelöst hat. Gleichwohl verweigerte der Beklagte trotz mehrfacher Aufforderung die weitere Ausbildung. Um seine weitere Ausbildung bis zum beabsichtigten Prüfungstermin zu gewährleisten, kündigte der Kläger das Ausbildungsverhältnis am ...... zum ......[4]

Beweis: Urteil des ....../Aufforderungsschreiben vom ....../Kündigung vom ......

Der Kläger setzte die Ausbildung am ...... bei ...... fort. Die Ausbildung konnte jedoch nur in einem anderen Ort fortgesetzt werden, so dass dem Kläger tägliche Fahrtkosten entstehen/entstanden sind. Sie sind allerdings geringer, als eine Unterbringung vor Ort während der Woche wäre.

Beweis: Ausbildungsvertrag vom ......

Alt. 2:

Der Kläger sollte nach dem Inhalt des Ausbildungsvertrages zum ...... (Industriekaufmann) ...... ausgebildet werden. In der Ausbildungszeit erfolgte jedoch keine Heranführung und Übung mit ...... (Buchhaltungsarbeiten) ......[5]

Beweis: Berichtshefte/Zeugnis des ......

Der Beklagte ist dadurch seiner Verpflichtung nach § 6 Abs. 1 Nr. 1 BBiG nicht nachgekommen[6]. Nach der geltenden Ausbildungsordnung sind ...... (Buchhaltungsaufgaben) ...... Bestandteil der Ausbildung und der Prüfung.

Beweis: Ausbildungsordnung ....../Prüfungsordnung ......

Trotz mehrfachen Hinweises durch den Kläger kam der Beklagte seiner Ausbildungsverpflichtung insoweit nicht nach. Am ...... bestand der Kläger die Prüfung in dem Fach ...... (Buchhaltung) ...... nicht[7,8]. Er musste eine Wiederholungsprüfung ablegen, die er am ...... bestand. In der Zeit bis zur Wiederholungsprüfung erhielt der Kläger ...... EUR; wäre die Ausbildung ordnungsgemäß gewesen, hätte er als ...... monatlich ...... EUR verdient. Die entstandene Differenz hat der Beklagte nach § 16 Abs. 1 BBiG zu erstatten[9].

Der Beklagte wurde mit Schreiben vom ...... zur Erstattung der Mehraufwendungen aufgefordert[10]. Er weigert sich zu zahlen. Klage ist geboten.

                                                                            Rechtsanwalt

Anmerkungen

1. Siehe Form. B. II. 1.1 Anm. 1 bis 6.

2. Das **Ausbildungsverhältnis** ist kein Arbeitsverhältnis, was in der Praxis vielfach verkannt wird. Aus diesem Grunde kann der Ausbildende nicht vom Auszubildenden Schadensersatz mit der Begründung verlangen, der Auszubildende habe nicht die der Vergütung entsprechende „Arbeitsleistung" erbracht oder durch nicht fachgerechte Arbeiten seien Schäden entstanden („die Wand ist schief gemauert"); vgl. LAG Düsseldorf v. 26. 6. 1984, NZA 1985, 95.

3. Beachte § 15 Abs. 3 BBiG: Die Kündigung muss schriftlich erfolgen und begründet werden (eine pauschale Angabe der Kündigungsgründe reicht nicht aus). Bei der Kündigungserklärung ist die Form des § 623 BGB zu beachten. Eine mündliche Kündigung ist daher gem. §§ 126, 125 BGB nichtig.

4. Wenn der Ausbildende seine Verpflichtung zur Ausbildung verletzt, dann ist er nach § 16 Abs. 1 BBiG zum Ersatz des gesamten Schadens verpflichtet, der dem Auszubildenden durch die vorzeitige Auflösung des Berufsausbildungsverhältnisses entsteht.

Zu diesen Kosten gehören Aufwendungen für die Begründung eines neuen Ausbildungsverhältnisses und unter Umständen Mehrkosten, die durch die Ausbildung an einem anderen Ort entstehen. Das gilt auch für solche Kosten, die vor der rechtlichen Beendigung
des Ausbildungsverhältnisses entstanden sind. Bei der Schadensermittlung findet ein
Vergleich zwischen dem nicht ordnungsgemäß beendeten Ausbildungsverhältnis und
dem ordnungsgemäß beendeten Berufsausbildungsverhältnis statt (BAG v. 11. 8. 1987,
NZA 1988, 93 = EzA Nr. 1 § 16 BBiG). Die Ausbildungsmängel hat der Kläger substantiiert darzulegen (LAG Köln v. 30. 10. 1998, NZA 1999, 317).

5. Der Ausbilder handelt schuldhaft, wenn er das erforderliche Prüfungswissen unge-
ordnet und lückenhaft vermittelt. Dann verletzt er die im Verkehr erforderliche Sorgfalt
(BAG v. 10. 6. 1976, AP Nr. 2 zu § 6 BBiG).

6. Nach § 6 Abs. 1 Nr. 1 BBiG hat der Ausbildende dafür zu sorgen, dass dem Auszubildenden die Fertigkeiten und Kenntnisse vermittelt werden, die zum Erreichen des
Ausbildungszieles erforderlich sind, und die Berufsausbildung in einer durch den Zweck
gebotenen Form planmäßig, zeitlich und sachlich gegliedert so durchzuführen, dass das
Ausbildungsziel in der vorgesehenen Ausbildungszeit erreicht werden kann.

7. Zwischen der mangelhaften Ausbildung und dem eingetretenen Misserfolg (nicht
bestandene Abschlussprüfung) muss Kausalität bestehen.

8. Freilich muss sich der Auszubildende **mitwirkendes Verschulden** im Sinne von § 254
BGB anrechnen lassen, wenn er sich nicht § 9 BBiG folgend bemüht, das Ausbildungsziel
zu erreichen. Der pauschale Vorwurf des Ausbildenden, es liege Faulheit und Lernunwil-
ligkeit vor, reicht in diesem Zusammenhang nicht aus. Vielmehr bedarf es durch den
Ausbildenden des konkreten Vortrages, was der Auszubildende oder sein gesetzlicher
Vertreter konkret versäumt haben (BAG v. 10. 6. 1976, AP Nr. 2 zu § 6 BBiG).

9. Der Schaden besteht in der **Verdienstminderung** (u. a. auch weitere Mehraufwendungen, siehe Alt. 1) in der Zeit zwischen der nicht bestandenen Prüfung und der **Wiederholungsprüfung**. Liegt zum Beispiel ein Zeitraum von 6 Monaten zwischen beiden
Ereignissen, so ist zu ermitteln, was der Ausbildende in dieser Zeit an Vergütung hatte
und was er stattdessen mit bestandener Berufsausbildung in dem erlernten Beruf hätte
verdienen können.

10. Zu beachten ist die Frist des § 16 Abs. 2 BBiG. Danach erlischt der Ersatzanspruch, wenn er nicht innerhalb von 3 Monaten nach Beendigung des Ausbildungsverhältnisses geltend gemacht wird.

Kosten und Gebühren

Es handelt sich um eine vermögensrechtliche Streitigkeit im Sinne von § 64 Abs. 2
ArbGG. Der **Wert der Beschwer** berechnet sich unter Anwendung von § 46 Abs. 2
ArbGG nach 2 ff. ZPO sowie § 12 Abs. 7 ArbGG. Beachtet werden sollte, dass es sich
bei dem Wert des Streitgegenstandes im Urteil um den Wert des im Urteil entschiedenen
Streitgegenstandes handelt; § 61 Abs. 1 ArbGG. Der **Gebührenstreitwert** folgt aus §§ 1
Abs. 3, 12, 17 GKG. Die **Gerichtsgebühren** ergeben sich aus § 12 Abs. 1, 2 ArbGG unter Beachtung der hierzu maßgeblichen Tabelle. Für die **Rechtsanwaltsgebühren** ist § 9
Abs. 1 BRAGO maßgebend. Wegen eines vermeintlich zu geringen Wertes im Urteil ist
keine gesonderte Beschwerde möglich. Freilich kann bei einer Veränderung des Streitwertes während der Instanz nach §§ 31, 10 Abs. 1 BRAGO eine gesonderte Festsetzung
auf Antrag (!) erfolgen; ein Nachteil für die anwaltliche Vergütung entsteht somit nicht.

1.11 Aufwendungsersatz/Schadensersatz wegen Privatfahrzeug

An das
Arbeitsgericht ......

Klage

des Arbeitnehmers ......

– Kläger –

Prozessbevollmächtigter: ......

gegen

den Handwerksmeister ....../Herrn ...... als Inhaber der Firma ......

– Beklagter –

wegen Schadensersatz

Namens und in Vollmacht des Klägers erhebe ich Klage und werde in der mündlichen Verhandlung beantragen zu erkennen:[1]

1. Der Beklagte wird verurteilt, ... EUR brutto nebst 5%-Punkte Zinsen über den jeweiligen Basiszinssatz seit dem ...... an den Kläger zu zahlen.
2. Der Beklagte trägt die Kosten des Rechtsstreites.

Begründung:

Zwischen den Parteien besteht seit dem ...... ein Arbeitsverhältnis. Der Kläger ist als ...... bei einem monatlichen Bruttogehalt von ....../bei einem Bruttostundenlohn von ...... mit einer regelmäßigen wöchentlichen Arbeitszeit von ...... Stunden tätig. Der Lohn ist zahlbar zum ...... Der Kläger ist am ...... geboren/und ist verheiratet; er hat ...... Kinder.

Beweis: Arbeitsvertrag vom ......

Das Arbeitsverhältnis ist von dem Kläger/dem Beklagten gekündigt zum ....../ besteht ungekündigt fort/wurde am ...... beendet.

Alt. 1:

Am ...... benutzte der Kläger seinen Privatwagen der Marke ...... mit dem amtlichen Kennzeichen ...... auf dem Weg von ...... nach ...... in der Zeit von ...... bis ...... Der Kläger musste seinen Privatwagen benutzen, weil der Beklagte keinen Dienstwagen zur Verfügung stellen konnte/keinen hat[2]. Die Inanspruchnahme des eigenen Pkw war notwendig, weil der Kläger den Auftrag von dem Inhaber/Geschäftsführer/unmittelbaren Vorgesetzten ...... erhielt, mit dem eigenen Pkw zu dem Kunden ...... zu fahren/auswärtige Geschäfte folgender Art zu erledigen ...... (genaue Beschreibung).

Beweis: Zeugnis des ......

Durch die Benutzung des eigenen Pkw sind dem Kläger folgende Aufwendungen entstanden, die mit der Klage begehrt werden: ...... (Benzinkosten/Abnutzung etc.) ......

Beweis: Belege ......

Der Beklagte wurde mit Schreiben vom ...... zur Erstattung der Aufwendungen aufgefordert. Er weigert sich zu zahlen, mit der Begründung, die Aufwendungen seien mit dem Gehalt abgegolten und im Interesse einer vertrauensvollen Zusammenarbeit kulanterweise von dem Kläger zu tragen.

Beweis: Schreiben vom ....../Antwortschreiben vom ....../Zeugnis des ......

Der Arbeitsvertrag deckt diese Ansicht nicht. Klage ist daher geboten.

Rechtsanwalt

Alt. 2:

Nach dem Arbeitsvertrag besteht/bestand für den Beklagten die Verpflichtung einen Dienstwagen der Marke ...... zur Verfügung zu stellen, der auch privat genutzt werden durfte. Dabei sollte der Beklagte sämtliche anfallenden Betriebs- und Unterhaltskosten tragen und der Kläger die Privatnutzung als geldwerten Vorteil versteuern[3].

Beweis: Arbeitsvertrag vom ...... unter § ......

Der Beklagte hat zwar ein Fahrzeug bestellt, jedoch nicht dem Kläger zur Verfügung gestellt. Er hat daher weiterhin seinen eigenen Pkw der Marke ...... benutzt. Mit Schreiben vom ...... hat der Kläger den Arbeitgeber zur Überlassung des versprochenen Fahrzeuges bis zum ...... aufgefordert, jedoch ohne Erfolg[4].

Beweis: Schreiben vom ....../Zeugnis des ......

Hätte der Beklagte, wie im Arbeitsvertrag versprochen, das Firmenfahrzeug zur Verfügung gestellt, hätte der Kläger die Aufwendungen für den eigenen Wagen erspart, denn er hätte seinen eigenen Wagen veräußert[5]. Die von dem Kläger aufgewendeten Kosten setzen sich wie folgt zusammen[6,7]: ...... (Wertverlust/Steuern/Versicherung/nützliche und notwendige Reparaturen und Wartungsarbeiten/Benzin etc.) ......

Der Beklagte weigert sich zu zahlen. Klage ist daher geboten.

Rechtsanwalt

Alt. 3:

Der Kläger benutzt zur Erledigung seiner Arbeitsaufgaben seinen Privat-Pkw mit Billigung/auf Grund Vereinbarung vom ...... Für jeden gefahrenen Kilometer erstattet der Beklagte ...... EUR. Am ...... fuhr der Kläger von ...... nach ...... Bei dem Kunden ...... führte er mehrere Verkaufsgespräche. Als er anschließend zu seinem Pkw zurückkehrte, stellte er fest, dass sein Fahrzeug während des Parkens beschädigt worden war[8,9]. Es handelt sich dabei um folgende Schäden[10] ......

Beweis: Verkehrsprotokoll vom ......

Der Schädiger konnte nicht ermittelt werden[11]. Der Kläger hatte Aufwendungen in Höhe von ......, die sich aus folgenden Positionen zusammensetzen: ......

Beweis ......

Den Ersatz der Aufwendungen lehnte der Beklagte auf die Aufforderung vom ...... mit Schreiben vom ...... endgültig ab.

Beweis: Schreiben vom ......

Die Ablehnung erfolgt zu Unrecht. Klage ist daher geboten.

Rechtsanwalt

Anmerkungen

1. Siehe Form. B. II. 1.1 Anm. 1, 2, 3 und 7.

2. Benutzt der Arbeitnehmer in Erfüllung seiner arbeitsvertraglichen Verpflichtungen seinen eigenen **Pkw** auf Anordnung oder mit Billigung des Arbeitgebers, dann entsteht ein **Aufwendungsersatzanspruch** gemäß § 670 BGB. Ein solcher Fall ist im Zweifel dann anzunehmen, wenn der Arbeitgeber ansonsten einen Pkw zur Verfügung stellen müsste (BAG v. 8. 5. 1990, DB 1981, 115).

3. Besteht eine solche vertragliche Abrede, ist die Überlassung des Pkw Hauptleistungspflicht aus dem Arbeitsverhältnis. Die Möglichkeit der privaten Nutzung ist eine zusätzliche Gegenleistung für die geschuldete Arbeitsleistung (BAG v. 23. 6. 1994 – 8 AZR 537/92, NZA 1994, 1128). Die Überlassung eines Pkw besitzt demzufolge Vergütungscharakter und steht im Synallagma des Arbeitsvertrages (BAG v. 16. 11. 1995, NZA 1996, 415). Die Überlassung des Pkw ist zeitgebunden und stellt ein sog. absolutes Fixgeschäft dar (vgl. *Schroeder*, NZA 1994, 342), denn die Möglichkeit, einen Dienstwagen privat zu nutzen, besteht zeitlich gesehen nur einmal und kann nicht nachgeholt werden.

4. Durch den Zeitablauf wird die Leistung unmöglich, die der Arbeitgeber als Schuldner gemäß § 276 BGB zu vertreten hat.

5. Der Anspruch ergibt sich aus § 280 BGB (früher § 325 Abs. 1 BGB), da der Arbeitgeber durch die Nichtüberlassung seine Verpflichtungen verletzt und dieses zu vertreten hat (siehe Anm. 6 und 7). Der Haftungsumfang richtet sich nach §§ 249, 251 BGB. Der Schaden besteht in der Differenz zwischen der Vermögenslage, die eingetreten wäre, wenn der Arbeitgeber ordnungsgemäß erfüllt hätte, und der durch die Nichterfüllung tatsächlich entstandenen Vermögenslage. Der Arbeitnehmer ist demnach so zu stellen, wie er bei ordnungsgemäßer Erfüllung durch den Arbeitgeber gestanden hätte.

6. Wenn der Arbeitnehmer tatsächlich einen gleichwertigen Pkw genutzt hat, besteht sein Schaden in den tatsächlich aufgewendeten Kosten für dieses Fahrzeug. Er muss sich nach der Rspr des BAG auf eine **konkrete Schadensberechnung** verweisen lassen (BAG v. 16. 11. 1995, NZA 1996, 415). Dabei ist die Tabelle *Sanden/Danner/Küppersbusch* des ADAC kein geeignetes Mittel.

7. Dieser Schadensersatzanspruch des Arbeitnehmers ist keine Nettovergütung, da der nach dem Arbeitsvertrag bestehende Gebrauchsvorteil Teil der Bruttovergütung des Arbeitnehmers und somit zu versteuern ist. An seine Stelle tritt der Schadensersatzanspruch. Deshalb ist bei dieser Klagealternative der Klageantrag auf die Zahlung eines Bruttobetrages zu ändern.

8. Das Bundesarbeitsgericht hat bereits am 8. 5. 1980 entschieden, dass der Arbeitgeber dem Arbeitnehmer die ohne Verschulden des Arbeitgebers am Fahrzeug des Arbeitnehmers entstandenen Unfallschäden ersetzen muss, wenn das Fahrzeug mit Billigung des Arbeitgebers in dessen Betätigungsbereich eingesetzt wurde. Dabei handelt es sich dann um einen Einsatz in dessen Betätigungsfeld, wenn ohne den Einsatz des Arbeitnehmerfahrzeugs der Arbeitgeber ein eigenes Fahrzeug einsetzen und damit dessen Unfallgefahr tragen müsste (BAG v. 8. 5. 1980, BAGE 33, 108 = AP Nr. 6 zu § 611 BGB Gefährdungshaftung des Arbeitgebers).

9. Es sind nicht nur die Schäden zu ersetzen, die während einer Dienstfahrt an einem Arbeitnehmerfahrzeug entstehen, sondern auch diejenigen, die in den „Ruhephasen" geschehen, in denen der Arbeitnehmer das Fahrzeug für weitere Dienstfahrten vorhält; also dem Parken zwischen zwei oder mehreren Kundenbesuchen (BAG v. 14. 12. 1995, NZA 1996, 417).

10. Zu den Schadenspositionen gehört auch die **Nutzungsausfallentschädigung**, wie sie vom BGH entwickelt worden ist. Das Bundesarbeitsgericht hat sich dieser Rspr des BGH angeschlossen (BAG v. 7. 9. 1995, DB 1995, 2481). Wenn der Arbeitgeber dem Arbeitnehmer die nach dem Steuerrecht anerkannte Kilometerpauschale für die Benutzung des Privatwagens erstattet, dann haftet der Arbeitgeber für einen durch einen Unfall eingetretenen **Rückstufungsschaden** bei der Versicherung des Arbeitnehmers nur, wenn das zwischen den Parteien vereinbart worden ist. Wenn der Arbeitnehmer bei der Wahl des Fahrzeuges und der Versicherungsgesellschaft frei ist, dann ist nach der Rspr des BAG im Zweifel anzunehmen, dass mit der Zahlung der Kilometerpauschale auch der Rückstufungsschaden abgegolten ist (BAG v. 30. 4. 1992, AP Nr. 11 zu § 611 BGB Gefährdungshaftung des Arbeitgebers).

11. Die Fürsorgepflicht des Arbeitgebers gebietet es in der Regel nicht, dass er die auf einer von ihm zum Parken bereitgestellten und genutzten Fläche abgestellten Privat-Pkw der Arbeitnehmer vor solchen Schäden bewahrt, die durch die Unachtsamkeit Dritter verursacht werden, und denen jeder Kraftfahrer ausgesetzt ist, z. B. Parkbeulen. Das gilt auch, wenn der Arbeitgeber für das Abstellen des Fahrzeugs eine monatliche Pauschale verlangt und erhält (BAG v. 25. 6. 1975, BB 1975, 1343).

Kosten und Gebühren

Es handelt sich um eine vermögensrechtliche Streitigkeit im Sinne von § 64 Abs. 2 ArbGG. Der **Wert der Beschwer** berechnet sich unter Anwendung von § 46 Abs. 2 ArbGG nach 2 ff. ZPO sowie § 12 Abs. 7 ArbGG. Beachtet werden sollte, dass es sich bei dem Wert des Streitgegenstandes im Urteil um den Wert des im Urteil entschiedenen Streitgegenstandes handelt; § 61 Abs. 1 ArbGG. Der **Gebührenstreitwert** folgt aus §§ 1 Abs. 3, 12, 17 GKG. Die **Gerichtsgebühren** ergeben sich aus § 12 Abs. 1, 2 ArbGG unter Beachtung der hierzu maßgeblichen Tabelle. Für die **Rechtsanwaltsgebühren** ist § 9 Abs. 1 BRAGO maßgebend. Wegen eines vermeintlich zu geringen Wertes im Urteil ist keine gesonderte Beschwerde möglich. Freilich kann bei einer Veränderung des Streitwertes während der Instanz nach §§ 31, 10 Abs. 1 BRAGO eine gesonderte Festsetzung auf Antrag (!) erfolgen; ein Nachteil für die anwaltliche Vergütung entsteht somit nicht.

1.12 Schadensersatz bei Verstoß gegen Gleichbehandlung

An das
Arbeitsgericht ......

Klage

des Arbeitnehmers ......

– Kläger –

Prozessbevollmächtigter: ......

gegen

den Handwerksmeister ....../Herrn ...... als Inhaber der Firma ......

– Beklagter –

wegen Schadensersatz/Vergütung

Köhne

Namens und in Vollmacht des Klägers erhebe ich Klage und werde in der mündlichen Verhandlung beantragen zu erkennen:[1]

1. Der Beklagte wird verurteilt, ... EUR brutto nebst 5%-Punkte Zinsen über den jeweiligen Basiszinssatz seit dem ...... an den Kläger zu zahlen.
2. Der Beklagte trägt die Kosten des Rechtsstreites.

Begründung:

Zwischen den Parteien besteht seit dem ...... ein Arbeitsverhältnis. Der Kläger ist als ...... bei einem monatlichen Bruttoentgelt von ....../bei einem Bruttostundenlohn von ...... mit einer regelmäßigen wöchentlichen Arbeitszeit von ...... (weniger als die regelmäßige wöchentliche Arbeitszeit, z.B. 20) ...... Stunden tätig. Der Lohn ist zahlbar zum ...... Der Kläger ist am ...... geboren/und ist verheiratet; er hat ...... Kinder.

Beweis: Arbeitsvertrag vom ......

Neben dem Kläger gibt es keine weiteren Teilzeitbeschäftigten/weitere ...... teilzeitbeschäftigte Arbeitnehmer, und zwar ...... (Aufzählung) ...... Daneben sind bei dem Beklagten weitere ...... vollzeitbeschäftigte Arbeitnehmer tätig.

Beweis: Zeugnis des/der ......

Diese üben die gleiche[2] Tätigkeit wie der Kläger aus. Sie arbeiten ebenfalls als ...... Im Gegensatz zum Kläger erhalten sie jedoch einen Bruttomonatslohn von/einen Bruttostundenlohn von ...... EUR.

Beweis: Zeugnis des/der ......

Die geringere Vergütung[3] des Klägers verstößt gegen § 4 TzBfG[4,7,8]. Danach ist eine Benachteiligung wegen der Teilzeit nicht zulässig. Der Kläger hat deshalb ebenfalls Anspruch auf ...... EUR im Monat/einen Bruttostundenlohn von ...... EUR[5]. Unter Zugrundelegung dieses Betrages ergibt sich für den ...... Zeitraum von ...... bis ...... (das sind ...... Monate/...... Tage) ein Gesamtanspruch von ...... EUR.

Der Beklagte wurde mit Schreiben vom ...... zur Zahlung aufgefordert. Er weigert sich zu zahlen. Klage ist geboten.

Rechtsanwalt

Alt: Altersversorgung *(am Beispiel einer Klägerin)*
Die Klägerin war von ...... bis ...... als ...... bei dem Beklagten tätig. Sie arbeitete zunächst in Vollzeit, ab dem ...... in Teilzeit mit einer wöchentlichen Arbeitszeit von ...... Stunden. Am ...... trat die Klägerin mit Erreichen des 60. Lebensjahres in den Ruhestand.

Beweis: Arbeitsvertrag vom ......

Der Beklagte gewährt Leistungen aus einer betrieblichen Altersversorgung, in der es unter anderen heißt, dass Altersrente diejenigen Arbeitnehmer erhalten, die mindestens 20 Jahre ununterbrochen als Vollzeitbeschäftigte tätig sind und im unmittelbaren Anschluss an die Tätigkeit bei dem Beklagten nach Vollendung des 65. Lebensjahres bei männlichen Arbeitnehmern und nach Vollendung des 60. Lebensjahres bei weiblichen Arbeitnehmern in den Ruhestand treten.

Beweis: Versorgungsordnung vom ......

Die Klägerin erhält unter Zugrundelegung ihres Verdienstes eine Betriebsrente in Höhe von ...... EUR.

Beweis: Beleg vom ....../Versorgungszusage vom ......

Der Beklagte beschäftigte von ...... bis ...... ca. (75%) weibliche und ca. (25%) männliche Arbeitnehmer. Hiervon waren ca. (90%) der männlichen Arbeitnehmer und ca. (68%) der weiblichen in Vollzeit beschäftigt. Betriebsrente erhalten ...... Beschäftigte, davon ...... Frauen; das entspricht einem Anteil von ......%.

Beweis: Zeugnis des/der ......

Die Altersversorgung des Beklagten benachteiligt Frauen wesentlich[6, 9]. Vor allem die Differenzierung zwischen Vollzeit und Teilzeitarbeit betrifft im Wesentlichen nur Frauen. Für den Ausschluss der Teilzeitbeschäftigten sind keine anderen Gründe als solche des Geschlechts oder der Geschlechtsrolle der Frau maßgebend. Teilzeitarbeit ist typische Frauenarbeit. Nur bei Teilzeitarbeit kann die verheiratete Frau im Regelfall den Anforderungen von Beruf und Familie gerecht werden. Dass die Klägerin nach dem Vortrag des Beklagten nur mit Rücksicht auf ihren Gesundheitszustand einer Teilzeitbeschäftigung nachgehen wollte ändert nichts daran, dass der Beklagte die ganze Arbeitnehmergruppe, die in Teilzeit arbeitete, von zusätzlichen Versorgungsleistungen ausgeschlossen hat.

Der Beklagte ist deshalb zu einer höheren Versorgungsleistung verpflichtet, die sich wie folgt errechnet: ......

Der Beklagte wurde mit Schreiben vom ...... zur Zahlung aufgefordert.

Beweis: Schreiben vom ......

Da er eine höhere Betriebsrente verweigert, ist Klage geboten.

Rechtsanwalt

Anmerkungen

1. Siehe Form. B.II. 1.1 Anm. 1 bis 6.

2. Durch das arbeitsrechtliche **EG-Anpassungsgesetz** vom 13. 8. 1980 ist der Grundsatz der **Lohngleichheit** für Männer und Frauen nach Art. 3 Abs. 3 GG, Art. 119 EG-V, Art. 1 Richtlinie 75/117/EWG in § 612 Abs. 3 BGB umgesetzt worden. Danach darf für gleiche oder für gleichwertige Arbeit nicht wegen des Geschlechts des Arbeitnehmers eine geringere Vergütung vereinbart werden als bei einem Arbeitnehmer des anderen Geschlechts. Die Arbeit ist dann „gleich", wenn identische oder gleichartige Tätigkeiten ausgeübt werden, wobei ein Gesamtvergleich der Arbeiten erfolgen muss (keine Atomisierung); entscheidend ist eine überwiegend gleiche oder gleichartige Arbeit (BAG v. 23. 8. 1995, AP Nr. 48 zu § 612 BGB).

Die Arbeit ist dann „gleichwertig", wenn Arbeitnehmer Arbeiten verrichten, die nach objektiven Maßstäben der Arbeitsbewertung denselben Arbeitswert haben, wobei die erforderlichen Vorkenntnisse und Fähigkeiten sowie deren Umfang zu berücksichtigen ist (BAG v. 23. 8. 1995, aaO.).

3. Im Bereich der Vergütung ist der **Gleichbehandlungsgrundsatz** nur eingeschränkt anwendbar, da der Grundsatz der Vertragsfreiheit Vorrang hat, wobei dies wiederum nur bei individuell vereinbarten Löhnen und Gehältern gilt. Allerdings gebietet nach der Rspr des BAG der arbeitsrechtliche Gleichbehandlungsgrundsatz dem Arbeitgeber, die Arbeitnehmer, die in einer vergleichbaren Lage sind, auch gleich zu behandeln. Dieser Grundsatz verbietet nicht nur die willkürliche Schlechterstellung einzelner Arbeitnehmer innerhalb einer Gruppe, sondern auch eine sachfremde Gruppenbildung. Die Leistungsvoraussetzungen müssen daher so abgegrenzt werden, dass nicht sachwidrig oder willkürlich ein Teil der Arbeitnehmer von den Vergünstigungen ausgeschlossen wird (BAG

v. 25. 11. 1993, NZA 1994, 788; v. 26. 10. 1994, NZA 1995, 307; v. 8. 3. 1995, NZA 1995, 675; v. 17. 2. 1998, NZA 1998, 762). Im Bereich der Vergütung ist der Gleichbehandlungsgrundsatz dann anwendbar, wenn der Arbeitgeber die Leistungen nach einem bestimmten erkennbaren und generalisierenden Prinzip gewährt, wenn er bestimmte Voraussetzungen oder einen bestimmten Zweck festlegt. Gleiches gilt dann, wenn der Arbeitgeber, ohne nach einem erkennbaren und generalisierenden Prinzip vorzugehen, im Betrieb mehrere **Vergütungssysteme** anwendet und dabei nicht nur einzelne Arbeitnehmer besser stellt (BAG v. 19. 8. 1992, NZA 1993, 171).

Die Darlegungs- und Beweislast ist derart verteilt, dass zunächst der Arbeitnehmer Tatsachen vorzutragen hat, aus denen der Schluss gezogen werden kann, dass der Arbeitgeber Arbeitnehmer mit ähnlicher Tätigkeit nach unterschiedlichen Vergütungssystemen bezahlt. Dann hat der Arbeitgeber wegen seiner besonderen Sachnähe näher darzutun, wie groß der begünstigte Personenkreis ist, wie er sich zusammensetzt und abgegrenzt ist und warum der klagende Arbeitnehmer nicht zu diesem Personenkreis gehört.

4. Nach § 4 Abs. 1 TzBfG darf der Arbeitgeber einen teilzeitbeschäftigten Arbeitnehmer nicht wegen der **Teilzeitarbeit** schlechter behandeln als einen vergleichbaren vollzeitbeschäftigten Arbeitnehmer, es sei denn, dass sachliche Gründe eine unterschiedliche Behandlung rechtfertigen (ähnliche Regelung früher in § 2 Abs. 1 BeschFG). Eine unterschiedliche Behandlung muss auf somit sachlichen Merkmalen beruhen, soll sie nicht gegen das Gesetz verstoßen. Diese sachlichen Merkmale ergeben sich aus einem Vergleich der begünstigten und der benachteiligten Gruppe der Arbeitnehmer. Entscheidendes Merkmal ist hierbei der Zweck der Leistung.

Die geringere Arbeitsmenge bei Teilzeitbeschäftigten und das daraus resultierende geringere Entgelt gegenüber Vollzeitbeschäftigten ist kein sachliches Merkmal (BAG v. 15. 11. 1994, § 2 BeschFG 1985 EzA § 2 BeschFG 1985 Nr. 37); so jetzt durch § 4 Abs. 1 Satz 2 TzBfG klargestellt. Ebenso wenig ist eine Unterscheidung danach, ob der Teilzeitbeschäftigte die Tätigkeit nebenberuflich ausübt im Gegensatz zu den hauptberuflich tätigen Vollzeitbeschäftigten, kein sachliches Kriterium (BAG v. 6. 12. 1990 AP Nr. 12 zu § 2 BeschFG 1985). Kein sachliches Kriterium ist der Bezug von Altersruhegeld aus einer früheren Tätigkeit (BAG v. 1. 11. 1995 NZA 1996, 816). Ferner darf Teilzeitarbeit nicht deswegen schlechter bezahlt werden als Vollzeitarbeit, weil der Teilzeitarbeitnehmer einen Hauptberuf ausübt und dadurch eine gesicherte Existenzgrundlage hat. Das BAG hat am 1. 11. 1995 die bisherige Rechtsprechung insoweit aufgegeben (BAG v. 1. 11. 1995, NZA 1996, 813).

5. Ein Verstoß gegen § 4 Abs. 1 TzBfG führt zur Nichtigkeit der Vergütungsabrede. Der Arbeitnehmer hat dann Anspruch auf die übliche Vergütung nach § 612 Abs. 2 BGB. Diese wiederum ist anhand der von dem Arbeitgeber an die Vollzeitbeschäftigten gezahlten Vergütung zu ermitteln, wobei auch übertarifliches Entgelt zu berücksichtigen ist (BAG v. 26. 5. 1993, EzA § 2 BeschFG 1985 Nr. 28).

6. Art. 141 EG-Vertrag verbietet Entgeltregelungen, bei denen das Entgelt unmittelbar vom Geschlecht der Arbeitnehmer abhängt (unmittelbare Diskriminierung). Art. 141 EG-Vertrag verbietet aber auch Entgeltregelungen, durch die eine Arbeitnehmergruppe mittelbar benachteiligt wird. Das Lohngleichheitsgebot des Art. 141 EG-Vertrag gilt auch für betriebliche Versorgungsleistungen. Der objektive Tatbestand einer mittelbaren Diskriminierung ist erfüllt, wenn eine Versorgungsordnung zwar unterschiedslos auf Männer und Frauen anzuwenden ist, ausschließende Bestimmungen aber für die Personen eines Geschlechts wesentlich nachteiligere Wirkungen entfalten als bei Personen des anderen Geschlechts und diese nachteiligen Wirkungen auf dem Geschlecht oder der Geschlechtsrolle beruhen. Eine unterschiedliche Behandlung der Personen eines Geschlechts ist nur dann gerechtfertigt, wenn sie einem unabweisbaren Bedürfnis des Unternehmens dient, für die Erreichung der unternehmerischen Ziele geeignet und unter Berücksichtigung der Bedeutung des Grundsatzes der Lohngleichheit nach den Grundsätzen der Verhältnismäßigkeit erforderlich ist. Der Arbeitgeber hat Tatsachen vorzutragen und zu beweisen, die diese unterschiedliche Behandlung rechtfertigen sollen. So hat beispielsweise die Versorgungsordnung eines Kaufhauses, die Teilzeitbeschäftigte von Leistungen ausschloss, Frauen benachteiligt (BAG 14. 3. 1989, AP Nr. 5 zu § 1 BetrAVG Gleichberechtigung = BAGE: 61, 226 = NZA 1990, 25). Nach der Rspr des Europäischen Gerichtshofes liegt der objektive Tatbestand einer **mittelbaren Diskriminierung** bei dem Ausschluss von Teilzeitbeschäftigten aus einer Versorgungsordnung dann vor, wenn mehr Frauen als Männer betroffen sind und die nachteiligen Folgen auf dem Geschlecht oder der Geschlechterrolle beruhen (EuGH v. 13. 5. 1986, Rs 170/84, *Bilka*, EuGHE 1986, 1607 = AP Nr. 10 zu Art. 119 EWG-Vertrag).

7. Wenn der Arbeitgeber auf Grund eines **Sozialplanes** verpflichtet ist, an eine Gruppe von Arbeitnehmern, die durch Aufhebungsverträge ausscheiden, eine Abfindung zu zahlen und wenn die Betriebspartner anschließend einen weiteren Sozialplan mit dem gleichen persönlichen Geltungsbereich und dem Ziel eines weiteren Personalabbaus mit einer höheren Sozialplanabfindung vereinbaren, so findet der arbeitsrechtliche Gleichbehandlungsgrundsatz Anwendung. Allerdings kann auf Grund der Situation der Arbeitnehmer zum Zeitpunkt des Angebotes des Aufhebungsvertrages eine Differenzierung in der Höhe der Abfindung sachlich begründet sein (BAG v. 11. 2. 1998 – 10 AZR 22/97, NZA 1998, 895).

8. Wenn in einem Tarifvertrag die Beihilfe für Teilzeitbeschäftigte dahingehend geregelt ist, dass sie von der errechneten Beihilfe nur den Teil erhalten, der dem Verhältnis entspricht, in dem die arbeitsvertraglich vereinbarte durchschnittliche regelmäßige wöchentliche Arbeitszeit zu der regelmäßigen Arbeitszeit eines vollzeitbeschäftigten Arbeitnehmers steht, verstößt das nicht gegen § 2 Abs. 1 BeschFG (BAG v. 19. 2. 1998 – AZR 477/96 – zu § 40 MTA, NZA 1998, 1131; v. 19. 2. 1998 – 6 AZR 460/96 – NZA 1998, 887); Gleiches dürfte nunmehr für § 4 Abs. 1 TzBfG gelten.

9. Eine **Versorgungsregelung**, die einen Anspruch auf Betriebsrente dann begründet, wenn der Arbeitnehmer eine durchschnittliche Arbeitszeit von mindestens der Hälfte der regelmäßigen Arbeitszeit eines entsprechenden vollzeitbeschäftigten Arbeitnehmers aufweist, verstößt gegen Art. 3 Abs. 1 GG (BVerfG v. 27. 11. 1997, NZA 1998, 247 zum Ruhegeldgesetz der Freien und Hansestadt Hamburg i. d. F. v. 11. 11. 1986).

Kosten und Gebühren

Es handelt sich um eine vermögensrechtliche Streitigkeit im Sinne von § 64 Abs. 2 ArbGG. Der **Wert der Beschwer** berechnet sich unter Anwendung von § 46 Abs. 2 ArbGG nach 2 ff. ZPO sowie § 12 Abs. 7 ArbGG. Beachtet werden sollte, dass es sich bei dem Wert des Streitgegenstandes im Urteil um den Wert des im Urteil entschiedenen Streitgegenstandes handelt; § 61 Abs. 1 ArbGG. Der **Gebührenstreitwert** folgt aus §§ 1 Abs. 3, 12, 17 GKG. Die **Gerichtsgebühren** ergeben sich aus § 12 Abs. 1, 2 ArbGG unter Beachtung der hierzu maßgeblichen Tabelle. Für die **Rechtsanwaltsgebühren** ist § 9 Abs. 1 BRAGO maßgebend. Wegen eines vermeintlich zu geringen Wertes im Urteil ist keine gesonderte Beschwerde möglich. Freilich kann bei einer Veränderung des Streitwertes während der Instanz nach §§ 31, 10 Abs. 1 BRAGO eine gesonderte Festsetzung auf Antrag (!) erfolgen; ein Nachteil für die anwaltliche Vergütung entsteht somit nicht.

1.13 Zahlungsklage wegen Vorstellungskosten

An das
Arbeitsgericht ......

Klage

des Arbeitnehmers ......

– Kläger –

Prozessbevollmächtigter: ......

gegen

den Handwerksmeister ....../Herrn ...... als Inhaber der Firma ......

– Beklagter –

wegen Vorstellungskosten

Namens und in Vollmacht des Klägers erhebe ich Klage und werde in der mündlichen Verhandlung beantragen zu erkennen:[1]

1. Der Beklagte wird verurteilt, ... EUR brutto nebst 5%-Punkte Zinsen über den jeweiligen Basiszinssatz seit dem ...... an den Kläger zu zahlen.
2. Der Beklagte trägt die Kosten des Rechtsstreites.

Begründung:

Der Kläger verlangt die Erstattung von Vorstellungskosten. Am ...... hat der Beklagte in der Zeitung folgende Stellenanzeige veröffentlicht: ...... Hierauf hat sich der Kläger mit Schreiben vom ...... beworben.

Beweis: ...... 1. Stellenanzeige vom ......
           2. Bewerbungsschreiben vom ......

Am ...... erhielt der Kläger die Einladung zu einem Vorstellungsgespräch, welches am ...... in ...... stattfand.

Der Beklagte teilte am ...... mit, dass er die ausgeschriebene Stelle anderweitig besetzen werde. Zu einer Einstellung ist es nicht gekommen.

Alt.

Die Einladung zu dem Vorstellungsgespräch erfolgte durch einen von dem Beklagten eingeschalteten Unternehmensberater ...... am ...... in ......

Beweis: Schreiben des ...... vom

Das Verhalten des Unternehmensberaters muss sich der Beklagte zurechnen lassen.[3]

Dem Kläger sind durch das Vorstellungsgespräch folgende Kosten[2, 4, 5] entstanden:
Fahrtkosten von ...... bis ...... mit Bahn 2. Klasse/mit dem Pkw von ...... bis ...... bei ...... km pro einfacher Fahrt/Mehrkosten für Verpflegung/Übernachtungskosten

Beweis: Fahrkarte der DB/Tankbelege

Der Beklagte wurde mit Schreiben vom ...... zur Erstattung aufgefordert[6]. Er weigert sich zu zahlen. Klage ist geboten.

Rechtsanwalt

Köhne

Anmerkungen

1. Siehe Form. B. II. 1.1 Anm. 3, 5, 6.

2. Der Erstattungsanspruch des Arbeitnehmers bzw. des **Stellenbewerbers** ergibt sich aus § 670 BGB. Grundsätzlich muss der Arbeitgeber dann, wenn er den Arbeitnehmer zur Vorstellung auffordert, alle diejenigen Aufwendungen ersetzen, die der Bewerber den Umständen nach für erforderlich halten durfte. Das gilt auch dann, wenn zwar die Initiative zur Bewerbung vom Arbeitnehmer ausgeht, er also ohne Ausschreibung eine Bewerbung abgibt, aber der Arbeitgeber ihn daraufhin einlädt. Die Vorstellungskosten sind unabhängig davon zu erstatten, ob es später zu einer Einstellung kommt. Die Vorstellungskosten umfassen Fahrtaufwendungen, Mehraufwendungen für Verpflegung und/ oder notwendige Übernachtungskosten. Etwas anderes gilt nur dann, wenn eine abweichende Vereinbarung getroffen worden ist (BAG v. 29. 6. 1988, NZA 1989, 428). Flugkosten sind allerdings nur dann erstattungsfähig, wenn der Arbeitgeber die Übernahme zugesagt hat (ArbG Hamburg 2. 11. 1994, NZA 1995, 428).

3. Der Arbeitgeber ist auch dann zum Ersatz der **Vorstellungskosten** verpflichtet, wenn er einen Unternehmensberater einschaltet und dieser zu einem Vorstellungsgespräch einlädt. (BAG v. 29. 6. 1988, NZA 1989, 428).

4. Ein Anspruch auf Erstattung besteht dann nicht, wenn der Arbeitgeber vor dem Gespräch darauf hinweist, dass eine Kostenübernahme nicht in Betracht kommt.

5. Nicht zu den erstattungsfähigen Kosten gehören Aufwendungen für die Bewerbungsunterlagen, also für Bewerbungsschreiben, Kopiekosten für Zeugnisse, Kosten für Fotos. Diese Kosten trägt der Bewerber.

6. Der Erstattungsanspruch unterliegt bei Altfällen gemäß § 196 Abs. 1 Nr. 8 und 9 BGB der kurzen Verjährung von 2 Jahren. Das gilt auch dann, wenn eine Einstellung nicht erfolgt (BAG v. 14. 2. 1977, AP Nr. 8 zu § 196 BGB). Nach neuem Recht gilt nunmehr die dreijährige Verjährung gem. § 195 BGB. *Beachte:* Übergangsvorschrift zur Verjährung nach § 6 Einführungsgesetz zum BGB v. 21. 9. 1994 i.d.F. v. 11. 12. 2001 (BGBl. I S. 3513).

Kosten und Gebühren

Es handelt sich um eine vermögensrechtliche Streitigkeit im Sinne von § 64 Abs. 2 ArbGG. Der **Wert der Beschwer** berechnet sich unter Anwendung von § 46 Abs. 2 ArbGG nach 2 ff. ZPO sowie § 12 Abs. 7 ArbGG. Beachtet werden sollte, dass es sich bei dem Wert des Streitgegenstandes im Urteil um den Wert des im Urteil entschiedenen Streitgegenstandes handelt; § 61 Abs. 1 ArbGG. Der **Gebührenstreitwert** folgt aus §§ 1 Abs. 3, 12, 17 GKG. Die **Gerichtsgebühren** ergeben sich aus § 12 Abs. 1, 2 ArbGG unter Beachtung der hierzu maßgeblichen Tabelle. Für die **Rechtsanwaltsgebühren** ist § 9 Abs. 1 BRAGO maßgebend. Wegen eines vermeintlich zu geringen Wertes im Urteil ist keine gesonderte Beschwerde möglich. Freilich kann bei einer Veränderung des Streitwertes während der Instanz nach §§ 31, 10 Abs. 1 BRAGO eine gesonderte Festsetzung auf Antrag (!) erfolgen; ein Nachteil für die anwaltliche Vergütung entsteht somit nicht.

1.14 Vergütung von Reisezeit

An das
Arbeitsgericht ......

Klage

des Arbeitnehmers ......

– Kläger –

Prozessbevollmächtigter: ......

gegen

den Handwerksmeister ....../Herrn ...... als Inhaber der Firma ......

– Beklagter –

wegen Vergütung

Namens und in Vollmacht des Klägers erhebe ich Klage und werde in der mündlichen Verhandlung beantragen zu erkennen:[1]

1. Der Beklagte wird verurteilt, ... EUR brutto nebst 5%-Punkte Zinsen über den jeweiligen Basiszinssatz seit dem ...... an den Kläger zu zahlen.
2. Der Beklagte trägt die Kosten des Rechtsstreites.

Begründung:

Zwischen den Parteien besteht seit dem ...... ein Arbeitsverhältnis. Der Kläger ist als ...... bei einem monatlichen Bruttoentgelt von ....../bei einem Bruttostundenlohn von ...... mit einer regelmäßigen wöchentlichen Arbeitszeit von ...... Stunden tätig. Der Lohn ist zahlbar zum ...... Der Kläger ist am ...... geboren/und ist verheiratet; er hat ...... Kinder.

Beweis: Arbeitsvertrag vom ......

Das Arbeitsverhältnis ist von dem Kläger/dem Beklagtem gekündigt zum ....../ besteht ungekündigt fort/wurde am ...... beendet.

Beweis: Kündigung vom ......

Der Kläger war außerhalb seiner arbeitsvertraglichen Arbeitszeit in Erfüllung seiner arbeitsvertraglichen Verpflichtungen tätig. Es war notwendig, dass er von seinem Wohnort in ...... zu Kunden des Beklagten fuhr/zu anderen Betriebsstätten fuhr. Dabei handelte es sich um folgende Orte und Kunden/Betriebsstätten ...... Die Anfahrten und Abfahrten sind der beigefügten Aufstellung zu entnehmen, die zum Klagevorbringen gemacht wird. Die Reisezeiten waren zur Erfüllung der Verpflichtungen notwendig und/oder von dem Beklagten angeordnet.

Beweis: Aufstellung/Zeugnis des ......

Aus dieser Aufstellung ergeben sich für den ...... zusätzliche weitere Stunden, für den ...... weitere Stunden ...... usw. In der Gesamtsumme errechnen sich somit insgesamt ...... Stunden. Der Arbeitsvertrag enthält keine Regelung über Überstunden bzw. Mehrarbeit[2], sondern nur über Reisekosten. Letztere hat der Beklagte vergütet. Unter Anwendung des Bruttostundenlohnes von ...... EUR und der obigen Stundenzahl von ...... hat der Kläger Anspruch auf Zahlung von ...... EUR.[3, 4]

Der Beklagte wurde mit Schreiben vom ...... zur Zahlung aufgefordert. Er weigert sich zu zahlen. Klage ist geboten.

Rechtsanwalt

Anmerkungen

1. Siehe Form. B. II. 1.1 Anm. 1 bis 6.

2. In einem solchen Falle ist Anspruchsgrundlage § 612 Abs. 1 BGB. Das folgt daraus, dass eine vertragliche Abrede für die Vergütung im Sinne § 611 Abs. 1 BGB gerade fehlt. § 612 Abs. 1 BGB ist dann Anspruchsgrundlage, wenn überhaupt keine Vergütungsabrede vorliegt oder über die vereinbarte Tätigkeit hinaus höhere Dienste oder Überstunden geleistet werden (BAGE 38,194).

3. Voraussetzung des Anspruches nach § 612 Abs. 1 BGB ist, dass eine Dienstleistung erbracht wird, die üblicherweise nur gegen Entgelt zu erwarten ist. Nach der Rspr des BAG ist § 612 Abs. 1 BGB nicht zu entnehmen, dass in der Regel die im Interesse des Arbeitgebers aufgewendete **Reisezeit** vergütungspflichtig sei. Vielmehr sei im Einzelfall zu prüfen, ob die durch die Reise erbrachte Leistung den Umständen nach nur gegen Vergütung zu erwarten gewesen ist (BAG v. 3. 9. 1997, NZA 1998, 540). Zu etwaig tariflichen Ansprüchen vgl. LAG Niedersachsen v. 16. 5. 2000 – 7 Sa 1523/99: Einbindung der Reisezeit eines Bühnentechnikers in den Dienstplan, §§ 4, 15 BMT-G II und BAG v. 27. 6. 2002 – 6 AZR 378/01, AP Nr. 18 zu § 1 TVG Tarifverträge: Musiker.

4. Nach § 612 Abs. 1 BGB ist eine Bezahlung dann zu bejahen, wenn dies nach den Umständen zu erwarten ist. Je nach dem Einzelfall und der Verkehrsauffassung kann bei einer gehobenen und demzufolge höheren Vergütung eine Reisezeit von bis zu zwei Stunden mit dem monatlichen Entgelt abgegolten sein. So z. B. bei einem Dipl.-Ökonom, der Außenprüfungen vornimmt (vgl. BAG, aaO.) und dessen Gehalt deutlich über dem Durchschnitt abhängig Beschäftigter liegt. Gleiches dürfte nach der Verkehrsauffassung bei Wirtschaftsprüfern gelten.

Kosten und Gebühren

Es handelt sich um eine vermögensrechtliche Streitigkeit im Sinne von § 64 Abs. 2 ArbGG. Der **Wert der Beschwer** berechnet sich unter Anwendung von § 46 Abs. 2 ArbGG nach 2 ff. ZPO sowie § 12 Abs. 7 ArbGG. Beachtet werden sollte, dass es sich bei dem Wert des Streitgegenstandes im Urteil um den Wert des im Urteil entschiedenen Streitgegenstandes handelt; § 61 Abs. 1 ArbGG. Der **Gebührenstreitwert** folgt aus §§ 1 Abs. 3, 12, 17 GKG. Die **Gerichtsgebühren** ergeben sich aus § 12 Abs. 1, 2 ArbGG unter Beachtung der hierzu maßgeblichen Tabelle. Für die **Rechtsanwaltsgebühren** ist § 9 Abs. 1 BRAGO maßgebend. Wegen eines vermeintlich zu geringen Wertes im Urteil ist keine gesonderte Beschwerde möglich. Freilich kann bei einer Veränderung des Streitwertes während der Instanz nach §§ 31, 10 Abs. 1 BRAGO eine gesonderte Festsetzung auf Antrag (!) erfolgen; ein Nachteil für die anwaltliche Vergütung entsteht somit nicht.

2. Statusklage

An das
Arbeitsgericht[1] ......

Klage

des Arbeitnehmers ......

– Kläger –

Prozessbevollmächtigter: ......

gegen

den Handwerksmeister ....../Herrn ...... als Inhaber der Firma ......

– Beklagter –

wegen Feststellung[2]

Namens und in Vollmacht des Klägers erhebe ich Klage und werde in der mündlichen Verhandlung beantragen zu erkennen:[3]

1. Es wird festgestellt, dass zwischen den Parteien seit dem ...... ein Arbeitsverhältnis besteht.[4]
2. Der Beklagte trägt die Kosten des Rechtsstreites.

Begründung:

Der Kläger ist seit dem ...... bei dem Beklagten als ...... tätig. Der Kläger erhält eine monatliche Bruttovergütung von ...... EUR/einen Bruttostundenlohn von ...... EUR bei einer wöchentlichen regelmäßigen Arbeitszeit von ...... Stunden und ...... Arbeitstagen. Die Vergütung ist zahlbar zum ...... Der Kläger ist am ...... geboren/und verheiratet; er hat ...... Kinder.

Beweis: Vertrag vom ......

Mit Schreiben vom ....../mündlicher Aufforderung vom ...... hat der Kläger verlangt, dass der Beklagte die auf das Entgelt anfallenden Abgaben und Beiträge an das Finanzamt und den Sozialversicherungsträger abführt[5].

Beweis: Schreiben vom ....../Zeugnis des ......

Der Beklagte hat dies abgelehnt, mit der Begründung, der Kläger sei nicht Arbeitnehmer, sondern freier Mitarbeiter wie im Vertrag vom ...... ausgewiesen, so dass die begehrte Abführungspflicht nicht bestehe.

Beweis: Schreiben vom ....../Zeugnis des ......

Die Auffassung des Beklagten ist nicht zutreffend. Der Kläger ist Arbeitnehmer[6]. Das ergibt sich aus folgenden Tatsachen[7]:

Der Kläger erhält seine Arbeitsanweisungen von ...... Bei dieser Person handelt es um den Inhaber des Beklagten/den Prokuristen/Abteilungsleiter ...... Diese Anweisungen bestehen aus ...... (konkrete Beschreibung) ...... Der Kläger hat keine eigene Entscheidungsfreiheit/kaum Entscheidungsfreiheit/nur eingeschränkte eigene Kompetenzen[8]. Die Arbeitsleistungen erbringt der Kläger in ...... (genaue örtliche Beschreibung, z.B. Büroräume)[8].

Beweis: Zeugnis des/der ......

Von dem Beklagten werden dem Kläger zur Erfüllung der Aufgaben folgende Gegenstände zur Verfügung gestellt: ...... (genaue Beschreibung) ......

Beweis: Zeugnis des/der ......

Ferner ist der Kläger verpflichtet, seine Leistungen in der Zeit von ...... bis ...... an folgenden Wochentagen ....../von montags bis freitags zu erbringen. Eine Möglichkeit hiervon abzuweichen hat der Kläger nicht.

Beweis: Zeugnis des/der ......

oder: Zwar ist der Kläger nicht an feste Arbeitszeiten gebunden, jedoch besteht eine ständige Rufbereitschaft[9]/bestehen feste Besprechungstermine am ......

Beweis: Zeugnis des/der ......

Die hierdurch eintretende zeitliche Inanspruchnahme ist derart hoch, dass der Kläger keine Möglichkeit hat, eine weitere Verdienstmöglichkeit aufzunehmen, um seinen Lebensunterhalt zu verdienen.

Da der Beklagte die begehrte Feststellung verweigert, ist Klage geboten.

Rechtsanwalt

Anmerkungen

1. Der Rechtsweg zu den Arbeitsgerichten ist nach §§ 2, 5 ArbGG dann eröffnet, wenn eine bürgerlichrechtliche Streitigkeit zwischen Arbeitnehmer und Arbeitgeber gegeben ist. Die Prüfung erfolgt für jeden gestellten Klageantrag (BAG v. 25. 6. 1997, EzA § 2 ArbGG 1979 Nr. 37). Das Bundesarbeitsgericht hat für die Frage des Rechtsweges drei Fallkonstellationen entwickelt, die als **sic-non-, aut-aut-** und **et-et-Fälle** bezeichnet werden (BAG v. 9. 10. 1996, AP Nr. 2 zu § 2 ArbGG 1979 Zuständigkeitsprüfung; v. 24. 4. 1996, NZA 1996, 1005; v. 10. 12. 1996, AP Nr. 4 zu § 2 ArbGG 1979 Zuständigkeitsprüfung).

Bei den sog. sic-non-Fällen ist ein Obsiegen im Prozess nur dann möglich, wenn die Arbeitnehmereigenschaft materiellrechtlich bejaht wird, z.B. bei einer Kündigungsschutzklage wegen fehlender sozialer Rechtfertigung. In einem solchen Falle genügt die bloße Behauptung „Arbeitnehmer" zu sein aus, um den Rechtsweg zu den Arbeitsgerichten zu bejahen.

Bei den beiden anderen Fällen, aut-aut und et-et, ist die Feststellung der materiellrechtlichen Arbeitnehmereigenschaft nicht erforderlich, um ein Obsiegen im Prozess zu bejahen, da sowohl arbeitsrechtliche Anspruchsgrundlagen als auch „zivilrechtliche" Normen in Betracht kommen (entweder sowohl als auch, oder sich gegenseitig ausschließend). In diesen Fällen muss die Arbeitnehmereigenschaft zumindest prozessual schlüssig behauptet werden. Ob sie bewiesen werden muss, hat das BAG offen gelassen (BAG v. 10. 12. 1996, AP Nr. 4 zu § 2 ArbGG 1979 Zuständigkeitsprüfung).

2. Die umgekehrte Fallkonstellation, dass der Kläger auf Feststellung klagt, er sei Arbeitgeber, ist zwar theoretisch denkbar, kommt in der Praxis jedoch so gut wie nicht vor.

3. Siehe Form. B. II. 1.1 Anm. 4 bis 6.

4. Das Bundesarbeitsgericht hat in ständiger Rechtsprechung Klagen auf Feststellung des Bestehens eines Arbeitsverhältnisses für zulässig erklärt und das im Sinne von § 256 ZPO notwendige **Feststellungsinteresse** bejaht (BAG v. 22. 6. 1977, DB 1977, 2460; v. 24. 6. 1992, NZA 1993, 174; v. 20. 7. 1994, AP Nr. 26 zu § 256 ZPO; v. 23. 4. 1997, AP Nr. 40 zu § 256 ZPO 1977). Das gilt auch, wenn im Laufe des **Statusprozesses**

erkennbar wird, dass später über einzelne Arbeitsbedingungen gestritten wird. Nach der Rspr des BAG ist es dem Feststellungsinteresse nicht abträglich, wenn weder der zeitliche Umfang, in dem zu beschäftigen ist, noch die Frage, ob ein Anspruch auf Zuteilung bestimmter Arbeiten besteht, zum Streitgegenstand gemacht wird (BAG v. 20. 7. 1994, NZA 1995, 190). Es bestehe auch ein Interesse an alsbaldiger richterlicher Feststellung im Sinne von § 256 Abs. 1 ZPO, denn wenn ein Arbeitsverhältnis rechtskräftig festgestellt wird, dann wären auf das Vertragsverhältnis der Parteien die zwingenden gesetzlichen Vorschriften sofort anzuwenden, die prägend für ein Arbeitsverhältnis sind. Allerdings hat das BAG eine Feststellungsklage dann für unzulässig erklärt, wenn die Feststellung nur unter der Voraussetzung erfolgen soll, dass zugleich über einzelne Arbeitsbedingungen im Sinne des Klägers entschieden wird (BAG v. 14. 2. 1979, BB 1979, 1456).

5. Die nachträgliche Feststellung des Bestehens eines Arbeitsverhältnisses hat steuerrechtlich unterschiedliche Auswirkungen. Der Arbeitgeber haftet bei nachträglicher Feststellung der Lohnsteuerpflicht i. d. R. alleine nach § 42 d Abs. 3 EStG; dem Arbeitnehmer obliegt i. d. R. eine höhere Einkommensteuerschuld, die wegen des Wegfalls der „Betriebsausgaben" nicht mit der berechneten Umsatzsteuer nach § 16 Abs. 3 UStG verrechnet werden kann (vgl. *Kunz/Kunz*, DB 1993, 326 f.). Sozialversicherungsrechtlich entsteht, je nach Verdienst, eine **nachträgliche Beitragspflicht**, die nach § 25 SGB IV innerhalb von 4 Jahren ab dem Fälligkeitsjahr verjährt; eine Verrechenbarkeit mit dem Entgelt besteht nach § 28 g SGB IV nur für rückwirkend maximal 3 Monate. Ferner kann sich ergeben, dass wegen Wegfalls der Geschäftsgrundlage eine geringere Vergütung zu zahlen ist, so dass dann nach § 612 BGB „nur" die übliche Vergütung geschuldet wird (BAG v. 21. 1. 1998, EzA § 612 BGB Nr. 21).

6. Ein Arbeitsverhältnis unterscheidet sich nach ständiger Rspr des Bundesarbeitsgerichts von einem Dienstverhältnis, und damit u. a. von einem freien Mitarbeitervertrag, durch den Grad der persönlichen Abhängigkeit. Die Arbeitsleistung wird im Rahmen einer bestimmten Arbeitsorganisation auf der Grundlage eines privatrechtliches Vertrages erbracht; Stichworte: Eingliederung in die Organisation des Auftraggebers, privatrechtliche Grundlage, fremdbestimmte Arbeit (BAG v. 25. 3. 1992, BAGE 70, 104; v. 22. 6. 1994, NZA 1995, 462; v. 6. 7. 1996, NZA 1996, 33; v. 3. 6. 1998, NZA 1998, 1165; vgl. *Griebeling,* Die Merkmale des Arbeitsverhältnisses, NZA 1998, 1137 ff.; *Preis,* Der Arbeitsvertrag; II A 50 Rdnr. 1 ff.).

Freie Mitarbeiterverhältnisse tauchen in der Praxis in unterschiedlichen Branchen auf, die sich anhand der Rspr folgendermaßen typologisieren lassen:

a) Transportdienste, Kurierdienste, Auslieferungsfahrer (BAG v. 19. 11. 1997, NZA 1998, 378),

b) Montagearbeiten, Bauarbeiten,

c) Restaurantbedienungen, Etagenservice in Hotels (LAG Frankfurt v. 16. 1. 1990, ArbuR 1991, 187),

d) Regaleinrichter in Ladengeschäften und/oder Kaufhäusern (LAG Frankfurt v. 11. 7. 1989, AiB 1990, 77),

e) Schlachtereigewerbe (LG Oldenburg v. 17. 3. 1995, BB 1995, 1697),

f) Wissenschaftler bei industriellen Auftraggebern (BFH v. 18. 1. 1991, AP Nr. 56 zu § 611 BGB Abhängigkeit),

g) Haustürwerbung und Versicherungsvertreter (LAG Nürnberg v. 25. 2. 1998, ZIP 1998, 617),

h) Propagandisten (LAG Köln v. 30. 6. 1995, AP Nr. 80 zu § 611 BGB Abhängigkeit vgl. hierzu die Revisionsentscheidung des BAG in EzA § 256 ZPO Nr. 47; BGH v. 11. 3. 1982 AP Nr. 3 zu § 84 HGB),

i) Ärztin bei der Mütterberatung und Schuluntersuchung (BAG v. 7. 11. 1990 – 5 AZR 15/90 – n. v.),

j) Franchisenehmer, der im eigenen Namen Waren unter fremder Marke einkauft und wieder veräußert (BAG v. 16. 7. 1997, EzA § 5 ArbGG 1979 Nr. 24; BAG v. 21. 2. 1990, AP Nr. 57 zu § 611 BGB Abhängigkeit),

k) Mitarbeiter bei Funk und Fernsehen (BAG v. 20. 7. 1994, BAGE 77, 226; v. 30. 11. 1994 AP Nr. 74 zu § 611 BGB Abhängigkeit; v. 11. 3. 1998, NZA 1998, 705; v. 22. 4. 1998, NZA 1998, 1275 und 1277 und 1336),

l) Bildberichterstatter für eine Tageszeitung, Fotoreporter (BAG v. 29. 1. 1992, AP Nr. 47 zu § 5 BetrVG 1972; v. 16. 6. 1998, NZA 1998, 839; Sächs. LAG v. 29. 5. 2001 – 6 Sa 772/00),

m) Rechtsanwalt (BAG v. 15. 4. 1993, AP Nr. 12 zu § 5 ArbGG 1979; LAG Berlin v. 16. 12. 1986, NZA 1987, 488), Rechtsanwalt in den Vermögensämtern der neuen Bundesländer (BAG v. 3. 6. 1998, NZA 1998, 1165),

n) Familienhelferin (BAG v. 6. 5. 1998, NZA 1998, 873),

o) VHS-Dozent (BAG v. 29. 5. 2002 – 5 AZR 161/01, n. v.),

p) Lehrbeauftragter an der Berliner Universität (LAG Berlin v. 5. 7. 2001, NZA-RR 2002, 221).

7. Ob ein Arbeitsverhältnis vorliegt oder nicht, ist am Vertrag und nicht am Status (BAG v. 20. 7. 1994, BAGE 77, 226), an der tatsächlichen Vertragsausführung (BAG v. 26. 7. 1995, AP Nr. 79 zu § 611 BGB Abhängigkeit), an der Frage, ob diese Tätigkeit typischerweise in einem Arbeitsverhältnis ausgeübt wird (BAG v. 12. 9. 1996, AP Nr. 1 zu § 611 BGB Freier Mitarbeiter) und ggf. ein Rechtsmissbrauch des Arbeitgebers vorliegt (BAG v. 11. 12. 1996, EzA § 242 BGB Rechtsmissbrauch Nr. 1 und 2), festzustellen.

Bei dem Grad der persönlichen Abhängigkeit ist wesentliches Kriterium gegenüber einem „freien" Mitarbeiter ein hinreichender Grad der persönlichen Abhängigkeit, nicht ausreichend und nicht erforderlich ist die wirtschaftliche Abhängigkeit (BAG v. 30. 11. 1994, BAGE 78, 343).

Die persönliche Abhängigkeit kann sich durch die Eingliederung in die fremde Arbeitsorganisation (BAG 16. 7. 1997, NZA 1998, 368), die Art und Organisation der Tätigkeit (BAG v. 20. 7. 1994, AP Nr. 73 zu § 611 BGB Abhängigkeit) und der Eigenart der Tätigkeit (BAG v. 16. 7. 1997, aaO; v. 12. 9. 1996, AP Nr. 122 zu § 611 BGB Lehrer, Dozenten) erschließen. Bei einfacheren, anspruchsloseren Tätigkeit spricht dies für eine Eingliederung (BAG v. 16. 7. 1997, aaO.).

8. Die Weisungsgebundenheit zeichnet sich durch Art und Umfang der Aufgabenerledigung aus. Daher bedarf es in der Klageschrift der Angabe von Ort, Zeit, Art und Reihenfolge der Leistungen in Abgrenzung zu einer freien Einteilung (BAG v. 28. 2. 1962, BAGE 12, 303; v. 9. 5. 1984, AP Nr. 45 zu § 611 BGB Abhängigkeit). Entscheidend ist nicht die zur Verfügung stehende Arbeitszeitmenge (BAG v. 27. 3. 1991, AP Nr. 53 zu § 611 BGB Abhängigkeit). Hinsichtlich der örtlichen Gebundenheit ist je nach Vertragsausgestaltung die Besonderheit des Einzelfalls zu berücksichtigen, d.h. also sachliche Zwänge, z.B. bei einer Presseberichterstattung (BAG v. 29. 1. 1992, AP Nr. 47 zu § 5 BetrVG 1972).

9. Vgl. hierzu BAG v. 7. 5. 1980, AP Nr. 35 zu § 611 BGB Abhängigkeit.

Kosten und Gebühren

Es handelt sich um eine vermögensrechtliche Streitigkeit im Sinne von § 64 Abs. 2 ArbGG. Der **Wert der Beschwer** berechnet sich unter Anwendung von § 46 Abs. 2 ArbGG nach 2 ff. ZPO sowie § 12 Abs. 7 ArbGG. Beachtet werden sollte, dass es sich bei dem Wert des Streitgegenstandes im Urteil um den Wert des im Urteil entschiedenen Streitgegenstandes handelt; § 61 Abs. 1 ArbGG. Der **Gebührenstreitwert** folgt aus §§ 1

Abs. 3, 12, 17 GKG. Die **Gerichtsgebühren** ergeben sich aus § 12 Abs. 1, 2 ArbGG unter Beachtung der hierzu maßgeblichen Tabelle. Für die **Rechtsanwaltsgebühren** ist § 9 Abs. 1 BRAGO maßgebend. Wegen eines vermeintlich zu geringen Wertes im Urteil ist keine gesonderte Beschwerde möglich. Freilich kann bei einer Veränderung des Streitwertes während der Instanz nach §§ 31, 10 Abs. 1 BRAGO eine gesonderte Festsetzung auf Antrag (!) erfolgen; ein Nachteil für die anwaltliche Vergütung entsteht somit nicht.

3. Feststellungsklagen

3.1 Feststellungsklage gemäß §§ 2, 4 KSchG

An das
Arbeitsgericht ......

Klage

in Sachen

......

– Klagepartei –

Prozessbevollmächtigter: ......

gegen

......

– Beklagte –

wegen Feststellung

Hiermit zeige ich die Vertretung der Klagepartei an. Ich beantrage:

1. Es wird festgestellt, dass die Änderung der Arbeitsbedingungen durch die Änderungskündigung vom .... sozial ungerechtfertigt ist.
2. Es wird festgestellt, dass der Inhalt des Arbeitsverhältnisses der Parteien durch die Änderungskündigung der Beklagten vom ...... zum ...... nicht geändert wird.
3. Die beklagte Partei trägt die Kosten des Verfahrens.

Begründung:

Die Klagepartei, geb ...., ist bei der beklagten Partei seit ...... als ...... angestellt. Die Rechtsbeziehungen der Parteien zueinander regelt ein Arbeitsvertrag vom ...... (Anlage).

Im Betrieb der Beklagten sind mehr als fünf Arbeitnehmer im Sinne von § 23 KSchG beschäftigt.

Ein Betriebsrat ist gewählt.

Die beklagte Partei hat durch Brief vom ......, zugegangen am gleichen Tage, das Arbeitsverhältnis mit einer Frist von einem Monat zum Monatsende gekündigt, aber zugleich angeboten, die Klagepartei könne über den Ablauf der Kündigungsfrist hinaus weiter tätig bleiben als ......[1]

Die Klagepartei hat die geänderten Bedingungen jedenfalls binnen dreier Wochen ab Erhalt der Kündigung durch eine Vorbehaltserklärung gegenüber der beklagten Partei angenommen.[2]

Sie macht mit dieser Klage geltend, dass die geänderten Bedingungen sozial nicht gerechtfertigt sind.

Sozial ungerechtfertigt ist die Änderungskündigung, weil es weder aus betrieblichen noch aus persönlichen noch aus verhaltensbedingten Gründen einen Anlass für die Kündigung gibt noch die geänderten Umstände von der Klagepartei billigerweise hingenommen werden müssen.[3]

Es wird bestritten, dass eine Beteiligung des Betriebsrats in der erforderlichen Form stattgefunden hat, denn die Beklagte beschäftigt im Betrieb mehr als 20 wahlberechtigte Arbeitnehmer, so dass mit der Zuweisung eines anderen Bereichs durch die Änderungsbedingungen auch eine Mitbestimmung nach § 99 BetrVG zu beachten war.[4]

Sie wendet sich gegen die Änderungskündigung sowohl mit einer Klage nach § 4 KSchG, als auch mit einer allgemeinen Feststellungsklage nach § 256 ZPO, denn sie will sicherstellen, dass der ungeänderte Fortbestand des Arbeitsverhältnisses mit den bisherigen Inhalten bis zum Zeitpunkt der Letzten mündlichen Verhandlung ausgeurteilt wird.

Sie hat ein besonderes Feststellungsinteresse hieran, weil ......[5]

Nach § 61 Abs. 1 ArbGG bleibt zu erklären, dass die Änderung der Arbeitsbedingungen die Klagepartei monatlich 300,– EUR brutto kosten würde.[6]

Rechtsanwalt

Anmerkungen

1. Die **Änderungskündigung** ist eine Kündigung, die verbunden wird mit dem Anerbieten, das Arbeitsverhältnis zu geänderten Bedingungen fortzuführen; sie ist ein aus zwei Willenserklärungen zusammengesetztes Rechtsgeschäft.

Angeboten werden können in der Erklärung des Arbeitgebers die geänderten Bedingungen entweder nach vorangegangener Kündigung oder als Potestativbedingung mit nachfolgendem Ausspruch der Kündigung, falls der Empfänger mit den Bedingungen nicht einverstanden ist (*Schaub*, § 123 Rdn. 43 ff.).

Zwar braucht nicht unbedingt das Wort Kündigung verwendet zu werden, jedoch muss sich aus dem Gesamtzusammenhang ergeben, dass die Beendigung des Arbeitsverhältnisses zweifelsfrei gewollt ist.

Die Änderungskündigung ist ordentlich und außerordentlich denkbar.

Bei der ordentlichen ist in jedem Falle die vertragliche/gesetzliche/tarifliche Frist einzuhalten, so dass die Änderung erst nach Fristablauf durchsetzbar wird.

Als „ordentlich" erklärt ist alles anzusehen, was nicht ausdrücklich als fristlos erklärt ist, wobei auch aus einer eventuellen Begründung die erforderliche Klarheit entnommen werden kann.

Abzugrenzen ist die Änderungskündigung von der **Teilkündigung**, die nach der Definition des BAG (AP 5 zu § 620 BGB Teilkündigung) auf eine einseitige Änderung der Vertragsbedingungen gegen den Willen des Vertragspartners abzielt und unzulässig ist.

Abzugrenzen ist sie auch von dem bloßen, nicht mit einer beendigenden Erklärung versehenen Angebot zur Änderung der Vertragsbedingungen oder zum bloßen **Widerruf** irgendwelcher Leistungen (der nur bei Vorbehalt beachtlich ist).

Nach dem Grundsatz der Verhältnismäßigkeit ist eine Änderungskündigung dort unzulässig, wo das gleiche Ziel auch auf andere Weise erreicht werden kann.

Lässt beispielsweise der Arbeitsvertrag durch entsprechende Spannungsklauseln im Wege der Ausübung des Direktionsrechts zu, eine neue Aufgabe zuzuweisen, so darf nicht zur Erreichung des identischen Zieles im Wege der Änderungskündigung vorgegangen werden, denn diese gefährdet zugleich den Bestand (*Becker-Schaffner*, BB 1991, 129).

Zirnbauer   57

2. Der Empfänger der Änderungskündigung hat drei Reaktionsmöglichkeiten, nämlich:

a) Er kann die geänderten Bedingungen annehmen, wobei die Annahmeerklärung wiederum nach Vertragsrecht (§§ 145 ff. BGB) geschehen muss. Die Annahmeerklärung ist eine empfangsbedürftige Willenserklärung und nach BAG (AP 161 zu § 2 KSchG 69) ist notwendiger Bestandteil dieser Willenserklärung ein „wahrnehmbarer Erklärungsakt", der auch in einem konkludenten Verhalten gesehen werden kann. Die widerspruchslose Fortsetzung der Tätigkeit durch den Arbeitnehmer kann dessen konkludente Annahme des Änderungsangebotes insgesamt auch dann sein, wenn sich ein Änderungsangebot nicht in allen Punkten unmittelbar auswirkt (BAG 1. 8. 2001, EzA § 315 BGB Nr. 50).

b) Der Kündigungsempfänger kann auch ablehnen. Erklärt er sich nicht (wörtlich oder konkludent), so hat er abgelehnt. Dann kann er natürlich die Kündigung, die nun nur noch eine Beendigungskündigung ist, nur noch als solche anfechten.

c) Er kann die geänderten Bedingungen unter dem **Vorbehalt** annehmen, dass das Arbeitsgericht deren soziale Rechtfertigung prüft. Verliert er den Prozess, so bleibt er in den neuen Bedingungen hängen. Gewinnt er den Prozess, erhält er die alten Bedingungen zurück.

Die Reaktionen sind fristgebunden:

a) Bei der **ordentlichen** Änderungskündigung gilt:
- Die Annahmeerklärung bestimmt sich nach §§ 147, 148 BGB, wobei die Frist des § 2 Satz 2 KSchG nicht an die Höchstfrist von drei Wochen nach Zugang der Kündigung gebunden ist, sondern sich danach richtet, wann unter den besonderen Umständen des Einzelfalls noch mit einer Antwort gerechnet werden muss (BAG 6. 2. 2003, 2 AZR 674/01). Die Annahmefrist kann im Rahmen des § 148 BGB nach oben gesetzt werden. Inwieweit sie verkürzbar ist unter dem Rahmen, den § 2 Satz 2 KSchG vorsieht, ist offen.
- Die Vorbehaltserklärung ist nach § 2 Satz 2 KSchG „innerhalb der Kündigungsfrist, spätestens jedoch innerhalb von drei Wochen nach Zugang der Kündigung" zu erklären. Empfänger der Erklärung ist nur der Arbeitgeber (BAG 17. 6. 1998, FA 1998/378).

b) Bei der **außerordentlichen** Änderungskündigung sind Annahme und Annahme unter **Vorbehalt** unverzüglich zu erklären (BAG 19. 6. 1986, AP 16 zu § 2 KSchG 69). Zur Frage, was in diesem Zusammenhang unverzüglich bedeutet, hat das BAG mit Urteil vom 27. 3. 1987 (AP 20 zu § 2 KSchG 69) eine sehr extensive Auffassung vertreten. Die Ablehnung darf nicht fingiert werden, so lange die Annahmefrist noch offen ist.

3. Die Begründung der Änderungskündigung kann aus allen drei Kategorien der durch § 1 Abs. 2 KSchG vorgesehenen Rechtfertigungsarten stammen.

Wegen weiterer Einzelheiten wird verwiesen auf B. III. 11.4 Anm. 6.

Welche Prüfmaßstäbe bei der Änderungskündigung anzuwenden sind, ist weder aus § 2 noch aus § 4 Satz 2 KSchG abschließend zu entnehmen; § 2 schweigt völlig; § 4 Satz 2 sagt nur, dass Klage zu erheben sei „auf Feststellung, dass die Änderung der Arbeitsbedingungen sozial ungerechtfertigt ist".

In der Rechtsprechung des BAG ist inzwischen klargestellt, dass eine zweistufige Prüfung nötig ist: in der ersten Stufe ist zu prüfen, ob die Kündigung im Sinne von § 1 KSchG gerechtfertigt ist, ob also Gründe in der Person oder im Verhalten des Arbeitnehmers oder Gründe betrieblicher Art vorhanden sind.

In der zweiten Stufe ist zu prüfen, ob die Änderung der Bedingungen „billigerweise vom Arbeitnehmer hingenommen werden muss".

Dieses zweistufige **Prüfsystem** wird mit den pädagogisch einprägsamen Fragen nach dem „ob" und dem „wie" treffend bezeichnet.

Mit Entscheidung vom 19. 5. 1993 hat das BAG (AP 31 zu § 2 KSchG 69) die Zwei-stufigkeit des Prüfsystems verdeutlicht:

„Das Kündigungsschutzgesetz sieht als geschütztes Rechtsgut den Arbeitsplatz und die Betriebszugehörigkeit des Arbeitnehmers an, die die Grundlage seiner sozialen und wirt-schaftlichen Existenz bilden; es soll ihm diese Rechtsgüter in den Grenzen des sozial und wirtschaftlich Vertretbaren sichern.

Insoweit greift es in die unternehmerische Freiheit ein und sucht einen Ausgleich der gegenläufigen Interessen von Arbeitgeber und Arbeitnehmer herbeizuführen.

An diesem Normzweck hat der Senat in seiner bisherigen Rechtsprechung die Ausle-gung des Gesetzes ausgerichtet und als geschütztes Rechtsgut das Arbeitsverhältnis mit seinem im Zeitpunkt der Kündigung bestehenden Inhalt angesehen, das in § 1 KSchG gegen seine Beendigung und in § 2 KSchG gegen die Änderung seines Inhalts geschützt werden soll. Der in § 1 KSchG geregelte Bestandsschutz und der in § 2 geregelte Ver-tragsinhaltsschutz stehen gleichwertig nebeneinander."

Es ist also zu prüfen, ob z. B. bei der betriebsbedingten Änderungskündigung „drin-gende betriebliche Erfordernisse gemäß § 1 II KSchG das Änderungsangebot bedingen und ob der Arbeitgeber sich bei einem an sich anerkennenswerten Anlass zur Ände-rungskündigung darauf beschränkt hat, nur solche Änderungen vorzuschlagen, die der Arbeitnehmer billigerweise hinnehmen muss" (Urteil vom 18. 1. 1990, ebenso Urteil vom 24. 4. 1997, NZA 1997, 1047; LAG Berlin 11. 5. 1998, NZA-RR 1998, 498; KR-*Rost*, 6. Aufl., Rdn. 98 zu § 2 KSchG).

Die zweistufige Prüfung ist auch dort nötig, wo die Änderungskündigung durch (still-schweigende oder ausdrückliche) Ablehnung der geänderten Bedingungen zur Beendi-gungskündigung geworden ist (KR-*Rost*, 6. Aufl., Rdn. 92 zu § 2 KSchG).

Bei der **außerordentlichen Änderungskündigung** gibt es hinsichtlich der Notwen-digkeit der Beachtung von § 626 Abs. 2 BGB keine Besonderheiten. Im Regelfall ist die 2-Wochenfrist zur Auswertung des Kündigungsgrundes unverzichtbar. Lediglich bei Dauertatbeständen, wie der fortlaufenden Unmöglichkeit zur Beschäftigung, soll § 626 Abs. 2 BGB nicht anwendbar sein (BAG 5. 2. 1998, EzA § 626 BGB Unkündbarkeit Nr. 2).

Aus dem Grundsatz der **Verhältnismäßigkeit** hat das BAG das Prinzip herausgearbei-tet, dass eine Änderungskündigung stets Vorrang hat vor der Beendigungskündigung. Der Arbeitgeber muss versuchen, den Arbeitnehmer – notfalls eben durch Änderungs-kündigung – mit einer anderen Aufgabe weiter zu betrauen, soweit die Beschäftigung auf einem anderen (nicht im Direktionsweg zuweisbaren) Arbeitsplatz möglich ist (BAG 27. 9. 1984, AP 8 zu § 2 KSchG 69).

Nur dort, wo im Vorfeld einer Änderungskündigung der Arbeitnehmer bereits vorbe-haltlos und endgültig erklärt, dass er die geänderten Bedingungen nicht annehmen wür-de, ist die Änderungskündigung verzichtbar und stattdessen eine Beendigungskündigung denkbar.

Um herauszufinden, wie der Arbeitnehmer reagiert, hat das BAG in diesem Urteil vom 27. 9. 1984 aaO. ein „Vorspiel" ersonnen, wonach dem Arbeitnehmer unmissverständ-lich dargelegt werden muss, dass bei Ablehnung des Änderungsangebotes eine Beendi-gungskündigung folgt. Dann muss eine Bedenkzeit von einer Woche eingeräumt werden, innerhalb derer der Arbeitnehmer dann „unter einem dem § 2 KSchG entsprechenden Vorbehalt annehmen" oder eben vorbehaltlos und endgültig ablehnen kann.

Unterlässt der Arbeitgeber dieses „Vorspiel" und spricht nur eine Beendigungskündi-gung aus, so kann aus dem nachfolgenden Prozessverhalten gefolgert werden, wie der Arbeitnehmer sich bei Einhaltung des Vorspiels verhalten haben würde (BAG vom 27. 9. 1984 aaO.).

4. Kollektivrechtlich ist die **Änderungskündigung** auf Grund ihrer **Doppelnatur**, nämlich der Zusammensetzung aus zwei Willenserklärungen in einem mitbestimmten

Betrieb mit in der Regel über 20 wahlberechtigten Beschäftigten deshalb kompliziert, weil kaum Fälle denkbar sind, in denen die alternativ anzubietenden geänderten Bedingungen nicht die Legaldefinition von § 95 Abs. 3 BetrVG erfüllen, also sich als Versetzung im kollektivrechtlichen Sinne erweisen.

Dann ist neben der Mitbestimmung aus § 102 BetrVG für die Kündigung die Mitbestimmung nach § 99 für die Änderung der Bedingungen erforderlich.

Die Fristen und die Möglichkeiten des Betriebsrats sind unterschiedlich: während in § 102 BetrVG die Frist durch eine abschließende Erklärung des Betriebsrats abgekürzt werden kann, findet eine Abkürzung im Rahmen des § 99 nur für den Fall der Zustimmung statt. Die Widerspruchsgründe für den Betriebsrat richten sich nach dem jeweiligen Katalog.

Das BAG hat mit Urteilen vom 30. 9. 1993 (AP 33 zu § 2 KSchG 69) und 17. 6. 1998 (FA 1998, 378) klargestellt, dass die Zustimmung des Betriebsrats nach § 99 Wirksamkeitsvoraussetzung nur für die tatsächliche Zuweisung des neuen Arbeitsbereichs nach Ablauf der Kündigungsfrist sei. Das heißt: die Maßnahme ist nicht insgesamt unwirksam, sondern sie ist nur nicht durchsetzbar. Der Arbeitgeber kann die geänderten Vertragsbedingungen nicht durchsetzen, so lange das Verfahren nach § 99 BetrVG nicht ordnungsgemäß durchgeführt ist. Der Arbeitnehmer ist dann in dem alten Arbeitsbereich weiterzubeschäftigen, der ihm nicht wirksam entzogen worden ist.

5. Prozessuale Besonderheiten sind wie folgt gegeben:

a) Der Antrag nach § 4 Satz 2 KSchG ist ein punktueller Antrag und entspricht insoweit dem punktuellen Kündigungsschutzantrag aus § 4 Satz 1 KSchG.

Besteht die Besorgnis, dass durch andere Maßnahmen oder Erklärungen auf eine Veränderung des Vertragsinhalts zusätzlich hingewirkt werden soll, so empfiehlt sich daneben ein für das Änderungsschutzverfahren entsprechender allgemeiner Feststellungsantrag nach § 256 ZPO, für den das Rechtsschutzinteresse in gleicher Weise zu begründen ist, wie bei § 4 Satz 1 KSchG (hierzu siehe 1. Kap. B. II. 3.2 Anm. 4).

Sind die geänderten Bedingungen (schweigend oder ausdrücklich) abgelehnt, so ist der gebotene Antrag aus § 4 Satz 1 KSchG zu entnehmen, also der „normale" Kündigungsschutzantrag.

b) Ein **Weiterbeschäftigungsantrag** nach der Rechtsprechung des Großen Senates (BAG 26. 5. 1985, AP 14 zu § 611 BGB Beschäftigungspflicht) kommt nicht in Betracht, soweit der Arbeitnehmer nach § 2 KSchG den Vorbehalt erklärt hat, denn die Begründung des Weiterbeschäftigungsanspruches beruht auf dem Persönlichkeitsrecht. Dieses aber ist nicht verletzt, wenn – auch zu geänderten Bedingungen – weiterbeschäftigt wird (BAG 18. 1. 1990, AP 27 zu § 2 KSchG 69).

Allerdings hat in dieser Entscheidung das BAG dahinstehen lassen, ob entsprechend § 102 Abs. 5 BetrVG ein Beschäftigungsanspruch dann besteht, wenn der Betriebsrat einer mit der Änderung der Arbeitsbedingungen verbundenen Versetzung oder Umgruppierung widersprochen hat und der Arbeitgeber die Zustimmung nicht hat ersetzen lassen.

c) Ein **Auflösungsantrag** nach § 9 KSchG kann im Anschluss an eine Änderungskündigung wiederum nur dann gestellt werden, wenn die geänderten Bedingungen abgelehnt wurden, der Rechtsstreit sich also nur noch um eine Beendigungskündigung dreht.

6. Bei einer unter **Vorbehalt** angenommenen Änderungskündigung bestimmt der Gegenstandswert sich nach § 12 Abs. 7 Satz 2 ArbGG: die Differenz zwischen „vorher" und „nachher" wird mit 36 multipliziert. Ergibt das Produkt dieser Rechnung mehr als den 3-fachen Monatsbezug, so wird der Streitwert nach § 12 Abs. 7 Satz 1 limitiert (LAG München, 31. 5. 1985, AP 10 zu § 12 ArbGG 79; LAG Bremen 5. 5. 1987, AP 14 zu § 12 ArbGG 79).

3.2 Feststellungsklage gemäß § 4 KSchG

An das
Arbeitsgericht ......

Klage

in Sachen

......

– Klagepartei –

Prozessbevollmächtigter: ......

gegen

......

– Beklagte –

wegen Kündigung

Namens und in Vollmacht des Klägers wird beantragt:

1. Es wird festgestellt, dass das Arbeitsverhältnis der Parteien durch die Kündigung der Beklagten vom ...... nicht zum ...... aufgelöst wird.[4]
2. Es wird festgestellt, dass das Arbeitsverhältnis über den ...... hinaus ungekündigt fortbesteht.[4]
3. Die Beklagte trägt die Kosten.

Hilfsweise:

Die Beklagte wird verurteilt, an die Klagepartei als Urlaubsabgeltung EUR ...... nebst Zinsen mit 5% über den jeweiligen Basiszinssatz hieraus seit ...... zu bezahlen.[7]

Fakultativ einzubringen:

Weiterbeschäftigungsantrag (hierzu siehe 1. Kap. B. II. 3.4)[8]

Antragsformulierung bei außerordentlicher Kündigung:

1. Es wird festgestellt, dass das Arbeitsverhältnis der Parteien durch die Kündigung der Beklagten vom ...... weder außerordentlich fristlos noch ordentlich zum ...... aufgelöst wird.[8]

Begründung:

Die Klagepartei, geb....... ist bei der beklagten Partei seit ...... als ...... beschäftigt.[1]

Die Rechtsbeziehungen der Parteien zueinander regelt der als Anlage beigefügte Arbeitsvertrag.

Die beklagte Partei beschäftigt regelmäßig mehr als fünf Arbeitnehmer im Sinne von § 23 KSchG.[2]

Ein Betriebsrat ist gewählt.

Die beklagte Partei hat mit einer am ...... zugegangenen Kündigung das Arbeitsverhältnis mit der Klagepartei „ordentlich fristgerecht" gekündigt.[3]

Hiergegen wendet sich die Klagepartei und macht die fehlende soziale Rechtfertigung der Kündigung geltend.[4]

(Bei fristloser Kündigung)

...... macht das Fehlen eines wichtigen Grundes sowie die fehlende soziale Rechtfertigung der Kündigung geltend.

Sie tut dies zum einen mit einer Klage nach § 4 KSchG, zum anderen mit einer allgemeinen Feststellungsklage nach § 256 ZPO, denn sie befürchtet weitere, auf Beendigung des Arbeitsverhältnisses abzielende Erklärungen der beklagten Partei.[4]

Die Klagepartei bestreitet im Übrigen die ordnungsgemäße Beteiligung des Betriebsrats im Sinne von § 102 Abs. 1 BetrVG.[5]

Mit Rücksicht auf § 61 Abs. 1 ArbGG bleibt mitzuteilen, dass die aktuelle von der beklagten Partei zu bezahlende Vergütung monatlich EUR ...... beträgt.[6]

Rechtsanwalt

Anmerkungen

1. Der **Mindestinhalt** der **Kündigungsschutzklage** bestimmt sich zunächst nach § 253 Abs. 2 ZPO: die Klage muss
– das angerufene Gericht bezeichnen
– Kläger (Arbeitnehmer) und Beklagte (Arbeitgeber) angeben und deren gesetzliche Vertretung (dazu gehört nicht notwendigerweise die namentliche Bezeichnung der Vorstände der AG oder der Geschäftsführer der GmbH) (*Zöller-Greger*, ZPO, 23. Aufl., § 253 Rdn. 8).
– einen bestimmten Antrag beinhalten
– unterschrieben sein (BAG 26. 1. 1076, AP 1 zu § 4 KSchG 69)
– den Klagegegenstand, also eine bestimmte Kündigung angeben
– den Klagegrund nennen; hierzu gehört, dass Tatsachen vorgetragen werden, aus denen die Anwendbarkeit des KSchG nachvollziehbar wird, also
  – die Behauptung eines Arbeitsverhältnisses
  – die Dauer von mehr als 6 Monaten (§ 1 Abs. 1 KSchG) zusammenhängenden Bestandes
  – die Beschäftigtenzahl (§ 23 KSchG).

Im Übrigen bedarf es nicht der Auseinandersetzung mit allenfalls in der Kündigung enthaltenen Gründen, sondern es genügt, die Meinung der Unwirksamkeit der Kündigung zu äußern. Dies folgt daraus, dass nach § 1 Abs. 2 KSchG die Kündigung per se unwirksam ist, wenn sie nicht gerechtfertigt ist (was nur wegen § 7 KSchG nach Fristablauf nicht mehr geltend gemacht werden kann) und weil der Arbeitgeber darlegungs- und beweispflichtig ist, dass die Kündigung nicht wegen **Sozialwidrigkeit** unwirksam ist (KR-*Friedrich*, 5. Aufl., Rdn. 158 zu § 4 KSchG).

2. Der „**Schwellenwert**" des § 23 KSchG ist in der seit 1. 1. 1999 geltenden Fassung wieder auf „regelmäßig mehr als fünf Arbeitnehmer" festgelegt.

Die Zählweise teilzeitbeschäftigter Arbeitnehmer ist dahin definiert, dass
– nicht mehr als 20 Stunden Beschäftigte mit 0,5
– nicht mehr als 30 Stunden Beschäftigte mit 0,75
zu rechnen sind.

Das Gesetz über die Reformen am Arbeitsmarkt hat diesen Schwellenwert nicht angetastet.

Für die Zeit ab dem 1. 1. 2004 bis 31. 12. 2008 sind jedoch bei der Feststellung der Zahl der beschäftigten Arbeitnehmer in diesem Zeitraum begonnene befristete Arbeitsverhältnisse bis zur Menge von fünf nicht mitzuzählen (Modell 5+5).

Bei der Feststellung der regelmäßigen **Beschäftigtenzahl** bedarf es eines Rückblicks auf die bisherige personelle Stärke des Betriebs und einer Einschätzung der zukünftigen Entwicklung (BAG 19. 7. 1983, AP 23 zu § 113 BetrVG 72).

Maßgeblich ist die „normale Zahl" zum Zeitpunkt des Ausspruchs der Kündigung.

Es gilt auch insoweit eine **abgestufte Darlegungs- und Beweislast:** der Arbeitnehmer hat zunächst darzulegen, dass nach der Kopfzahl die nach § 23 KSchG maßgebende Zahl der Beschäftigten erreicht ist.

Dann hat der Arbeitgeber darzulegen und gegebenenfalls zu beweisen, dass auf Grund besonderer Umstände die Kopfzahl allein nicht maßgeblich ist (LAG Hamm 3. 4. 1997, AP 15 zu § 23 KSchG 69).

In gleicher Weise gilt diese abgestufte Darlegungs- und Beweislast für die dem Arbeitnehmer in aller Regel nicht abschließend bekannten vertraglichen Arbeitszeiten (KR-*Weigand,* 5. Aufl., Rdn. 54–54 b zu § 23 KSchG).

Die für den Schwellenwert maßgeblichen Zahlen müssen im Inland erfüllt sein (BAG 9. 10. 1997, AP 16 zu § 23 KSchG 69).

3. § 4 Satz 1 KSchG bestimmt, dass der dem Kündigungsschutzgesetz unterfallende Arbeitnehmer binnen drei Wochen nach Empfang einer Kündigung die **Kündigungs-schutzklage** erheben muss.

Die **Frist des § 4 KSchG** ist mit der Einreichung der Klage bei Gericht gewahrt, wenn die Zustellung an die beklagte Partei demnächst erfolgt (§ 46 Abs. 2 ArbGG i. V. m. §§ 495, 270 Abs. 3 ZPO).

Um Verzögerungen (etwa durch gegebenenfalls auch unnötige Rückfragen des Gerichts) zu vermeiden, empfiehlt sich, das Rubrum ungeachtet der Muss-Angaben (s. o.) vollständig auch unter Namensnennung der gesetzlichen Vertreter zu bezeichnen.

Nur bei gewahrter **Klagefrist** kann die fehlende soziale Rechtfertigung einer ordentlichen Beendigungs- (oder Änderungs-) Kündigung geprüft werden; nach Fristablauf gilt die Kündigung nach § 7 KSchG als gerechtfertigt; nach der Neufassung der §§ 4 und 7 KSchG müssen sämtliche Gründe der Rechtsunwirksamkeit und nicht nur die soziale Rechtfertigung innerhalb der 3-Wochenfrist eingefordert werden.

Dies gilt nicht bei Arbeitsverhältnissen in Betrieben, die den **Schwellenwert** des § 23 KSchG nicht überschreiten, denn der erste Abschnitt des KSchG, also auch § 13, ist ausdrücklich durch § 23 KSchG ausgenommen.

Nach herrschender Meinung gilt dies auch für Arbeitnehmer, die zwar in Betrieben, die § 23 KSchG unterfallen, beschäftigt werden, aber die **Wartezeit** nach § 1 KSchG noch nicht erfüllt haben; sie brauchen die Klagefrist nach §§ 13 Abs. 1, 4 Satz 1 KSchG nicht zu beachten (BAG 27. 1. 1955, AP 5 zu § 1 KSchG; 15. 9. 1955, AP 7 zu § 11 KSchG; 17. 8. 1978 EzA § 26 BGB n. F. Nr. 22; KR-*Friedrich,* 6. Aufl., Rdn. 29 zu § 13 KSchG; a. A. *Löwisch,* KSchG § 13 Rdn. 4; MüKo, *Schwerdtner* § 626 BGB Rdn. 173; *von Hoyningen-Huene/Linck,* § 13 Rdn. 28 ff.).

4. Die Art der Antragstellung ist durch § 4 KSchG aus dessen Satz 1 vorgezeichnet.

Der Antrag wird nach der **punktuellen Streitgegenstandstheorie** behandelt: es wird also nur geprüft, ob die im Antrag bezeichnete Kündigung zur Beendigung des Arbeitsverhältnisses führt. Nicht dagegen macht eine positive Entscheidung über diesen Antrag eine Aussage darüber, ob andere Beendigungstatbestände vorliegen (etwa weitere, wegen § 7 KSchG nicht mehr auf soziale Rechtfertigung prüfbare Kündigungen, Anfechtungen, Aufhebungsverträge, Eigenkündigungen o. a.).

Jede weitere Kündigung müsste also grundsätzlich mit einer weiteren Klage angegriffen werden.

Nicht selten folgen mehrere Kündigungen hintereinander und gegebenenfalls auch im Schriftsatz der beklagten Partei an gut verborgener Stelle in der gezielten Hoffnung, dass dies auch übersehen werde.

Das BAG hat schon mit Urteil vom 21. 1. 1988 (AP 19 zu § 4 KSchG 69) unter Aufgabe früherer Bedenken erklärt, dass ein mit der Klage nach § 4 KSchG im Wege der **Klagehäufung** nach § 260 ZPO verbundener allgemeiner Feststellungsantrag auch weitere Beendigungstatbestände in die Entscheidung des Verfahrens einbeziehe, soweit sie vor der letzten mündlichen Verhandlung liegen.

Friedrich hat als Konsequenz hieraus schon in der 4. Auflage des KR (§ 4 Rdn. 249) gefolgert:

„Die Praxis wird sich auf das genannte Urteil ...... einstellen können und jeder Prozessvertreter eines Gekündigten wird tunlichst den Antrag nach § 4 mit einem allgemeinen Feststellungsantrag nach § 256 ZPO verbinden, um allen denkbaren Beendigungstatbeständen und -sachverhalten zu begegnen und begegnet zu haben, auch, um allen Haftungsrisiken und dem Vorwurf eines ‚Kunstfehlers' zu entgehen."

In der Folge wurde die empfohlene **Klagehäufung** unter dem Schlagwort „Schleppnetz-Theorie" (*Bitter*, DB 1997, 1407) erörtert.

Die Methode ist auch durch weitere Entscheidungen des BAG (Urteile vom 27. 1. 1994, NZA 1994, 812; 16. 3. 1994, NZA 1994, 860; 13. 3. 1997, NZA 1997, 844) inzwischen gefestigte Rechtsprechung jedoch mit der Maßgabe, dass
- sich aus dem Klagevortrag klar müsse ablesen lassen, dass eine zusätzliche Klage im Sinne von § 256 Abs. 1 ZPO auch wirklich gewollt sei, weswegen auch eine Begründung unverzichtbar sei
- die allgemein zum Ausdruck gebrachte Befürchtung weiterer Beendigungstatbestände für die Zulässigkeit nach § 256 ZPO nicht genüge
- im Laufe des Verfahrens eintretende oder bekannt werdende Beendigungstatbestände mit Einführung in das Verfahren nunmehr die allgemeine Feststellungsklage schlüssig mache
- die Klagepartei zur Anpassung der Antragstellung dann verpflichtet sei, wenn die Befürchtungen sich bestätigt hätten und weitere Kündigungen erklärt worden seien; dazu zwinge § 4 KSchG (BAG vom 13. 3. 1997, aaO.)

Die Konsequenz muss also sein, dass
- mit einem eigenen Antrag (nicht nur dem früher üblichen „**Wurmfortsatz**") eine Klagehäufung vorgenommen wird
- bei der zunächst gegebenenfalls auch die momentane Unzulässigkeit in Kauf genommen wird
- bei eintretendem Bedarf der Antrag angepasst – oder gegebenenfalls in der letzten mündlichen Verhandlung auch zurückgenommen – wird (hierzu auch *Diller*, NZA 1994, 830 und *Schwab*, NZA 1998, 342 ff.).

5. Im Streitfall hat der Arbeitgeber im **Kündigungsschutzprozess** zu beweisen, dass der **Betriebsrat** vor Ausspruch der Kündigung ordnungsgemäß im Sinne von § 102 Abs. 1 BetrVG angehört worden ist (BAG 19. 8. 1975, AP 5 zu § 102 BetrVG 72; KR-*Etzel*, 6. Aufl., Rdn. 192 zu § 102 BetrVG).

Allerdings ist es Aufgabe des Arbeitnehmers, vorzutragen, dass ein funktionsfähiger **Betriebsrat** existiert, um überhaupt erst die Darlegungslast des Arbeitgebers auszulösen.

Inwieweit der Arbeitnehmer sich auf ein **Bestreiten mit Nichtwissen** beschränken darf, ist streitig (dagegen: LAG Köln 31. 4. 1994, LAGE § 102 BetrVG 72 Nr. 38; *Spitzweg-Lücke* NZA 1995, 406 ff.; dafür: KR-*Etzel* s. o.)

§ 138 Abs. 4 ZPO berechtigt die Partei nur, solche Tatsachen mit Nichtwissen zu bestreiten, die außerhalb der eigenen Wahrnehmungsmöglichkeit liegen und über die sie sich auch nicht mit zumutbaren Mitteln Kenntnisse verschaffen kann.

Das BAG hält eine abgestufte Darlegungs- und Beweislast für anwendbar (BAG 16. 3. 2000, AP § 102 BetrVG 72 Nr. 114), wonach das pauschale Bestreiten des Klägers nur im ersten Durchgang zulässig ist, jedoch eine konkrete Darstellung des Arbeitgebers nunmehr zu konkretem Bestreiten durch den Kläger zwingt.

6. Eine **Angabe der Einkommensverhältnisse** der Klagepartei in der Klageschrift ist keineswegs Pflicht, aber sehr zweckmäßig, denn spätestens im Urteil hat das Arbeitsgericht eine **Streitwertfestsetzung** vorzunehmen (§ 61 Abs. 1 ArbGG) und muss daher die Einkommensgrößen kennen (§ 12 Abs. 7 Satz 1 ArbGG).

Wertvoll ist diese Kenntnis auch schon in einem früheren Verfahrensstadium: in der **Güteverhandlung** wird das Gericht unter Berufung auf den gesetzlichen Auftrag aus §§ 54 Abs. 1 Satz 1, 57 Abs. 1 Satz 2 ArbGG auf eine gütliche Einigung im Sinne von §§ 9, 10 KSchG hinwirken. Dazu sind zahlenmäßige Vorgaben unerlässlich.

7. Nach ständiger Rechtsprechung des BAG hat die Erhebung einer **Kündigungs-schutzklage** grundsätzlich nicht die Geltendmachung von **Urlaubsansprüchen** des Arbeitnehmers zum Inhalt (zuletzt: 18. 9. 2001, NZA 2002, 895).

Mit Rücksicht auf nicht prognostizierbare Laufzeiten des Kündigungsschutzprozesses empfiehlt es sich deshalb, zur Sicherung dieses Anspruchs einen **Hilfsantrag** von vornherein in den Prozess einzubringen. Dies beruht auf ausdrücklicher Empfehlung des BAG (v. 17. 5. 1995, AP 66 zu § 7 BUrlG Abgeltung).

Der gesetzliche Urlaubsabgeltungsanspruch entsteht nach ständiger Rechtsprechung des BAG als Ersatz für die wegen Beendigung des Arbeitsverhältnisses nicht mehr mögliche Befreiung von der Arbeitspflicht.

Abgesehen von der Beendigung des Arbeitsverhältnisses ist der **Abgeltungsanspruch** an die gleichen Voraussetzungen gebunden, wie der Urlaubsanspruch, setzt also voraus, dass der Urlaubsanspruch noch erfüllt werden könnte, wenn das Arbeitsverhältnis noch bestünde.

Da der Urlaubsanspruch auf das Kalenderjahr befristet ist, muss auch der ihn ersetzende **Abgeltungsanspruch** bis zum Ende des Kalenderjahres verlangt und erfüllt werden. Andernfalls geht er ebenso wie der **Urlaubsanspruch** ersatzlos unter. Nur soweit die Voraussetzungen für eine Übertragung nach § 7 Abs. 3 BUrlG vorliegen, erlöschen Urlaubs- und Urlaubsabgeltungsansprüche erst am 31. März des Folgejahres.

Der Arbeitnehmer ist also gehalten, seine Urlaubsansprüche fristgerecht geltend zu machen, um den Arbeitgeber mit der Urlaubsgewährung in Verzug zu setzen und sich somit den Schadensersatzanspruch zu sichern. Der Arbeitnehmer ist während der Dauer des Kündigungsschutzprozesses nicht an der Geltendmachung gehindert, auch wenn der Fortbestand des Arbeitsverhältnisses noch ungewiss ist.

Die Beherzigung dieser Empfehlung des BAG empfiehlt sich auch aus arbeitstechnischen Gründen, denn die Erfahrung lehrt, dass allzu leicht bis Ablauf des Urlaubsjahres nicht mehr daran gedacht wird, die Urlaubsansprüche zu sichern und später auch nicht mehr nachvollziehbar ist, ob die **Übertragungsvoraussetzungen** des § 7 Abs. 3 zum Jahresende überhaupt vorgelegen hätten. Gleiches gilt für den weiteren Zeitablauf bis Ende des Übertragungszeitraums, wenn denn überhaupt übertragen werden konnte.

8. Die Verbindung der Kündigungsschutzklage mit einem Antrag auf **Weiterbeschäftigung** für die Dauer des Rechtsstreits unter Bezugnahme auf die Rechtsprechung des BAG (GS-Entscheidung vom 27. 2. 1985, AP 14 zu § 611 BGB Beschäftigungspflicht) ist empfehlenswert, denn nicht nur wird dadurch gegenüber der Beklagten ein erhöhter Lästigkeitswert signalisiert, sondern – sollte die beklagte Partei in der Güteverhandlung säumig sein – lässt sich hier bereits ein wegen § 62 ArbGG vorläufig vollstreckbarer Titel erzielen; von einem Versäumnisurteil mit bloßem Feststellungsinhalt hat die Partei erheblich weniger Nutzen.

Weil dies so ist, sollte dem von den Rechtsschutzversicherern regelmäßig gebrauchten Argument einer Pflicht zur Kostenschonung als Obliegenheit mit diesem Argument begegnet werden. Soweit noch empfohlen wird, zur Kostenschonung im Wege eines unechten Hilfsantrags vorzugehen, beruht dies auf einer schon immer irrtümlich gewesenen Auffassung einer längst aus dem Gesetz verschwundenen Fassung des § 19 GKG.

9. Bei der **außerordentlichen Kündigung** verlangt § 13 Abs. 1 Satz 2 KSchG ebenfalls die Erhebung der Klage innerhalb der **Frist** des § 4 Satz 1 KSchG.

3.3 Feststellungsklage gemäß § 256 ZPO
– Unwirksame Versetzung –

An das
Arbeitsgericht ......

Klage

in Sachen ......
Prozessbevollmächtigter: ......

gegen

......

– Beklagte –

wegen Feststellung

Namens der Klagepartei werde ich beantragen:

1. Es wird festgestellt, dass die beklagte Partei nicht berechtigt ist, die Klagepartei in die Niederlassung in ...... zu versetzen.
2. Die beklagte Partei trägt die Verfahrenskosten.

Begründung:

Zwischen den Parteien besteht seit ...... ein Arbeitsverhältnis, dessen Inhalt durch einen Arbeitsvertrag vom ...... geregelt wird.

Hierin heißt es:

„Der Arbeitgeber behält sich vor, im Falle des Vorliegens betrieblicher Bedürfnisse dem Arbeitnehmer Arbeit in einer anderen Filiale zuzuweisen. Ist damit ein Wechsel des Arbeitsorts verbunden, so wird der Arbeitgeber das Einverständnis des Arbeitnehmers einholen."

Mit Brief vom ...... ordnete die beklagte Partei die Versetzung der Klagepartei aus der Filiale A in die Filiale B, die sich 300 km entfernt befindet, an.

Ein Einverständnis der Klagepartei ist nicht ausdrücklich eingeholt worden.

Damit ist die Versetzung vom Vertragsinhalt nicht gedeckt.[1]

Die Versetzung wäre im Übrigen auch deshalb nicht nach billigem Ermessen[2] erfolgt, weil die Beklagte weiß, dass die Klagepartei als einzige Betreuerin einer völlig pflegebedürftigen Mutter mit 93 Jahren ortsgebunden ist, während noch 13 vergleichbare Arbeitnehmer in der Filiale A beschäftigt sind, die keine vergleichbare Ortsbindung besitzen.

Die Beklagte beschäftigt sowohl in Filiale A wie auch in Filiale B mehr als 20 wahlberechtigte Arbeitnehmer. In beiden Filialen ist ein Betriebsrat gewählt.

Weder in der abgebenden noch in der aufnehmenden Filiale ist ein ordnungsgemäßes Mitbestimmungsverfahren durchgeführt worden. Die Klagepartei ist deshalb der Auffassung, dass ungeachtet der Frage der Ausübung billigen Ermessens vor durchgeführter Mitbestimmung die Arbeit gar nicht zugewiesen werden darf.

Rechtsanwalt

Anmerkungen

1. Das **Direktionsrecht (Weisungsrecht)** des Arbeitgebers erlaubt es diesem, die im Arbeitsvertrag nur rahmenmäßig umschriebene Leistungspflicht des Arbeitnehmers nach
- Art
- Ort
- Zeit
- Methode der Leistung

näher zu bestimmen.

Er kann auch einen Wechsel in der Art der Beschäftigung vorschreiben oder den Arbeitsbereich verkleinern (BAG 27. 3. 1980, AP 26 zu § 611 BGB Direktionsrecht).

Das **Direktionsrecht** ist ein einseitiges **Bestimmungsrecht,** dessen Grenzen sich nach dem Inhalt des Arbeitsvertrages bestimmen (BAG 30. 8. 1995, AP 44 zu § 611 BGB Direktionsrecht).

Je genauer der Arbeitsvertrag die Position des Arbeitnehmers beschreibt, desto weniger bleibt für die Ausübung des Direktionsrechts an Spielraum; je allgemeiner der Beschrieb, desto weniger ist das Direktionsrecht eingeschränkt.

So wird beispielsweise eine als „Buchhalterin" eingestellte Arbeitnehmerin nicht durch Direktionsrecht angehalten werden können, auch im Schreibdienst tätig zu werden.

Hingegen wird eine als „kaufmännische Angestellte" bezeichnete Arbeitnehmerin sehr wohl angewiesen werden dürfen, sowohl für die Buchhaltung zu arbeiten, als auch die Ablage zu erledigen.

2. Das Direktionsrecht hat seine Schranken dort, wo die Anweisungen nicht mehr billigem Ermessen entsprechen (BAG 27. 3. 1980, AP 26 zu § 611 BGB Direktionsrecht).

Was noch billigem Ermessen entspricht oder die Grenzen überschreitet, beurteilt sich nicht nur nach messbaren Kriterien, sondern unter Umständen auch nach der **sozialen Anschauung;** jedenfalls soll bei der Frage, ob eine Arbeit – weil geringerwertig eingeschätzt – zuweisbar ist, die soziale Anschauung mit entscheiden (*Schaub,* § 45 Rdn. 37).

Für den Bereich des öffentlichen Dienstes ist klargestellt, dass die Zuweisung jeder Arbeit, die der gleichen Vergütungsgruppe angehört, zugewiesen werden kann (BAG 23. 10. 1985, AP 10 zu § 24 BAT).

Mit der einzelvertraglich vorbehaltenen Zuweisung oder Wegnahme von Teilaufgaben können auch **Verdiensteinbußen** verbunden sein (Zulagen für Zusatztätigkeiten, Privatnutzung am Dienstfahrzeug bei Wegnahmevorbehalt, Provisionsverlust bei Gebietsverkleinerung).

Hier stellt sich stets die Frage nach dem **billigen Ermessen,** wenn die Vorbehalte zugleich zu Einkommenseinbußen führen.

Das BAG hat mit Urteil vom 15. 11. 1995 (AP 20 § 1 TVG Tarifverträge: Lufthansa) das billige Ermessen nicht beeinträchtigt gesehen „wenn die Zusatzaufgabe wirksam entzogen wurde", auch wenn damit ein 15%-iger Einkommensverlust vorhanden war.

Also kommt es für die Wirksamkeit der **Wegnahme** nicht primär auf die Folgen an, soweit diese im Toleranzbereich liegen, sondern auf die vertragliche Berechtigung.

Die 15%-Grenze als Schwelle zum **Kernbereich der Vergütung** bejaht auch *Leuchten* (NZA 1994, 721 ff.), so dass auch Widerrufsvorbehalte im Zusammenhang mit Verdiensteinbußen innerhalb der Toleranzbreite der Überprüfung nach § 315 BGB standhalten dürften.

3. Im mitbestimmten Betrieb mit regelmäßig über 20 wahlberechtigten Arbeitnehmern ist die Zuweisung geänderter Tätigkeiten auch kollektivrechtlich von Interesse:

Regelmäßig wird eine der beiden Varianten des § 95 Abs. 3 BetrVG tangiert sein, wenn eine vom Direktionsrecht gedeckte Maßnahme veranlasst werden soll: in Betracht kommt, dass entweder die geänderte Aufgabe mit erheblicher Änderung der Umstände verbunden ist, unter denen die Arbeit zu erbringen ist; oder aber es wird ein anderer Arbeitsbereich auf die Dauer von voraussichtlich mehr als einem Monat zugewiesen.

In beiden Fällen ist die **Mitbestimmung** nach § 99 BetrVG zu beachten: nur positive Zustimmung (oder die Zustimmungsfiktion durch Ablauf der Frist des § 99 Abs. 3 Satz 2 BetrVG) ermöglicht dem Arbeitgeber die Umsetzung.

Der **Versetzungsbegriff** des § 95 Abs. 3 BetrVG soll auch dann schon erfüllt sein, wenn die Änderung für den betroffenen Arbeitnehmer „zu einer ihn berührenden Änderung der organisatorischen Umwelt führt, sei es, dass er mit neuen Arbeitskollegen zusammenarbeiten muss, sei es, dass er seine Arbeitsaufgabe – mag diese selbst auch gleichgeblieben sein – innerhalb einer anderen Arbeitsorganisation erbringen muss" (BAG 10. 4. 1984, EzA § 95 BetrVG Nr. 8).

Geht es um eine nicht einvernehmliche **Versetzung** von einem mitbestimmten Betrieb in einen anderen, so haben die Betriebsräte des abgebenden und des aufnehmenden Betriebes ein **Mitbestimmungsrecht** nach § 99 BetrVG (BAG 20. 9. 1990, AP 84 zu § 99 BetrVG 72 und 26. 1. 1993, AP 102 zu § 99 BetrVG 72).

Fehlt für die Versetzung des Arbeitnehmers die Zustimmung des Betriebsrats (oder der Betriebsräte) und ist diese auch nicht gerichtlich ersetzt, so ist dem Arbeitnehmer gegenüber die Versetzung unwirksam (BAG 26. 1. 1988, AP 50 zu § 99 BetrVG 72).

3.4 Feststellungsklage gemäß § 256 ZPO
– Befristungskontrollklage; Weiterbeschäftigungsanspruch –

An das
Arbeitsgericht ......

Klage

in Sachen ......
Prozessbevollmächtigter: ......

gegen

......

– Beklagte –

wegen Feststellung

Namens der Klagepartei werde ich beantragen:

1. Es wird festgestellt, dass das Arbeitsverhältnis der Parteien über den ...... hinaus fortbesteht.
2. Die beklagte Partei wird verurteilt, die Klagepartei über den ...... hinaus für die Dauer des Rechtsstreits als ...... zu im Übrigen unveränderten Bedingungen weiterzubeschäftigen.
3. Die beklagte Partei trägt die Verfahrenskosten.

Begründung:

Die Klagepartei ist bei der beklagten Partei angestellt als ......

Mit Vereinbarung vom ...... haben die Parteien festgelegt, dass das Arbeitsverhältnis bis zum Ablauf des Monats ...... befristet sei und dort ende, ohne dass es einer Kündigung bedürfe.

Beweis: Vereinbarung vom ......, als Urkunde.

Die Klagepartei macht geltend, dass diese Vereinbarung unwirksam ist,[1] weil ein enger zeitlicher Zusammenhang zu einem früheren Arbeitsverhältnis der gleichen Parteien bestanden hat. Die Klagepartei war bei der Beklagten bis einen Monat vor Beginn der jetzigen Tätigkeit in einem unbefristeten Arbeitsverhältnis gestanden, aus dem sie durch Eigenkündigung ausgeschieden war.

Die Befristungsvereinbarung verstößt deshalb gegen das Anschlussverbot des § 14 Abs. 2 Satz 2 TzBfG.

Für die jetzige Befristung gibt es auch keinen sachlich rechtfertigenden Grund.[2]

Also ist die Befristungsvereinbarung unwirksam.[3] Sie umgeht den Kündigungsschutz, den die beklagte Partei mit Rücksicht auf deren Betriebsgröße zu gewähren hat.

Hiergegen wendet sich die Klagepartei nach § 17 Satz 1 TzBfG[4] und macht zugleich einen Weiterbeschäftigungsanspruch für die Dauer bis zur endgültigen Entscheidung über die Unwirksamkeit der Befristung geltend.

Rechtsanwalt

Anmerkungen

1. Nach § 620 Abs. 1 BGB endet ein Dienstverhältnis mit Ablauf der Zeit, für die es eingegangen worden ist.

Das BGB kennt also durchaus den Abschluss des Arbeitsverhältnisses auf bestimmte Zeit.

Allerdings war zu Zeiten der Entstehung des BGB das KSchG noch nicht existent.

Mit Rücksicht auf dessen Inhalte hat das BAG schon mit GS-Beschluss vom 12. 10. 1960 (AP 16 zu § 620 BGB befristeter Arbeitsvertrag) **befristete Arbeitsverhältnisse** insoweit für unzulässig erklärt, als „diese dem Arbeitnehmer den Schutz zwingender Kündigungsschutzbedingungen" entziehen.

Die **Befristung** sei nur dann rechtswirksam, wenn bei Abschluss des Vertrages ein sachlicher Grund vorgelegen habe.

Seitdem hat das BAG in zahlreichen Entscheidungen sich damit zu befassen gehabt, was als sachlich rechtfertigender Grund für eine Befristung dienen könne.

Die ständige Verfeinerung und Komplizierung der Befristungsrechtsprechung hat schließlich gelegentlich einer Rezession den Gesetzgeber aus arbeitsmarktpolitischen Gründen auf den Plan gerufen und dazu veranlasst, mit dem **BeschFG** vom 26. 4. 1985 die Möglichkeit zu eröffnen, Arbeitnehmer auch ohne sachlichen Grund befristet einzustellen.

Das Gesetz selbst war von Anfang an befristet und wurde seit 1985 mehrfach, wiederum befristet, verlängert und inhaltlich verändert; seit 1. 1. 2000 schließlich durch §§ 14 ff TzBfG abgelöst, hierin sind nunmehr die Möglichkeiten der Befristung sowohl ohne, als auch mit Sachgrund geregelt:

Befristungen ohne Sachgrund sind bis zu einer Gesamtdauer von maximal zwei Jahren zulässig.

Unterhalb dieses Rahmens sind vier Teilstücke (also drei Verlängerungen) der Vereinbarung zulässig, wenn die einzelnen Teile jeweils unmittelbar aneinander anschließen und die wesentlichen arbeitsvertraglichen Regelungen beibehalten werden (denn sonst liegt nicht eine Verlängerung, sondern ein nach § 14 Abs. 2 Satz 2 TzBfG unzulässiger Neuabschluss vor).

Eine Ausnahme macht das TzBfG seinem nominalen Zweck entsprechend in § 14 Abs. 3 für Arbeitnehmer, die bei Beginn des befristeten Arbeitsverhältnisses das 52. Lebensjahr schon vollendet haben: hier ist die Beschränkung hinsichtlich der Gesamtlaufzeit und der Zahl der Verlängerungen nicht gegeben.

Ohne **sachlich rechtfertigenden** Grund – aber unter Beachtung von § 41 SGB VI – sind hier Befristungen zeitlich unbeschränkt zulässig.

Auf mögliche niedrigere Grenzen, die durch Tarifverträge gezogen sein könnten, ist hinzuweisen.

Eine sachgrundlose Befristung nach Satz 1 ist nicht zulässig, wenn mit demselben Arbeitgeber zuvor schon ein befristetes oder auch unbefristetes Arbeitsverhältnis bestanden hat. Was „zuvor" für eine zeitliche Reichweite in die Vergangenheit hat, ist ungeklärt (hierzu: *KR-Lipke*, 6. Aufl., Anhang II zu § 620 BGB, Rdn. 298).

Das Anschlussverbot in der jetzigen Form des § 14 Abs. 2 Satz 2 TzBfG erschwert Befristungen gegenüber dem Zustand, wie er nach dem BeschFG bestand. Zulässig bleiben lediglich aufeinander folgende Befristungen nach § 14 Abs. 1 TzBfG, also verschiedenen (oder fortgesetzten) sachlich rechtfertigenden Gründen.

Kein Anschlussverbot besteht bei Übernahme von Azubis aus dem Ausbildungsverhältnis in ein sachgrundlos befristetes Arbeitsverhältnis nach § 14 Abs. 2 TzBfG wegen § 3 BBiG.

2. Die Befristung nach § 14 Abs. 1 TzBfG mit **sachlich rechtfertigenden Gründen** ist in dreierlei Gestalt möglich, nämlich

a) als **Zeitbefristung.** Die Dauer der Befristung muss kalendermäßig bestimmt oder eindeutig bestimmbar sein.

b) als **Zweckbefristung.** Wird eine Zweckbefristung vereinbart, so muss die Erreichung des Zwecks objektivierbar sein. Ist die Zweckerreichung für den Arbeitnehmer nicht voraussehbar oder in nicht überschaubarer Zeit, die Zweckerreichung ist dem Arbeitnehmer mitzuteilen. Die Beendigung tritt dann mit Ablauf einer 2-wöchigen Frist nach Zugang der Nichtverlängerunganzeige ein (§ 15 Abs. 2 TzBfG).

c) als Vertrag mit **auflösender Bedingung.** Die Vereinbarung einer auflösenden Bedingung in einem Arbeitsverhältnis bedarf zu ihrer Wirksamkeit des sachlich rechtfertigenden Grundes, wenn und soweit dem Arbeitnehmer durch sie der Schutz zwingender kündigungsschutzrechtlicher Vorschriften genommen wird (BAG 4. 12. 1991, AP 17 zu § 620 BGB Bedingung).

Vereinbaren die Arbeitsvertragsparteien die Beendigung des Arbeitsverhältnisses mit Erreichung des 65. Lebensjahrs, so soll dies eine auflösende Bedingung im Sinne von § 158 Abs. 2 BGB sein.

Hier ist für die im Arbeitsvertrag festgelegten **Altersgrenzenregelungen** der Hinweis auf § 41 SGB VI (und dessen wechselvolle Geschichte) erforderlich. Derzeit sind Vereinbarungen über einen Bedingungseintritt „Möglichkeit des Bezugs von Altersrente vor 65" nur wirksam, wenn sie innerhalb der letzten drei Jahre vor Bedingungseintritt erstmals abgeschlossen oder vom Arbeitnehmer bestätigt worden sind; sonst gelten sie dem Arbeitnehmer gegenüber als auf die Vollendung des 65. Lebensjahres abgeschlossen.

Sachlich rechtfertigende **Befristungsgründe** müssen in dem Zeitpunkt vorliegen, in dem die Befristung vereinbart wird (BAG vom 17. 2. 1983 in AP 14 zu § 15 KSchG 69, Gründe III 1).

Ein späterer Wegfall soll keine Wirkung haben. Das BAG verneint einen Wiedereinstellungsanspruch – im Gegensatz zum Wegfall des Kündigungsgrundes – dann, wenn der ursprüngliche Befristungsgrund vor Ablauf der vereinbarten Befristung wegfällt (BAG 20. 2. 2002, BB 2002, 1648).

3. Die Befristung darf dem Arbeitnehmer den **Kündigungsschutz** nicht entziehen.

In welchen Fällen die sachliche Rechtfertigung der Befristung in Betracht kommt, wird in § 14 Abs. 1 exemplarisch beschrieben aber nicht abschließend, nämlich

– **Erprobung,** soweit Vertragsinhalt geworden (BAG 30. 9. 1981, AP 61 zu § 620 BGB befristeter Arbeitsvertrag). Dies gilt nur, soweit Kündigungsschutz vorenthalten werden könnte, also nicht innerhalb üblicher Probezeitbefristungen bis zu sechs Monaten Dauer. Die Rechtsprechung hat für die Rechtfertigung von Erprobungszeiten aber Höchstgrenzen angenommen.

- **Projektbezogene Befristung,** wenn die Prognose beschränkter Dauer möglich ist (BAG 8. 4. 1992, AP 146 zu § 620 BGB befristeter Arbeitsvertrag).
- **Wunsch des Arbeitnehmers** (BAG 26. 4. 1985, AP 91 zu § 620 BGB befristetes Arbeitsverhältnis).
- Vorübergehender **Mehrbedarf an Arbeitskräften,** wenn bei Abschluss des Vertrages bereits sichtbar, dass nach Fristablauf kein Bedarf mehr besteht; dafür hat der Arbeitgeber die Prognose-Grundlagen darzulegen (BAG 12. 9. 1996, BB 1997, 371).
- **Drittmittelfinanzierung,** aber nicht, wenn der Wegfall nur zu besorgen, sondern nur, wenn er gewiss ist (BAG 21. 1. 1987, AP 4 zu § 620 BGB Hochschule).
- Gerichtlicher oder außergerichtlicher **Vergleich.**
Der gerichtliche Vergleich schafft den sachlichen Grund (ständige Rechtsprechung, z. B. BAG 4. 12. 1991 EzA § 620 BGB Nr. 113).

Auch ein außergerichtlicher Vergleich kann den sachlichen Grund liefern, aber nur, wenn ein bereits bestehender Streit bereinigt wird (BAG 24. 1. 1996, BB 1996, 2042).

Mehrfachbefristungen mit sachlich rechtfertigenden Gründen sind zulässig, setzen aber jeweils mindestens bei Vertragsabschluss einen eigenen sachlich rechtfertigenden Grund voraus.

Die Frage nach der Wirksamkeit der Befristung beurteilt sich jeweils nur nach dem der letzten Befristung zugrunde gelegten **Befristungsgrund** (BAG 8. 5. 1985, AP 97 zu § 620 BGB befristeter Arbeitsvertrag).

Für die nachträgliche **Befristung** eines zunächst unbefristeten Arbeitsverhältnisses bedarf es des sachlichen Grundes (BAG 8. 7. 1998, BB 1998, 2582).

Im Prozess trifft die **Darlegungs- und Beweislast**
- für die Behauptung der Befristung: den Arbeitgeber,
- für die Dauer der Frist: wer sich auf die vorzeitige Beendigung beruft,
- für den fehlenden sachlichen Grund: den Arbeitnehmer (*Tschöpe-Schmalenberg* 3 H Rdn. 91);

aber für den Sachgrund
- „vorübergehender Mehrbedarf an Arbeitskräften" wurde eine abgestufte Darlegungslast bejaht: behauptet der Arbeitnehmer einen dauerhaften Mehrbedarf, so hat der Arbeitgeber seine Prognose darzulegen (BAG 12. 9. 1996, BB 1997, 371).

4. Für jede Art der Befristung gilt für die Erhebung der Befristungskontrollklage nach § 17 TzBfG eine 3-Wochenfrist (LAG Berlin 14. 7. 1998, FA 1998,385) und eine entsprechende Anwendbarkeit von §§ 5–7 KSchG (Zulassung verspäteter Klage; Verlängerung der Anrufungsfrist; Wirksamwerden bei Fristablauf) vorsieht.

Die Frist knüpft an das „Auslaufen" des befristeten Arbeitsverhältnisses an. Es löst also nicht etwa schon die Nichtverlängerungsanzeige die Frist aus.

Mit der Klage auf Feststellung der Unwirksamkeit der **Befristung** kann im Wege der **Klagehäufung nach § 260 ZPO** auch die Klage auf Weiterbeschäftigung für die Dauer des Rechtsstreits verbunden werden. Insoweit ist die Rechtslage zum **Kündigungsschutzverfahren** nicht unterschiedlich (BAG 16. 1. 1992, NZA 1992, 1023).

In dieser Entscheidung wurde noch die Meinung vertreten, dass es der gesonderten Feststellungsklage gar nicht bedürfte, weil die Unwirksamkeit der Befristung als Vorfrage zu klären sei.

Der **Weiterbeschäftigungsantrag** bedarf, um vollstreckbaren Inhalt zu haben, eines Mindestinhaltes:

Der Antrag muss hinreichend konkret formuliert werden, also die wesentlichen Bedingungen des Arbeitsverhältnisses darstellen (LAG Schleswig-Holstein NZA 1987, 322;

LAG Bremen NZA 1989, 231). Es muss also zumindest formuliert werden beispielsweise „als Buchhalter zu einer Vergütung von monatlich brutto 2.500,– EUR mit einer Arbeitszeit von 37,5 Stunden".

3.5 Feststellungsklage gemäß § 256 ZPO
– Klage nach angefochtenem Aufhebungsvertrag, Klage auf Beschäftigung –

An das
Arbeitsgericht ......

Klage

in Sachen ......
......

– Klagepartei –

Prozessbevollmächtigter: ......

gegen

......

– Beklagte –

wegen Feststellung

Namens der Klagepartei werde ich beantragen:

1. Es wird festgestellt, dass das Arbeitsverhältnis der Parteien über den ...... hinaus fortbesteht.
2. Die Beklagte wird verurteilt, die Klagepartei als ...... zu den Bedingungen des Arbeitsvertrages vom ...... zu beschäftigen.
3. Die beklagte Partei trägt die Verfahrenskosten.

Begründung:

Die Klagepartei ist bei der Beklagten seit ...... als ...... angestellt.

Die Rechtsbeziehungen der Parteien zueinander sind durch den Arbeitsvertrag vom ...... geregelt.

Im Übrigen gilt kraft Bezugnahme im Arbeitsvertrag (dort § ......) der Manteltarifvertrag ......

Beweis: Arbeitsvertrag vom ......, als Urkunde.

Am ...... ist zwischen den Parteien eine Vereinbarung abgeschlossen worden, nach der das Arbeitsverhältnis im gegenseitigen Einvernehmen mit Wirkung zum ...... aufgehoben werden sollte.

Beweis: Vereinbarung vom ......, als Urkunde.

Diese Vereinbarung ist von der Klagepartei durch Erklärung vom ...... nach § 123 BGB angefochten worden.

Beweis: Anfechtungsschreiben ......, als Urkunde

Die Erklärung ist der Beklagten auch zugegangen; sie wurde mit Einwurfeinschreiben versandt und am ...... in den Briefkasten eingeworfen.

Die Anfechtung ist berechtigt,[1] denn die Beklagte hat die Klagepartei zur Unterschriftsleistung auf der Aufhebungsvereinbarung durch Drohung im Sinne von

§ 123 BGB veranlasst. Der Klagepartei wurde die Vereinbarung als vorgefertigter Text präsentiert und erklärt, sie habe nur die Wahl zwischen Unterschrift oder sofortiger fristloser Kündigung.

Beweis: ......

Als widerrechtlich ist die Drohung mit der alternativ auszusprechenden Kündigung zu werten, weil ein verständiger Arbeitgeber bei der gegebenen Sachlage eine Kündigung – geschweige denn als fristlose – nicht einmal erwogen haben würde.......[2]
Die Beklagte leugnet die Berechtigung zur Anfechtung durch die Klagepartei. Diese hat deshalb ein Interesse an der alsbaldigen Feststellung, dass das Arbeitsverhältnis über den von der Vereinbarung vorgesehenen Zeitpunkt hinaus fortbesteht (§ 256 ZPO).
Darüber hinaus macht die Klagepartei einen Anspruch auf Beschäftigung[3] geltend. Weil das Arbeitsverhältnis fortbesteht, ist die beklagte Partei auch verpflichtet, den Arbeitsvertrag zu erfüllen und als Hauptpflicht aus diesem Vertrag der Klagepartei Arbeit zuzuweisen.

Rechtsanwalt

Anmerkungen

1. Das BAG behandelt die arbeitgeberseitige **Drohung** mit einer alternativ auszusprechenden Kündigung dann als widerrechtliche Drohung und damit als Anfechtungsgrund im Sinne von § 123 BGB, wenn „ein verständiger Arbeitgeber" die Kündigung nicht „ernsthaft erwogen" hätte.
Für den Fall der außerordentlichen Kündigung wurde dies vom BAG bereits mit Urteil vom 20. 11. 1969, AP 16 zu § 123 BGB und später mit Urteil vom 16. 11. 1979, AP 21 zu § 123 BGB entschieden.
Für den Bereich der ordentlichen Kündigung hat das BAG mit Urteil vom 16. 1. 1992 (NZA 1992, 1023) gleichgezogen.
In beiden Fällen muss sich der Arbeitgeber gegebenenfalls durch weitere Ermittlungen einen Kenntnisstand verschaffen, den sich ein **verständiger Arbeitgeber** durch Aufklärung des Sachverhaltes verschafft hätte. Maßgeblich ist also nicht der subjektive Kenntnisstand des drohenden, sondern der hypothetische Wissensstand des verständigen Arbeitgebers.

2. Natürlich beinhaltet das „Erwägen" einer Kündigung einen viel weiteren Spielraum, als das tatsächliche Handeln nach angestellten und gegebenenfalls wieder verworfenen Erwägungen.
Es kommt ganz ausdrücklich nicht darauf an, ob die Kündigung – wäre sie ausgesprochen worden – sich im Gerichtsverfahren auch als rechtsbeständig erwiesen hätte (BAG 16. 11. 1979, AP 21 zu § 123 BGB).
Die **Beweislast** für die Anfechtungslage liegt beim Anfechtenden.
Keine Bedrohungslage ist gegeben, wenn ein **Aufhebungsvertrag** oder **Abwicklungsvertrag** erst nach einer ausgesprochenen Kündigung abgeschlossen wird.
Die **Anfechtung** ist nach § 124 BGB binnen Jahresfrist möglich.
Schon mit Rücksicht auf die Länge dieser Frist hat das BAG (Urteil 6. 11. 1997, NZA 1998, 374) den Einwand der **Verwirkung** gegen eine klageweise Geltendmachung der Wirksamkeit der Anfechtung des Aufhebungsvertrages nicht anerkannt, denn die Anfechtungsfrist habe auch Auswirkungen auf das **Zeitmoment** einer Verwirkung, so dass eine erst Monate nach der Anfechtungserklärung erhobene Feststellungsklage nicht mit dem Einwand der Verwirkung bekämpft werden könne.

3. Empfohlen ist im Muster die Geltendmachung eines **Beschäftigungs-** und nicht nur eines **Weiterbeschäftigungsanspruchs.**

Das BAG bejaht im bestehenden Arbeitsverhältnis aus dem **Persönlichkeitsrecht** den **Anspruch auf Beschäftigung** (BAG 10. 11. 1955, AP 2 zu § 611 BGB Beschäftigungspflicht).

Auch in der GS-Entscheidung vom 27. 2. 1985 (AP 14 zu § 611 BGB Beschäftigungspflicht) wird der **Anspruch auf Beschäftigung** aus dem **Persönlichkeitsrecht** heraus begründet.

Eine Befreiung kommt höchstens in den Fällen in Betracht, in denen der Arbeitgeber zur Suspendierung – etwa infolge vertraglich vereinbarten Vorbehaltes – berechtigt ist (hierzu: *Hoß*, BB 1998, 2575).

Grundsätzlich besteht der **allgemeine Beschäftigungsanspruch** auch nach Ausspruch einer ordentlichen Kündigung bis zum Ablauf der Kündigungsfrist.

Ein Ausschluss kommt nur dann in Frage, wenn die tatsächliche Beschäftigung nicht möglich oder nicht zumutbar ist oder wenn das Interesse des Arbeitgebers an der Nichtbeschäftigung des Arbeitnehmers schutzwürdig ist und das arbeitgeberseitige Interesse an der Nichtbeschäftigung überwiegt (LAG München 19. 8. 1992, NZA 1993, 1130 m. w. N.).

Die **Darlegungs- und Beweislast** für das Vorliegen einer Ausnahme von dieser Verpflichtung trifft den Arbeitgeber. Wenn ein Titel auf Weiterbeschäftigung „zu unveränderten Arbeitsbedingungen" lautet, der Arbeitsplatz des Klägers aber gar nicht mehr existiert oder ein vergleichbarer Arbeitsplatz nicht vorhanden ist, so soll die Vollstreckung unzulässig sein (LAG Köln 23. 8. 2001, NZA-RR 2002, 240).

Das BAG hat in seiner GS-Entscheidung vom 27. 2. 1985 (aaO.) den **Beschäftigungsanspruch** im bestehenden Arbeitsverhältnis grundsätzlich bejaht und ausgeführt, dass dieser Anspruch im Klageweg geltend gemacht werden könne; einer Aussetzung des Verfahrens über eine solche Klage bis zur rechtskräftigen Feststellung des Bestandes des Arbeitsverhältnisses bedürfe es nicht; gelange das Gericht zur Feststellung der Unwirksamkeit der Kündigung, so könne es zugleich über den **Beschäftigungsanspruch** entscheiden, der dann wegen § 61 Abs. 1 Satz 1 ArbGG auch vorläufig vollstreckbar ist, so lange nicht nach § 62 Abs. 1 Satz 1 ArbGG, §§ 707, 719 ZPO die Einstellung möglich sei.

Wird im Klageantrag ein **Weiterbeschäftigungsanspruch** geltend gemacht, so gilt ein hierauf ergangener Titel – auch wenn der Tenor nicht ausdrücklich sagt „für die Dauer des Rechtsstreits" nur bis zur Rechtskraft der Entscheidung der letzten Instanz und verliert dann mit Rechtskrafteintritt seinen vollstreckbaren Inhalt (LAG Frankfurt 11. 3. 1988, NZA 1988, 743).

Das LAG Nürnberg führt zur gleichen Thematik in einer nicht veröffentlichten Entscheidung vom 30. 3. 1998 (4 Ta 56/98) aus, die Unterscheidung zwischen **Beschäftigungsanspruch** und **Weiterbeschäftigungsanspruch** folge „aus der im Arbeitsrecht üblichen Terminologie bzw. Diktion, nach der stets unterschieden wird zwischen dem allgemeinen Beschäftigungsanspruch während des bestehenden Arbeitsverhältnisses und dem **Weiterbeschäftigungsanspruch** zwischen streitigem Ende des Arbeitsverhältnisses und rechtskräftiger Feststellung des Bestandes".

Wird im Antrag der **Beschäftigungsanspruch** überhaupt – weil mit der Behauptung wirksamer Anfechtung bestritten – geltend gemacht, so behält ein hierauf ergangener Titel auch über die Rechtskraft des Feststellungsurteils hinaus seinen vollstreckbaren Inhalt, der dann mit **Zwangsgeld** erzwungen werden kann. Das Zwangsgeld ist aber nicht etwa für jeden Tag der Nichtbeschäftigung, sondern in einem einheitlichen Betrag auszusprechen (LAG Köln 24. 10. 1995, NZA-RR 1996, 108).

Es empfiehlt sich dementsprechend, nicht nur den **Weiterbeschäftigungsanspruch** zu begehren, sondern einen **Beschäftigungsanspruch** überhaupt.

3.6 Feststellungsklage gemäß § 256 ZPO
– Fehlende Verpflichtung zur Arbeitsleistung wegen Zurückbehaltungsrechts –

An das
Arbeitsgericht ......

Klage

in Sachen

......

– Klagepartei –

Prozessbevollmächtigter:

gegen

......

– Beklagte –

wegen Feststellung

Namens der Klagepartei werde ich beantragen:

1. Es wird festgestellt, dass die Klagepartei nicht verpflichtet ist, in dem Betriebsgebäude der Beklagten in ...... die Arbeitsleistung zu erbringen, so lange dort Sanierungsarbeiten zur Asbest-Entsorgung durchgeführt werden.[1]
2. Die Beklagte wird verurteilt, an die Klagepartei ab dem ...... an jedem Monatsletzten EUR ...... brutto nebst Zinsen mit 5% über den jeweiligen Basiszinssatz hieraus ab ...... zu bezahlen.[2,3]
3. Die Beklagte trägt die Kosten des Rechtsstreits.

Begründung:

Die Klagepartei ist bei der Beklagten seit ...... als Buchhalterin beschäftigt. Ihr Arbeitsplatz liegt im ersten Stock des Bürogebäudes der Beklagten in der ...... Dort ist eine nach den landesrechtlichen Vorschriften unzulässige Belastung mit schädlichen Asbest-Stoffen festgestellt worden. Die Beklagte hat deshalb eine Sanierung in Auftrag gegeben und führt diese nacheinander in den sechs Etagen des Verwaltungsgebäudes durch.

Die Arbeitnehmer, die in den jeweils nicht bearbeiteten Etagen ihre Büros haben, sind zur Weiterarbeit angewiesen; lediglich in den jeweils zu bearbeitenden Etagen tätige Mitarbeiter sind für die Dauer der Sanierungsarbeiten mit ihren Büros ausgelagert.

Durch die Sanierungsarbeiten entsteht Baustaub, der in allen Etagen sich ablagert und durch alle Türritzen durchdringt.

Beweis: Augenschein.

Weil es um die Sanierung von Asbest geht, der in unzulässigen Mengen verwendet worden ist und jetzt entfernt werden soll, ist der Staub im Zweifel auch gesundheitsschädlich.

Beweis: Sachverständigengutachten.

Der Klagepartei ist nicht zuzumuten, in dem Gebäude weiterzuarbeiten, so lange eine Gefährdung durch schädliche Asbest-Stoffe in Betracht kommt.

Zirnbauer

Deren Schädlichkeit für die Gesundheit der menschlichen Atmungsorgane ist anerkannt.

Die Klagepartei hat deshalb ein Rückbehaltungsrecht an ihrer Arbeitsleistung geltend gemacht, dessen Berechtigung die Beklagte bestreitet. Sie hat der Klagepartei bedeutet, dass sie kein Geld erhalten werde, wenn sie nicht arbeite und obendrein mit Kündigung rechnen müsse.

Die Klagepartei hat deshalb ein Interesse an der alsbaldigen Feststellung der fehlenden Arbeitsverpflichtungen für die Dauer der Sanierungsmaßnahmen.

Sie begehrt darüber hinaus die Verurteilung zur zukünftigen Leistung, denn so lange das Zurückbehaltungsrecht berechtigt ausgeübt wird, ändert dies nichts an der Zahlungsverpflichtung der Beklagten.

Rechtsanwalt

Anmerkungen

1. Die klageweise Geltendmachung des **Zurückbehaltungsrechts** empfiehlt sich mit einer **Häufung von Klageanträgen** auf

a) Feststellung § 256 ZPO und

b) künftige Leistung (§§ 258, 259 ZPO).

In den vom BAG entschiedenen Fällen (Urteile 2. 2. 1994, 8. 5. 1996, 19. 2. 1997 aaO.) war von den Klägern jeweils beantragt worden, festzustellen, dass die Klagepartei berechtigt sei, die vertraglich geschuldete Arbeitsleistung „bei Fortzahlung der Vergütung so lange zurückzuhalten, bis ......"

Dies erscheint unzweckmäßig, denn die Feststellung der Berechtigung hat keinerlei vorläufigen oder endgültigen vollstreckbaren Inhalt. Prozessökonomisch ist deshalb die Koppelung mit einem Antrag auf künftige Leistung empfehlenswert.

2. Ein **Zurückbehaltungsrecht** des Arbeitnehmers an der Arbeitsleistung kommt aus mehreren Gründen in Betracht:

– z.B. wenn der Arbeitgeber seiner Verpflichtung nicht nachkommt, einen „möglichst von gesundheitsschädlichen Chemikalien und sonstigen Gefahrstoffen freien" Arbeitsplatz zur Verfügung zu stellen (BAG 2. 2. 1994, AP 4 zu § 273 BGB; BAG 8. 5. 1996, AP 23 zu § 618 BGB; BAG 19. 2. 1997, AP 24 zu § 618 BGB).

– z.B. wenn der Arbeitgeber den Arbeitnehmer nicht mit geeigneten Maßnahmen davor schützt, dass er vom Arbeitgeber selbst oder anderen Arbeitnehmern des Betriebes gemobbt wird (zum Begriff des **Mobbing:** *Gralka*, BB 1995, 2651 ff.; zu den Folgen unter besonderer Beachtung des Beweisproblems: *Däubler*, BB 1995, 1347 ff.; allgemein: *Haller/Koch*, NZA 1995, 356).

– z.B. wenn der Arbeitgeber oder Vorgesetzte „keine oder offensichtlich ungeeignete Maßnahmen" ergreift, um den Arbeitnehmer vor **sexueller Belästigung** zu schützen und deshalb zum Selbstschutz die **Zurückbehaltung** der Arbeitsleistung erforderlich ist (§ 4 Abs. 2 BeSchuG).

In jedem Fall ist ein **Zurückbehaltungsrecht** unter Beachtung von § 242 BGB schonend auszuüben (BAG 25. 10. 1984, AP 3 zu § 273 BGB).

Im Falle von Zahlungsrückständen also nicht bereits bei „verhältnismäßig geringem Rückstand" oder bei überschaubar kleiner Beeinträchtigung.

3. Der **Zinsanspruch** ergibt sich bei kaufmännischen Angestellten aus § 64 HGB, im Übrigen aus § 614 BGB in Verbindung mit § 288 Abs. 1 BGB: Zinsbeginn ist der 1. des der Fälligkeit folgenden Monats.

Gesetzliche **Zinsen werden aus dem Bruttobetrag** geltend gemacht (hierzu siehe Form. B. II. 1.1 und Form. B. II 1.4).

3.7 Feststellungsklage gemäß § 256 ZPO
– Leugnen eines nachvertraglichen Wettbewerbsverbots –

An das
Arbeitsgericht ......

Klage

in Sachen
......

– Klagepartei –

Prozessbevollmächtigter: ......

gegen

......

– Beklagte –

wegen Feststellung

Namens der Klagepartei werde ich beantragen:

1. Es wird festgestellt, dass die Klagepartei gegenüber der beklagten Partei nicht verpflichtet ist, ein nachvertragliches Wettbewerbsverbot zu beachten.
2. Die beklagte Partei trägt die Kosten des Verfahrens.

Begründung:

Die Parteien haben am ...... einen Arbeitsvertrag abgeschlossen, dessen § ... ein nachvertragliches Wettbewerbsverbot[1] vorsieht. Die maßgebliche Klausel lautet:

a) Der Arbeitnehmer hat nach Beendigung des Arbeitsverhältnisses für die Dauer von zwei Jahren ein Wettbewerbsverbot zu beachten: ihm ist untersagt, für ein Unternehmen auf dem Gebiet der BRD tätig zu werden, das sich mit der Herstellung oder dem Vertrieb von Produkten beschäftigt, die mit dem zum Zeitpunkt der Vertragsbeendigung maßgeblichen Produktangebot des Arbeitgebers ganz oder teilweise überschneiden.

b) Für die Dauer des Wettbewerbsverbots zahlt die Firma dem Arbeitnehmer eine Entschädigung in Höhe von 50% des im letzten Jahr vor der Beendigung des Arbeitsvertrages maßgeblichen Gehaltes.

c) Für jeden Fall des Verstoßes gegen dieses Wettbewerbsverbot verpflichtet sich der Arbeitnehmer zur Entrichtung einer Vertragsstrafe von 1.000,– EUR.

d) Im Übrigen gelten die §§ 74 ff. HGB.

Die Klagepartei ist im Besitz einer vom Geschäftsführer der Beklagten unterzeichneten Ausfertigung des Arbeitsvertrages.[2]

Das Arbeitsverhältnis der Parteien endete mit Ablauf des ......

Die Beklagte verlangt von der Klagepartei die Einhaltung des Wettbewerbsverbotes und droht mit der Geltendmachung der Vertragsstrafe.[3]

Die Klagepartei hat deshalb ein Interesse an der alsbaldigen Feststellung des Nichtbestehens eines Rechtsverhältnisses im Sinne von § 74 Abs. 1 HGB.

Das Wettbewerbsverbot ist unverbindlich, weil die Entschädigungszusage zu gering ist.[4] Die Klagepartei hat neben dem einzig im Vertrag angesprochenen Gehalt auch noch Provisionen auf Grund ausdrücklicher Regelungen bezogen und obendrein ein Dienstfahrzeug zur Verfügung gehabt, das auch uneingeschränkt auf Kosten der Beklagten privat genutzt werden durfte.

Der Klagepartei stand daher ein Wahlrecht[5] zu. Dies hat sie in der Weise ausgeübt, dass sie der Beklagten mitgeteilt hat, sie wolle frei sein in der Verwertung der Arbeitskraft, gegebenenfalls auch durch Aufnahme eines Arbeitsverhältnisses bei der Konkurrenz.

Zuständig ist das angerufene Arbeitsgericht als das Wohnsitzgericht der Klagepartei.[6]

Rechtsanwalt

Anmerkungen

1. Nachvertragliche **Wettbewerbsverbote** sind grundsätzlich zulässig; die maßgeblichen gesetzlichen Regeln in §§ 74 ff. HGB gelten für alle Arbeitnehmergruppen (BAG 13. 9. 1969, AP 24 zu § 611 BGB Konkurrenzklausel).

Lediglich mit Azubis und entsprechend für Praktikanten und Volontäre ist der Abschluss eines nachvertraglichen Wettbewerbsverbots unzulässig, es sei denn in den letzten sechs Monaten vor Ausbildungsende im Rahmen arbeitsvertraglicher Bindungen (§ 5 Abs. 1 BBiG).

Weil nachvertragliche **Wettbewerbsverbote** die freie Berufsausübung einschränken, sind Vereinbarungen hierüber wegen Art. 12 Abs. 1 GG stets formstreng zu handhaben.

– Das Verbot muss berechtigten geschäftlichen Interessen des Arbeitgebers dienen und keine unbillige Erschwerung des Fortkommens des Arbeitnehmers beinhalten. Dazu gehört die zeitliche, örtliche und gegenständliche Ausdehnung des Verbots (§ 74 a Abs. 1 HGB).

– Es muss dem Arbeitnehmer für die Dauer der Wirksamkeit eine Entschädigung zusagen, die mindestens die Hälfte der zuletzt bezogenen vertragsgemäßen Leistungen erreicht (§ 74 Abs. 2 HGB); im Falle von Provisionen gilt der Durchschnitt der letzten drei Jahre als Bemessungsgrundlage (§ 74 b Abs. 2 HGB).

– Es darf keine Bedingung vereinbart sein.

2. Formelle Wirksamkeitsvoraussetzung ist die Beachtung der **Schriftform** (§ 126 BGB) und der Aushändigung einer vom Arbeitgeber unterzeichneten Ausfertigung an den Arbeitnehmer (§ 74 Abs. 1 HGB).

3. **Vertragsstrafenvereinbarungen** für den Verletzungsfall sind nach § 75 c HGB ausdrücklich zugelassen.

4. Werden Verbote vereinbart, die diesen Mindesterfordernissen nicht genügen, so treten unterschiedliche Wirkungen ein:

a) Fehlt es an den Formerfordernissen, so kommt eine Vereinbarung nicht zustande. Eine nicht unterzeichnete **Wettbewerbsvereinbarung** genügt aber dem Formerfordernis, wenn sie mit dem unterzeichneten Arbeitsvertrag fest verbunden ist und in diesem auf das Wettbewerbsverbot verwiesen wird (BAG 30. 10. 1984, AP 46 zu § 74 HGB).

b) Ist der örtliche, zeitliche oder gegenständliche Schutzzweck nicht oder zu weit festgelegt, so gilt das Prinzip der gestaltungserhaltenden Reduktion: das Verbot ist insoweit wirksam, wie es dem Schutzzweck objektiv dient, also dem berechtigten geschäftlichen Interesse unter Berücksichtigung einer nicht unbilligen Erschwernis des Fortkommens des Arbeitnehmers entspricht. Verfolgt z. B. der Arbeitgeber nur den Zweck, jede Stärkung der Konkurrenz durch Verhinderung des Arbeitsplatzwechsels zu verhindern, ohne dass die Gefahr der Weitergabe von Geschäftsgeheimnissen oder des Einbruchs in den Kundenstamm zu besorgen ist, so dient es nicht dem berechtigten geschäftlichen Interesse und ist ebenfalls nicht verbindlich (BAG 1. 8. 1995, AP 5 zu § 74 a HGB).

c) Fehlt eine **Entschädigungszusage** völlig, so ist das Wettbewerbsverbot nichtig (BAG 12. 2. 1959, AP 1 zu § 74 HGB).

Wird bei Vereinbarung eines **nachvertraglichen Wettbewerbsverbots** generell und ohne Erwähnung von § 74a HGB oder einer Entschädigungspflicht auf das Gesetz verwiesen, so könnte das mangels Bestimmtheit zum Fehlen einer Zusage überhaupt führen (*Hanau-Preis* II W 20 Rdn. 65).

Nichtig ist ein **Wettbewerbsverbot** auch, wenn es erstmals im Rahmen eines Aufhebungsvertrages vereinbart wird, ohne dass eine Entschädigung zugesagt wird, sondern lediglich eine Abfindung vereinbart wird, denn eine **Abfindung** ist in keinem Fall eine Entschädigung im Sinne von § 74a HGB (BAG 3. 5. 1994, AP 65 zu § 74 HGB).

5. Ist die **Entschädigungszusage** kleiner als nach § 74a Abs. 2 HGB geschuldet, so ist das Verbot unverbindlich mit der Folge, dass dem Arbeitnehmer ein Wahlrecht zusteht: er kann sich vom Verbot (und damit vom Entschädigungsanspruch) lossagen oder aber er kann sich an das Verbot halten (BAG 22. 5. 1990, AP 60 zu § 74 HGB); dann steht ihm die (zu kleine) Entschädigung zu (BAG in ständiger Rechtsprechung seit Urteil vom 19. 1. 1978, AP 36 zu § 74 HGB).

Die Ausübung dieses **Wahlrechts** hat der Arbeitnehmer zu Beginn der Karenzzeit vorzunehmen. Er hat dann gegebenenfalls der **Unterlassungsverpflichtung** nachzukommen. Eine Erklärung darüber schuldet er dem Arbeitgeber aber nicht gesondert (BAG 22. 5. 1990, AP 60 zu § 74 HGB).

Erklärt er sich nicht, so kann ihm der Arbeitgeber aber eine Frist zur Ausübung des **Wahlrechts** setzen; nach erfolglosem Fristablauf geht nach § 264 Abs. 2 Satz 2 BGB das Wahlrecht auf den Arbeitgeber über (BAG 22. 5. 1990, aaO.).

Kleiner, als nach § 74a Abs. 2 HGB geschuldet, ist eine **Entschädigungszusage** dann, wenn nicht alle Entgeltbestandteile in die Berechnung der **Karenzentschädigung** einfließen, auf die der Arbeitnehmer einen vertraglichen Anspruch hat.

Also zählen auch Leistungszulagen, Provisionen, Gewinnbeteiligungen, Urlaubsgeld, Weihnachtsgeld und Sachbezüge wie z.B. die Privatnutzung am Dienstfahrzeug, die mit ihrem wirtschaftlichen Wert (dessen Höhe derzeit streitig ist) anzusetzen ist.

Gratifikationen und ähnliche Sonderzahlungen bleiben nicht schon deshalb außer Betracht, weil sie der Arbeitnehmer unter Ausschluss eines Rechtsanspruches erhalten hat (BAG 16. 11. 1973, AP 34 zu § 74 HGB).

Nicht einzubeziehen hingegen ist bloßer Auslagenersatz.

Unverbindlich ist das **Wettbewerbsverbot** auch dann, wenn es **bedingt ist.** Auch für diese Fälle gilt für den Arbeitnehmer das **Wahlrecht.** Das heißt, der Arbeitgeber muss die versprochene **Karenzentschädigung** bezahlen, wenn der Arbeitnehmer den Wettbewerb unterlässt (BAG 19. 1. 1978, AP 36 zu § 74 HGB) bzw. der Arbeitnehmer ist frei, wenn er es will.

Bedingte Verbote hat die Rechtsprechung angenommen, wenn
– der Arbeitgeber sich vorbehält, erst im Laufe des Arbeitsverhältnisses zu entscheiden, ob er das Verbot in Anspruch nimmt und dadurch den Arbeitnehmer im Ungewissen darüber lässt, ob er und wie er sich gegebenenfalls beruflich verändern könnte (BAG 2. 5. 1970, AP 26 zu § 74 HGB).
– der Arbeitgeber sich für den Kündigungsfall den **Verzicht** und damit den Wegfall der **Karenzentschädigung** vorbehält (BAG 2. 8. 1971, AP 27 zu § 74 HGB).
– der Arbeitgeber sich das Recht vorbehält „ohne Zustimmung ...... vor oder auch nach der Beendigung des Vertrages auf die **Wettbewerbsabrede** zu verzichten" (BAG 19. 1. 1978, AP 36 zu § 74 HGB).
– der Arbeitgeber die Wettbewerbstätigkeit von seiner vorherigen schriftlichen Zustimmung abhängig macht (BAG 4. 6. 1985, AP 50 zu § 74 HGB).

– der Arbeitgeber sich vorbehält, bei Ausscheiden des Arbeitnehmers diesem ein Wettbewerbsverbot aufzuerlegen (BAG 22. 5. 1990, AP 60 zu § 74 HGB).

6. Im Fall der außerordentlichen Kündigung wendet das BAG § 75 HGB entsprechend an. Die Lossagung muss ausdrücklich und binnen Monatsfrist ab Kündigung erklärt werden (BAG 19. 5. 1998, AP § 75 HGB Nr. 10).

7. Prozessual ist zu beachten, dass die Klage eine negative Feststellungsklage ist, für
die der **Gerichtsstand gilt**, der bei einer Klage umgekehrten Rubrums maßgeblich wäre
(*Zöller-Greger*, ZPO, 23. Aufl., § 29 Rdn. 17 und § 256 Rdn. 20).

3.8 Feststellungsklage gemäß § 256 ZPO
– Klage außerhalb anwendbaren KSchG –

An das
Arbeitsgericht ......

Klage

in Sachen
......

– Klagepartei –

Prozessbevollmächtigter: ......

gegen

......

– Beklagte –

wegen Feststellung

Namens der Klagepartei werde ich beantragen:

1. Es wird festgestellt, dass das Arbeitsverhältnis der Parteien durch die Kündigung
   vom 18. 2. .... zum 31. 3. .... nicht aufgelöst wird.
2. Die Beklagte trägt die Verfahrenskosten.

Hilfsweise:

1. Es wird festgestellt, dass das Arbeitsverhältnis der Parteien über den ...... hinaus
   ungekündigt fortbesteht.
2. Der Beklagte trägt die Verfahrenskosten.

Begründung:

Die Beklagte betreibt, verteilt auf mehrere Standorte in ganz Deutschland – in je-
weils kleinen betrieblichen Einheiten – ein Handelsunternehmen.
Unter der rubrizierten Anschrift besteht eine Niederlassung, welche – inklusive
Klagepartei – vier Arbeitnehmer beschäftigt.[1] Einer der für die Beklagte eingetrage-
nen Geschäftsführer leitet die Niederlassung.
Die Klagepartei ist seit 1988 dort als kaufmännische Angestellte beschäftigt. Sämt-
liche vier Arbeitnehmer der Niederlassung sind nach Tätigkeit und vertraglicher
Situation miteinander vergleichbar. Zwei davon sind an Lebensjahren und Be-
triebszugehörigkeit deutlich jünger als die Klägerin.
Die Beklagte hat aus angeblich betrieblichen Gründen das Arbeitsverhältnis mit der
Klagepartei am 18. 2. zum 31. 3. dieses Jahres gekündigt.

Die Klagepartei macht die fehlende soziale Rechtfertigung dieser Kündigung geltend. Sie ist der Meinung, dass die betrieblichen Voraussetzungen für die Anwendbarkeit des KSchG gegeben sind, obwohl die Niederlassung selbst den Schwellenwert nach § 23 KSchG nicht erfüllt, denn insoweit ist der Betriebsbegriff mit dem Unternehmensbegriff zu identifizieren.[2]

Wenn dies so ist, so war die Beklagte gehalten, eine Sozialauswahl durchzuführen und zwar nicht nur bezogen auf die Niederlassung, sondern bundesweit.[3]

Selbst wenn es nur auf die Niederlassung anzukommen braucht, liegen deutliche Fehler vor, so dass die Kündigung unzulässig ist.

Die Klagepartei wendet sich gegen diese Kündigung im Hauptantrag mit einer Klage nach § 4 KSchG,[4] vorsorglich aber mit einem allgemeinen Feststellungsantrag nach § 256 ZPO.

Rechtsanwalt

Anmerkungen

1. Das Bundesverfassungsgericht hat mit seinen beiden Entscheidungen vom 27. 1. 1998 (NZA 1998, 469 ff.) sich zur **Verfassungsmäßigkeit** der **Kleinbetriebsklausel** des § 23 KSchG unter zwei Aspekten geäußert, nämlich

a) dass der **Kleinbetrieb** als solcher dann nicht isoliert betrachtet werden darf, wenn er Teil eines größeren Unternehmens sei; nur eine an Sinn und Zweck der **Kleinbetriebsklausel** orientierte Interpretation des Betriebsbegriffes lasse es vermeiden, dass Einheiten darunter fielen, für die der Schutzgedanke des § 23 Abs. 1 Satz 2 KSchG nicht zutreffe (NZA 1998, 474).

b) dass der Arbeitnehmer auch im **Kleinbetrieb** und außerhalb der Anwendbarkeit des KSchG gegen Kündigungen nicht schutzlos sei; er sei vielmehr durch die zivilrechtlichen Generalklauseln vor sitten- oder treuewidrigen Kündigungen geschützt. Im Rahmen der Generalklauseln sei der objektive Gehalt der Grundrechte zu beachten.

Aus Art. 12 Abs. 1 GG lasse sich ein Schutz vor Verlust des Arbeitsplatzes durch private Disposition ableiten. Wie weit dieser Schutz reiche, sei durch die Arbeitsgerichte zu entscheiden.

Der nur durch die Generalklauseln bewirkte Schutz dürfe jedenfalls nicht dazu führen, dass dem Kleinunternehmen die im KSchG vorgesehenen Maßstäbe **der Sozialwidrigkeit** auferlegt werden. In sachlicher Hinsicht gehe es vor allem darum, den Arbeitnehmer vor willkürlichen oder auf sachfremden Motiven beruhenden Kündigungen zu schützen.

Soweit es um Auswahlentscheidungen unter mehreren Arbeitnehmern gehe, gebiete der verfassungsrechtliche Schutz des Arbeitsplatzes in Verbindung mit dem Sozialstaatsprinzip ein gewisses Maß an sozialer Rücksichtnahme. Schließlich dürfe auch ein durch langjährige Mitarbeit erdientes Vertrauen in den Fortbestand des Arbeitsverhältnisses nicht unberücksichtigt bleiben.

2. Geht es um die Definition des **Betriebsbegriffes** im Sinne des BVerfG, so empfiehlt sich die sorgfältige Prüfung, ob die Einforderung des **Kündigungsschutzes** möglich ist.

Insoweit wird aber die **Darlegungs- und Beweislast** für die Existenz einer größeren unternehmerischen Einheit beim Kläger liegen; ob diese dann den Betriebsbegriff im Sinne der herkömmlichen Definition als „organisatorische Einheit, innerhalb derer der Arbeitgeber bestimmte arbeitstechnische Zwecke verfolgt", (BVerfG NZA 1998, 474) verkörpern, wird wohl vom Arbeitgeber (negativ) darzulegen sein.

Zirnbauer   81

3. Soweit durch die Zusammenrechnung mehrerer betrieblicher Einheiten der **Schwellenwert** des § 23 KSchG nicht übersprungen werden kann, gibt das BVerfG in seinen Entscheidungen Hinweise auf die Möglichkeit des Angriffs von Kündigungen außerhalb des KSchG.

Aus diesen hatten *Gragert/Kreuzfeld* (NZA 1998, 567 ff.) einen „Sturm auf die Arbeitsgerichte" als möglich erörtert, aber berechtigt den Titel mit einem Fragezeichen versehen:

a) Der Schutz des § 138 BGB bewirkt nicht viel. Zwar war durch § 13 Abs. 2 KSchG der Schutz vor der **sittenwidrigen Kündigung** schon seit Einführung dieser Norm besonders vorgesehen und für den Fall der klageweisen Geltendmachung innerhalb der Frist des § 4 Abs. 1 KSchG sogar die Möglichkeit des Auflösungsantrags für den Kläger vorgesehen.

Jedoch bleibt mit *Friedrich* (KR, 6. Aufl., § 13 KSchG Rdn. 111) festzustellen, dass die **sittenwidrige Kündigung** zwar in der Theorie großen Raum einnimmt, in der Praxis aber kaum vorkommt.

Nicht sittenwidrig nämlich ist eine Kündigung, wenn sie gegen § 242 BGB oder ein gesetzliches Verbot (§ 134 BGB) oder gegen ein Maßregelungsverbot (§ 612 a BGB) verstößt. Vielmehr muss neben den Gründen der Kündigung oder den Umständen, unter denen sie erklärt wird, der Vorwurf mindestens grob leichtfertigen Verhaltens des Kündigenden vorliegen (BGH 27. 1. 1994, NJW 1994, 2289).

Außerdem hat das BAG die Beweislast bereits voll umfänglich zu Lasten des Arbeitnehmers definiert (BAG 16. 2. 1989, AP 46 zu § 148 BGB).

b) Eher schon kommt eine Verletzung des Vertrauens auf den Fortbestand als Angriffsgrund in Betracht. Hier wird nicht nur das langjährig Erdiente, sondern unter Umständen das durch besondere Umstände vom Arbeitgeber erzeugte Vertrauen gewürdigt werden müssen (z.B. Umzug auf Veranlassung des Arbeitgebers vor beendeter Probezeit und ohne danach hinzutretende neue negative Erkenntnisse).

Das ArbG Reutlingen hat mit Urteil vom 20. 10. 1998 (NZA-RR 1999, 82) eine krankheitsbedingte Kündigung nach 18 Jahren Beschäftigung im **Kleinbetrieb** und nur dreimonatiger (erstmaliger) Erkrankung für treuewidrig erklärt, denn schließlich habe „der Arbeitnehmer $2/3$ seines gesamten bis dahin verbrachten Berufslebens ohne Beanstandungen bei einem einzigen Arbeitgeber verbracht".

c) Grobe Auswahlfehler bei der Kündigung eines von mehreren Arbeitnehmern sind sicher am ehesten griffige Angriffsziele. Die Definition des „groben Fehlers" wird sicherlich nur kasuistisch möglich sein. Das BAG hat, gestützt auf die Rechtsprechung des BVerfG, in zwei Urteilen vom 21. 2. 2001 ausgeführt, dass der Arbeitgeber auch im Kleinbetrieb ein gebotenes Mindestmaß an sozialer Rücksichtnahme zu wahren habe und deshalb eine grobe Verletzung der Sozialauswahl für beachtlich gehalten, hingegen aber das Fehlen einer Abmahnung vor einer verhaltensbedingten Kündigung nicht (BAG vom 21. 2. 2001, NZA 2001, 833 bzw. 951).

Unter **Darlegungs- und Beweislast**-Aspekten wird auch abgestuft vorzugehen sein; jedenfalls wird man vom Arbeitgeber Auskunft über seine subjektiv determinierten Überlegungen fordern können (*Gragert/Kreutzfeld*, NZA 1998, 570).

d) Neben diesen Hinweisen auf mögliche Angriffspunkte hat das BVerfG auch noch Ausführungen zur **Beweislast** gemacht:

Anders als im Geltungsbereich von § 1 Abs. 2 Satz 4 KSchG gelte außerhalb dieses Gesetzes die Beweislast zu Lasten des Arbeitgebers nicht; was aber wirklich gelte, könne nicht allgemein festgelegt werden. Für eine abgestufte Darlegungs- und Beweislast bietet das Prozessrecht geeignete Handhaben und das BVerfG verweist auf *Preis*, NZA 1997, 1256 (1269).

Auch das BAG hat in seinen Entscheidungen vom 21. 2. 2001 die abgestufte Darlegungs- und Beweislast gefordert.

4. Ob für eine solche Klage eine dem § 4 Satz 1 KSchG entsprechende **Frist von drei Wochen** einzuhalten ist, wird zwar von *Gragert/Kreutzfeld* (aaO.) bejaht, dass der im KSchG geregelte § 4 n. F. für die Zeit ab dem 1. 1. 2004 auch für Klagen außerhalb anwendbaren KSchG gelten soll, folgt aus § 23 Abs. 2. Die Absicht des Gesetzgebers ist ausdrücklich die Schaffung einer einheitlichen Klagefrist, die jedweden Rechtsunwirksamkeitsgrund betreffen soll. Deshalb ist auch von einer Anwendbarkeit der 3-Wochenfrist für den Bereich außerhalb des KSchG auszugehen.

Jedenfalls in den Fällen, in denen über eine erweiterte Definition des **Betriebsbegriffs** zu § 23 KSchG eine Kündigung angegriffen werden soll, empfiehlt sich die Klage mit einem Hauptantrag nach § 4 KSchG, denn insoweit wird die Anwendbarkeit des KSchG direkt eingefordert.

In Fällen, in denen es nur um die Unwirksamkeit im **Kleinbetrieb** geht, ist die Klage nach § 256 ZPO anzuwenden.

Klagen wegen Unwirksamkeit von Kündigungen nach § 256 ZPO sind auch anzuwenden, soweit Arbeitsverhältnisse von Kündigungen betroffen sind, die zwar nicht kündigungsgeschützt sind, aber dem **Sonderkündigungsschutz** (§§ 85 ff SGB IX, § 9 MuSchG, § 18 BErzGG, § 15 KSchG) unterfallen.

4. Antrag auf Zulassung verspäteter Klage nach § 5 KSchG

An das
Arbeitsgericht ......

In Sachen
......

                       – Klagepartei –

Prozessbevollmächtigter: ......

                gegen

......

                       – Beklagte –

wegen Kündigung

vertrete ich den Antragsteller/Kläger, für den ich beantrage:

1. Die nachfolgende verspätete Klage wird nachträglich zugelassen.[1]
2. Es wird festgestellt, dass das Arbeitsverhältnis der Parteien durch die Kündigung der Beklagten vom ...... zum ...... nicht aufgelöst wird.[2]

Begründung:

Die Klagepartei hat sich vom ...... bis ...... im Auslandsurlaub aufgehalten; die Rückkehr hat am ...... stattgefunden.
Zur Glaubhaftmachung: 1. Flugschein, als Urkunde
                         2. eidesstattliche Versicherung des Antragstellers.
Bei Nachschau im Briefkasten fand die Klagepartei einen am ...... abgestempelten Brief mit Datum des ...... vor, welcher eine ordentliche Arbeitgeberkündigung enthielt. Dieser Brief dürfte am Tag nach seiner Abstempelung in den Briefkasten der Klagepartei eingeworfen worden sein und damit als zugegangen gelten.
Während der Zeit des Auslandsaufenthalts war der Briefkasten der Klagepartei nicht kontrolliert; die Klagepartei lebt alleine unter der rubrizierten Anschrift in

einer Wohnung und hatte für die Zeit der Abwesenheit auch niemanden mit der Kontrolle des Briefkastens beauftragt.

Zur Glaubhaftmachung wird auch insoweit auf die eidesstattliche Versicherung der Klagepartei verwiesen.[3]

Die Klagepartei war ohne ihr Verschulden daran gehindert,[4] innerhalb der Klagefrist des § 4 KSchG Klage zu erheben. Diese Frist ist seit dem vermuteten Zeitpunkt der Zustellung bereits abgelaufen.[5]

Deshalb wird beantragt, die verspätete Klage nachträglich zuzulassen.[6]

Die Frist des § 5 Abs. 3 KSchG für die Antragstellung und Nachholung der versäumten Klage ist gewahrt.[7] ......

Die Kündigungsschutzklage wird wie folgt erhoben:[8]

Rechtsanwalt

Anmerkungen

1. Die Antragstellung ist zulässig, wenn
- im Augenblick der Antragstellung die Frist des § 4 KSchG bereits verstrichen ist und
- seit Behebung des Hindernisses an der Fristwahrnehmung noch keine zwei Wochen verstrichen sind und
- noch keine sechs Monate seit dem Ende der versäumten Frist vergangen sind.

Voraussetzung ist, dass der Arbeitnehmer trotz Anwendung aller ihm nach Lage der Umstände zuzumutenden Sorgfalt verhindert war, die Frist für die Erhebung der **Kündigungsschutzklage** zu wahren.

Eine besondere Form ist für den Antrag nicht erforderlich. Die Nachholung der Klageerhebung allein reicht aber nicht. Vielmehr muss erkennbar zum Ausdruck gebracht werden, dass die Klage trotz **Fristversäumnis** noch zugelassen werden solle (BAG vom 2. 3. 1989 in AP Nr. 17 zu § 130 BGB; Gründe III. 3 c)

Der Antrag muss die Angabe der die **nachträgliche Zulassung** begründenden Tatsachen und die Mittel für deren **Glaubhaftmachung** enthalten (§ 5 Abs. 2 Satz 2 KSchG).

Der Antrag ist nach § 5 Abs. 3 Satz 1 KSchG fristgebunden: er ist innerhalb von zwei Wochen ab Behebung des Hindernisses bei Gericht zu stellen.

Der Beginn der Frist des § 5 Abs. 3 Satz 1 KSchG ist mit Kenntniserlangung von der **Fristversäumung** gegeben. Diese Erkenntnis kann vor Klageerhebung, aber auch nach Klageerhebung eintreten. § 5 Abs. 2 Satz 1 KSchG nimmt auf beide Varianten Rücksicht.

Der Antrag ist ungeachtet sonstiger, die Sorgfaltswahrung betreffender Umstände dann nicht mehr zulässig, wenn seit Fristversäumnis mehr als sechs Monate verstrichen sind (§ 5 Abs. 3 Satz 2 KSchG).

2. Mit dem Antrag ist die **Klageerhebung** zu verbinden oder, sofern die Klageerhebung schon (verspätet) erfolgt ist, auf diese Bezug zu nehmen (§ 5 Abs. 2 Satz 1 KSchG).

3. Anders als in § 236 Abs. 2 Satz 1 ZPO genügt es nicht, die Mittel zur Glaubhaftmachung erst im Verfahren über den Antrag zu bezeichnen; sie sind vielmehr bis zum Ablauf der 2-Wochenfrist des § 5 Abs. 3 Satz 1 KSchG anzugeben (LAG Frankfurt 8. 11. 1991, NZA 1992, 619; LAG Ba-Wü 23. 3. 1978, MDR 1978, 788).

Die Mittel der **Glaubhaftmachung** ergeben sich aus § 294 ZPO.

4. Die 3-**Wochenfrist** des § 4 KSchG ist eine materiell rechtliche Ausschlussfrist; daraus folgt, dass die **nachträgliche Zulassung** ein materiell rechtlicher Verfahrensteil ist (KR-*Friedrich*, 6. Aufl., Rdn. 7 zu § 5 KSchG m. w. N.).

Wird der Antrag auf Zulassung der verspäteten Klage zurückgewiesen, so ist deshalb die **Kündigungsschutzklage** nicht unzulässig, sondern unbegründet; schließlich kann der Arbeitnehmer noch immer gemäß § 7 KSchG die Unwirksamkeit der Kündigung aus anderen Gründen geltend machen (KR-*Friedrich*, 6. Aufl., Rdn. 217 zu § 5 KSchG).

Aus dieser materiellen Rechtsnatur folgt, dass die prozessuale Vorschrift des § 233 ZPO nicht entsprechend anzuwenden ist (KR, aaO. Rdn. 16).

Das Maß der zu beobachtenden („zuzumutenden") Sorgfalt ist individuell zu werten. So wird z. B. vom leitenden Angestellten ein Mehr an Sorgfalt erwartet, als vom Hilfsarbeiter (KR, aaO. Rdn. 13).

Die Unkenntnis der Frist des § 4 KSchG ist keinesfalls ein Grund für die Zulassung einer verspäteten Klage; es gehört zu den an jeden Arbeitnehmer zu stellenden Sorgfaltsanforderungen, dass er um die Notwendigkeit weiß, gegen eine Kündigung innerhalb einer Frist vorzugehen (LAG Hamburg 20. 11. 1984, DB 1985, 876; LAG Düsseldorf 12. 6. 1980, BB 1980, 941; KR, aaO. Rdn. 64).

Diese Pflicht gilt auch für ausländische Arbeitnehmer (LAG Hamburg 10. 4. 1987; LAGE § 5 KSchG Nr. 34; LAG Hamm 8. 7. 1982 in DB 1982, 2706).

Zu den Sorgfaltspflichten gehört in jedem Falle die Pflicht, sich bei kompetenten Stellen Rat einzuholen (KR, aaO. Rdn. 30–31).

Nur deren evtl. falsche Auskunft kann Gründe für die Zulassung schaffen; nicht aber unzutreffende Auskünfte des Büropersonals eines Anwalts oder der Gewerkschaft.

Die Frage, ob ein **Betriebsrat** eine kompetente Auskunftsstelle ist, ist streitig (KR, aaO. Rdn. 33).

Eine **Rechtsschutzversicherung** ist keine kompetente Auskunftsstelle (LAG Sachsen, FA 1998/391).

Es ist zulässig, die Frist zur Klageerhebung bis zum Rand auszuschöpfen (KR, aaO. Rdn. 54).

Wird bei einer solchen Absicht zur Ausschöpfung im letzten Augenblick – etwa durch Erkrankung – die Umsetzung der Planung verhindert, so kann nicht wegen des späten Ingangsetzens der Handlung die Gewährung der Zulassung versagt werden.

Krankheit an sich ist kein Zulassungsgrund (KR, aaO. Rdn. 48). Hinzutreten muss vielmehr eine dadurch verursachte Handlungsunfähigkeit.

Die Unfähigkeit, die Kündigung zu lesen (Sprach- oder Schriftprobleme) ist kein Grund für die nachträgliche Zulassung; der Arbeitnehmer ist verpflichtet, sich entsprechende Kenntnisse vom Inhalt der Erklärung unverzüglich zu verschaffen (KR, aaO. Rdn. 58).

Die Ortsabwesenheit etwa aus Urlaubsgründen kann den Grund für die Zulassung liefern.

Der Arbeitnehmer ist nicht verpflichtet, während des Urlaubs Vorkehrungen zu treffen, um die Frist einhalten zu können.

Das BVerfG hatte bereits mit Beschluss vom 16. 11. 1972 entschieden, dass der Staatsbürger damit rechnen können müsse, dass er Wiedereinsetzung in den vorigen Stand erhalten werde, wenn während seines Erholungsaufenthaltes ein Bescheid durch Niederlegung der Post zugestellt werde und aus Unkenntnis dieser Ersatzzustellung **Fristversäumnisse** einträten.

Mit Entscheidungen vom 16. 3. 1988 und 2. 3. 1989 (AP Nr. 16 und 17 zu § 130 BGB) hat das BAG dieser Rechtsprechung des BVerfG Rechnung getragen und einerseits entschieden, dass ein an die Heimatanschrift des Arbeitnehmers gerichtetes Kündigungsschreiben diesem auch dann zugehe, wenn dem Absender bekannt sei, dass der Arbeitnehmer während des Urlaubs verreist ist oder sich in Auslieferungshaft im Ausland befinde; in erstgenannter Entscheidung wird aber ganz ausdrücklich auf die Möglichkeit der **Zulassung verspäteter Klagen** nach § 5 KSchG als Korrelat zu dieser Rechtsprechung verwiesen.

Streitig ist die Frage nach der Zurechenbarkeit des **Verschuldens eines Prozessbevoll-mächtigten.**

Der Streit entzündet sich an der Frage, ob § 85 Abs. 2 ZPO im Rahmen des § 5 Abs. 1 KSchG Anwendung findet. Danach nämlich ist das **Verschulden des Bevollmächtigten** dem Verschulden der Partei gleichzustellen.

War vor Inkrafttreten der ZPO-Vereinfachungsnovelle vom 3. 12. 1976 die Zure-chenbarkeit des **Bevollmächtigtenverschuldens** im Recht der Wiedereinsetzung geregelt, steht der jetzige § 85 Abs. 2 im Abschnitt „Prozessbevollmächtigte und Beistände".

§ 85 Abs. 2 ist über § 46 Abs. 2 ArbGG auch im arbeitsgerichtlichen Verfahren an-wendbar. Damit ist auch bei der Klageerhebung auf Vertreterverschulden abzustellen, es sei denn, man zöge aus der Tatsache Konsequenzen, dass nach überwiegender Meinung die Frist des § 4 KSchG keine prozessuale, sondern eine materiell rechtliche Frist ist.

Diese Meinung teilt das BAG nicht (BAG, EzA § 4 KSchG n. F. Nr. 25).

Wohl aber vertreten diese Auffassung neben *Wenzel* (AuR 1976, 331) auch das LAG Hamm in mehreren Entscheidungen (u. a.: BB 1988, 114 und KR-*Friedrich,* 6. Aufl., Rdn. 69 a bis 70 zu § 5 KSchG unter Zitat der umfangreichen Gegenmeinung).

5. Siehe Anm. 1.

6. Siehe Anm. 2.

7. Siehe Anm. 1.

8. Hier muss die vollständige **Kündigungsschutzklage** (sofern nicht schon eine er-hoben ist) folgen oder, wenn eine bereits erhoben ist, die Bezugnahme erklärt werden.

9. Das ArbG entscheidet über die Zulassung durch Beschluss, gegen den sofortige Beschwerde zulässig ist (§ 5 Abs. 4 KSchG). Gegen die Entscheidung des LAG ist auch nach der Änderung des Beschwerderechts per 1. 1. 2002 eine Rechtsbeschwerde nicht zulässig (BAG 20. 8. 2002, FA 2002, 385). Entscheidet das Gericht über die Zulassung und über die Klage einheitlich durch Urteil, so ist hiergegen sowohl Beschwerde wie Be-rufung möglich.

5. Auflösungsantrag des Arbeitnehmers im Kündigungsschutzprozess

An das
Arbeitsgericht ......

Az.:

In Sachen ......
Prozessbevollmächtigter: ......

gegen

......
Prozessbevollmächtigter: ......

wegen Kündigung

werde ich zusätzlich beantragen:

1. Auf Antrag der Klagepartei wird das Arbeitsverhältnis der Parteien aufgelöst.[1]
2. Als Auflösungszeitpunkt wird der ...... festgestellt.[2]
3. Die beklagte Partei wird verurteilt, eine angemessene, der Höhe nach in das Er-messen des Gerichtes gestellte Abfindung – mindestens jedoch ...... – zu bezahlen.[4]

Begründung:

Die beklagte Partei hat die Klagepartei nach Ausspruch der Kündigung vor den Augen der Belegschaft durch den Werksschutz abführen und vom Werksgelände entfernen lassen.

Anschließend wurde am schwarzen Brett des Betriebes ein Aushang angebracht, mit dem die Belegschaft davon unterrichtet wurde, dass das Arbeitsverhältnis wegen grober Vertrauensbrüche beendet werden müsse und der Klagepartei Hausverbot erteilt worden sei.

Die der Klagepartei zur Betreuung zugewiesenen Kunden wurden durch ein Rundschreiben vom ...... davon unterrichtet, dass das Arbeitsverhältnis wegen grober Vertrauensschäden habe fristlos gekündigt werden müssen.

Der Klagepartei ist auf Grund dieser inzwischen als ungerechtfertigt erwiesener Vorwürfe eine Rückkehr in das Arbeitsverhältnis unzumutbar.[3]

Auf die Definition des Unzumutbarkeitsbegriffs durch das BAG im Sinne einer dauernden Unzumutbarkeit ist zu verweisen.

Die Voraussetzungen nach § 9 Abs. 1 Satz 1 KSchG liegen vor. Die Kündigung ist „fristlos vorsorglich ordentlich" ausgesprochen.

Die Klagepartei beantragt die Auflösung zu dem Zeitpunkt, zu dem die Kündigung als ordentliche hätte wirksam werden können.[2]

Eine Abfindung muss berücksichtigen[4], dass
– das Arbeitsverhältnis über 19 Jahre bestanden hat
– die Kündigung sich als besonders sozialwidrig erweist
– die Arbeitsmarktchancen der Klagepartei mit Rücksicht auf deren Alter schlecht sind
– der in $1/12$-Anteile zerlegte Jahresverdienst der Klagepartei sich auf ...... EUR beläuft.

Rechtsanwalt

Anmerkungen

1. § 9 Abs. 1 Satz 1 KSchG ermöglicht dem Arbeitgeber, die **Auflösung** des Arbeitsverhältnisses und Verurteilung zur Zahlung einer **Abfindung** zu verlangen, wenn
– die Kündigung das Arbeitsverhältnis nicht beenden kann
und
– dem Arbeitnehmer die Fortsetzung des Arbeitsverhältnisses nicht zuzumuten ist.

Arbeitnehmerseitig kommt der Antrag sowohl bei ordentlicher Kündigung (§ 9 Abs. 1 Satz 1 KSchG) als auch bei außerordentlicher Kündigung (§ 13 Abs. 1 Satz 3 KSchG) in Betracht.

Prozessuale Voraussetzung für die Entscheidung ist
– dass ein Rechtsstreit über die Kündigung anhängig ist
– die Kündigung unwirksam ist
– das Arbeitsverhältnis im Zeitpunkt der Antragstellung noch besteht
– die **Auflösung vom Arbeitnehmer** beantragt wird.

Dabei ist zu beachten, dass
– die Feststellung der Unwirksamkeit nicht notwendigerweise kontradiktorisch erfolgen muss, sondern auch durch **Teilanerkenntnisurteil** erfolgen kann (BAG 29. 1. 1981, AP 6 zu § 9 KSchG 69).
– Die Unwirksamkeit der Kündigung zumindest auch auf **Sozialwidrigkeit** beruhen muss (folgt aus Abs. 2).

– Für den arbeitnehmerseitigen Antrag hat das BAG mit Urteil vom 29. 1. 1981 (aaO.) entschieden, dass der **Auflösungsantrag** auch dann zulässig sei, wenn neben anderen Unwirksamkeitsgründen die Kündigung **auch** sozialwidrig ist und dies festgestellt wurde; Gegenteiliges ergebe sich aus dem Gesetz nicht.
Die Frage nach dem „nur" oder dem „auch" sozialwidrig als Voraussetzung ist aber weiterhin kontrovers diskutiert (KR-*Spilger*, 6. Aufl., Rdn. 27–29 zu § 9 KSchG; *Tschöpe-Holthöwer*, 5 A Rdn. 180).
– Die **Unzumutbarkeit** im Sinne von § 9 Abs. 1 Satz 1 KSchG nicht in gleicher Weise zu definieren ist wie in § 626 Abs. 1 BGB (BAG 26. 11. 1981, AP 9 zu § 9 KSchG 69).
Der Antrag wird als ein „**eigenständiges prozessuales Institut des Kündigungsschutzrechts**" gesehen, was sich aus § 9 Abs. 1 Satz 3 KSchG ergebe (BAG 28. 1. 1961, AP 8 zu § 7 KSchG und 26. 10. 1979, AP 5 zu 9 KSchG 69).
Hiernach kann der Antrag bis zum Schluss der letzten mündlichen Verhandlung in der Berufungsinstanz gestellt werden.
Deshalb ist es ebenso zulässig, einen erstinstanzlich positiv entschiedenen **Auflösungsantrag** zweitinstanzlich wieder zurückzunehmen, so dass nur noch die Feststellung der Unwirksamkeit der Kündigung übrig bleibt (*Grunsky* in Anm. zu BAG in AP 5 zu § 9 KSchG 69).
Allerdings ist es nicht zulässig, nur mit diesem Ziel Berufung einzulegen (BAG 23. 6. 1993, AP 23 zu § 9 KSchG 69).
Der **arbeitnehmerseitige Auflösungsantrag** ist stets ein uneigentlicher **Eventualantrag,** denn er setzt die Begründetheit des Feststellungsantrags nach § 4 KSchG voraus. Die selbstständige Geltendmachung alleine ist nicht denkbar (KR-*Spilger*, 6. Aufl., Rdn. 16 zu § 9 KSchG m. w. N.).
Der Antrag bedarf **keiner besonderen Form** und kann daher jederzeit auch zu Protokoll der mündlichen Verhandlung gestellt werden (KR-*Spilger*, 6. Aufl., Rdn. 18 zu § 9 KSchG).
Er bedarf aber der Begründung. Hierzu muss ein ganz bestimmter Sachverhalt in Bezug genommen werden. Aus dem Verhandlungsgrundsatz folgt, dass dem Gericht selbst bei Offenkundigkeit von Tatsachen deren Verwertung zur Begründung des **Auflösungsantrags** verwehrt sei, wenn diese nicht ausdrücklich zum Zweck der Begründung des **Auflösungsantrags** in Bezug genommen werden (KR-*Spilger*, 6. Aufl., Rdn. 48 § 9 KSchG unter Hinweis auf BAG 30. 9. 1976, AP 3 zu § 9 KSchG).

2. Bei der Formulierung sind wichtige Überlegungen nötig:
– was bewirkt der Antrag (welche materiellen Folgen?)
– wird ein beziffter Antrag gestellt (welche prozessualen Folgen in Bezug auf Kosten?)

Nach § 9 Abs. 2 KSchG stellt das Gericht als **Auflösungszeitpunkt** das Datum fest, zu welchem bei sozial gerechtfertigter Kündigung das Arbeitsverhältnis geendet hätte.
Bei Vorliegen einer ordentlichen Kündigung ist dies also der Zeitpunkt des Ablaufs der Kündigungsfrist.
Bei einer außerordentlichen Kündigung wäre es aber der Zeitpunkt, zu dem – ohne Fristeinhaltung – gekündigt wurde. Für die Annahmeverzugslöhne kann dies Folgen haben: sie würden als solche nicht mehr zu erstatten sein.
Nachdem Abfindungsbeträge sich regelmäßig an der Dauer des der Kündigung vorangegangenen Bestandes des Arbeitsverhältnisses orientieren, wäre die Auflösung ohne Kündigungsfristeinhaltung – gerade bei kurzer Bestandsdauer – regelmäßig nachteilig.
Die Rechtsprechung des BAG hat dies aber ausdrücklich als rechtsstaatlich anerkannt (BAG 16. 5. 1984, AP 12 zu § 9 KSchG 69) und in dieser Coupierung weder eine Verletzung von Art. 3 GG noch von Art. 14 GG gesehen.

Eine Lösung der Folgen kann nur in der Weise hergestellt werden, dass für den Wegfall von **Zwischenverdiensten** aus der Kündigungsfrist eine entsprechende Anhebung der Abfindung im Rahmen des § 10 KSchG erfolgt (hierzu: KR-*Spilger*, 6. Aufl., Rdn. 62 zu § 10 KSchG).

Hat der Arbeitgeber eine fristlose und vorsorglich ordentliche Kündigung erklärt, so hat der Arbeitnehmer ein Wahlrecht, die Auflösung entweder auf den Zeitpunkt der fristlosen oder der ordentlichen Kündigung feststellen zu lassen (BAG 26. 8. 1993, AP 22 zu § 9 KSchG 69).

3. Zur Begründung ist die Berufung auf die **Unzumutbarkeit** der Fortsetzung des Arbeitsverhältnisses darzustellen.

Dabei liegt die **Darlegungs- und Beweislast** in vollem Umfang beim Arbeitnehmer als dem Antragsteller.

Sinn und Zweck des KSchG sei der Bestandsschutz des Arbeitsverhältnisses; es handle sich nicht um ein „Abfindungsgesetz" (BAG 5. 11. 1964, EzA § 7 KSchG Nr. 1).

Der Gesetzgeber hat dennoch ausdrücklich eine Durchbrechung des Bestandsschutzprinzips vorgesehen und damit Möglichkeiten eröffnet, die unseren EU-Nachbarn wesentlich weniger fremd sind, als dem System des KSchG.

Die darzustellende **Unzumutbarkeit** der Fortsetzung des Arbeitsverhältnisses hat sich auf dessen unbestimmte Dauer und nicht nur auf die Dauer der Kündigungsfrist zu beziehen (BAG 26. 11. 1981, AP 9 zu § 9 KSchG 69). Deshalb sind an den unbestimmten Rechtsbegriff der Unzumutbarkeit geringere Anforderungen zu stellen, als den des § 626 Abs. 1 BGB.

Diese Gründe können aber regelmäßig nicht alleine in der Unwirksamkeit der Kündigung liegen, sondern müssen aus weiteren Umständen folgen (BAG 24. 9. 1992, AP 20 zu § 9 KSchG 69).

Allerdings verwies bereits die Regierungsbegründung zu § 7 KSchG (alt) auch auf die Konstellation, dass als Kündigungsgründe unzutreffende ehrverletzende Behauptungen über die Person oder das Verhalten des Arbeitgebers aufgestellt und nicht verteidigt wurden (RdA 1951, 64).

In Betracht für die **Unzumutbarkeit** kommen auch prozessuale Verhaltensweisen oder ein der Kündigung nachfolgendes Verhalten des Arbeitgebers, welches die Position des Arbeitnehmers im Rückkehrfall unzumutbar macht.

Das LAG Hamm (DB 1975, 1513) hat auch die Notwendigkeit der Verteidigung des Arbeitnehmers mit der Benennung von Kollegen als „weniger schutzwürdig" bei der **Sozialauswahl** als Unzumutbarkeitsgrund gesehen.

Streitig ist, inwieweit bei einem **beidseitigen Auflösungsantrag** überhaupt die Notwendigkeit einer Begründung besteht.

Zum Teil wird vertreten, dass es insoweit nur auf den **übereinstimmenden geäußerten Parteiwillen** anzukommen habe, also eine Begründung entbehrlich sei (*Bauer*, DB 1985, 1182; LAG Berlin, 8. 8. 1967, BB 1968, 207; *Leisten*, BB 1994, 2138; *Tschöpe-Holthöwer*, 5 A Rdn. 200).

Diese Auffassung ist bedenklich, denn das Gericht hat dennoch zu prüfen, ob die gesamten Voraussetzungen im Sinne von § 9 Abs. 1 KSchG gegeben sind; das Gericht kann nicht durch Parteierklärungen davon entbunden werden, die Sozialwidrigkeit der Kündigung zu prüfen. Allenfalls kann der übereinstimmende Antrag dann noch als Nicht-Bestreiten vorgetragener und vorzutragender Auflösungsgründe gewertet werden (KR-*Spilger*, 6. Aufl., Rdn. 66–67 zu § 9 KSchG).

Die Antragstellung ist auch „**nach Kündigungsrücknahme**" prozessual zulässig.

Vielfach ist zu beobachten, dass nach einer durch rechtzeitige Klageerhebung einsetzenden Gegenwehr des Arbeitnehmers gegen die Kündigung der Arbeitgeber zur „**Rück-**

nahme" der Kündigung schreitet. Ebenso ist zu beobachten, dass arbeitnehmerseitig das wirkliche Prozessziel der Erhalt einer Abfindung ist.

Das BAG hat mit Urteil vom 19. 8. 1982 (AP 9 zu § 9 KSchG 69) bis dorthin bestehende Unklarheiten beseitigt und festgestellt:

- in der Erhebung einer Kündigungsschutzklage liege keine antizipierte Zustimmung des Arbeitnehmers zur Rücknahme der Kündigung
- vielmehr sei in der Rücknahme ein Vertragsangebot des Arbeitgebers zu sehen, welches nun vom Arbeitnehmer angenommen werden müsse
- oder aber mit einem Auflösungsantrag beantwortet werden könne.

Die Entscheidung des Arbeitnehmers hat nunmehr innerhalb des durch §§ 145, 147 Abs. 1 und 2 BGB fixierten Fristrahmens zu erfolgen. Natürlich geht mit der Entscheidung der Ablehnung der Arbeitnehmer voll in das Risiko des Leistungsverzuges.

Der **Antragsgegner** ist zwangsläufig der Beklagte.

Lediglich im Falle eines der Klageerhebung folgenden **Betriebsübergangs** kann Antragsgegner nur der Übernehmer sein (BAG Urteil 20. 3. 1997, AP 30 zu § 9 KSchG 69).

Kostenfolgen des Auflösungsantrags sind zu überlegen.

Ob ein eigener Streitwert aus dem Auflösungsantrag folgt, ist streitig. (KR Rdn. 90 zu § 9 KSchG verneint, weil § 12 Abs. 7 das Ergebnis des Auflösungsantrages ausdrücklich konsumiere: LAG Berlin vom 30. 12. 1999, Az.: 7 Ta 6121/99 Kost.)

Kostenmäßig gilt für den Fall der bezifferten Geltendmachung zu beachten, was das BAG (Beschluss 26. 6. 1986, AP Nr. 3 zu § 10 KSchG 69) entschieden hat: hat der Arbeitnehmer die von ihm begehrte Abfindung beziffert, dann sind ihm nach § 92 ZPO anteilige Kosten aufzuerlegen, wenn das Gericht hinter seinem Antrag zurückbleibt.

Tragweite erlangt diese Rechtsprechung insbesondere bei einer erstmals in zweiter Instanz formulierten Antragstellung. Ein bezifferter Antrag liegt jedenfalls vor, wenn ein „mindestens jedoch" formuliert ist (BAG 26. 6. 1986 w.o.).

4. **Bemessungsfaktoren** für die **Abfindung** nach § 10 KSchG sind
- die Dauer des Arbeitsverhältnisses
- das Lebensalter des Arbeitnehmers und die daraus resultierenden Arbeitsmarktchancen
- die eventuelle Auffindung eines neuen Arbeitsplatzes
- ein eventueller Verlust von verfallbaren Ruhegeldanwartschaften
- die wirtschaftliche Lage des Arbeitgebers
- das Maß der Sozialwidrigkeit sowie des Verschuldens.

Unter Berücksichtigung dieser Faktoren ist innerhalb der durch § 10 Abs. 1 definierten zulässigen Höchstgrenze die Abfindung zu ermitteln; für Arbeitnehmer nach einer Dienstzeit von mindestens 15 Jahren und nach vollendetem 50. Lebensjahr bzw. nach einer Dienstzeit von 20 Jahren und vollendetem 55. Lebensjahr gelten erhöht Obergrenzen, die jedoch nach § 10 Abs. 2 Satz 2 für den rentenberechtigten Arbeitnehmer sich wieder relativieren.

Der Begriff des „Monatsverdienstes" im Sinne von § 10 Abs. 3 ist nicht mehr ausschließlich nach dem bloßen Gesetzestext zu beurteilen, der auf den letzten Beschäftigungsmonat und die dort erworbenen Geld- und Sachbezüge abstellt.

Vielmehr ist gerade mit fortschreitender Differenzierung der Entgeltkomponenten (Gehalt/Tantieme/Prämie etc.) auf alle Zuwendungen abzustellen, die Entgelt-Charakter haben (KR-*Spilger*, 6. Aufl., Rdn. 33 § 10 KSchG).

Soweit Zuwendungen Gratifikations-Charakter haben, bleiben sie dagegen außer Betracht.

Sachbezüge (Dienstfahrzeug, Dienstwohnung, Deputate oder Verpflegungsaufwendungen) sind mit dem Marktwert zu bewerten (KR, aaO. Rdn. 34).

Sonderregel § 13 II KSchG

Auch ohne Anwendbarkeit des KSchG kommt ein arbeitnehmerseitiger Auflösungsantrag in Betracht im Falle der **Sittenwidrigkeit einer** Kündigung.

§ 13 Abs. 2 Satz 2 verweist für diesen Fall ebenfalls auf § 9 Abs. 1 Satz 1–2 KSchG und erklärt diese für entsprechend anwendbar. Die Voraussetzung ist nach § 13 Abs. 2 Satz 2 lediglich, dass die Klageerhebung innerhalb der Fristen des § 4 KSchG erfolgt ist.

Besondere Bedeutung erlangt diese Vorschrift vor dem Hintergrund der Anhebung des **Schwellenwertes** in § 23 KSchG für Beschäftigte in Kleinbetrieben (hierzu: *Gragert/Kreuzfeld*, NZA 1998, 567 ff.).

6. Schriftsatz zur abgestuften Darlegungs- und Beweislast zur Sozialauswahl

An das
Arbeitsgericht ......

Az.:

In Sachen ......

– Klagepartei –

Prozessbevollmächtigter: ......

gegen

......

– Beklagtenpartei –

Prozessbevollmächtigter: ......
wegen Kündigung

wird auf die Ausführungen der beklagen Partei erwidert:

Es mag dahinstehen, ob dringende betriebliche Bedürfnisse die Entlassung von Arbeitnehmern bedingen, denn jedenfalls ist die Kündigung gegenüber der Klagepartei wegen § 1 Abs. 3 KSchG trotzdem sozial nicht gerechtfertigt: die beklagte Partei hat die Sozialauswahl nicht richtig getroffen:[1] sie hat nicht alle der Klagepartei vergleichbaren Arbeitnehmer entlassen.
Die beklagte Partei wird aufgefordert, die Gründe ihrer Auswahlentscheidung mitzuteilen.[2]
Die Klagepartei geht davon aus, dass in der Gesamtmenge vergleichbarer Arbeitnehmer des Betriebes solche nicht gekündigt wurden, die weniger schutzwürdig sind, als die Klagepartei selbst.[3]

Rechtsanwalt

Anmerkungen

1. Nach § 1 Abs. 3 KSchG ist eine betriebsbedingte Kündigung (nur bei dieser kommt die **Sozialauswahl** in Betracht) dennoch sozialwidrig, wenn der Arbeitgeber bei der Auswahl des Arbeitnehmers soziale Gesichtspunkte „nicht oder nicht ausreichend berücksichtigt" hat.

In der bis 30. 9. 1996 und ab 1. 1. 1999 wieder geltenden Fassung des § 1 Abs. 3 KSchG ist nicht abschließend definiert, **was** bei der **Sozialauswahl** zu berücksichtigen ist.

Das Gesetz über die Reformen am Arbeitsmarkt kehrt teilweise zurück zu der zwischen dem 1. 10. 1996 und 31. 12. 1998 geltenden Fassung, wonach nur noch die Dauer der Betriebszugehörigkeit, das Lebensalter und die Unterhaltspflichten des Arbeitnehmers für die Sozialauswahl als Kriterien bestimmend sind.

Diese Fassung war nach dem Korrekturgesetz von 1998 außer Kraft gesetzt, um neben diesen drei Kriterien auch andere Gesichtspunkte, wie z.B. Schwerbehinderung, zum Tragen bringen zu können.

Deshalb hat der Gesetzgeber jetzt auf vier abschließende Kriterien erweitert, so dass zählen:

– Betriebszugehörigkeit
– Lebensalter
– Unterhaltspflichten
– evtl. Schwerbehinderung.

Die konkrete Einzelfallprüfung war – und ist wieder – oberstes Gebot (BAG 24. 3. 1983, AP 12 zu § 1 KSchG 69 betriebsbedingte Kündigung).

Deshalb ist ein starres **Punkteschema** zur Prüfung der Sozialauswahl auch unzulässig.

Die Prüfung der **Sozialauswahl** vollzieht sich in drei Stufen:

a) Sie ist nicht etwa nur abteilungsbezogen, sondern bezogen auf den gesamten Betrieb durchzuführen (BAG 5. 5. 1994, AP 23 zu § 1 KSchG 69 soziale Auswahl) bzw. in einem **gemeinschaftlichen Betrieb mehrerer Unternehmen** in dem gesamten gemeinsamen Betrieb (BAG 5. 5. 1994 aaO.).

Es können auch Arbeitnehmer, die von den betrieblichen Erfordernissen nicht unmittelbar, sondern auf Grund der Sozialauswahl nur mittelbar betroffen sind, das Opfer der betrieblichen Notwendigkeiten werden.

b) Einzubeziehen in die **Sozialauswahl** sind alle **vergleichbaren** Arbeitnehmer.

Vergleichbar ist, wer nach Tätigkeit und nach vertraglicher Situation austauschbar ist. Nur die horizontale Vergleichbarkeit ist in Betracht zu ziehen.

Die **Vergleichbarkeit** bestimmt sich zunächst nach arbeitsplatzbezogenen Merkmalen, also nach der ausgeübten Tätigkeit. Dies gilt nicht nur bei Identität des Arbeitsplatzes, sondern auch dann, wenn der Arbeitnehmer auf Grund seiner Fähigkeiten und seiner Ausbildung eine andersartige aber gleichwertige Tätigkeit ausführen kann. Die Notwendigkeit einer kurzen Einarbeitungszeit steht der **Vergleichbarkeit** nicht entgegen (BAG 7. 2. 1985, AP 9 und 15. 6. 1989, AP 18, jeweils § 1 KSchG 60 soziale Auswahl).

„Kurz" ist eine Einarbeitungszeit von drei Monaten nicht mehr (BAG 5. 5. 1994, AP 23 zu § 1 KSchG 60 soziale Auswahl, Gründe II. 3 c).

Maßgeblich für die **Vergleichbarkeit** ist weiter, ob der Arbeitgeber im Wege des **Direktionsrechts** dem Arbeitnehmer den verbleibenden Arbeitsplatz zuweisen darf. Dies richtet sich nach dem Vertragsinhalt.

Kann nur mit gleichzeitiger Vertragsänderung die verbleibende Stelle zugewiesen werden (z.B. einer Teilzeitkraft eine Vollzeitstelle), so ist die **Vergleichbarkeit** nicht gegeben (KR-*Etzel*, 6. Aufl., Rdn. 633–635 zu § 1 KSchG).

Mit Urteil vom 3. 12. 1998 (2 AZR 341/98) hatte das BAG die Frage der Vergleichbarkeit von Teilzeit- und Vollzeitarbeitnehmern zu prüfen anhand der Rüge einer ursprünglich vollzeitig tätig gewesen, später auf **Teilzeit** geänderten Arbeitnehmerin, die eine **Vergleichbarkeit** mit einer **Vollzeit**arbeitnehmerin behauptete.

Das BAG hat erneut ausgesagt, dass das KSchG keinen Anspruch auf eine **Vollzeitbeschäftigung** sichere und **Vergleichbarkeit** nicht bestehe. Lediglich für den Fall, dass der Arbeitgeber nur das Volumen der zu leistenden Arbeitsstunden verringern will, ohne entschieden zu haben, ob dies Voll- oder Teilzeitkräfte treffen soll, hat das BAG eine Ausdehnung der Sozialauswahl auf alle Arbeitnehmer des Betriebes gefordert

(BAG 3. 12. 99, BB 1999, 847) und ist hierfür von *Bauer-Klein* (BB 1999, 1162) des Vergleichs von Äpfeln mit Birnen gescholten worden.

c) Zurückgekehrt ist das Gesetz über die Reformen am Arbeitsmarkt auch zu der durch das Korrekturgesetz per 1. 1. 1999 abgeschafften Version des § 1 Abs. 3 Satz 2 KSchG. Danach sind Arbeitnehmer nicht in die Sozialauswahl einzubeziehen, deren Weiterbeschäftigung insbesondere wegen ihrer Kenntnisse, Fähigkeiten und Leistungen oder zur Sicherung einer ausgewogenen Personalstruktur des Betriebes in berechtigtem betrieblichen Interesse liegt.

Das berechtigte betriebliche Interesse als Kriterium für die Ausnahme der Leistungsträger aus der Sozialauswahl soll es ausdrücklich ermöglichen, den erheblich strengeren Maßstab aus der Zeit bis 30. 9. 1996 bzw. den ab 1. 1. 1999 geltenden Maßstab herabzupegeln.

Zur alten Fassung hatte das BAG mit Urteil vom 24. 3. 1993 (AP 12 zu § 1 KSchG 69, betriebsbedingte Kündigung) ausgeführt:

„Betriebliche Belange, insbesondere auch **Leistungsunterschiede** und Belastungen des Betriebs auf Grund von krankheitsbedingten Fehlzeiten sind nicht bei der sozialen Auswahl nach Satz 1 zu berücksichtigen, sondern alleine im Rahmen der Prüfung nach Satz 2, ob betriebliche Bedürfnisse einer sozialen Auswahl entgegenstehen ......"

a) Leistungsunterschiede stehen einer Auswahl nach sozialen Gesichtspunkten nicht nur entgegen, wenn sich der Betrieb in einer Zwangslage befindet, sondern auch dann, wenn die Beschäftigung eines weniger schutzbedürftigen Arbeitnehmers erforderlich (notwendig) ist ......

b) Dagegen stehen krankheitsbedingte Fehlzeiten einer Auswahl nach sozialen Gesichtspunkten nur dann entgegen, wenn zugleich die Voraussetzungen einer krankheitsbedingten Kündigung erfüllt sind ......"

Das BAG spricht also unter lit. a) von der Erforderlichkeit (Notwendigkeit), verwendet also eine Definition des „Bedingens" und „Entgegenstehens", die der außer Kraft gesetzten Definition durch das WFG („berechtigte betriebliche Interessen") fast näher kommt, als dem Gesetzeswortlaut selbst.

Zum neuen Maßstab (Fassung vom 1. 10. 1996 bis 31. 12. 1998) hatte das BAG mit Urteil vom 12. 4. 2002 (AP 56 § 1 KSchG 1969 Soziale Auswahl) herausgestellt, dass der Arbeitgeber das Interesse der sozial schwächeren Arbeitnehmer gegen das betriebliche Interesse an Herausnahme von Leistungsträgern abzuwägen habe; die gesetzliche Neufassung sollte zwar den einer Sozialauswahl entgegenstehenden betrieblichen Notwendigkeiten größeres Gewicht geben und das Interesse des Betriebes an einer Weiterbeschäftigung eines bestimmten Arbeitnehmers präzisieren. Dass darüber hinaus eine grundsätzliche Abkehr von der bis dahin (und jetzt wieder) geltenden Wertung – insbesondere eine Umkehr des Regel-Ausnahme-Verhältnisses – gewollt war, sei der Gesetzesbegründung nicht zu entnehmen. Gleiches gilt auch jetzt wieder.

2. Für alles gilt natürlich § 1 Abs. 3 Satz 3 KSchG: „Der Arbeitnehmer hat die Tatsachen zu beweisen, die die Kündigung als sozial ungerechtfertigt im Sinne des Abs. 1 erscheinen lassen".

3. Diese **Darlegungs- und Beweislast** des Gesetzes hat das BAG wiederum in eine abgestufte Darlegungs- und Beweislast relativiert (Urteil 24. 3. 1983, AP 12 zu § 1 KSchG 69 betriebsbedingte Kündigung; Urteil 5. 5. 1994, AP 23 zu § 1 KSchG 69 soziale Auswahl).

Danach ist in folgenden Schritten vorzugehen:

a) Zunächst ist der Arbeitnehmer für die fehlerhafte **Sozialauswahl** darlegungs- und beweispflichtig, sofern er die dafür erforderlichen Informationen besitzt.

b) Besitzt er sie nicht, muss er dazu auffordern, dass der Arbeitgeber die Gründe mitteilt, die ihn zur **Sozialauswahl** bewogen haben.

c) Dann hat der Arbeitgeber nach § 1 Abs. 3 Satz 1 Halbsatz 2 KSchG die Pflicht, substantiiert vorzutragen.

Allerdings ist diese Pflicht begrenzt auf die „subjektiven, von ihm angestellten Überlegungen".

Der Arbeitnehmer hat keinen Anspruch auf die vollständige Auflistung der Sozialdaten aller objektiv vergleichbaren Arbeitnehmer.

d) Gibt der Arbeitgeber keine oder nur unvollständige Auskunft, so kann der Arbeitnehmer bei fehlender eigener Kenntnis sich darauf beschränken zu erklären, „es sind andere, sozial weniger schutzwürdige Arbeitnehmer vorhanden".

e) Wenn der Arbeitgeber dann nicht konkret wird und ergänzt, ist die Erklärung zu d) als unstreitig zu behandeln. Zu der aus § 1 Abs. 3 Satz 1 letzter Halbsatz folgenden **subjektiv determinierten** materiellen **Mitteilungspflicht** trete eine aus § 138 ZPO folgende Erklärungspflicht hinzu.

Es hilft dem Arbeitgeber also nichts, nur darzustellen, was **er** überlegt hat.

Wenn der Arbeitnehmer weiter bohrt (was ihm anzuraten ist), dann muss der Arbeitgeber alles zur **Sozialauswahl** vortragen, auch ohne eine materielle Pflicht zur Darlegung jenseits seiner subjektiven Überlegungen zu haben.

4. Wieder eingeführt ist durch das Gesetz über die Reformen des Arbeitsmarktes auch Abs: 5 des § 1 KSchG, wonach im Falle einer Betriebsänderung im Sinne von § 111 BetrVG der Interessenausgleich zwischen Arbeitgeber und Betriebsrat Namenslisten beinhalten kann, aufgrund derer die Sozialauswahl als richtig vermutet wird und nur grobe Fehler bei der Sozialauswahl gerügt werden können.

Hinweis:

Es wird sich nach den vom Gericht gesetzten Ausschlussfristen im Kündigungsschutzprozess bestimmen, wer im Rahmen der **abgestuften Darlegungs- und Beweislast** zu welchem Zeitpunkt wieviel vorträgt bzw. rügt und dem anderen Prozessteil die nächste Stufe der Erklärungspflicht zuspielt. Die einzelnen Bausteine aus dem Schriftsatzmuster können also auch gestaffelt unter Berücksichtigung der einzelnen Darlegungsstufen von lit. a) bis d) verwendet werden.

7. Klagen auf Vornahme von Handlungen (Auskunft, Stufenklage)

7.1 Stufenklage gegen den Arbeitgeber auf Erteilung von Abrechnungen und Auszahlung von Provisionen

An das
Arbeitsgericht ......

Klage

In Sachen ......

– Klagepartei –

Prozessbevollmächtigte: Rechtsanwälte ......

gegen

......

– beklagte Partei –

wegen: Auskunft u. a.

Namens und mit Vollmacht der Klagepartei erheben wir Klage und werden beantragen[1]

1. Die beklagte Partei wird verurteilt, der Klagepartei über die vom ...... bis ...... verdienten Provisionen Auskunft zu erteilen[2].
2. Die beklagte Partei wird verurteilt, die sich aus der Auskunft ergebenden Provisionen an den Kläger zu zahlen[3].
3. Die beklagte Partei trägt die Kosten des Rechtsstreits.

Begründung:

Die Klagepartei war vom ...... bis ...... bei der beklagten Partei im Vertrieb beschäftigt. Unter dem Datum des ...... einigten sich die Parteien auf die Beendigung des Arbeitsverhältnisses zum ...... In dieser Vereinbarung ist formuliert:
„Die nach dem Ausscheiden entstehenden Provisionsansprüche werden vertragsgemäß monatlich abgerechnet und an den Mitarbeiter ausbezahlt."

Beweis: Vereinbarung vom ......, in der Anlage K 1

Im Arbeitsvertrag ist neben dem Grundgehalt eine umsatzabhängige Provision vereinbart, deren Höhe durch gesonderte Vereinbarung geregelt werden sollte.

Beweis: Arbeitsvertrag vom ......, in der Anlage K 2

Dies ist jedoch nicht erfolgt[4]. Über den Beendigungstermin hinaus hat die beklagte Partei keinerlei Abrechnungen erteilt. Sie hat im Schreiben vom ......, in der Anlage K 3, behauptet, die nach dem Ausscheiden der Klagepartei abgeschlossenen Geschäfte seien nicht auf die Tätigkeit der Klagepartei zurückzuführen[5].
Dies ist unrichtig: Das Gebiet ...... wird seit dem Ausscheiden der Klagepartei nicht mehr von der beklagten Partei bearbeitet. Die Klagepartei war für die beklagte Partei allein dort tätig. Die Vertragspartner der zu verprovisionierenden Geschäfte sind sämtlich in diesem Gebiet ansässig.

Rechtsanwalt

Anmerkungen

1. Die Stufenklage ist ein Fall der objektiven Klagenhäufung (§ 260 ZPO) sowie des unbezifferten Klageantrags (§ 254 ZPO). Der Auskunftsanspruch (erste Stufe) ergibt sich vorliegend aus § 87c Abs. 3 HGB; darüber hinaus kann er – gewohnheitsrechtlich anerkannt (*Köhler*, NJW 1992, 1480) – gemäß § 242 BGB bestehen, wenn die Voraussetzungen eines Leistungsanspruchs nicht dem Gläubiger, wohl aber dem Schuldner bekannt sind, der Gläubiger sich entschuldbar im Ungewissen befindet, sie sich nicht anders als durch die Auskunft verschaffen kann und kein spezieller Auskunftsanspruch besteht (RGZ 108, 7; BGHZ 10, 387; BGHZ 81, 24; BGHZ 95, 279, 288; *Palandt-Heinrichs*, § 261 Rdn. 8). Der unbezifferte Klageantrag (zweite Stufe) ist in Ausnahme von § 253 Abs. 2 Nr. 2 ZPO zulässig und wird mit Zustellung der Stufenklage in der sich später ergebenden Höhe rechtshängig (*Zöller-Greger*, § 254 Rdn. 1; BGH NJW-RR 1995, 513; Düsseldorf FamRZ 1996, 493). Die Verjährung wird demgemäß durch die Stufenklage auch hinsichtlich der Zahlungsansprüche unterbrochen; verlangt ein Tarifvertrag, dass streitige Ansprüche innerhalb einer bestimmten Frist gerichtlich geltend gemacht werden, so genügt zur Wahrung dieser Frist die Erhebung einer Stufenklage, wenn der streitige Anspruch erst nach einer Auskunft des Schuldners beziffert werden kann (BAG 23. 2. 1977, AP Nr. 58 § 4 TVG Ausschlussfristen).

Abweichend von § 260 ZPO wird über jede Stufe gesondert verhandelt, da die Einzelansprüche rechtlich selbstständig sind. Die Entscheidung erfolgt über jede einzelne Stufe im Wege des Teilurteils; nach dessen formeller Rechtskraft wird das Verfahren nur auf Antrag einer Partei fortgesetzt (*Zöller-Greger*, § 254 Rdn. 11). Eine Entscheidung über die Stufenklage insgesamt kommt klageabweisend nur in Betracht, wenn das Gericht von der Unzulässigkeit oder bereits bei der Prüfung des Auskunftsanspruchs davon ausgeht, dass dem Hauptanspruch die materiellrechtliche Grundlage fehlt (*Zöller-Greger*, § 254 Rdn. 9 m. w. N.).

Hat bei einer Stufenklage das erstinstanzliche Gericht die Klage insgesamt abgewiesen und verurteilt das Berufungsgericht entsprechend der ersten Stufe zur Auskunftserteilung, so ist es dem Berufungsgericht nicht verwehrt, die Rechtssache in entsprechender Anwendung des § 538 Abs. 1 Nr. 3 ZPO an das Arbeitsgericht zurückzuverweisen (BAG 21. 11. 2000, NZA 2001, 1093).

2. Der Auskunftsanspruch gemäß § 87c Abs. 3 HGB ergänzt neben dem Anspruch auf Erteilung eines Buchauszugs (§ 87c Abs. 2 HGB) den Abrechnungsanspruch gemäß §§ 87c, 65 HGB. Im Übrigen hat die Rspr. nur in Einzelfällen besondere Auskunftspflichten des Arbeitgebers bejaht, so z.B. bei Gruppenunfallversicherungen hinsichtlich einzelner Versicherungskonditionen (LAG Hamm, 23. 5. 1991, DB 1991, 2346). Auch hat der Arbeitgeber dem vertraglich am Umsatz beteiligten Arbeitnehmer Auskunft über die Verteilung der in dem Auftragsgebiet des Arbeitnehmers eingegangenen Aufträge zu erteilen, wenn die durch Tatsachen gestützte Besorgnis gerechtfertigt ist, dass der Arbeitgeber den Arbeitnehmer bei der Zustellung der Aufträge benachteiligt hat (BAG 21. 11. 2000, NZA 2001, 1093). Eine weitere gesetzliche Verpflichtung zur Auskunftserteilung besteht nach § 26 Abs. 2 Satz 2 BDSG bzgl. des Umfangs gespeicherter persönlicher Daten. Eine allgemeine Pflicht des Arbeitgebers zur Belehrung des Arbeitnehmers über mögliche Ansprüche gibt es nicht (BAG 26. 7. 1972, DB 1972, 2263), jedoch besteht nach st. Rspr. (BAG 22. 4. 1967, AP Nr. 12 zu § 242 Auskunftpflicht; 21. 10. 1970, AP Nr. 13 zu § 242 Auskunftpflicht; BAG 7. 9. 1995, NZA 1996, 637; 9. 11. 1000, NZA 2000, 1335) außerhalb der gesetzlich oder vertraglich besonders geregelten Rechnungslegung ein Auskunftsrecht dann, wenn der Berechtigte in entschuldbarer Weise über Bestehen und Umfang seines Rechts im Ungewissen ist und der Verpflichtete die zur Beseitigung der Ungewissheit erforderlichen tatsächlichen Angaben unschwer machen kann. Dieser von der Rspr. entwickelte Anspruch geht nicht so weit, dass der Arbeitgeber verpflichtet ist, einen Arbeitnehmer von der rechnerischen Ermittlung der richtigen Anspruchshöhe zu entlasten (BAG 9. 11. 1999, NZA 2000, 1335).

Hat der Arbeitnehmer Grund zu der Annahme, dass die Auskunft nicht mit der erforderlichen Sorgfalt erteilt wurde, kann er vom Arbeitgeber die Versicherung der Richtigkeit an Eides statt als „Zwischenstufe" verlangen (§§ 259 Abs. 2, 260 Abs. 2, 261 BGB). Antragsformulierung: „Die beklagte Partei wird weiter verurteilt, die Richtigkeit der erteilten Auskunft an Eides statt zu versichern."

3. Möglich ist die Bezifferung eines Mindestbetrages, den die Klagepartei für angemessen hält. An eine solche vorläufige Bezifferung ist die Klagepartei bis zur Verhandlung über den Leistungsantrag nicht gebunden (BGH 27. 3. 1996, NJW-RR 1996, 833).

4. Ergibt sich die Berechnungsmethode der Provision aus dem Arbeitsvertrag oder einer ergänzenden Vereinbarung, so genügt dem Arbeitnehmer die Erteilung eines Buchauszugs (§ 87c Abs. 2 HGB). Antragsformulierung:

1. Die beklagte Partei wird verurteilt, die von der Klagepartei vom ... bis ... verdienten Provisionen abzurechnen sowie über diesen Zeitraum einen Buchauszug zu erteilen.
2. Die beklagte Partei wird verurteilt, die sich aus Abrechnung und Buchauszug ergebenden Provisionen zu zahlen.

5. Grundsätzlich besteht ein Provisionsanspruch für alle während der Vertragslaufzeit abgeschlossenen Geschäfte, § 87 Abs. 1 HGB. Für ein nach Vertragsbeendigung abgeschlossenes Geschäft besteht ein Provisionsanspruch, wenn der Arbeitnehmer es vermittelt oder es eingeleitet oder so vorbereitet hat, dass der Abschluss überwiegend auf seine Tätigkeit zurückzuführen ist und der Abschluss des Geschäfts in einer angemessenen Frist nach Vertragsbeendigung stattfindet, § 87 Abs. 3 HGB. Ggf. ist dieser Provisionsanspruch mit dem des Nachfolgers zu teilen, § 87 Abs. 1 Satz 2 HGB. Voraussetzung des Provisionsanspruches ist die tatsächliche Ausführung des Geschäfts, § 87a Abs. 1 Satz 1 HGB. Diese Vorschriften über Handelsvertreter finden gemäß § 65 HGB auch Anwendung für Handlungsgehilfen, d.h. für Arbeitnehmer, die ganz oder teilweise auf Provisionsbasis arbeiten.

Kosten und Gebühren

Rechtsanwalt: Prozessgebühr (§ 31 Abs. 1 Nr. 1 BRAGO) aus dem höchsten Wert, die übrigen Gebühren (§ 31 Abs. 1 Nr. 2 bis 4 BRAGO) nach dem Wert des Gegenstandes der Verhandlung/Beweiserhebung/Erörterung. Obergrenze: § 13 Abs. 3 BRAGO.

Gericht: Maßgeblich ist nur einer der Ansprüche, und zwar der höchste, § 18 GKG, im Zeitpunkt der Klageeinreichung, §§ 4 Abs. 1 ZPO; 15 GKG.

7.2 Klage auf Erstellung und Aushändigung eines schriftlichen Arbeitsvertrages

An das
Arbeitsgericht ......

Klage

In Sachen ......

– Klagepartei –

Prozessbevollmächtigte: Rechtsanwälte ......

gegen

......

– beklagte Partei –

wegen Vornahme einer Handlung.

Namens und mit Vollmacht der Klagepartei erheben wir Klage und werden beantragen:

1. Die beklagte Partei wird verurteilt, der Klagepartei einen schriftlichen Arbeitsvertrag mit folgendem Inhalt zu erteilen und auszuhändigen:
   (......)
2. Die beklagte Partei trägt die Kosten des Rechtsstreits.

Begründung:

Die Klagepartei ist bei der beklagten Partei, die ein Filialeinzelhandelsunternehmen betreibt, als Verkäuferin bei einer wöchentlichen Arbeitszeit von ...... Stunden bei einem Monatsbruttoverdienst von ...... beschäftigt.

Auf das Arbeitsverhältnis finden die Regelungen des allgemeinverbindlichen Manteltarifvertrages für die Arbeitnehmerinnen und Arbeitnehmer im Einzelhandel in Bayern Anwendung.

Dessen § 2 Ziffer 1 lautet: „Der Arbeitsvertrag bedarf der Schriftform (deklaratorische Wirkung)[1]. Dem/der Beschäftigten ist eine Ausfertigung auszuhändigen."

Die auf die Bitte der Klagepartei vorgelegte Vertragsversion ist nicht akzeptabel, denn das vereinbarte Monatsbruttogehalt wird dort in einen Stundenlohn umgerechnet, in dem tarifliche Leistungen wie Urlaubs- und Weihnachtsgeld anteilig enthalten sein sollen. Außerdem wird die Klagepartei als „Aushilfe" bezeichnet, obwohl sie bereits länger als drei Monate bei der beklagten Partei beschäftigt ist. Laut Manteltarif geht ein Aushilfsarbeitsverhältnis nach dieser Frist in ein Arbeitsverhältnis auf unbestimmte Zeit über.

Mit dem im Antrag formulierten Vertragswortlaut macht die Klagepartei die schriftliche Fixierung dessen geltend, was dem Arbeitsverhältnis tarifgerecht zugrunde gelegt werden muss.

Der Anspruch ergibt sich im Übrigen aus § 2 Abs. 1 NachwG[2].

Rechtsanwalt

Anmerkungen

1. Auch das NachwG hat keine konstitutive Wirkung, weder für die Begründung des Arbeitsverhältnisses noch für dessen materiellen Inhalt; der materielle Nachweis anderer Arbeitsbedingungen im Prozess bleibt möglich (*Preis,* NZA 1997, 10 f.).

2. Eine unmittelbare Berufung auf Art. 2 II lit. C der Richtlinie 91/533/EWG scheidet aus, soweit durch das Nachweisgesetz vom 20. 7. 1995 eine (verspätete) Umsetzung in das deutsche Recht stattgefunden hat (EuGH 4. 12. 1997, NZA 1998, 137). Nur soweit die nationalen Maßnahmen zur Umsetzung der Richtlinie fehlerhaft oder nicht ausreichend sind, kommt eine unmittelbare Berufung in Betracht, allerdings nur gegenüber Organisationen und Einrichtungen, die dem Staat oder seiner Aufsicht unterstehen oder mit besonderen Rechten ausgestattet sind, die über diejenigen hinausgehen, die sich aus den für die Beziehungen zwischen Privatpersonen geltenden Vorschriften ergeben (aaO., S. 139).

Nach richtiger Auffassung begründet § 2 NachwG einen im Urteilsverfahren einklagbaren Erfüllungsanspruch (*Tschöpe,* Anwalts-Handbuch Arbeitsrecht-*Moll,* S. 154; *Preis,* NZA 1997, 11 m. w. N.). Gleiches gilt, wenn nicht erstmalig Vertragsbedingungen schriftlich fixiert werden, sondern sich eine Änderung von wesentlichen Vertragsbedingungen ergibt (§ 3 NachwG). Die Verpflichtung des Arbeitgebers zur schriftlichen Niederlegung der wesentlichen Vertragsbedingungen und Aushändigung der Niederschrift an den Arbeitnehmer besteht spätestens nach Ablauf des ersten Vertragsmonats, § 2 Abs. 1 Satz 1 NachwG, bzw. 2 Monate nach Verlangen des Arbeitnehmers, § 4 Satz 1 NachwG. Der erforderliche Inhalt der Niederschrift ergibt sich aus § 2 Abs. 1 Satz 2 NachwG; dies gilt gemäß § 2 Abs. 4 NachwG auch für einen ausgehändigten Arbeitsvertrag. Im Falle der Entsendung des Arbeitnehmers ins Ausland muss die Niederschrift vor der Abreise ausgehändigt werden und zusätzliche Angaben enthalten, § 2 Abs. 2 NachwG.

Durch Art. 7 des Gesetzes zur Neuregelung der geringfügigen Beschäftigungsverhältnisse vom 24. 7. 1999 (BGBl. I, 388, 393) ist § 2 Abs. 1 NachwG dahingehend ergänzt worden, dass der Arbeitgeber in Arbeitsvertragsnachweise geringfügig Beschäftigter einen Hinweis aufzunehmen habe, dass der Arbeitnehmer in der gesetzlichen Rentenversicherung die Stellung eines versicherungspflichtigen Arbeitnehmers erwerben kann, wenn er nach § 5 Abs. 2 Satz 2 SGB VI auf die Versicherungsfreiheit durch Erklärung gegenüber dem Arbeitgeber verzichtet (hierzu *Stückemann*, FA Arbeitsrecht 2000, 343).

Das NachwG enthält keine Sanktion für den Fall der Nichterfüllung durch den Arbeitgeber. Zwar wird vorgeschlagen, der Arbeitnehmer könne gemäß § 61 Abs. 2 ArbGG eine Verurteilung des Arbeitgebers zur Zahlung einer Entschädigung für den Fall der Nichtvornahme der Handlung binnen einer bestimmten Frist beantragen (*Preis*, aaO.), dies dürfte jedoch aus zwei Gründen nicht praktikabel sein: Zum einen ist bei einer Verurteilung nach § 61 Abs. 2 ArbGG die Zwangsvollstreckung gemäß §§ 887, 888 ZPO ausgeschlossen (Satz 2 der Vorschrift). Die Erteilung einer Niederschrift der wesentlichen Arbeitsbedingungen kann also nicht mehr im Wege der stufenweisen Festsetzung von Zwangsgeld gemäß § 888 Abs. 1 ZPO erzwungen werden. Außerdem gehört zur Schlüssigkeit des klägerischen Vortrages für einen Antrag nach § 61 Abs. 2 ArbGG die Darlegung von Tatsachen, aus denen sich ein Schaden des Klägers auf Grund der Nichtvornahme der Handlung durch den Arbeitgeber ergibt (GK-ArbGG-*Dörner*, § 61 Rdn. 24 m. w. N.). Durch die Nichterteilung einer Niederschrift über die wesentlichen Vertragsbedingungen ist es dem Arbeitnehmer gerade nicht unmöglich, sich im Prozess auf (günstigere) vertragliche Abreden zu berufen. Daher dürfte ein Schaden nur in den Fällen darstellbar sein, in denen sich der Arbeitnehmer auf Grund der Nichterteilung in Unkenntnis über eine Ausschlussfrist befindet (gemäß § 2 Abs. 1 Satz 2 Nr. 10 NachwG ist auf die geltenden Kollektivvereinbarungen hinzuweisen, die auf das Arbeitsverhältnis Anwendung finden) und diese deshalb versäumt (ähnlich *Preis*, aaO. S. 11 f.).

Kosten und Gebühren

Gegenstandswert: Zwischen 250,– EUR (500,– DM) – wie Arbeitspapiere, LAG Hamm 18. 4. 1985, 8 Ta 91/85; LAG Köln 15. 4. 1987, 6 Ta 77/87 – und dem Dreijahresbezug (wie Abschluss eines neuen Arbeitsvertrages, LAG Bremen 5. 5. 1987, AnwBl 1987, 485 f., BT-Drucks. I/3516, S. 4, 26). Vorschlag: ein Monatsgehalt (wie Abmahnung).

8. Klagen in Zusammenhang mit betrieblicher Altersversorgung

8.1 Auskunftsklage über unverfallbare Anwartschaften

An das
Arbeitsgericht[1]

Klage

In Sachen ......

– Kläger –

Prozessbevollmächtigte: ......

gegen

......

– Beklagter –

wegen: Auskunft

Namens und mit Vollmacht des Klägers erheben wir Klage und werden beantragen
1. Der Beklagte[2] wird verurteilt, dem Kläger Auskunft zu erteilen[3], inwieweit für ihn die Voraussetzungen einer unverfallbaren Anwartschaft auf Leistungen aus

der betrieblichen Altersversorgung erfüllt sind und in welcher Höhe er Versorgungsleistungen bei Erreichen der in der Versorgungsregelung vom ...... vorgesehenen Altersgrenze beanspruchen kann[4].

2. Der Beklagte trägt die Kosten des Rechtsstreits.

Begründung:

Der am ...... geborene Kläger war von ...... bis ...... bei dem Beklagten beschäftigt. Unter dem Datum des ...... sagte der Beklagte dem Kläger eine Betriebsrente zu.

Beweis: Versorgungszusage vom ......, in der Anlage K 1

Wegen der Einzelheiten nehmen wir Bezug auf die vorgenannte Versorgungsordnung. Der Kläger ist verheiratet und hat ...... Kinder.

Eine Anfrage des Klägers vom ......, ob und in welcher Höhe unverfallbare Anwartschaften[5] entstanden seien, hat der Beklagte nicht beantwortet. Da der Kläger im Zeitpunkt der Beendigung des Arbeitsverhältnisses mehr als 5 Jahre beschäftigt war und das 30. Lebensjahr vollendet hatte, sind die Voraussetzungen der Unverfallbarkeit erfüllt, § 1b Abs. 1 Satz 1 BetrAVG[6].

Rechtsanwalt

Anmerkungen

1. Das Arbeitsgericht ist sachlich zuständig, wenn der Kläger Arbeitnehmer ist, § 2 Abs. 1 Nr. 3a ArbGG, und sich die Klage gegen den Arbeitgeber richtet. Ist eine Pensions- oder **Unterstützungskasse** passivlegitimiert, so begründet § 2 Abs. 1 Nr. 4b ArbGG die sachliche Zuständigkeit des Arbeitsgerichts. Für Klagen der Nicht-Arbeitnehmer (§ 17 Abs. 1 Satz 2 BetrAVG) sind die ordentlichen Gerichte sachlich zuständig.

2. Zur Auskunft verpflichtet sind gemäß § 2 Abs. 6 BetrAVG neben dem Arbeitgeber, der die Versorgungszusage erteilt hat, auch „**sonstige Versorgungsträger**", d.h. alle vom Arbeitgeber rechtlich unabhängigen Personen, die sich gegenüber dem Arbeitgeber bereit erklärt haben, Versorgungsleistungen zu erbringen, z.B. Lebensversicherer, Pensions- und Unterstützungskassen (*Blomeyer/Otto,* Gesetz zur Verbesserung der betrieblichen Altersversorgung, 2. Auflage, § 2 Rdnr. 462).

3. Gemäß § 2 Abs. 6 BetrAVG hat der Arbeitgeber oder der sonstige Versorgungsträger dem Arbeitnehmer **Auskunft** darüber zu erteilen, ob für ihn die Voraussetzungen einer unverfallbaren betrieblichen Altersversorgung erfüllt sind und in welcher Höhe er Versorgungsleistungen bei Erreichen der in der Versorgungsregelung vorgesehenen Altersgrenze beanspruchen kann. Die Auskunft dient nicht dazu, einen Streit über den Inhalt des Versorgungsanspruchs zu beseitigen. Sie soll lediglich Meinungsverschiedenheiten über die Berechnungsgrundlagen aufdecken und dem ausgeschiedenen Arbeitnehmer Gelegenheit geben, derartige Streitigkeiten noch vor Eintritt des Versorgungsfalles durch eine Klage auf Feststellung des Inhalts und der Höhe der Versorgungsanwartschaft zu bereinigen. Der Arbeitgeber ist an den Inhalt der Auskunft als bloße Wissenserklärung nicht gebunden. Er ist berechtigt und verpflichtet, die Betriebsrente im Versorgungsfall nach den maßgeblichen Versorgungsbestimmungen korrekt zu berechnen (BAG 9. 12. 1997, NZA 1998, 1171).

Der Auskunftsanspruch entsteht mit dem Ausscheiden aus dem Betrieb (str.; zust. *Blomeyer/Otto,* § 2 Rdnr. 467 m.w.N.), verjährt gemäß § 195 BGB in drei Jahren und ist an keine bestimmte Form gebunden.

Eine Auskunft nach § 2 Abs. 6 BetrAVG ist weder ein abstraktes noch ein deklaratorisches Schuldanerkenntnis; sie trifft grundsätzlich keine Aussage darüber, welche Ansprüche dem Arbeitnehmer im Versorgungsfall zustehen (*Heither*, BB 1998, 1159 m. w. N. aus der Rspr.). Inhaltlich muss sich die Auskunft auf die Tatsache und den Umfang der Unverfallbarkeit sowie auf die Höhe der künftigen Versorgungsleistungen beziehen. Eine Begründung der Auskunft sieht das Gesetz nicht vor; gemäß § 260 BGB kann sie jedoch verlangt werden, da dem Arbeitnehmer die Rechte aus § 260 BGB zustehen, wenn der Arbeitgeber keine oder keine hinreichende Auskunft erteilt. Bei unrichtiger Auskunft des Arbeitgebers und widerspruchsloser Hinnahme durch den Arbeitnehmer können dennoch die Leistungen in tatsächlich bestehender Höhe geltend gemacht werden. Ist die Auskunft des Arbeitgebers unrichtig hinsichtlich der Höhe der Versorgungsanwartschaft bzw. wird das Bestehen einer nicht bestehenden Anwartschaft bejaht und richtet sich der Arbeitnehmer im Vertrauen hierauf bei der Planung seiner Altersversorgung ein, so sollen unter bestimmten Voraussetzungen Schadensersatzansprüche entstehen (BAG 8. 11. 1983, AP Nr. 3 § 2 BetrAVG; LAG Frankfurt v. 13. 12. 2000 – 8 Sa 1768/99, n. v.; vgl. hierzu auch *Höhne* in *Heubeck/Höhne/Paulsdorff/Rau/Weinert*, BetrAVG, Bd. I, 2. Aufl. § 2 Rdnr. 456; *Höfer/Abt*, BetrAVG, Bd. I, 2. Aufl., § 2 Rdnr. 253 f.; *Kiefer/Giloy*, Die Verbesserung der betrieblichen Altersversorgung, § 2 Rdnr. 38). Besteht Uneinigkeit über die Höhe der unverfallbaren Anwartschaften, so kann der Arbeitnehmer den Anspruch auf Berechnung im Wege der Feststellungsklage durchsetzen (siehe das nachfolgende Formular 8.2.). Streiten ausgeschiedene Arbeitnehmer mit dem Arbeitgeber über den Inhalt ihrer Versorgungsansprüche, so darf der Arbeitgeber bei der Auskunft nach § 2 Abs. 6 BetrAVG von den seiner Ansicht nach geltenden Bestimmungen ausgehen. Ein Anspruch auf Erteilung einer neuen Auskunft kommt erst in Betracht, wenn der Inhalt der Versorgungsansprüche durch rechtskräftige gerichtliche Entscheidung oder durch Einigung der Parteien geklärt ist (BAG 9. 12. 1997, NZA 1998, 1172).

4. Die Auskunftspflicht gemäß § 2 Abs. 6 BetrAVG bezieht sich alleine auf Ruhegeldanwartschaften; Anwartschaften auf Invaliden- und Hinterbliebenenversorgung bleiben außer Betracht (*Blomeyer/Otto*, § 2 Rdnr. 454). Sind bei der Berechnung der Anwartschaft Renten aus der gesetzlichen Rentenversicherung zu berücksichtigen, so kann nach § 2 Abs. 5 Satz 2 BetrAVG das bei der Berechnung von **Pensionsrückstellungen** allgemein zulässige Verfahren (sog. **Näherungsverfahren**) zugrunde gelegt werden, sofern nicht der ausgeschiedene Arbeitnehmer die Anzahl der im Zeitpunkt des Ausscheidens erreichten **Entgeltpunkte** nachweist. Weder der Arbeitgeber noch der ausgeschiedene Arbeitnehmer kann das Näherungsverfahren gegen den Willen des Vertragspartners durchsetzen (BAG 9. 12. 1997, NZA 1998, 1171).

Durch die dem Arbeitgeber auferlegte Verpflichtung zur Auskunftserteilung über Bestehen und Höhe einer Versorgungsanwartschaft wird dem Arbeitgeber nicht die Abgabe einer Willenserklärung auferlegt; vielmehr soll die Auskunftsverpflichtung allein zur Klärung der Rechtslage und zur Information des Arbeitnehmers über seine dem Grunde nach bestehenden Ansprüche beitragen. Will der Arbeitnehmer eine inhaltliche Klärung herbeiführen, muss er eine entsprechende Feststellungsklage über den Inhalt seiner Anwartschaften erheben (*Heither*, BB 1998, 1159). Eine fehlerhaft erteilte Auskunft kann zu Schadensersatzansprüchen des Arbeitgebers führen (BAG 8. 11. 1983, AP Nr. 3 § 2 BetrAVG), s. o. Anm. 3.

5. Zu unterscheiden ist zwischen der bloßen Aussicht auf Leistungen aus der betrieblichen Altersversorgung, verfallbaren und unverfallbaren Anwartschaften. Anwartschaften werden durch eine Versorgungszusage begründet; Leistungen können aber erst verlangt werden, wenn der Versorgungsfall (Altersgrenze, Erwerbs-/Berufsunfähigkeit) eintritt. Unverfallbare Anwartschaften entstehen für den Arbeitnehmer gemäß § 1 b

Abs. 1 Satz 1 BetrAVG, wenn entweder die Versorgungszusage für ihn mindestens
5 Jahre bestanden und er das 30. Lebensjahr vollendet hat. Nach Ablauf dieser Fristen
kann der Arbeitnehmer aus dem Arbeitsverhältnis ausscheiden, ohne seine Anwartschaft
zu verlieren. Der bereits erdiente Teil seiner Altersversorgung bleibt ihm erhalten. Für
den Fall der Vorruhestandsregelung beachte § 1 b Abs. 1 Satz 2 BetrAVG.

6. Der Auskunftsanspruch besteht unabhängig vom Vorliegen der **Unverfallbarkeits-
voraussetzungen.** Entscheidend ist allerdings nach dem Gesetzeswortlaut, dass der
Arbeitnehmer vorzeitig, d. h. vor Erreichen der Altersgrenze ausgeschieden ist; aktive
Arbeitnehmer haben allenfalls einen aus allgemeinen Rechtsgrundsätzen abgeleiteten
Auskunftsanspruch (hierzu *Blomeyer/Otto* § 2 Rdnr. 465).

Kosten und Gebühren

Gegenstandswert: Das Interesse des Auskunftsklägers wird i. d. R. mit einem Zehntel
bis einem Viertel des Hauptanspruches bewertet; eine geringere Bewertung als 25 % erscheint unangemessen (*Meier,* Lexikon der Streitwerte im Arbeitsrecht, Rdn. 32). Da die
Auskunft die Durchsetzung der Betriebsrente jedoch erstmals ermöglicht, erscheint ein
Abschlag in maximaler Höhe eines Viertels vom Hauptanspruch (dreijähriger Renten-
bezug gemäß § 12 Abs. 7 Satz 2 ArbGG; Rückstände werden nicht hinzugerechnet, § 12
Abs. 7 Satz 2 2. HS ArbGG) angemessen.

8.2 Feststellungsklage über die Verpflichtung des Arbeitgebers zur Zahlung von Ruhegeld

An das
Arbeitsgericht[1]

Klage

In Sachen ......

– Klagepartei –

Prozessbevollmächtigte: Rechtsanwälte ......

gegen

......

– beklagte Partei –

wegen: Feststellung

Namens und mit Vollmacht der Klagepartei erheben wir Klage und werden beantragen

1. Es wird festgestellt, dass die beklagte Partei verpflichtet ist, der Klagepartei ein
   Ruhegeld in Höhe von ...... EUR nach der Versorgungsregelung vom ...... zu
   zahlen.
2. Für den Zeitraum vom ...... bis ...... wird die beklagte Partei verurteilt, an die
   Klagepartei ...... EUR nebst ......% Zinsen zu zahlen.
3. Die beklagte Partei trägt die Kosten des Rechtsstreits.

Begründung:

Die am ...... geborene Klagepartei war insgesamt 26 Jahre, vom ......
bis ...... bei der beklagten Partei beschäftigt. Am ...... vollendete die Klagepartei

das 50. Lebensjahr; zwei Jahre später schied sie aus den Diensten der beklagten Partei aus.

Beweis: Aufhebungsvertrag vom ......, in der Anlage K 1

Aufgrund der Versorgungszusage der beklagten Partei vom ...... erhalten Betriebsangehörige, sofern sie ununterbrochen zehn Jahre[2] bei der beklagten Partei beschäftigt waren, ein Ruhegeld, wenn der Versorgungsfall eingetreten ist und sie aus den Diensten der Firma ausgeschieden sind.

Beweis: § 3 der Versorgungszusage vom ......, in der Anlage K 2

Als Versorgungsfälle sind das Erreichen der Altersgrenze in der gesetzlichen Rentenversicherung sowie der Eintritt der Berufs- oder Erwerbsunfähigkeit genannt.

Beweis: § 4 der Versorgungszusage vom ......, wie vor

Die Beklagte vertrat im Schreiben vom ...... die unzutreffende Auffassung, dem Anspruch der Klagepartei stehe die angeblich in § 3 der Ruhegeldordnung enthaltene Vorschaltzeit[3] entgegen. In § 3 ist u. a. geregelt, dass die Gewährung von Leistungen aus der betrieblichen Altersversorgung neben einer 10-jährigen Betriebszugehörigkeit die Vollendung des 50. Lebensjahres voraussetzt.

Beweis: Schreiben der beklagten Partei vom ......, in der Anlage K 3

Eine förmliche Aufnahme der über 50-Jährigen oder eine gesonderte Zusage nach diesem Zeitpunkt ist in der Versorgungsordnung der beklagte Partei nicht geregelt. Dies war in der Praxis bei der beklagten Partei auch nicht üblich. Auch die Klagepartei hat nach Vollendung des 50. Lebensjahres keine gesonderte Zusage erhalten. Nach dem Wortlaut der Versorgungsordnung ist das Erreichen des Mindestalters nicht die Voraussetzung eines besonderen Formalaktes, sondern lediglich eine Leistungsvoraussetzung. Diese ist in der Person der Klagepartei erfüllt.

Auch ist mittlerweile der Versorgungsfall eingetreten: Die Klagepartei hat am ...... ihr ...... Lebensjahr erreicht/ist am ...... berufsunfähig/erwerbsunfähig geworden[4].

Beweis: ......

Ab dem ...... wird mit dem Antrag zu II. die monatliche Betriebsrente in Höhe von ...... geltend gemacht.

Rechtsanwalt

Anmerkungen

1. Das Arbeitsgericht ist sachlich zuständig, wenn die Klagepartei Arbeitnehmer ist, § 2 Abs. 1 Nr. 3 a ArbGG, und sich die Klage gegen den Arbeitgeber richtet. Ist eine Pensions- oder Unterstützungskasse passivlegitimiert, so begründet § 2 Abs. 1 Nr. 4 b ArbGG die sachliche Zuständigkeit des Arbeitsgerichts. Für Klagen der Nicht-Arbeitnehmer (§ 17 Abs. 1 Satz 2 BetrAVG) sind die ordentlichen Gerichte sachlich zuständig.

2. In der Versorgungsordnung kann eine sog. **Wartezeit** vereinbart werden, d. h. die Erfüllung bestimmter Mindestbeschäftigungszeiten als Voraussetzung für einen Anspruch auf Ruhegeld. Im Gegensatz zur Vorschaltzeit (siehe Anm. 3) bezieht sich die Wartezeit stets auf die Zeit **nach** Erteilung einer Versorgungszusage. Scheidet ein Arbeitnehmer mit einer unverfallbaren Versorgungsanwartschaft aus, obwohl die vorgesehene Wartezeit noch nicht verstrichen ist, so kann er gemäß § 1 Abs. 1 Satz 4 BetrAVG die fehlende Voraussetzung auch noch nach seinem Ausscheiden erfüllen (BAG 7. 7. 1977, AP Nr. 1 und 2 § 1 BetrAVG Wartezeit). Von der Wartezeit ist die Frage der Unverfallbarkeit streng zu unterscheiden; die Wartezeit hat auf den Lauf der Unverfallbarkeitsfristen auch keinerlei Einfluss. Bei der Berechnung der Wartezeit ist im Wege der Auslegung festzustellen, ob gesetzliche Anrechnungsvorschriften (z.B. ArbPlSchG, MuSchG, ZivildienstG) eingreifen; soweit die Berücksichtigung betriebsfremder Zeiten weder gesetzlich vorgeschrieben noch zwischen den Arbeitsvertragsparteien vereinbart ist, wirkt sich eine Unterbrechung des Vollzuges des Arbeitsverhältnisses auch auf die Wartezeit aus (hierzu Kasseler Handbuch-*Griebeling*, 2.9 Rdn. 176 f.).

3. Vorschaltzeit ist der Zeitraum zwischen der Erklärung des Arbeitgebers, er werde nach Ablauf einer bestimmten Frist eine Versorgungszusage erteilen, und der Erteilung der Zusage selbst (*Blomeyer/Otto,* § 1 Rdn. 66). Grundsätzlich beginnt die Frist für die Unverfallbarkeit von Anwartschaften gemäß § 1 Abs. 1 BetrAVG erst mit dem Ausspruch der Versorgungszusage, d. h. mit Ablauf der Vorschaltzeit. Eine solche „Zusage auf eine Zusage" ist jedoch für diese Fristberechnung dann unbeachtlich, wenn dem Arbeitgeber nach der Versorgungsordnung kein Entscheidungsspielraum bleibt, die Zusage also nur noch eine Formalität darstellt (BAG 7. 7. 1977, AP Nr. 3 § 1 BetrAVG Wartezeit; 13. 7. 1978, AP Nr. 4 § 1 BetrAVG Wartezeit). In diesem Falle beginnt die Berechnung der Unverfallbarkeitsfrist bereits mit der Vereinbarung der Vorschaltzeit (BAG 20. 3. 1980, AP Nr. 5 § 1 BetrAVG Wartezeit; 21. 8. 1980, AP Nr. 7 § 1 BetrAVG Wartezeit; 15. 12. 1981, AP Nr. 10 § 1 BetrAVG Wartezeit). Diese Auffassung ist in der Lit. heftig kritisiert worden (Nachweise bei *Blomeyer/Otto,* § 1 Rdn. 68 ff.), vermeidet aber eine Gesetzesumgehung in den Fällen, in denen der Eintritt der Bedingung für den Ablauf der Vorschaltzeit vom Willen des Arbeitgebers unabhängig ist.

4. Der Anspruch auf Ruhegeld setzt in der Regel eine bestehende Versorgungszusage, den Ablauf der Wartezeit, das Ausscheiden aus den Diensten des Arbeitgebers sowie den **Versorgungsfall** (Erreichen der Altersgrenze, Berufsunfähigkeit, Erwerbsunfähigkeit) voraus. Die Darlegungs- und Beweislast trägt der Arbeitnehmer. Die Zusage kann sich aus dem Arbeitsvertrag, aus Betriebsvereinbarung, Tarifvertrag (§ 17 Abs. 3 BetrAVG) oder (selten) aus Gesetz (z.B. Hüttenknappschaftliches ZusatzversorgungsG des Saarlandes sowie in Hamburg und Bremen, § 18 Abs. 3 BetrAVG) ergeben. Das BetrAVG begründet einen solchen Anspruch nicht, sondern setzt ihn voraus. Bei einer **Kollision mehrerer Zusagen** gleicher Rechtsnatur verdrängt grds. die jüngere Regelung die ältere. Existieren Zusagen unterschiedlicher Rechtsnatur, gelten die allgemeinen Grundsätze (vgl. Kasseler Handbuch-*Griebeling*, 2.9. Rdn. 148 ff.). Der Arbeitgeber muss den Arbeitnehmer belehren, wenn die Versorgungsregelung zu Zweifeln Anlass gibt und nicht aus sich heraus klar und verständlich ist. Unterlässt der Arbeitgeber eine solche Belehrung, muss er es unter Umständen hinnehmen, dass er an einer für ihn ungünstigen Auslegung festgehalten wird, denn er darf nicht leichtfertig bei seinen Arbeitnehmern unbegründetes Vertrauen erwecken (BAG 25. 5. 1973, AP Nr. 160 § 242 BGB Ruhegehalt).

Kosten und Gebühren

Gegenstandswert: Gemäß § 12 Abs. 7 Satz 2 ArbGG ist der Dreijahresbezug maßgeblich; Rückstände sind nicht hinzuzurechnen, § 12 Abs. 7 Satz 2, 2. Halbs. ArbGG. Da nur auf Feststellung geklagt wird, ist ein Abschlag von 20% vorzunehmen (BAG 18. 4. 61, AP Nr. 6 § 3 ZPO).

8.3 Feststellungsklage nach Widerruf der Versorgungszusage durch den Arbeitgeber

An das
Arbeitsgericht

Klage

In Sachen ......

– Klagepartei –

Prozessbevollmächtigte: Rechtsanwälte ......
gegen

......

– beklagte Partei –

wegen: Feststellung

Namens und mit Vollmacht der Klagepartei erheben wir Klage und werden beantragen

1. Es wird festgestellt, dass die beklagte Partei verpflichtet ist, der Klagepartei ein Ruhegeld in Höhe von ...... EUR nach der Versorgungsregelung vom ...... zu zahlen.
2. Für den Zeitraum vom ...... bis ...... wird die beklagte Partei verurteilt, an die Klagepartei ...... EUR nebst ......% Zinsen zu zahlen.
3. Die beklagte Partei trägt die Kosten des Rechtsstreits.

Begründung:

Die Klagepartei ist seit 1. 1. 1975 bei der beklagten Partei, zuletzt als Sicherheitsbeauftragter, beschäftigt. Es gilt die Versorgungszusage vom ......, in der Anlage K 1. Dort ist unter § 11 (Widerruf[1]) geregelt:

„(1) Die Firma behält sich das Recht vor, Leistungen zu kürzen oder einzustellen, wenn die zurzeit der Einführung dieser Versorgungsordnung maßgebenden Bedingungen sich nachhaltig so wesentlich verändern, dass der Firma die Aufrechterhaltung der zugesagten Leistungen auch unter objektiver Beachtung der Belange des Anspruchsberechtigten nicht mehr zugemutet werden kann[2].

(2) Die Firma behält sich insbesondere vor, die im Rahmen dieser Versorgungsordnung zugesagten Leistungen zu kürzen oder einzustellen, wenn

a) die wirtschaftliche Lage der Firma sich nachhaltig so wesentlich verschlechtert, dass ihr eine Aufrechterhaltung der zugesagten Leistungen nicht mehr zugemutet werden kann[3], oder

b) der Personenkreis, die Beiträge, die Leistungen oder das Pensionierungsalter bei der gesetzlichen Rentenversicherung oder bei anderen Versorgungseinrichtungen mit Rechtsanspruch sich wesentlich ändern, oder

c) die rechtliche, insbesondere die steuerrechtliche Behandlung der Aufwendungen, die zur planmäßigen Finanzierung der Versorgungsleistungen von der Firma gemacht werden oder gemacht worden sind, sich so wesentlich ändern, dass der Firma die Aufrechterhaltung der zugesagten Leistungen nicht mehr zugemutet werden kann, oder

d) der Anspruchsberechtigte Handlungen begeht, die in grober Weise gegen Treu und Glauben verstoßen oder zu einer fristlosen Entlassung berechtigen[4]."

Beweis: Versorgungsordnung vom ......, in der Anlage K 1

Mit Schreiben vom ......, der Klagepartei am ...... zugegangen, kündigte die beklagte Partei das Arbeitsverhältnis außerordentlich fristlos.

Beweis: Kündigungsschreiben, in der Anlage K 2

Der Klagepartei wird von der beklagten Partei folgender Sachverhalt vorgeworfen: Die Klagepartei hat als Sicherheitsbeauftragter die Aufgabe, bei Bedarf Waren für die beklagte Partei bei verschiedenen Geschäften in ...... einzukaufen. Diese Stellung habe die Klagepartei ab dem Jahre 1991 dazu ausgenutzt, sich unberechtigt Gutschriften bei diesen Firmen erstellen zu lassen, für die sie wiederum Waren für den eigenen Gebrauch erwarb, während die Rechnungen von den Geschäften an die beklagte Partei übersandt worden seien. In 18 Fällen hat dies die Klagepartei zugegeben; die Gutschriften belaufen sich auf einen Wert von insgesamt 4.500,– EUR. Diesen Betrag zahlt die Klagepartei in monatlichen Raten zurück.

Beweis: Überweisungsbelege, die im Bestreitensfalle vorgelegt werden

Mit Schreiben vom ...... teilte die beklagte Partei der Klagepartei mit, sie widerrufe[5] die Versorgungszusage auf Grund der der Kündigung zugrundeliegenden Vorwürfe gemäß § 11 Abs. 2 lit. d) der Versorgungsordnung.

Beweis: Dieses Schreiben, in der Anlage K 3

Mit Schreiben vom ...... hat der Unterzeichner der beklagten Partei mitgeteilt, die Gründe für einen Widerruf lägen nicht vor, da die Berufung der Klagepartei auf die Versorgungszusage nicht rechtsmissbräuchlich sei. Insbesondere sei ein Grund i. S. d. § 626 BGB nicht generell geeignet, einen Widerruf zu rechtfertigen. Die Klagepartei habe der beklagten Partei vor den eingestandenen Vertragsverletzungen 15 Jahre lang treu gedient; in dieser Zeit sei es nie zu Unstimmigkeiten gekommen[6].

Beweis: Dieses Schreiben, in der Anlage K 4

Die beklagte Partei hat jedoch an dem Widerruf festgehalten. Damit ist Klage geboten.

Rechtsanwalt

Anmerkungen

1. Die frühere Rechtsprechung ließ den Widerruf einer Versorgungszusage regelmäßig dann zu, wenn er ausdrücklich vorbehalten war; später sollte dies nur noch möglich sein, wenn eine einseitige Lösung auch ohne ausdrückliche Vereinbarung eines Vorbehalts anzuerkennen sei (Nachw. bei *Blomeyer*, RdA 1977, 12). Nach heute allgemein herrschender Ansicht steht der Grundsatz „pacta sunt servanda" einem freien **Widerrufsvorbehalt** entgegen. Der einseitige Arbeitgeberwiderruf ist nur in Ausnahmefällen gemäß § 242 BGB zulässig. Die wesentlichen Fallgruppen sind einerseits die Fälle des Wegfalls der Geschäftsgrundlage und andererseits die Fälle der unzulässigen Rechtsausübung (*Blomeyer/Otto*, Einl. Rdn. 544).

2. Dieser allgemeine Vorbehalt ist gemäß Abschn. 41 Abs. 4 Ziffer 1 EStR „unschädlich" i. S. d. § 6a Abs. 1 Nr. 2 EStG und entspricht dem allgemeinen Rechtsgrundsatz, dass der Wegfall der Geschäftsgrundlage unter bestimmten Voraussetzungen die Aufhebung oder Reduzierung von Verpflichtungen zulässig macht, § 242 BGB (*Blo-*

meyer/Otto, Einl. Rdn. 547). Vor allem gehören hierher die Fälle der Überversorgung, der gestiegenen Lebenserwartung und der Änderung der Rechtslage.

3. Sowohl bei einem wie in Abschn. 41 Abs. 4 Nr. 2a) EStR gefassten Vorbehalt als auch ohne diesen gilt (LAG Hamm, 17. 4. 1980, DB 1980, 1124): Ein Widerruf der Versorgungszusage wegen wirtschaftlicher Schwierigkeiten ist immer nur in der mildesten Form zulässig, die zur Rettung des Unternehmens unerlässlich erscheint. Er darf nicht zu einer Umstrukturierung des betrieblichen Versorgungssystems genutzt werden, die mit der wirtschaftlichen Notlage und deren Folgen nichts zu tun hat. Andererseits kann der Widerruf auch dann gerechtfertigt sein, wenn die dadurch eingesparten Beträge neben den außerdem erforderlichen Sanierungsmaßnahmen gering erscheinen (BAG 15. 8. 1977, AP Nr. 175 § 242 BGB Ruhegehalt). Die erforderlichen Kürzungsmaßnahmen können sich auch auf die Versorgungsanwartschaften der noch aktiven Belegschaft erstrecken. Vor einer Kürzung von Pensionen und unverfallbaren Anwartschaften muss der Arbeitgeber den PSV einschalten (BAG 24. 11. 1977, AP Nr. 177 § 242 BGB Ruhegehalt). Im Prozess hat der Arbeitgeber die wirtschaftliche Notlage durch Vorlage einer Betriebsanalyse eines unparteiischen Sachverständigen nachzuweisen sowie einen **Sanierungsplan** vorzulegen, der Verlauf und erwarteten Erfolg der geplanten Maßnahmen beschreibt (*Blomeyer/Otto*, Vor § 7 Rdn. 92 f.). Bei Scheitern der Sanierungsbemühungen entfällt das Widerrufsrecht rückwirkend und die widerrufenen Versorgungsansprüche leben wieder auf (aaO., Rdn. 105).

4. In der Entscheidung vom 10. 2. 1968 (AP Nr. 2 § 119 BGB) hielt das BAG eine Entziehung von Ruhegeldansprüchen noch für gerechtfertigt, wenn der Pensionär – möglicherweise schon während des Arbeitsverhältnisses – das in ihn gesetzte Vertrauen in einem solchen Maße gebrochen hat, dass er von dem so enttäuschten Arbeitgeber keine Versorgung mehr erwarten könne. Diese Rechtsprechung wurde durch Urteil vom 18. 10. 1979 (AP Nr. 184 § 242 BGB Ruhegehalt) im Anschluss an den BGH (55, 274) eingeschränkt: Versorgungsleistungen könnten nur eingeschränkt oder versagt werden, wenn die Verstöße des Arbeitnehmers so schwer wögen, dass eine Berufung auf die Versorgungszusage arglistig erscheine. In ständiger Rechtsprechung wird seither entschieden, dass im Falle der rechtsmissbräuchlichen Berufung auf eine Versorgungszusage der „Widerruf" durch den Arbeitgeber möglich, weitergehende vertraglich vereinbarte Widerrufsrechte aber unwirksam seien (BAG 8. 2. 1983 und 8. 5. 1990, AP Nr. 7 und 10 § 1 BetrAVG Treuebruch). Wann eine Anwartschaft unverfallbar werde, regele alleine das Gesetz. Diese Frage sei der Parteidisposition entzogen, so dass jedes Rechtsgeschäft, das auf deren Lockerung gerichtet sei, nichtig sei (*Herschel*, Anm. zu BAG 8. 2. 1983, AP Nr. 7 § 1 BetrAVG Treuebruch). Missbrauche der Arbeitnehmer seine Stellung über lange Zeit hinweg dazu, den Arbeitgeber zu schädigen und erweise sich die erbrachte Betriebstreue als wertlos, so könne dies den Einwand des rechtsmissbräuchlichen Verhaltens begründen. Es komme weder auf die Schädigung als solche noch auf die Schadenshöhe allein, sondern auf die gesamten Umstände des Einzelfalles an (BAG 11. 5. 1982 und 8. 5. 1990, AP Nr. 4 und 10 § 1 BetrAVG Treuebruch). Durchgängig hat das BAG die Auffassung vertreten, ein wichtiger Grund i. S. d. § 626 BGB reiche für einen Widerruf nicht aus (10. 2. 1968, AP Nr. 2 § 119 BGB; 8. 5. 1990, AP Nr. 10 § 1 BetrAVG Treuebruch). Versorgungszusagen sind nur dann dem Einwand des Rechtsmissbrauchs ausgesetzt, wenn der Pensionsberechtigte seine Pflichten in so grober Weise verletzt hat, dass sich die in der Vergangenheit bewiesene Betriebstreue nachträglich als wertlos oder zumindest erheblich entwertet herausstelle; dazu reicht es nicht aus, dass ein wichtiger Grund für die sofortige Beendigung des Anstellungsverhältnisses besteht oder das Leitungsorgan gegen strafrechtliche Vorschriften verstoßen hat. Die Grenze ist erst dann überschritten, wenn der Versorgungsberechtigte den Versprechenden in eine seine Existenz bedrohende Lage gebracht hat (BGH 17. 12. 2001, NZA 2002, 511 f.)

5. Umstritten ist die dogmatische Einordnung der Widerrufserklärung. Vertreten wird, es handele sich um die Ausübung eines Gestaltungsrechts, um eine Einrede oder nur um das Bestreiten eines Rechtsanspruchs. Richtig ist der Widerruf eine einseitige, gestaltende Willenserklärung des Arbeitgebers, deren Wirksamkeit vom Zugang beim Berechtigten abhängig ist (*Blomeyer/Otto,* Einl. Rdn. 545).

6. In einer Einzelentscheidung hat das BAG angedacht, ob ein teilweiser Widerruf mit dem Inhalt gerechtfertigt sei, dass die Zeit der Treuepflichtverletzung für die Versorgungshöhe unberücksichtigt bleibe (19. 6. 1980, AP Nr. 2 § 1 BetrAVG Treuepflicht). Dies wird bejaht, da der Vorwurf des rechtsmissbräuchlichen Berufens auf die Versorgungsordnung nur für die Zeiträume gelten könne, in denen der Arbeitnehmer seine Stellung dazu ausgenutzt habe, seinem Arbeitgeber Schaden zuzufügen. In AP Nr. 7 § 1 BetrAVG Treuebruch klingen Zweifel an, ob dies aufrechtzuerhalten ist, bleibt aber unentschieden.

Kosten und Gebühren

Gegenstandswert: Gemäß § 12 Abs. 7 Satz 2 ArbGG ist der Dreijahresbezug maßgeblich; Rückstände sind nicht hinzuzurechnen, § 12 Abs. 7 Satz 2, 2. Halbs. ArbGG. Da nur auf Feststellung geklagt wird, ist ein Abschlag von 20% vorzunehmen (BAG 18. 4. 1961, AP Nr. 6 § 3 ZPO).

8.4 Klage auf Ruhegeldanpassung

An das
Arbeitsgericht[1] ......

Klage

des Arbeitnehmers ......

– Kläger –

Prozessbevollmächtigter: ......

gegen

den Handwerksmeister ...... Herrn ...... als Inhaber der Firma ......

– Beklagter –

wegen: Ruhegeldanpassung

Namens und in Vollmacht des Klägers erhebe ich Klage und werde in der mündlichen Verhandlung beantragen zu erkennen[2]

1. Der Beklagte wird verurteilt, ab ...... über den Betrag von monatlich ...... EUR weitere ...... EUR nebst 5%-Punkte Zinsen über dem jeweiligen Basiszinssatz seit dem ...... zu zahlen.
2. Die Beklagte wird verurteilt, ab dem ...... EUR ...... nebst 5%-Punkte Zinsen über dem jeweiligen Basiszinssatz seit dem ...... zu zahlen.
3. Der Beklagte trägt die Kosten des Rechtsstreites.

Alt:
Der Beklagte wird verurteilt, die Leistungen des Klägers aus der betrieblichen Altersversorgung ab dem ...... um einen vom Gericht nach billigem Ermessen festzusetzenden Anpassungsbetrag zu erhöhen[4].

Begründung:

Der Kläger war von ...... bis ...... bei dem Beklagten als ...... beschäftigt. Das Arbeitsverhältnis endete durch Versetzung in den Ruhestand, weil der Kläger die Altersgrenze von ...... Jahren erreichte/seit ...... Rente wegen voller Erwerbsminderung/Rente wegen teilweiser Erwerbsminderung erhält.

Beweis: Arbeitsvertrag vom ....../Bescheid vom ......

Am ...... hat der Beklagte gegenüber dem Kläger eine Versorgungszusage für eine Betriebsrente erteilt. Grundlage dieser Betriebsrente ist die bei dem Beklagten geltende Versorgungsordnung vom ......

Beweis: Schreiben vom ....../Versorgungsordnung vom ......

Seit seinem Ausscheiden am ...... erhält der Kläger aus der gesetzlichen Rentenversicherung eine monatliche Rente in Höhe von ...... EUR. Bei der Zusage vom ...... hat der Beklagte die monatliche Betriebsrente auf ...... EUR festgesetzt.

Beweis: Rentenbescheid vom ....../Zusage vom ......

Die Betriebsrente wird seit dem ...... in der zugesagten Höhe gezahlt, und zwar ...... EUR monatlich. § 16 BetrAVG,[3, 5] verpflichtet die Beklagte jedoch eine Anpassung vorzunehmen. Der Beklagte hat letztmals eine Anpassung am ...... um ...... EUR vorgenommen/seit dem Ausscheiden keine Anpassung vorgenommen[6]. Bei Versetzung in den Ruhestand betrug der Preisindex für einen 4-Personenhaushalt mit mittlerem Einkommen, Basisjahr (z.B. 1971) ...... nach Ablauf von 3 Jahren[7] beträgt der Index ...... danach ist von einem Steigerungsfaktor in Höhe von ...... % auszugehen[8]. Die dem Kläger gewährte Betriebsrente ist demnach um ...... % zu erhöhen; bei monatlich ...... errechnen sich daher ...... EUR.

Beweis: Preisindex vom ......

Der Klageantrag zu Ziffer 1) bezieht sich auf künftige Leistungen, der Antrag zu Ziffer 2) auf die bereits aufgelaufenen Zahlungen für die Zeit von ...... bis ...... Bei einem monatlichen Erhöhungsbetrag von ...... EUR ergibt sich daher für den Antrag zu 2) eine Gesamtsumme von ...... EUR. Der Beklagte hat mit Schreiben vom ...... eine Erhöhung abgelehnt[9], nachdem er hierzu mit Schreiben vom ...... aufgefordert worden war.

Beweis: Schreiben vom ....../Antwortschreiben des Beklagten vom ......

Der geforderten Erhöhung und der Zahlung rückständiger Beträge stehen jedoch keine berechtigten betrieblichen Belange[10, 11] entgegen. Der Beklagte möge seine wirtschaftlichen Verhältnisse darlegen und ggf. beweisen. Klage ist daher geboten[12].

Rechtsanwalt

Anmerkungen

1. Nach § 17 Abs. 1 Abs. 2 BetrAVG gilt die Anpassungsvorschrift des § 16 BetrAVG auch für Personen, die nicht Arbeitnehmer sind, wenn ihnen Leistungen der Alters-, Invaliden- oder Hinterbliebenenversorgung aus Anlass ihrer Tätigkeit für ein Unternehmen zugesagt worden sind. Gemäß § 2 Abs. 1 Nr. 4a ArbGG sind die Arbeitsgerichte jedoch nur für Klagen der ehemaligen Arbeitnehmer und arbeitnehmerähnlichen Personen sowie deren Hinterbliebenen zuständig; im Übrigen sind die ordentlichen Gerichte sachlich zuständig.

2. siehe Form. B. I. 1.1 Anm. 1 bis 6.

3. Der Anpassungsanspruch folgt aus § 16 BetrAVG und verjährt nach § 195 BGB mit dreijähriger Frist. Für die einzelne Rentenforderung, d. h. auch für den Anpassungsbeitrag gilt ebenso die dreijährige Frist des § 195 BGB. Die Übergangsvorschrift des § 6 zur Einführung des BGB ist zu beachten.

Der frühere Arbeitgeber ist Schuldner der Anpassungsverpflichtung nach § 16 BetrAVG. Die Anpassung der Betriebsrente an den eingetretenen Kaufkraftverlust ist dann geschuldet, wenn seine wirtschaftliche Lage es erlaubt. Ist der frühere Arbeitgeber auf Grund seiner wirtschaftlichen Lage nicht imstande, die Anpassungsraten aus den Erträgen und dem Wertzuwachs seines Unternehmens zu bestreiten, braucht er die Betriebsrenten nicht anzupassen. Etwas anderes kann gelten, wenn der Versorgungsschuldner in einen Konzern eingebunden ist. In diesem Fall kann es ausnahmsweise auf die wirtschaftliche Lage des herrschenden Unternehmens ankommen. Bei der Anpassungsentscheidung nach § 16 BetrAVG ist dann auf die wirtschaftliche Lage dieses Unternehmens abzustellen (so genannter **Berechnungsdurchgriff**). Für einen solchen Berechnungsdurchgriff müssen zwei Voraussetzungen erfüllt sein: a) Zwischen dem Versorgungsschuldner und dem herrschenden Unternehmen muss eine verdichtete Konzernverbindung bestehen. Diese Voraussetzung ist erfüllt, wenn ein Beherrschungs- oder Ergebnisabführungsvertrag besteht. Es reicht aber auch aus, wenn ein Unternehmen die Geschäfte des Versorgungsschuldners tatsächlich umfassend und nachhaltig führt; b) Weiter ist für einen Berechnungsdurchgriff erforderlich, dass die Konzernleitungsmacht in einer Weise ausgeübt worden ist, die auf die Belange des abhängigen Tochterunternehmens keine angemessene Rücksicht genommen und so die mangelnde Leistungsunfähigkeit des Versorgungsschuldners verursacht (BAG v. 4. 10. 1994, NZA 1995, 368).

4. Bei einer auf § 16 BetrAVG gestützten Anpassungsklage ist kein bezifferter Leistungsantrag nötig. Ein **unbezifferter Klageantrag** ist zulässig, da der vom Arbeitgeber zu zahlende Betrag vom Gericht gemäß § 315 Abs. 3 Satz 2 BGB rechtsgestaltend bestimmt wird. § 16 BetrAVG räumt dem Arbeitgeber ein Leistungsbestimmungsrecht ein; der Versorgungsempfänger kann die Anpassungsentscheidung des Arbeitgebers in entsprechender Anwendung des § 315 Abs. 3 Satz 2 BGB durch die Gerichte überprüfen lassen (BAG v. 17. 10. 1995, AP Nr. 34 zu § 16 BetrAVG). Dem Bestimmtheitsgebot des § 253 Abs. 2 Nr. 2 ZPO ist genügt, wenn der Kläger den anspruchsbegründenden Sachverhalt um einen Mindestbetrag der Anpassung angibt. Die Klage auf Erhöhung der Betriebsrente ab einem bestimmten Tag beschränkt sich auf die zu diesem Zeitpunkt gebotene Anpassung. Wenn auch Anpassungen zu späteren Stichtagen in den Rechtsstreit einbezogen werden sollen, ist eine Klageerweiterung erforderlich (BAG v. 17. 10. 1995, AP Nr. 34 zu § 16 BetrAVG). Der Arbeitgeber hat in diesen Fällen darzulegen, dass die von ihm etwaig vorgenommene Anpassung der Billigkeit entspricht (BAG v. 23. 4. 1985, NZA 1985, 499).

In der Regel dürfte jedoch kein Rechtsschutzinteresse vorliegen, da eine Leistungsklage möglich ist.

5. Beachte die am 1. 1. 1999 geltende geänderte Fassung des § 16 BetrAVG. Danach bleibt die bisherige Fassung als Abs. 1 bestehen, erhält jedoch zwei weitere Absätze. Nach dem neuen Absatz 2 gilt die Anpassung dann als erfüllt, wenn die Erhöhung nicht geringer ist, als der Anstieg des **Preisindex** für einen 4-Personenhaushalt mit mittlerem Einkommen oder der Anstieg der Nettolöhne vergleichbarer Arbeitnehmergruppen des Unternehmens (BAG v. 23. 5. 2000 – 3 AZR 103/99, NZA 2001, 1076). Nach Absatz 3 entfällt die Anpassungspflicht, wenn der Arbeitgeber sich verpflichtet, die laufenden Leistungen jährlich um mindestens 1% anzupassen oder die Versorgung über eine Direktversicherung oder Pensionskasse durchführt und sämtliche auf den Rentenbestand anfallende Überschussanteile zur Erhöhung der laufenden Leistungen verwendet und hierbei den Höchstzinssatz der Deckungsrückstellung nicht überschritten werden. Die 1%-Regelung gilt nur für Neuzusagen nach dem 31. 12. 1998 gem. § 30c Abs. 1 BetrAVG.

6. Der in § 16 BetrAVG für die Anpassung von Betriebsrenten vorgeschriebenen **Dreijahresturnus** zwingt nicht zu starren, individuellen Prüfungsterminen. Der Arbeitgeber kann die in einem Jahr fälligen Anpassungsprüfungen gebündelt zu einem bestimmten Zeitpunkt innerhalb oder am Ende des Jahres vornehmen. Wurde in der Vergangenheit kein voller Geldwertausgleich gewährt, ist bei Folgeprüfungen der Kaufkraftverlust seit Rentenbeginn und nicht erst seit den letzten drei Jahren zu berücksichtigen (**nachholende Anpassung**). Das folgt aus dem Zweck des § 16 BetrAVG. Diese Bestimmung soll durch Ausgleich des Kaufkraftverlustes dazu beitragen, die Gleichwertigkeit von Leistung und Gegenleistung aufrechtzuerhalten. Der Arbeitnehmer kann auf Grund der zuvor erbrachten Leistungen erwarten, dass ihm der volle wirtschaftliche Wert der Gegenleistung während des Bezugs der Rente erhalten bleibt. Die Anpassung von Betriebsrenten an die Kaufkraftentwicklung kann nach § 16 BetrAVG ganz oder teilweise abgelehnt werden, soweit das Unternehmen übermäßig belastet würde. Die Belastung ist übermäßig, wenn es mit einiger Wahrscheinlichkeit unmöglich sein wird, den Teuerungsausgleich aus dem Wertzuwachs des Unternehmens und dessen Erträgen in der Zeit nach dem Anpassungsstichtag aufzubringen (Bestätigung von BAGE 48, 272 = AP Nr. 17 zu § 16 BetrAVG). Diese Grundsätze gelten auch, wenn der Arbeitgeber in der Vergangenheit keinen vollen Geldwertausgleich gewährt hat und deshalb eine nachholende Anpassung zu prüfen ist. Da in diesem Fall die Gefahr besteht, dass der Anpassungsstau den wirtschaftlich wieder gestärkten Arbeitgeber überfordert, ist seine Leistungsfähigkeit besonders sorgfältig zu prüfen (BAG v 28. 4. 1992, AP Nr. 24, 25, 26 zu § 16 BetrAVG).

7. Nach der Rspr des BAG (BAGE 70, 137, 141 ff. und BAGE 70, 158, 161 = AP Nr. 24 und 25 zu § 16 BetrAVG, jeweils zu II der Gründe; BAG v. 28. 4. 1992 – 3 AZR 356/91 – AP Nr. 26 zu § 16 BetrAVG, zu II der Gründe) betrifft die nachholende Anpassung die Höhe des Versorgungsbedarfs und besagt, dass – bezogen auf einen Anpassungstermin – nicht nur die Teuerung in den letzten drei Jahren, sondern der **Kaufkraftverlust** seit Rentenbeginn zu berücksichtigen ist. Davon ist eine nachträgliche Anpassung zu unterscheiden. Durch eine nachträgliche Anpassung soll die Betriebsrente bezogen auf einen früheren Anpassungsstichtag unter Berücksichtigung der damaligen wirtschaftlichen Lage des Unternehmens erhöht werden. Wenn a) der Versorgungsempfänger die Anpassungsentscheidung des Arbeitgebers für unrichtig hält, muss er dies vor dem nächsten Anpassungsstichtag dem Arbeitgeber gegenüber wenigstens außergerichtlich geltend machen. Mit dem nächsten Anpassungsstichtag entsteht ein neuer Anspruch auf Anpassungsprüfung und -entscheidung. Der Anspruch auf Korrektur einer früheren Anpassungsentscheidung erlischt; b) sich der Arbeitgeber bis zum nächsten Anpassungsstichtag die Betriebsrenten weder erhöht noch zur Anpassung ausdrücklich geäußert hat, so hat er damit stillschweigend erklärt, dass er zum zurückliegenden Anpassungsstichtag keine Anpassung vornimmt. Die Erklärung des Versorgungsschuldners, nicht anpassen zu wollen, gilt nach Ablauf von drei Jahren ab Anpassungstermin als abgegeben. Der Versorgungsberechtigte kann die stillschweigend abgelehnte Anpassungsentscheidung bis zum übernächsten Anpassungstermin rügen. Bei der Prüfung der wirtschaftlichen Lage des Unternehmens ist nach der Rspr des BAG folgendes zu beachten: a) Beurteilungsgrundlage für die erforderliche Prognose ist die wirtschaftliche Entwicklung des Unternehmens in der Zeit vor dem Anpassungsstichtag, soweit daraus Schlüsse für die weitere Entwicklung gezogen werden können. Nicht vorhersehbare, neue Rahmenbedingungen und sonstige unerwartete, spätere Veränderungen der wirtschaftlichen Verhältnisse des Unternehmens bleiben unberücksichtigt (BAG v 17. 10. 1995, AP Nr. 34

zu § 16 BetrAVG); b) Für eine einigermaßen zuverlässige Prognose muss die bisherige Entwicklung über einen längeren, repräsentativen Zeitraum von in der Regel mindestens drei Jahren ausgewertet werden. c) der am Anpassungsstichtag absehbare Investitionsbedarf, auch für Rationalisierungen und die Erneuerung von Betriebsmitteln, ist zu berücksichtigen. d) Scheingewinne bleiben unberücksichtigt. e) Die Betriebssteuern verringern die verwendungsfähigen Mittel. Bei den Steuern von Einkommen ist zu beachten, dass nach einer Anpassungsentscheidung die Rentenerhöhungen den steuerpflichtigen Gewinn verringern. f) Eine angemessene Eigenkapitalverzinsung ist in der Regel nötig. Dabei kann grundsätzlich auf die bei festverzinslichen Wertpapieren langfristig erzielbare Verzinsung abgestellt und ein Risikozuschlag eingeräumt werden. g) Soweit Gesellschafter einer GmbH als Geschäftsführer tätig sind, kann dafür eine angemessene Vergütung ausgesetzt werden. Der Unternehmerlohn darf das bei Fremdgeschäftsführern Übliche nicht überschreiten (BAG vom 17. 4. 1996. EzA § 16 BetrAVG Nr. 30).

8. Die **Berechnungsformel** lässt sich wie folgt festhalten: (Preisindex für die Lebenshaltung am Anpassungsstichtag × 100): Preisindex drei Jahre vorher – 100 = × %.

9. Hat der Arbeitgeber angepasst, aber nicht in voller Höhe, so hat der Betriebsrentner einen Anspruch auf unaufgeforderte Mitteilung des Entscheidungsergebnisses sowie Mitteilung der Begründung nach Anfrage. Dieser **Auskunftsanspruch** ist prozessual durchsetzbar und zweckmäßigerweise im Wege der Stufenklage mit der Geltendmachung der vollen Anpassung zu verbinden:

1. Die Beklagte wird verurteilt, der Kläger Auskunft über die Gründe für die Anpassungsentscheidung vom . . . . . . mitzuteilen.
2. Die Beklagte wird verurteilt, an die Kläger ab dem . . . . . . monatlich Betriebsrente in Höhe von . . . . . . zu zahlen.

Kommt der Arbeitgeber seiner Mitteilungs- und Auskunftspflicht nicht rechtzeitig nach, berührt dies die Wirksamkeit der Entscheidung zwar nicht, kann aber Schadensersatzansprüche gegenüber dem Versorgungsempfänger auslösen (MüKo-*Gottwald,* § 315 Rdnr. 25; *Blomeyer/Otto,* § 16 Rdnr. 272).

10. Der Arbeitgeber kann die Anpassung der Betriebsrenten an die gestiegenen Lebenshaltungskosten nach § 16 BetrAVG verweigern, soweit dadurch das Unternehmen übermäßig belastet würde. Die Substanz des Unternehmens muss erhalten bleiben, seine gesunde wirtschaftliche Entwicklung darf nicht verhindert und die Arbeitsplätze dürfen nicht durch eine langfristige Auszehrung in Gefahr gebracht werden (Bestätigung von BAGE 48, 272 = AP Nr. 17 zu § 16 BetrAVG; v. 17. 10. 1995 AP Nr. 34 zu § 16 BetrAVG). Bei der Beurteilung der wirtschaftlichen Lage des Unternehmens kommt es auf seine Ertragskraft im Ganzen an. Der Arbeitgeber ist schon dann zu einer Anpassung der Betriebsrenten verpflichtet, wenn einzelne positive Bilanzposten den Umfang der Anpassungslast übersteigen (BAG v. 14. 2. 1989, AP Nr. 22 zu § 16 BetrAVG).

11. Der Arbeitgeber hat bei seiner Anpassungsentscheidung nach § 16 BetrAVG die Belange der Versorgungsempfänger und seine eigene wirtschaftliche Lage zu berücksichtigen. Er hat, ausgehend von den Verhältnissen am Prüfungsstichtag, die voraussichtliche wirtschaftliche Entwicklung des Unternehmens und die Auswirkungen eines Teuerungsausgleichs abzuschätzen; sich bereits abzeichnende Veränderungen darf er dabei berücksichtigen (BAG v. 23. 1. 2001 – 3 ZR 287/00, BB 2001, 2325). Wirtschaftliche Daten nach dem Anpassungsstichtag sind nur insoweit von Bedeutung, als sie eine frühere Prognose bestätigen oder entkräften. Nicht vorhersehbare, veränderte Rahmenbedingungen oder spätere, zum Anpassungsstichtag noch nicht absehbare Betriebsstilllegungen spielen keine Rolle (Klarstellung zum Urteil des Senats vom 23. April 1985 – 3 AZR 156/83 – BAGE 48, 272, 283 = AP Nr. 17 zu § 16 BetrAVG, zu III 1 der Gründe). Zur sog. zweigeteilten Ruhegeldanpassung vgl. BAG v. 19. 2. 2002 – 3 AZR 299/01, AP Nr. 40 zu § 1 BetrAVG Unterstützungskassen.

12. § 16 BetrAVG ist im **Beitrittsgebiet** nur anzuwenden, wenn die Zusagen auf Leistungen der betrieblichen Altersversorgung nach dem 31. 12. 1991 erteilt wurden. Die Erteilung einer Zusage setzt bei vertraglicher Grundlage der Zusage den Abschluss eines Vertrages voraus. Die Erfüllung bereits entstandener Verpflichtungen ist keine Begründung eines Anspruchs. Der Einigungsvertrag in Anlage I Kapitel VII Sachgebiet A Abschnitt III Nr. 16 schließt für die bis zum 31. 12. 1991 erteilten Zusagen nicht nur Anpassung nach § 16 BetrAVG, sondern im Regelfall auch eine Anpassung nach § 242 BGB aus. Die aus § 242 BGB resultierende Rechtsprechung ist in § 16 BetrAVG gesetzlich abschließend geregelt (BAG v. 24. 3. 1998, NZA 1998, 1059).

Kosten und Gebühren

Es handelt sich um eine vermögensrechtliche Streitigkeit im Sinne von § 64 Abs. 2 ArbGG. Der **Wert der Beschwer** berechnet sich unter Anwendung von § 46 Abs. 2 ArbGG nach 2 ff. ZPO sowie § 12 Abs. 7 ArbGG. Beachtet werden sollte, dass es sich bei dem Wert des Streitgegenstandes im Urteil um den Wert des im Urteil entschiedenen Streitgegenstandes handelt; § 61 Abs. 1 ArbGG. Der **Gebührenstreitwert** folgt aus §§ 1 Abs. 3, 12, 17 GKG. Die **Gerichtsgebühren** ergeben sich aus § 12 Abs. 1, 2 ArbGG unter Beachtung der hierzu maßgeblichen Tabelle. Für die **Rechtsanwaltsgebühren** ist § 9 Abs. 1 BRAGO maßgebend. Wegen eines vermeintlich zu geringen Wertes im Urteil ist keine gesonderte Beschwerde möglich. Freilich kann bei einer Veränderung des Streitwertes während der Instanz nach §§ 31, 10 Abs. 1 BRAGO eine gesonderte Festsetzung auf Antrag (!) erfolgen; ein Nachteil für die anwaltliche Vergütung entsteht somit nicht.

9. Klagen auf (Weiter)-Beschäftigung

Vorbemerkungen

1. (Weiter-)Beschäftigung

Zu unterscheiden ist zwischen
- dem Beschäftigungsanspruch im ungekündigten Arbeitsverhältnis,
- dem Beschäftigungsanspruch im gekündigten Arbeitsverhältnis bis zum Ablauf der Kündigungsfrist sowie
- dem **Weiterbeschäftigungsanspruch** über den Beendigungszeitpunkt hinaus bis zum rechtskräftigen Abschluss des Kündigungsrechtsstreits.

Erstens kann der Arbeitnehmer auf gerichtlichen Schutz angewiesen sein, weil sich der Arbeitgeber weigert, ihn (vertragsgemäß) zu beschäftigen. Anspruchsgrundlage ist in diesem Fall der Beschäftigungsanspruch im unangefochtenen bzw. bestehenden Arbeitsverhältnis (grundlegend: BAG 10. 11. 1955, NJW 1956, 359; 26. 5. 1977, NJW 1978, 239; *Stege,* RdA 1978, 75). Rechtsgrundlage dieses (allgemeinen) Beschäftigungsanspruchs ist eine ergänzende Rechtsfortbildung des Dienstvertragsrechts der §§ 611 ff. BGB auf Grund § 242 BGB i. V. m. Art. 1, 2 GG, die notwendig ist, weil die verfassungsrechtlichen Wertentscheidungen der Art. 1, 2 GG über den **Persönlichkeitsschutz** ganz allgemein auch den Schutz des ideellen Beschäftigungsinteresses des Arbeitnehmers durch die Anerkennung eines grundsätzlich gegebenen allgemeinen Beschäftigungsanspruchs gebieten, sofern der Arbeitnehmer die Beschäftigung verlangt (BAG GS 27. 2. 1985, NZA 1985, 702; 19. 8. 1992, NZA 1993, 1131).

Zweitens kann der Arbeitnehmer im gekündigten Arbeitsverhältnis Weiterbeschäftigung verlangen, wenn entweder die Voraussetzungen des § 102 Abs. 5 Satz 1 BetrVG vorliegen oder nach den vom Großen Senat des BAG (27. 2. 1985, NZA 1985, 702) aufgestellten Grundsätzen ein allgemeiner Weiterbeschäftigungsanspruch besteht. Letzteres ist der Fall, wenn die Kündigung offensichtlich unwirksam ist und überwiegende schutzwürdige Interessen des Arbeitgebers einer solchen Beschäftigung nicht entgegenstehen. Eine weitere Ausnahme besteht bei einem besonderen Beschäftigungsbedürfnis des Arbeitnehmers, etwa bei der Notwendigkeit zum Erhalt bestimmter Fähigkeiten (BAG 8. 4. 1988, EzA Nr. 30 § 611 BGB Beschäftigungspflicht). Von offensichtlicher Unwirksamkeit der Kündigung kann nur ausgegangen werden, wenn sich diese nach dem eigenen Vortrag des Arbeitgebers ohne Beweisaufnahme aufdrängt; es darf kein vernünftiger Zweifel in rechtlicher oder tatsächlicher Hinsicht zutage treten. Offensichtlich unwirksam ist die sog. **Trotzkündigung,** mit der der Arbeitgeber versucht, nach verlorenem Kündigungsschutzprozess das Arbeitsverhältnis unter Zugrundelegung derselben Kündigungsgründe erneut zu beenden (BAG 26. 8. 1993, EzA Nr. 9 § 322 ZPO). Im Übrigen wird sich eine offensichtliche Unwirksamkeit nur bei einem Verstoß gegen absolute Kündigungsverbote (MuSchG, SGB IX, BErzGG, usw.) oder auf die Form oder das Verfahren bezogene Vorschriften (§ 102 BetrVG; § 174 Satz 1 BGB usw.) feststellen lassen.

Liegen diese Ausnahmetatbestände nicht vor, begründet die Ungewissheit über den Ausgang des Kündigungsschutzprozesses ein schutzwertes Interesse des Arbeitgebers an der Nichtbeschäftigung des gekündigten Arbeitnehmers für die Dauer des Kündigungsprozesses. Dieses überwiegt in der Regel das Beschäftigungsinteresse des Arbeitnehmers bis zu dem Zeitpunkt, in dem im Kündigungsprozess ein die Unwirksamkeit der Kündigung feststellendes Urteil ergeht. Solange ein solches Urteil besteht, kann die Ungewissheit über den Prozessausgang für sich alleine ein überwiegendes Gegeninteresse des Arbeitgebers nicht mehr begründen. Hinzukommen müssen dann vielmehr zusätzliche Umstände, aus denen sich im Einzelfall ein überwiegendes Interesse des Arbeitgebers an der Nichtbeschäftigung ergibt (BAG GS aaO.). Dies sind Gründe, die den Arbeitgeber zur **Suspendierung** berechtigen (vgl. hierzu Formular 9.3. Anm. 5) oder wenn die tatsächliche Beschäftigung zu einer unzumutbaren wirtschaftlichen Belastung führen würde (BAG 8. 4. 1988, EzA Nr. 30 § 611 BGB Beschäftigungspflicht).

Diese Grundsätze sind auch im Falle des Streits um die Wirksamkeit einer **Befristung** oder einer auflösenden Bedingung anwendbar (BAG 13. 6. 1985, EzA Nr. 16 § 611 BGB Beschäftigungspflicht; a. A. LAG Köln 26. 9. 1986 und 10. 4. 1987, LAGE Nr. 17 und 20 § 611 BGB Beschäftigungspflicht); auch bei einem Weiterbeschäftigungsverlangen von Auszubildenden gemäß §§ 9 Abs. 4 Satz 1 Nr. 1 BPersVG, 78a Abs. 2 BetrVG soll dies der Fall sein (BAG 14. 5. 1987, EzA Nr. 18 § 78a BetrVG).

2. Antragsformulierung und Vollstreckbarkeit

Besonderes Augenmerk ist auf die **Antragsformulierung** zu richten. Nur, wenn sich der Inhalt des Weiterbeschäftigungsanspruches mit hinreichender Deutlichkeit aus dem Urteil ergibt, hat der **Weiterbeschäftigungstitel** einen vollstreckbaren Inhalt (LAG Rheinland-Pfalz 7. 1. 1986, LAGE Nr. 6 § 888 ZPO = NZA 1986, 196; LAG Schleswig-Holstein 6. 1. 1987, LAGE Nr. 10 § 888 ZPO = NZA 1987, 322; LAG Frankfurt 13. 7. 1987, LAGE Nr. 12 § 888 ZPO; LAG Köln 7. 7. 1987, LAGE Nr. 15 § 888 ZPO; LAG Hamm 21. 11. 1989, LAGE Nr. 20 § 888 ZPO; LAG Berlin 8. 1. 1993, LAGE Nr. 27 § 888 ZPO: Tatbestand und Entscheidungsgründe müssen „hinreichend Auskunft" über die Art der Beschäftigung geben; LAG Frankfurt 27. 11. 1992, LAGE Nr. 30 § 888 ZPO; *Gift/Baur,* E Rdn. 1767 m. w. N.). „Aus dem Urteil" bedeutet hierbei, dass sich der Inhalt des Titels nicht allein aus dem Tenor entnehmen lassen muss, sondern dass hierzu auch die Urteilsgründe mitherangezogen werden können und müssen (*Süß,* NZA 1988,

719). Tenoriert das Gericht, dass der Arbeitnehmer „zu unveränderten Arbeitsbedingungen" weiterzubeschäftigen sei, so ist der Weiterbeschäftigungstitel nicht vollstreckungsfähig, sofern seine inhaltliche Bestimmung nicht im Auslegungswege ermittelt werden und ihm kein eindeutiger Inhalt gegeben werden kann (für Teilurteil: LAG Köln 24. 10. 1995, LAGE Nr. 36 § 888 ZPO). Denn im Tenor müssen die genauen Einzelheiten der Beschäftigung angegeben werden, zu denen die Verurteilung erfolgte; zumindest muss dies im Wege der Auslegung anhand des Tatbestandes und der Entscheidungsgründe für jeden Dritten ermittelbar sein (LAG Schleswig-Holstein 6. 1. 1987, LAGE Nr. 10 § 888 ZPO; LAG Frankfurt 13. 7. 1987, LAGE Nr. 12 § 888 ZPO; LAG Frankfurt 27. 11. 1992, LAGE Nr. 30 § 888 ZPO; LAG Hamm 21. 11. 1989, LAGE Nr. 20 § 888 ZPO: Ein abgekürztes Urteil gemäß § 317 Abs. 2 ZPO ist denkbar ungeeignet für die Titulierung des Weiterbeschäftigungsanspruchs, wenn nur die Verurteilung „zu unveränderten Bedingungen" erfolgt, denn die Auslegungshilfe über Tatbestand und Entscheidungsgründe fehlt ja gerade; hierzu auch LAG Frankfurt 13. 8. 1987, LAGE Nr. 12 § 888 ZPO). Es genügt jedenfalls nicht, wenn der Arbeitgeber weiß, welcher Art die Beschäftigung sein muss (LAG Frankfurt 13. 8. 1987, LAGE Nr. 12 § 888 ZPO).

Nach einer Entscheidung des LAG Bremen (18. 11. 1988, NZA 1989, 231) beinhaltet der titulierte Weiterbeschäftigungsanspruch nicht die Verpflichtung, den Arbeitnehmer wie bisher zu vergüten. Für eine Verpflichtung zur Zahlung von Krankenbezügen, vermögenswirksamen Leistungen, Beihilfe, Zuwendungen und Urlaubsgeld fehle es dem Weiterbeschäftigungstitel an Bestimmtheit. Dem ist insoweit zuzustimmen, als im dortigen Fall tenoriert worden war, die Klägerin sei „zu den alten Bedingungen" weiterzubeschäftigen; die begehrten Vergütungen ergaben sich dagegen aus dem Manteltarifvertrag für die Angestellten der Bundesanstalt für Arbeit. Mit der Formulierung „zu den alten Bedingungen" ist für das Vollstreckungsorgan nicht erkennbar, was genau der Arbeitnehmer beansprucht bzw. zu beanspruchen hat. Dies ist jedoch gar nicht entscheidend, denn selbst, wenn auf Grund eines sachdienlichen Antrags die Verurteilung zur Weiterbeschäftigung unter Bezugnahme auf den Arbeitsvertrag und ggf. den Tarifvertrag erfolgt wäre, ist der Weiterbeschäftigungstitel nur auf tatsächliche Beschäftigung gerichtet. Die Vergütung ist niemals mit dem Weiterbeschäftigungstitel vollstreckbar; erstens nicht, weil diese Vergütung erst im Wege des Vollzugs der Weiterbeschäftigung erdient wird (siehe aber unten Form. 9.4 Anm. 7 a. E.). Zweitens nicht, weil die Vollstreckung von Forderungen gemäß §§ 803 ff. ZPO erfolgt, die Weiterbeschäftigung hingegen nach § 888 ZPO.

3. Vollstreckung

Der Weiterbeschäftigungstitel ist kraft Gesetzes vollstreckbar, § 62 Abs. 1 ArbGG. Die Zwangsvollstreckung des titulierten Weiterbeschäftigungsbegehrens findet gemäß §§ 62 Abs. 2 ArbGG, 888 ZPO durch Verhängung von **Zwangsgeld** und **Zwangshaft** statt (*Süß*, NZA 1988, 719; *KR-Etzel*, § 102 Rdn. 222 c; *Fitting/Kaiser/Heither/Engels*, § 102 Rdn. 67; *Dietz/Richardi*, § 102 Rdn. 241; *Däubler/Kittner/Klebe/Schneider*, § 102 Rdn. 268), denn die Verpflichtung, den Arbeitnehmer tatsächlich weiterzubeschäftigen, d. h. ihm einen Arbeitsplatz zur Verfügung zu stellen und ihm Arbeit zuzuweisen, stellt eine **unvertretbare Handlung** dar. Sie hängt vom Willen des Arbeitgebers ab und kann ausschließlich durch ihn verwirklicht werden (LAG Frankfurt 13. 8. 1987, LAGE Nr. 12 § 888 ZPO; LAG Hamm 29. 8. 1984 und 21. 11. 1989, LAGE Nr. 2 und 20 § 888 ZPO; LAG Frankfurt 27. 11. 1992, LAGE § 888 ZPO Nr. 30; LAG München 11. 9. 1993, LAGE § 888 ZPO Nr. 34; *Schäfer*, NZA 1985, 693). Ausschließlich zuständig ist das Arbeitsgericht als Prozessgericht erster Instanz, §§ 62 Abs. 2 ArbGG, 888 Abs. 1, 802 ZPO. Dies gilt auch dann, wenn der Kündigungsrechtsstreit mittlerweile beim LAG anhängig ist (*Gift/Baur*, Das Urteilsverfahren vor den Gerichten für Arbeitssachen, E Rdn. 1756).

Mit der rechtskräftigen Beendigung des Kündigungsschutzverfahrens wird der Weiterbeschäftigungstitel gegenstandslos; der Arbeitnehmer kann also mangels vollstreckbaren Titels nicht über diesen Zeitpunkt hinaus seine Beschäftigung erzwingen, selbst dann nicht, wenn der Tenor lautet „Die beklagte Partei wird verurteilt, die Klagepartei zu den bisherigen Bedingungen in der ...-Abteilung weiterzubeschäftigen" und der Zusatz „bis zum rechtskräftigen Abschluss des Kündigungsrechtsstreits" fehlt (LAG Nürnberg, 30. 3. 1998, Az. 4 Ta 56/98, n. v.).

Die allgemeinen **Zwangsvollstreckungsvoraussetzungen** (Titel, Klausel, Zustellung) müssen vorliegen. Die Zustellung des Urteils muss nicht im Parteibetrieb erfolgen, da § 750 Abs. 1 Satz 2 ZPO die Zustellung durch den Gläubiger „genügen" lässt; hieraus kann e contrario gefolgert werden, dass die Amtszustellung im Rahmen des § 50 Abs. 1 S. 1 ArbGG als Vollstreckungsvoraussetzung ausreicht (LAG Frankfurt 27. 11. 1992, LAGE Nr. 30 § 888 ZPO (S. 2); zur **Zustellung im Parteibetrieb** LAG Frankfurt 13. 8. 1987, LAGE Nr. 12 § 888 ZPO; LAG Hamm 21. 11. 1989, LAGE Nr. 20 § 888 ZPO).

4. Geltendmachung

Der Beschäftigungsanspruch als **Persönlichkeitsrecht** des Arbeitnehmers unterliegt als absolutes Recht nicht tariflichen Ausschlussklauseln. Dies gilt auch für die Frage, welche bestimmte Beschäftigung arbeitsvertraglich geschuldet ist, denn beide Fragen sind untrennbar miteinander verbunden. Der Anspruch auf Beschäftigung in einem Arbeitsverhältnis lässt sich nur dadurch verwirklichen, dass der Arbeitnehmer mit einer bestimmten, arbeitsvertragsgerechten Tätigkeit betraut wird (BAG 15. 5. 1991, AP Nr. 23 § 611 BGB Beschäftigungspflicht).

9.1 Klage auf Beschäftigung nach über das Direktionsrecht hinausgehender örtlicher Versetzung

An das
Arbeitsgericht

Klage

In Sachen ......

– Klagepartei –

Prozessbevollmächtigte: Rechtsanwälte ......

gegen

......

– beklagte Partei –

wegen: Beschäftigung

Namens und mit Vollmacht der Klagepartei erheben wir Klage und werden beantragen

1. Die beklagte Partei wird verurteilt, die Klagepartei zu unveränderten Arbeitsbedingungen als Niederlassungsleiter in Nürnberg zu beschäftigen[1].
2. Die beklagte Partei trägt die Kosten des Rechtsstreits.

Begründung:

Die Klagepartei ist seit ...... als ...... bei der beklagten Partei beschäftigt. Rechte und Pflichten aus dem Arbeitsverhältnis sind geregelt im Arbeitsvertrag vom ......, in der Anlage K 1. Ein Betriebsrat ist gebildet.

Unter § 2 des Arbeitsvertrages ist der Aufgabenbereich der Klagepartei als „Niederlassungsleiter für die Niederlassung in Nürnberg" beschrieben. Am ...... forderte die beklagte Partei die Klagepartei auf, ab ...... als Niederlassungsleiter in Bremen tätig zu werden. Die bisherige Position der Klagepartei werde mit einem anderen Arbeitnehmer besetzt.

Beweis: Schreiben der beklagten Partei vom ......, in der Anlage K 2

Diese Aufgabenzuweisung entspricht nicht den arbeitsvertraglichen Regelungen und ist damit vom Direktionsrecht nicht gedeckt[2]. Einen Versetzungsvorbehalt enthält der Arbeitsvertrag nicht[3]. Durch die ausdrückliche Bezeichnung der Tätigkeit mit „Niederlassungsleiter Nürnberg" haben die Arbeitsvertragsparteien konkret festgelegt, an welchem Ort welche Tätigkeit von der Klagepartei geschuldet und zu welcher Art Beschäftigung die beklagte Partei verpflichtet ist.

Der Betriebsrat weiß von der angeordneten Versetzung nichts[4]; dessen ordnungsgemäße Beteiligung wird mit Nichtwissen bestritten. Befugnisse i.S.d. § 5 Abs. 3 und 4 BetrVG hat die Klagepartei nicht.

Mit Schreiben vom ......, in der Anlage K 3, lehnte die Klagepartei eine Tätigkeit in Bremen ab[5] und forderte die beklagte Partei auf, sie als Niederlassungsleiter in Nürnberg zu beschäftigen. Mit Antwortschreiben vom ......, in der Anlage K 4, lehnte dies die beklagte Partei ab.

Damit ist Klage geboten[6].

Rechtsanwalt

Anmerkungen

1. Soweit die Voraussetzungen der §§ 285 f. ZPO vorliegen, kann es zweckmäßig sein, auch die künftigen **Annahmeverzugsansprüche** miteinzuklagen. Dies ist insbesondere dann sinnvoll, wenn die „Versetzung" zu einer tatsächlichen Unerbringbarkeit der Arbeitsleistung führt (Bsp.: räumliche Entfernung). Das BAG hält auch eine Klage auf Feststellung, dass die Änderung der Arbeitsbedingungen (= konkludente fristlose Änderungskündigung) rechtsunwirksam und sozial ungerechtfertigt ist und das Arbeitsverhältnis über den Tag der Anordnung zu unveränderten Arbeitsbedingungen fortbestehe, für „richtig" (BAG 27. 3. 1980, AP Nr. 26 § 611 BGB Direktionsrecht). Dies ist kritisch beurteilt worden: Bei der auf Grund des Direktionsrechts angeordneten Änderung der Art der Beschäftigung handele es sich um eine **Leistungsbestimmung** nach billigem Ermessen (§ 315 BGB, s. u. Anm. 2), deshalb sei gemäß § 315 Abs. 3 Satz 2 1. Halbs. BGB auf Festsetzung der billigen Leistung zu klagen. Nur in den Fällen, in denen nach Lage der Dinge die Entscheidung des Gerichtes entweder die arbeitgeberseitige Anordnung in vollem Umfang als „billig" oder aber insgesamt als unwirksam beurteilen muss, sei die Feststellungsklage „ausreichend" (*Löwisch*, Anm. zu BAG 27. 3. 1980, aaO.).

2. Das **Direktionsrecht** ist ein einseitiges Leistungsbestimmungsrecht des Arbeitgebers, das seine Grundlage im Arbeitsvertrag hat (*Hromadka*, DB 1995, 2601); für den gewerblichen Bereich gilt § 121 GewO. Es gehört zum wesentlichen Inhalt eines jeden Arbeitsverhältnisses, beschreibt den Umfang der „Weisungsbefugnis" des Arbeitgebers und wird durch die arbeitsvertraglichen Regelungen bestimmt. Dies gilt hinsichtlich der Art, dem Ort, des Volumens sowie der näheren Umstände der Arbeit (BAG 27. 3. 1980, AP Nr. 26 § 611 BGB Direktionsrecht), d. h. das allgemeine **Weisungsrecht** hat stets nur eine Konkretisierungsfunktion hinsichtlich der im Arbeitsvertrag enthaltenen Rahmenbedingungen. Der Umfang der beiderseitigen Hauptleistungspflichten (Vergütungs- und Arbeitspflicht) unterliegt nicht dem allgemeinen Weisungsrecht des Arbeitgebers. Die

Regelung der beiderseitigen Hauptleistungspflichten gehört zum Kernbereich des Arbeitsverhältnisses mit der Folge, dass diese **Arbeitsbedingungen** lediglich durch Gesetz, Kollektiv- oder Einzelvertrag bestimmt werden können. Daher findet das Weisungsrecht seine Grenzen in den gesetzlichen Vorschriften sowie den kollektiven und einzelvertraglichen Regelungen. Die Ausübung des Weisungsrechts muss nach billigem Ermessen (§ 315 BGB) erfolgen (BAG 12. 12. 1984, NZA 1985, 321 m. w. N.). Die Einhaltung der Grenzen des Direktionsrechts ist vollumfänglich gerichtlich nachprüfbar (*Küttner*, Personalbuch 2003, Weisungsrecht Rdn. 20). Reicht das Direktionsrecht für eine Anordnung des Arbeitgebers nicht aus, ist eine Änderung der Arbeitsbedingungen nur im Wege der Änderungskündigung durchsetzbar.

3. Ist der Tätigkeitsbereich des Arbeitnehmers durch den Arbeitsvertrag sowohl seiner Art als auch der Arbeitsstelle genau bestimmt, so bedeutet jede Zuweisung einer anderen Tätigkeit und eines anderen Arbeitsplatzes eine Änderung des Arbeitsvertrages, die grundsätzlich nicht einseitig vom Arbeitgeber herbeigeführt werden kann (BAG 10. 11. 1955, NJW 1956, 359). Auch wenn die Parteien einen Versetzungsvorbehalt vereinbart haben (üblich: „Die Firma behält sich vor, dem Arbeitnehmer bei gleich bleibender Vergütung auch andere zumutbare Tätigkeiten zuzuweisen, die seinen Vorkenntnissen entsprechen."), kann eine Versetzung durch die Arbeitsgerichte im Rahmen des § 315 BGB überprüft werden (BAG 27. 3. 1980, EzA Nr. 2 § 611 BGB Direktionsrecht = AP Nr. 26 § 611 BGB Direktionsrecht). Im Rahmen des billigen Ermessens sind die Arbeitnehmerinteressen einerseits und die betriebliche Übung andererseits abzuwägen (BAG 19. 6. 1985, DB 1986, 132; 20. 12. 1984, BB 1985, 1853; 23. 6. 1993, AP Nr. 42 § 611 BGB Direktionsrecht; zu Gewissenskonflikten vgl. BAG 20. 12. 1984 und 24. 5. 1989, AP Nr. 27 und 35 § 611 BGB Direktionsrecht). Außerdem ist jede Versetzungsklausel auf einen etwaigen Verstoß gegen höherrangiges Recht zu untersuchen (*Küttner*, Personalbuch 2003, Versetzung Rdn. 2). Nichtig ist eine Versetzungsklausel, die zur Umgehung zwingender Kündigungsschutzbestimmungen führt. Das ist in der Regel der Fall, wenn wesentliche Elemente des Arbeitsvertrages einer einseitigen Änderung unterliegen sollen, durch die das Gleichgewicht zwischen Leistung und Gegenleistung grundlegend gestört werden würde. Außerdem soll die Stellung des Arbeitnehmers in der betrieblichen Hierarchie und die Höhe seiner Vergütung maßgeblich sein: Gegenüber Arbeitnehmern in Spitzenpositionen mit Spitzenverdiensten kann sich der Arbeitgeber vertraglich weitergehende einseitige Bestimmungsrechte vorbehalten als gegenüber anderen Arbeitnehmern (BAG 28. 5. 1997, NZA 1997, 1162 f.).

4. Unabhängig von der arbeitsvertragsrechtlichen Zulässigkeit einer Versetzung ist der Betriebsrat im Rahmen des § 99 Abs. 1 BetrVG zu beteiligen, wenn dem Arbeitnehmer ein anderer Aufgabenbereich zugewiesen wird und dies voraussichtlich die Dauer von 1 Monat überschreitet bzw. mit einer erheblichen Änderung der Umstände verbunden ist, unter denen die Arbeit zu leisten ist (§ 95 Abs. 3 BetrVG). Dieser besondere betriebsverfassungsrechtliche **Versetzungsbegriff** umfasst auch die individualrechtliche Zuweisung eines anderen Arbeitsortes oder einer anderen Tätigkeit, da unter „Arbeitsbereich" der konkrete Arbeitsplatz und seine Beziehung zur betrieblichen Umgebung in räumlicher, technischer und organisatorischer Hinsicht (BAG 10. 4. 1984, 3. 12. 1985, AP Nr. 4 und 8 § 95 BetrVG; *Fitting/Kaiser/Heither/Engels,* § 99 Rdn. 22 a) und unter den „Umständen der Arbeitsleistung" Ort, Art und Weise zu verstehen sind (BAG 10. 4. 1984, AP Nr. 4 § 95 BetrVG). Eine Änderung des Arbeitsbereichs i. S. d. § 95 Abs. 3 Satz 1 BetrVG ist objektiv-funktional auf die konkret ausgeübte, geschuldete Tätigkeit und den Inhalt der Arbeitsaufgabe bezogen, nicht auf alle vertraglich geschuldeten Arten von Aufgaben; ein anderer Arbeitsbereich wird zugewiesen, wenn sich nach den tatsächlichen Verhältnissen des Betriebes die Betätigung des Arbeitnehmers vor und nach der Zuweisung für einen mit betrieblichen Gegebenheiten vertrauten Beobachter unterscheidet (*Künzl*, BB 1995, 824; BAG 19. 2. 1991, BB 1991, 1486). Stimmt der Betriebs-rat nicht zu, so hat der Arbeitgeber die Zustimmung durch das Arbeitsgericht ersetzen zu lassen, § 99 Abs. 4 BetrVG (BAG 20. 9. 1990, BB 1991, 550; 19. 2. 1991, BB 1991, 1486; a. A. unzutreffend *Gerauer*, BB 1995, 406). Versetzungen ohne Betriebsratsbetei-ligung sind unwirksam (BAG 26. 1. 1988, AP Nr. 50 § 99 BetrVG); der Arbeitnehmer braucht einer betriebsverfassungswidrigen Versetzungsanordnung nicht Folge zu leisten (LAG Baden-Württemberg, 10. 1. 1995, NZA 1995, 326). Selbst bei Einverständnis des Arbeitnehmers mit der Versetzung soll der Betriebsrat ein Widerspruchsrecht gemäß § 99 Abs. 2 BetrVG haben, da immer noch kollektive Interessen tangiert sein könnten. Die Beteiligung soll nämlich nicht nur die Interessen des betroffenen Arbeitnehmers wahren, sondern auch die der verbleibenden Belegschaft sowie die betriebsratseigenen Bedürfnisse (*Künzl*, BB 1995, 824 f.).

5. Ein **Leistungsverweigerungsrecht** des Arbeitnehmers kann bestehen, wenn der Ar-beitgeber die gesetzlichen, vertraglichen oder dem Ermessen gesetzten Grenzen über-schreitet; unzulässige Weisungen lassen die so konkretisierte Arbeitspflicht entfallen und müssen nicht befolgt werden (*Tschöpe*, Anwalts-Handbuch Arbeitsrecht, S. 194 Rdn. 54 mit dem zutreffenden Hinweis, auf Grund der auf die Geltendmachung des Leistungs-verweigerungsrechts zu erwartenden fristlosen Arbeitgeberkündigung sei es aus Arbeit-nehmersicht wirtschaftlich verträglicher, der Weisung unter Vorbehalt Folge zu leisten und den Umfang der Arbeitspflicht anschließend durch das Arbeitsgericht klären zu las-sen).

6. Die Klage ist nicht fristgebunden. § 4 KSchG ist auch nicht entsprechend anwend-bar (*Küttner*, Personalbuch 2003, Versetzung Rdn. 11); anders ist es, wenn auf Fest-stellung geklagt und ein allgemeiner Fortbestehensantrag gestellt wird (BAG 27. 3. 1980, AP Nr. 26 § 611 BGB Direktionsrecht).

Kosten und Gebühren

Gegenstandswert: ein bzw. zwei Monatsgehälter (wie Weiterbeschäftigung, s. u. Form. 9.4).

9.2 Klage auf Beschäftigung gemäß § 81 Abs. 4 SGB IX

An das
Arbeitsgericht

Klage

In Sachen ......

– Klagepartei –

Prozessbevollmächtigte: Rechtsanwälte ......

gegen

......

– beklagte Partei –

wegen: Beschäftigung

Namens und mit Vollmacht der Klagepartei erheben wir Klage und werden bean-tragen

1. Die beklagte Partei wird verurteilt, die Klagepartei als Sachbearbeiter in der Wertpapierabteilung zu beschäftigen[1].
2. Die beklagte Partei trägt die Kosten des Rechtsstreits.

Hilfsweise für den Fall des Erfolges des Antrags I. wird beantragt

festzustellen, dass die Klagepartei ab ...... gemäß der Tarifgruppe 5 des Manteltarifvertrages für das private Bankgewerbe in der Bundesrepublik Deutschland zu vergüten ist.

Begründung:

Die Klagepartei ist seit ...... als Sachbearbeiter in der Belegaufbereitung bei der beklagten Partei, einer Bank, beschäftigt und wird nach Tarifgruppe 4 des MTV für das private Bankgewerbe vergütet. Die Klagepartei ist mit einem GdB von ...... schwerbehindert.

Beweis: Feststellungsbescheid des Versorgungsamtes ...... vom ......, in der Anlage K 1

In der Wertpapierabteilung der beklagten Partei war bislang Herr/Frau ...... als Sachbearbeiter/in beschäftigt. Gemäß MTV wird diese Position nach Tarifgruppe 5 vergütet. Herr/Frau ...... ist zum ...... ausgeschieden; die Stelle „Sachbearbeiter/in Wertpapierabteilung" hat die beklagte Partei innerbetrieblich ausgeschrieben. Es bewarben sich insgesamt drei Personen einschließlich der Klagepartei. Die übrigen zwei Bewerber sind nicht schwerbehindert. Die Position wurde Herrn/Frau ...... übertragen.

Mit der Klage macht die Klagepartei ihren Anspruch darauf geltend, nicht nur ihren Kenntnissen und Fähigkeiten entsprechend beschäftigt zu werden, sondern darüber hinaus auch jede berufliche Förderung und Unterstützung im Rahmen der jeweils bestehenden Möglichkeiten und der Zumutbarkeit zu erfahren, § 81 Abs. 4 Nrn. 1–3 SGB IX. Diese Vorschrift gewährt dem Arbeitnehmer zwar keinen Anspruch auf einen bestimmten Arbeitsplatz und auch kein Recht, nach seinen Neigungen und Wünschen beschäftigt zu werden, wohl aber im bestehenden Arbeitsverhältnis einen klagbaren Anspruch darauf, im Rahmen der betrieblichen Möglichkeiten so beschäftigt zu werden, dass entsprechend der Vorbildung und dem Gesundheitszustand die vorhandenen Fähigkeiten und Kenntnisse möglichst voll verwertet und weiterentwickelt werden können (BAG 10. 7. 1991, AP Nr. 1 § 14 SchwbG 1986; BAG 23. 1. 1964, AP Nr. 2 § 12 SchwBeschG)[2]. Die Vorschrift des § 81 Abs. 4 SGB IX beinhaltet damit eine privatrechtlich gesteigerte Fürsorgepflicht gegenüber dem Schwerbehinderten (BAG 28. 5. 1975, AP Nr. 6 § 12 SchwBeschG mit zust. Anm. *Schwedes;* BAG 10. 7. 1991 aaO.)[3].

Die Klagepartei verfügt über ausreichende Fachkenntnisse, um die ausgeschriebene Position zu besetzen. (......). Auch steht ihr Gesundheitszustand einer Beschäftigung wie beantragt nicht entgegen. (......).

Damit hätte die Klagepartei berücksichtigt werden müssen. Der Hilfsantrag auf Vergütung gemäß Tarifgruppe 5 ergibt sich aus dem Beschäftigungsanspruch selbst, da der bisherige Stelleninhaber erstens nach Gruppe 5 vergütet worden ist und der MTV im Übrigen die Position „Sachbearbeiter Wertpapierabteilung" ausdrücklich der Tarifgruppe 5 zuordnet.

Rechtsanwalt

Anmerkungen

1. Ein solcher auf § 81 Abs. 4 SGB IX gestützter Leistungsantrag ist zulässig und gemäß § 888 ZPO vollstreckbar (BAG 19. 9. 1979, AP Nr. 2 § 11 SchwbG a. F.; a. A. Anm. *Clemens* zu dieser Entscheidung: die Zuweisung der von der Klagepartei begehrten Stellung hänge nicht vom Willen des Schuldners ab). Siehe hierzu Vorbem. 2 zu 9.

2. Die Verletzung der sich aus § 81 Abs. 4 SGB IX ergebenden beruflichen Förderungspflicht kann auch Schadensersatzansprüche nach § 823 Abs. 2 BGB wegen Verletzung eines Schutzgesetzes auslösen (BAG 10. 7. 1991, AP Nr. 1 § 14 SchwbG 1986). Str. ist, ob der Schwerbehinderte die Freikündigung eines Arbeitsplatzes verlangen kann (abl. BVerwG 28. 2. 1968, AP Nr. 29 § 14 SchwBeschG = DB 1968, 856; zust. BAG 8. 2. 1966, AP Nr. 4 § 14 SchwBeschG für den Fall, dass der zu kündigende Arbeitnehmer nicht auch behindert ist und die Kündigung für ihn keine soziale Härte darstellt).

3. Aus dieser Auslegung des § 81 Abs. 4 SGB IX ergibt sich zunächst die grundsätzliche Verpflichtung des Arbeitgebers, den Schwerbehinderten jeweils so zu beschäftigen, dass dieser seine Kenntnisse und Fähigkeiten möglichst voll verwerten kann. Dem entspricht zugleich das Verbot unterwertiger **Beschäftigung Schwerbehinderter**. Die entsprechende Beschäftigungspflicht kann darüber hinaus so weit gehen, dem Schwerbehinderten zu ermöglichen, im Rahmen der betrieblichen Gegebenheiten aufzusteigen, wie es der Weiterentwicklung seiner Fähigkeiten und Kenntnisse entspricht. Daher kann es bei gleicher Qualifikation geboten sein, den schwerbehinderten Bewerber vorzuziehen, sofern dieser nach den allgemeinen Leistungskriterien im Vergleich mit den sonstigen Bewerbern gleichwertig ist und seiner Verwendung auf der betreffenden Stelle nicht billigenswerte und vernünftige Gründe, auch solche betrieblicher Art, entgegenstehen. Dies ist durch eine Interessenabwägung zu ermitteln, § 242 BGB (BAG 19. 9. 1979, AP Nr. 2 § 11 SchwbG a. F.). Die **Schwerbehinderteneigenschaft** kann hierbei zu Lasten des Arbeitnehmers berücksichtigt werden, wenn diese ein ernst zu nehmendes, nicht zu beseitigendes Hindernis für die Beschäftigung auf der begehrten Stelle ist. Dies berücksichtigt § 81 Abs. 4 SGB IX, indem der Anspruch des Schwerbehinderten auf die betrieblichen Möglichkeiten Bezug beschränkt wird (zum inhaltsgleichen § 11 Abs. 2 SchwbG a. F. BAG aaO.).

Dies darf jedoch nicht dahin missverstanden werden, dass dem Schwerbehinderten gemäß § 81 Abs. 4 SGB IX ein allgemeiner Beförderungsanspruch zustände; ein solcher Grundsatz ist dem Arbeitsrecht fremd (BAG 28. 3. 1973, AP Nr. 2 § 319 BGB).

Kosten und Gebühren

Gegenstandswert: ein bzw. zwei Monatsgehälter (wie Weiterbeschäftigung, s. u. Form. 9.4).

9.3 Klage auf Beschäftigung nach unzulässiger
Suspendierung/Freistellung

An das
Arbeitsgericht

Klage

In Sachen ......

– Klagepartei –

Prozessbevollmächtigte: Rechtsanwälte ......

gegen

......

– beklagte Partei –

wegen: Beschäftigung

Namens und mit Vollmacht der Klagepartei erheben wir Klage und werden beantragen

1. Die beklagte Partei wird verurteilt, die Klagepartei über den ...... hinaus zu unveränderten Arbeitsbedingungen als ......[1] (ggf.: bis ......) zu beschäftigen[2].
2. Die beklagte Partei trägt die Kosten des Rechtsstreits.

Begründung:

Die Klagepartei ist seit ...... als ...... bei der beklagten Partei beschäftigt. Rechte und Pflichten aus dem Arbeitsverhältnis sind geregelt im Arbeitsvertrag vom ......, in der Anlage K 1. Bei der beklagten Partei ist ein Betriebsrat gebildet[3].

Mit Schreiben vom ......, der Klagepartei am ...... zugegangen, kündigte die beklagte Partei das Arbeitsverhältnis zum ...... und stellte die Klagepartei bis zum Ablauf der Kündigungsfrist von der Verpflichtung zur Erbringung der Arbeitsleistung unter Einbringung der Resturlaubsansprüche[4] frei.

Beweis: Schreiben der beklagten Partei vom ......, in der Anlage K 1

Im Arbeitsvertrag ist zur Suspendierung nichts geregelt; Gründe für eine sofortige Freistellung liegen nicht vor[5].

Mit Schreiben vom ...... hat der Unterzeichner die Arbeitsleistung der Klagepartei nochmals ausdrücklich angeboten[6] und forderte die beklagte Partei auf, die Klagepartei bis zum Ablauf der Kündigungsfrist zu beschäftigen. Diese Aufforderung ist ohne Reaktion geblieben.

Rechtsanwalt

Anmerkungen

1. Zur Antragsformulierung vgl. Vorbem. 2 zu 9.

2. Grundsätzlich ist der Arbeitnehmer während des Bestehens des Arbeitsvertrages im Hinblick auf den Persönlichkeitsschutz der Art. 2, 1 GG auch zu beschäftigen. Das Arbeitsverhältnis ist ein personenrechtliches Gemeinschaftsverhältnis, das nicht – wie beim Dienstverhältnis des Selbstständigen – nur einzelne, fest umrissene Leistungen betrifft, sondern für seinen Geltungsbereich die ganze Person des Arbeitnehmers umfasst und somit wesentlich sein Leben gestaltet und seine Persönlichkeit bestimmt. Die Achtung und Anerkennung des Arbeitnehmers als Mensch beruht auch nicht nur auf dem wirtschaftlichen Wert seiner Leistung, sondern weitgehend darin, wie er die ihm obliegenden Aufgaben erfüllt; dies gibt ihm im Bereich des Arbeitslebens maßgeblich seine Würde als Mensch. Daher muss der Arbeitgeber nicht bloß auf Grund seiner Treuepflicht, sondern vor allem auf Grund der jedermann aus Art. 1, 2 GG obliegenden Verpflichtung alles unterlassen, was die Würde des Arbeitnehmers und die freie Entfaltung der Persönlichkeit beeinträchtigen kann (BAG 10. 11. 1955, NJW 1956, 359 f.). Aus diesen verfassungsrechtlichen Erwägungen heraus leitet das BAG den Beschäftigungsanspruch des Arbeitnehmers ab, der nur unter den in Anm. 5 beschriebenen Voraussetzungen eingeschränkt werden kann bzw. entfällt.

3. Bei der einseitigen Erklärung einer Suspendierung ist eine Beteiligung des Betriebsrates nicht erforderlich (*Küttner,* Personalbuch 2003, Beschäftigungsanspruch Rdn. 9).

4. Erklärt der Arbeitgeber lediglich die Freistellung, so bedeutet dies nicht notwendig, dass im Freistellungszeitraum noch offene Urlaubsansprüche verbraucht werden sollen. Denn grundsätzlich kann die Suspendierung vom Arbeitgeber jederzeit widerrufen werden. Eine Anrechnung auf Urlaubsansprüche kommt selbst dann nicht in Betracht, wenn der Arbeitgeber mit der Erklärung der Suspendierung Urlaub gewährt, sich aber den Widerruf der Freistellung vorbehält. Erforderlich ist vielmehr eine ausdrückliche oder stillschweigende **Urlaubsgewährung** ohne Widerrufsvorbehalt (LAG Bremen 21. 10. 1959, BB 1960, 50; *Tschöpe,* Anwaltshandbuch Arbeitsrecht – *Schmalenberg,* S. 369; LAG Köln 29. 6. 2001, NZA-RR 2002, 237; a.A. *Meier,* NZA 2002, 876, der eine einfache Freistellungserklärung des Arbeitgebers dahin auslegen möchte, dass mit der Freistellung zugleich auch die Verpflichtung zur Gewährung von Resturlaub erfüllt werden solle), der der Arbeitnehmer nicht widerspricht (LAG Köln, 29. 6. 2001, NZA 2002, 237).

5. Die Verpflichtung zur Arbeitsleistung steht nicht nur der Vergütungspflicht des Arbeitgebers synallagmatisch gegenüber, sondern korrespondiert mit einer dem Arbeitgeber obliegenden Beschäftigungspflicht während des bestehenden Arbeitsverhältnisses (*Tschöpe,* Anwaltshandbuch Arbeitsrecht – *Schmalenberg,* S. 368). Der Arbeitnehmer hat das Recht, auf Grund des Arbeitsvertrages, d.h. im Rahmen der versprochenen Dienste, nicht nur bezahlt, sondern auch tatsächlich beschäftigt zu werden (BAG GS 27. 2. 1985, AP Nr. 14 § 611 BGB Beschäftigungspflicht). Der Arbeitgeber darf eine Suspendierung nur aussprechen, wenn er entweder durch arbeitsvertragliche Vereinbarung hierzu berechtigt ist oder aber Gründe vorliegen, die eine Weiterbeschäftigung unzumutbar erscheinen lassen und eine sofortige Reaktion des Arbeitgebers erfordern (BAG 15. 6. 1972, DB 1972, 1878; 19. 8. 1976, DB 1976, 2308). Diesen Ausnahmetatbestand muss der Arbeitgeber darlegen und beweisen (LAG München 19. 8. 1992, NZA 1993, 1130). Eine – auch längere – Suspendierung kann beispielsweise gerechtfertigt sein, wenn ein Arbeitnehmer in exponierter Stellung zur Konkurrenz wechseln und sich im Laufe der Kündigungsfrist noch hierzu dienliche Informationen aneignen will (LAG Hamm 3. 11. 1993, LAGE Nr. 36 § 611 BGB Beschäftigungspflicht). Der Wegfall des Arbeitsplatzes berechtigt grundsätzlich nicht zu einer Suspendierung; der Arbeitgeber ist verpflichtet, den Arbeitnehmer ggf. auf einem anderen (vertragsgerechten) Arbeitsplatz weiterzubeschäftigen (*Tschöpe,* Anwaltshandbuch Arbeitsrecht – *Schmalenberg,* S. 368). Bei einem schwerbehinderten Arbeitnehmer berechtigt der Antrag auf Erteilung der Zustimmung zur Kündigung bei der Hauptfürsorgestelle den Arbeitgeber nicht, den Arbeitnehmer bis zum Eingang der beantragten Zustimmung freizustellen (LAG Berlin 5. 12. 1977, AP Nr. 1 § 11 SchwbG). Bei einer arbeitsvertraglichen Vereinbarung, die den Arbeitgeber berechtigt, den Arbeitnehmer während des Laufs der Kündigungsfrist freizustellen, wird vereinzelt ein berechtigtes Interesse des Arbeitgebers gefordert (*Schaub*, Arbeitsrechtshandbuch, § 110 II 8 a und III 1 b). Dies ist jedoch abzulehnen, da der Beschäftigungsanspruch der Parteidisposition unterliegt.

Nach den vom Großen Senat (GS 27. 2. 1985, AP Nr. 14 § 611 BGB Beschäftigungspflicht) aufgestellten Grundsätzen soll sich die Rechtmäßigkeit einer Freistellung an der Prüfung orientieren, ob ausnahmsweise schutzwürdige Interessen des Arbeitgebers vorliegen, die den grundsätzlich bestehenden Beschäftigungsanspruch des Arbeitnehmers überwiegen. Beispiele: Ordentliche verhaltensbedingte Kündigung wegen einer Straftat oder dringenden Verdachts auf eine solche, wegen der Verletzung von Betriebsgeheimnissen oder der Begehung von Wettbewerbsverstößen. Die Suspendierung betrifft nur die Verpflichtung zur Erbringung der Arbeitsleistung, nicht dagegen Nebenpflichten wie Wettbewerbsverbote oder Geheimhaltungspflichten (BAG 30. 5. 1978, DB 1978, 2177).

Nur ausnahmsweise besteht bei der Freistellung unter Anrechnung von Urlaubsansprüchen ein Mitbestimmungsrecht des Betriebsrats nach § 87 Abs. 1 Nr. 5 BetrVG (LAG Köln 16. 3. 2000, NZA-RR 2001, 310).

6. Hinsichtlich der Annahmeverzugsansprüche ist das Angebot an sich nicht erforderlich, da bzw. soweit der Arbeitgeber durch die Suspendierung erklärt hat, er werde die Arbeitsleistung nicht annehmen. Zumindest liegt in der einseitig durchgesetzten Suspendierung die Ankündigung des Arbeitgebers, er werde die kalendermäßig bestimmte, geschuldete Mitwirkungshandlung (Zurverfügungstellung eines vertragsgemäßen Arbeitsplatzes) nicht vornehmen (BAG 20. 3. 1986, EzA Nr. 48 § 615 BGB).

Kosten und Gebühren

Gegenstandswert: ein bzw. zwei Monatsgehälter (wie Weiterbeschäftigung, s. u. Form. 9.4). Nach LAG Berlin (1. 10. 2001, NZA 2002, 406) ist die in einem Kündigungsrechtsstreit getroffene Vereinbarung über die Freistellung des Arbeitnehmers gesondert zu bewerten, und zwar mit bis zu 50% des für den Freistellungszeitraum geschuldeten Entgelts. Ohne ein besonderes Beschäftigungsinteresse sei es i. d. R. sachgerecht, den Wert auf 10% bzw. bei fehlender Anrechnung eines Zwischenverdienstes auf 25% des für den Freistellungszeitraum geschuldeten Entgelts festzusetzen.

9.4 Klage auf Weiterbeschäftigung gemäß § 102 Abs. 5 Satz 1 BetrVG

An das
Arbeitsgericht

Klage

In Sachen ......

– Klagepartei –

Prozessbevollmächtigte: Rechtsanwälte ......

gegen

......

– beklagte Partei –

wegen: Weiterbeschäftigung

Namens und mit Vollmacht der Klagepartei erheben wir Klage und werden beantragen

1. Die beklagte Partei wird verurteilt, die Klagepartei zu unveränderten Arbeitsbedingungen als Schreibkraft zu beschäftigen[1].
2. Die beklagte Partei trägt die Kosten des Rechtsstreits.

Begründung:

Die Klagepartei war seit ...... als Schreibkraft bei der beklagten Partei mit der Betriebsabrechnung befasst. Mit Schreiben vom ......, der Klagepartei am ...... zugegangen, kündigte die beklagte Partei das Arbeitsverhältnis ordentlich[2] zum ...... mit der Begründung, die von der Klagepartei ausgeübte Tätigkeit werde künftig von einer EDV-Anlage übernommen.

Beweis: Kündigungsschreiben, in der Anlage K 1

Bei der beklagten Partei ist ein Betriebsrat gebildet. Dieser hat der Kündigung am ...... schriftlich widersprochen[4] mit der Begründung, die beklagte Partei habe eine Stelle als Locherin für die EDV-Anlage ab dem ...... sowie eine Stelle als Arbeiterin für ihre Produktionsabteilung ab ...... ausgeschrieben. Auf beiden Arbeitsplätzen könne die Klagepartei beschäftigt werden; der Einsatz als Locherin erfordere lediglich eine kurze Fortbildungsmaßnahme, bei der die Klagepartei mit den Besonderheiten der EDV-Anlage vertraut gemacht werde[5].

Beweis: Widerspruchsschreiben vom ......, in der Anlage K 2

Die Klagepartei hat mit Schreiben vom ...... der beklagten Partei gegenüber erklärt, sie verlange[5] Weiterbeschäftigung auf ihrem bisherigen Arbeitsplatz, würde aber auch jeden anderen Arbeitsplatz bei der beklagten Partei akzeptieren und sei ggf. zu Schulungsmaßnahmen bereit[6].

Beweis: Dieses Schreiben, in der Anlage K 3

Der Betriebsrat erhielt Abschrift dieses Schreibens. Die beklagte Partei hat hierauf nicht reagiert.

Am ...... hat die Klagepartei Kündigungsschutzklage gegen die Kündigung vom ...... erhoben; dieses Verfahren ist unter dem Az. ...... beim Arbeitsgericht ...... anhängig[7].

Die Klagepartei begehrt Weiterbeschäftigung über den ...... hinaus bis zum rechtskräftigen Abschluss des Kündigungsrechtsstreits[8]. Da ihr Weiterbeschäftigungsverlangen ohne Reaktion geblieben ist, ist Klage geboten.

Rechtsanwalt

Anmerkungen

1. Zur Antragsformulierung vgl. oben Vorbem. 2 zu 9.

2. Der Weiterbeschäftigungsanspruch gemäß § 102 Abs. 5 Satz 1 BetrVG wird nur ausgelöst nach einer ordentlichen Kündigung des Arbeitgebers; er ist klar zu verneinen, wenn im Prozess nur die außerordentliche Kündigung geprüft wird (GK-*Kraft*, § 102 Rdn. 121). Nach dem Willen des Gesetzgebers soll der Arbeitgeber nicht bei Vorliegen eines „wichtigen Grundes" i.S.d. § 626 BGB dem Weiterbeschäftigungsanspruch des Arbeitnehmers ausgesetzt sein (*Schaub*, NJW 1981, 1810; LAG Frankfurt 28. 5. 1973, LAGE Nr. 1 § 102 BetrVG 1972 Beschäftigungspflicht). Dies ist auch akzeptabel: Wenn es im Fall der außerordentlichen Kündigung für den Arbeitgeber nicht einmal zumutbar ist, die Kündigungsfrist abzuwarten, dann ist es ihm „erst recht" nicht zuzumuten, den Arbeitnehmer bis zum Abschluss des Kündigungsrechtsstreits weiterzubeschäftigen (*Weber,* BB 1974, 699; HzA-*Bleistein,* Gruppe 5 Rdn. 771 m.w.N.; *KR-Etzel,* § 102 Rdn. 198). Bei einer mit sozialer Auslauffrist ausgesprochenen außerordentlichen Kündigung gegenüber einem ordentlich unkündbaren Arbeitnehmer soll § 102 Abs. 5 Satz 1 BetrVG analog angewendet werden können (*Däubler/Kittner/Klebe/Schneider,* § 102 Rdn. 248; BAG 4. 2. 1993, EzA Nr. 144 § 626 BGB n. F. (S. 7)). Im Falle der anderweitigen Beendigung des Arbeitsverhältnisses (Arbeitnehmerkündigung, Befristung, Bedingung, Anfechtung, Aufhebungsvertrag) ist § 102 BetrVG unanwendbar (ausführlich *KR-Etzel,* § 102 Rdn. 38 ff.).

Bei einer (unter Vorbehalt) angenommenen ordentlichen **Änderungskündigung** würde die Weiterbeschäftigungsklage des Arbeitnehmers dazu führen, dass er bis zur Rechtskraft der Kündigungsschutzentscheidung zu bisherigen Bedingungen weiterbeschäftigt wird. Dies ist aber genau das Gegenteil dessen, was der Arbeitnehmer durch seine Annahme (unter Vorbehalt) erklärt hat, nämlich Billigung der neuen Bedingungen, bis über deren soziale Rechtfertigung entschieden ist. Daher ist in diesen Fällen ein Anspruch aus § 102 Abs. 5 Satz 1 BetrVG zu verneinen (LAG Düsseldorf 25. 1. 1993, LAGE Nr. 12 § 102 BetrVG 1972 Beschäftigungspflicht (S. 2) m.w.N.; *KR-Etzel,* § 102 Rdn. 199a; *Schaub,* NJW 1981, 1810; *Däubler/Kittner/Klebe/Schneider,* § 102 Rdn. 251; MüArbR-*Matthes,* § 348 Rdn. 84). Der Bestand des Arbeitsverhältnisses ist nach der Annahme unter Vorbehalt unangefochten; streitig ist allein der Inhalt, d.h. die Frage der sozialen Rechtfertigung der vom Arbeitgeber angebotenen Änderungen (*Zirnbauer,* NZA 1995, 1079; HzA-*Bleistein,* Gruppe 5, Rdn. 772; für den allgemeinen Weiterbeschäftigungsanspruch: BAG 18. 1. 1990, NZA 1990, 734). Dem Beschäftigungsinteresse des Arbeitnehmers ist zunächst damit gedient, dass er nach Ablauf der Kündigungsfrist zu geänderten Bedingungen arbeitet (BAG aaO. (S. 736)). § 102 Abs. 5 Satz 1 BetrVG knüpft jedoch an eine Bestandsstreitigkeit an und kommt nach Ausspruch einer Änderungskündigung daher nur in Betracht, wenn der Arbeitnehmer die **Änderung der Vertragsbedingungen** abgelehnt hat und die Änderungskündigung damit zur Beendigungskündigung geworden ist (*Zirnbauer,* NZA 1995, 1079; LAG Düsseldorf 25. 1. 1993, LAGE Nr. 12 § 102 BetrVG 1972 Beschäftigungspflicht).

3. Der **Widerspruch** erfordert die Ablehnung der Kündigung durch den Betriebsrat; dies muss sich aus seiner Stellungnahme ergeben. Zwar ist die Verwendung des Wortes „Widerspruch" nicht erforderlich, andererseits jedoch reicht das bloße Infragestellen der Kündigung nicht aus. Erforderlich ist, dass der Betriebsrat eindeutig gegen die Kündigung Stellung bezieht (*Däubler/Kittner/Klebe/Schneider,* § 102 Rdn. 169 m.w.N.; GK-*Kraft,* § 102 Rdn. 78; *KR-Etzel,* § 102 Rdn. 136). Äußert der Betriebsrat aus anderen als den in § 102 Abs. 3 BetrVG genannten Gründen „Bedenken" i.S.d. § 102 Abs. 2 BetrVG gegen die Kündigung, kann dies einen Weiterbeschäftigungsanspruch nicht begründen (HK-*Stege,* § 102 Rdn. 108, 165; GK-*Kraft,* § 102 Rdn. 69). Erklärt der Betriebsrat lediglich, er werde sich zu der Kündigung nicht äußern und liegt hierin eine abschließende Stellungnahme, so liegt kein ordnungsgemäßer Widerspruch vor. Äußert sich der Betriebsrat nicht ausdrücklich in diesem Sinne, so ist der Erklärungsinhalt der Äußerung durch Auslegung zu ermitteln (BAG 12. 3. 1987, AP Nr. 47 § 102 BetrVG 1972).

Ordnungsgemäß ist ein Widerspruch nach dem Wortlaut des § 102 Abs. 5 S. 1 BetrVG dann, wenn er fristgerecht innerhalb einer Woche dem Arbeitgeber zugegangen, schriftlich formuliert ist und sich auf einen der Gründe des § 102 Abs. 3 BetrVG stützt. War dagegen der Widerspruch von vornherein nicht ordnungsgemäß, so kommt der Weiterbeschäftigungsanspruch gar nicht zum Entstehen (*Schaub,* aaO.; LAG Brandenburg 15. 12. 1992, LAGE Nr. 13 § 102 BetrVG 1972 Beschäftigungspflicht). Ein nicht ordnungsgemäßer Widerspruch ist nichtig und vermag für den Arbeitnehmer keinen Weiterbeschäftigungsanspruch zu begründen.

Der Betriebsrat hat seine Stellungnahme zur ordentlichen Kündigung spätestens innerhalb einer Woche mitzuteilen, § 102 Abs. 2 Satz 1 BetrVG; maßgeblich ist der Eingang beim Arbeitgeber (*Däubler/Kittner/Klebe/Schneider,* aaO. Rdn. 62; GK-*Kraft,* § 102 Rdn. 78). Es handelt sich um eine materiell-rechtliche **Ausschlussfrist,** deren Beginn sich nach § 187 BGB (mit dem auf die Mitteilung des Arbeitgebers folgenden Tag) und deren Ende sich nach §§ 188, 193 BGB berechnet (*Däubler/Kittner/Klebe/Schneider,* aaO. Rdn. 62; GK-*Kraft,* § 102 Rdn. 78). Versäumt der Betriebsrat die Wochenfrist, gegen die eine Wiedereinsetzung nicht möglich ist (GK-*Kraft,* § 102 Rdn. 74; *KR-Etzel,* § 102 Rdn. 89 a: Die Anwendung der §§ 233 ff. ZPO kommt nur bei der Versäumung prozessualer Fristen in Betracht), kann eine Beschäftigungsklage nicht mehr auf § 102 Abs. 5 Satz 1 BetrVG gestützt werden; allenfalls kommt dann der allgemeine Weiterbeschäftigungsanspruch in Betracht (HzA-*Bleistein,* Gruppe 5 Rdn. 773 a. E.).

Für die formelle Ordnungsgemäßheit des Widerspruchs ist eine fehlerfreie Beschlussfassung des Betriebsrates erforderlich (LAG Nürnberg 27. 10. 1992, BB 1993, 444). § 33 BetrVG findet Anwendung, d. h. der Beschluss über den Widerspruch muss in einer ordnungsgemäßen Sitzung bei **Beschlussfähigkeit** mit Mehrheit der Stimmen gefasst worden sein (*KR-Etzel,* § 102 Rdn. 145).

4. Beruft sich der Betriebsrat auf § 102 Abs. 3 Nr. 4 BetrVG (der den Widerspruchsgrund nach Nr. 3 der Vorschrift subsidiär ergänzt, *Fitting/Kaiser/Heither/Engels,* § 102 Rdn. 48), muss sowohl die Umschulungs- bzw. Fortbildungsmaßnahme bezeichnet werden als auch der Arbeitsplatz, der nach Beendigung dieser Maßnahmen frei ist (BAG 7. 2. 1991, AP Nr. 1 § 1 KSchG 1969 Umschulung). Ist ein solcher freier Arbeitsplatz auch nach entsprechender Umschulung nicht ersichtlich, kann der Arbeitgeber von dieser Maßnahme absehen (BAG aaO.).

Weitere **Widerspruchsgründe:** Bei Verstoß gegen eine Richtlinie nach § 95 BetrVG (§ 102 Abs. 3 Nr. 2 BetrVG) muss der Widerspruch die konkrete Richtlinie bezeichnen sowie die Tatsachen nennen, aus denen sich der Verstoß ergibt (GK-*Kraft,* § 102 Rdn. 86; *KR-Etzel,* § 102 Rdn. 156). Zu den Widerspruchsgründen nach § 102 Abs. 3 Nr. 1 und 3 BetrVG siehe unten C. II. Form. 1.2 Anm. 3 bis 5.

5. Das Gesetz sieht zwar keine Frist für das Weiterbeschäftigungsverlangen des Arbeitnehmers vor, aber Lit. und Rspr. tendieren zunehmend dazu, eine solche anzunehmen: KR-*Etzel,* (§ 102 BetrVG Rdn. 209) verlangt eine Geltendmachung spätestens am ersten Tag nach Ablauf der Kündigungsfrist bzw., wenn diese kürzer als die Dreiwochenfrist des § 4 KSchG ist, unverzüglich nach der fristgerechten Erhebung der Kündigungsschutzklage. Das BAG hat in seiner Entscheidung vom 17. 6. 1999 (NZA 1999, 1154) offengelassen, ob das Weiterbeschäftigungsverlangen spätestens bis zum Ablauf der Kündigungsfrist geltend gemacht werden muss. Rechtzeitig soll ein am ersten Tag nach Ablauf der Kündigungsfrist geltend gemachtes Weiterbeschäftigungsverlangen sein (BAG 11. 5. 2000, NZA 2000, 1055).

6. Das Einverständnis des Arbeitnehmers muss – zumindest auch – gegenüber dem Betriebsrat erklärt werden (*KR-Etzel,* § 102 Rdn. 169 c; *Fitting/Kaiser/Heither/Engels,* § 102 Rdn. 48). Von dieser Fallkonstellation ist der Fall der unter Vorbehalt angenommenen Änderungskündigung zu unterscheiden.

(Zur Anwendbarkeit des § 102 Abs. 5 Satz 1 BetrVG bei einer außerordentlichen und hilfsweise ordentlichen Kündigung siehe unten Form. C. II. 1.2 Anm. 1).

7. Die **Kündigungsschutzklage** muss rechtzeitig erhoben worden sein, um den Weiterbeschäftigungsanspruch gemäß § 102 Abs. 5 Satz 1 BetrVG auszulösen. Ist unklar, ob die Drei-Wochen-Frist des § 4 Satz 1 KSchG eingehalten ist, besteht der Weiterbeschäftigungsanspruch zunächst, bis über die **Verspätung** rechtskräftig entschieden ist (Münchener Handbuch zum ArbR-*Matthes*, § 348 Rdn. 85; GK-*Kraft*, § 102 Rdn. 124). Bei unstreitigem Versäumen der Klagefrist und einem Antrag auf Zulassung der verspäteten Klage gemäß § 5 Abs. 1 KSchG lebt die Beschäftigungspflicht des Arbeitgebers ab Rechtskraft des Beschlusses über die nachträgliche Zulassung wieder auf (HK-*Stege*, § 102 Rdn. 164; GK-*Kraft*, aaO.; *KR-Etzel*, § 102 Rdn. 207).

Das Erfordernis der rechtzeitig erhobenen Kündigungsschutzklage bedeutet denknotwendig, dass der Arbeitnehmer dem Kündigungsschutzgesetz unterliegen, d. h. länger als 6 Monate in einem Betrieb mit mehr als 5 Arbeitnehmern beschäftigt sein muss, §§ 23, 1 KSchG (*KR-Etzel*, § 102 Rdn. 205); wegen § 1 BetrVG kommt es nur auf die sechsmonatige Beschäftigungsdauer an.

Die Kündigungsschutzklage muss sich entweder von vorneherein auf die fehlende soziale Rechtfertigung stützen oder diese nachträglich gemäß § 6 KSchG einbezogen haben; hierbei ist ausreichend, wenn der Arbeitnehmer neben anderen Unwirksamkeitsgründen auch die fehlende soziale Rechtfertigung geltend macht (*Schaub*, NJW 1981, 1811; *Braasch*, BB 1976, 320). Beruft sich der Arbeitnehmer nachträglich, aber rechtzeitig auf die fehlende soziale Rechtfertigung der Kündigung, so entsteht der Weiterbeschäftigungsanspruch ab dem Zeitpunkt der Geltendmachung.

Wird im Verlauf des Kündigungsschutzprozesses ein Antrag auf Auflösung des Arbeitsverhältnisses gegen Zahlung einer Abfindung gemäß § 9 Abs. 1 KSchG gestellt, so entfällt der Weiterbeschäftigungsanspruch aus § 102 Abs. 5 Satz 1 BetrVG (*KR-Etzel*, § 102 Rdn. 205).

8. Der Weiterbeschäftigungsanspruch gemäß § 102 Abs. 5 Satz 1 BetrVG kann durch eine eigenständige Klage oder im Kündigungsschutzprozess im Wege der objektiven Klagehäufung gemäß § 260 ZPO geltend gemacht werden (zur Geltendmachung im Wege der einstweiligen Verfügung siehe unten C. II. Form. 1.2). Die unangenehme Konsequenz für den Arbeitgeber liegt bei der Geltendmachung des gesetzlichen Weiterbeschäftigungsanspruchs durch den Arbeitnehmer nicht nur darin, dass eine Vollstreckungsgrundlage für eine Weiterbeschäftigung bis zum Prozessende geschaffen wird, sondern vor allem darin, dass der Arbeitnehmer ab diesem Zeitpunkt vergütet werden muss. Dies gilt unabhängig davon, ob eine tatsächliche Beschäftigung erfolgt; auch eine **Entbindung von der Weiterbeschäftigung** gemäß § 102 Abs. 5 Satz 2 BetrVG befreit den Arbeitgeber nicht rückwirkend, denn diese wirkt nur für die Zukunft (BAG 7. 3. 1996, AP Nr. 9 § 102 BetrVG 1972 Weiterbeschäftigung). Unter den Voraussetzungen des § 102 Abs. 5 Satz 1 BetrVG besteht das bisherige Arbeitsverhältnis kraft Gesetzes fort, auflösend bedingt durch die rechtskräftige Abweisung der Kündigungsschutzklage. Deshalb können auch ohne tatsächliche Beschäftigung **Vergütungsansprüche** erwachsen, etwa bei Arbeitsunfähigkeit oder gemäß § 615 BGB (BAG aaO.).

Kosten und Gebühren

Gegenstandswert: Wird überwiegend mit einem Bruttomonatsgehalt angesetzt (Thüringer LAG 27. 2. 1996, AuR 1996, 196; Sächsisches LAG 14. 7. 1993, LAGE Nr. 97 § 12 ArbGG 79 Streitwert; LAG Hamburg 26. 3. 1992, LAGE Nr. 14 § 19 GKG), vereinzelt mit zwei Bruttomonatsgehältern (LAG Köln 4. 7. 1995, LAGE Nr. 15 § 19 GKG; 31. 7. 1995, NZA 1996, 840; BAG 18. 1. 1996, AP Nr. 18 § 12 ArbGG 79 = NZA 1996, 1175).

10. Klagen im Zusammenhang mit Arbeitspapieren

Vorbemerkungen

Arbeitspapiere sind: das Arbeitszeugnis, die **Arbeitsbescheinigung**, das (durch eine Änderung des § 28 b Abs. 2 SGB IV, BGBl. I S. 2970 ab 1. 1. 1999 weggefallene) **Sozialversicherungsnachweisheft**, die **Lohnsteuerkarte**, die **Urlaubsbescheinigung** (§ 6 Abs. 2 BUrlG), die **Arbeitserlaubnis** (§§ 284 ff. SGB III), die **Gesundheitsbescheinigung** Jugendlicher (§ 32 Abs. 1 Nr. 2 JArbSchG), tarifliche Lohn-/Urlaubskarten, Unterlagen über vermögenswirksame Leistungen, Entgeltbelege bei Heimarbeitern (§§ 9 HAG, 10 ff. HAG-DVO). Arbeitspapiere im weiteren Sinne sind auch: die Arbeitsbestätigung bei Leiharbeitnehmern (§ 11 Abs. 1 AÜG), die Bedingungen des Ausbildungsvertrags (§ 4 Abs. 3 BBiG) sowie die Urkunde über ein vereinbartes Wettbewerbsverbot (§ 74 Abs. 1 HGB). Auch nach Aushändigung an den Arbeitgeber zu Beginn des Arbeitsverhältnisses bleiben sie Eigentum des Arbeitnehmers (*Küttner,* Personalhandbuch 2003, Arbeitspapiere Rdn. 2).

Die nachfolgenden Formulare unterscheiden zwischen dem Arbeitszeugnis sowie „sonstigen" Arbeitspapieren (Arbeitsbescheinigung, Lohnsteuerkarte, Sozialversicherungsnachweisheft).

10.1 Klage auf Zeugniserteilung gegen den Arbeitgeber

An das
Arbeitsgericht

Klage

In Sachen ......

– Klagepartei –

Prozessbevollmächtigte: Rechtsanwälte ......

gegen

......

– beklagte Partei –

Namens und mit Vollmacht der Klagepartei erheben wir Klage und werden beantragen

1. Die beklagte Partei wird verurteilt, der Klagepartei ein Zeugnis zu erteilen[1], das sich auf Art und Dauer sowie Führung und Leistung im Arbeitsverhältnis erstreckt[2].
2. Die beklagte Partei trägt die Kosten des Rechtsstreits.

Begründung:

Die Klagepartei war vom ...... bis ...... als ...... bei der beklagten Partei beschäftigt. Mit Schreiben vom ...... hat die Klagepartei ein qualifiziertes Arbeitszeugnis verlangt[3].

Hierauf hat die beklagte Partei nicht reagiert.

oder

Das von der beklagten Partei erteilte Zeugnis enthält keinerlei Bewertung der Aufgaben, Führung und Leistung der Klagepartei im Arbeitsverhältnis, obwohl die Klagepartei ein qualifiziertes Zeugnis verlangt hatte[4], und entspricht damit nicht den Anforderungen des § 109 Abs. 1 Satz 2 GewO.

Rechtsanwalt

Anmerkungen

1. Die Erteilung ist von der Frage der Übersendung zu unterscheiden. Nach einhelliger Ansicht in Lit. und Rspr. ist die Zeugnisschuld eine Holschuld i. S. d. § 269 Abs. 2 BGB (Nachw. bei BAG 8. 3. 1995, AP Nr. 21 § 630 BGB). Nur wenn die Abholung für den Arbeitnehmer mit unverhältnismäßig hohem Aufwand verbunden ist, wird aus Gründen der nachwirkenden Fürsorge die Hol- zur Schickschuld. Die Möglichkeit des Arbeitgebers zur Übersendung führt nicht zu einer entsprechenden rechtlichen Verpflichtung (BAG aaO.).

Ein **Zurückbehaltungsrecht** des Arbeitgebers **am Arbeitszeugnis** besteht unter keinem rechtlichen Gesichtspunkt, denn dies widerspräche der arbeitgeberseitigen Fürsorgepflicht (*Tschöpe-Wessel*, S. 1294; MüKo-*Schwerdtner*, § 630 Rdn. 25).

2. Gemäß § 109 GewO (der den bis 31. 12. 2002 geltenden § 630 BGB abgelöst hat) kann der Arbeitnehmer bei der Beendigung eines dauernden Dienstverhältnisses vom Arbeitgeber ein schriftliches Zeugnis über das Dienstverhältnis und dessen Dauer (einfaches Zeugnis) fordern. Auf Verlangen ist das Zeugnis auf die Leistungen und die Führung im Dienste zu erstrecken (qualifiziertes Zeugnis), § 109 Abs. 1 Satz 3 GewO. Entsprechende Regelungen sind in § 73 HGB (für kaufmännische Angestellte), § 8 BBiG (für alle kaufmännischen, gewerblichen und handwerklichen Auszubildenden), § 32 SoldG und § 46 ZDG enthalten. Auch zahlreiche Tarifverträge sowie Arbeitsverträge regeln einen Zeugnisanspruch des Arbeitnehmers. Auch, falls keine der genannten Rechtsgrundlagen einschlägig ist, besteht auf Grund der allgemeinen Fürsorgepflicht des Arbeitgebers ein Zeugnisanspruch (*Tschöpe-Wessel*, S. 1284 m. w. N.).

Vor Beendigung des Arbeitsverhältnisses hat der Arbeitnehmer Anspruch auf Erteilung eines **Zwischenzeugnisses**. Teilweise wird hierfür das Vorliegen eines berechtigten Interesses auf Arbeitnehmerseite gefordert (z. B. BAG 21. 1. 1993, DB 1993, 2134 = NZA 1993, 1031 = AP Nr. 1 § 61 BAT), was abzulehnen ist, da der Arbeitnehmer durch die Darlegung dieses berechtigten Interesses u. U. gezwungen wird, das bestehende Arbeitsverhältnis zu gefährden. Die Möglichkeit der eigenen Einschätzung und der Vorbereitung eines Stellenwechsels muss jederzeit bestehen (so auch *Küttner*, Personalhandbuch 2002, Zeugnis Rdn. 11). Anders § 61 Abs. 2 BAT, wonach im ungekündigten Arbeitsverhältnis nur aus triftigen Gründen ein (Zwischen-) Zeugnis verlangt werden kann. Ein solcher triftiger Grund liegt nicht vor, wenn der Arbeitnehmer das Zeugnis in einem Höhergruppierungsrechtsstreit als Beweismittel verwenden will (BAG 21. 1. 1993, DB 1993, 2134 = NZA 1993, 1031 = AP Nr. 1 § 61 BAT). Der Arbeitnehmer kann nicht verlangen, dass bestimmte im Zwischenzeugnis enthaltene Formulierungen in das Endzeugnis exakt übernommen werden (LAG Düsseldorf, 2. 7. 1976, DB 1976, 2310), wenn man auch dem Zwischenzeugnis starke Indizwirkung wird zubilligen müssen. Der Arbeitgeber wird es im Regelfall schwer haben darzulegen und zu beweisen, dass sich die Leistungen seit Erteilung des Zwischenzeugnisses wesentlich verändert haben. Ein fristgerecht entlassener Arbeitnehmer hat spätestens mit Ablauf der Kündigungsfrist oder bei seinem tatsächlichen Ausscheiden Anspruch auf ein Endzeugnis, nicht lediglich auf ein Zwischenzeugnis, auch wenn die Parteien in einem Kündigungs-schutzprozess über die Wirksamkeit der Kündigung streiten (BAG 27. 2. 1987, AP Nr. 16 § 630 BGB).

Der Zeugnisanspruch verjährt in 30 Jahren, § 195 BGB, und unterliegt – wie jeder schuldrechtliche Anspruch – der Verwirkung (BAG 17. 2. 1988, AP Nr. 17 § 630 BGB). Die **Verwirkung** setzt zum einen voraus, dass der Arbeitnehmer nicht binnen angemes-sener Zeit ein Zeugnis verlangt hat (Zeitmoment), zweitens der Arbeitgeber hierdurch annehmen konnte, der Arbeitnehmer werde dies auch nicht mehr tun (Umstands-moment) und drittens die Unzumutbarkeit für den Arbeitgeber, den Anspruch zu erfül-len. Letzteres soll dann vorliegen, wenn bereits so viel Zeit verstrichen ist, dass auf Grund Zeitablaufs nicht mehr sichergestellt ist, dass das Zeugnis von einem Aussteller herrührt, der auf Grund eigener Erinnerung und entsprechenden Beurteilungsvermögens hierfür die Verantwortung übernehmen kann (BAG aaO., zu II 4 der Entscheidungs-gründe). Bestimmte Fristen, bei denen Verwirkung eintritt, haben sich in der Rechtspre-chung nicht herausgebildet (10 Monate: BAG 17. 2. 1988, aaO.; über fünf Monate: BAG 17. 10. 1972, AP Nr. 8 § 630 BGB; bloßer Zeitablauf von mehr als zwei Monaten nicht ausreichend: LAG Hamm 16. 3. 1989, BB 1989, 1487). Im Übrigen unterliegt der Anspruch auf Erteilung eines qualifizierten Zeugnisses tariflichen Ausschlussfristen (BAG 23. 2. 1983, AP Nr. 10 § 70 BAT; a.A.: ArbG Hamburg 5. 3. 1997, BB 1997, 1212).

Vom Zeugnis zu unterscheiden ist die Erteilung einer Arbeitsbescheinigung gemäß § 312 SGB III; diese Verpflichtung des Arbeitgebers besteht gegenüber der Arbeitsver-waltung (siehe hierzu Form. 10.5 Anm. 2).

3. Verpflichtet zur Zeugniserteilung ist grundsätzlich der Arbeitgeber, d.h. der Dienstberechtigte i.S.d. § 109 GewO. Er kann sich hierbei jedoch Dritter bedienen, die aber erkennbar ranghöher sein müssen als der das Zeugnis beanspruchende Arbeitneh-mer (LAG Hamm 21. 12. 1993, BB 1995, 154; LAG Köln 14. 7. 1994, NZA 1995, 685; a. A. MüKo-*Schwerdtner*, § 630 Rdn. 19). Jedenfalls unzulässig ist die Ausstellung durch einen mit der Interessenwahrnehmung beauftragten Rechtsanwalt (LAG Hamm 2. 11. 1966, DB 1966, 1815; *Tschöpe-Wessel*, S. 1285). Zur Zeugniserteilung nach Insolvenz-eröffnung vgl. Form. 10.3

4. Verlangt der Arbeitnehmer zunächst ein **einfaches Zeugnis**, tritt Erfüllungswirkung gem. § 362 BGB ein, wenn dieses einfache Zeugnis ordnungsgemäß erteilt wurde. Gleichwohl kann er später vom Arbeitgeber zusätzlich ein qualifiziertes Zeugnis ver-langen, das der Arbeitgeber auf Grund nachwirkender Fürsorgepflicht erteilen muss (MüKo-*Schwerdtner*, § 630 Rdn. 29). Umgekehrt soll der Arbeitnehmer nach Erteilung eines qualifizierten Zeugnisses kein einfaches Zeugnis verlangen können, da das qualifi-zierte das einfache Zeugnis mitumfasst (*Schaub*, § 146 III 2 a). Dieser Standpunkt ist schon deshalb abzulehnen, weil nicht ersichtlich ist, warum bei dieser Fallgestaltung die arbeitgeberseitige Fürsorgepflicht nicht nachwirken soll (*Tschöpe-Wessel*, S. 1299).

Kosten und Gebühren

Gegenstandswert: Erteilung/Berichtigung eines qualifizierten Zeugnisses i.d.R. ein Bruttomonatsgehalt LAG Köln 26. 8. 1991, MDR 1991, 1177; LAG Rheinland-Pfalz 31. 7. 1991, NZA 1992, 524; a.A. LAG Baden-Württemberg 11. 4. 1990, 8 Ta 43/90, n.v.); Erteilung eines Zwischenzeugnisses ein halbes Bruttomonatsgehalt (LAG Köln 12. 7. 1996, 11 Ta 97/96, n.v.).

10.2 Klage auf Zeugnisberichtigung gegen den Arbeitgeber

An das
Arbeitsgericht

Klage

In Sachen ......

– Klagepartei –

Prozessbevollmächtigte: Rechtsanwälte ......

gegen

......

– beklagte Partei –

wegen: Zeugnisberichtigung[1]

Namens und mit Vollmacht der Klagepartei erheben wir Klage und werden beantragen

1. Die beklagte Partei wird verurteilt, der Klagepartei Zug um Zug gegen Rückgabe des unter dem Datum des ...... erteilten Zeugnisses unter demselben Datum[2] ein Zeugnis mit folgendem Inhalt[3] zu erteilen und zuzusenden[4]:
„(......)
Wir bedauern das Ausscheiden von ......, danken für seine Mitarbeit und wünschen für seinen weiteren Lebensweg alles Gute."
2. Die beklagte Partei trägt die Kosten des Rechtsstreits.

Begründung:

Die Klagepartei war vom ...... bis ...... als ...... bei der beklagten Partei beschäftigt. Unter dem ...... hat die beklagte Partei der Klagepartei ein qualifiziertes Arbeitszeugnis erteilt, das den Aufgabenbereich der Klagepartei nur unzureichend wiedergibt[5]. In der Aufzählung der Aufgabenbereiche fehlt ......
Diese Tätigkeiten hat die Klagepartei in folgendem Umfang wahrgenommen:
(......)
Beweis: ......

In der Bewertung der Leistung werden durch die Verwendung der Floskel „...... erfüllte die ihm übertragenen Aufgaben insgesamt zu unserer Zufriedenheit" deutlich unterdurchschnittliche Leistungen bescheinigt; zu einer solchen Aussage besteht keinerlei Veranlassung[6]. Die beklagte Partei möge der ihr insoweit obliegenden Darlegungs- und Beweislast nachkommen[7].
Angaben über die Führung im Dienst fehlen völlig[8].
Der Austrittsgrund ist nicht genannt; nach dem Grundsatz der Zeugniswahrheit und gemäß dem Vollständigkeitsgebot ist diese Angabe notwendiger Bestandteil eines qualifizierten Zeugnisses[9].
Die im Antrag formulierte Schlussformel entspricht dem Zeugnisstandard; das bisherige völlige Fehlen lässt negative Rückschlüsse auf die Leistungen und das Verhalten der Klagepartei zu, zu denen die Klagepartei während des Arbeitsverhältnisses keinerlei Veranlassung gegeben hat[10].
Auch hat die beklagte Partei weder einen Firmenbriefbogen noch einen Firmenstempel verwendet[11].

Schließlich sind orthografische Fehler in Absatz ...... und ...... enthalten[12].
Die beklagte Partei hat außergerichtlich eingewendet, die Klagepartei habe beim Austritt eine Ausgleichsklausel unterschrieben. Dies ist erstens nicht richtig, da die Klagepartei lediglich den Erhalt der Arbeitspapiere bestätigt hat.

Beweis: Empfangsbestätigung, in der Anlage

Zweitens schlösse eine allgemeine Ausgleichsklausel den Zeugnisberichtigungsanspruch nur dann aus, wenn ein solcher Verzicht ausdrücklich dem Text der Vereinbarung oder mit ausreichender Sicherheit den Begleitumständen zu entnehmen wäre (LAG Düsseldorf 23. 5. 1995, NZA-RR 1996, 42 m. w. N.)[13]. Dies ist vorliegend nicht der Fall.

Rechtsanwalt

Anmerkungen

1. Ein Anspruch auf „Berichtigung" existiert streng genommen nicht: Entweder wird der Anspruch aus § 109 GewO mit einem ordnungsgemäßen Zeugnis erfüllt oder aber (vollständig) nicht (*van Venrooy*, Anm. zu BAG 17. 2. 1988, AP Nr. 17 § 630 BGB). Eine Teilerfüllung gibt es nicht. Gleichwohl hat sich diese Begrifflichkeit etabliert. Weil es aber um einen Erfüllungsanspruch geht, trägt der Arbeitgeber die Darlegungs- und Beweislast für die Richtigkeit des erteilten Zeugnisses (zur Beweislast siehe auch Anm. 7).

2. Das Zeugnis ist – rechtzeitiges Verlangen des Arbeitnehmers vorausgesetzt – unter dem Austrittsdatum (BAG 9. 9. 1992, AP Nr. 19 § 630 BGB) zu erteilen (a. A. LAG Bremen 23. 6. 1989, NZA 1989, 848, wonach das tatsächliche Erstellungsdatum auszuweisen ist, wenn der Arbeitnehmer erst einige Zeit nach seinem Ausscheiden den Zeugnisanspruch geltend macht). Jedenfalls ist ein vom Arbeitgeber berichtigtes Zeugnis auf das ursprüngliche Ausstellungsdatum zurückzudatieren, wenn die verspätete Ausstellung nicht vom Arbeitnehmer zu vertreten ist (BAG 9. 9. 1992 aaO.).

3. Das Berichtigungsverlangen setzt einen exakt bestimmten Klageantrag voraus; die begehrten Formulierungen sind im Wortlaut zu beantragen (*Tschöpe-Wessel*, S. 1296); ob das Arbeitgericht befugt ist, das Zeugnis insgesamt zu überprüfen und im Urteilstenor neu zu formulieren (so *Wessel*, aaO.) dürfte wegen § 308 Abs. 1 Satz 1 ZPO fraglich sein.

Soweit ein Zeugnis formal unvollständig ist (z. B. Unterzeichnung mittels einer Paraphe), soll ein Berichtigungsantrag im Erkenntnisverfahren unzulässig sein, weil eine Änderung des Zeugnisses durch Neuausstellung im Zwangsvollstreckungsverfahren durchgesetzt werden kann. Insoweit stelle nämlich schon der konkrete Titel dar, wie das Zeugnis formal auszusehen habe. Eine nicht gehörige Erfüllung der Zeugniserteilungspflicht sei eine Nichterfüllung i. S. d. § 888 ZPO (LAG Hamm 28. 3. 2000, NZA 2001, 576).

4. Grundsätzlich muss der Arbeitnehmer seine Arbeitspapiere, zu denen auch das Zeugnis gehört, beim Arbeitgeber abholen (vgl. Form. 10.1 Anm. 1). Da bei einem Zeugnisberichtigungsprozess der Austrittstermin regelmäßig bereits verstrichen ist und der Arbeitgeber sich damit mit der Verpflichtung zur Erteilung eines ordnungsgemäßen Zeugnisses in **Verzug** befindet, ist er zur Übermittlung an den Arbeitnehmer auf eigene Kosten und Gefahr verpflichtet, § 286 BGB (*Tschöpe-Wessel*, S. 1294).

5. Bei der **Tätigkeitsbeschreibung** in einem Zeugnis hat der Arbeitgeber einen weitaus geringeren Beurteilungsspielraum als bei der **Leistungsbewertung**. Es genügt nicht, dass das Zeugnis ein abgerundetes Bild vermittelt, es muss vielmehr den Tatsachen entsprechen. Die Tätigkeiten des Arbeitnehmers sind so vollständig und genau zu beschreiben, dass sich künftige Arbeitgeber ein klares Bild machen können (BAG 12. 8. 1976, AP Nr. 11 § 630 BGB).

Fehlt die Tätigkeitsbeschreibung (gleiches gilt für die Verhaltensbewertung und die Leistungsbeurteilung) vollständig oder auch nur teilweise, so gilt der das Zeugnisrecht weitgehend beherrschende Grundsatz des „beredten Schweigens", wonach die nicht berührten Teile einer Tätigkeitsdarstellung/Verhaltensbewertung/Leistungsbeurteilung, über die der Arbeitnehmer und ein etwaiger künftiger Arbeitgeber als Adressat des Zeugnisses eine Aussage erwarten, in der Regel auf eine negative Beurteilung durch den Aussteller des Zeugnisses schließen lassen (LAG Köln 18. 5. 1995, NZA-RR 1996, 42).

6. Die Abstufung verläuft von Spitzenleistungen („stets zu unserer vollsten Zufriedenheit") über durchschnittliche („zu unserer vollen Zufriedenheit") bis hin zu ungenügenden Leistungen („war bemüht" bzw. „insgesamt zu unserer Zufriedenheit"), wobei sich in der Praxis zunehmend eine grammatikalische Argumentation, die den Terminus „vollste" grundsätzlich ablehnt, durchzusetzen scheint. Daher ist es vertretbar, eine Bestleistung mit „stets zu unserer vollen Zufriedenheit" und gut durchschnittliche, nicht zu beanstandende Leistungen mit „zu unserer vollen Zufriedenheit" oder „stets zu unserer Zufriedenheit" zu bewerten (LAG Köln 18. 5. 1995, NZA-RR 1996, 41; vgl. hierzu und zur Zeugnissprache insgesamt *Weuster*, BB 1992, 58). Es gilt eine abgestufte Darlegungs- und Beweislast: Überdurchschnittliche Leistungen hat der Arbeitnehmer, unterdurchschnittliche der Arbeitgeber zu beweisen (*Küttner*, Personalbuch 2003, Zeugnis Rdn. 41), s. u. Anm. 7.

Mit Einschränkungen wie „zum großen Teil" oder „insgesamt" ist eine die Gesamtbetrachtung ins Negative abwertende Einschränkung der Leistungsbeurteilung verbunden (LAG Köln 18. 5. 1995, NZA-RR 1996, 42).

7. Hinsichtlich der Darlegungs- und Beweislast ist zu unterscheiden: Im deskriptiven (beschreibenden) Bereich hat der Arbeitnehmer darzulegen und zu beweisen, welche bestimmten (Teil-)Tätigkeiten er verrichtet hat, die nicht im Zeugnis wiedergegeben sind. Im evaluativen (bewertenden) Teil ist zu unterscheiden: Wenn der Arbeitgeber Defizite nicht substantiiert darlegt und ggf. beweist, hat der Arbeitnehmer Anspruch auf eine gute Bewertung. Fordert der Arbeitnehmer Bewertungen, die weit über das übliche Maß hinausgehen („hoher Einsatz", „großes Engagement"), ist der Arbeitnehmer insoweit darlegungs- und beweispflichtig (LAG Köln 26. 4. 1996, NZA-RR 1997, 84).

8. Notwendiger Bestandteil des qualifizierten Zeugnisses sind gemäß § 109 Abs. 1 Satz 2 GewO („Verhalten") Angaben über das Sozialverhalten des Arbeitnehmers, d. h. über sein Verhältnis zu Vorgesetzten, Kollegen, Mitarbeitern, Kunden und Geschäftspartnern; relevant ist hier grundsätzlich nur das dienstliche, nicht das private Verhalten, es sei denn, letzteres hat sich dienstlich ausgewirkt (*Tschöpe-Wessel*, S. 1292). Üblich ist etwa folgende Formulierung. „Ihr/sein Verhalten gegenüber Vorgesetzten und Kollegen war jederzeit einwandfrei". Fehlt eine der Verhaltensrichtungen (z. B. einwandfreies Verhalten „nur" gegenüber Kollegen), so kann dies Kritik andeuten (*Weuster*, BB 1992, 59).

9. Str.; die Gegenmeinung steht auf dem Standpunkt, die Bekanntgabe des Beendigungsgrundes sei nicht üblich und damit grundsätzlich unzulässig (Nachw. bei *Popp*, NZA 1997, 589 Fußn. 17). Der Beendigungsgrund steht jedoch in direktem Zusammenhang mit der Beurteilung der dienstlichen Führung, zu der der Arbeitgeber verpflichtet ist; diese Führungsbeurteilung muss von Wohlwollen getragen sein (*Popp*, aaO.). Daher ist eine Verpflichtung zur Angabe des Austrittsgrundes zumindest für die Fälle zu bejahen, in denen der Arbeitnehmer dies verlangt. Eine fehlende Beendigungsformel soll eindeutig als Arbeitgeberkündigung interpretiert werden können (*Weuster*, BB 1992, 59).

Ob ein Anspruch auf Nichterwähnung des Austrittsgrundes des Arbeitnehmers besteht, ist einzelfallbezogen unter Berücksichtigung des Spannungsfeldes zwischen Wohlwollen und Wahrheitspflicht zu entscheiden. Hier kann das schutzwürdige Interesse eines potentiellen neuen Arbeitgebers sogar zu Lasten des Beurteilten eine Erwähnungspflicht auslösen (*Popp*, aaO. S. 590).

10. Der üblicherweise aus Beendigungsformel, der Dankes-Bedauern-Formel und den Zukunftswünschen bestehende Schlussabsatz sollte möglichst in vollständiger Form enthalten sein. Das Fehlen einer dieser drei Aussagen dürfte meist eine bewusste Auslassung anzeigen; die fehlende Beendigungsformel soll danach eindeutig als Arbeitgeberkündigung interpretiert werden können, durch die fehlende Dankes-Bedauerns-Formel soll der Arbeitgeber zum Ausdruck bringen, dass er den Arbeitnehmer jedenfalls nicht so gut bewertet, dass er dessen Ausscheiden bedauert und fehlende Zukunftswünsche deuten – auch bei einfachen Zeugnissen – auf eine tiefe Verstimmung hin (so *Weuster*, BB 1992, 59). Nach Auffassung des Hess. LAG (17. 6. 1999, BB 2000, 155) kann ein Arbeitnehmer unter Umständen Anspruch auf Aufnahme der Formulierung *„Wir danken ... für die gute Zusammenarbeit und wünschen ... für die Zukunft alles Gute und weiterhin viel Erfolg"* haben, da das Fehlen einer Schlussformulierung ein (insbesondere gutes) Zeugnis entwerten kann.

11. Das Zeugnis ist schriftlich auf dem üblicherweise verwendeten Firmenbogen (BAG 3. 3. 1993, AP Nr. 20 § 630 BGB) zu erteilen. Bei Erteilung auf einem neutralen weißen Blatt muss das Zeugnis vom Arbeitgeber unterschrieben und mit dem Firmenstempel versehen sein (*Tschöpe-Wessel*, S. 1289).

Nach LAG Schleswig-Holstein (9. 12. 1997, BB 1998, 275) hat der Arbeitnehmer keinen Anspruch auf ein ungeknicktes Zeugnis, solange dies im Übrigen äußerlich ordnungsgemäß ist, d. h. keine formalen oder äußerlichen Mängel aufweist (a. A. LAG Hamburg, 7. 9. 1993, NZA 1994, 890); diese Auffassung teil das BAG (21. 9. 1999, BB 2000, 411); der Arbeitgeber erfülle den Anspruch des Arbeitnehmers aus § 630 BGB (jetzt: § 109 GewO) auch mit einem Zeugnis, das er zweimal faltet, um den Zeugnisbogen in einem Geschäftsumschlag üblicher Größe unterzubringen, wenn das Originalzeugnis kopierfähig ist und die Knicke im Zeugnisbogen sich nicht auf den Kopien abzeichnen.

Das Zeugnis muss den voll ausgeschriebenen Namen des Unterzeichnenden sowie dessen maschinenschriftliche Wiederholung zwecks Identifizierung beinhalten; die Verwendung eines Kürzels ist nicht ausreichend (LAG Düsseldorf 23. 5. 1995, NZA-RR 1996, 43). Schließt das Zeugnis mit dem in Maschinenschrift angegebenen Namen des Ausstellers und seiner Funktion, muss das Zeugnis von diesem persönlich unterzeichnet werden (BAG 21. 9. 1999, BB 2000, 411). Es gilt § 126 Abs. 1 BGB, so dass weder ein Faksimile noch eine kopierte Unterschrift genügt (LAG Hamm 28. 3. 2000, NZA 2001, 576).

12. Ein demoskopisches Gutachten ist jedenfalls nicht geeignet, die „richtige" Schreibweise zu ermitteln (ArbG Düsseldorf, 19. 12. 1984, NZA 1985, 812).

13. Im Hinblick auf die Bedeutung des Zeugnisses für das berufliche Fortkommen können bei der Vertragsbeendigung vereinbarte allgemeine **Ausgleichsklauseln** („Der Arbeitnehmer erklärt, aus dem Arbeitsverhältnis und anlässlich dessen Beendigung keinerlei Ansprüche mehr an den Arbeitgeber zu haben.") nicht ohne weiteres als Verzicht auf die Neuerstellung eines Zeugnisses ausgelegt werden. Es muss sichergestellt sein, dass ein Arbeitnehmer nicht unbedacht in einer allgemein gefassten Erklärung auch auf ein Zeugnis verzichtet, ohne sich über diese Tatsache und über die Tragweite einer solchen Erklärung im Klaren zu sein (LAG Düsseldorf 23. 5. 1995, NZA-RR 1996, 42). Dies ist jedenfalls für den Fall so, dass bei Unterzeichnung der Ausgleichsklausel ein Zeugnis noch gar nicht erteilt ist.

Kosten und Gebühren

Gegenstandswert: Erteilung/Berichtigung eines qualifizierten Zeugnisses i. d. R. ein Bruttomonatsgehalt LAG Köln 26. 8. 1991, MDR 1991, 1177; LAG Rheinland-Pfalz 31. 7. 1991, NZA 1992, 524; a. A. LAG Baden-Württemberg 11. 4. 1990, 8 Ta 43/90, n. v.); Erteilung eines Zwischenzeugnisses ein halbes Bruttomonatsgehalt (LAG Köln 12. 7. 1996, 11 Ta 97/96, n. v.).

10.3 Klage auf Zeugniserteilung/-berichtigung gegen den Insolvenzverwalter

An das
Arbeitsgericht

Klage

In Sachen ......

– Klagepartei –

Prozessbevollmächtigte: Rechtsanwälte ......

gegen

......
als Insolvenzverwalter der Fa. ......

– beklagte Partei –

wegen: Zeugniserteilung/-berichtigung

Namens und mit Vollmacht der Klagepartei erheben wir Klage und werden beantragen
1. Die beklagte Partei wird verurteilt, der Klagepartei ein Zeugnis zu erteilen, dass sich auf die gesamte Dauer des Arbeitsverhältnisses sowie Führung und Leistung erstreckt.
2. Die beklagte Partei trägt die Kosten des Rechtsstreits.

Begründung:

Die Klagepartei war von ...... bis ...... als ...... bei der Fa. ...... beschäftigt, über deren Vermögen mit Beschluss des Amtsgerichts – Insolvenzgerichts – ...... vom ...... (in der Anlage) am ...... um ...... Uhr das Insolvenzverfahren eröffnet worden ist. Die Klagepartei wurde über die Verfahrenseröffnung hinaus bis zum Ende des Arbeitsverhältnisses weiterbeschäftigt[1].
Zum Insolvenzverwalter wurde ...... bestellt, der/die den Betrieb der/des Gemeinschuldnerin/Gemeinschuldners weiterführt.
Mit Schreiben vom ...... verlangte die Klagepartei von der beklagten Partei die Erteilung eines qualifizierten Arbeitszeugnisses für die gesamte Dauer des Arbeitsverhältnisses. Hiergegen hat die beklagte Partei eingewandt, sie kenne die Klagepartei aus der kurzen Zeit ihrer Weiterbeschäftigung nach Insolvenzeröffnung nur flüchtig und könne ihre Arbeitsleistung nicht beurteilen. Dies steht einem Zeugnisanspruch der Klagepartei jedoch nicht entgegen:

Mit den vorgebrachten Schwierigkeiten ist jeder Arbeitgeber eines größeren Betriebes konfrontiert, der den Arbeitnehmer nicht persönlich kennt und der sich für die Beurteilung des Arbeitnehmers die erforderlichen Angaben aus der Personalakte oder durch Befragen der Vorgesetzten des Arbeitnehmers beschaffen muss. Die/der Gemeinschuldnerin/Gemeinschuldner ist zu derartigen Auskünften an den Insolvenzverwalter verpflichtet[2], §§ 20, 97 InsO.

Rechtsanwalt

Anmerkungen

1. Ist der Arbeitnehmer vor der Insolvenzeröffnung aus dem Arbeitsverhältnis ausgeschieden, bleibt der Gemeinschuldner zur Zeugniserteilung verpflichtet und ist auch nach Insolvenzeröffnung passivlegitimiert. Der Arbeitnehmer muss den Rechtsstreit nach Insolvenzeröffnung gegen den Gemeinschuldner fortsetzen (BAG 30. 1. 1991, AP Nr. 18 § 630 BGB).

Wird der Arbeitnehmer über den Zeitpunkt der Insolvenzeröffnung hinaus beschäftigt, besteht die Verpflichtung des Insolvenzverwalters unabhängig davon, wie lange das Arbeitsverhältnis nach Insolvenzeröffnung noch fortgesetzt wird (a. A. LAG Baden-Württemberg 8. 2. 1979, KTS 1979, 317: Zu unterscheiden ist, ob das Arbeitsverhältnis während des Insolvenzverfahrens nur rechtlich bestand, der Arbeitnehmer nur kurz oder aber „längere Zeit" tatsächlich gearbeitet hat. In den ersten beiden Fällen soll ein Anspruch gegen den Insolvenzverwalter ausscheiden, da § 630 BGB eine andauernde Beschäftigung voraussetze.). Dabei muss er nach Maßgabe dessen, was ihm möglich ist, auch die Zeit des Arbeitsverhältnisses vor der Insolvenzeröffnung berücksichtigen (BAG 30. 1. 1991, AP Nr. 18 § 630 BGB).

2. Die gegenteilige Ansicht in der Lit., wonach der Insolvenzverwalter dem Arbeitnehmer ein Zeugnis nur für den Zeitraum der Weiterbeschäftigung nach Insolvenzeröffnung erteilen müsse und für die Zeit davor der Gemeinschuldner verpflichtet bleibe, führt zu unerwünschten und vermeidbaren Abgrenzungsschwierigkeiten. Deshalb richtet sich der Zeugnisanspruch einheitlich gegen den Insolvenzverwalter (BAG 30. 1. 1991, AP Nr. 18 § 630 BGB).

Dies steht nicht im Widerspruch zu der Auffassung, bei der Zeugniserteilung sei eine Stellvertretung nur in beschränktem Umfang möglich und die Zeugniserteilung selbst eine unvertretbare Handlung i. S. d. § 888 ZPO. Denn auch bei einem Versterben des Arbeitgebers entfällt der Zeugnisanspruch nur dann, wenn der Erbe die für die Zeugniserteilung maßgeblichen Tatsachen nicht kennt und sie sich auch nicht durch die Einholung entsprechender Auskünfte beschaffen kann. Dies kann auch für einen Insolvenzverwalter zutreffen, der sich die erforderlichen Informationen nicht mehr vom Gemeinschuldner beschaffen kann (BAG aaO.).

Kosten und Gebühren

Gegenstandswert: Erteilung/Berichtigung eines qualifizierten Zeugnisses i. d. R. ein Bruttomonatsgehalt LAG Köln 26. 8. 1991, MDR 1991, 1177; LAG Rheinland-Pfalz 31. 7. 1991, NZA 1992, 524; a. A. LAG Baden-Württemberg 11. 4. 1990, 8 Ta 43/90, n. v.); Erteilung eines Zwischenzeugnisses ein halbes Bruttomonatsgehalt (LAG Köln 12. 7. 1996, 11 Ta 97/96, n. v.).

10.4 Klage auf Schadensersatz wegen verspäteter oder unrichtiger Zeugniserteilung

An das
Arbeitsgericht

Klage

In Sachen ......

– Klagepartei –

Prozessbevollmächtigte: Rechtsanwälte ......

gegen

......

– beklagte Partei –

wegen: Schadensersatz

Namens und mit Vollmacht der Klagepartei erheben wir Klage und werden beantragen

1. Die beklagte Partei wird verurteilt, an die Klagepartei ...... EUR nebst 5 % Zinsen über dem Basiszinssatz hieraus seit ...... zu zahlen.
2. Es wird festgestellt, dass die beklagte Partei verpflichtet ist, der Klagepartei eventuelle künftige Schäden aus der Nichterteilung eines Zeugnisses für die Zeit nach dem ...... zu ersetzen[1].
3. Die beklagte Partei trägt die Kosten des Rechtsstreits.

Begründung:

Die Klagepartei war von ...... bis ...... als ...... bei der Fa. ...... beschäftigt. Bei Ende der Beschäftigung erteilte die beklagte Partei der Klagepartei kein qualifiziertes Zeugnis, woraufhin die Klagepartei dies mit Schreiben vom ...... und vom ...... anmahnte[2].

Beweis: Dieses Schreiben, in der Anlage K 1

Direkt nach dem Ausscheiden bei der beklagten Partei führte die Klagepartei mehrere Bewerbungsgespräche, unter anderem mit der Fa. ...... Am ...... teilte die Fa. ...... der Klagepartei den möglichen Eintrittstermin sowie die künftigen Vertragskonditionen mit und verlangte gleichzeitig die Übersendung des fehlenden Zeugnisses des letzten Arbeitgebers, nämlich der beklagten Partei.

Beweis: Dieses Schreiben, in der Anlage K 2

Hierauf wandte sich die Klagepartei nochmals an die beklagte Partei, teilte den Sachverhalt mit und bat dringend um Erteilung eines qualifizierten Zeugnisses.

Beweis: ......

Am ...... forderte die Fa. ...... nochmals die Übersendung der fehlenden Referenz, da eine mündliche Empfehlung nicht akzeptiert werden könne.

Beweis: ......

Unter dem Datum des ...... ließ die Fa. ...... die Klagepartei wissen, dass sie sich nicht in der Lage sähe, die Klagepartei auf der Basis der mit Schreiben vom ...... vorgeschlagenen Konditionen zu beschäftigen, da das nachgefragte Zeugnis nicht rechtzeitig eingegangen sei. Diese Tatsache werde bedauert, da man bei der Fa. ...... eine Zusammenarbeit mit der Klagepartei als Erfolg versprechend angesehen habe.

Beweis: ......

Die Klagepartei hätte in dieser Position folgende Vergütung erhalten[3]: ......

Beweis: ......

Diesen Betrag verlangt sie als Verzugsschaden von der beklagten Partei ersetzt[4]. Ein Verschulden muss nicht nachgewiesen werden, da die Beweislast gemäß §§ 282, 285 BGB zugunsten der Klagepartei umgekehrt ist[5].

Rechtsanwalt

Anmerkungen

1. Der Feststellungsantrag kann nicht mit der Begründung zurückgewiesen werden, das Fehlen eines Zeugnisses sei nach der Lebenserfahrung nicht geeignet, sich auf künftige Einkommensentwicklungen auszuwirken. Es ist zu berücksichtigen, dass der Arbeitnehmer mit Nachteilen bei Bewerbungen rechnen muss, wenn es für eine gewisse Zeit an einem lückenlosen Nachweis seiner bisherigen Beschäftigung fehlt (BAG 24. 3. 1977, AP Nr. 12 § 630 BGB).

2. Da es sich beim Zeugnisanspruch um eine Holschuld handelt (vgl. Form. 10.1 Anm. 1), kann Verzug erst eintreten, wenn der Arbeitnehmer das Zeugnis gefordert hat (Kasseler Handbuch-*Haupt*, S. 197).

3. Der zu ersetzende Schaden besteht regelmäßig in dem **Verdienstausfall**, den der Arbeitnehmer durch die unterbliebene oder verspätete Zeugniserteilung erleidet (BAG 26. 2. 1976, AP Nr. 3 § 252 BGB; Kasseler Handbuch-*Haupt*, S. 197; *Tschöpe-Wessel*, S. 1301). Der Arbeitnehmer darf auf Grund seiner Schadensminderungspflicht nicht gleichwertige Stellen ausschlagen, § 254 Abs. 1 BGB, und sich anschließend auf Verdienstausfall berufen.

4. Anspruchsgrundlage für den Schadensersatzanspruch ist entweder § 286 BGB (bei verspäteter Erteilung) oder sind die Grundsätze der positiven Forderungsverletzung, §§ 276, 278 BGB (bei unrichtiger Erteilung). Ein **Schmerzensgeld**anspruch wegen eines verspätet oder unrichtig erteilten Zeugnisses kann nicht auf eine Verletzung des allgemeinen Persönlichkeitsrechts gestützt werden, weil der Arbeitnehmer in seiner beruflichen Ehre gekränkt ist; denn die berufliche Ehre kann im Allgemeinen nicht durch eine unvollständige Tätigkeitsbeschreibung berührt werden. In Betracht kommt dagegen ein Schmerzensgeldanspruch, wenn der Arbeitgeber schuldhaft eine Gesundheitsbeschädigung des Arbeitnehmers verursacht hat, etwa wenn die Arbeitslosigkeit zu bestimmten Krankheiten geführt hat (BAG 12. 8. 1976, AP Nr. 11 § 630 BGB).

5. Der Arbeitgeber muss den Beweis dafür erbringen, dass ihm ein Verschulden am Verzug bzw. der Schlechtleistung nicht vorzuwerfen ist. Der Arbeitnehmer muss dagegen die Ursächlichkeit der Pflichtverletzung für den eingetretenen Schaden darlegen und beweisen (BAG 24. 3. 1977, AP Nr. 12 § 630 BGB), wobei ihm für den Nachweis, dass ein Minderverdienst auf die Vertragsverletzung des Arbeitgebers zurückzuführen ist, die Darlegungs- und Beweiserleichterungen des § 252 Satz 2 BGB zugute kommen; danach gilt derjenige Verdienst als entgangen, der nach dem gewöhnlichen Lauf der Dinge oder nach besonderen Umständen mit Wahrscheinlichkeit erwartet werden konnte. Ausreichend ist daher statt des positiven Nachweises die Wahrscheinlichkeit eines Minderverdienstes. § 287 ZPO sieht eine entsprechend großzügige Regelung der Darlegungs- und

Beweislast vor. Die geschädigte Partei muss nicht Tatsachen vortragen, die einen zwingenden Schluss auf den behaupteten Schaden zulassen, vielmehr genügt der Nachweis von Tatsachen, die einen Schadenseintritt wahrscheinlich machen (BAG 26. 2. 1976, AP Nr. 3 § 252 BGB). Trotz dieser Beweiserleichterung dürfte es für den Arbeitnehmer schwierig sein, den Kausalitätsnachweis zu führen, da die Ursachen für eine Nichteinstellung vielfältig sein können (Kasseler Handbuch-*Haupt,* S. 198); insbesondere verneint das BAG einen allgemeinen Erfahrungssatz dahingehend, dass das Fehlen eines Zeugnisses die Ursache für den Misserfolg einer Bewerbung sein müsse (BAG 25. 10. 1967, AP Nr. 6 § 73 HGB). Damit werden jedoch nicht alle Erfahrungsregeln im Zusammenhang mit Zeugnispflichtverletzungen ausgeschlossen; auch ist für den Ersatzanspruch nicht der zwingende Schluss auf das Zustandekommen eines Arbeitsvertrages mit einem bestimmten Arbeitgeber erforderlich. Ausreichend ist ernsthaftes Interesse eines potenziellen Arbeitgebers, soweit „die Zeugnisfrage zur Sprache gebracht werde" (BAG 26. 2. 1976 aaO.). Im Ergebnis muss der Arbeitnehmer nach wie vor den Beweis dafür führen, dass ein potenzieller Arbeitgeber ihn gerade wegen des Nichtvorliegens eines ordnungsgemäßen Zeugnisses nicht oder nur zu schlechteren Konditionen eingestellt hat (BAG 12. 8. 1976, AP Nr. Nr. 11 § 630 BGB).

Kosten und Gebühren

Keine Besonderheiten; Gegenstandswert: Klageforderung.

10.5 Klage auf Herausgabe der Arbeitsbescheinigung und der Lohnsteuerkarte

An das
Arbeitsgericht[1]

Klage

In Sachen ......

– Klagepartei –

Prozessbevollmächtigte: Rechtsanwälte ......

gegen

......

– beklagte Partei –

wegen: Herausgabe der Arbeitspapiere

Namens und mit Vollmacht der Klagepartei erheben wir Klage und werden beantragen

1. Die beklagte Partei wird verurteilt, der Klagepartei
   – eine Arbeitsbescheinigung zu erteilen[2] sowie
   – die Lohnsteuerkarte herauszugeben[3].
2. Die beklagte Partei trägt die Kosten des Rechtsstreits.

Begründung:

Die Klagepartei war bei der beklagten Partei vom ...... bis ...... als ...... beschäftigt.

Entgegen ihrer Verpflichtung aus § 312 Abs. 1 SGB III hat die beklagte Partei der Klagepartei bis heute keine Arbeitsbescheinigung erteilt; auch das Sozialversicherungsnachweisheft und die Lohnsteuerkarte sind noch nicht herausgegeben worden. Damit ist Klage geboten.

Rechtsanwalt

Anmerkungen

1. Arbeitspapiere i. S. d. § 2 Abs. 1 Nr. 3 e) ArbGG sind sämtliche Papiere und Bescheinigungen, die der Arbeitgeber dem Arbeitnehmer zu erteilen hat. Darauf, ob diese Papiere öffentlich- oder privatrechtlicher Natur sind, kommt es nicht an, da jedenfalls die Herausgabeverpflichtung des Arbeitgebers eine privatrechtliche ist (*Tschöpe-Holthöwer*, S. 1902 Rdn. 64 m. w. N.).

Insbesondere die Verpflichtung des Arbeitgebers, die Arbeitsbescheinigung auszufüllen und dem Arbeitnehmer auszuhändigen, ist vertragliche Nebenpflicht, so dass hierfür die Arbeitsgerichte zuständig sind, § 2 Abs. 1 Nr. 3 e) ArbGG (BAG 19. 2. 1992, AP Nr. 21 § 2 ArbGG 1979). Weitergehende Ansprüche als auf das Ausfüllen und die Herausgabe der Arbeitsbescheinigung, insbesondere auf Änderung der Eintragungen, können im arbeitsgerichtlichen Verfahren nicht geltend gemacht werden, sondern gehören vor die Sozialgerichte (LAG Frankfurt 5. 1. 1983, BB 1983, 2186). Denn die Eintragungen ersetzen die Zeugenaussage des Arbeitgebers bei den Amtsermittlungen des Arbeitsamtes und in einem (sozialgerichtlichen) Rechtsstreit des Arbeitnehmers gegen das Arbeitsamt (LAG Frankfurt aaO. S. 2187). Zur Lohnsteuerkarte vgl. Anm. 3.

Seit dem 1. 1. 1999 sind durch die Neuregelung des Meldeverfahrens (18. 2. 1998, BGBl. I S. 343) keine Sozialversicherungsnachweishefte mehr zu führen. Die Pflicht des Arbeitgebers zur Aufbewahrung und Herausgabe des Sozialversicherungsnachweisheftes ist damit mit Ablauf des 31. 12. 1998 erloschen. Der Sozialversicherungsausweis verbleibt ohnehin beim Arbeitnehmer.

2. Gemäß § 312 Abs. 1 SGB III ist die Arbeitsbescheinigung zum Zeitpunkt der tatsächlichen Beendigung der Beschäftigung auszustellen. Sie dient sowohl der Beweiserleichterung für den Bezug von Leistungen der Bundesanstalt als auch der Beschleunigung des Leistungsverfahrens. Ausstellungspflichtig ist der Arbeitgeber, der insoweit – ohne dass es einer Aufforderung durch das Arbeitsamt oder eines Verlangens durch den Arbeitnehmer bedarf – öffentlich-rechtlich verpflichtet ist. Grundsätzlich handelt es sich – wie beim Zeugnis – um eine Holschuld (vgl. hierzu Form. 10.1 Anm. 1). Die Verpflichtung des Arbeitnehmers beschränkt sich darauf, die Bescheinigung entgegenzunehmen und sie bei einer entsprechenden Antragstellung dem Arbeitsamt auszuhändigen (GK-SGB III-*Ambs*, § 404 Rdn. 138). Ein Verstoß gegen die Verpflichtung, eine wahrheitsgemäße Arbeitsbescheinigung auszufüllen, ist ein ordnungswidriges Handeln des Arbeitgebers und kann mit einer Geldbuße bis zu 1.500,– EUR geahndet werden, § 404 Abs. 2 Nr. 19, Abs. 3 SGB III. Der Arbeitgeber ist gegenüber der Bundesanstalt für Arbeit nach § 321 Nr. 1 SGB III schadensersatzpflichtig, wenn er die Arbeitsbescheinigung schuldhaft nicht richtig oder nicht vollständig ausfüllt. Hierbei haftet der Arbeitgeber sowohl für eigenes Verschulden als auch für das der von ihm mit der Ausfüllung der Arbeitsbescheinigung betrauten Personen, § 278 BGB. Verletzt der Arbeitgeber die Arbeitsbescheinigungspflicht oder macht er sachlich unrichtige Angaben, so ist er bei schuldhaftem Verhalten verpflichtet, dem Arbeitnehmer einen dadurch entstehenden Schaden zu ersetzen; die Beweislast für die Richtigkeit der Angaben trägt der Arbeitgeber (AG Wetzlar 5. 1. 1976, BB 1976, 978).

Eine Arbeitsbescheinigung ist auch dann vom Arbeitgeber auszustellen, wenn der Arbeitnehmer im bestehenden Arbeitsverhältnis seiner Beschäftigungspflicht nicht mehr nachkommt und der Arbeitgeber keine Vergütung mehr bezahlt, denn § 312 Abs. 1 SGB III spricht von der „Beendigung eines Beschäftigungsverhältnisses". Erhält der Arbeitnehmer trotz Nichtarbeit dagegen noch Arbeitsentgelt, muss keine Arbeitsbescheinigung ausgefüllt werden, weil der Arbeitnehmer in diesem Falle keinen Anspruch auf Leistungen (AlG, AlHi, Uhg oder Übergangsgeld) hat. Ist die alsbaldige Beendigung des Beschäftigungsverhältnisses vorhersehbar, ist der Arbeitgeber grundsätzlich verpflichtet, die Ausstellung der Arbeitsbescheinigung rechtzeitig vorzubereiten (GK-SGB III-*Ambs*, § 404 Rdn. 141).

3. Enthält die vom Arbeitgeber bereits ausgehändigte Lohnsteuerkarte falsche Eintragungen, ist das ArbG zuständig, soweit es um die Richtigkeit der Parteivereinbarungen über die Lohnhöhe geht (Gemeinsamer Senat der Obersten Gerichtshöfe des Bundes, 4. 6. 1974, AP Nr. 3 § 405 RVO; *Küttner*, Personalhandbuch 2003, Lohnsteuerkarte Rdn. 2; FG Brandenburg 3. 12. 1996, NZA-RR 1997, 355). Die Frage ist str.; die Gegenauffassung (*Grunsky*, ArbGG § 2 Rdn. 81 ff. m. w. N.) hält die Frage der Berichtigung von Eintragungen auf der Lohnsteuerkarte für eine zur sozialgerichtlichen Zuständigkeit gehörende öffentlich-rechtliche Streitigkeit. Um eine solche öffentlich-rechtliche Streitigkeit handelt es sich jedoch gerade nicht, denn es geht um das bürgerlich-rechtliche Verhältnis zwischen Rechtspersonen des Privatrechts; die einschlägigen öffentlichen Vorschriften aus dem Bereich des Sozial- und Steuerrechts haben hier lediglich eine Reflexwirkung. Selbst die den Arbeitgeber zur Vornahme von Eintragungen auf der Lohnsteuerkarte und Herausgabe an den Arbeitnehmer verpflichtende Vorschrift des § 41 b Abs. 1 Satz 2 und 4 EStG ist dem Charakter nach eine Norm des Privatrechts, denn es handelt sich um eine gesetzlich fixierte Nebenpflicht des Arbeitgebers aus dem Arbeitsverhältnis (siehe auch Anm. 4), zu deren inhaltlicher Bestimmung die Konditionen des Arbeitsvertrages geprüft und zugrunde gelegt werden müssen (FG Brandenburg aaO.). Der Antrag lautet dann:

„Die beklagte Partei wird verurteilt, die Eintragung auf der Lohnsteuerkarte der Klagepartei in Spalte ... auf der Grundlage zu berichtigen, dass ... (folgen arbeitsvertragliche Bestimmungen, von denen die Eintragungen abweichen) ..."

Kosten und Gebühren

Für die Herausgabe von Arbeitspapieren ist (insgesamt) ein Streitwert von 250,– EUR (500,– DM) anzusetzen (LAG Hamm 18. 4. 1985, 8 Ta 91/85; LAG Köln 15. 4. 1987, 6 Ta 77/87).

11. Beseitigung von Abmahnungen aus der Personalakte

Vorbemerkungen

1. Eine **Abmahnung** liegt vor, wenn der Arbeitgeber hinreichend deutlich erkennbar für den Arbeitnehmer Vertragsverstöße und Pflichtwidrigkeiten beanstandet und darauf hinweist, dass im Wiederholungsfalle der Fortbestand des Arbeitsverhältnisses gefährdet ist (BAG 18. 1. 1980, AP Nr. 3 § 1 KSchG 1969). Sie ist formfreie Wirksamkeitsvoraussetzung für eine auf vertragswidriges Verhalten gestützte Kündigung und muss daher zweifelsfrei erkennen lassen, auf welches konkrete Verhalten sie sich bezieht, inwieweit dies einen Verstoß gegen arbeitsvertragliche Pflichten darstellt und dass der Arbeitgeber

im Wiederholungsfalle von seinem Kündigungsrecht Gebrauch machen wird. Das Erfordernis der Abmahnung ist nicht gesetzlich geregelt, ist eine „Erfindung der Arbeitsgerichtsbarkeit" (*Walker*, NZA 1995, 601) und ergibt sich nach h. M. aus dem Grundsatz der Verhältnismäßigkeit: eine Kündigung ohne vorausgegangene Abmahnung verstößt gegen das ultima-ratio-Prinzip. Zum Inhalt der Abmahnung vgl. unten B.III Form. 11.1.

Es besteht keine Verpflichtung des Arbeitnehmers, gegen eine Abmahnung gerichtlich vorzugehen; genauso wenig muss der Arbeitnehmer mündlich oder schriftlich gegen die ausgesprochene Abmahnung protestieren oder den Arbeitgeber auf die Risiken seiner Darlegungs- und Beweislast im Kündigungsschutzprozess aufmerksam machen. Von einer Verwirkung des Anspruchs auf Entfernung der Abmahnung bzw. einem treuwidrigen vorprozessualen Verhalten kann also nur bei Vorliegen zusätzlicher Umstände die Rede sein, wenn der Arbeitnehmer beim Arbeitgeber einen besonderen Vertrauenstatbestand gesetzt und ihn veranlasst hat, prozessual relevante Dispositionen zu treffen (BAG 13. 3. 1987, NZA 1987, 518 = AP Nr. 18 § 1 KSchG 1969 Verhaltensbedingte Kündigung). Der Anspruch des Arbeitnehmers auf Entfernung der Abmahnung aus der Personalakte entfällt nicht nach § 70 BAT sechs Monate nach Kenntnis von der Abmahnung (BAG 14. 12. 1994, AP Nr. 15 § 611 BGB Abmahnung).

2. Geht der Arbeitnehmer gegen die Abmahnung nicht gerichtlich vor, so hat dies keine Indizwirkung in einem nachfolgenden Kündigungsschutzprozess (BAG 13. 3. 1987, NZA 1987, 518 = AP Nr. 18 § 1 KSchG 1969 Verhaltensbedingte Kündigung). Andererseits kann die Klagemöglichkeit des Arbeitnehmers gegen eine Abmahnung nicht deshalb verneint werden, weil der Arbeitnehmer die Berechtigung einer Abmahnung in einem späteren Kündigungsschutzprozess nachprüfen lassen kann. Der Arbeitnehmer braucht auch nicht abzuwarten, ob sich aus der Abmahnung nachteilige Folgen für ihn ergeben. Er kann vielmehr klären lassen, ob eine erteilte Abmahnung zu Recht als mögliche Voraussetzung für eine Kündigung seine Rechtsstellung beeinträchtigt oder ob sein Verhalten zu Unrecht beanstandet wurde (BAG 5. 8. 1992, AP Nr. 8 § 611 BGB Abmahnung).

3. Nach Beendigung des Arbeitsverhältnisses hat der Arbeitnehmer regelmäßig keinen Anspruch mehr auf Entfernung einer zu Unrecht erteilten Abmahnung aus der Personalakte, sondern ausnahmsweise nur dann, wenn objektive Anhaltspunkte dafür bestehen, dass die Abmahnung dem Arbeitnehmer auch noch nach Beendigung des Arbeitsverhältnisses schaden kann. Die Darlegungs- und Beweislast trifft insoweit den Arbeitnehmer (BAG 14. 9. 1994, AP Nr. 13 § 611 Abmahnung).

4. Die Abmahnung konsumiert den abgemahnten Sachverhalt; hierauf kann eine Kündigung nicht mehr gestützt werden. Durch die Abmahnung verzichtet der Arbeitgeber konkludent auf ein Kündigungsrecht wegen der Gründe, die Gegenstand einer Abmahnung waren; auf die abgemahnten Gründe kann er nur zurückgreifen, wenn weitere kündigungsrechtlich erhebliche Umstände eintreten oder ihm nachträglich bekannt werden (BAG 10. 11. 1988, AP Nr. 3 § 611 BGB Abmahnung = Nr. 3 § 1 KSchG 1969 Abmahnung). Ob ein abgemahntes Fehlverhalten im Wiederholungsfall für eine Kündigung ausreicht, kann erst im Rechtsstreit über die Kündigung und nicht schon vorher abschließend beurteilt werden (BAG 13. 11. 1991, AP Nr. 7 § 611 BGB Abmahnung; vgl. aber BVerfGE 14. 11. 1995, AP Nr. 80 § 9 GG). Umgekehrt darf der Arbeitgeber jedoch nach erfolgloser Kündigung wegen desselben unstreitigen, für eine Kündigung aber allein nicht ausreichenden Sachverhalts abmahnen; die sozialwidrige Kündigung schließt nicht das Recht des Arbeitgebers aus, wegen des erwiesenen Pflichtverstoßes eine gesonderte Abmahnung zu erteilen (BAG 7. 9. 1988, AP Nr. 2 § 611 Abmahnung mit Anm. *Conze*).

5. Die Erteilung einer Abmahnung ist mitbestimmungsfrei (BAG 17. 10. 1989, DB 1990, 483).

6. Der Arbeitnehmer kann von seinem Arbeitgeber die Beseitigung einer Abmahnung verlangen, wenn diese rechtswidrig ist. Rechtsgrundlage für den Beseitigungsanspruch ist sowohl die arbeitgeberseitige Fürsorgepflicht als auch ein Beseitigungsanspruch des Arbeitnehmers wegen Verletzung seines allgemeinen **Persönlichkeitsrechts**, §§ 242, 1004 BGB analog (st. Rspr. BAG: 27. 11. 1985, AP Nr. 93 § 611 BGB Fürsorgepflicht; 5. 8. 1992, EzA Nr. 25 § 611 BGB Abmahnung; 14. 9. 1994, AP Nr. 13 § 611 BGB Abmahnung). Die Rechtswidrigkeit kann sich daraus ergeben, dass
– die Abmahnung auf einer unzutreffenden Tatsachengrundlage beruht, der Arbeitnehmer also die ihm vorgeworfene und an sich abmahnungswürdige Pflichtverletzung nicht begangen hat,
– die der Abmahnung zugrunde liegenden Tatsachen nicht beweisbar sind oder es der Abmahnung an der erforderlichen Klarheit fehlt,
– der Arbeitgeber das Verhalten des Arbeitnehmers unzutreffend gewürdigt hat, d. h. das Verhalten des Arbeitnehmers keinen Verstoß gegen arbeitsvertragliche Pflichten darstellt (s. u. Form. 11.1).
– die Abmahnung unverhältnismäßig ist,
– die Abmahnung verwirkt ist (BAG 13. 10. 1988, AP Nr. 4 § 611 BGB Abmahnung) bzw. sich der Arbeitgeber mit der Abmahnung zu seinem übrigen Verhalten in Widerspruch setzt, das den Arbeitnehmer darauf hat vertrauen lassen, der Arbeitgeber werde über seine Handlungsweise hinwegsehen (BAG 20. 12. 1994, AP Nr. 18 § 611 BGB Abmahnung),
– mit der Abmahnung durch ehrverletzende Äußerungen die Grenzen des vertraglichen Rügerechts überschritten werden,
– die Abmahnung unter formalen Mängeln leidet (s. u. Form. 11.2),
– auf Grund Zeitablaufs kein schutzwürdiges Interesse des Arbeitgebers am Verbleib der Abmahnung in der Personalakte mehr besteht (s. u. Form. 11.3).
Der Grund für die Rechtswidrigkeit und damit für den Entfernungsanspruch ist nicht Teil des Streitgegenstandes, sondern Begründung des Klageanspruchs (BAG 14. 12. 1994, AP Nr. 14 § 611 BGB Abmahnung). Ein Nachschieben von Abmahnungsgründen im Prozess auf Rücknahme und Beseitigung ist unzulässig (*Küttner*, Personalbuch 2002, Abmahnung Rdn. 44); der Arbeitgeber muss bei Vorliegen solcher Gründe ggf. eine neue Abmahnung aussprechen.

7. Sind in der **Abmahnung mehrere Vorwürfe** enthalten, von denen nicht alle zutreffen, muss die Abmahnung vollständig aus der Personalakte entfernt werden. Ein teilweises Aufrechterhalten der Abmahnung ist nicht möglich. Der Arbeitgeber kann nach der Entfernung aus der Personalakte eine neue, nur auf die zutreffenden Vorwürfe beschränkte Abmahnung aussprechen (BAG 13. 3. 1991, AP Nr. 5 § 611 BGB Abmahnung m. w. N. unter II. d. Gr.). Eine entsprechende Heranziehung der §§ 139, 140 BGB kommt nicht in Betracht, da die Abmahnung weder ein Gestaltungsrecht noch eine Willenserklärung im Rechtssinne ist, sondern die Ausübung eines vertraglichen Rügerechts (BAG 15. 1. 1986, AP Nr. 96 § 611 BGB Fürsorgepflicht).

8. Die **Warnfunktion** der **Abmahnung** kann auch erhalten bleiben, wenn der Arbeitgeber verurteilt worden ist, sie aus der Personalakte zu entfernen; damit kommt es also hinsichtlich der Warnfunktion nicht darauf an, ob die Abmahnung sachlich berechtigt war (KR-*Fischermeier*, § 626 BGB Rdn. 270).

Mehrere Abmahnungen wegen gleichartiger Pflichtverletzungen, denen keine weiteren Konsequenzen folgen, können die **Warnfunktion** der Abmahnungen abschwächen. Der Arbeitgeber muss dann die letzte Abmahnung vor Ausspruch einer Kündigung besonders eindringlich gestalten, um dem Arbeitnehmer klar zu machen, dass weitere derartige Pflichtverletzungen nunmehr zum Ausspruch einer Kündigung führen (BAG 15. 11. 2001, NZA 2002, 968).

9. Zur **Antragsstellung**: Vereinzelt findet sich in der Praxis der zusätzliche Antrag, die Unwirksamkeit der Abmahnung festzustellen. Da nach § 256 ZPO nur die Feststellung der (Un-) Wirksamkeit eines Rechtsverhältnisses festgestellt werden kann, ist ein solchen Antrag unzulässig (BAG 15. 4. 1999, NZA 1999, 1037. In dieser Entscheidung hat das BAG aber klargestellt, dass es über den Entfernungsanspruch hinaus einen Anspruch auf Widerruf geben kann, wenn der Arbeitnehmer in seinen Rechten fortdauernd beeinträchtigt ist (a. A. ArbG München 2. 5. 2000, BB 2000, 1790).

Genauso unzulässig, weil unbestimmt, ist der Antrag, die Abmahnung „ersatzlos" aus der Personalakte zu entfernen. Ein solches Begehren enthält einen selbstständigen Unterlassungsantrag und ist unzulässig, wenn die Ersatzstücke, gegen die sich der Antrag richtet, nicht hinreichend bestimmt sind (LAG Köln 25. 4. 1997, FA Arbeitsrecht 1997, 53).

11.1 Klage auf Rücknahme einer auf unzutreffender Würdigung beruhenden Abmahnung

An das
Arbeitsgericht

Klage

In Sachen ......

– Klagepartei –

Prozessbevollmächtigte: Rechtsanwälte ......

gegen

......

– beklagte Partei –

wegen: Abmahnung

Namens und mit Vollmacht der Klagepartei erheben wir Klage und werden beantragen

1. Die beklagte Partei wird verurteilt, die Abmahnung vom ...... zurückzunehmen und aus der Personalakte der Klagepartei zu entfernen.
2. Die beklagte Partei trägt die Kosten des Rechtsstreits.

Begründung:

Die Klagepartei ist seit ...... als ...... bei der beklagten Partei als ...... zu einem Monatsbruttogehalt von ...... beschäftigt. Sie ist seit ...... Mitglied des Betriebsrats bei der beklagten Partei.

Mit Schreiben vom ...... mahnte die beklagte Partei die Klagepartei mit der Begründung ab, die Klagepartei habe sich am ...... unerlaubt vom Arbeitsplatz entfernt, ohne die vorherige Zustimmung des Arbeitgebers einzuholen. Dies sei ein Verstoß gegen arbeitsvertragliche Pflichten und führe im Wiederholungsfalle zu einer – gegebenenfalls außerordentlichen – Kündigung. Die Abmahnung werde zur Personalakte der Klagepartei genommen.

Die Abmahnung ist rechtswidrig. Die Klagepartei nahm am besagten Tag an einer Betriebsratssitzung teil, die um 14.00 Uhr begann.

Beweis: ......, Vorsitzende/r des Betriebsrats, zu laden über die beklagte Partei, als Zeuge

Um 13.45 meldete sich die Klagepartei bei ihrem Vorgesetzten, Meister ......, ordnungsgemäß ab und teilte mit, sie gehe jetzt zur Sitzung des Betriebsrates.

Beweis: ......, zu laden über die beklagte Partei, als Zeuge.

Damit liegt kein Verstoß gegen arbeitsvertragliche Pflichten vor, der die beklagte Partei zur Abmahnung berechtigen würde. Zwar ist es richtig, dass sich ein Arbeitnehmer beim Arbeitgeber abmelden muss, wenn während der Arbeitszeit die geschuldete Arbeitsleistung nicht erbracht wird. Diese Verpflichtung ist als arbeitsvertragliche Nebenpflicht nicht Bestandteil der Betriebsverfassung und obliegt unabhängig von einem Betriebsratsamt jedem Arbeitnehmer (BAG 15. 7. 1992, AP Nr. 9 § 611 BGB Abmahnung). Einer Zustimmung zur Arbeitsbefreiung bedarf es jedoch im Rahmen des § 37 Abs. 2 BetrVG nicht[1]. Auch das Betriebsratsmitglied tut daher seinen arbeitsvertraglichen Pflichten Genüge, wenn es zur Abmeldung stichwortartig den Gegenstand der Betriebsratstätigkeit nach Art, Zeit und Ort beschreibt (BAG aaO.). Dies ist vorliegend geschehen. Der Klagepartei liegt damit kein Pflichtenverstoß und daher auch kein vertragswidriges Verhalten zur Last, das die beklagte Partei berechtigen würde, für die Zukunft nachteilige Rechtsfolgen anzudrohen.

Die beklagte Partei hat den Sachverhalt unzutreffend rechtlich beurteilt; dieser ist damit nicht vorwerfbar[2], die Abmahnung daher rechtswidrig (BAG 30. 5. 1996, NZA 1997, 145) und in entsprechender Anwendung der §§ 242, 1004 BGB aus der Personalakte der Klagepartei zu entfernen.

Rechtsanwalt

Anmerkungen

1. Vgl. *Fitting/Kaiser/Heither/Engels,* § 37 Rdn. 44 m.w.N.; BAG 15. 7. 1992, AP Nr. 9 § 611 BGB Abmahnung. Für die Frage, ob eine Abmahnung zu Recht erfolgt ist, kommt es nicht darauf an, ob das beanstandete Verhalten dem Arbeitnehmer subjektiv vorgeworfen werden kann, sondern allein darauf, ob der erhobene Vorwurf objektiv gerechtfertigt ist (BAG 7. 9. 1988, AP Nr. 2 § 611 BGB Abmahnung).

2. Weitere Fallgruppen vorwerfbaren (ja) bzw. nicht vorwerfbaren (nein) Verhaltens: Betätigung eines angestellten Lehrers für die DKP: ja (BAG 13. 10. 1988, AP Nr. 4 § 611 BGB Abmahnung); **Schulungsteilnahme** eines Betriebsratsmitglieds, wenn fehlende Erforderlichkeit i.S.d. § 37 Abs. 6 BetrVG bei objektiver sorgfältiger Prüfung für jeden Dritten ohne weiteres erkennbar war: ja (BAG 10. 11. 1993, AP Nr. 11 § 611 BGB Abmahnung); Versäumnis der Arbeitszeit, wenn Betriebsrat der objektiv fehlerhaften Ansicht ist, es handele sich um **Betriebsratsaufgaben,** wenn es sich um die Verkennung schwieriger oder ungeklärter Rechtsfragen handelt: nein (BAG 31. 8. 1994, AP Nr. 16 § 611 BGB Abmahnung); **Teilnahme an politischen Demonstrationen** während der Arbeitszeit: ja (BAG 18. 1. 1995, AP Nr. 17 § 611 BGB Abmahnung); Betrieb einer Trinkhalle bei Genehmigungsvorbehalt hinsichtlich **Nebentätigkeit:** ja (BAG 30. 5. 1996, NZA 1997, 145); siehe auch unten B.III Form. 11.1.

Kosten und Gebühren

Streitwert bei einem Rechtsstreit um die Berechtigung einer Abmahnung: ein Bruttomonatsgehalt (LAG Hamburg 12. 8. 1991, LAGE Nr. 94 § 12 ArbGG Streitwert; LAG

Hamm 5. 7. 1984, NZA 1984, 236). Bei mehreren Abmahnungen beträgt der Streitwert nach LAG Düsseldorf (4. 9. 1995, NZA-RR 1996, 391) ein Bruttomonatsgehalt, wenn zwischen zwei Abmahnungen mindestens 3 Monate liegen, und bei einem kürzeren Interimszeitraum $^1/_3$ des auf diesen Zeitraum entfallenden Einkommens, wobei für jede einzelne Abmahnung der Betrag von $^1/_3$ Monatsgehalt nicht unterschritten werden soll.

11.2 Klage auf Beseitigung einer Abmahnung wegen formaler Mängel

An das
Arbeitsgericht

Klage

In Sachen ......

– Klagepartei –

Prozessbevollmächtigte: Rechtsanwälte ......

gegen

......

– beklagte Partei –

wegen: Abmahnung

Namens und mit Vollmacht der Klagepartei erheben wir Klage und werden beantragen
1. Die beklagte Partei wird verurteilt, die Abmahnung vom ...... zurückzunehmen und aus der Personalakte der Klagepartei zu entfernen.
2. Die beklagte Partei trägt die Kosten des Rechtsstreits.

Begründung:

Die Klagepartei ist seit ...... bei der beklagten Partei als ...... zu einer monatlichen Bruttovergütung von ...... beschäftigt. Laut Arbeitsvertrag vom ......, in der Anlage K 1, gilt für das Arbeitsverhältnis der Bundes-Angestelltentarifvertrag (BAT). Dessen § 13 Abs. 2 lautet:

> „Der Angestellte muss über Beschwerden und Behauptungen tatsächlicher Art, die für ihn ungünstig sind oder ihm nachteilig werden können, vor Aufnahme in die Personalakten gehört werden. Seine Äußerung ist zu den Personalakten zu nehmen."

Mit Schreiben vom ...... mahnte die beklagte Partei die Klagepartei wegen unzulässiger Weitergabe vertraulicher Informationen über einen Einstellungsvorgang ab und nahm die Abmahnung zur Personalakte.

Beweis: Abmahnung vom ......

Angehört wurde die Klagepartei vorher nicht[1].

Mit der Aufnahme der Abmahnung in die Personalakte ohne vorherige Anhörung der Klagepartei hat die beklagte Partei eine vertraglich vereinbarte Nebenpflicht verletzt. Diese Pflichtverletzung begründet einen schuldrechtlichen Entfernungsanspruch[2].

Außerdem ist die Kündigung von ...... unterschrieben, der der Klagepartei hierarchisch gleichgeordnet ist[3].

Da die beklagte Partei auf die außergerichtliche Aufforderung der Klagepartei, die Abmahnung zurückzunehmen und aus der Personalakte zu entfernen, nicht reagiert hat, ist Klage geboten.

Rechtsanwalt

Anmerkungen

1. § 13 Abs. 2 Satz 1 BAT gewährt ein umfassendes **Anhörungsrecht** zu allen Beschwerden und Behauptungen, die dem Arbeitgeber nachteilig sind. Diese Vorschrift ist nicht auf Beschwerden oder Behauptungen Dritter beschränkt, da der Wortlaut nicht danach unterscheidet, ob die Behauptungen bzw. Beschwerden aus dem internen Bereich des Arbeitgebers oder von Außenstehenden stammen (BAG 16. 11. 1989, AP Nr. 2 § 13 BAT = NZA 1990, 478).

2. Über die Rechtsfolge einer unterbliebenen Anhörung enthält § 13 Abs. 2 BAT zwar keine Regelung, ohne diese Sanktion liefe das tarifliche Anhörungsrecht jedoch leer. Das Anhörungserfordernis bezweckt eine Auseinandersetzung des Arbeitgebers mit der Gegendarstellung des betroffenen, die „im Idealfall" zu einer Korrektur oder sogar zum Fallenlassen der beabsichtigten Rüge führen kann (BAG 16. 11. 1989 aaO.).

Nach Auffassung des Zweiten Senats (21. 5. 1992, NZA 1992, 1028) entfaltet auch eine wegen Nichtanhörung des Arbeitnehmers nach § 13 Abs. 2 Satz 1 BAT formell unwirksame Abmahnung die vor einer verhaltensbedingten Kündigung nach § 1 Abs. 2 KSchG erforderliche Warnfunktion, da die Abmahnung auch mündlich hätte ausgesprochen bzw. nicht zur Personalakte genommen werden können. Damit wäre § 13 Abs. 2 Satz 1 BAT nicht zur Anwendung gekommen. Die Abmahnung sei weder die Wahrnehmung eines Gestaltungsrechts noch eine förmliche Willenserklärung, sondern nur geschäftsähnliche Handlung, nämlich die Ausübung eines Rügerechts, die die rein faktische Warnfunktion unabhängig von rechtlichen Formvorschriften zu erbringen in der Lage sei. Aus ähnlichen Gründen habe der Senat auch eine rechtsunwirksame Kündigung als Abmahnung mit Warnfunktion fortbestehen lassen (BAG 21. 5. 1992 aaO. S. 1030).

3. Abmahnungsberechtigt ist jeder Weisungsbefugte (BAG 18. 1. 1980, DB 1980, 1351; LAG Hamm DB 1983, 1930).

Kosten und Gebühren

Streitwert bei einem Rechtsstreit um die Berechtigung einer Abmahnung: ein Bruttomonatsgehalt (LAG Hamburg 12. 8. 1991, LAGE Nr. 94 § 12 ArbGG Streitwert; LAG Hamm 5. 7. 1984, NZA 1984, 236). Bei mehreren Abmahnungen beträgt der Streitwert nach LAG Düsseldorf (4. 9. 1995, NZA-RR 1996, 391) ein Bruttomonatsgehalt, wenn zwischen zwei Abmahnungen mindestens 3 Monate liegen, und bei einem kürzeren Interimszeitraum $1/3$ des auf diesen Zeitraum entfallenden Einkommens, wobei für jede einzelne Abmahnung der Betrag von $1/3$ Monatsgehalt nicht unterschritten werden soll.

11.3 Klage auf Beseitigung einer Abmahnung auf Grund Zeitablaufs

An das
Arbeitsgericht

Klage

In Sachen ......

– Klagepartei –

Prozessbevollmächtigte: Rechtsanwälte ......

gegen

......

– beklagte Partei –

wegen: Abmahnung

Namens und mit Vollmacht der Klagepartei erheben wir Klage und werden beantragen

1. Die beklagte Partei wird verurteilt, die Abmahnung vom ...... zurückzunehmen und aus der Personalakte der Klagepartei zu entfernen.
2. Die beklagte Partei trägt die Kosten des Rechtsstreits.

Begründung:

Die Klagepartei ist seit ...... bei der beklagten Partei als ...... zu einer monatlichen Bruttovergütung von ...... beschäftigt. Mit Schreiben vom ...... mahnte die beklagte Partei die Klagepartei wegen mehrfachen Zuspätkommens ab und nahm die Abmahnung zur Personalakte.

Beweis: Abmahnung vom ......

Die Abmahnung liegt mittlerweile zweieinhalb Jahre zurück. Seither ist die Klagepartei nicht mehr verspätet zur Arbeit erschienen oder hat sonst Anlass zur Beanstandung gegeben. Eine weitere Abmahnung wurde nicht ausgesprochen[1].

Rechtsanwalt

Anmerkungen

1. Auch wenn eine Abmahnung durch Zeitablauf wirkungslos werden kann, lässt sich dies nicht auf Grund einer Regelfrist, sondern nur auf Grund aller Umstände des Einzelfalls beurteilen (BAG 18. 11. 1986, NZA 1987, 418; a.A. LAG Hamm 14. 5. 1986, NZA 1987, 26: Regelfrist zwei Jahre). War eine Abmahnung zunächst ausreichend, so verliert sie ihre Bedeutung erst dann, wenn auf Grund des eingetretenen Zeitablaufs oder auf Grund neuer Umstände der Arbeitnehmer wieder im Ungewissen sein konnte, wie der Arbeitgeber auf eine Pflichtverletzung reagieren werde bzw. was der Arbeitgeber vom Arbeitnehmer erwarte. Dies kann nur in einer Einzelfallbetrachtung entschieden werden, die insbesondere darauf abstellen muss, welcher Art die Verfehlung des Arbeitnehmers war und wie sich der Arbeitgeber im Anschluss an die Abmahnung verhalten hat (BAG aaO.). Der Arbeitgeber muss dafür Sorge tragen, dass die Personalakte ein zutreffendes Bild des Arbeitnehmers in dienstlicher und persönlicher Hinsicht vermittelt und hat deshalb solche Abmahnungen, die dieses Bild verfälschen, zu entfernen.

Teilweise wird auf §§ 6 Abs. 2, 119 Abs. 5, 1 BDO zurückgegriffen, wonach Missbilligungen durch Dienstvorgesetzte in den Personalakten nach drei Jahren zu tilgen sind, und eine dreijährige Wirkungsdauer angenommen (*Conze*, DB 1987, 890; *ders.*, DB 1987, 2359; *ders.*, ZTR 1987, 176). An anderer Stelle wird mit §§ 45, 46 BZRG argumentiert und behauptet, die dortigen 5-, 10- und 15-jährigen Fristen müssten „erst recht" für Abmahnungen gelten (*Brill*, NZA 1985, 110; *Falkenberg*, NZA 1988, 492). Beides ist abzulehnen: die Parallele zur BDO scheitert daran, dass die missbilligende Äußerung zwar graduell unter den in § 5 BDO abschließenden Disziplinarmaßnahmen einzustufen ist (§ 6 Abs. 2 BDO), aber im Gegensatz zur Abmahnung keine Warn-, sondern eine Sanktionsfunktion hat (*Walker*, NZA 1995, 607). Auch ist die Abmahnung im Verhältnis zur Kriminalstrafe kein minus, sondern ein aliud, so dass das „erstrecht"-Argument in Bezug auf das BZRG nicht trägt (*Walker*, aaO.).

Kosten und Gebühren

Streitwert bei einem Rechtsstreit um die Berechtigung einer Abmahnung: ein Bruttomonatsgehalt (LAG Hamburg 12. 8. 1991, LAGE Nr. 94 § 12 ArbGG Streitwert; LAG Hamm 5. 7. 1984, NZA 1984, 236). Bei mehreren Abmahnungen beträgt der Streitwert nach LAG Düsseldorf (4. 9. 1995, NZA-RR 1996, 391) ein Bruttomonatsgehalt, wenn zwischen zwei Abmahnungen mindestens 3 Monate liegen, und bei einem kürzeren Interimszeitraum $1/3$ des auf diesen Zeitraum entfallenden Einkommens, wobei für jede einzelne Abmahnung der Betrag von $1/3$ Monatsgehalt nicht unterschritten werden soll.

12. Nachteilsausgleich gemäß § 113 BetrVG

An das
Arbeitsgericht

Klage

In Sachen ......

– Klagepartei –

gegen

......

– beklagte Partei –

wegen: Nachteilsausgleich

Namens und mit Vollmacht der Klagepartei erheben wir Klage und werden beantragen
1. Die beklagte Partei wird verurteilt, der Klagepartei eine Abfindung für den Verlust des Arbeitsplatzes zu zahlen[1].
2. Die beklagte Partei trägt die Kosten des Rechtsstreits.

Begründung:

Die Klagepartei ist seit ...... als ...... bei der beklagten Partei als ...... zu einem Monatsbruttogehalt von ...... beschäftigt. Im Betrieb der beklagten Partei gibt es 35, mithin mehr als 20 Mitarbeiter[2].

Am ...... informierte der Betriebsinhaber[3] den Betriebsratsvorsitzenden darüber, dass eine Betriebsstilllegung zum Jahresende auf Grund der schlechten wirtschaftlichen Situation des Unternehmens unvermeidbar werde.

Beweis: ......, Betriebsratsvorsitzender, zu laden über die beklagte Partei als Zeuge

Der Betriebsratsvorsitzende wurde ausdrücklich gebeten, hierüber Stillschweigen gegenüber den Mitarbeitern zu bewahren; diese sollten erst durch die Kündigung von der Stilllegung erfahren.

Beweis: wie vor

Mit Schreiben vom ...... an den Betriebsratsvorsitzenden teilte die beklagte Partei mit, auf Grund der negativen Ergebnisentwicklung/Ergebnissituation werde der Betrieb zum ...... geschlossen. Gleichzeitig wurde eine dreiseitige Personalliste übergeben, auf der die Namen der Beschäftigten, deren Geburtsdaten, die Eintrittsdaten, die Kündigungsfrist und das Austrittsdatum bekanntgegeben wurden.

Beweis: Dieses Schreiben, in der Anlage

Weitere Informationen, insbesondere konkrete Zahlen über die Ergebnisentwicklung oder Ergebnissituation wurden dem Betriebsrat nicht zur Verfügung gestellt.

Mit Schreiben des Unterzeichners vom ...... wurde der beklagten Partei mitgeteilt, dass gemäß §§ 111 ff. BetrVG eine Verpflichtung bestehe, mit dem Betriebsrat Interessenausgleich- und Sozialplanverhandlungen durchzuführen[4]. Der beklagten Partei wurde eine Frist bis ...... zur umfassenden Information des Betriebsrates gesetzt. Ein weitere Frist bis ...... zur Aufnahme von Interessenausgleich- und Sozialplanverhandlungen wurde gesetzt.

Beweis: Schreiben vom ......, in der Anlage

Die beklagte Partei teilte daraufhin mit, sie verfüge über keine finanziellen Mittel, um einen Sozialplan abzuschließen. Sie sei zwar grundsätzlich bereit, zu verhandeln, ihr sei jedoch schleierhaft, worüber verhandelt werden solle, wenn auf Grund der Betriebsstilllegung allen Mitarbeitern gekündigt werde.

Beweis: Schreiben vom ......, in der Anlage

Mit Schreiben vom ...... wurden der beklagten Partei drei Terminvorschläge zur Aufnahme von Interessenausgleich- und Sozialplanverhandlungen zur Auswahl gestellt.

Beweis: Dieses Schreiben, in der Anlage

Eine Reaktion hierauf ist nicht erfolgt. Die beklagte Partei hat sämtlichen Mitarbeitern gegenüber die ordentliche Kündigung ausgesprochen.

Da die beklagte Partei der Klagepartei am ...... gekündigt hat[5], wurde die Betriebsänderung durchgeführt, ohne dass die Beklagte hierüber einen Interessenausgleich mit dem Betriebsrat versucht hätte[6]. Damit ist gemäß § 113 BetrVG ein Nachteilsausgleich zu zahlen.

Rechtsanwalt

Anmerkungen

1. Die auf Zahlung des Nachteilsausgleichs gerichtete Klage ist von der Kündigungsschutzklage gemäß § 4 Satz 1 KSchG zu unterscheiden. Dies gilt auch dann, wenn der Kündigungsschutzantrag mit einem Antrag nach § 9 KSchG verbunden ist; es liegen unterschiedliche Streitgegenstände vor (*Richardi*, § 113 Rdn. 43). Eine Verbindung beider Klagen ist möglich, jedoch nur im Eventualverhältnis, d. h. einer der beiden Anträge muss als Haupt- und der andere als Hilfsantrag gestellt werden (GK-*Fabricius*, § 113 Rdn. 85 f.; *Fitting/Kaiser/Heither/Engels*, § 113 Rdn. 13; *Richardi*, aaO. Rdn. 44).

Die Klage nach § 113 BetrVG ist nicht fristgebunden. Sie wahrt nicht die Frist des § 4 KSchG für die Kündigungsschutzklage, da § 6 KSchG nicht entsprechend gilt (*Richardi*, aaO. Rdn. 46). Wird innerhalb der Dreiwochenfrist lediglich der Antrag nach § 113 BetrVG gestellt, ist der Arbeitnehmer auf den unsicheren Nachteilsausgleichsanspruch beschränkt, bei dem in der Alternative des § 113 Abs. 1 BetrVG insbesondere zweifelhaft sein kann, ob der Unternehmer „ohne zwingenden Grund" von einem Interessenausgleich abgewichen ist (*Fitting/Kaiser/Heither/Engels*, § 113 Rdn. 18).

Ein bezifferter Antrag ist nicht erforderlich (BAG 22. 2. 1983, DB 1983, 1447). Wegen der Höhe der Abfindung gilt nach § 113 Abs. 1 BetrVG die Vorschrift des § 10 KSchG entsprechend. Das Arbeitsgericht entscheidet gemäß § 287 ZPO unter Würdigung aller Umstände des Einzelfalles. Für die Höhe der Abfindung ist daher nicht nur der Rahmen des § 10 KSchG zu beachten, sondern auch auf Betriebszugehörigkeit und Lebensalter abzustellen. Daneben kann – wie auch sonst im Kündigungsschutzverfahren – nicht unberücksichtigt bleiben, welche tatsächlichen Nachteile der Arbeitnehmer auf Grund der Entlassung hinnehmen musste (BAG 13. 6. 1989, AP Nr. 19 § 113 BetrVG 1972).

2. Die Vorschriften der §§ 111 bis 113 BetrVG über die Beteiligung des Betriebsrats bei Betriebsänderungen und die Folgen gesetzwidriger Nichtbeteiligung des Betriebsrats gelten nur für Betriebe mit in der Regel mehr als 20 wahlberechtigten Arbeitnehmern. Bei der Feststellung der regelmäßigen Beschäftigtenzahl bedarf es eines Rückblicks auf die bisherige personelle Stärke des Betriebs und einer Einschätzung der zukünftigen Entwicklung (BAG 19. 7. 1983, AP Nr. 23 § 113 BetrVG 1972).

3. Die Begriffe „Unternehmer" und „Arbeitgeber" in der Vorschriften der §§ 111 bis 113 BetrVG bezeichnen diejenige Rechtsperson, die Inhaber des Betriebs, für den eine Betriebsänderung geplant wird, und Arbeitgeber der in diesem Betrieb beschäftigten Arbeitnehmer ist (BAG 15. 1. 1991, AP Nr. 21 § 113 BetrVG 1972).

4. Eine „Verpflichtung" besteht hinsichtlich des Interessenausgleichs allenfalls mittelbar, da dieser nur freiwillig zustandekommen kann. Er ist nicht erzwingbar (*Willemsen/Hohenstatt*, NZA 1997, 345). Gemäß § 112 Abs. 2 BetrVG können sowohl Unternehmer als auch Betriebsrat den Präsidenten des Landesarbeitsamtes um Vermittlung ersuchen und anschließend die Einigungsstelle anrufen, die jedoch nur eine Einigung versuchen kann; eine ersetzende Entscheidung der Einigungsstelle ist nicht möglich. Zur Erzwingbarkeit eines Sozialplanes vgl. § 112a BetrVG.

5. Ob die Kündigung rechtswirksam ist, spielt für den Anspruch auf Nachteilsausgleich keine Rolle (*Richardi*, BetrVG § 113 Rdn. 36; *Fitting/Kaiser/Heither/Engels*, § 113 Rdn. 15; streitig). Solange dies zu einer **Entlassung** des Arbeitnehmers führt, wird § 113 BetrVG auch durch einen arbeitgeberseitig veranlassten Aufhebungsvertrag, eine arbeitgeberseitig veranlasste Eigenkündigung oder eine nicht unter Vorbehalt angenommene Änderungskündigung ausgelöst. Die rechtstechnische Form der Auflösung ist unmaßgeblich; entscheidend ist allein der materielle Auflösungsgrund (BAG 23. 8. 1988, AP Nr. 17 § 113 BetrVG 1972).

6. Der Arbeitgeber ist nicht verpflichtet, einen Interessenausgleich zu vereinbaren; er muss es nur versuchen (vgl. Anm. 4). Ein solcher Versuch setzt voraus, dass der Unternehmer mit dem Betriebsrat zunächst über einen Interessenausgleich verhandelt. Im Fall der Einigung ist diese schriftlich niederzulegen (§ 112 Abs. 1 Satz 1 BetrVG) und von beiden Seiten zu unterschreiben, beim Scheitern einer Einigung muss der Unternehmer die Einigungsstelle anrufen, wenn dies der Betriebsrat nicht tut (BAG 18. 12. 1984, AP Nr. 11 § 113 BetrVG 1972). Gelingt dort keine Einigung, hat der Unternehmer einen Interessenausgleich ordnungsgemäß „versucht" (*Neef*, NZA 1997, 65). Auf den Wegfall der seit 1. 10. 1996 geltenden Befristung des Interessenausgleichsverfahrens gemäß § 113 Abs. 3 Sätze 2 und 3 BetrVG auf zwei Monate seit 1. 1. 1999 sei hingewiesen (hierzu *Schiefer*, NZA 1997, 919).

Neben dieser Fallgruppe des § 111 Abs. 3 BetrVG kommt ein Nachteilsausgleich in Betracht, wenn der Arbeitgeber ohne zwingenden Grund von einem Interessenausgleich über die geplante Betriebsänderung abweicht, § 111 Abs. 1 BetrVG. Die geplante Maßnahme darf also nicht durchgeführt werden, wenn vereinbart wurde, dass sie zu unterbleiben hat, oder sie darf nur in der Art, dem Umfang und dem Zeitpunkt durchgeführt werden, wie in dem Interessenausgleich festgelegt ist; welche Bindungswirkung der Interessenausgleich für den Unternehmer entfaltet, ergibt sich aus seinem Inhalt (*Richardi*, § 113 Rdn. 6). Ob ein zwingender Grund für die Abweichung vorlag, entscheidet das Gericht als Vorfrage im Rechtsstreit über die Verpflichtung des Unternehmers zum Nachteilsausgleich. Die Beweislast hierfür trägt der Arbeitgeber (aaO. Rdn. 15). Die Abweichung von einem Sozialplan fällt nicht unter § 113 BetrVG, wobei es auf den Inhalt der Vereinbarung ankommt und nicht auf deren Bezeichnung (*Küttner*, Personalbuch 2003, Nachteilsausgleich Rdn. 4).

Der Nachteilsausgleich gemäß § 113 BetrVG ist ein individualrechtlicher, also arbeitsvertraglicher Anspruch. Ob auf ihn verzichtet werden kann, ist nicht abschließend geklärt; da § 113 Abs. 1 BetrVG dem Arbeitnehmer die Möglichkeit zur Klageerhebung gibt, ist die Annahme der Zulässigkeit eines Verzichts als „vorweggenommene Nicht-Klage" konsequent (*Keller*, NZA 1997, 519ff.). Der Anspruch entsteht mit Vorliegen sämtlicher Voraussetzungen und unterliegt ab diesem Zeitpunkt tariflichen oder arbeitsvertraglichen Ausschlussfristen (BAG 20. 6. 1978, AP Nr. 3 § 113 BetrVG 1972). Zur ordnungsgemäßen Geltendmachung des Abfindungsanspruches gegenüber dem Arbeitgeber genügt die Erhebung einer Klage, die die Höhe der zu zahlenden **Abfindung** in das Ermessen des Gerichts stellt, jedenfalls dann, wenn die für die Bemessung der Abfindung maßgebenden Umstände in der Klageschrift mitgeteilt werden. Einer Bezifferung des Abfindungsanspruchs bedarf es in diesem Fall nicht (BAG 22. 2. 1983, AP Nr. 7 § 113 BetrVG 1972; 29. 11. 1983, AP Nr. 10 § 113 BetrVG 1972).

Kosten und Gebühren

Wird der Leistungsantrag auf Nachteilsausgleich hilfsweise neben dem Kündigungsschutzantrag gestellt, sind beide Werte zu addieren (Hess. LAG 27. 3. 1995, 6 Ta 123/95; a.A.: LAG Baden-Württemberg 15. 5. 1990, JurBüro 1990, 267f.), da sich die Einschränkung des § 12 Abs. 7 ArbGG nur auf Abfindungen im Rahmen von Auflösungsentscheidungen oder Auflösungsvergleichen bezieht (*Meier*, Lexikon der Streitwerte im Arbeitsrecht Rdn. 263). Der Betrag des Abfindungsanspruchs nach § 113 Abs. 3 BetrVG ist bei der Festsetzung des Streitwertes zu berücksichtigen (LAG Bremen 15. 3. 1983, LAGE Nr. 20 § 12 ArbGG 1979).

13. Klage auf Wiedereinstellung

An das
Arbeitsgericht ......

Klage

in Sachen ......

– Klagepartei –

Prozessbevollmächtigter: ......

gegen

......

– Beklagte –

wegen Abgabe einer Willenserklärung

Namens der Klagepartei werde ich beantragen:

1. Die beklagte Partei wird verurteilt, das Angebot der Klagepartei auf Wiedereinstellung[1] per ...... zu den bisherigen Arbeitsbedingungen (......) unter Anrechnung der bisherigen Betriebszugehörigkeit seit ...... anzunehmen.[2]
2. Die Beklagte wird verurteilt, die Klagepartei über den ...... hinaus zu den bisherigen Bedingungen[3] weiterzubeschäftigen.
3. Die Beklagte trägt die Verfahrenskosten.

Begründung:

Die beklagte Partei hat am ...... das seit ...... bestehende Arbeitsverhältnis des Klägers unter Einhaltung der maßgeblichen gesetzlichen Frist zum ...... gekündigt.

Im Anschluss an diese Kündigung haben die Parteien noch innerhalb der Frist des § 4 KSchG eine Abwicklungsvereinbarung abgeschlossen, wonach
– der Kläger die Kündigung hinnimmt
– für den Verlust des Arbeitsplatzes eine Abfindung in Höhe von ...... EUR erhält
– deshalb eine Kündigungsschutzklage nicht erhoben wird.

Als Grund für die Kündigung hatte die beklagte Partei angeführt, sie werde die aus vier Arbeitnehmern bestehende Betriebsabteilung, in der der Kläger tätig war, ersatzlos stilllegen. Ein anderer freier Arbeitsplatz sei nicht vorhanden und vergleichbare Arbeitnehmer würden im Betrieb nicht beschäftigt, so dass eine Sozialauswahl nicht geboten sei.

Inzwischen hat sich die beklagte Partei umentschieden: sie hat noch vor Ablauf der Kündigungsfrist dem Betriebsrat erklärt, sie sehe von der Abteilungsstilllegung ab, weil neue Aufträge eingegangen und damit eine Auslastung wieder gewährleistet sei. Der Kläger hat daher gemäß § 242 BGB einen Anspruch auf Fortführung seines Arbeitsverhältnisses zu den bisherigen Bedingungen. Er hat mit Schreiben vom ...... der Beklagten erklärt, er wolle fortsetzen. Die Beklagte hat sich jedoch auf die Wirksamkeit des Abwicklungsvertrages berufen.

Der Kläger will nicht die Abfindung behalten, sondern er will weiterarbeiten. Er ist bereit, die Abfindung zurückzuzahlen, wenn er nur seinen Arbeitsplatz wieder einnehmen kann.

Rechtsanwalt

Anmerkungen

1. Schon seit längerem ist die Rechtsfigur des **Wiedereinstellungsanspruchs** in der Judikatur der LAG's und in der Literatur diskutiert worden für den Fall, dass entweder die der betriebsbedingten Kündigung zugrunde liegende **Prognose** sich als falsch erweist oder aber, dass im Anschluss an eine **Verdachtskündigung** – etwa durch einen Freispruch im Strafverfahren – der Verdacht ausgeräumt wurde (*Bauer-Röder,* Taschenbuch zur Kündigung, S. 138; *Löwisch,* KSchG, 8. Aufl., Rdn. 225 zu § 1; *Hillebrecht* in der 3. Auflage des KR, § 626 Rdn. 182).

Das BAG hatte im Jahr 1997 zum einen Gelegenheit, sich mit der Frage zu befassen, ob der nach einer **Verdachtskündigung** im Strafverfahren erwirkte Freispruch des gekündigten Arbeitnehmers einen **Wiedereinstellungsanspruch** begründe und dies abgelehnt (Urteil 20. 8. 1997, AP 27 zu § 626 BGB Verdacht strafbarer Handlung); im Weiteren hatte es in vier Fällen Gelegenheit, sich mit der Frage nach dem **Wiedereinstellungsanspruch** im Anschluss an den Wegfall der Gründe für betriebsbedingte Kündigungen zu befassen (Urteile vom 27. 2. 1997, AP 1; 6. 8. 1997, AP 2; 13. 11. 1997, BB 98, 319; 4. 12. 1997, AP 4 jeweils zu § 1 KSchG 69 Wiedereinstellung).

Dabei hat das BAG folgende Grundsätze herausgearbeitet:
a) Für die Wirksamkeit der Kündigung kommt es nur auf die Beurteilung zum Zeitpunkt von deren Ausspruch an. Die Berücksichtigung nachträglicher Änderungen versteht sich als Korrelat zu dieser Betrachtungsweise.
b) Der Arbeitgeber verhalte sich rechtsmissbräuchlich, wenn er bei Wegfall des betriebsbedingten Kündigungsgrundes noch während der Kündigungsfrist den veränderten Umständen nicht Rechnung trage und dem Arbeitnehmer die Fortsetzung des Arbeitsverhältnisses anbiete.
§ 242 BGB könne ausnahmsweise anspruchsbegründende Wirkung haben.
c) Dies gelte nur, soweit nicht der Arbeitgeber mit Rücksicht auf die Wirksamkeit der Kündigung noch keine Disposition getroffen habe und ihm daher die unveränderte Fortsetzung des Arbeitsverhältnisses nicht unzumutbar sei.
d) Ein **Wiedereinstellungsanspruch** bestehe nur, soweit die geänderten Umstände noch innerhalb der Kündigungsfrist einträten; Veränderungen nach deren Ablauf seien unbeachtlich.
e) Die Art der Beendigung des Arbeitsverhältnisses – Kündigung oder Aufhebungsvertrag – bilde keinen Unterschied, weswegen *Nägele* (BB 1998, 1686) empfiehlt, in Aufhebungsverträgen den **Verzicht** auf die Geltendmachung eines allenfallsigen **Wiedereinstellungsanspruchs** einzufügen.

2. Prozessual richtet sich der **Wiedereinstellungsanspruch** auf Abgabe einer Willenserklärung. Bietet der Arbeitgeber nicht von sich aus den Abschluss eines Vertrages auf Fortsetzung des Arbeitsverhältnisses nach Ablauf der Kündigungsfrist an, so kann in dem Antrag auf „Weiterbeschäftigung" oder „Wiedereinstellung" das Angebot des Arbeitnehmers auf Abschluss eines solchen Vertrages gesehen werden (BAG 27. 2. 1991 aaO., dort: Gründe II 5).

In der Sache jedenfalls gehe es darum, „durch einen neuen Vertrag das auf Grund der Kündigung wirksam beendete Arbeitsverhältnis für die Zeit nach Ablauf der Kündigungsfrist neu zu begründen".

3. Der Arbeitgeber dürfe wegen § 242 BGB nicht auf den Umweg über § 894 ZPO verweisen und die Abgabe der Annahmeerklärung des Angebots des Arbeitnehmers erst mit Rechtskraft der Entscheidung eintreten lassen, sondern der Arbeitnehmer sei berechtigt, sofort auf Erfüllung der Hauptpflichten aus dem Arbeitsverhältnis zu klagen, also auf „Weiterbeschäftigung".

14. Klagen auf Eingruppierung

14.1 Eingruppierungsfeststellungsklage Privatwirtschaft (Grundmuster)

An das
Arbeitsgericht ......

Klage

des Meisters ......

– Kläger –

Prozessbevollmächtigte/r: Rechtsanwälte ......

gegen

die ......

– Beklagte –

wegen Eingruppierung

Namens und in Vollmacht des Klägers erheben wir Klage und beantragen,

festzustellen, dass die Beklagte verpflichtet ist, dem Kläger ab dem 1. 4. 1999 Vergütung nach der Vergütungsgruppe M 4 des Tarifvertrages über Lohn- und Gehaltsgruppen für die Betriebe der Papiererzeugenden Industrie in den neuen Bundesländern vom 12. 4. 1991 zu zahlen und etwaige Bruttonachzahlungsbeträge seit dem 15. des jeweiligen Folgemonats hilfsweise seit Rechtshängigkeit mit acht Prozentpunkten über dem Basiszinssatz zu verzinsen.[1,2]

alternativ

festzustellen, dass der Kläger ab dem 1. 4. 1999 in die Vergütungsgruppe M 4 des Tarifvertrages über Lohn- und Gehaltsgruppen für die Betriebe der Papiererzeugenden Industrie in den neuen Bundesländern vom 12. 4. 1991 eingruppiert ist.[1]

Streitwert: ......[9]

Begründung:

Der Kläger ist seit dem 1. 5. 1980 bei der Beklagten bzw. deren Rechtsvorgängerin beschäftigt. Auf das Arbeitsverhältnis findet seit dem 1. 4. 1991 der im Antrag genannte Tarifvertrag kraft beiderseitiger Tarifbindung Anwendung. Die Parteien sind Mitglieder der jeweils abschließenden Verbände.[3]

alternativ

Auf das Arbeitsverhältnis findet seit dem 1. 4. 1991 der im Antrag genannte Tarifvertrag kraft einzelvertraglicher Bezugnahme Anwendung. Die Arbeitsvertragsparteien haben in § 2 des schriftlichen Arbeitsvertrages vom ...... die Anwendbarkeit der jeweils für den Betrieb gültigen Tarifverträge vereinbart.[3]

Mit dem Kläger ist arbeitsvertraglich die Tätigkeit eines Obermeisters (Instandhaltung) vereinbart worden.[4]

Die Eingruppierung des Klägers richtet sich nach § 16 des MTV für die Arbeitnehmer der Papiererzeugenden Industrie im Beitrittsgebiet vom 12. 4. 1991, der auszugsweise wie folgt lautet:[5]

„§ 16 Allgemeine Gehaltsbestimmungen (Angestellte)

5. Die Angestellten (kaufmännische Angestellte, technische Angestellte, Meister) werden in Tarifgruppen eingereiht".

Die auf Grund § 16 MTV ergangenen Eingruppierungsmerkmale für Meister (M-Gruppen) lauten wie folgt:[6]

„Meister

M 4: Meister, die auf Grund einer abgeschlossenen Meisterqualifikation und in langjähriger Meistertätigkeit erworbenen Erfahrungen größere Abteilungen mit umfangreichen Aufgaben selbstständig und verantwortlich leiten oder denen Meister der Gruppen M 1 bis M 3 unterstellt sind.

Richtbeispiele: Obermeister, Oberbergführer, Obermeister (Ausrüstung), Obermeister (Instandhaltung)".

Bereits nach den Richtbeispielen ist der Kläger in die Vergütungsgruppe M 4 eingruppiert. Daneben ist ihm ein weiterer Instandhaltungsmeister arbeitsvertraglich unterstellt. Die Beklagte zahlt dem Kläger jedoch lediglich Vergütung nach der (niedrigeren) Vergütungsgruppe M 3.

Der Betriebsrat hat der vorgenommenen Eingruppierung des Klägers widersprochen und gegenüber dem Arbeitgeber darauf hingewiesen, dass der Kläger in die Gruppe M 4 einzugruppieren ist.[7]

Der Kläger hat seine Ansprüche mit Schreiben vom 12. 5. 1999 bei der Beklagten schriftlich geltend gemacht, eine Reaktion ist nicht erfolgt. Unter Berücksichtigung der tariflichen Ausschlussfrist ist die Beklagte zur Zahlung der Differenzbeträge mit Wirkung vom 1. 4. 1999 verpflichtet.[8]

Die Vergütung ist nach dem Tarifvertrag jeweils am 15. des Folgemonats fällig, seit diesem Zeitpunkt befindet sich die Beklagte im Verzug (§ 286 Abs. 1, Abs. 2 Nr. 1 BGB), weshalb die Forderung nach § 288 Abs. 2 BGB, in jedem Fall aber nach § 291 BGB zu verzinsen ist.

Rechtsanwalt

Anmerkungen

1. Klageantrag. Innerhalb eines bestehenden Arbeitsverhältnisses ist regelmäßig die sog. **Eingruppierungsfeststellungsklage** die zweckmäßigste Klageart. Durch sie wird der Status des Arbeitnehmers umfassend festgestellt. Das nach § 256 Abs. 1 ZPO erforderliche besondere Feststellungsinteresse wird von der Rechtsprechung inzwischen nicht nur bei Klagen im öffentlichen Dienst, sondern auch in der Privatwirtschaft regelmäßig bejaht (grundlegend BAG 20. 6. 1984 AP Nr. 2 zu § 1 TVG Tarifverträge: Großhandel Nr. 2 = BB 1985, 54). Dies gilt auch für den Zinsantrag (dazu BAG 21. 1. 1970 AP Nr. 30 zu §§ 22, 23 BAT 1975 = NJW 1970, 120). Wird die Klage erst nach Beendigung des Arbeitsverhältnisses erhoben und können die Nachzahlungsbeträge beziffert werden, empfiehlt sich an Stelle einer Eingruppierungsfeststellungsklage wegen der besseren Vollstreckbarkeit einer stattgebenden Entscheidung die Erhebung einer Leistungsklage.

2. Zinsen. Ein Anspruch auf Verzinsung besteht nach der Rechtsprechung regelmäßig erst mit Eintritt der Rechtshängigkeit und nur in Höhe des gesetzlichen Zinssatzes. Eine weitergehende Verzinsungspflicht ab Fälligkeit unter dem Gesichtspunkt des Schuldner-verzugs (§ 286 BGB) scheitert regelmäßig am fehlenden Verschulden (§ 286 Abs. 4 BGB) des Arbeitgebers. Jedenfalls ist der Arbeitnehmer sowohl für die weitergehende Höhe des Verzugsschaden wie auch das bestehende Verschulden des Arbeitgebers darlegungs- und beweispflichtig (BAG 11. 6. 1997 AP Nr. 1 zu § 291 BGB = DB 1998, 86). Wird der gesetzliche Zinssatz verlangt, hat der Arbeitnehmer Anspruch auf Bruttozinsen (BAG 7. 3. 2001 AP Nr. 4 zu § 288 BGB = NZA 2001, 1195). Nach der hier vertretenen Auf-fassung ist der Arbeitnehmer bei der Geltendmachung von Ansprüchen aus dem Ar-beitsvertrag kein Verbraucher iSd. § 13 BGB, weshalb auf den erhöhten Zinssatz des § 288 Abs. 2 BGB zu erkennen ist.

3. Anspruchsgrundlage. Voraussetzung für die Eingruppierung des Arbeitnehmers in eine bestimmte Vergütungsgruppe ist die Anwendbarkeit einer tariflichen oder betriebli-chen Vergütungsordnung auf das Arbeitsverhältnis. Beansprucht der Arbeitnehmer die Eingruppierung nach einem Tarifvertrag, hat er die Tatsachen darzulegen, aus denen sich die Anwendbarkeit des Tarifvertrages kraft Tarifbindung (§§ 3 Abs. 1, 4 Abs. 1 TVG), Allgemeinverbindlichkeit (§ 5 TVG) oder einzelvertraglicher Bezugnahme ergibt. Ist Letzteres der Fall, muss der Arbeitnehmer vortragen, dass die tarifliche Vergütungs-ordnung entweder im Arbeitsvertrag, durch schlüssiges Verhalten oder kraft betriebli-cher Übung vereinbart worden ist (BAG 23. 11. 1993 AP Nr. 111 zu § 99 BetrVG 1972 = NZA 1994, 461). Ist zwischen den Parteien das Eingreifen eines bestimmten Ta-rifvertrags umstritten, kann es für den Arbeitnehmer erforderlich werden, dass er dar-legt, dass der Betrieb unter den Geltungsbereich des beanspruchten Tarifvertrags fällt.

Eine betriebliche **Vergütungsordnung** kann zwischen Arbeitgeber und Betriebsrat nach § 87 Abs. 1 Nr. 10 BetrVG als Betriebsvereinbarung vereinbart werden. Diese gilt dann für alle Arbeitnehmer des Betriebs unmittelbar und zwingend (§ 77 Abs. 4 BetrVG), sofern nicht in der Betriebsvereinbarung selbst etwas anderes vereinbart wor-den ist. Die Tatsachen, aus denen sich die Anwendbarkeit der geltend gemachten Ver-gütungsordnung ergibt, zählen zur Schlüssigkeit des klägerischen Vortrags.

Der **Gleichbehandlungsgrundsatz** kommt nur in Ausnahmefällen als Anspruchs-grundlage in Betracht. Seine Anwendbarkeit im Bereich der Vergütung ist nach der Rechtsprechung ohnehin beschränkt, da der Grundsatz der Vertragsfreiheit regelmäßig Vorrang hat. Stellt der Arbeitgeber einzelne Arbeitnehmer besser, können daraus andere Arbeitnehmer keinen Anspruch auf Gleichbehandlung herleiten. Der Gleichbehand-lungsgrundsatz ist nur anwendbar, wenn der Arbeitgeber die Leistungen nach einem be-stimmten erkennbaren und generalisierenden Prinzip gewährt, wenn er also bestimmte Voraussetzungen oder einen bestimmten Zweck festlegt. Gleiches gilt, wenn der Arbeit-geber, ohne nach einem erkennbaren und generalisierenden Prinzip vorzugehen, im Be-trieb mehrere Vergütungssysteme anwendet und dabei nicht nur einzelne Arbeitnehmer besser stellt (BAG 19. 8. 1992 AP Nr. 102 zu § 242 BGB Gleichbehandlung = NZA 1993, 171). Da im Falle der Geltung eines Tarifvertrages für die Parteien des Arbeits-verhältnisses bei der Erfüllung der Anforderungen eines tariflichen Eingruppierungs-merkmals der Vergütungsanspruch des Angestellten bereits aus der tariflichen Ver-gütungsregelung folgt (siehe unter 5.), kann der Gleichbehandlungsgrundsatz nur im au-ßer- oder übertariflichen Bereich eine Rolle spielen.

Schließlich kann bei der Eingruppierung noch der **Lohngleichheitssatz** des Art. 141 EG-Vertrag als Anspruchsgrundlage von Bedeutung sein. Diese Norm ist in den Mitglied-staaten der Europäischen Union unmittelbar anwendbar und bedarf keiner gesonderten Transformation in nationales Recht. Danach wird eine unterschiedliche Behandlung von Männern und Frauen im Bereich der Vergütung bei gleicher oder gleichwertiger Arbeit untersagt. Art. 141 EG-Vertrag steht jeder nationalen Regelung entgegen, die eine unge-rechtfertigte Ungleichbehandlung auf Grund des Geschlechts enthält. Auch Tarifverträge dürfen nicht in Widerspruch zu Art. 141 EG-Vertrag stehen, insoweit setzt sich Art. 141 EG-Vertrag gegenüber der Tarifautonomie durch (EuGH 7. 2. 1991 AP Nr. 25 zu § 23 a BAT = NZA 1991, 513). Untersagt sind deshalb tarifliche Vergütungsregelungen, die für die Eingruppierung auf Anforderungen abstellen, die nur von Angehörigen eines Geschlechts erfüllt werden können. Der Lohngleichheitssatz des Art. 141 EG-Vertrag verbietet aber nicht nur die unmittelbare Diskriminierung beim Entgelt zwischen Männern und Frauen, sondern auch die sog. **mittelbare Diskriminierung** im Verhältnis der Geschlechter in Tarifverträgen (BAG 2. 12. 1992 AP Nr. 28 zu § 23 a BAT = NZA 1993, 367). Eine mittelbare Diskriminierung liegt vor, wenn als Differenzierungskriterium, das die nachteiligen Folgen herbeiführt, zwar nicht unmittelbar die Geschlechtszugehörigkeit dient, wohl aber solche Merkmale, die von Männern und Frauen deutlich unterschiedlich häufig erfüllt werden (Belastbarkeit bei Heben und Tragen von schweren Gegenständen, dazu BAG 29. 7. 1992 AP Nr. 32 zu § 1 TVG Tarifverträge: Einzelhandel = NZA 1993, 181). Wegen der typischerweise gerade Personen des einen Geschlechts treffenden nachteiligen Wirkung wird dann vermutet, dass die Geschlechtszugehörigkeit die maßgebliche Ursache der Benachteiligung war. Liegt eine nicht gerechtfertigte mittelbare Diskriminierung vor, erfolgt eine Anpassung der Arbeitsbedingungen der benachteiligten Gruppe „nach oben". Das BAG hat es in der Vergangenheit als eine mittelbare Diskriminierung angesehen, wenn der Arbeitgeber im Betrieb ein Eingruppierungsschema in einer nicht nachvollziehbaren Weise anwendet und hierdurch überwiegend Angehörige eines Geschlechts niedriger eingruppiert werden (bewusst zu günstige Eingruppierung von männlichen Arbeitnehmern, dazu BAG 23. 9. 1992 AP Nr. 1 zu § 612 BGB Diskriminierung Nr. 1 = DB 1993, 737; zur Vergleichsgruppenbildung BAG 10. 12. 1997 AP Nr. 3 zu § 612 BGB Diskriminierung = NZA 1998, 599; 23. 2. 1994 AP Nr. 51 zu Art. 119 EWG-Vertrag = NZA 1994, 1136).

4. **Auszuübende Tätigkeit.** Bewertungsgrundlage für die Eingruppierung ist regelmäßig die vom Arbeitnehmer **auszuübende Tätigkeit.** Dies sind die Aufgaben, die dem Arbeitnehmer entweder bereits im Arbeitsvertrag oder im Wege des Direktionsrechts durch den Arbeitgeber übertragen worden sind. An einer Übertragung durch den Arbeitgeber fehlt es, wenn sich der Arbeitnehmer bestimmte Tätigkeiten selbst „an Land gezogen" hat, d. h. die Ausübung der entsprechenden Aufgaben nicht auf einer Weisung des Arbeitgebers beruht. Die Übertragung muss nicht ausdrücklich erfolgen, ausreichend ist auch die schlüssige Zuweisung oder Übernahme mit stillschweigender Billigung des Arbeitgebers. Allerdings führt nicht jede Übernahme von Tätigkeiten mit Wissen eines Vorgesetzten zu einer entsprechenden Übertragung. Eine Zurechnung über die Grundsätze der Duldungs- und Rechtsscheinsvollmacht kommt nur bei Vorliegen der allgemeinen Voraussetzungen in Betracht (dazu BAG 20. 7. 1994 AP Nr. 73 zu § 611 BGB Abhängigkeit Nr. 73 = BAGE 77, 226). Hiervon zu unterscheiden ist die vom Arbeitnehmer tatsächlich **ausgeübte Tätigkeit.** Diese ist für die Bewertung nur dann von Bedeutung, wenn sie ihm auch tatsächlich zugewiesen ist.

Übt der Arbeitnehmer mehrere **Teiltätigkeiten** aus, ist fraglich, wie die Bewertung vorzunehmen ist. Enthält die tarifliche oder betriebliche Vergütungsordnung keine abweichenden Bestimmungen, erfolgt die Eingruppierung regelmäßig nach der überwiegend auszuübenden Tätigkeit. Dies ist diejenige Tätigkeit, die mehr als 50% der Arbeitszeit des Arbeitnehmers ausmacht (BAG 13. 11. 1991 AP Nr. 3 zu § 1 TVG Tarifverträge: Brauereien Nr. 3 = NZA 1992, 613). Dementsprechend muss der Arbeitnehmer im gerichtlichen Verfahren sowohl den Inhalt wie auch den zeitlichen Umfang der ihm übertragenen Tätigkeit darlegen und ggf. beweisen. Ist für den Arbeitsplatz des Arbeitnehmers eine **Tätigkeitsbeschreibung** erstellt, stellt diese regelmäßig die Ausübung des Direktionsrechts des Arbeitgebers bei der Bestimmung der Art und des zeitlichen Umfanges der geschuldeten Arbeitsleistung dar. Weicht die tatsächliche Vertragshandhabung von dem Inhalt der Tätigkeitsbeschreibung ab, ist dies für die Eingruppierung regelmäßig unbeachtlich, wenn der Arbeitgeber diese Handhabung nicht billigt. Es fehlt dann an der für die Eingruppierung erforderlichen Übertragung der tatsächlich ausgeübten Tätigkeit.

5. Tarifautomatik. Eine bestehende Lohn- oder Gehaltsgruppenordnung begründet regelmäßig einen Rechtsanspruch des Arbeitnehmers auf Vergütung entsprechend dieser Ordnung und damit auch einen Anspruch auf Zuordnung seiner Tätigkeit. Die Eingruppierung ist aber keine nach außen wirkende konstitutive Maßnahme, sondern ein gedanklicher Vorgang, ein Akt der Rechtsanwendung. Der Arbeitnehmer ist eingruppiert, er wird nicht eingruppiert. Die Eingruppierung eines Arbeitnehmers in eine Vergütungsgruppe eines Tarifvertrags oder einer Betriebsvereinbarung erfolgt ausschließlich auf Grundlage der vom Arbeitnehmer auszuübenden Tätigkeit, ein besonderer Eingruppierungsakt des Arbeitgebers ist nicht erforderlich (BAG 9. 3. 1993 AP Nr. 104 zu § 99 BetrVG 1972 = BB 1993, 1223). Verlangt der Arbeitnehmer eine „höhere Eingruppierung", besteht kein „Anspruch auf Eingruppierung" durch den Arbeitgeber, der klageweise durchgesetzt werden könnte. Vielmehr hängt die Zahlung der höheren Vergütung nicht von der Eingruppierung, sondern allein von der Erfüllung der Tätigkeitsmerkmale der begehrten Vergütungsgruppe ab (BAG 16. 10. 1974 AP Nr. 81 zu §§ 22, 23 BAT). Im Eingruppierungsprozess geht es daher ausschließlich um die Feststellung der zutreffenden Zuordnung der vom Arbeitnehmer auszuübenden Tätigkeit, letztlich also um die Kundgabe des bei der Rechtsanwendung gefundenen Ergebnisses, welchen Tätigkeitsmerkmalen die vom Arbeitnehmer zu verrichtende Tätigkeit entspricht und aus welcher Vergütungsgruppe er zu vergüten ist.

Wegen der Tarifautomatik hat die **Angabe der Vergütungsgruppe im Arbeitsvertrag** oder das **Beteiligungsverfahren gegenüber dem Betriebsrat** (§ 99 BetrVG) regelmäßig keine Bedeutung für den Vergütungsanspruch. Die entsprechenden Angaben im Arbeitsvertrag oder gegenüber der Arbeitnehmervertretung sind nur von deklaratorischer, nicht aber von konstitutiver Bedeutung. Etwas anderes kann bei einer arbeitsvertraglichen Vereinbarung gelten, wenn beide Vertragsparteien übereinstimmend eine übertarifliche Vergütung des Arbeitnehmers für seine Tätigkeit herbeiführen wollten.

6. Aufbau der Vergütungsgruppen. Tarifliche Vergütungsgruppen enthalten regelmäßig eine abstrakte Definition der für die Eingruppierung in die Vergütungsgruppe notwendigen Voraussetzungen. Daneben sind im Tarifvertragstext vielfach bestimmte Beispielstätigkeiten aufgeführt. Nach den von der Rechtsprechung aufgestellten Grundsätzen ist zunächst zu prüfen, ob der Arbeitnehmer die **Beispielstätigkeit** erfüllt. Ist dies der Fall, sind die Voraussetzungen für die Eingruppierung in die konkrete Vergütungsgruppe regelmäßig erfüllt. Eine darüber hinausgehende Prüfung, ob die konkrete oder die Beispielstätigkeit die allgemeinen Oberbegriffe der Vergütungsgruppe erfüllt, ist dann entbehrlich (BAG 25. 9. 1991 AP Nr. 7 zu § 1 TVG Tarifverträge: Großhandel = NZA 1992, 273). Sind allerdings die aufgeführten Beispielstätigkeiten nicht eindeutig oder enthalten sie Beurteilungsspielräume, ist gesondert zu prüfen, ob die vom Arbeitnehmer ausgeübte Beispielstätigkeit unter den allgemeinen Oberbegriff der Vergütungsgruppe fällt (BAG 13. 11. 1991 AP Nr. 3 zu § 1 TVG Tarifverträge: Brauereien). Nur wenn die vom Arbeitnehmer auszuübende Tätigkeit von den aufgeführten Beispielstätigkeiten nicht umfasst wird, ist allein anhand der **allgemeinen Oberbegriffe** zu prüfen, ob der Arbeitnehmer in die Vergütungsgruppe eingruppiert ist. Ergibt sich aber aus dem Tarifinhalt, insbesondere seinem Wortlaut, dass eine Eingruppierung nur bei Vorliegen einer genannten Beispielstätigkeit erfolgen soll, ist der Rückgriff auf den allgemeinen Oberbegriff unzulässig.

Kann die Tätigkeit eines Arbeitnehmers den Merkmalen einer Vergütungsordnung nicht zugeordnet werden, ist die Vergütungsordnung unvollständig (sog. Tariflücke).

Eine richterliche Lückenfüllung kommt nur in Betracht, wenn die Tariflücke unbewusst ist (BAG 11. 9. 1985 AP Nr. 106 zu §§ 22, 23 BAT 1975 Nr. 106 = ArbuR 1986, 58), was im Rahmen der Tarifvertragsauslegung zu ermitteln ist. Bei der Schließung einer unbewussten Tariflücke in der Vergütungsordnung zum BAT ist darauf abzustellen, wie darin artverwandte und vergleichbare Tätigkeiten bewertet werden (BAG 21. 6. 2000 AP Nr. 276 zu §§ 22, 23 BAT 1975 = NZA-RR 2001, 54). Liegt eine bewusste **Tariflücke** vor, ist eine Eingruppierung nicht möglich (BAG 24. 9. 1997 AP Nr. 1 zu § 23 b BAT = NZA 1998, 236), die Klage ist abzuweisen.

7. Beteiligungsrechte des Betriebsrates. Die Ein- bzw. Umgruppierung während eines bestehenden Arbeitsverhältnisses bedarf nach § 99 BetrVG bzw. § 75 BPersVG der Mitwirkung des Betriebsrates bzw. des Personalrates. Das Beteiligungsrecht bei der Ein- bzw. Umgruppierung ist aber lediglich ein Mitbeurteilungsrecht und für die Eingruppierung nicht konstitutiv. Für den sich daraus ergebenden Vergütungsanspruch ist die fehlende bzw. eine unwirksame Zustimmung der Arbeitnehmervertretung unbeachtlich, da dieser sich aus der Tarifautomatik, d.h. der Ausübung der zugewiesenen Tätigkeit ergibt (BAG 6. 8. 1997 AP Nr. 7 zu § 12 AVR Diakonisches Werk = NZA 1998, 263 – kirchliche Schiedsstelle; 26. 8. 1992 AP Nr. 37 zu § 75 BPersVG = NZA 1993, 469; 30. 5. 1990 AP Nr. 31 zu § 75 BPersVG = NZA 1990, 899). Ausführungen zur kollektivrechtlichen Seite sind deshalb im (individualrechtlichen) Eingruppierungsprozess regelmäßig entbehrlich. Die Auffassung des Betriebsrats kann aber aus optischen Gründen vorgetragen werden, wenn dieser das Eingruppierungsverlangen des Arbeitnehmers unterstützt hat. Zur korrigierenden Rückgruppierung siehe B. II. 14.2.

8. Ausschlussfristen. Die Eingruppierung eines Arbeitnehmers in ein tarifliches oder betriebliches Regelwerk unterliegt keinen Ausschlussfristen, da dieser Vorgang lediglich einen Akt der Rechtsanwendung und keine tatsächliche Handlung des Arbeitgebers mit konstitutiver Wirkung darstellt. Dementsprechend existiert auch kein Anspruch des Arbeitnehmers bzw. ein Recht auf Eingruppierung, welches Gegenstand von Ausschlussfristen sein könnte. Sein Recht, eine unzutreffende Eingruppierung geltend zu machen, wird daher von Ausschlussfristen nicht verkürzt. Hingegen fällt der sich aus der Eingruppierung ergebende **Vergütungsanspruch** des Arbeitnehmers unter bestehende Ausschlussfristen und kann bei nicht oder nicht formgerechter Geltendmachung verfallen. Zur Ausschlussfrist bei Rückforderungen des Arbeitgebers wegen einer unzutreffenden Eingruppierung BAG 17. 5. 2001 AP Nr. 2 zu § 70 BAT-O.

9. Streitwert. Für die Streitwertberechnung bei Eingruppierungsklagen gilt § 12 Abs. 7 Satz 2 ArbGG. Danach beträgt der Streitwert das 36-fache der Vergütungsdifferenz zwischen der begehrten und bisherigen Vergütungsgruppe, sofern nicht der Gesamtbetrag der geforderten Leistungen geringer ist. Bis zur Klageerhebung entstandene Rückstände werden nicht noch zusätzlich berücksichtigt, ebenso wenig eine etwaige Sonderzuwendung. Wird in einer Eingruppierungsstreitigkeit keine Leistungsklage, sondern eine Eingruppierungsfeststellungsklage erhoben (siehe unter 1.), ist der Regelabschlag für eine Feststellungsklage nicht vorzunehmen (LAG Köln 27. 11. 1992 LAGE § 12 ArbGG 1979 Streitwert Nr. 95; LAG Baden-Württemberg 12. 7. 1990 JurBüro 1991, 665).

14.2 Klage bei korrigierender Rückgruppierung

An das
Arbeitsgericht ......

Klage

des Meisters ......

– Kläger –

Prozessbevollmächtigte/r: Rechtsanwälte ......

gegen

die ......

– Beklagte –

wegen Eingruppierung

Namens und in Vollmacht des Klägers erheben wir Klage und beantragen,

festzustellen, dass die Änderungskündigung der Beklagten vom 28. 4. 1999 unwirksam ist, hilfsweise

festzustellen, dass die Beklagte verpflichtet ist, auch über den 1. 5. 1999 Vergütung nach der Vergütungsgruppe M 4 nach dem Tarifvertrag über Lohn- und Gehaltsgruppen für die Betriebe der Papiererzeugenden Industrie in den neuen Bundesländern vom 12. 4. 1991 zu zahlen und die Bruttodifferenzvergütung seit dem 15. des jeweiligen Folgemonats hilfsweise seit Rechtshängigkeit mit acht Prozentpunkten über dem Basiszinssatz zu verzinsen[1].

Streitwert: ......[5]

Begründung:

Der Kläger ist seit dem 1. 5. 1980 bei der Beklagten bzw. deren Rechtsvorgängerin beschäftigt. Auf das Arbeitsverhältnis findet der im Antrag genannte Tarifvertrag kraft beiderseitiger Tarifgebundenheit sowie einzelvertraglicher Bezugnahme Anwendung. Beide Parteien sind über ihre Verbandsmitgliedschaft an den Tarifvertrag gebunden, daneben gelten nach dem schriftlichen Arbeitsvertrag die Tarifverträge für die Papiererzeugende Industrie in den neuen Bundesländern in ihrer jeweils geltenden Fassung.

Die Beklagte hat dem Kläger mit Schreiben vom 28. 4. 1999 mitgeteilt, dass sie den Kläger für zu hoch eingruppiert hält und die Zahlung der (niedrigeren) Vergütung nach der Vergütungsgruppe M 3 ab dem 1. 5. 1999 angekündigt. Nach Auffassung des Klägers stellt diese Erklärung eine Änderungskündigung dar. Der Kläger hat das Änderungsangebot noch am gleichen Tag gegenüber dem Prokuristen der Beklagten mündlich unter dem Vorbehalt der Nachprüfung angenommen.

Die von der Beklagten vorgenommene Änderungskündigung ist unwirksam. Der Kläger bestreitet das Vorliegen betriebsbedingter Kündigungsgründe sowie die zutreffende Beteiligung des bei der Beklagten gebildeten Betriebsrats.[4]

Sofern die Beklagte einwenden sollte, sie habe keine Änderungskündigung ausgesprochen, sondern nur eine korrigierende Rückgruppierung vorgenommen, wäre auch diese Maßnahme unwirksam. Die Beklagte ist nicht zur einseitigen Korrektur des Arbeitsvertragsinhalts berechtigt. Die im Arbeitsvertrag angegebene Vergütungsgruppe M 4 ist zwischen den Parteien vertraglich vereinbart worden. Dies ergibt sich aus Folgendem: Im Zuge der letzten Vertragsverhandlungen – der Kläger wollte zu einer Konkurrentin der Beklagten wechseln – ist ihm ausdrücklich versichert worden, dass er auch weiterhin nach der Vergütungsgruppe M 4 vergütet werde. Dabei hat es seinerzeit schon zwischen den Parteien unterschiedliche Vorstellungen über die zutreffende Eingruppierung gegeben. Schon zum damaligen Zeitpunkt vertrat die Beklagte die Auffassung, der Kläger sei zutreffend in die Vergütungsgruppe M 3 eingruppiert. Der Kläger hat die (Weiter-)Zahlung der Vergütung nach der Vergütungsgruppe M 4 für sein weiteres Verbleiben bei der Beklagten zur Voraussetzung gemacht, worauf ihm die Beklagte die entsprechende Zusage gegeben hat *(weiter ausführen)*. Aufgrund dieser Umstände meint der Kläger, dass eine individualrechtliche Abrede zwischen den Parteien getroffen wurde, wonach die Beklagte sich zur Fortzahlung der Vergütung M 4 verpflichtet hat. Von dieser kann sie sich nur durch eine Änderungskündigung lösen.[2]

Sollte das Gericht der Auffassung des Klägers nicht folgen, dass bezüglich der Vergütungsvereinbarung eine individualrechtliche Abrede getroffen ist, so wird vorsorglich bestritten, dass die Beklagte ihre Korrektur auf Grund eines nachvollziehbaren Irrtums vorgenommen hat. Sofern die Beklagte ihre Gründe für die Korrektur der Eingruppierungsentscheidung darlegt, wird der Kläger – auf eine entsprechende gerichtliche Auflage hin – hierzu substantiiert Stellung nehmen.[3]

Rechtsanwalt

Anmerkungen

1. Antragstellung. Spricht der Arbeitgeber zum Zwecke der Herabgruppierung eine **Änderungskündigung** aus, hat der Arbeitnehmer drei Möglichkeiten, auf die ausgesprochene Änderungskündigung des Arbeitgebers zu reagieren. Er kann das Angebot des Arbeitgebers form- und fristgerecht sowie vorbehaltlos annehmen, die Änderung der Arbeitsvertragsbedingungen tritt dann nach Ablauf der Kündigungsfrist ein. Er kann auch die angebotene Änderung der Arbeitsbedingungen ablehnen, in diesem Fall endet das Arbeitsverhältnis mit Ablauf der Kündigungsfrist, es sei denn, der Arbeitnehmer erhebt gegen die Beendigungskündigung eine Kündigungsschutzklage. Schließlich kann der Arbeitnehmer das Änderungsangebot auch unter Vorbehalt (§ 2 KSchG) annehmen. Ist letzteres der Fall, muss er binnen der Frist des § 4 KSchG Kündigungsschutzklage erheben. Ansonsten kann er lediglich die Unwirksamkeit der Kündigung aus sonstigen Gründen (§ 13 Abs. 3 KSchG) geltend machen. Hauptanwendungsfall ist dabei die Unwirksamkeit wegen fehlender bzw. fehlerhafter Betriebsratsanhörung (BAG 28. 5. 1998 AP Nr. 48 zu § 2 KSchG 1969 = NZA 1998, 1167).

Hat der Arbeitgeber hingegen **keine Änderungskündigung** ausgesprochen, ist die Erhebung einer Eingruppierungsfeststellungsklage sinnvoll. In Zweifelsfällen, wenn nicht eindeutig erkennbar ist, ob eine Erklärung des Arbeitgebers eine Änderungskündigung darstellt, sollte zur Fristwahrung Änderungsschutzklage und hilfsweise Eingruppierungsfeststellungsklage erhoben werden. Erklärt der Arbeitgeber im Prozess, er habe keine Änderungskündigung ausgesprochen bzw. ein bestimmtes Verhalten stelle keine Änderungskündigung dar, kann die in der Hauptsache erhobene Änderungsschutzklage immer noch zurückgenommen werden. Im Rahmen der (hilfsweise) erhobenen Eingruppierungsfeststellungsklage würde dann immer noch überprüft werden, ob die vorgenommene Rückgruppierung zulässig ist.

2. Änderungskündigung oder Rückgruppierung? a) Grundsätze. Der Arbeitgeber kann grundsätzlich die Eingruppierung des Arbeitnehmers korrigieren, wenn die auszuübende

Tätigkeit nicht den Tätigkeitsmerkmalen der angewandten bzw. anzuwendenden Vergütungsgruppe entspricht. In welcher Form diese Maßnahme erfolgen muss, ist abhängig von den Umständen des Einzelfalls. Die Korrektur muss durch den Ausspruch einer Änderungskündigung erfolgen, wenn die (unrichtige) Vergütungsabrede **Vertragsgegenstand** geworden ist. Dies ist der Fall, wenn sie zwischen Arbeitgeber und Arbeitnehmer einvernehmlich vereinbart worden ist. Ob eine solche Vereinbarung vorliegt, bedarf der Auslegung im Einzelfall (dazu *Schaub,* BB 1996, 1058). Eine Änderungskündigung wird für den Arbeitgeber nur dann erforderlich, wenn ein arbeitsvertraglicher Anspruch auf Zahlung der Vergütung nach einer bestimmten Vergütungsgruppe besteht. Hier kann der Arbeitgeber keine einseitige Rückgruppierung vornehmen, sondern muss eine Änderungskündigung (§ 2 KSchG) aussprechen (BAG 15. 3. 1991 AP Nr. 28 zu § 2 KSchG 1969 = NZA 1992, 120). Besteht kein arbeitsvertraglicher Anspruch des Arbeitnehmers auf Vergütung nach einer bestimmten Vergütungsgruppe, kann die Eingruppierung auch ohne Änderungskündigung korrigiert werden. Entspricht die gezahlte Vergütung nicht der Wertigkeit der auszuübenden Tätigkeit, ist der Arbeitgeber zur einseitigen Lossagung von der – aus seiner Sicht – rechtsfehlerhaften Tarifanwendung berechtigt (BAG 18. 2. 1998 AP Nr. 239 zu §§ 22, 23 BAT 1975 = NZA 1998, 950; 13. 5. 1998 AP Nr. 69 zu §§ 22, 23 BAT Lehrer = NZA-RR 1998, 523).

b) Öffentlicher Dienst. Für den Bereich des öffentlichen Dienstes ist die Rspr. des BAG zur Änderungskündigung mit dem Ziel der Rückgruppierung kaum nachvollziehbar. Regelmäßig wird im öffentlichen Dienst arbeitsvertraglich vereinbart, dass sich das Arbeitsverhältnis nach dem BAT/BAT-O und den diesen ergänzenden und ändernden Tarifverträgen bestimmt. Daneben wird eine bestimmte Vergütungsgruppe im Arbeitsvertrag angegeben, in die der Arbeitnehmer „eingruppiert" ist. Diese für den öffentlichen Dienst typische Arbeitsvertragsgestaltung legt die Rspr. stets dahingehend aus, dass dem Arbeitnehmer kein eigenständiger, von den tariflichen Bestimmungen unabhängiger arbeitsvertraglicher Anspruch auf eine bestimmte Vergütung zustehen soll. Vielmehr werde damit nur wiedergegeben, welche Vergütungsgruppe der Arbeitgeber bei Anwendung der maßgeblichen Eingruppierungsbestimmungen als zutreffend ansehe. Sie stellt dementsprechend nur die Wiedergabe einer zum Zeitpunkt des Vertragsabschlusses bestehenden Rechtsauffassung dar, dass die Anforderungen der im Arbeitsvertrag angegebenen Vergütungsgruppe durch die auszuübende Tätigkeit erfüllt wird. Einen darüber hinausgehenden Bindungswillen des Arbeitgebers, unabhängig von den tariflichen Bestimmungen, die angegebene – ggf. als übertarifliche – Vergütung zu zahlen, wird von der Rspr. unter Hinweis auf das Sparsamkeitsgebot des § 8 BHO bzw. der entsprechenden Haushaltsordnungen der Länder verneint (BAG 8. 8. 1996 AP Nr. 46 zu §§ 22, 23 BAT Lehrer = NZA-RR 1997, 76).

Aufgrund dieser Sichtweise der Rspr. ist im Bereich des **öffentlichen Dienstes** regelmäßig der Ausspruch einer Änderungskündigung entbehrlich. War die vorgenommene Eingruppierung zu hoch, kann sie einseitig vom Arbeitgeber durch eine **korrigierende Rückgruppierung** beseitigt werden. Etwas anderes gilt nur, wenn sich nachträglich, d. h. nach Vertragsabschluss, die tatsächlichen Verhältnisse für die Eingruppierung ändern (Beispiel: einem Angestellten sind nach einer Organisationsänderung im Referat nicht mehr 5, sondern nur noch 3 Angestellte unterstellt). Erfüllt die geänderte Tätigkeit nicht mehr die tariflichen Anforderungen der bisherigen Eingruppierung, wird eine Änderungskündigung erforderlich (die Tätigkeit hebt sich nicht mehr durch besondere Schwierigkeit aus der Ausgangsfallgruppe heraus, vgl. VergGr. VI b/IV a BAT/BAT-O).

Spricht der Arbeitgeber dennoch eine an sich überflüssige **Änderungskündigung** aus, soll sich deren Wirksamkeit danach beurteilen, wie der Arbeitnehmer auf das – mit dem Kündigungsausspruch verbundene – Angebot zur Weiterarbeit unter geänderten Voraussetzungen **reagiert.** Lehnt er es ab und erhebt er Kündigungsschutzklage, soll nach der Rspr. eine überflüssige Änderungskündigung wegen der damit verbundenen Bestandsgefährdung unverhältnismäßig mit der Folge ihrer Unwirksamkeit sein. In diesem Fall gewinnt der Arbeitnehmer den Kündigungsschutzprozess, da eine Beendigungskündigung gegen den **Ultima-Ratio-Grundsatz** verstößt. Nimmt er hingegen das Angebot unter dem Vorbehalt des § 2 KSchG an, führt die „überflüssige" Änderungskündigung nicht zur Unwirksamkeit der Änderung der Arbeitsbedingungen wegen eines Verstoßes gegen den Grundsatz der Verhältnismäßigkeit, da es in diesem Fall nicht um den Bestand, sondern um den Inhalt des Arbeitsverhältnisses gehe (BAG 26. 1. 1995 AP Nr. 36 zu § 2 KSchG 1969 = NZA 1995, 626). Unverhältnismäßig könne allenfalls das Element der Kündigung sein, nicht dagegen das mit der Kündigung verbundene Änderungsangebot. Die Frage, ob die im Änderungsangebot des Arbeitgebers enthaltenen Arbeitsbedingungen gerade infolge der mit der Änderungskündigung angebotenen Vertragsänderung gelten, ob es also zu einer Herbeiführung der Änderungskündigung bedurfte oder ob die angebotenen Arbeitsbedingungen ohnehin Grundlage des Arbeitsverhältnisses sind, soll ein Element der Begründetheitsprüfung darstellen. Hieraus folgert das BAG wenig nachvollziehbar, dass es einer sozialen Rechtfertigung nicht bedürfe, wenn die angebotenen Arbeitsbedingungen wegen der Änderung des Tarifvertrages bereits unabhängig hiervon eingetreten waren (BAG 9. 7. 1997 AP Nr. 233 zu §§ 22, 23 BAT 1975 = NZA 1998, 494; zu Recht kritisch *Hromadka*, Anm. AP Nr. 20 zu § 1 TVG Tarifverträge: Lufthansa; *Berkowsky*, NZA 1999, 293). Im Fall einer Annahme einer überflüssigen Änderungskündigung unter dem Vorbehalt des § 2 KSchG unterliegt daher der Arbeitnehmer im Kündigungsschutzverfahren (BAG 27. 3. 1987 AP Nr. 29 zu § 242 BGB Betriebliche Übung = NZA 1987, 778).

3. Darlegungslast. a) Änderungskündigung. Spricht der Arbeitgeber zur Rückgruppierung eine Änderungskündigung aus, gelten für die Darlegungslast die allgemeinen Grundsätze. Der Arbeitgeber hat insbesondere die unzutreffende Zuordnung der vertraglich vereinbarten Vergütungsgruppe zu dem tarif- oder betrieblichen Entgeltschema darzulegen und ggf. zu beweisen. Gleiches gilt für die ordnungsgemäße Beteiligung eines bestehenden Betriebsrats. Ist streitig, ob zwischen den Parteien eine vertragliche Abrede getroffen worden ist, trägt der Arbeitnehmer die Darlegungslast für die konstitutive Vereinbarung der Vergütungsgruppe (BAG 17. 5. 2000 AP Nr. 17 zu §§ 22, 23 BAT-O = NZA 2001, 1316).

b) Korrigierende Rückgruppierung. Nimmt der Arbeitgeber lediglich eine korrigierende Rückgruppierung vor, trägt gleichfalls der Arbeitnehmer die Darlegungs- und Beweislast für das Bestehen einer „echten" vertraglichen Vereinbarung über die gezahlte Vergütung. Gelingt ihm der Nachweis, ist die einseitige Rückgruppierung unzulässig und der Arbeitgeber auf den Ausspruch einer Änderungskündigung verwiesen. Lag keine vertragliche Vereinbarung vor, hat grundsätzlich der Arbeitnehmer nach allgemeinen Grundsätzen die volle Darlegungs- und Beweislast für die von ihm begehrte Eingruppierung. Die neuere Rechtsprechung des BAG billigt ihm aber **Erleichterungen** bei der **Darlegungslast** zu. Zwar ist der Arbeitgeber grundsätzlich berechtigt, eine irrtümlich zu hohe Eingruppierung zu beseitigen, indem er den Arbeitnehmer in die (nach seiner Sichtweise) zutreffende niedrigere Vergütungsgruppe zurückgruppiert. Er muss aber zunächst darlegen, inwieweit ihm bei der ursprünglich vorgenommenen Eingruppierung ein Irrtum unterlaufen ist. Dazu muss er entweder einen Rechtsirrtum darlegen oder substantiiert die Tatsachen vortragen, die eine fehlerhafte Eingruppierung des Arbeitnehmers begründen. Fehlt es hieran, ist die Korrektur der zunächst getroffenen, d. h. früheren Eingruppierung unzulässig (BAG 18. 2. 1998 AP Nr. 239 zu §§ 22, 23 BAT 1975 = NZA 1998, 950; 11. 6. 1997 AP Nr. 6 zu § 20 BMT-G II = NZA-RR 1998, 140).

Daher ergibt sich die folgende **Verteilung der Darlegungs- und Beweislast:** Im Streitfall kann sich *(1)* der Arbeitnehmer zunächst auf die im Arbeitsvertrag angegebene oder ihm vom Arbeitgeber mitgeteilte Vergütungsgruppe berufen. *(2)* Sodann muss der Arbeitgeber die objektive Fehlerhaftigkeit der im Arbeitsvertrag enthaltenen oder dem Arbeitnehmer mitgeteilten Vergütungsgruppe darlegen und beweisen. Die objektive Fehlerhaftigkeit liegt bereits vor, wenn auch nur eine der tariflichen Voraussetzungen für die bisherige Eingruppierung fehlt (BAG 17. 5. 2000 AP Nr. 18 zu §§ 22, 23 BAT-O = NZA 2001, 1395). *(3)* Hat der Arbeitgeber die Voraussetzungen für die sog. korrigierende Rückgruppierung dargelegt und ggf. bewiesen, ist es Sache des Angestellten, die Tatsachen darzulegen und ggf. zu beweisen, aus denen folgt, dass ihm die begehrte höhere Vergütung zusteht. Nach Ansicht des BAG ergeben sich weder aus dem Nachweisgesetz bzw. der EG-Nachweisrichtlinie (RL 91/533/EWG des Rates vom 14. Oktober 1991) im Rahmen des BAT für die sog. korrigierende Rückgruppierung weder eine weitergehende Darlegungs- oder Beweislast des Arbeitgebers noch weitergehende Erleichterungen der Darlegungs- und Beweislast für den Arbeitnehmer (BAG 16. 2. 2000 AP Nr. 3 zu § 2 NachwG = NZA-RR 2001, 216; instruktiv dazu *Friedrich/Kloppenburg,* RdA 2001, 293).

4. **Beteiligung des Betriebsrats/Personalrats.** Die korrigierende Rückgruppierung des Arbeitnehmers unterliegt stets dem (Mit-)Beteiligungsrecht einer bestehenden Arbeitnehmervertretung. Spricht der Arbeitgeber zum Zweck der Herabgruppierung eine Änderungskündigung aus, ist er außerhalb des öffentlichen Dienstes zur Beteiligung des Betriebsrates nach den §§ 102, 99 BetrVG verpflichtet. Im Bereich des öffentlichen Dienstes richtet sich die Beteiligungspflicht des Personalrats nach den entsprechenden Vorschriften des BPersVG bzw. der Personalvertretungsgesetze der Länder über den Kündigungsausspruch und die Eingruppierung. War die Vergütung arbeitsvertraglich vereinbart, führt eine fehlende bzw. fehlerhafte Beteiligung zur ausgesprochenen Änderungskündigung (§ 102 BetrVG) zu deren Unwirksamkeit. In diesem Fall hat der Arbeitnehmer Anspruch auf Weiterzahlung der bisherigen Vergütung. Ist lediglich die Beteiligung zur Rückgruppierung (§ 99 BetrVG) unwirksam, die Änderungskündigung selbst aber nicht zu beanstanden, entfällt der bisherige (höhere) Vergütungsanspruch.

War hingegen die einseitige Rückgruppierung zulässig, kann der Arbeitnehmer die Fortzahlung der bisherigen (höheren) Vergütung nicht beanspruchen, wenn nur die Beteiligung der Arbeitnehmervertretung (Betriebs- bzw. Personalrat) fehlerhaft oder völlig unterblieben ist. Der Vergütungsanspruch folgt auch in diesem Fall der Tarifautomatik, die Verletzung des Mitbestimmungsrechtes führt nicht zu einem darüber hinausgehenden Anspruch (BAG 26. 8. 1992 AP Nr. 37 zu § 75 BPersVG = NZA 1993, 469; 30. 5. 1990 AP Nr. 31 zu § 75 BPersVG = NZA 1990, 899).

5. **Streitwert:** Vgl. zunächst unter B. II. 14.1 Anm. 9. Wird eine Änderungskündigung ausgesprochen, sind die §§ 12 ff. GKG heranzuziehen. Danach ist grundsätzlich vom dreifachen Jahresbetrag des Wertes der Änderung auszugehen. Als Höchstgrenze ist aber § 12 Abs. 7 Satz 1, 2 ArbGG entsprechend heranzuziehen, mit der Folge, dass der Streitwert keine der beiden dort genannten Grenzen überschreiten darf, sondern die niedrigere von beiden maßgeblich ist (BAG 23. 9. 1989 AP Nr. 1 zu § 17 GKG 1975).

14.3 Eingruppierung bei vorangegangenem Zustimmungsersetzungsverfahren

An das
Arbeitsgericht ......

Klage

des Meisters ......

– Kläger –

Prozessbevollmächtigte/r: Rechtsanwälte ......

gegen

die ......

– Beklagte –

wegen Eingruppierung

Namens und in Vollmacht des Klägers erheben wir Klage und beantragen,
festzustellen, dass die Beklagte verpflichtet ist, dem Kläger ab dem 1. 4. 1999 Vergütung nach der Vergütungsgruppe M 4 des Tarifvertrages über Lohn- und Gehaltsgruppen für die Betriebe der Papiererzeugenden Industrie in den neuen Bundesländern vom 12. 4. 1991 zu zahlen und etwaige Bruttonachzahlungsbeträge seit dem 15. des jeweiligen Folgemonats hilfsweise seit Rechtshängigkeit mit acht Prozentpunkten über dem Basiszinssatz zu verzinsen.[3]

Streitwert: ......[3]

Begründung:

Die Eingruppierung des Klägers war Gegenstand eines zwischen der Beklagten und ihrem Betriebsrat geführten Beschlussverfahrens vor dem Arbeitsgericht Stralsund mit dem Az. 5 BV 19/97. In diesem wurde festgestellt, dass der Kläger kraft seiner Tätigkeit in die Vergütungsgruppe M 4 des Tarifvertrages über Lohn- und Gehaltsgruppen für die Betriebe der Papiererzeugenden Industrie in den neuen Bundesländern vom 12. 4. 1991 eingruppiert ist.[1]

Die Beklagte hat nun dem Kläger, der als Obermeister (Instandhaltung) beschäftigt wird, zu 30% Tätigkeiten eines Meisters (Stoffaufbereitung) übertragen. Diese Tätigkeit ist nach dem genannten Tarifvertrag in die Vergütungsgruppe M 2 eingereiht. Unter Hinweis auf die niedrigere Eingruppierung erhält der Kläger seit dem 1. 4. 1999 lediglich Vergütung nach der Vergütungsgruppe M 3. Dies steht in Widerspruch zu § 16 MTV für die Arbeitnehmer der Papierindustrie im Beitrittsgebiet vom 12. 4. 1991, dessen Ziff. 5 Pkt 6 wie folgt lautet:

Übt ein Angestellter mehrere Tätigkeiten gleichzeitig aus, die in verschiedenen Tarifgruppen gekennzeichnet sind, so erfolgt seine Einreihung in diejenige Gruppe, welche der überwiegenden Tätigkeit des Angestellten entspricht.

Da nach wie vor die bisherige Tätigkeit des Klägers zeitlich überwiegt, hat er nach wie vor Anspruch auf die unveränderte Zahlung einer Vergütung nach der Vergütungsgruppe M 4.[2]

Rechtsanwalt

Holthaus   167

Anmerkungen

1. Präjudizwirkung. Grundsätzlich hat der Arbeitnehmer als Anspruchsteller bei einer Eingruppierungsfeststellungsklage diejenigen Tatsachen vorzutragen und im Bestreitensfall zu beweisen, aus denen der rechtliche Schluss möglich ist, dass er die im Einzelfall für sich beanspruchten tariflichen Tätigkeitsmerkmale erfüllt (grundlegend BAG 20. 10. 1993 AP Nr. 173 zu §§ 22, 23 BAT 1975 = NZA 1994, 514). Eine Ausnahme von diesem Grundsatz besteht nur, wenn in einem Beschlussverfahren nach § 99 Abs. 4 BetrVG eine bestimmte Entgeltgruppe als zutreffend ermittelt wird.

Nach § 99 Abs. 1 BetrVG hat der Arbeitgeber vor der Durchführung von personellen Einzelmaßnahmen die Zustimmung des Betriebsrats einzuholen. Zu den personellen Einzelmaßnahmen zählen u. a. die Ein- bzw. Umgruppierung. Verweigert der Betriebsrat die beantragte Zustimmung zur Ein- bzw. Umgruppierung, hat der Arbeitgeber die Ersetzung der Zustimmung durch das Arbeitsgericht zu beantragen (§ 99 Abs. 4 BetrVG). Das Beteiligungsverfahren ist erst abgeschlossen, wenn es zu einer Ein- bzw. Umgruppierung geführt hat, zu der entweder der Betriebsrat nach § 99 Abs. 1 BetrVG seine Zustimmung erteilt oder diese vom Gericht nach § 99 Abs. 4 BetrVG im Zustimmungsersetzungsverfahren ersetzt wird. Findet zwischen Arbeitgeber und Betriebsrat ein Beschlussverfahren über die zutreffende Ein- bzw. Umgruppierung statt und hat das Arbeitsgericht eine bestimmte Vergütungsgruppe als zutreffend ermittelt, kann der Arbeitnehmer seinen Entgeltanspruch unmittelbar auf die gerichtliche Entscheidung stützen (BAG 3. 5. 1994 AP Nr. 2 zu § 99 BetrVG 1972 Eingruppierung = NZA 1995, 484). Das Gericht begründet das „Durchschlagen" einer Entscheidung im Beschlussverfahren auf die individualrechtlichen Rechtsbeziehungen zwischen Arbeitgeber und Arbeitnehmer mit dem Schutzcharakter des Mitbestimmungsrechts und der größeren Richtigkeitsgewähr auf Grund des im Beschlussverfahren geltenden Amtsermittlungsgrundsatzes (§ 83 Abs. 1 ArbGG, dazu auch Vorbemerkung Beschlussverfahren unter V.3). Stimmt der Betriebsrat ohne vorheriges Beschlussverfahren zu, entsteht keine Präjudizwirkung zu Gunsten des Arbeitnehmers.

2. Unveränderte Tätigkeit. Die Präjudizwirkung einer rechtskräftigen Entscheidung im Beschlussverfahren über die Ein- bzw. Umgruppierung des Arbeitnehmers mit dem sich daraus ergebenen Vergütungsanspruch entfällt, wenn sich die tatsächlichen Verhältnisse nach Rechtskraft ändern. Wird der Arbeitnehmer mit anderen Tätigkeiten betraut, kann der Arbeitgeber eine neue Entscheidung über die zutreffende Eingruppierung des Arbeitnehmers treffen. Die zuvor ergangene Entscheidung im Beschlussverfahren steht dem nur entgegen, wenn sich die auszuübende Tätigkeit nur in einem Umfang ändert, der für die tarifliche Bewertung nicht maßgeblich ist. Zur Rechtskraftwirkung einer abweisenden Eingruppierungsfeststellungsklage BAG 10. 12. 1997 AP Nr. 237 zu §§ 22, 23 BAT 1975 = NZA-RR 1998, 567.

3. Zum **Klageantrag** und zur **Zinsforderung** vgl. die Ausführungen unter B. II. 14.1 Anm. 1, 2; wegen des **Streitwerts** siehe unter B. II. 14.1 Anm. 9

14.4 Eingruppierungsfeststellungsklage öffentlicher Dienst (Grundmuster)

An das
Arbeitsgericht ......

Klage

der Angestellten ......

– Klägerin –

Prozessbevollmächtigte/r: Rechtsanwälte ......

gegen

den Landkreis ......

– Beklagte –

wegen Eingruppierung

Namens und in Vollmacht der Klägerin erheben wir Klage und werden beantragen,
festzustellen, dass das beklagte Land verpflichtet ist, die Klägerin seit dem
1. Januar 1998 nach der VergGr. VIb BAT-O zu vergüten und die anfallenden monatlichen Bruttonachzahlungsbeträge zwischen den VergGr. VII und
VIb BAT-O beginnend mit dem 15. 1. 1998 ab dem jeweiligen Fälligkeitszeitpunkt an hilfsweise seit Rechtshängigkeit mit acht Prozentpunkten über
dem Basiszinssatz zu verzinsen.[1]

Streitwert: ......[1]

Begründung:

Die am 14. 9. 1965 geborene Klägerin ist Erzieherin und nach einer Urkunde
des ...... zur Führung der Berufsbezeichnung „Staatl. anerkannte Erzieherin" berechtigt.

Die Klägerin wurde mit Wirkung vom 15. 1. 1996 als vollbeschäftigte Angestellte
bei der Beklagten eingestellt. Seither wird sie als pädagogische Kraft neben einer
Gruppenleiterin in einer Kindertagesstätte beschäftigt. Auf das Arbeitsverhältnis der
Parteien finden kraft Bezugnahme im Arbeitsvertrag der BAT-O und die dazu ergangenen Vergütungstarifverträge in der für den Bereich der Vereinigung der kommunalen Arbeitgeberverbände geltenden Fassung Anwendung.[2]

Die Beklagte zahlt der Klägerin Vergütung entsprechend der VergGr. VII BAT-O.[3]

Für die Tätigkeit von Erziehungshilfskräften hat die Beklagte eine Tätigkeitsbeschreibung erstellt, von der u.a. auch das Arbeitsverhältnis der Klägerin erfasst
wird. Dies hat auszugsweise den nachfolgenden Inhalt:[4]

„Die Erziehungshilfskraft unterstützt die Gruppenleiterin bei der pädagogischen Arbeit. Ihr Arbeitsbereich unterteilt sich in

1. den Bereich der praktischen Arbeit mit der Kindergruppe, der ca. 30 Wochen-
   stunden ausmacht, wie etwa
   – Praktische Gruppenarbeit
   – Einsatz im Freispiel und angeleiteten Spiel (gemeinsam mit der Gruppenleiterin)
   – Spezielle pädagogische Angebote an Einzelkinder und Kleingruppen
   – Pflegerische Aufgaben (wie Duschen, Schlafwache etc.)
   – Teilnahme an Mitarbeiterbesprechungen
   – Vertretung der Gruppenleitung

2. pflegerisch-hauswirtschaftliche Tätigkeiten, die ca. 10 Stunden wöchentlich betragen, beispielsweise
- Arbeit in der Küche
- Spielzeugpflege, Materialpflege
- Instandsetzung von Spielmaterial, Spielzeug, Büchern
- Wäschepflege (auch Betten beziehen)
- Möbelpflege".

Die Klägerin ist überwiegend, d. h. mit einem Zeitanteil von mehr als 50% ihrer Arbeitskraft in der pädagogischen Betreuungsarbeit mit Kindern eingesetzt. Die unter 2. dargestellten hauswirtschaftlichen und pflegerischen Arbeiten stellen demgegenüber einen eigenen Arbeitsvorgang im Tarifsinn dar. Diese Tätigkeiten sind tatsächlich von den Aufgaben der Klägerin bei der Beschäftigung mit den Kindern trennbar und nicht bei der Bewertung des erstgenannten Aufgabenbereichs heranzuziehen. Sie verfolgen lediglich den Zweck, die äußeren Rahmenbedingungen für die pädagogische Betreuungsarbeit der im Kindergarten tätigen Erzieher zu schaffen bzw. zu erhalten.[5]

Für die Eingruppierung der Klägerin sind die Tätigkeitsmerkmale des Tarifvertrags für Angestellte im Sozial- und Erziehungsdienst vom 19. 6. 1970 in der ab 1. 1. 1991 geltenden Fassung heranzuziehen.

Der genannte Tarifvertrag ist durch den Änderungs-TV Nr. 1 vom 8. 5. 1991 zum BAT-O in den BAT-O übernommen.

Die Tätigkeitsmerkmale der von der Klägerin begehrten VergGr. VIb Fallgruppe 5 lauten wie folgt:

„Erzieherinnen mit staatl. Anerkennung und entspr. Tätigkeit sowie sonstige Angestellte, die auf Grund gleichwertiger Fähigkeiten und ihrer Erfahrungen entspr. Tätigkeiten ausüben."

Die Klägerin ist auf Grund ihrer formellen Qualifikation als „Erzieherin mit staatl. Anerkennung" im Tarifsinn anzusehen. Sie übt auch eine „entsprechende Tätigkeit" einer Erzieherin aus (Begründung).

Mit Schreiben vom 8. 7. 1998, der Beklagten am gleichen Tag zugegangen, beantragte die Klägerin erfolglos die „Eingruppierung" in die VergGr. VIb BAT-O sowie die Nachzahlung der bisherigen Differenzbeträge.[6]

                                                                    Rechtsanwalt

Anmerkungen

1. zur **Antragsformulierung** und zum **Zinsanspruch.** vgl. zunächst B. II. 14.1 Anm. 1; wegen des Streitwerts siehe unter B. II. 14.1 Anm. 9. Die Angabe der Fallgruppe im Antrag sollte unterbleiben. Sie ist zwar regelmäßig unschädlich, kann aber die Prüfung durch das Arbeitsgericht auf die Anspruchsvoraussetzungen der genannten Fallgruppe beschränken, während sich ansonsten die Prüfungspflicht auf sämtliche Fallgruppen einer Vergütungsgruppe erstreckt. Im Zweifel muss das Gericht durch Ausübung seines Fragerechts (§ 139 ZPO) den Umfang des Antrags aufklären.

2. Anspruchsgrundlage. Im öffentlichen Dienst werden regelmäßig die für die Angestellten geltenden Tarifverträge in ihrer jeweiligen Fassung im Arbeitsvertrag in Bezug genommen. Anspruchsgrundlage für die Eingruppierung sind dann die §§ 22, 23 BAT 1975/BAT-O iVm. der hierzu ergangenen Vergütungsordnung (Anlagen 1a und 1b,

§ 22 Abs. 1 BAT/BAT-O). Dabei ist zu beachten, dass die Vergütungsordnung für die Bereiche des **Bundes** und der **Tarifgemeinschaft deutscher Länder (TdL, sog. Vergütungsordnung B/L)** von derjenigen, die von der **Vereinigung der kommunalen Arbeitgeberverbände (VKA)** abgeschlossen worden ist, in einigen Punkten abweicht.

Die Vergütungsordnung für den Bereich des Bundes und der Länder gliedert sich in
– den allgemeinen Teil (Anlagen 1 a und 1 b),
– den zusätzlichen bzw. besonderen Tätigkeitsmerkmalen (z. B. G. Angestellte im Sozial- und Erziehungsdienst),
– den zusätzlichen Tätigkeitsmerkmalen für den Bereich des Bundes bzw. der Tarifgemeinschaft deutscher Länder.

Die von der Vereinigung der kommunalen Arbeitgeberverbände (VKA, Gemeinden) abgeschlossene Vergütungsordnung besteht aus dem allgemeinen Teil (Anlagen 1 a und 1 b) sowie weiterer gesondert abgeschlossenen Eingruppierungstarifverträgen für spezielle Berufsgruppen. Diese entsprechen teilweise den zusätzlichen Tätigkeitsmerkmalen für den Bereich des Bundes und der Länder, weichen aber bei einzelnen Berufsgruppen inhaltlich voneinander ab.

3. Vergütungsgruppe/Fallgruppe. Die Vergütungsordnung ist untergliedert in sog. Vergütungsgruppen. Im Bereich der Anlage 1 a werden sie als Vergütungsgruppen I bis X bezeichnet, in der Anlage 1 b als sog. Kr-Vergütungsgruppen. Die Vergütungsgruppen selbst sind untergliedert in Tätigkeitsmerkmale (sog. Fallgruppen). Der Arbeitnehmer ist in eine der Vergütungsgruppen eingruppiert, wenn er die objektiven und subjektiven Anforderungen einer Fallgruppe der von ihm beanspruchten Vergütungsgruppe erfüllt.

4. Auszuübende Tätigkeit. Wie im Bereich der Privatwirtschaft ist nicht die tatsächlich ausgeübte Tätigkeit für die Eingruppierung maßgeblich, sondern ausschließlich die auszuübende Tätigkeit. Als solche wird das Aufgabengebiet des Angestellten bezeichnet, das diesem von seinem Arbeitgeber im Rahmen des Arbeitsvertrages und des sich daraus ergebenden Direktionsrechts übertragen ist (vgl. dazu auch B. II. 14.1 Anm. 4). Zur Schlüssigkeit der Eingruppierungsfeststellungsklage reicht dementsprechend nicht die Darlegung der vom Arbeitnehmer tatsächlich ausgeübten Tätigkeit aus, notwendig ist darüber hinaus der Vortrag, wann und in welcher Form ihm die ausgeübten Aufgaben vom Arbeitgeber bzw. seinem Vertreter übertragen worden sind (BAG 26. 3. 1997 AP Nr. 223 zu §§ 22, 23 BAT 1975 = DB 1998, 216 – höherwertige Tätigkeit). Wird für den Arbeitsplatz des Angestellten eine Arbeitsplatzbeschreibung erstellt, stellt diese die Ausübung des sich aus dem Arbeitsvertrag ergebenden Direktionsrechts des Arbeitgebers dar.

5. Arbeitsvorgang. Problematisch kann die Eingruppierung werden, wenn der Angestellte mehrere unterschiedliche Teiltätigkeiten ausübt. Während in der Privatwirtschaft regelmäßig auf die überwiegend auszuübende Tätigkeit abgestellt wird, ist nach § 22 Abs. 2 BAT/BAT-O maßgeblich, dass zeitlich mindestens zur Hälfte Arbeitsvorgänge anfallen, die für sich genommen die Anforderungen eines Tätigkeitsmerkmals oder mehrerer Tätigkeitsmerkmale der begehrten Vergütungsgruppe erfüllen.

Arbeitsvorgänge sind Arbeitsleistungen eines Arbeitnehmers, die im Rahmen seines Aufgabenbereiches zu einem bei natürlicher Betrachtung abgrenzbaren einheitlichen Arbeitsergebnis führen. Nach der ständigen Rechtsprechung des BAG wird der Arbeitsvorgang verstanden als eine „unter Hinzuziehung der Zusammenhangstätigkeiten bei Berücksichtigung einer sinnvollen, vernünftigen Verwaltungsübung nach tatsächlichen Gesichtspunkten abgrenzbare und rechtlich selbstständig zu bewertende Arbeitseinheit der zu einem bestimmten Arbeitsergebnis führenden Tätigkeit eines Angestellten" (BAG 18. 5. 1994 AP Nr. 5 zu §§ 22, 23 BAT 1975 Datenverarbeitung). Dabei ist es rechtlich möglich, dass die gesamte Tätigkeit des Angestellten nur einen Arbeitsvorgang bildet, wenn der Aufgabenkreis nicht weiter aufteilbar und nur einer einheitlichen rechtlichen

Bewertung zugänglich ist (BAG 30. 1. 1985 AP Nr. 101 zu §§ 22, 23 BAT 1975). Tatsächlich trennbare Tätigkeiten mit unterschiedlicher Wertigkeit, die unterschiedlichen Vergütungsgruppen (z. B. VergGr. V c/VI b BAT/BAT-O) zugeordnet sind, können jedoch nicht zu einem Arbeitsvorgang zusammengefasst werden (BAG 20. 10. 1993 AP Nr. 172 zu §§ 22, 23 BAT 1975 = NZA 1994, 560).

Für die Aufteilung in Arbeitsvorgänge ist letztlich das **Arbeitsergebnis**, das vom Angestellten bei seiner Tätigkeit erzielt wird, maßgeblich. Alle Tätigkeiten, die er im Zusammenhang mit dem Erreichen dieses Arbeitsergebnisses erledigt, sind als einheitlicher Arbeitsvorgang anzusehen. Nach der Protokollnotiz zu § 22 Abs. 2 BAT sind **Zusammenhangstätigkeiten** in den Zeitanteil des dazugehörigen Arbeitsvorgangs mit einzubeziehen und nicht gesondert zu bewerten. Als Zusammenhangstätigkeiten werden Arbeiten bezeichnet, bei denen ein unmittelbarer Zusammenhang zu den Hauptaufgaben besteht und die regelmäßig geringerwertige unselbstständige Teiltätigkeiten zu der eigentlichen Tätigkeit des Angestellten darstellen. Für die Eingruppierung ist es ausreichend, wenn die Hälfte der Arbeitszeit des Angestellten mit Arbeitsvorgängen ausgefüllt wird, die den betreffenden tariflichen Tätigkeitsmerkmalen (Selbstständigkeit, gründliche und vielseitige Fachkenntnisse) entsprechen.

Der Begriff des „Arbeitsvorgangs" ist ein **Rechtsbegriff** und von den Gerichten unabhängig von der Rechtsauffassung der Parteien zu prüfen. Aus diesem Grund ist das Arbeitsgericht nicht an die von den Parteien (übereinstimmend) vorgenommene Bildung von Arbeitsvorgängen gebunden, diese ist vielmehr von seiner eigenen Bewertung abhängig. Dementsprechend muss die Sachverhaltsdarstellung des Arbeitnehmers auch die Tatsachen umfassen, aus denen das Gericht die Bildung von Arbeitsvorgängen vornehmen kann (BAG 28. 2. 1979 AP Nr. 16 zu §§ 22, 23 BAT 1975). Fehlt es hieran, ist die Eingruppierungsklage regelmäßig unschlüssig. Daher sind tatsächliche Ausführungen erforderlich

– zur jeweiligen Verwaltungsübung,
– zum Art und Umfang von Zusammenhangstätigkeiten
– dem Arbeitsergebnis, das durch die Tätigkeit erreicht wird und
– zur tatsächlichen Abgrenzbarkeit und rechtlichen Bewertung der einzelnen Arbeitsvorgänge.

Die Rechtsprechung tendiert eher zur großzügigen Bildung von Arbeitsvorgängen, insbesondere bei Leitungstätigkeiten geht sie regelmäßig von nur einem Arbeitsvorgang aus.

6. Ausschlussfrist. Im Bereich des BAT/BAT-O kann Vergütung für zurückliegenden Zeiten nur innerhalb eines Zeitraums von 6 Monaten nach Fälligkeit verlangt werden, wenn die Ansprüche nicht vorher schriftlich geltend gemacht worden sind (§ 70 BAT/BAT-O). Erforderlich zur Wahrung der Verfallfrist ist der rechtzeitige Zugang des Anspruchsschreibens beim Arbeitgeber, der Zugangszeitpunkt zählt zur Schlüssigkeit des klägerischen Vortrags. Im Schreiben selbst ist es ausreichend, wenn die „Eingruppierung" in eine bestimmte Vergütungsgruppe verlangt wird, die ausdrückliche Aufnahme einer Zahlungsaufforderung ist zwar empfehlenswert, aber wohl entbehrlich. Nicht ausreichend ist aber, wenn der Angestellte den Arbeitgeber nur zur „Prüfung" oder zum „Überdenken" der Eingruppierung auffordert (BAG 10. 12. 1997 AP Nr. 234 zu §§ 22, 23 BAT 1975 = NZA-RR 1998, 429; 5. 4. 1995 AP Nr. 130 zu § 4 TVG Ausschlussfristen = NZA 1995, 1068), zur Ausschlussfrist auch B. II. 14. 1 Anm. 8.

14.5 Eingruppierung nach zusätzlichen Tätigkeitsmerkmalen (Spezialität)

An das
Arbeitsgericht ......

Klage

der Angestellten ......

– Klägerin –

Prozessbevollmächtigte/r: Rechtsanwälte ......

gegen

das Land ......

– Beklagte –

wegen Eingruppierung

Namens und in Vollmacht der Klägerin erheben wir Klage und werden beantragen,
festzustellen, dass das beklagte Land verpflichtet ist, die Klägerin seit dem
1. 1. 1999 nach der VergGr. VIb BAT-O zu vergüten und die anfallenden
monatlichen Bruttonachzahlungsbeträge zwischen den VergGr. VII und VIb
BAT-O beginnend mit dem 15. 1. 1999 ab dem jeweiligen Fälligkeitszeitpunkt an hilfsweise seit Rechtshängigkeit mit acht Prozentpunkten über dem
Basiszinssatz zu verzinsen.[1]

Streitwert: ......[1]

Begründung:

Auf das Arbeitsverhältnis der Parteien findet der BAT-O in seiner jeweils für den
Bereich der TdL geltenden Fassung kraft einzelvertraglicher Bezugnahme Anwendung.[2]

Der Klägerin sind durch die Tätigkeitsbeschreibung vom ...... seit dem 1. 3. 1993
die Aufgaben einer Geschäftsstellenverwalterin am Arbeitsgericht in ...... übertragen worden.

Durch Tarifvertrag zur Änderung der Anlage 1 a zum BAT/BAT-O ist der Abschnitt T (Angestellte im Justizdienst) mit Wirkung zum 1. 1. 1994 an den Teil II an-
gefügt worden, der Unterabschnitt I ist zum 1. 2. 1996 in Kraft getreten. Die Vergütung der als Geschäftsstellenverwalter eingesetzten Angestellten richtet sich seit
diesem Zeitpunkt nach den Vorschriften des Teil II Abschnitt T Unterabschnitt I.

Nach der Protokollnotiz Nr. 1 zu Unterabschnitt I VergGr. IXb sind Geschäftsstellenverwalter Angestellte, die Schriftgut verwalten und mindestens zu einem Drittel
ihrer Gesamttätigkeit die sonstigen, in den Geschäftsordnungen für die Gerichte
und Staatsanwaltschaften für ihr Arbeitsgebiet dem mittleren Dienst zugewiesenen
Tätigkeiten wahrnehmen. Diese Anforderungen erfüllt die Klägerin. Im Rahmen
der ihr zugewiesenen Aufgaben legt sie Akten an, für deren Führung, Vollständigkeit und Aufbewahrung sie verantwortlich ist. Darüber hinaus nimmt sie folgende
Aufgaben war, die in der Geschäftsordnung für die Gerichte und Staatsanwaltschaften dem mittleren Dienst zugewiesen sind *(weiter ausführen)*.[3]

Die Klägerin ist seit dem 1. 2. 1996 in die VergGr. VIb BAT-O eingruppiert, weil
ihr zu mindestens einem Fünftel ihrer Gesamttätigkeit Aufgaben übertragen sind,

die „schwierige Aufgaben" im Tarifsinn darstellen. Als solche haben die Tarifvertragsparteien in der Protokollnotiz Nr. 2 zur VergGr. IXb BAT-O im Unterabschnitt I des Abschnitts I u. a. die Anordnung von Zustellungen, die Ladung von Amts wegen bzw. die Vermittlung von Zustellungen im Parteibetrieb sowie die Heranziehung und Ladung der ehrenamtlichen Richter ausdrücklich definiert. Der Klägerin sind diese Tätigkeiten in folgendem Umfang übertragen worden *(weiter ausführen)*.

Die Klägerin verlangt die Zahlung nach der VergGr. VIb BAT-O ab dem 1. 1. 1999, da sie erst mit dem als Anlage beigefügten Schreiben vom 10. 7. 1999, dem beklagten Land am gleichen Tag zugegangen, ihre Ansprüche geltend gemacht hat. Mit Schreiben vom 21. 8. 1999 hat das beklagte Land die Ansprüche abgelehnt, weshalb Klage geboten ist.[4]

Rechtsanwalt

Anmerkungen

1. zur **Antragsformulierung** und zum **Zinsanspruch** vgl. zunächst B. II. 14.1 Anm. 1; wegen des **Streitwerts** siehe unter B. II. 14.1 Anm. 9.

2. Spezialität. Die Vergütungsordnung des BAT/BAT-O unterscheidet die Eingruppierung der Angestellten, deren Tätigkeit in dem allgemeinen Teil der Vergütungsordnung (Anlagen 1a und 1b) aufgeführt sind und die Eingruppierung nach den zusätzlichen bzw. besonderen Tätigkeitsmerkmalen für bestimmte Berufsgruppen. Hierzu bestimmt die Vorbemerkung Nr. 1 zu allen Vergütungsgruppen, dass die Eingruppierung nach den zusätzlichen bzw. besonderen Tätigkeitsmerkmalen erfolgt, wenn diese die Tätigkeit des Angestellten erfassen. Ein Rückgriff auf die Tätigkeitsmerkmale der allgemeinen Vergütungsordnung ist nicht zulässig (**Grundsatz der Spezialität**). Die Anwendung der allgemeinen Tätigkeitsmerkmale ist dementsprechend bei Vorhandensein von speziellen Tätigkeitsmerkmalen ausgeschlossen. Sie sind nicht heranzuziehen, wenn es für die betreffende Tätigkeit des Angestellten spezielle tarifliche Tätigkeitsmerkmale gibt (BAG 29. 11. 1989 AP Nr. 4 zu §§ 22, 23 BAT 1975 Datenverarbeitung Nr. 4). Bei der Prüfungsreihenfolge ist daher zunächst zu untersuchen, ob ein spezielles Tätigkeitsmerkmal gegeben ist und erst wenn dies nicht der Fall ist, auf die allgemeinen Tätigkeitsmerkmale der Anlagen 1a und 1b zurückzugreifen.

3. Protokollnotizen. Was die Tarifvertragsparteien unter den von ihnen verwandten wertenden Begriffen verstehen, haben sie vielfach in sog. Protokollnotizen selbst definiert. Protokollnotizen sind Teil des Tarifvertrags und für die Tarifvertragsauslegung bei der Interpretation der Tätigkeitsmerkmale heranzuziehen.

4. zur Ausschlussfrist vgl. B. II 14.4 Anm. 6.

14.6 Eingruppierung bei aufbauenden Vergütungsgruppen

An das
Arbeitsgericht ......

Klage

der Angestellten ......

– Klägerin –

Prozessbevollmächtigte/r: Rechtsanwälte ......

gegen

das Land ......

– Beklagte –

wegen Eingruppierung

Namens und in Vollmacht der Klägerin erheben wir Klage und werden beantragen, festzustellen, dass das beklagte Land verpflichtet ist, die Klägerin seit dem 1. 3. 1999 nach der VergGr. III BAT-O zu vergüten und die anfallenden monatlichen Bruttonachzahlungsbeträge zwischen den VergGr. IVa und III BAT-O beginnend mit dem 15. 3. 1999 ab dem jeweiligen Fälligkeitszeitpunkt an hilfsweise seit Rechtshängigkeit mit acht Prozentpunkten über dem Basiszinssatz zu verzinsen.[1]

Streitwert: ......[1]

Begründung:

Auf das Arbeitsverhältnis der Parteien findet der BAT-O in seiner jeweils für den Bereich der TdL geltenden Fassung kraft einzelvertraglicher Bezugnahme Anwendung.[2]

Der Klägerin sind durch die Tätigkeitsbeschreibung vom ...... seit dem 1. 3. 1999 folgende Aufgaben übertragen worden, aus denen sich nachfolgend dargestellte Arbeitsvorgänge ergeben *(weiter ausführen)*.[3]

Die Klägerin erfüllt die Anforderungen der VergGr. III BAT-O Fallgr. 2. Die Klägerin ist technische Angestellte iSd. Bemerkung Nr. 2 zu allen Vergütungsgruppen. Sie ist Diplom-Ingenieurin der Fachrichtung Nachrichtentechnik und übt eine entsprechende Tätigkeit länger als 6 Monate aus, so dass die Anforderungen der VergGr. IVb BAT-O Fallgr. 21 erfüllt sind. Aus dieser VergGr. hebt sich ihre Tätigkeit durch „besondere Leistungen" heraus, weil sie
– sich auf die Vorgaben von 3 Hochschullehrern mit unterschiedlichen fachlichen Schwerpunkten einzustellen hat,
– zusätzlich für alle Arbeitsvorgänge über ausgeprägte praktische Fertigkeiten im apparativen Bereich verfügen muss und
– sich schließlich bei der Betreuung von Diplomarbeiten in ständig neue und schwierige Problemstellungen einzudenken hat.
Dies hat die Beklagte bisher auch nie in Abrede gestellt. Aus der VergGr. IVa BAT-O Fallgr. 10 hebt sich die Tätigkeit der Klägerin als Spezialtätigkeit heraus, sie erfüllt deshalb die Anforderungen der VergGr. III BAT-O Fallgr. 2. Eine Heraushebung aus der VergGr. IVa BAT-O Fallgr. 10 durch Spezialtätigkeit erfordert eine Tätigkeit, die außerhalb der üblichen Aufgaben eines einschlägig ausgebildeten

Ingenieurs liegt und deshalb besondere Fachkenntnisse erfordert. Wie sich aus der von der Beklagten erstellten Arbeitsplatzbeschreibung ergibt, muss die Klägerin bei der Betreuung von Projektgruppenarbeiten und Diplomarbeiten nicht nur ihr einschlägiges technisches Wissen und Können weitergeben, sie hat darüber hinaus auch pädagogisch-didaktische Kenntnisse und Fähigkeiten einzusetzen, die von einer technischen Angestellten bei ihrer Berufsausübung sonst grundsätzlich nicht verlangt werden *(weiter ausführen)*.[4]

Rechtsanwalt

Anmerkungen

1. Zur **Antragsformulierung** und zum **Zinsanspruch** vgl. zunächst B. II. 14.1 Anm. 1; wegen des **Streitwerts** siehe unter B. II. 14.1 Anm. 9.

2. Zur Darlegung der zutreffenden Vergütungsordnung vgl. B. II. 14.4 Anm. 2.

3. Zum Begriff des Arbeitsvorgangs vgl. B. II. 14.4 Anm. 5.

4. Aufbaufallgruppen. Vielfach bauen die Vergütungsgruppen des BAT/BAT-O in ihren Anforderungen aufeinander auf. In diesem Fall kann ein Tätigkeitsmerkmal oder eine in der Vergütungsgruppe genannte subjektive oder objektive Anforderung nicht isoliert betrachtet werden. Ihre Auslegung hat dann in Zusammenhang mit den Anforderungen der niedrigeren bzw. höheren Vergütungsgruppe zu erfolgen. Dementsprechend hat der Anspruchsteller zunächst darzulegen, dass er die Merkmale der Ausgangsfallgruppe erfüllt und danach sämtliche der Aufbaufallgruppen bis zu der Vergütungsgruppe, deren Vorliegen er für seine Tätigkeit beansprucht. Gehen die Parteien unstreitig von bestimmten Vergütungsgruppen aus, ist jedoch eine pauschale Darlegung ausreichend (BAG 17. 8. 1994 AP Nr. 183 zu §§ 22, 23 BAT 1975; 6. 6. 1984 AP Nr. 90 zu §§ 22, 23 BAT 1975). Aufbaufallgruppen werden in den Tarifwerken des öffentlichen Dienstes von den Tarifvertragsparteien als solche ausdrücklich gekennzeichnet („Herausheben" aus der niedrigeren Fallgruppe). Fehlt es an der ausdrücklichen Bezeichnung, sind die Tätigkeitsmerkmale der niedrigeren Vergütungsgruppe nicht zu prüfen (BAG 11. 6. 1986 AP Nr. 7 zu § 21 MTB II). Hat eine bestimmte besondere Anforderung an den Arbeitnehmer bereits zur Heraushebung aus einer niedrigeren Vergütungsgruppe geführt, ist sie „verbraucht" und kann nicht erneut zur Begründung einer weiteren Heraushebung herangezogen werden.

Die Darlegung der Voraussetzungen von Aufbaufallgruppen ist für den Anspruchsteller regelmäßig mit besonderen Schwierigkeiten verbunden. Bauen die tariflichen Tätigkeitsmerkmale aufeinander auf, ist die Klage nur dann schlüssig, wenn zunächst Tatsachen für das Vorliegen der Ausgangsfallgruppen und danach für die qualifizierenden Tätigkeitsmerkmale vorgetragen werden (BAG 19. 4. 1978 AP Nr. 6 zu §§ 22, 23 BAT 1975). Beruft sich der Anspruchsteller auf ein Heraushebungsmerkmal, hat er nicht nur seine eigene Tätigkeit im Einzelnen darzustellen. Vielmehr muss er Tatsachen darlegen, die einen wertenden Vergleich mit den nicht herausgehobenen Tätigkeiten ermöglichen (BAG 1. 3. 1995 AP Nr. 19 zu §§ 22, 23 BAT Sozialarbeiter).

III. Arbeitgeberseitige Klagen

1. Schadensersatzklage des Arbeitgebers wegen Schlechtleistung des Arbeitnehmers[1, 2]

An das
Arbeitsgericht ......

Klage

In Sachen
des ......, Inhaber der Firma ......

– Kläger –

Prozessbevollmächtigte: ......

gegen

Herrn ......

– Beklagter –

wegen Schadensersatz

vertreten wir den Kläger. In dessen Namen und Auftrag erheben wir Klage und werden beantragen:

1. Der Beklagte wird verurteilt, an den Kläger EUR ...... nebst Zinsen in Höhe von 5 Prozentpunkten über dem Basiszinssatz[3] seit Rechtshängigkeit zu zahlen.
2. Der Beklagte trägt die Kosten des Rechtsstreits.

Begründung:

Der Kläger betreibt ein Bauunternehmen. Der Beklagte ist beim Kläger als Bauleiter beschäftigt. Sein Bruttomonatsgehalt beläuft sich auf EUR ......

Der Kläger war vom Bauherrn, Firma ......, beauftragt worden, für das Bauvorhaben ...... Kanalarbeiten durchzuführen. Am ...... übergab der Geschäftsführer des Klägers im Beisein des Geschäftsführers des Bauherrn dem Beklagten als verantwortlichem Bauleiter für die Durchführung der Kanalarbeiten beim Bauvorhaben ...... den Originalplan, aus dem die erforderliche Höhe für den Kanalanschluss ersichtlich war (327,20 m).

Beweis: Zeugnis des Herrn ......

Obwohl der Beklagte die entsprechenden Werkzeuge und Geräte vom Kläger zur Verfügung gestellt erhalten hatte, um die Einhaltung dieser Höhe zu überwachen und sicherzustellen, hat der Beklagte die Arbeiten derart durchführen lassen, dass entgegen den Planzahlen der Kanalanschluss auf einer Höhe von 327,00 m lag. Dies hatte zur Folge, dass Wasser nicht ablaufen konnte; der Kanal hätte vielmehr durch Pumpen entwässert werden müssen, was mit erheblichen Kosten, die über den für eine Korrektur des Kanalanschlusses lagen, verbunden gewesen wäre.

Beweis: Sachverständigengutachten

Der Kläger musste daher aufwändige Nacharbeiten durchführen. Da die Stadt ...... ein erneutes Öffnen der mit einem neuen Belag versehenen Straße untersagt hat, war der Kläger gezwungen, im Monat ...... unterirdisch mit einer „Ramme" ein Stahlrohr voranzutreiben, in dem dann das eigentliche Kanalrohr verlegt werden konnte. Die dem Kläger hierdurch entstandenen Kosten, die von keiner Versicherung gedeckt waren, beliefen sich auf EUR ...... Diese Kosten setzen sich wie folgt zusammen: ......

Beweis: Kostenaufstellung des Klägers vom ......
           Zeugnis des kaufmännischen Leiters des Klägers, Herrn ......

Der Beklagte war als verantwortlicher Bauleiter des Klägers verpflichtet, die Höhe des ausgeführten Kanals mit dem ihm vom Kläger überlassenen Nivelliergerät zu überwachen und zu überprüfen. Auf diese Weise hätten ein Abweichen vom Plan und eine fehlerhafte Anschlusshöhe vermieden werden können. Nachdem der Architekt des Bauherrn am ...... die fehlerhaften Arbeiten moniert hat, war der Beklagte verpflichtet, eine Korrektur vorzunehmen. Der Beklagte hat ohne Nivelliergerät und zumindest grob fahrlässig[2] die Arbeiten von den von ihm zu überwachenden Mitarbeitern des Klägers so durchführen lassen, dass die Werte des ihm übergebenen Originalplanes nicht eingehalten worden sind und die Nachbesserungsarbeiten erforderlich waren. Der Beklagte ist somit zum Ersatz der dem Kläger hierdurch entstandenen Mehrkosten verpflichtet.

Rechtsanwalt

Anmerkungen

1. Grundsätzlich haftet ein Arbeitnehmer nach den Regeln der positiven Vertragsverletzung (§ 280 Abs. 1 BGB n. F., ergänzt durch die Beweislastregelung des § 619 a BGB) in vollem Umfang für bei der Arbeit verursachte Schäden, wenn er vorsätzlich oder fahrlässig pflichtwidrig gehandelt hat und dem Arbeitgeber hierdurch ein Schaden entstanden ist. Entsprechendes gilt für eine **Haftung des Arbeitnehmers** gemäß § 823 BGB, sofern der Arbeitnehmer die deliktisch geschützten Rechte des Arbeitgebers oder von Dritten widerrechtlich verletzt und dabei vorsätzlich oder fahrlässig handelt. Ausreichend ist dabei auch nur leicht fahrlässiges Verhalten des Arbeitnehmers.

2. Die unbegrenzte Haftung nach den zivilrechtlichen Regelungen kann die wirtschaftliche Existenz eines Arbeitnehmers ruinieren. Das BAG ist daher bereits im Jahr 1957 dazu übergegangen, für den Fall der sog. **gefahrgeneigten Arbeit** eine Dreiteilung der **Arbeitnehmerhaftung** vorzunehmen: Keine Haftung des Arbeitnehmers bei leichtester Fahrlässigkeit, Haftungsteilung bei mittlerer Fahrlässigkeit und volle Haftung bei Vorsatz und grober Fahrlässigkeit (BAG 25. 9. 1957, NJW 1958, 235). Die Einführung dieser Haftungsbeschränkung nur für gefahrgeneigte Arbeit führte in der Folgezeit zu Streitigkeiten über die Frage, ob es sich im Einzelfall um eine derartige gefahrgeneigte Arbeit gehandelt hat oder nicht. Die Gefahrgeneigtheit wurde jeweils nach den Umständen des Einzelfalls beantwortet. Als gefahrgeneigte Arbeit wurden z. B. die Tätigkeit eines Kraftfahrers, Kranführers, Maschinenmeisters und Straßenbahnführers eingestuft.

Im Jahr 1983 entschied der für die Fragen der Arbeitnehmerhaftung zuständige 7. Senat des BAG, ein Arbeitnehmer müsse einen Schaden, den er in Ausführung gefahrgeneigter Arbeit weder vorsätzlich noch grob fahrlässig verursacht habe, nicht ersetzen. Damit wurde das Prinzip der Haftungsteilung bei mittlerer Fahrlässigkeit des Arbeitnehmers zugunsten einer vollständigen Haftungsfreistellung in diesen Fällen aufgegeben (BAG 23. 3. 1983, NJW 1983, 1693).

Zu Beginn des Jahres 1986 gab es dann einen erneuten Zuständigkeitswechsel innerhalb des BAG. Der nunmehr für die Fragen der Arbeitnehmerhaftung zuständige

8. Senat des BAG verwarf die zwischenzeitlich vom 7. Senat vorgenommene Haftungs-freistellung bei mittlerer Fahrlässigkeit und kehrte zur ursprünglichen Dreiteilung der Arbeitnehmerhaftung zurück (BAG 24. 11. 1987, NJW 1988, 2816).

In einem Verfahren aus dem Jahr 1989 stellte sich die Frage, ob am Merkmal der Ge-fahrgeneigtheit der Arbeit als Voraussetzung für die Beschränkung der Arbeitnehmer-haftung festzuhalten sei. Es ging um die Haftung eines Poliers, der einen Baggerführer nicht über eine durch die Baustelle führende Gasleitung informiert hatte. Die Gasleitung wurde daher beschädigt und eine Explosion mit erheblichen Schäden ausgelöst. Das BAG gelangte in dem anschließenden Schadensersatzprozess zum Ergebnis, es habe sich bei der Tätigkeit des Poliers nicht um gefahrgeneigte Arbeit gehandelt. Daher legte der 8. Senat dem Großen Senat des BAG die Frage vor, ob die Grundsätze über die Be-schränkung der Arbeitnehmerhaftung auch für nicht gefahrgeneigte Arbeiten gelten (BAG 12. 10. 1989, NZA 1990, 95). Der vom 8. Senat des BAG angerufene Große Senat des BAG befürwortete zwar die Rechtsansicht, das Erfordernis der gefahrgeneig-ten Arbeit für eine Begrenzung der Arbeitnehmerhaftung aufzugeben, sah sich an einer abschließenden Entscheidung jedoch durch die Rechtsprechung des BGH gehindert. Aus diesem Grund legte der Große Senat des BAG die Sache dem Gemeinsamen Senat der Obersten Gerichtshöfe des Bundes zur Entscheidung vor. Der BGH stimmte sodann der vom Großen Senat des BAG beabsichtigten Rechtsprechungsänderung zu, meldete aber gegen einen Teil der Begründung Bedenken an. Darauf entschied der Große Senat des BAG am 27. 9. 1994 (NZA 1994, 1083), dass die bisher von der Rechtsprechung erar-beiteten Grundsätze für die Haftung von Arbeitnehmern unabhängig davon gelten, ob die jeweilige Arbeit gefahrgeneigt ist oder nicht. Nach geltender Rechtslage ist somit von folgenden Grundsätzen für die Haftung bei betrieblichen Tätigkeiten des Arbeitnehmers auszugehen (vgl. BAG 23. 1. 1997, NZA 1998, 140 und Hübsch, NZA-RR 1999, 393):
– **Haftung bei Vorsatz:** Handelt der Arbeitnehmer vorsätzlich, d. h. will er bewusst und gewollt den Schadenseintritt und nimmt ihn in Kauf, haftet er grundsätzlich in vollem Umfang für den eingetretenen Schaden (vgl. BAG 18. 4. 2002, NZA 2003, 37).
– **Haftung bei grober Fahrlässigkeit:** Auch bei grober Fahrlässigkeit haftet der Arbeit-nehmer in der Regel auf vollen Schadensersatz; allerdings kann auf Grund der Um-stände des Einzelfalls eine Haftungsbegrenzung gerechtfertigt sein. Bei der Abwägung im Einzelfall kann es auch entscheidend darauf ankommen, dass das Arbeitsentgelt in einem deutlichen Missverhältnis zum Schadensrisiko der Tätigkeit steht (BAG 23. 1. 1997, aaO.; vgl. auch BAG 22. 5. 1997, DB 1998, 135). Beispiele für das Vorliegen grober Fahrlässigkeit sind Alkoholgenuss des Arbeitnehmers über der Promille-Grenze, Fahren ohne Fahrerlaubnis, es sei denn, der Arbeitgeber habe dies angeord-net, fehlende Fahrpraxis, wenn der Arbeitnehmer dies verschwiegen hat, Geschwin-digkeitsübertretungen, Häufung von Fehlleistungen, Missachtung von Verkehrszeichen, Überfahren einer Ampel, unvorsichtiges Überholen oder Übermüdung.
Die auch bei grober Fahrlässigkeit des Arbeitnehmers möglichen Haftungserleichte-rungen sind nicht bereits deshalb ausgeschlossen, weil der Arbeitnehmer freiwillig eine Berufshaftpflichtversicherung abgeschlossen hat, die auch im Falle grober Fahrlässig-keit für den Schaden eintritt (BAG 25. 9. 1997, NJW 1998, 1810; BAG 15. 11. 2001 – 8 AZR 95/01).
– **Haftung bei mittlerer Fahrlässigkeit:** Bei normaler oder mittlerer Fahrlässigkeit findet eine Teilung des Schadens zwischen Arbeitgeber und Arbeitnehmer statt. Dabei ist ein Ausgleich zu finden zwischen dem Anteil, den der Arbeitgeber als betriebliches Risiko selbst zu tragen hat und dem Anteil, der dem Arbeitnehmer zugemutet werden kann und somit zurechenbar ist. Hierbei entscheiden die Umstände des Einzelfalls bei einer Abwägung nach Billigkeits- und Zumutbarkeitsgesichtspunkten. Die Kriterien auf Arbeitnehmerseite sind: Vorhersehbarkeit des Schadenseintritts, konkretes Schadens-risiko der Tätigkeit, Art und Schwierigkeit der Tätigkeit, Persönlichkeit des Arbeit-

nehmers, Art und Umfang der Einweisung durch den Arbeitgeber, Stellung im Betrieb, ein vom Arbeitgeber einkalkuliertes und durch Versicherung deckbares Risiko sowie die Höhe des Arbeitsentgelts. Auf Arbeitgeberseite sind Kriterien bei der vorzunehmenden Abwägung: organisatorische Vorkehrungsmöglichkeiten zur Minderung des Schadensrisikos bei Fehlleistungen des Arbeitnehmers sowie Schadensanfälligkeit.

– **Haftung bei leichter Fahrlässigkeit:** Bei leichter oder leichtester Fahrlässigkeit haftet der Arbeitnehmer nicht. Beispiele für sog. leichte oder leichteste Fahrlässigkeit sind Fälle des typischen Abirrens, sich Vergreifens, sich Versprechens.

Neben der Abwägung des Ausmaßes des Verschuldens des Arbeitnehmers mit dem Betriebsrisiko des Arbeitgebers kann eine weitere Haftungsbeschränkung des Arbeitnehmers durch **Mitverschulden des Arbeitgebers** nach § 254 BGB eintreten. Dies kann bis zum völligen Haftungsausschluss oder zu einer für den Arbeitnehmer günstigeren Quotelung des Schadens führen (BAG 3. 11. 1970, AP Nr. 61 zu § 611 BGB Haftung des Arbeitnehmers; vgl. auch BAG 19. 2. 1998, DB 1998, 1470). Ein solches Mitverschulden des Arbeitgebers kommt in Betracht, wenn er beispielsweise erforderliche Überwachungen nicht durchgeführt, dem Arbeitnehmer mangelhaftes Arbeitsgerät oder Arbeitsmaterial zur Verfügung gestellt oder den Arbeitnehmer überfordert hat. Darüber hinaus kann ein Mitverschulden des Arbeitgebers vorliegen, wenn der Arbeitgeber nicht durch geeignete und zumutbare Maßnahmen einen Schaden verhindert oder in Grenzen gehalten hat, beispielsweise wenn die beschädigte Sache nicht unverzüglich repariert worden und dadurch ein höherer Schaden entstanden ist.

Der vorsätzliche Verstoß gegen eine generelle Anweisung des Arbeitgebers allein rechtfertigt noch nicht die volle Haftung des Arbeitnehmers. Hält dieser bei einem solchen Verstoß gegen arbeitsvertragliche Pflichten einen Schadenseintritt zwar für möglich, vertraut er aber darauf, der Schaden werde nicht eintreten, sind die Grundsätze der Haftungserleichterung bei grober Fahrlässigkeit anzuwenden; insoweit kommt bei betrieblich veranlasster Tätigkeit auch eine Schadensquotelung in Betracht (BAG 18. 4. 2002, NZA 2003, 37).

Hinsichtlich der Beweislast gilt, dass es Sache des Arbeitgebers ist, dem Arbeitnehmer eine schuldhafte Pflichtverletzung nachzuweisen (BAG 22. 5. 1997, aaO.; LAG Köln 22. 1. 1999, NZA – RR 1999, 408).

Die dreistufige Beschränkung der Haftung des Arbeitnehmers bei betrieblicher Tätigkeit gilt nur im Innenverhältnis zwischen Arbeitnehmer und Arbeitgeber. Sie findet keine Anwendung im Außenverhältnis zwischen dem schädigenden Arbeitnehmer und dem geschädigten Dritten (BGH 19. 9. 1989, DB 1989, 2215). Der geschädigte Dritte kann den Arbeitnehmer somit in voller Höhe in Anspruch nehmen und darüber hinaus den Arbeitgeber, sofern dieser nicht den sog. Entlastungsbeweis führen kann, er habe den Arbeitnehmer sorgfältig ausgewählt. Gelingt dies dem Arbeitgeber, entfällt seine Haftung mangels Verschuldens. Der Dritte kann sich in diesem Fall alleine an den Arbeitnehmer halten. Die Haftungsbeschränkung zugunsten des Arbeitnehmers liefe allerdings weitgehend leer, wenn nicht der vom Dritten in Anspruch genommene Arbeitnehmer die Schadensersatzpflicht in Fällen, in denen er im Innenverhältnis zum Arbeitgeber nicht schadensersatzpflichtig wäre, auf den Arbeitgeber abwälzen könnte. Das BAG (11. 8. 1988, NZA 1989, 54) billigt daher dem Arbeitnehmer zu, dass er vom Arbeitgeber verlangen kann, ihn von dem gegen ihn geltend gemachten Schadensersatzanspruch freizustellen. Der Umfang der Freistellung ergibt sich nach denselben Grundsätzen, nach denen der innerbetriebliche Schadensausgleich zwischen Arbeitnehmer und Arbeitgeber vorzunehmen ist. Verursacht der Arbeitnehmer den Schaden also mit leichtester oder leichter Fahrlässigkeit, so kann er vom Arbeitgeber völlige Freistellung verlangen. Bei mittlerer oder normaler Fahrlässigkeit findet eine Quotelung statt. Bei grober Fahrlässigkeit und Vorsatz auf Seiten des Arbeitnehmers liegt jedoch nur dann ein quotenmäßig beschränkter Freistellungsanspruch vor, wenn den Arbeitgeber ein hinreichendes

Mitverschulden trifft. Der **Freistellungsanspruch des Arbeitnehmers** ist abtretbar und pfändbar. Abtretung oder Pfändung haben zur Folge, dass sich der Freistellungsanspruch in einen konkreten Erstattungsanspruch umwandelt. Kann der schädigende Arbeitnehmer somit den von ihm mit normaler oder mittlerer Fahrlässigkeit verursachten Schaden nicht selbst ersetzen, ist dem geschädigten Dritten zu empfehlen, den Freistellungsanspruch des Arbeitnehmers gegen den Arbeitgeber abtreten zu lassen oder ihn zu pfänden. Wertlos wird der Freistellungsanspruch des Arbeitnehmers dann, wenn der Arbeitgeber insolvent ist. Dieses Insolvenzrisiko geht zu Lasten des Arbeitnehmers, nicht des geschädigten Dritten (BGH 21. 12. 1993, DB 1994, 634). Der Arbeitnehmer haftet somit in diesem Fall mit seinem gesamten Vermögen gegenüber dem Dritten, ohne den Schaden auf den Arbeitgeber abwälzen zu können. Entschädigt der Arbeitnehmer den Dritten, obwohl er im Innenverhältnis nicht oder nur eingeschränkt haftet, steht ihm ein Erstattungsanspruch gegen den Arbeitgeber zu (Dazu: „Geklärte und ungeklärte Probleme der Arbeitnehmerhaftung", *Krause*, NZA 2003, 577).

3. Vgl. § 288 Abs. 1 BGB. Die Frage, ob der Arbeitnehmer als Verbraucher anzusehen ist (bejahend: *Reinecke*, DB 2002, 583; *Däubler*, NZA 2001, 1329; verneinend: *Joussen*, NZA 2001, 745; *Löwisch*, NZA 2001, 465; *Bauer/Kock*, DB 2002, 42) kann hier offen bleiben.

Kosten und Gebühren

Der Streitwert liegt in Höhe des eingeklagten Betrages, vgl. § 3 ZPO. Hinsichtlich der Möglichkeit der Berufung und des Beschwerdegegenstandes vgl. § 64 Abs. 2 ArbGG. Zu Gerichtsgebühren vgl. § 12 Abs. 1 und 2 ArbGG. Betreffend Rechtsanwaltsgebühren vgl. §§ 9 Abs. 1, 31 ff. BRAGO.

2. Schadensersatzklage des Arbeitgebers wegen Verkehrsunfalls des Arbeitnehmers[1]

An das
Arbeitsgericht ......

Klage

In Sachen
des ......, Inhaber der Firma ......

– Kläger –

Prozessbevollmächtigte: ......

gegen

Herrn ......

– Beklagter –

wegen Schadensersatz

vertreten wir den Kläger. In dessen Namen und Auftrag erheben wir Klage und werden beantragen:
1. Der Beklagte wird verurteilt, an den Kläger EUR 325,– nebst Zinsen in Höhe von 5 Prozentpunkten über dem Basiszinssatz seit ...... zu zahlen.
2. Der Beklagte trägt die Kosten des Rechtsstreits.

Begründung:

Der Kläger betreibt ein Bewachungsunternehmen. Der Beklagte ist beim Kläger seit ...... als Wachmann zu einem Bruttomonatsgehalt von EUR ...... beschäftigt. Aufgabe des Beklagten ist es, die von vom Kläger zu bewachenden Objekte mit einem Fahrzeug, das im Eigentum des Klägers steht, aufzusuchen. Am ...... befuhr der Beklagte um ...... Uhr in ...... die X-Straße, um zu dem vom Kläger zu bewachenden Objekt ...... zu gelangen. An einer Baustelle rammte der Beklagte in einer Linkskurve auf Höhe der Y-Straße eine Barke und beschädigte den rechten vorderen Kotflügel des ihm überlassenen Pkw des Klägers, der einen Zeitwert von EUR 2.500,– hatte. Der Schaden an dem Fahrzeug belief sich auf EUR 2.000,– zuzüglich Mehrwertsteuer.

Beweis: Rechnung des Autohauses ...... vom ......

Der Beklagte hat zumindest fahrlässig das Eigentum des Klägers beschädigt. Er ist dem Kläger aus positiver Forderungsverletzung und unerlaubter Handlung zum Ersatz des an dem Fahrzeug entstandenen Schadens verpflichtet. Der Kläger hat für das Unfallfahrzeug zwar keine Kaskoversicherung abgeschlossen[3]. Er verlangt vom Beklagten jedoch lediglich die Kosten in Höhe der Selbstbeteiligung, die bei Abschluss einer Kaskoversicherung vom Kläger zu tragen gewesen wäre. Der Beklagte ist mit der Zahlung des Betrages von EUR 325,– auf Grund Mahnung des Klägers vom ...... seit ...... in Verzug.

Beweis: Mahnung vom ......

Rechtsanwalt

Anmerkungen

1. Zu den Grundsätzen der Arbeitnehmerhaftung vgl. Form. B. III. 1. Anm. 1, 2.

2. Vgl. Form. B. III. 1 Anm. 3.

3. Nach dem Urteil des BAG vom 24. 11. 1987 (NZA 1988, 584) ist der Arbeitgeber gegenüber dem Arbeitnehmer, der ein betriebseigenes Kraftfahrzeug zu führen hat, nicht verpflichtet, eine Kraftfahrzeug-Kaskoversicherung abzuschließen, wenn sich dies nicht aus dem Arbeitsvertrag oder den das Arbeitsverhältnis gestaltenden normativen Bestimmungen ergibt. Hat der Arbeitgeber dementsprechend keine Kaskoversicherung abgeschlossen, muss er sich im Schadensfall unter Umständen entgegenhalten lassen, er habe sein Eigentum an dem Fahrzeug nicht durch den Abschluss einer Kaskoversicherung geschützt. Dies ist dann anzunehmen, wenn die Abwägung aller für die Schadensteilung in Betracht kommenden Umstände ergibt, dass dem Arbeitnehmer auch die quotale Schadensbeteiligung bei fahrlässig verursachtem Schaden nicht in voller Höhe zuzumuten ist, sondern weiterer Ermäßigung auf den Betrag bedarf, der bei Abschluss einer Kaskoversicherung als Selbstbeteiligung zu vereinbaren gewesen wäre. Die Beteiligung des Arbeitnehmers am Schaden richtet sich nach der Größe der in der Arbeit liegenden Gefahr, nach dem vom Arbeitgeber einkalkulierten oder durch Versicherung deckbaren Risiko, nach der Stellung des Arbeitnehmers im Betrieb, nach der Höhe des Arbeitsentgelts, in dem möglicherweise eine Risikoprämie für den Arbeitnehmer enthalten sein kann, nach der Höhe des Schadens, nach dem Grad des dem Arbeitnehmer zur Last fallenden Verschuldens sowie nach den persönlichen Umständen des Arbeitnehmers wie Dauer der Betriebszugehörigkeit, Lebensalter, Familienverhältnisse, bisheriges Verhalten (BAG 24. 11. 1987, aaO., m. w. N.).

Unter Beachtung dieser Grundsätze hat der Arbeitgeber im Beispielsfall lediglich die Kosten der Selbstbeteiligung einer fiktiven Vollkaskoversicherung geltend gemacht. Grundsätzlich denkbar wäre auch die Geltendmachung folgender Schadenspositionen:
– Abschleppkosten
– Sachverständigenkosten
– Verdienstausfall.

Zur Frage der Arbeitnehmerhaftung bei Versicherbarkeit des Schadensrisikos und bei grober Fahrlässigkeit vgl. auch *Hübsch*, BB 1998, 690.

Zum Verkehrsunfall des Arbeitnehmers mit dem Lkw des Arbeitgebers durch Telefonieren mit dem Handy während der Fahrt vgl. BAG 12. 11. 1998, BB 1998, 2474.

Zur Haftung des Arbeitnehmers bei einem mit mittlerer Fahrlässigkeit begangenen Verkehrsunfall vgl. LAG Bremen 26. 7. 1999, NZA – RR 2000, 126.

Auf einen im Rahmen der Privatnutzung des Firmen-Pkw verursachten Unfall sind die genannten Haftungserleichterungen nicht anwendbar (LAG Köln 15. 9. 1998 – 13 Sa 367/98).

Kosten und Gebühren

Vgl. Form. B. III. 1.

3. Schadensersatzklage des Arbeitgebers wegen Vertragsbruchs[1] des Arbeitnehmers (Verfrühungsschaden)

An das
Arbeitsgericht ......

Klage

In Sachen
des ......, Inhaber der Firma ......

– Kläger –

Prozessbevollmächtigte: ......

gegen

Herrn ......

– Beklagter –

vertreten wir den Kläger. In dessen Namen und Auftrag erheben wir Klage und werden beantragen:
1. Der Beklagte wird verurteilt, an den Kläger EUR ...... nebst Zinsen in Höhe von 5 Prozentpunkten über dem Basiszinssatz[2] seit ...... zu zahlen.
2. Der Beklagte trägt die Kosten des Rechtsstreits.

Begründung:

Die Parteien vereinbarten am 10. 3. ...... einen Anstellungsvertrag, wonach der Beklagte ab 1. 6. ...... als Assistent des Geschäftsführers des Klägers tätig sein sollte. Die Probezeit betrug 6 Monate. In § 8 des Arbeitsvertrags vereinbarten die Parteien ausdrücklich, dass eine Kündigung des Arbeitsverhältnisses vor Dienstantritt ausgeschlossen ist.

Beweis: Arbeitsvertrag vom 10. 3. ......

Hahn   183

Dennoch teilte der Beklagte dem Kläger mit Schreiben vom 16. 5. ...... mit, er könne das Arbeitsverhältnis nicht aufnehmen, da er ein lukrativeres Angebot erhalten habe.

Beweis: Schreiben vom 16. 5. ......

Angesichts der Regelung in § 8 des Arbeitsvertrags hätte der Beklagte das Arbeitsverhältnis frühestens zum 15. 6. ...... wirksam kündigen können. Durch die Nichteinhaltung der Kündigungsfrist und den Nichtantritt der Arbeit seitens des Beklagten musste der Kläger für die Zeit vom 1. 6.–15. 6. ...... eine Ersatzkraft der Firma Personalleasing ...... einstellen, da die anfallenden Arbeiten nicht durch andere Mitarbeiter des Klägers miterledigt werden konnten. Die dem Kläger insoweit entstandenen Kosten beliefen sich auf EUR ...... zuzüglich Mehrwertsteuer.

Beweis: Rechnungen der Firma Personalleasing ......

Der Schaden liegt in der Differenz dieser Kosten und der Vergütung, welche der Beklagte in der Zeit vom 1. 6.–15. 6. ...... einschließlich Arbeitgeberanteilen zur Sozialversicherung erhalten hätte. Diese Kosten hätten sich auf EUR ...... belaufen. Die Differenz von EUR ...... ist der Schaden des Klägers.[3, 4]

Diese Kosten wären dem Kläger nicht entstanden, wenn sich der Beklagte vertragsgemäß verhalten und erst zum 15. 6. ...... gekündigt hätte.

Der Kläger hat den Beklagten vergeblich mit Schreiben vom ...... zur Zahlung des Betrags von EUR ...... aufgefordert.

Beweis: Schreiben vom ......

Der Beklagte ist somit spätestens seit ...... in Verzug.

Rechtsanwalt

Anmerkungen

1. Nimmt der Arbeitnehmer schuldhaft die Arbeit nicht auf oder kündigt das Arbeitsverhältnis ohne Einhaltung der ordentlichen Kündigungsfrist und ohne Vorliegen eines wichtigen Grundes, begeht er Vertragsbruch. Der Arbeitgeber hat in diesem Fall einen Anspruch auf Arbeitsleistung; ein entsprechendes Urteil ist jedoch gemäß § 888 Abs. 2 ZPO nicht vollstreckbar. Ferner ist der Arbeitgeber nicht zur Fortzahlung der Vergütung verpflichtet, soweit der Arbeitnehmer seine Arbeitspflicht nicht erfüllt. Der Arbeitgeber kann ferner abmahnen und ggf. kündigen. Bei entsprechender Vereinbarung steht dem Arbeitgeber ein Vertragsstrafenanspruch zu (vgl. Form. B. III. 4). Schließlich hat der Arbeitgeber im Falle des Vertragsbruchs des Arbeitnehmers dem Grunde nach einen Schadensersatzanspruch.

2. Vgl. Form. B. III. 1 Anm. 3.

3. Der Arbeitgeber ist gehalten, einen konkreten Schaden und die Kausalität des Vertragsbruchs des Arbeitnehmers für diesen Schaden darzulegen und zu beweisen. Regelmäßig kommt ein Ersatz der durch erneute Stellenanzeigen veranlassten Kosten nicht in Betracht, wenn diese Kosten auch bei einer fristgemäßen ordentlichen Kündigung des Arbeitnehmers zum nächsten Kündigungstermin entstanden wären. Die dem Arbeitnehmer arbeitsvertraglich eingeräumte Möglichkeit einer Kündigung berechtigt den Arbeitnehmer, sich auf ein hypothetisches rechtmäßiges Alternativverhalten zu berufen mit der Folge, dass der Arbeitgeber nur dann Ersatz für die Kosten von Stellenanzeigen verlangen kann, wenn diese Kosten bei ordnungsgemäßer Einhaltung der arbeitsvertraglichen Kündigungsfrist vermeidbar gewesen wären. Dabei bedarf es keines Nachweises, dass der Arbeitnehmer von der vertraglich eingeräumten Kündigungsmöglichkeit fristgemäß Gebrauch gemacht hätte (vgl. BAG 26. 3. 1981, AP Nr. 7 zu § 276 BGB Vertragsbruch; 23. 3. 1984, AP Nr. 8 zu § 276 BGB Vertragsbruch).

4. Ein möglicher ersatzfähiger Schaden liegt in der Differenz zwischen den Kosten des Arbeitgebers für eine Ersatzkraft und der Vergütung einschließlich Arbeitgeberanteilen zur Sozialversicherung des Arbeitnehmers, der einen Vertragsbruch begangen hat (vgl. BAG 9. 5. 1975, DB 1975, 1607). Auch Überstundenzuschläge anderer Mitarbeiter für die Zeit bis zum Wirksamwerden einer ordentlichen Kündigung sind ein möglicher Schaden, den der Arbeitgeber geltend machen kann.

Kosten und Gebühren

Vgl. Form. B. III. 1.

4. Klage des Arbeitgebers wegen Verwirkung einer Vertragsstrafe[1]

An das
Arbeitsgericht ......

Klage

In Sachen
des ......, Inhaber der Firma ......

– Kläger –

Prozessbevollmächtigte: ......

gegen

Herrn ......

– Beklagter –

wegen Verwirkung einer Vertragsstrafe[1]

vertreten wir den Kläger. In dessen Namen und Auftrag erheben wir Klage und werden beantragen:
1. Der Beklagte wird verurteilt, an den Kläger EUR 20.000,– nebst Zinsen in Höhe von 5 Prozentpunkten über dem Basiszinssatz[2] seit ...... zu zahlen.
2. Der Beklagte trägt die Kosten des Rechtsstreits.

Begründung:

Der Beklagte war beim Kläger seit ...... als Leiter des Bereichs Entwicklung zu einem Bruttomonatsgehalt von zuletzt EUR 20.000,– und einem Jahresbruttogehalt einschließlich Tantiemen von zuletzt EUR 300.000,– beschäftigt. In § 8 des Arbeitsvertrages vom ...... vereinbarten die Parteien[3]:

„Bei Vertragsbruch des Mitarbeiters, insbesondere bei Beendigung des Arbeitsverhältnisses durch den Mitarbeiter ohne Einhaltung der Kündigungsfrist[4] bei Nichtvorliegen eines wichtigen Grundes, ist der Mitarbeiter zur Zahlung einer Vertragsstrafe in Höhe eines zuletzt verdienten Bruttomonatsgehalts[5] verpflichtet. Die Geltendmachung eines weiteren Schadens bleibt vorbehalten."

Beweis: Arbeitsvertrag vom ......

In § 7 des Arbeitsvertrages vereinbarten die Parteien eine beidseitige Kündigungsfrist von zwölf Monaten zum Halbjahresende.

Mit Schreiben vom 30. 3. ......, dem Kläger am 31. 3. ...... zugegangen, kündigte der Beklagte das Arbeitsverhältnis mit dem Kläger fristlos mit sofortiger Wirkung. Er erschien am 1. 4. ...... nicht mehr zur Arbeit.

Ein wichtiger Grund als Voraussetzung für die Wirksamkeit der fristlosen Kündigung lag nicht vor. Wie der Kläger zwischenzeitlich erfahren hat, hat der Beklagte am 1. 4. ...... ein neues Arbeitsverhältnis bei der Firma ...... in ...... aufgenommen.

Da der Beklagte die in § 8 des Arbeitsvertrages wirksam vereinbarte Vertragsstrafe verwirkt hat, forderte der Kläger den Beklagten mit Schreiben vom ...... zur Zahlung auf.[6]

Beweis: Schreiben vom ......

Mangels Zahlung ist der Beklagte seit ...... in Verzug. Der Kläger behält sich die Geltendmachung weiterer Ansprüche vor.

Rechtsanwalt

Anmerkungen

1. Die §§ 339 ff. regeln nach herrschender Meinung nur das sog. unselbstständige Strafversprechen (arg § 344 BGB); die Vertragsstrafe ist an eine Hauptverbindlichkeit angelehnt (Akzessiorietät).

Demgegenüber dient das selbstständige Strafversprechen nicht der Sicherung einer Verbindlichkeit; es fehlt eine erzwingbare Hauptverbindlichkeit. Beim selbstständigen Strafversprechen verspricht jemand eine Leistung für den Fall, dass er eine Handlung vornimmt oder unterlässt, zu der er rechtlich nicht verpflichtet ist.

Die Vertragsstrafe hat den Zweck, den Schuldner zur ordnungsgemäßen Vertragserfüllung anzuhalten. Dementsprechend werden in der Praxis Vertragsstrafen für den Fall des Vertragsbruchs des Arbeitnehmers oder beim Verstoß gegen Wettbewerbsbeschränkungen vereinbart. Im Gegensatz zu sogenannten **Betriebsbußen** unterliegen Vertragsstrafenregelungen nicht der Mitbestimmung des Betriebsrats (vgl. BAG 5. 2. 1986, NZA 1986, 762).

2. Vgl. Form. B. III. 1 Anm. 3.

3. Vertragsstrafen können durch Tarifvertrag, Betriebsvereinbarung oder arbeitsvertraglich geregelt werden. § 5 Abs. 2 Nr. 2 BBiG untersagt Vertragsstrafenregelungen nur in Berufsausbildungsverhältnissen. Bei Vereinbarung von Vertragsstrafen in Formulararbeitsverträgen lehnte die Rechtsprechung die Anwendung des § 11 Nr. 6 AGBG ab (vgl. BAG 23. 5. 1984, NZA 1984, 255; Sächsisches LAG 25. 11. 1997 – 9 Sa 731/97). Es galt allerdings der Bestimmtheitsgrundsatz, wonach Vertragsstrafenregelungen hinreichend bestimmt und klar sein müssten (vgl. BAG 5. 2. 1986, NZA 1986, 762).

Durch das Gesetz zur Modernisierung des Schuldrechts vom 26. 11. 2001 (BGBl. I S. 3138) wurde jedoch die Bereichsausnahme des § 23 Abs. 1 AGBG gestrichen, so dass nunmehr auch Arbeitsverträge nach den Grundsätzen der AGB zu kontrollieren sind.

Nach § 309 Nr. 6 BGB ist eine Klausel – ohne Wertungsmöglichkeit – in Allgemeinen Geschäftsbedingungen unwirksam, durch die dem Verwender für den Fall der Nichtabnahme oder verspäteten Abnahme der Leistung, des Zahlungsverzugs oder für den Fall, dass der andere Vertragsteil sich vom Vertrag löst, die Zahlung einer Vertragsstrafe versprochen wird. Aufgrund dieser Bestimmung wird vertreten, dass Vertragsstrafen für den Fall der unberechtigten außerordentlichen Kündigung des Arbeitnehmers und des bloßen Wegbleibens vom Arbeitsplatz in vorformulierten Arbeitsverträgen nicht mehr wirksam vereinbart werden können (so ArbG Bochum 8. 7. 2002, DB 2002, 1659; Reinecke, DB 2002, 583, 586; a. A. ArbG Duisburg 14. 8. 2002, DB 2002, 1943). Zu beachten ist jedoch, dass gemäß § 310 Abs. 4 Satz 2 BGB bei der Anwendung Allgemeiner Geschäftsbedingungen auf Arbeitsverträge die im Arbeitsrecht geltenden Besonderheiten angemessen zu berücksichtigen sind. Dementsprechend dürften – wie in vorliegendem Fall – bei besonders hoch vergüteten und besonders qualifizierten Arbeitnehmern m. E. Vertragsstrafenklauseln nach wie vor zulässig sein, da insoweit ein berechtigtes und überwiegendes Interesse des Arbeitgebers an der Einhaltung vertraglich vereinbarter Kündigungsfristen anzuerkennen ist (vgl. *Reinecke,* aaO.).

4. Aus § 622 Abs. 6 BGB folgt, dass eine fristgerechte Kündigung des Arbeitnehmers nicht einseitig mit einer Vertragsstrafe sanktioniert werden kann (vgl. BAG 11. 3. 1971, AP Nr. 9 zu § 622 BGB). Andererseits verstößt – jedenfalls bei vorliegendem Sachverhalt, vgl. Anm. 3 – eine Regelung, welche die Zahlung einer Vertragsstrafe für den Fall des Nichtantritts eines Arbeitsverhältnisses vorsieht, nicht gegen § 622 Abs. 6 BGB (Sächsisches LAG, aaO.).

5. Ist die Vertragsstrafe übermäßig hoch, hat dies nicht ohne weiteres die Nichtigkeit der Vertragsstrafenabrede zur Folge. Es gilt vielmehr § 343 BGB, der eine Herabsetzung der Vertragsstrafe durch Urteil auf den angemessenen Betrag vorsieht. Die Praxis hält Vertragsstrafen in Höhe eines Bruttomonatsgehalts für angemessen (vgl. LAG Baden-Württemberg 30. 7. 1985, LAGE § 339 BGB Nr. 1; vgl. auch Sächsisches LAG, aaO., wonach zur Feststellung der Angemessenheit der Vertragsstrafe im gegebenen Fall auch die maßgebliche Kündigungsfrist von Bedeutung ist; zur Frage der Herabsetzung der Vertragsstrafe wegen „einseitiger" Vertragsverletzung vgl. auch LAG Düsseldorf 8. 1. 2003, LAGE § 309 BGB 2002 Nr. 1). Unbedenklich ist auch, wenn die Höhe der Vertragsstrafe an eine vereinbarte verlängerte Kündigungsfrist anknüpft (vgl. BAG 27. 5. 1992, EzA § 339 BGB Nr. 8).

6. § 339 BGB setzt Verzug, mithin Verschulden des Arbeitnehmers voraus. Erklärt der Arbeitgeber dem Arbeitnehmer, er verlange die Vertragsstrafe, ist der Anspruch auf Erfüllung ausgeschlossen (§ 340 Abs. 1 Satz 2 BGB).

Kosten und Gebühren

Vgl. Form. B. III. 1.

5. Widerklage des Arbeitgebers auf Auskunftserteilung im Annahmeverzugsprozess

An das
Arbeitsgericht ......

Az: ......
In Sachen

A/B

erheben wir namens und in Vollmacht des Beklagten Widerklage und werden beantragen:

> Der Kläger wird verurteilt, dem Beklagten Auskunft über die Höhe der Gesamtvergütung zu erteilen, die er in der Zeit vom ...... bis ...... im Rahmen

seiner Beschäftigung als Mitarbeiter der Firma C mit Sitz in D-Stadt erhalten hat, sowie die von ihm für die Zeit vom ...... bis ...... gestellten Rechnungen und Abrechnungen, die er von der Firma C für die Zeit ...... bis ...... erhalten hat, vorzulegen.

Begründung:

Der beim Beklagten vollzeitbeschäftigte Kläger verlangt unter dem Gesichtspunkt des Annahmeverzugs des Beklagten Zahlung von Vergütung für die Zeit vom ...... bis ......, da das Arbeitsgericht rechtskräftig festgestellt hat, dass die Kündigung des Beklagten zum ...... unwirksam ist.
Der Kläger war in der Zeit vom ...... bis ...... bei der Firma C in D-Stadt als so genannter freier Mitarbeiter beschäftigt.

Beweis: ......

Gemäß § 615 Satz 2 BGB, § 11 KSchG muss sich der Kläger auf seine geltend gemachte Forderung anrechnen lassen, was er durch anderweitige Tätigkeit bei der Firma C erhalten hat. Entsprechend § 74c Abs. 2 HGB steht dem Beklagten ein entsprechender Auskunftsanspruch zu, den er im Wege der Widerklage geltend machen kann.[1] Nach § 615 Satz 2 BGB hat sich der Kläger seinen gesamten Zwischenverdienst, den er von der Firma C erhalten hat, anrechnen zu lassen.[2-6]

Rechtsanwalt

Anmerkungen

1. Macht der Arbeitnehmer Annahmeverzugsansprüche geltend, weil der Arbeitgeber nach Ausspruch einer unwirksamen Kündigung trotz Angebots der Arbeitsleistung sowie Leistungsfähigkeit und -willigkeit die vom Arbeitnehmer geschuldete Arbeitsleistung nicht angenommen hat, hat sich der Arbeitnehmer seinen während des Annahmeverzugszeitraums erhaltenen Zwischenverdienst, den er durch anderweitige Arbeit erhalten hat, anrechnen zu lassen (§ 615 Satz 2 BGB, § 11 Nr. 1 KSchG). Der Arbeitgeber hat insoweit gegen den Arbeitnehmer einen selbstständig einklagbaren Anspruch auf Auskunft über die Höhe seines anderweitigen Verdienstes in der Zeit des Annahmeverzugs (BAG 29. 7. 1993, DB 1993, 2437). Der Auskunftsanspruch ergibt sich aus entsprechender Anwendung des § 74c Abs. 2 HGB. Er kann im Wege der Widerklage geltend gemacht werden (vgl. BAG 2. 6. 1987, AP Nr. 13 zu § 74c HGB). Wird im Rahmen der Widerklage neben dem Auskunftsantrag die Vorlage von Belegen verlangt, sind diese im Klagantrag möglichst genau zu bezeichnen, andernfalls ist die Klage unzulässig. Es kann nur die Vorlage von Belegen geltend gemacht werden, die vom Arbeitnehmer billigerweise verlangt werden können unter Abwägung der Gründe, welche den Arbeitgeber veranlassen, den Angaben des Arbeitnehmers zu misstrauen (BAG 2. 6. 1987, AP Nr. 13 zu § 74c HGB).

2. Im Rahmen der §§ 615 Satz 2 BGB, 11 KSchG obliegt dem Arbeitgeber die Darlegungs- und Beweislast dafür, ob und in welcher Höhe anrechenbare Bezüge den Anspruch des Arbeitnehmers auf Fortzahlung seiner Vergütung während der Zeit des Annahmeverzugs mindern. Die Auskunftpflicht des Arbeitnehmers bezieht sich sodann grundsätzlich nur auf die Höhe des anderweitigen Arbeitsverdienstes (BAG 19. 7. 1978, NJW 1979, 285; 29. 7. 1993, DB 1993, 2437). Solange der Arbeitnehmer die geschuldete Auskunft nicht erteilt hat, kann der Arbeitgeber die entsprechende Zahlung verweigern. Eine Verurteilung Zug um Zug scheidet aus (BAG 19. 7. 1978, NJW 1979, 285).

3. Nach § 615 Satz 2 BGB ist der anderweitige Verdienst des Arbeitnehmers auf die Vergütung für die gesamte Dauer des Annahmeverzugs und nicht nur auf die Vergütung für den Zeitabschnitt anzurechnen, in dem der anderweitige Erwerb gemacht wurde (BAG 6. 9. 1990, AP Nr. 47 zu § 615 BGB; 29. 7. 1993, DB 1993, 2437).

4. Wurde der Arbeitgeber bereits rechtskräftig verurteilt, für einen bestimmten Zeitraum des Annahmeverzugs nach § 615 Satz 1 BGB die vereinbarte Vergütung zu zahlen und erfährt er später von einem anrechenbaren Zwischenverdienst des Arbeitnehmers in dieser Zeit, kann der Arbeitgeber den überzahlten Betrag nach § 812 BGB zurückfordern bzw. bei der Endabrechnung über die restliche Zeit des Annahmeverzugs zur Anrechnung bringen (BAG 29. 7. 1993, DB 1993, 2437).

5. Ein teilzeitbeschäftigter Arbeitnehmer muss sich nicht jeden im Verzugszeitraum anderweitig erzielten Verdienst anrechnen lassen, sondern nur einen solchen, der kausal durch das Freiwerden der Arbeitskraft ermöglicht worden ist (BAG 6. 9. 1990, NJW 1991, 1002).

6. Nach noch geltender Auffassung des BAG (6. 2. 1964, AP Nr. 24 zu § 615 BGB) muss sich ein Arbeitnehmer grundsätzlich auch dann anderweitigen Verdienst anrechnen lassen, wenn er nach Ausspruch einer Kündigung unter Fortzahlung der vereinbarten Vergütung bis zum Ablauf der Kündigungsfrist unter Verzicht auf jede Arbeitsleistung freigestellt wird; eine von § 615 Satz 2 BGB abweichende Regelung muss nach dieser Auffassung ausdrücklich und zweifelsfrei getroffen werden (a. A. LAG Köln 21. 8. 1991, NZA 1992, 124; LAG Hamm 27. 2. 1991, DB 1991, 1577).

Kosten und Gebühren

Vgl. Form. B. III. 1.
Der Streitwert des Auskunftsanspruchs beträgt je nach Sachverhalt $1/10$ bis $1/4$ des Werts des Leistungsanspruchs (vgl. OLG Köln 29. 6. 1984, FamRZ 1984, 1029).

6. Klage des Arbeitgebers auf Rückzahlung zu viel gezahlten Arbeitsentgelts[1]

An das
Arbeitsgericht ......

Klage

In Sachen
der Herrn ......, Inhaber der Firma ......

– Kläger –

Prozessbevollmächtigte: ......

gegen

B ......

– Beklagter–

vertreten wir den Kläger. In dessen Namen und Auftrag erheben wir Klage und werden beantragen:
1. Der Beklagte wird verurteilt, an den Kläger EUR ...... netto[2] nebst Zinsen in Höhe von 5 Prozentpunkten über dem Basiszinssatz[3] seit ...... zu zahlen.[4]
2. Der Beklagte trägt die Kosten des Rechtsstreits.

Begründung:

Der Beklagte war in der Zeit vom ...... bis ...... beim Kläger als Leiter Einkauf beschäftigt. Sein Bruttomonatsgehalt belief sich zuletzt auf EUR 5.000,–.

Im Oktober ...... erteilte der Kläger seinen Mitarbeitern eine Gesamtzusage anlässlich des 50-jährigen Betriebsjubiläums in Form eines Aushangs. Danach sollten alle Mitarbeiter eine Jubiläumsgratifikation in Höhe eines halben Bruttomonatsgehaltes, zahlbar am 30. 11. ......, erhalten, sofern sie zum Zeitpunkt der Auszahlung eine Betriebszugehörigkeit von mindestens zehn Jahren hatten.

Beweis: Aushang vom ......

Der Beklagte hatte zum Zeitpunkt der Auszahlung der Gratifikation am 30. 11. ...... noch keine Betriebszugehörigkeit von zehn Jahren. Durch einen Irrtum des zuständigen Mitarbeiters in der Lohn- und Gehaltsbuchhaltung des Klägers wurde in der Verdienstabrechnung für den Beklagten für November ...... vermerkt, dass er eine Jubiläumsgratifikation in Höhe von EUR 2.500,– brutto erhalte. Der entsprechende Nettobetrag wurde dem Beklagten am 30. 11. ...... ausbezahlt.

Beweis: Verdienstabrechnung für November ......;
                 Zeugnis ......

Das Arbeitsverhältnis zwischen den Parteien endete durch Eigenkündigung des Beklagten zum ......

Der Beklagte ist ungerechtfertigt bereichert im Sinne des § 812 Abs. 1 Satz 1, 1. Alt. BGB.[1] Er hatte keinen Anspruch auf Zahlung einer Jubiläumsgratifikation. Der Kläger forderte den Beklagten daher mit Schreiben vom ...... zur Rückzahlung des Nettobetrages[2] von EUR ...... bis ...... auf.

Beweis: Schreiben vom ......

Zahlung erfolgte nicht. Der Beklagte ist daher seit dem ...... in Verzug.[4, 5, 6, 7]

Rechtsanwalt

Anmerkungen

1. Hat der Arbeitnehmer irrtümlich Lohn- und Gehaltszahlungen erhalten, steht dem Arbeitgeber gemäß § 812 Abs. 1 Satz 1, 1. Alt. BGB ein Anspruch auf Rückzahlung zu viel gezahlter Vergütung zu (vgl. auch BAG 30. 4. 97, NJW 1998, 557, zur Frage der Rückabwicklung rechtsgrundlos erbrachter Arbeitgeberleistungen, wenn der Arbeitnehmer trotz der Beendigung des Arbeitsverhältnisses nach § 59 BAT seine bisherige Tätigkeit fortsetzt, ohne den Arbeitgeber von der Zustellung des Rentenbescheids zu unterrichten). Aus § 814, 1. Alt. BGB folgt, dass die Rückforderung einer bewussten Überzahlung ausgeschlossen ist.

Arbeitgeber und Arbeitnehmer können auch bereits im Arbeitsvertrag vereinbaren, dass der Arbeitnehmer zu viel erhaltenen Lohn ohne Rücksicht auf die noch vorhandene Bereicherung zurückzahlen muss. Durch eine solche Klausel soll dem Arbeitnehmer der Einwand des **Wegfalls der Bereicherung** abgeschnitten werden. Keine Vereinbarung der Parteien über den Ausschluss des Entreicherungseinwands nach § 818 Abs. 3 BGB liegt allerdings vor, wenn der Arbeitnehmer einseitig auf einem vom Arbeitgeber vorgelegten vorgedruckten Formular erklärt, dass er alle Bezüge zurückzahlen müsse, die er infolge unterlassener, verspäteter oder fehlerhafter Meldung zu viel erhalten habe. Eine entsprechende einseitige Erklärung des Arbeitnehmers enthält auch keine Vereinbarung über eine Leistung des Arbeitgebers unter Vorbehalt (vgl. BAG 18. 9. 1986, AP Nr. 5 zu § 812 BGB).

2. Heftig umstritten ist, ob der Arbeitnehmer den zu viel erhaltenen Nettobetrag oder den entsprechenden Bruttobetrag (einschließlich Steuern und Abgaben zur Sozialversicherung) zurückerstatten muss (vgl. einerseits *Groß*, ZIP 1987, 5, wonach der Arbeitnehmer grundsätzlich nur den Nettobetrag zurückzuerstatten hat, andererseits *Matthes*, DB 1973, 331, der – bei Gratifikationen – die Ansicht vertritt, der Arbeitnehmer müsse den Bruttobetrag zurückzahlen; vgl. auch BFH 27. 3. 1992, BB 1992, 1272, wonach Arbeitgeberanteile, die in der rechtsirrtümlichen Annahme der Versicherungspflicht an die gesetzliche Renten- und Arbeitslosenversicherung geleistet und dem Arbeitgeber später erstattet werden, für den Arbeitnehmer keinen Vorteil begründen und kein Arbeitslohn sind). Geht man, wie im Beispielsfall, davon aus, der Arbeitgeber habe lediglich einen Nettorückzahlungsanspruch, ist der Arbeitgeber gezwungen, die darauf entfallenden und abgeführten Steuern vom Finanzamt zurückzufordern und vom Sozialversicherungsträger den gesamten Sozialversicherungsbeitrag zurückzuverlangen. Dies dürfte für den Regelfall interessengerecht sein, wenn der Arbeitgeber die Überzahlung – irrtümlich – veranlasst hat.

3. Vgl. Form. B. III. 1 Anm. 3

4. Der Anspruch des Arbeitgebers auf Rückzahlung überzahlter Vergütung wird im Zeitpunkt der Überzahlung fällig, wenn die Vergütung fehlerhaft berechnet worden ist, obwohl die maßgebenden Umstände bekannt waren oder hätten bekannt sein müssen. Auf die Kenntnis des Arbeitgebers von seinem Rückzahlungsanspruch kommt es regelmäßig nicht an. Hinsichtlich des Rückzahlungsanspruchs gelten die tariflichen Ausschlussfristen. Allerdings kann sich der Arbeitnehmer nicht auf einen Verfall des Rückzahlungsanspruchs des Arbeitgebers berufen, wenn es der Arbeitnehmer pflichtwidrig unterlassen hat, dem Arbeitgeber Umstände mitzuteilen, welche die Geltendmachung des Rückzahlungsanspruchs innerhalb der Ausschlussfrist ermöglicht hätten. Zu einer solchen Mitteilung ist der Arbeitnehmer verpflichtet, wenn er bemerkt hat, dass er eine gegenüber sonst ungewöhnlich hohe Zahlung erhalten hat, deren Grund er nicht erklären kann (BAG 1. 6. 1995, NZA 1996, 135; wohl a. A. LAG Düsseldorf 11. 6. 1997, BB 1997, 2273).

5. Gegenüber dem Rückzahlungsanspruch des Arbeitgebers kann der Arbeitnehmer einen Wegfall der Bereicherung geltend machen (§ 818 Abs. 3 BGB). Er hat darzulegen und gegebenenfalls zu beweisen, dass er nicht mehr bereichert ist. Für den Wegfall der Bereicherung kann sich der Arbeitnehmer auf die Grundsätze des Anscheinsbeweises berufen. Dazu ist jedoch erforderlich, dass es sich um eine geringfügige Überzahlung handelt (bei wiederkehrenden Leistungen nicht mehr als 10% aller für den Zeitraum zustehenden Bezüge, vgl. BAG 23. 5. 2001, DB 2001, 2251; LAG Hamm 3. 12. 1999, NZA-RR 2000, 181). Darüber hinaus muss die Lebenssituation des Arbeitnehmers so sein, dass erfahrungsgemäß ein alsbaldiger Verbrauch der Überzahlung für die laufenden Kosten der Lebenshaltung anzunehmen ist. Der Arbeitnehmer hat aber die Tatsachen darzulegen und gegebenenfalls zu beweisen, aus denen erfahrungsgemäß auf die Verwendung zum Lebensunterhalt geschlossen werden kann (vgl. BAG 18. 1. 1995, NJW 1996, 411; LAG Hamm 3. 12. 1999, aaO.). Diese Erleichterungen der Darlegungs- und Beweislast kommen dem Arbeitnehmer also regelmäßig nur dann zugute, wenn er nicht zu den Besserverdienenden gehört (vgl. BAG 12. 1. 1994, DB 1994, 1039). In jedem Fall ergibt sich jedoch ein Wegfall der Bereicherung, wenn der Arbeitnehmer geltend macht und gegebenenfalls beweist, er habe Luxusaufwendungen getätigt, welche er bei Kenntnis der Sachlage nicht gemacht hätte. Hat der Arbeitnehmer die Lohn-/Gehaltsüberzahlung erkannt, ist eine Berufung auf den Wegfall der Bereicherung nach § 819 Abs. 1 BGB ausgeschlossen (zum Beispiel bei Doppelzahlung der Vergütung für einen Monat). Eine „Bösgläubigkeit" des Arbeitnehmers i. S. d. § 819 BGB setzt aber positive Kenntnis vom Mangel des Rechtsgrunds voraus; bloße Zweifel an dessen Fortbestand sind nicht ausreichend (LAG Hamm 3. 12. 1999, aaO.).

Ist die Auszahlung der Vergütung irrtümlich in Euro statt in DM erfolgt, kann sich der Arbeitnehmer nicht auf einen Wegfall der Bereicherung berufen, da ihm ein solcher Irrtum auffallen muss (ArbG Stade 15. 1. 2002 – 1 Ca 1347/01).

Zum Einwand des Arbeitnehmers, der sich auf Verwirkung des Rückforderungsanspruchs des Arbeitgebers beruft, vgl. BAG 25. 4. 2001 – 5 AZR 497/99.

6. Der Arbeitgeber kann mit seinem Rückforderungsanspruch grundsätzlich aufrechnen. Dabei ist jedoch § 394 BGB zu beachten.

7. Es besteht regelmäßig eine Fürsorgepflicht des Arbeitgebers dahin, den Lohn richtig zu berechnen. Ihre Verletzung kann Schadensersatzansprüche des Arbeitnehmers zur Folge haben (BAG 8. 2. 1964, DB 1964, 662). Fraglich ist jedoch, ob dem Arbeitnehmer bei Rückzahlung überzahlter Vergütung überhaupt ein Schaden entsteht. Dies ist in der Regel zu verneinen, da der Arbeitnehmer bei richtiger Festsetzung der Bezüge im Ergebnis den gleichen Betrag erhalten hätte, der ihm nach Erstattung der Überzahlung auch noch verbleibt (BAG 8. 2. 1964, aaO.).

Kosten und Gebühren

Vgl. Form. B. III. 1.

7. Klagen aus Mankohaftung[1]

7.1. Schadensersatzklage bei vertraglicher Vereinbarung[1]

An das
Arbeitsgericht ......

Klage

der Firma ......

– Klägerin –

Prozessbevollmächtigte: ......

gegen

Frau ......

– Beklagte –

wegen Schadensersatz

Namens und in Vollmacht der Klägerin erheben wir Klage und werden beantragen:
1. Die Beklagte wird verurteilt, an die Klägerin ...... EUR nebst 5% Zinsen über dem Basiszinssatz[2] seit Klagezustellung zu zahlen.
2. Die Beklagte trägt die Kosten des Rechtsstreits.

Begründung:

Die Beklagte, ... Jahre alt, led./verh., wurde am ...... als Kassiererin eingestellt. Die wechselseitigen Verpflichtungen sind im Arbeitsvertrag vom ...... geregelt.

Beweis: Arbeitsvertrag vom ...... in Fotokopie

Darüber hinaus hat die Klägerin mit der Beklagten eine zusätzliche und Vertragsbestandteil gewordene Vereinbarung getroffen. Danach hat sich die Beklagte ver-

pflichtet, in der Kasse auftretende Fehlbestände zu ersetzen. Die entsprechende Formulierung lautet:
„§ 3 Vergütung
......

II. Der Mitarbeiter ist für die Kassenführung verantwortlich. Der Kassenbestand wird betriebsüblich regelmäßig in Anwesenheit des Mitarbeiters festgestellt. Ergibt sich hierbei ein Fehlbetrag, so hat der Mitarbeiter hierfür einzustehen. Die Haftung ist begrenzt auf das Bruttomonatsgehalt, das der Mitarbeiter zum Zeitpunkt des Eintritts des Mankos erhält; ausgenommen ist vorsätzliches Verhalten.
III. Zum Ausgleich für die Übernahme der Mankohaftung zahlt die Firma ...... zusätzlich eine Vergütung von EUR ...... netto monatlich."

Beweis: Mankovereinbarung[3] vom ...... in Fotokopie

Die Beklagte war dann auch in der Folgezeit vertragsgemäß ausschließlich mit Kassengeschäften betraut. Die Beklagte musste Einnahmen und Ausgaben verbuchen und jeweils quittieren. Nur die Beklagte hatte Zugriff zur Kasse.

Beweis: Herr ......, Niederlassungsleiter der Beklagten, als Zeuge

Seit der letzten Kassenprüfung vom ......, bei der keine Fehlbeträge festgestellt werden konnten, wurden weitere ...... EUR eingenommen. Dies ergibt sich aus den von der Beklagten selbst erstellten Belegen[4].

Beweis: wie vor
          Aufstellung der Kasseneinnahmen in Fotokopie

Bei der darauf folgenden Kassenprüfung am ...... wurde ein Manko in Höhe von ...... EUR festgestellt.

Beweis: wie vor
          Abrechnung vom ......
          Sachverständigengutachten nach Auswahl des Gerichts

Die Beklagte ist daher zur Erstattung dieses Fehlbetrages[5] zuzüglich der gesetzlich angefallenen Zinsen seit Klagezustellung verpflichtet.
Gleichwohl hat die Beklagte außerprozessual die berechtigte Forderung der Klägerin ohne nähere Begründung als „ungerechtfertigt" zurückgewiesen.

Beweis: Schreiben der Beklagten vom ...... in Fotokopie

Es rechtfertigt sich der eingangs gestellte Antrag.

Rechtsanwalt

Anmerkungen

1. Vgl. allgemein *Preis-Stoffels* II. M. 10.; *Tschöpe-Westhoff,* S. 896, Rdn. 49 ff. und hinsichtlich einer Mankohaftung ohne bzw. ohne rechtlich wirksame vertragliche Vereinbarung auch Form. B. III. 7.2. Anm. 1–5.

2. Dem Bestimmtheitsgrundsatz nach § 253 ZPO ist Rechnung getragen. Eine Veränderung des Basiszinssatzes wird automatisch berücksichtigt (*Germelmann/Matthes/Prütting/Müller-Glöge,* § 46 Rdn. 44). Der Basiszinssatz kann Mitteilungen der Deutschen Bundesbank im Bundesanzeiger entnommen werden. Vgl. auch Form. B. I. 1.1. Anm. 1–6.

3. Durch eine **Mankoabrede** zwischen Arbeitnehmer und Arbeitgeber, die den Arbeitnehmer verpflichtet, für auftretende Waren- oder Kassendifferenzen einzustehen, übernimmt der Arbeitnehmer gegen eine zusätzliche Vergütung ein zusätzliches Haftungsrisiko. Dabei haftet der Arbeitnehmer nach Ansicht des Bundesarbeitsgerichtes grundsätzlich auch neben einer besonderen Mankoabrede nach allgemeinen Haftungsbestimmungen (BAG 2. 12. 1999, NZA 2000, 715). Während er nach den allgemeinen Haftungsbestimmungen lediglich verschuldensabhängig haftet, kann die Haftung auf Grund vertraglicher Vereinbarung bis hin zur Garantiehaftung reichen, wonach der Arbeitnehmer dann auch für solche Schäden haftet, die er nicht zu vertreten hat bzw. für die ihm kein Verschulden nachgewiesen werden kann. Da durch derartige Abreden ein typisches Arbeitgeberrisiko auf den Arbeitnehmer verlagert wird, sind an ihre Rechtmäßigkeit allerdings strenge Maßstäbe zu knüpfen (*Küttner/Griese*, „Fehlgeldentschädigung" Rdn. 2 ff.; *Deinert*, Mankohaftung, RdA 2000, 22).

a) Für eine verschuldensunabhängige Haftung ist grundsätzlich eine **ausdrückliche Vereinbarung** erforderlich. Als Teil des Arbeitsentgelts ist sie nach § 2 Abs. 1 Nr. 6 NachwG in die Vertragsniederschrift aufzunehmen. Diese Vereinbarung muss hinsichtlich des Umfangs der Haftung klar und eindeutig gefasst sein (BAG 27. 2. 1970, AP Nr. 54 zu § 611 BGB Haftung des Arbeitnehmers). Entscheidend ist die Auslegung des Arbeitsvertrages. Im Zweifelsfall ist davon auszugehen, dass sich die Haftung auf unverschuldetes Manko bezieht. Ausnahmsweise kann diese sich auch aus besonderen Umständen ergeben, wie z. B. dann, wenn ein zusätzliches **Mankoentgelt** zum Gehalt gezahlt wird, das dem regelmäßig zu erwartenden Fehlbestand entspricht (BAG 17. 9. 1998, NJW 1999, 1049). Dies bedeutet, dass die vertraglich vereinbarte Fehlgeldentschädigung die Obergrenze der Mankohaftung darstellt. Denn es reicht die Tatsache, dass der Arbeitnehmer eine besondere Vertrauensstellung hat ebenso wenig für die Annahme einer Gefährdungshaftung aus, wie die einseitige Erklärung des Arbeitnehmers, er übernehme die „volle Verantwortung" (BAG 12. 8. 1959, AP Nr. 1 zu § 305 BGB). Zulässig sind Vereinbarungen über Art und Weise der Mankoermittlung, Vereinbarungen über sog. Mankospannen (liegt das Manko innerhalb der vereinbarten Spanne, hat der Arbeitnehmer nicht für das Manko einzustehen) und Kautionsvereinbarungen, soweit sie sich im gesetzlichen Rahmen halten. Eine Vereinbarung über die Aufrechnungsmöglichkeit eines Schadensersatzanspruches mit dem Vergütungsanspruch des Arbeitnehmers hat allerdings die Pfändungsfreigrenzen zu beachten.

b) Beinhaltet die Mankoabrede, wie in den meisten Fällen, eine **Haftungsverschärfung** für den Arbeitnehmer, so ist die Vereinbarung nur zulässig, wenn der Arbeitnehmer einen angemessenen wirtschaftlichen Ausgleich, z. B. in Form eines Mankogeldes oder eines angemessen erhöhten Gehalts für das zusätzlich übernommene Haftungsrisiko erhält. Das Mankogeld muss dem regelmäßig zu erwartenden Fehlbestand entsprechen, ansonsten liegt eine übermäßige Benachteiligung vor, da zwischen Mankorisiko und Mankogeld ein auffälliges Missverhältnis i. S. d. § 138 BGB besteht (BAG 9. 4. 1957, AP Nr. 4 aaO.; BAG 29. 1. 1985, DB 1985, 2565) bzw. eine unzulässige Verlagerung des Arbeitgeberrisikos gegeben ist (BAG 17. 9. 1998, DB 1998, 2610). Da eine Mankoabrede notwendigerweise auch Sachverhalte erfasst, in denen der Arbeitnehmer nach allgemeinen Grundsätzen gar nicht (kein Verschulden oder leichte Fahrlässigkeit) oder nur anteilig (mittlere Fahrlässigkeit) haften würde, darf die Haftung auf Grund besonderer vertraglicher Abrede die Summe der gezahlten Mankogelder nicht übersteigen. Dabei wird ein Vergleichszeitraum von bis zu einem Jahr für vertraglich regelbar gehalten. Mankogeldvereinbarungen unter darüber hinaus erweiterten Haftungsvoraussetzungen sind **nicht mehr** zulässig (vgl. nunmehr BAG 17. 9. 1998, DB 1998, 2610 ff.).

c) Weiter muss sich die Mankovereinbarung in den allgemeinen Grenzen der §§ 138, 242 BGB und § 4 Abs. 3 TVG halten, d. h. sie darf weder gegen die guten Sitten noch gegen die Grundsätze von Treu und Glauben verstoßen oder zu einer Tarifunterschreitung nach § 4 Abs. 3 TVG führen (vgl. dazu MünchHandbArbR-*Blomeyer* § 59 Rdn. 75).

Liegen die Voraussetzungen für die Rechtswirksamkeit der Mankoabrede nicht vor, so kommen nur die allgemeinen Haftungsbestimmungen der vertraglichen bzw. deliktischen Haftung des Arbeitnehmers in Betracht. Eine Umdeutung ist nicht möglich (BAG 3. 8. 1971, AP Nr. 67 zu § 611 BGB Haftung des Arbeitnehmers).

4. Für den Fall der **gesonderten Mankovereinbarung** hat der Arbeitgeber deren Bestand und Wirksamkeit darzulegen und zu beweisen.

a) Um die Bestände wirksam kontrollieren und ein Manko verhindern zu können, muss der Arbeitnehmer die **alleinige Verfügungsgewalt** und den alleinigen Zugang zu den ihm anvertrauten Geld- und Warenbeständen haben. Ansonsten wäre eine Haftung für ein aufgetretenes Manko unbillig (BAG 27. 2. 1970, AP Nr. 54 zu § 611 BGB Haftung des Arbeitnehmers; BAG 22. 11. 1973, DB 1974, 778). Der Arbeitgeber wird sich häufig auf die Buchführung des Arbeitnehmers beziehen. Dabei genügt er seiner Darlegungslast jedoch nicht allein durch den Vortrag des buchmäßigen Schadens. Es ist vielmehr der tatsächlich eingetretene Schaden zu beziffern.

Dem Arbeitnehmer ist es seinerseits verwehrt, die Richtigkeit seiner eigenen Buchführung anzuzweifeln. Denn wenn er auch für die Buchführung zuständig ist, muss er diese gegen sich gelten lassen (BAG 3. 8. 1971, AP Nr. 49; BAG 26. 1. 1971, AP Nr. 64 – jeweils zu § 611 BGB Haftung des Arbeitnehmers). Er hat dann darzulegen und zu beweisen, dass ein tatsächlicher Vermögensschaden im Gegensatz zum buchmäßigen Schaden **nicht** vorliegt. Damit ist im Ergebnis der Arbeitnehmer grundsätzlich an seine eigene Buchführung gebunden.

b) Darüber hinaus hat der Arbeitgeber die Entstehung eines Schadens, d.h. Bestand (§§ 667, 280, 282 BGB) und Höhe des Mankos als Differenz zwischen Soll- und Istbestand der Waren- bzw. Geldmenge nachzuweisen. Diese Angaben erübrigen sich auch dann nicht, wenn bei Inventuren Computer verwendet werden (BAG 13. 2. 1974, AP Nr. 77 zu § 611 BGB Haftung des Arbeitnehmers). Zwischenzeitliche Zugänge an Geld bzw. Waren hat der Arbeitgeber zu beweisen, weitere Abgänge der Arbeitnehmer (BAG 13. 3. 1964, AP Nr. 32 zu § 611 BGB Haftung des Arbeitnehmers).

c) Vereinbarungen über die **Umkehr der Beweislast** entgegen den allgemeinen Grundsätzen zuungunsten des Arbeitnehmers sind nach Ansicht des BAG i.d.R. zulässig, wenn sie eine sinnvolle Beweislastverteilung enthalten, die den Eigenarten des Betriebes und der Beschäftigung angepasst sind (BAG 13. 2. 1974, AP Nr. 77 aaO.). Nach anderer Ansicht ist eine solche vertraglich vereinbarte Beweislastumkehr unzulässig (*Küttner/Griese*, aaO. Rdn. 20 unter Hinweis auf den Rechtsgedanken des § 309 Nr. 12 BGB). Dieser Auffassung wird im Hinblick auf § 619a BGB nunmehr beizupflichten sein.

5. Bei einem **Kassenmanko** ist der fehlende Geldbetrag zu ersetzen, bei einem **Warenmanko** der Wiederbeschaffungspreis einschließlich der anfallenden Geschäftskosten, jedoch nicht der aus dem Verkauf der Ware entgangene Gewinn, da ein solcher bei ausreichendem Lagervorrat nicht anfällt (LAG Düsseldorf 14. 5. 1974, AP Nr. 3 zu § 19 BetrVG 1972).

Kosten und Gebühren

Keine Besonderheiten (vgl. im Übrigen Form. B. II. 1.1.)

Rechtsmittel und Fristen

Keine Besonderheiten

Vollstreckung

Keine Besonderheiten

7.2. Schadensersatzklage ohne
(rechtlich wirksame) vertragliche Vereinbarung[1]

An das
Arbeitsgericht ......

Klage

der Firma ......

– Klägerin –

Prozessbevollmächtigte: ......

gegen

Frau ......

– Beklagte –

wegen Schadensersatz

Namens und in Vollmacht der Klägerin erheben wir Klage und werden beantragen:
Die Beklagte wird verurteilt, an die Klägerin EUR 500,– nebst 12% Zinsen seit
dem ...... zu zahlen.

Begründung:

Die Klägerin betreibt ein Einzelhandelsunternehmen. Die Beklagte war vom 26. 11.
1981 bis zum 31. 3. 1998 als Kassiererin beschäftigt. Das Bruttomonatseinkommen
hat EUR 1.500,– betragen. Zwischen den Parteien wurde eine Mankoabrede getroffen. Danach erhielt die Beklagte monatlich ein Mankogeld in Höhe von
EUR 30,– netto. Für etwaige Mankobeträge, die bei den täglichen Abrechnungen
entstehen konnten, sollte die Beklagte für jeden im Rahmen ihrer Inkassotätigkeit
entstandenen Fehlbetrag haften[3].

Beweis: Arbeitsvertrag vom ...... in Fotokopie

Die Beklagte hatte als einzige Zugriff zur Kasse[2].
Am 28. 2. 1998 wurde bei der Beklagten unstreitig ein Kassenfehlbetrag von
EUR 5.000,– festgestellt. Die Beklagte ist Trickbetrügern aufgesessen[3]. Im Rahmen
eines vorgetäuschten Wechselvorgangs hat die Beklagte auch die ansonsten
verschlossene Geldbombe geöffnet, um den ungewöhnlichen Wechselvorgang des
Tauschens von kleinen in große Scheine in erheblichem Umfang vorzunehmen[4].

Beweis: Beiziehung der Ermittlungsakten der Staatsanwaltschaft ......,
        Az.: ......

Auch in Kenntnis der Unwirksamkeit der Mankoabrede ist die Beklagte zur Erstattung des Fehlbetrages in Höhe von 20% verpflichtet[5]. Die Klägerin hat bei der
Bemessung des geltend gemachten Schadens berücksichtigt, dass die Beklagte ihren
Dienst über 17 Jahre beanstandungsfrei verrichtet und sie für ihre Tätigkeit – im
Verhältnis zur Schadenssumme nur einen Bruttomonatsverdienst von EUR 1.500,–
erzielt hat. Es war auch zu berücksichtigen, dass es sich um Trickbetrüger gehandelt hat, die in einer Vielzahl von Fällen nach gleichem Muster vorgegangen und bisher nicht dingfest gemacht worden sind. Die Beklagte befindet sich auf Grund des
Mahnschreibens der Klägerin vom ...... seit dem ...... in Verzug.

Beweis: Mahnschreiben der Klägerin vom ......

Die Klägerin nimmt laufend Bankkredit in Höhe der Klageforderung in Anspruch.

Eine entsprechende Bankbestätigung kann im Bestreitensfalle vorgelegt werden.

Es ist antragsgemäß zu entscheiden.

Rechtsanwalt

Anmerkungen

1. Liegt keine bzw. wie im vorliegenden Fall **keine wirksame** Mankoabrede vor, so gelten die **allgemeinen Haftungsbestimmungen.** Es wird demnach für die vertragliche bzw. deliktische Haftung eine schuldhafte Pflichtverletzung des Arbeitnehmers, d. h. eine positive Vertragsverletzung bzw. Schlechterfüllung des Arbeitsvertrages bzw. ein Verschulden nach § 823 BGB vorausgesetzt (vgl. umfassend *Küttner/Griese* „Fehlgeldentschädigung" Rdn. 8 ff.). Vgl. im Übrigen auch Form. B. III. 7.1. Anm. 1–5.

2. Im Rahmen der **arbeitsvertraglichen Mankohaftung** – ohne vertragliche Abrede – differenziert die Rspr. zwischen selbstständig und unselbstständig tätigen Arbeitnehmern (BAG 29. 1. 1985, NZA 1986, 23; *Schaub,* § 52 X 3). Als wirtschaftlich selbstständig gilt danach ein Arbeitnehmer, dessen Tätigkeit auf eigenen wirtschaftlichen Überlegungen und Entscheidungen beruht (BAG 29. 1. 1985, AP Nr. 87 zu § 611 BGB Haftung des Arbeitnehmers), der bei seiner Aufgabenerfüllung selbstständig handelt oder eine besondere Vertrauensstellung bekleidet. Im Gegensatz dazu ist ein Arbeitnehmer, der beispielsweise nur zur Verrichtung seiner Tätigkeit auch über Material und Werkzeuge seines Arbeitgebers verfügt, nicht selbstständig tätig, da er keine eigenen wirtschaftlichen Dispositionen trifft (BAG 29. 1. 1985, NZA 1986, 23).

Nach überwiegender Ansicht weist der Arbeitsvertrag eines **selbstständig tätigen Arbeitnehmers** hingegen Elemente von Verwahrung und Auftrag auf (BAG 3. 8. 1971, AP Nr. 67 zu § 611 BGB Haftung des Arbeitnehmers; *Teschke-Bährle,* Hw AR 1270 „Mankohaftung" Rdn. 7). Daher sind für die Haftung eines selbstständig tätigen Arbeitnehmers neben den arbeitsvertraglichen Grundsätzen (§§ 611 ff. BGB) auch die Vorschriften über die Verwahrung (§ 688 BGB) und den Auftrag (§§ 675, 663, 665–670, 672–674 BGB) heranzuziehen. Danach haftet der Arbeitnehmer für eingetretene Fehlbestände wegen zu vertretender Unmöglichkeit nach § 283 Abs. 1 BGB, wenn der Arbeitgeber eine Tatsachenlage geschaffen hat, nach der er nicht Besitzer der Sache gewesen ist (BAG 22. 5. 1997, DB 1998, 135). In der Regel ist der Arbeitnehmer nur Besitzdiener und nicht Besitzer. Unmittelbarer Besitz des Arbeitnehmers setzt zumindest den alleinigen Zugang zu der Sache und deren selbstständige Verwaltung voraus. Dazu wird gehören, dass der Arbeitnehmer wirtschaftliche Überlegungen anzustellen und Entscheidungen über die Verwendung der Sache zu treffen hat. **Allein** unter diesen Voraussetzungen hat der Arbeitnehmer einen eigenständigen Spielraum, der es rechtfertigt, ihm die Verantwortung für die Herausgabe der verwalteten Sache aufzuerlegen (BAG 17. 9. 1998, DB 1998, 2610). Soweit sich aus früheren Entscheidungen des Bundesarbeitsgerichtes ein weitergehender Begriff der wirtschaftlich selbstständigen Tätigkeit ergibt, hält der nunmehr allein zuständige Achte Senat daran nicht fest. In der Regel ist der Arbeitnehmer nach der ausdrücklichen gesetzlichen Wertung nur Besitzdiener. Der unselbstständig tätige Arbeitnehmer haftet damit nur nach den allgemeinen Grundsätzen der positiven Vertragsverletzung.

Materiellrechtlich hat diese Differenzierung allerdings keine entscheidenden Auswirkungen, da sowohl für die Haftung des selbstständig tätigen Arbeitnehmers wegen Unmöglichkeit der Herausgabe nach § 283 Abs. 1 BGB als auch für die Haftung der übrigen Arbeitnehmer aus positiver Vertragsverletzung Verschulden erforderlich ist.

3. Die vorliegende Mankoabrede kann nicht die Kassenfehlbeträge umfassen, die durch eine vorsätzlich begangene Straftat Dritter – ungeachtet der Unwirksamkeit dieser Mankoabrede durch die fehlende Begrenzung auf das erhaltene Mankogeld bei einer verschuldensunabhängigen Eintrittspflicht des Arbeitnehmers (vgl. Form. B. III. 7.1. Anm. 3) – entstanden sind. Dies gilt jedenfalls dann, wenn der Schaden ungewöhnlich hoch ist. Nach §§ 133, 157 BGB sind Verträge so auszulegen, wie es Treu und Glauben mit Rücksicht auf die Verkehrssitte erfordern. Eine ungewöhnliche Garantieübernahme hätte ausdrücklich vereinbart werden müssen. Dies wird sich im Regelfall auch aus der Höhe des gezahlten Mankogeldes ergeben. (vgl. BAG 27. 2. 1970, EZA § 276 BGB Nr. 23).

4. Ob und inwieweit ein Arbeitnehmer für Schäden, die er in Ausübung einer betrieblichen Tätigkeit für seinen Arbeitgeber schuldhaft verursacht hat, haftet, richtet sich allein nach den Grundsätzen über die **Beschränkung der Arbeitnehmerhaftung** (BAG GS 27. 9. 1994, AP Nr. 103 zu § 611 BGB Haftung des Arbeitnehmers). Ob der Arbeitnehmer wegen positiver Vertragsverletzung haftet, hängt davon ab, ob er den Schaden dadurch verursacht hat, dass er schuldhaft seine arbeitsvertraglichen Pflichten verletzt hat. Es ist Sache des Arbeitgebers, dem Arbeitnehmer eine schuldhafte Pflichtverletzung nachzuweisen. Dies gilt gerade dann, wenn der Arbeitnehmer vom Arbeitgeber für einen Fehlbestand verantwortlich gemacht wird (BAG 20. 1. 1985, DB 1985, 2565).

Entsprechend hat bei fehlender bzw. nicht rechtlich wirksamer Mankoabrede der Arbeitgeber grundsätzlich ein pflichtwidriges Verhalten und Verschulden des Arbeitnehmers sowie den durch den Arbeitnehmer verursachten Schaden zu beweisen (BAG 22. 5. 1997, DB 1998, 135). Dem Arbeitgeber können dabei die Grundsätze des Anscheinsbeweises zu Hilfe kommen (BAG 3. 8. 1971, AP Nr. 67 zu § 611 BGB Haftung des Arbeitnehmers; *Schaub,* aaO., § 52 X 3 b).

Für die Frage der **Darlegungs- und Beweislast** kommt es darauf an, ob der Arbeitnehmer Alleinbesitzer gewesen ist.

Bei einem selbstständig tätigen Arbeitnehmer hat der Arbeitgeber neben dem Bestand des Mankos darzulegen und zu beweisen, dass dem Arbeitnehmer ein Waren- oder Geldbestand zur eigenen Verwaltung übertragen wurde und er alleinigen Zugriff hatte (BAG 6. 6. 1984, AP Nr. 1 zu § 11 a TVG Ang. Bundespost; BAG 28. 9. 1989, NZA 1990, 847). Die Verwaltung des Waren- bzw. Geldbestandes ist hier Hauptpflicht, so dass bei Unmöglichkeit der Erfüllung dieser Hauptpflicht eine Beweislastumkehr nach Gefahrenbereichen gem. § 280 Abs. 1 Satz 2 BGB eintreten könnte, nach der der Arbeitnehmer den Entlastungsbeweis dafür zu erbringen hätte, dass er die Unmöglichkeit nicht zu vertreten hat (BAG 27. 2. 1970, AP Nr. 54 zu § 611 BGB Haftung des Arbeitnehmers). Da allein der Arbeitnehmer die Möglichkeit der Überwachung der ihm anvertrauten Geld- bzw. Warenbestände hatte, wäre es an ihm, den Beweis dafür zu erbringen, dass ihn an der Entstehung des Mankos kein Verschulden trifft (BAG 6. 6. 1984, NZA 1985, 183). Allerdings ist im Hinblick auf die Einschränkung der Arbeitnehmerhaftung dabei nicht ausreichend berücksichtigt, dass der Arbeitgeber wegen seiner Organisationsmöglichkeiten ein erhöhtes Risiko trägt. Dem würde es widersprechen, wenn über die Anwendung dieser Beweislastumkehr ein Teil des Risikos wieder zurück auf den Arbeitnehmer verschoben wird. Deshalb darf § 280 Abs. 1 Satz 2 BGB im Rahmen der Arbeitnehmerhaftung nicht angewendet werden (so auch BAG 17. 9. 1998, DB 1998, 2610 unter Aufgabe der in früheren Entscheidungen vertretenen gegenteiligen Ansicht). Der Arbeitgeber trägt demnach die volle Darlegungs- und Beweislast für den Verschuldensgrad des Arbeitnehmers (BAG 22. 5. 1997, AP Nr. 1 zu § 611 BGB Mankohaftung = DB 1998, 135). Auch bei einer Haftung aus unerlaubter Handlung kommt demnach eine Beweislastumkehr nicht mehr in Betracht. Eine vertragliche Vereinbarung ist wohl nicht zulässig (vgl. § 309 Nr. 12 BGB).

Der Arbeitgeber trägt darüber hinaus für den eingetretenen Schaden und die Kausalität die volle Beweislast (BAG 11. 11. 1969, AP Nr. 49 zu § 611 BGB Haftung des Arbeitnehmers).

Auch die haftungsbegründende Kausalität, d. h. die Tatsache, dass das Manko infolge einer pflichtwidrigen Handlung des selbstständig tätigen Arbeitnehmers entstanden ist, muss vom Arbeitgeber dargelegt und bewiesen werden. Hier genügt jedoch der Nachweis, dass der Arbeitnehmer das alleinige Zugriffsrecht hatte (BAG 11. 11. 1969, AP Nr. 49 zu § 611 BGB Haftung des Arbeitnehmers). Der Schaden ist dann im Gefahrenbereich des Arbeitnehmers entstanden. Nach Ansicht des BAG insbesondere auch dann, wenn ein Dritter Zugang hatte und durchgreifende Zweifel an dessen Zugriff auf Waren- bzw. Geldbestand bestehen (BAG 3. 8. 1971, AP Nr. 67 zu § 611 BGB Haftung des Arbeitnehmers). Dem Arbeitnehmer obliegt dann der Beweis, dass das Manko nicht auf seinem Fehlverhalten beruht (BAG 3. 8. 1971, AP Nr. 67, aaO.; BAG 13. 2. 1975, AP Nr. 2 zu § 308 ZPO). Begehrt der Arbeitgeber allerdings vom Arbeitnehmer Ersatz für Gegenstände, die aus der Obhut des Arbeitnehmers gestohlen wurden, muss er beweisen, dass der Arbeitnehmer die Gegenstände nicht ordnungsgemäß verwahrt hat (BAG 29. 1. 1985, NZA 1986, 23).

Bei einem wirtschaftlich unselbstständig tätigen Arbeitnehmer haben auch andere Personen Zugriff zur Kasse. Haftungsgrundlage ist allein der Arbeitsvertrag. Daher trägt der Arbeitgeber die volle Beweislast für das Verschulden des Arbeitnehmers bzw. die entsprechende Kausalität zum aufgetretenen Manko. Dabei reicht es nicht aus, wenn der Arbeitgeber die weiteren Zugriffsberechtigten angibt und sie als Zeugen dafür benennt, dass sie nichts aus der Kasse entnommen haben (so auch ArbG Bonn 19. 7. 1975, EzA § 611 BGB Arbeitnehmerhaftung Nr. 29).

5. Nach älterer Rspr. wurde eine Anwendung der Grundsätze der gefahrgeneigten Arbeit auf Mankofälle vor allem mit der Begründung abgelehnt, dass ein Arbeitnehmer, der mit der selbstständigen Wahrnehmung von Aufgaben betraut sei, zur gesteigerten Sorgfalt für die ihm anvertrauten Werte verpflichtet sei und keine gefahrgeneigte Arbeit verrichtet (BAG 26. 1. 1971, AP Nr. 64 zu § 611 Haftung des Arbeitnehmers – Ausnahme: „Bankkassierfall" LAG Bremen 5. 1. 1955 AP Nr. 3 zu § 611 BGB Haftung des Arbeitnehmers). Ansonsten fehle es meist schon an den Voraussetzungen einer gefahrgeneigten Tätigkeit. Im Zuge der gewandelten Rechtsprechung (vgl. grundlegend BAG 27. 9. 1994, DB 94, 2237), nach der die Haftung der Arbeitnehmer durch den Begriff der „betrieblichen Tätigkeit" allgemein beschränkt wurde, müssen die entwickelten neuen Grundsätze auch für die allgemeine Mankohaftung uneingeschränkt gelten, da der Schaden auch hier im Zusammenhang mit der betrieblichen Tätigkeit entstanden ist.

Die grundsätzlich gegebene Haftung des Arbeitnehmers kann sowohl nach den Grundsätzen des so genannten innerbetrieblichen Schadensausgleiches als auch wegen eines Mitverschuldens des Arbeitgebers gemäß § 254 BGB beschränkt sein (so auch BAG 17. 9. 1998, NJW 1999, 1049).

a) Nach der nunmehr vollzogenen Abkehr vom Merkmal der Gefahrneigung (BAG 27. 9. 1994, NZA 1994, 1083; auch BGH 11. 3. 1996, NJW 1996, 1532) ist festzuhalten, dass auf die Fälle der Mankohaftung die Grundsätze des innerbetrieblichen Schadensausgleichs angewendet werden. Haftungsmilderungen sind auch auf Mankofälle anzuwenden (BAG 17. 9. 1998, NJW 99, 1049). Danach gilt Folgendes: Bei grober Fahrlässigkeit hat der Arbeitnehmer in aller Regel den gesamten Schaden zu tragen (BAG 25. 9. 1977, NZA 1998, 310), bei leichtester Fahrlässigkeit haftet er dagegen nicht, während bei normaler Fahrlässigkeit der Schaden in aller Regel zwischen Arbeitgeber und Arbeitnehmer quotal zu verteilen ist. Ob und in welchem Umfang der Arbeitnehmer an den Schadensfolgen zu beteiligen ist, richtet sich im Rahmen einer Abwägung der Gesamtumstände, insbesondere von Schadensanlass und Schadensfolgen, nach Billigkeits- und Zumutbarkeitsgesichtspunkten. Dabei ist zu prüfen, ob eine **rechtswirksame** Mankoabrede vorliegt. Für diesen Fall wäre ein Haftungsausschluss für einfache und mittlere Fahrlässigkeit abzulehnen. Auch wird die Höhe des Schadens, ein vom Arbeitgeber einkalkuliertes oder durch den Abschluss einer Versicherung deckbares Risiko, die Stellung des Arbeitnehmers im Betrieb und die Höhe des Arbeitsentgelts, in dem möglicherweise eine Risikoprämie enthalten ist, Berücksichtigung finden müssen. Auch können unter Umständen die persönlichen Verhältnisse des Arbeitnehmers wie die Dauer seiner Betriebszugehörigkeit, sein Alter, seine Familienverhältnisse und sein bisheriges Verhalten zu berücksichtigen sein (vgl. auch Arbeitsgericht Nürnberg 11. 6. 1997, Az. 15 Ca 10.637/96; BAG 23. 1. 1997, NZA 1998, 140; BAG 17. 9. 1998, DB 1998, 2610).

b) Haftungserleichterungen sind auch bei grober Fahrlässigkeit nicht ausgeschlossen – zumindest dann nicht, wenn der Verdienst des Arbeitnehmers in einem deutlichen Missverhältnis zum verwirklichten Schadensrisiko der Tätigkeit steht (vgl. grundlegend BAG 12. 10. 1989, NZA 1990, 97; BAG 23. 1. 1997, NZA 1998, 140; LAG Nürnberg 18. 4. 1990, DB 1991, 606; LAG Nürnberg 20. 3. 1996, Az. 3 Sa 803/95). Ein derartiges Missverhältnis besteht wohl dann nicht, wenn der zu ersetzende Schaden nicht erheblich über einem Bruttomonatseinkommen und unterhalb der in der Reformdiskussion zur Begrenzung der Arbeitnehmerhaftung als Höchstbetrag vorgeschlagenen drei Bruttomonatsverdienste liegt (vgl. BAG 12. 11. 1998, DB 1999, 288). Liegt der zu ersetzende Schaden nicht über drei Bruttomonatseinkommen des Arbeitnehmers, besteht für eine Haftungsbegrenzung keine Veranlassung (BAG 15. 11. 2001, NZA 2002, 612). Eine tarifliche Haftungsbeschränkung auf den „Selbstkostenpreis" greift bei Schäden durch abhanden gekommene Einnahmen, die dem Arbeitgeber gehören, nicht ein (BAG 15. 11. 2001, NZA 2002, 612).

c) Die Verpflichtung zum Schadensersatz sowie der Umfang des Ersatzes ist auch davon abhängig, inwieweit der Schaden vorwiegend vom Schädiger oder vom Geschädigten verursacht worden ist. Die Frage des mitwirkenden Verschuldens muss von Amts wegen auch noch in der Revisionsinstanz geprüft werden (BAG 19. 2. 1998, NZA 1998, 1051). Ein eventuelles Mitverschulden des Arbeitgebers kann sich auch aus Organisationsmängeln oder fehlender Überwachung (BAG 18. 6. 1970, AP Nr. 57 zu § 611 BGB Haftung des Arbeitnehmers; BAG 28. 9. 1985, NZA 1990, 847) ergeben.

Kosten und Gebühren

Keine Besonderheiten (vgl. im übrigen Form. B. II. 1.1.).

Rechtsmittel und Fristen

Keine Besonderheiten

Vollstreckung

Keine Besonderheiten

8. Klagen auf Herausgabe von Eigentum

8.1 Klage auf Herausgabe des Dienstfahrzeuges[1]

An das
Arbeitsgericht ......

Klage

der Firma ......

– Klägerin –

Prozessbevollmächtigte: ......

gegen

Herrn ......

– Beklagter –

wegen Herausgabe

Namens und in Vollmacht der Klägerin werden wir beantragen zu erkennen:

1. Der Beklagte wird verurteilt, das Firmenfahrzeug der Marke ......, mit dem amtlichen Kennzeichen ......, Fahrgestell-Nr. ......, an die Klägerin herauszugeben.
2. Der Beklagte trägt die Kosten des Rechtsstreits.

Begründung:

Der Beklagte wurde am ...... als ...... eingestellt. Die wechselseitigen arbeitsvertraglichen Pflichten sind im Anstellungsvertrag vom ...... niedergelegt.

Beweis: Anstellungsvertrag vom ...... in Fotokopie

Das Arbeitsverhältnis wurde durch die Klägerin mit Schreiben vom ...... unter Einhaltung der ordentlichen Kündigungsfrist zum ...... beendet.

Beweis: Kündigungsschreiben der Klägerin vom ......

Der Beklagte hat unstreitig die Kündigung der Klägerin nicht angegriffen[2].

Dem Beklagten wurde für die Dauer des Arbeitsverhältnisses ein Kraftfahrzeug der Marke ......, Fahrgestell-Nr. ......, auch zur privaten Nutzung überlassen[3]. In der zwischen den Parteien getroffenen und Vertragsbestandteil gewordenen Dienstwagenregelung vom ...... ist ausgeführt:

„§ 1 ...... Das Kraftfahrzeug wird unentgeltlich auch zur privaten Nutzung überlassen ...... Die Überlassung ist jederzeit widerruflich[4].

§ 2 ...... Die Firma trägt die Betriebskosten ......

§ 3 ...... Für die Privatnutzung ist im Rahmen des monatlichen Lohnsteuerabzuges als privater Nutzungswert 1% des inländischen Listenpreises des Kraftfahrzeuges zum Zeitpunkt der Erstzulassung zuzüglich 0,03% des Listenpreises für jeden gefahrenen Kilometer der Entfernung zwischen Wohnung und Arbeitsstätte anzusetzen[5].

§ 4 ......

§ 5 ...... Die Firma kann mit der Beendigung des Arbeitsverhältnisses und im Fall eines Widerrufs die Herausgabe des Fahrzeuges verlangen. Ein Zurückbehaltungsrecht des Arbeitnehmers ist ausgeschlossen[6, 7].
......

Beweis: Dienstwagenregelung vom ......

Der Beklagte ist seiner Herausgabeverpflichtung nach rechtlicher Beendigung des Arbeitsverhältnisses am ...... nicht nachgekommen[6]. Die Klägerin hat dem Beklagten letztmalig mit Schreiben vom ...... eine Frist bis ...... zur Herausgabe des Dienstfahrzeuges gesetzt.

Beweis: Schreiben der Klägerin vom ......

Der Beklagte hat nicht reagiert. Es ist deshalb Klage geboten.

Rechtsanwalt

Anmerkungen

1. Der Arbeitgeber kann auch eine **einstweilige Verfügung** auf Herausgabe des **Dienstwagens** beantragen. Er hat dann jedoch darzulegen, dass die Nichtherausgabe des Fahrzeugs zu einer Rechtsvereitelung oder -erschwerung führen könnte oder dass die Herausgabe aus sonstigen Gründen dringend erforderlich ist, §§ 935, 940 ZPO, vgl. auch Form. C. III. 1.1 Anm. 1–8.

2. Wurde hinsichtlich der **privaten Nutzung** des Dienstwagens keine besondere vertragliche Absprache getroffen, kann der Arbeitnehmer den Dienstwagen nur auf Dienstfahrten benutzen (*Küttner/Griese*, „Dienstwagen" Rdn. 3). In diesem Fall handelt es sich bei dem Dienstwagen um ein Arbeitsmittel, an dem der Arbeitnehmer kein Recht zum Besitz hat, da er nach § 855 BGB nur Besitzdiener ist. Auf Verlangen des Arbeitgebers hat der Arbeitnehmer das Kraftfahrzeug jederzeit herauszugeben (*Küttner/Griese*, „Dienstwagen" Rdn. 9). Die **eigenmächtige Inbesitznahme** durch den Arbeitgeber kann verbotene Eigenmacht gemäß § 858 BGB darstellen (LAG Düsseldorf 4. 7. 1975, DB 1975, 1849). Vgl. auch Form. B. III. 8.2.

Ist der Arbeitnehmer hingegen zur privaten Nutzung des Fahrzeugs auf Grund einer **besonderen vertraglichen Absprache** berechtigt, handelt es sich um eine echte Sachleistung. Damit stellt die private Nutzungsberechtigung einen Teil der Arbeitsvergütung (**Naturallohn**) dar (ArbG Lörrach 22. 8. 1975, DB 1975, 2186; LAG Köln 29. 11. 1995, Az. 2 Sa 843/95; MünchHandbArbR-*Hanau* § 70 Rdn. 12). Dieser Sachbezug ist einer Arbeitnehmerin nicht nur während des Beschäftigungsverbotes gemäß §§ 3 Abs. 1, 4 MuSchG, sondern regelmäßig auch während der Schutzfristen der §§ 3 Abs. 2, 6 Abs. 1 MuSchG weiterzugewähren (BAG 11. 10. 2000, NZA 2001, 445). Der Arbeitgeber hat die Unterhalts- bzw. Reparaturkosten zu tragen (BGH 9. 4. 1990, DB 1990, 1126). Folglich entfällt die private Nutzungsberechtigung auch nicht bei Arbeitsabwesenheit des Arbeitnehmers, wenn der Arbeitgeber weiterhin zur Entgeltfortzahlung verpflichtet bleibt, wie z. B. bei Arbeitsunfähigkeit bis zu sechs Wochen, Freistellung oder Erholungsurlaub. Ein **Nutzungsentschädigungsanspruch** ist nur dann nicht gegeben, wenn der Arbeitnehmer nicht in der Lage war, den Dienstwagen zu nutzen – Nutzungswille und hypothetische Nutzungsmöglichkeit (*Palandt/Heinrichs*, Vorb. zu § 249 Rdn. 22). Der Arbeitnehmer ist aber dann zur **Herausgabe verpflichtet**, wenn er über den Entgeltzahlungszeitraum hinaus arbeitsunfähig ist (LAG Köln 29. 11. 1985, NZA 1996, 986; LAG Nürnberg 15. 12. 1997, Az. 2 (5) Sa 1187/96). Darüber hinaus kann sich die Rückgabeverpflichtung des Fahrzeugs aus arbeitsvertraglicher Treuepflicht i. V. m. den

Grundsätzen von Treu und Glauben ergeben, z. B. wenn der Dienstwagen aus dringenden betrieblichen Gründen benötigt wird und kein anderes Fahrzeug vorhanden ist (MünchHandbArbR-*Hanau* § 70 Rdn. 12 m. w. N.).

3. Unproblematisch stellt sich diese Herausgabeverpflichtung des Arbeitnehmers dar, wenn der Arbeitsvertrag im gegenseitigen Einvernehmen beendet bzw. das Arbeitsverhältnis durch Kündigung des Arbeitnehmers aufgelöst wird.

Umstritten ist die Rechtslage, wenn der Arbeitnehmer nach Arbeitgeberkündigung Kündigungsschutzklage erhebt. Zum Teil wird vertreten, dass das **Besitzrecht des Arbeitnehmers** gemäß § 986 BGB bis zur rechtskräftigen Entscheidung des Gerichts nicht ausgeräumt ist. Im Falle der außerordentlichen Kündigung könne daher der Herausgabeanspruch nur im Wege der einstweiligen Verfügung gesichert werden, wenn der Arbeitgeber glaubhaft machen kann, dass er im Kündigungsrechtsstreit obsiegen wird und eine sofortige Regelung der Eigentums- bzw. Besitzverhältnisse dringend erforderlich ist (LAG Düsseldorf 4. 7. 1975, Az. 11 Sa 689/75). Die andere Ansicht stellt richtigerweise auf den Beendigungszeitpunkt durch die Kündigung ab. Das Besitzrecht des Arbeitnehmers erlischt bei der außerordentlichen Kündigung sofort, bei der ordentlichen Kündigung mit Ablauf der Kündigungsfrist. Dies gilt nur dann nicht, wenn die Kündigung **offensichtlich** unwirksam ist (Arbeitsgericht Wetzlar 1. 8. 1986, NZA 1987, 163; LAG Rheinland-Pfalz 23. 3. 1990, DB 1991, 814). Für diese Meinung spricht, dass die private Nutzung des Dienstwagens Entgelt in Form von Naturallohn ist.

4. Eine vertragliche Absprache hinsichtlich der privaten Nutzungsberechtigung eines Dienstfahrzeuges ohne **Widerrufsvorbehalt** kann nicht einseitig widerrufen, sondern nur durch Änderungsvereinbarung oder Änderungskündigung beseitigt werden (*Küttner/Griese*, „Dienstwagen", Rdn. 3). Ein Herausgabeanspruch besteht nur dann, wenn ein solches Widerrufsrecht vertraglich vereinbart worden ist. Allerdings wäre ein Widerruf auch in diesem Fall unwirksam, wenn sich die vertragliche Vereinbarung des Widerrufsrechts als objektive Umgehung des Änderungskündigungsschutzes darstellt bzw. das billige Ermessen gemäß § 315 BGB nicht gewährt ist (BAG 17. 9. 1998, ArbuR 1999, 111).

Auch bei einer Freistellung von der Arbeitspflicht besteht eine Überlassungspflicht, außer es ist für diesen Fall ausdrücklich anderes vereinbart (BAG 23. 6. 1994 NZA 1994, 1128).

5. Die **Monatswerte** sind nicht zu kürzen, auch wenn der Arbeitnehmer das Fahrzeug nur zeitanteilig privat nutzt – auch nicht bei Übernahme der Treibstoff- und Garagenkosten. Bei nur **gelegentlicher** Nutzung (nicht mehr als 5 Kalendertage pro Monat) für Privatnutzung bzw. Fahrten Wohnung-Arbeitsstätte sind 0,001 % des inländischen Listenpreises anzusetzen. Alternativ können auch die für das Kraftfahrzeug insgesamt entstehenden Aufwendungen durch Belege und das Verhältnis der privaten zu den übrigen Fahrten durch ein ordnungsgemäßes Fahrtenbuch nachgewiesen werden. Es tritt eine Bindung an das gewählte Verfahren für ein Kalenderjahr und bei demselben Kraftfahrzeug ein. (Vgl. im Übrigen R 31 (9, 10), LStR, BStBl 1995 I S. 722 ff., H 31 (9, 10) 1996 I S. 654 ff., BMF-Schreiben vom 10. 6. 1996 – LEX 0.131.773).

Diese Regelung stellt allein darauf ab, ob das Kraftfahrzeug dem Arbeitgeber wirtschaftlich zuzurechnen ist – sei es als Eigentümer, Leasingnehmer oder Mieter (BFH 6. 11. 2001, Az. VI R 54/00).

6. Das **Zurückbehaltungsrecht** nach § 273 BGB setzt neben einer erfüllbaren Schuld und einem fälligen Gegenanspruch die Konnexität der gegenseitigen Ansprüche voraus. Es stehen sich nämlich ein Lohnanspruch gemäß § 611 Abs. 1 BGB und ein Herausgabeanspruch nach § 985 BGB gegenüber. Vgl. nachfolgend B. III. 8.2. Anm. 5.

Ist der Arbeitnehmer allerdings zur privaten Nutzung des Dienstfahrzeuges berechtigt und somit Besitzer im Sinne des § 868 BGB, kann er dem Herausgabeverlangen des Arbeitgebers nach § 985 BGB ein Recht zum Besitz gemäß § 986 BGB bzw. ein Zurückbe-

haltungsrecht gemäß § 273 BGB (auch wegen noch offener Ansprüche aus dem Arbeitsverhältnis) in Verbindung mit § 986 Abs. 2 BGB entgegenhalten (OLG Düsseldorf 12. 1.
1986, NJW 1986, 2513). Dies gilt aber dann nicht, wenn wie vorliegend, vertraglich ein
Zurückbehaltungsrecht ausgeschlossen ist.

7. Mit Vertragsende, bei Vorliegen einer außerordentlichen Kündigung sofort, bei
ordentlicher Kündigung mit Ablauf der Kündigungsfrist, ist das Fahrzeug an den Arbeitgeber herauszugeben. Dieser **Herausgabeanspruch des Arbeitgebers** gegen den Arbeitnehmer begründet sich auf arbeitsvertraglichen Ansprüchen, da der Arbeitnehmer bei
vertraglich vereinbartem privaten Nutzungsrecht nicht nur Besitzdiener (OLG Düsseldorf 12. 1. 1986, NJW 1986, 2513), sondern zumindest mittelbarer Besitzer gemäß
§ 868 BGB auf Grund der Berechtigung zum Besitz aus dem vertraglichen Nutzungsver-
hältnis ist. Darüber hinaus begründet sich der Herausgabeanspruch aus § 985 BGB,
nach dem der Arbeitgeber als Eigentümer vom Arbeitnehmer als Besitzer die Herausgabe verlangen kann.

Wird rechtskräftig entschieden, dass die Kündigung nicht gerechtfertigt war, oder erst
zu einem späteren Zeitpunkt wirksam wird, hat der Arbeitgeber gemäß § 615 BGB
neben dem Verzugslohn auch eine Nutzungsentschädigung für die Vorenthaltung der
privaten Nutzung des Dienstwagens zu zahlen (LAG Hamm 13. 7. 1992, BB 1992,
2434; *Küttner/Griese*, „Dienstwagen" Rdn. 11). Denn die nicht gerechtfertigte Kündigung
macht den Arbeitgeber auch insoweit schadensersatzpflichtig. (MünchHandbArbR-
Hanau ArbR, § 70 Rdn. 14).

Für die Ermittlung der **Höhe der Nutzungsentschädigung** ist neben der konkreten Berechnung auch die abstrakte zulässig (BAG 23. 6. 1994, NZA 1994, 1128). Insoweit
wird nach der einen Auffassung auf die Tabelle von *Sanden/Danner/Küppersbusch* zurückzugreifen sein (so auch Hessisches LAG 19. 12. 1997, LAGE § 249 BGB Nr. 13).
Die Dauer des Schadensersatzes ist jedoch in der Regel auf sechs Monate begrenzt –
zumindest dann, wenn eine längere Prozessdauer erkennbar wird, ein wirtschaftlich
denkender Arbeitnehmer ein Ersatzfahrzeug angeschafft hätte und dessen möglicher
Wertverlust bei einer anschließenden Veräußerung im Wege der konkreten Schadensberechnung geltend gemacht werden kann (Hessisches LAG, aaO.; LAG Hamm 21. 9.
1998, Az. 19 Sa 646/98).

Nach anderer Ansicht ist die Berechnung des Schadens nur nach den ADAC-Kosten-
tabellen vorzunehmen.

Die vermittelnde Ansicht, dass der Betrag zugrunde zu legen ist, der steuerlich zur
Bemessung des geldwerten Vorteils angesetzt wird, hat sich zunächst nicht durchgesetzt
(vgl. *Bauer/Diller*, aaO., Rdn. 252 m. w. N.; a. A. wohl bei fehlerhafter abstrakter Schadensberechnung Arbeitsgericht Kiel 19. 2. 1998, NZA 1998, 1285); vgl. aber LAG
Nürnberg 15. 12. 1997, Az. 2 (5) Sa 1187/96 – es kann bei einer offensichtlich erheblichen Differenz zwischen dem vertraglich zugrunde gelegten Sachbezugswert und dem
wirklichen Sachbezugswert ein widersprüchliches Verhalten des Arbeitnehmers vorliegen, wenn dieser für die Zeiten des streitigen Bestehens des Arbeitsverhältnisses einen
mehrfachen Wert des Sachbezugswertes als Entschädigung fordert. Hat der Arbeitnehmer im konkreten Fall tatsächlich seinen gleichwertigen privaten Pkw genutzt, kann er
nur die hierfür aufgewendeten Kosten ersetzt verlangen. Eine abstrakt nach der Tabelle
Sanden/Danner/Küppersbusch ermittelte Nutzungsausfallentschädigung wird ihm dann
nicht zustehen (BAG 16. 11. 1995, EzA § 249 BGB Nr. 21).

Nunmehr hat das Bundesarbeitsgericht entschieden, dass bei unberechtigter Nut-
zungsentwicklung eines auch zur privaten Nutzung überlassenen Dienst-Pkw Schadensersatz in Höhe der steuerlichen Bewertung der privaten Nutzungsmöglichkeit (vgl. § 6
Abs. 1 Nr. 4 EStG) verlangt werden kann (BAG 27. 5. 1999 EZA § 249 BGB Nr. 24).
Der dem Arbeitnehmer auch zur privaten Nutzung überlassene Dienst-Pkw steht dem

Arbeitnehmer nicht zur uneingeschränkten Nutzung zur Verfügung, denn der dienstlichen Nutzung ist nicht nur ein zeitlicher Vorrang einzuräumen. Private Gebrauchsmöglichkeiten kann der Arbeitnehmer allein und nur insofern realisieren, als keine dienstliche Nutzung des Pkw erforderlich ist. Der Gebrauchsvorteil eines auch zur Privatnutzung überlassenen Dienst-Kraftfahrzeuges ist damit spezifisch arbeitsvertraglich zu bestimmen und weicht von den im Verkehrsunfallrecht maßgeblichen Tabellen ab. Es liegt im Rahmen richterlichen Ermessens, den Wert der privaten Nutzung eines Kraftfahrzeuges für jeden Monat mit 1% des inländischen Listenpreises zum Zeitpunkt der Erstzulassung zuzüglich der Kosten für Sonderausstattungen einschließlich Umsatzsteuer anzusetzen. Der Schadensersatzanspruch steht dem Kläger nicht nur als Nettovergütung zu. Er hat die Überlassung des Dienstwagens mit privater Nutzungsmöglichkeit zu versteuern. Der Schadensersatzanspruch ist dann auch noch steuerlich in gleicher Weise zu behandeln (vgl. auch die kritische Auseinandersetzung mit der nunmehrigen Rechtsprechung des Bundesarbeitsgerichtes durch *Meier,* NZA 1999, 1083 mit Hinweis auf die abweichende Rechtsprechung).

Kosten und Gebühren

Es ist als Streitwert der Verkehrswert des Dienstwagens zum Zeitpunkt der Klageerhebung zugrunde zu legen (vgl. *Zöller/Schneider,* § 3 Rdn. 16 „Herausgabeklagen" m. w. N.).

Rechtsmittel und Fristen

Keine Besonderheiten

Vollstreckung

Vgl. unter Form. B. III. 8.2 und Form. C. III. 1.1.

8.2 Klage auf Herausgabe von Arbeitsmitteln[1]

An das
Arbeitsgericht ......

Klage

der Firma ......

– Klägerin –

Prozessbevollmächtigte: ......

gegen

Herrn ......

– Beklagter –

wegen Herausgabe

Namens und in Vollmacht der Klägerin werden wir beantragen:
1. Der Beklagte wird verurteilt, den Werkzeugkoffer (bestehend aus ......) und die Schutzkleidung (bestehend aus ......) an die Klägerin herauszugeben[2].
2. Der Beklagte trägt die Kosten des Rechtsstreits.

Begründung:

Der Beklagte wurde am ...... als ...... eingestellt. Zur Ausübung seiner Tätigkeit wurden dem Beklagten ein Werkzeugkoffer und Arbeitskleidung zur Verfügung gestellt[3].

Beweis: Gegengezeichnete Übergabeerklärung der Parteien vom ......
in Fotokopie

Nach dem Anstellungsvertrag ist der Beklagte verpflichtet, die vorgenannten Arbeitsmittel, die ihm von der Klägerin zur Verfügung gestellt wurden, nach erfolgter Aufforderung bzw. mit Beendigung des Arbeitsverhältnisses auch bei Bestehen eines etwaigen Besitzrechtes des Mitarbeiters unverzüglich zurückzugeben. Ein Zurückbehaltungsrecht des Beklagten – gleich aus welchen Gründen, auch wenn eigenständiger Besitz begründet ist – war vertraglich ausgeschlossen.

Beweis: Anstellungsvertrag vom ...... in Fotokopie

Das Arbeitsverhältnis wurde durch die Klägerin mit Kündigung vom ...... zum ...... aufgelöst. Die Klägerin hat seither den Beklagten mehrfach – letztmalig am ...... – aufgefordert, die im Eigentum der Klägerin stehenden Arbeitsmittel herauszugeben[4].

Beweis: Schreiben der Klägerin vom ......

Der Beklagte hat die Herausgabe mit der unzutreffenden Begründung verweigert, dass er die im Eigentum der Klägerin stehenden Sachen erst nach Ausgleich der noch ausstehenden Lohnforderung für den Monat ...... herauszugeben verpflichtet sei[5].

Beweis: Schreiben des Beklagten vom ......

Ein Zurückbehaltungsrecht des Beklagten ist allerdings unter keinem rechtlichen Gesichtspunkt gegeben.
Es ist deshalb Klage geboten.

Rechtsanwalt

Anmerkungen

1. Ist sich der Arbeitgeber über den Besitz des Arbeitnehmers an den Arbeitsmitteln im Unklaren, kann er zunächst gem. § 259 Abs. 1 BGB auf Auskunft klagen und die **Abgabe einer eidesstattlichen Versicherung** nach § 259 Abs. 2 BGB verlangen (*Schaub*, § 151 Rdn. 2). Der Herausgabeanspruch kann im Übrigen auch im Wege der einstweiligen Verfügung geltend gemacht werden, vgl. Form. C. III. 1.1. und 1.2.

2. Der **Herausgabeantrag** muss die betreffenden Gegenstände so genau wie möglich bezeichnen. Im Falle der Zwangsvollstreckung müssen die geforderten Gegenstände für den Gerichtsvollzieher eindeutig identifizierbar sein. Die Bezugnahme auf beigefügte Listen und ähnliches, aus denen die streitbefangenen Gegenstände erst herauszusuchen sind, ist unzulässig.

Zu den überlassenen Arbeitsmitteln können auch Geschäftsunterlagen, Kundenkarteien, Prospektmaterial etc. gehören. Nicht abschließend geklärt ist die Frage, ob während der Dienstzeit selbst hergestellte Arbeitsergebnisse bzw. Geschäftsunterlagen herauszugeben sind (z. B. Nachweise über dienstliche Computerdaten, Tätigkeiten, Berechnungen, Kopien etc.). Im Wesentlichen unstreitig ist, dass bei einer Verarbeitung das Eigentum an den Arbeitgeber zurückfällt (MüKo-*Quack*, § 950 BGB Rdn. 27 m.w.N.).

Auch wenn der Arbeitgeber nicht weiß, ob dem Arbeitnehmer die Herausgabe möglich ist oder ob er einen Schadensersatzanspruch wegen Unmöglichkeit der Herausgabe geltend machen muss, sollte er zunächst auf Herausgabe klagen. Der Einwand des Arbeitnehmers, die Herausgabe sei ihm unmöglich geworden, ist unerheblich (*Palandt-Heinrichs*, § 283 Anm. 1 a). Steht die Unmöglichkeit fest, kann der Arbeitgeber gemäß § 264 Nr. 3 ZPO den Klageantrag auf Zahlung von Schadensersatz und Nutzungsentschädigung gemäß §§ 987 ff. BGB bzw. Verletzung einer nachvertraglichen Nebenpflicht stellen (vgl. LAG Berlin 26. 5. 1986, DB 1987, 542).

3. Der Arbeitnehmer hat in der Regel keinen Eigen- oder Fremdbesitz an den ihm zur Verfügung gestellten Arbeitsmitteln, sondern ist rechtlich grundsätzlich nur als **Besitzdiener** (§ 855 BGB) anzusehen (*Becker/Schaffner*, DB 1993, 2078). Demnach übt er im Rahmen des Arbeitsverhältnisses lediglich die tatsächliche Gewalt an den Sachen des Arbeitgebers aus. Der Arbeitgeber bleibt als Besitzherr unmittelbarer Besitzer (vgl. *Palandt/Bassenge*, § 855 BGB Rdn. 1 ff.). Die Besitzdienerschaft erfordert eine tatsächliche Unterordnung des Besitzdieners unter den Besitzherrn. Der Besitzdiener hat den Weisungen des Besitzherrn Folge zu leisten (BGH 30. 5. 1958, BGHZ 27, 360 ff.). Daher ist er auf Weisung des Arbeitgebers jederzeit – auch ohne entsprechende Abrede – zur Rückgabe der Sache verpflichtet (LAG Berlin 26. 5. 1986, DB 1987, 542).

4. Die Eigenschaft als **Besitzdiener** endet mit Beendigung des Arbeitsverhältnisses. Weigert sich der Arbeitnehmer, die ihm anvertrauten Sachen zurückzugeben oder nimmt er die Sachen nach Auflösung des Arbeitsverhältnisses mit nach Hause, so begründet er nach außen erkennbar unmittelbaren Alleinbesitz an den Sachen. Die Umwandlung der tatsächlichen Gewalt des Besitzdieners über die Sache in Eigenbesitz erfüllt dann den Tatbestand der verbotenen Eigenmacht gem. § 858 BGB. Damit ergibt sich die Pflicht des Arbeitnehmers zur Herausgabe aus den possessorischen und petitorischen Ansprüchen der §§ 861, 862, 985 BGB, wie aus dem Arbeitsvertrag selbst und den unter Umständen auf das Arbeitsverhältnis anzuwendenden Vorschriften der §§ 666, 675 BGB (*Schaub*, § 151 Rdn. 1; BAG 10. 11. 1961, AP Nr. 2 zu § 611 BGB „Gefährdungshaftung des Arbeitgebers").

Weiter hat der Arbeitgeber bei verspäteter Herausgabe seines Eigentums infolge verbotener Eigenmacht des Arbeitnehmers Ansprüche aus §§ 992, 823 BGB auf Schadensersatz (LAG Berlin 26. 5. 1986, DB 1987, 542) und gem. §§ 990, 989, 987 BGB auf Nutzungsentschädigung (LAG Düsseldorf 4. 7. 1975, DB 1975, 2040). Liegt keine verbotene Eigenmacht vor, können Ansprüche aus § 280 Abs. 2 BGB auf Schadensersatz und aus §§ 687 Abs. 1, 667 BGB auf Nutzungsherausgabe bestehen. Bei schuldhafter Unmöglichkeit der Herausgabe ist der Arbeitnehmer nach § 283 BGB zum Schadensersatz verpflichtet.

5. Dem Arbeitnehmer steht an den Arbeitsmitteln des Arbeitgebers grundsätzlich kein **Zurückbehaltungsrecht** i. S. d. § 273 BGB zu (*Schaub*, § 151 Rdn. 4.; MünchHandb-ArbR-*Wank*, ArbR § 129 Rdn. 11) – zumindest dann nicht, wenn sie ihm nicht zur eigenverantwortlichen Verfügung überlassen worden sind. Will der Arbeitnehmer auf Grund einer noch ausstehenden Lohnforderung gegen den Herausgabeanspruch des Arbeitgebers aus § 985 BGB ein Zurückbehaltungsrecht nach § 273 BGB geltend machen, müssen die Ansprüche auf demselben rechtlichen Verhältnis beruhen (*Palandt/Heinrichs*, § 273 Rdn. 9). Ausreichend ist zwar schon ein zugrunde liegendes innerlich zusammenhängendes einheitliches Lebensverhältnis (*Palandt/Heinrichs*, aaO.), das hier jedoch im Falle eines Lohnanspruchs gem. § 611 BGB einerseits und eines Herausgabeanspruchs gem. § 985 BGB andererseits nicht angenommen werden kann (*Becker-Schaffner*, DB 1993, 2078; ArbG Wilhelmshaven 26. 10. 1976, ArSt 77 Nr. 145). Nach anderer Ansicht ist von einem Ausschluss des Zurückbehaltungsrechts auf Grund der Eigenart des Gegenstandes, den der Schuldner zurückbehalten will, auszugehen (*Palandt/Heinrichs*,

Sziegoleit   207

§ 273 Rdn. 15). Nach dieser Auffassung besteht kein Zurückbehaltungsrecht an Betriebsmitteln und Werkzeugen des Arbeitgebers, Geschäftspapieren (BGH 11. 7. 1968, WM 1968, 1325), Buchhaltungsunterlagen (Köln 27. 10. 1987, NJW 1988, 1675; a.A. BGH 6. 12. 1979, VersR 1980, 264, 266; OLG Hamburg 9. 8. 1983, NJW 1983, 2455; OLG Nürnberg 11. 4. 1990, MDR 1990, 820) mit einer Ausnahme für den Fall, dass diese eine Arbeitsleistung des zurückhaltenden Arbeitnehmers verkörpern (BGH 17. 2. 1988, NJW 1988, 2607).

Auch gegenüber dem Anspruch aus § 862 BGB auf Beseitigung der Besitzstörung ist ein Zurückbehaltungsrecht nach § 273 BGB nicht zulässig. Vgl. auch B. III. 8.1. Anm. 5.

Kosten und Gebühren

Keine Besonderheiten

Rechtsmittel und Fristen

Keine Besonderheiten

Vollstreckung

Erreicht der Arbeitgeber ein klagestattgebendes Urteil, so kann er das Urteil gemäß § 883 ZPO vollstrecken.

Findet der Gerichtsvollzieher die herauszugebenden Sachen beim Arbeitnehmer nicht vor, ist dieser auf Antrag des Arbeitgebers zur Abgabe der eidesstattlichen Versicherung nach § 883 Abs. 2 ZPO verpflichtet. Vgl. im Übrigen Form. C. III. 1.1.

9. Auflösungsantrag des Arbeitgebers im Kündigungsschutzprozess[1]

An das
Arbeitsgericht ......

Az.: ...... Ca ......

In Sachen
......

                            – Kläger –

Prozessbevollmächtigte: RAe ......

               gegen

Firma ......

                           – Beklagte –

Prozessbevollmächtigte: ......
wegen Kündigung

Namens und in Vollmacht der Beklagten werden wir über den klageabweisenden Antrag hinaus hilfsweise beantragen[2]:

> Das Arbeitsverhältnis wird gegen Zahlung einer Abfindung, deren Höhe in das Ermessen des Gerichts gestellt wird, aber EUR ...... nicht überschreiten sollte[3], zum Ablauf des ...... aufgelöst[4].

Begründung:

Es kann zunächst zur Vermeidung unnötiger Wiederholungen auf die Ausführungen in der Klageerwiderung vom ...... verwiesen werden. Wenn das erkennende Gericht dem Antrag auf Klageabweisung nicht stattgibt, so ist zumindest der nunmehr gestellte Hilfsantrag auf Auflösung des Arbeitsverhältnisses gegen Zahlung einer in das Ermessen des Gerichts gestellten Abfindung gerechtfertigt. Denn die Beklagte kann die Auflösung des Arbeitsverhältnisses dann begehren, wenn Gründe vorliegen, die eine den Betriebszwecken dienliche Zusammenarbeit zwischen ihr und dem Kläger nicht erwarten lassen[5, 6].

1. Der Kläger hat am ...... den Geschäftsführer der Beklagtenpartei gegenüber den Gesellschaftern als unfähig bezeichnet. Mit der Kündigung des Klägers habe der Geschäftsführer lediglich seine eigenen Fehler auf den Kläger abwälzen wollen.

Beweis: ......

Am ...... hat der Kläger darüber hinaus seine Arbeitskollegen, Frau ...... und Herrn ......, als unkollegial und unfähig beschimpft und ihnen vor weiteren Kollegen die Schuld an seiner Entlassung gegeben.

Beweis: ......

Der Kläger hat gegenüber dem Geschäftsführer der Beklagten am ...... außerdem gedroht, wenn die Beklagte die Forderung des Klägers nicht erfülle, schädigende Informationen in Form vermeintlicher Bestechungen über den Geschäftsbetrieb der Beklagten an die Presse weiterzugeben.

Beweis: ......

2. Die als Ersatz für den Kläger eingesetzte Mitarbeiterin, Frau ......, hat bei der Übernahme der Arbeit am ...... festgestellt, dass sich der Kläger entgegen seiner Aussagen gegenüber der Beklagten mit der Bearbeitung der ihr übertragenen Projekte (....../......) teilweise bis zu drei Monaten im Rückstand befand.
Im Einzelnen: ......

Beweis: ......

Außerdem hat der Kläger gegenüber Kunden der Beklagten falsche Auskünfte erteilt. Hieraus drohende Schäden konnten durch die Nachfolgerin des Klägers, Frau ......, gerade noch verhindert werden.
Im Einzelnen: ......

Beweis: ......

Auch hat sich herausgestellt, dass Arbeitskollegen des Klägers wesentliche Auskünfte, auf welche diese nach Ausspruch der Kündigung angewiesen waren, überhaupt nicht bzw. nur auf mehrmaliges Nachfragen und dann unvollständig erhielten.
Im Einzelnen:

Beweis: ......

Der Beklagten sind nachweislich hierdurch folgende Aufträge entgangen:

Eine vertrauensvolle Zusammenarbeit ist auf Grund des dargestellten Verhaltens des Klägers im fachlichen, kooperativen und organisatorischen Bereich nicht mehr zu erreichen. Das Vertrauensverhältnis zwischen dem Kläger und der Beklagten ist auf Grund des dienstlichen Verhaltens zerstört. Die herausgehobene Position und die leitende Funktion des Klägers in der von ihm vertretenen Fachabteilung erfordern in besonderer Weise ein konstruktives und verantwortungsvolles Verhalten.

Die Beklagte war und ist auch zur Abwendung weiterer Eskalationen im betrieblichen Ablauf berechtigt, das Arbeitsverhältnis – wenn auch gegen Zahlung einer Abfindung – aufzulösen.[7, 8]

Unter Berücksichtigung des dargestellten Sachverhaltes hält die Beklagtenpartei eine Abfindung basierend auf einem Drittel-Monatsgehalt pro Jahr der Beschäftigung für angemessen.

Es ist antragsgemäß zu entscheiden.

Rechtsanwalt

Anmerkungen

1. Vgl. für den Auflösungsantrag des Arbeitnehmers auch Form. B. II. 5 Anm. 1–4.

a) Stellen beide Parteien im Kündigungsrechtsstreit den Antrag auf Auflösung des Arbeitsverhältnisses, so bedarf es keiner Sachprüfung mehr, ob die Fortsetzung des Arbeitsverhältnisses unzumutbar bzw. den betrieblichen Zwecken dienlich ist. Das Arbeitsverhältnis ist nach wohl richtiger Ansicht ohne eine solche Sachprüfung aufzulösen (LAG Köln 23. April 1993, Az. 14 Sa 1065/92; LAG Berlin 8. 8. 1967, AP Nr. 11 zu § 322 ZPO; a. A. aber KR-*Spilger*, § 9 KSchG Rdn. 66 mwN.). Vgl. für die Rechtsfolgen bei beiderseitigem Auflösungsantrag insbesondere: *Leisten* in BB 1994, 2138 f. „Der **beiderseitige Auflösungsantrag** im Kündigungsschutzprozess“. Die Nichtweiterverfolgung eines zunächst gestellten Auflösungsantrages i. S. des § 9 KSchG bedarf keiner Einwilligung des Prozessgegners (BAG 26. 10. 1979, NJW 1980, 1484). Der zulässige, wenn auch unbegründete Auflösungsantrag des Arbeitgebers wird ihn von der Pflicht befreien, den Arbeitnehmer für die Dauer des Kündigungsschutzprozesses auf der Grundlage des allgemeinen Beschäftigungsanspruches zu beschäftigen (BAG 16. 11. 1995, NZA 1996, 838).

b) Der **Auflösungsantrag des Arbeitgebers** bedarf im Übrigen grundsätzlich mit Ausnahme der in § 14 Abs. 2 KSchG definierten Personengruppen der Begründung. An die Voraussetzungen sind erhebliche Anforderungen zu stellen. Zur Schlüssigkeit des Auflösungsantrages gehören greifbare Tatsachen. Diese hat der darlegungspflichtige Arbeitgeber vorzubringen. Offenkundige Tatsachen müssen selbst dann außer Betracht bleiben, wenn sie von der darlegungspflichtigen Partei nicht ausdrücklich zur Begründung des Auflösungsantrags herangezogen werden (BAG 30. 9. 1976, AP Nr. 3 zu § 9 KSchG 1969).

c) Der im Kündigungsschutzprozess gegenüber dem **leitenden Angestellten, angestellten Geschäftsführer** oder **Betriebsleiter** gestellte arbeitgeberseitige Auflösungsantrag muss nach § 14 Abs. 2 Satz 2 KSchG wegen der besonderen Vertrauensstellung dieses Personenkreises nicht begründet werden. Der Begriff des leitenden Angestellten ist in § 14 Abs. 2 KSchG insoweit enger als im Betriebsverfassungsrecht definiert, als eine Stellung gefordert wird, die der eines – im untechnischen Sinne – Geschäftsführers oder Betriebsleiters ähnlich ist. Die Einordnung als Betriebsleiter setzt voraus, dass eine Vorgesetztenstellung mit Weisungsrecht gegenüber den beschäftigten Arbeitnehmern vorliegt. Weitere Voraussetzung ist, dass Geschäftsführer, Betriebsleiter und ähnliche leitenden Angestellte zur **selbstständigen** Einstellung oder Entlassung von Arbeitnehmern berechtigt sind. (Vgl. auch *Küttner/Kania,* „Leitende Angestellte" Rdn. 17 ff.). Dabei fordert § 14 Abs. 2 KSchG nicht nur die Befugnis, sondern setzt auch das entsprechende Tätigwerden voraus (KR-*Rost,* § 14 KSchG Rdn. 32). Die Ausübung der entsprechenden Befugnis muss auch bei Betriebsleitern und Geschäftsführern einen wesentlichen Teil der Tätigkeit ausmachen und deren Stellung prägen. Die Personalbefugnis muss eine bedeutende Anzahl von Arbeitnehmern erfassen. Ein nur eng umgrenzter Personenkreis genügt nicht. Personalkompetenz muss einen wesentlichen Teil der Tätigkeit des Angestellten ausmachen. Das Bundesarbeitsgericht hat damit klargestellt, dass der Satzteil „...... soweit diese zur selbstständigen Einstellung oder Entlassung von Arbeitnehmern berechtigt sind" nicht nur auf ähnliche leitende Angestellte zu beziehen ist. (BAG 18. 10. 2000, DB 2001, 652 m. w. N.). Allerdings kann eine ausreichende Personalverantwortung eines leitenden Angestellten im Sinne des § 14 Abs. 2 Satz 1 KSchG bereits dann gegeben sein, wenn sie sich auf eine abgeschlossene Gruppe von Mitarbeitern bezieht, die für das Unternehmen von wesentlicher Bedeutung ist. Das ist insbesondere dann anzunehmen, wenn diese Mitarbeiter ihrerseits die ihnen nachgeordneten Arbeitnehmer selbstständig einstellen und entlassen können (BAG 27. 9. 2001, DB 2002, 1163).

Dabei ist der Arbeitgeber nicht verpflichtet, seine Gründe für den Auflösungsantrag darzulegen. Dem Arbeitgeber ist aber zu empfehlen, den Auflösungsantrag gleichwohl zu begründen. Denn das Arbeitsgericht wird stichhaltige Gründe bei der Bemessung der Höhe der Abfindung im Rahmen des § 10 KSchG zu berücksichtigen haben. Hier wird auch ein (noch) nicht kündigungsrechtliches bedeutsames Fehlverhalten zu berücksichtigen sein.

d) Auch bei einem **Ausbildungsverhältnis** kommt eine gerichtliche Auflösung bei Unwirksamkeit einer vom Arbeitgeber ausgesprochenen außerordentlichen Kündigung nicht in Betracht (BAG 29. 11. 1984, EzA § 9 KSchG n. F. Nr. 19).

e) In Kleinbetrieben kann nach erfolgter Kündigung kein Auflösungsantrag gestellt werden. Offen bleibt, ob dies auch für den Fall der **Sittenwidrigkeit** gilt (vgl. B. II. 5. Anm. 4).

f) Im Rahmen der gerichtlichen Überprüfung einer **Änderungskündigung** kann ein Auflösungsantrag nur gestellt werden, wenn der Annahmevorbehalt nicht erklärt worden ist (LAG München 29. 10. 1987, DB 1988, 866).

2. Der Auflösungsantrag kann **nach außerordentlicher Kündigung** des Arbeitgebers nur vom Arbeitnehmer gestellt werden (§ 13 Abs. 1 KSchG), d.h. der Arbeitgeber kann die Auflösung des Arbeitsverhältnisses nach § 9 KSchG nur verlangen, wenn die Kündigung lediglich nach § 1 KSchG sozialwidrig ist. Ist die Kündigung bereits aus anderen Gründen unwirksam, kann er einen Auflösungsantrag nicht stellen. Es ist unschädlich, wenn der Arbeitgeber **zusätzliche** weitere Kündigungssachverhalte geltend macht, die aus anderen Gründen die Unwirksamkeit der Kündigung begründen. Es genügt, wenn für **einen** Kündigungssachverhalt die Unwirksamkeit der Kündigung nur aus ihrer Sozialwidrigkeit hergeleitet werden kann (BAG 21. 9. 2000, DB 2001, 48). Man will den in der unberechtigten außerordentlichen Kündigung liegenden besonderen schweren Verstoß nicht mit der Möglichkeit eines Auflösungsantrages honorieren (BAG 26. 10. 1979, AP Nr. 5 zu § 9 KSchG 1969; BAG 10. 11. 1994, NZA 1995, 309). Hat der Arbeitgeber vorsorglich ordentlich gekündigt oder sich nach § 140 BGB auf die Umdeutung einer außerordentlichen Kündigung in eine ordentliche Kündigung berufen, so kann er für den Fall einer sich ergebenden Sozialwidrigkeit allerdings hinsichtlich der (vorsorglich erklärten oder mittels Umdeutung anzunehmenden) ordentlichen Kündigung die Auflösung des Arbeitsverhältnisses zum Ablauf der Kündigungsfrist begehren (BAG 26. 10. 1979, NJW 1980, 1484). Dies gilt auch für Arbeitnehmer in leitender Funktion (LAG Hamm 24. 11. 1988, NZA 1989, 278). An den arbeitgeberseitigen Auflösungsantrag sind zwar strenge Anforderungen zu stellen, um den durch das Kündigungsschutzgesetz gewährten Bestandsschutz zu sichern (BAG 16. 5. 1984, NZA 1985, 60). Dennoch sind nicht Gründe erforderlich, die auch eine außerordentliche Kündigung rechtfertigen können (BAG 14. 5. 1987, NZA 1988, 16). Der unterschiedliche Normzweck des § 626 Abs. 1 BGB bzw. § 9 Abs. 1 Satz 1 KSchG erfordert einen unterschiedlichen Beurteilungsmaßstab für den Begriff der Unzumutbarkeit. Gründe, die zur fristlosen Kündigung berechtigen, machen zwar stets auch die Fortsetzung des Arbeitsverhältnisses nach § 9 Abs. 1 Satz 1 KSchG unzumutbar. Andererseits können solche Tatsachen die Fortsetzung des Arbeitsverhältnisses nach § 9 Abs. 1 KSchG unzumutbar machen, die für eine fristlose Kündigung allein nicht ausreichen (BAG 26. 11. 1981, AP Nr. 8 zu § 9 KSchG 1969).

3. Wird ein Auflösungsantrag ohne Angabe eines **Mindest- bzw. Höchstbetrages** gestellt, ist der Arbeitgeber nur beschwert, wenn wenigstens die von ihm – wenn überhaupt – vorgetragenen Bemessungsfaktoren nicht berücksichtigt wurden (LAG Hamm 5. 12. 1996, LAGE § 64 ArbGG Nr. 32).

Die Höhe der Abfindung ist in § 10 KSchG für die gerichtliche Auflösung begrenzt. Als Verdienst im Sinne des § 10 KSchG gilt die insgesamt zugesagte Vergütung (BAG 27. 3. 1982, NJW 1984, 1703). Es ist auf alle Zuwendungen abzustellen, die Entgeltcharakter haben. Sachbezüge (insbesondere die Stellung eines Dienstfahrzeuges auch zur privaten Nutzung) sind mit dem Marktwert zu bewerten. Zuwendungen mit Gratifikationscharakter bleiben außer Betracht (vgl. ausführlich KR-*Spilger,* § 10 KSchG Rdn. 33 ff.). Es empfiehlt sich, zumindest einen Ansatz darzustellen, der die Höhe der Abfindung definiert. In der Praxis hat sich als erste Überlegung die Formel durchgesetzt, dass je Beschäftigungsjahr ein halbes bis ein ganzes Brutto-Monatsgehalt – bezogen auf die Jahresgesamtvergütung (vgl. ausführlich KR-*Spilger* § 10 KSchG Rdn 33) – angesetzt wird. Im Übrigen ist die Höhe nach § 10 KSchG beschränkt. Allerdings birgt die Bezifferung des Antrages durch Angabe einer Höchstgrenze das Risiko der Kostenteilung nach § 92 Abs. 2 ZPO, falls das Gericht eine höhere Abfindung festsetzt (vgl. BAG 26. 6. 1986, AP Nr. 3 zu § 10 KSchG 1969).

Abfindungen nach §§ 9, 10 KSchG, die für den Verlust des Arbeitsplatzes gezahlt werden, unterliegen auch dann nicht der **Beitragspflicht zur Sozialversicherung,** wenn für sie Einkommen- oder Lohnsteuer abzuführen ist. Gegenteiliges ergibt sich weder aus §§ 14, 17 SGB IV noch aus § 3 Abs. 9 EStG in Verbindung mit den Bestimmungen der Arbeitsentgeltverordnung (BSG 21. 2. 1990 DB 1989, 327; BAG 9. 11. 1988, NZA 1989, 270).

Vgl. hinsichtlich der steuerlichen Behandlung der Entlassungsabfindungen §§ 3 Nr. 9; 34 Abs. 1 EStG i. d. F. des Steuerentlastungsgesetzes 1999, 2000, 2002 – BGBl. 1999, 402 – nunmehr umzurechnen auf EUR).

Behält der Arbeitgeber wegen Beendigung des Arbeitsverhältnisses von einer an den Arbeitnehmer vereinbarungsgemäß zu zahlenden Abfindung Lohnsteuer ein und führt er diese an das Finanzamt ab, so kann der Arbeitnehmer vom Arbeitgeber die Zahlung der abgeführten Steuern dann nicht verlangen, wenn eine Änderung des Lohnsteuerabzuges für den Arbeitgeber nach § 41 c Abs. 1 EStG nicht mehr zulässig ist. Neben dem Steuererstattungsanspruch gegen das Finanzamt verbleibt dem Arbeitnehmer in diesem Fall nur ein eventueller Schadensersatzanspruch gegen den Arbeitgeber.

Das Arbeitsgericht ist bei der Bemessung einer Abfindung nicht beschränkt auf die in § 10 Abs. 2 KSchG beispielhaft genannten Kriterien wie die Dauer der Betriebszugehörigkeit etc.; vielmehr können alle für das Arbeitsverhältnis wesentlichen Umstände herangezogen werden. Dazu gehört wohl auch das Maß der Sozialwidrigkeit der Kündigung (BAG 29. 3. 1960, DB 1960, 984). Beruht die Kündigung darauf, dass der Arbeitnehmer den Kündigungssachverhalt selbst pflichtwidrig herbeigeführt hat, ist dies in die Ermessensentscheidung über die Höhe der Abfindung einzubeziehen und kann im Einzelfall zu einer beträchtlichen Reduzierung des festzusetzenden Abfindungsbetrages führen (LAG Düsseldorf 29. 11. 1994, NZA 1995, 579).

Wenn der Arbeitgeber im Kündigungsschutzprozess den Antrag auf Auflösung des Arbeitsverhältnisses auf § 14 Abs. 2 KSchG stützt und nur hilfsweise Auflösungsgründe vorbringt, ist diese Staffelung bindend mit der Folge, dass ein Auflösungsverschulden nicht bei der Bemessung der Abfindung berücksichtigt werden kann (LAG Hamm 14. 12. 2000, Az. 8 Sa 1234/00).

Kündigungsgründe, die nach dem Ablauf der Ausschlussfrist des § 626 Abs. 2 BGB ihre die Kündigung rechtfertigende Bedeutung verloren haben, führen **nicht** zu einer Herabsetzung der Höhe der Abfindung (BAG 7. 11. 1975, Az. 2 AZR 406/74 n. v.).

4. Als **maßgeblicher Zeitpunkt** wird grundsätzlich der Zeitpunkt der Entscheidung über den Auflösungsantrag angesehen, d. h. der Auflösungsantrag kann bis zum Schluss der mündlichen Verhandlung zweiter Instanz gestellt bzw. bis zum Schluss der Letzten mündlichen Verhandlung in der Berufungsinstanz zurückgenommen werden. Er muss weder die Form der Berufung noch die der Anschlussberufung wahren (entgegen BAG 16. 11. 1981, EzA § 9 KSchG Nr. 11) mit dem Hinweis auf §§ 523, 261 Abs. 2, 297 ZPO (LAG Hamm 8. 6. 2000, Az. 16 Sa 2122/99) Es handelt sich insoweit um eine Klagerücknahme. Die Einwilligung des Prozessgegners ist nicht erforderlich (BAG 26. 10. 1979, NJW 1980, 1484). Durch Auslegung kann in der Rücknahme ein Verzicht liegen.

Allerdings ist nicht Sinn der Vorschrift des § 9 Abs. 1 Satz 3 KSchG, es dem Gutdünken des Arbeitgebers zu überlassen, bei bereits seit geraumer Zeit bestehenden Auflösungsgründen die Entscheidung über die Stellung eines Auflösungsantrages beliebig lange vor sich herzuschieben. Liegt zwischen der Kenntnis von dem Auflösungsgrund und der Stellung des Auflösungsantrages ein Zeitraum von fast 14 Monaten, kann das Recht, einen Auflösungsantrag zu stellen, verloren gehen (Thüringer Landesarbeitsgericht 27. August 1996, Az. 5 Sa 515/94 n. v.).

Wie beim Auflösungsantrag des Arbeitnehmers können auch Tatbestände herangezogen werden, die erst **nach** Ausspruch der Kündigung entstanden sind (BAG 30. 9. 1976, AP Nr. 3 zu § 9 KSchG 1969). Als Gründe, die eine den Betriebszwecken dienliche weitere Zusammenarbeit zwischen den Parteien nicht erwarten lassen, kommen insbesondere Umstände in Betracht, die die Eignung für die dem Arbeitnehmer gestellten Aufgaben (auch als Vorgesetzter) und sein Verhältnis zu den übrigen Mitarbeitern betreffen, z. B. eine Strafanzeige gegen den Arbeitgeber – egal ob berechtigt oder nicht – zumindest bei Kleinbetrieben.

Nach § 9 KSchG hat das Gericht bei der Auflösung des Arbeitsverhältnisses den **Zeitpunkt** festzusetzen, an dem es bei gerechtfertigter Kündigung geendet hätte. Bei einer ordentlichen Kündigung ist Auflösungszeitpunkt der letzte Tag der für das Arbeitsverhältnis einschlägigen Kündigungsfrist. Billigkeitserwägungen sind fehl am Platz (BAG 25. 11. 1982, AP Nr. 10 zu § 9 KSchG 1969). Für die Bemessung der Abfindung sind – wie für die Beurteilung des Auflösungsantrages – die Verhältnisse zum Zeitpunkt der Entscheidung maßgeblich (LAG Rheinland-Pfalz 16. 12. 1994, BB 1995, 935). Die zur Begründung des Auflösungsantrages angeführten Gründe sind notfalls gemäß § 160 Abs. 4 Satz 1 ZPO zu protokollieren (LAG Hamm, a. a. O.).

5. Eine den Betriebszwecken dienliche Zusammenarbeit ist dann nicht zu erwarten, wenn Umstände darauf schließen lassen, dass eine vertrauensvolle Zusammenarbeit nicht mehr möglich sein wird. Zur **Schlüssigkeit des Auflösungsantrags** des Arbeitgebers gehört der Vortrag von greifbaren Tatsachen, aus denen folgt, dass eine den Betriebszwecken dienliche weitere Zusammenarbeit nicht zu erwarten ist. Allgemeine Redewendungen etwa des Inhalts, die Vertrauensgrundlage sei „weggefallen" oder „ein unüberbrückbares Zerwürfnis eingetreten" genügen den Anforderungen der Rechtsprechung nicht (BAG 30. 9. 1976, AP Nr. 3 zu § 9 KSchG 1969). Als **Auflösungsgründe** können nur Umstände in Betracht kommen, die das persönliche Verhältnis zum Arbeitgeber, die Wertung der Persönlichkeit des Arbeitnehmers, seine Leistung oder seine Eignung für die gestellten Aufgaben und sein Verhältnis zu den übrigen Mitarbeitern betreffen (BAG 14. 5. 1987, NZA 1988, 16). Ein Auflösungsantrag des Arbeitgebers, der zum wiederholten Male ohne soziale Rechtfertigung betriebsbedingt gekündigt hat, kann nicht ohne weiteres mit Verhaltens- oder Leistungsmängeln begründet werden, die keine Kündigung zur Folge hatten. Entsprechendes gilt für den behaupteten Grund einer verhaltens- oder leistungsbedingten fristlosen Kündigung im Laufe des Rechtsstreits, welche noch Gegenstand einer gesonderten Kündigungsschutzklage ist (LAG Köln 24. April 1997, Az. 10 Sa 1337/96).

Beispielhaft ist auf folgende Fallkonstellationen hinzuweisen:

Der Auflösungsantrag des Arbeitgebers ist nicht allein deshalb gerechtfertigt, weil die Arbeitskollegen die Zusammenarbeit mit dem gekündigten Arbeitnehmer ablehnen und mit Kündigung drohen. Dies gilt jedenfalls so lange, wie der Arbeitgeber nicht sämtliche zumutbaren und geeigneten Schlichtungsmöglichkeiten ausgeschöpft hat (LAG Köln 21. Juni 1994, Az. 11 Sa 278/94 n. v.). Bei psychisch kranken Arbeitnehmern mit entsprechenden Verhaltensstörungen soll es dem Arbeitgeber zumutbar sein, die Arbeitskollegen entsprechend aufzuklären mit dem Hinweis, auch absonderliche Äußerungen zu übergehen (LAG Köln 20. 12. 2000, Az. 7 Sa 277/00).

Das außerprozessuale oder prozessuale Verhalten des Prozessbevollmächtigten kommt als Auflösungsgrund auch dann in Betracht, wenn es der Arbeitnehmer **nicht** veranlasst hat (BAG 3. 11. 1983, Az. 2 AZR 204/82 n. v.). Denn der Arbeitnehmer hat zumindest die Möglichkeit, das Verhalten seines Prozessbevollmächtigten zu beeinflussen (BAG 14. 5. 1987, NZA 1988, 16). So kann der im Kündigungsschutzprozess vom Arbeitnehmer erhobene Vorwurf des Prozessbetruges mit der Falschbeurkundung im Amt Grund für einen erfolgreichen Auflösungsantrag des Arbeitgebers sein, wenn das schlichte Bestreiten mit Nichtwissen der Wahrung berechtigter Interessen genügt hätte (LAG Köln 28. 8. 1996, Az. 11 Sa 64/96).

Vgl. im Übrigen die zahlreichen Beispiele *Tschöpe-Holthöwer*, S. 1969 Rdn. 196 a.

6. Grundsätzlich trägt der Arbeitgeber die **Beweislast** für alle den Auflösungsantrag begründende Tatsachen (LAG Berlin 5. 5. 1997, NZA-RR 1998, 116). Wirtschaftliche oder betriebliche Tatsachen können nur ausnahmsweise dann zur Begründung eines vom Arbeitgeber gestellten Auflösungsantrages herangezogen werden, wenn sie zu einer Zerrüttung des Vertrauensverhältnisses führen können bzw. geführt haben. In den übrigen Fällen muss der Arbeitgeber eine betriebsbedingte Kündigung aussprechen. Hat der Arbeitgeber allerdings vorsorglich ordentlich gekündigt bzw. sich auf die Umdeutung einer außerordentlichen Kündigung in eine ordentliche Kündigung berufen, so kann er für den Fall einer sich ergebenden Sozialwidrigkeit der vorsorglich erklärten bzw. mittels Umdeutung anzunehmenden ordentlichen Kündigung des Arbeitsverhältnisses die Auflösung des Arbeitsverhältnisses zum Ablauf der Kündigungsfrist begehren (BAG 26. 10. 1979, NJW 1980, 1484). Insbesondere sind unzutreffende Tatsachenbehauptungen grundsätzlich dazu geeignet, das Auflösungsbegehren des Arbeitgebers zu rechtfertigen. Im Übrigen ist nicht erforderlich, dass die Auflösungsgründe vom Arbeitnehmer schuldhaft herbeigeführt werden. Es ist allein auf die objektive Sachlage zum Zeitpunkt der letzten mündlichen Verhandlung abzustellen. Dabei können als Auflösungsgründe auch solche Tatsachen herangezogen werden, die sich vor der Kündigung ereignet haben bzw. durch solche Umstände begründet sind, die die Kündigung selbst nicht rechtfertigen (BAG 18. 4. 1984, Az. 7 AZR 619/84 n. v.). An sich geeignete Auflösungsgründe können allerdings an Gewicht verlieren, wenn sich die tatsächlichen oder rechtlichen Umstände im Zeitpunkt der abschließenden Entscheidung geändert haben (BAG 7. 3. 2002, BB 2002, 2389).

7. Der Arbeitgeber kann einen Auflösungsantrag dann nicht stellen, wenn die Kündigung unabhängig von der **Sozialwidrigkeit** bereits aus anderen Gründen unwirksam gewesen ist, weil die Lösungsmöglichkeit nach § 9 KSchG für den Arbeitgeber eine Vergünstigung bedeutet, die nur in Betracht kommt, wenn eine Kündigung „nur" sozialwidrig und nicht aus anderen Gründen nichtig ist. Beruft sich der Arbeitnehmer gegenüber einem Auflösungsantrag des Arbeitgebers auf eine **Unwirksamkeit der Kündigung aus anderen Gründen** als der Sozialwidrigkeit, so setzt dies voraus, dass die Unwirksamkeit Folge eines Verstoßes gegen eine Schutznorm zu seinen Gunsten ist (z. B. § 9 MuSchG, §§ 15, 21 SchwbG, § 103 BetrVG, § 15 KSchG – so BAG 10. 11. 1994, NZA 1995, 309).

8. Eine Betriebsratsanhörung ist nach überwiegender und zutreffender Ansicht nicht erforderlich, da nur Kündigungen Beteiligungsrechte des Betriebs- bzw. Personalrats auslösen (KR-*Etzel*, § 102 BetrVG Rdn. 38). Allerdings wird diese Auffassung nunmehr in Zweifel gezogen (vgl. *Müller*, Betriebsratsanhörung bei einem Auflösungsantrag nach § 9 Abs. 1, BB 2002, 2014).

Kosten und Gebühren

Der Abfindungsantrag wirkt nach noch herrschender Meinung nicht streitwerterhöhend (LAG Berlin 13. 3. 2001, NZA-RR 2001, 436; LAG Düsseldorf 20. 7. 1987, LAGE § 12 ArbGG 1979 Streitwert Nr. 66; BAG 25. 11. 1960, BB 1960, 249; a. A. *Meier*, Lexikon der Streitwerte im Arbeitsrecht, 1. Aufl. Rdn. 28). Allerdings erscheint mit *Meier* die Entscheidung des LAG Hamm vom 16. 8. 1989 – 2/3 eines Vierteljahreseinkommens – (NZA 1990, 328) auch für die erste Instanz angemessen und anwendbar.

Obsiegt der Arbeitgeber mit seinem Auflösungsantrag bei gleichzeitigem Unterliegen im Kündigungsschutzverfahren, wird gemäß § 92 Abs. 1 ZPO eine Verteilung der Kosten von 1/4 zu Lasten des Arbeitnehmers und 3/4 zu Lasten des Arbeitgebers angemessen sein (MünchHandbArbR-*Berkowsky,* § 150 Rdn. 26).

Rechtsmittel und Fristen

Wenn in der ersten Instanz ein Auflösungsantrag nicht gestellt worden ist, so ist bei Obsiegen mangels Beschwer die Berufung unzulässig, wenn allein die Auflösung des Arbeitsverhältnisses begehrt wird. Die Berufung wird indes teilweise auch dann für zulässig erachtet, wenn ein unbezifferter Antrag auf Abfindung gestellt wird und dieser ersichtlich hinter den Vorstellungen des Klägers zurückbleibt (LAG Niedersachsen 2. 10. 1968, AuR 1969, 158; so wohl auch KR-*Spilger*, § 9 KSchG Rdn. 19). Für die Berufungsinstanz ist der Wert der Beschwer mit 2/3 des Streitwertes des Feststellungsantrages, also 2/3 eines Vierteljahreseinkommens zu bewerten (LAG Hamm 16. 8. 1989, NZA 1990, 328).

Im Übrigen ist es zulässig, wenn die Berufung bzw. Revision auf die Entscheidung über den Auflösungsantrag beschränkt wird (BAG 26. 11. 1981, EzA § 9 KSchG n. F. Nr. 11). Die gegen die Höhe einer dem Arbeitnehmer nach §§ 9, 10 KSchG im Auflösungsurteil zugesprochene Abfindung gerichtete Berufung ist mangels Beschwer unzulässig, wenn der Berufungskläger in erster Instanz nicht zu erkennen gegeben hat, wie hoch die Abfindung in etwa – mindestens oder höchstens – sein soll (HessLAG, 22. April 1997, Az. 9 Sa 2125/96).

Das Gericht kann über die Kündigungsschutzklage und den Auflösungsantrag nur gleichzeitig entscheiden. Eine Aufteilung der Entscheidung in ein Teilurteil (wegen Unwirksamkeit der Kündigung) und ein Schlussurteil (Auflösung und Abfindung) ist – abgesehen vom Fall des Teilanerkenntnisses – unzulässig (LAG Rheinland-Pfalz 10. 7. 1997, NZA 1998, 903).

Hat das Arbeitsgericht festgestellt, eine ordentliche Arbeitgeberkündigung sei sowohl nach § 1 KSchG als auch wegen fehlerhafter Personalratsbeteiligung unwirksam und deshalb den Auflösungsantrag des Arbeitgebers zurückgewiesen, so kann das Berufungsgericht auch bei einer auf den Auflösungsantrag beschränkten Berufung des Arbeitgebers erneut prüfen, ob eine ordnungsgemäße Personalratsbeteiligung vorliegt (BAG 27. 9. 2001, EzA § 322 ZPO Nr. 13).

Geht das Arbeitsverhältnis nach Ausspruch der Kündigung auf einen Betriebserwerber gemäß § 613a BGB über, so kann dieser auch noch in der zweiten Instanz dem Prozess beitreten, um einen Auflösungsantrag zu stellen (LAG Köln, 15. 2. 2002, Az. 4 (2) Sa 575/01).

Vollstreckung

Urteile auf Zahlung einer Abfindung nach Auflösung des Arbeitsverhältnisses sind nach § 62 Abs. 1 ArbGG vorläufig vollstreckbar (BAG 9. 12. 1987, NZA 1988, 329; a.A. LAG Berlin 17. 2. 1986, DB 1986, 753; LAG Hamburg 28. 12. 1982, DB 1983, 724). Denn bei Verurteilung zu einer Abfindungszahlung handelt es sich nicht um ein Gestaltungsurteil, sondern um eine Verurteilung zur Leistung (so auch KR-*Spilger*, 5. Aufl. § 9 Rdn. 96).

10. Klagen auf Unterlassung von Wettbewerb[1]

10.1 Antrag auf Unterlassung im bestehenden Arbeitsverhältnis

An das
Arbeitsgericht[2] ......

Klage

der Firma ......

– Klägerin –

Prozessbevollmächtigte: ......

gegen

Herrn ......

– Beklagter –

wegen Unterlassung von Wettbewerb

Namens und in Vollmacht der Klägerin werden wir beantragen zu erkennen:
1. Der Beklagte wird verurteilt, bis zur wirksamen Beendigung des Arbeitsverhältnisses am ...... jegliche Konkurrenztätigkeit zum Nachteil der Klägerin zu unterlassen, insbesondere in eigenem Namen und für eigene Rechnung Bücher mit dem Schwerpunkt EDV und Technik zu vertreiben[3].

2. Dem Beklagten wird angedroht, dass gegen ihn für jeden Fall der Zuwiderhandlung ein Ordnungsgeld bis zur Höhe von EUR 250.000,– oder eine Ordnungshaft bis zu 6 Monaten festgesetzt wird[3].

3. Der Beklagte trägt die Kosten des Rechtsstreits.

Begründung:

Die Klägerin ist eine Tochtergesellschaft der Firmengruppe ...... und betreibt einen Versandbuchhandel mit Schwerpunkt EDV und Technik. Einzelheiten ergeben sich aus beigefügtem Verzeichnis der verfügbaren Titel. Kunden werden über Versandkataloge und Wurfsendungen geworben. Der Beklagte wurde am ...... als kaufmännischer Angestellter für die Niederlassung ...... eingestellt und war überwiegend im Vertrieb tätig[4]. Es war eine beidseitige Kündigungsfrist von 12 Monaten zum Jahresende vereinbart.

Beweis: Arbeitsvertrag vom ....../ ...... in Fotokopie

Am ...... ging ein Schreiben des Beklagten vom ...... ein, worin er die Klägerin ersuchte, das bestehende Arbeitsverhältnis in ein Teilzeitarbeitsverhältnis mit einer wöchentlichen Arbeitszeit von 20 Stunden umzuwandeln. Die Klägerin willigte in die Änderung der Arbeitsbedingungen zum Beginn des darauf folgenden Monats November 2002 ein.

Tatsächlich hat der Beklagte die Änderung der Arbeitsbedingungen – Reduzierung der Arbeitszeit – dafür benutzt, bereits im Juli des Jahres 2002 Vorbereitungshandlungen zur Gründung eines eigenen Handelsgewerbes zu treffen[5]. So versuchte der Beklagte mehrere im Unternehmen der Klägerin beschäftigte Vertriebsleute für sein zukünftiges Unternehmen abzuwerben. Die Abwerbungsgespräche haben am ...... mit den Mitarbeitern ...... stattgefunden.

Beweis: ......, zu laden über die Klägerin, als Zeugen

Nach Gründung des Unternehmens durch den Beklagten im November 2002 stellte sich darüber hinaus heraus, dass sich sowohl Warenangebot als auch Vertriebskonzept in weiten Bereichen mit dem des Unternehmens der Klägerin überschneiden[6]. Im Einzelnen:

......

Beweis: Versandkatalog und Preislisten der Fa. ...... GmbH – Ausgabe ......
Zeitungsannoncen der ...... vom ......

Zwar handelt es sich bei der Fa. ...... GmbH nicht ausschließlich um einen Versandbuchhandel, doch umfasst das Versandangebot neben Computersoftware auch Bücher. Im Übrigen hatte die Klägerin im Herbst beschlossen, ihr Versandprogramm zu erweitern und durch Fusion mit dem Computerhaus ...... dessen Warenangebot, insbesondere Software, in ihr Versandangebot mit aufzunehmen. Davon wurde der Beklagte kurz vor Erscheinen des neuen Versandkataloges der Fa. ...... GmbH im Februar 2002 in Kenntnis gesetzt[7]. Nachdem die Betätigung des Beklagten im Geschäftszweig der Klägerin durch Zeitungsannoncen in verschiedenen Tageszeitungen bekannt geworden war, forderte die Klägerin den Beklagten mit Schreiben vom ...... auf, seine Konkurrenztätigkeit sofort einzustellen. Dies hat der Beklagte abgelehnt und mit Schreiben vom ...... die Kündigung zum Monatsende erklärt.

Beweis: Schreiben der Klägerin vom ...... in Fotokopie
Schreiben des Beklagten vom ...... in Fotokopie

Die Klägerin hat in einem weiteren Schreiben vom ...... zutreffend ausgeführt, dass die Kündigung auf Grund der vertraglich vereinbarten Kündigungsfrist erst zum ...... Rechtswirkungen entfalten kann. Weiter hat sie den Beklagten darauf hingewiesen, dass er bis zur rechtlichen Beendigung des Arbeitsverhältnisses zur Einhaltung des gesetzlichen Wettbewerbsverbots verpflichtet sei und seine Konkurrenztätigkeit sofort einzustellen habe[8].

Beweis: Schreiben der Klägerin vom ...... in Fotokopie

Der Beklagte hat der Aufforderung jedoch nicht Folge geleistet.

Es ist antragsgemäß zu entscheiden.

Rechtsanwalt

Anmerkungen

1. Neben dem Anspruch auf Unterlassung unlauteren Wettbewerbs gibt § 61 HGB dem Arbeitgeber ein **Wahlrecht** (LAG Hamm 24. 8. 1971, DB 1971, 2415) zwischen einem Schadensersatzanspruch, der auch den sog. Auflösungsschaden im Sinne des § 628 Abs. 2 BGB mitumfasst (BAG 9. 5. 1975, WM 1976, 136), einem Eintrittsrecht, beschränkt auf Handelsgeschäfte (LAG Berlin 17. 2. 1970, DB 1970, 1837) mit der Möglichkeit des Arbeitgebers, den wirtschaftlichen Vorteil aus dem Geschäft auszuschöpfen und dem Anspruch auf Herausgabe des aus der Konkurrenztätigkeit Erlangten (dazu BAG 16. 6. 1976, AP Nr. 8 zu § 611 BGB Treuepflicht).

Die Ansprüche aus § 61 Abs. 1 HGB verjähren nach § 61 Abs. 2 HGB in drei Monaten ab Kenntnis vom Abschluss des Geschäfts, ohne Rücksicht auf die Kenntnis in fünf Jahren. Die **Verjährungsfrist** betrifft alle aus dem Wettbewerbsverstoß resultierenden Ansprüche ohne Rücksicht auf deren Rechtsgrundlage (h.M. seit RG 1. 5. 1906, RGZ 63, 252; BAG 28. 1. 1986, NZA 1987, 2767). Das gilt auch für das unerlaubte Betreiben eines Handelsgewerbes, obwohl nicht ausdrücklich genannt (BAG 16. 1. 1975, AP Nr. 8 zu § 60 HGB). Allerdings wird die Verjährung auf jedes im Rahmen des Handelsgewerbes getätigte Geschäft einzeln bezogen und berechnet (*Schaub*, ArbR-Handb. § 57 IV 6). Die dreimonatige Verjährungsfrist des § 61 Abs. 2 HGB gilt für alle Ersatzansprüche des Arbeitgebers, die dieser aus Wettbewerbsverstößen im Sinne des § 60 HGB erleidet, auch wenn sie auf eine positive Forderungsverletzung oder eine unerlaubte Handlung gestützt werden. Die Verjährungsfrist kann durch die Erhebung einer Stufenklage gehemmt werden (§ 204 Abs. 1 Nr. 1 BGB). Diese Verjährungshemmung endet spätestens dann, wenn der Arbeitnehmer die geforderte Auskunft erteilt und eidesstattlich versichert. Mängel der Auskunft sind insoweit unerheblich (BAG 28. 1. 1986, Az. 3 AZR 449/84).

Zur Durchsetzung seiner Ansprüche wird der Arbeitgeber häufig darauf angewiesen sein, sich im Rahmen einer Auskunftsklage über Art und Umfang der Nebentätigkeit seines Arbeitnehmers zu informieren.

2. Für die Geltendmachung von Unterlassungsansprüchen aus dem gesetzlichen Wettbewerbsverbot ergibt sich die Rechtswegzuständigkeit der Gerichte für Arbeitssachen aus § 2 Abs. 1 Ziffer 3a ArbGG. Die örtliche **Zuständigkeit** kann sich aus § 13 ZPO – Wohnsitz des Arbeitnehmers – oder § 29 ZPO – Gerichtsstand des Erfüllungsortes des Arbeitgebers – ergeben. Der Gerichtsstand der unerlaubten Handlung gemäß § 32 ZPO kann wegen der Verletzung **gesetzlicher** Pflichten begründet werden. Zwischen mehreren Gerichtsständen hat der Arbeitgeber nach § 35 ZPO die Wahl.

3. Eine Umstellung des **Klageantrages** empfiehlt sich insoweit dann, wenn der Unterlassungsantrag zwischenzeitlich durch Ablauf der Kündigungsfrist obsolet geworden ist.

Es ist zulässig und zweckmäßig, die Androhung bereits in das Urteil aufnehmen zu lassen. Unterbleibt dies, wäre ein besonderer Beschluss des Prozessgerichtes der I. Instanz notwendig, der erneut der Zustellung bedarf.

4. Während des rechtlichen **Bestehens eines Arbeitsverhältnisses** ist dem Arbeitnehmer grundsätzlich die Konkurrenztätigkeit zum Nachteil seines Arbeitgebers untersagt, auch wenn der Einzelarbeitsvertrag keine ausdrückliche Regelung enthält (BAG 6. 8. 1987, AP Nr. 97 zu § 626 BGB; BAG 16. 8. 1990, NZA 1991, 141).

Es kommt bei der Beurteilung der Wettbewerbssituation im Rahmen des § 60 HGB auf die wirtschaftliche Beteiligung der Unternehmen am Markt an. Diese stehen im Wettbewerb, wenn sie sich an einen übereinstimmenden Kundenkreis wenden und ein erfolgreicher Geschäftsabschluss zu Lasten des Konkurrenten geht. Eine identische Produktpalette ist nicht gefordert. Es genügt die Einsetzung bzw. Verdingung des angebotenen Produkts (LAG Hamm 19. 3. 2001, Az. 16 Sa 322/01).

Der Arbeitnehmer darf insbesondere im **Marktbereich** seines Arbeitgebers Dienstleistungen ohne dessen Einwilligung nicht Dritten erbringen oder anbieten. Es kommt nicht darauf an, ob **der Arbeitgeber** diese Leistungen auch tatsächlich erbringt oder anbietet (HessLAG 28. 4. 1998, LAGE § 1 KSchG verhaltensbedingte Kündigung Nr. 65). Dem Arbeitgeber soll sein Geschäftsbereich voll und ohne Gefahr der nachteiligen, zweifelhaften oder zwielichtigen Beeinflussung durch den Arbeitnehmer offen stehen. Für die Dauer des Arbeitsverhältnisses ist dem Arbeitnehmer **jede Tätigkeit** verboten, die für seinen Arbeitgeber Konkurrenz bedeutet (BAG 6. 10. 1988, Az. 2 AZR 150/88 n. v.).

Für Handlungsgehilfen im Sinne des § 59 HGB ergibt sich das Wettbewerbsverbot während des Bestandes eines Arbeitsverhältnisses ausdrücklich aus § 60 HGB. Trotz des Wortlauts des § 61 HGB, der dem Arbeitgeber bei Verletzung des Konkurrenzverbots durch den Handlungsgehilfen nur Schadensersatzansprüche gewährt, wird rechtsfortbildend auch die Einräumung eines Unterlassungsanspruchs für zulässig gehalten (*Soergel/Kraft,* § 611 Rdn. 50). Darüber hinaus gelten die zu § 60 HGB für die kaufmännischen Angestellten entwickelten Grundsätze auch für nichtkaufmännische Angestellte (LAG Frankfurt 21. 6. 1974, BB 1975, 788) und gewerbliche Arbeiter (ArbG Verden 8. 2. 1974, ARSt 1975, 16), da § 60 HGB einen allgemeinen Rechtsgedanken enthält, der aus der allgemeinen Treuepflicht des Arbeitnehmers resultiert. Der Arbeitnehmer hat auf Grund seiner Treuepflicht alles zu unterlassen, was die geschuldete Leistung beeinträchtigen könnte, d.h. auch jede anderweitige Erwerbs- bzw. Konkurrenztätigkeit. Dies gilt auch im Hinblick darauf, dass es sich bei der Treuepflicht des Arbeitnehmers um eine unselbstständige Nebenpflicht handelt, die im Unterschied zu Leistungs- und Unterlassungspflichten grds. nicht selbstständig einklagbar ist (RG 24. 1. 1910, RGZ 72, 393; LAG Hamburg 24. 9. 1955, AP Nr. 1 zu § 611 BGB Anspruch auf Arbeitsleistung; *Schaub,* § 45 Rdn. 73; *Soergel/Kraft,* § 611 Rdn. 50).

5. Vorbereitungshandlungen für den Wettbewerb werden vom gesetzlichen Wettbewerbsverbot des § 60 HGB nur umfasst, wenn sie aktuelle Geschäftsinteressen des Arbeitgebers gefährden (BAG 30. 5. 1978, AP Nr. 9 zu § 60 HGB). Haben die Arbeitsvertragsparteien kein nachvertragliches Wettbewerbsverbot vereinbart, so hindert den Arbeitnehmer § 60 HGB nicht daran, mit den Vorbereitungen für diesen Wettbewerb schon während des Arbeitsverhältnisses zu beginnen. Zumindest dann nicht, wenn aktuelle Geschäftsinteressen des Arbeitgebers nicht tangiert sind. (LAG Rheinland-Pfalz 3. 7. 2000, Az. 7 Sa 1431/99). Es besteht bei Fehlen konkreter Verdachtsmomente keine Vermutung dafür, dass die Vorbereitungshandlungen für die nachvertragliche Tätigkeit auch vertragsbegleitenden Wettbewerb darstellen. Dies gilt jedenfalls dann, wenn sich der vorbereitende Arbeitnehmer infolge kurzer Kündigungsfristen jederzeit und leicht von dem Arbeitsverhältnis lösen kann (LAG Köln 28. 2. 1997, Az. 11 Sa 749/96). Zulässig ist daher z.B. die Anmietung von Geschäftsräumen oder die Anstellung von

Arbeitnehmern, soweit diese nicht vom Arbeitgeber abgeworben werden. Ein Verstoß gegen die arbeitsvertraglichen Pflichten wird auch dann nicht anzunehmen sein, wenn während des bestehenden Arbeitsverhältnisses durch den Arbeitnehmer für seine spätere (Wettbewerbs)-Tätigkeit eine öffentlich-rechtliche Genehmigung beantragt wird. Damit wird nur eine **spätere** Konkurrenztätigkeit vorbereitet (LAG Bremen 2. Juli 1998, Az. 4 Sa 1/98). Unzulässig hingegen das Eindringen (in Form von Abwerbung) in den Kunden-, Lieferanten- oder Arbeitnehmerkreis des Arbeitgebers (BAG 12. 5. 1972, AP Nr. 6 zu § 60 HGB). Unzulässig ist auch die Aufnahme einer werbenden Tätigkeit, insbesondere also das Vorbereiten der Vermittlung und des Abschlusses von Konkurrenzgeschäften. Ein bloßer Hinweis auf die bevorstehenden persönlichen Veränderungen, selbst mit dem Ziel, Kunden/Mitarbeiter später abzuwerben, stellt demgegenüber noch keinen Verstoß gegen das Wettbewerbsverbot dar. Zumindest dann nicht, wenn damit noch keine Geschäftsabschlüsse verbunden sind oder angebahnt werden (LAG Kiel 24. 1. 1956, AP Nr. 2 zu § 60 HGB; LAG Düsseldorf 15. 10. 1969, DB 1969, 2353). Weitere Einschränkungen können sich aber aus §§ 242, 138 BGB, § 1 UWG ergeben.

6. Eine verfassungskonforme Auslegung des § 60 I 1. Alt HGB ergibt, dass dem Handlungsgehilfen nicht jeglicher Betrieb eines Handelsgewerbes untersagt ist, sondern dass das Verbot nur für Handelsgewerbe im Handelszweig des Arbeitgebers gilt (BAG 12. 5. 1972, AP Nr. 6; BAG 7. 9. 1972, AP Nr. 7 – jeweils zu § 60 HGB). Somit liegt eine Konkurrenztätigkeit nur vor, wenn durch die Tätigkeit die Wettbewerbsinteressen des Arbeitgebers gefährdet werden. Ob der Arbeitnehmer dem Arbeitgeber durch Betreiben des Gewerbes tatsächlich Konkurrenz macht, ist unerheblich. Es genügt, wenn das Gewerbe mit den unternehmerischen Interessen des Arbeitgebers kollidiert (BAG 17. 10. 1969, AP Nr. 7 zu § 611 Treuepflicht). Der Betrieb eines Handelsgewerbes setzt voraus, dass der Handlungsgehilfe ein Unternehmen in eigenem Namen führt. Ein persönliches Tätigwerden ist nicht erforderlich, so dass ein Verstoß gegen das Wettbewerbsverbot auch dann vorliegt, wenn der Handlungsgehilfe ein Handelsgewerbe durch Bevollmächtigte oder Treuhänder betreiben lässt, oder wenn ein Strohmann vorgeschoben wird (z. B. eine vom Handlungsgehilfen gegründete GmbH). Eine ausschließlich kapitalmäßige Beteiligung an einem anderen Unternehmen wird indes nicht unter das Verbot des § 60 HGB fallen (*Schlegelberger/Schröder*, § 60 HGB Rdn. 6).

7. Grundsätzlich ist der **Umfang** des gesetzlichen Wettbewerbsverbots von der jeweiligen Unternehmenssituation abhängig, d. h. Unternehmensänderungen, wie z. B. die Erweiterung der Unternehmenstätigkeit durch aktiven oder passiven Betriebsübergang wirken sich auch auf Art und Umfang des Wettbewerbsverbots aus. Allerdings muss dem Arbeitnehmer in Fällen, in denen der Arbeitnehmer im Vertrauen auf den unveränderten Fortbestand des Wettbewerbsverbots ein Handelsgewerbe in einem anderen Handelszweig begonnen hat, der inzwischen wegen Erweiterung des Unternehmens vom Wettbewerbsverbot umfasst wird, ein Bestandsschutz zukommen (MünchHandbArbR-*Blomeyer*, § 52 Rdn. 21).

8. Das Wettbewerbsverbot gilt während des Bestehens des Arbeitsverhältnisses. Es wird durch eine Suspendierung der Arbeitspflicht, z. B. Krankheit, Urlaub, Arbeitskampf nicht berührt (*Zöllner*, FS Bötticher, S. 440) und endet grundsätzlich erst mit der rechtlichen Beendigung des Arbeitsverhältnisses. Bei unberechtigter Kündigung des Arbeitnehmers besteht das Wettbewerbsverbot fort (h. M. vgl. *Hohn*, DB 1971, 94). Anders verhält es sich, wenn der Arbeitgeber in die unberechtigte Kündigung einwilligt, da hiermit die Vertragspflichten aufgehoben werden (*Schlegelberger/Schröder*, § 60 Rdn. 4). Kündigt der Arbeitgeber unberechtigterweise, so entfällt das Wettbewerbsverbot grds. nur dann, wenn der Arbeitnehmer in die Auflösung des Arbeitsverhältnisses einwilligt. Erhebt der Arbeitnehmer Kündigungsschutzklage, bringt er damit zum Ausdruck, dass er am Vertrag festhalten will. Damit gilt auch das Verbot des § 60 HGB weiter (*Hohn*, DB

1971, 94), es sei denn, es entfällt infolge Annahmeverzuges des Arbeitgebers gem. § 615 BGB für den Fall, dass der Arbeitnehmer eine „anderweitige, nicht wettbewerbswidrige Beschäftigung" aufnimmt (LAG Baden-Württemberg Kammer Stuttgart 30. 11. 1966, DB 1967, 344) oder der Arbeitgeber ausdrücklich auf die Einhaltung des Wettbewerbsverbotes verzichtet.

Ein Arbeitnehmer ist an das für die Dauer des rechtlichen Bestandes des Arbeitsverhältnisses bestehenden Wettbewerbsverbot auch dann noch gebunden, wenn der Arbeitgeber eine außerordentliche Kündigung ausgesprochen hat, deren Wirksamkeit der Arbeitnehmer bestreitet. Für die Interessenabwägung kommt es allerdings darauf an, ob dem Arbeitgeber wegen des unerlaubten Wettbewerbs die Fortsetzung des Arbeitsverhältnisses unzumutbar geworden ist, wobei es auf den Grad des Schuldvorwurfs sowie auf die Art und Auswirkung der Wettbewerbshandlung ankommt. Dies hat zur Folge, dass im Kündigungsschutzprozess Feststellungen zu den Auswirkungen der behaupteten Wettbewerbstätigkeit durch den Arbeitgeber getroffen werden, insbesondere wann und wie lange der Arbeitnehmer wettbewerbswidrig tätig geworden ist und ihm unter Berücksichtigung seiner Schadensminderungspflicht nach § 615 BGB daraus ein Vorwurf gemacht werden kann bzw. ob dem Arbeitgeber ein messbarer Schaden entstanden ist (BAG 10. 12. 1992, Az. 2 AZR 271/92). Wettbewerbshandlungen, die der Arbeitnehmer im Anschluss an eine unwirksame außerordentliche Kündigung des Arbeitgebers begeht, können einen wichtigen Grund für eine **weitere** außerordentliche Kündigung bilden, wenn dem Arbeitnehmer unter Berücksichtigung der besonderen Umstände des konkreten Falles ein Verschulden anzulasten ist (BAG 25. 4. 1991, NZA 1992, 212).

Nach Beendigung des Arbeitsverhältnisses kann der Arbeitgeber den Arbeitnehmer grundsätzlich nicht daran hindern, seine rechtmäßig erlangten beruflichen Kenntnisse und Erfahrungen zu verwerten und zu seinem früheren Arbeitgeber auch in Wettbewerb zu treten. Die Freiheit des Arbeitnehmers, über sein berufliches Fortkommen nach dem Ende des Arbeitsverhältnisses selbst zu bestimmen bzw. seinen Arbeitsplatz frei zu regeln, ist höher einzuordnen als das Interesse des Arbeitgebers, den Bestand seines Unternehmens vor wirtschaftlichen Nachteilen zu schützen (BAG 15. 6. 1993, AP Nr. 40 zu § 611 BGB Konkurrenzklausel). Auch eine nachvertragliche Verschwiegenheits- oder eine nachvertragliche Treuepflicht des Arbeitnehmers begründet für den Arbeitgeber gegen den ausgeschiedenen Arbeitnehmer allein keine Ansprüche auf Unterlassung von Wettbewerbshandlungen (BAG 19. 5. 1998, EzA § 74 HGB Nr. 61). Der Arbeitgeber kann sich insoweit nur durch die Vereinbarung eines nachvertraglichen Wettbewerbsverbotes schützen.

Kosten und Gebühren

Für wettbewerbsrechtliche Unterlassungsansprüche ist von dem Interesse des Klägers an der begehrten Unterlassung auszugehen (BGH 19. 9. 1990 WM 1990, 2058 ff.). In der Praxis lassen sich etwaige Umsatzeinbußen nur schwer darstellen. Ein wichtiger Ansatzpunkt kann die eigene Wertangabe des Klägers darstellen (*Meier,* Lexikon der Streitwerte im Arbeitsrecht Rdn. 317 ff.).

Vollstreckung

Die Vollstreckbarkeit des Urteils gem. § 890 ZPO bedeutet keine unzulässige Umgehung des § 888 II ZPO, da in vorliegendem Fall nicht verhindert werden soll, dass jemand gegen seinen Willen zur Arbeit gezwungen wird. Der Arbeitnehmer soll vielmehr während der rechtlichen Fortdauer seines bisherigen Arbeitsverhältnisses zur Unterlassung der konkreten Wettbewerbstätigkeit angehalten werden. Das Urteil ist daher gem. § 890 ZPO vollstreckbar (*Soergel/Kraft*, § 611 Rdn. 50), vgl. im Übrigen nachfolgend Form. 10. 2 „Vollstreckung".

Rechtsmittel und Fristen

Keine Besonderheiten

10.2 Klage auf Unterlassung von Wettbewerb bei nachvertraglichem Wettbewerbsverbot[1]

An das
Arbeitsgericht[2] ......

Klage

der Firma ......

– Klägerin –

Prozessbevollmächtigte: ......

gegen

Frau ......

– Beklagte –

wegen Unterlassung von Wettbewerb

Namens und in Vollmacht der Klagepartei werden wir beantragen zu erkennen:

1. Die Beklagte wird verurteilt, bis zum ...... jegliche Konkurrenztätigkeit zum Nachteil der Klägerin zu unterlassen, insbesondere für ein Konkurrenzunternehmen der Klagepartei (Unternehmen im Geschäftszweig ...... /Herstellung und Vertrieb von ......), insbesondere für die Fa. ...... GmbH, tätig zu sein[3].
2. Der Beklagten wird für jeden Fall der Zuwiderhandlung ein Ordnungsgeld bis zur Höhe von EUR 250.000,– oder eine Ordnungshaft bis zu 6 Monaten angedroht.[4]
3. Die Beklagte trägt die Kosten des Rechtsstreits.

Begründung:

Die Klägerin vertreibt ......
Die Beklagte wurde bei der Klägerin als kaufmännische Angestellte beschäftigt. Zuletzt hatte sie die Position des Leiters der Verkaufsabteilung inne und erzielte eine Bruttomonatsvergütung von EUR ...... Die Beklagte war ausschließlich im Außendienst tätig und mit Beratung und Verkauf betraut.

Beweis: Arbeitsvertrag vom ...... in Fotokopie
　　　　Nachtrag vom ...... in Fotokopie

Bei Abschluss des Arbeitsvertrages wurde zwischen den Parteien ein Wettbewerbsverbot vereinbart[5]. Danach hat sich die Beklagte für einen Zeitraum von zwei Jahren nach Beendigung des Arbeitsverhältnisses zur Unterlassung von Wettbewerb verpflichtet. Die Klägerin übernahm im Gegenzug die Verpflichtung zur Zahlung einer Karenzentschädigung in Höhe der Hälfte der zuletzt bezogenen Vergütungen.

Die Vereinbarung lautet im Einzelnen wie folgt[6]:

„Frau ...... ist es untersagt, auf die Dauer von zwei Jahren nach rechtlicher Beendigung des Arbeitsvertrages in selbstständiger, unselbstständiger oder sonstiger Weise für ein Unternehmen tätig zu werden, welches mit der Gesellschaft im direkten oder indirekten Wettbewerb steht oder mit einem Wettbewerbsunternehmen verbunden ist. In gleicher Weise ist es Frau ...... untersagt, während der Dauer dieses Verbotes ein entsprechendes Unternehmen zu errichten, zu erwerben oder sich hieran unmittelbar oder mittelbar zu beteiligen. Das Wettbewerbsverbot gilt auch zugunsten der mit der Gesellschaft verbundenen Unternehmen.

...... Während der Dauer des Wettbewerbsverbotes erhält Frau ...... eine Entschädigung, die für jedes Jahr des Verbots die Hälfte der von Frau ...... zuletzt bezogenen vertragsgemäßen Leistungen beträgt.

...... Im Übrigen gelten die Vorschriften der §§ 74 ff. HGB. ......"

Beweis: Wechselseitig unterzeichnete Wettbewerbsvereinbarung
         vom ...... in Fotokopie

Nach fristgerechter Kündigung seitens der Klägerin vom ...... wurde das Arbeitsverhältnis zum ...... aufgelöst.

Zum ...... hat die Beklagte ihre Tätigkeit in der Fa. ...... aufgenommen. Diese Firma ist neben der Klägerin der einzige Anbieter für ...... im Raum ...... und steht somit mit der Klägerin in unmittelbarer Konkurrenz.

Beweis: ......, Prokurist der Klägerin, zu laden über diese, als Zeuge

Die Position, die die Beklagte bei der Fa. ...... nunmehr ausfüllt, entspricht im Wesentlichen derjenigen, die sie zuletzt in der Firma des klägerischen Unternehmens inne hatte. Die Beklagte ist als Leiterin der ...... Abteilung im Bereich Kundenbetreuung und Verkauf tätig[5].

Beweis: ...... wie vor

Aufgrund ihrer ehemals gehobenen Position und der damit verbundenen Kenntnis in interne Geschäftsabläufe und der langjährigen, engen Kontakte zu Kunden der Klägerin ist zu befürchten, dass die Beklagte ihre erworbenen Kenntnisse und Kontakte zugunsten der Fa. ...... verwertet. Gerade zur Vermeidung dieser erheblichen Nachteile für das Unternehmen der Klägerin wurde mit der Beklagten ein nachvertragliches Wettbewerbsverbot vereinbart.

Am ...... hat die Klägerin Kenntnis von der Anstellung der Beklagten bei der Fa. ...... erlangt.

Mit Schreiben vom ...... wurde die Beklagte unter Hinweis auf das vertraglich vereinbarte Wettbewerbsverbot aufgefordert, ihre Tätigkeit für die Fa. ...... einzustellen.

Beweis: Schreiben der Klägerin vom ...... in Fotokopie

Dem berechtigten Verlangen der Klägerin wurde nicht Folge geleistet. Die Beklagte ist weiterhin für die Fa. ...... tätig.

Beweis: wie vor

Da seit der Beendigung des Arbeitsverhältnisses erst drei Monate vergangen sind, hat sich die Beklagte bis zum ...... an der Wettbewerbsabrede festhalten zu lassen.

                         Rechtsanwalt

Anmerkungen

1. Grundsätzlich ist der Arbeitnehmer in der Verwertung seiner Arbeitskraft nach Beendigung des Arbeitsverhältnisses frei. Er darf auch die beim früheren Arbeitgeber erworbenen Kenntnisse und Beziehungen für seine neue Tätigkeit nutzen. Allerdings ist der Arbeitnehmer auch nach Beendigung des Arbeitsverhältnisses verpflichtet, Verschwiegenheit über Geschäfts- und Betriebsgeheimnisse seines Arbeitgebers zu bewahren. Allerdings folgt aus der Verpflichtung, Verschwiegenheit z. B. über Kundenlisten zu bewahren, nicht auch die Verpflichtung, die Kunden des Arbeitgebers nicht zu umwerben. Will der Arbeitgeber dies verhindern, muss er ein Wettbewerbsverbot vereinbaren (BAG 15. 12. 1987, NZA 1988, 502; BAG 19. 5. 1998, NZA 1999, 200). Daher kann der Arbeitgeber grundsätzlich keine Unterlassung anderweitiger Beschäftigung verlangen. Anders verhält es sich jedoch, wenn auf Grund einer wirksamen Wettbewerbsabrede das Unterlassen einer konkreten anderweitigen Tätigkeit vertraglich geschuldet wird. Für eine solche Vereinbarung gelten, soweit sie Handlungsgehilfen betrifft, §§ 74 ff. HGB. Auf andere Arbeitnehmer, die nicht kaufmännische Angestellte sind, werden diese Bestimmungen entsprechend angewandt (BAG 13. 9. 1969, AP Nr. 24 zu § 611 BGB Konkurrenzklausel). Dies gilt auch für arbeitnehmerähnliche Personen (LAG Köln 2. 6. 1999, NZA-RR 2000, 19). Zu den Voraussetzungen eines wirksamen nachvertraglichen Wettbewerbsverbots vgl. *Schaub*, ArbR-Handb. § 58; *Bauer/Diller,* Wettbewerbsverbote, 3. Auflage 2002.

2. Der enge Zusammenhang zwischen Arbeitsverhältnis und Wettbewerbsverbot begründet infolge der „Nachwirkungen" nach § 2 Abs. 1 Nr. 3 c ArbGG die sachliche **Zuständigkeit** der Arbeitsgerichte, auch wenn die Streitigkeiten **nach** Beendigung des Arbeitsverhältnisses entstanden sind. Der Gerichtsstand der unerlaubten Handlung kann nicht in Anspruch genommen werden.

3. Es ist darauf zu achten, dass der Antrag zeitlich auf die **Laufzeit** des Wettbewerbsverbots begrenzt wird. Wird die Unterlassung ohne zeitliche Begrenzung begehrt, wird die Klage für die Zeit nach Ablauf des Wettbewerbsverbots abgewiesen.

Für den Fall, dass dem Arbeitgeber genau bekannt ist, in welcher Weise der Arbeitnehmer gegen das vereinbarte Wettbewerbsverbot verstößt, kann er einen eng gefassten **Klageantrag** stellen (z. B. „die Beklagtenpartei wird verurteilt, bis zum Ablauf des Wettbewerbsverbots jegliche Tätigkeit für die Fa. ...... zu unterlassen").

Bezieht sich die Kenntnis des Arbeitgebers lediglich auf den Wettbewerbsverstoß, hat er jedoch keine genauen Informationen hinsichtlich Art und Umfang der Tätigkeit, ist es grds. zulässig und verstößt nicht gegen das Bestimmtheitserfordernis des § 253 Abs. 2 Nr. 2 ZPO, wenn der Klageantrag lediglich die entsprechende vertraglich vereinbarte Wettbewerbsklausel wiedergibt. Ein solch weit gefasster Klageantrag ist auch dann sinnvoll, wenn weitere zukünftige Verstöße mit umfasst werden sollen (vgl. *Bauer/Diller,* aaO., Rdn. 596 ff.).

Für den Fall, dass sich der Arbeitgeber nicht sicher ist, ob der Arbeitnehmer eine Wettbewerbstätigkeit aufgenommen hat, hat er nach st. Rspr. des BAG (BAG 22. 4. 1967, AP Nr. 12 zu § 242 BGB Auskunftspflicht; BAG 5. 8. 1968, AP Nr. 24 zu § 74 HGB) einen **Auskunftsanspruch** gegen den Arbeitnehmer. Diesen Anspruch kann er allerdings nur geltend machen, wenn objektive Verdachtsmomente bestehen. Allerdings begründet z. B. auch ein einmaliger Verstoß gegen ein Wettbewerbsverbot grundsätzlich den Verdacht der Wiederholung. Ein nachträgliches Bestreiten der Wirksamkeit des Wettbewerbsverbots durch den Arbeitnehmer genügt ebenfalls (BAG 22. 4. 1967, AP Nr. 12 zu § 242 BGB Auskunftspflicht unter II. 5. der Gründe). Inhaltlich richtet sich der Auskunftsanspruch – bei selbstständiger Betätigung auf Art und Umfang der getätigten Geschäfte – bei unselbstständiger Betätigung auf die Nennung des Arbeitgebers und die Angabe der ausgeübten Tätigkeit. Wegen der besonderen Bedeutung für den Arbeitgeber hat die Auskunft schriftlich zu erfolgen. Wird die Auskunft von Seiten des Arbeitnehmers verweigert, so kann der Arbeitgeber klagen. Die Klage kann dann in Form einer Stufenklage, § 254 ZPO verbunden mit einem Anspruch auf Unterlassung der Wettbewerbstätigkeit erhoben werden, wobei hinsichtlich des eigentlichen Anspruchs auf Unterlassung zunächst von einem bestimmten Antrag i. S. d. § 253 Abs. 2 Nr. 2 ZPO abgesehen werden kann.

Die Klage auf Feststellung eines vorangegangenen Rechtsverhältnisses – Wirksamkeit einer Wettbewerbsabrede – ist nur **zulässig,** wenn sich daraus Rechtsfolgen für die Gegenwart oder Zukunft ergeben. Dies setzt voraus, dass die Klagepartei ein rechtliches Interesse daran hat, dass das Rechtsverhältnis durch richterliche Entscheidung alsbald festgestellt wird. Dies mag der Fall sein, wenn der Arbeitgeber eine Grundlage für **spätere** Ansprüche auf Schadensersatz schaffen will. Im Übrigen kann der Arbeitgeber statt der Feststellungsklage einen Leistungsantrag stellen. Soweit die Schadenshöhe noch nicht zu beziffern ist, kann der Arbeitgeber eine Stufenklage erheben (BAG 22. 9. 1992, AP Nr. 17 zu § 256 ZPO 1977).

Die Unterlassungsklage kann auch bereits vor Beendigung des Arbeitsverhältnisses erhoben werden. Ein **Rechtsschutzbedürfnis** ist vor allem dann anzunehmen, wenn der Arbeitgeber von einem bevorstehenden Wettbewerbsverstoß Kenntnis bzw. wenn er diesbezüglich einen hinreichend begründeten Verdacht hat. Die Klage ist jedoch ausdrücklich auf die Zeit nach Beendigung des Arbeitsverhältnisses zu beschränken. Außerdem ist § 259 ZPO zu berücksichtigen. Danach ist eine Klage auf zukünftige Leistung immer dann gerechtfertigt, wenn die Besorgnis besteht, dass der Schuldner den Anspruch bei Fälligkeit bestreitet (*Zöller/Greger,* § 259 ZPO Rdn. 3). In vorliegendem Fall, also immer dann, wenn der Arbeitnehmer die Wirksamkeit bzw. die Verbindlichkeit des Wettbewerbsverbots negiert bzw. wenn objektive Anhaltspunkte dafür vorliegen, dass er die Wettbewerbsabrede nicht einhalten wird. Da Unterlassungsansprüche grundsätzlich in die Zukunft gerichtet sind, hat der Arbeitgeber eine Wiederholungsgefahr darzulegen, wenn der Wettbewerbsverstoß bereits abgeschlossen ist.

Ist vor rechtskräftiger Entscheidung des Gerichts die Verbotsfrist abgelaufen, so ist regelmäßig die Hauptsache erledigt. Der Arbeitgeber kann dann auf Feststellungsklage überwechseln. Das Feststellungsinteresse ist immer dann gegeben, wenn Schadensersatzansprüche in Betracht kommen (BAG 2. 2. 1968, AP Nr. 22 zu § 74 HGB).

4. Es empfiehlt sich, dass der Unterlassungsantrag mit der Androhung der in § 890 ZPO vorgesehenen **Zwangsmittel** verbunden wird. Es wird dadurch vermieden, dass ein gesonderter Androhungsbeschluss des Prozessgerichtes der I. Instanz zu erwirken und der Beklagtenpartei erneut von Amts wegen zuzustellen ist.

5. Vereinbaren Arbeitsvertragsparteien ein **tätigkeitsbezogenes Wettbewerbsverbot,** so ist im Zweifel davon auszugehen, dass es nur dann Gültigkeit erlangen soll, wenn der Arbeitnehmer seine Tätigkeit aufgenommen hat. Wird das Arbeitsverhältnis vor der Arbeitsaufnahme gekündigt und der Arbeitnehmer für die Dauer der Kündigungsfrist von der Arbeit freigestellt, besteht regelmäßig kein Anspruch auf Karenzentschädigung (BAG 26. 5. 1992, NZA 1992, 976). Vgl. für weitere typische Formulierungen *Bauer/Diller,* aaO., Rdn. 137. Formulierungen der dargestellten Art können zu einer unbilligen Bindung des Arbeitnehmers führen und ein berechtigtes geschäftliches Interesse des Arbeitgebers negieren. Diese Gefahr kann jedoch hingenommen werden, da für diesen Fall nicht die gesamte Wettbewerbsabrede unwirksam ist. Es wird von den Gerichten insoweit eine teleologische Reduktion vorgenommen, vgl. auch Anm. 6.

Vermeidbare Unklarheiten sollten vermieden werden. Insbesondere obliegt es dem Arbeitgeber bei der **formularmäßigen Vereinbarung** von nachvertraglichen Wettbewerbsverboten, den Arbeitnehmer eindeutig und unmissverständlich über die Folgen von dem Arbeitgeber vorbehaltenen Freigabeerklärungen oder Einschränkungen des Wettbewerbsverbotes aufzuklären. Ansonsten ist im Zweifel die Vereinbarung zu Lasten des Formularverwenders auszulegen (BAG 5. 9. 1995, NZA 1996, 700). Ist das Wettbewerbsverbot inhaltlich nur auf einzelne konkrete Tätigkeiten beschränkt, sind an die Begründung des konkurrierenden Charakters der neuen zur bisherigen Tätigkeit höhere Anforderungen zu stellen.

Das Bundesarbeitsgericht hat in einer weiteren grundlegenden Entscheidung vom 5. 9. 1995 (AP Nr. 67 zu § 74 HGB) die nachfolgende Vereinbarung wegen der Freigabe- und Beschränkungsklausel als nach § 75 d HGB „bedingte" und damit **unverbindliche Wettbewerbsvereinbarung** bezeichnet. Der Arbeitnehmer sei im Unklaren gelassen worden, ob bei späterer Freigabe oder Beschränkung des Wettbewerbes ein Anspruch auf Karenzentschädigung besteht:

„I. Der Angestellte verpflichtet sich, während einer Sperrzeit von zwei Jahren nach Beendigung des Dienstverhältnisses ohne schriftliche Einwilligung des Arbeitgebers keine Stellung in einem Konkurrenzunternehmen anzunehmen, weder ein solches zu betreiben, noch sich daran unmittelbar oder mittelbar zu beteiligen oder es zu begünstigen, wie z. B. als freier Mitarbeiter oder Handelsvertreter oder Berater ......

II. Vor Beendigung des Dienstverhältnisses hat der Arbeitgeber dem Angestellten schriftlich im Einzelnen mitzuteilen, in welchem Umfang (örtlich oder sachlich) das Wettbewerbsverbot gelten soll.

III. Für die Dauer der Sperrzeit erhält der Angestellte vom Arbeitgeber eine Entschädigung in Höhe von 100% der zuletzt bezogenen vertragsgemäßen Vergütung, die am Schluss jedes Monats zu zahlen ist ......

IV. Der Arbeitgeber kann vor Beendigung des Dienstverhältnisses durch schriftliche Erklärung auf das Wettbewerbsverbot mit der Wirkung verzichten, dass er mit dem Ablauf eines Jahres nach der Erklärung von der Verpflichtung zur Zahlung der Entschädigung frei wird.

V. Ergänzend finden die zum Schutz der kaufmännischen Angestellten in § 74 ff. HGB enthaltenen Vorschriften über das vertragliche Wettbewerbsverbot auch dann Anwendung, wenn der unterzeichnende Angestellte kein kaufmännischer Angestellter ist."

Ziffer 1 und Ziffer 2 der vorgenannten Vereinbarung wurden zutreffend als bedingt und damit unverbindlich bezeichnet (so auch LAG Düsseldorf, 10. 2. 1993 NZA 1993, 849; a. A. LAG Düsseldorf 3. 8. 1993, DB 1994, 1041).

Vgl. insoweit generell zu der Problematik von bedingten nachvertraglichen Wettbewerbsverboten *Bauer/Diller*, aaO., Rdn. 315 ff.

6. Das Wettbewerbsverbot ist nur dann verbindlich, wenn es dem Schutz eines **berechtigten geschäftlichen Interesses** des Arbeitgebers dient (§ 74 a Abs. 1 S. 1 HGB). Ein solches Interesse ist vor allem dann anzunehmen, wenn der Arbeitgeber wegen der Tätigkeit des Arbeitnehmers Anlass hat, dessen Konkurrenz, z. B. durch Eindringen in den Kunden- und Lieferantenstamm des Arbeitgebers oder durch Weitergabe von Betriebsgeheimnissen zu fürchten (BAG 9. 9. 1968, AP Nr. 22 zu § 611 BGB Konkurrenz-Klausel). Kein berechtigtes geschäftliches Interesse liegt vor, wenn dem Arbeitnehmer die Aufnahme einer Tätigkeit untersagt wird, die nicht im Bereich seiner früheren Tätigkeit liegt. Ferner ist die Wettbewerbsabrede unverbindlich, wenn sie eine unbillige Erschwerung des Fortkommens des Arbeitnehmers enthält (§ 74 a Abs. 1 S. 2 HGB). Dies ist unter Abwägung der auferlegten Beschränkungen und der gewährten Entschädigung festzustellen. Dies ist z. B. dann der Fall, wenn dem Arbeitnehmer jegliche Beschäftigung in konkurrierenden Unternehmen untersagt wird, obwohl eine Beschränkung auf eine der früheren Tätigkeit entsprechende Beschäftigung ausreichen würde (*Schaub*, aaO., § 58 III 10). Allerdings kann der Arbeitgeber, der selbst nicht am Markt tätig ist, ein berechtigtes geschäftliches Interesse daran haben, dass sein Arbeitnehmer nicht zu Konzernunternehmen, für die dieser Verkaufstätigkeiten entfaltet, nach Beendigung des Arbeitsverhältnisses in Wettbewerb tritt (LAG Berlin 17. April 1998, Az. 6 Sa 4/98).

Vereinbaren die Parteien in einem Auflösungsvertrag zunächst die Zahlung einer Abfindung und sodann in einer gesonderten Bestimmung, dass die Abfindung nur unter der Voraussetzung gezahlt wird, dass der Arbeitnehmer keine Tätigkeit bei einem Wettbewerber aufnimmt, so verstößt diese Vereinbarung gegen § 74 HGB und ist deshalb **nichtig** (LAG Bremen 25. 2. 1994, NZA 1994, 889).

Das nachvertragliche Wettbewerbsverbot, das entgegen § 74 Abs. 2 HGB die Zahlung einer Entschädigung nicht vorsieht, ist beiderseits **unverbindlich.** Eine solchermaßen vertraglich begründete Regelung ist nicht schon deshalb lückenhaft und der ergänzenden Auslegung zugänglich, weil das Gesetz die Zahlung einer Mindestentschädigung vorschreibt (LAG Baden-Württemberg 28. 9. 1989, 6 Sa 57/89).

Ein nachvertragliches Wettbewerbsverbot ist auch dann unverbindlich, wenn sich der Arbeitgeber die Entscheidung, ob er den Arbeitnehmer daran festhalten will, bis zum Ausscheidenszeitpunkt vorbehält (BAG 22. 5. 1990, BB 1991, 625 = AP Nr. 60 zu § 74 HGB) oder die Wettbewerbtätigkeit von der vorherigen schriftlichen Zustimmung des Arbeitgebers abhängig gemacht wird (BAG 4. 6. 1985, BB 1986, 1476).

Die Parteien eines Arbeitsvertrages können ein vereinbartes Wettbewerbsverbot jederzeit auch durch **mündliche** Vereinbarung aufheben. Dies insbesondere dann, wenn die Parteien die Maßgeblichkeit der mündlichen Vereinbarung übereinstimmend gewollt haben (BAG 10. 1. 1989, NZA 1989, 797).

Gebühren und Kosten

Für den auf ein nachvertragliches Wettbewerbsverbot gestützten Unterlassungsantrag wird der Streitwert des Unterlassungsinteresses dem Betrag der insgesamt höchstens geschuldeten Karenzentschädigung während der Karenzzeit entsprechen (so auch LAG Hamm 23. 12. 1980, AnwBl. 1981, 106).

Der Streitwert eines Antrages auf Unterlassung von Wettbewerb richtet sich nach dem Umfang des zu erwartenden Schadens wegen Wettbewerbsverletzung, der sogar niedriger als auch höher sein kann als der Betrag einer Karenzentschädigung in gesetzlicher Höhe. In Ermangelung verwertbarer Rechengrößen kann der Wert einer Karenzentschädigung in gesetzlicher Höhe als Hilfswert zugrunde gelegt werden (LAG Nürnberg 25. Juni 1999, Az. 2 Ta 56/99).

Nach Auffassung des LAG Hamm (AnwBl 1984, 156) und des LAG Düsseldorf (EzA § 12 ArbGG 1979 Streitwert Nr. 2) ist mindestens von dem letzten Bruttojahreseinkommen auszugehen.

Rechtsmittel und Fristen

Keine Besonderheiten

Vollstreckung

Der Unterlassungstitel wird grundsätzlich nach § 890 ZPO vollstreckt. Dabei steht das Ordnungsgeld selbstständig neben einer vereinbarten Vertragsstrafe. Die Verhängung eines Ordnungsmittels setzt grundsätzlich Verschulden (demnach genügt auch Fahrlässigkeit) voraus (OLG Frankfurt, 25. 11. 1976 NJW 1977, 1204; OLG Hamm, 14. 10. 1977 MDR 78, 585).

Das erstinstanzliche Urteil ist gemäß § 62 Abs. 1 ArbGG ohne Sicherheitsleistung vorläufig vollstreckbar. Die einstweilige Einstellung der Zwangsvollstreckung kommt nur in vernachlässigbaren Einzelfällen in Betracht (vgl. auch *Grunsky,* 7. Aufl., § 62 ArbGG Rdn. 7 ff.).

11. Klageantworten des Arbeitgebers

11.1 Klageantwort bei verhaltensbedingter Kündigung (fristlos/ordentlich)

An das
Arbeitsgericht ......
Az.: ......

In Sachen ......

– Klagepartei –

Prozessbevollmächtigter:

gegen

– beklagte Partei –

Prozessbevollmächtigter:
wegen Kündigung

zeige ich die Vertretung der beklagten Partei an. Ich werde beantragen:
1. Die Klage wird abgewiesen.
2. Die Klagepartei trägt die Verfahrenskosten.

Begründung:

Es ist richtig, dass die Beklagte die streitgegenständliche Kündigung ausgesprochen hat. Die Kündigung wurde außerordentlich, fristlos[1] und vorsorglich ordentlich[2] mit der nach dem maßgeblichen Tarifvertrag: ......[3] maßgeblichen Frist erklärt.
Sie ist aus verhaltensbedingten Gründen auch berechtigt:[4]
Die Klagepartei hat am ...... nachhaltig die Arbeit verweigert, indem sie ......
Der Vorgesetzte der Klagepartei, nachbenannter Zeuge, hat vor Ausspruch der Kündigung nochmals mündlich darauf hingewiesen, dass das Verhalten als Grund zur Kündigung gewertet werde und eine letzte Chance zur Änderung eingeräumt mit dem Hinweis darauf, dass andernfalls mit gegebenenfalls fristloser Kündigung zu rechnen sei.

Beweis: ......, als Zeuge.[5]

Danach hat die Klagepartei das Verhalten nicht geändert.

Beweis: ...... wie vorstehend.

Das Arbeitsverhältnis war zu diesem Zeitpunkt bereits erheblich vorbelastet, denn die Klagepartei hat auch in der Vergangenheit mehrfach Arbeitsverweigerungen begangen und musste deshalb abgemahnt[6] werden.

Beweis: Abmahnung vom ......, als Urkunde.

Der in der Abmahnung dargestellte Sachverhalt hat sich auch so ereignet, wie er geschildert wird.[7]

Beweis: ......, als Zeuge.

Das Verhalten der Klagepartei ist als Grund[8] für eine außerordentliche Kündigung grundsätzlich geeignet. Im Rahmen der Einzelfallprüfung ist die Kündigung berechtigt,[9] denn die Fortsetzung des Arbeitsverhältnisses – auch für die Dauer der ordentlichen Kündigungsfrist – ist unzumutbar.

Die Beklagte hat mit Rücksicht auf die dargestellte Entwicklung berechtigt gefolgert, dass auch künftig[10] mit ähnlichen Verhaltensweisen der Klagepartei gerechnet werden müsse und deshalb im Rahmen gebotener Interessenabwägung sich für die Kündigung entschieden.

Zwischenzeitlich hat die Geschäftsleitung der Beklagten auch noch erfahren, dass ein nahezu identischer Vorfall sich schon vor vier Wochen vor der Kündigung ereignet hat.[11]

Die Frist des § 626 BGB ist gewahrt:[12] die Kündigung ist innerhalb von zwei Wochen nach dem als Kündigungsgrund genannten Ereignis erklärt.

Auf die vorsorglich als ordentlich erfolgte Bezeichnung der Kündigung kommt es daher nicht entscheidend an.[13]

Rechtsanwalt

Anmerkungen

1. Von einer **verhaltensbedingten Kündigung** ist – in Abgrenzung zur personenbedingten – zu sprechen, wenn die Beendigung des Arbeitsverhältnisses nicht auf Grund eines Mangels an Fähigkeit und Eignung des Arbeitnehmers, die geschuldete Arbeitsleistung zu erbringen, sondern wegen vertragswidrigen Verhaltens des Arbeitnehmers, durch das das Arbeitsverhältnis konkret beeinträchtigt wird, angestrebt wird (*Bergwitz,* BB 1998, 2310 unter Hinweis auf KR-*Etzel,* 4. Aufl., zu § 1 KSchG)

Die denkbare Bandbreite vertragswidrigen Verhaltens reicht von den einfachsten **Störungen im Leistungsbereich** bis hin zu den schwersten, gegebenenfalls kriminellen **Pflichtverletzungen** im **Vertrauensbereich** und damit über das ganze Spektrum von der ordentlichen Kündigung (nach vielfacher **Abmahnung**) bis hin zur außerordentlichen, fristlosen Kündigung (ohne **Abmahnung**).

Ungeachtet der Tatsache, dass das BAG mit der Zweiteilung des **Prüfmaßstabes für die außerordentliche Kündigung** (Eignung des Grundes an sich und Einzelfalluntersuchung) besondere Voraussetzungen fordert, sind für die verhaltensbedingte Kündigung – einerlei ob ordentlich oder außerordentlich – gemeinsame Grundsätze zu beachten.

Nach wohl richtiger Auffassung von *Preis* (*Bergwitz,* aaO.) besteht zwischen der ordentlichen und der außerordentlichen Kündigung lediglich ein graduelles Gefälle:

Was zur außerordentlichen Kündigung taugt, ist auch zur ordentlichen Kündigung geeignet. Umgekehrt: was zur ordentlichen nicht reicht, kann niemals für die außerordentliche Kündigung taugen.

Hat der Grund der Kündigung genügend Gewicht, so kann er zur **außerordentlichen Kündigung** verwendet werden (*Staudinger/Preis,* § 626 Rdn. 56).

Deshalb gelten für die ordentliche und die außerordentliche **verhaltensbedingte Kündigung** die gleichen **Prinzipien** für

– die Verhältnismäßigkeit (a)

– die Prognose (b)
– das Verschulden (c)
– die Interessenabwägung (d)
– das Erfordernis einer Abmahnung (s. Anm. 6)

a) Vor jeder ordentlichen Kündigung muss nach dem Grundsatz der **Verhältnismäßigkeit** geprüft werden, ob eine beiden Parteien zumutbare Weiterbeschäftigung im Unternehmen möglich ist, die entweder kraft **Direktionsrechts** zuweisbar ist oder andernfalls im Wege der **Änderungskündigung** (Verfahren: BAG 27. 9. 1984, AP Nr. 20 zu § 1 KSchG 69 betriebsbedingte Kündigung) aufgezwungen werden kann (KR-*Etzel,* 6. Aufl., Rdn. 227 zu § 1 KSchG).

Die **Beendigungskündigung** ist ultima ratio. Deshalb gilt der **Vorrang der Änderungskündigung** vor der Beendigungskündigung (BAG 27. 9. 1984, AP Nr. 20 zu § 1 KSchG betriebsbedingte Kündigung).

Diese Grundsätze gelten auch bei der **verhaltensbedingten Kündigung:** auch hier sind die **Widerspruchstatbestände** aus § 1 Abs. 2 Satz 1 Nr. 1b, 2b und Satz 3 auch ohne Widerspruch des Betriebsrats zu beachten (BAG 22. 5. 1986, AP Nr. 4 zu § 1 KSchG 69 Konzern; KR-*Etzel,* 5. Aufl., Rdn. 220–222 zu § 1 KSchG).

Voraussetzung für eine solche Maßnahme ist aber, dass durch die alternativ zu erwägende, bestandserhaltende Anordnung auch die Wiederholungsgefahr bzw. deren Auswirkungen gebannt werden können.

Der mit Arbeitskollegen dauernd streitende Störer wird bei Versetzung auf einen Einzelarbeitsplatz vielleicht eine positive Prognose für sich reklamieren können; die naschende Bienenstich-Verkäuferin wird vielleicht auch in der Haushaltwarenabteilung schwerer ihren Heißhunger zu stillen vermögen. Wie aber beim notorischen Zuspät-Kommer?

Preis (NZA 1997, 1077 und Prinzipien, S. 462) schlägt vor, bei verhaltensbedingten Kündigungen zwischen arbeitsplatzbezogenen und arbeitgeberbezogenen Kündigungsgründen zu unterscheiden.

Nur bei arbeitsplatzbezogenen **verhaltensbedingten Gründen** (Hauptfall: **Schlechtleistung**) sei die Versetzung auf einen freien Arbeitsplatz ein geeignetes minderes Mittel, aber auch nur, wenn Aussicht auf ein künftig vertragsgetreues Verhalten bestehe.

Bei der **außerordentlichen Kündigung** gilt das Ausgeführte in verstärktem Maße, denn die außerordentliche Kündigung versteht sich als die schärfste Sanktion für vertragswidriges Verhalten. Sie muss das unausweichlich letzte zu Gebote stehende Mittel sein.

b) Das BAG (BAG 21. 11. 1996, AP Nr. 130 zu § 626 BGB) selbst hat ausgeführt, es habe

„zumindest seit 1988 ...... deutlich herausgestellt, auch im Bereich der verhaltensbedingten Kündigung gelte das **Prognose-Prinzip**"

und sich zur Eigenbestätigung nicht nur auf sich selbst, sondern insbesondere auf das BVerfG (BVerfG Beschluss 21. 2. 1995, AP Nr. 44 Einigungsvertrag Anlage 1, Kapitel XIX) berufen: der Vertragszweck sei zukunftsbezogen ausgerichtet, weil mit der verhaltensbedingten Kündigung das Risiko weiterer Vertragsverletzungen ausgeschlossen werden solle; entscheidend sei, ob eine Wiederholungsgefahr bestehe oder ob das vergangene Ereignis sich auch künftig weiter belastend auswirke. Das BAG zitiert *Preis* (Prinzipien, S. 454 ff). *Preis* zitiert das BAG und auch das BVerfG (*Preis,* NZA 1997, 1073 (1076)).

„Es geht nicht um die Pönalisierung vergangenen Verhaltens. Entscheidend ist, ob eine weitere gedeihliche Vertragsfortführung zu erwarten ist. Es muss also auch bei diesem (verhaltensbedingten) Kündigungsgrund der Blick in die Zukunft gerichtet werden. Das heißt natürlich nicht, dass das Verhalten in der Vergangenheit keine Rolle spielt. Vielmehr ist gerade dieses die Grundlage für die Negativprognose."

So hatte es im Urteil vom 21. 11. 1996 das BAG auch gesehen. Bei vorangegangener einschlägiger **Abmahnung** sei die Negativ-**Prognose** zu fingieren, denn die Abmahnung diene zur Schaffung einer sicheren Prognose.

c) Nicht in allen Fällen verhaltensbedingter Kündigung ist notwendigerweise ein **Verschulden** zu fordern.

Etzel (KR 6. Aufl., Rdn. 423 zu § 1 KSchG) zählt Fälle auf, in denen auch ein nicht schuldhaftes Verhalten genügt wie bei objektiven Umständen mit wiederholten **Pflichtverletzungen** mit erheblichen Folgen (z. B. Verursachung eines beträchtlichen Schadens oder erheblicher **Störung des Betriebsfriedens**).

Ein nicht schuldhaftes Verhalten kann auch dann genügen, wenn auf Grund objektiver Umstände mit wiederholten **Pflichtwidrigkeiten** zu rechnen ist (BAG 4. 11. 1957, AP Nr. 39 zu § 1 KSchG).

Danach ist bei der **Verdachtskündigung** beispielsweise nicht erforderlich, dass der Verdacht schuldhaft erzeugt wurde. Regelmäßig wird aber ein **Verschulden** im Bereich der verhaltensbedingten Kündigung zu fordern sein (BAG 16. 3. 1961, AP Nr. 2 zu § 1 KSchG 51 verhaltensbedingte Kündigung; 6. 8. 1987, AP Nr. 97 zu § 626 BGB). Eine Ausnahme behandelt das BAG mit Urteil vom 21. 1. 1999 (BB 1999/1819).

Verschulden ist sowohl in der Form des Vorsatzes wie der Fahrlässigkeit denkbar (§ 276 BGB).

In den Fällen der **außerordentlichen verhaltensbedingten Kündigung** wird gefordert, dass der Gekündigte die **Pflichtverletzung** rechtswidrig und schuldhaft begangen hat (BAG 10. 12. 1992, AP Nr. 41 zu Art. 140 GG).

Eine vorwerfbare **Pflichtverletzung** wird aber verneint, wenn der Arbeitnehmer auf Grund unverschuldeten Rechtsirrtums sein Tun für berechtigt gehalten hat (BAG 12. 4. 1973, AP Nr. 24 zu § 611 BGB Direktionsrecht; 17. 5. 1984, AP Nr. 14 zu § 626 BGB Verdacht strafbarer Handlung).

Der Verschuldensgrad wird im Übrigen im Rahmen der **Interessenabwägung** berücksichtigt (BAG 25. 4. 1991, AP Nr. 104 zu § 626 BGB).

d) Anders als bei der betriebsbedingten Kündigung, wo eine **Interessenabwägung** nur eingeschränkt möglich ist (BAG 30. 4. 1987, AP Nr. 42 zu § 1 KSchG 69 betriebsbedingte Kündigung) bzw. von Preis (NZA 1997, 1073 (1077)) für nicht erforderlich gehalten wird, ist im Bereich der verhaltensbedingten Kündigung eine umfassende **Interessenabwägung** unverzichtbar.

Abzuwägen sind
– arbeitgeberseitig das insbesondere bei Personengesellschaften zu ermittelnde objektive Arbeitgeberinteresse an der Auflösung (BAG 2. 11. 1961, AP Nr. 3 zu § 1 KSchG 69 verhaltensbedingte Kündigung)
– arbeitnehmerseitig das Interesse an der Erhaltung des Beschäftigungsverhältnisses.

Dazu zählen
auf Arbeitgeberseite
– Art und Umfang betrieblicher Störungen und Schäden
– generalpräventive Aspekte (Betriebsdisziplin)
– Gefährdung von anderen Arbeitnehmern oder Dritten
– Verschuldensgrad
– Wiederholungsgefahr
auf Arbeitnehmerseite
– Ursachen des Vertragsverstoßes
– Verschulden/Mitverschulden
– Dauer der Betriebszugehörigkeit
– vorangehend unbeanstandetes Verhalten
– Lebensalter und Arbeitsmarkt-Situation
– persönliche wirtschaftliche Folgen für den Arbeitnehmer

In Fällen der außerordentlichen Kündigung untersucht das BAG die **Interessenabwägung** im Rahmen der zweiten Stufe des **Prüfschemas;**

„Wenn ein bestimmter Kündigungsgrund an sich geeignet ist, eine außerordentliche Kündigung zu rechtfertigen, bedarf es nach § 626 Abs. 1 BGB weiter der Prüfung, ob die Fortsetzung des Arbeitsverhältnisses unter Berücksichtigung der konkreten Umstände des Einzelfalles und der Abwägung der Interessen beider Vertragspartner zumutbar ist oder nicht" (BAG 13. 12. 1984, NZA 1985, 288).

So prüft das BAG im Rahmen der **Interessenabwägung** – und nicht im Rahmen der Beurteilung der Eignung als wichtiger Grund – ob z. B. **Störungen im Leistungsbereich** (hier: wiederholte Unpünktlichkeit) auch noch zu nachteiligen Auswirkungen im Bereich der „betrieblichen Verbundenheit" (Betriebsordnung oder Betriebsfrieden) gekommen ist (BAG 17. 3. 1988, AP Nr. 99 zu § 626 BGB).

Die Tatsache der rechtswidrig und schuldhaften Entwendung einer im Eigentum des Arbeitgebers stehenden Sache von geringem Wert wird als geeignet im Sinne der außerordentlichen Kündigung wohl bejaht; aber im Rahmen der Interessenabwägung prüft das BAG, ob unter Berücksichtigung der Dauer unbeanstandeter Betriebszugehörigkeit und des Umfangs des Unrechtsbewusstseins die außerordentliche Kündigung berechtigt ist (BAG 17. 5. 1984, AP Nr. 14 zu § 626 BGB Verdacht strafbarer Handlung).

2. Wird eine verhaltensbedingte Kündigung als außerordentlich fristlos und vorsorglich ordentlich erklärt, so muss ebenso vorsorglich im Rahmen der Klageerwiderung dem Umstand Rechnung getragen werden, dass das **Prüfschema für die außerordentliche Kündigung** und für die ordentliche Kündigung unterschiedlich ist (s. Anm. Nr. 1 und 4 b).

3. Weil für die Prüfung der Zumutbarkeitsvoraussetzungen nach § 626 I BGB die Länge der alternativ einzuhaltenden ordentlichen Kündigungsfrist maßgeblich ist, muss diese auch angegeben werden.

4. Zur **außerordentlichen** (verhaltensbedingten) **Kündigung:**

a) § 623 BGB zwingt auch bei der außerordentlichen Kündigung zur Einhaltung der Schriftform im Sinne des § 126 BGB.

Eine **Begründung** ist (abgesehen vom Sonderfall des § 15 BBiG) nicht Wirksamkeitsvoraussetzung.

Der Empfänger der Kündigung kann jedoch nach § 626 Abs. 2 Satz 3 BGB die unverzügliche schriftliche Begründung fordern.

Die Verletzung der Begründungspflicht berührt aber die Wirksamkeit der Kündigung nicht, kann aber zu Schadensersatzpflicht führen (*Tschöpe-Kappelhoff*, 3 E Rdn. 92).

Der für alle Arbeitnehmergruppen anwendbare § 626 Abs. 1 BGB sieht vor, dass von jedem Vertragsteil „aus wichtigem Grund ohne Einhaltung einer Kündigungsfrist" gekündigt werden darf,

„wenn Tatsachen vorliegen, auf Grund derer dem Kündigenden unter Berücksichtigung aller Umstände des Einzelfalles und unter Abwägung der Interessen beider Vertragsteile die Fortsetzung ...... bis zum Ablauf der ordentlichen Frist oder bis zu der vereinbarten Beendigung ...... nicht zugemutet werden kann"

Diese Vorschrift ist unabdingbar und nicht vertraglich beschränkbar (BAG 19. 12. 1974, DB 1975, 890).

Die vom Gesetz vorgeschriebene Berücksichtigung aller Umstände des Einzelfalles und die zwingende Interessenabwägung machen deutlich, dass es auch keine absoluten oder gewillkürten Gründe für eine außerordentliche Kündigung geben kann (BAG 15. 11. 1984, AP Nr. 87 zu § 626 BGB; BAG 30. 5. 1978, AP Nr. 70 zu § 626 BGB).

Früher im Gesetz enthalten gewesene enumerative Regelungen (z. B. § 72 HGB) könnten maximal Anhaltspunkte für die objektive Eignung liefern, keinesfalls aber (widerlegbare) Vermutungen.

Die Möglichkeit der Kündigung „ohne Einhaltung einer Kündigungsfrist" eröffnet verschiedene Varianten der Anwendung der außerordentlichen Kündigung.

Regelmäßig wird mit einer auf Null reduzierten Frist (fristlos) gekündigt.

Dies ist der häufigste Unterfall der außerordentlichen Kündigung.

Denkbar sind aber auch **Auslauffristen**, für die es keine Regeln gibt (z. B. zum nächsten „runden" Termin oder Monatsende oder aber auch „um bestimmte Arbeiten abzuschließen"). Je länger aber die Auslauffrist gewährt wird, desto eher wird ein Widerspruch zum Argument der Unzumutbarkeit der Fristeinhaltung entstehen.

Auslauffristen spielen nach der Rechtsprechung nur dann eine wichtige Rolle, wenn außerordentliche Kündigungen ausgesprochen werden gegenüber Arbeitnehmern, die kraft Einzelvertrags oder kraft Tarifvertrags „unkündbar" sind und aus betrieblichen Gründen gekündigt wird.

Dann sind **soziale Auslauffristen** entsprechend den letztmöglich anwendbaren tarifvertraglichen Fristen zu gewähren (Weiteres siehe „betriebsbedingte Kündigung").

b) Zum **Beurteilungsmaßstab** ist zu beachten:

In der Rechtsprechung des BAG wird in zwei Stufen geprüft, ob eine **außerordentliche Kündigung** berechtigt ist, nämlich

aa) es wird die Eignung des Grundes „an sich" als „wichtig" im Sinne von § 626 Abs. 1 untersucht – zunächst also ohne die Umstände des Einzelfalls – (BAG 2. 3. 1989, AP Nr. 101 zu § 626 BGB, dort Gründe I 2 b, bb; BAG 15. 11. 1984, AP Nr. 87 zu § 626 BGB)

bb) erst bei Bejahung der ersten Voraussetzung werden die besonderen Umstände des Einzelfalls betrachtet; hier wird die Frage nach der negativen Prognose gestellt und danach beantwortet, ob künftige Belastungen für das Arbeitsverhältnis die Unzumutbarkeit bedingen (BAG 21. 11. 1996, AP Nr. 130 zu § 626 BGB, dort Gründe II 4 a; BAG 13. 12. 1984, NZA 1985, 288).

Es bedarf des direkten Bezugs zum Arbeitsverhältnis.

Erst in dieser zweiten Stufe wird die **Interessenabwägung** vorgenommen (siehe unter Interessenabwägung, Anm. 1 d).

Im Übrigen ist die Unzumutbarkeit in reziproker Abhängigkeit von der Länge der ordentlichen Kündigungsfrist zu sehen: je länger die Frist, desto relativ geringer kann das Gewicht des wichtigen Grundes sein.

c) Das BAG hat in der Entscheidung vom 21. 11. 1996 (AP Nr. 130 zu § 626 BGB) herausgestellt, dass im Bereich der verhaltensbedingten Kündigung das **Prognose-Prinzip** gelte, also der Kündigungszweck zukunftsbezogen ausgerichtet sei „weil mit der verhaltensbedingten Kündigung das Risiko weiterer Vertragsverletzungen ausgeschlossen werden solle; entscheidend sei also, ob eine Wiederholungsgefahr bestehe oder ob sich das vergangene Ereignis künftig weiter belastend auswirke" (ebenso: *Preis*, NZA 1997, 1073 (1076)).

d) Mehr noch als die ordentliche Kündigung ist die außerordentliche Kündigung als die schärfste denkbare Sanktion als **ultima ratio** zu begreifen (BAG 30. 5. 1978, AP Nr. 70 zu § 626 BGB).

Unter dem Aspekt der Verhältnismäßigkeit muss die Kündigung das unausweichlich letzte Mittel sein, um schädliche Folgen abzuwenden.

Das BAG hat unter diesem Aspekt z. B. anstelle der außerordentlichen Beendigungskündigung die außerordentliche Änderungskündigung dort gefordert, wo es möglich ist, die Weiterbeschäftigung zu geänderten Bedingungen auf einem anderen freien Arbeitsplatz vorzunehmen (BAG 30. 5. 1978, AP Nr. 70 zu § 626 BGB) (Beispielsfall: Kraftfahrer nach Verlust des Führerscheins).

5. § 1 Abs. 2 Satz 4 KSchG sagt

„Der Arbeitgeber hat die Tatsachen zu beweisen, die die Kündigung bedingen."

Das gilt für alle von § 1 Abs. 2 Satz 1 KSchG erwähnten Arten der Kündigung.

Vor der **Beweislast** steht notwendigerweise die **Darlegung** der im Bestreitensfall zu beweisenden Tatsachen.

Also hat der Arbeitgeber substantiiert darzulegen, welche Pflichtwidrigkeit er dem Arbeitnehmer vorwirft.

Wo **Abmahnungen** unverzichtbar sind, hat er deren Zugang und Inhalt sowie die Erfolglosigkeit auszuführen.

Vor allem hat er das Verschulden darzustellen und mit Beweis zu vertreten (BAG 17. 4. 1956, AP Nr. 8 zu § 626 BGB).

Hier entstehen regelmäßig die größten Schwierigkeiten, denn nach der Rechtsprechung des BAG geht die **Darlegungs- und Beweislast** des kündigenden Arbeitgebers auch dann nicht auf den Arbeitnehmer über, wenn dieser sich z.B. gegenüber dem Vorwurf unentschuldigten Fehlens mit dem Argument persönlich vereinbarter Arbeitsbefreiung verteidigt (BAG 24. 11. 1983, AP Nr. 76 zu § 626 BGB).

Das heißt: der Arbeitgeber hat vom Arbeitnehmer eingewendete **Rechtfertigungsgründe** wegzubeweisen.

Die Grenze zwischen vorgetragenem **Rechtfertigungsgrund** und bloßer Ausrede ist oft fließend, aber dennoch ist auch die durchsichtige Ausrede nicht dazu angetan, die Darlegungs- und Beweislast zu ändern; hier kann nur die Enttarnung der Ausrede helfen.

Das BAG hat lediglich postuliert, dass „an das Bestreiten einer rechtswidrigen Vertragsverletzung hinsichtlich des Zeitpunkts des Ortes und des Anlasses der behaupteten Vereinbarung, die das Verhalten des gekündigten Arbeitnehmers rechtfertigen oder entschuldigen würde, strenge Anforderungen zu stellen sind" (BAG 24. 11. 1983, aaO.).

Was diese strengen Anforderungen erfüllen kann, hat z.B. das LAG Hessen (18. 11. 1996, NZA RR 1997, 369) formuliert mit:

„Zur schlüssigen Darlegung einer vom Gegner bestrittenen rechtsgeschäftlichen Erklärung ist die wörtliche Wiedergabe der behaupteten Erklärung erforderlich".

Für die Dichte der **Darlegungs- und Beweislast** sind keine Unterschiede zwischen der ordentlichen und der außerordentlichen Kündigung.

Im letzteren Falle sind zusätzlich die Voraussetzungen der Unzumutbarkeit der Einhaltung der ordentlichen Kündigungsfrist darzustellen.

Zur Verhältnismäßigkeit ist schließlich noch Vortrag dahingehend nötig, dass die Sanktionierung nicht schon mit der Beschäftigung auf einem anderen Arbeitsplatz möglich gewesen wäre (BAG 22. 7. 1982, BB 1983, 834).

Schließlich bezieht sich die **Darlegungs- und Beweislast** auch auf die Voraussetzungen der Einhaltung der Frist des § 626 Abs. 2 BGB (BAG 17. 8. 1972, AP Nr. 4 zu § 626 BGB Ausschlussfrist).

6. Unter anderem mit Urteil vom 17. 2. 1994 (AP Nr. 115 zu § 626 BGB) hat der 2. Senat „daran festgehalten", dass bei Störungen im Verhaltensbereich vor einer – außerordentlichen oder ordentlichen – Kündigung im Regelfall eine **Abmahnung** erforderlich ist.

Mit Urteil vom 4. 6. 1997 (AP Nr. 137 zu § 626 BGB) hat er das Abmahnerfordernis auch im **Vertrauensbereich** jedenfalls dann bejaht, wenn ein steuerbares Verhalten des Arbeitnehmers vorliegt und das Vertrauen wieder herstellbar erscheint.

Preis (NZA 1997, 1073 (1077)) hat schon im Vorfeld dieser Entscheidung von einer „neuen herrschenden Meinung" gesprochen, die die **Abmahnung auch im Vertrauensbereich** zur Voraussetzung der Kündigung postuliert, denn im Rahmen des Prognoseprinzips diene das vertragsrechtliche Instrument der Abmahnung gerade dazu, eine sichere Prognosegrundlage zu schaffen. Allerdings hat das BAG nachfolgend seine Rechtsprechung auch noch präzisiert (21. 4. 1999, 5 AZN 974/98) und 11. 3. 1999, 5 AZR 507/98, beide n. v.).

„Das BAG hat nicht erklärt, vor Kündigungen wegen Störungen im Vertrauensbereich sei eine Abmahnung stets erforderlich, wenn es um ein steuerbares Verhalten des Arbeitnehmers gehe. Es hat lediglich ausgeführt, die Frage, ob nicht eine Abmahnung als Reaktion auf ein Fehlverhalten ausreiche, sei auch bei Störungen im Vertrauensbereich zu prüfen und nicht grundsätzlich zu verneinen. Damit hat das BAG nicht ausgeschlossen, dass im konkreten Einzelfall das Erfordernis der Abmahnung wegen der Schwere der erhobenen Vorwürfe entfallen könne."

Auch der 2. Senat hat sich nochmals zu seiner eigenen Rechtsprechung geäußert (10. 2. 1999, EzA § 15 KSchG n.F. Nr. 47) und ausgeführt: „Bei einer Kündigung aus verhaltensbedingten Gründen ist eine Abmahnung jedenfalls dann entbehrlich, wenn es um schwere Pflichtverletzungen geht, deren Rechtswidrigkeit für den Arbeitnehmer ohne weiteres erkennbar ist und bei denen eine Hinnahme des Verhaltens durch den Arbeitgeber offensichtlich ausgeschlossen ist. Dies gilt auch bei Störungen im so genannten Vertrauensbereich."

Nachdem obendrein die Rechtsprechung keine Pflicht des Abmahnungsempfängers bejaht, eine Abmahnung gerichtlich anzugreifen, sondern eine Berufung auf die Unwirksamkeit einer Abmahnung auch dann zulässt, wenn die dort angedrohten Konsequenzen in Bezug auf den Bestand des Arbeitsverhältnisses eingetreten sind (BAG 13. 3. 1987, AP Nr. 18 § 1 KSchG 69 verhaltensbedingte Kündigung) und der Anspruch auf Entfernung der Abmahnung auch nicht tariflichen Ausschlussfristen unterfallen soll (BAG 14. 12. 1994, AP Nr. 15 zu § 611 BGB Abmahnung), ist die richtige Abmahnung als Vorbereitungshandlung zur Kündigung von erheblicher Bedeutung.

Dies gilt nicht nur im kündigungsgeschützten Arbeitsverhältnis, sondern unter Umständen auch dort, wo das BVerfG Kündigungen wegen Verstoßes gegen § 242 BGB für gerichtlich prüfbar ansieht, weil ein Vertrauen auf den Fortbestand des Arbeitsverhältnisses verletzt werde (BVerfG 27. 1. 1998, NZA 1998, 470).

Der Arbeitgeber hat im Rahmen der ihm zustehenden Meinungsfreiheit zunächst selbst darüber zu entscheiden, **ob** er ein Fehlverhalten des Arbeitnehmers abmahnen will **oder nicht**. Allerdings hat er den Grundsatz der **Verhältnismäßigkeit** zu beachten. Ob das abgemahnte Fehlverhalten als Grundlage für eine Kündigung im Wiederholungsfall ausreicht, kann erst im Rechtsstreit über die Kündigung und nicht schon vorher abschließend beurteilt werden (BAG 13. 11. 1991, AP Nr. 7 zu § 611 BGB Abmahnung).

In der Begründung weist das Gericht zwar darauf hin, dass der Grundsatz der **Verhältnismäßigkeit** zu beachten sei. Nachdem dieser aber nur dort greift, wo dem Gegner „unverhältnismäßig große Nachteile zugefügt" werden, muss dem Arbeitgeber die Berechtigung der Missbilligung von Verhaltensfehlern des Arbeitnehmers auch dort zugebilligt werden, wo „Kleinigkeiten" gerügt werden; schließlich konkretisiert sich der Rechtsnachteil eben erst dann, wenn die angedrohten Konsequenzen nach erfolgter Wiederholung in Form der Kündigung gezogen werden und nunmehr zur Beurteilung ansteht, ob das Gewicht des gerügten Verstoßes auch ausreichend gewesen ist.

Laut *Schaub* (NZA 1997, 1185 ff.) sei es Ausfluss des Grundsatzes der **Verhältnismäßigkeit**, „dem anderen noch einmal Gelegenheit zu geben, die Gegenleistung zu erbringen"; hierfür müsse – Wertung aus § 326 Abs. 1 BGB – eine Nachfrist gewährt werden; deshalb sei es nötig, den Arbeitnehmer zu warnen oder im Falle der Beanstandung von Leistungsmängeln die **Abmahnung** als milderes Mittel zu wählen – aber eben nicht noch mildere Mittel vor der Abmahnung.

Dies gilt insbesondere vor dem Hintergrund dessen, dass „links von der Abmahnung" auf einer gedachten **Sanktionsskala** liegende Mittel allzu leicht dann als nach § 87 Abs. 1 r. BetrVG mitbestimmungspflichtige betriebliche Ordnungsmittel deklariert werden könnten mit der Folge zusätzlicher Erschwerungen für den Arbeitgeber (hierzu: *Heinze*, NZA 1990, 169 ff.).

Umgekehrt hat der Arbeitnehmer keinen Anspruch, dass sein Fehlverhalten abgemahnt wird, wenn alternativ der Arbeitgeber als Folge eines Fehlverhaltens nicht abmahnt, sondern versetzt, um hierdurch dem **Prognoseprinzip** zu entsprechen (BAG 24. 4. 1996, AP Nr. 48 zu § 611 BGB Direktionsrecht).

Von einer Abmahnung kann nur gesprochen werden, wenn der Arbeitgeber den Arbeitnehmer deutlich und ernsthaft ermahnt und ihn auffordert, ein ganz genau bezeichnetes Verhalten zu ändern oder aufzugeben (BAG 18. 1. 1980, AP Nr. 3 zu § 1 KSchG 69 verhaltensbedingte Kündigung).

Das LAG Hamm (30. 5. 1996, NZA 97, 1056) hat formuliert:
„Eine wirksame **Abmahnung** muss folgende wesentliche Bestandteile haben:
– die konkrete Feststellung des beanstandeten Verhaltens
– die exakte Rüge der begangenen Pflichtverletzung
– die eindringliche Aufforderung zu künftigem vertragsgetreuem Verhalten
– die eindeutige Ankündigung arbeitsrechtlicher Konsequenzen für den Wiederholungsfall"

Es genügt also nicht, schlagwortartig zu argumentieren oder Unwerturteile zu formulieren (z. B. „Ihre ewige Schlamperei habe ich satt" oder „Sie kommen dauernd zu spät").

Vielmehr ist Präzision in der Bezeichnung der Pflichtverletzung nach Art, Ort, Zeit und Dauer unverzichtbar.

Für die **Warnfunktion** genügt die Erklärung, dass inhalts- oder bestandsbedrohende Konsequenzen in Betracht kommen; nicht erforderlich ist, dass genau gesagt wird, ob diese in einer ordentlichen oder außerordentlichen oder Änderungskündigung bestehen könnten (BAG 18. 1. 1980, AP Nr. 3 zu § 1 KSchG 69).

Umgekehrt wäre es zu wenig, nur von „arbeitsrechtlichen Konsequenzen" zu sprechen, ohne diese als bestandsbedrohend zu kennzeichnen (*Kleinebrink*, FA 1998, 392 ff.). Die Warnfunktion kann allerdings auch geschwächt werden, wenn der Arbeitgeber zu oft abmahnt, ohne eine „letzte Abmahnung" ausdrücklich erklärt zu haben (BAG 15. 11. 2001, BB 2002, 1269).

Durch die Erteilung der **Abmahnung** tritt Verbrauch der Sanktion ein. Ist bereits einmal oder mehrfach eine Abmahnung einschlägiger Art erteilt, so will gegebenenfalls überlegt sein, ob wegen eines neuen Sachverhaltes nochmals abgemahnt oder gegebenenfalls gekündigt wird. Bestimmt nämlich der Arbeitgeber als Sanktion ein weiteres Mal „nur" abzumahnen, so wird ein gegebenenfalls vorhandenes **Wahlrecht** endgültig ausgeübt und auf die Kündigungsmöglichkeit konkludent verzichtet (BAG 10. 11. 1988, AP Nr. 3 zu § 611 BGB Abmahnung).

Wird gekündigt und hält die Kündigung im Streitfall nicht, so kann umgekehrt der Vorwurf zur Erteilung einer Abmahnung nochmals verwendet werden (BAG 13. 3. 1987, AP Nr. 18 zu § 1 KSchG 69 verhaltensbedingte Kündigung; 7. 9. 1988, AP Nr. 2 zu § 611 BGB Abmahnung).

Lange Zeit war von Arbeitnehmerseite in Anspruch genommen worden, dass für die Erteilung der Abmahnung **Regelfristen** in Anlehnung an § 626 Abs. 2 BGB gelten sollten.

Das BAG hat diesen Argumenten ein Ende gemacht und festgestellt, dass es keine Regelausschlussfrist gibt, innerhalb derer der Arbeitgeber sein vertragliches Rügerecht ausüben muss (BAG 15. 1. 1986, AP Nr. 96 § 611 BGB Fürsorgepflicht).

Abmahnungsberechtigt ist nicht nur, wer kündigungsberechtigt ist; vielmehr ist jeder Vorgesetzte befugt, dem gegenüber dem Arbeitnehmer das Weisungsrecht zusteht (BAG 18. 1. 1980, AP Nr. 3 zu § 1 KSchG 69).

Das BAG hat es ausdrücklich abgelehnt, **Regelfristen** festzulegen, innerhalb derer der Rückgriff auf eine Abmahnung zur Begründung einer Kündigung noch oder nicht mehr zulässig sein soll (BAG 18. 11. 1986, AP Nr. 17 zu § 1 KSchG 69 verhaltensbedingte Kündigung).

Vielmehr könne dies nur auf Grund aller Umstände des Einzelfalles beurteilt werden.

Der 7. Senat des BAG verwarf in dieser Entscheidung ganz ausdrücklich eine Rechtsprechung des LAG Hamm (LAGE § 611 BGB Abmahnung Nr. 2), wonach regelmäßig nach zwei Jahren die Wirkungslosigkeit anzunehmen sei. Auch der 2. Senat des BAG ist dem beigetreten (21. 5. 1987, DB 87, 2367).

Also wird in jedem Einzelfall zu gewichten sein. Offen ist, ob der Rückgriff auf die Abmahnung nur unter den Umständen nicht mehr zulässig sein soll, die für die Verwirkung gelten, oder ob nicht das Umstandsmoment für die Verwirkung durch unbeanstandete Weiterarbeit sich täglich neu erfüllen kann.

Verzichtbar ist eine **Abmahnung** zunehmend weniger:

Schaub (NZA 1997, 1185) hatte bereits vor dem Urteil vom 4. 6. 1997 den Hinweis gegeben:

„Gleichwohl wird eine Abmahnung als Vorstufe zur Kündigung nicht nur bei der Kündigung wegen Leistungsmängeln in Betracht kommen. Wenn die Funktion der Abmahnung darin besteht, dem Arbeitnehmer vor Augen zu führen, dass sein Verhalten den Bestand des Arbeitsverhältnisses gefährdet, so ist eine Abmahnung immer dann zulässig aber auch notwendig, wenn er sein Verhalten steuern kann."

Auch er stellt – wie *Preis* (NZA 1997, 1073 ff.) – auf die **negative Prognose** ab.

Selbst im Bereich der betriebsbedingten Kündigung sind Abmahnungen als notwendige Vorstufen denkbar, z.B. Hinweise auf die Notwendigkeit einer Abteilungsschließung bei Fortdauer der Erfolglosigkeit des Arbeitnehmers oder Hinweise auf fehlende Weiterverwendbarkeit bei unterbleibender Weiterbildung.

Verzichtbar kann die **Abmahnung** also höchstens bei fehlender Erfolgsaussicht sein (BAG 26. 11.995, BAGE 1979, 176; 4. 6. 1997, FA 1997, 13) z.B. bei hartnäckiger und uneinsichtiger Fortsetzung einer Vertragsverletzung oder aber bei endgültiger Zerstörung des Vertrauensverhältnisses ohne Reparaturaussicht.

7. Der Arbeitgeber hat die **Beweislast** dafür, dass die zwar abgemahnten, aber vom Arbeitnehmer gegebenenfalls bestrittenen Pflichtwidrigkeiten auch tatsächlich so begangen wurden, wie die Abmahnung dies darstellt (BAG 13. 3. 1987, AP 18 zu § 1 KSchG verhaltensbedingte Kündigung).

8. Siehe Anm. 4 c)

9. Siehe Anm. 4 c) und 1 d)

10. Siehe Anm. 1 b)

11. Sowohl der ordentlichen wie der außerordentlichen Kündigung lassen sich Gründe **nachschieben**, wenn solche vor Ausspruch der Kündigung vorhanden waren, aber erst nachträglich bekannt geworden sind (BAG 18. 1. 1980 und 11. 4. 1985, AP Nr. 1 und 2 zu § 626 BGB Nachschieben von Kündigungsgründen).

Sind Gründe erst nach Ausspruch der Kündigung entstanden, so können sie nur für eine weitere Kündigung verwendet werden.

Für den Fall der außerordentlichen Kündigung kommt es für die nachzuschiebenden Gründe nicht auf eine Fristeinhaltung nach § 626 BGB an (BAG 18. 1. 1980 und 4. 6. 1997, AP Nr. 1 und 5 zu § 626 BGB Nachschieben von Kündigungsgründen).

Wegen der Verwendbarkeit im mitbestimmten Betrieb ist zu verweisen auf die Ausführungen zu § 102 BetrVG. Die erneute Anhörung des Betriebsrats ist unverzichtbar (BAG 11. 4. 1985, AP Nr. 2 zu § 626 BGB Nachschieben von Kündigungsgründen).

12. Zu beachten ist bei der außerordentlichen Kündigung stets die **Ausschlussfrist des § 626 Abs. 2 BGB.**

§ 626 Abs. 2 BGB bestimmt, dass die außerordentliche Kündigung nur innerhalb von zwei Wochen „erfolgen" kann; das heißt: der Zugang muss innerhalb der Frist liegen.

Die **Frist beginnt** mit dem Zeitpunkt, in welchem der Kündigungsberechtigte von den für die Kündigung maßgebenden Tatsachen Kenntnis erlangt.

Die Regelung des § 626 BGB Abs. 2 BGB beinhaltet eine **materiell rechtliche Ausschlussfrist.** Die Versäumung macht die Kündigung als außerordentliche unwirksam.

Die Frist des § 626 Abs. 2 BGB **ist gehemmt,** so lange der Kündigungsberechtigte die zur Aufklärung des Sachverhaltes nach pflichtgemäßem Ermessen notwendig erscheinenden Maßnahmen mit der gebotenen Eile durchführt (BAG 10. 6. 1988, AP Nr. 27 zu § 626 BGB Ausschlussfrist).

Gehört zu den gebotenen Maßnahmen die Anhörung des Betroffenen, so ist bis zu deren Durchführung die Frist auch dann gehemmt, wenn die Anhörung rückblickend sich als überflüssig erweist (BAG 27. 1. 1972, AP Nr. 2 zu § 626 BGB Ausschlussfrist).

Für die Anhörung des Betroffenen gibt es eine Regelfrist von einer Woche (BAG 6. 7. 1972, AP Nr. 3 zu § 626 BGB Ausschlussfrist).

Unverzichtbar ist die **Anhörung des Betroffenen** beim Verdacht strafbarer Handlungen (siehe unter Sonderfälle; Verdachtskündigung).

Im Übrigen aber gibt es für die Ermittlungen keine Regelfrist (BAG 10. 6. 1988 und 31. 3. 1993, AP Nr. 27 und 32 zu § 626 BGB Ausschlussfrist). Wohl aber gilt das Gebot, zügig zu ermitteln (wie vorangehend).

Der **Fristbeginn** tritt ein, sobald der Kündigungsberechtigte eine „zuverlässige und möglichst vollständige positive Kenntnis" von dem Kündigungssachverhalt hat, „die ihm eine Entscheidung ermöglicht, ob die Fortsetzung des Arbeitsverhältnisses zumutbar ist oder nicht. Zu den für die Kündigung maßgeblichen Tatsachen gehören sowohl die für als auch die gegen die Kündigung sprechenden Tatsachen (BAG 6. 7. 1972, AP Nr. 3 zu § 626 BGB Ausschlussfrist).

Der **Fristbeginn** findet in aller Regel – bei der **Verdachtskündigung** zwingend – erst nach Anhörung des Arbeitnehmers statt.

Der Fristbeginn bei der **Verdachtskündigung** ist gegeben, wenn der Arbeitgeber einen bestimmten Kenntnisstand für ausreichend hält, um wegen des Verdachtes zu kündigen (BAG 29. 7. 1993, AP Nr. 31 zu § 626 BGB Ausschlussfrist).

Entscheidet er sich, selbst weiter zu ermitteln, so gilt wieder das Gebot der Zügigkeit und die Frist beginnt zwei Wochen ab Abschluss der Ermittlungen.

Allerdings kann der Arbeitgeber auch abwarten bis zum Abschluss des Ermittlungs- oder Strafverfahrens und dann erst kündigen (BAG 29. 7. 1993 s. voranstehend).

Die **Berechnung** der Frist erfolgt nach den §§ 187ff. BGB. Es zählt der Tag der Kenntniserlangung also nicht mit. Das Fristende bestimmt sich nach § 188 Abs. 2 Satz 1 BGB. Fällt das Fristende auf ein Wochenende, so gilt § 193 BGB.

Besonderheiten bestehen bei **Dauergründen.** Z. B. wird bei der auf Dauer bestehenden Unmöglichkeit der Beschäftigung des Arbeitnehmers die Frist nicht angewendet (BAG 5. 2. 1998, EzA § 626 BGB Unkündbarkeit Nr. 2).

Fällt ein Dauergrund weg, so beginnt er die Frist mit dem Wegfall – z. B. bei unentschuldigtem Fehlen frühestens mit Ende der unentschuldigten Fehlzeit – (BAG 22. 1. 1998, EzA § 626 BGB Ausschlussfrist Nr. 11).

Bei eigenmächtiger Urlaubnahme beginnt die Frist mit der Rückkehr (BAG 25. 2. 1983, AP Nr. 14 zu § 626 BGB Ausschlussfrist).

Von Dauertatbeständen sind Sachverhalte zu unterscheiden, die verwirklicht sind und lediglich **fortwirken** (z. B. Erzeugung von Vertrauensverlust). Dort ist auf die Ursache und nicht auf die Fortwirkung abzustellen (BAG 15. 3. 1984, AZR 159/83 n. v.).

Der **Kündigungsberechtigte** im Sinne von § 626 Abs. 2 Satz 2 BGB ist der Arbeitgeber oder dessen gesetzlicher Vertreter.

Beim eingetragenen Verein hat das BAG wegen § 28 BGB die Frist mit der Kenntnis eines von mehreren Vorstandsmitgliedern beginnen lassen (BAG 20. 9. 1984, AP Nr. 1 zu § 28 BGB).

Für die Kündigung der Gesellschafter der GmbH gegenüber dem Geschäftsführer stellt der BGH neuerdings auf die nach dem Zusammentritt der Gesellschafterversammlung dort kollektiv erlangte Kenntnis ab (BGH 15. 6. 1998, NZA 1998, 1005).

Nur bei unangemessener Verzögerung der Einberufung der Gesellschafterversammlung müsse die Gesellschaft sich so behandeln lassen, als wäre die Gesellschafterversammlung „mit der billigerweise zumutbaren Beschleunigung einberufen worden".

Das BAG hat für den Fristbeginn ausnahmsweise die Kenntnis eines nicht zur Entlassung befugten Dritten genügen lassen, indem es dessen Kenntnisse den Kündigungsberechtigen nach Treu und Glauben zugerechnet hat „wenn dessen Stellung im Betrieb nach den Umständen des Einzelfalls erwarten lässt, er werde den Kündigungsberechtigten von dem Kündigungssachverhalt unterrichten" (BAG 5. 5. 1977, AP Nr. 11 zu § 626 BGB Ausschlussfrist).

13. Die vorsorglich als ordentlich erklärte Kündigung erspart es, den – gegebenenfalls gar nicht möglichen – Weg über eine **Umdeutung** zu gehen.

Umdeuten lässt sich nach § 140 BGB eine außerordentliche Kündigung in eine ordentliche Kündigung, wenn der Beendigungswille insgesamt – auch für den Arbeitnehmer – aus der Erklärung deutlich wird (BAG 25. 7. 1968, BB 68,1201; 18. 9. 1975, AP Nr. 10 zu § 626 BGB Druckkündigung).

Umgekehrt ist eine **Umdeutung** der ordentlichen Kündigung in eine außerordentliche unzulässig, weil jede Erklärung als ordentliche Kündigung auszulegen ist, der der Wille, außerordentlich gekündigt zu haben, nicht deutlich zu entnehmen ist (BAG 9. 12. 1954, NJW 1954, 807).

Voraussetzung im mitbestimmten Betrieb für die Umdeutung ist, dass die Anhörung auch im Sinne einer außerordentlichen, vorsorglich ordentlichen Kündigung erfolgt ist.

Das Gericht muss auch nicht erst auf ein ausdrückliches Verlangen nach Umdeutung hierüber entscheiden, sondern, wenn der Beendigungswille insgesamt aus der Erklärung deutlich wird, von Amts wegen § 140 BGB anwenden (BAG 18. 9. 1975, AP § 626 BGB Druckkündigung Nr. 10; LAG Köln, 27. 4. 1999, NZA 2000,39; LAG Sachsen-Anhalt, 25. 1. 2000, NZA-RR 2000,472).

Umdeuten lässt sich nicht eine **Tatkündigung** in eine **Verdachtskündigung,** wenn eine Anhörung des Arbeitnehmers als Wirksamkeitsvoraussetzung nicht stattgefunden hat.

Das Gleiche gilt, wenn der **Betriebsrat** nicht alternativ angehört wurde (BAG 3. 4. 1986, AP Nr. 3 zu § 626 BGB Verdacht strafbarer Handlung).

Hinweis:

Als **Sonderfälle** der verhaltensbedingten Kündigung kommen vor:

a) Eine **Druckkündigung** liegt vor, wenn Dritte unter Androhung von Nachteilen für den Arbeitgeber von diesem die Entlassung eines bestimmten Arbeitnehmers verlangen (BAG 19. 6. 1986, AP Nr. 33 zu § 1 KSchG 69 betriebsbedingte Kündigung).

Die Druckkündigung ist sowohl außerordentlich wie ordentlich denkbar (KR-*Fischermeier,* 5. Aufl., Rdn. 204 zu § 626 BGB).

Dabei sind zwei Fallgestaltungen zu unterscheiden:

– Das Verlangen des Dritten kann gegenüber dem Arbeitgeber durch ein Verhalten des Arbeitnehmers oder einen persönlichen Grund objektiv gerechtfertigt sein; dann kann der Arbeitgeber personen- oder verhaltensbedingt kündigen.

– Wenn es an einer objektiven Rechtfertigung der Drohung des Dritten fehlt, kommt eine betriebsbedingte Kündigung in Betracht (BAG 19. 6. 1986 aaO.).

Eine als Druckkündigung erklärte Kündigung ist vom Gericht alternativ unter den Varianten des § 1 Abs. 2 KSchG zu prüfen (BAG 31. 1. 1996, AP Nr. 13 zu § 626 BGB Druckkündigung).

Dritte als Erzeuger des Drucks können sein:
- Belegschaftsmitglieder
- der Betriebsrat
- die Gewerkschaft
- Kunden

Probleme wirft die Druckkündigung regelmäßig dann auf, wenn das Entlassungsverlangen objektiv nicht gerechtfertigt ist. Der Arbeitgeber hat sich für diesen Fall schützend vor den Arbeitnehmer zu stellen (Fürsorgepflicht) und zu versuchen, den Druck abzuwenden.

Nur wenn trotzdem vom Dritten ein Verhalten in Aussicht gestellt wird, welches schwere wirtschaftliche Schäden erwarten lässt, kann die Kündigung sozial gerechtfertigt sein; dabei ist aber Voraussetzung, dass die Kündigung das einzig praktisch in Betracht kommende Mittel ist, um die Schäden abzuwenden (BAG 19. 6. 1986, aaO.).

Droht die Belegschaft mit Streik oder Massenkündigung oder der Kunde mit Abbruch der Geschäftsbeziehungen, so kommt diese Konstruktion in Betracht.

Der Arbeitgeber muss vortragen und beweisen, dass er alles Erdenkliche zur Abwendung der Gefahr getan habe.

Der **Betriebsrat** hat im Rahmen des § 104 BetrVG das Recht, die Entfernung störender Arbeitnehmer zu verlangen.

Ob der Arbeitgeber verpflichtet ist, sich gegebenenfalls durch ein gerichtliches Beschlussverfahren aufgeben zu lassen, die Entfernung durchzuführen, ist unentschieden.

Keine Wirksamkeitsvoraussetzung für die Druckkündigung ist die Anhörung des betroffenen Arbeitnehmers vor Ausspruch der Kündigung (BAG 4. 10. 1990, AP Nr. 12 zu § 626 BGB Druckkündigung).

b) Obwohl weiterhin hochgradig streitig ist, ob und wie die **Verdachtskündigung** dogmatisch sauber im Sinn der vom BVerfG (BVerfG 1962, 45) geforderten Kriterien zur Auslegung eines Gesetzes begründbar ist (*Dörner*, NZA 1992, 865 und 1993, 873; *Schütte*, NZA 1991, Beilage 2 S. 17; *Weber*, SAE 1996, 57 ff.; *Lücke*, BB 1997, 1842 ff. und 98, 2259 ff.; *Preis*, DB 1988, 1444 ff.) hat die Verdachtskündigung in der Rechtsprechung des BAG seit vielen Jahren ihren festen Platz (fortlaufend in AP zu § 626 BGB Verdacht strafbarer Handlung Nr. 1 vom 12. 5. 1955; zuletzt: Urteil vom 14. 9. 1994 = AP Nr. 24 und 13. 9. 1995 = AP Nr. 25 jeweils zu § 626 BGB Verdacht strafbarer Handlung).

Allerdings postuliert das BAG besonders strenge Anforderungen (14. 9. 1994 und 13. 9. 1995, AP Nr. 24 und 25 aaO.).

Eine Verdachtskündigung „liegt nur dann vor, wenn und soweit der Arbeitgeber die Kündigung damit begründet, gerade der Verdacht eines nicht erwiesenen Verhaltens habe das für die Fortsetzung des Arbeitsverhältnisses erforderliche Vertrauen zerstört" (BAG 3. 4. 1986 und 26. 3. 1992, AP Nr. 18 und 23 zu § 626 BGB Verdacht strafbarer Handlungen).

Neben den objektiven Tatsachen, die den Verdacht begründen (Beweisanzeichen), wird in der Rechtsprechung darüber hinaus zur Rechtfertigung zusätzlich eine Prognose dahingehend gefordert, dass gerade der betroffene Arbeitnehmer die Tat begangen hat. Erst diese für den Arbeitnehmer negative Prognose, die das Arbeitsverhältnis bis zum Beweis des Gegenteils als untragbar erscheinen lässt, legitimiert die Verdachtskündigung (*Dörner*, NZA 1992, 865 ff. (866) unter Hinweis auf *Preis* „Prinzipien", S. 329).

Im Detail wird verlangt,

1. dass der Verdacht sich auf eine Straftat oder schwere Vertragsverletzung bezieht, die – falls bewiesen – auch als Tatkündigung eine fristlose Kündigung zu rechtfertigen vermöchte (BAG 23. 2. 1961, AP Nr. 9 zu § 626 BGB Verdacht strafbarer Handlung).

2. der Verdacht hat sich auf objektiv nachweisbare Tatsachen zu beziehen – und nicht nur auf subjektive Eindrücke, auf Grund derer – ebenso objektiv – der Verlust des Vertrauens beruht –

3. der Verdacht muss dringend sein; und zwar noch immer nachdem der Arbeitgeber alle zumutbaren Anstrengungen zur Aufklärung des Sachverhaltes unternommen hat (BAG 13. 9. 1995, AP Nr. 25 zu § 626 BGB Verdacht strafbarer Handlung). Der Beurteilungszeitpunkt liegt im Zeitpunkt der Kündigung

4. zu den zumutbaren **Aufklärungsmaßnahmen** gehört unverzichtbar die **Anhörung des Betroffenen**; sie ist Wirksamkeitsvoraussetzung der Verdachtskündigung (BAG 11. 4. 1985, AP Nr. 39 zu § 102 BetrVG 72; 30. 4. 1987, AP Nr. 19 und 14. 9. 1994, AP Nr. 24 jeweils zu § 626 BGB Verdacht strafbarer Handlung; dagegen: *Preis* DB 1988, 1444 ff.).

Im Rahmen der geschuldeten Anhörung fordert das BAG zwar nicht eine Informationsdichte, wie etwa für die Anhörung des **Betriebsrats** im Rahmen des § 102 BetrVG; jedoch darf der Verdacht sich nicht in bloßer Wertung erschöpfen, sondern muss „so weit konkretisiert sein, dass der Arbeitnehmer darauf substantiiert antworten kann" (BAG 13. 9. 1995, AP Nr. 25 zu § 626 BGB Verdacht strafbarer Handlung).

Wann die Anhörung des Arbeitnehmers stattzufinden hat, ist nach Meinung des BAG nicht entscheidend. Ermittelt der Arbeitgeber nach der Anhörung weiter, so braucht jedenfalls dann eine nochmalige Konfrontation mit dem Ermittlungsergebnis nicht stattzufinden, wenn zuvor der Arbeitnehmer lediglich pauschal bestritten und damit den Schluss nahe gelegt hat, er sei an einer Mitwirkung an der Aufklärung nicht interessiert (BAG, AP Nr. 25 s. o. (Gründe II 4 a)).

Allerdings wird nur für diesen Fall keine schuldhafte Obliegenheitsverletzung des Arbeitgebers angenommen werden, die die spätere formelle Unwirksamkeit der Verdachtskündigung zur Folge hätte (BAG, AP Nr. 19 und 25 s. o.).

Umgekehrt ist die erneute **Anhörung des Arbeitnehmers** nötig, wenn dieser sich konkret eingelassen hat und weitere Ermittlungen erst dazu führen, die Einlassung zu widerlegen (BAG, AP Nr. 25 w. o.).

Die **Verdachtskündigung** ist nicht nur als außerordentliche Kündigung denkbar, sondern ebenso als ordentliche Kündigung möglich (KR-*Etzel*, 6. Aufl., Rdn. 523 zu § 1 KSchG).

Der Beurteilungszeitpunkt für die Verdachtskündigung ist grundsätzlich auf den Zeitpunkt des Zugangs der Kündigung zu beziehen. Maßgeblich ist, welche Tatsachen objektiv in diesem Zeitpunkt für die Kündigungsentscheidung ausschlaggebend waren.

Allerdings kann im Laufe des Kündigungsstreites durch neue Umstände der Verdacht abgeschwächt oder gar ausgeschlossen werden. Dann kommt es darauf an, ob diese Umstände im Zeitpunkt des Kündigungsausspruches schon vorgelegen haben (BAG 14. 9. 1994, AP Nr. 24 s. o.).

Ergeben sich entlastende Umstände – z. B. ein Freispruch im Strafverfahren – so sind auch diese neuen Tatsachen zu berücksichtigen, weil sie den Verdacht im Zeitpunkt des Zugangs der Kündigung objektiv entkräften (KR-*Etzel*, 6. Aufl., Rdn. 527 zu § 1 KSchG m. w. N.).

Hingegen hat das BAG (20. 8. 1997, AP Nr. 27 zu § 626 BGB Verdacht strafbarer Handlung) im Falle einer Einstellung des staatsanwaltschaftlichen Ermittlungsverfahrens nach § 170 Abs. 2 Satz 1 StPO die Wirksamkeit einer fristlosen Verdachtskündigung nicht als beeinträchtigt angesehen; nicht nur, weil eine Einstellung nach § 170 Abs. 2 Satz 1 StPO strafprozessual keine irgendwie geartete Rechtskraftwirkung habe und damit keinen Vertrauensschutz erlaube, sondern auch keineswegs einem „Freispruch wegen erwiesener Unschuld" gleichkomme.

Ausdrücklich führt das BAG (20. 8. 1997, AP Nr. 27 zu § 626 BGB Verdacht strafbarer Handlung) aus:

„Eine Verdachtskündigung hängt nicht von der strafrechtlichen Würdigung eines den Sachverhalt begründenden Verhaltens ab, sondern von der Beeinträchtigung des für das Arbeitsverhältnis erforderlichen Vertrauens durch den Verdacht."

Mit dieser Begründung hat das BAG weder an der Begründetheit der **Verdachtskündigung** rütteln lassen, noch einen Wiedereinstellungsanspruch für den Arbeitnehmer gewährt.

Die Verdachtskündigung wird vom BAG nicht im maius/minus-Verhältnis zur Tatkündigung gesehen, sondern als ein Aliud.

Dies folge aus den Besonderheiten im Rahmen der Vorbereitung des Ausspruchs. Stützt der Arbeitgeber die Kündigung erst nach deren Ausspruch auf den Verdacht einer strafbaren Handlung, so schiebt er damit „einen andersartigen Kündigungsgrund" nach (BAG 20. 8. 1997, AP Nr. 27 zu § 626 BGB Verdacht strafbarer Handlung (Gründe II 1 b)).

Dass ein solches **Nachschieben** im mitbestimmten Betrieb nicht zulässig ist ohne **Betriebsratsbeteiligung**, ist eigentlich selbstverständlich.

11.2 Klageantwort bei personenbedingter Kündigung (fristlos/ordentlich) auf Grund häufiger Kurzerkrankungen[3a]

An das
Arbeitsgericht ......
Az.: ......

In Sachen ......

                                                          – Klagepartei –

Prozessbevollmächtigter:

                              gegen

......

                                                          – beklagte Partei –

Prozessbevollmächtigter:
wegen Kündigung

zeige ich die Vertretung der beklagten Partei an. Ich werde beantragen:
1. Die Klage wird abgewiesen.
2. Die Klagepartei trägt die Verfahrenskosten.

                          Begründung:

Die Kündigung ist personen-[1] (krankheits-)bedingt gerechtfertigt.[2] In den letzten fünf Jahren ist eine stetig ansteigende Statistik[3a] von krankheitsbedingten Fehlzeiten zu beobachten, die wie folgt wiedergegeben wird:
......
Unterschieden ist in dieser Statistik in bezahlte und unbezahlte Fehltage.
Arbeitsunfälle sind insgesamt nicht berücksichtigt.
Die Beklagte schließt aus den statistischen Werten auf die künftige Entwicklung und stellt der Klagepartei eine ungünstige Prognose.[2]
Sie kennt zwar nicht die einzelnen Ursachen der Krankschreibungen. Sie hat aber vor Ausspruch der Kündigung alles Mögliche getan, um insoweit fehlende Kenntnisse zu erlangen: sie hat die Klagepartei aufgefordert, die behandelnden Ärzte von

der Schweigepflicht zu entbinden, hat hierauf aber von der Klagepartei keine Reaktion erhalten.[4]

Die Kosten der Fehlzeiten sind eine unzumutbare Belastung für den Betrieb. Sie betragen in der Summe der aufgelisteten Fehlzeiten ......[3a]

Im Rahmen der Interessenabwägung[3a] ist zu berücksichtigen ......

Dem im Betrieb bestehenden Betriebsrat[5] wurde zu Händen des Vorsitzenden am ...... unter Nennung der Personalien des Klägers (Geburtsdatum, Familienstand, aus der Steuerkarte ablesbare Unterhaltspflichten) und unter Nennung der anzuwendenden tarifvertraglichen Kündigungsfrist die Kündigungsabsicht mitgeteilt. Dem Betriebsrat wurde die obige Fehlzeitenstatistik und die Summe der hierdurch entstandenen betrieblichen Belastungen mitgeteilt mit dem Kommentar, dass der Betrieb eine schlechte Prognose für die Zukunft stelle und die zu befürchtenden weiteren Kostenbelastungen für unzumutbar ansieht.

Der Betriebsrat hat bis Ablauf der Wochenfrist sich zur Kündigungsanhörung nicht erklärt. Nach Fristablauf wurde die Kündigung deshalb in Auslauf gebracht.

Rechtsanwalt

Anmerkungen

1. Die **personenbedingte Kündigung** ist in § 1 Abs. 2 KSchG als Regulativ für die Fälle vorgesehen, in denen das Arbeitsverhältnis seinem Austausch-Charakter nicht mehr entspricht.

Ein personenbedingter Kündigungsgrund liegt demnach vor, wenn der Arbeitnehmer im Zeitpunkt des Zugangs der Kündigung (dem nach der Rechtsprechung maßgeblichen Beurteilungszeitpunkt; BAG 6. 9. 1989, AP 22 zu § 1 KSchG 69 Krankheit) und prognostisch auch in absehbarer Zeit danach die für die Erfüllung seiner Pflichten aus dem Arbeitsverhältnis erforderlichen Fähigkeiten und Eignungen nicht besitzt (KR-*Etzel*, 5. Aufl., § 1 KSchG Rdn. 291).

In der Regel handelt es sich bei den personenbedingten Gründen nicht um solche, die mit dem steuerbaren Verhalten des Arbeitnehmers zusammenhängen, so dass **Abmahnungen** nur in Ausnahmefällen eine Rolle spielen können.

Nicht notwendig ist ein **Verschulden**.

Wenn und soweit es eine Rolle spielt, ist es im Rahmen der Interessenabwägung zu berücksichtigen.

2. Im Rahmen der Rechtsprechung zur **Kündigung wegen Krankheit** hat das BAG ein **dreistufiges Prüfschema** entwickelt (Urteil 16. 2. 1989, AP 20 zu § 1 KSchG 69 Krankheit und Urt. 29. 4. 99, NZA 1999, 978), das für alle Fälle der personenbedingten Kündigung anwendbar ist: für die Feststellung der sozialen Rechtfertigung ist zu untersuchen

– die **negative Prognose** für die fehlende Eignung oder den Wegfall der Fähigkeiten, die zur Erfüllung des Arbeitsvertrags geschuldet werden

– die Prognose für weitere **Störungen des Betriebsablaufs** bzw. unzumutbare Belastungen des Betriebs unter Berücksichtigung des Verhältnismäßigkeitsgrundsatzes

– eine **Interessenabwägung**.

3. Für die hauptsächlichen „Anwendungsfälle" der personenbedingten Kündigung gilt im Einzelnen:

a) **Kündigung wegen häufiger Erkrankungen**

– in der ersten Stufe

Der Arbeitgeber kann durch Vortrag einer Statistik über Fehlzeiten aus der Vergangenheit (Referenzzeitraum mindestens zwei Jahre (KR-*Etzel*, 6. Aufl., § 1 Rdn. 354) eine Indizwirkung erzeugen, die der Arbeitnehmer aber entkräften kann (siehe unten Darlegungslast). Die **negative Prognose** ist in jedem Fall vom Arbeitgeber zu beweisen (§ 1 Abs. 2 Satz 4 KSchG).

– in der zweiten Stufe

Der Arbeitgeber muss schwerwiegende **betriebliche Störungen** als Folge der Erkenntnisse aus Stufe 1 darlegen, d. h. nicht mit zumutbaren Mitteln überbrückbare Ausfälle oder aber erhebliche wirtschaftliche Belastungen z. B. in Form von Entgeltfortzahlungskosten darstellen. Das BAG hat mit Urteil vom 16. 2. 1989 (AP 20 § 1 KSchG 69 Krankheit) die unzumutbar hohe wirtschaftliche Belastung durch bereits bezahlte und künftig zu erwartende Entgeltfortzahlungskosten als Rechtfertigungsgrund für geeignet anerkannt, also die Arbeitgeber davon befreit, zusätzliche Störungen des Betriebsablaufes vorzutragen (dazu *Preis* in AP-Anmerkung zu Nr. 20 aaO.).

Mit Urteil vom 29. 7. 1993 (AP 27 zu § 1 KSchG 69 Krankheit) hat es die Erheblichkeitsgrenze auf „jeweils einen Zeitraum von mehr als 6 Wochen" pro Jahr festgelegt, die bei stimmiger Prognose in der zweiten Prüfstufe zu erreichen ist.

Ebenfalls in der zweiten Prüfstufe ist festzustellen, ob nicht durch Zuweisung eines anderen Arbeitsplatzes im Betrieb oder Unternehmen die Kündigung vermieden werden könnte (**ultima ratio**). Wegen **Darlegungs- und Beweislast** insoweit siehe dort.

– in der dritten Prüfstufe sind im Rahmen der Interessenabwägung (siehe hierzu Form. B. III. 11.1 Anm. 1 d) unter anderem zu erörtern

   – Krankheitsursachen (siehe Darlegungslast)

   – Verschulden (z. B. selbst herbeigeführte Krankheit)

   – Dauer des ungestörten Bestandes des Arbeitsverhältnisses (BAG 6. 9. 1989, AP 23 zu § 1 KSchG 69 Krankheit)

   – fehlende Personalreserve zu Lasten des Arbeitnehmers (BAG 6. 9. 1989, AP 21 zu § 1 KSchG 69 Krankheit)

b) Kündigung wegen lang anhaltender Krankheit

– in der ersten Stufe:

Die **negative Prognose** für die Zukunft nach dem bei Ausspruch der Kündigung vorhandenen oder beschafften Erkenntnisstand muss dahin gehen, dass die Wiederherstellung der Arbeitsfähigkeit völlig ungewiss ist.

Ist dies so, so steht die **Ungewissheit** einer dauernden Leistungsunfähigkeit gleich (BAG 21. 5. 1992, AP 30 zu § 1 KSchG 69 Krankheit), wenn sich in den der Kündigung folgenden 24 Monaten eine andere Prognose nicht erwarten lässt (BAG 12. 4. 2002, NZA 2002, 1081). Ggfs. hat er diese im Prozess nachzuholen.

Dabei kommt es auf Vergangenes nur für die dritte Prüfstufe an.

Um die **Prognose** abzusichern, ist der Arbeitnehmer selbst zu hören oder zur **Entbindung** seiner Ärzte von der **Schweigepflicht** zu veranlassen.

Stellt sich z. B. heraus, dass noch eine Rehabilitationsmaßnahme bevorsteht, wird regelmäßig zur **Prognosebildung** deren Ergebnis abgewartet werden müssen (KR-*Etzel*, 6. Aufl., § 1 KSchG, Rdn. 406), denn Kuren werden in der Regel nur bei Erfolgsaussicht vom Träger gewährt.

– in der zweiten Stufe ist die völlige Ungewissheit über die Wiedererlangung der Arbeitsfähigkeit auch zugleich als die **betriebliche Störung** anzusehen (BAG 21. 5. 1992, AP 30 zu § 1 KSchG 69 Krankheit).

Geht es nur um eine hinsichtlich der Dauer ungewisse, aber nicht hinsichtlich der Wiederherstellbarkeit der Arbeitsfähigkeit ungewisse Prognose, so wird vom Arbeitgeber im Rahmen der Verhältnismäßigkeitsprüfung gefordert, sich gegebenenfalls mit sogar unbefristet einzustellenden Ersatzkräften eine Überbrückungsmöglichkeit zu verschaffen (BAG 22. 2. 1980 bzw. 25. 11. 1982; AP 6 und 7 zu § 1 KSchG 69 Krankheit).

Nur wo dies aus betriebstechnischen oder qualitativen oder arbeitsmarktbedingten Gründen nicht möglich ist, kann die **ultima ratio** durch eine Kündigung nicht verletzt sein.
– in der dritten Stufe ist wiederum eine **Interessenabwägung** durchzuführen (dazu allgemein siehe Kap. 1 B. III. 11.1. Anm. 1 d).
Im Speziellen geht es auch hier um
– arbeitgeberseitiges Interesse an der Beendigung von Geldverpflichtungen trotz fehlender Arbeit, wie beispielsweise aus tarifvertraglicher Fortdauer der Verpflichtung zur Zahlung einer Sonderzahlung
– arbeitnehmerseitig um Krankheitsursachen (siehe Darlegungslast)
– unbeeinträchtigte Bestandszeiten (BAG 6. 9. 1989, AP 23 zu § 1 KSchG 69 Krankheit).

c) Kündigung wegen **krankheitsbedingter Leistungsminderung**
Auch die krankheitsbedingte Minderung der Leistungsfähigkeit des Arbeitnehmers kann ein in der Person des Arbeitnehmers liegender Grund zur sozialen Rechtfertigung einer ordentlichen Kündigung nach § 1 Abs. 2 Satz 1 KSchG sein, wenn sie zu einer erheblichen Beeinträchtigung der betrieblichen Interessen führt (BAG 26. 9. 1991, AP 28 zu § 1 KSchG 69 Krankheit).
– in der ersten Stufe ist auch hier die Frage nach der **Prognose** für einen Dauerzustand zu stellen.
Das Hessische LAG hatte in einem Verfahren auch die Frage zu prüfen, ob die ärztlich attestierte Verschlechterungsgefahr des Gesundheitszustandes des Arbeitnehmers „aus Fürsorge" eine personenbedingte Kündigung rechtfertige, dies aber verneint (11. 2. 1997, LAGE § 1 KSchG personenbedingte Kündigung Nr. 14).
– in der zweiten Stufe geht es um die erhebliche **Beeinträchtigung der betrieblichen Interessen** und natürlich um den Ausschluss von Umsetzungsmöglichkeiten auf den „leidensgerechten Arbeitsplatz" (BAG 29. 1. 1997, AP 32 zu § 1 KSchG 69 Krankheit), um die sich der Arbeitgeber gegebenenfalls unter Ausübung des Direktionsrechts, nicht aber gegen den Widerspruch des Betriebsrats bemühen muss.
– in der dritten Stufe gelten die allgemeinen Grundsätze.

d) **Alkohol-/Drogenabhängigkeit**
Beruht der Missbrauch von Alkohol oder Drogen auf krankhafter Abhängigkeit, so scheidet ein Schuldvorwurf aus.
Die Kündigung kommt dann nur krankheitsbedingt, nicht aber verhaltensbedingt in Betracht (BAG 26. 1. 1995, AP 34 zu § 1 KSchG 69 verhaltensbedingte Kündigung).
Die Kündigung ist nach Verhältnismäßigkeitsgesichtspunkten nur zulässig, wenn zuvor dem Arbeitnehmer Gelegenheit gegeben wurde (gegebenenfalls mit Fristsetzung), sich einer Entziehungsmaßnahme zu unterziehen. Erst wenn diese verweigert wird, rechtfertigt sich die negative Prognose.

e) **Arbeitserlaubnis**
Fehlt dem Arbeitnehmer die Arbeitserlaubnis nach § 285 SGB III (früher § 19 AFG) oder geht sie ihm verloren, so kann dies die personenbedingte Kündigung – gegebenenfalls sogar außerordentlich – rechtfertigen.
Auch hier ist die **Prognose** der fehlenden Möglichkeit der unverzüglichen Reparatur erforderlich.
In der zweiten Stufe ergibt sich die Betriebsstörung von selbst auf Grund des gesetzlichen Beschäftigungsverbotes. Für die Interessenabwägung in der dritten Stufe bleibt letztlich kein Raum.

f) **Fahrerlaubnisentzug**
Dass der Verlust der Fahrerlaubnis bei einem Kraftfahrer als Grund zur außerordentlichen Kündigung geeignet ist, hat das BAG bereits am 30. 5. 1978 (AP 70 zu § 626 BGB) entschieden.

Gleiches muss bei einem Piloten für die Fluglizenz gelten (BAG 31. 1. 1996, NZA 1996, 819).

Für die Kündigung kommt nach dem Verhältnismäßigkeitsprinzip hinzu, dass keine andere Beschäftigungsmöglichkeit gegeben sein darf.

Ebenfalls nach dem **Verhältnismäßigkeitsprinzip** ist eine relevante Dauer des Erlaubnisverlustes erforderlich. Überbrückungsmaßnahmen müssen unzumutbar oder unmöglich sein.

Betrifft der Fahrerlaubnisentzug einen Außendienstmitarbeiter, dessen Aufgabe nicht primär in der Führung von Kraftfahrzeugen besteht, so ist darauf abzustellen, ob dem Arbeitgeber zuzumuten ist, vom Arbeitnehmer angebotene Überbrückungsmöglichkeiten (Gestellung eines Chauffeurs) anzunehmen (verneint LAG Schleswig Holstein 16. 6. 1986 NZA 1987, 669).

4. Darlegungs- und Beweislast

Zunächst gilt allgemein § 1 Abs. 2 Satz 4 KSchG: der Arbeitgeber trägt für die Kündigungsgründe insgesamt die Darlegungs- und Beweislast.

In einzelnen Fallkonstellationen hat die Rechtsprechung aber abgestuft:

a) Bei der Kündigung wegen häufiger Kurzerkrankungen
- kann in der ersten Stufe der Arbeitgeber sich zunächst darauf beschränken, die Statistik der Vergangenheit darzulegen
- darauf muss der Arbeitnehmer im Rahmen seiner prozessualen Mitwirkungspflicht nach § 138 Abs. 2 ZPO dartun, weshalb die Besorgnis künftiger weiterer Erkrankungen nicht berechtigt sein soll; dieser Pflicht genügt er bereits dann, wenn er die Behauptung des Arbeitgebers bestreitet und eine **Schweigepflichtsentbindungserklärung** für seine Ärzte abgibt
- wenn er selbst aber konkrete Umstände, wie Krankheitsursachen, vorträgt, müssen diese zur Erschütterung der **Indizwirkung** des Arbeitgebervortrags geeignet sein; den Gegenbeweis schuldet der Arbeitnehmer nicht (BAG 6. 9. 1989, AP 21 zu § 1 KSchG 69 Krankheit).

b) Im Rahmen der **Interessenabwägung** bei krankheitsbedingter Kündigung
- behauptet der Arbeitnehmer einen ursächlichen Zusammenhang zwischen Krankheit und betrieblichen Gründen
- der Arbeitgeber trägt dann die **Beweislast** dafür, dass ein vom Arbeitnehmer behaupteter ursächlicher Zusammenhang nicht besteht.
Zunächst genügt der Arbeitgeber seiner **Darlegungslast,** wenn er die betriebliche Tätigkeit des Arbeitnehmers vorträgt und einen ursächlichen Zusammenhang mit den Fehlzeiten bestreitet.
- der Arbeitnehmer muss dann nach § 138 Abs. 2 ZPO dartun, weshalb der ursächliche Zusammenhang bestehen soll und gleichzeitig eine **Schweigepflichtsentbindung** seiner Ärzte erklären
- dann ist es Aufgabe des Arbeitgebers, für die fehlende Kausalität Beweis anzutreten und das Gericht ist verpflichtet, diesen Anträgen auch nachzugehen (BAG 6. 9. 1989, AP 22 zu § 1 KSchG 69 Krankheit)

c) Im Falle der Kündigung wegen Lizenzverlusts (BAG 31. 1. 1996, NZA 1996, 819) hat der Kläger geltend gemacht, die Nichtverlängerung der Verkehrsflugzeugführerlizenz sei nicht auf Leistungsmängel zurückzuführen, sondern auf vom Arbeitgeber zu vertretende überzogene Anforderungen beim letzten Kontrollflug.

Hier hat das BAG dem Arbeitgeber die Last auferlegt, dies zu widerlegen; insoweit gelten die von der Rechtsprechung erarbeiteten Grundsätze zur **abgestuften Darlegungslast** bei Entschuldigungs- und Rechtfertigungsvorbringen des Arbeitnehmers.

5. Für die **Anhörung des Betriebsrats** im Sinne von § 102 Abs. 1 Satz 1 BetrVG gelten **bei der verhaltensbedingten – ordentlichen oder außerordentlichen – Kündigung** folgende Maßstäbe:

Die Betriebsratsanhörung nach § 102 BetrVG zielt nicht darauf ab, die Wirksamkeit der beabsichtigten Kündigung zu prüfen, sondern beschränkt sich darauf, im Vorfeld der Kündigung auf die Willensbildung des Arbeitgebers Einfluss zu nehmen. Deshalb stellt das BAG an die Mitteilungspflicht des Arbeitgebers nicht die selben Anforderungen, wie an die Darlegungslast im Kündigungsschutzprozess (BAG 22. 9. 1994, AP 68 zu § 102 BetrVG 72).

Der Arbeitgeber hat die Verpflichtung, die Gründe für seine Kündigungsabsicht derart mitzuteilen, dass er dem Betriebsrat eine nähere Umschreibung des für die Kündigung maßgeblichen Sachverhaltes gibt. Die Kennzeichnung des Sachverhaltes muss einerseits so genau und umfassend sein, dass der Betriebsrat ohne zusätzliche eigene Nachforschungen in der Lage ist, selbst die Stichhaltigkeit der Kündigungsgründe zu prüfen und sich ein Bild zu machen. Der Arbeitgeber genügt daher der ihm obliegenden Mitteilungspflicht nicht, wenn er den Kündigungssachverhalt nur pauschal, schlagwort- oder stichwortartig umschreibt oder nur ein Werturteil abgibt, ohne die für seine Bewertung maßgeblichen Tatsachen mitzuteilen (BAG 2. 11. 1983, AP 29 zu § 102 BetrVG 72).

Nicht zur Verpflichtung des Arbeitgebers gehört eine schriftliche **Unterrichtung;** dies gilt selbst dann nicht, wenn der Kündigungssachverhalt ungewöhnlich komplex ist (BAG 6. 2. 1997, AP 85 zu § 102 BetrVG 72).

Auch die **Vorlage von Beweismitteln** ist nicht geschuldet (BAG 26. 1. 1995, AP 69 zu § 102 BetrVG 72).

Ist die Unterrichtung dergestalt, dass der Betriebsrat berechtigte Nachfragen zum Sachverhalt vorbringen muss, so führt dies zur Verlängerung der **Anhörungsfristen,** denn muss der Arbeitgeber Informationen nachreichen, so beginnt die Frist von dort an neu zu laufen (BAG 6. 2. 1997, AP 85 zu § 102 BetrVG 72).

Gründe, die dem Arbeitgeber vor Ausspruch der Kündigung bereits bekannt sind, die er aber dem Betriebsrat nicht mitgeteilt hat, kann er im Kündigungsschutzprozess auch dann nicht **nachschieben,** wenn der Betriebsrat der Kündigung auf Grund der bereits mitgeteilten Gründe zugestimmt hat (BAG 1. 4. 1981, AP 23 zu § 102 BetrVG 72 und BAG 26. 9. 1991, AP 28 zu § 1 KSchG 69 Krankheit).

Nachschieben lassen sich – allerdings nur nach neuer Betriebsratsanhörung – erst nach Ausspruch der Kündigung bekannt gewordene Gründe (BAG 11. 4. 1985, AP 39 zu § 102 BetrVG 72).

Deshalb empfiehlt es sich dringend, von vornherein alle Voraussetzungen der Kündigung mitzuteilen, also bei der
ordentlichen verhaltensbedingten:
– Art der Pflichtverletzung (Haupt- oder Nebenpflichten)
– deren Folgen im Sinne der Störung oder des Vertrauensverlustes
– die **negative Prognose** (Wiederholungsgefahr)
– die **Interessenabwägung**
– die Einhaltung des **ultima ratio-Prinzips** (vorausgegangene vergebliche **Abmahnungen** einschließlich evtl. Gegendarstellung)
bei der beabsichtigten außerordentlichen verhaltensbedingten Kündigung:
– den wichtigen Grund
– die **Unzumutbarkeit** der Fristeinhaltung
– die **Interessenabwägung**
– vorausgegangene vergebliche **Abmahnungen** (einschließlich evtl. Gegendarstellung)
– **Fristbeginn** nach § 626 Abs. 2 BGB
Für den Fall der Anhörung des Betriebsrats wegen besonders schwerer Vorwürfe gegen den Arbeitnehmer hat das BAG es als keinen Fehler angesehen, wenn nicht die ge-

nauen Sozialdaten mitgeteilt wurden, wenn es dem Arbeitgeber wegen der Schwere des Vorwurfs auf die genauen Daten ersichtlich nicht ankommt und wenn der Betriebsrat die ungefähren Daten kennt und die Kündigungsabsicht auf Grund der mitgeteilten Sachverhalte ausreichend beurteilen kann (BAG 15. 11. 1995, AP 73 zu § 102 BetrVG 72).

Besonders hinzuweisen ist auf die Besonderheit des Verhältnisses der **Tat- und der Verdachtskündigung**: ist der **Betriebsrat** nur wegen einer vermeintlich nachgewiesenen Straftat angehört worden, so kann der Arbeitgeber sich im Kündigungsschutzprozess auch bei unverändert gebliebenem Sachverhalt nicht auf eine Kündigung wegen Verdachtes zurückziehen, wenn der nachgeschobene Kündigungsgrund nicht Anhörungsgegenstand war.

Wird der Betriebsrat zweispurig, also zu einer außerordentlichen, vorsorglich ordentlichen Kündigung angehört, so kann sich unterschiedlicher Fristablauf ergeben: schweigt der Betriebsrat 3 Tage, so kann nach dieser Frist gekündigt werden und die ordentliche Kündigung ist später nachzuschieben. Wegen des Ablaufs der Frist des § 626 BGB kann dies nötig sein.

Die **Darlegungs- und Beweislast** für die ordentliche Anhörung des Betriebsrats trägt stets der Arbeitgeber (BAG 27. 6. 1985, AP 37 zu § 102 BetrVG 72).

Für die einzelnen personenbedingten Gründe gilt im Besonderen
– dass dem Betriebsrat nicht nur Krankheitsstatistiken ohne gleichzeitige Mitteilung der Störungen oder unzumutbaren Belastungen im Detail mitzuteilen sind
– keine Prognose ohne Bewertung künftiger Folgen vorgetragen werden darf

Hinweis:
Die personenbedingte Kündigung ist auch als **außerordentliche** möglich:
Lizenzverlust (Führerschein oder Fluglizenz) sind grundsätzlich geeignet für den Ausspruch einer außerordentlichen Kündigung (BAG 30. 5. 1978, AP 70 zu § 626 BGB; BAG 31. 1. 1996, NZA 1996, 819 ff.).

Weil das BAG für die Berechtigung der außerordentlichen Kündigung neben der grundsätzlichen Eignung des Grundes in einer zweiten Prüfstufe die besonderen Umstände des Einzelfalles betrachtet (BAG 21. 11. 1996, AP 130 zu § 626 BGB; im Übrigen siehe Form. B. III. 11.1 Anm. 4 b bb) kommt es insbesondere auf die Darstellung der fehlenden Überbrückungsmöglichkeit an.

Tarifvertraglich ordentlich nicht kündbare Arbeitnehmer kommen für eine außerordentliche personenbedingte Kündigung aus Krankheitsgründen in Betracht (BAG 9. 9. 1992, AP 3 zu § 626 BGB).

Auch hier wird aber für die Kündigung ordentlich nicht kündbarer Arbeitnehmer die Einhaltung einer Auslauffrist entsprechend der fiktiv anzuwendenden ordentlichen Kündigungsfrist gefordert.

Die **Ausschlussfrist des § 626 Abs. 2 BGB** spielt bei der außerordentlichen krankheitsbedingten Kündigung keine Rolle (Dauertatbestand; BAG 21. 3. 1996, AP 8 zu § 626 BGB Krankheit).

Im Übrigen gelten keine Besonderheiten (siehe Form. B. III. 11.1 Anm. 12).

11.3. Klageantwort bei personenbedingter Kündigung (fristlos/ordentlich) auf Grund lang anhaltender Erkrankung[3b]

An das
Arbeitsgericht ......
Az.: ......

In Sachen ......

– Klagepartei –

Prozessbevollmächtigter

gegen

......

– beklagte Partei –

Prozessbevollmächtigter
wegen Kündigung

zeige ich die Vertretung der beklagten Partei an. Ich werde beantragen:
1. Die Klage wird abgewiesen.
2. Die Klagepartei trägt die Verfahrenskosten.

Begründung:

Die Kündigung ist personen- (krankheits-)bedingt.[1]
Die Klagepartei kann krankheitsbedingt schon seit 10 Monaten das Arbeitsverhältnis nicht mehr wahrnehmen.[2] Ob der Gesundheitszustand sich je wieder so bessern lässt, dass eine Erfüllung der vertraglichen Pflichten möglich sein wird, ist völlig offen.[3b]
Die Beklagte hat vor Ausspruch der Kündigung die Klagepartei aufgefordert, Angaben über die künftige Entwicklung zu machen und aufgefordert, den behandelnden Arzt von der Schweigepflicht zu entbinden.
Die Klagepartei hat sich darauf beschränkt zu erklären, dass nicht einmal der behandelnde Arzt in der Lage sei, eine konkrete Aussage über die Wiederherstellbarkeit der Arbeitsfähigkeit zu machen.[4]
Für den Betrieb der Beklagten ist die völlige Unsicherheit über die künftige Verwendbarkeit der Klagepartei eine unzumutbare Belastung.[3b] Sie muss den Betriebsablauf planen können. Dazu gehört auch die Kontinuität in der Besetzung der von der Klagepartei zu erfüllenden Position. Eine nur vertretungsweise, gegebenenfalls auch unbefristete Besetzung ist nicht möglich, denn die Klagepartei ist auf Grund der besonderen Spezialisierung vertretungsweise nicht zu ersetzen.
Im Rahmen der Interessenabwägung[3b] war zu Lasten der Klagepartei zu würdigen, dass die Gesamtdauer des rechtlichen Bestandes des Arbeitsverhältnisses nun schon zur Hälfte mit Abwesenheitszeiten ausgefüllt ist ......

Rechtsanwalt

Anmerkungen

Die Anmerkungen entsprechen denjenigen in Form. B. III. 11.2.

11.4 Klageantwort bei betriebsbedingter Kündigung

An das
Arbeitsgericht ......
Az.: ......

In Sachen
......

– Klagepartei –

Prozessbevollmächtigter

gegen

......

– beklagte Partei –

Prozessbevollmächtigter
wegen Kündigung

zeige ich die Vertretung der beklagten Partei an. Ich werde beantragen:
1. Die Klage wird abgewiesen.
2. Der Kläger trägt die Verfahrenskosten.

Begründung:

Die streitgegenständliche Kündigung, erklärt mit der für die Klagepartei maßgeblichen gesetzlichen Frist, ist ausschließlich betriebsbedingt:[1]

Die Klagepartei ist nach ihrem Arbeitsvertrag „Chefsekretärin". Sie war von Anfang an ausschließlich als Sekretärin eines der drei Geschäftsführer der Beklagten tätig.

Die Gesellschafterversammlung der Beklagten vom ...... hat beschlossen, die Zahl der Geschäftsführer von bislang drei auf nunmehr zwei zu reduzieren.[2]

Dementsprechend ist mit Wirkung ab ...... der dritte Geschäftsführer aus dieser Position abberufen und sein Dienstvertrag gekündigt worden; er ist bereits durch Aufhebungsvertrag aus dem Unternehmen ausgeschieden.

Damit entfällt das Bedürfnis zur Beschäftigung einer dritten Geschäftsführungssekretärin; deren Arbeitsplatz ist ersatzlos weggefallen.

Ein anderer freier Arbeitsplatz, auf dem die Klagepartei weiterbeschäftigt werden könnte, ist im gesamten Unternehmen nicht vorhanden.[3]

Die Beklagte hat unter den drei vorhandenen Geschäftsführer-Sekretärinnen eine Sozialauswahl[4] getroffen: die beiden anderen verbleibenden sind jeweils erheblich länger beschäftigt, beide sind verheiratet und haben Kinder; die Klagepartei ist ledig, hat die kürzeste Betriebszugehörigkeit und keine weiteren Unterhaltspflichten.

Weitere Arbeitnehmer waren in den Kreis der Sozialauswahl mangels Vergleichbarkeit nicht einzubeziehen.[5]

Der Betriebsrat wurde vor Ausspruch der Kündigung ordnungsgemäß beteiligt:[6]

Zu Händen des Vorsitzenden wurde am ...... eine schriftliche Information übergeben. Diese enthält alle erforderlichen Angaben, nämlich die Personalien, die anzuwendende Kündigungsfrist, die Absicht mit dieser Frist ordentlich zu kündigen und die Darstellung der Kündigungsgründe (Wegfall des Arbeitsplatzes der Chefsekretärin wegen Wegfalls und Ausscheidens des dritten Geschäftsführers).

Die beklagte Partei hat auch die von ihr angestellten Überlegungen zur Sozialauswahl mit Daten der anderen beiden Geschäftsführungs-Sekretärinnen mitgeteilt.
Der Betriebsrat hat fristgerecht innerhalb einer Woche ab Empfang dieser Information auf die Kündigung mit einem Brief geantwortet, der als Widerspruch bezeichnet ist.
Zur Begründung bezieht sich der Widerspruch jedoch auf keinen der Tatbestände des § 102 Abs. 3. Er ist deshalb nicht „ordnungsgemäß" und bewirkt deshalb zugunsten der Klagepartei nichts.

Rechtsanwalt

Anmerkungen

1. Nach § 1 Abs. 2 KSchG kommt die **soziale Rechtfertigung** einer Kündigung in Betracht, wenn „dringende betriebliche Erfordernisse einer **Weiterbeschäftigung** des Arbeitnehmers in diesem Betrieb entgegenstehen".
Ungerechtfertigt ist die Kündigung jedenfalls dann,
– wenn die **Weiterbeschäftigung** nach zumutbaren Umschulungs- und Fortbildungsmaßnahmen möglich wäre
– oder eine **Weiterbeschäftigung** unter geänderten Bedingungen möglich ist und der Arbeitnehmer hiermit sein Einverständnis erklärt hat
– trotz dringender betrieblicher Erfordernisse ist die Kündigung außerdem ungerechtfertigt, wenn der Arbeitgeber bei der Auswahl des Arbeitnehmers soziale Gesichtspunkte „nicht oder nicht ausreichend" beachtet hat.
Die dringenden betrieblichen Erfordernisse im Sinne von § 1 Abs. 2 Satz 1 KSchG werden nach „außerbetrieblichen" und „innerbetrieblichen" Gründen differenziert (BAG 30. 5. 1985, AP 24 zu § 1 KSchG betriebsbedingte Kündigung).
Außerbetriebliche Gründe können z. B. Auftragsmangel oder Marktveränderungen sein.
Als innerbetriebliche Gründe kommen in Betracht: Organisationsänderungen, wie Änderungen (Einsparungen) im Produktionsablauf oder Beseitigung von organisatorischen Einheiten (Hierarchie-Ebenen) bis hin zur Abteilungs- oder gar Betriebsstilllegung.
Beide müssen zu einer unternehmerischen Entscheidung über die künftige Organisation führen.
Beide Gründe besitzen nur Relevanz, „wenn sie sich konkret auf die Einsatzmöglichkeit des zu kündigenden Arbeitnehmers auswirken" (BAG 30. 5. 1985, AP 24 zu § 1 KSchG 69 betriebsbedingte Kündigung).
Das häufig benützte Argument „Umsatzeinbuße" ist für sich alleine also ohne Aussagekraft für die Auswirkung auf bestimmte Arbeitsplätze.
Zur **Darlegungs- und Beweislast** gehört also unverzichtbar die Darstellung der Betroffenheit des einzelnen Arbeitsplatzes durch die inner- oder außerbetrieblichen Gründe.

2. Die Rechtsprechung des BAG behandelt das „unternehmerische Ermessen" als einen normativen Begriff, der keinen für alle Fälle feststehenden Inhalt habe, sondern stets im Hinblick auf den Zusammenhang, in dem er jeweils stehe, zu bestimmen sei; es gehe insoweit um die Bestimmung der der Geschäftsführung zugrunde liegenden Unternehmenspolitik (BAG 20. 2. 1986, AP 11 zu § 1 KSchG 69).
Dementsprechend können die Arbeitsgerichte die Entscheidungen des Unternehmens über dessen Leitung nicht auf ihre Zweckmäßigkeit, sondern nur auf Willkürlichkeit und offenbare Unrichtigkeit überprüfen; außerdem darf die **unternehmerische Entscheidung** nicht allein in der Kündigung als solcher bestehen (BAG in ständiger Rechtsprechung; u. a. 24. 4. 1997, AP 42 zu § 2 KSchG 69).

In letzterem Urteil hatte das BAG sich mit der Frage zu befassen, ob eine unternehmerische Entscheidung auch darin bestehen könne, künftig die gleiche Arbeitsmenge mit weniger Personal zu bewältigen.

Das BAG hat dies bejaht, denn es gehöre zur Organisation des Betriebes zu entscheiden „über die Kapazität an Arbeitskräften und an Arbeitszeit und wie diese Kapazität verteilt werden solle" (vorliegend auf die Ladensöffnungszeiten).

Soweit eine **Leistungsverdichtung** eintrete, sei dies als Konzept gewollt, und dadurch eintretende Änderungen seien in Kauf zu nehmen, schließlich sei der rationelle Einsatz des Personals Sache der unternehmerischen Entscheidung; der Unternehmer bestimme, mit welcher Anzahl von Arbeitskräften er die nach Durchführung der Organisationsänderung verbleibende Arbeitsmenge durchführen lasse.

Hümmerich/Spirolke (NZA 1998, 797 ff.) folgern aus dieser Entscheidung des BAG vom 24. 4. 1997 für den Kündigungsschutzprozess, dass künftig nur noch die Arbeitgeberentscheidung zum quantitativen Personalbedarf, gegebenenfalls aufgeteilt nach von der Verdichtung betroffenen Tätigkeiten, darzulegen sei, nicht aber mehr der etwaige außerbetriebliche Grund dargelegt werden müsse.

Dieser Meinung ist im Grundsatz beizutreten: die Darstellung, wie der Unternehmer innerbetrieblich seine unternehmerische Entscheidung umsetzt, ist ausreichend; sie ist aber auch darlegungs- und beweisbedürftig.

Je weniger Darstellung des Anlasses für die Entscheidung des BAG verlangt, desto genauer werden die Fragen der Instanzgerichte nach dem „was" und „wie" und „wann" der unternehmerischen Entscheidung sein.

Diese Darlegung war vom BAG schon im Urteil vom 23. 3. 1984 (AP 38 zu § 1 KSchG 69 betriebsbedingte Kündigung) klar postuliert und gehört auch jetzt zur ordnungsgemäßen Darstellung. Ständiger Rechtsprechung des BAG entspricht es aber, dass die unternehmerische Entscheidung sich nicht darauf beschränken darf, lediglich eine konkrete Kündigung auszusprechen. Deshalb müsse der Arbeitgeber, je näher sich die eigentliche Organisationsentscheidung und die Kündigung als solche sind, desto mehr durch Tatsachenvortrag verdeutlichen, dass ein Beschäftigungsbedürfnis für den Arbeitnehmer entfallen ist (BAG 17. 6. 1999, 2 AZR 141/99, BB 1437). Der Anlass zu einer unternehmerischen Entscheidung, mit einer geringeren Zahl von Arbeitnehmern die verbleibende Arbeit durchzuführen, unterliegt immer einer Plausibilitätskontrolle durch das Gericht. Es verstehe sich nicht von selbst, dass die Fremdvergabe von Arbeiten der Plausibilitätskontrolle standhält; deshalb sei hier zusätzlicher Vortrag des Arbeitgebers erforderlich (LAG Düsseldorf 11. 10. 2001, BB 2002, 361).

Beurteilungszeitpunkt für die **soziale Rechtfertigung** einer Kündigung ist nur der Zeitpunkt des Zugangs der Kündigung. Nur die hier vorliegenden objektiven Verhältnisse sind entscheidend. Später eintretende Veränderungen bezüglich der Kündigungsgründe können die Wirksamkeit der Kündigung nicht hindern.

Diese früher schon ausgedrückte Auffassung hat das BAG ganz ausdrücklich in seiner Rechtsprechung zum **Wiedereinstellungsanspruch** (27. 2. 1997, AP 1 zu KSchG 69 Wiedereinstellung) bestätigt und mit der Zubilligung des Wiedereinstellungsanspruchs das Ventil gefunden, um an seiner Rechtsprechung zum Beurteilungszeitpunkt festhalten zu können, auch für den Fall des späteren Wegfalls des Kündigungsgrundes.

Vor diesem Zeitpunkt entstandene, aber bei Ausspruch der Kündigung dem Arbeitgeber noch unbekannte Gründe sind **nachschiebbar** (hierzu siehe Form. B. III. 11.1 Anm. 11).

3. Steht der Wegfall der **Beschäftigungsmöglichkeit** auf dem bisherigen Arbeitsplatz fest, so schließt sich die Frage an, ob die Beschäftigung auf einem **anderen** Arbeitsplatz des Betriebs bzw. Unternehmens möglich ist.

Soweit dies der Fall wäre, fehlte es an der Dringlichkeit des betrieblichen Erfordernisses der Kündigung im Sinne von § 1 Abs. 2 KSchG. Das **Verhältnismäßigkeitsgebot** wäre verletzt.

Ein „anderer Arbeitsplatz ist aber nur ein freier oder einer, dessen Freiwerden innerhalb der Kündigungsfrist klar absehbar ist" (BAG 15. 12. 1994, AP 67 zu § 1 KSchG 69 betriebsbedingte Kündigung).

Unterhalten mehrere Unternehmen einen **einheitlichen Betrieb,** so ist auf diesen abzustellen.

Im Übrigen gilt die Verpflichtung zur Prüfung der Möglichkeit anderweitiger Beschäftigung nicht nur betriebs-, sondern unternehmensbezogen und zwar nicht nur für mitbestimmte Betriebe, sondern auch für solche ohne **Betriebsrat** oder in mitbestimmten Betrieben, auch wenn der Betriebsrat nicht widerspruchsweise diese Möglichkeit geltend macht; vielmehr gilt die Beschäftigungspflicht unternehmensweit generell (BAG 17. 5. 1984, AP 21 zu § 1 KSchG 69 betriebsbedingte Kündigung; KR-*Etzel,* 5. Aufl. § 1 KSchG Rdn. 242).

Kein freier Arbeitsplatz im Sinne dieser Rechtsprechung ist eine Beförderungsstelle.

Wohl aber ist ein freier Arbeitsplatz ein solcher, für den der zu Kündigende mit zeitlich, fachlich und finanziell zumutbaren **Umschulungs- und Fortbildungsmaßnahmen** gerüstet werden könnte.

Ein freier Arbeitsplatz wäre auch anzunehmen, falls eine einvernehmliche Änderung der Arbeitsbedingungen zur Ermöglichung der Weiterbeschäftigung auf einem freien Platz zustande käme. Um diese Variante auszuloten, bedarf es des arbeitgeberseitigen Angebots, welches die Rechtsprechung des BAG spätestens zur Vorbereitung einer **Änderungskündigung** ohnehin vorschreibt (BAG 27. 9. 1984, AP 8 zu § 2 KSchG 69).

Prozessual ist hier nach einer **abgestuften Darlegungs- und Beweislast zu verfahren:**

Beruft sich ein Arbeitnehmer gegenüber einer betriebsbedingten Kündigung auf eine anderweitige Beschäftigungsmöglichkeit und bestreitet der Arbeitgeber das Vorhandensein eines freien Arbeitsplatzes, so muss der Arbeitnehmer konkret aufzeigen, wie er sich eine anderweitige Beschäftigung vorstellt (BAG 10. 1. 1994, AP 63 zu § 1 KSchG 69 betriebsbedingte Kündigung).

4. Nach § 1 Abs. 3 KSchG ist eine betriebsbedingte Kündigung dennoch sozialwidrig, wenn der Arbeitgeber bei der Auswahl des Arbeitnehmers soziale Gesichtspunkte „nicht oder nicht ausreichend berücksichtigt" hat.

In der bis 30. 9. 1996 und ab 1. 1. 1999 wieder geltenden Fassung des § 1 Abs. 3 KSchG ist nicht abschließend definiert, **was** bei der **Sozialauswahl** zu berücksichtigen ist.

Der Gesetzgeber hat mit der Korrektur der ab 1. 10. 1996 durch das WFG eingeführten Beschränkung der Sozialauswahl auf drei **Kriterien** (Betriebszugehörigkeit, Lebensalter, Unterhaltspflichten) den Zustand wieder herstellen wollen, der bis 30. 9. 1996 gegolten hat (BT-Drucksache 14/45 vom 17. 11. 1998, S. 36).

Auch danach waren die Kriterien
- Betriebszugehörigkeit
- Lebensalter
- Unterhaltpflichten

schon die wesentlichen Pflichten der Sozialauswahl (KR-*Etzel,* 4. Aufl., Rdn. 579–580 zu § 1 KSchG).

Daneben aber waren und sind z. B. **Schwerbehinderung** oder besondere soziale Verpflichtungen des Arbeitnehmers (der pflegebedürftige Großvater) berücksichtigungsfähig bzw. -pflichtig (KR-*Etzel,* 4. Aufl., Rdn. 581–582 zu § 1 KSchG).

Die konkrete Einzelfallprüfung war – und ist wieder – oberstes Gebot (BAG 24. 3. 1983, AP 12 zu § 1 KSchG 69 betriebsbedingte Kündigung).

Deshalb ist ein starres Punkteschema zur Prüfung der Sozialauswahl auch unzulässig.

5. Die Prüfung der **Sozialauswahl** vollzieht sich in drei Stufen:

a) Sie ist nicht etwa nur abteilungsbezogen, sondern bezogen auf den gesamten Betrieb durchzuführen (BAG 5. 5. 1994, AP 23 zu § 1 KSchG 69 soziale Auswahl) bzw. in einem gemeinschaftlichen Betrieb mehrerer Unternehmen in dem gesamten gemeinsamen Betrieb (BAG 5. 5. 1994 aaO.).

Es können auch Arbeitnehmer, die von den betrieblichen Erfordernissen nicht unmittelbar, sondern auf Grund der Sozialauswahl nur mittelbar betroffen sind, das Opfer der betrieblichen Notwendigkeiten werden.

b) Einzubeziehen in die **Sozialauswahl** sind alle **vergleichbaren Arbeitnehmer.**
Vergleichbar ist, wer nach Tätigkeit und nach vertraglicher Situation austauschbar ist.
Nur die horizontale Vergleichbarkeit ist in Betracht zu ziehen.

Die **Vergleichbarkeit** bestimmt sich zunächst nach arbeitsplatzbezogenen Merkmalen, also nach der ausgeübten Tätigkeit. Dies gilt nicht nur bei Identität des Arbeitsplatzes, sondern auch dann, wenn der Arbeitnehmer auf Grund seiner Fähigkeiten und seiner Ausbildung eine andersartige, aber gleichwertige Tätigkeit ausführen kann. Die Notwendigkeit einer kurzen Einarbeitungszeit steht der Vergleichbarkeit nicht entgegen (BAG 7. 2. 1985, AP 9 und 15. 6. 1989, AP 18, jeweils § 1 KSchG 60 soziale Auswahl).

„Kurz" ist eine Einarbeitungszeit von drei Monaten nicht mehr (BAG 5. 5. 1994, AP 23 zu § 1 KSchG 60 soziale Auswahl, Gründe II. 3 c).

Maßgeblich für die Vergleichbarkeit ist weiter, ob der Arbeitgeber im Wege des **Direktionsrechts** dem Arbeitnehmer den verbleibenden Arbeitsplatz zuweisen darf. Dies richtet sich nach dem Vertragsinhalt.

Kann nur mit gleichzeitiger Vertragsänderung die verbleibende Stelle zugewiesen werden (z. B. einer Teilzeitkraft eine Vollzeitstelle), so ist die **Vergleichbarkeit** nicht gegeben (KR-*Etzel*, 6. Aufl., Rdn. 633–635 zu § 1 KSchG).

Mit Urteil vom 3. 12. 1998 (2 AZR 341/98) hatte das BAG die Frage der **Vergleichbarkeit** von Teilzeit- und Vollzeitarbeitnehmern zu prüfen anhand der Rüge einer ursprünglich vollzeitig tätig gewesenen, später auf Teilzeit geänderten Arbeitnehmerin, die eine Vergleichbarkeit mit einer Vollzeitarbeitnehmerin behauptete.

Das BAG hat erneut ausgesagt, dass das KSchG keinen Anspruch auf eine Vollzeitbeschäftigung sichere und Vergleichbarkeit nicht bestehe. Lediglich für den Fall, dass der Arbeitgeber nur das Volumen der zu leistenden Arbeitsstunden verringern will, ohne entschieden zu haben, ob dies Voll- oder Teilzeitkräfte treffen soll, hat das BAG eine Ausdehnung der Sozialauswahl auf alle Arbeitnehmer des Betriebes gefordert (BAG 3. 12. 99, BB 1999, 847) und ist hierfür von *Bauer-Klein* (BB 1999, 1162) des Vergleichs von Äpfeln und Birnen gescholten worden.

c) Schon in der vom 1. 10. 1996–31. 12. 1998 geltenden Fassung des § 1 Abs. 3 Satz 2 KSchG wollte der Gesetzgeber die Möglichkeit schaffen, Leistungsträger des Betriebs aus der **Sozialauswahl** herauszunehmen. Das Korrekturgesetz vom Dezember 1998 hat die Rückkehr bis 30. 9. 1996 geltenden Rechtslage angeordnet. Danach sollte gelten, dass die Herausnahme bestimmter Arbeitnehmer aus der Sozialauswahl nur dann möglich sein soll, wenn „betriebsbedingte, wirtschaftliche oder sonstige betriebliche Bedürfnisse" die Weiterbeschäftigung bestimmter Arbeitnehmer „bedingen und damit einer Sozialauswahl nach sozialen Gesichtspunkten entgegenstehen".

Dazu hatte das BAG mit Urteil vom 24. 3. 1993 (AP 12 zu § 1 KSchG 69, betriebsbedingte Kündigung) ausgeführt:

„Betriebliche Belange, insbesondere auch Leistungsunterschiede und Belastungen des Betriebs auf Grund von krankheitsbedingten Fehlzeiten sind nicht bei der sozialen Auswahl nach Satz 1 zu berücksichtigen, sondern alleine im Rahmen der Prüfung nach Satz 2, ob betriebliche Bedürfnisse einer sozialen Auswahl entgegenstehen ......

a) Leistungsunterschiede stehen einer Auswahl nach sozialen Gesichtspunkten nicht nur entgegen, wenn sich der Betrieb in einer Zwangslage befindet, sondern auch dann, wenn die Beschäftigung eines weniger schutzbedürftigen Arbeitnehmers erforderlich (notwendig) ist ......

b) Dagegen stehen krankheitsbedingte Fehlzeiten einer Auswahl nach sozialen Gesichtspunkten nur dann entgegen, wenn zugleich die Voraussetzungen einer krankheitsbedingten Kündigung erfüllt sind ......"

Das BAG spricht also unter lit. a) von der Erforderlichkeit (Notwendigkeit), verwendet also eine Definition des „Bedingens" und „Entgegenstehens", die der außer Kraft gesetzten Definition durch das WFG („berechtigte betriebliche Interessen") fast näher kommt, als dem Gesetzeswortlaut selbst.

In der Fassung des Gesetzes über die Reformen des Arbeitsmarkts gilt wieder die erleichterte Möglichkeit der Ausnahme bestimmter Arbeitnehmer „insbesondere wegen ihrer Kenntnisse, Fähigkeiten und Leistungen oder zur Sicherung einer ausgewogenen Personalstruktur des Betriebes" und dies „im berechtigten betrieblichen Interesse".

Wie dies zu handhaben ist, hatte das BAG mit Urteil vom 12. 4. 2002, AP 56 § 1 KSchG 1969 Soziale Auswahl, abzuhandeln und festgestellt, dass auch bei der Herausnahme von Leistungsträgern der Arbeitgeber gehalten sei, das Interesse des sozial schwächeren Arbeitnehmers gegen das betriebliche Interesse an der Herausnahme des Leistungsträgers abzuwägen. Diese Rechtsprechung behält auch nach Inkrafttreten des Reformgesetzes Gültigkeit.

d) Für alles gilt natürlich § 1 Abs. 3 Satz 3 KSchG „der Arbeitnehmer hat die Tatsachen **zu beweisen,** die die Kündigung als sozial ungerechtfertigt im Sinne des Abs. 1 erscheinen lassen".

Diese **Darlegungs- und Beweislast** des Gesetzes hat das BAG wiederum in eine abgestufte Darlegungs- und Beweislast relativiert (Urteil 24. 3. 1983, AP 12 zu § 1 KSchG 69 betriebsbedingte Kündigung; Urteil 5. 5. 1994, AP 23 zu § 1 KSchG 69 soziale Auswahl).

Danach ist in folgenden Schritten vorzugehen:

aa) Zunächst ist der Arbeitnehmer für die fehlerhafte Sozialauswahl darlegungs- und beweispflichtig, sofern er die dafür erforderlichen Informationen besitzt.

bb) Besitzt er sie nicht, muss er dazu auffordern, dass der Arbeitgeber die Gründe mitteilt, die ihn zur Sozialauswahl bewogen haben.

cc) Dann hat der Arbeitgeber nach § 1 Abs. 3 Satz 1 Halbsatz 2 KSchG die Pflicht, substantiiert vorzutragen.

Allerdings ist diese Pflicht begrenzt auf die „subjektiven, von ihm angestellten Überlegungen".

Der Arbeitnehmer hat keinen Anspruch auf die vollständige Auflistung der Sozialdaten aller objektiv vergleichbaren Arbeitnehmer.

dd) Gibt der Arbeitgeber keine oder nur unvollständige Auskunft, so kann der Arbeitnehmer bei fehlender eigener Kenntnis sich darauf beschränken zu erklären, „es sind andere, sozial weniger schutzwürdige Arbeitnehmer vorhanden".

ee) Wenn der Arbeitgeber dann nicht konkret wird und ergänzt, ist die Erklärung zu d) als unstreitig zu behandeln. Zu der aus § 1 Abs. 3 Satz 1 letzter Halbsatz folgenden subjektiv determinierten materiellen Mitteilungspflicht trete eine aus § 138 ZPO folgende Erklärungspflicht hinzu.

Es hilft dem Arbeitgeber also nichts, nur darzustellen, was er überlegt hat.

Wenn der Arbeitnehmer weiter bohrt (was ihm anzuraten ist), dann muss der Arbeitgeber alles zur Sozialauswahl vortragen, auch ohne eine materielle Pflicht zur Darlegung jenseits seiner subjektiven Überlegungen zu haben.

6. Die **Betriebsratsbeteiligung** richtet sich nach den allgemeinen Grundsätzen (hierzu siehe Form. B.III. 11.2 Anm. 5).

11.5 Klageantwort im Änderungsschutzprozess

An das
Arbeitsgericht ......

In Sachen
......

                                                              – Klagepartei –
Prozessbevollmächtigter

                              gegen

......

                                                              – beklagte Partei –
Prozessbevollmächtigter
wegen Kündigung

vertrete ich die beklagte Partei. Ich werde beantragen:
1. Die Klage wird abgewiesen.
2. Die Klagepartei trägt die Verfahrenskosten.

                              Begründung:

Es ist richtig, dass die beklagte Partei die streitige Kündigung ausgesprochen und
diese mit dem Angebot verbunden hat, das Arbeitsverhältnis nach Ablauf der dem
TV ...... entnommenen Kündigungsfrist zu geänderten Bedingungen fortzuführen.[1]
    Der Grund für die Kündigung ist betriebsbedingt:[2]
a) Der Arbeitsplatz der Klagepartei fällt ersatzlos weg, weil ......
b) eine Umsetzungsmöglichkeit innerhalb des Betriebs oder Unternehmens der Beklagten besteht nicht, weil ......
c) die Sozialauswahl zu Lasten der Klägerin ist richtig, weil ......
Das Änderungsangebot ist ausschließlich durch diese betriebliche Situation bedingt:
der Klagepartei wurde der Einzige im Betrieb bestehende freie Arbeitsplatz angeboten. Dieser war arbeitsvertraglich im Wege des Direktionsrechts nicht zuweisbar.[3]
Die Beklagte hat nur solche Änderungen angeboten, die von der Klagepartei auch
billigerweise hingenommen werden müssen:[4] die Arbeitszeit bleibt unverändert; das
Entgelt entspricht dem anzuwendenden Tarif.
Die Klagepartei hat das Änderungsangebot unter einem Vorbehalt nach § 2 KSchG
angenommen.[5]
Der Betriebsrat ist ordnungsgemäß beteiligt worden.[6] Seinem Vorsitzenden ist
am ...... unter Nennung der Personalien der Klagepartei und der betrieblichen
Gründe für den Wegfall des alten Arbeitsplatzes mitgeteilt worden, welches Änderungsangebot beabsichtigt sei und dieses im Detail geschildert. Hingewiesen wurde
der Betriebsrat darauf, dass er sowohl nach § 102 BetrVG wie nach § 99 BetrVG
zu beteiligen sei.
Er hat sich innerhalb einer Woche ab Empfang der Information nur mit der Erklärung geäußert, er nehme die Absicht der Änderungskündigung zur Kenntnis.

                                                              Rechtsanwalt

Anmerkungen

1. Die **Änderungskündigung** hat eine rechtliche **Doppelnatur:** sie ist zum einen eine einseitig empfangsbedürftige Willenserklärung, zum anderen ein Vertragsangebot, welches der Annahme bedarf.

2. Das KSchG gewährt in § 1 dem Arbeitnehmer den Bestands- und in § 2 des Inhaltsschutz; beide Ansprüche stehen gleichwertig nebeneinander und müssen kumulativ vorliegen (BAG 6. 3. 1986; AP 19 zu § 15 KSchG 69).

Für die Änderungskündigung nach § 2 KSchG müssen zunächst „hinsichtlich ihrer sozialen Rechtfertigung die Voraussetzungen nach § 1 Abs. 2 Satz 1–3 KSchG vorliegen" (BAG 24. 4. 1997, NZA 1997, 1047 ff.).

Das heißt: alle in § 1 Abs. 2 KSchG zur **Rechtfertigung von Kündigung** vorgesehenen Gründe kommen auch für die Rechtfertigung von Änderungskündigungen in Betracht.

Alle drei Kategorien (personen-, verhaltens- oder betriebsbedingte Gründe) können sowohl die ordentliche wie auch die außerordentliche Änderungskündigung bedingen.

Im personenbedingten Bereich ist das klassische Beispiel der Lizenzverlust (Führerschein: BAG 30. 5. 1978, AP 70 zu § 626 BGB; Pilotenschein: BAG 31. 1. 1996, NZA 1996, 819).

Im verhaltensbedingten Bereich die Unverträglichkeit mit Kollegen in einem betrieblichen Bereich (z. B.: BAG 22. 7. 1982, AP 5 zu § 1 KSchG 69 verhaltensbedingte Kündigung).

Im betrieblichen Bereich die Unmöglichkeit der Weiterbeschäftigung im bisherigen Bereich, aber ordentliche Unkündbarkeit auf Grund Tarifs (z. B. BAG 5. 2. 1998, AP 143 zu § 626 BGB).

3. In allen drei Fällen war die Änderungskündigung deshalb unerlässlich (**ultima ratio**), weil die **Weiterbeschäftigung** auf einem anderen freien Arbeitsplatz im Betrieb zwar möglich, aber nicht auf Grund des geltenden Arbeitsvertrages kraft **Direktionsrechts** zuweisbar war.

Das BAG hat den mit Urteil vom 30. 5. 1978 (AP 70 zu § 626 BGB) für die **außerordentliche Kündigung** festgeschriebenen Grundsatz als Ausfluss des **ultima ratio-Prinzips** auch auf Fälle der ordentlichen Kündigung ausgedehnt (BAG 27. 9. 1984, AP 8 zu § 2 KSchG 69).

Wo immer ein anderer freier Arbeitsplatz für die Weiterbeschäftigung im Betrieb vorhanden ist, muss dieser angeboten bzw. durch Änderungskündigung zuzuweisen versucht werden.

Vor jeder Beendigungskündigung steht die Änderungskündigung.

4. Die Prüfung der **sozialen Rechtfertigung** hat sich in zwei Stufen zu vollziehen:

Zunächst ist zu prüfen, ob die Voraussetzungen für eine Kündigung nach § 1 Abs. 1–3 KSchG vorliegen.

Dann erst ist die Prüfung dessen angesagt, ob die geänderten Bedingungen für sich sozial gerechtfertigt sind (BAG 6. 3. 1986, AP 19 zu § 15 KSchG 69 und vor allem: KR-*Rost*, 6. Aufl., § 2 KSchG Rdn. 96).

Nur diese strikte Trennung in das „ob" und das „wie" ist Garant für die Vermeidung einer nur allgemeinen Billigkeitskontrolle, die zu Unrecht die beiden Prüfstufen miteinander vermischt „indem sie schon die Beantwortung des ob der Änderung von dem wie der Änderung beeinflusst sein lässt" (*Rost*, aaO.)

Missverständlich ist deshalb, wenn das BAG zwar postuliert, „für die Änderungskündigung nach § 2 KSchG müssen hinsichtlich ihrer sozialen Rechtfertigung die Voraussetzungen nach § 1 Abs. 2 Satz 1–3 KSchG vorliegen", aber fortfährt „hierbei ist zunächst die soziale Rechtfertigung der angebotenen Vertragsänderung zu überprüfen ......" und diese sei daran zu messen „ob dringende betriebliche Erfordernisse gemäß § 1 Abs. 2 KSchG das Änderungsangebot bedingen ......"

Klarer im Sinne der strikten Trennung der **Prüfstufen** wäre sicher anstelle des „zunächst" ein „sodann" zu setzen, es sei denn, die Rückkehr zur synoptischen Betrachtung und Bewertung sei hier schon wieder vorgegeben mit der berechtigt von Rost beschriebenen „diffusen Billigkeitskontrolle", die den **Prüfmaßstab** für Stufe 1 umso weiter sieht, je weniger in Stufe 2 verändert werden soll.

Bei der **betriebsbedingten Änderungskündigung** ist (BAG 24. 4. 1997, AP 42 zu § 2 KSchG 69) das Änderungsangebot daran zu messen, „ob dringende betriebliche Erfordernisse gemäß § 1 Satz 2 KSchG das Angebot bedingen und ob der Arbeitgeber sich bei einem an sich anerkennenswerten Anlass zur Änderungskündigung darauf beschränkt hat, nur solche Änderungen vorzuschlagen, die der Arbeitnehmer billigerweise hinnehmen muss".

Inwieweit ein identischer Maßstab für Kündigungen wegen **personen-** oder **verhaltensbedingter** Gründe gelten muss, ist in dieser Klarheit nicht in jüngster Zeit entschieden.

Zur verhaltensbedingten Kündigung hatte das BAG am 22. 7. 1982 (AP 5 zu § 1 KSchG 69 verhaltensbedingte Kündigung) zu entscheiden: ein Arbeitnehmer hatte Streit mit Kollegen, konnte aber auf einem anderen Arbeitsplatz „neutralisiert" werden und die damit begründete Änderungskündigung für sozial gerechtfertigt erachtet.

Zur personenbedingten Kündigung gilt weiter das, was das BAG mit Urteil vom 27. 9. 1978 (AP 70 zu § 626 BGB) gesagt hat: in allen Fällen – einerlei ob ordentlich oder außerordentlich gekündigt – dürfen die alternativ angebotenen, geänderten Bedingungen sich nur an dem Umfang des Änderungsbedarfes orientieren, also keinesfalls neben dessen Befriedigung auch noch sonstige, nicht anlassbedingte Änderungswünsche aufzuarbeiten versuchen (KR-*Rost*, 6. Aufl., § 2 KSchG Rdn. 98).

5. Für den **Inhalt** der Klageantwort macht es keinen wesentlichen Unterschied, ob der Arbeitnehmer die geänderten Bedingungen unter **Vorbehalt nach § 2 KSchG** angenommen oder abgelehnt hat und deshalb der Prozess faktisch eine Beendigungswirkung zum Gegenstand hat. Der **Prüfmaßstab** nämlich bleibt gleich (KR-*Rost,* 6. Aufl., § 2 KSchG Rdn. 92).

6. Im mitbestimmten Betrieb gehört zur Darlegungs- und Beweislast des Arbeitgebers das **Kündigungsverfahren,** d. h. die Art und Weise der **Beteiligung des Betriebsrats.**

Wegen der bei jeder Kündigung maßgeblichen Ausführungen zur Betriebsratsbeteiligung siehe 1. Kap. B III 11.2 Anm. 5.

Bei der Änderungskündigung treten Besonderheiten hinzu, denn die Änderungskündigung bedingt wegen ihrer **Doppelnatur** im Zweifel auch ein Mitbestimmungsverfahren nach §§ 95 Abs. 3, 99 BetrVG.

Ohne Einhaltung eines nach § 99 BetrVG gebotenen Mitbestimmungsverfahrens ist nicht die Kündigung als solche unzulässig, wohl aber die Zuweisung der geänderten Bedingungen (BAG 30. 9. 1993, AP 33 zu § 2 KSchG 69).

Wo § 99 BetrVG nicht einschlägig ist, kann auch § 87 BetrVG in Betracht kommen (z. B. bei Massenänderungskündigungen zur Einführung von Schichtarbeit; BAG 28. 10. 1986, NZA 1987, 248).

Das Mitbestimmungsverfahren nach § 99 BetrVG erfordert

a) eine Betriebsgröße von in der Regel mehr als 20 wahlberechtigten Arbeitnehmern

b) die Einhaltung der Wochenfrist nach Abs. 3 Satz 2; nur nach deren Ablauf tritt die Zustimmungsfiktion ein. Vor Fristablauf abgegebene „abschließende" Erklärungen des Betriebsrats bewirken die Fiktion nicht; nur eine ausdrückliche Zustimmung verkürzt die Frist

c) im Falle der außerordentlichen Änderungskündigung tritt die 3-Tagesfrist nach § 102 Abs. 2 Satz 3 mit der Wochenfrist des § 99 Abs. 3 Satz 2 in Konkurrenz

d) ist die **Änderungskündigung** eine außerordentliche gegenüber einem tarifvertraglich „unkündbaren" Arbeitnehmer, so gilt für § 102 BetrVG dennoch die Wochenfrist aus § 102 Abs. 2 Satz 1 BetrVG (BAG 5. 2. 1998, EzA § 626 BGB Unkündbarkeit Nr. 2).

IV. Drittschuldnerklage gemäß § 850h ZPO

An das
Arbeitsgericht[1] ......

Klage und Streitverkündung[2]

In Sachen
......

– Klagepartei –

Prozessbevollmächtigte: Rechtsanwälte ......

gegen

......

– beklagte Partei –

wegen: Forderung

Namens und mit Vollmacht der Klagepartei erheben wir Klage und werden beantragen

1. Die beklagte Partei wird verurteilt, an die Klagepartei ...... EUR nebst 5% Zinsen über dem Basiszinssatz hieraus seit ...... zu zahlen.
2. Die beklagte Partei trägt die Kosten des Rechtsstreits.

Gleichzeitig verkünden wir den Streit an ...... mit der Aufforderung, dem Rechtsstreit auf Seiten der Klagepartei beizutreten.

Begründung:

Die Klagepartei hat ein rechtskräftiges Urteil über ...... EUR nebst 5% Zinsen über dem Basiszinssatz hieraus ab ...... gegen den Streitverkündeten erwirkt.

Beweis: Urteil vom ......, in der Anlage K 1

Durch einen am ...... zugestellten Pfändungs- und Überweisungsbeschluss vom ...... hat die Klagepartei etwaige Ansprüche auf Arbeitsentgelt des Streitverkündeten gegen die Beklagte pfänden und sich zur Einziehung überweisen lassen.

Beweis: Pfändungs- und Überweisungsbeschluss vom ...... nebst Zustellungsnachweis, in der Anlage K 2

Die Beklagte, die Ehefrau des Streitverkündeten[3], ist Inhaberin eines Textilgroßhandelsgeschäftes in Nürnberg. Dieses ist allerdings nur formell auf die Beklagte zugelassen; in Wahrheit wird es vom Streitverkündeten betrieben, der die Einkäufe tätigt und die maßgebenden Verkaufsverhandlungen führt. (......)[4]. Damit übt er praktisch die Tätigkeit eines Geschäftsführers oder leitenden Angestellten aus. Im Rahmen der Drittschuldnererklärung hat die Beklagte mitgeteilt, der Streitverkündete erhalte ein Taschengeld von rund 500,– EUR monatlich[5]. Diese Vergütung ist unverhältnismäßig niedrig i.S.d. § 850h Abs. 2 ZPO; es ist ein fiktives Einkommen von monatlich 3.000,– EUR netto zugrunde zu legen[6]. Die Klagepartei hat damit Anspruch auf die pfändbare Vergütung vom ...... bis ...... in Höhe von ...... EUR monatlich[7].

Rechtsanwalt

Anmerkungen

1. Die Arbeitsgerichte sind für die Entscheidung über einen Anspruch aus § 850 h ZPO zuständig, wenn der Schuldner Arbeitnehmer oder arbeitnehmerähnliche Person i. S. d. § 5 Abs. 1 ArbGG ist. Dies gilt auch bei einem **Beschäftigungsverhältnis zwischen Familienangehörigen,** soweit es sich nicht um Dienste handelt, die gemäß §§ 1360 Satz 2, 1619 BGB von Familienangehörigen verlangt werden könnten (BGH 23. 2. 1977, AP Nr. 15 § 850 h ZPO).

2. Die Verpflichtung zur **Streitverkündung** ergibt sich aus § 841 ZPO. Eine Zulässigkeitsvoraussetzung ist sie nicht. Allenfalls ist bei unterlassener Streitverkündung ein Schadensersatzanspruch möglich (RGZ 83, 121; *Zöller-Stöber,* § 841 Rdn. 1; *Thomas-Putzo,* § 841 Rdn. 1).

3. Arbeitet ein Schuldner im Geschäft seiner Ehefrau mit, so kommt es für die Frage, ob im Verhältnis des Gläubigers zu der Ehefrau nach § 850 h Abs. 2 ZPO eine angemessene Vergütung als geschuldet gilt, darauf an, ob aus der Sicht eines Dritten eine ständige und üblicherweise zu vergütende Mitarbeit gegeben ist. Nur bei Vorliegen besonderer Umstände kann die familiäre Mitarbeit nach § 850 h Abs. 2 Satz 2 ZPO als nicht vergütungspflichtig angesehen werden (BAG 4. 5. 1977, AP Nr. 16 § 850 h ZPO = NJW 1978, 343). Auf eine Benachteiligungsabsicht kommt es nicht an, sondern auf eine objektive Würdigung aller tatsächlichen Verhältnisse (BGH 4. 7. 1968, AP Nr. 12 § 850 h ZPO).

4. Muss detailliert dargelegt und unter Beweis gestellt werden.

5. Kommt der Drittschuldner seiner Verpflichtung aus § 840 ZPO nicht nach, haftet er dem Gläubiger für den entstehenden Schaden, § 840 Abs. 2 Satz 2 ZPO. Erforderlich ist Verschulden, wobei der Drittschuldner beweisen muss, dass ihn kein Verschulden trifft (BGH MDR 1983, 308). Auch bei unvollständiger, unrichtiger oder nicht rechtzeitiger Auskunft haftet der Drittschuldner (*Zöller-Stöber,* § 840 Rdn. 12). Bei Verletzung der Erklärungspflicht umfasst der Schadensersatzanspruch des Gläubigers auch die Kosten für die Zuziehung eines Prozessbevollmächtigten zur Eintreibung der gepfändeten Forderung (BAG 16. 5. 1990, NZA 1991, 27, a. A. LAG Hamm 7. 3. 2001, NZA-RR 202, 151: Erkennt der Drittschuldner die Forderung des einziehenden Gläubigers in Beantwortung der nach § 840 Abs. 1 ZPO gestellten Fragen nicht an, hat er gegebenenfalls die Kosten des Einziehungsprozesses zu tragen, wenn sich seine Auskunft als unrichtig erweist. Ein davon getrennter Schadensersatzanspruch wegen unnötig aufgewendeter Prozesskosten gem. § 840 Abs. 2 Satz 2 ZPO besteht in diesem Fall regelmäßig nicht.).

6. Nur, wenn der Schuldner gegen eine „unverhältnismäßig geringe" Vergütung arbeitet, darf eine „angemessene Vergütung" festgesetzt werden. Bei der Festsetzung ist ein Vergleich zwischen der „üblichen" und der vereinbarten Vergütung anzustellen; die in § 850 h Abs. 2 Satz 2 ZPIO genannten Umstände sind abzuwägen, d. h. das Gericht kann mit Rücksicht auf die besonderen Umstände des Einzelfalles gewisse Abschläge von der üblichen Vergütung machen (BAG 24. 5. 1964, AP Nr. 10 § 850 h ZPO). Die Annahme verschleierter Arbeitseinkommen gilt nach dem Wortlaut des § 850 h Abs. 2 ZPO nur zugunsten von Vollstreckungsgläubigern, nicht aber zugunsten von Gläubigern aus einer **Lohnabtretung.** Die Rechtsstellung des Abtretungsgläubigers ist zwar ähnlich; aus der Vorschrift des § 400 BGB kann jedoch nicht gefolgert werden, dass mit dem Hinweis auf die Pfändungsvorschriften dem Abtretungsgläubiger mit der Abtretung auch dieselben Rechte gegen den Schuldner zustehen sollen wie dem Pfändungsgläubiger (LAG Schleswig-Holstein, 27. 8. 1971, AP Nr. 13 § 850 h ZPO). Das Unterlassen der Beschäftigung eines Ehegatten durch den anderen Ehegatten ist nicht sittenwidrig i. S. d.

§ 826 BGB, auch dann nicht, wenn dem beschäftigungslosen Ehepartner Unterhalt gewährt wird (BAG 7. 6. 1973, AP Nr. 14 § 850 h ZPO).

7. Vorrangige Pfändungen der Vergütung muss sich der Schuldner auch im Anwendungsbereich des § 850 h ZPO entgegenhalten lassen (BAG 15. 6. 1994, AP Nr. 18 § 850 h ZPO).

Kosten und Gebühren

Gegenstandswert: Klageforderung. § 12 a ArbGG und der damit verbundene Ausschluss der Kostenerstattung gilt nicht, soweit gemäß § 840 Abs. 2 ZPO die Kosten eines Prozesses gegen den Drittschuldner geltend gemacht werden. Der in § 12 a ArbGG verwirklichte Gesichtspunkt des Schutzes des wirtschaftlich Schwächeren kommt hier nicht zum Tragen, denn regelmäßig wird ein Arbeitgeber in Anspruch genommen, und es ist eher zufällig, ob der Gläubiger eine Lohnforderung pfänden lässt (die in den Zuständigkeitsbereich der Arbeitsgerichte fällt), oder eine solche, für die die ordentlichen Gerichte zuständig sind. § 12 a Abs. 1 Satz 1 ArbGG hat eine Belastungsbegrenzungs- und Schutzfunktion für den Arbeitnehmer als den wirtschaftlich Schwächeren, soll aber nicht den gemäß § 840 Abs. 2 ZPO in Anspruch genommenen Drittschuldner schützen (BAG 9. 6. 1982, AP Nr. 1 zu § 12 a ArbGG 1979). Nach LAG Köln 24. 2. 1995, AP Nr. 6 zu § 840 ZPO besteht ein Schadensersatzanspruch gemäß § 840 Abs. 2 Satz 2 ZPO in Höhe der Rechtsanwaltsgebühren, wenn der Drittschuldner den Gläubiger unzutreffend über die beim Schuldner gegebene Vermögenssituation informiert und ihn dadurch zur aussichtslosen Klage auf Zahlung gepfändeten Lohns veranlasst.

C. Einstweiliger Rechtsschutz im Hauptsacheverfahren

I. Vorbemerkungen

Schrifttum: Faecks, Die einstweilige Verfügung im Arbeitsrecht, NZA 1985, Beilage 3 S. 6 ff.; *Heinze,* Einstweiliger Rechtsschutz im arbeitsgerichtlichen Verfahren, RdA 1986, 273; *Hirtz,* Darlegungs- und Glaubhaftmachungslast im einstweiligen Rechtsschutz, NJW 1986, 110 ff.; *Schaub,* Vorläufiger Rechtsschutz bei der Kündigung von Arbeitsverhältnissen, NJW 1981, 1807 ff.; *Teplitzky,* Streitfragen beim Arrest und bei der einstweiligen Verfügung, DRiZ 1982, 41 ff.; *Walker,* Der einstweilige Rechtsschutz im Zivilprozeß und im arbeitsgerichtlichen Verfahren, Tübingen 1993; *Wenzel,* Risiken des schnellen Rechtsschutzes; Zur einstweiligen Verfügung im Arbeitskampf-, Vertrags- und Betriebsverfassungsrecht, NZA 1984, 112 ff.

1. Allgemeines

a) Arten des vorläufigen Rechtsschutzes. Für den allgemeinen Rechtsschutz im arbeitsgerichtlichen Verfahren verweist § 62 Abs. 2 ArbGG auf die Vorschriften des 8. Buches der Zivilprozessordnung, §§ 916 ff. ZPO. Das Verfahren in der arbeitsgerichtlichen Praxis der einstweiligen Verfügung und des Arrestes dient dem Bedürfnis nach beschleunigter, wenn auch nur vorläufiger Regelung und Sicherung von Ansprüchen und Rechtsverhältnissen. Streitgegenstand in diesen **Eilverfahren** ist nicht der Anspruch selbst, sondern die Zulässigkeit seiner zwangsweise angeordneten Sicherung. Das Gesetz gewährt zwei Formen vorläufiger Rechtsschutzmöglichkeiten, die sich gegenseitig ausschließen:

Erstens den Arrest zur einstweiligen Sicherung der Zwangsvollstreckung einer auf Geld gerichteten Forderung; zu unterscheiden sind der dingliche Arrest, d.h. der Arrest in das Vermögen des Schuldners und der in der Praxis nicht bedeutsame persönliche Arrest, der durch Zugriff auf den Schuldner selbst erfolgt (§§ 918, 933 ZPO).

Zweitens die einstweilige Verfügung zur einstweiligen Sicherung von Ansprüchen, die nicht auf Geld gerichtet sind; dabei unterscheidet das Gesetz zwischen der **Sicherungsverfügung** gemäß § 935 ZPO und der **Regelungsverfügung** gemäß § 940 ZPO. Daneben hat sich als weiterer Typ die **Leistungsverfügung** herausgebildet. Sie wird im Allgemeinen auf § 940 ZPO gestützt und führt zur vorläufigen Befriedigung des Gläubigers.

Die Gemeinsamkeit dieser Maßnahmen besteht darin, dass sie grundsätzlich nur eine vorläufige Regelung schaffen, grundsätzlich nur der Sicherung gefährdeter Rechtspositionen dienen und die Entscheidung in der Hauptsache nicht vorwegnehmen dürfen (sog. **Vorwegnahmeverbot**). Die endgültige Entscheidung bleibt dem normalen Erkenntnisverfahren vorbehalten. Daher ist für den vorläufigen Rechtsschutz dann kein Raum, wenn die Entscheidung im Hauptsacheverfahren ohne Nachteile für den Antragsteller abgewartet werden kann.

Dem Arrest kommt im arbeitsgerichtlichen Verfahren keine besondere Bedeutung zu, während die Leistungsverfügung hier eine besondere Rolle spielt. Nachfolgend wird deshalb nicht näher auf den Arrest eingegangen.

b) Verhältnis zur Hauptsache. Anträge im Verfahren des vorläufigen Rechtsschutzes führen nicht zur Rechtshängigkeit des Hauptanspruchs. Erkenntnisverfahren und Eilverfahren sind im Hinblick auf die unterschiedlichen Rechtsschutzziele grundsätzlich

nebeneinander zulässig (*Zöller-Stöber,* Vor § 916 Rdn. 1a). Die Rechtskraft im Eilverfahren hat keine Rechtskraftwirkung für den Hauptprozess (aaO., Rdn. 5). Eine Unterbrechung der Verjährung tritt weder durch die Einreichung des Arrest- bzw. Verfü-
gungsantrags noch durch den Erlass der Eilentscheidung ein.

c) Besetzung des Gerichts, mündliche Verhandlung und Gütetermin. Grundsätzlich
entscheidet das Arbeitsgericht über den Antrag auf Erlass einer einstweiligen Verfügung
auf Grund mündlicher Verhandlung durch die Kammer. Hiervon sind Ausnahmen in
zweifacher Richtung denkbar: Die mündliche Verhandlung kann „in dringenden Fällen"
unterbleiben bzw. dann, wenn der Verfügungsantrag zurückzuweisen ist, §§ 46 Abs. 2
ArbGG, 937 Abs. 2 ZPO. Außerdem ist bei einer noch gesteigerten Dringlichkeit eine
Alleinentscheidung durch den Vorsitzenden über den Antrag möglich, wenn wiederum
eine mündliche Verhandlung nicht erforderlich ist, §§ 46 Abs. 2 ArbGG, 944 ZPO.

Die Dringlichkeit i.S.d. § 937 Abs. 2 ZPO (Entscheidung ohne mündliche Verhandlung) setzt voraus, dass der Antragsteller nur durch einen möglichst rasch erwirkten Titel zu einer Sicherung seines Anspruchs kommen kann (*Thomas-Putzo,* § 937 Rdn. 2).
Vergleicht man § 937 Abs. 2 ZPO mit der parallelen Arrestvorschrift, § 921 ZPO (dort
ist die mündliche Verhandlung freigestellt), so kann ein Absehen von der mündlichen
Verhandlung nur zulässig sein, wenn die Gefährdung der Rechtsverwirklichung einen
schnellen Zugriff notwendig macht (*Heinze,* RdA 1986, 277). Bei dem Erlass einer
einstweiligen Verfügung ohne mündliche Verhandlung handelt es sich nach der gesetzlichen Konzeption also – auch wenn die Praxis dies nicht gerade deutlich zeigt – um einen
Ausnahmefall (*Teplitzky,* DRiZ 1982, 44; *Faecks,* NZA 1985, Beil. 3 S. 9, der den Ausnahmefall allerdings auch für die Ablehnung des Eilantrages annimmt und feststellt, das
Gericht dürfe nicht ohne weiteres dem Antragsteller die „Wohltat einer gem. § 922 III
ZPO vor dem Gegner verborgenen Negativentscheidung antun". Seit der Neufassung
des § 937 Abs. 2 ZPO durch das RPflVereinfG vom 1. 4. 1991 ist dies wohl nicht mehr
vertretbar).

Darüber hinaus muss im Rahmen des § 944 ZPO (**Alleinentscheidung**) die Gefahr bestehen, dass durch das Zusammenrufen der ehrenamtlichen Richter soviel Zeit vergeht,
dass der Rechtsschutz praktisch leerläuft (*Walker,* Der einstweilige Rechtsschutz im Zivilprozess und im arbeitsgerichtlichen Verfahren, S. 184 Rdn. 271 m.w.N.). Für eine
Entscheidung durch den Vorsitzenden ohne mündliche Verhandlung sind also drei Stufen der Dringlichkeit darzulegen: Erstens im Rahmen des Verfügungsgrundes (§ 935
ZPO), zweitens hinsichtlich der Entscheidung ohne mündliche Verhandlung (§ 937
Abs. 2 ZPO) und drittens zur Begründung der Alleinzuständigkeit des Vorsitzenden
(§ 944 ZPO), wobei von Stufe zu Stufe eine Steigerung erforderlich ist (*Thomas-Putzo,*
§ 937 Rdn. 2, Anm. § 944; MüKo-*Heinze,* § 935 Rdn. 34).

Eine **Güteverhandlung** ist nicht durchzuführen, auch wenn gemäß § 54 Abs. 1 Satz 1
ArbGG die mündliche Verhandlung mit dem Gütetermin beginnt. § 62 Abs. 2 ArbGG
ist mit seiner Verweisung auf die §§ 916ff., §§ 935ff. ZPO insoweit lex specialis (HB-
Baur, B 3.1. Rdn. 5 m.w.N.; MüKo-*Heinze,* § 935 Rdn. 34). Die Spezialverweisung auf
das Achte Buch der ZPO lässt die dortigen Vorschriften dem § 54 Abs. 1 Satz 1 ArbGG
vorgehen. Das Durchführen einer Güteverhandlung bedeutet regelmäßig eine Verzögerung, die mit dem Beschleunigungszweck des Eilverfahrens nicht vereinbar ist (*Walker,*
Der einstweilige Rechtsschutz im Zivilprozess und im arbeitsgerichtlichen Verfahren
Rdn. 739 m.w.N.). Kommt im Gütetermin keine Einigung zustande, kann das Arbeitsgericht nicht sogleich entscheiden, sondern muss erst die Kammerverhandlung durchführen. Zwar kann der Kammertermin direkt im Anschluss an die Güteverhandlung
stattfinden, § 54 Abs. 4 ArbGG. Praktische Bedeutung hat dies jedoch nicht, da die ehrenamtlichen Richter, die weder aktiv noch passiv am Gütetermin teilnehmen dürfen, regelmäßig nicht zur Verfügung stehen (aaO.).

2. Voraussetzungen für den Erlass einer einstweiligen Verfügung

a) Rechtsweg. Für einstweilige Verfügungen im Bereich des § 62 Abs. 2 ArbGG i. V. m. §§ 937 Abs. 1 ZPO, 2 Abs. 1 Nr. 3 a), 48 Abs. 1 ArbGG ist der arbeitsgerichtliche Rechtsweg eröffnet. Auch im Eilverfahren ist eine Rechtswegverweisung zulässig.

b) Zuständigkeit. Für den Erlass einer einstweiligen Verfügung ist grundsätzlich das Gericht der Hauptsache gemäß §§ 937 Abs. 1, 943 Abs. 1 ZPO ausschließlich sachlich zuständig (§ 802 ZPO). Gericht der Hauptsache ist das Gericht, das im Erkenntnisverfahren über die zu sichernde Individualleistung bzw. das zu befriedende Rechtsverhältnis zu entscheiden hat. Das Gericht der Hauptsache ist das des ersten Rechtszuges und, wenn die Hauptsache bereits in der Berufungsinstanz anhängig ist, das Berufungsgericht, § 943 Abs. 1 ZPO.

Die örtliche Zuständigkeit richtet sich ausschließlich nach den §§ 12 ff., 802 ZPO. Ausnahmsweise ist in dringenden Fällen das Amtsgericht, das nicht Hauptsachegericht ist und in dessen Bezirk sich der Streitgegenstand befindet, zuständig, § 942 Abs. 1 ZPO. Die Vorschrift ist nach dem Wortlaut des § 62 Abs. 2 ArbGG im arbeitsgerichtlichen Verfahren anwendbar und führte zu dem seltsamen Ergebnis, dass arbeitsrechtliche Streitigkeiten im Eilverfahren – zumindest in einem bestimmten Verfahrensabschnitt – außerhalb der Arbeitsgerichtsbarkeit ausgetragen werden könnten. Durch die Änderung der §§ 17, 17a und 17b GVG durch das 4. VwGO-Änderungsgesetz (BGBl. 1990 I, 2809) jedoch, die seit dem 1. 1. 1991 Anwendung findet, gilt der Rechtsweg von Arbeits- und Zivilgerichtsbarkeit als jeweils eigenständig. Deshalb kann es für arbeitsrechtliche Streitigkeiten niemals eine amtsgerichtliche Zuständigkeit geben (*Hauck*, ArbGG, § 62 Rdn. 25; a. A. MüKo-*Heinze*, vor § 916 Rdn. 41; § 935 Rdn. 31).

c) Parteifähigkeit/Prozessvertretung. Es gelten die §§ 10, 11 ArbGG.

d) Fristen. Bei der Anberaumung eines Termins zur mündlichen Verhandlung ist die zweiwöchige **Einlassungsfrist** des § 274 Abs. 3 ZPO nicht zu beachten (mit dem Zweck des Verfügungsverfahrens nicht vereinbar, *Thomas-Putzo*, § 274 Rdn. 3), sondern nur die Ladungsfrist des § 217 ZPO (3 Tage), denn ihr Zweck der Terminvorbereitung passt auch im Eilverfahren (*Walker*, Der einstweilige Rechtsschutz im Zivilprozess und im arbeitsgerichtlichen Verfahren S. 186 Rdn. 275 mit zahlreichen Nachw.; *Thomas-Putzo*, § 922 Rdn. 1; *Zöller-Vollkommer*, § 922 Rdn. 15). Auf Antrag kann die **Ladungsfrist** nochmals abgekürzt werden, § 226 Abs. 1 ZPO. Dagegen ist die Einlassungsfrist des § 47 Abs. 1 ArbGG (Zustellung der Klageschrift mindestens eine Woche vor dem Termin) im Verfügungsverfahren nicht anwendbar (*Walker*, Der einstweilige Rechtsschutz im Zivilprozess und im arbeitsgerichtlichen Verfahren Rdn. 738 m. w. N.).

3. Antrag

Auf das Verfügungsgesuch sind über § 936 ZPO grundsätzlich die Bestimmungen des § 920 ZPO zum Arrestgesuch entsprechend anwendbar. Das Gesuch kann schriftlich oder zu Protokoll der Geschäftsstelle erklärt werden (§ 920 Abs. 3 ZPO).

Das Verfügungsgesuch muss die Angabe von Verfügungsanspruch und Verfügungsgrund enthalten. Eine Ausnahme gilt für die Darlegung des Verfügungsgrundes auf Grund ausdrücklicher gesetzlicher Regelung (z. B. §§ 25 Abs. 2 UWG, 61 UrhG, 885 Abs. 1 Satz 2, 899 Abs. 2 Satz 2 BGB) bzw. in den von der Rspr. anerkannten Ausnahmefällen (hierzu bei den einzelnen Formularen). Genaue Angaben bezüglich der Art der Verfügung sind nicht zwingend. Jedoch muss zweifelsfrei erkennbar sein, dass eine einstweilige Verfügung begehrt wird.

Verfügungsanspruch und Verfügungsgrund sind glaubhaft zu machen (siehe unten 6.).

4. Verfügungsanspruch

a) **Sicherungsverfügung.** Die Sicherungsverfügung dient der Sicherung eines Anspruchs auf eine nicht in Geld bestehende (wegen § 916 Abs. 1 ZPO) Individualleistung (§ 935 ZPO). Durch sie soll der Vereitelung der Vollstreckung eines erforderlichen, aber noch nicht vorliegenden Titels begegnet werden; Sicherungsverfügung und Arrest ergänzen sich insoweit, als der Arrest Geldforderungen, die Sicherungsverfügung alle sonstigen zivilrechtlichen Individualansprüche erfasst (*Zöller-Vollkommer*, § 935 Rdn. 6; *Thomas-Putzo*, § 935 Rdn. 5; StJ-*Grunsky*, § 935 Rdn. 4; MüKo-*Heinze*, § 935 Rdn. 7). Eine vollständige Realisierung des zu sichernden Rechts bleibt wegen des Vorwegnahmeverbots grundsätzlich dem Hauptsacheverfahren vorbehalten.

b) **Regelungsverfügung.** An die Stelle des zu sichernden Individualanspruchs tritt bei der Regelungsverfügung das zu regelnde streitige Rechtsverhältnis, § 940 ZPO (*Zöller-Vollkommer*, § 940 Rdn. 2). Dieses Rechtsverhältnis muss zwischen den Parteien bestehen (*Thomas-Putzo*, § 940 Rdn. 2; MüKo-*Heinze*, § 940 Rdn. 7) und auf gewisse Dauer gerichtet sein, wobei eine besondere Komplexität nicht erforderlich ist (*Zöller-Vollkommer*, aaO.). Das Rechtsverhältnis ist „streitig", wenn jede der beiden Parteien ein Recht beansprucht, eine Partei das Recht der anderen Partei bestreitet oder das Rechtsverhältnis durch Handlungen verletzt ist (MüKo-*Heinze*, aaO., Rdn. 6; StJ-*Grunsky*, § 940 Rdn. 6). Im arbeitsgerichtlichen Rechtsschutz kann es sich dabei um Streitigkeiten über die arbeitsvertraglich vereinbarten Rechte und Pflichten oder um Streitigkeiten über die Wirksamkeit eines Arbeitsverhältnisses handeln.

c) **Leistungsverfügung.** Die Leistungsverfügung, die gesetzlich nicht geregelt ist, führt ausnahmsweise zu einer teilweisen oder auch völligen Befriedigung des streitigen Anspruchs, also zur Vorwegnahme der Hauptsache im Rahmen einer einstweiligen Verfügung. Verfügungsanspruch kann hier grundsätzlich jeder materiell-rechtliche Anspruch sein, also auch ein Anspruch auf Geldzahlung, soweit der Gläubiger darauf dringend zur Behebung einer Notlage angewiesen ist. Bis zur Höhe des Betrages, der zur Behebung der Notlage erforderlich ist, darf eine Leistungsverfügung erlassen werden. Hierbei kann die Pfändungsfreigrenze (LAG Kiel 26. 8. 1958, AP Nr. 1 § 940 ZPO), der Sozialhilfesatz oder die Höhe der Arbeitslosenunterstützung (LAG Baden-Württemberg 24. 11. 1967, BB 1968, 335) eine Richtlinie sein. Im arbeitsgerichtlichen Verfahren kommen für den Erlass von Leistungsverfügungen vor allem Vergütungs- und Beschäftigungsansprüche in Betracht. Auch bei den einstweiligen Verfügungen, die in das Arbeitskampfgeschehen eingreifen, handelt es sich überwiegend um Leistungsverfügungen.

Auch die Leistungsverfügung macht die Entscheidung in der Hauptsache nicht entbehrlich, denn die bewirkte Erfüllung hängt in ihrem rechtlichen Fortbestand von der Entscheidung in der Hauptsache ab und ist damit nur vorläufig.

5. Verfügungsgrund

Ein Verfügungsgrund besteht im Allgemeinen, wenn der Antragsteller eine Rechts- oder Interessensbeeinträchtigung für den Fall befürchtet, dass eine vorläufige Regelung des Rechtsverhältnisses oder eine Sicherung des bestehenden Zustandes unterbleibt.

a) **Sicherungsverfügung.** Ein Sicherungsgrund ist gemäß § 935 ZPO gegeben, wenn die Besorgnis besteht, dass durch eine Veränderung des bestehenden Zustandes die Verwirklichung des Rechts einer Partei vereitelt oder wesentlich erschwert werden könnte. Es müssen also Umstände vorliegen, die nach dem objektiven Urteil eines vernünftigen Menschen die Gefährdung der Verwirklichung eines Individualanspruches durch bevorstehende Änderung des status quo befürchten lassen (*Thomas-Putzo,* § 935 Rdn. 6;

Rosenberg/Gaul/Schilken, § 76 II. 1. b). Eine subjektive Besorgnis ist nicht ausreichend (StJ-*Grunsky*, § 935 Rdn. 11). Gleichgültig ist hierbei, ob der Schuldner Ersatz leisten könnte (*Zöller-Vollkommer*, § 935 Rdn. 10 unter Verweis auf OLG München 28. 7. 1986, BB 1986, 2297; BL-*Hartmann*, § 935 Rdn. 16), denn die Sicherungsverfügung soll gerade nicht dazu dienen, einen allgemeinen Geldwert aus dem Schuldnervermögen zu sichern. Vielmehr wird die Sicherung eines individuellen Streitgegenstands in seinem bestehenden Zustand und seinem tatsächlichen Zusammenhang bezweckt. Bei der Prüfung des Verfügungsgrundes, die der eines unbestimmten Rechtsbegriffes entspricht, hat das Gericht einen Beurteilungsspielraum, der voll überprüfbar ist (BL-*Hartmann*, § 935 Rdn. 11; StJ-*Grunsky*, § 935 Rdn. 14; *Zöller-Vollkommer*, § 935 Rdn. 11).

b) **Regelungsverfügung.** Die Regelung muss notwendig sein. Das Gesetz nennt hier insbesondere die Abwendung wesentlicher Nachteile und die Verhinderung drohender Gewalt. Die Anforderungen, die durch die „Notwendigkeit" der einstweiligen Maßnahmen zur Abwendung wesentlicher Nachteile aufgestellt werden, sind unter Berücksichtigung der unterschiedlichen Rechtsschutzziele in § 935 ZPO einerseits und § 940 ZPO andererseits zu ermitteln. Während es sich bei Maßnahmen nach § 935 ZPO um Rechtsschutzhandlungen (Sicherung eines bestimmten Anspruchs) handelt, geht es bei § 940 ZPO mehr um einen Interessenausgleich (*Leipold*, Grundlagen des einstweiligen Rechtsschutzes im zivil-, verwaltungs- und verfassungsrechtlichen Verfahren S. 107). Eine solche Interessenabwägung findet bei § 935 ZPO bei der Frage des Verfügungsgrundes nicht statt.

Im Rahmen des § 940 ZPO ist irrelevant, ob der Schuldner finanziell in der Lage ist, Schadensersatz zu leisten (BL-*Hartmann*, § 940 Rdn. 5).

c) **Leistungsverfügung.** Da durch die Leistungsverfügung die Hauptsache zumindest teilweise vorweggenommen wird, kann sie mit wesentlichen, unter Umständen auch irreparablen Nachteilen für den Anspruchsgegner verbunden sein. Daher sind an den Verfügungsgrund besonders strenge Anforderungen zu stellen (*Thomas-Putzo*, § 940 Rdn. 5; *Zöller-Vollkommer*, § 940 Rdn. 6 m. w. N.). So liegt im Allgemeinen ein Verfügungsgrund nur dann vor, wenn der Gläubiger auf die sofortige Erfüllung dringend angewiesen ist oder wenn die Leistung so kurzfristig zu erbringen ist, dass die Erwirkung eines Titels im normalen Klageverfahren nicht möglich ist (*Zöller-Vollkommer*, aaO.). Bei Erlass einer einstweiligen Verfügung auf Verurteilung zu einer Geldleistung muss eine **Notlage** gegeben sein, der nur durch Erlass der Leistungsverfügung abgeholfen werden kann. Eine derartige Notlage ist vor allem dann gegeben, wenn der Antragsteller das Geld zur Bestreitung seines **Lebensunterhalts** dringend benötigt. So kann der Arbeitgeber durch einstweilige Verfügung dazu verurteilt werden, dem Arbeitnehmer den geforderten Lohn (in Höhe der **Pfändungsfreigrenze**) zu zahlen, wenn dieser darauf zur Bestreitung seines Lebensunterhalts dringend angewiesen ist (LAG Kiel 26. 8. 1958, AP Nr. 1 § 940 ZPO; a. A. LAG Baden-Württemberg 24. 11. 1967, BB 1968, 335, das auf die Höhe des Arbeitslosengeldes abstellt).

Es kann geboten sein, die Leistungsverfügung zeitlich zu begrenzen. Für den Fall, dass der Gläubiger seinen Anspruch innerhalb dieser zeitlichen Begrenzung im normalen Klageverfahren nicht verfolgt, kommt der Erlass einer weiteren Leistungsverfügung auch bei Vorliegen der erforderlichen Notlage nicht in Betracht (*Zöller-Vollkommer*, § 940 Rdn. 6).

6. Glaubhaftmachung

Die den Verfügungsanspruch und den Verfügungsgrund ergebenden Tatsachen sind glaubhaft zu machen. Während ein Vollbeweis nur dann erbracht ist, wenn von einer an Sicherheit grenzenden Wahrscheinlichkeit ausgegangen werden kann, genügt für die Glaubhaftmachung bereits die überwiegende Wahrscheinlichkeit (*Heinze*, DB 1985,

127). Im Übrigen sind zur Glaubhaftmachung Beweismittel jeder Art zugelassen; die eidesstattliche Versicherung muss eine eigene Darstellung der glaubhaft zu machenden Tatsachen enthalten und darf sich nicht unter Bezugnahme auf einen Schriftsatz erschöpfen (BGH 13. 1. 1988, NJW 1988, 2045). Bei fehlender Glaubhaftmachung kann das Gericht die einstweilige Verfügung dennoch erlassen, wenn wegen der dem Antragsgegner drohenden Nachteile Sicherheit geleistet wird, § 921 Abs. 2 ZPO.

Auch im einstweiligen Verfügungsverfahren gelten die allgemeinen Regeln der Substantiierungslast (LAG München, 5. 10. 1994, LAGE Nr. 19 § 102 BetrVG 1972 Beschäftigungspflicht). Jede Partei, die aus einer Norm für sie günstige Rechtsfolgen ableiten will, muss die Tatsachen glaubhaft machen, die der Tatbestand dieser Norm voraussetzt (LAG München, aaO.). Welches Maß an Glaubhaftmachung § 920 Abs. 2 ZPO hinsichtlich der Tatsachen fordert, ist einzelfallbezogen unter Berücksichtigung der Zielsetzung des einstweiligen Verfügungsverfahrens zu entscheiden (MüKo-*Heinze*, § 935 Rdn. 17). Die Anforderungen an die Glaubhaftmachung sind von der Intensität des Eingriffs in die Sphäre des Anspruchsgegners abhängig (OLG München 16. 5. 1958, NJW 1958, 1880). So sind beispielsweise bei Leistungsverfügungen auf Grund ihres Erfüllungscharakters grundsätzlich strengere Anforderungen an die Glaubhaftmachung von Verfügungsanspruch bzw. -grund zu stellen.

7. Vollziehung und Vollstreckung der einstweiligen Verfügung

Gemäß § 936 ZPO gelten auch für die Vollziehung einstweiliger Verfügungen die Vorschriften der §§ 928 ff. entsprechend. Die Zustellung des Urteils muss nicht im Parteibetrieb erfolgen, da § 750 Abs. 1 Satz 2 ZPO die Zustellung durch den Gläubiger genügen lässt; hieraus kann im Umkehrschluss gefolgert werden, dass die **Amtszustellung** im Rahmen des § 50 Abs. 1 Satz 1 ArbGG als Vollstreckungsvoraussetzung ausreicht (LAG Frankfurt 27. 11. 1992, LAGE Nr. 30 § 888 ZPO; zur Zustellung im Parteibetrieb: LAG Frankfurt 13. 8. 1987, LAGE Nr. 12 § 888 ZPO; LAG Hamm 21. 11. 1989, LAGE Nr. 20 zu § 888 ZPO); der Regelfall ist jedoch die **Zustellung im Parteibetrieb** (zu den Ausnahmen *Zöller-Vollkommer*, § 929 Rdn. 12). Damit sieht die ZPO vor, dass eine einstweilige Verfügung als Eilmaßnahme erst dann Bestandskraft erlangt und die Voraussetzungen für die Durchführung der Zwangsvollstreckung erst dann vorliegen, wenn der Gläubiger von der Verfügung Gebrauch macht, d.h. sie z.B. zustellt (HB-*Baur*, Teil B Rdn. 17).

Sicherungs-, Regelungs- und Leistungsverfügungen sind kraft Gesetzes vollstreckbar, § 62 Abs. 1 ArbGG. Ausschließlich zuständig ist das Arbeitsgericht als Prozessgericht erster Instanz, §§ 62 Abs. 2 ArbGG, 888 Abs. 1, 802 ZPO. Die allgemeinen **Vollstreckungsvoraussetzungen** (Titel, Klausel, Zustellung) müssen vorliegen.

8. Rechtsbehelfe/Rechtsmittel

Hat das Arbeitsgericht dem Antrag ohne mündliche Verhandlung stattgegeben, hat der Antragsgegner die Möglichkeit des Widerspruchs, §§ 936, 924 ZPO. Über die Rechtmäßigkeit der erlassenen einstweiligen Verfügung ist nach Bestimmung eines Termins zur mündlichen Verhandlung (§§ 936, 924 Abs. 2 Satz 2 ZPO) durch Endurteil zu entscheiden, §§ 936, 925 Abs. 1 ZPO (HB-*Baur*, Teil B Rdn. 10).

Gegen die auf den Widerspruch ergehende Entscheidung kann der Unterlegene Berufung einlegen (§§ 64 ff. ArbGG); diese Möglichkeit besteht auch gegen Entscheidungen des Arbeitsgerichts über den Verfügungsantrag auf Grund mündlicher Verhandlung (§§ 936, 924 ZPO).

Eine **Revision** gegen Entscheidungen des LAG findet nicht statt, § 72 Abs. 4 ArbGG.

II. Arbeitnehmerseitige Anträge

1. Anträge auf (Weiter-)Beschäftigung

1.1 Antrag auf Erlass einer einstweiligen Verfügung auf vertragsgemäße Beschäftigung bis zum Ende der Kündigungsfrist

An das
Arbeitsgericht ......

Antrag auf Erlass einer einstweiligen Verfügung

In Sachen
......

– Antragsteller –

Prozessbevollmächtigte: Rechtsanwälte ......

gegen

......

– Antragsgegner –

wegen: Beschäftigung

zeigen wir die Vertretung der Klagepartei an und beantragen unter Abkürzung der Ladungsfrist Anberaumung eines Termins zur mündlichen Verhandlung und den Erlass der nachstehenden einstweiligen Verfügung:

1. Die AG wird verurteilt, den ASt zu unveränderten Bedingungen als[1] ...... bis zum ...... zu beschäftigen.
2. Die AG trägt die Kosten des Rechtsstreits.

Begründung:

I.

Der ASt ist seit ...... als Programmentwickler für das Produkt ...... bei der AG, einem Softwarehaus, zu einem monatlichen Bruttoentgelt von ...... beschäftigt. Rechte und Pflichten aus dem Arbeitsverhältnis sind im Arbeitsvertrag vom ...... geregelt.

Glaubhaftmachung: Arbeitsvertrag, in der Anlage A 1

Mit Schreiben vom ......, dem ASt am ...... zugegangen, kündigte die AG das Arbeitsverhältnis unter Einhaltung der vertraglichen Kündigungsfrist von 6 Monaten zum Halbjahresende. Gleichzeitig stellte die AG den ASt von der Erbringung der Arbeitsleistung frei.

Glaubhaftmachung: ......

Der Arbeitsvertrag enthält zur Freistellung keine Regelung[2].
Gegen die Kündigung hat der ASt Kündigungsschutzklage vor dem Arbeitsgericht ...... erhoben (Az.: ......).

II.

Der Verfügungsgrund ergibt sich aus Folgendem: Die AG entwickelt und vertreibt das Software-Produkt ......, das mit ...... verkauften Lizenzen im Bereich ...... eine bedeutende Marktposition einnimmt. Der Kläger ist als Spezialist mit der Entwicklung dieses Produktes seit ...... Jahren betraut; hierbei ergaben und ergeben sich laufend Neuerungen, die im Rahmen der (Weiter-) Entwicklung vom Kläger umgesetzt wurden.

Glaubhaftmachung: ......

Durch die halbjährige Nichtbeschäftigung bis zum Ende der Kündigungsfrist erleidet der ASt einen derart großen Wissensverlust, dass die Chancen, seinen Beruf nach Ablauf der Kündigungsfrist bei der AG oder einem anderen Arbeitgeber auszuüben, sich deutlich verschlechtern[3]. Mit dem Produkt ...... wird der ASt nach einer halbjährigen Pause nicht mehr arbeiten können, weil er die seither vorgenommenen Änderungen nicht kennt. Gerade das aktuelle Wissen um den Entwicklungsstand des Produkts ...... qualifizieren den ASt für den von ihm ausgeübten Beruf.

Glaubhaftmachung: ......

Die Eilbedürftigkeit ist auch dadurch indiziert, dass die Freistellung grund- und rechtsgrundlagenlos erfolgte. Ein Interesse der AG an der Freistellung ist nicht ersichtlich.

Rechtsanwalt

Anmerkungen

1. Zur Auftragsformulierung s. o. B. II. 9. Vorbem. 2.

2. Der Verfügungsanspruch ergibt sich aus der Tatsache des bestehenden Arbeitsverhältnis (grundlegend: BAG 10. 11. 1955, NJW 1956, 359; 26. 5. 1977, NJW 1978, 239; *Stege*, RdA 1978, 75). Rechtsgrundlage dieses (allgemeinen) Beschäftigungsanspruchs ist eine ergänzende Rechtsfortbildung des Dienstvertragsrechts der §§ 611 ff. BGB auf Grund § 242 BGB i. V. m. Art. 1, 2 GG, die notwendig ist, weil die verfassungsrechtlichen Wertentscheidungen der Art. 1, 2 GG über den Persönlichkeitsschutz ganz allgemein auch den Schutz des ideellen Beschäftigungsinteresses des Arbeitnehmers durch die Anerkennung eines grundsätzlich gegebenen allgemeinen Beschäftigungsanspruchs gebieten, sofern der Arbeitnehmer die Beschäftigung verlangt (BAG GS 27. 2. 1985, NZA 1985, 702; 19. 8. 1992, NZA 1993, 1131). Solange das Arbeitsverhältnis besteht, hat der Arbeitnehmer grundsätzlich einen Beschäftigungsanspruch; dieser besteht auch während des Laufes der Kündigungsfrist (vgl. hierzu B. II. Form. 9.3. und Vorb. 1 zu B. II. 9.). Die Verpflichtung zur Arbeitsleistung steht nicht nur der Vergütungspflicht des Arbeitgebers synallagmatisch gegenüber, sondern korrespondiert mit einer dem Arbeitgeber obliegenden **Beschäftigungspflicht** während des bestehenden Arbeitsverhältnisses (*Tschöpe*, Anwaltshandbuch Arbeitsrecht-*Schmalenberg*, S. 368). Der Arbeitnehmer hat das Recht, auf Grund des Arbeitsvertrages, d. h. im Rahmen der versprochenen Dienste, nicht nur bezahlt, sondern auch tatsächlich beschäftigt zu werden (BAG GS 27. 2. 1985, AP Nr. 14 § 611 BGB Beschäftigungspflicht). Zum Ausspruch einer **Suspendierung** ist der Arbeitgeber nur berechtigt, wenn er entweder durch arbeitsvertragliche Vereinbarung hierzu berechtigt ist oder aber Gründe vorliegen, die eine Weiterbeschäftigung unzumutbar erscheinen lassen und eine sofortige Reaktion des Arbeitgebers erfordern (BAG 15. 6. 1972, DB 1972, 1878; 19. 8. 1976, DB 1976, 2308). Diesen Ausnahmetatbestand muss der Arbeitgeber darlegen und beweisen (BAG 19. 8. 1992, NZA 1993,

1130; LAG München 19. 8. 1992, NZA 1993, 1130); Einzelheiten hierzu vgl. B. II. Form. 9.3. Anm. 5.

3. Die Beschäftigungsverfügung ist wegen ihrer Erfüllungswirkung eine Leistungsverfügung (LAG München 19. 8. 1992, NZA 1993, 1132); dieser Weg soll für den Gläubiger nur eröffnet sein, wenn er in seiner Existenz akut bedroht bzw. auf die sofortige Erfüllung dringend angewiesen ist (LAG Köln 9. 2. 1991, LAGE Nr. 3 § 935 ZPO; MüKo-*Heinze*, von § 935 Rdn. 4, 17; *Zöller-Vollkommer*, § 940 Rdn. 6 ff.); Einzelheiten hierzu Vorbemerkung unter 5.c). Bei bestimmten Berufsgruppen hängen die Chancen einer neuen Anstellung davon ab, ob der Arbeitnehmer bis zuletzt beschäftigt war; „beim Berufsfußballspieler liegen die Dinge hier anders als beim Buchhalter" (*Grunsky*, NJW 1979, 89). So ist beispielsweise bei Schauspielern und Chefärzten eine besondere Beschäftigungspflicht diskutiert worden (*Weber*, BB 1974, 702, Fußn. 52–54). Auch wird der konkreten Arbeitsmarktlage eine Indizwirkung auf den Verfügungsgrund zugesprochen, denn dem Arbeitnehmer könne eine Verdrängung aus dem Betrieb umso eher zugemutet werden, je einfacher es für ihn sei, eine neue Stelle zu finden (*Grunsky*, NJW 1979, 89).

Nach LAG München (19. 8. 1992, NZA 1993, 1132 = LAGE Nr. 32 § 611 BGB Beschäftigungspflicht) soll sich der Verfügungsgrund bereits daraus ergeben, dass die dem Beschäftigungsanspruch des Arbeitnehmers entsprechende Beschäftigungspflicht des Arbeitgebers eine Fixschuld ist, der Beschäftigungsanspruch des Arbeitnehmers deshalb zugleich mit der Nichterfüllung unmöglich werde und erlösche und der Arbeitnehmer daher nur durch die einstweilige Verfügung wirksam vor der Vereitelung seines Beschäftigungsanspruches geschützt werden könne (ebenso ArbG Leipzig 8. 8. 1996, NZA 1997, 366) und die Verweigerung der beantragten Beschäftigungsverfügung eine rechtsstaatswidrige **Rechtsschutzverweigerung** wäre. Diese Argumentation arbeitet mit der Unterstellung, dass im Klageverfahren eine schnelle Durchsetzung des Beschäftigungsanspruchs nicht möglich sei; im Hinblick auf § 61 a Abs. 2 ArbGG, die Möglichkeit der Klagenhäufung und des **Teilurteils** kann hiervon nicht zwingend ausgegangen werden. Im Übrigen stellt die bloße Vereitelung eines Erfüllungsanspruchs keinen wesentlichen Nachteil i. S. d. § 940 ZPO dar (HB-*Baur*, Teil B Rdn. 99). So argumentiert auch LAG Hamm (18. 2. 1998, NZA-RR 1998, 422), wonach ein Arbeitnehmer seinen Weiterbeschäftigungsanspruch auch in der Kündigungsfrist nur dann im Wege der einstweiligen Verfügung durchsetzen kann, wenn er darlegt, dass er auf dessen sofortige Erfüllung (Notlage) angewiesen ist. Es handele sich um eine Befriedigungsverfügung, die von der Rspr. nur dann zugelassen werde, wenn der Antragsteller dargelegt habe, dass andere Erfolg versprechende Maßnahmen nicht möglich sind, um einem bestehenden Notstand abzuhelfen und einem zukünftigen vorzubeugen. Die bloße Unwiederbringlichkeit der verflossenen Zeit stelle keinen Notstand dar, denn dann könnten sehr viele Verfahren ohne die gesetzlich vorgesehene Darlegung eines Verfügungsgrundes immer durch einstweilige Verfügungen im vereinfachten summarischen Verfahren statt des gründlichen und schwierigeren Hauptsacheverfahrens entschieden werden (LAG Hamm aaO.). Das LAG Brandenburg (10. 6. 1999, 6 Sa 146/99 n. v.) hat einen Verfügungsgrund bejaht im Falle eines Bereichsleiters Personal, der während einer Kündigungsfrist von mehr als drei Monaten freigestellt werden sollte. Dies behindere ihn in seinem Fortkommen. Dass er leitender Angestellter i. S. d. § 14 Abs. 2 KSchG sei, bedeute keine Schwächung seiner Position bis zum Auflösungszeitpunkt.

Kosten und Gebühren

Gegenstandswert: Wird überwiegend mit einem Bruttomonatsgehalt angesetzt (Thüringer LAG 27. 2. 1996, AuR 1996, 196; Sächsisches LAG 14. 7. 1993, LAGE Nr. 97

§ 12 ArbGG 79 Streitwert; LAG Hamburg 26. 3. 1992, LAGE Nr. 14 § 19 GKG), vereinzelt mit zwei Bruttomonatsgehältern (LAG Köln 4. 7. 1995, LAGE Nr. 15 § 19 GKG;
31. 7. 1995, NZA 1996, 840; BAG 18. 1. 1996, AP Nr. 18 § 12 ArbGG 79 = NZA
1996, 1175).

1.2 Antrag auf Erlass einer Weiterbeschäftigungsverfügung gemäß § 102 Abs. 5 Satz 1 BetrVG

An das
Arbeitsgericht . . . . . .

Antrag auf Erlass einer einstweiligen Verfügung

In Sachen
. . . . . .

– Antragstellerin –

Prozessbevollmächtigte: Rechtsanwälte . . . . . .

gegen

. . . . . .

– Antragsgegnerin –

wegen: Weiterbeschäftigung

zeigen wir die Vertretung der Klagepartei an und beantragen unter Abkürzung der
Ladungsfrist Anberaumung eines Termins zur mündlichen Verhandlung und den
Erlass der nachstehenden einstweiligen Verfügung:
1. Die AG wird verurteilt, den ASt über den . . . . . . hinaus bis zum rechtskräftigen
   Abschluss des Kündigungsschutzprozesses zu unveränderten Arbeitsbedingungen
   als[1] . . . . . . weiterzubeschäftigen.
2. Die AG trägt die Kosten des Rechtsstreits.

Begründung:

I.

Der ASt ist seit . . . . . . als . . . . . . bei der AG als . . . . . . zu einem monatlichen Bruttoentgelt von . . . . . . beschäftigt. Rechte und Pflichten aus dem Arbeitsverhältnis sind
im Arbeitsvertrag vom . . . . . . geregelt.

Glaubhaftmachung: Arbeitsvertrag, in der Anlage A 1

Mit Schreiben vom . . . . . ., dem ASt am . . . . . . zugegangen, kündigte die AG das Arbeitsverhältnis aus betriebsbedingten Gründen ordentlich[2] zum . . . . . .

Glaubhaftmachung: Kündigungsschreiben, in der Anlage A 2

Hiergegen hat der ASt am . . . . . . Kündigungsschutzklage erhoben[3] sowie die Weiterbeschäftigung des Klägers über den Kündigungstermin hinaus zu unveränderten
Arbeitsbedingungen beantragt.

Glaubhaftmachung: Klageschriftsatz vom . . . . . ., in der Anlage A 3

Das Verfahren wird unter dem Az. . . . . . . geführt; am . . . . . . hat der Gütetermin
stattgefunden. Eine Einigung kam nicht zustande. Ausweislich des Protokolls hat

der Unterzeichner beantragt, über den Weiterbeschäftigungsanspruch im Wege des Teilurteils zu entscheiden.

Glaubhaftmachung: Protokoll der Güteverhandlung vom ......, in der Anlage A 4

Dies ist bislang nicht geschehen.

Bei der AG ist ein Betriebsrat gebildet, der der Kündigung am ...... mit der Begründung widersprochen hat, die AG habe soziale Gesichtspunkte nicht ausreichend berücksichtigt[4]. Insbesondere habe die AG außer Acht gelassen, dass der Kläger der älteste Mitarbeiter in der Abteilung ...... sei. Da die Abteilung nicht aufgelöst, sondern nur verkleinert werde, hätte der ASt im Rahmen der sozialen Auswahl und im Verhältnis zu den nicht gekündigten Arbeitnehmern als schutzwürdiger beurteilt werden müssen[5]. Außerdem sei in der Abteilung ...... ein Arbeitsplatz frei; diesen habe die AG mit Aushang vom ...... innerbetrieblich ausgeschrieben. Auf diesem Arbeitsplatz könne der ASt nach Ablauf der Kündigungsfrist beschäftigt werden[6].

Glaubhaftmachung: Stellungnahme des Betriebsrats vom ......, in der Anlage A 5

Mit Schreiben des Unterzeichners vom ...... hat der ASt von der AG Weiterbeschäftigung gemäß § 102 Abs. 5 Satz 1 BetrVG verlangt.

Glaubhaftmachung: Schreiben vom ......, in der Anlage A 6

Dieses Schreiben ist unbeantwortet geblieben.

II.

Dringlichkeit ist gegeben, da der ASt die ihm zur Verfügung stehenden prozessualen Möglichkeiten ausgeschöpft hat[7].

Im Gütetermin im Kündigungsschutzprozess waren sämtliche Voraussetzungen des § 102 Abs. 5 Satz 1 BetrVG unstreitig, so dass gemäß § 301 ZPO Teilurteil hätte ergehen können. Dies ist nicht geschehen[8]; Termin zur mündlichen Verhandlung vor der Kammer hat das Gericht bestimmt auf ......

Es ist dem ASt nicht zuzumuten, mit der Titulierung seines Weiterbeschäftigungsanspruchs noch ein knappes Jahr zuzuwarten, obwohl die Voraussetzungen bereits jetzt vorliegen. Die Umstrukturierungsmaßnahmen bei der AG, in deren Zusammenhang auch der ASt gekündigt wurde, sind noch nicht abgeschlossen, so dass der ASt bei einer späten Titulierung Vollstreckungsprobleme zu befürchten hat.

Rechtsanwalt

Anmerkungen

1. Zur Antragsformulierung s. o. B. II. 9. Vorbem. 2.

2. Nur eine ordentliche Kündigung löst den gesetzlichen Weiterbeschäftigungsanspruch aus, § 102 Abs. 5 Satz 1 BetrVG. Wird eine außerordentliche Kündigung ausgesprochen, stehen Gründe im Raum, die die Einhaltung der Kündigungsfrist für den Arbeitgeber unzumutbar machen. „Erst recht" ist es in diesen Fällen für den Arbeitgeber unzumutbar, den Arbeitnehmer über den Kündigungstermin hinaus weiterzubeschäftigen (*Weber*, BB 1974, 699; KR-*Etzel*, § 102 Rdn. 198).

Str. ist die Anwendbarkeit des § 102 Abs. 5 Satz 1 BetrVG, wenn der Arbeitgeber außerordentlich und hilfsweise ordentlich kündigt. Dies wird teilweise mit der Begründung verneint, der Gesichtspunkt der Unzumutbarkeit wegen Ausspruchs der **außerordentlichen Kündigung** bliebe bestehen (LAG Frankfurt 28. 5. 1973, LAGE Nr. 1 § 102

BetrVG 72 Beschäftigungspflicht; *Schaub,* NJW 1981, 1810). Teils wird der gesetzliche Weiterbeschäftigungsanspruch bejaht, wenn entweder die außerordentliche Kündigung durch Teilurteil aus dem Kündigungsrechtsstreit ausgeschieden worden ist (*Dietz-Richardi,* § 102 Rdn. 204; *KR-Etzel,* § 102 Rdn. 198) oder der Arbeitgeber im Prozess von der außerordentlichen Kündigung Abstand nimmt und nur noch die Umdeutung in eine ordentliche Kündigung geltend macht (*Schaub,* aaO.). Beides ist abzulehnen; § 102 Abs. 5 Satz 1 BetrVG spricht nicht davon, dass lediglich eine ordentliche Kündigung vorliegen dürfe; auch demonstriert der außerordentliche und hilfsweise ordentlich kündigende Arbeitgeber seine „notfalls" bestehende Bereitschaft, den Arbeitnehmer bis zum Ablauf der Kündigungsfrist weiterzubeschäftigen (vgl. *Weber,* BB 1974, 699) bzw. die Erkenntnis, dass der behauptete Kündigungsgrund u.U. eben kein die Unzumutbarkeit der Weiterbeschäftigung begründender „wichtiger Grund" ist (*Däubler/Kittner/Klebe/ Schneider,* BetrVG, § 102 Rdn. 249).

3. Das Erfordernis der Erhebung einer Kündigungsschutzklage bedeutet denknotwendig, dass der Arbeitnehmer die Voraussetzungen der §§ 1, 23 KSchG erfüllen muss. Der Kreis der Arbeitnehmer, die Weiterbeschäftigung gemäß § 102 Abs. 5 Satz 1 BetrVG verlangen können, ist also kleiner als der Kreis derjenigen, zu deren Kündigung der Betriebsrat angehört werden muss (*Däubler/Kittner/Klebe/Schneider,* § 102 Anm. 255).

Die Klage muss fristgerecht erhoben worden sein, § 4 S. 1 KSchG. Ist unklar, ob die Drei-Wochen-Frist des § 4 S. 1 KSchG eingehalten wurde, besteht der Weiterbeschäftigungsanspruch zunächst, bis über die Verspätung rechtskräftig entschieden ist (*GK-Kraft,* § 102 Rdn. 124; Münchener Handbuch zum Arbeitsrecht-*Matthes,* § 348 Rdn. 85). Ist die Frist in Ordnung, besteht der Weiterbeschäftigungsanspruch fort; wurde die Frist versäumt, erlischt im Zeitpunkt der gerichtlichen Feststellung der Anspruch aus § 102 Abs. 5 Satz 1 BetrVG. Bei unstreitigem Versäumen der Frist und einem **Antrag auf Zulassung der verspäteten Klage** gemäß § 5 Abs. 1 KSchG lebt die Beschäftigungspflicht des Arbeitgebers ab Rechtskraft des Beschlusses über die nachträgliche Zulassung wieder auf (*KR-Etzel,* § 102 Rdn. 207; HK-*Stege,* § 102 Rdn. 164; GK-*Kraft,* aaO.).

Die Klage muss sich entweder von vornherein auf die fehlende soziale Rechtfertigung der Kündigung stützen oder diese nachträglich gemäß § 6 KSchG einbezogen haben; hierbei ist ausreichend, wenn der Arbeitgeber neben anderen Unwirksamkeitsgründen **auch** die fehlende soziale Rechtfertigung geltend macht (*Schaub,* NJW 1981, 1811; *Braasch,* BB 1976, 320). Beruft sich der Arbeitnehmer nachträglich auf die fehlende soziale Rechtfertigung der Kündigung, so entsteht der Weiterbeschäftigungsanspruch ab dem Zeitpunkt der Geltendmachung (*Däubler/Kittner/Klebe/Schneider,* § 102 Rdn. 257).

Wird im Verlauf des Kündigungsschutzprozesses ein Antrag auf Auflösung des Arbeitsverhältnisses gegen Zahlung einer Abfindung gestellt, § 9 Abs. 1 KSchG, so entfällt der Weiterbeschäftigungsanspruch aus § 102 Abs. 5 S. 1 BetrVG. Denn der Arbeitnehmer bekundet hiermit sein fehlendes Interesse an der Weiterbeschäftigung. Schließlich erlischt der Weiterbeschäftigungsanspruch auch dann, wenn die Kündigungsschutzklage zurückgenommen wird und die Kündigung gemäß § 7 KSchG fiktiv wirksam wird (*Schaub,* aaO.; GK-*Kraft,* § 102 Rdn. 123; *KR-Etzel,* § 102 Rdn. 208).

4. Im Rahmen des § 102 Abs. 3 Nr. 1 BetrVG ist es für den ordnungsgemäßen Widerspruch nicht ausreichend, dass sich der Betriebsrat formelhaft auf die gesetzliche Regelung bezieht (*Stege/Weinspach,* Handkommentar, § 102 Rdn. 126); auch das Bestreiten der Betriebsbedingtheit ist keine ordnungsgemäße Begründung i.S.d. § 102 Abs. 3 Nr. 1 BetrVG (*KR-Etzel,* § 102 Rdn. 149). Erforderlich ist, dass der Widerspruch die zugunsten des Arbeitnehmers sprechenden Gesichtspunkte nennt (*Fitting/Kaiser/Heither/ Engels,* § 102 Rdn. 43 a) und den Kreis der in die soziale Auswahl einzubeziehenden Arbeitnehmer zumindest bestimmbar bezeichnet (GK-*Kraft,* § 102 Rdn. 85; *KR-Etzel,*

§ 102 Rdn. 151; a. A.: LAG Brandenburg 15. 12. 1992, LAGE Nr. 13 § 102 BetrVG 72 Beschäftigungspflicht).

5. Bezieht sich der Widerspruch auf § 102 Abs. 3 Nr. 1 BetrVG, so ist es nicht erforderlich, dass ein oder mehrere Arbeitnehmer bezeichnet werden, der oder die nach Meinung des Betriebsrats anstelle des Verfügungsklägers hätten entlassen werden müssen (str.; zust. *KR-Etzel,* § 102 Rdn. 152; LAG Nürnberg 27. 10. 1992, LAGE Nr. 11 § 102 BetrVG 1972 Beschäftigungspflicht; LAG Brandenburg 15. 12. 1992, LAGE Nr. 13 § 102 BetrVG 1972 Beschäftigungspflicht; LAG Rheinland-Pfalz 19. 1. 1982, AuR 1982, 323; LAG Düsseldorf (Kammer Köln) 23. 5. 1975, LAGE Nr. 4 § 102 BetrVG 1972 Beschäftigungspflicht; a. A.: LAG Düsseldorf 5. 1. 1976, DB 1976, 1065), denn es ist nicht Aufgabe des Betriebsrats, andere Arbeitnehmer „an's Messer zu liefern". Allerdings muss der Kreis der in die soziale Auswahl einzubeziehenden Arbeitnehmer zumindest bestimmbar bezeichnet sein (GK-*Kraft,* § 102 Rdn. 85; a. A.: LAG Brandenburg 15. 12. 1992, LAGE Nr. 13 § 102 BetrVG 1972 Beschäftigungspflicht: Die pauschale Behauptung, nach den dem Betriebsrat bekannten Sozialdaten seien vorrangig zu kündigende Arbeitnehmer vorhanden, genüge). Auch muss der Widerspruch die zugunsten des gekündigten Arbeitnehmers sprechenden Gesichtspunkte (Lebensalter, Familienstand, Betriebszugehörigkeit etc.) nennen, d. h. diejenigen sozialen Gesichtspunkte erkennen lassen, die der Arbeitgeber nach Auffassung des Betriebsrats nicht ausreichend berücksichtigt hat (*Fitting/Kaiser/Heither/Engels,* § 102 Rdn. 43 a; *KR-Etzel,* § 102 Rdn. 151).

6. Der **Widerspruch** muss im Rahmen des § 102 Abs. 3 Nr. 3 BetrVG einen konkreten freien und vorhandenen Arbeitsplatz nennen; andernfalls ist er nicht ordnungsgemäß (BAG 3. 2. 1977, DB 1977, 1326; LAG Düsseldorf 26. 6. 1980, DB 1980, 2043; *KR-Etzel,* § 102 Rdn. 163; GK-*Kraft,* § 102 Rdn. 89). Umstritten ist die Begründung mit der Möglichkeit der Weiterbeschäftigung auf demselben Arbeitsplatz (zust. LAG Hamm DB 1979, 1232; LAG Düsseldorf aaO.; ArbG Rheine 23. 12. 1981, BB 1982, 431; abl.: BAG 12. 9. 1985; AP Nr. 7 § 102 BetrVG 72 Weiterbeschäftigung; LAG München 5. 10. 1994 und 2. 3. 1994, LAGE Nr. 19 und 15 § 102 BetrVG Beschäftigungspflicht). Der Betriebsrat kann vom Arbeitgeber in der **Widerspruchsbegründung** nicht verlangen, einen Arbeitsplatz freizumachen oder zu schaffen (BAG 7. 2. 1985, DB 1986, 436; ArbG Berlin 20. 7. 1977, BB 1977, 1761).

7. Sehr streitig ist, ob bei der Weiterbeschäftigungsverfügung gemäß § 102 Abs. 5 Satz 1 BetrVG ein Verfügungsgrund darzulegen ist. Dies wird von einigen LAGen grundsätzlich verneint (LAG München 19. 8. 1992, NZA 1993, 1130; 17. 8. 1994, LAGE Nr. 18 § 102 BetrVG 1972 Beschäftigungspflicht; LAG Hamburg 14. 9. 1992, NZA 1993, 140; LAG Berlin 15. 9. 1980, DB 1980, 2449), da mit jedem Tag der Nichtbeschäftigung der Weiterbeschäftigungsanspruch unmöglich würde und somit das Fordern eines Verfügungsgrundes rechtstaatswidrige Rechtsschutzverweigerung darstelle; der Verfügungsgrund ergebe sich auf Grund einer „gesetzlichen Automatik".
Zutreffend argumentiert die Gegenmeinung, für diese abweichende Handhabung fehle es an der gesetzlichen Grundlage, die für andere einstweilige Verfügungen durchaus vorhanden sei (z. B.: §§ 25 UWG; 61 UrhG; 620 ff. ZPO; 885 Abs. 1 Satz 2, 899 Abs. 2 Satz 2 BGB). Die Dringlichkeit bedarf also auch bei der Weiterbeschäftigungsverfügung der Darlegung und Glaubhaftmachung (ebenso LAG Baden-Württemberg 30. 8. 1993, NZA 1995, 683; LAG Bremen 9. 3. 1988, AuR 1989, 290; LAG Frankfurt 7. 5. 1976 AuR 1977, 59; 23. 3. 1987, NZA 1988, 37; LAG Hamm 18. 2. 1986, NZA 1986, 399; LAG Köln 18. 1. 1984, NZA 1984, 57; 9. 2. 1991, LAGE Nr. 3 § 935 ZPO; LAG München 10. 2. 1994, NZA 1994, 997; LAG Schleswig-Holstein 25. 3. 1885; BB 1985, 1797).
Hinsichtlich des Vorliegens eines Verfügungsgrundes sind stets die beiderseitigen Interessen gegeneinander abzuwägen. Die Weiterbeschäftigungspflicht ist eine unvertretbare Handlung, denn sie hängt vom Willen des Arbeitgebers ab und kann ausschließlich

durch ihn verwirklicht werden (LAG Hamm 15. 2. 1991, LAGE Nr. 22 § 888 ZPO; LAG Frankfurt 27. 11. 1992, LAGE Nr. 30 § 888 ZPO; LAG München 11. 9. 1993, LAGE Nr. 34 § 888 ZPO). Die Gesichtspunkte, die beim allgemeinen Weiterbeschäftigungsanspruch im Rahmen der Anspruchsentstehung zu prüfen sind (vgl. oben B. II. 9. Vorbem. 1), können bei der Weiterbeschäftigungsverfügung gemäß § 102 Abs. 5 Satz 1 BetrVG beim Verfügungsgrund eingestellt werden.

8. Teilweise wird sogar vertreten, bei einer Verbindung des Antrags nach § 4 KSchG und dem Weiterbeschäftigungsbegehren gemäß § 102 Abs. 5 Satz 1 BetrVG im Wege der objektiven Klagehäufung müsse über Letzteres vorab durch **Teilurteil** entschieden werden, bevor die Wirksamkeit der ordentlichen Kündigung geprüft werden könne (*Heinze,* Personalplanung, Rdn. 592).

Kosten und Gebühren

Gegenstandswert: Wird überwiegend mit einem Bruttomonatsgehalt angesetzt (Thüringer LAG 27. 2. 1996, AuR 1996, 196; Sächsisches LAG 14. 7. 1993, LAGE Nr. 97 § 12 ArbGG 79 Streitwert; LAG Hamburg 26. 3. 1992, LAGE Nr. 14 § 19 GKG), vereinzelt mit zwei Bruttomonatsgehältern (LAG Köln 4. 7. 1995, LAGE Nr. 15 § 19 GKG; 31. 7. 1995, NZA 1996, 840; BAG 18. 1. 1996, AP Nr. 18 § 12 ArbGG 79 = NZA 1996, 1175). Da dem Arbeitnehmer aus § 102 Abs. 5 Satz 1 BetrVG nicht nur der Beschäftigungsanspruch, sondern auch der Vergütungsanspruch für die Dauer des Kündigungsschutzprozesses erwächst (BAG 7. 3. 1996, NZA 1996, 930), soll dies „eine weit größere Auswirkung haben als nur wenige Monatsverdienste" (*Meier,* Lexikon der Streitwerte, Rn. 314).

1.3 Antrag auf Erlass einer auf den allgemeinen Weiterbeschäftigungsanspruch gestützten einstweiligen Verfügung bei offensichtlich unwirksamer Kündigung

An das
Arbeitsgericht ......

In Sachen
......

– Antragstellerin –

Prozessbevollmächtigte: Rechtsanwälte ......

gegen

Einser, ...
Zweier, ...
Dreier, ...

– Antragsgegner –

wegen: Weiterbeschäftigung

zeigen wir die Vertretung der Klagepartei an und beantragen unter Abkürzung der Ladungsfrist Anberaumung eines Termins zur mündlichen Verhandlung und den Erlass der nachstehenden einstweiligen Verfügung:

1. Die AG werden verurteilt, den ASt über den ...... hinaus bis zum rechtskräftigen Abschluss des Kündigungsschutzprozesses zu unveränderten Arbeitsbedingungen als[1] ...... weiterzubeschäftigen.
2. Die AG tragen die Kosten des Rechtsstreits.

Begründung:

I.

Der ASt ist seit ...... als ...... bei den AG, die die Patentanwaltskanzlei „Einser, Zweier & Dreier" betreiben, als Patentanwalt zu einem monatlichen Bruttoentgelt von ...... beschäftigt. Rechte und Pflichten aus dem Arbeitsverhältnis sind im Arbeitsvertrag vom ...... geregelt, der von sämtlichen Gesellschaftern unterschrieben ist.

Glaubhaftmachung: Arbeitsvertrag, in der Anlage A 1

Dem ASt ging am ...... ein Kündigungsschreiben zu, das von Einser und Zweier unterzeichnet war. In diesem Schreiben wird das Arbeitsverhältnis ordentlich zum ...... gekündigt.

Glaubhaftmachung: Kündigungsschreiben, in der Anlage A 2

Mit Schreiben vom ...... rügte der ASt die fehlende Vollmacht[2] von Einser und Zweier.

Glaubhaftmachung: Schreiben des ASt vom ......, in der Anlage A 3

Eine Rückfrage bei Dreier ergab, dass dieser von der Kündigung nichts wusste. Dies hat Dreier im Kündigungsrechtsstreit auch vorgetragen; die Kündigungsschutzklage datiert vom ...... und ist beim Arbeitsgericht ...... unter dem Az. ...... anhängig.

Glaubhaftmachung: Schriftsatz des AG zu 3. vom ......, in der Anlage A 4

Die Kündigung ist damit offensichtlich unwirksam[3], da nach dem Vortrag der beklagten Partei die Unwirksamkeit offen zu Tage tritt. Einer Beweisaufnahme bedarf es gar nicht erst. Damit hat der ASt einen (Weiter-) Beschäftigungsanspruch nach den Grundsätzen der Entscheidung des Großen Senats des BAG vom 27. 2. 1985 (NZA 1985, 702).

II.

Ein Verfügungsgrund liegt vor, da die im Rahmen der Prüfung des Verfügungsanspruchs durchzuführende Interessenabwägung zugunsten des ASt ausfällt: Eine offensichtlich unwirksame Kündigung findet nach der Entscheidung des Großen Senats des BAG vom 27. 2. 1985 keine Berücksichtigung bei der Interessenabwägung. Mangels weiterer für die Arbeitgeberseite sprechender Gesichtspunkte muss damit vom Fortbestand des Arbeitsverhältnisses ausgegangen werden. Fällt aber die Interessenabwägung im Verfügungsanspruch zugunsten des Arbeitnehmers aus, so indiziert dies den Verfügungsgrund (LAG Köln 26. 11. 1985, NZA 1986, 137; Schäfer NZA 1985, 695; ArbG Herne 13. 10. 1988, NZA 1989, 236)[4].

Rechtsanwalt

Anmerkungen

1. Zur Antragsformulierung s. o. B. II. 9. Vorbem. 2.

2. Der Kündigungsempfänger soll nur dann zur Zurückweisung der Kündigungserklärung gemäß § 174 BGB befugt sein, wenn er keine Gewissheit hat, ob der Erklärende wirklich bevollmächtigt ist und der Vertretene die Vollmacht gegen sich gelten lassen muss; dies ergibt sich aus den Motiven zum BGB (BAG 6. 2. 1997, NZA 1997, 655 m. w. N.).

3. Von offensichtlicher Unwirksamkeit der Kündigung kann nur ausgegangen werden, wenn sich diese nach dem eigenen Vortrag des Arbeitgebers ohne Beweisaufnahme und ohne dass ein Beurteilungsspielraum gegeben wäre aufdrängt; es darf kein vernünftiger Zweifel in rechtlicher oder tatsächlicher Hinsicht zutage treten. Nur bei einem solchen Verständnis der offensichtlich unwirksamen Kündigung ist es gerechtfertigt, diese Kündigung für die Interessenabwägung unberücksichtigt zu lassen und für den Beschäftigungsanspruch davon auszugehen, dass das Arbeitsverhältnis zwischen den Parteien fortbesteht (BAG 27. 2. 1985, AP Nr. 14 § 611 BGB Beschäftigungspflicht). Offensichtlich unwirksam ist die sog. **Trotzkündigung**, mit der der Arbeitgeber versucht, nach verlorenem Kündigungsschutzprozess das Arbeitsverhältnis unter Zugrundelegung derselben Kündigungsgründe erneut zu beenden (BAG 26. 8. 1993, EzA Nr. 9 § 322 ZPO = AP Nr. 113 § 626 BGB). Im Übrigen wird sich eine offensichtliche Unwirksamkeit nur bei einem **Verstoß gegen absolute Kündigungsverbote** (MuSchG, SchwbG, BErzGG, usw.) oder auf die Form oder das Verfahren bezogene Vorschriften (§ 102 BetrVG; § 174 Satz 1 BGB usw.) feststellen lassen.

Liegen diese Ausnahmetatbestände nicht vor, begründet die Ungewissheit über den Ausgang des Kündigungsschutzprozesses ein schutzwertes Interesse des Arbeitgebers an der Nichtbeschäftigung des gekündigten Arbeitnehmers für die Dauer des Kündigungsprozesses. Dieses überwiegt in der Regel das Beschäftigungsinteresse des Arbeitnehmers bis zu dem Zeitpunkt, in dem im Kündigungsprozess ein die Unwirksamkeit der Kündigung feststellendes Urteil ergeht. Solange ein solches Urteil besteht, kann die Ungewissheit über den Prozessausgang für sich alleine ein überwiegendes Gegeninteresse des Arbeitgebers nicht mehr begründen. Hinzukommen müssen dann vielmehr zusätzliche Umstände, aus denen sich im Einzelfall ein überwiegendes Interesse des Arbeitgebers an der Nichtbeschäftigung ergibt (BAG 27. 2. 1985, aaO.). Dies sind Gründe, die den Arbeitgeber zur **Suspendierung** berechtigen (vgl. hierzu oben B. II. Form. 9.3. Anm. 5) oder wenn die tatsächliche Beschäftigung zu einer unzumutbaren wirtschaftlichen Belastung führen würde (BAG 8. 4. 1988, EzA Nr. 30 § 611 BGB Beschäftigungspflicht). Durch ein noch nicht rechtskräftiges Urteil wird zwar noch keine endgültige Klarheit über den Fortbestand des Arbeitsverhältnisses geschaffen. Aber die Parteien hatten Gelegenheit, dem Gericht in einem ordentlichen Prozessverfahren die zur rechtlichen Beurteilung der Kündigung die aus ihrer Sicht erforderlichen Tatsachen vorzutragen, dafür Beweis anzutreten und ihre Rechtsauffassungen darzustellen. Wenn ein Gericht daraufhin eine die Instanz abschließende Entscheidung trifft und die Unwirksamkeit der Kündigung feststellt, so ist damit zumindest eine erste Klärung der Rechtslage i. S. d. klagenden Arbeitnehmers eingetreten (BAG 27. 2. 1985 aaO.).

Diese Grundsätze sind auch im Falle des Streits um die Wirksamkeit einer Befristung oder einer auflösenden Bedingung anwendbar (BAG 13. 6. 1985, EzA Nr. 16 § 611 BGB Beschäftigungspflicht; a. A. LAG Köln 26. 9. 1986 und 10. 4. 1987, LAGE Nr. 17 und 20 § 611 BGB Beschäftigungspflicht); auch bei einem Weiterbeschäftigungsverlangen von Auszubildenden gemäß §§ 9 Abs. 4 Satz 1 Nr. 1 BPersVG, 78 a Abs. 2 BetrVG soll dies der Fall sein (BAG 14. 5. 1987, EzA Nr. 18 § 78 a BetrVG).

4. Ein Verfügungsgrund liegt nach dieser Auffassung vor, wenn die Verfügung zur Abwehr wesentlicher Nachteile erforderlich ist. Im Fall des Weiterbeschäftigungsanspruchs im gekündigten Arbeitsverhältnis ist das regelmäßig der Fall, wenn nur der Verfügungsanspruch besteht. Dies folgt daraus, dass der Verfügungsanspruch gerade das Ergebnis der Abwägung der Interessen des Arbeitnehmers an der vorläufigen Beschäftigung gegenüber dem Interesse des Arbeitgebers an der Nichtbeschäftigung ist. Fällt die

Interessenabwägung zugunsten des Arbeitnehmers aus, kann ihm der Verfügungsanspruch nicht zugleich wieder genommen werden, indem der Verfügungsgrund verneint wird. Der Verfügungsanspruch indiziert hier also das Vorliegen des Verfügungsgrundes (ArbG Herne 13. 10. 1988, NZA 1989, 236).

Kosten und Gebühren

Gegenstandswert: Wird überwiegend mit einem Bruttomonatsgehalt angesetzt (Thüringer LAG 27. 2. 1996, AuR 1996, 196; Sächsisches LAG 14. 7. 1993, LAGE Nr. 97 § 12 ArbGG 79 Streitwert; LAG Hamburg 26. 3. 1992, LAGE Nr. 14 § 19 GKG), vereinzelt mit zwei Bruttomonatsgehältern (LAG Köln 4. 7. 1995, LAGE Nr. 15 § 19 GKG; 31. 7. 1995, NZA 1996, 840; BAG 18. 1. 1996, AP Nr. 18 § 12 ArbGG 79 = NZA 1996, 1175).

2. Zahlung von Arbeitsentgelt

An das
Arbeitsgericht ......

Antrag auf Erlass einer einstweiligen Verfügung

In Sachen
......

– Antragstellerin –

Prozessbevollmächtigte: Rechtsanwälte ......

gegen

......

– Antragsgegnerin –

wegen Forderung

zeigen wir die Vertretung der Klagepartei an und beantragen unter Abkürzung der Ladungsfrist Anberaumung eines Termins zur mündlichen Verhandlung[1] und den Erlass der nachstehenden einstweiligen Verfügung:

1. Der AG wird verurteilt, als Abschlag auf Entgeltansprüche des ASt an diesen bis zur erstinstanzlichen Entscheidung über den Feststellungsrechtsstreit Az. ...... monatlich einen angemessenen Betrag zur Sicherung des Lebensunterhalts zu zahlen, dessen Höhe in das Ermessen des Gerichts gestellt wird, mindestens jedoch[2] ...... EUR netto.
2. Der AG trägt die Kosten des Rechtsstreits.

Begründung:

I.

Der am ...... geborene, verheiratete und für ...... Kinder und seine nicht berufstätige Ehefrau unterhaltsverpflichtete ASt ist seit ...... beim AG als ...... zu einem monatlichen Bruttogehalt von ...... beschäftigt.

Glaubhaftmachung: ......

Unter dem Datum des ...... kündigte das Arbeitsverhältnis der AG aus angeblich betriebsbedingten Gründen ordentlich zum ......,

Glaubhaftmachung: Kündigungsschreiben, in der Anlage A 2,

ohne den bei ihm gebildeten Betriebsrat zu beteiligen.

Glaubhaftmachung: ......

Gegen diese Kündigung hat der ASt Kündigungsschutzklage erhoben[3]. Das Verfahren läuft unter dem Az. ......; der Gütetermin fand am ...... statt.

II.

Der ASt bezieht weder Leistungen vom Arbeitsamt noch Sozialhilfe[4], weil ......

Glaubhaftmachung: ......

Die beantragten Beträge benötigt der ASt, der Alleinverdiener ist, zur Deckung seines Lebensunterhalts und des Lebensunterhaltes seiner Ehefrau und Kinder. Er hat folgende laufenden Kosten zu tragen: ......

Glaubhaftmachung ......

Die Kündigung der AG ist wegen Verstoßes gegen § 102 Abs. 1 Satz 2 BetrVG unwirksam, § 102 Abs. 1 Satz 2 BetrVG. Betriebsbedingte Gründe können die Kündigung nicht rechtfertigen, da vergleichbare Arbeitnehmer im Betrieb der AG vorhanden sind, die weniger sozial schutzwürdig sind.

Glaubhaftmachung: ......

Damit ist die Kündigung offensichtlich unwirksam[5], da sich die Unwirksamkeit bereits auf den ersten Blick aufdrängt. Der ASt hat seine Entgeltansprüche gemäß §§ 615, 611 BGB ab dem ...... eingeklagt[6]. Mit einer positiven Entscheidung ist jedoch angesichts eines zu erwartenden Gütetermins im ...... und eines Kammertermins im ...... nicht vor ...... zu rechnen[7]. Der Kammertermin im Feststellungsrechtsstreit ist angesetzt auf den ......

Der Kläger hätte – sofern er Arbeitslosengeld beziehen könnte – Anspruch auf 67% des pauschalierten Nettoentgelts (§ 129 Nr. 1 SGB III). Dies errechnet sich wie folgt (......) und beläuft sich monatlich auf den im Klageantrag geltend gemachten Betrag[8].

Rechtsanwalt

Anmerkungen

1. Eine mündliche Verhandlung wird erforderlich sein, da die auf Vergütungszahlung gerichtete einstweilige Verfügung nie so eilbedürftig ist, dass sich eine mündliche Verhandlung aus der Natur der Sache heraus verbietet (*Eich,* DB 1976 Beil. 10 S. 12); siehe hierzu auch Vorbemerkung Anm. 1.c).

2. Bis zur Höhe des Betrages, der zur Behebung der Notlage erforderlich ist, darf die Leistungsverfügung erlassen werden. Hierbei kann die **Pfändungsfreigrenze** (LAG Kiel 26. 8. 1958, AP Nr. 1 § 940 ZPO = BB 1958, 915), der **Sozialhilfesatz,** oder die Höhe der **Arbeitslosenunterstützung** (LAG Baden-Württemberg 24. 11. 1967, BB 68, 335) eine Richtlinie sein; vgl. hierzu Anm. 8.

3. Grundvoraussetzung einer zwischenzeitlichen Regelung von Entgeltansprüchen ist die Rechtshängigkeit eines Rechtsstreits über das Arbeitsverhältnis, entweder einer Kündigungsschutzklage oder einer Klage, mit der der Arbeitnehmer den Bestand des Arbeitsverhältnisses erhalten will, ohne dass das KSchG Anwendung findet (*Eich,* DB 1976 Beil. 10 S. 4). Wird dies nicht glaubhaft gemacht, fehlt der Verfügungsgrund. Zu weitgehend ist die Auffassung, die bei einer nicht unter Vorbehalt angenommenen Änderungskündigung den Verfügungsgrund verneint, weil sie davon ausgeht, dass die Regelungsnotwendigkeit nicht auf einem Streit über den Bestand des Arbeitsverhältnisses, sondern auf dem Verhalten des Arbeitnehmers beruht (*Eich,* aaO. S. 8).

4. Nach h. M. fehlt es am Verfügungsgrund, wenn der Arbeitnehmer Anspruch auf Arbeitslosengeld hat (LAG Kiel 26. 8. 1958, AP Nr. 1 § 940 ZPO = BB 1958, 915). Ob er auf Sozialhilfe verwiesen werden kann, ist str.: Nach richtiger Ansicht (HB-*Bauer,* Teil B Rdn. 49) ist zu unterscheiden: Bezieht der Arbeitnehmer bereits den Notbedarf deckende Sozialhilfe, liegt kein Verfügungsgrund vor. Ist ein Antrag auf Sozialhilfe noch nicht gestellt, dann kann der Arbeitnehmer wegen der Subsidiarität der Sozialhilfe nicht auf diese verwiesen werden (Nachweise bei *Baur,* aaO.). Gleiches gilt für einen Bankkredit: Auf dessen Inanspruchnahme kann der Arbeitnehmer nicht verwiesen werden (ArbG Herne DB 1974, 1487); ist ein **Kredit zur Sicherung des Lebensunterhalts** jedoch bereits aufgenommen, ist der Verfügungsgrund zu verneinen (ansonsten würde die Eilentscheidung den Arbeitnehmer in die Lage versetzen, den Kredit zurückzuzahlen, *Baur,* aaO.). Ob vorhandenes Vermögen verwertet werden muss, ist fraglich. Im Hinblick auf § 193 Abs. 2 SGB III erscheint es gerechtfertigt, bei vorhandenem Vermögen den Verfügungsgrund zu verneinen, da sowohl § 940 ZPO als auch den § 193 Abs. 2 SBG III die Wertung zu entnehmen ist, dass bei anderweitiger Regelungsmöglichkeit der Antragsteller auf diese zu verweisen ist. Es entfällt dann die Regelungsnotwendigkeit bzw. die Bedürftigkeit. Die Vorschriften des Arbeitslosenhilferechts bzgl. der Verwertbarkeit von Vermögen sind heranzuziehen (*Eich,* DB 1976 Beil. 10 S. 7). Wichtig ist, dass nicht durch die Verwertung des Vermögens selbst, sondern durch die Verwertbarkeit die Regelungsnotwendigkeit des Zustandes beseitigt wird (*Eich,* aaO.).

Damit ist insgesamt zu fordern, dass hinsichtlich im Rahmen des Verfügungsgrundes negative Tatsachen wie der fehlende Arbeitslosengeld-/Arbeitslosenhilfebezug, das Fehlen unterhaltspflichtiger/-fähiger Dritter, das Fehlen von verwertbarem Vermögen usw. dargelegt und glaubhaft gemacht werden; um die Verwertbarkeit des Vermögens zu prüfen, sind die Vermögensverhältnisse glaubhaft darzutun. Ob dies auch für die Unumgänglichkeit finanzieller Sonderbelastungen „unter Berücksichtigung der rechtlichen und sittlichen Verpflichtungen" oder die Bemühungen um eine andere Arbeitsstelle gilt (*Eich,* aaO., S. 11), erscheint zweifelhaft, weil zu weitgehend. Die Parallele mit dem Arbeitslosenhilferecht lässt sich wegen der Strukturunterschiede (insb. hinsichtlich der Person des Schuldners und der Interessenlage) eben nicht vollständig ziehen.

5. Der Verfügungsanspruch ist ausreichend glaubhaft gemacht, wenn die Kündigungsschutzklage mit überwiegender Wahrscheinlichkeit begründet ist. Das Merkmal der „Offensichtlichkeit" soll dem Gericht eine eigene Prüfung des materiellen Rechts ersparen (*Eich,* aaO., S. 10).

6. Mit der einstweiligen Verfügung kann ein vergangener Zustand nicht geregelt werden; hinsichtlich zurückliegender Entgeltansprüche ist der Arbeitnehmer also auf eine Klage gemäß § 615 BGB angewiesen (*Eich,* DB 1976 Beil. 10 S. 10). Die Zahlungsverpflichtung kann frühestens mit dem Erlass der einstweiligen Verfügung entstehen, nicht aber bereits mit der Antragstellung (aaO.).

7. Der Verfügungsgrund fehlt, wenn der Arbeitnehmer seinen Verfügungsantrag so lange hinauszögert, dass er inzwischen einen vollstreckbaren Hauptsachetitel hätte erwirken können (h. M. für die Unterhaltsverfügung, HB-*Baur,* Teil B Rdn. 49).

8. Richtig ist bei der Höhe der Verurteilung (siehe auch oben Anm. 1) auf die Höhe des Arbeitslosengeldes abzustellen, weil diesem Lohnersatzfunktion zukommt. Soweit teilweise auf die Pfändungsfreigrenze abgestellt wird (LAG Kiel 26. 8. 1958, AP Nr. 1 § 940 ZPO = BB 1958, 915), ist einzuwenden, dass die Regelung des § 850c ZPO einerseits zwar auch bezweckt, den Lebensunterhalt des Schuldners zu sichern, ihm andererseits aber auch einen Anreiz bieten soll, trotz des zwangsweisen Verzichts auf einen Teil der Bezüge weiter zu arbeiten, um nicht zuletzt den Gläubigern die Erträge aus dem Arbeitsverhältnis als Haftungsmasse zu erhalten (*Eich,* aaO., S. 10). Diese Zweckrichtung ist eine gänzlich andere als die der auf Entgelt gerichteten einstweiligen Verfügung; die Pfändungsfreigrenze ist damit keine taugliche Größe zur Ermittlung des **Notbedarfs.**

Kosten und Gebühren

Keine Besonderheiten.

3. Urlaubsgewährung

An das
Arbeitsgericht ......

> Antrag auf Erlass einer einstweiligen Verfügung

In Sachen
......

– Antragstellerin –

Prozessbevollmächtigte: Rechtsanwälte ......

gegen

......

– Antragsgegnerin –

wegen: Urlaubsgewährung

zeigen wir die Vertretung der Klagepartei an und beantragen unter Abkürzung der Ladungsfrist Anberaumung eines Termins zur mündlichen Verhandlung[1] und den Erlass der nachstehenden einstweiligen Verfügung:
1. Die AG wird verurteilt, der AG vom ...... bis ...... Erholungsurlaub zu gewähren[2].
2. Die AG trägt die Kosten des Rechtsstreits.

Begründung:

I.

Die ASt ist seit ...... als ...... bei der AG als ...... zu einem monatlichen Bruttoentgelt von ...... beschäftigt.
Im Arbeitsvertrag vom ...... haben die Parteien auf die Bestimmungen des Manteltarifvertrages für die Angestellten der bayerischen Metallindustrie Bezug genommen.

Glaubhaftmachung: Arbeitsvertrag, in der Anlage A 1

Dort ist unter § 14 B Ziffer 1 ein Jahresurlaubsanspruch von 30 Tagen geregelt. Der ASt ist im laufenden Jahr noch kein Erholungsurlaub gewährt worden,

Glaubhaftmachung: Urlaubskarte, in der Anlage A 2,

so dass ihr noch der ungeschmälerte Jahresurlaub zusteht.

Die ASt hat für die Zeit vom ...... bis ...... Urlaub beantragt; die AG hat eine entsprechende Eintragung (grün) auf der Urlaubskarte vorgenommen[3].

Glaubhaftmachung: wie vor

Die ASt hat zwei schulpflichtige Kinder, die im Zeitraum des beantragten Urlaubs Schulferien haben. Außer der ASt kann niemand für die ganztägige Betreuung der Kinder sorgen.

Glaubhaftmachung: ......

Am ......, zwei Wochen vor Ferienbeginn, tat die AG kund, die ASt erhalte keinen Urlaub wie beantragt. Eine Begründung wurde hierfür nicht angegeben.

Mit Schreiben des Unterzeichners vom ...... wurde die AG gebeten, die Gründe mitzuteilen, weshalb ein Urlaubsantritt der ASt nicht möglich sei.

Glaubhaftmachung: Schreiben vom ......, in der Anlage A 3

Dieses Schreiben ist unbeantwortet geblieben.

II.

Die AG hat den Urlaub zu gewähren[4]. Betriebliche Belange i. S. d. § 7 Abs. 1 BUrlG liegen nicht vor. Für das Obsiegen in der Hauptsache besteht also eine überwiegende Wahrscheinlichkeit.

Ein Verfügungsgrund[5] liegt vor, da der Ferienbeginn wenige Tage bevorsteht. Eine Klärung der Rechtslage ist dringend vorher erforderlich, denn die ASt ist im Falle des eigenmächtigen Urlaubsantritts zur Betreuung ihrer Kinder dem Risiko einer fristlosen Arbeitgeberkündigung ausgesetzt[6] (BAG 20. 1. 1994, AP Nr. 115 § 626 BGB).

Rechtsanwalt

Anmerkungen

1. Da die auf einen bestimmten Zeitraum bezogene einstweilige Verfügung auf Urlaubsgewährung Befriedigungswirkung hat, darf eine Entscheidung regelmäßig nur nach mündlicher Verhandlung ergehen; dem Arbeitgeber würde sonst unzulässigerweise die Berufung auf Leistungsverweigerungsrechte zunichte gemacht. Der Verfügungszweck wird durch die mündliche Verhandlung nicht gefährdet (*Hiekel*, NZA 1990, Beilage 2 S. 38 m. w. N.).

2. Einschlägig ist die Leistungsverfügung, daher sind strenge Anforderungen an die Glaubhaftmachung von Verfügungsanspruch und -grund zu stellen (*Baur*, B Rdn. 26). Insbesondere wegen der endgültigen Vorwegnahme der Hauptsache soll eine Urlaubsverfügung nur auf Grund mündlicher Verhandlung erlassen werden, um dem Arbeitgeber Gelegenheit zu geben, ein etwaiges Leistungsverweigerungsrecht nach § 7 Abs. 1 Satz 1 BUrlG geltend zu machen (*Corts*, NZA 1998, 357).

Eine abweichende Antragsstellung wird vorgeschlagen, um die Vollziehungsschwierigkeiten einer auf **Urlaubsgewährung** gerichteten einstweiligen Verfügung zu vermeiden, die darin bestehen, dass – sieht man in der Urlaubsgewährung eine Willenserklärung – die Fiktionswirkung gemäß § 894 Abs. 1 ZPO nur eintritt, wenn gegen die Entscheidung im Verfügungsverfahren ein Rechtsmittel oder Rechtsbehelf nicht mehr gegeben und den Erfordernissen der §§ 926, 929, 936 ZPO genügt ist (*Corts,* NZA 1998, 358). Angesichts des unbefristet statthaften Widerspruchs gemäß §§ 924 Abs. 1, 936 ZPO gegen einen stattgebenden Beschluss und der einmonatigen Berufungsfrist des § 66 Abs. 1 Satz 1 ArbGG wird die Umsetzung einer stattgebenden Entscheidung nur

schwerlich vor Urlaubsantritt zu realisieren sein. Auch eine Vollstreckung der Urlaubsgewährung als unvertretbare Handlung gemäß §§ 888 Abs. 1, 928, 936 ZPO erweist
sich als nicht viel effektiver, da trotz der sofortigen Vollstreckbarkeit, der Entbehrlich-
keit der Vollstreckungsklausel gemäß §§ 929, 936 ZPO und der Möglichkeit einer Vollziehung vor Zustellung der einstweiligen Verfügung gemäß §§ 929 Abs. 3 Satz 1, 936
ZPO die Erzwingung der Urlaubsgewährung durch Zwangsgeld/-haft eine gewisse Zeit
beansprucht und deshalb gerade bei besonderer Eilbedürftigkeit oft nicht mehr zum Erfolg führen kann (*Corts*, aaO.). Vorgeschlagen wird daher, zu beantragen:

> Dem ASt wird gestattet, vom ...... bis ...... seiner Tätigkeit bei der AG als ......
> fernzubleiben.

Damit würde erstens eine Erfüllung des Urlaubsanspruchs vermieden und zweitens erreicht, dass der Arbeitnehmer sich nicht des Vorwurfs der Arbeitspflichtverletzung ausgesetzt sähe. Irgendwelcher Vollstreckungsakte bedürfe es nicht, da es sich um eine
rechtsgestaltende Verfügung handele, die als vollstreckbare Kurzausfertigung noch am
selben Tage zugestellt werden könne (*Corts*, aaO.). Die Vergütungsansprüche während
des Zeitraums des Fernbleibens richteten sich nach §§ 323 ff. BGB: Hätte der Arbeitnehmer für die streitige Zeit einen Anspruch auf Urlaubsgewährung, hätte der Arbeitgeber
die Unmöglichkeit der Erbringung der Arbeitsleistung zu vertreten; der Arbeitnehmer be-
hielte seinen Vergütungsanspruch, § 324 Abs. 1 Satz 1 BGB. Wäre der Arbeitgeber ex
post gemäß § 7 Abs. 1 BUrlG berechtigt gewesen, den Urlaub zu versagen, verlöre der
Arbeitnehmer seinen Vergütungsanspruch gemäß §§ 323 Abs. 1, 325 Abs. 1 Satz 3 BGB
und wäre verschuldensunabhängig schadensersatzpflichtig gemäß § 945 ZPO (*Corts*,
aaO.). Der Vorsitzende soll sogar gemäß § 139 ZPO verpflichtet sein, auf diese Antragstellung hinzuweisen (*Corts*, aaO., S. 359).

3. Die Eintragung auf einem Urlaubsplan bzw. einer Urlaubsliste bewirkt i. d. R. keine
endgültige Bestimmung der zeitlichen Lage des Urlaubs (Kasseler Handbuch – *Schütz*,
2.4. Rdn. 354), sondern dient dazu, dem Arbeitgeber die Planung zu ermöglichen. Anders, wenn nach dem eingereichten Urlaubsantrag entweder ausdrücklich oder konkludent – etwa durch farbige Kennzeichnung auf der Urlaubskarte – der Urlaubswunsch
des Arbeitnehmers durch den Arbeitgeber fixiert wird.

Die Konkretisierung der Urlaubszeit durch den Arbeitgeber ist eine einseitige empfangsbedürftige Willenserklärung (*Hiekel*, NZA 1990 Beilage 2 S. 33). Ein nach der
Festsetzung des Urlaubstermins erklärter einseitiger Widerruf des Arbeitgebers vor An-
tritt des Urlaubs ist unzulässig. Entgegenstehende betriebliche Belange oder vorrangige
Urlaubswünsche anderer Arbeitnehmer kann der Arbeitgeber nur „bei der zeitlichen
Festlegung des Urlaubs" geltend machen, § 7 Abs. 1 BUrlG. Auch beim späteren Hinzutreten von Gründen, die zu einem Leistungsverweigerungsrecht des Arbeitgebers führen
könnten, ist ein einseitiger Widerruf nicht möglich (Münchener Handbuch – *Leinemann*,
§ 87 Rdn. 80). Der Arbeitnehmer kann sich grundsätzlich nach einer bereits ausgesprochenen Konkretisierung des Urlaubsanspruches darauf verlassen, dass diese Regelung
Bestand hat. Will der Arbeitgeber sie wieder beseitigen, muss er versuchen, seinerseits
eine einvernehmliche Aufhebung zu erzielen, erforderlichenfalls im Verfahren des einstweiligen Rechtsschutzes (ArbG Frankfurt a. M., 30. 7. 1998, ARSt 1999, 133 f.).

Die zur Erfüllung des Urlaubsanspruchs erforderliche Erklärung des Arbeitgebers
muss hinreichend deutlich erkennen lassen, dass durch die zeitliche Festlegung der Arbeitsbefreiung Urlaub gewährt wird, § 7 Abs. 1 Satz 1, Abs. 2 Satz 1 BUrlG. Andernfalls
ist nicht feststellbar, ob der Arbeitgeber als Schuldner des Urlaubsanspruchs eine Erfül-
lungshandlung bewirken (§ 362 Abs. 1 BGB), den Beschäftigungsanspruch des Arbeitnehmers z. B. zur besseren Wahrung von Geschäftsgeheimnissen ausschließen oder aus
sonstigen Gründen als Gläubiger der Arbeitsleistung auf deren Annahme verzichten will,
§ 615 BGB (BAG 9. 6. 1998, NZA 1998, 80 = BB 1998, 159).

4. Im Rahmen des Verfügungsgrundes kann es schädlich sein vorzutragen, der Arbeitgeber habe zunächst Urlaub bewilligt oder sich zum Urlaubswunsch des Arbeitnehmers längere Zeit nicht geäußert, was als konkludente Genehmigung verstanden werden kann (*Corts,* NZA 1998, 358). Denn eine spätere Aufforderung des Arbeitgebers, die Arbeitsleistung weiterhin zu erbringen (sei es durch Inabredestellen der Gewährung oder auf Grund eines vermeintlich bestehenden Widerrufsrechts), lässt eine Regelung nicht i. S. d. § 940 ZPO nötig erscheinen: die Leistungshandlung des Arbeitgebers ist bereits erbracht, ohne dass es weiterer Erklärungen bedürfte, und der Leistungserfolg kann nicht mehr verhindert werden. Die einstweilige Verfügung auf Urlaubsgewährung liefe auf ein bloßes Rechtsgutachten hinaus (*Corts,* aaO.).

5. Der Eilantrag auf Urlaubsgewährung setzt als Verfügungsgrund voraus, dass der Erlass der einstweiligen Verfügung zur Abwendung wesentlicher Nachteile erforderlich ist und der Arbeitnehmer keine Möglichkeit hat, die Konkretisierung seines Urlaubsanspruchs anderweitig durchzusetzen (LAG Köln 9. 2. 1991, LAGE Nr. 3 § 935 ZPO). Im mitbestimmten Betrieb muss sich der Arbeitnehmer daher zunächst an den Betriebsrat/Personalrat wenden, der gemäß § 87 Abs. 1 Nr. 5 BetrVG tätig werden kann (Arbeitsrecht in der anwaltlichen und gerichtlichen Praxis-*Luczak/Stichler P.,* Rdn. 35). Der Arbeitnehmer darf nicht durch eigene Nachlässigkeit die Eilbedürftigkeit herbeigeführt haben, z. B. durch Buchen einer Reise vor Urlaubsgewährung (LAG Hamburg 15. 9. 1989, LAGE Nr. 26 § 7 BUrlG).

Der Verfügungsgrund fehlt, wenn nicht die konkrete zeitliche Lage des begehrten Urlaubs im Antrag genannt ist (HB-*Baur,* B Rdn. 26). Um die Verfügung vor zeitlicher Überholung zu bewahren, kann ein Hilfsantrag gestellt werden, der sich auf Urlaubsgewährung zu einem späteren Zeitpunkt bezieht; hierbei ist für jeden Zeitraum gesondert der Verfügungsgrund darzulegen und glaubhaft zu machen.

6. Vgl. BAG 20. 1. 1994, AP Nr. 115 § 626 BGB: Ein solches Verhalten ist grundsätzlich geeignet, einen wichtigen Grund zur fristlosen Kündigung darzustellen, da angesichts des umfassenden Systems gerichtlichen Rechtsschutzes kein Recht zur Selbstbeurlaubung besteht.

4. Herausgabe von Arbeitspapieren

An das
Arbeitsgericht[1] ......

       Antrag auf Erlass einer einstweiligen Verfügung

In Sachen
......

                                     – Antragstellerin –

Prozessbevollmächtigte: Rechtsanwälte ......

                  gegen

......

                                   – Antragsgegnerin –

wegen: Herausgabe der Arbeitspapiere

zeigen wir die Vertretung der Klagepartei an und beantragen unter Abkürzung der Ladungsfrist Anberaumung eines Termins zur mündlichen Verhandlung und den Erlass der nachstehenden einstweiligen Verfügung:

1. Der AG wird verurteilt, dem ASt die auf seinen Namen lautende Lohnsteuerkarte für das Jahr ...... herauszugeben.
2. Der AG trägt die Kosten des Rechtsstreits.

Begründung:

I.

Der ASt war beim AG zwischen dem ...... und dem ...... als ...... beschäftigt. An seinem letzten Arbeitstag wurde dem ASt von Herrn/Frau ......, beschäftigt in der Lohnbuchhaltung des AG, erklärt, er könne seine Arbeitspapiere am ...... abholen[2].

Als der ASt im Beisein seiner Ehefrau an diesem Tag bei der AG vorsprach, wurde ihm von ...... gesagt, die Papiere seien noch nicht fertig, er solle zwei Tage später nochmals vorbeikommen.

Glaubhaftmachung: eidesstattliche Versicherung der Ehefrau des ASt, in der Anlage

Der ASt tat dies, diesmal im Beisein seines Sohnes, und bekam von ...... gesagt, die Papiere seien immer noch nicht fertig.

Glaubhaftmachung: eidesstattliche Versicherung des Sohnes des ASt, in der Anlage

Ein Schreiben des ASt an den AG vom ......, ihm die Arbeitspapiere binnen einer Woche zuzuschicken, blieb ohne Antwort.

II.

Bereits am ...... führte der ASt mit ...... ein Bewerbungsgespräch, dessen Inhalt eine Beschäftigung des Klägers ab ...... war. Am ...... übersandte ...... dem ASt einen Arbeitsvertrag und wies im Begleitschreiben ausdrücklich darauf hin, dass eine Einstellung ab ...... nur in Frage komme, wenn vorher die Lohnsteuerkarte des ASt vorläge[3].

Glaubhaftmachung: Begleitschreiben, in der Anlage.

Andere Angebote für ein Anschlussarbeitsverhältnis hat der ASt nicht. Die Frist für die Rücksendung des Arbeitsvertrages und die gleichzeitige Vorlage von Lohnsteuerkarte läuft am ...... ab.

Rechtsanwalt

Anmerkungen

1. Die Zuständigkeit des Arbeitsgerichts ergibt sich aus § 2 Abs. 1 Nr. 3 e) ArbGG. Geht es nicht um die Herausgabe der Lohnsteuerkarte, sondern um deren Inhalt, ist str., welches Gericht zuständig ist (vgl. hierzu oben B. II. Form. 10.5. Anm. 3); im Eilverfahren dürfte dies aber ohnehin nicht durchsetzbar sein.

2. Erfüllungsort für die Herausgabeverpflichtung ist der Ort des Beschäftigungsbetriebes (§ 269 BGB); grundsätzlich muss der Arbeitnehmer die Arbeitspapiere abholen (BAG 8. 3. 1995, AP Nr. 21 zu § 630 BGB). Hierbei bleibt es, wenn die Herausgabe aus einem vom Arbeitnehmer zu vertretenden Grund nicht am letzten Arbeitstag erfolgen konnte; der Arbeitgeber ist jedoch zur Versendung verpflichtet, wenn er sie aus Gründen, die in seiner Sphäre liegen, nicht bereitstellen konnte oder die Herausgabe verweigert hat (*Küttner,* Personalbuch 2003, Arbeitspapiere Rdn. 9).

3. Der Verfügungsgrund soll auch daraus resultieren können, dass ein Folgearbeitsverhältnis nach Klasse VI abgerechnet wird (HB-*Baur*, B Rdn. 32). Jedenfalls bedarf es der Darlegung und Glaubhaftmachung erheblicher Nachteile i. S. d. § 940 ZPO.

Kosten und Gebühren

Für die Herausgabe von Arbeitspapieren ist (insgesamt) ein Streitwert von 250,– EUR (500,– DM) anzusetzen (LAG Hamm 18. 4. 1985, 8 Ta 91/85; LAG Köln 15. 4. 1987, 6 Ta 77/87).

III. Arbeitgeberseitige Anträge

1. Anträge auf Herausgabe von Eigentum

1.1 Antrag auf Herausgabe von Eigentum an den Arbeitgeber[1]

An das
Arbeitsgericht[2] ......

Antrag

In Sachen

Firma ......

– Antragstellerin –

– Verfahrensbevollmächtigte: RAe ......

gegen

Frau/Herrn ......

– Antragsgegner/in –

wegen Herausgabe

Namens und in Vollmacht der Antragstellerin – wegen Dringlichkeit ohne mündliche Verhandlung[3] – beantragen wir unter weitgehender Abkürzung der Ladungsfrist den Erlass folgender einstweiliger Verfügung:

1. Der Antragsgegner hat den Pkw Marke ......, Fahrgestell-Nr. ......, mit dem amtlichen Kennzeichen ...... an die Antragstellerin herauszugeben[4].
2. Der Antragsgegner hat die Kosten des Verfahrens zu tragen.

Begründung:

Der Antragsgegner war bei der Antragstellerin vom ...... bis ...... als Betriebsleiter beschäftigt. (Er befindet sich nunmehr auf Grund der Kündigung der Antragstellerin vom ...... in einem gekündigten Arbeitsverhältnis). Dem Antragsgegner wurde arbeitsvertraglich von der Antragstellerin ein Kraftfahrzeug der Marke ......, Fahrgestell-Nr. ......, amtliches Kennzeichen ...... zur Verfügung gestellt. Ausweislich des Arbeitsvertrages vom ...... wurde dem Antragsgegner das Kraftfahrzeug auch zur privaten Nutzung überlassen. Es ist vertraglich festgelegt, dass der Antragsgegner für den Fall der Kündigung bzw. Suspendierung des Arbeitsverhältnisses den Dienstwagen herauszugeben hat[4].

Obwohl das Arbeitsverhältnis unstreitig beendet ist (am ...... enden wird), hat der Antragsgegner dem Herausgabeverlangen der Antragstellerin bisher nicht entsprochen. Der Antragsgegner hat vielmehr in seinem Schreiben vom ...... ausgeführt, dass er wegen noch offen stehender Spesenforderungen ein Zurückbehaltungsrecht geltend macht[5].

Glaubhaftmachung: Eidesstattliche Versicherung des Prokuristen ...... der Antragstellerin vom ......
Fotokopie des Arbeitsvertrages vom ......
Schreiben der Antragstellerin vom ...... in Fotokopie
Schreiben des Antragsgegners vom ...... in Fotokopie

Der Antragsgegner ist auch als mittelbarer Besitzer zur Herausgabe des Kraftfahrzeuges verpflichtet, da sein Recht zum Besitz entfallen ist. Abgesehen davon, dass das Zurückbehaltungsrecht durch vertragliche Vereinbarung ausgeschlossen ist, ergibt sich der Ausschluss des Zurückbehaltungsrechts aus der fehlenden Konnexität der Ansprüche.

Die Antragstellerin hat auch ein erhebliches Interesse an der sofortigen Herausgabe des streitgegenständlichen Kraftfahrzeuges, da dieses durch Ablauf des Leasingvertrages am ......an den Leasinggeber zurückzugeben[7] ist (der Dienstwagen für den Nachfolger des gekündigten Antragsgegners, Herrn ..., dringend benötigt wird).

Glaubhaftmachung: Eidesstattliche Versicherung vom ......, wie vor
                   Leasingvertrag vom ...... in Fotokopie

Die Antragstellerin kann die Herausgabe an sich verlangen[8]. Gründe, die nur die Sicherung des Herausgabeanspruches und nicht die Erfüllung zulassen, sind nicht gegeben. Durch die vorweggenommene Erfüllung kann dem Antragsgegner kein Nachteil entstehen.

Es ist antragsgemäß zu entscheiden.

Rechtsanwalt

Anmerkungen

1. Der Arbeitgeber kann grundsätzlich einen Antrag auf Erlass einer einstweiligen Verfügung auf Herausgabe des Dienstwagens an sich selbst verlangen bzw. den Herausgabeanspruch sichern. Es sind gemäß § 62 Abs. 2 Satz 1 ArbGG i. V. m. §§ 935, 940 ZPO Verfügungsanspruch und Verfügungsgrund darzulegen und glaubhaft zu machen. Vorliegend handelt es sich um eine Leistungs- bzw. Befriedigungsverfügung. Diese ist nur zulässig, wenn der Antragsteller auf die sofortige Erfüllung so dringend angewiesen ist, dass er ein ordentliches Verfahren nicht abwarten kann.

Vgl. im Übrigen hinsichtlich der Sicherungsverfügung auch Form. C. III. 1.2.

2. Zuständig für den Erlass einer einstweiligen Verfügung ist grundsätzlich örtlich und sachlich ausschließlich das Gericht der Hauptsache (§§ 937 Abs. 1, 802 ZPO). Eine etwaige Zuständigkeitsvereinbarung eines anderen Arbeitsgerichts wäre unwirksam (§ 40 Abs. 2 ZPO). Vorliegend ist das Arbeitsgericht gemäß § 2 Abs. 1 Nr. 3a Arbeitsgerichtsgesetz zuständig.

3. Eine Entscheidung ohne mündliche Verhandlung kommt gemäß § 937 Abs. 2 ZPO nur in „dringenden Fällen" in Betracht. Der Arbeitgeber wird selten darlegen können, dass die Sache so dringlich ist, dass ein kurzfristig anberaumter Termin wenige Tage nach Antragstellung nicht ausreicht. Es ist deshalb zu empfehlen, dass ein Antrag auf Abkürzung der Ladungsfrist nach § 226 ZPO gestellt wird.

4. Das Gericht ist bei seiner Entscheidung an die Anträge des Arbeitgebers gebunden. Das Gericht bestimmt nach freiem Ermessen, welche Anordnungen zur Erreichung des Zwecks erforderlich sind. Dies bedeutet aber nicht, dass in dem auf Erlass einer einstweiligen Verfügung gerichteten Verfahren die Anträge bedeutungslos sind. Das Gericht darf dem Antragsteller nur das Beantragte oder ein Weniger, nicht dagegen auch ein Aliud oder ein Mehr zusprechen (vgl. *Grunsky* vor § 935 II Rdn. 11). Es sollte deshalb vorsorglich zumindest hilfsweise auch der Antrag auf Herausgabe an den Sequester (vgl. Form. C. III. 1.2.) gestellt werden.

5. Nach wohl allgemeiner Auffassung wird der Arbeitnehmer bei einem nur zur dienstlichen Nutzung überlassenen Dienstwagen nicht ein Zurückbehaltungsrecht geltend machen können. Wenn das Zurückbehaltungsrecht nicht durch Vertrag ausgeschlossen worden ist, ergibt sich der Ausschluss des Zurückbehaltungsrechtes dann aus der Natur der Sache (LAG Düsseldorf 4. 7. 1975, DB 1975, 2040; verneinend bei einem auch zur Privatnutzung überlassenen Dienstwagen OLG Düsseldorf 12. 2. 1986, NJW 1986, 2513).

Arbeitsverträge bzw. Kfz-Nutzungsverträge enthalten häufig auch die Klausel, dass das Fahrzeug bei Beendigung des Anstellungsverhältnisses – teils auch schon bei Suspendierung – zurückzugeben und ein Zurückbehaltungsrecht ausgeschlossen ist. Es kann für diesen Fall dahinstehen, ob das Kraftfahrzeug zur dienstlichen **und** auch privaten Nutzung zur Verfügung gestellt worden ist. Für diesen Fall erwächst ein **Herausgabeanspruch** nach § 985 BGB bzw. Besitzansprüche (vgl. *Dunkl,* aaO. S. 218, Anm. 2). Vgl. im Übrigen auch Form. B. III. 8.1 mit den entsprechenden Anmerkungen.

Bei einem auf § 985 BGB gestützten Herausgabeanspruch sollte bei Gebrauchsgütern genügen, dass der Herausgabeschuldner die überlassene Sache weiter nutzt (vgl. OLG Düsseldorf 7. 12. 1983, MDR 1984, 411).

6. Die Rechtsprechung wird im Regelfall bei einem Antrag auf Erlass einer einstweiligen Verfügung zur Herausgabe eines Dienstwagens strenge Maßstäbe anlegen. Der Verfügungsgrund wird mittels einstweiliger Verfügung an den Arbeitgeber angeordnet, wenn dieser darlegen und glaubhaft machen kann, dass das Arbeitsverhältnis gekündigt ist und die Kündigung **nicht** offensichtlich unwirksam ist. Es ist umstritten, ob der Arbeitnehmer, der gegen die vorgenommene Suspendierung oder ausgesprochene Kündigung beim Arbeitsgericht vorgeht, ein **Recht zum Besitz** im Sinne von § 986 BGB einwenden kann.

– Das Arbeitsgericht Wetzlar verneint dies in seiner Entscheidung vom 1. 8. 1986 (NZA 1987, 163) und hält den Herausgabeanspruch des Arbeitgebers nur dann für unbegründet, wenn die Kündigung offensichtlich rechtsunwirksam ist.

– Das LAG Hamm will in seiner Entscheidung vom 30. 10. 1973 (DB 1973, 2306) nach arbeitgeberseitiger Kündigung die Herausgabe eines dem Arbeitnehmer auch zur Privatnutzung überlassenen Dienstwagens nur dann im Wege der einstweiligen Verfügung anordnen, wenn glaubhaft gemacht worden ist, dass ein Obsiegen des Arbeitgebers im Kündigungsschutzprozess in hohem Grade wahrscheinlich ist (so auch *Schaub,* ArbR-Handb. § 151, 4).

– Das LAG Düsseldorf hält in seiner Entscheidung vom 4. 7. 1975 (DB 1975, 1849) die eigenmächtige Wegnahme des Pkw durch den Arbeitgeber für verbotene Eigenmacht mit der Folge, dass der Arbeitnehmer seinerseits die Wiederherausgabe durch einstweilige Verfügung erwirken kann.

Der Rechtsprechung des Arbeitsgerichts Wetzlar ist zuzustimmen (vgl. auch *Schmiedl,* a. a. O., S. 995). Der Verfügungsanspruch indiziert den Verfügungsgrund. Begehrt der Arbeitgeber nach ausgesprochener Kündigung die Herausgabe des Dienstwagens und tritt der Arbeitnehmer diesem Verlangen mit dem Argument entgegen, die Kündigung sei unwirksam, so folgt der Herausgabeanspruch am Dienstwagen den allgemeinen Regeln des Weiterbeschäftigungsanspruches. Es ist allerdings eine Interessenabwägung im Rahmen des Verfügungsanspruchs vorzunehmen. Eine nochmalige Interessenabwägung im Rahmen des Verfügungsgrundes ist entbehrlich (LAG Chemnitz 8. 3. 1996, NZA-RR 1997, 4 – entschieden im Zusammenhang mit einer unwirksamen Versetzung).

Der Arbeitgeber kann sich für den Fall, dass ein Zurückbehaltungsrecht vertraglich nicht ausgeschlossen ist, wehren, indem er darlegt und glaubhaft macht, die vom Arbeitnehmer behaupteten Zahlungsansprüche würden nicht bestehen. Auch sollte der Arbeitgeber in Erwägung ziehen, ob er nicht von der Möglichkeit des § 273 Abs. 2 BGB (Sicherheitsleistung) Gebrauch macht.

Zumindest nach der Rechtsprechung des Großen Senats vom 27. 2. 1985 (DB 1985, 1978) besteht zunächst eine Vermutung für die Wirksamkeit einer durch den Arbeitgeber ausgesprochenen Kündigung. Der Arbeitnehmer kann sich auf das Recht zur weiteren Privatnutzung des Firmenwagens nur berufen, wenn die ausgesprochene Kündigung offensichtlich unwirksam ist. Insoweit obliegt dem Arbeitnehmer die Darlegungs- und Glaubhaftmachungslast. Zweifel an der Wirksamkeit der Kündigung dürften nicht ausreichen.

7. Insoweit wird als Anspruchsgrundlage auf die §§ 666, 667 BGB analog zurückzugreifen sein. Es bestehen aber im Ergebnis hinsichtlich des Herausgabeanspruchs des Arbeitgebers am geleasten Dienstwagen keine Unterschiede zum Herausgabeanspruch an dem im Eigentum des Arbeitgebers stehenden Dienstwagen. Wurde der Dienstwagen lediglich zur dienstlichen Nutzung überlassen, wird der Herausgabeanspruch auf § 861 BGB gestützt. Wird er auch zur privaten Nutzung überlassen, kann der Herausgabeanspruch gegen den Arbeitnehmer nach Beendigung des Arbeitsverhältnisses auf § 812 Abs. 1 Satz 2 BGB bzw. § 823 Abs. 1 BGB gestützt werden.

8. Hinsichtlich der dem Arbeitnehmer zur Verfügung gestellten **Arbeitsgeräte** (Musterkoffer, Kundenlisten, Prospekte etc.) erwächst ebenfalls bei Beendigung des Arbeitsverhältnisses ein Herausgabeanspruch nach § 985 BGB bzw. §§ 666, 667 BGB analog. Der Arbeitgeber ist Eigentümer des Dienstfahrzeuges. Es ist zu unterscheiden, ob das Dienstfahrzeug ausschließlich zur dienstlichen oder auch zur privaten Nutzung überlassen wird. Der Arbeitnehmer ist als Besitzdiener im Sinne des § 855 BGB anzusehen. Er kommt als Verpflichteter allerdings erst dann in Betracht, wenn er sich als (Eigen-)Besitzer geriert. Ein Zurückbehaltungsrecht wird gemäß § 273 BGB von der herrschenden Meinung verneint (*Schaub*, § 151, 4 m.w.N.). Allerdings werden an den Verfügungsgrund hohe Anforderungen gestellt. Der Arbeitgeber muss auf die herausverlangten Sachen dringend angewiesen sein. Vgl. im Übrigen Form. B. III. 8.2.

Ansprüche auf Herausgabe von Eigentum werden von allgemeinen tariflichen Ausschlussfristen nicht erfasst. Der Verfügungsgrund ist evident, wenn der Arbeitgeber den Dienstwagen dringend benötigt, um die Arbeit durch den Nachfolger fortführen zu können. Der Arbeitgeber hat dann detailliert darzulegen, für welche Person und für welche Tätigkeiten das Dienstfahrzeug nach Ausscheiden des Arbeitnehmers für den täglichen Betrieb benötigt wird und dass keine anderen Fahrzeuge hierfür zur Verfügung stehen. Der Arbeitnehmer kann nicht einwenden, dass bis zu einer Entscheidung in der Hauptsache ein Ersatzfahrzeug anzuschaffen bzw. zu mieten ist. Denn dann wird der Arbeitgeber auf Schadensersatzansprüche verwiesen. Darauf muss sich der Arbeitgeber nicht einlassen (OLG München 28. 7. 1986, BB 1986, 2296).

Kosten und Gebühren

Keine Besonderheiten, vgl. Form. B. III. 8.1.

Rechtsmittel und Fristen

Keine Besonderheiten

Vollstreckung

Hinsichtlich des Herausgabeantrags ist das **Bestimmtheitserfordernis** zu beachten. Die herauszugebenden Gegenstände müssen für einen Dritten zweifelsfrei erkennbar bezeichnet werden. Bei nicht vollstreckungsfähigem Inhalt wäre ein entsprechender Antrag auf Grund fehlender Individualisierung als unzulässig abzuweisen. Dies bedeutet, dass erhebliche Anforderungen an die Spezifizierung notwendig sind (Datum etwaiger Geschäftsunterlagen, konkrete Bezeichnung eines Kauf-Gegenstandes, etc.). Ein globaler Antrag z.B. alle Unterlagen, die die Geschäftsverbindung mit der Firma ...... betreffen, beinhaltet keine derartigen Konkretisierungsinhaltsmerkmale. Ist eine Konkretisierung nicht möglich, muss der Antragsteller auf die Möglichkeit der Erhebung einer Auskunftsklage verwiesen werden. Vgl. auch Form. B. III. 8.2.

1.2 Antrag auf Herausgabe von Eigentum an den Sequester[1]

An das
Arbeitsgericht[2] ......

          Antrag auf Erlass einer einstweiligen Verfügung

in Sachen
Firma ......

                        – Antragstellerin –

              gegen

Frau/Herrn ......

                      – Antragsgegner/in –

wegen Herausgabe

Namens und in Vollmacht der Antragstellerin – wegen Dringlichkeit ohne mündliche Verhandlung – beantragen wir den Erlass folgender einstweiliger Verfügung:

1. Der Antragsgegner hat das im Eigentum der Antragstellerin stehende Kraftfahrzeug der Marke ......, Fahrgestell-Nr. ......, amtliches Kennzeichen ......, an den Gerichtsvollzieher ...... als Sequester, hilfsweise an einen vom Gericht zu bestellenden Sequester herauszugeben.
2. Die Durchsuchung des Wohnhauses, insbesondere der Garage des Antragsgegners zur Vollstreckung der Herausgabe wird gestattet[3].
3. Der Antragsgegner hat die Kosten des Verfahrens zu tragen.

Begründung:

Der Antragsgegner war für die Antragstellerin als Vertreter im Außendienst tätig. Aufgrund von Vorfällen mit strafrechtlichem Bezug hat die Antragstellerin das Arbeitsverhältnis unter Einhaltung der Kündigungsfrist mit Wirkung zum ...... gelöst und gleichzeitig die sofortige Freistellung des Arbeitsverhältnisses unter Fortzahlung der Bezüge ausgesprochen.

Die Antragstellerin hat dem Antragsgegner im Rahmen des bestehenden Arbeitsverhältnisses einen Dienstwagen auch zur privaten Nutzung überlassen. Allerdings ergibt sich aus der bestehenden Dienstwagenregelung, dass für den Fall der Freistellung das im Eigentum der Antragstellerin stehende Dienstfahrzeug sofort herauszugeben ist[4].

Glaubhaftmachung: Dienstwagenregelung vom ...... in Fotokopie

Die Antragstellerin hat den Antragsgegner mit Schreiben vom ...... zur Herausgabe aufgefordert.

Glaubhaftmachung: Schreiben der Antragstellerin vom ...... in Fotokopie

Der Antragsgegner hat die Herausgabe verweigert mit der Begründung, dass die Freistellung unwirksam ist und er deshalb nach allgemeinen Rechtsgrundsätzen nicht zur Herausgabe verpflichtet ist.

Glaubhaftmachung: Schreiben des Antragsgegners vom ...... in Fotokopie

Die Antragstellerin hat in Erfahrung gebracht, dass der Antragsgegner das Kraftfahrzeug zum Verkauf angeboten hat.

Glaubhaftmachung: Zeitungsannonce in den ...... vom ...... in Fotokopie
Eidesstattliche Versicherung des ...... vom ......

Der der Antragstellerin zumindest mit Ablauf der Kündigungsfrist zustehende Herausgabeanspruch ist gefährdet. Durch den Verkauf des Kraftfahrzeuges würde ein etwaiger Erwerber gutgläubig Eigentum erwerben. Der Herausgabeanspruch wäre nicht mehr durchzusetzen. Das Kraftfahrzeug der Antragstellerin wird darüber hinaus dringend für den einzuarbeitenden Nachfolger benötigt. Ein etwaiger Schadensersatzanspruch könnte den finanziellen Nachteil der Antragstellerin nicht ausgleichen.

Glaubhaftmachung: Eidesstattliche Versicherung des ...... vom ......

Es ist antragsgemäß zu entscheiden.

Rechtsanwalt

Anmerkungen

1. Es handelt sich vorliegend um eine **Sicherungsverfügung**, d.h. dem Verfügungsanspruch liegt ein zu sicherndes, nicht auf Geld gerichtetes subjektives Recht zugrunde. Der Arbeitgeber kann neben der Beantragung der Herausgabe des Dienstwagens an sich selbst seinen Herausgabeanspruch auch durch den Antrag auf Herausgabe des Dienstwagens an einen Sequester sichern.

Der Verfügungsgrund liegt in der Besorgnis, dass durch die Veränderung des bestehenden Zustands die Verwirklichung eines Rechts vereitelt oder wesentlich erschwert werden könnte (§ 935 ZPO). Die Dringlichkeit des Verfügungsgrundes wird sich daran orientieren, ob die Antragstellerin unangemessen lang mit der Durchsetzung ihrer Rechte zugewartet hat. Dies ist eine Frage des Einzelfalls und kann schematisch nicht beantwortet werden. Die Anforderungen sind in Rechtsprechung und Schrifttum uneinheitlich. Mal wird die Zulässigkeit daran gemessen, ob über die reine Weiterbenutzung erhebliche Wertminderungen drohen (OLG Düsseldorf 30. 3. 1995, MDR 1995, 635). Dies wird man annehmen müssen, wenn die Grenzen des bestimmungsgemäßen Gebrauchs überschritten werden (Überlassung an jugendliche Familienangehörige, Nutzung für eine längere Urlaubsreise etc.). Nach zutreffender Ansicht dürfen aber die Anforderungen nicht überspannt werden. Es muss die Darlegung und Glaubhaftmachung der reinen Weiterbenutzung durch den Arbeitnehmer als ausreichend angesehen werden (vgl. *Schmiedl*, BB 2002, 992). Durch die Mitarbeiterbenutzung eintretende Wertminderung ist eine Änderung des bestehenden Zustandes zu besorgen, durch welche das Recht des Antragstellers auf Herausgabe gefährdet wird. Der Herausgabeanspruch ist letztlich darauf gerichtet, den Gegenstand in dem Zustand zu erhalten, in dem er sich zum Zeitpunkt der Fälligkeit des Anspruchs befindet (OLG Düsseldorf 7. 12. 1983, MDR 1984, 411). Gerade bei Kraftfahrzeugen kann auch die Laufleistung eine nicht unerhebliche Rolle bei der Wertberechnung darstellen und einen Wertverlust herbeiführen (LG Braunschweig 21. 1. 1993, MDR 1993, 757).

Zur Sicherung des Herausgabeanspruches am Dienstwagen kommt auch die Anordnung der Sicherungsanordnung in Betracht. Dem Arbeitnehmer wird damit untersagt, den ihm überlassenen Firmenwagen privat zu nutzen. Diese dürfte allerdings praktisch nicht durchsetzbar sein (vgl. LG Ravensburg 10. 4. 1986, NJW 87, 139).

2. Die **Zuständigkeit** des Gerichts der Hauptsache ist nach § 937 ZPO das Arbeitsgericht. Nur in dringenden Fällen kann das Amtsgericht, innerhalb dessen Bezirk sich das Kraftfahrzeug vermutlich befindet, angerufen werden. Dabei ist jedoch zu beachten, dass dann eine Frist zur Durchführung des Rechtfertigungsverfahrens beim Gericht der Hauptsache gesetzt wird.

3. Es sollte gleichzeitig mit dem Hauptantrag ein **Durchsuchungsbeschluss** beantragt werden, um weitere Verzögerungen im Rahmen des Vollstreckungsverfahrens zu vermeiden.

4. Vgl. die Anmerkungen zu Form. C. III. 1.1 und Form. B. III. 8.1.

Kosten und Gebühren

Keine Besonderheiten, vgl. Form. B. III. 8.1.

Rechtsmittel und Fristen

Keine Besonderheiten

Vollstreckung

Keine Besonderheiten, vgl. Form. B. III. 2 und Form. C. III. 1.1.

2. Anträge auf Unterlassung von Wettbewerb

2.1 Antrag auf Unterlassung von Wettbewerb im ungekündigt bestehenden Arbeitsverhältnis[1]

An das
Arbeitsgericht[2] ......

Antrag auf Erlass einer einstweiligen Verfügung

In Sachen
Firma ......
Verfahrensbevollmächtigte: ......

– Antragstellerin –

gegen

Herrn ......

– Antragsgegner –

wegen Unterlassung von Wettbewerb

beantragen wir namens und im Auftrag der Antragstellerin wegen Dringlichkeit des Falles ohne mündliche Verhandlung durch den Vorsitzenden allein – hilfsweise unter Abkürzung der Ladungsfrist[3] auf Grund einer unverzüglich anzuberaumenden mündlichen Verhandlung – Erlass einer einstweiligen Verfügung:

1. Dem Antragsgegner wird es bei Meidung eines für jeden Fall der Zuwiderhandlung fälligen Ordnungsgeldes bis EUR 250.000,00 (in Worten: zweihundertfünfzigtausend EURO) ersatzweise Ordnungshaft bis zu sechs Monaten oder Ordnungshaft bis zu sechs Monaten, untersagt, mobile Telefoneinheiten (Handys) im eigenen Namen und für eigene Rechnung zu vertreiben[4].
2. Der Antragsgegner trägt die Kosten des Verfahrens.

Begründung:

Die Antragstellerin beruft sich gegenüber dem bei ihr beschäftigten Antragsgegner auf den sich aus der Verletzung des gesetzlichen Wettbewerbsverbotes ergebenden Unterlassungsanspruch[5].

Die Antragstellerin vertreibt alle derzeit auf dem Markt befindlichen mobilen Telefoneinheiten (Handys) der Netze D1 und E-Plus. Der Antragsgegner ist seit dem ...... für die Antragstellerin als Verkäufer tätig und erzielt derzeit eine Brutto-Monatsvergütung in Höhe von EUR ...... Zwischen den Parteien ist beiderseitig eine Kündigungsfrist von drei Monaten zum Ende eines Kalendermonats vereinbart. Das Arbeitsverhältnis wurde bisher von beiden Vertragsparteien nicht gekündigt.

Die Antragstellerin hat nun in Erfahrung gebracht, dass sich der Antragsgegner seit dem ...... im Geschäftszweig der Antragstellerin als freier Handelsvertreter betätigt. Der Antragsgegner hat Kunden der Antragstellerin unter dem ...... angeschrieben und mit seiner Selbstständigkeit geworben. Insbesondere hat der Antragsgegner den langjährigen Kunden der Antragstellerin mitgeteilt, dass er die im Antrag beschriebenen Telefoneinrichtungen grundsätzlich billiger bzw. bis zu 25% günstiger anbieten kann.

Die Antragstellerin hat den Antragsgegner auf sein vertragswidriges Verhalten hingewiesen und den Antragsgegner auf Unterlassung in Anspruch genommen. Der Antragsgegner hat nicht reagiert bzw. nicht die geforderte strafbewehrte Unterlassungserklärung abgegeben[5].

Glaubhaftmachung: Arbeitsvertrag vom ......
Rundschreiben des Antragsgegners vom ......
Schreiben mit Unterlassungserklärung der Antragstellerin vom ......
Eidesstattliche Versicherung des ...... vom ......

Der Antragsgegner hat während des Bestehens des Arbeitsverhältnisses jeglichen Wettbewerb zu unterlassen. Durch Nichtabgabe der strafbewehrten Unterlassungserklärung wird die rechtswidrige Fortsetzung der Wettbewerbstätigkeit durch den Antragsgegner vermutet. Infolge des Unterlassungsanspruches ist auch der Verfügungsgrund für das begehrte Handlungsverbot gegeben. Daneben drohen der Antragstellerin erhebliche Nachteile durch mögliche Abwanderungen langjähriger Kunden[6].

Glaubhaftmachung: ......

Es ist antragsgemäß zu entscheiden.

Rechtsanwalt

Anmerkungen

1. Vgl. Form. B. III. 10.1 Anm. 4.

2. Grundsätzlich **zuständig** ist das Gericht der Hauptsache, §§ 937 Abs. 1, 943 ZPO. Es kann demnach der Wohnsitz des Arbeitnehmers oder als Gerichtsstand des Erfüllungsortes die Arbeitsstätte des Arbeitgebers bzw. der Gerichtsstand der unerlaubten Handlung nach § 32 ZPO in Betracht kommen. Eine Güteverhandlung findet weder nach Entscheidung durch Beschluss noch nach Anordnung der mündlichen Verhandlung statt (§ 62 ArbGG ist als lex specialis zu verstehen, so auch *Germelmann/Matthes/ Prütting/Müller-Glöge,* ArbGG, § 54 Rdn. 46).

3. Im Eilverfahren vor dem Arbeitsgericht ist die Einlassungsfrist nicht zu wahren (*Zöller/Greger,* § 274 ZPO Rdn. 5).

Wenn eine mündliche Verhandlung angeordnet wird, ist eine Ladungsfrist von mindestens drei Tagen zu beachten (§§ 46 Abs. 2 S. 1 ArbGG, 217 ZPO). Diese kann auf Antrag abgekürzt werden (in der Praxis bis auf 24 Stunden), § 226 ZPO.

4. Dabei hat der Antrag die konkrete Verletzungsform darzustellen, um dem geförderten Bestimmtheitserfordernis Rechnung zu tragen. Der Verbotsantrag muss demnach so eindeutig gefasst sein, dass nach Abschluss des Erkenntnisverfahrens die Entscheidung darüber, was dem Arbeitnehmer verboten ist, nicht dem Vollstreckungsgericht überlassen bleibt (BAG 591995, NZA 1996, 700; BAG 15. 6. 1993, NZA 1994, 502).

Auch bei einem gesetzlichen Wettbewerbsverbot kann eine zeitlich unbegrenzte Unterlassung nicht erreicht werden. Zumindest in einem gekündigten Arbeitsverhältnis ist auf den Zeitpunkt der rechtlichen Beendigung des Arbeitsverhältnisses abzustellen (vgl. auch Form. C. III. 2.3 Anm. 1–5).

5. Eine einstweilige Verfügung auf Unterlassung **anderweitiger Arbeit** (ohne Konkurrenztätigkeit) während des Bestehens des Arbeitsverhältnisses wird überwiegend mit der Begründung abgelehnt, dass die Treuepflicht nur eine unselbstständige Nebenpflicht darstellt (*Heinze,* aaO., S. 273 ff.). Die auf Unterlassung von **Konkurrenztätigkeit** gerichtete einstweilige Verfügung ist dagegen in Rechtsprechung und Schrifttum grundsätzlich anerkannt (vgl. *Schaub,* § 57 Rdn. 14 und § 58 Rdn. 68 m. w. N.). Allerdings nur dann, wenn die Verwertung der Arbeitskraft beim Konkurrenten gleichzeitig eine **Wettbewerbstätigkeit** darstellt (BAG 3. 5. 1983 NJW 1984, 886). Dabei kann der Eintritt als Gesellschafter in eine Kapitalgesellschaft einer Wettbewerberin des Arbeitgebers ausreichend sein (LAG Köln 29. 4. 1994 NZA 1995, 994). Dieses nur während der Vertragszeit bestehende Verbot gilt auch bei Suspendierung bis zum Ablauf der Kündigungsfrist (BAG 30. 5. 1978, AP Nr. 9 zu § 60 HGB; vgl. auch Form. C. III. 2.3). Abgrenzungsprobleme ergeben sich dann, wenn der Bereich zulässiger Vorbereitungshandlungen überschritten wird. Dabei kann bereits eine Wettbewerbshandlung vorliegen, wenn sich der Arbeitnehmer nur darauf beschränkt, Kontakte herzustellen und noch keine Geschäfte abzuschließen (BAG 26. 1. 1995 AuR 1995, 194; vgl. auch Form. B. III. 10.1 Anm. 5).

Wenn der Arbeitnehmer seine Arbeitskraft nur bei einem in Konkurrenz stehenden Mitbewerber verwertet, ist bei der Antragstellung darauf zu achten, dass nur die **Wettbewerbstätigkeit** untersagt wird (BAG 3. 5. 1983, NJW 1984, 886).

6. Insgesamt kann ein Unterlassungsanspruch auch dann gegeben sein, wenn ein rechtswidriger Eingriff erst zu befürchten steht. Die **Besorgnis** muss sich dabei auf Tatsachen gründen, die die Vorbereitung und die Absicht einer wettbewerbswidrigen Tätigkeit erkennen lassen. Auch insoweit wären die entsprechenden Darlegungen glaubhaft zu machen (BGH 26. 3. 1984, DB 1984, 1717).

Der Verfügungsgrund ist regelmäßig dann gegeben, wenn ein Unterlassungsanspruch besteht bzw. bei vorangegangener Verletzung. Es besteht dann in der Regel für die Besorgnis weiterer Störungen eine Vermutung, die vom Antragsgegner zu widerlegen ist. Es wird aber auch die Auffassung vertreten, dass im Gegensatz zu einem nachvertraglichen Wettbewerbsverbot bei einer Verletzung des gesetzlichen Wettbewerbsverbotes die Darlegung und Glaubhaftmachung erheblicher Nachteile aus der Konkurrenztätigkeit zu fordern sind (vgl. LAG Baden-Württemberg, Kammer Mannheim, 24. 11. 1967, DB 1968, 669).

Kosten und Gebühren

Der Streitwert bei einstweiligen Verfügungen auf Unterlassung ist überwiegend mit dem der Hauptsache identisch. Dabei kann die eigene Wertangabe der Antragstellerin bei Beginn des Verfahrens einen wichtigen und zuverlässigen Anhaltspunkt für den Streitwert darstellen (vgl. auch OLG Frankfurt 22. 11. 1982, AnwBl. 1983, 89). Auch im einstweiligen Verfügungsverfahren besteht nach § 12a Abs. 1 S. 1 ArbGG keine Kostenerstattungspflicht (LAG Baden-Württemberg, 7. 11. 1988 BB 1989, 850).

Rechtsmittel und Fristen

Widerspruch bei Erlass ohne mündliche Verhandlung. Nach mündlicher Verhandlung gegen Endurteil Berufung. Gegen die Entscheidung des Landesarbeitsgerichtes ist Revision nicht statthaft, § 72 Abs. 4 ArbGG. Bei Zurückverweisung des Verfügungsantrages durch Beschluss ist unbefristete Beschwerde (§§ 78 ArbGG, 567 ff. ZPO) möglich. Diese sollte im Hinblick auf den Verfügungsgrund schnellstmöglich ohne Ausschöpfung der gesetzlichen Fristen eingelegt werden.

Vollstreckung

Einstweilige Verfügungen sind innerhalb eines Monats zu vollziehen (§§ 936, 929 Abs. 2 ZPO), um die **Voraussetzungen für die Zwangsvollstreckung** zu schaffen, d. h. die Zustellung der einstweiligen Verfügung an den Antragsgegner hat grundsätzlich im Parteibetrieb zu erfolgen (vgl. LAG Berlin 18. 8. 1987, NZA 1987, 825 m. w. N.; LAG Hamm 7. 8. 1987, NZA 1987, 825).

Enthält eine durch Urteil erlassene Unterlassungsverfügung bereits die für eine Verhängung von Ordnungsmitteln gemäß §§ 890 Abs. 2, 928 ZPO erforderliche Androhung, so bedarf es zur Wahrung der Vollziehungsfrist des § 929 Abs. 2 ZPO weder der Zustellung im Parteibetrieb noch eines Antrags auf Festsetzung von Ordnungsmitteln gegen den Verfügungsbeklagten. Vielmehr ergibt sich die fristgemäße Vollziehung bereits daraus, dass der Verfügungskläger keinen vorläufigen Vollziehungsverzicht erklärt, weil er nur durch diese Erklärung sein sich aus § 945 ZPO ergebendes Schadensersatzrisiko ausschließen könnte (LAG Berlin 12. 11. 1997, Az. 6 Ta 15/97 und 16/97).

2.2 Antrag auf Unterlassung von Tätigkeiten für den Arbeitgeber im gekündigten Arbeitsverhältnis[1]

An das
Arbeitsgericht ......

Antrag auf Erlass einer einstweiligen Verfügung

In Sachen
Firma ......

– Antragstellerin –

Verfahrensbevollmächtigte: ......

gegen

Herrn ......

– Antragsgegner –

wegen Unterlassung

beantragen wir namens und im Auftrag der Antragstellerin wegen Dringlichkeit des Falles ohne mündliche Verhandlung durch den Vorsitzenden allein – hilfsweise unter Abkürzung der Ladungsfrist – auf Grund einer unverzüglich anzuberaumenden mündlichen Verhandlung – den Erlass einer einstweiligen Verfügung:

1. Dem Antragsgegner wird es unter Androhung eines Ordnungsgeldes bis zu EUR 250.000,00 (in Worten: zweihundertfünfzigtausend EURO) oder Ordnungshaft bis zu sechs Monaten, Ordnungshaft auch für den Fall, dass Ordnungsgeld nicht beigetrieben werden kann, wegen jeder einzelnen und künftigen Zuwiderhandlung untersagt, im Namen der Antragstellerin im geschäftlichen Verkehr aufzutreten und Willenserklärungen im Namen der Antragstellerin abzugeben.

2. Der Antragsgegner trägt die Kosten des Verfahrens.

Begründung:

I.

Der Antragsgegner war bei der Antragstellerin in der Funktion eines angestellten Betriebsleiters tätig und für die Abwicklung von Verträgen – insbesondere für den An- und Verkauf von Nutzfahrzeugen vorwiegend in die süd-ost-europäischen Länder – verantwortlich. Das Arbeitsverhältnis wurde durch die Antragstellerin mit Schreiben vom ...... fristlos gekündigt.

Die Antragstellerin hat nun in Erfahrung gebracht, dass der Antragsgegner mit der Firma ...... ein Geschäft über den Ankauf von Sattelzugmaschinen und die Vermietung von Sattelaufflegern in einem Gesamtvolumen von EUR 1,60 Millionen angebahnt hat.

Auch nach Ausspruch der fristlosen Kündigung ist der Antragsgegner weiter für die Antragstellerin tätig geworden. Ende ....../Anfang ...... ließ sich der Antragsgegner im Namen der Antragstellerin von der Geschäftsstelle der ...... Bank Angebote unterbreiten. Darüber hinaus erklärte der Antragsgegner gegenüber dem für die Auslandsfinanzierung zuständigen Direktor der Bayerischen Vereinsbank in ......, er selbst und sonst niemand werde das Geschäft mit der Firma ...... abwickeln.

Der Antragsgegner ist weiterhin der nicht nachvollziehbaren Auffassung, seine Leistungen und Dienste wären für die Antragstellerin unabdingbar.

II.

Der Verfügungsanspruch[2] ergibt sich aus der Verpflichtung eines Arbeitnehmers nach Ausspruch einer fristlosen Kündigung jegliche Tätigkeit im Namen des Arbeitgebers zu unterlassen. Diese Verpflichtung besteht unabhängig davon, ob der Arbeitnehmer gegen die Kündigung Kündigungsschutzklage erhoben hat oder nicht. Unstreitig befinden sich noch eine Vielzahl von Aufträgen in der Anbahnungsphase. Es besteht somit die Gefahr, dass der Antragsgegner auch zukünftig noch Erklärungen im Namen der Antragstellerin abgibt bzw. die Antragstellerin an Erklärungen des Antragsgegners unter dem Gesichtspunkt der Anscheinsvollmacht gebunden werden kann.

III.

Die Dringlichkeit ergibt sich insbesondere durch die Gefährdung der Antragstellerin. Gerade im Hinblick auf die laufenden Vertragsverhandlungen mit einer Vielzahl von Kunden und der Tatsache, dass der Antragsgegner weiterhin im Namen der Antragstellerin agiert, ist diese dringend darauf angewiesen, dass dem Antragsgegner jede weitere Betätigung im Namen der Antragstellerin untersagt wird. Die Erwirkung eines Titels im ordentlichen Verfahren könnten die drohenden Nachteile und Gefährdungen nicht abwenden. Die Antragstellerin kann nicht auf die Möglichkeit verwiesen werden, ihr Begehren im Hauptsacheverfahren zu verfolgen.
Es ist antragsgemäß zu entscheiden.

Rechtsanwalt

Anmerkungen

1. Vgl. die Anmerkungen zu Form. B. III. 10.1, Form. C. III. 2.1 und Form. C. III. 2.3.

2. Der **Verfügungsanspruch** würde sich auch aus der Verpflichtung eines Arbeitnehmers zur Wettbewerbsenthaltung bei der vorliegenden Konstellation nach Ablauf der ordentlichen Kündigungsfrist bzw. bei einer Freistellung im gekündigten Arbeitsverhältnis ergeben.

Kosten und Gebühren

Keine Besonderheiten, vgl. Form. C. III. 1.1.

Rechtsmittel und Fristen

Keine Besonderheiten, vgl. Form. C. III. 1.1.

Vollstreckung

Keine Besonderheiten, vgl. Form. C. III. 1.1.

Sziegoleit

2.3 Antrag auf Unterlassung von Wettbewerb im gekündigten Arbeitsverhältnis

An das
Arbeitsgericht ......

Antrag auf Erlass einer einstweiligen Verfügung

In Sachen
Firma ......

– Antragstellerin –

Verfahrensbevollmächtigte: ......

gegen

Herrn ......

– Antragsgegner –

wegen Unterlassung von Wettbewerb

beantragen wir namens und im Auftrag der Antragstellerin wegen Dringlichkeit des Falles ohne mündliche Verhandlung durch den Vorsitzenden allein – hilfsweise unter Abkürzung der Ladungsfrist – auf Grund einer unverzüglich anzuberaumenden mündlichen Verhandlung:

1. Dem Antragsgegner wird es bei Meidung eines Ordnungsgeldes bis zu EUR 250.000,00 (in Worten: zweihundertfünfzigtausend EURO) oder Ordnungshaft bis zu sechs Monaten, Ordnungshaft für den Fall, dass Ordnungsgeld nicht beigetrieben werden kann, untersagt, bis zum ...... jedwede Tätigkeit für die Firma ...... im Zusammenhang mit der Software-Entwicklung für die Bühnenmaschinerie-Steuerung ...... M 40 (städtische Bühnen ......) zu ......

2. Die/der Antragsgegner/in trägt die Kosten des Verfahrens.

Begründung:

Die Antragstellerin ist für die Firma ...... im Zusammenhang mit einer Software-Entwicklung für die Bühnenmaschinerie-Steuerung der städtischen Bühnen in ...... tätig. Der Antragsgegner ist ausweislich des in der Anlage beigefügten Arbeitsvertrages vom ...... bei der Antragstellerin tätig. Er wurde in den letzten Monaten ausschließlich in dem genannten Projekt eingesetzt.

Der Antragsgegner hat in den Monaten ...... bis ...... 19...... eine Vielzahl von Überstunden abgeleistet.

Zwischen der Antragstellerin und ihrem Kunden ...... kam es hinsichtlich der Zahlungspflichten und den Fertigstellungsterminen zu Auseinandersetzungen. Die Antragstellerin hat den Antragsgegner am 1. 6. 1989 infolgedessen von dem Projekt abgezogen. Am ...... hat der Antragsgegner gegenüber der Antragstellerin die fristlose Kündigung seines Arbeitsverhältnisses ausgesprochen. Als Kündigungsgrund wurde im Wesentlichen die nach seiner Auffassung beanstandete Ableistung von Überstunden herangezogen.

Glaubhaftmachung: Kündigungsschreiben des Antragsgegners vom ......

Aus gesundheitlichen und persönlichen Gründen glaubt sich der Antragsgegner nicht mehr in der Lage, seine Beschäftigung bei der Antragstellerin fortzusetzen.

Auch sei durch den Abzug von dem von ihm betreuten Projekt seine persönliche Integrität gegenüber Dritten gefährdet.

Glaubhaftmachung: wie vor

Die Antragstellerin hat in einer Besprechung mit dem Antragsgegner Ende ...... 19...... darauf hingewiesen, dass seit dem ...... kaum noch Überstunden angefallen sind.

Glaubhaftmachung: Schreiben der Antragstellerin vom ......

Der Antragsgegner wurde deshalb ausdrücklich aufgefordert, das Arbeitsverhältnis mindestens bis zum Ablauf der ordentlichen Kündigungsfrist am ...... bei ihr fortzusetzen.

Glaubhaftmachung: wie vor

Der Antragsgegner hat unstreitig dessen ungeachtet eine Beschäftigung bei dem Vertragspartner der Antragstellerin aufgenommen – und zwar am Projekt Software-Entwicklung für die Bühnenmaschinerie-Steuerung der städtischen Bühnen in ...... Die Antragstellerin vertritt mit Recht die Auffassung, dass die fristlose Kündigung unwirksam ist. Der Antragsgegner hätte die ordentliche Kündigungsfrist einhalten müssen. Es wird nicht in Abrede gestellt, dass Überstunden in nicht unerheblicher Höhe angefallen sind. Doch sieht der in der Anlage vorgelegte Arbeitsvertrag in § 3 ausdrücklich vor, dass eine entsprechende Verpflichtung zur Leistung von Überstunden besteht. Zumindest nach der gemeinsamen Besprechung und der zwischenzeitlich erfolgten Abgeltung der angefallenen Überstunden ist eine Berechtigung zum Ausspruch einer fristlosen Kündigung nicht gegeben. Die Frage der persönlichen Integrität ist rechtlich irrelevant und nicht nachzuvollziehen.

II.

Der Verfügungsgrund ergibt sich aus dem Umstand, dass der Antragsgegner im Zusammenhang mit der Projektabwicklung über Kenntnisse verfügt, die nicht ohne weiteres durch einen anderen Fachmann wieder mit eingebracht werden können. Gegenstand der Auseinandersetzung mit der Firma ...... ist gerade auch der Zeitpunkt der endgültigen Fertigstellung der Steuerung. Durch die Nichttätigkeit des Antragsgegners für die Antragstellerin und durch die Tätigkeit bei der Firma ...... steht zu befürchten, dass sich die tatsächliche und rechtliche Position der Antragstellerin gegenüber ihrem Vertragspartner noch mehr verschlechtert. Da davon auszugehen ist, dass das Arbeitsverhältnis bis zum ...... fortbesteht, ist es dem Antragsgegner sowohl aus § 7 des vorgelegten Arbeitsvertrages (dieser erlaubt nur eine Nebentätigkeit mit Zustimmung des Arbeitgebers) als auch aus dem Gesichtspunkt der arbeitsvertraglichen Treuepflicht ein Tätigwerden bei einem unmittelbaren Konkurrenten bis zum Ablauf der ordentlichen Kündigungsfrist verboten. Es ist antragsgemäß zu entscheiden.

Rechtsanwalt

Anmerkungen

1. Es werden in Rechtsprechung und Literatur hinsichtlich der **Zulässigkeit** eines Antrages auf Erlass einer einstweiligen Verfügung mit dem Inhalt, dass dem Arbeitnehmer untersagt wird, eine andere Arbeit aufzunehmen, weitgehende Einschränkungen gemacht. Der Antrag auf Untersagung der Arbeitsleistung bei Dritten unter Androhung einer Geld- und Haftstrafe für jeden Fall der Zuwiderhandlung ist unzulässig, weil ein solcher Anspruch nicht nach § 890 ZPO vollstreckt werden kann (*Grunsky*, § 62 Rdn. 20 f.; *Zöller/Vollkommer*, ZPO, § 940 Rdn. 8 „Arbeitsrecht" m. w. N.; *Schaub*, ArbR-Handb., § 45, Anm. VII m. w. N.). Im Wesentlichen wird gegen die Zulässigkeit eingewandt, dass durch die nach § 890 ZPO zu vollstreckende Unterlassungsverpflichtung die Vorschrift des § 888 Abs. 2 ZPO – welche die Vollstreckung der Verpflichtung zur Arbeitsleistung generell ausschließt – umgangen werden könnte. Die behauptete Unterlassungspflicht ist eine bloße vertragliche Nebenpflicht, neben der die anderen Nebenpflichten nicht selbstständig prozessual geltend gemacht werden können (so auch *Faecks*, NZA 1985, Beilage Nr. 3/85 zu Heft 21/85, S. 6 ff.; *Heinze*, RdA 1986, 273 ff.).

Diese Einwendungen können jedoch bei der gegebenen Fallgestaltung nicht greifen. Es wird hier nicht **jede anderweitige berufliche** Tätigkeit des betroffenen Antragsgegners bei Dritten untersagt. Es geht vorliegend um eine **konkrete Konkurrenztätigkeit** bei einem unmittelbaren Wettbewerber. Damit wird nur eine ganz bestimmte Tätigkeit des Arbeitnehmers untersagt. Er bleibt im Übrigen in der beliebigen Verwertung seiner Arbeitskraft frei. Zum anderen geht es um die Vermeidung der Nachteile, die dem Antragsteller durch die Tätigkeit des Antragsgegners bei einem Konkurrenzunternehmen entstehen können. Zusammenfassend: Vorliegend ist der Unterlassungsanspruch nicht die Kehrseite des Arbeitsleistungsanspruches, sondern es handelt sich um eine Konkurrenztätigkeit, die der Arbeitnehmer gegenüber dem bisherigen Arbeitgeber entfaltet. Es wird deshalb ein Unterlassungsanspruch auch hinsichtlich eines gesetzlichen Wettbewerbsverbotes allgemein bejaht (*Grunsky*, aaO., § 62 Rdn. 21). Dies gilt insbesondere dann, wenn es sich bei der Verpflichtung des Arbeitnehmers, Konkurrenztätigkeit zu unterlassen, um eine Hauptpflicht aus dem Arbeitsverhältnis handelt (handelt es sich um eine bloße Nebenpflicht, wird eine einstweilige Verfügung auf Durchsetzung dieser Nebenpflicht im Allgemeinen abgelehnt).

Es kann hier dahinstehen, ob es sich bei der Pflicht des Antragsgegners, die Arbeitsaufnahme bei einem unmittelbaren Konkurrenten während des Bestehens des Beschäftigungsverhältnisses bei dem bisherigen Arbeitgeber zu unterlassen, um eine Hauptpflicht aus dem Arbeitsverhältnis oder um eine Nebenpflicht handelt. Auch das Bundesarbeitsgericht hat dies bisher offen gelassen (BAG 17. 10. 1969 AP Nr. 7 zu § 611 BGB Treuepflicht). Zumindest steht der Antragstellerin der behauptete Unterlassungsanspruch gegen den Antragsgegner aus dem Gesichtspunkt der arbeitsvertraglichen Treuepflicht zu (Arbeitsvertrag in Verbindung mit §§ 611, 242 BGB, 60 HGB analog), denn das Beschäftigungsverhältnis ist durch die fristlose Kündigung des Antragsgegners vorliegend nicht aufgelöst worden. Während des rechtlich fortbestehenden, tatsächlich aber nicht mehr ausgeübten Arbeitsverhältnisses hat der Arbeitnehmer auch ohne besondere Vereinbarung die Pflicht, sich des Wettbewerbs zu Lasten seines Arbeitgebers zu enthalten. Der Arbeitgeber kann in einem solchen Fall auf Unterlassung der Wettbewerbstätigkeit klagen (BAG 17. 10. 1969, DB 1970, 497). Insofern schließt der Arbeitsvertrag für die Dauer seines Bestandes ein Wettbewerbsverbot ein, und zwar über den persönlichen und sachlichen Anwendungsbereich des § 60 HGB hinaus. Dies gilt nicht nur, wenn ein Arbeitnehmer tatsächlich arbeitet, aber nebenbei Konkurrenz macht, sondern auch darin, wenn der Arbeitnehmer seine bisherige Tätigkeit trotz weiterbestehenden Arbeitsvertrages auf Dauer eingestellt hat und eine neue – hauptberufliche – Beschäftigung für die Konkurrenz aufnimmt.

2. Es bestehen auch keine Einschränkungen unter dem Gesichtspunkt der „**Vorwegnahme der Hauptsache**". Denn die Antragstellerin hat das Vorliegen zu erwartender wesentlicher Nachteile glaubhaft gemacht, die ihr ohne die Durchsetzung des Unterlassungsanspruches zu entstehen drohen. Im Übrigen ist die – zumindest teilweise – Vorwegnahme der Hauptsache der allgemeinen Leistungsverfügung immanent und hat nur temporäre Befriedigungswirkung.

3. Die von dem Antragsgegner angegebenen Kündigungsgründe rechtfertigen eine fristlose Auflösung des Arbeitsverhältnisses nicht. Auch der Arbeitnehmer als Kündigender kann nur innerhalb einer Frist von zwei Wochen nach Kenntnis der für die Kündigung maßgebenden Tatsachen eine außerordentliche Kündigung aussprechen (vgl. KR-*Fischermeier*, § 626 BGB Rdn. 311). Dies gilt zumindest für die bis zum ...... 20...... geleisteten Überstunden – unabhängig davon – ob sie unter Beachtung der Vorschriften des Arbeitszeitgesetzes geleistet wurden oder nicht. Zumindest ist mit der Besprechung am ...... eine Zäsur eingetreten. Es kann deshalb dahinstehen, ob es sich bei der Ableistung der Überstunden um einen Dauerzustand handelt. Eine Fortsetzung des vertragswidrigen Zustandes ist jedenfalls nach der Besprechung und nach dem eigenen Sachvortrag des Antragsgegners nicht erfolgt. Die Zahl der im Kalenderjahr 19...... geleisteten Überstunden können nicht als unzumutbar angesehen werden. Darüber hinaus ist nicht dargetan, dass auch künftig mit großen Überstundenbelastungen bei der Antragstellerin zu rechnen ist. Es ist zwar anerkannt, dass der Arbeitnehmer vor Ausspruch der fristlosen Kündigung nicht den Versuch zu unternehmen hat, den Arbeitgeber künftig zur Einhaltung der zulässigen Arbeitszeit zu bewegen (BAG 28. 10. 1971, AP Nr. 62 zu § 626 BGB). Doch steht deren Einhaltung vorliegend nicht zur Disposition. Zumindest seit dem ...... sind keine Anhaltspunkte ersichtlich, dass der Arbeitgeber auf der fortgesetzten Verletzung der Schutzbestimmungen des Arbeitszeitgesetzes beharrt.

4. Das Eilbedürfnis und damit der **Verfügungsgrund** ergibt sich daraus, dass durch die Weiterarbeit des Antragsgegners bei dem unmittelbaren Konkurrenten der Antragstellerin an dem von beiden gemeinsam betreuten Projekt die Verhandlungsposition der Antragstellerin zumindest geschwächt wird. Der daraus für die Antragstellerin entstehende und sich ständig vergrößernde Nachteil liegt auf der Hand.

Kündigt ein Mitarbeiter zunächst ordentlich mit Ankündigung, um nach Ablauf der Kündigungsfrist zu einem Konkurrenzunternehmen zu wechseln, und erklärt er kurze Zeit später eine wegen Fehlens wichtiger Gründe unwirksame fristlose Kündigung, so ist hier ohne weiteres zu vermuten, dass der Mitarbeiter beabsichtigt, schon vor Ablauf der ordentlichen Kündigungsfrist bei dem Konkurrenzunternehmen seine Tätigkeit aufzunehmen (Arbeitsgericht Düsseldorf 21. 1. 2000, NZA-RR 2001, 248).

5. Der Arbeitnehmer, der während des rechtlichen Bestandes des Arbeitsverhältnisses für einen neuen Arbeitgeber tätig wird, kann zur **Auskunft** dessen Namen und Anschrift im Wege der Leistungsverfügung nur verpflichtet werden, wenn ein begründeter Anlass oder eine hohe Wahrscheinlichkeit glaubhaft gemacht ist, dass es sich um eine Konkurrenztätigkeit handelt (LAG Nürnberg 23. 4. 1996, NZA-RR 1997, 188).

Kosten und Gebühren

Der Streitwert ist gemäß §§ 61 Abs. 1, 46 Abs. 2 ArbGG, 3 ff. ZPO unter Berücksichtigung des von der Antragstellerin behaupteten Nachteils angesichts des Projektwertes und des zu erwartenden Schadens festzusetzen.

Rechtsmittel und Fristen

Keine Besonderheiten, vgl. Form. C. III. 1.1.

Vollstreckung

Keine Besonderheiten, vgl. Form. C. III. 1.1.

Sziegoleit   303

2.4 Antrag auf Unterlassung von Wettbewerb bei nachvertraglichem Wettbewerbsverbot[1]

An das
Arbeitsgericht[2] ......

Antrag auf Erlass einer einstweiligen Verfügung

In Sachen
Firma ......

– Antragstellerin –

Verfahrensbevollmächtigte: ......

gegen

Herrn ......

– Antragsgegner –

wegen Unterlassung von Wettbewerb[3]

Namens und in Vollmacht der Antragstellerin – wegen Dringlichkeit ohne mündliche Verhandlung – beantragen wir den Erlass folgender einstweiliger Verfügung:

1. Dem Antragsgegner wird es bei Meidung eines Ordnungsgeldes bis zu EUR 250.000,00 (in Worten: zweihundertfünfzigtausend EURO) oder Ordnungshaft bis zu sechs Monaten, Ordnungshaft für den Fall, dass Ordnungsgeld nicht beigetrieben werden kann, untersagt, bis zum ...... in selbstständiger, unselbstständiger oder sonstiger Weise für ein Unternehmen, das mit der Antragstellerin in direktem oder indirektem Wettbewerb steht, insbesondere für die Firma ...... tätig zu werden[4].
hilfsweise: Die beantragte einstweilige Verfügung auf Grund mündlicher Verhandlung unter größtmöglicher Abkürzung der Ladungsfrist zu erlassen[5].
2. Der Antragsgegner trägt die Kosten des Verfahrens.

Begründung:

Die Antragstellerin ist auf dem Gebiet der Herstellung von chemischen Reinigungsanlagen tätig und beliefert u. a. auch Kommunen. Der Antragsgegner war in der Zeit vom ...... bis ...... bei der Antragstellerin als Kundendienstingenieur in den Postleitzahlgebieten 8 und 9 eingesetzt.

Glaubhaftmachung: Anstellungsvertrag vom ......

Der Antragsgegner ist auf Grund Eigenkündigung mit Wirkung zum ...... aus dem Beschäftigungsverhältnis mit der Antragstellerin ausgeschieden.

Glaubhaftmachung: Kündigungsschreiben des Antragsgegners vom ......

Die Parteien haben ausweislich der Vertragsbestandteil gewordenen Vereinbarung vom ...... ein nachvertragliches Wettbewerbsverbot vereinbart[6]. Danach ist es dem Antragsgegner untersagt, auf die Dauer von zwei Jahren nach Beendigung des Arbeitsverhältnisses in direkten oder indirekten Wettbewerb zu der Antragstellerin zu treten. Dem Antragsgegner ist für die Dauer des Wettbewerbsverbotes eine Entschädigung zugesagt, die für jedes Jahr des Verbotes die Hälfte der von dem Antragsgegner zuletzt bezogenen vertragsgemäßen Leistungen beträgt. Das Wettbewerbsverbot ist auf das Gebiet der Bundesrepublik Deutschland beschränkt.

Glaubhaftmachung: Wettbewerbsvereinbarung vom ...... in Fotokopie

Der Antragsgegner ist seit dem ...... für die Firma ...... tätig. Diese Firma vertreibt ebenfalls Abwassertechnologie.

Glaubhaftmachung: Firmenprospekt der Firma ......
                   Eidesstattliche Versicherung des Prokuristen ...... vom ......

Nach Kenntnis der Antragstellerin ist der Antragsgegner für die Firma ...... ebenfalls als Kundendienstingenieur nachweisbar zumindest in den Postleitzahlgebieten ...... und ...... eingesetzt.

Glaubhaftmachung: Eidesstattliche Versicherung des Prokuristen ...... vom ......

Der Antragsgegner hat durch diese Tätigkeit gegen das ihm nachvertraglich auferlegte Wettbewerbsverbot verstoßen. Der Antragstellerin ist die Tätigkeit des Antragsgegners am ...... bekannt geworden. Der Antragsgegner wurde zur Einhaltung des nachvertraglichen Wettbewerbsverbotes aufgefordert. Er hat ablehnend reagiert.

Glaubhaftmachung: Schreiben der Antragstellerin vom ......
                   Schreiben des Antragsgegners vom ......

Die Einleitung gerichtlicher Schritte ist deshalb erforderlich.
Entgegen der Auffassung des Antragsgegners besteht eine Verpflichtung zur Einhaltung des rechtsgültig zustande gekommenen Wettbewerbsverbotes. Der Antragstellerin drohen gravierende Nachteile, wenn der Antragsgegner weiterhin für die Firma ...... tätig ist. Der Antragsgegner hat in der Zeit seiner Tätigkeit für die Antragstellerin über einen Zeitraum von nahezu 17 Jahren ein erhebliches Knowhow in der Abwassertechnologie erworben. Es ist der Antragstellerin bekannt, dass gerade im Bereich der Kundendienstbetreuung erhebliche Defizite bei der Firma ...... bestehen. Es überrascht nicht, dass bereits ein Geschäftskunde der Antragstellerin seine Zusammenarbeit aufgekündigt hat und nunmehr in Vertragsbeziehungen zu der Firma ...... steht. Es ist zu befürchten, dass der Antragsgegner durch seinen engen Kundenkontakt nunmehr weitere Kunden auf die Firma ...... überleitet.

Glaubhaftmachung: Eidesstattliche Versicherung des Prokuristen ...... vom ......

Die Antragstellerin hat zwischenzeitlich Hauptsacheklage bei dem Arbeitsgericht ...... unter dem Aktenzeichen ...... eingereicht. Es ist gerichtsbekannt, dass das Hauptsacheverfahren auf Grund der langen Verfahrensdauer nicht vor Ablauf des nachvertraglichen Wettbewerbsverbots abgeschlossen sein wird[7].

Es ist antragsgemäß zu entscheiden.

                                                              Rechtsanwalt

Anmerkungen

1. Vgl. insbesondere die Anmerkungen zu Form. B. III. 10.2.

2. Der enge Zusammenhang zwischen Arbeitsverhältnis und Wettbewerbsverbot begründet für die Austragung von Streitigkeiten aus einer Wettbewerbsvereinbarung nach § 2 Abs. 1 Nr. 3 ArbGG die sachliche **Zuständigkeit** der Arbeitsgerichte – auch wenn die Streitigkeiten **nach** Beendigung des Arbeitsverhältnisses entstanden sind.

3. Es handelt sich vorliegend um eine **Leistungsverfügung.** Es werden Tatsachen geschaffen, die im Hauptsacheverfahren nicht mehr rückgängig zu machen sind. Gleichwohl ist die Zulässigkeit grundsätzlich anerkannt. Nur auf diesem Wege lässt sich die Wettbewerbstätigkeit des Arbeitnehmers effektiv unterbinden. Dem Arbeitgeber kann nicht zugemutet werden, dass er tatenlos zusieht, wie der Arbeitnehmer unter Verstoß gegen die Wettbewerbsklausel in Konkurrenz tritt. Demnach halten auch alle Landesarbeitsgerichte – soweit ersichtlich – Unterlassungsverfügungen für zulässig (vgl. hierzu *Heinze,* aaO., S. 280 mit einer ausführlichen Darstellung aus Literatur und Rechtsprechung).

4. Das Arbeitsgericht wird zu prüfen haben, ob die vollständige Untersagung jeder Wettbewerbstätigkeit möglich ist. Es kann angeraten sein, insoweit den Antrag auf ein bestimmtes Tätigkeitsfeld des Antragsgegners zu beschränken. Das nachvertragliche Wettbewerbsverbot des Handlungsgehilfen ist **unverbindlich,** wenn es nicht zum Schutz eines **berechtigten geschäftlichen Interesses** des Arbeitgebers dient und das berufliche Fortkommen des Handlungsgehilfen unbillig erschwert. Das trifft dann zu, wenn der Arbeitgeber mit dem Wettbewerbsverbot das Ziel verfolgt, jede Stärkung der Konkurrenz durch den Arbeitsplatzwechsel zu verhindern, ohne dass die Gefahr der Weitergabe von Geschäftsgeheimnissen oder des Einbruchs in den Kundenstamm zu besorgen ist (BAG 1. 8. 1995, DB 1996, 481).

5. Eine Abkürzung der Ladungsfrist ist nach § 226 ZPO von Amts wegen nicht möglich.

6. Ein für das frühere Gebiet der Bundesrepublik Deutschland einschließlich Berlin (West) vereinbartes Wettbewerbsverbot kann im Wege der **ergänzenden Vertragsauslegung** auf das gesamte heutige Gebiet der Bundesrepublik Deutschland erstreckt werden (LAG Berlin 23. 6. 1991, NZA 1991, 674).

7. An den **Verfügungsgrund** sind grundsätzlich hohe Anforderungen zu stellen. Der Antragsteller hat darzulegen und glaubhaft zu machen, dass ohne den Erlass der beantragten einstweiligen Verfügung die Verwirklichung seiner Rechte vereitelt oder zumindest wesentlich erschwert wird. In der Verletzung des Wettbewerbsverbots allein liegt kein ausreichender Verfügungsgrund. Der Antragsteller hat vielmehr darzulegen, dass ihm aus der Wettbewerbswidrigkeit des Antragsgegners erhebliche Nachteile drohen. Auch darf mit dem Antrag auf Erlass der einstweiligen Verfügung nicht zu lange zugewartet werden. Es dürfte in analoger Anwendung der Rechtsprechung im gewerblichen Rechtsschutz als kritische Grenze ein Monat ab Kenntnis anzusehen sein.

Im Übrigen gilt: Verfügungsanspruch und Verfügungsgrund sind gemäß § 920 Abs. 2, 936 ZPO glaubhaft zu machen.

Kosten und Gebühren

Keine Besonderheiten, vgl. Form. C. III. 1.1.

Rechtsmittel und Fristen

Keine Besonderheiten, vgl. Form. C. III. 1.1.

Vollstreckung

Keine Besonderheiten, vgl. Form. C. III. 1.1.

2.5 Unterlassung von Wettbewerb nach beendetem Arbeitsverhältnis ohne nachvertragliches Wettbewerbsverbot

An das
Arbeitsgericht ......

Antrag auf Erlass einer einstweiligen Verfügung

In Sachen
Firma ......

– Antragstellerin –

Verfahrensbevollmächtigte: ......

gegen

1. Herrn ......
2. Herrn ......

– Antragsgegner –

– anwaltlich nicht vertreten –
wegen Unterlassung von Wettbewerb

Namens und in Vollmacht der Antragstellerin – wegen Dringlichkeit ohne mündliche Verhandlung – beantragen wir den Erlass folgender einstweiliger Verfügung:

1. Den Antragsgegnern wird es bei Meidung eines Ordnungsgeldes bis zu EUR 250.000,00 (in Worten: zweihundertfünfzigtausend EURO) oder Ordnungshaft bis zu sechs Monaten, Ordnungshaft für den Fall, dass Ordnungsgeld nicht beigetrieben werden kann, untersagt, Arbeiter der Antragstellerin aufzusuchen und mit der Behauptung, die Antragstellerin müsse sowieso vor Weihnachten ihre Arbeitnehmer entlassen, zur Kündigung zu bewegen[1].
2. Die Antragsgegner tragen die Kosten des Verfahrens.

Begründung:

Die Antragstellerin ist als Malermeisterbetrieb unter anderem auch auf dem Gebiet der Herstellung von fugenlosen Wandbelägen – nach einem Spezialverfahren – tätig.

Die Antragsgegner waren bis zum 30. 11. 1997 als gewerbliche Arbeitnehmer im Betrieb der Antragstellerin beschäftigt. Den Antragsgegnern wurde durch die Antragstellerin nach wiederholten Abmahnungen aus verhaltensbedingten Gründen am ...... fristlos gekündigt. Die Antragsgegner haben gegen diese fristlosen Kündigungen Kündigungsschutzklage zum Arbeitsgericht ...... erhoben.

Glaubhaftmachung: Beiziehung der Akten des Arbeitsgerichtes ...... Az. ......
Ca ....../97

Die Antragsgegner haben bereits am ...... eine neue Tätigkeit bei der Firma ......
– ebenfalls einem Malermeisterbetrieb und auf dem gleichen Gebiet der Herstellung von fugenlosen Wandbelägen tätig – ein neues Arbeitsverhältnis begründet.

Glaubhaftmachung: Eidesstattliche Versicherung des Herrn ...... vom ......

Darüber hinaus hat die Antragstellerin am ...... durch andere bei ihr tätigen Arbeitnehmer erfahren, dass die Antragsgegner am 7. 11. 1997 – demnach noch während des Bestehens ihres Arbeitsverhältnisses – und am ...... nach rechtlicher Beendigung des Arbeitsverhältnisses die Arbeitnehmer ...... angesprochen und zur Kündigung ihres Arbeitsverhältnisses mit der Antragstellerin zu bewegen versucht haben. Dies mit der wahrheitswidrigen Erklärung, dass die Antragstellerin wegen Arbeitsmangels kurz vor Weihnachten ihren Betrieb stilllegt und alle Arbeitnehmer entlassen werden müssen.

Glaubhaftmachung: Eidesstattliche Versicherung der Herren ...... und ...... vom ......

Hintergrund dieser Aktivitäten ist der Umstand, dass die Antragsgegner einen weiteren Spezialisten für ihre aus drei Personen bestehenden Kolonne bei ihrem neuen Arbeitgeber benötigen. Denn die Antragsgegner können ohne einen weiteren Mitarbeiter den Arbeitsplatz nicht erhalten bzw. müssen auf den ihnen zugesagten höheren Lohn verzichten.

Glaubhaftmachung: wie vor

Die Antragstellerin hat den Antragsgegnern mit Schreiben vom ...... mitgeteilt, dass sie bis zum rechtskräftigen Abschluss des Kündigungsschutzprozesse jegliche Wettbewerbshandlungen bei der Firma ...... untersagt und gleichzeitig eine Karenzentschädigung in Höhe von 50% der zuletzt bezogenen vertragsgemäßen Vergütung angeboten[2].

Glaubhaftmachung: Schreiben der Antragstellerin vom ...... in Fotokopie

Die Antragsgegner haben das Verlangen der Antragstellerin – so wörtlich – als „nicht nachvollziehbar" zurückgewiesen[3].

Glaubhaftmachung: Schreiben der Antragsgegner vom ...... in Fotokopie

Es ist antragsgemäß zu entscheiden.

Rechtsanwalt

Anmerkungen

1. Es kann auch ein Unterlassungsanspruch gegen den neuen Arbeitgeber gemäß §§ 823, 1004 BGB bestehen, wenn die Beschäftigung eines Arbeitnehmers bzw. der Versuch der Abwerbung einen rechtswidrigen Eingriff in den Gewerbebetrieb darstellt. Auch kommt ein Anspruch gemäß §§ 1, 13 Abs. 2 UWG in Betracht, wenn die Beschäftigung des Arbeitnehmers ein wettbewerbswidriges Ausnutzen fremden Vertragsbruchs darstellen könnte, so z.B. wenn ein planmäßiges Abwerben vorliegt bzw. die Übernahme einer etwaig bestehenden Vertragsstrafe angeboten wird.

2. Nach Ausspruch einer vom Arbeitnehmer angefochtenen fristlosen Kündigung kann der Arbeitgeber **Unterlassung von Wettbewerbshandlungen** bis zum rechtskräftigen Abschluss des Kündigungsschutzprozesses von dem Arbeitnehmer fordern, wenn er ihm hierfür gleichzeitig eine **monatliche Entschädigung** mindestens in Höhe einer Karenzentschädigung entsprechend §§ 74 ff. HGB anbietet (LAG Köln 4. 1. 1995, MDR 1996, 78).

3. Nach der Rechtsprechung des Bundesarbeitsgerichtes kann nach Ausspruch einer fristlosen Kündigung eine weitere fristlose Kündigung dann gerechtfertigt sein, wenn sich der Arbeitnehmer trotz Erhebung einer Kündigungsschutzklage nicht des Wettbewerbs enthält. Etwaige Gesichtspunkte nach § 615 Satz 2 BGB haben hintanzustehen. Auch das Arbeitsgericht Hamburg hat hier eine einstweilige Verfügung auch in Anbetracht der vorweggenommenen Hauptsache dann für geboten erachtet, wenn ohne sie der Arbeitgeber vor schadensträchtiger Konkurrenztätigkeit des Arbeitnehmers überhaupt nicht gesichert werden kann. Unzulässig sind **Vorbereitungshandlungen** für die spätere Aufnahme der Konkurrenztätigkeit, wenn damit die Interessen des Unternehmens des Arbeitgebers ernsthaft gefährdet werden. Handelsrechtliche Gefährdung stellt bereits das „Vorfühlen" bei Kunden des Arbeitgebers dar (Arbeitsgericht Hamburg 1. 11. 1993, Az. 25 Ga 11/93 n. v.; a. A. LAG Rheinland-Pfalz 19. 11. 1996, LAGE § 626 BGB Nr. 64 – es wird für unbeachtlich erachtet, wenn ein Arbeitnehmer während der Kündigungsfrist Arbeitskollegen anwirbt, um mit ihnen in Wettbewerb mit dem bisherigen Arbeitgeber zu treten). Vgl. auch Form. B. III. 10.1. Anm. 5.

Kosten und Gebühren

Keine Besonderheiten, vgl. Form. B. III. 10.1. und Form. C. III. 1.1.

Rechtsmittel und Fristen

Keine Besonderheiten, vgl. Form. B. III. 10.1. und Form. C. III. 1.1.

Vollstreckung

Keine Besonderheiten, vgl. Form. B. III. 10.1. und Form. C. III. 1.1.

3. Anträge auf Entbindung von der Verpflichtung zur Weiterbeschäftigung nach § 102 Abs. 5 Satz 2 BetrVG[1]

3.1 Der allgemeine Feststellungsantrag[2]

An das
Arbeitsgericht[3] ......

Antrag

In Sachen
Firma ......

– Antragstellerin –

Verfahrensbevollmächtigte: RAe ......

gegen

Herrn ......

– Antragsgegner –

wegen einstweiliger Verfügung

Namens und in Vollmacht der Antragstellerin – wegen Dringlichkeit ohne mündliche Verhandlung – beantragen wir den Erlass folgender einstweiliger Verfügung:
1. Es wird festgestellt[4], dass ein Anspruch des Antragsgegners auf Weiterbeschäftigung nach § 102 Abs. 5 BetrVG nicht besteht.
hilfsweise:

Sziegoleit   309

Die Antragstellerin wird von der Verpflichtung zur Weiterbeschäftigung des Antragsgegners bis zum rechtskräftigen Abschluss des Kündigungsschutzverfahrens – Arbeitsgericht ......, Az.: ......Ca/...... – entbunden.
2. Der Antragsgegner hat die Kosten des Verfahrens zu tragen.

Begründung:

Der Antragsgegner ist bei der Antragstellerin seit dem ...... als Fachredakteur beschäftigt. Das letzte monatliche Gehalt hat EUR 3.200,00 brutto bei einer wöchentlichen Arbeitszeit von ...... Stunden betragen.

Die Antragstellerin beschäftigt derzeit ca. 60 Arbeitnehmer. Es besteht ein Betriebsrat.

Die Antragstellerin hat das mit dem Antragsgegner bestehende Arbeitsverhältnis am ...... zum ...... aus betriebsbedingten Gründen gekündigt. Gegen diese Kündigung hat der Betriebsrat fristgerecht mit Schreiben vom ...... am ...... Widerspruch eingelegt[4a]. Dabei hat sich der Betriebsrat ausdrücklich auf § 102 Abs. 3 Ziff. 3, 4 und 5 BetrVG gestützt.

Glaubhaftmachung: Kündigungsschreiben der Antragstellerin vom ......[4b]
                           Widerspruch des Betriebsrates vom ......

Der Antragsgegner hat am ...... gegen die ausgesprochene Kündigung Kündigungsschutzklage erhoben und unter Ziffer 2 beantragt, die Antragstellerin zu verpflichten, ihn bis zum rechtskräftigen Abschluss des Rechtsstreits weiterzubeschäftigen. Dieses Verfahren wird unter dem Az. ...... Ca ...... bei dem Arbeitsgericht ...... geführt[3].

Glaubhaftmachung: Abschrift der Klage des Antragsgegners vom ...... in Fotokopie

Die Antragstellerin vertritt die Auffassung, dass ihr die Weiterbeschäftigung des Antragsgegners über den ...... hinaus wirtschaftlich unzumutbar ist. Der Widerspruch ist offensichtlich unbegründet. Konkret vergleichbare Arbeitnehmer, die weniger schutzwürdig sind, werden nicht benannt. Die Weiterbeschäftigungsmöglichkeit wird vielmehr nur pauschal angeführt. Auf das Vorhandensein eines freien Arbeitsplatzes wurde nicht hingewiesen und auch sonstige konkrete Tatsachen zu den Widerspruchsgründen sind nicht vorgetragen[5].

Es ist antragsgemäß zu entscheiden[6].

Rechtsanwalt

Anmerkungen

1. Vgl. auch *Dunkl/Moeller/Baur/Feldmeier,* Handbuch des vorläufigen Rechtsschutzes, 3. Auflage 1999. Verlangt ein Arbeitnehmer seine Weiterbeschäftigung nach § 102 Abs. 5 Satz 1 BetrVG, ist das **Rechtsschutzinteresse** des Arbeitgebers stets zu bejahen, gleichgültig ob die Voraussetzungen für einen Weiterbeschäftigungsanspruch gegeben sind (LAG München 5. 10. 1994, LAGE § 102 BetrVG 1972 Beschäftigungspflicht Nr. 19; LAG München 13. 7. 1994, LAGE § 102 BetrVG 1972 Beschäftigungspflicht Nr. 17). Ein unbeachtlicher Widerspruch des Betriebsrates führt nicht zum Fehlen des **Rechtsschutzinteresses** und damit zur Antragsabweisung, sondern der Antrag des Arbeitgebers ist als unbegründet abzuweisen (FKHES, § 102 Rdn. 121). Dies gilt auch dann, wenn ein Weiterbeschäftigungsanspruch von vornherein nicht gegeben ist, da z.B. das Arbeitsverhältnis noch nicht sechs Monate bestehe und deshalb nicht dem Kündigungsschutzgesetz unterliege (a. A. Arbeitsgericht Wuppertal 17. 10. 1975, DB 1975, 2329) bzw. durch den Arbeitgeber nicht glaubhaft gemacht werden kann.

Die wohl herrschende Meinung erachtet die Glaubhaftmachung eines Verfügungsgrundes für entbehrlich, da die Voraussetzungen insoweit in § 102 Abs. 5 Satz 2 BetrVG abschließend geregelt sind (KR-*Etzel*, § 102 BetrVG Rdn. 235; *Richardi*, § 102; FKHES § 102 Rdn. 117).

2. Der dem Entbindungsbegehren zugrunde liegende **Weiterbeschäftigungsanspruch** des Arbeitnehmers kommt nur dann in Betracht, wenn der Arbeitgeber eine **ordentliche Kündigung** ausgesprochen hat. Auch eine nach außerordentlicher Kündigung hilfsweise erklärte Kündigung ist nicht ausreichend. Etwas anderes gilt dann, wenn der Arbeitgeber im Rahmen des Kündigungsschutzprozesses von der außerordentlichen Kündigung Abstand nimmt und nur noch deren Umdeutung in eine ordentliche Kündigung geltend macht. § 102 Abs. 5 BetrVG ist **analog anzuwenden,** wenn einem ordentlich unkündbaren Arbeitnehmer die außerordentliche Kündigung mit einer Auslauffrist ausgesprochen wird, um Wertungswidersprüche zu einer ordentlichen Kündigung zu vermeiden (KR-*Etzel*, § 102 BetrVG Rdn. 198 a). Des Weiteren kann ein Weiterbeschäftigungsanspruch des Arbeitnehmers nur gegeben sein, wenn er nach den §§ 1, 23 KSchG dem Kündigungsschutzgesetz unterliegt. Über den nach § 102 Abs. 5 Satz 2 BetrVG gestellten Antrag des Arbeitgebers, ihn durch eine einstweilige Verfügung von der Pflicht zur Weiterbeschäftigung eines gekündigten Arbeitnehmers zu entbinden, hat das Gericht der Hauptsache (örtlich und sachlich nach §§ 802, 943 Abs. 1, 937 Abs. ZPO) – demnach das für den Kündigungsschutzprozess zuständige Gericht (LAG Düsseldorf 30. 8. 1977, DB 1977, 2383) im **Urteilsverfahren,** nicht im Beschlussverfahren zu entscheiden (ArbG Solingen 26. 2. 1976, DB 1976, 1385; KR-*Etzel*, aaO., § 102 BetrVG Rdnr. 223). Ein „Entbindungshauptsacheverfahren" ist ausgeschlossen (LAG Berlin 9. 2. 1973, AP Nr. 1 zu § 102 BetrVG 1972 „Weiterbeschäftigung"). Der Antrag des Arbeitgebers auf Entbindung von der Weiterbeschäftigungspflicht nach erfolgter Kündigung und ordnungsgemäßem Widerspruch des Betriebsrates muss zwar nicht unmittelbar nach Ausspruch der Kündigung gestellt werden (LAG Düsseldorf 15. 3. 1978, DB 1978, 1282), doch darf der Arbeitgeber nicht beliebig lange mit seinem Antrag auf Erlass einer einstweiligen Verfügung zuwarten, da sich mit fortschreitender Zeit immer mehr das Ende des Kündigungsschutzprozesses absehen lässt und damit die Nachteile des Arbeitgebers ständig an Gewicht verlieren. Allerdings kann der Arbeitgeber dann im Verlauf des Kündigungsrechtsstreits noch die Entbindung von der Weiterbeschäftigung beantragen, wenn sich erst später dafür Gründe (z. B. wirtschaftliche Schieflage des Unternehmens) ergeben. Dann muss der Arbeitgeber allerdings glaubhaft machen, dass erst jetzt die für seinen Antrag maßgeblichen Umstände eingetreten sind (LAG Düsseldorf/Köln 19. 8. 1977, DB 1977, 1952).

Der Arbeitgeber sollte nicht abwarten, ob und bis der Arbeitnehmer seinen auf § 102 Abs. 5 Satz 1 BetrVG gestützten Weiterbeschäftigungsantrag durch Klage oder einstweilige Verfügung geltend macht, um erst dann die Entbindungsgründe einredeweise vorzubringen. Denn es wird teilweise die Auffassung vertreten, dass der Arbeitgeber auf das nach § 102 Abs. 5 Satz 2 BetrVG geregelte Verfahren angewiesen ist und er in einem vom **Arbeitnehmer** initiierten Verfahren nach § 102 Abs. 5 Satz 1 BetrVG seine auf § 102 Abs. 5 Satz 2 BetrVG gestützten Einwendungen nicht vorbringen kann (LAG Düsseldorf 30. 8. 1977, DB 1977, 2383; Arbeitsgericht Düsseldorf 27. 9. 1983, BB 1984, 675; *Richardi*, § 102 Rdnr. 255; GK-*Kraft*, § 102 Rdnr. 134, 135). Es dürfte sich deshalb empfehlen, dass gleichzeitig mit der Einreichung des Antrages nach § 102 Abs. 5 Satz 2 BetrVG eine Schutzschrift hinterlegt wird.

3. Es ist das Arbeitsgericht zur Entscheidung **zuständig,** bei dem der Kündigungsschutzprozess als Hauptsacheverfahren anhängig ist (§§ 62 Abs. 2 ArbGG, 937 Abs. 1

ZPO). Dies ist nicht unumstritten (vgl. insbesondere LAG Baden-Württemberg 18. 3. 1988, LAGE § 102 BetrVG Beschäftigungspflicht Nr. 9).

Das Arbeitsgericht bleibt auch zuständig, wenn der Kündigungsschutzprozess beim Landesarbeitsgericht anhängig ist (KR-*Etzel*, § 102 BetrVG Rdn. 222b; DKK § 102 Rdn. 282 jeweils m.w.N.). Der Entbindungsantrag des Arbeitgebers in Form eines Gegenantrages in einem Verfügungsverfahren des Arbeitnehmers ist nur im ersten Rechtszug möglich. Im Berufungsrechtszug scheidet die Anbringung des Ermittlungsgesuches wegen funktioneller Unzuständigkeit aus (KR-*Etzel*, § 102 BetrVG Rdn. 222b; DKK § 102 Rdn. 282).

Wenn der Betriebsrat der ordentlichen Kündigung frist- und ordnungsgemäß widersprochen und der Arbeitnehmer Kündigungsschutzklage erhoben hat (es müssen die Voraussetzungen der §§ 1, 23 KSchG vorliegen), muss der Arbeitgeber auf Verlangen des Arbeitnehmers diesen nach Ablauf der Kündigungsfrist bis zum rechtskräftigen Abschluss des Rechtsstreits bei unveränderten Arbeitsbedingungen tatsächlich weiterbeschäftigen. Es lässt sich für die Geltendmachung des **Anspruches auf Weiterbeschäftigung** dem Gesetz keine zeitliche Beschränkung entnehmen (so BAG 31. 8. 1978, DB 1979, 652; a. A. MünchHandbArbR-*Wank* § 121 Rdnr. 21). Von dieser Weiterbeschäftigungspflicht kann das Gericht den Arbeitgeber durch einstweilige Verfügung entbinden.

4. Es ist umstritten, ob auch in dem Fall des (behaupteten) **nicht ordnungsgemäßen Widerspruchs** eine gerichtliche Entscheidung auf Entbindung von der Weiterbeschäftigungspflicht ergehen kann (so LAG Baden-Württemberg 15. 5. 1974, BB 1975, 43; ArbG Wuppertal 23. 6. 1977, DB 1978, 112) oder ob der Antrag wegen fehlenden Rechtsschutzinteresses als unzulässig zurückgewiesen werden muss (LAG Niedersachsen 22. 8. 1975, DB 1975, 1898; LAG Düsseldorf 5. 1. 1976, DB 1976, 1065). Angesichts der Tatsache, dass es unter Umständen für den Arbeitgeber schwierig ist nachzuprüfen, ob kein ordnungsgemäßer oder nur ein sachlich unbegründeter Widerspruch vorliegt, muss im Interesse der Rechtssicherheit dem Arbeitgeber aber auch in einem solchen Fall die Möglichkeit gegeben werden, sich durch eine gerichtliche Entscheidung risikolos von der Weiterbeschäftigungspflicht entbinden zu lassen. Der Antrag des Arbeitgebers ist dann auf Feststellung, dass ein Weiterbeschäftigungsanspruch nicht besteht, hilfsweise auf Entbindung von der Weiterbeschäftigungspflicht zu richten (GK-*Kraft,* § 102 Rdn. 182 mit weiteren Nachweisen auch zur Gegenansicht).

a) Dem Betriebsrat wird auch ein Widerspruchsrecht bei **personen- und verhaltensbedingten Kündigungen** einzuräumen sein (vgl. FKHES, § 102 Rdn. 77; BAG 16. 3. 1978, AP Nr. 15 zu § 102 BetrVG 1972). Die gegenteilige Auffassung – ein Widerspruchsrecht komme nur bei betriebsbedingten Kündigungen in Betracht – ist abzulehnen.

b) Der Arbeitgeber hat die für die Entbindung von der Weiterbeschäftigungspflicht notwendigen Tatsachen darzulegen und glaubhaft zu machen.

5. Es ist zwar ausreichend, dass der Betriebsrat in seiner **Widerspruchsbegründung** auf einen oder mehrere soziale Gesichtspunkte hinweist, die (behauptet) vom Arbeitgeber unzureichend berücksichtigt worden sind. Dabei muss der Betriebsrat auch nicht einzelne Arbeitnehmer angeben, die er als sozial weniger schutzwürdig ansieht. Der Kreis der vergleichbaren Arbeitnehmer muss jedoch hinreichend bestimmt oder bestimmbar bezeichnet sein. Denn nur dann kann das Gericht prüfen, inwiefern die sozialen Gesichtspunkte, die der Betriebsrat als unzureichend berücksichtigt ansieht, bei vergleichbaren Arbeitnehmern gegeben sind oder nicht (KR-*Etzel*, § 102 BetrVG Rdn. 151). Im Rahmen der Widerspruchsgründe des § 102 Abs. 3 Nr. 4–5 BetrVG muss der Betriebsrat einen freien Arbeitsplatz (gegebenenfalls nach Umschulung oder Vertragsänderung) zumindest in bestimmbarer Weise angeben (KR-*Etzel*, § 102 BetrVG Rdn. 163, 169, 172). Der pauschale Hinweis auf eine anderweitige Beschäftigungsmöglichkeit ist nicht ausreichend. Die Wiedergabe des Gesetzeswortlautes ersetzt keinen Tatsachenvortrag, vgl. im Übrigen Form. B. II. 3.2 Anm. 4

6. Schadensersatzansprüche wegen einer im Ergebnis zu Unrecht erwirkten einstweiligen Verfügung auf Weiterbeschäftigung durch den Arbeitgeber gem. § 945 ZPO werden abgelehnt (FKHES, § 102 BetrVG Rdn. 116 m. w. N.). Wird im Kündigungsschutzprozess allerdings rechtswirksam festgestellt, dass die Kündigung unwirksam ist, so besteht ein Lohn-/Gehaltszahlungsanspruch des Arbeitnehmers für die Zeit nach Ende der Kündigungsfrist aus dem Gesichtspunkt des Annahmeverzuges (§ 615 Satz 1 BGB) unabhängig davon, ob das Arbeitsgericht den Arbeitgeber während des Kündigungsschutzprozesses von einer Weiterbeschäftigung nach § 102 Abs. 5 BetrVG entbunden hat (LAG Rheinland-Pfalz 11. 1. 1980, BB 1980, 415).

Kosten und Gebühren

Der Gegenstandswert ist mit zwei Bruttomonatsgehältern anzusetzen (LAG Köln 4. 7. 1995, LAGE Nr. 15 § 19 GKG; BAG 18. 1. 1996, NZA 1996, 1175). Dieser Wert ist interessengerecht. Denn wenn der Weiterbeschäftigungsanspruch auf § 102 Abs. 5 BetrVG beruht, kann dem Arbeitnehmer aus dem Weiterbeschäftigungsurteil ein Vergütungsanspruch für die gesamte Dauer des Kündigungsrechtsstreits zustehen (vgl. auch *Meier*, aaO., Rdn. 314; vgl. für die Festsetzung mit einem Bruttomonatsgehalt aber LAG Hamburg 26. 3. 1992, LAGE Nr. 14 § 19 GKG).

Rechtsmittel und Fristen

Ist ein Antrag des Arbeitgebers auf Erlass einer einstweiligen Verfügung zur Entbindung von der Weiterbeschäftigungspflicht rechtskräftig abgewiesen worden, kann er diesen Antrag wiederholen, wenn neue Tatsachen vorliegen, die er im erstinstanzlichen Verfahren nicht vorbringen konnte. Allerdings kann der Arbeitgeber seinen erneuten Antrag nicht auf die Tatsache stützen, die Kündigungsschutzklage des Arbeitnehmers sei in erster Instanz abgewiesen worden (LAG Köln 19. 5. 1983, DB 1983, 2368). Grundsätzlich gilt, dass eine Wiederholung des Antrages bei neuen Glaubhaftmachungsmitteln bzw. bei Bekanntwerden neuer Tatsachen in Betracht kommt. Eine Erneuerung des Gesuches scheidet aber dann aus, wenn es auf Tatsachen gestützt wird, die schon im ersten Verfahren bekannt waren (LAG Köln 19. 5. 1983, DB 1983, 2368).

Die Entbindung des Arbeitgebers von der Weiterbeschäftigungspflicht gemäß § 102 Abs. 5 BetrVG durch das Rechtsmittelgericht lässt für die Zeit bis zur Entbindungsentscheidung angefallene Vergütungsansprüche des Arbeitnehmers unberührt (BAG 7. 3. 1996, NZA 1996, 930).

Vollstreckung

Eine nach § 102 Abs. 2 Satz 2 BetrVG durch Urteil erlassene einstweilige Verfügung, die den Arbeitgeber von seiner Verpflichtung zur Weiterbeschäftigung entbindet, kann nicht mit der Begründung aufgehoben werden, dass es der Arbeitgeber versäumt hat, das Urteil gemäß § 936 ZPO innerhalb der Frist des § 929 Abs. 2 ZPO im Parteibetrieb zustellen zu lassen. Eine derartige Urteilsverfügung erlangt durch die Verkündung Verbindlichkeit (LAG Hamm 12. 12. 1986, DB 1987, 1945; KR-*Etzel*, § 102 BetrVG Rdn. 235 a; *Däubler/Kittner/Kleve*, § 102 Rdn. 278).

Die Entbindung des Arbeitgebers von der Weiterbeschäftigungspflicht führt nicht zu einer Beendigung des Annahmeverzuges, da hierdurch die aus den §§ 611, 615 BGB resultierende Rechtsbeziehung unberührt bleibt. Es ist nur das gesetzliche Schuldverhältnis aus § 102 Abs. 5 BetrVG betroffen (LAG Rheinland-Pfalz 11. 1. 1980, BB 1980, 415). Gleiches gilt, wenn bei positivem Ausgang der Kündigungsschutzklage die Zwangsvollstreckung aus der gleichzeitigen Verurteilung zur Weiterbeschäftigung vorläufig eingestellt wird (§§ 62 ArbGG; 707, 719 ZPO). Gleichwohl sollte vorsorglich die Zustellung der Urteilsverfügung im Parteibetrieb erfolgen. Für die Beschlussverfügung wären ohnehin §§ 936, 922 Abs. 2 ZPO zu beachten.

3.2 Einstweilige Verfügung gemäß § 102 Abs. 5 Satz 2 Nr. 1 BetrVG – keine hinreichende Aussicht auf Erfolg bzw. mutwillig[1/2]

An das
Arbeitsgericht ......

        Antrag auf Erlass einer einstweiligen Verfügung

In Sachen
Firma ......

        – Antragstellerin –

Verfahrensbevollmächtigte: ......

        gegen

Herrn ......

        – Antragsgegner –

wegen einstweiliger Verfügung

beantragen wir namens und im Auftrag der Antragstellerin – wegen Dringlichkeit ohne mündliche Verhandlung, hilfsweise unter Abkürzung der Ladungsfrist auf Grund mündlicher Verhandlung den Erlass einer einstweiligen Verfügung mit dem Inhalt:

1. Die Antragstellerin wird von der Verpflichtung zur Weiterbeschäftigung des Antragstellers entbunden.

    hilfsweise: Es wird festgestellt, dass die Antragstellerin nicht zur Weiterbeschäftigung des Antragsgegners verpflichtet ist.

2. Der Antragsgegner trägt die Kosten des Rechtsstreits.

        Begründung:

Der Antrag auf Entbindung einer Verpflichtung zur Weiterbeschäftigung ist begründet, weil die Kündigungsschutzklage des Antragsgegners vor dem Arbeitsgericht ......, Az. ......, keine hinreichende Aussicht auf Erfolg bietet bzw. mutwillig erscheint[2].

Der Antragsgegner ist seit dem 1. 1. 1996 als Fahrer für die Antragstellerin tätig. Die Antragstellerin beschäftigt ca. 40 Mitarbeiter. Es besteht ein Betriebsrat.

Die Antragstellerin hat auf Grund nicht gerichtlich nachprüfbarer unternehmerischer Entscheidung Ende Januar 19...... entschieden, dass auf Grund der eingetretenen erheblichen Verluste der Betrieb spätestens mit Wirkung zum ...... stillgelegt wird. Die Antragstellerin hat deshalb ausnahmslos allen Arbeitnehmern unter Berücksichtigung ihrer Beschäftigungszeiten ordentlich gekündigt.

Glaubhaftmachung[3]:   Beschluss des Gesellschafterversammlung vom ......
                        Eidesstattliche Versicherung des ...... vom ......

Der Betriebsrat hat mit Schreiben vom ...... der Kündigung des Antragsgegners frist- und ordnungsgemäß widersprochen.

Glaubhaftmachung: Schreiben des Betriebsrates vom ......

Die nach ständiger Rechtsprechung des Bundesarbeitsgerichtes für den Arbeitnehmer bindende Unternehmerentscheidung kann – da nicht offensichtlich willkürlich und rechtsmissbräuchlich – nicht angegriffen werden. Auch die in der Klage vorsorglich gerügte fehlerhafte Sozialauswahl ist unbehelflich. Denn es ist allen Arbeitnehmern gekündigt worden. Die Interessenausgleichs- und Sozialplanverhandlungen sind durchgeführt und abgeschlossen worden.

Glaubhaftmachung: Interessenausgleich/Sozialplan vom ...... in Fotokopie

Auch die Rüge der nicht ordnungsgemäßen Betriebsratsanhörung wird – ungeachtet der fehlenden Substantiierung – ins Leere gehen. Der Betriebsrat wurde vor Ausspruch der Kündigungen am ...... angehört.

Glaubhaftmachung: Eidesstattliche Versicherung des ...... vom ......

Darüber hinaus hat der Antragsgegner auch am ...... eine Ausgleichsquittung unterzeichnet und ausdrücklich auf Erhebung der Kündigungsschutzklage verzichtet.

Glaubhaftmachung: Ausgleichsquittung des Antragsgegners vom ......

Die Anfechtung des Antragsgegners im Hauptsacheverfahren hat keine Aussicht auf Erfolg. Denn der Antragsgegner hat lediglich ausgeführt, dass er es sich nach Unterzeichnung der Ausgleichsquittung „anders überlegt habe". Dies stellt ganz offensichtlich keinen Anfechtungsgrund dar.

Darüber hinaus hat der Antragsgegner die Klagefrist des § 4 KSchG nicht eingehalten. ...... Dem Antrag auf nachträgliche Klagezulassung wird kein Erfolg beschieden sein, da der Antragsgegner lediglich glaubhaft gemacht hat, dass die Klage rechtzeitig zur Post gegeben worden sei. Der Antragsgegner muss seine Schuldlosigkeit an der Fristversäumung schlüssig darlegen. Allgemeine Behauptungen sind nicht ausreichend.

Es ist antragsgemäß zu entscheiden.

Rechtsanwalt

Anmerkungen

1. Die in § 114 Satz 1 ZPO entwickelten **Beurteilungsgrundsätze** der fehlenden Erfolgsaussicht der Klage bzw. der Mutwilligkeit können übertragen werden *(GK-Kraft,* 5. Aufl., § 102 Rdn. 179; FKHES, § 102 Rdn. 118; LAG Berlin 28. 4. 1975, AuR 1975, 347). Die Rechtsverfolgung ist dann mutwillig, wenn eine verständige Partei ihre Rechte nicht in gleicher Weise verfolgen würde (KR-*Etzel* § 102 BetrVG, Rdn. 224; *Baumbach/Lauterbach/Albers/Hartmann,* § 114 Anm. 8 A).

Umkehrschluss: Mutwilligkeit wird in der Praxis bereits die hinreichende Aussicht auf Erfolg im Kündigungsschutzverfahren verneinen.

2. Die Kündigungsschutzklage darf mit **hinreichender** Wahrscheinlichkeit keinen Erfolg haben (KR-*Etzel,* aaO., § 102 BetrVG Rdn. 224 m. w. N.; FKHES, § 102 BetrVG, Rdn. 118, Arbeitsgericht Siegburg vom 4. 3. 1975 – Az. 2 Ga 2/75; Arbeitsgericht Stuttgart 5. 4. 1993, AuR 1993, 222). Eine **überwiegende Wahrscheinlichkeit des Nichter-folgs** wird gefordert. Es ist darauf abzustellen, ob im Rahmen der Gesamtprüfung der begehrte Erfolg eine gewisse Wahrscheinlichkeit für sich hat. Ist allerdings der Prozessausgang im Kündigungsschutzprozess offen mit der Folge, dass eine Pattsituation eintritt, so ist der Antrag auf Erlass einer Entbindungsverfügung nach § 102 Abs. 5 Satz 2 Ziffer 1 BetrVG zurückzuweisen (KR-*Etzel,* aaO.). Bei der Frage, ob eine Kündigungsschutzklage hinreichend Aussicht auf Erfolg hat, ist die Verpflichtung zur Weiterbeschäftigung die Regel, die gerichtliche Entbindung von dieser Verpflichtung die Ausnahme (LAG Köln 19. 5. 1983, DB 1983, 2368).

Ein **Verfügungsanspruch** i. S. des § 102 Abs. 5 Satz 1 BetrVG ist nur dann gegeben, wenn die Voraussetzungen der §§ 1 Abs. 1, 23 KSchG vorliegen. Denn wenn das Kündigungsschutzgesetz Anwendung findet und der Antragsteller fristgerecht Klage erhoben hat, kann die umstrittene Frage, ob auch bei personen-/verhaltensbedingten Kündigungen ein Weiterbeschäftigungsanspruch nach § 102 Abs. 5 Satz 1 BetrVG entstehen kann, offen bleiben. In § 102 Abs. 5 Satz 1 BetrVG wird nur die Erhebung der Kündigungsschutzklage gefordert. Der Erfolg oder Misserfolg einer Klage kann allenfalls für die Beurteilung der Erfolgsaussichten und damit für den Entbindungsantrag nach § 102 Abs. 5 Satz 2 BetrVG von Bedeutung sein.

3. Der Arbeitgeber hat vorzutragen und glaubhaft zu machen, dass die Kündigungsschutzklage keine hinreichende Aussicht auf Erfolg hat bzw. mutwillig erscheint. An der **Beweislast**verteilung ändert sich im Hinblick auf das Hauptsacheverfahren nichts. Gleiches gilt für die Glaubhaftmachung hinsichtlich der ordnungsgemäßen Anhörung des Betriebsrates. Abzulehnen ist die Auffassung, dass der Arbeitgeber auch die Richtigkeit der Sozialauswahl für den Fall des Bestreitens durch den Arbeitnehmer darzulegen und glaubhaft zu machen hat (so KR-*Etzel,* § 102 BetrVG, Rdn. 225). Da die Grundsätze der Darlegungs- und Beweislast auch im summarischen Verfahren gelten, wird der Arbeitnehmer im Verfahren nach § 102 Abs. 5 Satz 2 Ziffer 1 BetrVG die Darlegungs- und Glaubhaftmachungslast für die Rüge der fehlerhaften sozialen Auswahl zu tragen haben.

Kosten und Gebühren

Keine Besonderheiten, vgl. Form. C. III. 3.1.

Rechtsmittel und Fristen

Der Arbeitgeber genügt im Berufungsverfahren des Antragsgegners zunächst seiner Darlegungs- und Glaubhaftmachungslast, wenn er zutreffend darauf hinweist, dass der Arbeitnehmer mit der Kündigungsschutzklage in erster Instanz unterlegen ist. Es ist dann Sache des Arbeitnehmers darzulegen und gegebenenfalls glaubhaft zu machen, weshalb die Kündigungsschutzklage gleichwohl hinreichende Aussicht auf Erfolg bietet. Dies kann etwa dadurch geschehen, dass er neue Gesichtspunkte zur Sache bringt, die in dem Kündigungsrechtsstreit erster Instanz keine Beachtung gefunden haben bzw. ausführt und glaubhaft macht, dass das klageabweisende Urteil erster Instanz keinen Bestand haben wird (FKHES, § 102, Rdn. 118).

Vollstreckung

Keine Besonderheiten, vgl. Form. C. III. 3.1.

3.3 Antrag auf Entbindung der Weiterbeschäftigung nach § 102 Abs. 5 Satz 2 Nr. 2 BetrVG – unzumutbare wirtschaftliche Belastung (allgemein)[1]

An das
Arbeitsgericht ......

In Sachen
Firma ......

– Antragstellerin –

Verfahrensbevollmächtigte: ......

gegen

Herrn ......

– Antragsgegner –

wegen einstweiliger Verfügung

werden wir beantragen:

1. Die Antragstellerin wird bis zur rechtskräftigen Entscheidung über die beim Arbeitsgericht ...... erhobene Klage des Antragsgegners gegen die Antragstellerin – Az. ...... Ca ....../...... – mit sofortiger Wirkung von der Verpflichtung zur Weiterbeschäftigung des Antragsgegners entbunden.
2. Der Antragsgegner trägt die Kosten des Rechtsstreits.

Begründung:

Der Antragsgegner ist bei der Antragstellerin seit vier Jahren als Facharbeiter mit einem Bruttomonatslohn von derzeit ...... EUR brutto beschäftigt.

Die Antragstellerin hat das Arbeitsverhältnis am ...... zum ...... gekündigt. Der Betriebsrat ist vor der Kündigung gehört worden und hat der Kündigung mit Schreiben vom ...... widersprochen. Er hat zur Begründung ausgeführt, dass soziale Gesichtspunkte nicht ausreichend berücksichtigt worden seien. Der Antragsgegner habe als Alleinverdiener eine vierköpfige Familie zu ernähren. Seiner Kündigung werde daher – wie auch der Kündigung der Arbeitnehmer ...... und ...... widersprochen.

Der Antragsgegner hat am ...... Kündigungsschutzklage zum Arbeitsgericht ...... unter dem Geschäftszeichen ...... erhoben und den Antrag gestellt, ihn bis zum Abschluss des Verfahrens weiterzubeschäftigen. Er hat die Klage damit begründet, dass die Kündigung sozial ungerechtfertigt ist, da weder personen- bzw. verhaltensbedingte Gründe noch dringende betriebliche Erfordernisse seiner Weiterbeschäftigung entgegenstehen. Darüber hinaus hat der Antragsgegner darauf hingewiesen, dass soziale Gesichtspunkte nicht ausreichend gewürdigt worden sind.

Die Antragstellerin vertritt die Auffassung, dass die Weiterbeschäftigung des Antragsgegners zu einer unzumutbaren wirtschaftlichen Belastung führt[2]. Infolge der schlechten Auftragslage im Baugewerbe sind die Umsätze ganz erheblich zurückgegangen. Im Dezember ...... bzw. Januar ...... wurde ein Umsatz von EUR ...... bzw. DM ...... erzielt. Demgegenüber ist der Umsatz in den Monaten Dezember ...... und Januar ...... gravierend auf EUR ...... bzw. EUR ...... zurückgegangen. Dies entspricht einem Umsatzrückgang von über 50%.

Glaubhaftmachung: Eidesstattliche Versicherung des Finanzvorstandes ...... der Antragstellerin vom ......

Die Antragstellerin hat bereits folgende Personalmaßnahmen ergreifen müssen[3]:
– Entlassung von ...... Arbeitnehmern im Dezember ......
– Entlassung von ...... Arbeitnehmern im Januar ...... (darunter auch den Antragsgegner)
– Einführung von Kurzarbeit seit ......
– Absoluter Einstellungsstopp
– Nichtverlängerung von zeitlich befristeten Arbeitsverhältnissen

Glaubhaftmachung: Eidesstattliche Versicherung des Personalvorstandes ...... der Antragstellerin vom ......

Die betrieblichen finanziellen Reserven stehen einer Weiterbeschäftigung des Antragsgegners bis zum Ende des Kündigungsschutzprozesses entgegen. Der beträchtliche Umsatzrückgang lässt erkennen, dass die Ertragslage der Antragstellerin großen finanziellen Belastungen ausgesetzt ist. Eine Weiterbeschäftigung des Antragsgegners würde diese Zahlen noch weiter zuungunsten der Antragstellerin verschieben. Auch wenn der Begriff der unzumutbaren wirtschaftlichen Belastung eng auszulegen ist und eine Interessenabwägung der Verfahrensbeteiligten erfolgt, kann der Antragstellerin nicht zugemutet werden, den Antragsgegner bei Gefährdung der Existenz der Antragstellerin weiter zu beschäftigen[4].

Glaubhaftmachung: Betriebswirtschaftliches Gutachten des Steuerberaters ...... vom ......

Aus dem vorgelegten Gutachten ist erkennbar, dass die Ertragslage des Betriebes der Antragstellerin, die betrieblichen Reserven sowie ihre jeweilige voraussichtliche Entwicklung eine Weiterbeschäftigung des Antragsgegners nicht zulassen.
Es ist antragsgemäß zu entscheiden.

Rechtsanwalt

Anmerkungen

1. Es wird vorliegend unterstellt, dass eine Massenentlassung im Sinne des § 17 KSchG vorliegt, ohne dass der Arbeitgeber den Betriebszweck ganz oder teilweise einschränkt (vgl. hinsichtlich der Stilllegung eines Betriebes bzw. Betriebsteils insbesondere Form. C. III. 3.4 Anm. 1).

2. Nach überwiegender Auffassung in der Literatur wird das Tatbestandsmerkmal der **unzumutbaren wirtschaftlichen Belastung** des Arbeitgebers nur ausnahmsweise in Betracht kommen. Die wirtschaftlichen Belastungen müssen für den Arbeitgeber so schwerwiegend sein, dass die Existenz des Betriebes gefährdet ist (FKHES, § 102, Rdn. 119). Teilweise (milder) wird gefordert, dass durch die Weiterbeschäftigung entstehende wirtschaftliche Belastungen so gravierend sind, dass Auswirkungen für Liquidität oder Wettbewerbsfähigkeit des Arbeitgebers nicht von der Hand zu weisen sind (KR-*Etzel*, § 102 BetrVG, Rdn. 226 ff.). Auch wenn der Arbeitnehmer darauf beharrt, zu unveränderten Arbeitsbedingungen beschäftigt zu werden, obwohl der Betriebsrat seinen Widerspruch mit einer anderweitigen Verwendung des Arbeitnehmers begründet (*Richardi*, BetrVG § 102 Rdn. 246). Die unzumutbare wirtschaftliche Belastung wird man auch anzunehmen haben, wenn der Betriebsrat mit seinem Widerspruch eine fehlerhafte Sozialauswahl gerügt hat und der Arbeitgeber deshalb bei einer Weiterbeschäftigung des gekündigten Arbeitnehmers an einem Arbeitsplatz zwei Arbeitnehmer beschäftigen müsste (*Richardi,* a. a. O., Rdn. 246). Allerdings muss der Arbeitgeber in diesen Fällen zusätzlich darlegen, dass die wirtschaftliche Belastung durch die Weiterbeschäftigung so gravierend ist, dass die Ertragslage des Betriebes tangiert wird (vgl. LAG Hamburg 16. 5. 2001, NZA-RR 2002, 25). Eine unzumutbare wirtschaftliche Belastung des Arbeitgebers liegt nicht bereits in der Tatsache, dass der Arbeitnehmer nicht mehr benötigt wird. Denn diese Voraussetzung würde bei jeder Kündigung vorliegen und der Anspruch auf Weiterbeschäftigung damit generell nicht mehr zu verwirklichen sein (*Hess/Schlochauer/Glaubitz,* aaO., § 102 BetrVG Rdn. 179). Da der Arbeitgeber den Arbeitnehmer bei überwiegendem Interesse seinerseits nicht tatsächlich weiterbeschäftigen muss, ist bei der Unzumutbarkeit der wirtschaftlichen Belastung vor allem auf die Entgeltfortzahlung abzustellen. Hierbei ist eine Gesamtschau der wirtschaftlichen Belastung vorzunehmen. Bei mehreren Arbeitnehmern soll der Lohnkostenaufwand, den diese zusammen verursachen, den gesamten betrieblichen Lohnkosten gegenübergestellt werden (KR-*Etzel,* § 102 Rdn. 227; a. A. *Hess/Schlochauer/Glaubitz,* aaO., § 102 BetrVG Rdn. 179).

3. Der Arbeitgeber hat genau darzulegen, auf welchen Tatsachen und Zahlen die wirtschaftliche Unzumutbarkeit der Weiterbeschäftigung beruht. Andernfalls wäre das Gericht nicht in der Lage, das Vorbringen des Arbeitgebers auf Schlüssigkeit und Wahrscheinlichkeit hin zu untersuchen (vgl. §§ 920 Abs. 2, 294 ZPO). Es ist nicht ausreichend, wenn der Arbeitgeber nur den Rückgang des Umsatzes bzw. der Beschäftigtenzahlen glaubhaft macht (KR-*Etzel,* § 102 Rdn. 229).

4. Vgl. insbesondere Form. C. III. 3.4 Anm. 3.

Kosten und Gebühren

Vgl. Form. C. III. 3.1.

Rechtsmittel und Fristen

Vgl. Form. C. III. 3.1.

Vollstreckung

Vgl. Form. C. III. 3.1.

3.4 Antrag nach § 102 Abs. 5 Satz 2 Nr. 2 BetrVG – unzumutbare wirtschaftliche Belastung (Stilllegung eines Betriebsteils)[1]

An das
Arbeitsgericht . . . . . .
Az.: . . . . . . GA . . . . . ./. . . . . .
In Sachen
Frau . . . . . .

– Antragstellerin –

gegen

. . . . . . e. V.

– Antragsgegner –

Verfahrensbevollmächtigte: . . . . . .

wegen einstweiliger Verfügung

werden wir beantragen:

1. Der Antrag der Antragstellerin . . . . . . wird zurückgewiesen[2].
   hilfsweise: Der Antragsgegner wird von der Verpflichtung zur Weiterbeschäftigung der Antragstellerin über den . . . . . . hinaus entbunden.
2. Die Antragstellerin trägt die Kosten des Rechtsstreits.

Begründung:

Der Antragsgegner betreibt bundesweit Bildungszentren – unter anderem in . . . . . . und . . . . . . Die Antragstellerin ist seit Juli 1979 bei dem Antragsgegner im Bildungszentrum . . . . . . als Lehrkraft für Mathematik beschäftigt. Es besteht ein Betriebsrat. Der Antragsgegner hat dem Betriebsrat am . . . . . . mitgeteilt, dass er beabsichtigt, der Antragstellerin ordentlich zum . . . . . . zu kündigen. Unter dem . . . . . . hat der Betriebsrat der beabsichtigten Kündigung widersprochen. Er hat seinen Widerspruch auf § 102 Abs. 3 Ziffer 1 und 3 BetrVG gestützt. Das Widerspruchsschreiben des Betriebsrates ist bei der Zentralverwaltung des Antragsgegners am . . . . . . fristgemäß eingegangen. Mit Schreiben vom . . . . . . hat der Antragsgegner die ordentliche Kündigung des mit der Antragstellerin bestehenden Arbeitsverhältnisses ausgesprochen. Die Antragstellerin hat hiergegen vor dem Arbeitsgericht . . . . . . unter dem Az. . . . . . . Klage erhoben. Gleichzeitig wurde im Kündigungsschutzverfahren der Weiterbeschäftigungsanspruch geltend gemacht.

Dieser Sachverhalt ist unstreitig.

Der Antragsgegner vertritt die Auffassung, dass die Weiterbeschäftigung der Antragstellerin zu einer unzumutbaren wirtschaftlichen Belastung führt[3]. Würde dem Antrag stattgegeben, hätte dies zur Konsequenz, dass nicht nur sämtliche gekündigten Mitarbeiter des Bildungszentrums . . . . . . einen entsprechenden Antrag stellen, sondern auch weitere, von anderen Betriebsstilllegungen betroffene Arbeitnehmer. Die Weiterbeschäftigung von nur 40 weiteren Mitarbeitern wird zu einer monatlichen Personalkostenbelastung von ca. EUR 210.000,00 führen. Der Antragsgegner ist jedoch hinsichtlich der finanziellen Mittel von seinem Auftraggeber – dem Bundesministerium für Frauen und Jugend – abhängig.

Glaubhaftmachung: Eidesstattliche Versicherung des Prokuristen ...... vom ......

Darüber hinaus ist anzumerken, dass der Antragstellerin kein Verfügungsanspruch zusteht. Zwar ist der fristgerecht erhobene Widerspruch ordnungsgemäß begründet. Die geltend gemachten Widerspruchsgründe sind auch mit Tatsachen untermauert, wobei es auf die Frage der Stichhaltigkeit der Argumente in diesem Zusammenhang nicht ankommt. Dem Antrag auf Weiterbeschäftigung nach § 102 Abs. 5 Satz 1 BetrVG kann gleichwohl nicht entsprochen werden. Denn die Weiterbeschäftigung der Antragstellerin würde zu einer unzumutbaren wirtschaftlichen Belastung des Antragsgegners führen.

Der Antragsgegner wird in vollem Umfang durch Drittmittel finanziert. Eine Weiterbeschäftigungspflicht des Antragsgegners über den ...... hinaus würde dazu führen, dass der Antragsgegner die Antragstellerin jedenfalls bis zur Entscheidung des Kündigungsschutzrechtsstreits beschäftigen muss bzw. sich in Annahmeverzug befindet. Dies ist dem Antragsgegner wirtschaftlich nicht zuzumuten. Folge der Drittmittelfinanzierung ist, dass der Antragsgegner Gelder nur für tatsächlich abgehaltene Kurse erhält, d. h., würde dem Antragsgegner die Weiterbeschäftigungspflicht gemäß § 102 Abs. 5 BetrVG auferlegt, ohne dass eine Möglichkeit besteht, die Antragstellerin tatsächlich im Unterricht einzusetzen, so würden Kosten anfallen, für die der Antragsgegner keinen Ausgleich von dritter Seite erhalten würde. Eine Weiterbeschäftigungsmöglichkeit im Bildungszentrum ...... ist ab dem ...... nicht mehr gegeben. Denn das Bildungszentrum ...... wird unstreitig zum ...... geschlossen[3].

Glaubhaftmachung: wie vor

Nachdem wegen der Stilllegung des Bildungszentrums ...... allen dortigen Mitarbeitern ausnahmslos gekündigt worden und eine anderweitige Beschäftigungsmöglichkeit nicht erkennbar ist, würde die Weiterbeschäftigung der Antragstellerin sowie weiterer gekündigter Mitarbeiter zu einer nicht mehr vertretbaren wirtschaftlichen Belastung führen. Der Antragsgegner ist daher von der Weiterbeschäftigungspflicht zu entbinden und der Antrag der Antragstellerin abzuweisen.

Im Übrigen hat der Antragsteller keinen beachtenswerten Verfügungsgrund geltend gemacht[4].

Es ist antragsgemäß zu entscheiden.

Rechtsanwalt

Anmerkungen

1. Eine **unzumutbare wirtschaftliche Belastung** des Arbeitgebers wird insbesondere bei der **Stilllegung** von Betrieben bzw. Betriebsabteilungen anzunehmen sein mit der Folge, dass der Arbeitgeber **regelmäßig** von der Verpflichtung zur Weiterbeschäftigung entbunden wird (FKHES, § 102 Rdn. 119). In dieser Konstellation können die entlassenen Arbeitnehmer **tatsächlich** nicht weiterbeschäftigt werden. Es ist deshalb von Unmöglichkeit i. S. d. § 275 Abs. 1 BGB auszugehen mit der Folge, dass der Arbeitgeber von seiner Weiterbeschäftigungspflicht frei wird und es einer gerichtlichen Entbindung von der Verpflichtung zur Weiterbeschäftigung nicht bedarf (so *Willemsen/Hohenstatt*, DB 1995, 215, 218 ff.). Wenn der Betriebszweck weder ganz noch teilweise eingeschränkt wird und sich die unternehmerische Entscheidung auf Grund der wirtschaftlichen Unzumutbarkeit in Massenentlassungen erschöpft, ist allerdings Raum für einen Entbindungsantrag nach § 102 Abs. 5 Satz 2 Nr. 2 BetrVG (vgl. auch LAG München 10. 2. 1994, NZA 1994, 997 – danach sind Einwendungen gegen das Bestehen des Weiterbeschäftigungsanspruchs nur im Rahmen der Entbindung von der Weiterbeschäftigungspflicht berücksichtigungsfähig).

Im Ergebnis muss dem Arbeitgeber empfohlen werden, dass er im Wege der einstweiligen Verfügung einen Entbindungsantrag nach § 102 Abs. 5 Satz 2 Nr. 2 BetrVG stellt bzw. dem Arbeitnehmer im Rahmen des Weiterbeschäftigungsantrages der Gesichtspunkt der Unmöglichkeit entgegengehalten wird.

Vgl. auch Form. C. III. 3.3. Anm. 2.

2. Der Arbeitgeber kann sein Verlangen auch in einem Verfahren des Arbeitnehmers auf Erlass einer einstweiligen Verfügung auf Beschäftigung **einredeweise** durch Widerspruch oder Berufung gegen eine dem Antrag des Arbeitnehmers stattgebende einstweilige Verfügung geltend machen (DB 1978, Beilage 13, S. 9; a. A.: LAG Düsseldorf/Köln 30. 8. 1977, DB 1977, 2383; Arbeitsgericht Düsseldorf 27. 9. 1983, BB 1984, 675 – zwei Verfahren).

3. Für die Frage der Unzumutbarkeit der Weiterbeschäftigung ist eine **Interessenabwägung** vorzunehmen zwischen den Belangen des Arbeitnehmers (Arbeitsmarktlage, Ausbildung, Alter und Gesundheitszustand) und den wirtschaftlichen Belangen (Auftragslage, Größe des Betriebes u. a.) des Arbeitgebers (LAG Berlin 20. 3. 1988, Az. 9 Sa 107/88). Eine unzumutbare wirtschaftliche Belastung des Arbeitgebers liegt nur dann vor, wenn die wirtschaftlichen Belastungen so gravierend sind, dass Auswirkungen für die Liquidität oder Wettbewerbsfähigkeit des Arbeitgebers nicht von der Hand zu weisen sind, d. h. die wirtschaftliche Existenz des Betriebes durch die Lohnfortzahlung – gerade bei der Entlassung einer größeren Anzahl von Arbeitnehmern – in Frage gestellt ist (LAG Hamburg 10. 5. 1993, AuR 1994, 424; Arbeitsgericht Stuttgart 5. 4. 1993, AuR 1993, 222).

4. Der Antrag ist dann nicht zulässig, wenn der Antragsteller einen beachtenswerten **Verfügungsgrund** nicht geltend bzw. nicht glaubhaft gemacht hat. Mit der herrschenden Meinung in Literatur und Rechtsprechung ist davon auszugehen, dass gemäß § 62 Abs. 2 Arbeitsgerichtsgesetz in Verbindung mit §§ 935, 940 ZPO der Antragsteller Tatsachen darlegen und glaubhaft zu machen hat, die eine sofortige Regelung zur Abwendung wesentlicher Nachteile notwendig machen (LAG Niedersachsen BB 1987, 1816; LAG Hamburg 6. 8. 1985, DB 1985, 2463; LAG Köln NZA 1984, 57; a. A. LAG Hamburg 14. 9. 1992, NZA 1993, 140). In jedem vorläufigen Verfahren auf Weiterbeschäftigung ist gesondert zu prüfen, ob ein Verfügungsgrund gegeben ist. Nur so ist im summarischen Verfahren gewährleistet, dass die abzuwendenden Nachteile für den betroffenen Arbeitnehmer so schwerwiegend sind, dass eine vorläufige Feststellung der Verpflichtung des Arbeitgebers zur Weiterbeschäftigung trotz ausgesprochener Kündigung getroffen werden kann. Nur für den Arbeitgeber wird die Dringlichkeit seines Entbindungsantrags von Gesetzes wegen unterstellt und lediglich das Verfügungsverfahren eröffnet, während der Arbeitnehmer seinen Weiterbeschäftigungsanspruch im Hauptsacheverfahren immer, im Verfügungsverfahren nur bei Darlegung und Glaubhaftmachung eines „wesentlichen Nachteils" im Sinne von § 940 ZPO durchsetzen kann. Gerade für immaterielle Rechtspositionen im Sinne von § 940 ZPO verlangt das Gesetz expressis verbis einen Verfügungsgrund, nämlich die Glaubhaftmachung von Tatsachen, die eine sofortige Regelung zur Abwendung wesentlicher Nachteile für den Antragsteller erfordern (Arbeitsgericht München 7. 10. 1993, Az. 13 Ga 266/93). Zur Begründung des Verfügungsgrundes wird nur die Erhaltung der beruflichen Fähigkeiten oder die **tatsächliche** Neubesetzung des Arbeitsplatzes durch einen anderen Mitarbeiter anerkannt. Ausreichend ist nicht, wenn der Arbeitnehmer die drohende anderweitige Besetzung des Arbeitsplatzes nur befürchtet. Der Verfügungsgrund kann allerdings dann obsolet werden, wenn nach Erhebung der Kündigungsschutzklage der Weiterbeschäftigungsanspruch erst nach ca. zwei Monaten geltend gemacht wird.

Das Vorhandensein eines **Verfügungsanspruches** genügt zur Begründetheit des ausdrücklich im Wege der einstweiligen Verfügung geltend gemachten Anspruchs nicht, und zwar selbst dann nicht, wenn der Betriebsrat nicht ordnungsgemäß widersprochen hat (LAG Köln 13. 5. 1993, LAGE § 611 BGB Beschäftigungspflicht Nr. 35). Gerade bei einer Leistungsverfügung ist das Vorliegen eines Verfügungsgrundes, d. h. eines besonderen Eilbedürfnisses unabdingbare zusätzliche Begründetheitsvoraussetzung für den Erlass einer einstweiligen Verfügung (*Zöller/Vollkommer*, § 940 Rdn. 6 m. w. N.). Es ist unabhängig von der Rechtsnatur der einstweiligen Verfügung ein Verfügungsgrund erforderlich, an dessen Glaubhaftmachung strenge Anforderungen zu stellen sind (LAG Düsseldorf – Kammer Köln – 19. 8. 1977, EzA § 102 BetrVG 1972 Beschäftigungspflicht Nr. 5; LAG Hamburg 6. 5. 1986, LAGE § 611 Beschäftigungspflicht Nr. 15; LAG Rheinland-Pfalz 21. 8. 1986, LAGE § 611 BGB Beschäftigungspflicht Nr. 19). Nur zum Teil wird auf die Prüfung eines besonderen Verfügungsgrundes deswegen verzichtet, weil die besonderen Interessen des Arbeitnehmers bereits bei der Abwägung, ob ein arbeitsvertraglicher Weiterbeschäftigungsanspruch besteht oder nicht, eingeflossen sind. Insbesondere ist der Verfügungsgrund nicht deshalb entbehrlich, weil es sich bei der Beschäftigungspflicht um eine Fixschuld handelt und der Anspruch bei nicht zeitgerechter Erfüllung unmöglich wird (so LAG München 19. 8. 1992, LAGE § 611 BGB Beschäftigungspflicht Nr. 32; LAG Hamburg 14. 9. 1992, NZA 1993, 140; LAG Nürnberg 27. 10. 1992, LAGE § 102 BetrVG 1972 Beschäftigungspflicht Nr. 11 ohne eigene Begründung). Diese Auffassung weicht nämlich in ungerechtfertigter Weise allein für den (Weiter-)Beschäftigungsanspruch von der für sämtliche anderen Rechtsgebiete vertretenen allgemeinen Auffassung hinsichtlich der Zulassung einstweiliger Verfügungen und letztlich auch vom Gesetzeswortlaut ab. Die Durchsetzung des Beschäftigungsanspruches verlangt auch bei einem dauernden Rechtsverhältnis wesentliche Nachteile, die über die zeitweilig eintretende Unmöglichkeit der Anspruchsverwirklichung hinausgehen. Jede andere Auffassung würde dazu führen, dass im Ergebnis bei jedem Anspruch auf Unterlassung und Vornahme einer Handlung, welche über einen längeren Zeitraum nicht erfüllt wird (werden kann), einstweilige Verfügungen ohne das Vorhandensein weiterer besonderer Interessen des Arbeitnehmers erlassen werden müssten. Der Gesetzgeber hat in § 102 Abs. 5 Satz 2 BetrVG für den Fall der Entbindung des Arbeitgebers von der Weiterbeschäftigungspflicht ausdrücklich festgelegt, dass der Arbeitgeber eine solche Entbindung im Wege der einstweiligen Verfügung verlangen kann. Auch dem Arbeitgeber erwachsen aber, und insoweit ist es dem Anspruch des Arbeitnehmers auf tatsächliche Beschäftigung vergleichbar, dadurch, dass er den Arbeitnehmer beschäftigen muss, unabänderliche Nachteile. Die Sachverhalte sind also in Bezug auf die Anspruchsverwirklichung oder die Unmöglichkeit der Anspruchsverwirklichung durch Zeitablauf vollkommen identisch.

Gebühren und Kosten

Keine Besonderheiten, vgl. Form. C. III. 3.1.

Rechtsmittel und Fristen

Keine Besonderheiten, vgl. Form. C. III. 3.1.

Vollstreckung

Keine Besonderheiten, vgl. Form. C. III. 3.1.

3.5 Antrag nach § 102 Abs. 5 Satz 2 Nr. 3 BetrVG – offensichtliche Unbegründetheit des Widerspruchs des Betriebsrats[1]

An das
Arbeitsgericht ......

In Sachen
Firma ......

– Antragstellerin –

Verfahrensbevollmächtigte: ......

gegen

Herrn ......

– Antragsgegner –

wegen einstweiliger Verfügung

werden wir beantragen:

1. Die Antragstellerin wird bis zur rechtskräftigen Entscheidung über die bei dem Arbeitsgericht ...... erhobene Klage des Antragsgegners gegen die Antragstellerin – Az. ...... Ca ....../...... – mit sofortiger Wirkung von der Verpflichtung zur Weiterbeschäftigung des Antragsgegners entbunden.
2. Der Antragsgegner trägt die Kosten des Rechtsstreit.

Begründung:

Der Antragsteller ist auf dem Gebiet der Kommunikationstechnologie tätig. Die Geschäftsleitung hat sich aus Kostengründen für eine grundlegende Umstrukturierung entschlossen. Im Interesse der Überlebensfähigkeit des Unternehmens wurde dabei auch die Entscheidung getroffen, dass der Fuhrpark stillgelegt und die insoweit entfallenden Arbeiten einem nicht mit der Antragstellerin verbundenen Drittunternehmen übertragen wird. Von dieser Personalmaßnahme sind 27 der insgesamt derzeit 137 beschäftigten Arbeitnehmer betroffen[2].

Glaubhaftmachung: Eidesstattliche Versicherung des Herrn ......, Personalleiter der Antragstellerin vom ...... in Fotokopie

In Vollzug der Umstrukturierungsmaßnahmen wurde auch das mit dem Antragsgegner seit dem ...... (mehr als 6 Monate) bestehende Arbeitsverhältnis unter Einhaltung der Kündigungsfrist aufgelöst.

Glaubhaftmachung: Kündigungsschreiben der Antragstellerin vom ...... in Fotokopie

Auch der Tätigkeitsbereich des Antragsgegners wird – wie bei allen anderen Arbeitnehmern in der Abteilung Fuhrpark – mit Wirkung ab dem ...... entfallen.

Glaubhaftmachung: Eidesstattliche Versicherung des Herrn ...... vom ...... in Fotokopie

Der Betriebsrat wurde mit Schreiben vom ...... unter Angabe der Gründe von der beabsichtigten Kündigung informiert. Dieser hat der Kündigung am ...... schriftlich fristgerecht mit Begründung widersprochen, dass der Antragsgegner auch auf einem anderen Arbeitsplatz im Betrieb der Antragstellerin weiter beschäftigt werden kann.

Glaubhaftmachung: Schreiben der Antragstellerin vom ...... in Fotokopie
                     Schreiben des Betriebsrates vom ...... in Fotokopie

Der Betriebsrat vertritt die Auffassung, dass der Antragsgegner auch im Lager – zumindest nach einer Einarbeitungszeit von wenigen Wochen – eingesetzt werden kann und dies dem Unternehmen auch zuzumuten ist.

Glaubhaftmachung: Schreiben des Betriebsrates vom ...... in Fotokopie

Darüber hinaus hat der Betriebsrat die Meinung vertreten, dass eine soziale Auswahl nicht stattgefunden bzw. die Antragstellerin bei der Auswahl des zu kündigenden Arbeitnehmers die sozialen Gesichtspunkte nicht oder nicht ausreichend berücksichtigt habe[3].

Der Antragsgegner hat gegen die ihm am ...... zugegangene Kündigung am ...... Kündigungsschutzklage erhoben. Gleichzeitig hat er mit Schreiben vom ...... unter Berufung auf den Widerspruch des Betriebsrats seine vorläufige Weiterbeschäftigung verlangt.

Glaubhaftmachung: Beiziehung der Akten des Arbeitsgerichtes ......, Az. ......
                     Schreiben des Antragsgegners vom ...... in Fotokopie

Der Widerspruch des Betriebsrates gegen die Kündigung vom ...... ist offensichtlich unbegründet.

Die ordnungsgemäße Beschlussfassung des Betriebsrats wird mit Nichtwissen bestritten[4]. Nach Kenntnis der Antragstellerin ist vielmehr davon auszugehen, dass die Mitglieder des Betriebsrates zu der Sitzung vom ...... nicht ordnungsgemäß unter Mitteilung der Tagesordnung geladen worden sind. Es entspricht der Üblichkeit einer Ladung des Betriebsrates bei der Antragstellerin, dass die Tagesordnung zwei Tage vor jeder Betriebsratssitzung im Betriebsratszimmer ausgelegt wird. Dies ist nicht geschehen.

Glaubhaftmachung: Eidesstattliche Versicherung des Prokuristen ...... vom ......

Es muss deshalb davon ausgegangen werden, dass der Widerspruch des Betriebsrates (Ladung, Beschlussfassung usw.) nicht ordnungsgemäß erfolgt ist.

Im Übrigen stützt der Betriebsrat seinen Widerspruch darauf, dass der Antragsgegner auf einem anderen Arbeitsplatz im Betrieb weiterbeschäftigt werden kann. Der vom Betriebsrat genannte Arbeitsplatz besteht nicht. Er müsste allenfalls neu geschaffen werden.

Glaubhaftmachung: wie vor

Im Übrigen würde ein derartiger Arbeitsplatz EDV-Kenntnisse in erheblichem Umfang voraussetzen.

Glaubhaftmachung: wie vor

Über diese verfügt der Antragsgegner unstreitig nicht. Eine entsprechende Schulung bzw. Einarbeitung würde mindestens einen Zeitraum von 18 Monaten in Anspruch nehmen.

Glaubhaftmachung: wie vor

Im Übrigen hat der Betriebsrat ausgeführt, dass der Arbeitsplatz des Antragsgegners nicht weggefallen sei. Er bestreitet damit die Betriebsbedingtheit der Kündigung[5]. Dies stellt jedoch keinen Widerspruchsgrund im Sinne des § 102 Abs. 3 Ziffer 1 BetrVG dar.

Nach alledem zeigt sich, dass der Widerspruch des Betriebsrats insgesamt offensichtlich unbegründet ist.

Es ist antragsgemäß zu entscheiden.

Rechtsanwalt

Anmerkungen

1. Nach herrschender Auffassung in Literatur und Rechtsprechung ist der **Widerspruchskatalog** des § 102 Abs. 3 Ziff. 1–5 BetrVG **abschließend.** Dies bedeutet, dass der Betriebsrat seinen Widerspruch nur auf einen der dort aufgeführten Tatbestände stützen kann (KR-*Etzel,* § 102 BetrVG Rdn. 148; FKHES, § 102 Rdn. 71). Wenn sich der Betriebsrat in seiner Stellungnahme auf einen Sachverhalt stützt, der insoweit nicht dem Katalog zugeordnet werden kann, so ist der Widerspruch **offensichtlich** nicht ordnungsgemäß.

Für die Beurteilung, ob ein Widerspruch des Betriebsrates im Sinne des § 102 Abs. 5 Satz 2 Ziffer 3 BetrVG offensichtlich unbegründet ist, kommt es auf den Zeitpunkt seiner Erhebung an (KR-*Etzel,* § 102 BetrVG Rdn. 230).

Es ist von einem offensichtlich unbegründeten Widerspruch des Betriebsrates auszugehen, wenn dessen Grundlosigkeit sich bei unbefangener Beurteilung geradezu aufdrängt (LAG Hamm 9. 12. 1976, LAGE § 102 BetrVG 1972 Nr. 8; Arbeitsgericht Berlin 5. 1. 1973, DB 1973, 192) und für die Überlegung des Betriebsrats keinerlei Anhaltspunkte vorlagen (LAG Frankfurt 18. 6. 1976, AuR 1977, 156; DKK-*Kittner,* § 102 Rdn. 295) bzw. wenn ohne besondere gerichtliche Aufklärung feststeht, dass ein Widerspruchsgrund nicht vorliegt. Die offensichtliche Unbegründetheit kann sich aus tatsächlichen und/oder rechtlichen Gründen ergeben.

Der Widerspruch des Betriebsrates nach § 102 Abs. 3 BetrVG darf sich nicht in einer formelhaften Begründung bzw. einer bloßen Inbezugnahme oder Wiederholung einer der Ziffern des § 102 Abs. 3 BetrVG erschöpfen. Der oder die Widerspruchsgründe – auf die sich der Betriebsrat stützen will – sind durch Angabe entsprechender Tatsachen zu erläutern bzw. zu konkretisieren.

Können allerdings die Tatsachen, auf welche sich der Widerspruch des Betriebsrats gründet, nur im Weg der gerichtlichen Beweisaufnahme geklärt werden, so ist der Widerspruch des Betriebsrates **nicht** offensichtlich unbegründet (LAG Baden-Württemberg 19. 11. 1976, Az. 10 Sa 7/76; *Hess/Schlochauer/Glaubitz,* § 102 BetrVG Rdn. 181). Allerdings sind Glaubhaftmachungsmittel zu berücksichtigen und zu werten (a. A. DKK-*Kittner,* § 102 Rdn. 296).

Ein Weiterbeschäftigungsanspruch nach § 102 Abs. 5 BetrVG besteht nur dann, wenn der Betriebsrat auch und gerade im Hinblick auf eine der in § 102 Abs. 3 BetrVG aufgeführten Ziffern erfolgt ist und sich aus dem fristgerecht eingereichten Widerspruchsschreiben des Betriebsrates Gründe ergeben, die sich unter eine der vorgenannten Ziffern subsumieren lassen. Der Widerspruch muss sich nicht nur auf einen anderen Arbeitsplatz beziehen, sondern auch auf einen **freien** Arbeitsplatz (DKK-*Kittner,* § 102 Rdn. 197 f.). Der Widerspruch des Betriebsrates kann nicht dazu führen, dass der Arbeitgeber verpflichtet ist, einen freien Arbeitsplatz zu schaffen. Der Widerspruch des Betriebsrates muss sich auf einen **vorhandenen** freien Arbeitsplatz beziehen.

So wurde nicht als zulässig angesehen,
– wenn der Betriebsrat bei einer personenbedingten Kündigung einwendet, dass der Arbeitgeber bei der Auswahl des zu kündigenden Arbeitnehmers soziale Gesichtspunkte nicht oder nicht ausreichend berücksichtigt hat (LAG Düsseldorf 2. 9. 1975, DB 1975, 1995),

– wenn der Arbeitsplatz, an dem der zu kündigende Arbeitnehmer nach den Vorstellungen des Betriebsrates nach Umschulungs- oder Fortbildungsmaßnahmen weiterbeschäftigt werden soll, mit einem anderen Arbeitnehmer besetzt ist (LAG Baden-Württemberg 30. 8. 1993, AuR 1994, 200),

– der Widerspruch gegen eine betriebsbedingte Kündigung damit begründet wird, dass eine Weiterbeschäftigung des gekündigten Arbeitnehmers möglich wäre, wenn der Arbeitgeber die Aufarbeitung des bei der Produktion entstehenden Abfalls nicht mehr außerhalb, sondern künftig innerhalb des Betriebes vornehmen lässt (Arbeitsgericht Berlin 20. 7. 1977, DB 1977, 2454).

– wenn der Betriebsrat mit der Begründung widerspricht, der Arbeitnehmer könne an seinem alten Arbeitsplatz weiterbeschäftigt werden (a.A. KR-*Etzel* § 102 BetrVG Rdn. 164 m.w.N.). Der auf § 102 Abs. 3 Nr. 3 BetrVG gestützte Widerspruch ist nicht ordnungsgemäß, wenn der Betriebsrat nur allgemein auf eine anderweitige Beschäftigungsmöglichkeit im selben Betrieb oder in einem anderen Betrieb des Unternehmens verweist; dem Betriebsrat ist vielmehr ein Mindestmaß an konkreter Argumentation abzuverlangen, d.h. der Arbeitsplatz, auf dem der zu kündigende Arbeitnehmer eingesetzt werden kann, ist in bestimmbarer Weise anzugeben (BAG 17. 6. 1999, DB 1999, 2012).

– der Betriebsrat geltend macht, dass die Kündigung gegen eine (nicht vorhandene) Richtlinie nach § 95 BetrVG verstößt (FKHES, § 102 Rdn. 82).

– wenn sich die Begründung des Betriebsrates darin erschöpft, dass die Weiterbeschäftigung auf einem mit einem anderen Arbeitnehmer gesetzten Stelle möglich bzw. eigens zu schaffen ist (HdBVR-Baur B Rdn. 152).

Der nur nicht ordnungsgemäße Widerspruch (Überschreitung der Wochenfrist gemäß § 102 Abs. 3 in Verbindung mit Abs. 2 Satz 1 BetrVG, Rüge der Fehlerhaftigkeit der Sozialwahl bei einer verhaltensbedingten Kündigung) hindert nach herrschender Meinung nicht, dass in diesen Fällen ein Entbindungsantrag gestellt wird (KR-*Etzel*, § 102 BetrVG Rdn. 232 m.w.N.; *Willemsen/Hohenstadt*, DB 1995, 215; a.A. mit dem Hinweis auf fehlendes Rechtsschutzbedürfnis LAG Frankfurt/Main 2. 11. 1984, NZA 1985, 163). Vgl. im Übrigen C. III. 1. Anm. 1–6.

2. Begrifflich liegt hier ein Fall der Betriebsänderung im Sinne des § 111 BetrVG vor, da vorliegend im Betrieb der Antragstellerin mehr als 20 wahlberechtigte Arbeitnehmer beschäftigt werden.

3. Diese pauschale Behauptung ist nicht geeignet, den Widerspruch nach § 102 Abs. 3 Ziffer 1 BetrVG zu begründen. Denn für die Antragstellerin ist nicht nachvollziehbar, auf welche **Arbeitsplätze** sich die soziale Auswahl hätte erstrecken sollen. Der Betriebsrat muss den gesetzlichen Widerspruchsgrund – bezogen auf den betroffenen Arbeitnehmer unter Angaben von Tatsachen – **substantiiert konkretisieren,** d.h. Tatsachen vorbringen, die es möglich erscheinen lassen, dass die in § 102 Abs. 3 Ziffer 1 BetrVG aufgeführten Voraussetzungen vorliegen. Es muss dabei der Kreis der mit dem betroffenen Arbeitnehmer vergleichbaren Arbeitnehmern hinreichend bestimmt bzw. bestimmbar bezeichnet sein. Der Betriebsrat hat die Arbeitnehmer namentlich zu bezeichnen, die nach den angegebenen Sozialdaten anstelle des vom Arbeitgeber vorgesehenen Arbeitnehmers hätten vorrangig entlassen werden müssen.

Zwar wird bei einem auf § 102 Abs. 3 Ziffer 1 BetrVG gestützten Widerspruch des Betriebsrates dem Arbeitnehmer die Beweislast insoweit erleichtert, als er geltend macht, dass bei der Kündigung soziale Gesichtspunkte nicht bzw. nicht ausreichend berücksichtigt worden sind. Wenn allerdings der Betriebsrat auf die sozialen Daten anderer weniger schutzwürdiger Arbeitnehmer nicht eingeht bzw. diese Arbeitnehmer nicht benennt, kann von einer Beweiserleichterung nicht mehr die Rede sein. Es ist deshalb bezüglich der Anforderungen an den Widerspruch des Betriebsrates im Sinne von § 102 Abs. 3

Ziffer 1 BetrVG zu fordern, dass Alternativen aufgezeigt werden (vgl. insbesondere LAG Düsseldorf 5. 1. 1976, DB 1976, 1065).

4. Nach ständiger Rechtsprechung ist die Einhaltung der Vorschriften der §§ 26 Abs. 3, 29 Abs. 2 Satz 3 BetrVG unverzichtbare Voraussetzung für die **Wirksamkeit eines Betriebsratsbeschlusses.** Der Antragsgegner hat die Ordnungsgemäßheit als unabdingbare Voraussetzung für seinen Anspruch auf Weiterbeschäftigung im Rahmen der ihm obliegenden Darlegungs- und **Beweislast** glaubhaft zu machen (LAG Düsseldorf – Kammer Köln – 26. 6. 1980, DB 1980, 2043; KR-*Etzel*, § 102 BetrVG, Rdn. 145; bezogen auf die vorherige Mitteilung der Tagesordnung vgl. BAG 28. 10. 1992, DB 1993, 840 = AP Nr. 4 zu § 29 BetrVG 1972).

5. Die Betriebsbedingtheit der Kündigung wird vorausgesetzt, ohne dass dem Betriebsrat insoweit ein Widerspruchsrecht eingeräumt wird (KR-*Etzel*, § 102 BetrVG, Rdn. 149 m. w. N.). Die **Unternehmerentscheidung** der Betriebsstilllegung als innerbetriebliche Ursache unterliegt nur der gerichtlichen Willkürkontrolle und nicht der Einschätzung des Betriebsrats. Es kann daher auch nicht im Wege des einstweiligen Verfügungsverfahrens eine im Grundsatz nicht gegebene Überprüfungsmöglichkeit eingeräumt werden.

Kosten und Gebühren

Keine Besonderheiten, vgl. Form. C. III. 3.1.

Rechtsmittel und Fristen

Keine Besonderheiten, vgl. Form. C. III. 3.1.

Vollstreckung

Keine Besonderheiten, vgl. Form. C. III. 3.1.

IV. Schutzschriften

Schrifttum: Corts, Einstweilige Verfügung auf Urlaubsgewährung NZA, 1998, 357; *Dunkl, Moeller, Bauer, Feldmeier,* Handbuch des vorläufigen Rechtsschutzes, 3. Auflage 1999; *Leipold,* Die Schutzschrift zur Abwehr einstweiliger Verfügungen gegen Streiks, RdA 1983, 164; *Marly,* Akteneinsicht in arbeitsgerichtliche Schutzschriften vor Anhängigkeit eines Verfahrens, BB 1989, 770; *Schäfer,* Der einstweilige Rechtsschutz im Arbeitsrecht, 1996; *Teplitzky,* Die „Schutzschrift" als vorbeugendes Verteidigungsmittel gegen einstweilige Verfügungen, NJW 1980, 1667; *Willikonsky,* Akteneinsicht in arbeitsgerichtliche Schutzschriften, BB 87, 2013.

Vorbemerkungen

Auch im Arbeitsrecht können einstweilige Verfügungen zeitnah und einschneidend die Rechte des Betroffenen erheblich einschränken und für den Fall des Erlasses ohne mündliche Verhandlung das grundsätzlich zu gewährende rechtliche Gehör ausschließen bzw. unvertretbar verkürzen. Es wurde deshalb – obwohl gesetzlich nicht vorgesehen – das Rechtsinstitut der Schutzschrift als vorbeugende Maßnahme gegen erwartete einstweilige Maßnahmen entwickelt. Nach anfänglichen Vorbehalten ist sie – obwohl zunächst nur für das Rechtsgebiet der Wettbewerbssachen von besonderer Bedeutung – nun auch im Arbeitsrecht anerkannt und wird zunehmend auch bei Arbeitsgerichten eingereicht. So werden insbesondere vor dem Hintergrund geführter Arbeitskämpfe durch Gewerkschaften vor den Arbeitsgerichten Schutzschriften hinterlegt (vgl. *Leipold,* aaO., S. 164). Die Gerichte haben bisher Schutzschriften – soweit bekannt – nicht zurückgewiesen und zu den Akten genommen.

Ziel einer Schutzschrift ist vorrangig, den Erlass einer einstweiligen Verfügung **ohne** mündliche Verhandlung zu verhindern. Gerade im Hinblick auf das summarische Verfahren und die damit verbundenen Unwägbarkeiten kann die Zulässigkeit einer Schutzschrift nicht mehr bestritten werden. Denn die Beachtung der Schutzschrift führt zu keinem Zeitverlust. Vielmehr würde die Nichtberücksichtigung zu einer Verletzung des rechtlichen Gehörs führen, wenn man die offensichtliche Unzulässigkeit oder Unbegründetheit des Verfügungsantrages nicht berücksichtigt (*Teplitzky,* aaO., S. 1667 ff.; *Dunkl,* aaO., A. Rdn. 553). Die Schutzschrift kann entweder den Erlass einer einstweiligen Maßnahme verhindern oder zumindest eine mündliche Verhandlung erzwingen. Auch wenn in arbeitsgerichtlichen Verfahren nur äußerst selten eine einstweilige Verfügung ohne mündliche Verhandlung ergeht, sollte aus Gründen der anwaltlichen Vorsorge in zumindest einschneidenden Fällen eine Schutzschrift hinterlegt werden. Dabei wird die Schutzschrift – alternativ oder kumulierend – auch hinsichtlich der Zulässigkeit bzw. der Begründetheit des Antrags auf Erlass einer einstweiligen Verfügung zu berücksichtigen sein bzw. die Glaubhaftmachung in Frage stellen (vgl. auch *Zöller/Vollkommer,* § 937 ZPO Rdn. 4 m.w.N.). Die Zurückweisung des Antrags als unzulässig oder unbegründet kann nunmehr nach § 937 Abs. 2 ZPO auch ohne mündliche Verhandlung durch Beschluss erfolgen. Die frühere Frage der Dringlichkeit der Entscheidung stellt sich insoweit nicht mehr (*Zöller/Vollkommer,* § 937 ZPO Rdn. 2 a). Allerdings wird gleichwohl einer Entscheidung nach mündlicher Verhandlung, die stets zulässig und bei Zweifelsfällen geboten ist, Vorrang einzuräumen sein. Denn wenn der Verfügungsantrag nicht schon für sich selbst betrachtet unzulässig oder unbegründet ist, sondern sich die Möglichkeit der Zurückweisung erst aus der Schutzschrift ergibt, ist es geboten, dem Antragsteller die Schutzschrift mitzuteilen und Termin zur mündlichen Verhandlung anzuberaumen (so *Leipold*, aaO., S. 166). Es ist zu bedenken, dass Art. 103 Abs. 1 GG grundsätzlich einen Anspruch gewährt, **vor** einer gerichtlichen Entscheidung gehört zu werden. Dies gilt auch – und gerade – für den Bereich des einstweiligen Rechtsschutzes. Nur in dringenden Fällen kann eine Zurückweisung des Verfügungsantrages ohne mündliche Verhandlung erfolgen (so auch LAG Nürnberg 27. 4. 1998, Az. 5 Ta 42/98 für das Beschlussverfahren). Zwar ist die zurückweisende Entscheidung des Antrages auf Erlass einer einstweiligen Verfügung ohne mündliche Verhandlung nach § 62 Abs. 2 Satz 2 ArbGG in dringenden Fällen möglich (LAG Sachsen 8. 4. 1997 NZA 1998, 223). Doch wird man die Schutzschrift als vorweggenommene Verteidigungserklärung ansehen können, so dass nicht von einer generellen Bedingungsfeindlichkeit dieser Prozesshandlung auszugehen ist (vgl. *Leipold*, aaO., S. 168).

Eine Besonderheit arbeitsrechtlicher Schutzschriften ergibt sich daraus, dass insbesondere im Arbeitskampf der Antragsteller des zu erwartenden Verfügungsverfahrens nicht bezeichnet wird. Dem potenziellen Antragsteller ist im einstweiligen Verfügungsverfahren vor Anhängigkeit ein Akteneinsichtsrecht zumindest dann zuzubilligen, wenn er in der betreffenden Schutzschrift namentlich bezeichnet ist. Insoweit ist § 299 Abs. 1 ZPO analog anzuwenden. Auch bei einer Schutzschrift, deren Antragsteller nicht bekannt ist, kann die analoge Anwendung des § 299 Abs. 1 ZPO dazu führen, dass bei entsprechender Glaubhaftmachung des Status eines potenziellen Antragstellers ein Akteneinsichtsrecht gewährt wird (*Marly*, aaO., S. 773, a. A. bzw. differenzierend *Willikonsky*, aaO., S. 2015).

Es ist deshalb angeraten, dass der Prozessbevollmächtigte eines potentiellen Antragstellers einer einstweiligen Verfügung in das allgemeine Register des Arbeitsgerichtes einsieht, ob eine Schutzschrift vorliegt. Die Kenntnis des Inhalts einer Schutzschrift kann taktische Vorteile bringen bzw. entscheidungsrelevante Gesichtspunkte zutage treten lassen.

Im gesetzlichen Regelfall wird dem Antrag auf Erlass einer einstweiligen Verfügung nur auf Grund einer mündlichen Verhandlung zu entsprechen sein. Die in § 937 Abs. 2 ZPO normierten Ausnahmen liegen lediglich dann vor, wenn die Eilbedürftigkeit über die ohnehin darzulegende Dringlichkeit hinausgeht und eine mündliche Verhandlung nicht abgewartet werden kann.

Nach ganz herrschender Meinung ist das Vorbringen in einer Schutzschrift vom Gericht insbesondere aus dem Gesichtspunkt der Gewährung rechtlichen Gehörs zu berücksichtigen (vgl. OLG Düsseldorf 22. 9. 1981, WRP 1981, 652; *Zöller/Vollkommer*, § 937 ZPO Rdn. 4; *Thomas/Putzo*, § 935 ZPO Anm. 4 m. w. N.) Allerdings wird das Gericht wohl nicht verpflichtet sein, bei Vorliegen einer Schutzschrift **stets** eine mündliche Verhandlung anzuberaumen (vgl. *Deutsch*, Die Schutzschrift in Theorie und Praxis GRUR 1990, 327 ff.).

Wenn sich in der Schutzschrift ein Verfahrensbevollmächtigter für den möglichen Antragsgegner bestellt, ist diesem die Ladung zu einer angeordneten mündlichen Verhandlung zuzustellen (*Zöller/Stöber*, § 176 ZPO Rdn. 6). Die im Parteibetrieb zu bewirkende Zustellung einer erwirkten Beschlussverfügung zum Zweck der Vollziehung hat der Antragsteller grundsätzlich an den Schutzschrift-Bevollmächtigten vorzunehmen (vgl. auch OLG Karlsruhe 14. 8. 1985, WRP 1986, 166). Dabei ist umstritten, ob § 176 ZPO auch für den Fall gilt, dass der mögliche Antragsteller **keine** Kenntnis von der Bestellung des Schutzschriftbevollmächtigten hat und deshalb die Zustellung an den Antragsgegner selbst bewirkt hat. Die wohl herrschende Rechtsprechung verneint die Anwendung (OLG Düsseldorf 20. 10. 1983, GRUR 1984, 79; OLG Hamburg 3. 9. 1986, WRP 1987, 121). Diese Rechtsprechung wird – da die Postulationsfähigkeit des vor dem Arbeitsgericht tätigen Anwalts nicht in Frage steht – analog auf das Verfahren vor den Arbeitsgerichten anwendbar sein.

1. Schutzschrift des Arbeitnehmers

An das
Arbeitsgericht[1] ......

Schutzschrift

In Sachen
der Firma ......
Verfahrensbevollmächtigte: RAe ......

– mögliche Antragstellerin[2] –

gegen

Herrn ......

– möglicher Antragsgegner –
wegen Abwehr einer einstweiligen Verfügung auf Inanspruchnahme aus einem nachvertraglichen Wettbewerbsverbot
haben wir die Vertretung des möglichen Antragsgegners übernommen.

Es wird beantragt:

1. Den zu erwartenden Antrag der Antragstellerin, dem Antragsgegner die Unterlassung seiner Tätigkeit bei der Firma ...... bis zum ...... aufzugeben, zurückzuweisen[3].

   hilfsweise: über den Antrag nur nach mündlicher Verhandlung zu entscheiden.

2. Die Antragstellerin trägt die Kosten des Verfahrens.

Begründung:

Der mögliche Antragsgegner (nachfolgend: Antragsgegner) war vom ...... bis ...... als Vertriebsleiter bei der möglichen Antragstellerin (nachfolgend Antragstellerin) beschäftigt. Das durchschnittliche Gesamtbruttoeinkommen ist mit ca. EUR ...... zu beziffern. Im Arbeitsvertrag vom ...... war ein nachvertragliches Wettbewerbsverbot vereinbart. Einzelheiten der Wettbewerbsabrede sind der in der Anlage 1 beigefügten Wettbewerbsvereinbarung vom ...... zu entnehmen. Dort ist unter anderem ausgeführt:

„...... Während der Ersten beiden Jahre nach Beendigung des Dienstverhältnisses ist es dem Arbeitnehmer ohne vorherige schriftliche Zustimmung der Geschäftsleitung nicht gestattet, für ein Konkurrenzunternehmen tätig zu sein. Der Arbeitnehmer erhält nach Beendigung seines Dienstverhältnisses für die Dauer des Konkurrenzverbotes eine Entschädigung in Höhe der Hälfte der von ihm zuletzt bezogenen vertragsgemäßen Leistungen ......"

Der Antragsgegner hat mit Wirkung ab dem ...... eine neue Tätigkeit als Leiter in der Qualitätssicherung bei der Firma ...... in ...... aufgenommen.

Glaubhaftmachung: Bestätigung der Firma ...... vom ...... in Fotokopie

Die Antragstellerin vertritt die Auffassung, dass die Tätigkeit des Antragsgegners einen Verstoß gegen die vorgenannte Wettbewerbsabrede darstellt und hat den Antragsgegner mit Schreiben vom ...... aufgefordert, seine Tätigkeit bei der Firma ...... einzustellen.

Glaubhaftmachung: Schreiben der Anspruchstellerin vom ...... in Fotokopie

Die Androhung gerichtlicher Schritte lässt erwarten, dass die Antragstellerin im Wege der einstweiligen Verfügung die Einhaltung des nachvertraglichen Wettbewerbsverbotes erzwingen will.

Einem etwaigen Antrag der Antragstellerin wäre jedoch nicht stattzugeben, da weder ein Verfügungsanspruch noch ein Verfügungsgrund[4] gegeben ist. Im Einzelnen:

– Verfügungsanspruch

Die Wettbewerbsabrede ist unverbindlich (vgl. BAG 4. 6. 1985, AP Nr. 50 zu § 74 HGB; *Bauer/Diller,* aaO., Rdn. 333 m. w. N.). Denn die vorgenannte Vertragsgestaltung lässt den Antragsgegner im Unklaren, ob die Antragstellerin von dem Wettbewerbsverbot Gebrauch macht.

– Verfügungsgrund

Es sind im Übrigen auch keine gewichtigen Nachteile ersichtlich, die den Erlass einer einstweiligen Verfügung rechtfertigen könnten. Der Antragsgegner ist mit Aufgaben betraut, die nicht ansatzweise eine Verwertung seiner bei der Antragstellerin erworbenen Kenntnisse erwarten lassen. Denn die Tätigkeit in der Qualitätssicherung ist mit der ehemals wahrgenommenen Funktion als Vertriebsleiter nicht vergleichbar. Darüber hinaus ist darauf hinzuweisen, dass der Antragsgegner die Antragstellerin auf entsprechende Nachfrage hin bereits am ...... dahingehend informiert hat, dass er ab dem ...... seine Tätigkeit als Leiter der Qualitätssicherung bei der Firma ...... aufnehmen wird. Da demnach die Antragstellerin bereits acht Wochen nicht tätig geworden ist, ist bereits aus diesem Grund ein Verfügungsgrund nicht mehr gegeben (vgl. auch *Bauer/Diller,* aaO., Rdn. 611).

Der Erlass einer einstweiligen Verfügung würde im Übrigen auch dazu führen, dass das bestehende Arbeitsverhältnis des Antragsgegners eine Kündigung seines neu eingegangenen Arbeitsverhältnisses nach sich ziehen könnte.

Glaubhaftmachung: Schreiben der Fa. ...... – neuer Arbeitgeber des Antragsgegners – vom ...... in Fotokopie

Darüber hinaus wird die Antragstellerin ihren vermeintlichen Verfügungsanspruch bzw. Verfügungsgrund nicht glaubhaft machen können.

Aufgrund der dargestellten Umstände verbietet sich demnach der Erlass einer einstweiligen Verfügung im schriftlichen Verfahren. Zumindest ist dem Antragsgegner aber rechtliches Gehör im Rahmen einer mündlichen Verhandlung zu gewähren, um etwaige Einwendungen weiter konkretisieren zu können[4]. Es kann dahinstehen, ob der Antragsgegner das nachvertragliche Wettbewerbsverbot verletzt hat. Dies stellt allein noch keinen ausreichenden Verfügungsgrund dar[5]. Die Antragstellerin wird nicht darlegen können, dass ihr aus der vermeintlichen Wettbewerbstätigkeit des Antragsgegners erhebliche Nachteile drohen.

Es ist antragsgemäß zu entscheiden.

Rechtsanwalt

Anmerkungen

1. Die Schutzschrift ist bei dem Gericht einzureichen, das für den zu erwartenden Antrag auf Erlass einer einstweiligen Verfügung **zuständig** ist. Wenn mehrere Arbeitsgerichte zuständig sein könnten, empfiehlt sich die Einreichung der Schutzschrift bei allen zuständigen Gerichten. Es ist zulässig, wenn bei dem Gericht ein abzuwehrender Verfügungsantrag gestellt wird, in dessen Bezirk die beanstandete Verletzungshandlung begangen wurde. Es bestehen deshalb auch keine Bedenken, wenn der Antragsteller die Wahl zwischen mehreren Gerichtsständen (§ 35 ZPO) hat, entsprechend viele Schutzschriften bei mehreren Gerichten einzureichen.

2. Die Schutzschrift sollte sich auf einen bestimmten Streitfall beziehen und gegen einen bestimmten Gegner richten, d. h. die Schutzschrift muss eine **rubrumsgerechte Bezeichnung der Parteien** – bei der möglichen Antragstellerin mit Anschrift und Benennung des gesetzlichen Vertreters – und die **Angabe des Unterlassungsstreits** enthalten. Ist dies nicht möglich, so wird für eine Schutzschrift (noch) kein Raum sein (*Leipold,* aaO., S. 169). Allerdings dürfte sie dann zulässig sein, wenn besondere Umstände eine Bezeichnung des möglichen Antragstellers nicht erlauben (*Marly,* aaO., S. 770; *Willikonsky,* aaO. S. 2013), bzw. wenn bei der Einreichung des Antrags auf Erlass einer einstweiligen Verfügung der mögliche Antragsteller eindeutig und unzweifelhaft der Schutzschrift zugeordnet werden kann.

3. Die Schutzschrift kann alternativ Verfügungsanspruch und Verfügungsgrund in Abrede stellen. Allerdings sollten grundsätzlich beide Anspruchsvoraussetzungen – wenn irgend möglich – in Zweifel gezogen werden.

4. Vgl. zur Erforderlichkeit der mündlichen Verhandlung im Verfahren der einstweiligen Verfügung auch LAG Köln 13. 8. 1996, NZA 1997, 317. Die Entscheidung über den zurückweisenden Antrag auf Erlass einer einstweiligen Verfügung ohne mündliche Verhandlung kann auch nach § 62 Abs. 2 Satz 2 Arbeitsgerichtsgesetz nur in dringenden Fällen ergehen (LAG Sachsen 8. 4. 1997, NZA 1998, 223).

5. Eine **Dringlichkeit** im Sinne des § 937 Abs. 2 ZPO kann nicht als Regelfall angenommen werden. Die Anforderungen an die „normale Eilbedürftigkeit" sind für den Fall des Erlasses ohne mündliche Verhandlung deutlich zu steigern. Die Eilbedürftigkeit ist immer dann zu bejahen, wenn durchgreifender Rechtsschutz im Hauptsacheverfahren auf Grund gerichtsbekannter Verfahrensdauer nicht rechtzeitig zu erlangen ist. Der Arbeitgeber kann jedenfalls nicht mit dem Antrag auf Erlass einer einstweiligen Verfügung darauf zu verweisen, dass der Antragsgegner tatsächlich nach Beendigung des Arbeitsverhältnisses wettbewerbswidrig tätig wird. Der Verfügungsgrund setzt auch bei Vorliegen eines Verfügungsanspruches zwingend voraus, dass die Untersagung der Wettbewerbstätigkeit zum Schutz wesentlicher Interessen der Antragstellerin erforderlich ist. Dies liegt darin begründet, dass der Erlass einer Leistungsverfügung nachteilige Folgen für den Antragsgegner nicht mehr korrigieren kann. Es müssen deshalb konkrete bzw. unmittelbare Schäden der Antragstellerin im Raum stehen, die nur durch den Erlass einer einstweiligen Verfügung verhindert werden können.

Kosten und Gebühren

Für den auf ein nachvertragliches Wettbewerbsverbot gestützten Unterlassungsantrag wird der Streitwert des Unterlassungsinteresses dem Betrag der insgesamt höchstens geschuldeten Karenzentschädigung während der Karenzzeit entsprechen (so auch LAG Hamm 23. 12. 1980, AnwBl. 1981, 106).

Rechtsmittel und Fristen

Nach Erlass der einstweiligen Verfügung Beschwerde nach § 575 ZPO. Nach Endurteil auf Grund mündlicher Verhandlung Berufung.

Der Beschwerdekammer nach § 575 ZPO wird im arbeitsgerichtlichen Beschwerdeverfahren gestattet, die Sache an das Arbeitsgericht, auch an eine andere Kammer zurückzuverweisen, damit nunmehr erneut und auf Grund mündlicher Verhandlung entschieden wird. Dem steht die allein das Berufungsverfahren betreffende Regelung des § 68 ArbGG nicht im Wege (LAG Sachsen 8. 4. 1997, NZA 1998, 223).

2. Schutzschrift des Arbeitgebers

An das
Arbeitsgericht ......

Schutzschrift

In Sachen
des ......

– möglicher Antragsteller –

gegen

Firma ......

– mögliche Antragsgegnerin –

wegen Abwehr einer einstweiliger Verfügung auf Urlaubsgewährung[1]
teilen wir mit, dass wir die mögliche Antragsgegnerin vertreten. Die mögliche Antragsgegnerin (im Folgenden: Antragsgegnerin) muss nach den Umständen gegenwärtigen, dass der mögliche Antragsteller (im Folgenden: Antragsteller) versuchen wird, eine einstweilige Verfügung des angerufenen Gerichts ohne mündliche Verhandlung zu erwirken. Die Gefahr der Erwirkung einer solchen einstweiligen Verfügung ergibt sich daraus, dass der Antragsgegnerin am ...... 1998 gegen 10.00 Uhr durch den Antragsteller die vorgenannte Rechtshandlung angekündigt/angedroht worden ist. Die Folgen einer einstweiligen Verfügung wären für die mögliche Antragsgegnerin – auch bei nachträglicher Aufhebung der einstweiligen Verfügung – äußerst schwerwiegend und im Ergebnis irreparabel. Es wird deshalb beantragt:

Der zu erwartende Antrag des Antragstellers auf Erlass einer einstweiligen Verfügung wird zurückgewiesen[2].
hilfsweise: Über den Antrag nur nach mündlicher Verhandlung zu entscheiden[2].

Begründung:

I.

Der Antragsteller ist seit dem ...... 1992 bei der Antragsgegnerin als Leiter der Weiterbildung der Auszubildenden tätig. Die Antragsgegnerin beschäftigt derzeit ca. 150 Auszubildende.

Glaubhaftmachung: Eidesstattliche Versicherung des Herrn ...... vom ......

Der Antragsteller hat das Arbeitsverhältnis mit Schreiben vom ...... fristgerecht zum ...... gekündigt.

Glaubhaftmachung: Kündigungsschreiben des Antragstellers vom ......

Zwischen dem Antragsteller und dem für die Auszubildendenausbildung verantwortlichen kaufmännischen Leiter der Antragsgegnerin war vereinbart, dass der

Antragsteller im Zeitraum vom ...... bis ...... Urlaub nimmt und danach unmittelbar anschließend bis ...... auf Grund des noch erheblichen Resturlaubes aus dem Jahre 20...... (12 Tage) sowie dem Urlaubsanspruch für 20...... (23 Tage) eine Freistellung unter Fortzahlung der Bezüge erfolgt.

Glaubhaftmachung: Eidesstattliche Versicherung des Herrn ...... vom ......

Überraschend ist der für die Auszubildendenausbildung eingesetzte Vertreter ...... am ...... dauerhaft an einer schwerwiegenden Infektion erkrankt und bis zum ...... krankgeschrieben.

Glaubhaftmachung: Eidesstattliche Versicherung des Herrn ...... vom ......

Die Ausbildung der Auszubildenden ist im Urlaubszeitraum des Antragstellers unabdingbar. Dies liegt darin begründet, dass in der Zeit vom ...... bis zum ...... den Auszubildenden Kenntnisse im Bereich der Verfahrenstechnik für ...... vermittelt werden müssen, da sie Prüfungsstoff der am ...... vorgesehenen Abschlussprüfung sind.

Glaubhaftmachung: wie vor

Der zunächst genehmigte Urlaub wurde aus den vorgenannten dringenden betrieblichen Erfordernissen[3] mit Schreiben vom ...... widerrufen und der Antragsteller zur Aufnahme seiner Arbeit am ...... aufgefordert.

Glaubhaftmachung: Schreiben der Antragsgegnerin vom ......

Der Antragsteller hat seinem Dienstvorgesetzten in einem Telefonat am ...... gegen 10.00 Uhr mitgeteilt, dass er auf Grund des genehmigten Urlaubes eine Verpflichtung zum Arbeitsantritt nicht sieht und – nach anwaltlichem Rat – zur Vermeidung einer fristlosen Kündigung einen Antrag auf Erlass einer einstweiligen Verfügung – Urlaubsgewährung in der Zeit vom ...... bis zum ...... – beantragen wird.

Glaubhaftmachung: Eidesstattliche Versicherung des Herrn ...... vom ......

II.

Das entsprechende Begehren des Antragstellers wäre ungerechtfertigt. Zwar hat die Antragsgegnerin den Urlaub zunächst für den Zeitraum vom ...... bis zum ...... genehmigt. Diese Genehmigung konnte jedoch auf Grund dringender betrieblicher Erfordernisse widerrufen werden[3].

Dem Antragsteller werden durch die Verschiebung des Urlaubes keine finanziellen Nachteile erwachsen. Die Antragsgegnerin hat sich rechtswirksam verpflichtet, dass sie etwaige Kosten des Rücktritts von der gebuchten Ferienreise übernimmt und – falls der Urlaub nicht mehr in Natur genommen werden kann – diesen abgelten wird.

Glaubhaftmachung[4]: Eidesstattliche Versicherung des Herrn ...... vom ......

Nach alledem ist offensichtlich, dass ein Anspruch seitens des Antragstellers nicht gegeben ist und die Antragsgegnerin berechtigt war, den genehmigten Urlaub zu widerrufen. Ein Antrag auf Erlass einer einstweiligen Verfügung wäre daher zurückzuweisen. Zumindest aber wird eine Entscheidung ohne mündliche Verhandlung nicht erfolgen können[2].

Rechtsanwalt

Anmerkungen

1. Ein Recht des **Arbeitnehmers zur Selbstbeurlaubung** besteht nicht. Ein eigenmächtiges Fernbleiben von der Arbeit kann den Arbeitgeber zur außerordentlichen Kündigung berechtigen. Ob sich dies anders verhält, wenn wegen des Ablaufs des Urlaubsjahres oder des Übertragungszeitraums der Verlust des Urlaubsanspruches droht, ist streitig. (Für die Selbstbeurlaubung: vgl. LAG Rheinland-Pfalz 25. 1. 1991, LAGE § 7 BUrlG Nr. 27; dagegen: *Bachmann*, GK-BUrlG 5. Auflage (1992) § 7 Rdn. 72; dahingestellt in BAG 8. 10. 1957, AP Nr. 15 zu § 626 BGB; *Corts*, aaO., S. 357 ff.).

2. Grundsätzlich kann eine entsprechende einstweilige Verfügung erlassen werden, sofern der Arbeitnehmer nicht durch Versäumung einer rechtzeitigen Klage die **Eilbedürftigkeit** selbst herbeigeführt hat. Da es sich jedoch um eine **Leistungsverfügung** handelt, wird im Ergebnis die Hauptsache endgültig vorweggenommen. Deshalb sollte eine Urlaubsverfügung durch das Arbeitsgericht möglichst nur auf Grund mündlicher Verhandlung erlassen werden, um den Arbeitgeber die Möglichkeit des Vorbringens eines etwaigen Leistungsverweigerungsrechtes offenzuhalten (so auch *Schäfer*, aaO., Rdn. 104). Allerdings geht für den Fall des erfolgreichen Vollzugs die einstweilige Verfügung auf Urlaubsgewährung über das hinaus, was zur Sicherung des Urlaubsanspruchs bzw. zur Abwendung wesentlicher Nachteile für den Arbeitnehmer notwendig ist. Eine Leistungsverfügung mit endgültiger Erfüllungswirkung darf im Hinblick auf das Gebot effektiven Rechtsschutzes nur dann erlassen werden, wenn eine bloße Sicherungsverfügung gemäß § 935 ZPO bzw. eine bloße Regelungsverfügung gemäß § 940 ZPO nicht ausreicht (vgl. insgesamt zu der Problematik der richtigen Antragstellung, *Corts*, aaO., S. 358).

3. Ist der Urlaub festgelegt, ist der Arbeitgeber daran gebunden. Ob er in dringenden betrieblichen Fällen, insbesondere Notfällen, zum einseitigen **Widerruf des genehmigten Urlaubes** berechtigt ist, ist umstritten.

Zum Teil wird vertreten, dass dem Arbeitgeber ein einseitiges Widerrufsrecht generell nicht zusteht. Lediglich im Einvernehmen mit dem Arbeitnehmer sei eine Änderung des Urlaubes möglich (Erfurter Kommentar-*Dörner* BUrlG § 7 Rdn. 45; Kasseler Handbuch-*Schütz* 2.4 Rdn. 393 f.). Die Gegenansicht hält den Widerruf bzw. Rückruf bei unvorhergesehenen Ereignissen und Notfällen für wirksam. In diesem Fall hat der Arbeitgeber die dem Arbeitnehmer durch den Rückruf entstehenden Kosten zu tragen (*Schaub*, ArbR-Handb. § 102 Rdn. 71; *Küttner-Bauer*, Urlaubsgewährung Rdn. 21; *Dersch/Neumann*, BUrlG § 7 Rdn. 38; vgl. *Lepke*, Die nachträgliche Änderung bereits erteilten Erholungsurlaubes in DB 1990, 1131 ff.).

Der Arbeitgeber kann sich seiner Verpflichtung zur Urlaubserteilung nur entziehen, wenn ein entsprechendes Gegenrecht – insbesondere entgegenstehende dringliche betriebliche Belange – besteht. Dieses Leistungsverweigerungsrecht kann im Urteilsverfahren nur auf **Einrede** des beklagten Arbeitgebers berücksichtigt werden (BAG 18. 12. 1986, NZA 1987, 379).

4. Die von dem Arbeitgeber behaupteten betrieblichen Gründe sind in der mündlichen Verhandlung glaubhaft zu machen. Erfolgt dies nicht oder nicht ausreichend, wird bei Vorliegen eines entsprechenden Verfügungsgrundes bei der vorliegenden Fallgestaltung eine einstweilige Verfügung ergehen können.

Kosten und Gebühren

Da in der Regel der Streit im Verfügungsverfahren endgültig erledigt wird, ist der Wert der Hauptsache in Ansatz zu bringen, d. h. Bemessungsgrundlage ist die Höhe der

Urlaubsvergütung (Urlaubsentgelt) und etwaiges Urlaubsgeld, für den strittigen Freistellungszeitraum (so auch *Dunkl/Baur,* aaO., S. 245). Im Übrigen bestehen keine Besonderheiten.

Rechtsmittel und Fristen

Keine Besonderheiten.

2. Kapitel. Beschlussverfahren

D. Vorbemerkungen zum Beschlussverfahren

I. Allgemeines

Das Beschlussverfahren findet in den in § 2a Abs. 1 ArbGG genannten Streitigkeiten statt (dazu sogleich unter 1.). Gegenüber dem Urteilsverfahren bestehen gravierende inhaltliche und terminologische Unterschiede. Das Beschlussverfahren wird nicht durch eine Klage, sondern durch Antrag eingeleitet (§ 81 Abs. 1 ArbGG), die am Verfahren Beteiligten werden als Antragsteller, -sgegner und weitere Beteiligte (§ 83 Abs. 3 ArbGG) bezeichnet, das Gericht erforscht den Sachverhalt im Rahmen der gestellten Anträge (Amtsermittlungsprinzip statt Beibringungsgrundsatz – § 83 Abs. 1 ArbGG) und die mündliche Verhandlung wird als Anhörung vor der Kammer (§ 83 Abs. 4 ArbGG) bezeichnet. Die verfahrensbeendende Entscheidung ergeht nicht durch Urteil, sondern durch Beschluss (§ 84 ArbGG).

1. Verfahrensgegenstände

Gemäß § 80 Abs. 1 ArbGG findet das Beschlussverfahren in allen in § 2a ArbGG genannten Fällen statt. Hauptsächlich sind das Angelegenheiten aus dem Betriebsverfassungsgesetz (BetrVG). Lediglich für die Ahndung von Straftaten und Ordnungswidrigkeiten gem. §§ 119–121 BetrVG sind die ordentlichen Gerichte zuständig. Nicht ins Beschlussverfahren gehören Streitigkeiten zwischen Arbeitgeber und Arbeitnehmer, bei denen betriebsverfassungsrechtliche Vorfragen entscheidungserheblich sind bzw. sein können. Hierzu zählen beispielsweise die Wirksamkeit einer Betriebsratsanhörung (§ 102 BetrVG) im Kündigungsschutzprozess, Vergütungsansprüche eines Arbeitnehmers für die Teilnahme an einer Betriebsversammlung (BAG 1. 10. 1974 AP Nr. 2 zu § 44 BetrVG 1972 = BB 1975, 183), Vergütungsansprüche eines Betriebsratsmitglieds für die Zeit des Besuchs einer Betriebsratsschulung (BAG 18. 6. 1974 u. 17. 9. 1974 AP Nr. 16 u. 17 zu § 37 BetrVG 1972) oder Ansprüche auf Nachteilsausgleich (§ 113 Abs. 1, 3 Satz 1 BetrVG).

Im Beschlussverfahren auszutragen sind Streitigkeiten zwischen Arbeitgeber und Betriebsrat bzw. einzelnen Organmitgliedern über
– Wahlberechtigung (§ 7 BetrVG), Wählbarkeit (§ 8 BetrVG), Durchführung oder Anfechtung (§ 19 BetrVG) einer Betriebsratswahl;
– Kosten der Betriebsratstätigkeit (§ 40 Abs. 2 BetrVG; dazu BAG 19. 4. 1989 AP Nr. 29 zu § 40 BetrVG 1972 = NZA 1990, 233);
– Bestehen von Mitbestimmungs- oder Mitwirkungsrechten (§§ 87, 99ff., 111ff. BetrVG);
– Einsetzung und Entscheidung einer Einigungsstelle (§ 76 BetrVG).

Nunmehr ist durch § 2a Nr. 3a ArbGG klargestellt, dass Streitigkeiten über die Aufgaben und Rechte der Schwerbehindertenvertretung im Beschlussverfahren ausgetragen werden müssen. Streitigkeiten aus der persönlichen Rechtsstellung des Schwerbehindertenvertreters heraus werden hingegen im Urteilsverfahren durchgeführt (umstr. BAG 16. 8. 1977 u. 14. 8. 1986 AP Nr. 1 u. 2 zu § 23 SchwbG einerseits; zweifelnd BAG

21. 9. 1989 AP Nr. 1 zu § 25 SchwbG = NZA 1990, 362). Soweit Rechte und Pflichten aus den Personalvertretungsgesetzen des Bundes und der Länder Verfahrensgegenstand sind, ist der Rechtsweg zu den Verwaltungsgerichten eröffnet (§§ 83 Abs. 2, 106 BPersVG, 187 Abs. 2 VwGO). Bis auf eine Ausnahme (Rheinland-Pfalz – Verfahren nach VwGO) findet allerdings auch insoweit das Beschlussverfahren nach dem ArbGG Anwendung (*Germelmann/Matthes/Prütting/Müller-Glöge* § 80 Rdn 8). Streitigkeiten über Aufgaben und Rechte der kirchlichen Mitarbeitervertretungen sind der staatlichen und damit der Arbeitsgerichtsbarkeit entzogen (BAG 11. 3. 1986 u. 9. 9. 1992 AP Nr. 25 u. 40 zu Art. 140 GG = NZA 1986, 685; 1993, 597).

2. Richtige Verfahrensart

Über die richtige Verfahrensart entscheidet das Arbeitsgericht ggf. gemäß § 48 Abs. 1 ArbGG i. V. m. §§ 17 bis 17 b GVG im Vorabentscheidungsverfahren unter Beteiligung der ehrenamtlichen Richter. Gegen diesen Beschluss ist die sofortige Beschwerde statthaft (LAG Hessen 12. 5. 1997 NZA 1997, 1361). Über die Frage der Abhilfe entscheidet die Kammer des Arbeitsgerichts, wenngleich auch nicht zwingend in selber Besetzung. Wird der sofortigen Beschwerde abgeholfen, steht dem erstmalig beschwerten Beschwerdegegner nach Maßgabe der allgemeinen Vorschriften die sofortige Beschwerde zu. Das LAG kann die Rechtsbeschwerde zum BAG zulassen (§ 78 Satz 2 ArbGG). Durch rügeloses Verhandeln wird das Beschlussverfahren nicht eröffnet; die gesetzliche Zuweisung aller in § 2 a Abs. 1 ArbGG genannten Verfahrensgegenstände ins Beschlussverfahren ist zwingend.

3. Anwendbare Vorschriften

§ 80 Abs. 2 ArbGG enthält eine nicht abschließende Aufzählung der im Beschlussverfahren anwendbaren Vorschriften. Bei Regelungslücken ist auf die für das Urteilsverfahren geltenden Vorschriften des ArbGG sowie die der ZPO zurückzugreifen, soweit der Charakter des Beschlussverfahrens dem nicht entgegensteht (BAG 16. 7. 1996 AP Nr. 53 zu § 76 BetrVG 1972 = NZA 1997, 337). Anwendbar sind z. B. die Vorschriften über die Rechtshängigkeit (§ 261 ZPO), den Mindestinhalt der Antragsschrift oder der bestimmenden Schriftsätze (§ 253 ZPO), des Bekanntgabeerfordernisses von nicht verfahrensbeendenden Verfügungen und Beschlüssen (§ 329 ZPO), der Verfahrenstrennung bzw. -verbindung (§§ 145, 147 ZPO), der Verfahrensaussetzung und -unterbrechung (§§ 148 ff., 239 ff. ZPO). Ebenfalls anwendbar sind die Vorschriften über die Wiedereinsetzung in den vorherigen Stand (§§ 233 ff. ZPO) sowie über die Wiederaufnahme des Verfahrens (§§ 578 ff. ZPO). Hingegen sind die Normen über das Säumnis- bzw. Mahnverfahren (§§ 331 ff., 688 ff. ZPO) nicht im Beschlussverfahren anzuwenden.

4. Prozessfähigkeit und -vertretung

Die §§ 80–84 ArbGG enthalten keine besonderen Bestimmungen über die Fähigkeit, Verfahrensbeteiligter zu sein. Dementsprechend können grundsätzlich alle rechtsfähigen natürlichen und juristischen Personen (§ 50 ZPO) am Beschlussverfahren beteiligt sein. Darüber hinaus erstreckt § 10 ArbGG die Parteifähigkeit auch auf die dort genannten Vereinigungen und auf „Stellen", d. h. kollektivrechtliche Organe und Einrichtungen. Hierzu zählen beispielsweise Betriebsrat, Gesamt-, Konzernbetriebsrat, Sprecherausschuss, Wahlvorstand und einzelne ihrer Mitglieder, soweit sie eigene Rechte geltend machen können. Die gesetzliche Regelung war notwendig, damit der Betriebsrat und bzw. Einzelne seiner Mitglieder im Rahmen ihrer gesetzlichen Beteiligungsrechte überhaupt partei- und prozessführungsbefugt sein können.

Die Prozessvertretung der am Beschlussverfahren Beteiligten richtet sich nach § 11 ArbGG. Die Beteiligten können sich im Verfahren vor dem Arbeitsgericht entweder selbst oder durch einen Verfahrensbevollmächtigten vertreten lassen. Insbesondere der Betriebsrat hat ein Wahlrecht, ob er einen Gewerkschaftsvertreter oder Rechtsanwalt mit seiner Prozessvertretung beauftragt. Die Vertretung durch eine Gewerkschaft ist jedenfalls dann zulässig, wenn ihr mindestens ein Betriebsratsmitglied angehört (BAG 3. 12. 1954 AP Nr. 7 zu § 11 ArbGG 1953 = DB 1955, 76). Die Prozessvertretung durch einen Verbandsvertreter bindet den Betriebsrat aber nicht für die nächst höhere Instanz (BAG 4. 12. 1979 AP Nr. 18 zu § 40 BetrVG 1972 = DB 1980, 2091). Im Beschwerdeverfahren vor dem LAG können sich die Beteiligten gleichfalls selbst vertreten (§ 87 Abs. 2 Satz 2 ArbGG), lediglich die Beschwerdeschrift muss von einem Rechtsanwalt oder einem Verbandsvertreter (§ 11 Abs. 2 Satz 2 ArbGG) unterzeichnet sein (§ 89 Abs. 1 ArbGG). In der 3. Instanz ist die Unterzeichnung der Rechtsbeschwerdeschrift und -begründung ausschließlich durch einen Rechtsanwalt vorgeschrieben (§ 94 Abs. 1 ArbGG), ansonsten können die Beteiligten selbst auftreten oder sich durch Verbandsvertreter iSd. § 11 Abs. 1 ArbGG vertreten lassen.

5. Örtliche Zuständigkeit

Nach § 82 ArbGG ist das Arbeitsgericht ausschließlich örtlich zuständig, in dessen Bezirk der Betrieb liegt. Die Begründung einer anderen Zuständigkeit ist weder durch eine Gerichtsstandsvereinbarung noch durch rügeloses Verhandeln möglich. Ist das angerufene Arbeitsgericht örtlich nicht zuständig, verweist es das Verfahren nach näherer Maßgabe der §§ 17 bis 17 b GVG durch unanfechtbaren (§ 48 Abs. 1 Nr. 1 ArbGG) Beschluss des Vorsitzenden (§ 48 Abs. 1 Nr. 2 ArbGG) an das örtlich zuständige Arbeitsgericht.

II. Antragsbefugnis

Die Antragsbefugnis im Beschlussverfahren ist der Prozessführungsbefugnis im Zivilprozess vergleichbar und soll Popularklagen verhindern. Der Antragsteller ist nur dann prozessführungsbefugt, wenn er den geltend gemachten Anspruch entweder als eigenes Recht beanspruchen kann (BAG 30. 10. 1986 AP Nr. 6 zu § 47 BetrVG 1972 = NZA 1988, 27) oder den Antrag zum Schutz seiner eigenen betriebsverfassungsrechtlichen Rechtsposition stellt (BAG 18. 8. 1987 AP Nr. 6 zu § 81 ArbGG 1979 = NZA 1988, 26). Das Fehlen der Antragsbefugnis ist von Amts wegen zu berücksichtigen und führt zur Antragsabweisung als unzulässig. Treten mehrere Personen oder Stellen als Antragsteller auf, so muss die Antragsbefugnis bei jedem von ihnen gegeben sein. Verneint das Gericht die Antragsbefugnis für einen oder Einzelne und weist es den Antrag insoweit ab, kann jeder davon betroffene Antragsteller Rechtsmittel einlegen.

1. Gesetzliche Antragsbefugnis in der Betriebsverfassung

In Streitigkeiten aus dem BetrVG sind kraft Gesetzes in den nachfolgenden Angelegenheiten antragsbefugt:
- §§ 16 Abs. 2, 17 Abs. 4, 17a Nr. 4, 18 Abs. 1, 63 Abs. 3 BetrVG Bildung des Wahlvorstands (im Betrieb vertretene Gewerkschaft/3 Wahlberechtigte);
- § 18 Abs. 2 BetrVG Zuordnung eines Betriebsteils (Arbeitgeber/Betriebsrat/im Betrieb vertretene Gewerkschaft/Wahlvorstand, BAG 25. 9. 1986 AP Nr. 7 zu § 1 BetrVG 1972 = NZA 1987, 708);
- § 19 Abs. 2 BetrVG Anfechtung der Betriebsrats- oder Jugendvertreterwahl (Arbeitgeber/im Betrieb vertretene Gewerkschaft/3 Wahlberechtigte);

- §§ 23, 48, 56, 65 Abs. 1, 48, 73 Abs. 2 BetrVG Auflösung von Betriebsrat, Gesamt- bzw. Konzernbetriebsrat, Jugend- bzw. Gesamtjugendvertretung oder Ausschluss einzelner Mitglieder (Arbeitgeber/im Betrieb vertretene Gewerkschaft/¼ der wahlberechtigten Arbeitnehmer/Betriebsrat);
- § 23 Abs. 3 BetrVG Grobe Verstöße des Arbeitgebers gegen betriebsverfassungsrechtliche Pflichten (im Betrieb vertretene Gewerkschaft/Betriebsrat);
- § 76 Abs. 2, 5 BetrVG Einigungsstelle (Arbeitgeber/Betriebsrat);
- § 98 Abs. 5 BetrVG Bestellung/Abberufung eines Ausbilders (Betriebsrat);
- §§ 99 Abs. 4, 100 Abs. 2 BetrVG Zustimmungsersetzung bei personellen Maßnahmen (Arbeitgeber);
- § 101 BetrVG Unterlassung von personellen Maßnahmen (Betriebsrat);
- § 103 Abs. 2 und 3 BetrVG Zustimmung zur außerordentlichen Kündigung oder betriebsübergreifenden Versetzung eines Betriebsratsmitglieds (Arbeitgeber);
- § 104 BetrVG Entfernung betriebsstörender Arbeitnehmer (Betriebsrat);
- § 8 Abs. 1 SprAuG Wahlanfechtung (Arbeitgeber/3 leitende Angestellte);
- § 9 Abs. 1 SprAuG Auflösung des Sprecherausschusses oder Ausschluss einzelner Mitglieder (Arbeitgeber/¼ der leitenden Angestellten/nur für den Ausschluss einzelner Mitglieder: Sprecherausschuss).

2. Antragsbefugnis anderer betriebsverfassungsrechtlicher Stellen

Weiterhin sind antragsbefugt die Werkstatträte (§§ 139, 144 SGB IX) soweit sie die Verletzung der ihnen durch Rechtsverordnung übertragenen Mitwirkungsrechte als Antragsteller im Beschlussverfahren geltend machen. Unterschiedlich ist die Rechtslage bei den sog. **Beauftragten** des Arbeitgebers. Sind sie bei der Erfüllung der gesetzlichen Aufgaben nur seine Hilfspersonen und ist ihnen keine besondere Rechtsstellung verliehen, fehlt ihnen die Antragsbefugnis. Hierzu zählen die Beauftragten für Angelegenheiten der Schwerbehinderten (§ 98 SGB IX) bzw. Zivilschutz (§§ 30 f. ZDG, dazu BAG 12. 9. 1996 AP Nr. 1 zu § 30 ZDG = NZA 1997, 381). Hingegen sind die Beauftragten für Datenschutz (§ 36 BDSG), Betriebsärzte und Fachkräfte für Arbeitssicherheit (§§ 2, 5 ArbSichG) sowie Sicherheitsbeauftragte (§ 22 SGB VII) bei der Ausübung ihres Amts besonders geschützt und mit eigenständigen Rechten und Pflichten ausgestattet. Sie sind im Beschlussverfahren antragsbefugt, soweit sie eine Verletzung ihrer gesetzlichen Rechte und Pflichten geltend machen.

3. Antragsbefugnis ohne gesetzliche Regelung

Daneben hat die Rechtsprechung eine Antragsbefugnis auch in den nachfolgenden betriebsverfassungsrechtlichen Angelegenheiten anerkannt:

a) **Arbeitgeber.** Der Arbeitgeber ist antragsbefugt bei Streitigkeiten um
- das aktive und passive Wahlrecht sowie die Zuordnung zu den leitenden Angestellten (BAG 23. 1. 1986 AP Nr. 31 zu § 5 BetrVG 1972 = NZA 1986, 404);
- die Bestellung des Wahlvorstands (BAG 14. 1. 1983 AP Nr. 9 zu § 19 BetrVG 1972 = DB 1983, 2142);
- eine nichtige Betriebsratswahl (BAG 28. 11. 1977 AP Nr. 6 zu § 19 BetrVG 1972 = NJW 1978, 1992);
- die Wirksamkeit von Betriebsvereinbarungen (BAG 10. 3. 1992 AP Nr. 5 zu § 1 BetrAVG Betriebsvereinbarung = NZA 1993, 234);
- Anerkennung einer Schulungsveranstaltung § 37 Abs. 7 BetrVG (nur Spitzenorganisationen, BAG 11. 8. 1993 AP Nr. 92 zu § 37 BetrVG 1972 = NZA 1994, 517).

b) Betriebsrat bzw. betriebsverfassungsrechtliche Organe, Sprecherausschuss. Die Antragsbefugnis des Betriebsrats bzw. Sprecherausschusses wird bejaht bei Verfahren um
- das aktive und passive Wahlrecht; Bestellung des Wahlvorstands; Freistellung für Schulungs- und Bildungsveranstaltungen (BAG 6. 11. 1973 AP Nr. 5 zu § 37 BetrVG 1972 = DB 1974, 780);
- Durchsetzung von Freistellungs- und Kostenersatzansprüchen für seine Mitglieder (BAG 27. 3. 1979 AP Nr. 7 zu § 80 BetrVG 1953, soweit die Ansprüche nicht an einen Dritten abgetreten sind, BAG 15. 1. 1992 AP Nr. 41 zu § 40 BetrVG 1972 = NZA 1993, 189);
- Bildung eines Gesamtbetriebsrats (BAG 30. 10. 1986 AP Nr. 6 zu § 47 BetrVG 1972 = NZA 1988, 27);
- Zuziehung eines Sachverständigen (BAG 18. 7. 1978 AP Nr. 1 zu § 108 BetrVG 1972 = DB 1978, 2223);
- Reichweite seines Mitbestimmungsrechts (BAG 16. 8. 1983 AP Nr. 2 zu § 81 ArbGG 1979 = DB 1984, 408);
- Wirksamkeit einer Betriebsvereinbarung (BAG 5. 3. 1974 AP Nr. 1 zu § 87 BetrVG 1972 Kurzarbeit = NJW 1974, 1724);
- Anwendung eines Tarifvertrags im Betrieb durch den Arbeitgeber (BAG 10. 6. 1986 AP Nr. 26 zu § 80 BetrVG 1972 = NZA 1987, 28),

hingegen verneint bei
- der Wahlanfechtung der Schwerbehindertenvertretung und der eigenen Wahl (BAG 20. 2. 1986 AP Nr. 2 zu § 5 BetrVG 1972 Rotes Kreuz = NZA 1986, 690);
- Auftreten als Prozessstandschafter für die Arbeitnehmer (BAG 24. 2. 1987 AP Nr. 28 zu § 80 BetrVG 1972 = NZA 1987, 674).

Der Sprecherausschuss ist antragsbefugt, soweit ihm durch das SprAuG entsprechende Beteiligungsrechte eingeräumt werden, insoweit gelten die Ausführungen für den Betriebsrat sinngemäß. Eine Antragsbefugnis kommt insbesondere bei Statusfragen im Zusammenhang mit der Wahl und der Reichweite seines Mitbestimmungsrechts in Betracht.

c) Gewerkschaften. Weitgehend umstritten ist die Antragsbefugnis der Gewerkschaften in der Betriebsverfassung. Sie wurde bejaht bei einem Streit um die Betriebsratsfähigkeit eines Betriebs (BAG 3. 2. 1976 AP Nr. 8 zu § 118 BetrVG 1972 = DB 1976, 823), den Zutritt von Gewerkschaftsvertretern zu Sitzungen der Arbeitnehmervertretungen (BAG 18. 11. 1980 AP Nr. 2 zu § 108 BetrVG 1972 = DB 1981, 1240) und bei der Anfechtung der Wahl des Betriebsratsvorsitzenden bzw. dessen Stellvertreters und Arbeitnehmervertretern im Aufsichtsrat (BAG 27. 1. 1993 AP Nr. 29 zu § 76 BetrVG 1952 = NZA 1993, 949). Die Antragsbefugnis wird hingegen verneint bei der Bildung des Gesamtbetriebsrats (BAG 30. 10. 1986 AP Nr. 46 zu § 47 BetrVG 1972 = NZA 1988, 27), Anfechtung interner Betriebsratsbeschlüsse (BAG 16. 2. 1973 AP Nr. 1 zu § 19 BetrVG 1972 = DB 1973, 1254). Die Gewerkschaften sind antragsbefugt, wenn sie gegenüber dem Arbeitgeber die Unterlassung der Durchführung von tarifwidrigen Betriebsvereinbarungen oder Regelungsabreden beanspruchen (BAG 20. 4. 1999 AP Nr. 89 zu Art. 9 GG = NZA 1999, 887; anders noch BAG 23. 2. 1988 AP Nr. 9 zu § 81 ArbGG 1979 = NZA 1989, 229; bejaht auch für das Verfahren nach § 23 BetrVG von BAG 20. 8. 1991 AP Nr. 2 zu § 77 BetrVG 1972 Tarifvorbehalt = NZA 1992, 317).

d) Einzelne Arbeitnehmer und sonstige betriebsverfassungsrechtliche Stellen. Der einzelne **Arbeitnehmer** ist antragsbefugt bei der Feststellung seines aktiven und passiven Wahlrechts (BAG 15. 12. 1972 AP Nr. 1 zu § 14 BetrVG 1972 = NJW 1973, 1016) sowie bei der Klärung der Frage, ob er Mitglied in einer Arbeitnehmervertretung geworden ist (BAG 21. 12. 1965 AP Nr. 14 zu § 76 BetrVG 1952 = NJW 1966, 1094). Nicht antragsbefugt gegenüber dem Arbeitgeber ist die **Jugend- und Auszubildendenvertretung** nach § 23 Abs. 3 BetrVG (BAG 15. 8. 1978 AP Nr. 1 zu § 23 BetrVG 1972 = DB 1978,

2275), lediglich bei Durchsetzung eigener Beteiligungsrechte gegenüber dem Betriebsrat nach den §§ 29 Abs. 2, 35 Abs. 1, 39 BetrVG. Keine eigenen Antragsrechte haben **Wirtschaftsausschuss** und **Einigungsstelle**, da es sich bei ihnen nur um Hilfsorgane der Betriebsverfassung handeln soll. Antragsbefugt ist das einzelne **Betriebsratsmitglied** bei der Überprüfung der Rechtswirksamkeit eines Betriebsratsbeschlusses (BAG 3. 4. 1979 AP Nr. 1 zu § 13 BetrVG 1972 = DB 1979, 2091) sowie bei der Anfechtung betriebsratsinterner Wahlen (BAG 13. 11. 1991 u. 15. 1. 1992 AP Nr. 9 u. 10 zu § 26 BetrVG 1972 = NZA 1992, 944; 1992, 1091). Die **Schwerbehindertenvertretung** (§§ 94 ff. SGB IX) ist im Beschlussverfahren antragsbefugt, wenn sie die Verletzung ihrer Mitwirkungsrechte (§ 95 SGB IX, §§ 32, 35 Abs. 3, 52 BetrVG) oder ihrer Rechtsstellung (§ 96 SGB IX umstr. vgl. oben I1.) geltend macht (BAG 21. 9. 1989 AP Nr. 1 zu § 25 SchwbG = NZA 1990, 362).

III. Beteiligte

Wer am Beschlussverfahren zu beteiligen ist, ist dem Gesetz nicht zu entnehmen. § 83 Abs. 3 ArbGG nennt lediglich die Personen und Stellen, die „im einzelnen Fall beteiligt sind". Der Begriff der Beteiligten wird daneben noch in § 83 Abs. 4 ArbGG erwähnt. Wer als Beteiligter eines Beschlussverfahrens anzusehen ist, ergibt sich aus dem formellen und materiellen Recht. Am Verfahren beteiligt ist stets der Antragsteller, auch wenn ihn die Rechtsprechung nicht zu den Beteiligten iSd. § 83 Abs. 3 ArbGG zählt (BAG 25. 8. 1981 AP Nr. 2 zu § 83 ArbGG 1979 = DB 1982, 546). Sofern der Antrag gegen eine bestimmte Person oder eine in Absatz 3 genannte Stelle gerichtet wird, ist diese zwingend Beteiligter (BAG 30. 10. 1986 AP Nr. 6 zu § 47 BetrVG 1972 = NZA 1988, 27). Daneben ergibt sich die Beteiligteneigenschaft aus dem materiellen Recht. Beteiligter ist, wer ausdrücklich vom Gesetz als solcher bestimmt wird (z. B. § 103 Abs. 2 BetrVG) oder durch den Verfahrensgegenstand in seiner betriebsverfassungs- bzw. mitbestimmungsrechtlichen Stellung unmittelbar vom Ausgang des Verfahrens betroffen werden kann. Das bloße **rechtliche Interesse** am Verfahrensausgang begründet für sich allein keine Beteiligtenstellung. Die Beteiligteneigenschaft betriebsverfassungsrechtlicher Stellen ist von einem Wechsel in der personellen Zusammensetzung unabhängig. Das Nachrücken von Ersatzmitgliedern und eine Betriebsratsneuwahl sind für die Beteiligtenstellung des Betriebsrats unschädlich. Wird die Amtszeit des Betriebsrats hingegen beendet und kommt es nicht zu einer Neuwahl, so ist das Verfahren erledigt (§ 83 a ArbGG) und nicht mehr fortzuführen (BAG 27. 8. 1996 AP Nr. 4 zu § 83 a ArbGG 1979 = NZA 1997, 623). Bei einem Betriebsübergang während eines laufenden Beschlussverfahrens wird der Betriebserwerber anstelle des Betriebsveräußerers Beteiligter. Geht der Betrieb oder der Betriebsteil, für den ein eigenständiger Betriebsrat gebildet worden ist, als Ganzes über, so bleibt auch der bisherige Betriebsrat Beteiligter (BAG 11. 10. 1995 AP Nr. 2 zu § 21 BetrVG 1972 = NZA 1996, 495).

Aus dem Untersuchungsgrundsatz ergibt sich, dass das Gericht die Beteiligtenstellung der in Betracht kommenden Stellen in jeder Lage des Verfahrens zu prüfen hat. Die Beteiligten können einen eigenen Sach- oder Abweisungsantrag stellen, einen anderen Antrag lediglich unterstützen oder überhaupt von der Antragstellung absehen. Die fehlende Beteiligung von Personen oder Stellen, die nach materiellem Recht als Beteiligte des Verfahrens anzusehen sind, stellt einen Verfahrensfehler dar (BAG 20. 2. 1986 AP Nr. 1 zu § 63 BetrVG 1972 = NZA 1987, 105). Die fehlende Einbeziehung eines Beteiligten durch das Arbeitsgericht kann noch in der Beschwerdeinstanz korrigiert werden, eine Zurückverweisung aus diesem Grund findet nicht statt. Wird ein Beteiligter auch in zweiter Instanz nicht in das Verfahren einbezogen, stellt dies einen Verfahrensfehler dar, der auf eine entsprechende Rüge hin zur Aufhebung und zur Zurückverweisung an das

Landesarbeitsgericht führen kann, wenn die Entscheidung auf diesem Verfahrensfehler beruht. Die Beteiligteneigenschaften können Gegenstand eines Zwischenbeschlusses (§ 303 ZPO) sein.

1. Arbeitgeber

Der Arbeitgeber ist im Beschlussverfahren regelmäßig Beteiligter, da Streitigkeiten aus dem BetrVG in seine betriebsverfassungsrechtliche Stellung eingreifen. Hiervon ausgenommen sind Meinungsverschiedenheiten innerhalb des Betriebsrats über dessen Geschäftsführung, hier ist er lediglich nach § 83 Abs. 3 ArbGG zu hören. Außerhalb der Betriebsverfassung ist der Arbeitgeber nicht Beteiligter, bei der Anerkennung von Schulungs- bzw. Bildungsveranstaltungen nach § 37 Abs. 7 BetrVG ist nur der Spitzenverband am Verfahren zu beteiligen (BAG 11. 8. 1993 AP Nr. 92 zu § 37 BetrVG 1972 = NZA 1994, 517).

2. Arbeitnehmer

Einzelne Arbeitnehmer können nur Beteiligte sein, wenn um ihren Status in der Betriebsverfassung gestritten wird (aktives und passives Wahlrecht, Status eines leitenden Angestellten (BAG 23. 1. 1986 AP Nr. 31 zu § 5 BetrVG 1972 = NZA 1986, 404). Der von einer personellen Einzelmaßnahme (§ 99 BetrVG) betroffene Arbeitnehmer ist nicht Beteiligter (BAG 22. 3. 1983 AP Nr. 6 zu § 101 BetrVG 1972 = DB 1983, 2313). Etwas anderes gilt bei der Versetzung eines Betriebsratsmitglieds, wenn dadurch das Ausscheiden aus dem Amt oder der Verlust der Wählbarkeit eintritt, was jedenfalls bei der Versetzung in einen anderen Betrieb der Fall ist; hier ist das einzelne Betriebsratsmitglied Beteiligter (§ 103 Abs. 3 BetrVG).

3. Betriebsrat bzw. betriebsverfassungsrechtliche Organe, Sprecherausschuss

Der Betriebsrat ist Beteiligter, wenn entweder sein Bestand (BAG 14. 1. 1983 AP Nr. 9 zu § 19 BetrVG 1972 = DB 1983, 2142), seine Zusammensetzung (Gruppenschutz, Ersatzmitglieder, Vorsitzender bzw. Stellvertreter), Kostenerstattungsansprüche (BAG 3. 4. 1979 AP Nr. 1 zu § 13 BetrVG 1972 = DB 1979, 2091) oder der Umfang seiner Beteiligungsrechte umstritten ist (BAG 13. 3. 1984 AP Nr. 9 zu § 83 BetrVG 1972 = DB 1984, 2148). Die Beteiligtenfähigkeit besteht bei einer Betriebsstilllegung nur bis zum Ablauf des Restmandats (jetzt § 21 b BetrVG) fort (BAG 17. 10. 1989 AP Nr. 29 zu § 111 BetrVG 1972 = NZA 1990, 443). Der Betriebsrat ist daneben zu beteiligen bei einem Streit um die Bildung eines Wirtschaftsausschusses (BAG 7. 4. 1981 AP Nr. 16 zu § 118 BetrVG 1972 = NJW 1982, 254). Bei Streitigkeiten um die Befugnisse des Leiters der Betriebsversammlung (regelmäßig der Betriebsratsvorsitzende) sind dieser und der Betriebsrat in das Verfahren einzubeziehen (BAG 19. 5. 1978 AP Nr. 3 zu § 43 BetrVG 1972 = DB 1978, 2032). Die **Jugend- und Auszubildendenvertretung** ist regelmäßig nicht zu beteiligen, da sie kein selbstständiges Organ der Betriebsverfassung ist. Etwas anderes gilt nur, wenn der Verfahrensgegenstand entweder besonders den in § 60 Abs. 1 BetrVG genannten Personenkreis betrifft, sie im Verhältnis zum Betriebsrat eigene Beteiligungsrechte wahrnimmt oder eines ihrer Mitglieder eigene Kostenerstattungsansprüche gegen den Arbeitgeber verfolgt (BAG 30. 3. 1994 AP Nr. 42 zu § 40 BetrVG 1972 = NZA 1995, 382). In diesem Fall ist sie neben dem Betriebsrat Beteiligte. Der **Wirtschaftsausschuss** ist gleichfalls kein eigenständiges betriebsverfassungsrechtliches Organ und regelmäßig nicht Beteiligter (BAG 8. 3. 1983 AP Nr. 14 zu § 87 BetrVG 1972 Lohngestaltung = DB 1983, 2040). Nur wenn er zu einem bestimmten Verhalten angehalten werden soll (Duldung der Teilnahme von GBRmitgliedern), ist er als Antragsgegner Beteiligter (BAG 5. 11. 1985 AP Nr. 4 zu § 117 BetrVG 1972 = ArbuR 1986, 157). Beim **Wahlvorstand** ist zu unterscheiden. Er ist im Rahmen des Wahlverfahrens solange Verfahrensbeteiligter bis die Wahl durchgeführt worden ist und sich der Betriebsrat konstituiert hat. Danach entfällt seine Beteiligtenstellung in einem nachfolgenden Wahlanfechtungsverfahren, auch wenn die Gründe für die Anfechtung aus seiner Bestellung herrühren (BAG 14. 1. 1983 AP Nr. 9 zu § 19 BetrVG 1972 = DB 1983, 2142). Besteht hingegen Streit über die Betriebsratsfähigkeit eines Betriebs und wird die Wahl einstweilen nicht durchgeführt, so ist er bis zum rechtskräftigem Abschluss des Verfahrens über die Statthaftigkeit der Betriebsratswahl im Amt und am Verfahren zu beteiligen (BAG 25. 9. 1986 AP Nr. 7 zu § 1 BetrVG 1972 = NZA 1987, 708). Die **Einigungsstelle** ist nicht Verfahrensbeteiligter, auch wenn sie sich für unzuständig erklärt hat (BAG 22. 1. 1980 AP Nr. 7 zu § 111 BetrVG 1972 = NJW 1980, 2094).

Der **Sprecherausschuss** ist zu beteiligen, wenn der Verfahrensgegenstand unmittelbar in seine Rechtsstellung oder die seiner Mitglieder (Wahlanfechtung, Ausschluss bzw. Auflösung) bzw. die Rechte der leitenden Angestellten eingreift. Dies wird nicht nur bei Statusfragen der Fall sein, sondern auch wenn die Wirksamkeit von Richtlinien oder Vereinbarungen (§ 28 SprAuG) Verfahrensgegenstand ist, bei denen ein Beteiligungsrecht besteht.

4. Gewerkschaften

Sie sind jedenfalls als Antragsteller im Beschlussverfahren Beteiligte. Ihre Beteiligteneigenschaft ist darüber hinaus unbestritten im Verfahren über das Zugangsrecht von Beauftragten zu Sitzungen des Betriebsrats und seiner Ausschüsse (BAG 18. 11. 1980 AP Nr. 2 zu § 108 BetrVG 1972 = DB 1981, 1240). Ansonsten sind sie nach der neueren Rspr. in Wahlanfechtungsverfahren nur zu beteiligen, wenn sie selbst die Wahl angefochten haben (BAG 27. 1. 1993 AP Nr. 29 zu § 76 BetrVG 1952 = NZA 1993, 949). Das BAG verneint eine Beteiligtenstellung auch bei Streit um den Betriebsbegriff (BAG 25. 9. 1986 AP Nr. 7 zu § 1 BetrVG 1972 = NZA 1987, 708), Wirksamkeit von Betriebsratsbeschlüssen (BAG 26. 2. 1987 AP Nr. 5 zu § 26 BetrVG 1972 = NZA 1987, 271), Freistellung von Betriebsratsmitgliedern für Schulungsveranstaltungen (BAG 28. 1. 1975 AP Nr. 20 zu § 37 BetrVG 1972 = DB 1975, 1996), Bildung eines Gesamtbetriebsrats (BAG 30. 10. 1986 AP Nr. 6 zu § 47 BetrVG 1972 = NZA 1988, 27), Bestehen von Beteiligungsrechten (BAG 24. 4. 1979 AP Nr. 63 zu Art. 9 GG Arbeitskampf = NJW 1980, 140) sowie Wirksamkeit einer Betriebsvereinbarung (BAG 30. 10. 1986 AP Nr. 6 zu § 47 BetrVG 1972 = NZA 1988, 27). Bei einem Streit um die Anerkennung einer Schulungs- und Bildungsveranstaltung nach § 37 BetrVG sind sie nur zu beteiligen, wenn sie Träger der Veranstaltung sind.

IV. Rechtsschutzinteresse

Im Beschlussverfahren soll eine gerichtliche Entscheidung nur dann ergehen, wenn sie von praktischer Bedeutung für die Rechtsbeziehungen der in das Verfahren Einbezogenen ist. Durch das Erfordernis des Rechtsschutzinteresses wird die Erstattung eines Rechtsgutachtens für die Beteiligten unterbunden, das sich allein auf in der Vergangenheit bereits abgeschlossene Maßnahmen bezieht, die im Zeitpunkt der letzten mündlichen Verhandlung keine Auswirkungen mehr auf die gegenwärtigen Beziehungen haben. Die Darlegungslast für die Tatsachen, aus denen das Gericht auf ein berechtigtes rechtliches Interesse an der gerichtlichen Entscheidung schließen kann, trägt ungeachtet des Untersuchungsgrundsatzes der Antragsteller (BAG 17. 7. 1964 AP Nr. 3 zu § 80 ArbGG 1953 = NJW 1965, 320).

1. Grundsatz

Bei Leistungsanträgen liegt ein Rechtsschutzinteresse regelmäßig vor. Bei nach Anhängigkeit eintretender Unmöglichkeit, kann der Antragsteller seinen Antrag umstellen (§ 264 Nr. 3 ZPO). Wird seinem Begehren erst während des Verfahrens entsprochen, kann er Erledigung in der Hauptsache (§ 83 a ArbGG) erklären. Nach der Rechtsprechung fehlt das Rechtsschutzinteresse, wenn eine Vollstreckung der Entscheidung ausscheidet (BAG 17. 3. 1987 AP Nr. 7 zu § 23 BetrVG 1972 = NZA 1987, 786). Bei Gestaltungsanträgen besteht kein Rechtsschutzinteresse mehr, wenn eine gerichtliche Entscheidung die Rechtsbeziehungen der Beteiligten auf Grund veränderter tatsächlicher oder rechtlicher Umstände nicht mehr erfassen kann. Bei Feststellungsanträgen muss wegen § 256 ZPO ein besonderes Feststellungsinteresse für die gerichtliche Entscheidung vorliegen. Streiten die Parteien um den Umfang eines Beteiligungsrechts in der Betriebsverfassung, darf die Maßnahme zum Zeitpunkt der letzten mündlichen Verhandlung entweder noch nicht beendet sein oder es muss eine Wiederholungsgefahr in der Zukunft vorliegen. Fehlt es hieran, ist der Antrag als unzulässig abzuweisen.

2. Einzelfragen

In Statusfragen (Wahlrecht und -berechtigung) besteht regelmäßig ein Rechtsschutzinteresse, auch wenn eine Betriebsratswahl nicht unmittelbar bevorsteht (BAG 9. 12. 1975 AP Nr. 11 zu § 5 BetrVG 1972 = DB 1976, 631). Es entfällt nur, wenn der Arbeitnehmer während des Verfahrens aus dem Betrieb ausscheidet oder eine andere Tätigkeit übernommen hat (BAG 23. 1. 1986 AP Nr. 31 zu § 5 BetrVG 1972 = NZA 1986, 404). Die Bildung des **Wahlvorstands** kann dann nicht mehr angefochten werden, wenn die Betriebsratswahl zwischenzeitlich durchgeführt worden ist. Ist die Wahl unter Verkennung des Betriebsbegriffs angefochten, besteht ein Rechtsschutzinteresse für die Wahlanfechtung, wenn nicht nur eine einzelne Wahl, sondern auch die übrigen Wahlen der Einzelbetriebsräte frist- und formgerecht angefochten wurden (BAG 7. 12. 1988 AP Nr. 15 zu § 19 BetrVG 1972 = NZA 1989, 731). Entstehen in Zusammenhang mit einem Betriebsübergang Zweifel an dem Fortbestand des bisherigen Betriebsrats, so kann dessen Existenz bis zum Amtszeitende festgestellt werden (BAG 11. 10. 1995 AP Nr. 2 zu § 21 BetrVG 1972 = NZA 1996, 495). Kommt es während eines laufenden Beschlussverfahrens nicht mehr zur Neuwahl eines Betriebsrats, ist das Verfahren erledigt und einzustellen (BAG 27. 8. 1996 AP Nr. 4 zu § 83 a ArbGG 1979 = NZA 1997, 623). Für ein Verfahren auf **Auflösung des gesamten Betriebsrats** nach § 23 BetrVG fehlt das Rechtsschutzbedürfnis, wenn seine Amtszeit durch Zeitablauf endet. Ein Antrag des Betriebsrats auf Feststellung seines Mitbestimmungsrechts bei der Anordnung bestimmter Überstunden wird unzulässig, wenn dessen Beteiligung in einer Betriebsvereinbarung geregelt wird (BAG 12. 1. 1988 AP Nr. 8 zu § 81 ArbGG 1979 = NZA 1988, 517). Für einen (negativen) Feststellungsantrag des Arbeitgebers in sozialen Angelegenheiten ist ein Rechtsschutzinteresse schon dann gegeben, wenn sich der Betriebsrat ernsthaft eines Mitbestimmungsrechts in einer Angelegenheit berühmt (BAG 13. 10. 1987 AP Nr. 7 zu § 81 ArbGG 1979 = NZA 1988, 249). Ein Feststellungsantrag über Umfang und Reichweite eines Mitbestimmungsrechts ist selbst dann noch zulässig, wenn bereits eine **Einigungsstelle** (§ 76 BetrVG) in dieser Angelegenheit eingerichtet ist. Trifft diese eine inhaltliche Entscheidung auch zu dem umstrittenen Regelungsgegenstand, entfällt hingegen das Rechtsschutzbedürfnis für das Beschlussverfahren. Zulässig ist dann nur noch eine Anfechtung nach § 76 Abs. 5 BetrVG (BAG 13. 10. 1987 AP Nr. 7 zu § 81 ArbGG 1979 = NZA 1988, 249).

V. Verfahren

1. Einleitung

Eingeleitet wird das Beschlussverfahren nur auf schriftlichen oder mündlich zur Niederschrift bei der Geschäftsstelle anzubringenden Antrag (§ 81 Abs. 1 ArbGG). § 253 Abs. 2, 4 und 5 ZPO gilt entsprechend (BAG 22. 10. 1985 AP Nr. 18 zu § 87 BetrVG 1972 Lohngestaltung = NZA 1986, 299). Deshalb ist ein hinreichend bestimmter Sachantrag erforderlich. Im Übrigen braucht wegen des Amtsermittlungsgrundsatzes (dazu unten 3.) die Antragsschrift nur die Tatsachen zu enthalten, aus denen das Gericht den Verfahrensgegenstand und die weiteren Verfahrensbeteiligten bestimmen kann.

2. Güteverfahren

Nach dem mit Wirkung zum 1. 5. 2000 eingefügten § 80 Abs. 2 Satz 2 ArbGG kann ein Güteverfahren durchgeführt werden. Anders als im Urteilsverfahren steht dies im Ermessen des Vorsitzenden und ist nicht obligatorisch. Für das Verfahren gelten die Vorschriften über das Güteverfahren im Urteilsverfahren (§ 54 ArbGG) entsprechend. Wegen der Eigenart des Beschlussverfahrens sind diese aber zum Teil stark zu modifizieren. Eine Säumnisentscheidung oder die Anordnung des Ruhens des Verfahrens nach § 54 Abs. 5 ArbGG kommt nicht in Betracht (*Germelmann/Matthes/Prütting/Müller-Glöge* § 80 Rdn. 56).

3. Amtsermittlungsgrundsatz

Im Gegensatz zum Urteilsverfahren ist nach § 83 Abs. 1 Satz 1 ArbGG das Gericht verpflichtet, den Sachverhalt von Amts wegen zu erforschen (Amtsermittlungs- bzw. Untersuchungsgrundsatz). Der Antragsteller muss nur mit der Antragsschrift die Tatsachen vortragen, aus denen das Gericht den Verfahrensgegenstand und die weiteren Verfahrensbeteiligten bestimmen kann. Im Rahmen des so konkretisierten Verfahrensgegenstands ist es dann Aufgabe des Gerichts, die entscheidungserheblichen Tatsachen zu ermitteln.

Die hierzu dem Gericht zur Verfügung stehenden Mittel nennt § 83 Abs. 2 ArbGG. Danach kann das Gericht Urkunden einsehen, Auskünfte bei nicht am Verfahren Beteiligten einholen, sowie alle auch im Urteilsverfahren zur Verfügung stehenden Beweismittel verwerten (Zeugen, Sachverständige, Augenschein); auch die Beteiligtenvernehmung ist zulässig. Ein konkreter Beweisantrag ist nicht notwendig; für die Beteiligtenvernehmung müssen die Voraussetzungen der §§ 445–457 ZPO nicht gegeben sein (*Germelmann/ Matthes/Prütting/Müller-Glöge* § 83 Rdn. 102 u. 104).

§ 83 Abs. 1 Satz 2 ArbGG enthält darüber hinaus die Verpflichtung der am Verfahren Beteiligten, an der Aufklärung des Sachverhaltes mitzuwirken. Eine unmittelbare Sanktion bei Verletzung der Mitwirkungspflicht ist gesetzlich nicht geregelt. Soweit Aufklärungsmöglichkeiten ohne Mitwirkung der Beteiligten bestehen, hat das Gericht diese auszuschöpfen. Nur wenn ohne Mitwirkung der Beteiligten keine weitere Aufklärung möglich ist, kommt eine Zurückweisung des Antrages mangels substantiierten Vortrages in Betracht, wenn das Gericht zuvor auf diese Einschätzung hingewiesen und die Beteiligten anhand konkreter Fragestellungen zur Ergänzung ihres Vorbringens aufgefordert hat (BAG 11. 3. 1998 AP Nr. 57 zu § 40 BetrVG 1972 = NZA 1998, 953).

Nach § 83 Abs. 1 a ArbGG kann das Gericht das Verfahren beschleunigen, indem es den Beteiligten für ihr Vorbringen eine Frist setzt. Nach Ablauf der Frist kann das Vorbringen zurückgewiesen werden, wenn die Berücksichtigung nach der freien Überzeugung des Gerichts zu einer Verfahrensverzögerung führte und der Beteiligte die Verspätung nicht genügend entschuldigt. Auf diese Folgen ist mit der Auflage vorher hinzuweisen. Die Auflage muss hinreichend konkreten Inhalt haben. Insoweit gelten dieselben Anforderungen wie bei Auflagen nach § 56 ArbGG (dazu *Germelmann/Matthes/Prütting/ Müller-Glöge*, § 56 Rn 21–24). Dies steht im Einklang mit der Systematik des Beschlussverfahrens (a. A. *Germelmann*, NZA 2000, 1017, 1024); aus dieser leitet sich allerdings eine Einschränkung ab. Die Möglichkeit nach § 83 Abs. 1 a ArbGG greift nur insoweit ein, wie das Gericht zur Aufklärung des Sachverhaltes auf die Mitwirkung der Beteiligten angewiesen ist. Hierauf muss es nicht endlos lange warten, sondern kann für die erforderliche und vom Gesetz vorgesehene Verpflichtung zur Mitwirkung (§ 83 Abs. 1 Satz 2 ArbGG) einen begrenzten Zeitraum zur Verfügung stellen. Hingegen ist es nicht zulässig, die Fristsetzung lediglich zur Vereinfachung der richterlichen Aufklärungsarbeit einzusetzen. Bestehen Aufklärungsmöglichkeiten ohne Mitwirkung der Beteiligten sind diese auszuschöpfen ohne Rücksicht auf die zeitliche Komponente; das gilt auch, wenn die Mitwirkung der Beteiligten die Aufklärung vereinfachen würde. Allerdings ergibt sich häufig erst aus dem Vorbringen die Notwendigkeit und die Möglichkeit für weitere Aufklärungsbemühungen des Gerichts.

4. Verfahrensbeendigung

a) **Vergleich.** Durch § 83 a Abs. 1 ArbGG wird klargestellt, dass auch ein **Vergleich** im Beschlussverfahren grundsätzlich zulässig ist. Allerdings kommt ein wirksamer Vergleichsabschluss nur in Betracht, wenn die Vergleichschließenden über den Verfahrensgegenstand verfügen können. Ob dies der Fall ist, richtet sich nach materiellem Recht. Einem gerichtlichen Vergleich zweifelsfrei zugänglich sind vermögensrechtliche Ansprüche im Bereich der Betriebsverfassung (Schulungskosten, Vergütungs-, Freistellungs- und Kostenerstattungsansprüche des Betriebsrats bzw. Einzelner seiner Mitglieder). Eine Verfügungsmöglichkeit dürfte in Fragen des **formellen Betriebsverfassungsrechts** (Betriebsbegriff sowie aktives und passives Wahlrecht) nicht bestehen. Ebenso ist es dem Betriebsrat verwehrt, im Bereich des **materiellen Betriebsverfassungsrechts** für die Zukunft auf sein Beteiligungsrecht zu verzichten. Nicht nur der Abschluss eines gerichtlich protokollierten, sondern auch der eines außergerichtlichen Vergleichs zwischen den Beteiligten ist zulässig. Ein solcher führt nicht zwingend zu einer Verfahrensbeendigung, hierzu bedarf es vielmehr einer Antragsrücknahme oder einer Erledigungserklärung. Haben die Vergleichsschließenden in dem außergerichtlichen Vergleich in zulässigem Umfang über den Verfahrensgegenstand verfügt, entfällt das Rechtsschutzinteresse für die Fortsetzung des bisherigen Verfahrens. In der Praxis wird oftmals bei fehlender Verfügungsmöglichkeit der Beteiligten über den Verfahrensgegenstand ein außergerichtlicher Vergleich abgeschlossen und der Antrag anschließend vom Antragsteller zurückgenommen. Besteht Streit zwischen den Beteiligten, ob durch einen gerichtlichen oder außergerichtlichen Vergleich das Verfahren beendet worden ist, ist das bisherige Verfahren fortzusetzen. Wird hingegen um seinen Inhalt bzw. seine Auslegung gestritten, ist dieser Streit in einem neuen Verfahren auszutragen.

b) **Erledigung.** Erklären alle Beteiligten das Verfahren übereinstimmend für erledigt, ist es vom Gericht ohne nähere Sachprüfung durch Beschluss förmlich einzustellen. Die Abgabe der Erledigungserklärung ist unwiderruflich und bindend. Erklären nur Antragsteller oder -gegner das Verfahren für erledigt, sind die übrigen Beteiligten zur Stellungnahme aufzufordern, ob sie der Erledigungserklärung zustimmen. Nach § 83 a Abs. 3 Satz 2 ArbGG gilt ihre Zustimmung als erteilt, wenn sie sich nicht innerhalb einer Frist von mindestens zwei Wochen äußern und sie auf die Rechtsfolgen ihres Schweigens hingewiesen worden sind. Erklären die zur Äußerung aufgeforderten Beteiligten ihre Zustimmung oder gilt diese auf Grund ihres Schweigens als erteilt, ist gleichfalls das Verfahren ohne nähere Sachprüfung einzustellen. Fehlt es an der Zustimmung auch nur eines der Beteiligten, hat das Gericht nach erneuter Anhörung der Beteiligten darüber zu entscheiden, ob ein erledigendes Ereignis eingetreten ist (BAG 27. 8. 1996 AP Nr. 4 zu § 83 a ArbGG 1979 = NZA 1997, 623). Dies ist der Fall, wenn nach Rechtshängigkeit tatsächliche Umstände eingetreten sind, auf Grund derer der Antrag jedenfalls im Entscheidungszeitpunkt als unzulässig oder unbegründet abzuweisen wäre. Unerheblich ist dabei, ob er ursprünglich zulässig oder begründet war (BAG 26. 4. 1990 Nr. 3 zu § 83 a ArbGG 1979 = NZA 1990, 822). Die Entscheidung über einen nur einseitigen Erledigungsantrag ergeht durch Beschluss der Kammer unter Mitwirkung der ehrenamtlichen Richter und ist nach § 87 ArbGG mit der Beschwerde anfechtbar. Erklärt nicht der Antragsteller, sondern nur ein Beteiligter das Verfahren für erledigt, ist Absatz 3 entsprechend anwendbar und das Gericht fordert den Antragsteller und die anderen Verfahrensbeteiligten zur Stellungnahme auf.

c) Antragsrücknahme. Nach § 81 Abs. 2 ArbGG kann der verfahrenseinleitende Antrag jederzeit wieder zurückgenommen werden. Im ersten Rechtszug ist eine Zustimmung der anderen Beteiligten hierzu nicht erforderlich, auch nicht nach Durchführung eines Anhörungs- oder Beweisaufnahmetermins. In diesem Fall stellt der Vorsitzende das Verfahren durch Beschluss ein. Davon ist den Beteiligten Kenntnis zu geben, soweit ihnen der Antrag vom Gericht vorher übermittelt wurde. Der Beschluss ist ein beschwerdefähiger, verfahrensbeendender Beschlusss i. S. d. § 87 ArbGG (umstr. vgl. *Germelmann/ Matthes/Prütting/Müller-Glöge,* § 81 Rdn. 80).

d) Beschluss. Schließlich wird das Verfahren, sofern nicht eine andere Beendigungsart stattgefunden hat, durch Beschluss nach § 84 ArbGG beendet. Das Gericht entscheidet nach seiner freien, auf Grund des Gesamtergebnisses des Verfahrens gewonnenen Überzeugung. Der Beschluss wird verkündet. Hierfür sowie für die Form im Übrigen gilt § 60 ArbGG entsprechend.

VI. Rechtskraft und Präjudizwirkung

Die Entscheidungen nach § 84 ArbGG sind der formellen und materiellen Rechtskraft fähig (BAG 20. 3. 1996 AP Nr. 32 zu § 19 BetrVG 1972 = NZA 1996, 1058). Formelle Rechtskraft besteht, wenn durch Zeitablauf kein Rechtsmittel mehr gegen die Entscheidung eingelegt werden kann. Der Umfang der materiellen Rechtskraft richtet sich nach den §§ 323, 325 ZPO. Im Gegensatz zum Urteilsverfahren wirkt er nicht nur gegenüber Antragsteller und -sgegner des Beschlussverfahrens, sondern gegenüber sämtlichen in das Verfahren einbezogenen Beteiligten. Wegen der materiellen Rechtskraft ist ein erneutes Beschlussverfahren mit identischem Verfahrensgegenstand nur dann zulässig, wenn nach Schluss der letzten Anhörung vor der Kammer eine Gesetzesänderung erfolgt ist oder wesentliche tatsächliche Veränderungen stattgefunden haben (BAG 20. 3. 1996 AP Nr. 32 zu § 19 BetrVG 1972 = NZA 1996, 1058). Die materielle Rechtskraft steht einem neuen Beschlussverfahren aber auch dann nicht entgegen, wenn sich aus den tatsächlich geänderten Verhältnissen keine andere Sachentscheidung ergibt (BAG 1. 2. 1983 AP Nr. 14 zu § 322 ZPO = NJW 1984, 1710). Bei einem Betriebsübergang erstreckt sich die materielle Rechtskraft auch auf den Betriebserwerber (BAG 5. 2. 1991 AP Nr. 89 zu § 613 a BGB = NZA 1991, 639) sowie bei einer Neuwahl des Betriebsrats auch auf das neu gewählte Gremium.

Im Gegensatz zum Urteilsverfahren kann es im Beschlussverfahren zu einer über die materielle Rechtskraft hinausgehenden Bindungswirkung gegenüber nicht beteiligten Dritten kommen. Dies gilt insbesondere für rechtsgestaltende Entscheidungen (Wahlanfechtung), wie auch feststellende Statusentscheidungen (Betriebsbegriff, BAG 9. 4. 1991

AP Nr. 8 zu § 18 BetrVG 1972 = NZA 1991, 812; Wahlrecht, BAG 20. 3. 1996 AP
Nr. 32 zu § 19 BetrVG 1972 = NZA 1996, 1058; Leitender Angestellter, BAG 5. 3.
1974 AP Nr. 1 zu § 5 BetrVG 1972 = DB 1974, 1239). Eine Bindungswirkung eines vorangehenden Beschlussverfahrens kommt darüber hinaus in Betracht bei Streit um Mitbestimmungsrechte, Wirksamkeit und Inhalt einer Betriebsvereinbarung (BAG 17. 2.
1992 AP Nr. 1 zu § 84 ArbGG 1979 = NZA 1992, 999), einem Sozialplan (BAG 17. 2.
1981 AP Nr. 11 zu § 112 BetrVG 1972 = NJW 1982, 69) sowie beim Nachteilsausgleich
(§ 113 BetrVG; BAG 10. 11. 1987 AP Nr. 15 zu § 113 BetrVG 1972 = NZA 1988,
287). Bei der Kündigung von Betriebsratsmitgliedern hat das BAG gleichfalls eine Bindungswirkung bejaht (zu § 103 BetrVG, BAG 24. 4. 1975 AP Nr. 3 zu § 103 BetrVG
1972 = NJW 1975, 1752; zu § 15 KSchG, BAG 18. 9. 1997 AP Nr. 35 zu § 103
BetrVG 1972 = NZA 1998, 210), dies aber in einer neueren Entscheidung einschränkend präzisiert (BAG 15. 8. 2002 – 2 AZR 214/01 – zVb.). Bei personellen Einzelmaßnahmen (§ 99 BetrVG) hat eine das Mitbestimmungsrecht verneinende Entscheidung
Auswirkung auf den Individualprozess (Versetzung eines Betriebsratsmitglieds, BAG
21. 9. 1989 AP Nr. 72 zu § 99 BetrVG 1972 = NZA 1990, 314). Bei Ein- bzw. Um-
gruppierungen soll sich ein Mindestvergütungsanspruch des Arbeitnehmers aus der zwischen dem Betriebsrat und Arbeitgeber getroffenen Einigung ergeben bzw. aus einem die
Zustimmung des Betriebsrates ersetzenden Beschluss (BAG 3. 5. 1994 AP Nr. 2 zu § 99
BetrVG 1972 Eingruppierung = NZA 1995, 484).

VII. Kosten

Nach § 12 Abs. 5 ArbGG ist das Beschlussverfahren gerichtskostenfrei. Auch Auslagen des Gerichts für die Zustellung oder Inanspruchnahme von Zeugen und Sachverständigen werden nicht erhoben. Aus diesem Grund ist eine Kostenentscheidung im Beschluss (§ 84 ArbGG) entbehrlich (BAG 20. 4. 1999 AP Nr. 43 zu § 81 ArbGG 1979 =
NZA 1999, 1235). Nicht unter § 12 Abs. 5 ArbGG fallen die Beschwerdeverfahren gegen eine Streitwert- oder Kostenfestsetzung (§§ 10 Abs. 3 BRAGO, 104 Abs. 3 ZPO,
LAG Niedersachsen 22. 3. 1988 – 6 TaBV 82/86 – JwCD), da es sich um eigenständige
Verfahren handelt. Die Ansprüche auf Kostenerstattung für die Durchführung eines Beschlussverfahrens richten sich ansonsten nach **materiellem Recht**; § 12 a ArbGG betrifft
nur das Urteilsverfahren und ist im Beschlussverfahren auch nicht analog anwendbar.
Ob ein Kostenerstattungsanspruch nach § 12 a ArbGG ausgeschlossen ist, hängt von der
jeweils statthaften Verfahrensart ab, in der ein Anspruch zu verfolgen ist. Aus diesem
Grund besteht kein Anspruch auf Erstattung erstinstanzlicher Rechtsanwaltskosten,
wenn sie einem Betriebsratsmitglied bei der auf § 37 Abs. 2 BetrVG gestützten Verfolgung seiner Lohnansprüche entstanden sind (BAG 30. 6. 1993 AP Nr. 8 zu § 12 a
ArbGG = NZA 1994, 284), da diese im Urteilsverfahren zu verfolgen sind. Eine gesetzliche Ausnahme besteht bei Beschlussverfahren des Insolvenzverwalters zum Kündigungsschutz (§ 126 InsO). In dessen Abs. 3 wird § 12 a Abs. 1 Satz 1 und 2 ArbGG ausdrücklich für entsprechend anwendbar erklärt. Anspruchsgrundlage für das Honorar des
Verfahrensbevollmächtigten des für den Betriebsrat auftretenden Rechtsanwalts ist regelmäßig § 40 BetrVG, der den Arbeitgeber zur Übernahme der erforderlichen Kosten
der Betriebsratsarbeit verpflichtet. Die im Verfahren auf Ersetzung der Zustimmung des
Betriebsrates zur fristlosen Kündigung eines Betriebsratsmitglieds (§ 103 BetrVG) dem
beteiligten Betriebsratsmitglied entstehenden Kosten sind keine Kosten der Tätigkeit des
Betriebsrates und daher vom Arbeitgeber nicht zu erstatten (LAG Hamm 30. 7. 1976 BB
1976, 1607 = DB 1976, 1916). Neben § 40 BetrVG ist der Arbeitgeber nach § 76 a
BetrVG zur Übernahme der Kosten der **Einigungsstelle** (§ 76 BetrVG) verpflichtet.

Kommt der Arbeitgeber mit deren Erfüllung in Verzug, ist er zur Zahlung der sog. Honorardurchsetzungskosten des Vorsitzenden und der betriebsfremden Beisitzer verpflichtet, zu denen auch die Anwaltskosten zählen. Diese stellen keine Kosten der Einigungsstelle dar, Anspruchsgrundlage sind vielmehr §§ 280 Abs. 2 u. 286 BGB (BAG 27. 7. 1994 AP Nr. 4 zu § 76a BetrVG 1972 = NZA 1995, 545). Die dem Grunde nach bestehende Kostentragungspflicht kann durch einen Feststellungsantrag im Wege der subjektiven Antragshäufung bereits mit dem eigentlichen Sachantrag geltend gemacht werden, sofern ein Feststellungsinteresse besteht.

E. Hauptsacheverfahren

I. Streitigkeiten hinsichtlich des Geltungsbereichs des BetrVG

1. Antrag wegen Status eines leitenden Angestellten[1]

An das
Arbeitsgericht ......

      Antrag im Beschlussverfahren mit den Beteiligten

1. Betriebsrat der Firma ......
vertreten durch den Betriebsratsvorsitzenden

                         – Antragsteller[2] –

Verfahrensbevollmächtigte: ......
2. Firma ......,

                         – Antragsgegnerin –

3. ...... (Arbeitnehmer, um dessen Status gestritten wird)[3]

                         – Beteiligter zu 3 –

wegen Statusfeststellung.

Namens und in Vollmacht[4] des Antragstellers leiten wir ein Beschlussverfahren ein und beantragen:
Es wird festgestellt, dass der Arbeitnehmer ...... kein leitender Angestellter im Sinne von § 5 Abs. 3 BetrVG ist.

      Begründung:

Die Antragsgegnerin beschäftigt insgesamt ca. 2000 Arbeitnehmer. Die Zentrale und Kundendienstabteilung der Antragsgegnerin befindet sich in W ...... Daneben betreibt die Antragsgegnerin insgesamt 10 weitere Kundendienstleitstellen, in denen ca. 300 gewerbliche Kundendiensttechniker und 50 Angestellte beschäftigt sind. Die einzelnen Kundendienstleitstellen sind der Hauptabteilung Kundendienst der Antragsgegnerin in W ...... direkt unterstellt. In der Kundendienstleitstelle Z ...... sind neben dem Leiter dieser Stelle, dem Beteiligten zu 3, weitere 25 Arbeitnehmer beschäftigt.
Der Antragsteller ist der im Betrieb der Kundendienstleitstelle Z ...... gebildete Betriebsrat. Die/der Vorsitzende ist Frau/Herr ......
Im Arbeitsvertrag wird der Beteiligte zu 3 als leitender Angestellter bezeichnet.[5]
Der Aufgabenbereich des Beteiligten zu 3 ergibt sich aus der diesem Antrag beigefügten Stellenbeschreibung der Antragsgegnerin. Der Beteiligte zu 3 ist an Einstellungen und Kündigungen von Arbeitnehmern in der Kundendienstleitstelle in der Weise beteiligt, dass er die personalplanerischen Vorgaben der Unternehmensleitung erhält und hiernach die geplanten Einstellungen umsetzt. Er führt die Auswahlgespräche und unterbreitet der Kundendienstleitung in der Zentrale W ...... seine Vorschläge. Nach endgültiger Auswahlentscheidung durch die Kundendienstleitung sowie der zentralen Personalleitung erhält der Beteiligte zu 3 einen ausgefer-

tigten und unterzeichneten Arbeitsvertrag, den der Beteiligte zu 3 zusätzlich unterzeichnet und dem einzustellenden Arbeitnehmer aushändigt. Der gleiche Weg erfolgt bei Kündigungen. Der Beteiligte zu 3 ermittelt den Sachverhalt vor Ort und teilt der Kundendienstleitung seine Wünsche bezüglich eines zu kündigenden Arbeitnehmers mit. Die endgültige Entscheidung wird von der Kundendienstleitung und Personalleitung in der Zentrale W ...... getroffen. Von dort wird das Kündigungsschreiben ausgefertigt. Der Beteiligte zu 3 unterschreibt es zusätzlich und händigt es dem zu Kündigenden aus.[6]

Weiterhin ist der Beteiligte zu 3 gemäß Stellenschreibung zuständig für die Planung und Einhaltung des Budgets sowie der Ziele der Kundendienstleitstelle und deren Ergebnis. Er hat die kurz- und mittelfristigen Ziele der Antragsgegnerin für die einzelnen Mitarbeiter der Kundendienstleitstelle vorzugeben und deren Erreichung zu überwachen.

Die Antragsgegnerin ist der Ansicht, der Beteiligte zu 3 sei leitender Angestellter im Sinne von § 5 Abs. 3 BetrVG. Der Antragsteller sei somit nicht für die Vertretung des Beteiligten zu 3 zuständig.

Der Antragsteller ist der Auffassung, dass der Beteiligte zu 3 kein leitender Angestellter im Sinne des BetrVG ist. Er hat weder die Befugnis zu selbstständigen Einstellungen und Entlassungen von im Betrieb beschäftigten Arbeitnehmern, noch hat er Generalvollmacht oder Prokura[7] und nimmt auch sonst keine Aufgaben wahr, die für den Bestand und Entwicklung des Unternehmens oder eines Betriebs von Bedeutung sind.[8]

Der Antragsteller hat am ...... beschlossen, das vorliegende Verfahren einzuleiten und mit seiner Durchführung die im Aktivrubrum genannten Verfahrensbevollmächtigten zu beauftragen.

Beweis: Zeugnis des Betriebsratsvorsitzenden ......

Rechtsanwalt

Schrifttum: Ascheid, Urteils- und Beschlussverfahren im Arbeitsrecht, 1995; *Bauer,* Teilnahme von Anwälten an Betriebsversammlungen, NJW 1988, 1150; *Bauer/Göpfert,* Beschleunigtes Interessenausgleichsverfahren, BB 1997, 1464; *Bichlmeier/Engberding/Oberhofer,* Insolvenzhandbuch, 1998; *Brötzmann,* Probleme der Betriebsversammlung, BB 1990, 1055; *Cramer,* Schwerbehindertengesetz, 1998; *Däubler,* Eine bessere Betriebsverfassung?, AuR 2001, 1/5; *Däubler,* Die veränderte Betriebsverfassung – Erste Anwendungsprobleme, AuR, 2001, 286; *ders.,* Kollektive Durchsetzung individueller Rechte?, AuR 1995, 305; *ders.,* Gewerkschaftsrechte im Betrieb, 1992; *ders./ Kittner/Klebe,* Betriebsverfassungsgesetz – Kommentar für die Praxis, 8. Auflage, 2002; *Ehmann/Schmidt,* Betriebsvereinbarungen und Tarifverträge, NZA 1995, 193; *Fabricius/Kraft/Wiese/Kreutz/Oetker/Raab/Weber,* Betriebsverfassungsgesetz, Gemeinschaftskommentar, Band 1 und Band 2: 7. Auflage, 2002; *Feichtinger,* Die Betriebsratsanhörung bei Kündigung, 1994; *Fischer,* Der ahnungslose Arbeitgeber oder die Betriebsverfassung im (internationalen) konzernrechtlichen Niemandsland?, AuR 2002, 7; *Fitting/Kaiser/Heither/Engels/Schmidt,* Betriebsverfassungsgesetz, 21. Auflage, 2002; *Franzen,* Das Mitbestimmungsrecht des Betriebsrats bei der Einführung von Maßnahmen der betrieblichen Berufsbildung nach § 97 II BetrVG, NZA 2001, 865; *Frey/Pulte,* Betriebsvereinbarungen in der Praxis, München, 1997; *Friedemann,* Das Verfahren der Einigungsstelle für Interessenausgleich und Sozialplan, 1997; *Galperin/Löwisch,* Kommentar zum Betriebsverfassungsgesetz, 2 Bände, 6. Auflage, 1982; *Germelmann/ Matthes/Prütting/Müller-Glöge,* Arbeitsgerichtsgesetz, 4. Auflage, 2002; *Grunsky,* Arbeitsgerichtsgesetz, 7. Auflage, 1995; *Hauck,* Arbeitsgerichtsgesetz, Kommentar, 1996; *Herbst/Bertelsmann/Reiter,* Arbeitsgerichtliches Beschlussverfahren, Handbuch für Verfahrensbevollmächtigte und Gerichte, 2. Auflage, 1998; *Hess/ Schlochauer/Glaubitz,* Kommentar zum Betriebsverfassungsgesetz, 5. Auflage, 1997; *Heupgen,* Anspruch des Betriebsrates auf Unterlassung betriebsbedingter Kündigungen vor Einigung über einen Interessenausgleich und einen Sozialplan, NZA 1997, 1271; KR-Gemeinschaftskommentar zum Kündigungsschutzgesetz und zu sonstigen kündigungsschutzrechtlichen Vorschriften, 6. Auflage, 2002; *Lingemann, Diller, Mengel,* Aktienoptionen im internationalen Konzern, ein arbeitsrechtsfreier Raum?, NZA 2000, 1191; *Löwisch,* Das arbeitsrechtliche Beschäftigungsförderungsgesetz, NZA 1996, 1009; *ders.,* Kommentar zum Sprecherausschussgesetz, 2. Auflage, Heidelberg, 1994; *Manske,* Bessere Arbeitsbedingungen für Betriebsräte? Ein Diskussionsbeitrag zur Reform der Betriebsverfassung, AuR 2001, 94; *Matthes,* Zur Antragstellung im Beschlussverfahren, DB 1984, 453; *Natzel,* Hinzuziehung internen wie externen Sachverstands nach dem neuen Betriebsverfassungsgesetz, NZA 2001, 872; *Nebendahl, Lunk,* Die Zuständigkeit der Einigungsstelle bei Beschwerden nach § 85 Abs. 2 BetrVG, NZA 1990, 676; *Neef,* Die Neuregelung des Interessenausgleiches und ihre praktischen Folgen, NZA 1997, 65; *Neumann/Pahlen,* Schwerbehindertengesetz, 1999; *Oetker,* Die Hinzuziehung eines Beraters bei Betriebsänderungen – Der neue § 111 S. 2 BetrVG, NZA 2002, 465 ff.; *Pflüger,* Die Hinzuziehung eines Sachverständigen gem. § 80 Abs. 3 BetrVG, NZA 1988, 45; *Pünnel/Isenhardt,* Die Einigungsstelle des BetrVG 1972, 4. Auflage, 1997; *Reichold,* Die reformierte Betriebsverfassung 2001, NZA 2001, 857/864; *Reitze,* Rückwirkende „Billigung" unwirksamer oder fehlender Entscheidungen des Betriebsrats?, NZA 2002, 492; *Richardi,* Betriebsverfassungsgesetz, 8. Auflage, 2002; *Schaub,* Arbeitsrechtliche Formularsammlung und Arbeitsgerichtsverfahren, 6. Auflage, 1994; *Schaub,* Die Bestellung und Abberufung der Vorsitzenden von Einigungsstellen, NZA 2000, 1087; *Schrader,* Übergangsregelungen zum Konkursrecht, NZA 197, 70; *Stege/Weinspach,* Betriebsverfassungsgesetz, Handbuch für die betriebliche Praxis, 7. Auflage, 1994; *Vetter,* Probleme der Festsetzung des Gegenstandswertes im Beschlussverfahren, NZA 1986, 182; *Weber/Ehrich,* Einigungsstelle, 1999; *Witt,* Interne Wahlen, AR-Blattei, Betriebsverfassung VI b, SD 530, 6.2; *Witt,* Bestandsschutz von Auszubildenden in betriebsverfassungs- oder personalvertretungsrechtlichen Ämtern, AR-Blattei, Betriebsverfassung XIII A, SD 530.13.1; *Wolmerat, Esser,* Katalog der 100 +... Mobbinghandlungen, in: Mobbing, Ansätze für die Betriebratsarbeit, AiB 2000, 388; *Zwanziger,* Der Interessenausgleich – betriebliches Regelungsinstrument oder Muster ohne kollektiven Wert?, BB 1998, 477; *Zwanziger,* Das Arbeitsrecht der Insolvenzordnung, 1997.

Anmerkungen

1. Statusverfahren haben die Aufgabe, eine Klärung über die Arbeitnehmereigenschaft nach § 5 BetrVG und somit über die Anwendung des BetrVG auf diese Personen herbeizuführen. In § 5 Abs. 2 BetrVG werden diejenigen Betriebsangehörigen definiert, die nicht als Arbeitnehmer im Sinne des BetrVG gelten. § 5 Abs. 3 BetrVG grenzt die leitenden Angestellten weitgehend aus dem Anwendungsbereich des Gesetzes aus. Diese sind zwar Arbeitnehmer, besitzen jedoch weder das aktive noch das passive Wahlrecht zum Betriebsrat, werden demgemäß von diesem nicht vertreten und bleiben somit auch bei der Entscheidung über die für die Betriebsratsgröße maßgebliche Zahl der Arbeitnehmer außer Betracht (vgl. FKHES, § 5 Rdn. 9 ff.). Lediglich Einstellungen oder personelle Veränderungen (auch Kündigungen), die diesen Personenkreis betreffen, sind gem. § 105 BetrVG dem Betriebsrat mitzuteilen. Das Unterlassen dieser Mitteilungspflicht macht jedoch eine gegenüber einem leitenden Angestellten ausgesprochene Kündigung nicht unwirksam (vgl. FKHES, § 105 Rdn. 9). In Betrieben mit mindestens 10 leitenden Angestellten können diese eine eigene Interessenvertretung nach dem Sprecherausschuss (SprAuG) wählen. Zuordnungsstreitigkeiten von Arbeitnehmern zu den Wählerlisten für die Betriebsratswahlen oder die Wahlen nach dem SprAuG sollen in erster Linie durch das Zuordnungsinstrumentarium nach § 18 a BetrVG entschieden werden, wobei der Rechtsweg zur Feststellung des Status eines (leitenden) Angestellten hierdurch nicht ausgeschlossen wird (vgl. FKHES, § 18 a Rdn. 61, 64). Derartige Statusstreitigkeiten entscheiden die Arbeitsgerichte ebenso im Beschlussverfahren wie die Frage der **Arbeitnehmereigenschaft** eines Betriebsangehörigen nach § 5 Abs. 1 und 2 BetrVG (vgl. FKHES, § 5 Rdn. 430; *Richardi*, BetrVG § 5 Rdn. 299). Möglich ist jedoch auch die Statusentscheidung im Urteilsverfahren, etwa in einem Kündigungsschutzverfahren, in dem der vermeintlich leitende Angestellte geltend macht, er sei nicht leitender Angestellter, und die deswegen erforderliche Betriebsratsanhörung sei nicht erfolgt (BAG v. 19. 8. 1975, AP Nr. 1 zu § 105 BetrVG 1972 = DB 1975, 2231).

2. Antragsberechtigt sind Arbeitgeber und Betriebsrat sowie der Sprecherausschuss der leitenden Angestellten und unter bestimmten Voraussetzungen der Wahlvorstand und die im Betrieb vertretene Gewerkschaft (vgl. DKK-*Trümner*, § 5 Rdn. 251; *Richardi*, BetrVG § 5 Rdn. 302). Das Rechtsschutzinteresse ergibt sich daraus, dass für Betriebsrat und Arbeitgeber jederzeit klärungsbedürftig sein kann, welche Arbeitnehmer unter den Vertretungs- und Kompetenzbereich des Betriebsrats fallen (vgl. FKHES, § 5 Rdn. 213; *Richardi*, BetrVG § 5 Rdn. 304).

3. Der Arbeitnehmer, um dessen Status gestritten wird, ist Beteiligter im Beschlussverfahren. Er kann eigene Anträge stellen und auch Rechtsmittel einlegen (BAG v. 23. 1. 1986, AP Nr. 30 zu § 5 BetrVG 1972 = NZA 1986, 487; BAG v. 25. 10. 1989, AP Nr. 42 zu § 5 BetrVG = NZA 1990, 820; *Richardi*, BetrVG § 5 Rdn. 302, 304).

4. Die ordnungsgemäße Bevollmächtigung des Rechtsanwalts erfordert eine entsprechende Beschlussfassung des Betriebsrats zur Verfahrenseinleitung (vgl. Muster E. IV. 1 Anm. 4) und zur Anwaltsbeauftragung (vgl. Muster E. IV. 2 Anm. 2).

5. Die statusbegründenden Merkmale für einen leitenden Angestellten müssen ihm nach dem mit ihm bestehenden Arbeitsvertrag übertragen worden sein, wobei – wie auch sonst – kein Schriftformerfordernis für diese vertragliche Regelung gilt (vgl. FKHES, § 5 Rdn. 333). Die tatsächlichen – das Arbeitsverhältnis ausgestaltenden – Verhältnisse müssen jedoch mit den arbeitsvertraglichen Regelungen übereinstimmen (§ 5 Abs. 3 Satz 1 BetrVG: „Nach Arbeitsvertrag und Stellung im Unternehmen oder Betrieb"), so dass die Bezeichnung als leitender Angestellter für sich genommen nicht als statusbegründend angesehen werden kann. Entscheidend ist vielmehr die tatsächliche Handhabung (vgl. FKHES, § 5 Rdn. 335; *Richardi*, BetrVG § 5 Rdn. 199).

6. Die statusbegründende Personalkompetenz nach § 5 Abs. 3 Ziff. 1 BetrVG muss sich auf Einstellungen und Entlassungen beziehen (vgl. DKK-*Trümner*, § 5 Rdn. 200; FKHES, § 5 Rdn. 341). Entscheidend ist diesbezüglich nicht die Kompetenz im Außenverhältnis, sondern der leitende Angestellte muss auch im Innenverhältnis die Kompetenz haben, selbstständig, d. h. nicht erst nach Abstimmung mit dem Geschäftsführer oder sonstigen Vorgesetzten, seine Entscheidungen zu treffen. Das Vorschlagsrecht für eine Einstellung oder Kündigung reicht nicht aus (BAG v. 23. 1. 1986, AP Nr. 32 zu § 5 BetrVG 1972 = NZA 1986, 484, 485; DKK-*Trümner*, § 5 Rdn. 201; FKHES, § 5 Rdn. 343). Allerdings reicht die Einstellungs- und Entlassungskompetenz für den Status des leitenden Angestellten allein dann nicht aus, wenn sich diese formale Kompetenz auf eine vergleichsweise geringe Zahl von Arbeitnehmern erstreckt (im konkreten Fall hatten Bereichsleiter einer Spielbank die entsprechende Personalkompetenz für 14, 25 bzw. 67 Arbeitnehmern von insgesamt 120 Arbeitnehmern). Hier ist zusätzlich erforderlich, dass den betreffenden Arbeitnehmern auch ein für das Unternehmen bedeutsames Aufgabengebiet zur Erledigung übertragen wurde (BAG v. 16. 4. 2002, 1 ABR 23/01, NZA 2003, 56).

7. Die dem leitenden Angestellten erteilte Prokura darf im Innenverhältnis zum Arbeitgeber nicht unbedeutend sein. Damit scheiden sogenannte „Titularprokuristen" aus dem Kreis der leitenden Angestellten aus (BAG v. 27. 4. 1988, AP Nr. 37 zu § 5 BetrVG 1972 = NZA 1988, 809, 810; BAG v. 11. 1. 1995, AP Nr. 55 zu § 5 BetrVG 1972 = NZA 1995, 747, 749). Zwar müssen die Kompetenzen des Prokuristen im Innenverhältnis nicht deckungsgleich mit denen im Außenverhältnis sein (BAG v. 11. 1. 95, AP Nr. 55 zu § 5 BetrVG 1972 = NZA 1995, 747, 748 in Abgrenzung zur Entscheidung v. 27. 4. 1988, AP Nr. 37 zu § 5 BetrVG 1972 = NZA 1988, 809), sie erfordern jedoch wenigstens einen Aufgabenkreis im Innenverhältnis, der den in § 5 Abs. 3 Nr. 3 BetrVG beschriebenen Leitungsfunktionen nahe kommt (BAG v. 11. 1. 1995, aaO., 749).

Die Erteilung einer Handlungsvollmacht nach § 54 HGB reicht zur Erfüllung der Tatbestandsmerkmale nach § 5 Abs. 3 Nr. 2 BetrVG nicht aus (BAG v. 10. 4. 1991, AP Nr. 141 zu § 1 TVG Tarifverträge: Bau = NZA 1991, 857, 858; FKHES, § 5 Rdn. 355).

8. Nach § 5 Abs. 3 Nr. 3 BetrVG kann der Status eines leitenden Angestellten dann gegeben sein, wenn der Angestellte Aufgaben wahrnimmt, die für den Bestand und die Entwicklung eines Unternehmens oder Betriebes von Bedeutung sind, somit einen beachtlichen Teilbereich unternehmerischer Gesamtaufgaben betreffen (vgl. FKHES, § 5 Rdn. 357). Es muss sich um unternehmerische Leitungsaufgaben handeln, die den unter den Nummern 1 und 2 genannten Aufgaben vergleichbar sind (vgl. FKHES, § 5 Rdn. 362 ff.). Die Leitungsaufgaben müssen regelmäßig wahrgenommen werden, nicht nur vertretungsweise, sondern für einen beachtlichen Teil der Arbeitszeit (BAG v. 23. 1. 1986, AP Nr. 32 zu § 5 BetrVG 1972 = NZA 1986, 484 ff.). Wer lediglich – womöglich noch in der Probezeit – eingearbeitet und auf seine zukünftigen Leitungsaufgaben vorbereitet werden soll, ist während dieser Einarbeitungsphase noch kein leitender Angestellter, kann jedoch später in eine solche Position hineinwachsen (vgl. *Richardi*, BetrVG § 5 Rdn. 219). Auch der Stabsangestellte, der in einem Maße unternehmerische Entscheidungen vorbereitet, dass der Unternehmer hieran „nicht vorbeigehen kann" (vgl. FKHES, § 5 Rdn. 369 f.), kann leitender Angestellter sein.

Kann man letztlich nach den Kriterien des § 5 Abs. 3 Ziff. 3 BetrVG eine Statusentscheidung nicht treffen, ist in den noch offenen Zweifelsfällen auf die Auslegungsregel nach Abs. 4 zurückzugreifen, die insoweit eine Orientierungshilfe in Grenzfällen für nach Nr. 3 nicht abschließend zu treffende Entscheidungen geben soll (vgl. hierzu FKHES, § 5 Rdn. 380 ff.).

2. Antrag auf Feststellung eines Tendenzbetriebes[1]

An das
Arbeitsgericht ......

Antrag im Beschlussverfahren mit den Beteiligten

1. Firma ......

– Antragstellerin –

Verfahrensbevollmächtigte: ......

2. Betriebsrat der Firma ......
   vertreten durch den Betriebsratsvorsitzenden

– Antragsgegner[2] –

wegen Feststellung der Tendenzeigenschaft.

Namens und in Vollmacht der Antragstellerin leiten wir ein Beschlussverfahren ein und beantragen:

Es wird festgestellt, dass im Unternehmen der Antragstellerin kein Wirtschaftsausschuss zu bilden ist.

Begründung:

Bei der Antragstellerin handelt es sich um ein Berufsförderungswerk in der Rechtsform einer GmbH. In ihrem Gesellschaftsvertrag wurde unter anderem festgelegt, dass Gegenstand des Unternehmens die Errichtung und der Betrieb eines gemeinnützigen Berufsförderungswerkes ist mit dem Ziel der Durchführung von beruflichen Rehabilitationsmaßnahmen und der Wiedereingliederung von Behinderten in Arbeit, Beruf und Gesellschaft. Weiterhin heißt es im Gesellschaftsvertrag, dass die Gesellschaft ausschließlich und unmittelbar gemeinnützige Zwecke verfolge und etwaige Überschüsse und Rückstellungen nur für die im Gesellschaftsvertrag vorgesehenen Zwecke verwendet werden dürfen.

Das Gesellschaftskapital wird zu gleichen Teilen von verschiedenen Landesversicherungsanstalten gehalten.

Die Antragstellerin beschäftigt in der Regel ca. 180 Arbeitnehmer, von denen 160 in der Verwaltung oder als Ausbilder eingesetzt sind. Außerdem sind jeweils ca. 10 Arbeitnehmer als Psychologen und Sozialarbeiter sowie im ärztlichen Dienst tätig.

Der Antragsgegner ist der im Betrieb gebildete 7-köpfige Betriebsrat.

Das Berufsförderungswerk ist für ca. 500 Rehabilitanten eingerichtet, die dort in Berufen der Elektrotechnik sowie in kaufmännischen Berufen ausgebildet werden. Es handelt sich bei den Rehabilitanten um Erwachsene, die auf Grund körperlicher und seelischer Behinderung ihre bisherige Berufstätigkeit nicht mehr ausüben können. Die Kosten der Rehabilitation des jeweiligen Behinderten trägt der Sozialversicherungsträger, von dem der zur Ausbildung in das Berufsförderungswerk Entsandte zu diesem Zweck Leistungen zu beanspruchen hat. Ziel der Ausbildung ist die normale Abschlussprüfung vor den Prüfungsausschüssen der Industrie- und Handelskammer bzw. der Handwerkskammer.

Der Antragsgegner betreibt die Bildung eines Wirtschaftsausschusses im Unternehmen der Antragstellerin und hat mit Beschluss vom ...... 5 Mitglieder des Unternehmens zu Mitgliedern des Wirtschaftsausschusses ernannt.

Die Antragstellerin ist der Ansicht, sie verfolge mit der beruflichen Wiedereingliederung Behinderter in das Berufsleben wegen der damit verbundenen Hilfeleistung an leidenden Menschen karitative und wegen der zu vermittelnden Berufsausbildung auch erzieherische Zwecke. Da sie in der Verfolgung dieser Ziele nicht gewinnorientiert arbeite, sei sie ein Tendenzbetrieb mit der Folge, dass ein Wirtschaftsausschuss nicht gebildet werden dürfe.

Rechtsanwalt

Anmerkungen

1. § 118 Abs. 1 BetrVG schränkt den Geltungsbereich der Betriebsverfassung für bestimmte Unternehmen und Betriebe ein, soweit diese unmittelbar und überwiegend politischen, koalitionspolitischen, konfessionellen, karitativen, erzieherischen, wissenschaftlichen oder künstlerischen Bestimmungen dienen oder dem Zwecke der Berichterstattung oder Meinungsäußerung im Zusammenhang mit Art. 5 Abs. 1 Satz 2 GG. Hingegen ist die Erfüllung öffentlicher Aufgaben im Auftrag und nach Vorgabe staatlicher Stellen keine von § 118 Abs. 1 Satz 1 Nr. 1 BetrVG geschützte politische Bestimmung (BAG v. 21. 7. 1998, AP Nr. 63 zu § 118 BetrVG 1972 = NZA 1999, 277 für einen eingetragenen Verein mit der Aufgabe, die Beziehungen zwischen der Bundesrepublik Deutschland und dem Ausland im Sinne friedlicher Zusammenarbeit zu festigen und das Verständnis für Deutschland im Ausland zu vertiefen). Ebensowenig hat das BAG einen Landes-Sport-Verband als Tendenzbetrieb anerkannt, da die Aufgabe, öffentliche Fördermittel zu beschaffen und an die Mitglieder zu verteilen, keine politische Zweckbestimmung im Sinne von § 118 Abs. 1 Satz 1 Nr. 1 BetrVG darstellt (BAG v. 23. 3. 1999, AP Nr. 66 zu § 118 BetrVG 1972 = NZA 1999, 1347). Nach § 118 Abs. 2 BetrVG findet das Gesetz auf Religionsgemeinschaften und deren karitative und erzieherische Einrichtungen keine Anwendung, so beispielsweise nicht für ein Jugenddorf eines eingetragenen Vereins (e. V.), der selbst Mitglied des Diakonischen Werks der Evangelischen Kirche ist (BAG v. 30. 4. 97, AP Nr. 60 zu § 118 BetrVG 1972 = NZA 1997, 1240).

Für die unter Abs. 1 fallenden Betriebe und Unternehmen gilt, dass sie weitgehend von den Beteiligungsrechten des Betriebsrates in wirtschaftlichen Angelegenheiten befreit sind, somit die Regelungen über die Bildung eines Wirtschaftsausschusses keine Anwendung finden und die §§ 111 bis 113 BetrVG nur insoweit, als sie die Milderung wirtschaftlicher Nachteile für die Arbeitnehmer infolge von Betriebsänderungen regeln. Die Vorschriften der §§ 112, 112 a BetrVG finden somit nur hinsichtlich der Verpflichtung zum Abschluss eines Sozialplans Anwendung, nicht hingegen für den Versuch eines Interessenausgleiches (vgl. FKHES, § 118 Rdn. 46; *Richardi/Thüsing*, BetrVG § 118 Rdn. 170 ff.). Im Übrigen sind die Beteiligungsrechte des Betriebsrates in Betrieben nach § 118 Abs. 1 BetrVG insoweit eingeschränkt, als die Eigenart des Betriebes oder des Unternehmens dem entgegensteht. Diese Frage beurteilt sich in jedem Einzelfall des vom Betriebsrat geltend gemachten Beteiligungsrechts danach, ob zum einen eine tendenzbezogene Maßnahme vorliegt, und zum anderen ein Tendenzträger betroffen ist, wobei beide Gesichtspunkte kumulativ vorliegen müssen (DKK-*Blanke/Wedde*, § 118 Rdn. 47; FKHES, § 118 Rdn 30; *Richardi/Thüsing*, BetrVG § 118 Rdn. 119 ff.). Dies dürfte in der Regel bei organisatorischen Vorschriften der Betriebsverfassung und allgemeinen Rechten des Betriebsrates genauso wenig in Betracht kommen, wie bei Mitbestimmungsrechten des Betriebsrates in sozialen Angelegenheiten (vgl. FKHES, § 118 Rdn. 31 f.). Zu untersuchen ist also, ob die Anwendung von Mitbestimmungsrechten die Tendenzausübung des jeweiligen Unternehmens einschränken würde. Das ist nicht schon generell bei jeder Beteiligung an der Umsetzung einer tendenzbedingten Unternehmerentscheidung gegeben, sondern ist abhängig davon, ob die Tendenzverwirklichung gefährdet ist. Dies ist bei Fragen der Festlegung von Regelungen zur Verteilung der betrieblichen Arbeitszeit regelmäßig nicht der Fall (BVerfG v. 15. 12. 1999, 1 BvR 729/92, NZA 2000, 217 u. ebenfalls v. 15. 12. 1999, 1 BvR 505/95, NZA 2000, 264). Bei personellen Maßnahmen hingegen ist das Vorliegen der Tendenzbezogenheit einer Maßnahme sowie die Tendenzträgereigenschaft des betroffenen Arbeitnehmers in jedem Einzelfall zu prüfen (vgl. DKK-*Blanke/Wedde,* § 118 Rdn. 88 ff.; FKHES, § 118 Rdn. 33 ff.; *Richardi/Thüsing*, BetrVG § 118 Rdn. 151 ff.). Ob beispielsweise die außerordentliche Kündigung eines Betriebsratsmitgliedes als Tendenzträger der Zustimmung des Betriebsrates nach § 103 Abs. 1 BetrVG bedarf mit der Folge eines sich anschließenden Zustimmungsersetzungsverfahrens nach § 103 Abs. 2 BetrVG für den Fall, dass der Betriebsrat die Zustimmung nicht erteilt, ist außerordentlich umstritten (vgl. die Nachweise bei FKHES, § 118 Rdn. 40).

2. Für den Fall, dass der Wirtschaftsausschuss schon gebildet ist, ist dieser nicht am Verfahren zu beteiligen (BAG v. 8. 3. 1983, AP Nr. 26 zu § 118 BetrVG 1972 = NJW 1984, 1144).

3. Das BAG hat mit Beschluss v. 29. 6. 1988 (AP Nr. 37 zu § 118 BetrVG 1972 = NZA 1989, 431) das Tatbestandsmerkmal einer karitativen Bestimmung bejaht, wenn ein Unternehmen ohne Gewinnerzielungsabsicht und ohne eigene gesetzliche Verpflichtung die körperliche, geistige oder seelische Behinderung eines Menschen durch Vermittlung einer Berufsausbildung kompensiert und so dazu beiträgt, dass der Rehabilitant wieder selbstständig – aktiv – am Berufsleben teilnehmen kann. Die Organisationsform des Unternehmens ist für dessen karitative Ausrichtung genauso wenig von Bedeutung, wie die Tatsache, dass der Rehabilitant gegen Dritte (Sozialversicherungsträger) Anspruch auf Finanzierung dieser ihm gegenüber erbrachten Rehabilitationsleistung hat.

II. Streitigkeiten im Zusammenhang mit der Wahl des Betriebsrats und mit dessen internen Wahlen

1. Streitigkeiten über die Betriebsratsfähigkeit eines Betriebs[1]

An das
Arbeitsgericht[2] ......

Antrag im Beschlussverfahren mit den Beteiligten

1. Firma[3] ......
   Verfahrensbevollmächtigte: Rechtsanwälte ......
   – Antragstellerin –
2. Wahlvorstand zur Durchführung der Betriebsratswahl im Zentrallager der Firma ......, vertreten durch den Vorsitzenden[4] ......
   – Antragsgegner –
3. Betriebsrat der Firma ......, vertreten durch den Betriebsratsvorsitzenden[5] ......
   – Beteiligter Ziffer 3 –
4. Wahlvorstand zur Durchführung der Betriebsratswahl im Stammwerk ...... der Firma ......, vertreten durch den Vorsitzenden ......
   – Beteiligter Ziffer 4 –

wegen Zuordnung eines Betriebsteils zum Hauptbetrieb.

Namens und in Vollmacht der Antragstellerin leiten wir ein Beschlussverfahren ein und beantragen:

Es wird festgestellt, dass das Zentrallager der Antragstellerin in ...... nicht selbstständig betriebsratsfähig ist.[6]

Begründung:[7]

Die Antragstellerin produziert Schalldämpferanlagen und Auspufftöpfe. Sie hat ihren Sitz in ...... und beschäftigt in ihrem dortigen Stammwerk 320 Arbeitnehmer. Ferner betreibt sie in ...... ein Zentrallager mit 68 Arbeitnehmern. Das Zentrallager ist ca. 22 Straßenkilometer vom Stammwerk entfernt und mit dem PKW in ca. 25 Minuten zu erreichen.

Der Leiter des Zentrallagers ist dem Vertriebsleiter im Stammwerk unterstellt. Die Herstellung und Lieferung der produzierten Teile (Erstausstattung) stellen den überwiegenden Teil der Geschäftätigkeit der Antragstellerin dar und werden vom Stammwerk ausgeführt. Das Zentrallager liefert lediglich die Ersatzteile aus, wobei die Lieferscheine vom Stammwerk erstellt und dem Zentrallager zugesandt werden. Überstunden werden in der Regel vom Vertriebsleiter angeordnet. Im Zentrallager werden keine Personalakten geführt.

Bisher war für das Stammwerk und das Zentrallager ein einheitlicher Betriebsrat, der Beteiligte Ziffer 3, gewählt worden. Am ...... bestellte der Beteiligte Ziffer 3 zwei Wahlvorstände: Der eine (der Antragsgegner) soll eine auf die Betriebsstelle des Zentrallagers beschränkte Betriebsratswahl durchführen; der andere (Beteiligter Ziffer 4) soll eine auf das Stammwerk beschränkte Betriebsratswahl organisieren.

Beweis: ......

Die Durchführung zwei getrennter Betriebsratswahlen ist unzulässig. Das Zentrallager ist kein selbstständiger Betrieb gemäß § 4 Abs. 1 Satz 1 BetrVG. Es ist weder räumlich weit vom Hauptbetrieb entfernt noch ist es durch Aufgabenbereich und Organisation eigenständig. Vielmehr ist es dem Hauptbetrieb zuzuordnen, weshalb ein einheitlicher Betriebsrat für beide Betriebsstätten zu wählen ist.

Rechtsanwalt

Variante:[8]

An das
Arbeitsgericht ......

Antrag im Beschlussverfahren mit den Beteiligten

1. Betriebsrat der Firma ......, vertreten durch den Betriebsratsvorsitzenden ......

– Antragsteller –

2. Firma ......

– Antragsgegnerin Ziffer 1 –

3. Firma ......

– Antragsgegnerin Ziffer 2 –

wegen Feststellung eines gemeinsamen Betriebs.

Namens und in Vollmacht des Antragstellers[9] leiten wir ein Beschlussverfahren ein und beantragen:

Es wird festgestellt, dass die Betriebsstätte der Antragsgegnerin Ziffer 1 in ...... und die Betriebsstätte der Antragsgegnerin Ziffer 2 in ...... ein gemeinsamer Betrieb im Sinne des Betriebsverfassungsgesetzes sind.

Begründung:

Der Antragsteller ist der im Betrieb der Antragsgegnerin Ziffer 1 in ...... gebildete Betriebsrat. Die Antragsgegnerin Ziffer 1 stellt in ihrer Betriebsstätte Apparate, Behälter und Rohrleitungen her. Sie beschäftigt 190 Arbeitnehmer.

Die Antragsgegnerin Ziffer 2 wurde am ...... gegründet und ist auf demselben Betriebsgelände wie die Antragsgegnerin Ziffer 1 ansässig. Der Geschäftsführer der Antragsgegnerin Ziffer 1 ist zugleich Geschäftsführer der Antragsgegnerin Ziffer 2. Die Antragsgegnerin Ziffer 2 beschäftigt 290 Arbeitnehmer, wovon 210 im Außendienst Montage- und Reparaturarbeiten ausführen. Diese Tätigkeit wurde vor der Gründung der Antragsgegnerin Ziffer 2 von der Antragsgegnerin Ziffer 1 wahrgenommen. Die Arbeitsmittel der Antragsgegnerin Ziffer 2 werden in denselben Räumen wie die der Antragsgegnerin Ziffer 1 gelagert. Die Büro- und Verwaltungsarbeiten, insbesondere die Lohn- und Finanzbuchhaltung werden für beide Unternehmen von Mitarbeitern der Antragsgegnerin Ziffer 1 erledigt. Die beiden Antragsgegner haben eine rechtliche Vereinbarung über die einheitliche Leitung des gemeinsamen Betriebs abgeschlossen. Das ergibt sich aus folgenden tatsächlichen Umständen: (Begründung).[10]

Die Antragsgegnerin Ziffer 1 und die Antragsgegnerin Ziffer 2 bilden daher in ...... einen gemeinsamen Betrieb. Der Antragsteller ist berechtigt, einen Wahlvorstand für die Neuwahl des Betriebsrats für diesen gemeinsamen Betrieb zu bestellen.

Die Antragsgegnerinnen haben mit Schreiben vom ...... das Vorliegen eines gemeinsamen Betriebs entschieden bestritten.

Beweis: Schreiben vom ......

Der Antragsteller hat daher am … beschlossen, das vorliegende Verfahren einzuleiten, und mit seiner Durchführung die im Aktivrubrum genannten Verfahrensbevollmächtigten zu beauftragen.

Beweis: Zeugnis des Betriebsratsvorsitzenden

Rechtsanwalt

Anmerkungen

1. a) Bei Zweifeln darüber, ob eine betriebsratsfähige Organisationseinheit vorliegt, können die Beteiligten eine gerichtliche Klärung hierüber erwirken. § 18 Abs. 2 BetrVG erfasst u. a. den Fall, dass im Rahmen der Vorbereitung und Durchführung der Betriebsratswahl zweifelhaft ist, ob ein Betriebsteil selbstständig oder dem Hauptbetrieb zuzuordnen ist. Hier wird der Klärungsbedarf regelmäßig vom Wahlvorstand ausgehen, der nach § 18 Abs. 2 BetrVG antragsberechtigt ist. Über diesen im Antragsmuster angesprochenen Fall hinaus gibt § 18 Abs. 2 BetrVG ein umfassendes Recht, das Vorliegen einer betriebsratsfähigen Organisationseinheit vom Gericht prüfen zu lassen. Dieses Antragsrecht besteht jederzeit unabhängig von einer konkreten Betriebsratswahl; mit der Novellierung des BetrVG im Juli 2001 ließ der Gesetzgeber die Einschränkung, dass eine Entscheidung des Arbeitsgerichts vor der Wahl beantragt werden konnte, fallen. Er trug damit der herrschenden Meinung Rechnung, nach der das Feststellungsverfahren nicht nur vor der Wahl des Betriebsrates, sondern auch in anderen Streitfällen, wie z. B. über den Umfang von Freistellungen, über Mitbestimmungs- und Mitwirkungsrechte oder das Recht des Betriebsrats zur Ausschussbildung, durchgeführt werden kann (vgl. BAG v. 25. 11. 1980, 9. 4. 1991, AP Nr. 3, 8 zu § 18 BetrVG 1972; FKHES § 18 Rdn. 57; *Richardi/Thüsing*, BetrVG § 18 Rdn. 22). In unmittelbarer Anwendung des § 18 Abs. 2 BetrVG können daher im Wesentlichen folgende Fragestellungen geklärt werden: Größe des Betriebes; Vorliegen eines betriebsratsfähigen Betriebsteils nach § 4 Abs. 1 Satz 1 BetrVG; Zuordnung eines Betriebsteils zum Hauptbetrieb durch eine Entscheidung der Arbeitnehmer des Betriebsteils nach § 4 Abs. 1 Satz 2 BetrVG; Zuordnung von Kleinstbetrieben zum Hauptbetrieb (§ 4 Abs. 2 BetrVG); Vorliegen zweier selbstständiger Betriebe (vgl. BAG AP Nr. 1 zu § 1 BetrVG 1972); Vorliegen eines gemeinsamen Betriebes mehrerer Unternehmen nach § 1 Abs. 2 BetrVG (vgl. BAG AP Nr. 8 zu § 18 BetrVG 1972; BetrVG v. 13. 6. 2001, NZA 2003, 115); Entstehen eines einheitlichen Betriebes durch räumliche Zusammenlegung zweier bisher selbstständiger Betriebe (vgl. BAG AP Nr. 7 zu § 1 BetrVG 1972); Vorliegen betriebsratsfähiger Organisationseinheiten nach § 3 BetrVG im Rahmen von Tarifverträgen oder Betriebsvereinbarungen (unternehmenseinheitliche Betriebsräte, Filialbetriebsräte, Spartenbetriebsräte, andere Arbeitnehmervertretungsstrukturen). Die Klärung des Betriebsbegriffs ist insbesondere bei Umstrukturierungen und Umwandlungen von Unternehmen und Konzernen von großer Bedeutung (vgl. etwa FKHES § 18 Rdn. 56).

b) Die Bindungswirkung eines Beschlusses des Arbeitsgerichts gemäß § 18 Abs. 2 BetrVG bleibt für die Verfahrensbeteiligten so lange bestehen, wie sich die tatsächlichen und rechtlichen Voraussetzungen nicht verändern (vgl. BAG AP Nr. 6 zu § 1 BetrVG 1972). Darüber hinaus hat die rechtskräftige Entscheidung des Arbeitsgerichts präjudizielle Wirkung für alle weiteren Streitigkeiten der Beteiligten und für Individualrechtsstreite zwischen Arbeitgeber und Arbeitnehmern (z. B. wegen Nachteilsausgleich, vgl. BAG AP Nr. 8 zu § 18 BetrVG 1972).

2. Örtlich zuständig ist das Arbeitsgericht, in dem der Hauptbetrieb liegt (vgl. FKHES § 18 Rdn. 58).

3. Antragsberechtigt gemäß § 18 Abs. 2 BetrVG sind der Arbeitgeber, jeder beteiligte Betriebsrat, jeder beteiligte Wahlvorstand sowie eine im Betrieb vertretene Gewerkschaft. Damit ist nicht nur der im Hauptbetrieb vorhandene Betriebsrat oder Wahlvorstand, sondern auch der des Betriebsteils erfasst.

Eine Gewerkschaft ist dann im Betrieb vertreten, wenn ihr mindestens ein Arbeitnehmer des Betriebs angehört (vgl. BAG 25. 3. 1992, AP Nr. 4 zu § 2 BetrVG 1972 = NZA 1993, 134). Dieser Nachweis kann ohne Namensnennung der Mitglieder erfolgen durch Zeugenbeweis (z. B. eines Gewerkschaftssekretärs) oder durch eine notarielle Erklärung, dass eine Person, deren Personalien in einem besonderen Umschlag hinterlegt sind, Mitglied der antragstellenden Gewerkschaft und Arbeitnehmer des Betriebs ist (vgl. BAG aaO.; im Einzelnen unten E. V. 1. Anm. 5 mit Mustertext). Die Vertretung einer Gewerkschaft nur durch leitende Angestellte im Sinne des § 5 Abs. 3 BetrVG genügt allerdings nicht (vgl. FKHES § 2 Rdn. 44).

Einzelne Arbeitnehmer sind nicht antragsbefugt (so zu Recht *DKK-Schneider,* § 18 BetrVG Rdn. 20; FKHES, § 18 Rdn. 60; *Richardi/Thüsing,* BetrVG § 18 Rdn. 26; a. A. GK-*Kreutz,* § 18 Rdn. 58: mindestens drei wahlberechtigte Arbeitnehmer entsprechend § 19 Abs. 2 BetrVG). Der Wortlaut des § 18 Abs. 2 BetrVG ist insoweit eindeutig.

4. Der Antragsgegner ergibt sich aus dem konkreten Antragsziel.

5. Beteiligt gemäß § 83 Abs. 3 ArbGG sind stets der Arbeitgeber, gegebenenfalls bei Streitigkeiten über einen gemeinsamen Betrieb mehrerer Unternehmen die betroffenen Arbeitgeber; ferner der oder die Betriebsräte der betroffenen Betriebe bzw. Betriebsteile und die bereits bestellten Wahlvorstände. Einzelne Arbeitnehmer sind nicht zu beteiligen.

Sofern sie keine Antragsteller sind, sind die im Betrieb vertretenen Gewerkschaften nicht zu beteiligen (vgl. BAG AP Nr. 7 zu § 1 BetrVG 1972).

6. Andere Formulierung: „Es wird festgestellt, dass die Betriebsstätten der Antragstellerin in ...... und in ...... ein Betrieb im Sinne des Betriebsverfassungsrechts sind."

7. In Anlehnung an BAG, Beschluss vom 17. 2. 1983, AP Nr. 4 zu § 4 BetrVG 1972 = DB 1983, 2039.

8. Beispielsfall nach BAG, Beschluss vom 7. 8. 1986, AP Nr. 5 zu § 1 BetrVG 1972 = NZA 1987, 131. Die Frage, ob zwei oder mehr Unternehmen einen gemeinsamen Betrieb bilden, kann nach § 18 Abs. 2 BetrVG jederzeit der gerichtlichen Klärung zugeführt werden (vgl. oben Anm. 1a).

9. Die ordnungsgemäße Bevollmächtigung des Rechtsanwalts erfordert eine entsprechende Beschlussfassung des Betriebsrats zur Verfahrenseinleitung (vgl. Muster E. IV. 1. Anm. 4) und zur Anwaltsbeauftragung (vgl. Muster E. IV. 2. Anm. 2).

10. Vgl. zur Vermutung eines gemeinsamen Betriebs mehrerer Unternehmen § 1 Abs. 2 BetrVG und die entsprechenden Kommentierungen (FKHES § 1 Rdn. 78 ff.; *Richardi,* BetrVG § 1 Rdn. 60 ff.).

2. Antrag auf Bestellung eines Wahlvorstands zur Betriebsratswahl gemäß § 16 Abs. 2 BetrVG[1]

An das
Arbeitsgericht ......

Antrag im Beschlussverfahren mit den Beteiligten

1. Industriegewerkschaft[2] ......
   Verfahrensbevollmächtigte: Rechtsanwälte ......

– Antragstellerin –

2. Betriebsrat der Firma ......,
   vertreten durch den Betriebsratsvorsitzenden ......

– Antragsgegner –

3. Firma ......

– Beteiligte Ziffer 3 –

wegen Bestellung eines Wahlvorstands.

Namens und in Vollmacht der Antragstellerin leiten wir ein Beschlussverfahren ein und beantragen:

Es wird ein aus drei Personen bestehender Wahlvorstand zur Durchführung der Betriebsratswahl im Betrieb der Beteiligten Ziffer 3 in ...... bestellt. Der Wahlvorstand setzt sich zusammen aus 1. Frau ...... als Vorsitzende, 2. Herrn ...... als weiteres Mitglied und 3. Frau ...... als weiteres Mitglied.

Begründung:

Die Beteiligte Ziffer 3 betreibt in ...... einen Betrieb, in welchem sie ...... Arbeitnehmer beschäftigt. Die Antragstellerin ist in diesem Betrieb vertreten, da ihr mindestens ein nicht zu den leitenden Angestellten gemäß § 5 Abs. 3 BetrVG gehörender Arbeitnehmer des Betriebs als Mitglied angehört. Der Antragsgegner ist der im Betrieb der Beteiligten Ziffer 3 gebildete Betriebsrat.

Die Amtszeit des Antragsgegners begann am ...... mit der Bekanntgabe des Wahlergebnisses. Sie endet daher mit Ablauf des ...... Acht Wochen vor Ablauf der Amtszeit, am ......, ist noch kein Wahlvorstand gebildet worden.[3] Gemäß § 16 Abs. 2 BetrVG hat das Arbeitsgericht daher den Wahlvorstand zur Durchführung der Betriebsratswahlen zu bestellen.[4]

Variante 1:[5]
Bei den im Antrag vorgeschlagenen Personen für die Besetzung des Wahlvorstands handelt es sich um wahlberechtigte Arbeitnehmer im Betrieb der Beteiligten Ziffer 3.

Variante 2:[6]
Bei zwei der im Antrag vorgeschlagenen Personen für die Besetzung des Wahlvorstands handelt es sich um wahlberechtigte Arbeitnehmer im Betrieb der Beteiligten Ziffer 3. Frau ...... ist nicht Arbeitnehmerin des Betriebs. Sie ist Gewerkschaftssekretärin der Antragstellerin. Sie ist als externes Mitglied in den Wahlvorstand zu bestellen, da nicht genügend Arbeitnehmer des Betriebs zur Übernahme des Amtes bereit sind.

Die vorgeschlagenen Personen haben sich gegenüber der Antragstellerin zur Übernahme des Amtes bereit erklärt.

Beweis: Schriftliche Erklärungen der vorgeschlagenen Personen.

Rechtsanwalt

Anmerkungen

1. a) § 16 Abs. 2 BetrVG regelt die Ersatzbestellung des Wahlvorstands durch das Arbeitsgericht, wenn der Betriebsrat seiner gesetzlichen Pflicht zur Bestellung des Wahlvorstands nicht nachkommt. Nach § 16 Abs. 1 BetrVG bestellt der Betriebsrat spätestens 10 Wochen vor Ablauf seiner Amtszeit einen aus drei wahlberechtigten Arbeitnehmern bestehenden Wahlvorstand, wobei er einen von ihnen zum Vorsitzenden bestimmt. Die Zahl der Wahlvorstandsmitglieder kann der Betriebsrat nach seinem Ermessen erhöhen, wenn dies z. B. wegen der Größe des Betriebs oder der räumlichen Entfernung der Betriebsteile erforderlich ist. Eine Höchstzahl für die Mitglieder ist nicht vorgesehen; allerdings muss der Wahlvorstand stets aus einer ungeraden Zahl von Mitgliedern bestehen. In Betrieben mit weiblichen und männlichen Arbeitnehmern sollen dem Wahlvorstand Frauen und Männer angehören (§ 16 Abs. 1 Satz 5 BetrVG).

Da der Wahlvorstand die Untergrenze von drei Mitgliedern nicht unterschreiten darf, hat der Betriebsrat die Möglichkeit, bereits bei der Bestellung des Wahlvorstands Ersatzmitglieder zu bestimmen, die im Falle der Verhinderung der Wahlvorstandsmitglieder tätig werden (§ 16 Abs. 1 Satz 4 BetrVG). Der Betriebsrat ist hierzu aber nicht verpflichtet. Sinkt der Wahlvorstand wegen Ausscheidens einzelner Mitglieder unter die vorgesehene Zahl, so hat ihn der Betriebsrat unverzüglich zu ergänzen (vgl. BAG AP Nr. 5 zu § 16 BetrVG). Bleibt er jedoch untätig, so hat das Arbeitsgericht auf Antrag entsprechend § 16 Abs. 2 BetrVG eine Ergänzung vorzunehmen (vgl. DKK-*Schneider*, § 16 Rdn. 16; FKHES § 16 Rdn. 37).

b) Nach § 16 Abs. 3 BetrVG kann die Ersatzbestellung des Wahlvorstandes auch durch den Gesamtbetriebsrat oder, falls ein solcher nicht besteht, durch den Konzernbetriebsrat erfolgen. Wie beim arbeitsgerichtlichen Bestellungsverfahren ist Voraussetzung, dass der Betriebsrat seine gesetzliche Bestellungspflicht nach § 16 Abs. 1 BetrVG nicht erfüllt und 8 Wochen vor Ablauf seiner Amtszeit kein Wahlvorstand besteht. Die Ersatzbestellung durch den Gesamtbetriebsrat bzw. den Konzernbetriebsrat ist deutlich schneller und einfacher als das arbeitsgerichtliche Verfahren. Allerdings können der Gesamtbetriebsrat bzw. der Konzernbetriebsrat nicht zur Ersatzbestellung des Wahlvorstandes gezwungen werden, da diese in ihrem Ermessen steht. Im Gegensatz zum Arbeitsgericht können der Gesamtbetriebsrat bzw. der Konzernbetriebsrat betriebsfremde Personen (Mitglieder einer im Betrieb vertretenen Gewerkschaft) nicht zu Mitgliedern des Wahlvorstandes bestellen (vgl. FKHES § 16 Rdn. 79). Das Beschlussverfahren nach § 16 Abs. 2 BetrVG und die Ersatzbestellung durch den Gesamtbetriebsrat bzw. den Konzernbetriebsrat sind unabhängig voneinander und können parallel betrieben werden. Ist dies der Fall, so gilt das Prioritätsprinzip: Wird zuerst der Wahlvorstand durch den Gesamtbetriebsrat bzw. Konzernbetriebsrat bestellt, so wird das gerichtliche Bestellungsverfahren gegenstandslos und ist einzustellen. Wird hingegen zuerst durch das Arbeitsgericht der Wahlvorstand rechtskräftig bestellt, so entfällt das Bestellungsrecht des Gesamtbetriebsrats bzw. Konzernbetriebsrats. Solange die arbeitsgerichtliche Ersatzbestellung aber noch nicht rechtskräftig ist, können der Gesamtbetriebsrat bzw. der Konzernbetriebsrat ihr Bestellungsrecht ausüben (vgl. FKHES § 16 Rdn. 76; *Löwisch*, BB 2001, 1734, 1738; *Richardi/Thüsing*, BetrVG § 16 Rdn. 48).

c) Der Antrag gemäß § 16 Abs. 2 BetrVG kann im einstweiligen Verfügungsverfahren gestellt werden. Dabei ist zu beachten, dass die maßgebenden Tatsachen glaubhaft gemacht werden. Vergleiche zum einstweiligen Verfügungsverfahren im Einzelnen unten F.II.

2. Antragsbefugt für die Ersatzbestellung sind mindestens drei wahlberechtigte Arbeitnehmer des Betriebs oder eine im Betrieb vertretene Gewerkschaft (§ 16 Abs. 2 Satz 1 BetrVG). Die Antragsbefugnis muss während des gesamten Verfahrens bis zum letzten Anhörungstermin vorliegen (vgl. BAG AP Nr. 6 zu § 118 BetrVG 1972).

Wahlberechtigt sind Arbeitnehmer, die das 18. Lebensjahr vollendet haben, und zur Arbeitsleistung überlassene Arbeitnehmer eines anderen Arbeitgebers, die länger als drei Monate im Betrieb eingesetzt werden (§ 7 BetrVG). Es empfiehlt sich, den Antrag von einer größeren Zahl von wahlberechtigten Arbeitnehmern stellen zu lassen. Solange mehr als 3 Arbeitnehmer den Antrag stellen, entfällt beim Ausscheiden einzelner Antragsteller nicht die Antragsbefugnis.

Eine Gewerkschaft ist dann im Betrieb vertreten, wenn ihr mindestens ein Arbeitnehmer des Betriebs angehört (vgl. BAG 25. 3. 1992, AP Nr. 4 zu § 2 BetrVG 1972 = NZA 1993, 134). Dieser Nachweis kann ohne Namensnennung der Mitglieder erfolgen durch Zeugenbeweis (z.B. eines Gewerkschaftssekretärs) oder durch eine notarielle Erklärung, dass eine Person, deren Personalien in einem besonderen Umschlag hinterlegt sind, Mitglied der antragstellenden Gewerkschaft und Arbeitnehmer des Betriebs ist (vgl. BAG aaO. sowie unten E.V. 1. Anm. 5). Die Vertretung einer Gewerkschaft nur durch leitende Angestellte i.S.d. § 5 Abs. 3 BetrVG genügt allerdings nicht (vgl. FKHES § 2 Rdn. 44).

Der Arbeitgeber ist nicht antragsbefugt. Er ist jedoch richtigerweise gemäß § 83 Abs. 3 ArbGG zu beteiligen, da er durch die Wahl des Betriebsrats unmittelbar in seinen betriebsverfassungsrechtlichen Rechten betroffen ist (so zur Betriebsratswahlanfechtung BAG 4. 12. 1986, AP Nr. 13 zu § 19 BetrVG 1972 = NZA 1987, 166; zur Beteiligung des Arbeitgebers im Verfahren gemäß § 16 Abs. 2 BetrVG liegt noch keine höchstrichterliche Rechtsprechung vor).

3. a) Voraussetzung für die Ersatzbestellung des Wahlvorstands ist gemäß § 16 Abs. 2 Satz 1 BetrVG, dass acht Wochen vor Ablauf der Amtszeit des Betriebsrats kein Wahlvorstand besteht; in Betrieben mit in der Regel fünf bis fünfzig wahlberechtigten Arbeitnehmern gilt auf Grund des vereinfachten Wahlverfahrens eine Frist von drei Wochen (§§ 14a, 17a Nr. 1 BetrVG). Ungeklärt ist, ob es sich hierbei um eine Zulässigkeits- oder Begründetheitsvoraussetzung des Antrags handelt (vgl. GK-*Kreutz,* § 16 Rdn. 56 m.w.N.). Richtigerweise ist die Einhaltung der Frist eine Frage der Begründetheit des Antrags (ebenso *Kreutz,* aaO.; a.A. *Richardi/Thüsing,* BetrVG § 16 Rdn. 33). Es ist daher unerheblich, ob bereits im Zeitpunkt des Antragseingangs beim Arbeitsgericht die 8-Wochen-Frist erreicht ist. Entscheidend ist, dass zum Zeitpunkt der Anhörung vor der Kammer acht Wochen vor Ablauf der Amtszeit noch kein Wahlvorstand gebildet ist. Es ist daher beispielsweise unschädlich, wenn der Antrag bereits zehn Wochen vor Ablauf der Amtszeit beim Arbeitsgericht eingereicht wird; solange zum Zeitpunkt der erstinstanzlichen Entscheidung nur noch acht Wochen oder weniger bis zum Ende der Amtszeit liegen und noch kein Wahlvorstand gebildet ist, ist der Antrag begründet (streitig, wie hier: GK-*Kreutz,* § 16 Rdn. 56, 58; a.A. FKHES § 16 Rdn. 58 f.).

Geht die Antragsschrift erst nach Ablauf der Amtszeit des Betriebsrats bei Gericht ein, so geht der Bestellungsantrag gem. § 16 Abs. 2 BetrVG ins Leere. Denn in diesem Fall (betriebsratsloser Betrieb) ist die Zuständigkeit zur Bestellung des Wahlvorstandes gem. § 17 BetrVG auf den Gesamtbetriebsrat oder, falls ein solcher nicht besteht, den Konzernbetriebsrat, und hilfsweise auf die Betriebsversammlung übergegangen. Geht der Bestellungsantrag allerdings bereits vor Ablauf der Amtszeit des Betriebsrats bei Gericht ein, so ist der Antrag auch dann begründet, wenn das Gericht erst nach Ablauf der Amtszeit entscheidet (vgl. *Richardi/Thüsing,* BetrVG § 16 Rdn. 34; ähnlich *GK-Kreutz,* § 16 Rdn. 60).

b) Die Berechnung der 8-Wochen-Frist ist im Falle der regelmäßigen Amtszeit des Betriebsrats unproblematisch. Die regelmäßige Amtszeit des Betriebsrats beträgt vier Jahre. Sie beginnt mit der Bekanntgabe des Wahlergebnisses oder, wenn zu diesem Zeitpunkt noch ein Betriebsrat besteht, mit Ablauf von dessen Amtszeit; sie endet spätestens am 31. Mai des Jahres, in dem die regelmäßigen Betriebsratswahlen stattfinden (§ 21 BetrVG). Unter Heranziehung des danach feststehenden Endes der Amtszeit ist der Wahlvorstand gerichtlich frühestens ab dem Zeitpunkt zu bestellen, an dem acht Wochen später die Amtszeit endet. Hat die Betriebsratswahl außerhalb des regelmäßigen Wahltermins stattgefunden (§ 13 Abs. 2 BetrVG, z. B. weil im Betrieb bisher noch kein Betriebsrat bestand), so endet die Amtszeit am 31. 5. des maßgebenden Jahres (§ 21 Sätze 3, 4 BetrVG). Die Ersatzbestellung des Wahlvorstands durch das Gericht kann daher frühestens am 6. April erfolgen (vgl. FKHES § 16 Rdn. 59; a. A. GK-*Kreutz,* § 16 Rdn. 59: 5. April).

Sind gemäß § 13 Abs. 2 Nr. 1–3 BetrVG Neuwahlen erforderlich (z. B. weil der Betriebsrat seinen Rücktritt beschlossen hat), so kann die Ersatzbestellung frühestens zwei Wochen nach dem Zeitpunkt erfolgen, an dem der Betriebsrat bei unverzüglichem Handeln den Wahlvorstand bestellt hätte (h. M., FKHES § 16 Rdn. 58; GK-*Kreutz,* § 16 Rdn. 59 m. w. N.; *Richardi/Thüsing,* BetrVG § 16 Rdn. 33). Das Gleiche gilt bei einer Betriebsaufspaltung, in deren Folge der Betriebsrat im Rahmen seines Übergangsmandates für die ihm bislang zugeordneten Betriebsteile unverzüglich Wahlvorstände zu bestellen hat (§ 21a Abs. 1 BetrVG).

4. Der Betriebsrat kann im Laufe des Verfahrens die Bestellung des Wahlvorstands nachholen. Der Bestellungsantrag ist dann zurückzunehmen oder für erledigt zu erklären; das Gericht stellt das Verfahren ein. Wurde bereits erstinstanzlich ein Wahlvorstand bestellt, so muss der Betriebsrat Beschwerde einlegen, um die Rechtskraft des Beschlusses zu verhindern. Geschieht dies nicht, so ist der gerichtlich bestellte Wahlvorstand der allein rechtmäßige (vgl. FKHES § 16 Rdn. 57; GK-*Kreutz,* § 16 Rdn. 13; *Richardi/Thüsing,* § 16 Rdn. 21).

5. a) Die Antragstellerin kann Vorschläge für die Zusammensetzung des Wahlvorstands machen (§ 16 Abs. 2 Satz 2 BetrVG). Dabei können die Namen der Vorgeschlagenen bereits in der Antragsschrift genannt werden. Um Repressalien des Arbeitgebers zu vermeiden, ist es aber genauso zulässig, die Namen der Vorgeschlagenen erst im Anhörungstermin zu nennen. Das Arbeitsgericht ist an den Vorschlag nicht gebunden. Es entscheidet frei über die zu bestellenden Personen und braucht eine Ablehnung der Vorgeschlagenen nicht zu begründen. Da es allerdings in der Regel keinen Kontakt zu den wahlberechtigten Arbeitnehmern des Betriebs hat, wird es in der Praxis die vorgeschlagenen Personen berücksichtigen. Bei seiner Entscheidung muss das Arbeitsgericht den in § 16 Abs. 1 Satz 5 vorgesehenen Geschlechterproporz berücksichtigen. Es empfiehlt sich daher, beim Vorschlag in der Antragsschrift bereits darauf zu achten, dass in Betrieben mit weiblichen und männlichen Arbeitnehmern Männer und Frauen vorgeschlagen werden. Die Vorgeschlagenen sind keine Beteiligten gemäß § 83 Abs. 3 ArbGG.

b) Je nach Einzelfall kann es durchaus empfehlenswert sein, dem Arbeitsgericht die Bestellung von Ersatzmitgliedern vorzuschlagen (vgl. *Richardi,* BetrVG § 16 Rdn. 43). Auch ist es denkbar, bei besonders aufwändigen Betriebsratswahlen eine höhere Zahl an Wahlvorstandsmitgliedern als drei vorzuschlagen. Das Gericht ist an diese Vorschläge nicht gebunden, hat sie aber nach pflichtgemäßem Ermessen zu prüfen.

6. In Betrieben mit in der Regel mehr als 20 wahlberechtigten Arbeitnehmern kann das Arbeitsgericht auch Mitglieder einer im Betrieb vertretenen Gewerkschaft, die nicht

Arbeitnehmer des Betriebs sind, zu Mitgliedern des Wahlvorstands bestellen. Dies gilt aber nur dann, wenn diese Bestellung betriebsfremder Personen zur ordnungsgemäßen Durchführung der Wahl erforderlich ist (vgl. § 16 Abs. 2 Satz 3 BetrVG). Auch insoweit hat die (in der Regel) antragstellende Gewerkschaft ein Vorschlagsrecht. Sie wird hier häufig Gewerkschaftssekretäre oder andere Gewerkschaftsmitglieder vorschlagen, welche die erforderlichen Kenntnisse des Wahlrechts haben. Das Arbeitsgericht ist an diese Vorschläge nicht gebunden.

Erforderlich ist die Bestellung betriebsfremder Wahlvorstandsmitglieder, wenn nicht ausreichend Arbeitnehmer bereit sind, dieses Amt zu übernehmen oder wenn die hierfür bereiten Arbeitnehmer beispielsweise wegen fehlender Sprachkenntnisse nicht in der Lage sind, die förmlichen Wahlvorschriften ordnungsgemäß anzuwenden (vgl. DKK-*Schneider*, § 16 Rdn. 28; FKHES § 16 Rdn. 71; GK-*Kreutz*, § 16 Rdn. 68). Eine Mischung von wahlberechtigten Arbeitnehmern und betriebsfremden Gewerkschaftsmitgliedern ist zulässig und durchaus sinnvoll.

3. Antrag auf Bestellung eines Wahlvorstands zur Betriebsratswahl in einem betriebsratslosen Betrieb[1]

An das
Arbeitsgericht ......

Antrag im Beschlussverfahren mit den Beteiligten

1. Frau ...... [2]
2. Herr ......
3. Herr ......
    Verfahrensbevollmächtigte: Rechtsanwälte ......

– Antragsteller –

4. Firma ...... [3]

– Antragsgegnerin –

wegen Bestellung eines Wahlvorstands.

Namens und in Vollmacht der Antragsteller leiten wir ein Beschlussverfahren ein und beantragen:
Es wird ein aus drei Personen bestehender Wahlvorstand zur Durchführung der Betriebsratswahl im Betrieb der Antragsgegnerin in ...... bestellt. Der Wahlvorstand setzt sich zusammen aus 1. Frau ...... als Vorsitzende, 2. Herrn ...... als weiteres Mitglied und 3. Frau ...... als weiteres Mitglied.

Begründung:

Die Antragsgegnerin betreibt in ...... einen Betrieb, in welchem sie ...... Arbeitnehmer beschäftigt. Gemäß § 1 Abs. 1 BetrVG ist daher ein Betriebsrat zu wählen. Dies ist bisher nicht geschehen.[4]
Ein Gesamtbetriebsrat oder ein Konzernbetriebsrat sind im Unternehmen der Antragsgegnerin nicht gebildet.
Variante: Ein Gesamtbetriebsrat ist im Unternehmen der Antragsgegnerin zwar gebildet. Er hat aber einen Wahlvorstand nicht bestellt.[5]

Die Antragsteller sind im Betrieb der Antragsgegnerin beschäftigte Arbeitnehmer. Sie sind wahlberechtigt, da sie jeweils das 18. Lebensjahr vollendet haben.[6] Sie haben am ...... zu einer Betriebsversammlung eingeladen.[7] Die Betriebsversammlung hat jedoch nicht stattgefunden/Ein Wahlvorstand wurde nicht bestellt.[8]

Beweis: Einladungsschreiben, Protokoll der Betriebsversammlung.

Das Arbeitsgericht hat daher gemäß § 17 Abs. 4 BetrVG einen Wahlvorstand zu bestellen.

Variante 1:[9]

Bei den im Antrag vorgeschlagenen Personen für die Besetzung des Wahlvorstands handelt es sich um wahlberechtigte Arbeitnehmer im Betrieb der Antragsgegnerin.

Variante 2:

Bei zwei der im Antrag vorgeschlagenen Personen für die Besetzung des Wahlvorstands handelt es sich um wahlberechtigte Arbeitnehmer im Betrieb der Antragsgegnerin. Frau ...... ist nicht Arbeitnehmerin des Betriebs. Sie ist Gewerkschaftssekretärin der Industriegewerkschaft ...... Sie ist als externes Mitglied in den Wahlvorstand zu bestellen, da nicht genügend Arbeitnehmer des Betriebs zur Übernahme des Amtes bereit sind.

Die vorgeschlagenen Personen haben sich gegenüber den Antragstellern zur Übernahme des Amtes bereit erklärt.

Beweis: Schriftliche Erklärungen der vorgeschlagenen Personen anbei.

Rechtsanwalt

Anmerkungen

1. Nach § 17 Abs. 1 BetrVG hat im betriebsratslosen Betrieb der Gesamtbetriebsrat oder, falls ein solcher nicht besteht, der Konzernbetriebsrat einen Wahlvorstand zu bestellen. Besteht weder ein Gesamtbetriebsrat noch ein Konzernbetriebsrat, so ist die Betriebsversammlung für die Wahl des Wahlvorstandes zuständig. Das Gleiche gilt, wenn der Gesamtbetriebsrat oder Konzernbetriebsrat die Bestellung des Wahlvorstandes unterlässt (§ 17 Abs. 2 BetrVG). Scheitert die Bestellung des Wahlvorstandes durch die Betriebsversammlung, besteht nach § 17 Abs. 4 BetrVG die Möglichkeit der Ersatzbestellung des Wahlvorstands durch das Arbeitsgericht. Für diese Ersatzbestellung ist es unerheblich, aus welchem Grund kein Betriebsrat vorhanden ist; der Gesamtbetriebsrat bzw. Konzernbetriebsrat und subsidiär die Betriebsversammlung haben in einem betriebsratsfähigen Betrieb einen Wahlvorstand nicht nur dann zu bestellen, wenn ein Betriebsrat noch nie gewählt wurde, sondern auch dann, wenn die Wahl des bisherigen Betriebsrats rechtskräftig angefochten oder für nichtig erklärt wurde, oder wenn dessen Amtszeit abgelaufen ist, ohne dass er einen Wahlvorstand bestellt hat und ohne dass eine gerichtliche Ersatzbestellung gem. § 16 Abs. 2 BetrVG beantragt wurde (vgl. FKHES § 17 Rdn. 4; *Richardi/Thüsing*, BetrVG § 17 Rdn. 4). Lediglich im Falle der Auflösung des Betriebsrats gem. § 23 Abs. 1 BetrVG ist für eine Bestellung des Wahlvorstandes durch den Gesamtbetriebsrat bzw. Konzernbetriebsrat oder die Betriebsversammlung kein Raum. Denn das Arbeitsgericht setzt in diesem Fall selbst unverzüglich einen Wahlvorstand für die Neuwahl ein (§ 23 Abs. 2 BetrVG).

Die Betriebsversammlung wird von drei wahlberechtigten Arbeitnehmern oder einer im Betrieb vertretenen Gewerkschaft durch Einladung der im Betrieb beschäftigten Arbeitnehmer in die Wege geleitet (§ 17 Abs. 3 BetrVG). Scheitert die Bestellung des Wahlvorstands durch die Betriebsversammlung, so erfolgt auf Antrag eine gerichtliche Ersatzbestellung. Dabei gelten die Regelungen des § 16 Abs. 2 BetrVG entsprechend

(§ 17 Abs. 4 Satz 2 BetrVG). Es kann daher auf die Ausführungen zum Antrag nach § 16 Abs. 2 BetrVG verwiesen werden (vgl. oben E. II. 2.).

2. Antragsbefugt sind drei wahlberechtigte Arbeitnehmer des Betriebs oder eine im Betrieb vertretene Gewerkschaft. Der Arbeitgeber ist nicht antragsbefugt. Es bestehen insoweit keine Unterschiede zur Antragsbefugnis für einen Antrag gemäß § 16 Abs. 2 BetrVG (vgl. näher oben E. II. 2. Anm. 2).

3. Da kein Betriebsrat vorhanden ist, ist der Antrag gegen den Arbeitgeber zu richten (anders als beim Antrag gem. § 16 Abs. 2 BetrVG, vgl. oben E.II.2. Anm. 2). Sofern im Unternehmen des Arbeitgebers ein Gesamtbetriebsrat gebildet worden ist, ist dieser gem. § 83 Abs. 3 ArbGG zu beteiligen. Denn Voraussetzung für die gerichtliche Ersatzbestellung ist, dass der Gesamtbetriebsrat hinsichtlich der Bestellung eines Wahlvorstandes untätig blieb (§ 17 Abs. 2 Satz 2 BetrVG). Entsprechendes gilt für die Beteiligung des Konzernbetriebsrates, sofern ein Gesamtbetriebsrat nicht besteht.

4. Diese Formulierung ist den betrieblichen Gegebenheiten anzupassen. Alternativen:

a) „Am ...... wurde ein Betriebsrat gewählt. Die Wahl wurde angefochten und vom Arbeitsgericht mit Beschluss vom ...... rechtskräftig für unwirksam erklärt."

b) „Die Amtszeit des Betriebsrats lief am ...... ab. Entgegen § 16 Abs. 1 BetrVG bestellte der Betriebsrat keinen Wahlvorstand. Ein Antrag auf Ersatzbestellung des Wahlvorstands durch das Arbeitsgericht gemäß § 16 Abs. 2 BetrVG wurde nicht gestellt."

5. Vgl. § 17 Abs. 2 BetrVG. Beruht die Zuständigkeit der Betriebsversammlung auf der Untätigkeit des Gesamtbetriebsrats bzw. des Konzernbetriebsrats, so ist dieser im Antrag auf Ersatzbestellung zu beteiligen (siehe oben Anm. 3). Der Gesamtbetriebsrat bzw. Konzernbetriebsrat kann rechtlich nicht zur Bestellung eines Wahlvorstandes gezwungen werden (vgl. FKHES § 17 Rdn. 10). Die Beteiligung im Ersatzbestellungsverfahren kann jedoch einen entsprechenden Anstoß geben.

6. Vgl. § 7 BetrVG.

7. Die Einladung zur Betriebsversammlung ist grundsätzlich frist- und formfrei. Da es sich um eine allgemeine Wahl des Wahlvorstands handelt, muss die Einladung jedoch bestimmten Mindestvoraussetzungen genügen: Sie muss den Zeitpunkt, den Ort und die Tagesordnung der Betriebsversammlung (also insbesondere die beabsichtigte Wahl des Wahlvorstands) sowie die Personen der Einladenden enthalten. Sie muss so bekannt gemacht werden, dass alle Arbeitnehmer des Betriebs rechtzeitig vor dem Versammlungstermin von ihr Kenntnis erlangen können (vgl. BAG 7. 5. 1986, AP Nr. 18 zu § 15 KSchG 1969 = NZA 1986, 753). Ein Aushang am „Schwarzen Brett" oder Rundschreiben an alle Arbeitnehmer genügt (vgl. FKHES § 17 Rdn. 17; GK-*Kreutz*, § 17 Rdn. 24). Eine ausdrückliche Aufforderung zur Teilnahme an der Betriebsversammlung ist nicht notwendig (vgl. LAG Hamm, EzA Nr. 3 zu § 4 BetrVG 1972). Den Arbeitgeber trifft hierbei eine Mitwirkungspflicht. So ist er zum Beispiel verpflichtet, allen regelmäßig auswärts beschäftigten Arbeitnehmern eine Einladung zur Betriebsversammlung zum Zwecke der Wahl eines Wahlvorstands zukommen zu lassen (vgl. BAG 26. 2. 1992, AP Nr. 6 zu § 17 BetrVG 1972 = NZA 1992, 942). Im vereinfachten Wahlverfahren in Betrieben mit in der Regel fünf bis fünfzig wahlberechtigten Arbeitnehmern (§ 14 a BetrVG) hat der Arbeitgeber zur Vorbereitung der Wahlversammlung zum Wahlvorstand der einladenden Stelle einen Umschlag mit den Arbeitnehmerdaten zur Erstellung der Wählerliste auszuhändigen (§ 28 Abs. 2 WO BetrVG).

Das Vorliegen einer ordnungsgemäßen Einladung ist Begründetheitsvoraussetzung für den Antrag auf Ersatzbestellung des Wahlvorstands. Fehlt es völlig an einer Einladung oder ist die erfolgte Einladung nicht ordnungsgemäß, so ist der Antrag gemäß § 17 Abs. 4 BetrVG unbegründet. Dabei ist es unerheblich, warum die Einladung nicht ordnungsgemäß ist. Selbst wenn dies darauf beruht, dass der Arbeitgeber eine notwendige Mitwirkungshandlung unterlassen hat, fehlt es an einem der demokratischen Willensbildung dienenden Tatbestandsmerkmal und der Bestellungsantrag ist zurückzuweisen (vgl. BAG 26. 2. 1992, AP Nr. 6 zu § 17 BetrVG 1972 = NZA 1992, 942; GK-*Kreutz*, § 17 Rdn. 45; a. A. FKHES § 17 Rdn. 33).

8. Da die Ersatzbestellung des Wahlvorstands durch das Arbeitsgericht nur subsidiär ist, hat die Betriebsversammlung das Recht, die Wahl des Wahlvorstands nachzuholen, solange ihn das Gericht noch nicht rechtskräftig bestellt hat (vgl. BAG 19. 3. 1974, AP Nr. 1 zu § 17 BetrVG 1972). Holt die Betriebsversammlung die Bestellung nach, so ist der Antrag gemäß § 17 Abs. 3 BetrVG zurückzunehmen oder für erledigt zu erklären; das Gericht hat das Verfahren einzustellen. Das Gleiche gilt, wenn der untätige Gesamtbetriebsrat bzw. Konzernbetriebsrat im Verlaufe des Ersatzbestellungsverfahrens den Wahlvorstand bestellt. Sollten die Betriebsversammlung und der Gesamtbetriebsrat parallel tätig werden, gilt das Prioritätsprinzip: Der zuerst bestellte Wahlvorstand ist der maßgebliche (vgl. oben E.II.2. Anm. 1).

9. Hier gelten die gleichen Grundsätze wie beim Bestellungsantrag gemäß § 16 Abs. 2 BetrVG (vgl. oben E. II. 2. Anm. 5, 6).

4. Antrag auf Ersetzung des Wahlvorstands gemäß § 18 Abs. 1 Satz 2 BetrVG

An das
Arbeitsgericht ......

Antrag im Beschlussverfahren mit den Beteiligten

1. Industriegewerkschaft[1] ......
Verfahrensbevollmächtigte: Rechtsanwälte ......

– Antragstellerin –

2. Wahlvorstand zur Durchführung der Betriebsratswahl im Betrieb ...... der Firma ......, vertreten durch den Vorsitzenden ......

– Antragsgegner –

3. Firma ......

– Beteiligte Ziffer 3 –

4. Betriebsrat der Firma ......, vertreten durch den Betriebsratsvorsitzenden ......

– Beteiligter Ziffer 4 –

wegen Ersetzung des Wahlvorstands.

Namens und in Vollmacht der Antragstellerin leiten wir ein Beschlussverfahren ein und beantragen:

Der Antragsgegner wird seines Amtes enthoben. Es wird ein neuer aus drei Personen bestehender Wahlvorstand zur Durchführung der Betriebsratswahl im Betrieb ...... der Beteiligten Ziffer 3 in ...... bestellt. Der Wahlvorstand setzt sich zusammen aus 1. Frau ...... als Vorsitzende, 2. Herrn ...... als weiteres Mitglied und 3. Frau ...... als weiteres Mitglied.

Begründung:

Die Beteiligte Ziffer 3 betreibt in ...... einen Betrieb, in welchem sie ...... Arbeitnehmer beschäftigt. Die Antragstellerin ist in diesem Betrieb vertreten, da ihr min-

destens ein nicht zu den leitenden Angestellten gemäß § 5 Abs. 3 BetrVG gehörender Arbeitnehmer des Betriebs als Mitglied angehört. Ein Betriebsrat (Beteiligter Ziffer 4) ist vorhanden.
Die Amtszeit des Beteiligten Ziffer 4 endet mit Ablauf des ...... Zur Durchführung der Neuwahl des Betriebsrats hat der Beteiligte Ziffer 4 am ...... den Antragsgegner bestellt. [2] Der Antragsgegner hat bis heute (zwei Wochen vor Ablauf der Amtszeit) keine Aktivitäten entfaltet.[3] Er ist daher gemäß § 18 Abs. 1 Satz 2 BetrVG durch einen neuen Wahlvorstand zu ersetzen.[4]

Variante 1:[5]
Bei den im Antrag vorgeschlagenen Personen für die Besetzung des Wahlvorstands handelt es sich um wahlberechtigte Arbeitnehmer im Betrieb der Beteiligten Ziffer 3.

Variante 2:
Bei zwei der im Antrag vorgeschlagenen Personen für die Besetzung des Wahlvorstands handelt es sich um wahlberechtigte Arbeitnehmer im Betrieb der Beteiligten Ziffer 3. Frau ...... ist nicht Arbeitnehmerin des Betriebs. Sie ist Gewerkschaftssekretärin der Antragstellerin. Sie ist als externes Mitglied in den Wahlvorstand zu bestellen, da nicht genügend Arbeitnehmer des Betriebs zur Übernahme des Amtes bereit sind.
Die vorgeschlagenen Personen haben sich gegenüber der Antragstellerin zur Übernahme des Amtes bereit erklärt.

Beweis: Schriftliche Erklärungen der vorgeschlagenen Personen.

Rechtsanwalt

Anmerkungen

1. a) Den Antrag auf Ersetzung des Wahlvorstands können der Betriebsrat, mindestens drei wahlberechtigte Arbeitnehmer des Betriebs oder eine im Betrieb vertretene Gewerkschaft stellen (§ 18 Abs. 1 Satz 2 BetrVG). Der Arbeitgeber ist nicht antragsbefugt. Mindestens drei einzelne Betriebsratsmitglieder können in ihrer Eigenschaft als wahlberechtigte Arbeitnehmer den Antrag stellen, wenn ein Betriebsratsbeschluss über die Verfahrenseinleitung nicht zustande kommt.

b) Antragsgegner ist der Wahlvorstand. Arbeitgeber und Betriebsrat (sofern nicht Antragsteller) sind gemäß § 83 Abs. 3 ArbGG zu beteiligen (vgl. GK-*Kreutz*, § 18 Rdn. 49).

2. § 18 Abs. 1 Satz 2 BetrVG gilt nicht nur für den Wahlvorstand, der vom Betriebsrat bestellt wurde (§ 16 Abs. 1 BetrVG). Erfasst wird ebenso der durch den Gesamtbetriebsrat bzw. Konzernbetriebsrat bestellte (§ 17 Abs. 1 BetrVG), durch die Betriebsversammlung gewählte (§ 17 Abs. 2 BetrVG) oder vom Arbeitsgericht bestellte (§§ 16 Abs. 2, 17 Abs. 4, 18 Abs. 1 Satz 2, 23 Abs. 2 BetrVG) Wahlvorstand. Es kann daher beispielsweise sein, dass ein wegen Untätigkeit des Betriebsrats gerichtlich bestellter Wahlvorstand wegen eigener Untätigkeit durch einen anderen Wahlvorstand ersetzt werden muss.

3. a) Die Aufgabe des Wahlvorstands besteht darin, die Wahl des Betriebsrats unverzüglich einzuleiten, sie durchzuführen und das Wahlergebnis festzustellen (§ 18 Abs. 1 Satz 1 BetrVG). Die Ersetzung erfolgt bei der Versäumung einer dieser drei Verpflichtungen. So greift der Ersetzungsantrag nicht nur in dem Fall, dass der Wahlvorstand von vornherein untätig bleibt, sondern beispielsweise auch dann, wenn der Wahlvorstand nach Einleitung und Durchführung der Wahl seiner Pflicht zur Bekanntgabe des Wahlergebnisses nicht nachkommt (vgl. GK-*Kreutz*, § 18 Rdn. 43).

b) Es genügt eine objektiv vorliegende Untätigkeit oder Säumigkeit. Ein zusätzliches Verschulden der Wahlvorstandsmitglieder ist nicht erforderlich (vgl. DKK-*Schneider*, § 18 Rdn. 11; FKHES § 18 Rdn. 48; GK-*Kreutz*, § 18 Rdn. 45; *Richardi/Thüsing*, BetrVG § 18 Rdn. 11). Führt der Wahlvorstand die Wahl durch, macht er hierbei allerdings Formfehler, so rechtfertigt dies gegebenenfalls die Wahlanfechtung. Da der Wahlvorstand aber nicht säumig ist, kommt seine Ersetzung gemäß § 18 Abs. 1 Satz 2 BetrVG nicht in Betracht (ebenso GK-*Kreutz*, § 18 Rdn. 44). Auch ermessensfehlerhafte Handlungen reichen nicht aus.

c) Eine Ersetzung des Wahlvorstands kommt nur dann in Frage, wenn sich durch die Säumigkeit des Wahlvorstands die Betriebsratswahl verzögert. Ist das nicht der Fall, so besteht kein Anlass zum Austausch des Wahlvorstands (streitig, wie hier *Richardi/Thüsing*, BetrVG § 18 Rdn. 10; a. A. GK-*Kreutz*, § 18 Rdn. 46 m. w. N.).

4. a) Stets ist der säumige Wahlvorstand in seiner Gesamtheit abzuberufen. Eine Beschränkung auf einzelne Mitglieder ist nicht vorgesehen. Allerdings kann das Arbeitsgericht bei der Bestellung eines neuen Wahlvorstands durchaus Mitglieder des alten Wahlvorstands bestellen, wenn deren bisherige Tätigkeit nicht zu beanstanden ist (vgl. GK-*Kreutz*, § 18 Rdn. 50; *Richardi/Thüsing*, BetrVG § 18 Rdn. 15).

b) Der säumige Wahlvorstand kann seine Amtsenthebung nicht dadurch verhindern, dass er nach Antragstellung die versäumten Aktivitäten nachholt (vgl. Arbeitsgericht Essen, AuR 1983, 188).

c) Mit der Rechtskraft des Beschlusses verliert der bisherige Wahlvorstand sein Amt. Die bis dahin getätigten Handlungen (z. B. Erlass des Wahlausschreibens gemäß § 3 WO-BetrVG) bleiben jedoch wirksam, da die Amtsenthebung nur in die Zukunft wirkt (vgl. FKHES § 18 Rdn. 51). Mit der Amtsenthebung bestellt das Arbeitsgericht zugleich einen Wahlvorstand. Für dessen Bestellung gilt § 16 Abs. 2 BetrVG entsprechend (§ 18 Abs. 1 Satz 3 BetrVG; näher oben E. II. 2.).

5. Zum Vorschlagsrecht der Antragstellerin für die zu bestellenden Personen vgl. oben E. II. 2. Anm. 5, 6.

5. Antrag auf Auskunftserteilung zur Erstellung der Wählerliste

An das
Arbeitsgericht ......

       Antrag im Beschlussverfahren[1] mit den Beteiligten ......

1. Wahlvorstand zur Durchführung der Betriebsratswahl im Betrieb ...... der Firma ......, vertreten durch den Vorsitzenden ......
Verfahrensbevollmächtigte: Rechtsanwälte ......

                                  – Antragsteller –

2. Firma ......

                                – Antragsgegnerin –

wegen Auskunftserteilung zur Erstellung der Wählerliste.

Namens und in Vollmacht des Antragstellers[2] leiten wir ein Beschlussverfahren ein und beantragen:

1. Der Antragsgegnerin wird aufgegeben, eine nach Geschlechtern geordnete Liste aller Arbeitnehmerinnen und Arbeitnehmer des Betriebs ...... mit Familienna-

men, Vornamen, Geburtsdatum, Eintrittsdatum in den Betrieb und Privatanschrift zu erstellen und an den Antragsteller herauszugeben.

2. Der Antragsgegnerin wird aufgegeben, eine nach Geschlechtern geordnete Liste aller im Betrieb eingesetzten Arbeitnehmerinnen und Arbeitnehmer eines anderen Arbeitgebers mit Familiennamen, Vornamen, Geburtsdatum, Privatanschrift, vorgesehener Überlassungsdauer, Tag des Einsatzbeginns und, im Fall der wiederholten Überlassung, auch deren bisherige Zeiträume zu erstellen und an den Antragsteller herauszugeben.[3]

3. Für jeden Fall der Zuwiderhandlung gegen die Verpflichtung aus Ziffer 1 wird ein Ordnungsgeld bis zu EUR 250.000,– angedroht.[4]

Begründung:

Die Antragsgegnerin betreibt in ...... einen Betrieb, in welchem sie ca. .... Arbeitnehmer beschäftigt. Es ist ein Betriebsrat vorhanden, dessen Amtszeit am ...... abläuft.

Der Antragsteller ist der für die Durchführung der Betriebsratswahl im genannten Betrieb bestellte Wahlvorstand. Er wurde vom Betriebsrat am ...... bestellt. Zum Vorsitzenden wurde Herr ...... benannt.[5]

Zur Erstellung der Wählerliste gemäß § 2 Abs. 1 WO-BetrVG benötigt der Antragsteller eine Aufstellung aller Beschäftigten des Betriebes ......, wobei Familiennamen, Vornamen, Geburtsdatum, Eintrittsdatum in den Betrieb und Privatanschrift aufgeführt sein müssen. Die Namen benötigt der Antragsteller, da ihm nicht alle Arbeitnehmer bekannt sind. Das Geburtsdatum und das Eintrittsdatum in den Betrieb sind zur Feststellung der Wahlberechtigung und der Wählbarkeit gemäß §§ 7, 8 BetrVG notwendig. Die Privatanschriften werden für eine Zusendung der Wahlunterlagen im Falle einer schriftlichen Stimmabgabe benötigt. Eine Ordnung nach Geschlechtern ist im Hinblick auf § 15 Abs. 2 BetrVG (Minderheitenschutz) erforderlich, da aus dem Namen nicht stets auf das Geschlecht geschlossen werden kann.

Das Gleiche gilt für die Arbeitnehmer eines anderen Arbeitgebers, die der Antragsgegnerin zur Arbeitsleistung im Betrieb ... überlassen werden. Diese sind wahlberechtigt, wenn sie länger als 3 Monate im Betrieb eingesetzt werden (§ 7 Satz 2 BetrVG). Es ist möglich, dass im Falle der wiederholten Überlassung eines Arbeitnehmers zwischen den zeitlich getrennten Überlassungsperioden ein sachlicher Zusammenhang besteht, der wegen Überschreitens der Drei-Monats-Grenze zur Wahlberechtigung führt. Die Antragsgegnerin hat daher den Antragsteller auch über die Fälle der wiederholten Überlassung eines Arbeitnehmers unter Angabe der bisherigen Überlassungszeiträume zu informieren.[6]

Gemäß § 2 Abs. 2 WO-BetrVG ist die Antragsgegnerin zur Erstellung und Herausgabe der Liste verpflichtet.[7] Mit Schreiben vom ...... hat der Antragsteller die Antragsgegnerin zur Vorlage der Liste aufgefordert. Mit Schreiben vom ...... hat er diese Aufforderung wiederholt.

Beweis: Schreiben vom ......

Die Antragsgegnerin hat die genannte Liste bis heute dem Antragsteller nicht vorgelegt. Ihr ist daher durch gerichtlichen Beschluss die Erstellung und Herausgabe dieser Liste aufzugeben.

Die Androhung eines Ordnungsgeldes ist zur Erzwingung der gesetzlichen Verpflichtung der Antragsgegnerin geboten.

Der Antragsteller hat am …… beschlossen, das vorliegende Verfahren einzuleiten und mit seiner Durchführung die im Aktivrubrum genannten Verfahrensbevollmächtigten zu beauftragen.

Beweis: Zeugnis des Vorsitzenden des Wahlvorstands

Rechtsanwalt

Anmerkungen

1. Der Antrag des Wahlvorstands gegen den Arbeitgeber auf Auskunftserteilung und Zurverfügungstellung der erforderlichen Unterlagen gemäß § 2 Abs. 2 WO-BetrVG wird in der Mehrzahl der Fälle im einstweiligen Verfügungsverfahren geltend zu machen sein. Denn die Durchführung eines normalen Beschlussverfahrens ist in der Regel zeitaufwändig und würde die Betriebsratswahl unnötig verzögern. Im Falle des Antrags auf Erlass einer einstweiligen Verfügung wären die Tatsachenangaben glaubhaft zu machen (zum Beispiel durch eidesstattliche Versicherungen); dies gilt auch für den Verfügungsgrund. Dieser könnte etwa so formuliert werden: „Gemäß § 18 Abs. 1 Satz 1 BetrVG hat der Wahlvorstand die Wahl unverzüglich einzuleiten. Die Durchführung eines normalen Beschlussverfahrens dürfte bei der Belastung der erkennenden Kammer mindestens sechs Monate dauern. Damit wäre der Schutzzweck des § 18 Abs. 1 BetrVG nicht mehr gewahrt. Zwar führt der Erlass einer einstweiligen Verfügung zur Erfüllung des Anspruchs. Anders lässt sich aber die gesetzliche Pflicht zur unverzüglichen Einleitung der Wahl nicht erfüllen."

2. Die ordnungsgemäße Bevollmächtigung des Rechtsanwalts erfordert eine entsprechende Beschlussfassung des Wahlvorstands zur Verfahrenseinleitung (vgl. Muster E. IV. 1. Anm. 4) und zur Anwaltsbeauftragung (vgl. Muster E. IV. 2. Anm. 2).

3. Der Antrag sollte hinsichtlich des nach § 7 Satz 2 BetrVG wahlberechtigten Personenkreises möglichst weit gefasst werden. Diese Vorschrift räumt nicht nur dem typischen Leiharbeitnehmer, der gewerbsmäßig nach dem Arbeitnehmerüberlassungsgesetz überlassen wird, das aktive Wahlrecht ein. Erfasst werden auch die sog. echten Leiharbeitnehmer (die nicht zum Zwecke des Verleihs eingestellt worden sind, sondern regelmäßig im Betrieb ihres Arbeitgebers beschäftigt und nur ausnahmsweise für eine vorübergehende Aufgabe in einen fremden Betrieb verliehen werden), Trainees, die von der Unternehmenszentrale zum Sammeln praktischer Erfahrungen in einen Filialbetrieb abgeordnet werden, Konzernarbeitnehmer, die als sog. Springer von der Konzernzentrale zur Erledigung von Sonderaufgaben in einen nachgeordneten Betrieb entsendet werden; es sind eine Reihe weiterer Fälle denkbar (vgl. im Einzelnen FKHES § 7 Rdn. 37 ff.; *Richardi/Thüsing*, BetrVG § 7 Rdn. 8 ff.). Die vorgeschlagene Antragsformulierung gibt dem Wahlvorstand zunächst eine Grundlage zur Prüfung, welche Personen als wahlberechtigt in die Wählerliste aufgenommen werden können. Da im Einzelfall die Abgrenzung zwischen Arbeitnehmerüberlassung und Fremdfirmeneinsatz im Rahmen von Werkverträgen zweifelhaft sein kann, ist der Wahlvorstand berechtigt, vom Arbeitgeber ergänzende Auskünfte und Unterlagen zu verlangen, z. B. die Beschreibung der Arbeitsaufgaben des Betreffenden, seine Eingliederung in den Betrieb, Organisationspläne des Unternehmens, Verträge mit dem Werkunternehmer (vgl. etwa FKHES § 2 WO 2001, Rdn. 7).

4. Die Androhung eines Ordnungsgeldes gem. § 85 Abs. 1 ArbGG, §§ 888, 890 ZPO ist bereits im Erkenntnisverfahren zulässig (vgl. *Germelmann/Matthes/Prütting/Müller-Glöge*, ArbGG § 85 Rdn. 27).

5. Ist der Wahlvorstand vom Gesamtbetriebsrat oder vom Konzernbetriebsrat bestellt (§ 17 Abs. 1 BetrVG), oder von der Betriebsversammlung gewählt (§ 17 Abs. 2 BetrVG) oder vom Arbeitsgericht bestellt worden (§§ 16 Abs. 2, 17 Abs. 4, 18 Abs. 1 Satz 2, 23 Abs. 2 BetrVG), so wäre dies entsprechend anzugeben.

6. Vgl. zur Berechnung der dreimonatigen Einsatzdauer und zum Sachzusammenhang zwischen mehreren Einsätzen FKHES § 7 Rdn. 59 ff.; *Richardi/Thüsing*, BetrVG § 7 Rdn. 10. Da die Antragsgegnerin häufig nicht über alle benötigten Daten der überlassenen Arbeitnehmer verfügen dürfte, hat sie auf der Grundlage der Überlassungsvereinbarung einen entsprechenden Auskunftsanspruch gegen das entsendende Unternehmen.

7. Es handelt sich hierbei um eine zwingende Rechtspflicht des Arbeitgebers. Kommt er ihr schuldhaft nicht nach, behindert er die Betriebsratswahl und macht sich nach § 119 Abs. 1 Nr. 1 BetrVG strafbar (vgl. FKHES § 2 WO-BetrVG Rdn. 6; *Richardi/Thüsing*, BetrVG § 2 WO 2001, Rdn. 11).

6. Anfechtung der Betriebsratswahl

An das
Arbeitsgericht ......

Antrag im Beschlussverfahren mit den Beteiligten

Variante 1:[1]
1. Firma[2] ......
    Verfahrensbevollmächtigte: Rechtsanwälte ......

– Antragstellerin –

2. Betriebsrat der Firma ......, vertreten durch den
    Betriebsratsvorsitzenden[3]

– Antragsgegner –

wegen Anfechtung der Betriebsratswahl.

Namens und in Vollmacht der Antragstellerin leiten wir ein Beschlussverfahren ein und beantragen:
Die Betriebsratswahl vom ...... wird für unwirksam erklärt.[4]

Begründung:

1. Die Antragstellerin betreibt in ...... einen Betrieb mit ...... Arbeitnehmern. Am ...... fand die Wahl des aus ...... Mitgliedern bestehenden Antragsgegners statt. Der Wahlvorstand gab das Wahlergebnis am ...... bekannt. Gewählt wurden ......

Beweis: Bekanntmachung des Wahlvorstands vom ......

2. Die Wahl verstieß gegen wesentliche Vorschriften über das Wahlrecht, die Wählbarkeit und das Wahlverfahren:[5]
a) Die Zahl der wahlberechtigten Arbeitnehmer und die Größe des Betriebsrats wurden falsch ermittelt. Der Wahlvorstand nahm in die Wählerliste nicht nur die Arbeitnehmer des Stammbetriebes ......, sondern auch der Betriebsstätte ...... auf. Es handelt sich hierbei jedoch um einen eigenständigen Betrieb, der mit einer eigenen Organisation die ihm zugewiesenen Betriebszwecke erfüllt. Selbst wenn man ihn als Betriebsteil des Stammbetriebes betrachten würde, gälte er als selbstständiger Betrieb nach § 4 Abs. 1 Satz 1 BetrVG, da er räumlich weit vom

Hauptbetrieb entfernt und durch Aufgabenbereiche und Organisation eigenständig ist. Auch wenn in diesem Betriebsteil kein eigener Betriebsrat besteht, haben die dort beschäftigten Arbeitnehmer nicht wirksam nach § 4 Abs. 1 Satz 2 BetrVG beschlossen, an der Wahl des Betriebsrates im Hauptbetrieb teilzunehmen. Es gab zwar entsprechende Wünsche in der dortigen Belegschaft. Ein mehrheitlicher Beschluss aller Arbeitnehmer liegt jedoch nicht vor. Da ein Teil dieser Arbeitnehmer trotzdem zum Betriebsrat im Stammbetrieb gewählt hat, ist die Betriebsratswahl fehlerhaft. [6]

b) Herr ...... war bei der Antragstellerin von ...... bis ...... als Angestellter beschäftigt. Das Arbeitsverhältnis endete durch einen Aufhebungsvertrag.

Beweis: Aufhebungsvertrag.

Obwohl Herr ...... bereits sechs Wochen vor Durchführung der Wahl aus dem Betrieb ausgeschieden war, führte ihn der Wahlvorstand in der Wählerliste als wahlberechtigten Arbeitnehmer auf.

Beweis: Wählerliste.

Herr ...... nahm durch Stimmabgabe an der Wahl teil.[7]

c) Frau ...... ist ...... Jahre alt und seit ...... im Betrieb der Antragstellerin beschäftigt. Sie wurde in der Vorschlagsliste der Gewerkschaft ...... vom ...... zur Wahl als Betriebsratsmitglied vorgeschlagen. Der Wahlvorstand strich sie jedoch aus der Vorschlagsliste mit der Begründung, Frau ...... sei einem anderen Betrieb zuzuordnen und daher nicht wählbar. Diese Ansicht ist unzutreffend (Begründung).[8]

d) Unter der Belegschaft befinden sich ...... griechische, ... italienische und ...... türkische Arbeitnehmer. Ein Teil von ihnen ist der deutschen Sprache nicht mächtig. Der Wahlvorstand hat es unterlassen, diese Arbeitnehmer in ihrer Muttersprache oder in sonstiger geeigneter Weise über das Wahlverfahren, die Aufstellung der Wähler- und Vorschlagsliste, den Wahlvorgang und die Stimmabgabe zu unterrichten.[9]

Beweis: ......

3. Eine Berichtigung der vorgenannten Gesetzesverstöße erfolgte nicht und ist auch nicht möglich.[10] Durch die Verstöße wurde das Wahlergebnis beeinflusst, denn es wäre bei ordnungsgemäßer Wahl anders ausgefallen (Begründung).[11]

Rechtsanwalt

Variante 2:

1. Industriegewerkschaft ......
   Verfahrensbevollmächtigte: Rechtsanwälte ......

– Antragstellerin –

2. Betriebsrat der Fa. ......, vertreten durch den Betriebsratsvorsitzenden

– Antragsgegner –

3. Fa. ......

– Beteiligte Ziff. 3 –

wegen Anfechtung der Betriebsratswahl

Namens und in Vollmacht der Antragstellerin leiten wir ein Beschlussverfahren ein und beantragen:

Die Betriebsratswahl vom ...... wird für unwirksam erklärt.

Begründung:

Die Beteiligte Ziff. 3 betreibt in ...... einen Betrieb mit ...... Arbeitnehmern. Die Antragstellerin ist in diesem Betrieb vertreten, da ihr mindestens ein nicht zu den leitenden Angestellten gem. § 5 Abs. 3 BetrVG gehörender Arbeitnehmer des Betriebs als Mitglied angehört. Am ...... fand die Wahl des aus ...... Mitgliedern bestehenden Antragsgegners statt. Der Wahlvorstand gab das Wahlergebnis am ...... bekannt.

Beweis: Bekanntmachung des Wahlvorstandes vom ......

Die Wahl verstieß gegen wesentliche Vorschriften über das Wahlrecht. Nach § 7 Satz 2 BetrVG sind die Arbeitnehmer eines anderen Arbeitgebers, die zur Arbeitsleistung überlassen werden, wahlberechtigt, wenn sie länger als drei Monate im Betrieb eingesetzt werden. Die Arbeitnehmerliste, welche die Beteiligte Ziff. 3 dem Wahlvorstand zur Verfügung stellte und auf deren Grundlage die Wählerliste erstellt und die Wahl durchgeführt wurde, ist unvollständig. Folgende wahlberechtigte Arbeitnehmer wurden nicht berücksichtigt und konnten daher an der Wahl nicht teilnehmen:

a) Die 7 Leiharbeitnehmer ...... des Zeitarbeitsunternehmens ...... waren am Wahltag länger als drei Monate im Betrieb der Beteiligten Ziff. 3 eingesetzt. Zwar endete der Einsatz eine Woche nach Bekanntgabe der Wahlergebnisse. Diese Personen sind aber dennoch wahlberechtigt, da es nicht erforderlich ist, dass sie länger als drei Monate nach dem Wahltag überlassen werden. [12]

b) Der Leiharbeitnehmer ...... wurde für sechs Monate entliehen. Auch wenn er am Wahltag erkrankt war und durch einen anderen Leiharbeitnehmer vorübergehend ersetzt wurde, bleibt er wahlberechtigt. [13]

c) Die 16 Leiharbeitnehmer ...... werden seit Anfang des letzten Jahres in zwei Kolonnen à 8 Arbeitnehmer jeweils abwechselnd für zwei Monate im Betrieb der Beteiligten Ziff. 3 mit immer der gleichen Tätigkeit eingesetzt. Da zwischen den Einsatzzeiten ein enger sachlicher Zusammenhang besteht und alle 16 Arbeitnehmer daher länger als drei Monate im Betrieb eingesetzt werden, sind sie wahlberechtigt. [14]

d) Die drei Herren ...... sind bei der Konzernzentrale eingestellt, jedoch seit sechs Monaten als EDV-Spezialisten in den Betrieb der Beteiligten Ziff. 3 abgeordnet. Sie sind ebenfalls wahlberechtigt. [15]

e) Frau ...... und Herr ...... sind als Trainees der Konzernzentrale seit 8 Monaten im Betrieb der Beteiligten Ziff. 3 tätig. Auch sie sind wahlberechtigt. [16]

Durch die Nichtberücksichtigung dieser wahlberechtigten Personen wurde das Wahlergebnis beeinflusst, denn es wäre bei ordnungsgemäßer Wahl anders ausgefallen (Begründung).

Rechtsanwalt

Variante 3:[17]
1. Firma ......
   Verfahrensbevollmächtigte: Rechtsanwälte ......

– Antragstellerin –

2. Betriebsrat der Firma ......, vertreten durch den
   Betriebsratsvorsitzenden[18]

– Antragsgegner –

3. Betriebsratsmitglied Frau[19] ......

4. Betriebsratsmitglied Herr ......
5. Betriebsratsmitglied Herr ......

– Beteiligte Ziffer 3, 4, 5 –

wegen Anfechtung der Betriebsratswahl.

Namens und in Vollmacht der Antragstellerin leiten wir ein Beschlussverfahren ein und beantragen:

Die Wahl der Beteiligten Ziffer 3, 4, 5 in den Betriebsrat am ...... wird für unwirksam erklärt.

Begründung:

1. Die Antragstellerin betreibt in ...... einen Betrieb mit ...... Arbeitnehmern. Am ...... fand die Wahl des aus ...... Mitgliedern bestehenden Antragsgegners statt. Das Wahlergebnis wurde am ...... bekanntgegeben. Die Beteiligten Ziff. 3, 4, 5, die auf dem Wahlvorschlag der Gewerkschaft ...... standen, wurden in den Betriebsrat gewählt.

Beweis: Bekanntmachung des Wahlvorstands vom ......

2. Damit wurde gegen wesentliche Vorschriften des Wahlrechts, der Wählbarkeit bzw. des Wahlverfahrens verstoßen. Der Wahlvorschlag wurde erst am Tag der Wahl, und damit verspätet, eingereicht und entsprach inhaltlich nicht den Anforderungen des § 6 Wahlordnung BetrVG (nähere Begründung).[20]

3. Eine Berichtigung der vorgenannten Verstöße erfolgte nicht und ist auch nicht möglich. Bei ordnungsgemäßer Beachtung der Vorschriften zum Wahlrecht, zur Wählbarkeit bzw. zum Wahlverfahren wären die Beteiligten Ziff. 3, 4, 5 nicht in den Antragsgegner gewählt worden. Da die Wahl der übrigen Betriebsratsmitglieder nicht zu beanstanden ist, ist nur die Wahl der Beteiligten Ziff. 3 bis 5 für unwirksam zu erklären.

Rechtsanwalt

Variante 4:[21]
1. Firma ......
   Verfahrensbevollmächtigte: Rechtsanwälte ......

– Antragstellerin –

2. Betriebsrat der Firma ......, vertreten durch den Betriebsratsvorsitzenden

– Antragsgegner –

3. Betriebsratsmitglied Herr ......

– Beteiligter Ziffer 3 –

wegen Anfechtung der Betriebsratswahl.

Namens und in Vollmacht der Antragstellerin leiten wir ein Beschlussverfahren ein und beantragen:

Die Wahl des Beteiligten Ziffer 3 zum Betriebsratsmitglied wird für unwirksam erklärt.

Begründung:

1. Die Antragstellerin betreibt in ...... einen Betrieb mit ...... Arbeitnehmern. Am ...... fand die Wahl des aus ...... Mitgliedern bestehenden Antragsgegners statt. Das Wahlergebnis wurde am ...... bekannt gegeben. Der Beteiligte Ziffer 3 wurde zum Betriebsratsmitglied gewählt.

Beweis: Bekanntmachung des Wahlvorschlags vom ......

2. Die Wahl des Beteiligten Ziffer 3 verstößt gegen wesentliche Vorschriften zur Wählbarkeit. Denn der Beteiligte Ziffer 3 war zum Zeitpunkt der Wahl nicht gemäß § 8 BetrVG wählbar. Zwar ist er bereits seit …… bei der Antragstellerin beschäftigt. Er war jedoch nie im Betrieb in …… tätig. Seine tatsächliche Zuordnung dorthin ist auch für die Zukunft nicht abzusehen.[22]

3. Eine Berichtigung des vorgenannten Gesetzesverstoßes ist nicht möglich. Bei ordnungsgemäßer Beachtung der Vorschriften zum Wahlrecht, zur Wählbarkeit bzw. zum Wahlverfahren wäre der Beteiligte Ziffer 3 nicht in den Antragsgegner gewählt worden. Da die Wahl des Antragsgegners im Übrigen nicht zu beanstanden ist, ist nur die Wahl des Beteiligten Ziffer 3 für unwirksam zu erklären.

Rechtsanwalt

Anmerkungen

1. a) Nach § 19 Abs. 1 BetrVG kann die Wahl des Betriebsrats beim Arbeitsgericht angefochten werden, wenn gegen wesentliche Vorschriften über das Wahlrecht, die Wählbarkeit oder das Wahlverfahren verstoßen worden ist und eine Berichtigung nicht erfolgt ist, es sei denn, dass durch den Verstoß das Wahlergebnis nicht geändert oder beeinflusst werden konnte. Variante 1 betrifft den gesetzlichen Regelfall, dass die Wahl des Betriebsrats in seiner Gesamtheit angefochten wird.

b) Die Wahl kann nur binnen einer Frist von zwei Wochen, vom Tage der Bekanntgabe des Wahlergebnisses an gerechnet, angefochten werden (§ 19 Abs. 2 Satz 2 BetrVG). Es handelt sich um eine Ausschlussfrist, nach deren Ablauf die Wahl unanfechtbar und damit bestandskräftig wird. Eine Verlängerung der Frist ist gesetzlich nicht vorgesehen; ebenso scheidet eine Wiedereinsetzung in den vorigen Stand wegen Fristversäumnis aus (vgl. FKHES § 19 Rdn. 36; *Richardi/Thüsing*, BetrVG § 19 Rdn. 47). Der Antrag muss in der Anfechtungsfrist hinreichend begründet werden, da eine erst später nachgeschobene Begründung eine unzulässige Verlängerung der Zwei-Wochen-Frist bedeuten würde (vgl. BAG 24. 5. 1965, AP Nr. 14 zu § 18 BetrVG). Wird die Wahl fristgemäß mit ausreichender Begründung angefochten, so hat das Gericht allerdings allen weiteren Wahlmängeln, die sich erst im Laufe des Verfahrens herausstellen, von Amts wegen nachzugehen (vgl. BAG 3. 6. 1969, AP Nr. 17 zu § 18 BetrVG). Wird die Wahl von einem Anfechtungsberechtigten fristgemäß angefochten, so können nach Ablauf der Zwei-Wochen-Frist die anderen Antragsberechtigten dem Verfahren nicht beitreten und dieses nach Ausscheiden des ursprünglichen Antragstellers fortsetzen (vgl. BAG 10. 6. 1983, AP Nr. 10 zu § 19 BetrVG 1972 = DB 1983, 2142).

Die Berechnung der Anfechtungsfrist richtet sich nach §§ 187 ff. BGB. Fristbeginn ist grundsätzlich der Tag, der auf denjenigen folgt, an dem das endgültige Wahlergebnis vom Wahlvorstand ausgehängt wird (§ 187 Abs. 1 BGB). Wann die Anfechtungsberechtigten konkret Kenntnis vom Wahlergebnis erlangt haben, ist unerheblich. Die Ausschlussfrist ist nur gewahrt, wenn die Antragsschrift am letzten Tag der Frist ordnungsgemäß begründet und unterschrieben beim Arbeitsgericht eingeht.

c) Das Rechtsschutzinteresse für den Antrag entfällt, wenn die Amtszeit des Betriebsrats vor rechtskräftiger gerichtlicher Entscheidung endet (vgl. BAG 13. 3. 1991, AP Nr. 20 zu § 19 BetrVG 1972 = NZA 1991, 946). Das Gleiche gilt, wenn die Wahl eines einzelnen Betriebsratsmitglieds angefochten wird und dieses Mitglied sein Amt niederlegt; denn die Amtsniederlegung führt nach § 24 Abs. 1 Nr. 2 BetrVG zum sofortigen Erlöschen der Mitgliedschaft im Betriebsrat, weshalb für eine Fortführung des Wahlanfechtungsverfahrens kein Bedarf mehr besteht (vgl. FKHES § 19 Rdn. 44). Tritt hinge-

gen im Falle einer Wahlanfechtung der Betriebsrat in seiner Gesamtheit zurück, so entfällt damit noch nicht das Rechtsschutzinteresse für das Anfechtungsverfahren. Nach
§ 22 BetrVG führt der zurückgetretene Betriebsrat die Amtsgeschäfte weiter, bis ein
neuer Betriebsrat gewählt und das Wahlergebnis bekannt gegeben ist. Das Wahlanfechtungsverfahren ist daher gegen den zurückgetretenen Betriebsrat fortzusetzen; das
Rechtsschutzinteresse entfällt erst mit der abgeschlossenen Wahl eines neuen Betriebsrats (vgl. BAG 29. 5. 1991, AP Nr. 5 zu § 4 BetrVG 1972 = NZA 1992, 74; FKHES
aaO. m. w. N. zum Meinungsstand).

d) Von der Anfechtbarkeit der Wahl ist deren **Nichtigkeit** zu unterscheiden. Eine nichtige Wahl liegt dann vor, wenn gegen wesentliche gesetzliche Wahlregeln in so hohem
Maße verstoßen worden ist, dass nicht einmal der Anschein einer dem Gesetz entsprechenden Wahl vorliegt (vgl. BAG AP Nr. 4, 6, 10 zu § 19 BetrVG 1972). Ein solcher
grober und offensichtlicher Verstoß wird nur in besonders gelagerten Ausnahmefällen
vorliegen, so z. B. bei der Wahl des Betriebsrats in der Betriebsversammlung durch Zuruf
(vgl. BAG AP Nr. 84 zu § 611 BGB Urlaubsrecht; weitere Beispiele bei FKHES § 19
Rdn. 5). Auf die Nichtigkeit der Betriebsratswahl kann sich jedermann zu jeder Zeit und
in jeder Form berufen (vgl. BAG AP Nr. 6 zu § 19 BetrVG 1972). Die Zwei-Wochen-
Frist des § 19 Abs. 2 BetrVG ist in den Fällen der Nichtigkeit nicht anwendbar.

Der Antrag auf Unwirksamerklärung der Betriebsratswahl ist in der Regel dahin auszulegen, dass das Gericht sowohl die Anfechtbarkeit als auch die Nichtigkeit der Wahl
überprüfen soll (vgl. BAG AP Nr. 1 zu § 8 BetrVG 1972; FKHES § 19 Rdn. 9). Die Abgrenzung ist fließend; so kann eine große Zahl von jeweils für sich genommen nicht
schwerwiegenden Regelverstößen die Wahl insgesamt nichtig machen (vgl. BAG AP
Nr. 4 zu § 19 BetrVG 1972). Es empfiehlt sich daher, innerhalb der Zwei-Wochen-Frist
den Musterantrag zu verwenden; das Arbeitsgericht hat dann von Amts wegen auch
die Nichtigkeit zu prüfen. Etwas anderes gilt, wenn zurzeit der Antragstellung die Anfechtungsfrist bereits abgelaufen ist: In diesem Fall kann nur noch die Feststellung der
Nichtigkeit begehrt werden. In der Antragsbegründung wären die schwerwiegenden und
offensichtlichen Gesetzesverstöße darzulegen.

2. Zur Anfechtung berechtigt sind mindestens drei wahlberechtigte Arbeitnehmer, eine im Betrieb vertretene Gewerkschaft oder der Arbeitgeber (§ 19 Abs. 2 Satz 1
BetrVG). Der Betriebsrat, der Wahlvorstand oder etwa ein einzelner abgelehnter Bewerber sind nicht anfechtungsberechtigt.

a) Wahlberechtigt sind Arbeitnehmer und unter den Voraussetzungen des § 7 Satz 2
BetrVG auch Leiharbeitnehmer, die zum Zeitpunkt der Stimmabgabe (streitig, vgl. zum
Meinungsstand GK-*Kreutz,* § 19 Rdn. 63; *Richardi/Thüsing,* BetrVG § 19 Rdn. 38) das
18. Lebensjahr vollendet haben (§ 7 BetrVG). Das Erfordernis, dass der Anfechtungsantrag von drei Personen gestellt wird, muss bis zum letzten Anhörungstermin gegeben
sein. Es ist allerdings nach der neueren Rechtsprechung des Bundesarbeitsgerichts nicht
erforderlich, dass die drei (zunächst wahlberechtigten) Antragsteller bis zum letzten Anhörungstermin wahlberechtigt, also Arbeitnehmer des Betriebs sind. Das Rechtsschutzinteresse für die Wahlanfechtung ist auch dann gegeben, wenn im Laufe des Beschlussverfahrens ein Teil der Antragsteller aus dem Betrieb bzw. aus dem Arbeitsverhältnis
ausscheidet, solange zum Zeitpunkt der letzten Anhörung noch ein anfechtender Arbeitnehmer dem Betrieb angehört und vom Betriebsrat repräsentiert wird (vgl. BAG AP
Nr. 17 zu § 19 BetrVG 1972; FKHES § 19 Rdn. 29; a. A. GK-*Kreutz,* § 19 Rdn. 68).

Jeder die Wahl anfechtende Arbeitnehmer kann ohne Zustimmung der anderen Antragsteller seinen Antrag zurücknehmen (vgl. BAG AP Nr. 27 zu § 76 BetrVG). Geschieht dies nach Ablauf der Anfechtungsfrist, so können weder ein anderer Arbeitnehmer noch die Gewerkschaft als Antragsteller nachrücken, wenn sie bis dahin noch
keinen Antrag gestellt hatten. Sinkt dadurch die Zahl der antragstellenden Arbeitnehmer

unter drei, so wird der Anfechtungsantrag unzulässig. Es empfiehlt sich daher, den Antrag von einer größeren Zahl von wahlberechtigten Arbeitnehmern stellen zu lassen.

b) Eine Gewerkschaft ist dann im Betrieb vertreten, wenn ihr mindestens ein Arbeitnehmer des Betriebs angehört (vgl. BAG AP Nr. 4 zu § 2 BetrVG 1972). Dieser Nachweis kann ohne Namensnennung der Mitglieder erfolgen durch Zeugenbeweis (z. B. eines Gewerkschaftssekretärs) oder durch eine notarielle Erklärung, dass eine Person, deren Personalien in einem besonderen Umschlag hinterlegt sind, Mitglied der antragstellenden Gewerkschaft und Arbeitnehmer des Betriebs ist (vgl. BAG, aaO. sowie unten E. V. 1. Anm. 5). Die Vertretung einer Gewerkschaft nur durch leitende Angestellte i. S. d. § 5 Abs. 3 BetrVG genügt allerdings nicht (vgl. FKHES § 3 Rdn. 44).

c) Der Arbeitgeber ist stets anfechtungsberechtigt. Er muss ein besonderes rechtliches Interesse nicht darlegen.

3. Der Antrag ist gegen den Betriebsrat als Gremium und nicht etwa gegen die einzelnen Mitglieder zu richten (zur Teilanfechtung vgl. unten Anm. 17). Der Wahlvorstand ist weder Antragsgegner noch Beteiligter gemäß § 83 Abs. 3 ArbGG, selbst wenn die Anfechtung auf seine Fehler gestützt wird; mit der Bekanntgabe des Wahlergebnisses endet die Tätigkeit des Wahlvorstands, weshalb seine Mitglieder im Anfechtungsverfahren lediglich als Zeugen herangezogen werden können (vgl. BAG AP Nr. 9 zu § 19 BetrVG 1972).

Wird die Anfechtung einer Betriebsratswahl darauf gestützt, dass in einem einheitlichen Betrieb unter Verkennung des Betriebsbegriffs mehrere Betriebsräte gewählt worden sind, so muss die Wahl aller Betriebsräte angefochten, also der Antrag gegen alle Betriebsräte gerichtet werden (vgl. BAG 14. 11. 2001, NZA 2002, 1231).

Der Arbeitgeber ist durch die Wahlanfechtung stets in seinem betriebsverfassungsrechtlichen Rechtsverhältnis zum Betriebsrat betroffen. Wenn er selbst nicht Antragsteller ist, ist er gemäß § 83 Abs. 3 ArbGG Beteiligter und als solcher im Rubrum aufzuführen.

Die im Betrieb vertretenen Gewerkschaften sind im Wahlanfechtungsverfahren keine Beteiligten gemäß § 83 Abs. 3 ArbGG, wenn sie von ihrem Anfechtungsrecht keinen Gebrauch gemacht haben (vgl. BAG 19. 9. 1985, AP Nr. 12 zu § 19 BetrVG 1972 = NZA 1986, 368; a. A. DKK-*Schneider*, § 19 Rdn. 25).

Einzelne Arbeitnehmer, die durch die Wahlanfechtung in irgendeiner Weise betroffen sind (z. B. gewählte oder benachteiligte Bewerber) sind gegebenenfalls als Zeugen heranzuziehen, nicht aber von Amts wegen zu beteiligen.

4. Mit dieser Formulierung werden sowohl die Anfechtung der Betriebsratswahl als auch die Feststellung deren Nichtigkeit erfasst (vgl. oben Anm. 1 d). Soll nur die Nichtigkeit der Wahl geltend gemacht werden (etwa weil die Anfechtungsfrist des § 19 Abs. 2 Satz 2 BetrVG verstrichen ist), heißt es: „Es wird festgestellt, dass die Betriebsratswahl vom . . . . . . nichtig ist."

5. Die Darstellung ist als Beispiel gedacht. Die Verstöße müssen nicht kumulativ vorliegen. Es genügt, dass gegen eine wesentliche Vorschrift zum Wahlrecht, zur Wählbarkeit oder zum Wahlverfahren verstoßen wird (sofern die weiteren Voraussetzungen des § 19 BetrVG vorliegen). Wesentlich sind solche Vorschriften, die die tragenden Grundprinzipien der Betriebsratswahl beinhalten: Mussvorschriften sind grundsätzlich wesentlich, Soll- und Ordnungsvorschriften in der Regel nicht (vgl. *Richardi/Thüsing*, BetrVG § 19 Rdn. 5). Das Wahlrecht ist in § 7 BetrVG, die Wählbarkeit in § 8 BetrVG und das Wahlverfahren in §§ 9–18 BetrVG und in der Wahlordnung geregelt (vgl. im Einzelnen FKHES § 19 Rdn. 19 ff.; GK-*Kreutz*, § 19 Rdn. 16ff.; *Richardi/Thüsing*, BetrVG § 19 Rdn. 15ff.).

6. Vgl. zur Betriebsratsfähigkeit von Betriebsteilen FKHES § 4 Rdn. 7ff. und zur Entscheidung der Arbeitnehmer des Betriebsteils zur Teilnahme an der Wahl des Betriebsrats im Hauptbetrieb FKHES § 4 Rdn. 20ff. Die Möglichkeit, dass die Arbeitnehmer eines selbstständigen Betriebsteils eigenständig über ihre Zuordnung entscheiden können, wurde vom BetrVG-Reformgesetz 2001 neu in das Gesetz aufgenommen. Hierzu und zur Abgrenzung des Betriebsteils vom selbstständigen Betrieb vgl. etwa ArbG Nürnberg, 29. 11. 2001, AiB 2002, 187 mit Anm. *Manske.*

7. Verstoß gegen § 7 Satz 1 BetrVG.

8. Verstoß gegen § 8 BetrVG.

9. Verstoß gegen § 2 Abs. 5 WO-BetrVG (vgl. LAG Hamm, DB 1982, 2252).

10. Die Berichtigung des Wahlfehlers durch den Wahlvorstand muss rechtzeitig erfolgt sein. Hierbei sind die konkreten Umstände des Einzelfalles maßgeblich. Geschah dies nicht, ist aber eine Berichtigung des Wahlergebnisses im Anfechtungsverfahren durch das Arbeitsgericht möglich, so wird dieses die Wahl nicht insgesamt für unwirksam erklären, sondern – nach Antragsumstellung auf richterlichen Hinweis – die Berichtigung vornehmen (vgl. hierzu unten E. II. 7.).

11. Es genügt, dass das Wahlergebnis nach der allgemeinen Lebenserfahrung und den besonderen Umständen des Einzelfalles ohne den Wahlfehler möglicherweise anders ausgefallen wäre (vgl. näher FKHES § 19 Rdn. 24; GK-*Kreutz,* § 19 Rdn. 40 ff.; *Richardi/Thüsing,* BetrVG § 19 Rdn. 31 ff.). Lässt sich der Sachverhalt im Hinblick auf die Kausalität nicht abschließend klären, so ist von einer Beeinflussung auszugehen (vgl. BAG AP Nr. 1 zu § 18 BetrVG).

12. Vgl. FKHES § 7 Rdn. 60; a. A. *Maschmann,* DB 2001, 2446 ff. Die nach § 7 Satz 2 BetrVG wahlberechtigten Leiharbeitnehmer sind bei der Ermittlung der Betriebsratsgröße gemäß § 9 BetrVG nach der Rechtsprechung des Bundesarbeitsgerichts nicht zu berücksichtigen („Leiharbeitnehmer wählen, aber zählen nicht", vgl. BAG 16. 4. 2003 – 7 ABR 53/02).

13. Vgl. FKHES § 7 Rdn. 62.

14. Vgl. FKHES § 7 Rdn. 66.

15. Vgl. FKHES § 7 Rdn. 69.

16. Vgl. LAG Hamm, NZA-RR 1998, 505.

17. Variante 3 bezieht sich auf die Teilanfechtung der Betriebsratswahl. Es ist zulässig, die Wahlanfechtung auf einzelne Betriebsratsmitglieder zu beschränken (vgl. BAG, 28. 11. 1977, AP Nr. 2 zu § 8 BetrVG 1972; zur Beschränkung der Wahlanfechtung auf die Arbeiter- oder Angestelltengruppe nach altem Recht vgl. BAG AP Nr. 11 zu § 18 BetrVG, Nr. 1 zu § 5 BetrVG).

Von dieser Antragsvariante sollte aber nur mit Vorsicht Gebrauch gemacht werden. Denn stellt sich im Verlaufe des Verfahrens heraus, dass sich der Verstoß nicht nur auf die Personen, deren Wahl konkret angefochten ist, sondern auf die gesamte Wahl auswirkt, so kann das Gericht gemäß § 83 Abs. 1 ArbGG den Anfechtungsantrag nicht auf das gesamte Wahlergebnis erstrecken. Der Antragsteller kann dies ebenfalls wegen Ablaufs der Anfechtungsfrist gem. § 19 Abs. 2 BetrVG nicht. Der zu enge Antrag wäre daher als unzulässig abzuweisen (vgl. LAG Hamm, 14. 5. 1976, DB 1976, 2020). Der Antrag sollte daher im Regelfall auf die Unwirksamerklärung der gesamten Betriebsratswahl gerichtet werden. Kommt das Arbeitsgericht im Laufe des Verfahrens dann zu der Feststellung, dass der Wahlfehler nur die abgrenzbare Wahl einzelner Arbeitnehmer beeinflusst, so wird es dem Antrag insoweit stattgeben und im Übrigen den weitergehenden Teil des Antrags als unbegründet zurückweisen.

18. Anfechtungsgegner ist auch bei der Teilanfechtung richtigerweise immer der Betriebsrat (vgl. GK-*Kreutz,* § 19 Rdn. 96; *Richardi/Thüsing,* BetrVG § 19 Rdn. 48; a. A. FKHES § 19 Rdn. 42; vgl. auch BAG AP Nr. 1 zu § 24 BetrVG).

19. Die betroffenen Betriebsratsmitglieder sind gem. § 83 Abs. 3 ArbGG zu beteiligen, da sie in ihrer eigenen betriebsverfassungsrechtlichen Rechtsposition betroffen sind.

20. Vgl. näher FKHES § 6 WO 2001 Rdn. 3 ff.

21. Variante 4 betrifft den Fall, dass die Wahlanfechtung auf die Wahl eines einzelnen Betriebsratsmitglieds beschränkt wird. Dies ist zulässig (vgl. BAG 28. 11. 1977, AP Nr. 2 zu § 8 BetrVG 1972). Von einem solchen Antrag sollte aber sehr zurückhaltend Gebrauch gemacht werden (vgl. oben Anm. 17).

22. Beispiel nach BAG, Beschluss vom 28. 11. 1977, AP Nr. 2 zu § 8 BetrVG 1972 = DB 1978, 450.

7. Berichtigung des Ergebnisses der Betriebsratswahl[1]

An das
Arbeitsgericht ......

Antrag im Beschlussverfahren mit den Beteiligten

1. Industriegewerkschaft[2] ......
   Verfahrensbevollmächtigte: Rechtsanwälte ......

– Antragstellerin –

2. Betriebsrat der Firma ......, vertreten durch den
   Betriebsratsvorsitzenden[3]

– Antragsgegner –

3. Firma[4] ......

– Beteiligte Ziffer 3 –

4. Betriebsratsmitglied Herr ......

– Beteiligter Ziffer 4 –

wegen Anfechtung der Betriebsratswahl (Berichtigung des Wahlergebnisses).

Namens und in Vollmacht der Antragstellerin leiten wir ein Beschlussverfahren ein und beantragen:
Es wird festgestellt, dass anstelle des Beteiligten Ziffer 4 die Wahlbewerberin ......
in den Betriebsrat gewählt worden ist.

Begründung:

Die Beteiligte Ziffer 3 betreibt in ...... einen Betrieb mit ...... Arbeitnehmern. Die Antragstellerin ist in diesem Betrieb vertreten, da ihr mindestens ein nicht zu den leitenden Angestellten gemäß § 5 Abs. 3 BetrVG gehörender Arbeitnehmer des Betriebs als Mitglied angehört.[5] Am ...... fand die Wahl des aus ...... Mitgliedern bestehenden Antragsgegners statt. Der Wahlvorstand gab das Wahlergebnis am ...... bekannt (im Einzelnen schildern).

Beweis: Bekanntmachung des Wahlvorstands vom ......
Es waren drei Wahlvorschlagslisten eingereicht worden. Von den ... abgegebenen gültigen Stimmen erhielten die Liste 1 ......, die Liste 2 ...... und die Liste 3 ...... Stimmen. Auf der Liste 1 kandidierten: 1. ...... (Vorname, Familienname, Anschrift), 2. ...... Auf der Liste 2 kandidierten: 1. ......, 2. ...... Auf der Liste 3 kandidierten: 1. ......, 2. ......

Der Wahlvorstand ist der Ansicht, es wären folgende Wahlbewerber gewählt: 1. ......, 2. ......, 3. ...... Dies ist unzutreffend und beruht auf einem Rechenfehler. Bei richtiger Anwendung des Höchstzahlverfahrens nach d'Hondt sind gewählt: 1. ......, 2. ......, 3. ...... (vorrechnen).[6] Damit wurde anstelle des Beteiligten Ziffer 4 die Wahlbewerberin ...... in den Antragsgegner gewählt.

Variante:

Das bekannt gemachte Wahlergebnis verletzt den Minderheitenschutz nach § 15 Abs. 2 BetrVG. Im Betrieb der Beteiligten Ziff. 3 sind ...... Männer und ...... Frauen beschäftigt, so dass die Frauen das Minderheitengeschlecht darstellen. Nach § 15 Abs. 2 BetrVG, § 5 WO BetrVG stehen daher den Frauen drei Betriebsratssitze zu. Es wurde nur eine Wahlvorschlagsliste eingereicht. Der Wahlvorstand hat ohne Ansehen des Geschlechts die Bewerber mit den höchsten Stimmenzahlen als gewählte Betriebsratsmitglieder ermittelt. Er hat dabei übersehen, dass zunächst die der Minderheit zustehenden Mindestsitze verteilt werden müssen (§ 22 Abs. 1 WO BetrVG). Bei ordnungsgemäßer Berücksichtigung des Minderheitenschutzes ergibt sich, dass anstelle des Beteiligten Ziff. 4 die Wahlbewerberin Frau ...... in den Betriebsrat gewählt wurde (Berechnungsweise nach § 22 WO BetrVG darlegen).[7]

Rechtsanwalt

Anmerkungen

1. a) Es handelt sich um eine Variante der Anfechtung der Betriebsratswahl gemäß § 19 BetrVG, die hier lediglich zur Übersichtlichkeit gesondert aufgeführt wird. Ein Verstoß gegen wesentliche Vorschriften über das Wahlrecht, die Wählbarkeit oder das Wahlverfahren führt dann nicht zur Unwirksamerklärung der gesamten Betriebsratswahl, wenn der Verstoß durch eine Berichtigung des Wahlergebnisses behoben werden kann. Der typische Fall ist der Rechenfehler bei der Stimmenauszählung. Nimmt der Wahlvorstand die Berichtigung nicht vor, so kann im Rahmen eines Wahlanfechtungsverfahrens gemäß § 19 BetrVG die Korrektur verlangt werden (vgl. FKHES § 19 Rdn. 27 f.; GK-*Kreutz*, § 19 Rdn. 118 ff.). Es gelten für den auf Korrektur gerichteten Antrag die gleichen Grundsätze wie für die sonstigen Anfechtungsformen (vgl. oben E. II. 6.).

b) Der Antrag sollte zurückhaltend verwendet werden. Durch seine enge Fassung bezieht er sich nur auf die den Bestand des Betriebsrats bewahrende Berichtigung des Wahlergebnisses. Stellt sich im Laufe des Verfahrens heraus, dass der Wahlfehler nicht mehr berichtigt werden kann, so kann das Gericht wegen seiner Bindung an den Antrag gemäß § 83 Abs. 1 ArbGG und wegen der zweiwöchigen Anfechtungsfrist des § 19 Abs. 2 BetrVG nicht die gesamte Betriebsratswahl für unwirksam erklären; es muss vielmehr den zu engen Berichtigungsantrag als unbegründet zurückweisen (vgl. GK-*Kreutz*, § 19 Rdn. 118). Wird hingegen der weitergehende Antrag auf Unwirksamerklärung der Betriebsratswahl gestellt (vgl. oben E. II. 6., Variante 1), so muss das Gericht im Laufe des Verfahrens prüfen, ob eine Berichtigung des Wahlergebnisses möglich ist: Ist das der Fall, so wird es die Korrektur vornehmen und den Antrag, soweit er hierüber hinausgeht, zurückweisen (vgl. GK-*Kreutz*, § 19 Rdn. 119; *Richardi*, BetrVG § 19 Rdn. 65). In Zweifelsfällen sollte daher stets der weitergehende Antrag genommen werden.

2. Zur Antragsberechtigung vgl. oben E. II. 6. Anm. 2.

3. Antragsgegner ist stets der Betriebsrat, vgl. oben E. II. 6. Anm. 3, 18.

4. Zu den weiteren Beteiligten vgl. oben E. II. 6. Anm. 3, 19. Das betroffene Betriebsratsmitglied ist nach § 83 Abs. 3 ArbGG zu beteiligen, da es in einer eigenen betriebsverfassungsrechtlichen Rechtsposition berührt ist.

5. Vgl. oben E. II. 6. Anm. 2.

6. Vgl. näher zum Wahlsystem und den verschiedenen Berechnungsmethoden GK-*Kreutz*, § 14 Rdn. 30 ff.; *Richardi/Thüsing*, BetrVG § 14 Rdn. 23 ff.

7. Vgl. näher zum Schutz des Minderheitengeschlechts FKHES § 15 Rdn. 11 ff., *Richardi/Thüsing*, BetrVG § 15 Rdn. 11 ff.

8. Anfechtung der Wahl des Betriebsratsvorsitzenden[1]

An das
Arbeitsgericht ......

Antrag im Beschlussverfahren mit den Beteiligten

1. Betriebsratsmitglied ......, [2]
   Verfahrensbevollmächtigte: Rechtsanwälte ......

– Antragsteller –

2. Betriebsrat der Firma ......, vertreten durch den Betriebsratsvorsitzenden[3] ......

– Antragsgegner –

3. Firma[4] ......

– Beteiligte Ziffer 3 –

4. Vorsitzender des Betriebsrats Herr ......

– Beteiligter Ziffer 4 –

wegen Anfechtung der Wahl des Betriebsratsvorsitzenden.

Namens und in Vollmacht des Antragstellers leiten wir ein Beschlussverfahren ein und beantragen:
Die Wahl des Beteiligten Ziffer 4 zum Betriebsratsvorsitzenden am ... wird für unwirksam erklärt.[5]

Begründung:

Die Beteiligte Ziffer 3 betreibt in ...... einen Betrieb mit ...... Arbeitnehmern. In diesem wurde am ...... die regelmäßige Neuwahl des Betriebsrats durchgeführt. Der gewählte Betriebsrat (Antragsgegner) setzt sich aus neun Mitgliedern zusammen. Nach der Bekanntgabe der Wahlergebnisse am ... fand am ... die konstituierende Sitzung des Antragsgegners statt. An dieser nahmen alle Betriebsrats- und Ersatzmitglieder teil. Der Antragsteller und der Beteiligte Ziff. 4 kandidierten für das Amt des Betriebsratsvorsitzenden. Der Antrag des Antragstellers auf Durchführung einer geheimen Wahl wurde übergangen; eine Abstimmung hierüber erfolgte nicht.[6] An der Wahl des Betriebsratsvorsitzenden nahmen sodann nicht nur alle Betriebsratsmitglieder, sondern auch alle Ersatzmitglieder teil. Der Einwand des Antragstellers, die Ersatzmitglieder seien nicht wahlberechtigt, wurde von einigen Betriebsratsmitgliedern verworfen mit dem Hinweis, dass auch die Ersatzmitglieder mit dem Betriebsratsvorsitzenden zusammenarbeiten müssten. Gewählt wurde der Beteiligte Ziff. 4. Die Wahl ist unwirksam, da die anwesenden Ersatzmitglieder nicht wahlberechtigt waren. Keines der Ersatzmitglieder war vorübergehend oder dauerhaft für ein verhindertes Vollmitglied in den Betriebsrat nachgerückt.[7]

Rechtsanwalt

Anmerkungen

1. Das Gesetz sieht verschiedene interne Wahlen des Betriebsrats vor: Die Wahl des Betriebsratsvorsitzenden und seines Stellvertreters (§ 26 Abs. 1 BetrVG), der weiteren Mitglieder des Betriebsausschusses (§ 27 Abs. 1 BetrVG), der Mitglieder der weiteren Ausschüsse (§ 28 Abs. 1 BetrVG) und der gemeinsamen Ausschüsse (§ 28 Abs. 2 BetrVG) sowie der freigestellten Betriebsratsmitglieder (§ 38 Abs. 2 BetrVG). Für die Anfechtbarkeit dieser internen Wahlen hat der Gesetzgeber keine Regelung getroffen. Die Rechtsprechung und herrschende Lehre wenden daher die Regeln zur Betriebsratswahlanfechtung gemäß § 19 BetrVG analog an (vgl. BAG AP Nr. 9, 10, 11 zu § 26 BetrVG 1972; *Richardi/Thüsing*, BetrVG § 26 Rdn. 18; *Witt*, AR-Blattei SD 530, 6.2, Rdn. 68 ff.; 156 ff.; 198 f.). Es kann daher auf die dortigen Ausführungen (vgl. oben E. II. 6.) Bezug genommen werden. Dabei ist das Antragsmuster stets an die konkrete Wahl anzupassen. Die wenigen prozessualen Abweichungen von der Anfechtung der Betriebsratswahl werden im Folgenden erläutert.

2. In Abweichung von § 19 Abs. 2 BetrVG ist jedes einzelne Betriebsratsmitglied anfechtungsberechtigt. Die Regelung des § 19 Abs. 2 BetrVG, nach der mindestens drei Wahlberechtigte die Wahl anfechten müssen, ist nicht übertragbar, da eine Anfechtung auch bei kleineren Betriebsräten möglich sein muss und ein Missbrauch des Anfechtungsrechts nicht zu befürchten ist (vgl. BAG AP Nr. 9, 10, 11 zu § 26 BetrVG 1972).

Anfechtungsberechtigt ist außerdem jede im Betrieb vertretene Gewerkschaft. Dies folgt daraus, dass diese auf Grund der gesetzlich vorgeschriebenen Zusammenarbeit mit dem Betriebsrat durch die Wahl des Vorsitzenden und des Stellvertreters in ihrer betriebsverfassungsrechtlichen Stellung berührt wird (vgl. BAG AP Nr. 2 zu § 26 BetrVG 1972; FKHES § 26 Rdn. 46; a. A. GK-*Wiese/Raab*, § 26 Rdn. 19).

Da es sich um einen Akt der internen Geschäftsführung des Betriebsrats handelt, sind der Arbeitgeber und einzelne Arbeitnehmer nicht zur Anfechtung berechtigt (vgl. FKHES § 26 Rdn. 48; GK-*Wiese/Raab*, aaO.).

3. Der Antrag ist wie bei der Anfechtung der Betriebsratswahl gegen den Betriebsrat zu richten.

4. Weitere Beteiligte sind der Arbeitgeber (Beteiligter Ziffer 3) und das Betriebsratsmitglied, dessen Wahl angefochten wird (Beteiligter Ziffer 4).

5. Mit dieser Formulierung wird sowohl die Anfechtbarkeit der Wahl als auch die Feststellung deren Nichtigkeit erfasst. Die Auslegung des Antrags ergibt in der Regel, dass das Gericht den Antrag unter allen denkbaren Gesichtspunkten zu prüfen hat (vgl. BAG AP Nr. 11 zu § 26 BetrVG 1972; Nr. 3 zu § 27 BetrVG 1972; vgl. bereits oben E. II. 6. Anm. 1 d, 4).

6. Die Wahl des Betriebsratsvorsitzenden bzw. des Stellvertreters kann mündlich durch Handaufheben oder schriftlich durch Stimmzettel, offen oder geheim erfolgen; der Betriebsrat entscheidet selbst über den Wahlmodus (vgl. BAG AP Nr. 1 zu § 29 BetrVG). Auf Verlangen eines Mitglieds ist sie unserer Meinung nach geheim durchzuführen (streitig, wie hier DKK-*Wedde*, § 26 Rdn. 7; FKHES § 26 Rdn. 9; *Richardi/Thüsing*, BetrVG § 26 Rdn. 6; a. A. GK-*Wiese/Raab*, § 26 Rdn. 10; Arbeitsgericht Bielefeld, AiB 1999, 34). Die Wahl des Vorsitzenden und die Wahl des Stellvertreters erfolgen stets in getrennten Wahlgängen.

7. Nur die Betriebsratsmitglieder sind wahlberechtigt, nicht die Ersatzmitglieder. Ist jedoch ein Ersatzmitglied dauerhaft oder am Wahltag vorübergehend für ein verhindertes Betriebsratsmitglied nachgerückt, so ist es als Vollmitglied zu behandeln und wahlberechtigt (vgl. *Richardi/Thüsing*, BetrVG § 26 Rdn. 3).

9. Kosten der Wahl

An das
Arbeitsgericht ......

Antrag im Beschlussverfahren[1] mit den Beteiligten

1. Betriebsrat der Firma ......, vertreten durch den Betriebsratsvorsitzenden[2]
   Verfahrensbevollmächtigte: Rechtsanwälte ......

– Antragsteller –

2. Firma ......

– Antragsgegnerin –

3. Frau[3] ......

– Beteiligte Ziffer 3 –

4. Herr ......

– Beteiligter Ziffer 4 –

5. Herr ......

– Beteiligter Ziffer 5 –

wegen Kosten der Betriebsratswahl.

Namens und in Vollmacht des Antragstellers[4] leiten wir ein Beschlussverfahren ein und beantragen:
Die Antragsgegnerin wird verpflichtet, die Beteiligten Ziff. 3 bis 5 von der gegenüber der Druckerei ...... eingegangenen Verbindlichkeit in Höhe von EUR ...... freizustellen.[5]

Begründung:

Die Antragsgegnerin betreibt in ...... einen Betrieb, in welchem sie ...... Arbeitnehmer beschäftigt. Der Antragsteller ist der in diesem Betrieb am ...... gewählte Betriebsrat. Zur Vorbereitung und Durchführung der Betriebsratswahl wurde vom damaligen Betriebsrat am ...... ein Wahlvorstand, bestehend aus den Beteiligten Ziffer 3 bis 5, bestellt.
Der Wahlvorstand beauftragte am ...... die Druckerei ...... mit dem Druck der für die Wahl erforderlichen Stimmzettel und Vorschlagslisten, letztere für den Fall von Anträgen auf schriftliche Stimmabgabe. Die Druckerei stellte dem Wahlvorstand hierfür am ...... EUR ...... in Rechnung.

Beweis: Rechnung vom ......

Die Beteiligten Ziffer 3 bis 5 haben die Rechnung bislang noch nicht bezahlt. Die Antragsgegnerin wurde vom Betriebsrat am ...... zur Begleichung der Rechnung aufgefordert. Sie hat dies trotz Mahnung vom ...... bis heute nicht getan. Da es sich um notwendige Kosten der Wahl handelt, ist die Antragsgegnerin gemäß § 20 Abs. 3 BetrVG verpflichtet, die Beteiligten Ziffer 3 bis 5 als ehemalige Mitglieder des Wahlvorstands von dieser Verbindlichkeit freizustellen.[6]

Der Antragsteller hat am ... beschlossen, das vorliegende Verfahren einzuleiten und mit seiner Durchführung die im Aktivrubrum genannten Verfahrensbevollmächtigten zu beauftragen.
Beweis: Zeugnis des Betriebsratsvorsitzenden

Rechtsanwalt

Anmerkungen

1. a) Gemäß § 20 Abs. 3 Satz 1 BetrVG trägt der Arbeitgeber die Kosten der Betriebs-ratswahl. Streitigkeiten über die Erforderlichkeit und den Umfang des Sachaufwands des Wahlvorstands sind im Beschlussverfahren zu entscheiden. Dabei ist es unerheblich, ob die Wahlvorbereitung noch andauert oder ob die Wahl bereits abgeschlossen ist. Im ersten Fall wird an einen Antrag auf Zahlung eines Kostenvorschusses zu denken sein, der auf Grund der Dauer des normalen Beschlussverfahrens häufig aber nur im Wege einer einstweiligen Verfügung durchsetzbar ist. Im zweiten Fall geht es in der Regel um Kostenerstattungs- und Freistellungsansprüche.

b) Gemäß § 20 Abs. 3 Satz 2 BetrVG berechtigt das Versäumnis von Arbeitszeit zur Ausübung des Wahlrechts, zur Betätigung im Wahlvorstand oder zur Tätigkeit als Vermittler gemäß § 18 a BetrVG den Arbeitgeber nicht zur Minderung des Arbeitsentgelts. Streitigkeiten hierüber, insbesondere die Geltendmachung von Arbeitsentgeltansprü-chen, sind stets im Urteilsverfahren zu entscheiden. Das gilt auch, wenn die Mitglieder des Wahlvorstands Entgeltfortzahlung begehren (vgl. etwa BAG AP Nr. 17 zu § 20 BetrVG 1972).

2. Antragsbefugt sind der Betriebsrat und der Wahlvorstand. Ist die Betriebsratswahl abgeschlossen, so kann der Wahlvorstand als Antragsteller jedoch nicht mehr auftreten, da sein Mandat erloschen ist. An seiner Stelle sind dann die jeweiligen Wahlvorstands-mitglieder antragsbefugt (vgl. BAG AP Nr. 13 zu § 20 BetrVG 1972). Ein Antragsrecht einer im Betrieb vertretenen Gewerkschaft ist nicht vorgesehen.

3. Stellen die ehemaligen Wahlvorstandsmitglieder keinen Antrag, so sind sie gemäß § 83 Abs. 3 ArbGG zu beteiligen.

4. Die ordnungsgemäße Bevollmächtigung des Rechtsanwalts erfordert eine entspre-chende Beschlussfassung des Betriebsrats zur Verfahrenseinleitung (vgl. Muster E. IV. 1. Anm. 4) und zur Anwaltsbeauftragung (vgl. Muster E. IV. 2. Anm. 2).

5. Andere Formulierung für den Fall bereits erfolgter Verauslagung: „Die Antrags-gegnerin wird verpflichtet, an die Beteiligten Ziffer 3 bis 5 EUR ...... nebst 5% Zinsen über dem Basiszinssatz seit ...... zu erstatten."

6. Zu den vom Arbeitgeber zu erstattenden Kosten der Wahl vgl. im Einzelnen FKHES § 20 Rdn. 35 ff.; GK-*Kreutz,* § 20 Rdn. 47 ff.; *Richardi/Thüsing,* BetrVG § 20 Rdn. 34 ff.; zu den Kosten eines beigezogenen Rechtsanwalts z.B. BAG 31. 5. 2000, NZA 2001, 114; zur Kostentragungspflicht des Arbeitgebers bei einer Wahlanfechtung durch eine Gewerkschaft vgl. BAG 16. 4. 2003 – 7 ABR 29/02. Die Kosten des Kosten-erstattungsverfahrens sind Folgekosten der Wahl und, sofern sie erforderlich sind, eben-falls vom Arbeitgeber gemäß § 20 Abs. 3 Satz 1 BetrVG zu erstatten. Dieser trägt auch die Kosten eines Wahlanfechtungsverfahrens (vgl. BAG 7. 7. 1999, AP Nr. 19 zu § 20 BetrVG 1972 = NZA 1999, 1232).

10. Antrag auf Feststellung der Unwirksamkeit einer Freistellungswahl[1] gem. § 38 Abs. 2 BetrVG

An das
Arbeitsgericht ......

Antrag im Beschlussverfahren mit den Beteiligten

1. Betriebsratsmitglied ......,
2. Betriebsratsmitglied ......,

– Antragsteller zu 1 und 2 –

Verfahrensbevollmächtigte: Rechtsanwälte ......

3. Betriebsrat der Firma ......,
vertreten durch den Betriebsratsvorsitzenden

– Antragsgegner –

4. Betriebsratsmitglied A ......,

– Beteiligter zu 4 –

5. Betriebsratsmitglied B ......,

– Beteiligter zu 5 –

6. Firma ...... (Arbeitgeber),

– Beteiligte zu 6 –

wegen Unwirksamkeit eines Betriebsratsbeschlusses[2].

Namens und in Vollmacht der Antragsteller leiten wir ein Beschlussverfahren ein und beantragen:
Es wird festgestellt, dass der Betriebsratsbeschluss vom ...... über die Freistellung des Betriebsratsmitglieds A ...... von seiner beruflichen Tätigkeit unwirksam und statt dessen das Betriebsratsmitglied B ...... als freizustellendes Betriebsratsmitglied nachgerückt ist.

Begründung:

Die Antragsteller sind Betriebsratsmitglieder beim Antragsgegner und als Kandidaten für den Wahlvorschlag der Liste 2 im Wege der Verhältniswahl am ...... in den Betriebsrat gewählt worden. Der Betriebsrat besteht aus 15 Mitgliedern. Entsprechend der Anzahl der im Betrieb tätigen Arbeitnehmer sind drei Betriebsratsmitglieder gem. § 38 BetrVG freizustellen. Die im Betriebsrat stattgefundene Freistellungswahl fand als Verhältniswahl statt. Es wurden aus der Mitte der Betriebsratsmitglieder zwei Wahlvorschläge[3] aufgestellt. Auf den Wahlvorschlag 1 entfielen neun Stimmen, auf den Wahlvorschlag 2 sechs Stimmen. Folglich waren die ersten beiden Betriebsratsmitglieder vom Wahlvorschlag 1 und das erste Betriebsratsmitglied vom Wahlvorschlag 2 freizustellen. Freigestellt wurde hiernach vom Wahlvorschlag 2 das an erster Stelle kandidierende Betriebsratsmitglied C, das an zweiter Stelle auf dem Wahlvorschlag 2 kandidierende Betriebsratsmitglied B wurde nicht gewählt, war aber erster Nachrücker auf diesem Wahlvorschlag.
Am ...... verzichtete das Betriebsratsmitglied C auf die Freistellung[4]. Auf der Tagesordnung der nächsten stattgefundenen Betriebsratsitzung fand sich der Tagesordnungspunkt „Nachwahl der vakanten Freistellung". Die Antragsteller als Mit-

glieder des Wahlvorschlags 2 zur Freistellungswahl haben hiergegen protestiert, da ihrer Ansicht nach das bei der seinerzeitigen Freistellungswahl an zweiter Stelle auf dem Wahlvorschlag 2 kandidierende Betriebsratsmitglied B automatisch in die Freistellung nachgerückt ist[5]. Die Betriebsratsmehrheit hat sich über diese Einwände der Vertreter des Wahlvorschlags 2 hinweggesetzt und das Betriebsratsmitglied A mit Mehrheitsbeschluss zum freigestellten Betriebsratsmitglied gewählt.

Die Antragsteller sind der Ansicht, dass die Freistellungswahl unwirksam ist, da automatisch das Betriebsratsmitglied B als erster Nachrücker auf dem Wahlvorschlag 2 die diesem Wahlvorschlag seinerzeit zugefallene Freistellung besetzen muss.

Rechtsanwalt

Anmerkungen

1. Im Interesse einer möglichst effektiven Betriebsratsarbeit sieht § 38 Abs. 1 BetrVG ab einer bestimmten Betriebsgröße die vollständige Freistellung eines oder mehrerer Betriebsratsmitglieder von der Arbeit vor. Die Anzahl der so freizustellenden Betriebsratsmitglieder richtet sich nach der Betriebsgröße. Die BetrVG-Novelle 2001 hat § 38 BetrVG in einigen Punkten geändert. Zum einen ist der Schwellenwert für die erste Vollfreistellung von früher mindestens 300 Arbeitnehmern im Betrieb auf nunmehr 200 Arbeitnehmer abgesenkt worden. Außerdem ist die Staffelung für weitere freizustellende Betriebsratsmitglieder geändert worden. Schließlich wurde ausdrücklich die Zulässigkeit von Teilfreistellungen eingeführt, so dass eine Vollfreistellung auch auf mehrere Betriebsratsmitglieder verteilt werden kann (vgl. hierzu Muster E. XII. 1.3). Maßgeblich für die Zahl der freizustellenden Betriebsratsmitglieder sind die im Betrieb beschäftigten Arbeitnehmer, so dass an dieser Stelle erneut der Streit auftritt, ob zur Arbeitsleistung überlassene Arbeitnehmer eines anderen Arbeitgebers nicht nur nach § 7 Satz 2 BetrVG wahlberechtigt sind, sondern auch bei den Schwellenwerten nach § 38 BetrVG mitzuzählen sind (dafür DKK-*Berg*, § 38 Rdn. 9; FKHES, § 38 Rdn. 9; *Richardi/Thüsing*, BetrVG § 38 Rdn. 9; a. A. *Löwisch*, BB 2001, 1737). Das BAG hat diese Berücksichtigung der Leiharbeitnehmer für den Schwellenwert nach § 9 BetrVG nunmehr verneint (Beschluss v. 16. 4. 03, 7 ABR 53/02, Pressemitteilung BAG 35/03). Bei der Freistellungsstaffel nach § 38 BetrVG handelt es sich um Mindestfreistellungen, so dass auch in Betrieben unter 200 beschäftigten Arbeitnehmern eine Vollfreistellung unter Umständen in Frage kommen kann, was durch freiwillige Betriebsvereinbarung mit dem Arbeitgeber geregelt oder aber durch ein entsprechendes arbeitsgerichtliches Beschlussverfahren erzwungen werden kann (vgl. DKK-*Berg*, § 38 Rdn. 11 f.; FKHES, § 38 Rdn. 28 ff.). § 38 BetrVG findet keine Anwendung auf den Gesamtbetriebsrat oder Konzernbetriebsrat. Deren Mitglieder sind entweder von ihrem Entsendungsbetriebsrat gem. § 38 BetrVG freigestellt oder müssen sich nach § 37 Abs. 2 BetrVG freistellen, wie im Übrigen auch die nicht nach § 38 BetrVG vollständig freigestellten Betriebsratsmitglieder.

2. Der Sache nach handelt es sich bei diesem Antrag auf Feststellung der Unwirksamkeit einer Freistellungswahl um ein Wahlanfechtungsverfahren. Für die Anfechtbarkeit betriebsratsinterner Wahlen hat der Gesetzgeber keine Regelung getroffen. Die Rechtsprechung wendet deswegen § 19 BetrVG analog an (BAG v. 15. 1. 1992, AP Nr. 10 zu § 26 BetrVG 1972 = NZA 1992, 1091; BAG v. 11. 3. 1992, AP Nr. 11 zu § 38 BetrVG 1972 = NZA 1992, 946; vgl. auch Muster E. II. 8 Anm. 1; zum Wahlanfechtungsverfahren nach § 19 BetrVG vgl. Muster E. II. 6). Folglich gilt die zweiwöchige Anfechtungsfrist nach § 19 Abs. 2 BetrVG auch bei derartigen Anfechtungen betriebsratsinterner

Wahlen. In Abweichung von § 19 Abs. 2 BetrVG ist jedoch jedes einzelne Betriebsratsmitglied anfechtungsberechtigt (vgl. FKHES, § 38 Rdn. 106). Mit Ausnahme von Wahlentscheidungen des Betriebsrats sind dessen Beschlüsse während der Amtszeit jedoch nicht entsprechend § 19 BetrVG anfechtbar. Die Rechtsunwirksamkeit eines Betriebsratsbeschlusses kann nur wegen Nichtigkeit arbeitsgerichtlich festgestellt werden (vgl. FKHES, § 33 Rdn. 51 ff.).

3. Der Betriebsrat bestimmt die ihm gemäß der gesetzlichen Staffel nach § 38 Abs. 1 BetrVG freizustellenden Betriebsratsmitglieder in der Regel autonom entweder nach den Grundsätzen der Verhältniswahl oder – bei nur einem Wahlvorschlag – nach den Grundsätzen der Mehrheitswahl. In diesem Zusammenhang ist klarzustellen, dass bei einer Freistellungswahl in Verhältniswahl die hierzu kandidierenden Wahlvorschläge natürlich nicht identisch sein müssen mit den Listen (Wahlvorschlägen), die zur Betriebsratswahl selbst kandidiert haben. Die Betriebsratsmitglieder sind nicht gehindert, Wahlvorschläge für die Freistellungswahl zu errichten, die listenübergreifend oder völlig unabhängig von den Listen (Wahlvorschlägen) zu den Betriebsratswahlen zusammengesetzt sind.

4. Die Freistellung eines Betriebsratsmitglieds nach § 38 BetrVG setzt das für die gesamte Freistellungsperiode bestehende Einverständnis des betreffenden Betriebsratsmitglieds voraus, so dass das freigestellte Betriebsratsmitglied jederzeit sein diesbezügliches Einverständnis widerrufen und somit sein Freistellungsamt niederlegen kann (vgl. DKK-*Berg*, § 38 Rdn. 53; FKHES, § 38 Rdn. 70). Auch kann die Betriebsratsmehrheit die Freistellung eines Betriebsratsmitglieds jederzeit widerrufen. Erfolgte die Freistellungswahl in Mehrheitswahl (also bei nur einem Wahlvorschlag), reicht für die Abberufung eines freigestellten Betriebsratsmitglieds die einfache Mehrheit des beschlussfähigen Gremiums aus, wobei für diese Beschlussfassung keine geheime Stimmabgabe erforderlich ist (FKHES, § 38 Rdn. 72). Ist das betreffende freigestellte Betriebsratsmitglied jedoch durch Verhältniswahl gewählt worden, so erfolgt die Abberufung gem. § 38 Abs. 2 Satz 8 i.V.m. § 27 Abs. 1 Satz 5 BetrVG in geheimer Abstimmung und bedarf einer Mehrheit von ¾ der ordentlichen Betriebsratsmitglieder (vgl. DKK-*Berg*, § 38 Rdn. 55, der jedoch verkennt, dass nach dem eindeutigen Wortlaut in § 27 Abs. 1 Satz 5 BetrVG nach einer Freistellungswahl in Verhältniswahl die Abberufung nur in geheimer Abstimmung erfolgen kann; FKHES, § 38 Rdn. 73; *Richardi/Thüsing*, BetrVG § 38 Rdn. 46).

5. Bei der Nachwahl für ein zurückgetretenes oder abberufenes freigestelltes Betriebsratsmitglied ist zu unterscheiden, ob die Ausgangswahl in Mehrheits- oder Verhältniswahl stattgefunden hat. Sind die ursprünglich freigestellten Betriebsratsmitglieder in Mehrheitswahl gewählt worden, erfolgt die Bestimmung des Ersatzmitglieds für ein ausgeschiedenes oder abberufenes freigestelltes Betriebsratsmitglied entsprechend § 25 Abs. 2 Satz 3 BetrVG, so dass das Betriebsratsmitglied in die Freistellung nachrückt, das bei der Ausgangswahl die nächst höhere Stimmenzahl erreicht hat. Das Betriebsratsgremium ist an diese Systematik jedoch nicht gebunden, sondern kann auch die freigewordene Freistellung durch gesonderte Mehrheitswahl bestimmen. Dies folgt daraus, dass das Betriebsratsgremium sämtliche auf dem ursprünglichen Wahlvorschlag „automatisch" nachrückenden Kandidaten durch einfache Mehrheitsentscheidung abberufen kann (vgl. FKHES, § 38 Rdn. 49). Sind die freizustellenden Betriebsratsmitglieder jedoch in Verhältniswahl gewählt worden, ist das ersatzweise freizustellende Betriebsratsmitglied der Vorschlagsliste zu entnehmen, der das zu ersetzende Mitglied angehörte und zwar entsprechend der vorgegebenen Reihenfolge (BAG v. 25. 4. 2001, AP Nr. 8 zu § 25 BetrVG 1972 = NZA 2001, 977; BAG v. 14. 11. 2001 NZA 2002, 755). Ist die Vorschlagsliste, der das zu ersetzende Betriebsratsmitglied angehörte, jedoch erschöpft, ist das ersatzweise freizustellende Betriebsratsmitglied im Wege der Mehrheitswahl zu wählen (BAG, aaO.).

Auf keinen Fall ist bei Erschöpfung des Wahlvorschlags, dem das zu ersetzende Betriebsratsmitglied angehörte, die gesamte Freistellungswahl nach den Grundsätzen der Verhältniswahl zu wiederholen, auch wenn durch die Nachwahl in Mehrheitswahl die Minderheitenliste nicht mehr adäquat unter den freigestellten Betriebsratsmitgliedern repräsentiert ist. Das BetrVG gewährt insoweit keinen absoluten Minderheitenschutz (BAG v. 28. 10. 1992, AP Nr. 16 zu § 38 BetrVG 1972 = NZA 1993, 910, 912; BAG v. 14. 11. 2001, aaO.).

III. Streitigkeiten im Zusammenhang mit dem Schutz von Amtsträgern und ihrer Amtsausübung

1. Antrag des Arbeitgebers auf Entbindung von der Weiterbeschäftigung eines Amtsträgers nach Beendigung des Berufsausbildungsverhältnisses[1]

An das
Arbeitsgericht ......

Antrag im Beschlussverfahren mit den Beteiligten

1. Firma ......
Verfahrensbevollmächtigte: Rechtsanwälte ......

– Antragstellerin[2] –

2. Auszubildender Herr ......

– Antragsgegner –

3. Betriebsrat der Firma ......, vertreten durch den
Betriebsratsvorsitzenden

– Beteiligter Ziff. 3 –

4. Jugend- und Auszubildendenvertretung im Betrieb ...... der Firma ......

– Beteiligter Ziff. 4 –

wegen Unzumutbarkeit der Weiterbeschäftigung.

Namens und in Vollmacht der Antragstellerin leiten wir ein Beschlussverfahren ein und beantragen:

Variante 1:
Es wird festgestellt, dass zwischen der Antragstellerin und dem Antragsgegner nach Ablauf der Ausbildungszeit am ...... ein Arbeitsverhältnis nicht begründet wird.

Variante 2:
Das zwischen der Antragstellerin und dem Antragsgegner bestehende Arbeitsverhältnis wird aufgelöst.[3]

Begründung:

Die Antragstellerin produziert elektrotechnische Geräte und beschäftigt in ihrem Betrieb in ...... ca. ...... Arbeitnehmer. Der Beteiligte Ziff. 3 ist der in diesem Betrieb gebildete Betriebsrat. Der Beteiligte Ziff. 4 ist die dort gebildete Jugend- und Auszubildendenvertretung.

Die Antragstellerin schloss am ...... mit dem Antragsgegner einen Ausbildungsvertrag zum Kommunikationselektroniker ab. Das Ausbildungsverhältnis begann am ...... Die vertragliche Ausbildungsdauer umfasst ...... Jahre. Der Antragsgegner ist seit ...... Mitglied der Jugend- und Auszubildendenvertretung.[4]

Variante 1:

Das Ausbildungsverhältnis endet voraussichtlich mit Ablauf des ...... Die Abschlussprüfung soll am ...... stattfinden.

Variante 2:

Der Antragsgegner legte am ...... die Abschlussprüfung zum Kommunikationselektroniker erfolgreich ab.[5]

Mit Schreiben vom ...... teilte die Antragstellerin dem Antragsgegner mit, dass sie ihn nicht über den Abschluss des Berufsausbildungsverhältnisses hinaus in ein Arbeitsverhältnis zu übernehmen beabsichtige.[6] Mit Schreiben vom ...... verlangte der Antragsgegner seine Weiterbeschäftigung nach Beendigung der Berufsausbildung gem. § 78a Abs. 2, 3 BetrVG. Diese Weiterbeschäftigung über den ...... hinaus ist der Antragstellerin nicht zumutbar. Denn es ist im Betrieb der Antragstellerin kein freier Arbeitsplatz vorhanden, auf dem der Antragsgegner nach Beendigung seiner Ausbildung beschäftigt werden kann (Begründung ......).[7]

Rechtsanwalt

Anmerkungen

1. a) Auszubildende, die Mitglied einer betriebsverfassungsrechtlichen Arbeitnehmervertretung sind, genießen nach § 78a BetrVG eine besondere Form arbeitsvertraglichen Bestandsschutzes. Dieser resultiert daraus, dass Auszubildende nach Abschluss ihrer Berufsausbildung grundsätzlich keinen Anspruch auf Abschluss eines anschließenden Arbeitsvertrages haben. Das Ausbildungsverhältnis endet mit Ablauf der Ausbildungszeit oder dem vorherigen Bestehen der Abschlussprüfung (§ 14 BBiG); ein anschließendes Arbeitsverhältnis kommt grundsätzlich nur im freien Einvernehmen der Arbeitsvertragsparteien zustande. Für Amtsinhaber, die sich in der Ausbildung befinden, bedeutet dies das Risiko, dass sie wegen möglicher Auseinandersetzungen mit dem Arbeitgeber von diesem nicht übernommen werden. Um eine unabhängige und kontinuierliche Amtswahrnehmung zu gewährleisten, hat der Gesetzgeber in § 78a BetrVG die gesetzliche Fiktion eines Arbeitsvertrages nach Abschluss der Berufsausbildung vorgesehen: Der Arbeitgeber hat den Auszubildenden spätestens drei Monate vor Beendigung der Berufsausbildung zu informieren, wenn er seine Übernahme in ein unbefristetes Arbeitsverhältnis nicht beabsichtigt. Der Auszubildende selbst kann innerhalb der letzten drei Monate vor Abschluss der Ausbildung durch Erklärung gegenüber dem Arbeitgeber den Abschluss eines unbefristeten Arbeitsverhältnisses erreichen; dieses Weiterbeschäftigungsverlangen führt zu einem unbefristeten Vollzeitarbeitsverhältnis (vgl. BAG AP Nr. 18 zu § 78a BetrVG 1972; *Witt,* AR-Blattei, SD 530.13.1, Rdn. 23 m.w.N.). Der Arbeitgeber kann sich nur im Rahmen des Verfahrens nach § 78a Abs. 4 BetrVG von der Weiterbeschäftigungspflicht gerichtlich entbinden lassen.

b) Die Streitigkeiten zwischen dem Auszubildenden und dem Arbeitgeber über das Weiterbeschäftigungsverlangen, die Entstehung und den Inhalt des Arbeitsverhältnisses werden im Urteilsverfahren verhandelt. Denn es handelt sich um individualrechtliche Streitigkeiten im Rahmen des § 2 Abs. 1 Nr. 3a, b, Abs. 5 ArbGG. Ein Antrag des Auszubildenden auf Feststellung, dass ein Arbeitsverhältnis nach § 78a Abs. 2 BetrVG zustande kommt, ist zulässig (vgl. BAG AP Nr. 18, Nr. 1 zu § 78a BetrVG 1972). Über den Antrag des Arbeitgebers nach § 78a Abs. 4 BetrVG hingegen ist im arbeitsgerichtlichen Beschlussverfahren zu entscheiden (vgl. grundlegend unter Aufgabe der bisherigen Rechtsprechung BAG 5.4.1984, AP Nr. 13 zu § 78a BetrVG 1972 = DB 1984, 1992; FKHES § 78a Rdn. 34ff., 60ff.; *Richardi,* BetrVG § 78a Rdn. 44).

Diese herkömmliche verfahrensrechtliche Trennung zwischen den im Urteilsverfahren zu behandelnden Streitigkeiten über das Weiterbeschäftigungsverlangen des Auszubildenden und dem im Beschlussverfahren zu behandelnden Antrag des Arbeitgebers auf Entbindung von der Weiterbeschäftigungspflicht erscheint recht unpraktikabel. Denn diese Trennung kann dazu führen, dass über die Weiterbeschäftigung eines Auszubildenden in zwei verschiedenen Verfahren parallel gestritten wird. Dementsprechend hat das BAG mit Urteil vom 11. 1. 1995 (AP Nr. 24 zu § 78 a BetrVG 1972 = NZA 1995, 647) eine Rechtsprechungsänderung erwogen:

Danach neigt der zuständige Siebte Senat dazu, dem Arbeitgeber zu ermöglichen, in einem einheitlichen Beschlussverfahren (ggf. auch durch Kombination von Haupt- und Hilfsanträgen) sowohl die Feststellung der Nichtbegründung des Arbeitsverhältnisses wegen Fehlens der Voraussetzungen des § 78 a Abs. 2, 3 BetrVG (als negativen Feststellungsantrag) als auch die Auflösung eines solchen Arbeitsverhältnisses wegen Unzumutbarkeit der Weiterbeschäftigung nach § 78 a Abs. 4 BetrVG zu verfolgen. Solange das BAG sich hierzu noch nicht abschließend geäußert hat, ist der Praxis zu empfehlen, die herkömmliche Trennung zwischen Streitigkeiten im Zusammenhang mit dem Weiterbeschäftigungsverlangen des Auszubildenden gem. § 78 a Abs. 2, 3 BetrVG (Urteilsverfahren) und dem Antrag des Arbeitgebers auf Entbindung von der Weiterbeschäftigungspflicht gem. § 78 a Abs. 4 BetrVG (Beschlussverfahren) beizubehalten.

c) Lässt sich der Betriebsrat in diesem Beschlussverfahren von einem Rechtsanwalt vertreten, so hat der Arbeitgeber dessen Kosten im Rahmen des § 40 Abs. 1 BetrVG zu tragen (vgl. unten E. IV. 5). Die Rechtsanwaltskosten, die dem Auszubildenden entstehen, muss der Arbeitgeber hingegen nicht erstatten. Denn der Auszubildende verfolgt keine kollektiven, sondern individualrechtliche Interessen, die nicht nach § 40 Abs. 1 BetrVG erstattungsfähig sind (vgl. BAG 5. 4. 2000, AP Nr. 33 zu § 78 a BetrVG 1472 = NZA 2000, 1178).

2. Antragsteller ist der Arbeitgeber, Antragsgegner der Auszubildende. Zu beteiligen sind ferner der Betriebsrat bzw. die Bordvertretung oder der Seebetriebsrat. Ist der Antragsgegner Mitglied der Jugend- und Auszubildendenvertretung, so ist diese neben dem Betriebsrat Beteiligte (§ 78 a Abs. 4 Satz 2 BetrVG).

3. a) Der Antrag des Arbeitgebers ist dann, wenn das Berufsausbildungsverhältnis noch nicht beendet ist, auf die Feststellung zu richten, dass ein Arbeitsverhältnis nach Ablauf der Ausbildungszeit nicht begründet wird (§ 78 a Abs. 4 Satz 1 Nr. 1 BetrVG). Ist das Ausbildungsverhältnis beendet und ein Arbeitsverhältnis auf Grund des Weiterbeschäftigungsverlangens des Auszubildenden entstanden, muss der Arbeitgeber dessen Auflösung beantragen (§ 78 a Abs. 4 Satz 1 Nr. 2 BetrVG).

Die Stellung des Antrags, sei es als Feststellungs-, sei es als Auflösungsantrag, hat keine unmittelbaren Rechtsfolgen. Maßgebend ist allein die rechtskräftige gerichtliche Entscheidung. Insbesondere führt der vor Ausbildungsende gestellte Feststellungsantrag nicht dazu, dass das Arbeitsverhältnis nicht begründet wird. Solange eine rechtskräftige Gerichtsentscheidung nicht vorliegt, entwickeln sich die Rechtsbeziehungen von Auszubildendem und Arbeitgeber auf der Grundlage des § 78 a Abs. 2 BetrVG weiter; auf das Weiterbeschäftigungsverlangen des Auszubildenden entsteht nach Ende der Berufsausbildung der gesetzlich fingierte, unbefristete Vollzeitarbeitsvertrag. Der Arbeitgeber kann also nicht durch das frühzeitige Stellen eines Feststellungsantrages ohne eine entsprechende gerichtliche Entscheidung das Entstehen des Arbeitsverhältnisses verhindern (vgl. BAG AP Nr. 20, 23, 24 zu § 78 a BetrVG 1972; *Richardi*, BetrVG § 78 a Rdn. 27; *Witt*, AR-Blattei, SD 530.13.1 Rdn. 28). Entsprechend entfaltet der gerichtliche Auflösungsbeschluss nur Wirkung in die Zukunft. Bis zur rechtskräftigen Auflösung des Arbeitsverhältnisses sind die arbeitsvertraglichen Rechte und Pflichten ordnungsgemäß abzuwickeln.

b) Ist über einen Feststellungsantrag nach § 78a Abs. 4 Satz 1 Nr. 1 BetrVG im Zeitpunkt der Beendigung der Berufsausbildung noch nicht rechtskräftig entschieden, so wandelt sich der Antrag automatisch in einen Auflösungsantrag gem. § 78a Abs. 4 Satz 1 Nr. 2 BetrVG um. Eine förmliche Antragsänderung ist nicht erforderlich (vgl. BAG AP Nr. 23, 24 zu § 78a BetrVG 1972). Der automatische, von Amts wegen zu berücksichtigende Antragsübergang vom Feststellungs- zum Auflösungsantrag ist in der Praxis die Regel.

4. Geschützter Personenkreis sind Auszubildende, die Mitglied der Jugend- und Auszubildendenvertretung, des Betriebsrats, der Bordvertretung oder des Seebetriebsrats sind (§ 78a Abs. 1 BetrVG). Unter Auszubildenden sind in erster Linie Personen zu verstehen, die sich nach Maßgabe des Berufsbildungsgesetzes in einem Berufsausbildungsverhältnis (§§ 3ff. BBiG) befinden. Auch Umschüler und Personen, die in einem isolierten Berufsfortbildungsverhältnis stehen, sind erfasst (streitig, vgl. FKHES § 78a Rdn. 5; *Witt*, aaO., Rdn. 4), nicht hingegen Volontäre und Praktikanten (vgl. *Richardi*, BetrVG § 78a Rdn. 5). Der Schutz der Auszubildenden beginnt mit ihrer persönlichen Mitgliedschaft in einer der in § 78a Abs. 1 BetrVG aufgeführten Arbeitnehmervertretungen. Hinsichtlich der Beendigung des Schutzzeitraums ist in § 78a Abs. 3 BetrVG eine Nachwirkung vorgesehen. Danach gilt der Bestandsschutz noch innerhalb eines Jahres nach Beendigung der Amtszeit des entsprechenden Vertretungsorgans. Da die Amtszeit des Vertretungsorgans und die Beendigung der persönlichen Mitgliedschaft auseinanderfallen können (z.B. bei Amtsniederlegung), beginnt der einjährige Nachwirkenszeitraum mit Beendigung der persönlichen Mitgliedschaft (vgl. BAG AP Nr. 6, Nr. 8 zu § 78a BetrVG 1972; FKHES § 78a Rdn. 10). Entsprechendes gilt für Ersatzmitglieder des Betriebsrats. Diese sind nicht nur im Falle ihres endgültigen Nachrückens für ein ausgeschiedenes ordentliches Mitglied, sondern auch bei einer nur vorübergehenden Vertretung eines zeitweilig verhinderten ordentlichen Mitglieds nach § 78a BetrVG geschützt. Der nachwirkende Bestandsschutz beginnt mit der Beendigung des Vertretungsfalles (vgl. FKHES, § 78a Rdn. 11).

5. Der Feststellungs- oder Auflösungsantrag des Arbeitgebers muss spätestens bis zum Ablauf von zwei Wochen nach Beendigung des Berufsausbildungsverhältnisses gestellt werden (§ 78a Abs. 4 Satz 1 BetrVG). Es handelt sich hierbei um eine materielle Ausschlussfrist. Ist die Frist abgelaufen, so ist eine Beendigung des Arbeitsverhältnisses nur nach den allgemeinen Regeln (Kündigung, Aufhebungsvertrag) möglich. Der Feststellungsantrag kann frühestens nach Erhalt des Weiterbeschäftigungsverlangens des Auszubildenden gestellt werden; für eine frühere, vorsorgliche Antragstellung fehlt regelmäßig ein schutzwürdiges Feststellungsinteresse (vgl. DKK-*Kittner*, § 78a Rdn. 28; FKHES § 78a Rdn. 35; *Witt*, aaO. Rdn. 31; a.A. GK-*Kreutz*, § 78a Rdn. 115; *Richardi*, BetrVG § 78a Rdn. 33).

6. Die Mitteilungspflicht des Arbeitgebers nach § 78a Abs. 1 BetrVG ist eine Ordnungsvorschrift, die mit unmittelbaren Sanktionen nicht verbunden ist. Das Weiterbeschäftigungsverlangen des Auszubildenden und der Antrag des Arbeitgebers auf Entbindung von der Weiterbeschäftigung sind von der Erfüllung dieser Mitteilungspflicht unabhängig (§ 78a Abs. 4 BetrVG; FKHES § 78a Rdn. 16; *Richardi*, BetrVG § 78a Rdn. 17; *Witt*, aaO., Rdn. 14).

7. Der Antrag des Arbeitgebers ist begründet, wenn Tatsachen vorliegen, auf Grund derer ihm unter Berücksichtigung aller Umstände die Weiterbeschäftigung nicht zugemutet werden kann (§ 78a Abs. 4 Satz 1 BetrVG). Der maßgebende Zeitpunkt für die Feststellung der Unzumutbarkeit der Weiterbeschäftigung ist der Termin, zu dem das Berufsausbildungsverhältnis endete (vgl. BAG 16. 8. 1995, AP Nr. 25 zu § 78a BetrVG 1972 = NZA 1996, 493). Nach der Rechtsprechung des BAG ist der Begriff der Unzumutbarkeit im Sinne des § 78 a Abs. 4 BetrVG unabhängig von den zu § 626 Abs. 1 BGB entwickelten Grundsätzen zu bestimmen. Aufgrund der Ähnlichkeit beider Beendigungstatbestände ist nach h. M. allerdings eine an § 626 Abs. 1 BGB orientierte Auslegung gerechtfertigt (vgl. BAG AP Nr. 5, Nr. 12 zu § 78 a BetrVG 1972; FKHES § 78 a Rdn. 46). Der Antrag nach § 78 a Abs. 4 BetrVG kann aus personen-, verhaltens- oder betriebsbedingten Gründen gerechtfertigt sein (vgl. hierzu im Einzelnen FKHES, § 78 a Rdn. 46 ff., *Richardi*, BetrVG § 78 a Rdn. 36 ff.; *Witt*, aaO., Rdn. 32 ff.). Aus betriebsbedingten Gründen ist die Weiterbeschäftigung eines Auszubildenden dem Arbeitgeber dann unzumutbar, wenn im Betrieb bei der Beendigung des Ausbildungsverhältnisses kein freier Arbeitsplatz vorhanden ist (vgl. BAG 6. 11. 1996, AP Nr. 26 zu § 78 a BetrVG 1972 = NZA 1997, 783; 12. 11. 1997, AP Nr. 31 zu § 78 a BetrVG 1972 = NZA 1998, 1057). Das schlechte Ergebnis der Abschlussprüfung kann die Unzumutbarkeit der Weiterbeschäftigung nicht begründen, selbst wenn der Arbeitgeber andere Bewerber mit besseren Abschlussnoten vorziehen will; ein Qualifikationsvergleich findet nicht statt (str., wie hier ErfK-Hanau/Kania, § 78 a BetrVG Rdn. 8; FKHES § 78 a Rdn. 49 m. w. N.). Etwas anderes gilt im öffentlichen Dienst, wo die fachliche Leistung nach Art. 33 Abs. 2 GG zu berücksichtigen ist (vgl. BVerwG 9. 9. 1999, NZA 2000, 443).

2. Antrag auf Unterlassung von Störungen der Betriebsratstätigkeit[1]

An das
Arbeitsgericht ......

Antrag im Beschlussverfahren mit den Beteiligten

1. Betriebsrat der Firma ......, vertreten durch den Betriebsratsvorsitzenden ......
   Verfahrensbevollmächtigte: Rechtsanwälte ......

                     – Antragsteller[2] –

2. Firma ......

                     – Antragsgegnerin –

wegen Unterlassung der Störung von Betriebsratstätigkeit.

Namens und in Vollmacht des Antragstellers[3] leiten wir ein Beschlussverfahren ein und beantragen:

1. Der Antragsgegnerin wird untersagt, vom Schwarzen Brett des Antragstellers in ...... die Betriebsratsinformation Nr. ...... vom ...... ohne vorherige Einwilligung des Antragstellers zu entfernen.[4]
2. Für jeden Fall der Zuwiderhandlung gegen die Verpflichtung aus Ziff. 1 wird ein Ordnungsgeld bis zu EUR 250.000,– angedroht.[5]

Begründung:

Die Antragsgegnerin produziert ...... und betreibt in ...... einen Betrieb, in dem sie ...... Arbeitnehmer beschäftigt. Der Antragsteller ist der in diesem Betrieb gebildete Betriebsrat.

Am ...... teilte die Antragsgegnerin dem Antragsteller mit, dass sie wegen gravierender Auftragsrückgänge die Entlassung von ...... Arbeitnehmern beabsichtige. Nachdem ein Interessenausgleich hierüber einvernehmlich nicht zustande kam, rief der Antragsteller mit Schreiben vom ...... die Einigungsstelle an. Diese tagte bisher viermal unter dem Vorsitz des Richters am Arbeitsgericht ...... Eine Einigung über einen Interessenausgleich und einen Sozialplan wurde noch nicht gefunden.

Der Antragsteller hat mit Betriebsrats-Information Nr....... vom ...... einen Überblick darüber erstellt, mit wieviel Arbeitnehmern die Antragsgegnerin seit Beginn der Einigungsstellenverhandlungen Aufhebungsverträge und Vorruhestandsvereinbarungen abgeschlossen hat und wie hoch das Volumen der hierfür gezahlten Abfindungen ist (Beweis: ......). Er hat diesen Überblick am ...... am Schwarzen Brett ausgehängt.[6] Der Personalleiter der Antragsgegnerin hat die Betriebsrats-Information ohne Einwilligung des Antragstellers am ...... vom Schwarzen Brett entfernt. Er hat dies gegenüber dem Betriebsratsvorsitzenden damit begründet, dass durch den Aushang die Sozialplanverhandlungen beeinflusst würden. Dies ist allerdings unzutreffend (Begründung: ......).

Der Antragsteller muss befürchten, dass die Betriebsrats-Information bei erneutem Aushang wieder von der Antragsgegnerin eigenmächtig entfernt wird. Da hierin eine unzulässige Störung der Betriebsratstätigkeit gem. § 78 Satz 1 BetrVG liegt, ist die Antragsgegnerin zu deren Unterlassung zu verpflichten.[7]

Die Androhung eines Ordnungsgeldes ist zur Erzwingung der Unterlassungsverpflichtung der Antragsgegnerin geboten.

Der Antragsteller hat am ... beschlossen, das vorliegende Verfahren einzuleiten und mit seiner Durchführung die im Aktivrubrum genannten Verfahrensbevollmächtigten zu beauftragen.

Beweis: Zeugnis des Betriebsratsvorsitzenden

Rechtsanwalt

Anmerkungen

1. a) Nach § 78 BetrVG dürfen die Mitglieder des Betriebsrats, des Gesamtbetriebsrats, des Konzernbetriebsrats, der Jugend- und Auszubildendenvertretung, der Gesamt-Jugend- und Auszubildendenvertretung, der Konzern-Jugend- und Auszubildendenvertretung, des Wirtschaftsausschusses, der Bordvertretung, des Seebetriebsrats, der in § 3 Abs. 1 Nr. 1 und 2 BetrVG genannten Arbeitnehmervertretungen, der Einigungsstelle, einer tariflichen Schlichtungsstelle und einer betrieblichen Beschwerdestelle sowie Auskunftspersonen (§ 80 Abs. 2 Satz 3 BetrVG) nicht in der Ausübung ihrer Tätigkeit gestört oder behindert werden. Sie dürfen wegen ihrer Tätigkeit nicht benachteiligt oder begünstigt werden; dies gilt auch für ihre berufliche Entwicklung. Diese zwingende Vorschrift soll die Tätigkeit der betriebsverfassungsrechtlichen Einrichtungen sichern und einen umfassenden Schutz aller Funktionsträger gewährleisten. Streitigkeiten über Störungen, Behinderungen, Benachteiligungen oder Begünstigungen von Betriebsratsmitgliedern sind im Beschlussverfahren durchzuführen (vgl. FKHES, § 78 a Rdn. 25). Dabei wird häufig auf Grund der Eilbedürftigkeit einer Entscheidung ein Antrag auf Erlass einer einstweiligen Verfügung notwendig sein (vgl. hierzu unten F.II.). Dann wäre neben dem im Musterantrag behandelten Verfügungsanspruch noch der Verfügungsgrund darzulegen. Dieser könnte etwa lauten: „Die Eilbedürftigkeit für den Erlass einer einstweiligen Verfügung beruht darauf, dass wegen der laufenden Einigungsstellenverhandlungen ein aktuelles Bedürfnis zur Information der Mitarbeiter besteht. Würde der Unterlassungsantrag im normalen Beschlussverfahren gestellt werden, so wäre bei der Belastung der erkennenden Kammer nicht mit einer Anhörung innerhalb der nächsten drei Monate zu rechnen. Da dann voraussichtlich das Einigungsstellenverfahren abgeschlossen sein wird, ginge der Antrag ins Leere. Um einen umfassenden Schutz der Betriebsratstätigkeit zu erreichen, der nicht durch die Schaffung vollendeter Tatsachen umgangen werden darf, ist der Erlass einer einstweiligen Verfügung geboten."

b) Die Benachteiligung einzelner Amtsträger kann zu Schadensersatzansprüchen der Betroffenen gem. § 823 Abs. 2 BGB, § 78 BetrVG führen. Diese Ansprüche sind im Urteilsverfahren geltend zu machen (vgl. BAG AP Nr. 1 zu § 107 BPersVG, AP Nr. 5 zu § 46 BPersVG).

2. Antragsteller können sowohl die in § 78 BetrVG aufgeführten Organe als auch die jeweils konkret betroffenen Mitglieder sowie amtierenden Ersatzmitglieder sein.

3. Die ordnungsgemäße Bevollmächtigung des Rechtsanwalts erfordert eine entsprechende Beschlussfassung des Betriebsrats zur Verfahrenseinleitung (vgl. Muster E.IV. 1. Anm. 4) und zur Anwaltsbeauftragung (vgl. Muster E.IV.2. Anm. 2).

4. Der Unterlassungsantrag muss mit besonderer Sorgfalt formuliert werden. Insbesondere gilt es, einen zu weit gehenden Globalantrag zu vermeiden. Denn ist auch nur eine Fallgestaltung denkbar, in der der geltend gemachte Unterlassungsanspruch nicht besteht, so ist der Antrag nach der ständigen Rechtsprechung des BAG insgesamt als unbegründet zurückzuweisen (vgl. zu einem Antrag des Betriebsrats auf Unterlassung der Mitteilung der Betriebsratskosten auf der Betriebsversammlung BAG 19. 7. 1995, AP Nr. 25 zu § 23 BetrVG 1972, sowie BAG 12. 11. 1997, AP Nr. 27 zu § 23 BetrVG 1972). Zum Globalantrag vgl. im Einzelnen unten E. IX. 1. Anm. 2. Im Antrag ist daher das zu unterlassende Verhalten möglichst präzise zu beschreiben.

5. Die Androhung eines Ordnungsgeldes ist bereits im Erkenntnisverfahren zulässig und zur Beschleunigung einer etwaigen Zwangsvollstreckung sinnvoll (vgl. *Germelmann/ Matthes/Prütting/Müller-Glöge*, ArbGG, § 85 Rdn. 27). Da es sich nach der hier vertretenen Auffassung um einen allgemeinen Unterlassungsanspruch handelt (vgl. unten Anm. 7), richtet sich die Zwangsvollstreckung nach § 85 Abs. 1 ArbGG, § 890 Abs. 1 ZPO. Danach kann ein Ordnungsgeld bis zu EUR 250.000,– angedroht bzw. festgesetzt werden.

Die Ordnungsgeldhöchstgrenze von EUR 10.000,– in § 23 Abs. 3 BetrVG kommt nicht zur Anwendung, da der Betriebsrat kein Verfahren nach § 23 Abs. 3 BetrVG betreibt (vgl. FKHES § 23 Rdn. 108 ff.).

6. Zum Umfang der Verschwiegenheitspflicht der Betriebsratsmitglieder vgl. FKHES § 79 Rdn. 16 ff.; *Richardi*, BetrVG § 79 Rdn. 11 ff.

7. Den in § 78 BetrVG aufgeführten betriebsverfassungsrechtlichen Organen steht bei einer Störung oder einer Behinderung ihrer Arbeit durch den Arbeitgeber ein Beseitigungs- und Unterlassungsanspruch zu. Ein solcher Anspruch ist in § 78 Satz 1 BetrVG zwar nicht ausdrücklich vorgesehen. Er folgt jedoch aus dem umfassenden Schutzzweck der Norm und besteht als selbstständig einklagbarer Nebenleistungsanspruch (vgl. BAG 12. 11. 1997, AP Nr. 27 zu § 23 BetrVG 1972 = NZA 1998, 559 und BAG 19. 7. 1995, AP Nr. 25 zu § 23 BetrVG 1972 = NZA 1996, 332; DKK-*Buschmann*, § 78 Rdn. 30; FKHES § 78 Rdn. 13; *Richardi*, BetrVG § 78 Rdn. 37). Wie bei jedem Unterlassungsanspruch ist das Vorliegen einer Wiederholungsgefahr erforderlich. Diese ist im Antrag ggf. ausführlicher zu erläutern.

IV. Streitigkeiten im Zusammenhang mit der Tätigkeit des Betriebsrats

1. Streitigkeiten über die Wirksamkeit eines Betriebsratsbeschlusses

An das
Arbeitsgericht ......

Antrag im Beschlussverfahren mit den Beteiligten

1. Firma ......

– Antragstellerin –

Verfahrensbevollmächtigte: Rechtsanwälte ......

2. Betriebsrat der Firma ......
vertr. durch den Betriebsratsvorsitzenden

– Antragsgegner –

wegen Unwirksamkeit eines Betriebsratsbeschlusses.

Namens und in Vollmacht der Antragstellerin leiten wir ein Beschlussverfahren ein und beantragen:

Es wird festgestellt, dass der Betriebsratsbeschluss vom ...... über die Entsendung der Betriebsratsmitglieder ...... X und ...... Y zu der Schulungsveranstaltung mit dem Thema „ ......" am ...... in ...... unwirksam ist.[1]

Begründung:

Die Antragstellerin unterhält in ...... einen Betrieb mit ca. ...... Beschäftigten. Im Betrieb wurde ein Betriebsrat aus 9 Mitgliedern gebildet, der/die Vorsitzende ist Herr/Frau ......

Am ...... fand eine Sitzung des Antragsgegners statt.

Unter dem Tagesordnungspunkt „Seminare für Betriebsratsmitglieder" wurde der Beschluss gefasst, die Betriebsratsmitglieder ...... X und ...... Y am ...... auf das Seminar „ ......" in ...... zu entsenden.

Eine Beschlussausfertigung als Auszug des Sitzungsprotokolls ging der Antragstellerin im Anschluss an die genannte Betriebsratssitzung zu.

Die Antragstellerin hat unmittelbar nach Kenntnisnahme von dem Entsendungsbeschluss dem/der Betriebsratsvorsitzenden mitgeteilt, dass sie die Kosten für den Schulungs-/Fahrt- und Unterbringungsaufwand für die zur Entsendung vorgesehenen Betriebsratsmitglieder nicht tragen werde, und sie darüber hinaus auch den Lohn für die beiden Betriebsratsmitglieder anteilig zu kürzen beabsichtige, da sie sich nicht zur Kostenerstattung bzw. Lohnfortzahlung verpflichtet sehe.[2]

Die Antragstellerin hat dies damit begründet, dass sie zum einen die Erforderlichkeit des in Aussicht genommenen Seminars bestreite und zum anderen es für überzogen halte, dass zwei Betriebsratsmitglieder für den Besuch des Seminars vorgesehen seien. Schließlich sei auch der Monat ......, in dem das Seminar stattfinden soll, der betrieblich arbeitsintensivste, so dass es auch aus innerbetrieblichen Belangen unumgänglich sei, den Seminartermin auf jeden Fall zu verschieben.[3]

Unabhängig von diesen inhaltlichen Bedenken hält die Antragstellerin den Betriebsratsbeschluss vom ...... bereits deswegen für unwirksam, weil der Antragsgegner in einer Zusammensetzung getagt hat, die nicht den gesetzlichen Vorschriften entspricht.

Der Betriebsratsvorsitzende hat nämlich für das wegen Urlaubs ortsabwesende Betriebsratsmitglied Z kein Ersatzmitglied geladen, obwohl das in der Reihenfolge nächste Ersatzmitglied Y im Betrieb anwesend und für den Betriebsratsvorsitzenden erreichbar war.[4]

Beweis: Zeugnis Betriebsratsmitglieder ...... Z, ... A und ...... B, jeweils zu laden über die Antragstellerin.

Rechtsanwalt

Anmerkungen

1. Grundsätzlich steht dem Arbeitgeber ein Wahlrecht dahingehend zu, ob er die Nichtigkeit eines Betriebsratsbeschlusses vor dessen Umsetzung arbeitsgerichtlich feststellen lässt oder aber erst im Zusammenhang mit dessen Vollzug. Wird beispielsweise der Entsendungsbeschluss zu einer Betriebsratsschulung entsprechend lange Zeit vor dem Seminartermin gefasst, wird er den ersteren Weg beschreiten, da sich dadurch möglicherweise langwierige Folgeverfahren um die Kosten- und Lohnerstattung sowie insbesondere auch die Abwesenheit der Betriebsratsmitglieder für die Zeit des Seminarbesuchs vermeiden lassen. Ist – wie häufig – der Betriebsratsbeschluss erst kurz vor dem fraglichen Seminartermin gefasst worden, wird nichts anderes übrig bleiben, als im Nachhinein über die Verpflichtung des Arbeitgebers zur **Kostenerstattung** zu streiten, soweit nicht in besonders gelagerten Fällen der Erlass einer einstweiligen Verfügung auf Untersagung der Teilnahme in Betracht kommt.

Der Arbeitgeber kann die **Rechtsunwirksamkeit** von **Betriebsratsbeschlüssen** nur dann feststellen lassen, wenn sie entweder einen gesetzwidrigen Inhalt haben, nicht in die Zuständigkeit des Betriebsrats fallen oder nicht ordnungsgemäß zustande gekommen sind (BAG v. 23. 8. 1984, AP Nr. 17 zu § 103 BetrVG 1972 = NZA 1985, 254). Eine Überprüfung der sachlichen Zweckmäßigkeit eines Betriebsratsbeschlusses ist dagegen ausgeschlossen (vgl. BAG v. 3. 4. 1979, AP Nr. 1 zu § 13 BetrVG 1972 = DB 1979, 2091). Rechtsmängel bei internen **Organisationsentscheidungen des Betriebsrates**, beispielsweise bei Wahlen des Vorsitzenden oder der freizustellenden Betriebsratsmitglieder rechtfertigen im Allgemeinen nur die **Anfechtung** analog § 19 BetrVG (vgl. BAG v. 13. 11. 1991 und v. 15. 1. 1992, AP Nr. 9 u. 10 zu § 26 BetrVG 1972 = NZA 1992, 944 u. 1091; BAG v. 13. 11. 1991, AP Nr. 3 zu § 27 BetrVG 1972 = NZA 1992, 989 sowie im Einzelnen zu den Anfechtungsgründen betriebsratsinterner Wahlen: FKHES, § 26 Rdn. 46).

Anfechtungsberechtigt sind jedes einzelne Betriebsratsmitglied und jede im Betrieb vertretene Gewerkschaft, nicht hingegen der Arbeitgeber oder einzelne Arbeitnehmer des Betriebes (vgl. FKHES, § 26 Rdn. 48 f.)

2. Streitigkeiten um die Erstattungspflicht des Arbeitgebers von Kosten für den **Schulungs-, Fahrt- und Unterbringungsaufwand** anlässlich der Teilnahme an Betriebsratsseminaren sind im Beschlussverfahren zu entscheiden (vgl. FKHES, § 37 Rdn. 257), während der Streit zwischen einem Betriebsratsmitglied und dem Arbeitgeber über die Fortzahlung des Arbeitsentgelts bei Teilnahme an Schulungs- und Bildungsveranstaltungen nach § 37 Abs. 6 und 7 BetrVG eine individualrechtliche Streitigkeit darstellt, die im

Urteilsverfahren zu entscheiden ist (vgl. BAG v. 18. 6. 1974 u. v. 17. 9. 1974, AP Nr. 16 und 17 zu § 37 BetrVG 1972). Die BetrVG-Novelle 2001 hat einen lange schwelenden Streit darüber beseitigt, ob teilzeitbeschäftigte Betriebsratsmitglieder bei einem Besuch von Schulungsveranstaltungen (die sich naturgemäß an der Arbeitszeit für vollzeitbeschäftigte Betriebsratsmitglieder orientieren) einen Anspruch auf Vergütung für die Zeit der Seminarteilnahme haben, die über ihre persönliche Arbeitszeit hinausgeht (bisher dagegen: BAG v. 5. 3. 1997, AP Nr. 123 zu § 37 BetrVG 1972 = NZA 1997, 1242). Nach der Neuregelung in § 37 Abs. 6 Satz 2 BetrVG liegen betriebsbedingte Gründe, die eine Betriebsratstätigkeit außerhalb der Arbeitszeit erfordern, auch dann vor, wenn wegen Besonderheiten der betrieblichen Arbeitszeitgestaltung die Schulung des Betriebsratsmitglieds außerhalb seiner Arbeitszeit erfolgt; in diesem Fall ist der Umfang des Ausgleichsanspruchs pro Schulungstag begrenzt auf die Arbeitszeit eines vollzeitbeschäftigten Arbeitnehmers. Diese Regelung soll bewirken, dass teilzeitbeschäftigte Betriebsratsmitglieder sich in demselben Umfang und ohne Einbringung eines eigenen Freizeitopfers schulen lassen können wie vollzeitbeschäftigte Betriebsratsmitglieder (BT-Drucks. 14/5741, S. 40 f.; DKK-*Wedde*, § 37 Rdn. 137; FKHES, § 37 Rdn. 189). Nach BAG ist der Arbeitgeber auch berechtigt, einem Betriebsratsmitglied, das unberechtigterweise an einer Schulungsveranstaltung teilgenommen hat (sei es, weil der zugrunde liegende Betriebsratsbeschluss die Teilnahme nicht rechtfertigt, sei es, weil die Schulung – für jedermann erkennbar – nicht erforderlich war) eine individualrechtliche **Abmahnung** zu erteilen (vgl. BAG v. 31. 8. 1994, AP Nr. 98 zu § 37 BetrVG 1972 = NZA 1995, 225), wobei das BAG dem Betriebsratsmitglied allerdings einen gewissen Beurteilungsspielraum einräumt bei der **Erforderlichkeitsprüfung** einer Schulungsteilnahme.

Zur präjudiziellen Wirkung einer rechtskräftigen Entscheidung im Beschlussverfahren über die nicht vorhandenen betriebsverfassungsrechtlichen Voraussetzungen zur Seminarteilnahme des Betriebsratsmitglieds für die sich hieraus ergebenden individualrechtlichen Auseinandersetzungen vgl. FKHES, § 37 Rdn. 253.

3. Der Arbeitgeber hat die Kosten für die Teilnahme von Betriebsratsmitgliedern an Schulungs- und Bildungsveranstaltungen zu tragen, wenn diese für die Betriebsratstätigkeit erforderliche Kenntnisse vermitteln, vgl. auch IV. 2., Anm. 3 und 6.

Bestreitet der Arbeitgeber die **Erforderlichkeit** eines Schulungsbesuchs, kann auch diese Frage vorab in einem Beschlussverfahren geklärt werden (vgl. FKHES, § 37 Rdn. 251). In der Praxis wird sich das Bestreiten der Erforderlichkeit durch den Arbeitgeber im Allgemeinen in einem nachfolgenden Beschlussverfahren über die Kostenerstattungspflicht niederschlagen. Mit dem Argument nicht ausreichender Berücksichtigung betrieblicher Notwendigkeiten kann hingegen die fehlende Kostenerstattungspflicht des Arbeitgebers nicht begründet werden, wenn nicht der Arbeitgeber unverzüglich in diesem Zusammenhang auch die **Einigungsstelle** anruft und sich diese seiner Argumentation anschließt. Nach BAG ist für diesen Fall der Anrufung der Einigungsstelle durch den Arbeitgeber die Schulungsteilnahme bis zum Spruch der Einigungsstelle zurückzustellen (BAG v. 18. 3. 1977, AP Nr. 27 zu § 37 BetrVG 1972, GK-*Wiese/Weber*, § 37 Rdn. 274). Vgl. zu diesem Komplex auch Muster Kap. 2 E. IV. 2.

Zum Grundsatz der Verhältnismäßigkeit bei der Kostentragungspflicht des Arbeitgebers vgl. FKHES, § 40 Rdn. 72 ff.

4. Der Anspruch des Betriebsrats gegen den Arbeitgeber auf Übernahme von Kosten, die einem Betriebsratsmitglied anlässlich eines Schulungsbesuchs nach § 37 Abs. 6 BetrVG entstanden sind, setzt einen Beschluss des Betriebsrats zur Teilnahme an der konkreten vom Betriebsrat besuchten Veranstaltung voraus. Nach BAG v. 8. 3. 2000 (AP Nr. 68 zu § 40 BetrVG 1972 = NZA 2000, 838) muss der Betriebsratsbeschluss sich exakt auf das Seminar beziehen, das vom Betriebsratsmitglied auch besucht wurde. Ein vorangegangener Beschluss über die Teilnahme an einem zeitlich früher gelegenen Seminar mit gleicher Thematik (das dann letztlich beispielsweise aus persönlichen Gründen nicht besucht werden konnte) deckt nicht den Seminarbesuch zu einem Wiederholungstermin ab. Eine wesentliche Voraussetzung für das ordnungsgemäße Zustandekommen eines **Betriebsratsbeschlusses** ist die gem. § 29 Abs. 2 Nr. 3 BetrVG erfolgte rechtzeitige ordnungsgemäße Ladung aller Betriebsratsmitglieder einschließlich etwaiger Ersatzmitglieder unter Mitteilung der **Tagesordnung**. Diese muss die Thematik des beabsichtigten Betriebsratsbeschlusses benennen. Schweigt sich die Tagesordnung hierzu aus, oder ist sie insoweit missverständlich, kann zu dieser Thematik kein wirksamer Betriebsratsbeschluss in der betreffenden Sitzung gefasst werden (BAG v. 28. 4. 1988, AP Nr. 2 zu § 29 BetrVG 1972 = NZA 1989, 223 sowie v. 28. 10. 1992, AP Nr. 4 zu § 29 BetrVG 1972 = NZA 1993, 466). Eine Ausnahme gilt allenfalls dann, wenn sämtliche Betriebsratsmitglieder bei der fraglichen Sitzung anwesend sind und einstimmig die entsprechende Ergänzung der Tagesordnung um diesen Punkt beschließen (vgl. BAG v. 28. 10. 1992, aaO.; LAG Köln v. 25. 11. 1998, NZA-RR 1999, 245). Soweit das LAG Köln in dem genannten Beschluss (aaO.) weiterhin verlangt, die Wirksamkeit eines Betriebsratsbeschlusses setze voraus, dass er in einer Sitzungsniederschrift enthalten ist, die zumindest den Wortlaut des Beschlusses und die Stimmenmehrheit enthält, mit der er gefasst wurde, ist dies als zu formalistisch abzulehnen. Zwar ist die Anfertigung einer Sitzungsniederschrift gem. § 34 Abs. 1 BetrVG vorgeschrieben, für die Rechtsgültigkeit von Betriebsratsbeschlüssen ist deren Aufnahme in diese Niederschrift jedoch im Allgemeinen ohne Bedeutung (vgl. BAG v. 8. 2. 1977, AP Nr. 10 zu § 80 BetrVG 1972 = DB 1977, 914; FKHES, § 34 Rdn. 26, DKK-*Wedde*, § 34 Rdn. 13; *Richardi/Thüsing*, BetrVG § 34 Rdn. 20). Eine Beschlussfassung unter dem Tagesordnungspunkt „Sonstiges" scheidet aber grundsätzlich aus. Eine Beschlussfassung ist ebenfalls nicht möglich, wenn (bei nicht ordnungsgemäßer Bekanntgabe eines Tagesordnungspunktes) ein Betriebsratsmitglied aus Desinteresse nicht an der Betriebsratssitzung teilnimmt, ohne objektiv verhindert zu sein, bzw. im Fall der objektiven Verhinderung nicht das in der Reihenfolge nächste Ersatzmitglied geladen wurde.

Nach § 25 Abs. 1 Satz 2 BetrVG rückt für die Dauer der zeitweiligen Verhinderung des ordentlichen Betriebsratsmitglieds das (der Reihe nach nächste) **Ersatzmitglied** nach. Nach Beendigung des Verhinderungsfalls tritt es in die Reihen der Ersatzmitglieder zurück. Eine zeitweilige Verhinderung liegt immer nur dann vor, wenn das ordentliche Betriebsratsmitglied vorübergehend aus tatsächlichen oder rechtlichen Gründen nicht in der Lage ist, sein Amt auszuüben (beispielsweise Urlaub, Krankheit, Seminarteilnahme oder auch für den Fall, dass der Betriebsrat mit persönlichen Angelegenheiten eines Betriebsratsmitglieds befasst ist, vgl. hierzu FKHES, § 25 Rdn. 17). Ein Verhinderungsfall soll auch dann vorliegen, wenn das Betriebsratsmitglied nur unter Aufwand erheblicher Kosten an der Sitzung teilnehmen könnte, beispielsweise bei einem Montageaufenthalt im Ausland (vgl. FKHES, § 25 Rdn. 21; GK-*Oetker*, § 25 Rdn. 23).

Zu beachten ist, dass nach der BetrVG-Novelle 2001 die Mindestvertretung des Geschlechts in der Minderheit entsprechend seinem zahlenmäßigen Verhältnis im Betriebsrat (§ 15 Abs. 2 BetrVG) nach § 25 Abs. 2 BetrVG auch für das Nachrücken von Ersatzmitgliedern gilt. Unabhängig davon, ob das ausgeschiedene oder zeitweilig verhinderte Betriebsratsmitglied in Verhältniswahl oder in Mehrheitswahl gewählt worden ist, gilt in beiden Varianten auch für den Nachrückfall der Geschlechterproporz des § 15 Abs. 2 BetrVG zwingend (vgl. FKHES, § 25 Rdn. 24). Folglich muss auch im Falle des Nachrückens von Ersatzmitgliedern gewährleistet bleiben, dass das in der Minderheit befindliche Geschlecht entsprechend seinem Anteil an der Belegschaft im Betriebsrat vertreten bleibt. Das gilt jedenfalls solange, wie noch Wahlbewerber dieses Geschlechts zur Verfügung stehen. Ist – bei Verhältniswahl – das nachrückende Ersatzmitglied aus dem Kreis des Minderheitengeschlechts zu bestimmen, wird insoweit die vorgegebene Reihenfolge auf dem Wahlvorschlag durchbrochen, solange noch ein Wahlbewerber dieses Geschlechts zur Verfügung steht. Ist die Vorschlagsliste insoweit erschöpft, ist zunächst die Liste zu ermitteln, auf die der nächste Betriebsratssitz entfallen wäre, um dann aus dieser Liste das erste dem Minderheitengeschlecht zugehörige Ersatzmitglied zu bestimmen (vgl. FKHES, § 25 Rdn. 27). Für den Fall der Mehrheitswahl bestimmt sich die Reihenfolge der Ersatzmitglieder erst einmal nach der Höhe der erreichten Stimmenzahlen. Führt das schematische Nachrücken dazu, dass das Minderheitengeschlecht nicht mehr entsprechend der Zahl der auf die entfallenden Mindest-Betriebsratssitze vertreten wäre, rückt automatisch der Bewerber mit der nächst höheren Stimmenzahl nach, der dem Minderheitengeschlecht angehört. Das gilt jedenfalls solange, wie noch Wahlbewerber dieses Geschlechts vorhanden sind (vgl. FKHES, § 25 Rdn. 30).

Bleibt ein Betriebsratsmitglied aus mangelndem Interesse oder wegen dringend zu erledigender Arbeitsaufgaben der Betriebsratssitzung fern, liegt kein **Verhinderungsfall** vor (vgl. GK-*Oetker,* § 25 Rdn. 21), der Betriebsrat hat für diesen Fall in verringerter Zusammensetzung – ohne Hinzuziehung eines Ersatzmitgliedes – zu tagen; die Hinzuziehung eines Ersatzmitglieds würde demzufolge auch nicht den nachwirkenden Kündigungsschutz für dieses Ersatzmitglied nach § 15 Abs. 2 Satz 2 KSchG erwachsen lassen. Nimmt ein Ersatzmitglied trotz fehlenden Vertretungsfalls an der Betriebsratssitzung sowie den darin erfolgenden Abstimmungen teil, soll der hieraus resultierende Beschluss nur dann unwirksam sein, wenn durch die Mitwirkung dieses Nichtberechtigten das Ergebnis der Beschlussfassung beeinträchtigt wurde (vgl. FKHES, § 33 Rdn. 56). Entsprechendes gilt, wenn ein durch den Beschluss persönlich betroffenes Betriebsratsmitglied oder das Mitglied der Schwerbehindertenvertretung an der Beschlussfassung mitwirkt.

Wird jedoch trotz objektiven Verhinderungsfalls das in der Reihenfolge nächste Ersatzmitglied erst gar nicht zur Betriebsratssitzung geladen, ist der Betriebsrat an einer wirksamen Beschlussfassung gehindert. Ein hieraus resultierender Beschluss ist unwirksam (vgl. BAG v. 28. 4. 1988, AP Nr. 2 zu § 29 BetrVG 1972 = NZA 1989, 223). Gleiches gilt für den Fall, dass ein Betriebsratsmitglied nicht zur Sitzung erscheint und Beschlüsse gefasst werden, die nicht in der Tagesordnung enthalten waren.

Das BAG hatte in seinem Beschluss v. 28. 10. 1992 (AP Nr. 4 zu § 29 BetrVG 1972 = NZA 1993, 466) noch angenommen, ein fehlender oder unwirksamer Betriebsratsbeschluss zur Teilnahme eines Betriebsratsmitglieds an einer Schulungsveranstaltung nach § 37 Abs. 6 BetrVG könne nachträglich ausdrücklich oder konkludent durch den Betriebsrat gebilligt werden mit der Folge, dass aus dem ursprünglich rechtsunwirksamen oder fehlenden Beschluss Rechte hergeleitet werden konnten. Diese Ansicht hat das BAG mit Beschluss v. 8. 3. 2000 (AP Nr. 68 zu § 40 BetrVG 1972 = NZA 2000, 838) aufgegeben. Hiernach begründet ein Betriebsratsbeschluss, der nach dem Besuch einer Schulung gefasst wird und in dem die Teilnahme des Betriebsratsmitglieds an der betreffenden Schulung gebilligt wird, keinen Anspruch des Betriebsrats auf Kostentragung für diese Schulungsveranstaltung nach § 40 Abs. 1 BetrVG. Für die Praxis hat diese Entscheidung zur Folge, dass Betriebsräte bei der Entsendung von Mitgliedern auf Schulungsmaßnahmen nunmehr besonders sorgfältig vorgehen müssen, damit Fehler bei der Beschlussfassung unterbleiben. Eine Billigung oder Wiederholung eines unwirksamen Beschlusses gerade im Anwendungsbereich der §§ 37, 40 BetrVG ist zeitlich allerhöchstens bis zur eigentlichen Veranstaltung möglich. Gerade im Bereich der Schulungsveranstaltungen können somit fehlerhafte Betriebsratsbeschlüsse schwerwiegende Folgen haben (vgl. hierzu: *Reitze,* Rückwirkende „Billigung" unwirksamer oder fehlender Entscheidungen des Betriebsrats?, NZA 2002, 492).

2. Streitigkeiten bezüglich Schulungsveranstaltungen
(§ 37 Abs. 6 BetrVG)

An das
Arbeitsgericht ......

Antrag im Beschlussverfahren mit den Beteiligten

1. Betriebsrat der Firma ......
   vertreten durch den Betriebsratsvorsitzenden[1]

– Antragsteller –

Verfahrensbevollmächtigte: Rechtsanwälte ......

2. Firma ......

– Antragsgegnerin –

weiterer Beteiligter:
Betriebsratsmitglied[1] ......

– Beteiligter zu 3 –

wegen Freistellung von Schulungskosten.

Namens und in Vollmacht[2] des Antragstellers leiten wir ein Beschlussverfahren ein und beantragen:

Die Antragsgegnerin wird verpflichtet, das Betriebsratsmitglied ...... wegen des Besuchs der Schulungsveranstaltungen zum Thema „Mobbing" am ...... in ...... von den Schulungskosten in Höhe von EUR ...... gegenüber dem Schulungsträger ...... freizustellen und ihm Fahrtkosten zum und vom Schulungsort ...... in Höhe von EUR ...... zu erstatten.[3]

Begründung:
I.

Der Antragsteller ist gewählter Betriebsrat im Betrieb ...... der Antragsgegnerin. Der/die Vorsitzende ist Herr/Frau ...... In dem Betrieb sind ...... Arbeitnehmer beschäftigt, und zwar ...... gewerbliche Arbeitnehmer und ...... Angestellte. Der Betrieb beschäftigt sich mit der Produktion (dem Handel) von ......

Auf seiner Sitzung vom ...... hat der Antragsteller beschlossen, das Betriebsratsmitglied ...... (Beteiligter zu 3) am ...... auf eine Schulungsveranstaltung des Schulungsträgers ...... in ...... mit dem Thema „Mobbing am Arbeitsplatz und Reaktionsmöglichkeiten des Betriebsrats" zu entsenden.

Die Schulungsveranstaltung in ...... hat am ...... von 8.00 Uhr bis 17.00 Uhr inkl. einer Stunde Mittagspause und am Folgetag ebenfalls von 8.00 Uhr bis 17.00 Uhr inkl. einer Stunde Mittagspause gedauert.

Der Schulungsträger ...... hat unter dem ...... dem an der Schulung teilgenommenen Betriebsratsmitglied ...... folgende Kosten in Rechnung gestellt:[4]

a) für die Schulungsveranstaltung   EUR ......
b) Übernachtungs- und Verpflegungskosten   EUR ......

Beweis: Rechnungen des Schulungsveranstalters ...... vom ......, in Kopie anbei.

c) Außerdem sind dem Betriebsratsmitglied   EUR ......
   an Fahrtkosten mit der Deutschen Bahn AG 2. Klasse
   von ...... bis ...... und zurück von   EUR ......
entstanden.

Beweis: Fahrkarte Deutsche Bahn AG, in Kopie anbei.

Die Summe der Beträge a) bis c) ergeben den im Antrag genannten Betrag.

Der Veranstaltung lag folgender Themenplan[5] zugrunde: ...... (wird ausgeführt ......)

Beweis: Themenplan der Schulungsveranstaltung „Mobbing" für die Zeit vom ...... bis ......, in Kopie anbei.

II.

Die Antragsgegnerin hat sich geweigert, die Schulungs-, Fahrt- und Übernachtungskosten zu übernehmen.

Die Antragsgegnerin hat die Verweigerung der Kostenübernahme damit begründet, das Seminar sei für die konkrete und künftige Arbeit des Betriebsrats nicht erforderlich und habe letztlich keinerlei Bezug zu den gesetzlichen Aufgaben des Betriebsrats.[6]

Im Übrigen habe die Antragsgegnerin erfahren, dass etwa vier Monate nach dem konkret wahrgenommenen Schulungstermin eine Schulung des Schulungsveranstalters ...... stattfinde, sie habe von Anfang an dem Antragsteller empfohlen, wenn überhaupt, doch dann diese spätere Schulungsveranstaltung auszuwählen, da die Thematik an einem Schulungstag zusammengefasst sei und auch der konkrete Schulungsveranstalter selbst für einen effizienteren Schulungserfolg bürge.[7]

III.

Der Antragsteller hat beschlossen, mit dem Arbeitgeber Verhandlungen aufzunehmen über den Abschluss einer freiwilligen Betriebsvereinbarung mit dem Ziel, weiterer Mobbing-Fällen entgegenzuwirken und die Ursachen innerbetrieblichen Mobbings zu beseitigen. Im Rahmen dieser Vereinbarung soll nach dem Willen des Antragstellers eine Konfliktkommission installiert werden, in die auch ein Betriebsratsmitglied mit besonderer Sachkunde entsandt werden soll. Hierfür ist das Betriebsratsmitglied ...... vorgesehen, das unter anderem auch zu diesem Zweck zur streitgegenständlichen Schulung entsandt wurde.

Die Bearbeitung der Thematik innerbetrieblichen Mobbings gehört somit zum konkreten künftigen Aufgabenbereich des Antragstellers. Diese ist nicht möglich, ohne hierfür spezielle Kenntnisse zu dieser Thematik zu besitzen. Derartige Kenntnisse sind bei keinem Betriebsratsmitglied vorhanden.

Der Antragsteller hat am ...... beschlossen, das vorliegende Verfahren einzuleiten und mit seiner Durchführung die im Aktivrubrum genannten Verfahrensbevollmächtigten zu beauftragen.

Beweis: Zeugnis des Betriebsratsvorsitzenden ......

Rechtsanwalt

Anmerkungen

1. Antragsbefugt ist der Betriebsrat. Er kann im eigenen Namen **Freistellungsansprüche** von Betriebsratsmitgliedern für diese im Beschlussverfahren geltend machen, jedoch nicht Zahlung an sich selbst (vgl. BAG v. 15. 1. 1992, AP Nr. 41 zu § 40 BetrVG = NZA 1993, 189). In diesem Verfahren ist das betroffene Betriebsratsmitglied Beteiligter (vgl. BAG v. 15. 1. 1992, aaO.).

Antragsberechtigt ist auch das einzelne Betriebsratsmitglied, das gegen den Arbeitgeber seinen Anspruch auf Kostenerstattung bzw. Kostentragung für den Fall einer besuchten oder erst künftig stattfindenden Schulungsveranstaltung im Beschlussverfahren geltend machen kann. Grund des Anspruchs ist nicht das Arbeitsverhältnis, sondern das zwischen dem Betriebsrat und dem Arbeitgeber bestehende betriebsverfassungsrechtliche Rechtsverhältnis (vgl. BAG v. 18. 1. 1989, AP Nr. 28 zu § 40 BetrVG 1972 = NZA 1989, 641). Für diesen Fall wäre der Betriebsrat notwendiger Beteiligter im Sinne von § 83 ArbGG (vgl. BAG v. 13. 7. 1977, AP Nr. 8 zu § 83 ArbGG 1953 = DB 1978, 168). An einem solchen betriebsverfassungsrechtlichen Rechtsverhältnis fehlt es bei einer **nichtigen Betriebsratswahl:** dem aus einer nichtigen Wahl hervorgegangenen Betriebsratsmitglied stehen grundsätzlich von Anfang an keine betriebsverfassungsrechtlichen Befugnisse, also auch keine Erstattung für in vermeintlicher Ausübung derartiger Befugnisse verursachter Kosten zu. Dies gilt nach BAG vom 29. 4. 1998 (AP Nr. 58 zu § 40 BetrVG 1972 = NZA 1998, 1133) jedoch nicht, wenn die Nichtigkeit der Wahl auf einer nicht offenkundigen Verkennung des Geltungsbereiches des BetrVG nach § 118 Abs. 2 BetrVG beruht. Das Vorliegen dieses Nichtigkeitsgrundes ist in aller Regel schwierig zu beurteilen und daher selten offenkundig. Wegen des hieraus resultierenden besonderen Schutzbedürfnisses steht den unter Verstoß gegen § 118 Abs. 2 BetrVG amtierenden Betriebsratsmitgliedern ein Erstattungsanspruch bezüglich ihrer vor dem rechtskräftigen Abschluss des Wahlanfechtungsverfahrens entstandenen tatsächlichen Auslagen zu. Sie sind also hinsichtlich tatsächlich entstandener Kosten so zu behandeln, wie diejenigen Betriebsratsmitglieder, deren Wahl lediglich für unwirksam erklärt worden ist (BAG aaO.).

Zahlungsansprüche wegen einbehaltenen Lohns für die Zeit der Seminarteilnahme sind vom einzelnen Betriebsratsmitglied im Urteilsverfahren geltend zu machen. Hat eine Gewerkschaft die Schulungskosten für das Betriebsratsmitglied verauslagt und sich dessen Ansprüche abtreten lassen, so kann sie die abgetretenen Ansprüche ebenfalls im arbeitsgerichtlichen Beschlussverfahren geltend machen (vgl. BAG v. 15. 1. 1992, AP Nr. 41 zu § 40 BetrVG 1972 = NZA 1993, 189).

2. Die **ordnungsgemäße Beauftragung** des **Verfahrensbevollmächtigten** des Betriebsrats kann in jedem Stadium des Verfahrens gerügt werden. Es empfiehlt sich somit schon im wohlverstandenen Eigeninteresse für den Verfahrensbevollmächtigten, hierauf vorbereitet zu sein und seine ordnungsgemäße Bevollmächtigung jederzeit nachweisen zu können.

Voraussetzung hierfür ist nicht nur die **ordnungsgemäße Beschlussfassung** des Betriebsrats über die Entsendung des Betriebsratsmitglieds zur Schulung (vgl. hierzu Muster E. IV. 1 Anm. 4), sondern auch die ordnungsgemäße Beschlussfassung zur Einleitung des Freistellungsverfahrens und zur Beauftragung des konkreten Verfahrensbevollmächtigten. Hierzu gehört insbesondere, dass aus der Tagesordnung der betreffenden Betriebsratssitzung hervorgeht, dass ein Beschlussverfahren unter kurzer Skizzierung der Thematik eingeleitet und zur Durchführung dieses Verfahrens eine Rechtsanwaltskanzlei beauftragt werden soll. Die Beschlussfassung zur **Anwaltsbeauftragung** hat grundsätzlich gesondert für jeden Instanzenzug zu erfolgen. Da eine dem Rechtsanwalt erteilte Prozessvollmacht im Außenverhältnis stets auch die Einlegung von Rechtsmitteln umfasst, kann eine vorher im Innenverhältnis eventuell vorab unterbliebene Beschlussfassung zur Anwaltsbeauftragung für die nächste Instanz auch noch nach Ablauf der Rechtsmittelfrist erfolgen (BAG v. 11. 3. 1992, AP Nr. 11 zu § 38 BetrVG 1972 = NZA 1992, 946, 947). In Ausnahmefällen (beispielsweise bei einer vom Arbeitgeber gegen den Betriebsrat angestrengten einstweiligen Verfügung und entsprechender Eilbedürftigkeit) kann auch der Betriebsratsvorsitzende die Anwaltsbeauftragung durchführen und diese nachträglich vom Betriebsrat billigen lassen (LAG Köln v. 14. 7. 1995, NZA-RR 1996, 94).

3. Dass eine Betriebsratsschulung zum Thema „Mobbing" für die Betriebsratsarbeit erforderlich sein kann, hat das BAG mit Beschluss v. 15. 1. 1997 (AP Nr. 118 zu § 37

BetrVG 1972 = NZA 1997, 781) klargestellt. Voraussetzung ist jedoch, dass der Betriebsrat eine konkrete betriebliche Konfliktlage darlegt, aus der sich für ihn ein Handlungsbedarf zur Wahrnehmung einer gesetzlichen Aufgabenstellung ergibt, zu deren Erledigung er das auf der Schulung vermittelte Wissen benötigt, beispielsweise auch durch Wahrnehmung seines Initiativrechts mit dem Ziel des Abschlusses einer freiwilligen Betriebsvereinbarung, um weiteren innerbetrieblichen Mobbing-Fällen entgegenzuwirken. Häufig scheitern Freistellungsverfahren an der mangelnden Darlegung des Betriebsrats, warum er seine gesetzlichen Aufgaben ohne eine solche Schulung gerade des hierauf entsandten Betriebsratsmitglieds nicht sachgerecht wahrnehmen kann (vgl. insoweit BAG v. 15. 2. 1995, AP Nr. 106 zu § 37 BetrVG 1972 = NZA 1995, 1036 zu einer Schulungsveranstaltung mit dem Thema „Schriftliche Kommunikation im Betrieb"; LAG Schleswig-Holstein v. 21. 1. 1999, 4 TaBV 29/98 = NZA-RR 1999, 643 sowie NZA-RR 2000, 366 zu einem Rhetorik-Seminar mit dem Thema „Das Leid mit dem Leiten – Seminar für Betriebsratsvorsitzende"). Eine ausführliche Rechtsprechungsübersicht über die Erforderlichkeit bzw. nicht gegebene Erforderlichkeit einzelner Schulungsthemen findet sich in FKHES, § 37 Rdn. 149.

4. Der Kostentragungspflicht des Arbeitgebers steht nicht entgegen, dass erforderliche betriebsverfassungsrechtliche Schulungsveranstaltungen von Gewerkschaften oder gewerkschaftsnahen Seminarveranstaltern durchgeführt werden (ständige Rechtsprechung des BAG, vgl. z.B. Beschluss v. 29. 1. 1974, AP Nr. 5 zu § 40 BetrVG 1972 = DB 1974, 1292; FKHES, § 40 Rdn. 77; *Richardi/Thüsing*, BetrVG § 40 Rdn. 35). Beschränkungen der Kostenerstattungspflicht ergeben sich aber aus koalitionsrechtlichen Grundsätzen, wonach niemand zur Finanzierung des gegnerischen Verbands verpflichtet werden kann. Dementsprechend können die Gewerkschaften zwar die Erstattung der ihnen entstandenen lehrgangsbezogenen Kosten verlangen, dürfen dabei aber keinen Gewinn aus ihrer Schulungstätigkeit erwirtschaften (BAG v. 15. 1. 1992, AP Nr. 41 zu § 40 BetrVG 1972 = NZA 1993, 189 u. v. 30. 3. 1994, AP Nr. 42 zu § 40 BetrVG 1972 = NZA 1995, 382). Damit für den Arbeitgeber erkennbar die Gegnerfinanzierung ausgeschlossen ist, bedarf es zur Wahrung dieser koalitionsrechtlichen Belange der Kostentransparenz durch **Aufschlüsselung der Teilnahmekosten** (vgl. dazu im Einzelnen FKHES, § 40 Rdn. 85; *Richardi/Thüsing*, BetrVG § 40 Rdn. 35). Diese Einschränkung der Kostentragungspflicht des Arbeitgebers findet auch Anwendung, wenn rechtlich selbstständige, jedoch gewerkschaftsnahe Seminareinrichtungen die Betriebsratsschulung durchführen (BAG v. 28. 6. 1995, AP Nr. 47, 48 zu § 40 BetrVG 1972 = NZA 1995, 1216, 1220). Gewerkschaftsnähe ist hiernach dann anzunehmen, wenn die Gewerkschaft kraft satzungsmäßiger Rechte und personeller Verflechtungen maßgeblichen Einfluss auf den Inhalt der Seminare bzw. die Organisation und die Finanzierung des Seminarveranstalters nimmt (BAG v. 28. 6. 1995, aaO.). Dabei ergibt sich nach BAG v. 17. 6. 1998 (7 ABR 20/97, EzA § 40 BetrVG 1972 Nr. 83) die gewerkschaftliche Einflussmöglichkeit nicht schon allein aus der Gewerkschaftszugehörigkeit des Geschäftsführers eines gemeinnützigen Vereins. Dies begründet noch keine hinreichende Verknüpfung zwischen der Schulungseinrichtung und einer Gewerkschaft, die dazu führen würde, dass der Verein, wie die Gewerkschaft selbst, zum koalitionspolitischen Gegenspieler des kostentragungspflichtigen Arbeitgebers wird (BAG v. 17. 6. 1998, aaO.). Dazu bedarf es weiterer konkreter Anhaltspunkte, die z.B. auf die gewerkschaftliche Dominanz bei der Gestaltung der Seminarprogramme schließen lassen. Von einer derartigen gewerkschaftlichen Dominanz kann nach einer weiteren Entscheidung des BAG v. 17. 6. 1998 (7 ABR 22/97, NZA 1999, 161) auch dann nicht ausgegangen werden, wenn ein in der Rechtsform eines gemeinnützigen Vereins geführter gewerkschaftlicher Schulungsveranstalter sich auf die Durchführung betriebsverfassungsrechtlicher Schulungen beschränkt. In diesem Fall kommt eine Aufschlüsselung pauschaler Schulungsgebühren erst bei Vorliegen konkreter Anhaltspunkte für eine Gegnerfinanzierung in Betracht. Einem gewerkschaftlichen Schulungsveranstalter ist es im Übrigen auch nicht verwehrt, die Selbstkosten im Wege einer Mischkalkulation zu ermitteln, nach der alle künftig zu erwartenden Kosten für die Durchführung betriebsverfassungsrechtlicher Schulungen gemeinsam ermittelt und in Durchschnittswerten unabhängig von der konkreten Teilnehmerzahl einer Schulung teilnehmerbezogen zugeordnet werden. D. h., der gewerkschaftliche Schulungsveranstalter kann nicht nur die Erstattung von Selbstkosten verlangen, die durch die konkrete Schulungsveranstaltung entstanden sind, sondern kann im Rahmen einer Gesamtkalkulation für Schulungskosten entsprechende Durchschnittswerte in Rechnung stellen und damit auch mögliche Verluste aus anderen betriebsverfassungsrechtlichen Schulungen ausgleichen (weitere Entscheidung des BAG v. 17. 6. 1998, 7 ABR 25/97 = NZA 1999, 163).

5. Viele Auseinandersetzungen um die Erforderlichkeit von Betriebsratsseminaren resultieren bereits daraus, dass die **Themenpläne** dieser Veranstaltungen zu allgemein gehalten sind und Arbeitgeber und Betriebsrat letztlich zum Zeitpunkt der Beschlussfassung über die Seminarteilnahme häufig nicht erkennen können, inwieweit die Seminarinhalte für die konkrete Betriebsratsarbeit erforderlich sind. Dies bereitet dann regelmäßig Schwierigkeiten bei nachfolgenden gerichtlichen Auseinandersetzungen um Kostenerstattungs- bzw. Lohnzahlungsansprüche. Oft wird auch irrtümlicherweise davon ausgegangen, allein die Tatsache, dass das Seminar „nach § 37 Abs. 6 BetrVG ausgeschrieben" ist, reiche aus, das Teilnahmebegehren eines oder mehrerer Betriebsratsmitglieder zu rechtfertigen. Deswegen wird empfohlen, bei ungenauer Formulierung des Themenplans beim Veranstalter vor der Beschlussfassung des Betriebsrats anzufragen, welche konkreten Schulungsinhalte vermittelt werden sollen, da sonst der Betriebsrat kaum seinen Beurteilungsspielraum (vgl. FKHES, § 37 Rdn. 174 f.) zur Frage der Erforderlichkeit eines Seminars für die eigene Betriebsratsarbeit ausüben kann.

6. Die Vermittlung allgemeiner **Grundkenntnisse des Betriebsverfassungsrechts**, des **Arbeitsrechts** und **Arbeitsschutzrechts** gehört auf jeden Fall zu dem nach § 37 Abs. 6 BetrVG erforderlichen Schulungsinhalt. Diesbezüglich hat jedes Betriebsratsmitglied einen Anspruch auf Vermittlung dieser Grundkenntnisse ohne nähere Darlegung der Erforderlichkeit der Wissensvermittlung (vgl. BAG vom 15. 1. 1997, aaO. unter B. 3. a. der Gründe). Soweit es um eine besondere Vertiefung der Kenntnisse des Betriebsverfassungsrechts oder des Arbeitsrechts bzw. um die Vermittlung speziellen Fachwissens geht, verlangt die Rechtsprechung die Darlegung eines aktuellen betriebs- oder betriebsratsbezogenen Anlasses, aus dem sich der jeweilige Schulungsbedarf ergibt (vgl. BAG v. 15. 1. 1997, aaO.). Hierbei dürfte es im Allgemeinen ausreichen, je nach Größe des Betriebsrates ein oder zwei Betriebsratsmitglieder zu derartigen **Spezialschulungen** zu entsenden. So kann es auch erforderlich sein, ein Betriebsratsmitglied zu einer Schulungsveranstaltung mit dem Titel „Betrieblicher Strukturwandel – Kooperation zwischen Betriebsrat, Gesamtbetriebsrat, Konzernbetriebsrat" zu entsenden, wenn durch entsprechende Beschlussfassung der Betriebsräte eines bundesweit operierenden Unternehmens die Gründung eines Konzernbetriebsrats bevorsteht (LAG Bremen v. 3. 11. 2000, NZA-RR 2001, 310).

7. Weder der Arbeitgeber noch die Gerichte für Arbeitssachen sind berechtigt, die Erforderlichkeit der vom Betriebsrat ausgewählten Schulungsveranstaltungen mit dem Argument zu verneinen, aus ihrer Sicht sei der Besuch einer anderen Schulungsveranstaltung besser, effektiver oder Erfolg versprechender (vgl. BAG v. 15. 1. 1997, aaO.). Auch das häufig auftretende Argument, dass zumindest teilweise die abgehandelte Thematik mit den konkreten betrieblichen Belangen nichts zu tun habe, läuft zumindest dann ins Leere, wenn wenigstens mehr als 50% der Schulungszeit auf die betrieblich konkret erforderlichen Schulungsthemen verwendet werden (vgl. FKHES, § 37 Rdn. 160). Zwar muss der Betriebsrat bei der Auswahl seiner Seminare nach dem Grundsatz der vertrauensvollen Zusammenarbeit gem. § 2 Abs. 1 BetrVG auch die Vermögensinteressen des Arbeitgebers insoweit berücksichtigen, als er nicht unverhältnismäßig zeitaufwändige, kostenträchtige oder weit entfernt abgehaltene Schulungsveranstaltungen beschließt, wenn es kostengünstigere Alternativen gibt. Die Grenze derartiger Überlegungen bildet jedoch die konkret gegebene betriebliche Erforderlichkeit unter inhaltlichem und zeitlichem Aspekt (vgl. FKHES, § 37 Rdn. 171 f.).

3. Antrag des Betriebsrats auf Zurverfügungstellung von sachlichen Mitteln (Literatur)

An das
Arbeitsgericht ......

Antrag im Beschlussverfahren mit den Beteiligten

1. Betriebsrat der Firma ......
   vertreten durch den Betriebsratsvorsitzenden

– Antragsteller –

Verfahrensbevollmächtigte: Rechtsanwälte ......

2. Firma ......

– Antragsgegnerin –

wegen Zurverfügungstellung von sachlichen Mitteln.

Namens und in Vollmacht[1] des Antragstellers leiten wir ein Beschlussverfahren ein und beantragen:

1. Die Antragsgegnerin wird verpflichtet, dem Antragsteller sieben Exemplare der Gesetzessammlung „Kittner (Hrsg.), Arbeits- und Sozialordnung", in neuester Auflage zur Verfügung zu stellen.[2]
2. Die Antragsgegnerin wird verpflichtet, dem Antragsteller den Kommentar zum BetrVG „Däubler/Kittner/Klebe (Hrsg.), Betriebsverfassungsgesetz mit Wahlordnung", in neuester Auflage zur Verfügung zu stellen.[3]
3. Die Antragsgegnerin wird verpflichtet, dem Antragsteller die im Bund-Verlag monatlich erscheinende Fachzeitschrift „Arbeitsrecht im Betrieb" zur Verfügung zu stellen.[4]

Begründung:

Der Antragsteller ist der im Betrieb der Antragsgegnerin gebildete Betriebsrat. Im Betrieb ...... der Antragsgegnerin sind in der Regel ca. 250 Arbeitnehmer beschäftigt. Der Antragsteller besteht aus sieben Mitgliedern.

Aufgrund eines Betriebsratsbeschlusses[5] vom ...... hat der Vorsitzende des Antragstellers die Antragsgegnerin mit Schreiben vom ...... aufgefordert, dem Antragsteller bis ...... folgende Literatur zur Verfügung zu stellen:

Für jedes der Betriebsratsmitglieder ein Exemplar der aktuellen Gesetzessammlung von Kittner (Hrsg.), „Arbeits- und Sozialordnung", ein Exemplar der neuesten Auflage des Kommentars zum BetrVG von Däubler/Kittner/Klebe (Hrsg.) sowie die monatlich erscheinende Fachzeitschrift für Betriebsräte „Arbeitsrecht im Betrieb".

Beweis: Schreiben des Antragstellers vom ......, in Kopie anbei.

Die Antragsgegnerin hat es mit Schreiben vom ...... abgelehnt, dem Antragsteller die geforderte Literatur zur Verfügung zu stellen, so dass die Einleitung dieses Verfahrens geboten ist.

Beweis: Schreiben der Antragsgegnerin vom ......, in Kopie anbei.

Der Antragsteller hat am ...... beschlossen, das vorliegende Verfahren einzuleiten und mit seiner Durchführung die im Aktivrubrum genannten Verfahrensbevollmächtigten zu beauftragen.

Beweis: Zeugnis des Betriebsratsvorsitzenden ......

Rechtsanwalt

Anmerkungen

1. Die ordnungsgemäße Bevollmächtigung des Rechtsanwalts erfordert eine entsprechende Beschlussfassung des Betriebsrats zur Verfahrenseinleitung (vgl. Muster E. IV. 1 Anm. 4) und zur Anwaltsbeauftragung (vgl. Muster E. IV. 2 Anm. 2).

2. Zur laufenden Geschäftsführung des Betriebsrats gehört die Wahrnehmung seiner allgemeinen Aufgaben nach § 80 Abs. 1 BetrVG. Gem. Ziff. 1 dieser Vorschrift hat der Betriebsrat unter anderem darüber zu wachen, dass die zugunsten der Arbeitnehmer geltenden Gesetze und Verordnungen durchgeführt werden. Darunter fallen die Vorschriften der meisten **arbeitsrechtlichen Gesetze**. Der Betriebsrat kann seine Überwachungspflicht nach § 80 Abs. 1 Ziff. 1 BetrVG nur erfüllen, wenn ihm die betreffenden Gesetze und Verordnungen zur Verfügung gestellt werden. Diese Gesetzes- und Verordnungstexte gehören deshalb zu den erforderlichen Sachmitteln im Sinne von § 40 Abs. 2 BetrVG. Bei einem mehrköpfigen Betriebsrat ist es hiernach erforderlich, jedem Betriebsratsmitglied eine Sammlung der gem. § 80 Abs. 1 Nr. 1 BetrVG zu überwachenden, grundlegenden Gesetze und Verordnungen zur Verfügung zu stellen. Jedes Betriebsratsmitglied muss die Möglichkeit haben, Normen, von denen die Rede ist, selbst zu lesen, und nach weiteren Normen zu suchen, die für ein anstehendes Thema relevant sein können. Kein Betriebsratsmitglied muss sich darauf verweisen lassen, dass andere Betriebsratsmitglieder eine Vorauswahl der zu berücksichtigenden Gesetze für ihn treffen (vgl. BAG v. 24. 1. 1996, AP Nr. 52 zu § 40 BetrVG 1972 = NZA 1997, 60). Hinsichtlich der Literatur hat der Betriebsrat ein Auswahlrecht. Entscheidet er sich wie im vorliegenden Fall für die von ihm beantragte Sammlung „Kittner, Arbeits- und Sozialordnung", hat er die Grenzen seines Auswahlrechts nicht überschritten (vgl. BAG v. 24. 1. 1996, aaO.).

3. Das auf der gesetzlichen Aufgabenstellung beruhende Informationsbedürfnis des Betriebsrats verlangt, dass ihm zur Erfüllung seiner Tätigkeit nicht nur die arbeitsrechtlichen Gesetzestexte, sondern auch arbeits- und betriebsverfassungsrechtliche **Kommentare** zur Verfügung gestellt werden, die geeignet sind, dem Betriebsrat die für seine Tätigkeiten notwendigen Informationen zu vermitteln.

In diesem Zusammenhang kann sich der Arbeitgeber nicht darauf berufen, die dem Betriebsrat zur Verfügung gestellte Ausgabe eines Kommentars sei erst einige Jahre alt. Auch steht dem Betriebsrat das Recht zu, den Kommentar zu wechseln, wenn er der Meinung ist, dieser sei für ihn besser geeignet (vgl. zum entsprechenden **Auswahlermessen** des Betriebsrates BAG v. 26. 10. 1994, AP Nr. 43 zu § 40 BetrVG 1972 = NZA 1995, 386). Auf die Gewerkschaftsnähe des vom Betriebsrat beanspruchten Kommentars kommt es nicht an. Zur Verpflichtung des Arbeitgebers, das Arbeitsrechtshandbuch von *Schaub*, neueste Auflage, zur Verfügung zu stellen vgl. LAG Bremen v. 3. 5. 1996, NZA 1996, 1288. Der Arbeitgeber kann den Betriebsrat nicht anstelle eines gängigen

Kommentars beispielsweise zum Mutterschaftsgesetz in der neuesten Auflage auf eine von ihm zur Verfügung gestellte Broschüre verweisen, die die Anforderungen eines juristischen Kommentars nicht erfüllt (hier: Ratgeber der Bremer Arbeitnehmerkammern zum Mutterschutz, Erziehungsgeld und Erziehungsurlaub). Auch können die Rechte des Betriebsrats auf Bereitstellung von Sachmitteln nicht durch Tarifvertrag und somit auch nicht durch die Entscheidung einer tariflichen Schiedsstelle beschränkt werden, da die Vorschrift des § 40 Abs. 2 BetrVG einer abweichenden tariflichen Regelung nicht zugänglich ist (BAG v. 9. 6. 1999, NZA 1999, 1292; LAG Rheinland-Pfalz vom 18. 11. 1999, NZA-RR 2000, 534).

4. Neben den Gesetzestexten und Kommentaren ist dem Betriebsrat auch eine arbeits- und sozialrechtliche **Fachzeitschrift** zur Verfügung zu stellen, wobei dem Betriebsrat in der Regel das Recht zusteht, die ihm geeignet erscheinende Fachzeitschrift unter mehreren möglichen auszuwählen. Insbesondere kann die „Richtung" der Fachzeitschrift nicht durch den Arbeitgeber vorgegeben werden, diesbezüglich steht dem Betriebsrat ein Ermessensspielraum zu, auch wenn es sich hierbei um eine Zeitschrift handelt, die von einem gewerkschaftseigenen Unternehmen vertrieben wird (vgl. BAG v. 21. 4. 1983, AP Nr. 20 zu § 40 BetrVG 1972 = DB 1984, 248; die entsprechende Verfassungsbeschwerde des Arbeitgebers wurde vom Bundesverfassungsgericht nicht angenommen, BVerfG v. 10. 12. 1985, AP Nr. 20 a zu § 40 BetrVG 1972 = NZA 1986, 161).

5. Siehe Muster E. IV. 1 Anm. 4.

4. Antrag des Betriebsrats auf Zurverfügungstellung von sachlichen Mitteln (PC-Ausstattung)

An das
Arbeitsgericht ......

Antrag im Beschlussverfahren mit den Beteiligten

1. Betriebsrat der Firma ......,
   vertreten durch den Betriebsratsvorsitzenden

– Antragsteller –

   Verfahrensbevollmächtigte: Rechtsanwälte ......
2. Firma ......

– Antragsgegnerin –

wegen Zurverfügungstellung von sachlichen Mitteln.

Namens und in Vollmacht[1] des Antragstellers leiten wir ein Beschlussverfahren ein und beantragen:

Die Antragsgegnerin wird verpflichtet, dem Antragsteller einen PC, einen Bildschirm, einen Drucker sowie Software in Form eines Textverarbeitungsprogrammes, eines Kalkulationsprogrammes, eines Datenverwaltungsprogrammes und eines Dateipflegeprogrammes (sämtlichst in zum Anschaffungszeitpunkt aktueller technischer Version) zur Verfügung zu stellen.[2]

Begründung[3·4])

I.

Der Antragsteller ist der im Betrieb ...... der Antragsgegnerin gebildete Betriebsrat. Im Betrieb ...... der Antragsgegnerin sind in der Regel ca. ...... Arbeitnehmer beschäftigt. Die Antragsgegnerin nutzt für die Lohn- und Gehaltsbuchhaltung eine EDV-Anlage. Darüber hinaus sind in dem Betrieb in verschiedenen Abteilungen insgesamt ca. ...... PCs eingesetzt.

Der Antragsteller besteht aus ...... Mitgliedern, wovon ...... Mitglied(er) gem. § 38 BetrVG freigestellt ist (sind).

Der Betriebsrat hat die Ausschüsse ...... (ggf.: Außerdem besteht ein Wirtschaftsausschuss.) Jährlich werden im Durchschnitt mehr als ...... Schriftstücke zwischen Arbeitgeber und Betriebsrat gewechselt. Der Betriebsrat korrespondiert zudem jährlich mit durchschnittlich ca. ...... Schreiben mit externen Stellen, wie der im Betrieb vertretenen Gewerkschaft ......, DGB, Gewerbeaufsicht, Berufsgenossenschaft, Arbeitsamt, örtlichen Fürsorgestellen, Rechtsanwälten, etc.

Beweis: Zeugnis des/der Betriebsratsvorsitzenden ......, zu laden über den Antragsteller.

Auf die Arbeitsverhältnisse der Arbeitnehmer finden die Tarifverträge der ...... Industrie in ...... Anwendung. In dem Betrieb der Antragsgegnerin wird zweischichtig gearbeitet, teilweise im Akkord; künftig soll auch Gruppenarbeit verrichtet werden.

Pro Monat fallen im Betrieb ca. ...... Überstunden an. Teilweise ist in der Vergangenheit auch kurz gearbeitet worden, nämlich im Zeitraum vom ...... bis ...... In dieser Zeit wurde andererseits in einzelnen Abteilungen Mehrarbeit angeordnet. Im Zeitraum ...... schieden ...... Arbeitnehmer aus dem Arbeitsverhältnis aus. Während der Urlaubszeit wurden zudem ...... Aushilfen eingestellt, teilweise befristet, teilweise unbefristet.

Beweis: wie vor.

II.

a) Der Antragsteller benötigt einen PC mit Zubehör für die laufende Geschäftsführung, insbesondere, um die umfangreiche Korrespondenz ordnungsgemäß und zeitgerecht erledigen zu können sowie für die Planung, Durchführung und Nachbearbeitung der Sitzungen des Betriebsrates und seiner Ausschüsse. Außerdem ist der Antragsteller bei der Erstellung von Betriebsvereinbarungsentwürfen ständig damit konfrontiert, dass der Arbeitgeber die Möglichkeit der elektronischen Datenverarbeitung beim Abfassen und Ändern von Texten einer Betriebsvereinbarung nutzt, so dass er dieses Hilfsmittel für das Überarbeiten der Texte ebenfalls beanspruchen möchte, um zeitnah auf Textvorschläge des Arbeitgebers reagieren und eigene Vorstellungen in neue Textentwürfe einarbeiten zu können.

b) Außerdem möchte der Betriebsrat überprüfen, ob die im Betrieb getroffenen Vereinbarungen über die Ableistung von Mehrarbeit eingehalten werden. Mehrarbeit wird in den verschiedenen Abteilungen des Betriebs wiederholt angeordnet, zuletzt im Zeitraum von ...... Monaten des Jahres ...... in insgesamt ...... Fällen. Zur Überprüfung der Personaleinsatzpläne für die einzelnen Mitarbeiter und zur Feststellung möglicher Abweichungen zwischen vereinbarter und tatsächlich geleisteter Mehrarbeit bedarf es einer PC-gestützten Datenauswertung, da ansonsten wegen der bestehenden Datenfülle eine wirksame Ausübung des Überwachungsrechtes nach § 80 Abs. 1 BetrVG i. V. m. § 87 Abs. 1 Ziff. 3 BetrVG innerhalb des gegebenen kurzen Zeitraumes zwischen den einzelnen Mehrarbeitsintervallen nicht möglich ist.

c) Der Antragsteller beabsichtigt, im Zusammenhang mit der Personalplanung des Arbeitgebers initiativ zu werden und möchte zur Vermeidung von produktions-

und auftragsbedingt anfallenden Überstunden heruntergebrochen auf einzelne Abteilungen und Arbeitsgruppen berechnen, inwieweit anstelle der Überstundenanordnung nicht auch Neueinstellungen vorgenommen werden können. Mit den so gewonnenen Ergebnissen möchte der Antragsteller im Rahmen von § 92 Abs. 2 BetrVG dem Arbeitgeber Vorschläge für die Neueinstellung von Arbeitnehmern unterbreiten.

d) Auch benötigt der Antragsteller ein Datenverwaltungsprogramm zur wirksamen Wahrnehmung seines Mitbestimmungsrechts bezüglich der im Betrieb angewandten tariflichen Leistungsbeurteilung, da ansonsten die Beurteilungsdaten sämtlicher Mitarbeiter im Sinne der Schaffung einer innerbetrieblichen Lohn- und Leistungstransparenz nicht effektiv und aussagekräftig ausgewertet werden können.

e) Schließlich möchte der Antragsteller auch sein personelles Mitbestimmungsrecht bei Entlassung von Arbeitnehmern wahrnehmen können, indem er aufzeigt, wo ein betriebsbedingt zu entlassender Arbeitnehmer hätte eingesetzt werden können und welche anderen Mitarbeiter unter Umständen sozial weniger schutzwürdig gewesen wären. Bei einer solchen betriebsweit durchzuführenden sozialen Auswahl ist eine manuelle Erfassung und vergleichende Auswertung der bestehenden Sozialdaten nicht in der für das Widerspruchsrecht nach § 102 Abs. 3 BetrVG zur Verfügung stehenden Zeit möglich. Gleiches gilt für die Beteiligungsrechte des Antragstellers bei befristeten Einstellungen als Urlaubsvertretung und gleichzeitig laufenden Entlassungen. Der Antragsteller hat beschlossen, seine diesbezüglichen Rechte in Zukunft ausüben zu wollen und bedarf dazu ebenfalls der Speicher- und Auswertungsmöglichkeiten eines PCs, da nur so die Laufzeit der einzelnen Kündigungsfristen mit der Laufzeit der einzelnen Aushilfsverträge in Beziehung gesetzt werden kann.

III.

Der Antragsteller hat am ...... beschlossen, dass der Arbeitgeber ihm einen PC nebst Zubehör zur Verfügung zu stellen hat. Im Zusammenhang mit diesem Beschluss hat der Antragsteller die Erforderlichkeit dieses Sachmittels für seine laufende Geschäftsführung überprüft und hierbei die Interessen der Belegschaft an einer zügigen und sachgerechten Wahrnehmung der gesetzlichen Aufgaben des Betriebsrats mit den Interessen des Arbeitgebers an einer Kostenbegrenzung abgewogen. Den Interessen des Arbeitgebers wurde dadurch Rechnung getragen, dass der Antragsteller sich darauf beschränkt, einen PC in der Konfiguration zu erhalten, wie sie üblicherweise bei sämtlichen Verwaltungsarbeitsplätzen im Betrieb Anwendung findet. Dem Antragsteller geht es nicht darum, dass er mit dem PC seine laufende Geschäftsführung effizienter gestalten kann, vielmehr war im Mittelpunkt seiner Interessensabwägung die Tatsache gestanden, dass ohne einen PC eine Vielzahl der ihm obliegenden gesetzlichen Aufgaben (vgl. II) nicht erfüllt werden könnten.[5]

Der Antragsteller hat am ...... beschlossen, das vorliegende Verfahren einzuleiten und mit seiner Durchführung die im Aktivrubrum genannten Verfahrensbevollmächtigten zu beauftragen.

Beweis: Zeugnis des Betriebsratsvorsitzenden .....

Rechtsanwalt

Anmerkungen

1. Die ordnungsgemäße Bevollmächtigung des Rechtsanwalts erfordert eine entsprechende Beschlussfassung des Betriebsrates zur Verfahrenseinleitung (vgl. Muster Kap. 2 E. IV. 1 Anm. 4) und zur Anwaltsbeauftragung (vgl. Muster Kap. 2 E. IV. 2 Anm. 2).

2. Obwohl der hier vorgeschlagene Antrag recht allgemein gehalten erscheinen muss, hat ihn der 7. Senat des BAG im Beschluss v. 11. 3. 1998 (AP Nr. 57 zu § 40 BetrVG 1972 = NZA 1998, 953) in dieser Form passieren lassen. Dies hängt möglicherweise damit zusammen, dass das BAG in der genannten Entscheidung den Instanzgerichten aufgegeben hat, nach entsprechender Sachaufklärung nicht nur im Einzelnen die Erforderlichkeit der beantragten Hardware zu überprüfen, sondern auch die Frage, ob die Überlassung der jeweils beantragten Software erforderlich ist oder nicht. Ein zu konkret gefasster Antrag (bezogen auf die jeweils zum Zeitpunkt der Antragseinreichung bestehende technische Version) dürfte bei der immer rasanter ablaufenden technischen Entwicklung im PC-Bereich auch Gefahr laufen, dass – ein längerer Verfahrenslauf unterstellt – zum Zeitpunkt der letzten gerichtlichen Entscheidung die beantragte PC-Ausstattungsversion gar nicht mehr verfügbar ist.

3. Die im Antragsmuster vorgestellten Begründungsvarianten und -alternativen sollen lediglich eine Anregung darstellen und gleichzeitig verdeutlichen, dass nach dem Beschluss des BAG v. 11. 3. 1998 (AP Nr. 57 zu § 40 BetrVG 1972 = NZA 1998, 953) die Überlassung eines PCs nebst Monitor und Drucker sowie Software zur Text- und Zahlenverarbeitung an den Betriebsrat im Sinne von § 40 Abs. 2 BetrVG zwar erforderlich sein kann, jedoch nicht zur **Grundausstattung** jedes Betriebsratsbüros gehört. Ein entsprechender Antrag erfordert vielmehr die konkrete Darlegung der Erforderlichkeit unter Berücksichtigung der sich im Betrieb stellenden Betriebsratsaufgaben. Hierauf kann auch bei größeren Betrieben ab einer bestimmten Mitarbeiterzahl nicht verzichtet werden, auch wenn mit der Größe des Betriebes auf Grund der damit verbundenen Arbeitsbelastung des Betriebsrates die Erforderlichkeit einer PC-Nutzung leichter dargestellt werden kann. Aus dem auf der Arbeitgeberseite bestehenden technischen Ausstattungsniveau folgt keine Verpflichtung des Arbeitgebers, dem Betriebsrat dieselben Sachmittel zur Verfügung zu stellen. Auch ist die durch die PC-Nutzung eintretende Arbeitserleichterung kein hinreichendes Argument; dies kann nur dann berücksichtigt werden, wenn ohne derartige technische Erleichterungen der Betriebsrat der Erledigung seiner übrigen Rechte und Pflichten nicht mehr nachkommen kann. Das BAG gibt in der genannten Entscheidung folgende Hinweise:

Wenn der Betriebsrat wegen der bestehenden Aufgabenfülle seinen Rechten und Pflichten nicht mehr vollständig nachkommen kann, kann aus Rationalisierungsgründen der PC-Einsatz geboten sein.

Der Betriebsrat kann weiterhin geltend machen, dass er sich gewissen gesetzlichen Aufgaben trotz entsprechender Beschlussfassung nicht widmen kann, weil hierfür die Benutzung eines PCs wegen der zu erwartenden Datenmenge erforderlich sei. In diesem Zusammenhang kann auch das **Ausstattungsniveau des Arbeitgebers** von Bedeutung sein, falls dieser in Verhandlungen mit dem Betriebsrat selbst die Möglichkeit elektronischer Datenverarbeitung (z. B. beim Abfassen und Ändern von Texten einer Betriebsvereinbarung) nutzt.

Den Gerichten kommt in diesem Zusammenhang die Aufgabe zu, im Einzelnen zu prüfen, welche Hardware- und Software-Konfiguration zur Erledigung der jeweiligen Betriebsratsaufgaben erforderlich ist (vgl. auch BAG v. 12. 5. 1999, AP Nr. 65 zu § 40 BetrVG 1972 = NZA 1999, 1290).

4. Im Beschluss vom 11. 3. 1998 (aaO.) hat sich das BAG erstmalig mit der Thematik der Ausstattung von Betriebsrats-Büros mit einem Personalcomputer befasst. Die Kontroverse um die Erforderlichkeit einer PC-Ausstattung für Betriebsrats-Büros dürfte damit noch nicht abgeschlossen sein, auch wenn die Tendenz zur Akzeptanz des PCs als Teil einer heute allgemein üblichen Büroausstattung deutlich erkennbar ist. Klargestellt wurde allerdings, dass ein entsprechender Antrag des Betriebsrates stets einer konkreten Darlegung der Erforderlichkeit bedarf. Die bisherige Rechtsprechung der Instanzgerichte war insoweit nicht einheitlich. Während das LAG Hamm im Beschluss v. 5. 1. 1994 (DB 1994, 688) dem Betriebsrat die Darlegungslast dafür auferlegte, dass er ohne Bereitstellung eines PCs seine betriebsverfassungsrechtlichen Aufgaben nicht bewältigen kann, zeigte sich das LAG Düsseldorf in seinem Beschluss v. 6. 1. 1995 (BB 1995, 879) entgegenkommender, wenn es ausführte, dass es auch dem Betriebsrat letztlich nicht verwehrt bleiben dürfe, seine büromäßige Ausstattung der inzwischen in den Unternehmen und Verwaltungen üblichen technischen Entwicklung anzupassen. Mit Beschluss v. 12. 2. 1997 (BB 1997, 1361) wandte sich das LAG Hamm vom bisher eingeschlagenen Weg ab und entschied, dass ein aus mehreren Mitgliedern bestehender Betriebsrat in der heutigen Zeit ohne Darlegung einer spezifischen Erforderlichkeit verlangen könne, dass ihm der Arbeitgeber einen PC nebst Drucker für seine Bürotätigkeit zur Verfügung stellt. Im Gegensatz dazu betonte das LAG Köln (Beschluss v. 21. 8. 1997, LAGE § 40 BetrVG 1972 Nr. 50) die nach wie vor seiner Meinung nach bestehende Pflicht des Betriebsrates zur konkreten Darlegung der Erforderlichkeit dieses Sachmittels für die eigene Arbeitsbewältigung. Da sich das BAG im Beschluss vom 11. 3. 1998 (aaO.) dem angeschlossen hat, dürfte es künftig entscheidend darauf ankommen, inwieweit es dem Betriebsrat gelingt darzulegen, dass sich die von ihm beschlossene und in Aussicht genommene künftige Arbeitsplanung nur mit Hilfe eines PCs bewältigen lässt, sollen andere betriebsverfassungsrechtliche Aufgabenfelder nicht vernachlässigt werden. Das BAG gibt dem Betriebsrat jedoch einen relativ weiten Beurteilungsspielraum bei der von diesem durchzuführenden Erforderlichkeitsprüfung (vgl. Anm. 5). Von der BetrVG-Novelle 2001 war erwartet worden, durch eine entsprechende Gesetzesänderung die Streitigkeiten zwischen Betriebsrat und Arbeitgeber über die Teilnahme des Betriebsrats an modernen Informations- und Kommunikationsmitteln zu beseitigen. Der Gesetzgeber hat jedoch in § 40 Abs. 2 BetrVG lediglich klargestellt, dass Informations- und Kommunikationstechnik moderne Sach- und Arbeitsmittel des Betriebsrats darstellen. Teilweise wurde hieraus geschlossen, dass der Streit um den Anspruch auf einen PC damit erledigt sein dürfte (vgl. *Däubler,* Eine bessere Betriebsverfassung?, AuR 2001, 1/5). Da der Gesetzgeber das Tatbestandsmerkmal der Erforderlichkeit weder in § 40 Abs. 2 BetrVG, noch an anderer Stelle näher definiert hat, wurden an dieser Einschätzung von *Däubler* bereits frühzeitig Zweifel geäußert (vgl. *Manske,* Bessere Arbeitsbedingungen für Betriebsräte? Ein Diskussionsbeitrag zur Reform der Betriebsverfassung, AuR 2001, 94). Das ArbG Frankfurt hat mit Beschluss v. 13. 11. 2001 (8 BV 633/00) darauf hingewiesen, dass durch § 40 Abs. 2 BetrVG nF zwar zum Ausdruck gebracht worden sei, dass Computertechnik auch zu den möglichen Sachmitteln des Betriebsrats gehört, das Merkmal der Erforderlichkeit jedoch beibehalten wurde und deswegen nach wie vor zu prüfen ist.

5. Auch in den neueren Entscheidungen (vgl. Beschluss v. 11. 11. 1998, AP Nr. 64 zu § 40 BetrVG 1972 = NZA 1999, 945 u. Beschluss v. 12. 5. 1999, AP Nr. 65 zu § 40 BetrVG 1972 = NZA 1999, 1290) verzichtet das BAG nicht auf die Erforderlichkeitsprüfung gem. § 40 Abs. 2 BetrVG. Diese Erforderlichkeitsprüfung hat auch bei einem Betriebsrat zu erfolgen, der aus mehreren Mitgliedern besteht, wobei insoweit dies zu einer Erleichterung bei der Darlegungslast des Betriebsrats hinsichtlich der Erforderlichkeit führen kann (BAG v. 12. 5. 1999, aaO.). Allerdings gesteht das BAG dem Betriebsrat wie generell bei der Entscheidung über die Erforderlichkeit eines Sachmittels einen

Beurteilungsspielraum zu, so dass sich die Prüfung der Gerichte darin erschöpft, zu untersuchen, ob der Betriebsrat seine Entscheidung nach pflichtgemäßem Ermessen getroffen hat. Das ist der Fall, wenn er die berechtigten Interessen der Belegschaft an einer sachgerechten Wahrnehmung der gesetzlichen Aufgaben des Betriebsrats und die Interessen des Arbeitgebers, insbesondere an einer Begrenzung seiner Kostenbelastung, angemessen berücksichtigt hat. Dieser Beurteilungsspielraum ist von den Gerichten zu beachten, so dass die Entscheidung des Betriebsrats erst dann beanstandet werden kann, wenn festgestellt wird, dass sie nicht pflichtgemäßem Ermessen entspricht (BAG v. 12. 5. 1999, aaO.). Bezüglich der vom Betriebsrat beantragten PC-Konfiguration ist diese Erforderlichkeitsprüfung ebenfalls vorzunehmen, wobei in diesem Zusammenhang es hinreichend sein kann, wenn dem Betriebsrat das technische Ausstattungsniveau des Arbeitgebers als Maßstab diente (BAG, aaO.). Das Argument, mittels eines PC lasse sich die laufende Geschäftsführungsarbeit des Betriebsrats effizienter gestalten, lässt das BAG nach wie vor nicht gelten. Hiermit könne der Betriebsrat nur gehört werden, wenn er darlegt, dass er ohne Einsatz dieses technischen Sachmittels andere Rechte und Pflichten vernachlässigen müsste (BAG, aaO.). Der Arbeitgeber kann den Betriebsrat jedoch nicht darauf verweisen, Schreibarbeiten des Betriebsrats könnten von einer Sekretärin miterledigt werden, bzw. der Betriebsrat erhalte die Möglichkeit, einen Rechner eines anderen Mitarbeiters mitzubenutzen, da hierdurch der Anspruch aus § 40 Abs. 2 BetrVG nicht erfüllt wird (BAG, aaO.).

5. Antrag des Betriebsrats auf Freistellung von Kosten für eine Anwaltsbeauftragung

An das
Arbeitsgericht ......

Antrag im Beschlussverfahren mit den Beteiligten

1. Betriebsrat der Firma ......,
   vertreten durch den Betriebsratsvorsitzenden

   – Antragsteller –

   Verfahrensbevollmächtigte: Rechtsanwälte ......

2. Firma ......,

   – Antragsgegnerin –

wegen Freistellung[1] von Rechtsanwaltsgebühren[2].

Namens und in Vollmacht[3] des Antragstellers leiten wir ein Beschlussverfahren ein und beantragen:
Die Antragsgegnerin wird verpflichtet, den Antragsteller von den Rechtsanwaltsgebühren in Höhe von EUR ...... gem. Kostenrechnung der Anwaltskanzlei ...... vom ...... freizustellen.

Begründung:

I.

Der Antragsteller ist der im Betrieb ...... der Antragsgegnerin gebildete Betriebsrat. Im Betrieb ...... der Antragsgegnerin sind in der Regel ca. ...... Arbeitnehmer beschäftigt. Der Antragsteller besteht aus ...... Mitgliedern.
Aufgrund eines Betriebsratsbeschlusses vom ......[3] hat der Vorsitzende des Antragstellers die Anwaltskanzlei ...... am ...... bevollmächtigt, gegen die Antrags-

gegnerin ein Beschlussverfahren[4] beim Arbeitsgericht ...... einzuleiten mit dem Ziel, die Antragsgegnerin zu verpflichten, ... (Es wird empfohlen, das Ziel des eingeleiteten Verfahrens kurz zu skizzieren.)

Das aus diesem Grund gegen die Antragsgegnerin beim Arbeitsgericht ...... eingeleitete Beschlussverfahren war unter dem AZ: ...... BV ....../ ...... anhängig.

Das Verfahren endete durch Beschluss vom ...... (beidseitige Erledigungserklärung/Antragsrücknahme nach zuvor erfolgter innerbetrieblicher Einigung/Vergleich vom ......).

Beweis: Beiziehung der Akten des Arbeitsgerichts ...... mit dem AZ: ...... BV ....../ ......

Mit Beschluss vom ...... hat das Arbeitsgericht ...... den Gegenstandswert des betreffenden Verfahrens für die anwaltliche Gebührenberechnung auf EUR 4000,– festgesetzt.

Beweis: Beschluss des Arbeitsgerichts ...... vom ......, in Kopie anbei.

Mit Schreiben vom ...... stellten die Bevollmächtigten des Antragstellers dem Antragsteller die für ihre Tätigkeit im Verfahren ...... BV ....../ ...... entstandenen Gebühren und Auslagen inkl. MWSt. in Höhe von EUR ...... in Rechnung[5].

Beweis: Gebührenrechnung der Anwaltskanzlei ...... vom ......, in Kopie anbei.

Der Antragsteller hat diese Gebührenrechnung an die Antragsgegnerin am ...... weitergeleitet mit der Bitte um Bezahlung. Hierauf hat die Antragsgegnerin sich nicht gerührt. Eine Mahnung der Bevollmächtigten des Antragstellers vom ...... mit Fristsetzung zur Zahlung bis ...... wurde vom Antragsteller ebenfalls an die Antragsgegnerin weitergeleitet, ohne dass diese die in Rechnung gestellten Gebühren jedoch bezahlt hätte.

Der Antragsteller hat am ...... beschlossen, das vorliegende Verfahren einzuleiten und mit seiner Durchführung die im Aktivrubrum genannten Verfahrensbevollmächtigten zu beauftragen.

Beweis: Zeugnis des Betriebsratsvorsitzenden ......

Rechtsanwalt

Anmerkungen

1. Verweigert der Arbeitgeber die Bezahlung von Rechtsanwaltsgebühren, die im Zusammenhang mit einer Rechtsanwaltsbeauftragung des Betriebsrates entstanden sind, werden regelmäßig vom Betriebsrat sogenannte Freistellungsverfahren eingeleitet. Auch besteht die Möglichkeit, dass der mit dem Vorverfahren beauftragte Rechtsanwalt sich den betriebsverfassungsrechtlichen Freistellungsanspruch des Betriebsrates auf Kostenerstattung abtreten lässt, um diesen dann im **Beschlussverfahren** selbst geltend zu machen (vgl. LAG Hamm v. 20. 8. 1986, DB 1987, 184 und LAG Berlin v. 26. 1. 1987, AP Nr. 25 zu § 40 BetrVG 1972 = NZA 1987, 645; LAG Niedersachsen v. 24. 1. 2000, NZA-RR 2000, 309). Zur wirksamen Abtretung bedarf es eines formellen Betriebsratsbeschlusses, den die ehemaligen Mitglieder des Betriebsrats in Wahrnehmung eines Restmandats ausnahmsweise auch noch nach Auflösung des Betriebsrats fassen können (LAG Niedersachsen, aaO.). Der im Vorverfahren beauftragte Rechtsanwalt ist nicht Beteiligter des Freistellungsverfahrens (BAG v. 3. 10. 1978, AP Nr. 14 zu § 40 BetrVG 1972 = NJW 1980, 1486). Der Nachweis der ordnungsgemäßen Beschlussfassung über die Anwaltsbeauftragung im Vorverfahren gehört zur Schlüssigkeit des Sachvortrags in Verfahren auf Freistellung von den Rechtsanwaltsgebühren (BAG v. 5. 4. 2000, AP Nr. 33 zu § 78 a BetrVG 1972 = NZA 2000, 1178).

2. Es sind verschiedenste Fallkonstellationen denkbar, die einen Erstattungsanspruch für das Betriebsratsorgan bzw. ein einzelnes Betriebsratsmitglied gegenüber dem Arbeitgeber bezüglich Rechtsanwaltskosten eröffnen. Die häufigsten Erstattungsansprüche im Rahmen von § 40 Abs. 1 BetrVG bestehen auf Grund vorangegangener, für den Betriebsrat geführter Beschlussverfahren (zu den Voraussetzungen einer rechtmäßigen Anwaltsbeauftragung nach § 40 Abs. 1 BetrVG vgl. unten Anm. 3 u. 4). Ebenfalls nach § 40 Abs. 1 BetrVG sind die **Rechtsanwaltskosten** zu erstatten, die im Zusammenhang einer anwaltlichen Vertretung des Betriebsrates vor der **Einigungsstelle** nach § 76 BetrVG entstanden sind (der Rechtsanwalt wird in diesem Fall nicht als Beisitzer, sondern als Verfahrensbevollmächtigter tätig), vgl. BAG v. 14. 2. 1996, AP Nr. 5 zu § 76 a BetrVG 1972 = NZA 1996, 892. Denkbar ist aber auch der ebenfalls im Beschlussverfahren geltend zu machende Erstattungsanspruch des einzelnen Betriebsratsmitglieds, beispielsweise im Rahmen eines vom Arbeitgeber gegen ihn eingeleiteten Ausschlussverfahrens nach § 23 Abs. 1 BetrVG (vgl. BAG v. 19. 4. 1989, AP Nr. 29 zu § 40 BetrVG 1972 = NZA 1990, 233) oder bei Streitigkeiten zwischen dem Betriebsratsmitglied und dem Gremium, etwa über die formelle Wirksamkeit eines Betriebsbeschlusses (vgl. FKHES, § 40 Rdn. 60, 64). Verweigert der Arbeitgeber gegenüber einem Betriebsratsmitglied die Lohnzahlung mit der Begründung, es habe während des fraglichen Zeitraumes keine erforderliche Betriebsratstätigkeit vorgelegen, kann sich das Betriebsratsmitglied die ihm im Rahmen des sich hieran angeschlossenen Urteilsverfahrens entstandenen Anwaltskosten nach § 40 Abs. 1 BetrVG vom Arbeitgeber erstatten lassen (LAG Hamm v. 19. 2. 1992, DB 1992, 1833). Nach LAG Düsseldorf v. 12. 8. 1993 (NZA 1994, 1052) ist der Arbeitgeber verpflichtet, dem Betriebsrat die Anwaltsgebühren zu erstatten, die ihm infolge der Hinzuziehung eines Verfahrensbevollmächtigten bei der Stellung eines Strafantrags nach § 119 Abs. 2 BetrVG entstanden sind. Auch bei Erstattung einer Ordnungswidrigkeitsanzeige nach § 121 BetrVG z. B. wegen unvollständiger Information des Wirtschaftsausschusses kommt eine Kostentragungspflicht des Arbeitgebers für die diesbezügliche Anwaltsbeauftragung in Betracht (LAG Schleswig Holstein v. 14. 11. 2000, NZA-RR 2001, 592). Gleiches gilt für die dem Betriebsratsvorsitzenden entstandenen Gebühren, wenn er als Vorgesetzter und Betriebsratsvorsitzender von der Betriebsratssekretärin im Urteilsverfahren verklagt wird (LAG Düsseldorf v. 21. 2. 1997, NZA – RR 1997, 383).

Auch das Betriebsratsmitglied, das sich als weiterer Beteiligter in einem gegen ihn gerichteten Verfahren nach § 103 Abs. 2 BetrVG anwaltlich vertreten lässt, hat, wenn auch nur im Beschwerdeverfahren, Anspruch auf Kostenerstattung, allerdings gem. § 78 S. 2 BetrVG, vgl. BAG v. 31. 1. 1990, AP Nr. 28 zu § 103 BetrVG 1972 = NZA 1991, 152. Ein Mitglied der Jugend- und Auszubildendenvertretung, das sich in einem Verfahren nach § 78 a Abs. 4 BetrVG als Beteiligter selbst anwaltlich vertreten lässt, hat keinen Anspruch auf Erstattung der ihm hierdurch entstandenen Rechtsanwaltskosten, da auch andere Arbeitnehmer bei entsprechenden Feststellungsklagen auf Bestehen oder Nichtbestehen eines Arbeitsverhältnisses im Urteilsverfahren im Falle des Obsiegens keinen Anspruch auf Kostenerstattung gegenüber dem Prozessgegner geltend machen können (BAG v. 5. 4. 2000, AP Nr. 33 zu § 78 a BetrVG 1972 = NZA 2000, 1178). Ob in einem Verfahren nach § 103 BetrVG bzw. § 78 a BetrVG ein Rechtsanwalt sowohl den Betriebsrat als auch das am Verfahren beteiligte Organmitglied vertreten darf, ist fraglich. Das LAG Köln (Beschluss v. 5. 11. 2000, NZA-RR 2001, 253) vertritt die Auffassung, in einer derartigen Fallkonstellation bestehe für den Rechtsanwalt ein „struktureller Interessenkonflikt" im Sinne von § 43 a Abs. 4 BRAO mit der Folge, dass beide Anwaltsverträge nichtig seien und hiernach auch ein Freistellungsanspruch gegenüber dem Arbeitgeber für die Vertretung des Betriebsratsgremiums aus § 40 BetrVG nicht bestehe. Es darf nicht verkannt werden, dass in der Tat die Interessenslage zwischen Betriebsrat und dem beteiligten Organmitglied unterschiedlich sein kann, so dass sich in einer derartigen Fallkonstellation diese Art der „Doppelvertretung" ohnehin verbietet. Ob dieser Interessenskonflikt jedoch generell besteht, somit auch dann, wenn eine völlig übereinstimmende Argumentation und Interessenslage zwischen Betriebsratsgremium und -mitglied besteht, muss bezweifelt werden. Gleichwohl dürfte wegen der ungewissen Realisierbarkeit des Honoraranspruchs und natürlich auch deswegen, weil die Interessenslage sich im Laufe des Verfahrens verändern kann, davon abzuraten sein, derartige „Doppelvertretungen" zu übernehmen.

Problematisch ist der Anspruch auf Gebührenerstattung, wenn der Rechtsanwalt lediglich **außergerichtlich tätig** geworden ist. Bei einer vorprozessualen Tätigkeit im Rahmen von § 118 Abs. 1 BRAGO dürften grundsätzlich keine Schwierigkeiten auftreten, da hier bei einer außergerichtlichen Erledigung ohne Einleitung eines Beschlussverfahrens die Voraussetzungen für die Anwaltsbeauftragung ähnlich zu beurteilen sein dürften, wie bei einer gerichtlichen Auseinandersetzung (vgl. ArbG Lübeck v. 21. 1. 1999, NZA-RR 1999, 311). Das gilt zumindest dann, wenn der Betriebsrat einen Rechtsanwalt beauftragt hat, ein arbeitsgerichtliches Beschlussverfahren zur Sicherung eines Mitbestimmungsrechts einzuleiten und der Rechtsanwalt vor Einleitung des Verfahrens in einem außergerichtlichen Schreiben dieses Mitbestimmungsrecht im Namen des Betriebsrats reklamiert mit dem Ziel, die bereits beschlossene Durchführung des Beschlussverfahrens entbehrlich zu machen (BAG v. 15. 11. 2000, 7 ABR 24/00, EzA Nr. 92 zu § 40 BetrVG 1972). Umstritten ist jedoch die Rechtslage bei der Beauftragung des Anwalts als Berater. Während das BAG grundsätzlich jegliche Beratung des Betriebsrates durch einen Rechtsanwalt als Sachverständigentätigkeit gem. § 80 Abs. 3 BetrVG einordnet (vgl. BAG v. 26. 2. 1992, AP Nr. 48 zu § 80 BetrVG 1972 = NZA 1993, 86 [LS 1: „Rechtsgrundlage für die Heranziehung sachkundiger Personen durch den Betriebsrat ist in den Fällen, in denen es nicht um die rechtliche Vertretung des Betriebsrats im Verfahren vor der Einigungsstelle bzw. vor den Arbeitsgerichten geht, allein § 80 III 1 BetrVG"] und BAG v. 14. 2. 1996, AP Nr. 5 zu § 76 a BetrVG 1972 = NZA 1996, 892 unter Bezugnahme auf BAG v. 25. 4. 1978, AP Nr. 11 zu § 80 BetrVG 1972 = DB 1978, 1747), sieht das LAG Frankfurt a. M. die Abgrenzung zwischen dem Rechtsanwalts-Sachverständigen nach § 80 Abs. 3 BetrVG und dem Rechtsanwalt als Berater differenzierter. Während der Sachverständige seine Tätigkeit interessenunabhängig ausübe, habe der Berater durch seinen fachlichen Rat gerade zur bestmöglichen Wahrung der Arbeitnehmerinteressen beizutragen. Bürde man dem Betriebsrat vor Hinzuziehung eines Beraters mit dem BAG die Verpflichtung nach § 80 Abs. 3 Satz 1 BetrVG, diesbezüglich mit dem Arbeitgeber eine vorherige Vereinbarung zu treffen, auf, riskiere man lediglich höhere Verfahrenskosten wegen eines dann unter Umständen vom Betriebsrat sofort eingeleiteten arbeitsgerichtlichen Beschlussverfahrens (LAG Frankfurt a. M. v. 17. 6. 93, NZA 1994, 379). Nach der Rechtsprechung des letztlich hierfür zuständigen 7. Senats des BAG dürfte jedoch jedem Rechtsanwalt zu empfehlen sein, sich vor Durchführung einer **Rechtsberatung** die entsprechende Vereinbarung zwischen Arbeitgeber und Betriebsrat nach § 80 Abs. 3 Satz 1 BetrVG vorlegen zu lassen, will er nicht Gefahr laufen, seinen Gebührenanspruch nach § 20 BRAGO zu verlieren. Zum Gebührenerstattungsanspruch des Rechtsanwalts als Berater gem. § 111 Satz 2 BetrVG vgl. Muster E. V. 5 a.

3. Die Bevollmächtigung eines Rechtsanwalts erfordert eine entsprechende Beschlussfassung des Betriebsrates zur Verfahrenseinleitung (vgl. Muster E. IV. 1 Anm. 4) und zur Anwaltsbeauftragung (vgl. Muster E. IV. 2 Anm. 2).

4. Für alle Fälle der Rechtsanwaltsbeauftragung durch den Betriebsrat ist zu beachten, dass eine Kostentragungspflicht des Arbeitgebers dann entfällt, wenn die Rechtsverfolgung oder Rechtsverteidigung von vornherein offensichtlich aussichtslos oder mutwillig ist (BAG v. 19. 4. 1989, AP Nr. 29 zu § 40 BetrVG 1972 = NZA 1990, 233 sowie FKHES, § 40 Rdn. 22). Ansonsten sind entstandene Prozessführungskosten für den Betriebsrat stets dann als erforderlich und somit erstattungsfähig anzusehen, wenn der Betriebsrat aus der Sicht eines vernünftigen Dritten zu dem Ergebnis kommen durfte, das mit der Anwaltsbeauftragung verfolgte Ziel (beispielsweise Einleitung eines Beschlussverfahrens) sei auf andere Weise nicht zu erreichen (BAG v. 14. 2. 1996 aaO.). Für diesen Fall gilt der Kostenerstattungsanspruch des Betriebsrates unabhängig vom Ausgang des Verfahrens (vgl. FKHES, § 40 Rdn. 21). Nach LAG Köln (Beschluss v. 14. 7. 1995, NZA–RR 1996, 94) ist die Beauftragung eines Rechtsanwalts durch den Betriebsrat stets dann im Sinne von § 40 Abs. 1 BetrVG erforderlich, wenn der Arbeitgeber seinerseits ein gerichtliches Verfahren gegen den Betriebsrat einleitet und hierfür selbst anwaltliche Hilfe in Anspruch nimmt.

In der Wahl seines Prozessvertreters ist der Betriebsrat grundsätzlich frei. Insbesondere kann er vom Arbeitgeber nicht auf eine möglicherweise gegebene kostengünstigere Vertretung durch einen Gewerkschaftssekretär verwiesen werden, zumal auch keinerlei Verpflichtung der Gewerkschaft besteht, einen diesbezüglichen Auftrag anzunehmen (vgl. hierzu BAG v. 3. 10. 1978 u. 4. 12. 1979, AP Nr. 14 u. 18 zu § 40 BetrVG 1972 = NJW 1980, 1486 bzw. DB 1980, 2091; sowie FKHES, § 40 Rdn. 26 f.). Allerdings kann der Betriebsrat nicht mit einer Erstattung der Anwaltsgebühren rechnen, wenn er ohne Zustimmung des Arbeitgebers eine höhere als die gesetzliche Vergütung mit dem Rechtsanwalt vereinbart hat (BAG v. 20. 10. 1999, AP Nr. 67 zu § 40 BetrVG 1972 = NZA 2000, 556; LAG Schleswig-Holstein v. 31. 3. 1998, NZA 1998, 1357). Der Betriebsrat kann nicht die Freistellung von Rechtsanwaltskosten verlangen, die bereits verjährt sind (LAG Schleswig-Holstein v. 4. 7. 2000, NZA-RR 2000, 590).

5. Neben den entstehenden Anwaltsgebühren können ggf. auch noch **Reisekosten** anfallen. Hier ist allerdings zu beachten, dass der Betriebsrat nur dann zur Beauftragung eines nicht am Gerichtsort ansässigen Anwalts berechtigt ist, wenn am Gerichtsort eine entsprechende anwaltliche Fach- und Sachkompetenz in den betreffenden Rechtsfragen nicht erlangt werden kann (BAG v. 16. 10. 1986, AP Nr. 31 zu § 40 BetrVG 1972 = NZA 1987, 753; BAG v. 15. 11. 2000, 7 ABR 24/00, EzA Nr. 92 zu § 40 BetrVG 1972).

Insbesondere bei schwieriger Sach- und Rechtslage wird die besondere Sachkompetenz des betreffenden auswärtigen Anwalts schon immer dann gegeben sein, wenn er durch die ständige Vertretung des Konzern-, des Gesamtbetriebsrates oder auch des Betriebsrates über die Verhältnisse und Besonderheiten des Betriebes besondere Kenntnisse und Einblicke hat (vgl. BAG v. 16. 10. 1986, aaO.). Hierbei ist jedoch nicht abzustellen auf den Zeitpunkt der Beschlussfassung über den Freistellungsanspruch des Betriebsrats, sondern auf den Zeitpunkt der Beauftragung für das Ausgangsverfahren (BAG v. 15. 11. 2000, aaO.).

6. Antrag des Betriebsrats auf Freistellung von Kosten für die Beauftragung eines Beraters nach § 111 BetrVG[1]

An das
Arbeitsgericht ......

Antrag im Beschlussverfahren mit den Beteiligten

1. Betriebsrat der Firma ......,
   vertreten durch den Betriebsratsvorsitzenden

– Antragsteller –

Verfahrensbevollmächtigte: Rechtsanwälte ......

2. Firma ......

– Antragsgegnerin –

wegen Freistellung von Beraterhonorar.

Namens und in Vollmacht[2] des Antragstellers leiten wir ein Beschlussverfahren ein und beantragen:

Die Antragsgegnerin wird verpflichtet, den Antragsteller von dem Beraterhonorar in Höhe von EUR ...... gemäß Kostenrechnung der Anwaltskanzlei ...... vom ...... freizustellen[3].

Begründung:

Die Antragsgegnerin ist ein Unternehmen, das sich mit Serviceleistungen für EDV-Anlagen befasst. Sie beschäftigt bundesweit ca. 400 Arbeitnehmer[4] in ca. 20 Niederlassungen. Der Antragsteller ist gewählter Einzelbetriebsrat in der Niederlassung X ...... In ihr werden 14 Arbeitnehmer[4] beschäftigt. Etwa im Zeitraum ...... hat die Antragsgegnerin den Entschluss gefasst, die einzelnen Niederlassungen und deren Betreuungsgebiete neu zu ordnen. Im Zuge dieser Maßnahme wurde entschieden, den Betrieb am Standort X ...... zu schließen und das Betreuungsgebiet dieses Standorts der Niederlassung Y ...... zuzuordnen. Die Beteiligten haben hiernach am ...... über diese Betriebsänderung am Standort X ...... einen Interessenausgleich und Sozialplan abgeschlossen. Der Antragsteller hat zu diesen Verhandlungen mit dem Arbeitgeber über den Abschluss eines Interessenausgleichs und Sozialplans Herrn Rechtsanwalt A ...... aus der Kanzlei ...... als Berater gem. § 111 Satz 2 BetrVG hinzugezogen. Herr Rechtsanwalt A ...... hat nach Abschluss seiner Beratertätigkeit am ...... eine Honorarrechnung dem Antragsteller in Höhe von EUR ...... nebst MWSt. übermittelt. Die Berechnung dieses Beraterhonorars erfolgte nach den Grundsätzen der BRAGO[5]. Als Gegenstandswert wurde der Wert des im Sozialplan zwischen den Beteiligten vereinbarten Sozialplanvolumens zugrunde gelegt. Als Gebührentatbestände wurden je eine Geschäfts- und Besprechungsgebühr nach § 118 Abs. 1 Nr. 1 und 2 BRAGO in Ansatz gebracht[6]. Außerdem wurde eine Auslagenpauschale gem. § 26 BRAGO berechnet.

Beweis: Honorarrechnung der Anwaltskanzlei ...... vom ......, in Kopie anbei.

Der Antragsteller hat diese Gebührenrechnung an die Antragsgegnerin am ...... weitergeleitet mit der Bitte um Bezahlung. Hierauf hat die Antragsgegnerin nicht reagiert. Eine Mahnung des Antragstellers vom ...... mit Fristsetzung zur Zahlung bis ...... wurde von der Antragsgegnerin ebenfalls ignoriert.

Der Antragsteller hat am ...... beschlossen, das vorliegende Verfahren einzuleiten und mit seiner Durchführung die im Aktivrubrum genannten Verfahrensbevollmächtigten zu beauftragen.

Beweis: Zeugnis des Betriebsratsvorsitzenden ......

Rechtsanwalt

Anmerkungen

1. Die BetrVG-Novelle 2001 hat in § 111 Satz 2 BetrVG das Recht des Betriebsrats eingeführt, ohne vorheriges Einvernehmen mit dem Unternehmer einen Berater bei bevorstehenden Betriebsänderungen zu seiner Unterstützung hinzuziehen zu können. Dies soll den Betriebsrat nach den Vorstellungen des Gesetzgebers in die Lage versetzen, eine geplante Betriebsänderung und deren Auswirkungen für die Beschäftigten erfassen sowie rechtzeitig Alternativvorschläge zu dieser erarbeiten zu können. Diese uneingeschränkte Hinzuziehung eines Beraters sah der Gesetzgeber als erforderlich an, weil sich das Verfahren zur Hinzuziehung eines Sachverständigen gem. § 80 Abs. 3 BetrVG als zu zeitaufwändig erwiesen hat (vgl. BT-Drucks. 14/5741, S. 52). Der Begriff des Beraters ist neu im BetrVG, besondere formelle Anforderungen an die Person des Beraters (beispielsweise Zugehörigkeit zu einem anerkannten Beratungsberuf wie Rechtsanwalt, Steuerberater, Wirtschaftsprüfer, etc.) dürften jedoch nicht erhoben werden können (vgl. DKK-*Däubler*, § 111 Rdn. 135 d). Die Person des Beraters wählt der Betriebsrat aus.

Das Gesetz lässt offen, ob der Betriebsrat nur einen Berater oder mehrere Berater hinzuziehen darf, wenn im Einzelfall der Sachverstand aus mehreren Wissensgebieten gefragt ist. Der Wortlaut des Gesetzes ist insoweit nicht eindeutig, da die Auslegung des Wortes „einen" auch im Sinne eines unbestimmten Artikels möglich ist (vgl. FKHES, § 111 Rdn. 121; *Däubler*, Die veränderte Betriebsverfassung – Erste Anwendungsprobleme AuR 2001, 286). Eine nähere Vereinbarung mit dem Arbeitgeber oder gar seine Zustimmung ist nicht erforderlich, stattdessen unterstellt das Gesetz die Erforderlichkeit für die Hinzuziehung eines Beraters (so richtig FKHES, § 111 Rdn. 123; allgemein zur gesetzlichen Neuregelung und zu dem zwischenzeitlich hierzu entstandenen Meinungsstreit vgl. *Oetker*, Die Hinzuziehung eines Beraters bei Betriebsänderungen – Der neue § 111 S. 2 BetrVG (NZA 2002, 465 ff.).

2. Die ordnungsgemäße Bevollmächtigung des Rechtsanwalts erfordert eine entsprechende Beschlussfassung des Betriebsrates zur Verfahrenseinleitung (vgl. Muster E. IV.1. Anm. 4) und zur Anwaltsbeauftragung (vgl. Muster E. IV.2. Anm. 2).

3. Die Kosten für den Berater hat der Arbeitgeber zu tragen. Es handelt sich insoweit um Kosten, die sich aus der Tätigkeit des Betriebsrats ergeben, insoweit gilt § 40 Abs. 1 BetrVG. Voraussetzung für die Kostentragungspflicht des Arbeitgebers ist ein wirksamer Betriebsratsbeschluss (vgl. insoweit Muster E. IV.1 und 2). Der Arbeitgeber muss die sich aus der Beauftragung ergebenden Kosten im Rahmen der allgemeinen Verhältnismäßigkeitsgrenze tragen. Regelmäßig wird diesbezüglich vom Betriebsrat ein so genanntes Freistellungsverfahren eingeleitet. Möglich ist aber auch, dass der Berater sich den betriebsverfassungsrechtlichen Freistellungsanspruch des Betriebsrats abtreten lässt, um diesen dann selbst im Beschlussverfahren geltend zu machen (vgl. Muster E. IV. 5. Anm. 1). Auch hierzu bedarf es eines ordnungsgemäßen separaten Betriebsratsbeschlusses (BAG v. 13. 5. 1998, AP Nr. 55 zu § 80 BetrVG 1972 = NZA 1998, 900).

4. Während § 111 Satz 1 BetrVG aF zur Voraussetzung hatte, dass der von einer geplanten Betriebsänderung betroffene Betrieb in der Regel mehr als 20 wahlberechtigte Arbeitnehmer beschäftigt, verlangt die mit der BetrVG-Novelle in Kraft getretene Neufassung des § 111 BetrVG nur, dass unternehmensweit in der Regel mehr als 20 wahlberechtigte Arbeitnehmer beschäftigt werden. Zu den wahlberechtigten Arbeitnehmern gehören auch die nach § 7 Satz 2 BetrVG für mehr als drei Monate zur Arbeitsleistung überlassenen Arbeitnehmer eines anderen Arbeitgebers (vgl. FKHES, § 99 Rdn. 8; DKK-*Kittner*, § 99 Rdn. 7). Dies hat zur Folge, dass auch kleinere Betriebe mit nicht mehr als 20 wahlberechtigten Arbeitnehmern interessenausgleichs- und ggf. sozialplanpflichtig sind, wenn unter Einbeziehung der übrigen Betriebe im Gesamtunternehmen in der Regel mehr als 20 Arbeitnehmer beschäftigt sind. Der Gesetzgeber wollte insoweit der Atomisierung von Unternehmen zu nicht interessenausgleichspflichtigen Kleinbetrieben entgegenwirken (vgl. FKHES, § 111 Rdn. 19; DKK-*Däubler*, § 111 Rdn. 24). Nicht ausdrücklich geregelt und umstritten ist die Frage, wie zu verfahren ist, wenn ein Gemeinschaftsbetrieb regelmäßig mehr als 20 wahlberechtigte Arbeitnehmer beschäftigt, die diesen Gemeinschaftsbetrieb führenden Unternehmen für sich genommen jedoch jeweils nicht mehr als 20 Arbeitnehmer beschäftigen (vgl. zum Meinungsstand FKHES, § 111 Rdn. 20 sowie DKK-*Däubler*, § 111 Rdn. 24 a). Da der Gesetzgeber die Interessenausgleichspflichtigkeit von Unternehmen mit der Anknüpfung an die unternehmensweit beschäftigten Arbeitnehmer ausweiten und nicht eingrenzen wollte, wird man wohl im Ergebnis dazu kommen müssen, bei einem von kleineren Unternehmen gegründeten Gemeinschaftsbetrieb mit über 20 wahlberechtigten Arbeitnehmern dem jeweiligen Unternehmen auch die Beschäftigten der übrigen am Gemeinschaftsbetrieb beteiligten Unternehmen zuzurechnen.

5. Der Arbeitgeber hat die Kosten des Beraters nur in dem Umfang zu tragen, wie sie verhältnismäßig sind. Bestehen für die Vergütung eines Beraters gesetzliche Regeln, sind diese maßgeblich. Für einen Rechtsanwalt als Berater gilt somit die BRAGO (vgl. FKHES, § 111 Rdn. 127). Eine Honorarzusage, die zu einer höheren Vergütung führt, darf der Betriebsrat regelmäßig nicht für erforderlich halten (BAG v. 20. 10. 1999, AP Nr. 67 zu § 40 BetrVG 1972 = NZA 2000, 556). Nimmt ein Rechtsanwalt als Berater (oder auch als Sachverständiger) für den Betriebsrat an Verhandlungen mit dem Arbeitgeber über den Abschluss eines Interessenausgleichs und Sozialplans teil, kann er nach der BRAGO eine Geschäfts- und Besprechungsgebühr nach § 118 Abs. 1 Nr. 1 BRAGO verlangen, nicht jedoch eine Vergleichsgebühr nach § 23 BRAGO, auch wenn es zwischen den Beteiligten letztlich zu einvernehmlichen Regelungen gekommen ist und der Rechtsanwalt hieran ebenfalls beteiligt war (BAG v. 13. 5. 1998, AP Nr. 55 zu § 80 BetrVG 1972 = NZA 1998, 900).

7. Antrag des Arbeitgebers auf Durchführung einer Betriebsversammlung als Vollversammlung zwischen den Schichten

An das
Arbeitsgericht ......

Antrag im Beschlussverfahren mit den Beteiligten

1. der Firma ......

– Antragstellerin –

Verfahrensbevollmächtigte: Rechtsanwälte ......

2. Betriebsrat der Firma ......,
vertreten durch den Betriebsratsvorsitzenden

– Antragsgegner –

wegen der zeitlichen Lage von Betriebsversammlungen.

Namens und in Vollmacht der Antragstellerin leiten wir ein Beschlussverfahren ein und beantragen:

Der Antragsgegner wird verpflichtet, Betriebsversammlungen künftig nur als Betriebsvollversammlungen anzuberaumen und zwar auf der zeitlichen Schnittstelle zwischen Früh- und Spätschicht dergestalt, dass die voraussichtliche erste Hälfte der Betriebsversammlung ans Ende der Frühschicht und die voraussichtlich zweite Hälfte der Betriebsversammlung in den Beginn der Spätschicht fällt.

Begründung:

Die Beteiligten streiten über die zeitliche Lage von Betriebsversammlungen.[1]

Die Antragstellerin betreibt in ...... einen Betrieb mit ca. 1000 Mitarbeitern, davon sind ca. 900 in der Produktion und 100 als Angestellte im Verwaltungsbereich tätig. Die Produktion arbeitet im Schichtbetrieb wie folgt:

1. Schicht 6.00 Uhr bis 14.15 Uhr (ca. 600 Arbeitnehmer)
2. Schicht 14.15 Uhr bis 22.15 Uhr (ca. 270 Arbeitnehmer)

Die ca. 100 Angestellten im Verwaltungsbereich arbeiten in Gleitzeit.

Seit mehreren Jahren führt der Antragsgegner seine regelmäßigen Betriebsversammlungen nach § 43 BetrVG als Betriebsteilversammlungen[2] durch und zwar für die Frühschicht ab ca. 10.00 Uhr und für die Spätschicht ab Schichtbeginn um ca. 14.15 Uhr.

Vor der letzten Betriebsversammlung, die der Antragsgegner ebenfalls in Form von zwei Betriebsteilversammlungen anberaumt hat, hat die Antragstellerin den Antragsgegner bereits aufgefordert, diese und auch künftige Betriebsversammlungen nur noch als Betriebsvollversammlung anzuberaumen und sie zeitlich in die Schnittstelle zwischen der ersten und zweiten Schicht zu legen.

Begründet hat die Antragstellerin ihr Verlangen damit, dass dadurch zum einen am ehesten gewährleistet sei, dass möglichst viele Arbeitnehmer gleichzeitig an einer einheitlichen Betriebsversammlung teilnehmen können und zum anderen die Kostenbelastung durch Produktionsausfall wesentlich geringer sei. Eine Betriebsvollversammlung sei in nahezu identischem Zeitrahmen abzuwickeln wie eine Teilversammlung. Der Produktionsstillstand würde sich somit halbieren.

Der Antragsgegner hat dem nicht Rechnung getragen und die letzte regelmäßige Betriebsversammlung ebenfalls in Form zweier Teilversammlungen durchgeführt.

Rechtsanwalt

Anmerkungen

1. Gemäß § 43 BetrVG hat der Betriebsrat einmal in jedem Kalendervierteljahr eine Betriebsversammlung einzuberufen und in ihr einen Tätigkeitsbericht zu erstatten. Die BetrVG-Novelle 2001 hat die Berichtspflicht des Arbeitgebers in mindestens einer Betriebsversammlung pro Kalenderjahr erweitert auf die Themen Stand der Gleichstellung von Frauen und Männern im Betrieb, Integration der im Betrieb beschäftigten ausländischen Arbeitnehmer sowie betrieblicher Umweltschutz. Grundsätzlich ist es Sache des Betriebsrats zu beschließen, ob und wann eine Betriebsversammlung stattfindet. Dieser bestimmt auch die Tagesordnung. Dem Betriebsratsvorsitzenden obliegt die Leitung der Betriebsversammlung, er hat auch in der Betriebsversammlung das Hausrecht (vgl. FKHES, § 42 Rdn. 28 ff., 34 ff.). Gem. § 44 Abs. 1 Satz 1 BetrVG finden die regelmäßigen Betriebsversammlungen grundsätzlich während der Arbeitszeit statt, wobei hierunter die betriebliche Arbeitszeit gemeint ist und nicht die persönliche. Die betriebliche Arbeitszeit ist die Zeit, während der ein erheblicher Teil der Belegschaft arbeitet (BAG v. 5. 5. 1987, AP Nr. 6 zu § 44 BetrVG 1972 = NZA 1987, 714). Die Durchführung einer regelmäßigen Betriebsversammlung außerhalb der Arbeitszeit (außerordentliche Versammlungen nach § 44 Abs. 2 BetrVG finden stets außerhalb der Arbeitszeit statt) ist an strenge Voraussetzungen geknüpft; sie ist nur in wirklich zwingenden, durch die besondere Eigenart des konkreten Betriebs bedingten Fällen zulässig (vgl. FKHES, § 44 Rdn. 17 ff.).

2. Nach § 42 Abs. 1 Satz 3 BetrVG findet die Betriebsversammlung grundsätzlich als Vollversammlung statt. Eine Ausnahme ist nur dann zulässig, wenn wegen der Eigenart des Betriebes eine Versammlung aller Arbeitnehmer zum gleichen Zeitpunkt nicht stattfinden kann. Teilversammlungen im Sinne dieser Vorschrift sind zu unterscheiden von Abteilungsversammlungen, zu denen Arbeitnehmer in organisatorisch abgegrenzten Betriebsteilen vom Betriebsrat zusammenzufassen sind, wenn dies für die Erörterung besonderer Belange dieser Arbeitnehmer gem. § 42 Abs. 2 BetrVG erforderlich ist (vgl. *Richardi/Annuß*, BetrVG § 42 Rdn. 46). Ob die Eigenart des Betriebes im Sinne von § 42 Abs. 1 Satz 3 BetrVG die Durchführung von Teilversammlungen zwingend erforderlich macht, richtet sich nach den organisatorischen Besonderheiten der betrieblichen Arbeitsabläufe, dies steht nicht im freien Ermessen des Betriebsrates (vgl. FKHES, § 42 Rdn. 54; *Richardi/Annuß*, BetrVG § 42 Rdn. 47 f.). Ist es somit wegen der betrieblichen Gegebenheiten möglich, alle Arbeitnehmer innerhalb der betrieblichen Arbeitszeit zusammenzufassen, hat die Vollversammlung Vorrang. Dementsprechend hat nach LAG Schleswig-Holstein v. 30. 5. 1991 (NZA 1991, 947) der Betriebsrat in **Schichtbetrieben** die Betriebsversammlungen als Vollversammlungen auf der Schnittstelle zwischen den beiden Schichten anzuberaumen, in denen der größere Teil der unter das BetrVG fallenden Arbeitnehmer beschäftigt wird. Dies gilt zumindest dann, wenn dadurch eine erhebliche Kostenersparnis erreicht wird, weil durch das frühere Ende der einen und den späteren Beginn der anderen Schicht ein geringerer Produktionsausfall entsteht, als wenn inmitten jeder Schicht nach einer entsprechend langen Unterbrechung erneut die Anlagen angefahren werden müssten (LAG Schleswig-Holstein aaO.).

8. Antrag des Betriebsrats auf Hinzuziehung eines Sachverständigen

An das
Arbeitsgericht ......

Antrag im Beschlussverfahren mit den Beteiligten

1. Betriebsrat der Firma ......,
vertreten durch den Betriebsratsvorsitzenden

– Antragsteller –

Verfahrensbevollmächtigte: Rechtsanwälte ......

2. Firma ......

– Antragsgegnerin –

wegen Hinzuziehung eines Sachverständigen[1].

Namens und in Vollmacht[2] des Antragstellers leiten wir ein Beschlussverfahren ein[3] und beantragen:
Die Zustimmung der Antragsgegnerin auf Hinzuziehung von Herrn Rechtsanwalt ...... als Sachverständigen für den Antragsteller zur Beratung über einen Inte-

ressenausgleich und Sozialplan bis zum Abschluss der entsprechenden Vereinbarungen wegen der von der Antragsgegnerin beabsichtigten Personalreduzierung im Betrieb zum Stundensatz von EUR 230,– zzgl. MWSt. pro Aufwandsstunde wird ersetzt.[4]

Begründung:

Der Antragsteller ist der im Betrieb ...... der Antragsgegnerin gebildete Betriebsrat. Im Betrieb ...... der Antragsgegnerin sind in der Regel ca. 350 Arbeitnehmer beschäftigt.
Die Mitglieder des Antragstellers verfügen über keinerlei Kenntnisse über Interessenausgleichs- und Sozialplanverhandlungen. Am ...... wurde der Antragsteller von der Antragsgegnerin erstmalig darüber unterrichtet, dass sie beabsichtige, das Personal im Betrieb um ...... Personen zu verringern.[5] Dies sei eine Entscheidung, die von der Unternehmenszentrale in ...... unumstößlich getroffen worden sei.
Der Personalabbau solle zum Ende des nächsten Jahres abgeschlossen sein.
Für den ...... bat der Geschäftsführer der Antragsgegnerin den Antragsteller zu einem weiteren Gespräch zu dieser Thematik.
Zur vereinbarten Uhrzeit fanden sich der Vorsitzende des Antragstellers sowie sein Stellvertreter im Sitzungszimmer der Geschäftsführung ein. Dort waren anwesend auf der Arbeitgeberseite der Geschäftsführer der Antragsgegnerin, der Justitiar und Personalleiter der Unternehmenszentrale, Herr ......, der Buchhalter, Herr ...... sowie Herr Rechtsanwalt ...... aus der Kanzlei ...... als externer Bevollmächtigter der Antragsgegnerin. Dieser übergab dem Betriebsrat eine Zusammenstellung von Datenmaterial über die wirtschaftliche Lage des Unternehmens (Gewinn- und Verlustrechnungen der letzten 3 Jahre, interne Betriebsergebnisrechnungen, aktuelle Ist-Zahlen bezüglich der Auftragsbestände, Planungsunterlagen, Marktanalysen und Marktdaten) unter besonderer Berücksichtigung des betroffenen Betriebs sowie einen Entwurf eines Interessenausgleiches über die beabsichtigte Personalreduzierung und die sich hieraus ergebenden organisatorischen Veränderungen des Betriebs. Außerdem wurde der Entwurf eines Sozialplans vorgelegt. Dies wurde verbunden mit der Aufforderung, in Verhandlungen über einen Interessenausgleich und Sozialplan einzutreten.
Der Betriebsratsvorsitzende bat hierauf den Geschäftsführer der Antragsgegnerin, ihm eine in betriebswirtschaftlichen, arbeits-, sozial- und betriebsverfassungsrechtlichen Fragen unternehmensinterne sachverständige Person zu benennen, um dem Betriebsrat die übergebenen Unterlagen und Wirtschaftsdaten zu erläutern und ihn darüber zu informieren, was alles im Sinne der betroffenen Belegschaftsangehörigen zu beachten sei, um deren Rechte maximal in den abzuschließenden Vereinbarungen zu wahren. Außerdem solle diese Person den Betriebsrat darüber informieren, wie die zu treffenden Vereinbarungen im Sinne der betroffenen Belegschaft aus der Sicht des Betriebsrates am vorteilhaftesten zu formulieren seien. Dies wurde vom Geschäftsführer der Antragsgegnerin abgelehnt mit den Worten, eine derartige Person gäbe es im Unternehmen nicht, der Betriebsrat müsse sich schon selbst sachkundig machen.[6]
In seiner daraufhin einberufenen Sondersitzung hat der Betriebsrat beschlossen, Herrn Rechtsanwalt ...... als Sachverständigen für die Verhandlungen über den Abschluss eines Interessenausgleiches und Sozialplans auf Seiten des Betriebsrates hinzuziehen. Herr Rechtsanwalt ...... hat erklärt, er sei bereit, für den Betriebsrat zu einem Stundensatz von EUR 230,– zzgl. MWSt. tätig zu werden.[7]

Beweis für obigen Vortrag:
> Zeugnis des Betriebsratsvorsitzenden ......, zu laden über den Antragsteller.

Der Betriebsrat hat diesen Beschluss gefasst, da er sich mangels eigener Sachkenntnis fachlich nicht in der Lage sieht, die im Zusammenhang mit der geplanten Betriebsänderung zu verhandelnden Vereinbarungen ohne sachverständige Hilfe abzuschließen. Auch bestand und besteht nach Ansicht des Betriebsrates ein deutliches fachliches Übergewicht auf Seiten der vom Arbeitgeber bestimmten Verhandlungskommission.

Nach entsprechender Beschlussfassung hat der Betriebsratsvorsitzende den Geschäftsführer der Antragsgegnerin vom Inhalt des Beschlusses informiert und gebeten, die Zustimmung zur Hinzuziehung eines Sachverständigen für den Betriebsrat zu erteilen. Da dies von der Antragsgegnerin abgelehnt wurde, ist die Einleitung dieses Verfahrens geboten.

Der Antragsteller hat am ...... beschlossen, das vorliegende Verfahren einzuleiten und mit seiner Durchführung die im Aktivrubrum genannten Verfahrensbevollmächtigten zu beauftragen.

Beweis: Zeugnis des Betriebsratsvorsitzenden ......

Rechtsanwalt

Anmerkungen

1. Bei einem Sachverständigen im Sinne des § 80 Abs. 3 BetrVG handelt es sich um eine Person, die dem Betriebsrat sachliche, aber auch rechtliche Kenntnisse vermitteln soll, damit sich die Zusammenarbeit im Rahmen der Betriebsverfassung mit dem Arbeitgeber sachgemäß vollzieht, vgl. BAG v. 25. 4. 1978, AP Nr. 11 zu § 80 BetrVG 1972 = DB 1978, 1747. Der Sachverständige soll seine Sachkunde jedoch nicht neutral, sondern an den Interessen des Betriebsrates ausgerichtet zur Verfügung stellen. Insoweit handelt es sich um eine Tätigkeit im Sinne einer „sachkundigen Interessenvertretung" (vgl. BAG v. 26. 2. 1992, AP Nr. 48 zu § 80 BetrVG = NZA 1993, 86). Von dieser interessenbezogenen Beratungstätigkeit ist abzugrenzen die anwaltliche Tätigkeit im Zusammenhang mit einer erforderlichen Durchsetzung betriebsverfassungsrechtlicher Rechte oder betriebsverfassungsrechtlicher Rechtsverhältnisse. Die Hinzuziehung eines insoweit tätigen anwaltlichen Vertreters richtet sich nach § 40 BetrVG (vgl. BAG v. 14. 2. 1996, AP Nr. 5 zu § 76a BetrVG = NZA 1996, 892 sowie oben Muster Kap. 2 E. IV. 6 Anm. 2). Allgemein hierzu vgl. *Pflüger*, Die Hinzuziehung eines Sachverständigen gem. § 80 Abs. 3 BetrVG, NZA 1988, 45. Der Sachverständige ist in diesem Beschlussverfahren nicht Beteiligter, FKHES, § 80 Rdn. 93.

2. Die ordnungsgemäße Bevollmächtigung des Rechtsanwalts erfordert eine entsprechende Beschlussfassung des Betriebsrates zur Verfahrenseinleitung (vgl. Muster E. IV. 1 Anm. 4) und zur Anwaltsbeauftragung (vgl. Muster E. IV. 2 Anm. 2).

3. Häufig wird das Verfahren auf Ersetzung der arbeitgeberseitigen Zustimmung zur Hinzuziehung eines Sachverständigen im einstweiligen Verfügungsverfahren zu führen sein, da im allgemeinen Eilbedürftigkeit gegeben sein und vielfach Gefahr drohen dürfte, dass die Beteiligungsrechte des Betriebsrates entwertet werden, wenn der Abschluss eines Hauptsacheverfahrens abgewartet werden muss (vgl. DKK-*Buschmann*, § 80 Rdn. 145; *Pflüger*, aaO., S. 49; *Richardi/Thüsing*, BetrVG § 80 Rdn. 94).

Gerade bei Betriebsänderungen dürfte es regelmäßig schwierig sein, ein Hauptsacheverfahren über die Frage der Hinzuziehung eines Sachverständigen innerhalb der zur Verfügung stehenden Zeit bis zur geplanten Umsetzung der Maßnahme abschließen zu können. Da ohne sachverständige Erläuterungen der vom Arbeitgeber übergebenen Informationen und Unterlagen der Betriebsrat kaum in der Lage sein dürfte, in die Beratungsphase mit dem Arbeitgeber einzutreten, läuft der Arbeitgeber Gefahr, dass die Verweigerung eines Sachverständigen bzw. Umsetzung der Betriebsänderung, ohne eine Entscheidung über das Erfordernis eines Sachverständigen abgewartet zu haben, Nachteilsausgleichsansprüche nach § 113 BetrVG ihm gegenüber auslöst. Es dürfte sich daher für den Arbeitgeber eher empfehlen, mit der Hinzuziehung eines Sachverständigen für den Betriebsrat einverstanden zu sein, anstatt entweder mit der Umsetzung der Betriebsänderung bis zu einer gerichtlichen Entscheidung über die Notwendigkeit des Sachverständigen zu warten oder aber durch vorschnelle Durchführung der Betriebsänderung ohne Interessenausgleich das Risiko einzugehen, den Betriebsrat nicht ausreichend und vollständig nach § 111 Satz 1 BetrVG informiert bzw. die anstehenden Fragen mit ihm beraten zu haben.

4. Die Hinzuziehung eines Sachverständigen setzt voraus, dass zwischen Betriebsrat und Arbeitgeber nach § 80 Abs. 3 Satz 1 BetrVG eine „nähere" Vereinbarung über den Gegenstand der gutachterlichen Tätigkeit, über die Person des Sachverständigen und über dessen **Vergütung** zustande gekommen ist oder die dazu notwendigen Willenserklärungen des Arbeitgebers durch rechtskräftige gerichtliche Entscheidung als erteilt gelten. Nur unter dieser Voraussetzung sind die Kosten für die Hinzuziehung einer sachkundigen Person als Sachverständiger vom Arbeitgeber zu tragen, (vgl. BAG v. 26. 2. 1992, AP Nr. 48 zu § 80 BetrVG 1972 = NZA 1993, 86, 88; FKHES, § 80 Rdn. 90). Verweigert der Arbeitgeber eine solche Vereinbarung trotz der Erforderlichkeit der Hinzuziehung des Sachverständigen, so kann der Betriebsrat die fehlende Zustimmung des Arbeitgebers durch eine arbeitsgerichtliche Entscheidung herbeiführen (BAG aaO.). In dringenden Fällen ist auch daran zu denken, dass der Betriebsrat einen Sachverständigen ohne vorherige Einigung mit dem Arbeitgeber hinzuzieht. Allerdings trägt er dann das Kostenrisiko, falls in einem anschließenden Beschlussverfahren die Erforderlichkeit der Heranziehung verneint werden sollte (FKHES, § 80 Rdn. 93).

5. Nach § 111 BetrVG sind Betriebsänderungen nur dann interessenausgleichspflichtig, wenn in dem betreffenden Unternehmen in der Regel mehr als 20 wahlberechtigte Arbeitnehmer beschäftigt sind. Durch die BetrVG-Novelle 2001 knüpfen die Beteiligungsrechte des Betriebsrats im Zusammenhang mit einer Betriebsänderung an die Arbeitnehmerzahl im Unternehmen an. Die Prüfung der Betriebsänderungen erfolgt allerdings weiterhin betriebsbezogen. Streitig und vom Gesetzgeber nicht geregelt ist die Situation im Gemeinschaftsbetrieb, wenn dieser zwar die 20-Personen-Grenze überschreitet, die an diesem Gemeinschaftsbetrieb beteiligten Unternehmen ganz oder teilweise jedoch nicht mehr als 20 Arbeitnehmer beschäftigen. Bezogen auf die alte Rechtslage war nach BAG v. 11. 11. 1997 (AP Nr. 42 zu § 111 BetrVG 1972 = NZA 1998, 723) diesbezüglich bei Gemeinschaftsbetrieben auf sämtliche im Betrieb beschäftigten Arbeitnehmer der am Gemeinschaftsbetrieb beteiligten Unternehmen abzustellen. Nach DKK-*Däubler* (§ 111 Rdn. 24a) ist dieser Rechtsgedanke weiterzuentwickeln mit der Folge, dass alle Arbeitnehmer der am Gemeinschaftsbetrieb beteiligten Unternehmen für den Schwellenwert nach § 111 BetrVG zusammenzuzählen sind (dagegen mit der Folge, dass die Beteiligungsrechte des Betriebsrats nach §§ 111 ff BetrVG dann ausscheiden, wenn die an einem Gemeinschaftsbetrieb beteiligten und von der Betriebsänderung betroffenen Unternehmen für sich genommen nicht mehr als 20 Arbeitnehmer beschäftigen, FKHES, § 111 Rdn. 20; *Richardi/Annuß*, BetrVG § 111 Rdn. 26; *Reichold*, Die reformierte Betriebsverfassung 2001, NZA 2001, 857, 864). Nach BAG v. 11. 11. 1997,

AP Nr. 42 zu § 111 BetrVG 1972 = NZA 1998, 723, ist diesbezüglich bei Gemeinschaftsbetrieben auf sämtliche Arbeitnehmer der am Gemeinschaftsbetrieb beteiligten Unternehmen abzustellen. Besteht eine geplante Betriebsänderung allein in der Entlassung von Arbeitnehmern, ist diese – unabhängig vom Erfordernis eines Interessenausgleiches – nur dann sozialplanpflichtig, wenn die in § 112 a Abs. 1 BetrVG aufgeführten Mindestquoten für zu entlassende Arbeitnehmer erfüllt sind. Diese Quoten gelten jedoch nur dann, wenn nicht neben der geplanten Entlassung von Arbeitnehmern noch andere Betriebsänderungen im Sinne von § 111 Ziff. 1–5 BetrVG arbeitgeberseitig geplant sind (vgl. *Richardi/Annuß*, BetrVG § 112 a Rdn. 3 a). Eine vollständige Betriebsstilllegung sowie die Stilllegung eines wesentlichen Betriebsteils ist jedoch immer eine Betriebsänderung, unabhängig von der Zahl der betroffenen Arbeitnehmer (vgl. FKHES, §§ 112, 112 a Rdn. 85, *Richardi/Annuß*, BetrVG § 112 a Rdn. 4).

6. Nach ständiger Rechtsprechung des BAG setzt die Hinzuziehung eines externen Sachverständigen weiterhin voraus, dass sich der Betriebsrat die erforderliche Sachkunde nicht durch Inanspruchnahme sachkundiger Betriebs- oder Unternehmensangehöriger verschaffen kann, (zuletzt BAG v. 26. 2. 1992, AP Nr. 48 zu § 80 BetrVG 1972 = NZA 1993, 86 sowie BAG v. 4. 6. 1987, AP Nr. 30 zu § 80 BetrVG 1972 = NZA 1988, 208). Dem hat der Gesetzgeber dadurch Rechnung getragen, dass er dem Betriebsrat gem. § 80 Abs. 2 Satz 3 BetrVG das Recht zuerkannt hat, sich – soweit es zur ordnungsgemäßen Erfüllung seiner Aufgaben erforderlich ist – eines sachkundigen Arbeitnehmers als Auskunftsperson zu bedienen (vgl. insoweit Muster E. IV. 8). Erst wenn der Arbeitgeber eine unternehmensinterne sachkundige Person nicht zur Verfügung stellen kann oder will bzw. der Betriebsrat trotz Ausschöpfung dieses kostengünstigeren Weges immer noch Beratungsbedarf hat, ist der Weg für die Hinzuziehung eines externen Sachverständigen offen. Insbesondere darf der Betriebsrat nicht von vornherein eine unternehmensinterne Person mit der pauschalen Begründung ablehnen, diese besäße nicht sein Vertrauen, weil sie im Dienste des Arbeitgebers stünde und deswegen nicht als neutral oder objektiv angesehen werden könne (BAG v. 26. 2. 1992, aaO.). Zumindest im Zusammenhang mit Betriebsänderungen wird sich der Streit zwischen Arbeitgeber und Betriebsrat um die Zurverfügungstellung eines Sachverständigen weitgehend relativieren, da die BetrVG-Novelle 2001 dem Betriebsrat in § 111 Satz 2 BetrVG in Unternehmen mit mehr als 300 Arbeitnehmern zu seiner Unterstützung einen Berater zur Seite gestellt hat (vgl. insoweit Muster E. IV. 5.a).

7. Nach § 3 Abs. 5 Satz 1 BRAGO kann der Rechtsanwalt eine **Zeitvergütung** vereinbaren, auch wenn diese niedriger ist als die gesetzlichen Gebühren. Bei einer Sachverständigentätigkeit nach § 80 Abs. 3 BetrVG dürfte sich dies regelmäßig empfehlen, da die gesetzlichen Gebühren häufig wegen des anzunehmenden hohen Gegenstandswertes als überhöht angesehen werden und vom Arbeitgeber abgelehnt werden dürften. Außerdem lassen sich Zeitgebühren besser kontrollieren und auch vom Arbeitgeber nachvollziehen. Die Höhe des Stundensatzes dürfte sich nach den regional zum Teil recht unterschiedlichen Gepflogenheiten richten. Im Allgemeinen wird man im Bundesdurchschnitt von einem anwaltlichen Stundensatz zwischen EUR 200,– und EUR 300,– zzgl. MWSt. auszugehen haben. Der Betriebsrat braucht sich nicht auf die preisgünstigste Lösung verweisen zu lassen. Insbesondere ist er nicht verpflichtet, gewerkschaftliche Unterstützungen der anwaltlichen Unterstützung vorzuziehen, wobei im Zweifelsfall die Gewerkschaft nicht verpflichtet ist, einen sachverständigen Gewerkschaftssekretär für den Betriebsrat abzustellen, schon gar nicht kostenlos. Somit kann auch nicht davon ausgegangen werden, dass die ggf. zu erlangende gewerkschaftliche Sachverständigentätigkeit die billigere Lösung darstellt (vgl. DKK-*Buschmann*, § 80 Rdn. 143 sowie *Pflüger*, aaO., S. 48).

Ist vereinbart, dass der sachverständige Rechtsanwalt nicht nach Zeithonorar, sondern nach BRAGO abrechnet, fällt nach BAG v. 13. 5. 1998, NZA 1998, 900 die Vergleichsgebühr nach § 23 BRAGO für den Sachverständigen nicht an, wenn sich die Betriebspartner über einen Interessenausgleich und Sozialplan verständigen, da es sich hierbei weder um einen Vergleichsabschluss im Sinne von § 779 BGB handelt, noch die für § 23 BRAGO erforderliche „Mitwirkung" an einem Vergleich von der Sachverständigentätigkeit nach § 80 Abs. 3 BetrVG gedeckt ist. Gleiches dürfte für den Berater nach § 111 Satz 2 BetrVG gelten.

9. Antrag des Betriebsrats auf Zurverfügungstellung einer Auskunftsperson[1]

An das
Arbeitsgericht ......

Antrag im Beschlussverfahren mit den Beteiligten

1. Betriebsrat der Firma ......,
vertreten durch den Betriebsratsvorsitzenden

– Antragsteller –

Verfahrensbevollmächtigte: Rechtsanwälte ......

2. Firma ......

– Antragsgegnerin –

wegen Vornahme einer Handlung.

Namens und in Vollmacht[2] des Antragstellers leiten wir ein Beschlussverfahren ein und beantragen:

Die Antragsgegnerin wird verpflichtet,

a) dem Antragsteller den Arbeitnehmer A ...... als sachkundige Auskunftsperson zu der Thematik „Gruppenarbeit" zur Verfügung zu stellen

und

b) Herrn A ...... zum Zweck der Auskunftserteilung an vorerst drei vom Antragsteller noch datumsmäßig festzulegenden Betriebssitzungen unter Fortzahlung seiner Arbeitsvergütung von der Arbeitsleistung freizustellen[3].

Begründung:

Die Antragsgegnerin beschäftigt insgesamt ca. 500 Arbeitnehmer, davon ca. 350 Arbeitnehmer in der Produktion und Montage von Werkzeugautomaten.

Der Antragsteller ist der im Betrieb der Antragsgegnerin gebildete Betriebsrat. Die/der Vorsitzende ist Frau/Herr ......

Seit dem ...... hat die Antragsgegnerin einen Teil ihrer Produktion (Montage) in Gruppenarbeit organisiert und zwar in der Weise, dass sechs Arbeitsgruppen in der Größenordnung zwischen sieben und neun Arbeitnehmern eingerichtet wurden. Diese Arbeitsgruppen erbringen die Arbeitsleistung eigenverantwortlich, die Arbeitsschritte werden unter den einzelnen Gruppenmitgliedern selbstständig aufgeteilt und geplant. Die Gruppen verfügen auch über ein eigenes Budget. Sie regeln selbstständig untereinander die Vertretung im Urlaubs- und Krankheitsfall und sind als Gruppe gemeinschaftlich verantwortlich für die termin- und qualitätsgerechte Fertigstellung der der Gruppe von der Antragsgegnerin übertragenen Aufgaben. Die Gruppe erhält von den anderen Produktionsbereichen des Betriebes vorgefertigte Teile und montiert diese dann in eigener Regie[4].

Der Antragsteller möchte mit der Antragsgegnerin eine Betriebsvereinbarung abschließen, die die Grundsätze der Durchführung von Gruppenarbeit regelt. Zu diesem Zweck möchte der Antragsteller einen Betriebsvereinbarungsentwurf erarbeiten, den er dann der Antragsgegnerin als Vorschlag für die abzuschließende Betriebsvereinbarung unterbreiten möchte. Die Mitglieder des Betriebsrats haben indessen keine eigene Kenntnis von den Arbeitsabläufen und der Arbeitsorganisation der einzelnen Arbeitsgruppen, da kein Betriebsratsmitglied selbst in Gruppenarbeit tätig ist. Herr A ...... hingegen ist seit vielen Jahren bei der Antragsgegnerin in der Arbeitsvorbereitung tätig und war maßgeblich beteiligt bei der Organisation der einzelnen Arbeitsgruppen anlässlich der Einführung von Gruppenarbeit im Betrieb. Herr A ...... hat auch nach Einführung der Gruppenarbeit über einen Zeitraum von 6 Monaten die Arbeitsabläufe innerhalb der einzelnen Gruppen verfolgt und stand den einzelnen Arbeitsgruppen bei der Bewältigung ihrer Anlaufprobleme beratend zur Verfügung. Er ist somit der Fachmann im Betrieb in Sachen Gruppenarbeit. Der Antragsteller ist mangels im Gremium vorhandener Sachkenntnis darauf angewiesen, sich die Kenntnisse und Erfahrungen von Herrn A ...... zu Nutze machen zu können, um – sachgerecht abgestimmt auf die konkreten Gruppenarbeitsabläufe im Betrieb – einen Vorschlag für eine eigene Betriebsvereinbarung erarbeiten zu können[5].

Hinsichtlich des Zeitaufwands kann noch nicht abschließend beurteilt werden, für welchen Stundenaufwand in welchem zeitlichen Rahmen der Antragsteller die Auskünfte von Herrn A ...... benötigt. Es wird jedoch davon ausgegangen, dass mindestens drei Betriebsratssitzungen zur Vorbereitung des Betriebsvereinbarungsentwurfs zu den Grundsätzen der Gruppenarbeit erforderlich sind.

Der Antragsteller hat bereits mit Schreiben vom ...... gebeten, ihm Herrn A ...... als sachkundige Auskunftsperson zur Verfügung zu stellen.

Beweis: Schreiben des Antragstellers vom ......, in Kopie anbei.

Mit Schreiben vom ...... reagierte die Antragsgegnerin hierauf und hat die Erforderlichkeit einer sachkundigen Auskunftsperson für den Antragsteller verneint.

Beweis: Schreiben der Antragsgegnerin vom ......, in Kopie anbei.

Der Antragsteller hat am ...... beschlossen, das vorliegende Verfahren einzuleiten und mit seiner Durchführung die im Aktivrubrum genannten Verfahrensbevollmächtigten zu beauftragen.

Beweis: Zeugnis des Betriebsratsvorsitzenden ......

Rechtsanwalt

Anmerkungen

1. § 80 Abs. 2 Satz 3 BetrVG ist mit der BetrVG-Novelle 2001 in das Gesetz eingefügt worden, um einen Beitrag zur Verbesserung der Arbeitsbedingungen des Betriebsrats zu leisten. Neben der Heranziehung von Sachverständigen (§ 80 Abs. 3 BetrVG) soll der Betriebsrat den internen Sachverstand der Belegschaft zu Informationszwecken stärker nutzen können. Dazu verpflichtet § 80 Abs. 2 Satz 3 BetrVG den Arbeitgeber, dem Betriebsrat sachkundige Arbeitnehmer als Auskunftspersonen zur Verfügung zu stellen (vgl. BT-Drucks. 14/5741 S. 46 ff.; FKHES, § 80 Rdn. 81; *Richardi/Thüsing*, BetrVG § 80 Rdn. 3). Mit dieser Einführung sachkundiger Arbeitnehmer als Auskunftspersonen für den Betriebsrat wollte der Gesetzgeber sicherlich auch auf die Rechtsprechung des BAG reagieren, wonach das Recht des Betriebsrats auf Hinzuziehung eines Sachverständigen nach § 80 Abs. 3 BetrVG davon abhängig sein soll, dass der Betriebsrat vorher sämtliche innerbetrieblichen Informationsmittel (ggf. auch Auskunftspersonen) ausgeschöpft hat (vgl. BAG v. 26. 2. 1992, AP Nr. 48 zu § 80 BetrVG 1972 = NZA 1993, 86). Abgesehen von konkreten Aufgabenfeldern bietet sich für den Betriebsrat an, die Sachkenntnis der einzelnen Betriebsbeauftragten (z. B. Immissionsschutzbeauftragte, Störfallbeauftragte, Abfallbeauftragte, Gefahrgutbeauftragte, Sicherheitsbeauftragte, Datenschutzbeauftragte, Frauenbeauftragte, etc.) zu nutzen, um von deren Sach- und Fachkunde für die eigene Arbeitsbewältigung profitieren zu können (vgl. DKK-*Buschmann,* § 80 Rdn. 117).

2. Die ordnungsgemäße Bevollmächtigung des Rechtsanwalts erfordert eine entsprechende Beschlussfassung des Betriebsrates zur Verfahrenseinleitung (vgl. Muster E. IV.1. Anm. 4) und zur Anwaltsbeauftragung (vgl. Muster E. IV. 2. Anm. 2).

3. Die Hinzuziehung einer Auskunftsperson muss zur ordnungsgemäßen Erfüllung der Betriebsratsaufgaben erforderlich sein. Hier ist der Maßstab anzulegen, wie er auch ausschlaggebend ist für die Kostenerstattungspflicht des Arbeitgebers gem. § 40 BetrVG, die Freistellungspflicht des Arbeitgebers für die Teilnahme an Schulungsveranstaltungen von Betriebsratsmitgliedern nach § 37 Abs. 6 BetrVG bzw. für die Hinzuziehung von Sachverständigen nach § 80 Abs. 3 BetrVG. Das bedeutet, dass der Betriebsrat einen Ermessensspielraum bei der Beurteilung des Begriffs der Erforderlichkeit hat (vgl. FKHES, § 40 Rdn. 9 ff.). Die Erforderlichkeit bedingt jedoch, dass der Betriebsrat eine Auskunftsperson nur im Zusammenhang mit der Erfüllung einer konkreten Betriebsratsaufgabe anfordern kann. Es empfiehlt sich hiernach, diese konkrete Aufgabe inhaltlich im Antrag zu skizzieren, damit dieser vom Gericht nicht als zu unbestimmt oder als Globalantrag abgewiesen wird. Schließlich wird es sich auch als sinnvoll erweisen (wenn auch nicht immer als möglich), die voraussichtliche Dauer der Auskunftserteilung im Antrag oder wenigstens in der Begründung zu nennen, damit – je nach Ansicht des Gerichts – der Antrag ggf. insoweit auch noch konkretisiert werden kann. Als Auskunftspersonen kommen alle Arbeitnehmer in Frage, einschließlich sogenannter Führungskräfte und leitender Angestellter (strittig, vgl. DKK-*Buschmann,* § 80 Rz. 120). Der Arbeitgeber hat den personellen Vorschlag des Betriebsrats für eine bestimmte Auskunftsperson in aller Regel zu berücksichtigen, soweit nicht betriebliche Notwendigkeiten entgegenstehen. Diese Einschränkung dürfte jedoch eng auszulegen sein (vgl. FKHES, § 80 Rdn. 83). Der als Auskunftsperson hinzugezogene Arbeitnehmer hat nicht das Recht, die Auskunftserteilung zu verweigern. Er ist insoweit dem Direktionsrecht des Arbeitgebers unterworfen (FKHES, § 80 Rdn. 85; vgl. allgemein zur Erforderlichkeit der Hinzuziehung und Rechtsstellung von sachkundigen Arbeitnehmern *Natzel,* Hinzuziehung internen wie externen Sachverstands nach dem neuen Betriebsverfassungsgesetz, NZA 2001, 872).

4. Das Mitbestimmungsrecht des Betriebsrats bei den Grundsätzen über die Durchführung von Gruppenarbeit gem. § 87 Abs. 1 Ziff. 13 BetrVG ist anlässlich der BetrVG-Novelle 2001 eingeführt worden. Das Mitbestimmungsrecht betrifft hiernach nicht die Einführung von Gruppenarbeit (hierbei ist der Arbeitgeber frei in seiner unternehmerischen Grundentscheidung, vgl. FKHES, § 87 Rdn. 572), sondern nur die Durchführung von Gruppenarbeit. Das Gesetz versteht hierunter einen Tatbestand, wonach einer Gruppe von Arbeitnehmern eine Gesamtaufgabe übertragen wurde und von ihr im Wesentlichen eigenverantwortlich im Rahmen des betrieblichen Arbeitsablaufs erledigt wird (vgl. zur Bedeutung dieser sogenannten teilautonomen Gruppenarbeit DKK-*Klebe,* § 87 Rdn. 303).

5. Die Erforderlichkeit einer innerbetrieblichen Auskunftsperson für den Betriebsrat bestimmt sich immer nach der eigenen Arbeitplangestaltung des Betriebsrats, solange diese sich unter den betriebsverfassungsrechtlichen Aufgabenkatalog subsumieren lässt. Fehlt dem Betriebsrat für diese von ihm selbst gewählte Aufgaben die nötige Sachkunde, ist – gewissermaßen automatisch – die Erforderlichkeit für die Hinzuziehung einer sachkundigen Auskunftsperson gegeben (vgl. zur Erforderlichkeit einer entsprechend zu bewertenden Schulungsmaßnahme nach § 37 Abs. 6 BetrVG BAG v. 15. 1. 1997, AP Nr. 118 zu § 37 BetrVG 1972 = NZA 1997, 781).

V. Gewerkschaftliche Betätigung innerhalb der Betriebsverfassung

1. Nachweis des Vertretenseins einer Gewerkschaft im Betrieb

An das
Arbeitsgericht .....

Antrag im Beschlussverfahren mit den Beteiligten

1. Gewerkschaft ......,
vertreten durch ......[1,2]

– Antragstellerin –

Verfahrensbevollmächtigte: Rechtsanwälte ......

2. Firma ......

– Antragsgegnerin –

wegen Zugangsrechts zum Betrieb.

Namens und in Vollmacht der Antragstellerin leiten wir ein Beschlussverfahren ein und beantragen:

Die Antragsgegnerin wird verpflichtet, dem Gewerkschaftssekretär ...... während der Betriebsöffnungszeiten ungehindert Zutritt zum Betrieb ...... in der ...... (Straße), ... (PLZ, Ort) zum Zwecke des Aushangs einer Einladung zu einer Betriebsversammlung zur Wahl eines Wahlvorstandes für die Durchführung von Betriebsratswahlen zu gewähren.

Begründung:

I.

Die antragstellende Gewerkschaft hat mindestens einen Arbeitnehmer/eine Arbeitnehmerin im Betrieb ...... der Antragsgegnerin als Mitglied. Die Antragstellerin ist somit im Sinne von § 2 Abs. 2 BetrVG im Betrieb vertreten.[3]

Da die Antragsgegnerin das Vertretensein der Antragstellerin im Betrieb ...... bestreitet, überreichen wir anliegend eine notarielle Tatsachenbescheinigung des Notars ...... vom ......

In dieser bescheinigt der Notar ......, dass vor ihm am ...... eine Person erschienen sei und eine eidesstattliche Versicherung darüber abgegeben habe, dass sie derzeit im Betrieb ...... der Antragsgegnerin ...... beschäftigt sei und in einem ungekündigten Arbeitsverhältnis zu ihr stehe. Diese Person habe ihm (dem Notar) einen gültigen, mit Namen, Geburtsdatum und Lichtbild versehenen Reisepass (Personalausweis) sowie eine auf sie lautende Lohnabrechnung des Monats ...... vorgelegt, die die Antragsgegnerin als Ausstellerin ausweise. Bezüglich der Höhe des Auszahlungsbetrages sei ein auf die erschienene Person lautender Kontoauszug vorgelegt worden, der für den identischen Monat eine Gutschrift in Höhe des sich aus der Lohnabrechnung ergebenden Nettobetrages ausweise. Diese Bankgutschrift weise ebenfalls die Antragsgegnerin als diejenige aus, die den Geldbetrag angewiesen habe.

Die vor dem Notar erschienene Person habe weiterhin bekundet, sie sei normale Lohn-/Gehaltsempfängerin und habe im genannten Betrieb der Antragsgegnerin keinerlei Führungs- oder Leitungsfunktion, arbeite insbesondere nicht direkt mit der Geschäftsleitung zusammen und werde auch nicht innerbetrieblich als leitende/r Angestellte geführt. Sie habe weder die Befugnis zur selbstständigen Einstellung oder Entlassung von Arbeitnehmern, noch sei sie mit Generalvollmacht oder Prokura ausgestattet.[4]

Außerdem habe die erschienene Person bekundet, sie sei Mitglied der antragstellenden Gewerkschaft. Diese Mitgliedschaft sei weder von ihr noch von der Gewerkschaft gekündigt.

Beweis: notarielle Tatsachenbescheinigung des Notars ...... vom ......, in Kopie anbei sowie Zeugnis des Notars ......, zu laden über ...... (Anschrift).

Durch diese notarielle Tatsachenbescheinigung ist der Nachweis erbracht, dass die Antragstellerin im Betrieb ...... der Antragsgegnerin im Sinne von § 2 Abs. 2 BetrVG vertreten ist. Eine namentliche Bezeichnung eines oder mehrerer Mitglieder ihrer Organisation bedarf es nicht.[5]

II.

Die Antragstellerin strebt den Zugang zum Betrieb ...... der Antragsgegnerin an, um dort eine Einladung zu einer Betriebsversammlung auszuhängen zum Zweck der Wahl eines Wahlvorstandes für die Durchführung von Betriebsratswahlen.[6]

Im besagten Betrieb der Antragsgegnerin ist ein Betriebsrat nicht gebildet, obwohl die Voraussetzungen des § 1 BetrVG erfüllt sind.

Der Beauftragte ...... der Antragstellerin hat am ...... die Antragsgegnerin angeschrieben, sie von ihrem durch § 17 BetrVG gedeckten Vorhaben informiert und darum gebeten, ihr die Gelegenheit zu geben, ein Einladungsschreiben zur Betriebsversammlung auf dem Betriebsgelände auszuhängen.

Beweis: Schreiben der Antragstellerin vom ......, in Kopie anbei.

Die Antragsgegnerin hat mit Schreiben vom ...... geantwortet, dass zum einen die Belegschaft des Betriebes ...... einen Betriebsrat nicht wünsche, und zum anderen sie ein Vertretensein der Antragstellerin im besagten Betrieb bestreite, so dass man nicht beabsichtige, einem/r Beauftragten der Antragstellerin Zugang zum Betrieb zu gewähren, damit diese/r das Einladungsschreiben zur Betriebsversammlung aushängen könne.

Rechtsanwalt

Anmerkungen

1. Eine im Betrieb vertretene Gewerkschaft hat nach dem BetrVG zahlreiche Aufgaben und Befugnisse, vgl. die Zusammenstellung der einzelnen diesbezüglichen Vorschriften bei FKHES, § 2 Rdn. 77. In den Angelegenheiten, in denen das BetrVG den Gewerkschaften ausdrücklich ein Antragsrecht einräumt, besteht auch eine Beteiligtenfähigkeit der Gewerkschaft im Beschlussverfahren (vgl. FKHES, § 2 Rdn. 95; *Germelmann/Matthes/Prütting/Müller-Glöge*, § 2a Rdn. 47). Handelt es sich hingegen um Streitigkeiten über koalitionsspezifische Betätigungen der Gewerkschaft, beispielsweise um Streitigkeiten aus unerlaubten Handlungen oder um Arbeitskampfstreitigkeiten, ist das **Urteilsverfahren** vor den Arbeitsgerichten einschlägig (vgl. *Germelmann/Matthes/Prütting/Müller-Glöge*, § 2 Rdn. 29 ff., 43 ff.).

2. In § 10 ArbGG ist ausdrücklich geregelt, dass Gewerkschaften im arbeitsgerichtlichen Verfahren (Urteils- und Beschlussverfahren) parteifähig sind. Dies war nicht selbstverständlich, da Gewerkschaften üblicherweise als nicht rechtsfähige Vereine organisiert sind und deswegen nach § 50 ZPO nicht aktiv parteifähig waren. Zur Definition einer Gewerkschaft im arbeitsrechtlichen Sinne vgl. *Germelmann/Matthes/Prütting/Müller-Glöge,* § 10 Rdn. 9. Die **Parteifähigkeit der Gewerkschaft** bezieht sich in der Regel jedoch nicht auf deren Unterorganisationen (Bezirks- oder Kreisverwaltungen), da diese nur in den seltensten Fällen eigenständig körperschaftlich organisiert sind und gegenüber der Gesamtorganisation selbstständig als tariffähig angesehen werden können (vgl. *Germelmann/Matthes/Prütting/Müller-Glöge,* § 10 Rdn. 11). Es empfiehlt sich daher stets, im Namen des Hauptvorstandes der entsprechenden Gewerkschaft tätig zu werden und sich auch entsprechend bevollmächtigen zu lassen.

3. Das **gewerkschaftliche Zugangsrecht** besteht nur für die im Betrieb vertretene Gewerkschaft. Ausreichend hierfür ist, dass mindestens ein Arbeitnehmer des Betriebs der betreffenden Gewerkschaft angehört (vgl. FKHES, § 2 Rdn. 43; *Richardi,* BetrVG § 2 Rdn. 67).

4. Beim Nachweis der Mitgliedschaft eines Betriebsangehörigen in der entsprechenden Gewerkschaft ist auszuschließen, dass es sich bei diesem Arbeitnehmer um einen leitenden Angestellten im Sinne von § 5 Abs. 3 BetrVG handelt, da das BetrVG auf leitende Angestellte in diesem Sinne keine Anwendung findet (vgl. BAG v. 25. 3. 1992, AP Nr. 4 zu § 2 BetrVG 1972 = NZA 1993, 134, 135).

5. Gem. BAG v. 25. 3. 1992, AP Nr. 4 zu § 2 BetrVG 1972 = NZA 1993, 134, kann eine Gewerkschaft den erforderlichen Nachweis ihres Vertretenseins im Betrieb auch durch sogenannte mittelbare Beweismittel erbringen, z. B. durch notarielle Erklärungen, ohne den Namen ihres im Betrieb beschäftigten Mitglieds zu nennen. Diese notarielle Erklärung könnte folgenden Wortlaut haben: „Hierdurch bestätige ich, ..., Notar mit dem Amtssitz in ......, dass am heutigen Tag Frau/Herr ......, geboren am ......, wohnhaft in ......, ausgewiesen durch ihren Bundespersonalausweis mit einer weiteren Person in meinen Amtsräumen erschien und mich bat, zum Beweis dafür, dass die Gewerkschaft ...... eine im Betrieb ...... vertretene Gewerkschaft sei, eine notarielle Tatsachenbescheinigung auszustellen. Frau/Herr ...... legte einen Mitgliedsausweis der Gewerkschaft ...... vor, aus dem sich ergibt, dass sie/er seit ...... unter der Mitgliedsnummer ...... Mitglied der Gewerkschaft ...... ist. Sie/Er legte des Weiteren vor ein Mitgliederverzeichnis der Gewerkschaft ......, Verwaltungsstelle ......, datiert auf den laufenden Monat des laufenden Jahres, in dem die mit erschienene Person als Mitglied der Gewerkschaft ...... geführt ist. Die miterschienene Person legte ebenfalls einen Mitgliedsausweis der Gewerkschaft ...... vor und bestätigte in einer vor mir abgegebenen eidesstattlichen Erklärung, dass sie Mitglied der Gewerkschaft ...... und gleichzeitig in der Firma ......, im Betrieb ...... beschäftigt sei. Sie legte außerdem eine Gehaltsabrechnung der Firma ...... vom Vormonat vor und bestätigte an Eides statt, dass das Arbeitsverhältnis zur Firma ...... sich weder in gekündigtem Zustand befinde, noch ein Aufhebungsvertrag abgeschlossen worden sei. Außerdem erklärte die miterschienene Person eidesstattlich, dass sie im Betrieb ...... der Firma ...... keine leitende Funktion innehabe und auch keine Entscheidungen treffen könne, die einem leitenden Angestellten zukommen. Gleichzeitig gab Frau/Herr ...... selbst eine eidesstattliche Erklärung ab, worin sie diese Tatsachen aus ihrer Kenntnis als Gewerkschaftssekretär/in bestätigte." Diese anonymisierte Beweisführung soll gewährleisten, dass Arbeitnehmer sich ohne Furcht vor Repressalien des Arbeitgebers gewerkschaftlich betätigen können. Die Gewerkschaft hingegen muss zur Durchsetzung ihrer Betätigungsrechte das dort beschäftigte Mitglied nicht dem Risiko arbeitsrechtlicher Repressalien aussetzen (BAG aaO., S. 136). Ob diese anonymisierte Beweisführung ausreicht, ist eine Frage der freien Beweiswürdigung durch die Tatsacheninstanzen (BAG aaO., S. 134). Die Verwendung eines derartigen mittelbaren Beweismittels verstößt weder gegen den Anspruch des Prozessgegners (Arbeitgebers) auf rechtliches Gehör noch gegen den Grundsatz auf ein faires Verfahren (BVerfG v. 31. 3. 1994, NZA 1994, 891). Der erforderliche Nachweis des Vertretenseins einer Gewerkschaft ohne Namensnennung deren Mitglieder kann jedoch außer durch eine **notarielle Tatsachenbescheinigung** auch durch andere Beweismittel erfolgen, beispielsweise durch Vernehmung eines Gewerkschaftssekretärs als Zeugen, wobei man diesem bezüglich der Namen der im Betrieb des Arbeitgebers beschäftigten Mitglieder ein Zeugnisverweigerungsrecht zubilligen muss (LAG Hamm v. 10. 8. 1994, DB 1994, 2193).

6. Besteht in einem Betrieb im Sinne von § 1 BetrVG kein Betriebsrat, so bestellt gem. § 17 Abs. 1 BetrVG der Gesamtbetriebsrat oder, falls ein solcher nicht besteht, der Konzernbetriebsrat einen Wahlvorstand für die Durchführung der Betriebsratswahl. Besteht weder ein Gesamtbetriebsrat noch ein Konzernbetriebsrat oder unterlassen diese Gremien die Bestellung eines Wahlvorstandes, ist dieser in einer Betriebsversammlung zu wählen, zu der gem. § 17 Abs. 3 BetrVG entweder drei wahlberechtigte Arbeitnehmer des Betriebs oder eine im Betrieb vertretene Gewerkschaft einladen können. Erst wenn trotz erfolgter Einladung keine Betriebsversammlung stattfindet oder diese keinen Wahlvorstand wählt, bestellt diesen das Arbeitsgericht ebenfalls auf Antrag dreier wahlberechtigter Arbeitnehmer oder einer im Betrieb vertretenen Gewerkschaft (§ 17 Abs. 4 BetrVG), vgl. Antragsmuster E. II. 2, 3. Zum vereinfachten Wahlverfahren für Kleinbetriebe mit in der Regel fünf bis fünfzig wahlberechtigten Arbeitnehmern vgl. §§ 14 a, 17 a BetrVG.

2. Teilnahme eines Gewerkschaftsbeauftragten an Betriebsratssitzungen

An das
Arbeitsgericht ......

Antrag im Beschlussverfahren mit den Beteiligten
1. Betriebsrat der Firma[1] ......

– Antragsteller –

Verfahrensbevollmächtigte: Rechtsanwälte ......
2. Firma ......

– Antragsgegnerin –

wegen Zugangsrechts zum Betrieb.

Namens und in Vollmacht[2] des Antragstellers leiten wir ein Beschlussverfahren ein und beantragen:
1. Der Antragsgegnerin wird untersagt, den Zugang des Gewerkschaftssekretärs ...... der ...... Gewerkschaft zum Betriebsgelände in ...... (Anschrift) zwecks Teilnahme an den dort im Betriebsratsbüro stattfindenden Betriebsratssitzungen des Antragstellers zu verbieten, faktisch zu unterbinden oder zu behindern.

2. Der Antragsgegnerin wird für jeden Fall der Zuwiderhandlung nach Antrag 1 ein Ordnungsgeld in Höhe von bis zu EUR 250.000,– angedroht.[3]

Begründung:

Die Antragsgegnerin unterhält in ...... einen Betrieb mit ...... Arbeitnehmern. (Empfehlenswert: kurze Schilderung des Betriebszwecks)
Im Betrieb wurde ein Betriebsrat gebildet, der/die Vorsitzende ist Herr/Frau ......

Alternative 1:
In seiner Sitzung vom ...... hat der Betriebsrat eine Geschäftsordnung beschlossen, die in § ...... vorsieht, dass zu sämtlichen Betriebsratssitzungen ein Bevollmächtigter der Gewerkschaft ......, Verwaltungsstelle ...... eingeladen wird.[4]

Beweis: Geschäftsordnung vom ......, in Kopie anbei.

Der Verwaltungsstelle ...... der Gewerkschaft ...... wurde der entsprechende Inhalt von § ...... der Geschäftsordnung vom ...... bekannt gemacht. Ebenfalls wurden ihr die turnusmäßigen Sitzungstermine des Betriebsrats mitgeteilt. Die gleiche Bekanntmachung erging an den Arbeitgeber (Antragsgegnerin) am ......

Beweis: Schreiben des Antragstellers an die Antragsgegnerin vom ......, in Kopie anbei.

Alternative 2:
In seiner Sitzung vom ...... hat der Betriebsrat beschlossen, zu sämtlichen Betriebsratssitzungen einen Bevollmächtigten der Gewerkschaft ......, Verwaltungsstelle ...... einzuladen.
Die turnusmäßigen Betriebsratssitzungen wurden der Gewerkschaft ...... mitgeteilt, eine entsprechende Mitteilung ging an den Arbeitgeber.

Beweis: Zeugnis des Betriebsratsvorsitzenden ......, zu laden über den Antragsteller.

Unstreitig ist die Gewerkschaft ...... eine gem. § 2 Abs. 2 BetrVG im Betriebsrat vertretene Gewerkschaft.[5]
Am ...... fand die nach dieser Bekanntmachung erste Betriebsratssitzung statt. Gewerkschaftssekretär ...... der Gewerkschaft ....../Verwaltungsstelle ...... fand sich gegen ...... Uhr am Eingang zum Betriebsgelände ein, meldete sich dort an und verlangte, zum Betriebsratsbüro bzw. Betriebsrat vorgelassen zu werden.[6]
Ihm wurde vom ...... (z.B. Pförtner, Beauftragter der Geschäftsleitung, Geschäftsleitungsmitglied, Arbeitgeber ......) mitgeteilt, man könne ihm nicht gestatten, das Betriebsgelände zu betreten. Künftig solle er sich entsprechend rechtzeitig beim Arbeitgeber anmelden, damit dieser entsprechende Vorsorge treffen könne.[7]

Beweis: Zeugnis ......

Der Antragsteller hat am ...... beschlossen, das vorliegende Verfahren einzuleiten und mit seiner Durchführung die im Aktivrubrum genannten Verfahrensbevollmächtigten zu beauftragen.

Beweis: Zeugnis des Betriebsratsvorsitzenden ......

Rechtsanwalt

Anmerkungen

1. Antragsberechtigt in Streitfällen nach § 31 BetrVG ist neben dem Betriebsrat auch die den Zugang begehrende Gewerkschaft, allerdings nicht aus eigenem Recht, sondern nur, wenn sie geltend macht, die Voraussetzungen nach § 31 BetrVG würden vorliegen.

Antragsberechtigt ist im Übrigen neben dem Betriebsrat auch ein Viertel der Betriebsratsmitglieder (vgl. FKHES, § 31 Rdn. 28; *Richardi/Thüsing*, BetrVG § 31 Rdn. 29). In diesem Falle ist die betreffende Gewerkschaft am Verfahren zu beteiligen (vgl. *Richardi/ Thüsing*, aaO.).

2. Die ordnungsgemäße Bevollmächtigung des Rechtsanwalts erfordert eine entsprechende Beschlussfassung des Betriebsrates zur Verfahrenseinleitung (vgl. Muster E. IV. 1 Anm. 4) und zur Anwaltsbeauftragung (vgl. Muster E. IV. 2 Anm. 2).

3. Der Ordnungsgeldantrag kann bereits im Erkenntnisverfahren gestellt werden. Die Begrenzung des **Ordnungsgeldes** auf EUR 10.000,– besteht nur bei § 23 Abs. 3 BetrVG und § 98 Abs. 5 Satz 2 BetrVG. Vorliegend ist nach § 890 Abs. 1 ZPO vorzugehen. Die Möglichkeit der Verknüpfung der Ordnungsgeldandrohung mit der Sachentscheidung ergibt sich aus § 890 Abs. 2 ZPO. Die Verknüpfung zwischen Erkenntnisverfahren und Androhung des Ordnungsgeldes empfiehlt sich wegen der Beschleunigung einer möglicherweise erforderlichen Zwangsvollstreckung. Die Androhung einer **Ordnungshaft** kommt nicht in Betracht (§ 85 Abs. 1 Satz 3 ArbGG).

4. Das Teilnahmerecht eines Beauftragten einer **im Betriebsrat** (nicht nur im Betrieb generell) **vertretenen Gewerkschaft** an den Betriebsratssitzungen folgt aus § 31 BetrVG. Die Legitimation der Teilnahme des Gewerkschaftsvertreters ergibt sich aus dem Antrag von einem Viertel der Betriebsratsmitglieder an diesen und macht somit den Charakter der Vorschrift als Schutznorm für gewerkschaftliche Minderheiten im Betriebsrat deutlich (vgl. FKHES, § 31 Rdn. 7, 31). Selbstverständlich kann der Betriebsrat auch mit seiner Mehrheit die Hinzuziehung beschließen. Ob dieser Mehrheitsbeschluss nur eine Teilnahme des Gewerkschaftsbeauftragten im Einzelfall ermöglicht oder auch generell für die gesamte Wahlperiode oder einen bestimmten Zeitraum erfolgen kann, ist streitig. Der erste Senat des BAG hat mit Beschluss v. 18. 11. 1980 (AP Nr. 2 zu § 108 BetrVG 1972 = DB 1981, 1240) die Auffassung vertreten, dass das Zugangsrecht eines Gewerkschaftsbeauftragten zu den Sitzungen des Wirtschaftsausschusses generell in Form einer Geschäftsordnung des Gesamtbetriebsrates geregelt werden könne. Hieraus soll nach Auffassung des 6. Senats im Beschluss v. 25. 6. 1987 (AP Nr. 6 zu § 108 BetrVG 1972 = NZA 1988, 167) jedoch nicht gefolgert werden können, dass damit auch das generelle Zugangsrecht eines Gewerkschaftsbeauftragten durch einfachen Betriebsrats-/Gesamtbetriebsratsbeschluss geregelt werden könne. Zumindest für Wirtschaftsausschusssitzungen sei dies nicht der Fall. Demgegenüber vertritt der 7. Senat im Beschluss v. 28. 2. 1990 (AP Nr. 1 zu § 31 BetrVG 1972 = NZA 1990, 660) die Auffassung, dass, zumindest für den Fall der Teilnahme eines Gewerkschaftsbeauftragten an der Betriebsratssitzung, dieses Teilnahmerecht nicht nur durch Geschäftsordnung generell geregelt werden könne, sondern auch durch einfachen Betriebsratsbeschluss. Auch das Antragsrecht der in § 31 BetrVG bezeichneten Minderheit (ein Viertel der Betriebsratsmitglieder) ist im Gegensatz zu der wohl überwiegend ablehnenden Literaturmeinung (vgl. *Richardi/ Thüsing*, BetrVG § 31 Rdn. 14 f.) nach BAG v. 28. 2. 1990 nicht auf eine Sitzung beschränkt. Vielmehr kann auch insoweit generell die Hinzuziehung von Gewerkschaftsbeauftragten beantragt werden (BAG v. 28. 2. 1990, NZA 1990, 660, 662).

5. Zur Frage des **Vertretenseins einer Gewerkschaft** im **Betrieb** bzw. wie hier erforderlich: im Betriebsrat, vgl. oben Muster E. V. 1. Da es sich vorliegend um die Nachweispflicht innerhalb des Betriebsratsgremiums handelt und wegen des insoweit bestehenden Kündigungsschutzes nach § 15 KSchG kaum Repressalien wegen einer Gewerkschaftsmitgliedschaft zu erwarten sein dürften, wird der erforderliche Nachweis in der Regel hier durch einfachen Zeugenbeweis leicht zu führen sein.

6. Das allgemeine Hausrecht des Arbeitgebers im Betrieb ist durch § 31 BetrVG eingeschränkt. Das Hausrecht im Betriebsratsbüro auf dem Betriebsgelände des Arbeitgebers steht dem Betriebsrat zu und hiervon abgeleitet auch das Hausrecht bezüglich des Zugangswegs zu diesem Sitzungsraum (vgl. FKHES, § 31 Rdn. 24 sowie § 42 Rdn. 36).

7. Zusätzliche Voraussetzungen für das Zugangsrecht (vorhergehende Anmeldung, etc.) kann der Arbeitgeber nicht fordern, da er zum einen über Zeitpunkt und Ort der Betriebsratssitzungen generell oder konkret im Einzelfall vorher informiert wurde und zum anderen der Zugang des Gewerkschaftsbeauftragten zum Betriebsratsbüro weder Betriebsablauf noch Sicherheitsvorschriften in irgendeiner Weise tangiert (vgl. auch *Richardi/ Thüsing*, BetrVG § 31 Rdn. 24). Zum Zugangsrecht des Gewerkschaftsbeauftragten zu Betriebsversammlungen und dessen mögliche Beschränkungen vgl. Muster E.V.3 Anm. 5.

3. Teilnahme eines Gewerkschaftsbeauftragten an Betriebsversammlungen

An das
Arbeitsgericht ......

Antrag im Beschlussverfahren mit den Beteiligten

1. Gewerkschaft ......,[1]
vertreten durch ......

– Antragstellerin –

Verfahrensbevollmächtigte: Rechtsanwälte ......

2. Firma ......,[2]

– Antragsgegnerin zu 1 –

3. Betriebsrat der Firma ......,[3]
vertreten durch den Betriebsratsvorsitzenden

– Antragsgegner zu 2 –

wegen Teilnahmerecht an Betriebsversammlungen.

Namens und in Vollmacht der Antragstellerin leiten wir ein Beschlussverfahren ein und beantragen:

1. Der Antragsgegnerin zu 1 wird untersagt, den Zugang des/der Gewerkschaftssekretärs/in ...... zum Betriebsgelände der Antragsgegnerin zu 1 in ...... (Anschrift) für die Zeitdauer von im Betrieb stattfindenden Betriebs- und Abteilungsversammlungen zu untersagen bzw. zu unterbinden oder zu behindern.
2. Dem Antragsgegner zu 2 wird aufgegeben, die Antragstellerin mindestens eine Woche vor dem Beginn anberaumter Betriebs- und Abteilungsversammlungen über deren Zeitpunkt, Ort und Tagesordnung schriftlich zu informieren, im Falle kurzfristiger anberaumten Betriebs- und Abteilungsversammlungen unverzüglich nach der hierüber erfolgten Beschlussfassung des Antragsgegners zu 2.

Begründung:

I.

Die antragstellende Gewerkschaft ist im Betrieb vertreten, da mindestens ein Belegschaftsmitglied bei ihr Mitglied ist.[3]
Der/die zuständige Betreuungssekretär/in der Antragstellerin für den Betrieb in ...... der Antragsgegnerin zu 1 ist Gewerkschaftssekretär/in ...... am Sitz der Verwaltungsstelle der Antragstellerin in ...... (Anschrift).

Im Zusammenhang mit dieser Betreuungstätigkeit ist es auch Aufgabe des/der besagten Gewerkschaftssekretärs/in ......, an den im Betrieb ...... stattfindenden Betriebs- und Abteilungsversammlungen teilzunehmen.[4]

Der Geschäftsführer ...... der Antragsgegnerin zu 1 hat mit Schreiben an die Antragstellerin vom ...... dieser untersagt, den/die Gewerkschaftssekretär/in ...... zu Betriebs- bzw. Abteilungsversammlungen zu entsenden mit der Begründung, Gewerkschaftssekretär/in ...... sei nicht zur vertrauensvollen Zusammenarbeit mit der Antragsgegnerin zu 1 willens oder in der Lage, da er/sie die Geschäftsführung des Unternehmens bei derartigen Gelegenheiten stets in unverhältnismäßig harter Weise kritisiere. Die Antragsgegnerin zu 1 wolle deswegen erreichen, dass die Antragstellerin eine/n andere/n Beauftragten zu den in ihrem Betrieb stattfindenden Betriebs- und Abteilungsversammlungen entsende.[5]

Beweis: Schreiben der Antragsgegnerin zu 1 an die Antragstellerin vom ......, in Kopie anbei.

Bei der am ...... im Betrieb ...... stattgefundenen Betriebsversammlung wollte Gewerkschaftssekretär/in ...... teilnehmen und hat sich deswegen ca. eine halbe Stunde vor geplantem Beginn beim Pförtner gemeldet und den Pförtner mit dem Zweck des Besuchs bekanntgemacht. Der Pförtner verweigerte Gewerkschaftssekretär/in ...... den Zugang mit den Worten, er habe entsprechende Anweisung von der Geschäftsführung.

Beweis: Zeugnis des/der Gewerkschaftssekretär/in ......, zu laden über die Antragstellerin.

II.

Der Antragsgegner zu 2 versäumt es regelmäßig, die Antragstellerin so rechtzeitig von Zeitpunkt, Ort und Tagesordnung der im Betrieb stattfindenden Betriebs- und Abteilungsversammlungen zu informieren, dass der Beauftragte der Antragstellerin zum Teil gar nicht, zum Teil so spät davon erfährt, dass er sich nicht mehr sachgerecht auf die Tagesordnung vorbereiten kann bzw. wegen anderer Termine gehindert ist, überhaupt an den Versammlungen teilzunehmen.

Die Antragstellerin ist im Betriebsrat vertreten, da das Betriebsratsmitglied ...... Mitglied der Antragstellerin ist.[6]

Beweis: Zeugnis des Betriebsratsmitglieds ......, zu laden über den Antragsgegner zu 2.

Die Antragstellerin hat den Antragsgegner zu 2 bereits mit Schreiben vom ...... wegen dieses Sachverhalts abgemahnt und darum gebeten, künftig schriftlich mindestens eine Woche vor Versammlungsbeginn von deren Zeitpunkt und Tagesordnung unterrichtet zu werden.[7]

Beweis: Schreiben der Antragstellerin an den Antragsgegner zu 2 vom ......, in Kopie anbei.

Rechtsanwalt

Anmerkungen

1. Beim Teilnahmerecht des Gewerkschaftsbeauftragten an Betriebs- oder Abteilungsversammlungen handelt es sich um ein eigenständiges Teilnahmerecht der Gewerkschaften (vgl. FKHES, § 46 Rdn. 1, 5; *Richardi*, BetrVG § 2 Rdn. 92). Vgl. im Übrigen Muster E. V. 1 Anm. 1.

Da es sich vorliegend um ein eigenes Recht der Gewerkschaften betriebsverfassungsrechtlicher Art handelt, ist die richtige Verfahrensart das Beschlussverfahren. Geht es um Rechte außerhalb der Betriebsverfassung, beispielsweise um die Frage der Mitgliederwerbung im Betrieb, sind diesbezügliche Streitigkeiten im **Urteilsverfahren** zu entscheiden (vgl. zu derartigen koalitionsbezogenen Zugangsrechten DKK-*Berg*, § 2 Rdn. 43 ff.).

2. Das Teilnahmerecht der Gewerkschaftsbeauftragten an Betriebs- oder Abteilungsversammlungen besteht sowohl gegenüber dem Arbeitgeber wie auch gegenüber dem Betriebsrat. Beide müssen den Zugang des Gewerkschaftsbeauftragten zur Versammlung sowie die Teilnahme an der Versammlung gewährleisten (vgl. FKHES, § 46 Rdn. 10). Der Vorsitzende des Betriebsrats hat in der Betriebsversammlung das Hausrecht zumindest so lange, wie er als Leiter der Versammlung den gesetzmäßigen Ablauf der Versammlung sicherstellen kann. Der Arbeitgeber hat den Zugang zu den Versammlungen für die hierzu Berechtigten zu gewährleisten (vgl. FKHES, § 42 Rdn. 36).

3. Zum Vertretensein einer Gewerkschaft im Betrieb und zum diesbezüglichen Nachweis vgl. Muster E. V. 1 Anm. 5.

4. Das Teilnahmerecht an Betriebs- und Abteilungsversammlungen besteht für die Gewerkschaft dann, wenn sie im **Betrieb** vertreten ist (§ 46 Abs. 1 BetrVG). Die Informationsrechte der Gewerkschaft gegenüber dem Betriebsrat über Zeitpunkt und Tagesordnung der Betriebsversammlungen bestehen jedoch nur dann, wenn die betreffende Gewerkschaft im Betriebsrat vertreten ist (§ 46 Abs. 2 BetrVG).

5. Grundsätzlich hat die Gewerkschaft selbst darüber zu entscheiden, wen sie als Beauftragten zu einer betrieblichen Versammlung entsenden möchte. Weder Arbeitgeber noch Betriebsrat haben diesbezüglich ein Mitspracherecht (vgl. FKHES, § 46 Rdn. 7).

Arbeitgeber oder Betriebsrat können nur in besonderen Ausnahmefällen einem konkreten Gewerkschaftsbeauftragten den Zutritt zum Betrieb bzw. zu den betrieblichen Versammlungen verweigern, beispielsweise dann, wenn der Gewerkschaftsbeauftragte den Arbeitgeber, dessen Vertreter oder Mitglieder des Betriebsrates grob beleidigt hat und Wiederholungsgefahr besteht, wobei auch in solchen Fällen die Gewerkschaft an sich ihr Zutrittsrecht nicht verliert (vgl. DKK-*Berg*, § 2 Rdn. 38; FKHES, § 46 Rdn. 9). Sachliche Differenzen allein – und mögen sie mit noch so scharfen Worten ausgetragen werden – rechtfertigen unter keinen Umständen den Anspruch von Arbeitgeber oder Betriebsrat auf Auswechslung des Gewerkschaftsbeauftragten (vgl. FKHES, aaO.).

6. Das Informationsrecht der Gewerkschaft gegenüber dem Betriebsrat über Tagesordnung und Zeitpunkt der Betriebs- oder Abteilungsversammlungen besteht nur dann für eine Gewerkschaft, wenn sie im Betriebsrat vertreten ist (§ 46 Abs. 2 BetrVG; vgl. hierzu Muster E. V. 2 Anm. 5).

7. Nach § 46 Abs. 2 BetrVG kann die im Betriebsrat vertretene Gewerkschaft verlangen, dass ihr Zeitpunkt und Tagesordnung der Betriebs- und Abteilungsversammlungen vom Betriebsrat rechtzeitig schriftlich mitgeteilt werden. Als rechtzeitig ist mindestens der Zeitraum von einer Woche vor dem anberaumten Versammlungstermin zu verstehen, da dies das Minimum an der erforderlichen Dispositions- und Vorbereitungszeit darstellen dürfte. Eine Ausnahme von dieser Informationsfrist kann lediglich dann gemacht werden, wenn eine Versammlung kurzfristig anberaumt wird. Für diesen Fall hat jedoch eine unverzügliche Information zu erfolgen. Die Verletzung dieser Unterrichtungspflichten des Betriebsrates gegenüber der im Betriebsrat vertretenen Gewerkschaft trotz positiver Kenntnis hiervon kann einen groben Pflichtverstoß nach § 23 Abs. 1 BetrVG darstellen (vgl. GK-*Fabricius/Weber*, § 46 Rdn. 14; FKHES, § 46 Rdn. 13).

4. Untersagen der Anwendung einer tarifvertragswidrigen Betriebsvereinbarung

An das
Arbeitsgericht ......

Antrag im Beschlussverfahren mit den Beteiligten

1. Gewerkschaft ......,[1]

– Antragstellerin –

Verfahrensbevollmächtigte: Rechtsanwälte ......

2. Firma ......[2]

– Antragsgegnerin –

wegen Unterlassung.

Namens und in Vollmacht der Antragstellerin leiten wir ein Beschlussverfahren ein und beantragen:[3]

1. Der Antragsgegnerin wird untersagt, auf Grundlage der Betriebsvereinbarung Nr. ...... vom ...... eine wöchentliche betriebliche Arbeitszeit für Vollzeitbeschäftigte von 37 Stunden anzuordnen.

2. Der Antragsgegnerin wird für jeden Fall der Zuwiderhandlung nach Antrag 1 ein Ordnungsgeld in Höhe von bis zu EUR 10.000,– angedroht.[4]

Begründung:

Die Antragstellerin ist eine im Betrieb der Antragsgegnerin in ...... vertretene Gewerkschaft.[5] Die Antragsgegnerin ist Mitglied des Arbeitgeberverbands ......, der mit der Antragstellerin am ...... einen derzeit noch in Kraft befindlichen Manteltarifvertrag für die Arbeitnehmer der ......-Industrie abgeschlossen hat, der im Betrieb der Antragsgegnerin in ...... Anwendung findet.

Dieser Manteltarifvertrag sieht ab dem ......, somit auch für das laufende Jahr, eine regelmäßige wöchentliche Arbeitszeit in Höhe von 35 Stunden vor.[6]

Beweis: Zwischen der Antragstellerin und dem Arbeitgeberverband ...... am ...... abgeschlossener Manteltarifvertrag, in Kopie anbei.

Im Betrieb der Antragsgegnerin in ...... ist ein Betriebsrat gebildet. Der/die Vorsitzende des Betriebsrats ist Herr/Frau ......

Am ......, somit während der Laufzeit des oben genannten Manteltarifvertrages, haben der Betriebsrat und die Antragsgegnerin eine „Betriebsvereinbarung Arbeitszeit" abgeschlossen.[7]

Beweis: Betriebsvereinbarung Arbeitszeit vom ......, in Kopie anbei.

Diese „Betriebsvereinbarung Arbeitszeit" regelt in § ...... Folgendes:
„Da die derzeit gültige tarifvertragliche Arbeitszeit von 35 Wochenstunden die Konkurrenzfähigkeit des Unternehmens in Frage stellt, vereinbaren Betriebsrat und Arbeitgeber, die wöchentliche Arbeitszeit ab dem 1. 1. des folgenden Jahres für die beiden folgenden Kalenderjahre um zwei Stunden wöchentlich zu verlängern."

Beweis: Betriebsvereinbarung vom ......, in Kopie anbei.

Die Antragstellerin hat mit Schreiben vom ...... ihre Tarifvertragspartei, den Arbeitgeberverband ......, von diesem Geschehen informiert und sie aufgefordert, auf die Antragsgegnerin dahingehend einzuwirken, die oben zitierte Betriebsvereinbarung nicht durchzuführen und die tarifvertraglich geregelte Wochenarbeitszeit von 35 Stunden im Betrieb strikt einzuhalten.[8]

Beweis: Schreiben der Antragstellerin an den Arbeitgeberverband ......, vom ......, in Kopie anbei.

Ein gleich lautendes Schreiben hat die Antragstellerin an die Antragsgegnerin am ...... übersandt, mit der Aufforderung, bis zum gestrigen Tag zu erklären, dass die oben zitierte Betriebsvereinbarung nicht zur Anwendung komme.[9]

Beweis: Schreiben der Antragstellerin an die Antragsgegnerin vom ......, in Kopie anbei.

Weder der Arbeitgeberverband ......, noch die Antragsgegnerin haben hierauf geantwortet. Es muss somit davon ausgegangen werden, dass die Antragsgegnerin ab 1. 1. des kommenden Jahres die oben zitierte Betriebsvereinbarung unter Verlängerung der tarifvertraglich geregelten Wochenarbeitszeit um zwei Wochenstunden zur Anwendung bringen wird.

Rechtsanwalt

Anmerkungen

1. **Zur Parteifähigkeit einer Gewerkschaft** und deren Untergliederungen vgl. Muster E. V. 1 Anm. 2.

2. Gem. § 77 Abs. 1 BetrVG führt der Arbeitgeber Vereinbarungen zwischen ihm und dem Betriebsrat durch. Deswegen richtet sich ein entsprechender Untersagungsantrag nur gegen den Arbeitgeber und nicht etwa gegen den Betriebsrat. Ein Vorgehen gegen den Betriebsrat wegen Abschluss einer im Sinne von § 77 Abs. 3 BetrVG tarifvertragswidrigen Betriebsvereinbarung bzw. einer Beteiligung an innerbetrieblichen tarifvertragswidrigen Maßnahmen wäre allenfalls möglich im Rahmen eines Amtsenthebungsverfahrens nach § 23 Abs. 1 BetrVG, wobei hier ebenfalls die Gewerkschaft antragsberechtigt ist (vgl. BAG v. 22. 6. 1993, AP Nr. 22 zu § 23 BetrVG 1972 = NZA 1994, 184 sowie ArbG Marburg v. 7. 8. 1996, NZA 1996, 1331).

3. Über den Antrag ist im Beschlussverfahren zu entscheiden. Es handelt sich um eine Angelegenheit aus dem Betriebsverfassungsgesetz, da die Gewerkschaft die Tarifwidrigkeit einer Betriebsvereinbarung geltend macht (ausführlich BAG v. 13. 3. 2001, AP Nr. 17 zu § 2a APG 1979 = NZA 2001, 1037; BAG v. 20. 8. 1991, AP Nr. 2 zu § 77 BetrVG Tarifvorbehalt = NZA 1992, 317 sowie BAG v. 18. 8. 1987, AP Nr. 6 zu § 81 ArbGG 1976 = NZA 1988, 26). Zur Frage, inwieweit das Urteilsverfahren bei der Beeinträchtigung von Gewerkschaftsrechten die richtige Verfahrensart ist, vgl. Muster E. V. 1 Anm. 1.

Generell zu den Klagemöglichkeiten der Gewerkschaften gegen von Tarifverträgen abweichende Betriebsvereinbarungen vgl. *Ehmann/Schmidt*, Betriebsvereinbarungen und Tarifverträge, NZA 1995, 193, 202.

4. Der Antrag auf Androhung eines **Ordnungsgeldes** kann bereits im Erkenntnisverfahren gestellt werden (vgl. Muster E. V. 2 Anm. 3; FKHES, § 23 Rdn. 72, 79). Welchen Ordnungsgeldantrag man stellt, richtet sich danach, auf welche Anspruchsgrundlagen der Anspruch gestützt wird. Bei einem Anspruch nach § 23 Abs. 3 BetrVG (so BAG v. 20. 8. 1991 aaO.) beschränkt sich das Ordnungsgeld auf einen Betrag in Höhe von bis zu EUR 10.000,–. Die ersatzweise Verhängung einer **Ordnungshaft** ist nicht vorgesehen. Eine Anspruchsgrundlage nach §§ 1004, 823 Abs. 1 BGB i. V. m. Art. 9 Abs. 3 GG (hier wäre ein Ordnungsgeldantrag nach § 890 ZPO, somit die Verhängung eines Ordnungsgeldes in Höhe von bis zu EUR 250.000,– zu stellen) wird vom BAG abgelehnt (vgl. BAG v. 20. 8. 1991, AP Nr. 2 zu § 77 BetrVG 1972 Tarifvorbehalt = NZA 1992, 317, 320), da durch tarifwidrige Betriebsvereinbarungen das Recht der Gewerkschaft zur Regelung der Arbeits- und Wirtschaftsbedingungen nach Art. 9 Abs. 3 GG nicht in seinem Kernbereich verletzt wird (vgl. hierzu auch BVerfG v. 14. 11. 1995, AP Nr. 80 zu Art. 9 GG = NZA 1996, 381).

5. Zum Vertretensein einer Gewerkschaft im Betrieb und der entsprechenden Nachweisführung vgl. Muster E. V. 2 Anm. 5.

6. Bei einer Regelung über die Dauer der regelmäßigen betrieblichen Wochenarbeitszeit handelt es sich nicht um eine mitbestimmungspflichtige Angelegenheit nach § 87 Abs. 1 BetrVG (vgl. FKHES, § 87 Rdn. 103 ff.). Im Gegensatz hierzu sind Regelungen über Beginn und Ende der täglichen Arbeitszeit sowie die Verteilung der Arbeitszeit auf die einzelnen Wochentage (§ 87 Abs. 1 Ziff. 2 BetrVG) wie auch die vorübergehende Verkürzung oder Verlängerung der betriebsüblichen Arbeitszeit (§ 87 Abs. 1 Nr. 3 BetrVG) dem zwingenden Mitbestimmungsrecht des Betriebsrats unterworfen.

Nach BAG v. 20. 8. 1991 liegt kein Verstoß gegen den **Tarifvorbehalt** nach § 77 Abs. 3 BetrVG vor, wenn sich die streitige Betriebsvereinbarung auf Regelungen bezieht, die dem Mitbestimmungsrecht des Betriebsrates nach § 87 Abs. 1 BetrVG unterliegen (BAG v. 20. 8. 1991, AP Nr. 2 zu § 77 BetrVG 1972 Tarifvorbehalt = NZA 1992, 317, 319, unter Bezugnahme auf BAG v. 24. 2. 1987, AP Nr. 21 zu § 77 BetrVG 1972 = NZA 1987, 639). In dem der Entscheidung v. 20. 8. 1991 zugrunde liegenden Fall enthielt der Tarifvertrag Regelungen über die Verteilung der Wochenarbeitszeit auf einzelne Wochentage, überließ jedoch die nähere Ausgestaltung den Betriebsparteien, so dass nach BAG aaO. in dem entsprechenden Tarifvertrag keine das Mitbestimmungsrecht des Betriebsrates nach § 87 Abs. 1 Eingangssatz BetrVG ausschließende Regelung getroffen war.

7. Voraussetzung für das Eingreifen des Tarifvorbehalts nach § 77 Abs. 3 BetrVG ist jedoch nach dem Wortlaut dieser Vorschrift, dass es sich bei der beanstandeten betrieblichen Regelung um eine förmliche Betriebsvereinbarung (§ 77 Abs. 2 BetrVG) handelt. Nicht vom Geltungsbereich der tariflichen Sperrwirkung sollen somit so genannte **Regelungsabsprachen** umfasst sein, die eine formlose „Betriebsabsprache" zwischen Arbeitgeber und Betriebsrat ohne Normwirkung darstellen, wenn auch zu deren Zustandekommen ein ordnungsgemäßer Betriebsratsbeschluss erforderlich ist. Die Regelungsabrede beinhaltet das Einverständnis zwischen Arbeitgeber und Betriebsrat über eine bestimmte Maßnahme (beispielsweise die Anwendung einer über die tarifvertragliche Regelung hinausgehende Wochenarbeitszeit durch den Arbeitgeber), auch wenn dies in Form eines Vertrages erfolgt (vgl. zur Regelungsabsprache FKHES, § 77 Rdn. 216 ff.). Nach h. M. soll mit einer Regelungsabsprache eine zwingende tarifliche Regelung auf betrieblicher Ebene umgangen werden können, ohne dass ein Verstoß gegen § 77 Abs. 3 BetrVG gegeben wäre, mit der Folge, dass ein hiergegen gerichteter Anspruch nach § 23 Abs. 3 BetrVG ausscheidet (vgl. LAG München v. 8. 9. 1995, 8 TaBV 19/95; ArbG Marburg v. 7. 8. 1996, NZA 1996, 1337, 1339; FKHES, § 77 Rdn. 224; *Richardi*, BetrVG § 77 Rdn. 292 m. w. N.). Ausgehend vom Normzweck des § 77 Abs. 3 BetrVG (Absicherung der Normsetzungsprärogative der Tarifvertragsparteien) wollen deswegen DKK-*Berg* die Sperrwirkung des § 77 Abs. 3 BetrVG auch auf Regelungsabreden und sonstige Betriebsabsprachen erstrecken, da es nicht darauf ankommen könne, in welcher Form die tarifliche Normsetzungsbefugnis innerbetrieblich unterlaufen werde (DKK-*Berg*, § 77 Rdn. 78). Mit Beschluss vom 20. 4. 1999 hat das BAG einen gewerkschaftlichen Unterlassungsanspruch gegen tarifwidrige innerbetriebliche Einheitsregelungen bejaht, wenn der Arbeitgeber selbst tarifgebunden ist (AP Nr. 89 zu Art. 9 GG = NZA 1999, 887). Dieser Anspruch kann allerdings nicht auf die §§ 23 Abs. 3, 77 Abs. 3 BetrVG gestützt werden, da sich die Regelungssperre des § 77 Abs. 3 BetrVG nur auf förmliche Betriebsvereinbarungen bezieht. Bei tarifwidrigen Regelungsabsprachen oder vertraglichen Einheitsregelungen steht aber der betroffenen Gewerkschaft ein Unterlassungsanspruch aus den §§ 1004, 823 BGB i. V. m. Art. 9 Abs. 3 GG zu (BAG, aaO.). Anders ist hingegen die Rechtslage bei tarifwidrigen förmlichen Betriebsvereinbarungen. Häufig finden sich Betriebsvereinbarungen als so genannte „Standortsicherungsvereinbarungen", in denen ohne Öffnungsklauseln im Tarifvertrag oder ohne gesonderte Firmentarifverträge die Ansprüche oder Rechte aus Tarifverträgen für die Betriebsangehörigen verschlechtert werden. Im Gegenzug sichert der Arbeitgeber dann den Erhalt des Betriebsstandorts bzw. die Vermeidung betriebsbedingter Kündigungen für einen bestimmten Zeitraum zu. Derartige Betriebsvereinbarungen stellen regelmäßig einen erheblichen und schwerwiegenden Verstoß gegen die betriebsverfassungsrechtliche Ordnung dar, so dass der Gewerkschaft ein diesbezüglicher Unterlassungsanspruch nach § 23 Abs. 3 BetrVG bzw. § 77 Abs. 3 BetrVG zusteht (LAG Baden-Württemberg v. 13. 1. 1999, NZA-RR 1999, 580). Zur Antragstellung in derartigen Unterlassungsverfahren vgl. BAG v. 19. 3. 03 (4 AZR 271/02), wonach die antragstellende Gewerkschaft verpflichtet sein soll, die Namen ihrer Mitglieder konkret zu benennen, auf die sich die Unterlassungsverpflichtung des Arbeitgebers, tarifwidrige Einheitsregelungen anzuwenden, beziehen soll.

8. Grundsätzlich ist es auch möglich, dass die tarifvertragsschließende Gewerkschaft klageweise gegen ihren Vertragspartner (entsprechender Arbeitgeberverband) mit einem Verpflichtungsantrag vorgeht, wonach der Arbeitgeberverband auf sein Mitglied (das entsprechende Unternehmen) einzuwirken hat, den Tarifvertrag so, wie abgeschlossen, auch einzuhalten bzw. nicht durch entgegenstehende Betriebsvereinbarungen oder sonstige einseitige innerbetriebliche Maßnahmen zu unterlaufen (vgl. BAG v. 29. 4. 1992, AP Nr. 3 zu § 1 TVG Durchführungspflicht = NZA 1992, 846; *Däubler*, Kollektive Durchsetzung individueller Rechte?, AuR 1995, 305, 308). Dieser Weg wird sich jedoch in der Regel als „stumpfe Waffe" erweisen, da es nach BAG v. 29. 4. 1992, aaO., 848, dem Schuldner (Arbeitgeberverband) überlassen bleibt, mit welchen Mitteln er auf seine Mitgliedsfirma einwirkt, somit keine bestimmte Maßnahme vorgeschrieben werden kann und hiernach „der verurteilte Schuldner durch jede (auch noch so schwache) Einwirkung dem Urteilsspruch Genüge tut" (BAG v. 29. 4. 1992, aaO., 848).

9. Nach § 77 Abs. 3 BetrVG können Arbeitsentgelte und sonstige Arbeitsbedingungen, die durch Tarifvertrag geregelt sind oder üblicherweise geregelt werden, nicht Gegenstand einer Betriebsvereinbarung sein. In diesem Zusammenhang kommt es nicht darauf an, ob der Arbeitgeber, der mit seinem Betriebsrat diese Betriebsvereinbarung abgeschlossen hat, selbst tarifgebunden ist oder nicht, da die Funktionsfähigkeit der Tarifautonomie auch dann gestört werden würde, wenn nicht tarifgebundene Arbeitgeber kollektivrechtliche Konkurrenz auf betrieblicher Ebene betreiben könnten (BAG v. 24. 1. 1996, AP Nr. 8 zu § 77 BetrVG 1972 Tarifvorbehalt = NZA 1996, 948, 949; ArbG Stuttgart, Kammern Ludwigsburg, v. 20. 2. 1998, BB 1998, 696). Deswegen entfaltet § 77 Abs. 3 BetrVG seine Sperrwirkung auch für die Betriebe nicht tarifgebundener Arbeitgeber. Entscheidend ist allein, ob der betreffende Betrieb in den räumlichen, fachlichen und persönlichen Geltungsbereich des entsprechenden Tarifvertrages fällt (vgl. FKHES, § 77 Rdn. 75). Auch ein Firmentarifvertrag löst im Rahmen seines Geltungsbereiches die Sperrwirkung des § 77 Abs. 3 BetrVG aus (vgl. FKHES, § 77 Rdn. 80). Gilt der Tarifvertrag jedoch nur noch kraft Nachwirkung gem. § 4 Abs. 5 TVG, kommt ihm keine zwingende Wirkung mehr zu. Er kann durch eine andere Abmachung ersetzt werden und somit keine Sperrwirkung im Sinne von § 77 Abs. 3 BetrVG mehr entfalten (vgl. FKHES, § 77 Rdn. 83; GK-*Kreutz*, § 77 Rdn. 105). Eine Sperrwirkung kann in diesem Fall nur eintreten, wenn die nur nachwirkende Regelung tarifüblich ist, was vielfach zu bejahen sein wird (vgl. FKHES, § 77 Rdn. 90; GK-*Kreutz*, § 77 Rdn. 114). Die Anwendung einer tarifwidrigen und somit nichtigen Betriebsvereinbarung würde hiernach einen Verstoß des Arbeitgebers gegen seine betriebsverfassungsrechtlichen Pflichten darstellen, mit der Folge, dass nach § 23 Abs. 3 BetrVG dem Arbeitgeber aufgegeben werden kann, dies zu unterlassen. Zu den weiteren Voraussetzungen eines Verfahrens nach § 23 Abs. 3 BetrVG vgl. Muster E. XIII. 3, Variante 2.

VI. Betätigung der Arbeitgeberverbände innerhalb der Betriebsverfassung

1. Antrag des Arbeitgebers auf Hinzuziehung eines Verbandsvertreters zur Betriebsversammlung

An das
Arbeitsgericht ......

Antrag im Beschlussverfahren mit den Beteiligten

1. Firma ......[1]

– Antragstellerin –

Verfahrensbevollmächtigte: ......

2. Betriebsrat der Firma ......,
vertreten durch den Betriebsratsvorsitzenden

– Antragsgegner –

wegen Teilnahmerecht an Betriebsversammlung.

Namens und in Vollmacht der Antragstellerin leiten wir ein Beschlussverfahren ein und beantragen:

Der Antragsgegner wird verpflichtet, die Teilnahme eines vom Geschäftsführer der Antragstellerin mitgebrachten Beauftragten der Arbeitgebervereinigung ...... an den vom Antragsgegner einberufenen Betriebsversammlungen[2] zu dulden.

Begründung:

Die Antragstellerin unterhält in ...... einen Betrieb mit ca....... Arbeitnehmern.
Der Antragsgegner ist der im Betrieb ...... gebildete Betriebsrat, der Vorsitzende ist Herr ....
Die Antragstellerin ist Mitglied im Arbeitgeberverband ......[3]
Der Geschäftsführer der Antragstellerin nimmt regelmäßig an den vom Antragsgegner nach § 43 BetrVG einberufenen Betriebsversammlungen teil.
Zu der am ...... einberufenen Betriebsversammlung hat der Geschäftsführer der Antragstellerin ebenfalls teilgenommen. Er hat Herrn ...... als Justitiar des Arbeitgeberverbandes ...... gebeten, ihn zu dieser Betriebsversammlung zu begleiten, um ihm angesichts der dort zu verhandelnden Themen beratend zur Seite zu stehen.[4]
Nachdem Herr ...... zu Beginn der Betriebsversammlung neben dem Geschäftsführer der Antragstellerin Platz genommen hatte, fragte der Vorsitzende des Antragsgegners, Herr ......, anlässlich der Eröffnung der Betriebsversammlung nach dem Grund für die Anwesenheit von Herrn ....
Der Geschäftsführer der Antragstellerin erläuterte dem Betriebsratsvorsitzenden, dass es sich bei Herrn ...... um den Justitiar des Arbeitgeberverbands ...... handle, bei dem das Unternehmen Mitglied sei, und er deshalb wünsche, ihn beratend während des Ablaufs der Betriebsversammlung zur Seite zu haben.[5]
Der Betriebsratsvorsitzende berief sich daraufhin auf das ihm bei der Betriebsversammlung zustehende Hausrecht, führte aus, dass anlässlich der zu erwartenden

Beratungsgegenstände auf dieser Betriebsversammlung die Anwesenheit eines Vertreters des Arbeitgeberverbands unnötig sei und verwies Herrn ...... des Versammlungsraumes.

Allein um die Situation nicht eskalieren zu lassen, hat der Geschäftsführer der Antragstellerin Herrn ...... gebeten, den Versammlungsraum zu verlassen. Trotz mehrmaliger Hinweise auf das Teilnahmerecht von Herrn ...... als Vertreter eines Arbeitgeberverbands an der Betriebsversammlung verwehrte der Betriebsratsvorsitzende für den gesamten Verlauf der Versammlung die Hinzuziehung von Herrn ....

Rechtsanwalt

Anmerkungen

1. Im Gegensatz zu den im Betrieb vertretenen Gewerkschaften, die gem. § 46 Abs. 1 BetrVG ein eigenes Teilnahmerecht an Betriebs- oder Abteilungsversammlungen haben, besteht für eine Arbeitgebervereinigung kein selbstständiges **Teilnahmerecht** an diesen Versammlungen, so dass der Arbeitgebervereinigung auch kein eigenes Antragsrecht im Beschlussverfahren auf Durchsetzung des „abgeleiteten" Teilnahmerechts zusteht. Antragsberechtigt ist allein der Arbeitgeber, der den Verbandsvertreter zu seiner Unterstützung hinzuziehen möchte (vgl. FKHES, § 46 Rdn. 20 sowie *Richardi/Annuß*, BetrVG Rdn. 25, § 46 Rdn. 25, beide unter Bezug auf BAG v. 19. 5. 1978, AP Nr. 3 zu § 43 BetrVG 1972 = DB 1978, 2032). Nur der Arbeitgeber, der an Betriebs- oder Abteilungsversammlungen selbst (oder durch einen Vertreter) teilnimmt, kann zu seiner Unterstützung einen Beauftragten „seiner" Arbeitgebervereinigung hinzuziehen.

2. Das Teilnahmerecht eines vom Arbeitgeber mitgebrachten Beauftragten der Arbeitgebervereinigung, der er selbst angehört, ist in § 46 BetrVG für die Betriebs- und Abteilungsversammlungen genauso ausgestattet, wie das Teilnahmerecht von Arbeitgeberverbandsvertretern an Betriebsratssitzungen nach § 29 Abs. 4 BetrVG. Auch hier besteht kein eigenes Teilnahmerecht des Vertreters der Arbeitgebervereinigung, sondern nur ein von der tatsächlichen Teilnahme des Arbeitgebers an der Betriebsratssitzung abhängiges (vgl. FKHES, § 29 Rdn. 62).

3. Voraussetzung für das Teilnahmerecht des Vertreters der Arbeitgebervereinigung ist außerdem, dass der Arbeitgeber Mitglied der entsprechenden Vereinigung ist (vgl. *Richardi/Annuß*, BetrVG § 46 Rdn. 19). Selbst wenn der Arbeitgeber in mehreren Arbeitgebervereinigungen Mitglied sein sollte, kann er nur einen Beauftragten hinzuziehen (vgl. *Richardi/Annuß*, BetrVG § 46 Rdn. 20).

4. Voraussetzung für das **Teilnahmerecht** des Vertreters der Arbeitgebervereinigung ist die tatsächliche Teilnahme des Arbeitgebers oder eines von ihm benannten Vertreters an der betreffenden Versammlung (vgl. FKHES, § 46 Rdn. 17). Aus diesem nur „abgeleiteten" Teilnahmerecht ergibt sich auch, dass der Vertreter des Arbeitgeberverbandes kein eigenes Rede- oder Beratungsrecht hat, sondern nur insoweit das Wort ergreifen darf, als dies vom Arbeitgeber gewünscht wird, und soweit das Rederecht des Arbeitgebers reicht (vgl. BAG v. 19. 5. 1978, AP Nr. 3 zu § 43 BetrVG 1972 = DB 1978, 2032 sowie *Richardi*, BetrVG § 46 Rdn. 21).

5. Ist der Arbeitgeber nicht Mitglied in einem Arbeitgeberverband, ist fraglich, inwieweit er ersatzweise einen Rechtsanwalt zu seiner Unterstützung hinzuziehen darf (verneinend DKK-*Berg*, § 46 Rdn. 11; FKHES, § 46 Rdn. 17; GK-*Fabricius/Weber*, § 46 Rdn. 17; a. A. *Bauer*, NJW 1988, 1130; *Brötzmann*, BB 1990, 1055, 1058).

VII. Anträge auf Durchführung von Betriebsvereinbarungen und Informationserteilung

1. Antrag des Betriebsrats auf Durchführung einer Betriebsvereinbarung[1]

An das
Arbeitsgericht ......

Antrag im Beschlussverfahren mit den Beteiligten

1. Betriebsrat der Firma ......,
    vertreten durch den Betriebsratsvorsitzenden

– Antragsteller –

Verfahrensbevollmächtigte: ......

2. Firma ......,

– Antragsgegnerin –

wegen Unterlassung[2] betriebsvereinbarungswidrigen Verhaltens.

Namens und in Vollmacht[3] des Antragstellers leiten wir ein Beschlussverfahren ein und beantragen:

Der Antragsgegnerin wird untersagt, während der Geltung der Betriebsvereinbarung vom ...... Teilzeitmitarbeiter in der Weise zu beschäftigten, dass deren Arbeitseinsatz – beschränkt auf fünf Wochenarbeitstage – weniger als vier Stunden am Stück beträgt.[4]

Begründung:

Die Antragsgegnerin, ein Einzelhandelsunternehmen, betreibt in ...... eine Betriebsstätte. In dieser ist ein Betriebsrat gebildet, der/die Vorsitzende ist Herr/Frau ......

Am ...... haben die Beteiligten eine Betriebsvereinbarung über die Einstellung und Beschäftigung von Teilzeitarbeitnehmern abgeschlossen. Diese Betriebsvereinbarung wurde bisher von keiner der Beteiligten gekündigt. In dieser Betriebsvereinbarung haben die Beteiligten u.a. geregelt, dass der Einsatz von teilzeitbeschäftigten Mitarbeitern/-innen nur an fünf der sechs wöchentlichen Ladenöffnungstage erfolgen dürfe und die Beschäftigungsdauer pro Tag mindestens vier Zeitstunden am Stück betragen müsse.[5]

Beweis: Betriebsvereinbarung vom ......, in Kopie anbei.

In der Folgezeit hat der Antragsteller des Öfteren festgestellt, dass die Antragsgegnerin mit teilzeitbeschäftigten Mitarbeitern offenbar vertragliche Regelungen des Inhalts getroffen hat, dass der Arbeitseinsatz sowie die Lage und Dauer der Arbeitszeit entsprechend dem Arbeitsanfall erfolgen soll. Außerdem wurde dem Antragsteller zur Kenntnis gebracht, dass an den Tagen ...... und ...... die Arbeitnehmerinnen ...... und ...... lediglich für zwei bzw. drei Stunden eingesetzt wurden bzw. zwei Stunden vormittags von 10.00 Uhr bis 12.00 Uhr und zwei Stunden nachmittags von 15.00 Uhr bis 17.00 Uhr.

Mit Schreiben vom …… hat der Antragsteller die Antragsgegnerin aufgefordert, derartige betriebsvereinbarungswidrige Einsätze von Teilzeitarbeitnehmern künftig zu unterlassen[6]. Die Antragsgegnerin hat hierauf geantwortet, dass ihr dies nicht möglich sei, da die betroffenen Arbeitnehmerinnen eine derartige Einteilung ihres Arbeitseinsatzes wünschten.

Beweis: Zeugnis des Betriebsratsvorsitzenden ……

Der Antragsteller hat am …… beschlossen, das vorliegende Verfahren einzuleiten und mit seiner Durchführung die im Aktivrubrum genannten Verfahrensbevoll-mächtigten zu beauftragen.

Beweis: Zeugnis des Betriebsratsvorsitzenden ……

Rechtsanwalt

Anmerkungen

1. Gem. § 77 Abs. 1 Satz 1 BetrVG führt der Arbeitgeber die zwischen ihm und dem Betriebsrat abgeschlossenen Vereinbarungen durch. Mit diesem Durchführungsrecht korrespondiert auch eine entsprechende **Durchführungspflicht** (vgl. FKHES, § 77 Rdn. 7). Diese Durchführungspflicht betrifft sämtliche Vereinbarungen zwischen den Betriebsparteien, gleichgültig, ob es sich um eine **Betriebsvereinbarung** oder um eine **Regelungsabsprache** handelt, gleichgültig, ob der der Vereinbarung zugrunde liegende Sachverhalt der Mitbestimmung des Betriebsrates unterliegt oder es sich um eine freiwillige Vereinbarung handelt bzw. um eine Vereinbarung, die auf einem Spruch der Einigungsstelle beruht (vgl. FKHES, § 77 Rdn. 4). Grundsätzlich trägt der Arbeitgeber allein die Verantwortung für die Umsetzung der gemeinsamen Vereinbarungen, ihm obliegt die betriebliche Leitungsmacht, er ist „Herr des Betriebes" (BAG v. 27. 11. 1990, AP Nr. 41 zu § 87 BetrVG 1972 Arbeitszeit = NZA 1991, 382, 384; FKHES, § 77 Rdn. 4; *Richardi*, BetrVG § 77 Rdn. 8). Zwar können Arbeitgeber und Betriebsrat auch regeln, dass die Durchführung einer Vereinbarung dem Betriebsrat übertragen wird, dies wird jedoch, schon aus Haftungsgründen, selten vorkommen (vgl. BAG v. 24. 4. 1986, AP Nr. 7 zu § 87 BetrVG 1972 Sozialeinrichtung = NZA 87, 100).

2. Aus der Pflicht des Arbeitgebers, mit dem Betriebsrat getroffene Vereinbarungen durchzuführen, ergibt sich der Anspruch des Betriebsrates auf Unterlassung vereinbarungswidriger Maßnahmen (vgl. BAG v. 13. 10. 1987, AP Nr. 2 zu § 77 BetrVG 1972 Auslegung = NZA 1988, 253; BAG v. 10. 11. 1987, AP Nr. 24 zu § 77 BetrVG 1972 = NZA 1988, 255; FKHES, § 77 Rdn. 7). In der Regel wird der Betriebsrat sein Begehren durch einen Unterlassungsantrag verfolgen müssen, da es selten vorkommen dürfte, dass ein Arbeitgeber sich dahingehend einlässt, eine Betriebsvereinbarung prinzipiell nicht zur Durchführung bringen zu wollen (vgl. als Beispielsfall hierzu: BAG v. 28. 9. 1988, AP Nr. 29 zu § 87 BetrVG 1972 Arbeitszeit = NZA 1989, 184). Die häufigsten Fälle werden jedoch die sein, in denen der Arbeitgeber mit einzelnen Maßnahmen gegen seine Verpflichtung aus einer Vereinbarung verstößt. Der Sache nach handelt es sich bei dem hiergegen gerichteten Antrag des Betriebsrates dann nicht um einen Durchführungs-, sondern um einen Unterlassungsantrag (vgl. BAG v. 13. 10. 1987, AP Nr. 2 zu § 77 BetrVG 1972 Auslegung = NZA 1988, 253). Hinzu kommt, dass Vornahmeanträge häufig mangels Vollstreckungsfähigkeit unzulässig sein dürften. Denn hat der Arbeitgeber bereits durch eine einzelne Handlung gegen eine bestehende Vereinbarung verstoßen, geht eine mit einem Vornahmeantrag verbundene Zwangsgeldandrohung häufig ins Leere (vgl. BAG v. 17. 3. 1987, AP Nr. 7 zu § 23 BetrVG 1972 = NZA 1987, 786).

3. Die ordnungsgemäße Bevollmächtigung des Rechtsanwalts erfordert eine entsprechende Beschlussfassung des Betriebsrates zur Verfahrenseinleitung (vgl. Muster E. IV. 1 Anm. 4) und zur Anwaltsbeauftragung (vgl. Muster E. IV. 2 Anm. 2).

4. Der Durchführungs- bzw. Unterlassungsanspruch des Betriebsrats umfasst nicht die Berechtigung, vom Arbeitgeber aus eigenem Recht die Erfüllung von Ansprüchen der Arbeitnehmer aus dieser Betriebsvereinbarung zu verlangen. Deswegen ist ein Antrag des Betriebsrates unzulässig, mit dem er die Verurteilung des Arbeitgebers zur Erfüllung von Ansprüchen der Arbeitnehmer aus einem Sozialplan begehrt (BAG v. 17. 10. 1989, AP Nr. 53 zu § 112 BetrVG 1972 = NZA 1990, 441). Gegenstand des Durchführungs- bzw. Unterlassungsanspruchs des Betriebsrates sind somit ausschließlich betriebsverfassungsrechtliche Verpflichtungen, die der Arbeitgeber gegenüber dem Betriebsrat selbst eingegangen ist (vgl. FKHES, § 77 Rdn. 7). Der Durchführungs- bzw. Unterlassungsantrag des Betriebsrates setzt **keinen groben Verstoß** des Arbeitgebers im Sinne von § 23 Abs. 3 BetrVG voraus (BAG v. 10. 11. 1987, AP Nr. 24 zu § 77 BetrVG 1972 = NZA 1988, 255; DKK-*Berg*, § 77 Rdn. 5; GK-*Kreutz*, § 77 Rdn. 25), bei entsprechenden Voraussetzungen kann jedoch auch neben dem Anspruch aus § 77 Abs. 1 BetrVG ein solcher nach § 23 Abs. 3 BetrVG in Frage kommen.

5. Das Mitbestimmungsrecht des Betriebsrates bei Verkürzung oder Verlängerung der betriebsüblichen Arbeitszeit bzw. Verteilung der individuellen Arbeitszeit auf die einzelnen Wochentage gem. § 87 Abs. 1 Ziff. 2, 3 BetrVG besteht in vollem Umfang auch für teilzeitbeschäftigte Arbeitnehmer (vgl. BAG v. 13. 10. 1987, AP Nr. 24 zu § 87 BetrVG 1972 Arbeitszeit = NZA 1988, 251; BAG v. 23. 7. 1996, AP Nr. 68 zu § 87 BetrVG 1972 Arbeitszeit = NZA 1997, 274; FKHES, § 87 Rdn. 124 f., 138).

Der Arbeitgeber kann sich auch gegenüber dem Betriebsrat verpflichten, Arbeitsverträge nur mit einem bestimmten Inhalt abzuschließen, beispielsweise nur unter Vereinbarung der Festlegung der Verteilung der Arbeitsstunden auf einzelne Wochentage. Der Betriebsrat kann sodann eine entsprechende Gestaltung der Individualarbeitsverträge verlangen (BAG v. 13. 10. 1987, AP Nr. 2 zu § 77 BetrVG 1972 Auslegung = NZA 1988, 253).

6. Der Durchsetzungs- bzw. Unterlassungsanspruch des Betriebsrates zur Einhaltung der bestehenden betriebsverfassungsrechtlichen Vereinbarungen geht auch nicht verloren, wenn der Betriebsrat längere Zeit das vereinbarungswidrige Verhalten des Arbeitgebers duldet (vgl. FKHES, § 77 Rdn. 7; DKK-*Berg*, § 77 Rdn. 5).

2. Antrag des Betriebsrats auf Informationserteilung[1]

An das
Arbeitsgericht ......

Antrag im Beschlussverfahren mit den Beteiligten

1. Betriebsrat der Firma ......,
   vertreten durch den Betriebsratsvorsitzenden

– Antragsteller –

Verfahrensbevollmächtigte: ......

2. Firma ......,

– Antragsgegnerin –

wegen Vornahme einer Handlung.

Namens und in Vollmacht[2] des Antragstellers leiten wir ein Beschlussverfahren ein und beantragen:

Die Antragsgegnerin wird verpflichtet, dem Antragsteller die ab ...... mit den Fremdfirmen ...... und ...... abgeschlossenen Werkverträge sowie die am Werkstor vom Werkschutz geführten Kontrolllisten, die die Namen der Fremdfirmen sowie den Zeitpunkt des Betretens und des Verlassens des Betriebes durch die jeweiligen Arbeitnehmer der Fremdfirmen enthalten, zur Verfügung zu stellen.[3]

Begründung:

Die Antragsgegnerin, ein Unternehmen der Chemieindustrie, unterhält in ...... einen Produktionsbetrieb mit ...... Arbeitnehmern.

Der Antragsteller ist der in diesem Betrieb gebildete Betriebsrat, der/die Vorsitzende ist Herr/Frau ......

Die Antragsgegnerin setzt im Bereich der Instandhaltung der von ihr zum Einsatz gebrachten Produktionsmaschinen Fremdfirmen ein, die vor allem Schlosser, Techniker und Elektriker in den Betrieb entsenden. Der Werkschutz führt am Werkstor bezüglich dieser von den Fremdfirmen entsandten Arbeitnehmer Kontrolllisten, die die Namen der Fremdfirmen und der betreffenden Arbeitnehmer sowie den Zeitpunkt des Betretens und des Verlassens des Betriebes durch diese enthalten.

Mit Schreiben vom ...... hat der Antragsteller von der Antragsgegnerin die Überlassung der Werkverträge[4] mit den Unternehmen ...... und ...... verlangt sowie die Vorlage der ab dem Zeitpunkt ...... vom Werkschutz geführten Kontrolllisten bezüglich der Arbeitnehmer dieser Fremdfirmen.[5]

Beweis: Schreiben des Antragstellers vom ......, in Kopie anbei.

Der Arbeitgeber hat dies mit Schreiben vom ...... abgelehnt.

Der Antragsteller hat am ...... beschlossen, das vorliegende Verfahren einzuleiten und mit seiner Durchführung die im Aktivrubrum genannten Verfahrensbevollmächtigten zu beauftragen.

Beweis: Zeugnis des Betriebsratsvorsitzenden ......

Rechtsanwalt

Anmerkungen

1. Neben zahlreichen Sondervorschriften, die sich mit dem **Unterrichtungsrecht des Betriebsrats** gegenüber dem Arbeitgeber befassen (vgl. FKHES, § 80 Rdn. 48), sichert § 80 Abs. 1, 2 BetrVG dem Betriebsrat auch im Rahmen der hier genannten allgemeinen Aufgaben ein umfassendes Recht auf Informationserteilung zu, soweit diese Informationen zur konkreten Aufgabenerfüllung erforderlich sind (BAG v. 26. 1. 1988, AP Nr. 31 zu § 80 BetrVG 1972 = NZA 1988, 620; FKHES, § 80 Rdn. 51). Hiernach entfällt der Auskunftsanspruch des Betriebsrates nach § 80 Abs. 2 BetrVG nur dann, wenn ein Mitbestimmungsrecht des Betriebsrats von vornherein offensichtlich nicht in Betracht kommt (BAG v. 15. 12. 1998, AP Nr. 56 zu § 80 BetrVG 1972 = NZA 1999, 722, 724). Nach BAG vom 8. 6. 1999 (AP Nr. 57 zu § 80 BetrVG 1972 = NZA 1999, 1345) kann der Betriebsrat vom Arbeitgeber nach § 80 Abs. 2 BetrVG Auskunft über die Auswertung einer im Betrieb durchgeführten Umfrage verlangen (konkret: Einschätzung der Arbeitnehmer zu der täglichen Arbeitssituation und den Entwicklungsmöglichkeiten im Unternehmen), wenn eine hinreichende Wahrscheinlichkeit besteht, dass die dabei gewonnenen Erkenntnisse Aufgaben des Betriebsrats betreffen. Die BetrVG-Novelle 2001 hat den Aufgabenkatalog für den Betriebsrat nach § 80 Abs. 1 BetrVG erheblich erweitert. So hat der Betriebsrat nunmehr auch die Aufgabe, die Vereinbarkeit von Familie und Erwerbstätigkeit zu fördern (Abs. 1 Nr. 2 b), die Integration ausländischer Arbeitnehmer zu unterstützen (Abs. 1 Nr. 7), die Beschäftigung im Betrieb zu sichern und zu fördern (Abs. 1 Nr. 8), sowie Maßnahmen des Arbeitsschutzes und des betrieblichen Umweltschutzes zu fördern (Abs. 1 Nr. 9).

2. Die ordnungsgemäße Bevollmächtigung des Rechtsanwalts erfordert eine entsprechende Beschlussfassung des Betriebsrates zur Verfahrenseinleitung (vgl. Muster E. IV. 1 Anm. 4) und zur Anwaltsbeauftragung (vgl. Muster E. IV. 2 Anm. 2).

3. Die Unterrichtungspflicht des Arbeitgebers nach § 80 Abs. 2 BetrVG soll den Betriebsrat in die Lage versetzen, aus eigener Verantwortung zu prüfen, ob er tätig werden kann und ob er tätig werden möchte (vgl. BAG v. 26. 1. 1988, AP Nr. 31 zu § 80 BetrVG 1972 = NZA 1988, 620; FKHES, § 80 Rdn. 50). Ist das Tätigwerden des Betriebsrates jedoch abhängig davon, dass der Arbeitgeber eine Maßnahme ergreift, besteht das Informationsrecht des Betriebsrates erst dann, wenn der Arbeitgeber tätig wird und nicht schon im Vorfeld der Analyse (vgl. BAG v. 27. 6. 1989, AP Nr. 37 zu § 80 BetrVG = NZA 1989, 929 sowie Schaubild bei FKHES, § 80, Rn. 61 f.). Auch der Anspruch des Betriebsrats, ihm die erforderlichen Unterlagen zur Verfügung zu stellen, ist nicht von einem konkreten Streitfall abhängig, da der Arbeitgeber diese nach dem Gesetz jederzeit zur Verfügung zu stellen hat (vgl. FKHES, § 80 Rdn. 68). Der Anspruch des Betriebsrats auf Überlassung von Unterlagen setzt jedoch voraus, dass diese beim Arbeitgeber vorhanden sind, zumindest jedoch jederzeit von ihm erstellt werden können (BAG v. 7. 8. 1986, AP Nr. 25 zu § 80 BetrVG 1972 = NZA 1987, 134). Nach BAG v. 6. 5. 2003 (1 ABR 13/02) hat der Betriebsrat Anspruch auf Auskunft über Beginn und Ende der täglichen Arbeitszeit der Arbeitnehmer bei sogenannter „Vertrauensarbeitszeit" auch dann, wenn der Arbeitgeber über derartige Unterlagen nicht verfügt, sondern sie sich erst beschaffen muss. „Zur Verfügung stellen" heißt, dass der Arbeitgeber die entsprechenden Unterlagen dem Betriebsrat aushändigen und überlassen muss, zumindest in Form von Ablichtungen (vgl. BAG 20. 11. 1984, AP Nr. 3 zu § 106 BetrVG 1972 = NZA 1985, 432; FKHES, § 80 Rdn. 69). „Zur Verfügung stellen" nach § 80 Abs. 2 Satz 2, 1. Hs BetrVG ist somit weitergehend als das Einblicksrecht nach § 80 Abs. 2 Satz 2, 2. Hs BetrVG (vgl. hierzu Muster E. VII. 3 Anm. 1).

4. Der Arbeitgeber hat dem Betriebsrat auf Verlangen die Unterlagen zur Verfügung zu stellen, die dieser benötigt, um seine allgemeinen Kontrollaufgaben nach § 80 Abs. 1 BetrVG erfüllen oder seinen gesetzlichen Beteiligungsrechten überhaupt nachkommen zu können (vgl. FKHES, § 80 Rdn. 62). Hierzu gehören auch die Werk- und Dienstverträge, die der Arbeitgeber mit Fremdfirmen abgeschlossen hat und die bewirken, dass Arbeitnehmer dieser Fremdfirmen auf dem eigenen Betriebsgelände Tätigkeiten verrichten. Der Betriebsrat muss in diesem Zusammenhang überprüfen, inwieweit er die Interessen dieser Beschäftigten wahrzunehmen hat. Insoweit kommen sowohl **Überwachungsrechte** nach § 80 Abs. 1 Nr. 1 BetrVG in Betracht, wie auch Beteiligungsrechte nach § 99 BetrVG, und zwar dann, wenn diese Arbeitnehmer nicht auf Grund von echten Dienst- oder Werkleistungsverträgen tätig werden, sondern es sich in Wirklichkeit um Leiharbeitnehmer handelt bzw. um eine Eingliederung dieser Arbeitnehmer in den eigenen Betrieb im Sinne von § 99 BetrVG (vgl. BAG v. 31. 1. 1989, AP Nr. 33 zu § 80 BetrVG 1972 = NZA 1989, 932; BAG v. 9. 7. 1991, AP Nr. 94 zu § 99 BetrVG 1972 = NZA 1992, 275, 278; FKHES, § 80 Rdn. 63, 65; Muster E. X. 2.1 Anm. 3). Für die eigenständige Beurteilung dieser Fragen durch den Betriebsrat kann der Inhalt der Werkverträge zwischen Arbeitgeber und Drittfirmen entscheidende Hinweise bringen. Ein Geheimhaltungsbedürfnis des Arbeitgebers bezüglich des Inhalts dieser Verträge steht dem nicht entgegen, da der Betriebsrat gem. § 79 BetrVG einer Schweigepflicht bezüglich geheimhaltungsbedürftiger Tatsachen unterliegt (BAG v. 31. 1. 1989, AP Nr. 33 zu § 80 BetrVG 1972 = NZA 1989, 932 f.). Zum Unterrichtungsanspruch des Betriebsrats hinsichtlich der Beschäftigung freier Mitarbeiter vgl. BAG v. 15. 12. 1998, NZA 1999, 722. Der Gesetzgeber hat diesem Unterrichtungsbedürfnis des Betriebsrats dadurch Rechnung getragen, dass er in der BetrVG-Novelle 2001 § 80 Abs. 2 BetrVG dahingehend ergänzt hat, dass sich die Unterrichtungspflicht des Arbeitgebers gegenüber dem Betriebsrat auch auf die Beschäftigung von Personen erstreckt, die nicht in einem Arbeitsverhältnis zum Arbeitgeber stehen. Die Vorschrift soll dazu beitragen, dass Streitigkeiten zwischen den Betriebsparteien über eine Unterrichtungspflicht des Arbeitgebers und diesbezügliche eventuelle Beschlussverfahren vermieden werden (BT-Drucks. 14/5741, S. 59). Von der Unterrichtungspflicht umfasst sind somit nicht nur Leiharbeitnehmer, sondern auch Arbeitnehmer, die auf Grund von Dienst- oder Werkverträgen des Betriebsinhabers mit Dritten im Einsatzbetrieb tätig werden sowie auch freie Mitarbeiter im Rahmen eines Dienstvertrages (BT-Drucks., aaO.; FKHES, § 80 Rdn. 49).

5. Zwar lassen sich aus den vom Arbeitgeber geführten Kontrolllisten keine Erkenntnisse darüber gewinnen, ob und inwieweit die betreffenden Arbeitnehmer der Fremdfirmen dem Überwachungs- oder Beteiligungsrecht des Betriebsrates unterliegen (die Verweildauer der Fremdfirmen-Arbeitnehmer im Betrieb ist insoweit nicht maßgeblich), der Betriebsrat kann jedoch aus diesen Listen Erkenntnisse darüber gewinnen, ob der Umfang der im Betrieb durch Fremdfirmen verrichteten Tätigkeiten es sinnvoll erscheinen lässt, die durch Fremdfirmen verrichteten Tätigkeiten durch Arbeitnehmer des Betriebes oder auch neu einzustellende Arbeitnehmer verrichten zu lassen. Diese möglicherweise zu gewinnenden Erkenntnisse sind im Rahmen der vom Betriebsrat zu initiierenden Personalplanung nach § 92 Abs. 2 BetrVG zu verwenden, so dass das diesbezügliche Vorlageverlangen des Betriebsrates im Rahmen seiner eigenen Aufgabenerfüllung erfolgt (BAG v. 31. 1. 1989, AP Nr. 33 zu § 80 BetrVG 1972 = NZA 1989, 932, 933; BAG v. 9. 7. 1991, AP Nr. 94 zu § 99 BetrVG 1972 = NZA 1992, 279).

3. Antrag des Betriebsrats auf Einsichtnahme in Bruttolohn- und -gehaltslisten[1]

An das
Arbeitsgericht ......

Antrag im Beschlussverfahren mit den Beteiligten

1. Betriebsrat der Firma ......,
vertreten durch den Betriebsratsvorsitzenden

– Antragsteller –

Verfahrensbevollmächtigte: ......

2. Firma ......,

– Antragsgegnerin –

wegen Einsichtnahme.

Namens und in Vollmacht[2] des Antragstellers leiten wir ein Beschlussverfahren ein und beantragen:
Die Antragsgegnerin wird verpflichtet, einem vom Betriebsrat hierzu beauftragten Betriebsratsmitglied[3] Einsichtnahme in die Bruttolohn- und -gehaltslisten[4] sämtlicher Arbeitnehmer der Antragsgegnerin mit Ausnahme der Arbeitnehmer ......

und ...... (leitende Angestellte)[5] zu gewähren, unter der Maßgabe, dass während der Dauer dieser Einsichtnahme weder der Geschäftsführer der Antragsgegnerin, noch andere von der Antragsgegnerin bestellte Personen anwesend sein dürfen, soweit diese den Auftrag haben, bzw. die Anwesenheit mit dem Ziel erfolgt, die Einsichtnahme in die Bruttolohn- und -gehaltslisten zu überwachen.[6]

Begründung:

Die Antragsgegnerin betreibt einen Betrieb in ...... mit 120 Arbeitnehmern. Der Antragsteller ist der im Betrieb der Antragsgegnerin in ...... gebildete 5-köpfige Betriebsrat. Der/die Vorsitzende ist Herr/Frau ......

Der Antragsteller hatte bereits verschiedentlich sein durch den Betriebsratsvorsitzenden oder das von dem Antragsteller beauftragte Betriebsratsmitglied ...... durchzuführende Einsichtsrecht in die Bruttolohn- und -gehaltslisten der von der Antragsgegnerin beschäftigten Arbeitnehmer geltend gemacht. Dies war ihm auch gewährt worden. Am ...... begehrte er erneut Einblick in die betreffenden Listen, verlangte jedoch, dass hierbei weder der Geschäftsführer noch eine von ihm beauftragte Person zu dem Zweck anwesend sein sollte, ihn bei der Einsichtnahme zu überwachen.

Begründet wurde dieses Verlangen damit, dass bei früheren Gelegenheiten entweder der Geschäftsführer oder eine von ihm beauftragte Führungskraft sich in dem Raum platzierte, in dem die Einsichtnahme erfolgte.

Die Antragsgegnerin hat dieses Begehren des Antragstellers abgelehnt mit der Begründung, die Anwesenheit eines ihrer Vertreter bei der Einsichtnahme in die Bruttolohn- und -gehaltslisten sei keine unzulässige Beschränkung des Einsichtsrechts, eine Störung der Einsichtnahme sei nicht erfolgt. Da das Einsichtsrecht nur einem einzelnen Betriebsratsmitglied zustehe, komme ein Gespräch bzw. eine interne Beratung mehrerer Betriebsratsmitglieder bei der Einsichtnahme nicht in Betracht. Außerdem könne anderweitig nicht gewährleistet werden, dass die zur Einsichtnahme überreichten Listen nicht vollständig abgeschrieben werden würden.

Nach Ansicht des Antragstellers würde eine derartige Überwachung jedoch zu einer unzulässigen Störung und Kontrolle der inhaltlichen Betriebsratstätigkeit führen.

Der Antragsteller hat am ...... beschlossen, das vorliegende Verfahren einzuleiten und mit seiner Durchführung die im Aktivrubrum genannten Verfahrensbevollmächtigten zu beauftragen.

Beweis: Zeugnis des Betriebsratsvorsitzenden ......

Rechtsanwalt

Anmerkungen

1. § 80 Abs. 2 Satz 2, 2. Hs BetrVG gibt dem Betriebsrat ein Recht zur Einsichtnahme in die Bruttolohn- und -gehaltslisten, soweit dies für die Durchführung seiner Aufgaben erforderlich ist. Diese Erforderlichkeit leitet sich in erster Linie aus § 80 Abs. 1 Ziff. 1 BetrVG ab (Überwachungspflicht darüber, ob die zu Gunsten der Arbeitnehmer geltenden Tarifverträge und Betriebsvereinbarungen durchgeführt werden) sowie aus dem Überwachungsrecht nach § 75 Abs. 1 BetrVG (vgl. DKK-*Buschmann,* § 80 Rdn. 104; FKHES, § 80 Rdn. 70). Allerdings ist das Einblicksrecht des Betriebsrates nicht auf die Fälle einer Überwachungsaufgabe beschränkt. Auch zur Wahrnehmung allgemeiner Mitbestimmungsrechte besteht das Einsichtsrecht, beispielsweise wenn der Betriebsrat sich Klarheit darüber verschaffen will, ob und inwieweit er Initiativrechte bezüglich der Mitbestimmung bei der betrieblichen Lohngestaltung nach § 87 Abs. 1 Nr. 10 BetrVG (BAG v. 10. 2. 1987, AP Nr. 27 zu § 80 BetrVG 1972 = NZA 1987, 385, 386) wahrnehmen will. Soweit der Gesamtbetriebsrat oder Konzernbetriebsrat zur Einsichtnahme berechtigt sind, steht die Durchführung des Einblicksrechts diesen Organen der Betriebsverfassung zu (vgl. FKHES, § 80 Rdn. 78; *Richardi/Thüsing*, BetrVG § 80 Rdn. 76). „Einblick" nehmen bedeutet Vorlage zur Einsicht, nicht hingegen Aushändigung. Der Arbeitgeber braucht die Listen nicht aus der Hand zu geben, der Betriebsrat ist nicht berechtigt, Fotokopien zu fertigen oder diese Listen vollständig abzuschreiben. Er ist jedoch berechtigt, sich anlässlich der Einsichtnahme Notizen zu machen (vgl. BAG v. 20. 11. 1984, AP Nr. 3 zu § 106 BetrVG 1972 = NZA 1985, 432, 434 und BAG v. 16. 8. 1995, AP Nr. 53 zu § 80 BetrVG 1972 = NZA 1996, 330, 331; FKHES, § 80 Rdn. 76; GK-*Kraft*, § 80 Rdn. 102 f.; *Richardi/Thüsing*, BetrVG § 80 Rdn. 82). Das Einblicksrecht des Betriebsrates besteht unabhängig vom Einverständnis der betreffenden Arbeitnehmer, deren Privatsphäre insoweit zurücktreten muss (vgl. BAG v. 20. 12. 1988, AP Nr. 5 zu § 92 ArbGG 1979 = NZA 1989, 393, 395; DKK-*Buschmann*, § 80 Rdn. 113; FKHES, § 80 Rdn. 70).

2. Die ordnungsgemäße Bevollmächtigung des Rechtsanwalts erfordert eine entsprechende Beschlussfassung des Betriebsrates zur Verfahrenseinleitung (vgl. Muster E. IV.1 Anm. 4) und zur Anwaltsbeauftragung. 2 Anm. (vgl. Muster E. IV 2 Anm. 2).

3. Hat ein Betriebsrat neun oder mehr Mitglieder, so ist ein **Betriebsausschuss** gem. § 27 BetrVG zu bilden. Diesem oder einem weiteren Ausschuss nach § 28 BetrVG steht das Einsichtsrecht in größeren Betrieben zu, nicht hingegen dem gesamten Betriebsrat, auch wenn die Einblick nehmenden Betriebsratsmitglieder berechtigt und verpflichtet sind, ihre Kenntnisse an das gesamte Gremium weiterzugeben (vgl. DKK-*Buschmann*, § 80 Rdn. 103 f.; FKHES, § 80 Rdn. 71 ff.). Das Einblicksrecht in die Bruttolohn- und -gehaltslisten ist jedoch nicht auf Betriebsräte mit neun oder mehr Mitgliedern beschränkt, auch in kleineren Betrieben besteht das Einblicksrecht, wird jedoch hier durch den Betriebsratsvorsitzenden oder ein anderes, nach § 27 Abs. 4 BetrVG hierzu bestimmtes Betriebsratsmitglied ausgeübt (vgl. DKK-*Buschmann*, § 80 Rdn. 103; FKHES, § 80 Rdn. 71 f.; *Richardi/Thüsing*, BetrVG § 80 Rdn. 72 ff.).

4. Gegenstand des Einblicksrechts sind die Bruttolohn- und -gehaltslisten, nicht hingegen die Nettoentgelte, da der Betriebsrat keinen Anspruch auf Unterrichtung über die familiären oder persönlichen Umstände der Arbeitnehmer hat, aus denen sich die Höhe der jeweiligen Differenz zwischen Brutto- und Nettobezügen ableitet (vgl. DKK-*Buschmann*, § 80 Rdn. 105; FKHES, § 80 Rdn. 72; *Richardi/Thüsing*, BetrVG § 80 Rdn. 78). Das Einblicksrecht besteht jedoch hinsichtlich aller Lohnbestandteile, erstreckt sich somit auch auf übertarifliche Zulagen, Prämien, Tantiemen, Gratifikationen und andere Sondervergütungen (vgl. DKK-*Buschmann*, § 80 Rdn. 106; FKHES, § 80 Rdn. 73). Nach LAG Hamm (Beschluss v. 26. 10. 2001, NZA-RR 2002, 302) erstreckt sich das Einsichtsrecht des Betriebsrats auch auf Poolzahlungen an Krankenhausärzte und nachgeordnete Mitarbeiter, die von liquidationsberechtigten Chefärzten herrühren.

5. Das Einsichtsrecht des Betriebsrates erstreckt sich nicht auf die Gehälter der leitenden Angestellten, da diese gem. § 5 Abs. 3 BetrVG nicht in den Geltungsbereich des Gesetzes fallen. Die Bruttogehälter der außertariflichen Angestellten werden hingegen vom Einsichtsrecht umfasst, da sie in vollem Umfang dem Geltungsbereich des BetrVG unterliegen (vgl. DKK-*Buschmann*, § 80 Rdn. 108 f.; FKHES, § 80 Rdn. 74).

6. Bei der Einsichtnahme in die Bruttolohn- und -gehaltslisten durch den Betriebsausschuss oder einzelne Betriebsratsmitglieder dürfen keine Personen anwesend sein, die den Betriebsrat hierbei überwachen oder mit seiner Überwachung beauftragt sind (BAG v. 16. 8. 1995, AP Nr. 53 zu § 80 BetrVG 1972 = NZA 1996, 330). Hierdurch wird das Anwesenheitsrecht des Arbeitgebers bzw. anderer Arbeitnehmer bei der Einsichtnahme nicht generell ausgeschlossen. Das BAG will lediglich ausschließen, dass eine Kontrolle des Arbeitgebers oder entsprechender Aufsichtspersonen über die Inhalte des Einsichtsrechts ausgeübt wird. Insbesondere hat keine Kontrolle darüber stattzufinden, in welcher Weise und mit welchem Inhalt Notizen gefertigt werden bzw. ist auch zu gewährleisten, dass Mitglieder des Betriebsausschusses sich ungestört während der Einsichtnahme unterhalten und beraten können (BAG aaO., 332; FKHES § 80 Rdn. 76; *Richardi/Thüsing*, BetrVG § 80 Rdn. 83).

4. Antrag des Betriebsrats auf Auskunft über vergebene Aktienoptionen[1]

An das
Arbeitsgericht ......

Antrag im Beschlussverfahren mit den Beteiligten

1. Betriebsrat der Firma ......,
   vertreten durch den Betriebsratsvorsitzenden

– Antragsteller –

Verfahrensbevollmächtigte: Rechtsanwälte ......

2. Firma ......

– Antragsgegnerin –

wegen Vornahme einer Handlung.

Namens und in Vollmacht[2] des Antragstellers leiten wir ein Beschlussverfahren ein und beantragen:
Die Antragsgegnerin wird verpflichtet, dem Antragsteller eine Liste der Mitarbeiterinnen und Mitarbeiter mit Ausnahme der leitenden Angestellten zur Verfügung zu stellen, denen im Geschäftsjahr ..... von der Muttergesellschaft der Antragsgegnerin ..... Inc. Aktien-Optionen zugeteilt wurden.

Begründung:

Die Antragsgegnerin ist ein Unternehmen der Elektroindustrie mit Sitz in der Bundesrepublik. Der Antragsteller ist der am Firmensitz gebildete Betriebsrat. Der/die Vorsitzende ist Herr/Frau ...... Die Konzern-Muttergesellschaft der Antragsgegnerin, die ....., hat ihren Sitz in den USA. Im Geschäftsjahr ..... wurden an ca. 60% der insgesamt ca. 1.500 Mitarbeiter/innen am bundesrepublikanischen Standort Aktien-Optionen der Muttergesellschaft verteilt. Das geschah in der Weise, dass die hiesige Unternehmensleitung bzw. die einzelnen Bereichsvorgesetzten innerhalb des Unternehmens personelle Vorschläge nebst Anregungen über die Anzahl der zu vergebenden Aktien-Optionen an die Muttergesellschaft gereicht haben und von dieser dann ein Vergabeplan erstellt wurde, der sich teilweise an den gemachten Vorschlägen orientierte, teilweise aber auch nicht[3]. Die Zuteilung der Optionen an die einzelnen Mitarbeiter erfolgte dann durch die Muttergesellschaft selbst. Der Antragsteller wurde an diesem Vorgang nicht beteiligt.

Der Antragsteller möchte, ehe er sich abschließend zu der Frage äußert, ob und wie er sein Mitbestimmungsrecht geltend macht, erst einmal Auskunft haben über den Kreis der Begünstigten und den Umfang der vergebenen Optionen. Die Antragsgegnerin hat im Vorfeld dieses Begehren zurückgewiesen mit der Begründung, der geltend gemachte Auskunftsanspruch sei mangels Bestehen eines Mitbestimmungsrechts nicht gegeben. Das Mitbestimmungsrecht bestehe für die Antragstellerin nicht, weil die Entscheidungen über das Ob und Wie der Verteilung dieser Aktien-Optionen allein in den USA getroffen werde, für sie somit kein Regelungsspielraum existiere[4].

Der Antragsteller hat am ...... beschlossen, das vorliegende Verfahren einzuleiten und mit seiner Durchführung die im Aktivrubrum genannten Verfahrensbevollmächtigten zu beauftragen.

Beweis: Zeugnis des Betriebsratsvorsitzenden ......

Rechtsanwalt

Anmerkungen

1. Gem. § 80 Abs. 2 Satz 1 BetrVG steht dem Betriebsrat bezüglich der ihm vom Gesetz nach § 80 Abs. 1 BetrVG übertragenen allgemeinen Aufgaben ein umfassendes Recht auf Informationserteilung zu, sobald diese Informationen zur konkreten Aufgabenerfüllung erforderlich sind. Dieser Auskunftsanspruch besteht nicht erst dann und nicht nur insoweit, als Beteiligungsrechte aktuell sind. Dem Betriebsrat soll es vielmehr durch die erlangten Informationen ermöglicht werden, in eigener Verantwortung zu prüfen, ob sich für ihn hieraus Aufgaben im Sinne der Betriebsverfassung ergeben und ob er zur Wahrnehmung dieser Aufgaben tätig werden möchte oder gar muss. Die Grenzen des Auskunftsanspruchs liegen dort, wo ein Beteiligungsrecht offensichtlich nicht in Betracht kommt. Erst dann kann nicht mehr davon gesprochen werden, dass die Auskunft zur Durchführung von Aufgaben des Betriebsrats erforderlich sei (BAG v. 15. 12. 1998, AP Nr. 56 zu § 80 BetrVG 1972 = NZA 1999, 722/724). In Zeiten einer boomenden Börse wuchs auch das Interesse breiter Bevölkerungsschichten an Aktien. In diesem Zusammenhang fanden seit Jahren und finden möglicherweise auch zukünftig wieder Aktienoptionen für Mitarbeiter börsennotierter Unternehmen als (ggf. leistungsorientierter) Vergütungsbestandteil für Mitarbeiter immer weitere Verbreitung (vgl. allgemein hierzu *Lingemann, Diller, Mengel*, Aktienoptionen im internationalen Konzern, ein arbeitsrechtsfreier Raum? NZA 2000, 1191). Da es sich bei der Vergabe derartiger Aktienoptionen um geldwerte Zuwendungen handeln dürfte, ist hierbei regelmäßig das Mitbestimmungsrecht nach § 87 Abs. 1 Nr. 10 BetrVG betroffen. Der Betriebsrat ist daher stets an der Entscheidung über die Verteilung des Gesamtvolumens einer Optionsmenge zu beteiligen, soweit Arbeitnehmer (§ 5 Abs. 1 BetrVG) zum Kreis der Bezugsberechtigten gehören sollen. Dies ist unstreitig, soweit ein deutsches Unternehmen bzw. die deutsche Tochtergesellschaft eines internationalen Konzerns derartige Aktienoptionen selbst und in eigener Entscheidung gewährt (vgl. *Lingemann, u. a.*, NZA 2000, 1197). Probleme tauchen regelmäßig auf, wenn die Vergabeentscheidung selbst von einer ausländischen Konzernmutter getroffen und auch dort der Kreis der Begünstigten festgelegt wird (vgl. zu Problemen des Mitbestimmungsrechts bei international abhängigen deutschen Konzernunternehmen: *Fischer*, Der ahnungslose Arbeitgeber oder die Betriebsverfassung im [internationalen] konzernrechtlichen Niemandsland? AuR 2002, 7).

2. Die ordnungsgemäße Bevollmächtigung des Rechtsanwalts erfordert eine entsprechende Beschlussfassung des Betriebsrats zur Verfahrenseinleitung (vgl. Muster E. IV.1. Anm. 4) und zur Anwaltsbeauftragung (vgl. Muster E. IV.2. Anm. 2).

3. Ist nach dem Sachverhalt (wie im vorliegenden Beispielsfall) davon auszugehen, dass das deutsche Tochterunternehmen eigene personelle Vorschläge nebst Anregungen über die Anzahl der jeweils zu vergebenden Aktienoptionen der ausländischen Konzernmutter unterbreitet, könnte zusätzlich auch beantragt werden, den Arbeitgeber zu verpflichten, dem Betriebsrat eine Arbeitnehmerliste mit den der Konzernmutter unterbreiteten Vorschlägen über die auf diese Arbeitnehmer entfallenden Stückzahlen sowie die Zuteilungskriterien zur Verfügung zu stellen.

4. Auch wenn ein Unternehmen in einem Abhängigkeitsverhältnis zu einer ausländischen Muttergesellschaft steht, verbleibt es doch in seinem Abhängigkeitsverhältnis zur deutschen Rechtsordnung. Dies ergibt sich aus dem Territorialitätsprinzip des BetrVG, wonach ein Betrieb, der sich auf dem Territorium der Bundesrepublik Deutschland befindet, dem BetrVG unterfällt, egal wo der Sitz und die Leitung dieses Unternehmens angesiedelt sind. Wenn die Entscheidungen über einen nach dem BetrVG mitbestimmungspflichtigen Tatbestand allein im Ausland getroffen werden, bleibt es dem deutschen Arbeitgeber unbenommen, insoweit die erforderlichen Auskünfte im Ausland einzuholen und im Übrigen vor diesem Hintergrund eine Verständigung mit dem Betriebsrat – ggf. unter Einbeziehung der Konzernmutter und in deren Einvernehmen – zu suchen. Die Schutzfunktion des BetrVG kann und darf nämlich nicht daran scheitern, dass die Unternehmensleitung vom Ausland aus erfolgt bzw. von dort aus gesteuert wird. Insoweit gilt, dass ein in der Bundesrepublik Deutschland operierendes Unternehmen in die hiesige betriebsverfassungsrechtliche Ordnung eingebunden ist, unabhängig davon, wo deren Beherrschungsstrukturen und -instanzen angesiedelt sind (LAG Hessen vom 5. 7. 2001, NZA-RR 2002, 200). Bezüglich des Auskunftsanspruchs über vergebene Aktienoptionen gilt nichts anderes. Wenn die im Ausland ansässigen Gesellschafter einer in der Bundesrepublik ansässigen Gesellschaft unter nur teilweiser Einschaltung der Geschäftsführung zusätzliche Leistungen an Arbeitnehmer erbringen, müssen sie hierbei auch das Mitbestimmungsrecht des Betriebsrats beachten. Das Mitbestimmungsrecht wird nicht dadurch relativiert, dass die Gesellschafter des Unternehmens über den Kopf der Geschäftsführung hinweg zusätzliche Vergütungsbestandteile an die Arbeitnehmer der Gesellschaft gewähren oder dass sie vom Ausland aus tätig werden (LAG Nürnberg v. 22. 1. 2002, NZA-RR 2002, 247 nicht rechtskr.).

VIII. Streitigkeiten über die Zuständigkeit des Gesamtbetriebsrats

1. Antrag auf Feststellung der Unwirksamkeit einer Gesamtbetriebsvereinbarung[1]

An das
Arbeitsgericht[2] ......

Antrag im Beschlussverfahren mit den Beteiligten

1. Betriebsrat des Betriebs ...... der Firma ......, vertreten durch den Betriebsrats-vorsitzenden
Verfahrensbevollmächtigte: Rechtsanwälte ......
– Antragsteller Ziff. 1 –

2. Betriebsrat des Betriebes ...... der Firma ......, vertreten durch den Betriebs-ratsvorsitzenden
Verfahrensbevollmächtigte: Rechtsanwälte ......
– Antragsteller Ziff. 2 –

3. Gesamtbetriebsrat der Firma ......, vertreten durch den Gesamtbetriebsratsvor-sitzenden ......
– Antragsgegner (Beteiligter Ziff. 3) –

4. Firma ......
– Beteiligte Ziff. 4 –[3]

5. Betriebsrat des Betriebes ...... der Firma ......
– Beteiligter Ziff. 5 –

6. Betriebsrat des Betriebes ...... der Firma ......
– Beteiligter Ziff. 6 –

7. Betriebsrat des Betriebes ...... der Firma ......
– Beteiligter Ziff. 7 –

wegen Feststellung der Unwirksamkeit einer Gesamtbetriebsvereinbarung.

Namens und in Vollmacht[4] der Antragsteller Ziff. 1 und 2 leiten wir ein Beschluss-verfahren ein und beantragen:
Es wird festgestellt, dass die Gesamtbetriebsvereinbarung vom ...... zur Regelung der Arbeitszeit unwirksam ist.[5]

Begründung:

Die Beteiligte Ziff. 4 betreibt fünf Bau-Fachmärkte und beschäftigt ...... Arbeit-nehmer. Die beiden Antragsteller sind die in den Märkten ...... jeweils gewählten Betriebsräte. Die Beteiligten Ziff. 5–7 sind die in den Märkten ...... gewählten Be-triebsräte. Der Antragsgegner ist der am ...... gebildete Gesamtbetriebsrat.
Am ...... schlossen der Antragsgegner und die Beteiligte Ziff. 4 eine Gesamtbe-triebsvereinbarung zur Regelung der Arbeitszeit ab. Danach wird für alle Betriebe des Unternehmens ab ...... gleitende Arbeitszeit eingeführt. Die Rahmen- und die Kernarbeitszeiten wurden einheitlich festgelegt. Für jeden Mitarbeiter wird ein Ar-beitszeitkonto angelegt, auf dem das Zeitguthaben bzw. das Zeitsoll vermerkt wer-

den. Diese Zeitkonten sollen unter Zugrundelegung der tariflichen Wochenarbeitszeit von ...... Stunden zum 30. 6. und 31. 12. jedes Jahres ausgeglichen sein. Zu den Einzelheiten der Vereinbarung wird auf die beigefügte Ablichtung Bezug genommen.

Die in den Märkten jeweils gewählten Betriebsräte haben den Antragsgegner nicht mit dem Abschluss einer Arbeitszeitregelung beauftragt.[6] Vielmehr hat der Gesamtbetriebsrat gegen den Widerspruch der Antragsteller in vermeintlich eigener Zuständigkeit die vorgenannte Gesamtbetriebsvereinbarung abgeschlossen. Er hat darauf hingewiesen, dass eine einheitliche Arbeitszeitregelung unternehmensweit wegen der einheitlichen Ladenöffnungszeiten und aus Gleichbehandlungsgründen erforderlich sei. Eine solche unternehmensweite Regelung könnten die einzelnen Betriebsräte innerhalb ihrer Betriebe nicht treffen.

Diese Ansicht ist unzutreffend. Die Festlegung des Beginns und Endes der täglichen Arbeitszeit und deren Verteilung auf die einzelnen Wochentage fällt grundsätzlich in die Zuständigkeit des Betriebsrats. Ein zwingendes Erfordernis für eine einheitliche Regelung besteht nicht.

Dieses wäre nur dann gegeben, wenn mehrere Betriebe produktionstechnisch so miteinander verbunden sind, dass unterschiedliche betriebliche Arbeitszeitregelungen zu untragbaren technischen Störungen und zu unangemessenen betrieblichen oder wirtschaftlichen Auswirkungen führen würden.[7] Das ist hier nicht der Fall (Begründung: ......).

Die Antragsteller haben jeweils am ...... beschlossen, das vorliegende Verfahren einzuleiten und mit seiner Durchführung die im Aktivrubrum genannten Verfahrensbevollmächtigten zu beauftragen.

Beweis: Zeugnis der Betriebsratsvorsitzenden

Rechtsanwalt

Anmerkungen

1. Das Antragsmuster gilt entsprechend für Streitigkeiten über die Zuständigkeit des Konzernbetriebsrats.

2. Für Streitigkeiten über die Zuständigkeit des Gesamtbetriebsrats ist das Arbeitsgericht örtlich zuständig, in dessen Bezirk das Unternehmen seinen Sitz hat (§ 82 Satz 2 ArbGG). Handelt es sich allerdings um eine Streitigkeit in einer Angelegenheit, in der der Gesamtbetriebsrat kraft Auftrags gem. § 50 Abs. 2 BetrVG tätig wird, so ist das Arbeitsgericht zuständig, in dessen Bezirk der betroffene Betrieb liegt (§ 82 Satz 1 ArbGG). Denn es handelt sich der Sache nach nicht um eine Angelegenheit des Gesamtbetriebsrats, sondern um eine solche des Betriebsrats bzw. des Betriebes (vgl. FKHES, § 50 Rdn. 78).

3. Nach § 83 Abs. 3 ArbGG sind der Arbeitgeber und alle weiteren betroffenen Betriebsräte zu beteiligen. Bei einem Streit über die Zuständigkeit des Konzernbetriebsrats sind neben der Konzernmuttergesellschaft die im Konzern bestehenden Betriebsräte, Gesamtbetriebsräte und der Konzernbetriebsrat am Verfahren zu beteiligen (vgl. BAG v. 20. 12. 1995, AP Nr. 1 zu § 58 BetrVG 1972).

4. Die ordnungsgemäße Bevollmächtigung des Rechtsanwalts erfordert eine entsprechende Beschlussfassung des Betriebsrats zur Verfahrenseinleitung (vgl. Muster E. IV. 1. Anm. 4) und zur Anwaltsbeauftragung (vgl. Muster E.IV.2. Anm. 2).

5. Das für den Feststellungsantrag gem. § 256 Abs. 1 ZPO erforderliche rechtliche Interesse ist zu bejahen, wenn der Antragsteller, wie im Musterfall, die Feststellung der

Unwirksamkeit der Gesamtbetriebsvereinbarung mit der Begründung begehrt, der Gesamtbetriebsrat sei zu ihrem Abschluss nicht zuständig gewesen. Der antragstellende Betriebsrat ist berechtigt, seinen Zuständigkeitsbereich gegenüber dem Gesamtbetriebsrat und dem Konzernbetriebsrat zu verteidigen. Er nimmt mit seinem Feststellungsantrag ein eigenes betriebsverfassungsrechtliches Recht wahr. Da sich die Zuständigkeiten des Betriebsrats und des Gesamtbetriebsrats bzw. Konzernbetriebsrats gegenseitig ausschließen (vgl. etwa BAG v. 6. 4. 1976, AP Nr. 2 zu § 50 BetrVG 1972), wäre der Betriebsrat durch eine Gesamtbetriebsvereinbarung/Konzernbetriebsvereinbarung, die in seine Zuständigkeit fällt, in eigenen Rechten verletzt. Ein Feststellungsinteresse ist hingegen zu verneinen, wenn der Betriebsrat lediglich materiellrechtliche Einwendungen (z. B. Verletzung von Arbeitnehmerrechten) erhebt, ohne die Zuständigkeit des Gesamtbetriebsrats bzw. Konzernbetriebsrats zu rügen. Denn die allgemeine Überwachungsaufgabe nach § 80 Abs. 1 BetrVG als solche gibt dem Betriebsrat kein Recht zur Einleitung eines Beschlussverfahrens. Ist der Betriebsrat nicht in eigenen betriebsverfassungsrechtlichen Rechten verletzt, fehlt es an einem Feststellungsinteresse; der Antrag ist unzulässig (vgl. BAG v. 20. 12. 1995, AP Nr. 1 zu § 58 BetrVG 1972).

6. Dieser Hinweis ist erforderlich, da der einzelne Betriebsrat nach § 50 Abs. 2 BetrVG den Gesamtbetriebsrat mit der Mehrheit seiner Stimmen beauftragen kann, eine Angelegenheit für ihn zu behandeln. Hier ist insbesondere an die Fälle gedacht, in denen eine einheitliche Regelung zwar nicht zwingend erforderlich ist, jedoch vom Betriebsrat als zweckmäßig angesehen wird (vgl. näher FKHES, § 50 Rdn. 62 ff.; *Richardi*, BetrVG § 50 Rdn. 53 ff.). Im Verhältnis von Gesamtbetriebsrat und Konzernbetriebsrat ist ebenfalls eine solche Zuständigkeit des Konzernbetriebsrats kraft Auftrags möglich (§ 58 Abs. 2 BetrVG; vgl. FKHES, § 58 Rdn. 25 ff.; *Richardi*, BetrVG § 58 Rdn. 24 ff.).

7. Vgl. BAG v. 23. 9. 1975, AP Nr. 1 zu § 50 BetrVG 1972 und ferner DKK-*Trittin*, § 50 Rdn. 34; FKHES, § 50 Rdn. 26; *Richardi*, BetrVG § 50 Rdn. 13.

2. Antrag auf Feststellung der Zuständigkeit des Gesamtbetriebsrats für einen betriebsratslosen Betrieb

An das
Arbeitsgericht[1]

Antrag im Beschlussverfahren mit den Beteiligten

1. Gesamtbetriebsrat im Unternehmen der Fa. ......, vertreten durch den Gesamtbetriebsratsvorsitzenden ......
Verfahrensbevollmächtigte: Rechtsanwälte ......

– Antragsteller –

2. Fa.....

– Antragsgegnerin –

3. Betriebsrat des Betriebs O ...... der Fa. ......

– Beteiligter Ziff. 3 –

wegen Feststellung der Zuständigkeit des Gesamtbetriebsrats.

Namens und in Vollmacht[2] des Antragstellers leiten wir ein Beschlussverfahren ein und beantragen:

Es wird festgestellt, dass die Antragsgegnerin verpflichtet ist, mit dem Antragsteller über einen Interessenausgleich anlässlich der beabsichtigten Zusammenlegung der beiden Betriebe der Antragsgegnerin in F. und in O. zu verhandeln.[3]

Begründung:

Die Antragsgegnerin produziert und vertreibt Brandschutzelemente. Eine von drei Produktionsstätten befindet sich in O., wo 120 Arbeitnehmer beschäftigt werden. Der im Betrieb O. gebildete Betriebsrat ist der Beteiligte Ziff. 3.[4] Die Verwaltung mit 40 Arbeitnehmern befindet sich in F.; im dortigen Betrieb wurde ein Betriebsrat nicht gewählt. Der Antragsteller ist der von den Betriebsräten der Produktionsstätten gebildete Gesamtbetriebsrat.

Am ...... beschloss die Gesellschafterversammlung, die beiden Betriebe in F. und O. zusammenzulegen und künftig die Verwaltung am Standort O. zu führen.

Beweis: Protokoll des Gesellschafterbeschlusses in Kopie anbei.

Trotz mehrfacher Aufforderung des Antragstellers hat sich die Geschäftsführung der Antragsgegnerin geweigert, mit dem Antragsteller über den Abschluss eines Interessenausgleichs und Sozialplans zu verhandeln. Dabei hat die Geschäftsführung die Meinung vertreten, hierzu nicht verpflichtet zu sein, weil im Betrieb F. kein Betriebsrat vorhanden sei und die Verlegung der Verwaltung zum Betrieb O. für die Arbeitnehmer im Betrieb O. keine Auswirkungen habe.

Beweis: Schriftverkehr in Kopie anbei.

Diese Ansicht ist unzutreffend. Der Gesamtbetriebsrat ist auch zuständig für Betriebe ohne Betriebsräte, soweit es sich um Angelegenheiten handelt, die das Gesamtunternehmen oder mehrere Betriebe betreffen und nicht durch die einzelnen Betriebsräte innerhalb ihrer Betriebe geregelt werden können (§ 50 Abs. 1 Satz 1 BetrVG).[5] Die Zusammenlegung der beiden Betriebe ist eine mitbestimmungspflichtige Betriebsänderung nach § 111 Satz 2 Nr. 2, 3 BetrVG (Verlegung des ganzen Betriebes, Zusammenschluss mit anderen Betrieben). Sie erfüllt zudem den Tatbestand des § 111 Satz 2 Nr. 4 BetrVG, da der Betriebszweck des Betriebes O., der bisher allein in der Produktion bestand, um den arbeitstechnischen Zweck einer „Verwaltung" erweitert werden soll. Der geplante Zusammenschluss kann nur für beide Betriebsstätten einheitlich geregelt werden. Die Personalstruktur des Betriebes O. ändert sich und es ist zu erwarten, dass Arbeitsplätze in O. als Folge der Umstrukturierung und Kostenminderung wegfallen. Da davon nicht nur die Interessen der Belegschaft in F., sondern auch der in O. berührt werden, ist ein einheitlicher Interessenausgleich erforderlich. Es handelt sich um ein einheitliches unternehmerisches Konzept, das auch im Hinblick auf die zeitliche Koordination nicht auseinandergerissen werden darf. Die Beurteilung und Mitgestaltung dieses Konzepts ist Aufgabe des Gesamtbetriebsrats und kann nicht von den einzelnen Betriebsräten, soweit vorhanden, geregelt werden.[6] Der Umstand, dass im Betrieb F. kein Betriebsrat gebildet worden ist, ist nach der gesetzgeberischen Entscheidung unerheblich. Aufgrund seiner originären Zuständigkeit für den Interessenausgleich im vorliegenden Fall ist der Antragsteller auch für den betriebsratslosen Betrieb F. zuständig.[7]

Der Antragsteller hat am ...... beschlossen, das vorliegende Verfahren einzuleiten und mit seiner Durchführung die im Aktivrubrum genannten Verfahrensbevollmächtigten zu beauftragen.

Beweis: Zeugnis des Gesamtbetriebsratsvorsitzenden

Rechtsanwalt

Anmerkungen

1. Für Streitigkeiten über die Zuständigkeit des Gesamtbetriebsrats ist das Arbeitsgericht örtlich zuständig, in dessen Bezirk das Unternehmen seinen Sitz hat (§ 82 Satz 2 ArbGG). Vgl. im Übrigen oben E. VIII 1. Anmerkung 2.

2. Die ordnungsgemäße Bevollmächtigung des Rechtsanwalts erfordert eine entsprechende Beschlussfassung des Gesamtbetriebsrats zur Verfahrenseinleitung (vgl. Muster E. IV 1. Anm. 4) und zur Anwaltsbeauftragung (vgl. Muster E. IV 2. Anm. 2).

3. Bei der Formulierung des Antrages ist besondere Sorgfalt geboten. Insbesondere ist ein sog. Globalantrag zu vermeiden. Ein Globalantrag liegt vor, wenn die Formulierung so weit gefasst ist, dass eine Vielzahl denkbarer Fallgestaltungen umfasst wird (z. B. „Es wird festgestellt, dass der Antragsteller für Verhandlungen über einen Interessenausgleich zuständig ist" oder „Es wird festgestellt, dass dem Antragsteller die Mitbestimmungsrechte der §§ 111, 112 BetrVG zustehen"). Nach ständiger Rechtsprechung des BAG (BAG v. 10. 6. 1986, AP Nr. 18 zu § 87 BetrVG 1972 Arbeitszeit = NZA 1986, 840; zu einem Feststellungsantrag des Gesamtbetriebsrats BAG v. 11. 11. 1998, AP Nr. 18 zu § 50 BetrVG 1972 = NZA 1999, 1056) ist ein solcher Antrag zulässig; er ist im Hinblick auf die erfassten Fallgestaltungen bestimmt genug (§ 253 Abs. 2 Ziff. 2 ZPO). Er ist jedoch nur dann begründet, wenn hinsichtlich aller möglichen Fallgestaltungen ein Mitbestimmungsrecht besteht. Ist auch nur ein vom Antrag erfasster Fall denkbar, in dem das Mitbestimmungsrecht nicht gegeben wäre, so hat das Arbeitsgericht den Antrag insgesamt als unbegründet abzuweisen (vgl. im Einzelnen Muster E. IX. 1. Anm. 3). Das Feststellungsinteresse an der begehrten Entscheidung gem. § 256 Abs. 1 ZPO wird vom BAG regelmäßig bejaht, wenn der Arbeitgeber ein Mitbestimmungsrecht des Gesamtbetriebsrats bestreitet oder sich dieser eines solchen Mitbestimmungsrechts ernsthaft berühmt (vgl. etwa BAG, 11. 11. 1998, aaO.; im Einzelnen Muster E. IX. 1. Anm. 4). Im Musterfall beruht das Feststellungsinteresse darauf, dass der Arbeitgeber ein Mitbestimmungsrecht des Gesamtbetriebsrats nach den §§ 111, 112 BetrVG generell ablehnt.

4. Nach § 83 Abs. 3 ArbGG ist Beteiligter an einem Beschlussverfahren, wer von der in dem Verfahren ergehenden Entscheidung materiellrechtlich in seiner betriebsverfassungsrechtlichen Rechtsstellung unmittelbar betroffen sein kann. Maßgebend ist der jeweilige Sachantrag (BAG v. 11. 11. 1998, AP Nr. 18 zu § 50 BetrVG 1972 = NZA 1999, 1056). Bei der Klärung der Zuständigkeitsfrage sind die örtlichen Betriebsräte zu beteiligen, deren Zuständigkeit im Fall der Unzuständigkeit des Gesamtbetriebsrats in Frage käme.

5. Bis zu dem am 28. 7. 2001 in Kraft getretenen Gesetz zur Reform des Betriebsverfassungsgesetzes vom 23. 7. 2001 war die Zuständigkeit des Gesamtbetriebsrats für betriebsratslose Betriebe streitig. Nach der Rechtsprechung des BAG (16. 8. 1983, AP Nr. 5 zu § 50 BetrVG 1972) erstreckte sich die Zuständigkeit des Gesamtbetriebsrats nicht auf solche betriebsratsfähigen Betriebe des Unternehmens, in denen kein Betriebsrat gewählt worden ist. Das BAG begründete diese Ansicht damit, dass die betriebsratslosen Betriebe außerhalb der Betriebsverfassung stünden und der Gesamtbetriebsrat hinsichtlich der dort beschäftigten Arbeitnehmer nicht demokratisch legitimiert sei. Diese im Schrifttum streitige Rechtsfrage (vgl. etwa FKHES, 20. Auflage, § 50 Rdnr. 12 mwN), hat der Gesetzgeber nunmehr dahin entschieden, dass sich die Zuständigkeit des Gesamtbetriebsrats auch auf die Betriebe bezieht, in denen kein Betriebsrat besteht. Dabei macht das Gesetz keinen Unterschied, ob es sich um einen nicht betriebsratsfähigen Betrieb (§ 1 Abs. 1 BetrVG) oder um einen betriebsratsfähigen Betrieb handelt, in wel-

chem kein Betriebsrat gewählt wurde. Allerdings greift die Zuständigkeit für betriebsratslose Betriebe nur ein, soweit die originäre Zuständigkeit des Gesamtbetriebsrats
nach § 50 Abs. 1 BetrVG gegeben ist. Der Gesamtbetriebsrat ist nicht befugt, in betriebsratslosen Betrieben die Aufgabe des örtlichen Betriebsrats wahrzunehmen und Angelegenheiten zu regeln, die in die Zuständigkeit des örtlichen Betriebsrats fallen. Nur
dann, wenn es sich um Angelegenheiten handelt, die das Gesamtunternehmen oder mehrere Betriebe betreffen und die nicht durch die einzelnen Betriebsräte, soweit vorhanden,
innerhalb ihrer Betriebe geregelt werden können, bezieht sich die Zuständigkeit des Gesamtbetriebsrats auch auf betriebsratslose Betriebe. Ist also ein örtlicher Betriebsrat
nicht vorhanden, so ist fiktiv zu prüfen, ob die betroffene Angelegenheit von einem örtlichen Betriebsrat hätte wahrgenommen werden können. Gelangt man zur Zuständigkeit
des Gesamtbetriebsrats, so kann dieser Betriebsvereinbarungen für die betriebsratslosen Betriebe abschließen; er kann auch Sozialpläne aufstellen, die dann für die betroff-
fenen Betriebe gelten, unabhängig davon, ob ein Betriebsrat besteht oder nicht (vgl.
näher *Däubler*, DB 2001, 1670; FKHES, § 50 Rdn. 29 ff.; GK-*Kreutz*, § 50 Rdn. 45 ff.;
Richardi, BetrVG § 50 Rdn. 49 ff.).

Unklar ist, wie mit Gesamtbetriebsvereinbarungen zu verfahren ist, die vor der gesetzlichen Neuregelung abgeschlossen wurden. Eine Übergangsregelung hat der Gesetzgeber
hierzu nicht erlassen. Es muss daher davon ausgegangen werden, dass diese Gesamtbetriebsvereinbarungen ab sofort auch für betriebsratslose Betriebe gelten (differenzierend
GK-*Kreutz*, § 50 Rdn. 52). Die Frage, unter welchen Voraussetzungen sich der Arbeitgeber von diesen Gesamtbetriebsvereinbarungen lösen kann (Wegfall der Geschäftsgrundlage, vgl. FKHES, § 50 Rdn. 31), ist höchstrichterlich noch nicht entschieden.

Zur Zuständigkeit des Konzernbetriebsrats für Betriebe der Konzernunternehmen ohne
Betriebsrat ist in § 58 Abs. 1 BetrVG eine entsprechende Regelung getroffen worden.

6. Zur Zuständigkeit des Gesamtbetriebsrats bei der Zusammenlegung mehrerer Be-
triebe vgl. BAG v. 24. 1. 1996, AP Nr. 16 zu § 50 BetrVG 1972 = NZA 1996, 1107;
FKHES, § 50 Rdn. 59; *Richardi*, BetrVG § 50 Rdn. 37; zu seinem Fortbestand bei einem
Betriebsübergang vgl. BAG v. 5. 6. 2002, NZA 2003, 336.

7. Der Musterantrag wurde zunächst auf die Verhandlungen über einen Interessenausgleich beschränkt. Hinsichtlich der sich anschließenden Verhandlungen über einen
Sozialplan ist der Gesamtbetriebsrat ebenfalls für den betriebsratslosen Betrieb in F. zuständig. Zweifelhaft wäre die Fallkonstellation, dass in keinem der beiden betroffenen
Betriebe ein Betriebsrat besteht, ein Gesamtbetriebsrat aber durch die Betriebsräte der
anderen Produktionsbetriebe bestellt worden ist. Die Frage, ob auch in einem solchen
Fall der Gesamtbetriebsrat für einen Interessenausgleich und Sozialplan hinsichtlich der
beiden betriebsratslosen Betriebe zuständig ist, wird von der Rechtsprechung zu klären
sein.

IX. Streitigkeiten im Zusammenhang mit der Mitbestimmung in sozialen Angelegenheiten

1. Antrag auf Feststellung des Bestehens und des Umfangs eines Mitbestimmungsrechts

An das
Arbeitsgericht ......

> Antrag im Beschlussverfahren mit den Beteiligten

1. Betriebsrat der Firma ......, vertreten durch den Betriebsratsvorsitzenden[1]
Verfahrensbevollmächtigte: Rechtsanwälte ......

– Antragsteller –

2. Firma ......

– Antragsgegnerin –

wegen Feststellung eines Mitbestimmungsrechts.

Namens und in Vollmacht des Antragstellers[2] leiten wir ein Beschlussverfahren ein und beantragen:

Es wird festgestellt, dass dem Antragsteller bei der von der Antragsgegnerin beabsichtigten Neuordnung der an ihre Beschäftigten im Betrieb ...... gezahlten übertariflichen Zulagen anlässlich der Tariflohnerhöhung zum ...... ein Mitbestimmungsrecht zusteht.[3]

> Begründung:

Die Antragsgegnerin produziert ...... und betreibt in ...... einen Betrieb, in dem sie ...... Arbeitnehmer beschäftigt. Sie ist Mitglied des Arbeitgeberverbands ......
Der Antragsteller ist der in diesem Betrieb gebildete Betriebsrat.

Die Antragsgegnerin hat ihre Beschäftigten mit Ausnahme der leitenden Angestellten und einiger außertariflicher Angestellter durchgehend nach den Tarifverträgen der ...... (Branche) eingruppiert. Sie bezahlt über den Tariflohn hinaus an einen Teil der Beschäftigten übertarifliche Zulagen in unterschiedlicher Höhe. Gegenüber dem Betriebsrat hatte sie diese übertariflichen Zulagen in der Vergangenheit mit Markt-, Leistungs- und sozialen Gesichtspunkten begründet.

Die Tariflöhne werden zum 1. 4. nächsten Jahres um 1,5 % erhöht. Die Antragsgegnerin will diese Tariflohnerhöhung dem Grunde nach an die Arbeitnehmer weitergeben. Sie beabsichtigt jedoch, die übertariflichen Zulagen zu diesem Datum nach Leistungskriterien neu zu ordnen und, je nach Einzelfall, zu erhöhen, zu kürzen oder auf die Tariflohnerhöhung anzurechnen. Zu diesem Zweck hat sie einen Fragebogen entwickelt, mit dem die Vorgesetzten die Leistungen ihrer Mitarbeiter beurteilen sollen.

Beweis: ......

Der Antragsteller hat die Antragsgegnerin mit Schreiben vom ...... darauf hingewiesen, dass ihm hinsichtlich der Neuordnung der übertariflichen Zulagen ein Mitbestimmungsrecht gemäß § 87 Abs. 1 Nr. 10 BetrVG zusteht. Die Antragsgegnerin hat dies mit Schreiben vom ...... abgelehnt und die Ansicht vertreten, die Gestaltung der übertariflichen Zulagen sei generell mitbestimmungsfrei. Das ist jedoch nicht zutreffend: Die Neuordnung der übertariflichen Zulagen und deren teilweise Anrechnung auf die Tariflohnerhöhung beinhalten eine geänderte Zweckbestimmung und eine Neufestsetzung der Verteilungsgrundsätze, die das rechnerische Verhältnis der Zulagen zueinander verändert. Zur Wahrung der innerbetrieblichen Lohngerechtigkeit steht dem Antragsteller daher ein Mitbestimmungsrecht zu.[4, 5]

Der Antragsteller hat am ... beschlossen, das vorliegende Verfahren einzuleiten und mit seiner Durchführung die im Aktivrubrum genannten Verfahrensbevollmächtigten zu beauftragen.

Beweis: Zeugnis des Betriebsratsvorsitzenden

Rechtsanwalt

Anmerkungen

1. Der Antragsteller im Beispielsfall der positiven Feststellungsklage ist der Betriebsrat. Möglich ist auch der umgekehrte Fall der negativen Feststellungsklage des Arbeitgebers. Gerade dann, wenn der Betriebsrat im Hinblick auf ein behauptetes Mitbestimmungsrecht ein Einigungsstellenverfahren einleiten will oder dies bereits getan hat, kann der Arbeitgeber mit einer negativen Feststellungsklage die Feststellung beantragen, dass dem Betriebsrat insoweit kein Mitbestimmungsrecht zusteht (sogenanntes Vorab-Entscheidungsverfahren, vgl. das Muster unten E. XII. 2).

2. Die ordnungsgemäße Bevollmächtigung des Rechtsanwalts erfordert eine entsprechende Beschlussfassung des Betriebsrats zur Verfahrenseinleitung (vgl. Muster E. IV. 1. Anm. 4) und zur Anwaltsbeauftragung (vgl. Muster E. IV. 2. Anm. 2).

3. Bei der Formulierung des Antrags ist besondere Sorgfalt geboten.

a) Insbesondere ist ein sogenannter **Globalantrag** zu vermeiden. Ein Globalantrag liegt vor, wenn die Formulierung so weit gefasst ist, dass eine Vielzahl denkbarer Fallgestaltungen umfasst wird (z. B. „Es wird festgestellt, dass die Anordnung von Überstunden in der Abteilung ...... mitbestimmungspflichtig ist."). Nach ständiger Rechtsprechung des BAG (seit BAG v. 10. 6. 1986, AP Nr. 18 zu § 87 BetrVG 1972 Arbeitszeit = NZA 1986, 840) ist ein solcher Antrag zulässig; er ist im Hinblick auf die erfassten Fallgestaltungen bestimmt genug (§ 253 Abs. 2 Ziffer 2 ZPO). Er ist jedoch nur dann begründet, wenn hinsichtlich aller möglichen Fallgestaltungen ein Mitbestimmungsrecht besteht. Ist auch nur ein vom Antrag erfasster Fall denkbar, in dem das Mitbestimmungsrecht nicht gegeben wäre (z. B. bei echten Einzelfällen oder bei Notfällen, vgl. FKHES, § 87 Rdn. 24 ff.), so hat das Arbeitsgericht den Antrag insgesamt als unbegründet abzuweisen. Der Antrag muss so formuliert sein, dass das Gericht mit „Ja" oder „Nein" antworten kann; würde die Antwort „wenn ... dann" und „wenn ... dann nicht" lauten, so würde vom Gericht ein Rechtsgutachten verlangt werden, was prozessual unzulässig ist (vgl. *Matthes*, DB 1984, 453, 454).

Globalanträge, die auch nur hinsichtlich einer denkbaren Fallgestaltung unbegründet sind, werden vom BAG konsequent als insgesamt unbegründet abgewiesen. Dies gilt sowohl bei Feststellungs- als auch bei Unterlassungsanträgen (vgl. die wichtigsten Entscheidungen: BAG AP Nr. 23, 24, 25 zu § 23 BetrVG 1972; AP Nr. 37 zu § 40 BetrVG 1972; AP Nr. 1 zu § 77 BetrVG 1972 Regelungsabrede; AP Nr. 2 zu § 90 BetrVG 1972; AP Nr. 18 zu § 87 BetrVG 1972 Arbeitszeit, zuletzt etwa BAG 13. 3. 2001, AP Nr. 87 zu § 87 BetrVG 1972 Arbeitszeit = NZA 2001, 976; LAG Köln, 15. 2. 2001, NZA-RR

2002, 140). Diese Rechtsprechung ist unbefriedigend, da sie den Beteiligten die gewünschte rechtliche Klärung nicht oder allenfalls als obiter dictum gibt (so z. B. BAG AP Nr. 23, 25 zu § 23 BetrVG 1972). Die Frage, wie die Globalanträge in den entschiedenen Fällen richtig zu formulieren gewesen wären, hat das BAG bisher offen gelassen (so zu Recht *Richardi,* Anmerkung zu AP Nr. 23 zu § 23 BetrVG 1972).

b) Der Antrag muss daher den streitigen Sachverhalt möglichst präzise bezeichnen. Geht es z. B. um ein Mitbestimmungsrecht bei der Anordnung von Überstunden, so sind diese genau zu bezeichnen; der Antrag wäre auf die Feststellung zu richten, dass der Betriebsrat ein Mitbestimmungsrecht hat „bei der Anordnung von Überstunden für das Verkaufspersonal anlässlich der Inventur", „bei der Anordnung von Überstunden nach dem Ausfall von Arbeitszeit durch Wochenfeiertage", „bei der Anordnung von Überstunden für Betriebshandwerker zur Beseitigung von Störungsfällen", „anlässlich der Installation von Datensichtgeräten in der Abteilung Auftragsabwicklung", „bei der Veranstaltung des Verkaufswettbewerbs am ...... für Außendienstmitarbeiter" (Beispiele nach *Matthes,* DB 1984, 453, 454). Dabei sind auslegungsbedürftige juristische Begriffe zu vermeiden; der Antrag, „festzustellen, dass dem Betriebsrat ein Mitbestimmungsrecht bei der Anordnung von Überstunden zusteht, sofern es sich um eine kollektive Regelung handelt" wäre unbestimmt und unzulässig. Denn der Terminus „kollektive Regelung" ist auslegungsbedürftig und in seiner Unbestimmtheit nicht der Rechtskraft fähig. Erst recht wäre ein Antrag unzulässig, der lediglich den Gesetzeswortlaut wiedergibt (vgl. BAG AP Nr. 7 zu § 23 BetrVG 1972). Wichtig ist stets die genaue zeitliche Eingrenzung des streitigen Sachverhalts; z. B. „die Anordnung von Überstunden zwischen 24. 12. und 31. 12. dieses Jahres".

c) Die Verbindung des Hauptantrags mit einer Reihe von Hilfsanträgen kann im Einzelfall geeignet sein, die Gefahren des Globalantrags zu umgehen. Der Hauptantrag wird allgemein formuliert und mit einer Kette von vorsorglichen und höchst vorsorglichen Hilfsanträgen verbunden, die den Streitstoff immer mehr eingrenzen: Lautet z. B. der Hauptantrag „festzustellen, dass der Arbeitgeber mit der Neuordnung der übertariflichen Zulagen am ...... das Mitbestimmungsrecht des Betriebsrats verletzt hat", so könnte hilfsweise die Feststellung beantragt werden, „dass der Arbeitgeber mit der Neuordnung der übertariflichen Zulagen bei den gewerblichen Arbeitnehmern das Mitbestimmungsrecht verletzt hat", höchst hilfsweise die Feststellung, „dass der Arbeitgeber mit der Neuordnung der übertariflichen Zulagen bei den gewerblichen Arbeitnehmern der Lohngruppe IV das Mitbestimmungsrecht verletzt hat" (zur Verkettung mehrerer Anträge bei Überstunden vgl. etwa BAG v. 10. 3. 1992, AP Nr. 1 zu § 77 BetrVG 1972 Regelungsabrede = NZA 1992, 952).

d) Das Arbeitsgericht ist gehalten, den Antrag auszulegen. Liegt ein unklarer, gegebenenfalls global gefasster Antrag vor, so muss das Arbeitsgericht – neben einem rechtlichen Hinweis gemäß § 139 ZPO – versuchen, das Rechtsschutzbegehren aus der Antragsbegründung zu ermitteln (vgl. z. B. BAG v. 19. 6. 2001, NZA 2001, 1263; LAG Frankfurt, 15. 12. 1998, NZA-RR 1999, 584). Es ist daher sehr wichtig, den streitigen Sachverhalt in der Begründung im Einzelnen zu schildern; es sollten alle maßgeblichen Tatsachen sorgfältig dargelegt werden.

e) Die Benennung der Gesetzesvorschrift, aus der sich das Mitbestimmungsrecht ergibt (z. B. § 87 Abs. 1 Nr. 10 BetrVG), ist in der Regel überflüssig und gehört nicht in den Antrag (vgl. *Matthes,* DB 1984, 453, 455).

f) Die vorgenannten Grundsätze gelten ebenso für den negativen Feststellungsantrag des Arbeitgebers, dass dem Betriebsrat in einer bestimmten Angelegenheit kein Mitbestimmungsrecht zusteht. Da das Gericht nur mit „Ja" oder „Nein" antworten kann, muss der streitige Tatbestand im Antrag eindeutig bezeichnet werden. Auch hier hat das Gericht den Antrag auszulegen (vgl. BAG v. 6. 12. 1983, AP Nr. 7 zu § 87 BetrVG 1972 Überwachung = NZA 1985, Beilage 1, 2).

4. Der Antrag auf Feststellung des Bestehens oder des Umfangs eines Mitbestimmungsrechts bedarf gem. § 256 Abs. 1 ZPO eines besonderen Feststellungs- oder Rechtsschutzinteresses. Dieses muss nicht nur bei Einleitung des Verfahrens, sondern auch noch zum Zeitpunkt der gerichtlichen Entscheidung vorliegen (vgl. BAG AP Nr. 7 zu § 81 ArbGG 1979).

a) Das BAG bejaht in Fällen wie dem Musterantrag regelmäßig das Bestehen eines Feststellungs- bzw. Rechtsschutzinteresses (vgl. etwa BAG AP Nr. 5, 24 zu § 87 BetrVG 1972 Arbeitszeit; AP Nr. 3 zu § 81 ArbGG 1979; vgl. zuletzt BAG v. 19. 6. 2001, NZA 2001, 1263). Dies gilt nicht nur dann, wenn sich die Betriebspartner über das Bestehen oder den Umfang eines Mitbestimmungsrechts uneinig sind, sondern auch dann, wenn hierüber bereits ein Einigungsstellenverfahren eingeleitet wurde. Auch wenn die Einigungsstelle in eigener Verantwortung ihre Zuständigkeit und damit das Bestehen eines Mitbestimmungsrechts prüfen muss, können sowohl Arbeitgeber als auch Betriebsrat vor einem Spruch der Einigungsstelle ein Beschlussverfahren über das Bestehen des Mitbestimmungsrechts bzw. dessen Umfang einleiten. Für ein solches sogenanntes **Vorabentscheidungsverfahren,** das für spätere Verfahren bindet (vgl. BAG v. 10. 11. 1987, AP Nr. 15 zu § 113 BetrVG 1972 = NZA 1988, 287), ist ein Rechtsschutzinteresse zu bejahen (vgl. BAG v. 26. 8. 1997, AP Nr. 117 zu § 112 BetrVG 1972 = NZA 1998, 216, 217; AP Nr. 11 zu § 76 BetrVG 1972; AP Nr. 7 zu § 87 BetrVG 1972 Überwachung; GK-*Kreutz,* § 76 Rdn. 124; GK-*Wiese,* § 87 Rdn. 1080; vgl. ferner unten E. XII. 2. mit Antragsmuster).

b) Bezieht sich der positive Feststellungsantrag des Betriebsrats auf eine vom Arbeitgeber beabsichtigte Maßnahme, so ist das Feststellungs- bzw. Rechtsschutzinteresse in der Regel ohne weiteres zu bejahen. Dies gilt nur dann nicht, wenn der Arbeitgeber das Bestehen des Mitbestimmungsrechts anerkennt und beide Seiten lediglich inhaltlich keine Lösung finden. In diesem Fall ist der Regelungsstreit vor der Einigungsstelle auszutragen; für ein Beschlussverfahren über das Bestehen des Mitbestimmungsrechts ist kein Raum.

Ist der Arbeitgeber allerdings nur bereit, eine freiwillige Betriebsvereinbarung über die betroffene Angelegenheit gemäß § 88 BetrVG abzuschließen, so ist für den Feststellungsantrag des Betriebsrats, es handele sich um eine erzwingbare Mitbestimmung gemäß § 87 BetrVG, ein Rechtsschutzinteresse gegeben (vgl. BAG AP Nr. 2 zu § 56 BetrVG Entlohnung). Der negative Feststellungsantrag des Arbeitgebers, dass eine beabsichtigte Maßnahme mitbestimmungsfrei ist, hat nur dann ein Rechtsschutzinteresse, wenn der Betriebsrat ein Mitbestimmungsrecht behauptet. Dafür genügt nicht jeder Regelungsvorschlag des Betriebsrats. Erforderlich ist vielmehr, dass der Betriebsrat ernsthaft ein erzwingbares Mitbestimmungsrecht für sich in Anspruch nimmt, das er gegebenenfalls über die Einigungsstelle durchzusetzen gewillt ist (vgl. BAG AP Nr. 24 zu § 87 BetrVG 1972 Arbeitszeit; *Matthes,* DB 1984, 453, 457; GK-*Wiese,* § 87 Rdn. 1080).

c) Hat der Arbeitgeber zum Zeitpunkt der letzten Anhörung vor der Kammer die streitige Handlung bereits durchgeführt (z. B. es wurden die angeordneten Überstunden geleistet), so ist zu unterscheiden: (1) Handelt es sich um einen einmaligen Streitfall, der nunmehr faktisch abgeschlossen ist, entfällt das Rechtsschutzinteresse am Feststellungsantrag des Betriebsrats oder des Arbeitgebers. Das Beschlussverfahren dient nicht dazu, einem der Betriebspartner zu bescheinigen, dass seine Rechtsansicht richtig oder falsch war (so zu Recht *Matthes,* aaO.). Das Verfahren ist für erledigt zu erklären. (2) Hat die vorgenommene Handlung aber noch Folgewirkungen (z. B. wenn die Anrechnung von Tariflohnerhöhungen auf übertarifliche Zulagen dauerhaft zu einer anderen Verteilung des Zulagenvolumens führt), so bleibt das Rechtsschutzinteresse des Antragstellers an der Feststellung des (Nicht-) Bestehens eines Mitbestimmungsrechts gegeben. Allerdings ist der Antrag dem nun modifizierten Rechtsschutzziel anzupassen. (3) Schließlich ist es denkbar, dass sich der an sich vollkommen abgeschlossene Streitfall in der Zukunft wiederholen kann. Hier ist ein Rechtsschutzinteresse nur gegeben, wenn der Antragsteller diese Wiederholungsgefahr substantiiert darlegt und ggf. beweist. War der Anlassfall bereits bei Einreichung der Antragsschrift abgeschlossen, so ist der Antrag auf die künftig eintretenden Streitfälle zu beziehen. Dabei ist die allgemeine Rechtsfrage, die dem Streit zugrunde liegt, deutlich vom Anlassfall losgelöst zu umschreiben und zum Gegenstand des Verfahrens zu machen (vgl. BAG v. 18. 4. 2000, AP Nr. 33 zu § 87 BetrVG 1972 Überwachung = NZA 2000, 1176; 20. 4. 1999 AP Nr. 43 zu § 81 ArbGG 1979 = NZA 1999, 1235). Erledigt sich der Anlassfall erst während des laufenden Beschlussverfahrens, so muss der Antrag, der auf diesen konkreten Streitfall bezogen war, abgeändert und auf die künftigen Streitfälle bezogen werden. Dies wird vom Gericht nicht automatisch im Wege der Auslegung vorgenommen, sondern bedarf, da es sich um verschiedene Streitgegenstände handelt, der förmlichen Antragsänderung. Ist absehbar, dass sich der Anlassfall im Verlaufe des Beschlussverfahrens erledigen wird, kann vorsorglich bereits von Anfang an ein zusätzlicher Antrag hinsichtlich der künftigen Streitfälle in die Antragschrift aufgenommen werden (vgl. *Matthes,* aaO.).

d) Der Umstand, dass im Einzelfall statt eines Feststellungsantrags ein Leistungsantrag möglich ist (z. B. ein Unterlassungsantrag), lässt nicht zwangsläufig das Feststellungsinteresse für den Feststellungsantrag entfallen. Der prozessökonomische Grundsatz, wonach einer Feststellungsklage regelmäßig das Rechtsschutzbedürfnis fehlt, soweit eine Leistungsklage möglich wäre, ist nicht ohne weiteres auf das Beschlussverfahren zu übertragen. Denn hier kann auch ein Feststellungsantrag die verbindliche Klärung einer Streitfrage herbeiführen. Die Betriebspartner haben nach dem Grundsatz der vertrauensvollen Zusammenarbeit (§ 2 Abs. 1 BetrVG) eine rechtskräftige Feststellung zu beachten, weshalb nach der Auffassung des Bundesarbeitsgerichts ein Feststellungsantrag trotz der Möglichkeit eines Leistungsantrags regelmäßig zulässig ist (BAG v. 15. 12. 1998, AP Nr. 56 zu § 80 BetrVG 1972 = NZA 1999, 722).

5. Vgl. zur Anrechnung von Tariflohnerhöhungen auf übertarifliche Zulagen BAG GS, 3. 12. 1991, AP Nr. 51 zu § 87 BetrVG 1972 Lohngestaltung sowie im Übrigen *Richardi,* BetrVG § 87 Rdn. 790 ff.

2. Antrag auf Unterlassung einer mitbestimmungspflichtigen Handlung

An das
Arbeitsgericht ......

Antrag im Beschlussverfahren mit den Beteiligten

1. Betriebsrat der Firma ......, vertreten durch den Betriebsratsvorsitzenden
   Verfahrensbevollmächtigte: Rechtsanwälte ......

– Antragsteller –

2. Firma ......

– Antragsgegnerin –

wegen Unterlassung einer mitbestimmungspflichtigen Handlung.

Namens und in Vollmacht des Antragstellers[1] leiten wir ein Beschlussverfahren ein und beantragen:
1. Der Antragsgegnerin wird untersagt, in ihrem Werk ...... das EDV-System ......
   einzurichten, solange nicht der Antragsteller der Maßnahme zugestimmt hat oder

ein die Einrichtung des EDV-Systems betreffender rechtskräftiger Spruch der Einigungsstelle vorliegt.[2]

2. Für jeden Fall der Zuwiderhandlung gegen die Verpflichtung aus Ziffer 1 wird ein Ordnungsgeld bis zu EUR 250.000,– angedroht.[3]

Begründung:

Die Antragsgegnerin produziert ...... und betreibt in ...... einen Betrieb, in dem sie ...... Arbeitnehmer beschäftigt. Zu diesem Betrieb gehören mehrere Werke. Der Antragsteller ist der in diesem Betrieb gebildete Betriebsrat.

Die Antragsgegnerin beabsichtigt, im Werk ...... eine EDV-Anlage einzurichten, mit der die Finanz-, Verkaufs- und Personalbuchhaltung rationalisiert werden soll. Diese Buchhaltung erfolgte bisher manuell. Das für die EDV-Anlage vorgesehene System ermöglicht es der Antragsgegnerin, die in der Verwaltung tätigen Arbeitnehmer zu überwachen: Es werden automatisch Leistungs- und Verhaltensdaten erfasst und der Personalleitung zugänglich gemacht (nähere Begründung). Die beabsichtigte Einrichtung des EDV-Systems ist daher nach § 87 Abs. 1 Nr. 6 BetrVG mitbestimmungspflichtig.[4]

Mit Schreiben vom ...... und vom ...... hat der Antragsteller auf die Mitbestimmungspflichtigkeit der geplanten Maßnahme hingewiesen. Mit Schreiben vom ...... hat die Antragsgegnerin eine Beteiligung des Antragstellers endgültig abgelehnt und angekündigt, dass sie die EDV-Anlage zum ...... installieren will.

Beweis: ......

Der Antragsteller hat mit Schreiben vom ...... die Einigungsstelle angerufen und ein Verfahren gemäß § 98 ArbGG zur Bestellung des Einigungsstellenvorsitzenden eingeleitet. Die Antragsgegnerin ist verpflichtet, bis zum Abschluss einer Betriebsvereinbarung oder bis zu einem rechtskräftigen Spruch der Einigungsstelle die beabsichtigte Maßnahme zu unterlassen.[5, 6]

Die Androhung eines Ordnungsgeldes bereits im Erkenntnisverfahren ist zur Erzwingung der Unterlassungsverpflichtung der Antragsgegnerin geboten.

Der Antragsteller hat am ...... beschlossen, das vorliegende Verfahren einzuleiten und mit seiner Durchführung die im Aktivrubrum genannten Verfahrensbevollmächtigten zu beauftragen.

Beweis: Zeugnis des Betriebsratsvorsitzenden

Rechtsanwalt

Anmerkungen

1. Die ordnungsgemäße Bevollmächtigung des Rechtsanwalts erfordert eine entsprechende Beschlussfassung des Betriebsrats zur Verfahrenseinleitung (vgl. Muster E. IV. 1. Anm. 4) und zur Anwaltsbeauftragung (vgl. Muster E. IV. 2. Anm. 2).

2. Der Unterlassungsantrag muss mit besonderer Sorgfalt formuliert werden. Insbesondere gilt es, einen zu weit gehenden Globalantrag zu vermeiden. Denn ist auch nur eine Fallgestaltung denkbar, bei der kein Mitbestimmungsrecht des Betriebsrats besteht, ist der Antrag nach der ständigen Rechtsprechung des BAG insgesamt als unbegründet zurückzuweisen (vgl. im Einzelnen oben E. IX. 1. Anm. 3).

3. Die Androhung eines Ordnungsgeldes ist bereits im Erkenntnisverfahren zulässig und zur Beschleunigung einer etwaigen Zwangsvollstreckung sinnvoll (vgl. *Germelmann/*

Matthes/Prütting/Müller-Glöge, ArbGG, § 85 Rdn. 27). Da es sich um einen allgemeinen Unterlassungsanspruch handelt (vgl. unten Anm. 5), richtet sich die Zwangsvollstreckung nach § 85 Abs. 1 ArbGG, § 890 Abs. 1 ZPO. Danach kann ein Ordnungsgeld bis zu EUR 250.000,– angedroht bzw. festgesetzt werden. Die Ordnungsgeldhöchstgrenze von EUR 10.000,– in § 23 Abs. 3 BetrVG kommt nicht zur Anwendung, da der Betriebsrat nach richtiger Auffassung kein Verfahren nach § 23 Abs. 3 BetrVG betreibt (vgl. FKHES, § 23 Rdn. 108 ff.; GK-*Oetker*, § 23 Rdn. 160 ff.).

4. Vgl. im Einzelnen zu § 87 Abs. 1 Nr. 6 BetrVG FKHES, § 87 Rdn. 214 ff.; *Richardi*, BetrVG § 87 Rdn. 475 ff.

5. Die langjährige Streitfrage in Rechtsprechung und Lehre, ob dem Betriebsrat gegen den Arbeitgeber neben den Ansprüchen aus § 23 Abs. 3 BetrVG ein **allgemeiner Anspruch auf Unterlassung von Mitbestimmungsrechtsverletzungen** zusteht, hat das BAG für die Mitbestimmung gemäß § 87 BetrVG mit Beschluss vom 3. 5. 1994 entschieden (AP Nr. 23 zu § 23 BetrVG 1972 = NZA 1995, 40). § 23 Abs. 3 Satz 1 BetrVG gibt dem Betriebsrat und einer im Betrieb vertretenen Gewerkschaft das Recht, bei groben Verstößen des Arbeitgebers gegen seine Verpflichtungen aus diesem Gesetz beim Arbeitsgericht zu beantragen, dem Arbeitgeber die Unterlassung, Duldung oder Vornahme einer Handlung aufzugeben. Der Erste Senat des BAG hatte mit Beschluss vom 22. 2. 1983 (AP Nr. 2 zu § 23 BetrVG 1972 = NJW 1984, 196) hieraus gefolgert, dass der Betriebsrat nur bei groben Verstößen des Arbeitgebers gegen die Mitbestimmungs- oder Mitwirkungsrechte des Betriebsrats deren Unterlassung verlangen könne; einen allgemeinen Anspruch auf Unterlassung mitbestimmungswidriger Handlungen hatte der Erste Senat abgelehnt. Diese Entscheidung hatte im Schrifttum Zustimmung und starken Widerspruch gefunden (vgl. die Nachweise bei GK-*Oetker*, § 23 Rdn. 125 f.). Verschiedene Instanzgerichte und der Sechste Senat des BAG (18. 4. 1985, AP Nr. 5 zu § 23 BetrVG 1972 = NZA 1985, 783) folgten dieser Rechtsprechung nicht, sondern bejahten innerhalb der Mitbestimmung des § 87 BetrVG einen Unterlassungsanspruch, der nicht an die engen Voraussetzungen des § 23 Abs. 3 BetrVG gebunden sei. Mit seinem Beschluss vom 3. 5. 1994 schloss sich der Erste Senat dieser Auffassung an und bejahte für den Bereich des § 87 BetrVG einen allgemeinen, vorbeugenden Anspruch des Betriebsrats gegen den Arbeitgeber auf Unterlassung von mitbestimmungspflichtigen Maßnahmen ohne Zustimmung des Betriebsrats oder Spruch der Einigungsstelle. Der Senat stellte fest, dass § 23 Abs. 3 BetrVG keine abschließende Regelung mit Ausschlusswirkung sei. Aus dem Grundsatz der vertrauensvollen Zusammenarbeit gemäß § 2 Abs. 1 BetrVG ergebe sich die Nebenpflicht zu § 87 BetrVG, alles zu unterlassen, was der Wahrnehmung des konkreten Mitbestimmungsrechts entgegenstehe. Die Sicherung des Mitbestimmungsrechts des Betriebsrats nach § 87 BetrVG könne nur durch einen allgemeinen Unterlassungsanspruch als selbstständiger Nebenleistungsanspruch gewährleistet werden. Im Ergebnis kann der Betriebsrat daher stets vom Arbeitgeber im Bereich des § 87 BetrVG die Unterlassung mitbestimmungswidriger Maßnahmen verlangen, ohne einen groben Rechtsverstoß gemäß § 23 Abs. 3 BetrVG darlegen zu müssen. Diesen allgemeinen Unterlassungsanspruch hat das BAG später durch einen Anspruch auf Beseitigung eines mitbestimmungswidrigen Zustands ergänzt (BAG v. 16. 6. 1998, AP Nr. 7 zu § 87 BetrVG 1972 Gesundheitsschutz). Für die anderen Mitbestimmungsbereiche (personelle, wirtschaftliche Angelegenheiten) hat das BAG noch nicht abschließend Stellung genommen (vgl. etwa BAG v. 6. 12. 1994, AP Nr. 24 zu § 23 BetrVG 1972 = NZA 1995, 488; vgl. im Übrigen GK-*Oetker*, § 23 Rdn. 144 ff.). Zu einem Antrag auf Unterlassung geplanter Betriebsänderungen vgl. unten E.XI.3.

Der allgemeine Unterlassungsanspruch setzt eine bevorstehende Mitbestimmungsrechtsverletzung, oder, sofern eine solche schon erfolgt ist, die Gefahr der Wiederholung voraus. Hierfür besteht auf Grund des mitbestimmungswidrigen Verhaltens des Arbeitgebers eine tatsächliche Vermutung, es sei denn, dass besondere Umstände eine erneute Beeinträchtigung des Mitbestimmungsrechts unwahrscheinlich machen (vgl. BAG v. 29. 2. 2000, AP Nr. 105 zu § 87 BetrVG 1972 Lohngestaltung = NZA 2000, 1066; FKHES, § 23 Rdn. 101).

6. Der allgemeine Unterlassungsanspruch kann häufig nur im Wege des einstweiligen Verfügungsverfahrens durchgesetzt werden. Dieses ist dem Grunde nach zulässig (vgl. FKHES, § 23 Rdn. 107; GK-*Oetker,* § 23 Rdn. 142 m. w. N.). Darzulegen ist in der Antragsschrift stets der Verfügungsgrund. Dieser könnte etwa so formuliert werden: „Die Durchführung eines Hauptsacheverfahrens kann nicht abgewartet werden. Es ist zu befürchten, dass die Antragsgegnerin die mitbestimmungswidrige Maßnahme noch vor der Anhörung vor der erkennenden Kammer durchgeführt und abgeschlossen hat. Der Hauptsacheantrag ginge dann ins Leere. Damit würde das Mitbestimmungsrecht des Antragstellers vereitelt und in die geschützten Interessen der Arbeitnehmer eingegriffen werden. Gemäß § 85 Abs. 2 ArbGG, §§ 935, 940 ZPO ist daher zum effektiven Schutz des Mitbestimmungsrechts der Erlass einer einstweiligen Verfügung geboten." Vgl. im Übrigen das Antragsmuster unter F. II. 5.1.

X. Streitigkeiten im Zusammenhang mit der Mitbestimmung in personellen Angelegenheiten

1. Anträge des Arbeitgebers gemäß §§ 99–101 BetrVG

1.1 Antrag des Arbeitgebers auf Ersetzung der Zustimmung zur Einstellung eines Arbeitnehmers

An das
Arbeitsgericht ......

Antrag im Beschlussverfahren mit den Beteiligten

1. Firma ......

– Antragstellerin –

Verfahrensbevollmächtigte: ......

2. Betriebsrat der Firma ......,
vertreten durch den Betriebsratsvorsitzenden

– Antragsgegner –

wegen Ersetzung der Zustimmung zur Einstellung des Arbeitnehmers ......[1]

Namens und in Vollmacht der Antragstellerin leiten wir ein Beschlussverfahren ein und beantragen:

Die Zustimmung des Antragsgegners zur Einstellung des Arbeitnehmers ...... wird ersetzt.

Begründung:

Die Antragstellerin beschäftigt regelmäßig mehr als 20 gem. § 7 BetrVG wahlberechtigte Arbeitnehmer.[2] Sie unterhält in ...... einen Betrieb mit ...... Arbeitnehmern. (Empfehlenswert: kurze Schilderung des Betriebszwecks.)

Im Betrieb ist ein Betriebsrat gebildet, der/die Vorsitzende ist Herr/Frau ......

Mit dem innerbetrieblich verwendeten Anhörungsformular für personelle Einzelmaßnahmen vom ...... wurde der Antragsgegner um die Zustimmung zur Einstellung des Arbeitnehmers ...... zum ...... gebeten. In diesem Schreiben wurde dargelegt, für welche Tätigkeit der Arbeitnehmer vorgesehen ist. Ebenfalls wurden die genauen Personalien des Bewerbers, die beabsichtigte Eingruppierung sowie der Einstellungsbeginn und die bestehenden Qualifikationen mitgeteilt. Außerdem wurde festgestellt, dass keinerlei Auswirkungen auf bestehende Beschäftigungsverhältnisse zu befürchten sind, da die vorgesehene Tätigkeit auf einem freien Arbeitsplatz abgeleistet werden soll.[3]

Es wurden ebenfalls die Bewerbungsunterlagen sämtlicher Mitbewerber vorgelegt.[4]

Beweis: Anhörungsbogen vom ...... nebst Anlagen, in Kopie anbei sowie
Zeugnis des Personalleiters ......, zu laden über die Antragstellerin.

Gegebenenfalls aufzunehmen:

Wegen eines grundsätzlichen Verlangens des Antragsgegners/oder: Aufgrund der Betriebsvereinbarung vom ...... über Grundsätze der innerbetrieblichen Stellenausschreibung, war die zur Besetzung vorgesehene Stelle in der Zeit vom ...... bis ...... an den hierfür vorgesehenen Plätzen innerbetrieblich zum Aushang gebracht.[5]

Beweis: Innerbetriebliche Stellenausschreibung vom ......, in Kopie anbei.

Alternative 1:

Innerbetriebliche Bewerbungen gingen nicht ein.

Die Antragstellerin hat sich zur Einstellung des im Antrag genannten externen Arbeitnehmers entschlossen, weil dieser auf Grund seiner fachlichen Kenntnisse und Erfahrungen am besten für die vorgesehene Tätigkeit geeignet erscheint.[6]

Alternative 2:

Innerbetrieblich hat sich der Arbeitnehmer ...... auf die vorgesehene Stelle beworben. Dieser konnte jedoch von der Antragstellerin bei der Auswahl nicht berücksichtigt werden, da er im Gegensatz zu dem von ihr ausgewählten externen Arbeitnehmer nicht das in der Stellenausschreibung der Antragstellerin genannte Anforderungsprofil aufweisen konnte (sonstige Gründe eventuell ausführen).[7]

Der Antragsgegner wurde um Zustimmung zur Einstellung des im Antrag genannten Arbeitnehmers gebeten.[8]

Mit Schreiben vom ...... hat der Antragsgegner die Zustimmung zur beabsichtigten Einstellung des im Antrag genannten Arbeitnehmers verweigert und dies unter Bezugnahme auf einen der in § 99 Abs. 2 BetrVG genannten Zustimmungsverweigerungsgründe wie folgt begründet: ...... ist auszuführen ...... [9]

Beweis: Schreiben des Antragsgegners vom ...... in Kopie anbei.

Die Zustimmungsverweigerung des Betriebsrates ist nicht begründet, da ...... ggf. auszuführen.

Rechtsanwalt

Anmerkungen

1. Die Arbeitnehmer, die von der geplanten **personellen Einzelmaßnahme** betroffen sind, haben im Beschlussverfahren nach § 99 Abs. 4 BetrVG nicht die Rechtsstellung eines Beteiligten (vgl. FKHES, § 99 Rdn. 235 m. w. N.). Gleichwohl besteht natürlich eine individualrechtliche Betroffenheit des Arbeitnehmers, der von der geplanten Maßnahme erfasst wird. Diese Betroffenheit ist jedoch individualrechtlicher und nicht betriebsverfassungsrechtlicher Art (vgl. *Richardi/Thüsing*, BetrVG § 99 Rdn. 279) und unterscheidet sich je nach dem, ob es sich um eine Einstellungs-/Versetzungsmaßnahme oder aber um eine Ein-/Umgruppierung handelt. Bei einer Einstellung oder Versetzung bleibt nach h. M. die jeweils bestehende einzelvertragliche Abrede gültig, der Betriebsrat kann lediglich verlangen, dass die vorgesehene tatsächliche Beschäftigung des Arbeitnehmers unterbleibt (BAG v. 2. 7. 1980, AP Nr. 5 zu § 101 BetrVG 1972 = BB 1981, 119 sowie *Richardi/Thüsing*, BetrVG § 99 Rdn. 294; a. A. FKHES, § 99 Rdn. 227).

Bei einer Ein- oder Umgruppierung handelt es sich um einen Akt der Rechtsanwendung; das Mitbestimmungsrecht des Betriebsrates erstreckt sich in diesen Fällen nur auf eine „Richtigkeitskontrolle" (vgl. FKHES, § 99 Rdn. 230; *Richardi/Thüsing*, BetrVG § 99 Rdn. 297). Hat dann eine gerichtlich als zutreffend festgestellte Eingruppierung stattgefunden, ist diese für den Arbeitgeber im Verhältnis zu dem betroffenen Arbeitnehmer verbindlich. Der Arbeitnehmer kann jetzt seinen Entgeltanspruch gegenüber dem Arbeitgeber unmittelbar auf das Ergebnis des Beschlussverfahrens stützen, ist andererseits jedoch nicht gehindert, eine günstigere als die nach § 99 BetrVG festgestellte Eingruppierung geltend zu machen; insoweit hat eine gerichtliche Eingruppierungsentscheidung im Zustimmungsersetzungsverfahren nach § 99 Abs. 4 BetrVG keine präjudizielle Wirkung zu Lasten des betroffenen Arbeitnehmers (vgl. BAG v. 3. 5. 1994, AP Nr. 2 zu § 99 BetrVG 1972 Eingruppierung = NZA 1995, 484, 487). Das gilt ebenso für den Fall einer Versetzung. Der in einem Zustimmungsersetzungsverfahren ergangene rechtskräftige Beschluss des Arbeitsgerichts, der die vom Betriebsrat zu einer geplanten Versetzung verweigerte Zustimmung ersetzt, hat keine präjudizielle Wirkung zu Lasten des Arbeitnehmers, um dessen Versetzung es geht (LAG Sachsen vom 17. 1. 2001, NZA-RR 2001, 641). Scheidet der betroffene Arbeitnehmer im Laufe eines Zustimmungsersetzungsverfahrens über eine ihm gegenüber beabsichtigte personelle Einzelmaßnahme jedoch aus dem Betrieb aus und erklärt der Arbeitgeber deswegen das Beschlussverfahren für erledigt, ist das Verfahren auch dann einzustellen, wenn der Betriebsrat der Erledigung widerspricht (BAG v. 10. 2. 1999, AP Nr. 5 zu § 83a ArbGG 1979 = NZA 1999, 1225). Gleiches gilt für den Fall einer beabsichtigten Umgruppierung, wenn dem Arbeitnehmer im Laufe des Zustimmungsersetzungsverfahrens eine andere Tätigkeit übertragen wird und er deswegen auch in eine andere (höhere) Tarifgruppe erneut umgruppiert wird (BAG v. 10. 2. 1999, AP Nr. 6 zu § 83a ArbGG 1979 = NZA 1999, 1226).

2. Während § 99 BetrVG aF zur Voraussetzung hatte, dass in dem von der personellen Einzelmaßnahme betroffenen Betrieb in der Regel mehr als 20 wahlberechtigte Arbeitnehmer tätig waren, lässt es die mit der BetrVG-Novelle 2001 in Kraft getretene Neufassung von § 99 BetrVG genügen, dass unternehmensweit regelmäßig mehr als 20 wahlberechtigte Arbeitnehmer beschäftigt werden. Zu den wahlberechtigten Arbeitnehmern gehören auch die nach § 7 Satz 2 BetrVG für mehr als drei Monate zur Arbeitsleistung überlassenen Arbeitnehmer eines anderen Arbeitgebers (vgl. FKHES, § 99 Rdn. 8; DKK-*Kittner*, § 99 Rdn. 7). Das hat zur Folge, dass auch die Betriebsräte kleinerer Betriebe mit nicht mehr als 20 wahlberechtigten Arbeitnehmern bei personellen Einzelmaßnahmen nach § 99 BetrVG zu beteiligen sind, wenn im Gesamtunternehmen unter Einbeziehung der übrigen Betriebe regelmäßig mehr als 20 Arbeitnehmer beschäftigt werden. Nicht ausdrücklich geregelt und umstritten ist die Frage, wie zu verfahren ist, wenn ein Gemeinschaftsbetrieb regelmäßig mehr als 20 wahlberechtigte Arbeitnehmer beschäftigt, die diesen Gemeinschaftsbetrieb führenden Unternehmen für sich genommen jedoch jeweils nicht mehr als 20 Arbeitnehmer beschäftigen (vgl. zum Meinungsstand FKHES, § 99 Rdn. 10).

3. Dem Betriebsrat sind nach § 99 Abs. 1 Satz 1 und 2 BetrVG im Rahmen seiner Unterrichtung die genauen persönlichen Daten und Tatsachen des Bewerbers mitzuteilen sowie alle Umstände über die fachliche und persönliche Eignung des Arbeitnehmers für den vorgesehenen Arbeitsplatz sowie die betrieblichen Auswirkungen der geplanten Maßnahme (vgl. FKHES, § 99 Rdn. 149). Bei Leiharbeitnehmern kann der Betriebsrat die Vorlage des nach § 12 AÜG schriftlich abzuschließenden Arbeitnehmer-Überlassungsvertrages verlangen sowie die schriftliche Erklärung des Verleihers über dessen Erlaubnis nach § 1 AÜG (§ 14 AÜG sowie FKHES, § 99 Rdn. 153). Besteht im Betrieb eine betriebliche Vergütungsordnung (sei es auf tarifvertraglicher Grundlage, sei es auf der Grundlage einer innerbetrieblichen Lohnordnungs-Richtlinie), ist die hiernach beabsichtigte Eingruppierung mitzuteilen, nicht jedoch die tatsächliche Höhe der Einzelgehälter (vgl. FKHES, § 99 Rdn. 155). Darüber hinaus braucht jedoch der sonstige Inhalt des Arbeitsvertrages dem Betriebsrat nicht bekannt gegeben zu werden (BAG v. 18. 10. 1988, AP Nr. 57 zu § 99 BetrVG 1972 = NZA 1989, 355; *Richardi/Thüsing*, BetrVG

§ 99 Rdn. 151). Die Betriebsratsmitglieder unterliegen bezüglich der ihnen im Rahmen der Unterrichtung bekannt gewordenen persönlichen Verhältnisse der Arbeitnehmer einer Schweigepflicht (§ 99 Abs. 1 Satz 3 BetrVG). Hat der Betriebsrat die Auskünfte und Unterlagen bekommen, die das Gesetz vorschreibt, muss er sich nach § 99 Abs. 3 BetrVG innerhalb einer Woche gegenüber dem Arbeitgeber schriftlich äußern, wenn er die Zustimmung verweigern möchte. Nach BAG v. 11. 6. 2002 (1 ABR 43/01 NZA 2003, 226) liegt eine ordnungsgemäße (schriftliche) Zustimmungsverweigerung des Betriebsrats auch dann vor, wenn diese Erklärung per Telefax dem Arbeitgeber übermittelt wird. Der Schriftform des § 126 BGB (eigenhändige Originalunterschrift) bedarf es darüber hinaus nicht, da diese Vorschrift lediglich für Willenserklärungen gilt, die Zustimmungsverweigerung nach § 99 Abs. 3 BetrVG hingegen eine rechtsgeschäftliche Handlung darstellt. Auf sie finden die Vorschriften über Willenserklärungen nach der genannten BAG-Entscheidung keine Anwendung.

Da der Gesetzgeber dem Betriebsrat für seine Meinungsbildung den Zeitraum von einer Woche als Überlegungsfrist zubilligt, ist der Betriebsrat regelmäßig mindestens eine Woche vor Durchführung der geplanten Maßnahme zu unterrichten, da er sonst gehindert wäre, diese ihm zustehende Frist auszunutzen (vgl. FKHES, § 99 Rdn. 140). Erteilt der Arbeitgeber die ihm obliegenden Auskünfte und Informationen nicht vollständig und rechtzeitig, wird die Anhörungsfrist von einer Woche nach § 99 Abs. 3 BetrVG nicht in Lauf gesetzt. Dies hat zur Folge, dass die **Zustimmungsfiktion** von § 99 Abs. 3 Satz 2 BetrVG nicht eintritt, der Arbeitgeber die geplante Maßnahme nicht durchführen darf und ein dennoch von ihm anhängig gemachter **Zustimmungsersetzungsantrag** vom Arbeitsgericht als unbegründet zurückzuweisen ist (vgl. BAG v. 28. 1. 1986, AP Nr. 34 zu § 99 BetrVG 1972 = NZA 1986, 490; FKHES, § 99 Rdn. 168, 219). Will der Betriebsrat jedoch weitere Informationen oder die Vorlage bestimmter Unterlagen anmahnen, ist er gehalten, dies dem Arbeitgeber innerhalb der Wochenfrist des § 99 Abs. 3 BetrVG mitzuteilen (BAG v. 10. 8. 1993, NZA 1994, 187 und BAG v. 28. 1. 1986, AP Nr. 34 zu § 99 BetrVG 1972 = NZA 1986, 490). Vervollständigt der Arbeitgeber dann seine Informationen, setzt er damit eine neue Wochenfrist in Gang (BAG v. 10. 8. 1993, aaO.). Um der drohenden Abweisung seines Zustimmungsersetzungsantrages zu entgehen, kann der Arbeitgeber auch noch im Zustimmungsersetzungsverfahren die fehlende oder die unvollständige Unterrichtung nachholen. Der Betriebsrat kann sich dann innerhalb einer Woche erneut äußern, um ggf. weitere sich nunmehr aus der nachgeschobenen Unterrichtung ergebende Zustimmungsverweigerungsgründe geltend zu machen, mit der Folge, dass das Arbeitsgericht nicht mehr gehindert ist, über den Zustimmungsersetzungsantrag in der Sache zu entscheiden (BAG v. 10. 8. 1993, NZA 1994, 187, 188).

4. Bei beabsichtigten Einstellungen oder Versetzungen hat der Arbeitgeber dem Betriebsrat die Personalien sämtlicher Mitbewerber mitzuteilen, somit nicht nur die der vom Arbeitgeber für die Maßnahme ausgewählten Bewerber. Diese Mitteilungspflicht umfasst auch die Zurverfügungstellung sämtlicher Bewerbungsunterlagen aller Mitbewerber für längstens eine Woche (vgl. FKHES, § 99 Rdn. 143, 156).

5. Nach § 93 BetrVG kann der Betriebsrat verlangen, dass sämtliche (oder nach seiner Wahl auch nur bestimmte) zu besetzende Arbeitsplätze vor deren Besetzung innerbetrieblich auszuschreiben sind. Diese Vorschrift dient dem Schutz der innerbetrieblichen Chancengleichheit auf Teilhabe an der beruflichen Weiterentwicklung für die schon im Betrieb beschäftigten Arbeitnehmer (BAG v. 23. 2. 1988, AP Nr. 2 zu § 93 BetrVG 1972 = NZA 1988, 551). Zu den inhaltlichen Mindestanforderungen an eine innerbetriebliche Ausschreibung vgl. FKHES, § 93 Rdn. 7. Das Verlangen des Betriebsrates nach innerbetrieblicher Stellenausschreibung bezieht sich jedoch nicht auf deren inhaltliche Kriterien. Das Anforderungsprofil, das vom künftigen Stelleninhaber ausgefüllt werden soll, bestimmt der Arbeitgeber alleine (BAG v. 23. 2. 1988, AP Nr. 2 zu § 93 BetrVG 1972 =

NZA 1988, 551). Besteht ein grundsätzliches Verlangen des Betriebsrates auf innerbetriebliche Ausschreibung aller zu besetzenden Stellen, ist der Arbeitgeber hieran gebunden. Er kann nicht etwa mit der Begründung Ausnahmen machen, dass beispielsweise für befristete Stellen ein innerbetrieblicher Bedarf ohnehin nicht ersichtlich sei (vgl. FKHES, § 99 Rdn. 203).

6. Betreibt der Arbeitgeber neben der innerbetrieblichen Ausschreibung auch eine externe Suche nach geeigneten Bewerbern (beispielsweise durch Zeitungsanzeigen), ist darauf zu achten, dass sich die ausgeschriebenen Anforderungsprofile intern und extern decken. Stellt der Arbeitgeber beispielsweise bei der externen Stellenannonce geringere Anforderungen als bei der innerbetrieblichen Ausschreibung, verletzt er damit die nach § 93 BetrVG geforderte innerbetriebliche Chancengleichheit mit der Folge, dass der Betriebsrat berechtigt die Zustimmung zur Einstellung des externen Bewerbers nach § 99 Abs. 2 Ziff. 5 BetrVG verweigern kann (BAG v. 23. 2. 1988, AP Nr. 2 zu § 93 BetrVG 1972 = NZA 1988, 551, 552).

7. Die Auswahlentscheidung trifft der Arbeitgeber anhand der Auswahlkriterien, die an die diversen Stellenbewerber anzulegen sind, mitbestimmungsfrei. Dies ergibt sich bereits aus seiner Kompetenz, einseitig das Anforderungsprofil für eine zu besetzende Stelle festzulegen (vgl. oben Anm. 5). Der Arbeitgeber muss alle Umstände über die fachliche und persönliche Eignung eines Arbeitnehmers für den vorgesehenen Arbeitsplatz mitteilen, damit der Betriebsrat in der Lage ist zu prüfen, inwieweit ein Zustimmungsverweigerungsgrund nach § 99 Abs. 2 BetrVG vorliegen könnte (BAG v. 10. 11. 1992, AP Nr. 100 zu § 99 BetrVG 1972 = NZA 1993, 376). Das bedeutet aber nicht, dass die letztliche Auswahlentscheidung zwischen der einen oder der anderen Qualifikation der Mitbewerber ebenfalls zur Mitteilungspflicht des Arbeitgebers gehört. Für die Unterrichtung des Betriebsrates durch den Arbeitgeber ist keine besondere Form vorgeschrieben, soweit nicht bestimmte Unterlagen vorzulegen sind. Die Mitteilung ist an den Vorsitzenden des Betriebsrates oder bei dessen Verhinderung an seinen Stellvertreter zu richten (vgl. *Richardi/Thüsing*, BetrVG § 99 Rdn. 154 f.).

8. Mit der Unterrichtung hat der Arbeitgeber nach § 99 Abs. 1 Satz 1 BetrVG die Zustimmung des Betriebsrates zu der geplanten Maßnahme einzuholen, wobei dies nicht wörtlich geschehen muss, solange der Mitteilung zweifelsfrei entnommen werden kann, zu welcher Maßnahme der Arbeitgeber den Betriebsrat beteiligen möchte (vgl. DKK-*Kittner*, § 99 Rdn. 124; *Richardi/Thüsing*, BetrVG § 99 Rdn. 146). Eine Klarstellung empfiehlt sich insbesondere bei längerem Schriftwechsel zwischen Arbeitgeber und Betriebsrat, damit für den Betriebsrat deutlich wird, wann der Informationsvorgang aus der Sicht des Arbeitgebers abgeschlossen ist und die Wochenfrist nach § 99 Abs. 3 BetrVG in Lauf gesetzt wird.

9. Will der Betriebsrat der geplanten Maßnahme seine Zustimmung versagen, hat er dies innerhalb einer Woche dem Arbeitgeber nach entsprechender ordnungsgemäßer Beschlussfassung schriftlich unter Benennung der von ihm geltend gemachten **Zustimmungsverweigerungsgründe** mitzuteilen, da sonst die Zustimmungsfiktion nach § 99 Abs. 3 Satz 2 BetrVG eintritt (vgl. DKK-*Kittner*, § 99 Rdn. 154 ff.; FKHES, § 99 Rdn. 213). Nach BAG v. 11. 6. 2002 (1 ABR 43/01) liegt eine ordnungsgemäße (schriftliche) Zustimmungsverweigerung des Betriebsrats auch dann vor, wenn diese Erklärung per Telefax dem Arbeitgeber übermittelt wird. Der Schriftform des § 126 BGB (eigenhändige Originalunterschrift) bedarf es darüber hinaus nicht, da diese Vorschrift lediglich für Willenserklärungen gilt, die Zustimmungsverweigerung nach § 99 Abs. 3 BetrVG hingegen eine rechtsgeschäftliche Handlung darstellt. Auf sie finden die Vorschriften über Willenserklärungen nach der genannten BAG-Entscheidung keine Anwendung. Die dem Betriebsrat zur Seite stehenden Zustimmungsverweigerungsgründe sind in § 99 Abs. 2

BetrVG enumerativ genannt (vgl. *Richardi/Thüsing*, BetrVG § 99 Rdn. 1183). Der Betriebsrat muss seine Zustimmungsverweigerungsgründe vollständig mitteilen, ein Nachschieben von weiteren – bisher nicht genannten – Gründen im anhängigen Zustimmungsersetzungsverfahren ist nach h. M. nicht möglich (BAG v. 15. 4. 1986, AP Nr. 36 zu § 99 BetrVG 1972 = NZA 1986, 755; BAG v. 28. 4. 1998, AP Nr. 18 zu § 99 BetrVG 1972 Eingruppierung = NZA 1999, 52). Der Betriebsrat ist jedoch nur mit neuen tatsächlichen Gründen ausgeschlossen, nicht hinsichtlich neuer rechtlicher Argumente, die die bisher vorgebrachten Gründe tatsächlicher Art nur zusätzlich stützen sollen (BAG v. 28. 4. 1998, EzA § 99 BetrVG 1972 Eingruppierung Nr. 2). Für die Beachtlichkeit der Zustimmungsverweigerung genügt es nicht, dass der Betriebsrat lediglich die aus seiner Sicht einschlägige Ziffer aus § 99 Abs. 2 BetrVG benennt oder deren Wortlaut wiederholt. Für die Zustimmungsverweigerungsgründe nach § 99 Abs. 2 Nr. 3 und 6 BetrVG müssen stets konkrete Tatsachen und Gründe angegeben werden. Im Übrigen ist die Zustimmungsverweigerung des Betriebsrates dann ordnungsgemäß, wenn sich dessen Argumentation noch irgendeinem der gesetzlich genannten Tatbestände des § 99 Abs. 2 BetrVG durch einen verständigen Dritten zuordnen lässt (vgl. FKHES, § 99 Rdn. 214). Nur eine Begründung, die sich offensichtlich keinem der in § 99 Abs. 2 BetrVG genannten Zustimmungsverweigerungsgründe zuordnen lässt, ist unbeachtlich mit der Folge, dass die Zustimmung des Betriebsrates als erteilt gilt (BAG v. 26. 1. 1988, AP Nr. 50 zu § 99 BetrVG 1972 = NZA 1988, 476). Unbeachtlich ist die Zustimmungsverweigerung des Betriebsrats auch dann, wenn die konkrete personelle Maßnahme (z. B. Versetzung oder Umgruppierung) ein Betriebsratsmitglied betreffen soll und dieses an der Beratung und/oder Beschlussfassung des Betriebsrats über die Zustimmung oder Zustimmungsverweigerung zu dieser personellen Einzelmaßnahme teilgenommen hat (BAG v. 3. 8. 1999, AP Nr. 7 zu § 25 BetrVG 1972 = NZA 2000, 440). Zu den einzelnen Zustimmungsverweigerungsgründen des § 99 Abs. 2 Ziff. 1 bis 6 vgl. FKHES, § 99 Rdn. 162 ff. Das Schriftstück, das die Zustimmungsverweigerung des Betriebsrats enthält, muss vom Betriebsratsvorsitzenden (bzw. bei dessen Verhinderung von seinem Vertreter) unterschrieben sein. Dies gilt auch bei einem Auseinanderfallen zwischen der Zustimmungsverweigerung an sich und deren Begründung. Hier sind beide Schriftstücke zu unterzeichnen, es sei denn, sie sind untrennbar (beispielsweise mit Heftklammer) miteinander als sogenannte Gesamturkunde verbunden (vgl. BAG v. 24. 7. 1979, AP Nr. 11 zu § 99 BetrVG 1972 = DB 1979, 2327; DKK-*Kittner*, § 99 Rdn. 162).

1.2 Antrag des Arbeitgebers auf Ersetzung der Zustimmung zur Versetzung und Antrag auf Feststellung der Dringlichkeit[1]

An das
Arbeitsgericht ......

　　　　　　　　Antrag im Beschlussverfahren mit den Beteiligten

1. Firma ......

　　　　　　　　　　　　　　　　– Antragstellerin –

Verfahrensbevollmächtigte: ......

2. Betriebsrat der Firma ......,
   vertreten durch den Betriebsratsvorsitzenden

　　　　　　　　　　　　　　　　– Antragsgegner –

wegen Ersetzung der Zustimmung zur Versetzung des Arbeitnehmers ......[2] sowie Feststellung der Dringlichkeit der Maßnahme.

Namens und in Vollmacht der Antragstellerin leiten wir ein Beschlussverfahren ein und beantragen:

1. Die Zustimmung des Antragsgegners zur Versetzung des Arbeitnehmers ...... von der Abteilung ...... in die Abteilung ...... wird ersetzt.
2. Es wird festgestellt, dass die am ...... vorgenommene vorläufige Versetzung des Arbeitnehmers ...... von der Abteilung ...... in die Abteilung ...... aus sachlichen Gründen dringend erforderlich war.

Begründung:

Die Antragstellerin beschäftigt regelmäßig mehr als 20 gem. § 7 BetrVG wahlberechtigte Arbeitnehmer.[3] Sie unterhält in ...... einen Betrieb mit ...... Arbeitnehmern. (Empfehlenswert: kurze Schilderung des Betriebszwecks.)

Im Betrieb ist ein Betriebsrat gebildet, der/die Vorsitzende ist Herr/Frau ......

Mit Schreiben vom ...... wurde der Antragsgegner davon unterrichtet, dass die Antragstellerin beabsichtige, den Arbeitnehmer ...... ab dem ...... von der Abteilung ...... in die Abteilung ...... zu versetzen.[4]

Dem Antragsgegner wurden die persönlichen Daten des betreffenden Arbeitnehmers und der konkrete Arbeitsplatz mitgeteilt, die vorgesehene Tätigkeit auf dem Versetzungsarbeitsplatz geschildert sowie dargelegt, dass sich an der Eingruppierung des Mitarbeiters nichts ändere. Zudem wurde ausgeführt, dass die Maßnahme weder Auswirkungen auf die Arbeitsverhältnisse in der bisherigen, noch auf die in der künftigen Abteilung haben würde.[5] Darüber hinaus wurde im genannten Schreiben der Antragsgegner um Zustimmung zur beabsichtigten Versetzung gebeten.

Beweis: Anhörungsschreiben vom ......, in Kopie anbei sowie Zeugnis des Personalleiters ......, zu laden über die Antragstellerin.

Mit Schreiben vom ...... hat der Antragsgegner die Zustimmung zur beabsichtigten Versetzung des im Antrag genannten Arbeitnehmers verweigert und dies unter Bezugnahme auf einen der in § 99 Abs. 2 BetrVG genannten Zustimmungsverweigerungsgründe wie folgt begründet: (ist konkret auszuführen).

Beweis: Schreiben des Antragsgegners vom ......, in Kopie anbei.

Im Anschluss hieran hat die Antragstellerin mit Schreiben vom ...... den Antragsgegner davon unterrichtet, dass sie beabsichtige, die geplante Versetzung schon vorzeitig, nämlich bereits ab ...... durchzuführen, da dies aus sachlichen Gründen dringend erforderlich sei.[6] (Gründe für die Dringlichkeit der Maßnahme ausführen, beispielsweise kurzfristig sich ergebender Auftragsüberhang durch unvorhergesehen hohe Auftragseingänge für die Abteilung, in die die Versetzung vorgenommen werden soll; ggf. Fristgebundenheit für die Erledigung dieser Aufträge darlegen)

Beweis: Schreiben der Antragstellerin vom ......, in Kopie anbei.

Mit Schreiben vom ...... hat der Antragsgegner die Dringlichkeit der Versetzungsmaßnahme bestritten.[7]

Beweis: Schreiben des Antragsgegners vom ......, in Kopie anbei.

Die Antragstellerin hat den von der Maßnahme betroffenen Arbeitnehmer über die Sach- und Rechtslage aufgeklärt.[8]

Die Zustimmungsverweigerung des Antragsgegners zur geplanten Versetzung ist nicht begründet: (ist auszuführen).

Die Eilbedürftigkeit der vorgesehenen Versetzungsmaßnahme ist gegeben (ist auszuführen).[9]

Rechtsanwalt

Anmerkungen

1. § 100 BetrVG regelt, unter welchen Voraussetzungen eine nach § 99 Abs. 1 BetrVG beteiligungspflichtige Maßnahme vorläufig vom Arbeitgeber durchgeführt werden kann. Es handelt sich hierbei um eine abschließende Spezialregelung. Daneben ist der Erlass einer einstweiligen Verfügung weder auf Antrag des Arbeitgebers noch auf Antrag des Betriebsrates zulässig (vgl. FKHES, § 100 Rdn. 1; *Richardi/Thüsing*, BetrVG § 100 Rdn. 1). Die Kopplung zwischen Zustimmungsersetzungs- und Dringlichkeitsantrag nach § 100 BetrVG ist auch bei den übrigen in § 99 Abs. 1 BetrVG genannten personellen Maßnahmen möglich, wird jedoch bei der Ein- und Umgruppierung wegen des Erfordernisses der besonderen Dringlichkeit nur schwer zu begründen sein (vgl. FKHES, § 100 Rdn. 4).

2. Der betreffende Arbeitnehmer ist nicht Beteiligter in diesem Verfahren (vgl. Muster E. X. 1.1 Anm. 1; FKHES, § 100 Rdn. 13).

3. Während § 99 BetrVG aF zur Voraussetzung hatte, dass in dem von der personellen Einzelmaßnahme betroffenen Betrieb in der Regel mehr als 20 wahlberechtigte Arbeitnehmer tätig waren, lässt es die mit der BetrVG-Novelle 2001 in Kraft getretene Neufassung des § 99 BetrVG genügen, dass unternehmensweit regelmäßig mehr als 20 wahlberechtigte Arbeitnehmer beschäftigt werden. Zu den wahlberechtigten Arbeitnehmern gehören auch die nach § 7 Satz 2 BetrVG für mehr als drei Monate zur Arbeitsleistung überlassenen Arbeitnehmer eines anderen Arbeitgebers (vgl. FKHES, § 99 Rdn. 8; DKK-*Kittner,* § 99 Rdn. 7). Das hat zur Folge, dass auch die Betriebsräte kleinerer Betriebe mit nicht mehr als 20 wahlberechtigten Arbeitnehmern bei personellen Einzelmaßnahmen nach § 99 BetrVG zu beteiligen sind, wenn im Gesamtunternehmen unter Einbeziehung der übrigen Betriebe regelmäßig mehr als 20 Arbeitnehmer beschäftigt werden. Nicht ausdrücklich geregelt und umstritten ist die Frage, wie zu verfahren ist, wenn ein Gemeinschaftsbetrieb regelmäßig mehr als 20 wahlberechtigte Arbeitnehmer beschäftigt, die diesen Gemeinschaftsbetrieb führenden Unternehmen für sich genommen jedoch jeweils nicht mehr als 20 Arbeitnehmer beschäftigen (vgl. zum Meinungsstand FKHES, § 99 Rdn. 10).

4. Der betriebsverfassungsrechtliche Versetzungsbegriff ist in § 95 Abs. 3 BetrVG als Legaldefinition geregelt. Zu den (funktionalen und räumlichen) Merkmalen des betriebsverfassungsrechtlichen Versetzungsbegriffs vgl. FKHES, § 99 Rdn. 102 ff. sowie *Richardi/Thüsing*, BetrVG § 99 Rdn. 95 ff. Werden einem Arbeitnehmer – z.B. durch Freistellung während der Kündigungsfrist – die bisherigen Arbeitsaufgaben vollständig entzogen, ohne dass neue Tätigkeiten an deren Stelle treten, liegt keine Versetzung im Sinne von § 95 Abs. 3 Satz 1 BetrVG vor (vgl. BAG v. 28. 3. 2000, AP Nr. 39 zu § 95 BetrVG 1972 = NZA 2000, 1355).

Voraussetzung für die Versetzung des Arbeitnehmers ist deren individualrechtliche Zulässigkeit aus Vertrag, einvernehmlicher Regelung zwischen Arbeitgeber und Arbeitnehmer oder im Zusammenhang mit einer beabsichtigten Änderungskündigung (vgl. FKHES, § 99 Rdn. 97 ff.). Bei einer beabsichtigten Änderungskündigung ist der Betriebsrat somit nicht nur zur Kündigungsmaßnahme selbst nach § 102 BetrVG anzuhören, sondern gem. § 99 Abs. 1 BetrVG auch zu der gleichzeitig beabsichtigten Versetzung. Unterbleibt die Anhörung des Betriebsrates hierzu oder ist die vom Betriebsrat diesbezüglich verweigerte Zustimmung nicht arbeitsgerichtlich ersetzt worden, ist der betreffende Arbeitnehmer nicht verpflichtet, nach Ablauf der Änderungskündigungsfrist trotz entsprechender Vorbehaltsannahme den neuen Arbeitsplatz einzunehmen (BAG v. 30. 9. 1993, AP Nr. 33 zu § 2 KSchG 1969 = NZA 94, 615).

Geht mit einer Versetzung eine Umgruppierung einher, ist der Betriebsrat zweifach zu beteiligen und kann auch demzufolge „gespalten" reagieren, d.h. beispielsweise, der

Versetzung zustimmen, der beabsichtigten neuen Eingruppierung jedoch widersprechen (vgl. BAG v. 20. 12. 1988, AP Nr. 62 zu § 99 BetrVG 1972 = NZA 1989, 518; DKK-*Kittner*, § 99 Rdn. 69 f.).

5. Zu Form und Inhalt der Informationspflichten des Arbeitgebers im Rahmen von § 99 Abs. 1 BetrVG vgl. Muster E. X.1.1 Anm. 4 und 5. Die Versetzung eines Arbeitnehmers von einer Abteilung in die andere kann nicht nur Auswirkungen auf den Arbeitsplatz des versetzten Arbeitnehmers selbst haben, sondern im Hinblick auf eine mögliche, in Folge hierzu entstehende Leistungsverdichtung insbesondere Nachteile für die in der bisherigen Abteilung verbleibenden Arbeitnehmer bringen, was einen Zustimmungsverweigerungsgrund des Betriebsrates nach § 99 Abs. 2 Nr. 3 BetrVG auslöst (vgl. BAG v. 15. 9. 1987, AP Nr. 46 zu § 99 BetrVG 1972 = NZA 1988, 101 sowie allgemein zu den Zustimmungsverweigerungsgründen des Betriebsrates gem. § 99 Abs. 2 Nr. 3 BetrVG DKK-*Kittner,* § 99 Rdn. 182 ff. sowie FKHES, § 99 Rdn. 180 ff.). Zu beachten ist in diesem Zusammenhang das Erfordernis der Kausalität zwischen der Versetzung und den befürchteten Nachteilen (vgl. DKK-*Kittner,* § 99 Rdn. 184).

6. Der Arbeitgeber kann die **Dringlichkeit der Maßnahme** nach § 100 BetrVG bereits gleichzeitig mit dem Zustimmungsantrag nach § 99 Abs. 1 BetrVG gegenüber dem Betriebsrat geltend machen, noch ehe sich dieser zur personellen Maßnahme an sich geäußert hat (vgl. FKHES, § 100 Rdn. 2 und 5). Auf jeden Fall hat der Arbeitgeber unverzüglich (d.h. ohne schuldhaftes Zögern, § 121 Abs. 1 BGB) nach Kenntnis der die sachliche Dringlichkeit der Maßnahme begründenden Umstände den Betriebsrat hiervon zu unterrichten und die sachliche Dringlichkeit konkret darzulegen (vgl. FKHES, § 100 Rdn. 5), will er nicht das Gegenargument provozieren, er habe sich selbst unter „Zugzwang" gesetzt, so dass von einer Dringlichkeit aus sachlichen Gründen nicht mehr die Rede sein könne (vgl. DKK-*Kittner,* § 100 Rdn. 3; FKHES, § 100 Rdn. 4; a.A. GK-*Kraft*, § 100 Rdn. 11; *Richardi/Thüsing*, BetrVG § 100 Rdn. 8).

7. Nach Unterrichtung des Betriebsrates durch den Arbeitgeber hat der Betriebsrat nun wiederum unverzüglich (§ 100 Abs. 2 Satz 2 BetrVG) zu antworten, wenn er die sachliche Dringlichkeit der Maßnahme bestreiten will (vgl. FKHES, § 100 Rdn. 9). Eine Begründung für seine gegenteilige Ansicht braucht nicht gegeben zu werden, ist aber empfehlenswert. Der Betriebsrat kann auch hier „gespalten" reagieren, d.h., er kann die Zustimmung zu der Maßnahme an sich verweigern, deren Dringlichkeit jedoch bejahen (vgl. FKHES, § 100 Rdn. 10). Stimmt der Betriebsrat jedoch der Maßnahme an sich zu, bedarf es keiner Darlegung eventuell noch vorhandener Dringlichkeitsgründe durch den Arbeitgeber. Dieser kann statt dessen die Maßnahme sofort durchführen (vgl. BAG v. 18. 10. 1988, AP Nr. 4 zu § 100 BetrVG 1972 = NZA 1989, 183, 184; DKK-*Kittner,* § 100 Rdn. 24).

8. Die Aufklärung des Arbeitnehmers durch den Arbeitgeber über die Sach- und Rechtslage nach § 100 Abs. 1 Satz 2 BetrVG ist keine Wirksamkeitsvoraussetzung für die vorläufige Durchführung der Maßnahme (vgl. FKHES, § 100 Rdn. 7). Die Verletzung dieser Informationspflicht kann jedoch Schadenersatzansprüche des Arbeitnehmers auslösen (vgl. DKK-*Kittner,* § 100 Rdn. 18; *Richardi/Thüsing*, BetrVG § 100 Rdn. 11).

9. Hat der Betriebsrat die Zustimmung zur geplanten Maßnahme in beachtlicher Weise (vgl. Muster E. X. 1.1 Anm. 9) verweigert und gleichzeitig deren Dringlichkeit bestritten, kann der Arbeitgeber die Maßnahme nur dann als vorläufige aufrechterhalten, wenn er innerhalb von drei Tagen nach Eingang der Äußerung des Betriebsrates beim Arbeitsgericht
a) die Ersetzung der Zustimmung des Betriebsrates zu der Maßnahme
und
b) die Feststellung beantragt, dass die Maßnahme aus dringenden Gründen sachlich erforderlich war (§ 100 Abs. 2 Satz 3 BetrVG).

Bei den im Gesetz genannten drei Tagen handelt es sich um Kalendertage. Geht das Bestreiten der Dringlichkeit durch den Betriebsrat dem Arbeitgeber somit an einem Freitag zu, müssen die diesbezüglichen Anträge des Arbeitgebers noch am folgenden Montag beim Arbeitsgericht eingehen. Ist der dritte Tag ein Samstag, Sonntag oder Feiertag, greift § 193 BGB ein mit der Folge, dass der Antragseingang bis zum Ablauf des folgenden Werktags zu besorgen ist.

Versäumt der Arbeitgeber diese Frist, kann der Betriebsrat nach § 101 BetrVG vorgehen und die Aufhebung der Maßnahme verlangen. Diese Möglichkeit hat der Betriebsrat auch dann, wenn der Arbeitgeber es versäumt, beide nach § 100 Abs. 2 Satz 3 BetrVG erforderlichen Anträge zu stellen (vgl. FKHES, § 101 Rdn. 3 f.). Der Betriebsrat kann den Antrag auf Aufhebung der personellen Maßnahme auch als Gegenantrag in dem vom Arbeitgeber eingeleiteten Verfahren nach § 100 Abs. 2 Satz 3 BetrVG stellen.

Dem Arbeitsgericht stehen bei einer Antragstellung nach § 100 Abs. 2 Satz 3 BetrVG vier Entscheidungsvarianten zur Verfügung (vgl. DKK-*Kittner,* § 100 Rdn. 34 ff.; FKHES, § 100 Rdn. 13 ff.):

a) Es kann die vom Betriebsrat verweigerte Zustimmung zur Maßnahme ersetzen und die diesbezügliche Dringlichkeit bejahen.

b) Das Arbeitsgericht kann aber auch den Zustimmungsersetzungsantrag zurückweisen und zugleich die Dringlichkeit der Maßnahme verneinen.

c) Möglich ist weiterhin, dass das Arbeitsgericht den Zustimmungsersetzungsantrag des Arbeitgebers zurückweist, die Dringlichkeit der Maßnahme hingegen bejaht.

d) Schließlich kann das Arbeitsgericht auch dem Zustimmungsersetzungsantrag des Arbeitgebers stattgeben, die Dringlichkeit der Maßnahme aber verneinen, wobei Voraussetzung ist, dass diese offensichtlich nicht vorlag.

Maßgeblich ist insoweit der Zeitpunkt der Entscheidung des Arbeitgebers. Nur wenn das Arbeitsgericht zu der Ansicht kommt, dieser habe in besonders vorwerfbarer Weise die Gründe für die Dringlichkeit einer Maßnahme verkannt, darf es den Feststellungsantrag wegen offensichtlicher Verkennung der Dringlichkeit abweisen.

Hat das Arbeitsgericht vorab über die Dringlichkeit der Maßnahme entschieden (beispielsweise wegen einer noch durchzuführenden Beweisaufnahme über das Vorliegen eines Zustimmungsverweigerungsgrundes für den Betriebsrat), handelt es sich hierbei um eine selbstständig anfechtbare Teilentscheidung (vgl. *Richardi/Thüsing,* BetrVG § 100 Rdn. 42).

1.3 Antrag auf Feststellung, dass die Zustimmung des Betriebsrats zur personellen Einzelmaßnahme als erteilt gilt

An das
Arbeitsgericht ......

Antrag im Beschlussverfahren mit den Beteiligten[1]

1. Firma ......

– Antragstellerin –

Verfahrensbevollmächtigte: ......

2. Betriebsrat der Firma ......,
vertreten durch den Betriebsratsvorsitzenden

– Antragsgegner –

wegen Einstellung des Arbeitnehmers ......

Namens und in Vollmacht der Antragstellerin leiten wir ein Beschlussverfahren ein und beantragen:

Es wird festgestellt, dass die Zustimmung des Antragsgegners zur Einstellung (Versetzung/Umgruppierung/Eingruppierung) des Arbeitnehmers ...... als erteilt gilt.[2]

Hilfsweise:
Die Zustimmung des Antragsgegners zur Einstellung (Versetzung/Umgruppierung/Eingruppierung) des Arbeitnehmers ...... wird ersetzt.[3]

Begründung:

Die Antragstellerin beschäftigt regelmäßig mehr als 20 gem. § 7 BetrVG wahlberechtigte Arbeitnehmer.[4] Sie unterhält in ...... einen Betrieb mit ...... Arbeitnehmern. (Empfehlenswert: kurze Schilderung des Betriebszwecks.)

Im Betrieb ist ein Betriebsrat gebildet, der/die Vorsitzende ist Herr/Frau ......

Mit Schreiben vom ...... wurde der Antragsgegner von der Antragstellerin über die bevorstehende Einstellung (Versetzung/Umgruppierung/Eingruppierung) des Arbeitnehmers ...... informiert und um Zustimmung hierzu gebeten.

Dem Antragsgegner wurden im genannten Schreiben sämtliche Informationen zur Person des betreffenden Arbeitnehmers, zum Charakter der Maßnahme sowie zur in Aussicht genommenen Eingruppierung und zum in Aussicht genommenen Arbeitsplatz mitgeteilt.[5]

Beweis: Schreiben der Antragstellerin vom ......, in Kopie anbei, sowie Zeugnis des Personalleiters ......, zu laden über die Antragstellerin.

1. Begründung des Hauptantrages:

Es folgt eine Wiedergabe der vom Betriebsrat genannten Zustimmungsverweigerungsgründe in formeller und materieller Hinsicht. Hieraus muss sich die arbeitgeberseitige Ansicht subsumieren lassen, dass von einer beachtlichen Zustimmungsverweigerung nicht ausgegangen werden kann.

Beispielsweise:
Überschreitung der einwöchigen Äußerungsfrist des Betriebsrates nach § 99 Abs. 3 BetrVG; nicht vorhandene Unterschrift des Betriebsratsvorsitzenden oder seines Stellvertreters im Verhinderungsfall bzw. nur unterschriebene Zustimmungsverweigerung selbst, jedoch keine Unterschriftsleistung unter deren Begründung; lediglich Wiederholung des Gesetzeswortlautes in einer oder mehreren Ziffern von § 99 Abs. 2 BetrVG; nur Wiedergabe der jeweiligen Ziffern von § 99 Abs. 2 BetrVG ohne eigene konkrete Darlegung der Gründe; Erweiterung der in § 99 Abs. 2 BetrVG abschließend aufgezählten Zustimmungsverweigerungsgründe um nicht genannte Tatbestände mit der Folge, dass sich eine Zuordnung der genannten Tatbestände zu den vom Betriebsrat genannten Gründen nicht vornehmen lässt.[6]

2. Begründung des Hilfsantrages:

Wiedergabe der vom Betriebsrat genannten Zustimmungsverweigerungsgründe in formeller und materieller Hinsicht sowie inhaltliche Auseinandersetzung mit diesen genannten Gründen.[7]

Rechtsanwalt

Anmerkungen

1. Der betreffende Arbeitnehmer ist nicht Beteiligter dieses Verfahrens (vgl. Muster E. X. 1.1 Anm. 1).

2. Diese Antragstellung kommt in Betracht, wenn der Arbeitgeber der Ansicht ist, die Zustimmung des Betriebsrates gelte bereits als erteilt, weil der Betriebsrat nach Meinung des Arbeitgebers die einwöchige Äußerungsfrist nach § 99 Abs. 3 BetrVG nicht eingehalten hat, oder die Zustimmungsverweigerung des Betriebsrats in nicht beachtlicher Weise erfolgt ist (zu den Voraussetzungen einer beachtlichen Zustimmungsverweigerung des Betriebsrates vgl. Muster E. X. 1.1 Anm. 9), der Betriebsrat aber gleichwohl von einer rechtlich einwandfreien Zustimmungsverweigerung ausgeht. Dem Arbeitgeber muss in diesen Fällen an einer rechtlichen Klärung gelegen sein, da er sich sonst dem Vorwurf betriebsverfassungswidrigen Verhaltens oder gar einem Antrag des Betriebsrates nach § 101 BetrVG bzw. § 23 Abs. 3 BetrVG ausgesetzt sieht (BAG v. 18. 10. 1988, AP Nr. 57 zu § 99 BetrVG 1972 = NZA 1989, 355, 357). Er hat zu dieser Klärung das Arbeitsgericht anzurufen, da ihm kein materielles Vorprüfungsrecht hinsichtlich der Beachtlichkeit oder Begründetheit der Zustimmungsverweigerung des Betriebsrates zusteht (vgl. BAG v. 26. 1. 1988, AP Nr. 50 zu § 99 BetrVG 1972 = NZA 1988, 476, 477 f.; FKHES, § 99 Rdn. 215).

Ob die Zustimmung des Betriebsrates zu einer geplanten personellen Maßnahme bereits als erteilt gilt, ist vom Arbeitsgericht vorrangig zu prüfen (BAG v. 28. 1. 1986, AP Nr. 34 zu § 99 BetrVG 1972 = NZA 1986, 490, 491). Ist das der Fall, braucht die vom Betriebsrat verweigerte Zustimmung zur personellen Maßnahme nicht vom Gericht ersetzt zu werden (BAG aaO.).

3. Da vor einer rechtskräftigen gerichtlichen Entscheidung kaum zuverlässig abgeschätzt werden kann, ob die Zustimmungsverweigerung des Betriebsrates beachtlich war oder nicht, mithin die Zustimmung zur geplanten personellen Maßnahme als erteilt gilt oder nicht, empfiehlt es sich, den Antrag mit einem hilfsweise gestellten Zustimmungsersetzungsantrag zu verknüpfen (BAG v. 18. 10. 1988, AP Nr. 57 zu § 99 BetrVG 1972 = NZA 1989, 355, 357). Möglich wäre es allerdings auch, den Zustimmungsersetzungsantrag isoliert zu stellen. Stellt das Gericht dann im Laufe des Verfahrens fest, dass die Zustimmung des Betriebsrates mangels rechtzeitiger oder beachtlicher Zustimmungsverweigerung als erteilt gilt, hat es auch ohne einen ausdrücklich darauf gerichteten Antrag des Arbeitgebers eine dahingehende Entscheidung zu treffen (BAG v. 18. 10. 1988, AP Nr. 57 zu § 99 BetrVG 1972 = NZA 1989, 355, 358).

4. Das Beteiligungsrecht des Betriebsrats zu personellen Einzelmaßnahmen nach § 99 Abs. 1 BetrVG besteht erst ab einer Betriebsgröße von regelmäßig mehr als 20 wahlberechtigten Arbeitnehmern. Während § 99 BetrVG aF zur Voraussetzung hatte, dass in dem von der personellen Einzelmaßnahme betroffenen Betrieb in der Regel mehr als 20 wahlberechtigte Arbeitnehmer tätig waren, lässt es die mit der BetrVG-Novelle 2001 in Kraft getretene Neufassung des § 99 BetrVG genügen, dass unternehmensweit regelmäßig mehr als 20 wahlberechtigte Arbeitnehmer beschäftigt werden. Zu den wahlberechtigten Arbeitnehmern gehören auch die nach § 7 Satz 2 BetrVG für mehr als drei Monate zur Arbeitsleistung überlassenen Arbeitnehmer eines anderen Arbeitgebers (vgl. FKHES, § 99 Rdn. 8; DKK-*Kittner,* § 99 Rdn. 7). Das hat zur Folge, dass auch die Betriebsräte kleinerer Betriebe mit nicht mehr als 20 wahlberechtigten Arbeitnehmern bei personellen Einzelmaßnahmen nach § 99 BetrVG zu beteiligen sind, wenn im Gesamtunternehmen unter Einbeziehung der übrigen Betriebe regelmäßig mehr als 20 Arbeitnehmer beschäftigt werden. Nicht ausdrücklich geregelt und umstritten ist die Frage, wie zu verfahren ist, wenn ein Gemeinschaftsbetrieb regelmäßig mehr als 20 wahlberechtigte

Arbeitnehmer beschäftigt, die diesen Gemeinschaftsbetrieb führenden Unternehmen für sich genommen jedoch jeweils nicht mehr als 20 Arbeitnehmer beschäftigen (vgl. zum Meinungsstand FKHES, § 99 Rdn. 10).

5. Zu Form und Inhalt der Informationspflichten des Arbeitgebers im Rahmen von § 99 Abs. 1 BetrVG vgl. Muster E. X. 1.1 Anm. 3 und 4.

6. Zu den Anforderungen an eine ordnungsgemäße/beachtliche Zustimmungsverweigerung des Betriebsrates vgl. Muster E. X. 1.1 Anm. 9.

7. Zu den möglichen Zustimmungsverweigerungsgründen des Betriebsrates im Einzelnen vgl. FKHES, § 99 Rdn. 1162 ff.

1.4 Antrag auf Ersetzung der Zustimmung zur Eingruppierung (Umgruppierung) bei erteilter Zustimmung zur Einstellung (Versetzung)[1]

An das
Arbeitsgericht ......

Antrag im Beschlussverfahren mit den Beteiligten[2]

1. Firma ......

– Antragstellerin –

Verfahrensbevollmächtigte: ......

2. Betriebsrat der Firma ......
vertreten durch den Betriebsratsvorsitzenden

– Antragsgegner –

wegen Ersetzung der Zustimmung zu der Eingruppierung (Umgruppierung) des Arbeitnehmers ......

Namens und in Vollmacht der Antragstellerin leiten wir ein Beschlussverfahren ein und beantragen:
Die Zustimmung des Antragsgegners zur Eingruppierung (Umgruppierung) des Arbeitnehmers/der Arbeitnehmerin ...... in die Lohn-/Gehaltsgruppe ...... des Tarifvertrages ...... wird ersetzt.[3]

Begründung:

Die Antragstellerin beschäftigt regelmäßig mehr als 20 gem. § 7 BetrVG wahlberechtigte Arbeitnehmer.[4] Sie unterhält in ...... einen Betrieb mit ...... Arbeitnehmern. (Empfehlenswert: kurze Schilderung des Betriebszwecks.)
Im Betrieb ist ein Betriebsrat gebildet, der/die Vorsitzende ist Herr/Frau ...... Auf die Arbeitsverhältnisse der Antragstellerin mit ihren Mitarbeitern findet der Lohn-/Gehaltstarifvertrag vom ...... zwischen ...... Gewerkschaft und ...... Arbeitgeberverband Anwendung.
Mit Schreiben vom ...... hat die Antragstellerin den Antragsgegner um Zustimmung zur Einstellung (Versetzung) des Arbeitnehmers/der Arbeitnehmerin ...... gebeten und hierbei mitgeteilt, dass beabsichtigt sei, den Arbeitnehmer/die Arbeitnehmerin in die Lohn-/Gehaltsgruppe des ...... Tarifvertrages ...... einzugruppieren (umzugruppieren).

Beweis: Schreiben der Antragstellerin vom ......, in Kopie anbei.

Mit Schreiben vom ...... hat der Antragsgegner zwar die Zustimmung zur Einstellung (Versetzung) erteilt, der beabsichtigten Eingruppierung (Umgruppierung) jedoch unter Hinweis auf § 99 Abs. 2 Ziff. 1 BetrVG widersprochen, da er der Meinung ist, der Arbeitnehmer/die Arbeitnehmerin sei richtigerweise in die Lohn-/Gehaltsgruppe ...... des ...... Tarifvertrages .... einzugruppieren.[5]

Beweis: Schreiben des Antragsgegners vom ......, in Kopie anbei.

Die Zustimmungsverweigerung des Betriebsrats zur Eingruppierung (Umgruppierung) ist nicht begründet. Die einschlägige vorgesehene Tarifgruppe des ...... Tarifvertrages ...... lautet wie folgt:
......
Auf dem vorgesehenen Arbeitsplatz sind folgende Tätigkeiten zu erfüllen: (wird ausgeführt, möglichst mit den entsprechenden Zeitanteilen).
Die einzelnen Tätigkeiten sind folgenden Tätigkeitsmerkmalen der Lohn-/Gehaltsgruppe ...... des ......Tarifvertrages ...... zuzuordnen: (ist auszuführen).

Rechtsanwalt

Anmerkungen

1. Der Antrag des Arbeitgebers an den Betriebsrat auf Zustimmung zur Einstellung oder Versetzung eines Arbeitnehmers geht in der Regel einher mit dem Antrag auf Zustimmung der in diesem Zusammenhang vorzunehmenden Eingruppierung (bei einer Einstellung) bzw. Umgruppierung (bei einer Versetzung), soweit auf das Arbeitsverhältnis eine tarifliche, betriebliche oder vertragliche Lohn- bzw. Gehaltsgruppenordnung Anwendung findet (vgl. FKHES, § 99 Rdn. 86 f. sowie Muster E. X. 1.1 Anm. 3). Die Eingruppierungsentscheidung des Arbeitgebers nach § 99 BetrVG umfasst sowohl die Entscheidung über die anzuwendende Vergütungsordnung als auch die über die Einreihung des einzugruppierenden Arbeitnehmers in die zutreffende Vergütungsgruppe, somit die Eingruppierung in ihrer Gesamtheit (BAG v. 27. 6. 2000, AP Nr. 23 zu § 99 BetrVG 1972 Eingruppierung = NZA 2001, 626). Aber auch bei einer übertariflichen Beschäftigung eines Arbeitnehmers findet eine „Eingruppierungsentscheidung" des Arbeitgebers in dem Sinne statt, dass keine der betrieblich anzuwendenden Tarifgruppen einschlägig ist, so dass der Betriebsrat in gleicher Weise zu beteiligen ist (BAG v. 31. 10. 1995, AP Nr. 5 zu § 99 BetrVG 1972 Eingruppierung = NZA 1996, 890). Gleiches gilt für sogenannte geringfügig beschäftigte Arbeitnehmer (vgl. BAG v. 20. 12. 1988, AP Nr. 62 zu § 99 BetrVG 1972 = NZA 1989, 518; FKHES, § 99 Rdn. 77). Der Betriebsrat kann (und muss ggf.) hier „gespalten" reagieren, indem er die Zustimmung zur Einstellung/Versetzung erteilt, diese jedoch zur Ein-/Umgruppierung unter Hinweis auf die (beispielsweise bei Tarifbindung) vom Arbeitgeber unzutreffend vorgenommene Anwendung des Tarifvertrages nach § 99 Abs. 2 Ziff. 1 BetrVG verweigert. Eine Zustimmungsverweigerung zur Einstellung/Versetzung an sich mit der Begründung, die zur Anwendung gebrachte Eingruppierung sei unzutreffend, ist nicht möglich (vgl. BAG v. 20. 12. 1988, AP Nr. 62 zu § 99 BetrVG 1972 = NZA 1989, 518; FKHES, § 99 Rdn. 73). Will der Arbeitgeber sich nicht einem entsprechenden Gegenantrag des Betriebsrates aussetzen (vgl. Muster E. X. 2.2), tut er gut daran, die vom Betriebsrat verweigerte Zustimmung zur Ein-/Umgruppierung arbeitsgerichtlich ersetzen zu lassen.

2. Der betroffene Arbeitnehmer ist nicht Beteiligter dieses Verfahrens (vgl. Muster E. X. 1.1 Anm. 1).

3. Bei Einstellungs- und Versetzungsmaßnahmen, die regelmäßig mit einer Ein- oder Umgruppierung des Arbeitnehmers verbunden sein dürften, ist der Arbeitgeber auch gegenüber dem Betriebsrat (und nicht nur vertraglich gegenüber dem Arbeitnehmer) verpflichtet, den Arbeitnehmer richtig einzugruppieren (BAG v. 20. 12. 1988, AP Nr. 62 zu § 99 BetrVG 1972 = NZA 1989, 518, 522). Scheitert der Arbeitgeber mit der von ihm gewünschten Eingruppierung im arbeitsgerichtlichen Zustimmungsersetzungsverfahren, muss er die erneute Zustimmung des Betriebsrates – diesmal in eine andere – nunmehr für richtig gehaltene Vergütungsgruppe beantragen und ggf. arbeitsgerichtlich ersetzen lassen (BAG v. 3. 5. 1994, AP Nr. 2 zu § 99 BetrVG 1972 Eingruppierung = NZA 1995, 484). Die Verpflichtung zu einer neuen Eingruppierungsentscheidung des Arbeitgebers im bestehenden Arbeitsverhältnis besteht außerhalb von der konkreten Zuweisung eines neuen Arbeitsbereichs immer dann, wenn der Arbeitnehmer „schleichend" in eine neue (höhere oder niedrigere) Vergütungsgruppe hineinwächst (BAG v. 30. 5. 1990, AP Nr. 31 zu § 75 BPersVG = NZA 1990, 899) oder die Tarifvertragsparteien eine strukturelle Änderung der Gehalts-/Lohngruppenordnung vornehmen (BAG v. 9. 3. 1993, AP Nr. 104 zu § 99 BetrVG 1972 = NZA 1993, 1045). Darüber hinaus bleibt es natürlich dem Arbeitgeber unbenommen, seine einmal getroffene Eingruppierungsentscheidung unter Beteiligung des Betriebsrates nach § 99 BetrVG zu überprüfen, wenn er der Meinung ist, der Arbeitnehmer sei falsch eingruppiert, auch ohne dass diese Maßnahme mit einer Änderung des Arbeitsbereiches (Versetzung) einhergeht (BAG v. 2. 4. 1996, AP Nr. 7 zu § 99 BetrVG 1972 Eingruppierung = NZA 1996, 1105, 1106).

4. Während § 99 BetrVG aF zur Voraussetzung hatte, dass in dem von der personellen Einzelmaßnahme betroffenen Betrieb in der Regel mehr als 20 wahlberechtigte Arbeitnehmer tätig waren, lässt es die mit der BetrVG-Novelle 2001 in Kraft getretene Neufassung des § 99 BetrVG genügen, dass unternehmensweit regelmäßig mehr als 20 wahlberechtigte Arbeitnehmer beschäftigt werden. Zu den wahlberechtigten Arbeitnehmern gehören auch die nach § 7 Satz 2 BetrVG für mehr als drei Monate zur Arbeitsleistung überlassenen Arbeitnehmer eines anderen Arbeitgebers (vgl. FKHES, § 99 Rdn. 8; DKK-*Kittner,* § 99 Rdn. 7). Das hat zur Folge, dass auch die Betriebsräte kleinerer Betriebe mit nicht mehr als 20 wahlberechtigten Arbeitnehmern bei personellen Einzelmaßnahmen nach § 99 BetrVG zu beteiligen sind, wenn im Gesamtunternehmen unter Einbeziehung der übrigen Betriebe regelmäßig mehr als 20 Arbeitnehmer beschäftigt werden. Nicht ausdrücklich geregelt und umstritten ist die Frage, wie zu verfahren ist, wenn ein Gemeinschaftsbetrieb regelmäßig mehr als 20 wahlberechtigte Arbeitnehmer beschäftigt, die diesen Gemeinschaftsbetrieb führenden Unternehmen für sich genommen jedoch jeweils nicht mehr als 20 Arbeitnehmer beschäftigen (vgl. zum Meinungsstand FKHES, § 99 Rdn. 10).

5. Das Zustimmungsverweigerungsrecht des Betriebsrates besteht nicht nur bei einer von ihm für richtig gehaltenen höheren Eingruppierung, sondern auch dann, wenn er die vom Arbeitgeber gewählte Eingruppierung als zu hoch einschätzt und eine niedrigere Eingruppierung nach der bestehenden Vergütungsordnung als die richtige ansieht. Das folgt aus dem Zweck des Beteiligungsrechts, das auch kollektiven Belangen, nämlich der innerbetrieblichen Lohngerechtigkeit dient (BAG v. 28. 4. 1998, 1 ABR 50/97, NZA 1999, 52).

2. Anträge des Betriebsrats gemäß §§ 99–101 BetrVG

2.1 Antrag des Betriebsrats auf Aufhebung der Einstellung/Versetzung

An das
Arbeitsgericht ......

Antrag im Beschlussverfahren mit den Beteiligten[1]

1. Betriebsrat der Firma ......
   vertreten durch den Betriebsratsvorsitzenden

– Antragsteller –

Verfahrensbevollmächtigte: ......

2. Firma ......

– Antragsgegnerin –

wegen Aufhebung einer personellen Maßnahme.

Namens und in Vollmacht[2] des Antragstellers leiten wir ein Beschlussverfahren ein und beantragen:

Die Antragsgegnerin wird verpflichtet, die Einstellung[3] (Versetzung) des Arbeitnehmers/der Arbeitnehmerin ...... (im Fall einer Versetzung: vom Arbeitsplatz ...... auf den Arbeitsplatz ......) rückgängig zu machen.

Begründung:

Die Antragsgegnerin beschäftigt regelmäßig mehr als 20 gem. § 7 BetrVG wahlberechtigte Arbeitnehmer.[4] Sie unterhält in ...... einen Betrieb mit ...... Arbeitnehmern.

Im Betrieb ist ein Betriebsrat gebildet, der/die Vorsitzende ist Herr/Frau ......

Alternative 1 (keinerlei Beteiligung des Betriebsrates vor Durchführung der Maßnahme):

Am ...... hat der Antragsteller festgestellt, dass in der Abteilung ...... des Betriebs ein neuer Mitarbeiter/eine neue Mitarbeiterin tätig ist. Auf Befragen stellte sich heraus, dass es sich um den Arbeitnehmer/die Arbeitnehmerin ...... handelt, der/die ab ...... (Datum) von der Antragsgegnerin zum ...... (Datum) eingestellt wurde und in der Abteilung ...... beschäftigt wird.

Dem Antragsteller wurden vor Einstellung des Arbeitnehmers/der Arbeitnehmerin ...... keinerlei Informationen gem. § 99 Abs. 1 BetrVG erteilt, auch wurde der Betriebsrat nicht um Zustimmung zu dieser Maßnahme gebeten.

Die Antragsgegnerin ist deswegen verpflichtet, die Einstellung rückgängig zu machen.[5]

Der Antragsteller hat am ...... beschlossen, das vorliegende Verfahren einzuleiten und mit seiner Durchführung die im Aktivrubrum genannten Verfahrensbevollmächtigten zu beauftragen.

Beweis: Zeugnis des Betriebsratsvorsitzenden ......

Rechtsanwalt

Alternative 2 (Durchführung der Maßnahme trotz Zustimmungsverweigerung des Betriebsrates):

Mit Schreiben vom ......, der Antragsgegnerin zugegangen am ......, hat die Antragsgegnerin den Antragsteller von der bevorstehenden Einstellung/Versetzung des Arbeitnehmers/der Arbeitnehmerin ...... ab ...... (Datum) als ...... in die Abteilung ...... informiert und den Antragsteller um Zustimmung zu der geplanten Maßnahme gebeten.

Beweis: Schreiben der Antragsgegnerin vom ......, in Kopie anbei.

Der Antragsteller hat in seiner Sitzung vom ...... beschlossen, der vorgesehenen personellen Maßnahme nach § 99 Abs. 2 BetrVG zu widersprechen und sich hierbei auf den Zustimmungsverweigerungsgrund Nr. ...... berufen, indem er der Antragsgegnerin mitgeteilt hat: (...... Zitat des Betriebsratsbeschlusses aus der Mitteilung an den Arbeitgeber)

Beweis: Schreiben des Antragstellers an die Antragsgegnerin vom ......, in Kopie anbei.

Der Zustimmungsverweigerungsgrund des Antragstellers ist beachtlich und auf einen der im Gesetz angegebenen Zustimmungsverweigerungsgründe (hier: § 99 Abs. 2 Ziff. ...... BetrVG) zu beziehen, auf die Begründetheit der Zustimmungsverweigerung kommt es nicht an. (...... ist hinsichtlich der konkret genannten Zustimmungsverweigerungsgründe und deren Beachtlichkeit auszuführen ......)

Das Schreiben des Antragstellers vom ...... ging der Antragsgegnerin am ......, somit innerhalb der Wochenfrist des § 99 Abs. 3 BetrVG zu.

Ein Zustimmungsersetzungsverfahren gem. § 99 Abs. 4 BetrVG wurde von der Antragsgegnerin nicht eingeleitet.[5]

Der Antragsteller hat am ...... beschlossen, das vorliegende Verfahren einzuleiten und mit seiner Durchführung die im Aktivrubrum genannten Verfahrensbevollmächtigten zu beauftragen.

Beweis: Zeugnis des Betriebsratsvorsitzenden ......

Rechtsanwalt

Anmerkungen

1. Der betroffene Arbeitnehmer ist nicht Beteiligter dieses Verfahrens (vgl. Muster E. X. 1.1 Anm. 1).

2. Die ordnungsgemäße Bevollmächtigung des Rechtsanwalts erfordert eine entsprechende Beschlussfassung des Betriebsrates zur Verfahrenseinleitung (vgl. Muster E. IV. 1 Anm. 4) und zur Anwaltsbeauftragung (vgl. Muster E. IV. 2 Anm. 2).

3. Der Begriff der **Einstellung** setzt nicht voraus, dass ein Arbeitsverhältnis begründet werden muss, so dass in der Praxis bei zunehmender Tendenz zur Beschäftigung von „freien Mitarbeitern" oder „Subunternehmern" häufig Streit bezüglich der Frage der betriebsverfassungsrechtlichen Beteiligung entsteht (vgl. FKHES, § 99 Rdn. 33). Seit der Entscheidung des BAG v. 15. 4. 1986 (AP NR. 35 zu § 99 BetrVG 1972 = NZA 1986, 688) ist anerkannt, dass eine Einstellung im betriebsverfassungsrechtlichen Sinn immer dann vorliegt, „wenn Personen in den Betrieb eingegliedert werden, um zusammen mit den dort schon beschäftigten Arbeitnehmern den arbeitstechnischen Zweck des Betriebes durch weisungsgebundene Tätigkeit zu verwirklichen. Auf das Rechtsverhältnis, in dem diese Personen zum Arbeitgeber als Betriebsinhaber stehen, kommt es nicht an."

(BAG v. 27. 7. 1993, AP Nr. 3 zu § 93 BetrVG 1972 = NZA 1994, 92). Maßgeblich ist allein, ob es sich um eine weisungsgebundene Tätigkeit handelt, die der Betriebsinhaber organisieren muss. Die Stellung der so beschäftigten Personen dürfte jedoch durchweg einer Arbeitnehmerposition weitgehend angeglichen sein, was sich aus dem Erfordernis der „Eingliederung" in den Betrieb ableiten lässt, das auch ein Merkmal für die Abgrenzung des Arbeitnehmers vom selbstständig Tätigen darstellt (BAG v. 30. 8. 1994, AP Nr. 6 zu § 99 BetrVG 1972 Einstellung = NZA 1995, 649, 650). So ist auch nach dem Beschluss des BAG vom 22. 4. 1997 (AP Nr. 18 zu § 99 BetrVG 1972 Einstellung = NZA 1997, 1297) für die Frage einer mitbestimmungspflichtigen Einstellung von Nicht-Arbeitnehmern durch den Betriebsinhaber Voraussetzung, dass die beschäftigten Personen so in die Arbeitsorganisation eingegliedert sind, dass der Arbeitgeber die für ein Arbeitsverhältnis typischen Entscheidungen über den Arbeitseinsatz nach Art, Zeit und Ort zu treffen hat. Werden beispielsweise im Betrieb des Arbeitgebers und in dessen Auftrag Mitarbeiter eines anderen Unternehmens als sogenannte Testkäufer eingesetzt, liegt eine Eingliederung in den Betrieb des Arbeitgebers und demzufolge auch eine mitbestimmungspflichtige Einstellung dieser Testkäufer nur dann vor, wenn der Einsatz dieser Arbeitnehmer vom Inhaber des Einsatzbetriebes und nicht von deren Arbeitgeber gesteuert wird (BAG v. 13. 3. 2001 = NZA 2001, 1262).

4. Während § 99 BetrVG aF zur Voraussetzung hatte, dass in dem von der personellen Einzelmaßnahme betroffenen Betrieb in der Regel mehr als 20 wahlberechtigte Arbeitnehmer tätig waren, lässt es die mit der BetrVG-Novelle 2001 in Kraft getretene Neufassung des § 99 BetrVG genügen, dass unternehmensweit regelmäßig mehr als 20 wahlberechtigte Arbeitnehmer beschäftigt werden. Zu den wahlberechtigten Arbeitnehmern gehören auch die nach § 7 Satz 2 BetrVG für mehr als drei Monate zur Arbeitsleistung überlassenen Arbeitnehmer eines anderen Arbeitgebers (vgl. FKHES, § 99 Rdn. 8; DKK-*Kittner,* § 99 Rdn. 7). Das hat zur Folge, dass auch die Betriebsräte kleinerer Betriebe mit nicht mehr als 20 wahlberechtigten Arbeitnehmern bei personellen Einzelmaßnahmen nach § 99 BetrVG zu beteiligen sind, wenn im Gesamtunternehmen unter Einbeziehung der übrigen Betriebe regelmäßig mehr als 20 Arbeitnehmer beschäftigt werden. Nicht ausdrücklich geregelt und umstritten ist die Frage, wie zu verfahren ist, wenn ein Gemeinschaftsbetrieb regelmäßig mehr als 20 wahlberechtigte Arbeitnehmer beschäftigt, die diesen Gemeinschaftsbetrieb führenden Unternehmen für sich genommen jedoch jeweils nicht mehr als 20 Arbeitnehmer beschäftigen (vgl. zum Meinungsstand FKHES, § 99 Rdn. 10).

5. Nach § 101 BetrVG kann der Betriebsrat im arbeitsgerichtlichen Beschlussverfahren dem Arbeitgeber aufgeben lassen, eine personelle Maßnahme aufzuheben, wenn der Arbeitgeber den Betriebsrat nicht nach § 99 Abs. 1 BetrVG vor Durchführung der Maßnahme beteiligt hat bzw. ihn zwar beteiligt, jedoch trotz Zustimmungsverweigerung des Betriebsrates das Zustimmungsersetzungsverfahren nach § 99 Abs. 4 BetrVG nicht eingeleitet hat. Der Betriebsrat kann die Aufhebung der personellen Maßnahme auch dann verlangen, wenn der Arbeitgeber die Maßnahme als vorläufige gem. § 100 BetrVG durchführt, obwohl der Betriebsrat die sachliche Dringlichkeit dieser Maßnahme unverzüglich bestritten hat (vgl. FKHES, § 101 Rdn. 3; *Richardi/Thüsing,* BetrVG § 101 Rdn. 9). Diesem Antrag des Betriebsrates kann der Arbeitgeber nun nicht mehr mit dem Hilfsantrag begegnen, die fehlende Zustimmung des Betriebsrates zu ersetzen, noch kann er geltend machen, der Betriebsrat habe die Zustimmung unberechtigterweise verweigert. Es würden sonst nämlich die betriebsverfassungsrechtlichen Rollen im Beteiligungsverfahren vertauscht und der Arbeitgeber könnte einfach das sonst erforderliche Zustimmungsersetzungsverfahren überspringen (vgl. FKHES, § 101 Rdn. 4). Der Betriebsrat ist jedoch bei Vollzug einer personellen Einzelmaßnahme durch den Arbeitgeber ohne seine Zustimmung nicht darauf angewiesen, gem. § 101 BetrVG die Aufhebung der Maßnahme zu verlangen. Dies wird ihm in Zeiten verstärkter Arbeitslosigkeit ohnehin schwer fallen. Der Betriebsrat kann stattdessen bei Vorliegen der entsprechenden Voraussetzungen auch über § 23 Abs. 3 BetrVG den Arbeitgeber zwingen, künftig die Durchführung personeller Einzelmaßnahmen ohne Beteiligung des Betriebsrates zu unterlassen (BAG v. 17. 3. 1987, AP Nr. 7 zu § 23 BetrVG 1972 = NZA 1987, 786). § 101 BetrVG steht insoweit nicht in einem Spezialverhältnis zu § 23 Abs. 3 BetrVG. Häufig wird beim Verfahren nach § 23 Abs. 3 BetrVG über die „Grobheit" des Verstoßes gestritten werden (vgl. Muster E. XIII. 3, Variante 2), so dass dem Betriebsrat oft zu empfehlen sein wird, zur Klarstellung seines Mitbestimmungsrechts vorab ein Feststellungsverfahren über dessen Bestehen im konkreten Fall zu betreiben. Ob der Betriebsrat darüber hinaus auch verlangen kann, dass der Arbeitgeber das übergangene Beteiligungsverfahren im konkreten Fall schlicht und einfach nachholt (beispielsweise mit dem Verpflichtungsantrag, den Betriebsrat nach § 99 Abs. 1 BetrVG zu informieren und die Zustimmung zur Maßnahme einzuholen sowie für den Fall der Zustimmungsverweigerung das arbeitsgerichtliche Zustimmungsersetzungsverfahren zu betreiben), war lange Zeit höchstrichterlich nicht entschieden, ist jedoch nunmehr durch den Beschluss des BAG v. 20. 2. 2001, AP Nr. 23 zu § 101 BetrVG 1972 = NZA 2001, 1033, geklärt. Hiernach ist ein Antrag des Betriebsrats, den Arbeitgeber zu verpflichten, zu bereits vorgenommenen Einstellungen nachträglich die Zustimmung des Betriebsrats nach § 99 Abs. 1 BetrVG einzuholen, unzulässig. Das BAG verweist den Betriebsrat stattdessen auf die in derartigen Fällen allein vorgesehene gesetzliche Spezialregelung des § 101 BetrVG, mit der die Aufhebung der Einstellung beantragt werden kann für den Fall der Ein- und Umgruppierung (vgl. Muster E. X. 2.2).

Es ist dem Arbeitgeber jedoch nicht verwehrt, den betreffenden Arbeitnehmer unter Einhaltung der Kündigungsfrist vorübergehend zu entlassen, um ihn dann unter Beachtung des Verfahrens nach §§ 99, 100 BetrVG erneut einzustellen (vgl. FKHES, § 101 Rdn. 13).

2.2 Antrag auf Vornahme einer Eingruppierung und Durchführung des Zustimmungsersetzungsverfahrens

An das
Arbeitsgericht ......

       Antrag im Beschlussverfahren mit den Beteiligten[1]

1. Betriebsrat der Firma ......
vertreten durch den Betriebsratsvorsitzenden

                 – Antragsteller –

Verfahrensbevollmächtigte: ......

2. Firma ......

                 – Antragsgegnerin –

wegen Vornahme einer Handlung.

Namens und in Vollmacht[2] des Antragstellers leiten wir ein Beschlussverfahren ein und beantragen:

Der Antragsgegnerin wird aufgegeben, den Arbeitnehmer/die Arbeitnehmerin ...... innerhalb des Lohn-/Gehaltsgruppengefüges des ...... Lohn-/Gehaltstarifvertrages ...... einzugruppieren sowie die Zustimmung des Antragstellers hierzu einzuholen und sich diese im Falle der Verweigerung durch den Antragsteller arbeitsgerichtlich ersetzen zu lassen.[3]

Begründung:

Die Antragsgegnerin beschäftigt regelmäßig mehr als 20 gem. § 7 BetrVG wahlberechtigte Arbeitnehmer (Betriebszweck ausführen).[4] Sie unterhält in ...... einen Betrieb mit ...... Arbeitnehmern. Im Betrieb ist ein Betriebsrat gebildet, der/die Vorsitzende ist Herr/Frau ...... Die Antragsgegnerin ist Mitglied des Arbeitgeberverbandes ......[5]

Im Betrieb der Antragsgegnerin ...... finden die Lohn-/Gehaltstarifverträge des ...... Tarifvertrages Anwendung.

Alternative 1 (Arbeitgeber sieht gänzlich von einer Eingruppierung ab):
Mit Schreiben vom ...... hat die Antragsgegnerin den Antragsteller über die bevorstehende Einstellung/Versetzung des Arbeitnehmers/der Arbeitnehmerin ...... informiert und um Zustimmung zu dieser Maßnahme gebeten.

Beweis: Schreiben der Antragsgegnerin vom ......, in Kopie anbei.

Der Antragsteller hat die Zustimmung zu der Einstellung/Versetzung erteilt[6], mit Schreiben vom ...... die Antragsgegnerin jedoch darauf hingewiesen, dass sie den Arbeitnehmer/die Arbeitnehmerin ...... nach Einstellung/durchgeführter Versetzung noch in das Lohn-/Gehaltsgefüge des ...... Tarifvertrages eingruppieren und hierzu ebenfalls die Zustimmung des Antragstellers einholen müsse.[7]

Beweis: Schreiben des Antragstellers vom ......, in Kopie anbei.

Die Antragsgegnerin hat hierauf nicht reagiert und stattdessen den Arbeitnehmer/ die Arbeitnehmerin ab ...... im Betrieb ohne Eingruppierung beschäftigt.

Der Antragsteller hat am ...... beschlossen, das vorliegende Verfahren einzuleiten und mit seiner Durchführung die im Aktivrubrum genannten Verfahrensbevollmächtigten zu beauftragen.

Beweis: Zeugnis des Betriebsratsvorsitzenden ......

Rechtsanwalt

Alternative 2 (Arbeitgeber nimmt Abstand von einer Eingruppierung nach Zustimmungsverweigerung des Betriebsrates):
Mit Schreiben vom ...... hat die Antragsgegnerin den Antragsteller über die bevorstehende Einstellung/Versetzung des Arbeitnehmers/der Arbeitnehmerin ...... informiert, die vorgesehene Eingruppierung mitgeteilt und um Zustimmung zu diesen Maßnahmen gebeten.

Beweis: Schreiben der Antragsgegnerin vom ......, in Kopie anbei.

Der Antragsteller hat innerhalb der Wochenfrist nach § 99 Abs. 3 BetrVG der Einstellung/Versetzung zugestimmt, jedoch unter Hinweis auf § 99 Abs. 2 Ziff. 1 BetrVG[8] der vorgesehenen Eingruppierung mit folgender Begründung widersprochen: ...... (ist auszuführen). Die Antragsgegnerin hat daraufhin von jeglicher Eingruppierung abgesehen und den Arbeitnehmer/die Arbeitnehmerin auf Grund „freier Lohnvereinbarung" ab ...... im Betrieb beschäftigt.[7]

Der Antragsteller hat am ...... beschlossen, das vorliegende Verfahren einzuleiten und mit seiner Durchführung die im Aktivrubrum genannten Verfahrensbevollmächtigten zu beauftragen.

Beweis: Zeugnis des Betriebsratsvorsitzenden ......

Rechtsanwalt

Anmerkungen

1. Der betroffene Arbeitnehmer ist nicht Beteiligter dieses Verfahrens (vgl. Muster E. X. 1.1 Anm. 1). Die im Zustimmungsersetzungsverfahren nach § 99 Abs. 4 BetrVG ermöglichte Eingruppierung hat keine präjudizielle Wirkung für den individualrechtlichen Anspruch des Arbeitnehmers auf die richtige Eingruppierung (vgl. FKHES, § 99 Rdn. 84).

2. Die ordnungsgemäße Bevollmächtigung des Rechtsanwalts erfordert eine entsprechende Beschlussfassung des Betriebsrates zur Verfahrenseinleitung (vgl. Muster E. IV. 1 Anm. 4) und zur Anwaltsbeauftragung (vgl. Muster E. IV. 2 Anm. 2).

3. Diese kombinierte Antragstellung (Vornahme der Eingruppierung, Beteiligung des Betriebsrates und ggf. arbeitsgerichtliches Zustimmungsersetzungsverfahren) wird dann notwendig, wenn der Arbeitgeber sich überhaupt nicht zu einer **Eingruppierungsentscheidung** durchringen kann. Beabsichtigt er hingegen eine bestimmte Eingruppierung des einzustellenden oder zu versetzenden Arbeitnehmers, verweigert der Betriebsrat jedoch hierzu seine Zustimmung, und bleibt der Arbeitgeber gleichwohl bei der einmal getroffenen Eingruppierungsentscheidung, ohne das Zustimmungsersetzungsverfahren durchzuführen, ist vom Betriebsrat ein Beschlussverfahren mit folgender Antragstellung einzuleiten:

„Die Antragsgegnerin (Arbeitgeberin) wird verpflichtet, sich die vom Betriebsrat verweigerte Zustimmung zur Eingruppierung/Umgruppierung des Arbeitnehmers/der Arbeitnehmerin ...... arbeitsgerichtlich ersetzen zu lassen." (vgl. BAG v. 9. 2. 1993, AP Nr. 103 zu § 99 BetrVG 1972 = NZA 1993, 664).

Der Grund für diesen Durchführungsanspruch des Betriebsrates ist darin zu suchen, dass das BAG bei einer derartigen Fallkonstellation dem Betriebsrat keinen Anspruch nach § 101 BetrVG auf „Aufhebung" der Maßnahme zuspricht. Die Eingruppierung ist nämlich kein Gestaltungs-, sondern ein **Beurteilungsakt,** so dass das Beteiligungsrecht des Betriebsrates hier folglich als Mitbeurteilungsrecht einzustufen ist. Dieses soll einer **Richtigkeitskontrolle** bezüglich der korrekten Eingruppierung im Einzelfall (individualrechtlicher Schutz) und deren Übereinstimmung mit dem innerbetrieblichen Lohngefüge (kollektivrechtlicher Schutz) dienen (vgl. BAG v. 20. 12. 1988, AP Nr. 62 zu § 99 BetrVG 1972 = NZA 1989, 518; BAG v. 3. 10. 1989, AP Nr. 75 zu § 99 BetrVG 1972 = NZA 1990, 359, 360; BAG v. 12. 8. 1997, AP Nr. 14 zu § 99 BetrVG 1972 Eingruppierung = NZA 1998, 378, 379; BAG v. 27. 6. 2000, AP Nr. 23 zu § 99 BetrVG 1972 Eingruppierung = NZA 2001, 626, 629; FKHES, § 99 Rdn. 81, § 101 Rdn. 8; *Richardi/Thüsing,* BetrVG § 99 Rdn. 75 f.).

Die Eingruppierung des Arbeitnehmers ist hiernach nichts anderes als die Kundgabe einer Rechtsansicht durch den Arbeitgeber über die zutreffende Einordnung in ein Vergütungsgefüge. Eine Rechtsansicht kann aber nicht entsprechend der Regelung in § 101 BetrVG aufgehoben, sondern nur aufgegeben werden. Das betriebsverfassungsrechtlich vorgeschriebene Beteiligungsverfahren kann somit nur dadurch erreicht werden, dass man im Rahmen von § 101 BetrVG dem Arbeitgeber aufgibt, die Zustimmung des Betriebsrates zu der von ihm geplanten Maßnahme einzuholen, um bei deren Verweigerung das arbeitsgerichtliche Zustimmungsersetzungsverfahren durchzuführen. Ob dieses Nachholen der betriebsverfassungsrechtlich vorgesehenen Beteiligung des Betriebsrates auch im Fall einer vom Arbeitgeber nicht korrekt durchgeführten Beteiligung des Betriebsrates bei Einstellungen oder Versetzungen verlangt werden kann, war lange nicht entschieden. Das BAG lehnt dies mit Beschluss v. 20. 2. 2001 (AP Nr. 23 zu § 101 BetrVG 1972 = NZA 2001, 1033) ab und verweist den Betriebsrat stattdessen auf die Antragstellung nach § 101 BetrVG, wonach dem Arbeitgeber aufzugeben ist, die ohne

Zustimmung des Betriebsrats vorgenommene Einstellung aufzuheben. Statt oder neben dem Antrag auf Durchführung des gesetzlich vorgeschriebenen Beteiligungsverfahrens im Zusammenhang mit personellen Einzelmaßnahmen kann der Betriebsrat bei grober Vernachlässigung seiner Beteiligungsrechte durch den Arbeitgeber gegen diesen auch gem. § 23 Abs. 3 BetrVG vorgehen (vgl. BAG v. 17. 3. 1987, AP Nr. 7 zu § 23 BetrVG 1972 = NZA 1987, 786).

4. Während § 99 BetrVG aF zur Voraussetzung hatte, dass in dem von der personellen Einzelmaßnahme betroffenen Betrieb in der Regel mehr als 20 wahlberechtigte Arbeitnehmer tätig waren, lässt es die mit der BetrVG-Novelle 2001 in Kraft getretene Neufassung des § 99 BetrVG genügen, dass unternehmensweit regelmäßig mehr als 20 wahlberechtigte Arbeitnehmer beschäftigt werden. Zu den wahlberechtigten Arbeitnehmern gehören auch die nach § 7 Satz 2 BetrVG für mehr als drei Monate zur Arbeitsleistung überlassenen Arbeitnehmer eines anderen Arbeitgebers (vgl. FKHES, § 99 Rdn. 8; DKK-*Kittner*, § 99 Rdn. 7). Das hat zur Folge, dass auch die Betriebsräte kleinerer Betriebe mit nicht mehr als 20 wahlberechtigten Arbeitnehmern bei personellen Einzelmaßnahmen nach § 99 BetrVG zu beteiligen sind, wenn im Gesamtunternehmen unter Einbeziehung der übrigen Betriebe regelmäßig mehr als 20 Arbeitnehmer beschäftigt werden. Nicht ausdrücklich geregelt und umstritten ist die Frage, wie zu verfahren ist, wenn ein Gemeinschaftsbetrieb regelmäßig mehr als 20 wahlberechtigte Arbeitnehmer beschäftigt, die diesen Gemeinschaftsbetrieb führenden Unternehmen für sich genommen jedoch jeweils nicht mehr als 20 Arbeitnehmer beschäftigen (vgl. zum Meinungsstand FKHES, § 99 Rdn. 10).

5. Der jeweilige Rechtsgrund für die Anwendung einer betrieblichen Vergütungsordnung sollte in der Antragsbegründung angegeben werden (vgl. zum möglichen Zustandekommen betrieblicher Vergütungsordnungen FKHES, § 99 Rdn. 75 f.; *Richardi/Thüsing*, BetrVG § 99 Rdn. 61, 66). Selbstverständlich besteht eine Verpflichtung zur Eingruppierung nur dann, wenn die vom Arbeitnehmer zu verrichtende Tätigkeit von einer Vergütungsgruppenordnung erfasst wird, die für das Arbeitsverhältnis gilt. Diese kann in einem auf das Arbeitsverhältnis anwendbaren Tarifvertrag enthalten sein, jedoch auch auf einer Betriebsvereinbarung beruhen, auf Grund einzelvertraglicher Vereinbarungen im Betrieb allgemein zur Anwendung kommen oder vom Arbeitgeber einseitig geschaffen sein (BAG v. 12. 12. 2000, 1 ABR 23/00 = NZA 2002, 56).

6. Die **Einstellung** eines Arbeitnehmers ist regelmäßig gekoppelt mit dessen erster Eingruppierung. Auch die **Versetzung** geht einher mit der Überprüfung der für den vorherigen Arbeitsplatz getroffenen Eingruppierungsentscheidung. Der Betriebsrat ist folglich bei jeder dieser Maßnahmen zweifach zu beteiligen, der Betriebsrat hat entsprechend zweifach zu reagieren, wobei er auch „gespalten" reagieren kann, in dem er beispielsweise der Einstellung zustimmt und seine Zustimmung zur Eingruppierung verweigert. Die nach Meinung des Betriebsrates nicht korrekt getroffene Eingruppierungsentscheidung des Arbeitgebers berechtigt den Betriebsrat nicht, die Zustimmung zur Einstellung an sich zu verweigern (vgl. FKHES, § 99 Rdn. 73). Ebensowenig kann der Betriebsrat die Zustimmung zur Einstellung nach § 99 Abs. 2 Ziff. 1 BetrVG mit dem Argument verweigern, der Arbeitgeber habe die Gesetzesvorschrift bezüglich seiner Beteiligung nach § 99 Abs. 1 BetrVG verletzt. Durch eine Verletzung der Beteiligungsvorschriften nach § 99 Abs. 1 BetrVG wird kein Verbot der Einstellung als solche bewirkt (vgl. BAG v. 15. 4. 1986, AP Nr. 36 zu § 99 BetrVG 1972 = NZA 1986, 755, 756; FKHES, § 99 Rdn. 168).

7. Der Arbeitgeber ist seiner Verpflichtung zur Eingruppierung des Arbeitnehmers unter Beteiligung des Betriebsrates erst dann nachgekommen, wenn das Beteiligungsverfahren zu einer definitiven Bestimmung der Vergütungsgruppe geführt hat (entweder durch Zustimmung des Betriebsrates oder deren gerichtliche Ersetzung). Führt das Zustimmungsersetzungsverfahren den Arbeitgeber nicht zum gewünschten Erfolg, muss er erneut die Zustimmung des Betriebsrates zur Eingruppierung in eine andere Vergütungsgruppe beantragen (BAG v. 3. 5. 1994, AP Nr. 2 zu § 99 BetrVG 1972 Eingruppierung = NZA 1995, 484). Die im erneuten Beteiligungs- oder Zustimmungsersetzungsverfahren ermittelte Eingruppierung ist dann für den Arbeitgeber verbindlich (BAG aaO.). Hält der Betriebsrat eine mit seiner erklärten oder ersetzten Zustimmung erfolgte Eingruppierung nicht oder zu einem späteren Zeitpunkt nicht mehr für zutreffend, so kann er vom Arbeitgeber nicht verlangen, dass dieser eine erneute Eingruppierungsentscheidung unter seiner Beteiligung trifft (BAG v. 18. 6. 1991, AP Nr. 105 zu § 99 BetrVG 1972 = NZA 1991, 852). Das erneute Eingruppierungsverfahren läuft erst wieder bei einer vom Arbeitgeber gewünschten Eingruppierungsänderung, einer erneuten Versetzung oder aber einer strukturellen Veränderung der der Eingruppierung zugrunde liegenden Vergütungsordnung (BAG v. 9. 3. 1993, AP Nr. 104 zu § 99 BetrVG 1972 = NZA 1993, 1045).

8. Der Zustimmungsverweigerungsgrund nach § 99 Abs. 2 Ziff. 1 BetrVG trifft regelmäßig bei einer Tarifgebundenheit des Arbeitgebers, auch bei lediglich einzelvertraglicher Bezugnahme auf einen Tarifvertrag (vgl. FKHES, § 99 Rdn. 172; vgl. auch oben Anm. 5) sowie bei Meinungsverschiedenheiten über die richtige Einordnung in das tarifliche Vergütungsschema zu. Denkbar ist auch der Zustimmungsverweigerungsgrund nach § 99 Abs. 2 Ziff. 4 BetrVG wegen Benachteiligung des betreffenden Arbeitnehmers im Verhältnis zu den übrigen – tarifvertraglich richtig eingruppierten – Arbeitnehmern (vgl. FKHES, § 99 Rdn. 201).

3. Antrag auf Zustimmungsersetzung zur außerordentlichen Kündigung eines Betriebsratsmitglieds[1]

An das
Arbeitsgericht ......

Antrag im Beschlussverfahren mit den Beteiligten

1. Firma ......

– Antragstellerin –

Verfahrensbevollmächtigte: ......

2. Betriebsrat der Firma ......
vertreten durch den Betriebsratsvorsitzenden

– Antragsgegner –

Frau/Herr ...... (zu kündigendes Betriebsratsmitglied)[2]

– Beteiligte/r zu 3 –

wegen Zustimmungsersetzung.

Namens und in Vollmacht der Antragstellerin leiten wir ein Beschlussverfahren ein und beantragen:
Die Zustimmung des Antragsgegners zur außerordentlichen Kündigung des Betriebsratsmitglieds ...... wird ersetzt.[3]

Begründung:

Die Antragstellerin unterhält in ...... einen Betrieb mit ...... Arbeitnehmern.
Der Beteiligte zu 3 ist Mitglied des im Betrieb der Antragstellerin gebildeten Betriebsrats.

Alternative:

Der Beteiligte zu 3 ist Ersatzmitglied des im Betrieb der Antragstellerin gebildeten Betriebsrats, hat jedoch zum Zeitpunkt des Vorfalls, der den Kündigungsgrund darstellt, in Vertretung des ordentlichen Betriebsratsmitgliedes ...... das Betriebsratsamt ausgeübt.[4]

Die Antragstellerin beabsichtigt, den Beteiligten zu 3 außerordentlich zu kündigen, da es ihr nach § 626 Abs. 1 BGB nicht zugemutet werden kann, den Ablauf der fiktiven ordentlichen Kündigungsfrist abzuwarten. (...... Sachverhalt, der zum Ausspruch der außerordentlichen Kündigung berechtigt, wird ausgeführt ......)

Der im Betrieb zur Kündigung von Arbeitnehmern Berechtigte (Personalleiter ......, Prokurist ......, Betriebsleiter ......) hat durch folgende Umstände am ...... von dem oben geschilderten Sachverhalt erfahren.[5]

Am ...... hat die Antragstellerin unter Darlegung des oben geschilderten Sachverhaltes auf dem in Kopie beigefügten Anhörungsbogen dem Vorsitzenden des Betriebsrates den Kündigungssachverhalt geschildert und ihn aufgefordert, umgehend einen Betriebsratsbeschluss herbeizuführen, mit dem der Kündigung des Beteiligten zu 3 zugestimmt wird.[6]

Der Betriebsratsvorsitzende hat am ...... mitgeteilt, dass der Betriebsrat durch Beschluss vom ...... seine Zustimmung zur beabsichtigten Kündigung des Beteiligten zu 3 verweigere.[7]

Rechtsanwalt

Anmerkungen

1. Das Zustimmungsersetzungsverfahren nach § 103 Abs. 2 BetrVG ist erforderlich im Falle einer beabsichtigten außerordentlichen Arbeitgeberkündigung für den in § 103 Abs. 1 BetrVG, § 15 Abs. 1 bis 3 KSchG geschützten Personenkreis. Dieser umfasst im Einzelnen die Mitglieder des Betriebsrates, einschließlich im Amt befindlicher Ersatzmitglieder, Mitglieder der Jugend- und Auszubildendenvertretung, der Bordvertretung, des Seebetriebsrates sowie die **Mitglieder des Wahlvorstandes** und die **Wahlbewerber** für die genannten betriebsverfassungsrechtlichen Organe, soweit sie wählbar sind (vgl. FKHES, § 103 Rdn. 5). Ebenfalls nach § 103 Abs. 2 BetrVG ist vorzugehen bei einer Mitgliedschaft des zu kündigenden Arbeitnehmers in der Schwerbehinderten- und Gesamtschwerbehindertenvertretung (§ 96 Abs. 3 SGB IX). Ebenso sind geschützt die Wahlbewerber für diese Ämter (§ 94 Abs. 4 Satz 2 SGB IX). Die nach dem SGB IX ebenfalls erforderliche Zustimmung des Integrationsamts ist zusätzlich einzuholen. Für Mitglieder des Wahlvorstandes greift der besondere Kündigungsschutz erst vom Zeitpunkt ihrer Bestellung an, der Wahlbewerber selbst ist erst vom Zeitpunkt der Aufstellung des Wahlvorschlages an geschützt (§ 6 WO, nicht etwa bereits zum Zeitpunkt der Unterschriftensammlung für den Wahlvorschlag). Eines Verfahrens nach § 103 Abs. 2 BetrVG bedarf es hingegen nicht, wenn ein nach § 15 Abs. 1 bis 3 KSchG geschützter Amtsträger betriebsbedingt nach § 15 Abs. 4 oder 5 KSchG gekündigt werden soll, somit bei Betriebsstilllegung oder Stilllegung der Betriebsabteilung, in der die Person beschäftigt ist, und der weiteren Unmöglichkeit der Übernahme dieser Person in eine andere Abteilung. Hier hat der Arbeitgeber die Möglichkeit zum Ausspruch einer normalen betriebsbedingten Kündigung unter Zugrundelegung der Kündigungsfrist, die anzuwenden wäre, wenn dem zu kündigenden Arbeitnehmer kein amtsbezogener Kündigungsschutz zur Seite stehen würde (BAG v. 18. 9. 1997, AP Nr. 35 zu § 103 BetrVG 1972 = NZA 1998, 189). In diesen Fällen bedarf es selbst dann nicht der Zustimmung des Betriebsrates nach § 103 BetrVG, wenn der entsprechend geschützte Arbeitnehmer zusätzlich noch tarifvertraglichen Schutz vor ordentlichen Kündigungen hat und somit aus diesem Grunde nur außerordentlich (mit sozialer Auslauffrist) gekündigt werden kann (BAG, aaO.). Wenn der Arbeitgeber sich unsicher ist, ob er nach § 15 Abs. 4 oder 5 KSchG kündigen kann oder aber ein Fall des § 103 Abs. 1 BetrVG vorliegt, kann er parallel zum Ausspruch der Kündigung das Verfahren nach § 103 Abs. 1, 2 BetrVG betreiben, um gerichtlich feststellen zu lassen, ob die Zustimmung des Betriebsrates vor Ausspruch der Kündigung überhaupt erforderlich ist. Die diesbezüglichen Feststellungen des Gerichts sind dann für das normale Kündigungsschutzverfahren präjudiziell (BAG, aaO.; vgl. hierzu auch FKHES, § 103 Rdn. 14 ff.). Der Antrag des Arbeitgebers auf Zustimmungsersetzung wird unzulässig, wenn im laufenden Beschlussverfahren das Arbeitsverhältnis mit dem Betriebsratsmitglied beendet wird (BAG v. 27. 6. 2002, 2 ABR 22/01, NZA 2003, 229).

2. Der zu kündigende Amtsträger ist gem. § 103 Abs. 2 Satz 2 BetrVG Beteiligter in dem Zustimmungsersetzungsverfahren. Das bedeutet, ihm kommt die volle prozessuale Beteiligtenstellung gem. § 83 ArbGG zu. Er kann sich somit zur Sache einlassen sowie eigene Anträge stellen. Der weitere Beteiligte im Verfahren nach § 103 Abs. 2 BetrVG ist auch berechtigt, selbstständig Rechtsmittel gegen die arbeitsgerichtliche Entscheidung einzulegen. Diese aktive Rolle des betroffenen Arbeitnehmers im Zustimmungsersetzungsverfahren hat zur Folge, dass die materiellrechtliche Entscheidung des Gerichts im Zustimmungsersetzungsverfahren für ein eventuell sich anschließendes eigenes Kündigungsschutzverfahren des Arbeitnehmers präjudizielle Wirkung hat. Eine abweichende Sachentscheidung des Arbeitsgerichts im Kündigungsschutzverfahren gegenüber dem arbeitsgerichtlich bereits rechtskräftig entschiedenen Beschlussverfahren kommt nicht in Betracht (vgl. BAG v. 10. 12. 1992, AP Nr. 4 zu § 87 ArbGG 1979 = NZA 1993, 501, 502; FKHES, § 103 Rdn. 47). Ein anderes Ergebnis ist praktisch nur vorstellbar, falls die Formalien der nach Abschluss des Zustimmungsersetzungsverfahrens ausgesprochenen Kündigung nicht eingehalten wurden, ohne dass sich neue Erkenntnisse ergeben, beispielsweise die Frist nach § 626 Abs. 2 BGB versäumt wurde (vgl. FKHES, aaO.). Erteilt der Betriebsrat im Laufe des Zustimmungsersetzungsverfahrens nachträglich seine Zustimmung zur Kündigung, wird das eingeleitete Zustimmungsersetzungsverfahren gegenstandslos und der Arbeitgeber kann nunmehr unverzüglich die Kündigung aussprechen, ohne dass der am Verfahren weitere Beteiligte (zu kündigender Amtsträger) hiergegen eingreifen könnte (vgl. FKHES, § 103 Rdn. 36). Ersetzt hingegen das Arbeitsgericht erstinstanzlich die Zustimmung und legt der Betriebsrat hiergegen keine Beschwerde ein (ohne jedoch der Kündigung positiv zuzustimmen), steht dem beteiligten Arbeitnehmer ein eigenes Beschwerderecht zu, so dass die zustimmungsersetzende Entscheidung des Arbeitsgerichts nicht in Rechtskraft erwachsen und der Arbeitgeber die Kündigung noch nicht aussprechen kann (BAG v. 10. 12. 1992, AP Nr. 4 zu § 87 ArbGG 1979 = NZA 1993, 501). Scheidet das betroffene Betriebsratsmitglied während des Zustimmungsersetzungsverfahrens nach § 103 BetrVG beispielsweise wegen Neuwahl des Betriebsrats aus dem Betriebsrat aus, kann der Arbeitgeber nunmehr unverzüglich und ohne erneute Anhörung des Betriebsrats die außerordentliche Kündigung aussprechen (BAG v. 8. 6. 2000, AP Nr. 41 zu § 103 BetrVG 1972 = NZA 2000, 899). Während des laufenden Zustimmungsersetzungsverfahrens ist das betreffende Betriebsratsmitglied in der Regel weiterzubeschäftigen. Eine einseitige Suspendierung des Betriebsratsmitglieds von der Arbeitspflicht ist nur dann möglich, wenn der Weiterbeschäftigung überwiegende und schutzwürdige Interessen des Arbeitgebers entgegenstehen, die eine Verhinderung der Beschäftigung geradezu gebieten (LAG Sachsen v. 14. 4. 2000, NZA-RR 2000, 588).

3. Vor rechtskräftiger gerichtlicher Zustimmungsersetzungsentscheidung darf der Arbeitgeber die beabsichtigte außerordentliche Kündigung nicht aussprechen, sie ist unzulässig und somit von vornherein nichtig (vgl. FKHES, § 103 Rdn. 24). Nach Rechtskraft der gerichtlichen Zustimmungsersetzung ist dem Arbeitgeber zu raten, die Kündigung unverzüglich (d. h. ohne schuldhaftes Zögern, § 121 Abs. 1 BGB) auszusprechen (vgl. KR-*Etzel*, § 103 BetrVG Rdn. 135; *Richardi/Thüsing*, BetrVG § 103 Rdn. 85 unter Bezugnahme auf BAG v. 24. 4. 1975, AP Nr. 3 zu § 103 BetrVG 1972 = DB 1975, 1610). Es kann wohl nicht geraten werden, nunmehr die 2-Wochen-Frist nach § 626 Abs. 2 BGB auszuschöpfen (so aber FKHES, § 103 Rdn. 46). Der Arbeitgeber muss aber den Eintritt der formellen Rechtskraft der Beschwerdeentscheidung abwarten, darf somit noch nicht sofort nach Zustellung der landesarbeitsgerichtlichen Entscheidungsgründe tätig werden, denn immerhin könnte – auch bei Nichtzulassung der Rechtsbeschwerde – noch Nichtzulassungsbeschwerde eingelegt werden (BAG v. 9. 7. 1998, 2 AZR 142/98; NZA 1998, 1273). Zur Weiterbeschäftigungspflicht des Arbeitgebers für ein Betriebsratsmitglied während der Dauer des Zustimmungsersetzungsverfahrens vg. LAG Hamm v. 12. 12. 2001, NZA-RR 2003, 311.

4. Voraussetzung für den Kündigungsschutz gem. § 15 Abs. 1 bis 3 KSchG für die Ersatzmitglieder der dort genannten Amtsträger ist, dass tatsächlich – entweder vorübergehend oder auf Dauer – der Vertretungsfall eingetreten ist. Bei Betriebsratsmitgliedern bedeutet das, dass für den Fall des vorübergehenden Nachrückens in das Betriebsratsamt das ordentliche Betriebsratsmitglied tatsächlich im Sinne von § 25 Abs. 1 BetrVG verhindert sein und es sich bei dem nachrückenden **Ersatzmitglied** um das in der Reihenfolge nächste Ersatzmitglied handeln muss (vgl. FKHES, § 25 Rdn. 15 ff., § 24 ff.). Der Kündigungsschutz des nachrückenden Ersatzmitgliedes beginnt mit dem Tag, an dem das ordentliche Betriebsratsmitglied erstmals verhindert ist. Wird das Ersatzmitglied zu einer bevorstehenden Betriebsratssitzung für ein verhindertes ordentliches Organmitglied geladen, beginnt der Schutz bereits mit der Ladung und der entsprechend erforderlichen (in der Regel 3-tägigen) Vorbereitungszeit. Besteht der Vertretungsfall fort, bleibt der Kündigungsschutz während dieser gesamten Zeit erhalten, unabhängig davon, ob konkrete betriebsverfassungsrechtliche Aktivitäten anstehen oder nicht (vgl. FKHES, § 103 Rdn. 9; KR-*Etzel*, § 103 BetrVG Rdn. 44 ff.). Von einer förmlichen Benachrichtigung des Ersatzmitgliedes vom Vertretungsfall ist der Kündigungsschutz nicht abhängig, da das Ersatzmitglied mit Eintritt des Verhinderungsfalls in die Rechtsstellung des ordentlichen Mitglieds eintritt. Ist das nachgerückte Ersatzmitglied nun seinerseits verhindert, rückt das in der Reihenfolge nächste Ersatzmitglied nach, so dass auch diesem der volle Kündigungsschutz zukommt (vgl. KR-*Etzel*, § 103 BetrVG Rdn. 50). Tritt bei dem nachgerückten Ersatzmitglied nun seinerseits ein Verhinderungsfall ein, behält das nunmehr verhinderte Ersatzmitglied für die Dauer der eigenen Verhinderung genauso den Kündigungsschutz nach § 15 KSchG wie das ordentliche Mitglied, für das das Ersatzmitglied nachgerückt ist (vgl. DKK-*Kittner*, § 103 Rdn. 21; KR-*Etzel*, § 103 BetrVG Rdn. 49). Endet der Vertretungsfall für das ordentliche Betriebsratsmitglied, gilt für das nun wieder aus dem Amt ausscheidende Ersatzmitglied noch der nachwirkende Kündigungsschutz von einem Jahr gem. § 15 Abs. 1 Satz 2 KSchG, jedoch erstreckt sich dieser Kündigungsschutz „nur" auf beabsichtigte ordentliche Kündigungen (mit Ausnahme solcher nach § 15 Abs. 4, 5 KSchG).

Scheidet ein Betriebsratsmitglied aus dem Betriebsrat aus (beispielsweise durch Rücktritt vom Amt oder Beendigung seines Arbeitsverhältnisses), liegt somit ein Fall der dauerhaften Verhinderung vor, ist das in der Reihenfolge nächste Ersatzmitglied ab dem Beginn der Verhinderung nachgerücktes ordentliches Betriebsratsmitglied. Es bedarf weder einer Benachrichtigung durch den Betriebsratsvorsitzenden, noch einer Erklärung des Nachrückers, dass er in den Betriebsrat eintreten wolle (FKHES, § 25 Rdn. 14).

5. Da der Arbeitgeber den Zustimmungsersetzungsantrag noch innerhalb der 2-Wochen-Frist nach § 626 Abs. 2 BGB beim Arbeitsgericht anhängig gemacht haben muss (vgl. FKHES, § 103 Rdn. 33), ist der Beginn dieser Frist genauestens zu ermitteln. In Lauf gesetzt wird die Frist mit Kenntnis des (oder eines) Kündigungsberechtigten von dem den Kündigungsentschluss hervorrufenden Sachverhalt (vgl. KR-*Fischermeier*, § 626 BGB Rdn. 319). Innerhalb dieser Frist muss jedoch auch noch die Anhörung des Betriebsrates erfolgen; der Betriebsrat ist wiederum verpflichtet, analog § 102 Abs. 2 Satz 3 BetrVG seine Entscheidung dem Arbeitgeber unverzüglich, spätestens aber innerhalb von drei Tagen, ggf. auch innerhalb einer längeren, ihm vom Arbeitgeber eingeräumten Frist mitzuteilen (vgl. BAG v. 18. 8. 1977, AP Nr. 10 zu § 103 BetrVG 1972 = NJW 1978, 661 sowie BAG v. 24. 10. 1996, AP Nr. 32 zu § 103 BetrVG 1972 = NZA 1997, 371). Handelt es sich bei der beabsichtigten Kündigung um eine so genannte Verdachtskündigung, muss die als Wirksamkeitsvoraussetzung hierfür geltende Anhörung des Arbeitnehmers auch innerhalb der Frist des § 626 Abs. 2 BGB erfolgen (vgl. KR-*Fischermeier*, § 626 BGB Rdn. 320). Zum Fristlauf bei so genannten Dauertatbeständen als Kündigungsgrund sowie zu den Tatbeständen der Fristhemmung vgl. KR-*Fischermeier*, § 626 BGB Rdn. 323 ff. und 330 f.

6. Zu der für den Betriebsrat geltenden maßgeblichen Frist, sich zu dem vorgetragenen Kündigungsbegehren zu äußern bzw. die Zustimmung zu erteilen vgl. oben Anm. 5. Sind außer der Zustimmung des Betriebsrates noch weitere Zustimmungen vor Ausspruch der Kündigung einzuholen (beispielsweise die Zustimmung des Integrationsamts bei einem schwer behinderten Arbeitnehmer bzw. die Zustimmung der nach § 9 Abs. 3 MuSchG zuständigen Stelle), sind diese Zustimmungen parallel einzuholen. Bei einem Betriebsratsmitglied mit Schwerbehindertenschutz empfiehlt es sich, erst das Verfahren vor dem Integrationsamts durchzuführen, wobei auch hier binnen zwei Wochen nach Kenntnis des den Kündigungsentschluss bildenden Sachverhalts der Zustimmungsantrag beim Integrationsamt eingegangen sein muss. Hat dieses dem Kündigungsbegehren zugestimmt oder wird die Zustimmung des Integrationsamts gem. § 91 Abs. 3 Satz 2 SGB IX fingiert, ist unverzüglich das Zustimmungsersetzungsverfahren nach § 103 Abs. 2 BetrVG einzuleiten, sofern nicht der Betriebsrat vor Anrufung des Integrationsamts bereits seine Zustimmung erteilt hat. In diesem Fall ist dann die Kündigung unverzüglich auszusprechen (vgl. BAG v. 22. 1. 1987, AP Nr. 24 zu § 103 BetrVG 1972 = NZA 1987, 563; DKK-*Kittner*, § 103 BetrVG Rdn. 33; *Richardi/Thüsing*, BetrVG § 103 BetrVG Rdn. 60). Gleiches gilt im Prinzip bei der Kündigung eines schwangeren Betriebsratsmitglieds gem. § 9 MuSchG.

7. Da das Zustimmungsersetzungsverfahren nach § 103 Abs. 2 BetrVG nur dann nicht durchzuführen ist, wenn der Betriebsrat der beabsichtigten Kündigung positiv zustimmt, gilt ein Schweigen des Betriebsrats im Gegensatz zu § 102 Abs. 2 Satz 2 BetrVG nicht als Zustimmung, sondern als Zustimmungsverweigerung (h. M.; vgl. BAG v. 18. 8. 1977, AP Nr. 10 zu § 103 BetrVG 1972 = NJW 78, 661). Der Arbeitgeber muss deswegen die dem Betriebsrat zustehende Äußerungsfrist von drei Tagen abwarten, ehe er das Zustimmungsersetzungsverfahren – natürlich noch innerhalb der Ausschlussfrist nach § 626 Abs. 2 BGB – einleiten kann. Ein Zustimmungsersetzungsantrag des Arbeitgebers, der vor der Zustimmungsverweigerung des Betriebsrats oder vor Ablauf der diesem zustehenden 3-tägigen Äußerungsfrist gestellt wird, ist unheilbar unzulässig und kann die Frist des § 626 Abs. 2 BGB nicht wahren (vgl. BAG v. 7. 5. 1986, AP Nr. 18 zu § 103 BetrVG 1972 = NZA 1986, 719 sowie BAG v. 24. 10. 1996, AP Nr. 32 zu § 103 BetrVG 1972 = NZA 1997, 371).

4. Antrag des Arbeitgebers auf Zustimmungsersetzung zur betriebsübergreifenden Versetzung eines Betriebsratsmitglieds[1]

An das
Arbeitsgericht ......

Antrag im Beschlussverfahren mit den Beteiligten
1. Firma ......

– Antragstellerin –

Verfahrensbevollmächtigte: ......

und

2. Betriebsrat der Firma ......
   vertreten durch den Betriebsratsvorsitzenden

– Antragsgegner –

3. Frau/Herr ...... (zu versetzendes Betriebsratsmitglied)[2]

– Beteiligte/r zu 3 –

wegen Zustimmungsersetzung.

Namens und in Vollmacht der Antragstellerin leiten wir ein Beschlussverfahren ein und beantragen:

Die Zustimmung des Antragsgegners zur Versetzung des Betriebsratsmitglieds ...... vom Betrieb ...... (Abteilung ......) in den Betrieb ...... (Abteilung ......) wird ersetzt.

Begründung:

Die Antragstellerin betreibt in ...... einen Betrieb A in der ......Straße und einen Betrieb B in der ...... Straße. Im Betrieb A sind 200 Arbeitnehmer tätig, im Betrieb B 150 Arbeitnehmer. In beiden Betrieben ist jeweils ein Betriebsrat gebildet, da beide Betriebe durch Aufgabenbereich und Organisation eigenständig sind (§ 4 Abs. 1 Satz 1 Ziff. 2 BetrVG).

Der Beteiligte zu 3 ist Mitglied des im Betrieb A gebildeten Betriebsrats. Er ist tätig in der EDV-Abteilung und dort zuständig für die Wartung der im Unternehmen betriebsübergreifend eingesetzten Software. Die Antragstellerin möchte ab dem Zeitpunkt ...... die EDV-Abteilung einschließlich der Softwarewartung ausschließlich im Betrieb B konzentrieren und hat deswegen bezüglich sämtlicher im Betrieb A in der EDV-Abteilung tätigen Arbeitnehmer deren Versetzung in den Betrieb B zum Zeitpunkt ...... eingeleitet. Der Antragsgegner wurde mit Schreiben vom ...... über die Versetzung dieser Arbeitnehmer informiert, ebenfalls wurde er informiert über die geplante Versetzung des Beteiligten zu 3.

Beweis: Schreiben der Antragstellerin vom ......, in Kopie anbei.

Gemäß dem zwischen der Antragstellerin und dem Beteiligten zu 3 bestehenden Arbeitsvertrag vom ...... erstreckt sich das Direktionsrecht der Antragstellerin auf die Zuweisung einer Tätigkeit in einem anderen Betrieb desselben Dienstortes.

Beweis: Arbeitsvertrag zwischen der Antragstellerin und dem Beteiligten zu 3 vom ......, in Kopie anbei.

Mit Schreiben vom ...... hat der Antragsgegner die Zustimmung zu der geplanten Versetzung des Beteiligten zu 3 abgelehnt[3], auch der Beteiligte zu 3 hat sich gegen diese Versetzung ausgesprochen, da er hierdurch sein Betriebsratsamt im Betrieb A verlieren würde[4].

Beweis: Schreiben des Antragsgegners vom ......, in Kopie anbei.

Die Versetzung des Beteiligten zu 3 ist aus dringenden betrieblichen Gründen notwendig, auch unter Berücksichtigung seiner betriebsverfassungsrechtlichen Stellung[5]. Der Beteiligte zu 3 ist ausschließlich in der EDV-Abteilung einsetzbar. Die Entscheidung der Antragstellerin, diese im Betrieb B zu konzentrieren, ist sachlich begründet und nicht willkürlich. Der Beteiligte zu 3 kann auf Grund seiner Kenntnisse, Fähigkeiten und vertraglichen Position im Betrieb A künftig nicht mehr eingesetzt werden, sondern nur noch im Betrieb B.

Rechtsanwalt

Anmerkungen

1. Mit Beschluss vom 11. 7. 2000 (AP Nr. 44 zu § 103 BetrVG 1972 = NZA 2001, 516) lehnte das BAG die analoge Anwendung von § 103 BetrVG auf die Versetzung eines Betriebsratsmitglieds kraft Direktionsrecht von einem Unternehmensbetrieb in einen anderen ab. Auch ein Zustimmungsverweigerungsrecht des Betriebsrats des abgebenden Betriebs zu dieser Versetzung gem. § 99 Abs. 2 Nr. 4 BetrVG erachtete das BAG nicht als gegeben, da die Beibehaltung eines Betriebsratsamts keine Rechtsposition darstelle, bei deren Verlust die Annahme einer Benachteiligung im Sinne von § 99 Abs. 2 Nr. 4 BetrVG gerechtfertigt wäre. In der BetrVG-Novelle 2001 hat der Gesetzgeber hierauf mit der Einfügung des Absatzes 3 in § 103 BetrVG reagiert. Hiernach sind die in § 103 Abs. 1 BetrVG genannten Amtsträger vor Versetzungen geschützt, die zum Verlust des Amtes oder der Wählbarkeit führen würden (BT-Drucks. 14/5741, S. 50 f). Die Vorschrift schützt vor Versetzungen, zu denen der Arbeitgeber kraft seines Direktionsrechts arbeitsvertraglich berechtigt ist. Versetzungen, die nur mittels einer Änderungskündigung durchgesetzt werden könnten, unterfallen § 15 KSchG bzw. bei einer geplanten außerordentlichen Änderungskündigung § 103 Abs. 1 BetrVG (vgl. FKHES, § 103 Rdn. 65 ff.; DKK-*Kittner,* § 103 Rdn. 65 ff.; *Richardi/Thüsing,* BetrVG § 103 Rdn. 30). Für Ersatzmitglieder greift der Versetzungsschutz uneingeschränkt nur dann, wenn sie entweder endgültig in das Amt nachgerückt sind (§ 25 Abs. 1 S. 1 BetrVG) oder vorübergehend ein zeitweilig verhindertes Betriebsratsmitglied vertreten (vgl. FKHES, § 103 Rdn. 76) und die Versetzung gerade während der Vertretungszeit erfolgen soll. Das bedeutet, dass der Gesetzgeber im Gegensatz zum nachwirkenden Kündigungsschutz eines Betriebsratsmitglieds nach der Beendigung der Amtszeit gem. § 15 Abs. 1 Satz 2 KSchG (gilt auch für die Zeit nach dem Vertretungsfall durch ein Ersatzmitglied) einen nachwirkenden Versetzungsschutz für Betriebsratsmitglieder nach Ablauf deren Amtszeit generell nicht vorgesehen hat.

2. Da § 103 Abs. 3 S. 2 BetrVG die entsprechende Geltung von § 103 Abs. 2 BetrVG vorschreibt, somit den Arbeitgeber bei einer Zustimmungsverweigerung des Betriebsrats zur geplanten Versetzung auf das arbeitsgerichtliche Zustimmungsersetzungsverfahren verweist, ist in diesem Verfahren vor dem Arbeitsgericht der betroffene (zu versetzende) Arbeitnehmer gem. § 103 Abs. 2 S. 2 BetrVG Beteiligter.

3. Eine § 103 Abs. 3 BetrVG unterfallende Versetzung (zum Versetzungsbegriff siehe § 95 Abs. 3 BetrVG sowie Muster E X. 1.2. Anm. 4) darf nur vorgenommen werden, wenn der Betriebsrat ihr zugestimmt hat. Für die Einholung und Erteilung dieser Zustimmung gelten die auf eine außerordentliche Kündigung anwendbaren Regeln, so dass eine positive Zustimmung des Betriebsrats erforderlich ist und ein Schweigen des Betriebsrats insoweit als Zustimmungsverweigerung zu werten ist (vgl. DKK-*Kittner,* § 103 Rdn. 69, 31). Fraglich ist, welche Äußerungsfrist der Arbeitgeber dem Betriebsrat zubilligen muss (3 Tage, wie bei einer beabsichtigten außerordentlichen Kündigung oder eine Woche gem. § 99 Abs. 3 BetrVG), ehe er in zulässiger Weise das Arbeitsgericht anrufen darf. Da der Arbeitgeber vorliegend eine Versetzung plant, wird er sich dem gesamten Beteiligungsverfahren nach § 99 Abs. 1 BetrVG zu unterwerfen haben mit der Folge, dass er dem Betriebsrat auch eine Woche Überlegungsfrist für das Ob und ggf. Wie seiner Reaktion zu gewähren hat. Der Unterschied beim vorgeschalteten Beteiligungsverfahren nach § 99 BetrVG liegt somit allein darin, dass im Falle des § 103 Abs. 3 BetrVG auch das Schweigen des Betriebsrats als beachtliche „Zustimmungsverweigerung" gilt. Soweit kein Betriebsrat besteht und es somit um die Versetzung eines Wahlvorstandsmitglieds oder Wahlbewerbers vor erstmaliger Betriebsratswahl geht, enthält das Gesetz eine Regelungslücke. Die Zweckbestimmung des Zustimmungserfordernisses bei geplanten Versetzungen von betriebsverfassungsrechtlichen Amtsträgern gebietet es wie bei dessen beabsichtigter außerordentlicher Kündigung ohne Vorhandenseins eines Betriebsrats, § 103 Abs. 2 BetrVG entsprechend auch für diesen Fall anzuwenden (vgl. FKHES, § 104 Rdn. 76; *Richardi/Thüsing,* BetrVG § 103 Rdn. 37; DKK-*Kittner,* § 103 Rdn. 39, 31).

4. Die zu einem Amtsverlust führende Versetzung eines betriebsverfassungsrechtlichen Amtsträgers bedarf nur dann der Zustimmung des Betriebsrats, wenn die Versetzung gegen den Willen des betroffenen Arbeitnehmers erfolgen soll. Ist dieser mit seiner Versetzung einverstanden, darf der Arbeitgeber auch ohne positive Zustimmung handeln, muss jedoch bei Vorliegen der entsprechenden Voraussetzungen das allgemeine Beteiligungsverfahren nach § 99 BetrVG einhalten (vgl. FKHES, § 103 Rdn. 70). Die Zustimmung des Arbeitnehmers muss jedoch zu der konkret beabsichtigten Versetzung eingeholt und erklärt werden. Es reicht nicht aus, dass der Arbeitnehmer sich in seinem Arbeitsvertrag generell mit einer jederzeit möglichen unternehmensweiten und betriebsübergreifenden Versetzung einverstanden erklärt (vgl. FKHES, § 103 Rdn. 70). Diese Zustimmung des Arbeitnehmers muss zum Zeitpunkt der beabsichtigten Versetzung positiv vorliegen. Ein stillschweigendes „Sich-Fügen" reicht genausowenig aus, wie die Zustimmungserklärung im Nachhinein (DKK-*Kittner,* § 103 Rdn. 70; str., a.A. *Richardi/Thüsing,* BetrVG § 103 Rdn. 32).

5. Voraussetzung für die Zustimmungsersetzung des Arbeitsgerichts ist, dass die Versetzung „auch unter Berücksichtigung der betriebsverfassungsrechtlichen Stellung des betroffenen Arbeitnehmers aus dringenden betrieblichen Gründen notwendig ist". Die Prüfung des Arbeitsgerichts hat somit in drei Schritten zu erfolgen. Im ersten Schritt ist festzustellen, ob der Arbeitgeber sein vertraglich bestehendes Direktionsrecht gem. § 315 BGB nach billigem Ermessen ausgeübt hat, die Versetzung somit für den Arbeitnehmer in sozialer, familiärer, finanzieller oder gesundheitlicher Hinsicht zumutbar ist (vgl. FKHES, § 103 Rdn. 72). Sodann muss das Arbeitsgericht dem betriebsverfassungsrechtlichen Bezug der Versetzung Rechnung tragen und hat hierzu die „betriebsverfassungsrechtliche Stellung des betroffenen Arbeitnehmers" zu würdigen. Hierbei wird man ggf. danach differenzieren müssen, ob beispielsweise ein Betriebsratsvorsitzender oder ein freigestelltes Betriebsratsmitglied versetzt werden soll, das Betriebsratsgremium hiernach möglicherweise in seiner Funktionsfähigkeit beeinträchtigt wird oder beispielsweise ein gerade nachgerücktes Ersatzmitglied betroffen ist (vgl. FKHES, § 103 Rdn. 73). Schließlich muss das Arbeitsgericht prüfen, ob unter Berücksichtigung der beiden oben genannten Prüfungsschritte die Versetzung des Amtsinhabers aus dringenden betrieblichen

Gründen notwendig ist. Dies ist eine stärkere Hürde als beispielsweise nur das Vorliegen betrieblicher Interessen oder betrieblicher Bedürfnisse (vgl. FKHES, § 103 Rdn. 74; DKK-*Kittner*, § 103 Rdn. 72). Derartige betriebliche Notwendigkeiten dürften in der Regel nur in Ausnahmesituationen vorliegen. Hierbei ist zwischen der Situation im aktuellen Beschäftigungsbetrieb und der im künftigen Versetzungsbetrieb zu unterscheiden. Im aktuellen Beschäftigungsbetrieb kann von einem Versetzungsbedarf nur dann ausgegangen werden, wenn eine weitere Beschäftigung auf dem bisherigen Arbeitsplatz nicht mehr möglich ist, beispielsweise wegen Wegfall des Arbeitsplatzes. Die dringenden betrieblichen Gründe können sich aber auch auf die Situation im künftigen Versetzungsbetrieb beziehen. Allerdings müssten dort schwerwiegende betriebliche Störungen auftreten, wenn der Amtsträger nicht versetzt würde (vgl. hierzu DKK-*Kittner*, § 103 Rdn. 73). Schließlich ist es auch möglich, dass sich die erforderliche betriebliche Notwendigkeit für die Versetzung des Betriebsratsmitglieds aus sonst eintretenden Störungen im Gesamtunternehmen, somit in mehreren oder allen Betrieben des Unternehmens ergibt.

Für den Fall, dass das Gericht die Zustimmung des Betriebsrats zur geplanten betriebsübergreifenden Versetzung eines Amtsträgers ersetzt, ist damit noch nicht das allgemeine Beteiligungsverfahren nach § 99 BetrVG erledigt. Beseitigt ist erst einmal nur die betriebsverfassungsrechtliche Sperrwirkung des § 103 Abs. 3 BetrVG (vgl. DKK-*Kittner*, § 103 Rdn. 74). Der Arbeitgeber wird somit zu überlegen haben, ob er nicht gleichzeitig mit dem Antrag an den Betriebsrat zur Erteilung seiner Zustimmung nach § 103 Abs. 3 BetrVG die nach § 99 BetrVG einholt. Hierfür gelten die allgemeinen Regeln, d.h. bei einer betriebsübergreifenden Versetzung, dass sowohl eine Beteiligung des abgebenden Betriebsrats unter dem Aspekt der Versetzung und eine Beteiligung des aufnehmenden Betriebsrats unter dem Aspekt der Einstellung zu erfolgen hat (BAG v. 20. 9. 1990, AP Nr. 84 zu § 99 BetrVG 1972 = NZA 1991, 195; FKHES, § 99 Rdn. 146 f.). Verweigert der Betriebsrat des abgebenden Betriebes seine Zustimmung sowohl unter Bezugnahme auf § 103 Abs. 3 BetrVG als auch unter Rückgriff auf einen der Zustimmungsverweigerungsgründe nach § 99 Abs. 2 BetrVG, wird der Arbeitgeber wohl zweckmäßigerweise seinen Antrag an das Arbeitsgericht nach § 103 Abs. 2 BetrVG mit dem nach § 99 Abs. 4 BetrVG verbinden, vgl. Muster E. X. 1.2. Der Betriebsrat kann jedoch auch unterschiedliche Voten abgeben, beispielsweise die Zustimmung zu § 103 Abs. 3 BetrVG erteilen und die Zustimmung zu § 99 BetrVG verweigern oder umgekehrt (vgl. DKK-*Kittner*, § 103 Rdn. 75).

XI. Anträge im Zusammenhang mit der Mitbestimmung in wirtschaftlichen Angelegenheiten

1. Feststellungsantrag zur Unterrichtung des Wirtschaftsausschusses

An das
Arbeitsgericht ......

Antrag im Beschlussverfahren mit den Beteiligten

1. Gesamtbetriebsrat der Firma ......, vertreten durch den Vorsitzenden des Gesamtbetriebsrats
Verfahrensbevollmächtigte: Rechtsanwälte ......

– Antragsteller –[1]

2. Firma ......

– Antragsgegnerin –

wegen Feststellung der Unterrichtungspflicht in wirtschaftlichen Angelegenheiten.

Namens und in Vollmacht des Antragstellers[2] leiten wir ein Beschlussverfahren ein und beantragen:

Es wird festgestellt, dass die Antragsgegnerin verpflichtet ist, den Wirtschaftsausschuss über die in § 106 Abs. 3 BetrVG genannten wirtschaftlichen Angelegenheiten auch hinsichtlich der Betriebe in ...... und in ...... zu unterrichten.[3, 4]

Begründung:

Die Antragsgegnerin betreibt ein Handelsunternehmen mit 35 Einkaufsmärkten. In 26 Märkten bestehen Betriebsräte. Diese haben einen Gesamtbetriebsrat (Antragsteller) errichtet. Dieser hat einen Wirtschaftsausschuss gebildet. Zu den betriebsratslosen Märkten gehörte u.a. der Markt in ...... Die Antragsgegnerin führte am ...... die Schließung dieses Marktes durch, ohne vorher den Wirtschaftsausschuss oder den Antragsteller zu unterrichten.

Der Antragsteller forderte die Antragsgegnerin mit Schreiben vom ...... zu einer Erklärung auf, dass sie künftig den Wirtschaftsausschuss auch über solche wirtschaftlichen Angelegenheiten im Sinne des § 106 BetrVG unterrichten werde, die betriebsratslose Betriebe betreffen. Die Antragsgegnerin hat dies ausdrücklich und wiederholt mit Schreiben vom ...... abgelehnt.

Beweis: ......

Sie hat dies damit begründet, dass der Gesamtbetriebsrat hinsichtlich betriebsratsloser Betriebe kein Beteiligungsrecht habe und die Zuständigkeit des Wirtschaftsausschusses als Hilfsorgan des Antragstellers nicht weiter als dessen Zuständigkeit gehe.

Dies ist nicht zutreffend. Der Gesamtbetriebsrat ist im Rahmen seiner originären Zuständigkeit gem. § 50 Abs. 1 Satz 1 BetrVG auch für Betriebe ohne Betriebsrat zuständig.[5] Die Aufgabenstellung des Wirtschaftsausschusses betrifft das Unternehmen in seiner Gesamtheit. Eine Beschränkung auf Betriebe mit gewählten Betriebsräten ist nach der gesetzlichen Konzeption nicht vorgesehen. Vielmehr erstreckt sich der Unterrichtungs- und Beratungsanspruch des Wirtschaftsausschusses auch auf solche Betriebe, in denen kein Betriebsrat gebildet ist.[6]

Der Antragsteller hat am … beschlossen, das vorliegende Verfahren einzuleiten und mit seiner Durchführung die im Aktivrubrum genannten Verfahrensbevollmächtigten zu beauftragen.

Beweis: Zeugnis des Gesamtbetriebsratsvorsitzenden

Rechtsanwalt

Anmerkungen

1. Antragsteller ist der Betriebsrat oder, wie im Beispielsfall, der Gesamtbetriebsrat. Der Wirtschaftsausschuss als solcher ist weder antragsbefugt noch gem. § 83 Abs. 3 ArbGG zu beteiligen. Er ist ein Hilfsorgan des Betriebsrats bzw. Gesamtbetriebsrats, dessen Aufgabe gem. § 106 Abs. 1 Satz 2 BetrVG darin besteht, wirtschaftliche Angelegenheiten mit dem Unternehmer zu beraten und hierüber den Betriebsrat zu unterrichten. Bei allen Streitigkeiten im Zusammenhang mit der Bildung, der Geschäftsführung, der Zuständigkeit und den Unterrichtungs- und Beratungsansprüchen des Wirtschaftsausschusses ist auf Arbeitnehmerseite stets nur der Betriebsrat oder Gesamtbetriebsrat, nicht aber der Wirtschaftsausschuss beteiligt (vgl. FKHES, § 106 Rdn. 55). Das gilt auch im Rahmen eines Einigungsstellenverfahrens gem. § 109 BetrVG, das über die Erfüllung der Unterrichtungspflicht des Unternehmers geführt wird (vgl. Näheres unten Anm. 4). Die Einigungsstelle wird ebenfalls nicht beteiligt (vgl. BAG AP Nr. 2 zu § 109 BetrVG 1972).

2. Die ordnungsgemäße Bevollmächtigung des Rechtsanwalts erfordert eine entsprechende Beschlussfassung des Betriebsrats zur Verfahrenseinleitung (vgl. Muster E. IV. 1. Anm. 4) und zur Anwaltsbeauftragung (vgl. Muster E. IV. 2. Anm. 2).

3. Der Gesamtbetriebsrat hat einen eigenen Anspruch gegen den Unternehmer auf Erfüllung der Auskunftspflichten gem. § 106 BetrVG gegenüber dem Wirtschaftsausschuss.

Das im Beispielsfall nach § 256 ZPO erforderliche Feststellungsinteresse ist gegeben. Nach der ständigen Rechtsprechung des Bundesarbeitsgerichts kann ein Streit über das Bestehen oder den Inhalt von Beteiligungsrechten mit einem Feststellungsantrag zur gerichtlichen Entscheidung gestellt werden (vgl. im Einzelnen oben E. IX. 1. Anm. 4).

Das Feststellungsinteresse ist im Beispielsfall darauf zu stützen, dass die Streitfrage über die Reichweite des Auskunftsanspruchs des Wirtschaftsausschusses mit einer gewissen Wahrscheinlichkeit in der Zukunft erneut auftreten wird und der Arbeitgeber eine Unterrichtung des Wirtschaftsausschusses ausdrücklich abgelehnt hat.

4. Vor Einreichung eines Feststellungsantrags ist stets zu prüfen, ob nicht die Zuständigkeit der Einigungsstelle nach § 109 BetrVG gegeben ist. Nach dieser Vorschrift ist das dann der Fall, wenn eine Auskunft über wirtschaftliche Angelegenheiten des Unternehmens im Sinne des § 106 BetrVG entgegen dem Verlangen des Wirtschaftsausschusses nicht, nicht rechtzeitig oder nur ungenügend erteilt wird und hierüber eine innerbetriebliche Einigung nicht zustande kommt. Damit hat die Einigungsstelle über den Umfang der Unterrichtungspflichten des Unternehmers zu entscheiden. Sie muss beurteilen, ob dieser seinen Pflichten ordnungsgemäß, also rechtzeitig und umfassend nachgekommen ist. Die vorgeschaltete Frage hingegen, ob eine bestimmte Thematik überhaupt zu den wirtschaftlichen Angelegenheiten des Unternehmens im Sinne des § 106 BetrVG gehört und dem Grunde nach in die Zuständigkeit des Wirtschaftssausschusses fällt, ist von der Einigungsstelle zwar als Vorfrage zu prüfen. Da es sich aber um eine reine

Rechtsfrage handelt (vgl. etwa BAG AP Nr. 2 zu § 109 BetrVG 1972), kann sie jedoch auch unmittelbar ohne vorheriges Einigungsstellenverfahren von Arbeitgeber und Betriebsrat/Gesamtbetriebsrat im Rahmen eines Beschlussverfahrens dem Arbeitsgericht zur Entscheidung vorgelegt werden (vgl. BAG AP Nr. 12, 13 BetrVG 1972; FKHES, § 109 Rdn. 2.). Im Ausgangsfall beispielsweise ist streitig, ob die beabsichtigte Stilllegung eines betriebsratslosen Betriebs überhaupt zu den informationspflichtigen wirtschaftlichen Angelegenheiten gem. § 106 Abs. 2, 3 BetrVG gehört. Diese Frage kann unmittelbar in einem Beschlussverfahren vor dem Arbeitsgericht zum Gegenstand eines Feststellungsantrages gemacht werden (vgl. BAG AP Nr. 12 zu § 106 BetrVG 1972). Das kann zu einer vorübergehenden Parallelität des Einigungsstellenverfahrens und des Beschlussverfahrens führen. Ein Aussetzen des Einigungsstellenverfahrens bis zum Abschluss des Beschlussverfahrens oder umgekehrt ist nicht möglich (vgl. BAG AP Nr. 13 zu § 106 BetrVG 1972). Allerdings bindet die rechtskräftige arbeitsgerichtliche Entscheidung im Beschlussverfahren über das Vorliegen einer mitbestimmungspflichtigen Angelegenheit auch die Einigungsstelle (vgl. BAG, aaO.).

Da in der Praxis die Grenzen zwischen einem Streit über das grundsätzliche Bestehen eines Unterrichtungsanspruchs und über dessen Umfang verschwimmen können, kann für den Betriebsrat in Zweifelsfällen eine doppelte Vorgehensweise sinnvoll sein: Die Einleitung eines Einigungsstellenverfahrens gem. § 109 BetrVG und die Einleitung eines Beschlussverfahrens zur Feststellung, dass eine Unterrichtungspflicht des Unternehmers dem Grunde nach besteht.

5. Vgl. näher oben E. VIII.2.

6. Vgl. BAG, Beschluss v. 9. 5. 1995, AP Nr. 12 zu § 106 BetrVG 1972 = NZA 1996, 55.

2. Antrag auf Auskunft über eine geplante Betriebsänderung

An das
Arbeitsgericht ......

Antrag im Beschlussverfahren mit den Beteiligten

1. Betriebsrat der Firma ......, vertreten durch den Betriebsratsvorsitzenden
    Verfahrensbevollmächtigte: Rechtsanwälte ......

– Antragsteller –

2. Firma ......

– Antragsgegnerin –

wegen Auskunft über eine geplante Betriebsänderung.
Namens und in Vollmacht des Antragstellers[1] leiten wir ein Beschlussverfahren ein und beantragen:
Die Antragsgegnerin wird verpflichtet, den Antragsteller über die beabsichtigte Einrichtung von häuslichen Tele-Arbeitsplätzen unter Vorlage der entsprechenden Planungsunterlagen zu unterrichten.[2]

Begründung:

Die Antragsgegnerin betreibt ein Versicherungsunternehmen und beschäftigt in ihrem Betrieb in ...... 900 Arbeitnehmer. Der Antragsteller ist der in diesem Betrieb gebildete Betriebsrat.

Die Antragsgegnerin beabsichtigt, in erheblichem Umfang häusliche Tele-Arbeitsplätze einzuführen. Wie der Antragsteller anlässlich mehrerer Gespräche mit der Geschäftsleitung erfahren hat, sollen die Arbeitsplätze im Betrieb von ca. 300 Sachbearbeitern zur häuslichen „Tele-Arbeitsplätzen" umgeändert werden. Diese häuslichen Arbeitsplätze sollen mit einem PC ausgestattet werden, der im Online-Betrieb mit dem Zentralrechner der Antragsgegnerin verbunden ist. Die betroffenen Sachbearbeiter sollen nach Aussage der Geschäftsführung lediglich in Ausnahmefällen noch im Betrieb tätig werden.[3]

Beweis: ......

Mehr Informationen hat der Antragsteller nicht erhalten. Die Geschäftsleitung der Antragsgegnerin hat trotz mehrfacher Anfrage des Antragstellers mitgeteilt, dass sie keine Notwendigkeit zur Unterrichtung des Antragstellers sehe. Sie hat dies damit begründet, dass es sich bisher nur um ein „Denkmodell" handele.

Beweis: ......

Dies ist nicht zutreffend. Wie eine Reihe von Mitarbeitern dem Antragsteller mitgeteilt haben, seien sie bereits konkret von der Personalabteilung auf eine Tätigkeit am häuslichen Bildschirmarbeitsplatz ab ...... angesprochen worden.

Beweis: ......

Damit hat die beabsichtigte Einrichtung von Tele-Arbeitsplätzen bereits eine Planungsreife erreicht, in welcher der Antragsteller gem. § 111 Satz 1 BetrVG umfassend von der Antragsgegnerin zu unterrichten ist.[4] Da der Antragsteller keine Unterlagen über die geplante Maßnahme hat, hat die Antragsgegnerin nach § 80 Abs. 2 Satz 2 BetrVG dem Antragsteller die entsprechenden Planungsunterlagen zur Verfügung zu stellen.[5]

Der Antragsteller hat am ...... beschlossen, das vorliegende Verfahren einzuleiten und mit seiner Durchführung die im Aktivrubrum genannten Verfahrensbevollmächtigten zu beauftragen.

Beweis: Zeugnis des Betriebsratsvorsitzenden

Rechtsanwalt

Anmerkungen

1. Die ordnungsgemäße Bevollmächtigung des Rechtsanwalts erfordert eine entsprechende Beschlussfassung des Betriebsrats zur Verfahrenseinleitung (vgl. Muster E. IV. 1. Anm. 4) und zur Anwaltsbeauftragung (vgl. Muster E. IV. 2. Anm. 2).

2. a) Nach § 111 Satz 1 BetrVG hat der Unternehmer in Unternehmen mit in der Regel mehr als 20 wahlberechtigten Arbeitnehmern den Betriebsrat über geplante Betriebsänderungen, die wesentliche Nachteile für die Belegschaft oder erhebliche Teile der Belegschaft zur Folge haben können, rechtzeitig und umfassend zu unterrichten.
Diese Unterrichtungspflicht setzt ein, wenn die Planung des Unternehmers zu einer gewissen Reife gelangt ist, sich also der Unternehmer im Grunde entschlossen hat, die Maßnahme durchzuführen (vgl. FKHES, § 111 Rdn. 107). Für den Betriebsrat besteht hier häufig das Problem, dass er mangels näherer Informationen nicht beurteilen kann, ob diese Planungsreife beim Unternehmer bereits vorliegt. Da sein Unterrichtungs- und Beratungsanspruch aber möglichst frühzeitig einsetzen soll, damit vor Durchführung der Maßnahme über einen Interessenausgleich und einen Sozialplan verhandelt werden kann (vgl. BAG AP Nr. 2 zu § 113 BetrVG 1972), ist dem Betriebsrat ein weitreichender Aus-

kunftsanspruch zu geben. Dabei sollte der Antragsteller im Beschlussverfahren versuchen, die geplante Maßnahme möglichst präzise zu beschreiben. Da er dies häufig faktisch nicht tun kann, muss die im Beispielsfall gewählte weite Antragsformulierung ausreichen. In der Begründung sollte stets darauf hingewiesen werden, dass der Antragsteller nicht mehr Informationen über die geplante Maßnahme hat.

b) Streitigkeiten über die Frage, ob eine bestimmte Maßnahme des Unternehmers eine Betriebsänderung im Sinne des § 111 BetrVG ist, können, wie im Beispielsfall, durch einen Antrag auf Erfüllung der Unterrichtungspflicht ausgetragen werden. Genauso möglich ist es aber, die Frage durch einen Feststellungsantrag klären zu lassen. Ein positiver Feststellungsantrag des Betriebsrat könnte etwa lauten: „Es wird festgestellt, dass die Errichtung von 300 häuslichen Telearbeitsplätzen ein mitbestimmungspflichtiger Vorgang im Sinne des § 111 BetrVG ist". Ein negativer Feststellungsantrag des Arbeitgebers könnte beispielsweise lauten: „Es wird festgestellt, dass die geplante Maßnahme (genaue Beschreibung) nicht gem. § 111 BetrVG mitbestimmungspflichtig ist". Das Feststellungsinteresse wird vom BAG grundsätzlich bejaht (vgl. etwa BAG AP Nr. 33 zu § 111 BetrVG 1972 sowie oben E. IX. 1. Anm. 4 m. w. N.). Hat das Unternehmen die Betriebsänderung schon durchgeführt, wird für einen positiven Feststellungsantrag des Betriebsrats das Feststellungsinteresse entfallen sein. Für einen negativen Feststellungsantrag des Arbeitgebers ist das rechtliche Interesse aber noch gegeben, wenn der Betriebsrat die Aufstellung eines Sozialplans verlangt (vgl. BAG, aaO.; FKHES, § 111 Rdn. 142).

3. Vgl. im Einzelnen zur Telearbeit FKHES, § 5 Rdn. 170 ff.; *Richardi,* BetrVG § 5 Rdn. 59 ff.

4. Vgl. zum Zeitpunkt der Unterrichtung FKHES, § 111 Rdn. 107 ff.; *Richardi,* BetrVG § 111 Rdn. 144 ff.

5. Für die Unterrichtung als solche schreibt § 111 Satz 1 BetrVG keine Form vor. Allerdings empfiehlt sich stets für den Unternehmer eine Dokumentation seiner Unterrichtung, um Ansprüche auf Nachteilsausgleich gem. § 113 Abs. 3 BetrVG abzuwehren. Der Unterrichtungsanspruch aus § 111 BetrVG wird durch § 80 Abs. 2 Satz 2 BetrVG ergänzt. Danach hat der Arbeitgeber dem Betriebsrat auf Verlangen jederzeit die zur Durchführung seiner Aufgaben erforderlichen Unterlagen zur Verfügung zu stellen. Wenn der Betriebsrat, wie im Beispielsfall, die Planungsunterlagen nicht kennt, genügt das allgemeine Verlangen auf Vorlage dieser Unterlagen (vgl. im einzelnen FKHES, § 80 Rdn. 62 ff.). Im Übrigen kann der Betriebsrat nach dem durch die BetrVG-Novelle 2001 neu eingeführten § 111 Satz 2 BetrVG in Unternehmen mit mehr als 300 Arbeitnehmern zu seiner Unterstützung einen Berater hinzuziehen.

3. Antrag auf Unterlassung geplanter Betriebsänderungen

An das
Arbeitsgericht ......

Antrag im Beschlussverfahren mit den Beteiligten

1. Betriebsrat der Firma ......, vertreten durch den Betriebsratsvorsitzenden
   Verfahrensbevollmächtigte: Rechtsanwälte ......

– Antragsteller –

2. Firma ......

– Antragsgegnerin –

wegen Unterlassung geplanter Kündigungen.

Namens und in Vollmacht[1] des Antragstellers leiten wir ein Beschlussverfahren ein und beantragen:

1. Der Antragsgegnerin wird untersagt, anlässlich der Schließung der Zahnradfertigung im Betrieb ...... gegenüber den dort beschäftigten Arbeitnehmern betriebsbedingte Kündigungen auszusprechen, solange die Verhandlungen vor der Einigungsstelle über einen Interessenausgleich noch nicht abgeschlossen oder nicht gescheitert sind.[2]

2. Für jeden Fall der Zuwiderhandlung gegen die Verpflichtung aus Ziff. 1 wird ein Ordnungsgeld bis zu EUR 250.000,– angedroht.[3]

Begründung:

Die Antragsgegnerin ist ein Unternehmen der Metallindustrie und beschäftigt in ihrem Werk in ...... ca. 600 Arbeitnehmer. Der Antragsteller ist der in diesem Werk gebildete Betriebsrat.

Die Antragsgegnerin teilte dem Antragsteller am ...... mit, dass sie die Schließung des Produktionsbereichs Zahnradfertigung beabsichtige. In deren Folge sollen 200 Arbeitsplätze entfallen.

Beweis: ......

Die Antragsgegnerin und der Antragsteller traten sodann ab ...... in Verhandlungen über einen Interessenausgleich und einen Sozialplan ein. Eine Einigung konnte innerhalb von zwei Monaten nach Aufnahme der Beratungen nicht erzielt werden. Mit Schreiben vom ...... erklärte der Antragsteller die Verhandlungen für gescheitert und rief die Einigungsstelle zum Abschluss eines Interessenausgleichs und eines Sozialplans an.

Beweis: ......

Diese konstituierte sich mit dem neutralen Vorsitzenden ...... am ......

Beweis: ......

Es fanden bisher zwei Sitzungen der Einigungsstelle statt. Eine Einigung über einen Interessenausgleich kam bislang nicht zustande; die Verhandlungen vor der Einigungsstelle hierüber wurden bisher nicht für gescheitert erklärt.

Die Antragsgegnerin hat jetzt die ersten Kündigungen ausgesprochen.

Beweis: Kopie der Kündigungsschreiben.

Der Personalleiter der Antragsgegnerin hat gegenüber einzelnen Betriebsratsmitgliedern angekündigt, nunmehr in einer ersten Stufe die Arbeitnehmer mit der längsten Kündigungsfrist zu entlassen. Er begründete das damit, dass bis zum Ablauf der Kündigungsfristen der Interessenausgleich und der Sozialplan wahrscheinlich abgeschlossen seien.

Nach Ansicht des Antragstellers ist die Antragsgegnerin zur Unterlassung von betriebsbedingten Kündigungen anlässlich der Stilllegung der Zahnradfertigung verpflichtet, solange die Verhandlungen vor der Einigungsstelle über den Interessenausgleich noch nicht abgeschlossen oder nicht gescheitert sind (nähere Begründung).[4,5]

Die Androhung eines Ordnungsgeldes ist zur Erzwingung der Unterlassungsverpflichtungen der Antragsgegnerin geboten.

Der Antragsteller hat am ... beschlossen, das vorliegende Verfahren einzuleiten und mit seiner Durchführung die im Aktivrubrum genannten Verfahrensbevollmächtigten zu beauftragen.

Beweis: Zeugnis des Betriebsratsvorsitzenden

Rechtsanwalt

Anmerkungen

1. Die ordnungsgemäße Bevollmächtigung des Rechtsanwalts erfordert eine entsprechende Beschlussfassung des Betriebsrats zur Verfahrenseinleitung (vgl. Muster E. IV. 1. Anm. 4) und zur Anwaltsbeauftragung (vgl. Muster E. IV. 2. Anm. 2).

2. Der Unterlassungsantrag muss mit besonderer Sorgfalt formuliert werden. Insbesondere gilt es, einen zu weit gehenden Globalantrag zu vermeiden. Es gelten die gleichen Grundsätze wie bei einem Unterlassungsantrag im Rahmen der Mitbestimmung in sozialen Angelegenheiten gem. § 87 BetrVG (vgl. näher oben E. IX. 2. Anm. 1, E. IX. 1. Anm. 2).

3. Die Androhung eines Ordnungsgeldes ist bereits im Erkenntnisverfahren zulässig und zur Beschleunigung einer etwaigen Zwangsvollstreckung sinnvoll (vgl. *Germelmann/Matthes/Prütting/Müller-Glöge,* ArbGG, § 85 Rdn. 27). Da es sich um einen allgemeinen Unterlassungsanspruch handelt, richtet sich die Zwangsvollstreckung nach § 85 Abs. 1 ArbGG, § 890 Abs. 1 ZPO.

Danach kann ein Ordnungsgeld bis zu EUR 250.000,– angedroht bzw. festgesetzt werden. Die Ordnungsgeldhöchstgrenze von EUR 10.000,– in § 23 Abs. 3 BetrVG kommt nicht zur Anwendung (vgl. oben E. IX. 2. Anm. 2).

4. Die Frage, ob dem Betriebsrat bis zum Vorliegen eines Interessenausgleichs (bzw. bis zum Scheitern der Verhandlungen) und eines Sozialplans ein allgemeiner Anspruch gegen den Arbeitgeber auf Unterlassung aller Maßnahmen, die die Betriebsänderung teilweise oder ganz vorwegnehmen, zusteht, ist streitig.

Ein Teil der Rechtslehre bejaht grundsätzlich einen Unterlassungsanspruch des Betriebsrats zur Sicherung seiner Beteiligungsrechte gem. §§ 111 ff. BetrVG (vgl. DKK-*Däubler,* §§ 112, 112 a Rdn. 23 ; FKHES, § 111 Rdn. 131 ff.; *Zwanziger,* BB 1998, 477, 480, jeweils m. w. N.). Die Gegenmeinung lehnt im Gefüge der Mitbestimmung nach §§ 111 ff. BetrVG einen allgemeinen Unterlassungsanspruch generell ab (vgl. *Bauer/Göpfert,* DB 1997, 1464, 1470; GK- *Fabricius/Oetker,* § 111 Rdn. 192; *Heupgen,* NZA 1997, 1271; *Neef,* NZA 1997, 65, 68; *Richardi,* BetrVG, § 111 Rdn. 168). Die Rechtsprechung der Instanzgerichte bietet ein uneinheitliches Bild (für einen Unterlassungsanspruch z. B. LAG Berlin, NZA 1996, 1284; LAG Hamburg, DB 1986, 598, AuR 1998, 87. Gegen einen Unterlassungsanspruch z. B. LAG Düsseldorf, BB 1997, 1315; LAG Köln, BB 1995, 2115; LAG Baden-Württemberg, DB 1986, 805. Umfassende Nachweise bei GK-*Fabricius/Oetker,* § 111 Rdn. 190 f.; *Richardi,* BetrVG § 111 Rdn. 166). Eine Entscheidung des BAG zu dieser Thematik liegt noch nicht vor; ein allgemeiner Unterlassungsanspruch wurde bisher lediglich im Rahmen der Mitbestimmung in sozialen Angelegenheiten gem. § 87 BetrVG bejaht (vgl. BAG 3. 5. 1994, AP Nr. 23 zu § 23 BetrVG 1972 = NZA 1995, 40 sowie oben E. IX. 2. Anm. 4). Bei den Befürwortern des Unterlassungsanspruchs gibt es im Wesentlichen zwei Auffassungen: Nach der einen Ansicht besteht ein Unterlassungsanspruch ohne zeitliche Einschränkung solange, bis die Verhandlungen über einen Interessenausgleich und einen Sozialplan endgültig (ggf. durch Spruch der Einigungsstelle) abgeschlossen sind. Diese Auffassung wird damit begründet, dass der Betriebsrat einen umfassenden Verhandlungsanspruch hat, der durch

die Vorwegnahme der geplanten Maßnahme, insbesondere den Ausspruch betriebsbedingter Kündigungen, ins Leere ginge (vgl. DKK-*Däubler*, §§ 112, 112a Rdn. 23;
FKHES § 111 Rdn. 137). Nach der anderen Ansicht besteht nur ein auf zwei bis maximal drei Monate zeitlich begrenzter Unterlassungsanspruch. Dies wurde bislang damit
erklärt, dass in § 113 Abs. 3 Sätze 2, 3 BetrVG in der bis 31. 12. 1998 geltenden Fassung
bestimmte Fristen (zwei bis maximal drei Monate) für den Versuch eines Interessenausgleiches vorgesehen waren und der Arbeitgeber bei Kündigungen nach ergebnislosem
Ablauf dieser Fristen keinen Nachteilsausgleich befürchten musste; die unternehmerische
Entscheidungsfreiheit gestatte dem Arbeitgeber nach Fristablauf die Durchführung der
geplanten Maßnahme (so etwa LAG Hamburg, AuR 1998, 87; *Löwisch*, NZA 1996,
1009, 1016). Nachdem mit Wirkung ab 1. 1. 1999 die Sätze 2 und 3 des § 113 Abs. 3
BetrVG ersatzlos gestrichen wurden, erscheint diese Auffassung jedoch in dieser Form
nicht mehr haltbar.

Das Antragsmuster ist als Entwurf zu verstehen, der vom Prozessbevollmächtigten an
die von ihm vertretene Rechtsansicht anzupassen ist.

5. Häufig wird der Erlass einer einstweiligen Verfügung geboten sein, vgl. hierzu das
Antragsmuster unter F.II.1.

4. Antrag auf Feststellung der Unwirksamkeit eines durch die Einigungsstelle beschlossenen Sozialplans

An das
Arbeitsgericht ......

Antrag im Beschlussverfahren mit den Beteiligten

1. Firma ......
   Verfahrensbevollmächtigte: Rechtsanwälte ......

– Antragstellerin – [1]

2. Betriebsrat der Firma ......, vertreten durch den Betriebsratsvorsitzenden

– Antragsgegner –

wegen Feststellung der Unwirksamkeit eines Sozialplans.

Namens und in Vollmacht der Antragstellerin leiten wir ein Beschlussverfahren ein
und beantragen:
Es wird festgestellt, dass der Spruch der Einigungsstelle vom ...... rechtsunwirksam
ist.[2]

Begründung:

Die Antragstellerin vertreibt elektrotechnische Erzeugnisse und beschäftigt in ihrer
Hauptniederlassung ...... 66 Arbeitnehmer. Der Antragsgegner ist der in diesem
Betrieb gebildete Betriebsrat.
Im Bilanzjahr ...... erwirtschaftete die Antragstellerin einen Verlust in Höhe
von EUR 650.000,–. Die Ursache hierfür war ein massiver Auftragsrückgang. Die
Übersicht zur Vermögenslage am ...... ergab eine Verschuldung von 3,5 Mill.
EUR. Die vorläufige Gewinn- und Verlustrechnung für das erste Halbjahr dieses
Jahres weist nach Auflösung aller Kapitalrücklagen einen Fehlbetrag von EUR
400.000,– aus. Der Auftragsrückgang hält unverändert an; gegenüber dem Vorjahr
lässt sich ein Rückgang um ...... % feststellen.

Beweis: ......

Die Antragstellerin hat daher am ...... entschieden, Rationalisierungsmaßnahmen durchzuführen und den Personalbestand auf 34 Arbeitnehmer abzubauen. Nachdem die Verhandlungen über einen Interessenausgleich und einen Sozialplan scheiterten, rief die Antragstellerin am ...... die Einigungsstelle an. Diese beschloss durch einen Spruch am ...... gegen die Stimmen der Arbeitgeberseite einen Sozialplan.

Beweis: ......

Dieser sieht u. a. vor: „Alle Mitarbeiter, deren Arbeitsverhältnis wegen der Rationalisierungsmaßnahme aufgelöst wurde bzw. wird, erhalten eine Abfindung. Diese Abfindung beträgt pro Beschäftigungsjahr 75% des Bruttomonatsgehalts. Angefangene Beschäftigungsjahre werden zu vollen Beschäftigungsjahren aufgerundet. Eine Abfindung erhalten auch Beschäftigte, die betriebsbedingt einen Aufhebungsvertrag abschließen oder durch eine Eigenkündigung der betriebsbedingten Beendigung des Arbeitsverhältnisses zuvorgekommen sind."

Der Einigungsstellenspruch wurde der Antragstellerin am ...... zugestellt.[3] Die Antragstellerin hält den beschlossenen Sozialplan für rechtsunwirksam.

Das Volumen der vorgesehenen Abfindungen beträgt EUR 600.000,– und ist angesichts des ausgewiesenen Verlustes, der Absatz- und Umsatzzahlen und der Verbindlichkeiten wirtschaftlich nicht vertretbar; vielmehr werden durch das Sozialplanvolumen der Fortbestand des Unternehmens und die verbleibenden Arbeitsplätze gefährdet.[4] Außerdem nimmt der Sozialplan entgegen der gesetzlichen Vorgabe gem. § 112 Abs. 5 Satz 2 Nr. 1, 2 BetrVG auf die individuelle Situation der Arbeitnehmer wie z.B. Lebensalter, familiäre Belastungen, konkrete soziale Umstände, besondere persönliche Eigenschaften wie Schwerbehinderung, Aussichten auf dem Arbeitsmarkt usw. keine Rücksicht. Allein in dieser pauschalen Festlegung der Sozialplanabfindung liegt eine Ermessensüberschreitung.[5] Diese führt zur Rechtsunwirksamkeit des Einigungsstellenspruchs.

Rechtsanwalt

Anmerkungen

1. Antragsteller eines Antrags auf Feststellung der Unwirksamkeit eines Sozialplans im Beschlussverfahren können der Arbeitgeber oder der Betriebsrat sein. Die Einigungsstelle ist nicht zu beteiligen (vgl. BAG AP Nr. 1 zu § 87 BetrVG 1972 Vorschlagswesen; FKHES, § 76 Rdn. 100; *Richardi*, BetrVG, § 76 Rdn. 118). Sozialpläne können sowohl im Urteils- als auch im Beschlussverfahren angegriffen werden: Im Urteilsverfahren werden die Fälle bearbeitet, in denen einzelne Arbeitnehmer auf Zahlung einer Sozialabfindung klagen, sei es, dass sie ihrer Meinung nach zu Unrecht nicht vom Sozialplan erfasst werden, sei es, dass sie sich in sonstiger Weise benachteiligt fühlen. Im Beschlussverfahren kommen Angriffe auf den Sozialplan praktisch nur dann vor, wenn dieser auf einem Einigungsstellenspruch beruht. Wurde der Sozialplan einvernehmlich von Arbeitgeber und Betriebsrat vereinbart, so fehlt es für einen Antrag auf Feststellung der Unwirksamkeit des Sozialplans regelmäßig am rechtlichen Interesse nach § 256 ZPO, sofern nicht eine Anfechtung gem. §§ 119, 123 BGB vorliegt. Denn der Antragsteller, der eine zuvor abgeschlossene Vereinbarung angreift, verstößt (sofern kein Anfechtungsfall vorliegt) regelmäßig mit seinem Antrag gegen § 242 BGB (venire contra factum proprium).

Beruht der Sozialplan auf einem Einigungsstellenspruch, so ist es unerheblich, welche Beisitzer für den Spruch gestimmt haben. Denn auch wenn die Beisitzer einer Seite (z.B.

der Arbeitgeberseite) für den Sozialplan gestimmt haben, steht es dieser Seite frei, den Spruch anzugreifen. Dies folgt aus der besonderen Stellung der Einigungsstellenmitglieder, die unabhängig und frei von Weisungen nach bestem Wissen und Gewissen zu entscheiden haben. Der entsprechende Feststellungsantrag der Seite, deren Beisitzer für den Spruch gestimmt haben, ist daher nicht etwa wegen des Verbots widersprüchlichen Verhaltens unzulässig (vgl. näher unter E. XII. 3.).

2. Vgl. generell zur Anfechtung von Einigungsstellenentscheidungen unten E. XII. 3.

3. Wird, wie vorliegend, die Unwirksamkeit eines Einigungsstellenspruchs wegen Ermessensüberschreitung geltend gemacht, muss die Antragsschrift binnen 2 Wochen, vom Tage der Zustellung des Beschlusses an gerechnet, beim Arbeitsgericht eingehen (§ 76 Abs. 5 Satz 4 BetrVG). Diese Frist gilt nicht, wenn Rechtsfehler des Einigungsstellenspruchs behauptet werden; Rechtsfehler können in vollem Umfang und zeitlich unbefristet gerichtlich geltend gemacht werden (vgl. BAG v. 11. 7. 2000, AP Nr. 2 zu § 109 BetrVG 1972 = NZA 2001, 402; FKHES, § 76 Rdn. 102 f.; *Richardi*, BetrVG § 76 Rdn. 128; vgl. unten E. XII. 3. Anm. 1).

4. Vgl. § 112 Abs. 5 Satz 2 Nr. 3 BetrVG.

5. Vgl. BAG, Beschluss v. 14. 9. 1994 – AP Nr. 87 zu § 112 BetrVG 1972 = NZA 1995, 440.

5. Antrag auf Zustimmung zur Durchführung einer Betriebsänderung gemäß § 122 InsO[1]

An das
Arbeitsgericht ......

Antrag im Beschlussverfahren mit den Beteiligten

1. Herr Rechtsanwalt ...... als Insolvenzverwalter über das Vermögen der Firma ......

   Verfahrensbevollmächtigte: Rechtsanwälte ......

   – Antragsteller –[2]

2. Betriebsrat der Firma ......, vertreten durch den Betriebsratsvorsitzenden

   – Antragsgegner –

wegen Zustimmung zur Durchführung einer Betriebsänderung.

Namens und in Vollmacht des Antragstellers leiten wir ein Beschlussverfahren ein und beantragen:

Die Zustimmung zur Stilllegung des Bereichs „Kunststoffverarbeitung" im Betrieb ...... der Firma ...... wird erteilt.[3]

Begründung:

Die Firma ...... (Schuldnerin) produziert Zubehör für Kraftfahrzeuge. Sie beschäftigt in ihrem Werk in ...... ca. 600 Arbeitnehmer. Der Antragsgegner ist der in diesem Betrieb gebildete Betriebsrat. Mit Beschluss vom ...... eröffnete das Amtsgericht ...... das Insolvenzverfahren über das Vermögen der Schuldnerin und bestellte den Antragsteller zum Insolvenzverwalter.

Beweis: ......

Der Antragsteller hat den Betrieb bisher unverändert weiterbetrieben. Zum Zwecke der Firmenveräußerung wandte er sich an zahlreiche in- und ausländische Unternehmen. Nach intensiven Verhandlungen hat sich als einzige Interessentin die Firma ...... mit Schreiben vom ...... bereit erklärt, den Betrieb in ...... zum Preise von EUR ...... zu erwerben. Voraussetzung für das Kaufangebot ist, dass der Bereich „Kunststoffverarbeitung" vom Antragsteller vor Übergang des Betriebs stillgelegt wird. Dabei hat sich die Kaufinteressentin auf ein Gutachten der Unternehmensberatung ...... vom ...... gestützt, nach welchem dieser Bereich mit ca. 150 Arbeitnehmern erheblich unwirtschaftlich arbeite. Die Kaufinteressentin beabsichtigt, diesen Teil der Produktion in einem ihrer eigenen Werke durchführen zu lassen. Sie hat sich bis ...... an ihr Angebot gebunden.

Beweis: ......

Der Antragsteller hat den Antragsgegner mit Schreiben vom ...... über den Stand der Übernahmeverhandlungen unterrichtet. Er hat dem Antragsgegner sämtliche maßgebenden schriftlichen Vorgänge in Fotokopie überlassen. Er hat ihm mitgeteilt, dass er beabsichtige, möglichst rasch den Bereich „Kunststoffverarbeitung" stillzulegen. Zugleich hat er den Antragsgegner schriftlich aufgefordert, in Verhandlungen über einen Interessenausgleich einzutreten.[4]

Beweis: ......

Ein Interessenausgleich ist bis zum heutigen Tage, länger als drei Wochen nach Verhandlungsbeginn/schriftlicher Aufforderung zur Aufnahme von Verhandlungen, nicht zustande gekommen.[5] Die beabsichtigte Betriebsänderung ist aber umgehend, spätestens bis ...... durchzuführen, weil sonst das Übernahmeangebot der vorgenannten Kaufinteressentin hinfällig wird. Da keine anderen Übernahmeangebote vorliegen, würde dies in absehbarer Zeit zu einer völligen Betriebsstilllegung führen. Die vom Antragsteller beauftragte Wirtschaftsprüfungsgesellschaft sieht nach ihrem Gutachten vom ...... keine Möglichkeit, den Betrieb über den ...... hinaus fortzuführen.

Beweis: ......

Die wirtschaftliche Lage des Unternehmens erfordert daher auch unter Berücksichtigung der Belange der von der Teilbetriebsstilllegung betroffenen Arbeitnehmer, dass die Betriebsänderung ohne das vorherige Verfahren des § 112 Abs. 2 BetrVG durchgeführt wird.[6]

Rechtsanwalt

Anmerkungen

1. a) § 122 InsO gibt dem Insolvenzverwalter ein rechtliches Mittel, die oft zeitaufwändigen Verhandlungen über einen Interessenausgleich im Falle einer Betriebsänderung nach §§ 111, 112 BetrVG erheblich zu verkürzen. Liegt eine Betriebsänderung im Sinne von § 111 BetrVG vor, so haben Insolvenzverwalter und Betriebsrat über einen Interessenausgleich zu verhandeln (§ 112 Abs. 1 BetrVG). Kommt ein Interessenausgleich über die geplante Betriebsänderung oder eine Einigung über den Sozialplan nicht zustande, so können beide Seiten den Präsidenten des Landesarbeitsamts um Vermittlung ersuchen. Geschieht das nicht oder bleibt der Vermittlungsversuch ergebnislos, so können Unternehmer oder Betriebsrat die Einigungsstelle anrufen (§ 112 Abs. 2 BetrVG). Diese hat eine Einigung über Interessenausgleich und Sozialplan zu versuchen (§ 112

Abs. 3 BetrVG). Die Vorgehensweise nach § 112 Abs. 2 BetrVG, insbesondere das Verfahren vor der Einigungsstelle, nimmt erfahrungsgemäß erhebliche Zeit in Anspruch. Da dies den Entscheidungsspielraum des Insolvenzverwalters einengt und er zudem bei einer Betriebsänderung ohne den vorherigen Versuch eines Interessenausgleichs nach § 113 Abs. 3 BetrVG mit Nachteilsausgleichsansprüchen der betroffenen Arbeitnehmer rechnen muss, welche die Insolvenzmasse belasten würden (Masseschuld, vgl. BAG v. 3. 4. 1990, AP Nr. 20 zu § 113 BetrVG 1972 = NZA 1990, 619), hat der Gesetzgeber mit § 122 InsO dem Insolvenzverwalter die Möglichkeit gegeben, sich von der Fortsetzung des Interessenausgleichsverfahrens befreien zu lassen. Die amtliche Überschrift „Gerichtliche Zustimmung zur Durchführung einer Betriebsänderung" ist missverständlich. Im Kern ist der Antrag auf Erteilung eines gerichtlichen Dispenses von der Fortsetzung der Interessenausgleichsverhandlungen gerichtet.

Wird dem Antrag stattgegeben, kann der Insolvenzverwalter die geplante Betriebsänderung nach seinen Vorstellungen durchführen; die Verhandlungen über einen Interessenausgleich, der den Inhalt (Art, Umfang, Zeitpunkt usw.) der geplanten Betriebsänderung betrifft, sind damit erledigt (vgl DKK-*Däubler*, § 122 InsO Rdn. 2; FK-InsO/ *Eisenbeis*, 3. Aufl., § 122 Rdn. 16 ff.; *Schrader*, NZA 1997, 70, 73).

b) Die InsO trat ab 1. 1. 1999 in Kraft und löste die bis dahin geltende Konkursordnung in den alten Bundesländern und die Gesamtvollstreckungsordnung in den neuen Bundesländern ab. § 122 InsO wurde durch das Arbeitsrechtliche Beschäftigungsförderungsgesetz vom 25. 9. 1996 bereits zum 1. 10. 1996 in Kraft gesetzt.

2. Der Antragsteller ist stets der Insolvenzverwalter. Der Antragsgegner ist der Betriebsrat; weitere Beteiligte sind nicht vorgesehen (§ 122 Abs. 2 Satz 2 InsO).

3. Die Antragsformulierung lehnt sich an § 122 Abs. 1 Satz 1 InsO an. Denkbar sind auch andere Formulierungen (z. B. „Die Zustimmung zur Durchführung der Stilllegung des Bereichs ‚Kunststoffverarbeitung' ohne vorangegangenes Verfahren nach § 112 Abs. 2 BetrVG wird erteilt."). Da die Vorschrift des § 122 InsO den Rechtsmittelzug stark verkürzt hat (§ 122 Abs. 3 InsO), fehlen bislang größere praktische Erfahrungen zu verschiedenen Formulierungsvarianten. Der Streitgegenstand ist der Sache nach nicht die Durchführung der beabsichtigten Betriebsänderung, sondern die Befreiung des Insolvenzverwalters von der Fortsetzung des Verfahrens über den Interessenausgleich (vgl. DKK-*Däubler*, § 122 InsO Rdn. 2; ArbG Lingen, ZIP 1999, 1892).

4. Die rechtzeitige und umfassende Unterrichtung des Betriebsrats ist Tatbestandsvoraussetzung für den Antrag nach § 122 InsO. Es gelten hier die allgemeinen Grundsätze zu § 111 BetrVG (vgl. hierzu FKHES § 111 Rdn. 102 ff.).

In der Antragsschrift sollte diese Unterrichtung im Einzelnen dargelegt und unter vorsorglichen Beweis gestellt werden.

5. Der Antrag ist nur dann begründet, wenn innerhalb von drei Wochen nach Verhandlungsbeginn oder schriftlicher Aufforderung zur Aufnahme von Verhandlungen kein Interessenausgleich zustande gekommen ist. Diese Frist gilt nur, wenn die rechtzeitige und umfassende Unterrichtung des Betriebsrats vorausging. Zum Fristbeginn ist zu differenzieren: Erfolgt nur eine mündliche Aufforderung zur Aufnahme der Verhandlungen, so beginnt die 3-Wochen-Frist mit dem Verhandlungsbeginn. Erfolgt eine schriftliche Aufforderung zu Verhandlungen, so hängt es davon ab, ob der Betriebsrat untätig bleibt oder umgehend in Verhandlungen eintritt. Bleibt er untätig, so beginnt die Frist mit der schriftlichen Aufforderung; nimmt er umgehend die Verhandlungen auf, so beginnt die Frist erst mit Verhandlungsbeginn (ebenso DKK-*Däubler*, 6. Aufl., § 113 Rdn. 11 a, anders 8. Aufl., § 122 InsO Rdn. 4; a. A. FK-InsO/*Eisenbeis*, § 122 Rdn. 11 f.). Unseres Erachtens ist es zulässig, den Antrag bereits vor Ablauf der Drei-Wochen-Frist beim Arbeitsgericht einzureichen. Es genügt, dass bis zur Anhörung vor der Kammer der Drei-Wochen-Zeitraum ergebnislos abgelaufen ist und kein Interessenausgleich vorliegt.

Wird nach Ablauf der drei Wochen, aber noch vor der Anhörung vor der Kammer ein Interessenausgleich erzielt, so geht der Antrag nach § 122 InsO ins Leere; er ist mangels Rechtsschutzbedürfnis unzulässig.

6. Bei den Voraussetzungen des § 122 Abs. 2 Satz 1 InsO handelt es sich um ein weiteres wesentliches Begründetheitselement. Die Insolvenz allein genügt nicht, die Betriebsänderung ohne das vorherige Verfahren nach § 112 Abs. 2 BetrVG durchzuführen. Hinzu müssen weitere dringliche Gründe treten. Diese sind z.B. gegeben, wenn bei der Fortsetzung des Verfahrens weitere erhebliche Verluste entstehen oder Veräußerungschancen nicht mehr wahrgenommen werden können (vgl. DKK-*Däubler*, § 122 InsO Rdn. 6; FK-InsO/*Eisenbeis*, § 122 Rdn. 14 ff.; *Löwisch*, RdA 1997, 85). Hier ist eine genaue Darlegung des Sachverhalts unter vorsorglichem Beweisantritt geboten.

6. Antrag auf Feststellung der sozialen Rechtfertigung betriebsbedingter Kündigungen gemäß § 126 InsO[1]

An das
Arbeitsgericht ......

Antrag im Beschlussverfahren mit den Beteiligten

1. Herr Rechtsanwalt ...... als Insolvenzverwalter über das Vermögen der Firma ......
   Verfahrensbevollmächtigte: Rechtsanwälte ......

– Antragsteller[2] –

2. Betriebsrat der Firma ......

– Antragsgegner –

3. Herr ......,
4. Herr ......,
5. Frau ......, usw.

– Beteiligte Ziff. 3–152[3]

wegen Feststellung der sozialen Rechtfertigung betriebsbedingter Kündigungen.

Namens und in Vollmacht des Antragstellers leiten wir ein Beschlussverfahren ein und beantragen:

Es wird festgestellt, dass die Kündigung der Arbeitsverhältnisse der Beteiligten Ziff. 3–152 durch dringende betriebliche Erfordernisse bedingt und sozial gerechtfertigt ist.[4]

Begründung:

Die Firma ...... (Schuldnerin) produziert Zubehör für Kraftfahrzeuge. Sie beschäftigt in ihrem Werk in ...... ca. 600 Arbeitnehmer. Der Antragsgegner ist der in diesem Betrieb gebildete Betriebsrat. Mit Beschluss vom ...... eröffnete das Amtsgericht ...... das Insolvenzverfahren über das Vermögen der Schuldnerin und bestellte den Antragsteller zum Insolvenzverwalter.

Beweis: ......

Der Antragsteller hat den Betrieb bisher unverändert weiterbetrieben. Zum Zwecke der Unternehmensveräußerung wandte er sich an zahlreiche in- und ausländische Unternehmen. Nach intensiven Verhandlungen hat sich als einzige Interessentin die

Firma ...... mit Schreiben vom ...... bereit erklärt, den Betrieb zu erwerben. Voraussetzung für dieses Kaufangebot ist, dass der Bereich „Kunststoffverarbeitung" vom Antragsteller vor Übergang des Betriebs stillgelegt wird. Dabei hat sich die Kaufinteressentin auf ein Gutachten einer Unternehmensberatung gestützt, nach welchem der Bereich „Kunststoffverarbeitung" mit ca. 150 Arbeitnehmern erheblich unwirtschaftlich arbeite. Die Kaufinteressentin beabsichtigt, diesen Teil der Produktion in einem ihrer eigenen Werke durchführen zu lassen. Sie hat sich bis ...... an ihr Angebot gebunden.

Beweis: ......

Der Antragsteller hat den Antragsgegner mit Schreiben vom ...... über den Stand der Übernahmeverhandlungen unterrichtet. Er hat dem Antragsgegner sämtliche maßgebenden schriftlichen Vorgänge in Fotokopie überlassen. Er hat ihm mitgeteilt, dass er beabsichtige, möglichst rasch den Bereich „Kunststoffverarbeitung" stillzulegen. Zugleich hat er den Antragsgegner schriftlich aufgefordert, in Verhandlungen über einen Interessenausgleich einzutreten.[5]

Beweis: ......

Ein Interessenausgleich mit einer Liste der Arbeitnehmer, denen gekündigt werden soll, ist bis zum heutigen Tage, länger als drei Wochen nach Verhandlungsbeginn/schriftlicher Aufforderung zur Aufnahme von Verhandlungen, nicht zustande gekommen.[6] Da die beabsichtigte Betriebsänderung möglichst rasch durchgeführt werden muss und die Durchführung des Verfahrens nach § 112 Abs. 2 BetrVG nicht abgewartet werden kann, hat der Antragsteller mit Antragsschrift vom ...... beim Arbeitsgericht ...... ein Beschlussverfahren nach § 122 InsO eingeleitet.[7]

Die Stilllegung des Bereichs „Kunststoffverarbeitung" lässt den Beschäftigungsbedarf für 150 Arbeitnehmer entfallen. Im Rahmen der Sozialauswahl sind die Beteiligten Ziff. 3–152 als am sozial stärksten anzusehen. Die Kündigung der Beteiligten Ziff. 3–152 ist daher aus dringenden betrieblichen Erfordernissen gem. § 1 Abs. 2, Abs. 3 KSchG sozial gerechtfertigt (wird ausgeführt).[8]

Rechtsanwalt

Anmerkungen

1. a) § 126 InsO soll wie § 122 InsO die Verhandlungen über einen Interessenausgleich erheblich verkürzen. Dabei knüpft § 126 InsO an den in § 125 InsO vorgesehenen „besonderen" Interessenausgleich an.

§ 125 InsO erfasst den Interessenausgleich über eine beabsichtigte Betriebsänderung, in dem die Arbeitnehmer, denen gekündigt werden soll, namentlich bezeichnet sind. Dieser **Interessenausgleich mit Namensliste** erleichtert den Ausspruch betriebsbedingter Kündigungen: Zum einen wird vermutet, dass die konkrete Kündigung durch dringende betriebliche Erfordernisse, die einer Weiterbeschäftigung in diesem Betrieb oder einer Weiterbeschäftigung zu unveränderten Arbeitsbedingungen entgegenstehen, bedingt ist (§ 125 Abs. 1 Satz 1 Nr. 1 InsO). Zum anderen kann die soziale Auswahl der betroffenen Arbeitnehmer nur im Hinblick auf die Dauer der Betriebszugehörigkeit, das Lebensalter und die Unterhaltspflichten, und auch insoweit nur auf grobe Fehlerhaftigkeit nachgeprüft werden (§ 125 Abs. 1 Satz 1 Nr. 2 InsO). Kommt ein solcher Interessenausgleich mit Namensliste nicht innerhalb von drei Wochen zustande, gibt § 126 InsO dem Insolvenzverwalter die Möglichkeit, im Wege des Beschlussverfahrens die soziale Rechtfertigung der beabsichtigten betriebsbedingten Kündigungen prüfen zu lassen. Die Entscheidung des Arbeitsgerichts im Beschlussverfahren ist für spätere Kündigungsschutz-streitigkeiten bindend (vgl. DKK-*Däubler*, § 126 InsO Rdn. 25). Dabei kann nach dem Urteil des BAG vom 29. 6. 2000 der Antrag nach § 126 InsO nicht nur auf beabsichtig-te, sondern auch auf bereits ausgesprochene Kündigungen bezogen werden (AP Nr. 2 zu § 126 InsO = NZA 2000, 1180; FK-InsO/*Eisenbeis*, § 126 Rdn. 2; a.A. *Lakies*, RdA 1997, 145, 154f.). Dies ist beim betriebsratslosen Betrieb problemlos, denn hier muss der Insolvenzverwalter keinen Interessenausgleich versuchen. Aufgrund der zeitlichen Dauer eines Beschlussverfahrens wäre es nicht praxisgerecht, wenn zunächst das Be-schlussverfahren durchgeführt werden müsste und erst nach dessen Rechtskraft die Kündigungen ausgesprochen werden könnten (vgl. BAG, aaO.). Dies gilt im Prinzip auch bei Betrieben mit Betriebsrat. In diesen ist aber vor Ausspruch betriebsbedingter Kündigungen ein Interessenausgleich mit dem Betriebsrat zu versuchen oder ein Antrag nach § 122 InsO zu stellen, um Ansprüche der Arbeitnehmer auf einen Nachteilsaus-gleich gem. § 113 Abs. 3 BetrVG zu vermeiden (vgl. oben E. XI. 5. Anm. 1). Kommt es zu betriebsbedingten Kündigungen und reicht der Insolvenzverwalter während des Lau-fes der Kündigungsrechtsstreite einen Antrag nach § 126 InsO beim Arbeitsgericht ein, so dürfte mit einer Aussetzung des Kündigungsschutzverfahrens bis zum rechtskräftigen Abschluss des Beschlussverfahrens zu rechnen sein. Im übrigen wird darauf hingewiesen, dass das „**Gesetz zu Reformen am Arbeitsmarkt**", das am 29. 9. 2003 vom Bundestag verabschiedet wurde, generell die Möglichkeit eines Interessensausgleichs mit Namens-liste vorsieht.

b) Es ist zweifelhaft, ob die Intention der Vorschrift, dem Insolvenzverwalter ein ra-scheres Durchführen von Betriebsänderungen zu ermöglichen, in der Praxis zu erreichen ist. Da es sich in der Regel nicht um Einzelkündigungen, sondern um Massenkündigun-gen handelt, sind entsprechend viele Personen im Beschlussverfahren zu beteiligen. Die Dauer solcher Verfahren dürfte erfahrungsgemäß recht lang sein. Hinzu tritt, dass der Insolvenzverwalter die Möglichkeit hat, mehr Arbeitnehmer in das Verfahren einzube-ziehen als er Kündigungen aussprechen will bzw. ausgesprochen hat; er kann sogar bei einer Teilbetriebsstilllegung alle Beschäftigten einbeziehen, obwohl ersichtlich nicht für alle der Beschäftigungsbedarf entfallen wird. Dies bewirkt, dass vor allem die Sozial-auswahl auf das Arbeitsgericht verlagert wird, welches die beabsichtigte oder ausgespro-chene Kündigung jedes einzelnen Beteiligten zu überprüfen hat. Das dürfte erhebliche Zeit in Anspruch nehmen.

c) Die §§ 125, 126 InsO wurden durch das Arbeitsrechtliche Beschäftigungsförde-rungsgesetz vom 25. 9. 1996 mit Wirkung ab 1. 10. 1996 in Kraft gesetzt.

2. Antragsteller ist stets der Insolvenzverwalter, Antragsgegner ist stets der Betriebs-rat. Ist ein solcher nicht vorhanden, so sind die vom Insolvenzverwalter einbezogenen Arbeitnehmer Antragsgegner.

3. Beteiligt sind die Arbeitnehmer, die der Insolvenzverwalter im Antrag bezeichnet und deren Kündigung Streitgegenstand ist. Das gilt nicht für Arbeitnehmer, die mit der Beendigung des Arbeitsverhältnisses oder mit den geänderten Arbeitsbedingungen einverstanden sind (§ 126 Abs. 2 Satz 1 InsO; vgl. näher BAG v. 29. 6. 2000, AP Nr. 2 zu § 126 InsO = NZA 2000, 1180). Ein beteiligter Arbeitnehmer kann sich auch wäh-rend des Beschlussverfahrens einverstanden erklären; streitig ist nur, ob er bereits hier-durch seine Beteiligtenstellung verliert oder ob hierin ein prozessuales Anerkenntnis liegt (offengelassen vom BAG, aaO.). Im Übrigen bestimmt der Insolvenzverwalter als An-tragsteller, welche Arbeitnehmer einzubeziehen sind. Das Arbeitsgericht kann nicht alle Arbeitnehmer, die in ihren Rechten materiell betroffen sein könnten, ohne Antrag betei-ligen (vgl. BAG, aaO.).

Wird der Betrieb veräußert und soll die Betriebsänderung erst danach durchgeführt werden, so ist der Betriebserwerber im Verfahren gem. § 126 InsO zu beteiligen (§ 128

Abs. 1 Satz 2 InsO). Diese Beteiligtenfähigkeit entsteht aber erst ab dem Zeitpunkt der Betriebsübernahme. Sollen, wie im Musterfall, die Betriebsänderung und das Verfahren nach § 126 InsO bereits vor dem Betriebsübergang stattfinden, ist der Kaufinteressent nicht zu beteiligen.

4. Das BAG hat diese Antragsformulierung akzeptiert, obwohl der Zusatz „durch dringende betriebliche Erfordernisse" eine Tatsachenfeststellung enthält (vgl. BAG v. 29. 6. 2000, AP Nr. 2 zu § 126 InsO = NZA 2000, 1180).

5. a) Wie bei § 122 InsO ist die rechtzeitige und umfassende Unterrichtung des Betriebsrats über die beabsichtigte Betriebsänderung Voraussetzung für einen Antrag nach § 126 InsO. Es gelten hier die allgemeinen Grundsätze zu § 111 BetrVG (vgl. FKHES, § 111 Rdn. 102 ff.). In der Antragsschrift sollte diese Unterrichtung im Einzelnen dargelegt und unter vorsorglichen Beweis gestellt werden.

b) Ist ein Betriebsrat nicht vorhanden, so entfallen die Unterrichtungspflicht und die Verhandlungen über einen Interessenausgleich. Der Insolvenzverwalter kann sofort den Antrag nach § 126 InsO stellen. Nach der Rechtsprechung des BAG muss er nicht zuvor versuchen, sich mit den betroffenen Arbeitnehmern über ein freiwilliges Ausscheiden zu einigen (vgl. BAG v. 29. 6. 2000, AP Nr. 2 zu § 126 InsO = NZA 2000, 1180; ebenso *Schrader*, NZA 1997, 70, 76; a. A DKK-*Däubler*, § 126 InsO Rdn. 6).

6. a) Der Antrag gem. § 126 InsO setzt im Betrieb mit Betriebsrat voraus, dass innerhalb der genannten Frist ein „besonderer" Interessenausgleich mit Namensliste gem. § 125 InsO nicht zustande gekommen ist. Dies bedeutet, dass ein Interessenausgleich mit Namensliste Verhandlungsgegenstand gewesen sein muss. Hat der Insolvenzverwalter vom Betriebsrat nie die Erstellung einer Namensliste verlangt, dürfte der Antrag nach § 126 InsO unzulässig sein (so wohl DKK-*Däubler*, § 126 InsO Rdn. 5). Wird vor dem gerichtlichen Anhörungstermin ein Interessenausgleich mit Namensliste vereinbart, so wird der Antrag nach § 126 InsO unzulässig; das gilt auch dann, wenn der Insolvenzverwalter die Namensliste für unvollständig hält (a. A. DKK-*Däubler*, § 126 InsO Rdn. 26).

b) Zur Berechnung der Drei-Wochen-Frist vgl. oben E. XI. 5. Anm. 5.

7. Die Anträge nach § 122 InsO und § 126 InsO können parallel gestellt werden. Es ist auch möglich, sie im Wege der Antragshäufung in eine Antragsschrift aufzunehmen. Davon sollte aber mit großer Zurückhaltung Gebrauch gemacht werden, da die Verfahren hierdurch sehr unübersichtlich werden können.

8. § 126 InsO gilt sowohl für beabsichtigte oder auch für ausgesprochene Beendigungs- oder Änderungskündigungen. In der Antragsschrift sollte der Insolvenzverwalter die dringenden betrieblichen Erfordernisse und die Gründe, die zu der Sozialauswahl führen, substantiiert und unter vorsorglichem Beweisantritt darlegen. Zwar gilt der Amtsermittlungsgrundsatz des § 83 Abs. 1 ArbGG. Die Unaufklärbarkeit bestimmter Tatsachen geht aber zu Lasten des im normalen Kündigungsschutzverfahren darlegungs- und beweisbelasteten Insolvenzverwalters (vgl. DKK-*Däubler*, § 126 InsO Rdn. 12; FK-InsO/*Eisenbeis*, § 126 Rdn. 9). Hier ist daher große Sorgfalt geboten. Die Prüfung des Arbeitsgerichts beschränkt sich auf die soziale Rechtfertigung der Kündigungen. Angesichts des eindeutigen Wortlauts des § 126 InsO sind andere Unwirksamkeitsgründe ausgesprochener Kündigungen (z.B. Sonderkündigungsschutz, Betriebsratsanhörung) nicht zu prüfen (so zu Recht FK-InsO/*Eisenbeis*, § 126 Rdn. 10; a.A. *Zwanziger*, Das Arbeitsrecht in der Insolvenzordnung, S. 119). Da hierzu aber eine höchstrichterliche Entscheidung noch nicht vorliegt, kann es ratsam sein, bei bereits ausgesprochenen Kündigungen vorsorglich auch auf andere Unwirksamkeitsgründe einzugehen.

XII. Streitigkeiten über die Errichtung einer Einigungsstelle[1, 2]

1. Anträge im Zusammenhang mit der Errichtung einer Einigungsstelle

1.1 Allgemeiner Antrag des Betriebsrats auf Errichtung einer Einigungsstelle (§ 98 ArbGG)

An das
Arbeitsgericht ......

Antrag im Beschlussverfahren mit den Beteiligten

1. Betriebsrat der Firma ......,
   vertreten durch den Betriebsratsvorsitzenden[3]

– Antragsteller –

Verfahrensbevollmächtigte: ......

2. Firma ......

– Antragsgegnerin –

wegen Errichtung einer Einigungsstelle.

Namens und in Vollmacht[4] des Antragstellers leiten wir ein Beschlussverfahren ein und beantragen:

1. Zum/zur Vorsitzenden einer Einigungsstelle mit der Regelungsthematik[5] ......
   wird Frau/Herr Richter/in am Arbeitsgericht ...... bestellt.[6]
2. Die Zahl der von den Beteiligten jeweils zu benennenden Beisitzer wird auf ......
   festgesetzt.

Begründung:

Die Antragsgegnerin unterhält in ...... einen Betrieb mit ...... Arbeitnehmern.
(Empfehlenswert: kurze Schilderung des Betriebszwecks.)
Im Betrieb ist ein Betriebsrat gebildet, der/die Vorsitzende ist Herr/Frau ......

Antrag 1:
Die Beteiligten streiten um den Inhalt einer vom Betriebsrat angestrebten Regelung zu folgender Frage: ...... (wird ausgeführt ......)

Alternative 1:
Die Antragsgegnerin ist der Meinung, bezüglich der vom Antragsteller angestrebten Regelung stehe diesem kein Mitbestimmungsrecht zu.
Das Mitbestimmungsrecht des Antragstellers ergibt sich aus folgendem: ...... (wird ausgeführt) ......
Zumindest ist es nicht so, dass ein Mitbestimmungsrecht des Antragstellers zur angestrebten Regelung offensichtlich nicht besteht.[8]
Wegen des nach Meinung der Antragsgegnerin nicht bestehenden Mitbestimmungsrechts konnten zwischen den Beteiligten auch noch keine Verhandlungen zur ein-

vernehmlichen Regelung über den Streitgegenstand stattfinden, obwohl der Antragsteller die Antragsgegnerin zweimal aufgefordert hat, innerhalb der der Aufforderung folgenden Woche einen Verhandlungstermin zu vereinbaren und die Verhandlungen aufzunehmen.[9]

Alternative 2:
Die Beteiligten haben innerbetrieblich versucht, zum Streitgegenstand eine einvernehmliche Regelung zu finden. Sie haben an mehreren Verhandlungstagen versucht, ihre Standpunkte anzunähern. Dies ist nicht gelungen.
Der Antragsteller hat deswegen mit Beschluss vom ...... die Verhandlungen für gescheitert erklärt und beschlossen, die Einigungsstelle anzurufen. Über die Person des/der Vorsitzenden konnten sich die Beteiligten nicht einigen.

Antrag 2:
Unabhängig von der Streitfrage, ob eine Einigungsstelle zu bilden ist, können sich die Beteiligten nicht über die Anzahl der Beisitzer einigen.

Alternative 1:
Bezüglich der Anzahl der Beisitzer ist davon auszugehen, dass es sich bei dem Regelungsgegenstand um einen solchen durchschnittlichen Schwierigkeitsgrads handelt, so dass es ausreichend, aber auch erforderlich ist, die Anzahl der Beisitzer auf jeweils zwei festzusetzen.

Alternative 2:
Bezüglich der Anzahl der Beisitzer ist davon auszugehen, dass der Schwierigkeitsgrad des vorliegenden Regelungsgegenstands überdurchschnittlich ist und zwar in sachlicher, wie auch in rechtlicher Hinsicht ...... (wird ausgeführt) ......
Deswegen sollte vorliegend für jede Seite die Zahl der Beisitzer auf ...... Personen festgesetzt werden.

Der Antragsteller hat am ...... beschlossen, das vorliegende Verfahren einzuleiten und mit seiner Durchführung die im Aktivrubrum genannten Verfahrensbevollmächtigten zu beauftragen.
Beweis: Zeugnis des Betriebsratsvorsitzenden ......

Rechtsanwalt

Anmerkungen

1. Das Tätigwerden der betriebsverfassungsrechtlichen Einigungsstelle ist in den §§ 76, 76a BetrVG geregelt. Die Einigungsstelle entscheidet zur Beilegung von Meinungsverschiedenheiten zwischen Arbeitgeber und Betriebsrat, Gesamtbetriebsrat oder Konzernbetriebsrat. Sie ist keine ständige betriebliche Einrichtung; die Betriebsparteien können jedoch durch freiwillige Betriebsvereinbarung eine **ständige Einigungsstelle** errichten (§ 76 Abs. 1 Satz 2 BetrVG). Das Gesetz unterscheidet zwischen zwingenden und **freiwilligen Einigungsstellenverfahren**. In den Fällen, in denen das Gesetz vorsieht, dass der Spruch der Einigungsstelle die Einigung zwischen Arbeitgeber und Betriebsrat ersetzt, wird die Einigungsstelle zwingend auf Antrag einer der Betriebsparteien tätig. Im Übrigen kann auf Antrag beider Betriebsparteien auch eine freiwillige Einigungsstelle gebildet werden. Verbindlich wird der Spruch einer freiwillig installierten Einigungsstelle jedoch nur, wenn die Betriebsparteien sich dem Spruch im Voraus unterwerfen oder (was selten der Fall sein wird) ihn nachträglich angenommen haben (§ 76 Abs. 6

BetrVG). Die freiwillige Einigungsstelle kann alle Zuständigkeitsbereiche des Betriebsrates umfassen, auch Meinungsverschiedenheiten rechtlicher Art (vgl. FKHES, § 76 Rdn. 79). Der Sache nach handelt es sich bei einem Spruch der Einigungsstelle in Regelungsfragen um eine Betriebsvereinbarung (§ 77 Abs. 1 Satz 1 BetrVG). Dieser kommt im Falle ihrer Kündigung jedoch nur dann eine Nachwirkung nach § 77 Abs. 6 BetrVG zu, wenn es sich um Regelungsgegenstände handelt, für die das Gesetz ein erzwingbares Einigungsstellenverfahren vorgesehen hat (vgl. die Aufzählung der gesetzl. erzwingbaren Einigungsstellenverfahren bei FKHES, § 76 Rdn. 68). Haben die Betriebsparteien in freiwilligen Betriebsvereinbarungen eine Nachwirkung für den Fall der Kündigung geregelt, ist eine derartige Vereinbarung dahin auszulegen, dass die Nachwirkung auch gegen den Willen einer Seite beendet werden kann und zwar durch erzwingbare Anrufung der Einigungsstelle (BAG v. 28. 4. 1998, NZA 1998, 1348).

2. Das Verfahren zur Errichtung einer erzwingbaren Einigungsstelle ist in § 98 ArbGG als besondere Form des Beschlussverfahrens ausgestaltet. Bis zum Inkrafttreten des „Gesetzes zur Änderung des Bürgerlichen Gesetzbuches und des Arbeitsgerichtsgesetzes" vom 29. 6. 1998 (in Kraft getreten am 30. 6. 1998) hat im Verfahren nach § 98 ArbGG sowohl in erster Instanz, wie auch im Beschwerdeverfahren der Vorsitzende allein entschieden. Zu dieser Regelung ist der Gesetzgeber durch das Job-AQTIV-Gesetz vom 10. 12. 2001 wieder zurückgekehrt, da er sich von der Alleinentscheidungskompetenz des Vorsitzenden wohl doch (zu Recht) einen größeren Beschleunigungseffekt erhofft als durch die Entscheidung der Kammer. Verschärft wurden auch die Einlassungs- und Ladungsfristen. Konnten diese bis zur gesetzlichen Neuregelung vom 10. 12. 2001 nur fakultativ auf 48 Stunden abgekürzt werden, bestimmt der Gesetzgeber nunmehr, dass die Einlassungs- und Ladungsfristen 48 Stunden betragen (§ 98 Abs. 1 Satz 4 ArbGG). Ein weiterer Beschleunigungseffekt soll sich dadurch ergeben, dass der Beschluss des Vorsitzenden den Beteiligten spätestens innerhalb von vier Wochen nach Eingang des Antrags zuzustellen ist (§ 98 Abs. 1 Satz 6 ArbGG). Ob dieses Beschleunigungsziel des Gesetzgebers von den Gerichten auch umgesetzt werden kann, bleibt abzuwarten. Geblieben ist die Regelung, wonach nur diejenigen Richter zum Einigungsstellenvorsitzenden bestellt werden können, die nicht später mit der Überprüfung, Auslegung oder Anwendung des Einigungsstellenspruchs befasst sein können. Nicht verändert wurde auch die weitere Besonderheit des Einigungsstellenbesetzungsverfahrens, die darin besteht, dass die Beschwerdefrist gegen die erstinstanzliche Entscheidung nur zwei Wochen beträgt und innerhalb dieser Frist auch die Beschwerdebegründung zu erfolgen hat. Ebenfalls unverändert blieb der Umstand, dass dem Gericht im Bestellungsverfahren nur ein verkürzter Prüfungsmaßstab zur Verfügung steht: ein Antrag auf Bestellung einer Einigungsstelle darf nur dann wegen Unzuständigkeit der Einigungsstelle zurückgewiesen werden, wenn diese Unzuständigkeit nach Meinung des Gerichts offensichtlich ist. Das Gericht entscheidet im **Bestellungsverfahren** nach § 98 ArbGG somit über dreierlei: Als erstes steht die Frage zur Entscheidung, ob die Einigungsstelle zuständig ist, weil entweder ein Fall erzwingbarer Mitbestimmung vorliegt (vgl. oben Anm. 1) oder im Falle einer Betriebsänderung nach § 111 Satz 1 BetrVG vor der Einigungsstelle verhandelt werden muss. Des Weiteren entscheidet das Gericht über die Person des/der **Vorsitzenden** und schließlich über die Anzahl der von jeder der Betriebsparteien in die Einigungsstelle zu entsendenden **Beisitzer**. Im Bestellungsverfahren nach § 98 ArbGG ist der Erlass einer einstweiligen Verfügung nicht zulässig (vgl. FKHES, § 76 Rdn. 27a; *Germelmann/Matthes/Prütting/Müller-Glöge-Matthes*, § 98 Rdn. 22; ArbG Ludwigshafen v. 20. 11. 1996, NZA 1997, 172 sowie ArbG Düsseldorf v. 24. 6. 1992, NZA 1992, 907). Dies gilt auch nach der aktuellen Rechtslage, da § 98 Abs. 1 ArbGG zwar nach wie vor für das gerichtliche Bestellungsverfahren die Vorschriften der §§ 80 bis 84 ArbGG für entsprechend anwendbar erklärt, nicht jedoch § 85 ArbGG.

3. Ist für eine betriebsverfassungsrechtliche Regelungsfrage der Gesamtbetriebsrat (§ 50 Abs. 1 BetrVG) oder der Konzernbetriebsrat (§ 58 Abs. 1 BetrVG) originär zuständig (vgl. FKHES, § 50 Rdn. 15 ff. und § 58, Rdn. 7 ff.), sind allein Gesamtbetriebsrat oder Konzernbetriebsrat berechtigt, das Bestellungsverfahren zu betreiben. In die Sachkompetenz des Gesamtbetriebsrats gem. § 50 Abs. 1 BetrVG fallen vornehmlich mitbestimmungspflichtige Angelegenheiten im wirtschaftlichen Bereich, insbesondere der Abschluss von Sozialplänen für mehrere Betriebe des Unternehmens, die das ganze Unternehmen oder wenigstens mehrere Betriebe des Unternehmens betreffen (LAG Berlin v. 22. 6. 1998, NZA-RR 1999, 34). Bei einer an sich gegebenen Zuständigkeit des Gesamtbetriebsrates bleibt die Befugnis der Einzelbetriebsräte zur Regelung einer mitbestimmungspflichtigen Angelegenheit jedoch bestehen, wenn der Gesamtbetriebsrat von seiner Zuständigkeit keinen Gebrauch macht (LAG Nürnberg v. 29. 9. 1989, NZA 1990, 503 sowie LAG Nürnberg v. 21. 9. 1992, NZA 1993, 281).

4. Die ordnungsgemäße Bevollmächtigung des Rechtsanwalts erfordert eine entsprechende Beschlussfassung des Betriebsrates zur Verfahrenseinleitung (vgl. Muster E. IV. 1 Anm. 4) und zur Anwaltsbeauftragung (vgl. Muster E. IV. 2 Anm. 2).

5. Da im Tenor der gerichtlichen Entscheidung auszusprechen ist, für welchen Regelungsstreit die Einigungsstelle gebildet wird (vgl. *Germelmann/Matthes/Prütting/Müller-Glöge-Matthes*, § 98 Rdn. 24), empfiehlt es sich, die Regelungsthematik kurz im Antrag zu skizzieren.

6. Zur Person des Vorsitzenden bestimmt das Gesetz lediglich, dass er unparteiisch zu sein hat (§ 76 Abs. 2 Satz 1 BetrVG). Zum Antrag an das Arbeitsgericht auf Ablösung des Einigungsstellenvorsitzenden wegen Besorgnis der Befangenheit vgl. Muster Nr. O.5. In der Regel wird die antragstellende Betriebspartei bereits einen Vorsitzenden für das Einigungsstellenverfahren dem Gericht vorschlagen, insbesondere, wenn dessen Bereitschaft zum Tätigwerden bereits vorliegt. Andererseits muss jedoch damit gerechnet werden, dass das Gericht in dem Bestreben, eine beidseitige Akzeptanz für die Person des Vorsitzenden zu erzielen, die Bestellung gerade nicht aus dem Personenkreis vornimmt, der in den Verhandlungen Gegenstand beidseitiger Vorschläge und Ablehnungen war. Dies geschieht häufig mit der Begründung, dass das Einigungsstellenverfahren nicht mit einem Vorsitzenden belastet werden soll, mit dem die eine oder andere Partei nicht einverstanden ist (LAG Berlin v. 12. 9. 2001, NZA-RR 2002, 25). Insoweit gilt, dass das Gericht nicht an die Vorschläge der Parteien für die Person des Vorsitzenden gebunden ist (vgl. *Germelmann/Matthes/Prütting/Müller-Glöge-Matthes,* § 98 Rdn. 25; *Pünnel/Isenhardt*, Die Einigungsstelle des BetrVG 1972, Rdn. 22). Da es sich in der Regel eingebürgert hat, das Amt des Einigungsstellenvorsitzenden einer Richterin oder einem Richter am Arbeitsgericht zu übertragen (vgl. *Pünnel/Isenhardt*, Rdn. 15 ff.), kann sich vor diesem Hintergrund auch folgende **Antragsstellung** empfehlen:

„Zum/zur Vorsitzenden einer Einigungsstelle mit der Regelungsthematik ...... wird ein/e Richter/in aus der Arbeitsgerichtsbarkeit bestellt."

Da niemand zur Übernahme eines derartigen Amtes verpflichtet werden kann, ist das Bestellungsverfahren erst abgeschlossen, wenn der hierfür vorgesehene Einigungsstellenvorsitzende das Amt angenommen hat (vgl. FKHES, § 76 Rdn. 25) bzw. die von Richtern einzuholende Nebentätigkeitsgenehmigung auch tatsächlich vorliegt. Zur Möglichkeit der Abberufung des einmal bestellten Einigungsstellenvorsitzenden vgl. *Schaub*, Die Bestellung und Abberufung der Vorsitzenden von Einigungsstellen, NZA 2000, 1087.

7. Beide Betriebsparteien entsenden in die Einigungsstelle die gleiche Anzahl von Beisitzern. Keine Seite kann die von der Gegenpartei bestellten Beisitzer ablehnen (vgl. FKHES, § 76 Rdn. 10; *Richardi*, BetrVG § 76 Rdn. 49). Im Regelfall wird eine Besetzung mit zwei Beisitzern für jede Seite erforderlich, aber auch ausreichend sein (vgl.

FKHES, § 76 Rdn. 13; im Regelfall für drei Beisitzer DKK-*Berg*, § 76 Rdn. 23). Nach LAG Schleswig-Holstein v. 4. 2. 1997 (AiB 1998, 528) ist eine Einigungsstelle nur dann im Regelfall angemessen besetzt, wenn jede Betriebspartei zumindest durch zwei Beisitzer vertreten ist, da neben einem betriebsinternen auf jeden Fall auch ein betriebsexterner Beisitzer in der Einigungsstelle vertreten sein sollte. Während die Gerichte häufig dazu neigen, den „Regelfall" anzunehmen und deswegen nur zwei Beisitzer für jede Seite zu bestellen, hat sich bei einer von den Betriebsparteien einvernehmlich errichteten Einigungsstelle in der Praxis häufig deren Besetzung mit jeweils drei Beisitzern eingebürgert. Der Betriebsrat lässt sich durch den Betriebsratsvorsitzenden oder ein anderes Betriebsratsmitglied vertreten, regelmäßig wird von jeder Seite ein juristischer Berater als Beisitzer benannt und schließlich geht es im Einigungsstellenverfahren auch häufig um spezielle Themen, die die Hinzuziehung besonderen Sachverstands erforderlich machen. Gelingt es nicht, drei Beisitzer einvernehmlich oder im gerichtlichen Bestellungsverfahren durchzusetzen, bleibt für den Betriebsrat im Übrigen auch noch der Ausweg, den Betriebsratsvorsitzenden als (nicht stimmberechtigten) Verfahrensbevollmächtigten zu bestellen, der dann ebenfalls an der Diskussion der Einigungsstelle zu beteiligen ist.

8. Das Arbeitsgericht kann die Zuständigkeit der Einigungsstelle nur dann verneinen, wenn es der Meinung ist, für die angestrebte Regelungsfrage bestehe offensichtlich kein Mitbestimmungsrecht des Betriebsrates (vgl. oben Anm. 2). **Offensichtlich unzuständig** ist die Einigungsstelle dann, wenn deren Zuständigkeit bei fachkundiger Beurteilung auf den ersten Blick unter keinem denkbaren rechtlichen Gesichtspunkt als möglich erscheint (vgl. DKK-*Berg*, § 76 Rdn. 52; zu entsprechenden Beispielsfällen vgl. *Pünnel/ Isenhardt*, Rdn. 31). Werden zu einer Frage von verschiedenen Landesarbeitsgerichten unterschiedliche Auffassungen vertreten, kann keine Rede davon sein, es sei bei fachkundiger Beurteilung durch ein Gericht sofort erkennbar, dass kein mitbestimmungspflichtiger Tatbestand und somit eine offensichtliche Unzuständigkeit der Einigungsstelle gegeben sei (LAG Nürnberg v. 21. 9. 1992, NZA 1993, 281). Nach LAG Köln (Beschluss v. 5. 12. 2001, 7 TaBV 71/01) verbietet es der Eilcharakter des Verfahrens nach § 98 ArbGG, eine umfassende Sachaufklärung im Bestellungsverfahren durchzuführen. Hiernach kann eine offensichtliche Unzuständigkeit nur dann angenommen werden, wenn sich dies bereits aus dem eigenen Tatsachenvortrag des Antragstellers auf der Grundlage einer gefestigten Rechtsmeinung ergibt, zu der eine Gegenmeinung nicht existiert oder nicht ernsthaft vertretbar erscheint. Regelmäßig ist eine offensichtliche Unzuständigkeit der Einigungsstelle gegeben, wenn der Betriebsrat im Rahmen einer Arbeitnehmerbeschwerde nach § 85 Abs. 2 BetrVG die Einigungsstelle anruft, jedoch Gegenstand dieser Arbeitnehmerbeschwerde ein Rechtsanspruch ist (§ 85 Abs. 2 Satz 3 BetrVG). Maßgeblich hierfür ist, in welcher Art der Betriebsrat sich der Beschwerde eines Arbeitnehmers annimmt, und ob er im Zusammenhang mit dem Einigungsstellenverfahren die Ansicht vertritt, dem beschwerdeführenden Arbeitnehmer stehe ein bestimmtes Verhalten oder eine bestimmte Leistung des Arbeitgebers zu. Entscheidend ist somit nicht, ob ein Rechtsanspruch in der Streitfrage für den beschwerdeführenden Arbeitnehmer begründet ist, sondern ob die Beschwerde in Form eines Rechtsanspruches vorgebracht und vom Betriebsrat aufgegriffen wird (BAG v. 28. 6. 1984, AP Nr. 1 zu § 85 BetrVG = NZA 1985, 189). Ein Rechtsanspruch in diesem Sinne liegt nicht vor, wenn ein Arbeitnehmer sich allgemein über seine totale Arbeitsüberlastung beschwert (LAG Düsseldorf v. 21. 12. 1993, NZA 1994, 767). Überwiegend abgelehnt wird die Zuständigkeit der Einigungsstelle für die Beschwerde eines Arbeitnehmers über eine ihm gegenüber erteilte Abmahnung (vgl. FKHES, § 85 Rdn. 6; *Pünnel/Isenhardt*, Rdn. 227). Für die Zuständigkeit der Einigungsstelle nach § 85 Abs. 2 BetrVG verbleiben somit nur noch Beschwerdegegenstände, die sich mit tatsächlichen Beeinträchtigungen des Arbeitnehmers befassen, beispielsweise Belastungen, die mangels Konkretisierbarkeit der allgemeinen Fürsorgepflicht des Arbeitgebers sich nicht in rechtliche Abwehransprüche verdichten können (vgl. *Pünnel/Isenhardt*, aaO.). Vgl. zum Antrag des Betriebsrats auf Errichtung einer Einigungsstelle wegen einer Arbeitnehmerbeschwerde Muster E XII. 1.4.

9. Diejenige Betriebspartei, die kein Interesse an einer baldigen Klärung des Meinungsstreites durch den Spruch einer Einigungsstelle hat, wird unter Umständen einem entsprechenden Bestellungsantrag entgegensetzen, man habe innerbetrieblich noch gar nicht ausreichend verhandelt (zu diesem auf das Rechtsschutzbedürfnis des Bestellungsantrages zielenden Argument vgl. Muster E. XII. 1.2). Diejenige Betriebspartei, die Interesse an einer baldigen Bestellung der Einigungsstelle hat, sollte hier im Vorfeld darauf achten, dass das Scheitern der innerbetrieblichen Verhandlungen auch tatsächlich dokumentiert werden kann. Empfehlenswert ist insoweit die schriftliche Darstellung der eigenen Verhandlungsposition an die Gegenseite, verbunden mit der Aufforderung, innerhalb einer bestimmten Frist die Verhandlungen aufzunehmen bzw. sich zu den dargelegten Verhandlungspositionen zu äußern. Bleibt diese Aufforderung ohne Erfolg, kann vom Scheitern des innerbetrieblichen Einigungsversuches ausgegangen und die gerichtliche Bildung der Einigungsstelle betrieben werden (vgl. LAG Hessen v. 22. 11. 1994, NZA 1995, 1118).

1.2 Zurückweisungsantrag des Betriebsrats[1] wegen mangelnden Rechtsschutzbedürfnisses

An das
Arbeitsgericht ......

In dem Beschlussverfahren mit den Beteiligten

1. Firma ......

– Antragstellerin –

Verfahrensbevollmächtigte: ......

2. Betriebsrat der Firma ......,
vertreten durch den Betriebsratsvorsitzenden

– Antragsgegner –

Verfahrensbevollmächtigte: ......
wegen Errichtung einer Einigungsstelle
AZ ......
zeigen wir an, dass wir den Antragsgegner vertreten.

Namens und in Vollmacht[2] des Antragsgegners beantragen wir:
Der Antrag wird zurückgewiesen.

Begründung:

Dem Antrag fehlt das Rechtsschutzbedürfnis.[3]
Die Antragstellerin hat dem Antragsgegner am ...... den Entwurf für eine Betriebsvereinbarung mit dem Regelungsgegenstand ...... vorgelegt und ihn unter Fristsetzung von ...... Tagen aufgefordert, die Zustimmung zu diesem Betriebsvereinbarungsentwurf zu erteilen.
Die Antragstellerin war weder bereit, auf Gegenvorstellungen des Antragsgegners einzugehen, noch mit ihm in Verhandlungen über den Inhalt der zu treffenden Re-

gelungen einzutreten, obwohl der Antragsgegner die Antragstellerin mit Schreiben vom ...... aufgefordert hat, umgehend Verhandlungstermine abzustimmen.

Beweis: ......

Die Antragstellerin hat stattdessen unmittelbar dieses Bestellungsverfahren eingeleitet. Da diesem Verfahren kein innerbetrieblicher Verhandlungs- und Einigungsversuch vorausgegangen ist, fehlt dem Antrag im Bestellungsverfahren das erforderliche Rechtsschutzbedürfnis, zumal der Antragsgegner hinreichend deutlich gemacht hat, dass er verhandlungsbereit ist.

Hilfsweise wird angeregt, das Verfahren unter Fristsetzung auszusetzen, um den Beteiligten Gelegenheit zu geben, den fehlenden Einigungsversuch nachzuholen.[4]

Rechtsanwalt

Anmerkungen

1. Der Antrag auf Zurückweisung des Bestellungsantrages wegen mangelnden Rechtsschutzbedürfnisses kann vom Betriebsrat und Arbeitgeber gestellt werden. Maßgeblich dürfte jeweils sein, dass der Gegner des Bestellungsantrages der Meinung ist, es sei noch nicht genügend innerbetrieblich verhandelt worden, für das Tätigwerden einer Einigungsstelle sei somit noch kein Raum. Das Rechtsschutzbedürfnis kann aber auch nachträglich entfallen, beispielsweise wenn alle im Zusammenhang mit einer Betriebsänderung geplanten Entlassungen durchgeführt wurden und sich der Arbeitgeber mit allen betroffenen Arbeitnehmern außergerichtlich vergleichsweise geeinigt hat, somit mögliche Regelungsinhalte für die Einigungsstelle nicht ersichtlich sind (so zumindest LAG Nürnberg v. 21. 8. 2001, NZA-RR 2002, 138). Im Übrigen kommt die Zurückweisung des Bestellungsantrages nur in Betracht, wenn geltend gemacht werden kann, die Einigungsstelle sei offensichtlich unzuständig, da ein Mitbestimmungsrecht des Betriebsrates unter keinem erdenklichen Gesichtspunkt gegeben sei (vgl. oben Muster E. XII. 1. 1 Anm. 8).

2. Die ordnungsgemäße Bevollmächtigung des Rechtsanwalts erfordert eine entsprechende Beschlussfassung des Betriebsrates zur Verfahrenseinleitung (vgl. Muster E. IV. 1 Anm. 4) und zur Anwaltsbeauftragung (vgl. Muster E. IV. 2 Anm. 2).

3. Aus § 74 Abs. 1 Satz 2 BetrVG ergibt sich für die Betriebsparteien ein gegenseitiger Anspruch auf innerbetriebliche Verhandlungen mit dem Ziel, zu Streitfragen eine einvernehmliche Regelung zu suchen. Ruft eine Betriebspartei die Einigungsstelle an, ohne auf dem Verhandlungsweg mit dem Gegner eine Einigung zu sämtlichen gewünschten Regelungen versucht zu haben, fehlt diesem Antrag das erforderliche Rechtsschutzbedürfnis (vgl. LAG Baden-Württemberg v. 4. 10. 1984, NZA 1985, 163; LAG Frankfurt v. 12. 11. 1991, NZA 1992, 853; *Pünnel/Isenhardt*, Rdn. 33; *Richardi*, BetrVG § 76 Rdn. 64). Von dem innerbetrieblichen Einigungsversuch kann nur dann abgesehen werden, wenn die Gegenseite trotz Aufforderung, zum eigenen Vorschlag Stellung zu nehmen bzw. die Verhandlungen aufzugreifen, keinerlei Reaktion zeigt und offensichtlich nur zeitverzögerlich tätig werden will (LAG Hessen v. 22. 11. 1994, NZA 1995, 1118).

4. Der erforderliche Verhandlungs- und Einigungsversuch kann noch während des arbeitsgerichtlichen Bestellungsverfahrens nachgeholt werden, so dass es sich zur Vermeidung eines neuen Verfahrens empfiehlt, das Bestellungsverfahren unter Fristsetzung auszusetzen, um den Betriebsparteien Gelegenheit zu geben, den fehlenden innerbetrieblichen Einigungsversuch nachzuholen (vgl. *Richardi*, BetrVG § 76 Rdn. 64; *Pünnel/Isenhardt*, Rdn. 33).

1.3 Antrag des Arbeitgebers auf Errichtung einer Einigungsstelle wegen sachlich unvertretbarer (Teil-) Freistellungen nach § 38 BetrVG

An das
Arbeitsgericht ......

Antrag im Beschlussverfahren mit den Beteiligten

1. Firma ......

– Antragstellerin –

Verfahrensbevollmächtigte: ......

2. Betriebsrat der Firma ......,
vertreten durch den Betriebsratsvorsitzenden

– Antragsgegner –

wegen Errichtung einer Einigungsstelle[1]

Namens und in Vollmacht der Antragstellerin leiten wir ein Beschlussverfahren ein und beantragen:

1. Zum/zur Vorsitzenden einer Einigungsstelle mit der Regelungsthematik „Sachliche Vertretbarkeit der Teilfreistellungen gemäß Betriebsratsbeschluss vom ......" wird Frau/Herr Richter/in am Arbeitsgericht ...... bestellt[2].
2. Die Zahl der von den Beteiligten jeweils zu benennenden Beisitzer wird auf ...... festgesetzt.

Begründung:

Die Antragstellerin unterhält in ...... einen Betrieb mit 2.600 Arbeitnehmern. Anlässlich der Betriebsratswahl am ...... wurden 21 Betriebsratsmitglieder gewählt. Gem. § 38 BetrVG sind hiernach fünf Betriebsratsmitglieder freizustellen. Bei der Betriebsratswahl am ...... fielen von den 21 Betriebsratssitzen auf die Liste 1 neun Sitze, auf die Liste 2 elf Sitze.

Beweis: Bekanntmachung des Wahlvorstands vom ......, in Kopie anbei.

In der Betriebsratssitzung vom ...... wurden die nach § 38 Abs. 1 BetrVG von ihrer beruflichen Tätigkeit freizustellenden Betriebsratsmitglieder gewählt. Da aus dem Kreis der Betriebsratsmitglieder zwei Wahlvorschläge gemacht wurden, fand die Wahl in Verhältniswahl statt. Gemäß Schreiben des Betriebsrats an die Antragstellerin vom ...... hat der Betriebsrat in seiner Betriebsratssitzung vom ...... die Freistellungen wie folgt besetzt: zwei Freistellungen zu 100% (Vollfreistellungen) aus dem Wahlvorschlag 1 und fünf Teilfreistellungen zu je 60% aus dem Wahlvorschlag 2.

Beweis: Schreiben des Antragsgegners vom ......, in Kopie anbei.

Umgerechnet auf Vollfreistellungen ergeben die fünf Teilfreistellungen zu je 60% aus dem Wahlvorschlag 2 drei Vollfreistellungen.

Abgesehen davon, dass der Antragsgegner vor Durchführung der Freistellungswahl die Freistellungen mit der Antragstellerin entgegen § 38 Abs. 2 Satz 1 BetrVG nicht beraten hat[3], hält die Antragstellerin die durchgeführte Freistellungswahl hinsichtlich der fünf Teilfreistellungen zu 60% für sachlich nicht vertretbar[4]. Dies wurde dem Antragsgegner mit Schreiben vom ...... innerhalb von zwei Wochen nach der oben bezeichneten Mitteilung des Antragsgegners an die Antragstellerin kundgetan. Ebenfalls wurde in diesem Schreiben die Einigungsstelle angerufen.

Beweis: Schreiben der Antragstellerin an den Antragsgegner vom ......, in Kopie anbei.

Zwar hat der Antragsgegner dem Vernehmen nach sich mehrheitlich vor Durchführung der Freistellungswahl dafür ausgesprochen, Freistellungen auch in Teilfreistellungen vorzunehmen, Teilfreistellungen zu 60% der regelmäßigen Arbeitszeit sind jedoch sachwidrig, da es der Antragstellerin nicht möglich ist, die betreffenden Betriebsratsmitglieder zu 40% auf ihren vertraglichen Arbeitsplätzen zu beschäftigen. Die Antragstellerin verfügt nicht über Arbeitsplätze, die lediglich zu 40% besetzt werden könnten. Dies lassen die betrieblichen Arbeitsabläufe nicht zu (eventuell auszuführen).

Da sich die Beteiligten über die Person der/des Einigungsstellenvorsitzenden nicht einigen konnten, ist dieses Bestellungsverfahren einzuleiten.

Zwischen den Beteiligten war auch eine Einigung über die Anzahl der in die Einigungsstelle zu entsendenden Beisitzer nicht möglich, so dass hierüber das Gericht ebenfalls entscheiden muss.

Rechtsanwalt

Anmerkungen

1. Zu den allgemeinen Voraussetzungen für das Tätigwerden einer Einigungsstelle vgl. Anmerkungen zu Muster E XII 1.1. Alternativ zur Anrufung der Einigungsstelle hat der Arbeitgeber keine Möglichkeit, die Unwirksamkeit des der Freistellung zugrunde liegenden Betriebsratsbeschlusses feststellen zu lassen, zumindest dann nicht, wenn er einen aus seiner Sicht sachgerechteren Freistellungsbeschluss bewirken möchte. Ruft der Arbeitgeber die Einigungsstelle nämlich nicht fristgerecht an, ist er mit dem Einwand „so nicht" präkludiert, weil nach Ablauf von zwei Wochen nach Bekanntgabe des Freistellungsbeschlusses ihm gegenüber sein Einverständnis mit der Freistellung fingiert wird, § 38 Abs. 2 Satz 7 BetrVG (FKHES, § 38 Rdn. 65). Zwar wäre es möglich, auch außerhalb des Einigungsstellenverfahrens die formelle Unwirksamkeit des Freistellungsbeschlusses im Beschlussverfahren geltend zu machen (beispielsweise wegen nicht korrekter Besetzung des Betriebsratsgremiums), dies nutzt in der Sache jedoch wenig, weil dieser Beschluss des Betriebsrats dann jederzeit wiederholt werden kann und eine inhaltliche Veränderung dieses Beschlusses durch den Arbeitgeber in diesem Verfahren nicht erreicht wird.

2. Der Betriebsrat bestimmt die von ihm gemäß der gesetzlichen Staffel nach § 38 Abs. 1 BetrVG freizustellenden Betriebsratsmitglieder in der Regel autonom entweder nach den Grundsätzen der Verhältniswahl oder – bei nur einem Wahlvorschlag – nach den Grundsätzen der Mehrheitswahl. In diesem Zusammenhang ist klarzustellen, dass bei einer Freistellungswahl in Verhältniswahl die hierzu kandidierenden Wahlvorschläge natürlich nicht identisch sein müssen mit den Listen (Wahlvorschlägen), die zur Betriebsratswahl selbst kandidiert haben. Die Betriebsratsmitglieder sind nicht gehindert, Wahlvorschläge für die Freistellungswahl zu errichten, die ggf. listenübergreifend oder völlig unabhängig von den Listen (Wahlvorschlägen) zu den Betriebsratswahlen zusammengesetzt sind.

Freistellungen nach § 38 BetrVG stehen ausschließlich dem Betriebsratsgremium zu, die Vorschrift gilt nicht für den Gesamtbetriebsrat oder den Konzernbetriebsrat. Deren Mitglieder sind, soweit sie nicht ohnehin von ihrem „Basisgremium" gem. § 38 BetrVG freigestellt sind, für die Erfüllung ihrer Aufgaben nach § 37 Abs. 2 i.V.m. § 51 Abs. 1 und § 59 Abs. 1 BetrVG von ihrer beruflichen Tätigkeit zu befreien (vgl. FKHES, § 38 Rdn. 3). Die freizustellenden Betriebsratsmitglieder werden in geheimer Wahl bestimmt und zwar unabhängig davon, ob eine Verhältniswahl oder eine Mehrheitswahl durchgeführt wird (vgl. FKHES, § 38 Rdn. 39; DKK-*Berg*, § 38 Rdn. 32). Durch die BetrVG-Novelle 2001 wird ausdrücklich die Möglichkeit einer **Teilfreistellung** von Betriebsratsmitgliedern ermöglicht. Damit wollte der Gesetzgeber der zunehmenden Bedeutung der Teilzeitbeschäftigung Rechnung tragen. Darüber hinaus sollte auch den freizustellenden Betriebsratsmitgliedern die Möglichkeit eröffnet werden, neben ihrer Betriebsratstätigkeit den Anschluss an ihre eigentliche berufliche Tätigkeit nicht zu verlieren. Dieses Erfordernis hat sich gerade durch die zunehmend rasanter werdende Entwicklung und Spezialisierung beruflicher Tätigkeit gestellt (vgl. BT-Drucks. 14/5741, S. 41; FKHES, § 38 Rdn. 12; DKK-*Berg*, § 38 Rdn. 16f.). Die Entscheidung darüber, ob und in welchem Umfang statt Vollfreistellungen Teilfreistellungen vorgenommen werden sollen, trifft der Betriebsrat durch Beschluss. Hierbei kann der Betriebsrat auch festlegen, in welchem zeitlichen Mindestumfang er Teilfreistellungen akzeptiert. Auch kann er nähere Regelungen über die zeitliche Lage der Teilfreistellungen treffen, beispielsweise einen gewissen Stundenumfang pro Tag festlegen oder einen ganztägigen Einsatz an mehreren Arbeitstagen bestimmen (vgl. FKHES, § 38 Rz. 13f). Diese Vorab-Festlegungen dürften in der Regel nur praktikabel umgesetzt werden können, wenn die zur Teilfreistellung bereiten Betriebsratsmitglieder vorab erkennen lassen, in welchem Umfang bzw. bei welcher zeitlicher Gestaltung sie für sich selbst eine Teilfreistellung akzeptieren würden. Hinzu kommen muss dann noch eine Abstimmung mit den Bedürfnissen des Betriebsratsmitglieds, das die restliche Teilfreistellung (bis zur Ausschöpfung einer Vollzeit-Freistellung) übernehmen möchte. In der Praxis wird die Wahl dann so durchzuführen sein, dass für jede Vollfreistellung ein zeitlich aufeinander abgestimmtes Teilfreistellungs-Team zur Wahl kandidiert.

3. Nach § 38 Abs. 2 BetrVG hat vor der Freistellungswahl mit dem Arbeitgeber eine Beratung stattzufinden über die zur Freistellung (oder Teilfreistellung) bereiten Kandidaten. Dies soll dem Arbeitgeber ermöglichen, schon im Vorfeld seine unter Umständen vorhandenen Bedenken über die Person oder den Umfang der Teilfreistellung vorzubringen, damit ggf. schon bei der sich hieran anschließenden Wahl diese Bedenken berücksichtigt werden können (vgl. FKHES, § 38 Rdn. 45; DKK-*Berg*, § 38 Rdn. 36). Diese mit dem Arbeitgeber zu erfolgende Vorab-Beratung ist jedoch nicht Wirksamkeitsvoraussetzung für den sich anschließenden Wahlvorgang. Unterlässt der Betriebsrat die Beratung mit dem Arbeitgeber, handelt er zwar pflichtwidrig, die ohne Beratung durchgeführte Wahl wird wegen dieser Unterlassung jedoch nicht unwirksam (vgl. FKHES, § 38 Rdn. 46; DKK-*Berg*, § 38 Rdn. 38; a.A. *Richardi/Thüsing*, BetrVG § 38 Rdn. 29; offen gelassen BAG v. 29.4.1992, AP Nr. 15 zu § 38 BetrVG 1972 = NZA 1993, 329). Findet eine Beratung mit dem Arbeitgeber statt, hat diese jedoch mit dem gesamten Betriebsratsgremium zu erfolgen und nicht etwa nur mit dem Vorsitzenden oder dem Betriebsausschuss (BAG, aaO.). Hat die gesetzlich vorgesehene Beratung zwischen Arbeitgeber und Betriebsrat stattgefunden, ist dieser in der sich anschließenden Freistellungswahl jedoch nicht verpflichtet, die vom Arbeitgeber vorgebrachten Einwände zu berücksichtigen (vgl. FKHES, § 38 Rdn. 45).

4. Der Betriebsrat hat dem Arbeitgeber die Namen der für die Freistellung vorgesehenen Betriebsratsmitglieder mitzuteilen. Hält der Arbeitgeber das Ergebnis der Freistellungswahl ganz oder teilweise für sachlich nicht vertretbar, so kann er binnen zwei Wochen nach dieser ihm gegenüber ergangenen Mitteilung die Einigungsstelle anrufen. Diese Anrufung der Einigungsstelle kann sich sowohl auf die namentliche Auswahl der freizustellenden Betriebsratsmitglieder beziehen, als auch auf die Art und Weise der vorgenommenen Teilfreistellungen (vgl. FKHES, § 38 Rdn. 60; DKK-*Berg*, § 38 Rdn. 45). Durch den Spruch der Einigungsstelle wird die Einigung zwischen Betriebsrat und Arbeitgeber ersetzt. Da letztlich die Freistellung selbst durch den Arbeitgeber erfolgt (ausdrücklich oder konkludent), und die Freistellung nicht bereits durch die Wahl im Betriebsratsgremium bewirkt wird, dürfen die gewählten Betriebsratsmitglieder vor entsprechender Einverständniserklärung des Arbeitgebers (bzw. vor einer die Wahl bestätigenden Entscheidung der Einigungsstelle) nicht generell von ihrer beruflichen Tätigkeit fernbleiben (vgl. FKHES, § 38 Rdn. 57; DKK-*Berg*, § 38 Rdn. 44; *Richardi/Thüsing*, BetrVG § 38 Rdn. 32). Die Einigungsstelle prüft nur, ob die vom Betriebsrat vorgenommene Freistellungswahl „sachlich vertretbar" war. Es kommt für die Einigungsstelle nicht darauf an, welcher der Beteiligten die besseren oder überzeugenderen Gründe für seine Wahlentscheidung (Betriebsrat) oder seine Bedenken (Arbeitgeber) vorbringen kann. Die Anrufung der Einigungsstelle kann für den Arbeitgeber somit nur dann zum Erfolg führen, wenn wirklich **zwingende Gründe** die Aufhebung der Wahlentscheidung des Betriebsrats erfordern. Irgendwelche Erschwerungen des Betriebsablaufs oder bloße Unannehmlichkeiten für den Arbeitgeber reichen hingegen nicht aus (vgl. FKHES, § 38 Rdn. 61; DKK-*Berg*, § 38 Rdn. 46). Sind die Überlegungen des Betriebsrats hinsichtlich der Person oder des Umfangs der Teilfreistellungen sachlich zumindest auch vertretbar, wird die Einigungsstelle dies zu akzeptieren haben. Hält die Einigungsstelle den Freistellungsbeschluss ganz oder teilweise für sachlich nicht vertretbar, kann sie die Wahlentscheidung nicht an den Betriebsrat zurückdelegieren, sondern muss selbst eine Ersatzfreistellung bestimmen. Dies erschwert zusätzlich eine im Sinne des Arbeitgebers zu treffende Einigungsstellenentscheidung und führt in der Praxis dazu, dass die Einigungsstelle nicht selten die Überlegungen des Betriebsrats für seine Wahlentscheidung „gerade noch" als sachlich vertretbar erachtet. Eine Ersatzfreistellung durch die Einigungsstelle muss bei vorgenommener Verhältniswahl nämlich das hierin zum Ausdruck gekommene Verhältnis der Mehrheits- zu den Minderheitskandidaten berücksichtigen und natürlich auch die Bereitschaft des ersatzweise freizustellenden Betriebsratsmitglieds einholen. Die Erfüllung der Freistellungsstaffel nach § 38 Abs. 1 BetrVG und somit die Gewähr für ein arbeitsfähiges Betriebsratsgremium wird von der Einigungsstelle vorrangig berücksichtigt werden müssen (vgl. FKHES, § 38 Rdn. 66 ff; DKK-*Berg*, § 38 Rdn. 51; *Pünnel/Isenhardt*, Rdn. 212).

1.4 Antrag des Betriebsrats auf Errichtung einer Einigungsstelle wegen Arbeitnehmerbeschwerde nach § 85 BetrVG[1]

An das
Arbeitsgericht ......

Antrag im Beschlussverfahren mit den Beteiligten

1. Betriebsrat der Firma ......,
   vertreten durch den Betriebsratsvorsitzenden

– Antragsteller –

Verfahrensbevollmächtigte: Rechtsanwälte ......

2. Firma ......

– Antragsgegnerin –

wegen Errichtung einer Einigungsstelle[2].

Namens und in Vollmacht[3] des Antragstellers leiten wir ein Beschlussverfahren ein und beantragen:

1. Zum/zur Vorsitzenden einer Einigungsstelle mit der Regelungsthematik „Beschwerde des/der Arbeitnehmers/in vom ......" wird Frau/Herr Richter/in am Arbeitsgericht ...... bestellt[4].
2. Die Zahl der von den Beteiligten jeweils zu benennenden Beisitzer wird auf ...... festgesetzt.

Begründung:

Die Antragsgegnerin unterhält in ...... einen Betrieb mit ...... Arbeitnehmern (empfehlenswert: kurze Schilderung des Betriebszwecks).

Im Betrieb ist ein Betriebsrat gebildet, der/die Vorsitzende ist Herr/Frau ....

In der Betriebsabteilung ...... ist Frau A ...... seit dem ...... beschäftigt. Mit Schreiben vom ...... wendet sich Frau A ...... an den Betriebsrat und teilt Folgendes mit:

Der Vorgesetzte von Frau A ......, Herr B ......, würde sie permanent schikanieren. Anlässlich der Letzten allgemeinen Leistungsbeurteilung in der Abteilung im Monat ...... 2002 habe sich Herr B ...... geweigert, diese gegenüber Frau A ...... durchzuführen mit der Begründung, ihre Leistungen seien sowieso gleich Null. Sie sei nicht teamfähig und zu Recht würden die Kolleginnen und Kollegen der Abteilung sich weigern, mit ihr zusammenzuarbeiten. Das Beste sei, sie würde sich einen anderen Arbeitgeber suchen und das Arbeitsverhältnis kündigen.

Einige Wochen später fragte Herr B...... Frau A ......, ob sie sich bereits nach einem anderen Arbeitsplatz umgeschaut habe oder ob ihr Leidensdruck noch nicht groß genug sei. Wiederum einige Wochen später habe Herr B ...... sie gefragt, ob sie immer noch nicht genug habe, sie müsse doch sehen, dass die gesamte Abteilung nicht mehr mit ihr zusammenarbeiten möchte. Nur ihretwegen würde es in der Abteilung mit der Teamarbeit nicht funktionieren, da sie eine Kombination aus Faulheit und Ignoranz sei. Frau A ...... schildert in diesem Schreiben weiter, dass sie seit einiger Zeit wegen dieser Vorgänge an Angstzuständen leide, wenn sie den Betrieb betrete. Außerdem leide sie an Schlaflosigkeit und habe sich bereits wegen des gegen sie entfachten psychischen und physischen Drucks in ärztliche Behandlung begeben müssen. Insgesamt gesehen fühle sich Frau A ...... von ihrem Vorgesetzten gemobbt[5]. In seiner Sitzung vom ...... hat sich der Antragsteller mit diesem Beschwerdeschreiben von Frau A ...... befasst und nach Anhörung von Frau A ...... deren Beschwerde für berechtigt erachtet. Mit hierauf folgendem Schreiben vom ...... an die Antragsgegnerin hat der Antragsteller mitgeteilt, dass er die Beschwerde von A ...... für berechtigt erachte und die Antragsgegnerin um Abhilfe bitte.

Beweis: Schreiben des Antragstellers vom ......, in Kopie anbei.

Mit Schreiben vom ...... teilte die Antragsgegnerin dem Antragsteller mit, sie habe die Beschwerde von Frau A ...... geprüft, sehe jedoch keinen Anlass, hier einzugreifen, da der von ihr befragte Vorgesetzte Herr B ...... die den Beschwerdegegenstand bildenden Vorfälle total anders schildere. Offenbar habe Frau A ...... die geschilderten und Herrn B ...... zugeschriebenen Formulierungen diesem nur in den Mund gelegt.

Beweis: Schreiben der Antragsgegnerin vom ......, in Kopie anbei.

Mit Beschluss vom ...... hat der Antragsteller die Verhandlungen mit dem Arbeitgeber für gescheitert erklärt, die Einigungsstelle angerufen und dies der Antragsgegnerin mit Schreiben vom ...... mitgeteilt. Da sich die Antragsgegnerin innerhalb der gesetzten Frist zu den Vorschlägen des Antragstellers über die Person des Einigungsstellenvorsitzenden und die Anzahl der Beisitzer nicht geäußert hat, ist die Einleitung dieses Verfahrens geboten.

Der Antragsteller hat am ...... beschlossen, das vorliegende Verfahren einzuleiten und mit seiner Durchführung die im Aktivrubrum genannten Verfahrensbevollmächtigten zu beauftragen.

Beweis: Zeugnis des Betriebsratsvorsitzenden ......

Rechtsanwalt

Anmerkungen

1. Verfahren auf Errichtung einer Einigungsstelle gem. § 98 ArbGG i. V. m. § 85 Abs. 2 BetrVG wegen einer Arbeitnehmerbeschwerde sind in der Praxis recht selten, weil es relativ schwierig ist, den Gegenstand der Arbeitnehmerbeschwerde abzugrenzen von einem das Einigungsstellenverfahren nach § 85 Abs. 2 Satz 3 BetrVG gesetzlich ausschließenden Rechtsanspruch des betreffenden Arbeitnehmers. Schließlich kann letztendlich nahezu jede Angelegenheit zu einem Rechtsanspruch erhoben werden. In diesem Zusammenhang wird jedoch nicht selten verkannt, dass das Einigungsstellenverfahren nach § 85 Abs. 2 Satz 3 BetrVG nicht schon dann ausgeschlossen ist, wenn nur eine Rechtsfrage betroffen ist, sondern erst dann, wenn der **Beschwerdegegenstand** ein Rechtsanspruch ist (richtig insoweit DKK-*Buschmann*, § 85 Rdn. 16). Ein Rechtsanspruch definiert sich als das Recht, von einem anderen ein Tun oder ein Unterlassen zu verlangen. Die häufig in einer Arbeitnehmerbeschwerde zum Ausdruck kommende „allgemeine Hilflosigkeit" gegenüber Beeinträchtigungen von Kollegen/-innen, Vorgesetzten oder vom Arbeitgeber selbst beinhaltet für sich genommen noch nicht die Formulierung eines Rechtsanspruchs (so auch BAG v. 28. 6. 1984, AP Nr. 1 zu § 85 BetrVG = NZA 1985, 189). Nach LAG Frankfurt (8. 12. 1992, 15. 9. 1992, LAGE § 98 ArbGG 1979 Nr. 25 u. 26) ist deswegen die Einigungsstelle nach § 85 Abs. 2 BetrVG regelmäßig auch dann zuständig, wenn insbesondere aus Fürsorgepflichten (sowie etwa aus den Grundsätzen der Gleichbehandlungen und von Recht und Billigkeit) ableitbare Nebenpflichten im Arbeitsverhältnis den Gegenstand der Beschwerde bilden und entsprechende Ansprüche im Hinblick auf Bestimmtheit und gerichtliche Durchsetzung nicht klar gegeben erscheinen, nicht allgemein anerkannt oder nur schwer konkretisierbar sind. Würde man hingegen das Vorliegen eines die Zuständigkeit der Einigungsstelle ausschließenden Rechtsanspruchs bereits dann annehmen, wenn eine Arbeitnehmerbeschwerde auch nur „irgendwie" als Rechtsanspruch formulierbar ist (nach dem Motto: Klagen kann man immer), würde das Mitbestimmungsrecht des Betriebsrats nach § 85 BetrVG weitgehend leerlaufen (so auch LAG Frankfurt v. 8. 12. 1992, aaO.). Das LAG Baden-Württemberg hat deswegen mit Beschluss v. 13. 3. 2000 (15 TaBV 4/99, AiB 2000, 760) die offensichtliche Unzuständigkeit der Einigungsstelle bei Arbeitnehmerbeschwerden wegen „massiver bzw. brutaler Arbeitsüberlastung" verneint, da in Ermangelung der erforderlichen Konkretisierung und Absicherung durch die Rechtsprechung lediglich mögliche Rechtsansprüche nicht zur offensichtlichen Unzuständigkeit der Einigungsstelle führen. Gegenstand der Beschwerde darf jedoch keine kollektive Angelegenheit sein, die dem Beteiligungsrecht des Betriebsrats unterliegt, sondern nur eine individuelle Beeinträchtigung des sich beschwerenden Arbeitnehmers (vgl. FKHES, § 85 Rdn. 6; DKK-*Buschmann*, § 85 Rdn. 12). Bei kollektiven Regelungsgegenständen bietet sich für den Betriebsrat hingegen das Mitbestimmungsrecht nach § 87 Abs. 1 Nr. 1

BetrVG an, wobei streitig ist, ob § 85 Abs. 2 BetrVG insoweit eine anderweitige gesetzliche (Spezial-) Regelung im Sinne von § 87 Abs. 1 Eingangssatz BetrVG darstellt (dafür und deswegen ein Initiativrecht des Betriebsrats gem. § 87 Abs. 1 Nr. 1 BetrVG bei „Mobbing" verneinend: LAG Hamburg v. 15. 7. 1998, 5 TaBV 4/98, AiB 1999, 101; dagegen und deswegen das Initiativrecht des Betriebsrats für den Abschluss einer Betriebsratsvereinbarung zum Schutz der Persönlichkeitsrechte der Mitarbeiter vor Mobbing und sexueller Belästigung bejahend: ArbG Köln v. 21. 11. 2000, 12 BV 227/00, AiB 2002, 374). Allgemein zu den Grenzen der Einigungsstellenzuständigkeit im Beschwerdeverfahren nach § 85 Abs. 2 BetrVG vgl. *Nebendahl/Lunk,* Die Zuständigkeit der Einigungsstelle bei Beschwerden nach § 85 Abs. 2 BetrVG, NZA 1990, 676.

2. Allgemein zum Verfahren wegen Errichtung einer Einigungsstelle gem. § 98 ArbGG vgl. Muster E. XII.1.1.

3. Die ordnungsgemäße Bevollmächtigung des Rechtsanwalts erfordert eine entsprechende Beschlussfassung des Betriebsrates zur Verfahrenseinleitung (vgl. Muster E. IV.1. Anm. 4) und zur Anwaltsbeauftragung (vgl. Muster E. IV.2. Anm. 2).

4. Ein die Einigung der Betriebspartner ersetzender Spruch der Einigungsstelle nach § 85 Abs. 1 S. 1 u. 2 i. V. m. § 76 Abs. 5 BetrVG betrifft die Berechtigung oder Nichtberechtigung der Beschwerde und somit (bei Berechtigung) die Verpflichtung des Arbeitgebers zur Abhilfe, nicht jedoch unmittelbar die sachliche Erledigung der Beschwerde (vgl. FKHES, § 85 Rdn. 6; *Richardi/Thüsing,* BetrVG § 85 Rdn. 31). Die Einigungsstelle kann somit dem Arbeitgeber nicht verbindlich vorschreiben, wie der Beschwerde im Einzelnen abzuhelfen ist. Der betroffene Arbeitnehmer ist am Einigungsstellenverfahren nicht beteiligt. Da die Einigungsstelle aber über die Berechtigung seiner Beschwerde entscheidet, gebietet ein ordnungsgemäßes Verfahren, dass er von der Einigungsstelle angehört wird (BAG v. 28. 6. 1984, AP Nr. 1 zu § 85 BetrVG 1972 = NZA 1985, 189; *Richardi/Thüsing,* BetrVG § 85 Rdn. 32). Der beschwerdeführende Arbeitnehmer kann jederzeit seine Beschwerde zurücknehmen, damit erledigt sich ein bereits eingeleitetes Einigungsstellenverfahren (vgl. FKHES, § 85 Rdn. 4; *Richardi/Thüsing,* BetrVG § 85 Rdn. 14). Der einzelne betroffene Arbeitnehmer kann die Einigungsstelle jedoch nicht anrufen (BAG, aaO.). Wird die Beschwerde eines Arbeitnehmers von der Einigungsstelle als berechtigt anerkannt, steht dem Arbeitnehmer ein im Klageweg (Urteilsverfahren) durchsetzbarer Rechtsanspruch auf Abhilfe zu (vgl. FKHES, § 85 Rdn. 9; DKK-*Buschmann,* § 85 Rdn. 19).

5. Nach BAG v. 15. 1. 1997 (AP Nr. 118 zu § 37 BetrVG 1972 = NZA 1997, 781) versteht man unter Mobbing „das systematische Anfeinden, Schikanieren oder Diskriminieren von Arbeitnehmern untereinander oder durch Vorgesetzte". Vgl. zur Variationsbreite von Mobbinghandlungen: *Wolmerat/Esser,* Katalog der 100+.... Mobbinghandlungen, in: Mobbing, Ansätze für die Betriebsratsarbeit, AiB 2000, 388. Eine umfangreiche Auseinandersetzung mit dem Begriff und der juristischen Bedeutung des Mobbing findet sich in zwei Entscheidungen des LAG Thüringen vom 10. 4. 2001 = NZA-RR 2001, 347 und 15. 2. 2001 = NZA-RR 2001, 577. Das am 1. 8. 2002 in Kraft getretene „2. Gesetz zur Änderung schadensersatzrechtlicher Vorschriften" können Arbeitnehmerinnen und Arbeitnehmer von ihrem Arbeitgeber Schmerzensgeld verlangen, wenn dieser nicht alles tut, um Gesundheitsverletzungen durch Mobbing oder Verletzungen der sexuellen Selbstbestimmung in seinem Unternehmen zu verhindern bzw. dagegen vorzugehen. Dieser Schmerzensgeldanspruch ist nicht davon abhängig, dass das entsprechende Fehlverhalten vom Arbeitgeber selbst begangen wurde. Vielmehr reicht es aus, wenn der Arbeitgeber Mobbing in seinem Betrieb nicht unterbindet bzw. gegen mobbende Arbeitnehmer nicht entsprechend vorgeht.

1.5 Antrag des Betriebsrats auf Errichtung einer Einigungsstelle gem. § 97 Abs. 2 BetrVG[1]

An das
Arbeitsgericht ......

Antrag im Beschlussverfahren mit den Beteiligten

1. Betriebsrat der Firma ......,
   vertreten durch den Betriebsratsvorsitzenden

– Antragsteller –

Verfahrensbevollmächtigte: Rechtsanwälte ......

2. Firma ......

– Antragsgegnerin –

wegen Errichtung einer Einigungsstelle[2].

Namens und in Vollmacht[3] des Antragstellers leiten wir ein Beschlussverfahren ein und beantragen:

1. Zum/zur Vorsitzenden einer Einigungsstelle mit der Regelungsthematik „Einführung von Maßnahmen der betrieblichen Berufsbildung anlässlich der Einführung von PCs mit englischer Programmsprache" wird Frau/Herr Richter/in am Arbeitsgericht ...... bestellt[4].

2. Die Zahl der von den Beteiligten jeweils zu benennenden Beisitzer wird auf 3 festgesetzt.

Begründung:

Die Antragsgegnerin unterhält in ...... einen Betrieb mit ...... Arbeitnehmern (empfehlenswert: kurze Schilderung des Betriebszwecks).
Im Betrieb ist ein Betriebsrat gebildet, der/die Vorsitzende ist Herr/Frau ....

Antrag 1:
Die Beteiligten streiten um die Einführung von Maßnahmen betrieblicher Berufsbildung für die Arbeitnehmerinnen und Arbeitnehmer, denen zur Erfüllung ihrer vertraglichen Aufgaben vom Arbeitgeber ein PC-Arbeitsplatz zur Verfügung gestellt wird.

In den Abteilungen Einkauf, Verkauf, Versand, Arbeitsvorbereitung, Personalverwaltung und Controlling bei der Antragsgegnerin sind ca. ...... Arbeitnehmerinnen und Arbeitnehmer beschäftigt, denen zur Erfüllung ihrer vertraglichen Aufgaben vom Arbeitgeber ein PC-Arbeitsplatz zur Verfügung gestellt wird.
Bei der Antragsgegnerin handelte es sich bis zum Jahr ...... um ein eigenständiges Unternehmen. Ca. im Zeitraum ...... wurden die mehrheitlichen Gesellschaftsanteile an das britische Unternehmen ...... verkauft. Am ...... teilte der Geschäftsführer A ...... dem Betriebsrat mit, er habe Order aus Großbritannien erhalten, wonach ab ...... eine Umgestaltung der bestehenden PC-Arbeitsplätze dahingehend erfolgen solle, dass die diese PCs betreibende Software ausschließlich auf englische Programmsprache umgerüstet werde. Dies sei erforderlich, um eine einheitliche und klarere Information und Kommunikation innerhalb des Konzerns zu bewirken.
Von den ca....... von dieser Maßnahme betroffenen Arbeitnehmern sind ca. 40% der englischen Sprache nur eingeschränkt mächtig, so dass befürchtet werden muss,

dass diese Arbeitnehmer ganz oder zum Teil die ihnen übertragenen Aufgaben auf PCs mit englischer Programmsprache nicht mehr bewältigen können. Hiernach besteht für diese Arbeitnehmer die Gefahr, aus eignungsbedingten Gründen ihren Arbeitsplatz zu verlieren.

Der Antragsteller hat mit Schreiben vom ...... bei der Antragsgegnerin angeregt, ab sofort innerbetriebliche Fortbildungsmaßnahmen einzuführen mit dem Gegenstand der Vertiefung der englischen Sprache, insbesondere unter dem besonderen Aspekt der Anforderungen an die künftige PC-Bedienung. Die Antragsgegnerin hat dies mit Schreiben vom ...... abgelehnt und darauf verwiesen, dass es heutzutage jedem Arbeitnehmer zuzumuten sei, im Interesse des eigenen Arbeitsplatzerhaltes privat derartige Fortbildungskurse durchzuführen und zu finanzieren.

Beweis: Schreiben des Antragstellers vom ...... und der Antragsgegnerin vom
......, in Kopie anbei.

Der Antragsteller hat deswegen in seiner Sitzung vom ...... beschlossen, die Verhandlungen für gescheitert zu erklären sowie die Einigungsstelle anzurufen und hat dies dem Arbeitgeber mit Schreiben vom ...... mitgeteilt.

Beweis: Beschluss des Antragstellers vom ...... und Schreiben an die Antragsgegnerin vom ......, in Kopie anbei.

In diesem Schreiben wurde auch ein Vorschlag für die Person des Einigungsstellenvorsitzenden sowie die Anzahl der Beisitzer unterbreitet.

Beweis: wie vor.

Mit Schreiben vom ...... hat die Antragsgegnerin das Tätigwerden einer Einigungsstelle abgelehnt und zur Begründung auf ihre oben geschilderte Ansicht verwiesen.

Beweis: Schreiben der Antragsgegnerin an den Antragsteller vom ......, in Kopie anbei.

Hiernach ist die Einleitung dieses Verfahrens geboten.

Antrag 2:
Bezüglich der Anzahl der Beisitzer wird beantragt auszusprechen, dass jede Seite 3 Beisitzer in die Einigungsstelle entsendet[5]. Neben einem Mitglied des Betriebsrats sollte ein externer Beisitzer mit hinreichender Erfahrung in der Erwachsenenfortbildung auf Seiten des Betriebsrats in der Einigungsstelle vertreten sein. Da es sich zudem um eine neue und schwierige Rechtsmaterie handelt, ist die Hinzuziehung eines Arbeitsrechtlers als weiterer Beisitzer unerlässlich.

Der Antragsteller hat am ..... beschlossen, das vorliegende Verfahren einzuleiten und mit seiner Durchführung die im Aktivrubrum genannten Verfahrensbevollmächtigten zu beauftragen.

Beweis: Zeugnis des Betriebsratsvorsitzenden .....

Rechtsanwalt

Anmerkungen

1. Die BetrVG-Novelle 2001 hat das Mitbestimmungsrecht des Betriebsrats bei der betrieblichen Berufsbildung erheblich erweitert, da nunmehr nicht nur die Durchführung, sondern unter gewissen Voraussetzungen auch die Einführung von betrieblichen Berufsbildungsmaßnahmen einem echten Mitbestimmungsrecht des Betriebsrats unterliegt (vgl. BT-Drucks. 14/5741, S. 66; FKHES, § 97, Rdn. 8; DKK-*Buschmann*, § 97

Rdn. 8 f.; *Franzen*, Das Mitbestimmungsrecht des Betriebsrats bei der Einführung von Maßnahmen der betrieblichen Berufsbildung nach § 97 II BetrVG, NZA 2001, 865). Dem Betriebsrat steht hiernach ein echtes Initiativrecht bezogen auf die Einführung betrieblicher Berufsbildungsmaßnahmen zu, das auch im Wege eines Einigungsstellenverfahrens durchgesetzt werden kann. Voraussetzung hierfür ist eine die Tätigkeit der Arbeitnehmer verändernde Maßnahme des Arbeitgebers mit der Folge, dass die vom Arbeitnehmer für die Erfüllung seiner Aufgaben verlangten beruflichen Kenntnisse und Fähigkeiten nunmehr unzureichend werden. Der Begriff der Maßnahme ist weit auszulegen und bezieht sich allgemein auf Handlungen und jegliche Aktivitäten des Arbeitgebers (vgl. FKHES, § 97 Rdn. 11, DKK-*Buschmann*, § 97 Rz. 12 ff.). Die Maßnahme des Arbeitgebers muss zu einer Änderung der Tätigkeit für die betroffenen Arbeitnehmer führen. Die Änderung der Tätigkeit muss so einschneidend sein, dass die individuellen Kenntnisse und Fähigkeiten der betroffenen Arbeitnehmer nicht mehr ausreichen, ihre jeweilige Aufgabe zu erfüllen (BT-Drucks. 14/5741, S. 49; FKHES, § 97 Rdn. 14). Die Maßnahme des Arbeitgebers muss kausal sein für das Qualifikationsdefizit der Arbeitnehmer in dem Sinne, dass infolge der Maßnahme die nicht mehr ausreichende Qualifikation der Arbeitnehmer zutage tritt. Ein möglicherweise nicht mehr Schritt-Halten-Können der Arbeitnehmer ausschließlich infolge Alters oder auch Inanspruchnahme einer mehrjährigen Elternzeit nach dem BErzGG (ohne irgendwelche Änderungen der Tätigkeit bewirkende Maßnahmen des Arbeitgebers) löst das Mitbestimmungsrecht nach § 97 Abs. 2 BetrVG demnach nicht aus (vgl. FKHES, § 97 Rdn. 12). Umstritten ist, ob das Mitbestimmungsrecht nach § 97 Abs. 2 BetrVG einen kollektiven Tatbestand voraussetzt (dagegen: FKHES, § 97 Rdn. 16; dafür: *Franzen*, aaO., 867).

2. Allgemein zum Verfahren wegen Errichtung einer Einigungsstelle gem. § 98 ArbGG vgl. Muster E. XII. 1.1. Der Betriebsrat könnte natürlich auch einen Feststellungsantrag über das Bestehen seines Mitbestimmungsrechts stellen. Dies wäre jedoch ineffektiv, da hiermit nur Zeit verloren ginge, die vom Betriebsrat angestrebte Regelung sich hiermit aber nicht erreichen ließe. Außerdem kann im Laufe eines derartigen Verfahrens das Feststellungsinteresse des Betriebsrats verloren gehen, da unter Umständen im Zeitpunkt der letzten Anhörung kein Qualifizierungsbedarf mehr besteht, weil die betroffenen Arbeitnehmer sich zwischenzeitlich notgedrungen anderweitig (möglicherweise auf eigene Kosten) haben qualifizieren lassen (vgl. FKHES, § 97 Rdn. 38). Zu denken wäre auch an die Geltendmachung eines allgemeinen Unterlassungsanspruchs bezogen auf die Einführung von einseitig durch den Arbeitgeber initiierten Bildungsmaßnahmen, allerdings stellt sich auch hier das Problem, dass die vom Betriebsrat letztlich gewünschte und für sachgerecht erachtete Regelung hierdurch nicht bewirkt werden kann (vgl. FKHES, § 97 Rdn. 35). Umstritten ist, ob der Arbeitgeber an der personenbedingten Kündigung eines Arbeitnehmers gehindert ist, wenn das vorliegende Eignungsdefizit durch entsprechende Bildungsmaßnahmen im Rahmen von § 97 Abs. 2 BetrVG beseitigt werden könnte. Zwar hat das Mitbestimmungsrecht nach § 97 Abs. 2 BetrVG das Ziel eines präventiven Kündigungsschutzes (vgl. FKHES, § 97 Rdn. 37; *Franzen*, aaO., 871), es dürfte jedoch zweifelhaft sein, ob die ordnungsgemäß durchgeführte Mitbestimmung nach § 97 Abs. 2 BetrVG als Wirksamkeitsvoraussetzung für eine vom Arbeitgeber beabsichtigte personenbedingte Kündigung angesehen werden kann. Materiellrechtlich dürfte jedoch die eignungsbedingte Kündigung eines Arbeitnehmers gem. § 1 Abs. 2 S. 3 KSchG unwirksam sein, wenn für ihn die nach § 97 Abs. 2 BetrVG möglichen Qualifizierungsmöglichkeiten nicht genutzt wurden (vgl. DKK-*Buschmann*, § 97 Rdn. 27; *Franzen*, aaO., 871). Auch wird der Betriebsrat der beabsichtigten Kündigung nach § 102 Abs. 3 Nr. 4 BetrVG widersprechen können (vgl. DKK-*Buschmann*, aaO.; *Franzen*, aaO.; a.A. *Richardi/Thüsing*, BetrVG § 97 Rdn. 16). Nach *Franzen* (aaO.) steht dem Betriebsrat auch ein Unterlassungsanspruch wie bei den sozialen Angelegenheiten zu, wenn die vom Arbeitgeber geplanten Kündigungen das Mitbestimmungsrecht des Betriebsrats nach § 97 Abs. 2 BetrVG vereiteln würden (so auch FKHES, § 97 Rdn. 36).

3. Die ordnungsgemäße Bevollmächtigung des Rechtsanwalts erfordert eine entsprechende Beschlussfassung des Betriebsrats zur Verfahrenseinleitung (vgl. Muster E. IV.1. Anm. 4) und zur Anwaltsbeauftragung (vgl. Muster E. IV.2. Anm. 2).

4. Das Mitbestimmungsrecht ist gerichtet auf die Einführung betrieblicher Berufsbildungsmaßnahmen. Das BAG versteht unter Maßnahmen der Berufsbildung insbesondere solche, die dem Arbeitnehmer Kenntnisse und Erfahrungen vermitteln sollen, die zur Ausfüllung eines Arbeitsplatzes und einer beruflichen Tätigkeit dienen (Beschluss v. 18. 4. 2000, AP Nr. 9 zu § 98 BetrVG 1972 = NZA 2001, 167). Gegenstand des Mitbestimmungsrechts sind nur Maßnahmen der **betrieblichen Berufsbildung**. Dieser Begriff ist nicht räumlich, sondern funktional zu verstehen. Entscheidend ist, dass die Maßnahme vom Arbeitgeber getragen oder veranstaltet wird. Der Arbeitgeber ist mithin derjenige, der die Bildungsmaßnahme durchführt. Bedient er sich eines Dritten, muss der Arbeitgeber einen beherrschenden Einfluss auf Inhalt und Durchführung der Veranstaltung haben (BAG aaO., NZA 2001, 169; FKHES, § 97 Rdn. 23).

5. Für den Regelfall hat sich bei den Gerichten durchgesetzt, die Zahl der Beisitzer für jeden der Beteiligten in der Einigungsstelle auf zwei festzusetzen (vgl. Muster E. XII. 1.1 Anm. 7 m.w.N.). Die Gründe hierfür liegen in dem Bedürfnis nach konzentrierten Verhandlungen und dem allgemeinen Wunsch nach Kostenbegrenzung. In der Regel handelt es sich hierbei um ein Mitglied des Betriebsrats mit Sachkompetenz und den juristischen Berater des Betriebsrats. In Ausnahmefällen wird man sicherlich auch drei Beisitzer im Bestellungsverfahren durchsetzen können, was jedoch konkret begründet werden muss. Es liegt auf der Hand, dass Fragen der Umsetzung betrieblicher Berufsbildung separaten Sachverstand erfordern, der in der Regel weder beim Betriebsrat selbst noch bei dessen juristischem Berater vorhanden sein dürfte. Die Zurückhaltung der Gerichte bei der Bestellung der Beisitzeranzahl für Einigungsstellenverfahren wird häufig von der Praxis nicht geteilt. In außergerichtlichen Einigungen über die Anzahl der von jeder Seite in die Einigungsstelle zu entsendenden Beisitzer einigen sich die Betriebsparteien in der Regel auf jeweils drei Beisitzer, weil es sachgerecht ist, neben dem Betriebsratsvorsitzenden oder einem sachkundigen BR-Mitglied und einem juristischen Vertreter noch einen Gewerkschaftsvertreter (bei tarifvertraglichen Fragen) hinzuzuziehen oder eine andere Person mit speziellem Sachverstand. Gelingt die als notwendig erachtete Besetzung mit jeweils drei Beisitzern nicht, ist für den Vertreter des Betriebsrats auch daran zu denken, den Betriebsratsvorsitzenden oder ein anderes sachkundiges Betriebsratsmitglied als Verfahrensbevollmächtigten zu bestellen und so ebenfalls als rede-, wenn auch nicht abstimmungsberechtigtes Einigungsstellenmitglied an den Verhandlungen der Einigungsstelle teilnehmen zu lassen.

2. Antrag des Arbeitgebers auf Feststellung des Nichtbestehens eines Mitbestimmungsrechts[1]

An das
Arbeitsgericht ......

Antrag im Beschlussverfahren mit den Beteiligten

1. Firma ......

– Antragstellerin –

Verfahrensbevollmächtigte: ......

2. Betriebsrat der Firma ......,
   vertreten durch den Betriebsratsvorsitzenden

– Antragsgegner –

wegen Feststellung.

Namens und in Vollmacht der Antragstellerin leiten wir ein Beschlussverfahren ein und beantragen:

Es wird festgestellt, dass dem Antragsgegner zur Regelungsthematik ...... kein Mitbestimmungsrecht zusteht.

Begründung:

Die Antragstellerin unterhält in ...... einen Betrieb mit ...... Arbeitnehmern.
(...... kurze Schilderung des Betriebszwecks)
Im Betrieb ist ein Betriebsrat gebildet, der/die Vorsitzende ist Herr/Frau ......
Zwischen den Beteiligten besteht Streit darüber, ob dem Antragsgegner ein Mitbestimmungsrecht zu folgendem innerbetrieblichen Regelungsgegenstand zusteht:
(...... wird ausgeführt ......)
Die Antragstellerin beabsichtigt, die vorstehend geschilderten Maßnahmen durchzuführen und ist der Ansicht, dies mitbestimmungsfrei tun zu können. Der Antragsgegner berühmt sich bezüglich dieses Regelungsgegenstands eines Mitbestimmungsrechts und hat beim Arbeitsgericht ...... unter dem AZ: ...... ein Beschlussverfahren zur Bestellung eines Einigungsstellenvorsitzenden sowie Festsetzung der Anzahl der Beisitzer eingeleitet.[2] (...... Es folgen Ausführungen über das Nichtbestehen eines Mitbestimmungsrechts des Betriebsrats zu der geplanten Maßnahme ......)

Rechtsanwalt

Anmerkungen

1. Vgl. hierzu auch Muster E. IX. 1, insbesondere dort Anm. 4 a.
Wenn der Betriebsrat sich ernsthaft eines Mitbestimmungsrechts in einer bestimmten Angelegenheit berühmt, besteht für den Arbeitgeber jederzeit ein Rechtsschutzinteresse auf Feststellung, dass der Betriebsrat in dieser konkreten Angelegenheit kein Mitbestimmungsrecht hat (BAG v. 13. 10. 1987, AP Nr. 7 zu § 81 ArbGG 1979 = NZA 1988, 249). Dieses Feststellungsverfahren kann auch während des Beschlussverfahrens über die Bestellung der Einigungsstelle anhängig gemacht werden, das Bestellungsverfahren und das Beschlussverfahren über das Bestehen des umstrittenen Mitbestimmungsrechts

können parallel betrieben werden (vgl. BAG v. 25. 4. 1989, AP Nr. 3 zu § 98 ArbGG 1979 = NZA 1989, 976; FKHES, § 76 Rdn. 123 f.). Das Rechtsschutzinteresse für ein allgemeines Beschlussverfahren zur Klärung der Frage, ob in einer bestimmten Angelegenheit ein Mitbestimmungsrecht des Betriebsrates besteht, existiert vor der Einleitung, während der Durchführung und nach Abschluss des Bestellungsverfahrens ohne Einschränkung. Auch die rechtskräftige Abweisung des Antrages des Betriebsrates auf Bestellung eines Einigungsstellenvorsitzenden mit der Begründung, die Einigungsstelle sei offensichtlich unzuständig, lässt das Rechtsschutzinteresse des Betriebsrates an der Feststellung seines Mitbestimmungsrechts nicht entfallen. Wird nunmehr im allgemeinen Beschlussverfahren sein Mitbestimmungsrecht bejaht, kann er erneut ein Bestellungsverfahren anhängig machen. Die vorangegangene Abweisung seines Antrages steht dem nicht entgegen (BAG v. 25. 4. 1989, AP Nr. 3 zu § 98 ArbGG 1979 = NZA 1989, 976).

2. Im Falle der Parallelität von Bestellungsverfahren und Beschlussverfahren über das Bestehen oder Nichtbestehen eines Mitbestimmungsrechtes darf das Bestellungsverfahren nach § 98 ArbGG nicht mit Rücksicht auf das parallel anhängige Beschlussverfahren ausgesetzt werden (vgl. BAG v. 25. 4. 1989, AP Nr. 3 zu § 98 ArbGG 1979 = NZA 1989, 976, 977; FKHES, § 76 Rdn. 23; *Richardi*, BetrVG § 76 Rdn. 71). Wäre die Aussetzung des Bestellungsverfahrens möglich, könnte jedes Verfahren nach § 98 ArbGG durch die Einleitung eines parallelen allgemeinen Beschlussverfahrens über das Bestehen eines Mitbestimmungsrechtes blockiert werden, da bis zu dessen rechtskräftigem Abschluss eine Einigungsstelle nicht tätig werden könnte und der Zweck des Einigungsstellenverfahrens, eine schnelle innerbetriebliche Regelung über die Streitfrage zu erreichen, vereitelt werden würde.

3. Anfechtung eines Einigungsstellenspruchs[1]

An das
Arbeitsgericht ......

Antrag im Beschlussverfahren mit den Beteiligten[2]

1. Firma ......

– Antragstellerin –

Verfahrensbevollmächtigte: ......

2. Betriebsrat der Firma ......,
vertreten durch den Betriebsratsvorsitzenden

– Antragsgegner –

wegen Anfechtung eines Einigungsstellenspruchs.

Namens und in Vollmacht der Antragstellerin leiten wir ein Beschlussverfahren ein und beantragen:
Es wird festgestellt, dass der Spruch der Einigungsstelle vom ...... unwirksam ist.[3]

Begründung:

Zwischen den Beteiligten besteht Streit über folgenden mitbestimmungspflichtigen Regelungsgegenstand: (...... wird ausgeführt ......)
Da die Beteiligten sich über die Inhalte der zu treffenden Regelung nicht einigen konnten, hat am ...... eine Einigungsstelle unter dem Vorsitz von ...... getagt und

nach entsprechender Sachdiskussion folgenden Spruch mehrheitlich gefasst: (– Zitat des Einigungsstellenspruchs –)

Beweis: Spruch der Einigungsstelle vom ......, in Kopie anbei.

Dieser Einigungsstellenspruch wurde der Antragstellerin am ...... zugestellt.[4]

Beweis: ......

Alternative 1:

Die Antragstellerin rügt mit diesem Verfahren die Unwirksamkeit des Einigungsstellenspruchs wegen Ermessensüberschreitung.

Die Ermessensüberschreitung ergibt sich aus Folgendem:[5] (...... ausführlich begründen ......)

Alternative 2:

Der Einigungsstellenspruch leidet an folgenden Rechtsmängeln:[6] (...... wird ausgeführt ......)

Rechtsanwalt

Anmerkungen

1. Gem. § 76 Abs. 5 Satz 4 BetrVG kann ein Einigungsstellenspruch nur innerhalb einer 2-Wochen-Frist (gerechnet vom Tag der Zustellung des Spruchs) beim Arbeitsgericht angefochten werden, wenn die anfechtende Betriebspartei eine **Überschreitung der Ermessensgrenzen** der Einigungsstelle geltend macht. Diese Regelung schließt jedoch ein weitergehendes Anfechtungsrecht wegen Verletzung von Rechtsfragen nicht aus. Werden in dem Anfechtungsverfahren Rechtsmängel des Einigungsstellenspruchs geltend gemacht, gilt die 2-Wochen-Frist des § 76 Abs. 5 Satz 4 BetrVG nicht, der Einigungsstellenspruch kann vielmehr in diesen Fällen in vollem Umfang und zeitlich unbefristet angefochten werden (vgl. FKHES, § 76 Rdn. 102; *Pünnel/Isenhardt,* Rdn. 141; *Richardi,* BetrVG § 76 Rdn. 128).

2. Antragsberechtigt im Verfahren auf gerichtliche Überprüfung des Einigungsstellenspruchs sind Arbeitgeber und Betriebsrat. Dies gilt unabhängig davon, wie die jeweiligen Beisitzer der anfechtenden Betriebspartei im Einigungsstellenverfahren abgestimmt haben, denn die Beisitzer sind nicht im Namen oder auf Weisung der jeweiligen Betriebspartei tätig. Die Einigungsstelle ist nicht Beteiligte dieses Beschlussverfahrens (vgl. FKHES, § 76 Rdn. 98 f.; *Richardi,* BetrVG § 76 Rdn. 117 f.). Auch der einzelne Arbeitnehmer, der vom Einigungsstellenspruch betroffen ist, ist nicht anfechtungsberechtigt (aaO.). Denkbar ist jedoch, dass der betroffene Arbeitnehmer sich in einem Urteilsverfahren gegen die Folgen eines Einigungsstellenspruchs wendet und sich in diesem Verfahren dann die Rechtmäßigkeit des Einigungsstellenspruchs als Vorfrage stellt (vgl. *Pünnel/Isenhardt,* Rdn. 139; *Richardi,* BetrVG § 76 Rdn. 113, 119).

3. Der **Antrag** im Anfechtungsverfahren ist stets in der Weise zu stellen, dass die Feststellung der Unwirksamkeit des Spruchs begehrt wird (BAG v. 23. 3. 1999, AP Nr. 66 zu § 118 BetrVG 1972 = NZA 1999, 1347; BAG v. 27. 10. 1992, AP Nr. 29 zu § 95 BetrVG 1972 = NZA 1993, 607, 609). Die arbeitsgerichtliche Überprüfung des Einigungsstellenspruchs kann auch zu dessen Teilunwirksamkeit führen. Diese bedingt nicht die Unwirksamkeit der gesamten Regelung, wenn der verbleibende Teil auch ohne die unwirksamen Bestimmungen eine sinnvolle und in sich geschlossene Regelung enthält (vgl. BAG v. 30. 8. 1995, AP Nr. 29 zu § 87 BetrVG 1972 Überwachung = NZA 1996, 218, 221; FKHES, § 76 Rdn. 79; *Pünnel/Isenhardt,* Rdn. 152).

Ist der Betriebsrat Antragsteller im Anfechtungsverfahren, empfiehlt es sich, neben dem auf die Unwirksamkeit des Einigungsstellenspruchs zielenden Antrag dem Arbeitgeber auch untersagen zu lassen, den angefochtenen Spruch der Einigungsstelle durchzuführen. Durch diesen zusätzlichen Antrag bezüglich des Unterlassungsanspruchs aus § 77 Abs. 1 Satz 1 BetrVG kann der Betriebsrat einen Vollstreckungstitel erreichen.

4. Ab Zustellung des Einigungsstellenspruchs läuft die zweiwöchige Anfechtungsfrist für den Fall, dass mit der Anfechtung die Überschreitung der Ermessensgrenzen geltend gemacht werden soll.

5. Gem. § 76 Abs. 5 Satz 3 BetrVG fasst die Einigungsstelle ihre Beschlüsse unter angemessener Berücksichtigung der Belange des Betriebes sowie der betroffenen Arbeitnehmer nach billigem Ermessen. Die Einhaltung dieser Ermessensgrenzen ist Gegenstand des Anfechtungsverfahrens (vgl. FKHES, § 76 Rdn. 105; *Pünnel/Isenhardt*, Rdn. 142; zu den von der Rechtsprechung entschiedenen Fällen unzulässiger **Ermessensüberschreitung** durch die Einigungsstelle vgl. FKHES, § 76 Rdn. 106 sowie *Pünnel/Isenhardt*, Rdn. 143 ff.).

Die Begründung für die erachtete Ermessensüberschreitung ist ebenfalls innerhalb der zweiwöchigen Anfechtungsfrist nach § 76 Abs. 5 Satz 4 BetrVG anhängig zu machen; es reicht somit nicht aus, lediglich die Unwirksamkeit des Einigungsstellenspruchs zu beantragen und die Begründung erst nach Fristablauf nachzureichen. Dies würde auf eine unzulässige Verlängerung der gesetzlichen Ausschlussfrist hinauslaufen. Ein solcher Antrag ist vom Gericht als unbegründet abzuweisen (vgl. BAG v. 26. 5. 1988, AP Nr. 26 zu § 76 BetrVG 1972 = NZA 1989, 26; FKHES, § 76 Rdn. 107; *Pünnel/Isenhardt*, Rdn. 146).

6. Macht die anfechtende Betriebspartei eine Rechtsverletzung geltend, besteht eine breite Palette von möglichen Rechtsmängeln. Zur gerichtlichen Überprüfung kann beispielsweise die Zuständigkeit der Einigungsstelle bzw. die Frage, ob überhaupt ein zwingendes Mitbestimmungsrecht des Betriebsrates bestand, gestellt werden. Allerdings ist zu beachten, dass bei einer Zuständigkeitsrüge einer Seite keine Vorabentscheidung der Einigungsstelle über ihre Zuständigkeit erforderlich ist (BAG v. 28. 5. 2002, NZA 2003, 171). Es könnte gegen den Gesetzes- oder Tarifvorbehalt von § 87 Abs. 1 BetrVG verstoßen worden sein. Verfahrensmängel im Verlauf des Einigungsstellenverfahrens lassen sich aus § 76 Abs. 3 und 5 herleiten. Die Sachentscheidung der Einigungsstelle kann ebenfalls an der unrichtigen Auslegung unbestimmter Rechtsbegriffe scheitern (vgl. hierzu FKHES, § 76 Rdn. 102; *Pünnel/Isenhardt*, Rdn. 142; *Richardi*, BetrVG § 76 Rdn. 114, 122f.).

4. Kosten der Einigungsstelle – Antrag auf Zahlung des Beisitzerhonorars

An das
Arbeitsgericht ......

Antrag im Beschlussverfahren mit den Beteiligten[1]

1. Rechtsanwalt[2]

– Antragsteller –

Verfahrensbevollmächtigte: ......

2. Firma ......

– Antragsgegnerin –

wegen Forderung.

Namens und in Vollmacht des Antragstellers leiten wir ein Beschlussverfahren ein und beantragen:
Die Antragsgegnerin wird verpflichtet, an den Antragsteller ...... EUR zzgl. 4% Zinsen hieraus seit dem ...... zu bezahlen.[3]

Begründung:

Der Antragsteller war als Beisitzer für den Betriebsrat des Betriebs ...... der Antragsgegnerin in der zwischen dem Betriebsrat und der Antragsgegnerin errichteten Einigungsstelle mit dem Thema „......" tätig.

Die Einigungsstelle wurde zwischen dem Betriebsrat und dem Arbeitgeber einvernehmlich (Alternative: durch rechtskräftigen Beschluss des Arbeitsgerichts ...... vom ......) errichtet. Den Vorsitz hatte Frau/Herr Richter/in am Arbeitsgericht ...... inne.

Mit Beschluss des Betriebsrats vom ...... wurde der Antragsteller als externer Beisitzer für den Betriebsrat in die Einigungsstelle entsandt.[4]

Beweis: Beschluss des Betriebsrats vom ...... in Kopie anbei, sowie Zeugnis des/der Betriebsratsvorsitzenden ......

Die Einigungsstelle tagte an folgenden Tagen ...... in ...... und zwar im Zeitraum vom ...... bis ......

Die Einigungsstelle endete mit folgendem Ergebnis: ...... (wird ausgeführt).

Nach Abschluss der Verhandlungen vor der Einigungsstelle hat der/die Vorsitzende der Einigungsstelle ...... für seine/ihre Tätigkeit ein Honorar in Höhe von ...... EUR in Rechnung gestellt.[5]

Beweis: Kostennote des/der Einigungsstellenvorsitzenden vom ......, in Kopie anbei.

Ausgehend vom Honorar des/der Einigungsstellenvorsitzenden berechnete der Antragsteller für seine Tätigkeit als Beisitzer ein Honorar in Höhe von $7/10$ des Honorars des Einigungsstellenvorsitzenden. Dies beträgt ...... EUR.[6] Hinzu kommen noch 16% MWSt in Höhe von ...... EUR.[7]

Außerdem macht der Antragsteller Fahrtkosten in Höhe von ...... EUR geltend.[8]

Diese Fahrtkosten schlüsseln sich wie folgt auf: ......

Das Einigungsstellenhonorar, die MwSt. und die Fahrtkosten ergeben insgesamt den mit dem Antrag geltend gemachten Betrag.

Mit Schreiben vom ...... hat der Antragsteller diesen Betrag der Antragsgegnerin in Rechnung gestellt.

Beweis: Schreiben des Antragstellers vom ......, in Kopie anbei.

Mit Schreiben vom ...... ließ die Antragsgegnerin mitteilen, dass sie nicht gewillt sei, auf Basis des Vorsitzendenhonorars ein $7/10$-Beisitzerhonorar zu vergüten, allenfalls sei sie bereit, einen Betrag von ...... EUR zu bezahlen, wenn und soweit der Antragsteller auf eine weitergehende Honorierung verzichte.

Beweis: Schreiben der Antragsgegnerin vom ......, in Kopie anbei.

Rechtsanwalt

Anmerkungen

1. Gem. § 76a Abs. 1 BetrVG trägt der Arbeitgeber die Kosten der Einigungsstelle. Demzufolge handelt es sich bei Streitigkeiten zwischen dem Arbeitgeber und den Mitgliedern der Einigungsstelle über die Erstattung von anlässlich eines Einigungsstellenverfahrens entstandenen Kosten um eine Streitigkeit aus dem Betriebsverfassungsgesetz gem. § 2a Abs. 1 Nr. 1 ArbGG (BAG v. 27. 7. 1994, AP Nr. 4 zu § 76a BetrVG 1972 = NZA 1995, 545). Betriebsinterne Beisitzer erhalten für ihre Tätigkeit in der Einigungsstelle keine Vergütung (§ 76a Abs. 2 Satz 1 BetrVG). Sollte ihnen der Arbeitgeber für die Zeit ihrer Tätigkeit im Einigungsstellenverfahren den Lohnanspruch streitig machen, wäre dieser im Urteilsverfahren durchzusetzen, da die Tätigkeit in der Einigungsstelle hinsichtlich der Vergütung der geschuldeten Arbeitsleistung gleich steht (vgl. FKHES, § 76a Rdn. 12, 35).

2. Ein Rechtsanwalt kann nicht nur als betriebsfremder Beisitzer in einer Einigungsstelle tätig werden, sondern auch als **Verfahrensbevollmächtigter** eines Betriebsrates. Die hierdurch entstehenden Kosten sind keine Kosten der Einigungsstelle, sondern Kosten des Betriebsrates im Rahmen von § 40 BetrVG (vgl. BAG v. 14. 2. 1996, AP Nr. 5 zu § 76a BetrVG 1972 = NZA 1996, 892, 893; FKHES, § 40 Rdn. 35), vgl. hierzu auch Muster E. IV. 7.

3. Die Rechtsanwaltsgebühren, die ein unternehmensfremdes Einigungsstellenmitglied aufwenden muss, um seinen Honoraranspruch im Beschlussverfahren gegen den Arbeitgeber durchzusetzen, sind ebenfalls erstattungsfähig. Sie zählen zwar nicht zu den vom Arbeitgeber nach § 76a Abs. 1 BetrVG zu tragenden Kosten der Einigungsstelle, können aber ein nach § 286 Abs. 1 BGB zu ersetzender Verzugsschaden sein. Dieser Anspruch auf Erstattung der **Honorardurchsetzungskosten** ist nicht durch § 12a Abs. 1 Satz 1 ArbGG eingeschränkt. Auch wenn ein Rechtsanwalt für seine Tätigkeit als Vorsitzender/Beisitzer das Honorardurchsetzungsverfahren in eigener Sache führt, besteht der Anspruch auf Erstattung der hierbei anfallenden Anwaltskosten (BAG v. 27. 7. 1994, AP Nr. 5 zu § 76a BetrVG 1972 = NZA 1995, 545).

4. Der **Honoraranspruch des betriebsfremden Einigungsstellenbeisitzers** entsteht mit der Bestellung durch den Betriebsrat, ohne dass es auf eine entsprechende Mitteilung an den Arbeitgeber oder dessen Billigung ankommt. Voraussetzung ist die rechtswirksame Bestellung, was bei einem vom Betriebsrat bestellten Beisitzer einen entsprechenden, wirksam ergangenen Betriebsratsbeschluss voraussetzt (vgl. BAG v. 19. 8. 1992, AP Nr. 3 zu § 76a BetrVG 1972 = NZA 1993, 710; FKHES, § 76a Rdn. 14). Zu den Voraussetzungen einer ordnungsgemäßen Beschlussfassung des Betriebsrates vgl. oben Muster E. IV. 1 Anm. 4. Zu dieser Beschlussfassung gehört nicht die Zusage eines bestimmten Honorars.

5. Da das Honorar des betriebsfremden Beisitzers gem. § 76a Abs. 4 Satz 4 BetrVG in Abhängigkeit zur Höhe der Vorsitzendenvergütung steht, ist die Kenntnis des Vorsitzendenhonorars Voraussetzung für die Geltendmachung des eigenen Honoraranspruchs, sofern eine eigene vertragliche Vereinbarung über die Beisitzervergütung zwischen dem Arbeitgeber und dem Einigungsstellenmitglied nicht existiert. Zur Höhe des Vorsitzendenhonorars vgl. FKHES, § 76a Rdn. 19ff.; *Pünnel/Isenhardt*, Rdn. 167ff. Üblicherweise bereitet es keinerlei Probleme, vom Einigungsstellenvorsitzenden eine Kopie seiner eigenen Honorarabrechnung zu erhalten, damit dann auf dieser Basis das eigene Honorar berechnet werden kann. Sollte ausnahmsweise ein Einigungsstellenvorsitzender nicht kooperationsbereit sein, wäre an einen Auskunftsanspruch gegen den Einigungsstellenvorsitzenden und/oder auch den Arbeitgeber zu denken. Dieser Anspruch wäre ebenfalls im Beschlussverfahren durchzusetzen und ergibt sich aus dem betriebsverfassungsrechtlichen Schuldverhältnis zwischen den Mitgliedern der Einigungsstelle und dem Arbeitgeber (vgl. FKHES, § 76 Rdn. 31).

6. Solange die in § 76a Abs. 4 BetrVG angesprochene Verordnung von Höchstsätzen für die Einigungsstellenmitglieder nicht existiert, entspricht es im Allgemeinen billigem Ermessen, das **Honorar des externen Beisitzers** in Höhe von $7/10$ des Vorsitzendenhonorars festzusetzen. Insoweit besteht kein Raum für eine hiervon abweichende gerichtliche Honorarbestimmung, solange keine konkreten Umstände in der Person des Beisitzers vorliegen, die es rechtfertigen könnten, von dieser $7/10$-Regelung abzuweichen (BAG v.

14. 2. 1996, AP Nr. 6 zu § 76a BetrVG 1972 = NZA 1996, 1225; BAG v. 12. 2. 1992, AP Nr. 2 zu § 76a BetrVG 1972 = NZA 1993, 605). Diese Grundsätze gelten unabhängig davon, ob es sich bei dem Beisitzer der Einigungsstelle um einen Rechtsanwalt oder hauptberuflichen Gewerkschaftssekretär handelt. Insbesondere kann bei letzterem kein weiterer Abschlag vom Honorar deswegen vorgenommen werden, weil kein Verdienstausfall vorliegt, sondern das Arbeitsentgelt während der Tätigkeit in der Einigungsstelle weiterbezogen wird (BAG v. 14. 2. 1996, AP Nr. 6 zu § 76a BetrVG 1972 = NZA 1996, 1226). Die grundsätzliche Unterscheidung zwischen dem Honorar eines Einigungsstellenbeisitzers mit Verdienstausfall (Rechtsanwalt) und einem Beisitzer ohne Verdienstausfall (Gewerkschaftssekretär), wie sie vom ArbG Regensburg im Beschluss vom 10. 2. 1997 (NZA-RR 97, 256) vorgenommen wurde, ist somit von der Rechtsprechung des BAG nicht gedeckt (so auch LAG München v. 26. 11. 1998, 4 TaBV 30/97 in Abänderung der vorgenannten Entscheidung des ArbG Regensburg v. 10. 2. 1997).

7. Nach der Neuregelung des Vergütungsanspruchs für außerbetriebliche Einigungsstellenmitglieder in § 76a BetrVG bedarf es für die Geltendmachung von MWSt. nicht mehr der vorherigen Vereinbarung mit dem Arbeitgeber bzw. einer entsprechenden Beschlussfassung des Betriebsrates für die vom Betriebsrat bestellten Beisitzer (BAG v. 14. 2. 1996, AP Nr. 6 zu § 76a BetrVG 1972 = NZA 1996, 1225).

8. Der Anspruch auf Auslagenersatz eines Einigungsstellenmitglieds ergibt sich ebenfalls aus § 76a Abs. 1 BetrVG. Auch Auslagen sind als Kosten der Einigungsstelle vom Arbeitgeber zu erstatten, soweit sie tatsächlich entstanden sind (vgl. FKHES, § 76a Rdn. 9; BAG v. 14. 2. 1996 aaO.).

XIII. Anträge bei grober Verletzung gesetzlicher Pflichten

1. Antrag auf Ausschluss eines Betriebsratsmitglieds aus dem Betriebsrat[1]

An das
Arbeitsgericht ......

Antrag im Beschlussverfahren mit den Beteiligten

1. Industriegewerkschaft ......
   Verfahrensbevollmächtigte: Rechtsanwälte ......

– Antragstellerin –[2]

2. Betriebsratsmitglied Herr ......

– Antragsgegner –[3]

3. Betriebsrat der Firma ......, vertreten durch den Betriebsratsvorsitzenden

– Beteiligter Ziff. 3 –[4]

4. Firma ......

– Beteiligte Ziff. 4 –

wegen Ausschluss eines Betriebsratsmitglieds aus dem Betriebsrat.

Namens und in Vollmacht der Antragstellerin leiten wir ein Beschlussverfahren ein und beantragen:
Der Antragsgegner wird aus dem Betriebsrat der Firma ...... ausgeschlossen.

Begründung:

Die Beteiligte Ziff. 4 produziert ...... und beschäftigt in ihrem Betrieb in ...... ca. ...... Arbeitnehmer. Der Beteiligte Ziff. 3 ist der in diesem Betrieb gebildete Betriebsrat, der Antragsgegner ist seit ...... Mitglied des Betriebsrats. Die Antragstellerin ist in diesem Betrieb vertreten, da ihr mindestens ein nicht zu den leitenden Angestellten gem. § 5 Abs. 3 BetrVG gehörender Arbeitnehmer des Betriebes als Mitglied angehört.
Wie die Antragstellerin am ...... erfahren hat, erhält der Antragsgegner von der Beteiligten Ziff. 4 seit ...... zusätzlich zu seinem Gehalt erhebliche Sonderzahlungen, die auf der Gehaltsbescheinigung als „Entschädigung für besondere Bemühungen" bezeichnet werden. Diese Zahlungen erscheinen nicht in den offiziellen Lohn- und Gehaltslisten der Beteiligten Ziff. 4 und waren dem Beteiligten Ziff. 3 bisher nicht bekannt. Die weiteren Recherchen der Antragstellerin ergaben, dass sich der Antragsgegner diese Beträge jeweils zur Belohnung für eine vorausgegangene pflichtwidrige Amtshandlung zahlen ließ (Darlegung des Sachverhalts mit vorsorglichem Beweisantritt).[5]
Damit hat der Antragsgegner seine Pflichten als Betriebsratsmitglied grob verletzt. Er ist deshalb aus dem Betriebsrat auszuschließen.

Rechtsanwalt

Anmerkungen

1. a) Nach § 23 Abs. 1 BetrVG können mindestens ein Viertel der wahlberechtigten Arbeitnehmer, der Arbeitgeber, der Betriebsrat oder eine im Betrieb vertretene Gewerkschaft beim Arbeitsgericht den Ausschluss eines Mitglieds aus dem Betriebsrat beantragen. Diese Vorschrift dient dem gesetzmäßigen Verhalten der Betriebsratsmitglieder. Sie ist unabdingbar und abschließend. Eine über § 23 Abs. 1 BetrVG hinausgehende Möglichkeit zur Absetzung einzelner Betriebsratsmitglieder durch die Arbeitnehmer gibt es nicht (vgl. FKHES, § 23 Rdn. 1 a). Die Vorschrift gilt entsprechend für die Bordvertretung, den Seebetriebsrat und die Jugend- und Auszubildendenvertretung (vgl. §§ 115 Abs. 3, 116 Abs. 2, 65 Abs. 1 BetrVG). Für den Gesamtbetriebsrat, den Konzernbetriebsrat und die Gesamtjugend- und Auszubildendenvertretung gelten Sondervorschriften, die hinsichtlich des Ausschlusses einzelner Mitglieder mit § 23 Abs. 1 BetrVG vergleichbar sind (§§ 48, 56, 73 Abs. 2 BetrVG).

b) Der Ausschluss eines Betriebsratsmitglieds aus dem Betriebsrat ist grundsätzlich nicht im Wege der einstweiligen Verfügung möglich. Eine einstweilige Verfügung, die dem Betriebsratsmitglied bis zum rechtskräftigen Abschluss des Amtsenthebungsverfahrens die weitere Amtsausübung untersagt, ist nur in äußerst schwerwiegenden Ausnahmefällen zulässig, wenn die weitere Zusammenarbeit innerhalb des Betriebsrats nicht einmal mehr vorübergehend zumutbar ist (vgl. DKK-*Trittin*, § 23 Rdn. 37; FKHES, § 23 Rdn. 32). Hierbei ist ein strenger Maßstab zugrunde zu legen.

c) Der Ausschluss aus dem Betriebsrat wird erst mit Rechtskraft des gerichtlichen Beschlusses wirksam. Bis dahin ist das Betriebsratsmitglied berechtigt und verpflichtet, sein Amt auszuüben.

d) Das Rechtsschutzinteresse für den Ausschließungsantrag entfällt mit Ablauf der Amtszeit des betroffenen Betriebsratsmitglieds. Endet im Verlauf des Beschlussverfahrens die Amtsperiode des Betriebsrats und wird ein neuer Betriebsrat gewählt, so geht der Ausschließungsantrag ebenfalls ins Leere. Das Rechtsschutzinteresse entfällt selbst dann, wenn das betroffene Betriebsratsmitglied in den neu gebildeten Betriebsrat wiedergewählt wird. Denn in einer neuen Amtszeit ist die Sanktionierung von Pflichtverletzungen während früherer Amtszeiten nicht zulässig (vgl. BAG AP Nr. 7, 9 zu § 23 BetrVG; FKHES, § 23 Rdn. 25; a. A. *Richardi*, BetrVG § 23 Rdnr. 43; GK-*Oetker*, § 23 Rdn. 43 f.).

2. Antragsberechtigt sind ein Viertel der wahlberechtigten Arbeitnehmer, der Arbeitgeber, der Betriebsrat oder eine im Betrieb vertretene Gewerkschaft.

a) Wahlberechtigt sind Arbeitnehmer, die im Zeitpunkt der Antragstellung (vgl. FKHES, § 23 Rdn. 9; *Richardi/Thüsing*, BetrVG § 23 Rdn. 33; GK-*Oetker*, § 23 Rdn. 62) das 18. Lebensjahr vollendet haben (§ 7 BetrVG). Antragsbefugt sind alle Arbeitnehmer des Betriebs, also auch die Betriebsratsmitglieder. Das Mindestquorum von 25% der wahlberechtigten Arbeitnehmer muss bis zum letzten Anhörungstermin gewahrt sein. Im Gegensatz zur Wahlanfechtung gem. § 19 BetrVG (vgl. oben E II. 6. Anm. 2 a) können während des Verfahrens wahlberechtigte Arbeitnehmer als neue Antragsteller für ausscheidende Arbeitnehmer nachrücken. Dies beruht darauf, dass das Amtsenthebungsverfahren gem. § 23 Abs. 1 BetrVG im Gegensatz zur Wahlanfechtung nicht an eine Frist gebunden und die Regelungsmaterie (Vorliegen einer aktuellen Vertrauenskrise der Belegschaft) nicht mit der auf ein vergangenes Ereignis bezogenen Wahlanfechtung vergleichbar ist (ebenso DKK-*Trittin*, § 23 Rdn. 25; FKHES, § 23 Rdn. 9; a.A. GK-*Oetker*, § 23 Rdn. 64). Sinkt die Zahl der antragstellenden Arbeitnehmer zum letzten Anhörungstermin unter das erforderliche Quorum, so ist der Antrag unzulässig. Es empfiehlt sich daher, den Antrag von vornherein von einer größeren Zahl von wahlberechtigten Arbeitnehmern stellen zu lassen.

b) Die Antragsberechtigung des Arbeitgebers ist nach h.M. auf die Fälle beschränkt, in denen der Arbeitgeber die Verletzung einer gesetzlichen Pflicht des Betriebsrats bzw. einzelner Mitglieder ihm gegenüber behauptet. Pflichtverletzungen, die lediglich das Verhältnis der einzelnen Betriebsratsmitglieder zueinander, zur Gewerkschaft oder zur Belegschaft berühren, kann der Arbeitgeber nicht mit einem Antrag nach § 23 Abs. 1 BetrVG sanktionieren. Denn er ist nicht Interessenwahrer der Belegschaft, der Gewerkschaft oder des Betriebsrats (vgl. DKK-*Trittin*, § 23 Rdn. 30; FKHES, § 23 Rdn. 10; *Richardi/Thüsing*, BetrVG § 23 Rdn. 30, 35). Insoweit unterscheidet sich seine Antragsberechtigung von der im Wahlanfechtungsverfahren (vgl. oben E. II. 6. Anm. 2 c).

c) Eine Gewerkschaft ist dann im Betrieb vertreten, wenn ihr mindestens ein Arbeitnehmer des Betriebs angehört (vgl. BAG v. 25. 3. 1992, AP Nr. 4 zu § 2 BetrVG 1972 = NZA 1993, 134). Dieser Nachweis kann ohne Namensnennung der Mitglieder erfolgen durch Zeugenbeweis (z.B. eines Gewerkschaftssekretärs) oder durch eine notarielle Erklärung, dass eine Person, deren Personalien in einem besonderen Umschlag hinterlegt sind, Mitglied der antragstellenden Gewerkschaft und Arbeitnehmer des Betriebs ist (vgl. BAG aaO. sowie Muster E. V. 1. Anm. 5). Die Vertretung einer Gewerkschaft nur durch leitende Angestellte im Sinne des § 5 Abs. 3 BetrVG genügt allerdings nicht (vgl. BAG 25. 3. 1992, AP Nr. 4 zu § 2 BetrVG 1972).

d) Hinsichtlich der Antragsberechtigung des Betriebsrats gem. § 23 Abs. 1 Satz 2 BetrVG gibt es keine Besonderheiten. Der Beschluss zur Einleitung eines Amtsenthebungsverfahrens ist mit einfacher Mehrheit zu fassen (§ 33 BetrVG). An der Beschlussfassung darf das betroffene Betriebsratsmitglied nicht teilnehmen (vgl. BAG v. 3. 8. 1999, AP Nr. 7 zu § 25 BetrVG 1972 = NZA 2000, 440; FKHES, § 23 Rdn. 13; *Richardi/Thüsing*, BetrVG § 23 Rdn. 36). Es ist vorübergehend verhindert, so dass an seiner Stelle ein Ersatzmitglied tätig wird (§ 25 Abs. 1 Satz 2 BetrVG).

3. Antragsgegner ist das betroffene Betriebsratsmitglied.

4. Der Betriebsrat ist als betroffenes Organ stets nach § 83 Abs. 3 ArbGG zu beteiligen. Gleiches gilt für den Arbeitgeber, der grundsätzlich ein berechtigtes Interesse an einer ordnungsgemäßen Durchführung des Betriebsverfassungsgesetzes hat. Das Ersatzmitglied, das im Falle der Amtsenthebung des Antragsgegners nach § 25 BetrVG nachrückt, ist nicht zu beteiligen.

5. Die grobe Pflichtverletzung sollte in der Antragsschrift bereits substantiiert und unter vorsorglichem Beweisantritt dargelegt werden. Sanktioniert werden nur Verletzungen von Amtspflichten als Betriebsratsmitglied; die Verletzung des Arbeitsvertrages kann einen Ausschluss aus dem Betriebsrat nur dann rechtfertigen, wenn hierin zugleich eine Amtspflichtverletzung liegt (vgl. FKHES, § 23 Rdn. 21 f.). Die grobe Pflichtverletzung muss objektiv erheblich und offensichtlich schwerwiegend sein. Sie muss auf grobem Verschulden, also auf vorsätzlichem oder grob fahrlässigem Verhalten beruhen; die Funktionsfähigkeit des Betriebsrats muss ernstlich gestört worden sein (vgl. im Einzelnen zu den Ausschlussgründen DKK-*Trittin*, § 23 Rdn. 18 ff.; FKHES, § 23 Rdn. 14 ff.; *Richardi/Thüsing*, BetrVG § 23 Rdn. 27 ff.). Die im Musterfall angesprochene Vorteilsannahme stellt in der Regel eine grobe Pflichtverletzung dar (vgl. LAG München, DB 1978, 894).

2. Antrag auf Auflösung des Betriebsrats[1]

An das
Arbeitsgericht ......

Antrag im Beschlussverfahren mit den Beteiligten

1. Firma ......
   Verfahrensbevollmächtigte: Rechtsanwälte ......

– Antragstellerin –[2]

2. Betriebsrat der Firma ......, vertreten durch den Betriebsratsvorsitzenden

– Antragsgegner –[3]

wegen Auflösung des Betriebsrats.

Namens und in Vollmacht der Antragstellerin leiten wir ein Beschlussverfahren ein und beantragen:

Der Antragsgegner wird aufgelöst.[4]

Begründung:

Die Antragstellerin produziert ...... und beschäftigt in ihrem Betrieb in ...... ca. ...... Arbeitnehmer. Der Antragsgegner ist der in diesem Betrieb gebildete Betriebsrat.

Die Antragstellerin beabsichtigt, den Betriebsteil ...... stillzulegen und ...... Arbeitnehmer betriebsbedingt zu entlassen. Nachdem ein Interessenausgleich zwischen den Beteiligten nicht zustande kam, rief die Antragstellerin am ...... die Einigungsstelle an. Diese hat seither vier Sitzungen durchgeführt. Eine Einigung über einen Interessenausgleich und einen Sozialplan konnte noch nicht erzielt werden.

Der Antragsgegner hat nach der letzten Sitzung der Einigungsstelle die Belegschaft schriftlich zu einem unbefristeten Generalstreik aufgefordert.

Beweis: ......

Diesem Aufruf sind nahezu 40% der Belegschaft gefolgt, obwohl die Antragstellerin auf die Rechtswidrigkeit eines Streiks hingewiesen hat. Mit ausdrücklicher Billigung des Antragsgegners versperrten mehrere Betriebsratsmitglieder die Betriebstore und ließen arbeitswillige Arbeitnehmer nicht an ihre Arbeitsplätze. Der Betrieb ist vollständig zum Stillstand gekommen. Der Antragstellerin entstand bisher ein Schaden in Höhe von EUR ...... (genaue Darlegung des Sachverhalts mit vorsorglichem Beweisantritt).[5]

Der Antragsgegner hat damit seine betriebliche Friedenspflicht nach § 74 Abs. 2 BetrVG grob verletzt. Er ist deshalb aufzulösen.

Rechtsanwalt

Anmerkungen

1. a) Die grobe Verletzung der betriebsverfassungsrechtlichen Pflichten des Betriebsrats kann nach § 23 Abs. 1 BetrVG zu dessen Auflösung führen. Da es sich hierbei um eine besonders gravierende Sanktion handelt, kann eine grobe Pflichtverletzung nur angenommen werden, wenn unter Berücksichtigung aller Umstände des Einzelfalls die weitere Amtsausübung des Betriebsrats untragbar ist (vgl. BAG v. 22. 6. 1993, AP Nr. 22

zu § 23 BetrVG 1972 = NZA 1994, 184). In der Praxis sind Anträge auf Auflösung des Betriebsrats daher selten. Eine einstweilige Verfügung, die dem Betriebsrat seine Amtsausübung bis zum rechtskräftigen Abschluss des Auflösungsverfahrens untersagt, ist nicht zulässig (vgl. FKHES, § 23 Rdn. 43; *Richardi/Thüsing*, BetrVG § 23 Rdn. 65; GK-*Oetker*, § 23 Rdn. 109).

b) Mit dem rechtskräftigen Auflösungsbeschluss des Arbeitsgerichts endet die Amtszeit des Betriebsrats. Vom Auflösungsbeschluss werden auch die Ersatzmitglieder erfasst (vgl. *Richardi/Thüsing*, BetrVG § 23 Rdn. 67). Nach § 23 Abs. 2 BetrVG hat das Arbeitsgericht unverzüglich einen Wahlvorstand für die Neuwahl einzusetzen. Dies hat von Amts wegen zu geschehen. Das Verfahren zur Bestellung des Wahlvorstandes kann mit dem Auflösungsverfahren verbunden werden (vgl. unten Anm. 4).

c) Das Rechtsschutzinteresse für den Auflösungsantrag entfällt, sobald während des Beschlussverfahrens die Amtszeit des Betriebsrats gem. § 21 BetrVG (entweder durch abgeschlossene Neuwahl des Betriebsrats oder durch Ablauf der Wahlperiode) endet. Denn ein nicht mehr bestehender Betriebsrat kann nicht aufgelöst werden (vgl. GK-*Oetker*, § 23 Rdn. 107). Tritt der Betriebsrat während des Beschlussverfahrens, aber vor Ablauf seiner Wahlperiode zurück, so wird damit das Auflösungsverfahren nicht gegenstandslos. Denn solange der Betriebsrat bis zur abgeschlossenen Wahl eines neuen Betriebsrats gem. § 22 BetrVG die Geschäfte weiterführt, ist ein Rechtsschutzinteresse für den Auflösungsantrag gegeben. Dies gilt auch dann, wenn alle Betriebsratsmitglieder und Ersatzmitglieder individuell ihr Amt niederlegen und dies als kollektiver Rücktritt anzusehen ist. Denn sonst bestünde die Gefahr, dass die Betriebsrats- und Ersatzmitglieder durch ihren Rücktritt dem Auflösungsverfahren die Grundlage entziehen, andererseits aber die Geschäfte faktisch weiterführen und die Neuwahl des Betriebsrats verzögern (vgl. FKHES, § 23 Rdn. 41; ebenso zur Wahlanfechtung BAG, 29. 5. 1991, AP Nr. 5 zu § 4 BetrVG 1972 = NZA 1992, 74; teilweise a. A. *Richardi/Thüsing*, BetrVG § 23 Rdn. 60; GK-*Oetker,* § 23 Rdn. 104). Im Ergebnis ist damit das Rechtsschutzinteresse für den Auflösungsantrag gegeben, solange die Wahlperiode des Betriebsrats noch nicht abgelaufen ist und solange noch kein neuer Betriebsrat (maßgebend ist die Bekanntgabe des Wahlergebnisses) gewählt worden ist.

2. Antragsberechtigt sind ein Viertel der wahlberechtigten Arbeitnehmer, der Arbeitgeber oder eine im Betrieb vertretene Gewerkschaft. Hier gelten die gleichen Grundsätze wie beim Antrag auf Ausschluss eines Betriebsratsmitgliedes aus dem Betriebsrat (vgl. oben E. XIII. 1. Anm. 2). Der Betriebsrat selbst ist nicht antragsbefugt. Dies ist gesetzlich deshalb nicht vorgesehen, weil der Betriebsrat jederzeit mehrheitlich seinen Rücktritt beschließen kann.

3. Antragsgegner ist stets der Betriebsrat. Da dessen Auflösung insgesamt beantragt wird, ist eine Beteiligung der einzelnen Betriebsratsmitglieder nicht geboten. Die im Betrieb vertretenen Gewerkschaften sind keine Beteiligten gem. § 83 Abs. 3 ArbGG, wenn sie von ihrem Antragsrecht keinen Gebrauch machen (so zum Wahlanfechtungsverfahren BAG v. 19. 9. 1985, AP Nr. 12 zu § 19 BetrVG 1972 = NZA 1986, 368).

4. Die Frage, ob das Verfahren zur Auflösung des Betriebsrats mit dem Verfahren zur Bestellung eines Wahlvorstandes gem. § 23 Abs. 2 BetrVG verbunden werden kann, ist streitig. Nach einem Teil des Schrifttums ist eine solche Verbindung möglich: Der Auflösungsantrag und der Antrag auf Bestellung eines Wahlvorstands könnten verbunden werden, wobei dann, wenn der Antrag von der Gewerkschaft oder von Arbeitnehmern gestellt werde, diese Vorschläge für die Größe und Zusammensetzung des Wahlvorstands machen könnten. Da ein Wahlvorstand erst nach rechtskräftigem Abschluss des Auflösungsverfahrens bestellt werden könne, könne das Arbeitsgericht im Beschlusstenor, in welchem es den Betriebsrat auflöst, zugleich die Bestellung des Wahlvorstands unter der Rechtsbedingung vorsehen, dass die Auflösung rechtskräftig werde. Dadurch würde ein längerer betriebsratsloser Zustand vermieden (vgl. DKK-*Trittin*, § 23 Rdn. 63; FKHES, § 23 Rdn. 46 f.). Die Gegenmeinung hält grundsätzlich zwei getrennte Verfahren und Beschlüsse für erforderlich. Da das Arbeitsgericht unverzüglich nach Rechtskraft des Auflösungsbeschlusses von Amts wegen einen Wahlvorstand einzusetzen habe, sei ein längerer betriebsratsloser Zustand nicht zu befürchten. Gegen eine Verbindung der Auflösungs- und Bestellungsentscheidung spreche, dass für den Bestellungsantrag das Gericht erster Instanz zuständig sei, auch wenn das Auflösungsverfahren in einem höheren Rechtszug abgeschlossen werde (vgl. *Richardi/Thüsing*, BetrVG § 23 Rdn. 69 f.; GK-*Oetker*, § 23 Rdn. 117 f.). Eine höchstrichterliche Rechtsprechung liegt zu dieser Streitfrage noch nicht vor. Die besseren Argumente dürften für eine Verbindung des Auflösungsantrags und des Antrags auf Bestellung eines Wahlvorstandes sprechen. Denn trotz der arbeitsgerichtlichen Beschleunigungsmaxime (§ 9 Abs. 1 ArbGG) muss angesichts der hohen Belastung der Arbeitsgerichte ein längerer betriebsratsloser Zustand zwischen Rechtskraft der Auflösungsentscheidung und Bestellung eines Wahlvorstands befürchtet werden.

Auch wenn die Einsetzung eines Wahlvorstands gem. § 23 Abs. 2 BetrVG von Amts wegen zu erfolgen hat, könnte der Auflösungsantrag wie folgt ergänzt werden: „2. Für den Fall der rechtskräftigen Auflösung des Betriebsrats bestellt das Arbeitsgericht einen aus drei wahlberechtigten Personen bestehenden Wahlvorstand zur Durchführung der Betriebsratswahl im Betrieb der Antragstellerin in ……. Der Wahlvorstand setzt sich zusammen aus 1. Frau …… als Vorsitzende, 2. Herrn …… als weiteres Mitglied und 3. Frau …… als weiteres Mitglied". Zu beachten ist, dass die Frage, ob der Arbeitgeber Vorschläge für die Größe und Zusammensetzung des Wahlvorstands machen kann, streitig ist (gegen ein Vorschlagsrecht: DKK-*Trittin*, § 23 Rdn. 64; FKHES, § 23 Rdn. 47; für ein Vorschlagsrecht: *Richardi/Thüsing*, BetrVG § 23 Rdn. 71; GK-*Oetker*, § 23 Rdn. 119).

5. Der Betriebsrat kann nur wegen einer groben Verletzung seiner gesetzlichen Pflichten aufgelöst werden. Diese Pflichtverletzung muss vom Betriebsrat als Ganzem ausgegangen sein. Ein Verschulden ist nicht erforderlich (vgl. BAG 22. 6. 1993, AP Nr. 22 zu § 23 BetrVG 1972 = NZA 1994, 184). Ein grober Verstoß kann nur angenommen werden, wenn unter Berücksichtigung aller Umstände die weitere Amtsausübung des Betriebsrats untragbar erscheint (vgl. BAG aaO. Zu den Einzelheiten der groben Pflichtverletzung vgl. DKK-*Trittin*, § 23 Rdn. 48 ff.; FKHES, § 23 Rdn. 35 ff.; *Richardi/Thüsing*, BetrVG § 23 Rdn. 51 ff.; GK-*Oetker*, § 23 Rdn. 96 ff.).

3. Anträge gegen den Arbeitgeber wegen grober Pflichtverletzungen[1]

Variante 1:

An das
Arbeitsgericht ……

Antrag im Beschlussverfahren mit den Beteiligten

1. Betriebsrat der Firma ……, vertreten durch den Betriebsratsvorsitzenden
Verfahrensbevollmächtigte: Rechtsanwälte ……

– Antragsteller –[2]

2. Firma ……

– Antragsgegnerin –[3]

wegen grober Pflichtverletzung.

Namens und in Vollmacht des Antragstellers[4] leiten wir ein Beschlussverfahren ein und beantragen:

Die Antragsgegnerin wird verpflichtet, die Anwesenheit eines Betriebsratsmitglieds auf Wunsch des jeweiligen Mitarbeiters bei Personalgesprächen über die Beurteilung der Leistungen und die Möglichkeiten der beruflichen Entwicklung zu dulden.[5]

Begründung:

Die Antragsgegnerin vertreibt ...... und beschäftigt in ihrem Betrieb in ...... ca. ...... Arbeitnehmer. Der Antragsteller ist der in diesem Betrieb gebildete Betriebsrat. Die Personalleitung der Antragsgegnerin führt einmal jährlich ein sog. „Leistungsgespräch" mit allen Angestellten des Vertriebs. In diesen Gesprächen werden die konkreten Leistungen jedes einzelnen Angestellten und die Möglichkeiten des hierarchischen Aufstiegs und von Gehaltserhöhungen besprochen. Der Antragsteller wurde zu diesen Gesprächen zu keinem Zeitpunkt zugezogen.

Der Antragsteller hat erfahren, dass die Antragsgegnerin in zahlreichen Fällen den Wunsch des betroffenen Mitarbeiters, ein Betriebsratsmitglied hinzuzuziehen, kategorisch und ohne Begründung abgelehnt hat (genaue Schilderung des Sachverhalts unter vorsorglichem Beweisantritt). Sie hat damit in grober Weise gegen ihre Verpflichtungen aus §§ 82 Abs. 2, 2 Abs. 1 BetrVG verstoßen.[6]

Der Antragsteller hat am ...... beschlossen, das vorliegende Verfahren einzuleiten und mit seiner Durchführung die im Aktivrubrum genannten Verfahrensbevollmächtigten zu beauftragen.

Beweis: Zeugnis des Betriebsratsvorsitzenden

Rechtsanwalt

Variante 2:

An das

Arbeitsgericht ......

Antrag im Beschlussverfahren mit den Beteiligten

1. Betriebsrat der Firma ......, vertreten durch den Betriebsratsvorsitzenden
   Verfahrensbevollmächtigte: Rechtsanwälte ......

– Antragsteller –

2. Firma ......

– Antragsgegnerin –

wegen grober Pflichtverletzung.

Namens und in Vollmacht des Antragstellers[4] leiten wir ein Beschlussverfahren ein und beantragen:

1. Der Antragsgegnerin wird untersagt, in ihrem Betrieb ...... Leiharbeitnehmer zu beschäftigen, ohne dass der Antragsteller vorher seine Zustimmung erteilt hat oder die fehlende Zustimmung des Antragstellers vom Arbeitsgericht ersetzt worden ist, und ohne dass die Antragsgegnerin das Verfahren nach § 100 BetrVG eingeleitet hat.[7]

2. Für jeden Fall der Zuwiderhandlung gegen die Verpflichtung aus Ziff. 1 wird ein Ordnungsgeld bis zu EUR 10.000,– angedroht.[8]

Begründung:

Die Antragsgegnerin produziert ...... und beschäftigt in ihrem Betrieb in ...... ca. ...... Arbeitnehmer. Der Antragsteller ist der in diesem Betrieb gebildete Betriebsrat.

Zum Ausgleich von Personalengpässen setzt die Antragsgegnerin in schwankendem Umfang Leiharbeitnehmer in ihrem Betrieb ein. Im Rahmen eines Vertrages mit der Zeitarbeitsfirma ...... nahmen nach den Informationen des Antragstellers in den vergangenen sechs Monaten mindestens 15 Leiharbeitnehmer erstmals ihre Beschäftigung in der Produktion auf. Der Antragsteller wurde von der Antragsgegnerin über die Arbeitsaufnahme dieser Personen weder unterrichtet noch um seine Zustimmung gebeten.

Der Antragsteller hat die Antragsgegnerin mehrmals darauf hingewiesen, dass die Arbeitsaufnahme der Leiharbeitnehmer eine mitbestimmungspflichtige Einstellung gem. § 14 Abs. 3 AÜG, § 99 Abs. 1 BetrVG ist.

Beweis: ......

Die Antragsgegnerin hat durch ihren Personalleiter jedes Mal darauf hingewiesen, dass dies zwar sein möge, die Durchführung des Beteiligungsverfahrens in diesen Fällen aber ein unnötiger Formalismus sei; auch zukünftig würden Leiharbeitnehmer ohne förmliche Unterrichtung des Betriebsrats als Aushilfen in der Produktion eingesetzt werden.

Beweis: ......

Diese Absicht der Antragsgegnerin verstößt gröblich gegen das Mitbestimmungsrecht des Antragstellers bei der Übernahme von Leiharbeitnehmern zu Arbeitsleistungen gem. § 14 Abs. 3 AÜG, § 99 Abs. 1 BetrVG.[9] Der Antragsgegnerin ist daher diese Vorgehensweise zu untersagen.[10]

Die Androhung eines Ordnungsgeldes bereits im Erkenntnisverfahren ist zur Erreichung der Unterlassungsverpflichtung der Antragsgegnerin geboten.

Der Antragsteller hat am ...... beschlossen, das vorliegende Verfahren einzuleiten und mit seiner Durchführung die im Aktivrubrum genannten Verfahrensbevollmächtigten zu beauftragen.

Beweis: Zeugnis des Betriebsratsvorsitzenden

Rechtsanwalt

Anmerkungen

1. a) Nach § 23 Abs. 3 Satz 1 BetrVG können der Betriebsrat oder eine im Betrieb vertretene Gewerkschaft bei groben Verstößen des Arbeitgebers gegen seine betriebsverfassungsrechtlichen Verpflichtungen beim Arbeitsgericht beantragen, dem Arbeitgeber aufzugeben, eine Handlung zu unterlassen, die Vornahme einer Handlung zu dulden oder eine Handlung vorzunehmen.

Wie im Falle des § 23 Abs. 1 BetrVG dient diese Regelung dazu, ein gesetzmäßiges Verhalten des Arbeitgebers sicherzustellen (vgl. BAG AP Nr. 2 zu § 77 BetrVG 1972 Tarifvorbehalt). Dabei bezieht sich § 23 Abs. 3 Satz 1 BetrVG auf die Verletzung von Pflichten „aus diesem Gesetz". Damit sind die betriebsverfassungsrechtlichen Pflichten des Arbeitgebers gemeint, die ihren Standort nicht nur im Betriebsverfassungsgesetz, sondern auch in anderen Gesetzen oder in Tarifverträgen haben (z.B. § 17 Abs. 2 KSchG; vgl. FKHES, § 23 Rdn. 60). Hierzu zählt auch die Respektierung des Tarifvorrangs nach § 77 Abs. 3 BetrVG, der den Betriebspartnern den Abschluss von Betriebsvereinbarungen verbietet, die von bindenden Tarifverträgen abweichen (vgl. BAG AP Nr. 2 zu § 77 BetrVG 1972 Tarifvorbehalt). Begründetheitsvoraussetzung für den Antrag gem. § 23 Abs. 3 Satz 1 BetrVG ist stets das Vorliegen einer „groben" Pflichtverletzung.

b) Die praktische Bedeutung dieser Norm wird dadurch eingeschränkt, dass zahlreiche betriebsverfassungsrechtliche Vorschriften eigenständige Anspruchsgrundlagen enthalten. Nach mittlerweile h.M. enthält § 23 Abs. 3 BetrVG keine abschließende Regelung für Handlungs-, Duldungs- und Unterlassungsansprüche (vgl. BAG v. 3. 5. 1994, AP Nr. 23 zu § 23 BetrVG 1972 = NZA 1995, 40; DKK-*Trittin*, § 23 Rdn. 117 ff.; FKHES, § 23 Rdn. 97; *Richardi/Thüsing*, BetrVG § 23 Rdn. 75 ff.; GK-*Oetker*, § 23 Rdn. 124 ff.; a. A. *Hess/Schlochauer/Glaubitz*, § 23 Rdn. 81). So haben der Betriebsrat bzw. die Gewerkschaft zahlreiche eigenständige Erfüllungsansprüche, die sich unmittelbar aus der jeweiligen Norm ergeben (z. B. § 2 Abs. 2 BetrVG: Anspruch der Gewerkschaft auf Zutritt zum Betrieb; § 40 BetrVG: Anspruch des Betriebsrats auf Tragung der Kosten der Betriebsratstätigkeit; § 93 BetrVG: Anspruch des Betriebsrats auf innerbetriebliche Stellenausschreibung; § 111 BetrVG: Anspruch auf Unterrichtung und Beratung bei Betriebsänderungen; weitere Beispiele bei FKHES, § 23 Rdn. 97). Neben diese Erfüllungsansprüche treten verschiedene Unterlassungsansprüche, die unmittelbar aus der gesetzlichen Norm hergeleitet werden (z. B. folgt aus § 78 BetrVG der Anspruch des Betriebsrats auf Unterlassung von Störungen der Betriebsratsarbeit, vgl. BAG v. 12. 11. 1997, NZA 1998, 559, und oben E. III. 2. Anm. 7). Streitig war und ist, ob dem Betriebsrat Ansprüche auf Unterlassung von Mitbestimmungsrechtsverletzungen zustehen. Für die Mitbestimmung des Betriebsrats in sozialen Angelegenheiten hat das BAG in einer grundlegenden Entscheidung vom 3. 5. 1994 einen allgemeinen Anspruch auf Unterlassung von Mitbestimmungsrechtsverletzungen bejaht (AP Nr. 23 zu § 23 BetrVG 1972 = NZA 1995, 40; vgl. ausführlich oben E. IX. 2. Anm. 4). Dieser Anspruch besteht als selbstständiger Nebenleistungsanspruch zu § 87 BetrVG und setzt nicht das Vorliegen einer groben Pflichtverletzung voraus.

Für die Mitbestimmung in personellen und wirtschaftlichen Angelegenheiten hat das BAG noch nicht abschließend Stellung genommen (vgl. etwa BAG v. 6. 12. 1994, AP Nr. 24 zu § 23 BetrVG 1972 = NZA 1995, 488 und im Übrigen GK-*Oetker*, § 23 Rdn. 147 ff.). Von einem Teil des Schrifttums werden auch hier Unterlassungsansprüche bejaht (vgl. DKK-*Trittin*, § 23 Rdn. 131; FKHES, § 23 Rdn. 102, § 111 Rdn. 130 ff.; *Herbst/Bertelsmann/Reiter*, Arbeitsgerichtliches Beschlussverfahren, 2. Auflage 1998, Rdn. 780 a. A. *Richardi/Annuß*, BetrVG § 111 Rdn. 166 ff.; vgl. ferner das Antragsmuster oben E. XI. 3).

Die vorgenannten Erfüllungs- und Unterlassungsansprüche können unabhängig von § 23 Abs. 3 Satz 1 BetrVG geltend gemacht werden. In zahlreichen Fällen hat der Antrag nach § 23 Abs. 3 Satz 1 BetrVG, der eine grobe Pflichtverletzung verlangt, daher keine praktische Bedeutung.

c) Die Frage, ob im Verfahren nach § 23 Abs. 3 BetrVG der Erlass einer einstweiligen Verfügung zulässig ist, ist streitig (zum Meinungsstand vgl. *Richardi/Thüsing*, BetrVG § 23 Rdn. 103; GK-*Oetker*, § 23 Rdn. 189 m.w.N.). Die besseren Gründe sprechen für die Zulässigkeit einer einstweiligen Verfügung. Nur so kann möglichst rasch ein gesetzmäßiges Verhalten des Arbeitgebers erreicht werden.

d) Gesetzesverletzungen des Arbeitgebers können sich in gravierenden Fällen als Straftaten oder Ordnungswidrigkeiten nach §§ 119 bis 121 BetrVG darstellen. Zu den Einzelheiten dieser Sanktionstatbestände vgl. FKHES, §§ 119–121; *Richardi*, BetrVG §§ 119–121.

2. Das Beschlussverfahren wird nur auf Antrag eingeleitet. Antragsberechtigt sind der Betriebsrat und jede im Betrieb vertretene Gewerkschaft. Andere Personen oder Einrichtungen (z. B. die Arbeitnehmer, die Einigungsstelle oder die Jugend- und Auszubildendenvertretung) sind nicht antragsberechtigt (vgl. BAG v. 15. 8. 1978, AP Nr. 1 zu § 23 BetrVG 1972). Die Antragsberechtigung des Betriebsrats und der im Betrieb vertretenen Gewerkschaft ist davon unabhängig, ob der konkrete Antragsteller Gläubiger der verletzten Pflicht ist. Der Betriebsrat kann mit seinem Antrag nach § 23 Abs. 3 BetrVG Rechte der Gewerkschaft (z. B. das Zutrittsrecht zum Betrieb) verfolgen, während umgekehrt die Gewerkschaft die Verletzung von Betriebsratsrechten (z. B. von Mitbestimmungsrechten) zum Antragsgegenstand machen kann; die Antragsteller handeln insoweit in gesetzlicher Prozessstandschaft (vgl. FKHES, § 23 Rdn. 69; *Richardi/Thüsing*, BetrVG § 23 Rdn. 95; GK-*Oetker*, § 23 Rdn. 187).

3. Antragsgegner ist stets der Arbeitgeber.

4. Die ordnungsgemäße Bevollmächtigung des Rechtsanwalts erfordert eine entsprechende Beschlussfassung des Betriebsrats zur Verfahrenseinleitung (vgl. Muster E. IV. 1. Anm. 4) und zur Anwaltsbeauftragung (vgl. Muster E. IV. 2. Anm. 2).

5. Dieser Antrag auf Duldung einer Handlung kann mit der Androhung eines Ordnungsgeldes für jeden Fall der Zuwiderhandlung verbunden werden. Zur Formulierung vgl. Variante 2.

6. a) Der Antrag ist nur dann begründet, wenn ein grober Verstoß des Arbeitgebers gegen seine betriebsverfassungsrechtlichen Pflichten vorliegt. Eine grobe Pflichtverletzung liegt nur dann vor, wenn besonders schwerwiegend gegen Sinn und Zweck des Gesetzes verstoßen wurde (vgl. BAG v. 16. 7. 1991, AP Nr. 44 zu § 87 BetrVG 1972 Arbeitszeit = NZA 1992, 70). Dieser Verstoß kann in einer einmaligen, schwerwiegenden Rechtsverletzung liegen. Er kann aber auch bei mehreren leichteren Pflichtverstößen vorliegen, die sich wiederholen und in ihrer Gesamtheit eine grobe Pflichtverletzung darstellen. Ein schuldhaftes Verhalten des Arbeitgebers wird dabei nicht verlangt, da eine Individualisierung auf einzelne Personen im Gesetz nicht vorgesehen ist. Entscheidend ist, ob der Verstoß objektiv erheblich ist (vgl. BAG AP Nr. 41, Nr. 44 zu § 87 BetrVG 1972 Arbeitszeit; FKHES, § 23 Rdn. 64). Vgl. im Einzelnen zu den Voraussetzungen des § 23 Abs. 3 Satz 1 BetrVG FKHES § 23 Rdn. 49 ff.; GK-*Oetker,* § 23 Rdn. 165 ff.; *Richardi/Thüsing*, BetrVG § 23 Rdn. 88 ff.

b) Nach § 82 Abs. 2 Satz 2 BetrVG kann ein Arbeitnehmer, der mit dem Arbeitgeber ein Personalgespräch über die Berechnung und Zusammensetzung seines Arbeitsentgeltes, seine Leistungen und die Möglichkeiten seiner beruflichen Entwicklung führt, ein Mitglied des Betriebsrats zum Gespräch hinzuziehen. Es handelt sich hierbei um einen Individualanspruch des Arbeitnehmers, den dieser im Urteilsverfahren einklagen kann.

Mit der beharrlichen Weigerung, Betriebsratsmitglieder zu Personalgesprächen hinzuzuziehen, verstößt der Arbeitgeber jedoch gegen den Grundsatz der vertrauensvollen Zusammenarbeit und seine betriebsverfassungsrechtlichen Pflichten aus §§ 82 Abs. 2, 2 Abs. 1 BetrVG; dies rechtfertigt einen Antrag gem. § 23 Abs. 3 BetrVG (vgl. Arbeitsgericht Hamm, BB 1980, 42; vgl. zum Meinungsstand BAG AP Nr. 1, 2 zu § 82 BetrVG 1972; FKHES, § 82 Rdn. 15; *Richardi/Thüsing*, BetrVG § 82 Rdn. 19; GK-*Wiese,* § 82 Rdn. 20).

7. Der Unterlassungsantrag muss mit besonderer Sorgfalt formuliert werden. Insbesondere gilt es, einen zu weitgehenden **Globalantrag** zu vermeiden. Denn ist auch nur eine Fallgestaltung denkbar, in der der Arbeitgeber nicht zur Unterlassung verpflichtet ist, so ist der Antrag nach der ständigen Rechtsprechung des BAG insgesamt als unbegründet zurückzuweisen (vgl. im Einzelnen oben E. IX. 1. Anm. 3). Bei einem Unterlassungsantrag im Rahmen der Mitbestimmung des Betriebsrats in personellen Angelegenheiten ist darauf zu achten, dass unbestimmte Rechtsbegriffe wie „Einstellung" oder „Versetzung" in der Antragsformulierung nicht verwendet werden. Denn es besteht zwischen den Beteiligten möglicherweise Streit über die Auslegung dieser unbestimmten Rechtsbegriffe im konkreten Fall. Damit würde eine dem Antrag stattgebende, gerichtliche Entscheidung ins Leere gehen; dementsprechend sieht das Bundesarbeitsgericht einen Antrag auf Unterlassung der „Einstellung" eines Arbeitnehmers als unbestimmt und unzulässig an (vgl. BAG v. 17. 3. 1987, AP Nr. 7 zu § 23 BetrVG 1972 = NZA 1987, 786). Das gilt erst recht für einen Antrag, in dem nur der Gesetzeswortlaut des § 99 Abs. 1 BetrVG wiedergegeben wird (vgl. BAG, aaO.). Den Antrag, dem Arbeitgeber die „Beschäftigung" eines Arbeitnehmers zu untersagen, hat das BAG in der genannten Entscheidung als zulässig angesehen (aaO.).

8. Die Androhung eines Ordnungs- oder Zwangsgeldes ist bereits im Erkenntnisverfahren zulässig (vgl. FKHES, § 23 Rdn. 79). Zur Vollstreckung einer Pflicht zur Unterlassung oder zur Duldung einer Handlung ist ein Ordnungsgeld und zur Erzwingung einer Handlung ein Zwangsgeld anzudrohen (§ 23 Abs. 3 BetrVG). Der Antrag auf Androhung eines Ordnungsgeldes/Zwangsgeldes ist ein sog. uneigentlicher Hilfsantrag, der nur für den Fall des Obsiegens mit Antrag Ziff. 1 gestellt sein soll. Insbesondere bei Unterlassungsansprüchen erscheint die Androhung eines Ordnungsgeldes zur Beschleunigung der Zwangsvollstreckung sinnvoll. Die Androhung und Verhängung von Ordnungs- oder Zwangshaft ist nicht möglich (§ 85 Abs. 1 Satz 3 ArbGG).

9. Die Arbeitsaufnahme von echten und unechten Leiharbeitnehmern im Entleiherbetrieb ist eine Einstellung gem. § 99 Abs. 1 BetrVG. Denn die Leiharbeitnehmer werden tatsächlich in den Betrieb eingegliedert. Es können sich personelle und sonstige Auswirkungen auf die Stammbelegschaft ergeben; zudem ist der Betriebsrat des Entleiherbetriebs zum Teil auch für die Leiharbeitnehmer zuständig (vgl. FKHES, § 99 Rdn. 53; § 5 Rdn. 212 ff.; *Richardi/Thüsing*, BetrVG § 99 Rdn. 49 ff.). Diese Auslegung des Einstellungsbegriffs wird in § 14 Abs. 3 AÜG ausdrücklich bestätigt.

10. a) Bei Anträgen nach § 23 Abs. 3 BetrVG auf Unterlassung eines bestimmten Verhaltens ist das Vorliegen einer Wiederholungsgefahr nach der Rechtsprechung des BAG nicht erforderlich (vgl. BAG v. 18. 4. 1985, AP Nr. 5 zu § 23 BetrVG 1972 = NZA 1985, 783; 29. 2. 2000, AP Nr. 105 zu § 87 BetrVG 1972 Lohngestaltung = NZA 2000, 1066; FKHES, § 23 Rdn. 65). Diese Auffassung ist nicht zwingend, da die Unterlassungsentscheidung nach § 23 Abs. 3 BetrVG in die Zukunft gerichtet ist und der Regelung kein Straf- oder Disziplinarcharakter zukommt (vgl. GK-*Oetker*, § 23 Rdn. 176 f.). Der von § 23 Abs. 3 BetrVG unabhängige, allgemeine Unterlassungsanspruch (vgl. oben Anm. 1) setzt hingegen stets eine Wiederholungsgefahr voraus; für diese besteht eine tatsächliche Vermutung, es sei denn, dass besondere Umstände einen neuen Eingriff des Arbeitgebers unwahrscheinlich machen (vgl. BAG v. 29. 2. 2000, aaO.). Im Musterfall ist eine Wiederholungsgefahr zweifellos gegeben. Auch unter Berücksichtigung der Auffassung des BAG wird empfohlen, immer vorsorglich darzulegen, ob und aus welchen Gründen eine Wiederholungsgefahr anzunehmen ist.

b) Die Möglichkeit des Betriebsrats, bei groben Verletzungen der Mitbestimmungsrechte in personellen Angelegenheiten nach § 23 Abs. 3 BetrVG vorzugehen, wird nicht durch § 101 BetrVG ausgeschlossen. Beide Regelungen stehen nebeneinander (vgl. BAG v. 17. 3. 1987, AP Nr. 7 zu § 23 BetrVG 1972 = NZA 1987, 786 sowie ausführlich oben E. X. 2.).

4. Antrag auf Zwangsvollstreckung eines Unterlassungsbeschlusses[1]

An das
Arbeitsgericht[2] ......

Antrag im Beschlussverfahren mit den Beteiligten

1. Betriebsrat der Firma ......, vertreten durch den Betriebsratsvorsitzenden
   Verfahrensbevollmächtigte: Rechtsanwälte ......

– Antragsteller –[3]

2. Firma ......

– Antragsgegnerin –[4]

wegen Zwangsvollstreckung eines Unterlassungsbeschlusses.

Namens und in Vollmacht des Antragstellers[5] leiten wir ein Beschlussverfahren ein. Wir übersenden die vollstreckbare Ausfertigung des Beschlusses des Arbeitsgerichts ...... vom ...... (Az.: ......) und beantragen:
Gegen die Antragsgegnerin wird ein Ordnungsgeld festgesetzt.[6]

Begründung:

Die Antragsgegnerin produziert ...... und beschäftigt in ihrem Betrieb in ...... ca. ...... Arbeitnehmer. Der Antragsteller ist der in diesem Betrieb gebildete Betriebsrat.

Mit einem Beschluss vom ...... gab das Arbeitsgericht ...... auf Antrag des Antragstellers der Antragsgegnerin auf, folgende Handlung zu unterlassen: ...... Das Arbeitsgericht stützte diese Entscheidung antragsgemäß auf § 23 Abs. 3 Satz 1 BetrVG und stellte fest, dass die Antragsgegnerin mit dieser Handlung gegen ihre betriebsverfassungsrechtlichen Pflichten in grobem Maße verstoßen hat. Zugleich drohte das Arbeitsgericht für jeden Fall der Zuwiderhandlung gegen die Unterlassungsverpflichtung ein Ordnungsgeld bis zu EUR 10.000,– an.[7] Der Beschluss des Arbeitsgerichts wurde der Antragsgegnerin am ...... zugestellt und ist rechtskräftig (ggf. Schilderung des Instanzenzugs).[8] Dem Antragsteller wurde am ...... eine vollstreckbare Ausfertigung des Beschlusses erteilt.

Die Antragsgegnerin hat nach Rechtskraft des Beschlusses vorsätzlich erneut die untersagte Handlung vorgenommen und der tenorierten Unterlassungsverpflichtung entgegengehandelt (genaue Schilderung).[9] Zur Durchsetzung der gerichtlichen Entscheidung ist daher ein empfindliches Ordnungsgeld festzusetzen.[10]

Der Antragsteller hat am ... beschlossen, das vorliegende Verfahren einzuleiten und mit seiner Durchführung die im Aktivrubrum genannten Verfahrensbevollmächtigten zu beauftragen.

Beweis: Zeugnis des Betriebsratsvorsitzenden

Rechtsanwalt

Anlagen: Vollstreckbare Ausfertigung des Beschlusses; Zustellungsnachweis

Anmerkungen

1. Gegenstand des Musterantrags ist die Vollstreckung eines arbeitsgerichtlichen Unterlassungsbeschlusses nach § 23 Abs. 3 Satz 1 BetrVG wegen eines groben Verstoßes des Arbeitgebers gegen seine betriebsverfassungsrechtlichen Pflichten. Der Beschluss nach § 23 Abs. 3 Satz 1 BetrVG kann in drei Varianten ergehen: Der Arbeitgeber kann verpflichtet werden, eine Handlung zu unterlassen, die Vornahme einer Handlung zu dulden oder eine Handlung vorzunehmen. Die Zwangsvollstreckung der Verpflichtung zur Unterlassung einer Handlung bzw. zur Duldung der Vornahme einer Handlung erfolgt nach § 23 Abs. 3 Satz 2 BetrVG durch die Festsetzung eines Ordnungsgeldes. Die Vollstreckung einer Verpflichtung des Arbeitgebers zur Vornahme einer bestimmten Handlung erfolgt durch Festsetzung eines Zwangsgeldes (§ 23 Abs. 3 Satz 3 BetrVG). Die Verhängung von Ordnungshaft oder Zwangshaft ist nicht zulässig (vgl. § 85 Abs. 1 Satz 3 ArbGG; FKHES, § 23 Rdn. 78).

2. Zuständig ist stets das Arbeitsgericht des ersten Rechtszuges. Das ist auch dann der Fall, wenn dem Unterlassungsantrag im Erkenntnisverfahren erst in der zweiten oder dritten Instanz stattgegeben wurde.

3. Das Vollstreckungsverfahren wird nur auf Antrag eingeleitet. Antragsberechtigt sind der Betriebsrat oder eine im Betrieb vertretene Gewerkschaft (§ 23 Abs. 3 Satz 4 BetrVG).

4. Antragsgegner ist stets der Arbeitgeber.

5. Die ordnungsgemäße Bevollmächtigung des Rechtsanwalts erfordert eine entsprechende Beschlussfassung des Betriebsrats zur Verfahrenseinleitung (vgl. Muster E. IV. 1. Anm. 4) und zur Anwaltsbeauftragung (vgl. Muster E. IV. 2. Anm. 2).

6. Das Gericht hat von Amts wegen über die Höhe des Ordnungsgeldes zu befinden. Die Bezifferung des festzusetzenden Ordnungsgeldes im Antrag ist unzweckmäßig, da dann, wenn das Gericht unter dem beantragten Betrag bleibt, eine Teilabweisung des Antrags erfolgen muss. Sinnvoller ist es, eine bestimmte Höhe des Ordnungsgeldes in der Antragsbegründung anzuregen (vgl. *Baumbach/Lauterbach/Albers/Hartmann*, ZPO, § 890 Rdn. 12). Die Höhe des Ordnungsgeldes und des Zwangsgeldes beträgt maximal EUR 10.000,– (§ 23 Abs. 3 Satz 5 BetrVG).

7. a) Die Festsetzung eines Ordnungsgeldes (bei der Verpflichtung zur Unterlassung einer Handlung oder zur Duldung der Vornahme einer Handlung) setzt dessen vorherige rechtskräftige Androhung voraus (vgl. FKHES, § 23 Rdnr. 79; *Richardi/Thüsing*, BetrVG § 23 Rdn. 107). Diese Androhung kann bereits im Erkenntnisverfahren erfolgen (vgl. oben E. XIII. 3. Anm. 9).
Ist das nicht der Fall, so ist die gerichtliche Androhung auf Antrag des Antragsberechtigten durch Beschluss nachzuholen.
Gegen den ein Ordnungsgeld androhenden Beschluss ist die sofortige Beschwerde statthaft (§ 85 Abs. 1 ArbGG, § 793 ZPO). Der Androhungsbeschluss muss das angedrohte Ordnungsgeld nicht beziffern.
b) Die Festsetzung eines Zwangsgeldes zur Erzwingung einer bestimmten Handlung des Arbeitgebers setzt keine vorherige Androhung voraus (vgl. FKHES, § 23 Rdn. 92; *Richardi/Thüsing*, BetrVG § 23 Rdn. 113; GK-*Oetker*, § 23 Rdn. 215). Das Zwangsgeld kann ohne vorherige Androhung sofort festgesetzt werden.

8. Die Zwangsvollstreckung ist nur zulässig, wenn die vorausgegangene Entscheidung des Arbeitsgerichts im Erkenntnisverfahren rechtskräftig geworden ist (§ 23 Abs. 3 Satz 2, 3 BetrVG). Eine vorläufige Vollstreckbarkeit des Beschlusses nach § 23 Abs. 3 BetrVG ist im Gesetz nicht vorgesehen.

9. Die Zuwiderhandlung des Arbeitgebers gegen die gerichtlich aufgegebene Verpflichtung ist im Einzelnen unter vorsorglichem Beweisantritt zu schildern. Im Falle der Verpflichtung zur Unterlassung einer Handlung oder zur Duldung der Vornahme einer Handlung kann der Sachverhalt, der Gegenstand des Erkenntnisverfahrens war, nicht zur Festsetzung eines Ordnungsgeldes herangezogen werden; vielmehr ist nach rechtskräftigem Abschluss des Erkenntnisverfahrens ein erneuter, einschlägiger Pflichtverstoß des Arbeitgebers erforderlich. Dieser Pflichtverstoß muss schuldhaft sein, wobei Fahrlässigkeit genügt (vgl. FKHES, § 23 Rdn. 84; GK-*Oetker,* § 23 Rdn. 208 f.). Anders ist es bei der Verpflichtung des Arbeitgebers, eine bestimmte Handlung vorzunehmen. Tut er dies trotz rechtskräftigen Beschlusses im Erkenntnisverfahren nicht, so ist er durch ein Zwangsgeld hierzu anzuhalten, ohne dass ein schuldhaftes Verhalten im Vollstreckungsverfahren zu prüfen ist (vgl. FKHES, § 23 Rdn. 93; *Richardi/Thüsing,* BetrVG § 23 Rdn. 114; GK-*Oetker,* § 23 Rdn. 218).

10. Der Antragsteller kann eine bestimmte Höhe des Ordnungsgeldes bzw. Zwangsgeldes anregen (vgl. oben Anm. 6).

F. Einstweiliger Rechtsschutz im Beschlussverfahren

I. Vorbemerkungen

Schrifttum: Altvater, AiB 1984, 85 f.; *Baumbach/Lauterbach/Albers/Hartmann,* Zivilprozessordnung, 60. Auflage 2002; *Bengelsdorf,* DB 1990, 1233 ff. und 1282 ff.; *Dannhäuser,* PersV 1987, 403 ff.; *Däubler/Kittner/Klebe/Schneider* (Hrsg.), Kommentar zum Betriebsverfassungsgesetz, 8. Auflage 2002; *Dütz,* DB 1984, 115 ff.; *Dütz,* ZfA 1972, 247 ff.; *Ehrich/Hoß,* NZA 1996, 1075 ff.; *Eich,* DB 1983, 657 ff.; *ErfK/Eisemann* (Bearb.), Erfurter Kommentar zum Arbeitsrecht, 3. Aufl. 2003; *Faecks,* NZA 1985, Beilage 3, 6 ff.; *Fitting/Kaiser/Heither/Engels,* Betriebsverfassungsgesetz, 21. Auflage München 2002; *Fuchs/Richter,* PersR 1986, 105 ff.; *Germelmann/Matthes/Prütting,* Arbeitsgerichtsgesetz, 4. Auflage, München 2002; *Grunsky,* Arbeitsgerichtsgesetz, 7. Auflage München 1995; *Haas,* ZTR 1994, 3 ff.; *Hauck,* Arbeitsgerichtsgesetz, 1996; *Heinze,* RdA 1996, 273 ff.; *Heinze,* NZA 1988, 568 ff.; *Held,* DB 1985, 1691 ff.; *Herbst/Bertelsmann/Reiter,* Arbeitsgerichtliches Beschlussverfahren, 2. Auflage, 1998; *Kroll,* Datenschutz im Arbeitsverhältnis, 1981; *Lipke,* DB 1980, 2239 ff.; *Lorenzen/Schmitt/Etzel/Gerhold/Albers/Schlatmann,* Bundespersonalvertretungsgesetz; *Löwisch,* NZA 1996, 1016 ff.; MünchArbR/*Matthes* (Bearb.), Münchener Handbuch zum Arbeitsrecht, Band 3 München 2, Aufl. 2000; *Olderog,* NZA 1985, 753 ff.; *Pahle,* NZA 1980, 51 ff.; *Pflüger,* NZA 1988, 45 ff.; *Richardi,* Betriebsverfassungsgesetz, 7. Auflage 1998; *Roemheld,* SAE 1979, 165 ff.; *Sabottig,* PersR 1990, 16 f.; *Schaub,* Arbeitsrechtshandbuch, 10. Auflage 2002; *Schaub,* Arbeitsrechtliche Formularsammlung und Arbeitsgerichtsverfahren, 7. Auflage 1999; *Schmidt,* DB 1968, 397 ff.; *Simitis/Weiss,* DB 1973, 1240 ff.; *Thomas Putzo,* Zivilprozessordnung, 23. Auflage 2001; *Wahsner/Borgaes,* BlStSozArbR 1980, 49 ff.; *Weihrauch,* AuR 1963, 39 ff.; *Wenzel,* DB 1972, 1290 ff.; *Zöller,* Zivilprozessordnung, 22. Auflage 2001.

1. Allgemeine Verfahrensvoraussetzungen

1.1 Zulässigkeit

a) **Betriebsverfassungsrecht.** Während der Geltung des BetrVG 1952 war streitig, ob im Beschlussverfahren einstweilige Maßnahmen überhaupt zulässig seien. Zum damaligen Streitstand siehe u. a. *Weihrauch,* AuR 1963, 39 und *Schmidt,* DB 1968, 397. Seit dem Inkrafttreten des BetrVG 1972 ist die Zulässigkeit einstweiliger Verfügungen in § 85 Absatz 2 ArbGG geregelt, der auf die Vorschriften des Achten Buches der Zivilprozessordnung verweist. Somit sind Sicherungsverfügungen gemäß § 935 ZPO, Regelungsverfügungen gemäß § 940 ZPO und die von der Rechtsprechung entwickelten Leistungs- und Befriedungsverfügungen zulässig. Nach Auffassung von Grunsky (*Grunsky,* ArbGG, § 85 Rdn. 24) findet entgegen dem Wortlaut von § 85 Absatz 2 ArbGG das Arrestverfahren i. S. v. § 916 ZPO Anwendung, wenn es um die Durchsetzung von Kostenersatzansprüchen von Betriebsverfassungsorganen bzw. deren Mitglieder gegenüber dem Arbeitgeber geht (so auch *Germelmann/Matthes* § 85 Rdnr. 28).

Sinn und Zweck des einstweiligen Rechtsschutzes im Beschlussverfahren ist es, das Verfassungsgebot des Art. 19 Absatz 4 GG auf effektiven Rechtsschutz zu gewährleisten. Ziel ist es, einen Status quo zu sichern (*Heinze,* RdA 1996, 273, 274), also die

Schaffung vollendeter Tatsachen zu verhindern und den Beteiligten Gelegenheit zu geben, von ihren jeweiligen Rechten Gebrauch zu machen. Unterschiedliche Auffassungen bestehen hierbei, ob durch eine Regelungsverfügung i. S. v. § 940 ZPO nur ein materieller Anspruch, der im Hauptverfahren durchsetzbar ist, gesichert werden kann (*Heinze,* RdA 1996, 273, 285) oder ob auch ein Rechtsverhältnis vorläufig sicherungsfähig ist (*Richardi* § 76 Rdn. 34; *Pahle,* NZA 1980, 51, 54, *Olderog,* NZA 1985, 753, 759 f.).

b) Personalvertretungsrecht. Nach § 83 Absatz 2 BPersVG sowie entsprechenden Vorschriften in den Landespersonalvertretungsgesetzen i. V. m. § 85 Absatz 2 ArbGG ist der Erlass einstweiliger Verfügungen auch im personalvertretungsrechtlichen Beschlussverfahren möglich. Verschiedentlich haben zweitinstanzliche Verwaltungsgerichte gleichwohl einstweilige Verfügungen für unzulässig erklärt (BayVGH vom 26. 3. 1990, PersR 1990, 236; OVG Saarland vom 12. 7. 1989, PersR 1990, 15). Als Begründung führten sie an, im Verwaltungsverfahren gegen Behörden wären nur Verfügungen mit einem feststellenden Inhalt möglich, da auf Grund der Dienstaufsicht und des Disziplinarrechtes eine Beachtung gerichtlicher Entscheidungen ausreichend gesichert sei. Außerdem würden die von der Behörde getroffenen Maßnahmen selbst bei Vorhandensein eines Mitbestimmungsrechtes zunächst wirksam bleiben, da die feststellende Verfügung nicht zu deren Nichtigkeit führt.

Die Entscheidungen der Obergerichte stießen in der Literatur (*Sabottig,* PersR 1990, 16 f.; *Dannhäuser,* PersV 1987, 403, 409; *Fuchs/Richter,* PersR 1986, 105 ff.) und bei Untergerichten (VG Bremen vom 5. 7. 1990, PersR 1991, 34 f.; VG Hamburg, PersR 1989, 204 ff.) auf Kritik. Sie verwiesen auf den Wortlaut des § 83 Absatz 2 BPersVG i. V. m. § 85 Absatz 2 ArbGG und bejahten grundsätzlich eine Zulässigkeit einstweiliger Verfügungen.

Das Bundesverwaltungsgericht hat in einem Beschluss im Jahre 1990 im Rahmen eines obiter dictums angenommen, vor dem Hintergrund des verfassungsrechtlich verbürgten Gebotes auf wirksamen Rechtsschutzes seien einstweilige Verfügungen auch im personalvertretungsrechtlichen Beschlussverfahren zulässig. So könne beispielsweise der Dienststellenleiter verpflichtet werden, ein Beteiligungsverfahren einzuleiten oder fortzusetzen (BVerwG vom 27. 7. 1990, AP Nr. 25 zu § 72 a ArbGG 1979, Divergenz). Im Anschluss an diese Entscheidung haben auch zweitinstanzliche Verwaltungsgerichte einstweilige Verfügungen im personalvertretungsrechtlichen Beschlussverfahren als zulässig erachtet (HessVGH vom 27. 2. 1992, ZTR 1992, 264; OVG Bremen vom 31. 7. 1991, PersV 1993, 91 ff., BayVGH vom 1. 2. 1995, PersR 1996, 28 ff.; OVG NW vom 15. 1. 1997, PersR 1997, 174 f.) und auch das Bundesverwaltungsgericht hat seine Rechtsprechung fortentwickelt (zur Abwendung der Verletzung von Beteiligungsrechten BVerwG vom 18. 5. 1994, BVerwG vom 20. 1. 1993, PersR 1993, 307; BVerwG vom 16. 9. 1994 n. v.).

1.2 Verfügungsanspruch

Voraussetzung für den Erlass einer einstweiligen Verfügung ist das Bestehen eines Verfügungsanspruchs. Dieser kann sich aus Gesetz, Tarifvertrag oder Betriebsvereinbarung ergeben (*Germelmann/Matthes/Prütting* § 85 Rdn. 31). Welche Art der einstweiligen Verfügung Anwendung findet sowie die Reichweite des vorläufigen Rechtsschutzes lassen sich nicht allgemein bestimmen, sondern nur in Abhängigkeit von dem zu sichernden Anspruch.

Das BetrVG unterscheidet bei den Rechten des Betriebsrates zwischen den Mitwirkungs- und Mitbestimmungsrechten. Zu den Mitwirkungsrechten gehören die Informationsrechte sowie die Anhörungs- und Beratungsrechte. Zu den Mitbestimmungsrechten zählen die Widerspruchs- oder Vetorechte und die Zustimmungsrechte, die auch als Mitbestimmungsrechte im engeren Sinne bezeichnet werden und bei denen dem Betriebsrat ein Initiativrecht zusteht (*Schaub,* Arbeitsrechtshandbuch, § 230 I).

Meier

a) **Mitbestimmungsrechte.** Die Durchführung betrieblicher Bildungsmaßnahmen i. S. v. § 98 BetrVG, die Aufstellung von Personalfragebögen und Auswahlrichtlinien i. S. v. §§ 94, 95 BetrVG sowie die sozialen Angelegenheiten i. S. v. § 87 BetrVG sind als Zustimmungsrechte ausgestaltet. Das Bundesarbeitsgericht nimmt, nachdem der erste Senat seine Entscheidung aus dem Jahre 1983 (BAG vom 22. 2. 1983, DB 1983, 1926 ff.) durch Beschluss vom 3. 5. 1994 (BAG vom 3. 5. 1994, DB 1994, 2450 ff.) korrigiert hat, bei den Zustimmungsrechten an (entschieden für § 87 BetrVG), diese könnten durch einstweilige Unterlassungsverfügungen durchgesetzt werden (siehe auch BAG vom 18. 4. 1985, DB 1985, 2511 ff.) Die ehemals vertretene Auffassung des ersten Senats des BAG, die auch Unterstützung in der Literatur (*Bengelsdorf*, DB 1990, 1233 ff. und 1282 ff., MünchArbR/*Matthes*, § 329 Rdn. 15 ff.) fand, ging noch davon aus, Unterlassungsansprüche durch den Betriebsrat wären ausschließlich auf § 23 Absatz 3 BetrVG zu stützen, da sich ein allgemeiner Unterlassungsanspruch nicht aus dem BetrVG entnehmen ließe.

Eine einstweilige Verfügung ist jedoch ausgeschlossen, sofern der Betriebsrat oder der Arbeitgeber in diesem Verfahren die Anwendung einer gewünschten Regelung in mitbestimmungspflichtigen Angelegenheiten bis zur Einigung mit dem Betriebspartner durchsetzen will (*Germelmann/Matthes/Prütting* § 85 Rdn. 40). Dieser Konflikt ist gemäß § 87 Absatz 2 BetrVG i. V. m. § 76 Absatz 5 BetrVG vor der Einigungsstelle auszutragen, die bei fehlender Einigung der Beteiligten letztlich verbindlich nach eigenem Ermessen entscheidet und deren Spruch nicht durch eine einstweilige Verfügung vorweggenommen oder ersetzt werden kann (*Olderog*, NZA 1985, 753, 756). Die Einigungsstelle selbst ist allerdings berechtigt, eine vorläufige Regelung zu schaffen (LAG Düsseldorf vom 16. 5. 1990, NZA 1991, 29, 30; FKHE § 76 Rdn. 43 a; vgl. unten 2.1.).

Die Errichtung einer Einigungsstelle sowie die Frage, ob die Einigungsstelle überhaupt zuständig ist, das heißt, ob überhaupt eine mitbestimmungspflichtige Maßnahme vorliegt, lassen sich nach überwiegender Ansicht nicht durch ein einstweiliges Verfügungsverfahren feststellen, da insoweit ein gesondertes Verfahren gemäß § 98 Absatz 1 ArbGG i. V. m. § 76 Absatz 2 BetrVG vorgesehen ist (*Schaub*, Formularsammlung, § 117 II; *Germelmann/Matthes/Prütting* § 85 Rdn. 40; a. A. LAG Düsseldorf vom 8. 2. 1991, LAGE § 98 ArbGG Nr. 19). Eine entsprechende Verweisung auf § 85 Absatz 2 ArbGG und damit auf die Vorschriften des Achten Buches der ZPO fehlt in § 98 Absatz 1 Satz 2 ArbGG.

Dagegen hat das LAG Frankfurt ein einstweiliges Verfügungsverfahren für zulässig erachtet, in dem die Rechtsfrage geklärt werden sollte, ob dem Betriebsrat bei einer Produktionseinstellung als Folge eines in einem anderen Tarifbezirk laufenden Streiks ein Mitbestimmungsrecht nach § 87 Absatz 1 Nr. 2 oder 3 BetrVG zusteht (LAG Frankfurt vom 3. 4. 1978, NJW 1979, 783 f.). Das Gericht meint, die Zuständigkeit der Einigungsstelle gemäß § 87 Absatz 2 BetrVG sei nur gegeben, wenn die Betriebspartner sich nicht über eine Angelegenheit i. S. v. § 87 Absatz 1 BetrVG einigen können, nicht aber bereits hinsichtlich der Vorfrage, ob überhaupt ein mitbestimmungspflichtiger Tatbestand vorliegt. Die überwiegende Ansicht hält jedoch auf Grund des § 98 Absatz 1 Satz 1 ArbGG zunächst die Einigungsstelle für entscheidungsbefugt, deren Spruch aber gemäß § 76 Absatz 5 BetrVG einer gerichtlichen Überprüfung unterliegt (ErfK-*Eisemann* § 98 ArbGG Rdn. 1 und 2).

Der Betriebsrat hat bei den personellen Einzelmaßnahmen i. S. v. § 99 BetrVG ein Widerspruchsrecht und kann bei Missachtung seiner Rechte über § 101 BetrVG die Aufhebung der Maßnahme verlangen sowie gegebenenfalls ein Zwangsgeld gegen den Arbeitgeber festsetzen lassen. Überwiegend wird die Ansicht vertreten, § 101 BetrVG sei eine Spezialregelung, weshalb der Betriebsrat weder über § 23 Absatz 3 BetrVG noch im Wege einer einstweiligen Verfügung seine Rechte durchsetzen könne (*Grunsky* § 85 Rdn. 15; ArbG Münster vom 19. 11. 1990, DB 1991, 103 f.; FKHE § 100 Rdn. 1; siehe

hierzu auch Form. F. II. 6). Vereinzelt wird in der Literatur jedoch darauf hingewiesen, dass § 101 BetrVG die Mitbestimmungsrechte des Betriebsrates nur ungenügend
schützt, nämlich dann, wenn der Arbeitgeber Arbeitnehmer nur kurzfristig aushilfsweise
beschäftigt und dabei weder nach 100 BetrVG die Zustimmung des Betriebsrates einholt
noch gerichtlich ersetzen lässt. Derartige Verstöße lassen sich lediglich im Nachhinein
als Ordnungswidrigkeit i. S. v. § 121 BetrVG ahnden, womit die Interessen des Betriebsrates keinen umgehend wirksamen Schutz erfahren. Für derartige Fallgestaltungen wird
deshalb ein Rückgriff auf § 85 Absatz 2 ArbGG und damit auf den einstweiligen Rechtsschutz gefordert (*Lipke,* DB 1980, 2239 ff.).

b) **Mitwirkungsrechte.** Streitig ist, ob eine einstweilige Verfügung auch bei bloßen
Mitwirkungsrechten zulässig sein soll. Dieser Streit manifestiert sich insbesondere bei
der Frage, ob der Betriebsrat dem Arbeitgeber eine geplante Betriebsänderung i. S. v.
§ 111 BetrVG zeitweise untersagen kann, bis dieser mit dem Betriebsrat über einen Interessenausgleich verhandelt hat.

Ein solcher Unterlassungsanspruch wird von einigen Autoren (*Bengelsdorf,* DB 1990,
1233, 1234; *Eich,* DB 1983, 657, 658) und Landesarbeitsgerichten (LAG Düsseldorf
vom 14. 11. 1983, DB 1984, 511) vorwiegend mit der Begründung verneint, der Betriebsrat könne sonst im vorläufigen Rechtsschutzverfahren mehr erreichen als im
Hauptverfahren, in dem er eine Betriebsänderung nicht verhindern kann. Außerdem sei
eine weitere Sanktionsmöglichkeit als die in § 113 BetrVG bzw. bei groben Verstößen
nach § 23 Absatz 3 BetrVG gesetzlich nicht vorgesehen.

Die Gegenposition, ebenfalls im Schrifttum (*Dütz,* DB 1984, 115, 126) und von Landesarbeitsgerichten (LAG Berlin vom 7. 9. 1995, NZA 1996, 1284 ff., LAG Hamburg
vom 13. 11. 1981, DB 1982, 1522 ff.) vertreten, hält einen Unterlassungsanspruch für
zulässig, da ansonsten das Beteiligungsrecht des Betriebsrates entwertet sei. Sie verweisen in diesem Zusammenhang auf die herrschende Rechtsprechung, die einen allgemeinen Unterlassungsanspruch neben § 23 Absatz 3 BetrVG bejaht und auf die beschränkte
Schutzwirkung des § 113 BetrVG, der lediglich eine individualrechtliche Sanktionsmöglichkeit eröffnet, nicht jedoch die Beteiligungsrechte des Betriebsrates sichert.

Die dargestellten gegensätzlichen Positionen werden auch bei anderen bloßen Infor-
mations-, Anhörungs- und Beratungsrechten des Betriebsrates vertreten, wie sie sich beispielsweise aus § 90 BetrVG ergeben *(Dütz,* DB 1983, 115, 123).

c) **Betriebsratswahlen und Betriebsversammlungen.** Streit besteht in der Rechtsprechung und Literatur auch bei der Frage, ob durch einstweilige Verfügungen in laufende
Betriebsratswahlverfahren eingegriffen werden kann. Dies betrifft Konstellationen, mit
denen im Wege des einstweiligen Rechtsschutzes Betriebsratswahlen verhindert, ein bestimmtes Wahlverfahren durchgesetzt oder Wahlvorschläge bzw. Wahlberechtigte berücksichtigt werden sollen. Die Gegner halten einen einstweiligen Rechtsschutz unter
Hinweis auf die spezialgesetzliche Regelung der Wahlanfechtung in § 19 BetrVG nur in
wenigen Ausnahmefällen für möglich (*Heinze,* RdA 1986, 273, 286; *Held,* DB 1985,
1691 ff.). Der Erlass einer einstweiligen Verfügung mit der möglichen Konsequenz der
Herbeiführung einer betriebsratslosen Zeit wird lediglich für die Fälle bejaht, in denen
offensichtliche und grobe Verstöße gegen Wahlrechtsvorschriften zu einer Nichtigkeit
der Betriebsratswahl führen würden (LAG Köln vom 29. 3. 2001, BB 2001, 1356; LAG
Köln vom 27. 12. 1989, DB 1990, 539; LAG Frankfurt vom 21. 3. 1990, DB 1991, 239,
240; LAG Hamm vom 10. 4. 1975, DB 1975, 1176). Die Befürworter halten berichti-
gende Eingriffe in das Wahlverfahren für zulässig, weil dadurch spätere Anfechtungen
der Betriebsratswahl vermieden werden können, so dass das Wahlergebnis Bestand haben wird (FKHE § 18 Rdn. 21 ff.; LAG Baden-Württemberg vom 16. 9. 1996, AiB
1997, 599; LAG Hamm vom 6. 5. 1977, DB 1977, 1420; siehe hierzu auch Beispiel F. II. 13. 2.1 u. 13.2).

Eine Betriebsversammlung kann der Arbeitgeber wegen der zeitlichen Lage durch eine einstweilige Verfügung untersagen lassen (LAG Schleswig-Holstein vom 26. 6. 1991, AiB 1991, 391), nicht jedoch die Durchführung von Betriebsversammlungen zu einer bestimmten Zeit vorschreiben (LAG Düsseldorf vom 24. 10. 1972, DB 1972, 2212). Ein Verfügungsanspruch ist im Allgemeinen nicht gegeben, soweit im Wege des einstweiligen Rechtsschutzes vom Arbeitgeber die Freistellung von Arbeitnehmern zur Teilnahme an Betriebsversammlungen verlangt wird. Aus § 44 Absatz 1 Satz 1 BetrVG i. V. m. § 17 BetrVG ergibt sich nämlich, dass es einer solchen Freistellung durch den Arbeitgeber nicht bedarf (LAG München vom 11. 3. 1987, LAGE § 44 BetrVG 1972 Nr. 5) Anderes kann jedoch gelten, wenn der Arbeitgeber Maßnahmen getroffen hat, die die Arbeitnehmer in ihrer Entscheidungsfreiheit bzgl. der Teilnahme an der Betriebsversammlung beeinträchtigt haben und diese Beeinträchtigung nicht anders zu beseitigen ist (siehe hierzu auch Beispiel F. II. 12.1).

d) **Schulungsveranstaltungen.** Umstritten ist weiter, ob eine einstweilige Verfügung zulässig ist, wenn die Betriebspartner über die Erforderlichkeit einer Arbeitsbefreiung zur ordnungsgemäßen Durchführung von Betriebsratsaufgaben, den Erwerb von Kenntnissen durch Schulungsveranstaltungen oder über den Umfang von bezahlter Freistellung anlässlich dieser Veranstaltungen streiten. Soweit dies verneint wird, berufen sich die Vertreter dieser Auffassung darauf, dem Arbeitgeber seien lediglich die teilnehmenden Betriebsratsmitglieder sowie die Dauer der Schulungsveranstaltung bekannt zu geben *(Heinze,* RdA 1986, 273, 287; LAG Düsseldorf vom 6. 9. 1995, NZA-RR 1996, 12 ff.; ArbG Kassel vom 31. 8. 1973, AuR 1974, 28), da die Betriebsratstätigkeit nicht von einer Genehmigung seitens des Arbeitgebers abhängig ist. Dagegen hält das LAG Hamm einen Verfügungsanspruch auf Freistellung eines Betriebsratsmitgliedes für die Teilnahme an einer Schulung für gegeben (LAG Hamm vom 23. 11. 1972, 8 BVTa 37/72, DB 1972, 2489 ff.).

Sieht der Arbeitgeber bei Schulungsveranstaltungen die betrieblichen Notwendigkeiten nicht ausreichend berücksichtigt, entscheidet die Einigungsstelle verbindlich. Bis zum Spruch der Einigungsstelle wird mit Verweis auf eine vergleichbare Konstellation wie in § 87 BetrVG einstweiliger Rechtsschutz als ausgeschlossen angesehen *(Heinze,* RdA 1986, 273, 287; a. A. LAG Frankfurt vom 3. 4. 1978, NJW 1979, 783).

Weigert sich der Arbeitgeber, die durch Betriebsratstätigkeit anfallenden Kosten zu tragen, kann die Verpflichtung durch eine einstweilige Verfügung geltend gemacht werden *(Ehrich/Hoß,* NZA 1996, 1075, 1076). Dies gilt auch, wenn der Arbeitgeber die notwendigsten Mittel für eine Betriebsratstätigkeit nicht zur Verfügung stellt *(Faecks,* NZA 1985, Beilage 3, 6, 13). Dazu zählen ferner die Kosten für Sachverständige gemäß § 80 Absatz 3 BetrVG, deren Hinzuziehung durch den Betriebsrat zur Erfüllung seiner Aufgaben erforderlich ist (siehe dazu die Beispiele F. II. 3.1, 3.2 u. 3.3).

Eine vorläufige Freistellung eines Betriebsratsmitgliedes von seiner beruflichen Tätigkeit i. S. v. § 38 Absatz 2 BetrVG kann durch eine einstweilige Verfügung im Beschlussverfahren gegen den Arbeitgeber durchgesetzt werden (LAG Frankfurt vom 18. 9. 1979 AZ: 4 TaBV 57/79 n. v.).

e) **Weitere Rechte aus dem BetrVG.** Das Zutrittsrecht eines Gewerkschaftsbeauftragten zum Betrieb lässt sich im Wege einer einstweiligen Verfügung durchsetzen (LAG Hamm vom 9. 3. 1972, AP Nr. 1 zu § 2 BetrVG 1972). Dies bestreitet Heinze, der darin eine unzulässige Vorwegnahme der Hauptsache sieht und außerdem dem Wortlaut von § 2 Absatz 2 BetrVG entnimmt, es bestehe kein Zutrittsrecht für einen bestimmten, konkreten Gewerkschaftsbeauftragten. Demnach soll eine einstweilige Verfügung nur in Betracht kommen, wenn der Arbeitgeber der Gewerkschaft das Zutrittsrecht allgemein bestreitet oder einer Gewerkschaft nur ein Gewerkschaftsbeauftragter zur Verfügung stehen sollte *(Heinze,* RdA 1986, 274, 287).

Der Betriebsrat kann eine Unterlassungsverfügung auf § 78 Satz 1 BetrVG stützen, wenn die Besorgnis besteht, durch die Veröffentlichung von Betriebsratskosten auf einer Betriebsversammlung werde die Tätigkeit des Betriebsrates künftig beeinträchtigt (BAG vom 19. 7. 1995, NZA 1996, 332 ff.).

Über einen Antrag des Arbeitgebers im einstweiligen Rechtsschutzverfahrens nach § 102 Absatz 5 Satz 2 BetrVG, ihn von der Weiterbeschäftigungspflicht nach § 102 Absatz 5 Satz 1 BetrVG zu entbinden, ist im Urteilsverfahren und nicht im Beschlussverfahren zu entscheiden. Zwar ist der vorliegende Weiterbeschäftigungsanspruch eines gekündigten Arbeitnehmers im Betriebsverfassungsgesetz geregelt, beeinflusst jedoch nur den Umfang der arbeitsvertraglichen Verpflichtungen. Der Weiterbeschäftigungsanspruch findet seine Grundlage daher im einzelnen Arbeitsvertrag (LAG Düsseldorf vom 29. 5. 1974, DB 1974, 1342 f.).

Der Arbeitgeber kann bei laufendem Kündigungsschutzverfahren einem Betriebsratsmitglied, dem mit Zustimmung des Betriebsrates gekündigt wurde, durch eine einstweilige Verfügung eine weitere Betriebsratstätigkeit untersagen. Das Arbeitsverhältnis gilt mit Zugang der Kündigung als beendet, so dass auch die Betriebsratstätigkeit endet und ein Ersatzmitglied gemäß § 25 BetrVG nachrückt (FKHE § 24 Rdn. 15). Ein Verfügungsanspruch zugunsten des Betriebsratsmitgliedes auf weitere Ausübung seiner Betriebsratstätigkeit ist nicht gegeben (LAG Nürnberg vom 10. 10. 1985, LAGE § 25 BetrVG 1972 Nr. 2; LAG Düsseldorf vom 27. 2. 1975, DB 1975, 700). Das LAG Düsseldorf (LAG Düsseldorf vom 22. 2. 1977, DB 1977, 1053 f.; ebenso LAG Frankfurt vom 17. 8. 1976, AuR 1977, 90) stellt indessen nicht auf den Zugang der Kündigung ab, sondern auf den rechtskräftigen Abschluss des Kündigungsschutzprozesses und hält bis dahin eine einstweilige Verfügung für zulässig.

Als zulässig wird eine derartige Verfügung jedenfalls immer dann erachtet, wenn die Kündigung offensichtlich unbegründet ist oder das Betriebsratsmitglied einen Weiterbeschäftigungsanspruch hat (LAG Schleswig-Holstein vom 2. 9. 1976, DB 1976, 1974 f.; LAG Düsseldorf vom 22. 2. 1977, DB 1977, 1053 f.).

Ausgeschlossen ist es hingegen für den Arbeitgeber, im Wege der einstweiligen Verfügung die Zustimmung des Betriebsrates zur außerordentlichen Kündigung eines Wahlvorstandsmitgliedes (ArbG Herne vom 4. 2. 1981, ARST 1981, 150, 151) oder eines Betriebsratsmitgliedes (FKHE § 103 Rdn. 28) ersetzen zu lassen, weil ansonsten die Hauptsache vorweggenommen werden würde.

Eine Einsichtnahme in Gutachten, die vom Arbeitgeber wegen der Gefährdung von Betriebs- bzw. Geschäftsgeheimnissen verweigert wird, kann vom Betriebsrat oder dem Wirtschaftsausschuss nicht mit Hilfe der einstweiligen Verfügung durchgesetzt werden. Mit § 109 BetrVG besteht eine spezielle Regelung, die bei Streitigkeiten der Betriebspartner über das Vorliegen von Betriebsgeheimnissen die Zuständigkeit der Einigungsstelle begründet (ArbG Wetzlar vom 28. 2. 1989, NZA 1989, 443 f.).

f) **Sonstige Verfügungsansprüche.** Das BAG (Urteil vom 28. 8. 1991, AP Nr. 2 zu § 85 ArbGG 1979; a. A. *Germelmann/Matthes/Prütting* § 85 Rdn. 31) verneint einen Verfügungsanspruch des Betriebsrates auf **Einhaltung eines Interessenausgleiches.** Hingegen wird die **Durchführung eines Einigungsstellenspruchs** im Wege der einstweiligen Verfügung für zulässig erachtet (LAG Berlin vom 8. 11. 1990, BB 1991, 206 f.).

Über § 122 Absatz 2 Satz 2 InsO, der auf das Beschlussverfahren des Arbeitsgerichtsgesetzes verweist, kann der **Insolvenzverwalter** mit Hilfe einer einstweiligen Verfügung die **Zustimmung** des Arbeitsgerichtes gemäß § 122 Absatz 2 Satz 1 InsO **zur Betriebsänderung** beantragen. Dies gilt für den Fall, dass nicht innerhalb von drei Wochen nach Verhandlungsbeginn oder schriftlicher Aufforderung zur Aufnahme von Verhandlungen ein Interessenausgleich zustande kommt. Das Arbeitsgericht erteilt die Zustimmung zur Betriebsänderung, wenn die wirtschaftliche Lage des Unternehmens unter Berücksichtigung der sozialen Belange der Arbeitnehmer dies erfordert (*Löwisch,* NZA 1996, 1016, 1017).

1.3 Verfügungsgrund

Ein Verfügungsgrund ist gegeben, wenn die Besorgnis i. S. v. § 935 ZPO besteht, die Verwirklichung eines Rechts werde ohne den Erlass einer einstweiligen Verfügung vereitelt oder wesentlich erschwert. Insoweit gelten dieselben Grundsätze wie im Zivilprozess (*Löwisch,* NZA 1996, 1016, 1017). Die Erforderlichkeit für den Erlass einer einstweiligen Verfügung liegt vor, wenn mit einer rechtskräftigen Entscheidung im Hauptverfahren nicht mehr bis zum Beginn der Durchführung einer mitbestimmungspflichtigen Maßnahme zu rechnen ist (LAG Frankfurt vom 11. 8. 1987, BB 1988, 68 f.) Dabei dienen einstweilige Verfügungen nicht dazu, schnell einen materiellen Anspruch durchzusetzen, sondern sie sollen eine tatsächliche Durchsetzbarkeit von Ansprüchen im Hauptverfahren ermöglichen. Außerdem wird die Auffassung vertreten, die einstweilige Regelung müsse auch im Interesse der von dem streitgegenständlichen Sachverhalt betroffenen Arbeitnehmer geboten sein (BAG vom 3. 5. 1994, NZA 1995, 40–43 zu B. III. 3; LAG Köln vom 23. 8. 1996, ARST 1997, 93).

Die Gefährdung des Anspruchs muss nicht bewiesen, sondern glaubhaft gemacht werden i. S. v. § 936 ZPO i. V. m. § 920 Absatz 2 ZPO. Dabei bezieht sich die Glaubhaftmachung, die regelmäßig durch eidesstattliche Versicherung erfolgt, auf die Tatsachen, die den Verfügungsanspruch stützen sollen (BAG vom 28. 8. 1991, AP Nr. 2 zu § 85 ArbGG 1979). Die eidesstattliche Versicherung soll eine eigenständige Darstellung enthalten (BGH vom 13. 1. 1988, NJW 1988, 2045, 2046). Soweit keine Glaubhaftmachung erfolgt, hat das Gericht auf ein ergänzendes Vorbringen hinzuwirken und bei Vorliegen entsprechender Anhaltspunkte den Sachverhalt selbst zu ermitteln (BAG vom 11. 3. 1998, DB 1998, 1821 f.; BAG vom 25. 9. 1986, DB 1987, 1202 ff.).

An einem Verfügungsgrund mangelt es immer dann, wenn der Antragsteller nach Rücknahme des Antrages in einem vorangegangenen einstweiligen Verfügungsverfahren ein neues Verfahren bei gleichbleibendem Sachverhalt einleitet (ArbG Berlin vom 18. 5. 1990, BB 1990, 2050).

Kein Verfügungsgrund ist grundsätzlich dem zuzubilligen, der sich für seine Maßnahme soviel Zeit nimmt, wie es bestehende Regelungen höchstens zulassen. So fehlt es für eine einstweilige Verfügung im Allgemeinen an einem Verfügungsgrund, wenn der Verfügungskläger für die Berufung gegen das abweisende Urteil des Arbeitsgerichts die Berufungseinlegungs- und begründungsfrist ausschöpft (LAG Köln vom 30. 4. 1993, 13 Sa 127/93, n. v.). Dazu gehört es auch, wenn sich der Antragsteller zu spät entschließt, den Antrag auf Erlass der einstweiligen Verfügung zu stellen und es dadurch dem Gericht wegen der kurzen, bis zum Eintritt des abzuwendenden Ereignisses noch gegebenen Zeit unmöglich ist, eine mündliche Verhandlung anzuberaumen, obwohl das Gericht eine solche mündliche Verhandlung für erforderlich hält. Das wird im Allgemeinen der Fall sein, wenn die begehrte Entscheidung die Hauptsache im Wesentlichen vorwegnimmt und praktisch unumkehrbare Verhältnisse schafft (LAG Köln vom 13. 8. 1996, 11 Ta 173/96, n. v.).

Der Verfügungsgrund ist keine materielle Verfügungsvoraussetzung, sondern gilt als Prozessvoraussetzung, die das einstweilige Verfügungsverfahren erst eröffnet. Dies hat zur Konsequenz, dass eine ablehnende Entscheidung wegen fehlender Dringlichkeit oder mangelnder Glaubhaftmachung nur die Zulässigkeit und nicht die Begründetheit des Antrages berührt, so dass derselbe Antrag nachgebessert und dann erneut zur Entscheidung gestellt werden kann (*Wenzel,* DB 1972, 1290, 1291), wenn dadurch keine erhebliche Verzögerung eintritt.

1.4 Rechtsschutzbedürfnis

Das Rechtsschutzbedürfnis für den Erlass einer einstweiligen Verfügung kann entfallen sein, wenn bei einem Unterlassungsanspruch wegen Zeitablauf keine Wiederholungsgefahr mehr besteht, oder der Antragsgegner den Anspruch zwischenzeitlich erfüllt hat (*Zöller/Vollkommer* § 926 Rdn. 12). Ferner auch dann, wenn der Antragsteller im Vorhinein auf die Geltendmachung seiner Rechte wirksam verzichtet hat, oder er schon durch einen vollstreckbaren Hauptsachebeschluss anderweitig hinreichend gesichert ist. Außerdem ist ein Rechtsschutzinteresse auch dann regelmäßig zu verneinen, wenn über denselben Anspruch bereits eine Entscheidung in der Hauptsache getroffen wurde (LAG Berlin vom 24. 7. 1989, LAGE § 85 ArbGG Nr. 3). Derartige Fälle sind selten und können schon beim Verfügungsgrund berücksichtigt werden (*Zöller/Vollkommer* § 935 Rdn. 5).

1.5 Vorwegnahme der Hauptsache

Wie im Zivilprozess gilt auch für den einstweiligen Rechtsschutz im Arbeitsrechtsprozess, dass die Hauptsache nicht durch einstweilige Verfügungen vorweggenommen werden darf (*Heinze,* RdA 1996, 273, 274). Eine solche Vorwegnahme liegt zum Beispiel vor, wenn der Betriebsrat seine Unterlassungs- und Beseitigungsansprüche im Eilverfahren durchsetzt und damit eine zumindest zeitweise Regelung in Bezug auf die Hauptsache erreicht. Ferner führen auch Leistungs- und Befriedigungsverfügungen zu einer Vorwegnahme der Hauptsache, wenn beispielsweise dem Arbeitgeber durch einstweilige Verfügung aufgegeben wird, dem Betriebsrat notwendige Arbeitsmittel zur Verfügung zu stellen. Eine solche Vorwegnahme der Hauptsache muss aber für zulässig erachtet werden, wenn ansonsten das Gebot effektiven Rechtsschutzes aus Art. 19 Absatz 4 GG missachtet sein würde und in der Folge mögliche Rechte des Antragstellers nicht mehr durchsetzbar wären.

Um die Rechte des Antragsgegners zu wahren, ist in derartigen Fallgestaltungen eine umfassende Interessenabwägung durch die Gerichte vorzunehmen. Außerdem sind an die Darlegung und die Glaubhaftmachung des Verfügungsgrundes gesteigerte Anforderungen zu stellen (*Faecks,* NZA 1985, Beilage 3, 6, 16). Dies gilt umso mehr als, bei einstweiligen Verfügungen im Beschlussverfahren gemäß § 85 Absatz 2 Satz 2 ArbGG ein Schadensersatzanspruch nach § 945 ZPO ausgeschlossen ist.

Dagegen ist der auf die Feststellung eines bestimmten Rechts gerichtete Antrag stets ausschließlich ein solcher zur Hauptsache. Es wird von vornherein die endgültige Entscheidung in der Sache begehrt. Im einstweiligen Verfügungsverfahren des betriebsverfassungsrechtlichen Beschlussverfahrens ist daher ein Feststellungsantrag unzulässig (LAG Köln vom 6. 10. 1989, LAGE § 2 BetrVG 1972 Nr. 7).

2. Verfahrensgrundsätze

2.1 Zuständigkeit

Aus § 85 Absatz 2 ArbGG i. V. m. §§ 937, 943 ZPO ergibt sich **die Zuständigkeit des Arbeitsgerichtes** als Gericht der Hauptsache für den Erlass einstweiliger Verfügungen. Sofern die Hauptsache schon beim Landesarbeitsgericht anhängig ist, gilt dieses auch als zuständiges Gericht im einstweiligen Rechtsschutzverfahren (*Germelmann/Matthes/ Prütting* § 85 Rdn. 42). Steht die Hauptsache in der Revisionsinstanz zur Entscheidung an, bleiben die Arbeitsgerichte zuständig (*Heinze,* RdA 1986, 273, 275). Entsprechend wird bei Personalvertretungsstreitigkeiten die Zuständigkeit des **Verwaltungs- bzw. Oberverwaltungsgerichtes** begründet.

Ob darüber hinaus auch das **Amtsgericht in dringenden Fällen** nach § 942 Absatz 1 ZPO zuständig ist, wird unterschiedlich beurteilt. Dagegen spricht, dass die Vorschriften über das Beschlussverfahren in der ordentlichen Gerichtsbarkeit keine Anwendung finden, die einstweilige Verfügung aber im Beschlussverfahren ergehen soll (*Grunsky* § 85 Rdn. 17; so auch *Altvater*, AiB 1984, 85, 86, in seiner Kritik an einer einstweiligen Verfügung des Amtsgerichts Böblingen vom 15. 5. 1984). Die Gegenposition hält das Amtsgericht unter der Prämisse für zuständig, dass dieses die Vorschriften des arbeitsgerichtlichen Beschlussverfahrens anwendet (*Heinze*, RdA 1986, 273, 275) und der Sitz der Arbeitsgerichtes wesentlich schwieriger zu erreichen ist als der Sitz des Amtsgerichtes (*Dütz*, ZfA 1972, 247, 252).

Soweit die **Einigungsstelle** gemäß § 87 Absatz 2 Satz 1 BetrVG verbindlich entscheiden kann, besteht kein Grund, ihr die Kompetenz für eine **einstweilige Regelung** abzusprechen, da sich eine solche vorläufige Entscheidung nur als ein Minus zur endgültigen Regelung darstellt. Somit kann auch die Einigungsstelle Maßnahmen von Betriebspartnern, bei denen Mitbestimmungsrechte möglicherweise missachtet wurden, vorläufig untersagen bis eine endgültige Entscheidung getroffen werden kann (FKHE § 76 Rdn. 43a; *Olderog*, NZA 1985, 753, 759). Eine solche provisorische Regelung hat aber nicht den Charakter einer einstweiligen Verfügung i. S. v. §§ 935, 940 ZPO (*Richardi*, § 76 Rdn. 33). Insoweit fehlt es an einer gesetzlichen Zuständigkeitsnorm für die Einigungsstelle.

2.2 Verfahrensart

Im Arbeitsgerichtsprozess wird zwischen dem **Urteils- und Beschlussverfahren** unterschieden. Das Urteilsverfahren gilt gemäß § 2 ArbGG für bürgerliche Rechtsstreitigkeiten zwischen Arbeitnehmern und Arbeitgebern bzw. zwischen Tarifvertragsparteien. Im Beschlussverfahren entscheiden die Arbeitsgerichte gemäß § 2a Absatz 1 Nr. 1 ArbGG insbesondere bei kollektivrechtlichen Streitigkeiten aus dem Betriebsverfassungsgesetz. Beide Verfahrensarten schließen sich gegenseitig aus (*Grunsky*, § 2a Rdn. 2) und begründen eine ausschließliche Zuständigkeit der Arbeitsgerichte. Die Wahl der Verfahrensart ist daher nicht in das Belieben der Beteiligten gestellt.

Bei **Konkurrenzproblemen** zwischen beiden Verfahrensarten erfolgt eine Zuordnung zu der jeweiligen Verfahrensart je nachdem, ob sich die Anspruchsgrundlage aus dem Arbeitsverhältnis oder dem Betriebsverfassungsgesetz ergibt. Die Wahl der richtigen Verfahrensart ist vom Gericht von Amts wegen zu berücksichtigen. Bei falscher Wahl erfolgt eine bindende Verweisung in die richtige Verfahrensart gemäß §§ 80 Absatz 3, 48 Absatz 1 ArbGG i. V. m. § 17a Absatz 2 GVG. Wird die gewählte Verfahrensart gerügt, so hat das Gericht gemäß § 17a Absatz 3 Satz 2 GVG vorab über die Zulässigkeit der gewählten Verfahrensart zu entscheiden.

Werden gleichzeitig verschiedene Ansprüche zur Entscheidung gestellt, die in unterschiedlichen Verfahren geltend zu machen sind, scheidet eine Prozessverbindung i. S. v. § 147 ZPO aus, da bei einer Klagehäufung gemäß § 260 ZPO für alle Ansprüche dieselbe Prozessart gegeben sein muss (*Germelmann/Matthes/Prütting*, Einl. Rdn. 120). Insoweit wäre nur der unzulässige Verfahrensgegenstand in die richtige Verfahrensart zu verweisen.

Die strikte Trennung zwischen Urteils- und Beschlussverfahren wird auch im vorläufigen Rechtsschutz beibehalten, wie sich aus § 85 Absatz 2 ArbGG bzw. § 46 Absatz 2 ArbGG ergibt.

Anträge im einstweiligen Verfügungsverfahren bewirken nicht die Rechtshängigkeit des Anspruchs, da der Streitgegenstand im Eilverfahren nur die Zulässigkeit einer vorübergehenden Sicherung dieses Anspruchs umfasst. Erst im Hauptsacheverfahren wird über den Anspruch selbst entschieden. Deshalb kommt der Entscheidung im Eilverfahren auch keine Rechtskraftwirkung für das Hauptsacheverfahren zu (*Thomas/Putzo* § 916 Vorbem. Rdn. 1).

Ein **Wechsel** vom einstweiligen Verfügungsverfahren **in das ordentliche Beschlussverfahren** ist ausgeschlossen. Einen derartigen Verfahrenswechsel lassen schon die unterschiedlichen Grundsätze beider Verfahren, nämlich die fehlende Rechtskraft im einstweiligen Verfügungsverfahren und der Ausschluss der Rechtsbeschwerde nicht zu (LAG Köln vom 6. 10. 1989, LAGE § 2 BetrVG 1972 Nr. 7; *Zöller/Vollkommer* § 920 Rdn. 14).

Jedoch kann der Antragsgegner den Antragsteller gemäß § 85 Absatz 2 ArbGG i.V.m. §§ 936, 926 ZPO nach Erlass einer einstweiligen Verfügung zwingen, eine Entscheidung im Hauptverfahren zu beantragen.

2.3 Beteiligte des Verfahrens

Als Verfahrensbeteiligte kommen der Antragsteller, der Antragsgegner sowie alle Personen oder Stellen in Betracht, die nach § 10 i.V.m. §§ 2a, 80ff. ArbGG beteiligtenfähig sind. Neben natürlichen und juristischen Personen, Gewerkschaften, Arbeitgeberverbänden sowie deren Spitzenorganisationen gehören dazu auch die jeweiligen Personen und Stellen, die von dem Beschlussverfahren in ihrer Funktion insbesondere nach dem Betriebsverfassungsgesetz sowie den weiteren in § 2a Absatz 1 ArbGG genannten Angelegenheiten betroffen sind. Beteiligtenfähig sind somit auch die Sprecherausschüsse der leitenden Angestellten, die Jugend- und Auszubildendenvertretung, die Einigungsstelle, der Wirtschaftsausschuss, der Wahlvorstand, die Schwerbehindertenvertretung sowie die obersten Arbeitsbehörden des Bundes und der Länder (*Germelmann/Matthes/Prütting* § 10 Rdn. 15ff.). Besonderheiten zum normalen Beschlussverfahren bestehen nicht, so dass auf die dortigen Ausführungen verwiesen wird.

Im Beschlussverfahren können die Beteiligten gemäß § 11 ArbGG den Rechtsstreit selbst führen oder sich durch einen Rechtsanwalt vertreten lassen. Nach § 11 Absatz 1 Satz 2 ArbGG werden auch Verbandsvertreter der Gewerkschaften sowie von Arbeitgebervereinigungen als Prozessbevollmächtigte anerkannt. Ein Vertretungszwang durch Prozessbevollmächtigte in der zweiten Instanz ist im Beschlussverfahren auf Grund des geltenden Amtsermittlungsgrundsatzes nicht vorgesehen. Jedoch muss die Beschwerdeschrift gemäß §§ 87, 89 Absatz 1 ArbGG durch einen Prozessbevollmächtigten nach § 11 Absatz 2 ArbGG unterschrieben sein (*Grunsky* § 87 Rdn. 17).

2.4 Antragsfassung

Der Antrag ist so zu fassen, dass er aus sich heraus verständlich ist und sich aus ihm die Verfügungsart sowie der Umfang des Rechtsschutzbegehrens ermitteln lässt. In Zweifelsfällen kann der Antrag an Hand der Antragsbegründung ausgelegt werden (*Zöller/Grieger* § 253 Rdn. 13). Die Entscheidung des Gerichts muss sich aber trotz des in § 938 Absatz 1 ZPO eingeräumten Ermessens im Rahmen des gestellten Antrags bewegen (*Zöller/Vollkommer* § 938 Rdn. 2.). Sonstige Besonderheiten zum Antrag im Zivilprozess nach § 253 ZPO bestehen nicht. Ein Antrag auf Erlass einer einstweiligen Verfügung kann schriftlich oder zu Protokoll der Geschäftsstelle beim Arbeitsgericht eingereicht werden.

Werden Unterlassungsansprüche weit gefasst, um möglichst viele denkbare zukünftige Fallgestaltungen mit abzudecken, so sind sie unbegründet, wenn nicht in jedem Fall ein Mitbestimmungsrecht besteht (BAG vom 3. 5. 1994, DB 1994, Rdn. 2450ff.). Auch kann sich aus einer fehlenden **zeitlichen Begrenzung** eines Unterlassungsantrages zur Wahrung von Informations- und Beratungsrechten bei Interessenausgleichsverhandlungen dessen Unbegründetheit ergeben (ArbG Bonn vom 23. 8. 1995, NZA 1995, 966f.).

2.5 Zulässiges Antragsziel

Der Antrag auf Erlass einer einstweiligen Verfügung kann gemäß § 935 ZPO darauf gerichtet sein, einen gefährdeten Anspruch vorläufig zu sichern. Nach § 940 ZPO ist ein

Antrag mit dem Ziel möglich, den einstweiligen Zustand in Bezug auf ein streitiges Rechtsverhältnis zu sichern. Diese Möglichkeit wird in der Literatur (*Heinze*, RdA 1996, 273, 285; *Haas*, ZTR 1994, 3, 5) und durch einige Gerichte (OVG NRW vom 14. 10. 1991, PersR 1992, 68 ff.; LAG Düsseldorf vom 14. 11. 1984, DB 1984, 511) dann abgelehnt, wenn im Hauptverfahren kein materieller Anspruch durchgesetzt werden kann, sondern nur ein bloßes Informationsrecht besteht. Dagegen wird jedoch auch die Geltendmachung solcher Informationsrechte im einstweiligen Rechtsschutzverfahren für zulässig gehalten, wenn ansonsten kein wirksamer und rechtzeitiger Schutz dieser Rechte bestünde (LAG Berlin vom 7. 9. 1995, NZA 1996, 1284, 1286; LAG Hamburg vom 13. 11. 1981, DB 1982, 1522 ff.; ArbG Kaiserslautern vom 19. 12. 1996, AiB 1997, 179 f.).

Verfügungsanträge mit dem Ziel feststellen zu lassen, für eine Maßnahme in der Vergangenheit habe ein Mitbestimmungsrecht bestanden oder ein solches Recht sei verletzt worden, sind unzulässig, weil sich daraus keine Rechtswirkungen mehr für die Beteiligten ergeben (BAG vom 29. 7. 1982, DB 1983, 666 f.; BAG vom 17. 5. 1983, DB 1983, 1986). Hingegen können auch im einstweiligen Rechtsschutzverfahren Leistungsverfügungen beantragt werden, die beispielsweise dem Arbeitgeber aufgeben, den Betriebsrat innerhalb einer bestimmten Zeit über künftige Informations- und Bildungsveranstaltungen i. S. v. § 98 Absatz 6 BetrVG zu unterrichten (BAG vom 17. 5. 1983, DB 1983, 1986, 1987).

2.6 Untersuchungsgrundsatz

Im Gegensatz zum arbeitsgerichtlichen Urteilsverfahren gilt im Beschlussverfahren gemäß § 83 Satz 1 ArbGG der Untersuchungsgrundsatz, der damit auch für das einstweilige Rechtsschutzverfahren Anwendung findet (*Grunsky* § 85 Rdn. 19). Damit obliegt es dem Arbeitsgericht den Sachverhalt zu erforschen.

Die Beteiligten haben aber an der Aufklärung des Sachverhaltes mitzuwirken, wie sich aus § 83 Satz 2 ArbGG ergibt. Der geltende Amtsermittlungsgrundsatz befreit den Antragsteller nicht davon, den Verfügungsanspruch schlüssig darzulegen und den Tatsachenvortrag, der seinen Anspruch stützen soll, glaubhaft zu machen (BAG vom 27. 1. 1977, AP Nr. 7 zu § 103 BetrVG 1972). Hält das Gericht trotz Darlegung des Sachverhaltskernes die Angelegenheit gleichwohl noch für aufklärungsbedürftig, so hat es wegen § 83 Satz 1 ArbGG die Tatsachen selbst zu erforschen. Werden jedoch Tatsachen durch den Antragsteller nicht glaubhaft gemacht oder sind Tatsachen durch das Gericht nicht zu ermitteln, so muss der Antrag trotz Amtsermittlungsgrundsatzes abgewiesen werden, da insoweit die allgemeinen Beweislastregeln gelten (*Heinze*, RdA 1986, 273, 277; BAG vom 11. 3. 1998, DB 1998, 1821 f.; BAG vom 25. 9. 1986, DB 1987, 1202 ff.).

2.7. Mündliche Verhandlung

Gesetzlicher Regelfall bei Stattgabe eines Verfügungsantrages ist die Durchführung einer mündlichen Verhandlung. Nur in dringenden Fällen oder wenn der Antrag auf Erlass einer einstweiligen Verfügung ohne erkennbare weitere Aufklärungsmöglichkeit schon aus Rechtsgründen anhand des vorgetragenen Sachverhalts zurückzuweisen ist (unschlüssig), kann das Arbeitsgericht gemäß § 85 Absatz 2 ArbGG i. V. m. § 937 Absatz 2 ZPO ohne mündliche Verhandlung entscheiden. Hätte das Arbeitsgericht nicht ohne mündliche Verhandlung entscheiden dürfen, kann das Verfahren auf Grund einer Beschwerde an das Arbeitsgericht zurückverwiesen werden (Sächsisches LAG vom 8. 4. 1997, 1 Ta 89/97, NZA 98, 223 f.).

Auch eine Zurückverweisung soll grundsätzlich nicht ohne mündliche Verhandlung erfolgen (LAG Nürnberg vom 27. 4. 1998, 5 Ta 42/98, n. v.; Sächsisches LAG vom 8. 4. 1997, 1 Ta 89/97; NZA 98, 223 f., insbesondere bei Vorwegnahme der Hauptsache:

LAG Köln vom 13. 8. 1996, 11 Ta 173/96, n. v.). Ergeht sie ohne mündliche Verhandlung, kann der Antragsgegner gemäß §§ 936, 925 ZPO Widerspruch erheben. Jedenfalls dann ergeht eine instanzbeendende Entscheidung erst nach mündlicher Verhandlung (*Wenzel*, DB 1972, 1290, 1291).

2.8 Entscheidung durch die Kammer

Umstritten ist die Frage, ob eine Entscheidung im einstweiligen Verfügungsverfahren außerhalb der mündlichen Verhandlung durch den Vorsitzenden allein oder durch die Kammer zu erfolgen hat. Grundsätzlich fallen derartige Beschlüsse gemäß § 944 ZPO in die Zuständigkeit des Vorsitzenden. Jedoch bestimmt § 85 Absatz 2 Satz 2 ArbGG für das Arbeitsgericht (1. Instanz), dass einstweilige Verfügungen durch die Kammer erfolgen.

Das BAG (BAG vom 28. 8. 1991, AP Nr. 2 zu § 85 ArbGG) und Teile der Literatur (*Simitis/Weiss*, DB 1973, 1240, 1252) halten den Wortlaut des § 85 Absatz 2 Satz 2 ArbGG für eindeutig. Die Vorschrift hätte keinen Regelungsgehalt und wäre damit überflüssig, wenn in dringenden Fällen der Vorsitzende gleichwohl allein entscheiden könnte, da bei mündlicher Anhörung ein Beschluss der Kammer vorgeschrieben ist (*Germelmann/Matthes/Prütting* § 85 Rdn. 45).

Untergerichte (OVG Bremen vom 31. 7. 1991, PersV 1993, 91 ff.) und Autoren (*Herbst/Bertelsmann/Reiter*, Arbeitsgerichtliches Beschlussverfahren Rdn. 529–532; *Wenzel* DB 1972, 1290, 1292) gehen von einer Alleinentscheidungskompetenz des Vorsitzenden aus und begründen dies hauptsächlich mit Praktikabilitätserwägungen, da regelmäßig ehrenamtliche Richter nicht in der gebotenen Eile zur Verfügung stehen und somit dem beantragten Rechtsschutzbegehren nicht entsprochen werden kann.

2.9 Andere Erledigung

Das einstweilige Rechtsschutzverfahren kann durch **Vergleich, Anerkenntnis, Verzicht, Antragsrücknahme** oder **Erledigungserklärung** beendet werden. Insoweit gelten keine Besonderheiten zum normalen Beschlussverfahren. Auf die dortigen Ausführungen kann daher verwiesen werden.

Bei der einseitigen **Erledigungserklärung** ist zu prüfen, ob der Antrag bei Einleitung des Verfahrens zulässig und begründet war und erst durch spätere Veränderungen tatsächlicher oder im Einzelfall auch rechtlicher Art hinfällig wurde (LAG Köln vom 6. 10. 1989, LAGE § 2 BetrVG 1972 Nr. 7). Das BAG vertritt hingegen die Auffassung, dem Erledigungsantrag sei schon dann stattzugeben, wenn ein erledigendes Ereignis eingetreten ist, ohne dass es auf die ursprüngliche Zulässigkeit und Begründetheit des Antrages ankomme (BAG vom 26. 4. 1990, AP Nr. 3 zu § 83a ArbGG 1979).

Die **Antragsrücknahme** nach § 269 ZPO ist im einstweiligen Verfügungsverfahren auch noch nach Einlegung des Widerspruchs und sogar nach mündlicher Verhandlung ohne Einwilligung des Antragsgegners zulässig (LAG München vom 31. 12. 1977, ARST 1978, 190).

2.10 Rechtsbehelfe und Rechtsmittel

Die Reaktionsmöglichkeiten der Beteiligten gegen einen Beschluss im einstweiligen Verfügungsverfahren sind davon abhängig, ob das Gericht mit oder ohne mündliche Anhörung eine stattgebende oder ablehnende Entscheidung gefällt hat.

Ist ein Beschluss nach mündlicher Verhandlung ergangen, so ist dagegen das Rechtsmittel **Beschwerde** nach § 87 Absatz 1 ArbGG an das Landesarbeitsgericht gegeben. Sie ist gemäß § 87 Absatz 2 Satz 1 i. V. m. § 66 Absatz 1 ArbGG innerhalb einer Frist von einem Monat nach Zustellung des Beschlusses zu erheben und innerhalb von zwei Monaten zu begründen. Nach § 66 Absatz 1 Satz 5 ArbGG kann die **Begründungsfrist** nur einmal verlängert werden. Eine **Beschwerdebefugnis** besteht nicht für jeden Beteiligten des erstinstanzlichen Verfahrens, sondern nur für den, der einen Antrag gestellt hat bzw. gegen den ein Antrag gestellt worden ist (*Grunsky* § 87 Rdn. 6).

Zwar beträgt die Einlassungsfrist – im Berufungsverfahren die Frist zwischen der Bekanntmachung des Verhandlungstermines und dem ersten Termin – für den Berufungsbeklagten grundsätzlich zwei Wochen, §§ 274 Abs. 3, 523 Abs. 2 ZPO. Diese gesetzliche Zwischenfrist und nicht etwa die kürzere Frist des § 47 ArbGG gilt an sich auch für das Verfahren vor dem Landesarbeitsgericht. Wegen der besonderen Eilbedürftigkeit des Arrest- bzw. Verfügungsverfahrens muss die Einlassungsfrist in derartigen vorläufigen Verfahren nicht beachtet werden. Aus denselben Überlegungen erscheint auch die Einhaltung der Berufungserwiderungsfrist von einem Monat, §§ 87 Abs. 2 Satz 1, 66 Abs. 1 Satz 2 ArbGG, entbehrlich, da anderenfalls der Sinn und Zweck des vorläufigen gerichtlichen Rechtsschutzes in Frage gestellt wäre (LAG Berlin, LAGE § 7 BUrlG Nr. 9).

Im Interesse der Beschleunigung des Verfahrens kann die Beschwerde sofort auch schon vor Abfassung des anzugreifenden Beschlusses erhoben und begründet werden (LAG Berlin vom 20. 6. 2002, 8 TaBV 948/02).

Gegen die Entscheidung des Beschwerdegerichts ist **kein weiteres Rechtsmittel** gemäß § 92 Absatz 1 Satz 3 ArbGG gegeben.

Hat das Arbeitsgericht den Antrag durch Beschluss ohne mündliche Verhandlung abgewiesen, so kann binnen einer Notfrist von zwei Wochen die **sofortige Beschwerde** nach § 567 ZPO eingelegt werden. Das Arbeitsgericht, das den Antrag auf Erlass einer einstweiligen Verfügung abgelehnt hat, kann der Beschwerde abhelfen. Ansonsten entscheidet über die Beschwerde das Landesarbeitsgericht. Diese Entscheidung kann auch eine Zurückverweisung sein, wenn das Landesarbeitsgericht die Entscheidung des Arbeitsgerichts, ohne mündliche Verhandlung zu beschließen, für mangelhaft hält (Sächsisches LAG vom 8. 4. 1997, 1 Ta 89/97, NZA 98, 223 f.). Gegen einen abweisenden Beschluss des zweitinstanzlichen Gerichtes ist gemäß § 92 Abs. 1 Satz 3 ArbGG **keine Rechtsbeschwerde** gegeben. Dem Antragsgegner steht aber bei einem stattgebenden Beschluss ohne mündliche Verhandlung durch das Landesarbeitsgericht der Widerspruch gemäß §§ 924, 925, 936 ZPO zu (*Wenzel*, DB 1972, 1290, 1294). Über den Widerspruch entscheidet dann das Landesarbeitsgericht als Verfügungsgericht (*Hauck*, ArbGG, § 85 Rdn. 15; *Germelmann/Matthes/Prütting* § 85 Rdn. 48; a. A. *Wenzel*, DB 1972, 1290, 1294; danach entscheidet das Arbeitsgericht und nicht das Landesarbeitsgericht über den Widerspruch).

Wurde dem Antrag durch Beschluss **ohne mündliche Verhandlung stattgegeben,** so können die Beteiligten **unbefristet Widerspruch** beim Arbeitsgericht einlegen. Das den Beschluss verfügende Gericht hat dann gemäß §§ 924, 925, 936 ZPO nach mündlicher Verhandlung über den Widerspruch durch Beschluss zu entscheiden (LAG Frankfurt vom 30. 4. 1992, NZA 1993, 816).

Fand zwar eine Anhörung der Beteiligten statt, wurden jedoch nicht alle notwendigen Beteiligten angehört und haben diese **Widerspruch eingelegt,** der angehörte Antragsgegner hingegen von seinem **Beschwerderecht Gebrauch gemacht,** so geht die Entscheidung über den Widerspruch vor (*Grunsky* § 85 Rdn. 20).

Eine einstweilige Verfügung des **Landesarbeitsgerichtes ohne mündliche Verhandlung** kann durch den Vorsitzenden allein ergehen, da § 85 Absatz 2 ArbGG, wonach ein Kammerbeschluss vorgesehen ist, für die zweite Instanz nicht gilt (LAG Schleswig-Holstein vom 26. 6. 1991, AiB 1991, 391 mit ablehnenden Anm. von *Grimberg*).

Hat das Landesarbeitsgericht über den Antrag auf Erlass einer einstweiligen Verfügung zu entscheiden, weil das Hauptverfahren bereits in der zweiten Instanz anhängig ist, so besteht gemäß § 92 Absatz 1 Satz 3 ArbGG kein Rechtsmittel mehr, wenn die Entscheidung nach mündlicher Verhandlung getroffen wurde (*Herbst/Bertelsmann/Reiter,*

Arbeitsgerichtliches Beschlussverfahren Rdn. 563). Erging die Entscheidung ohne mündliche Verhandlung, so ist der Widerspruch gemäß §§ 924, 925, 937 ZPO gegeben.

Hinsichtlich der **Vertretung in der Beschwerdeinstanz** verweist § 87 Absatz 2 Satz 2 ArbGG auf § 11 Absatz 1 ArbGG. Danach können die Beteiligten sich vertreten lassen oder den Rechtsstreit selbst führen. Lediglich die Beschwerdeschrift ist durch einen Rechtsanwalt oder durch eine nach § 11 Absatz 2 ArbGG zur Vertretung befugte Person zu unterschreiben. Der in § 11 Absatz 2 ArbGG vorgesehene **Vertretungszwang** vor den Landesarbeitsgerichten **gilt nicht** für das Beschlussverfahren. Dies rechtfertigt sich deshalb, weil im Beschlussverfahren der Amtsermittlungsgrundsatz gilt und somit der Vertretung der Beteiligten nicht das gleiche Gewicht wie im Urteilsverfahren beizumessen ist (*Grunsky* § 87 Rdn. 17).

Die Begründungsschrift muss gemäß § 89 Absatz 2 Satz 2 ArbGG die **Beschwerdegründe** sowie die Tatsachen, auf die sich die Beschwerde stützt, enthalten. Ein bloßes Verweisen auf erstinstanzliches Vorbringen genügt nicht und führt zur **Unzulässigkeit** der Beschwerde. Anerkannt ist, dass die Beschwerde sich auf **neues tatsächliches Vorbringen** sowie auf neue Beweismittel stützen kann (*Germelmann/Matthes/Prütting* § 89 Rdn. 31), solange dadurch nicht der Verfügungsanspruch betroffen wird. Dessen Änderung ist in der Regel nicht sachdienlich und damit unzulässig (LAG Schleswig-Holstein vom 9. 7. 1990, 6 TaBV 10/90, n. v.). § 87 Abs. 3 ArbGG schränkt allerdings die Möglichkeit, neue Tatsachen vorzubringen, ein.

Gegen Entscheidungen, die nicht in Rechtskraft erwachsen und die nicht mit fristgebundenen Rechtsmitteln angefochten werden können, ist der Rechtsbehelf der **Gegenvorstellung** möglich. Mit diesem Rechtsbehelf soll das Gericht seine eigene Entscheidung noch einmal überprüfen (*Zöller/Gummer* § 567 Rdn. 22 ff.). In Betracht kommt die Gegenvorstellung beim einstweiligen Rechtsschutz im Beschlussverfahren **gegen Gerichtsentscheidungen,** die **ohne mündliche Verhandlung** ergangen sind. In der Praxis sind Gegenvorstellungen eher selten, da die Beteiligten Widerspruch oder sofortige Beschwerde einlegen können.

2.11 Sonstige Reaktionsmöglichkeiten

Ein möglicher Beteiligter kann gegen einen zu erwartenden Antrag auf Erlass einer einstweiligen Verfügung eine **Schutzschrift** beim Arbeitsgericht hinterlegen. Die Schutzschrift ist weder im ArbGG noch in der ZPO geregelt, wird aber allgemein als zulässig erachtet. Mit Hilfe der Schutzschrift beantragt ein potentieller Antragsgegner die Abweisung des zu erwartenden Antrages bzw. wünscht ein Beteiligter vor Stattgabe der einstweiligen Verfügung eine mündliche Anhörung. In der Schutzschrift werden die Umstände, die gegen den Erlass einer einstweiligen Verfügung sprechen, dargelegt und gegebenenfalls Tatsachen bereits glaubhaft gemacht (*Herbst/Bertelsmann/Reiter,* Arbeitsgerichtliches Beschlussverfahren Rdn. 568–571); siehe hierzu auch Beispiele unter F IV).

2.12 Zustellung

Beschlüsse sind gemäß § 85 Absatz 2 Satz 2 ArbGG **von Amts wegen** zuzustellen. Es besteht Streit darüber, ob die Zustellung auch für einen Beschluss erforderlich ist, der **ohne mündliche Verhandlung** erlassen wurde (so *Wenzel,* DB 1972, 1290, 1294). Soweit dies abgelehnt wird, verweisen die Vertreter dieser Auffassung darauf, dass durch § 85 Absatz 2 Satz 2 ArbGG die Regelung in den §§ 936, 922 Absatz 3 ZPO nicht ausgeschlossen wurde. Nach diesen Vorschriften, die dem Schutz des Antragstellers dienen, darf ein abweisender Beschluss, der ohne mündliche Verhandlung ergangen ist, nicht zugestellt werden (*Germelmann/Matthes/Prütting* § 85 Rdn. 45; *Herbst/Bertelsmann/Reiter,* Arbeitsgerichtliches Beschlussverfahren Rdn. 548).

Der Antragsteller ist aber gehalten, die erlassene einstweilige Verfügung innerhalb eines Monats nach Verkündung im **Parteibetrieb** zuzustellen, um zu signalisieren, dass er die einstweilige Verfügung **vollziehen** will. Versäumt er diese Frist, so kann der Antragsgegner durch Einlegung der Beschwerde nach §§ 87, 89 ArbGG die **Aufhebung** der einstweiligen Verfügung nach § 927 Absatz 1 ZPO betreiben (LAG Berlin vom 18. 8. 1987, LAGE Nr. 1 zu § 85 ArbGG; und v. 22. 10. 1992, 4 Sa 88/92, n. v.; LAG Hamburg vom 29. 7. 1985, 4 TaBV 6/85, n. v.).

Teilweise wird diese Vollziehung einer Unterlassungsverfügung für überflüssig erachtet, wenn die Verfügung bereits die für die Verhängung eines Ordnungsmittels erforderliche Androhung enthält (LAG Hamburg vom 18. 5. 1993, 3 TaBV 3/93, n. v.; LAG Berlin vom 12. 11. 1997, 6 Ta 15/97, n. v.; LAG Frankfurt vom 18. 7. 2000, 5 TaBV 120/00).

2.13 Zwangsvollstreckung

Die Regeln über die Zwangsvollstreckung im normalen Beschlussverfahren gelten mit wenigen Besonderheiten auch für die Zwangsvollstreckung von einstweiligen Verfügungen.

Beschlüsse im einstweiligen Verfügungsverfahren sind nur dann vollstreckungsfähig, sofern sie einem Beteiligten eine Verpflichtung auferlegen. In Betracht kommt die Vollstreckung einer Verpflichtung zur Vornahme einer vertretbaren oder unvertretbaren Handlung sowie zur Duldung oder Unterlassung einer Handlung. Ein lediglich feststellender oder gestaltend wirkender Beschluss ist nicht **vollstreckungsfähig** (*Germelmann/ Matthes/Prütting* § 85 Rdn. 2 und 3).

Mit dem Erlass einer einstweiligen Verfügung liegt ein Vollstreckungstitel vor. Gemäß §§ 936, 929 Absatz 1 ZPO müssen Beschlüsse im einstweiligen Verfügungsverfahren grundsätzlich nicht mit einer **Vollstreckungsklausel** versehen werden, um vollstreckungsfähig zu sein. Die Titelzustellung erfolgt von Amts wegen, jedoch ist zusätzlich eine Parteizustellung geboten, um die Verfügung durch den Antragsteller zu vollziehen. Erfolgte eine Titelzustellung nur von Amts wegen, so ist der Antragsgegner gehalten, die Verfügung einen Monat lang einzuhalten. Danach kann er die Aufhebung des Beschlusses gemäß § 927 Absatz 1 ZPO betreiben.

Umso schnell wie möglich die begehrte Verfügung vollstrecken zu können, sollte bereits im Antrag auf Erlass einer einstweiligen Verfügung um eine **Beschlussausfertigung** ohne Tatbestand und Entscheidungsgründe i. S. v. § 317 Absatz 2 Satz 2 ZPO für den Fall des Obsiegens gebeten werden. Ferner sollte in Anträgen auf Erlass von Unterlassungs- oder Duldungsverfügungen bereits die **Androhung eines Ordnungsgeldes** bei Zuwiderhandlungen enthalten sein, damit bei Verstößen gegen die Verfügung sofort die Verhängung eines Ordnungsgeldes beantragt werden kann (*Herbst/Bertelsmann/Reiter*, Arbeitsgerichtliches Beschlussverfahren Rdn. 609).

Zwangsvollstreckungsmaßnahmen, die ein Vermögen des Schuldners voraussetzen, können nicht gegen Betriebsverfassungsorgane erlassen werden, denen die Vermögensfähigkeit fehlt (*Hauck*, ArbGG, § 85 Rdn. 5). Dies gilt insbesondere für den **Betriebsrat**, gegen den **kein Zwangs- und Ordnungsgeld** verhängt werden darf (LAG Berlin vom 26. 3. 1984, NZA 1984, 333), zu dessen Gunsten hingegen eine Pfändung betrieben werden kann (*Grunsky* § 85 Rdn. 4). Eine **Wegnahme von Sachen** (z. B. Unterlagen oder Geschäftsbedarf) gemäß § 883 ZPO gegenüber dem Betriebsrat ist im Zwangsvollstreckungsverfahren zulässig (*Hauck*, ArbGG, § 85 Rdn. 5). Vollstreckungstitel gegen betriebsverfassungsrechtliche Organe, die zu einer Handlung verpflichten, können nicht unmittelbar gegen diese vollstreckt werden. Jedoch kann bei einem Titel gegen den Betriebsrat, der auf Vornahme oder Unterlassung einer Handlung gerichtet ist, der Gläubiger beantragen, dass die **Vollstreckungsklausel** unter entsprechender Anwendung von

§ 731 ZPO **gegen das Betriebsratsmitglied** erteilt wird, das sich dem titulierten Anspruch widersetzt, umso zu einer Vollstreckung des Titels notfalls unter Androhung und Beitreibung eines **Ordnungsgeldes** zu kommen (LAG Hamburg vom 3. 9. 1987, NZA 1988, 371, 372; *Germelmann/Matthes/Prütting*, § 85 Rdn. 19).

2.14 Schadensersatz

Der § 85 Absatz 2 Satz 2 ArbGG bestimmt, dass ein Anspruch auf Schadensersatz gemäß § 945 ZPO nicht besteht. Als Grund für diese Regelung wird angeben, dass der Betriebsrat kein eigenes Vermögen besitzt, so dass ein Schadensersatzanspruch ins Leere geht und deshalb aus Gleichbehandlungserwägungen dann auch kein Ersatzanspruch gegen den Arbeitgeber bestehen soll (*Grunsky* § 85 Rdn. 23).

Der Ausschluss eines Schadensersatzanspruches gilt nach dem Wortlaut nur für Angelegenheiten des Betriebsverfassungsgesetzes i.S.v. § 2a Absatz 1 Nr. 1 ArbGG, jedoch ist allgemein anerkannt, dass auch die weiteren Fälle des § 2a Absatz 1 ArbGG hiervon erfasst werden (*Germelmann/Matthes/Prütting* § 85 Rdn. 50; *Schaub*, Formularsammlung § 118 VI).

II. Anträge nach dem Betriebsverfassungsgesetz

1. Antrag gegen den Arbeitgeber auf Untersagung von Kündigungen vor Abschluss der Verhandlungen über einen Interessenausgleich

An das
Arbeitsgericht ......

Antrag   auf Erlass einer einstweiligen Verfügung
                       im Beschlussverfahren

des Betriebsrates der ...... ,
dieser vertreten durch seinen Vorsitzenden ...... ,
                                                                    – Antragsteller und Beteiligter zu 1) –
Verfahrensbevollmächtigte/r: Rechtsanwälte ......

                                    gegen

die ...... ,
vertreten durch ...... ,
alle geschäftsansässig ......

                                    – Antragsgegnerin und Beteiligte zu 2) –

Namens und in Vollmacht des Antragstellers und Beteiligten zu 1) beantragen wir, im Wege der einstweiligen Verfügung – wegen Dringlichkeit ohne mündliche Verhandlung[1] – zu beschließen,

1. der Beteiligten zu 2) wird bis zum Abschluss der in einer Einigungsstelle zu führenden Verhandlungen über einen Interessenausgleich aus Anlass der Schließung ihres Betriebes, längstens jedoch für die Dauer von zwei Monaten[2] untersagt, Arbeitsverträge von Arbeitnehmern ihres Betriebes zu kündigen,
2. der Beteiligten zu 2) für jeden Fall der Zuwiderhandlung gegen die Verpflichtung zu 1) ein Ordnungsgeld in Höhe bis zu EUR ...... anzudrohen.[3]

Für den Fall des Obsiegens wird weiter beantragt, eine abgekürzte Beschlussausfertigung (§ 317 Abs. 2 Satz 2 ZPO) zu erteilen.

                                    Begründung:

1. Sachverhalt[4]

Der Beteiligte zu 1) ist der aus fünf Personen bestehende Betriebsrat[5], für den unter der im Rubrum bezeichneten Anschrift ansässigen Betrieb der Beteiligten zu 2). Diese hat den Beteiligten zu 1) vor drei Monaten von ihrer Absicht unterrichtet, den Betrieb zu schließen. Der Beteiligte zu 1) hat die Beteiligte zu 2) daraufhin aufgefordert, mit ihm Verhandlungen über einen Interessenausgleich aufzunehmen. Hierauf hat die Beteiligte zu 2) ebenso wenig reagiert wie auf die Forderung, nunmehr an der Konstituierung einer Einigungsstelle zum Zwecke der Verhandlung über einen Interessenausgleich mitzuwirken. Zuletzt hatte der Beteiligte zu 1) vor zwei Wochen diese Forderung unter Nennung des Namens eines Einigungsstellenvorsitzenden der Beteiligten zu 2) schriftlich unterbreitet.

Glaubhaftmachung:[6] eidesstattliche Versicherung des Betriebsratsvorsitzenden ......
           sowie Ablichtung des vorgenannten Schreibens

Vor zwei Tagen hat die Beteiligte statt dessen 50 Anhörungsschreiben nach § 102 BetrVG mit der Begründung übergeben, sie beabsichtige zunächst die Arbeitnehmer mit den längsten Kündigungsfristen zu kündigen und danach alle anderen Arbeitnehmer jeweils nach Maßgabe ihrer Kündigungsfristen, wobei der Kündigungstermin jeweils mit der beabsichtigten Betriebsstilllegung in fünf Monaten übereinstimmen soll.

Glaubhaftmachung: Ablichtungen der Kündigungsanhörungen sowie eidesstattliche
           Versicherung des Betriebsratsvorsitzenden ......

Der Betriebsrat hat daraufhin einstimmig beschlossen, das vorliegende Verfahren einzuleiten und mit seiner Durchführung die im Rubrum benannten Verfahrensbevollmächtigten zu beauftragen.[7]

Glaubhaftmachung: Ablichtung des Protokolls der Betriebsratssitzung nebst Anwe-
           senheitsliste mit den Unterschriften aller Betriebsratsmitglieder

2. Rechtsausführungen

2.1 Verfügungsanspruch

Dem Betriebsrat steht vor Durchführung einer Betriebsänderung ein Anspruch auf Verhandlungen mit dem Arbeitgeber über einen Interessenausgleich zu. Dieser Anspruch folgt sowohl aus § 112 Abs. 3 BetrVG als auch aus § 2 Abs. 1 BetrVG (LAG Berlin vom 7. 9. 1995, NZA 1996, 1284 ff.; LAG Frankfurt vom 21. 9. 1982, DB 1983, 613, vom 23. 12. 1982, 4 TaBV Ga 138/82, unveröffentl. u. vom 30. 8. 1984, DB 1985, 178 ff.; LAG Hamburg vom 13. 11. 1981, DB 1982, 1522; ArbG Bamberg vom 30. 11. 1984, NZA 1985, 259; ArbG Hamburg vom 3. 8. 1993, AiB 1993, 649 ff. und vom 4. 11. 1997, BB 1998, 428; ArbG Jena vom 22. 9. 1992, AiB 1993, 187 ff.; ArbG Köln vom 27. 10. 1993, BB 1993, 2311; ArbG Oldenburg vom 28. 10. 1993, DB 1994, 1195 f.).[8] Die Beteiligte zu 2) will diesen Anspruch ersichtlich nicht erfüllen.

2.2. Verfügungsgrund

Die Beteiligte zu 2) beabsichtigt offensichtlich, ohne zuvor mit dem Beteiligten zu 1) über einen Interessenausgleich zu verhandeln, Kündigungen auszusprechen. Das folgt aus den Mitteilungen nach § 102 BetrVG, die ihr die Möglichkeit geben, unabhängig von der Reaktion des Beteiligten zu 1) nach Ablauf der Wochenfrist Kündigungen auszusprechen. Ohne die beantragte Verfügung ist also in wenigen Tagen der Ausspruch einer erheblichen Zahl von Kündigungen zu erwarten.

Dabei steht dem Erlass der begehrten einstweiligen Verfügung auch nicht die damit eintretende Vorwegnahme der Hauptsache entgegen. Es kommt allein darauf an, ob eine sofortige Regelung nach Abwägung aller Umstände des Sachverhalts und unter Berücksichtigung der beiderseitigen berechtigten Interessen zur Abwendung wesentlicher Nachteile erforderlich erscheint (LAG Hamm vom 19. 4. 1984, NZA 1984, 130 = DB 1984, 1525–2527 = LAGE Art. 9 GG Arbeitskampf Nr. 14; LAG Düsseldorf vom 9. 11. 1983, ArbuR 1984, 191 und LAG Hamm vom 15. 3. 1994, LAGE § 80 BetrVG 1972 Nr. 12).[9]

Während auf der einen Seite der Verhandlungsanspruch des Beteiligten zu 1) steht, der nach der Systematik des Gesetzes vor Durchführung der Betriebsänderung zu erfüllen ist, steht auf Seiten der Beteiligten zu 2) das berechtigte Interesse, Kündigungen so rechtzeitig erklären zu können, dass die Kündigungstermine mit dem

Zeitpunkt der beabsichtigten Betriebsstilllegung übereinstimmen und deshalb keine Zeiten entstehen, in denen noch Arbeitsverträge bestehen, aber keine Beschäftigungsmöglichkeiten, womit die Beteiligte zu 2) Ansprüche aus § 615 BGB zu gewärtigen hätte.

Die Wahrung ihrer berechtigten Interessen hätte aber in der Regelungsmacht der Beteiligten zu 2) gestanden, die bereits vor Monaten ihre Absicht zur Betriebsstilllegung angekündigt hatte. Hätte sie unverzüglich danach Verhandlungen mit dem verhandlungsbereiten Beteiligten zu 1) aufgenommen, hätten die Verhandlungen zum gegenwärtigen Zeitpunkt bereits abgeschlossen sein können. Mit ihrer Weigerung, Verhandlungen aufzunehmen und das förmliche Verfahren über die Schaffung einer Einigungsstelle zu fördern, hat die Beteiligte zu 2) daher gegen ihre eigenen Interessen verstoßen. Sie kann dann nicht erwarten, dass diesen Interessen im Rahmen einer rechtlichen Abwägung erhebliches Gewicht beigemessen wird.

Begl. und einfache Abschrift sowie die vorgenannten Mittel zur Glaubhaftmachung[10] anbei.

Rechtsanwalt

Anmerkungen

1. Wie die praktische Erfahrung zeigt, neigen die Gerichte nicht dazu, einstweilige Verfügungen ohne mündliche Verhandlungen zu erlassen. Das erfolgt in der Regel nur, wenn die Zeit zwischen Antragseingang und dem abzuwendenden Ereignis bzw. dem Zeitpunkt, zu dem die begehrte Wirkung der einstweiligen Verfügung im Sinne einer Zweckerreichung einsetzen muss, zu kurz ist, um noch dazwischen eine mündliche Verhandlung anzuberaumen. Das darf allerdings nicht dazu verführen, den Antrag sehr spät zu stellen, weil sich die dadurch verursachte Eilbedürftigkeit gegen den Antragsteller richten kann. Es bedarf in der Antragsschrift der Darstellung, warum eine frühere Antragstellung nicht erfolgen konnte. Kann der Antragsteller seine späte Antragstellung nicht ausreichend rechtfertigen, droht allein aus diesem Grund die Zurückweisung des Antrages.

Insbesondere für unerlässlich wird eine mündliche Verhandlung im Allgemeinen dann erachtet, wenn die begehrte Entscheidung die Hauptsache im Wesentlichen vorwegnimmt und praktisch unumkehrbare Verhältnisse schafft (LAG Köln vom 13. 8. 1996, 11 Ta 173/96, NZA 1997, 317 f.).

Selbst die Zurückweisung des Antrages auf Erlass einer einstweiligen Verfügung soll in der Regel nicht ohne mündliche Verhandlung erfolgen, obwohl § 62 Abs. 2 Satz 2 ArbGG ein solches Verfahren ausdrücklich zulässt (Sächs. LAG vom 8. 4. 1997, 1 Ta 89/97, NZA 1998, 223 f.).

2. Das LAG Frankfurt hat in seiner Entscheidung vom 23. 12. 1982, 4 TaBV Ga 138/82 n. v. die Auffassung vertreten, beim Erlass einer einstweiligen Verfügung, durch die dem Arbeitgeber der Ausspruch betriebsbedingter Kündigungen während der vor einer Einigungsstelle geführten Verhandlungen über einen Interessenausgleich untersagt wird, seien die Schranken zu beachten, die sich aus der Einstweiligkeit der auf Grund des § 85 Abs. 2 ArbGG anzuordnenden Maßnahme ergeben. Das Kündigungsverbot sei daher auf einen angemessenen Zeitraum zu begrenzen, denn durch eine einstweilige Verfügung in einem Beschlussverfahren dürfe keine zusätzliche Art des Kündigungsschutzes eingeführt werden.

3. Eine Unterlassungsverfügung bedarf nach überwiegender Auffassung der Vollziehung durch Zustellung im Parteibetrieb innerhalb eines Monats (§ 929 Abs. 2 ZPO). Wird diese Maßnahme übersehen, ist die Untersagungsverfügung auf Antrag des Gegners aufzuheben (LAG Hamburg vom 29. 7. 1985, 4 TaBV 6/85, n. v.). Teilweise wird jedoch die Auffassung vertreten, wegen der sofort einsetzenden Verbindlichkeit des Verbots für den Schuldner seien weitere Maßnahmen des Gläubigers zur Vollziehung nicht erforderlich, wenn das Verbot sanktionsbewehrt ist, also mit der Androhung von Ordnungsmitteln verbunden (LAG Hamburg vom 18. 5. 1993, 3 TaBV 3/93 n. v. und LAG Berlin vom 12. 11. 1997, 6 Ta 15/97, n. v.).

4. Ein umfassender Tatsachenvortrag bereits in der Antragsschrift, spätestens aber in der Verhandlung, ist nicht nur erforderlich, um dem Gericht gegebenenfalls Anhaltspunkte für weitere aufklärende Fragen zu geben, sondern weil dieser Sachvortrag auch die Grundlage für eine etwaige Überprüfung der Sach- und Rechtslage in der Beschwerdeinstanz darstellt. Grundsätzlich können die Parteien im arbeitsgerichtlichen Beschlussverfahren wegen des Untersuchungsgrundsatzes auch noch in der Beschwerdeinstanz im Rahmen des § 87 Abs. 3 ArbGG neue Tatsachen einführen, doch gilt das für das einstweilige Verfügungsverfahren nicht uneingeschränkt. Der Sachvortrag bestimmt nämlich den Verfügungsanspruch. Ändern die neuen Tatsachen den Verfügungsanspruch, ist eine Änderung des Tatsachenvortrages in der Regel nicht sachdienlich und damit in entsprechender Anwendung des § 263 ZPO als unzulässig zurückzuweisen (LAG Schleswig-Holstein vom 9. 7. 1990, 6 TaBV 10/90, zitiert nach Juris).

5. Da es im nachfolgenden Sachverhalt um eine Betriebsänderung geht, muss es sich um einen mindestens dreiköpfigen Betriebsrat handeln (§ 111 Satz 1 BetrVG i. V. m. § 9 BetrVG). Ein Einzelbetriebsrat hat keinen Verhandlungsanspruch.

6. Durch die über § 85 Abs. 2 Satz 2 ArbGG anzuwendenden Vorschriften der §§ 936 und 920 Abs. 2 ZPO ist auch der Antrag auf Erlass einer einstweiligen Verfügung im Beschlussverfahren hinsichtlich Verfügungsanspruch und Verfügungsgrund glaubhaft zu machen. Kommt der Antragsteller dieser Verpflichtung nicht nach, dann ist – insoweit anders als in den Verfahren vor den Zivilgerichten, für die die Parteimaxime gilt – der Antrag nicht schon aus diesem Grunde abzuweisen. Im arbeitsgerichtlichen Beschlussverfahren gilt vielmehr der Untersuchungsgrundsatz (§ 83 Abs. 1 Satz 1 ArbGG). So ist die gerichtliche Bewertung des Vorbringens der Beteiligten im Beschlussverfahren als nicht hinreichend substantiiert nur dann statthaft, wenn das Gericht auf diese Einschätzung hingewiesen und die Beteiligten zur Ergänzung ihres Vorbringens aufgefordert hat (BAG vom 11. 3. 1998, NZA 1998, 953, DB 1998, 1821). Deshalb hat das Gericht auch bei fehlender Glaubhaftmachung den Sachverhalt von Amts wegen zu erforschen. An dieser Erforschung (Aufklärung) haben die Verfahrensbeteiligten mitzuwirken (§ 83 Abs. 1 Satz 2 ArbGG). Der Untersuchungsgrundsatz gilt jedoch nicht unbeschränkt. Die Aufklärungspflicht des Gerichts kann sich nur auf das stützen, was die Beteiligten vortragen. Nur das, wofür sie in ihrem Sachvortrag selbst Anhaltspunkte liefern, kann und darf das Gericht weiter „aufklären", und es muss dabei den Charakter des Eilverfahrens berücksichtigen, d. h. im Termin zur Anhörung über die einstweilige Verfügung muss das Gericht anwesende Personen über ihm erheblich erscheinende, aber bisher noch nicht ausreichend dargestellte Tatsachen anhören und präsente Zeugen vernehmen. Eine Beweisaufnahme allerdings, die nicht sofort erfolgen kann, ist nach § 294 Abs. 2 ZPO unstatthaft (vgl. zum Ganzen: BAG vom 25. 9. 1986, AP Nr. 7 zu § 1 BetrVG 1972 und LAG München vom 26. 8. 1992, LAGE § 23 BetrVG 1972 Nr. 29 = BB 1993, 2168). Schriftstücke sind der Antragsschrift im Original oder in beglaubigter Abschrift oder beglaubigter Fotokopie beizufügen. Die Ankündigung ihrer Vorlage ist ebenso zur Glaubhaftmachung unzureichend wie die Beifügung unbeglaubigter Schriftstücke (BAG vom 28. 8. 1991, AP Nr. 2 zu § 85 ArbGG 1979).

7. Die ordnungsgemäße Beschlussfassung des Betriebsrates für die Einleitung eines gerichtlichen Beschlussverfahrens ist Verfahrensvoraussetzung. Fehlt es an einem ordnungsgemäßen Beschluss, ist der Antrag zurückzuweisen. Sofern der Betriebsrat anwaltlich vertreten ist, muss der Beschluss die Beauftragung des Prozessbevollmächtigten umfassen. Schließlich muss erkennbar sein, dass die formalen Beschlussvoraussetzungen der Beschlussfähigkeit und der Stimmenmehrheit beachtet wurden. Dies ist vom Betriebsrat vorzutragen, denn der Arbeitgeber ist nicht gehindert, die ordnungsgemäße Beschlussfassung mit Nichtwissen zu bestreiten (ArbG Hamburg vom 10. 12. 1997, 19 BV 7/96, n. v.).

8. Anderer Auffassung war z. B. das Arbeitsgericht Braunschweig vom 15. 6. 1982, DB 1983, 239; LAG Schleswig-Holstein vom 13. 1. 1992, DB 1992, 1788 = LAGE § 935 ZPO Nr. 6.

9. a. A.: LAG Köln vom 5. 3. 1986, LAGE § 80 BetrVG 1972 Nr. 5.

10. Schriftstücke sind in beglaubigter Abschrift der Antragsschrift beizufügen. Bei eidesstattlichen Versicherungen ist eine eigene Sachverhaltsschilderung (siehe Fallbeispiel F. II. 6) durch den Versichernden erforderlich. Statt dessen liest man jedoch immer wieder eidesstattliche Versicherungen, in denen es heißt: „Ich habe die Antragsschrift meines Verfahrensbevollmächtigten gelesen. Die dortigen Angaben entsprechen der Richtigkeit und beruhen auf meinen Angaben" oder Ähnliches. Das aber entspricht nicht den Anforderungen des Bundesgerichtshofes (BGH vom 13. 1. 1988, NJW 1988, 2045), denn Dritte unterschreiben oft ungeprüft, was ihnen vorgelegt wird (BPatG vom 27. 11. 1974, GRUR 1978, 360).

2. Antrag gegen den Arbeitgeber auf Herausgabe von Unterlagen aus Anlass von Verhandlungen über einen Interessenausgleich

An das
Arbeitsgericht ......

Antrag   auf Erlass einer einstweiligen Verfügung
                         im Beschlussverfahren

des Betriebsrates der ......,
dieser vertreten durch seinen ......,
                                        – Antragsteller und Beteiligter zu 1) –
Verfahrensbevollmächtigte/r: Rechtsanwälte ......

                                 gegen

die Gesellschaft ...... ,
diese vertreten durch ...... ,
alle geschäftsansässig ......
                                        – Antragsgegnerin und Beteiligte zu 2) –

Namens und in Vollmacht des Antragstellers und Beteiligten zu 1) beantragen wir, im Wege der einstweiligen Verfügung – wegen Dringlichkeit ohne mündliche Verhandlung[1] – zu beschließen,

1. die Antragsgegnerin wird verpflichtet, dem Antragsteller das 150-seitige Gutachten der Unternehmensberatungsgesellschaft ...... für 24 Stunden auszuhändigen und dem Antragsteller zu gestatten, hiervon eine Fotokopie zu erstellen und diese bis zum Abschluss des Interessenausgleichsverfahrens zu behalten,

2. gegen die Antragsgegnerin für den Fall der Nichterfüllung der Verpflichtung zu 1) bis zum Tag.Monat.Jahr ein Zwangsgeld in Höhe bis zu EUR ...... festzusetzen.[2]

Für den Fall des Obsiegens wird weiter beantragt, eine abgekürzte Beschlussausfertigung (§ 317 Abs. 2 Satz 2 ZPO) zu erteilen.

Begründung:

1. Sachverhalt[3]

Der Beteiligte zu 1) ist der aus fünf Personen bestehende Betriebsrat[4], für den unter der im Rubrum bezeichneten Anschrift ansässigen Betrieb der Beteiligten zu 2). Diese hat den Beteiligten zu 1) vor drei Monaten von ihrer Absicht unterrichtet, den Betrieb zu schließen. Der Beteiligte zu 1) hat die Beteiligte zu 2) daraufhin aufgefordert, mit ihm Verhandlungen über einen Interessenausgleich aufzunehmen.

Glaubhaftmachung:[5] eidesstattliche Versicherung des Betriebsratsvorsitzenden ......
sowie Ablichtung des vorgenannten Schreibens

Die Beteiligte zu 2) hat die Entscheidung zur Betriebsänderung mit den Ausführungen des im Antrag bezeichneten Gutachtens begründet, dieses Gutachten dem Beteiligten zu 1) auch vorgewiesen, es ihm aber nicht ausgehändigt, sondern hieraus lediglich den Inhalt von zwei Seiten Schlussbetrachtung vorgelesen. Das bietet dem Beteiligten zu 1) jedoch keine hinreichende Grundlage für eine eigene Beurteilung der Lage des Unternehmens. Er hat die Beteiligte zu 2) deshalb aufgefordert, ihm das Original des Gutachtens auszuhändigen und zu gestatten, hiervon eine Kopie zu erstellen, damit er alsdann das Original des Gutachtens zurückgeben kann, nachdem die Erstellung einer Abschrift hiervon auf Grund des Umfangs des Gutachtens untunlich ist. Die Beteiligte zu 2) hat dies jedoch abgelehnt mit dem Hinweis, hierauf habe der Beteiligte zu 1) keinen Anspruch. Im Übrigen seien in dem Gutachten stellenweise Betriebsgeheimnisse genannt.

Glaubhaftmachung: wie vor

Vor zwei Tagen hat die Beteiligte zu 2) rund 50 Anhörungsschreiben nach § 102 BetrVG mit der Begründung übergeben, sie beabsichtige zunächst die Arbeitnehmer mit den längsten Kündigungsfristen zu kündigen und danach alle anderen Arbeitnehmer jeweils nach Maßgabe ihrer Kündigungsfristen, wobei der Kündigungstermin jeweils mit der beabsichtigten Betriebsstilllegung in fünf Monaten übereinstimmen soll.

Glaubhaftmachung: Ablichtungen der Kündigungsanhörungen sowie eidesstattliche Versicherung des Betriebsratsvorsitzenden ......

Der Betriebsrat hat daraufhin einstimmig beschlossen, das vorliegende Verfahren einzuleiten und mit seiner Durchführung die im Rubrum benannten Verfahrensbevollmächtigten zu beauftragen.[6]

Glaubhaftmachung: Ablichtung des Protokolls der Betriebsratssitzung nebst Anwesenheitsliste mit den Unterschriften aller Betriebsratsmitglieder

2. Rechtsausführungen

2.1 Verfügungsanspruch
Dem Betriebsrat steht vor Durchführung einer Betriebsänderung ein Anspruch auf Verhandlungen mit dem Arbeitgeber über einen Interessenausgleich zu. Dieser Anspruch folgt sowohl aus § 112 Abs. 3 BetrVG als auch aus § 2 Abs. 1 BetrVG (LAG

Berlin vom 7. 9. 1995, NZA 1996, 1284 ff.; LAG Frankfurt vom 21. 9. 1982, DB 1983, 613, vom 23. 12. 1982, 4 TaBV Ga 138/82 n. v., u. vom 30. 8. 1984, DB 1985, 178 ff.; LAG Hamburg vom 13. 11. 1981, DB 1982, 1522; ArbG Bamberg vom 30. 11. 1984, NZA 1985, 259; ArbG Hamburg vom 3. 8. 1993, AiB 1993, 649 ff. und vom 4. 11. 1997, BB 1998, 428; ArbG Jena vom 22. 9. 1992, AiB 1993, 187 ff.; ArbG Köln vom 27. 10. 1993, BB 1993, 2311; ArbG Oldenburg vom 28. 10. 1993, DB 1994, 1195 f.).[7] Die Beteiligte zu 2) will diesen Anspruch ersichtlich nicht erfüllen.

Nach § 111 Satz 1 BetrVG hat der Unternehmer den Betriebsrat dazu über die geplanten Betriebsänderungen rechtzeitig und umfassend zu unterrichten. Diese Unterrichtung hat nach Maßgabe des § 80 Abs. 2 BetrVG zu erfolgen. Demgemäß sind dem Betriebsrat vorhandene Unterlagen zur Verfügung zu stellen, d. h. im Original, in Durchschrift oder in Fotokopie auf Zeit oder Dauer zu überlassen (DKKS-*Buschmann* § 80 Rdn. 49).

Dem Anspruch des Beteiligten zu 1) stehen auch Geheimhaltungsinteressen der Beteiligten zu 2) nicht entgegen, denn die Beteiligte zu 1) hat gemäß § 79 Abs. 1 BetrVG die Möglichkeit, ganz konkrete einzelne Inhalte des Gutachtens als geheimhaltungsbedürftig zu kennzeichnen. Diese Kennzeichnungsmöglichkeit belegt zugleich die Pflicht des Arbeitgebers, auch derartige Informationen mitzuteilen.

2.2 Verfügungsgrund

Die Herausgabe des Gutachtens ist eilbedürftig, da der Beteiligte zu 1) nur nach Kenntnis des Gesamtgutachtens sachgerecht im Rahmen des Interessenausgleichsverfahrens verhandeln kann. Um diese Möglichkeit zu schaffen, gebietet § 111 Satz 1 BetrVG die rechtzeitige Information.

Die Einschränkung des Aufbewahrungsrechts für die Kopie des Gutachtens erfolgt lediglich mit Rücksicht auf den einstweiligen Charakter des vorliegenden Verfahrens und im Hinblick auf mögliche Einwände gegen eine Dokumentation von Betriebsunterlagen bei dem Betriebsrat.[8]

Begl. und einfache Abschrift sowie die vorgenannten Mittel zur Glaubhaftmachung[9] anbei.

Rechtsanwalt

Anmerkungen

1. Wie die praktische Erfahrung zeigt, neigen die Gerichte nicht dazu, einstweilige Verfügungen ohne mündliche Verhandlungen zu erlassen. Das erfolgt in der Regel nur, wenn die Zeit zwischen Antragseingang und dem abzuwendenden Ereignis bzw. dem Zeitpunkt, zu dem die begehrte Wirkung der einstweiligen Verfügung im Sinne einer Zweckerreichung einsetzen muss, zu kurz ist, um noch dazwischen eine mündliche Verhandlung anzuberaumen. Das darf allerdings nicht dazu verführen, den Antrag sehr spät zu stellen, weil sich die dadurch verursachte Eilbedürftigkeit gegen den Antragsteller richten kann. Es bedarf in der Antragsschrift der Darstellung, warum eine frühere Antragstellung nicht erfolgen konnte. Kann der Antragsteller seine späte Antragstellung nicht ausreichend rechtfertigen, droht allein aus diesem Grund die Zurückweisung des Antrages.

Insbesondere für unerlässlich wird eine mündliche Verhandlung im Allgemeinen dann erachtet, wenn die begehrte Entscheidung die Hauptsache im Wesentlichen vorwegnimmt und praktisch unumkehrbare Verhältnisse schafft (LAG Köln vom 13. 8. 1996, 11 Ta 173/96, NZA 1997, 317 f.).

Selbst die Zurückweisung des Antrages auf Erlass einer einstweiligen Verfügung soll in der Regel nicht ohne mündliche Verhandlung erfolgen, obwohl § 62 Abs. 2 Satz 2 ArbGG ein solches Verfahren ausdrücklich zulässt (Sächs. LAG vom 8. 4. 1997, 1 Ta 89/97, NZA 1998, 223 f.).

2. Die überwiegende Ansicht hält die Androhung eines Zwangsgeldes für zulässig, allerdings für nicht erforderlich oder zweckmäßig. Das Zwangsgeld kann sofort festgesetzt werden (*Zöller/Stöber* § 888 Rdn. 12; KG v. 16. 5. 1968, NJW 1969, 57, 58).

3. Ein umfassender Tatsachenvortrag bereits in der Antragsschrift, spätestens aber in der Verhandlung, ist nicht nur erforderlich, um dem Gericht gegebenenfalls Anhaltspunkte für weitere aufklärende Fragen zu geben, sondern weil dieser Sachvortrag auch die Grundlage für eine etwaige Überprüfung der Sach- und Rechtslage in der Beschwerdeinstanz darstellt. Grundsätzlich können die Parteien im arbeitsgerichtlichen Beschlussverfahren wegen des Untersuchungsgrundsatzes auch noch in der Beschwerdeinstanz im Rahmen des 87 Abs. 3 ArbGG neue Tatsachen einführen, doch gilt das für das einstweilige Verfügungsverfahren nicht uneingeschränkt. Der Sachvortrag bestimmt nämlich den Verfügungsanspruch. Ändern die neuen Tatsachen den Verfügungsanspruch, ist eine Änderung des Tatsachenvortrages in der Regel nicht sachdienlich und damit in entsprechender Anwendung des § 263 ZPO als unzulässig zurückzuweisen (LAG Schleswig-Holstein vom 9. 7. 1990, 6 TaBV 10/90, zitiert nach Juris).

4. Da es im nachfolgenden Sachverhalt um eine Betriebsänderung geht, muss es sich um einen mindestens dreiköpfigen Betriebsrat handeln (§ 111 Satz 1 BetrVG i. V. m. § 9 BetrVG). Ein Einzelbetriebsrat hat keinen Verhandlungsanspruch.

5. Durch die über § 85 Abs. 2 Satz 2 ArbGG anzuwendenden Vorschriften der §§ 936 und 920 Abs. 2 ZPO ist auch der Antrag auf Erlass einer einstweiligen Verfügung im Beschlussverfahren hinsichtlich Verfügungsanspruch und Verfügungsgrund glaubhaft zu machen. Kommt der Antragsteller dieser Verpflichtung nicht nach, dann ist und insoweit anders als in den Verfahren vor den Zivilgerichten, für die die Parteimaxime gilt, der Antrag nicht schon aus diesem Grunde abzuweisen. Im arbeitsgerichtlichen Beschlussverfahren gilt vielmehr der Untersuchungsgrundsatz (§ 83 Abs. 1 Satz 1 ArbGG). So ist die gerichtliche Bewertung des Vorbringens der Beteiligten im Beschlussverfahren als nicht hinreichend substantiiert nur dann statthaft, wenn das Gericht auf diese Einschätzung hingewiesen und die Beteiligten zur Ergänzung ihres Vorbringens aufgefordert hat (BAG vom 11. 3. 1998, NZA 1998, 953, DB 1998, 1821). Deshalb hat das Gericht auch bei fehlender Glaubhaftmachung den Sachverhalt von Amts wegen zu erforschen. An dieser Erforschung (Aufklärung) haben die Verfahrensbeteiligten mitzuwirken (§ 83 Abs. 1 Satz 2 ArbGG). Der Untersuchungsgrundsatz gilt jedoch nicht unbeschränkt. Die Aufklärungspflicht des Gerichts kann sich nur auf das stützen, was die Beteiligten vortragen. Nur das, wofür sie in ihrem Sachvortrag selbst Anhaltspunkte liefern, kann und darf das Gericht weiter „aufklären", und es muss dabei den Charakter des Eilverfahrens berücksichtigen, d. h. im Termin zur Anhörung über die einstweilige Verfügung muss das Gericht anwesende Personen über ihm erheblich erscheinende, aber bisher noch nicht ausreichend dargestellte Tatsachen anhören und präsente Zeugen vernehmen. Eine Beweisaufnahme allerdings, die nicht sofort erfolgen kann, ist nach § 294 Abs. 2 ZPO unstatthaft (vgl. zum Ganzen: BAG vom 25. 9. 1986, AP Nr. 7 zu § 1 BetrVG 1972 und LAG München vom 26. 8. 1992, LAGE § 23 BetrVG 1972 Nr. 29 = BB 1993, 2168). Schriftstücke sind der Antragsschrift im Original oder in beglaubigter Abschrift oder beglaubigter Fotokopie beizufügen. Die Ankündigung ihrer Vorlage ist ebenso zur Glaubhaftmachung unzureichend wie die Beifügung unbeglaubigter Schriftstücke (BAG vom 28. 8. 1991, AP Nr. 2 zu § 85 ArbGG 1979).

6. Die ordnungsgemäße Beschlussfassung des Betriebsrates für die Einleitung eines gerichtlichen Beschlussverfahrens ist Verfahrensvoraussetzung. Fehlt es an einem ordnungsgemäßen Beschluss, ist der Antrag zurückzuweisen. Sofern der Betriebsrat anwaltlich vertreten ist, muss der Beschluss die Beauftragung des Prozessbevollmächtigten umfassen. Schließlich muss erkennbar sein, dass die formalen Beschlussvoraussetzungen der Beschlussfähigkeit und der Stimmenmehrheit beachtet wurden. Dies ist vom Betriebsrat vorzutragen, denn der Arbeitgeber ist nicht gehindert, die ordnungsgemäße Beschlussfassung mit Nichtwissen zu bestreiten (ArbG Hamburg vom 10. 12. 1997, 19 BV 7/96 n. v.).

7. Anderer Auffassung war z. B. das Arbeitsgericht Braunschweig vom 15. 6. 1982, DB 1983, 239; LAG Schleswig-Holstein vom 13. 1. 1992, DB 1992, 1788 = LAGE § 935 ZPO Nr. 6.

8. Siehe hierzu DKKS-*Buschmann* § 80 BetrVG Rdn. 50 m. w. N.

9. Schriftstücke sind in beglaubigter Abschrift der Antragsschrift beizufügen. Bei eidesstattlichen Versicherungen ist eine eigene Sachverhaltsschilderung (siehe Fallbeispiel F. II. 6) durch den Versichernden erforderlich. Statt dessen liest man jedoch immer wieder eidesstattliche Versicherungen, in denen es heißt: „Ich habe die Antragsschrift meines Verfahrensbevollmächtigten gelesen. Die dortigen Angaben entsprechen der Richtigkeit und beruhen auf meinen Angaben" oder Ähnliches. Das aber entspricht nicht den Anforderungen des Bundesgerichtshofes (BGH vom 13. 1. 1988, NJW 1988, 2045), denn Dritte unterschreiben oft meist ungeprüft, was ihnen vorgelegt wird (BPatG vom 27. 11. 1974, GRUR 1978, 360).

3. Beauftragung von Sachverständigen

3.1 Antrag gegen den Arbeitgeber auf Zustimmung zur Beauftragung eines (Bilanz-)Sachverständigen

An das
Arbeitsgericht ......

Antrag   auf Erlass einer einstweiligen Verfügung
                              im Beschlussverfahren

des Betriebsrates ......
dieser vertreten durch seinen Vorsitzenden ...... ,
                                                  – Antragsteller und Beteiligter zu 1) –
Verfahrensbevollmächtigte/r: Rechtsanwälte ......

                                  gegen

die ...... ,
diese vertreten durch ...... ,
alle geschäftsansässig ......
                              – Antragsgegnerin und Beteiligte zu 2) –

Namens und in Vollmacht des Antragstellers und Beteiligten zu 1) beantragen wir, im Wege der einstweiligen Verfügung – wegen Dringlichkeit ohne mündliche Verhandlung[1] zu beschließen,
die Beteiligte zu 2) zu verpflichten, der Beauftragung des Bilanzsachverständigen ...... zur Beratung des Beteiligten zu 1) bei den Verhandlungen zwischen den Beteiligten über einen Interessenausgleich und Sozialplan zuzustimmen.

Begründung:

1. Sachverhalt[2]

Der Beteiligte zu 1) ist der aus fünf Personen bestehende Betriebsrat[3] für den unter der im Rubrum bezeichneten Anschrift ansässigen einzigen Betrieb der Beteiligten zu 2). Diese hat dem Beteiligten zu 1) vor drei Monaten von ihrer Absicht unterrichtet, den Betrieb zu schließen. In mehreren Gesprächen ist der Ablauf der Maßnahme, wie er nach den Vorstellungen der Beteiligten zu 2) erfolgen soll, dargestellt worden. Insoweit sind keine Fragen des Beteiligten zu 1) offengeblieben.

Vor zwei Wochen übergab die Beteiligte zu 2) dem Beteiligten zu 1) den Entwurf eines Interessenausgleichs, der die Stilllegung des Betriebes vorsah. Vor einer Woche legte die Beteiligte zu 2) den Entwurf eines Sozialplanes vor und diverse Unterlagen über die wirtschaftliche Lage des Unternehmens, u.a. einen vorläufigen Wirtschaftsprüferbericht. Sie hat gleichzeitig mitgeteilt, sie werde die beabsichtigte Maßnahme spätestens in drei Monaten durchführen. Der Beteiligte zu 1) wurde aufgefordert, unverzüglich Verhandlungen über Interessenausgleich und Sozialplan zu führen.

Glaubhaftmachung:[4] eidesstattliche Versicherung des Betriebsratsvorsitzenden

Der Beteiligte zu 1), der lediglich aus Mitgliedern mit technischer Ausbildung besteht, sieht sich außerstande, die von ihm verlangten Verhandlungen sachgerecht zu führen, da ihm die erforderlichen Sachkenntnisse hierzu fehlen. Die von der Beteiligten zu 2) angebotene Beratung durch den von ihr ständig beauftragten Steuerberater hat der Beteiligte zu 1) als unzumutbar zurückgewiesen im Hinblick auf die Besorgnis einer Interessenkollision. Er hat statt dessen die Beteiligte zu 2) gebeten, den im Antrag bezeichneten Sachverständigen nach § 80 BetrVG zum Zwecke der Beratung bei den Verhandlungen heranziehen zu dürfen. Das hat die Beteiligte zu 2) abgelehnt und dem Beteiligten zu 1) mitgeteilt, wenn er den Sachverständigen beauftrage, werde sie dessen Honorar nicht tragen. Weder sei sie hierzu freiwillig bereit noch rechtlich verpflichtet. Dazu bedürfe es eines rechtskräftigen Beschlusses, ohne den sie keine Zahlungspflicht anerkennen werde. Gleichzeitig hat die Beteiligte zu 2) ihren Willen betont, die angekündigte Maßnahme gemäß dem Zeitplan durchzuführen.

Glaubhaftmachung: wie vor

Der Betriebsrat hat daraufhin einstimmig beschlossen, das vorliegende Verfahren einzuleiten und mit seiner Durchführung die im Rubrum benannten Verfahrensbevollmächtigten zu beauftragen.[5]

Glaubhaftmachung: Ablichtung des Protokolls der Betriebsratssitzung nebst Anwesenheitsliste mit den Unterschriften aller Betriebsratsmitglieder

2. Rechtsausführungen

2.1 Verfügungsanspruch

Es besteht ein Verfügungsanspruch, denn zur Führung der geforderten Verhandlungen sieht sich der Beteiligte zu 2) mangels eigener Sachkenntnis nicht ohne Unterstützung eines Sachverständigen in der Lage. Anhaltspunkte dafür, dass der Betriebsrat damit den ihm insoweit zur Verfügung stehenden gewissen Beurteilungsspielraum überschreitet, sind nicht ersichtlich.

Die mangelnde Sachkenntnis des Beteiligten zu 1) kann auch nicht mit weiteren Informationen durch den Arbeitgeber beseitigt werden. Seiner Verpflichtung, sich vor

Einschaltung eines Sachverständigen zunächst bei der Beteiligten zu 2) umfassend zu erkundigen (BAG vom 26. 2. 1992, NZA 1993, 86–89, AP Nr. 48 zu § 80 BetrVG 1972), ist der Beteiligte zu 1) nachgekommen.

Der Regelungsgegenstand erfordert eine kritische Betrachtungsweise im Sinne der Arbeitnehmer, um die sie betreffenden nachteiligen Folgen zu erkennen und nicht zu verharmlosen. Dies macht es erforderlich, dem Betriebsrat einen unabhängigen Sachverständigen zur Verfügung zu stellen, also einen von ihm ausgesuchten Sachverständigen, einer Person seines Vertrauens (ArbG Braunschweig vom 14. 11. 1986, AiB 1986, 192).

Dabei ist der Beteiligte zu 1) nicht verpflichtet, auf einen kostengünstigeren Sachverständigen der zuständigen Gewerkschaft zurückzugreifen, sondern es steht ihm frei, einen unabhängigen Sachverständigen zu beauftragen (*Pflüger*, NZA 1988, 45 ff., 49).

Da die Beteiligte zu 2) also trotz der Erforderlichkeit der Hinzuziehung des Sachverständigen ihre Zustimmung verweigert, hat der Beteiligte zu 1) Anspruch auf einen die Zustimmung ersetzenden gerichtlichen Beschluss.

2.2 Verfügungsgrund
Es besteht auch ein Verfügungsgrund. Die Beteiligte zu 2) hat erkennen lassen, dass sie ihre beabsichtigte Maßnahme unabhängig von dem Stand der Verhandlungen um den Interessenausgleich und den Sozialplan durchsetzen will. Der Beteiligte zu 1) kann in diese Verhandlungen die berechtigten Interessen der Belegschaft jedoch nur mit Unterstützung einer wirtschaftlichen Beratung angemessen einbringen, und es entspricht den berechtigten Interessen der Belegschaft, wenn ein Interessenausgleich noch vor Durchführung der betrieblichen Maßnahme herbeigeführt wird und ein Sozialplan mindestens zeitnah hierzu.

Es kann dahingestellt bleiben, ob der Beteiligte zu 1) aus Rechtsgründen jedenfalls die Möglichkeit hätte, die Durchführung der betrieblichen Maßnahme vor Abschluss der Verhandlungen über den Interessenausgleich durch eine entsprechende einstweilige Verfügung untersagen zu lassen. Jedenfalls kann die Beteiligte zu 2) diese Möglichkeit dem Beteiligten zu 1) nicht mit Erfolg entgegenhalten, weil sie ihn damit dazu zwingen würde, in ihre unternehmerische Freiheit sehr viel stärker einzugreifen, als es mit der Überbürdung von Sachverständigenkosten der Fall ist. Der Beteiligte zu 1) wählt also mit dem vorliegenden Antrag das Mittel, mit dem die Beteiligte zu 2) am wenigsten beeinträchtigt wird.

Schließlich steht dem Erlass der begehrten einstweiligen Verfügung auch nicht die damit eintretende Vorwegnahme der Hauptsache entgegen. Es kommt allein darauf an, ob eine sofortige Regelung nach Abwägung aller Umstände des Sachverhalts und unter Berücksichtigung der beiderseitigen berechtigten Interessen zur Abwendung wesentlicher Nachteile erforderlich erscheint (LAG Düsseldorf vom 9. 11. 1983, ArbuR 1984, 191; LAG Baden-Württemberg vom 22. 11. 1985, AiB 1986, 261 f.; LAG Hamm vom 19. 4. 1984, NZA 1984, 130 = DB 1984, 1525–2527 = LAGE Art. 9 GG Arbeitskampf Nr. 14 und LAG Hamm vom 15. 3. 1994, LAGE § 80 BetrVG 1972 Nr. 12).[6]

Begl. und einfache Abschrift sowie die vorgenannten Mittel zur Glaubhaftmachung[7] anbei.

Rechtsanwalt

Anmerkungen

1. Wie die praktische Erfahrung zeigt, neigen die Gerichte nicht dazu, einstweilige Verfügungen ohne mündliche Verhandlungen zu erlassen. Das erfolgt in der Regel nur, wenn die Zeit zwischen Antragseingang und dem abzuwendenden Ereignis bzw. dem Zeitpunkt, zu dem die begehrte Wirkung der einstweiligen Verfügung im Sinne einer Zweckerreichung einsetzen muss, zu kurz ist, um noch dazwischen eine mündliche Verhandlung anzuberaumen. Das darf allerdings nicht dazu verführen, den Antrag sehr spät zu stellen, weil sich die dadurch verursachte Eilbedürftigkeit gegen den Antragsteller richten kann. Es bedarf in der Antragsschrift der Darstellung, warum eine frühere Antragstellung nicht erfolgen konnte. Kann der Antragsteller seine späte Antragstellung nicht ausreichend rechtfertigen, droht allein aus diesem Grund die Zurückweisung des Antrages.

Insbesondere für unerlässlich wird eine mündliche Verhandlung im Allgemeinen dann erachtet, wenn die begehrte Entscheidung die Hauptsache im Wesentlichen vorwegnimmt und praktisch unumkehrbare Verhältnisse schafft (LAG Köln vom 13. 8. 1996, 11 Ta 173/96, NZA 1997, 317 f.).

Selbst die Zurückweisung des Antrages auf Erlass einer einstweiligen Verfügung soll in der Regel nicht ohne mündliche Verhandlung erfolgen, obwohl § 62 Abs. 2 Satz 2 ArbGG ein solches Verfahren ausdrücklich zulässt (Sächs. LAG vom 8. 4. 1997, 1 Ta 89/97, NZA 1998, 223 f.).

2. Ein umfassender Tatsachenvortrag bereits in der Antragsschrift, spätestens aber in der Verhandlung, ist nicht nur erforderlich, um dem Gericht gegebenenfalls Anhaltspunkte für weitere aufklärende Fragen zu geben, sondern weil dieser Sachvortrag auch die Grundlage für eine etwaige Überprüfung der Sach- und Rechtslage in der Beschwerdeinstanz darstellt. Grundsätzlich können die Parteien im arbeitsgerichtlichen Beschlussverfahren wegen des Untersuchungsgrundsatzes auch noch in der Beschwerdeinstanz im Rahmen des § 87 Abs. 3 ArbG neue Tatsachen einführen, doch gilt das für das einstweilige Verfügungsverfahren nicht uneingeschränkt. Der Sachvortrag bestimmt nämlich den Verfügungsanspruch. Ändern die neuen Tatsachen den Verfügungsanspruch, ist eine Änderung des Tatsachenvortrages in der Regel nicht sachdienlich und damit in entsprechender Anwendung des § 263 ZPO als unzulässig zurückzuweisen (LAG Schleswig-Holstein vom 9. 7. 1990, 6 TaBV 10/90, zitiert nach Juris). Ab 301 Arbeitnehmer bedarf es keiner Zustimmung des Arbeitgebers und damit dieses Verfahrens nicht (§ 111 Einleitung 2. Satz BetrVG)

3. Da es im nachfolgenden Sachverhalt um eine Betriebsänderung geht, muss es sich um einen mindestens dreiköpfigen Betriebsrat handeln (§ 111 Satz 1 BetrVG i. V. m. § 9 BetrVG). Ein Einzelbetriebsrat hat keinen Verhandlungsanspruch.

4. Durch die über § 85 Abs. 2 Satz 2 ArbGG anzuwendenden Vorschriften der §§ 936 und 920 Abs. 2 ZPO ist auch der Antrag auf Erlass einer einstweiligen Verfügung im Beschlussverfahren hinsichtlich Verfügungsanspruch und Verfügungsgrund glaubhaft zu machen. Kommt der Antragsteller dieser Verpflichtung nicht nach, dann ist und insoweit anders als in den Verfahren vor den Zivilgerichten, für die die Parteimaxime gilt, der Antrag nicht schon aus diesem Grunde abzuweisen. Im arbeitsgerichtlichen Beschlussverfahren gilt vielmehr der Untersuchungsgrundsatz (§ 83 Abs. 1 Satz 1 ArbGG). So ist die gerichtliche Bewertung des Vorbringens der Beteiligten im Beschlussverfahren als nicht hinreichend substantiiert nur dann statthaft, wenn das Gericht auf diese Einschätzung hingewiesen und die Beteiligten zur Ergänzung ihres Vorbringens aufgefordert hat (BAG vom 11. 3. 1998, NZA 1998, 953, DB 1998, 1821). Deshalb hat das Gericht auch bei fehlender Glaubhaftmachung den Sachverhalt von Amts wegen zu erforschen. An dieser Erforschung (Aufklärung) haben die Verfahrensbeteiligten mitzuwirken (§ 83 Abs. 1 Satz 2 ArbGG). Der Untersuchungsgrundsatz gilt jedoch nicht unbeschränkt. Die Aufklärungspflicht des Gerichts kann sich nur auf das stützen, was die Beteiligten vortragen. Nur das, wofür sie in ihrem Sachvortrag selbst Anhaltspunkte liefern, kann und darf das Gericht weiter „aufklären" und es muss dabei den Charakter des Eilverfahrens berücksichtigen, d.h. im Termin zur Anhörung über die einstweilige Verfügung muss das Gericht anwesende Personen über ihm erheblich erscheinende, aber bisher noch nicht ausreichend dargestellte Tatsachen anhören und präsente Zeugen vernehmen. Eine Beweisaufnahme allerdings, die nicht sofort erfolgen kann, ist nach § 294 Abs. 2 ZPO unstatthaft (vgl. zum Ganzen: BAG vom 25. 9. 1986, AP Nr. 7 zu § 1 BetrVG 1972 und LAG München vom 26. 8. 1992, LAGE § 23 BetrVG 1972 Nr. 29 = BB 1993, 2168). Schriftstücke sind der Antragsschrift im Original oder in beglaubigter Abschrift oder beglaubigter Fotokopie beizufügen. Die Ankündigung ihrer Vorlage ist ebenso zur Glaubhaftmachung unzureichend wie die Beifügung unbeglaubigter Schriftstücke (BAG vom 28. 8. 1991, AP Nr. 2 zu § 85 ArbGG 1979).

5. Die ordnungsgemäße Beschlussfassung des Betriebsrates für die Einleitung eines gerichtlichen Beschlussverfahrens ist Verfahrensvoraussetzung. Fehlt es an einem ordnungsgemäßen Beschluss, ist der Antrag zurückzuweisen. Sofern der Betriebsrat anwaltlich vertreten ist, muss der Beschluss die Beauftragung des Prozessbevollmächtigten umfassen. Schließlich muss erkennbar sein, dass die formalen Beschlussvoraussetzungen der Beschlussfähigkeit und der Stimmenmehrheit beachtet wurden. Dies ist vom Betriebsrat vorzutragen, denn der Arbeitgeber ist nicht gehindert, die ordnungsgemäße Beschlussfassung mit Nichtwissen zu bestreiten (ArbG Hamburg vom 10. 12. 1997, 19 BV 7/96, n. v.).

6. A. A: LAG Köln vom 5. 3. 1986, LAGE § 80 BetrVG 1972 Nr. 5.

7. Schriftstücke sind in beglaubigter Abschrift der Antragsschrift beizufügen. Bei eidesstattlichen Versicherungen ist eine eigene Sachverhaltsschilderung (siehe Fallbeispiel F. II. 6) durch den Versichernden erforderlich. Statt dessen liest man jedoch immer wieder eidesstattliche Versicherungen, in denen es heißt: „Ich habe die Antragsschrift meines Verfahrensbevollmächtigten gelesen. Die dortigen Angaben entsprechen der Richtigkeit und beruhen auf meinen Angaben" oder Ähnliches. Das aber entspricht nicht den Anforderungen des Bundesgerichtshofes (BGH vom 13. 1. 1988, NJW 1988, 2045), denn Dritte unterschreiben oft meist ungeprüft, was ihnen vorgelegt wird (BPatG vom 27. 11. 1974, GRUR 1978, 360).

3.2 Antrag gegen den Arbeitgeber auf Zustimmung zur Beauftragung eines (EDV-)Sachverständigen

An das
Arbeitsgericht ......

Antrag   auf Erlass einer einstweiligen Verfügung
                           im Beschlussverfahren

des Betriebsrates ......,
dieser vertreten durch seinen Vorsitzenden ......,
                                     – Antragsteller und Beteiligter zu 1) –
Verfahrensbevollmächtigte/r: Rechtsanwälte ......
                               gegen
die ......,
diese vertreten durch ......,
alle geschäftsansässig ......
                                     – Antragsgegnerin und Beteiligte zu 2) –
Namens und in Vollmacht des Antragstellers und Beteiligten zu 1) beantragen wir,
im Wege der einstweiligen Verfügung – wegen Dringlichkeit ohne mündliche Verhandlung[1] – zu beschließen,
die Beteiligte zu 2) zu verpflichten, der Beauftragung des EDV-Sachverständigen ...... zur Beratung des Beteiligten zu 1) bei den Verhandlungen zwischen den Beteiligten über die Einführung eines EDV-gestützten Arbeitszeiterfassungssystems zuzustimmen.

Begründung:

1. Sachverhalt[2]

Der Beteiligte zu 1) ist der für den unter der im Rubrum bezeichneten Anschrift ansässigen einzigen Betrieb der Beteiligten zu 2) gewählte Betriebsrat. Diese hat den Beteiligten zu 1) vor drei Monaten von ihrer Absicht unterrichtet, eine flexible Arbeitszeit einzuführen und dafür ein EDV-gestütztes Arbeitszeiterfassungssystem zu installieren. In mehreren Gesprächen ist der Ablauf der Maßnahme, wie er nach den Vorstellungen der Beteiligten zu 2) erfolgen soll, dargestellt worden. Insoweit sind keine Fragen des Beteiligten zu 1) offen geblieben.

Vor zwei Wochen übergab die Beteiligte zu 2) dem Beteiligten zu 1) ein so genanntes Pflichtenheft für die Software. Vor einer Woche legte die Beteiligte zu 2) ein Handbuch vor und diverse Unterlagen über die Technik der Hardware. Sie hat gleichzeitig mitgeteilt, sie werde das Erfassungssystem spätestens in drei Monaten einführen. Der Beteiligte zu 1) wurde aufgefordert, unverzüglich Verhandlungen über den Abschluss einer Betriebsvereinbarung zu führen.

Glaubhaftmachung:[3] eidesstattliche Versicherung des Betriebsratsvorsitzenden

Der Beteiligte zu 1), der lediglich aus Mitgliedern mit technischer Ausbildung besteht, sieht sich außerstande, die von ihm verlangten Verhandlungen sachgerecht zu führen, da ihm die erforderlichen Sachkenntnisse hierzu fehlen. Die von der Beteiligten zu 2) angebotene Beratung durch den hauseigenen EDV-Techniker hat der Beteiligte zu 1) als unzumutbar zurückgewiesen im Hinblick auf die Besorgnis einer Interessenkollision. Er hat statt dessen die Beteiligte zu 2) gebeten, den im Antrag bezeichneten Sachverständigen nach § 80 BetrVG zum Zwecke der Beratung bei den Verhandlungen heranziehen zu dürfen. Das hat die Beteiligte zu 2) abgelehnt und dem Beteiligten zu 1) mitgeteilt, wenn er den Sachverständigen beauftrage, werde sie dessen Honorar nicht tragen. Weder sei sie hierzu freiwillig bereit noch rechtlich verpflichtet. Dazu bedürfe es eines rechtskräftigen Beschlusses, ohne den sie keine Zahlungspflicht anerkennen werde.

Glaubhaftmachung: wie vor

Der Betriebsrat hat daraufhin einstimmig beschlossen, das vorliegende Verfahren einzuleiten und mit seiner Durchführung die im Rubrum benannten Verfahrensbevollmächtigten zu beauftragen.[4]

Glaubhaftmachung: Ablichtung des Protokolls der Betriebsratssitzung nebst Anwesenheitsliste mit den Unterschriften aller Betriebsratsmitglieder

2. Rechtsausführungen

2.1 Verfügungsanspruch

Es besteht ein Verfügungsanspruch, denn zur Führung der geforderten Verhandlungen sieht sich der Beteiligte zu 2) mangels eigener Sachkenntnis nicht ohne Unterstützung eines Sachverständigen in der Lage. Anhaltspunkte dafür, dass der Betriebsrat damit den ihm insoweit zur Verfügung stehenden gewissen Beurteilungsspielraum überschreitet, sind nicht ersichtlich.

Die mangelnde Sachkenntnis des Beteiligten zu 1) kann auch nicht mit weiteren Informationen durch den Arbeitgeber beseitigt werden. Seiner Verpflichtung, sich vor Einschaltung eines Sachverständigen zunächst bei der Beteiligten zu 2) umfassend zu erkundigen (BAG vom 26. 2. 1992, NZA 1993, 86–89, AP Nr. 48 zu § 80 BetrVG 1972), ist der Beteiligte zu 1) nachgekommen.

Der Regelungsgegenstand erfordert eine kritische Betrachtungsweise im Sinne der Arbeitnehmer, um die sie betreffenden nachteiligen Folgen zu erkennen und nicht zu verharmlosen[5]. Dies macht es erforderlich, dem Betriebsrat einen unabhängigen Sachverständigen zur Verfügung zu stellen, also einen von ihm ausgesuchten Sachverständigen, eine Person seines Vertrauens (ArbG Braunschweig vom 14. 11. 1986, AiB 1986, 192).

Dabei ist der Beteiligte zu 1) nicht verpflichtet, auf einen kostengünstigeren Sachverständigen der zuständigen Gewerkschaft zurückzugreifen, sondern es steht ihm frei, einen unabhängigen Sachverständigen zu beauftragen (*Pflüger*, NZA 1988, 45 ff., 49).

Da die Beteiligte zu 2) also trotz der Erforderlichkeit der Hinzuziehung des Sachverständigen ihre Zustimmung verweigert, hat der Beteiligte zu 1) Anspruch auf einen die Zustimmung ersetzenden gerichtlichen Beschluss.

2.2 Verfügungsgrund

Es besteht auch ein Verfügungsgrund. Der Beteiligte zu 1) sieht in einer flexiblen Arbeitszeit auch Vorteile für die Belegschaft und ist an einer schnellen Einführung interessiert. Der Beteiligte zu 1) kann in diese Verhandlungen die berechtigten Interessen der Belegschaft jedoch nur mit Unterstützung einer technischen Beratung angemessen einbringen, und es entspricht den berechtigten Interessen der Belegschaft, wenn eine Regelung über das Erfassungssystem noch vor Einführung des Arbeitszeitsystems herbeigeführt wird.

Der Beteiligte zu 1) hätte auch die Möglichkeit, das neue Arbeitszeitsystem bis zur Regelung der EDV-Frage zu verhindern. Diese Möglichkeit kann die Beteiligte zu 2)

dem Beteiligten zu 1) nicht mit Erfolg entgegenhalten, weil sie ihn damit dazu zwingen würde, in ihre unternehmerische Freiheit sehr viel stärker einzugreifen, als es mit der Überbürdung von Sachverständigenkosten der Fall ist. Der Beteiligte zu 1) wählt also mit dem vorliegenden Antrag das Mittel, mit dem die Beteiligte zu 2) am wenigsten beeinträchtigt wird.

Schließlich steht dem Erlass der begehrten einstweiligen Verfügung auch nicht die damit eintretende Vorwegnahme der Hauptsache entgegen. Es kommt allein darauf an, ob eine sofortige Regelung nach Abwägung aller Umstände des Sachverhalts und unter Berücksichtigung der beiderseitigen berechtigten Interessen zur Abwendung wesentlicher Nachteile erforderlich erscheint (LAG Düsseldorf vom 9. 11. 1983, ArbuR 1984, 191; LAG Baden-Württemberg vom 22. 11. 1985, AiB 1986, 261 f.; LAG Hamm vom 19. 4. 1984, NZA 1984, 130 = DB 1984, 1525–2527 = LAGE Art. 9 GG Arbeitskampf Nr. 14 und LAG Hamm vom 15. 3. 1994, LAGE § 80 BetrVG 1972 Nr. 12).[6]

Begl. und einfache Abschrift sowie die vorgenannten Mittel zur Glaubhaftmachung[7] anbei.

Rechtsanwalt

Anmerkungen

1. Wie die praktische Erfahrung zeigt, neigen die Gerichte nicht dazu, einstweilige Verfügungen ohne mündliche Verhandlungen zu erlassen. Das erfolgt in der Regel nur, wenn die Zeit zwischen Antragseingang und dem abzuwendenden Ereignis bzw. dem Zeitpunkt, zu dem die begehrte Wirkung der einstweiligen Verfügung im Sinne einer Zweckerreichung einsetzen muss, zu kurz ist, um noch dazwischen eine mündliche Verhandlung anzuberaumen. Das darf allerdings nicht dazu verführen, den Antrag sehr spät zu stellen, weil sich die dadurch verursachte Eilbedürftigkeit gegen den Antragsteller richten kann. Es bedarf in der Antragsschrift der Darstellung, warum eine frühere Antragstellung nicht erfolgen konnte. Kann der Antragsteller seine späte Antragstellung nicht ausreichend rechtfertigen, droht allein aus diesem Grund die Zurückweisung des Antrages.

Insbesondere für unerlässlich wird eine mündliche Verhandlung im Allgemeinen dann erachtet, wenn die begehrte Entscheidung die Hauptsache im Wesentlichen vorwegnimmt und praktisch unumkehrbare Verhältnisse schafft (LAG Köln vom 13. 8. 1996, 11 Ta 173/96, NZA 1997, 317 f.).

Selbst die Zurückweisung des Antrages auf Erlass einer einstweiligen Verfügung soll in der Regel nicht ohne mündliche Verhandlung erfolgen, obwohl § 62 Abs. 2 Satz 2 ArbGG ein solches Verfahren ausdrücklich zulässt (Sächs. LAG vom 8. 4. 1997, 1 Ta 89/97, NZA 1998, 223 f.).

2. Ein umfassender Tatsachenvortrag bereits in der Antragsschrift, spätestens aber in der Verhandlung, ist nicht nur erforderlich, um dem Gericht gegebenenfalls Anhaltspunkte für weitere aufklärende Fragen zu geben, sondern weil dieser Sachvortrag auch die Grundlage für eine etwaige Überprüfung der Sach- und Rechtslage in der Beschwerdeinstanz darstellt. Grundsätzlich können die Parteien im arbeitsgerichtlichen Beschlussverfahren wegen des Untersuchungsgrundsatzes auch noch in der Beschwerdeinstanz im Rahmen des § 87 Abs. 3 ArbGG neue Tatsachen einführen, doch gilt das für das einstweilige Verfügungsverfahren nicht uneingeschränkt. Der Sachvortrag bestimmt nämlich den Verfügungsanspruch. Ändern die neuen Tatsachen den Verfügungsanspruch, ist eine Änderung des Tatsachenvortrages in der Regel nicht sachdienlich und damit in entsprechender Anwendung des § 263 ZPO als unzulässig zurückzuweisen (LAG Schleswig-Holstein vom 9. 7. 1990, 6 TaBV 10/90, zitiert nach Juris).

3. Durch die über § 85 Abs. 2 Satz 2 ArbGG anzuwendenden Vorschriften der §§ 936 und 920 Abs. 2 ZPO ist auch der Antrag auf Erlass einer einstweiligen Verfügung im Beschlussverfahren hinsichtlich Verfügungsanspruch und Verfügungsgrund glaubhaft zu machen. Kommt der Antragsteller dieser Verpflichtung nicht nach, dann ist und insoweit anders als in den Verfahren vor den Zivilgerichten, für die die Parteimaxime gilt, der Antrag nicht schon aus diesem Grunde abzuweisen. Im arbeitsgerichtlichen Beschlussverfahren gilt vielmehr der Untersuchungsgrundsatz (§ 83 Abs. 1 Satz 1 ArbGG). So ist die gerichtliche Bewertung des Vorbringens der Beteiligten im Beschlussverfahren als nicht hinreichend substantiiert nur dann statthaft, wenn das Gericht auf diese Einschätzung hingewiesen und die Beteiligten zur Ergänzung ihres Vorbringens aufgefordert hat (BAG vom 11. 3. 1998, NZA 1998, 953, DB 1998, 1821). Deshalb hat das Gericht auch bei fehlender Glaubhaftmachung den Sachverhalt von Amts wegen zu erforschen. An dieser Erforschung (Aufklärung) haben die Verfahrensbeteiligten mitzuwirken (§ 83 Abs. 1 Satz 2 ArbGG). Der Untersuchungsgrundsatz gilt jedoch nicht unbeschränkt. Die Aufklärungspflicht des Gerichts kann sich nur auf das stützen, was die Beteiligten vortragen. Nur das, wofür sie in ihrem Sachvortrag selbst Anhaltspunkte liefern, kann und darf das Gericht weiter „aufklären" und es muss dabei den Charakter des Eilverfahrens berücksichtigen, d. h. im Termin zur Anhörung über die einstweilige Verfügung muss das Gericht anwesende Personen über ihm erheblich erscheinende, aber bisher noch nicht ausreichend dargestellte Tatsachen anhören und präsente Zeugen vernehmen. Eine Beweisaufnahme allerdings, die nicht sofort erfolgen kann, ist nach § 294 Abs. 2 ZPO unstatthaft (vgl. zum Ganzen: BAG vom 25. 9. 1986, AP Nr. 7 zu § 1 BetrVG 1972 und LAG München vom 26. 8. 1992, LAGE § 23 BetrVG 1972 Nr. 29 = BB 1993, 2168). Schriftstücke sind der Antragsschrift im Original oder in beglaubigter Abschrift oder beglaubigter Fotokopie beizufügen. Die Ankündigung ihrer Vorlage ist ebenso zur Glaubhaftmachung unzureichend wie die Beifügung unbeglaubigter Schriftstücke (BAG vom 28. 8. 1991, AP Nr. 2 zu § 85 ArbGG 1979).

4. Die ordnungsgemäße Beschlussfassung des Betriebsrates für die Einleitung eines gerichtlichen Beschlussverfahrens ist Verfahrensvoraussetzung. Fehlt es an einem ordnungsgemäßen Beschluss, ist der Antrag zurückzuweisen. Sofern der Betriebsrat anwaltlich vertreten ist, muss der Beschluss die Beauftragung des Prozessbevollmächtigten umfassen. Schließlich muss erkennbar sein, dass die formalen Beschlussvoraussetzungen der Beschlussfähigkeit und der Stimmenmehrheit beachtet wurden. Dies ist vom Betriebsrat vorzutragen, denn der Arbeitgeber ist nicht gehindert, die ordnungsgemäße Beschlussfassung mit Nichtwissen zu bestreiten (ArbG Hamburg vom 10. 12. 1997, 19 BV 7/96, n. v.).

5. ArbG Hamburg vom 28. 5. 1985, AiB 1986, 192 (der Beschluss wurde ohne Entscheidung in der Sache durch das LAG Hamburg vom 29. 7. 1985, 4 TaBV 6/85, n. v., aus formellen Gründen aufgehoben).

6. A. A: LAG Köln vom 5. 3. 1986, LAGE § 80 BetrVG 1972 Nr. 5.

7. Schriftstücke sind in beglaubigter Abschrift der Antragsschrift beizufügen. Bei eidesstattlichen Versicherungen ist eine eigene Sachverhaltsschilderung (siehe Fallbeispiel F. II. 6) durch den Versichernden erforderlich. Statt dessen liest man jedoch immer wieder eidesstattliche Versicherungen, in denen es heißt: „Ich habe die Antragsschrift meines Verfahrensbevollmächtigten gelesen. Die dortigen Angaben entsprechen der Richtigkeit und beruhen auf meinen Angaben" oder Ähnliches. Das aber entspricht nicht den Anforderungen des Bundesgerichtshofes (BGH vom 13. 1. 1988, NJW 1988, 2045), denn Dritte unterschreiben oft meist ungeprüft, was ihnen vorgelegt wird (BPatG vom 27. 11. 1974, GRUR 1978, 360).

3.3 Beauftragung eines (Rechts-)Sachverständigen

An das
Arbeitsgericht ......

Antrag   auf Erlass einer einstweiligen Verfügung
                      im Beschlussverfahren

des Betriebsrates ...... ,
dieser vertreten durch seinen Vorsitzenden ...... ,
                              – Antragsteller und Beteiligter zu 1) –
Verfahrensbevollmächtigte/r: Rechtsanwälte ......

                              gegen

die ...... ,
diese vertreten durch ...... ,
alle geschäftsansässig ......

                              – Antragsgegnerin und Beteiligte zu 2) –

Namens und in Vollmacht des Antragstellers und Beteiligten zu 1) beantragen wir,
im Wege der einstweiligen Verfügung – wegen Dringlichkeit ohne mündliche Verhandlung[1] – zu beschließen,
die Beteiligte zu 2) zu verpflichten, der Beauftragung des Rechtsanwalts ...... zur
Beratung des Beteiligten zu 1) bei den Verhandlungen zwischen den Beteiligten
über einen Interessenausgleich und Sozialplan zuzustimmen.

                              Begründung:

1. Sachverhalt[2]

Der Beteiligte zu 1) ist der aus fünf Personen bestehende Betriebsrat[3] für den unter
der im Rubrum bezeichneten Anschrift ansässigen Betrieb der Beteiligten zu 2).
Diese hat dem Beteiligten zu 1) vor drei Monaten von ihrer Absicht unterrichtet,
den Betrieb zu schließen. In mehreren Gesprächen ist der Ablauf der Maßnahme,
wie er nach den Vorstellungen der Beteiligten zu 2) erfolgen soll, dargestellt worden. Insoweit sind keine Fragen des Beteiligten zu 1) offen geblieben.
Vor zwei Wochen übergab die Beteiligte zu 2) dem Beteiligten zu 1) den Entwurf
eines Interessenausgleichs, der die Stilllegung des Betriebes vorsah. Vor einer Woche legte die Beteiligte zu 2) den Entwurf eines Sozialplanes vor. Sie hat gleichzeitig
mitgeteilt, sie werde die beabsichtigte Maßnahme spätestens in drei Monaten
durchführen. Der Beteiligte zu 1) wurde aufgefordert, unverzüglich Verhandlungen
über einen Interessenausgleich und Sozialplan zu führen.

Glaubhaftmachung:[4] eidesstattliche Versicherung des Betriebsratsvorsitzenden

Der Beteiligte zu 1) sieht sich außerstande, die von ihm verlangten Verhandlungen
sachgerecht zu führen, da ihm die erforderlichen Rechtskenntnisse hierzu fehlen.
Die von der Beteiligten zu 2) angebotene Rechtsberatung durch den von ihr ständig
beauftragten Rechtsanwalt hat der Beteiligte zu 1) als unzumutbar zurückgewiesen
im Hinblick auf die Besorgnis einer Interessenkollision. Er hat statt dessen die Beteiligte zu 2) gebeten, den im Antrag bezeichneten Rechtsanwalt als Sachverständigen nach § 80 BetrVG zum Zwecke der Beratung bei den Verhandlungen heranzie-

hen zu dürfen. Das hat die Beteiligte zu 2) abgelehnt und dem Beteiligten zu 1) mitgeteilt, wenn er den Rechtsanwalt beauftrage. werde sie dessen Gebühren nicht tragen. Weder sei sie hierzu freiwillig bereit noch rechtlich verpflichtet. Dazu bedürfe
es eines rechtskräftigen Beschlusses, ohne den sie keine Zahlungspflicht anerkennen
werde. Gleichzeitig hat die Beteiligte zu 2) ihren Willen betont, die angekündigte
Maßnahme gemäß dem Zeitplan durchzuführen.

Glaubhaftmachung: wie vor

Der Betriebsrat hat daraufhin einstimmig beschlossen, das vorliegende Verfahren
einzuleiten und mit seiner Durchführung die im Rubrum benannten Verfahrensbevollmächtigten zu beauftragen.[5]

Glaubhaftmachung: Ablichtung des Protokolls der Betriebsratssitzung nebst Anwesenheitsliste mit den Unterschriften aller Betriebsratsmitglieder

2. Rechtsausführungen

2.1 Verfügungsanspruch

Es besteht ein Verfügungsanspruch, denn zur Führung der geforderten Verhandlungen sieht sich der Beteiligte zu 2) mangels eigener Sach- (hier: Rechts-)kenntnis
nicht ohne Unterstützung eines Sachverständigen in der Lage. Anhaltspunkte dafür,
dass der Betriebsrat damit den ihm insoweit zur Verfügung stehenden gewissen Beurteilungsspielraum überschreitet, sind nicht ersichtlich.

Die mangelnde Sachkenntnis des Beteiligten zu 1) kann auch nicht mit weiterer Informationen durch den Arbeitgeber beseitigt werden. Seiner Verpflichtung, sich vor
Einschaltung eines Sachverständigen zunächst bei der Beteiligten zu 2) umfassend
zu erkundigen (BAG vom 26. 2. 1992, NZA 1993, 86–89, AP Nr. 48 zu § 80
BetrVG 1972), ist der Beteiligte zu 1) nachgekommen.

Der Regelungsgegenstand erfordert eine kritische Betrachtungsweise im Sinne der
Arbeitnehmer, um die sie betreffenden nachteiligen Folgen zu erkennen und nicht
zu verharmlosen. Dies macht es erforderlich, dem Betriebsrat einen unabhängigen
Sachverständigen zur Verfügung zu stellen, also einen von ihm ausgesuchten Sachverständigen, einer Person seines Vertrauens (ArbG Braunschweig vom 14. 11.
1986, AiB 1986, 192).

Dabei ist der Beteiligte zu 1) nicht verpflichtet, auf einen kostengünstigeren Sachverständigen der zuständigen Gewerkschaft zurückzugreifen, sondern es steht ihm
frei, einen Rechtsanwalt zu beauftragen (*Pflüger*, NZA 1988, 45 ff., 49).

Da die Beteiligte zu 2) also trotz der Erforderlichkeit der Hinzuziehung des Sachverständigen ihre Zustimmung verweigert, hat der Beteiligte zu 1) Anspruch auf
einen die Zustimmung ersetzenden gerichtlichen Beschluss.

2.2 Verfügungsgrund

Es besteht auch ein Verfügungsgrund. Die Beteiligte zu 2) hat erkennen lassen, dass
sie ihre beabsichtigte Maßnahme unabhängig von dem Stand der Verhandlungen
um den Interessenausgleich und den Sozialplan durchsetzen will. Der Beteiligte
zu 1) kann in diese Verhandlungen die berechtigten Interessen der Belegschaft jedoch nur mit Unterstützung einer rechtlichen Beratung angemessen einbringen und
es entspricht den berechtigten Interessen der Belegschaft, wenn ein Interessenausgleich noch vor Durchführung der betrieblichen Maßnahme herbeigeführt wird und
ein Sozialplan mindestens zeitnah hierzu.

Es kann dahingestellt bleiben, ob der Beteiligte zu 1) aus Rechtsgründen jedenfalls
die Möglichkeit hätte, die Durchführung der betrieblichen Maßnahme vor Ab-

schluss der Verhandlungen über den Interessenausgleich durch ein entsprechende einstweilige Verfügung untersagen zu lassen. Jedenfalls kann die Beteiligte zu 2) diese Möglichkeit dem Beteiligten zu 1) nicht mit Erfolg entgegenhalten, weil sie ihn damit dazu zwingen würde, in ihre unternehmerische Freiheit sehr viel stärker einzugreifen, als es mit der Überbürdung von Sachverständigenkosten der Fall ist. Der Beteiligte zu 1) wählt also mit dem vorliegenden Antrag das Mittel, mit dem die Beteiligte zu 2) am wenigsten beeinträchtigt wird.

Schließlich steht dem Erlass der begehrten einstweiligen Verfügung auch nicht die damit eintretende Vorwegnahme der Hauptsache entgegen. Es kommt allein darauf an, ob eine sofortige Regelung nach Abwägung aller Umstände des Sachverhalts und unter Berücksichtigung der beiderseitigen berechtigten Interessen zur Abwendung wesentlicher Nachteile erforderlich erscheint (LAG Hamm vom 19. 4. 1984, NZA 1984, 130 = DB 1984, 1525–2527 = LAGE Art. 9 GG Arbeitskampf Nr. 14; LAG Baden-Württemberg vom 22. 11. 1985, AiB 1986, 261 f.; LAG Düsseldorf vom 9. 11. 1983, ArbuR 1984, 191 und LAG Hamm vom 15. 3. 1994, LAGE § 80 BetrVG 1972 Nr. 12).[6]

Begl. und einfache Abschrift sowie die vorgenannten Mittel zur Glaubhaftmachung[7] anbei

Rechtsanwalt

Anmerkungen

1. Wie die praktische Erfahrung zeigt, neigen die Gerichte nicht dazu, einstweilige Verfügungen ohne mündliche Verhandlungen zu erlassen. Das erfolgt in der Regel nur, wenn die Zeit zwischen Antragseingang und dem abzuwendenden Ereignis bzw. dem Zeitpunkt, zu dem die begehrte Wirkung der einstweiligen Verfügung im Sinne einer Zweckerreichung einsetzen muss, zu kurz ist, um noch dazwischen eine mündliche Verhandlung anzuberaumen. Das darf allerdings nicht dazu verführen, den Antrag sehr spät zu stellen, weil sich die dadurch verursachte Eilbedürftigkeit gegen den Antragsteller richten kann. Es bedarf in der Antragsschrift der Darstellung, warum eine frühere Antragstellung nicht erfolgen konnte. Kann der Antragsteller seine späte Antragstellung nicht ausreichend rechtfertigen, droht allein aus diesem Grund die Zurückweisung des Antrages.

Insbesondere für unerlässlich wird eine mündliche Verhandlung im Allgemeinen dann erachtet, wenn die begehrte Entscheidung die Hauptsache im Wesentlichen vorwegnimmt und praktisch unumkehrbare Verhältnisse schafft (LAG Köln vom 13. 8. 1996, 11 Ta 173/96, NZA 1997, 317 f.).

Selbst die Zurückweisung des Antrages auf Erlass einer einstweiligen Verfügung soll in der Regel nicht ohne mündliche Verhandlung erfolgen, obwohl § 62 Abs. 2 Satz 2 ArbGG ein solches Verfahren ausdrücklich zulässt (Sächs. LAG vom 8. 4. 1997, 1 Ta 89/97, NZA 1998, 223 f.).

2. Ein umfassender Tatsachenvortrag bereits in der Antragsschrift, spätestens aber in der Verhandlung, ist nicht nur erforderlich, um dem Gericht gegebenenfalls Anhaltspunkte für weitere aufklärende Fragen zu geben, sondern weil dieser Sachvortrag auch die Grundlage für eine etwaige Überprüfung der Sach- und Rechtslage in der Beschwerdeinstanz darstellt. Grundsätzlich können die Parteien im arbeitsgerichtlichen Beschlussverfahren wegen des Untersuchungsgrundsatzes auch noch in der Beschwerdeinstanz im Rahmen des § 87 Abs. 3 ArbGG neue Tatsachen einführen, doch gilt das für das einstweilige Verfügungsverfahren nicht uneingeschränkt. Der Sachvortrag bestimmt nämlich den Verfügungsanspruch. Ändern die neuen Tatsachen den Verfügungsanspruch, ist eine Änderung des Tatsachenvortrages in der Regel nicht sachdienlich und damit in entsprechender Anwendung des § 263 ZPO als unzulässig zurückzuweisen (LAG Schleswig-Holstein vom 9. 7. 1990, 6 TaBV 10/90, zitiert nach Juris).

3. Da es im nachfolgenden Sachverhalt um eine Betriebsänderung geht, muss es sich um einen mindestens dreiköpfigen Betriebsrat handeln (§ 111 Satz 1 BetrVG i.V.m. § 9 BetrVG). Ein Einzelbetriebsrat hat keinen Verhandlungsanspruch. Ab 301 Arbeitnehmer bedarf es keiner Zustimmung des Arbeitgebers und dieses Verfahrens nicht (§ 111 Einleitung 2. Satz BetrVG).

4. Durch die über § 85 Abs. 2 Satz 2 ArbGG anzuwendenden Vorschriften der §§ 936 und 920 Abs. 2 ZPO ist auch der Antrag auf Erlass einer einstweiligen Verfügung im Beschlussverfahren hinsichtlich Verfügungsanspruch und Verfügungsgrund glaubhaft zu machen. Kommt der Antragsteller dieser Verpflichtung nicht nach, dann ist und insoweit anders als in den Verfahren vor den Zivilgerichten, für die die Parteimaxime gilt, der Antrag nicht schon aus diesem Grunde abzuweisen. Im arbeitsgerichtlichen Beschlussverfahren gilt vielmehr der Untersuchungsgrundsatz (§ 83 Abs. 1 Satz 1 ArbGG). So ist die gerichtliche Bewertung des Vorbringens der Beteiligten im Beschlussverfahren als nicht hinreichend substantiiert nur dann statthaft, wenn das Gericht auf diese Einschätzung hingewiesen und die Beteiligten zur Ergänzung ihres Vorbringens aufgefordert hat (BAG vom 11. 3. 1998, NZA 1998, 953, DB 1998, 1821). Deshalb hat das Gericht auch bei fehlender Glaubhaftmachung den Sachverhalt von Amts wegen zu erforschen. An dieser Erforschung (Aufklärung) haben die Verfahrensbeteiligten mitzuwirken (§ 83 Abs. 1 Satz 2 ArbGG). Der Untersuchungsgrundsatz gilt jedoch nicht unbeschränkt. Die Aufklärungspflicht des Gerichts kann sich nur auf das stützen, was die Beteiligten vortragen. Nur das, wofür sie in ihrem Sachvortrag selbst Anhaltspunkte liefern, kann und darf das Gericht weiter „aufklären", und es muss dabei den Charakter des Eilverfahrens berücksichtigen, d.h. im Termin zur Anhörung über die einstweilige Verfügung muss das Gericht anwesende Personen über ihm erheblich erscheinende, aber bisher noch nicht ausreichend dargestellte Tatsachen anhören und präsente Zeugen vernehmen. Eine Beweisaufnahme allerdings, die nicht sofort erfolgen kann, ist nach § 294 Abs. 2 ZPO unstatthaft (vgl. zum Ganzen: BAG vom 25. 9. 1986, AP Nr. 7 zu § 1 BetrVG 1972 und LAG München vom 26. 8. 1992, LAGE § 23 BetrVG 1972 Nr. 29 = BB 1993, 2168). Schriftstücke sind der Antragsschrift im Original oder in beglaubigter Abschrift oder beglaubigter Fotokopie beizufügen. Die Ankündigung ihrer Vorlage ist ebenso zur Glaubhaftmachung unzureichend wie die Beifügung unbeglaubigter Schriftstücke (BAG vom 28. 8. 1991, AP Nr. 2 zu § 85 ArbGG 1979).

5. Die ordnungsgemäße Beschlussfassung des Betriebsrates für die Einleitung eines gerichtlichen Beschlussverfahrens ist Verfahrensvoraussetzung. Fehlt es an einem ordnungsgemäßen Beschluss, ist der Antrag zurückzuweisen. Sofern der Betriebsrat anwaltlich vertreten ist, muss der Beschluss die Beauftragung des Prozessbevollmächtigten umfassen. Schließlich muss erkennbar sein, dass die formalen Beschlussvoraussetzungen der Beschlussfähigkeit und der Stimmenmehrheit beachtet wurden. Dies ist vom Betriebsrat vorzutragen, denn der Arbeitgeber ist nicht gehindert, die ordnungsgemäße Beschlussfassung mit Nichtwissen zu bestreiten (ArbG Hamburg vom 10. 12. 1997, 19 BV 7/96, n. v.).

6. A.A: LAG Köln vom 5. 3. 1986, LAGE § 80 BetrVG 1972 Nr. 5.

7. Schriftstücke sind in beglaubigter Abschrift der Antragsschrift beizufügen. Bei eidesstattlichen Versicherungen ist eine eigene Sachverhaltsschilderung (siehe Fallbeispiel F. II. 6) durch den Versichernden erforderlich. Statt dessen liest man jedoch immer wieder eidesstattliche Versicherungen, in denen es heißt: „Ich habe die Antragsschrift

meines Verfahrensbevollmächtigten gelesen. Die dortigen Angaben entsprechen der Richtigkeit und beruhen auf meinen Angaben" oder Ähnliches. Das aber entspricht nicht den Anforderungen des Bundesgerichtshofes (BGH vom 13. 1. 1988, NJW 1988, 2045), denn Dritte unterschreiben oft meist ungeprüft, was ihnen vorgelegt wird (BPatG vom 27. 11. 1974, GRUR 1978, 360).

4. Antrag gegen den Arbeitgeber auf Herausgabe von Arbeitnehmerdaten zwecks Versendung von Informationen während eines Streiks

An das
Arbeitsgericht ......

Antrag   auf Erlass einer einstweiligen Verfügung
             im Beschlussverfahren

des Betriebsrates ......,
dieser vertreten durch seinen Vorsitzenden ......,
                    – Antragsteller und Beteiligter zu 1) –
Verfahrensbevollmächtigte/r: Rechtsanwälte ......

             gegen

die ......,
diese vertreten durch ......,
alle geschäftsansässig ......

             – Antragsgegnerin und Beteiligte zu 2) –

Namens und in Vollmacht des Antragstellers und Beteiligten zu 1) beantragen wir, im Wege der einstweiligen Verfügung – wegen Dringlichkeit ohne mündliche Verhandlung[1] – zu beschließen,

1. die Antragsgegnerin wird verpflichtet, dem Antragsteller die vollständigen Namen und Anschriften aller bei ihr beschäftigten Arbeitnehmer schriftlich mitzuteilen, soweit es sich nicht um leitende Angestellte im Sinne des § 5 Abs. 3 ArbGG handelt,

2. gegen die Antragsgegnerin für den Fall der Nichterfüllung der Verpflichtung zu 1) bis zum Tag. Monat. Jahr ein Zwangsgeld in Höhe bis zu EUR ...... festzusetzen.[2]

Für den Fall des Obsiegens wird weiter beantragt, eine abgekürzte Beschlussausfertigung (§ 317 Abs. 2 Satz 2 ZPO) zu erteilen.

Begründung:

1. Sachverhalt[3]

Der Beteiligte zu 1) ist der bei der Beteiligten zu 2) bestehende Betriebsrat. Diese beschäftigt im Betrieb ca. 3450 Arbeitnehmer.
Die Beteiligte zu 2) ist für die Aufrechterhaltung der in ihrem Betrieb hauptsächlich ausgeübten Produktionstätigkeit auf Zulieferungen von Vorprodukten angewiesen. Da diese jedoch seit Wochen auf Grund von Streikmaßnahmen gegen die Zulieferbetriebe immer mehr ausgeblieben sind, konnte die Beteiligte zu 2) eine immer größere Anzahl von Arbeitnehmern nicht mehr beschäftigten. Zurzeit werden ca.

2500 Arbeitnehmer nicht mehr beschäftigt. Anhaltspunkte für eine schnelle Veränderung dieser Situation bestehen nicht. Einerseits ist ein Ende der Streikmaßnahmen nicht absehbar, andererseits wird es auch nach einer Wiederaufnahme der Produktion in den Zulieferbetrieben nach Auskunft des Produktionsleiters der Beteiligten zu 2) etwa 8–10 Werktage dauern, bis die Produktion wieder in vollem Umfang aufgenommen werden könnte.

Glaubhaftmachung:[4] eidesstattliche Versicherung des Vorsitzenden des Beteiligten zu 1)

Da sich ein erheblicher Teil der Belegschaft damit nicht mehr im Betrieb aufhält, hat der Beteiligte zu 1) auch keine Möglichkeit mehr, sie über die üblichen innerbetrieblichen Medien (persönliche Ansprache, Schwarzes Brett, Verteilung von Informationsschriften im Betrieb) zu erreichen.

Der Beteiligte zu 1) hat deshalb einen Informationsbrief vorbereitet, in dem er über die gegenwärtige Situation und ihre rechtlichen Auswirkungen die Belegschaft unterrichten will. Er hat darüber hinaus die Absicht, während der Dauer der Betriebsstilllegung weitere, dem Inhalt nach bisher noch nicht feststehende Informationsschreiben zu versenden. Dies ist ihm jedoch nicht möglich, da ihm die vollständigen Namen und Anschriften der Belegschaftsmitglieder nicht bekannt sind. Einerseits ist es ihm wegen der großen Menge der Daten nicht zumutbar, sich die Informationen aus den Einstellungsvorgängen zusammenzutragen, andererseits verfügt er auch nur noch über die entsprechenden Vorgänge aus den letzten drei Jahren und schließlich und vor allem hätten diese Daten keinen Anspruch auf Vollständigkeit und Richtigkeit, da sie zum Beispiel bei den Anschriften nur den Stand zurzeit der Erfassung wiedergeben, der mit dem gegenwärtigen Stand nicht übereinstimmen muss.

Glaubhaftmachung: wie vor

Der Beteiligte zu 1) hat die Beteiligte zu 2) deshalb aufgefordert, ihm die genannten Daten schriftlich zur Verfügung zu stellen. Mit Schreiben vom Mittwoch der Vorwoche hat die Beteiligte zu 2) zwar eingeräumt, über eine EDV-gestützte aktuelle Liste der gewünschten Daten zu verfügen, deren Herausgabe jedoch abgelehnt.

Glaubhaftmachung: Ablichtung des genannten Schreibens der Beteiligten zu 2)

Sie macht darin geltend, der mitgeteilte Inhalt des beabsichtigten Schreibens liege außerhalb des betriebsverfassungsrechtlichen Aufgabenbereiches des Beteiligten zu 1). Sie sehe in der konkreten Situation überhaupt keinen besonderen Informationsbedarf der Arbeitnehmer. Die Überlassung von Namen und Anschriften käme einem eigenständigen Recht des Betriebsrates auf Einsicht in die Personalakte gleich. Ein solches Recht bestehe jedoch nicht. Außerdem habe sie datenschutzrechtliche Bedenken, die von ihr in einer Datei im Sinne von § 2 Abs. 3 Nr. 3 BDSG gespeicherten Namen und Anschriften der bei ihr beschäftigten Arbeitnehmer herauszugeben.

Glaubhaftmachung: wie vor

Der Betriebsrat hat daraufhin einstimmig beschlossen, das vorliegende Verfahren einzuleiten und mit seiner Durchführung die im Rubrum benannten Verfahrensbevollmächtigten zu beauftragen.[5]

Glaubhaftmachung: Ablichtung des Protokolls der Betriebsratssitzung nebst Anwesenheitsliste mit den Unterschriften aller Betriebsratsmitglieder

2. Rechtliche Überlegungen

2.1 Verfügungsanspruch

Nach ganz herrschender Auffassung ist der Betriebsrat befugt, die Belegschaft im Rahmen seines Aufgabenbereiches zu informieren. Dies folgt schon aus dem Prinzip der Repräsentation. Wer einen anderen vertritt, ist berechtigt und verpflichtet, den Vertretenen über seine Tätigkeit zu unterrichten. Auch folgt aus den konkreten Regelungen der §§ 39 BetrVG (Sprechstunde) und § 43 BetrVG (Tätigkeitsbericht in der Betriebsversammlung) keine Einschränkung des Betriebsrates auf diese Informationswege. Vielmehr bestimmt der Betriebsrat mangels ausdrücklicher gesetzlicher Beschränkungen im Grundsatz nach eigenem Ermessen, worüber und wie er die Belegschaft über seine Tätigkeit informiert (BAG vom 8. 2. 1977, AP § 80 BetrVG 1972 Nr. 10; BAG vom 21. 11. 1978, AP § 40 BetrVG 1972 Nr. 15).

Dabei bedarf es hier keiner Erörterung, ob und gegebenenfalls in welchem Umfang der Betriebsrat im Interesse der Schonung der finanziellen Mittel des Arbeitgebers gehalten ist, Verhältnismäßigkeitsüberlegungen anzustellen. Im vorliegenden Fall besteht wegen der Abwesenheit der Belegschaft vom Betrieb für eine umfassende und schnelle Unterrichtung der Belegschaft nur der vom Betriebsrat beabsichtigte Weg. Außerdem stellt die Herstellung einer Liste der geforderten Daten auch keine erhebliche Arbeitsbelastung der Beteiligten zu 2) dar.

Da der Betriebsrat sich für sein Begehren auch nicht allein auf das konkret vorgelegte Informationsschreiben stützt, sondern der angeforderten Informationen auch für zukünftige Rundschreiben bedarf und da es darüber hinaus keine Befugnis des Arbeitgebers gibt, in die Geschäftsführung des Betriebsrates durch Kontrolle des Inhalts zu versendender Schreiben einzugreifen, sondern der Betriebsrat in eigener Verantwortung darüber zu entscheiden hat, welche Informationen er in einer konkreten Situation für notwendig hält, kommt es zur Beurteilung des Antrages nicht darauf an, ob das konkret vorgelegte Schreiben in den Tätigkeitsbereich des Betriebsrates fällt. Es spricht allerdings sehr viel für eine gerechtfertigte Information der Belegschaft durch den Betriebsrat, denn eine durch die Fernwirkung von Streiks ausgelöste Betriebsstilllegung ist eine ungewöhnliche Situation für die betroffenen Arbeitnehmer, und es ist eine Selbstverständlichkeit, wenn der Betriebsrat die von ihm vertretene Belegschaft gerade in einer solchen Situation über die damit im Zusammenhang stehenden Besonderheiten informiert (LAG Berlin vom 28. 6. 1984, NZA 1984, 405 ff.).

Dem kann die Beteiligte zu 2) auch nicht Gründe des Datenschutzes entgegenhalten. Dies schon deshalb nicht, weil der Betriebsrat im Verhältnis zum Arbeitgeber nicht „Dritter" im Sinne von § 2 Abs. 3 Nr. 2 BDSG, sondern Teil der speichernden Stelle selbst ist (LAG Berlin vom 28. 6. 1984, a. a. O., m. w. N.)[6]

Jedenfalls aber wäre das Verlangen des Beteiligten zu 1) gemessen an der datenschutzrechtlichen Generalklausel des § 24 BDSG gerechtfertigt, weil die Übermittlung der Namen und Anschriften der Belegschaftsmitglieder zur Wahrung der berechtigten Interessen des Betriebsrates erforderlich ist, wie bereits vorstehend aufgezeigt wurde. Schutzwürdige Belange der Arbeitnehmer werden im Übrigen hierdurch nicht berührt, da der Betriebsrat die Daten zu keinen anderen Zwecken als betriebsverfassungsrechtlichen nutzen darf und das Betriebsverfassungsrecht im Interesse der Belegschaft geschaffen wurde.

2.2 Verfügungsgrund

In Anbetracht der erfahrungsgemäß gegenüber einem ordentlichen Beschlussverfahren in wesentlich kürzeren Zeiträumen ablaufenden Streikmaßnahmen, die Grundlage für die streitige Situation sind und des hierauf bezogenen Gegenstands der beabsichtigten Information, besteht auch ein Verfügungsgrund. Schließlich kann dem Erlass der beantragten einstweiligen Verfügung auch nicht die mit ihrer Erfüllung einhergehende Erledigung der Hauptsache entgegengehalten werden, denn der Natur des Anspruchs folgend ist hier eine bloße Sicherung des Anspruchs nicht interessengerecht. Vielmehr würde die Verweigerung der einstweiligen Verfügung zum endgültigen Verlust der Möglichkeit des Betriebsrates führen, die Belegschaftsmitglieder über die bestehende Situation zu unterrichten. Nur der Erlass der einstweiligen Verfügung steht daher in Übereinstimmung mit der Pflicht des Rechtsstaates, den Rechtsunterworfenen einen umfassenden und effizienten gerichtlichen Rechtsschutz zu gewähren (LAG Berlin vom 28. 6. 1984, a.a.O. und *Dütz*, Rechtsstaatlicher Gerichtsschutz im Privatrecht, S. 95 ff. und 115 ff.).[7]

Begl. und einfache Abschrift sowie die zur Glaubhaftmachung angeführten eidesstattliche Versicherung[8] anbei

Rechtsanwalt

Anmerkungen

1. Wie die praktische Erfahrung zeigt, neigen die Gerichte nicht dazu, einstweilige Verfügungen ohne mündliche Verhandlungen zu erlassen. Das erfolgt in der Regel nur, wenn die Zeit zwischen Antragseingang und dem abzuwendenden Ereignis bzw. dem Zeitpunkt, zu dem die begehrte Wirkung der einstweiligen Verfügung im Sinne einer Zweckerreichung einsetzen muss, zu kurz ist, um noch dazwischen eine mündliche Verhandlung anzuberaumen. Das darf allerdings nicht dazu verführen, den Antrag sehr spät zu stellen, weil sich die dadurch verursachte Eilbedürftigkeit gegen den Antragsteller richten kann. Es bedarf in der Antragsschrift der Darstellung, warum eine frühere Antragstellung nicht erfolgen konnte. Kann der Antragsteller seine späte Antragstellung nicht ausreichend rechtfertigen, droht allein aus diesem Grund die Zurückweisung des Antrages.

Insbesondere für unerlässlich wird eine mündliche Verhandlung im Allgemeinen dann erachtet, wenn die begehrte Entscheidung die Hauptsache im Wesentlichen vorwegnimmt und praktisch unumkehrbare Verhältnisse schafft (LAG Köln vom 13. 8. 1996, 11 TA 173/96, NZA 1997, 317 f.).

Selbst die Zurückweisung des Antrages auf Erlass einer einstweiligen Verfügung soll in der Regel nicht ohne mündliche Verhandlung erfolgen, obwohl § 62 Abs. 2 Satz 2 ArbGG ein solches Verfahren ausdrücklich zulässt (Sächs. LAG vom 8. 4. 1997, 1 TA 89/97, NZA 1998, 223 f.).

2. Die überwiegende Ansicht hält die Androhung eines Zwangsgeldes für zulässig, allerdings für nicht erforderlich oder zweckmäßig. Das Zwangsgeld kann sofort festgesetzt werden (*Zöller/Stöber* § 888 Rdn. 12; KG vom 16. 5. 1968, NJW 1969, 57, 58).

3. Ein umfassender Tatsachenvortrag bereits in der Antragsschrift, spätestens aber in der Verhandlung, ist nicht nur erforderlich, um dem Gericht gegebenenfalls Anhaltspunkte für weitere aufklärende Fragen zu geben, sondern weil dieser Sachvortrag auch die Grundlage für eine etwaige Überprüfung der Sach- und Rechtslage in der Beschwerdeinstanz darstellt. Grundsätzlich können die Parteien im arbeitsgerichtlichen Beschlussverfahren wegen des Untersuchungsgrundsatzes auch noch in der Beschwerdeinstanz im Rahmen des § 87 Abs. 3 ArbGG neue Tatsachen einführen, doch gilt das für das einstweilige Verfügungsverfahren nicht uneingeschränkt. Der Sachvortrag bestimmt nämlich den Verfügungsanspruch. Ändern die neuen Tatsachen den Verfügungsanspruch, ist eine Änderung des Tatsachenvortrages in der Regel nicht sachdienlich und damit in entspre-

chender Anwendung des § 263 ZPO als unzulässig zurückzuweisen (LAG Schleswig-Holstein vom 9. 7. 1990, 6 TABV 10/90, zitiert nach Juris).

4. Durch die über § 85 Abs. 2 Satz 2 ArbGG anzuwendenden Vorschriften der §§ 936 und 920 Abs. 2 ZPO ist auch der Antrag auf Erlass einer einstweiligen Verfügung im Beschlussverfahren hinsichtlich Verfügungsanspruch und Verfügungsgrund glaubhaft zu machen. Kommt der Antragsteller dieser Verpflichtung nicht nach, dann ist und insoweit anders als in den Verfahren vor den Zivilgerichten, für die die Parteimaxime gilt, der Antrag nicht schon aus diesem Grunde abzuweisen. Im arbeitsgerichtlichen Beschlussverfahren gilt vielmehr der Untersuchungsgrundsatz (§ 83 Abs. 1 Satz 1 ArbGG). So ist die gerichtliche Bewertung des Vorbringens der Beteiligten im Beschlussverfahren als nicht hinreichend substantiiert nur dann statthaft, wenn das Gericht auf diese Einschätzung hingewiesen und die Beteiligten zur Ergänzung ihres Vorbringens aufgefordert hat (BAG vom 11. 3. 1998, NZA 1998, 953, DB 1998, 1821). Deshalb hat das Gericht auch bei fehlender Glaubhaftmachung den Sachverhalt von Amts wegen zu erforschen. An dieser Erforschung (Aufklärung) haben die Verfahrensbeteiligten mitzuwirken (§ 83 Abs. 1 Satz 2 ArbGG). Der Untersuchungsgrundsatz gilt jedoch nicht unbeschränkt. Die Aufklärungspflicht des Gerichts kann sich nur auf das stützen, was die Beteiligten vortragen. Nur das, wofür sie in ihrem Sachvortrag selbst Anhaltspunkte liefern, kann und darf das Gericht weiter „aufklären" und es muss dabei den Charakter des Eilverfahrens berücksichtigen, d. h. im Termin zur Anhörung über die einstweilige Verfügung muss das Gericht anwesende Personen über ihm erheblich erscheinende, aber bisher noch nicht ausreichend dargestellte Tatsachen anhören und präsente Zeugen vernehmen. Eine Beweisaufnahme allerdings, die nicht sofort erfolgen kann, ist nach § 294 Abs. 2 ZPO unstatthaft (vgl. zum Ganzen: BAG vom 25. 9. 1986, AP Nr. 7 zu § 1 BetrVG 1972 und LAG München vom 26. 8. 1992, LAGE § 23 BetrVG 1972 Nr. 29 = BB 1993, 2168). Schriftstücke sind der Antragsschrift im Original oder in beglaubigter Abschrift oder beglaubigter Fotokopie beizufügen. Die Ankündigung ihrer Vorlage ist ebenso zur Glaubhaftmachung unzureichend wie die Beifügung unbeglaubigter Schriftstücke (BAG vom 28. 8. 1991, AP Nr. 2 zu § 85 ArbGG 1979).

5. Die ordnungsgemäße Beschlussfassung des Betriebsrates für die Einleitung eines gerichtlichen Beschlussverfahrens ist Verfahrensvoraussetzung. Fehlt es an einem ordnungsgemäßen Beschluss, ist der Antrag zurückzuweisen. Sofern der Betriebsrat anwaltlich vertreten ist, muss der Beschluss die Beauftragung des Prozessbevollmächtigten umfassen. Schließlich muss erkennbar sein, dass die formalen Beschlussvoraussetzungen der Beschlussfähigkeit und der Stimmenmehrheit beachtet wurden. Dies ist vom Betriebsrat vorzutragen, denn der Arbeitgeber ist nicht gehindert, die ordnungsgemäße Beschlussfassung mit Nichtwissen zu bestreiten (ArbG Hamburg vom 10. 12. 1997, 19 BV 7/96, n. v.).

6. Den Betriebsrat als „Dritten" im Sinne des Datenschutzgesetzes sehen an: *Wahsner-Borgaes*, BlStSozArbR 1980, 49 ff. und wohl auch *Kroll*, Datenschutz im Arbeitsverhältnis, 1981, 120.

7. Anderer Auffassung: LAG Köln vom 5. 3. 1986, 5 TABV 4/86, zitiert bei Juris; *Eich*, DB 1978, 395 ff. und *Roemheld*, SAE 1979, 165 ff.

8. Schriftstücke sind in beglaubigter Abschrift der Antragsschrift beizufügen. Bei eidesstattlichen Versicherungen ist eine eigene Sachverhaltsschilderung (siehe Fallbeispiel F. II. 6) durch den Versichernden erforderlich. Statt dessen liest man jedoch immer wieder eidesstattliche Versicherungen, in denen es heißt: „Ich habe die Antragsschrift meines Verfahrensbevollmächtigten gelesen. Die dortigen Angaben entsprechen der Richtigkeit und beruhen auf meinen Angaben" oder Ähnliches. Das aber entspricht nicht den Anforderungen des Bundesgerichtshofes (BGH vom 13. 1. 1988, NJW 1988, 2045), denn Dritte unterschreiben oft meist ungeprüft, was ihnen vorgelegt wird (BPatG vom 27. 11. 1974, GRUR 1978, 360).

5. Mitbestimmungsrechte gemäß § 87 BetrVG –
Antrag gegen den Arbeitgeber auf Untersagung der Anwendung
eines neuen EDV-Programms

An das
Arbeitsgericht ......

Antrag   auf Erlass einer einstweiligen Verfügung
                         im Beschlussverfahren

des Betriebsrates ...... ,
dieser vertreten durch seinen Vorsitzenden ...... ,
                         – Antragsteller und Beteiligter zu 1) –
Verfahrensbevollmächtigte/r: Rechtsanwälte ......

                        gegen

die ...... ,
diese vertreten durch ...... ,
alle geschäftsansässig ......

                   – Antragsgegnerin und Beteiligte zu 2) –

Namens und in Vollmacht des Antragstellers und Beteiligten zu 1) beantragen wir –
wegen Dringlichkeit ohne mündliche Verhandlung[1] – im Wege der einstweiligen
Verfügung zu beschließen:

1. Der Antragsgegnerin wird bis zu einer abweichenden Vereinbarung mit der Antragsgegnerin oder bis zur ersten Sitzung einer Einigungsstelle[2] mit dem Gegenstand „Einführung des neuen EDV-Systems ‚X' " untersagt, in ihrem Betrieb das
EDV-System „Y" anzuwenden,
2. Der Antragsgegnerin wird für jeden Fall der Zuwiderhandlung gegen die Verpflichtung zu 1) ein Ordnungsgeld in Höhe von bis zu EUR ...... angedroht[3].

Für den Fall des Obsiegens wird weiter beantragt, eine abgekürzte Beschlussausfertigung (§ 317 Abs. 2 Satz 2 ZPO) zu erteilen.

Begründung:

1. Sachverhalt[4]

Die Beteiligte zu 2) betreibt in Überall eine Betriebsstätte mit dem Betriebszweck
eines sogenannten Call-Centers. Insgesamt sind in Überall 20 Arbeitnehmer tätig.
Diese haben den Beteiligten zu 1) zu ihrem Betriebsrat gewählt. Ein Ersatzbetriebs-
ratsmitglied existiert nicht.

Glaubhaftmachung[5]: eidesstattliche Versicherung des Beteiligten zu 1)

Alle 20 Arbeitnehmer bearbeiten Telefonanrufe, mit denen die Anrufer Bestellungen
aufgeben. Die Möglichkeit hierzu geben die Auftraggeber der Beteiligten zu 2).
Ihre Verkaufsangebote leiten sie der Beteiligten zu 2) durch entsprechende Soft-
wareprogramme zu, auf denen die Daten der zu verkaufenden Artikel und der
bereits vermerkten Kunden mit ihren Daten gespeichert sind. Diese Daten werden
auf ein hausinternes EDV-System der Beteiligten zu 2) aufgespielt, auf dem bereits
ein Grundsystem gespeichert ist. Dieses Grundsystem ist mit der Telefonanlage

vernetzt und erfasst u.a. den Zeitpunkt, zu dem der Bediener die Anlage ein- und ausschaltet.

Glaubhaftmachung: wie vor

Bis vor drei Wochen hat die Beteiligte zu 2) als Grundsoftware das System „X" benutzt. Vor Einführung dieses Systems hat sie dem Beteiligten zu 1) alle verfügbaren Systemunterlagen übergeben, der Beteiligte zu 1) hat sich durch einen Sachverständigen auf Kosten der Beteiligten zu 2) beraten lassen und die Beteiligten haben eine Betriebsvereinbarung darüber geschlossen, was in dem System gespeichert werden und welche Daten wie benutzt werden dürfen, soweit diese Daten mit der Person oder Arbeitsleistung der Belegschaftsangehörigen zusammenhängen.

Glaubhaftmachung: Ablichtung der Betriebsvereinbarung „X"

Vor drei Tagen ist der Beteiligte zu 1) aus einem dreiwöchigen Urlaub zurückgekehrt und musste feststellen, dass im Betrieb inzwischen das im Antrag bezeichnete System benutzt wird. Auf seine Frage an die Beteiligte zu 2), warum dies ohne seine Einschaltung erfolgt ist, erklärte die Beteiligte zu 1), sie hätte ein zeitlich befristetes ausgesprochen preisgünstiges Kaufangebot genutzt. Auf entsprechende Fragen des Beteiligten zu 1) gab der Geschäftsführer der Beteiligten zu 2) an, das System unterscheide sich vor allem durch eine höhere Datenverarbeitungsgeschwindigkeit. Ob über die Arbeitsleistung der Arbeitnehmer weitere als die bisher erfassten Daten gespeichert werden, also beispielsweise die Zahl der in einer bestimmten Zeit bearbeiteten Telefonate, eine durchschnittliche Vorgangsbearbeitung für jede Arbeitsstunde, Häufigkeit und Dauer von Arbeitsunterbrechungen, Abgleich der bearbeiteten Vorgänge zur Zahl der im gesamten Betrieb eingegangenen Anrufe und Dauer und Häufigkeit von Arbeitsunterbrechungen bzw. der Zeit, in der keine Anrufe bearbeitet werden, könne er nicht beantworten. Er werde sich bei Gelegenheit mit dem Software-Hersteller in Verbindung setzen und die Fragen klären. Da dort inzwischen Betriebsferien seien, könne das aber noch einige Zeit in Anspruch nehmen.

Glaubhaftmachung: wie vor

Der Beteiligte zu 1) muss befürchten, dass genau die dargestellten Daten durch das neue System erfasst werden und eine umfassende Überwachungsmöglichkeit damit geschaffen wurde, denn es ist unwahrscheinlich, dass die Beteiligte zu 2) sich über derartige Leistungskriterien des neuen Systems nicht erkundigt hat, zumal der Geschäftsführer der Beteiligten zu 2) gegenüber dem Beteiligten zu 1) mehrfach in den vergangenen sechs Monaten erklärt hat, er benötige derartige Daten, um die Arbeitnehmer optimal auslasten und die Belastbarkeit des Betriebes besser kalkulieren zu können.

Glaubhaftmachung: wie vor

Der Betriebsrat hat daraufhin einstimmig beschlossen, das vorliegende Verfahren einzuleiten und mit seiner Durchführung die im Rubrum benannten Verfahrensbevollmächtigten zu beauftragen.[6]

Glaubhaftmachung: Ablichtung des Protokolls der Betriebsratssitzung nebst Anwesenheitsliste mit den Unterschriften aller Betriebsratsmitglieder

2. Rechtsausführungen

2.1 Im Rahmen des hier durchzuführenden summarischen Verfahrens ist auf Grund der Schilderung des Sachverhalts hinreichend glaubhaft gemacht, dass die Beteiligte zu 2) mit der Einführung des neuen EDV-Systems das Mitbestimmungsrecht des Beteiligten zu 1) aus § 87 Abs. 1 Nr. 6 BetrVG verletzt hat. Insoweit steht dem Beteiligten zu 1) bereits ein allgemeiner Unterlassungsanspruch zur Verfügung. „Jedenfalls aber ist dem Beteiligten zu 1) ein Unterlassungsanspruch gegen die Beteiligte zu 2) aus § 23 Abs. 3 BetrVG erwachsen. Der Beteiligten zu 2) war ausweislich ihres Verhaltens aus Anlass der Einführung des bisherigen EDV-Systems bekannt, welches mitbestimmungsrechtliche Verfahren sie vor der Anwendung des Systems zu beachten hat. Dennoch hat sie das Verfahren nicht nur nicht eingehalten, sondern zur Einführung des Systems eine Zeit gewählt, in der die Arbeitnehmer kollektivrechtlich schutzlos waren.

2.2 Verfügungsgrund

Führt ein Arbeitgeber beteiligungspflichtige Maßnahmen ohne Beachtung des Betriebsrates durch, ist die Abwehr dieses Zustandes grundsätzlich eilbedürftig, weil sonst Mitbestimmungsrechte nicht zum Tragen kommen (ArbG Frankfurt vom 3. 8. 1982, BetrR 1983, 418–431).[7]

Schließlich steht dem Erlass der begehrten einstweiligen Verfügung auch nicht die damit eintretende Vorwegnahme der Hauptsache entgegen. Es kommt allein darauf an, ob eine sofortige Regelung nach Abwägung aller Umstände des Sachverhalts und unter Berücksichtigung der beiderseitigen berechtigten Interessen zur Abwendung wesentlicher Nachteile erforderlich erscheint (LAG Hamm vom 19. 4. 1984, NZA 1984, 130 = DB 1984, 1525–2527 = LAGE Art. 9 GG Arbeitskampf Nr. 14; LAG Düsseldorf vom 9. 11. 1983, ArbuR 1984, 191 und LAG Hamm vom 15. 3. 1994, LAGE § 80 BetrVG 1972 Nr. 12).[8]

Bei der Interessenabwägung ist hier vor allem die Möglichkeit der Beteiligten zu 2) zu berücksichtigen, ihren Betriebszweck wie bisher mit dem betriebsverfassungsrechtlich gedeckten Einsatz des EDV-Systems „X" zu erfüllen. Eine verbesserte Kapazitätsauslastung, wie sie möglicherweise Folge des neuen EDV-Systems wäre, kann nicht als berechtigtes Interesse der Beteiligten zu 2) angesehen werden, da sie jedenfalls gegenwärtig nur unter Bruch des Mitbestimmungsrechts des Beteiligten zu 1) erreicht werden könnte. Hingegen fühlen sich die Arbeitnehmer durch die angenommenen Fähigkeiten des Systems einem erheblichen zusätzlichen Arbeitsdruck ausgesetzt.

Begl. und einfache Abschrift anbei sowie die vorgenannten Mittel zur Glaubhaftmachung[8] anbei.

Rechtsanwalt

Anmerkungen

1. Wie die praktische Erfahrung zeigt, neigen die Gerichte nicht dazu, einstweilige Verfügungen ohne mündliche Verhandlungen zu erlassen. Das erfolgt in der Regel nur, wenn die Zeit zwischen Antragseingang und dem abzuwendenden Ereignis bzw. dem Zeitpunkt, zu dem die begehrte Wirkung der einstweiligen Verfügung im Sinne einer Zweckerreichung einsetzen muss, zu kurz ist, um noch dazwischen eine mündliche Verhandlung anzuberaumen. Das darf allerdings nicht dazu verführen, den Antrag sehr spät zu stellen, weil sich die dadurch verursachte Eilbedürftigkeit gegen den Antragsteller richten kann. Es bedarf in der Antragsschrift der Darstellung, warum eine frühere Antragstellung nicht erfolgen konnte. Kann der Antragsteller seine späte Antragstellung nicht ausreichend rechtfertigen, droht allein aus diesem Grund die Zurückweisung des Antrages.

Insbesondere für unerlässlich wird eine mündliche Verhandlung im Allgemeinen dann erachtet, wenn die begehrte Entscheidung die Hauptsache im Wesentlichen vorwegnimmt und praktisch unumkehrbare Verhältnisse schafft (LAG Köln vom 13. 8. 1996, 11 TA 173/96, NZA 1997, 317 f.).

Selbst die Zurückweisung des Antrages auf Erlass einer einstweiligen Verfügung soll in der Regel nicht ohne mündliche Verhandlung erfolgen, obwohl § 62 Abs. 2 Satz 2 ArbGG ein solches Verfahren ausdrücklich zulässt (Sächs. LAG vom 8. 4. 1997, 1 TA 89/97, NZA 1998, 223 f.).

2. Die Begrenzung ist vorzunehmen, weil der Betriebsrat die Möglichkeit hat, in der ersten Sitzung der Einigungsstelle einen Antrag auf eine vorläufige Regelung zu stellen (LAG Düsseldorf vom 16. 5. 1990, NZA 1991, 29–30). Die der Einigungsstelle mit ihrer Konstituierung zufließenden Regelungskompetenz für vorläufige Maßnahmen sollte nicht durch eine gerichtliche Verfügung eingeschränkt werden (LAG Köln vom 31. 10. 1996, 5 TABV 69/96, ARST 1997, 91).

3. Eine Unterlassungsverfügung bedarf nach überwiegender Auffassung der Vollziehung durch Zustellung im Parteibetrieb innerhalb eines Monats (§ 929 Abs. 2 ZPO). Wird diese Maßnahme übersehen, ist die Untersagungsverfügung auf Antrag des Gegners aufzuheben (LAG Hamburg vom 29. 7. 1985, 4 TABV 6/85). Teilweise wird jedoch die Auffassung vertreten, wegen der sofort einsetzenden Verbindlichkeit des Verbots für den Schuldner seien weitere Maßnahmen des Gläubigers zur Vollziehung nicht erforderlich, wenn das Verbot sanktionsbewehrt ist, also mit der Androhung von Ordnungsmitteln verbunden (LAG Hamburg vom 18. 5. 1993, 3 TABV 3/93, n. v., und LAG Berlin vom 12. 11. 1997, 6 TA 15/97, zitiert nach Juris).

4. Ein umfassender Tatsachenvortrag bereits in der Antragsschrift, spätestens aber in der Verhandlung, ist nicht nur erforderlich, um dem Gericht gegebenenfalls Anhaltspunkte für weitere aufklärende Fragen zu geben, sondern weil dieser Sachvortrag auch die Grundlage für eine etwaige Überprüfung der Sach- und Rechtslage in der Beschwerdeinstanz darstellt. Grundsätzlich können die Parteien im arbeitsgerichtlichen Beschlussverfahren wegen des Untersuchungsgrundsatzes auch noch in der Beschwerdeinstanz im Rahmen des § 87 Abs. 3 ArbGG neue Tatsachen einführen, doch gilt das nicht für das einstweilige Verfügungsverfahren. Der Sachvortrag bestimmt nämlich den Verfügungsanspruch. Neue Tatsachen ändern den Verfügungsanspruch. Eine Änderung des Tatsachenvortrages ist daher in der Regel nicht sachdienlich und damit in entsprechender Anwendung des § 263 ZPO als unzulässig zurückzuweisen (LAG Schleswig-Holstein vom 9. 7. 1990, 6 TABV 10/90; zitiert nach Juris).

5. Durch die über § 85 Abs. 2 Satz 2 ArbGG anzuwendenden Vorschriften der §§ 936 und 920 Abs. 2 ZPO ist auch der Antrag auf Erlass einer einstweiligen Verfügung im Beschlussverfahren hinsichtlich Verfügungsanspruch und Verfügungsgrund glaubhaft zu machen. Kommt der Antragsteller dieser Verpflichtung nicht nach, dann ist und insoweit anders als in den Verfahren vor den Zivilgerichten, für die die Parteimaxime gilt, der Antrag nicht schon aus diesem Grunde abzuweisen. Im arbeitsgerichtlichen Beschlussverfahren gilt vielmehr der Untersuchungsgrundsatz (§ 83 Abs. 1 Satz 1 ArbGG). So ist die gerichtliche Bewertung des Vorbringens der Beteiligten im Beschlussverfahren als nicht hinreichend substantiiert nur dann statthaft, wenn das Gericht auf diese Einschätzung hingewiesen und die Beteiligten zur Ergänzung ihres Vorbringens aufgefordert hat (BAG vom 11. 3. 1998, DB 1998, 1821). Deshalb hat das Gericht auch bei fehlender Glaubhaftmachung den Sachverhalt von Amts wegen zu erforschen. An dieser Erforschung (Aufklärung) haben die Verfahrensbeteiligten mitzuwirken (§ 83 Abs. 1 Satz 2 ArbGG). Der Untersuchungsgrundsatz gilt jedoch nicht unbeschränkt. Die Aufklärungspflicht des Gerichts kann sich nur auf das stützen, was die Beteiligten vortragen. Nur das, wofür sie in ihrem Sachvortrag selbst Anhaltspunkte liefern, kann und darf das Gericht weiter „aufklären" und es muss dabei den Charakter des Eilverfahrens berücksichtigen, d. h. im Termin zur Anhörung über die einstweilige Verfügung muss das Gericht anwesende Personen über ihm erheblich erscheinende, aber bisher noch nicht ausreichend dargestellte Tatsachen anhören und präsente Zeugen vernehmen. Eine Beweisaufnahme allerdings, die nicht sofort erfolgen kann, ist nach § 294 Abs. 2 ZPO unstatthaft (vgl. zum Ganzen: BAG vom 25. 9. 1986, AP Nr. 7 zu § 1 BetrVG 1972 und LAG München vom 26. 8. 1992, LAGE § 23 BetrVG 1972 Nr. 29 = BB 1993, 2168). Schriftstücke sind der Antragsschrift im Original oder in beglaubigter Abschrift oder beglaubigter Fotokopie beizufügen. Die Ankündigung ihrer Vorlage ist ebenso zur Glaubhaftmachung unzureichend wie die Beifügung unbeglaubigter Schriftstücke (BAG vom 28. 8. 1991, AP Nr. 2 zu § 85 ArbGG 1979).

6. Der Nachweis der ordnungsgemäßen Bevollmächtigung erfolgt vorsorglich für den Fall der Entscheidung ohne Anhörung.

7. a. A. LAG Köln vom 23. 8. 1996, 11 TABV 53/96, n. v., unter Berufung auf BAG vom 3. 5. 1994, NZA 1995, 40–43 zu B. III. 3; danach muss die einstweilige Verfügung auch zum Schutz der Interessen der betroffenen Arbeitnehmer und unter Berücksichtigung der Pflicht des Betriebsrates zur vertrauensvollen Zusammenarbeit geboten sein.

8. a. A.: LAG Köln vom 5. 3. 1986, LAGE § 80 BetrVG 1972 Nr. 5.

9. Schriftstücke sind in beglaubigter Abschrift der Antragsschrift beizufügen. Bei eidesstattlichen Versicherungen ist eine eigene Sachverhaltsschilderung (siehe Form. F. II. 6) durch den Versichernden erforderlich. Statt dessen liest man jedoch immer wieder eidesstattliche Versicherungen, in denen es heißt: „Ich habe die Antragsschrift meines Verfahrensbevollmächtigten gelesen. Die dortigen Angaben entsprechen der Richtigkeit und beruhen auf meinen Angaben" oder Ähnliches. Das aber entspricht nicht den Anforderungen des Bundesgerichtshofes (BGH vom 13. 1. 1988, NJW 1988, 2045), denn Dritte unterschreiben oft meist ungeprüft, was ihnen vorgelegt wird (BPatG vom 27. 11. 1974, GRUR 1978, 360).

6. Antrag gegen den Arbeitgeber zur Aufhebung einer Versetzung

An das
Arbeitsgericht ......

Antrag   auf Erlass einer einstweiligen Verfügung
                         im Beschlussverfahren

des Betriebsrates ......,
dieser vertreten durch seinen Vorsitzenden ......,
                                        – Antragsteller und Beteiligter zu 1) –
Verfahrensbevollmächtigte/r: Rechtsanwälte ......,

                         gegen

die ......,
diese vertreten durch ......,
alle geschäftsansässig ......,
                         – Antragsgegnerin und Beteiligte zu 2) –
sowie
der Stenotypistin ......,
                                        – Beteiligte zu 3) –

Namens und in Vollmacht des Antragstellers und Beteiligten zu 1) beantragen wir,
im Wege der einstweiligen Verfügung – wegen Dringlichkeit ohne mündliche Verhandlung[1] – zu beschließen,

1. die Antragsgegnerin wird verpflichtet, die Versetzung der Beteiligten zu 3) aus
   dem Chefsekretariat des Technischen Direktors in das Schreibbüro des Vertriebs
   aufzuheben,[2]
2. gegen die Antragsgegnerin für jeden Tag der Zuwiderhandlung gegen die Verpflichtung zu 1) ein Zwangsgeld von bis zu EUR ...... festzusetzen.[3]

hilfsweise,

3. der Antragsgegnerin zu untersagen, die im Hauptantrag bezeichnete Arbeitnehmerin in der im Hauptantrag bezeichneten Abteilung zu beschäftigen.

Für den Fall des Obsiegens wird weiter beantragt, eine abgekürzte Beschlussausfertigung (§ 317 Abs. 2 Satz 2 ZPO) zu erteilen.

Begründung:

1. Sachverhalt[4]

1.1 Der Beteiligte zu 1) ist der aus fünf Personen bestehende Betriebsrat der Beteiligten zu 2)[5]. Diese betreibt am angegebenen Ort die massenweise Produktion di-
verser Spezialwerkzeuge, die einem ständigen technischen Wandel unterliegen. Dieser Wandel wird ermöglicht durch die Zusammenarbeit mit einer Vielzahl vor
allem im Ausland ansässiger Forschungsinstitute, mit denen die Beteiligte zu 2)
deshalb einen regen Schriftverkehr unterhält, der vor allem in englischer Sprache
geführt wird. Dieser Schriftverkehr wird im Auftrage des Technischen Direktors
durch die beiden in seinem Sekretariat tätigen Schreibkräfte erstellt, zu denen die
Beteiligte zu 3) gehört.

Die Beteiligte zu 2) vertreibt die produzierten Artikel über eine eigene Vertriebsabteilung, die unter anderem bereits gewonnene Kunden, aber auch potentielle Kunden laufend durch massenweise versandte Rundschreiben über die neuesten Entwicklungen zu den einzelnen Artikeln unterrichtet. Die erforderlichen Schreiben
werden in einem aus zehn Schreibkräften gebildeten Schreibbüro erstellt. Dabei erhalten die Schreibkräfte ihre Aufträge von den 20 Vertriebsbeauftragten.

1.2 Die Beteiligte zu 3) ist seit fünf Jahren für die Beteiligte zu 2) tätig. Zwar weist
ihr Arbeitsvertrag nur die Tätigkeitsbeschreibung Stenotypistin aus und enthält
eine umfassende Versetzungsklausel[6], doch ist sie seit ihrem Eintritt bei der Beteiligten zu 2) ausschließlich im Chefsekretariat des Technischen Direktors eingesetzt
worden und dieser Arbeitsplatz ist dem Beteiligten zu 1) in der Einstellungsmittei-
lung nach § 99 BetrVG auch als der Arbeitsplatz der Beteiligten zu 3) benannt
worden.

Glaubhaftmachung:[7] Ablichtung der Unterrichtung zur Einstellung der Beteiligten
            zu 3) sowie des Arbeitsvertrages und eidesstattliche Versiche-
            rung der Beteiligten zu 3)

Die Arbeit im Chefsekretariat des Technischen Direktors ist eine hochqualifizierte
Arbeit, weil sie sehr gute Kenntnisse der englischen Sprache und einer Vielzahl
technischer Begriffe voraussetzt, die sich in einem ebenso schnellen Wandel befinden wie die technische Entwicklung. Um die Fähigkeit zur Ausübung dieser Tätigkeit zu erhalten, bedarf es der ständigen Übung. Anderenfalls bereitet die Ausführung der Schreibarbeiten sehr viel Mühe und erfordert eine hohe Konzentration.
Wer die Tätigkeit länger als sechs Monate nicht ausübt, muss sich vor Wiederauf-

nahme der Tätigkeit zunächst einer Schulung unterziehen, zumal der Technische Direktor die zu fertigenden Schreiben oft nur stichwortartig vorgibt.

Glaubhaftmachung: eidesstattliche Versicherung der Beteiligten zu 3)

In der Vertriebsabteilung hingegen wird ausschließlich deutsch geschrieben und die technischen Neuerungen werden den Kunden in einer sehr einfachen und leicht verständlichen Sprache erläutert, deren Anwendung keinerlei besondere Kenntnisse voraussetzt. Auch haben die Schreiben keinen individuellen Charakter, sondern werden als Massenprodukte hergestellt, die sich lediglich in dem durch ein Schreibsystem hergestellten unterschiedlichen Adressaten unterscheiden.

Wegen dieser großen Unterschiede in den geschilderten Aufgaben haben der Beteiligte zu 1) und die Beteiligte zu 2) vor einem Jahr eine Betriebsvereinbarung geschlossen, wonach ein Wechsel zwischen den beiden Betriebsabteilungen nach beiderseitiger Auffassung eine Versetzung im Sinne des § 99 BetrVG darstellt und nur entweder mit Zustimmung des/der Betroffenen oder aber zur Abdeckung eines dringenden Arbeitsbedarfes zulässig ist und auch nur unter Einhaltung des Verfahrens nach § 99 BetrVG im Übrigen.

Glaubhaftmachung: Ablichtung der vorgenannten Betriebsvereinbarung

Vor drei Tagen hat die Beteiligte zu 2) ohne eine ordnungsgemäße Durchführung des Verfahrens nach § 99 BetrVG, ohne Zustimmung der Beteiligten zu 3) und ohne dass es dafür einen dringenden Bedarf gäbe, die Beteiligte zu 3) aus dem Chefsekretariat des Technischen Direktors in das Schreibbüro der Vertriebsabteilung versetzt.

Glaubhaftmachung: eidesstattliche Versicherung der Beteiligten zu 3)

Auf einen entsprechenden Hinweis der Beteiligten zu 3) an den Vorsitzenden des Beteiligten zu 1) vom gleichen Tage hat dieser sofort mit dem Leiter der Vertriebsabteilung gesprochen, der ihm bestätigte, für ihn komme die Versetzung überraschend. Das Schreibbüro der Vertriebsabteilung sei nicht überlastet. Ganz im Gegenteil denke man zurzeit an den Abbau von Stellen.

Glaubhaftmachung: eidesstattliche Versicherung des Betriebsratsvorsitzenden ......

Der Betriebsratsvorsitzende hat daraufhin die Beteiligte zu 3) und ihre Kollegin, die Chefsekretärin ...... befragt. Beide haben ihm berichtet, der Technische Direktor habe sich am Morgen über einen Schreibfehler der Beteiligten zu 3) heftig erregt und erklärt, er wolle sie ab sofort nicht mehr sehen. Kurz darauf sei der Geschäftsführer im Chefsekretariat erschienen und habe die Beteiligte zu 3) angewiesen, zukünftig im Schreibbüro des Vertriebs tätig zu werden. Dieser Weisung ist die Beteiligte zu 3) aus Angst vor dem Verlust ihres Arbeitsplatzes gefolgt, hat aber den Betriebsratsvorsitzenden unterrichtet.

Im Anschluss an das Gespräch mit der Beteiligten zu 3) und Frau ...... hat der Betriebsratsvorsitzende den Geschäftsführer aufgesucht und ihn darauf hingewiesen, dass die Maßnahme eine Versetzung im Sinne von § 99 BetrVG darstellt, jedoch ohne Einhaltung des dafür gebotenen Verfahrens durchgeführt wurde und zudem gegen eine Betriebsvereinbarung verstößt. Er hat ihn deshalb aufgefordert, die Versetzungsmaßnahme aufzuheben. Der Geschäftsführer erwiderte, das sei ihm alles bekannt. Der Technische Direktor sei aber sein wichtigster Mann. Er würde deshalb die Beteiligte zu 3) solange wie irgend möglich aus dem Chefsekretariat fernhalten und weder das Verfahren nach § 99 BetrVG durchführen noch auf etwaige gerichtliche Aufforderungen zur Aufhebung der Maßnahme reagieren, solange diese nicht rechtskräftig seien.

Glaubhaftmachung: wie vor

Der Betriebsratsvorsitzende hat für den folgenden Tag eine außerordentliche Sitzung des Betriebsrates einberufen, an der alle ordentlichen Betriebsratsmitglieder teilgenommen haben. Dem Gremium konnte er auf Grund eines weiteren Gespräches mit Frau ...... über den bereits geschilderten Sachverhalt hinaus ergänzend mitteilen, dass Frau ...... nach Aussage des Technischen Direktors mit erheblichen Überstundenanforderungen rechnen müsse, da der Arbeitsplatz der Beteiligten zu 3) einstweilen nicht besetzt werden würde, jedoch ein erheblicher Arbeitsumfang zu bewältigen sei.

Glaubhaftmachung: wie vor

Der Betriebsrat hat daraufhin einstimmig beschlossen, das vorliegende Verfahren einzuleiten und mit seiner Durchführung die im Rubrum benannten Verfahrensbevollmächtigten zu beauftragen.[8]

Glaubhaftmachung: Ablichtung des Protokolls der Betriebsratssitzung nebst Anwesenheitsliste mit den Unterschriften aller Betriebsratsmitglieder

2. Rechtsausführungen

2.1 Verfügungsanspruch

Die Anweisung zum anderweitigen Einsatz der Beteiligten zu 3) ist nicht mit einer zeitlichen Befristung ergangen. Sie ist also dauerhaft gemeint.[9]

Es handelt sich auch um die Zuweisung eines anderen Arbeitsbereiches, denn die Beteiligte zu 3) erhält ihre Arbeitsaufträge zukünftig nicht mehr von einem, sondern von 20 Vorgesetzten. Zwar führt sie weiterhin Schreibarbeiten aus, jedoch mit wesentlich geringeren Anforderungen.

Selbst wenn es sich aber nicht um eine Versetzung im Sinne des § 99 i.V.m. § 95 Abs. 3 BetrVG handeln sollte, so hat sich die Beteiligte zu 2) jedenfalls verpflichtet, eine solche Maßnahme wie eine Versetzung zu behandeln. Sie ist dieser Verpflichtung nicht nachgekommen, so dass die Maßnahme schon wegen Verstoßes gegen eine Betriebsvereinbarung gemäß § 101 Satz 1 BetrVG aufzuheben ist.

Die Maßnahme wäre aber auch dann aufzuheben, wenn die Beteiligte zu 2) das Verfahren nach §§ 99, 100 BetrVG gewahrt hätte, denn in diesem Fall hätte der Beteiligte zu 2) Widerspruchsgründe nach § 99 Abs. 2 Nr. 1, 2 u. 4 BetrVG. Der Widerspruchsgrund nach § 99 Abs. 2 Nr. 1 (Verstoß gegen eine Betriebsvereinbarung) liegt vor, weil die Beteiligte zu 3) der Versetzung weder zugestimmt hat noch ein Bedarf für ihre Arbeitsleistung in der Vertriebsabteilung besteht.

Es besteht auch eine Besorgnis von Nachteilen für Belegschaftsangehörige im Sinne von § 99 Abs. 2 Nr. 3, denn durch den Ausfall der Beteiligten zu 3) im Chefsekretariat des Technischen Direktors wird Frau ...... in erheblichem Umfang Überstunden leisten müssen. Ein Widerspruchsgrund wegen Benachteiligung der Betroffenen nach § 99 Abs. 2 Nr. 4 besteht, weil die Beteiligte zu 3) durch die Versetzung Fähigkeiten verliert und damit Chancen auf dem Arbeitsmarkt und außerdem Probleme bei einer etwaigen Wiedereingliederung auf den bisherigen Arbeitsplatz zu gewärtigen hat.

Unterliegt eine personelle Maßnahme der Aufhebung, so ist hierfür grundsätzlich das Verfahren nach § 101 Satz 1 BetrVG vorgesehen, d.h. ein ordentliches Beschlussverfahren, aus dem die Zwangsvollstreckung erst nach Eintritt der Rechtskraft möglich ist (§ 85 Abs. 1 Satz 1 ArbGG).

Im vorliegenden Fall ist jedoch trotz des spezialgesetzlichen Charakters des § 101 BetrVG eine einstweilige Verfügung zulässig, weil es sich um einen besonders krassen Fall der Missachtung der Mitbestimmungsrechte[10] des Beteiligten zu 1) handelt. Besonders krass ist die Missachtung der Mitbestimmungsrechte des Beteiligten zu 1), weil die Beteiligte zu 2) sich erklärtermaßen der Rechtswidrigkeit ihres Handelns bewusst ist, die Rechtswidrigkeit auf vielfältigen Gründen beruht und die Beteiligte zu 2) ausdrücklich die als gerichtsbekannt vorausgesetzte Dauer eines ordentlichen Beschlussverfahrens von ca. 2 Jahren bis zum rechtskräftigen Abschluss für sich nutzen will.

In Fällen derart rechtsmissbräuchlichen Verhaltens muss der Rechtsstaat den Rechtsunterworfenen geeignete Mittel zur Verfügung stellen, dem Rechtsmissbrauch wirksam entgegenzutreten. Dazu bedarf es der beantragten einstweiligen Verfügung.

2.2. Verfügungsgrund
Es liegt auch eine besondere Eilbedürftigkeit vor, da jedenfalls für die Beteiligte zu 3) durch Zeitablauf erhebliche Nachteile entstehen, nämlich die geschilderten Wiedereingliederungsprobleme und die Arbeitnehmerin ...... bereits mit Überstunden belastet wird.

3. Begründung des Hilfsantrages
Sollte das Gericht indessen die Auffassung vertreten, eine Aufhebung der Maßnahme sei im Hinblick auf die spezialgesetzliche Norm des § 101 BetrVG nicht im Wege der einstweiligen Verfügung zulässig, so bleibt jedenfalls die gegenwärtige Rechtswidrigkeit der tatsächlichen Beschäftigung der betroffenen Arbeitnehmerin festzustellen, da es dieser Beschäftigung an einer mitbestimmungsrechtlichen Grundlage fehlt. Auch wenn die Versetzung dann als solche nicht aufgehoben werden könnte, darf es der Beteiligten zu 2) nicht gestattet sein, Vorteile aus der von ihr geschaffenen mitbestimmungswidrigen Lage zu ziehen. Es ist ihr deshalb jedenfalls zu untersagen, die betroffene Arbeitnehmerin nach Maßgabe der mitbestimmungswidrigen Versetzung zu beschäftigen (*Lipke*, DB 1990, 2239 ff., insb. 2241). Begl. und einfache Abschrift sowie die vorgenannten Mittel zur Glaubhaftmachung anbei.[11]

Rechtsanwalt

Eidesstattliche Versicherung

Belehrt über die Strafbarkeit der Abgabe einer falschen eidesstattlichen Versicherung erkläre ich, die Stenotypistin ......, wohnhaft ......, an Eides statt:
Ich bin seit 5 Jahren für die ...... tätig und zwar bisher ausschließlich im Chefsekretariat des Technischen Direktors. Zusammen mit einer anderen Kollegin, Frau ......, fertige ich für den Technischen Direktor Schriftverkehr in englischer Sprache auf technischem Gebiet, oft nur nach stichwortartigen Vorgaben. Diese Tätigkeit erfordert hohe Konzentration, und man muss wegen des technischen Wandels ständig in Übung bleiben, um die Arbeit in angemessener Geschwindigkeit ausführen zu können. Ich weiß das, weil ich vor zwei Jahren einen Sportunfall erlitten habe und deshalb sechs Monate arbeitsunfähig war. Als ich zurückkehrte, musste ich mich erst einer dreiwöchigen Sonderschulung unterziehen, um die mir übertragenen Aufgaben wieder einwandfrei ausüben zu können, da ich die von mir zu fertigenden Briefe häufig auch nach nur stichwortartig vorgegebenen Inhalten selbst zu formulieren habe.

Vor drei Tagen hat sich der Technische Direktor über einen von mir verursachten Schreibfehler heftig erregt und mir gesagt, ich solle sofort in das Schreibbüro der Vertriebsabteilung gehen und die dort anfallenden Arbeiten erledigen. Er wolle mich ab sofort nicht mehr sehen. Ich bin dieser Aufforderung gefolgt, da ich ansonsten befürchtet habe, wegen Arbeitsverweigerung entlassen zu werden, habe aber den Betriebsratsvorsitzenden ...... gebeten, in meiner Sache tätig zu werden.

...... , den

....

(......)

Anmerkungen

1. Wie die praktische Erfahrung zeigt, neigen die Gerichte nicht dazu, einstweilige Verfügungen ohne mündliche Verhandlungen zu erlassen. Das erfolgt in der Regel nur, wenn die Zeit zwischen Antragseingang und dem abzuwendenden Ereignis bzw. dem Zeitpunkt, zu dem die begehrte Wirkung der einstweiligen Verfügung im Sinne einer Zweckerreichung einsetzen muss, zu kurz ist, um noch dazwischen eine mündliche Verhandlung anzuberaumen. Das darf allerdings nicht dazu verführen, den Antrag sehr spät zu stellen, weil sich die dadurch verursachte Eilbedürftigkeit gegen den Antragsteller richten kann. Es bedarf in der Antragsschrift der Darstellung, warum eine frühere Antragstellung nicht erfolgen konnte. Kann der Antragsteller seine späte Antragstellung nicht ausreichend rechtfertigen, droht allein aus diesem Grund die Zurückweisung des Antrages. Insbesondere für unerlässlich wird eine mündliche Verhandlung im Allgemeinen dann erachtet, wenn die begehrte Entscheidung die Hauptsache im Wesentlichen vorwegnimmt und praktisch unumkehrbare Verhältnisse schafft (LAG Köln vom 13. 8. 1996, 11 TA 173/96, NZA 1997, 317 f.). Selbst die Zurückweisung des Antrages auf Erlass einer einstweiligen Verfügung soll in der Regel nicht ohne mündliche Verhandlung erfolgen, obwohl § 62 Abs. 2 Satz 2 ArbGG ein solches Verfahren ausdrücklich zulässt (Sächs. LAG vom 8. 4. 1997, 1 Ta 89/97, NZA 1998, 223 f.).

2. Es empfiehlt sich, die streitige Maßnahme exakt zu beschreiben, da anderenfalls die Vollstreckung gefährdet ist (LAG Schleswig-Holstein vom 13. 1. 1992, BB 1992, 1220 f. = LAGE § 935 ZPO Nr. 6).

3. Die Höhe des Zwangsgeldes richtet sich nicht nach § 888 ZPO, da in § 101 BetrVG eine spezielle Regelung über das Zwangsgeld bei der Aufrechterhaltung von mitbestimmungswidrig durchgeführten personellen Maßnahmen getroffen wurde. Dies gilt zwar ausschließlich für das normale Beschlussverfahren, muss jedoch auch für das einstweilige Rechtsschutzverfahren Berücksichtigung finden. Das Zwangsgeld darf bei einer vorläufigen Regelung nicht höher ausfallen als bei einer Regelung in der Hauptsache.

4. Ein umfassender Tatsachenvortrag bereits in der Antragsschrift, spätestens aber in der Verhandlung, ist nicht nur erforderlich, um dem Gericht gegebenenfalls Anhaltspunkte für weitere aufklärende Fragen zu geben, sondern weil dieser Sachvortrag auch die Grundlage für eine etwaige Überprüfung der Sach- und Rechtslage in der Beschwerdeinstanz darstellt. Grundsätzlich können die Parteien im arbeitsgerichtlichen Beschlussverfahren wegen des Untersuchungsgrundsatzes auch noch in der Beschwerdeinstanz im Rahmen des § 87 Abs. 3 ArbGG neue Tatsachen einführen, doch gilt das für das einstweilige Verfügungsverfahren nicht uneingeschränkt. Der Sachvortrag bestimmt nämlich den Verfügungsanspruch. Ändern die neuen Tatsachen den Verfügungsanspruch, ist eine Änderung des Tatsachenvortrages in der Regel nicht sachdienlich und damit in entspre-

chender Anwendung des § 263 ZPO als unzulässig zurückzuweisen (LAG Schleswig-Holstein vom 9. 7. 1990, 6 TABV 10/90, zitiert nach Juris).

5. Besteht der Betriebsrat wegen der Betriebsgröße nur aus einer Person, finden die hier einschlägigen Vorschriften der §§ 99 ff. BetrVG keine Anwendung (§ 99 Abs. 1 Satz 1 i. V. m. § 9 BetrVG).

6. Die Versetzungsklausel ist für das Mitbestimmungsrecht unerheblich. Der Hinweis soll lediglich deutlich machen, dass es keiner Änderungskündigung bedarf.

7. Der Antragsteller dieses Verfahrens hat umfangreiche Mittel zur Glaubhaftmachung beigebracht. Dessen bedarf es aber nicht unbedingt. Es handelt sich um ein Beschlussverfahren, in dem das Gericht anhand des Vortrages der Beteiligten selbst Ermittlungen anstellen kann (siehe F I 2. 6). Das Arbeitsgericht könnte also zu einer etwa anzuberaumenden Anhörung auch Frau Immerda, den Leiter der Vertriebsabteilung oder den Technischen Direktor laden.

Eine unzureichende Glaubhaftmachung kann jedoch auch Probleme im Bereich der Eilbedürftigkeit aufwerfen. Erfordern die vom Gericht angestellten Ermittlungen eine im Verhältnis zum Sachverhalt erhebliche Zeit, kann der Antrag schon aus dem Zeitverzug zurückgewiesen werden.

8. Die ordnungsgemäße Beschlussfassung des Betriebsrates für die Einleitung eines gerichtlichen Beschlussverfahrens ist Verfahrensvoraussetzung. Fehlt es an einem ordnungsgemäßen Beschluss, ist der Antrag zurückzuweisen. Sofern der Betriebsrat anwaltlich vertreten ist, muss der Beschluss die Beauftragung des Prozessbevollmächtigten umfassen. Schließlich muss erkennbar sein, dass die formalen Beschlussvoraussetzungen der Beschlussfähigkeit und der Stimmenmehrheit beachtet wurden. Dies ist vom Betriebsrat vorzutragen, denn der Arbeitgeber ist nicht gehindert, die ordnungsgemäße Beschlussfassung mit Nichtwissen zu bestreiten (ArbG Hamburg vom 10. 12. 1997, 19 BV 7/96, n. v.).

9. Ohne diesen Hinweis wäre die Behauptung, es läge eine Versetzung vor, wegen nicht zwingend vorliegenden Erreichens der Monatsfrist des § 95 Abs. 3 BetrVG problematisch, es sei denn, das Gericht sieht in der Maßnahme auch erhebliche Nachteile für die betroffene Arbeitnehmerin, wie den Verlust von Fähigkeiten und Kenntnissen oder die Zuweisung zu wechselnden Vorgesetzten.

10. Der Antrag auf Erlass einer einstweiligen Verfügung mit dem Ziel, dem Arbeitgeber die vorläufige Aufhebung einer personellen Einzelmaßnahme im Sinne des § 99 Abs. 1 BetrVG aufgeben, wird im Allgemeinen als unzulässig angesehen, weil dadurch die in § 101 BetrVG enthaltene spezialgesetzliche Regelung unterlaufen werden würde. Ob in einem wie hier geschilderten Fall der krassen Missachtung des Mitbestimmungsrechts eine einstweilige Verfügung dennoch zuzulassen ist, hat das LAG Hamm in der Entscheidung vom 17. 2. 1998, NZA-RR 1998, 421, offen gelassen. In der Literatur wird eine einstweilige Verfügung teilweise für zulässig erachtet, wenn der Arbeitgeber die Beteiligungsrechte des Betriebsrates im Verfahren nach §§ 99, 100 BetrVG vollständig missachtet (*Lipke*, DB 1980, 2239 ff.).

11. Schriftstücke sind in beglaubigter Abschrift der Antragsschrift beizufügen. Bei eidesstattlichen Versicherungen ist eine eigene Sachverhaltsschilderung (siehe Fallbeispiel F. II. 6) durch den Versichernden erforderlich. Statt dessen liest man jedoch immer wieder eidesstattliche Versicherungen, in denen es heißt: „Ich habe die Antragsschrift meines Verfahrensbevollmächtigten gelesen. Die dortigen Angaben entsprechen der Richtigkeit und beruhen auf meinen Angaben" oder Ähnliches. Das aber entspricht nicht den Anforderungen des Bundesgerichtshofes (BGH vom 13. 1. 1988, NJW 1988, 2045), denn Dritte unterschreiben oft meist ungeprüft, was ihnen vorgelegt wird (BPatG vom 27. 11. 1974, GRUR 1978, 360).

7. Antrag gegen den Arbeitgeber auf Untersagung der Anwendung eines Einigungsstellenspruchs[1]

An das
Arbeitsgericht ......

Antrag   auf Erlass einer einstweiligen Verfügung
                          im Beschlussverfahren

des Betriebsrates ...... ,
dieser vertreten durch seinen Vorsitzenden ...... ,
                              – Antragsteller und Beteiligter zu 1) –
Verfahrensbevollmächtigte/r: Rechtsanwälte ......

                                gegen

die ...... ,
diese vertreten durch ...... ,
alle geschäftsansässig ......

                          – Antragsgegnerin und Beteiligte zu 2) –

Namens und in Vollmacht des Antragstellers und Beteiligten zu 1) beantragen wir,
im Wege der einstweiligen Verfügung zu beschließen:

1. Der Antragsgegnerin wird bis zur Rechtskraft des Beschlussverfahrens zwischen
den Beteiligten, LAG ...... , 1 TaBV ....../...... , über die Wirksamkeit des
Einigungsstellenspruches vom 1. 6. diesen Jahres zum Regelungsgegenstand Provisionsabrechnung von Vertriebsrepräsentanten untersagt, die Provisionen der
Vertriebsrepräsentanten nach den Regeln des genannten Einigungsstellenspruches
abzurechnen.

2. Die Antragsgegnerin wird verpflichtet, bis zur Rechtskraft des im Antrag zu 1)
bezeichneten Beschlussverfahrens die Provisionen der Vertriebsrepräsentanten
nach Maßgabe des bis zum Einigungsstellenspruch geltenden Provisions- und
Prämienplanes 57/11 zu berechnen.[2]

3. Für jeden Fall der Zuwiderhandlung gegen die Verpflichtung zu 1) wird der Antragsgegnerin ein Ordnungsgeld in Höhe bis zu EUR ...... angedroht[3].

Für den Fall des Obsiegens wird weiter beantragt, eine abgekürzte Beschlussausfertigung (§ 317 Abs. 2 Satz 2 ZPO) zu erteilen.

Begründung:

1. Sachverhalt[4]

1.1 Der Beteiligte zu 1) ist der im Betrieb der Beteiligten zu 2) bestehende Betriebsrat. Die Beteiligte zu 2) beschäftigt unter anderem mehrere Vertriebsrepräsentanten[5], deren Einkünfte etwa je zur Hälfte aus einem Festgehalt und aus Provisionen/
Prämien bestehen.

Die Voraussetzungen für eine Provision/Prämie und deren Höhe sind zwischen den
Beteiligten zunächst in einer als Provisions- und Prämienplan 57/11 bezeichneten
Betriebsvereinbarung vereinbart worden. Die Beteiligte zu 2) hat diese Betriebsvereinbarung gekündigt mit dem Ziel, die Provisionssätze zu senken, weil sie der Auffassung ist, bei einer Beibehaltung der Provisionssätze würde auf Grund der ein-

getretenen bzw. noch zu erwartenden Erhöhung ihrer Verkaufspreise eine unangemessene Steigerung der Provisionseinkünfte der Vertriebsrepräsentanten entstehen. Da die Beteiligten sich nicht über eine Neuregelung einigen konnten, ist es zu einem Einigungsstellenverfahren gekommen und am 1. 6. des Jahres zu einem Einigungsstellenspruch, der dem Antrag der Beteiligten zu 2) folgt, nachdem die vom Beteiligten zu 1) benannten Beisitzer in der Einigungsstelle zur Verhandlung nicht erschienen waren, weil sie von dem Verhandlungstermin keine Kenntnis hatten. Der Beteiligte zu 1) hat deshalb den Einigungsstellenspruch bisher in zwei Instanzen erfolgreich angefochten, weil er offensichtlich rechtswidrig ergangen ist. In den ergangenen Entscheidungen ist dem Beteiligten zu 1) jedoch zugleich vorgehalten worden, er trage mindestens eine Mitschuld an der Unkenntnis der Beisitzer von dem Verhandlungstermin. Zwar wurde dieser Umstand für unerheblich erachtet, insoweit jedoch die Rechtsbeschwerde zugelassen. Über diese ist bisher nicht entschieden.

Glaubhaftmachung:[6] Beiziehung der Akten des Anfechtungsverfahrens zwischen den Beteiligten vor dem LAG ......, 1 Ta BV ....../......

1.2 Die Beteiligte zu 2) wendet die Regelungen des Einigungsstellenspruches seit seiner Verkündung an. Einer Aufforderung des Beteiligten zu 1), im Hinblick auf die vorliegenden Anfechtungsbeschlüsse den Provisions- und Prämienabrechnungen einstweilen (bis zum rechtskräftigen Abschluss des Anfechtungsverfahrens) wieder die Regelungen der Betriebsvereinbarung 57/11 zugrunde zu legen, hat sie nicht Folge geleistet, sondern erklärt, bis zum Eintritt der Rechtskraft des Anfechtungsverfahrens werde sie den Spruch anwenden, da sie sich hierzu durch § 77 Abs. 1 BetrVG verpflichtet sehe. Im Übrigen hat sie die Auffassung vertreten, erhebliche Einkommenseinbußen durch die Anwendung des Einigungsstellenspruches im Gegensatz zur früher geltenden Betriebsvereinbarung seien nicht aufgetreten.

Glaubhaftmachung: Ablichtung des Schreibens der Beteiligten zu 2) vom 15. des vergangenen Monats

Der Vorsitzende des Beteiligten zu 1) hat jedoch mit verschiedenen Vertriebsrepräsentanten gesprochen, die ihren Namen allerdings nicht offen gelegt haben möchten[7]. Sie haben ihm erklärt, zwar seien die Auswirkungen der neuen Prämienregelung noch nicht mit letzter Sicherheit festzustellen. Aufgrund ihrer praktischen Erfahrungen und Erwartungen müssten sie jedoch mit Einkommenseinbußen von etwa 30% rechnen.

Glaubhaftmachung: eidesstattliche Versicherung des Vorsitzenden des Beteiligten zu 1)

Der Betriebsratsvorsitzende hat darüber hinaus mit dem Leiter der Lohn- und Gehaltsabrechnung bei der Beteiligten zu 2) gesprochen. Auf Anfrage hat dieser erklärt, die Daten der Provisionsabrechnung würden infolge des verwendeten EDV-Programms jeweils überschrieben werden. Eine Neuabrechnung der Provisionen in ein oder zwei Jahren würde deshalb die Neueingabe aller Daten erfordern. Da die Lohn- und Gehaltsstelle bereits durch die laufenden Abrechnungen ausgelastet sei, würde es bei den Neuabrechnungen entweder zu erheblichen Verzögerungen kommen oder es müsste mit einem hohen finanziellen Aufwand ein Dienstleister mit der Nachberechnung beauftragt werden. Auch damit seien allerdings monatelange Verzögerungen verbunden.

Glaubhaftmachung: wie vor

2. Rechtsausführungen

2.1 Verfügungsanspruch

Grundsätzlich ist ein Arbeitgeber verpflichtet, aber auch berechtigt, eine durch Spruch der Einigungsstelle zustande gekommene Regelung wie eine Betriebsvereinbarung durchzuführen und anzuwenden (BAG vom 24. 2. 1987, DB 1987, 1435). Dem steht gegebenenfalls das aus § 80 Abs. 1 Nr. 1 BetrVG herzuleitende Recht des Betriebsrates entgegen, nur die Anwendung rechtswirksamer betrieblicher Regelungen dulden zu müssen. Eine interessengerechte Abwägung dieser beiden Rechtspositionen zwingt dazu, alle jedenfalls formalwirksam begründeten Regelungen anzuwenden. Dies ist bei Einigungsstellen in der Regel der Fall.

Die Berufung auf eine formalwirksame Regelung ist auch dann zulässig, wenn zwischen den Beteiligten streitig ist, ob die Einigungsstelle bei ihrer Entscheidung die Grenzen des ihr eingeräumten Ermessens überschritten hat, und zwar auch dann, wenn diese Auffassung bereits durch gerichtliche Entscheidungen bestätigt wurde, solange diese Entscheidungen nicht rechtskräftig sind.

Etwas anderes gilt jedoch, wenn die betreffende Regelung nichtig oder offensichtlich rechtswidrig ist (LAG Berlin vom 6. 12. 1984, BB 1985, 1199–2000 = DB 1985, 225–226 und LAG Frankfurt vom 24. 9. 1987, LAGE § 85 ArbGG 1979 Nr. 2 = NZA 1988, 260 m. w. N.).

Eine solche offensichtliche Rechtswidrigkeit ist vorliegend gegeben, nachdem der Einigungsstellenspruch nur durch eine nicht ordnungsgemäße Ladung der vom Betriebsrat bestellten Beisitzer zustande gekommen ist. Die Anhörung der an einem Verfahren rechtlich Beteiligten vor einer Entscheidung in einem gerichtsförmigen Verfahren ist ein elementarer Grundsatz unseres rechtsstaatlichen Systems. Seine Verletzung macht die Entscheidung in jeder Weise unverwertbar. Die Einigungsstelle ist ein eigenständiges rechtlich schützenswertes Gremium, dessen Mitglieder ungeachtet des Bestellungsaktes nicht an Weisungen gebunden sind. Die Wirksamkeit der Entscheidungen diese Gremiums kann deshalb auch nicht vom Verschulden Dritter bei der Entstehung von Verfahrensmängeln abhängig gemacht werden. Zwar ist zur Klärung der Rechtsfrage, inwieweit ein Verschulden des Betriebsrates bei der Entstehung des Verfahrensmangels das Anfechtungsrecht ausschließt, die Rechtsbeschwerde zugelassen, doch hat die zur Entscheidung über eine einstweilige Verfügung angerufene Kammer nach ihrer eigenen rechtlichen Beurteilung zu entscheiden.

Da der von der Beteiligten zu 2) weiterhin angewandte Einigungsstellenspruch offensichtlich rechtswidrig zustande gekommen ist, kann seine Anwendung nicht auf § 77 Abs. 1 BetrVG gestützt werden. Es besteht deshalb ein Anspruch des Beteiligten zu 1), die Regelung des Einigungsstellenspruches vorläufig nicht anzuwenden. Da der Einigungsstellenspruch somit die Regelungen der Betriebsvereinbarung 57/11 nicht ersetzt hat, wirken deren Regelungen nach und sind von der Beteiligten zu 2) weiterhin anzuwenden.

2.2 Verfügungsgrund

Mit der vorläufigen Anwendung der Regelung der Betriebsvereinbarung 57/11 wird zwar möglicherweise teilweise die Hauptsache vorweggenommen, denn hieraus folgende höhere Ansprüche der Vertriebsrepräsentanten sind wahrscheinlich. Eine solche Vorwegnahme der Hauptsache steht jedoch dem Erlass einer hierauf gerichteten einstweiligen Verfügung im Beschlussverfahren nicht grundsätzlich entgegen.[8] Schließlich steht dem Erlass der begehrten einstweiligen Verfügung auch nicht die damit eintretende Vorwegnahme der Hauptsache entgegen. Es kommt allein darauf an, ob eine sofortige Regelung nach Abwägung aller Umstände des Sachverhalts und unter Berücksichtigung der beiderseitigen berechtigten Interessen zur Abwendung wesentlicher Nachteile erforderlich erscheint (LAG Hamm vom 19. 4. 1984, NZA 1984, 130 = DB 1984, 1525–2527 = LAGE Art. 9 GG Arbeitskampf Nr. 14; LAG Düsseldorf vom 9. 11. 1983, ArbuR 1984, 191 und LAG Hamm vom 15. 3. 1994, LAGE § 80 BetrVG 1972 Nr. 12).[9]

Außerdem wird nach dem eigenen Vortrag der Beteiligten zu 2) die von einer eventuellen Vorwegnahme der Hauptsache ausgehende Belastung für sie nicht bedeutend sein, da es keine wesentlichen Einkommensunterschiede geben soll.

Ist allerdings die Einschätzung der Vertriebsrepräsentanten und des Beteiligten zu 1) richtig, so sind für die Vertriebsrepräsentanten ganz erhebliche Einkommensverluste zu erwarten, die nicht ohne bedeutsamen Einfluss auf die wirtschaftlichen Lebensumstände der Vertriebsrepräsentanten bleiben können. Diese Nachteile lassen sich durch eine spätere Nachzahlung nicht mehr beseitigen. Entgangene Lebensfreude ist nicht nachholbar.

Die Nachteile für die Belegschaft einerseits und der Eingriff in das Mitbestimmungsrecht des Beteiligten zu 1) durch Anwendung einer mitbestimmungswidrigen Regelung wiegen umso schwerer, als die Wiederherstellung des rechtmäßigen Zustandes einerseits durch die noch durch das Rechtsbeschwerdeverfahren zu erwartende Verfahrensdauer und andererseits die mit der Nachberechnung verbundenen Verzögerungen bis zur Wiederherstellung des rechtmäßigen Zustandes noch ein erhebliche Zeit in Anspruch nehmen werden.

Es besteht daher auch ein Verfügungsgrund.

Begl. und einfache Abschrift sowie die vorgenannten Mittel zur Glaubhaftmachung anbei.[10]

Rechtsanwalt

Anmerkungen

1. Vgl. hierzu Fallbeispiel F. III. 3.2 zum Personalvertretungsrecht.

2. Die Abrechnung nach dem bisher geltenden Provisions- und Prämienplan ist eine vertretbare Handlung, da sie von einem Dritten vorgenommen werden kann. Die Vollstreckung richtet sich nach § 887 ZPO (LAG Hamm vom 11. 8. 1983, DB 1983, 2257; *Zöller/Stöber* § 887 Rdn. 3).

3. Eine Unterlassungsverfügung bedarf nach überwiegender Auffassung der Vollziehung durch Zustellung im Parteibetrieb innerhalb eines Monats (§ 929 Abs. 2 ZPO). Wird diese Maßnahme übersehen, ist die Untersagungsverfügung auf Antrag des Gegners aufzuheben (LAG Hamburg vom 29. 7. 1985, TA BV 6/85, n. v.). Teilweise wird jedoch die Auffassung vertreten, wegen der sofort einsetzenden Verbindlichkeit des Verbots für den Schuldner seien weitere Maßnahmen des Gläubigers zur Vollziehung nicht erforderlich, wenn das Verbot sanktionsbewehrt ist, also mit der Androhung von Ordnungsmitteln verbunden (LAG Hamburg vom 18. 5. 1993, 3 TaBV 3/93, n. v., und LAG Berlin vom 12. 11. 1997, 6 Ta 15/97, n. v.).

4. Ein umfassender Tatsachenvortrag bereits in der Antragsschrift, spätestens aber in der Verhandlung, ist nicht nur erforderlich, um dem Gericht gegebenenfalls Anhaltspunkte für weitere aufklärende Fragen zu geben, sondern weil dieser Sachvortrag auch die Grundlage für eine etwaige Überprüfung der Sach- und Rechtslage in der Beschwerdeinstanz darstellt. Grundsätzlich können die Parteien im arbeitsgerichtlichen Beschlussverfahren wegen des Untersuchungsgrundsatzes auch noch in der Beschwerdeinstanz schadlos neue Tatsachen einführen, doch gilt das für das einstweilige Verfügungsverfahren nicht uneingeschränkt. Der Sachvortrag bestimmt nämlich den Verfügungsanspruch. Ändern die neuen Tatsachen den Verfügungsanspruch, ist eine Änderung des Tatsachenvortrages in der Regel nicht sachdienlich und damit in entsprechender Anwendung des § 263 ZPO als unzulässig zurückzuweisen (LAG Schleswig-Holstein vom 9. 7. 1990, 6 Ta BV 10/90, zitiert nach Juris).

5. Der Hinweis soll sicherstellen, dass es sich um eine kollektive Regelung handelt.

6. Durch die über § 85 Abs. 2 Satz 2 ArbGG anzuwendenden Vorschriften der §§ 936 und 920 Abs. 2 ZPO ist auch der Antrag auf Erlass einer einstweiligen Verfügung im Beschlussverfahren hinsichtlich Verfügungsanspruch und Verfügungsgrund glaubhaft zu machen. Kommt der Antragsteller dieser Verpflichtung nicht nach, dann ist und insoweit anders als in den Verfahren vor den Zivilgerichten, für die die Parteimaxime gilt, der Antrag nicht schon aus diesem Grunde abzuweisen. Im arbeitsgerichtlichen Beschlussverfahren gilt vielmehr der Untersuchungsgrundsatz (§ 83 Abs. 1 Satz 1 ArbGG). So ist die gerichtliche Bewertung des Vorbringens der Beteiligten im Beschlussverfahren als nicht hinreichend substantiiert nur dann statthaft, wenn das Gericht auf diese Einschätzung hingewiesen und die Beteiligten zur Ergänzung ihres Vorbringens aufgefordert hat (BAG vom 11. 3. 1998, NZA 1998, 953, DB 1998, 1821). Deshalb hat das Gericht auch bei fehlender Glaubhaftmachung den Sachverhalt von Amts wegen zu erforschen. An dieser Erforschung (Aufklärung) haben die Verfahrensbeteiligten mitzuwirken (§ 83 Abs. 1 Satz 2 ArbGG). Der Untersuchungsgrundsatz gilt jedoch nicht unbeschränkt. Die Aufklärungspflicht des Gerichts kann sich nur auf das stützen, was die Beteiligten vortragen. Nur das, wofür sie in ihrem Sachvortrag selbst Anhaltspunkte liefern, kann und darf das Gericht weiter „aufklären", und es muss dabei den Charakter des Eilverfahrens berücksichtigen, d. h. im Termin zur Anhörung über die einstweilige Verfügung muss das Gericht anwesende Personen über ihm erheblich erscheinende, aber bisher noch nicht ausreichend dargestellte Tatsachen anhören und präsente Zeugen vernehmen. Eine Beweisaufnahme allerdings, die nicht sofort erfolgen kann, ist nach § 294 Abs. 2 ZPO unstatthaft (vgl. zum Ganzen: BAG vom 25. 9. 1986, AP Nr. 7 zu § 1 BetrVG 1972 und LAG München vom 26. 8. 1992, LAGE § 23 BetrVG 1972 Nr. 29 = BB 1993, 2168). Schriftstücke sind der Antragsschrift im Original oder in beglaubigter Abschrift oder beglaubigter Fotokopie beizufügen. Die Ankündigung ihrer Vorlage ist ebenso zur Glaubhaftmachung unzureichend wie die Beifügung unbeglaubigter Schriftstücke (BAG vom 28. 8. 1991, AP Nr. 2 zu § 85 ArbGG 1979).

7. Nach Auffassung des LAG Berlin im Beschluss vom 5. 12. 1990 (8 Ta BV 3/90, n. v.) genügt der Betriebsrat damit seiner Vortragspflicht.

8. Anderer Auffassung: LAG Köln vom 5. 3. 1986, 5 Ta BV 4/86, zitiert bei Juris; *Eich,* DB 1978, 395 ff. und *Roemheld,* SAE 1979, 165 ff.

9. a. A.: LAG Köln vom 5. 3. 1986, LAGE § 80 BetrVG 1972 Nr. 5.

10. Schriftstücke sind in beglaubigter Abschrift der Antragsschrift beizufügen. Bei eidesstattlichen Versicherungen ist eine eigene Sachverhaltsschilderung (siehe Fallbeispiel F. II. 6) durch den Versichernden erforderlich. Statt dessen liest man jedoch immer wieder eidesstattliche Versicherungen, in denen es heißt: „Ich habe die Antragsschrift meines Verfahrensbevollmächtigten gelesen. Die dortigen Angaben entsprechen der Richtigkeit und beruhen auf meinen Angaben" oder Ähnliches. Das aber entspricht nicht den Anforderungen des Bundesgerichtshofes (BGH vom 13. 1. 1988, NJW 1988, 2045), denn Dritte unterschreiben oft meist ungeprüft, was ihnen vorgelegt wird (BPatG vom 27. 11. 1974, GRUR 1978, 360).

8. Antrag gegen den Arbeitgeber auf Weiterbeschäftigung des Jugendvertreters und Ex-Auszubildenden nach § 78 a BetrVG

An das
Arbeitsgericht ......

Antrag   auf Erlass einer einstweiligen Verfügung
                            im Beschlussverfahren

des Kommunikationstechnikers ...... ,

                                        – Antragsteller und Beteiligter zu 1) –
Verfahrensbevollmächtigte/r: Rechtsanwälte ......

                            gegen

die ...... ,
diese vertreten durch ...... ,
alle geschäftsansässig ......

                                        – Antragsgegnerin und Beteiligte zu 2) –

Namens und in Vollmacht des Antragstellers und Beteiligten zu 1) beantragen wir,
im Wege der einstweiligen Verfügung – wegen Dringlichkeit ohne mündliche Verhandlung[1] – unter Festsetzung eines Zwangsgeldes in Höhe bis zu EUR ......[2] zu
beschließen,
die Antragsgegnerin wird verpflichtet, den Antragsteller bis zum rechtskräftigen
Abschluss des zwischen den Parteien vor dem Arbeitsgericht ...... zum Aktenzeichen 3 BV 3/...... geführten Beschlussverfahrens über die Begründung eines Arbeitsverhältnisses zwischen ihnen als Kommunikationstechniker weiterzubeschäftigen.
Für den Fall des Obsiegens wird weiter beantragt, eine abgekürzte Beschlussausfertigung (§ 317 Abs. 2 Satz 2 ZPO) zu erteilen.

Begründung:

1. Sachverhalt[3]

Der Beteiligte zu 1) ist bei der Beteiligten zu 2) zum Kommunikationstechniker ausgebildet worden und hat seine Ausbildung vor drei Wochen abgeschlossen. Während der Ausbildung ist er zum Mitglied des Betriebsrates gewählt worden. Der Betriebsrat ist allerdings vor sechs Monaten geschlossen zurückgetreten, und der Beteiligte zu 1) hat im Interesse des Abschlusses seiner Ausbildung im Rahmen der vor
vier Monaten beendeten Betriebsrats-Neuwahl nicht mehr für ein Betriebsratsamt
kandidiert.
Vor zwei Monaten hat der Beteiligte zu 1) schriftlich von der Beteiligten zu 2) seine
Weiterbeschäftigung über das Ende des Berufsausbildungsverhältnisses hinaus verlangt. Die Beteiligte zu 2) will diesem Verlangen jedoch nicht Folge leisten und hat
zwei Tage nach Abschluss der Berufsausbildung bei dem Arbeitsgericht Überall das
im Antrag bezeichnete Beschlussverfahren eingeleitet mit der Ziel, ein etwa begrün-
detes Arbeitsverhältnis aufzulösen.

Glaubhaftmachung:[4] Beiziehung der vorgenannten Verfahrensakten

Im unmittelbaren Anschluss an die Beendigung seiner Berufsausbildung war der Beteiligte zunächst arbeitsunfähig erkrankt. Vor zwei Tagen hat er seine Arbeitsfähigkeit wiedererlangt und ist im Betrieb der Beteiligten zu 2) erschienen, um seine Arbeit aufzunehmen. Der Personalleiter hat ihn jedoch des Hauses verwiesen mit der Begründung, man habe keine Beschäftigungsmöglichkeit für ihn, da der letzte freie Arbeitsplatz für einen Kommunikationstechniker vor einem Monat besetzt worden sei. Der Betriebsratsvorsitzende hat dem Beteiligten zu 1) darüber hinaus berichtet, er habe neulich vom Vorzimmer des Personalleiters aus durch die Tür hindurch ein Telefonat des Personalleiters mit angehört, in dem dieser einen vom Betriebsratsvorsitzenden nicht identifizierbaren Dritten mitteilte, er werde den Beteiligten zu 1) nicht weiterbeschäftigen, weil dieser ihn im Rahmen seiner früheren Betriebsratstätigkeit oft geärgert habe. Als der Beteiligte zu 1) dem Betriebsratsvorsitzenden bat, hierüber eine eidesstattliche Versicherung zu fertigen, war dieser dazu jedoch nicht bereit.

Glaubhaftmachung: eidesstattliche Versicherung des Beteiligten zu 1)

Die von einem Kommunikationstechniker auszuübenden Tätigkeiten unterliegen einem ständigen technischen Wandel. Nur die laufende Ausübung der Tätigkeit erhält die vom Markt geforderten Kenntnisse und Fähigkeiten. Darüber hinaus hat der Beteiligte zu 1) einen Abendschulkurs zur Weiterbildung als Kommunikationstechnik-Ingenieur belegt. Für diese Ausbildung ist es von großem Vorteil, die dort vor allem theoretischen Schulungseinheiten in der praktischen Tätigkeit anwenden zu können, denn das fördert das Verständnis des Lehrgangsstoffes.

Glaubhaftmachung: eidesstattliche Versicherung des Beteiligten zu 1) sowie Lehrgangsmaterial des Ausbildungsinstituts, wobei insbesondere auf Heft 3, Seiten 3–4, Bezug genommen wird.

2. Rechtsausführungen

2.1 Verfügungsanspruch

Der Beteiligte zu 1) war Mitglied des Betriebsrates. Seine Amtszeit endete innerhalb einer Jahresfrist vor der Beendigung seines Berufsausbildungsverhältnisses. Innerhalb der letzten drei Monate vor Beendigung des Berufsausbildungsverhältnisses hat er schriftlich von der Beteiligten zu 2) die Weiterbeschäftigung verlangt. Damit gilt zwischen den Beteiligten im Anschluss an das Berufsausbildungsverhältnis ein Arbeitsverhältnis auf unbestimmte Zeit als begründet (§ 78 a Abs. 2 und 3 BetrVG).

Zwar hat die Beteiligte zu 2) innerhalb von zwei Wochen nach Beendigung des Berufsausbildungsverhältnisses beim Arbeitsgericht die Auflösung des begründeten Arbeitsverhältnisses beantragt, solange diesem Auflösungsantrag jedoch nicht stattgegeben wird, besteht das durch § 78 a BetrVG begründete Arbeitsverhältnis. Aus diesem Arbeitsverhältnis wiederum entspringt bereits ganz allgemein ein Weiterbeschäftigungsanspruch (BAG, Großer Senat vom 27. 2. 1985, AP Nr. 14 zu § 611 BGB Beschäftigungspflicht = NZA 1985, 702 = DB 1985, 551 u. 2197).

2.2 Verfügungsgrund

Dem Erlass der begehrten einstweiligen Verfügung steht nicht schon die damit eintretende Vorwegnahme der Hauptsache entgegen. Es kommt allein darauf an, eine sofortige Regelung nach Abwägung aller Umstände des Sachverhalts und unter Berücksichtigung der beiderseitigen berechtigten Interessen zur Abwendung wesentlicher Nachteile erforderlich erscheint (LAG Schleswig-Holstein vom 25. 3. 1985,

DB 1985, 2412 = BB 1985, 1797; LAG Hamm vom 19. 4. 1984, NZA 1984, 130 = DB 1984, 1525–2527 = LAGE Art. 9 GG Arbeitskampf Nr. 14; LAG Düsseldorf vom 9. 11. 1983, ArbuR 1984, 191 und LAG Hamm vom 15. 3. 1994, LAGE § 80 BetrVG 1972 Nr. 12).[5]

Hier besteht ein besonderes Beschäftigungsinteresse des Beteiligten zu 1), weil aus den unter Ziff. 1 genannten Gründen für ihn die Kontinuität der Beschäftigung dringend erforderlich ist (LAG Schleswig-Holstein vom 25. 3. 1985, a.a.O.). Hingegen sind gleichwertige schützenswerte Interessen der Beteiligten zu 2) nicht erkennbar. Offensichtlich ist die Weigerung der Beteiligten zu 2), den Beteiligten zu 1) weiterzubeschäftigen, rechtsmissbräuchlich, denn ein tragender Grund ist – wie unter Ziff. 1 dargestellt –, dass die Beteiligte zu 2) den Beteiligten zu 1) wegen der Ausübung seines früheren Betriebsratsamtes benachteiligen will.[6]

Darüber hinaus kann sich die Beteiligte zu 2) auf die fehlende Weiterbeschäftigungsmöglichkeit nicht mit Rechtserheblichkeit berufen. Zum Zeitpunkt der Besetzung der freien Stelle eines Kommunikationstechnikers war der Beteiligten zu 2) das Weiterbeschäftigungsverlangen des Beteiligten zu 1) bereits bekannt. Wenn sie ungeachtet dessen die freie Stelle anderweitig besetzt, kann sie sich nicht auf die fehlende Beschäftigungsmöglichkeit berufen.

Nach Abwägung der beiderseitigen Interessen ist dem Antrag daher stattzugeben.

Begl. und einfache Abschrift sowie die vorgenannten Mittel zur Glaubhaftmachung[7] anbei.

Rechtsanwalt

Anmerkungen

1. Wie die praktische Erfahrung zeigt, neigen die Gerichte nicht dazu, einstweilige Verfügungen ohne mündliche Verhandlungen zu erlassen. Das erfolgt in der Regel nur, wenn die Zeit zwischen Antragseingang und dem abzuwendenden Ereignis bzw. dem Zeitpunkt, zu dem die begehrte Wirkung der einstweiligen Verfügung im Sinne einer Zweckerreichung einsetzen muss, zu kurz ist, um noch dazwischen eine mündliche Verhandlung anzuberaumen. Das darf allerdings nicht dazu verführen, den Antrag sehr spät zu stellen, weil sich die dadurch verursachte Eilbedürftigkeit gegen den Antragsteller richten kann. Es bedarf in der Antragsschrift der Darstellung, warum eine frühere Antragstellung nicht erfolgen konnte. Kann der Antragsteller seine späte Antragstellung nicht ausreichend rechtfertigen, droht allein aus diesem Grund die Zurückweisung des Antrages.

Insbesondere für unerlässlich wird eine mündliche Verhandlung im Allgemeinen dann erachtet, wenn die begehrte Entscheidung die Hauptsache im Wesentlichen vorwegnimmt und praktisch unumkehrbare Verhältnisse schafft (LAG Köln vom 13. 8. 1996, 11 Ta 173/96, NZA 1997, 317 f.).

Selbst die Zurückweisung des Antrages auf Erlass einer einstweiligen Verfügung soll in der Regel nicht ohne mündliche Verhandlung erfolgen, obwohl § 62 Abs. 2 Satz 2 ArbGG ein solches Verfahren ausdrücklich zulässt (Sächs. LAG vom 8. 4. 1997, 1 Ta 89/97, NZA 1998, 223 f.).

2. Die überwiegende Ansicht hält die Androhung eines Zwangsgeldes für zulässig, allerdings für nicht erforderlich oder zweckmäßig. Das Zwangsgeld kann sofort festgesetzt werden (*Zöller/Stöber* § 888 Rdnr. 12; KG vom 16. 5. 1968, NJW 1969, 57, 58).

3. Ein umfassender Tatsachenvortrag bereits in der Antragsschrift, spätestens aber in der Verhandlung, ist nicht nur erforderlich, um dem Gericht gegebenenfalls Anhaltspunkte für weitere aufklärende Fragen zu geben, sondern weil dieser Sachvortrag auch die Grundlage für eine etwaige Überprüfung der Sach- und Rechtslage in der Beschwerdeinstanz darstellt. Grundsätzlich können die Parteien im arbeitsgerichtlichen Beschlussverfahren wegen des Untersuchungsgrundsatzes auch noch in der Beschwerdeinstanz im Rahmen des § 87 Abs. 3 ArbGG neue Tatsachen einführen, doch gilt das für das einstweilige Verfügungsverfahren nicht uneingeschränkt. Der Sachvortrag bestimmt nämlich den Verfügungsanspruch. Ändern die neuen Tatsachen den Verfügungsanspruch, ist eine Änderung des Tatsachenvortrages in der Regel nicht sachdienlich und damit in entsprechender Anwendung des § 263 ZPO als unzulässig zurückzuweisen (LAG Schleswig-Holstein vom 9. 7. 1990, 6 Ta BV 10/90, zitiert nach Juris).

4. Durch die über § 85 Abs. 2 Satz 2 ArbGG anzuwendenden Vorschriften der §§ 936 und 920 Abs. 2 ZPO ist auch der Antrag auf Erlass einer einstweiligen Verfügung im Beschlussverfahren hinsichtlich Verfügungsanspruch und Verfügungsgrund glaubhaft zu machen. Kommt der Antragsteller dieser Verpflichtung nicht nach, dann ist und insoweit anders als in den Verfahren vor den Zivilgerichten, für die die Parteimaxime gilt, der Antrag nicht schon aus diesem Grunde abzuweisen. Im arbeitsgerichtlichen Beschlussverfahren gilt vielmehr der Untersuchungsgrundsatz (§ 83 Abs. 1 Satz 1 ArbGG). So ist die gerichtliche Bewertung des Vorbringens der Beteiligten im Beschlussverfahren als nicht hinreichend substantiiert nur dann statthaft, wenn das Gericht auf diese Einschätzung hingewiesen und die Beteiligten zur Ergänzung ihres Vorbringens aufgefordert hat (BAG vom 11. 3. 1998, NZA 1998, 953, DB 1998, 1821). Deshalb hat das Gericht auch bei fehlender Glaubhaftmachung den Sachverhalt von Amts wegen zu erforschen. An dieser Erforschung (Aufklärung) haben die Verfahrensbeteiligten mitzuwirken (§ 83 Abs. 1 Satz 2 ArbGG). Der Untersuchungsgrundsatz gilt jedoch nicht unbeschränkt. Die Aufklärungspflicht des Gerichts kann sich nur auf das stützen, was die Beteiligten vortragen. Nur das, wofür sie in ihrem Sachvortrag selbst Anhaltspunkte liefern, kann und darf das Gericht weiter „aufklären", und es muss dabei den Charakter des Eilverfahrens berücksichtigen, d. h. im Termin zur Anhörung über die einstweilige Verfügung muss das Gericht anwesende Personen über ihm erheblich erscheinende, aber bisher noch nicht ausreichend dargestellte Tatsachen anhören und präsente Zeugen vernehmen. Eine Beweisaufnahme allerdings, die nicht sofort erfolgen kann, ist nach § 294 Abs. 2 ZPO unstatthaft (vgl. zum Ganzen: BAG vom 25. 9. 1986, AP Nr. 7 zu § 1 BetrVG 1972 und LAG München vom 26. 8. 1992, LAGE § 23 BetrVG 1972 Nr. 29 = BB 1993, 2168). Schriftstücke sind der Antragsschrift im Original oder in beglaubigter Abschrift oder beglaubigter Fotokopie beizufügen. Die Ankündigung ihrer Vorlage ist ebenso zur Glaubhaftmachung unzureichend wie die Beifügung unbeglaubigter Schriftstücke (BAG vom 28. 8. 1991, AP Nr. 2 zu § 85 ArbGG 1979).

5. a. A.: LAG Köln vom 5. 3. 1986, LAGE § 80 BetrVG 1972 Nr. 5.

6. Mit dem gestellten Antrag wird eine Befriedigungswirkung begehrt. Deshalb sind an die Glaubhaftmachung der Antragsgründe strenge Anforderungen zu stellen (LAG München vom 26. 8. 1992, LAGE § 23 BetrVG 1972 Nr. 29 = BB 1993, 2168). Ob diesen strengen Anforderungen hier genüge getan wurde, muss bezweifelt werden, nachdem ein recht schwerwiegender Vorwurf des Rechtsmissbrauches einerseits nur durch die eidesstattliche Versicherung des Antragstellers selbst glaubhaft gemacht wird und darüber hinaus auch noch auf einem Sachverhalt beruht, von dem nicht zwingend ist, dass die geäußerte Meinung tatsächlich die Ursache für die Verweigerung der Weiterbeschäftigung war und die Art der Kenntnisnahme (unbeabsichtigtes Mithören) Zweifel an der Verwertbarkeit auslöst.

7. Schriftstücke sind in beglaubigter Abschrift der Antragsschrift beizufügen. Bei eidesstattlichen Versicherungen ist eine eigene Sachverhaltsschilderung (siehe Fallbeispiel F. II. 6) durch den Versichernden erforderlich. Statt dessen liest man jedoch immer wieder eidesstattliche Versicherungen, in denen es heißt: „Ich habe die Antragsschrift meines Verfahrensbevollmächtigten gelesen. Die dortigen Angaben entsprechen der Richtigkeit und beruhen auf meinen Angaben" oder Ähnliches. Das aber entspricht nicht den Anforderungen des Bundesgerichtshofes (BGH vom 13. 1. 1988, NJW 1988, 2045), denn Dritte unterschreiben oft meist ungeprüft, was ihnen vorgelegt wird (BPatG vom 27. 11. 1974, GRUR 1978, 360).

9. Antrag gegen ein Betriebsratsmitglied auf Untersagung der Ausübung seines Amtes

An das
Arbeitsgericht ......

Antrag   auf Erlass einer einstweiligen Verfügung
                          im Beschlussverfahren

der ......,
diese vertreten durch ......,
alle geschäftsansässig ......

                                        – Antragstellerin und Beteiligte zu 1) –
Verfahrensbevollmächtigte/r: Rechtsanwälte ......

                            gegen

den Elektriker ...... ,
als Mitglied des bei der Antragstellerin gebildeten Betriebsrates,
                            – Antragsgegner und Beteiligter zu 2) –
Namens und in Vollmacht des Antragstellers und Beteiligten zu 1) beantragen wir, im Wege der einstweiligen Verfügung – wegen Dringlichkeit ohne mündliche Verhandlung[1] – zu beschließen,
1. dem Antragsgegner wird die Ausübung seines Betriebsratsamtes untersagt,
2. für jeden Fall der Zuwiderhandlung gegen die Verpflichtung zu 1) wird dem Antragsgegner ein Ordnungsgeld in Höhe bis zu EUR ...... angedroht.[2]
Für den Fall des Obsiegens wird weiter beantragt, eine abgekürzte Beschlussausfertigung (§ 317 Abs. 2 Satz 2 ZPO) zu erteilen.

                            Begründung:

1. Sachverhalt[3]

Der Beteiligte zu 2) ist der Vorsitzende des im Betrieb der Beteiligten zu 1) gebildeten Betriebsrates. Er ist deshalb auch der ständige Ansprechpartner des Personalleiters der Beteiligten zu 1). In den letzten Wochen musste der Personalleiter wegen einer umgreifenden Grippewelle und des dadurch entstandenen Ausfalls von nicht kurzfristig und befristet einstellbaren Facharbeitskräften mehrfach bei dem Betriebsrat Überstunden beantragen. Bei jedem Gespräch erklärte der Beteiligte zu 2) dem Personalleiter, er werde dafür sorgen, dass die Zustimmung verweigert werde und jedes Mal hat der Personalleiter durch Einbeziehung einzelner Betriebsratsmitglieder in die notwendigen Informationen einen zustimmenden Beschluss des Betriebsrates erreichen können.

Glaubhaftmachung:[4] eidesstattliche Versicherung des Personalleiters ......

In der vorigen Woche hat sich ein ähnlicher Vorgang wiederholt. Diesmal haben jedoch die vom Personalleiter angesprochenen Betriebsratsmitglieder erklärt, sie würden die Zustimmung verweigern, weil der Beteiligte zu 2) ihnen erzählt hätte, anlässlich des Gespräches zwischen ihm und dem Personalleiter aus Anlass des erneuten Überstundenantrages habe ihn der Personalleiter an der Krawatte gepackt, gegen die Wand gestoßen und ihm angedroht, sollte er nochmals versuchen, den Betriebsrat gegen die Wünsche des Personalleiters zu beeinflussen, würde er ihn grün und blau schlagen.

Glaubhaftmachung: wie vor

Da es einen solchen Vorgang nicht gegeben hat, es insbesondere aus Anlass des Antrages auf Zustimmung zu Überstunden zu keinerlei Tätlichkeiten oder Bedrohungen des Beteiligten zu 2) durch den Personalleiter gekommen ist,

Glaubhaftmachung: wie vor

hat der Personalleiter umgehend den Beteiligten zu 2) aufgesucht und ihn aufgefordert, seine verleumderische Behauptung zurückzunehmen. Der Beteiligte zu 2) erwiderte jedoch lediglich, darauf könne der Personalleiter lange warten.

Glaubhaftmachung: wie vor

Offensichtlich setzt der Beteiligte zu 2) darauf, die Beteiligte zu 1) werde ihm die Unwahrheit seiner Behauptung nicht nachweisen können. Hier irrt der Beteiligte zu 2) jedoch, denn zum Zeitpunkt des Gespräches saß die Sekretärin des Personalleiters im Nebenzimmer. Da die Tür zwischen den Zimmern wie üblich einen Spalt geöffnet war, konnte sie dem Verlauf des Gespräches folgen, was sie in Ansehung des früheren Verlaufs der Gespräche auch interessiert hat. Diese Sekretärin, Frau ......, hat während des im üblichen Rahmen verlaufenden Gespräches keinerlei Geräusche gehört, die auf Tätlichkeiten schließen ließen oder einen Gesprächsinhalt gehört, wie ihn der Beteiligte zu 2) gegenüber den Betriebsratsmitgliedern behauptet hat.

Glaubhaftmachung: eidesstattliche Versicherung der Frau ......

Inzwischen hat der Beteiligte zu 2) auch anderen Belegschaftsmitgliedern von der angeblichen Tätlichkeit des Personalleiters berichtet.

Glaubhaftmachung: eidesstattliche Versicherung des Schlossers ......

Nach Auffassung der Antragstellerin hat sich der Beteiligte zu 2) einer groben Amtspflichtverletzung im Sinne von § 23 Abs. 1 BetrVG schuldig gemacht durch eine Verletzung der Pflicht zur vertrauensvollen Zusammenarbeit im Sinne von § 2 Abs. 1 BetrVG. Sie hat deshalb gleichzeitig ein ordentliches Beschlussverfahren zur Amtsenthebung des Beteiligten zu 2) eingeleitet, und der Personalleiter persönlich hat eine einstweilige Verfügung beantragt, die es dem Beteiligten zu 2) untersagen soll, seine Behauptung über die angebliche Tätlichkeit des Personalleiters weiter zu verbreiten.

Glaubhaftmachung: eidesstattliche Versicherung des Personalleiters ......

2. Rechtsausführungen

2.1. Zulässigkeit des Antrages

Der gestellte Antrag ist zulässig. Mit ihm wird eine rechtsgestaltende Verfügung begehrt durch Entzug der – bis zum rechtskräftigen Abschluss des Amtsenthebungsverfahrens – mit der Mitgliedschaft im Betriebsrat verbundenen Amtsausübungsbefugnis. Nur durch eine solche Rechtsgestaltung wird dem Interesse des Arbeitgebers an einer möglichst schnell wirkenden Regelung zum Schutz seines Gestaltungsantragsrechts gemäß § 23 Abs. 1 BetrVG gerecht (LAG München vom 26. 8. 1992, LAGE § 23 BetrVG 1972 Nr. 29 = BB 1993, 2168 mit Verweis auf BAG vom 29. 4. 1969, AP Nr. 9 zu § 23 BetrVG).

Dem Erlass der begehrten einstweiligen Verfügung steht die damit eintretende Vorwegnahme der Hauptsache nicht entgegen. Es kommt allein darauf an, ob eine sofortige Regelung nach Abwägung aller Umstände des Sachverhalts und unter Berücksichtigung der beiderseitigen berechtigten Interessen zur Abwendung wesentlicher Nachteile erforderlich erscheint (LAG Hamm vom 19. 4. 1984, NZA 1984, 130 = DB 1984, 1525–2527 = LAGE Art. 9 GG Arbeitskampf Nr. 14; LAG Düsseldorf vom 9. 11. 1983, ArbuR 1984, 191 und LAG Hamm vom 15. 3. 1994, LAGE § 80 BetrVG 1972 Nr. 12).[5]

2.2. Verfügungsanspruch

Eine grobe Verletzung der gesetzlichen Pflichten des Betriebsratsmitgliedes im Sinne des § 23 Abs. 1 BetrVG liegt vor, wenn das Betriebsratsmitglied durch ein ihm anzurechnendes Verhalten betriebsverfassungsrechtliche Pflichten, die sich aus seiner Amtsstellung ergeben (Amtspflichten), verletzt und dadurch die Funktionsfähigkeit des Betriebsrates zerstört oder doch ernstlich gefährdet (BAG vom 5. 9. 1967, AP Nr. 8 zu § 23 BetrVG). Dabei kann es sich auch um einen nur einmaligen Verstoß handeln (BAG vom 22. 5. 1959, AP Nr. 3 zu § 23 BetrVG). Die Amtspflichtverletzung muss aber objektiv erheblich und offensichtlich schwerwiegend sein (BAG vom 21. 2. 1978, AP Nr. 1 zu § 74 BetrVG 1972). Nicht ausreichend ist es, wenn das Betriebsratsmitglied einen zwar falschen, aber nicht unvertretbaren Rechtsstandpunkt einnimmt (BAG vom 19. 4. 1989, AP Nr. 29 zu § 40 BetrVG 1972). Maßgeblicher Zweck des § 23 Abs. 1 BetrVG ist es, die Funktionsfähigkeit des Betriebsrates im Interesse der betriebsverfassungsrechtlichen Ordnung zu schützen (BAG vom 20. 8. 1991, NZA 1992, 317 ff.).

In diesem Sinne ist die wahrheitswidrige Beschuldigung des Personalleiters durch den Beteiligten zu 2), wiederholt und öffentlich erklärt, eine grobe Amtspflichtverletzung im Sinne des § 23 Abs. 1 BetrVG. Die sich aus § 2 Abs. 1 BetrVG ergebende Amtspflicht zur vertrauensvollen Zusammenarbeit zwischen Arbeitgeber und Betriebsrat dient dem Wohle der Arbeitnehmer und des Betriebes. Sie trifft jedes einzelne Betriebsratsmitglied (BAG vom 21. 2. 1978, AP Nr. 1 zu § 74 BetrVG 1972). „Ehrlichkeit und Offenheit sind unbedingte Voraussetzungen für eine vertrauensvolle Zusammenarbeit und ein Bruch dieser Vertrauensgrundlage ist eine grobe Pflichtverletzung, selbst wenn weitere Vorwürfe nicht zu erheben sind ......" (BAG vom 22. 5. 1959, AP Nr. 3 zu § 23 BetrVG). Mit der wahrheitswidrigen Behauptung des Beteiligten zu 2) über die angebliche Tätlichkeit des Personalleiters zerstört der Beteiligte zu 2) das Vertrauen des Personalleiters und auch des Arbeitgebers in seine Ehrlichkeit. Damit wird die Funktionsfähigkeit des Betriebsrates zumindestens ernstlich gefährdet.

2.3. Verfügungsgrund

Im Interesse der Belegschaft und des Betriebes ist eine dauerhafte und ununterbrochene vertrauensvolle Zusammenarbeit zwischen Betriebsrat und Arbeitgeber erforderlich. Würde dem Beteiligten zu 2) gestattet, sein Amt bis zum Abschluss des Amtsenthebungsverfahrens auszuüben, würde dies nach aller Erfahrung eine gestörte Arbeitsfähigkeit des Betriebsrates für etwa 2 Jahre verursachen. Die Pflichtverletzung des Beteiligten zu 2) ist jedoch so schwerwiegend und sein Verhalten so

hartnäckig, dass es einer einstweiligen Regelung im Sinne des gestellten Antrages bedarf, denn es ist dem Arbeitgeber und seinem Personalleiter nicht zuzumuten, mit einem Betriebsratsmitglied zusammenzuarbeiten, das sich in der beschriebenen Weise verhalten hat. Nur im Wege der einstweiligen Verfügung kann ein umfassender und effektiver Rechtsschutz gewährt werden. Die wegen der Befriedigungswirkung der Verfügung zu stellenden strengen Anforderungen an die Glaubhaftmachung des Verfügungsanspruch (LAG München vom 26. 8. 1992, a. a. O.) sind im vorliegenden Fall erfüllt, nachdem der Sachverhalt der Verbreitung auch vom Beteiligten zu 2) nicht bestritten und darüber hinaus durch die eidesstattliche Versicherung des Arbeitnehmers ...... belegt wird und die Wahrheitswidrigkeit der verbreiteten Behauptung nicht nur durch den am Vorfall beteiligten Personalleiter, sondern auch durch die unbeteiligte Frau ......
Begl. und einfache Abschrift sowie die vorgenannten Mittel zur Glaubhaftmachung[6] anbei.

Rechtsanwalt

Anmerkungen

1. Wie die praktische Erfahrung zeigt, neigen die Gerichte nicht dazu, einstweilige Verfügungen ohne mündliche Verhandlungen zu erlassen. Das erfolgt in der Regel nur, wenn die Zeit zwischen Antragseingang und dem abzuwendenden Ereignis bzw. dem Zeitpunkt, zu dem die begehrte Wirkung der einstweiligen Verfügung im Sinne einer Zweckerreichung einsetzen muss, zu kurz ist, um noch dazwischen eine mündliche Verhandlung anzuberaumen. Das darf allerdings nicht dazu verführen, den Antrag sehr spät zu stellen, weil sich die dadurch verursachte Eilbedürftigkeit gegen den Antragsteller richten kann. Es bedarf in der Antragsschrift der Darstellung, warum eine frühere Antragstellung nicht erfolgen konnte. Kann der Antragsteller seine späte Antragstellung nicht ausreichend rechtfertigen, droht allein aus diesem Grund die Zurückweisung des Antrages.

Insbesondere für unerlässlich wird eine mündliche Verhandlung im Allgemeinen dann erachtet, wenn die begehrte Entscheidung die Hauptsache im Wesentlichen vorwegnimmt und praktisch unumkehrbare Verhältnisse schafft (LAG Köln vom 13. 8. 1996, 11 Ta 173/96, NZA 1997, 317 f.).

Selbst die Zurückweisung des Antrages auf Erlass einer einstweiligen Verfügung soll in der Regel nicht ohne mündliche Verhandlung erfolgen, obwohl § 62 Abs. 2 Satz 2 ArbGG ein solches Verfahren ausdrücklich zulässt (Sächs. LAG vom 8. 4. 1997, 1 Ta 89/97, NZA 1998, 223 f.).

2. Die Zwangsvollstreckung gegen ein einzelnes Betriebsratsmitglied ist zulässig, wenn ihm durch den Titel ein bestimmtes Tun oder Unterlassen auferlegt wird. Lediglich gegen den vermögenslosen Betriebsrat kann kein Ordnungsgeld verhängt werden (*Germelmann/Matthes/Prütting* § 85 Rdnr. 14, 20).

Eine Unterlassungsverfügung bedarf nach überwiegender Auffassung der Vollziehung durch Zustellung im Parteibetrieb innerhalb eines Monats (§ 929 Abs. 2 ZPO). Wird diese Maßnahme übersehen, ist die Untersagungsverfügung auf Antrag des Gegners aufzuheben (LAG Hamburg vom 29. 7. 1985, 4 Ta BV 6/85, n. v.). Teilweise wird jedoch die Auffassung vertreten, wegen der sofort einsetzenden Verbindlichkeit des Verbots für den Schuldner seien weitere Maßnahmen des Gläubigers zur Vollziehung nicht erforderlich, wenn das Verbot sanktionsbewehrt ist, also mit der Androhung von Ordnungsmitteln verbunden (LAG Hamburg vom 18. 5. 1993, 3 Ta BV 3/93, n. v. und LAG Berlin vom 12. 11. 1997, 6 Ta 15/97, n. v.).

3. Ein umfassender Tatsachenvortrag bereits in der Antragsschrift, spätestens aber in der Verhandlung, ist nicht nur erforderlich, um dem Gericht gegebenenfalls Anhaltspunkte für weitere aufklärende Fragen zu geben, sondern weil dieser Sachvortrag auch die Grundlage für eine etwaige Überprüfung der Sach- und Rechtslage in der Beschwerdeinstanz darstellt. Grundsätzlich können die Parteien im arbeitsgerichtlichen Beschlussverfahren wegen des Untersuchungsgrundsatzes auch noch in der Beschwerdeinstanz im Rahmen des § 87 Abs. 3 ArbGG neue Tatsachen einführen, doch gilt das für das einstweilige Verfügungsverfahren nicht uneingeschränkt. Der Sachvortrag bestimmt nämlich den Verfügungsanspruch. Ändern die neuen Tatsachen den Verfügungsanspruch, ist eine Änderung des Tatsachenvortrages in der Regel nicht sachdienlich und damit in entsprechender Anwendung des § 263 ZPO als unzulässig zurückzuweisen (LAG Schleswig-Holstein vom 9. 7. 1990, 6 Ta BV 10/90, n. v.).

4. Durch die über § 85 Abs. 2 Satz 2 ArbGG anzuwendenden Vorschriften der §§ 936 und 920 Abs. 2 ZPO ist auch der Antrag auf Erlass einer einstweiligen Verfügung im Beschlussverfahren hinsichtlich Verfügungsanspruch und Verfügungsgrund glaubhaft zu machen. Kommt der Antragsteller dieser Verpflichtung nicht nach, dann ist und insoweit anders als in den Verfahren vor den Zivilgerichten, für die die Parteimaxime gilt, der Antrag nicht schon aus diesem Grunde abzuweisen. Im arbeitsgerichtlichen Beschlussverfahren gilt vielmehr der Untersuchungsgrundsatz (§ 83 Abs. 1 Satz 1 ArbGG). So ist die gerichtliche Bewertung des Vorbringens der Beteiligten im Beschlussverfahren als nicht hinreichend substantiiert nur dann statthaft, wenn das Gericht auf diese Einschätzung hingewiesen und die Beteiligten zur Ergänzung ihres Vorbringens aufgefordert hat (BAG vom 11. 3. 1998, NZA 1998, 953, DB 1998, 1821). Deshalb hat das Gericht auch bei fehlender Glaubhaftmachung den Sachverhalt von Amts wegen zu erforschen. An dieser Erforschung (Aufklärung) haben die Verfahrensbeteiligten mitzuwirken (§ 83 Abs. 1 Satz 2 ArbGG). Der Untersuchungsgrundsatz gilt jedoch nicht unbeschränkt. Die Aufklärungspflicht des Gerichts kann sich nur auf das stützen, was die Beteiligten vortragen. Nur das, wofür sie in ihrem Sachvortrag selbst Anhaltspunkte liefern, kann und darf das Gericht weiter „aufklären", und es muss dabei den Charakter des Eilverfahrens berücksichtigen, d. h. im Termin zur Anhörung über die einstweilige Verfügung muss das Gericht anwesende Personen über ihm erheblich erscheinende, aber bisher noch nicht ausreichend dargestellte Tatsachen anhören und präsente Zeugen vernehmen. Eine Beweisaufnahme allerdings, die nicht sofort erfolgen kann, ist nach § 294 Abs. 2 ZPO unstatthaft (vgl. zum Ganzen: BAG vom 25. 9. 1986, AP Nr. 7 zu § 1 BetrVG 1972 und LAG München vom 26. 8. 1992, LAGE § 23 BetrVG 1972 Nr. 29 = BB 1993, 2168). Schriftstücke sind der Antragsschrift im Original oder in beglaubigter Abschrift oder beglaubigter Fotokopie beizufügen. Die Ankündigung ihrer Vorlage ist ebenso zur Glaubhaftmachung unzureichend wie die Beifügung unbeglaubigter Schriftstücke (BAG vom 28. 8. 1991, AP Nr. 2 zu § 85 ArbGG 1979).

5. a. A.: LAG Köln vom 5. 3. 1986, LAGE § 80 BetrVG 1972 Nr. 5.

6. Schriftstücke sind in beglaubigter Abschrift der Antragsschrift beizufügen. Bei eidesstattlichen Versicherungen ist eine eigene Sachverhaltsschilderung (siehe Fallbeispiel F. II. 6) durch den Versichernden erforderlich. Statt dessen liest man jedoch immer wieder eidesstattliche Versicherungen, in denen es heißt: „Ich habe die Antragsschrift meines Verfahrensbevollmächtigten gelesen. Die dortigen Angaben entsprechen der Richtigkeit und beruhen auf meinen Angaben" oder Ähnliches. Das aber entspricht nicht den Anforderungen des Bundesgerichtshofes (BGH vom 13. 1. 1988, NJW 1988, 2045), denn Dritte unterschreiben oft meist ungeprüft, was ihnen vorgelegt wird (BPatG vom 27. 11. 1974, GRUR 1978, 360).

10. Zutritt zum Betrieb für Betriebsratsmitglied

10.1 Antrag gegen den Arbeitgeber auf Zutritt für ein Betriebsratsmitglied

An das
Arbeitsgericht ......

Antrag   auf Erlass einer einstweiligen Verfügung
                 im Beschlussverfahren

des Elektrikers ...... ,

                   – Antragsteller und Beteiligter zu 1) –

Verfahrensbevollmächtigte/r: Rechtsanwälte ......

                  gegen

die ...... ,
diese vertreten durch ...... ,
alle geschäftsansässig ......

             – Antragsgegnerin und Beteiligte zu 2) –

Namens und in Vollmacht des Antragstellers und Beteiligten zu 1) beantragen wir, im Wege der einstweiligen Verfügung – wegen Dringlichkeit ohne mündliche Verhandlung[1] – zu beschließen,

1. die Antragsgegnerin wird verpflichtet, den Zutritt des Antragstellers bis zum rechtskräftigen Abschluss des zwischen den Beteiligten vor dem Arbeitsgericht ...... zum Aktenzeichen 5 BV 7/...... geführten Beschlussverfahrens zu ihrem Betrieb zur Wahrnehmung betriebsverfassungsrechtlicher Aufgaben zu dulden,
2. für jeden Fall der Zuwiderhandlung gegen die Verpflichtung zu 1) der Antragsgegnerin ein Ordnungsgeld in Höhe bis zu EUR ...... anzudrohen.[2]

Für den Fall des Obsiegens wird weiter beantragt, eine abgekürzte Beschlussausfertigung (§ 317 Abs. 2 Satz 2 ZPO) zu erteilen.

Begründung:

1. Sachverhalt[3]

Vor acht Monaten sind in dem Betrieb der Beteiligten zu 2), die über mehrere Betriebsstätten verfügt, erstmals Betriebsratswahlen durchgeführt worden, bei denen unter anderem der Beteiligte zu 1) zum Mitglied des Betriebsrates gewählt wurde.

Glaubhaftmachung:[4] Ablichtung der Bekanntmachung des Wahlergebnisses sowie eidesstattliche Versicherung des Beteiligten zu 1)

Die Beteiligte zu 2) hat die Wahlen wegen einer angeblichen Verkennung des Betriebsbegriffs in dem im Antrag bezeichneten Beschlussverfahren bisher erfolgreich angefochten. Die Entscheidung über dieses Beschlussverfahren ist vor einer Woche verkündet worden. Entscheidungsgründe liegen noch nicht vor.

Glaubhaftmachung: Beiziehung der Akten des vorgenannten Verfahrens sowie eidesstattliche Versicherung des Beteiligten zu 1)

Mit Schreiben vom gestrigen Tage hat die Beteiligte zu 2) dem Beteiligten zu 1) Hausverbot erteilt. Zur Begründung bezieht sie sich zum einen auf die bisher erfolgreiche Anfechtung der Betriebsratswahl und zum anderen auf eine fristgerechte verhaltensbedingte Kündigung, die sie dem Beteiligten zu 1) noch vor seiner Bewerbung zur Betriebsratswahl erklärt hatte. Unter Beachtung der vertraglichen Kündigungsfrist sollte nach dem Erklärungsgehalt die Kündigung vor einem Monat wirksam werden.

Glaubhaftmachung: Ablichtung des Kündigungsschreibens

Der Beteiligte zu 1) hat gegen die Kündigung jedoch Kündigungsschutzklage erhoben, der das Arbeitsgericht ...... vor drei Wochen zum Geschäftszeichen 10 Ca 6/ ... stattgab. Allerdings ist der Weiterbeschäftigungsantrag des Beteiligten zu 1) zurückgewiesen worden.

Glaubhaftmachung: Ablichtung des Protokolls über die Kammerverhandlung mit dem daraus ersichtlichen Tenor

Auch in diesem Verfahren liegen noch keine Entscheidungsgründe vor und ist noch keine Rechtskraft eingetreten.

Glaubhaftmachung: Beiziehung der vorgenannten Verfahrensakten

Der Beteiligte zu 1) hat in Kürze eine Reihe betriebsverfassungsrechtlicher Aufgaben zu erfüllen. So ist ihm mit Betriebsratsbeschluss aufgegeben, am nächsten wie an jedem Montag eine Sprechstunde für die Belegschaftsangehörigen abzuhalten, für den kommenden Dienstag hat er zu einer Betriebsratssitzung in das im Betriebsgebäude gelegene Betriebsratsbüro eingeladen und die Beteiligte zu 2) hat in der vergangenen Woche einer Vielzahl von Arbeitnehmern des Betriebes neue Arbeitsaufgaben zugewiesen. Mindestens fünf Arbeitnehmer haben sich inzwischen an den Beteiligten zu 1) mit der Bitte um Unterstützung gewandt. Der Beteiligte zu 1) beabsichtigt deshalb eine Besichtigung der neuen Arbeitsaufgaben, um dem Betriebsrat dann unter Umständen Maßnahmen vorschlagen zu können, etwa betriebsverfassungsrechtlich rechtswidrige Versetzungen aufheben zu lassen.

Glaubhaftmachung: eidesstattliche Versicherung des Beteiligten zu 1)

Er hat deshalb am gestrigen Tage mit dem Personalleiter der Beteiligten zu 2) telefoniert und ihn aufgefordert, mit sofortiger Wirkung das Hausverbot aufzuheben. Der Personalleiter hat die Forderung zurückgewiesen.

Glaubhaftmachung: wie vor

2. Rechtsausführungen

2.1 Verfügungsanspruch
Der Anspruch eines Betriebsratsmitgliedes, den Betrieb zur Ausübung seines Amtes betreten zu dürfen, bedarf keiner besonderen Darlegungen. Das wird von der Antragsgegnerin im Grundsatz auch nicht bestritten. Soweit sie sich jedoch darauf beruft, der Beteiligte zu 1) sei nicht mehr im Betriebsratsamt, weil er aufgrund wirksamer Kündigung kein Betriebsangehöriger mehr sei, jedenfalls aber keinen Beschäftigungsanspruch habe, der ihm ein Zutrittsrecht gewähren würde, und das Betriebsratsamt durch die Wahlanfechtung erloschen sei, handelt sie rechtsirrig.
Im Rahmen des hier durchzuführenden summarischen Verfahrens ist nach dem vorgetragenen Sachverhalt vom Fortbestehen des Arbeitsverhältnisses auszugehen. Zwar hat die Beteiligte zu 2) das Arbeitsverhältnis des Beteiligten zu 1) gekündigt und die Kündigungsfrist ist ausgelaufen, doch hat der Beteiligte zu 1) hiergegen

Kündigungsschutzklage erhoben. Jedenfalls dann, wenn in solchen Fällen ein in erster Instanz obsiegendes Urteil vorliegt, muss im Rahmen eines einstweiligen Verfügungsverfahrens vom Fortbestehen des Arbeitsverhältnisses ausgegangen werden (vgl. LAG Frankfurt vom 17. 8. 1976, ArbuR 1977, 90; ebenso LAG Düsseldorf vom 22. 2. 1977, DB 1977, 1053 f.)[5]. Dagegen spricht auch nicht die Zurückweisung des Weiterbeschäftigungsanspruchs. Es geht dem Beteiligten zu 1) mit dem hier gestellten Antrag nicht um die Ausübung seiner vertraglichen Tätigkeit. Etwaige berechtigte Interessen der Beteiligten zu 2), die dieser Tätigkeit entgegenstehen, haben keinen Einfluss auf das Betriebsratsamt. Dieses ist ausschließlich vom Bestand des Arbeitsverhältnisses als solchem abhängig und nicht von einer im Betrieb ausgeübten Tätigkeit.

Während für das Kündigungsschutzverfahren mit dem Eintritt der Rechtskraft festgestellt wird, ob die angegriffene Kündigung von Anfang an wirksam oder unwirksam war, entfaltet eine Wahlanfechtung ihre Wirksamkeit erst mit der Rechtskraft einer etwaigen stattgebenden Entscheidung. Dieser Entscheidung kommt keine rückwirkende Kraft zu (LAG Frankfurt vom 17. 8. 1976, a. a. O.). Deshalb kommt es auch nicht darauf an, wie die Rechtslage hinsichtlich der Wahlanfechtung zurzeit zu beurteilen ist. Eine summarische Prüfung der Erfolgsaussichten der Wahlanfechtung ist also für die Entscheidung des vorliegenden Antrages unerheblich. Da die Entscheidung über die Wahlanfechtung bisher nicht rechtskräftig ist, besteht der Betriebsrat fort. Der Beteiligte zu 1) ist in diesen Betriebsrat gewählt worden und hat das Amt bisher weder durch Wahlanfechtung verloren noch kann zurzeit von einem – gegebenenfalls dann rückwirkenden – Verlust des Betriebsratsamtes auf Grund der zwischen den Beteiligten streitigen Kündigung ausgegangen werden.

Der Beteiligte hat also ein Zutrittsrecht zum Betrieb.

2.2 Verfügungsgrund

Das Betriebsratsamt bringt in der Regel die Notwendigkeit mit sich, laufend betriebsverfassungsrechtliche Aufgaben zu erfüllen oder mindestens zu deren Erfüllung zur Verfügung zu stehen. Der Beteiligte zu 1) hat darüber hinaus im Einzelnen genannte Aufgaben dargestellt, deren Erledigung in allernächster Zeit ansteht, so dass er einer eiligen Bescheidung seines Antrages bedarf, um die genannten Aufgaben ausüben zu können.

Schließlich steht dem Erlass der begehrten einstweiligen Verfügung auch nicht die damit eintretende Vorwegnahme der Hauptsache entgegen. Es kommt allein darauf an, ob eine sofortige Regelung nach Abwägung aller Umstände des Sachverhalts und unter Berücksichtigung der beiderseitigen berechtigten Interessen zur Abwendung wesentlicher Nachteile erforderlich erscheint (LAG Hamm vom 19. 4. 1984, NZA 1984, 130 = DB 1984, 1525–2527 = LAGE Art. 9 GG Arbeitskampf Nr. 14; LAG Düsseldorf vom 9. 11. 1983, ArbuR 1984, 191 und LAG Hamm vom 15. 3. 1994, LAGE § 80 BetrVG 1972 Nr. 12).[6]

Bei dieser Interessenabwägung fällt hier besonders ins Gewicht, dass die Belegschaft ohne den Antragsteller in ihrer kollektivrechtlichen Vertretung eingeschränkt ist.

Begl. und einfache Abschrift sowie die vorgenannten Mittel zur Glaubhaftmachung[7] anbei.

Rechtsanwalt

Anmerkungen

1. Wie die praktische Erfahrung zeigt, neigen die Gerichte nicht dazu, einstweilige Verfügungen ohne mündliche Verhandlungen zu erlassen. Das erfolgt in der Regel nur, wenn die Zeit zwischen Antragseingang und dem abzuwendenden Ereignis bzw. dem Zeitpunkt, zu dem die begehrte Wirkung der einstweiligen Verfügung im Sinne einer Zweckerreichung einsetzen muss, zu kurz ist, um noch dazwischen eine mündliche Verhandlung anzuberaumen. Das darf allerdings nicht dazu verführen, den Antrag sehr spät zu stellen, weil sich die dadurch verursachte Eilbedürftigkeit gegen den Antragsteller richten kann. Es bedarf in der Antragsschrift der Darstellung, warum eine frühere Antragstellung nicht erfolgen konnte. Kann der Antragsteller seine späte Antragstellung nicht ausreichend rechtfertigen, droht allein aus diesem Grund die Zurückweisung des Antrages.

Insbesondere für unerlässlich wird eine mündliche Verhandlung im Allgemeinen dann erachtet, wenn die begehrte Entscheidung die Hauptsache im Wesentlichen vorwegnimmt und praktisch unumkehrbare Verhältnisse schafft (LAG Köln vom 13. 8. 1996, 11 Ta 173/96, NZA 1997, 317 f.).

Selbst die Zurückweisung des Antrages auf Erlass einer einstweiligen Verfügung soll in der Regel nicht ohne mündliche Verhandlung erfolgen, obwohl § 62 Abs. 2 Satz 2 ArbGG ein solches Verfahren ausdrücklich zulässt (Sächs. LAG vom 8. 4. 1997, 1 Ta 89/97, NZA 1998, 223 f.).

2. Auf die Duldungsverfügung sind hinsichtlich der Vollziehung die gleichen Regelungen anzuwenden wie bei der Unterlassungsverfügung, die nach überwiegender Auffassung der Vollziehung durch Zustellung im Parteibetrieb innerhalb eines Monats (§ 929 Abs. 2 ZPO) bedarf. Wird diese Maßnahme übersehen, ist die Verfügung auf Antrag des Gegners aufzuheben (LAG Hamburg vom 29. 7. 1985, 4 Ta BV 6/85, n. v.). Teilweise wird jedoch die Auffassung vertreten, wegen der sofort einsetzenden Verbindlichkeit des Verbots für den Schuldner seien weitere Maßnahmen des Gläubigers zur Vollziehung nicht erforderlich, wenn das Verbot sanktionsbewehrt ist, also mit der Androhung von Ordnungsmitteln verbunden (LAG Hamburg vom 18. 5. 1993, 3 Ta BV 3/9, n. v. und LAG Berlin vom 12. 11. 1997, 6 Ta 15/97, n. v.).

3. Ein umfassender Tatsachenvortrag bereits in der Antragsschrift, spätestens aber in der Verhandlung, ist nicht nur erforderlich, um dem Gericht gegebenenfalls Anhaltspunkte für weitere aufklärende Fragen zu geben, sondern weil dieser Sachvortrag auch die Grundlage für eine etwaige Überprüfung der Sach- und Rechtslage in der Beschwerdeinstanz darstellt. Grundsätzlich können die Parteien im arbeitsgerichtlichen Beschlussverfahren wegen des Untersuchungsgrundsatzes auch noch in der Beschwerdeinstanz im Rahmen des § 87 Abs. 3 ArbGG neue Tatsachen einführen, doch gilt das für das einstweilige Verfügungsverfahren nicht uneingeschränkt. Der Sachvortrag bestimmt nämlich den Verfügungsanspruch. Ändern die neuen Tatsachen den Verfügungsanspruch, ist eine Änderung des Tatsachenvortrages in der Regel nicht sachdienlich und damit in entsprechender Anwendung des § 263 ZPO als unzulässig zurückzuweisen (LAG Schleswig-Holstein vom 9. 7. 1990, 6 Ta BV 10/90, zitiert nach Juris).

4. Durch die über § 85 Abs. 2 Satz 2 ArbGG anzuwendenden Vorschriften der §§ 936 und 920 Abs. 2 ZPO ist auch der Antrag auf Erlass einer einstweiligen Verfügung im Beschlussverfahren hinsichtlich Verfügungsanspruch und Verfügungsgrund glaubhaft zu machen. Kommt der Antragsteller dieser Verpflichtung nicht nach, dann ist und insoweit anders als in den Verfahren vor den Zivilgerichten, für die die Parteimaxime gilt, der Antrag nicht schon aus diesem Grunde abzuweisen. Im arbeitsgerichtlichen Beschlussverfahren gilt vielmehr der Untersuchungsgrundsatz (§ 83 Abs. 1 Satz 1 ArbGG).

So ist die gerichtliche Bewertung des Vorbringens der Beteiligten im Beschlussverfahren als nicht hinreichend substantiiert nur dann statthaft, wenn das Gericht auf diese Einschätzung hingewiesen und die Beteiligten zur Ergänzung ihres Vorbringens aufgefordert hat (BAG vom 11. 3. 1998, NZA 1998, 953, DB 1998, 1821). Deshalb hat das Gericht auch bei fehlender Glaubhaftmachung den Sachverhalt von Amts wegen zu erforschen. An dieser Erforschung (Aufklärung) haben die Verfahrensbeteiligten mitzuwirken (§ 83 Abs. 1 Satz 2 ArbGG). Der Untersuchungsgrundsatz gilt jedoch nicht unbeschränkt. Die Aufklärungspflicht des Gerichts kann sich nur auf das stützen, was die Beteiligten vortragen. Nur das, wofür sie in ihrem Sachvortrag selbst Anhaltspunkte liefern, kann und darf das Gericht weiter „aufklären", und es muss dabei den Charakter des Eilverfahrens berücksichtigen, d. h. im Termin zur Anhörung über die einstweilige Verfügung muss das Gericht anwesende Personen über ihm erheblich erscheinende, aber bisher noch nicht ausreichend dargestellte Tatsachen anhören und präsente Zeugen vernehmen. Eine Beweisaufnahme allerdings, die nicht sofort erfolgen kann, ist nach § 294 Abs. 2 ZPO unstatthaft (vgl. zum Ganzen: BAG vom 25. 9. 1986, AP Nr. 7 zu § 1 BetrVG 1972 und LAG München vom 26. 8. 1992, LAGE § 23 BetrVG 1972 Nr. 29 = BB 1993, 2168). Schriftstücke sind der Antragsschrift im Original oder in beglaubigter Abschrift oder beglaubigter Fotokopie beizufügen. Die Ankündigung ihrer Vorlage ist ebenso zur Glaubhaftmachung unzureichend wie die Beifügung unbeglaubigter Schriftstücke (BAG vom 28. 8. 1991, AP Nr. 2 zu § 85 ArbGG 1979).

5. LAG Nürnberg v. 10. 10. 1985, LAGE § 25 BetrVG 1972 Nr. 2 und LAG Köln vom 27. 2. 1975, DB 1975, 700; a. A.: FKHE § 24 Rdnr. 15; nur bei offensichtlich unbegründeter Kündigung oder anerkanntem Weiterbeschäftigungsanspruch lässt das LAG Schleswig-Holstein, Entscheidung vom 2. 9. 1976, DB 1976, 1974 f., eine Zutrittsverfügung zu.

6. a. A.: LAG Köln vom 5. 3. 1986, LAGE § 80 BetrVG 1972 Nr. 5.

7. Schriftstücke sind in beglaubigter Abschrift der Antragsschrift beizufügen. Bei eidesstattlichen Versicherungen ist eine eigene Sachverhaltsschilderung (siehe Fallbeispiel F. II. 6) durch den Versichernden erforderlich. Statt dessen liest man jedoch immer wieder eidesstattliche Versicherungen, in denen es heißt: „Ich habe die Antragsschrift meines Verfahrensbevollmächtigten gelesen. Die dortigen Angaben entsprechen der Richtigkeit und beruhen auf meinen Angaben" oder Ähnliches. Das aber entspricht nicht den Anforderungen des Bundesgerichtshofes (BGH vom 13. 1. 1988, NJW 1988, 2045), denn Dritte unterschreiben oft meist ungeprüft, was ihnen vorgelegt wird (BPatG vom 27. 11. 1974, GRUR 1978, 360).

10.2 Antrag gegen den Arbeitgeber auf ein spezielles Zutrittsrecht des Betriebsrats

An das
Arbeitsgericht ......

Antrag   auf Erlass einer einstweiligen Verfügung
                              im Beschlussverfahren
des Betriebsrates ...... ,
dieser vertreten durch seinen Vorsitzenden ...... ,
                                    – Antragsteller und Beteiligter zu 1) –
Verfahrensbevollmächtigte/r: Rechtsanwälte ......

gegen

die ......,
diese vertreten durch ......,
alle geschäftsansässig ......

– Antragsgegnerin und Beteiligte zu 2) –

Namens und in Vollmacht des Antragstellers und Beteiligten zu 1) beantragen wir – wegen Dringlichkeit ohne mündliche Verhandlung[1]–, im Wege der einstweiligen Verfügung zu beschließen:

1. Die Antragsgegnerin wird verpflichtet, den Mitgliedern des Antragstellers durch Erstellen und Übergabe einer Codekarte Zutritt zu ihren Lagerräumen zum Zwecke der Wahrnehmung betriebsverfassungsrechtlicher Aufgaben bis zum Tag.Monat.Jahr zu gewähren.

2. Gegen die Antragsgegnerin für den Fall der Nichterfüllung der Verpflichtung zu 1) bis zum Tag.Monat.Jahr ein Zwangsgeld von bis zu EUR ...... festzusetzen.[2]

Für den Fall des Obsiegens wird weiter beantragt, eine abgekürzte Beschlussausfertigung (§ 317 Abs. 2 Satz 2 ZPO) zu erteilen.

Begründung:

1. Sachverhalt[3]

Der Beteiligte zu 1) ist der für den Betrieb der Beteiligten zu 2) in ...... gewählte Betriebsrat. 150 Arbeitnehmer des Betriebes sind im Rahmen des an der im Rubrum bezeichneten Anschrift betriebenen Einzelhandels mit Uhren tätig. Die restlichen Belegschaftsangehörigen sind an gleicher Stelle im Uhrenlager tätig, von wo aus sie einerseits den Bedarf von Verkaufsartikeln für den Einzelhandel ausgeben, andererseits schriftlich eingehende Bestellungen bearbeiten und die bestellten Artikel weltweit versenden.

Glaubhaftmachung[4]: eidesstattliche Versicherung des Vorsitzenden des Beteiligten zu 1)

Dieses Uhrenlager ist besonders gesichert. Der Zutritt ist nur mit einer Codekarte möglich. Kein Betriebsratmitglied arbeitet im Uhrenlager, und die Betriebsratsmitglieder verfügen auch nicht aus sonstigen Gründen über eine Codekarte, die ihnen den ungehinderten Zutritt zum Lager ermöglicht.

Glaubhaftmachung: wie vor

Zurzeit verhandelt die zuständige Gewerkschaft mit der Beteiligten zu 2) über den Abschluss eines Haustarifvertrages. Beide Seiten haben Entwürfe vorgelegt. Aus der Sicht des Betriebsrates ist eine Einigung zurzeit nicht in Sicht. Die Gewerkschaft hat bereits mit Streikmaßnahmen gedroht. Der Betriebsrat möchte alle Belegschaftsmitglieder über die Situation und die beiderseitigen Standpunkte unterrichten, um im Interesse der Arbeitnehmer und des Betriebes Betriebsstörungen zu vermeiden und damit auch Auswirkungen auf nicht gewerkschaftsgebundene Betriebsangehörige. Er hat deshalb vor drei Tagen zu einer Betriebsversammlung für den Freitag nächster Woche geladen. Die Ladung erfolgte durch Aushänge an den betriebsüblichen Stellen. Nach den Erfahrungen des Beteiligten zu 1) ist eine hohe Beteiligung jedoch nur dann möglich, wenn die Belegschaftsangehörigen noch einmal persönlich und gesondert auf den Termin und seine Bedeutung angesprochen werden. Zu diesem Zweck haben seine Mitglieder versucht, auch zu den Arbeitnehmern des Uhrenlagers an ihren Arbeitsplatz zu gelangen. Aufgrund der bestehenden techni-

schen Verhältnisse ist ihm das jedoch nur möglich nach vorheriger Terminverein-
barung mit dem Lagerleiter oder seinem Stellvertreter. Diese sind häufig nicht erreichbar und der Beteiligte zu 1) will sich auch nicht durch derartige Absprachen in
seiner Tätigkeit kontrollieren lassen. Er hat deshalb den Geschäftsführer der Beteiligten zu 2) vor zwei Tagen aufgefordert, dem Betriebsrat eine Codekarte zur Verfügung zu stellen. Der Geschäftsführer hat die Erteilung einer solchen Codekarte
jedoch mit dem Hinweis verweigert, das besondere Sicherheitssystem sei eingeführt
worden, um Diebstähle zu verhindern. Man werde deshalb auf keinen Fall Personen ungehinderten Zutritt gewähren, die nicht im Lager arbeiten, also auch nicht
den Betriebsratsmitgliedern.

Glaubhaftmachung: wie vor

Der Betriebsrat hat daraufhin einstimmig beschlossen, das vorliegende Verfahren
einzuleiten und mit seiner Durchführung die im Rubrum benannten Verfahrensbevollmächtigten zu beauftragen.[5]

Glaubhaftmachung: Ablichtung des Protokolls der Betriebsratssitzung nebst Anwesenheitsliste mit den Unterschriften aller Betriebsratsmitglieder

2. Rechtsausführungen

2.1 Verfügungsanspruch

Der Betriebsrat hat Anspruch darauf, dass der Arbeitgeber den Betriebsratsmitgliedern den Zutritt auch zu den einzelnen Arbeitsplätzen der Beschäftigten ermöglicht. Dazu ist der Nachweis eines berechtigten Interesses nicht erforderlich. Dies
folgt aus der Verpflichtung des Betriebsrates, seine betriebsverfassungsrechtlichen
Aufgaben wahrzunehmen und dem fehlenden Kontrollrecht des Arbeitgebers hinsichtlich der Betriebsratsausübung, solange nicht der Nachweis eines Missbrauchs
des Betriebsratsamtes gegeben ist.

Das Zugangsrecht erstreckt sich dabei auch auf solche Räume, deren Betreten nur
bestimmten Beschäftigten erlaubt ist. Der Arbeitgeber darf den Betriebsrat nicht
darauf verweisen, die in diesen Bereichen beschäftigten Mitarbeiter außerhalb der
nicht allgemein zugänglichen Räume durchzuführen (ArbG Hamburg vom 6. 5.
1997, 25 GaBV 7/97, n. v.).

Das gilt jedenfalls so lange, als der Arbeitgeber nicht substantiiert ein besonderes
Sicherheitsinteresse darlegt, dem die Gewährung eines Zugangsrechts für die Be-
triebsratsmitglieder zuwiderlaufen würde. Im vorliegenden Fall könnte ein solches
überwiegendes Sicherheitsinteresse beispielsweise angenommen werden, wenn das
Betreten der besonders gesicherten Räume durch die Betriebsratsmitglieder in der
Vergangenheit zum Abhandenkommen von Uhren geführt hätte, etwa weil in den
entsprechenden Zeiten eine Zugangssicherung nicht mehr möglich war und diese
Gelegenheit von Dritten zum Diebstahl genutzt wurde. Derartige Einwände hat der
Arbeitgeber nicht erhoben.

Nicht geltend gemacht hat er auch besondere Betriebsablaufstörungen, die durch
den Besuch von Betriebsratsmitgliedern an den besonderen Arbeitsabläufen entstehen, wobei eine gewisse Ablaufstörung unvermeidbar und hinzunehmen ist (ArbG
Hamburg vom 6. 5. 1997, 25 GaBV 4/97, n. v.).

2.2 Verfügungsgrund

Die Entscheidung über die Gewährung des Zutrittsrechts ist eilbedürftig, da die Ursache für den Zutrittswunsch in wenigen Tagen entfallen wird. Zwar dauert der
Zustand, den der Betriebsrat jetzt bekämpft, bereits seit längerem an, doch hatte

der Betriebsrat bisher kein Interesse und erst recht keinen besonderen Anlass, sein Zutrittsrecht geltend zu machen. Ihm kann daher auch nicht vorgehalten werden, bereits zu einem früheren Zeitpunkt im ordentlichen Beschlussverfahren auf eine Klärung der Rechtslage hingewirkt zu haben.

Allerdings tritt für den gesamten Zeitraum eine Erledigung der Hauptsache ein. Das steht aber dem Erlass der begehrten einstweiligen Verfügung nicht entgegen. Es kommt allein darauf an, ob eine sofortige Regelung nach Abwägung aller Umstände des Sachverhalts und unter Berücksichtigung der beiderseitigen berechtigten Interessen zur Abwendung wesentlicher Nachteile erforderlich erscheint (LAG Hamm vom 19. 4. 1984, NZA 1984, 130 = DB 1984, 1525–2527 = LAGE Art. 9 GG Arbeitskampf Nr. 14; LAG Düsseldorf vom 9. 11. 1983, ArbuR 1984, 191 und LAG Hamm vom 15. 3. 1994, LAGE § 80 BetrVG 1972 Nr. 12).[6]

Hier überwiegt ganz offensichtlich das Interesse des Betriebsrates und das Informationsinteresse der betroffenen Arbeitnehmer an dem Zutrittsrecht. Außerdem ist mit Rücksicht auf den vorläufigen Charakter eines einstweiligen Verfügungsverfahrens das Zutrittsrecht auf den konkreten Zweck beschränkt worden. Der Betriebsrat wird in Kürze ein ordentliches Beschlussverfahren mit dem Ziel der Feststellung seines Zutrittsrechts auch ohne besonderen Anlass einleiten.

Begl. und einfache Abschrift sowie die vorgenannten Mittel zur Glaubhaftmachung[7] anbei

Rechtsanwalt

Anmerkungen

1. Wie die praktische Erfahrung zeigt, neigen die Gerichte nicht dazu, einstweilige Verfügungen ohne mündliche Verhandlungen zu erlassen. Das erfolgt in der Regel nur, wenn die Zeit zwischen Antragseingang und dem abzuwendenden Ereignis bzw. dem Zeitpunkt, zu dem die begehrte Wirkung der einstweiligen Verfügung im Sinne einer Zweckerreichung einsetzen muss, zu kurz ist, um noch dazwischen eine mündliche Verhandlung anzuberaumen. Das darf allerdings nicht dazu verführen, den Antrag sehr spät zu stellen, weil sich die dadurch verursachte Eilbedürftigkeit gegen den Antragsteller richten kann. Es bedarf in der Antragsschrift der Darstellung, warum eine frühere Antragstellung nicht erfolgen konnte. Kann der Antragsteller seine späte Antragstellung nicht ausreichend rechtfertigen, droht allein aus diesem Grund die Zurückweisung des Antrages.

Insbesondere für unerlässlich wird eine mündliche Verhandlung im Allgemeinen dann erachtet, wenn die begehrte Entscheidung die Hauptsache im Wesentlichen vorwegnimmt und praktisch unumkehrbare Verhältnisse schafft (LAG Köln vom 13. 8. 1996, 11 Ta 173/96, NZA 1997, 317 f.).

Selbst die Zurückweisung des Antrages auf Erlass einer einstweiligen Verfügung soll in der Regel nicht ohne mündliche Verhandlung erfolgen, obwohl § 62 Abs. 2 Satz 2 ArbGG ein solches Verfahren ausdrücklich zulässt (Sächs. LAG vom 8. 4. 1997, 1 Ta 89/97, NZA 1998, 223 f.).

2. Die überwiegende Ansicht hält die Androhung eines Zwangsgeldes für zulässig, allerdings für nicht erforderlich oder zweckmäßig. Das Zwangsgeld kann sofort festgesetzt werden (*Zöller/Stöber* § 888 Rdn. 12; KG vom 16. 5. 1968, NJW 1969, 57, 58).

3. Ein umfassender Tatsachenvortrag bereits in der Antragsschrift, spätestens aber in der Verhandlung, ist nicht nur erforderlich, um dem Gericht gegebenenfalls Anhaltspunkte für weitere aufklärende Fragen zu geben, sondern weil dieser Sachvortrag auch die Grundlage für eine etwaige Überprüfung der Sach- und Rechtslage in der Beschwerdeinstanz darstellt. Grundsätzlich können die Parteien im arbeitsgerichtlichen Beschlussverfahren wegen des Untersuchungsgrundsatzes auch noch in der Beschwerdeinstanz im Rahmen des § 87 Abs. 3 ArbGG neue Tatsachen einführen, doch gilt das für das einstweilige Verfügungsverfahren nicht uneingeschränkt. Der Sachvortrag bestimmt nämlich den Verfügungsanspruch. Ändern die neuen Tatsachen den Verfügungsanspruch, ist eine Änderung des Tatsachenvortrages in der Regel nicht sachdienlich und damit in entsprechender Anwendung des § 263 ZPO als unzulässig zurückzuweisen (LAG Schleswig-Holstein vom 9. 7. 1990, 6 TaBV 10/90, zitiert nach Juris).

4. Durch die über § 85 Abs. 2 Satz 2 ArbGG anzuwendenden Vorschriften der §§ 936 und 920 Abs. 2 ZPO ist auch der Antrag auf Erlass einer einstweiligen Verfügung im Beschlussverfahren hinsichtlich Verfügungsanspruch und Verfügungsgrund glaubhaft zu machen. Kommt der Antragsteller dieser Verpflichtung nicht nach, dann ist und insoweit anders als in den Verfahren vor den Zivilgerichten, für die die Parteimaxime gilt, der Antrag nicht schon aus diesem Grunde abzuweisen. Im arbeitsgerichtlichen Beschlussverfahren gilt vielmehr der Untersuchungsgrundsatz (§ 83 Abs. 1 Satz 1 ArbGG). So ist die gerichtliche Bewertung des Vorbringens der Beteiligten im Beschlussverfahren als nicht hinreichend substantiiert nur dann statthaft, wenn das Gericht auf diese Einschätzung hingewiesen und die Beteiligten zur Ergänzung ihres Vorbringens aufgefordert hat (BAG vom 11. 3. 1998, NZA 1998, 953, DB 1998, 1821). Deshalb hat das Gericht auch bei fehlender Glaubhaftmachung den Sachverhalt von Amts wegen zu erforschen. An dieser Erforschung (Aufklärung) haben die Verfahrensbeteiligten mitzuwirken (§ 83 Abs. 1 Satz 2 ArbGG). Der Untersuchungsgrundsatz gilt jedoch nicht unbeschränkt. Die Aufklärungspflicht des Gerichts kann sich nur auf das stützen, was die Beteiligten vortragen. Nur das, wofür sie in ihrem Sachvortrag selbst Anhaltspunkte liefern, kann und darf das Gericht weiter „aufklären", und es muss dabei den Charakter des Eilverfahrens berücksichtigen, d. h. im Termin zur Anhörung über die einstweilige Verfügung muss das Gericht anwesende Personen über ihm erheblich erscheinende, aber bisher noch nicht ausreichend dargestellte Tatsachen anhören und präsente Zeugen vernehmen. Eine Beweisaufnahme allerdings, die nicht sofort erfolgen kann, ist nach § 294 Abs. 2 ZPO unstatthaft (vgl. zum Ganzen: BAG vom 25. 9. 1986, AP Nr. 7 zu § 1 BetrVG 1972 und LAG München vom 26. 8. 1992, LAGE § 23 BetrVG 1972 Nr. 29 = BB 1993, 2168). Schriftstücke sind der Antragsschrift im Original oder in beglaubigter Abschrift oder beglaubigter Fotokopie beizufügen. Die Ankündigung ihrer Vorlage ist ebenso zur Glaubhaftmachung unzureichend wie die Beifügung unbeglaubigter Schriftstücke (BAG vom 28. 8. 1991, AP Nr. 2 zu § 85 ArbGG 1979).

5. Die ordnungsgemäße Beschlussfassung des Betriebsrates für die Einleitung eines gerichtlichen Beschlussverfahrens ist Verfahrensvoraussetzung. Fehlt es an einem ordnungsgemäßen Beschluss, ist der Antrag zurückzuweisen. Sofern der Betriebsrat anwaltlich vertreten ist, muss der Beschluss die Beauftragung des Prozessbevollmächtigten umfassen. Schließlich muss erkennbar sein, dass die formalen Beschlussvoraussetzungen der Beschlussfähigkeit und der Stimmenmehrheit beachtet wurden. Dies ist vom Betriebsrat vorzutragen, denn der Arbeitgeber ist nicht gehindert, die ordnungsgemäße Beschlussfassung mit Nichtwissen zu bestreiten (ArbG Hamburg vom 10. 12. 1997, 19 BV 7/96, n. v.).

6. a. A.: LAG Köln vom 5. 3. 1986, LAGE § 80 BetrVG Nr. 5.

7. Schriftstücke sind in beglaubigter Abschrift der Antragsschrift beizufügen. Bei eidesstattlichen Versicherungen ist eine eigene Sachverhaltsschilderung (siehe Fallbeispiel F. II. 6) durch den Versichernden erforderlich. Statt dessen liest man jedoch immer wieder eidesstattliche Versicherungen, in denen es heißt: „Ich habe die Antragsschrift

meines Verfahrensbevollmächtigten gelesen. Die dortigen Angaben entsprechen der Richtigkeit und beruhen auf meinen Angaben" oder Ähnliches. Das aber entspricht nicht den Anforderungen des Bundesgerichtshofes (BGH vom 13. 1. 1988, NJW 1988, 2045), denn Dritte unterschreiben oft meist ungeprüft, was ihnen vorgelegt wird (BPatG vom 27. 11. 1974, GRUR 1978, 360).

11. Antrag gegen den Arbeitgeber auf Zutrittsrecht der Gewerkschaft

An das
Arbeitsgericht ......

Antrag   auf Erlass einer einstweiligen Verfügung
                         im Beschlussverfahren

der Gewerkschaft ...... ,
Landesbezirk ...... , dieser vertreten durch ihren Landesbezirksleiter
                                    – Antragstellerin und Beteiligte zu 1) –
Verfahrensbevollmächtigte/r: Rechtsanwälte ......

                              gegen

die ...... ,
diese vertreten durch ...... ,
alle geschäftsansässig ......
                              – Antragsgegnerin und Beteiligte zu 2) –

Namens und in Vollmacht des Antragstellers und Beteiligten zu 1) beantragen wir, im Wege der einstweiligen Verfügung – wegen Dringlichkeit ohne mündliche Verhandlung[1] – zu beschließen,

1. die Antragsgegnerin wird verpflichtet, den Zutritt der Gewerkschaftsekretäre der Gewerkschaft ...... , Landesbezirk ...... , den Herren A und B[2], ab sofort nach vorheriger Unterrichtung zu ihrem Betrieb zur Wahrnehmung der Aufgaben nach § 17 Abs. 2 BetrVG, insbesondere zur Teilnahme an der Betriebsversammlung am 20. des Monats zu dulden,
2. der Antragsgegnerin für jeden Fall der Zuwiderhandlung gegen die Verpflichtung zu 1) ein Ordnungsgeld von bis zu EUR ...... anzudrohen.[3]

Für den Fall des Obsiegens wird weiter beantragt, eine abgekürzte Beschlussausfertigung (§ 317 Abs. 2 Satz 2 ZPO) zu erteilen.

Begründung:

1. Sachverhalt[4]

Die Antragsgegnerin betreibt mit ca. 200 Arbeitnehmern in ...... einen Betrieb der Abfallwirtschaft. Nach ihrer Satzung ist die Beteiligte zu 1) räumlich wie sachlich für den Betrieb der Antragsgegnerin zuständig.

Glaubhaftmachung:[5] Vorlage einer Ablichtung der Satzung sowie eidesstattliche Versicherung des Landesbezirksleiters ......

Im Betrieb der Beteiligten zu 2) existiert bisher kein Betriebsrat. Die Beteiligte zu 1) hat der Beteiligten zu 2) deshalb vor zwei Wochen schriftlich mitgeteilt, sie sei im

Betrieb vertreten und wolle auf Wunsch ihrer bei der Beteiligten zu 2) beschäftigten Mitglieder für die Wahl eines Betriebsrates sorgen. Als Termin hierfür schlug sie den kommenden Montag vor.

Glaubhaftmachung: Ablichtung des Schreibens der Beteiligten zu 1) sowie eidesstattliche Versicherung des Landesbezirksleiters ......

Die Beteiligte zu 2) meldete sich schriftlich am folgenden Tag und lehnte ein Zutrittsrecht der Beteiligten zu 1) mit dem Hinweis ab, ihr fehle der Nachweis der Vertretung der Beteiligten zu 1) im Betrieb.

Glaubhaftmachung: Ablichtung des Schreibens

Daraufhin übersandte die Beteiligte zu 1) der Beteiligten zu 2) am nächsten Tag eine an diesem Tag erstellte notariell beglaubigte eidesstattliche Versicherung des Gewerkschaftssekretärs A, wonach ihm mindestens 10 Personen bekannt sind, die Mitglieder der Beteiligten zu 1) sind und bei der Beteiligten zu 2) tätig. Beigefügt war eine Erklärung des beurkundenden Notars, wonach ihm vorgelegen haben 10 Erklärungen von Personen über ihren Beitritt zur Beteiligten zu 1) mit dem Hinweis, sie seien bei der Beteiligten zu 2) als Arbeitnehmer beschäftigt.

Glaubhaftmachung: Ablichtung des Schreibens der Beteiligten zu 1) sowie der beigefügten eidesstattlichen Versicherung und notariellen Tatsachenerklärung

Darauf hat die Beteiligte zu 2) noch am gleichen Tag schriftlich den Zutritt von Gewerkschaftssekretären erneut verweigert. Diesmal hat sie gerügt, mangels Kenntnis der konkreten Namen der angeblichen Mitglieder der Beteiligten zu 1) sei es ihr nicht möglich, die Richtigkeit der Behauptung zu überprüfen. Sie bestreite daher weiterhin, dass der Beteiligte zu 1) im Betrieb vertreten sei. Außerdem habe sich das Begehren der Beteiligten zu 1) erledigt, nachdem inzwischen drei betriebsangehörige Arbeitnehmer für den kommenden Montag zu einer Betriebsversammlung zwecks Wahl eines Wahlvorstandes für eine Betriebsratswahl eingeladen haben.

Glaubhaftmachung: Ablichtung des vorgenannten Schreibens

2. Rechtsausführungen

2.1 Verfügungsanspruch

Die Beteiligte zu 1) ist im Betrieb vertreten. Diesen Umstand hat sie ausreichend belegt durch die eidesstattliche Versicherung ihres Gewerkschaftssekretärs und die notarielle Bescheinigung über die Vorlage der Beitrittserklärungen. Einer namentlichen Benennung eines oder mehrerer Belegschaftsangehöriger bedarf es nicht. Dies ergibt sich einerseits aus dem Charakter des einstweiligen Verfügungsverfahrens als einem summarischen Verfahren, vor allem aber fordert das Gesetz keine namentliche Nennung derjenigen, in deren Person die Gewerkschaft im Sinne von § 2 Abs. 2 BetrVG im Betrieb vertreten ist. Vielmehr gebietet es der Schutz der Gewerkschaftsmitglieder, von einer solchen Namensnennung abzusehen. Gewerkschaftsmitglieder haben gegen ihre Organisation einen Anspruch auf Geheimhaltung ihrer persönlichen Daten. Nach einhelliger Meinung ist auch die Frage nach der Gewerkschaftszugehörigkeit bei der Eingehung des Arbeitsverhältnisses grundsätzlich unzulässig, da ansonsten Nachteile bei der Erlangung von Arbeitsplätzen für Gewerkschaftsmitglieder nicht auszuschließen sind. Darüber hinaus ist gerade im Vorfeld von erstmaligen Betriebsratswahlen die Stellung von Gewerkschaftsmitgliedern im Betrieb nicht ungefährdet. Jedenfalls zur Prüfung eines Zutrittsrechts der Gewerkschaft reichen damit die für die Vertretung beigebrachten Mittel der Glaubhaftmachung zur Rechtsbegründung aus (vgl. LAG Düsseldorf vom 5. 12. 1988, NZA 1989, 236 = LAGE § 2 BetrVG 1972 Nr. 6 und LAG Köln vom 6. 10. 1989, LAGE § 2 BetrVG 1972 Nr. 7 m.w.N.).

Der Beteiligten zu 1) steht nach § 17 Abs. 2 BetrVG das Recht zu, zur Wahl des Wahlvorstandes zu einer Betriebsversammlung zu laden und damit auch im Betrieb die erforderlichen Vorbereitungen zu treffen, d.h. zu diesem Zweck den Betrieb zu betreten. Dieses Recht ist durch die inzwischen durch andere Belegschaftsmitglieder erfolgte Einladung zu einer Betriebsversammlung nicht entfallen. Nach § 17 Abs. 2 BetrVG können „drei wahlberechtigte Arbeitnehmer des Betriebes oder eine im Betrieb vertretene Gewerkschaft" eine Betriebsversammlung zur Wahl des Wahlvorstandes einberufen. Dabei ist „oder" nicht im Sinne wechselseitigen Ausschlusses (entweder – oder), sondern kumulativ (sowohl als auch) zu verstehen. Das gilt jedenfalls dann, wenn sich das in Anspruch genommene Einladungsrecht auf die gleiche Betriebsversammlung bezieht, für die alle Einladungsberechtigten auch das Recht haben, Wahlvorschläge zur Zusammensetzung des Wahlvorstandes zu unterbreiten. Dabei steht auch jedem Einladenden das Recht zu, die Form der Einladung individuell zu wählen, nachdem gesetzliche Vorschriften für Art und Weise der Einladung fehlen (LAG Köln vom 6. 10. 1989, a.a.O.).

Sonstige Gründe, wie etwa Störungen des Betriebsablaufes etc., die substantiiert und nicht als bloße pauschale Behauptung vorzutragen gewesen wären, hat die Beteiligte zu 2) nicht geltend gemacht, so dass dem Zutrittsrecht der Beteiligten zu 1) grundsätzlich nichts entgegensteht.

2.2 Verfügungsgrund

Durch eine Verweigerung des Zutrittsrechts zu der bevorstehenden Betriebsversammlung würde das gewerkschaftliche Recht zur – mindestens – Mitwirkung an der Wahl des Wahlvorstandes endgültig verhindert werden. Die Entscheidung ist daher auch eilbedürftig ist, solange die Beteiligte zu 2) das begehrte Zutrittsrecht zum Zwecke der Wahrnehmung von Rechten aus dem Betriebsverfassungsgesetz nicht eindeutig gewährt (LAG Köln vom 6. 10. 1989, a.a.O. und vom 8. 6. 1983, 5 TaBV 14/83, unveröffentl.).

Schließlich steht dem Erlass der begehrten einstweiligen Verfügung auch nicht die damit eintretende Vorwegnahme der Hauptsache entgegen. Es kommt allein darauf an, ob eine sofortige Regelung nach Abwägung aller Umstände des Sachverhalts und unter Berücksichtigung der beiderseitigen berechtigten Interessen zur Abwendung wesentlicher Nachteile erforderlich erscheint (LAG Hamm vom 19. 4. 1984, NZA 1984, 130 = DB 1984, 1525–2527 = LAGE Art. 9 GG Arbeitskampf Nr. 14; LAG Düsseldorf vom 9. 11. 1983, ArbuR 1984, 191 und LAG Hamm vom 15. 3. 1994, LAGE § 80 BetrVG 1972 Nr. 12).[6]

Begl. und einfache Abschrift sowie die vorgenannten Mittel zur Glaubhaftmachung[7] anbei.

Rechtsanwalt

Anmerkungen

1. Wie die praktische Erfahrung zeigt, neigen die Gerichte nicht dazu, einstweilige Verfügungen ohne mündliche Verhandlungen zu erlassen. Das erfolgt in der Regel nur, wenn die Zeit zwischen Antragseingang und dem abzuwendenden Ereignis bzw. dem Zeitpunkt, zu dem die begehrte Wirkung der einstweiligen Verfügung im Sinne einer Zweckerreichung einsetzen muss, zu kurz ist, um noch dazwischen eine mündliche Verhandlung anzuberaumen. Das darf allerdings nicht dazu verführen, den Antrag sehr spät zu stellen, weil sich die dadurch verursachte Eilbedürftigkeit gegen den Antragsteller richten kann. Es bedarf in der Antragsschrift der Darstellung, warum eine frühere Antragstellung nicht erfolgen konnte. Kann der Antragsteller seine späte Antragstellung nicht ausreichend rechtfertigen, droht allein aus diesem Grund die Zurückweisung des Antrages.

Insbesondere für unerlässlich wird eine mündliche Verhandlung im Allgemeinen dann erachtet, wenn die begehrte Entscheidung die Hauptsache im Wesentlichen vorwegnimmt und praktisch unumkehrbare Verhältnisse schafft (LAG Köln vom 13. 8. 1996, 11 Ta 173/96, NZA 1997, 317 f.).

Selbst die Zurückweisung des Antrages auf Erlass einer einstweiligen Verfügung soll in der Regel nicht ohne mündliche Verhandlung erfolgen, obwohl § 62 Abs. 2 Satz 2 ArbGG ein solches Verfahren ausdrücklich zulässt (Sächs. LAG vom 8. 4. 1997, 1 Ta 89/97, NZA 1998, 223 f.).

2. Die Bezeichnung der Person dient der Vollstreckungsfähigkeit. Nach dem Sachverhalt besteht auch kein Streit um Personen. Einwände des Gerichts oder der Beteiligten zu 2) sind daher nicht zu erwarten. Hat der Arbeitgeber sich allerdings auch gegen konkrete Personen ausgesprochen, bedarf es einer besonderen Begründung, warum gerade diesen der Zutritt zu gewähren ist und nicht anderen Gewerkschaftssekretären. In Betracht kommt entweder der Hinweis auf fehlende Ersatzkräfte oder besondere Qualifikationen gerade für diesen Betrieb oder das auftretende Problem (*Heinze,* RdA 1986, 273, 287).

3. Auf die Duldungsverfügung sind hinsichtlich der Vollziehung die gleichen Regelungen anzuwenden wie bei der Unterlassungsverfügung, die nach überwiegender Auffassung der Vollziehung durch Zustellung im Parteibetrieb innerhalb eines Monats (§ 929 Abs. 2 ZPO) bedarf. Wird diese Maßnahme übersehen, ist die Verfügung auf Antrag des Gegners aufzuheben (LAG Hamburg vom 29. 7. 1985, TaBV 6/85, n. v.). Teilweise wird jedoch die Auffassung vertreten, wegen der sofort einsetzenden Verbindlichkeit des Verbots für den Schuldner seien weitere Maßnahmen des Gläubigers zur Vollziehung nicht erforderlich, wenn das Verbot sanktionsbewehrt ist, also mit der Androhung von Ordnungsmitteln verbunden (LAG Hamburg vom 18. 5. 1993, 3 TaBV 3/93, n. v., und LAG Berlin vom 12. 11. 1997, 6 Ta 15/97, n. v.).

4. Ein umfassender Tatsachenvortrag bereits in der Antragsschrift, spätestens aber in der Verhandlung, ist nicht nur erforderlich, um dem Gericht gegebenenfalls Anhaltspunkte für weitere aufklärende Fragen zu geben, sondern weil dieser Sachvortrag auch die Grundlage für eine etwaige Überprüfung der Sach- und Rechtslage in der Beschwerdeinstanz darstellt. Grundsätzlich können die Parteien im arbeitsgerichtlichen Beschlussverfahren wegen des Untersuchungsgrundsatzes auch noch in der Beschwerdeinstanz im Rahmen des § 87 Abs. 3 ArbGG neue Tatsachen einführen, doch gilt das für das einstweilige Verfügungsverfahren nicht uneingeschränkt. Der Sachvortrag bestimmt nämlich den Verfügungsanspruch. Ändern die neuen Tatsachen den Verfügungsanspruch, ist eine Änderung des Tatsachenvortrages in der Regel nicht sachdienlich und damit in entspre-

chender Anwendung des § 263 ZPO als unzulässig zurückzuweisen (LAG Schleswig-Holstein vom 9. 7. 1990, 6 TaBV 10/90, zitiert nach Juris).

5. Durch die über § 85 Abs. 2 Satz 2 ArbGG anzuwendenden Vorschriften der §§ 936 und 920 Abs. 2 ZPO ist auch der Antrag auf Erlass einer einstweiligen Verfügung im Beschlussverfahren hinsichtlich Verfügungsanspruch und Verfügungsgrund glaubhaft zu machen. Kommt der Antragsteller dieser Verpflichtung nicht nach, dann ist und insoweit anders als in den Verfahren vor den Zivilgerichten, für die die Parteimaxime gilt, der Antrag nicht schon aus diesem Grunde abzuweisen. Im arbeitsgerichtlichen Beschlussverfahren gilt vielmehr der Untersuchungsgrundsatz (§ 83 Abs. 1 Satz 1 ArbGG). So ist die gerichtliche Bewertung des Vorbringens der Beteiligten im Beschlussverfahren als nicht hinreichend substantiiert nur dann statthaft, wenn das Gericht auf diese Einschätzung hingewiesen und die Beteiligten zur Ergänzung ihres Vorbringens aufgefordert hat (BAG vom 11. 3. 1998, NZA 1998, 953, DB 1998, 1821). Deshalb hat das Gericht auch bei fehlender Glaubhaftmachung den Sachverhalt von Amts wegen zu erforschen. An dieser Erforschung (Aufklärung) haben die Verfahrensbeteiligten mitzuwirken (§ 83 Abs. 1 Satz 2 ArbGG). Der Untersuchungsgrundsatz gilt jedoch nicht unbeschränkt. Die Aufklärungspflicht des Gerichts kann sich nur auf das stützen, was die Beteiligten vortragen. Nur das, wofür sie in ihrem Sachvortrag selbst Anhaltspunkte liefern, kann und darf das Gericht weiter „aufklären", und es muss dabei den Charakter des Eilverfahrens berücksichtigen, d. h. im Termin zur Anhörung über die einstweilige Verfügung muss das Gericht anwesende Personen über ihm erheblich erscheinende, aber bisher noch nicht ausreichend dargestellte Tatsachen anhören und präsente Zeugen vernehmen. Eine Beweisaufnahme allerdings, die nicht sofort erfolgen kann, ist nach § 294 Abs. 2 ZPO unstatthaft (vgl. zum Ganzen: BAG vom 25. 9. 1986, AP Nr. 7 zu § 1 BetrVG 1972 und LAG München vom 26. 8. 1992, LAGE § 23 BetrVG 1972 Nr. 29 = BB 1993, 2168). Schriftstücke sind der Antragsschrift im Original oder in beglaubigter Abschrift oder beglaubigter Fotokopie beizufügen. Die Ankündigung ihrer Vorlage ist ebenso zur Glaubhaftmachung unzureichend wie die Beifügung unbeglaubigter Schriftstücke (BAG vom 28. 8. 1991, AP Nr. 2 zu § 85 ArbGG 1979).

Der Nachweis der ordnungsgemäße Bevollmächtigung erfolgt vorsorglich für den Fall der Entscheidung ohne Anhörung.

6. a. A.: LAG Köln vom 5. 3. 1986, LAGE § 87 BetrVG 1972 Nr. 5.

7. Schriftstücke sind in beglaubigter Abschrift der Antragsschrift beizufügen. Bei eidesstattlichen Versicherungen ist eine eigene Sachverhaltsschilderung (siehe Fallbeispiel F. II. 6) durch den Versichernden erforderlich. Statt dessen liest man jedoch immer wieder eidesstattliche Versicherungen, in denen es heißt: „Ich habe die Antragsschrift meines Verfahrensbevollmächtigten gelesen. Die dortigen Angaben entsprechen der Richtigkeit und beruhen auf meinen Angaben" oder Ähnliches. Das aber entspricht nicht den Anforderungen des Bundesgerichtshofes (BGH vom 13. 1. 1988,, NJW 1988, 2045), denn Dritte unterschreiben oft meist ungeprüft, was ihnen vorgelegt wird (BPatG vom 27. 11. 1974, GRUR 1978, 360).

12. Betriebsversammlung

12.1 Antrag gegen den Arbeitgeber auf Freistellung der Belegschaft für eine Betriebsversammlung

An das
Arbeitsgericht ......

Antrag   auf Erlass einer einstweiligen Verfügung
                     im Beschlussverfahren

des Betriebsrates ...... ,
dieser vertreten durch seinen Vorsitzenden ...... ,

                     – Antragsteller und Beteiligter zu 1) –
Verfahrensbevollmächtigte/r: Rechtsanwälte ...... ,

                     gegen

die ...... ,
diese vertreten durch ...... ,
alle geschäftsansässig ......

                     – Antragsgegnerin und Beteiligte zu 2) –

Namens und in Vollmacht des Antragstellers und Beteiligten zu 1) beantragen wir – wegen Dringlichkeit ohne mündliche Verhandlung[1] –, im Wege der einstweiligen Verfügung zu beschließen:

1. Der Antragsgegnerin wird untersagt, alle Arbeitnehmer ihres Betriebes in ...... soweit sie nicht § 5 Abs. 3 BetrVG unterfallen, während der Betriebsversammlung am kommenden Montag in der Zeit von 16.00 bis 18.30 Uhr zu beschäftigen.
2. Der Antragsgegnerin für jeden Fall der Zuwiderhandlung gegen die Verpflichtung zu 1) ein Ordnungsgeld von bis zu EUR ...... anzudrohen[2].

Für den Fall des Obsiegens wird weiter beantragt, eine abgekürzte Beschlussausfertigung (§ 317 Abs. 2 Satz 2 ZPO) zu erteilen.

Begründung:

1. Sachverhalt[3]

Der Beteiligte zu 1) ist der von den rund 200 Arbeitnehmern des Betriebes der Beteiligten zu 2) in ...... vor sechs Monaten gewählte Betriebsrat.

Glaubhaftmachung[4]: Ablichtung der Bekanntmachung über das Wahlergebnis

Der Beteiligte zu 1) will nun erstmals eine Betriebsversammlung durchführen und hat hierfür den kommenden Montag ab 16.00 Uhr bestimmt. Er rechnet mit einer Versammlungsdauer von zweieinhalb Stunden. Da die Arbeitszeit im Betrieb am Montag um 18.30 Uhr endet, hat der Beteiligte zu 1) also eine Zeit am Rande der Arbeitszeit gewählt, um der Beteiligten zu 2) somit die Möglichkeit zu geben, ihren Betrieb an diesem Tag vorzeitig schließen zu können, um auf diese Weise organisatorische Probleme, die mit der Wiederaufnahme des Betriebes an diesem Tage zusammenhängen könnten, zu vermeiden.

Glaubhaftmachung: eidesstattliche Versicherung des Vorsitzenden des Beteiligten
            zu 1)

Die Beteiligte zu 2) hat dem Zeitpunkt der Betriebsversammlung widersprochen. Sie verlangt, die Betriebsversammlung außerhalb der Arbeitszeit durchzuführen und macht geltend, als kundenorientiertes Einzelhandelsunternehmen würde sie durch eine teilweise Betriebsschließung schweren Schaden nehmen. Jedenfalls hat sie dies durch ihren Geschäftsführer dem Vorsitzenden des Beteiligten zu 1) erklärt.

Glaubhaftmachung: wie vor

Des Weiteren hat sie, wie zahlreiche Belegschaftsangehörige dem Vorsitzenden des Beteiligten zu 1) berichteten, mit fast allen Belegschaftsangehörigen über die Betriebsversammlung gesprochen und ihnen gesagt, sie würden durch die Teilnahme an der Betriebsversammlung ihren Arbeitsplatz gefährden. Die Vorgesetzten haben nach diesen Berichten aus der Belegschaft praktisch alle Arbeitnehmer danach befragt, ob sie an der Betriebsversammlung teilnehmen würden oder nicht. Sie haben behauptet, sie würden diese Angaben benötigen, um einen Notfalldienstplan zu erstellen. Einige Arbeitnehmer haben dem Vorsitzenden des Beteiligten zu 1) berichtet, sie hätten dem Vorgesetzten daraufhin erklärt, sie würden an der Betriebsversammlung nicht teilnehmen. In einigen Abteilungen haben die Leiter darüber hinaus erklärt, wenn die Arbeitnehmer an der Betriebsversammlung teilnehmen würden, sei unter den gegebenen Umständen eine Fortzahlung der Vergütung für die Betriebsversammlungsdauer nicht sichergestellt. Die Beteiligte zu 2) lasse diese Frage zurzeit gerade rechtlich prüfen.

Glaubhaftmachung: eidesstattliche Versicherung des Vorsitzenden des Beteiligten
zu 1)

Der Betriebsrat hat daraufhin einstimmig beschlossen, das vorliegende Verfahren einzuleiten und mit seiner Durchführung die im Rubrum benannten Verfahrensbevollmächtigten zu beauftragen.[5]

Glaubhaftmachung: Ablichtung des Protokolls der Betriebsratssitzung nebst Anwesenheitsliste mit den Unterschriften aller Betriebsratsmitglieder

2. Rechtsausführungen

2.1 Verfügungsanspruch
Nach § 43 Abs. 1 BetrVG hat der Betriebsrat einmal in jedem Kalendervierteljahr eine Betriebsversammlung einzuberufen und in ihr einen Tätigkeitsbericht zu erstatten. Mit der jetzt einberufenen Betriebsversammlung liegt der Beteiligte zu 1) noch unter dieser Regel. Diese Betriebsversammlung hat der Beteiligte zu 1) auch während der Arbeitszeit durchzuführen, da die Eigenart des Betriebes der Beteiligten zu 2) eine andere Regelung jedenfalls nicht zwingend erfordert. Jede Betriebsversammlung während der Arbeitszeit stellt eine Belastung für den Betrieb dar. Es darf jedoch als gerichtsbekannt vorausgesetzt werden, dass eine Vielzahl von Unternehmen des Einzelhandels ihre Betriebsversammlungen während der Arbeitszeit durchführen. Die Beteiligte zu 2) erfährt also keine Sonderbelastung.
Bestehen aber keine berechtigten Einwände gegen die Durchführung der Betriebsversammlung zu der vom Beteiligten zu 1) vorgesehenen Zeit, dann sind die Arbeitnehmer berechtigt, an der Betriebsversammlung teilzunehmen. Zur Ausübung dieses Teilnahmerechts bedürfen sie keiner Zustimmung der Beteiligten zu 2). Die Teilnahme steht den Belegschaftsangehörigen frei. Sie müssen aber auch nicht teilnehmen, und es ist deshalb grundsätzlich möglich, dass eine große Zahl von Arbeitnehmern dem Betrieb weiterhin zur Verfügung steht und deshalb der Betrieb ungeachtet der gleichzeitig durchgeführten Betriebsversammlung fortgesetzt werden

kann. Deshalb wird die Auffassung vertreten, der Arbeitgeber sei nicht verpflichtet, den Betrieb zu schließen, um damit die Belegschaftsangehörigen quasi zu veranlassen, an der Betriebsversammlung teilzunehmen.

Etwas anderes muss jedoch dann gelten, wenn der Arbeitgeber Maßnahmen getroffen hat, die die Entscheidungsfreiheit der Belegschaftsangehörigen hinsichtlich der Frage ihrer Teilnahme an der Betriebsversammlung nachhaltig beeinträchtigt haben. Eine solche nachhaltige Beeinträchtigung ist von den Maßnahmen der Beteiligten zu 2) festzustellen. Eine Beseitigung dieser Beeinträchtigungen ist nur durch die beantragte Betriebsschließung wirksam möglich. Weder kann sichergestellt werden, dass ein etwaiger Widerruf der genannten Erklärungen alle Arbeitnehmer erreicht und noch dass er überhaupt jeweils in geeigneter Form erfolgt. Die Arbeitnehmer werden deshalb weiter unter dem Eindruck stehen, sie hätten sich durch ihre Erklärung gegenüber den Vorgesetzten verpflichtet, nicht an der Betriebsversammlung teilzunehmen, sie würden mit ihrer Entscheidung ihre Arbeitsplätze gefährden und müssten befürchten, auf Grund der Teilnahme an der Betriebsversammlung finanzielle Nachteile zu erleiden.

2. Verfügungsgrund

2.1 Dem Erlass der begehrten einstweiligen Verfügung steht die damit eintretende Vorwegnahme der Hauptsache nicht entgegen. Es kommt allein darauf an, dass eine sofortige Regelung nach Abwägung aller Umstände des Sachverhalts und unter Berücksichtigung der beiderseitigen berechtigten Interessen zur Abwendung wesentlicher Nachteile erforderlich erscheint (LAG Hamm vom 19. 4. 1984, NZA 1984, 130 = DB 1984, 1525–2527 = LAGE Art. 9 GG Arbeitskampf Nr. 14; LAG Düsseldorf vom 9. 11. 1983, ArbuR 1984, 191 und LAG Hamm vom 15. 3. 1994, LAGE § 80 BetrVG 1972 Nr. 12).[6]

2.2 Die Eilbedürftigkeit der Entscheidung liegt auf der Hand, da bis zu der vorgesehenen Betriebsversammlung nur noch eine Frist von wenigen Tagen gegeben ist und ein ordentliches Beschlussverfahren in dieser Zeit selbst bei Anwendung der Verkürzungsmöglichkeiten hinsichtlich der Einlassungs- und Ladungsfristen nicht mehr abgeschlossen werden kann.

Begl. und einfache Abschrift sowie die vorgenannten Mittel zur Glaubhaftmachung[7] anbei.

Rechtsanwalt

Anmerkungen

1. Wie die praktische Erfahrung zeigt, neigen die Gerichte nicht dazu, einstweilige Verfügungen ohne mündliche Verhandlungen zu erlassen. Das erfolgt in der Regel nur, wenn die Zeit zwischen Antragseingang und dem abzuwendenden Ereignis bzw. dem Zeitpunkt, zu dem die begehrte Wirkung der einstweiligen Verfügung im Sinne einer Zweckerreichung einsetzen muss, zu kurz ist, um noch dazwischen eine mündliche Verhandlung anzuberaumen. Das darf allerdings nicht dazu verführen, den Antrag sehr spät zu stellen, weil sich die dadurch verursachte Eilbedürftigkeit gegen den Antragsteller richten kann. Es bedarf in der Antragsschrift der Darstellung, warum eine frühere Antragstellung nicht erfolgen konnte. Kann der Antragsteller seine späte Antragstellung nicht ausreichend rechtfertigen, droht allein aus diesem Grund die Zurückweisung des Antrages.

Insbesondere für unerlässlich wird eine mündliche Verhandlung im Allgemeinen dann erachtet, wenn die begehrte Entscheidung die Hauptsache im Wesentlichen vorwegnimmt und praktisch unumkehrbare Verhältnisse schafft (LAG Köln vom 13. 8. 1996, 11 Ta 173/96, NZA 1997, 317 f.).

Selbst die Zurückweisung des Antrages auf Erlass einer einstweiligen Verfügung soll in der Regel nicht ohne mündliche Verhandlung erfolgen, obwohl § 62 Abs. 2 Satz 2 ArbGG ein solches Verfahren ausdrücklich zulässt (Sächs. LAG vom 8. 4. 1997, 1 Ta 89/97, NZA 1998, 223 f.)

2. Eine Unterlassungsverfügung bedarf nach überwiegender Auffassung einer Vollziehung durch Zustellung im Parteibetrieb innerhalb eines Monats (§ 929 Abs. 2 ZPO). Wird diese Maßnahme übersehen, ist die Untersagungsverfügung auf Antrag des Gegners aufzuheben (LAG Frankfurt vom 29. 7. 1985, 4 TaBV 6/85, n. v.). Teilweise wird jedoch die Auffassung vertreten, wegen der sofort einsetzenden Verbindlichkeit des Verbots für den Schuldner seien weitere Maßnahmen des Gläubigers zur Vollziehung nicht erforderlich, wenn das Verbot sanktionsbewehrt ist, also mit der Androhung von Ordnungsmitteln verbunden (LAG Hamburg vom 18. 5. 1993, 3 TaBV 3/93, n. v., und LAG Berlin vom 12. 11. 1997, 6 Ta 15/97, n. v.).

3. Ein umfassender Tatsachenvortrag bereits in der Antragsschrift, spätestens aber in der Verhandlung, ist nicht nur erforderlich, um dem Gericht gegebenenfalls Anhaltspunkte für weitere aufklärende Fragen zu geben, sondern weil dieser Sachvortrag auch die Grundlage für eine etwaige Überprüfung der Sach- und Rechtslage in der Beschwerdeinstanz darstellt. Grundsätzlich können die Parteien im arbeitsgerichtlichen Beschlussverfahren wegen des Untersuchungsgrundsatzes auch noch in der Beschwerdeinstanz im Rahmen des § 87 Abs. 3 ArbGG neue Tatsachen einführen, doch gilt das für das einstweilige Verfügungsverfahren nicht uneingeschränkt. Der Sachvortrag bestimmt nämlich den Verfügungsanspruch. Ändern die neuen Tatsachen den Verfügungsanspruch, ist eine Änderung des Tatsachenvortrages in der Regel nicht sachdienlich und damit in entsprechender Anwendung des § 263 ZPO als unzulässig zurückzuweisen (LAG Schleswig-Holstein vom 9. 7. 1990, 6 TaBV 10/90, n. v.).

4. Durch die über § 85 Abs. 2 Satz 2 ArbGG anzuwendenden Vorschriften der §§ 936 und 920 Abs. 2 ZPO ist auch der Antrag auf Erlass einer einstweiligen Verfügung im Beschlussverfahren hinsichtlich Verfügungsanspruch und Verfügungsgrund glaubhaft zu machen. Kommt der Antragsteller dieser Verpflichtung nicht nach, dann ist und insoweit anders als in den Verfahren vor den Zivilgerichten, für die die Parteimaxime gilt, der Antrag nicht schon aus diesem Grunde abzuweisen. Im arbeitsgerichtlichen Beschlussverfahren gilt vielmehr der Untersuchungsgrundsatz (§ 83 Abs. 1 Satz 1 ArbGG). So ist die gerichtliche Bewertung des Vorbringens der Beteiligten im Beschlussverfahren als nicht hinreichend substantiiert nur dann statthaft, wenn das Gericht auf diese Einschätzung hingewiesen und die Beteiligten zur Ergänzung ihres Vorbringens aufgefordert hat (BAG vom 11. 3. 1998, NZA 1998, 953, DB 1998, 1821). Deshalb hat das Gericht auch bei fehlender Glaubhaftmachung den Sachverhalt von Amts wegen zu erforschen. An dieser Erforschung (Aufklärung) haben die Verfahrensbeteiligten mitzuwirken (§ 83 Abs. 1 Satz 2 ArbGG). Der Untersuchungsgrundsatz gilt jedoch nicht unbeschränkt. Die Aufklärungspflicht des Gerichts kann sich nur auf das stützen, was die Beteiligten vortragen. Nur das, wofür sie in ihrem Sachvortrag selbst Anhaltspunkte liefern, kann und darf das Gericht weiter „aufklären", und es muss dabei den Charakter des Eilverfahrens berücksichtigen, d. h. im Termin zur Anhörung über die einstweilige Verfügung muss das Gericht anwesende Personen über ihm erheblich erscheinende, aber bisher noch nicht ausreichend dargestellte Tatsachen anhören und präsente Zeugen vernehmen. Eine Beweisaufnahme allerdings, die nicht sofort erfolgen kann, ist nach § 294 Abs. 2 ZPO unstatthaft (vgl. zum Ganzen: BAG vom 25. 9. 1986, AP Nr. 7 zu § 1 BetrVG 1972 und

LAG München vom 26. 8. 1992, LAGE § 23 BetrVG 1972 Nr. 29 = BB 1993, 2168).
Schriftstücke sind der Antragsschrift im Original oder in beglaubigter Abschrift oder beglaubigter Fotokopie beizufügen. Die Ankündigung ihrer Vorlage ist ebenso zur Glaubhaftmachung unzureichend wie die Beifügung unbeglaubigter Schriftstücke (BAG vom
28. 8. 1991, AP Nr. 2 zu § 85 ArbGG 1979).

5. Der Nachweis der ordnungsgemäße Bevollmächtigung erfolgt vorsorglich für den
Fall der Entscheidung ohne Anhörung.

6. a. A.: LAG Köln vom 5. 3. 1986, LAGE § 80 BetrVG 1972 Nr. 5.

7. Schriftstücke sind in beglaubigter Abschrift der Antragsschrift beizufügen. Bei eidesstattlichen Versicherungen ist eine eigene Sachverhaltsschilderung (siehe Fallbeispiel F. II. 6) durch den Versichernden erforderlich. Statt dessen liest man jedoch immer
wieder eidesstattliche Versicherungen, in denen es heißt: „Ich habe die Antragsschrift
meines Verfahrensbevollmächtigten gelesen. Die dortigen Angaben entsprechen der
Richtigkeit und beruhen auf meinen Angaben" oder Ähnliches. Das aber entspricht
nicht den Anforderungen des Bundesgerichtshofes (BGH vom 13. 1. 1988, NJW 1988,
2045), denn Dritte unterschreiben oft meist ungeprüft, was ihnen vorgelegt wird (BPatG
vom 27. 11. 1974, GRUR 1978, 360).

12.2 Antrag gegen den Betriebsrat auf Unterlassung einer Abteilungsversammlung

An das
Arbeitsgericht ......

Antrag   auf Erlass einer einstweiligen Verfügung
                                   im Beschlussverfahren

der ...... ,
diese vertreten durch ...... ,
alle geschäftsansässig ......

                                   – Antragstellerin und Beteiligte zu 1) –
Verfahrensbevollmächtigte/r: Rechtsanwälte ......

                                   gegen

den Betriebsrat ...... ,
dieser vertreten durch seinen Vorsitzenden ...... ,

                                   – Antragsgegner und Beteiligter zu 2) –

Namens und in Vollmacht der Antragstellerin und Beteiligten zu 1) beantragen wir
– wegen Dringlichkeit ohne mündliche Verhandlung[1] – im Wege der einstweiligen
Verfügung zu beschließen:
Dem Antragsgegner wird untersagt, am kommenden Montag von 16.00–18.30 Uhr
eine Abteilungsversammlung für die Mitarbeiter der Backbereiche ihrer Lebens-
mittelfilialen durchzuführen.

                                   Begründung:
1. Sachverhalt[2]

Die Beteiligte zu 1) betreibt in ...... mit insgesamt 200 Beschäftigen in 10 Filialen
einen Betrieb des Lebensmitteleinzelhandels. Der Beteiligte zu 2) ist der für alle Betriebsstätten in ...... einheitlich gewählte Betriebsrat.

Die 10 Filialen sind zur besseren Übersicht für die Kunden räumlich nach Artikelgruppen geordnet. Unter anderem gibt es einen Backbereich, in dem je nach Filialgröße mit drei bis fünf Arbeitnehmern Backwaren verkauft werden. Für alle Filialen zusammen gibt es einen sogenannten Backberater, der für die Backbereiche fachlicher Vorgesetzter ist. Er entscheidet, welche Artikel vorgehalten werden, gibt die Richtlinien für die Bevorratung, die Warenpräsentation und schult das Verkaufspersonal für die Verkaufsgespräche.

Glaubhaftmachung[3]: eidesstattliche Versicherung des Personalleiters ......

Disziplinarischer Vorgesetzter auch des Personals in den Backbereichen ist allerdings der jeweilige Filialleiter. In Abstimmung mit dem Backwaren-Fachberater regelt er die Arbeitszeiten des Verkaufspersonals.

Glaubhaftmachung: wie vor

Vor zehn Tagen hat der Beteiligte zu 2) die Angehörigen des Verkaufspersonals des Backbereiches zu einer Abteilungsversammlung für den kommenden Montag in der Zeit von 16.00 bis 18.30 Uhr eingeladen.

Glaubhaftmachung: Ablichtung des Einladungsschreibens

Der Personalleiter der Beteiligten zu 1) hat daraufhin Kontakt mit dem Betriebsratsvorsitzenden aufgenommen und ihm die Auffassung der Beteiligten zu 1) erläutert, wonach das Personal der Backbereiche nicht in Abteilungsversammlungen zusammengerufen werden darf. Der Betriebsratsvorsitzende hat jedoch erklärt, die Backbereiche seien räumlich und durch die fachliche Oberleitung eines Fachberaters auch organisatorisch abgegrenzt. Das Backpersonal habe sich mehrfach über den Fachberater beschwert und sei auch mit den räumlichen Bedingungen in den Backbereichen nicht zufrieden. Es bedürfe einer ausführlichen Erörterung dieser Fragen, weshalb eine Abteilungsversammlung erforderlich sei.

Glaubhaftmachung: wie vor

Die Beteiligte zu 1) hat dem Beteiligten zu 2) mitgeteilt, sie sehe weiterhin keine rechtliche Möglichkeit für die Durchführung einer Abteilungsversammlung dieser Art und habe ihm bis gestern 12.00 Uhr Gelegenheit gegeben, seine Haltung zu überdenken. Der Beteiligte zu 2) hat sich jedoch bisher nicht geäußert.

Glaubhaftmachung: wie vor

2. Rechtsausführungen

2.1 Verfügungsanspruch

Nach § 42 Abs. 2 BetrVG ist der Betriebsrat berechtigt, Arbeitnehmer organisatorisch oder räumlich abgegrenzter Betriebsteile zu Abteilungsversammlungen zusammenzufassen, wenn dies für die Erörterung der besonderen Belange der Arbeitnehmer erforderlich ist. Der hier in Rede stehende Backbereich ist jedoch kein im Sinne des Gesetzes organisatorisch oder räumlich abgegrenzter Betriebsteil. Betriebsteil im Sinne einer räumlichen Abgrenzung sind lediglich die Filialen. Wäre die bloße räumliche Zusammenfassung bestimmter Bearbeitungsgegenstände oder sachlicher Inhalte bereits ein räumlich abgegrenzter Betriebsteil im Sinne des § 42 BetrVG, ließe sich kaum ein Betrieb vorstellen, in dem nicht diverse Abteilungen festzustellen wären. Das Prinzip der einheitlichen Betriebsversammlung mit der Ausnahme Abteilungsversammlung würde in sein Gegenteil verkehrt. Alle Artikelgruppen innerhalb einer Filiale befinden sich in unmittelbarer räumlicher Nähe.

Auch eine organisatorische Abgrenzung ist nicht feststellbar, mindestens deshalb nicht, weil disziplinarischer Vorgesetzter des Verkaufspersonals aller Artikelgruppen in einer Filiale jeweils der Filialleiter ist und mindestens mit der Zweiteilung disziplinarischer/fachlicher Vorgesetzter eine Vermischung der Zuständigkeiten eintritt, die einer organisatorischen Abgrenzung entgegensteht.

Schließlich steht dem Erlass der begehrten einstweiligen Verfügung auch nicht die damit eintretende Vorwegnahme der Hauptsache entgegen. Es kommt allein darauf an, dass eine sofortige Regelung nach Abwägung aller Umstände des Sachverhalts und unter Berücksichtigung der beiderseitigen berechtigten Interessen zur Abwendung wesentlicher Nachteile erforderlich erscheint (LAG Hamm vom 19. 4. 1984, NZA 1984, 130 = DB 1984, 1525–2527 = LAGE Art. 9 GG Arbeitskampf Nr. 14; LAG Düsseldorf vom 9. 11. 1983, ArbuR 1984, 191 und LAG Hamm vom 15. 3. 1994, LAGE § 80 BetrVG 1972 Nr. 12).[4]

Bei der danach vorzunehmenden Interessenabwägung erweist sich die beantragte Entscheidung als eilbedürftig. Ohne sie wird der Beteiligte zu 2) die Abteilungsversammlung durchführen. Unterstellt man seine Angaben über den Gesprächsbedarf des Verkaufspersonals der Back-Bereiche als zutreffend, muss von einer großen Teilnahme an der Abteilungsversammlung ausgegangen werden und auch von der Ausschöpfung der angesetzten Zeit. Unter diesen Umständen wird die Beteiligte zu 1) ihre Backbereiche während der Betriebsversammlung nicht besetzen können und erhebliche Umsatzeinbußen und damit Gewinnausfälle erleiden, denen kein Rechtsanspruch des Betriebsrates auf Durchführung der Abteilungsversammlung entgegensteht. Darüber hinaus muss als rechtlich ungeklärt angesehen werden, ob die Beteiligte zu 1) nicht gehalten ist, den teilnehmenden Arbeitnehmern den Verdienstausfall für die Zeit der Abteilungsversammlung – ungeachtet der Rechtswidrigkeit – zu ersetzen, da ihnen möglicherweise ein Vertrauensschutz auf Grund der Maßnahmen des Betriebsrates zugestanden werden muss. Der Beteiligten zu 1) drohen daher erhebliche Nachteile aus der rechtswidrigen Maßnahme des Beteiligten zu 2), die in der kurzen Zeit bis zu der anstehenden Abteilungsversammlung im Rahmen eines ordentlichen Beschlussverfahrens nicht verhindert werden können.

Begl. und einfache Abschrift sowie die vorgenannten Mittel zur Glaubhaftmachung[5] anbei.

Rechtsanwalt

Anmerkungen

1. Wie die praktische Erfahrung zeigt, neigen die Gerichte nicht dazu, einstweilige Verfügungen ohne mündliche Verhandlungen zu erlassen. Das erfolgt in der Regel nur, wenn die Zeit zwischen Antragseingang und dem abzuwendenden Ereignis bzw. dem Zeitpunkt, zu dem die begehrte Wirkung der einstweiligen Verfügung im Sinne einer Zweckerreichung einsetzen muss, zu kurz ist, um noch dazwischen eine mündliche Verhandlung anzuberaumen. Das darf allerdings nicht dazu verführen, den Antrag sehr spät zu stellen, weil sich die dadurch verursachte Eilbedürftigkeit gegen den Antragsteller richten kann. Es bedarf in der Antragsschrift der Darstellung, warum eine frühere Antragstellung nicht erfolgen konnte. Kann der Antragsteller seine späte Antragstellung nicht ausreichend rechtfertigen, droht allein aus diesem Grund die Zurückweisung des Antrages.

Insbesondere für unerlässlich wird eine mündliche Verhandlung im Allgemeinen dann erachtet, wenn die begehrte Entscheidung die Hauptsache im Wesentlichen vorwegnimmt und praktisch unumkehrbare Verhältnisse schafft (LAG Köln vom 13. 8. 1996, 11 Ta 173/96, NZA 1997, 317 f.).

Selbst die Zurückweisung des Antrages auf Erlass einer einstweiligen Verfügung soll in der Regel nicht ohne mündliche Verhandlung erfolgen, obwohl § 62 Abs. 2 Satz 2 ArbGG ein solches Verfahren ausdrücklich zulässt (Sächs. LAG vom 8. 4. 1997, 1 Ta 89/97, NZA 1998, 223 f.)

2. Ein umfassender Tatsachenvortrag bereits in der Antragsschrift, spätestens aber in der Verhandlung, ist nicht nur erforderlich, um dem Gericht gegebenenfalls Anhaltspunkte für weitere aufklärende Fragen zu geben, sondern weil dieser Sachvortrag auch die Grundlage für eine etwaige Überprüfung der Sach- und Rechtslage in der Beschwerdeinstanz darstellt. Grundsätzlich können die Parteien im arbeitsgerichtlichen Beschlussverfahren wegen des Untersuchungsgrundsatzes auch noch in der Beschwerdeinstanz im Rahmen des § 87 Abs. 3 ArbGG neue Tatsachen einführen, doch gilt das für das einstweilige Verfügungsverfahren nicht uneingeschränkt. Der Sachvortrag bestimmt nämlich den Verfügungsanspruch. Ändern die neuen Tatsachen den Verfügungsanspruch, ist eine Änderung des Tatsachenvortrages in der Regel nicht sachdienlich und damit in entsprechender Anwendung des § 263 ZPO als unzulässig zurückzuweisen (LAG Schleswig-Holstein vom 9. 7. 1990, 6 TaBV 10/90, zitiert nach Juris).

3. Durch die über § 85 Abs. 2 Satz 2 ArbGG anzuwendenden Vorschriften der §§ 936 und 920 Abs. 2 ZPO ist auch der Antrag auf Erlass einer einstweiligen Verfügung im Beschlussverfahren hinsichtlich Verfügungsanspruch und Verfügungsgrund glaubhaft zu machen. Kommt der Antragsteller dieser Verpflichtung nicht nach, dann ist und insoweit anders als in den Verfahren vor den Zivilgerichten, für die die Parteimaxime gilt, der Antrag nicht schon aus diesem Grunde abzuweisen. Im arbeitsgerichtlichen Beschlussverfahren gilt vielmehr der Untersuchungsgrundsatz (§ 83 Abs. 1 Satz 1 ArbGG). So ist die gerichtliche Bewertung des Vorbringens der Beteiligten im Beschlussverfahren als nicht hinreichend substantiiert nur dann statthaft, wenn das Gericht auf diese Einschätzung hingewiesen und die Beteiligten zur Ergänzung ihres Vorbringens aufgefordert hat (BAG vom 11. 3. 1998, NZA 1998, 953, DB 1998, 1821). Deshalb hat das Gericht auch bei fehlender Glaubhaftmachung den Sachverhalt von Amts wegen zu erforschen. An dieser Erforschung (Aufklärung) haben die Verfahrensbeteiligten mitzuwirken (§ 83 Abs. 1 Satz 2 ArbGG). Der Untersuchungsgrundsatz gilt jedoch nicht unbeschränkt. Die Aufklärungspflicht des Gerichts kann sich nur auf das stützen, was die Beteiligten vortragen. Nur das, wofür sie in ihrem Sachvortrag selbst Anhaltspunkte liefern, kann und darf das Gericht weiter „aufklären", und es muss dabei den Charakter des Eilverfahrens berücksichtigen, d.h. im Termin zur Anhörung über die einstweilige Verfügung muss das Gericht anwesende Personen über ihm erheblich erscheinende, aber bisher noch nicht ausreichend dargestellte Tatsachen anhören und präsente Zeugen vernehmen. Eine Beweisaufnahme allerdings, die nicht sofort erfolgen kann, ist nach § 294 Abs. 2 ZPO unstatthaft (vgl. zum Ganzen: BAG vom 25. 9. 1986, AP Nr. 7 zu § 1 BetrVG 1972 und LAG München vom 26. 8. 1992, LAGE § 23 BetrVG 1972 Nr. 29 = BB 1993, 2168). Schriftstücke sind der Antragsschrift im Original oder in beglaubigter Abschrift oder beglaubigter Fotokopie beizufügen. Die Ankündigung ihrer Vorlage ist ebenso zur Glaubhaftmachung unzureichend wie die Beifügung unbeglaubigter Schriftstücke (BAG vom 28. 8. 1991, AP Nr. 2 zu § 85 ArbGG 1979).

4. a.A.: LAG Köln vom 5. 3. 1986, LAGE § 80 BetrVG Nr. 5.

5. Schriftstücke sind in beglaubigter Abschrift der Antragsschrift beizufügen. Bei eidesstattlichen Versicherungen ist eine eigene Sachverhaltsschilderung (siehe Fallbeispiel F. II. 6) durch den Versichernden erforderlich. Statt dessen liest man jedoch immer wieder eidesstattliche Versicherungen, in denen es heißt: „Ich habe die Antragsschrift

Meier 651

meines Verfahrensbevollmächtigten gelesen. Die dortigen Angaben entsprechen der Richtigkeit und beruhen auf meinen Angaben" oder Ähnliches. Das aber entspricht nicht den Anforderungen des Bundesgerichtshofes (BGH vom 13. 1. 1988, NJW 1988, 2045), denn Dritte unterschreiben oft meist ungeprüft, was ihnen vorgelegt wird (BPatG vom 27. 11. 1974, GRUR 1978, 360).

13. Betriebsratswahl

13.1 Handlungspflicht gegen Wahlvorstand – Antrag eines Wahlbewerbers

An das
Arbeitsgericht . . . . . .

Antrag   auf Erlass einer einstweiligen Verfügung
                              im Beschlussverfahren

der Wahlvorschlagsliste für die Betriebsratswahl im
Betrieb der . . . . . . ,
„Krause, Lehmann, Müller, ... , die tun was",
vertreten durch die Listenführerin . . . . . . ,

                              – Antragstellerin und Beteiligte zu 1) –
Verfahrensbevollmächtigte/r: Rechtsanwälte . . . . . .

                              gegen

den Wahlvorstand der Betriebsratswahl im
Betrieb der . . . . . . ,
vertreten durch den Vorsitzenden des Wahlvorstands . . . . . . ,

                              – Antragsgegner und Beteiligter zu 2) –

Namens und in Vollmacht der Beteiligten zu 1) beantragen wir, im Wege der einstweiligen Verfügung – wegen Dringlichkeit ohne mündliche Verhandlung[1] – zu beschließen,
den Beteiligten zu 2) zu verpflichten, die von der Beteiligten zu 1) am Tag.Monat. Jahr um Uhrzeit dem Beteiligten zu 2) übergebene Vorschlagsliste gemäß § 10 WO bekannt zu machen und die Beteiligte zu 1) im Rahmen der Losentscheidung gemäß § 10 Abs. 1 Satz 2 WO zu berücksichtigen.
Für den Fall des Obsiegens wird weiter beantragt, eine abgekürzte Beschlussausfertigung (§ 317 Abs. 2 Satz 2 ZPO) zu erteilen.

                              Begründung:

1. Sachverhalt[2]

Im Betrieb der . . . . . . ist die Neuwahl des Betriebsrates eingeleitet. Unter anderem bewerben sich Belegschaftsmitglieder auf der Wahlvorschlagsliste der Beteiligten zu 1). Diese Liste hat die Beteiligte zu 1) unter dem im Rubrum angegebenen Kennwort vor zehn Tagen bei dem Beteiligten zu 2) eingereicht. Drei Tage später beanstandete der Beteiligte zu 2) schriftlich die Vorschlagsliste der Beteiligten zu 1). Er machte geltend, das von der Beteiligten zu 1) benutzte Kennwort könne zu Verwechslungen mit einer anderen Liste führen, die unter dem Kennwort „Ein starkes Team setzt sich durch, Gewerkschaftsbetriebsräte" auf Platz 1 der Liste ebenfalls einen Bewerber mit dem Familiennamen Lehmann führt.

Ferner machte der Beteiligte zu 2) geltend, die Beteiligte zu 1) hätte zwar unter ihrem Kennwort eine Wahlvorschlagsliste eingereicht mit dem Namen von Kandidaten, doch sei darauf nicht durch die Unterschrift der benannten Kandidaten deren Bereitschaft gekennzeichnet worden, auf dieser Liste zu kandidieren, sondern lediglich auf einer gesonderten Liste, inhaltlich identisch mit der Wahlvorschlagsliste, hätten die Kandidaten ihre grundsätzliche Bereitschaft erklärt, für den Betriebsrat zu kandidieren.

Der Beteiligte zu 2) setzte der Beteiligten zu 1) eine in zwei Tagen ablaufende Nachfrist zur Korrektur der Wahlvorschlagsliste, anderenfalls er die Beteiligte zu 1) bei dem weiteren Wahlverfahren, insbesondere bei der Auslosung der Ordnungszahlen für die Wahlvorschläge nicht berücksichtigen werde.

Glaubhaftmachung:[3] Ablichtung des vorgenannten Schreibens des Beteiligten zu 2) sowie eidesstattliche Versicherung der Listenführerin der Beteiligten zu 1)

2. Rechtsausführungen

2.1 Zulässigkeit

Die Beteiligten sind parteifähig im Sinne des 10 ArbG i. V. m. §§ 14, 16 BetrVG und §§ 6 ff. WO. Nicht zu beteiligen ist hingegen der amtierende Betriebsrat (LAG Baden-Württemberg vom 13. 4. 1994, DB 1994, 1091).

Rechtsfehlerhafte Maßnahmen des Wahlvorstandes können bereits im Laufe des Wahlverfahrens zum Gegenstand eines arbeitsgerichtlichen Verfügungsverfahrens gemacht werden (vgl. BAG vom 15. 12. 1972, AP Nr. 1 zu § 14 BetrVG 1972; BAG vom 25. 8. 1981, AP Nr. 2 zu § 83 ArbGG 1979; BAG vom 3. 6. 1975, AP Nr. 1 zu § 5 BetrVG 1972 Rotes Kreuz; LAG Berlin vom 26. 3. 1984, NZA 1984, 333; LAG Bremen vom 26. 3. 1998, 1 TaBV 9/98, n. v.; ArbG Frankfurt/Oder vom 20. 11. 1997, 5 BVGa 2003/97, n. v.).

Ein Abbruch der Betriebsratswahl kann nur in schwerwiegenden Fällen erfolgen, nämlich dann, wenn Nichtigkeitsgründe vorliegen (so z. B. LAG Hamm vom 10. 4. 1975, DB 1975, 1176; LAG Köln vom 27. 12. 1989, LAGE § 19 BetrVG 1972 Nr. 10; LAG München vom 3. 8. 1988, LAGE § 19 BetrVG Nr. 7; LAG Köln vom 17. 4. 1998, 5 TaBV 20/98, LAGE § 19 BetrVG 1972 Nr. 16, und LAG Niedersachsen vom 13. 5. 1998, 13. TaBV 40/98, NZA-RR 1998, 545 f.) oder wenn der Mangel rechtlich eindeutig und tatsächlich offensichtlich[4] ist, nicht korrigierbar und mit Sicherheit eine erfolgreiche Anfechtung der Wahl zur Folge hätte (LAG Hamm vom 9. 3. 1994, 3 TaBV 25/94, n. v., und vom 18. 3. 1998, 3 TaBV 42/98, BB 1998, 1211, sowie LAG Baden-Württemberg vom 13. 4. 1994, a. a. O.; FKHE § 18 Rdn. 22a; GK-*Kreutz* § 18 Rdn. 77 m. w. N.).

2.2 Verfügungsanspruch

Der Beteiligte zu 2) ist verpflichtet, die von der Beteiligten zu 1) übergebene Wahlvorschlagsliste gemäß § 10 WO bekannt zu geben und die Beteiligte zu 1) im Rahmen der Los-Entscheidung gemäß § 10 Abs. 1 Satz 2 WO zu berücksichtigen, denn dem Beteiligten zu 2) stehen keine Gründe gemäß § 7 Abs. 2 WO zur Seite, um die Vorschlagsliste der Beteiligten zu 1) zu beanstanden.

Die Wahlvorschlagsliste der Beteiligten zu 1) ist gemäß § 8 WO gültig.

Gemäß § 7 WO sind parteipolitische Kennwörter, den Gegner diffamierende oder gegen ihn aufhetzende Kennwörter sowie lächerlich machende, unsittliche oder irreführende Kennwörter unzulässig. Auch darf durch das Kennwort keine Verwechslungsgefahr eintreten. Die Verwechslungsgefahr bezieht sich jedoch lediglich auf den Inhalt des Kennwortes. Der Beteiligte zu 2) macht jedoch nicht geltend, dass das Kennwort der Beteiligten zu 1) die Gefahr der Verwechslung mit dem Kennwort einer anderen Wahlvorschlagsliste auslöst, sondern begründet die Verwechslungsgefahr mit weiteren Angaben auf der Liste eines anderen Wahlbewerbers. Damit ist eine Verwechslungsgefahr der einzelnen Kennwörter bereits von ihrem Wortlaut her ausgeschlossen. Schließlich kann sich auch jeder Wähler durch Einblick in die Liste von der individuellen Person, die er wählen will, überzeugen.

Auch der Einwand, es fehle eine Zustimmungserklärung der Wahlbewerber zur Aufnahme in die Liste der Beteiligten zu 1) schafft keinen durchgreifenden Beanstandungsgrund im Rahmen der §§ 7, 8 WO. Zwar verlangt § 8 Abs. 2 Ziff. 2 die schriftliche Zustimmung der Bewerber zur Aufnahme in die Vorschlagsliste, doch ist es nicht erforderlich, dass die Bewerber ihre Zustimmung jeweils gesondert schriftlich erklären. Vielmehr kann die schriftliche Zustimmung auch durch Unterschrift auf einer Vorschlagsliste gegeben werden (vgl. BAG vom 12. 2. 1960, AP Nr. 11 zu § 18 BetrVG; *Heinze* NZA 1988, 571). In diesem Fall kann die Unterschrift zugleich Stützunterschrift im Sinne des § 14 Abs. 6 BetrVG sein, wenn ein entsprechender Erklärungswille des Unterzeichners erkennbar ist. Ausreichend ist dabei, wenn die schriftliche Zustimmungserklärung beim Wahlvorstand vorliegt, wie es hier der Fall ist (Arbeitsgericht Frankfurt/Oder vom 20. 11. 1997, a. a. O.).

2.3 Verfügungsgrund

Ohne Erlass der beantragten Verfügung will der Beteiligte zu 2) die Beteiligte zu 1) nicht am Wahlverfahren teilnehmen lassen. Das würde der Beteiligten zu 1) zwar die Möglichkeit zur Wahlanfechtung eröffnen, sie aber zunächst – und zwar für längere Zeit – von der Möglichkeit ausschließen, gewählt zu werden. Die in einem Verfahren auf Erlass einer einstweiligen Verfügung vorzunehmende Interessenabwägung gebietet es deshalb, dem Beteiligten zu 2) aufzugeben, das Wahlverfahren unter Berücksichtigung der gültigen Wahlvorschlagsliste durchzuführen (LAG Bremen vom 26. 3. 1998, 1 TaBV 9/98, LAGE § 18 BetrVG 1972 Nr. 6).

Begl. und einfache Abschrift sowie die vorgenannten Mittel zur Glaubhaftmachung[5] anbei.

Rechtsanwalt

Anmerkungen

1. Wie die praktische Erfahrung zeigt, neigen die Gerichte nicht dazu, einstweilige Verfügungen ohne mündliche Verhandlungen zu erlassen. Das erfolgt in der Regel nur, wenn die Zeit zwischen Antragseingang und dem abzuwendenden Ereignis bzw. dem Zeitpunkt, zu dem die begehrte Wirkung der einstweiligen Verfügung im Sinne einer Zweckerreichung einsetzen muss, zu kurz ist, um noch dazwischen eine mündliche Verhandlung anzuberaumen. Das darf allerdings nicht dazu verführen, den Antrag sehr spät zu stellen, weil sich die dadurch verursachte Eilbedürftigkeit gegen den Antragsteller richten kann. Es bedarf in der Antragsschrift der Darstellung, warum eine frühere Antragstellung nicht erfolgen konnte. Kann der Antragsteller seine späte Antragstellung nicht ausreichend rechtfertigen, droht allein aus diesem Grund die Zurückweisung des Antrages.

Insbesondere für unerlässlich wird eine mündliche Verhandlung im Allgemeinen dann erachtet, wenn die begehrte Entscheidung die Hauptsache im Wesentlichen vorwegnimmt und praktisch unumkehrbare Verhältnisse schafft (LAG Köln vom 13. 8. 1996, 11 Ta 173/96, NZA 1997, 317 f.).

Selbst die Zurückweisung des Antrages auf Erlass einer einstweiligen Verfügung soll in der Regel nicht ohne mündliche Verhandlung erfolgen, obwohl § 62 Abs. 2 Satz 2 ArbGG ein solches Verfahren ausdrücklich zulässt (Sächs. LAG vom 8. 4. 1997, 1 Ta 89/97, NZA 1998, 223 f.)

2. Ein umfassender Tatsachenvortrag bereits in der Antragsschrift, spätestens aber in der Verhandlung, ist nicht nur erforderlich, um dem Gericht gegebenenfalls Anhaltspunkte für weitere aufklärende Fragen zu geben, sondern weil dieser Sachvortrag auch die Grundlage für eine etwaige Überprüfung der Sach- und Rechtslage in der Beschwerdeinstanz darstellt. Grundsätzlich können die Parteien im arbeitsgerichtlichen Beschlussverfahren wegen des Untersuchungsgrundsatzes auch noch in der Beschwerdeinstanz im Rahmen des § 87 Abs. 3 ArbGG neue Tatsachen einführen, doch gilt das für das einstweilige Verfügungsverfahren nicht uneingeschränkt. Der Sachvortrag bestimmt nämlich den Verfügungsanspruch. Ändern die neuen Tatsachen den Verfügungsanspruch, ist eine Änderung des Tatsachenvortrages in der Regel nicht sachdienlich und damit in entsprechender Anwendung des § 263 ZPO als unzulässig zurückzuweisen (LAG Schleswig-Holstein vom 9. 7. 1990, 6 TaBV 10/90, zitiert nach Juris).

3. Durch die über § 85 Abs. 2 Satz 2 ArbGG anzuwendenden Vorschriften der §§ 936 und 920 Abs. 2 ZPO ist auch der Antrag auf Erlass einer einstweiligen Verfügung im Beschlussverfahren hinsichtlich Verfügungsanspruch und Verfügungsgrund glaubhaft zu machen. Kommt der Antragsteller dieser Verpflichtung nicht nach, dann ist und insoweit anders als in den Verfahren vor den Zivilgerichten, für die die Parteimaxime gilt, der Antrag nicht schon aus diesem Grunde abzuweisen. Im arbeitsgerichtlichen Beschlussverfahren gilt vielmehr der Untersuchungsgrundsatz (§ 83 Abs. 1 Satz 1 ArbGG). So ist die gerichtliche Bewertung des Vorbringens der Beteiligten im Beschlussverfahren als nicht hinreichend substantiiert nur dann statthaft, wenn das Gericht auf diese Einschätzung hingewiesen und die Beteiligten zur Ergänzung ihres Vorbringens aufgefordert hat (BAG vom 11. 3. 1998, NZA 1998, 953, DB 1998, 1821). Deshalb hat das Gericht auch bei fehlender Glaubhaftmachung den Sachverhalt von Amts wegen zu erforschen. An dieser Erforschung (Aufklärung) haben die Verfahrensbeteiligten mitzuwirken (§ 83 Abs. 1 Satz 2 ArbGG). Der Untersuchungsgrundsatz gilt jedoch nicht unbeschränkt. Die Aufklärungspflicht des Gerichts kann sich nur auf das stützen, was die Beteiligten vortragen. Nur das, wofür sie in ihrem Sachvortrag selbst Anhaltspunkte liefern, kann und darf das Gericht weiter „aufklären", und es muss dabei den Charakter des Eilverfahrens berücksichtigen, d.h. im Termin zur Anhörung über die einstweilige Verfügung muss das Gericht anwesende Personen über ihm erheblich erscheinende, aber bisher noch nicht ausreichend dargestellte Tatsachen anhören und präsente Zeugen vernehmen. Eine Beweisaufnahme allerdings, die nicht sofort erfolgen kann, ist nach § 294 Abs. 2 ZPO unstatthaft (vgl. zum Ganzen: BAG vom 25. 9. 1986, AP Nr. 7 zu § 1 BetrVG 1972 und LAG München vom 26. 8. 1992, LAGE § 23 BetrVG 1972 Nr. 29 = BB 1993, 2168). Schriftstücke sind der Antragsschrift im Original oder in beglaubigter Abschrift oder beglaubigter Fotokopie beizufügen. Die Ankündigung ihrer Vorlage ist ebenso zur Glaubhaftmachung unzureichend wie die Beifügung unbeglaubigter Schriftstücke (BAG vom 28. 8. 1991, AP Nr. 2 zu § 85 ArbGG 1979).

4. Die geforderte Sicherheit liegt nicht vor, wenn entscheidungserhebliche Tatsachen streitig sind, die wechselseitig glaubhaft gemacht werden (LAG Köln vom 17. 4. 1998, 5 TaBV 20/98, n. v.).

5. Schriftstücke sind in beglaubigter Abschrift der Antragsschrift beizufügen. Bei eidesstattlichen Versicherungen ist eine eigene Sachverhaltsschilderung (siehe Fallbeispiel F. II. 6) durch den Versichernden erforderlich. Statt dessen liest man jedoch immer wieder eidesstattliche Versicherungen, in denen es heißt: „Ich habe die Antragsschrift meines Verfahrensbevollmächtigten gelesen. Die dortigen Angaben entsprechen der Richtigkeit und beruhen auf meinen Angaben" oder Ähnliches. Das aber entspricht nicht den Anforderungen des Bundesgerichtshofes (BGH vom 13. 1. 1988, NJW 1988, 2045), denn Dritte unterschreiben oft meist ungeprüft, was ihnen vorgelegt wird (BPatG vom 27. 11. 1974, GRUR 1978, 360).

13.2 Abbruch der Betriebsratswahl – Antrag eines Wahlbewerbers

An das
Arbeitsgericht ......

Antrag   auf Erlass einer einstweiligen Verfügung
                                im Beschlussverfahren

der Wahlvorschlagsliste für die Betriebsratswahl im
Betrieb der ...... ,
 „Krause, Lehmann, Müller, ... , die tun was",
vertreten durch die Listenführerin ...... ,

                                – Antragstellerin und Beteiligte zu 1) –
Verfahrensbevollmächtigte/r: Rechtsanwälte ......

                        gegen

den Wahlvorstand der Betriebsratswahl im
Betrieb der ...... ,
vertreten durch den Vorsitzenden des Wahlvorstands ...... ,

                        – Antragsgegner und Beteiligter zu 2) –
Namens und in Vollmacht der Beteiligten zu 1) beantragen wir, im Wege der einstweiligen Verfügung – wegen Dringlichkeit ohne mündliche Verhandlung[1] – zu beschließen,
den Beteiligten zu 2) zu verpflichten, das zurzeit laufende Wahlverfahren abzubrechen und bekannt zu machen, dass der Wahlgang nicht stattfindet, insbesondere am Tag.Monat.Jahr eine Stimmabgabe nicht durchgeführt wird.
Für den Fall des Obsiegens wird weiter beantragt, eine abgekürzte Beschlussausfertigung (§ 317 Abs. 2 Satz 2 ZPO) zu erteilen.

Begründung:

1. Sachverhalt[2]

Im Betrieb der ...... , geschäftsansässig ...... , ist die Neuwahl des Betriebsrates eingeleitet. Unter anderem bewerben sich Belegschaftsmitglieder auf der Wahlvorschlagsliste der Beteiligten zu 1). Diese Liste hat die Beteiligte zu 1) unter dem im Rubrum angegebenen Kennwort vor 16 Tagen bei dem Beteiligten zu 2) eingereicht. Drei Tage später beanstandete der Beteiligte zu 2) schriftlich die Vorschlagsliste der Beteiligten zu 1). Er machte geltend, das von der Beteiligten zu 1) benutzte Kennwort könne zu Verwechslungen mit einer anderen Liste führen, die unter dem

Kennwort „Ein starkes Team setzt sich durch, Gewerkschaftsbetriebsräte" auf Platz 1 der Liste ebenfalls einen Bewerber mit dem Familiennamen Lehmann führt. Der Beteiligte zu 2) setzte der Beteiligten zu 1) eine inzwischen abgelaufene Nachfrist von zwei Tagen zur Korrektur der Wahlvorschlagsliste. Da die Beteiligte zu 1) nichts unternahm, hat er sie bei dem weiteren Wahlverfahren, insbesondere bei der Auslosung der Ordnungszahlen für die Wahlvorschläge nicht berücksichtigt.

Glaubhaftmachung:[3] Ablichtung des vorgenannten Schreibens des Beteiligten zu 2) sowie eidesstattliche Versicherung der Listenführerin der Beteiligten zu 1)

Das Wahlverfahren wird fortgesetzt und die Stimmabgabe ist für den kommenden Freitag, also in zwei Tagen, angesetzt.

Glaubhaftmachung: Bekanntmachung des Beteiligten zu 2) über den Zeitpunkt der Stimmabgabe.

2. Rechtsausführungen

2.1 Zulässigkeit

Die Beteiligten sind parteifähig im Sinne des 10 ArbG i.V.m. §§ 14, 16 BetrVG und §§ 6ff. WO. Nicht zu beteiligen ist hingegen der amtierende Betriebsrat (LAG Baden-Württemberg vom 13. 4. 1994, DB 1994, 1091).

Rechtsfehlerhafte Maßnahmen des Wahlvorstandes können bereits im Laufe des Wahlverfahrens zum Gegenstand eines arbeitsgerichtlichen Verfügungsverfahrens gemacht werden (vgl. BAG vom 15. 12. 1972, AP Nr. 1 zu § 14 BetrVG 1972; BAG vom 25. 8. 1981, AP Nr. 2 zu § 83 ArbGG 1979; BAG vom 3. 6. 1975, AP Nr. 1 zu § 5 BetrVG 1972 Rotes Kreuz; LAG Berlin vom 26. 3. 1984, NZA 1984, 333; LAG Bremen vom 26. 3. 1998, 1 TaBV 9/98, LAGE § 18 BetrVG Nr. 6; ArbG Frankfurt/Oder vom 20. 11. 1997, 5 BVGa 2003/97, LAGE § 18 BetrVG Nr. 6).

Ein Abbruch der Betriebsratswahl kann nur in schwerwiegenden Fällen erfolgen, nämlich dann, wenn Nichtigkeitsgründe vorliegen (so z.B. LAG Hamm vom 10. 4. 1975, DB 1975, 1176; LAG Köln vom 27. 12. 1989, LAGE § 19 BetrVG 1972 Nr. 10; LAG München vom 3. 8. 1988, LAGE § 19 BetrVG Nr. 7; LAG Köln vom 29. 3. 2001, 5 TaBV 22/01, n.v., und LAG Niedersachsen vom 13. 5. 1998, 13. TaBV 40/98, n.v.) oder wenn der Mangel rechtlich eindeutig und tatsächlich offensichtlich[4] ist, nicht korrigierbar und mit Sicherheit eine erfolgreiche Anfechtung der Wahl zur Folge hätte (LAG Hamm vom 9. 3. 1994, 3 TaBV 25/94, n.v., und vom 18. 3. 1998, 3 TaBV 42/98, n.v., LAG Baden-Württemberg vom 13. 4. 1994, a.a.O.; sowie LAG Berlin vom 20. 6. 2002, 8 TaBV 948/02, n.v.; FKHE § 18 Rdn. 22a; GK-*Kreutz* § 18 Rdn. 77 m.w.N.).

2.2 Verfügungsanspruch

Der Beteiligte zu 2) war verpflichtet, die von der Beteiligten zu 1) übergebene Wahlvorschlagsliste gemäß § 10 WO bekanntzugeben und die Beteiligte zu 1) im Rahmen der Los-Entscheidung gemäß § 10 Abs. 1 Satz 2 WO zu berücksichtigen, denn dem Beteiligten zu 2) standen keine Gründe gemäß § 7 Abs. 2 WO zur Seite, um die Vorschlagsliste der Beteiligten zu 1) zu beanstanden.

Die Wahlvorschlagsliste der Beteiligten zu 1) war gemäß § 8 WO gültig.

Gemäß § 7 WO sind parteipolitische Kennwörter, den Gegner diffamierende oder gegen ihn aufhetzende Kennwörter sowie lächerlich machende, unsittliche oder irreführende Kennwörter unzulässig. Auch darf durch das Kennwort keine Verwechslungsgefahr eintreten. Die Verwechslungsgefahr bezieht sich jedoch lediglich auf den Inhalt des Kennwortes. Der Beteiligte zu 2) machte jedoch nicht geltend, dass das Kennwort der Beteiligten zu 1) die Gefahr der Verwechslung mit dem Kennwort einer anderen Wahlvorschlagsliste auslöste, sondern begründete die Verwechslungsgefahr mit weiteren Angaben auf der Liste eines anderen Wahlbewerbers. Damit war eine Verwechslungsgefahr der einzelnen Kennwörter bereits von ihrem Wortlaut her ausgeschlossen. Schließlich hätte sich auch jeder Wähler durch Einblick in die Liste von der individuellen Person, die er wählen will, überzeugen können.

Der Wahlvorstand hätte also die Beteiligte zu 1) berücksichtigen müssen. Da er es nicht tat, wird die Wahl bei ihrer Durchführung nichtig, mindestens aber wegen eines offensichtlichen Fehlers anfechtbar sein.

2.3 Verfügungsgrund

Eine Durchführung der Wahl würde der Beteiligten zu 1) zwar die Möglichkeit zur Wahlanfechtung eröffnen[5], sie aber zunächst – und zwar für längere Zeit – von der Möglichkeit ausschließen, gewählt zu werden. Erfahrungsgemäß dauert ein Wahlanfechtungsverfahren bis zum Eintritt der Rechtskraft etwa zwei Jahre. In dieser Zeit würde die Belegschaft durch einen nicht unter Berücksichtigung der Regeln der Demokratie zustande gekommenen Betriebsrat vertreten werden, und all diejenigen Arbeitnehmer, die die Beteiligte zu 1) hätten wählen wollen, sind in ihren demokratischen Rechten schwer und nicht hinnehmbar beeinträchtigt.

Bei der Frage des Abbruchs einer Betriebsratswahl ist stets eine Interessenabwägung vorzunehmen zwischen dem Interesse des Antragstellers – in der Regel der Arbeitgeber – an der Vermeidung einer Wahlanfechtung und dem Interesse der im Betrieb beschäftigten Arbeitnehmer an einer wirksamen Interessenvertretung, wobei letzteres Interesse in aller Regel überwiegt (LAG Hamm vom 10. 4. 1975, a. a. O.).

Vorliegend geht es jedoch nicht um die Interessen des Arbeitgebers, die vornehmlich in der Vermeidung der Kosten und Umstände liegen, die mit der Wiederholung einer Betriebsratswahl verbunden sind. Gegenstand der Abwägung sind hier vielmehr die grundlegenden demokratischen Rechte von Wahlbewerbern und des Teils der Belegschaft, die sich von diesen Wahlbewerbern vertreten lassen will. Hier ist ein überwiegendes Interesse der Belegschaft festzustellen, allen Wahlbewerbern die gleiche Chance zu geben und allen Belegschaftsmitgliedern, sich die Betriebsratsvertreter ihrer Wahl auszusuchen.

Demgegenüber sind lediglich die Interessen des Beteiligten zu 2) zu berücksichtigen, sich der Mühen einer Wahl nicht nochmals unterziehen zu müssen und die selbstverständlich unbeachtlichen Interessen der anderen Wahlbewerber, deren Wahllisten anerkannt wurden, ohne die Konkurrenz der Beteiligten zu 1) die Betriebsratswahl durchzuführen.

Auch ein milderes Mittel ist nicht ersichtlich. Insbesondere kann nicht durch bloße nachträgliche Anerkennung der Wahlvorschlagsliste der Beteiligten zu 1) der Wahlfehler beseitigt werden, da den Wählern dann keine ausreichende Zeit zwischen der Bekanntmachung des Wahlvorschlages und der Stimmabgabe zur Verfügung steht, um sich auf ihre Wahl vorzubereiten. Ein Fehler würde durch den anderen ersetzt, aber nicht ausgeglichen werden.

Begl. und einfache Abschrift sowie die vorgenannten Mittel zur Glaubhaftmachung[6] anbei

Rechtsanwalt

Anmerkungen

1. Wie die praktische Erfahrung zeigt, neigen die Gerichte nicht dazu, einstweilige Verfügungen ohne mündliche Verhandlungen zu erlassen. Das erfolgt in der Regel nur, wenn die Zeit zwischen Antragseingang und dem abzuwendenden Ereignis bzw. dem Zeitpunkt, zu dem die begehrte Wirkung der einstweiligen Verfügung im Sinne einer Zweckerreichung einsetzen muss, zu kurz ist, um noch dazwischen eine mündliche Verhandlung anzuberaumen. Das darf allerdings nicht dazu verführen, den Antrag sehr spät zu stellen, weil sich die dadurch verursachte Eilbedürftigkeit gegen den Antragsteller richten kann. Es bedarf in der Antragsschrift der Darstellung, warum eine frühere Antragstellung nicht erfolgen konnte. Kann der Antragsteller seine späte Antragstellung nicht ausreichend rechtfertigen, droht allein aus diesem Grund die Zurückweisung des Antrages.

Insbesondere für unerlässlich wird eine mündliche Verhandlung im Allgemeinen dann erachtet, wenn die begehrte Entscheidung die Hauptsache im Wesentlichen vorwegnimmt und praktisch unumkehrbare Verhältnisse schafft (LAG Köln vom 13. 8. 1996, 11 Ta 173/96, NZA 1997, 317 f.).

Selbst die Zurückweisung des Antrages auf Erlass einer einstweiligen Verfügung soll in der Regel nicht ohne mündliche Verhandlung erfolgen, obwohl § 62 Abs. 2 Satz 2 ArbGG ein solches Verfahren ausdrücklich zulässt (Sächs. LAG vom 8. 4. 1997, 1 Ta 89/97, NZA 1998, 223 f.)

2. Ein umfassender Tatsachenvortrag bereits in der Antragsschrift, spätestens aber in der Verhandlung, ist nicht nur erforderlich, um dem Gericht gegebenenfalls Anhaltspunkte für weitere aufklärende Fragen zu geben, sondern weil dieser Sachvortrag auch die Grundlage für eine etwaige Überprüfung der Sach- und Rechtslage in der Beschwerdeinstanz darstellt. Grundsätzlich können die Parteien im arbeitsgerichtlichen Beschlussverfahren wegen des Untersuchungsgrundsatzes auch noch in der Beschwerdeinstanz im Rahmen des § 87 Abs. 3 ArbGG neue Tatsachen einführen, doch gilt das für das einstweilige Verfügungsverfahren nicht uneingeschränkt. Der Sachvortrag bestimmt nämlich den Verfügungsanspruch. Ändern die neuen Tatsachen den Verfügungsanspruch, ist eine Änderung des Tatsachenvortrages in der Regel nicht sachdienlich und damit in entsprechender Anwendung des § 263 ZPO als unzulässig zurückzuweisen (LAG Schleswig-Holstein vom 9. 7. 1990, 6 TaBV 10/90, zitiert nach Juris).

3. Durch die über § 85 Abs. 2 Satz 2 ArbGG anzuwendenden Vorschriften der §§ 936 und 920 Abs. 2 ZPO ist auch der Antrag auf Erlass einer einstweiligen Verfügung im Beschlussverfahren hinsichtlich Verfügungsanspruch und Verfügungsgrund glaubhaft zu machen. Kommt der Antragsteller dieser Verpflichtung nicht nach, dann ist und insoweit anders als in den Verfahren vor den Zivilgerichten, für die die Parteimaxime gilt, der Antrag nicht schon aus diesem Grunde abzuweisen. Im arbeitsgerichtlichen Beschlussverfahren gilt vielmehr der Untersuchungsgrundsatz (§ 83 Abs. 1 Satz 1 ArbGG). So ist die gerichtliche Bewertung des Vorbringens der Beteiligten im Beschlussverfahren als nicht hinreichend substantiiert nur dann statthaft, wenn das Gericht auf diese Einschätzung hingewiesen und die Beteiligten zur Ergänzung ihres Vorbringens aufgefordert hat (BAG vom 11. 3. 1998, NZA 1998, 953, DB 1998, 1821). Deshalb hat das Gericht auch bei fehlender Glaubhaftmachung den Sachverhalt von Amts wegen zu erforschen. An dieser Erforschung (Aufklärung) haben die Verfahrensbeteiligten mitzuwirken (§ 83 Abs. 1 Satz 2 ArbGG). Der Untersuchungsgrundsatz gilt jedoch nicht unbeschränkt. Die Aufklärungspflicht des Gerichts kann sich nur auf das stützen, was die Beteiligten vortragen. Nur das, wofür sie in ihrem Sachvortrag selbst Anhaltspunkte liefern, kann und darf das Gericht weiter „aufklären", und es muss dabei den Charakter des Eilverfahrens berücksichtigen, d. h. im Termin zur Anhörung über die einstweilige Verfügung muss das Gericht anwesende Personen über ihm erheblich erscheinende, aber bisher noch nicht ausreichend dargestellte Tatsachen anhören und präsente Zeugen vernehmen. Eine Beweisaufnahme allerdings, die nicht sofort erfolgen kann, ist nach § 294 Abs. 2 ZPO unstatthaft (vgl. zum Ganzen: BAG vom 25. 9. 1986, AP Nr. 7 zu § 1 BetrVG 1972 und LAG München vom 26. 8. 1992, LAGE § 23 BetrVG 1972 Nr. 29 = BB 1993, 2168). Schriftstücke sind der Antragsschrift im Original oder in beglaubigter Abschrift oder beglaubigter Fotokopie beizufügen. Die Ankündigung ihrer Vorlage ist ebenso zur Glaubhaftmachung unzureichend wie die Beifügung unbeglaubigter Schriftstücke (BAG vom 28. 8. 1991, AP Nr. 2 zu § 85 ArbGG 1979).

4. Die geforderte Sicherheit liegt nicht vor, wenn entscheidungserhebliche Tatsachen streitig sind, die wechselseitig glaubhaft gemacht werden (LAG Köln vom 17. 4. 1998, 5 TaBV 20/98, LAGE § 19 BetrVG Nr. 16).

5. Wie im Antrag dargestellt, gibt es unterschiedliche Auffassungen darüber, ob die bloße Anfechtbarkeit einen Wahlabbruch rechtfertigt; ablehnend z. B. Hess. LAG vom 29. 3. 2001, 5 Ta BV 22/01, n. v.

6. Schriftstücke sind in beglaubigter Abschrift der Antragsschrift beizufügen. Bei eidesstattlichen Versicherungen ist eine eigene Sachverhaltsschilderung (siehe Fallbeispiel F. II. 6) durch den Versichernden erforderlich. Statt dessen liest man jedoch immer wieder eidesstattliche Versicherungen, in denen es heißt: „Ich habe die Antragsschrift meines Verfahrensbevollmächtigten gelesen. Die dortigen Angaben entsprechen der Richtigkeit und beruhen auf meinen Angaben" oder Ähnliches. Das aber entspricht nicht den Anforderungen des Bundesgerichtshofes (BGH vom 13. 1. 1988, NJW 1988, 2045), denn Dritte unterschreiben oft meist ungeprüft, was ihnen vorgelegt wird (BPatG vom 27. 11. 1974, GRUR 1978, 360).

13.3 Abbruch der Betriebsratswahl – Antrag des Arbeitgebers

An das
Arbeitsgericht ......

Antrag   auf Erlass einer einstweiligen Verfügung
                            im Beschlussverfahren

der ......,
diese vertreten durch ......,
alle geschäftsansässig ......

                            – Antragstellerin und Beteiligte zu 1) –
Verfahrensbevollmächtigte/r: Rechtsanwälte ......

                            gegen

den Wahlvorstand der Betriebsratswahl im
Betrieb der ......,
vertreten durch den Vorsitzenden des Wahlvorstands D. D.,
......

                            – Antragsgegner und Beteiligter zu 2) –
Namens und in Vollmacht der Beteiligten zu 1) beantragen wir, im Wege der einstweiligen Verfügung – wegen Dringlichkeit ohne mündliche Verhandlung[1] – zu beschließen,

den Beteiligten zu 2) zu verpflichten, das zurzeit laufende Wahlverfahren abzubrechen und bekannt zu machen, dass der Wahlgang nicht stattfindet, insbesondere am Tag.Monat.Jahr eine Stimmabgabe nicht durchgeführt wird.

Begründung:

1. Sachverhalt[2]

Die Beteiligte zu 1) ist ein Unternehmen der Dienstleistungsbranche und unterhält zwei Betriebsstätten, eine in A und die andere in dem 300 Kilometer entfernten B, wo 200 Mitarbeiter tätig sind, während in A nur 50 Beschäftigte arbeiten.

Glaubhaftmachung[3]: eidesstattliche Versicherung des Geschäftsführers der Beteiligten zu 1)

Vor sechs Monaten ist für beide Betriebe zusammen ein einheitlicher Betriebsrat gewählt worden. Die Wahl ist nicht angefochten worden.

Glaubhaftmachung: Ablichtung der Bekanntmachung über das Wahlergebnis und eidesstattliche Versicherung wie vor

Vor zwei Wochen hat sich eine Gruppe von Arbeitnehmern im Betrieb in A versammelt. Im Anschluss daran hat der im Passivrubrum bezeichnete D. D. verkündet, es habe eine Betriebsversammlung stattgefunden und er sei zusammen mit zwei Kolleginnen zum Wahlvorstand bestellt worden.

Glaubhaftmachung: Ablichtung der „Bekanntmachung" des D. D.

Der Geschäftsführer der Beteiligten zu 1) hat zwei Tage später mit Herrn D. gesprochen und ihn um Aufklärung hinsichtlich der Wahrung von Formen und Fristen der Betriebsversammlung gebeten. Herr D. hat jede Auskunft abgelehnt. Als der Geschäftsführer der Beteiligten zu 1) auf die seiner Auffassung nach wegen der bereits erfolgten gemeinsamen Wahl bestehende Fehlerhaftigkeit einer Betriebsratswahl in A hinwies, erklärte Herr D., die vorangegangene Wahl sei unwirksam. Außerdem fühlten sich die Arbeitnehmer in A durch den gemeinsamen Betriebsrat nicht ordnungsgemäß vertreten, da dessen Mitglieder ganz überwiegend aus B stammen. Sollte der Geschäftsführer seine Behauptung, die angestrebte Betriebsratswahl in A sei rechtswidrig, verbreiten, hätte er mit einer Strafanzeige wegen Wahlbehinderung zu rechnen.

Glaubhaftmachung: eidesstattliche Versicherung des bei dem Gespräch anwesenden Personalleiters ......

Der Beteiligte zu 2) hat inzwischen den Wahlvorgang unter Verletzung weiterer Wahlvorschriften vorangetrieben und für den kommenden Montag, also in fünf Tagen, eine Stimmabgabe angesetzt. Dabei ist er auch von einer falschen Zahl der regelmäßigen Arbeitnehmer ausgegangen, nämlich von 53 statt 50 Arbeitnehmern mit der Folge, dass er fünf Betriebsratsmitglieder wählen lassen will statt nur drei. Der Beteiligte zu 2) hat nämlich zwei Arbeitnehmerinnen, die Sekretärinnen S. und L. mitgezählt, obwohl sie nur als befristete Vertreterinnen für zwei Arbeitnehmerinnen eingestellt sind, die sich im Erziehungsurlaub befinden, und geht von der Einstellung eines weiteren Vertriebsbeauftragten aus, weil der Geschäftsführer der Beteiligten zu 1) unlängst geäußert hat, er denke über eine weitere Einstellung in diesem Bereich nach. So hat er jedenfalls in dem genannten Gespräch seinen Wahlaufruf begründet.

Glaubhaftmachung: wie vor

2. Rechtsausführungen

2.1 Zulässigkeit

Die Beteiligten sind parteifähig im Sinne des § 10 ArbG i.V.m. §§ 14, 16 BetrVG und §§ 6 ff. WO. Nicht zu beteiligen ist hingegen der amtierende Betriebsrat (LAG Baden-Württemberg vom 13. 4. 1994, DB 1994, 1091).

Rechtsfehlerhafte Maßnahmen des Wahlvorstandes können bereits im Laufe des Wahlverfahrens zum Gegenstand eines arbeitsgerichtlichen Verfügungsverfahrens gemacht werden (vgl. BAG vom 15. 12. 1972, AP Nr. 1 zu § 14 BetrVG 1972; BAG vom 25. 8. 1981, AP Nr. 2 zu § 83 ArbGG 1979; BAG vom 3. 6. 1975, AP Nr. 1 zu § 5 BetrVG 1972 Rotes Kreuz; LAG Berlin vom 26. 3. 1984, NZA 1984, 333; LAG Bremen vom 26. 3. 1998, 1 TaBV 9/98, LAGE § 18 BetrVG Nr. 6; ArbG Frankfurt/Oder vom 20. 11. 1997, 5 BVGa 2003/97, n.v.).

Ein Abbruch der Betriebsratswahl kann nur in schwerwiegenden Fällen erfolgen, nämlich dann, wenn Nichtigkeitsgründe vorliegen (so z.B. LAG Hamm vom 10. 4. 1975, 8 TaBV 29/75, DB 1975, 1176; LAG Köln vom 27. 12. 1989, LAGE § 19 BetrVG 1972 Nr. 10; LAG München vom 3. 8. 1988, LAGE § 19 BetrVG Nr. 7; LAG Köln vom 29. 3. 2001, 5 TaBV 22/01, n.v. und LAG Niedersachsen vom 13. 5. 1998, 13. TaBV 40/98, n.v.) oder wenn der Mangel rechtlich eindeutig und tatsächlich offensichtlich[4] ist, nicht korrigierbar und mit Sicherheit eine erfolgreiche Anfechtung der Wahl zur Folge hätte (LAG Hamm vom 9. 3. 1994, 3 TaBV 25/94, n.v., und vom 18. 3. 1998, 3 TaBV 42/98, n.v., sowie LAG Baden-Württemberg vom 13. 4. 1994, a.a.O., sowie LAG Berlin vom 20. 6. 2002, 8 TaBV 948/02, n.v.; FKHE § 18 Rdn. 22a; GK-*Kreutz* § 18 Rdn. 77 m.w.N.).

2.2 Verfügungsanspruch

Der Einwand der Beteiligten zu 1) gegen die beabsichtigte Betriebsratswahl stützt sich in erster Linie auf die Missachtung der Existenz des bereits vorhandenen Betriebsrates. Das setzt dessen wirksame Wahl voraus, gegen die jedoch erhebliche Einwände nicht vorgebracht werden können.

Allerdings kann nicht ausgeschlossen werden, dass der gemeinsamen Betriebsratswahl für die Betriebsstätten A und B wegen der erheblichen räumlichen Entfernung eine Verkennung des Betriebsbegriffes zugrunde lag (§ 4 Abs. 1 Nr. 1 BetrVG). Die Verkennung des Betriebsbegriffes führt jedoch regelmäßig nur zur Anfechtbarkeit und nicht zur Nichtigkeit der Betriebsratswahl (BAG vom 13. 9. 1984, AP Nr. 3 zu § 1 BetrVG 1972; LAG Niedersachsen vom 13. 5. 1998, a.a.O.). Da die Wahl auch nicht angefochten wurde, ist der für beide Betriebe gewählte Betriebsrat somit auch für den Betrieb in A wirksam gewählt und zuständig.

Die Wahl eines Betriebsrates für einen Betrieb, für den bereits ein anderer Betriebsrat zuständig ist, stellt einen groben und offensichtlichen Verstoß gegen wesentliche Grundsätze des gesetzlichen Wahlrechts dar, der zur Nichtigkeit der Betriebsratswahl führt (BAG vom 11. 4. 1978, AP Nr. 8 zu § 19 BetrVG 1972).

Die Wahl ist weiter fehlerhaft und führt mit Sicherheit zu einer erfolgreichen Anfechtung[5], weil der Beteiligte zu 2) von einer zu hohen Beschäftigtenzahl ausgeht. Hinsichtlich der Vertretungskräfte ergibt sich das bereits aus § 21 Abs. 7 Satz 1 BErzGG. Soweit er auf eventuell zukünftige Entwicklungen abstellt, fehlt es jedoch an bereits getroffenen konkreten Veränderungsentscheidungen des Beteiligten zu 1). Bloße Befürchtungen oder Erwartungen hinsichtlich der Personalentwicklung haben keinen Einfluss auf die Regelzahl (LAG Hamm vom 18. 3. 1998, 3 TaBV 42/98, BB 1998, 1211).

2.3 Verfügungsgrund

Mit der „Wahl" eines Betriebsrates für die Betriebsstätte A entstehen der Beteiligten zu 1) Kosten, Arbeitszeitausfälle und organisatorische Probleme, was auf der Hand liegt und deshalb nicht näher erörtert werden muss. Darüber hinaus wird eine erhebliche Unruhe im Betrieb ausgelöst, weil die bei dieser Wahl erfolgreichen Personen sich als Betriebsrat aufführen werden und auch die Belegschaft nicht mehr erkennen kann, wer ihre Interessen vertritt. Die Beteiligte zu 1) wäre bis zur Entscheidung eines Gerichts zur Vermeidung derartiger betrieblicher Unruhe gehalten, zunächst einmal mit zwei Betriebsräten zu verhandeln. Das ist nicht zumutbar.

Bei der Frage des Abbruchs einer Betriebsratswahl ist stets eine Interessenabwägung vorzunehmen zwischen dem Interesse des Arbeitgebers an der Vermeidung einer Wahlanfechtung und dem Interesse der im Betrieb beschäftigten Arbeitnehmer an einer wirksamen Interessenvertretung, wobei letzteres Interesse in aller Regel überwiegt (LAG Hamm vom 10. 4. 1975, a. a. O.).

Im vorliegenden Fall ist eine wirksame Interessenvertretung der Belegschaft jedoch nicht gefährdet. Dabei kommt es nicht darauf an, ob die eine abweichende Wahl anstrebenden Arbeitnehmer die Tätigkeit des gewählten Betriebsrates akzeptieren oder nicht, sondern allein auf die Existenz einer kollektiven Vertretung, die die Rechte eines Betriebsrates wirksam ausüben kann.

Begl. und einfache Abschrift sowie die vorgenannten Mittel zur Glaubhaftmachung[6] anbei.

Rechtsanwalt

Anmerkungen

1. Wie die praktische Erfahrung zeigt, neigen die Gerichte nicht dazu, einstweilige Verfügungen ohne mündliche Verhandlungen zu erlassen. Das erfolgt in der Regel nur, wenn die Zeit zwischen Antragseingang und dem abzuwendenden Ereignis bzw. dem Zeitpunkt, zu dem die begehrte Wirkung der einstweiligen Verfügung im Sinne einer Zweckerreichung einsetzen muss, zu kurz ist, um noch dazwischen eine mündliche Verhandlung anzuberaumen. Das darf allerdings nicht dazu verführen, den Antrag sehr spät zu stellen, weil sich die dadurch verursachte Eilbedürftigkeit gegen den Antragsteller richten kann. Es bedarf in der Antragsschrift der Darstellung, warum eine frühere Antragstellung nicht erfolgen konnte. Kann der Antragsteller seine späte Antragstellung nicht ausreichend rechtfertigen, droht allein aus diesem Grund die Zurückweisung des Antrages.

Insbesondere für unerlässlich wird eine mündliche Verhandlung im Allgemeinen dann erachtet, wenn die begehrte Entscheidung die Hauptsache im Wesentlichen vorwegnimmt und praktisch unumkehrbare Verhältnisse schafft (LAG Köln vom 13. 8. 1996, 11 Ta 173/96, NZA 1997, 317 f.).

Selbst die Zurückweisung des Antrages auf Erlass einer einstweiligen Verfügung soll in der Regel nicht ohne mündliche Verhandlung erfolgen, obwohl § 62 Abs. 2 Satz 2 ArbGG ein solches Verfahren ausdrücklich zulässt (Sächs. LAG vom 8. 4. 1997, 1 Ta 89/97, NZA 1998, 223 f.).

2. Ein umfassender Tatsachenvortrag bereits in der Antragsschrift, spätestens aber in der Verhandlung, ist nicht nur erforderlich, um dem Gericht gegebenenfalls Anhaltspunkte für weitere aufklärende Fragen zu geben, sondern weil dieser Sachvortrag auch die Grundlage für eine etwaige Überprüfung der Sach- und Rechtslage in der Beschwerdeinstanz darstellt. Grundsätzlich können die Parteien im arbeitsgerichtlichen Beschlussverfahren wegen des Untersuchungsgrundsatzes auch noch in der Beschwerdeinstanz im Rahmen des § 87 Abs. 3 ArbGG neue Tatsachen einführen, doch gilt das nicht für das einstweilige Verfügungsverfahren. Der Sachvortrag bestimmt nämlich den Verfügungsanspruch. Neue Tatsachen ändern den Verfügungsanspruch. Eine Änderung des Tatsachenvortrages ist daher in der Regel nicht sachdienlich und damit in entsprechender Anwendung des § 263 ZPO als unzulässig zurückzuweisen (LAG Schleswig-Holstein vom 9. 7. 1990, 6 TaBV 10/90; zitiert nach Juris).

3. Durch die über § 85 Abs. 2 Satz 2 ArbGG anzuwendenden Vorschriften der §§ 936 und 920 Abs. 2 ZPO ist auch der Antrag auf Erlass einer einstweiligen Verfügung im Beschlussverfahren hinsichtlich Verfügungsanspruch und Verfügungsgrund glaubhaft zu machen. Kommt der Antragsteller dieser Verpflichtung nicht nach, dann ist und insoweit anders als in den Verfahren vor den Zivilgerichten, für die die Parteimaxime gilt, der Antrag nicht schon aus diesem Grunde abzuweisen. Im arbeitsgerichtlichen Beschlussverfahren gilt vielmehr der Untersuchungsgrundsatz (§ 83 Abs. 1 Satz 1 ArbGG). So ist die gerichtliche Bewertung des Vorbringens der Beteiligten im Beschlussverfahren als nicht hinreichend substantiiert nur dann statthaft, wenn das Gericht auf diese Einschätzung hingewiesen und die Beteiligten zur Ergänzung ihres Vorbringens aufgefordert hat (BAG vom 11. 3. 1998, NZA 1998, 953, DB 1998, 1821). Deshalb hat das Gericht auch bei fehlender Glaubhaftmachung den Sachverhalt von Amts wegen zu erforschen. An dieser Erforschung (Aufklärung) haben die Verfahrensbeteiligten mitzuwirken (§ 83 Abs. 1 Satz 2 ArbGG). Der Untersuchungsgrundsatz gilt jedoch nicht unbeschränkt. Die Aufklärungspflicht des Gerichts kann sich nur auf das stützen, was die Beteiligten vortragen. Nur das, wofür sie in ihrem Sachvortrag selbst Anhaltspunkte liefern, kann und darf das Gericht weiter „aufklären", und es muss dabei den Charakter des Eilverfahrens berücksichtigen, d. h. im Termin zur Anhörung über die einstweilige Verfügung muss das Gericht anwesende Personen über ihm erheblich erscheinende, aber bisher noch nicht ausreichend dargestellte Tatsachen anhören und präsente Zeugen vernehmen. Eine Beweisaufnahme allerdings, die nicht sofort erfolgen kann, ist nach § 294 Abs. 2 ZPO unstatthaft (vgl. zum Ganzen: BAG vom 25. 9. 1986, AP Nr. 7 zu § 1 BetrVG 1972 und LAG München vom 26. 8. 1992, LAGE § 23 BetrVG 1972 Nr. 29 = BB 1993, 2168). Schriftstücke sind der Antragsschrift im Original oder in beglaubigter Abschrift oder beglaubigter Fotokopie beizufügen. Die Ankündigung ihrer Vorlage ist ebenso zur Glaubhaftmachung unzureichend wie die Beifügung unbeglaubigter Schriftstücke (BAG vom 28. 8. 1991, AP Nr. 2 zu § 85 ArbGG 1979).

4. Die geforderte Sicherheit liegt nicht vor, wenn entscheidungserhebliche Tatsachen streitig sind, die wechselseitig glaubhaft gemacht werden (LAG Köln vom 17. 4. 1998, 5 TaBV 20/98, LAGE § 19 BetrVG Nr. 16).

5. Wie im Antrag dargestellt, gibt es unterschiedliche Auffassungen darüber, ob die bloße Anfechtbarkeit einen Wahlabbruch rechtfertigt; ablehnend Hess. LAG vom 29. 3. 2001, 5 TaBV 22/01, n. v.).

6. Schriftstücke sind in beglaubigter Abschrift der Antragsschrift beizufügen. Bei eidesstattlichen Versicherungen ist eine eigene Sachverhaltsschilderung (siehe Fallbeispiel F. II. 6) durch den Versichernden erforderlich. Statt dessen liest man jedoch immer wieder eidesstattliche Versicherungen, in denen es heißt: „Ich habe die Antragsschrift meines Verfahrensbevollmächtigten gelesen. Die dortigen Angaben entsprechen der Richtigkeit und beruhen auf meinen Angaben" oder Ähnliches. Das aber entspricht nicht den Anforderungen des Bundesgerichtshofes (BGH vom 13. 1. 1988, NJW 1988, 2045), denn Dritte unterschreiben oft meist ungeprüft, was ihnen vorgelegt wird (BPatG vom 27. 11. 1974, GRUR 1978, 360).

13.4 Antrag gegen den Arbeitgeber auf Unterlassung von Wahlbehinderung

An das
Arbeitsgericht ......

Antrag   auf Erlass einer einstweiligen Verfügung
              im Beschlussverfahren

des Wahlvorstandes der Betriebsratswahl im
Betrieb der ...... ,
vertreten durch den Vorsitzenden des Wahlvorstands
...... ,

– Antragsteller und Beteiligter zu 1) –

Verfahrensbevollmächtigte/r: Rechtsanwälte ......

gegen

die ...... ,
diese vertreten durch ...... ,
alle geschäftsansässig ......

– Antragsgegnerin und Beteiligte zu 2) –

Namens und in Vollmacht des Antragstellers und Beteiligten zu 1) beantragen wir, im Wege der einstweiligen Verfügung – wegen Dringlichkeit ohne mündliche Verhandlung[1] – zu beschließen,

1. der Antragsgegnerin zu untersagen, Belegschaftsangehörigen ein Schreiben zu übergeben, in dem sie unter einfacher Wiederholung des Gesetzeswortlautes feststellt, die Empfänger der Schreiben seien leitende Angestellte im Sinne des § 5 Abs. 3 Nr. 2 BetrVG und deshalb weder aktiv noch passiv wahlberechtigt,
2. der Antragsgegnerin für jeden Fall der Zuwiderhandlung gegen die Verpflichtung zu 1) ein Ordnungsgeld in Höhe bis zu EUR ...... anzudrohen.[2]

Für den Fall des Obsiegens wird weiter beantragt, eine abgekürzte Beschlussausfertigung (§ 317 Abs. 2 Satz 2 ZPO) zu erteilen.

Begründung:

1. Sachverhalt[3]

Bei der Beteiligten zu 2) stehen erstmals Betriebsratswahlen an, deren Vorbereitung dem Beteiligten zu 1) obliegt. Der Beteiligte zu 1) hat eine Wählerliste erstellt, auf der mit Ausnahme des Geschäftsführers und der beiden ihm direkt unterstellten (technischen und kaufmännischen) und seit Jahren mit Prokura ausgestatteten Direktoren alle Belegschaftsmitglieder verzeichnet sind.

Glaubhaftmachung:[4] eidesstattliche Versicherung des Wahlvorstandsvorsitzenden ......

Die Beteiligte zu 2) hat vor kurzem mit der Direktvermarktung der von ihr hergestellten Produkte begonnen und zu diesem Zweck ein großes Ladengeschäft eröffnet mit einem etwa 60 Personen starken Verkaufspersonal. Etwas mehr als die Hälfte von diesen hat sie zu Prokuristen bestellt, ohne ihren Status zu ändern; also ihnen beispielsweise ein vom üblichen Gehalt von Verkäufern abweichende Vergütung zu zahlen oder besondere Entscheidungsbefugnisse zu verleihen, die über die dem Verkaufspersonal üblicherweise gegebenen Befugnisse hinausgehen. Diese „Prokuristen" setzt sie unter Berufung auf § 18 Abs. 1 Nr. 1 Arbeitszeitgesetz auch außerhalb des zeitlichen Rahmens des Arbeitszeitgesetzes ein.

Glaubhaftmachung: wie vor

Der Vorsitzende des Beteiligten zu 1) hat am heutigen Tage von einem Mitglied der Belegschaft, dessen Name hier zu seinem eigenen Schutz nicht genannt werden kann, erfahren, dass die Antragsgegnerin an die vorgenannten „Prokuristen" ein Schreiben des im Antrag bezeichneten Inhalts am morgigen Tag aushändigen will. Der Vorsitzende des Beteiligten zu 1) hat daraufhin versucht, mit dem Geschäftsführer der Beteiligten zu 2) Kontakt aufzunehmen. Er hat den Geschäftsführer über dessen Sekretärin mitteilen lassen, er müsse ihn dringend wegen des Schreibens an die Prokuristen sprechen. Dieser hat er jedoch durch seine Sekretärin erklären lassen, er sei beschäftigt und könne zurzeit mit dem Beteiligten zu 1) keine Gespräche führen.

Glaubhaftmachung: wie vor

Der Wahlvorstand hat daraufhin einstimmig beschlossen, das vorliegende Verfahren einzuleiten und mit seiner Durchführung die im Rubrum benannten Verfahrensbevollmächtigten zu beauftragen.[5]

Glaubhaftmachung: Ablichtung des Protokolls der Betriebsratssitzung nebst Anwesenheitsliste mit den Unterschriften aller Betriebsratsmitglieder

2. Rechtliche Ausführungen

2.1 Verfügungsanspruch

Gemäß § 20 BetrVG darf niemand, also auch und erst recht nicht der Arbeitgeber, die Wahl des Betriebsrates behindern. Insbesondere darf kein Arbeitnehmer in der Ausübung des aktiven und passiven Wahlrechts beschränkt werden. Niemand darf die Wahl des Betriebsrates durch Androhung von Nachteilen beeinflussen. Die Wahlbehinderung ist eine Straftat (§ 119 Abs. 1 Nr. 1 BetrVG).

Aufgrund der Mitteilung aus der Belegschaft und nach dem dargestellten Verhalten des Geschäftsführers, der auf die Mitteilung des konkreten Gesprächsgrundes lediglich mitteilen lässt, er sei beschäftigt, ist jedenfalls im Rahmen des summarischen Verfahrens und unter Berücksichtigung der besonderen Bedeutung des Schutzrechts, dessen Gefährdung hier droht, die Absicht des Beteiligten zu 1), ein Schreiben der im Antrag beschriebenen Art an den hier bezeichneten Arbeitnehmerkreis „Prokuristen" zu versenden, als hinreichend glaubhaft anzusehen.

Ein Schreiben dieser Art macht dem Adressatenkreis deutlich, welche Auffassung die Beteiligte zu 2) darüber hat, ob ihnen ein aktives oder passives Wahlrecht bei der Betriebsratswahl zusteht. Sie müssen deshalb annehmen, dass die Beteiligte zu 2) es für einen Rechtsverstoß halten würde, wenn der Adressatenkreis sich an der Wahl beteiligt. Muss ein Arbeitnehmer befürchten, dass der Arbeitgeber ein bestimmtes Verhalten als rechtswidrig ansieht, muss der Arbeitnehmer zugleich für sich Rechtsnachteile befürchten. Das wiederum beeinflusst ihn bei seiner Entscheidung, ob und gegebenenfalls wie er sich an der Betriebsratswahl beteiligen will. Der Versand des im Antrag beschriebenen Schreibens stellt also einen Eingriff in die Rechte des Wahlvorstands und der angeschriebenen Angestellten dar und ist deshalb als Wahlbehinderung nach § 20 Abs. 1 BetrVG anzusehen (ArbG Marburg vom 25. 4. 1972, ARST 1972, 146).

2.2. Verfügungsgrund

Hat die Beteiligte zu 2) die im Antrag bezeichneten Schreiben erst einmal an die Arbeitnehmer ausgehändigt, hat sich ein strafbares Verhalten vollzogen. Darüber hinaus ist auch eine dauerhafte Wirkung der damit verursachten Wahlbehinderung wahrscheinlich, denn auch spätere erläuternde oder zurücknehmende Erklärungen, zu denen die Beteiligte zu 2) verpflichtet werden könnte, würden den eingetretenen Eingriff und seine Wirkung nicht gänzlich beseitigen. Schon die Schwere des Verstoßes (strafbar!) gebietet es, den Vollzug der beabsichtigten strafbaren Handlung durch die beantragte Verfügung zu verhindern.

Dabei steht dem Erlass der begehrten einstweiligen Verfügung auch nicht die damit eintretende Vorwegnahme der Hauptsache entgegen. Es kommt allein darauf an, ob eine sofortige Regelung nach Abwägung aller Umstände des Sachverhalts und unter Berücksichtigung der beiderseitigen berechtigten Interessen zur Abwendung wesentlicher Nachteile erforderlich erscheint (LAG Hamm vom 19. 4. 1984, NZA 1984, 130 = DB 1984, 1525–2527 = LAGE Art. 9 GG Arbeitskampf Nr. 14; LAG Düsseldorf vom 9. 11. 1983, ArbuR 1984, 191 und LAG Hamm vom 15. 3. 1994, LAGE § 80 BetrVG 1972 Nr. 12).[6] Ein berechtigtes Interesse der Beteiligten zu 2) an der Begehung einer Wahlbehinderung ist nicht erkennbar. Soweit zwischen den Beteiligten unterschiedliche rechtliche Auffassungen über das aktive und passive Wahlrecht einzelner Arbeitnehmer bestehen sollten, steht es der Beteiligten zu 2) frei, in dem gebotenen gerichtlichen Verfahren eine Klärung herbeizuführen. Nicht aber darf sie unmittelbaren Einfluss auf die Wahrnehmung des aktiven und/oder passiven Wahlrechts nehmen.

Begl. und einfache Abschrift sowie die vorgenannten Mittel zur Glaubhaftmachung[7] anbei.

Rechtsanwalt

Anmerkungen

1. Wie die praktische Erfahrung zeigt, neigen die Gerichte nicht dazu, einstweilige Verfügungen ohne mündliche Verhandlungen zu erlassen. Das erfolgt in der Regel nur, wenn die Zeit zwischen Antragseingang und dem abzuwendenden Ereignis bzw. dem Zeitpunkt, zu dem die begehrte Wirkung der einstweiligen Verfügung im Sinne einer Zweckerreichung einsetzen muss, zu kurz ist, um noch dazwischen eine mündliche Verhandlung anzuberaumen. Das darf allerdings nicht dazu verführen, den Antrag sehr spät zu stellen, weil sich die dadurch verursachte Eilbedürftigkeit gegen den Antragsteller richten kann. Es bedarf in der Antragsschrift der Darstellung, warum eine frühere Antragstellung nicht erfolgen konnte. Kann der Antragsteller seine späte Antragstellung nicht ausreichend rechtfertigen, droht allein aus diesem Grund die Zurückweisung des Antrages.

Insbesondere für unerlässlich wird eine mündliche Verhandlung im Allgemeinen dann erachtet, wenn die begehrte Entscheidung die Hauptsache im Wesentlichen vorwegnimmt und praktisch unumkehrbare Verhältnisse schafft (LAG Köln vom 13. 8. 1996, 11 Ta 173/96, NZA 1997, 317 f.).

Selbst die Zurückweisung des Antrages auf Erlass einer einstweiligen Verfügung soll in der Regel nicht ohne mündliche Verhandlung erfolgen, obwohl § 62 Abs. 2 Satz 2 ArbGG ein solches Verfahren ausdrücklich zulässt (Sächs. LAG vom 8. 4. 1997, 1 Ta 89/97, NZA 1998, 223 f.)

2. Eine Unterlassungsverfügung bedarf nach überwiegender Auffassung der Vollziehung durch Zustellung im Parteibetrieb innerhalb eines Monats (§ 929 Abs. 2 ZPO). Wird diese Maßnahme übersehen, ist die Untersagungsverfügung auf Antrag des Gegners aufzuheben (LAG Hamburg vom 29. 7. 1985, 4 TaBV 6/85, n. v.). Teilweise wird jedoch die Auffassung vertreten, wegen der sofort einsetzenden Verbindlichkeit des Verbots für den Schuldner seien weitere Maßnahmen des Gläubigers zur Vollziehung nicht erforderlich, wenn das Verbot sanktionsbewehrt ist, also mit der Androhung von Ordnungsmitteln verbunden (LAG Hamburg vom 18. 5. 1993, 3 TaBV 3/93, n. v., und LAG Berlin vom 12. 11. 1997, 6 Ta 15/97, n. v.).

3. Ein umfassender Tatsachenvortrag bereits in der Antragsschrift, spätestens aber in der Verhandlung, ist nicht nur erforderlich, um dem Gericht gegebenenfalls Anhaltspunkte für weitere aufklärende Fragen zu geben, sondern weil dieser Sachvortrag auch die Grundlage für eine etwaige Überprüfung der Sach- und Rechtslage in der Beschwerdeinstanz darstellt. Grundsätzlich können die Parteien im arbeitsgerichtlichen Beschlussverfahren wegen des Untersuchungsgrundsatzes auch noch in der Beschwerdeinstanz im Rahmen des § 87 Abs. 3 ArbGG neue Tatsachen einführen, doch gilt das für das einstweilige Verfügungsverfahren nicht uneingeschränkt. Der Sachvortrag bestimmt nämlich den Verfügungsanspruch. Ändern die neuen Tatsachen den Verfügungsanspruch, ist eine Änderung des Tatsachenvortrages in der Regel nicht sachdienlich und damit in entsprechender Anwendung des § 263 ZPO als unzulässig zurückzuweisen (LAG Schleswig-Holstein vom 9. 7. 1990, 6 TaBV 10/90, zitiert nach Juris).

4. Durch die über § 85 Abs. 2 Satz 2 ArbGG anzuwendenden Vorschriften der §§ 936 und 920 Abs. 2 ZPO ist auch der Antrag auf Erlass einer einstweiligen Verfügung im Beschlussverfahren hinsichtlich Verfügungsanspruch und Verfügungsgrund glaubhaft zu machen. Kommt der Antragsteller dieser Verpflichtung nicht nach, dann ist und insoweit anders als in den Verfahren vor den Zivilgerichten, für die die Parteimaxime gilt, der Antrag nicht schon aus diesem Grunde abzuweisen. Im arbeitsgerichtlichen Beschlussverfahren gilt vielmehr der Untersuchungsgrundsatz (§ 83 Abs. 1 Satz 1 ArbGG). So ist die gerichtliche Bewertung des Vorbringens der Beteiligten im Beschlussverfahren als nicht hinreichend substantiiert nur dann statthaft, wenn das Gericht auf diese Einschätzung hingewiesen und die Beteiligten zur Ergänzung ihres Vorbringens aufgefordert hat (BAG vom 11. 3. 1998, NZA 1998, 953, DB 1998, 1821). Deshalb hat das Gericht auch bei fehlender Glaubhaftmachung den Sachverhalt von Amts wegen zu erforschen. An dieser Erforschung (Aufklärung) haben die Verfahrensbeteiligten mitzuwirken (§ 83 Abs. 1 Satz 2 ArbGG). Der Untersuchungsgrundsatz gilt jedoch nicht unbeschränkt. Die Aufklärungspflicht des Gerichts kann sich nur auf das stützen, was die Beteiligten vortragen. Nur das, wofür sie in ihrem Sachvortrag selbst Anhaltspunkte liefern, kann und darf das Gericht weiter „aufklären", und es muss dabei den Charakter des Eilverfahrens berücksichtigen, d. h. im Termin zur Anhörung über die einstweilige Verfügung muss das Gericht anwesende Personen über ihm erheblich erscheinende, aber bisher noch nicht ausreichend dargestellte Tatsachen anhören und präsente Zeugen vernehmen. Eine Beweisaufnahme allerdings, die nicht sofort erfolgen kann, ist nach § 294 Abs. 2 ZPO unstatthaft (vgl. zum Ganzen: BAG vom 25. 9. 1986, AP Nr. 7 zu § 1 BetrVG 1972 und LAG München vom 26. 8. 1992,, LAGE § 23 BetrVG 1972 Nr. 29 = BB 1993, 2168). Schriftstücke sind der Antragsschrift im Original oder in beglaubigter Abschrift oder beglaubigter Fotokopie beizufügen. Die Ankündigung ihrer Vorlage ist ebenso zur Glaubhaftmachung unzureichend wie die Beifügung unbeglaubigter Schriftstücke (BAG vom 28. 8. 1991, AP Nr. 2 zu § 85 ArbGG 1979).

5. Die ordnungsgemäße Beschlussfassung des Betriebsrates für die Einleitung eines gerichtlichen Beschlussverfahrens ist Verfahrensvoraussetzung. Fehlt es an einem ordnungsgemäßen Beschluss, ist der Antrag zurückzuweisen. Sofern der Betriebsrat anwaltlich vertreten ist, muss der Beschluss die Beauftragung des Prozessbevollmächtigten umfassen. Schließlich muss erkennbar sein, dass die formalen Beschlussvoraussetzungen der Beschlussfähigkeit und der Stimmenmehrheit beachtet wurden. Dies ist vom Betriebsrat vorzutragen, denn der Arbeitgeber ist nicht gehindert, die ordnungsgemäße Beschlussfassung mit Nichtwissen zu bestreiten (ArbG Hamburg vom 10. 12. 1997, 19 BV 7/96, n. v.).

6. a. A.: LAG Köln vom 5. 3. 1986, LAGE § 80 BetrVG 1972 Nr. 5.

7. Schriftstücke sind in beglaubigter Abschrift der Antragsschrift beizufügen. Bei eidesstattlichen Versicherungen ist eine eigene Sachverhaltsschilderung (siehe Fallbeispiel F. II. 6) durch den Versichernden erforderlich. Statt dessen liest man jedoch immer wieder eidesstattliche Versicherungen, in denen es heißt: „Ich habe die Antragsschrift meines Verfahrensbevollmächtigten gelesen. Die dortigen Angaben entsprechen der Richtigkeit und beruhen auf meinen Angaben" oder Ähnliches. Das aber entspricht nicht den Anforderungen des Bundesgerichtshofes (BGH vom 13. 1. 1988, NJW 1988, 2045), denn Dritte unterschreiben oft meist ungeprüft, was ihnen vorgelegt wird (BPatG vom 27. 11. 1974, GRUR 1978, 360).

III. Anträge nach Personalvertretungsrecht

1. Antrag des Gesamtpersonalrats gegen eine behindernde Anordnung des Dienststellenleiters

An das
Verwaltungsgericht ......

Antrag   auf Erlass einer einstweiligen Anordnung

des Gesamtpersonalrates
der Behörde und Vertretungsverhältnis ......

            – Antragsteller und Beteiligter zu 1) –

Verfahrensbevollmächtigte/r: Rechtsanwälte ......

            gegen

die Behörde und Vertretungsverhältnis ......

            – Antragsgegnerin und Beteiligte zu 2) –

Namens und in Vollmacht des Antragstellers und Beteiligten zu 1) werden wir beantragen – wegen Dringlichkeit ohne mündliche Verhandlung – im Wege der einstweiligen Anordnung zu beschließen:
Der Beteiligten zu 2) wird aufgegeben, die Anordnung der ausschließlichen Nutzung der Deutschen Bahn AG oder sonstiger öffentlicher Personennahverkehrsmittel als Beförderungsmittel zu den Gesamtpersonalratssitzungen zu unterlassen.

Begründung:

1. Sachverhalt

Der Beteiligte zu 1) setzt sich aus Personalratsvertretern von vier Dienststellen zusammen. Er hat vor einem Monat beschlossen, die Gesamtpersonalratssitzungen zukünftig einmal monatlich reihum in jeder der vier Dienststellen der Beteiligten zu 2) durchzuführen.

Glaubhaftmachung: eidesstattliche Versicherung des Vorsitzenden des Gesamtpersonalrates, Vorlage einer auszugsweisen Abschrift des Protokolls der Gesamtpersonalratssitzung vom Tag.Monat.Jahr nebst Anwesenheitsliste

Die Leiter der vier Dienststellen haben den jeweiligen Mitgliedern des Personalrates mitgeteilt, sie dürften bei der Anreise zu diesen örtlich wechselnden Sitzungen jeweils nur die im Antrag bezeichneten Beförderungsmittel nutzen.

Glaubhaftmachung: eidesstattliche Versicherung der Personalratsmitglieder A., B, C und D, die jeweils einer betroffenen Dienststelle angehören

Die Dienststellenleiter stützen sich dabei auf den Beschluss der Beteiligten zu 2) vom Tag.Monat.Jahr, dem diese Ausschließlichkeit nicht zwingend zu entnehmen ist. Die Dienststellenleiter nehmen jedoch eine entsprechende Auslegung vor.

Glaubhaftmachung: wie vor

Die Dienststellen befinden sich in W, wo auch der Sitz des Gesamtpersonalrates ist, in X, Y und in Z. Alle vier Dienststellen sind mindestens fünf Kilometer von der nächsten Haltestelle eines öffentlichen Verkehrsmittels entfernt.

Glaubhaftmachung: wie vor

Die ausschließliche Benutzung von öffentlichen Verkehrsmitteln sieht der Beteiligte zu 1) deshalb als unzumutbar und die Anweisung als Behinderung der Arbeit des Gesamtpersonalrates an. Entsprechende mündliche Gegenvorstellungen gegenüber den Dienststellenleitern, zuletzt vor einer Woche[1], blieben jedoch erfolglos.

Glaubhaftmachung: wie vor

2. Rechtsausführungen

2.1 Zulässigkeit des Verfahrens

Nach § 83 Abs. 2 BPersVG sowie den entsprechenden Vorschriften in den Landespersonalvertretungsgesetzen i.V.m. § 85 Abs. 2 ArbGG ist der Erlass einstweiliger Verfügungen auch in personalvertretungsrechtlichen Beschlussverfahren zulässig (BVerwG vom 27. 7. 1990, AP Nr. 25 zu § 72a ArbGG 1979, Divergenz, ZBR 1990, 354 ff. und BVerwG vom 15. 3. 1995, NVwZ 1997, 80 ff.; Hess. VGH vom 14. 8. 1985, ZBR 1986, 62; OVG Bremen vom 28. 5. 1991, PersR 1991, 472 und vom 31. 7. 1991, PersV 1993, 91 ff.; Hess. VGH vom 27. 2. 1992, ZTR 1992, 264; BayVGH vom 1. 2. 1995, PersR 1996, 28 ff.; OVG NRW vom 15. 1. 1997, PersR 1997, 174 f.; OVG Hamburg vom 15. 7. 1993, HmbJVBl. 1994, 85; VGH Kassel vom 1. 6. 1994, PersR 1994, 431 u. vom 27. 2. 1992, ZBR 1992, 222; OVG Münster vom 20. 8. 1991, PersR 1992, 25; OVG Magdeburg vom 26. 10. 1994, PersR 1995, 138; Nieders. OVG vom 24. 2. 1993, PersR 1994, 30 ff.[2]; eine endgültige Feststellung im Rahmen einer einstweiligen Verfügung befürworten: OVG Münster vom 6. 9. 1994, PersR 1994, 571 u. vom 14. 10. 1991, PersR 1992, 68; zur Abwendung der Verletzung von Beteiligungsrechten siehe ferner: BVerwG vom 20. 1. 1993, PersR 1993, 307; vom 18. 5. 1994, 6 P 27.92 u. vom 16. 9. 1994, 6 P 32.92, n.v.; VerwG Potsdam vom 27. 2. 1997, PersR 1997, 222 ff.).

2.2 Verfügungsanspruch

Das einschlägige Personalvertretungsgesetz verbietet der Beteiligten zu 2) die Behinderung der Personalratsarbeit und verpflichtet sie zur Beachtung des Grundsatzes der vertrauensvollen Zusammenarbeit. Der Begriff der Behinderung ist nach der Zweckbestimmung der Vorschrift umfassend auszulegen. Daher ist jede Form der Beeinträchtigung der Aufgabenwahrnehmung des Personalrates – von der Erschwerung und Störung bis zur Verhinderung – als Behinderung anzusehen (vgl. BVerwG vom 27. 8. 1990, PersR 1990, 327; VerwG Meiningen vom 7. 12. 1995, PersR 1996, 164–166).

Diese Grundsätze verbieten es der Beteiligten zu 2), die Mitglieder des Beteiligten zu 1) auf die Benutzung einer Beförderungsart einzuschränken, mit der der Tagungsort nicht ohne Behinderung und größeren Aufwand erreichbar ist.

Bei dem Anspruch handelt es sich auch um eine innerdienstliche Maßnahme und das Verbot der Behinderung der Personalratsarbeit entspricht den spezifischen in den Beschäftigungsverhältnissen angelegten Interessen der Angehörigen der Dienststelle. Der Anspruch verstößt daher auch nicht gegen das Demokratieverständnis (vgl. BVerfG vom 24. 5. 1995, PersR 1995, 483 ff.).

2.3 Verfügungsgrund

Auch ein Verfügungsgrund liegt vor. Zwar genügt zur Darlegung des Verfügungsgrundes nicht allein, dass der Beteiligte zu 1) wegen der Dauer eines Hauptsachen-
verfahrens eine etwaige Missachtung des Beteiligungsrechts gegebenenfalls über
einen längeren Zeitraum hinnehmen müsste (OVG Lüneburg vom 20. 8. 1991,
PersR 1992, 25 ff.; OVG Bremen vom 28. 5. 1991, PersR 1991, 472), sondern es
bedarf einer zusätzlichen unabweisbaren Dringlichkeit, doch ist diese gegeben.
Ohne Aufhebung der gegenständlichen Anordnung würden die Mitglieder des Gesamtpersonalrates ihre Sitzungsorte nur sehr eingeschränkt oder unter erheblichen
Behinderungen erreichen können. Damit ist die Gesamtpersonalratstätigkeit sehr
eingeschränkt bzw. erheblich behindert. Die angestrebte einstweilige Regelung ist
daher unabweisbar dringlich, um eine ordnungsgemäße Personalratsarbeit beim Beteiligten zu 1) zu gewährleisten (VerwG Meiningen vom 7. 12. 1995, a. a. O.).
Begl. und einfache Abschrift sowie die vorgenannten Mittel zur Glaubhaftmachung
anbei.

Rechtsanwalt

Anmerkungen

1. Die alsbaldige Antragstellung ist Grundlage für die Anerkennung des Verfahrens
als eilbedürftig.

2. a. A. beispielsweise BayVGH vom 26. 3. 990, PersR 1990, 236; OVG Saarland
vom 12. 7. 1989, PersR 1990, 15; Thür. OVG vom 17. 9. 1996, PersR 1997, 124 f.

2. Freistellung

2.1 Antrag des Personalrats gegen die Dienststellenleitung auf Freistellung eines Personalratsmitglieds

An das
Verwaltungsgericht ......

Antrag   auf Erlass einer einstweiligen Anordnung

des Personalrates ......
Behörde und Vertretungsverhältnis

– Antragsteller und Beteiligter zu 1) –

Verfahrensbevollmächtigte/r: Rechtsanwälte ......

gegen

die Dienststelle
Behörde und Vertretungsverhältnis

– Antragsgegnerin und Beteiligte zu 2) –

Namens und in Vollmacht des Antragstellers und Beteiligten zu 1) werden wir beantragen – wegen Dringlichkeit ohne mündliche Verhandlung – im Wege der einstweiligen Anordnung zu beschließen:

Der Beteiligten zu 2) wird aufgegeben, Frau V. bis zum Abschluss eines Hauptverfahrens in gleicher Sache zur Ausübung des Personalratsamtes von der dienstlichen Tätigkeit freizustellen.

Begründung:

1. Sachverhalt

Der Beteiligte zu 1) hat vor drei Monaten Wahlen für alle mehr als 400 Beschäftigten der Dienststelle durchgeführt und vor zwei Wochen beschlossen, seinen Anspruch auf Freistellung eines Personalratsmitgliedes in der Person von Frau V. zu verwirklichen.

Glaubhaftmachung: Ablichtung des Auszuges aus dem Protokoll der Personalratssitzung vom Tag.Monat.Jahr

Erst auf diese Mitteilung hin behauptete die Beteiligte zu 2) erstmals, die Wahl des Beteiligten zu 1) sei fehlerhaft. Zur Begründung verwies sie auf einen vor zehn Jahren von dem zuständigen Organ gefassten Beschluss über die Verselbstständigung der Stadtwerke, organisatorisch ein Teil der Dienststelle der Beteiligten zu 2), als personalvertretungsrechtlich selbstständige Dienststelle. Dieser Verselbstständigungsbeschluss war der Personalversammlung nicht mehr bewusst, als sie zur Vorbereitung der Personalratswahl die „gemeinsame" Wahl für die Beschäftigten aller Dienststellenteile beschloss. Dies muss als glaubhaft angesehen werden, nachdem keine objektiven Anhaltspunkte für ein solches Wissen erkennbar sind und auch die Beteiligte zu 2) weder im Rahmen der Bekanntmachungen über die Durchführung der Personalratswahl noch im Anschluss an die Bekanntmachung ihres Ergebnisses auf den früheren Verselbstständigungsbeschluss und die hieraus folgende Fehlerhaftigkeit der Personalratswahl hingewiesen hat.

Glaubhaftmachung: eidesstattliche Versicherung des Personalratsvorsitzenden

Ungeachtet dessen verweigert die Beteiligte zu 2) die Freistellung für Frau V.

2. Rechtsausführungen

2.1 Zulässigkeit des Verfahrens

Nach § 83 Abs. 2 BPersVG sowie den entsprechenden Vorschriften in den Landespersonalvertretungsgesetzen i.V.m. § 85 Abs. 2 ArbGG ist der Erlass einstweiliger Verfügungen auch in personalvertretungsrechtlichen Beschlussverfahren zulässig (BVerwG vom 27. 7. 1990, AP Nr. 25 zu § 72a ArbGG 1979, Divergenz, ZBR 1990, 354 ff. und BVerwG vom 15. 3. 1995, NVwZ 1997, 80 ff.; Hess. VGH vom 14. 8. 1985, ZBR 1986, 62; OVG Bremen vom 28. 5. 1991, PersR 1991, 472 und vom 31. 7. 1991, PersV 1993, 91 ff.; Hess. VGH vom 27. 2. 1992, ZTR 1992, 264; BayVGH vom 1. 2. 1995, PersR 1996, 28 ff.; OVG NRW vom 15. 1. 1997, PersR 1997, 174 f.; OVG Hamburg vom 15. 7. 1993, HmbJVBl. 1994, 85; VGH Kassel vom 1. 6. 1994, PersR 1994, 431 u. vom 27. 2. 1992, ZBR 1992, 222; OVG Münster vom 20. 8. 1991, PersR 1992, 25; OVG Magdeburg vom 26. 10. 1994, 138; Niders. OVG vom 24. 2. 1993, PersR 1994, 30 ff.[1]; eine endgültige Feststellung im Rahmen einer einstweiligen Verfügung befürworten: OVG Münster vom 6. 9. 1994, PersR 1994, 571 u. vom 14. 10. 1991, PersR 1992, 68; zur Abwendung der Verletzung von Beteiligungsrechten siehe ferner: BVerwG vom 20. 1. 1993, PersR 1993, 307; vom 18. 5. 1994, 6 P 27.92 u. vom 16. 9. 1994, 6 P 32.92, n. v.; VerwG Potsdam vom 27. 2. 1997, PersR 1997, 222 ff.).

2.2 Verfügungsanspruch

Nach der hier einschlägigen personalvertretungsrechtlichen Vorschrift[2] hat der Beteiligte zu 1) nach Maßgabe der Zahl der zum Zeitpunkt der Wahl in der Dienststelle regelmäßig Beschäftigten Anspruch auf Freistellung eines von ihm bestimmten Personalratsmitgliedes. Voraussetzung ist allerdings eine wirksame Wahl des Personalrates. Das ist hier zweifelhaft, weil der Beteiligte zu 1) unter Missachtung des Verselbstständigungsbeschlusses gewählt wurde. Da aber eine Anfechtung nicht erfolgte, könnte nur ein Mangel in Form der Nichtigkeit zur Unwirksamkeit der Wahl führen. Eine solche Nichtigkeit tritt nur in besonderen Ausnahmefällen ein, nämlich dann, wenn die Wahl an einem schweren und im Zeitpunkt der Wahl offenkundigen Fehler leidet und deshalb nicht einmal mehr der Anschein einer Wahl vorliegt. Ein solcher offensichtlicher Mangel liegt vor, wenn in einer nicht personalratsfähigen Dienststelle eine eigenständige Personalratswahl durchgeführt wird, obwohl es an einem gesetzlich vorgeschriebenen Verselbstständigungsbeschluss fehlt. Das Fehlen eines solchen Beschlusses ist als ebenso offensichtlich anzusehen wie sich seine Notwendigkeit aus dem Gesetzeswortlaut ergibt und deshalb für jedermann offenkundig ist (BAG vom 11. 7. 1991, PersR 1992, 35).

Bei Sachverhalten wie im vorliegenden Fall ist jedoch regelmäßig eine personalratsfähige Dienststelle vorhanden. Ohne den Verselbstständigungsbeschluss bestünden gegen die Personalratswahl keinerlei Bedenken. Bei bloßer Prüfung des Gesetzeswortlautes ist ein Fehler also nicht ersichtlich. Berücksichtigt man dann noch den Zeitablauf seit der Entscheidung über die Verselbstständigung, dann kann von einem offensichtlichen Mangel nicht gesprochen werden. Gegen die Wirksamkeit der Personalratswahl bestehen daher keine durchgreifenden Bedenken (BayVGH vom 1. 2. 1995, a. a. O.).

2.3 Verfügungsgrund

Ohne die begehrte einstweilige Verfügung könnte der Beteiligte zu 1) während des Hauptsachestreits, der nach Maßgabe der Rechtsauffassung und des Verhaltens des Beteiligten zu 2) wahrscheinlich einen erheblichen Zeitraum in Anspruch nehmen wird, den Freistellungsanspruch nicht realisieren. Seine Funktionsfähigkeit würde für eine, gemessen an seiner vierjährigen Amtszeit, nicht hinnehmbare Zeitdauer vereitelt. Damit sind auch die Voraussetzungen erfüllt, unter denen ausnahmsweise das Ergebnis eines Verfahrens zur Hauptsache schon im Wege der einstweiligen Verfügung ganz oder teilweise faktisch vorweggenommen werden darf (BayVGH vom 1. 2. 1995, a. a. O.; OVG NRW vom 19. 2. 2001, 1 B 1591/00, PVL, zitiert nach Juris).

Begl. und einfache Abschrift sowie die vorgenannten Mittel zur Glaubhaftmachung anbei.

Rechtsanwalt

Anmerkungen

1. a. A. beispielsweise BayVGH vom 26. 3. 1990, PersR 1990, 236; OVG Saarland vom 12. 7. 1989, PersR 1990, 15.

2. Beispielsweise § 46 Abs. 4 BPersVG, § 46 Abs. 4 BayPVG.

2.2 Antrag eines Personalratsmitglieds gegen den Personalrat wegen Freistellung

An das
Verwaltungsgericht ......

Antrag   auf Erlass einer einstweiligen Anordnung

des Personalratsmitgliedes ......
der Behörde und Vertretungsverhältnis

                  – Antragsteller und Beteiligter zu 1) –

Verfahrensbevollmächtigte/r: Rechtsanwälte ......

                gegen

den Personalrat
Behörde und Vertretungsverhältnis

             – Antragsgegner und Beteiligter zu 2) –

Namens und in Vollmacht des Antragstellers und Beteiligten zu 1) werden wir beantragen – wegen Dringlichkeit ohne mündliche Verhandlung – im Wege der einstweiligen Anordnung zu beschließen:
Dem Beteiligten zu 2) wird aufgegeben, den Beteiligten zu 1) der Dienststellenleitung zur Freistellung vorzuschlagen.

Begründung:

1. Sachverhalt

Der Beteiligte zu 1) ist der Sprecher der Beamtengruppe im Personalrat. Er gehört damit nach § 32 BPersVG[1] zum geschäftsführenden Vorstand des Beteiligten zu 2).

Glaubhaftmachung: eidesstattliche Versicherung des Beteiligten zu 1)

In der Dienststelle, für den der Beteiligte zu 2) gewählt ist, sind 1.100 Beschäftigte tätig. Es können daher drei Mitglieder des Beteiligten zu 2) von ihrer dienstlichen Tätigkeit freigestellt werden. Im Hinblick hierauf hat der Beteiligte zu 2) vor 14 Tagen[2] dem Dienststellenleiter die Gruppensprecher der Angestellten und der Arbeiter sowie ein weiteres Ergänzungsmitglied als freizustellen benannt, nicht jedoch den Beteiligten zu 1), obwohl er sich ausdrücklich vor dem Beschluss bereit erklärt hat, die Freistellung wahrzunehmen,

Glaubhaftmachung: Ablichtung des Protokollauszuges betreffend den genannten Beschluss

2. Rechtsausführungen

2.1 Zulässigkeit des Verfahrens

Nach § 83 Abs. 2 BPersVG sowie den entsprechenden Vorschriften in den Landespersonalvertretungsgesetzen i. V. m. § 85 Abs. 2 ArbGG ist der Erlass einstweiliger Verfügungen auch in personalvertretungsrechtlichen Beschlussverfahren zulässig (BVerwG vom 27. 7. 1990, AP Nr. 25 zu § 72a ArbGG 1979, Divergenz, ZBR 1990, 354 ff. und BVerwG vom 15. 3. 1995, NVwZ 1997, 80 ff.; Hess. VGH vom 14. 8. 1985, ZBR 1986, 62; OVG Bremen vom 28. 5. 1991, PersR 1991, 472 und vom 31. 7. 1991, PersV 1993, 91 ff.; Hess. VGH vom 27. 2. 1992, ZTR 1992, 264; BayVGH vom 1. 2. 1995, PersR 1996, 28 ff.; OVG NRW vom 15. 1. 1997, PersR 1997, 174 f.; OVG Hamburg vom 15. 7. 1993, HmbJVBl. 1994, 85; VGH Kassel vom 1. 6. 1994, PersR 1994, 431 u. vom 27. 2. 1992, ZBR 1992, 222; OVG Münster vom 20. 8. 1991, PersR 1992, 25; OVG Magdeburg vom 26. 10. 1994, PersR 1995, 138; Nieders. OVG vom 24. 2. 1993, PersR 1994, 30 ff.[3]; eine endgültige Feststellung im Rahmen einer einstweiligen Verfügung befürworten: OVG Münster vom 6. 9. 1994, PersR 1994, 571 u. vom 14. 10. 1991, PersR 1992, 68; zur Abwendung der Verletzung von Beteiligungsrechten siehe ferner: BVerwG vom 20. 1. 1993, PersR 1993, 307; vom 18. 5. 1994, 6 P 27.92 u. vom 16. 9. 1994, 6 P 32.92, n. v.; VerwG Potsdam vom 27. 2. 1997, PersR 1997, 222 ff.).

2.2 Verfügungsanspruch

Nach § 46 BPersVG[1] besteht für Mitglieder des Personalrates unter den genannten Voraussetzungen ein Anspruch auf Freistellung. Die Auswahl der freizustellenden Mitglieder obliegt dem Beteiligten zu 2), jedoch ist ihm vorgeschrieben, zunächst die nach § 32 Abs. 1 BPersVG gewählten Vorstandsmitglieder und erst danach die nach § 33 gewählten Ergänzungsmitglieder und schließlich weitere Mitglieder zu berücksichtigen. Der Beteiligte zu 1) ist ein solches nach § 32 Abs. 1 BPersVG gewähltes Mitglied des geschäftsführenden Vorstandes des Beteiligten zu 2).

Das Recht auf Freistellung besteht unabhängig davon, ob im Verhältnis zur Dienststelle allein der Beteiligte zu 1) insgesamt Inhaber des Anspruchs auf Freistellung ist, jedenfalls im Verhältnis unter den Beteiligten ist es ein subjektives Recht des Beteiligten zu 1), denn es unterliegt keinem Zweifel, dass die Regelung über die Rang- bzw. Reihenfolge der Freistellung in § 46 Abs. 3 Satz 2 PersVG im Interesse des von ihr potenziell Betroffenen normiert wurde. Im Falle der Verletzung der Reihenfolge kann sich der Benachteiligte deshalb unter Berufung auf diese Vorschrift um gerichtliche Hilfe für ihre Einhaltung bemühen (OVG Nordrhein-Westfalen vom 15. 1. 1997, PersR 1997, 174 f.).

2.3 Verfügungsgrund

Der Verstoß des Beteiligten zu 2) gegen die Bestimmung des § 46 Abs. 3 Satz 2 PersVG ist offensichtlich und grob. Die Beachtung des Gesetzes über die vorrangige Berücksichtigung bestimmter Vorstandsmitglieder lässt ein irgendwie geartetes Ermessen des Personalrates dann nicht zu, wenn der Betroffene und die ihn stützende Gruppe seine Freistellung befürworten. Die genannte Vorschrift gilt vielmehr im Interesse des mit ihr auch bezweckten Minderheitenschutzes regelmäßig absolut (OVG NRW vom 15. 1. 1997, a. a. O., unter Berufung auf *Lorenzen/Schmitt/Etzel/Gerhold/Albers/Schlatmann*, BPersVG, Rdn. 67 a zu § 46 BPersVG; OVG Berlin vom 20. 9. 1984, OVG PV Bln. 14/98, n. v.; VGH Baden-Württemberg vom 29. 9. 1992, ZBR 93, 319–320).

Damit liegen zugleich die Voraussetzungen vor, unter denen ausnahmsweise das Ergebnis eines Verfahrens zur Hauptsache im Wege der einstweiligen Verfügung ganz oder teilweise faktisch vorweggenommen werden darf. Würde der Antrag nicht schon jetzt einer materiellen Prüfung zugeführt, drohte dem Beteiligten zu 1) wegen der zu erwartenden Verfahrensdauer in der Hauptsache ein endgültiger Rechtsverlust (OVG NRW vom 15. 1. 1997, a. a. O.).

Begl. und einfache Abschrift sowie die vorgenannten Mittel zur Glaubhaftmachung anbei.

Rechtsanwalt

Anmerkungen

1. Hier sind gegebenenfalls die entsprechenden landesgesetzlichen Vorschriften zu benennen.

2. Die alsbaldige Antragstellung ist Grundlage für die Anerkennung des Verfahrens als eilbedürftig.

3. a. A. beispielsweise BayVGH vom 26. 3. 1990, PersR 1990, 236; OVG Saarland vom 12. 7. 1989, PersR 1990, 15; Thür. OVG vom 17. 9. 1996, PersR 1997, 124 f.

3. Mitbestimmungsrechte

3.1 Antrag des Personalrats gegen die Dienststellenleitung auf Untersagung der Anwendung eines Dienstplanes

An das
Verwaltungsgericht . . . . . .

Antrag   auf Erlass einer einstweiligen Anordnung

des Personalrates . . . . . .
Behörde und Vertretungsverhältnis
                              – Antragsteller und Beteiligter zu 1) –
Verfahrensbevollmächtigte/r: Rechtsanwälte . . . . . .
                    gegen
die Dienststelle
Behörde und Vertretungsverhältnis
                              – Antragsgegnerin und Beteiligte zu 2) –
Namens und in Vollmacht des Antragstellers und Beteiligten zu 1) werden wir beantragen – wegen Dringlichkeit ohne mündliche Verhandlung – im Wege der einstweiligen Anordnung zu beschließen:
Der Beteiligten zu 2) wird vorläufig untersagt, in ihren Kindertagesstätten den am Tag.Monat.Jahr bekannt gegebenen Dienstplan durchzuführen.

Begründung:

1. Sachverhalt

In der Dienststelle der Beteiligten zu 2), für die der Beteiligte zu 1) als Personalrat gewählt ist, werden die Betreuungskräfte nach Maßgabe eines zwischen den Beteiligten vereinbarten Dienstplanes seit drei Jahren mit 30 Wochenstunden eingesetzt, und zwar montags bis freitags an jeweils sechs Stunden.

Glaubhaftmachung: Vorlage der Dienstplanvereinbarung vom Tag.Monat.Jahr

Die Beteiligte zu 2) beabsichtigt eine erhebliche Einsparung von Personalkosten. Sie erwägt, dies durch eine weitere Reduzierung der wöchentlichen Arbeitszeit auf 20 Stunden umzusetzen. Dabei sollen die Betreuungskräfte nur noch für jeweils 4 Stunden an fünf Wochentagen eingesetzt werden. Um die Praktikabilität einer solchen Dienstplanregelung zu erproben, hat sie beschlossen, mit dem in zehn Tagen folgenden Monatsersten für die Dauer von drei Monaten Betreuungskräfte entsprechend einzusetzen, um sie im Anschluss daran wiederum für drei Monate mit jeweils 40 Wochenstunden einzusetzen, wodurch ein Ausgleich der reduzierten Arbeitsleistung erfolgen soll.

Glaubhaftmachung: Bekanntmachung der Beteiligten zu 2) vom Tag.Monat.Jahr

Die Beteiligte zu 2) hat einen entsprechenden Zustimmungsantrag an den Beteiligten zu 1) gerichtet, der seine Zustimmung jedoch verweigert hat. Daraufhin hat die Beteiligte zu 2) den Vorgang für nicht mitbestimmungspflichtig erklärt unter Hinweis auf eine sechs Jahre alte Dienstvereinbarung, wonach der Dienst in den Kindertagesstätten wochenweise innerhalb einer Öffnungszeit von 6.00–18.00 Uhr zulässig ist und die Dienstplangestaltung der Leitung der Einrichtung obliegt.

Glaubhaftmachung: Schreiben der Beteiligten zu 2) vom Tag.Monat.Jahr

Obwohl der Beteiligte zu 1) seinen Widerspruch auch daraufhin aufrechterhalten hat, hat der Dienststellenleiter in einem persönlichen Gespräch mit dem Vorsitzenden des Beteiligten zu 1) am gestrigen[1] Tage erklärt, man werde an der angekündigten Dienstplangestaltung festhalten.

Glaubhaftmachung: eidesstattliche Versicherung des Personalratsvorsitzenden

2. Rechtsausführungen

2.1 Zulässigkeit des Verfahrens

Nach § 83 Abs. 2 BPersVG sowie den entsprechenden Vorschriften in den Landespersonalvertretungsgesetzen i.V.m. § 85 Abs. 2 ArbGG ist der Erlass einstweiliger Verfügungen auch in personalvertretungsrechtlichen Beschlussverfahren zulässig (BVerwG vom 27. 7. 1990, AP Nr. 25 zu § 72a ArbGG 1979, Divergenz, ZBR 1990, 354 ff. und BVerwG vom 15. 3. 1995, NVwZ 1997, 80 ff.; Hess. VGH vom 14. 8. 1985, ZBR 1986, 62; OVG Bremen vom 28. 5. 1991, PersR 1991, 472 und vom 31. 7. 1991, PersV 1993, 91 ff.; Hess. VGH vom 27. 2. 1992, ZTR 1992, 264; BayVGH vom 1. 2. 1995, PersR 1996, 28 ff.; OVG NRW vom 15. 1. 1997, PersR 1997, 174 f.; OVG Hamburg vom 15. 7. 1993, HmbJVBl. 1994, 85; VGH Kassel vom 1. 6. 1994, PersR 1994, 431 u. vom 27. 2. 1992, ZBR 1992, 222; OVG Münster vom 20. 8. 1991, PersR 1992, 25; OVG Magdeburg vom 26. 10. 1994, PersR 1995, 138; Niders. OVG vom 24. 2. 1993, PersR 1994, 30 ff.[2]; eine endgültige Feststellung im Rahmen einer einstweiligen Verfügung befürworten: OVG Münster vom 6. 9. 1994, PersR 1994, 571 u. vom 14. 10. 1991, PersR 1992, 68; zur Abwendung der Verletzung von Beteiligungsrechten siehe ferner: BVerwG vom 20. 1. 1993, PersR 1993, 307; vom 18. 5. 1994, 6 P 27.92 u. vom 16. 9. 1994, 6 P 32.92, n. v.; VerwG Potsdam vom 27. 2. 1997, PersR 1997, 222 ff.).

2.2 Verfügungsanspruch

Da die Beteiligte zu 2) die streitige Maßnahme durchführt, obwohl der Beteiligte zu 1) seine Zustimmung hierzu verweigert hat, verletzt die Beteiligte zu 2) ihn in seinen Mitbestimmungsrechten.

Das Mitbestimmungsrecht des Beteiligten zu 1) ist auch nicht durch die die Öffnungszeiten regelnde Dienstvereinbarung beachtet worden. Diese Regelung stellt ersichtlich nur einen Rahmen dar, innerhalb dessen die Bediensteten nach Maßgabe eines konkreten Dienstplanes eingesetzt werden können. Den Bedarf hierfür hat die Beteiligte zu 2) durch die seit Jahren vereinbarte Regelung des Dienstplanes anerkannt und muss sich hieran festhalten lassen.

Darüber hinaus widerspricht die Berufung des Beteiligten zu 2) auf die besagte Dienstvereinbarung der Verpflichtung zur vertrauensvollen Zusammenarbeit, nachdem er zunächst das Mitbestimmungsverfahren eingeleitet hat, also offenbar selbst zunächst von einer Mitbestimmungspflichtigkeit der Maßnahme ausgegangen ist. Es widerspricht dem Grundsatz vertrauensvoller Zusammenarbeit, den Beteiligten zu 1) zunächst um Zustimmung zu bitten und nach Verweigerung der Zustimmung die Maßnahme gleichwohl kurzerhand umzusetzen mit dem Bemerken, sie sei gar nicht zustimmungsbedürftig (VerwG Potsdam vom 12. 2. 1996, PersR 1996, 206, 207).

2.3 Verfügungsgrund

Der Beteiligte zu 1) kann im Wege der einstweiligen Verfügung die Unterlassung der Maßnahme bis zum ordnungsgemäßen Abschluss des Mitbestimmungsverfahrens verlangen. Die Beachtung der Beteiligungsrechte des Personalrates ist nicht nur eine objektiv-rechtliche Verpflichtung der Dienststellenleitung, sondern zugleich ein subjektives Recht des Personalrates, das er nicht nur gerichtlich feststellen, sondern mit dem Anspruch auf Rückgängigmachung auch tatsächlich durchsetzen lassen kann. Erst recht ist damit als Minus hierzu auch die vorläufige Verpflichtung zur Unterlassung einer noch andauernden Maßnahme möglich (vgl. hierzu VerwG Potsdam vom 12. 2. 1996, PersR 1996, 206 ff. unter zusätzlichem Verweis auf § 74 Abs. 3 LPersVG Brandenburg).[3]

Das dringende Interesse des Beteiligten zu 1) erschöpft sich auch nicht darin, eine baldige Klärung der Rechtslage herbeizuführen und bis dahin eine mögliche Verletzung seines Beteiligungsrechts zu vermeiden. Es liegt vielmehr eine schwerwiegende Beeinträchtigung seiner Aufgaben vor, so dass zur Abwendung dieses Nachteils der Erlass einer einstweiligen Anordnung dringend geboten ist. Die Mitbestimmung bei der Arbeitszeitregelung gehört zu den wesentlichen Aufgaben der Personalvertretung. Sie betrifft elementare Belange aller Beschäftigten in der Dienststelle. Sie im Rahmen der Mitbestimmung geltend zu machen, obliegt dem Personalrat als besonders gewichtige Verantwortung.

Wird er an ihrer dem Gesetz entsprechenden wirksamen Wahrnehmung behindert, so liegt darin ein gravierender Eingriff, den er nicht auf unabsehbare Zeit hinzunehmen braucht (OVG Bremen vom 31. 7. 1991, PersR 1993, 91 ff.).[4]

Begl. und einfache Abschrift sowie die vorgenannten Mittel zur Glaubhaftmachung anbei.

Rechtsanwalt

Anmerkungen

1. Die alsbaldige Antragstellung ist Grundlage für die Anerkennung des Verfahrens als eilbedürftig.

2. a. A. beispielsweise BayVGH vom 26. 3. 1990, PersR 1990, 236; OVG Saarland vom 12. 7. 1989, PersR 1990, 15; Thür. OVG vom 17. 9. 1996, PersR 1997, 124 f.

3. a. A. Thüringer OVG vom 17. 9. 1996, PersR 1997, 123–125 unter Hinweis auf die mit § 74 Abs. 3 LPersVG Brandenburg gleich lautende Regelung des § 69 Abs. 10 ThürPersVG.

4. Das OVG Bremen hielt allerdings vorab die Prüfung erforderlich, ob der Personalrat nicht durch Einleitung des Stufenverfahrens den Abbruch der mitbestimmungswidrigen Maßnahme erreichen könne.

3.2 Antrag des Personalrats gegen den Dienstherrn auf Aussetzung der Anwendung eines Einigungsstellenspruchs

An das
Verwaltungsgericht ......

Antrag   auf Erlass einer einstweiligen Anordnung

des Personalrates
der Behörde und Vertretungsverhältnis

                – Antragsteller und Beteiligter zu 1) –

Verfahrensbevollmächtigte/r: Rechtsanwälte ......

             gegen

die Dienststelle
Behörde und Vertretungsverhältnis

            – Antragsgegnerin und Beteiligte zu 2) –

Namens und in Vollmacht des Antragstellers und Beteiligten zu 1) werden wir beantragen – wegen Dringlichkeit ohne mündliche Verhandlung – im Wege der einstweiligen Anordnung zu beschließen:

Der Beteiligten zu 2) wird aufgegeben, die Durchführung des Spruches der Einigungsstelle vom Tag.Monat.Jahr auszusetzen.[1]

Begründung:

1. Sachverhalt

Zwischen den Beteiligten war die Regelung einer mitbestimmungspflichtigen Angelegenheit streitig. Zum Zwecke der Regelung haben sie die Einigungsstelle angerufen. Die Einigungsstelle hat wie im Antrag angegeben eine Entscheidung getroffen.

Glaubhaftmachung: Ablichtung des Einigungsstellenspruches

Kraft gesetzlicher Bestimmung[2] hat die Einigungsstelle vor ihrer Entscheidung der obersten Dienstbehörde und der zuständigen Personalvertretung, hier also dem Beteiligten zu 1), Gelegenheit zur mündlichen oder schriftlichen Äußerung zu geben. Dieser Pflicht ist die Einigungsstelle nicht nachgekommen.

Glaubhaftmachung: wie vor

Der Beteiligte zu 1) hat die Beteiligte zu 2) daraufhin aufgefordert, die Regelungen des Einigungsstellenspruches nicht anzuwenden. Das hat die Beteiligte zu 2) abgelehnt. Nach ihrer Auffassung ist sie verpflichtet, bis zur rechtskräftigen Aufhebung des Einigungsstellenspruches dessen Regelungen anzuwenden.

Glaubhaftmachung: Ablichtung des Schreibens der Beteiligten zu 2)

2. Rechtsausführungen

2.1 Zulässigkeit des Verfahrens
Nach § 83 Abs. 2 BPersVG sowie den entsprechenden Vorschriften in den Landespersonalvertretungsgesetzen i.V.m. § 85 Abs. 2 ArbGG ist der Erlass einstweiliger Verfügungen auch in personalvertretungsrechtlichen Beschlussverfahren zulässig (BVerwG vom 27. 7. 1990, AP Nr. 25 zu § 72a ArbGG 1979, Divergenz, ZBR

1990, 354 ff. und BVerwG vom 15. 3. 1995, NVwZ 1997, 80 ff.; Hess. VGH vom
14. 8. 1985, ZBR 1986, 62; OVG Bremen vom 28. 5. 1991, PersR 1991, 472 und
vom 31. 7. 1991, PersV 1993, 91 ff.; Hess. VGH vom 27. 2. 1992, ZTR 1992, 264;
BayVGH vom 1. 2. 1995, PersR 1996, 28 ff.; OVG NRW vom 15. 1. 1997, PersR
1997, 174 f.; OVG Hamburg vom 15. 7. 1993, HmbJVBl. 1994, 85; VGH Kassel
vom 1. 6. 1994, PersR 1994, 431 u. vom 27. 2. 1992, ZBR 1992, 222; OVG
Münster vom 20. 8. 1991, PersR 1992, 25; OVG Magdeburg vom 26. 10. 1994,
PersR 1995, 138; Nieders. OVG vom 24. 2. 1993, PersR 1994, 30 ff.[3]; eine endgültige Feststellung im Rahmen einer einstweiligen Verfügung befürworten: OVG
Münster vom 6. 9. 1994, PersR 1994, 571 u. vom 14. 10. 1991, PersR 1992, 68;
zur Abwendung der Verletzung von Beteiligungsrechten siehe ferner: BVerwG vom
20. 1. 1993, PersR 1993, 307; vom 18. 5. 1994, 6 P 27.92 u. vom 16. 9. 1994, 6 P
32.92, n. v.; VerwG Potsdam vom 27. 2. 1997, PersR 1997, 222 ff.).

2.2 Verfügungsanspruch
Der angegriffene Spruch der Einigungsstelle leidet an einem wesentlichen Verfahrensfehler. Die Pflicht zur Anhörung unter anderem der zuständigen Personalvertretung soll nach dem Willen des Gesetzgebers der Einigungsstelle eine zusätzliche In-
formationsquelle eröffnen und den Mitgliedern ihre Meinungsbildung erleichtern.
Die Verletzung dieser Pflicht stellt aber zugleich eine Verletzung des rechtlichen
Gehörs im Sinne des Art. 103 Abs. 1 GG dar (Hess. VGH vom 14. 8. 1985, a. a. O.
unter Berufung auf *Witzel*, PersV 1977, 281, 283).
Da der Einigungsstellenspruch unwirksam ist, wendet der Beteiligte zu 2) derzeit
eine mitbestimmungswidrige Regelung an. Der Beteiligte zu 1) hat daher einen Unterlassungsanspruch.

2.3 Verfügungsgrund
Die Durchführung eines offensichtlich rechtswidrigen Spruches der Einigungsstelle
würde den Rechtsfrieden nachdrücklich verletzen. Es besteht deshalb ein ernstliches
und damit ausreichendes Bedürfnis für die angestrebte Regelung, um wesentliche
Nachteile abzuwenden (*Baumbach/Lauterbach/Halbers/Hartmann*, ZPO, 60. Auflage, § 917 Rdn. 1).
Auch dem Umfang nach ist die beantragte Verfügung erforderlich und sie vermeidet eine Vorwegnahme der Hauptsache, da der Antrag im Hauptsacheverfahren
darauf zu richten wäre, den Beschluss der Einigungsstelle aufzuheben (Hess. VGH
vom 14. 8. 1985, a. a. O. unter Hinweis auf BVerwGE 50, 186, 197 f.).
Begl. und einfache Abschrift sowie die vorgenannten Mittel zur Glaubhaftmachung
anbei.

Rechtsanwalt

Anmerkungen

1. Es empfiehlt sich, den Regelungsgegenstand näher als hier zu beschreiben.

2. Z. B. § 71 Hess. PersVG.

3. a. A. beispielsweise BayVGH vom 26. 3. 1990, PersR 1990, 236; OVG Saarland
vom 12. 7. 1989, PersR 1990, 15; Thür. OVG vom 17. 9. 1996, PersR 1997, 124 f.

3.3 Antrag des Personalrats gegen die Dienststellenleitung auf Feststellung der Mitbestimmungswidrigkeit von Umsetzungsmaßnahmen

An das
Verwaltungsgericht ......

Antrag   auf Erlass einer einstweiligen Anordnung

des Personalrates ......
Behörde und Vertretungsverhältnis

– Antragsteller und Beteiligter zu 1) –

Verfahrensbevollmächtigte/r: Rechtsanwälte ......

gegen

die Dienststelle
Behörde und Vertretungsverhältnis

– Antragsgegnerin und Beteiligte zu 2) –

Namens und in Vollmacht des Antragstellers und Beteiligten zu 1) werden wir beantragen – wegen Dringlichkeit ohne mündliche Verhandlung – im Wege der einstweiligen Anordnung zu beschließen:

Die Teilumsetzung von Lehrern der Gymnasien des Beteiligten zu 2) in den Bereich
von Haupt- und/oder Realschulen unterliegt der Mitbestimmung des Beteiligten
zu 1) auch dann, wenn sie für den einzelnen Lehrer mit weniger als der Hälfte seiner Pflichtstunden pro Woche erfolgt.

Begründung:

1. Sachverhalt

In der Dienststelle des Beteiligten zu 2) sind die Schulen organisiert, wobei jedoch
für die einzelnen Schularten unterschiedliche Personalräte gebildet sind.

Glaubhaftmachung: eidesstattliche Versicherung des Personalratsvorsitzenden

Der Beteiligte zu 2) hat die Absicht, in größerem Umfang Gymnasiallehrer anzu-
weisen, dauerhaft[1] einen Teil ihrer Unterrichtspflichten an Einrichtungen der anderen Schulart auszuüben. Mit dieser Maßnahme hat er vor zwei Wochen[2] begonnen.
Er hat dies unter Nennung erster Beispiele dem Beteiligten zu 1) schriftlich mitgeteilt unter Hinweis auf seine Rechtsauffassung, wonach die Maßnahme nicht mitbestimmungspflichtig sei, weil sie nicht zu einem vollständigen oder auch nur überwiegenden Übergang in ein neues Beschäftigungsverhältnis führe, denn kein betrof-
fener Lehrer werde mit mehr als der Hälfte seiner Pflichtstunden in einer anderen
Schulart eingesetzt. Er werde die Anweisung deshalb auch in Ansehung des Widerspruchs der betroffenen Bediensteten gegen die Maßnahme durchsetzen. Deren
Hinweis, sie hätten wohl das Fachwissen nicht, aber die erforderliche didaktische
Ausbildung für den Unterricht an Haupt- und Realschulen, müsse hinter dem Personalbedarf zurückstehen.

Glaubhaftmachung: Ablichtung des vorgenannten Schreibens des Beteiligten zu 2)

2. Rechtsausführungen

2.1 Zulässigkeit des Verfahrens

Nach § 83 Abs. 2 BPersVG sowie den entsprechenden Vorschriften in den Landes-personalvertretungsgesetzen i. V. m. § 85 Abs. 2 ArbGG ist der Erlass einstweiliger Verfügungen auch in personalvertretungsrechtlichen Beschlussverfahren zulässig (BVerwG vom 27. 7. 1990, AP Nr. 25 zu § 72 a ArbGG 1979, Divergenz, ZBR 1990, 354 ff. und BVerwG vom 15. 3. 1995, NVwZ 1997, 80 ff.; Hess. VGH vom 14. 8. 1985, ZBR 1986, 62; OVG Bremen vom 28. 5. 1991, PersR 1991, 472 und vom 31. 7. 1991, PersV 1993, 91 ff.; Hess. VGH vom 27. 2. 1992, ZTR 1992, 264; BayVGH vom 1. 2. 1995, PersR 1996, 28 ff.; OVG NRW vom 15. 1. 1997, PersR 1997, 174 f.; OVG Hamburg vom 15. 7. 1993, HmbJVBl. 1994, 85; VGH Kassel vom 1. 6. 1994, PersR 1994, 431 u. vom 27. 2. 1992, ZBR 1992, 222; OVG Münster vom 20. 8. 1991, PersR 1992, 25; OVG Magdeburg vom 26. 10. 1994, PersR 1995, 138; Niders. OVG vom 24. 2. 1993, PersR 1994, 30 ff.[3]; eine endgül-tige Feststellung im Rahmen einer einstweiligen Verfügung befürworten: OVG Münster vom 6. 9. 1994, PersR 1994, 571 u. vom 14. 10. 1991, PersR 1992, 68; zur Abwendung der Verletzung von Beteiligungsrechten siehe ferner: BVerwG vom 20. 1. 1993, PersR 1993, 307; vom 18. 5. 1994, 6 P 27.92 u. vom 16. 9. 1994, 6 P 32.92, n. v.; VerwG Potsdam vom 27. 2. 1997, PersR 1997, 222 ff.).

2.2 Verfügungsanspruch

Aufgrund der einschlägigen bundes- bzw. landespersonalrechtlichen Vorschrift ist die Umsetzung eines Beschäftigten zu einer anderen Dienststelle eine mitbestim-mungspflichtige Maßnahme.[4]

Dabei kommt es entgegen der Auffassung des Beteiligten zu 2) auch nicht darauf an, ob die Umsetzung zu einem vollständigen oder weitgehenden Übergang in den neuen Beschäftigungsbereich führt. Auch eine nur auf einzelne Wochenstunden be-grenzte Teilumsetzung erfüllt bereits den Mitbestimmungstatbestand, wenn sie dauerhaft erfolgt (VerwG Hamburg vom 17. 11. 1995, PersR 1996, 162 ff.).

2.3 Verfügungsgrund

Die dringliche vorläufige Klärung eines personalvertretungsrechtlichen Beteili-gungsrechts ist dann geboten, wenn der Personalrat im Rahmen des geltend ge-machten Beteiligungsrechts bedeutsame Belange des von ihm vertretenen Personals wahrnehmen möchte und wahrnehmen darf, und wenn er durch die Verweisung auf das Hauptverfahren ganz davon abgehalten oder zumindest in nicht mehr hinnehmbarer Weise daran behindert würde, diese Belange wirksam zur Geltung zu bringen (OVG Bremen v. 31. 7. 1991, PersV 1993, 91 ff.; VerwG Hamburg vom 17. 11. 1995, a. a. O.).

Im vorliegenden Fall möchte sich der Beteiligte zu 1) im Rahmen des von ihm bean-spruchten Mitbestimmungsrechts für solche bedeutsamen Belange des von ihm ver-tretenen Personals einsetzen, denn es geht darum, diese Personen nicht nur – wie üblich – an einer, sondern an zwei Schulen und zudem an einem Schultyp einzuset-zen, für den sie in der Regel nicht ausgebildet wurden. Wie der Widerspruch der be-troffenen Beschäftigten zeigt, messen auch sie diesen Fragen eine erhebliche Bedeu-tung bei.

Begl. und einfache Abschrift sowie die vorgenannten Mittel zur Glaubhaftmachung anbei.

Rechtsanwalt

Anmerkungen

1. Dieses Hinweises bedarf es, da vorübergehende Maßnahmen in den gesetzlichen Grenzen nicht der Mitbestimmung unterliegen.

2. Die alsbaldige Antragstellung ist Grundlage für die Anerkennung des Verfahrens als eilbedürftig.

3. a.A. beispielsweise BayVGH vom 26. 3. 1990, PersR 1990, 236; OVG Saarland vom 12. 7. 1989, PersR 1990, 15; Thür. OVG vom 17. 9. 1996, PersR 1997, 124 f.

4. Dies ist unter Hinweis auf die jeweils einschlägige bundes- oder landespersonalvertretungsrechtliche Regelung näher auszuführen, siehe hierzu z. B. VerwG Hamburg vom 17. 11. 1995, PersR 1996, 162 ff. zu § 87 Abs. 1 Nr. 10 HambPersVG.

3.4 Antrag des Personalrats gegen die Dienststellenleitung auf Neueinleitung des Mitbestimmungsverfahrens wegen Einstellung

An das
Verwaltungsgericht ......

Antrag   auf Erlass einer einstweiligen Anordnung

des Personalrates ......
Behörde und Vertretungsverhältnis

                       – Antragsteller und Beteiligter zu 1) –

Verfahrensbevollmächtigte/r: Rechtsanwälte ......

                   gegen

die Dienststelle
Behörde und Vertretungsverhältnis

                     – Antragsgegnerin und Beteiligte zu 2) –

unter Beteiligung des
Schulpsychologen Name, Anschrift

                     – Beteiligter zu 3) –

Namens und in Vollmacht des Antragstellers und Beteiligten zu 1) werden wir beantragen – wegen Dringlichkeit ohne mündliche Verhandlung – im Wege der einstweiligen Anordnung zu beschließen:
Der Beteiligten zu 2) wird aufgegeben, das Beteiligungsverfahren betreffend die Einstellung des Beteiligten zu 3) neu einzuleiten.

Begründung:

1. Sachverhalt

Der Beteiligte zu 2) hat vor sechs Wochen bei dem Beteiligten zu 1) die Zustimmung zur Einstellung des Beteiligten zu 3) beantragt. Dieser hat die Zustimmung unter Angabe von Gründen schriftlich verweigert mit dem Hinweis, bei gleichzeitigem Stellenabbau bzw. Einführung von Teilzeitarbeit in dem Bereich, in dem der Beteiligte zu 3) tätig werden solle, könne die Einstellung nicht gebilligt werden, sondern müsse als Gefährdung für die Arbeitsplätze der vorhandenen Beschäftigten angesehen werden.

Der Beteiligte zu 2) hat diese Begründung für nicht tragfähig erklärt, für rechtsmissbräuchlich und ist von einer Zustimmungsfiktion ausgegangen. Dies hat er dem Beteiligten zu 1) vor zwei Wochen schriftlich mitgeteilt unter gleichzeitigem Hinweis, er habe den Beteiligten zu 3) nunmehr eingestellt.[1]

Glaubhaftmachung: Ablichtung der vorgenannten Schriftstücke sowie eidesstattliche Versicherung des Personalratsvorsitzenden

2. Rechtsausführungen

2.1 Zulässigkeit des Verfahrens

Nach § 83 Abs. 2 BPersVG sowie den entsprechenden Vorschriften in den Landespersonalvertretungsgesetzen i. V. m. § 85 Abs. 2 ArbGG ist der Erlass einstweiliger Verfügungen auch in personalvertretungsrechtlichen Beschlussverfahren zulässig (BVerwG vom 27. 7. 1990, AP Nr. 25 zu § 72a ArbGG 1979, Divergenz, ZBR 1990, 354 ff. und BVerwG vom 15. 3. 1995, NVwZ 1997, 80 ff.; Hess. VGH vom 14. 8. 1985, ZBR 1986, 62; OVG Bremen vom 28. 5. 1991, PersR 1991, 472 und vom 31. 7. 1991, PersV 1993, 91 ff.; Hess. VGH vom 27. 2. 1992, ZTR 1992, 264; BayVGH vom 1. 2. 1995, PersR 1996, 28 ff.; OVG NRW vom 15. 1. 1997, PersR 1997, 174 f.; OVG Hamburg vom 15. 7. 1993, HmbJVBl. 1994, 85; VGH Kassel vom 1. 6. 1994, PersR 1994, 431 u. vom 27. 2. 1992, ZBR 1992, 222; OVG Münster vom 20. 8. 1991, PersR 1992, 25; OVG Magdeburg vom 26. 10. 1994, PersR 1995, 138; Nieders.OVG vom 24. 2. 1993, PersR 1994, 30 ff.[2]; eine endgültige Feststellung im Rahmen einer einstweiligen Verfügung befürworten: OVG Münster vom 6. 9. 1994, PersR 1994, 571 u. vom 14. 10. 1991, PersR 1992, 68; zur Abwendung der Verletzung von Beteiligungsrechten siehe ferner: BVerwG vom 20. 1. 1993, PersR 1993, 307; vom 18. 5. 1994, 6 P 27.92 u. vom 16. 9. 1994, 6 P 32.92, n. v.; VerwG Potsdam vom 27. 2. 1997, PersR 1997, 222 ff.).

2.2 Verfügungsanspruch

Die streitgegenständliche Maßnahme unterfällt nach Maßgabe der Eingruppierung des Beteiligten zu 3) anhand der einschlägigen gesetzlichen Vorschrift der Mitbestimmung des Beteiligten zu 1).[3]

Dieses Mitbestimmungsrecht hat der Beteiligte zu 2) durch Einstellung des Beteiligten zu 3) ohne Zustimmung des Beteiligten zu 1) bzw. ohne ordnungsgemäßen Abschluss des Mitbestimmungsverfahrens verletzt. Dagegen kann sich der Beteiligte zu 2) auch nicht auf eine Zustimmungsfiktion berufen, denn eine solche kommt nur dann in Betracht, wenn die Zustimmung aus Gründen verweigert wird, die so offensichtlich außerhalb des Rahmens des einschlägigen Mitbestimmungstatbestandes liegen, dass sich die Verweigerung der Zustimmung als Rechtsmissbrauch darstellt. Nur eine derartige Zustimmungsverweigerung ist unbeachtlich und kann der Verweigerung ohne Angabe von Gründen gleichgesetzt werden. Unerheblich ist dabei, ob die Argumente des Personalrates sich im Ergebnis durchsetzen. Im vorliegenden Fall kann jedenfalls nicht festgestellt werden, dass seine Begründung offensichtlich außerhalb des Zwecks des Mitbestimmungstatbestandes liegt (VerwG Potsdam vom 27. 2. 1997, PersR 1997, 222 ff.). Die Einstellung des Beteiligten zu 3) stellt daher eine Verletzung des Mitbestimmungsrechts des Beteiligten zu 1) dar.

Da der Beteiligte zu 2) das Mitbestimmungsverfahren mit der Einstellung des Beteiligten zu 3) abgebrochen hat, hat der Beteiligte zu 1) Anspruch auf Neueinleitung des Mitbestimmungsverfahrens.

2.3 Verfügungsgrund

Bei dieser Sachlage ist dem Beteiligten zu 1) ein durch einstweilige Verfügung durchsetzbarer Anspruch gegen den Beteiligten zu 2) auf Durchführung des Mitbestimmungsverfahrens einzuräumen, denn es liegt eine schwerwiegende Beeinträchtigung seiner Aufgaben vor, weshalb zur Abwendung dieses Nachteils der Erlass einer einstweiligen Anordnung dringend geboten ist. Die Mitbestimmung bei der Einstellung, insbesondere zum Zwecke der Abwehr von Nachteilen für bereits in der Dienststelle Beschäftigte, gehört zu den wesentlichen Aufgaben der Personalvertretung. Sie betrifft elementare Belange der Beschäftigten. Sie im Rahmen der Mitbestimmung geltend zu machen, obliegt dem Personalrat als besonders gewichtige Verantwortung. Wird er an ihrer dem Gesetz entsprechenden wirksamen Wahrnehmung behindert, so liegt darin ein gravierender Eingriff, den er nicht auf unabsehbare Zeit hinzunehmen braucht (OVG Bremen vom 31. 7. 1991, PersV 1993, 91 ff.: VerwG Hamburg vom 17. 11. 1995, PersR 1996, 162 ff.; VerwG Potsdam vom 27. 2. 1997, a. a. O.).

Begl. und einfache Abschrift sowie die vorgenannten Mittel zur Glaubhaftmachung anbei.

Rechtsanwalt

Anmerkungen

1. Die alsbaldige Antragstellung ist Grundlage für die Anerkennung des Verfahrens als eilbedürftig.

2. a. A. beispielsweise BayVGH vom 26. 3. 1990, PersR 1990, 236; OVG Saarland vom 12. 7. 1989, PersR 1990, 15; Thür. OVG vom 17. 9. 1996, PersR 1997, 124 f.

3. Hier ist näher darzustellen, welche Tätigkeit ausgeübt wird, welche Vergütungsgruppe daher zur Anwendung kommt und auf Grund welcher bundes- bzw. landesgesetzlichen Regelung deshalb ein Mitbestimmungsrecht des Personalrates besteht.

IV. Schutzschriften

1.1 Schutzschrift gegen einstweilige Verfügung zur Regelung von Dienstplänen

An das
Arbeitsgericht
Tageskammer sowie
an die Kammern „Allgemeines" 16, 23, 26, 29, 34, 35,
36, 37, 38, 39, 40, 47, 48, 54, 63, 65, 66, 75, 77, 78, 79, 80, 81[1]
– vorab per Telefax –

Schutzschrift[2]

gegen

einen möglichen Antrag auf

Erlass einer einstweiligen Verfügung

im Beschlussverfahren
des Betriebsrates der ...... GmbH & Co,
dieser vertreten durch den Vorsitzenden, Herrn ......
– möglicher Antragsteller und Beteiligter zu 1) –
voraussichtliche Verfahrensbevollmächtigte: Rechtsanwälte

gegen

die ...... GmbH & Co,
vertreten durch ihre persönlich haftende Gesellschafterin,
die ...... Verwaltungs GmbH,
diese vertreten durch ihren Geschäftsführer ......
alle geschäftsansässig ......
– mögliche Antragsgegnerin und Beteiligte zu 2) –
Verfahrensbevollmächtigte: Rechtsanwälte

wegen Mitbestimmung bei Dienstplänen.

Wir zeigen an, die mögliche Antragsgegnerin zu vertreten.

Wir werden beantragen,
den Antrag auf Erlass einer einstweiligen Verfügung mit dem Regelungsgegenstand „Dienstpläne" zurückzuweisen,
hilfsweise,
nicht ohne mündliche Verhandlung zu entscheiden.[3]

Begründung:

Die Beteiligte zu 2) muss den Umständen nach befürchten, dass der Beteiligte zu 1) versuchen wird, gegen sie eine einstweilige Verfügung des angerufenen Gerichts ohne mündliche Verhandlung zu erwirken. Die Folgen einer solchen einstweiligen Verfügung wären für die Beteiligte zu 2) – auch bei nachträglicher Aufhebung der einstweiligen Verfügung – außerordentlich schwerwiegend und irreparabel.

1. Die Beteiligten streiten über das Verfahren zur Erstellung und zum Aushang von Dienstplänen. Der Beteiligte zu 1) hat mit einem Schreiben vom 16. 7.,

zur Glaubhaftmachung und zur Information des Gerichts beigefügt als Anlage A 1,

und dem Schreiben seiner Verfahrensbevollmächtigten vom 17. 7.,

zur Glaubhaftmachung und zur Information des Gerichts beigefügt als Anlage A 2,

mit Fristsetzung eine einstweilige Verfügung angedroht, für den Fall, dass die Beteiligte zu 2) Dienstpläne aushängt, die nicht vom Betriebsrat genehmigt sind.

Da hierfür kein Anspruch des Betriebsrates besteht, bedarf es der vorliegenden Schutzschrift.

2. Streitig zwischen den Beteiligten ist die Anwendung und Auslegung zweier zur Frage der Dienstplangestaltung bestehender, aber gekündigter Betriebsvereinbarungen. Es handelt sich dabei zum einen um die

Betriebsvereinbarung über die Dienst- und Urlaubsplangestaltung vom 20. 6. 1996 hier in Ablichtung

zur Glaubhaftmachung und zur Information des Gerichts beigefügt als Anlage A 3.

Diese Betriebsvereinbarung wurde mit Wirkung zum Ende des vergangenen Jahres gekündigt.

Ebenfalls nur noch nachwirkend und vornehmlicher Gegenstand des Streits der Beteiligten ist die

Betriebsvereinbarung über die Regelung der Rahmenbedingungen zur Weiterführung des so genannten $^4/_3$-Dienstplanes, hier in Ablichtung

zur Glaubhaftmachung und zur Information des Gerichts beigefügt als Anlage A 4.

Hinsichtlich der zuletzt genannten Betriebsvereinbarung ist eine Einigungsstelle eingesetzt. Die Einigungsstelle hat erstmals am 22. 6. getagt. Nach Maßgabe der Auflagen der Vorsitzenden führt die Beteiligte zu 2) zurzeit Erhebungen durch. Ein weiterer Termin ist zurzeit für den 28. 8. anberaumt. Eine Ablichtung des Sitzungsprotokolls ist

zur Glaubhaftmachung und zur Information des Gerichts beigefügt als Anlage A 5.

3. Für die nächste Dienstplanperiode hat die Beteiligte zu 2) nach den inhaltlichen Regelungen der Betriebsvereinbarungen A 3 und 4 einen Dienstplan entwerfen lassen und dem Betriebsrat vorgelegt. Hierauf hat der Beteiligte zu 1) mit einem Schreiben vom 10. 7., hier in Ablichtung

zur Glaubhaftmachung und Information des Gerichts beigefügt als Anlage A 6,

reagiert und schließlich mit dem einleitend bereits genannten Schreiben vom 16. 7. (Anlage A 1) die Dienstplangestaltung beanstandet.

4. Selbst wenn ein Verfügungsanspruch bestünde, was nicht der Fall ist (siehe unter Ziff. 6 u. 7), ist kein Verfügungsgrund gegeben. Ist zum Regelungsgegenstand eine Einigungsstelle eingesetzt, kommt eine Unterlassungsverfügung erst dann in Betracht, wenn eine rechtzeitige, auch nur vorläufige Entscheidung der Einigungsstelle nicht zu erreichen ist bzw. nicht zu erreichen gewesen wäre (LAG Düsseldorf vom 16. 5. 1990, NZA 1991, 29 f.). Der Beteiligte zu 1) hätte eine solche Regelung erreichen können, hat sich darum aber nicht bemüht. Die Beteiligte zu 2) hat bereits mit Schreiben vom 8. 3., in Ablichtung

zur Glaubhaftmachung und zur Information des Gerichts beigefügt als Anlage A 7, die Beanstandungen des Betriebsrates im Einzelnen widerlegt. Eine weitere Reaktion des Beteiligten zu 1) erfolgte hierauf nicht.

Eine Eilbedürftigkeit kann damit zum einen schon wegen des Zeitablaufs von März bis Juli nicht festgestellt werden, zum anderen aber hätte der Beteiligte zu 1) jedenfalls Gelegenheit gehabt, diesen Regelungsgegenstand auf der ersten Sitzung der Einigungsstelle Dienstplangestaltung am 22. 6. einer vorläufigen Regelung zuzuführen. Deshalb fehlt es sowohl wegen Zeitablaufs als auch wegen der Zuständigkeit der Einigungsstelle (LAG Düsseldorf, a. a. O.) an einem Verfügungsgrund.

5. Es fehlt aber auch deshalb an einem Verfügungsgrund, weil überhaupt nicht erkennbar ist, warum die vom Beteiligten zu 1) gegebenenfalls beantragte einstweilige Verfügung zum Schutz berechtigter Interessen der betroffenen Arbeitnehmer erforderlich ist.
Wir zitieren aus der genannten Entscheidung des LAG Düsseldorf:

„Führt der Arbeitgeber einseitig Maßnahmen durch, die der Mitbestimmung nach § 87 I BetrVG unterliegen, wird ohne Unterlassungsverfügung zwar dem Betriebsrat die aktuelle Verwirklichung seiner Beteiligungsrechte unmöglich gemacht. Dieser Aspekt genügt jedoch nicht zur Annahme eines Verfügungsgrundes, denn das durch die Unterlassungsverfügung zu sichernde betriebsverfassungsgesetzliche Beteiligungsrecht ist kein subjektives, absolutes Recht des Betriebsrates, sondern ist dem Betriebsrat als kollektivem Vertretungsorgan zum Schutz der Arbeitnehmer gewährt. Daher muss sich die nach §§ 935, 940 ZPO gebotene Interessenabwägung darauf erstrecken, ob für die Zeit bis zum In-Kraft-Treten einer mitbestimmten Regelung zum Schutz der betroffenen Arbeitnehmer die beantragte Anordnung erforderlich ist."

Für eine solche Erforderlichkeit hat der Betriebsrat außergerichtlich nichts vorgetragen und ist auch nichts ersichtlich, denn die von der Beteiligten zu 2) vorgesehene Dienstplangestaltung unterscheidet sich in keinem wesentlichen Punkt zum Nachteil der betroffenen Mitarbeiter von dem, was die Beteiligte zu 1) vorsieht und nach den Regeln der Betriebsvereinbarung vorgesehen werden kann.[4]
Begl. und einfache Abschrift anbei.

Rechtsanwalt

Anmerkungen

1. Für den Erlass der einstweiligen Verfügung können unterschiedliche Arbeitsgerichte und bei den jeweiligen Arbeitsgerichten nach dem Geschäftsverteilungsplan neben der Tageskammer weitere Kammern zuständig sein. Deshalb ist sicherzustellen, dass die Schutzschrift allen zuständigen Arbeitsgerichten und hier allen möglicherweise zuständigen Kammern zugeht. Dazu empfiehlt sich, bei dem Gericht die jeweilige Handhabung/Geschäftsverteilung vorab zu klären, also wie viele Mehrfertigungen zu erstellen und wem zuzuleiten sind. Enthält die Schutzschrift viele Anlagen, erscheint es sachgerecht, diese lediglich der für die Tageskammer vorgesehenen Schutzschrift beizufügen. Die Exemplare für die anderen Kammern sollten dann einen entsprechenden Hinweis enthalten.

2. Die Schutzschrift ist ein vorbeugendes Verteidigungsmittel gegen einen erwarteten Antrag auf Erlass einer einstweiligen Verfügung. Weder das ArbGG noch die ZPO enthalten Regeln für die Schutzfrist. Sie ist ein von der Wettbewerbsprozesspraxis geschaffenes Instrument, hat sich aber mittlerweile in anderen Rechtsbereichen durchgesetzt.

Ungeachtet des andauernden Streits um ihren zulässigen Inhalt oder gar ihre Berücksichtigungsfähigkeit ist sie jetzt auch im Arbeitsrecht anerkannt. Es wird zunehmend von ihr Gebrauch gemacht und unter dem Gesichtspunkt der Gewährung rechtlichen Gehörs wird das Vorbringen aus der Schutzschrift vom Gericht berücksichtigt. Ziel der Schutzschrift ist es, den Erlass einer einstweiligen Verfügung zu verhindern oder wenigstens zu erreichen, dass sie nicht ohne mündliche Verhandlung erlassen wird.

3. Zwar zeigt die praktische Erfahrung, dass die Arbeitsgerichte nur ausnahmsweise einstweilige Verfügungen ohne mündliche Verhandlungen erlassen. Dies geschieht nur dann, wenn die Zeit zwischen Antragseingang und dem abzuwendenden Ereignis bzw. dem Zeitpunkt, zu dem die begehrte Wirkung der einstweiligen Verfügung im Sinne einer Zweckerreichung einsetzen muss, zu kurz ist, um noch dazwischen eine mündliche Verhandlung anzuberaumen. Gerade im Beschlussverfahren können einstweilige Verfügungen für die Parteien ganz erhebliche Konsequenzen nach sich ziehen.

Schon aus Gründen der anwaltlichen Vorsorge empfiehlt es sich deshalb, das Instrument einer Schutzschrift einzusetzen. Sie wird mit dem Begehren eingereicht, den erwarteten Verfügungsantrag zurückzuweisen, hilfsweise über ihn nicht ohne mündliche Verhandlung zu entscheiden. Sie muss die Parteien genau bezeichnen, also das volle Aktiv- und Passivrubrum mit Anschrift und Benennung der gesetzlichen Vertreter enthalten. Sie muss den zu Grunde liegenden Streit beschreiben und die voraussichtlichen gegnerischen Anträge benennen. Es empfiehlt sich, sämtliche in Betracht kommenden Einwendungen zu erheben, wie die fehlende Zuständigkeit des angerufenen Gerichts, den fehlenden Verfügungsanspruch oder die mangelnde Eilbedürftigkeit. Die Mittel zur Glaubhaftmachung müssen genannt werden.

Der in der Schutzschrift benannte mögliche Antragsteller hat bereits vor Anhängigkeit des Eilverfahrens ein Recht auf Einsicht in die Schutzschrift.

Hat sich in der Schutzschrift ein Verfahrensbevollmächtigter für die potenzielle Antragsgegnerin bestellt, dann ist diesem die Ladung zu einer angeordneten mündlichen Verhandlung zuzustellen.

4. Dies ist näher darzulegen.

1.2 Schutzschrift gegen einstweilige Verfügung zur Herausgabe geheimhaltungsbedürftiger Unterlagen

An das
Arbeitsgericht[1]
Tageskammer sowie
an die Kammern „Allgemeines", 5, 9 und 11[2]
vorab per Telefax

Schutzschrift

gegen einen möglichen Antrag auf

Erlass einer einstweiligen Verfügung

im Beschlussverfahren[3]

des Betriebsrates der ...... GmbH,
dieser vertreten durch die Vorsitzende, Frau ...... ,

– möglicher Antragsteller und Beteiligter zu 1) –

voraussichtliche Verfahrensbevollmächtigte: Rechtsanwälte

gegen

die ...... GmbH,
vertreten durch ihre Geschäftsführer
alle geschäftsansässig ......

– mögliche Antragsgegnerin und Beteiligte zu 2) –

Verfahrensbevollmächtigte: Rechtsanwälte

wegen Herausgabe geheimhaltungsbedürftiger Unterlagen

Wir zeigen an, die mögliche Antragsgegnerin zu vertreten.

Namens und in Vollmacht der Antragsgegnerin beantragen wir,
den Antrag auf Erlass einer einstweiligen Verfügung zur Herausgabe von Unterlagen zurückzuweisen.

hilfsweise,
nicht ohne mündliche Verhandlung zu entscheiden.[4]

Begründung:

Die Beteiligte zu 2) muss den Umständen nach befürchten, dass der Beteiligte zu 1) versuchen wird, gegen sie eine einstweilige Verfügung des angerufenen Gerichts ohne mündliche Verhandlung zu erwirken. Die Folgen einer solchen einstweiligen Verfügung wären für die Beteiligte zu 2) – auch bei nachträglicher Aufhebung der einstweiligen Verfügung – außerordentlich schwerwiegend und irreparabel.

I. Die Beteiligte zu 2) ist eine Gesellschaft mit etwas mehr als 600 Mitarbeitern und Sitz in N. Der Schwerpunkt ihrer Geschäftstätigkeit liegt in der Einrichtung, und Betreuung von Supermärkten. Der Beteiligte zu 1) ist deren Betriebsrat. Der Beteiligte zu 1) verlangt von der Antragsgegnerin die Herausgabe von Unterlagen, u.a. im Zusammenhang mit deren Unternehmensprojekt HERMES.

Im Rahmen der Durchführung des Projektes HERMES beauftragte die Beteiligte zu 2) zum Zwecke der Beratung die KRP GmbH. Die Geschäftsführung informierte den Wirtschaftsausschuss der Antragstellerin in der Folge über die durch das Projekt HERMES entstehenden Beraterkosten, so durch Schreiben vom 2. 7. mit der Aufschrift „persönlich/vertraulich".

Glaubhaftmachung: Schreiben der Beteiligten zu 2) vom 2. 7. (Anlage A 1)

Durch Schreiben vom 31. 10., ebenfalls mit der Aufschrift „persönlich/vertraulich" übergab sie ihm eine Kopie des mit der KRP abgeschlossenen Beratervertrages.

Glaubhaftmachung: Schreiben der Geschäftsführung der Beteiligten zu 2) vom 31. 10. (Anlage A 2)

Im Laufe einer Betriebsversammlung am 7. 11. zitierte Herr A., ein Vertreter des Betriebsrates, der zugleich Mitglied des Wirtschaftsausschusses ist, verschiedene Passagen aus diesem Vertrag und nannte die genauen Honorarhöhen, die Kündigungsregelung sowie die Regelung zu möglichen Urheberrechten, obwohl die KRP einer solchen Veröffentlichung nicht zugestimmt hatte. Diese Betriebsversammlung fand in einem Theater statt. Einige Mitarbeiter dieses Theaters waren dabei anwesend. Überhaupt ging der Betriebsrat mit seinem organisatorischen Hausrecht, bezogen auf die Wahrung von Vertraulichkeit, nachlässig um. So wurden die Türen nicht geschlossen und hinter der Bühne tätiges Personal wurde notgedrungen Ohrenzeuge der Veranstaltung.

Die Beteiligte zu 2) beanstandete dieses Verhalten gegenüber dem Wirtschaftsausschuss durch Schreiben vom 9. 11. ...... Unterlagen über vertragliche Gestaltungen mit Dritten sind in der Öffentlichkeit nicht bekannt zu geben, solange keine entsprechende Zustimmung des Dritten eingeholt worden ist. Die KRP behält sich zudem diesbezüglich Ersatzansprüche gegenüber der Beteiligten zu 2) vor.

Glaubhaftmachung: Schreiben der Geschäftsführung der Beteiligten zu 2) vom 9. 11.
(Anlage A 3)

Mit Schreiben vom 19. 11. beharrte die Vorsitzende des Wirtschaftsausschusses, Frau B., auf der Rechtmäßigkeit der Vorgehensweise in der Betriebsversammlung am 9. 11., da der Wirtschaftsausschuss dabei lediglich seine Unterrichtungspflicht aus § 106 I 2 BetrVG erfüllt habe, woran er durch eine als „vertraulich/persönlich" gekennzeichnete Adressierung nicht gehindert sei.

Glaubhaftmachung: Schreiben der Vorsitzenden des Wirtschaftsausschusses vom
19. 11. (Anlage A 4)

Der Beteiligte zu 1) beansprucht von der Beteiligten zu 2) die Herausgabe weiterer Unterlagen.
So forderte der Beteiligte zu 1) bzw. der Wirtschaftsausschuss gegenüber der Beteiligten zu 2) mit Schreiben vom 1. 11. die Übersendung weiterer Unterlagen, betreffend die mit der KRP abgeschlossenen Beraterverträge sowie eine Zusammenstellung aller im Zusammenhang mit dem Unternehmensprojekt HERMES entstandenen Personal- und Sachkosten an.

Glaubhaftmachung: Schreiben des Betriebsrates vom 1. 11. (Anlage A 5)

Mit Schreiben vom 13. 11. verlangte der Wirtschaftsausschuss die Vorlage der Mietvertragsunterlagen hinsichtlich der in dem als „Säule" bezeichneten Gebäude angemieteten Räumlichkeiten, dem Geschäftssitz der Beteiligten zu 2).

Glaubhaftmachung: Schreiben des Wirtschaftsausschusses vom 13. 11. (Anlage A 6)

Schließlich verlangte der Wirtschaftsausschuss mit Schreiben vom 26. 11. Informationen über diverse Sachkosten und die Vorlage des mit dem Unternehmensberater Dr. C. abgeschlossenen Beratervertrages.

Glaubhaftmachung: Schreiben des Wirtschaftsausschusses vom 26. 11. (Anlage A 7)

Die Beteiligte zu 2) forderte den Beteiligten zu 1) mit Schreiben vom 26. 11. vergeblich dazu auf, sich künftig an seine Verschwiegenheitsverpflichtungen aus § 79 BetrVG zu halten, die geheimhaltungsbedürftigen Informationen nicht zu offenbaren und eine entsprechende ausdrückliche Unterlassungserklärung abzugeben.

Glaubhaftmachung: Schreiben der Geschäftsführung der Beteiligten zu 2) vom
26. 11. (Anlage A 8)

Mit Schreiben vom 5. 12. seines Verfahrensbevollmächtigten verlangte der Beteiligte zu 1) von der Beteiligten zu 2), die durch die drei oben genannten Schreiben angeforderten Unterlagen bis zum 7. 12., 15 Uhr, herauszugeben.

Glaubhaftmachung: Schreiben des Verfahrensbevollmächtigten des Beteiligten zu 1)
vom 5. 12. (Anlage A 9)

II. Die Beteiligte zu 2) ist nicht zur Herausgabe der Unterlagen an den Beteiligten zu 1) verpflichtet.
Einem entsprechenden Auskunftsanspruch steht bereits § 106 II BetrVG entgegen, wonach der Unterrichtungsanspruch des Wirtschaftsausschusses ausgeschlossen ist,

wenn dadurch Geschäftsgeheimnisse des Unternehmens gefährdet werden. Der Wirtschaftsausschuss hat nach § 106 I 2 BetrVG eine Doppelfunktion, nämlich die Beratung mit dem Unternehmer und die entsprechende Unterrichtung des Betriebsrates. Diese Unterrichtungspflicht besteht ausschließlich gegenüber dem Betriebsrat, und nicht gegenüber der gesamten Belegschaft. Aufgrund der Vorkommnisse in der Betriebsversammlung vom 9. 11. besteht die Gefahr einer Preisgabe von Geschäftsgeheimnissen, und zwar in Anbetracht der Weigerung von mindestens zwei Mitgliedern des Wirtschaftsausschusses/Betriebsrates, Vertraulichkeit zu wahren, weswegen das erforderliche Vertrauen der Beteiligten zu 2) in die Beachtung der Geheimhaltungspflicht des § 79 BetrVG nicht mehr besteht.

Darüber hinaus steht einem Unterrichtungsanspruch des Beteiligten zu 1) der Einwand der unzulässigen Rechtsausübung entgegen, da er in der Vergangenheit seine Schweigepflicht aus § 79 I BetrVG verletzt und keine entsprechende Unterlassungserklärung abgegeben hat. Nach der Rechtsprechung des Bundesarbeitsgerichts (Beschl. vom 14. 5. 1987 – 6 ABR 39/84, DB 1988, 2569f.) kann einem Betriebsrat, der bestimmte, grundsätzlich zur Verfügung zu stellende Informationen wünscht, der Einwand der unzulässigen Rechtsausübung entgegengehalten werden, wenn dieser in der Vergangenheit seine Verschwiegenheitsverpflichtung nicht ernst genommen hat und sich auch nicht bereit fand, die Zweifel an seiner Zuverlässigkeit durch eine entsprechende Unterlassungserklärung auszuräumen.

Durch die in der Betriebsversammlung am 7. 11. gefallenen Äußerungen hat der Beteiligte zu 1) unbefugt Geschäftsgeheimnisse der Beteiligten zu 2) offenbart.

Betriebsratsmitglieder sind gemäß § 79 I BetrVG verpflichtet, die ihnen auf Grund ihrer Funktion bekannt gegebenen Geschäftsgeheimnisse geheim zu halten. Infolge der Verweisung in § 107 III 4 BetrVG gilt diese Verschwiegenheitspflicht auch für die vom Betriebsrat in den Wirtschaftsausschuss entsandten Personen. Ein vorsätzlicher Verstoß gegen diese Verpflichtung ist – abgesehen von möglichen arbeitsvertraglichen Konsequenzen – gemäß § 120 BetrVG sogar strafbewehrt.

Unter einem Geschäftsgeheimnis wird jede im Zusammenhang mit einem Betrieb stehende Tatsache verstanden, die nicht offenkundig, sondern nur einem eng begrenzten Personenkreis bekannt ist und nach dem Willen des Betriebsinhabers auf Grund eines berechtigten wirtschaftlichen Interesses geheimgehalten werden soll (BAG, Beschl. vom 26. 2. 1987 – 6 ARB 46/84, DB 1987, 2526). Ein Geschäftsgeheimnis im Sinne des § 79 BetrVG ist u. a. der Inhalt von Geschäftsbeziehungen. Als Herr A. aus dem mit der KRP vereinbarten Vertrag zitierte, wurde damit der Inhalt von Geschäftsbeziehungen offenbart. Auch die Bekanntgabe von Lohn- und Gehaltsdaten verletzt ein Geschäftsgeheimnis, wenn sich aus ihnen eine betriebswirtschaftliche Kalkulation über die Umsätze und Gewinnmöglichkeiten schließen lässt (BAG a.a.O.). Durch die Offenlegung der Beraterkosten ließen sich aus der Gestaltung des Beratervertrages mit der KRP Rückschlüsse auf die Umsatz- und Gewinnmöglichkeiten der Beteiligten zu 2) ziehen.

Die Beteiligte zu 2) hat diese Daten ausdrücklich als geheimhaltungsbedürftig bezeichnet, in dem sie die entsprechenden Unterlagen dem Beteiligten zu 1) mit dem Vermerk „persönlich/vertraulich" übergab. Im Gegensatz dazu wurden diese besonders sensiblen Daten im Rahmen einer Betriebsversammlung von dem Beteiligten zu 1) offenbart und dadurch der Öffentlichkeit zugänglich gemacht. Denn die Weitergabe von Geschäftsgeheimnissen ist nicht nur an Betriebsfremde verboten, sondern auch an die Belegschaft. Ausgenommen hiervon sind allein die Mitglieder des Wirtschaftsausschusses und des Betriebsrates.

Aber auch weitere, in dem oben genannten Schreiben (Anlage A 9) des Verfahrensbevollmächtigten des Beteiligten zu 1) angeforderte Unterlagen berühren Geschäftsgeheimnisse der Beteiligten zu 2). Dies ergibt sich für die Vertragsunterlagen hinsichtlich der Unternehmensberatung durch Dr. C. bereits aus den für die KRP genannten Gründen. Aber auch die Mietvertragsunterlagen hinsichtlich der „Säule" sind für die Beteiligte zu 2) geheimhaltungsbedürftig, da sich dort deren Unternehmenssitz befindet und die Mietvertragsbedingungen erhebliche Aussagen über die wirtschaftliche Lage der Beteiligten zu 2) darstellen.

Die Beteiligte zu 2) hat gemäß § 79 I BetrVG einen Anspruch gegen den Beteiligten zu 1) auf Unterlassung der Offenbarung geheimhaltungspflichtiger Informationen. Dieser Anspruch richtet sich nicht nur gegen das einzelne Betriebsratsmitglied, sondern auch gegen den Betriebsrat als Organ der Betriebsverfassung. Die Beteiligte zu 2) hat sowohl den gesamten Betriebsrat als auch das Betriebsratsmitglied Herrn A. erfolglos zur Abgabe einer entsprechenden Unterlassungserklärung aufgefordert. Statt eine solche Unterlassungserklärung abzugeben, forderte der Beteiligte zu 1) die Beteiligte zu 2) durch seinen Verfahrensbevollmächtigten mit dem bereits vorgelegten Schreiben vom 5. 12. auf, die zuvor angeforderten Unterlagen bis zum 7. 12., 15 Uhr, herauszugeben, und drohte die Einleitung eines Beschlussverfahrens an.

Es ist deshalb zu erwarten, dass der Beteiligte zu 1) eine einstweilige Verfügung zur Herausgabe der Unterlagen hinsichtlich der Beratungsverträge mit KRP und Dr. C. und der im Zusammenhang mit der Beratung entstandenen Sach- und Personalkosten sowie bezüglich des für die „Säule" abgeschlossenen Mietvertrages beantragt. Tatsächlich besteht jedoch aus den oben genannten Gründen kein diesbezüglicher Herausgabeanspruch des Beteiligten zu 1).

Dies wird zudem durch das Ergebnis einer Interessenabwägung gestützt, wonach das Interesse der Beteiligten zu 2) an einer Geheimhaltung ihrer Geschäftsgeheimnisse gegenüber dem Informationsinteresse des Beteiligten zu 1) eindeutig überwiegt. Die Sorge, dass der Beteiligte zu 1) seine Verschwiegenheitspflichten erneut in einem Bereich verletzt, in dem ein entsprechender Verstoß bereits vorliegt, erscheint als absolut schutzwürdig.

Da für das Herausgabeverlangen des Beteiligten zu 1) demnach keine Rechtsgrundlage gegeben ist, bedarf es zur Erhaltung der Rechte der Beteiligten zu 2) der vorliegenden Schutzschrift.

Beglaubigte und einfache Abschrift anbei.

                                                                    Rechtsanwalt

Anmerkungen

1.–3. Siehe hierzu die Vorbemerkungen zu diesem Kapitel.

1.3 Schutzschrift des Arbeitgebers gegen einstweilige Verfügung des Betriebsrates auf Einhaltung von Mitbestimmungsrechten hinsichtlich der Arbeitszeit

An das
Arbeitsgericht ......

Schutzschrift[1]   zur Abwehr einer einstweiligen Verfügung
                im Beschlussverfahren

des Betriebsrates ......
dieser vertreten durch seinen Vorsitzenden ......

– Antragsteller und Beteiligter zu 1) –

Verfahrensbevollmächtigte/r: ......

gegen

die ...... ,
diese vertreten durch ...... ,
alle geschäftsansässig ......

– Antragsgegnerin und Beteiligte zu 2) –

Namens und in Vollmacht der möglichen Antragsgegnerin und Beteiligten zu 2)
wird gebeten,
einen möglichen Antrag des Antragstellers,
der Antragsgegnerin im Wege der einstweiligen Verfügung aufzugeben, bis zur Entscheidung der Einigungsstelle ihre Arbeitnehmer nicht mit täglich variabler Arbeitszeit einzusetzen,
zurückzuweisen, hilfsweise, nicht ohne mündliche Verhandlung zu beschließen.

Begründung:

1. Sachverhalt[2]

Die Beteiligte zu 2) betreibt eine Lebensmittelfilialkette mit allein 10 Filialen in Überall. Der Beteiligte zu 1) ist der für diese Filialen einheitlich gewählte Betriebsrat. Mit ihm schloss die Beteiligte zu 2) vor 8 Jahren eine Betriebsvereinbarung, die den Einsatz der Arbeitnehmer mit täglich variabler Arbeitszeit zulässt. § 5 der Betriebsvereinbarung sieht für deren Kündigung die gesetzliche Frist von drei Monaten vor und schließt für den Fall der Kündigung eine Nachwirkung aus.

Glaubhaftmachung:[3] Ablichtung der vorgenannten Betriebsvereinbarung sowie eidesstattliche Versicherung des Personalleiters ......

Vor sechs Monaten kündigte der Beteiligte zu 1) die genannte Betriebsvereinbarung. Zwei Monate später erklärte er die über den Abschluss einer neuen Betriebsvereinbarung geführten Verhandlungen für gescheitert und schlug unter Nennung der Person des Vorsitzenden die Einrichtung einer Einigungsstelle vor.

Glaubhaftmachung: Ablichtung des Kündigungsschreibens und des Vorschlags zur Einigungsstelle

Die Beteiligte zu 2) konnte dem Vorschlag hinsichtlich der Person des Einigungsstellenvorsitzenden nicht folgen. Ihrem Vorschlag wiederum mochte sich der Beteiligte zu 1) nicht anschließen. In dem von ihm eingeleiteten gerichtlichen Bestellungsverfahren haben die Beteiligten sich vor zwei Monaten auf die Person eines Einigungsstellenvorsitzenden geeinigt. Die erste Sitzung der Einigungsstelle fand vor zwei Wochen statt. Eine Einigung konnte nicht erzielt werden. Die Einigungsstelle vertagte sich für drei Monate.

Glaubhaftmachung: eidesstattliche Versicherung des Personalleiters ......

Unmittelbar im Anschluss an die Sitzung der Einigungsstelle zeigte sich der Vorsitzende des Beteiligten zu 1) sehr verärgert. Er rügte gegenüber dem Personalleiter der Beteiligten zu 2), insoweit zutreffend, diese wende nach wie vor die Regelungen aus der gekündigten Betriebsvereinbarung an, obwohl eine Nachwirkung ausdrücklich ausgeschlossen ist. Der Personalleiter erwiderte, er werde dies mit dem Geschäftsführer besprechen. Vor drei Tagen hat er dem Beteiligten zu 1) mitgeteilt, die Beteiligte zu 2) halte an der Anwendung der gekündigten Betriebsvereinbarung fest. Darauf erwiderte der Vorsitzende des Beteiligten zu 1), dann werde man dies der Beteiligten zu 2) durch einstweilige Verfügung untersagen lassen.

Glaubhaftmachung: wie vor

In Erwartung des angekündigten Antrages wird diese Schutzschrift vorgelegt.

2. Rechtsausführungen

2.1 Verfügungsanspruch

Für die vom Beteiligten zu 1) begehrte einstweilige Verfügung besteht kein Verfügungsanspruch. Zum Schutz der Beteiligungsrechte des Betriebsrates dient allein der Unterlassungsanspruch unter den Voraussetzungen des § 23 Abs. 3 BetrVG. Ein allgemeiner Anspruch des Betriebsrates gegen den Arbeitgeber, alle Handlungen zu unterlassen, die gegen Beteiligungsrechte des Betriebsrates verstoßen, kann nicht anerkannt werden.[4]

§ 23 Abs. 3 BetrVG aber setzt einen groben Verstoß der Beteiligten zu 2) gegen das Betriebsverfassungsgesetz voraus. Ein solcher grober Verstoß ist schon deshalb nicht feststellbar, weil die Beteiligte zu 2) lediglich die Regelungen anwendet, die in den vergangenen acht Jahren mitbestimmungsrechtlich einwandfrei zur Anwendung gelangt sind. Diese weiterhin bis zu einer abweichenden Neuregelung anzuwenden, kann auch dann, wenn eine Nachwirkung ausdrücklich ausgeschlossen wurde, nicht als grober Verstoß angesehen werden, nachdem gar nicht feststellbar ist, welche Regelungen denn ansonsten zur Anwendung kommen sollten. Jede andere als die in der Betriebsvereinbarung niedergelegte Verfahrensweise stellt ebenfalls eine mitbestimmungspflichtige Maßnahme dar. Ein ungeregelter Zustand ist nicht denkbar. Der „Verstoß" der Beteiligten zu 2) ist also am geringsten, wenn sie zunächst an dem, was im Einvernehmen geregelt wurde, festhält.

2.2 Verfügungsgrund

Jedenfalls aber steht dem Beteiligten zu 1) kein Verfügungsgrund zur Seite.

Führt der Arbeitgeber einseitig Maßnahmen durch, die der Mitbestimmung nach § 87 Abs. 1 BetrVG unterliegen, wird dem Betriebsrat die Verwirklichung seiner Beteiligungsrechte solange unmöglich gemacht, als dem Arbeitgeber die Fortsetzung seiner Maßnahme nicht gerichtlich untersagt wird. Das allein genügt jedoch nicht für die Annahme eines Verfügungsgrundes (LAG Köln vom 23. 8. 1996, ARST 1997, 93)[5], denn das durch die Unterlassungsverfügung zu sichernde betriebsverfassungsrechtliche Beteiligungsrecht ist kein subjektives, absolutes Recht des Betriebsrates. Es ist ihm vielmehr nur als kollektives Vertretungsorgan im Interesse der Belegschaft gewährt. Daher muss sich die nach §§ 935, 940 ZPO gebotene Interessenabwägung darauf erstrecken, ob eine einstweilige gerichtliche Regelung zum Schutz der betroffenen Arbeitnehmer geboten ist (BAG vom 3. 5. 1994, NZA , 40–43 – zu B. III. 3 –). Ferner darf die beantragte Verfügung nur erlassen werden, wenn sie im Verhältnis Betriebsrat/Arbeitgeber das Gebot der vertrauensvollen Zusammenarbeit (§ 2 Abs. 1 BetrVG) hinreichend berücksichtigt. Es ist die Pflicht des Betriebsrates aus § 2 BetrVG, einer vorläufigen Regelung (nahe liegend: vorläufige Aufrechterhaltung der bestehenden Regelung) bis zur Entscheidung durch die Einigungsstelle zuzustimmen, wenn die in der Kündigungsfrist zur Verfügung stehende Zeit für eine abschließende Regelung der Einigungsstelle nicht ausreicht und der Aufschub einer Regelung (hier: der Rückfall in einen ungeregelten Zustand) zu betrieblichen Nachteilen führen würde (LAG Köln vom 31. 10. 1996, 5 TaBV 69/96, – ARST 1997, 91, mit Hinweis auf *Löwisch* in: AR-Blattei, Betriebsverfassung XIV A 530.14.1, Nr. 57). Jedenfalls bedarf es nach der Anrufung einer Einigungsstelle eines hier nicht erkennbaren eindeutigen überwiegenden Interesses des Betriebsrates, um eine einstweilige Verfügung auf Unterlassung zu rechtfertigen (LAG Köln vom 31. 10. 1996, 5 TaBV 69/96, ARST 1997, 91). Bei Anwendung dieser Grundsätze erweist sich die möglicherweise beantragte Unterlassungsverfügung als nicht erforderlich.

Soweit sich der Beteiligte zu 1) darauf berufen sollte, die Beteiligte zu 2) habe ihre Pflicht vernachlässigt, rechtzeitig vor dem nachwirkungslosen Auslaufen der Betriebsvereinbarung die Einigungsstelle anzurufen[6], vermag allein dies die Verfügung nicht zu rechtfertigen. Beachtenswert ist dabei die kurze Kündigungsfrist, die der Beteiligte zu 1) gewählt hat. Zwar entspricht diese der gesetzlichen und auch vertraglich vereinbarten Frist, doch muss sie für die Führung ernster Verhandlungen als knapp angesehen werden. Dies zeigt bereits der Zeitraum von zwei Monaten zwischen Ausspruch der Kündigung und der Erklärung des Beteiligten zu 1) über das Scheitern der Verhandlungen. Selbst wenn die Beteiligte zu 1) danach unverzüglich ihrerseits das Bestellungsverfahren eingeleitet hätte, wären die Verhandlungen bis heute nicht abgeschlossen, wie der Lebenssachverhalt zeigt.

Dabei kann der Beteiligte zu 1) der Beteiligten zu 2) auch nicht die Weigerung entgegenhalten, den vorgeschlagenen Einigungsstellenvorsitzenden zu akzeptieren. Damit machte die Beteiligte zu 2) lediglich von einem ihr zustehenden Recht Gebrauch, was ihr nicht zum Nachteil gereichen darf. Dagegen wendet der Beteiligte zu 1) vielleicht ein, die Beteiligte zu 2) habe dem Vorschlag ohne sachliche Gründe widersprochen. Auch das vermag die Beteiligte zu 2) nicht zu belasten, denn zur Ablehnung eines vorgeschlagenen Einigungsstellenvorsitzenden genügt es, wenn eine beteiligte Betriebspartei zu erkennen gibt, dass sie mit einer von der Gegenseite vorgeschlagenen Person nicht einverstanden ist (LAG Berlin vom 7. 3. 1997, 2 TABV 2 u. 3/97, n. v.).

Gegen einen Verfügungsgrund spricht weiter die Abwesenheit gesundheitlicher oder sonstiger schwerwiegender Folgen aus der Anwendung der streitigen Arbeitszeitregelung. Die Abwesenheit solcher Folgen ergibt sich allein aus der achtjährigen Anwendung der Regelung, ohne dass der Beteiligte zu 1) bisher von seinem Kündigungsrecht Gebrauch gemacht hätte (LAG Köln vom 31. 10. 1996, 5 TABV 69/96, ARST 1997, 91).

Schließlich hat es der Beteiligte zu 1) selbst versäumt, bereits vor zwei Wochen eine einstweilige Regelung herbeizuführen. Einen solchen Antrag hätte er an die Einigungsstelle stellen können (LAG Düsseldorf vom 16. 5. 1990, NZA 1991, 29–30) und auch zuständigkeitshalber stellen müssen, denn es spricht viel dafür, die mit ihrer Konstituierung bei der Einigungsstelle liegende Regelungskompetenz für vorläufige Maßnahme nicht durch gerichtliche Unterlassungsverfügungen zu unterlaufen (LAG Köln vom 31. 10. 1996, 5 TABV 69/96, ARST 1997, 91).

Da der Betriebsrat gehalten war, sich für eine Zwischenregelung an die kompetente Einigungsstelle zu wenden, damit zum Wohle des Betriebes (§ 2 Abs. 1 BetrVG) die schwerwiegenden Folgen einer Unterlassungsverfügung vermieden würden, fehlt es jedenfalls bis zur nächsten Einigungsstellensitzung für die beantragte Unterlassungsverfügung an einem Verfügungsgrund. Dies insbesondere, nachdem die Beteiligte zu 2) keine Veranlassung hatte, in der Einigungsstelle auf eine vorläufige Regelung hinzuwirken, weil der Beteiligte zu 1) seine Beanstandung hinsichtlich des Festhaltens an der bisherigen Arbeitszeitregelung erst nach Schluss der Einigungsstellensitzung zum Ausdruck brachte.

Begl. und einfache Abschrift sowie die vorgenannten Mittel zur Glaubhaftmachung[7] anbei.

Rechtsanwalt

Anmerkungen

1. Folgend den Geschäftsverteilungsplänen der einzelnen Arbeitsgerichte können mehrere Kammern eines Arbeitsgerichts für die abzuwehrende einstweilige Verfügung zuständig sein. Soweit nicht nach der gegebenen Gerichtsorganisation sichergestellt ist, dass die bei einer Kammer hinterlegte Schutzschrift jeweils der Kammer vorgelegt wird, bei der die einstweilige Verfügung eingeht (ein Organisations- und Regelungsgrad, der im Allgemeinen nicht gegeben sein dürfte), muss die Schutzschrift bei allen in Frage kommenden Kammern hinterlegt werden, einschließlich der jeweiligen Tageskammer.

2. Der Sachverhalt ist dem nachgebildet, der der Entscheidung des LAG Düsseldorf vom 16. 5. 1990, NZA 1991, 29–30 zugrunde lag.

3. Durch die über § 85 Abs. 2 Satz 2 ArbGG anzuwendenden Vorschriften der §§ 936 und 920 Abs. 2 ZPO ist auch der Antrag auf Erlass einer einstweiligen Verfügung im Beschlussverfahren hinsichtlich Verfügungsanspruch und Verfügungsgrund glaubhaft zu machen. Kommt der Antragsteller dieser Verpflichtung nicht nach, dann ist und insoweit anders als in den Verfahren vor den Zivilgerichten, für die die Parteimaxime gilt, der Antrag nicht schon aus diesem Grunde abzuweisen. Im arbeitsgerichtlichen Beschlussverfahren gilt vielmehr der Untersuchungsgrundsatz (§ 83 Abs. 1 Satz 1 ArbGG). So ist die gerichtliche Bewertung des Vorbringens der Beteiligten im Beschlussverfahren als nicht hinreichend substantiiert nur dann statthaft, wenn das Gericht auf diese Einschätzung hingewiesen und die Beteiligten zur Ergänzung ihres Vorbringens aufgefordert hat (BAG vom 11. 3. 1998, NZA 1998, 953, DB 1998, 1821). Deshalb hat das Gericht auch bei fehlender Glaubhaftmachung den Sachverhalt von Amts wegen zu erforschen. An dieser Erforschung (Aufklärung) haben die Verfahrensbeteiligten mitzuwirken (§ 83 Abs. 1 Satz 2 ArbGG). Der Untersuchungsgrundsatz gilt jedoch nicht unbeschränkt. Die Aufklärungspflicht des Gerichts kann sich nur auf das stützen, was die Beteiligten vortragen. Nur das, wofür sie in ihrem Sachvortrag selbst Anhaltspunkte liefern, kann und darf das Gericht weiter „aufklären", und es muss dabei den Charakter des Eilverfahrens berücksichtigen, d. h. im Termin zur Anhörung über die einstweilige Verfügung muss das Gericht anwesende Personen über ihm erheblich erscheinende, aber bisher noch nicht ausreichend dargestellte Tatsachen anhören und präsente Zeugen vernehmen. Eine Beweisaufnahme allerdings, die nicht sofort erfolgen kann, ist nach § 294 Abs. 2 ZPO unstatthaft (vgl. zum Ganzen: BAG vom 25. 9. 1986, AP Nr. 7 zu § 1 BetrVG 1972 und

LAG München vom 26. 8. 1992, LAGE § 23 BetrVG 1972 Nr. 29 = BB 1993, 2168). Schriftstücke sind der Antragsschrift im Original oder in beglaubigter Abschrift oder beglaubigter Fotokopie beizufügen. Die Ankündigung ihrer Vorlage ist ebenso zur Glaubhaftmachung unzureichend wie die Beifügung unbeglaubigter Schriftstücke (BAG vom 28. 8. 1991, AP Nr. 2 zu § 85 ArbGG 1979).

4. BAG vom 22. 2. 1983, DB 1983, 1926 ff.; LAG Köln vom 21. 2. 1989, LAGE § 23 BetrVG 1972 Nr. 20; LAG Düsseldorf vom 16. 5. 1990, NZA 1991, 29 f.; a. A. die herrschende Meinung in der Rechtsprechung und in der Literatur erkennt hingegen einen allgemeinen Unterlassungsanspruch bei mitbestimmungswidrigem Verhalten des Arbeitgebers an, so BAG vom 18. 4. 1985, DB 1985, 2511 ff.; BAG vom 3. 5. 1994, DB 1994, 2450 ff.; LAG Frankfurt vom 12. 7. 1988, LAGE § 87 BetrVG 1972 Nr. 10 – Arbeitszeit –; FKHE § 87 Rdn. 566.

5. a. A.: ArbG Frankfurt vom 3. 8. 1982, BetrR 1983, 418–431.

6. LAG Düsseldorf vom 16. 5. 1990, NZA 1991, 29, 30.

7. Schriftstücke sind in beglaubigter Abschrift der Antragsschrift beizufügen. Bei eidesstattlichen Versicherungen ist eine eigene Sachverhaltsschilderung (siehe Fallbeispiel F. II. 6) durch den Versichernden erforderlich. Statt dessen liest man jedoch immer wieder eidesstattliche Versicherungen, in denen es heißt: „Ich habe die Antragsschrift meines Verfahrensbevollmächtigten gelesen. Die dortigen Angaben entsprechen der Richtigkeit und beruhen auf meinen Angaben" oder Ähnliches. Das aber entspricht nicht den Anforderungen des Bundesgerichtshofes (BGH vom 13. 1. 1988, NJW 1988, 2045), denn Dritte unterschreiben oft meist ungeprüft, was ihnen vorgelegt wird (BPatG vom 27. 11. 1974, GRUR 1978, 360).

3. Kapitel. Rechtsmittelverfahren

G. Das Rechtsmittel- und Rechtsbehelfsverfahren gegen Urteile der Arbeitsgerichte und Landesarbeitsgerichte[1] (Urteilsverfahren gem. §§ 46 ff. ArbGG)[2]

I. Die Berufung gegen Urteile der Arbeitsgerichte (§§ 8 Abs. 2, 64 Abs. 1 ArbGG)

1. Vorbemerkungen

1.1 Statthaftigkeit der Berufung (§ 64 Abs. 2 und 3 ArbGG)

Gegen die Urteile der Arbeitsgerichte findet die Berufung an die Landesarbeitsgerichte statt, soweit nicht nach § 78 ArbGG das Rechtsmittel der sofortigen Beschwerde gegeben ist (§ 64 Abs. 1 ArbGG). **Die Berufung kann nur eingelegt werden (§ 64 Abs. 2 ArbGG),**

(a) wenn sie in dem Urteil des Arbeitsgerichts **zugelassen** worden ist,

(b) wenn der Wert des Beschwerdegegenstandes **600 EUR** übersteigt,

(c) in Rechtsstreitigkeiten über das **Bestehen,** das **Nichtbestehen** oder die **Kündigung eines Arbeitsverhältnisses** oder

(d) wenn es sich um ein **Versäumnisurteil** handelt, gegen das der Einspruch an sich nicht statthaft ist, soweit die Berufung oder Anschlussberufung darauf gestützt wird, dass der Fall der schuldhaften Versäumung nicht vorgelegen habe.

---

[1] **Landesarbeitsgerichte:** Baden-Württemberg, Berlin, Brandenburg, Bremen, Düsseldorf, Hamburg, Hamm, Hessen, Köln, Mecklenburg-Vorpommern, München, Niedersachsen, Nürnberg, Rheinland-Pfalz, Saarland, Sachsen, Sachsen-Anhalt, Schleswig-Holstein, Thüringen.

[2] Zu prozessualen Einzel- und Zweifelsfragen ist auf die Kommentierungen des ArbGG und der ZPO zu verweisen. 1. ArbGG a) Auf dem Stand des ZPO-RG: Erfurter Kommentar Arbeitsrecht, Nr. 60 ArbGG *(Schaub/Eisemann),* 3. A. 2003; *Germelmann/Matthes/Prütting/Müller-Glöge,* ArbGG, 4. A 2002; *Schmidt/Schwab/Wildschütz,* Die Auswirkungen der Reform des Zivilprozesses auf das arbeitsgerichtliche Verfahren, NZA 2001, 1161. b) Frühere Kommentierungen: Gemeinschaftskommentar zum ArbGG (Loseblatt), *Ascheid, Badener, Dörner, Leinemann, Schütz, Stahlhacke, Vossen, Wenzel,* August, 2001; *Grunsky,* ArbGG, 7. A 1995; *Hauck,* ArbGG, 1996; *Heither/Schönherr* ArbGG 3. A (Loseblatt) 2001; *Stahlhacke,* ArbGG, 2. A 1986; *Stahlhacke/Harter* ArbGG, 3. A 1991. 2. ZPO Auf dem Stand des ZPO-RG: *Baumbach/Lauterbach/Albers/Hartmann* ZPO, 61. A 2003; *Zöller,* ZPO, 23. A 2002. Vgl. zum ZPO-RG *Büttner,* Revisionsverfahren – Änderungen durch das ZPO-RG, MDR 2001, 1201; *Ebel,* Die Berufung im Zivilprozess-/Rechtsreformgesetz, ZRP 2001, 309; *Gehrlein,* ZPO-Recht nach der ZPO-Reform 2002, 2001; *Hartmann,* Zivilprozess 2001/2002, NJW 2001, 2577; *Kroiß,* Das neue Zivilprozessrecht, 2001; *Musielak,* Reform des Zivilprozesses, NJW 2000, 2769; *Prütting,* Rechtsmittelreform 2000, 2000; *Schellhammer,* Zivilprozessreform und erste Instanz, MDR 2001, 1081; Zivilprozessreform und Berufung, MDR 2001, 1141.

Im Einzelnen:

a) Das Arbeitsgericht hat die **Berufung zuzulassen** unter den Voraussetzungen des § 64 Abs. 3 Nr. 1 (wenn die Rechtssache grundsätzliche Bedeutung hat), Nr. 2 (a), (b) und (c) (wenn die Rechtssache Streitigkeiten betrifft (a) zwischen Tarifvertragsparteien aus Tarifverträgen oder über Tarifverträge, (b) bei der Auslegung eines über den Bezirk eines Arbeitsgerichts hinaus geltenden Tarifvertrages, (c) zwischen tariffähigen Parteien oder diesen und Dritten über Arbeitskampfmaßnahmen oder Fragen der Vereinigungsfreiheit) sowie Nr. 3 (wenn das Arbeitsgericht in der Auslegung einer Rechtsvorschrift von einem ihm im Verfahren vorgelegten Urteil, das für oder gegen eine Partei des Rechtsstreits ergangen ist, oder von einem Urteil des im Rechtszug übergeordneten Landesarbeitsgerichts abweicht und die Entscheidung auf dieser Abweichung beruht). Die Entscheidung, ob die Berufung zugelassen oder nicht zugelassen wird, ist in den Urteilstenor aufzunehmen; ggf. kann **binnen zwei Wochen** ab Verkündung des Urteils eine entsprechende **Ergänzung beantragt werden** (§ 64 Abs. 3 a ArbGG). Das Landesarbeitsgericht ist an die Entscheidung über die Zulassung oder Nichtzulassung der Berufung durch das Arbeitsgericht gebunden (§ 64 Abs. 4 ArbGG). Ein Rechtsmittel gegen die Entscheidung des Arbeitsgerichts sieht das ArbGG ebenso wenig wie die Nichtzulassungsbeschwerde vor. Der unterlegenen Partei bleibt allenfalls der außerordentliche Rechtsbehelf einer Verfassungsbeschwerde (BGH 26. 9. 1979, LM Nr. 93 zu § 546 ZPO mwN). Zu Einzelfragen vgl. *Germelmann/Matthes/Prütting/Müller-Glöge* § 64 Rn. 34 d, 34 e).

b) **Berufungsfähig** sind im arbeitsgerichtlichen Urteilsverfahren (§ 64 Abs. 1, 2 und 6 ArbGG, §§ 511 ff. i. V. m. §§ 253 ff. ZPO): **End-, Teil-** und **Vorbehaltsurteile** (§§ 300, 301, 302 ZPO), **Ergänzungsurteile** (§ 321 ZPO) sowie **Zwischenurteile** im Sinne des § 280 ZPO, wenn über die Zulässigkeit der Klage gesondert entschieden wird (BGH 25. 11. 1987, NJW 1988, 1733), und Zwischenurteile, durch die der Antrag auf Wiedereinsetzung in den vorigen Stand abgelehnt wird (BGH 15. 10. 1981, NJW 1982, 184).

c) **Nicht berufungsfähig** ist das Grundurteil (§ 304 ZPO) und das Zwischenurteil i. S. des § 303 ZPO, da diese Entscheidungen nur zusammen mit dem Endurteil angefochten werden können (§§ 61 Abs. 3 ArbGG, 512 ZPO). Nicht berufungsfähig sind auch Entscheidungen, die der sofortigen Beschwerde unterliegen (§ 78 ArbGG) wie Zwischenurteile über die Zulässigkeit der Nebenintervention (§ 71 Abs. 2 ZPO), über die Berechtigung der Aussageverweigerung eines Zeugen (§ 387 Abs. 3 ZPO) oder Kostenentscheidungen bei einem Anerkenntnisurteil (§ 99 Abs. 2 ZPO). Nicht berufungsfähig ist ein Versäumnisurteil, gegen das der Einspruch zulässig ist (§ 514 Abs. 1 ZPO). Ein Versäumnisurteil hingegen, gegen das der Einspruch an sich nicht statthaft ist, unterliegt der Berufung, wenn sie darauf gestützt wird, dass der Fall der schuldhaften Versäumung nicht vorgelegen habe (§ 64 Abs. 2 (d) ArbGG).

d) Sog. **Scheinurteile,** die an schweren Mängeln leiden oder die nicht wirksam verkündet worden sind, unterliegen, damit der Rechtsschein des Urteils beseitigt werden kann, der Berufung (BGH 3. 11. 1994, NJW 1995, 404). Erweist sich auch die äußere **Form** der anzufechtenden gerichtlichen Entscheidung als fehlerhaft (z. B. wenn ein „Beschluss" statt richtigerweise ein „Urteil" ergeht) oder wird ein streitiges Urteil falsch als Versäumnisurteil bezeichnet, so gilt der **Grundsatz der Meistbegünstigung.** In solchen Fällen ist sowohl das an sich für die richtige wie das für die fehlerhafte Entscheidungsform gesetzlich vorgesehene Rechtsmittel zulässig (BAG 5. 12. 1984, AP Nr. 3 zu § 72 ArbGG 1979 = NZA 1985, 436 = RdA 1985, 190 = Betr 1985, 1192 = NJW 1986, 2784), sofern das Rechtsmittel an sich statthaft ist. Der Grundsatz der Meistbegünstigung kann nicht zu einer dem korrekten Verfahren widersprechenden Erweiterung des Instanzenzugs führen. Wäre gegen eine dem Gesetz entsprechende Entscheidung ein Rechtsmittel nicht gegeben, kann daher auch eine der Art nach inkorrekte Entscheidung ein Rechtsmittel nicht eröffnen (BGH 20. 4. 1993, NJW-RR 1993, 956, 957 mwN).

e) Zur **Statthaftigkeit der außerordentlichen Beschwerde** gegen eine an sich unanfechtbare Entscheidung wegen greifbarer Gesetzwidrigkeit und bei krassem Unrecht vgl. BAG 21. 4. 1998, NZA 1998, 1357.

f) **Die Befugnis, Berufung einzulegen,** steht nur einer verfahrensbeteiligten Partei, einem Streitgenossen oder Nebenintervenienten gegen eine andere Partei oder deren Streitgenossen des vorinstanzlichen Verfahrens zu oder einer Person, deren Eintritt in den Rechtsstreit durch Urteil versagt worden ist. Die Berufung ist grundsätzlich nur zulässig, **soweit** der Berufungskläger sein vom Arbeitsgericht abgewiesenes **Begehren weiterverfolgt.** Zulässig ist aber der Übergang von der Feststellungs- zur Leistungsklage (BGH 3. 5. 1996, NJW-RR 1996, 1020, 1021). Fraglich ist, ob auch der Übergang von der Auskunfts- zur Zahlungsklage zulässig ist (so aber BGH 2. 6. 1969, NJW 1969, 1486).

g) Die **formelle Beschwer** des **Berufungsklägers** durch das angefochtene Urteil ist Voraussetzung **für die Zulässigkeit der Berufung.** Der Berufungskläger muss zumindest teilweise mit seinem Antrag vor dem Arbeitsgericht erfolglos geblieben sein. Er ist in dem Umfang formell beschwert, in dem das angefochtene Urteilsergebnis hinter dem erstinstanzlichen Rechtsschutzbegehren des Berufungsklägers zurückbleibt. **Beim Beklagten** hingegen **genügt** die **sog. materielle Beschwer.** Diese ist gegeben, wenn der Beklagte mit der Berufung eine zu seinen Gunsten abweichende Entscheidung begehrt (so, wenn das Arbeitsgericht die Klage als unzulässig und nicht als unbegründet abgewiesen hat (BAG 19. 11. 1985, NJW 1987, 514)).

h) Der **Wert des Beschwerdegegenstandes** ist Zulässigkeitsvoraussetzung nur bei der gem. § 64 Abs. 2 (b) ArbGG eingelegten Berufung (d. h., wenn der Wert des Beschwerdegegenstandes 600 EUR übersteigt). Der Beschwerdewert im Berufungsverfahren ergibt sich aus den Anträgen des Berufungsklägers, da der Berufungskläger den Umfang der berufungsrichterlichen Nachprüfung bestimmt. Legt die bei dem Arbeitsgericht voll unterlegene Partei uneingeschränkt Berufung ein, so wird der Wert ihrer Beschwer regelmäßig mit dem vom Arbeitsgericht festgesetzten Streitwert übereinstimmen, so dass das Berufungsgericht von diesem Streitwert ausgehen wird (BAG 13. 1. 1988, NZA 1988, 705). Eine gesonderte Ermittlung des Beschwerdewerts ist notwendig, wenn die Streitwertfestsetzung im arbeitsgerichtlichen Urteil offensichtlich unzutreffend ist oder wenn nur eingeschränkt Berufung eingelegt wird. Für die Berechnung der Beschwer sind die §§ 3 ff. ZPO, bei nicht vermögensrechtlichen Streitigkeiten ist ergänzend § 12 Abs. 2 GKG anzuwenden. Maßgebend für die Berechnung der Beschwer ist der Zeitpunkt der Einlegung der Berufung (§ 4 Abs. 1 S. 1 ZPO). Der Beschwerdewert ist glaubhaft zu machen. Dem Berufungskläger ist die eigene Eidesstattliche Versicherung versagt (§ 511 Abs. 3 ZPO). Die Glaubhaftmachung kann spätestens bis zur Entscheidung gem. § 522 ZPO über die Verwerfung der Berufung als unzulässig erfolgen. Eine Klageerweiterung in der Berufungsinstanz kann den Beschwerdewert nicht beeinflussen.

1.2 Die Frist für die Einlegung der Berufung

Die Frist für die **Einlegung** der Berufung beträgt **einen Monat,** die Frist für ihre **Begründung zwei Monate.** Beide Fristen beginnen mit der **Zustellung des in vollständiger Form abgefassten Urteils,** spätestens aber mit Ablauf von fünf Monaten nach seiner Verkündung (§ 66 Abs. 1 S. 1 und 2 ArbGG). Die Zustellung erfolgt von Amts wegen (§ 50 Abs. 1 ArbGG) und regelmäßig gegen Empfangsbekenntnis des Prozessbevollmächtigten (§ 212 a ZPO), das für den Beginn der Einlegungs- und Begründungsfristen und deren jeweiligen selbstständigen (unterschiedlichen) Ablauf maßgeblich ist. **Die Berufungsfrist ist eine Notfrist.** Sie kann weder verlängert noch abgekürzt werden (§ 224 Abs. 1 ZPO). Ggf. kommt die Wiedereinsetzung in den vorigen Stand gem. §§ 230 ff. ZPO in Betracht. Die Frist berechnet sich nach §§ 222, 187, 188 BGB.

Im Einzelnen:

a) Sofern bis zum Ablauf der **Fünfmonatsfrist** (§ 9 Abs. 5 ArbGG) die Rechtsmittelbelehrung noch nicht zugestellt worden war, ließ die frühere Rechtsprechung (bis zum Inkrafttreten des ZPO-RG) erst mit dem Ablauf der Fünfmonatsfrist die Jahresfrist des § 9 Abs. 5 ArbGG beginnen (vgl. BAG 8. 6. 2000, NJW 2000, 3515 mwN). Mit der Neufassung des § 66 Abs. 1 S. 2 ArbGG durch das ZPO-RG hat sich die Gesetzeslage verändert. **Die nunmehr geltende Fassung der §§ 66 Abs. 1 S. 2 , 74 Abs. 1 S. 1 und 2 ArbGG setzt die Frist für die Begründung der Berufung unabhängig von ihrer Einlegung in Lauf und ist daher als lex specialis zu § 9 Abs. 5 ArbGG anzusehen,** so dass die Zwölfmonatsfrist im Rahmen der Berufungs- und Revisionsfrist nicht mehr anwendbar ist (vgl. *Germelmann/Matthes/Prütting/Müller-Glöge* zu § 66 Rn. 15, 15 a, § 9 Rn. 58 und § 74 Rn. 5). Die Berufungs- bzw. Revisionsfrist für die Berufung bzw. Revision endet nach dieser Auffassung mit Ablauf des sechsten auf die Verkündung des Urteils folgenden Monats (a.a.O. § 74 Rn. 5). **Anderer Auffassung** sind aber Matthes *Germelmann/Matthes/Prütting/Müller-Glöge* § 89 Rn. 11) und Erf. *K/Koch,* § 66 ArbGG Rn. 11, 12.

b) **Gewahrt ist die Berufungsfrist nur,** wenn die Berufungsschrift **fristgemäß** beim Berufungsgericht **eingegangen** ist. Der Zeitpunkt des Eingangs ist auch dann allein maßgeblich, wenn die Berufungsschrift nicht datiert ist. Dennoch ist die Datierung aller Schriftsätze, auch der Berufungsschrift, prozessual dringend geboten. Die Datierung ist wichtig für die Überprüfung der zeitlichen Erstellung, für die aktenmäßige Einordnung und für die Zitierbarkeit der Schriftsätze.

c) **Der fristgerechte Eingang der Berufungsschrift** erfordert, dass die Berufungsschrift über eine hierzu bestimmte technische Einrichtung wie den Gerichtsbriefkasten, den Nachtbriefkasten oder über ein Telefaxgerät oder ein anderes, für die Aufzeichnung bestimmtes automatisches Empfangsgerät des Landesarbeitsgerichtes bis 24 Uhr des letzten Tages der Berufungsfrist **in den Gewahrsam des Gerichts gelangt ist** (BAG 21. 10. 1963, AP-Nr. 38 zu § 233 ZPO). Bei der Einlegung der Berufung durch moderne Kommunikationsmittel muss der Berufungskläger sorgfältig prüfen, **welche dieser Kommunikationsmittel** bei dem zuständigen Berufungsgericht zur Verfügung stehen und stets die Verwendung einer zutreffenden Empfängernummer sicherstellen ist (BGH 3. 12. 1996, NJW 1997, 948). Er muss den Sendebericht kontrollieren (BAG 30. 3. 1995, AP-Nr. 11 zu § 66 ArbGG 1979). Mit der elektronischen Übermittlung muss so rechtzeitig begonnen werden, dass die Übertragung noch vor 24 Uhr abgeschlossen werden kann (BFH 28. 9. 2000, NJW 2000, 991). Der Einsatz solcher Kommunikationsmittel erst kurz vor Ablauf der Berufungsfrist ist daher für den Berufungskläger riskant. Haben Arbeitsgericht und Landesarbeitsgericht gemeinsame Empfangseinrichtungen, z. B. einen gemeinsamen Nachtbriefkasten, so hat der Berufungskläger das Gericht, für das die Sendung bestimmt ist, richtig zu adressieren (BAG 5. 11. 1974, AP-Nr. 25 zu § 518 ZPO; 14. 7. 1988, EzA Nr. 34 zu § 518 ZPO). Wird die mit zutreffenden Aktenzeichen des Landesarbeitsgerichts, aber an das Arbeitsgericht adressierte Berufungsbegründungsschrift nach Dienstschluss per Telefax einer gemeinsamen Briefannahmestelle für das Arbeitsgericht und das Landesarbeitsgericht übermittelt, geht sie beim Arbeitsgericht ein; wird der Schriftsatz von dort geschäftsordnungsgemäß an das Landesarbeitsgericht weitergeleitet und geht er dort erst nach Ablauf der Berufungsbegründungsfrist ein, so ist die Berufungsbegründungsfrist versäumt (BAG 29. 8. 2001, NZA 2002, 347).

1.3 Die Form bei der Einlegung der Berufung

Eingelegt wird die Berufung **förmlich** durch Einreichung der **Berufungsschrift beim zuständigen Landesarbeitsgericht.** Das zuständige Landesarbeitsgericht ist für das Berufungsverfahren in der Rechtsmittelbelehrung des arbeitsgerichtlichen Urteils zu bezeichnen. Sind beim Landesarbeitsgericht Außenkammern gebildet, so kann die Berufung fristwahrend auch bei diesen eingelegt werden (BAG 23. 9. 1981, AP-Nr. 2 zu § 64 ArbGG 1979; 15. 10. 1959, AP-Nr. 1 zu § 222 ZPO). Eine für eine auswärtige Kammer des Landesarbeitsgerichts bestimmte Berufung kann auch am Hauptsitz des Landesarbeitsgerichts fristwahrend eingelegt werden (BAG 12. 12. 1968, AP-Nr. 26 zu § 64 ArbGG 1953 = RdA 1969, 62).

Im Einzelnen:

a) **Die Einlegung der Berufung** erfolgt durch Einreichung des **Berufungsschriftsatzes** beim Landesarbeitsgericht. Die Rechtsprechung lässt aber Ausnahmen vom strengen Schriftformerfordernis und insbesondere vom Erfordernis der eigenhändigen Unterschrift zu, indem sie die Einlegung der Berufung durch **Telegramm, Fernschreiben** oder **Telefax** (Telekopie) der Schriftform gleichstellt (BAG 14. 1. 1985, AP-Nr. 2 zu § 94 ArbGG 1979; BGH 3. 6. 1987, NJW 1987, 2586, 2587; BAG 27. 3. 1996, NZA 1996, 1115; BAG 1. 7. 1971, AP Nr. 1 zu § 129 ZPO = NJW 1971, 2190 = RdA 71, 320; BAG 14. 3. 1989, AP-Nr. 10 zu § 130 ZPO = DB 1989, 1144 = BAGE 61, 201 = NJW 1989, 1822 = NZA 1989, 525). Bei Telefaxschreiben muss sich der Berufungskläger vergewissern, dass der Zugang erfolgt. Die bei dem Berufungsgericht eingehende Kopie muss die Unterschrift wiedergeben (BAG 27. 3. 1996, NZA 1996, 1115). Bei der Einlegung der Berufung durch Telefaxschreiben ist weiter sicherzustellen, dass der Originalschriftsatz mit der Unterschrift unverzüglich nachgereicht wird. § 46 b ArbGG, neu eingefügt durch das FormVAnpG vom 13. 7. 2001 (BGBl. I S. 1542 ff.), lässt jetzt **die Aufzeichnung als elektronisches Dokument** auch für vorbereitende Schriftsätze ausdrücklich zu. Gemäß § 46 b Abs. 2 ArbGG sollen die Bundesregierung und die Landesregierungen für ihren Bereich durch Rechtsverordnung den Zeitpunkt bestimmen, von dem an elektronische Dokumente bei den Gerichten eingereicht werden können sowie die für die Bearbeitung der Dokumente geeignete Form. Von dieser Ermächtigung haben die Bundesregierung und die Landesregierungen für den Anwendungsbereich des ArbGG bis zur Drucklegung dieses Prozessformularbuchs noch keinen Gebrauch gemacht. Der Gemeinsame Senat der Obersten Gerichtshöfe des Bundes hält in Prozessen mit Vertretungszwang für bestimmende Schriftsätze die elektronische Übertragung einer Textdatei mit eingescannter Unterschrift (Computerfax) auf ein Faxgerät des Gerichts für zulässig (5. 4. 2000, NZA 2000, 959 = NJW 2000, 2340).

Die **Vollmacht** braucht nicht mit der Berufungsschrift vorgelegt, sie kann, falls erforderlich, nachgereicht werden.

b) Die **Berufungsschrift muss den Berufungskläger und Berufungsbeklagten** und **das anzufechtende Urteil** (Gericht, Verkündungstermin, Aktenzeichen) genau **bezeichnen** und **die Erklärung enthalten**, dass **Berufung** gegen das Urteil eingelegt werde (§ 519 ZPO). Die Einlegung der Berufung unter Bedingungen macht sie unzulässig.

Die **Beifügung** einer **Ausfertigung** oder beglaubigten **Abschrift** des angefochtenen Urteils ist gesetzlich erwünscht (§ 519 Abs. 3 ZPO), aber kein Wirksamkeitserfordernis für die Einlegung der Berufung. Der Inhalt des Urteils kann indessen bei der Auslegung der Berufungsschrift eine wesentliche Rolle spielen (BGH 21. 3. 1991, NJW-RR 1989, 959).

c) **Das angefochtene Urteil muss in der Berufungsschrift zweifelsfrei angegeben werden** (BGH 18. 4. 2000, NJW-RR 2000, 1371). Das Gericht, das die angefochtene Entscheidung erlassen hat, ist daher ebenso zu bezeichnen wie das **Aktenzeichen**. Bei unrichtiger Angabe des Gerichts ist die Berufung unzulässig (BAG 5. 12. 1974, AP-Nr. 26 zu § 518 ZPO). Wird das Gericht des ersten Rechtszuges in der Berufungsschrift nicht richtig bezeichnet, führt dies aber nicht zwingend zur Unzulässigkeit der Berufung, wenn nach Lage des Falles kein vernünftiger Zweifel daran bestehen kann, welches Gericht mit der unrichtigen Bezeichnung gemeint ist (BAG 5. 12. 1974, AP-Nr. 58 zu § 518 ZPO). Formfehler einer Berufungsschrift können noch innerhalb der Berufungsfrist behoben werden (BAG 28. 4. 1982, AP-Nr. 47 zu § 518 ZPO).

d) **Die Angabe, wer Kläger und Beklagter** in I. Instanz gewesen ist, muss die Berufungsschrift nicht explizit enthalten, auch wenn die Angabe zweckmäßig ist. Zu den Anforderungen an die Berufungsbegründung vgl. unten G. I. 1.5. Die Angabe der vollständigen **ladungsfähigen Anschrift** des Berufungsbeklagten ist rechtlich nicht zwingend, aber sachdienlich. Das BAG hat seine früher abweichende Rechtsprechung hierzu aufgegeben (BAG GS 16. 9. 1986, AP Nr. 53 zu § 518 ZPO = NZA 1987, 136).

e) **Innerhalb der Rechtsmittelfrist** muss sich aber ergeben, **für und gegen wen** die Berufung eingelegt wird (BAG 9. 3. 1978, AP Nr. 41 zu § 518 ZPO; BGH 9. 7. 1985, AP-Nr. 52 zu § 518 ZPO = NJW 1985, 2650). Ergibt sich die Parteirolle nicht schon aus der Berufungsschrift selbst, so können später nur solche Umstände herangezogen werden, die dem Berufungsgericht innerhalb der Berufungsfrist bekannt geworden sind (BAG 2. 9. 1969, AP-Nr. 14 zu § 518 ZPO = RdA 1970, 318; BAG 12. 6. 1975, AP-Nr. 30 zu § 518 ZPO = RdA 1975, 330; BAG 28. 4. 1982, AP-Nr. 47 zu § 518 ZPO = NJW 1983, 903 = Betr 1982, 1829).

f) **Die Berufungsschrift** ist von einem **postulationsfähigen Prozessbevollmächtigten** (Rechtsanwalt oder Verbandsvertreter) **eigenhändig zu unterschreiben** (§ 130 Nr. 6 ZPO). Die Unterschrift dient dem Nachweis, wer als Prozessbevollmächtigter die Verantwortung für den Inhalt der Berufungsschrift übernimmt. Vor den Landesarbeitsgerichten und vor dem Bundesarbeitsgericht müssen sich die Parteien gemäß § 11 Abs. 2 S. 1 ArbGG durch Rechtsanwälte als Prozessbevollmächtigte vertreten lassen; vor dem Landesarbeitsgericht sind unter den Voraussetzungen des § 11 Abs. 2 S. 2 ArbGG auch Vertreter von Gewerkschaften oder Vereinigungen von Arbeitgebern oder von Zusammenschlüssen solcher Verbände zugelassen.

g) **Die Unterschrift** muss charakteristische Schriftmerkmale aufweisen (BAG 29. 7. 1981, AP-Nr. 46 zu § 518 ZPO = NJW 1982, 1016). Die Unterschrift braucht nicht lesbar zu sein, sie darf aber nicht lediglich aus einer Paraphe bestehen (BAG 28. 3. 1977, AP-Nr. 38 zu § 518 ZPO; 27. 3. 1996, NZA 1996, 1115).

h) **Der Wert des Beschwerdegegenstandes** ist in den Fällen des § 64 Abs. 2 (b) ArbGG ggf. bis zum Ablauf der Berufungsfrist glaubhaft zu machen, spätestens bis zur Verwerfung der Berufung als unzulässig.

1.4 Die Frist für die Einreichung der Berufungsbegründung

Die Frist für die Einreichung der Berufungsbegründung beträgt **zwei Monate** (§ 66 Abs. 1 S. 1 ArbGG). Auch diese **Frist beginnt mit der Zustellung des in vollständiger Form abgefassten Urteils**, spätestens aber mit Ablauf von fünf Monaten nach der Verkündung (§ 66 Abs. 1 S. 2 ArbGG). Die Berufungsbegründungsfrist berechnet sich nach §§ 222, 187, 188 BGB. Auf den Lauf der Berufungsbegründungsfrist ist die Jahresfrist-Regelung des § 9 Abs. 5 S. 4 ArbGG schon deshalb nicht anwendbar, weil diese nur die Einlegung des Rechtsmittels und nicht die Frist für seine Begründung betrifft (vgl. zu dem vom ZPO-RG des § 9 Abs. 5 S. 4 ArbGG verursachten Regelungsproblem oben G. I. 1.2 a).

Im Einzelnen:

a) Die Frist zur Begründung der Berufung ist, anders als die Berufungsfrist, **keine Notfrist**. Sie kann vom Vorsitzenden **einmal** auf Antrag verlängert werden, wenn nach seiner freien Überzeugung der Rechtsstreit durch die Verlängerung nicht verzögert wird oder wenn die Partei erhebliche Gründe darlegt (§ 66 Abs. 1 S. 5 ArbGG).

b) **Die Berufungsbegründungsfrist ist nur gewahrt,** wenn die Berufungsbegründung bei dem zuständigen Landesarbeitsgericht **fristgerecht eingegangen ist.** Für den Eingang der Begründungsschrift oder für ihre Übermittlung durch Telefax oder andere moderne Kommunikationsmittel gelten die gleichen Grundsätze wie für den Eingang der Berufungsschrift (vgl. oben G. I. 1.3 a).

c) **Bei fehlerhafter Übermittlung** muss sich aus den übermittelten Teilen der Berufungsbegründung zumindest ergeben, dass die Rechtsmittelanträge durch die Unterschrift des Prozessbevollmächtigten gedeckt sind, in welchem Umfang die erstinstanzliche Entscheidung angefochten wird und welche Angriffe gegen die erstinstanzliche Entscheidung gerichtet werden (BAG 27. 1. 2000, AP-Nr. 281 zu Art. 3 GG). Wird eine nicht unterzeichnete Berufungsbegründungsschrift eingereicht, so ist die Frist nicht gewahrt. Sofern der nicht unterzeichneten Berufungsbegründungsschrift eine von dem Prozessbevollmächtigten handschriftlich beglaubigte Abschrift beigefügt wurde, kann dies die fehlende Unterschrift auf dem Original der Berufungsbegründungsschrift aber ggf. ersetzen (BGH 27. 3. 1980, VersR 1980, 765).

1.5 Die Form der Berufungsbegründung

Die **Berufung** ist durch vor dem Landesarbeitsgericht zugelassene Prozessbevollmächtigte **schriftsätzlich zu begründen.** Die an die Berufungsbegründungsschrift gestellten Formanforderungen entsprechen den für die Einlegung der Berufung maßgebenden (vgl. oben G. I. 1.3).

Im Einzelnen:

a) **Die Berufungsbegründung** muss die **Berufungsanträge** und die **Berufungsgründe,** d. h. das genaue Anfechtungsziel und die für die Anfechtung maßgeblichen Erwägungen des Berufungsklägers sowie, soweit sachlich geboten, auch neuen Tatsachenvortrag sowie neue Angriffs- und Verteidigungsmittel, Beweismittel und Beweiseinreden enthalten

(§ 67 Abs. 4 S. 1 ArbGG). Soweit solch neuer Vortrag verspätet ist und zu nachträglichem Vortrag vgl. § 67 Abs. 3 und Abs. 4 S. 2 ArbGG. Die Berufungsbegründung ist eigenhändig von dem Prozessbevollmächtigten des Berufungsklägers zu unterschreiben (wie die Berufungsschrift, § 130 Nr. 6 ZPO, vgl. oben G. I. 1.3 f.). Außerdem soll, soweit dies für die Zulässigkeit der Berufung von Bedeutung ist, der Wert des nicht in einer bestimmten Geldsumme bestehenden Beschwerdegegenstandes angegeben werden. Soweit für das arbeitsgerichtliche Berufungsverfahren gesetzliche Sonderregelungen gelten, gehen diese den Regelungen der ZPO vor, insbesondere auch dem durch das ZPO-RG neugefassten § 520 ZPO. Die arbeitsgerichtliche Berufungsinstanz bleibt weiterhin eine Tatsacheninstanz.

b) **Mit den Berufungsanträgen** (§ 520 Abs. 3 S. 2 Nr. 1 ZPO), d.h. seiner Rechtsschutzbitte für die Berufungsinstanz, **bestimmt der Berufungskläger, inwieweit das angefochtene Urteil** vom Berufungsgericht **überprüft** und ggf. **abgeändert** und ob der Streitgegenstand noch ergänzt werden soll. Sofern der Berufungsbegründung keine, auch nicht im Wege der Auslegung zu ermittelnde Anträge zu entnehmen sind, ist die Berufung unzulässig. Die Berufungsanträge können, falls erforderlich, vom Berufungskläger im Rahmen der §§ 263, 264 ZPO, 67 ArbGG auch nach Ablauf der Berufungsbegründungsfrist noch eingeschränkt oder erweitert werden (*Germelmann/Matthes/Prütting/Müller-Glöge* § 64 Rn. 54). Die Berufungsanträge müssen ergeben, ob das Urteil in vollem Umfang angefochten werden soll oder nur teilweise.

Die Berufungsanträge müssen auf die **Abänderung des arbeitsgerichtlichen Urteils** gerichtet sein. Die Berufungsanträge müssen sich daher nicht nur mit der **zweitinstanzlichen Rechtsschutzbitte** des Berufungsklägers, sondern auch mit dem **erstinstanzlichen Urteil** und den **erstinstanzlichen Sachanträgen des Berufungsklägers** befassen. Der Berufungskläger beantragt daher, im Rahmen seiner Beschwer: a) **dass** das Berufungsgericht das arbeitsgerichtliche Urteil **abändere** und b) **wie** das Berufungsgericht – nach Vorstellung des Berufungsklägers – das angefochtene Urteil, das die erstinstanzlichen Anträge des Berufungsklägers beschieden hat, seinem Urteilsergebnis nach umgestalten (d.h. „abändern") soll. Der Berufungskläger muss in seinem Berufungsantrag Inhalt und Umfang der erstrebten Abänderung genau angeben. Der in I. Instanz voll unterlegene Kläger/Berufungskläger wird daher regelmäßig der Berufungsantrag stellen, dass das Berufungsgericht unter Abänderung des arbeitsgerichtlichen Urteils dem erstinstanzlichen Klageantrag entsprechend erkennt („Unter Abänderung des Urteils des Arbeitsgerichts ... vom ... Az: ... wird der Beklagte verurteilt, an den Kläger 1.500,– EUR ... zu bezahlen"). Die in I. Instanz voll unterlegene Beklagte/Berufungsklägerin wird umgekehrt ebenso regelmäßig ihren erstinstanzlichen Abweisungsantrag weiterverfolgen und ihren Berufungsantrag darauf richten, dass das Berufungsgericht unter Abänderung des arbeitsgerichtlichen Urteils die Klage abweist. Wenn die Berufung nicht gegenständlich beschränkt werden soll, wird also die erstinstanzlich unterlegene Partei als Berufungsklägerin in der Sache die Abänderung des arbeitsgerichtlichen Urteils **entsprechend ihrem erstinstanzlichen** Antrag begehren. Kommt es in der Berufungsinstanz zu einer Klageänderung, so muss der Berufungskläger sein Abänderungsbegehren dem nun geänderten Klagantrag anpassen.

c) **Kostenanträge** der Parteien sind prozessual erwünscht, werden aber nicht zwingend verlangt. Das Gericht entscheidet über die Kostenpflicht von Amts wegen auch ohne Antrag (§§ 91, 308 Abs. 2 ZPO).

d) **Die Berufungsbegründung** muss die Berufungsgründe bezeichnen und sich mit dem angefochtenen Urteil **inhaltlich im Einzelnen auseinandersetzen,** also die Gegengründe des Berufungsklägers darlegen, anderenfalls die Berufung unzulässig ist. Der Berufungskläger hat in seiner Berufungsbegründung zu verdeutlichen, warum er die Auffassung des Arbeitsgerichts in rechtlicher und tatsächlicher Hinsicht für unrichtig hält und warum das Arbeitsgericht bei richtiger Würdigung zu einem für den Berufungsführer günstigeren Urteilsergebnis hätte kommen müssen. Die Berufungsbegründung muss also deutlich herausarbeiten, in welcher tatsächlicher oder rechtlicher Hinsicht das angefochtene Urteil unrichtig ist (BAG 27. 2. 1970, AP-Nr. 2 zu § 781 BGB; BGH 24. 11. 1987, NJW 1988, 827, 828). Die Berufungsbegründung darf sich daher nicht auf allgemeine oder formelhafte Redewendungen beschränken, sondern sie muss alle entscheidungserheblichen Gesichtspunkte gründlich und möglichst erschöpfend erörtern. Die Bezugnahme auf den erstinstanzlichen Vortrag reicht nicht aus (BGH 18. 6. 1998, 316, NJW 1998, 3126; BAG 21. 10. 1955, AP-Nr. 2 zu § 519 ZPO m. Anm. Pohle). Stellt das Arbeitsgericht bis zum Ablauf der Fünfmonatsfrist sein Urteil mit den Urteilsgründen nicht zu, so kann dem Berufungskläger wegen drohenden Rechtsmittelverlustes (vgl. oben G. I. 1.2 a) längeres Zuwarten nicht mehr zugemutet werden. Vielmehr muss er dann innerhalb der Fristen des § 66 Abs. 2 S. 2 ArbGG die Berufung einlegen und begründen. In diesem Falle ist es für die Begründung des Rechtsmittels (bei noch fehlender Urteilsbegründung) ausreichend, wenn dieser Verfahrensmangel gerügt wird (so BAG 13. 9. 1995, NZA 1996, 446; *Germelmann/Matthes/Prütting/Müller-Glöge* § 64 Rn. 55).

e) Ist das angefochtene Urteil über **mehrere Ansprüche** oder gegen **mehrere Streitgenossen** ergangen, so hat sich die Berufungsbegründung mit **sämtlichen Ansprüchen und allen Gegnern** auseinanderzusetzen, wenn das Urteil insgesamt angegriffen werden soll (BAG 23. 11. 1994, AP-Nr. 27 zu § 72 ArbGG Streitwertrevision = NZA 1995, 596; BAG 11. 3. 1998, NZA 1998, 959). Verneint das Arbeitsgericht jedoch nur eine Anspruchsvoraussetzung und weist es deshalb die Klage ab, so genügt es, wenn in der Berufungsbegründung allein auf diese Anspruchsvoraussetzung und diesen Entscheidungstatbestand eingegangen wird (*Germelmann/Matthes/Prütting/Müller-Glöge,* § 64 Rn. 58). Hat das Arbeitsgericht seine Entscheidung auf mehrere, von einander unabhängige, selbstständige rechtliche Erwägungen (Doppel- und Mehrfachbegründungen) gestützt, so muss sich die Berufungsbegründung mit allen diesen Begründungen auseinandersetzen (*Germelmann/Matthes/Prütting/Müller-Glöge* § 64 Rn. 58). Unzulässig ist eine Berufung, die sich z.B. bei einer außerordentlichen Kündigung nur mit dem Vorliegen eines wichtigen Grundes befasst, wenn das Arbeitsgericht seine Entscheidung auch auf die Nichteinhaltung der Frist des § 626 Abs. 2 BGB gestützt hat (LAG Hamm 20. 11. 1997, NZA 1998, 613).

1.6 Die Berufungsbeantwortung

Die Berufung muss innerhalb einer Frist von einem Monat nach Zustellung der Berufungsbegründung vom Berufungsbeklagten beantwortet werden (§ 66 Abs. 1 S. 3 ArbGG). Darüber ist der Berufungsbeklagte ausdrücklich zu belehren (§ 66 Abs. 1 S. 4 ArbGG).

Im Einzelnen:

a) Die **Berufungsbeantwortungsfrist** tritt an die Stelle der Einlassungsfrist des § 274 Abs. 3 ZPO (*Germelmann/Matthes/Prütting/Müller-Glöge,* ArbGG, § 66 Rn. 19). Die Berufungsbeantwortungsfrist gilt nicht für die unselbstständige Anschlussberufung; für diese verbleibt es bei der Einlassungsfrist des § 274 ZPO. Auch auf die Verfahren des Arrestes und der einstweiligen Verfügung findet die Berufungsbeantwortungsfrist des § 66 Abs. 1 S. 3 ArbGG keine Anwendung (zutreffend *Germelmann/Matthes/Prütting/ Müller-Glöge* § 66 Rn. 23 mwN).

*Kasper*709

b) Für die **Berechnung der Frist** gelten die gleichen Grundsätze wie für die Berufungsbegründungsfrist (vgl. oben G. I. 1.4). Die Frist beginnt mit der Zustellung der Berufungsbegründung an den Berufungsbeklagten, was durch die Zustellungsurkunde bzw. das Empfangsbekenntnis (§ 212a ZPO) nachgewiesen wird. Die Frist für die Berufungsbeantwortung kann vom Vorsitzenden **auf Antrag einmal verlängert** werden, wenn nach seiner freien Überzeugung der Rechtsstreit durch die Verlängerung nicht verzögert wird oder wenn die Partei erhebliche Gründe darlegt (§ 66 Abs. 1 S. 5 ArbGG).

c) **Wird die Berufungsbeantwortungsfrist nicht eingehalten,** so muss der Berufungsbeklagte gem. § 67 Abs. 4 S. 2 ArbGG mit der **Zurückweisung neuen Vorbringens** als verspätet rechnen (BAG 5. 9. 1985, EzA Nr. 7 zu § 4 TVG Tariflohnerhöhung; *Lepke* NZA 1986, 186, 187).

1.7 Gang des Berufungsverfahrens

Durch rechtzeitige Einlegung einer statthaften Berufung wird der Eintritt der Rechtskraft gehemmt (§ 705 S. 2 ZPO – sog. **Suspensiveffekt**). Wird eine nicht statthafte Berufung eingelegt, so kann diese den Eintritt der Rechtskraft nicht hemmen, weil auf die nicht statthafte Berufung § 705 ZPO unanwendbar ist. Mit der Einlegung der Berufung gelangt das Urteilsverfahren in die Berufungsinstanz. Allein die Berufungsinstanz ist dann für das weitere Verfahren in dieser Rechtssache zuständig (sog. **Devolutiveffekt**). Für das Berufungsverfahren gelten, soweit das ArbGG nichts anderes bestimmt, die Vorschriften der ZPO über die Berufung entsprechend. Die Vorschriften über das Verfahren vor dem Einzelrichter finden keine Anwendung (§ 64 Abs. 6 ArbGG).

Im Einzelnen:

a) Gem. § 66 Abs. 2 ArbGG ist der **Termin zur mündlichen Verhandlung** „unverzüglich" – regelmäßig nach Eingang der Berufungsbegründungsschrift beim Landesarbeitsgericht – zu bestimmen. Die Verwerfung der Berufung ohne mündliche Verhandlung erfolgt durch Beschluss der Kammer (§ 66 Abs. 2 S. 2 ArbGG).

b) Die **Zulassung neuer Angriffs- und Verteidigungsmittel** regelt § 67 ArbGG. Zuzulassen sind neue Angriffs- und Verteidigungsmittel, deren Gegenstand erst nach Vorlage der Berufungsbegründung oder der Berufungsbeantwortung entstanden ist („Tatsachen"). Die Kenntnis der Partei ist unerheblich (BAG 31. 1. 1979, NJW 1980, 141, 143; maßgeblich ist das objektive Entstehen der Tatsachen und der Zeitpunkt, zu dem die Berufungsbegründung bzw. die Berufungsbeantwortung beim Landesarbeitsgericht eingegangen sind; nicht entscheidend ist der Ablauf der Fristen nach § 66 Abs. 1 ArbGG (*Germelmann/Matthes/Prütting/Müller-Glöge* § 67 Rn. 27).

2. Einlegung und Begründung der Berufung

2.1 Gleichzeitige Einlegung und Begründung der Berufung des in I. Instanz voll unterlegenen Klägers

An das
Landesarbeitsgericht[1] .....

....., den .....[2]

AZ.: ..... Ca ...../ ..... ArbG X[3]

Berufung[4]

In der Berufungssache[5]
des ..... (Vor- und Zunahme, Beruf, Anschrift [Straße, Postleitzahl und Ort])
– Berufungskläger/Kläger –[6]
Prozessbevollmächtigte/r: ..... (Rechtsanwälte)

gegen

..... (Vor- und Zuname, Beruf, Anschrift [Straße, Postleitzahl, Ort/Firmenadresse mit Angabe der vertretungsberechtigten Organe])[7]
– Berufungsbeklagte/Beklagte –[6]
Prozessbevollmächtigte/r: ..... (Rechtsanwälte)
wegen Forderung und Erteilung eines Zeugnisses

legen wir namens und in Vollmacht[8] des Berufungsklägers/Klägers gegen das Urteil[9] des Arbeitsgerichts X vom ....., AZ: ..... Ca ...../ ....., dem Kläger zugestellt am ....., das Rechtsmittel[10] der

Berufung[11]

ein. Eine Kopie[12] des angefochtenen Urteils des Arbeitsgerichts X vom .....,
Az: ..... Ca ...../ ....., fügen wir bei.

Wir beantragen[13], für Recht zu erkennen:
1. Auf die Berufung des Klägers wird das Urteil des Arbeitsgerichts X vom .....,
Az: ..... Ca ...../ ....., abgeändert[14]. Die Beklagte wird verurteilt,
   a) an den Kläger EUR 1.175,– brutto nebst Zinsen in Höhe von ..... Prozent
   über dem jeweiligen Basiszinssatz aus dem Nettobetrag seit 1. 10. 2002 zu bezahlen
   sowie
   b) dem Kläger zum 31. 12. 2002 ein Zeugnis zu erteilen, das sich auf Art und
   Dauer sowie auf die Führung und Leistung des Klägers in seinem Anstellungsverhältnis bei der Beklagten erstreckt.
2. Die Beklagte trägt die Kosten des Rechtsstreits[15].

Berufungsbegründung:[16]

Die Berufung ist an sich, nämlich nach § 64 Abs. 2 (b) und (c) ArbGG statthaft.[17]
(Alternativ: Die Berufung ist statthaft, weil sie vom Arbeitsgericht X in seinem Urteil vom ..... zugelassen worden ist.)[18] Ihr Beschwerdewert entspricht dem

Streitwert des Verfahrens I. Instanz, den das Arbeitsgericht auf insgesamt EUR 3.675,– festgesetzt hat (§ 64 Abs. 2 (b) ArbGG).[19] Die Berufung wird mit dem vorliegenden Berufungsschriftsatz fristgemäß eingelegt[20]. Das angefochtene Urteil des Arbeitsgerichts X wurde dem Kläger zugestellt am . . . . . .[21] Die Berufung ist begründet.[22] Das Arbeitsgericht hat zu Unrecht sowohl die Zahlungsklage des Klägers als auch seine Klage auf Erteilung eines Zeugnisses abgewiesen. Gegen das Urteil des Arbeitsgerichts insgesamt richtet sich daher die Berufung.

I.

Den Gegenstand auch des Berufungsverfahrens bildet so der Rechtsstreit der Parteien über den restlichen Gehaltsanspruch des Klägers sowie über sein Zeugnis.

1. Der Kläger war vom 1. 1. 1996 bis 31. 12. 2002 bei der Beklagten als Angestellter im Außendienst beschäftigt. Zum 31. 12. 2002 haben die Parteien das Anstellungsverhältnis einvernehmlich aufgehoben. Mit seiner Klage macht der Kläger seinen restlichen Anspruch aus der Gehaltsabrechnung für den Monat September 2002 in Höhe von EUR 1.175,– brutto nebst Zinsen aus dem entsprechenden Nettobetrag seit 1. 10. 1998 geltend und außerdem seinen vertraglichen Anspruch auf Erteilung eines qualifizierten Zeugnisses.

2. Nach Auffassung des Arbeitsgerichts ist der Zahlungsanspruch des Klägers erloschen, weil die Parteien bei der Aufhebung des Anstellungsverhältnisses des Klägers die Erledigung aller wechselseitigen Ansprüche vereinbart haben und dabei vom Kläger versäumt worden sei, sich den Zahlungsanspruch aus der Gehaltsabrechnung September 2002 vorzubehalten. Einen solchen Vorbehalt habe der Kläger aber auch hinsichtlich seines Anspruchs auf Erteilung eines qualifizierten Zeugnisses nicht erklärt. Außerdem habe er von der Beklagten bereits mit Schreiben vom 16. 10. 2002 ein „Vorab-Zeugnis" erhalten, das einen das Anstellungsverhältnis „abschließenden Inhalt" habe. Von Rechts wegen stehe dem Kläger daher ein weiteres Zeugnis nicht zu.

II.

Das Urteil des Arbeitsgerichts X vom . . . . . . kann rechtlich keinen Bestand haben. Das Urteil ist unrichtig.

1. Das Arbeitsgericht verkennt den Inhalt der von den Parteien getroffenen Aufhebungsvereinbarung. Die darin geregelte „Erledigung" aller wechselseitigen Ansprüche steht weder dem Zahlungsanspruch des Klägers noch seinem Anspruch auf Erteilung des Zeugnisses entgegen.
(Es folgt a) die Auseinandersetzung mit der Auffassung des Arbeitsgerichts zu den Wirkungen der Aufhebungsvereinbarung und der „Erledigungsklausel" hinsichtlich des Zahlungs- und des Zeugnisanspruchs des Klägers sowie b) die Darstellung der nach Auffassung des Berufungsklägers rechtlich zutreffenden Würdigung der Vereinbarung und c) gegebenenfalls neuer Sachvortrag[23] unter Beweisantritt (Angabe des Beweisthemas und der Beweismittel, z.B. für die mündlichen Erklärungen der Parteien beim Abschluss der Aufhebungsvereinbarung).

2. Zu Unrecht hält das Arbeitsgericht den Anspruch des Klägers auf ein die gesamte Dauer seines Anstellungsverhältnisses bei der Beklagten erfassendes Zeugnis auch deshalb für erfüllt, weil die Beklagte dem Kläger mit Schreiben vom 16. 10. 2002 vorab ein „Zeugnis" erteilt habe. Das Arbeitsgericht übersieht rechtlich, dass . . . . . .
(Es folgt die weitere rechtliche Auseinandersetzung mit dem Zeugnisanspruch des Klägers.)

III.

Das Urteil des Arbeitsgerichts ist daher antragsgemäß insgesamt abzuändern. Auf die Berufung des Klägers ist der Klage stattzugeben.

Rechtsanwalt[24]

Anmerkungen

1. Landesarbeitsgerichte: vgl. oben G. vor I, Anm. 1. Zur Zulässigkeit und den Formalien der Berufung, zur Statthaftigkeit, Form und Frist der Berufung vgl. oben G. I. 1.1–1.5

2. Gewahrt ist die Berufungsfrist nur, wenn die Berufungsschrift fristgemäß beim Berufungsgericht eingegangen ist (vgl. oben G. I. 1.2 und 1.3) Die Frist für die Einlegung der Berufung beträgt ein Monat, für die Berufungsbegründung zwei Monate. Die Frist beginnt jeweils mit der Zustellung des in vollständiger Form abgefassten Urteils, spätestens aber mit Ablauf von fünf Monaten nach der Verkündung (§ 66 Abs. 1 S. 2 ArbGG).

3. Zur richtigen Bezeichnung des Gerichts und des Urteils des ersten Rechtszuges vgl. oben G. I. 1.3 b und c

4. Berufungsfähig sind im arbeitsgerichtlichen Berufungsverfahren (§§ 64–70 ArbGG, §§ 511 ff. ZPO i. V. m. §§ 253 ff. ZPO): End-, Teil- und Vorbehaltsurteile (§§ 301, 302 ZPO) sowie Zwischenurteile gem. § 280 ZPO, nicht jedoch Grundurteile (§ 61 Abs. 3 ArbGG) und nicht Entscheidungen, die der sofortigen Beschwerde unterliegen. Näheres vgl. oben G. I. 1.1 b und c. Die Berufung gegen berufungsfähige Urteile setzt die Statthaftigkeit der Berufung und die Beschwer des Berufungsklägers durch das mit der Berufung anzufechtende Urteil voraus (vgl. oben G. I. 1.1).

5. Innerhalb der Rechtsmittelfrist muss sich ergeben, für und gegen wen die Berufung eingelegt wird, vgl. oben G. I. 1.3 e.

6. Die Angabe, wer Kläger und Beklagter in I. Instanz gewesen ist, muss die Berufungsschrift nicht explizit enthalten, auch wenn die Angabe zweckmäßig ist (vgl. oben G. I. 1.3 d). Zu den Anforderungen an die Berufungsbegründung vgl. oben G. I. 1.5.

7. Die Angabe der vollständigen ladungsfähigen Anschrift des Berufungsbeklagten ist rechtlich nicht zwingend, aber sachdienlich (vgl. oben G. I. 1.3 d).

8. Die Vollmacht braucht nicht mit der Berufungsschrift vorgelegt werden. Sie kann ggf. nachgereicht werden.

9. Zur fehlerhaften Form der anzufechtenden gerichtlichen Entscheidung vgl. oben G. I. 1.1 d.

10. Die Befugnis, ein Rechtsmittel einzulegen, steht nur einer Partei, einem Streitgenossen oder Nebenintervenienten gegen eine andere Partei oder gegen deren Streitgenossen des vorinstanzlichen Verfahrens zu oder einer Person, deren Eintritt in den Rechtsstreit durch Urteil versagt worden ist (vgl. oben G. I. 1.1 f).

11. Formell eingelegt wird die Berufung durch Einreichung der Berufungsschrift beim zuständigen Landesarbeitsgericht (vgl. oben G. I. 1.2. und 1.3).

12. Die Vorlage einer Kopie des angefochtenen Urteils ist gesetzlich erwünscht (§ 519 Abs. 3 ZPO), bildet aber kein Wirksamkeitserfordernis für die Einlegung der Berufung. Die Vorlage des angefochtenen Urteils kann sich aber bei der Auslegung der Berufungsschrift als hilfreich erweisen, vgl. oben G. I. 1.3 b.

13. Die Berufungsbegründung muss die Berufungsanträge enthalten (§ 520 Abs. 3 Nr. 1 u. Nr. 2 ZPO), vgl. oben G. I. 1.5 b.

14. Die Berufung ist grundsätzlich nur zulässig, soweit der Berufungskläger sein vom Arbeitsgericht abgewiesenes **Begehren weiterverfolgt.** Zulässig ist aber der Übergang von der Feststellungs- zur Leistungsklage (BGH 3. 5. 1996, NJW-RR 1996, 1020, 1021). Fraglich ist, ob auch der Übergang von der Auskunfts- zur Zahlungsklage zulässig ist (so BGH 2. 6. 1969, NJW 1969, 1486).

15. Kostenanträge der Parteien sind prozessual erwünscht, werden aber nicht zwingend verlangt. Das Gericht entscheidet über die Kostenpflicht von Amts wegen auch ohne Antrag (§§ 91, 308 Abs. 2 ZPO).

16. Dass die Berufung schriftsätzlich **begründet** wird, d.h. der Berufungskläger sich mit dem angefochtenen Urteil des Arbeitsgerichts im Einzelnen auseinandersetzt, stellt ein Zulässigkeitserfordernis für die Berufung dar. Vgl. zu den Einzelheiten oben G. I. 1.5.

17. Im Beispielsfall folgt die Statthaftigkeit der Berufung aus § 64 Abs. 2 (b) ArbGG (Wert des Beschwerdegegenstandes). **Statthaft** ist die Berufung (vgl. zur Statthaftigkeit der außerordentlichen Beschwerde gegen unanfechtbare Entscheidungen wegen greifbarer Gesetzwidrigkeit bei krassem Unrecht: BAG 21. 4. 1998, NZA 1998, 1357) nur unter den in § 64 Abs. 2 ArbGG bezeichneten Voraussetzungen, vgl. oben G. I. 1.1.

18. Soweit die Berufung nicht an sich statthaft ist (vgl. Anm. 17) und die Statthaftigkeit der Berufung von ihrer **Zulassung** abhängt (§ 64 Abs. 2 und 3 ArbGG), ist die Zulassung in den Tenor des angefochtenen Urteils aufzunehmen (§ 64 Abs. 3a ArbGG).

19. Der Beschwerdewert bestimmt sich nach der **formellen Beschwer** (sie liegt in dem Umfang vor, in dem das angefochtene Urteil hinter dem erstinstanzlichen Rechtsschutzbegehren des späteren Berufungsklägers zurückbleibt (vgl. oben G. I. 1.1 g) und dem mit der Berufung weiterverfolgten Begehren (Wert der Berufungsanträge).

20. Einzulegen ist die Berufung (zur Form vgl. oben G. I. 1.3) **innerhalb eines Monats nach Zustellung** des in vollständiger Form abgefassten Urteils, spätestens aber mit dem Ablauf von **fünf Monaten nach seiner Verkündung** (§ 66 Abs. 1 S. 1 und 2 ArbGG). Näheres oben G. I. 1.2 und 1.3.

21. War der Kläger erstinstanzlich durch Prozessbevollmächtigte vertreten, so ist für die Einhaltung der Berufungsfrist der Zeitpunkt der Zustellung des Urteils an seine Prozessbevollmächtigten maßgeblich (§ 176 ZPO).

22. Diese Formulierung ist auch zutreffend, soweit sich die Berufung gegen ein sog. Prozessurteil richtet.

23. Grundsätzlich dürfen auch im Berufungsrechtszug **neue Tatsachen und Beweismittel** vorgebracht werden, soweit dem nicht die Beschränkungen des § 67 ArbGG entgegenstehen. Hat der Berufungskläger in I. Instanz Beweisanträge gestellt, auf die es nach Auffassung des Arbeitsgerichts nicht angekommen ist, hat das Berufungsgericht diese Beweisanträge jedenfalls dann zu beachten, wenn der Berufungskläger auf diese Beweisanträge Bezug genommen hat.

24. Vor den Landesarbeitsgerichten und vor dem Bundesarbeitsgericht müssen sich gemäß § 11 Abs. 2 Satz 1 ArbGG die Parteien durch Rechtsanwälte als Prozessbevollmächtigte vertreten lassen; vor dem Landesarbeitsgericht sind unter den Voraussetzungen des § 11 Abs. 2 S. 2 ArbGG auch Vertreter von Gewerkschaften oder von Vereinigungen von Arbeitgebern oder von Zusammenschlüssen solcher Verbände zugelassen. Zur **Unterschrift** des Prozessbevollmächtigten vgl. oben G. I. 1.3 f und g.

2.2 Einlegung der Berufung[1] und spätere Berufungsbegründung[2] der in I. Instanz voll unterlegenen Beklagten

a) Einlegung der Berufung

An das
Landesarbeitsgericht . . . . . .

. . . . . ., den . . . . . .

AZ: . . . . . . Ca . . . . . ./. . . . . . ArbG X

In der Berufungssache
der . . . . . .

– Berufungsklägerin/Beklagte –

gegen

. . . . . .

– Berufungsbeklagte/Klägerin –

(vollständiges Rubrum)[3]

wegen . . . . . .

lege ich namens und in Vollmacht der Berufungsklägerin/Beklagten gegen das Urteil des Arbeitsgerichts X vom . . . . . ., AZ: . . . . . . Ca . . . . . ./. . . . . ., der Beklagten zugestellt am . . . . . ., das Rechtsmittel der

Berufung

ein. Eine Kopie des Urteils des Arbeitsgerichts vom . . . . . . füge ich bei. Berufungsanträge[4] und Berufungsbegründung[5] bleiben einem besonderen Schriftsatz vorbehalten.

Rechtsanwalt[6]

Anmerkungen

1. Vgl. zur Zulässigkeit und den Formalien der Berufung, zur Einlegung der Berufung, deren Form- und Fristvoraussetzungen sowie zu den weiter zu beachtenden prozessualen Erfordernissen bei der Einleitung des Berufungsverfahrens die Vorbemerkungen oben G. I. 1.1–1.5 sowie G. I. 2.1 Anm. 1–24. Die Frist für die Einlegung der Berufung beträgt **einen Monat** (§ 66 Abs. 1 S. 2 ArbGG), vgl. oben G. I. 1.2.

2. Wenn die Berufung nicht schon in der Berufungsschrift begründet wird, ist sie innerhalb **von zwei Monaten ab der Zustellung** des in vollständiger Form abgefassten Urteils zu begründen, spätestens aber innerhalb von **zwei Monaten nach Ablauf von fünf Monaten nach der Verkündung,** wenn das Urteil noch nicht zugestellt worden ist (§ 66 Abs. 1 Satz 1 ArbGG). Die Berufung kann auch mit Hilfe moderner Kommunikationsmittel begründet werden, wie vor allem durch Telefaxschreiben, näheres vgl. oben G. I. 1.3 a. Der **Lauf der Berufungsbegründungsfrist** beginnt **also stets mit der Zustellung des Urteils** (nicht mehr wie vor dem Inkrafttreten des ZPO-RG erst mit der Einlegung der Berufung) **oder,** wenn die Zustellung des Urteils noch nicht erfolgt ist, **spätestens mit**

Ablauf von fünf Monaten nach seiner Verkündung (zur Frage des § 9 Abs. 5 S. 4 ArbGG vgl. oben G. I. 1.4). Die Frist für die Begründung der Berufung kann vom Vorsitzenden der zuständigen Berufungskammer einmal auf Antrag verlängert werden, wenn nach seiner freien Überzeugung der Rechtsstreit durch die Verlängerung nicht verzögert wird oder der Berufungskläger erhebliche Gründe für die Verlängerung darlegt (§ 66 Abs. 1 S. 5 ArbGG). Der Antrag auf Fristverlängerung muss angeben, bis wann verlängert werden soll und sollte stets begründet werden. Als Gründe kommen z.B. die Arbeitsüberlastung des Prozessbevollmächtigten oder etwa noch notwendige Rücksprachen mit der Partei in Betracht.

3. Zu den Erfordernissen des vollständigen Rubrums vgl. Form. G. I. 2.1 Anm. 3, 5, 6, 7.

4. Vgl. oben G. I. 1.5 a, b und c. Die beim Arbeitsgericht unterlegene Partei entscheidet darüber, ob sie ihre Berufung auf einen Teil ihrer Beschwer beschränken will (hierzu unten Form. G. I. 2.4). Bei Rechtsstreitigkeiten auf der Grundlage des Beschwerdewerts gem. § 64 Abs. 2 (b) ArbGG ist aber, soweit die Berufung nicht zugelassen worden ist, darauf zu achten, dass trotz Beschränkung der Berufung die Beschwerdesumme von EUR 600,– nicht unterschritten wird. Anderenfalls wäre die Berufung unzulässig. Dass die Berufung auf einen Teil der Beschwer beschränkt werden soll, kann, muss aber nicht schon in der Berufungsschrift erklärt werden, wenn die Berufungsanträge und -begründung einem besonderen Schriftsatz vorbehalten bleiben. Will sich die Berufung bei mehreren Gegenparteien auf einen oder mehrere Gegner (vgl. zur sog. subjektiven Klaghäufung unten Form. G. I. 2.5) beschränken, sollte diese Beschränkung, damit keine Kostennachteile entstehen, bereits in der Berufungsschrift erklärt werden.

5. Vgl. oben Anm. 2, sowie G. I. 1.4 und 1.5.

6. Vgl. oben Form. G. I. 2.1 Anm. 24.

b) Die spätere Berufungsbegründung[1]

An das
Landesarbeitsgericht . . . . . .

. . . . . ., den . . . . . .

AZ.: . . . . . . Sa . . . . . ./. . . . . . LAG
. . . . . . Ca . . . . . ./. . . . . . ArbG X

In der Berufungssache
der . . . . . .

– Berufungsklägerin/Beklagte –

gegen

. . . . . .

– Berufungsbeklagte/Klägerin –

(abgekürztes Rubrum)[2]

wegen . . . . . .

haben wir namens und in Vollmacht der Berufungsklägerin/Beklagten gegen das Urteil des Arbeitsgerichts X vom . . . . . ., AZ . . . . . . Ca . . . . . ./. . . . . ., mit Schriftsatz vom . . . . . . das Rechtsmittel der Berufung eingelegt.
Namens der Beklagten beantragen[3] wir, für Recht zu erkennen:

1. Auf die Berufung der Beklagten wird das Urteil des Arbeitsgerichts X vom
......, AZ:...... Ca ....../....., abgeändert. Die Klage wird abgewiesen.
2. Der Kläger trägt die Kosten des Verfahrens.

Berufungsbegründung: [4]

Die Berufung ist statthaft[5] ...... Sie ist am ...... fristgerecht eingelegt worden[6].
(Durch Verfügung vom ...... hat das Landesarbeitsgericht die Frist für die Begründung der von am ...... eingelegten Berufung bis ...... verlängert.)[7] Mit
ihrer Berufung ficht die Beklagte das Urteil des Arbeitsgerichts X vom .....,
AZ: ...... Ca ...... insgesamt an. Das Urteil kann in der Sache keinen Bestand
haben. Das Arbeitsgericht hat der Kündigungsschutzklage des Klägers in vollem
Umfang stattgegeben. Die Klage richtet sich gegen die von der Beklagten mit
Schreiben vom ...... ausgesprochene fristlose sowie gegen die hilfsweise ausgesprochene ordentliche Kündigung des mit dem Kläger abgeschlossenen Anstellungsvertrages zum ...... Bei zutreffender rechtlicher Würdigung des der Klage zugrunde liegenden Kündigungssachverhalts hätte das Arbeitsgericht die Klage insgesamt abweisen müssen.

I.

(Es folgt die gedrängte Darstellung des für die Berufung maßgeblichen Kündigungs-
schutzfalles und der tragenden Urteilserwägungen des Arbeitsgerichts.)

II.

Das Urteil des Arbeitsgerichts vom ...... ist unrichtig.
1. Das Arbeitsgericht verkennt die Wirksamkeit der von der Beklagten am ......
   ausgesprochenen fristlosen Kündigung. Sie erfolgte aus wichtigem Grund (§ 626
   Abs. 1 BGB) ...... Auch die Frist des § 626 Abs. 2 BGB hat die Beklagte eingehalten ......
   (Es folgt die Auseinandersetzung mit der Rechtsauffassung des Arbeitsgerichts,
   die Darstellung der materiell-rechtlichen Fehler seines Urteils und die Tatsa-
   chenwürdigung.)
2. Das Urteil des Arbeitsgerichts ist auch in prozessualer Hinsicht zu beanstanden.
   Das Arbeitsgericht hat den auch nach seiner Rechtsauffassung für seine Entscheidung erheblichen Kündigungssachverhalt dem Vortrag der Beklagten gemäß
   nicht vollständig und ausreichend aufgeklärt. Die Beklagte hat im Schriftsatz
   vom ......
   (Es folgt die Darstellung der Fehler bei der Sachaufklärung und deren Bedeutung
   für die richtige Fallentscheidung sowie ggf. neuer Tatsachenvortrag mit Beweisangeboten (Beweisthema, Beweismittel)).[8]

III.

Das Arbeitsgericht verkennt aber auch die Rechtswirksamkeit der von der Beklagten hilfsweise ausgesprochenen ordentlichen Kündigung des Anstellungsverhältnisses gem. § 1 Abs. 2 Satz 1 KSchG ......
(Es folgt die Auseinandersetzung mit den rechtlichen und tatsächlichen Feststellungen des Arbeitsgerichts zu der ordentlichen Kündigung.)

IV.

Das Urteil des Arbeitsgerichts vom ...... ist daher antragsgemäß abzuändern. Die
Klage ist abzuweisen.

Rechtsanwalt[9]

Kasper 717

Anmerkungen

1. Vgl. zur Zulässigkeit und den Formalien der Berufung, zur Einlegung der Berufung, deren **Form- und Fristvoraussetzungen** sowie zu den weiter zu beachtenden Erfordernissen bei der Einleitung des Berufungsverfahrens die Vorbemerkungen oben G. I. 1.1.–1.5 sowie auch Form. G. I. 2.1 Anm. 1–24 und Form. G. I. 2.2 a Anm. 2, 4. **Zur Frist für die Einlegung der Berufung** vgl. G. I. 1.2, zur Frist für die **Berufungsbegründung** vgl. G. I. 1.4 und Form. G. I. 2.2 a Anm. 2.

2. Hier ist, anders als in der Berufungsschrift, die Mitteilung der vollständigen Prozessdaten, insbesondere die Anschrift der Parteien und die Bezeichnung ihrer prozessualen Stellung im erstinstanzlichen Verfahren nicht mehr erforderlich. Wohl aber muss auch bei abgekürztem Rubrum angegeben sein: Das Berufungsgericht, das Aktenzeichen des Berufungsverfahrens (prozessual zweckmäßig ist aber stets auch die Angabe des erstinstanzlichen Aktenzeichens), die Kurzbezeichnung der Parteien mit Vor- und Zunamen sowie ihrer Stellung im Berufungsverfahren (Berufungskläger/Berufungsbeklagte). Außerdem sollten ihre Prozessbevollmächtigten benannt werden.

3. Die Berufung ist unzulässig, wenn die Berufungsbegründung nicht Anträge enthält (vgl. Form. G. I. 2.1 Anm. 13, 14).

4. Zu den sachlichen Anforderungen, denen die Berufungsbegründungsschrift entsprechen muss, vgl. G. I. 1.5 d.

5. Vgl. G. I. 1.1 und Form. G. I. 2.1 und dort insbes. Anm. 17, 18.

6. Vgl. Form. G. I. 2.1 Anm. 2, 10, 11, 20, 24.

7. Vgl. Form. G. I. 2.2 a Anm. 2.

8. Vgl. Form. G. I. 2.1 Anm. 16, 23.

9. Vgl. Form. G. I. 2.1 Anm. 24.

2.3 Berufungsanträge, wenn beide beim Arbeitsgericht teilweise unterlegenen Parteien Berufung einlegen, soweit ihre Beschwer reicht

a) Berufungsanträge des Klägers[1]

An das
Landesarbeitsgericht . . . . . .

. . . . . ., den . . . . . .

AZ.: . . . . . . Sa . . . . . ./ . . . . . . LAG Y
. . . . . . Ca . . . . . ./ . . . . . . ArbG X

In der Berufungssache

des . . . . . .

– Berufungskläger/Kläger –

gegen

. . . . . .

– Berufungsbeklagte/Beklagte –

(abgekürztes Rubrum)[2]

wegen . . . . . .

haben wir namens und in Vollmacht des Berufungsklägers/Klägers gegen das Urteil des Arbeitsgerichts X vom . . . . ., AZ: . . . . . . Ca . . . . ./. . . . ., mit Schriftsatz vom . . . . . . das Rechtsmittel der Berufung eingelegt.

Namens des Klägers beantragen[3] wir, für Recht zu erkennen:

1. Die Berufung der Beklagten gegen das Urteil des Arbeitsgerichts X vom . . . . ., AZ: . . . . . . Ca . . . . ./. . . . ., wird zurückgewiesen.[4]

2. Auf die Berufung des Klägers wird das Urteil des Arbeitsgerichts X vom . . . . ., AZ: . . . . . . Ca . . . . ./. . . . ., abgeändert[5] (, soweit es die Klage abgewiesen hat)[6]. Die Beklagte wird verurteilt, an den Kläger EUR 14.200,– brutto nebst Zinsen in Höhe von . . . . . . Prozent über dem jeweiligen Basiszinssatz aus dem Nettobetrag seit 1. 10. 2002 zu bezahlen.

3. Die Beklagte trägt die Kosten des Verfahrens.

Berufungsbegründung[7]:

Die Berufung ist statthaft.[8] . . . . . . Sie ist am . . . . . . fristgerecht eingelegt worden[9] und in der Sache begründet:

Das Arbeitsgerichts X hat mit Urteil vom . . . . ., AZ . . . . . . Ca . . . . ./. . . . ., der Klage, mit der der Kläger seinen Tantiemeanspruch für 2002 in Höhe von EUR 14.200,– brutto nebst Zinsen geltend macht, nur hinsichtlich des Teilbetrages von EUR 5.600,– stattgegeben, im Übrigen aber die Klage abgewiesen. Das Urteil des Arbeitsgerichts ist, soweit es die Klage abgewiesen hat, unrichtig. Dagegen wendet sich die Berufung des Klägers. Bei zutreffender rechtlicher Entscheidung hätte das Arbeitsgericht der Klage in vollem Umfang stattgeben müssen:

I.–III.

(Es folgt die gedrängte Darstellung des Berufungsgegenstandes unter I., die Auseinandersetzung mit dem Urteil des Arbeitsgerichts in rechtlicher und sachlicher Hinsicht unter II. und etwaiger neuer Sachvortrag mit Beweisangeboten unter III.[10]).

Rechtsanwalt[11]

Anmerkungen

1. Vgl. zur Zulässigkeit und den Formalien der Berufung, zur Einlegung der Berufung, deren **Form- und Fristvoraussetzungen** sowie zu den weiter zu beachtenden Erfordernissen bei der Einleitung des Berufungsverfahrens die Vorbemerkungen oben G. I. 1.1–1.5 sowie auch Form. G. I. 2.1 Anm. 1–24 und Form. G. I. 2.2 a Anm. 2, 4. Zur Frist für die Einlegung der Berufung vgl. G. I. 1.2, zur Frist für die Berufungsbegründung vgl. G. I. 1.4 und Form. G. I. 2.2 a Anm. 2.

2. Wenn die Berufungsbegründungsschrift der Berufungsschrift erst später nachfolgt, vgl. oben Form. G. I. 2.2 b Anm. 2.

3. Vgl. oben Form. G. I. 2.1 Anm. 13, Form. G. I. 2.2 a Anm. 4 und unten Form. G. I. 2.4.

4. Der Antrag, die gegnerische Berufung zurückzuweisen, kann vom Berufungsbeklagten, auch wenn er seinerseits selbstständig Berufung einlegt unabhängig von seiner eigenen Berufung nach Eingang der gegnerischen Berufungsschrift schriftsätzlich angekündigt werden, womit sich der Berufungsbeklagte am Berufungsverfahren formell beteiligt. Dies kann, falls der Gegner seine Berufung wieder zurücknimmt, Kostenvorteile ergeben. Der Zurückweisungsantrag kann auch erst in der Berufungsbeantwortungsschrift gestellt werden.

5. Vgl. Form. G. I. 2.1 Anm. 13, 14, 15 und oben G. I. 1.5 b.

6. Dieser klarstellende Hinweis kann weggelassen werden, wenn sich der Umfang des Abänderungsbegehrens zweifelsfrei aus dem Zusammenhang von Antrag und Begründung ergibt.

7. Zu den sachlichen Anforderungen, denen die Berufungsbegründungsschrift entsprechen muss, vgl. Form. G. I. 2.1 Anm. 16, 23.

8. Vgl. Form. G. I. 2.1 Anm. 17, 18, 19.

9. Vgl. Form. G. I. 2.1 Anm. 2, 10, 11, 20, 24.

10. Vgl. Form. G. I. 2.1 Anm. 23.

11. Vgl. Form. G. I. 2.1 Anm. 24.

b) Berufungsanträge der Beklagten[1]

An das
Landesarbeitsgericht . . . . . .

. . . . . ., den . . . . . .

AZ: . . . . . . Sa . . . . . ./. . . . . . LAG Y
. . . . . . Ca . . . . . ./. . . . . . ArbG X

In der Berufungssache

der . . . . . .

– Berufungsklägerin/Beklagte –

gegen

. . . . . .

– Berufungsbeklagte/Kläger –

(abgekürztes Rubrum)[2]

wegen . . . . . .

haben wir namens und in Vollmacht der Berufungsklägerin/Beklagten gegen das Urteil des Arbeitsgerichts X vom . . . . . ., AZ: . . . . . . Ca . . . . . ./. . . . . ., mit Schriftsatz vom . . . . . . das Rechtsmittel der Berufung eingelegt.

Namens der Beklagten beantragen[3] wir, für Recht zu erkennen:

1. Die Berufung des Klägers gegen das Urteil des Arbeitsgerichts X vom . . . . . ., AZ: . . . . . . Ca . . . . . ./. . . . . ., wird zurückgewiesen[4].

2. Auf die Berufung der Beklagten wird das Urteil des Arbeitsgerichts X vom . . . . . ., AZ . . . . . . Ca . . . . . ./. . . . . ., abgeändert[5] (,soweit es der Klage stattgegeben hat).[6] Die Klage wird abgewiesen.

3. Der Kläger trägt die Kosten des Verfahrens.

Berufungsbegründung:[7]

Die Berufung ist statthaft.[8] . . . . . . Sie ist am . . . . . . fristgerecht eingelegt worden.[9] Die Berufung ist in der Sache begründet:

Das Urteil des Arbeitsgerichts X vom . . . . . ., AZ: . . . . . . Ca . . . . . ./. . . . . . ist unrichtig, soweit es der Klage stattgegeben hat. Der Kläger macht mit der Klage Tantiemeansprüche für 2001 in Höhe von EUR 14.200,– nebst Zinsen geltend. Zu Unrecht hat das Arbeitsgericht der Klage in Höhe von EUR 5.600,– stattgegeben und die Beklagte zur Zahlung dieses Betrages (brutto) nebst Zinsen verurteilt. Hiergegen richtet sich die Berufung. Bei rechtlich zutreffender Entscheidung hätte das Arbeitsgericht die Klage insgesamt abweisen müssen.

I.–III.

(Es folgt die gedrängte Darstellung des Berufungsgegenstandes unter I., die Auseinandersetzung mit dem Urteil des Arbeitsgerichts in rechtlicher und sachlicher Hinsicht unter II. und etwaiger neuer Sachvortrag mit Beweisangeboten unter III.[10]).

Rechtsanwalt[11]

Anmerkungen

1. Vgl. zur Zulässigkeit und den Formalien der Berufung, zur Einlegung der Berufung, deren **Form- und Fristvoraussetzungen** sowie zu den weiter zu beachtenden Erfordernissen bei der Einleitung des Berufungsverfahrens die Vorbemerkungen oben G. I. 1.1–1.5 sowie auch Form. G. I. 2.1 Anm. 1–24 und Form. G. I. 2.2 a Anm. 2, 4. Zur Frist für die Einlegung der Berufung vgl. Form. G. I. 1.2, zur Frist für die Berufungsbegründung vgl. G. I. 1.4 und Form. G. I. 2.2 a Anm. 2.

2. Wenn die Berufungsbegründungsschrift der Berufungsschrift erst später nachfolgt, vgl. oben Form. G. I. 2.2 b Anm. 2.

3. Vgl. Form. G. I. 2.1 Anm. 13, Form. G. I. 2.2 a Anm. 4 und Form. G. I. 2.4.

4. Der Antrag, die gegnerische Berufung zurückzuweisen, kann von der Berufungsbeklagten, auch wenn sie ihrerseits selbstständig Berufung einlegt, unabhängig von ihrer eigenen Berufung nach Eingang der gegnerischen Berufung schriftsätzlich angekündigt werden vgl. Form. G. I. 2.3 a Anm. 4.

5. Vgl. Form. G. I. 2.1 Anm. 13, 14, 15 und G. I. 1.5 b.

6. Dieser klarstellende Hinweis kann weggelassen werden, wenn sich der Umfang des Abänderungsbegehrens zweifelsfrei aus dem Zusammenhang von Antrag und Begründung ergibt.

7. Zu den sachlichen Anforderungen, denen die Berufungsbegründungsschrift entsprechen muss, vgl. Form. G. I. 2.1 Anm. 16, 23.

8. Vgl. Form. G. I. 2.1 Anm. 17, 18, 19.

9. Vgl. Form. G. I. 2.1 Anm. 2, 10, 11, 20, 24.

10. Vgl. Form. G. I. 2.1 Anm. 23.

11. Vgl. Form. G. I. 2.1 Anm. 24.

2.4 Berufungsanträge, wenn eine beim Arbeitsgericht unterlegene Partei ihre Berufung auf einen Teil ihrer Beschwer beschränkt

a) Berufungsantrag des unterlegenen Klägers, der nur die teilweise Abänderung des erstinstanzlichen Urteils erstrebt[1]

An das
Landesarbeitsgericht . . . . . .

. . . . . ., den . . . . . .

AZ: . . . . . . Sa . . . . . ./. . . . . . LAG Y
. . . . . . Ca . . . . . ./. . . . . . ArbG X

In der Berufungssache

des . . . . . .

– Berufungskläger/Kläger –

gegen

. . . . . .

– Berufungsbeklagte/Beklagte –

(abgekürztes Rubrum)[2]

wegen . . . . . .

haben wir namens und in Vollmacht des Berufungsklägers/Klägers gegen das Urteil des Arbeitsgerichts X vom . . . . . ., AZ:. . . . . . Ca . . . . . ./. . . . . ., mit Schriftsatz vom . . . . . . das Rechtsmittel der Berufung eingelegt.

Namens des Klägers beantragen[3] wir, für Recht zu erkennen:

1. Auf die Berufung des Klägers wird das Urteil des Arbeitsgerichts X vom . . . . . ., AZ . . . . . . Ca . . . . . ./. . . . . ., abgeändert[4] (, soweit es die gegen die fristlose Kündigung vom 16. 10. 2002 gerichtete Klage abgewiesen hat)[5]. Es wird festgestellt, dass das Arbeitsverhältnis des Klägers durch die von der Beklagten mit Schreiben vom 16. 10. 2002 ausgesprochene und am . . . . . . dem Kläger zugegangene fristlose Kündigung nicht aufgelöst worden ist.

2. Die Parteien tragen je zur Hälfte die Kosten des Rechtsstreits.

Berufungsbegründung:[6]

Die Berufung ist gem. § 64 Abs. 2 (c) ArbGG statthaft.[7] Sie ist am . . . . . . fristgerecht eingelegt worden.[8] Das Arbeitsgericht hat durch sein Urteil vom . . . . . . die Klage sowohl hinsichtlich . . . . . . als auch . . . . . . abgewiesen. Angefochten von der Berufung wird die Abweisung der gegen die fristlose Kündigung vom 16. 10. 2002 gerichtete Klage des Klägers.

I.–III.

(Es folgt die gedrängte Darstellung des Berufungsgegenstandes unter I., die Auseinandersetzung mit dem Urteil des Arbeitsgerichts in rechtlicher und sachlicher Hinsicht unter II. und etwaiger neuer Sachvortrag mit Beweisangeboten unter III.[9]).

Rechtsanwalt[10]

Anmerkungen

1. Vgl. zur Zulässigkeit und den Formalien der Berufung, zur Einlegung der Berufung, deren **Form- und Fristvoraussetzungen** sowie zu den weiter zu beachtenden Erfordernissen bei der Einleitung des Berufungsverfahrens die Vorbemerkungen oben G. I. 1.1–1.5 sowie auch Form. G. I. 2.1 Anm. 1–24 und Form. G. I. 2.2 a Anm. 2, 4. Zur Frist für die Einlegung der Berufung vgl. G. I. 1.2, zur Frist für die Berufungsbegründung vgl. G. I. 1.4 und Form. G. I. 2.2 a Anm. 2.

2. Wenn die Berufungsbegründungsschrift der Berufungsschrift erst später nachfolgt, vgl. Form. G. I. 2.2 b Anm. 2.

3. Vgl. Form. G. I. 2.1 Anm. 13 und Form. G. I. 2.2 a Anm. 4. Der Kläger hatte hier in I. Instanz Klage sowohl gegen eine ordentliche als auch gegen eine nachfolgende fristlose Kündigung erhoben.

4. Vgl. Form. G. I. 2.1 Anm. 13, 14, 15 und G. I. 1.5 b.

5. Dieser klarstellende Hinweis kann weggelassen werden, wenn sich der Umfang des Abänderungsbegehrens zweifelsfrei aus dem Zusammenhang von Antrag und Begründung ergibt.

6. Zu den sachlichen Anforderungen, denen die Berufungsbegründungsschrift entsprechen muss, vgl. Form. G. I. 2.1 Anm. 16, 23.

7. Vgl. Form. G. I. 2.1 Anm. 17, 18, 19.

8. Vgl. Form. G. I. 2.1 Anm. 2, 10, 11, 20, 24.

9. Vgl. Form. G. I. 2.1 Anm. 23.

10. Vgl. Form. G. I. 2.1 Anm. 24.

b) Berufungsantrag der unterlegenen Beklagten, die nur die teilweise Abänderung des erstinstanzlichen Urteils erstrebt[1]

An das
Landesarbeitsgericht . . . . . .

. . . . . ., den . . . . . .

AZ: . . . . . . Sa . . . . . ./. . . . . . LAG Y
. . . . . . Ca . . . . . ./. . . . . . ArbG X

In der Berufungssache

der . . . . . .

– **Berufungsklägerin/Beklagten** –

gegen

. . . . . .

– **Berufungsbeklagter/Kläger** –

(abgekürztes Rubrum)[2]

wegen . . . . . .

haben wir namens und in Vollmacht der Berufungsklägerin/Beklagten gegen das Urteil des Arbeitsgerichts X vom . . . . . ., AZ: . . . . . . Ca . . . . . ./. . . . . ., mit Schriftsatz vom . . . . . . das Rechtsmittel der Berufung eingelegt.

Namens der Beklagten beantragen[3] wir, für Recht zu erkennen:

1. Auf die Berufung der Beklagten wird das Urteil des Arbeitsgerichts X vom ......, AZ: ...... Ca ....../......, teilweise abgeändert.[4] Die auf die Feststellung gerichtete Klage, dass das Arbeitsverhältnis des Klägers durch die ordentliche Kündigung vom 16. 10. 2002 zum 31. 12. 2002 nicht aufgelöst worden ist, wird abgewiesen.

2. Die Kosten des erstinstanzlichen Verfahrens tragen die Parteien je zur Hälfte. Die Kosten des Berufungsverfahrens hat der Kläger zu tragen.

Berufungsbegründung:[5]

Die Berufung der Beklagten ist gem. § 64 Abs. 2 (c) ArbGG statthaft[6] und am ...... fristgerecht eingelegt worden.[7] Das Arbeitsgericht hat durch sein Urteil vom ...... der Klage sowohl hinsichtlich der von der Beklagten mit Schreiben vom ...... ausgesprochenen außerordentlichen (fristlosen) als auch der hilfsweisen ordentlichen Kündigung zum ...... stattgegeben. Soweit das Arbeitsgericht die Unwirksamkeit der außerordentlichen fristlosen Kündigung festgestellt hat, wird sein Urteil von der Beklagten nicht angefochten. Die Berufung wendet sich gegen die Feststellung des Arbeitsgerichts, dass das Arbeitsverhältnis des Klägers auch durch die ordentliche Kündigung vom 16. 10. 2002 zum 31. 12. 2002 nicht aufgelöst worden ist.

Die Berufung ist begründet. Das Urteil des Arbeitsgerichts ist, soweit es von der Berufung angefochten wird, unrichtig:

I.–III.

(Es folgt die gedrängte Darstellung des Berufungsgegenstandes unter I., die Auseinandersetzung mit dem Urteil des Arbeitsgerichts in rechtlicher und sachlicher Hinsicht unter II. und etwaiger neuer Sachvortrag mit Beweisangeboten unter III.[8]).

Rechtsanwalt[9]

Anmerkungen

1. Vgl. zur Zulässigkeit und den Formalien der Berufung, zur Einlegung der Berufung, deren **Form- und Fristvoraussetzungen** sowie zu den weiter zu beachtenden Erfordernissen bei der Einleitung des Berufungsverfahrens die Vorbemerkungen G. I. 1.1–1.5 sowie auch Form. G. I. 2.1 Anm. 1–24 und Form. G. I. 2.2 a Anm. 2, 4. Zur Frist für die Einlegung der Berufung vgl. Form. G. I. 1.2, zur Frist für die Berufungsbegründung vgl. G. I. 1.4 und Form. G. I. 2.2 a Anm. 2.

2. Wenn die Berufungsbegründungsschrift der Berufungsschrift erst später nachfolgt, vgl. Form. G. I. 2.2 b Anm. 2.

3. Vgl. Form. G. I. 2.1 Anm. 13, Form. G. I. 2.2 a Anm. 4.

4. Vgl. Form. G. I. 2.1 Anm. 13, 14, 15 und G. I. 1.5 b.

5. Zu den sachlichen Anforderungen, denen die Berufungsbegründungsschrift entsprechen muss, vgl. Form. G. I. 2.1 Anm. 16, 23.

6. Vgl. Form. G. I. 2.1 Anm. 17, 18, 19.

7. Vgl. Form. G. I. 2.1 Anm. 2, 10, 11, 20, 24.

8. Vgl. Form. G. I. 2.1 Anm. 23.

9. Vgl. Form. G. I. 2.1 Anm. 24.

2.5 Berufungsschrift und -anträge, wenn sich (in Fällen der sog. subjektiven Klaghäufung) die Berufung nicht gegen alle in I. Instanz obsiegende Gegenparteien (Kläger/Beklagte) richtet[1]

An das
Landesarbeitsgericht . . . . . .

. . . . . ., den . . . . . .

AZ.: . . . . . . Sa . . . . . ./. . . . . . LAG Y
. . . . . . Ca . . . . . ./. . . . . . ArbG X

In der Berufungssache

des . . . . . .

– Berufungskläger/Kläger –

gegen

. . . . . .

– Berufungsbeklagte XY-Kommanditgesellschaft/Beklagte Ziff. 1 –
(vollständiges Rubrum)[2]

wegen . . . . . .

legen wir namens und in Vollmacht des Klägers gegen das Urteil des Arbeitsgerichts X vom . . . . . ., AZ: . . . . . . Ca . . . . . ./. . . . . ., dem Kläger zugestellt am . . . . . ., das Rechtsmittel der

Berufung

ein, soweit das Arbeitsgericht die gegen die Beklagte Ziff. 1 – die XY-Kommanditgesellschaft – gerichtete Klage abgewiesen hat. Nicht mit der Berufung angefochten wird der Teil des Urteils des Arbeitsgerichts vom . . . . . ., der die Beklagte Ziff. 2, die X-GmbH und Komplementärgesellschafterin der XY-KG, betrifft, d. h. die Abweisung der gegen die Beklagte Ziff. 2 erhobenen Klage.

Eine Kopie des angefochtenen Urteils des Arbeitsgerichts X vom . . . . . ., AZ: . . . . . . Ca . . . . . ./. . . . . . fügen wir bei. Wir beantragen,[3] für Recht zu erkennen:

1. Auf die Berufung des Klägers wird das Urteil des Arbeitsgerichts X vom . . . . . . insoweit abgeändert, als es die gegen die Beklagte Ziff. 1/Berufungsbeklagte XY-KG gerichtete Klage abgewiesen hat. Die Beklagte Ziff. 1 – Firma XY-KG – wird verurteilt . . . . . . (es folgt der Klageantrag I. Instanz).

2. Die Berufungsbeklagte trägt die Kosten des Verfahrens

Berufungsbegründung:[4]

Die Berufung ist statthaft.[5] . . . . . . Die Berufung wird mit der vorliegenden Berufungsschrift fristgerecht eingelegt . . . . . .[6] und ist in der Sache begründet. Das Arbeitsgericht X hat zu Unrecht sowohl die gegen die Komplementärin der Beklagten Ziff. 1, die X-GmbH (Beklagte Ziff. 2) gerichtete Klage als unbegründet abgewiesen als auch die Klage gegen die Kommanditgesellschaft, die Beklagte Ziff. 1. Da die Beklagte Ziff. 2 aber, wie sich herausgestellt hat, vermögenslos ist, verfolgt der Kläger seine Klage nur noch gegen die Beklagte Ziff. 1 weiter.

I.–III.

(wie Form. G. I. 2.1)[7]

Rechtsanwalt[8]

Anmerkungen

1. Vgl. zur Zulässigkeit und zu den Formalien der Berufung, zur Einlegung der Berufung, deren **Form- und Fristvoraussetzungen** sowie zu den weiter zu beachtenden Erfordernissen bei der Einleitung des Berufungsverfahrens die Vorbemerkungen oben G. I. 1.1–1.5 sowie auch Form. G. I. 2.1 Anm. 1–24 und Form. G. I. 2.2 a Anm. 2, 4. Zur Frist für die Einlegung der Berufung vgl. G. I. 1.2, zur Frist für die Berufungsbegründung vgl. G. I. 1.4 und Form. G. I. 2.2 a Anm. 2.

2. Vgl. Form. G. I. 2.1 und dort Anm. 3, 5, 6, 7.

3. Die Berufung ist unzulässig, wenn die Berufungsbegründung keine Berufungsanträge enthält, vgl. Form. G. I. 2.1 Anm. 13 und Form. G. I. 2.2 a Anm. 4.

4. Zu den sachlichen Anforderungen, denen die Berufungsbegründungsschrift entsprechen muss, vgl. Form. G. I. 2.1 Anm. 16, 23.

5. Vgl. Form. G. I. 2.1 Anm. 17, 18, 19.

6. Vgl. Form. G. I. 2.1 Anm. 2, 10, 11, 20, 24.

7. Vgl. auch die Anmerkungen Form. G. I. 2.1.

8. Vgl. Form. G. I. 2.1 Anm. 24.

2.6 Berufung wegen Verwerfung des Einspruchs gegen ein Versäumnisurteil

a) Berufungsanträge des im Versäumnisverfahren unterlegenen Klägers[1]

An das
Landesarbeitsgericht . . . . . .

. . . . . ., den . . . . . .

AZ.: . . . . . . Sa . . . . . ./. . . . . LAG Y
. . . . . . Ca . . . . . ./. . . . . . ArbG X

In der Berufungssache

des . . . . . .

– Berufungskläger/Kläger –

gegen

. . . . . .

– Berufungsbeklagte/Beklagte –

(vollständiges Rubrum)[2]

wegen Verwerfung des Einspruchs gegen das Versäumnisurteil[3] des Arbeitsgerichts X vom . . . . . ., AZ: . . . . . . Ca . . . . . ./. . . . . . durch das Urteil des Arbeitsgerichts X vom . . . . . .

legen wir namens und in Vollmacht des Klägers gegen dieses Urteil, dem Kläger zugestellt am . . . . . ., das Rechtsmittel der

Berufung[4]

ein. Eine Kopie des angefochtenen Urteils des Arbeitsgerichts X vom . . . . . ., AZ: . . . . . . Ca . . . . . ./. . . . . . fügen wir bei.

Wir beantragen,[5] für Recht zu erkennen:

1. Auf die Berufung des Klägers wird das Urteil des Arbeitsgerichts X . . . . . . vom . . . . . ., AZ: . . . . . . Ca . . . . . ./. . . . . ., abgeändert. Dem Kläger wird die Wiedereinsetzung in den vorherigen Stand gewährt. Das Versäumnisurteil des Arbeitsgerichts X vom . . . . . . AZ: . . . . . . wird aufgehoben. Die Beklagte wird verurteilt, an den Kläger den Betrag von EUR 12.500,– nebst Zinsen in Höhe von . . . . . . Prozent über dem jeweiligen Basiszinssatz aus dem Nettobetrag seit 1. 10. 2002 zu bezahlen.[6]
2. Die Beklagte trägt die Kosten des Rechtsstreits.

Berufungsbegründung:[7]

Der Kläger macht mit seiner Klage gegenüber der Beklagten, bei der er bis . . . . . . als Informatiker beschäftigt war, sein rückständiges Gehalt für die Monate Juli, August, September und Oktober 2002 nebst Zinsen geltend. Das Arbeitsgericht X hat durch Versäumnisurteil vom . . . . . ., AZ: . . . . . . Ca . . . . . ./. . . . . ., die Klage abgewiesen. Dieses Versäumnisurteil ist dem Kläger am . . . . . . zugestellt worden. Gegen das Versäumnisurteil legte der Kläger mit Schriftsatz vom . . . . . . Einspruch ein. Gleichzeitig beantragte er gegen die Versäumung der Einspruchsfrist Wiedereinsetzung in den vorherigen Stand und machte die die Wiedereinsetzung begründenden Tatsachen glaubhaft (§ 236 Abs. 2 ZPO). . . . . . . Das Arbeitsgericht hat jedoch durch Urteil vom . . . . . ., AZ: . . . . . . Ca . . . . . ./. . . . . . den Einspruch des Klägers als unzulässig verworfen (§ 341 ZPO). Hiergegen richtet sich die Berufung des Klägers.

Die Berufung ist statthaft . . . . . .[8] Sie ist fristgerecht eingelegt worden . . . . . .[9] Sie ist in der Sache begründet:

I.

(Es folgt in gedrängter Form die Kennzeichnung des Klagegegenstandes und, soweit erforderlich, die Prozessgeschichte sowie die Darstellung, a) warum der Einspruch gegen das Versäumnisurteil an sich statthaft und in der gesetzlichen Form und Frist eingelegt worden ist (§ 341 ZPO), b) warum der gegen die Versäumung der Einspruchsfrist gerichtete Antrag des Klägers auf Wiedereinsetzung in den vorigen Stand zulässig war und c) warum dem Kläger die beantragte Wiedereinsetzung in den vorherigen Stand gemäß §§ 233 ff. ZPO gewährt werden musste.)

II.

(Es folgt die Darstellung, warum der Klage auch in der Sache selbst stattzugeben ist.)[10]

Rechtsanwalt[11]

Anmerkungen

1. Vgl. zur Zulässigkeit und zu den Formalien der Berufung, zur Einlegung der Berufung, deren **Form- und Fristvoraussetzungen** sowie zu den weiter zu beachtenden Erfordernissen bei der Einleitung des Berufungsverfahrens die Vorbemerkungen G. I. 1.1–1.5 sowie auch Form. G. I. 2.1 Anm. 1–24 sowie Form. G. I. 2.2 a Anm. 2, 4. Zur Frist für die Einlegung der Berufung vgl. G. I. 1.2, zur Frist für die Berufungsbegründung vgl. G. I. 1.4 und Form. G. I. 2.2 a Anm. 2.

2. Zu den Erfordernissen des vollständigen Rubrums vgl. Form. G. I. 2.1 und dort insbes. Anm. 3, 5, 6, 7.

3. Der **Einspruch** ist ein Rechtsbehelf, der **binnen einer Notfrist von einer Woche** nach Zustellung des Versäumnisurteils einzulegen ist. Er wird beim Arbeitsgericht schriftlich oder zur Niederschrift der Geschäftsstelle eingelegt (§ 59 S. 1 und 2 ArbGG). Die Einspruchsschrift muss das Urteil, gegen das sich der Einspruch richtet, bezeichnen (Gericht, Verkündungsdatum, Aktenzeichen) und die Erklärung enthalten, dass gegen dieses Urteil Einspruch eingelegt wird (§ 340 Abs. 2 ZPO). Wird das Versäumnisurteil ohne die Belehrung gem. § 59 S. 3 ArbGG zugestellt, beginnt die Frist des § 59 S. 1 ArbGG nicht zu laufen (h. M., vgl. *Germelmann/Matthes/Prütting/Müller-Glöge* § 59 Rn. 21 (mwN); vgl. zu Mängeln der Rechtsbehelfsbelehrung BAG 6. 3. 1980, AP-Nr. 1 zu § 9 ArbGG 1979 = NJW 1980, 1871 = BAGE 33, 63 = RdA 1980, 186 = BB 1980, 890 = Betr 1980, 1756). Die Begründung des Einspruchs ist keine Voraussetzung seiner Zulässigkeit. Vom Gesetz wird aber nur die durch die Säumnis selbst bedingte Verzögerung hingenommen. Wird der Einspruch nicht bereits in der Einspruchsschrift begründet, so muss mit der Verspätungsfolge aus § 296 ZPO gerechnet werden, d. h. mit der Zurückweisung des Vorbringens als verspätet, wenn die sich daraus ergebende Verzögerung durch zumutbare prozeßvorbereitende Maßnahmen des Gerichts nicht mehr vermieden werden kann (*Germelmann/Matthes/Prütting/Müller-Glöge* § 59 Rn. 30).

4. Gegen das erste Versäumnisurteil ist nur der Einspruch (§ 59 ArbGG) und nicht die Berufung zulässig (§ 514 Abs. 1 ZPO). Die Berufung oder Anschlussberufung gegen ein zweites Versäumnisurteil ist unter den Voraussetzungen des § 64 Abs. 2 (d) ArbGG (vgl. auch § 514 Abs. 2 ZPO) statthaft. Berufung und Anschlussberufung können nur darauf gestützt werden, dass der Fall der schuldhaften Versäumung nicht vorgelegen habe.

5. Vgl. Form. G. I. 2.1 Anm. 13, 14.

6. Die Partei, die das Versäumnisurteil verteidigt, beantragt: „Das Versäumnisurteil ... wird aufrechterhalten" (§ 343 S. 1 ZPO). Die Partei, die das Versäumnisurteil angreift, beantragt: „Das Versäumnisurteil ... wird aufgehoben (§ 343 S. 2 ZPO).

7. Zu den sachlichen Anforderungen, denen die Berufungsbegründungsschrift entsprechen muss, vgl. Form. G. I. 2.1 Anm. 16.

8. Die Verwerfungsentscheidung erfolgt, auch wenn sie ohne mündliche Verhandlung allein vom Vorsitzenden getroffen wird (§ 53 Abs. 1 ArbGG), stets in **Urteilsform** (§ 341 ZPO (i. d. seit 1. 1. 2002 geltenden Fassung des ZPO-RG) sieht für Verwerfungsentscheidungen nur die Urteilsform vor). Die Zulässigkeit des Rechtsmittels gegen die Verwerfungsentscheidung bestimmt sich im Berufungs- und Revisionsverfahren nach den allgemeinen Vorschriften des § 64 Abs. 2 (a), (b) und (c) ArbGG. § 64 Abs. 2 (d) ArbGG ist auf die Verwerfung des Einspruchs nicht anwendbar, weil die Verwerfungsentscheidung als solche kein Versäumnisurteil darstellt (*Germelmann/Matthes/Prütting/Müller-Glöge* § 59 Rn. 42).

9. Vgl. Form. G. I. 2.1 Anm. 2, 10, 11, 20, 24.

10. Vgl. Form. G. I. 2.1.

11. Vgl. Form. G. I. 2.1 Anm. 24.

b) Berufungsanträge der im Versäumnisverfahren unterlegenen Beklagten[1]

An das
Landesarbeitsgericht . . . . . .
AZ.: . . . . . . Sa . . . . . ./. . . . . . LAG Y
. . . . . . Ca . . . . . ./. . . . . . ArbG X

. . . . . ., den . . . . . .

In der Berufungssache
der . . . . . .

– Berufungsklägerin/Beklagte –

gegen

. . . . . .

– Berufungsbeklagter/Kläger –

(vollständiges Rubrum)[2]

wegen Aufhebung des Versäumnisurteils[3] des Arbeitsgerichts X vom . . . . . ., AZ: . . . . . . Ca . . . . . ./. . . . . ., legen wir namens und in Vollmacht der Berufungsklägerin/Beklagten gegen das Versäumnisurteil des Arbeitsgerichts X vom . . . . . ., AZ: . . . . . . Ca . . . . . ./. . . . . ., der Berufungsklägerin zugestellt am . . . . . ., das Rechtsmittel der

Berufung[4]

ein. Eine Kopie des angefochtenen Versäumnisurteils des Arbeitsgerichts X vom . . . . . ., AZ: . . . . . . Ca . . . . . ./. . . . . ., fügen wir bei.

Namens der Beklagten beantragen wir,[5] für Recht zu erkennen:

1. Auf die Berufung der Beklagten wird das Urteil des Arbeitsgerichts X vom . . . . . ., AZ: . . . . . . Ca . . . . . ./. . . . . ., abgeändert. Der Beklagten wird die Wiedereinsetzung in den vorherigen Stand gewährt. Unter Aufhebung des Versäumnisurteils des Arbeitsgerichts X vom . . . . . ., AZ: . . . . . . Ca . . . . . ./ . . . . . . wird die Klage abgewiesen.

2. Der Kläger trägt die Kosten des Rechtsstreits.

Berufungsbegründung:[6]

Die Berufung ist statthaft . . . . . .[7] Sie ist fristgerecht eingelegt . . . . . .[8]

I.–II.

(entsprechend 2.6. a)

Rechtsanwalt[9]

Anmerkungen

1. Vgl. Form. G. I. 2.6 a und die Anm. dort. Vgl. zur Zulässigkeit und den Formalien der Berufung, zur Einlegung der Berufung, deren Form- und Fristvoraussetzungen sowie zu den weiter zu beachtenden Erfordernissen bei der Einleitung des Berufungsverfahrens die Vorbemerkungen oben G. I. 1.1 – 1.5 sowie Form. G. I. 2.1 Anm. 1–24 sowie Form. G. I. 2.2 a Anm. 2, 4. Zur Frist für die Einlegung der Berufung vgl. G. I. 1.2, zur Frist für die Berufungsbegründung vgl. G. I. 1.4 und Form. G. I. 2.2 a Anm. 2.

2. Zu den Erfordernissen des vollständigen Rubrums vgl. Form. G. I. 2.1 und dort Anm. 3, 5, 6, 7.

3. Gegen das erste Versäumnisurteil ist nur der Einspruch (§ 59 ArbGG) und nicht die Berufung zulässig, vgl. Form. G. I. 2.6 a Anm. 4.

4. Zur Statthaftigkeit der Berufung vgl. Form. G. I. 2.1 Anm. 17, 18, 19 und Form. G. I. 2.2 a Anm. 4.

5. Vgl. Form. G. I. 2.1 Anm. 13, 14.

6. Zu den sachlichen Anforderungen, denen die Berufungsbegründungsschrift entsprechen muss, vgl. Form. G. I. 2.1 Anm. 16.

7. Vgl. Form. G. I. 2.6 a Anm. 8.

8. Vgl. Form. G. I. 2.1 Anm. 2, 10, 11, 20, 24.

9. Vgl. Form. G. I. 2.1 Anm. 24.

3. Abwehr der Berufung durch den Berufungsbeklagten

3.1 Gegenanträge des Berufungsbeklagten und die gesetzliche Berufungsbeantwortung (§ 66 Abs. 1 Satz 3 ArbGG)[1]

An das
Landesarbeitsgericht . . . . . .

. . . . . ., den . . . . . .

AZ.: . . . . . . Sa . . . . . ./. . . . . . LAG Y
. . . . . . Ca . . . . . ./. . . . . . ArbG X

In der Berufungssache
des . . . . . .

– Berufungskläger/Kläger–

gegen

. . . . . .

– Berufungsbeklagter/Beklagter –

(abgekürztes Rubrum)[2]

wegen . . . . . .

beantragen wir namens und in Vollmacht des Beklagten, für Recht zu erkennen:
1. Die Berufung des Klägers gegen das Urteil des Arbeitsgerichts X vom . . . . . .,
   AZ: . . . . . . Ca . . . . . ./. . . . . . wird zurückgewiesen.
2. Der Kläger trägt die Kosten des Verfahrens.

Berufungsbeantwortung:

Die Berufung des Klägers ist unzulässig. Das von ihm mit der Berufung angefochtene Urteil des Arbeitsgerichts X vom . . . . . . ist dem Kläger am . . . . . . zugestellt worden. Eingelegt wurde die Berufung namens des Klägers aber nach Aktenlage erst am . . . . . ., d. h. drei Tage verspätet (§ 66 Abs. 1 Satz 1 ArbGG).

Die Berufung könnte aber auch in der Sache selbst keinen Erfolg haben. Das Arbeitsgericht hat mit seinem Urteil vom . . . . . . sachlich zutreffend entschieden. Die Berufungsbegründung vermag Urteilserwägungen und Urteilsergebnis des arbeitsgerichtlichen Urteils nicht zu erschüttern.

I.

Die Berufung rügt zu Unrecht, dass das Arbeitsgericht X . . . . . .

(Es folgen eine umfassende, gründliche Auseinandersetzung des Beklagten a) mit der Berufungsbegründung, soweit diese Rechtsfehler des arbeitsgerichtlichen Urteils oder Verfahrensfehler des Arbeitsgerichts bei der Sachaufklärung oder bei der Beweiserhebung und -würdigung rügt, sowie b) ggf. in Ergänzung der Urteilserwägungen des Arbeitsgerichts weitere Hinweise in rechtlicher und tatsächlicher Hinsicht.)[3]

II.

Dass das Urteil des Arbeitsgerichts X richtig ist, ergibt sich aber auch daraus, dass . . . . . .

(Es folgt ggf. neuer Sachvortrag unter Beweisantritt [Beweisthema, Beweismittel].)[4]

Rechtsanwalt[5]

Anmerkungen

1. § 66 Abs. 1 Satz 3 ArbGG ist eine „Mussvorschrift". Wird die Frist für die Berufungsbeantwortung versäumt, so bestimmen sich die Rechtsfolgen nach § 67 Abs. 4 ArbGG (LAG Berlin 14. 7. 1997, NZA 1998, 167/168). Danach sind außerhalb der Beantwortungsfrist verspätet vorgebrachte Angriffs- und Verteidigungsmittel nur zuzulassen, wenn dadurch die Erledigung des Rechtsstreits nicht verzögert wird oder wenn die Partei die Verspätung genügend entschuldigt.

2. Vgl. oben Form. G. I. 2.2 b Anm. 2.

3. Vgl. oben Form. G. I. 2.1.

4. Vgl. oben Form. G. I. 2.1 Anm. 23.

5. Vgl. oben Form. G. I. 2.1 Anm. 24.

3.2 Die Anschlussberufung des Berufungsbeklagten[1]

An das
Landesarbeitsgericht . . . . . .

. . . . . ., den . . . . . .

AZ.: . . . . . . Sa . . . . . ./ . . . . . LAG Y
. . . . . . Ca . . . . . ./ . . . . . ArbG X

Anschlussberufung

In der Berufungssache
des . . . . . . (Vor- und Zuname, Beruf, Anschrift [Straße, Postleitzahl und Ort])

– Berufungskläger/Kläger –

Prozessbevollmächtigte/r: . . . . . . (Rechtsanwälte)

gegen

. . . . . . (Vor- und Zuname, Beruf, Anschrift [Straße, Postleitzahl, Ort oder Firmenadresse mit Angabe der vertretungsberechtigten Organe])

– Berufungsbeklagte und Anschlussberufungsklägerin/Beklagte –

(abgekürztes Rubrum)[2]

wegen Forderung

ist der Beklagten das Urteil des Arbeitsgerichts X vom . . . . . ., AZ: . . . . . . Ca
. . . . . ./ . . . . . am . . . . . . und die Berufungsbegründungsschrift des Klägers vom
. . . . . . am . . . . . . zugestellt worden. Mit der hier vorgelegten Berufungsanschlussschrift[3] legt der Beklagte Anschlussberufung ein. Er schließt sich der Berufung des
Klägers gegen das Urteil des Arbeitsgerichts X vom . . . . . ., AZ: . . . . . . Ca
. . . . . ./ . . . . . ., an.[4] Namens der Beklagten beantragen wir, für Recht zu erkennen:
1. Die Berufung des Klägers gegen das Urteil des Arbeitsgerichts X vom . . . . . .,
AZ: . . . . . . Ca . . . . . ./ . . . . . ., wird zurückgewiesen.
2. Auf die Anschlussberufung der Beklagten wird a) das Urteil des Arbeitsgerichts X vom . . . . . ., AZ: . . . . . . Ca . . . . . ./ . . . . . ., (, soweit es der Klage
stattgegeben hat) abgeändert und die Klage insgesamt abgewiesen, b) auf die
Widerklage der Beklagten der Kläger verurteilt, der Beklagten über die von ihm
in der Zeit vom 1. 10. 2002 bis 31. 12. 2002 vereinnahmten Kundendienstpauschalen Abrechnung zu erteilen und den so abzüglich des klägerischen Anteils
von 15% ermittelten Betrag (brutto) nebst Zinsen in Höhe von . . . . . . Prozent
über dem jeweiligen Basiszinssatz seit . . . . . . an die Beklagte zu bezahlen.
3. Der Kläger trägt die Kosten des Verfahrens.

Begründung:[5]

Die Anschlussberufung[6] der Beklagten ist statthaft . . . .[7]. Die Berufungsbegründungsschrift des Klägers vom . . . . . . ist der Beklagten am . . . . . . zugestellt worden, so dass von der Berufungsanschlussschrift der Beklagten vom . . . . . . die Fristen gem. § 524 Abs. 2 S. 2 und Abs. 3 ZPO gewahrt werden.[8]
1. Der Kläger machte mit seiner Klage zu Unrecht Provisionsansprüche für die Zeit
vom 1. 1.–30. 9. 2002 in Höhe von EUR 35.000,– nebst Zinsen in Höhe von
von . . . . . . geltend. Das Arbeitsgericht hat der Klage in Höhe des Teilbetrages

von EUR 20.000,– nebst Zinsen stattgegeben. Hiergegen richtet sich die Anschlussberufung der Beklagten mit ihrem Anschlussberufungsantrag Ziff. 2 a.

2. Mit ihrer nunmehr im Rahmen der Anschlussberufung zu Ziff. 2 b erhobenen Widerklage verlangt die Beklagte vom Kläger die Abrechnung der von ihm in der Zeit vom 1. 10. 2002 bis 31. 12. 2002 vereinnahmten Kundendienstpauschalen und die Zahlung des der Beklagten gebührenden Anteils an diesen Beträgen.

3. Soweit der Kläger beim Arbeitsgericht unterlegen ist und hiergegen seinerseits Berufung eingelegt hat, ist seine Berufung unbegründet und daher zurückzuweisen.

Die Anschlussberufung ist begründet:

I.

(Es folgt die Kennzeichnung des Klagegegenstandes I. Instanz sowie des nach Auffassung der Beklagten noch der berufungsrichterlichen Entscheidung bedürftigen Gegenstandes der Anschlussberufung und die Darstellung ihrer Statthaftigkeit.)

II.[9]

(Es folgt die Darstellung und Begründung des Anschlussberufungsantrages Ziff. 2 a. Die Beklagte hat als Anschlussberufungsklägerin a) ihre Anschlussberufung den an eine Berufungsbegründungsschrift zu stellenden formalen Anforderungen entsprechend zu begründen, b) sich daher, da der Anschlussberufungsantrag Ziff. 2 a zum Klagegegenstand gehört, sich mit dem Urteil des Arbeitsgerichts und seinen Urteilsgründen auseinanderzusetzen und c) auch auf die Berufungsbegründung des Klägers, mit deren Zustellung die Einmonatsfrist für die Anschließung zu laufen beginnt, zu antworten[10]. Die Beklagte hat im Einzelnen darzulegen, warum die von der Beklagten beantragte Abänderung des Urteils rechtlich geboten ist.)

III.

(Es folgt die Darstellung und Begründung des Anschlussberufungsantrags Ziff. 2 b (Widerklageantrag), wobei § 67 Abs. 2 S. 2 ArbGG zu beachten ist.)

Rechtsanwalt[11]

Anmerkungen

1. Mit der Anschlussberufung kann sich der Berufungsbeklagte **bis zum Ablauf eines Monats nach Zustellung der Berufungsbegründungsschrift** der Berufung anschließen, selbst wenn er auf die Berufung verzichtet hat oder wenn die Berufungsfrist verstrichen ist (§§ 524 ZPO, 64 Abs. 6 ArbGG). Eine solche **Anschlussberufung** setzt eine zulässige Hauptberufung voraus, **nicht** aber **die Beschwer** des Rechtsmittelklägers durch das erstinstanzliche Urteil (BAG 14. 5. 1976, NJW 1976, 2143; BGH 5. 12. 1979, NJW 1980, 702; *Germelmann/Matthes/Prütting/Müller-Glöge* § 64 Rn. 70; Zum Erfordernis der Beschwer bei anderen Anschlussrechtsmitteln vgl. unten G. III. 3.2, Anm. 7 (Anschlussrevision); H. I. 3.2, Anm. 1 (Anschlussbeschwerde) und H. III. 3.2, Anm. 8 (Anschlussrechtsbeschwerde). Zum Begriff der „Beschwer" vgl. G. I. 1.1 g). Die unselbstständige Anschlussberufung ist vom Schicksal der Hauptberufung abhängig, verliert also ihre Wirkung, wenn die Hauptberufung zurückgenommen, als unzulässig verworfen oder durch Beschluss zurückgewiesen wird (§ 524 Abs. 4 ZPO). Gleiches gilt für Fälle der Klagerücknahme, den Klageverzicht oder einen Vergleich über den mit der Klage verfolgten Anspruch. Die selbstständige Anschlussberufung wird von § 524 ZPO n. F. (anders als in § 522 Abs. 2 ZPO a. F.) nicht mehr geregelt. Der erstinstanzlich unterlegenen oder teilunterlegenen Prozesspartei steht aber gleichwohl das „selbstständige" Recht zu, unter den Voraussetzungen des § 64 ArbGG Berufung (Hauptberufung) unter Beachtung der für die Berufung geltenden Frist- und Formanforderungen (vgl. oben G. I. 1.2 bis 1.5) einzulegen, soweit ihre Beschwer reicht. Legt sie selbstständig eine zulässige **Hauptberufung** ein, so ist sie auf die Anschlussberufung nicht angewiesen. Soweit sie ihr Rechtsschutzziel mit der Hauptberufung erweitern will (z.B. durch eine Widerklage), muss auch sie die Anforderungen des § 67 ArbGG beachten.

2. Das volle Rubrum (vgl. Form. G.I. 2.1 und dort Anm. 3, 5, 6, 7) ist bei der Anschlussberufung entbehrlich. Die Anschlussberufungsschrift muss aber das Berufungsgericht, sein Aktenzeichen, den Anschlussberufungskläger und den Anschlussberufungsbeklagten („wer gegen wen"), das erstinstanzliche Arbeitsgericht und das angefochtene Urteil (Verkündungstermin, Aktenzeichen) bezeichnen. Sie muss enthalten a) die Erklärung, dass **Anschlussberufung** eingelegt werde und sich der Anschlussberufungskläger der Berufung des Gegners anschließe sowie b) **die Anträge der Anschlussberufung.**

3. Die Anschlussberufung wird eingelegt durch eine beim Landesarbeitsgericht **innerhalb der Anschließungsfrist** einzureichende Anschlussberufungsschrift (§ 524 Abs. 1 S. 1 und 2 ZPO). Die Anschlussberufung ist in der **Anschlussschrift** selbst oder innerhalb der Anschlussfrist in **gesondertem Schriftsatz zu begründen** (§ 524 Abs. 3 S. 1 ZPO).

4. § 524 Abs. 1 S. 1 und 2 ZPO

5. Die an die Begründung der Anschlussberufung zu stellenden Anforderungen entsprechen denen der Berufungsbegründung (vgl. G.I. 1. 1.5 a – e).

6. Vgl. oben Anm. 1

7. Vgl. oben Anm. 1

8. Vgl. oben Anm. 3

9. Vgl. oben Form. G.I. 2.1 Anm. 23

10. Die Anschlussbegründungsschrift kann daher ggf. die Berufungsbeantwortung im Sinne des § 66 Abs. 1 S. 3 ArbGG ersetzen.

11. Form. G.I. 2.1 Anm. 24

4. Die sofortige Beschwerde und die Rechtsbeschwerde (gem. §§ 78 ArbGG, 567 ZPO)[1]

a) Die sofortige Beschwerde gegen nicht verfahrensbeendende Beschlüsse der Arbeitsgerichte gem. §§ 78 ArbGG, 567 ZPO

An das
Arbeitsgericht[2] . . . . . .

. . . . . ., den . . . . . .

AZ.: . . . . . . Ca . . . . . ./ . . . . . . ArbG X

In der sofortigen Beschwerdesache
des . . . . . .

– Beschwerdeführer/Kläger –

gegen

. . . . . .

– Beschwerdegegnerin/Beklagte –

(abgekürztes Rubrum)[3]

wegen Abänderung des Beschlusses des Arbeitsgerichts X vom . . . . . . AZ: . . . . . .
Ca . . . . . ./. . . . . .

legen wir namens und in Vollmacht des Beschwerdeführers/Klägers gegen den Beschluss des Arbeitsgerichts X vom . . . . . ., AZ: . . . . . . Ca. . . . . ., dem Kläger zugegangen am . . . . . ., das Rechtsmittel

der sofortigen Beschwerde[4]

ein[5]. Eine Kopie dieses Beschlusses des Arbeitsgerichts X vom . . . . . . fügen wir bei[6].

Wir beantragen, für Recht zu erkennen:
Auf die sofortige Beschwerde des Klägers wird der Beschluss des Arbeitsgerichts X vom . . . . . ., AZ: . . . . . . Ca . . . . . ./. . . . . ., abgeändert und festgestellt: . . . . . .
[(z.B.): Der Nebenintervenient X wird zugelassen].

Beschwerdebegründung:

Die Parteien streiten vor dem Arbeitsgericht X um . . . . . . Das Arbeitsgericht hat in diesem Verfahren am . . . . . . den folgenden Beschluss verkündet [oder dem Kläger am . . . . . . bekannt gegeben]: . . . . . . [Es folgt der Wortlaut des Beschlusses]

Gegen diesen Beschluss richtet sich die sofortige Beschwerde. Sie ist statthaft[7]. Sie wird mit dem vorliegenden Schriftsatz fristgerecht beim Landesarbeitsgericht Y eingelegt[8]. Sie ist auch in der Sache begründet, so dass ihr das Arbeitsgericht abhelfen muss:

I. bis II.

(Es folgt die Beschwerdebegründung)[9]

Rechtsanwalt[10]

Anmerkungen

1. Nach § 78 ArbGG gelten hinsichtlich der Beschwerde gegen nicht verfahrensbeendende Entscheidungen der Arbeitsgerichte oder ihrer Vorsitzenden die für die Beschwerde gegen Entscheidungen der Amtsgerichte maßgebenden Vorschriften der **ZPO entsprechend** (§§ 567 ff. ZPO). Über die sofortige Beschwerde entscheidet, wenn ihr das Arbeitsgericht nicht abhilft, das Landesarbeitsgericht ohne Hinziehung der ehrenamtlichen Richter (§ 78 S. 1, 3 ArbGG), über die Rechtsbeschwerde i.S. § 78 ArbGG das Bundesarbeitsgericht.

2. Nach § 569 Abs. 1 S. 1 ZPO kann der Beschwerdeführer **seine sofortige Beschwerde innerhalb** der **Notfrist von zwei Wochen beim Arbeitsgericht,** das den anzufechtenden Beschluss erlassen hat, **oder beim zuständigen Landesarbeitsgericht** einlegen. Auch wenn das Rechtsmittel beim Landesarbeitsgericht eingelegt wird, hat das Arbeitsgericht stets eine Abhilfeentscheidung zu treffen (§ 572 Abs. 1 S. 1 ZPO). Das Landesarbeitsgericht muss daher, wenn die sofortige Beschwerde beim Landesarbeitsgericht eingelegt wird, die Beschwerdesache dem Arbeitsgericht vorlegen.

3. Das **vollständige Rubrum** ist zweckdienlich, wenn die sofortige Beschwerde beim Landesarbeitsgericht einlegt wird.

4. Die **sofortige Beschwerde i.S.d. §§ 78 ArbGG, 567 ZPO ist ein echtes Rechtsmittel** und nicht nur ein Rechtsbehelf, da es den Eintritt der Rechtskraft hemmt und so der

Fortführung des Rechtsstreits dient (Suspensiveffekt), weil nunmehr die höhere Instanz entscheidet (Devolutiveffekt), wenn das Arbeitsgericht nicht abhilft. Dem steht die Verpflichtung des erstinstanzlichen Gerichts, im Falle der Einlegung einer sofortigen Beschwerde eine Abhilfeentscheidung zu treffen, nicht entgegen (*Schmidt/Schwab/Wildschütz,* NZA 2001, 1224).

5. Die sofortige Beschwerde **wird durch Einreichung einer Beschwerdeschrift eingelegt.** Die Beschwerdeschrift muss das Gericht, das die angefochtene Entscheidung getroffen hat, das Aktenzeichen, die Bezeichnung der angefochtenen Entscheidung sowie die Erklärung enthalten, dass **die sofortige Beschwerde** gegen diese Entscheidung eingelegt werde. Die Beschwerde kann auch durch Erklärung zu Protokoll der Geschäftsstelle eingelegt werden.

6. Dies ist aber keine Voraussetzung der Zulässigkeit.

7. Statthaft ist die sofortige Beschwerde nach **§ 567 Abs. 1 Nr. 1 und 2 ZPO,** wenn a) dies im Gesetz **ausdrücklich bestimmt ist** (z. B. bei Zurückweisung von Ablehnungsgesuchen §§ 46 Abs. 2, 406 Abs. 5 ZPO), bei Zwischenurteilen §§ 71 Abs. 2, 74 Abs. 1 ZPO, bei Beschlüssen über die Zulässigkeit des Rechtswegs (§ 17a Abs. 4 GVG), bei Entscheidungen gem. § 91a Abs. 2 S. 2, usw.) oder b), wenn das Gericht durch seine Entscheidung ein das Verfahren betreffendes **Gesuch zurückgewiesen hat** und für diese Entscheidung eine **mündliche Verhandlung nicht erforderlich** war (§ 567 Abs. 1 Nr. 2 ZPO). Zur ausserordentlichen Beschwerde wegen greifbarer Gesetzwidrigkeit vgl. BGH 29. 8. 2001, DB 2002, 1157 (Pflicht des Gerichts zur Selbstkorrektur in entsprechender Anwendung des § 321a ZPO (d. h. die Rügeschrift ist innerhalb einer Notfrist von zwei Wochen einzureichen).

8. Die sofortige Beschwerde ist innerhalb von **zwei Wochen beim Arbeitsgericht** oder beim **Landesarbeitsgericht einzulegen.** Die zweiwöchige Notfrist beginnt mit der **Zustellung der Entscheidung,** spätestens aber mit Ablauf von **fünf Monaten seit der Verkündung des Beschlusses** (§ 569 Abs. 1 S. 2 ZPO). Wird der Beschluss nicht in mündlicher Verhandlung durch das Arbeitsgericht verkündet, sondern in anderer Form dem Beschwerdeführer bekannt gegeben, so beginnt die Frist **mit der Bekanntgabe.** Enthält der nicht formell ordnungsgemäß zugestellte Beschluss keine Rechtsmittelbelehrung, so verlängert sich im arbeitsgerichtlichen Verfahren bei der sofortigen Beschwerde die Fünfmonatsfrist gem. § 9 Abs. 5 ArbGG um zwölf weitere Monate, d. h. auf insgesamt siebzehn Monate (vgl. *Schmidt/Schwab/Wildschütz,* NZA 2001, 1224/1225; vgl. auch BAG 5. 8. 1996, NZA 1996, 1175). [Für den Lauf der Berufungs- und Revisionsfristen im arbeitsgerichtlichen Verfahren gilt die Jahresfrist des § 9 Abs. 5 ArbGG aber nicht mehr; vgl. zu dieser umstrittenen Frage oben G. I. 1.2 a].

9. Die sofortige Beschwerde ist gem. § 571 Abs. 1 ZPO zu begründen. Die Beschwerde kann auf neue Angriffs- und Verteidigungsmittel gestützt werden, allerdings nicht darauf, dass das Gericht des ersten Rechtszugs seine Zuständigkeit zu Unrecht angenommen hat (§ 571 Abs. 2 S. 1 und 2 ZPO). **Eine Begründungsfrist sieht das Gesetz nicht vor.** Das Beschwerdegericht bzw. der Vorsitzende des Arbeitsgerichts kann für das Vorbringen von Angriffs- und Verteidigungsmitteln aber eine Frist setzen (unter Androhung der Präklusion, § 571 Abs. 3 ZPO).

10. Vgl. Form. G. I. 2.1 Anm. 24.

b) Rechtsbeschwerde an das Bundesarbeitsgericht gem. § 78 S. 2 ArbGG gegen Entscheidungen des Landesarbeitsgerichts über die sofortige Beschwerde[1]

An das
Bundesarbeitsgericht . . . . . .

. . . . . ., den . . . . . .

AZ: . . . . . . Sa . . . . . ./. . . . . . LandesarbG Y

Rechtsbeschwerde gem. § 78 S. 2 ArbG

In der Rechtsbeschwerdesache
des . . . . . .

– Rechtsbeschwerdeführer/Berufungskläger/Kläger –

gegen

. . . . . .

– Rechtsbeschwerdegegnerin/Berufungsbeklagte/Beklagte –

(vollständiges Rubrum)[2]

wegen . . . . . .

legen wir namens und in Vollmacht des Rechtsbeschwerdeführers/Berufungsklägers/Klägers gegen den Beschluss des Landesarbeitsgerichts Y vom . . . . . .,
AZ: . . . . . ./. . . . . ., dem Kläger zugestellt am . . . . . ., gem. § 78 S. 1, 2 und 3
ArbGG i. V. m. § 72 Abs. 2 ZPO

Rechtsbeschwerde

ein. Eine Kopie des Beschlusses des Landesarbeitsgerichts vom . . . . . . fügen wir
bei. Namens des Rechtsbeschwerdeführers beantragen wir, für Recht zu erkennen:
Der Beschluss des Landesarbeitsgerichts Y vom . . . . . ., AZ: . . . . . ./. . . . . . wird
aufgehoben.

Rechtsbeschwerdebegründung (§ 78 S. 2 ArbGG):

Die vorliegende Rechtsbeschwerde richtet sich gegen den Beschluss des Landesarbeitsgerichts Y vom . . . . . . Az: . . . . . ., der den folgenden Inhalt hat:

. . . . . .

Die Rechtsbeschwerde ist gem. §§ 78, 72 Abs. 2 ArbGG, 575 ZPO statthaft[3]. . . . . .
Das Landesarbeitsgericht Y hat die Rechtsbeschwerde ausdrücklich zugelassen
(§ 72 Abs. 2 ArbGG). Die Rechtsbeschwerde wird mit dem vorliegenden Schriftsatz
fristgemäß eingelegt[4] und begründet[5]:

I.

(Es folgt die Kennzeichnung des Rechtsbeschwerdegegenstandes und die Darstellung des mit der Rechtsbeschwerde nach § 78 S. 2 ArbGG angefochtenen Beschlusses des Landesarbeitsgerichts, der für den Beschluss maßgeblichen Prozessgeschichte sowie der Auswirkungen des Beschlusses auf das laufende Verfahren)

II.

(Es folgt die rechtliche Auseinandersetzung mit den Beschlusserwägungen des Landesarbeitsgerichts und die Darstellung der vom Beschwerdeführer gerügten Rechtsfehler.)

Rechtsanwalt[6]

Anmerkungen

1. Die Rechtsbeschwerde gem. § 78 ArbGG richtet sich gegen **Beschwerdeentscheidungen** über **die sofortige Beschwerde,** d. h. gegen **nicht verfahrensbeendende** Beschlüsse des Landesarbeitsgerichts. Sie darf nicht mit der Rechtsbeschwerde gegen verfahrensbeendende Beschlüsse gem. §§ 87, 92 ArbGG verwechselt werden (hierzu unten Form. H. III. 1.1–1.6 und Form. H. III. 2 ff. Zur sofortigen Beschwerde gegen die nicht verfahrensbeendenden Beschlüsse der Arbeitsgerichte oder ihrer Vorsitzenden vgl. oben G. I. 4. a).

2. Vgl. Form. G. I. 2.1 Anm. 3, 5, 6, 7.

3. Die Rechtsbeschwerde ist **statthaft, wenn sie vom Landesarbeitsgericht zugelassen worden ist** (§ 78 S. 2 ArbGG). Die Zulassung bestimmt sich nach §§ 78 S. 2, 72 Abs. 2 ArbGG. Gegen die Nichtzulassung bei dieser Rechtsbeschwerde gegen nicht verfahrensbeendende Beschlüsse sieht das ArbGG keine Nichtzulassungsbeschwerde vor (BAG 7. 1. 1980, AP-Nr. 1 zu § 78 ArbGG).

4. Einzulegen ist die Rechtsbeschwerde durch **Einreichung der Rechtsbeschwerdeschrift beim Bundesarbeitsgericht.** Zu den Formanforderungen vgl. Form. G. I. 4 a Anm. 5. Das Landesarbeitsgericht kann der Rechtsbeschwerde nicht abhelfen.

5. Die Rechtsbeschwerde gem. **§ 78 ArbGG** muss beim **Bundesarbeitsgericht** innerhalb **der Notfrist von einem Monat eingelegt** und **auch binnen einem Monat** (ab Zustellung der angefochtenen Entscheidung) **schriftsätzlich begründet werden,** wenn die Frist für die Begründung nicht auf Antrag verlängert worden ist (§ 575 Abs. 1 und 2 i. V. m. § 551 Abs. 2 S. 5 und 6 ZPO). Die ordnungsgemäße Begründung ist Zulässigkeitsvoraussetzung der Rechtsbeschwerde nach § 78 ArbGG (*Germelmann/Matthes/Prütting/Müller-Glöge* § 78 Rn. 17). Es besteht Vertretungszwang.

6. Vgl. Form. G. I. 2.1 Anm. 24.

II. Berufung gegen Urteile des Arbeitsgerichts im einstweiligen Verfügungsverfahren (§ 62 Abs. 2 ArbGG i.V.m. §§ 935 ff. ZPO)

1. Einlegung und Begründung der Berufung

1.1 Berufung des unterlegenen Verfügungsklägers[1]

An das
Landesarbeitsgericht ......

......, den ......

AZ: ...... Ca ....../...... ArbG X

In der einstweiligen Verfügungssache[2]
des ......

– Berufungskläger/Verfügungskläger –

gegen

......

– Berufungsbeklagte/Verfügungsbeklagte –

(vollständiges Rubrum)[3]

wegen Beschäftigung des Klägers

legen wir namens und in Vollmacht des Berufungsklägers/Verfügungsklägers gegen das Urteil[4] des Arbeitsgerichts X vom ......, AZ: ...... Ca ....../......, dem Kläger zugestellt am ......, gem. §§ 62 Abs. 2, 64 ArbGG

Berufung[5]

ein. Eine Kopie des arbeitsgerichtlichen Urteils vom ...... fügen wir bei. Namens des Verfügungsklägers beantragen[6] wir, für Recht zu erkennen:

1. Unter Abänderung des Urteils des Arbeitsgerichts X vom ......, AZ: ...... Ca ....../...... wird der Beklagten aufgegeben, den Kläger als Finanzbuchhalter zu den bisherigen Bedingungen seines Anstellungsvertrages weiterzubeschäftigen.

2. Für den Fall der Zuwiderhandlung wird der Beklagten ein Ordnungsgeld bis zu 5.000,00 EUR angedroht.

3. Die Beklagte hat die Kosten des Verfahrens zu tragen.

Begründung:

Die Berufung ist statthaft ......[7] Die Berufung wird mit dem vorliegenden Schriftsatz fristgerecht eingelegt.[8] Die Berufung richtet sich gegen das Urteil des Arbeitsgerichts insgesamt. Sie ist auch begründet:[9]

I.

Der Verfügungskläger ist Finanzbuchhalter. Er steht bei der Beklagten in einem ungekündigten Arbeitsverhältnis und möchte mit der von ihm beantragten einstweiligen Verfügung gegenüber der Beklagten seine Beschäftigung als Finanzbuchhalter zu den bisherigen Bedingungen seines Anstellungsverhältnisses durchsetzen.[10] Das Arbeitsgericht X hat diesen Antrag durch Urteil vom . . . . . ., AZ: . . . . . . Ca . . . . . ./. . . . . ., zu Unrecht zurückgewiesen, obwohl der Verfügungskläger sowohl seinen Verfügungsanspruch als auch den Verfügungsgrund glaubhaft gemacht hat. . . . . . . (Es folgt eine gedrängte Darstellung des Verfügungssachverhalts.)

II.

Dem Kläger steht der von ihm verfolgte Verfügungsanspruch zu . . . . . .[11]
(Es folgt die Auseinandersetzung mit den Urteilserwägungen des Arbeitsgerichts hinsichtlich des Verfügungsanspruchs, gegebenenfalls unter Glaubhaftmachung[12] neuer Tatsachen.)

III.

Auch der Verfügungsgrund[13] ist glaubhaft gemacht . . . . . .
(Es folgt die Auseinandersetzung mit den Urteilserwägungen des Arbeitsgerichts hinsichtlich des Verfügungsgrundes, gegebenenfalls unter Glaubhaftmachung neuer Tatsachen.)[14]

Rechtsanwalt[15]

Anmerkungen

1. Für die Berufung im einstweiligen Verfügungsverfahren gelten die allgemeinen Vorschriften, insbesondere die Vorschriften über die Einlegung der Berufung und ihre Begründung (§ 62 Abs. 2 ArbGG) und die Vorschriften der §§ 916 ff. ZPO.

2. Entsprechendes gilt für das Arrestverfahren (§ 62 Abs. 2 Satz 1 ArbGG). Über das Arrestgesuch kann nach dem Ermessen des Gerichts ohne mündliche Verhandlung entschieden werden. Vgl. auch oben Anm. 1

3. Vgl. Form. G.I. 2.1 Anm. 3, 5, 6, 7.

4. Entscheidet das Arbeitsgericht über den Antrag, eine einstweilige Verfügung zu erlassen oder zurückzuweisen, **nach mündlicher Verhandlung,** so ergeht ein **Urteil.** Gegen solche Urteile findet gem. §§ 62 Abs. 2, 64 ArbGG die Berufung an das Landesarbeitsgericht statt. Erlässt das Arbeitsgericht **die einstweilige Verfügung ohne vorherige mündliche Verhandlung,** so ist nicht die „Berufung", sondern der „Widerspruch" nach §§ 924, 925 ZPO statthaft, über den das Arbeitsgericht auf Grund mündlicher Verhandlung durch Urteil entscheidet (§ 925 ZPO, § 62 Abs. 2 ArbGG (Hauck § 62 Rn. 21), das gem. § 64 ArbGG der **Berufung** unterliegt. **Weist das Arbeitsgericht ohne mündliche Verhandlung den Antrag auf Erlass einer einstweiligen Verfügung zurück,** was nur in dringenden Fällen zulässig ist (§ 62 Abs. 2 S. 2 ArbGG, vgl. LAG Sachsen 8. 4. 1997, NZA 1998, 223/224; *Germelmann/Matthes/Prütting/Müller-Glöge,* § 62 Rn. 70), so kann der Antragsteller gegen diese Entscheidung die **fristgebundene, sofortige Beschwerde gem.** §§ **567, 569** ZPO (*Germelmann/Matthes/Prütting/Müller-Glöge* § 62 Rn. 70b; Hauck § 62 Rn. 21) einlegen. Das LAG kann die Sache an das ArbG zurückverweisen (LAG Sachsen, 8. 4. 1997, a.a.O.).

5. Frist und Form für die Einlegung und die Begründung der Berufung bestimmen sich nach den allgemeinen Vorschriften des Berufungsverfahrens (§§ 64, 66 ArbGG; vgl. G.I. 1.2, Anm. 1–24). Ein Verfügungskläger tut jedoch prozessual gut daran, die Fristen für die Einlegung der Berufung und ihrer Begründung nicht auszuschöpfen, da dies seinem Verfügungsgrund ggf. den Boden entzieht.

6. In Betracht kommen gem. §§ 935, 940 ZPO **Regelungs-, Sicherungs- und Leistungsverfügungen,** z.B. gerichtet auf Unterlassung von vertragswidrigem Wettbewerb, Gewährung und Festlegung von Urlaubszeiten, Herausgabe von Arbeitspapieren, die Beschäftigung insbesondere im ungekündigten Arbeitsverhältnis, usw. Das Gericht bestimmt nach seinem pflichtgemäßen Ermessen, welche Maßnahme angeordnet wird. Die Maßnahme des Gerichts darf aber nicht über den Antrag des Gläubigers hinausgehen (§§ 308 Abs. 1, 528 S. 2 ZPO). Das Gericht bestimmt nach freiem Ermessen, welche Anordnungen zur Erreichung des Zwecks erforderlich sind (§ 938 Abs. 1 ZPO). Vgl. zum Inhalt der einstweiligen Verfügung auch §§ 890 ZPO, 85 Abs. 2 ArbGG, 23 Abs. 3, 98 Abs. 5, 101, 104 BetrVG.

7. Vgl. Form. G.I. 2.1 Anm. 17, 18, 19.

8. Vgl. Form. G.I. 2.1 Anm. 2, 10, 11, 20, 24.

9. Prozessuale Grundlage des einstweiligen Verfügungsverfahrens sind die Bestimmungen der §§ 64 Abs. 6 und 7, 62 Abs. 2 ArbGG, §§ 936, 920 Abs. 2 ZPO, § 294 Abs. 1 und 2 ZPO: Wer eine tatsächliche Behauptung **glaubhaft zu machen** hat, kann sich aller Beweismittel bedienen und auch zur Versicherung an Eides statt zugelassen werden. Eine Beweisaufnahme, die nicht sofort erfolgen kann, ist unstatthaft.

10. Zur Frage einer einstweiligen Verfügung, die sich auf die tatsächliche Beschäftigung eines Arbeitnehmers nach Kündigung des Anstellungsverhältnisses richtet, vgl. BAG GrS 27. 2. 1985, AP-Nr. 14 zu § 611 BGB Beschäftigungspflicht.

11. Der **Verfügungsanspruch** muss sich aus dem materiellen Recht ergeben, d.h. insbesondere aus dem Gesetz, einem Tarifvertrag, einer Betriebsvereinbarung oder dem Arbeitsvertrag.

12. § 294 Abs. 1 und 2 ZPO.

13. Der **Verfügungsgrund** muss das besondere Rechtsschutzbedürfnis für eine meist eilbedürftige Titelbeschaffung im summarischen Verfahren ergeben. Er setzt die Besorgnis und Glaubhaftmachung voraus, dass durch die Veränderung des bestehenden Zustands die Verwirklichung des Rechts einer Partei vereitelt oder wesentlich erschwert werden könnte (§ 935 ZPO), oder die Glaubhaftmachung eines dringenden Erfordernisses für die Regelung eines einstweiligen Zustandes, sofern die Regelung zur Abwendung wesentlicher Nachteile oder zur Verwirklichung drohender Gewalt oder aus anderen Gründen (§ 940 ZPO) geboten erscheint.

14. Arreste und einstweilige Verfügungen bedürfen der **Vollziehung** (§§ 928, 929, 936 ZPO), was die Urteilszustellung im Parteibetrieb voraussetzt (Hauck § 62 Rn. 23). Die Vollziehung ist **unstatthaft,** wenn seit dem Tag, an dem die Entscheidung verkündet oder der Partei, auf deren Gesuch sie erging, zugestellt worden ist, ein **Monat** verstrichen ist (§ 929 Abs. 2 ZPO).

15. Vgl. Form. G.I. 2.1 Anm. 24.

1.2 Berufung des unterlegenen Verfügungsbeklagten[1]

An das
Landesarbeitsgericht . . . . . .

. . . . . ., den . . . . . .

AZ: . . . . . . Ca . . . . . ./. . . . . . ArbG X

In der einstweiligen Verfügungssache[2]
des . . . . . .

– Berufungskläger/Verfügungsbeklagter –

gegen

. . . . . .

– Berufungsbeklagter/Verfügungskläger –

(vollständiges Rubrum)[3]

wegen Beschäftigung des Klägers

legen wir namens des Verfügungsbeklagten gegen das Urteil[4] des Arbeitsgerichts X
vom . . . . . ., AZ: . . . . . . Ca . . . . . ./. . . . . ., dem Beklagten zugestellt am . . . . . .,
gemäß §§ 62 Abs. 2, 64 ArbGG

Berufung[5]

ein. Eine Kopie des arbeitsgerichtlichen Urteils vom . . . . . . fügen wir bei.
Namens des Verfügungsbeklagten beantragen[6] wir, für Recht zu erkennen:

1. Auf die Berufung des Verfügungsbeklagten wird das Urteil des Arbeitsgerichts X
   vom . . . . . ., AZ: . . . . . . Ca . . . . . ./. . . . . ., aufgehoben.
2. Der Antrag des Verfügungsklägers auf Erlass einer einstweiligen Verfügung wird
   zurückgewiesen.
3. Der Verfügungskläger trägt die Kosten des Verfahrens.

Begründung:

Die Berufung ist statthaft . . . . . .[7] Die Berufung wird mit dem vorliegenden Schriftsatz fristgerecht eingelegt . . . . . .[8] Die Berufung richtet sich gegen das Urteil des
Arbeitsgerichts X vom . . . . . . insgesamt. Sie ist in der Sache begründet.[9]

(Es folgt a) eine gedrängte Darstellung des Verfügungssachverhalts und b) die Auseinandersetzung mit den Urteilserwägungen des Arbeitsgerichts hinsichtlich des
Verfügungsanspruchs[10] und c) des Verfügungsgrundes.[11] Ggf. sind neue Tatsachen
glaubhaft zu machen.)[12]

Rechtsanwalt[13]

Anmerkungen

1. Vgl. Form. G. II. 1.1 Anm. 1.

2. Vgl. Form. G. II. 1.1 Anm. 2.

3. Vgl. Form. G. I. 2.1 Anm. 3, 5, 6, 7.

4. Vgl. Form. G. II. 1.1 Anm. 4.

5. Vgl. Form. G. II. 1.1 Anm. 5.

6. Soweit einstweilige Verfügungen oder Arreste ergangen sind, werden die Urteile „aufgehoben" (§§ 926 Abs. 2, 927 ZPO).

7. Vgl. Form. G. II. 1.1 Anm. 7.

8. Vgl. Form. G. II. 1.1 Anm. 8.

9. Vgl. Form. G. II. 1.1 Anm. 9.

10. Vgl. Form. G. II. 1.1 Anm. 11.

11. Vgl. Form. G. II. 1.1 Anm. 13.

12. § 294 Abs. 1 und 2 ZPO.

13. Vgl. Form. G. I. 2.1 Anm. 24.

2. Gegenanträge des in I. Instanz obsiegenden Verfügungsklägers/Verfügungsbeklagten in der Berufungsinstanz[1]

An das
Landesarbeitsgericht . . . . . .
AZ: . . . . . . Sa . . . . . ./. . . . . . LAG
. . . . . . Ga . . . . . ./. . . . . . ArbG X

. . . . . ., den . . . . . .

In der einstweiligen Verfügungssache[2]
der . . . . . .

– Berufungsklägerin/Verfügungsbeklagten –
[Berufungskläger/Verfügungskläger]

gegen

. . . . . .

– Berufungsbeklagter/Verfügungskläger –
[Berufungsbeklagte/Verfügungsbeklagte]

(abgekürztes Rubrum)[3]

wegen Beschäftigung des Klägers

beantragen wir namens des Verfügungsklägers [Verfügungsbeklagten], für Recht zu erkennen:

1. Die Berufung der Verfügungsbeklagten [Verfügungsklägers] gegen das Urteil des Arbeitsgerichts X vom . . . . . ., AZ: . . . . . . Ga . . . . . ./. . . . . ., wird zurückgewiesen.
2. Die Verfügungsbeklagte [Verfügungskläger] trägt die Kosten des Rechtsstreits.

Begründung:[4]

Das Arbeitsgericht X hat durch sein Urteil vom . . . . . . zu Recht dem Verfügungsantrag des Verfügungsklägers stattgegeben [den Verfügungsantrag des Verfügungsklägers zurückgewiesen].

(Es folgt die Auseinandersetzung mit der Berufungsbegründung des Gegners, mit dem Verfügungsanspruch sowie mit dem Verfügungsgrund. Gegebenenfalls sind neue Tatsachen glaubhaft zu machen.)[5]

Rechtsanwalt[6]

Anmerkungen

1. Vgl. oben Form. G. I. 3.1 und § 66 Abs. 1 S. 1 ArbGG (hierzu nachstehende Anm. 4)

2. Vgl. Form. G. II. 1.1 Anm. 2.

3. Vgl. Form. G. I. 2.2 b Anm. 2.

4. Die Regelung für die Berufungsbeantwortungsfrist des § 66 Abs. 1 Satz 23 ArbGG ist in den summarischen Verfahren der einstweiligen Verfügung und des Arrestes nicht anwendbar, da die Berufungsbeantwortungsfrist des § 66 Abs. 1 Satz 1 ArbGG nur eine besondere Form der Einlassungsfrist des § 274 ZPO darstellt (vgl. *Germelmann/Matthes/Prütting/Müller-Glöge*, § 66 Rn. 23 mwN).

5. Vgl. Form. G. II. 1.1 Anm. 9.

6. Vgl. Form. G. I. 2.1 Anm. 24.

III. Die Revision gegen Urteile der Landesarbeitsgerichte

1. Vorbemerkungen zur Zulässigkeit und zu den Formalien der Revision, zur Statthaftigkeit, Form und Frist der Revision

1.1 Statthaftigkeit der Revision

Die Revision gegen die Urteile der Landesarbeitsgerichte an das Bundesarbeitsgericht findet statt, wenn die Revision in dem Urteil des Landesarbeitsgerichts oder durch Beschluss des Bundesarbeitsgerichts nach § 72 a Abs. 5 S. 2 ArbGG auf Grund einer (erfolgreichen) Nichtzulassungsbeschwerde zugelassen worden ist (§ 72 Abs. 1 S. 1 ArbGG). Die Entscheidung des Landesarbeitsgerichts, ob die Revision zugelassen oder nicht zugelassen wird, ist in den Urteilstenor aufzunehmen. Ist dies unterblieben, kann binnen zwei Wochen ab Verkündung des Urteils eine entsprechende Ergänzung beantragt werden. Über den Antrag kann die Kammer des Landesarbeitsgerichtes ohne mündliche Verhandlung entscheiden (§ 72 Abs. 1 S. 2, § 64 Abs. 3 a S. 1 bis 3 ArbGG).

Im Einzelnen:

a) Gemäß **§ 72 Abs. 2 ArbGG** ist die Revision vom Landesarbeitsgericht **zuzulassen, wenn**

(1) die Rechtssache **grundsätzliche Bedeutung** hat oder

(2) das Urteil von einer **Entscheidung des Bundesverfassungsgerichts,** von einer Entscheidung des **Gemeinsamen Senats der Obersten Gerichtshöfe des Bundes,** von einer Entscheidung des **Bundesarbeitsgerichtes** oder, solange eine Entscheidung des Bundesarbeitsgerichtes in der Rechtsfrage nicht ergangen ist, von einer Entscheidung einer **anderen Kammer desselben Landesarbeitsgerichts** oder **eines anderen Landesarbeitsgerichts abweicht** und die Entscheidung auf dieser Abweichung **beruht.** Das Bundesarbeitsgericht ist an die Zulassung der Revision durch das Landesarbeitsgericht gebunden (§ 72 Abs. 3 ArbGG).

b) **Revisibel** sind im arbeitsgerichtlichen Revisionsverfahren (§§ 72 ff. ArbGG) Endurteile des Landesarbeitsgerichtes (§ 72 Abs. 1 ArbGG), d. h. also auch Teil- und Schlussurteile gemäß §§ 300, 301 ZPO sowie das Ergänzungsurteil nach § 321 ZPO. Revisible Endurteile sind die Zwischenurteile nach § 280 Abs. 2 ZPO (BAG 17. 10. 1990, AP-Nr. 9 zu § 5 ArbGG 1979) und Vorbehaltsurteile nach § 302 ZPO. Revisibel ist ein zweites Versäumnisurteil, gegen das der Einspruch nicht gegeben ist, so dass es als Endurteil der Revision unterliegt (BAG 22. 6. 1994, AP-Nr. 24 zu § 72 ArbGG 1979). Ein revisibles Endurteil ist auch ein Versäumnisurteil, das den Antrag auf Wiedereinsetzung in den vorigen Stand abweist, da gegen dieses Urteil der Einspruch nicht gegeben ist (§ 238 Abs. 2 S. 2 ZPO).

c) **Nicht revisibel** sind gemäß § 72 Abs. 4 ArbGG Urteile, durch die über die Anordnung, Abänderung oder Aufhebung **eines Arrestes** oder **einer einstweiligen Verfügung** entschieden wird. Nicht revisibel ist ein Zwischenurteil, das über den Grund des Anspruchs vorab entscheidet (§ 304 ZPO i. V. m. §§ 64 Abs. 7, 61 Abs. 3 ArbGG). Ein solches Urteil kann nur zusammen mit dem Urteil über den Betrag angefochten werden (BAG 1. 12. 1975, AP-Nr. 2 zu § 61 ArbGG 1953 Grundurteil). Wird in einem Urteil sowohl über den Grund eines Teilanspruches als auch über die Verpflichtung, allen künftigen Schaden zu ersetzen, entschieden, so ist das Urteil auch hinsichtlich der Entscheidung über den Grund des Anspruchs revisibel (BAG 15. 8. 1967, AP-Nr. 1 zu § 61 ArbGG 1953 Grundurteil). Urteile, die mit der sofortigen Beschwerde anfechtbar sind (wie das Urteil nach § 99 Abs. 2 ZPO über die Kosten beim Anerkenntnisurteil oder ein Urteil nach § 71 Abs. 2 ZPO über die Zulässigkeit einer Nebenintervention oder nach § 387 Abs. 3 ZPO über die Berechtigung einer Zeugnisverweigerung) sind nicht revisibel. Nicht revisibel sind auch Zwischenurteile, durch die Wiedereinsetzung in den vorigen Stand gewährt wird (sie sind auch mit dem Endurteil nicht anfechtbar (§ 238 Abs. 3 ZPO)).

d) **Soweit das Landesarbeitsgericht die Berufung durch Urteil verwirft, ist das Urteil unter den Voraussetzungen des § 72 ArbGG revisibel** (vgl. unten Form. G. IV). Verwirft das Landesarbeitsgericht eine Berufung gemäß § 66 Abs. 2 S. 2 i. V. m. § 522 Abs. 1 ZPO durch Beschluss als unzulässig, findet die Revisionsbeschwerde gemäß § 77 ArbGG nur statt, wenn das Landesarbeitsgericht sie in dem Beschluss zugelassen hat. Für die Zulassung der Revisionsbeschwerde gilt § 72 Abs. 2 ArbGG entsprechend. Über die Revisionsbeschwerde entscheidet das Bundesarbeitsgericht ohne Zuziehung der ehrenamtlichen Richter. Die Vorschriften der Zivilprozessordnung über die Rechtsbeschwerde gelten entsprechend. Lässt das Landesarbeitsgericht die Revisionsbeschwerde nicht zu, ist dagegen ein Rechtsbehelf nicht gegeben (*Germelmann/Matthes/Prütting/Müller-Glöge*, § 77 Rn. 9). Enthält der Urteilstenor des Berufungsgerichts die Entscheidung über die Zulassung oder Nichtzulassung der Revision nicht, so kann binnen zwei Wochen ab Verkündung des Urteils eine entsprechende Ergänzung beantragt werden (§§ 72 Abs. 1 S. 2, 64 Abs. 3 a ArbGG).

e) **Erweist sich die Form der anzufechtenden gerichtlichen Entscheidung des Landesarbeitsgerichts als fehlerhaft** (z. B. wenn ein „Beschluss" statt richtigerweise ein „Urteil" ergeht), so gilt **der Grundsatz der Meistbegünstigung**, d. h. dass dann sowohl das an sich für die richtige wie das für die fehlerhafte Entscheidungsform gesetzlich vorgesehene Rechtsmittel zulässig ist (BAG 5. 12. 1984, AP-Nr. 3 zu § 72 ArbGG 1979 = NZA 1985, 436 = NJW 1986, 2784). Der Grundsatz der Meistbegünstigung macht aber kein Rechtsmittel zulässig, das gegen eine zutreffende Entscheidung nicht statthaft wäre (BAG 14. 10. 1982, AP-Nr. 2 zu § 72 ArbGG 1979; BGH 25. 4. 1993, NJW-RR 1993, 956, 957 mwN).

f) **Die Befugnis, Revision einzulegen,** steht nur einer Partei, einem Streitgenossen oder Nebenintervenienten gegen eine andere Partei oder deren Streitgenossen des vorinstanzlichen Verfahrens zu. Der streitgenössische Nebenintervenient kann auch gegen den Willen der Hauptpartei Revision einlegen (BAG 15. 1. 1985, AP-Nr. 3 zu § 67 ZPO), jedoch nur soweit und solange auch die Hauptpartei Revision einlegen könnte (BAG 17. 8. 1984, AP-Nr. 2 zu § 67 ZPO). An die Entscheidung des Landesarbeitsgerichts, dass die Nebenintervention zulässig sei, ist das Bundesarbeitsgericht gemäß § 71 Abs. 2 ZPO gebunden (BAG 17. 12. 1987, AP-Nr. 65 zu § 611 BGB Dienstordnungs-Angestellte).

g) **Die Revision setzt die Beschwer des Revisionsklägers voraus.** Unzulässig ist die Revision, wenn der Revisionskläger durch die von ihm angefochtene Entscheidung **nicht** beschwert ist. Der Revisionskläger ist formell in dem Umfang beschwert, in dem das angefochtene Urteilsergebnis hinter dem zweitinstanzlichen Rechtsschutzbegehren (Sachantrag in der Berufung) des späteren Revisionsklägers zurückgeblieben ist. Sofern die Beschwer aus dem Urteilstenor nicht eindeutig hervorgeht, kann sich die Beschwer auch aus der Begründung der landesarbeitsgerichtlichen Entscheidung ergeben (BAG 24. 6. 1969, AP-Nr. 1 zu § 564 ZPO; BGH 17. 10. 1985, ZIP 1986, 319). Der Beklagte ist auch im Falle der Abweisung der Klage als unzulässig anstatt als unbegründet beschwert (BAG 19. 11. 1985, AP-Nr. 4 zu § 2 TVG Tarifzuständigkeit). Legt der Nebenintervenient Revision ein, ist die Beschwer der Hauptpartei maßgeblich (BAG 5. 8. 1959, AP-Nr. 1 zu § 111 ZPO). Unzulässig ist die Revision, wenn der Revisionskläger auf sein Rechtsmittel verzichtet hat.

h) Der **Wert des Beschwerdegegenstandes** ist nicht Zulässigkeitsvoraussetzung der Revision. § 64 Abs. 2 b ArbGG ist auf das Revisionsverfahren nicht anwendbar.

1.2 Die Frist für die Einlegung der Revision

Die Frist für die Einlegung der Revision (zur Form vgl. unten G. III. 1.3) beträgt einen Monat, die Frist für ihre Begründung zwei Monate. Beide Fristen beginnen mit der Zustellung des in vollständiger Form abgefassten Urteils, spätestens aber mit Ablauf von 5 Monaten nach seiner Verkündung (§ 74 Abs. 1 S. 1 und S. 2 ArbGG). Die Zustellung erfolgt von Amts wegen (§ 50 Abs. 1 ArbGG) und regelmäßig gegen **Empfangsbekenntnis** des Prozessbevollmächtigten (§ 212 a ZPO), das für den Beginn der Einlegungs- und Begründungsfristen und deren jeweiligen selbstständigen (unterschiedlichen) Ablauf maßgebend ist. **Die Frist für die Einlegung der Revision ist eine Notfrist.** Sie kann weder verlängert noch abgekürzt werden. Ggf. kommt die Wiedereinsetzung in den vorigen Stand in Betracht (gem. §§ 230 ff. ZPO). Die Frist berechnet sich nach §§ 222, 187, 188 BGB.

Im Einzelnen:

a) Sofern bis zum Ablauf der **Fünfmonatsfrist** die Rechtsmittelbelehrung noch nicht zugestellt worden war, ließ die frühere Rechtsprechung (bis zum Inkrafttreten des ZPO-RG) erst mit dem Ablauf der Fünfmonatsfrist die Jahresfrist des § 9 Abs. 5 ArbGG beginnen (vgl. BAG 8. 6. 2000, NJW 2000, 3515 mwN). Mit der Neufassung des § 66 Abs. 1 S. 2 ArbGG durch das ZPO-RG hat sich die Gesetzeslage verändert. Die nunmehr geltende Fassung der **§§ 66 Abs. 1 S. 2 , 74 Abs. 1 S. 1 und 2 ArbGG** setzt die Frist für die Begründung der Revision unabhängig von ihrer Einlegung in Lauf und ist daher als **lex specialis zu § 9 Abs. 5 ArbGG** anzusehen, so dass die Jahresfrist im Rahmen der Berufungs- und Revisionsfrist nicht mehr anwendbar ist (vgl. *Germelmann/Matthes/Prütting/Müller-Glöge* § 66 Rn. 15, 15 a, § 9 Rn. 58 und § 74 Rn. 5; **anderer Auffassung** ist *Matthes* (*Germelmann/Matthes/Prütting/Müller-Glöge* § 89 Rn. 11); Erf. K/*Koch*, § 66 ArbGG Rn. 11, 12; vgl. auch oben G. I. 1.2 a).

b) **Gewahrt wird die Revisionsfrist nur,** wenn die Revisionsschrift fristgemäß beim Revisionsgericht eingegangen ist. Zu den Einzelfragen vgl. oben G. I. 2 b.

c) **Die Revisionsfrist kann als Notfrist nicht verlängert werden.** Gegen ihre Versäumung kommt nach §§ 230 ff. ZPO Wiedereinsetzung in den vorigen Stand in Betracht.

1.3 Die Form bei der Einlegung der Revision

Eingelegt wird die Revision durch Anwaltsschriftsatz beim Bundesarbeitsgericht. Das BAG hat seit 22. 11. 1999 seinen Sitz in 99084 Erfurt, Hugo-Preuß-Platz 1.

Die Revisionsschrift muss das Urteil bezeichnen, gegen das sich die Revision richtet und **erklären,** dass gegen dieses Urteil Revision eingelegt wird (§§ 549 Abs. 1 S. 1 Nr. 2, 553 ZPO). Zur Bezeichnung des Urteils gehört die Angabe des Berufungsgerichts sowie des Datums und des Aktenzeichens seines Urteils (BAG 27. 8. 1996, NZA 1997, 456).

Im Einzelnen:

a) Die Revision kann **telegrafisch** (BAG 1. 7. 1971, AP-Nr. 1 zu § 129 ZPO), durch **Fernschreiben** (BVerfG 11. 2. 1987, CuR 1987, 374) **oder durch Telefax** (Telekopie) eingereicht werden, vgl. oben (G. I. 1.3 a).

b) Die Revisionsschrift muss von einem **Rechtsanwalt unterzeichnet** sein. Die bloße Angabe der Sozietät genügt nicht (BAG 27. 9. 1983, AP-Nr. 48 zu § 518 ZPO). Eine Telekopie muss die Originalunterschrift wiedergeben (BAG 27. 3. 1996, AP-Nr. 67 zu § 518 ZPO). Eine Paraphe soll nach BAG 27. 3. 1996, AP-Nr. 67 zu § 518 ZPO nicht ausreichen. Fehlt die Unterschrift des Anwalts auf der Revisionsschrift, hat er aber eine Abschrift beglaubigt, so genügt dies, wenn der beglaubigende Anwalt und der Verfasser der Revisionsschrift identisch sind (BAG 30. 5. 1978, AP-Nr. 42 zu § 518 ZPO; 27. 3. 1996, AP-Nr. 67 zu § 518 ZPO). Zu den Anforderungen an die Unterschrift vgl. auch oben G. I. 1.3 f.

c) Die Revision muss **unbedingt eingelegt** werden. Wird sie nur für den Fall ihrer Zulässigkeit eingelegt, so ist sie unzulässig (BAG 22. 11. 1968, AP-Nr. 13 zu § 518 ZPO).

d) Aus der Revisionsschrift muss **eindeutig hervorgehen, für und gegen wen** die Revision eingelegt wird (BAG 4. 7. 1973, AP-Nr. 20 zu § 518 ZPO; BGH 25. 9. 1975, BGHZ 65, 114). Es reicht aus, dass sich dies innerhalb der Frist aus anderen, dem BAG vorliegenden Unterlagen ergibt (BAG 13. 12. 1995, AP-Nr. 15 zu § 1 TVG Rückwirkung). Die Angabe der ladungsfähigen Anschrift des Revisionsbeklagten oder seines Prozessbevollmächtigten ist nicht erforderlich (BAG GS 16. 9. 1986, AP-Nr. 53 zu § 518 ZPO).

e) Gesetzlich erwünscht ist, dass mit der Revisionsschrift eine **Ausfertigung** oder beglaubigte **Abschrift** des angefochtenen Urteils eingereicht wird (§ 550 Abs. 1 ZPO).

1.4. Die Frist für die Einreichung der Revisionsbegründung

Die Frist für die Einreichung der Revisionsbegründung beträgt **zwei Monate** (§ 74 Abs. 1 ArbGG). Die Zweimonatsfrist beginnt (nicht erst mit der Einlegung der Revision, sondern schon) mit der **Zustellung des in vollständiger Form abgefassten Urteils**, spätestens aber mit Ablauf von **fünf Monaten nach der Verkündung** (§ 74 Abs. 1 S. 2 ArbGG). Die Revisionsbegründungsfrist berechnet sich nach §§ 222 ZPO, 187, 188 BGB. Auf die Revisionsbegründungsfrist ist § 9 Abs. 5 S. 4 ArbGG nicht anwendbar (vgl. aber oben G. I. 1.2 a und G. I. 1.4).

Im Einzelnen:

a) Die Frist zur Begründung der Revision ist, anders als die Revisionsfrist, **keine Notfrist.** Sie kann vom Vorsitzenden **einmal** bis zu einem Monat auf Antrag verlängert werden (§ 74 Abs. 1 S. 3 ArbGG).

b) Die Revisionsbegründungsfrist ist **nur gewahrt,** wenn die Revisionsbegründung beim Bundesarbeitsgericht fristgerecht eingegangen ist (wie bei der Einreichung der Berufungsschrift, vgl. oben I, 1.2). Für die Übermittlung der Revisionsbegründungsschrift per Telefax oder mit Hilfe anderer moderner Kommunikationsmittel gelten die für die Berufungsschrift geltenden Grundsätze entsprechend (vgl. oben I, 1.2 b und c).

c) Durch Einreichung einer **nicht unterzeichneten Revisionsbegründungsschrift** wird die Frist **nicht gewahrt.** Sofern der nicht unterzeichneten Revisionsbegründungsschrift eine von dem Prozessbevollmächtigten handschriftlich beglaubigte Abschrift beigefügt worden ist, kann dies die fehlende Unterschrift auf dem Original der Revisionsbegründungsschrift ggf. ersetzen (vgl. oben Form. G. III. 1.3 b).

d) Gegen die **Versäumung der Revisionsbegründungsfrist** kann **Wiedereinsetzung in den vorigen Stand** gewährt werden, § 233 ZPO.

1.5. Die Form der Revisionsbegründung

Die Revision ist schriftsätzlich zu begründen. Die an den Revisionsbegründungsschriftsatz gestellten gesetzlichen Formanforderungen reichen über die für die Einlegung der Revision geltenden hinaus. § 551 Abs. 2 und 3 ZPO stellt zusätzliche Anforderungen an den Inhalt der Revisionsbegründung (Erfordernisse der Revisionsanträge, der Revisionsgründe und der Revisionsrügen (§ 551 Abs. 3 Nr. 2 b ZPO).

Im Einzelnen:

a) Die Revisionsbegründungsschrift muss die Revisionsanträge **des Revisionsklägers** enthalten. § 551 Abs. 3 Nr. 1 ZPO verlangt vom Revisionskläger die Erklärung, aa) inwieweit das Urteil angefochten, bb) inwieweit dessen Aufhebung beantragt und damit cc) wie in der Sache nach Auffassung des Revisionsklägers entschieden werden soll. Bei der **Formulierung der Revisionsanträge** ist zu beachten, dass die Entscheidung des Revisionsgerichts **regelmäßig drei Instanzen** betrifft. Die Revisionsanträge müssen sich auf die Aufhebung oder Teilaufhebung des Berufungsurteils richten und angeben, wie vom Revisionsgericht mit dem in der Berufungsinstanz gestellten Berufungsanträgen des Revisionsklägers verfahren und ob ggf. das erstinstanzliche Urteil abgeändert werden soll. (1) Scheitert die Revision an ihrer Unzulässigkeit oder ihrer Unbegründetheit, so wird sie vom Bundesarbeitsgericht kostenpflichtig verworfen bzw. zurückgewiesen. Die Urteile des Landesarbeitsgerichts und Arbeitsgerichts bleiben dann unverändert. (2) Hat die Revision hingegen Erfolg, so wird das Urteil des Landesarbeitsgerichts vom Bundesarbeitsgericht aufgehoben. Das Revisionsgericht muss dann auch über die beim Landesarbeitsgericht gestellten Berufungsanträge entscheiden: a) Hält das Revisionsgericht das Berufungsurteil für unrichtig, weil das Arbeitsgericht zutreffend entschieden und das Berufungsgericht der Berufung des Beklagten zu Unrecht stattgegeben hat und kann das Revisionsgericht durchentscheiden, weil die Sache nach Auffassung des Revisionsgerichts zur Entscheidung reif ist, so weist das Revisionsgericht die Berufung gegen das Urteil des Arbeitsgerichts zurück. Das Urteil des Arbeitsgerichts bleibt dann unverändert bestehen. b) Hat das Berufungsgericht hingegen nach Auffassung des Revisionsgerichts die Berufung zu Unrecht zurückgewiesen, so wird auf die Berufung des Klägers das Urteil des Arbeitsgerichts vom Revisionsgericht abgeändert. Hält das Revisionsgericht bei a) und b) eine weitere tatrichterliche Aufklärung für erforderlich, so dass es noch nicht durchentscheiden kann, so hebt das Revisionsgericht das Urteil des Berufungsgerichts auf und verweist die Sache an das Berufungsgericht zur erneuten Verhandlung und Entscheidung über die Berufung zurück.

b) Die Revisionsbegründung muss sich **sorgfältig und möglichst in allen Einzelheiten mit den Erwägungen des angefochtenen Berufungsurteils** auseinandersetzen und **möglichst genau darlegen,** warum diese Erwägungen unrichtig und rechtsfehlerhaft sind (BAG 29. 10. 1997, AP-Nr. 30 zu § 554 ZPO). Dabei ist zu beachten, dass das Revisionsgericht grundsätzlich an die **Feststellungen des Berufungsgerichts in tatsächlicher Hinsicht** gebunden ist (§ 559 Abs. 2 ZPO) und deshalb zu diesen Feststellungen vom Revisionskläger ggf. Verfahrensrügen zu erheben sind. Die Beweiswürdigung durch das

Landesarbeitsgericht wird vom Revisionsgericht auch ohne Verfahrensrüge darauf überprüft, ob die Beweiswürdigung rechtsfehlerfrei erfolgt ist (d. h. i. S. einer widerspruchsfrei-
en Würdigung aller erhobenen Beweise frei von Verstößen gegen die Denkgesetze und allgemeinen Erfahrungssätze (BAG 30. 5. 1984, AP-Nr. 2 zu § 21 MTZ II; BAG 3. 4. 1986,
AP-Nr. 18 zu § 626 BGB Verdacht strafbarer Handlung)). Die bloße Darstellung anderer
Rechtsansichten ohne jede Auseinandersetzung mit den Gründen des Berufungsurteils genügt einer ordnungsgemäßen Revisionsbegründung nicht (BAG 29. 10. 1997, NZA 1998,
336). Befasst sich das angefochtene Urteil mit mehreren Streitgegenständen, so muss sich
die Revisionsbegründung mit allen von der Revision angefochtenen Teilen des Berufungsurteils auseinandersetzen. Soweit eine Revisionsbegründung fehlt, ist die Revision unzulässig (BAG 16. 10. 1991, AP-Nr. 1 zu § 18 SchwbG 1986 = NZA 1992, 503 = BB 1992,
360 und 1069; BAG 16. 4. 1997, AP-Nr. 35 zu § 72 ArbGG 1979).

c) Die Revision kann nur darauf gestützt werden, dass das Urteil des Landesarbeitsgerichts auf der **Verletzung einer Rechtsnorm beruht** (§ 73 ArbGG). Revisibel sind Rechtsnormen von Gesetzen, Rechtsverordnungen, Gewohnheitsrecht und von Amts wegen zu
prüfendes Verfahrensrecht. Denkgesetze und allgemeine Erfahrungssätze stehen Rechtsnormen gleich. Zum revisiblen Recht gehört auch der normative Teil eines Tarifvertrages (BAG 18. 11. 1965, AP-Nr. 17 zu § 1 TVG). Die Auslegung von Tarifnormen erfolgt
nach den Regeln für die Auslegung von Gesetzen (BAG 12. 9. 1984, AP-Nr. 135 zu § 1
TVG; 2. 2. 1973, AP-Nr. 1 zu § 626 BGB (Krankheit)). Unbestimmte Rechtsbegriffe
sind in der Revisionsinstanz nur eingeschränkt überprüfbar. Sie sind revisibel, wenn der
Rechtsbegriff verkannt worden ist oder wenn bei der Anwendung des Rechtsbegriffs
Denkgesetze oder allgemeine Erfahrungssätze verletzt worden sind (BAG 7. 12. 1988,
AP-Nr. 8 zu § 543 ZPO 1977 = NZA 1989, 527; BAG 29. 8. 1991, AP-Nr. 32 zu § 622
BGB = NZA 1992, 166; BAG 29. 10. 1997, NZA 1998, 336). Vertragliche Regeln und
einzelne Willenserklärungen wie überhaupt die Auslegung von Verträgen und Willenserklärungen sind nur revisibel, wenn das Berufungsgericht gegen materiell-rechtliche
Auslegungsregeln (§§ 133, 157 BGB) verstoßen und Denkgesetze oder Erfahrungssätze
verletzt hat. Sie sind auch darauf überprüfbar, ob der Tatsachenstoff vollständig verwertet worden ist. Bei typisierten Verträgen und Willenserklärungen, die wie Rechtsnormen
zu behandeln sind, ist die Auslegung revisibel (BAG 20. 6. 1985, AP-Nr. 33 zu § 112
BetrVG 1972 = NZA 1986, 258 = BB 1985, 530). Zu unterscheiden sind die **materielle
Rüge** und die **Verfahrensrüge.**

d) Die **Rüge der Verletzung materiellen Rechts** soll die **verletzte Rechtsnorm bezeichnen** (§ 546 ZPO). Das Revisionsgericht ist aber an die Bezeichnung der Rechtsnorm
nicht gebunden. Es überprüft das Urteil insgesamt auf seine materiell-rechtlichen Fehler.
Zu den absoluten Revisionsgründen vgl. § 547 ZPO.

e) Prozessual strengeren Anforderungen als die materielle Rüge unterliegt die Verfahrensrüge, soweit die **Verfahrensmängel vom Revisionsgericht nur auf Rüge der betroffenen Partei** beachtet werden. Bei der **Verfahrensrüge** muss der Revisionskläger die verletzte Verfahrensnorm (Verletzung des formellen Rechts), – bei der **Aufklärungsrüge** die
Verfahrensnorm des § 139 ZPO, bei der **Beweisrüge** die Verfahrensnorm des § 286 ZPO
– genau bezeichnen, den jeweiligen Verfahrensfehler und die Tatsachen darstellen, aus
denen sich die Verfahrensfehler ergeben und begründen, dass und warum das Urteiler-
gebnis ursächlich auf dem Verfahrensfehler beruht. Bei der Aufklärungsrüge muss weiter
dargetan werden, welche Tatsachen und Beweismittel der Revisionskläger bei entsprechendem Hinweis des Gerichts vorgetragen hätte (BAG 15. 12. 1994, AP-Nr. 67 zu
§ 1 KSchG 1969 Betriebsbedingte Kündigung = NZA 1995, 521 = DB 1995, 979).
Überprüft wird bei der Verfahrensrüge vom Revisionsgericht nur die jeweils gerügte
Verfahrensverletzung. Nach Ablauf der Revisionsbegründungsfrist können weitere Verfahrensrügen nicht mehr erhoben werden.

1.6. Die Revisionserwiderung

Der Revisionsbeklagte ist (anders als der Berufungsbeklagte) gesetzlich zur Erwiderung auf die Revision **nicht verpflichtet.** Auf die Revision zu erwidern und sich mit der Revision schriftsätzlich auseinander zu setzen ist im Zweifel aber Gebot der prozessualen Sorgfaltspflicht des Revisionsbeklagten und seines Prozessbevollmächtigten. Ist der Revisionsbeklagte vor dem BAG säumig, so wird über die Revision durch Versäumnisurteil (§§ 555, 330 ff. ZPO) entschieden (BAG 10. 4. 1991, AP-Nr. 3 zu § 10 BBiG).

2. Einlegung und Begründung der Revision

2.1 Gleichzeitige Einlegung und Begründung der Revision durch den in I. und II. Instanz unterlegenen Kläger

An das
Bundesarbeitsgericht[1]

........, den ......[2]

AZ: ...... Sa ....../...... LAG Y[3]
...... Ca ....../...... ArbG X

In der Revisionssache[4]
des ......

– Revisionskläger/Berufungskläger/Kläger –[3]

gegen

......

– Revisionsbeklagte/Berufungsbeklagte/Beklagte –
(vollständiges Rubrum)[5]

legen wir namens und mit Vollmacht des Klägers gegen das Urteil des Landesarbeitsgerichts Y vom ......, AZ: ...... Sa ....../......, den Prozessbevollmächtigten des Klägers zugestellt am ......, das Rechtsmittel[6] der

Revision[7]

ein. Eine Kopie des vollständigen Urteils des Landesarbeitsgerichts Y vom ......, AZ: ...... Sa ....../......, fügen wir bei.

Namens des Klägers beantragen[8] wir, für Recht zu erkennen:
1. Das Urteil des Landesarbeitsgerichts Y vom ......, AZ: ...... Sa ....../ ......, wird aufgehoben. Auf die Berufung des Klägers wird das Urteil des Arbeitsgerichts X vom ......, AZ: ...... Ca ....../...... abgeändert. Die Beklagte wird verurteilt, an den Kläger den Betrag von EUR 4.500,– nebst Zinsen in Höhe von ...... Prozent über dem Basiszinssatz seit ...... zu bezahlen.

2. Hilfsweise:[9]

Das Urteil des Landesarbeitsgerichts Y vom . . . . . ., AZ: . . . . . . Sa . . . . . ./
. . . . . ., wird aufgehoben. Die Sache wird zur anderweitigen Verhandlung und
Entscheidung an das Landesarbeitsgericht Y zurückverwiesen.

3. Die Beklagte trägt die Kosten des Rechtsstreits.

Revisionsbegründung:[10]

Die Revision richtet sich gegen das Urteil des Landesarbeitsgerichts Y vom . . . . . .,
AZ: . . . . . . Sa . . . . . ./. . . . . . Das LAG hat die Berufung des Klägers gegen das
seine Klage abweisende Urteil des Arbeitsgerichts X vom . . . . . ., AZ: . . . . . . Ca
. . . . . ./. . . . . ., als unbegründet zurückgewiesen.

Die Revision ist statthaft.[11] Sie wurde in dem Urteil des Landesarbeitsgerichts Y
vom . . . . . ., AZ: . . . . . . Sa . . . . . ./. . . . . ., zugelassen. Die Revision wird mit der
vorliegenden Revisionsschrift auch fristgerecht eingelegt.[12] Das Urteil des Landesarbeitsgerichts Y vom . . . . . ., AZ: . . . . . . Sa . . . . . ./. . . . . ., ist ebenso wie das
Urteil des Arbeitsgerichts X vom . . . . . ., AZ: . . . . . . Ca . . . . . ./. . . . . ., sachlich
unrichtig.[13]

I.

(Gegenstand der Revision)

1. Die Beklagte war beim Kläger als Gebietsvertreterin für den Vertretungsbezirk
Oberbayern angestellt. Das Anstellungsverhältnis endete zum 30. 9. 2002 auf
Grund der vom Kläger ausgesprochenen ordentlichen Kündigung vom 22. 6.
2002. Der Kläger verlangte mit seiner Klage von der Beklagten die für die Zeit
von . . . . . . bis . . . . . . am . . . . . . zu Unrecht bezahlte Superprovision in Höhe
von EUR 4.500,– zurück. Diese Zahlung durch den Kläger erfolgte auf Grund
einer von der Beklagten gefertigten und vorgelegten Aufstellung vom . . . . . .
über die von ihr angeblich verdiente Superprovision. Obwohl zwischen den Parteien unstreitig ist, dass die Provisionsberechnung der Beklagten in Höhe der
Klagesumme unrichtig war und die Beklagte die Superprovision daher zu Unrecht erhalten hat, verweigerte sie die Rückzahlung dieses Betrages, weil der
Kläger schon bei der Auszahlung der Superprovision die Unrichtigkeit der Aufstellung gekannt und in Kenntnis ihrer Unrichtigkeit die Zahlung geleistet habe.

2. Das Landesarbeitsgericht Y hielt, ebenso wie schon das Arbeitsgericht X, den
Rückforderungsanspruch des Klägers für unbegründet. Dem vom Kläger geltend
gemachten Bereicherungsanspruch gemäß § 812 I Satz 1 BGB stehe § 814 1. Alt.
BGB entgegen. Zwar habe der Zeuge Z bei seiner Vernehmung durch das Arbeitsgericht die Behauptung der Beklagten nicht bestätigt, dass der Kläger bei der
Auszahlung der Superprovision die Unrichtigkeit der von der Beklagten gefertigten Aufstellung positiv gekannt habe. Von dem Zeugen, der als Prokurist an der
maßgeblichen Besprechung der Parteien teilgenommen habe, sei aber überzeugend bekundet worden, dass der Kläger vor der Auszahlung jedenfalls Zweifel an
der Richtigkeit der Aufstellung geäußert habe. Solche Zweifel stünden der positiven Kenntnis im Sinne des § 814 1. Alt. BGB gleich.

II.[14]

Die Revision rügt die Verletzung materiellen Rechts durch das Landesarbeitsgericht, nämlich der Rechtsnormen der §§ 812 I Satz 1, 814 1. Alt. BGB.[15]

1. Landesarbeitsgericht und Arbeitsgericht verkennen die Rechtsnormen der §§ 812,
814 1. Alt. BGB. Der Kläger kann gem. § 812 Abs. 1 Satz 1 BGB die ohne

Rechtsgrund bezahlte Superprovision zurückfordern. Die Norm des § 814 1. Alt. BGB steht dieser Leistungskondiktion nicht entgegen. § 814 1. Alt. BGB setzt positive Kenntnis des Leistenden voraus. Der „Leistende" muss „gewusst haben", dass er zur Leistung nicht verpflichtet war, als er die Leistung erbrachte. Nur die „positive Kenntnis" entspricht dem Regelungsgedanken des Gesetzes. Wer weiß, dass er nichts schuldet und dennoch – bewusst – auf die Nichtschuld leistet, soll nach § 814 1. Alt. BGB den Rechtsschutz verwirken, den unser Privatrechtssystem zur Wiederherstellung der ungestörten Güterordnung grundsätzlich gewährleistet (§ 812 Abs. 1 Satz 1 BGB). Der Leistende jedoch, der – wie hier der Kläger – nur Zweifel an der Berechtigung des Provisionsanspruchs hat, will aber, wenn er trotz seiner Zweifel leistet, nicht auf eine erkannte „Nichtschuld" leisten und auch nicht auf etwaige Rückforderungsansprüche verzichten. Er leistet lediglich deshalb, weil er zunächst glaubt, dass die Zweifel nicht dafür ausreichen, die Leistung zu verweigern (hierzu BGH WM 73, 294). Die vom Landesarbeitsgericht und Arbeitsgericht vertretene Auffassung ist daher rechtsfehlerhaft.

2. Bei rechtsfehlerfreier Anwendung der Rechtsnorm der §§ 812 Abs. 1 Satz 1, 814 1. Alt. BGB hätten daher Landesarbeitsgericht und Arbeitsgericht der Klage in vollem Umfang stattgeben müssen. Demgemäss ist das Urteil des Landesarbeitsgerichts aufzuheben und das Urteil des Arbeitsgerichts abzuändern.

III.[16]

Die Revision rügt aber auch das Verfahren des Landesarbeitsgerichts (Verfahrensrüge).[17] Das Landesarbeitsgericht hat unter Verletzung seiner prozessualen Aufklärungspflicht den für seine Entscheidung maßgeblichen Sachverhalt nicht hinreichend aufgeklärt und den vom Kläger angebotenen Beweis unter Verletzung formellen Rechts (§§ 139, 286 ZPO)[18] nicht erhoben.

1. Der Kläger hat in seiner Berufungsbegründung vom ...... dargestellt, dass seine Buchhalterin – Frau B – vor der Auszahlung der Superprovision vom Kläger die Weisung erhalten habe, die Beklagte anzurufen. Sie möge ihr mitteilen, dass sie, Frau B, vom Kläger mit der Überprüfung der Provisionsaufstellung beauftragt worden sei. Vor Abschluss der Überprüfung könne die Auszahlung der Provision daher nur vorläufig erfolgen. Der Kläger behalte sich gegebenenfalls die Rückforderung der gezahlten Provision vor, falls die erheblichen Zeitaufwand erfordernde Überprüfung der Provisionsforderung deren Unrichtigkeit ergebe. Die Beklagte habe darauf erklärt, sie habe gegen eine solche Überprüfung nichts einzuwenden. Sie wolle aber „mit ihrem Geld" nicht bis zum Abschluss der Überprüfung warten müssen. Der Kläger werde doch wohl nicht annehmen, dass sie gegebenenfalls zur Rückzahlung nicht in der Lage sei. Zum Beweis dieser Erklärungen hatte sich der Kläger in der Berufungsbegründung auf das Zeugnis seiner Buchhalterin, Frau B, berufen.

2. Das Landesarbeitsgericht hat diesen Zeugenbeweis nicht erhoben. Hätte das Landesarbeitsgericht antragsgemäß Frau B als Zeugin vernommen, so hätte die Zeugin das Telefongespräch vom ...... bestätigt. Sie hätte zur Überzeugung des Gerichtes bekundet, dass ...... (Inhalt des Gesprächs). Mit dieser Aussage wäre bewiesen worden, dass der Kläger seine Zahlung an die Beklagte unter den Vorbehalt der Rückforderung gestellt und sich die Beklagte mit diesem Vorbehalt sogar ausdrücklich einverstanden erklärt hatte. Dann aber hätte das Landesarbeitsgericht, auch auf der Grundlage seiner rechtsfehlerhaften Auffassung zu

§ 814 1. Alt. BGB, der Klage stattgeben müssen. Eine Leistung, die ausdrücklich unter Vorbehalt erbracht und angenommen wird, schließt trotz Kenntnis des Leistenden die Rückforderung nicht aus (BGH 8. 6. 1988, WM 1988, 1494, 1496).

3. Auf der Verletzung formellen Rechts, nämlich der Rechtsnorm der §§ 139, 286 ZPO durch das Landesarbeitsgericht beruht daher sein Urteilsergebnis. Auch deshalb ist das Urteil aufzuheben und die Rechtssache zur anderweitigen Verhandlung und Entscheidung an das Landesarbeitsgericht zurückzuverweisen, sofern der Senat nicht schon auf Grund der materiellen Rügen (oben Ziff. II.) in der Sache abschließend entscheidet.

Rechtsanwalt[19]

Anmerkungen

1. Das Bundesarbeitsgericht hat seinen Sitz in 99084 Erfurt, Hugo-Preuß-Platz 1. Zur Zulässigkeit und den Formalien der Revision, zur Statthaftigkeit, Form und Frist der Revision vgl. oben Form. G. III. 1.1 bis 1.6.

2. Vgl. (entsprechend) Form. G. I. 2.1 Anm. 2.

3. Vgl. (entsprechend) Form. G. I. 1.3 a–g.

4. Die Revision an das Bundesarbeitsgericht findet nur statt, wenn sie in dem Urteil des Landesarbeitsgerichts oder auf Grund der Nichtzulassungsbeschwerde vom Bundesarbeitsgericht zugelassen worden ist (§ 72 Abs. 1 ArbGG).

5. Vgl. oben (entsprechend) Form. G. I. 2.1 Anm. 3, 5, 6, 7.

6. Zur Befugnis, ein Rechtsmittel wie die Revision überhaupt einlegen zu können, vgl. oben Form. G. I. 2.1 Anm. 10.

7. Die Frist für die Einlegung der Revision beträgt **einen Monat** (vgl. unten Anm. 10). Die Einlegung der Revision erfolgt durch Anwaltsschriftsatz beim Bundesarbeitsgericht (vgl. oben Form. G. III. 1.3). Gem. § 553 ZPO muss in der Revisionsschrift das Urteil bezeichnet sein, gegen das sich die Revision richtet und erklärt werden, dass gegen dieses Urteil Revision eingelegt wird. Zur Bezeichnung des Urteils gehört die Angabe des Berufungsgerichts sowie des Datums und Aktenzeichens seines Urteils. Vgl. oben Form. G. III. 1.3.

8. Bei den Revisionsanträgen muss berücksichtigt werden, dass die Entscheidung des Revisionsgerichts regelmäßig drei Instanzen betrifft (vgl. oben Form. G. III. 1.5).

9. Sofern das Revisionsgericht in der Sache noch nicht abschließend entscheiden kann, weil z. B. vom Landesarbeitsgericht noch eine Beweisaufnahme durchzuführen ist, hebt es das Urteil des Landesarbeitsgerichts auf und verweist die Sache zur anderweitigen Verhandlung und Entscheidung an das Landesarbeitsgericht zurück (§ 563 Abs. 1 ZPO). Der Revisionskläger kann dies im Rahmen eines Hilfsantrags beantragen, prozessual notwendig ist dies aber nicht. Das Revisionsgericht hat in der Sache selbst zu entscheiden, wenn die Sache bereits zur Entscheidung reif ist (§ 563 Abs. 3 ZPO).

10. Die Frist für die Einlegung der Revision beträgt **einen Monat,** die Frist für die Begründung **zwei Monate. Beide Fristen beginnen** mit der Zustellung des in vollständiger Form abgefassten Urteils, spätestens aber fünf Monate nach seiner Verkündung (§ 74 Abs. 1 und 2 ArbGG). Die Frist für die Begründung der Revision kann einmal bis zu einem Monat verlängert werden (§ 74 Abs. 1 S. 3 ArbGG). Die Verlängerung kann auch noch nach Ablauf der Begründungsfrist gewährt werden, sofern sie bis zum Ablauf des letzten Tages der Frist beantragt worden ist (BAG GS 24. 8. 1979, AP-Nr. 1 zu § 66 ArbGG 1979 = NJW 1980, 309 = BAGE 32, 71, 77 = BB 1979, 1298 = Betr. 1979, 2498). Das Gesetz verlangt keine Gründe für den Verlängerungsantrag.

11. Statthaft ist die Revision nur dann, wenn das LAG die Revision zugelassen hat oder wenn das Bundesarbeitsgericht der Nichtzulassungsbeschwerde stattgegeben hat (§ 72 Abs. 1 ArbGG). Vgl. oben Form. G. III. 1.1.

12. Vgl. oben Anm. 10 sowie Form. G. III. 1.2.

13. Die Revisionsbegründung muss sich sorgfältig und im Einzelnen mit den Erwägungen des angefochtenen Berufungsurteils auseinandersetzen und möglichst genau darlegen, warum diese Erwägungen unrichtig und rechtsfehlerhaft sind. Zu den Anforderungen im Einzelnen vgl. oben Form. G. III. 1.5.

14. Die Revision kann nur darauf gestützt werden, dass das Urteil des Landesarbeitsgerichts auf der Verletzung einer Rechtsnorm beruht (§ 73 ArbGG). Vgl. oben Form. G. III. 1.5 c und d.

15. Bei der Rüge der **Verletzung materiellen Rechts** muss die verletzte Rechtsnorm bezeichnet werden (§ 554 Abs. 3 Nr. 3 a ZPO). Vgl. oben Form. G. III. 1.5 c.

16. Prozessual strengeren Anforderungen als die materielle Rüge unterliegt die Verfahrensrüge, soweit die Verfahrensmängel vom Revisionsgericht nur auf Rüge der betroffenen Partei beachtet werden. Vgl. oben Form. G. III. 1.5 e.

17. Weiteres **Beispiel für eine Aufklärungsrüge:** „Das LAG hat seine prozessuale Aufklärungspflicht gem. § 139 ZPO verletzt, worauf sein Urteilsergebnis beruht. Der Kläger hat in der Berufungsbegründungsschrift S. . . . . . . dargestellt, dass der Beklagte gegen sein ihn bindendes nachvertragliches Wettbewerbsverbot gegenüber dem Kläger auch deshalb verstoßen habe, weil er der Firma Y in Berlin eine Kundenliste des Klägers zuspielte. Das Landesarbeitsgericht hält diesen Vortrag des Klägers zwar für rechtlich entscheidungserheblich (BU S. . . . . . .), ließ diesen Vortrag des Klägers aber deshalb unbeachtet, weil der Kläger die ladungsfähige Anschrift des Zeugen nicht vollständig angegeben habe (BU S. . . . . . .). Hätte das Landesarbeitsgericht den Kläger darüber aufgeklärt, dass es diesen Vortrag für erheblich halte, zum Zwecke der Vernehmung des Zeugen aber noch dessen Anschrift vervollständigt werden müsse, hätte der Kläger die genaue Anschrift unverzüglich beigebracht. Dann hätte das Berufungsgericht den benannten Zeugen vernehmen müssen. Der Zeuge hätte zur Überzeugung des Berufungsgerichts bestätigt, dass . . . . . . Dann aber hätte das Landesarbeitsgericht zu einem anderen als dem von ihm verkündeten Urteilsergebnis gelangen müssen. Es hätte dann nämlich . . . . . .".

18. Weiteres **Beispiel für eine Beweisrüge:** „Der Kläger hat bereits in seiner Klageschrift, S. 12, Beweis durch Benennung des Zeugen Z dafür angetreten, dass der Beklagte an der maßgeblichen Besprechung vom . . . . . . persönlich teilgenommen hat und dem Beklagten daher bekannt gewesen ist, dass . . . . . . In dieser Besprechung wurden die Vorgänge vom . . . . . . in allen Einzelheiten offen erörtert. War dem Beklagten aber bekannt, dass . . . . . ., dann konnte er vom Kläger anschließend nicht i. S. d. § 123 BGB getäuscht worden sein. Das Landesarbeitsgericht hat zu Unrecht diesen Beweis nicht erhoben (§ 286 ZPO). Hätte es den Beweis erhoben, dann hätte der Zeuge zur Überzeugung des Gerichts ausgesagt, dass . . . . . .".

19. Vgl. Form. G. I. 2.1 Anm. 24.

Kasper

2.2 Einlegung der Revision und spätere Begründung der Revision durch die in I. und II. Instanz unterlegene Beklagte

a) Einlegung der Revision

An das
Bundesarbeitsgericht[1]

. . . . . ., den . . . . . .[2]

AZ: . . . . . . AZR . . . . . ./. . . . . . BAG
. . . . . . Sa . . . . . ./. . . . . . LAG Y[3]
. . . . . . Ca . . . . . ./. . . . . . ArbG X

In dem Revisionsverfahren[4]
der . . . . . .

– Revisionsklägerin/Berufungsklägerin/Beklagte –[3]

gegen

. . . . . .

– Revisionsbeklagter/Berufungsbeklagter/Kläger –

(vollständiges Rubrum)[5]

legen wir[5] namens und in Vollmacht der Beklagten gegen das Urteil des Landesarbeitsgerichts Y vom . . . . . ., AZ: . . . . . . Sa . . . . . ./. . . . . ., der Beklagten zugestellt am . . . . . ., das Rechtsmittel[6] der

Revision[7]

ein. Eine Kopie des Urteils des Landesarbeitsgerichts Y vom . . . . . ., AZ: . . . . . .
Sa . . . . . ./. . . . . ., fügen wir bei. Das Landesarbeitsgericht hat in seinem Urteil die Revision zugelassen.

Die Revisionsanträge sowie die Revisionsbegründung bleiben einem besonderen Schriftsatz vorbehalten.

Rechtsanwalt[8]

Anmerkungen

1. Vgl. Form. G. III. 2.1 Anm. 1.

2. Vgl. (entsprechend) Form. G. I. 2.1 Anm. 2.

3. Vgl. (entsprechend) G. I. 1.3 a–g.

4. Vgl. Form. G. III. 2.1 Anm. 4.

5. Vgl. Form. G. III. 2.1 Anm. 5.

6. Vgl. Form. G. III. 2.1 Anm. 6.

7. Vgl. Form. G. III. 2.1 Anm. 7.

8. Vgl. Form. G. I. 2.1 Anm. 24.

b) Die spätere Revisionsbegründung[1]

An das
Bundesarbeitsgericht

......, den ......

AZ: ...... AZR ....../...... BAG
...... Sa ....../...... LAG Y
...... Ca ....../...... ArbG X

In dem Revisionsverfahren ......
der ......

– Revisionsklägerin/Berufungsklägerin/Beklagte –

gegen

......

– Revisionsbeklagter/Berufungsbeklagter/Kläger –

(abgekürztes Rubrum)

wegen Forderung

beantragen wir namens und in Vollmacht der Beklagten, für Recht zu erkennen:

1. Das Urteil des Landesarbeitsgerichts Y vom ......, AZ: ...... Sa ....../
......, wird aufgehoben. Auf die Berufung der Beklagten wird das Urteil des
Arbeitsgerichts X vom ......, AZ: ...... Ca ....../......, abgeändert. Die
Klage wird abgewiesen.
2. Der Kläger trägt die Kosten des Rechtsstreits.

Revisionsbegründung:

Die namens der Beklagten gegen das Urteils des Landesarbeitsgerichts Y vom
......, AZ: ...... Sa ....../...... eingelegte Revision ist statthaft, da sie vom
Landesarbeitsgericht zugelassen worden ist. Sie ist fristgemäß, nämlich am ......
eingelegt worden. ...... Die Revision richtet sich gegen das Urteil des Landesarbeitsgerichts Y vom ...... insgesamt. Sie ist in der Sache begründet.

I.

Gegenstand der Revision ist der Rechtsstreit der Parteien über ......
(Es folgt eine gedrängte Darstellung des Streitgegenstandes, soweit er für das Revisionsverfahren von Bedeutung ist, sowie der Entscheidungen des Landesarbeitsgerichts und des Arbeitsgerichts mit den für die Revision maßgeblichen Urteilserwägungen und Verfahrensentscheidungen.)[2]

II.

Die Revision rügt die Verletzung materiellen Rechts, nämlich der Rechtsnormen
der ...... sowie die Verletzung formellen Rechts, nämlich der ......
(Es folgen die materielle Rüge der Revision, ggf. die Verfahrensrügen und die Auseinandersetzung mit den Urteilserwägungen des Landesarbeitsgerichts.)[3]

Rechtsanwalt[4]

Anmerkungen

1. Zur Zulässigkeit und den Formalien der Revision, zur Statthaftigkeit, Form und Frist der Revision vgl. oben Form. G. III. 1.1 bis 1.6 sowie Form. G. III. 2.1 Anm. 1–19.

2. Vgl. Form. G. III. 1.5 a.

3. Vgl. Form. G. III. 1.5 a–e.

4. Vgl. Form. G. I. 2.1 Anm. 24.

2.3 Revisionsanträge[1] des Klägers, wenn er in I. Instanz teilweise, in II. Instanz voll unterlegen ist

(z. B. bei einer gegen die ordentliche und die spätere außerordentliche Kündigung seines Arbeitsverhältnisses gerichteten Kündigungsschutzklage)[2]

An das
Bundesarbeitsgericht

......, den ......

AZ: ...... AZR ...... / ...... BAG
...... Sa ...... / ...... LAG Y
...... Ca ...... / ...... ArbG X

In dem Revisionsverfahren
des ......

– Revisionskläger/Berufungskläger/Kläger –

gegen

......

– Revisionsbeklagte/Berufungsbeklagte/Beklagte –

(abgekürztes Rubrum)

wegen ......

beantragen wir namens und in Vollmacht des Klägers, für Recht zu erkennen:

1. Das Urteil des Landesarbeitsgerichts Y vom ......, AZ: ...... Sa ...... / ......, wird aufgehoben. Auf die Berufung des Klägers wird das Urteil des Arbeitsgerichts X vom ......, AZ: ...... Ca ...... / ......, teilweise abgeändert (soweit es die Klage abgewiesen hat) und insgesamt neu gefasst. Es wird festgestellt, dass das Arbeitsverhältnis des Klägers weder durch die von der Beklagten mit Schreiben vom ...... ausgesprochene ordentliche Kündigung noch durch die von der Beklagten mit Schreiben vom ...... zum ...... ausgesprochene außerordentliche Kündigung aufgelöst worden ist.

2. Die Beklagte trägt die Kosten des Rechtsstreits.

Revisionsbegründung:

Die namens des Klägers gegen das Urteil des Landesarbeitsgerichts Y eingelegte Revision ist statthaft ...... Sie ist fristgemäß, nämlich am ...... eingelegt worden. Die Revision richtet sich gegen ......

I.

Gegenstand der Revision ist . . . . . .[3]

II.

Die Revision rügt . . . . . .[4]

Rechtsanwalt[5]

Anmerkungen

1. Form. G. III. 2.3 bezieht sich auf die spätere, der Einlegung der Revision nachfolgende Revisionsbegründung (bei verschiedenen Streitgegenständen).

2. Zur Zulässigkeit und den Formalien, zur Statthaftigkeit, Form und Frist der Revision vgl. oben Form. G. III. 1.1 bis 1.6 sowie Form. G. III. 2.1 Anm. 1–19.

3. Vgl. Form. G. III. 1.5.

4. Vgl. Form. G. III. 1.5 a–e.

5. Vgl. Form. G. I. 2.1 Anm. 24.

2.4 Revisionsanträge[1] des Klägers, wenn er in I. Instanz voll unterlegen, in II. Instanz teilweise unterlegen ist[2]

An das
Bundesarbeitsgericht

. . . . . ., den . . . . . .

AZ: . . . . . . AZR . . . . . ./ . . . . . . BAG
. . . . . . Sa . . . . . ./ . . . . . . LAG Y
. . . . . . Ca . . . . . ./ . . . . . . ArbG X

In dem Revisionsverfahren
des . . . . . .

– Revisionskläger/Berufungskläger/Kläger –

gegen

. . . . . .

– Revisionsbeklagte/Berufungsbeklagte/Beklagte –

(abgekürztes Rubrum)

wegen . . . . . .

beantragen wir namens und in Vollmacht des Klägers, für Recht zu erkennen:

1. Das Urteil des Landesarbeitsgerichts Y vom . . . . . ., AZ: . . . . . . Sa . . . . . ./ . . . . . ., wird aufgehoben, soweit es die Berufung des Klägers gegen das Urteil des Arbeitsgerichts X vom . . . . . ., AZ: . . . . . . Ca . . . . . ./ . . . . . ., zurückgewiesen hat. Auf die Berufung des Klägers wird das Urteil des Arbeitsgerichts X vom . . . . . ., AZ: . . . . . . Ca . . . . . ./ . . . . . ., abgeändert. Es wird festgestellt (Klagantrag I. Instanz).

2. Die Beklagte trägt die Kosten des Rechtsstreits.

Revisionsbegründung:

Die namens des . . . . . . gegen das Urteil des Landesarbeitsgerichts Y eingelegte Revision ist statthaft . . . . . . Sie ist fristgerecht am . . . . . . eingelegt worden . . . . . . Die Revision richtet sich gegen das Urteil des Landesarbeitsgerichts Y vom . . . . . ., soweit es die Berufung des Klägers gegen das Urteil des Arbeitsgerichts X vom . . . . . . zurückgewiesen hat.

I.

Gegenstand der Revision ist . . . . . .[3]

II.

Die Revision rügt . . . . . .[4]

Rechtsanwalt[5]

Anmerkungen

1. Form. G. III. 2.4 bezieht sich auf die spätere, der Einlegung der Revision nachfolgende Revisionsbegründung (bei einheitlichem Streitgegenstand).

2. Zur Zulässigkeit und den Formalien, zur Statthaftigkeit, Form und Frist der Revision vgl. oben Form. G. III. 1.1 bis 1.6 sowie Form. G. III. 2.1 Anm. 1–19.

3. Vgl. Form. G. III. 1.5.

4. Vgl. Form. G. III. 1.5 a–e.

5. Vgl. Form. G. I. 2.1 Anm. 24.

2.5 Revisionsanträge[1] des Klägers, wenn er in I. und II. Instanz teilweise unterlegen ist und beide Parteien Revision einlegen[2]

a) Bei einheitlichem Sachantrag und Streitgegenstand[3]

An das
Bundesarbeitsgericht

. . . . . ., den . . . . . .

AZ: . . . . . . AZR . . . . . ./. . . . . . BAG
. . . . . . Sa . . . . . ./. . . . . . LAG Y
. . . . . . Ca . . . . . ./. . . . . . ArbG X

In dem Revisionsverfahren
des . . . . . .

– Revisionskläger/Berufungskläger/Kläger –

gegen

. . . . . .

– Revisionsbeklagte/Berufungsbeklagte/Beklagte –

(abgekürztes Rubrum)

wegen . . . . . .

beantragen[3] wir namens und in Vollmacht des Klägers, für Recht zu erkennen:

1. Die Revision der Beklagten gegen das Urteil des Landesarbeitsgerichts Y vom ....., AZ: ...... Sa ...../....., wird zurückgewiesen.
2. Auf die Revision des Klägers wird das Urteil des Landesarbeitsgerichts Y vom ....., AZ: ...... Sa ...../....., aufgehoben, soweit es die Berufung des Klägers gegen das Urteil des Arbeitsgerichts X vom ....., AZ: ...... Ca ...../....., zurückgewiesen hat. Auf die Berufung des Klägers wird das Urteil des Arbeitsgerichts X vom ....., AZ: ...... Ca ...../....., teilweise abgeändert (soweit es die Klage abgewiesen hat) und zur Klarstellung insgesamt wie folgt neu gefasst: Es wird festgestellt, dass ...... (Klagantrag I. Instanz).
3. Die Beklagte trägt die Kosten des Verfahrens.

Revisionsbegründung:

Die namens des Klägers gegen das Urteil des Landesarbeitsgerichts Y eingelegte Revision ist statthaft ...... Sie ist auch fristgerecht am ...... eingelegt worden ...... Die Revision richtet sich ......

I.

Gegenstand der Revision ist ......[3]

II.

Die Revision rügt ......[4]

Rechtsanwalt[5]

Anmerkungen

1. Form. G. III. 2.5a bezieht sich auf die spätere, der Einlegung der Revision nachfolgende Revisionsbegründung (bei einheitlichem Streitgegenstand).

2. Zur Zulässigkeit und den Formalien, zur Statthaftigkeit, Form und Frist der Revision vgl. oben Form. G. III. 1.1. bis 1.6 sowie Form. G. III. 2.1 Anm. 1–19.

3. Bei einem einheitlichen Streitgegenstand wie einer Zahlungsklage, wenn der Kläger z.B. auf Zahlung von EUR 50.000,– klagt, das Arbeitsgericht zur Zahlung von EUR 25.000,– verurteilt und im Übrigen die Klage abweist und das LAG auf Zahlung von insgesamt EUR 40.000,– abändert.

4. Vgl. Form. G. III. 1.5 a–e.

5. Vgl. Form. G. I. 2.1 Anm. 24.

b) bei nicht einheitlichen Sachanträgen und Streitgegenständen[1, 2, 3]

An das
Bundesarbeitsgericht

....., den ......

AZ: ...... AZR ...../...... BAG
      ...... Sa ...../...... LAG Y
      ...... Ca ...../...... ArbG X

In dem Revisionsverfahren
des ......

– Revisionskläger/Berufungskläger/Kläger –

gegen

......

– Revisionsbeklagter/Berufungsbeklagter/Beklagter –

(abgekürztes Rubrum)

wegen ......

beantragen[3] wir namens und in Vollmacht des Klägers, für Recht zu erkennen:

1. Die Revision des Beklagten gegen das (der Herausgabeklage des Klägers stattgebende) Urteil des Landesarbeitsgerichts Y vom ......, AZ: ...... Sa ....../ ......, wird zurückgewiesen.

2. Auf die Revision des Klägers wird das Urteil des Landesarbeitsgerichts Y vom ......, AZ: ...... Sa ....../......, aufgehoben, soweit es auf die Berufung des Beklagten die Klage auf Erteilung eines Zeugnisses abgewiesen hat. Die gegen das (der Zeugnisklage des Klägers stattgebende) Urteil des Arbeitsgerichts X vom ......, AZ: ...... Ca ....../......, gerichtete Berufung des Beklagten wird zurückgewiesen.

3. Der Beklagte trägt die Kosten des Verfahrens.

Revisionsbegründung:

Die namens des Klägers gegen das Urteil des Landesarbeitsgerichts Y eingelegte Revision ist statthaft ...... Sie ist auch fristgerecht am ...... eingelegt worden ...... Die Revision richtet sich ......

I.

Gegenstand der Revision ist ......[3]

II.

Die Revision rügt ......[4]

Rechtsanwalt[5]

Anmerkungen

1. Form. G. III. 2.5 b bezieht sich auf die spätere, der Einlegung der Revision nachfolgende Revisionsbegründung (bei verschiedenen Streitgegenständen).

2. Zur Zulässigkeit und den Formalien, zur Statthaftigkeit, Form und Frist der Revision vgl. oben Form. G. III. 1.1 bis 1.6 sowie Form. G. III. 2.1, Anm. 1–19.

3. Bei verschiedenen Streitgegenständen wie einer (in einem Verfahren zusammengefassten) Zeugnis- und einer Herausgabeklage, wenn z. B. der Kläger auf Zeugniserteilung und auf Herausgabe von Zeichnungen klagt, das Arbeitsgericht zur Erteilung des Zeugnisses verurteilt, die Herausgabeklage aber abweist und das LAG die Zeugnisklage abweist und zur Herausgabe der Zeichnungen verurteilt. Näheres oben Form. G. III. 1.5 a.

4. Vgl. Form. G. III. 1.5 a–e.

5. Vgl. Form. G. I. 2.1 Anm. 24.

2.6 Revisionsanträge der Beklagten, wenn sie in beiden Vorinstanzen unterlegen ist

a) Revisionsanträge,[1] wenn die Beklagte in I. Instanz teilweise, in II. Instanz voll unterlegen ist[2]

An das
Bundesarbeitsgericht

......, den ......

AZ: ...... AZR ....../...... BAG
       ...... Sa ....../...... LAG Y
       ...... Ca ....../...... ArbG X

In dem Revisionsverfahren
der ......

– Revisionsklägerin/Berufungsklägerin/Beklagte –

gegen

......

– Revisionsbeklagte/Berufungsbeklagte/Klägerin –

(abgekürztes Rubrum)

wegen ......

beantragen wir[3] namens und in Vollmacht der Beklagten, für Recht zu erkennen:

1. Das Urteil des Landesarbeitsgerichts Y vom ......, AZ: ...... Sa ....../
...... , wird aufgehoben. Auf die Berufung der Beklagten wird das Urteil des
Arbeitsgerichts X vom ......, AZ: ...... Ca ....../......, teilweise abgeändert (soweit es der Klage stattgegeben hat). Die Klage wird insgesamt abgewiesen.

2. Die Klägerin trägt die Kosten des Rechtsstreits.

Revisionsbegründung:

Die namens des ...... gegen das Urteil des Landesarbeitsgerichts Y eingelegte Revision ist statthaft ...... Sie ist am ...... fristgerecht eingelegt worden ......
Die Revision richtet sich ......

I.

Gegenstand der Revision ist ......[4]

II.

Die Revision rügt ......[5]

Rechtsanwalt[6]

Anmerkungen

1. Form. G. III. 2.6a bezieht sich auf die spätere, der Einlegung der Revision nachfolgende Revisionsbegründung (bei einheitlichem Streitgegenstand).

2. Zur Zulässigkeit und den Formalien, zur Statthaftigkeit, Form und Frist der Revision vgl. oben Form. G. III. 1.1 bis 1.6 sowie Form. G. III. 2.1 Anm. 1–19.

3. Bei verschiedenen Streitgegenständen ist auf die Besonderheiten bei der Antragstellung zu achten, wenn die I. Instanz bei einem Streitgegenstand der Klage stattgegeben, bei dem anderen die Klage abgewiesen und die II. Instanz z.B. umgekehrt entschieden hat. Vgl. auch oben Form. G. III. 2.5a Anm. 3a und 2.5b Anm. 3b.

4. Vgl. Form. G. III. 1.5.

5. Vgl. Form. G. III. 1.5 a–e.

6. Vgl. Form. G. I. 2.1., Anm. 24.

b) Revisionsanträge,[1] wenn die Beklagte in I. Instanz voll unterlegen ist, in II. Instanz aber teilweise obsiegte[2]

An das
Bundesarbeitsgericht

. . . . . ., den . . . . . .

AZ: . . . . . . AZR . . . . . ./. . . . . . BAG
. . . . . . Sa . . . . . ./. . . . . . LAG Y
. . . . . . Ca . . . . . ./. . . . . . ArbG X

In dem Revisionsverfahren
der . . . . . .

– Revisionsklägerin/Berufungsklägerin/Beklagte –

gegen

. . . . . .

– Revisionsbeklagte/Berufungsbeklagte/Klägerin –

(abgekürztes Rubrum)

wegen . . . . . .

beantragen wir namens und in Vollmacht der Beklagten, für Recht zu erkennen:
1. Das Urteil des Landesarbeitsgerichts Y vom . . . . . ., AZ: . . . . . . Sa . . . . . ./ . . . . . ., wird aufgehoben, soweit es die Berufung der Beklagten gegen das Urteil des Arbeitsgerichts X vom . . . . . ., AZ: . . . . . . Ca . . . . . ./. . . . . ., zurückgewiesen hat. Auf die Berufung der Beklagten wird das Urteil des Arbeitsgerichts X vom . . . . . ., AZ: . . . . . . Ca . . . . . ./. . . . . ., abgeändert und die Klage insgesamt abgewiesen.
2. Die Klägerin trägt die Kosten des Verfahrens.

Revisionsbegründung:

Die namens des . . . . . . gegen das Urteil des Landesarbeitsgerichts Y eingelegte Revision ist statthaft . . . . . . Sie ist auch fristgerecht am . . . . . . eingelegt worden . . . . . . Die Revision richtet sich . . . . . .

I.

Gegenstand der Revision ist . . . . . .[3]

II.

Die Revision rügt . . . . . .[4]

Rechtsanwalt[5]

Anmerkungen

1. Form. G. III. 2.6 b bezieht sich auf die spätere, der Einlegung der Revision nachfolgende Revisionsbegründung (bei einheitlichem Streitgegenstand).

2. Zur Zulässigkeit und den Formalien, zur Statthaftigkeit, Form und Frist der Revision vgl. oben Form. G. III. 1.1 bis 1.6 sowie Form. G. III. 2.1 Anm. 1–19.

3. Vgl. Form. G. III. 1.5.

4. Vgl. Form. G. III. 1.5 a–e.

5. Vgl. Form. G. I. 2.1 Anm. 24

c) Revisionsanträge,[1] wenn die Beklagte in I. und II. Instanz teilweise unterlegen ist und beide Parteien Revision einlegen[2]

An das
Bundesarbeitsgericht

.....,den ......

AZ: ...... AZR ...... /...... BAG
   ...... Sa ...... /...... LAG Y
   ...... Ca ...... /...... ArbG X

In dem Revisionsverfahren
der ......

– Revisionsklägerin/Berufungsklägerin/Beklagte –

gegen

......

– Revisionsbeklagter/Berufungsbeklagter/Kläger –

(abgekürztes Rubrum)

wegen ......

beantragen wir namens und in Vollmacht der Beklagten, für Recht zu erkennen:

1. Die Revision des Klägers gegen das Urteil des Landesarbeitsgerichts Y vom ......, AZ: ...... Sa ...... /....., wird zurückgewiesen.

2. Auf die Revision der Beklagten wird das Urteil des Landesarbeitsgerichts Y vom ......, AZ: ...... Sa ...... /....., aufgehoben, soweit es die Berufung der Beklagten gegen das Urteil des Arbeitsgerichts X vom ......, AZ: ...... Ca ...... /....., zurückgewiesen hat. Auf die Berufung der Beklagten wird das Urteil des Arbeitsgerichts X vom ......, AZ: ...... Ca ...... /....., abgeändert und die Klage insgesamt abgewiesen.

3. Der Kläger trägt die Kosten des Verfahrens.

Revisionsbegründung:

Die namens des ...... gegen das Urteil des Landesarbeitsgerichts Y eingelegte Revision ist statthaft ...... Sie ist auch fristgerecht am ...... eingelegt worden ......

I.

Gegenstand der Revision ist ......[3]

II.

Die Revision rügt ......[4]

Rechtsanwalt[5]

Anmerkungen

1. Form. G. III. 2.6 c bezieht sich auf die spätere, der Einlegung der Revision nachfolgende Revisionsbegründung (bei einheitlichem Streitgegenstand).

2. Zur Zulässigkeit und den Formalien, zur Statthaftigkeit, Form und Frist der Revision vgl. oben Form. G. III. 1.1 bis 1.6 sowie Form. G. III. 2.1 Anm. 1–19.

3. Vgl. Form. G. III. 1.5.

4. Vgl. Form. G. III. 1.5 a–e.

5. Vgl. Form. G. I. 2.1 Anm. 24.

2.7 Beschränkter Revisionsantrag[1] des in I. und II. Instanz unterlegenen Klägers

(der z. B. auf Zahlung rückständigen Gehalts und gegen eine ihm erteilte Abmahnung klagte, mit der Revision aber nur noch seinen Zahlungsanspruch weiterverfolgt)[2]

An das
Bundesarbeitsgericht

......, den ......

AZ: ...... AZR ....../...... BAG
...... Sa ....../...... LAG Y
...... Ca ....../...... ArbG X

In dem Revisionsverfahren
des ......

– Revisionskläger/Berufungskläger/Kläger –

gegen

......

– Revisionsbeklagte/Berufungsbeklagte/Beklagte –

(abgekürztes Rubrum)

wegen ......

beantragen wir namens und in Vollmacht des Klägers, für Recht zu erkennen:

1. Das Urteil des Landesarbeitsgerichts Y vom ......, AZ: ...... Sa ....../ ......, wird aufgehoben, soweit es die Berufung des Klägers gegen das seine Zahlungsklage abweisende Urteil des Arbeitsgerichts X vom ......, AZ: ...... Ca ....../......, zurückgewiesen hat. Auf die Berufung des Klägers wird das Urteil des Arbeitsgerichts X vom ......, AZ: ...... Ca ....../......, teilweise abgeändert. Die Beklagte wird verurteilt, ... (es folgt der auf die Zahlung gerichtete Klagantrag I. Instanz).

2. Die Beklagte trägt die Kosten des Verfahrens.

Revisionsbegründung:

Die namens des . . . . . . gegen das Urteil des Landesarbeitsgerichts Y eingelegte Revision ist statthaft . . . . . . Sie ist auch fristgerecht am . . . . . . eingelegt worden . . . . . . Die Revision richtet sich . . . . . .

I.

Gegenstand der Revision ist nur der Teil des Streitgegenstandes . . . . . .[3]

II.

Die Revision rügt . . . . . .[4]

Rechtsanwalt[5]

Anmerkungen

1. Form. G. III. 1.7 bezieht sich auf die spätere, der Einlegung der Revision nachfolgende Revisionsbegründung (bei verschiedenen Streitgegenständen).

2. Zur Zulässigkeit und den Formalien, zur Statthaftigkeit, Form und Frist der Revision vgl. oben Form. G. III. 1.1 bis 1.6 sowie Form. G. III. 2.1 Anm. 1–19.

3. Vgl. Form. G. III. 1.5.

4. Vgl. Form. G. III. 1.5 a–e.

5. Vgl. Form. G. I. 2.1 Anm. 24.

2.8 Beschränkter Revisionsantrag des in I. Instanz obsiegenden und in II. Instanz unterlegenen Beklagten[1]

(der z. B. auf Herausgabe eines Computers und eines Kraftfahrzeugs verklagt wurde, sich jetzt aber nur noch gegen die Herausgabe des Kraftfahrzeugs wenden will)

An das
Bundesarbeitsgericht

AZ: . . . . . . AZR . . . . . ./. . . . . . BAG
. . . . . . Sa . . . . . ./. . . . . . LAG Y
. . . . . . Ca . . . . . ./. . . . . . ArbG X

In dem Revisionsverfahren[2]
des . . . . . .

– Revisionskläger/Berufungsbeklagter/Beklagter –

gegen

. . . . . .

– Revisionsbeklagte/Berufungsklägerin/Klägerin –

(abgekürztes Rubrum)

wegen . . . . . .

beantragen wir namens und in Vollmacht des Beklagten für Recht zu erkennen:

Kasper   767

1. Das Urteil des Landesarbeitsgerichts Y vom . . . . . ., AZ: . . . . . . Sa . . . . . ./
. . . . . ., wird aufgehoben, soweit es auf die Berufung der Klägerin das Urteil des
Arbeitsgerichts X vom . . . . . ., AZ: . . . . . . Ca . . . . . ./ . . . . . ., abgeändert und
den Beklagten zur Herausgabe des Kraftfahrzeugs der Marke . . . . . ., polizeiliches
Kennzeichen: . . . . . . verurteilt hat. Die Berufung der Klägerin gegen das die
Klage auf Herausgabe des Kraftfahrzeugs abweisende Urteil des Arbeitsgerichts X vom . . . . . ., AZ: . . . . . . Ca . . . . . ./ . . . . . ., wird zurückgewiesen.
2. Die Klägerin trägt die Kosten des Verfahrens.

Revisionsbegründung:

Die namens des . . . . . . gegen das Urteil des Landesarbeitsgerichts Y eingelegte Revision ist statthaft . . . . . . Sie ist auch fristgerecht am . . . . . . eingelegt worden
. . . . . . Die Revision richtet sich . . . . . .

I.

Die Revision der Beklagten beschränkt sich auf den Teil des Streitgegenstandes . . . . . .[3]

II.

Die Revision rügt . . . . . .[4]

Rechtsanwalt[5]

Anmerkungen

1. Form. G. III. 2.8 bezieht sich auf die spätere, der Einlegung der Revision nachfolgende Revisionsbegründung (bei verschiedenen Streitgegenständen).

2. Zur Zulässigkeit und den Formalien, zur Statthaftigkeit, Form und Frist der Revision vgl. oben Form. G. III. 1.1 bis 1.6 sowie Form. G. III. 2.1 Anm. 1–19.

3. Vgl. Form. G. III. 1.5.

4. Vgl. Form. G. III. 1.5 a–e.

5. Vgl. Form. G. I. 2.1 Anm. 24.

2.9 Revisionsanträge, wenn sich (in Fällen der subjektiven Klaghäufung) die Revision nicht gegen alle in II. Instanz obsiegenden Gegenparteien (Kläger/Beklagte) richtet[1]

a) Einlegung der Revision[2]

An das
Bundesarbeitsgericht

......, den ......

AZ: ...... AZR ....../...... BAG
      ...... Sa ....../...... LAG Y
      ...... Ca ....../...... ArbG X

In dem Revisionsverfahren
des ...... (Vorname, Zuname, Anschrift)

      – Revisionskläger/Berufungskläger/Kläger –

gegen

Fa. ...... GmbH ...... (vollständige Anschrift, gesetzlich vertreten durch ihre Geschäftsführer ......)

      – Revisionsbeklagte/Berufungsbeklagte Ziff. 2/
      Beklagte Ziff. 2 –

(vollständiges Rubrum)

wegen ......

legen wir namens und in Vollmacht des Klägers gegen das Urteil des Landesarbeitsgerichts Y vom ......, AZ: ...... Sa ....../......, dem Kläger zugestellt am ......, das Rechtsmittel der

Revision

ein. Die Revision beschränkt sich auf die Anfechtung des Urteils des Landesarbeitsgerichts Y vom ......, soweit es die Berufungsbeklagte Ziff. 2/Beklagte Ziff. 2, nämlich die Fa. XY GmbH, und die von ihr gegen das Urteil des Arbeitsgerichts X vom ...... Az: ...... Ca ....../...... eingelegte und vom Landesarbeitsgericht zurückgewiesene Berufung betrifft. Nicht angefochten wird von der Revision des Klägers das Urteil des Landesarbeitsgerichts Y vom ...... in Bezug auf die Berufungsbeklagte Ziff. 1/Beklagte Ziff. 1 – Firma AB –, die Komplementärgesellschaft der Beklagten Ziff. 2. Das Arbeitsgericht X hat die gegen die Beklagte Ziff. 2 erhobene Klage abgewiesen. Da diese aber mittellos ist, will der Kläger seine Ansprüche nur noch gegen die Beklagte Ziff. 2 weiterverfolgen.
Eine Kopie des Urteils des Landesarbeitsgerichts Y vom ......, AZ: ...... Sa ....../......, fügen wir bei.
Revisionsanträge und die Revisionsbegründung bleiben einem besonderen Schriftsatz vorbehalten.

      Rechtsanwalt[3]

Anmerkungen

1. Zur Vermeidung von Kostennachteilen ist hier, wie schon bei der Einlegung der Berufung, bereits in der Revisionsschrift klarzustellen, dass sich die Revision nicht gegen alle bisherigen Gegenparteien (Beklagten), sondern nur noch gegen einzelne der bisherigen Prozessgegner richtet, hier gegen die Beklagte Ziff. 2.

2. Zur Zulässigkeit und den Formalien, zur Statthaftigkeit, Form und Frist der Revision vgl. oben Form. G. III. 1.1 bis 1.6 sowie Form. G. III. 2.1 Anm. 1–19.

3. Vgl. Form. G. I. 1.1 Anm. 24.

b) Revisionsanträge und Revisionsbegründung[1]

An das
Bundesarbeitsgericht

......, den ......

AZ: ...... AZR ....../...... BAG
...... Sa ....../...... LAG Y
...... Ca ....../...... ArbG X

In dem Revisionsverfahren[2]
des ......

– Revisionskläger/Berufungskläger/Kläger –

gegen

......

– Revisionsbeklagte/Berufungsbeklagte Ziff. 2/
Beklagte Ziff. 2 –

(abgekürztes Rubrum)

...... beantragen wir, für Recht zu erkennen:

1. Das Urteil des Landesarbeitsgerichts Y vom ......, AZ: ...... Sa ....../
......, wird insoweit aufgehoben, als es die Berufung des Klägers gegen das Urteil des Arbeitgerichts X vom ...... in dem gegen die Beklagte Ziff. 2 gerichteten Klage- und Berufungsverfahren zurückgewiesen hat. Auf die Berufung des Klägers wird das Urteil des Arbeitsgerichts X vom ......, AZ: ...... Ca ....../...... abgeändert und die Beklagte Ziff. 2 verurteilt, ... (entsprechend dem gegen die Beklagte Ziff. 2 gerichteten Klagantrag I. Instanz).

2. Die Revisionsbeklagte trägt die Kosten des Verfahrens.

Revisionsbegründung:

Die namens des ...... gegen das Urteil des Landesarbeitsgerichts Y eingelegte Revision ist statthaft ...... Sie ist auch fristgerecht am ...... eingelegt worden ...... Die Revision richtet sich ......

I.

Gegenstand der Revision ist ......[3]

II.

Die Revision rügt ......[4]

Rechtsanwalt[5]

Anmerkungen

1. Form. G. III. 2.9 b bezieht sich auf die spätere, der Einlegung der Revision nachfolgende Revisionsbegründung. Vgl. hierzu Form. G. III. 2.9 a.

2. Zur Zulässigkeit und den Formalien, zur Statthaftigkeit, Form und Frist der Revision vgl. oben Form. G. III. 1.1 bis 1.6 sowie Form. G. III. 2.1 Anm. 1–19.

3. Vgl. Form. G. III. 1.5.

4. Vgl. Form. G. III. 1.5 a–e.

5. Vgl. Form. G. I. 2.1 Anm. 24.

3. Abwehr der Revision durch die Revisionsbeklagte

3.1 Gegenanträge der Revisionsbeklagten und die Revisionserwiderung[1]

An das
Bundesarbeitsgericht

......, den ......

AZ: ...... AZR ...... / ...... BAG
     ...... Sa ...... / ...... LAG Y
     ...... Ca ...... / ...... ArbG X

In dem Revisionsverfahren[2]
des ......

     – Revisionskläger/Berufungskläger/Kläger –

     gegen

......

     – Revisionsbeklagte/Berufungsbeklagte/Beklagte –

(abgekürztes Rubrum)

beantragen wir namens und in Vollmacht der Beklagten, für Recht zu erkennen:
Die Revision des Klägers gegen das Urteil des Landesarbeitsgerichts Y vom ......,
AZ: ...... Sa ...... / ......, wird kostenpflichtig zurückgewiesen.

Begründung:

Die Angriffe der Revision können das Urteil des Landesarbeitsgerichts Y vom ......, AZ: ...... Sa ...... / ......, nicht erschüttern. Urteilsergebnis und Urteilserwägungen des Landesarbeitsgerichts sind frei von Rechtsfehlern. Die von der Revision erhobene Rüge der Verletzung materiellen Rechts ist ebenso unbegründet wie ihre Verfahrensrüge:

I.

(Es folgt die Auseinandersetzung mit der von der Revision gerügten Verletzung materiellen Rechts.)[3]

Kasper   771

II.

(Es folgt die Auseinandersetzung mit der von der Revision erhobenen Verfahrensrüge.)[4]

Rechtsanwalt[5]

Anmerkungen

1. Der Revisionsbeklagte ist prozessual zu einer Revisionserwiderung nicht verpflichtet. Die Revisionserwiderung ist aber prozessual zweckdienlich, wenn der Revisionsbeklagte den Erfolg der Revision verhindern möchte.

2. Vgl. zum Revisionsverfahren im einzelnen Form. G. III. 2.1 und die Anmerkungen dort.

3. Vgl. zu der materiellen Rüge Form. G. III. 2.1 Anm. 14, 15.

4. Vgl. zur Verfahrensrüge Form. G. III. 2.1 Anm. 16, 17, 18.

5. Vgl. Form. G. I. 2.1 Anm. 24.

3.2 Anschlussrevision[1]

An das
Bundesarbeitsgericht

. . . . . ., den . . . . . .

AZ: . . . . . . AZR . . . . . ./ . . . . . . BAG
 . . . . . . Sa . . . . . ./ . . . . . . LAG Y
 . . . . . . Ca . . . . . ./ . . . . . . ArbG X

Anschlussrevision[2]

In der Revisionssache
des . . . . . .

– Revisionskläger/Berufungskläger/Beklagter –

gegen

. . . . . .

– Revisionsbeklagter und Revisionsanschlusskläger/
Berufungsbeklagter/Kläger –

(abgekürztes Rubrum)[3]

legen wir namens des Revisionsbeklagten/Klägers gegen das am . . . . . . zugestellte Urteil des Landesarbeitsgerichts Y vom . . . . . ., AZ: . . . . . . Sa . . . . . ./ . . . . . ., Anschlussrevision ein. Die Revisionsbegründungsschrift des Beklagten ist dem Prozessbevollmächtigten des Klägers am . . . zugestellt worden. Der Kläger schließt sich der Revision des Beklagten gegen das Urteil des Landesarbeitsgerichts Y vom . . . . . ., AZ: . . . . . . Sa . . . . . ./ . . . . . ., an.[4] Namens des Klägers/Revisionsbeklagten beantragen wir, für Recht zu erkennen:[5]

1. Die Revision des Beklagten gegen das Urteil des Landesarbeitsgerichts Y vom . . . . . ., AZ: . . . . . . Sa . . . . . ./ . . . . . ., wird zurückgewiesen.

2. Auf die Anschlussrevision des Klägers wird das Urteil des Landesarbeitsgerichts Y vom . . . . . , AZ: . . . . . . Sa . . . . . ./. . . . . ., aufgehoben, soweit es die Berufung des Klägers gegen das Urteil des Arbeitsgerichts X vom . . . . . ., AZ: . . . . . . Ca . . . . . ./. . . . . ., zurückgewiesen und auf die Berufung des Beklagten das Urteil des Arbeitsgerichts X vom . . . . . ., AZ: . . . . . . Ca . . . . . ./. . . . . ., abgeändert hat. Der Beklagte wird verurteilt, ... (es folgt der Klagantrag des Klägers in I. Instanz).

Anschlussrevisionsbegründung:[6]

Die Anschlussrevision ist statthaft . . . . . .[7] Sie wird mit dem vorliegenden Schriftsatz fristgerecht eingelegt und begründet.[8] Die Anschlussrevision des Klägers wendet sich gegen das Urteil des Landesarbeitsgerichts Y vom . . . . . ., soweit es die Berufung des Klägers zurückgewiesen und der Berufung des Beklagten stattgegeben hat.

I.

(Gegenstand der Revision)
Das Arbeitsgericht hat der Klage zu Unrecht nur hinsichtlich des Teilbetrages in Höhe von EUR . . . . . . stattgegeben, wegen des übrigen Betrags in Höhe von EUR . . . . . . aber die Klage abgewiesen. Die vom Kläger hiergegen eingelegte Berufung wurde vom Landesarbeitsgericht Y durch Urteil vom . . . . . ., AZ: . . . . . . Sa . . . . . ./. . . . . ., zurückgewiesen. Mit der Anschlussrevision verfolgt der Kläger seine Klage weiter, soweit sie beim Landesarbeitsgericht und Arbeitsgericht erfolglos geblieben ist. Deren Teilabweisung erfolgte zu Unrecht. Insoweit ist das Urteil des Landesarbeitsgerichts aufzuheben und das Urteil des Arbeitsgerichts abzuändern. Soweit hingegen Landesarbeitsgericht und Arbeitsgericht der Klage stattgegeben haben, ist ihre Entscheidung frei von Rechtsfehlern. Die Revision des Beklagten gegen das Urteil des Landesarbeitsgerichts ist daher zurückzuweisen . . . . . .

II.

(Es folgt a) die Auseinandersetzung des Revisionsbeklagten/Klägers mit den Urteilen des Landesarbeitsgerichts und des Arbeitsgerichts, soweit sie die Klage für unbegründet hielten, und b) mit den Angriffen der Revision auf diese Urteile, soweit sie der Klage stattgegeben haben)

Rechtsanwalt[9]

Anmerkungen

1. Mit der **Anschlussrevision** kann sich der Revisionsbeklagte **bis zum Ablauf eines Monats nach Zustellung der Revisionsbegründungschrift** der Revision anschließen (§ 72 Abs. 5 ArbGG i. V. m. § 554 ZPO), selbst wenn er auf die Revision verzichtet hat (§ 554 Abs. 2 S. 1 ZPO). **Die Einlegung der Anschlussrevision, die Anschließung** und **die Begründung** erfolgt durch die **Anschlussrevisionsschrift.** Diese muss **innerhalb der Anschließungsfrist beim Bundesarbeitsgericht eingehen.** Die Anschlussrevision kann innerhalb der Anschließungsfrist auch in einem gesonderten Schriftsatz begründet werden (*Germelmann/Matthes/Prütting/Müller-Glöge* § 74 Rn. 59). Ist die Revision selbst nur beschränkt zugelassen worden, so kann sich auch die Anschlussrevision nur auf den Teil beziehen, für den die Revision zugelassen worden ist (BAG 21. 10. 1982, AP-Nr. 14 zu Art. 140 GG = NJW 1984, 826 = BB 1983, 2052 = Betr 1983, 2778). Nach §§ 554

Abs. 4 ZPO verliert die Anschlussrevision ihre Wirkung, wenn die Revision zurückgenommen oder als unzulässig verworfen wird. Gleiches gilt bei einem Verzicht auf die Revision (Hauck § 74 Rn. 29).

2. Form. G. III. 3.2 stellt eine **unselbstständige Anschlussrevision** dar. Die neben der unselbstständigen Anschlussrevision bis zum ZPO-RG gesetzlich vorgesehene **selbstständige Anschlussrevision** wird vom Gesetz nicht mehr ausdrücklich geregelt; soweit eine Prozesspartei in der Berufungsinstanz unterlegen ist, kann sie aber weiterhin unter den Voraussetzungen der §§ 72, 74 ArbGG innerhalb der für sie laufenden Revisionsfrist unabhängig von der Gegenpartei selbstständige **Revision** einlegen, soweit ihre Beschwer reicht. Für die **Hauptrevision** gelten die allgemeinen Zulässigkeits-, Frist- und Formanforderungen der §§ 72 ff. ArbGG (vgl. oben G. III. 1.1–1.5).

3. Zu beachten sind aber auch bei der **Anschlussrevision** die für die Einlegung und Begründung der Revision maßgeblichen Frist- und Formanforderungen (vgl. §§ 554, 549, 551 Abs. 3 ZPO); s. auch Form. G. III. 1.1–1.5 sowie die entsprechenden Hinweise für das Anschlussberufungsverfahren (oben Form. G. I. 3.2).

4. **Die Anschlussrevision muss erklären, dass sich der Anschlussrevisionskläger der Revision des Gegners anschließt** (§§ 554 Abs. 1, 549 Abs. 1 Nr. 2 ZPO).

5. Auch der Revisionsanschlusskläger muss **Revisionsanträge** stellen (§§ 554 Abs. 3 S. 2, 551 Abs. 3 Nr. 1 ZPO).

6. Vgl. Form. G. III. 1.5.

7. Vgl. § 554. Die Anschlussrevision setzt, anders als die Anschlussberufung (oben G. I. 3.2, Anm. 1), eine **Beschwer** des Rechtsmittelklägers durch das Berufungsurteil voraus, weil ein Rechtsmittel unzulässig ist, wenn mit ihm keine Abhilfe gegen eine Beschwer des vorinstanzlichen Urteils gesucht wird (so zur Anschlussrevision BAG 26. 1. 1995, EzA Nr. 155 zu § 626 BGB n. F. (mwN)). Zum Begriff der Beschwer vgl. oben G. I. 1.1g.

8. Der Revisionsbeklagte kann sich gem. § 554 Abs. 2 S. 2 ZPO **bis zum Ablauf eines Monats** nach Zustellung der Revision anschließen. Bei Versäumung der **Anschlussfrist**, die nicht als Notfrist gilt (§§ 233, 224 ZPO), ist die Wiedereinsetzung in den vorigen Stand unzulässig. Wird hingegen die Frist zur Begründung der Anschlussrevision innerhalb der Monatsfrist unverschuldet versäumt, kann Wiedereinsetzung gewährt werden (*Germelmann/Matthes/Prütting/Müller-Glöge* § 74 Rn. 59 mwN).

9. Vgl. Form. G. I. 2.1 Anm. 24.

IV. Revisionsbeschwerde wegen der Verwerfung der Berufung (§§ 77 ArbGG, 522 Abs. 1 S. 3 und 4 ZPO)[1]

An das
Bundesarbeitsgericht[2]

...... , den ......

AZ: ...... Sa ...... / ...... LAG Y
...... Ca ...... / ...... ArbG X

Revisionsbeschwerde[3]

in Sachen
des ......

– Revisionsbeschwerdeführers/Berufungskläger/Kläger –

gegen

......

– Revisionsbeschwerdegegnerin/Berufungsbeklagte/Beklagte –.
(vollständiges Rubrum)[4]

wegen ......

Namens und in Vollmacht des Berufungsklägers/Klägers legen wir gegen den Beschluss des Landesarbeitsgerichts Y vom ...... , AZ: ...... Sa ...... / ...... , den Prozessbevollmächtigten des Klägers zugestellt am ...... ,

Revisionsbeschwerde

ein. Eine Kopie des angefochtenen Beschlusses des Landesarbeitsgerichts Y vom ...... fügen wir bei. Wir beantragen,[5] für Recht zu erkennen:
1. Auf die Revisionsbeschwerde des Klägers wird der Beschluss des Landesarbeitsgerichts Y vom ...... , AZ: ...... Sa ...... / ...... , aufgehoben.
2. Die Beklagte trägt die Kosten des Verfahrens.

Revisionsbeschwerdebegründung:[6]

Das Landesarbeitsgericht Y hat die Berufung des ...... gegen das Urteil des Arbeitsgerichts X vom ...... , AZ: ...... Ca ...... / ...... , durch Beschluss vom ...... als unzulässig verworfen, weil sie nicht fristgemäß eingelegt/nicht fristgemäß begründet worden sei. Die gegen diesen Beschluss gerichtete Revisionsbeschwerde (Rechtsbeschwerde gem. § 77 ArbGG) ist statthaft. Das Landesarbeitsgericht Y hat die Revisionsbeschwerde gem. § 77 Satz 1 ArbGG zugelassen.[7] Die Beschwerde wird auch fristgerecht, nämlich am ...... eingelegt.[8]

I.

Die Parteien streiten über ...... Der Kläger hat beim Arbeitsgericht X beantragt, die Beklagte zu verurteilen, ... Das Arbeitsgericht wies die Klage ab. Das Urteil ist dem Kläger am ...... zugestellt worden. Der Kläger hat am ...... beim Landesarbeitsgericht Y Berufung gegen das Urteil des Arbeitsgerichts X vom ......

eingelegt und diese Berufung am . . . . . . begründet. Mit Schriftsatz vom . . . . . .
beantragte der Kläger die Wiedereinsetzung in den vorigen Stand wegen Versäumung der Berufungsfrist/Berufungsbegründungsfrist. Zur Begründung dieses Antrags machte der Kläger glaubhaft, dass . . . . . . Durch seinen Beschluss vom
. . . . . . hat das Landesarbeitsgericht die Berufung des Klägers als unzulässig verworfen.

II.

Die Revisionsbeschwerde ist begründet. Der Beschluss des Landesarbeitsgerichtes Y
vom . . . . . . ist unrichtig. Das Landesarbeitsgericht durfte die Berufung nicht verwerfen. Dem Kläger war Wiedereinsetzung in den vorigen Stand zu gewähren, so
dass die Frist für die Einlegung der Berufung/die Begründung der Berufung als gewahrt gilt . . . . . .

III.

(Es folgt die Darstellung, warum das Landesarbeitsgericht bei zutreffender Sach-
verhaltswürdigung dem Wiedereinsetzungsantrag hätte stattgeben müssen und warum seine Verwerfungsentscheidung als rechtsfehlerhaft erscheint.)

Rechtsanwalt[9]

Anmerkungen

1. Gegen den Beschluss des Landesarbeitsgerichts, der die Berufung als unzulässig
verwirft, findet die **Revisionsbeschwerde als Rechtsbeschwerde** nur statt, wenn das Landesarbeitsgericht sie in dem Beschluss zugelassen hat (§ 77 S. 1 ArbGG (abweichend von
§ 522 Abs. 1 S. 4 ZPO)). In Arrest- und einstweiligen Verfügungsverfahren kann sie
nicht zugelassen werden (*Germelmann/Matthes/Prütting/Müller-Glöge* § 77 Rn. 4). Für
das Revisionsbeschwerdeverfahren gelten die Vorschriften der §§ 574 ff. ZPO. Zu den
prozessualen Formalien vgl. auch Form. G. III. 1.1–1.5.

2. Die Revisionsbeschwerde kann als Rechtsbeschwerde **nur beim Bundesarbeitsge-
richt** eingelegt werden (§ 575 Abs. 1 S. 1 ZPO, § 77 S. 3 ArbGG). Sie unterliegt dem
Vertretungszwang. Das Landesarbeitsgericht kann der Beschwerde nicht abhelfen (§ 577
Abs. 2 ZPO).

3. Vgl. § 77 ArbGG. Erfolgt die Verwerfung der Berufung nicht durch Beschluss,
sondern durch Urteil, so ist unter den Voraussetzungen des § 72 ArbGG das Rechtsmittel der Revision gegeben.

4. Vgl. Form. G. I. 2.1 und dort Anm. 3, 5, 6, 7.

5. Hebt das Revisionsgericht den Verwerfungsbeschluss auf, so ist das Landesarbeitsgericht an diese Entscheidung gebunden. Es hat dann in der Sache selbst zu entscheiden
(§ 577 Abs. 4 S. 4 ZPO). Nur in Ausnahmefällen wird das Revisionsgericht die Revi-
sionsbeschwerdesache zur erneuten Entscheidung über die Zulässigkeit der Berufung zurückverweisen (*Germelmann/Matthes/Prütting/Müller-Glöge* § 77 Rn. 16).

6. Die Revisionsbeschwerde ist innerhalb der **Beschwerdefrist** (vgl. unten Anm. 8)
gemäß § 575 Abs. 2 und 3 ZPO zu **begründen.** Die Anforderungen an die Begründung
selbst regelt § 575 Abs. 3 Nr. 1, 2 und 3 ZPO im Einzelnen.

7. Das Landesarbeitsgericht soll die Revisionsbeschwerde zulassen wegen Divergenz
oder grundsätzlicher Bedeutung der Rechtssache (vgl. *Germelmann/Matthes/Prütting/
Müller-Glöge*, aaO, § 77 Rn. 7).

8. Die **Beschwerdefrist beträgt** gemäß § 575 Abs. 1 ZPO **ein Monat,** gerechnet von der Zustellung des Verwerfungsbeschlusses an. Sie ist eine Notfrist. Gegen ihre Versäumung kann die Wiedereinsetzung in den vorigen Stand beantragt werden. Gewahrt ist die Frist nur, wenn die Beschwerde rechtzeitig beim Bundesarbeitsgericht eingegangen ist.

9. Vgl. Form. G. I. 2.1 Anm. 24.

V. Die Nichtzulassungsbeschwerde (wenn vom Landesarbeitsgericht die Revision nicht zugelassen worden ist)

1. Die Einlegung und Begründung der Nichtzulassungsbeschwerde

1.1 Die Einlegung der Nichtzulassungsbeschwerde[1]

An das
Bundesarbeitsgericht[2]

AZ: . . . . . . Sa . . . . . ./. . . . . . LAG Y
. . . . . . Ca . . . . . ./. . . . . . ArbG X

In der Nichtzulassungsbeschwerdesache[3]
des . . . . . .

– Nichtzulassungsbeschwerdeführer/Berufungsbeklagter/Kläger –

gegen

. . . . . .

– Nichtzulassungsbeschwerdegegnerin/Berufungsklägerin/Beklagte –
(vollständiges Rubrum)[4]

legen wir namens des Klägers gegen das Urteil des Landesarbeitsgerichts Y vom . . . . . ., AZ: . . . . . . Sa . . . . . ./. . . . . ., dem Kläger zugestellt am . . . . . .,

Nichtzulassungsbeschwerde[5]

ein.[6] Eine Kopie des Urteils des Landesarbeitsgerichts Y vom . . . . . ., AZ: . . . . . . Sa . . . . . ./. . . . . ., fügen wir bei.[7]
Das Landesarbeitsgericht Y hat in seinem Urteil vom . . . . . . die Revision gegen das Urteil nicht zugelassen.[8] Namens des Klägers beantragen wir, für Recht zu erkennen:
Die Revision gegen das Urteil des Landesarbeitsgerichts Y vom . . . . . ., AZ: . . . . . . Sa . . . . . ./. . . . . ., wird zugelassen.
Die Begründung der Nichtzulassungsbeschwerde bleibt einem besonderen Schriftsatz vorbehalten.

Rechtsanwalt[9]

Anmerkungen

1. Die Nichtzulassung der Revision durch das Landesarbeitsgericht kann gem. § 72 a Abs. 1 ArbGG selbstständig durch Beschwerde angefochten werden. Über die Nichtzulassungsbeschwerde braucht das Landesarbeitsgericht in seinem Urteil nicht förmlich zu belehren, da die Nichtzulassungsbeschwerde kein Rechtsmittel darstellt (BAG 1. 4. 1980, AP-Nr. 5 zu § 72 a ArbGG 1979 = NJW 1980, 2599 = BAGE 33, 79 = RdA 1980, 239). Vor Anrufung des Verfassungsgerichts sollte der Beschwerdeführer die Nichtzulassungsbeschwerde beim BAG auch dann einlegen, wenn die Erfolgsaussicht ungewiss ist, solange ein Erfolg nicht von vornherein aussichtslos erscheint (Bbg. VerfG 17. 9. 1998, NZA 1998, 1300).

2. Vgl. Form. G. III. 1.3.

3. Das BAG verlangt, dass eine formgültige Nichtzulassungsbeschwerde erkennen lässt, wer Beschwerdeführer und wer Beschwerdegegner ist (BAG 16. 9. 1986, AP-Nr. 53 zu § 518 ZPO = NZA 1987, 136 = RdA 1987, 62 = Betr. 1987, 544 = NJW 1987, 1356). Die Nichtzulassungsbeschwerde muss das anzufechtende Berufungsurteil klar bezeichnen (Angabe des Berufungsgerichtes, des Urteils mit Verkündungsdatum und Aktenzeichen (BAG 27. 10. 1981, AP-Nr. 12 zu § 72a ArbGG 1979 = NJW 1982, 846 = RdA 1982, 133 = BB 1982, 122)).

4. Vgl. Form. G. I. 2.1 Anm. 3, 5, 6, 7.

5. Die Nichtzulassungsbeschwerde ist stets binnen einer **Notfrist von einem Monat** beim Bundesarbeitsgericht schriftlich **einzulegen** (§ 72a Abs. 2 ArbGG) und binnen einer **Notfrist von zwei Monaten,** jeweils ab Zustellung des in vollständiger Form abgefassten Urteils, zu **begründen** (§ 72a Abs. 3 Satz 1 ArbGG).

6. Die Nichtzulassungsbeschwerde kann nur beim **Bundesarbeitsgericht** eingelegt werden (§ 72a Abs. 2 Satz 1 ArbGG).

7. Der Beschwerdeschrift soll eine Ausfertigung oder beglaubigte Abschrift des Urteils beigefügt werden, gegen das die Revision eingelegt werden soll (§ 72a Abs. 2 Satz 2 ArbGG).

8. Gegen den Beschluss, durch den die Revision oder Rechtsbeschwerde zugelassen worden ist, gibt es kein Rechtsmittel (BAG 15. 5. 1984, AP-Nr. 19 zu § 72a ArbGG 1979 = Betr 1985, 136 = RdA 1984, 320 = BB 1984, 2069 = NJW 1984, 173). Entsprechendes gilt für Beschlüsse, die die Nichtzulassungsbeschwerde verwerfen.

9. Vgl. Form. G. I. 2.1 Anm. 24.

1.2 Die Begründung der Nichtzulassungsbeschwerde[1]

An das
Bundesarbeitsgericht[2]

AZ: ...... AZN ....../...... BAG
    ...... Sa ....../...... LAG Y
    ...... Ca ....../...... ArbG X

In der Nichtzulassungsbeschwerdesache
des ......
          – Nichtzulassungsbeschwerdeführer/Berufungsbeklagter/Kläger –

          gegen

......
          – Nichtzulassungsbeschwerdegegnerin/Berufungsklägerin/Beklagte –

(abgekürztes Rubrum)[3]

begründen wir[4] namens des Klägers die am ...... eingelegte Nichtzulassungsbeschwerde gegen das Urteil des Landesarbeitsgerichts Y vom ......, AZ: ......

Sa ....../......, gem. § 72a Abs. 1 ArbGG i.V.m. §§ 72 Abs. 2 Nr. 2, 72a Abs. 3 Satz 2 ArbGG wie folgt:[5]

I.[6]

Die Parteien streiten darüber, ob der Kläger wieder als Beauftragter für den Zivildienst nach den §§ 30, 30a ZDG zu beschäftigen ist. Der Kläger ist bei der Beklagten als „Sozialarbeiter" seit 1. 1. 1986 tätig ......

Das Arbeitsgericht hat der Klage stattgegeben, das Landesarbeitsgericht hat sie abgewiesen, ohne die Revision zuzulassen. Gegen diese Nichtzulassung der Revision wendet sich der Kläger mit seiner ausschließlich auf Divergenz (§ 72 Abs. 2 Nr. 2 ArbGG) gestützten Nichtzulassungsbeschwerde.[7]

II.

1. Das Landesarbeitsgericht hat in seinem Urteil bei der Darstellung seiner die Entscheidung tragenden Urteilsgründe festgestellt,[8] dass ...... (es folgt die Darstellung der tragenden Gründe im Zusammenhang). Es formulierte schließlich ...... (wörtliches Zitat):

„Was billigem Ermessen entspricht, ist unter Berücksichtigung der Interessen beider Parteien festzustellen" (Urteil S. 17, 3. Absatz der Entscheidungsgründe).

Mit dieser Formulierung[9] hat das Landesarbeitsgericht einen abstrakten Rechtssatz aufgestellt, auf den es seine Entscheidung in dem angefochtenen Urteil gründete.

2. Dieser vom Landesarbeitsgericht in der angefochtenen Entscheidung aufgestellte abstrakte Rechtssatz weicht von dem Rechtssatz ab,[10] den das BAG in seiner Entscheidung vom 23. 6. 1993 – 5 AZR 337/92 – AP Nr. 42 zu § 611 BGB Direktionsrecht (= EzA § 611 BGB Direktionsrecht Nr. 13) aufgestellt hat ... (es folgt die Darstellung dieses Entscheidungssachverhalts). In der zitierten Entscheidung formulierte das BAG den Rechtssatz, dass

„eine Maßnahme billigem Ermessen entsprechen muss (§ 315 Abs. 3 BGB) und dazu gehört, dass alle wesentlichen Umstände des Falles abgewogen und die beiderseitigen Interessen angemessen berücksichtigt sind."

3. Das anzufechtende Urteil des Landesarbeitsgerichts beruht auf dieser Divergenz zu der angezogenen Entscheidung. Das Urteilsergebnis des Landesarbeitsgerichts hätte anders ausfallen können, wenn es sein Urteil nicht auf diesen seinen divergierenden Rechtssatz gegründet hätte, sondern auf den Rechtssatz aus dem angezogenen Urteil. Dass die Entscheidung des BAG 23. 6. 1993 erst nach der Verkündung des anzufechtenden Urteils des Landesarbeitsgerichts ergangen ist, steht dem nicht entgegen. Der vom BAG in der Entscheidung 23. 6. 1993 aufgestellte abstrakte Rechtssatz ist in dieser Entscheidung nicht erstmals aufgestellt worden, sondern er wiederholt nur die frühere Rechtsprechung des BAG (BAG 28. 9. 1977, AP-Nr. 4 zu § 1 TVG Tarifverträge: Rundfunk). Wie das BAG bereits entschieden hat, ist eine Nichtzulassungsbeschwerde wegen Divergenz auch dann begründet, wenn die anzufechtende Entscheidung von einer Entscheidung des BAG abweicht, in der Begründung jedoch nicht diese Entscheidung des BAG, sondern eine damit übereinstimmende Entscheidung eines anderen Landesarbeitsgerichts angezogen wird (BAG Beschluss vom 21. 12. 1982 – 1 ABN 30/82 – AP Nr. 2 zu § 92a ArbGG 1979).

Rechtsanwalt[11]

Anmerkungen

1. Die Begründung der Nichtzulassungsbeschwerde erfolgt durch **Anwaltsschriftsatz.** Für den der Einlegung der Nichtzulassungsbeschwerde nachfolgenden Begründungsschriftsatz genügt das abgekürzte Rubrum (vgl. Anm. 3). Hat die Nichtzulassungsbeschwerde Erfolg, so kann der Beschwerdeführer innerhalb **eines Monats** nach Zustellung der Beschwerdeentscheidung des BAG die **Revision** einlegen. Auch für dieses Revisionsverfahren gelten die Vorschriften der §§ 72 ff. ArbGG. In der innerhalb der Revisionsbegründungsfrist beim BAG einzureichenden Revisionsbegründung kann ggf. auf die Begründung der Nichtzulassungsbeschwerde Bezug genommen werden (§ 551 Abs. 3 S. 2 ZPO). **Nur in Ausnahmefällen** wird eine solche Verweisung aber den prozessual an eine Revisionsbegründung zu stellenden Anforderungen genügen (§§ 72 Abs. 5 ArbGG, 551 Abs. 3 S. 2 ZPO).

2. Vgl. Form. G. III. 1.3.

3. Zum Rubrum vgl. oben G. I. 1.3.

4. Die Nichtzulassungsbeschwerde ist binnen einer **Notfrist von zwei Monaten ab Zustellung** des in vollständiger Form abgefassten Urteils zu begründen (§ 72a Abs. 3 Satz 1 ArbGG). Die Frist kann nicht verlängert werden. Die Frist zur Begründung der Nichtzulassungsbeschwerde endet auch dann zwei Monate nach Zustellung der anzufechtenden Entscheidung, wenn der Beschwerdeführer die Beschwerdefrist versäumt hat und über seinen Wiedereinsetzungsantrag noch nicht entschieden worden ist (BAG 16. 7. 1988, AP-Nr. 25 zu § 72a ArbGG 1979 = NZA 1989, 150 = NJW 1989, 317 = BAGE 59, 174).

5. Zur ordnungsgemäßen Begründung der Nichtzulassungsbeschwerde **wegen Divergenz** gehört, dass der Beschwerdeführer einander widersprechende fallübergreifende abstrakte Rechtssätze aus dem Berufungsurteil und aus den angezogenen Entscheidungen **im Wortlaut** einander gegenüberstellt (BAG 15. 10. 1979, AP-Nr. 1 zu § 72a ArbGG 1979 = BAGE 32, 136 = RdA 1980, 80 = BB 1979, 1771; BAG 19. 11. 1979, AP-Nr. 2 zu § 72a ArbGG 1979 = RdA 1980, 125 = Betr 1980, 1029 = NJW 1980, 1814), und darlegt, dass die angefochtene Entscheidung auf dem zitierten Rechtssatz beruht. Das bloße Zitat von Datum und Aktenzeichen **der angezogenen Entscheidung** reicht nicht aus. Enthält das angezogene Urteil mehrere Begründungen, die jede für sich die Entscheidung tragen, so liegt eine Divergenz schon dann vor, wenn das Landesarbeitsgericht von einer Begründung abgewichen ist (BAG 16. 7. 1980, AP-Nr. 2 zu § 72a ArbGG 1979 Divergenz = RdA 1980, 350 = BB 1981, 242 = Betr 1980, 2296). Ausführungen in den Entscheidungsgründen, die sich auf die sinngemäße Wiedergabe des Inhalts einer Tarifnorm beschränken, ohne dazu eine weitere Aussage zu machen, enthalten keinen abstrakten Rechtssatz; auf sie kann eine Divergenzbeschwerde nicht gestützt werden (BAG 8. 8. 1997, AP-Nr. 35 zu § 72a ArbGG 1979 Divergenz = NZA 1998, 52/53 = EzA § 72a ArbGG 1979 Nr. 80; vgl. zur bloßen Wiedergabe des Gesetzeswortlauts BAG B. v. 16. 9. 1997 (9 AZN 512/97), AP Nr. 36 zu § 72a ArbGG 1979 Divergenz = NZA 1998, 54 = EzA § 72a ArbGG 1979 Nr. 81). Umgekehrt ist aber keine Divergenz gegeben, wenn nur von einem obiter dictum abgewichen wird. Eine Divergenzbeschwerde ist auch dann statthaft, wenn das Landesarbeitsgericht keinen abstrakten Rechtsgrundsatz aufgestellt oder Rechtssätze des BAG wörtlich übernommen (BAG 28. 4. 1998, NZA 1998, 900) hat, sich aber aus seinen Ausführungen unzweifelhaft ergibt, dass es von einem bestimmten abstrakten Rechtssatz ausgegangen sein muss (BAG 4. 8. 1981, AP- Nr. 9 zu § 72a ArbGG 1979 Divergenz = RdA 1981, 407 = BB 1982, 122 = Betr 1981, 2497 = AuR 1981, 385; BAG 16. 12. 1982, AP-Nr. 11 zu § 72a

ArbGG 1979 Divergenz = BAGE 41, 188 = RdA 1983, 198 = BB 1983, 904; BAG 22. 2. 1983, AP-Nr. 13 zu § 72 a ArbGG 1979 Divergenz =BAGE 42, 26 = RdA 1983, 200 = BB 1983, 968 = NJW 1983, 1510; BAG 10. 7. 1984, AP-Nr. 15 zu § 72 a ArbGG 1979 Divergenz = RdA 1984, 386 = BB 1984, 1943 = NZA 1984, 364; BAG 25. 10. 1989, AP-Nr. 24 zu § 72 a ArbGG 1979 Divergenz.

6. Das hier dargestellte, wegen der Begründung der Divergenz besonders bemerkenswerte Fallbeispiel einer erfolgreichen Nichtzulassungsbeschwerde war beim 5. Senat des BAG anhängig (BAG 15. 11. 1994, AP-Nr. 27 zu § 72 a ArbGG 1979 Divergenz = DB 1995, 584 = NZA 1995, 286; s. auch BAG 8. 12. 1994, AP-Nr. 28 zu § 72 a ArbGG 1979 Divergenz = DB 1995, 584 = NJW 1995, 1693 = NZA 1995, 447 (zur Frage abweichender Rechtssätze auf der Grundlage verschiedener Gesetzesnormen, die in ihrem Regelungsgehalt übereinstimmen).

7. Zur Nichtzulassungsbeschwerde **wegen grundsätzlicher Bedeutung der Rechtssache** bei der Auslegung tariflicher Rechtsbegriffe BAG 10. 12. 1997, AP-Nr. 40 zu § 72 a ArbGG 1979 = NZA 1998, 500.

8. Wenn die angefochtene Entscheidung mehrere Begründungen enthält, die die Entscheidung tragen, von denen aber nur eine abweicht, so soll dies für die Divergenzbeschwerde nicht ausreichend sein (BAG 22. 11. 1979, AP-Nr. 3 zu § 72 a ArbGG = RdA 1980, 125 = BB 1980, 212 = Betr 1980, 1029). Enthält das anzufechtende Berufungsurteil eine Haupt- und eine Hilfsbegründung, kann die Nichtzulassungsbeschwerde nur dann Erfolg haben, wenn sowohl die Haupt- als auch die Hilfsbegründung eine Divergenz enthalten (BAG 27. 10. 1998, NZA 1999, 222). Entscheidet das Landesarbeitsgericht über mehrere Klageanträge und weicht es nur bei der Beurteilung eines Anspruchs von einer divergenzfähigen Entscheidung ab, so kommt nur insoweit die Zulassung der Revision in Betracht (BAG 19. 6. 1981, AP-Nr. 8 zu § 72 a ArbGG 1979 = NJW 1982, 351 = RdA 1981, 406 = BB 1981, 2011). Bei Doppelbegründungen ist die Revision sowohl im Falle der Divergenz wie der Grundsatzbeschwerde nur zuzulassen, wenn beide Begründungen des Landesarbeitsgerichts angegriffen werden und die Rügen gegen jede der beiden Begründungen für sich betrachtet begründet sind (BAG 10. 3. 1999, NZA 1999, 726)).

9. Übernimmt das Berufungsgericht in vollem Umfang die Entscheidung des Arbeitsgerichts, so bilden die Entscheidungsgründe des Arbeitsgerichts die Grundlage für die Überprüfung im Nichtzulassungsbeschwerdeverfahren (BAG 17. 2. 1981, AP-Nr. 14 zu § 72 a ArbGG 1979 Grundsatz = NJW 1981, 2717 = BAGE 35, 94 = RdA 1981, 200 = BB 1981, 1645); vgl. hierzu nunmehr § 69 Abs. 3 ArbGG.

10. Die Nichtzulassungsbeschwerde ist unzulässig, wenn ihre Begründung nicht die angeblich divergierenden fallübergreifenden abstrakten Rechtssätze einander gegenüberstellt, auch wenn in Wirklichkeit eine Divergenz nicht vorliegt. Letzteres ist eine Frage der Begründetheit der Nichtzulassungsbeschwerde.

11. Vgl. Form. G. I. 2.1 Anm. 24.

2. Gegenanträge des Beschwerdegegners und die Erwiderung auf die Nichtzulassungsbeschwerde[1]

An das
Bundesarbeitsgericht[2]

AZ: . . . . . . AZN . . . . . ./. . . . . . BAG
. . . . . . Sa . . . . . ./. . . . . . LAG Y
. . . . . . Ca . . . . . ./. . . . . ArbG X

In der Nichtzulassungsbeschwerdesache
(abgekürztes Rubrum)[3]

beantragen wir namens des Berufungsklägers/Beklagten, für Recht zu erkennen:
Die Nichtzulassungsbeschwerde des Klägers gegen das Urteil des Landesarbeitsgerichts Y vom . . . . . ., AZ: . . . . . . Sa . . . . . ./. . . . . ., wird kostenpflichtig zurückgewiesen.

Begründung:

(Wenn die Beschwerde anders als bei der Form. G. V. 1.2 oben lediglich Subsumtions- und Verfahrensfehler des Landesarbeitsgerichts und keine Divergenz gerügt hat.)
Die Nichtzulassungsbeschwerde gegen das Urteil des Landesarbeitsgerichts Y vom . . . . . ., AZ: . . . . . . Sa . . . . . ./. . . . . ., ist unzulässig. Ihre Begründung entspricht nicht den Anforderungen der § 72a Abs. 1 und 3 Satz 2 i. V. m. § 72 Abs. 2 Nr. 2 ArbGG.
Die Nichtzulassungsbeschwerde setzt sich zwar mit dem Urteil des Landesarbeitsgerichts Y in umfassender Weise auseinander; es zeigt aber nur angebliche Rechtsfehler der landesarbeitsgerichtlichen Entscheidung bei der Anwendung der Rechtsnormen der §§ . . . . . . sowie vermeintliche Verfahrensfehler des Landesarbeitsgerichts auf . . . . . .
Eine den gesetzlichen Anforderungen entsprechende Begründung der Nichtzulassungsbeschwerde[4] erfordert aber den Nachweis, dass a) in dem angefochtenen Urteil des Landesarbeitsgerichts ein fallübergreifender abstrakter Rechtssatz aufgestellt wird, den das Landesarbeitsgericht seinen das Urteil tragenden Erwägungen zugrunde gelegt hat, dass dieser Rechtssatz b) von einem abstrakten Rechtssatz, den das Bundesarbeitsgericht in einer Entscheidung aufgestellt hat, oder, solange eine Entscheidung des Bundesarbeitsgerichts in der Rechtsfrage nicht ergangen ist, von einer Entscheidung einer anderen Kammer desselben Landesarbeitsgerichts oder eines anderen Landesarbeitsgerichts abweicht und c) die Entscheidung auf dieser Abweichung beruht. Damit hat sich die Begründung der Nichtzulassungsbeschwerde jedoch nicht befasst. Sie ist daher unzulässig.

Rechtsanwalt[5]

Anmerkungen

1. Eine § 66 Abs. 1 Satz 2 und 3 ArbGG entsprechende Pflicht des Beschwerdegegners, auf die Nichtzulassungsbeschwerdebegründung zu erwidern, sieht das Gesetz nicht vor. Die Pflicht zur Erwiderung ergibt sich aber im Zweifel aus der prozessualen Sorgfaltspflicht der gegnerischen Prozessbevollmächtigten.

2. Vgl. Form. G. III. 1.3.

3. Vgl. Form. G. I. 2.2 b Anm. 2.

4. Vgl. Form. G. V. 1.2 Anm. 5.

5. Vgl. Form. G. I. 2.1 Anm. 24.

H. Das Rechtsmittel- und Rechtsbehelfsverfahren gegen verfahrensbeendende Beschlüsse der Arbeitsgerichte und Landesarbeitsgerichte[1] (Beschlussverfahren), §§ 80 ff. ArbGG[2]

I. Die Beschwerde gegen Beschlüsse der Arbeitsgerichte

Im **Beschwerdeverfahren** gegen verfahrensbeendende Beschlüsse der Arbeitsgerichte gelten gem. § 87 Abs. 2 ArbGG die Vorschriften des Berufungsverfahrens für die Einlegung der Berufung und ihre Begründung, die Prozessfähigkeit, Ladungen, Termine und Fristen, Ablehnung und Ausschließung von Gerichtspersonen, Zustellungen, das persönliche Erscheinen der Parteien, die Öffentlichkeit, Befugnisse des Vorsitzenden und der ehrenamtlichen Richter, Vorbereitung der streitigen Verhandlung, Verhandlung vor der Kammer, Beweisaufnahme, gütliche Erledigung des Rechtsstreits, Wiedereinsetzung in den vorigen Stand und Wiederaufnahme des Verfahrens sowie die Vorschriften des § 85 für die Zwangsvollstreckung entsprechend; vgl. hierzu die oben G. I. 1.1 gegebenen Hinweise zur Zulässigkeit und zu den Formalien der Berufung, zur Statthaftigkeit, Form und Frist der Berufung. Soweit für die Rechtsmittel im Beschlussverfahren Besonderheiten gelten, wird auf diese unten H. I. 1 sowie in den Anmerkungen zu Form H. I. 2.1 und Form H. I. 3.2 hingewiesen.

1. Vorbemerkungen

1.1 Statthaftigkeit der Beschwerde (§ 87 Abs. 1 ArbGG)

Gegen die das Verfahren beendenden Beschlüsse der Arbeitsgerichte findet die Beschwerde an das Landesarbeitsgericht statt (§ 87 Abs. 1 ArbGG i. V. m. § 84 ArbGG).

Im Einzelnen:

a) Anders als bei der Statthaftigkeit der Berufung (§ 64 ArbGG) ist im Beschlussverfahren **die Beschwerde nach § 87 Abs. 1 ArbGG unabhängig von einer Zulassung** durch das Arbeitsgericht und **ohne Rücksicht auf den Wert des Beschwerdegegenstandes statthaft.** Gegenstand des Beschlussverfahrens sind Angelegenheiten aus dem BetrVG, dem Sprecherausschussgesetz, dem MitbestG, Angelegenheiten aus den §§ 94, 95, 139 SGB IV, dem Gesetz über die Europäischen Betriebsräte und die Entscheidung über die Tariffähigkeit und Tarifzuständigkeit einer Vereinigung (§ 2 a ArbGG).

---

[1] Landesarbeitsgerichte: Baden-Württemberg, Berlin, Brandenburg, Bremen, Düsseldorf, Hamburg, Hamm, Hessen, Köln, Mecklenburg-Vorpommern, München, Niedersachsen, Nürnberg, Rheinland-Pfalz, Saarland, Sachsen, Sachsen-Anhalt, Schleswig-Holstein, Thüringen.

[2] Zu prozessualen Einzel- und Zweifelsfragen wird auf die Kommentierungen des ArbGG und der ZPO verwiesen, vgl. oben G. Anm. 2.

b) **Beschwerdefähig** sind im arbeitsgerichtlichen Beschlussverfahren (§ 87 Abs. 1 ArbGG) auch Teil- und Zwischenbeschlüsse, soweit entsprechende Urteile im Urteilsverfahren nach den §§ 280 Abs. 2, 302 Abs. 3 und 304 Abs. 2 ZPO selbstständig durch Rechtsmittel angefochten werden können. Dies gilt auch für einen Beschluss über den Grund des Anspruchs, da § 61 Abs. 3 ArbGG im Beschlussverfahren nicht gilt (*Germelmann/Matthes/Prütting/Müller-Glöge* § 87 Rn. 4). Unstatthaft ist eine Beschwerde lediglich hinsichtlich einer prozessualen Kostenentscheidung, soweit eine solche ergeht (BAG 22. 2. 1963, AP-Nr. 9 zu § 92 ArbGG 1953). Ein das Verfahren in der Instanz beendender Beschluss ist auch der Einstellungsbeschluss des Vorsitzenden nach § 81 Abs. 2 S. 3 oder § 83 a Abs. 2 ArbGG (bei Zurücknahme des Antrags oder Erledigung des Verfahrens *Germelmann/Matthes/Prütting/Müller-Glöge* § 87 Rn. 5). Für sog. Scheinbeschlüsse, die an schweren Mängeln leiden oder nicht wirksam verkündet worden sind, gelten die oben G. I. 1.1 d für sog. Scheinurteile gegebenen Hinweise.

c) **Der Beschwerdeführer muss beschwerdebefugt und beschwert sein.** Anderenfalls ist seine Beschwerde unzulässig. Beschwerdebefugt sind alle **Beteiligten**. Fordert das Gesetz wie bei der Wahlanfechtung eine bestimmte Mindestzahl von Antragstellern, so ist jeder Antragsteller für sich beschwerdebefugt. Sofern nicht so viele Antragsteller Beschwerde einlegen, wie das Gesetz als Mindestzahl für die Antragstellung verlangt, so wird dadurch nicht die einzelne Beschwerde unzulässig, sondern der Antrag ist insgesamt als unzulässig abzuweisen (BAG 12. 2. 1985, AP-Nr. 27 zu § 76 BetrVG 1952; a.A. BVerwG 2. 2. 1982, BVerwGE 65, 33). Zu den Einzelheiten, insbesondere zur Anschließung von Antragstellern, die zunächst keine Beschwerde eingelegt haben und zur Bedeutung des Verlustes oder des Fehlens der Antragsbefugnis in Bezug auf die Beschwerdebefugnis vgl. *Germelmann/Matthes/Prütting/Müller-Glöge* § 89 Rn. 3. **Beschwert** durch die verfahrensbeendende Entscheidung des Arbeitsgerichts ist der beschwerdeführende Beteiligte, wenn das Arbeitsgericht seinem erstinstanzlichen Sachantrag nicht oder nicht in vollem Umfang stattgegeben hat (vgl. unten H. I. 1.5 b). Die Beschwer muss bei jedem Beschwerdeführer vorliegen (vgl. auch unten H. I. 1.1 e).

d) Für die **Parteirollen** in allen Instanzen des Beschlussverfahrens gelten **Besonderheiten**. Das Beschlussverfahren kennt keine Kläger und keine Beklagten, sondern nur den oder die Antragsteller, die mit ihrem Antrag das Beschlussverfahren einleiten (§ 81 Abs. 1 ArbGG), und die „übrigen an dem Beschlussverfahren Beteiligten" (§§ 81 Abs. 2 und 3, 83 Abs. 1 und 2, Abs. 3 und 4, 83 a Abs. 1, 2 und 3, 85 Abs. 1 S. 1 ArbGG). Wer „Beteiligter" im Beschlussverfahren sein kann, ergibt sich aus dem materiellen Recht (*Germelmann/Matthes/Prütting/Müller-Glöge* § 83 Rn. 9 bis 11 (mwN); vgl. aber auch BAG 25. 8. 1981, AP-Nr. 2 zu § 83 ArbGG 1979). Beteiligt ist ein Organ (wie z.B. der Betriebsrat) in seiner jeweiligen Zusammensetzung. Maßgeblich für den Beteiligtenbegriff ist, welche Person oder Stelle durch die vom Antragsteller begehrte Entscheidung, und sei es auch nur über einen Hilfsantrag (BAG 12. 10. 1976, AP-Nr. 1 zu § 8 BetrVG 1972), in ihrer betriebsverfassungsrechtlichen, personalvertretungsrechtlichen oder mitbestimmungsrechtlichen Rechtsstellung unmittelbar betroffen wird (*Germelmann/Matthes/Prütting/Müller-Glöge* § 83 Rn. 14). Im Beschlussverfahren gibt es nur Beteiligte mit gleicher Rechtsstellung, unter denen lediglich der Antragsteller wegen seiner Dispositionsbefugnis über den von ihm gestellten Antrag eine besonders ausgestaltete Rechtsstellung einnimmt (*Germelmann/Matthes/Prütting/Müller-Glöge* § 83 Rn. 17). Richtig ist, dass das Beschlussverfahren den förmlichen Begriff des **Antragsgegners** nicht kennt (BAG 20. 7. 1982, AP-Nr. 26 zu § 76 BetrVG 1952), weil auch diejenige Person oder Stelle, gegen die Rechtsschutz begehrt wird, Beteiligter des Beschlussverfahrens ist wie jede sonstige Person und Stelle, die durch die begehrte Entscheidung in ihrer betriebsverfassungsrechtlichen oder gleichgestellten Rechtsposition betroffen sein kann (*Germelmann/Matthes/Prütting/Müller-Glöge* § 83 Rn. 15). Die Benennung eines Antragsgegners in der Antragsschrift oder in den weiteren Schriftsätzen sei daher weder erforderlich noch von rechtlicher Bedeutung, bleibe rechtlich aber unschädlich; die Benennung könne aber zu Verwirrung führen (so *Germelmann/Matthes/Prütting/Müller-Glöge* § 83 Rn. 15). Die Praxis benutzt den Begriff des **Antragsgegners** dennoch gerne und häufig. Auch ein Beschlussverfahren geht regelmäßig von einem konkreten Rechtsschutzbedürfnis eines „Beteiligten" (Antragsstellers) gegenüber einem anderen, seiner Rechtsschutzbitte entgegentretenden „Beteiligten", also einem natürlichen Prozessgegner (Antragsgegner) aus. Der anschauliche Begriff des „Antragsgegners" hat sich deshalb in der forensischen Praxis weithin durchgesetzt.

e) **Werden Personen oder Stellen,** die nach materiellem Recht Beteiligte des Verfahrens sind, vom Gericht **nicht beteiligt,** d. h. nicht angehört und zum Verfahren zugezogen, so liegt darin ein **Verfahrensfehler** (BAG 20. 2. 1986, AP-Nr. 1 zu § 63 BetrVG 1972). Die betreffende Person oder Stelle muss deshalb an dem weiteren Verfahren beteiligt werden. Eines förmlichen Antrages durch irgendeinen Beteiligten bedarf es dazu nicht (*Germelmann/Matthes/Prütting/Müller-Glöge* § 83 Rn. 28).

Zulässigkeitsvoraussetzung für die Beschwerde ist, dass der Beschwerdeführer durch die angefochtene Entscheidung beschwert ist. Für den Antragsteller folgt die Beschwer daraus, dass das Arbeitsgericht dem von ihm gestellten Antrag nicht oder nur mit Einschränkungen stattgegeben hat. Der Tenor der Entscheidung ist dafür nicht allein maßgeblich (*Germelmann/Matthes/Prütting/Müller-Glöge* § 89 Rn. 7). Auch wenn der Antrag nicht förmlich abgewiesen, vom Arbeitsgericht aber enger als gemeint verstanden worden ist, kann eine Beschwer vorliegen (BAG 14. 1. 1986, AP-Nr. 21 zu § 87 BetrVG 1972 Lohngestaltung). Regelmäßig nicht „beschwert" ist ein „übriger Beteiligter" durch die Abweisung des vom Antragsteller verfolgten Antrags, wenn der Beteiligte selbst keinen „Antrag zur Einleitung des Beschlussverfahrens" gestellt und sich auch nicht dem Antrag des Antragstellers angeschlossen oder diesen Antrag zumindest durch einen entsprechenden eigenen Antrag unterstützt hat. Wird dem Antrag des Antragstellers stattgegeben, so liegt eine Beschwer bei den „übrigen Beteiligten" vor, wenn sie durch die Entscheidung in ihrer Rechtsstellung, die ihre Beteiligung begründet, in irgendeiner Weise beeinträchtigt werden (*Germelmann/Matthes/Prütting/Müller-Glöge* § 89 Rn. 8; *Grunsky* § 87 Rn. 8).

1.2 Die Frist für die Einlegung der Beschwerde

Die Frist für die Einlegung der Beschwerde beträgt **einen Monat,** die Frist für ihre Begründung **zwei Monate.** Beide Fristen beginnen mit der **Zustellung des in vollständiger Form abgefassten Beschlusses,** spätestens aber mit dem Ablauf von **fünf Monaten nach seiner Verkündung (§ 87 Abs. 2 i.V.m. § 66 Abs. 1 S. 3 ArbGG).** Die Zustellung erfolgt von Amts wegen (§ 50 Abs. 1 ArbGG) und regelmäßig gegen Empfangsbekenntnis des Prozessbevollmächtigten (§ 212a ZPO), das für den Beginn der Einlegungs- und Begründungsfristen und deren jeweiligen selbstständigen (unterschiedlichen) Ablauf maßgebend ist. Die **Frist** für die **Einlegung der Beschwerde** ist eine **Notfrist.** Die Frist berechnet sich nach den §§ 222, 187, 188 BGB. Sie kann weder verlängert noch abgekürzt werden (§ 224 Abs. 1 ZPO), ggf. kommt Wiedereinsetzung in den vorigen Stand in Betracht, §§ 230 ff. ZPO.

Im Einzelnen:

a) Sofern bis zum Ablauf der Fünfmonatsfrist die Rechtsmittelbelehrung noch nicht zugestellt worden ist, beginnt nach der Neufassung des § 74 Abs. 1 S. 1 und 2 ArbGG (durch das ZPO-RG) nicht mehr die Jahresfrist des § 9 Abs. 5 S. 4 ArbGG, sondern sogleich die Monatsfrist für die Einlegung der Beschwerde (vgl. *Germelmann/Matthes/ Prütting/Müller-Glöge* § 66 Rn. 15, 15 a, § 9 Rn. 58, § 74 Rn. 5; anderer Auffassung sind *Matthes* (*Germelmann/Matthes/Prütting/Müller-Glöge* § 89 Rn. 11) und *Erf. K/Koch*, § 66 Rn. 11, 12. (Vgl. oben G. I. 1.2 a).

b) Ist der Beschluss **mehreren Verfahrensbevollmächtigten eines Beteiligten zugestellt worden,** so beginnt die Beschwerdefrist für den Beteiligten mit der ersten Zustellung (BAG 23. 1. 1986, AP-Nr. 31 zu § 5 BetrVG 1972).

c) **Gewahrt ist die Beschwerdefrist nur,** wenn die Beschwerdeschrift fristgemäß beim Beschwerdegericht **eingegangen,** d. h. in den Gewahrsam des Gerichts gelangt ist. Näheres, auch zu den modernen Kommunikationsmitteln, oben G. I. 1.2 und G. I. 3.

1.3 Die Form bei der Einlegung der Beschwerde

Eingelegt wird die Beschwerde förmlich durch Einreichung der Beschwerdeschrift beim **zuständigen Landesarbeitsgericht.** Das zuständige Landesarbeitsgericht ist in der Rechtsmittelbelehrung des arbeitsgerichtlichen Beschlusses zu bezeichnen. Sind beim Landesarbeitsgericht **Außenkammern** gebildet, so kann die Beschwerde fristwahrend wie im Berufungsverfahren auch bei diesen eingelegt werden (BAG 23. 9. 1981, AP-Nr. 2 zu § 64 ArbGG 1979; 15. 10. 1959, AP-Nr. 1 zu § 222 ZPO). Eine für eine auswärtige Kammer des Landesarbeitsgerichts bestimmte Beschwerde kann (wie im Berufungsverfahren) auch am **Hauptsitz** des Landesarbeitsgerichts fristwahrend eingelegt werden (BAG 12. 12. 1968, AP-Nr. 26 zu § 64 ArbGG auf die Begründungsfrist 1953 = RdA 1969, 62).

Im Einzelnen:

a) Zu den **Formanforderungen an die Beschwerdefrist,** die notwendigen Angaben in der Beschwerdeschrift, insbesondere zu dem anzufechtenden Beschluss, und zu den anderen Beteiligten sowie zur **Einlegung der Berufung durch Telegramm, Fernschreiben oder Telefax** vgl. oben G. I. 1.2 a bis c und G. I. 1.3 a bis g.

b) Die Beschwerdeschrift ist von einem **postulationsfähigen Prozessbevollmächtigten** (**Rechtsanwalt oder Verbandsvertreter**) **eigenhändig** zu unterschreiben (§ 130 Nr. 6 ZPO). Vgl. oben G. I. 1.3 f.

c) **Mängel** am notwendigen Inhalt der Beschwerdeschrift können dadurch geheilt werden, dass die Angaben noch innerhalb der Beschwerdefrist dem Landesarbeitsgericht bekannt werden (z. B. aus den gem. § 541 ZPO anzufordernden Verfahrensakten der Vorinstanz oder aus einer nachgereichten Abschrift des anzufechtenden Beschlusses).

1.4 Die Frist für die Einreichung der Beschwerdebegründung

Die Frist für die Einreichung der Beschwerdebegründung beträgt **zwei Monate** (§ 87 **Abs. 2 i. V. m. § 66 Abs. 1 S. 1 ArbGG**). Auch diese Frist beginnt mit der **Zustellung des in vollständiger Form abgefassten Beschlusses,** spätestens aber mit Ablauf von **fünf Monaten nach der Verkündung** (§ 66 Abs. 1 S. 2 ArbGG; vgl. auch oben H. I. 1.2). Die Beschwerdebegründungsfrist berechnet sich nach §§ 222, 187, 188 BGB. Auf die Beschwerdebegründungsfrist ist § 9 Abs. 5 S. 4 ArbGG nicht anwendbar (vgl. aber oben H. I. 2a und G. I. 1.2a und G. I. 1.4).

Im Einzelnen:

a) Die Beschwerdebegründungsfrist kann ebenso wie die Berufungsbegründungsfrist (§ 66 Abs. 1 S. 4 ArbGG) auf Antrag des Beschwerdeführers vom Vorsitzenden **einmal verlängert** werden, wenn nach dessen freier Überzeugung das Verfahren dadurch nicht verzögert wird oder wenn der Beschwerdeführer erhebliche Gründe darlegt. Anders als in § 74 Abs. 1 S. 4 ArbGG bei der Revision schreibt das Gesetz hier keine Zeitgrenze für die Verlängerung vor.

b) **Die Beschwerdebegründungsfrist ist nur gewahrt,** wenn die Beschwerdebegründung beim Landesarbeitsgericht **fristgerecht eingegangen ist.** Vgl. hierzu die entsprechend anzuwendenden, für das Berufungsverfahren geltenden Grundsätze oben G. I. 1.3a und G. I. 1.4.

1.5 Die Form der Beschwerdebegründung

Die Beschwerde ist **schriftsätzlich zu begründen.** Die an die Beschwerdebegründungsschrift gestellten Formanforderungen entsprechen den für die Berufungsbegründung maßgebenden (vgl. oben G. I. 1.3 und 1.5). Die Beschwerdebegründungsschrift muss durch einen **Rechtsanwalt oder Verbandsvertreter** i. S. von § 11 Abs. 2 S. 2 ArbGG unterzeichnet werden (*Germelmann/Matthes/Prütting/Müller-Glöge* § 89 Rn. 24).

Zu den Besonderheiten des Beschlussverfahrens:

a) Auch im Beschlussverfahren ist ein **Beschwerdeantrag** zu stellen (§ 520 Abs. 3 Nr. 1 ZPO; BAG 3. 12. 1985, AP-Nr. 2 zu § 74 BAT). Allerdings soll es ausreichend sein, wenn sich aus der Beschwerdebegründung ergibt, inwieweit eine Abänderung des angefochtenen Beschlusses erstrebt wird (BAG 22. 5. 1985, AP-Nr. 6 zu § 1 TVG Tarifverträge: Bundesbahn; 22. 10. 1985, AP-Nr. 24 zu § 99 BetrVG 1972). Darauf sollte sich der Beschwerdeführer aber nicht verlassen.

b) Der Beschwerdeantrag muss grundsätzlich wie bei der Berufung auf die **vollständige oder teilweise Beseitigung der Beschwer** des Beschwerdeführers gerichtet sein, anderenfalls ist die Beschwerde unzulässig (BAG 29. 10. 1969, AP-Nr. 3 zu § 511 ZPO). Zum Inhalt des Beschwerdeantrags im Einzelnen vgl. oben G. I. 1.5a und b.

c) Auch von der Beschwerdebegründung verlangt das Gesetz eine **ausführliche Auseinandersetzung mit der angefochtenen Entscheidung** (vgl. oben G. I. 1.5 d). Hat das Arbeitsgericht über mehrere Anträge entschieden, so muss sich die Beschwerdebegründung mit jedem Teil des Beschlusses auseinandersetzen, soweit er angefochten worden ist (BAG 16. 6. 1976, AP-Nr. 27 zu § 72 ArbGG 1953 Streitwertrevision).

d) **Neues tatsächliches Vorbringen und neue Beweismittel** können im Beschwerdeverfahren grundsätzlich noch vorgebracht werden, soweit dem nicht die Beschränkungen des § 87 Abs. 3 ArbGG entgegenstehen. Zu den Einzelheiten vgl. *Germelmann/Matthes/Prütting/Müller-Glöge* § 89 Rn. 31 bis 31c, § 87 Rn. 18a und § 90 Rn. 10.

e) Bei der Überprüfung der angefochtenen Entscheidung ist das Landesarbeitsgericht **nicht an die vorgebrachten Beschwerdegründe gebunden.** Es kann der Beschwerde auch aus anderen Gründen stattgeben, die nicht vom Beschwerdeführer gegen die Entscheidung vorgebracht worden sind (*Germelmann/Matthes/Prütting/Müller-Glöge* § 89 Rn. 31 d).

1.6 Die Beschwerdebeantwortung

Gemäß § 90 Abs. 1 S. 1 ArbGG wird die Beschwerdeschrift und die Beschwerdebegründung den Beteiligten zur Äußerung zugestellt. Deren Äußerung erfolgt durch Einreichung eines Schriftsatzes beim Beschwerdegericht oder durch Erklärung zur Niederschrift der Geschäftsstelle des Arbeitsgerichts, das den angefochtenen Beschluss erlassen hat (§ 90 Abs. 1 S. 2 ArbGG). Die Beteiligten sollen sich also nach der Vorstellung des Gesetzes schriftlich zur Beschwerdebegründung äußern. Rechtliche Folgen im Falle der Verletzung der Äußerungspflicht sieht das Gesetz aber nicht vor; weder verliert der Beteiligte seine Beteiligtenstellung noch wird er deswegen vom weiteren Verfahren ausgeschlossen (*Germelmann/Matthes/Prütting/Müller-Glöge* § 90 Rn. 4). § 66 Abs. 1 ArbGG mit der Monatsfrist für die Erwiderung ist wegen der besonderen Regelung des § 90 ArbGG nicht anzuwenden (*Germelmann/Matthes/Prütting/Müller-Glöge* § 90 Rn. 5).

Im Einzelnen:

a) Das Beschwerdegericht kann für die Äußerung gem. **§ 83 Abs. 1 a ArbGG zur Vorbereitung des Anhörungstermins** eine Frist setzen. Deren Versäumung kann dazu führen, dass der säumige Beteiligte mit seinem Vorbringen ausgeschlossen werden kann (*Germelmann/Matthes/Prütting/Müller-Glöge* § 90 Rn. 5 und § 83 Rn. 91 f.).

b) Für die **schriftsätzliche Äußerung** der Beteiligten gegenüber dem Beschwerdegericht besteht **kein Vertretungszwang** (§ 87 Abs. 2, 11 Abs. 1 ArbGG; BAG 20. 3. 1990, AP-Nr. 79 zu § 99 BetrVG 1972).

1.7 Gang des Beschwerdeverfahrens

Sofern die Beschwerde nicht als unzulässig verworfen wird, bestimmt das Landesarbeitsgericht den **Termin zur Anhörung der Beteiligten.** Zu diesem Termin sind die Beteiligten zu laden. Für die Anhörung der Beteiligten vor dem Landesarbeitsgericht gilt § 83 Abs. 4 ArbGG entsprechend (§ 90 ArbGG). Die Beschwerde hat sog. Suspensiv- und Devolutiveffekt.

Nach §§ 528, 529 ZPO wird der Rechtsstreit vor dem Landesarbeitsgericht im Rahmen der gestellten Anträge in tatsächlicher und rechtlicher Hinsicht neu verhandelt. Auch das Landesarbeitsgericht hat den für die Entscheidung erheblichen Sachverhalt von Amts wegen aufzuklären.

2. Einlegung und Begründung der Beschwerde

2.1 Gleichzeitige Einlegung und Begründung der Beschwerde des in I. Instanz voll unterlegenen Antragsgegners (Beteiligter Ziff. 2)[1]

An das
Landesarbeitsgericht . . . . . .

AZ: . . . . . . BV . . . . . ./. . . . . . ArbG X

In dem Beschlussverfahren[2]
mit den Beteiligten[3]
1. Betriebsrat im Werk II der Firma D GmbH in . . . . . ., vertreten durch seinen Betriebsratsvorsitzenden . . . . . .
                   – Beschwerdegegner/Antragsteller/Beteiligter Ziff. 1 –[4]
Prozessbevollmächtigte: . . . . . .
2. Firma D GmbH, ..., vertreten durch . . . . . .
                   – Beschwerdeführerin/Antragsgegnerin/Beteiligte Ziff. 2 –
Prozessbevollmächtigte: . . . . . .
(vollständiges Rubrum)[5]

wegen der Gleitzeitregelung im Werk II

legen wir namens und mit Vollmacht der Antragsgegnerin/Beteiligte Ziff. 2 gegen
den Beschluss[6] des Arbeitsgerichts X vom . . . . . ., AZ: . . . . . . BV . . . . . ./. . . . . .,
der Beteiligten Ziff. 2 zugestellt am . . . . . ., das Rechtsmittel[7] der

Beschwerde[8]

ein. Eine Kopie des Beschlusses des Arbeitsgerichts X vom . . . . . . fügen wir bei.[9]
Namens der Beschwerdeführerin/Beteiligten Ziff. 2 beantragen[10] wir, für Recht zu
erkennen:
1. Der Beschluss des Arbeitsgerichts X vom . . . . . ., AZ: . . . . . . BV . . . . . ./
. . . . . ., wird abgeändert.
2. Der Antrag des Beteiligten Ziff. 1 (der Beteiligten Ziff. 2 die Einführung der
Gleitzeitregelung im Werk II bis zum Abschluss einer Betriebsvereinbarung mit
dem Beteiligten Ziff. 1 oder bis zur Entscheidung der Einigungsstelle zu untersagen)[11] wird zurückgewiesen.

Begründung:[12]

Die Beschwerde ist statthaft.[13] Sie richtet sich gegen den das erstinstanzliche Beschlussverfahren beendenden Beschluss des Arbeitsgerichts X vom . . . . . ., durch den
der Beteiligten Ziff. 2 die Einführung der Gleitzeitregelung im Werk II vorläufig untersagt wird. Die Beschwerdeführerin ist beschwerdebefugt . . . . . .[14] Die Beschwerde ist fristgerecht am . . . . . . eingelegt worden.[15] Sie ist in der Sache begründet.

I.

(Gegenstand des Beschwerdeverfahrens)
Die Beteiligten streiten darüber, ob die Arbeitgeberin, die Beteiligte Ziff. 2, auch in
ihrem Werk II die Gleitzeitregelung, die in allen ihren anderen Werken auf Grund

der mit den dortigen Betriebsräten abgeschlossenen Betriebsvereinbarungen bereits vor zwei Jahren eingeführt worden ist, ohne vorherige Zustimmung des Beteiligten Ziff. 1, der diese Zustimmung verweigert, einführen darf. Die Beteiligte Ziff. 2 hält diese Zustimmung rechtlich nicht für erforderlich, weil sie mit dem Gesamtbetriebsrat eine das gesamte Unternehmen betreffende, mit den einzelnen Betriebsvereinbarungen inhaltlich übereinstimmende schriftliche Absprache hinsichtlich der Gleitzeitregelung getroffen hat. Der Beteiligte Ziff. 1 hat beim Arbeitsgericht X beantragt, dass der Beteiligten Ziff. 2 die Einführung der Gleitzeitregelung im Werk II bis zum Abschluss einer Betriebsvereinbarung mit dem Beteiligten Ziff. 1 oder gegebenenfalls bis zum Spruch der Einigungsstelle untersagt wird. Diesem Antrag hat das Arbeitsgericht X durch Beschluss vom . . . . . . stattgegeben. Gegen diesen Beschluss wendet sich die vorliegende Beschwerde der Beteiligten Ziff. 2.

II.

(Es folgt die Auseinandersetzung mit den Entscheidungsgründen des angefochtenen arbeitsgerichtlichen Beschlusses in rechtlicher und tatsächlicher Hinsicht, d.h. hier insbesondere mit der betriebsverfassungsrechtlichen Regelungszuständigkeit des Gesamtbetriebsrates und des Betriebsrates im Werk II, sowie die Darlegung, wie das Arbeitsgericht rechtlich zutreffend hätte entscheiden müssen. Gegebenenfalls ist neuer Sachvortrag mit Beweisantritt (Beweisthema, Beweismittel) zu halten.)[16]

Rechtsanwalt[17]

Anmerkungen

1. Für das Beschwerdeverfahren gegen Beschlüsse des Arbeitsgerichts (§§ 80, 2a ArbGG) gelten die für das **Berufungsverfahren** maßgebenden Vorschriften über die Einlegung der Berufung, ihre Begründung, Ladungen, Termine und Fristen, Zustellungen, etc. (§ 87 Abs. 2 ArbGG).

2. Die Bezeichnung der Verfahrensart – „Beschlussverfahren" – ist der prozessualen Klarheit halber, zwecks Abgrenzung zum Urteilsverfahren, geboten.

3. Im Beschlussverfahren gibt es Antragsteller, Beteiligte, Beschwerde- und Rechtsbeschwerdeführer sowie regelmäßig auch Antrags-, Beschwerde- bzw. Rechtsbeschwerdegegner, vgl. oben H. I. 1.1 d.

4. Vgl. oben G. I. 1.3.

5. Zur Angabe des **vollständigen Rubrums** als Wirksamkeitsvoraussetzung vgl. die entsprechenden rechtlichen Anforderungen bei der Berufung (Form. G. I. 2.1 und dort Anm. 3, 5, 6, 7).

6. Ist statt des Beschlusses ein Urteil ergangen, so gilt auch hier der **Grundsatz der Meistbegünstigung**, d.h. der Beschwerdeführer hat die Wahl zwischen der Berufung oder der Beschwerde, vgl. G. I. 1.1 d.

7. Vgl. oben G. I. 1.1. f; zur Beschwerdebefugnis vgl. unten Anm. 14.

8. Die Beschwerde wird durch Einreichung einer **Beschwerdeschrift** beim Landesarbeitsgericht eingelegt. Sie muss den angefochtenen Beschluss bezeichnen (Gericht, Verkündungstermin, Aktenzeichen), die Beteiligten angeben und die Erklärung enthalten, dass die Beschwerde gegen den bezeichneten Beschluss des Arbeitsgerichts eingelegt wird (§ 87 Abs. 2 S. 1 und 2 i.V.m. §§ 66ff. ArbGG, §§ 516–519 ZPO, §§ 88ff. ArbGG). Zur Frage der Jahresfrist des § 9 Abs. 5 S. 4 ArbGG vgl. oben H. I. 1.2a, G. I. 1.2a. Die

Beschwerde muss von einem Rechtsanwalt oder einem Verbandsvertreter eigenhändig unterzeichnet sein (vgl. unten Anm. 17). Die Beschwerde hat aufschiebende, d. h. Suspensivwirkung (§§ 87 Abs. 4, 85 Abs. 1 S. 1 ArbGG). Das Arbeitsgericht selbst kann der Beschwerde nicht abhelfen, der Beschwerde kommt Devolutivwirkung zu (§§ 87 Abs. 1, 90, 91 ArbGG).

9. Vgl. oben Form. G. I. 2.1 Anm. 12.

10. Die **Antragsänderung** ist im Beschwerdeverfahren zulässig (§§ 87 Abs. 2 Satz 3, 81 Abs. 3 ArbGG). Die jederzeit mögliche Antragsrücknahme setzt die Zustimmung der anderen Beteiligten voraus (§ 87 Abs. 2 Satz 3 ArbGG).

11. Die **Klarstellung** ist prozessual zweckmäßig, aber nicht zwingend geboten, wenn sich der Inhalt des zurückgewiesenen Antrags aus dem prozessualen Zusammenhang ergibt.

12. Die Beschwerde ist, wenn sie nicht schon in der Beschwerdeschrift begründet wird, **innerhalb von zwei Monaten** seit der Zustellung des in vollständiger Form abgefassten Urteils, spätestens aber mit Ablauf von fünf Monaten nach der Verkündung zu begründen (§§ 87 Abs. 2, 66 Abs. 1 S. 1 ArbGG). Die Begründungsfrist kann vom Landesarbeitsgericht einmal auf Antrag verlängert werden, wenn nach der freien Überzeugung des Vorsitzenden der Rechtsstreit durch die Verlängerung nicht verzögert wird oder wenn die Partei erhebliche Gründe darlegt. (§§ 87 Abs. 2, 66 Abs. 1 Satz 5 ArbGG). Die Beschwerdebegründung muss angeben, auf welche im Einzelnen anzuführenden Beschwerdegründe sowie auf welche neuen Tatsachen die Beschwerde gestützt wird (§ 89 Abs. 2 ArbGG). Vgl. oben H. 1.5; G. I. 1.5 a und b.

13. Die Beschwerde an das Landesarbeitsgericht gem. § 87 Abs. 1 ArbGG ist **statthaft** gegen die das Verfahren beendenden Beschlüsse der Arbeitsgerichte im Beschlussverfahren (§§ 80 ff. ArbGG).

14. Zu den Zulässigkeitsvoraussetzungen des Beschwerdeverfahrens, d. h. zur **Statthaftigkeit** gehört auch die **Beschwerdebefugnis** und die **Beschwer** des Beteiligten, vgl. oben H. I. 1.1 c und H. I. 1.5 b.

15. Die Beschwerde ist innerhalb einer **Notfrist von einem Monat seit Zustellung** des in vollständiger Form abgefassten Beschlusses einzulegen, spätestens aber mit **Ablauf von fünf Monaten** nach der Verkündung (§§ 87 Abs. 2, 66 Abs. 1 S. 1 und 2 ArbGG). Vgl. insbesondere zur Frage des § 9 Abs. 5 S. 4 ArbGG oben H. I. 1.2 und G. I. 1.2.

16. Auch im Beschwerdeverfahren gilt der das Beschlussverfahren beherrschende Untersuchungsgrundsatz, d. h. das Gericht hat den Sachverhalt von Amts wegen zu erforschen (§§ 90 Abs. 2, 83 Abs. 1 ArbGG).

17. Außer Rechtsanwälten sind vor den Landesarbeitsgerichten auch die in § 11 Abs. 2 S. 2 ArbGG bezeichneten Vertreter von Arbeitgebervereinigungen oder von Gewerkschaften zugelassen. Zur Unterschrift vgl. oben G. I. 1.3, f, g und Form. G. III. 1.3 b.

2.2 Einlegung der Beschwerde und spätere Beschwerdebegründung der in I. Instanz voll unterlegenen Antragstellerin

a) Die Einlegung der Beschwerde[1]

An das
Landesarbeitsgericht . . . . . .

AZ: . . . . . . BV . . . . . ./. . . . . . ArbG X

In dem Beschlussverfahren mit den Beteiligten
1. Fa. XY . . . . . . (Anschrift)

              – Beschwerdeführerin/Antragstellerin/Beteiligte Ziff. 1 –

Prozessbevollmächtigte: . . . . . .
2. Betriebsrat im Betrieb C der Finanzamt. XY . . . . . . (Anschrift), vertreten durch
seine Betriebsratsvorsitzende . . . . . .

              – Beschwerdegegner/Antragsgegner/Beteiligter Ziff. 2 –

Prozessbevollmächtigte: . . . . . .
(vollständiges Rubrum)[2]

legen wir namens und mit Vollmacht der Antragstellerin/Beteiligte Ziff. 1 gegen
den Beschluss des Arbeitsgerichts X vom . . . . . ., AZ: . . . . . . BV . . . . . ./. . . . . . .,
dem Antragsteller zugestellt am . . . . . ., das Rechtsmittel der

Beschwerde[3]

ein. Eine Kopie des Beschlusses des Arbeitsgerichts X vom . . . . . . fügen wir bei.
Beschwerdeanträge und Beschwerdebegründung bleiben einem besonderen Schriftsatz vorbehalten.

                                    Rechtsanwalt[4]

Anmerkungen

1. Vgl. zur Zulässigkeit und den Formalien der Beschwerde, zu ihrer Einlegung und Begründung, den Frist- und Formvoraussetzungen sowie zu den weiter zu beachtenden Erfordernissen bei der Einleitung des Beschwerdeverfahrens die Vorbemerkungen oben H. I. 1.1–1.5 sowie Form. H. I. 2.1.

2. Vgl. oben Form. G. I. 2.1 und dort Anm. 3, 5, 6, 7.

3. Vgl. oben Form. H. I. 2.1 Anm. 8.

4. Vgl. oben Form. H. I. 2.1 Anm. 17.

b) Die spätere Beschwerdebegründung[1]

An das
Landesarbeitsgericht ......

AZ: ...... TaBV ....../...... LAG Y
...... BV ....../...... ArbG X

In dem Beschlussverfahren
mit den Beteiligten
1. ......
           – Beschwerdeführerin/Antragstellerin/Beteiligte Ziff. 1 –
2. ......
           – Beschwerdegegner/Antragsgegner/Beteiligter Ziff. 2 –
(abgekürztes Rubrum)[2]
wegen Zustimmungsersetzung gem. § 99 Abs. 1 und Abs. 4 BetrVG

werden wir namens der Beschwerdeführerin/Beteiligte Ziff. 1 beantragen, für Recht zu erkennen:
1. Der Beschluss des Arbeitsgerichts X vom ......, AZ: ...... BV ....../
......, wird abgeändert.
2. Die Zustimmung des Beteiligten Ziff. 2 zur Einstellung des Mitarbeiters E als Gießereileiter wird ersetzt.

Begründung:

Die Beschwerde ist statthaft ...... Sie ist fristgerecht am ...... eingelegt worden ...... Die Beschwerde ist in der Sache begründet:
Das Arbeitsgericht X hat durch Beschluss vom ...... zu Unrecht den von der Beteiligten Ziff. 1 gestellten Antrag als unbegründet zurückgewiesen, die von dem Beteiligten Ziff. 2 verweigerte Zustimmung zur Einstellung des Mitarbeiters E als Gießereileiter im ...... Betrieb zu ersetzen. Hiergegen richtet sich die Beschwerde des Beteiligten Ziff. 1.

I.

(Es folgt die gedrängte Darstellung des Streitgegenstandes I. Instanz.)

II.

(Es folgt die Auseinandersetzung mit den Entscheidungsgründen des Arbeitsgerichts in rechtlicher und tatsächlicher Hinsicht und die Darlegung, wie das Arbeitsgericht rechtlich zutreffend hätte entscheiden müssen.)[3]

III.

(Es folgt gegebenenfalls neuer Sachvortrag mit Beweisantritten [Beweisthema, Beweismittel].)[4]

Rechtsanwalt[5]

Anmerkungen

1. Vgl. zu den prozessualen Anforderungen an die Beschwerdebegründung oben Form. H. I. 2.1, Anm. 1–17 und die weiteren Hinweise dort.

2. Vgl. Form. G. I. 2.2 b Anm. 2.

3. Vgl. Form. H. I. 2.1 Anm. 12.

4. Vgl. G. I. 1.5 d und e.

5. Vgl. Form. H. I. 2.1 Anm. 17.

c) Weiteres Beispiel einer späteren Beschwerdebegründung[1]

An das
Landesarbeitsgericht . . . . . .

AZ: . . . . . . TaBV . . . . . ./. . . . . . LAG Y
. . . . . . BV . . . . . ./. . . . . . ArbG X

In dem Beschlussverfahren
mit den Beteiligten

1. Firma A . . . . . . AG, vertreten durch ihren Vorstand . . . . . .
               – Beschwerdeführerin/Antragstellerin/Beteiligte Ziff. 1 –
2. Gesamtbetriebsrat der Firma A . . . . . . AG, vertreten durch den Gesamtbetriebsratsvorsitzenden . . . . . .
             – Beschwerdegegner/Antragsgegner/Beteiligter Ziff. 2 –
(abgekürztes Rubrum)[2]

wegen der Ablösung der im Unternehmen der A . . . . . . AG, geltenden Versorgungsordnung 1999

werden wir namens der Beschwerdeführerin/Beteiligte Ziff. 1 beantragen, für Recht zu erkennen:

1. Auf die Beschwerde der Antragstellerin wird der Beschluss des Arbeitsgerichts X vom . . . . . ., AZ: . . . . . . BV . . . . . ./. . . . . ., abgeändert.
Es wird festgestellt, dass die „Gesamtbetriebsvereinbarung über die Versorgungsordnung 2003 bei der Firma A . . . . . . AG" vom 1. 8. 2003 die für die Mitarbeiter des Unternehmens geltende „Versorgungsregelung 1999" abgelöst hat.
2. Die Rechtsbeschwerde wird zugelassen.[3]

Begründung:

Die Beschwerde ist statthaft . . . . . . Sie ist fristgerecht am . . . . . . eingelegt worden . . . . . . Die Beschwerde ist in der Sache begründet:
Das Arbeitsgericht X hat durch Beschluss vom . . . . . . den auf die Feststellung gerichteten Antrag der Beteiligten Ziff. 1 zurückgewiesen, dass die „Gesamtbetriebsvereinbarung über die Versorgungsordnung 2003 bei der Firma A . . . . . . AG" vom 1. 8. 2003 die für die in den Unternehmen beschäftigten Mitarbeiter geltende „Versorgungsregelung 1999 abgelöst" hat. Das Arbeitsgericht hielt den Antrag zu Un-

recht für unbegründet. Gegen diesen Beschluss richtet sich die Beschwerde der Beteiligten Ziff. 1.

I.

(Es folgt die gedrängte Darstellung des Streitgegenstandes I. Instanz.)

II.

(Es folgt die Auseinandersetzung mit den Entscheidungsgründen des Arbeitsgerichts in rechtlicher und tatsächlicher Hinsicht, also die Darlegung, dass die in dem Unternehmen der A . . . . . . AG geltende „Versorgungsregelung 1999" „betriebsvereinbarungsoffen" gewesen sei und, hilfsweise, dass außerdem ein sog. kollektiver Günstigkeitsvergleich die Ablösung der „Versorgungsregelung 1999" gerechtfertigt habe. Weiter ist darzulegen, wie das Arbeitsgericht rechtlich zutreffend hätte entscheiden müssen.)[4]

III.

(Es folgt gegebenenfalls neuer Sachvortrag mit Beweisantritten [Beweisthema, Beweismittel].)[5]

Rechtsanwalt[6]

Anmerkungen

1. Vgl. zu den prozessualen Anforderungen an die Beschwerdebegründung oben Form. H. I. 2.1, Anm. 1–17 und die weiteren Hinweise dort.

2. Vgl. Form. G. I. 2.2 b Anm. 2.

3. Über die Zulassung der Rechtsbeschwerde hat das Landesarbeitsgericht von Amts wegen zu entscheiden. Die Parteien können aber anregen, die Rechtsbeschwerde zuzulassen.

4. Vgl. Form. H. I. 2.1 Anm. 12.

5. Vgl. G. I. 1.5 d und e.

6. Vgl. Form. H. I. 2.1 Anm. 17.

2.3 Beschwerdeanträge, wenn sowohl der Antragsteller als auch der Antragsgegner beim Arbeitsgericht teilweise unterlegen ist und beide Seiten Beschwerde einlegen, soweit ihre Beschwer reicht

a) Beschwerdeanträge des Antragstellers[1]

(wenn z. B. die Antragsteller die Bestellung eines aus fünf Mitgliedern bestehenden Wahlvorstands für die Betriebsratswahl beantragt haben, das Arbeitsgericht aber nur drei Mitglieder bestellt hat, während der Arbeitgeber die Zurückweisung des Antrags insgesamt beantragte, §§ 17 Abs. 4, 16 Abs. 2 BetrVG)

An das
Landesarbeitsgericht . . . . . .

AZ: . . . . . . TaBV . . . . . ./. . . . . . LAG Y
. . . . . . BV . . . . . ./. . . . . . ArbG X

In dem Beschlussverfahren
mit den Beteiligten
1., 2., 3. . . . . .

　　　　　　　　　　　– Beschwerdeführer/Antragsteller/Beteiligte Ziff. 1–3
4. . . . . .

　　　　　　　　　　　– Beschwerdegegnerin/Antragsgegnerin/Beteiligte Ziff. 4
(abgekürztes Rubrum)[2]

. . . . . . beantragen wir namens der Antragsteller/Beteiligte Ziff. 1–3, für Recht zu erkennen:

1. Die Beschwerde der Beteiligten Ziff. 4 gegen den Beschluss des Arbeitsgerichts X vom . . . . . ., AZ: . . . . . . BV . . . . . ./. . . . . ., wird zurückgewiesen.
2. Auf die Beschwerde der Antragsteller wird der Beschluss des Arbeitsgerichts X vom . . . . . ., AZ: . . . . . . BV . . . . . ./. . . . . ., abgeändert, soweit er den Antrag der Beteiligten Ziff. 1–3 zurückgewiesen hat. Es wird ein aus fünf Personen, nämlich Frau AA, Herrn BB, Frau CC, Frau DD und Frau EE als Wahlvorstandsmitglieder bestehender Wahlvorstand zur Durchführung der Betriebsratswahl im . . . . . . Betrieb der Beteiligten Ziff. 4 bestellt.[3]

Begründung:[4]

Die Beschwerde ist statthaft . . . . . . Die Beschwerdeführer sind beschwerdebefugt . . . . . . Die Beschwerde ist fristgerecht am . . . . . . eingelegt worden . . . . . . Sie ist in der Sache begründet . . . . . .

I.

(Gegenstand der Beschwerde)

II.

(Auseinandersetzung mit den Entscheidungsgründen des angefochtenen Beschlusses und gegebenenfalls neuer Sachvortrag mit Beweisantritt)

Rechtsanwalt[5]

Anmerkungen

1. Das Form. H. I. 2.3 a stellt eine der Einlegung der Beschwerde nachfolgende spätere Beschwerdebegründung dar. Vgl. zu den prozessualen Form- und Fristanforderungen des Beschwerdeverfahrens oben H. I. 1.1–1.5; Form. H. I. 2.1 und die Anm. dort.

2. Vgl. Form. G. I. 2.2 b Anm. 2.

3. Dieser Teil des Beschwerdeantrags entspricht dem erstinstanzlichen Sachantrag der Antragsteller Ziff. 1–3.

4. Vgl. Form. H. I. 2.1 Anm. 12.

5. Vgl. Form. H. I. 2.1 Anm. 17.

b) Beschwerdeanträge des Antragsgegners[1]

(wenn z. B. die Antragsteller die Bestellung eines aus fünf Mitgliedern bestehenden Wahlvorstands für die Betriebsratswahl beantragt haben, das Arbeitsgericht aber nur drei Mitglieder bestellt hat, während die Arbeitgeberin (Bet. Ziff. 4) die Zurückweisung des Antrags insgesamt beantragte und sowohl die Antragsteller als auch die Antragsgegnerin Beschwerde einlegen)

An das
Landesarbeitsgericht . . . . . .

AZ: . . . . . . TaBV . . . . . ./. . . . . . LAG Y
. . . . . . BV . . . . . ./. . . . . . ArbG X

In dem Beschlussverfahren
mit den Beteiligten
1. . . . . . .
  – Beschwerdegegner/Antragsteller/Beteiligte Ziff. 1–3 –
2. . . . . . .
  – Beschwerdeführerin/Antragsgegnerin/Beteiligte Ziff. 4 –
(abgekürztes Rubrum)[2]

. . . . . . beantragen wir namens der Antragsgegnerin/Beteiligte Ziff. 4, für Recht zu erkennen:
1. Die Beschwerde der Antragsteller gegen den Beschluss des Arbeitsgerichts X vom . . . . . ., AZ: . . . . . . BV . . . . . ./. . . . . ., wird zurückgewiesen.
2. Auf die Beschwerde der Antragsgegnerin wird der Beschluss des Arbeitsgerichts X vom . . . . . ., AZ: . . . . . . BV . . . . . ./. . . . . ., abgeändert, soweit er dem Antrag der Antragsteller stattgegeben hat. Der Antrag der Antragsteller auf Bestellung eines Wahlvorstandes wird insgesamt zurückgewiesen.

Begründung:[3]

Die Beschwerde ist statthaft . . . . . . Die Antragsgegnerin ist beschwerdebefugt . . . . . . Die Beschwerde ist fristgerecht am . . . . . . eingelegt worden . . . . . . Sie ist in der Sache begründet . . . . . .

I.

(Gegenstand der Beschwerde)

II.

(Auseinandersetzung mit den Entscheidungsgründen des angefochtenen Beschlusses und gegebenenfalls neuer Sachvortrag mit Beweisantritt)

Rechtsanwalt[4]

Anmerkungen

1. Form. H.I. 2.3 a stellt eine der Einlegung der Beschwerde nachfolgende spätere Beschwerdebegründung dar. Vgl. zu den prozessualen Form- und Fristanforderungen des Beschwerdeverfahrens oben H.I. 1.1–1.5; Form. H. I. 2.1 und die Anm. dort.

2. Vgl. Form. G. I. 2.2 b Anm. 2.

3. Vgl. H. I. 2.1 Anm. 12.

4. Vgl. H. I. 2.1 Anm. 17.

2.4 Beschwerdeanträge, wenn ein beim Arbeitsgericht unterlegener Beteiligter seine Beschwerde auf einen Teil seiner Beschwer beschränkt

a) Beschwerdeantrag des unterlegenen Antragstellers, der nur die teilweise Abänderung des erstinstanzlichen Beschlusses erstrebt[1]

(wenn z.B. der Betriebsrat die Feststellung seines Mitbestimmungsrechts a) bei der Schließung der Werkskantine und b) bei der Einführung eines betrieblichen Catering-Service beantragt und das Arbeitsgericht beide Anträge des Betriebsrats zurückgewiesen hat, der Antragsteller im Beschwerdeverfahren aber nur den Feststellungsantrag zu b) weiterverfolgt)

An das
Landesarbeitsgericht . . . . . .

AZ: . . . . . . TaBV . . . . . ./. . . . . . LAG Y
. . . . . . BV . . . . . ./. . . . . . ArbG X

In dem Beschlussverfahren
mit den Beteiligten
1. . . . . . .

           – Beschwerdeführer/Antragsteller/Beteiligter Ziff. 1 –

2. . . . . . .

           – Beschwerdegegner/Antragsgegner/Beteiligter Ziff. 2 –

(abgekürztes Rubrum)[2]

. . . . . . beantragen wir namens des Antragstellers/Beteiligter Ziff. 1, für Recht zu erkennen:

Auf die Beschwerde des Antragstellers wird unter Abänderung des Beschlusses des Arbeitsgerichts X vom . . . . . . AZ . . . . . . BV . . . . . ./. . . . . . festgestellt, dass der vom Beteiligten Ziff. 2 vorgesehene Catering-Service der Firma X im Betrieb . . . . . . dem Mitbestimmungsrecht des Antragstellers gemäß § 87 Abs. 1 Nr. 8 BetrVG unterliegt.

Begründung:[3]

Die Beschwerde ist statthaft . . . . . . Der Antragsteller beschränkt seinen Beschwerdeantrag auf die Feststellung seines Mitbestimmungsrechts bei der Einführung des Catering-Service im Betrieb . . . . . . Der Antragsteller ist beschwerdebefugt . . . . . . Die Beschwerde ist fristgerecht am . . . . . . eingelegt worden . . . . . . Sie ist in der Sache begründet . . . . . .

I.

(Gegenstand der Beschwerde)

II.

(Auseinandersetzung mit den Entscheidungsgründen des angefochtenen Beschlusses und gegebenenfalls neuer Sachvortrag mit Beweisantritt)

Rechtsanwalt[4]

Anmerkungen

1. Form. H. I. 2.4 a stellt eine der Einlegung der Beschwerde nachfolgende spätere Beschwerdebegründung dar. Vgl. zu den prozessualen Form- und Fristanforderungen des Beschwerdeverfahrens oben H. I. 1.1–1.5; Form. H. I. 2.1 und die Anm. dort.

2. Vgl. Form. G. I. 2.2 b Anm. 2.

3. Vgl. Form. H. I. 2.1 Anm. 12; G. I. 1.5 d und e.

4. Vgl. Form. H. I. 2.1 Anm. 17.

b) Beschwerdeantrag des unterlegenen Antragsgegners, der nur die teilweise Abänderung des erstinstanzlichen Beschlusses erstrebt[1]

(wenn z.B. der Betriebsrat die Feststellung seines Mitbestimmungsrechts a) bei der Schließung der Werkskantine und b) bei der Einführung eines betrieblichen Catering-Service beantragt und das Arbeitsgericht beiden Anträgen stattgegeben hat, der Arbeitgeber sich aber im Beschwerdeverfahren nur noch gegen die Feststellung zu a) wenden will)

An das
Landesarbeitsgericht . . . . . .

AZ: . . . . . . TaBV . . . . . ./. . . . . . LAG Y
. . . . . . BV . . . . . ./. . . . . . ArbG X

In dem Beschlussverfahren
mit den Beteiligten
1. . . . . . .

– Beschwerdegegner/Antragsteller/Beteiligter Ziff. 1 –

2. . . . . . .

– Beschwerdeführer/Antragsgegner/Beteiligter Ziff. 2 –

(abgekürztes Rubrum)[2]

. . . . . . beantragen wir namens des Beschwerdeführers/Beteiligten Ziff. 2, für Recht zu erkennen:
Der Beschluss des Arbeitsgerichts X vom . . . . . ., AZ: . . . . . . BV . . . . . ./. . . . . ., wird abgeändert, soweit er das Mitbestimmungsrecht des Beteiligten Ziff. 1 gemäß § 87 Abs. 1 Nr. 8 BetrVG bei der Schließung der Werkskantine im Betrieb . . . . . . festgestellt hat. Der auf die Feststellung dieses Mitbestimmungsrechts gerichtete Antrag des Beteiligten Ziff. 1 wird zurückgewiesen.

Begründung:[3]

Die Beschwerde ist statthaft . . . . . . Der Beteiligte Ziff. 2 beschränkt seinen Beschwerdeantrag auf die Feststellung, dass dem Beteiligten Ziff. 1 kein Mitbestimmungsrecht bei der Schließung der Werkskantine im Betrieb . . . zusteht. Der Beteiligte Ziff. 2 ist beschwerdebefugt . . . . . . Die Beschwerde ist fristgerecht am . . . . . . eingelegt worden . . . . . . Sie ist in der Sache begründet . . . . . .

I.

(Gegenstand der Beschwerde)

II.

(Auseinandersetzung mit den Entscheidungsgründen des angefochtenen Beschlusses und gegebenenfalls neuer Sachvortrag mit Beweisantritt)

Rechtsanwalt[4]

Anmerkungen

1. Form. H. I. 2.4 b stellt eine der Einlegung der Beschwerde nachfolgende spätere Beschwerdebegründung dar. Vgl. zu den prozessualen Form- und Fristanforderungen des Beschwerdeverfahrens oben H. I. 1.1.–1.5; Form. H. I. 2.1 und die Anm. dort.

2. Vgl. Form. H. I. 2.2 b Anm. 2.

3. Vgl. Form. H. I. 2.1 Anm. 12.

4. Vgl. Form. H. I. 2.1 Anm. 17.

3. Abwehr der Beschwerde

3.1 Gegenanträge anderer Beteiligter und die Beschwerdeerwiderung[1]

An das
Landesarbeitsgericht . . . . . .

AZ: . . . . . . TaBV . . . . . ./. . . . . . LAG Y
. . . . . . BV . . . . . ./. . . . . . ArbG X

In dem Beschlussverfahren
mit den Beteiligten
1. . . . . . .
                                        – Beschwerdeführer/Antragsteller/Beteiligter Ziff. 1 –
2. . . . . . .
                                        – Beschwerdegegnerin/Beteiligte Ziff. 2 –
(abgekürztes Rubrum)[2]

wegen . . . . . .

beantragen wir namens und in Vollmacht der Beschwerdegegnerin/Beteiligten Ziff. 2, für Recht zu erkennen:[3]
Die Beschwerde des Beteiligten Ziff. 1 gegen den Beschluss des Arbeitsgerichts X vom . . . . . ., AZ: . . . . . . BV . . . . . ./. . . . . ., wird zurückgewiesen.

Begründung:[4]
Die Beschwerde des Beteiligten Ziff. 1 gegen den Beschluss des Arbeitsgerichts X vom . . . . . . kann keinen Erfolg haben. Das Arbeitsgericht hat zu Recht den Antrag des Beteiligten Ziff. 1 . . . . . . zurückgewiesen . . . . . .
(Es folgt a) die Auseinandersetzung mit der Beschwerdebegründung des Beschwerdeführers und die Darlegung, warum das Arbeitsgericht rechtlich zutreffend entschieden hat. Gegebenenfalls ist b) neuer Sachvortrag mit Beweisantritten (Beweisthema, Beweismittel) zu halten.)

Rechtsanwalt[5]

Kasper   803

Anmerkungen

1. Im Beschwerdeverfahren gibt es, anders als im Berufungsverfahren, keine gesetzliche Frist zur Beantwortung der Beschwerde. Im Unterschied zum Berufungsverfahren gilt im Beschlussverfahren der Untersuchungsgrundsatz (§ 83 Abs. 1 ArbGG). Parteivorbringen kann unter den Voraussetzungen des § 83 a ArbGG i. V. m. § 90 Abs. 2 ArbGG zurückgewiesen werden. Die Beschwerde und Beschwerdebegründung ist allen Beteiligten von Amts wegen zur Äußerung zuzustellen, auch solchen Beteiligten, die vom Arbeitsgericht noch nicht beteiligt wurden, aber zu beteiligen sind. Die Äußerung von Beteiligten kann zu Protokoll der Geschäftsstelle des Arbeitsgerichtes, das den angefochtenen Beschluss erlassen hat, oder schriftsätzlich beim Beschwerdegericht erfolgen (§ 90 Abs. 1 ArbGG). Vertretungszwang für die Äußerung besteht nicht.

2. Vgl. Form. G. I. 2.2 b Anm. 2.

3. Zum Beschwerdeverfahren vgl. H. I. 1.1–1.5 sowie Form. H. I. 2 und die Anm. dort.

4. Vgl. Form. H. I. 2.1 Anm. 12; G. I. 1.5 d und e.

5. Vgl. Form. H. I. 2.1 Anm. 17.

3.2 Anschlussbeschwerde[1]

An das
Landesarbeitsgericht . . . . . .

AZ: . . . . . . TaBV . . . . . ./. . . . . . LAG Y
. . . . . . BV . . . . . ./. . . . . . ArbG X

Anschlussbeschwerde

In dem Beschlussverfahren[2]
mit den Beteiligten
1. . . . . . .

– Beschwerdeführerin/Antragsgegnerin/Beteiligte Ziff. 2 –

2. . . . . . .

– Beschwerdegegner/Antragsteller/Beteiligter Ziff. 1 –

(abgekürztes Rubrum)[3]

wegen . . . . . .

ist dem Antragsteller/Beteiligten Ziff. 1 der Beschluss des Arbeitsgerichts X vom . . . . . ., AZ: . . . . . . BV . . . . . ./. . . . . ., am . . . . . . und die Beschwerdebegründungsschrift der Beteiligten Ziff. 2 vom . . . . . . am . . . . . . zugestellt worden. Mit der hier vorgelegten

Beschwerdeanschlussschrift

legt der Antragsteller/Beteiligte Ziff. 1 Anschlussbeschwerde ein. Er schließt sich der Beschwerde der Beteiligten Ziff. 2 gegen den Beschluss des Arbeitsgerichts X vom . . . . . ., AZ: . . . . . . BV . . . . . ./. . . . . ., an.[4] Namens des Antragstellers/Beteiligten Ziff. 1 beantragen wir, für Recht zu erkennen:

1. Die Beschwerde der Beteiligten Ziff. 2 gegen den Beschluss des Arbeitsgerichts X vom . . . . . ., AZ: . . . . . . BV . . . . . ./. . . . . ., wird zurückgewiesen.
2. Auf die Anschlussbeschwerde des Beteiligten Ziff. 1 wird der Beschluss des Arbeitsgerichts X vom . . . . . ., AZ: . . . . . . BV . . . . . ./. . . . . ., abgeändert, soweit er den Antrag des Beteiligten Ziff. 1 auf Feststellung seines Mitbestimmungsrechts gem. § 87 Abs. 1 Nr. 2 und 3 BetrVG bei der von der Beteiligten Ziff. 2 geplanten Regelung der Einsatzzeiten im Außendienst zurückgewiesen hat. Es wird festgestellt, dass . . . . . . (es folgt der erstinstanzliche Sachantrag des Beteiligten Ziff. 1/Antragstellers in I. Instanz).

Begründung:

Die Anschlussbeschwerde ist statthaft. Der Beteiligte Ziff. 1 ist beschwerdebefugt . . . . . . Die Anschlussbeschwerde ist in der Sache auch begründet:

I.

Den Gegenstand des Verfahrens bildet der Streit der Beteiligten über die Mitbestimmungsrechte des Beteiligten Ziff. 1 hinsichtlich zweier Regelungsfragen . . . . . . Der Beteiligte Ziff. 1 hat beantragt festzustellen, 1. . . . . . . und 2. . . . . . .
Das Arbeitsgericht X hat dem Antrag des Beteiligten Ziff. 1 auf Feststellung seiner Mitbestimmungsrechte nur insoweit stattgegeben, als es feststellte, dass . . . . . . Im Übrigen hat das Arbeitsgericht den Feststellungsantrag des Beteiligten Ziff. 1 zurückgewiesen. Mit der Anschlussbeschwerde verfolgt der Beteiligte Ziff. 1 seinen vom Arbeitsgericht abgewiesenen Antrag auf Feststellung . . . . . . weiter. Die Teilabweisung seines Antrags erfolgte zu Unrecht. Insoweit ist der Beschluss des Arbeitsgerichts abzuändern. Soweit hingegen das Arbeitsgericht dem Antrag des Beteiligten Ziff. 1 stattgegeben hat, ist seine Entscheidung rechtlich zutreffend. Die Beschwerde der Beschwerdeführerin/Beteiligten Ziff. 2 gegen den Beschluss des Arbeitsgerichts ist daher zurückzuweisen . . . . . .

II.[5]

(Es folgt a) die Auseinandersetzung des Beteiligten Ziff. 1 mit dem Beschluss des Arbeitsgerichts sowie b) die Auseinandersetzung mit der Beschwerdebegründung der Beteiligten Ziff. 2 und c) gegebenenfalls neuer Sachvortrag mit Beweisantritt (Beweisthema, Beweismittel).)

Rechtsanwalt[6]

Anmerkungen

1. Wie ein Berufungsbeklagter in der Berufung (§§ 524 ZPO, 64 Abs. 6 ArbGG) kann sich auch ein Beteiligter im Beschlussverfahren **innerhalb der Anschließungsfrist** der Beschwerde eines anderen Beteiligten anschließen, selbst wenn er auf die Beschwerde verzichtet hat oder wenn die Beschwerdefrist verstrichen ist. Eine solch unselbstständige Anschlussbeschwerde wird durch **Einreichung einer Beschwerdeanschlussschrift beim Landesarbeitsgericht** eingelegt, § 524 ZPO. Für deren Form und Inhalt gelten die für die Beschwerdeschrift maßgebenden Bestimmungen, § 524 Abs. 3 i. V. m. § 519 Abs. 2 und 4 ZPO (*Germelmann/Matthes/Prütting/Müller-Glöge* § 89 Rn. 34). Die Anschlussbeschwerde setzt **die Beschwer** des Anschlussbeschwerdeführers voraus (*Germelmann/ Matthes/Prütting/Müller-Glöge* § 89 Rn. 41; vgl. zum Revisionsverfahren BAG 26. 1. 1995, EzA Nr. 155 zu § 626 BGB n. F. (s. auch unten H. III: 3.2, Anm. 8); zum Begriff

der Beschwer vgl. oben G. I. 1.1 g). Die Beschwerdeanschlussschrift muss eine **ausdrück-**
liche Erklärung darüber enthalten, **welcher oder welchen Beschwerde/n** sich der Anschlussbeschwerdeführer **anschließt.** Erforderlich ist auch die ausdrückliche **Erklärung,**
dass **Anschlussbeschwerde eingelegt werde,** weil nicht jede prozessuale Äußerung eines
Beteiligten oder die Stellung des gleichen Sachantrages bereits als Anschlussbeschwerde
anzusehen ist. **Die Anschlussbeschwerde** muss **in der Beschwerdeanschlussschrift** oder
innerhalb der Anschließungsfrist in einem gesonderten Schriftsatz **begründet werden.**
Dazu gehört die Bezeichnung der Umstände, aus denen sich die Rechtsverletzung und
deren Erheblichkeit für die angefochtene Entscheidung ergibt sowie die Bezeichnung
konkreter Anhaltspunkte, die Zweifel an der Richtigkeit und Vollständigkeit der Tatsa-
chenfeststellungen im angefochtenen Beschluss begründen (§§ 524 Abs. 3 S. 2, 520
Abs. 3 ZPO). Die Anschlussbegründungsschrift muss auch die **Anträge** der Anschlussbeschwerde enthalten. Die Anschließung ist aber nur dann zulässig, wenn mit ihr mehr erreicht werden soll (wie z.B. durch Antragserweiterung) als die Abwehr der Beschwerde
(*Baumbach/Albers* ZPO § 524 Rn. 10 (mwN)). Für Form und Inhalt der Anschlussbe-
schwerdebegründung gilt das Gleiche wie für die Begründung einer selbstständigen Beschwerde (*Germelmann/Matthes/Prütting/Müller-Glöge* § 89 Rn. 36). Die Anschlussbeschwerde setzt eine **zulässige Hauptbeschwerde** voraus. Sie ist vom Schicksal der
Hauptbeschwerde abhängig, verliert also ihre Wirkung, wenn die Hauptbeschwerde zurückgenommen, als unzulässig verworfen oder durch Beschluss zurückgewiesen wird
(§ 524 Abs. 4 ZPO). Dem erstinstanzlich unterlegenen oder teilunterlegenen Beteiligten
steht aber unabhängig davon das „selbstständige" Recht zu, unter Beachtung der Formalien für die Beschwerde sowie der Frist für ihre Einlegung und Begründung Beschwerde einzulegen, soweit seine Beschwer reicht. Legt ein Beteiligter selbstständig eine
zulässige Hauptbeschwerde ein, so ist er auf die Anschlussbeschwerde nicht angewiesen.

2. Zum Beschwerdeverfahren vgl. H. I. 1.1–1.5; Form. H. I. 2.1 und die Anm. dort.

3. Vgl. Form. H. I. 2.2 b Anm. 2. Die **Anschlussbeschwerdeschrift muss aber bezeich-**
nen: das Beschwerdegericht, sein Aktenzeichen, den Anschlussbeschwerdeführer und
den Anschlussbeschwerdegegner („wer gegen wen"), das erstinstanzliche Arbeitsgericht
und den angefochtenen Beschluss (Verkündungstermin, Aktenzeichen). Weiter muss es
die für die Anschließung **erforderlichen Erklärungen** enthalten, vgl. oben Anm. 1.

4. Die Anschlussbeschwerde wird **eingelegt** durch eine beim Landesarbeitsgericht einzureichende Beschwerdeausschlussschrift (§ 524 Abs. 1 S. 1 und 2 ZPO). Die Anschließung (zur Statthaftigkeit vgl. oben Anm. 1) **ist zulässig bis zum Ablauf eines Monats**
nach der Zustellung der Beschwerdebegründungsschrift (§ 524 Abs. 3 ZPO). **Die An-**
schlussbeschwerde (zur Form vgl. Anm. 1) **muss in der Anschlussschrift begründet** werden (§ 524 Abs. 3 S. 1 ZPO). Die Begründung kann innerhalb der Anschließungsfrist
auch in gesondertem Schriftsatz erfolgen; sie gilt dann als neue Anschlussbeschwerde
(BAG 18. 1. 1968, AP-Nr. 4 zu § 522 a ZPO).

5. Die an die Begründung der Anschlussbeschwerde zu stellenden Anforderungen entsprechen denen der Beschwerdebegründung (vgl. H. I. 1.5 a–e).

6. Vgl. Form. H. I. 2.1 Anm. 17.

4. Die sofortige Beschwerde und die Rechtsbeschwerde im Beschlussverfahren gegen nicht verfahrensbeendende Beschlüsse der Arbeits- und Landesarbeitsgerichte gem. §§ 78, 80, 87 Abs. 2 ArbGG

a) Die sofortige Beschwerde[1]
Vgl. Form. G. I. 4 a[2, 3]

1. Die sofortige Beschwerde gegen nicht verfahrensbeendende Beschlüsse der Arbeits- und Landesarbeitsgerichte ist **auch im Beschlussverfahren** gem. §§ 78, 80, 87 Abs. 2 ArbGG **statthaft.** Statthaft ist die sofortige Beschwerde (§ 567 Abs. 1 Nr. 1 und 2 ZPO), wenn (a) dies im Gesetz ausdrücklich bestimmt ist oder (b) wenn das Gericht durch seine Entscheidung ein das Verfahren betreffendes Gesuch zurückgewiesen hat und für diese Entscheidung eine mündliche Verhandlung nicht erforderlich war. Näheres vgl. oben Form. G. I. 4 a.
2. Im Beschlussverfahren ist zu beachten, dass es nur „Beteiligte" und nicht Kläger und Beklagte kennt (vgl. oben H. I. 1.1 d).
3. Zu den Einzelheiten (**Einlegung, Frist, Form, Begründung**) vgl. oben G. I. 4 a und die Anm. dort.

b) Zur Rechtsbeschwerde gem. §§ 78, 80, 87 Abs. 2 ArbGG[1]
Vgl. Form. G. I. 4 b[2, 3]

1. Die Rechtsbeschwerde gem. §§ 78, 80, 87 Abs. 2 ArbGG gegen nicht verfahrensbeendende Beschlüsse darf nicht mit der Rechtsbeschwerde gegen verfahrensbeendende Beschlüsse verwechselt werden, vgl. Form. H. III. 1.1–1.6, Form. H. III. 2 ff.
2. Die Rechtsbeschwerde an das Bundesarbeitsgericht gegen nicht verfahrensbeendende Beschlüsse der Landesarbeitsgerichte ist auch **im Beschlussverfahren** gem. §§ 78 S. 2 und 3, 80, 87 Abs. 2 ArbGG **statthaft.** Statthaft ist **die Rechtsbeschwerde** gegen eine
Entscheidung des Landesarbeitsgerichts **über eine sofortige Beschwerde,** wenn die Rechtsbeschwerde vom Landesarbeitsgericht zugelassen worden ist (§ 78 S. 2 ArbGG i. V. m. § 72 Abs. 2 ArbGG). Näheres oben Form. G. I. 4 b.
3. Zu den Einzelheiten (**Einlegung, Frist, Form, Begründung**) vgl. oben Form. G. I. 4 b und die Anm. dort.

II. Beschwerde gegen einstweilige Verfügungen im Beschlussverfahren (§§ 85 Abs. 2, 87 ff. ArbGG)

1. Einlegung und Begründung der Beschwerde

1.1 Beschwerde des unterlegenen Antragstellers gem. §§ 85 Abs. 2, 87 ff. ArbGG i.V.m. §§ 935 ff. ZPO

(z.B. eines Arbeitgebers, der aus dringenden betrieblichen Gründen die Verlegung einer vom Betriebsrat anberaumten Betriebsversammlung durchsetzen möchte)[1]

An das
Landesarbeitsgericht . . . . . .[2]

AZ: . . . . . . GaBV . . . . . ./. . . . . . ArbG X

In dem Beschlussverfahren wegen einstweiliger Verfügung[3]
. . . . . .

– Beschwerdeführer/Antragsteller/Beteiligter Ziff. 1 –

gegen

. . . . . .

– Beschwerdegegner/Beteiligter Ziff. 2 –

(vollständiges Rubrum)[4]

legen wir namens des Antragstellers/Beteiligten Ziff. 1 gegen den Beschluss des Arbeitsgerichts X vom . . . . . ., AZ: . . . . . . GaBV . . . . . ./. . . . . ., dem Antragsteller zugestellt am . . . . . ., gem. §§ 85 Abs. 2, 87 ArbGG

Beschwerde[5]

ein. Eine Kopie des arbeitsgerichtlichen Beschlusses vom . . . . . . fügen wir bei. Namens des Antragstellers beantragen wir, für Recht zu erkennen:
Unter Abänderung des Beschlusses des Arbeitsgerichts X vom . . . . . ., AZ: . . . . . . GaBV . . . . . ./. . . . . ., wird dem Beteiligten Ziff. 2 aufgegeben, die von ihm anberaumte Betriebsversammlung am . . . . . . abzusetzen.

Begründung:

Die Beschwerde ist statthaft . . . . . .[6] Sie ist fristgerecht am . . . . . . eingelegt worden . . . . . .[7] Die Beschwerde ist in der Sache auch begründet:[8]

I.

Der Beteiligte Ziff. 2 hat eine Betriebsversammlung auf . . . . . . anberaumt, obwohl der Betrieb, wie seit langem feststeht, an diesem körperliche Inventur macht . . . . . . Der Antragsteller verlangte deshalb vom Beteiligten Ziff. 2 aus dringenden betrieblichen Gründen die Betriebsversammlung zu verlegen. Dies wurde vom Beteiligten

Ziff. 2 abgelehnt. Der Antragsteller beantragte daraufhin beim Arbeitsgericht X, durch einstweilige Verfügung dem Beteiligten Ziff. 2 die Betriebsversammlung am . . . . . . zu untersagen. Das Arbeitsgericht X hat jedoch durch Beschluss der Kammer vom . . . . ., AZ: . . . . . . BV . . . . ./. . . . ., den vom Antragsteller beantragten Erlass einer einstweiligen Verfügung abgelehnt. Hiergegen richtet sich die Beschwerde des Antragstellers: . . . . . .
(Es folgt eine gedrängte Darstellung des Verfügungssachverhalts.)

II.

(Es folgt weiter die Auseinandersetzung mit den Beschlusserwägungen des Arbeitsgerichts a) hinsichtlich des Verfügungsanspruchs[9] und b) des Verfügungsgrundes.[10] Gegebenenfalls ist c) neuer Sachvortrag glaubhaft[11] zu machen.)

Rechtsanwalt[12]

Anmerkungen

1. Nach überwiegender Auffassung sind auch **Arreste** im Beschlussverfahren zulässig, z.B. bei der Erstattung von Betriebsratskosten (*Germelmann/Matthes/Prütting/Müller-Glöge*, § 85 Rn. 28; *Grunsky* § 85 Rn. 24; *Hauck* § 85 Rn. 13).

2. Zu den **allgemeinen Form- und Fristanforderungen** vgl. H.I. 1.1 und die Anm. dort.

3. Einstweilige Verfügungen sind **im Beschlussverfahren** zulässig (§ 85 Abs. 2 S. 1 ArbGG), und zwar als Sicherungsverfügungen i.S.d. § 935 ZPO oder als Regelungsverfügungen i.S.d. § 940 ZPO bzw. auch als Leistungs- oder Erfüllungsverfügungen, soweit diese die Rechtsprechung für zulässig hält. Gesetzlich hat die einstweilige Verfügung grundsätzlich nur Sicherungs- und vorläufige Regelungs-, nicht auch Erfüllungsfunktion.

4. Vgl. G. I. 1.1 und dort Anm. 3, 5, 6, 7.

5. Hat das Arbeitsgericht den Antrag auf Erlass einer einstweiligen Verfügung **ohne mündliche Verhandlung** zurückgewiesen, ist die **sofortige Beschwerde** statthaft (§ 567 Abs. 1 Nr. 2 ZPO); das Arbeitsgericht kann dieser Beschwerde abhelfen. Hat das Arbeitsgericht über den Antrag auf Erlass einer einstweiligen Verfügung durch verfahrensbeendenden Beschluss **auf Grund mündlicher Verhandlung** entschieden, indem es den Verfügungsantrag zurückgewiesen oder ihm stattgegeben hat, so ist die **Beschwerde gem. § 87 ArbGG** an das Landesarbeitsgericht zulässig. Soweit die Kammer in der mündlichen Verhandlung Beteiligte übergangen hat, steht diesen der Widerspruch, den nicht übergangenen Beteiligten die Beschwerde gem. § 87 ArbGG zu. In einem solchen Fall ist über den Widerspruch vorab zu entscheiden (h.M., Grunsky § 85 Rn. 20). Über den **Widerspruch** ist auch zu entscheiden, wenn das Arbeitsgericht ohne mündliche Verhandlung eine einstweilige Verfügung erlassen hat (§§ 85 Abs. 2 ArbGG, 936, 924 ZPO). Auf den Widerspruch wird vom Arbeitsgericht Termin zur mündlichen Verhandlung anberaumt, auf Grund deren das Arbeitsgericht durch Beschluss der Kammer entscheidet (§ 85 Abs. 2 Satz 2 ArbGG). Gegen den Beschluss ist die Beschwerde gem. §§ 87ff. ArbGG statthaft.

6. Vgl. H.I. 1.1, Anm. 13 und 14.

7. Die **Beschwerdefrist** beträgt auch hier **ein Monat** und die **Beschwerdebegründungsfrist zwei Monate ab Zustellung** des in vollständiger Form abgefassten Beschlusses, spätestens aber mit Ablauf von **fünf Monaten** nach der Verkündung (§§ **87 Abs. 2, 85, 66 Abs. 1 S. 1 und 2 ArbGG**). Die Rechtsbeschwerde ist gem. § 92 Abs. 1 Satz 3 ArbGG ausgeschlossen.

8. Die Beschwerde ist innerhalb von zwei Monaten ab Zustellung des Beschlusses zu begründen (§§ 87 Abs. 2, 66 Abs. 1 Satz 1 ArbGG). Der auf seinen Verfügungsgrund angewiesene Antragsteller wird **die gesetzlichen Fristen aber tunlichst nicht ausschöpfen.** Sonst läuft er Gefahr, seinen Verfügungsgrund zu verlieren. Die Beschwerde muss von einem Rechtsanwalt oder Verbandsvertreter eigenhändig unterzeichnet sein (allgemeine Rechtsauffassung, vgl. *Germelmann/Matthes/Prütting/Müller-Glöge,* § 89 Rn. 24; *Grunsky* § 87 Rn. 12). Die Begründungsfrist kann, wie die Berufungsbegründungsfrist, vom Vorsitzenden der zuständigen Beschwerdekammer verlängert werden (vgl. G. I. 1.2. a Anm. 2). Die inhaltlichen Anforderungen der Beschwerdebegründung entsprechen denen der Berufungsbegründung (vgl. G. I. 1.1 Anm. 16). Nicht gestützt werden kann die Beschwerde auf die in § 65 ArbGG bezeichneten Verfahrensmängel, insbes. auf die örtliche Unzuständigkeit des Arbeitsgerichts sowie auf Mängel in der Berufung eines ehrenamtlichen Richters (§ 88 ArbGG). Vgl. auch H. I. 1.1 Anm. 12.

9. Der sog. „**Verfügungsanspruch**" muss sich aus dem materiellen Recht ergeben, d. h. aus dem Gesetz, aus Tarifverträgen, aus Betriebsvereinbarungen etc. Umstritten ist, inwieweit Beteiligungsrechte des Betriebsrats im Wege der einstweiligen Verfügung gegen den Arbeitgeber durchgesetzt werden können (vgl. z.B. die typischen Fallgruppen der §§ 99, 100, 101, 102, 103 BetrVG; zu Regelungsstreitigkeiten vgl. *Grunsky,* § 85 Rn. 14a; *Fitting/Kaiser/Heither* zu § 76 Rn. 126; *Hess/Schlochauer/Glaubitz* BetrVG, 4. A., § 87 Rn. 29; *Däubler/Kittner,* BetrVG, 8. A., § 87 Rn. 316; *Engels/Schmidt,* BetrVG 21. A.2002, *Richardi* BetrVG 5. A. 2002, § 76 Rn. 34).

10. Der Erlass einer einstweiligen Verfügung setzt einen **Verfügungsgrund** voraus (zum Begriff des Verfügungsgrundes vgl. oben Form. G. II. 1.1 Anm. 13). Dieser Verfügungsgrund muss vom Antragsteller im Einzelnen dargetan und ggf. glaubhaft gemacht werden (vgl. Form. H. II. 1.1 Anm. 6).

11. Der Antragsteller hat zwar **Verfügungsanspruch** und **Verfügungsgrund glaubhaft** zu machen (§ 294 ZPO). Im Beschlussverfahren gilt aber der Untersuchungsgrundsatz, so dass das Landesarbeitsgericht gehalten ist, von Amts wegen den Sachverhalt zu erforschen. Dies gilt auch für das einstweilige Verfügungsverfahren.

12. Vgl. Form. H. I. 2.1 Anm. 17.

1.2 Beschwerde des Antragsgegners oder anderer, in I. Instanz unterlegener Beteiligter[1]

An das
Landesarbeitsgericht . . . . . .

AZ: . . . . . . TaBV . . . . . ./. . . . . . LAG Y
. . . . . . GaBV . . . . . ./. . . . . . ArbG X

In dem Beschlussverfahren wegen einstweiliger Verfügung
. . . . . .

– Beschwerdeführer/Antragsgegner/Beteiligter Ziff. 2 –

gegen

. . . . . .

– Beschwerdegegner/Antragsteller/Beteiligter Ziff. 1 –

(abgekürztes Rubrum)[2]

...... beantragen wir namens des Antragsgegners/Beteiligter Ziff. 2, für Recht zu erkennen:
Der Beschluss des Arbeitsgerichts X vom ......, AZ: ...... GaBV ....../......, wird aufgehoben. Der Antrag des Antragstellers (auf Erlass einer einstweiligen Verfügung ......) wird zurückgewiesen.

Begründung: ......[3]

(Die Beschwerde ist entsprechend Form. H. II. 1.1 und H. I. 2.2 b zu begründen.)

Rechtsanwalt[4]

Anmerkungen

1. Form. H. II. 1.2 geht davon aus, dass die Beschwerde bereits eingelegt ist und erst durch gesonderten Schriftsatz begründet wird. Zum Verfahren vgl. oben Form. H. II. 1.1, insbes. Anm. 5, 7, 8, 9.

2. Vgl. Form. G. I. 2.2 b Anm. 2.

3. Vgl. Form. H. II. 1.1 Anm. 8.

4. Vgl. Form. H. I. 2.1 Anm. 17.

2. Beschwerde-Gegenanträge des in I. Instanz obsiegenden Antragstellers/Antragsgegners[1]

An das
Landesarbeitsgericht ......

AZ: ...... TaBV ....../...... LAG Y
      ...... GaBV ....../...... ArbG X

In dem Beschlussverfahren wegen einstweiliger Verfügung
......

– Beschwerdeführer/
Antragsgegner [Antragsteller]/Beteiligter Ziff. 2 [1] –

gegen

......

– Beschwerdegegner/
Antragsteller [Antragsgegner]/Beteiligter Ziff. 1 [2] –

(abgekürztes Rubrum)[2]

...... beantragen wir namens des Antragstellers/Beteiligter Ziff. 1 [Antragsgegners/Beteiligter Ziff. 2], für Recht zu erkennen:
Die Beschwerde des Antragsgegners/Beteiligter Ziff. 2 [Antragstellers/Beteiligter Ziff. 1] gegen den Beschluss des Arbeitsgerichts X vom ......, AZ: ...... TaBV ....../......, wird zurückgewiesen.

Begründung:[3]

Das Arbeitsgericht X hat durch seinen Beschluss vom ...... dem Verfügungsantrag des Antragstellers/Beteiligten Ziff. 1 zu Recht stattgegeben [den Verfügungsantrag des Beteiligten Ziff. 1 zu Recht zurückgewiesen].

Kasper

(Es folgt a) die Auseinandersetzung mit der Beschwerdebegründung des Gegners und b) dem Verfügungsanspruch sowie c) dem Verfügungsgrund. Gegebenenfalls sind d) neue Tatsachen glaubhaft zu machen.)

Rechtsanwalt[4]

Anmerkungen

1. Zum Verfahren vgl. Form. H. II. 1.1 und die Anm. dort sowie H. I. 1.1 mit Anm.

2. Vgl. Form. G. I. 2.2 b Anm. 2.

3. Vgl. Form. H. II. 1.1 und die Anm. dort.

4. Vgl. Form. H. I. 2.1 Anm. 17.

III. Die Rechtsbeschwerde gegen verfahrensbeendende Beschlüsse der Landesarbeitsgerichte

1. Vorbemerkungen zur Zulässigkeit und zu den Formalien der Rechtsbeschwerde, zur Statthaftigkeit, Form und Frist der Rechtsbeschwerde

1.1 Statthaftigkeit der Rechtsbeschwerde (§ 92 ArbGG)

Gegen die das Verfahren beendenden Beschlüsse der Landesarbeitsgerichte findet die Rechtsbeschwerde an das Bundesarbeitsgericht statt, wenn sie in dem Beschluss des Landesarbeitsgerichts oder in dem Beschluss des Bundesarbeitsgerichtes nach § 92a S. 2 ArbGG zugelassen wird (§ 92 Abs. 1 ArbGG). Im einstweiligen Verfügungsverfahren (§ 85 Abs. 2 ArbGG) ist die Rechtsbeschwerde unzulässig (§ 92 Abs. 1 S. 3 ArbGG).

Im Einzelnen:

a) **Rechtsbeschwerdefähig** sind im arbeitsgerichtlichen Beschlussverfahren (§ 87 Abs. 1 ArbGG) auch Teil- und Zwischenbeschlüsse, soweit entsprechende Urteile im Urteilsverfahren nach den §§ 280 Abs. 2, 302 Abs. 3 und 304 Abs. 2 ZPO selbstständig durch Rechtsmittel angefochten werden können. Dies gilt auch für einen Beschluss über den Grund des Anspruchs, da § 61 Abs. 3 ArbGG im Beschlussverfahren nicht gilt (*Germelmann/Matthes/Prütting/Müller-Glöge* § 87 Rn. 4). Unstatthaft ist eine Rechtsbeschwerde gegen eine prozessuale Kostenentscheidung, soweit eine solche ergeht (BAG 22. 2. 1963, AP-Nr. 9 zu § 92 ArbGG 1953). Ein das Verfahren in der Instanz beendender Beschluss ist auch der Einstellungsbeschluss des Vorsitzenden nach § 81 Abs. 2 S. 3 oder § 83a Abs. 2 ArbGG, wie im Falle der Zurücknahme des Antrags oder Erledigung des Verfahrens (*Germelmann/Matthes/Prütting/Müller-Glöge* § 87 Rn. 5). Zu sog. Scheinbeschlüssen, die an schweren Mängeln leiden oder die nicht wirksam verkündet worden sind, vgl. oben G. I. 1.1 d.

b) Auch der **Rechtsbeschwerdeführer muss beschwerdebefugt und beschwert sein** (vgl. oben H. I. 1.1 c). Anderenfalls ist seine Rechtsbeschwerde unzulässig. Rechtsbeschwerdebefugt sind alle **Beteiligten**. Fordert das Gesetz wie bei der Wahlanfechtung eine bestimmte Mindestzahl von Antragstellern, so ist jeder Antragsteller für sich beschwerdebefugt. Sofern nicht so viele Antragsteller Beschwerde einlegen, wie das Gesetz als Mindestzahl für die Antragstellung verlangt, so wird dadurch nicht die einzelne Rechtsbeschwerde unzulässig, sondern der Antrag ist insgesamt als unzulässig abzuweisen (zur entsprechenden Rechtsfolge in der Beschwerdeinstanz vgl. BAG 12. 2. 1985, AP-Nr. 27 zu § 76 BetrVG 1952; a. A. BVerwG 2. 2. 1982, BVerwGE 65, 33). Zu den Einzelheiten, insbesondere zur Anschließung von Antragstellern, die zunächst keine Rechtsbeschwerde eingelegt haben und zur Bedeutung des Verlustes oder des Fehlens der Antragsbefugnis in Bezug auf die Rechtsbeschwerdebefugnis vgl. *Germelmann/Matthes/Prütting/Müller-Glöge* § 89 Rn. 3. Zur „Beschwer" von Beteiligten vgl. auch oben H. I. 1.1 e.

c) Für die **Parteirollen** in allen Instanzen des Beschlussverfahrens gelten **Besonderheiten**, (vgl. oben H. I. 1.1 d und e).

d) **Werden Personen oder Stellen,** die nach materiellem Recht Beteiligte des Verfahrens sind, vom Gericht **nicht beteiligt,** d.h. angehört und zum Verfahren zugezogen, so liegt darin ein **Verfahrensfehler** (BAG 20. 2. 1986, AP-Nr. 1 zu § 63 BetrVG 1972). Die betreffende Person oder Stelle muss deshalb an dem weiteren Verfahren beteiligt werden. Eines förmlichen Antrages durch einen Beteiligten bedarf es dazu nicht (*Germelmann/Matthes/Prütting/Müller-Glöge* § 83 Rn. 28). Näheres oben H. I. 1.1 e.

1.2 Die Frist für die Einlegung der Rechtsbeschwerde

Die Frist für die **Einlegung** der Rechtsbeschwerde beim Bundesarbeitsgericht beträgt einen Monat, die Frist für ihre **Begründung zwei Monate.** Beide Fristen beginnen mit der **Zustellung des in vollständiger Form abgefassten Beschlusses,** spätestens aber mit dem **Ablauf von fünf Monaten nach seiner Verkündung (§ 87 Abs. 2 i.V.m. § 66 Abs. 1 S. 3 ArbGG).** Die Zustellung erfolgt von Amts wegen (§ 50 Abs. 1 ArbGG) und regelmäßig gegen **Empfangsbekenntnis** des Prozessbevollmächtigten (§ 212a ZPO), das für den Beginn der Einlegungs- und Begründungsfristen und deren jeweiligen selbstständigen (unterschiedlichen) Ablauf maßgebend ist. Die Frist für die **Einlegung** der Rechtsbeschwerde ist eine **Notfrist.** Sie kann weder verlängert noch abgekürzt werden (§ 224 Abs. 1 ZPO). Ggf. kommt die Wiedereinsetzung in den vorigen Stand in Betracht (gem. §§ 230 ff. ZPO). Die Frist berechnet sich nach §§ 222, 187, 188 BGB.

Im Einzelnen:

a) Sofern bis zum Ablauf der Fünfmonatsfrist die Rechtsmittelbelehrung noch nicht zugestellt worden ist, beginnt nach der Neufassung des § 74 Abs. 1 S. 1 und 2 ArbGG (durch das ZPO-RG) nicht mehr die Jahresfrist des § 9 Abs. 5 S. 4 ArbGG, sondern sogleich die Monatsfrist für die Einlegung der Rechtsbeschwerde (vgl. *Germelmann/Matthes/Prütting/Müller-Glöge* § 66 Rn. 15, 15a, § 9 Rn. 58, § 74 Rn. 5; anderer Auffassung sind *Matthes* (*Germelmann/Matthes/Prütting/Müller-Glöge* § 89 Rn. 11) und *Erf. K/Koch,* § 66 Rn. 11, 12. Vgl. oben G. I. 1.2 a).

b) Ist der Beschluss mehreren Verfahrensbevollmächtigten eines Beteiligten **zugestellt** worden, so beginnt die Rechtsbeschwerdefrist für den Beteiligten mit der ersten Zustellung (BAG 23. 1. 1986, AP-Nr. 31 zu § 5 BetrVG 1972).

c) Gewahrt ist die Rechtsbeschwerdefrist nur, wenn die **Rechtsbeschwerdeschrift fristgemäß** beim Bundesarbeitsgericht **eingegangen,** d.h. in den Gewahrsam des Gerichts gelangt ist. Näheres, auch zu den modernen Kommunikationsmitteln, oben G. I. 1.2 b und c.

1.3 Die Form bei der Einlegung der Rechtsbeschwerde

Eingelegt wird die Rechtsbeschwerde förmlich durch Einreichung der Rechtsbeschwerdeschrift beim Bundesarbeitsgericht.

Im Einzelnen:

a) Zu den formellen **Anforderungen an die Rechtsbeschwerdeschrift,** die notwendigen Angaben in der Rechtsbeschwerdeschrift, insbesondere zu dem anzufechtenden Beschluss und zu den anderen Beteiligten vgl. die entsprechenden Hinweise oben G. I. 1.2 a bis c.

b) Die Rechtsbeschwerdeschrift ist ebenso wie die Rechtsbeschwerdebegründung von einem **Rechtsanwalt** beim Bundesarbeitsgericht **einzureichen und eigenhändig zu unter-schreiben** (§ 130 Nr. 6 ZPO); vgl. oben G. I. 1.3 f. (§ 94 Abs. 1 ArbGG) Von der Einlegung und der Begründung der Rechtsbeschwerde abgesehen, können sich der Rechtsbeschwerdeführer wie auch die übrigen Beteiligten selbst vertreten oder durch Vertreter von Arbeitgeberverbänden oder Gewerkschaften vertreten lassen (BAG 20. 3. 1990, AP-Nr. 79 zu § 99 BetrVG 1972).

c) **Mängel** am notwendigen Inhalt der Rechtsbeschwerdeschrift können dadurch geheilt werden, dass die Angaben noch innerhalb der Rechtsbeschwerdefrist dem Bundesarbeitsgericht bekannt werden (z.B. durch eine nachgereichte Abschrift des anzufechtenden Beschlusses).

1.4 Die Frist für die Einreichung der Rechtsbeschwerdebegründung

Die Frist für die **Einreichung** der Rechtsbeschwerdebegründung beträgt **zwei Monate** (**§ 87 Abs. 2 i. V. m. § 66 Abs. 1 S. 1 ArbGG**). Auch diese Frist beginnt mit der **Zustellung des in vollständiger Form abgefassten Beschlusses**, spätestens aber mit Ablauf von **fünf Monaten nach der Verkündung** (**§ 66 Abs. 1 S. 2 ArbGG**). Die Rechtsbeschwerdebegründungsfrist berechnet sich nach §§ 222, 187, 188 BGB. Zur Frage der Nichtanwendbarkeit des § 9 Abs. 5 S. 4 ArbGG auf die Rechtsbeschwerdebegründungsfrist vgl. oben G. I. 1.4.

Die Rechtsbeschwerdebegründungsfrist ist keine Notfrist. Sie kann ebenso wie die Revisionsbegründungsfrist (§ 74 Abs. 1 S. 3 ArbGG) auf Antrag des Rechtsbeschwerdeführers **einmal** bis zu einem weiteren Monat verlängert werden.

Im Einzelnen:

a) Die Frist für die Rechtsbeschwerdebegründung ist nur gewahrt, wenn die **Rechtsbeschwerdebegründung** beim Bundesarbeitsgericht **fristgerecht eingegangen ist.** Vgl. hierzu die entsprechend geltenden Hinweise oben G. I. 1.4.

b) Auch die Rechtsbeschwerdebegründungsschrift bedarf der **Unterzeichnung durch einen Rechtsanwalt** (vgl. oben Form. H. III. 1.3 b).

1.5 Die Form der Rechtsbeschwerdebegründung

Die Rechtsbeschwerde ist durch **Anwaltsschriftsatz** zu begründen. Die an die **Rechtsbeschwerdebegründungsschrift** gestellten Formanforderungen entsprechen den für die Berufungsbegründung maßgebenden (vgl. oben G. I. 1.3 und 1.5). Zum Erfordernis der eigenhändigen Unterschrift eines Rechtsanwalts vgl. oben Form. H. III. 1.3 b.

Zu den Besonderheiten des Beschlussverfahrens:

a) Vgl. oben H. I. 1.1–1.4, Form. H. I. 2.1 und die Anm. dort.

b) Der Rechtsbeschwerdeantrag muss grundsätzlich wie bei der Revision auf die **vollständige oder teilweise Beseitigung der Beschwer des Rechtsbeschwerdeführers** gerichtet sein, anderenfalls ist die Rechtsbeschwerde unzulässig (vgl. oben H. I. 1.5. a, b; G. III. 1.1 g).

c) Auch von der Rechtsbeschwerdebegründung verlangt das Gesetz wie von der Revision eine **ausführliche Auseinandersetzung** mit der angefochtenen Entscheidung (vgl. oben Form. G. III. 1.5).

d) Aufgabe des Rechtsbeschwerdegerichts ist wie die des Revisionsgerichts, die Entscheidung des Landesarbeitsgerichts **auf Rechtsfehler** hin zu überprüfen. Das Bundesarbeitsgericht ist auch im Rechtsbeschwerdeverfahren keine weitere Tatsacheninstanz. Eine Beweisaufnahme kann jedoch zur Feststellung von Prozessvoraussetzungen und Prozessfortsetzungsbedingungen in Betracht kommen (*Germelmann/Matthes/Prütting/Müller-Glöge* § 92 Rn. 21).

e) Bei der Überprüfung der angefochtenen Entscheidung ist das Bundesarbeitsgericht **nicht an die vorgebrachten Beschwerdegründe gebunden.** Es kann der Rechtsbeschwerde auch aus anderen rechtlichen Gründen stattgeben, die nicht vom Rechtsbeschwerdeführer gegen die Entscheidung vorgebracht worden sind (*Germelmann/Matthes/Prütting/Müller-Glöge* § 89 Rn. 31 d).

1.6 Die Rechtsbeschwerdebeantwortung

Gemäß § 95 Abs. 1 S. 1 ArbGG wird die Rechtsbeschwerdeschrift und die Rechtsbeschwerdebegründung den Beteiligten zur Äußerung zugestellt. Die „Äußerung" erfolgt durch Einreichung eines Schriftsatzes beim Bundesarbeitsgericht oder durch Erklärung zur Niederschrift der Geschäftsstelle des Landesarbeitsgerichts, das den angefochtenen Beschluss erlassen hat (§ 95 S. 2 ArbGG). Äußert sich ein Beteiligter nicht oder nicht rechtzeitig, so steht dies dem Fortgang des Verfahrens im Übrigen nicht entgegen (§ 95 S. 3 ArbGG).

2. Einlegung und Begründung der Rechtsbeschwerde des Antragstellers

2.1 Gleichzeitige Einlegung und Begründung der Rechtsbeschwerde des in der I. und II. Instanz voll unterlegenen Antragstellers

(z. B. eines Unternehmens als Antragsteller, das die Wahl der Arbeitnehmer zum mitbestimmten Aufsichtsrat nach dem MitbestG angefochten hat)

An das
Bundesarbeitsgericht

AZ: . . . . . . TaBV . . . . . ./. . . . . . LAG Y
. . . . . . BV . . . . . ./. . . . . . ArbG X

In der Rechtsbeschwerdesache[1]
. . . . . .

     – Rechtsbeschwerdeführer/Beschwerdeführer/Antragsteller/Beteiligter Ziff. 1 –

gegen

. . . . . .

     – Rechtsbeschwerdegegner/Beschwerdegegner/Antragsgegner/Beteiligte
     Ziff. 2–17 –

(vollständiges Rubrum)[2]

wegen Anfechtung der Wahl der Arbeitnehmervertreter zum Aufsichtsrat der . . . . . . AG gem. § 22 Abs. 1 und 2 Nr. 7 MitbestG

legen wir namens und mit Vollmacht des Antragstellers/Beteiligten Ziff. 1 gegen den Beschluss des Landesarbeitsgerichts Y vom . . . . . ., AZ: . . . . . . TaBV[3] . . . . . ./ . . . . . ., dem Prozessbevollmächtigten des Antragstellers zugestellt am . . . . . ., das Rechtsmittel der

Rechtsbeschwerde[4]

ein. Eine Kopie des vollständigen Beschlusses des Landesarbeitsgerichts Y vom . . . . . ., AZ: . . . . . . TaBV . . . . . ./. . . . . ., fügen wir bei.[5] Namens des Antragstellers/Beteiligten Ziff. 1 beantragen wir,[6] für Recht zu erkennen:

1. Der Beschluss des Landesarbeitsgerichts Y vom . . . . . ., AZ: . . . . . . TaBV
. . . . . ./. . . . . ., wird aufgehoben. Auf die Beschwerde des Antragstellers wird unter Abänderung des Beschlusses des Arbeitsgerichts X vom . . . . . ., AZ . . . . . . BV . . . . . ./. . . . . . die Wahl der Arbeitnehmer-Vertreter zum Aufsichtsrat bei der ABC AG vom . . . . . . für unwirksam erklärt.

2. Hilfsweise:
Unter Aufhebung des Beschlusses des Landesarbeitsgerichts Y vom . . . . . ., AZ: . . . . . . TaBV . . . . . ./. . . . . ., wird die Sache zur anderweitigen Verhandlung und Entscheidung an das Landesarbeitsgericht Y zurückverwiesen.

Rechtsbeschwerdebegründung:[7]

Die Rechtsbeschwerde richtet sich gegen den Beschluss des Landesarbeitsgerichts Y vom . . . . ., AZ: . . . . . . TaBV . . . . ./. . . . ., das die Beschwerde des Antragstellers gegen den Beschluss des Arbeitsgerichts X vom . . . . ., AZ: . . . . . . BV . . . . ./. . . . ., als unbegründet zurückgewiesen hat. Vom Arbeitsgericht X war der Antrag des Antragstellers, die Wahl der Arbeitnehmervertreter zum Aufsichtsrat bei der ABC AG vom . . . . . . für unwirksam zu erklären, durch den Beschluss vom . . . als unbegründet abgewiesen worden.

Die Rechtsbeschwerde ist statthaft.[8] Sie wurde in dem Beschluss des Landesarbeitsgerichts Y vom . . . . ., AZ: . . . . . . TaBV . . . . ./. . . . ., zugelassen.[9] Die Rechtsbeschwerde ist auch fristgerecht am . . . . . . eingelegt worden. Das Wahlergebnis wurde am . . . . . . im Bundesanzeiger veröffentlicht (§ 22 Abs. 2 MitbestG). Der Beschluss des Landesarbeitsgerichts Y vom . . . . ., AZ: . . . . . . TaBV . . . . ./ . . . . ., ist, wie schon der Beschluss des Arbeitsgerichts X vom . . . . ., rechtsfehlerhaft:

I.

(Es folgt eine gedrängte Darstellung des Streitgegenstandes, der Prozessgeschichte, soweit erforderlich, sowie der Entscheidungsgründe des Landesarbeitsgerichts und Arbeitsgerichts.)

II.

Mit seiner Rechtsbeschwerde rügt der Beteiligte Ziff. 1 die Verletzung materiellen Rechts[10] durch das Landesarbeitsgericht und das Arbeitsgericht, nämlich der Rechtsnormen des § 5 Abs. 3 MitbestG und des § 3 Abs. 1 Nr. 1 und 2 MitbestG.

1. Landesarbeitsgericht und Arbeitsgericht verkennen die Rechtsnormen des § 5 Abs. 3 sowie § 3 Abs. 1 Nr. 1 und 2 MitbestG. Diesen Bestimmungen zufolge waren bei der Wahl der Aufsichtsratsmitglieder der Arbeitnehmer in der ABC AG am . . . . . . nicht nur deren Arbeitnehmer wahlberechtigt . . . . . ., sondern auch die in den Konzernunternehmen B und C beschäftigten Arbeitnehmer . . . . . . Das Arbeitsgericht und Landesarbeitsgericht haben rechtsfehlerhaft angenommen . . . . . . Sie gingen bei ihren Entscheidungen . . . . . . davon aus . . . . . . Damit haben sie den mitbestimmungsrechtlichen Rechtsbegriff des Konzerns verletzt. . . . . . .

2. Bei rechtsfehlerfreier Anwendung der Rechtsnormen der §§ 5 Abs. 3, 3 Abs. 1 Nr. 1 und 2 MitbestG wären die Arbeitnehmer . . . . . ., weil sie i.S.d. §§ 5 Abs. 3, 3 Abs. 1 Nr. 1 und 2 MitbestG zum Konzern gehörten, von Rechts wegen an der Wahl zu beteiligen gewesen . . . . . . Wären sie an der Wahl beteiligt worden, so hätte das Wahlergebnis nach den Ergebnissen der durchgeführten Wahl insgesamt anders ausfallen können . . . . . . Landesarbeitsgericht und Arbeitsgericht hätten daher dem Antrag des Beteiligten Ziff. 1, die Wahl für unwirksam zu erklären, stattgeben müssen . . . . . . Demgemäß ist der Beschluss des Landesarbeitsgerichts aufzuheben und der Beschluss des Arbeitsgerichts abzuändern.

III.

Außerdem rügt die Rechtsbeschwerde das Verfahren des Landesarbeitsgerichts (Verfahrensrüge)[11]. Der Beteiligte Ziff. 1 hat in seiner Antragsschrift die Wahlanfechtung auch darauf gestützt, dass die Arbeitnehmer des Konzernunternehmens D zu Unrecht nicht an der Wahl vom . . . . . . beteiligt worden sind, weil auch die

Firma D . . . . . ., worüber die Beteiligten streiten, mitbestimmungsrechtlich als Konzernunternehmen anzusehen ist. Das Landesarbeitsgericht hat diesen vom Antragsteller vorgetragenen entscheidungserheblichen Anfechtungs-Sachverhalt weder aufgegriffen noch aufgeklärt, ... Es hat auch die angebotenen Beweise nicht erhoben. Dadurch hat das Landesarbeitsgericht formelles Recht verletzt. Vom Beteiligten Ziff. 1 wird die Verletzung der Verfahrensnormen der §§ 139, 286 ZPO gerügt:

1. Der Antragsteller hat schon in seiner Antragsschrift vom . . . . . . dargestellt, dass der Konzern . . . . . . alleiniger Gesellschafter der D GmbH mit 380 Arbeitnehmern ist und die D GmbH von ihm auch i. S. d. § 5 Abs. 3 MitbestG beherrscht wird . . . . . Infolgedessen hätten auch diese 380 Arbeitnehmer an der Aufsichtsratswahl . . . . . . beteiligt werden müssen . . . . . . Dies hat das Landesarbeitsgericht verkannt. . . . . . . Wären sie an der Wahl beteiligt worden, hätte das Wahlergebnis insgesamt anders ausfallen können. . . . . . . Zum Beweis seiner von den Antragsgegnern bestrittenen Behauptung, dass er der alleinige Gesellschafter der D GmbH ist, hat der Antragsteller beantragt, die Zeugen Z und X zu vernehmen . . . . . .
Das Landesarbeitsgericht hat in seinem Beschluss nicht begründet, warum es den Zeugenbeweis nicht erhoben hat, obwohl dieser Beweis für seine Sachentscheidung erheblich war. Hätte das Landesarbeitsgericht antragsgemäß . . . . . ., so hätten die Zeugen Z und X zur Überzeugung des Gerichts bekundet, dass . . . . . . Dann aber hätte das Landesarbeitsgericht . . . . . .
2. Auch auf der Verletzung formellen Rechts, nämlich der Rechtsnormen der §§ 139, 286 ZPO durch das Landesarbeitsgericht beruht daher sein Entscheidungsergebnis. Infolgedessen ist der Beschluss aufzuheben und die Rechtssache zur anderweitigen Verhandlung und Entscheidung an das Landesarbeitsgericht zurückzuverweisen, sofern der Senat nicht schon auf Grund der materiellen Rügen (oben Ziff. II) in der Sache abschließend entscheidet.

Rechtsanwalt[12]

Anmerkungen

1. Für das Rechtsbeschwerdeverfahren gelten die für das Revisionsverfahren maßgebenden Vorschriften **für Fristen und Formen** bei der Einlegung der Revision und ihrer Begründung, Prozessfähigkeit, Ladung, usw. entsprechend (§ 92 Abs. 2 Satz 2 ArbGG), vgl. Form. H. III. 1.1–1.5. Zu den Formalien, der Frist und Form der Rechtsbeschwerde und ihrer Begründung im Beschlussverfahren vgl. oben Form. H. III. 1.2–1.5. Vor dem Bundesarbeitsgericht gilt für den Rechtsbeschwerdeführer Anwaltszwang (§ 11 Abs. 2 Satz 1 ArbGG); vgl. oben H. III. 1.3 b.

2. Vgl. Form. G. I. 2.1 und dort Anm. 3, 5, 6, 7.

3. Die Einlegung der Rechtsbeschwerde beim **Bundesarbeitsgericht** erfolgt durch Anwaltsschriftsatz (unter Bezeichnung der angefochtenen Entscheidung, der Gerichte, Aktenzeichen, Verkündungszeitpunkte, der Beteiligten und ihrer Rollen im Prozess), vgl. oben H. I. 1.1–1.5, insbes. H. I. 1.1 d, e, siehe unten nachfolgende Anm. 4.

4. Die Rechtsbeschwerdeschrift muss die **Erklärung** enthalten, dass gegen den Beschluss des Landesarbeitsgerichts **die Rechtsbeschwerde eingelegt wird** (§ 94 Abs. 2 Satz 1 ArbGG). **Die Frist für die Einlegung der Rechtsbeschwerde beträgt ein Monat,** für ihre Begründung zwei Monate. Beide Fristen beginnen mit der Zustellung des in vollständiger Form abgefassten Beschlusses, spätestens aber mit Ablauf von fünf Monaten nach der Verkündung (§§ 92 Abs. 2, 74 Abs. 1 S. 1 und 2 ArbGG). Vgl. oben H. I. 1.2–1.5. Die Rechtsbeschwerdebegründungsfrist kann einmal bis zu einem weiteren Monat verlängert werden (§ 74 Abs. 1 S. 3 ArbGG).

5. Vgl. oben Form. G. I. 2.1 Anm. 12.

6. Vgl. H. I. 1.5 a–e; G. I. 1.5 a, b.

7. Für die **Rechtsbeschwerdebegründung** und die **Rechtsbeschwerdeanträge** gelten die Vorschriften über die Revisionsbegründung entsprechend (§ 92 Abs. 2 ArbGG). Die Rechtsbeschwerdebegründung muss angeben, inwieweit die Abänderung des angefochtenen Beschlusses beantragt wird, welche Bestimmungen verletzt sein sollen und worin die Verletzung bestehen soll (§§ 94 Abs. 2 Satz 2). Grundsätzlich kann die Rechtsbeschwerde nicht auf neue Tatsachen verweisen (BAG 16. 5. 1990, AP Nr. 21 zu § 554 ZPO = NZA 1990, 825 = BAGE 65, 147 = RdA 1990, 317 = BB 1990, 1776 = Betr 1990, 2128 = NJW 1990, 2641; BAG 24. 7. 1990, AP Nr. 7 zu § 2 TVG Tarifzuständigkeit = NZA 1991, 21 = RdA 1990, 382 = Betr 1990, 104). Gestützt werden kann die Rechtsbeschwerde darauf, dass der Beschluss des Landesarbeitsgerichts **auf der rechtsfehlerhaften Anwendung oder Nichtanwendung einer Rechtsnorm beruht** (materielle Rüge) oder auf der Verletzung formellen Rechts (**Verfahrensrüge**).

8. Statthaft ist die Rechtsbeschwerde gegen verfahrensbeendende Beschlüsse der Landesarbeitsgerichte. Eine Ausnahme bildet die Sprungrechtsbeschwerde gem. § 96 a ArbGG; sie setzt die schriftliche Zustimmung der übrigen Beteiligten und die Zulassung durch das Arbeitsgericht wegen grundsätzlicher Bedeutung der Rechtssache auf Antrag entweder in dem verfahrensbeendenden Beschluss oder nachträglich durch gesonderten Beschluss voraus (§ 96 a Abs. 1 Satz 1 ArbGG). Im Übrigen ist die Rechtsbeschwerde statthaft, wenn sie **vom Landesarbeitsgericht zugelassen** oder **auf Grund der Nichtzulassungsbeschwerde durch das Bundesarbeitsgericht zugelassen worden ist** (§§ 92 Abs. 1, 92 a ArbGG). Im summarischen Verfahren (einstweiliges Verfügungsverfahren und Arrestverfahren) findet die Rechtsbeschwerde nicht statt (§ 92 Abs. 1 Satz 3 ArbGG). Zuzulassen vom Landesarbeitsgericht ist die Rechtsbeschwerde unter den Voraussetzungen des § 72 Abs. 2 ArbGG (§ 92 Abs. 2 ArbGG).

9. Vgl. § 92 Abs. 1 ArbGG. Das Bundesarbeitsgericht ist an die Zulassung der Revision durch das Landesarbeitsgericht gebunden.

10. Zur **materiellen Rüge** vgl. oben Form. G. III. 1.5 c, d.

11. Zur **Verfahrensrüge** vgl. oben Form. G. III. 1.5, e. Zur Begründung der Verfahrensrüge s. a. Form. G. III. 2.1, Anm. 17, 18.

12. Vgl. Form. H. III. 1.3 b. Zur Unterschrift: G. I. 1.3 f, g und Form. G. III. 1.3 b.

2.2 Einlegung der Rechtsbeschwerde und spätere Rechtsbeschwerdebegründung des in I. Instanz obsiegenden, in II. Instanz voll unterlegenen Antragstellers

a) Einlegung der Rechtsbeschwerde[1]

An das
Bundesarbeitsgericht . . . . . .

AZ: . . . . . . AZR . . . . . ./. . . . . . BAG
. . . . . . TaBV . . . . . ./. . . . . . LAG Y
. . . . . . BV . . . . . ./. . . . . . ArbG X

In dem Rechtsbeschwerdeverfahren
mit den Beteiligten

wegen . . . . . .

1. . . . . .
    – Rechtsbeschwerdeführer/Beschwerdegegner/Antragsteller/Beteiligter Ziff. 1 –
Prozessbevollmächtigte: . . . . . .

2. . . . . .
    – Rechtsbeschwerdegegner/Beschwerdeführer/Antragsgegner/Beteiligter Ziff. 2 –
Prozessbevollmächtigte: . . . . . .
(vollständiges Rubrum)[2]

legen wir namens und in Vollmacht des Antragstellers/Beteiligten Ziff. 1 gegen den
Beschluss des Landesarbeitsgerichts Y vom . . . . . ., AZ: . . . . . . TaBV . . . . . ./
. . . . . ., dem Antragsteller zugestellt am . . . . . ., das Rechtsmittel der

Rechtsbeschwerde

ein. Eine Kopie des Beschlusses des Landesarbeitsgerichts Y vom . . . . . ., AZ:
. . . . . . TaBV . . . . . ./. . . . . ., fügen wir bei.
Anträge und Begründung der Rechtsbeschwerde bleiben einem besonderen Schrift-
satz vorbehalten.

Rechtsanwalt[3]

Anmerkungen

1. Zum Rechtsbeschwerdeverfahren, zur Einlegung und Begründung der Rechtsbeschwerde und zu den dabei zu beachtenden Form- und Fristanforderungen vgl.
H. III. 1.1–1.5.

2. Vgl. Form. G. I. 2.1 und dort Anm. 3, 5, 6, 7.

3. Vgl. Form. H. III. 1.3 b. Zur Unterschrift: G. I. 1.3 f, g und Form. G. III. 1.3 b.

b) Die spätere Rechtsbeschwerdebegründung[1]

An das
Bundesarbeitsgericht

AZ: ...... AZR ....../...... BAG
...... TaBV ....../...... LAG Y
...... BV ....../...... ArbG X

In dem Rechtsbeschwerdeverfahren ......
(abgekürztes Rubrum)[2]

wegen ......

beantragen wir namens und in Vollmacht des Antragstellers/Beteiligten Ziff. 1, für Recht zu erkennen:
Der Beschluss des Landesarbeitsgerichts Y vom ......, AZ: ...... TaBV ....../
......, wird aufgehoben. Die Beschwerde des Beteiligten Ziff. 2 gegen den Beschluss des Arbeitsgerichts X vom ......, AZ: ...... BV ....../......, wird zurückgewiesen.

Rechtsbeschwerdebegründung

Die Rechtsbeschwerde ist statthaft. Sie wurde vom Landesarbeitsgericht Y in seinem Beschluss vom ...... zugelassen. Die namens des Antragstellers gegen den am ... dem Antragsteller zugestellten Beschluss des Landesarbeitsgerichts Y vom ......, AZ: ...... TaBV ....../...... eingelegte Rechtsbeschwerde wird wie folgt begründet:

I.

Gegenstand der Rechtsbeschwerde ist der Rechtsstreit der Beteiligten über ......
(Es folgt eine gedrängte Darstellung des Prozessgegenstandes, soweit er für das Rechtsbeschwerdeverfahren von Bedeutung ist, sowie der Entscheidungen des Landesarbeitsgerichts sowie des Arbeitsgerichts mit den für die Rechtsbeschwerde maßgeblichen Beschlusserwägungen und Verfahrensentscheidungen)

II.

Die Rechtsbeschwerde rügt die Verletzung materiellen Rechts, nämlich der Rechtsnorm des ... [z.B. § 103 Abs. 3 BetrVG] sowie die Verletzung formellen Rechts, nämlich der ...... [z.B. §§ 139, 286 ZPO]
(Es folgen die materielle Rüge der Rechtsbeschwerde und ggf. die Verfahrensrügen in der Auseinandersetzung mit den Beschlusserwägungen des Landesarbeitsgerichts.)[3]

Rechtsanwalt[4]

Anmerkungen

1. Zum Rechtsbeschwerdeverfahren, zur Einlegung und Begründung der Rechtsbeschwerde und zu den dabei zu beachtenden Form- und Fristanforderungen vgl. Form. H. III. 1.1–1.5. Die Darstellung der Anträge hier bei Form. H. III. 2.2 b betrifft den Fall, dass die Rechtsbeschwerde bereits form- und fristgerecht eingelegt worden ist, später begründet wird und der Antragsteller sein Antragsbegehren in vollem Umfang weiter verfolgt.

2. Vgl. Form. G. I. 2.2 b Anm. 2.

3. Vgl. Form. H. III. 2.1 Anm. 7.

4. Vgl. Form. H. III. 1.3 b. Zur Unterschrift: G. I. 1.3 f, g und Form. G. III. 1.3 b.

2.3 Rechtsbeschwerdeanträge des Antragstellers, wenn er in I. Instanz obsiegte und in II. Instanz teilweise unterlegen ist[1]

An das
Bundesarbeitsgericht

AZ: . . . . . . AZR . . . . . . /. . . . . BAG
. . . . . . TaBV . . . . . ./. . . . . . LAG Y
. . . . . . BV . . . . . ./. . . . . . ArbG X

In dem Rechtsbeschwerdeverfahren . . . . . .
(abgekürztes Rubrum)[2]

wegen . . . . . .

. . . . . . beantragen wir namens des Antragstellers/Beteiligten Ziff. 1, für Recht zu erkennen:
Der Beschluss des Landesarbeitsgerichts Y vom . . . . . ., AZ: . . . . . . TaBV . . . . . ./
. . . . . ., wird aufgehoben, soweit er der Beschwerde der Beteiligten Ziff. 2 gegen den Beschluss des Arbeitsgerichts X vom . . . . . ., AZ: . . . . . . BV . . . . . ./. . . . . .,
stattgegeben hat. Die Beschwerde der Beteiligten Ziff. 2 gegen den Beschluss des Arbeitsgerichts X vom . . . . . . wird zurückgewiesen.

Rechtsbeschwerdebegründung:[3]

Die Rechtsbeschwerde richtet sich gegen den Beschluss des Landesarbeitsgerichts Y vom . . . . . . Die Rechtsbeschwerde ist statthaft . . . . . . Sie wurde vom Landesarbeitsgericht in seinem Beschluss vom . . . . . . zugelassen. Sie ist fristgerecht eingelegt worden . . . . . . Der angefochtene Beschluss des Landesarbeitsgerichts vom . . . . . . ist rechtsfehlerhaft:

I.

(Es folgt die gedrängte Darstellung des noch entscheidungserheblichen Streitgegenstandes)

II.

(Es folgen die materiellen Rügen und ggf. die Verfahrensrügen der Rechtsbeschwerde)

Rechtsanwalt[4]

Anmerkungen

1. Zum Rechtsbeschwerdeverfahren, zur Einlegung und Begründung der Rechtsbeschwerde und zu den dabei zu beachtenden Form- und Fristanforderungen vgl. Form. H. III. 1.1–1.5. Die Darstellung der Anträge hier bei Form. H. III. 2.3 betrifft den Fall, dass die Rechtsbeschwerde bereits form- und fristgerecht eingelegt worden ist, später begründet wird und der Antragsteller sein Antragsbegehren in vollem Umfang weiter verfolgt.

2. Vgl. Form. G. I. 2.2 b Anm. 2.

3. Vgl. Form. H. III. 2.1 Anm. 7.

4. Vgl. Form. H. III. 1.3 b. Zur Unterschrift: G. I. 1.3 f, g und Form. G. III. 1.3 b.

2.4 Rechtsbeschwerdeanträge des Antragstellers, wenn er in I. und II. Instanz nur teilweise obsiegte[1]

[bei einheitlichem Sachantrag und Streitgegenstand; zur Antragstellung bei nicht einheitlichen Sachanträgen vgl. oben Form G. III 2.5 b und G. III. 2.7]

An das
Bundesarbeitsgericht

AZ: . . . . . . AZR . . . . . . /. . . . . . BAG
. . . . . . TaBV . . . . . ./. . . . . . LAG Y
. . . . . . BV . . . . . ./. . . . . . ArbG X

In dem Rechtsbeschwerdeverfahren . . . . . .
(abgekürztes Rubrum)[2]

wegen . . . . . .

. . . . . . beantragen wir namens des Antragstellers/Beteiligten Ziff. 1, für Recht zu erkennen:

Der Beschluss des Landesarbeitsgerichts Y vom . . . . . ., AZ: . . . . . . TaBV . . . . . ./
. . . . . ., wird aufgehoben, soweit er die Beschwerde des Beteiligten Ziff. 1 gegen den Beschluss des Arbeitsgerichts X vom . . . . . ., AZ: . . . . . . BV . . . . . ./. . . . . .,
zurückgewiesen hat. Auf die Beschwerde des Beteiligten Ziff. 1 wird der Beschluss des Arbeitsgerichts X vom . . . . . . abgeändert. Es wird festgestellt, ... (entsprechend dem vollständigen Sachantrag des Beteiligten Ziff. 1 in I. Instanz).

Rechtsbeschwerdebegründung:[3]

Die Rechtsbeschwerde richtet sich gegen den Beschluss des Landesarbeitsgerichts Y vom . . . . . . Die Rechtsbeschwerde ist statthaft . . . . . . Sie wurde vom Landesarbeitsgericht in seinem Beschluss vom . . . zugelassen. Sie ist fristgerecht eingelegt worden . . . . . . Der angefochtene Beschluss des Landesarbeitsgerichts vom . . . . . . ist rechtsfehlerhaft:

I.

(Es folgt die gedrängte Darstellung des noch entscheidungserheblichen Streitgegenstandes)

II.

(Es folgen die materiellen Rügen und ggf. die Verfahrensrügen der Rechtsbeschwerde)

Rechtsanwalt[4]

Anmerkungen

1. Zum Rechtsbeschwerdeverfahren, zur Einlegung und Begründung der Rechtsbeschwerde und zu den dabei zu beachtenden Form- und Fristanforderungen, vgl. Form. H. III. 1.1–1.5. Die Darstellung der Anträge bei Form. H. III. 2.4 betrifft den Fall, dass die Rechtsbeschwerde bereits form- und fristgerecht eingelegt worden ist, später begründet wird und der Antragsteller sein Antragsbegehren in vollem Umfang weiter verfolgt.

2. Vgl. Form. G. I. 2.2 b Anm. 2.

3. Vgl. Form. H. III. 2.1 Anm. 7.

4. Vgl. Form. H. III. 1.3 b. Zur Unterschrift: G. I. 1.3 f, g und Form. G. III. 1.3 b.

2.5 Rechtsbeschwerdeanträge des Antragstellers, wenn er in I. und II. Instanz nur teilweise obsiegte und auch der Beschwerdegegner Rechtsbeschwerde einlegt[1]

An das
Bundesarbeitsgericht

AZ: ...... AZR ..../ ...... BAG
...... TaBV ..../ ...... LAG Y
...... BV ..../ ...... ArbG X

In dem Rechtsbeschwerdeverfahren ......
(abgekürztes Rubrum)[2]

wegen ......

...... beantragen wir namens der Antragstellerin/Beteiligten Ziff. 1, für Recht zu erkennen:

1. Die Rechtsbeschwerde des Beteiligten Ziff. 2 gegen den Beschluss des Landesarbeitsgerichts Y vom ......, AZ: ...... TaBV ..../ ......, wird zurückgewiesen.

2. Auf die Rechtsbeschwerde der Antragstellerin wird der Beschluss des Landesarbeitsgerichts Y vom ......, AZ ...... TabV ..../ ...... aufgehoben, soweit das Landesarbeitsgericht die Beschwerde der Antragstellerin gegen den Beschluss des Arbeitsgerichts X vom ...... BV ..../ ...... zurückgewiesen hat. Auf die Beschwerde der Antragstellerin wird der Beschluss des Arbeitsgerichts X vom ...... abgeändert. Es wird festgestellt, dass ...... (entsprechend dem vollständigen Sachantrag der Antragstellerin in I. Instanz).

Rechtsbeschwerdebegründung:[3]

Die Rechtsbeschwerde richtet sich gegen den Beschluss des Landesarbeitsgerichts Y vom . . . . . Die Rechtsbeschwerde ist statthaft . . . . . . Sie wurde vom Landesarbeitsgericht in seinem Beschluss vom . . . . . . zugelassen. Sie ist fristgerecht eingelegt worden . . . . . . Der angefochtene Beschluss des Landesarbeitsgerichts vom . . . . . . ist rechtsfehlerhaft:

I.

(Es folgt die gedrängte Darstellung des noch entscheidungserheblichen Streitgegenstandes)

II.

(Es folgen a) die materiellen Rügen, ggf. b) die Verfahrensrügen der Rechtsbeschwerde und c), soweit schon in der Rechtsbeschwerdebegründungsschrift möglich (d.h. wenn die Rechtsbeschwerdebegründung des Gegners schon vorliegt), auch die Auseinandersetzung mit der Rechtsbeschwerde des Gegners)

Rechtsanwalt[4]

Anmerkungen

1. Vgl. auch oben Form H. III. 2.4. Zum Rechtsbeschwerdeverfahren, zur Einlegung und Begründung der Rechtsbeschwerde und zu den dabei zu beachtenden Form- und Fristanforderungen vgl. Form. H. III. 1.1–1.5. Die Darstellung der Anträge bei Form. H. III. 2.5 betrifft den Fall, dass die Rechtsbeschwerde bereits form- und fristgerecht eingelegt worden ist, später begründet wird und der Antragsteller sein Antragsbegehren in vollem Umfang weiter verfolgt.

2. Vgl. Form. G. I. 2.2 b Anm. 2.

3. Vgl. Form. H. III. 2.1 Anm. 7.

4. Vgl. Form. H. III. 1.3 b. Zur Unterschrift: G. I. 1.3 f, g und Form. G. III. 1.3 b.

2.6 Rechtsbeschwerdeanträge des Antragsgegners und anderer unterlegener Beteiligter

a) Rechtsbeschwerdeanträge des Antragsgegners oder anderer Beteiligter, die in I. und II. Instanz voll unterlegen sind[1]

An das
Bundesarbeitsgericht

AZ: . . . . . . AZR . . . . . ./. . . . . . BAG
. . . . . . TaBV . . . . . ./. . . . . . LAG Y
. . . . . . BV . . . . . ./. . . . . . ArbG X

In dem Rechtsbeschwerdeverfahren . . . . . .
(abgekürztes Rubrum)[2]

wegen . . . . . .

. . . . . . beantragen wir namens des Antragsgegners/Beteiligten Ziff. 2, für Recht zu erkennen:

Der Beschluss des Landesarbeitsgerichts Y vom . . . . ., AZ: . . . . . . TaBV . . . . ./
. . . . ., wird aufgehoben. Auf die Beschwerde des Beteiligten Ziff. 2 wird der Beschluss des Arbeitsgerichts X vom . . . . . AZ: . . . . . . BV . . . . ./ . . . . . . abgeändert. Der Antrag des Antragstellers [festzustellen, dass . . . . . .], wird zurückgewiesen.

Rechtsbeschwerdebegründung:[3]

Die Rechtsbeschwerde richtet sich gegen den Beschluss des Landesarbeitsgerichts Y vom . . . . . Die Rechtsbeschwerde ist statthaft . . . . . Sie wurde vom Landesarbeitsgericht in seinem Beschluss vom . . . . . zugelassen. Sie ist fristgerecht eingelegt worden . . . . . Der angefochtene Beschluss des Landesarbeitsgerichts vom . . . . . ist rechtsfehlerhaft:

I.

(Es folgt die gedrängte Darstellung des noch entscheidungserheblichen Streitgegenstandes)

II.

(Es folgen die materiellen Rügen und die Verfahrensrügen der Rechtsbeschwerde)

Rechtsanwalt[4]

Anmerkungen

1. Zum Rechtsbeschwerdeverfahren, zur Einlegung und Begründung der Rechtsbeschwerde und zu den dabei zu beachtenden Form- und Fristanforderungen vgl. Form. H. III. 1.1–1.5. Die Darstellung der Anträge bei Form. H. III. 2.6 a betrifft den Fall, dass die Rechtsbeschwerde bereits form- und fristgerecht eingelegt worden ist und später begründet wird.

2. Vgl. Form. G. I. 2.2 b Anm. 2.

3. Vgl. Form. H. III. 2.1 Anm. 7.

4. Vgl. Form. H. III. 1.3 b. Zur Unterschrift: G. I. 1.3 f, g und Form. G. III. 1.3 b.

b) Rechtsbeschwerdeanträge anderer, den Anträgen des Antragstellers entgegentretenden Beteiligten, wenn der Antragsteller in I. Instanz unterlegen ist und in II. Instanz voll obsiegte[1]

An das
Bundesarbeitsgericht

AZ: . . . . . . AZR . . . . . ./ . . . . . . BAG
. . . . . . TaBV . . . . ./ . . . . . . LAG Y
. . . . . . BV . . . . ./ . . . . . . ArbG X

In dem Rechtsbeschwerdeverfahren . . . . . .
(abgekürztes Rubrum)[2]

wegen . . . . . .

. . . . . . beantragen wir namens des Antragsgegners/Beteiligter Ziff. 2, für Recht zu erkennen:

Auf die Rechtsbeschwerde des Beteiligten Ziff. 2 wird der Beschluss des Landesarbeitsgerichts Y vom . . . . . ., AZ: . . . . . . TaBV . . . . ./wird aufgehoben. Die Beschwerde des Antragstellers/Beteiligten Ziff. 1 gegen den Beschluss des Arbeitsgerichts X vom . . . . . ., AZ: . . . . . . BV . . . . . ./. . . . . ., wird zurückgewiesen.

Rechtsbeschwerdebegründung:[3]

Die Rechtsbeschwerde richtet sich gegen den Beschluss des Landesarbeitsgerichts Y vom . . . . . . Die Rechtsbeschwerde ist statthaft . . . . . . Sie wurde vom Landesarbeitsgericht in seinem Beschluss vom . . . . . . zugelassen. Sie ist fristgerecht eingelegt worden . . . . . . Der angefochtene Beschluss des Landesarbeitsgerichts vom . . . . . . ist rechtsfehlerhaft:

I.

(Es folgt die gedrängte Darstellung des noch entscheidungserheblichen Streitgegenstandes)

II.

(Es folgen die materiellen Rügen und die Verfahrensrügen der Rechtsbeschwerde)

Rechtsanwalt[4]

Anmerkungen

1. Zum Rechtsbeschwerdeverfahren, zur Einlegung und Begründung der Rechtsbeschwerde und zu den dabei zu beachtenden Form- und Fristanforderungen vgl. Form. H. III. 1.1–1.5. Die Darstellung der Anträge bei Form. H. III. 2.6 b betrifft den Fall, dass die Rechtsbeschwerde bereits form- und fristgerecht eingelegt worden ist und später begründet wird.

2. Vgl. Form. G. I. 2.2 b Anm. 2.

3. Vgl. Form. H. III. 2.1 Anm. 7.

4. Vgl. Form. H. III. 1.3 b. Zur Unterschrift: G. I. 1.3 f, g und Form. G. III. 1.3 b.

c) Rechtsbeschwerdeanträge anderer, den Anträgen des Antragstellers entgegentretenden Beteiligten, wenn der Antragsteller in I. Instanz voll unterlegen ist, in II. Instanz aber teilweise obsiegte[1]

An das
Bundesarbeitsgericht

AZ: . . . . . . AZR . . . . . ./. . . . . . BAG
. . . . . . TaBV . . . . . ./. . . . . . LAG Y
. . . . . . BV . . . . . ./. . . . . . ArbG X

In dem Rechtsbeschwerdeverfahren . . . . . .
(abgekürztes Rubrum)[2]

wegen . . . . . .

. . . . . . beantragen wir namens des Beteiligten Ziff. 3, für Recht zu erkennen:

1. Die Rechtsbeschwerde des Antragstellers/Beteiligten Ziff. 1 gegen den Beschluss des Landesarbeitsgerichts vom . . . . . ., AZ: . . . . . . TaBV . . . . ./. . . . . wird zurückgewiesen.

2. Auf die Rechtsbeschwerde des Beteiligten Ziff. 3 wird der Beschluss des Landesarbeitsgerichts Y vom . . . . . ., AZ: . . . . . . TaBV . . . . ./. . . . . ., aufgehoben, soweit er der Beschwerde des Antragstellers/Beteiligten Ziff. 1 gegen den Beschluss des Arbeitsgerichts X vom . . . . . ., AZ: . . . . . . BV . . . . ./. . . . . ., stattgegeben hat. Die Beschwerde des Antragstellers gegen den Beschluss des Arbeitsgerichts X vom . . . . . ., AZ: . . . . . . BV . . . . ./. . . . . ., wird (insgesamt) zurückgewiesen.

Rechtsbeschwerdebegründung:[3]

Die Rechtsbeschwerde richtet sich gegen den Beschluss des Landesarbeitsgerichts Y vom . . . . . Die Rechtsbeschwerde ist statthaft . . . . . . Sie wurde vom Landesarbeitsgericht in seinem Beschluss vom . . . . . . zugelassen. Sie ist fristgerecht eingelegt worden . . . . . . Der angefochtene Beschluss des Landesarbeitsgerichts vom . . . . . . ist rechtsfehlerhaft, soweit er der Beschwerde des Antragstellers . . . . . . stattgegeben hat:

I.

(Es folgt die gedrängte Darstellung des noch entscheidungserheblichen Streitgegenstandes)

II.

(Es folgen a) die materiellen Rügen, ggf. b) die Verfahrensrügen der Rechtsbeschwerde und c), wenn die Rechtsbeschwerdebegründungsschrift des Gegners schon vorliegt, die Auseinandersetzung mit der Rechtsbeschwerde des Gegners)

Rechtsanwalt[4]

Anmerkungen

1. Zum Rechtsbeschwerdeverfahren, zur Einlegung und Begründung der Rechtsbeschwerde und zu den dabei zu beachtenden Form- und Fristanforderungen vgl. Form. H. III. 1.1–1.5. Die Darstellung der Anträge bei Form. H. III. 2.6 c betrifft den Fall, dass die Rechtsbeschwerde bereits form- und fristgerecht eingelegt worden ist und später begründet wird.

2. Vgl. Form. G. I. 2.2 b Anm. 2.

3. Vgl. Form. H. III. 2.1 Anm. 7.

4. Vgl. Form. H. III. 1.3 b. Zur Unterschrift: G. I. 1.3 f, g und Form. G. III. 1.3 b.

2.7 Rechtsbeschwerdeanträge, wenn der Antragsteller und seine Gegner in I. und II. Instanz teilweise unterlegen sind und beide Seiten Rechtsbeschwerde einlegen[1]

a) Rechtsbeschwerdeanträge des Antragstellers

An das
Bundesarbeitsgericht

AZ: . . . . . . AZR . . . . . ./. . . . . . BAG
. . . . . . TaBV . . . . . ./. . . . . . LAG Y
. . . . . . BV . . . . . ./. . . . . . ArbG X

In dem Rechtsbeschwerdeverfahren . . . . . .
(abgekürztes Rubrum)[2]

wegen . . . . . .

. . . . . . beantragen wir namens des Antragstellers/Beteiligten Ziff. 1, für Recht zu erkennen:

1. Die Rechtsbeschwerde der Beteiligten Ziff. 2 und Ziff. 3 gegen den Beschluss des Landesarbeitsgerichts Y vom . . . . . ., AZ: . . . . . . TaBV . . . . . ./. . . . . ., wird zurückgewiesen.

2. Auf die Rechtsbeschwerde des Beteiligten Ziff. 1 wird der Beschluss des Landesarbeitsgerichts Y vom . . . . . ., AZ: . . . . . . TaBV . . . . . ./. . . . . ., aufgehoben, soweit das Landesarbeitsgericht die Beschwerde des Beteiligten Ziff. 1 gegen den Beschluss des Arbeitsgerichts X vom . . . . . ., AZ: . . . . . . BV . . . . . ./. . . . . ., zurückgewiesen hat. Auf die Beschwerde des Beteiligten Ziff. 1 wird der Beschluss des Arbeitsgerichts X vom . . . . . ., AZ: . . . . . . BV . . . . . ./. . . . . ., abgeändert. Es wird festgestellt . . . . . . (Sachantrag des Beteiligten Ziff. 1/Antragstellers).

Rechtsbeschwerdebegründung:[3]

Die Rechtsbeschwerde richtet sich gegen den Beschluss des Landesarbeitsgerichts Y vom . . . . . . Die Rechtsbeschwerde ist statthaft . . . . . . Sie wurde vom Landesarbeitsgericht in seinem Beschluss vom . . . . . . zugelassen. Sie ist fristgerecht eingelegt worden . . . . . . Der angefochtene Beschluss des Landesarbeitsgerichts vom . . . . . . ist rechtsfehlerhaft, soweit er die Beschwerde des Beteiligten Ziff. 1 . . . . . . zurückgewiesen hat:

I.

(Es folgt die gedrängte Darstellung des noch entscheidungserheblichen Streitgegenstandes)

II.

(Es folgen a) die materiellen Rügen der Rechtsbeschwerde, ggf. b) Verfahrensrügen und c), soweit schon in der Rechtsbeschwerdebegründungsschrift möglich, auch die Auseinandersetzung mit der Rechtsbeschwerde des Gegners)

Rechtsanwalt[4]

Anmerkungen

1. Vgl. auch oben Form H. III. 2.4. Zum Rechtsbeschwerdeverfahren, zur Einlegung und Begründung der Rechtsbeschwerde und den dabei zu beachtenden Form- und Fristanforderungen vgl. Form. H. III. 1.1–1.5. Die Darstellung der Anträge bei Form. H. III. 2.7 a betrifft den Fall, dass die Rechtsbeschwerde bereits form- und fristgerecht eingelegt worden ist und später begründet wird.

2. Vgl. Form. G. I. 2.2 b Anm. 2.

3. Vgl. Form. H. III. 2.1 Anm. 7.

4. Vgl. Form. H. III. 1.3 b. Zur Unterschrift: G. I. 1.3 f, g und Form. G. III. 1.3 b.

b) Rechtsbeschwerdeanträge der Antragsgegner und anderer, den Anträgen des Antragstellers entgegentretenden Beteiligten[1]

An das
Bundesarbeitsgericht

AZ: . . . . . . AZR . . . . . ./. . . . . . BAG
. . . . . . TaBV . . . . . ./. . . . . . LAG Y
. . . . . . BV . . . . . ./. . . . . . ArbG X

In dem Rechtsbeschwerdeverfahren . . . . . .
(abgekürztes Rubrum)[2]

wegen . . . . . .

. . . . . . beantragen wir namens der Antragsgegner/Beteiligte Ziff. 2 und sowie des Beteiligten Ziff. 3, für Recht zu erkennen:

1. Die Rechtsbeschwerde des Beteiligten Ziff. 1 gegen den Beschluss des Landesarbeitsgerichts Y vom . . . . . ., AZ: . . . . . . TaBV . . . . . ./. . . . . ., wird zurückgewiesen.

2. Auf die Rechtsbeschwerde der Beteiligten Ziff. 2 und 3 wird der Beschluss des Landesarbeitsgerichts Y vom . . . . . ., AZ: . . . . . . TaBV . . . . . ./. . . . . ., aufgehoben, soweit er die Beschwerde der Beteiligten Ziff. 2 und 3 gegen den Beschluss des Arbeitsgerichts X vom . . . . . ., AZ: . . . . . . BV . . . . . ./. . . . . ., zurückgewiesen hat. Auf die Beschwerde der Beteiligten Ziff. 2 und 3 wird der Beschluss des Arbeitsgerichts X vom . . . . . ., AZ: . . . . . . BV . . . . . ./. . . . . ., abgeändert. Der Antrag des Beteiligten Ziff. 1 wird insgesamt abgewiesen.

Rechtsbeschwerdebegründung:[3]

Die Rechtsbeschwerde richtet sich gegen den Beschluss des Landesarbeitsgerichts Y vom . . . . . . Die Rechtsbeschwerde ist statthaft . . . . . . Sie wurde vom Landesarbeitsgericht in seinem Beschluss vom . . . zugelassen. Sie ist fristgerecht eingelegt worden . . . . . . Der angefochtene Beschluss des Landesarbeitsgerichts vom . . . . . . ist rechtsfehlerhaft, soweit er . . . . . .

I.

(Es folgt die gedrängte Darstellung des noch entscheidungserheblichen Streitgegenstandes)

II.

(Es folgen a) die materiellen Rügen. ggf. b) die Verfahrensrügen der Rechtsbeschwerde und c), soweit schon in der Rechtsbeschwerdebegründungsschrift möglich, auch die Auseinandersetzung mit der Rechtsbeschwerde des Gegners)

Rechtsanwalt[4]

Anmerkungen

1. Zum Rechtsbeschwerdeverfahren, zur Einlegung und Begründung der Rechtsbeschwerde und zu den dabei zu beachtenden Form- und Fristanforderungen vgl. Form. H. III. 1.1–1.5. Die Darstellung der Anträge bei Form. H. III. 2.7 b betrifft den Fall, dass die Rechtsbeschwerde bereits form- und fristgerecht eingelegt worden ist und später begründet wird.

2. Vgl. Form. G. I. 2.2 b Anm. 2.

3. Vgl. Form. H. III. 2.1 Anm. 7.

4. Vgl. Form. H. III. 1.3 b. Zur Unterschrift: G. I. 1.3 f, g und Form. G. III. 1.3 b.

3. Abwehr der Rechtsbeschwerde

3.1 Gegenanträge des Rechtsbeschwerdegegners und Rechtsbeschwerdeerwiderung[1]

An das
Bundesarbeitsgericht[2]

AZ: . . . . . . ABR . . . . . ./. . . . . . BAG
. . . . . . TaBV . . . . . ./. . . . . . LAG Y
. . . . . . BV . . . . . ./. . . . . . ArbG X

In dem Rechtsbeschwerdeverfahren
mit den Beteiligten
1. . . . . . .
– Rechtsbeschwerdeführer/Beschwerdeführer/Antragsteller/Beteiligter Ziff. 1 –
2. . . . . . .
– Rechtsbeschwerdegegner/Beschwerdegegner/Antragsgegner/Beteiligter Ziff. 2 –
(abgekürztes Rubrum)[3]

wegen . . . . . .

beantragen wir namens und in Vollmacht des Beteiligten Ziff. 2, für Recht zu erkennen:
Die Rechtsbeschwerde des Beteiligten Ziff. 1 gegen den Beschluss des Landesarbeitsgerichts Y vom . . . . . ., AZ: . . . . . . TaBV . . . . . ./. . . . . ., wird zurückgewiesen.

Begründung:

Die Angriffe der Rechtsbeschwerde können die rechtlich zutreffenden Erwägungen des Landesarbeitsgerichts Y in seinem Beschluss vom . . . . . ., AZ: . . . . . . TaBV

. . . . . ./. . . . . ., und dessen Entscheidungsergebnis nicht erschüttern. Die von der Rechtsbeschwerde erhobene Rüge der Verletzung materiellen Rechts ist ebenso unbegründet wie die von der Rechtsbeschwerde erhobene Verfahrensrüge:[4]

I.

(Es folgt die Auseinandersetzung mit der von der Rechtsbeschwerde gerügten Verletzung materiellen Rechts.)

II.

(Es folgt die Auseinandersetzung mit der von der Rechtsbeschwerde erhobenen Verfahrensrüge.)

Rechtsanwalt[5]

Anmerkungen

1. Rechtsbeschwerde und Rechtsbeschwerdebegründungsschrift werden den anderen Beteiligten vom Bundesarbeitsgericht zur Äußerung zugestellt. Eine gesetzliche Verpflichtung zur Äußerung besteht für die übrigen Beteiligten nicht. Soweit sie sich äußern, geschieht dies durch Einreichung eines Schriftsatzes beim Bundesarbeitsgericht oder durch Erklärung zur Niederschrift der Geschäftsstelle des Landesarbeitsgerichts. Äußern sich die Beteiligten nicht oder nicht rechtzeitig, so steht dies dem Fortgang des Verfahrens nicht entgegen (§ 95 ArbGG). Auch im Rechtsbeschwerdeverfahren können die Beteiligten, um das Verfahren ganz oder zum Teil zu erledigen, zur Niederschrift des Gerichts oder des Vorsitzenden einen Vergleich schließen, soweit sie über den Gegenstand des Vergleichs verfügen können, oder das Verfahren für erledigt erklären (§ 95 Satz 4 i. V. m. § 83 a Abs. 1 ArbGG).

2. Zum Rechtsbeschwerdeverfahren vgl. Form. H. III. 1.1–1.6.

3. Vgl. Form. G. I. 2.2 b Anm. 2.

4. Zu der materiellen Rüge und der Verfahrensrüge vgl. oben Form. G. III. 1.5 c, d, e.

5. Vgl. Form. H. III. 1.3 b. Zur Unterschrift: G. I. 1.3 f, g und Form. G. III. 1.3 b.

3.2 Die Anschlussrechtsbeschwerde[1]

An das
Bundesarbeitsgericht

. . . . . ., den . . . . . .

AZ: . . . . . . AZR . . . . . ./. . . . . . BAG
. . . . . . Sa . . . . . ./. . . . . . LAG Y
. . . . . . Ca . . . . . ./. . . . . . ArbG X

Anschlussrechtsbeschwerde[2]

In der Rechtsbeschwerdesache
des . . . . . .

– Rechtsbeschwerdeführer/Beschwerdeführer/
Beteiligter Ziff. 2–

Kasper   833

gegen

. . . . . .

– Rechtsbeschwerdegegner und Anschlussrechtsbeschwerdeführer/
Beschwerdeführer/Antragsteller/Beteiligter Ziff. 1 –

(abgekürztes Rubrum)[3]

wegen . . .

ist dem Antragsteller/Beteiligten Ziff. 1 der Beschluss des Landesarbeitsgerichts Y vom . . . . . . Az: . . . . . . TaBV am . . . . . . und die Rechtsbeschwerdebegründungsschrift des Beteiligten Ziff. 2 vom . . . . . . am . . . . . . zugestellt worden. Mit der vorliegenden

Rechtsbeschwerdeanschlussschrift

legen wir namens des Antragstellers/Beteiligten Ziff. 1 Anschlussrechtsbeschwerde ein.[4] Der Antragsteller/Beteiligter Ziff. 1 schließt sich der Rechtsbeschwerde des Beteiligten Ziff. 2 gegen den Beschluss des Landesarbeitsgerichts Y vom . . . . . ., AZ: . . . . . . TaBV . . . . . ./. . . . . ., an.[5] Namens des Antragstellers/ Beteiligten Ziff. 1 beantragen wir, für Recht zu erkennen:[6]

1. Die Rechtsbeschwerde des Beteiligten Ziff. 2 gegen den Beschluss des Landesarbeitsgerichts Y vom . . . . . ., AZ: . . . . . . TaBV . . . . . ./. . . . . ., wird zurückgewiesen.

2. Auf die Anschlussrechtsbeschwerde des Antragstellers/Beteiligter Ziff. 1 wird der Beschluss des Landesarbeitsgerichts Y vom . . . . . ., AZ: . . . . . . TaBV . . . . . ./ . . . . . ., aufgehoben, soweit das Landesarbeitsgericht die Beschwerde des Antragstellers/Beteiligter Ziff. 1 gegen den Beschluss des Arbeitsgerichts X vom . . . . . ., AZ: . . . . . . TaBV . . . . . ./. . . . . ., zurückgewiesen hat. Auf die Beschwerde des Antragstellers/Beteiligten Ziff. 1 wird der Beschluss des Arbeitsgerichts X vom . . . . . ., AZ: . . . . . . BV . . . . . ./. . . . . ., abgeändert und festgestellt, ... (es folgt der Antrag des Antragstellers/Beteiligten Ziff. 1 in I. Instanz).

Anschlussrechtsbeschwerdebegründung:[7]

Die Anschlussrechtsbeschwerde ist statthaft . . . . . .[8] Sie wird mit dem vorliegenden Schriftsatz fristgerecht eingelegt und begründet.[9] Die Anschlussrechtsbeschwerde des Antragstellers/Beteiligten Ziff. 1 wendet sich gegen den Beschluss des Landesarbeitsgerichts Y vom . . . . . ., soweit es die Beschwerde des Antragsstellers/ Beteiligten Ziff. 1 zurückgewiesen hat sowie gegen den Beschluss des Arbeitsgerichts X, der einer Abänderung bedarf.

I.

(Gegenstand der Anschlussrechtsbeschwerde)
Das Arbeitsgericht X hat dem Sachantrag des Antragstellers/Beteiligten Ziff. 1 zu Unrecht nur insoweit stattgegeben, ... und im Übrigen den Antrag abgewiesen. Die hiergegen eingelegte Beschwerde des Antragstellers/Beteiligten Ziff. 1 wurde vom Landesarbeitsgericht Y durch Beschluss vom . . . . . ., AZ: . . . ./ . . . . . ., zurückgewiesen. Mit der Anschlussrechtsbeschwerde verfolgt der Beteiligte Ziff. 1 seinen vor dem Arbeitsgericht X und dem Landesarbeitsgericht Y erfolglos gebliebenen Antrag . . . . . . weiter. Dessen Abweisung durch das Arbeitsgericht und das Landesarbeitsgericht erfolgte zu Unrecht. Deshalb ist der Beschluss des Landesarbeitsgerichts Y aufzuheben und der Beschluss des Arbeitsgerichts X abzuändern.

Soweit hingegen Landesarbeitsgericht und Arbeitsgericht dem Sachantrag des Beteiligten Ziff. 1 stattgegeben haben, ist ihre Entscheidung frei von Rechtsfehlern. Die Rechtsbeschwerde des Beteiligten Ziff. 2 gegen den Beschluss des Landesarbeitsgerichts Y ist daher zurückzuweisen . . . . . .

II.

(Es folgt a) die Auseinandersetzung des Anschlussrechtsbeschwerdeführers mit den Beschlüssen des Landesarbeitsgerichts und des Arbeitsgerichts und b) mit den Angriffen der Rechtsbeschwerde auf diese Beschlüsse, soweit sie dem Sachantrag des Beteiligten Ziff. 1 stattgegeben haben)

Rechtsanwalt[10]

Anmerkungen

1. Die Anschlussrechtsbeschwerde gilt als zulässig (*Germelmann/Matthes/Prütting/Müller-Glöge* § 94 Rn. 17). Mit der **Anschlussrechtsbeschwerde** kann sich der Rechtsbeschwerdegegner **bis zum Ablauf eines Monats nach Zustellung der Rechtsbeschwerdebegründung** der Rechtsbeschwerde anschließen (§§ 72 Abs. 5 ArbGG i. V. m. § 554 ZPO), selbst wenn er auf die Rechtsbeschwerde verzichtet hat (§ 554 Abs. 2 S. 1 ZPO). Die Anschließung erfolgt gem. § 554 Abs. 1 S. 2 ZPO durch eine beim Bundesarbeitsgericht einzureichende Rechtsbeschwerdeanschlussschrift. Von Gesetzes wegen muss sie **die Begründung der Anschlussrechtsbeschwerde** enthalten. Das Bundesarbeitsgericht lässt aber die Begründung des Anschlussrechtsmittels durch gesonderten Schriftsatz zu, wenn dieser innerhalb der Anschließungsfrist beim Bundesarbeitsgericht eingereicht wird (BGH 15. 6. 1961, NJW 1961, 1816). Die Anschlussbeschwerdeschrift muss **innerhalb der Anschließungsfrist** beim Bundesarbeitsgericht eingehen. Ist die Rechtsbeschwerde selbst nur **beschränkt zugelassen** worden, so kann sich auch die **Anschlussrechtsbeschwerde nur auf den Teil beziehen**, für den die Rechtsbeschwerde zugelassen worden ist (BAG 21. 10. 1982, AP-Nr. 14 zu Art. 140 GG = NJW 1984, 826 = BB 1983, 2052 = Betr 1983, 2778 = AuR 1983, 379). Nach §§ 554 Abs. 4 ZPO verliert die Anschlussrechtsbeschwerde ihre Wirkung, wenn die Rechtsbeschwerde zurückgenommen oder als unzulässig verworfen wird.

2. Form. G. III. 3.2 stellt eine **unselbstständige** Anschlussrechtsbeschwerde eines Beschwerdeverfahrens dar, in dem der Beteiligte Ziff. 1 und der Beteiligter Ziff. 2 in den Vorinstanzen jeweils teilweise obsiegt haben. Die neben der unselbstständigen Anschlussrechtsbeschwerde bis zum ZPO-RG gesetzlich vorgesehene **selbstständige Anschlussrechtsbeschwerde** wird vom Gesetz nicht mehr erwähnt; soweit ein Beteiligter in der Beschwerdeinstanz unterlegen ist, kann er aber unter den Voraussetzungen der §§ 72, 74 ArbGG innerhalb der für ihn selbstständig laufenden Rechtsbeschwerdefrist unabhängig von anderen Beteiligten Rechtsbeschwerde einlegen. Für eine solche selbstständige **Rechtsbeschwerde** gelten die allgemeinen Frist- und Formanforderungen der §§ 72 ff. ArbGG (vgl. oben Form. G. III. 1.1–1.5). Über die selbstständige Rechtsbeschwerde entscheidet das Rechtsbeschwerdegericht unabhängig davon, ob der Gegner seinerseits Rechtsbeschwerde einlegt und das Rechtsbeschwerdeverfahren betreibt.

3. Vgl. Form. G. I. 2.2 b Anm. 2.

4. Auch bei der **Anschlussrechtsbeschwerde** sind, soweit für sie nicht besondere Vorschriften gelten, die für die Einlegung und Begründung der Rechtsbeschwerde maßgeblichen Frist- und Formanforderungen (vgl. §§ 554, 549, 551 Abs. 3 ZPO) zu beachten;

vgl. hierzu Form. G. III. 1.1–1.5 sowie die entsprechenden Hinweise für das Anschlussberufungsverfahren (oben Form. G. I. 3.2).

5. Die Anschlussrechtsbeschwerde **muss erklären,** dass sich der Anschlussrechtsbeschwerdekläger der Rechtsbeschwerde des Gegners anschließt (§§ 554 Abs. 1, 549 Abs. 1 Nr. 2 ZPO).

6. Auch der „Rechtsbeschwerdeanschlusskläger" muss **Rechtsbeschwerdeanträge** stellen (§§ 554 Abs. 3 S. 2, 551 Abs. 3 Nr. 1 ZPO).

7. Vgl. Form. G. III. 1.5.

8. Vgl. § 554. Die Anschlussrechtsbeschwerde setzt eine **Beschwer** des Beteiligten durch den Beschluss des Landesarbeitsgerichts voraus, (zur Anschlussrevision vgl. BAG 26. 1. 1995, EzA Nr. 155 zu § 626 BGB n. F.). Zum Begriff der Beschwer vgl. oben G. I. 1.1 g.

9. Der Rechtsbeschwerdegegner kann sich der Rechtsbeschwerde gem. § 554 Abs. 2 S. 2 ZPO **bis zum Ablauf eines Monats** nach Zustellung der Rechtsbeschwerdebegründung anschließen. Bei Versäumung der **Anschlussfrist,** die nicht als Notfrist gilt (§§ 233, 224 ZPO), ist die Wiedereinsetzung in den vorigen Stand unzulässig. Wird hingegen die Frist zur Begründung der Anschlussrechtsbeschwerde innerhalb der Monatsfrist unverschuldet versäumt, kann Wiedereinsetzung gewährt werden (*Germelmann/Matthes/ Prütting/Müller-Glöge* § 89 Rn. 59 mwN).

10. Vgl. Form. H. III. 1.3 b. Zur Unterschrift: G. I. 1.3 f, g und Form. G. III. 1.3 b.

IV. Die Nichtzulassungsbeschwerde (wenn vom Landesarbeitsgericht die Rechtsbeschwerde nicht zugelassen worden ist)

1. Die Einlegung und Begründung der Nichtzulassungsbeschwerde

1.1 Die Einlegung der Nichtzulassungsbeschwerde[1]

An das
Bundesarbeitsgericht[2]

AZ: . . . . . . TaBV . . . . . ./. . . . . . LAG Y
. . . . . . BV . . . . . ./. . . . . . ArbG X

In der Nichtzulassungsbeschwerdesache[3]
des . . . . . .

       – Nichtzulassungs-Beschwerdeführer/Beschwerdeführer/Beteiligter Ziff. 1 –

           gegen

. . . . . .

       – Nichtzulassungs-Beschwerdegegner/Beschwerdegegner/Beteiligter Ziff. 2 –

(vollständiges Rubrum)[4]

legen wir namens des Beteiligten Ziff. 1 gegen den Beschluss des Landesarbeitsgerichts Y vom . . . . . ., AZ: . . . . . . TaBV . . . . . ./. . . . . ., dem Beteiligten Ziff. 1 zugestellt am . . . . . .[5],

           Nichtzulassungsbeschwerde[6]

ein. Eine Kopie des Beschlusses des Landesarbeitsgerichts Y vom . . . . . ., AZ: . . . . . . TaBV . . . . . ./. . . . . ., fügen wir bei.[7] Das Landesarbeitsgericht Y hat in seinem Beschluss vom . . . . . . die Rechtsbeschwerde gegen den Beschluss nicht zugelassen.

Namens des Beteiligten Ziff. 1 beantragen wir,[8] für Recht zu erkennen:
Die Rechtsbeschwerde gegen den Beschluss des Landesarbeitsgerichts Y vom . . . . . ., AZ: . . . . . . TaBV . . . . . ./. . . . . ., wird zugelassen.

Die Begründung der Nichtzulassungsbeschwerde bleibt einem besonderen Schriftsatz vorbehalten.

                              Rechtsanwalt[9]

Anmerkungen

1. § 92 a ArbGG. Die **Nichtzulassung** der Rechtsbeschwerde durch das Landesarbeitsgericht **kann selbstständig durch Beschwerde angefochten werden,** im Falle des § 92 Abs. 1 S. 2 ArbGG i. V. m. § 72 Abs. 2 Nr. 1 ArbGG jedoch nur dann, wenn die Rechtssache Streitigkeiten über die Tariffähigkeit und Tarifzuständigkeit einer Vereinigung betrifft (§ 72 a Abs. 3 S. 2 ArbGG). § 72 a Abs. 2 bis 5 ArbGG ist entsprechend anzuwenden (§ 72 a Abs. 2 S. 1 ArbGG).

2. Die Nichtzulassungsbeschwerde kann **nur beim Bundesarbeitsgericht** eingelegt werden.

3. § 92 a ArbGG lässt die Anfechtung der Nichtzulassung der Rechtsbeschwerde durch das Landesarbeitsgericht auch im Beschlussverfahren zu.

4. Vgl. die entsprechenden rechtlichen Anforderungen bei der Berufung (Form. G. I. 2.1 und dort Anm. 3, 5, 6, 7).

5. Die Nichtzulassungsbeschwerde ist binnen einer **Notfrist von einem Monat seit Zustellung des in vollständiger Form abgefassten Beschlusses** beim Bundesarbeitsgericht einzulegen und binnen **einer Notfrist von zwei Monaten seit Zustellung des Beschlusses (nicht ab Einlegung der Nichtzulassungsbeschwerde) auch zu begründen** (§§ 92 a Satz 2, 72 a Abs. 2 und 3 ArbGG). Insoweit gelten die gleichen Grundsätze wie im Urteilsverfahren (vgl. oben Form. G. V. 1.1, insbes. Anm. 1, 2, 5, 6, 8). Für eine den **Formanforderungen** des § 72 a Abs. 3 S. 2 ArbGG entsprechende Begründung der Nichtzulassungsbeschwerde ist erforderlich, dass die Voraussetzungen des § 72 a Abs. 1 und des § 72 Abs. 2 Nr. 1 dargelegt oder die Entscheidung, von der das Urteil des Landesarbeitsgerichts abweicht, bezeichnet werden (vgl. auch Form. G. V. 1.2). Die **Frist für die Begründung** der Nichtzulassungsbeschwerde kann **nicht verlängert** werden.

6. Die Nichtzulassungsbeschwerde wird durch **Anwaltsschriftsatz** (vgl. *Germelmann/ Matthes/Prütting/Müller-Glöge*, § 92 a mwN) eingelegt und muss **die angefochtene Entscheidung (Gericht, Verkündungstermin, Aktenzeichen)** bezeichnen und die Erklärung enthalten, dass **Nichtzulassungsbeschwerde eingelegt** werde sowie **für wen und gegen wen** dies geschieht. Die Beschwerde muss eigenhändig unterzeichnet sein. Sie kann auch per Telefax eingelegt werden (vgl. oben G. I. 1.3 f, g und a, b, c, d, e).

7. Vgl. §§ 92 a, 72 a Abs. 2 Satz 3 ArbGG.

8. Zulässig ist die Nichtzulassungsbeschwerde als **Divergenzbeschwerde** (§§ 92 a Satz 1, 72 Abs. 2 Nr. 2 ArbGG) und als **Grundsatzbeschwerde** (§§ 92 a Satz 1, 72 Abs. 2 Nr. 1 ArbGG), letztere aber nur (§ 72 a Abs. 1 Nr. 1–3 ArbGG), wenn die Rechtssache Streitigkeiten über Tarifverträge, die Tariffähigkeit, Arbeitskampfmaßnahmen oder die Tarifzuständigkeit einer Vereinigung betrifft (BAG B. v. 19. 6. 1984 (4 ABN 17/84), AP Nr. 4 zu § 92 a ArbGG 1979 = NZA 1984, 235 = RdA 1984, 324 = BB 1985, 126 = Betr 1985, 136). Vgl. auch unten Form. H. IV 2, Anm. 3.

9. Vgl. Form. H. III. 1.3 b. Zur Unterschrift: G. I. 1.3 f, g und Form. G. III. 1.3 b.

1.2 Die Begründung der Nichtzulassungsbeschwerde[1]

An das
Bundesarbeitsgericht

AZ: . . . . . . AZN . . . . . ./. . . . . . BAG
. . . . . . TaBV . . . . . ./. . . . . . LAG Y
. . . . . . BV . . . . . ./. . . . . . ArbG X

In der Nichtzulassungsbeschwerdesache
des . . . . . .

– Nichtzulassungs-Beschwerdeführer/Beschwerdeführer/Beteiligter Ziff. 1 –

gegen

......

    – Nichtzulassungs-Beschwerdegegner/Beschwerdegegner/Beteiligter Ziff. 2 – (abgekürztes Rubrum)[2]

begründen wir namens des Beteiligten Ziff. 1 die von ihm am ...... eingelegte Nichtzulassungsbeschwerde gegen den Beschluss des Landesarbeitsgerichts Y vom ......, AZ: ...... TaBV ....../......, gem. § 72a Abs. 1 ArbGG i.V.m. §§ 72 Abs. 2 Nr. 2, 72a Abs. 3 Satz 2 ArbGG wie folgt:[3]

I.

Die Beteiligten streiten darüber, ... [Es folgt die Darstellung des Streitgegenstandes]

II.[4]

1. Das Landesarbeitsgericht hat in dem angefochtenen Beschluss vom ...... bei der Darstellung seiner die Entscheidung tragenden Beschlussgründe festgestellt, daß ...... (es folgt die Darstellung der tragenden Gründe im Zusammenhang) und die genaue Bezeichnung der Fundstelle [Seite, Absatz]. Es formulierte ...... (wörtliches Zitat):
„......"
Mit dieser Formulierung hat das Landesarbeitsgericht mithin einen fallübergreifenden abstrakten Rechtssatz aufgestellt, auf den es seine Entscheidung in dem angefochtenen Beschluss stützte ......

2. Dieser vom Landesarbeitsgericht in der angefochtenen Entscheidung aufgestellte fallübergreifende abstrakte Rechtssatz weicht von dem Rechtssatz ab, den das BAG in seiner Entscheidung vom ...... – AZ: ...... (Fundstelle) – aufgestellt hat. In dieser hier von der Beschwerde angezogenen Entscheidung formulierte das BAG den folgenden Rechtssatz (wörtliches Zitat):
„......" Die Abweichung dieses Rechtssatzes von dem der angefochtenen Entscheidung (oben Ziff. 1) ist offensichtlich ......

3. Der angefochtene Beschluss des Landesarbeitsgerichts beruht auf dieser Divergenz. Die Entscheidung des Landesarbeitsgerichts hätte anders ausfallen können, wenn es seinen Beschluss nicht auf seinen oben Ziff. 1 dargestellten, divergierenden Rechtssatz gegründet hätte, sondern auf den Rechtssatz in der angezogenen Entscheidung ......

Rechtsanwalt[5]

Anmerkungen

1. Die Begründung muss innerhalb einer **Notfrist von zwei Monaten** seit Zustellung des mit der Nichtzulassungsbeschwerde angefochtenen Beschlusses erfolgen, vgl. Form. H. IV. 1.1, Anm. 6. Die Frist kann nicht verlängert werden.

2. Vgl. Form. G. I. 2.2 b Anm. 2.

3. Vgl. oben Form. G. V. 1.1; Form. G. V. 1.2 und die Anmerkungen dort.

4. Vgl. oben Form. G. V. 1.1.

5. Vgl. Form. H. III. 1.3 b. Zur Unterschrift: G. I. 1.3 f, g und Form. G. III. 1.3 b.

2. Gegenanträge und die Erwiderung bei der Nichtzulassungsbeschwerde[1]

An das
Bundesarbeitsgericht

AZ: . . . . . . AZN . . . . . ./. . . . . . BAG
. . . . . . TaBV . . . . . ./. . . . . . LAG Y
. . . . . . BV . . . . . ./. . . . . . ArbG X

In der Nichtzulassungsbeschwerdesache
des . . . . . .

– Nichtzulassungs-Beschwerdeführer/Beschwerdeführer
Beteiligter Ziff. 1 –

gegen

. . . . . .

– Nichtzulassungs-Beschwerdegegner/Beschwerdegegner/Antragsteller/
Beteiligter Ziff. 2 –

(abgekürztes Rubrum)[2]

beantragen wir namens des Beteiligten Ziff. 2, für Recht zu erkennen:
Die Nichtzulassungsbeschwerde des Beteiligten Ziff. 1 gegen den Beschluss des
Landesarbeitsgerichts Y   vom . . . . . .,   AZ: . . . . . .   TaBV . . . . . ./
. . . . . ., wird zurückgewiesen.

Begründung:

Die Nichtzulassungsbeschwerde gegen den Beschluss des Landesarbeitsgerichts Y
vom . . . . . ., AZ: . . . . . . TaBV . . . . . ./. . . . . ., ist unzulässig. Ihre Begründung
entspricht nicht den Anforderungen des § 72 a Abs. 1 und 3 Satz 2 i. V. m. § 72
Abs. 2 Nr. 2 ArbGG. Die Nichtzulassungs-Beschwerdebegründung setzt sich mit
dem Beschluss des Landesarbeitsgerichts Y nur insofern auseinander, als es angebliche Rechtsfehler der landesarbeitsgerichtlichen Entscheidung bei der Auslegung
und Subsumtion von Rechtsnormen rügt. . . . . . .
Eine den gesetzlichen Anforderungen entsprechende Begründung der Nichtzulassungsbeschwerde erfordert aber den Nachweis, dass a) in dem angefochtenen Beschluss des Landesarbeitsgerichts ein fallübergreifender und generell geltender abstrakter Rechtssatz aufgestellt wird, auf dem der Beschluss auch in seinem Ergebnis
beruht, und dass b) dieser Rechtssatz von einem abstrakten Rechtssatz, den das
Bundesarbeitsgericht in einer Entscheidung aufgestellt hat, oder, solange eine Entscheidung des Bundesarbeitsgerichts in der Rechtsfrage nicht ergangen ist, von einer
Entscheidung einer anderen Kammer desselben Landesarbeitsgerichts oder eines
anderen Landesarbeitsgerichts abweicht und dass c) die Entscheidung auf dieser
Abweichung beruht. Mit diesen gesetzlichen Erfordernissen einer ordnungsgemäßen
Begründung der Nichtzulassungsbeschwerde hat sich die Begründungsschrift des
Beteiligten Ziff. 1 vom . . . . . . nicht einmal ansatzweise befasst. Sie ist daher un-
zulässig . . . . . .
(Es folgt die Auseinandersetzung mit der Nichtzulassungsbeschwerdebegründung.)[3]

Rechtsanwalt[4]

Anmerkungen

1. Eine gesetzliche Erwiderungspflicht (wie sie § 66 Abs. 1 Satz 3 ArbGG für das Berufungsverfahren vorsieht) gibt es in der Revisions- und Rechtsbeschwerdeinstanz, auch bei der Nichtzulassungsbeschwerde, nicht.

2. Vgl. Form. G. I. 2.2 b Anm. 2.

3. Vgl. oben Form. G. V. 2. Sofern die Nichtzulassungsbeschwerde nicht schon an ihrer Unzulässigkeit scheitert, sollte sich der Nichtzulassungsbeschwerdegegner mit der vorgelegten Begründung der Nichtzulassungsbeschwerde auseinandersetzen und a) bei einer Divergenzbeschwerde nachweisen, dass die behauptete Divergenz der Rechtssätze nicht besteht oder dass der Beschluss des Landesarbeitsgerichts im Ergebnis nicht auf der Divergenz beruht oder b) bei einer Grundsatzbeschwerde darstellen, dass die als klärungsbedürftig bezeichnete Rechtsfrage weder von allgemeiner Bedeutung für die Rechtsordnung ist noch wegen ihrer tatsächlichen Auswirkungen die Interessen der Allgemeinheit oder eines größeren Teils der Allgemeinheit eng berührt (BAG 16. 9. 1997, AP Nr. 54 zu § 72 a ArbGG 1979 Grundsatz).

4. Vgl. Form. H. III. 1.3 b. Zur Unterschrift: G. I. 1.3 f, g und Form. G. III. 1.3 b. Die Unterzeichnung der Erwiderungsschrift durch einen Rechtsanwalt ist im Beschlussverfahren nicht zwingend (vgl. Form. H. III. 1.3 b).

4. Kapitel. Zwangsvollstreckung

I. Anträge in der Zwangsvollstreckung

1. Antrag auf Festsetzung einer Entschädigung nach § 61 Abs. 2 ArbGG[1]

An das
Arbeitsgericht ......

Klage

In Sachen
des ......, Inhaber der Firma ......

– Kläger –

gegen

A ......

– Beklagter –

vertreten wir den Kläger. In dessen Namen und Auftrag erheben wir Klage und werden beantragen:

1. Der Beklagte wird verurteilt, für den Kläger seine Arbeitsleistungen als Vertriebsingenieur für das Gebiet ...... zu erbringen.
2. Der Beklagte wird für den Fall, dass er die Verpflichtung gemäß Klagantrag Ziffer 1 nicht innerhalb einer Frist von sechs Wochen nach Urteilszustellung erfüllt, zur Zahlung einer Entschädigung von EUR 25.000,– an den Kläger verurteilt.

Begründung:

Der Beklagte ist beim Kläger gemäß Anstellungsvertrag als Vertriebsingenieur zu einem monatlichen Festgehalt von EUR 4.000,– brutto beschäftigt. Hinzu kommt eine variable Vergütung, die sich nach den Umsätzen der vom Beklagten vermittelten Geschäftsabschlüsse richtet. Die variable Vergütung des Beklagten belief sich im Jahr ...... auf EUR 47.000,– brutto, im Folgejahr auf EUR 52.000,–. Das Anstellungsverhältnis zwischen den Parteien ist beidseitig frühestens zum ...... ordentlich kündbar.

Beweis: Anstellungsvertrag zwischen den Parteien;
Verdienstabrechnung für den Beklagten für Dezember ......

Mit Schreiben vom ...... kündigte der Beklagte sein Anstellungsverhältnis mit dem Kläger fristlos mit sofortiger Wirkung.

Beweis: Schreiben vom ......

Seit dem 1. 1. ...... ist der Beklagte für die Firma ...... als Vertriebsingenieur im Gebiet ...... tätig.

Ein wichtiger Grund für die fristlose Kündigung vom ...... lag nicht vor. Das Anstellungsverhältnis zwischen den Parteien besteht bis ...... fort. Der Beklagte ist auf Grund des zwischen den Parteien nach wie vor bestehenden Anstellungsvertrages verpflichtet, für den Kläger seine Arbeitsleistungen als Vertriebsingenieur für das Gebiet ...... zu erbringen (Klagantrag Ziffer 1).

Mit Klagantrag Ziffer 2[2] verlangt der Kläger, den Beklagten gemäß § 61 Abs. 2 ArbGG zur Zahlung einer vom Gericht festzusetzenden Entschädigung zu verurteilen für den Fall, dass der Beklagte seiner Verpflichtung zur Erbringung der Arbeitsleistung nicht binnen einer Frist von sechs Wochen ab Zustellung des Urteils nachgekommen ist. Dem Kläger entsteht durch die pflichtwidrige Nichterbringung der Arbeitsleistung seitens des Beklagten ein entsprechender Schaden.[3] Der Beklagte hat für den Kläger in dem ihm übertragenen Gebiet in den Jahren ...... und ...... Umsätze in Höhe von EUR ...... und EUR ...... erwirtschaftet. Hieraus ergab sich – bezogen auf das Gebiet ...... – ein Gewinn des Klägers in Höhe von EUR ...... im Jahr ...... und EUR ...... im Jahr ......

Beweis: Betriebswirtschaftliche Auswertungen der Jahre ...... und ...... für das
Gebiet ......
Zeugnis ......

Der für die Jahre ......, ... und ...... zu erwartende Gewinn beträgt hiernach pro Jahr mindestens EUR 25.000,–. Der Kläger hat sich mit verschiedenen Stellenanzeigen in regionalen und überregionalen Zeitungen sowie durch die Einschaltung eines Personalberatungsunternehmens bemüht, eine(n) hinreichend qualifizierte(n) Mitarbeiter/in als Vertriebsingenieur für das Gebiet ...... zu gewinnen, bislang ohne Erfolg.

Beweis: Stellenanzeige vom ......
Zeugnis ......

Die nach freiem Ermessen festzusetzende Entschädigung[4] hat sich demnach mindestens auf EUR 25.000,– zu belaufen, da dem Kläger allein für ein Jahr der Nichterfüllung der arbeitsvertraglichen Pflichten des Beklagten ein entsprechender Schaden durch entgangenen Gewinn entsteht.

Rechtsanwalt

Schrifttum: *Baumbach/Lauterbach/Albers/Hartmann*, ZPO, 60. Aufl.; *Germelmann/ Matthes/Prütting/Müller-Glöge*, ArbGG, 4. Aufl.; *Grunsky*, ArbGG, 7. Aufl.; *Hauck*, ArbGG; *Schaub*, Arbeitsrechtliche Formularsammlung und Arbeitsgerichtsverfahren, 7. Aufl.; *Zöller*, ZPO, 23. Aufl.

Anmerkungen

1. Spricht ein Urteil die Verpflichtung des Beklagten zur **Vornahme einer Handlung** aus, so ist der Beklagte auf Antrag des Klägers gemäß § 61 Abs. 2 ArbGG zugleich für den Fall, dass die Handlung nicht binnen einer bestimmten Frist vorgenommen ist, zur Zahlung einer vom Arbeitsgericht nach freiem Ermessen festzusetzenden Entschädigung zu verurteilen. Die Zwangsvollstreckung nach §§ 887, 888 ZPO ist in diesem Fall ausgeschlossen. § 61 Abs. 2 ArbGG entspricht § 510b ZPO. Anders als im amtsgerichtlichen Verfahren setzt § 61 Abs. 2 ArbGG jedoch einen Antrag des Klägers voraus.

2. Voraussetzung des § 61 Abs. 2 ArbGG ist das Vorliegen eines Leistungsurteils (zum Beispiel Urteil auf Erbringung der Arbeitsleistung, auf Auskunfterteilung, Erteilung einer Abrechnung oder Ausfüllen von Arbeitspapieren). Keine Anwendung findet § 61 Abs. 2 ArbGG auf die Verurteilung zur Herausgabe von Sachen (vgl. *Schaub*, Formularsammlung, § 103 III 2 b).

Nach herrschender Meinung ist unerheblich, ob die Zwangsvollstreckung nach § 888 Abs. 2 ZPO unzulässig ist (vgl. *Hauck*, § 61 Rdn. 7).

Nach überwiegender Auffassung ist ein Antrag nach § 61 Abs. 2 ArbGG auch im einstweiligen Verfügungsverfahren zulässig. Problematisch ist jedoch regelmäßig das Vorliegen eines Verfügungsgrundes (vgl. *Schaub*, Formularsammlung, § 103 III 2 b).

3. Der Kläger muss in seinem Antrag darlegen, dass ihm durch die Nichtvornahme der Handlung, zu welcher der Beklagte verurteilt worden ist, ein Schaden entsteht. Der Antrag kann bis zur letzten mündlichen Verhandlung in der Berufungsinstanz gestellt werden. Des Vorliegens der Voraussetzungen einer Klageänderung bedarf es dabei nicht. Nach überwiegender Meinung muss der Antrag nicht beziffert sein (vgl. *Schaub*, Formularsammlung, § 103 III 2 c; a. A. *Grunsky*, § 61 Rdn. 12). Der Kläger hat allerdings Tatsachen anzugeben, auf Grund derer eine **Schadensschätzung** nach § 287 ZPO möglich ist.

Durch die Stellung eines Antrags nach § 61 Abs. 2 ArbGG erfolgt eine Klagehäufung (§ 260 ZPO; *Germelmann/Matthes/Prütting/Müller-Glöge*, § 61 Rdn. 32). Der Antrag auf Verurteilung zu einer Entschädigungsleistung hängt vom Antrag auf Verurteilung zur Vornahme der Handlung ab. Über beide Anträge kann nicht durch Teilurteil entschieden werden (vgl. *Germelmann/Matthes/Prütting/Müller-Glöge*, ArbGG, § 61 Rdn. 37; *Hauck*, § 61 Rdn. 9; a. A. *Grunsky*, § 61 Rdn. 13; *Schaub*, Formularsammlung, § 103 III 2 c).

4. Hält das Arbeitsgericht den Antrag des Klägers nach § 61 Abs. 2 ArbGG für begründet, setzt es nach seinem Ermessen eine Frist für den Beklagten zur Vornahme der Handlung. Die Festsetzung einer kürzeren Frist als die Rechtsmittelfrist von einem Monat ist unzulässig (BAG 5. 6. 1985, AP Nr. 67 zu § 1 TVG Tarifverträge: Bau). Die Zwangsvollstreckung kann gemäß § 751 ZPO erst beginnen, wenn der im Urteil bestimmte Kalendertag abgelaufen ist. Der Kläger kann jedoch bereits zuvor eine vollstreckbare Ausfertigung des Urteils erhalten. § 726 Abs. 1 ZPO ist nicht anzuwenden (*Grunsky*, § 61 Rdn. 16).

Für den Fall der nicht rechtzeitigen Erfüllung des Hauptanspruchs legt das Gericht im Urteil eine der Höhe nach bestimmte Entschädigung fest. Bei der Verurteilung zur Entschädigungsleistung handelt es sich um einen vollstreckbaren Titel (*Grunsky*, § 61 Rdn. 15). Eine Vollstreckung nach §§ 887, 888 ZPO scheidet aus, auch vor der vom Gericht bestimmten Frist (§ 61 Abs. 2 Satz 2 ArbGG). Hinsichtlich der Höhe der Entschädigung ist der dem Kläger durch die Nichtvornahme der Handlung drohende Schaden zu berücksichtigen. Das BAG nimmt bei Auskunftsklagen regelmäßig einen Abzug von 20 % des zu erwartenden Zahlungsanspruchs vor (BAG 27. 8. 1986, AP Nr. 70 zu § 1 TVG Tarifverträge: Bau).

Erfüllt der Beklagte noch nach Zustellung in der Rechtsmittelinstanz innerhalb der gesetzten Frist die Handlung, zu deren Vornahme er verurteilt worden ist, entfällt der Anspruch auf Zahlung der Entschädigungsleistung; dem Beklagten steht in diesem Fall eine Einwendung gegen den Entschädigungsanspruch des Klägers zu, die er im Wege der Vollstreckungsgegenklage geltend machen kann (vgl. BAG 28. 10. 1993, NZA 1992, 520). Nimmt der Kläger nach Ablauf der festgesetzten Frist die Leistung des Beklagten an, verliert der Kläger seinen Anspruch auf Zahlung der Entschädigung (BAG 4. 10. 1989, AP Nr. 9 zu § 61 ArbGG 1979).

Kosten und Gebühren

Ein Antrag nach § 61 Abs. 2 ArbGG erhöht den Streitwert des Verfahrens nicht. Die Ansprüche werden nicht nach § 5 ZPO addiert, da der wirtschaftliche Zweck derselbe ist (*Germelmann/Matthes/Prütting/Müller-Glöge*, § 61 Rdn. 33; *Schaub*, Formularsammlung, § 103 III 2 c; *Grunsky*, § 61 Rdn. 13).

2. Antrag auf Ausschluss der Zwangsvollstreckung nach § 62 Abs. 1 Satz 2 ArbGG[1]

An das
Arbeitsgericht ......

Az: ......

In Sachen
des ......   – Kläger –

gegen

den ......, Inhaber der Firma ......   – Beklagter –

beantragen wir namens und in Vollmacht des Beklagten hilfsweise:
    Die vorläufige Vollstreckbarkeit aus dem Urteil des Arbeitsgerichts wird im
    Fall des Unterliegens des Beklagten ausgeschlossen.

Begründung:

Die Vollstreckung des Urteils würde dem Beklagten einen nicht zu ersetzenden
Nachteil bringen, sofern er in vorliegendem Rechtsstreit unterliegt[2]. Der Lohn des
Klägers, der vor seiner Beschäftigung beim Beklagten selbstständig tätig war, ist
von zahlreichen Gläubigern gepfändet worden. Allein das Finanzamt ...... hat Forderungen gegen den Kläger in Höhe von EUR 100.000,– und aufgrund entsprechenden Bescheids ebenfalls den Lohn des Klägers gepfändet.

Glaubhaftmachung[3]: Lohnpfändungen ......

Angesichts dieser schlechten Vermögenslage des Klägers ist nicht damit zu rechnen,
dass dieser die beigetriebene Forderung gegen den Beklagten zurückerstattet. Hinzu
kommt, dass der Kläger der Kollegin ...... mitgeteilt hat, er werde nach Beendigung des Rechtsstreits vor dem Arbeitsgericht nach Spanien umziehen und sich dort
eine neue Existenz aufbauen[4].

Glaubhaftmachung: Eidesstattliche Versicherung der Frau ......

Es besteht also die konkrete Gefahr, dass Rückgriffsansprüche des Beklagten erheblich erschwert sind[5, 6].

                                                                    Rechtsanwalt

Anmerkungen

1. Nach § 62 Abs. 1 Satz 1 ArbGG sind Urteile der Arbeitsgerichte, die noch nicht
rechtskräftig sind, vorläufig vollstreckbar, ohne dass dies gesondert ausgesprochen werden müsste. Dies betrifft alle (End- und Teil-)Urteile mit vollstreckungsfähigem Inhalt,
beispielsweise auch Urteile auf Verurteilung des Arbeitgebers zur Zahlung einer Abfindung nach §§ 9, 10 KSchG (vgl. BAG 9. 12. 1987, AP Nr. 4 zu § 62 ArbGG 1979; LAG
Baden-Württemberg 9. 7. 1986, BB 1986, 1784; LAG Frankfurt/Main 14. 8. 1986, BB
1987, 552; a.A. LAG Berlin 17. 2. 1986, BB 1986, 672). Auch Urteile der Landesarbeitsgerichte sind vorläufig vollstreckbar (§ 64 Abs. 7 ArbGG).

Im Urteil ist lediglich auszusprechen, wenn die Vollstreckbarkeit ausgeschlossen werden soll. Dementsprechend hat auch die Ablehnung des Ausschlusses der vorläufigen

Vollstreckbarkeit im Urteilstenor zu erfolgen (vgl. *Germelmann/Matthes/Prütting/Müller-Glöge,* § 62 Rdn. 26). Die Entscheidung des Arbeitsgerichts ist zu begründen, unabhängig davon, ob einem Antrag auf Ausschließung der Zwangsvollstreckung stattgegeben wird oder nicht. Hat es das Arbeitsgericht versäumt, über den Antrag zu entscheiden, kann das Urteil gemäß § 319 ZPO berichtigt oder – bei Vorliegen der Voraussetzungen – nach § 321 ZPO ergänzt werden (vgl. *Grunsky,* § 62 Rdn. 6).

2. Voraussetzung für einen Ausschluss der vorläufigen Vollstreckbarkeit ist nach § 62 Abs. 1 Satz 2 ArbGG, dass die Vollstreckung des Urteils dem Beklagten einen nicht zu ersetzenden Nachteil bringen würde. Eine solche Unersetzbarkeit des Nachteils liegt vor, wenn ihn der Beklagte nicht abwenden kann und der Kläger bei späterem Wegfall des Vollstreckungstitels nicht in der Lage ist, den Schaden mit Geld oder auf andere Weise auszugleichen (vgl. *Hauck,* § 62 Rdn. 4). Ein schwer zu ersetzender Nachteil des Beklagten reicht nicht aus. § 62 Abs. 1 Satz 2 ArbGG verlangt einen nicht zu ersetzenden Nachteil. Ausreichend ist beispielsweise, wenn wegen der schlechten Vermögenslage des Klägers nicht damit gerechnet werden kann, dass die beigetriebene Leistung zurückerstattet wird (vgl. LAG Frankfurt/Main 8. 1. 1992, NZA 1992, 427; *Germelmann/Matthes/Prütting/Müller-Glöge,* § 62 Rdn. 16; *Grunsky,* § 62 Rdn. 4). Nach wohl herrschender Meinung sind bei der Prüfung, ob ein nicht zu ersetzender Nachteil vorliegt, auch die Erfolgsaussichten eines Rechtsmittels zu berücksichtigen (vgl. LAG Düsseldorf 4. 10. 1979, EzA Nr. 1 zu § 62 ArbGG 1979; *Groeger,* NZA 1994, 251; einschränkend: *Germelmann/Matthes/Prütting/Müller-Glöge,* § 62 Rdn. 14; *Hauck,* § 62 Rdn. 4). Zumindest dann, wenn feststeht, dass ein Rechtsmittel keinerlei Erfolgsaussicht hat, wird keinesfalls ein nicht zu ersetzender Nachteil vorliegen.

3. § 62 Abs. 1 Satz 2 ArbGG verlangt, dass der Beklagte (Antragsteller) die Tatsachen glaubhaft macht, wonach ihm die Vollstreckung einen nicht zu ersetzenden **Nachteil** bringen würde. Es gilt § 294 ZPO.

4. Nicht allein ausreichend für das Vorliegen eines nicht zu ersetzenden Nachteils ist die bloße Arbeitslosigkeit des Klägers, die Gewährung von Prozesskostenhilfe oder die ausländische Staatsangehörigkeit des Klägers. Erforderlich ist vielmehr, dass die konkrete Gefahr besteht, dass sich der Kläger der Durchsetzung von Rückgriffsansprüchen entziehen wird, indem er Deutschland verlässt (vgl. *Hauck,* § 62 Rdn. 5; allerdings streitig bei „Flucht ins Ausland").

5. Eine Einstellung der Zwangsvollstreckung nach § 62 Abs. 1 Satz 2 ArbGG bei der Vollstreckung des arbeitsvertraglichen Weiterbeschäftigungsanspruchs kommt nur dann in Betracht, wenn durch die Beschäftigung selbst ein unersetzbarer Nachteil wirtschaftlicher oder immaterieller Art eintreten würde, für den aller Wahrscheinlichkeit nach ein Ersatz vom Arbeitnehmer nicht verlangt werden könnte (vgl. LAG Berlin 26. 9. 1980, DB 1980, 2448; LAG Frankfurt 28. 7. 1983, DB 1983, 2640; *Germelmann/Matthes/Prütting/Müller-Glöge,* § 62 Rdn. 15 m.w.N.).

6. Die Einstellung der Zwangsvollstreckung erfolgt im arbeitsgerichtlichen Verfahren nur ohne **Sicherheitsleistung** (str., a. A. LAG Köln 19. 9. 1996, NZA-RR 1998, 36; *Beckers,* NZA 1997, 1322). Gegen die Entscheidung des Vorsitzenden ist die sofortige Beschwerde nach §§ 78 ArbGG, 793 ZPO statthaft (vgl. *Hauck,* § 62 Rdn. 9; vgl. aber auch LAG Thüringen 29. 12. 1997, NZA 1998, 1358).

Kosten und Gebühren

Der Antrag nach § 62 Abs. 1 Satz 2 ArbGG und die Entscheidung des Gerichts hierüber verursacht weder Gerichtskosten noch Anwaltsgebühren.

3. Antrag auf Einstellung der Zwangsvollstreckung aus einem Versäumnisurteil[1, 3]

An das
Arbeitsgericht ......

Az.: ......

In Sachen

....../......

beantragen wir namens und in Vollmacht des Beklagten,
     die Zwangsvollstreckung aus dem Versäumnisurteil des Arbeitsgerichts vom ...... einstweilen einzustellen.[2]

Begründung:

Nach dem Versäumnisurteil des Arbeitsgerichts vom ...... ist der Beklagte zur Zahlung eines Betrages von ...... an den Kläger verpflichtet. Der Beklagte hat Einspruch gegen dieses Versäumnisurteil eingelegt.

Die Vollstreckung des Klägers aus dem nach § 62 Abs. 1 Satz 1 ArbGG vorläufig vollstreckbaren Versäumnisurteil würde dem Beklagten einen nicht ersetzbaren Nachteil bringen.[1] Der Kläger ist vermögenslos. Er hat die eidesstattliche Versicherung abgegeben.

Glaubhaftmachung: Eidesstattliche Versicherung des Klägers, abgegeben vor Frau Obergerichtsvollzieherin ......

Im Falle der Aufhebung des Versäumnisurteils und Abweisung der Klage ist davon auszugehen, dass der Kläger einen im Wege der Zwangsvollstreckung von dem Beklagten erhaltenen Geldbetrag nicht zurückzahlen kann.

Rechtsanwalt

Anmerkungen

1. Nach § 62 Abs. 1 Satz 3 ArbGG kommt eine **nachträgliche Einstellung der Zwangsvollstreckung** bei einem Einspruch gegen ein nach § 62 Abs. 1 Satz 1 ArbGG vorläufig vollstreckbares Versäumnisurteil gemäß § 719 Abs. 1 ZPO in Betracht, sofern die Voraussetzungen des § 62 Abs. 1 Satz 2 ArbGG vorliegen. Der Antragsteller muss also – insoweit anders als im Verfahren vor den ordentlichen Gerichten, wonach die Einstellung der Zwangsvollstreckung im Ermessen des Gerichts steht – glaubhaft machen, dass ihm die Vollstreckung oder Fortsetzung der Vollstreckung einen nicht ersetzbaren Nachteil bringen würde. Das Ermessen des Gerichts ist somit eingeschränkt. Es gelten die Grundsätze des § 62 Abs. 1 Satz 2 ArbGG (vgl. Form. I. 2, Anm. 2–6). Auch bei einem Antrag nach § 62 Abs. 1 Satz 3 ArbGG ist streitig, ob und inwieweit die Erfolgsaussichten eines Rechtsbehelfs oder Rechtsmittels zu berücksichtigen sind (vgl. *Germelmann/Matthes/Prütting/Müller-Glöge*, § 62 Rdn. 30 m.w.N.; Form. I. 2, Anm. 2).

2. Eine Einstellung der Zwangsvollstreckung kommt – anders als im Falle des § 707 ZPO – nur ohne Sicherheitsleistung in Betracht (vgl. *Grunsky*, § 62 Rdn. 8). Allerdings kann im Wege eines Vergleichs eine Einstellung gegen Sicherheitsleistung erfolgen (vgl. *Schaub*, Formularsammlung, § 59 II 1, wonach Berufungsrichter vielfach eine einstweilige Einstellung gegen Zahlung der Titelsumme auf Treuhandkonto, Stellung einer Bankbürgschaft usw. anregen).

3. Die Entscheidung über den Antrag nach § 62 Abs. 1 Satz 3 ArbGG ergeht durch Beschluss. Einer mündlichen Verhandlung bedarf es nicht. Allerdings ist dem Antragsgegner nach Art. 103 Abs. 1 GG regelmäßig rechtliches Gehör vor Erlass der Entscheidung zu gewähren. Die Entscheidung erfolgt – auch bei Durchführung einer mündlichen Verhandlung – durch den Vorsitzenden allein (§§ 53 Abs. 1 Satz 1, 55 Abs. 1 Nr. 6, 64 Abs. 7 ArbGG).

Gegen die Entscheidung des Vorsitzenden des Arbeitsgerichts ist sofortige Beschwerde nach §§ 78 ArbGG, 793 ZPO statthaft (vgl. aber LAG Thüringen 29. 12. 1997, NZA 1998, 1358). Das Gericht kann seine Entscheidung jederzeit abändern.

Kosten und Gebühren

Vgl. Form. I. 2.

4. Antrag auf Einstellung der Zwangsvollstreckung im Berufungsverfahren[1, 2, 3]

An das
Landesarbeitsgericht ......

Az.: ......

In Sachen

Firma ....../ ......
werden wir beantragen:
1. Das Urteil des Arbeitsgerichts ...... vom ......, Aktenzeichen ......, wird abgeändert.
2. Die Klage wird abgewiesen.
3. Die Zwangsvollstreckung aus dem Urteil des Arbeitsgerichts ...... vom ......, Aktenzeichen ......, wird vorläufig eingestellt.[1]

Begründung:

Das Urteil des Arbeitsgerichts ist unzutreffend. Das Arbeitsgericht hat der Klage zu Unrecht stattgegeben. Im Einzelnen: ......
Die Zwangsvollstreckung aus dem Urteil des Arbeitsgerichts ist gemäß §§ 62 Abs. 1 Satz 3 ArbGG, 719 Abs. 1, 707 ZPO vorläufig einzustellen. Die Zwangsvollstreckung würde dem Beklagten einen nicht ersetzbaren Nachteil bringen. Der Kläger hat gegenüber dem Mitarbeiter C des Beklagten angekündigt, er werde nach Erhalt des erstinstanzlich zugesprochenen Betrages, den er nötigenfalls im Wege der Zwangsvollstreckung durchsetzen werde, nach Italien umziehen und dort seinen Wohnsitz nehmen.

Glaubhaftmachung: Eidesstattliche Erklärung des Mitarbeiters C des Beklagten

Es besteht also die konkrete Gefahr, dass sich der Kläger den Rückforderungsansprüchen des Beklagten entziehen wird, da diese Ansprüche durch das Verlassen Deutschlands erheblich erschwert sind.

Rechtsanwalt

Anmerkungen

1. Nach § 62 Abs. 1 Satz 3 ArbGG kann auch im Berufungsverfahren ein Antrag auf nachträgliche Einstellung der Zwangsvollstreckung gestellt werden, sofern Berufung gegen ein vorläufig vollstreckbares Urteil eingelegt und bis zum Schluss der mündlichen Verhandlung in I. Instanz kein Antrag auf Ausschluss der vorläufigen Vollstreckbarkeit nach § 62 Abs. 1 Satz 2 ArbGG gestellt worden ist. Auch insoweit darf die Einstellung der Zwangsvollstreckung nur angeordnet werden, wenn die Vollstreckung oder ihre Fortsetzung dem Schuldner einen nicht ersetzbaren Nachteil bringen würde. Streitig ist auch hier, ob und inwieweit die Erfolgsaussichten eines Rechtsbehelfs oder Rechtsmittels zu berücksichtigen sind (vgl. Form. I. 2).

Nach Verkündung eines erstinstanzlichen streitigen Urteils ist im Übrigen für Anträge auf Einstellung der Zwangsvollstreckung das Arbeitsgericht nicht mehr zuständig. Trifft das Arbeitsgericht dennoch einen Beschluss, ist hiergegen wegen greifbarer Gesetzesverletzung ein Rechtsmittel gegeben (vgl. LAG Bremen 26. 5. 1998 – 4 TaBV 30/98, das offen gelassen hat, ob es sich hierbei um eine sofortige oder einfache Beschwerde handelt).

2. Die Entscheidung erfolgt durch den Vorsitzenden allein, ohne Hinzuziehung der ehrenamtlichen Richter (§§ 64 Abs. 7, 53 Abs. 1 Satz 1, 55 Abs. 1 Nr. 6 ArbGG). Die Entscheidung ergeht durch Beschluss. Einer mündlichen Verhandlung bedarf es nicht.

3. Vgl. im Übrigen Form. I. 2 und I. 3.

Kosten und Gebühren

Vgl. Form. I. 2.

5. Klage auf Schadensersatz nach § 717 Abs. 2 ZPO wegen vorläufiger Vollstreckung[1]

An das
Arbeitsgericht ......

Klage

In Sachen
......, Inhaber der Firma ......

– Kläger –

gegen

Herrn ......

– Beklagter –

wegen Schadensersatz nach § 717 Abs. 2 ZPO

vertreten wir den Kläger. In dessen Namen und Auftrag erheben wir Klage und werden beantragen:

> Der Beklagte wird verurteilt, an den Kläger EUR ...... nebst ...... Zinsen seit dem ...... zu zahlen.

Begründung:

Der Beklagte ist beim Kläger als Vertriebsleiter beschäftigt. Der Beklagte hat gegen den Kläger vor dem Arbeitsgericht ...... (Aktenzeichen ......) Klage erhoben und beantragt, den Kläger zu verurteilen, dem Beklagten als Dienstwagen einen Pkw der Marke ......, Typ ...... zur Verfügung zu stellen, da dies zwischen den Parteien arbeitsvertraglich vereinbart worden sei. Gleichzeitig hat der Beklagte gemäß § 887 Abs. 2 ZPO beantragt, den Kläger zur Vorauszahlung der Kosten zu verurteilen, die durch die Vornahme der Handlung entstehen werden, unbeschadet des Rechts auf eine Nachforderung, wenn die Vornahme der Handlung einen größeren Kostenaufwand verursacht. Das Arbeitsgericht ...... gab mit Urteil vom ...... der Klage des Beklagten in vollem Umfang statt.

Obwohl der Kläger Berufung gegen das Urteil des Arbeitsgerichts zum LAG ...... (Aktenzeichen ......) eingelegt hat, hat der Beklagte aus Ziffer 2 des Tenors des Urteils des Arbeitsgerichts ...... die Zwangsvollstreckung betrieben und den Erlass eines Pfändungs- und Überweisungsbeschlusses beim Amtsgericht ...... (Aktenzeichen ......) beantragt. Diesem wurde stattgegeben, woraufhin der Beklagte das Konto des Klägers gepfändet und einen Betrag von EUR ...... (einschließlich die Gerichtskosten, Gerichtsvollzieherkosten für die Zustellung und außergerichtliche Kosten) erhalten hat.

Mit Urteil vom ...... hat das LAG ...... das Urteil des Arbeitsgerichts ...... vom ...... abgeändert und die Klage des Beklagten abgewiesen. Das Urteil des LAG ...... ist rechtskräftig.[2]

Mit Schreiben vom ...... forderte der Kläger den Beklagten auf, ihm den durch die Zwangsvollstreckung aus dem vorläufig vollstreckbaren Urteil des Arbeitsgerichts ...... vom ...... entstandenen Schaden[3] bis ...... zu ersetzen.

Beweis: Schreiben vom ......

Der Schaden des Klägers errechnet sich wie folgt: ......

Der Beklagte reagierte auf das Schreiben des Klägers vom ...... nicht. Der Beklagte ist mit seiner aus § 717 Abs. 2 ZPO folgenden Verpflichtung seit dem ...... in Verzug.

Rechtsanwalt

Anmerkungen

1. Wird ein für vorläufig vollstreckbar erklärtes Urteil aufgehoben oder abgeändert, so ist der Kläger zum Ersatz des Schadens verpflichtet, der dem Beklagten durch die Vollstreckung des Urteils oder durch eine zur Abwendung der Vollstreckung erbrachte Leistung entstanden ist (§§ 62 Abs. 2 ArbGG, 717 Abs. 2 ZPO). Zwar sind Urteile der Arbeitsgerichte, gegen die Einspruch oder Berufung zulässig ist, nach § 62 Abs. 1 Satz 1 ArbGG vorläufig vollstreckbar. Vollstreckt der Kläger jedoch aus einem solchen arbeitsgerichtlichen Urteil, erfolgt dies auf eigene Gefahr. Wird das vorläufig vollstreckbare Urteil des Arbeitsgerichts aufgehoben oder abgeändert, macht sich der Kläger schadensersatzpflichtig, ohne dass es auf ein Verschulden des Klägers ankommen würde. § 717 Abs. 2 ZPO regelt einen Fall der Gefährdungshaftung (BGHZ 85, 113).

2. Der Schuldner (im vorliegenden Formular der Kläger) kann wählen, ob er seinen Schadensersatzanspruch im Wege einer selbstständigen Klage oder Widerklage oder durch einen (Zwischen-)Antrag im laufenden Prozess geltend machen will (*Baumbach/Lauterbach/Albers/Hartmann,* § 717 Rdn. 13). Ein Zwischenantrag kann auch noch in der Revisionsinstanz gestellt werden. Er macht den Anspruch mit allen prozessualen Folgen (zum Beispiel Verzinsungspflicht) rechtshängig (§ 261 ZPO). Erhebt der Schuldner selbstständige Klage, findet § 32 ZPO (Gerichtsstand der unerlaubten Handlung) Anwendung.

3. § 717 Abs. 2 ZPO setzt voraus: (1) Aufhebung oder Abänderung eines für vorläufig vollstreckbar erklärten Urteils; (2) Vollstreckung des Gläubigers aus dem Urteil; (3) durch die Vollstreckung adäquat kausal verursachter Schaden des Schuldners (vgl. *Schaub,* Formularsammlung, § 59 V).

§ 717 Abs. 2 ZPO erwähnt nach seinem Wortlaut lediglich Urteile. Kraft gesetzlicher Regelung oder auf Grund entsprechender Anwendung gilt § 717 Abs. 2 ZPO auch bei Arrest und einstweiliger Verfügung (§ 945 ZPO), Aufrechnung, wenn es darum geht, dass ein Vorbehaltsurteil wegen einer Aufrechnung aufgehoben wird (§ 302 Abs. 4 ZPO), bei Kostenfestsetzungsbeschlüssen, Schiedssprüchen (§§ 1042 c Abs. 2, 1044 a Abs. 3 ZPO), im Urkunden-, Wechsel- oder Scheckprozess, wenn ein Vorbehaltsurteil aufgehoben wird (§ 600 Abs. 2 ZPO) und bei der Urteilsberichtigung (§ 319 ZPO), vgl. *Zöller-Herget,* § 717 Rdn. 4.

3. Die Schadensersatzpflicht bezieht sich auf den unmittelbaren oder mittelbaren Schaden, der durch eine Zwangsvollstreckungsmaßnahme entstanden ist. Vom Schaden sind auch Bürgschaftskosten zur Vollstreckungsabwendung umfasst (vgl. *Baumbach/Lauterbach/Albers/Hartmann,* § 717 Rdn. 7). Es gelten die §§ 249 ff. BGB. § 254 BGB ist anzuwenden. Ein mitwirkendes Verschulden des Schuldners kann vorliegen, wenn er ein Verteidigungsmittel nicht vorgetragen hat (*Baumbach/Lauterbach/Albers/Hartmann,* § 717 Rdn. 11). Hinsichtlich der Verjährung gilt § 852 BGB.

Kosten und Gebühren

Bei der Berechnung des Streitwerts bleiben Zinsen und Kosten außer Betracht, unabhängig davon, ob der Ersatzanspruch nach § 717 Abs. 2 ZPO im Wege des Zwischenantrags, der Widerklage oder durch selbstständige Klage geltend gemacht wird (vgl. BGHZ 38, 237).

6. Klage auf Erteilung einer Vollstreckungsklausel nach § 731 ZPO[1]

An das
Arbeitsgericht[2] ......

Klage

In Sachen
der A-Bank ......

– Kläger –

gegen

Firma B ......

– Beklagter –

vertreten wir den Kläger. In dessen Namen und Auftrag erheben wir Klage und werden beantragen:

> Es wird festgestellt, dass der Kläger Rechtsnachfolger des C betreffend die Forderung des C gegen den Beklagten, welche durch Prozessvergleich vor dem Arbeitsgericht ...... vom ......, Aktenzeichen ......, tituliert wurde, ist.[3]

Begründung:

Zwischen C und dem Beklagten war ein Rechtsstreit vor dem Arbeitsgericht ...... (Aktenzeichen ......) rechtshängig. C und der Beklagte vereinbarten am ...... einen Prozessvergleich, wonach der Beklagte verpflichtet war, an C einen Betrag von EUR ...... als Sozialabfindung, fällig am ......, zu zahlen.

Beweis: Prozessvergleich vom ......

Am ...... hat C seinen Anspruch auf Zahlung des Betrages von EUR ...... an den Kläger mit Privaturkunde abgetreten.

Beweis: Privatschriftliche Urkunde vom ......

Nach dieser Abtretungsvereinbarung ist C am ...... verstorben.

Beweis: Zeugnis der Frau ......

Der Kläger hat dem Beklagten die Abtretung unter Vorlage der Abtretungsvereinbarung angezeigt und zur Zahlung des Betrages von EUR ...... bis zum ...... aufgefordert. Eine Reaktion erfolgte nicht.

Da auf Grund des Todes des C eine öffentliche oder öffentlich beglaubigte Urkunde im Sinne des § 727 ZPO nicht erstellt werden kann, ist Klage geboten.[4]

Rechtsanwalt

Anmerkungen

1. Kann ein für die Erteilung der Vollstreckungsklausel durch den Rechtspfleger erforderlicher Nachweis nicht durch öffentliche oder öffentlich beglaubigte Urkunden geführt werden, kann der Gläubiger Klage auf Erteilung der Vollstreckungsklausel erheben. Bei der Klage handelt es sich weder um eine Leistungs- noch um eine Gestaltungsklage, sondern um eine Feststellungsklage (*Baumbach/Lauterbach/Albers/Hartmann*, § 731 Rdn. 1; *Zöller-Herget*, § 731 Nr. 4). Erforderlich ist also ein rechtliches Interesse an einer alsbaldigen Feststellung. Streitgegenstand ist lediglich die Erteilung der Vollstreckungsklausel. Die Einwendungsmöglichkeiten der Beklagtenpartei sind somit beschränkt (vgl. im Einzelnen *Baumbach/Lauterbach/Albers/Hartmann*, § 731 Rdn. 5 f.).

Besitzt die Klagepartei die Urkunden oder kann sie sie leicht beschaffen, fehlt das besondere rechtliche Interesse für die Klage auf Erteilung der Vollstreckungsklausel. Umstritten ist, ob die Klagepartei bei einer Abweisung des Antrags auf Klauselerteilung wegen Nichtvorliegens der erforderlichen Urkunden gegen die Entscheidung des Rechtspflegers Erinnerung und/oder Beschwerde einzulegen hat (vgl. *Zöller-Stöber*, § 731 Rdn. 2 einerseits; *Baumbach/Lauterbach/Hartmann/Albers*, § 731 Rdn. 2 andererseits, jeweils m. w. N.).

2. Ausschließlich zuständig ist das Prozessgericht I. Instanz des Ausgangsverfahrens (§§ 62 Abs. 2 ArbGG, 802 ZPO).

3. Möglich wäre auch ein Klagantrag: „Es wird beantragt, der Klagepartei als Rechts-nachfolgerin des C eine vollstreckbare Ausfertigung des Prozessvergleichs vom ......, der zwischen C und der Beklagtenpartei vor dem Arbeitsgericht ......, Aktenzei-chen ......, abgeschlossen worden ist, zu erteilen." (vgl. *Schaub*, Formularsammlung, § 67 III 1).

4. Die Möglichkeit einer Klage auf Erteilung der Vollstreckungsklausel steht dem Rechtsschutzinteresse für eine neue Klage aus dem zugrunde liegenden Rechtsverhältnis nicht entgegen (vgl. BGH 9. 4. 1987, NJW 1987, 2863).

Kosten und Gebühren

Hinsichtlich der Gerichtsgebühren gelten keine Besonderheiten. Für den Anwalt fallen die Gebühren der §§ 31 ff. BRAGO an. Der Gegenstandswert richtet sich nach dem Wert des titulierten Anspruchs.

7. Antrag auf Erlass eines Pfändungs- und Überweisungsbeschlusses wegen Vollstreckung einer Bruttolohnforderung[1]

An das
Amtsgericht
– Vollstreckungsgericht –[2]
......

      Antrag auf Erlass eines Pfändungs- und Überweisungsbeschlusses
In der Zwangsvollstreckungssache

A ......

                                        – Gläubiger –
vertreten durch ......

                           gegen

B ......

                                        – Schuldner –
vertreten durch ......

Aufgrund der vollstreckbaren Ausfertigung des Urteils des Arbeitsgerichts ...... vom ......, Az.: ......, kann der Gläubiger vom Schuldner beanspruchen:

      ...... EUR Hauptforderung[3]
      ...... EUR ...... % Zinsen seit dem ...... aus EUR ......[4]
      ...... EUR Kosten früherer Vollstreckungsmaßnahmen gemäß Anlage
      ...... EUR Gesamtsumme

Hinzu kommen die weiteren Zinsen.
Wegen dieser Ansprüche sowie wegen der Kosten (vgl. nachstehende Kostenrech-nung) und der Zustellungskosten für diesen Beschluss werden die Forderungen des Schuldners gegen

C-Bank AG, vertreten durch den Vorstand, dieser vertreten durch den Vorsitzenden
    des Vorstands, ... – Straße ......, ... – Stadt

                    – Drittschuldner –[5]

auf Zahlungen und Leistungen jeglicher Art aus der gesamten Geschäftsverbindung,
insbesondere gegenwärtige und künftig entstehende Guthaben, insbesondere betreffend das Konto Nr.......[6],
gepfändet.

Dem Drittschuldner wird, soweit die Forderung gepfändet ist, untersagt, an den
Schuldner zu zahlen. Der Schuldner darf insoweit nicht über die Forderung verfügen, insbesondere sie nicht einziehen. Dem Gläubiger wird die bezeichnete Forderung in Höhe des gepfändeten Betrages zur Einziehung überwiesen. Der Drittschuldner hat die gepfändeten Beträge an den Gläubiger auszuzahlen.[7]

Von der Pfändung umfasst sind:

1. Gerichtskosten	EUR	10,–
2. Anwaltskosten[8]		
Gegenstandswert: EUR		
Gebühr gemäß §§ 11, 31, 57 BRAGO	EUR	......
Auslagen § 26 BRAGO	EUR	......
Mehrwertsteuer § 25 BRAGO	EUR	......
Gesamt	EUR	......

Es wird beantragt,
die Zustellung zu vermitteln,[9]
an Drittschuldner mit der Aufforderung nach § 840 ZPO[10].
Vollstreckungsbelege und Schuldtitel sind im Original beigefügt.[11]

                            Rechtsanwalt

Anmerkungen

1. Vorliegendes Formular entspricht einem handelsüblichen Formular eines Antrags
auf Erlass eines Pfändungs- und Überweisungsbeschlusses, mit welchem beantragt wird,
dass das Amtsgericht – Vollstreckungsgericht – einen bereits entworfenen Pfändungs-
und Überweisungsbeschluss erlässt. In der Praxis empfiehlt sich die Verwendung eines
solchen handelsüblichen Formulars.

Nach dem Gesetzentwurf zur 2. Zwangsvollstreckungsnovelle vom 17. 12. 1997 (BT-
Drucks. 13/341) sollte durch eine Ermächtigung das Bundesministerium der Justiz für
die Einführung einheitlicher Vordrucke sorgen. Insoweit wurde der Entwurf jedoch
nicht umgesetzt.

2. Ausschließlich sachlich zuständig ist das Amtsgericht – Vollstreckungsgericht –,
§§ 62 Abs. 2 ArbGG, 764, 802 ZPO. Hinsichtlich der örtlichen Zuständigkeit gilt § 828
Satz 2 ZPO. Danach ist Vollstreckungsgericht das Amtsgericht, bei dem der Schuldner
im Inland seinen allgemeinen Gerichtsstand hat.

3. Im Ausgangsfall wurde der Arbeitgeber B verurteilt, dem Arbeitnehmer A als Vergütung einen Bruttolohn zu zahlen. Eine solche Verurteilung zu einem Bruttobetrag ist
zulässig (BAG 14. 1. 1964, AP Nr. 20 zu § 611 BGB Dienstordnungs-Angestellte). Zulässig ist im Übrigen eine Klage auf Zahlung eines Bruttobetrages abzüglich eines Nettobetrages, sofern dieser hinreichend bestimmt ist; zulässig ist dementsprechend die
Zahlung eines Bruttobetrages „abzüglich gezahlten Arbeitslosengeldes" oder „abzüglich

gezahlten Krankengeldes" (BAG 15. 11. 1978, AP Nr. 14 zu § 613a BGB). Im Rahmen der Zwangsvollstreckung ist der gesamte Bruttobetrag beizutreiben (BGH 21. 4. 1966, AP Nr. 13 zu § 611 BGB Lohnanspruch; *Germelmann/Matthes/Prütting/Müller-Glöge,* § 62 Rdn. 42 m.w.N.). Dem Arbeitgeber bleibt es jedoch unbenommen, Lohn- und Kirchensteuern sowie Sozialversicherungsbeiträge an das Finanzamt bzw. den Träger der Sozialversicherung abzuführen. Er hat bei der Zwangsvollstreckung die Abführung der Abzüge gemäß §§ 62 Abs. 2 ArbGG, 775 Nr. 4, 5 ZPO durch Quittungen nachzuweisen.

Wurde der Arbeitgeber auf Zahlung eines Bruttobetrages abzüglich eines bestimmten Nettobetrages verurteilt, kann nur der Differenzbetrag beigetrieben werden (*Germelmann/Matthes/Prütting/Müller-Glöge,* aaO.).

4. Die Rechtsprechung des BAG zur Frage, ob der Arbeitnehmer **Zinsen** aus dem Bruttobetrag oder lediglich aus dem sich aus dem Bruttobetrag ergebenden Nettobetrag verlangen kann, war uneinheitlich (vgl. BAG 20. 4. 1983, AP Nr. 2 zu § 21 TVAL II einerseits, BAG 10. 6. 1980, AP Nr. 64 zu Art. 9 GG Arbeitskampf andererseits; *Schaub,* Arbeitsrechtshandbuch, § 71 I 4c) m.w.N.). Auf Vorlage des 9. Senats (18. 1. 2000 – 9 AZR 122/95 [B]) entschied der Große Senat mit Beschluss vom 7. 3. 2001 (NZA 2001, 1195), dass der Arbeitnehmer die Verzugszinsen nach § 288 Abs. 1 Satz 1 BGB aus der in Geld geschuldeten Bruttovergütung verlangen kann.

5. Bei der Bezeichnung des **Drittschuldners** reicht es aus, wenn deutlich erkennbar ist, an wen sich das Zahlungsverbot im Sinne des §§ 62 Abs. 2 ArbGG, 829 ZPO richten soll (vgl. *Zöller-Stöber,* § 829 Rdn. 9).

6. Bei der **Kontenpfändung** reicht die Bezeichnung „alle Forderungen, insbesondere das Guthaben auf Konto Nr. ......" aus. Einer Angabe der Kontonummer bedarf es nicht. Ausreichend ist auch die Bezeichnung der Forderung als „alle Guthaben sämtlicher Konten" (vgl. *Baumbach/Lauterbach/Albers/Hartmann,* § 829 Rdn. 25, 28).

7. Wird ein bei einem Geldinstitut gepfändetes Guthaben eines Schuldners, der eine natürliche Person ist, dem Gläubiger überwiesen, so darf erst zwei Wochen nach der Zustellung des Überweisungsbeschlusses an den Drittschuldner aus dem Guthaben an den Gläubiger geleistet oder der Betrag hinterlegt werden (§§ 62 Abs. 2 ArbGG, 835 Abs. 3 Satz 2 ZPO).

8. Während im Urteilsverfahren erster Instanz kein Anspruch der obsiegenden Partei auf Erstattung der Kosten für die Zuziehung eines Prozessbevollmächtigten oder Beistands besteht (§ 12a Abs. 1 Satz 1 ArbGG), kann der Gläubiger seine Anwaltskosten im Zwangsvollstreckungsverfahren dann nach § 788 ZPO geltend machen, wenn diese notwendig waren (*Germelmann/Matthes/Prütting/Müller-Glöge,* § 12a Rdn. 24). Dies gilt jedoch nicht bei Erheben einer Vollstreckungsabwehrklage (vgl. Form. 16). Die Notwendigkeit der Beauftragung eines Anwalts für die Zwangsvollstreckung ist grundsätzlich anzunehmen (vgl. *Gerold/Schmidt/v. Eicken/Madert,* BRAGO, § 57 Rdn. 31 m.w.N.).

Bei der angedrohten Zwangsvollstreckung gilt § 12a Abs. 1 Satz 1 ArbGG nach seinem Sinn und Zweck ebenfalls nicht, da diese Vorschrift lediglich das Risiko eines noch durchzuführenden Prozesses einschränken soll. Liegt jedoch bereits ein vollstreckbarer Titel vor, besteht dieses Risiko nicht. Auch hier richtet sich die Erstattungspflicht der Gegenpartei nach §§ 788, 91 ZPO. Entscheidend ist also, ob notwendige und daher erstattungsfähige Kosten der Zwangsvollstreckung vorliegen. Ist danach ein Vollstreckungstitel gegen den Schuldner vorhanden, handelt es sich um notwendige vom Schuldner zu erstattende Kosten der Zwangsvollstreckung, wenn der Schuldner längere Zeit (z.B. mehrere Wochen) nicht leistet und der Gläubiger hierauf einen Anwalt mit der Androhung der Zwangsvollstreckung beauftragt. Demgegenüber ist die Notwendigkeit einer anwaltlichen Zahlungsaufforderung zu verneinen, wenn beispielsweise noch keine vollstreckbare Ausfertigung vorliegt (vgl. *Zöller-Stöber*, § 788 Rdn. 6 m.w.N.). Die Notwendigkeit der Zwangsvollstreckungsmaßnahme und damit die Frage der Erstattungsfähigkeit der Kosten richtet sich nach dem Standpunkt des Gläubigers zu dem Zeitpunkt, in dem die Kosten durch die Vollstreckungsmaßnahme verursacht sind (vgl. *Zöller-Stöber*, § 788 Rdn. 9).

9. Der Gläubiger hat den Pfändungsbeschluss zustellen zu lassen, § 829 Abs. 2 ZPO, wobei die Zustellung an den Drittschuldner – anders als die Zustellung an den Schuldner – Wirksamkeitsvoraussetzung ist. Die Zustellung erfolgt auf Betreiben des Gläubigers durch den Gerichtsvollzieher (§§ 166 ff. ZPO). Regelmäßig erfolgt die Zustellung durch Vermittlung der Geschäftsstelle, sofern der Gläubiger nicht erklärt, er wolle selbst einen Gerichtsvollzieher beauftragen (vgl. *Zöller-Stöber*, 829 Rdn. 14).

10. Zum Schadensersatz wegen unrichtig erteilter Drittschuldnerauskunft vgl. LAG Hamm 7. 3. 2001, NZA-RR 2002, 151 und ArbG Gießen 27. 2. 2002, FA 2002, 149.

11. Zu den Rechtsbehelfen bei Ablehnung oder Aufhebung der Pfändung, bei Pfändung und den Rechten des Dritten vgl. *Baumbach/Lauterbach/Albers/Hartmann*, § 829 Rdn. 63 ff.

Kosten und Gebühren

Die Gerichtsgebühren belaufen sich nach Nr. 1640 Kostenverzeichnis GKG auf EUR 10,–.
Für den Anwalt fällt eine 3/10 Vollstreckungsgebühr gem. § 57 BRAGO an. Der Gegenstandswert richtet sich nach Hauptforderung zuzüglich Zinsen und Kosten (§ 57 Abs. 2 BRAGO).

8. Antrag auf Erteilung einer Lohnabrechnung nach § 887 ZPO

An das
Arbeitsgericht[1] ......

Antrag nach § 887 ZPO

Az: ......
In der Zwangsvollstreckungssache

A/B GmbH

beantragen wir namens und in Vollmacht des Gläubigers:[3]
1. Der Gläubiger wird ermächtigt, die der Schuldnerin nach dem Urteil des Arbeitsgerichts ...... vom ......, Az.: ......, obliegende Verpflichtung, dem Gläubiger Lohnabrechnungen für die Monate Januar, Februar, März des Jahres ...... zu erteilen, auf Kosten der Schuldnerin durch einen Steuerberater vornehmen zu lassen.
2. Die Schuldnerin wird verurteilt, dem Gläubiger EUR ...... als voraussichtliche Kosten, die durch die Vornahme der Lohnabrechnungen entstehen werden, vorauszuzahlen.[4]

Begründung:

Die Schuldnerin wurde mit Urteil des Arbeitsgerichts ...... vom ......, Az.: ......, verurteilt, dem Gläubiger Lohnabrechnungen für die Monate Januar bis März ...... zu erteilen.

Beweis: Vollstreckbare Ausfertigung des Urteils des Arbeitsgerichts ...... vom ...... mit Zustellungsvermerk im Original[2]

Die Schuldnerin hat diese Verpflichtung trotz Aufforderung mit Schreiben vom ...... nicht erfüllt.

Beweis: Schreiben vom ......

Zwangsvollstreckung ist demnach geboten.[3]

Gemäß Schreiben des Herrn Steuerberaters ...... vom ...... betragen die voraussichtlichen Kosten für die Erstellung der Lohnabrechnungen EUR ......

Beweis: Schreiben vom ......

Nach § 887 Abs. 2 ZPO ist die Schuldnerin zur Vorauszahlung dieser Kosten an den Gläubiger zu verurteilen.[6]

Rechtsanwalt

Anmerkungen

1. Vertretbare Handlungen werden gemäß §§ 62 Abs. 2 ArbGG, 887 ZPO vollstreckt. Zuständig ist das Prozessgericht des ersten Rechtszugs, mithin das Arbeitsgericht. Das Arbeitsgericht entscheidet durch Beschluss des Vorsitzenden allein (§ 53 Abs. 1 ArbGG).

2. Vertretbar ist eine Handlung, hinsichtlich derer es vom Standpunkt des Gläubigers aus betrachtet rechtlich und wirtschaftlich ohne Bedeutung ist, ob der Schuldner oder ein Dritter sie vornimmt (*Baumbach/Lauterbach/Albers/Hartmann*, § 887 Rdn. 6 m. w. N; *Zöller-Stöber*, § 887 Rdn. 2 m. w. N.). Bei der Vollstreckung des Anspruchs auf Erteilung einer Lohnabrechnung handelt es sich regelmäßig um eine vertretbare Handlung, da Lohnabrechnungen grundsätzlich von jedem sachkundigen Dritten erstellt werden können, sofern die betrieblichen Lohnunterlagen zur Verfügung stehen. Ausnahmen sind nur dort denkbar, wo die Lohnabrechnung anhand flüchtiger handschriftlicher Notizen erstellt werden muss, die lediglich der Betriebsinhaber deuten kann, wie es in Kleinstbetrieben denkbar ist (vgl. LAG Hamm 11. 8. 1983, DB 1983, 2257; LAG Köln 22. 11. 1990, MDR 1991, 650). Hinsichtlich der Beispiele zur Frage der Vertretbarkeit oder Unvertretbarkeit einer zu vollstreckenden Handlung vgl. *Baumbach/Lauterbach/ Albers/Hartmann*, § 887 Rdn. 20 ff.; *Zöller-Stöber*, § 887 Rdn. 3.

3. Der vom Gläubiger zu stellende Antrag hat die vorzunehmende Handlung bestimmt zu bezeichnen (vgl. *Baumbach/Lauterbach/Albers/Hartmann*, § 887 Rdn. 13).

4. Nach § 887 Abs. 2 ZPO kann der Gläubiger zugleich beantragen, den Schuldner zur Vorauszahlung der Kosten zu verurteilen, die durch die Vornahme der Handlung entstehen werden. Auch insoweit entscheidet das Gericht durch Beschluss. Der Beschluss ist Vollstreckungstitel (§ 794 Abs. 1 Nr. 3 ZPO). Die Zwangsvollstreckung erfolgt gemäß §§ 62 Abs. 2 ArbGG, 803 ff. ZPO.

Das Gericht (der Vorsitzende, § 53 ArbGG) entscheidet über die Höhe des Vorschusses nach pflichtgemäßem Ermessen, wobei über den Antrag des Gläubigers nicht hinausgegangen werden darf (vgl. *Baumbach/Lauterbach/Albers/Hartmann*, § 887 Rdn. 18). Vor der Entscheidung des Gerichts bedarf es der Anhörung des Schuldners,

§ 891 ZPO. Nachforderung seitens des Gläubigers ist möglich (§ 887 Abs. 2 ZPO), wobei auch die Höhe des weiteren Vorschusses im Ermessen des Gerichts steht (vgl. *Zöller-Stöber*, § 887 Rdn. 14).

5. Die allgemeinen Voraussetzungen der Zwangsvollstreckung müssen vorliegen (vollstreckbare Ausfertigung eines Schuldtitels, Zustellung, Vollstreckungsklausel).

6. Gegen die Entscheidung des Gerichts ist sofortige Beschwerde statthaft, §§ 78 ArbGG, 577, 793 ZPO. Behauptet der Schuldner, er habe erfüllt, hat er Vollstreckungsabwehrklage nach §§ 62 Abs. 2 ArbGG, 767 ZPO zu erheben (vgl. *Baumbach/Lauterbach/Albers/Hartmann*, § 887 Rdn. 16, auch zur Gegenansicht).

Kosten und Gebühren

Für den Antrag nach § 887 ZPO fallen keine Gerichtsgebühren an.

Hinsichtlich der Anwaltsgebühren für einen Antrag nach § 887 Abs. 1 und Abs. 2 ZPO gilt § 57 BRAGO (3/10 Vollstreckungsgebühr). Bei Vorliegen der Voraussetzungen können eine 3/10 Verhandlungs- bzw. Erörterungsgebühr, 3/10 Beweisgebühr sowie 10/10 Vergleichsgebühr anfallen.

9. Antrag auf Erwerb eines vertraglich vereinbarten Dienstwagens[1]

An das
Arbeitsgericht ......

Antrag nach § 887 ZPO

Az: ......
In der Zwangsvollstreckungssache

A/B GmbH

beantragen wir namens und in Vollmacht des Gläubigers:

1. Der Gläubiger wird ermächtigt, gemäß Ziff. 1 des Urteils des Arbeitsgerichts ...... vom ......, AZ: ......, als Dienstwagen ohne Eigenbeteiligung einen fahrtüchtigen, mängelfreien Pkw der Marke ......, Serie ......, ... l-Motor, mit den Sonderausstattungsmerkmalen

   – ......
   – ......

   auf Kosten der Schuldnerin käuflich zu erwerben.

2. Die Schuldnerin wird verurteilt, an den Gläubiger die dabei anfallenden voraussichtlichen Kosten in Höhe von EUR ...... zu zahlen.

Begründung:

Die Schuldnerin wurde durch vorläufig vollstreckbares Urteil des Arbeitsgerichts ...... vom ......, Az.: ......, verurteilt, dem Gläubiger als Dienstwagen ohne Eigenbeteiligung einen fahrtüchtigen, mängelfreien Pkw der Marke ......, Serie ......, ... l-Motor, mit den im Klagantrag näher bezeichneten Sonderausstattungsmerkmalen zur Verfügung zu stellen.

Hahn   859

Beweis: Vollstreckbare Ausfertigung des Urteils des Arbeitsgerichts
......, vom ......, Az.: ......, mit Zustellvermerk im Original

Mit Schreiben vom ...... forderte der Gläubiger die Schuldnerin auf, ihm einen Pkw, wie er im Tenor des Urteils des Arbeitsgerichts ...... vom ...... bezeichnet ist, zur Verfügung zu stellen. Reaktion erfolgte nicht. Zwangsvollstreckung ist demnach geboten.

Mit Schreiben vom ...... schrieb der Gläubiger die Autohäuser C und D an und bat um Übermittlung von Angeboten für einen Pkw der im Tenor des Urteils des Arbeitsgerichts ...... vom ...... bestimmten Art.

Beweis: Schreiben vom ......

Die Autohäuser C und D unterbreiteten dem Gläubiger mit Schreiben vom ...... entsprechende Angebote.

Beweis: Angebote der Autohäuser C und D

Nach dem günstigeren Angebot des Autohauses D beträgt der Kaufpreis für einen entsprechenden Pkw EUR ...... (inklusive Mehrwertsteuer). Der Gläubiger hat Anspruch auf Vorauszahlung der Kosten, die durch die Vornahme der von der Schuldnerin geschuldeten Handlung, mithin des käuflichen Erwerbs des Dienstwagens, entstehen werden, unbeschadet des Rechts auf eine Nachforderung. Die Schuldnerin ist somit gemäß § 887 Abs. 2 ZPO zu verurteilen, dem Gläubiger die für den käuflichen Erwerb eines entsprechenden Dienstwagens, der den Anforderungen des Urteils des Arbeitsgerichts ...... vom ...... gerecht wird, anfallenden Kosten zu zahlen. Diese belaufen sich gemäß dem günstigeren Angebot des Autohauses ...... auf EUR ......[2]

Rechtsanwalt

Anmerkungen

1. Im Ausgangsfall war zwischen dem Arbeitnehmer A und der Arbeitgeberin B GmbH arbeitsvertraglich vereinbart, dass A ein Dienstwagen einer bestimmten Marke und Serie mit genau bezeichneten Sonderausstattungsmerkmalen, auch zur privaten Nutzung, zur Verfügung zu stellen ist. Nachdem der bisherige Dienstwagen nicht mehr die erforderliche Verkehrssicherheit aufwies, klagte A auf Zurverfügungstellung eines fahrtüchtigen, mängelfreien Dienstwagens, der den arbeitsvertraglichen Vereinbarungen entsprach. Das Arbeitsgericht gab seiner Klage statt (vgl. ArbG Stuttgart vom 7. 7. 1997–29 Ca 11.622/96).

2. Vgl. im Übrigen die Anmerkungen zu Form. I. 8.

10. Zwangsvollstreckung bei unvertretbaren Handlungen nach § 888 ZPO[1]

An das
Arbeitsgericht[2] . . . . . .

Antrag nach § 888 ZPO

Az: . . . . . .
In der Zwangsvollstreckungssache

A/B GmbH

beantragen wir namens und in Vollmacht des Gläubigers:

> Gegen die Schuldnerin wird wegen Nichtvornahme der arbeitsvertragsgemäßen Weiterbeschäftigung des Gläubigers als Geschäftsstellenleiter gemäß dem Urteil des Arbeitsgerichts . . . . . . vom . . . . . ., Az.: . . . . . ., ein Zwangsgeld festgesetzt und für den Fall, dass dieses nicht beigetrieben werden kann, Zwangshaft.

Begründung:

Die Schuldnerin hat gegenüber dem Gläubiger mit Schreiben vom . . . . . . eine ordentliche Kündigung des Arbeitsverhältnisses ausgesprochen. Mit Urteil vom . . . . . ., Az.: . . . . . ., hat das Arbeitsgericht . . . . . . festgestellt, dass das Arbeitsverhältnis durch die Kündigung nicht beendet worden ist. Zugleich hat es die Schuldnerin auf Antrag des Gläubigers gemäß Ziff. 2 des Tenors verurteilt, den Gläubiger bis zum rechtskräftigen Abschluss des Kündigungsrechtsstreits zu unveränderten Arbeitsbedingungen, mithin arbeitsvertragsgemäß als Geschäftsstellenleiter der Schuldnerin weiterzubeschäftigen.[3]

Beweis: Vollstreckbare Ausfertigung des Urteils des Arbeitsgerichts
. . . . . ., vom . . . . . . nebst Zustellvermerk im Original

Mit Schreiben vom . . . . . . forderte der Gläubiger die Schuldnerin auf, den Gläubiger entsprechend Ziff. 2 des Tenors des Urteils des Arbeitsgerichts . . . . . . vom . . . . . . als Geschäftsstellenleiter arbeitsvertragsgemäß weiterzubeschäftigen.

Beweis: Schreiben vom . . . . . .

Dem kam die Schuldnerin bis heute nicht nach. Antrag nach §§ 62 Abs. 2 ArbGG, 888 ZPO ist demnach geboten.[4, 5, 6, 7]

Rechtsanwalt

Anmerkungen

1. Während bei **vertretbaren Handlungen** die Zwangsvollstreckung nach §§ 62 Abs. 2 ArbGG, 887 ZPO erfolgt (vgl. Form. 8), sind bei unvertretbaren Handlungen §§ 62 Abs. 2 ArbGG, 888 ZPO anzuwenden. Unvertretbar ist eine Handlung, deren Vornahme ausschließlich vom Willen des Schuldners abhängig ist, wobei die Handlung nicht in der Abgabe einer Willenserklärung besteht (§ 894 ZPO) und – im Gegensatz zur Zwangsvollstreckung nach § 890 ZPO – ein aktives Tun erfordert (vgl. *Zöller-Stöber*, § 888 Rdn. 2). Beispiele für **unvertretbare Handlungen** sind die Erteilung eines (einfachen oder qualifizierten) Zeugnisses, die Vollstreckung der Verpflichtung eines Unternehmens zur Herausgabe der für die Wahl der Arbeitnehmervertreter im Aufsichtsrat benötigten Verzeichnisse (vgl. LAG Hamm 13. 5. 1977, DB 1977, 1271), Anspruch auf Abrechnung (vgl. Hessisches LAG 15. 1. 1993, DB 1993, 1248), Anspruch auf ordnungsgemäße Ausfüllung und Herausgabe von Arbeitspapieren (LAG Thüringen 23. 12. 2000 – 5 Ta 58/00), Anspruch auf Berufsausbildung (vgl. LAG Berlin 19. 1. 1978, BB 1979, 1404) sowie der Weiterbeschäftigungsanspruch (vgl. Hessisches LAG 28. 1. 1985, DB 1985, 1139; LAG Hamm 29. 8. 1979, BB 1980, 160 mit Anmerkung *Frohner;* Hessisches LAG 13. 7. 1987, BB 1987, 2456; LAG Köln 23. 8. 2001, NZA 2002, 1174). Vgl. im Übrigen die Beispiele bei *Baumbach/Lauterbach/Albers/Hartmann,* § 887 Rdn. 20 ff. und *Zöller-Stöber,* § 888 Rdn. 3.

2. Ausschließlich zuständig ist das Prozessgericht des ersten Rechtszugs (§§ 62 Abs. 2 ArbGG, 802 ZPO), mithin das Arbeitsgericht. Dieses entscheidet durch Beschluss bei fakultativer mündlicher Verhandlung und vorheriger Anhörung des Schuldners, §§ 62 Abs. 2 ArbGG, 891 ZPO. Der Beschluss ist Vollstreckungstitel (§ 794 Abs. 1 Nr. 3 ZPO).

3. Der Titel, auf Grund dessen die Zwangsvollstreckung nach §§ 62 Abs. 2, 888 ZPO erfolgt, bedarf eines hinreichend bestimmten und damit vollstreckungsfähigen Inhalts. Dies dürfte bei einem titulierten Anspruch auf Erteilung einer „ordnungsgemäßen" Abrechnung nicht der Fall sein (vgl. Hessisches LAG 15. 1. 1993, DB 1993, 1248). Ein Titel, der die Verpflichtung des Schuldners zur Beschäftigung des Gläubigers als Arbeitnehmer ausspricht, hat nur dann einen vollstreckungsfähigen Inhalt, wenn die Einzelheiten der Beschäftigung, ggf. im Wege der Auslegung anhand des Tatbestands und der Gründe, für jeden Dritten aus dem Tenor ersichtlich sind (vgl. Hessisches LAG 13. 7. 1987, BB 1987, 2456).

4. Der Gläubiger muss bei seinem Antrag nach § 888 ZPO weder das Zwangsmittel noch das Zwangsmaß angeben (vgl. *Baumbach/Lauterbach/Albers/Hartmann,* § 888 Rdn. 9). Setzt das Gericht ein Zwangsgeld fest, ist dies zwingend mit der Festsetzung von ersatzweiser Zwangshaft zu verbinden (Hessisches LAG 15. 1. 1993, DB 1993, 1248). Das Gericht verhängt sogleich Zwangshaft, falls die Anordnung eines Zwangsgelds in Verbindung mit ersatzweiser Zwangshaft unzureichend wäre (vgl. *Baumbach/ Lauterbach/Albers/Hartmann,* § 888 Rdn. 10).

Nach der am 17. 12. 1997 (BGBl. I S. 3039) verkündeten 2. Zwangsvollstreckungsnovelle muss im Fall der Zwangsvollstreckung zur Erwirkung unvertretbarer Handlungen keine **Androhung des Zwangsmittels** mehr vorangehen.

Für die Festsetzung von Zwangsmitteln gilt der verfassungsrechtliche Grundsatz der Verhältnismäßigkeit. Ein festzusetzendes **Zwangsgeld** hat sich an dem Interesse des Gläubigers an der Durchsetzung der titulierten Forderung, die in vermögensrechtlichen Streitigkeiten ihren Ausdruck im Wert des Streitgegenstands der Hauptsache findet, und an der Hartnäckigkeit des Schuldners, mit dem dieser die Erfüllung unterlässt, zu orientieren. Bei der erstmaligen Festsetzung eines Zwangsgelds ist ein Zwangsgeld, das den Wert um das Zehnfache übersteigt, unverhältnismäßig (Hessisches LAG 15. 1. 1993, DB 1993, 1248).

Umstritten ist, ob der Erfüllungseinwand des Schuldners zulässig und vom Gericht in jeder Lage des Verfahrens von Amts wegen festzustellen ist, oder ob der Gläubiger Vollstreckungsgegenklage gemäß §§ 62 Abs. 2 ArbGG, 767 ZPO zu erheben hat (vgl. die Nachweise bei *Baumbach/Lauterbach/Albers/Hartmann,* § 888 Rdn. 8).

5. Wird der Arbeitgeber zur Weiterbeschäftigung des Arbeitnehmers verurteilt, so dass der Arbeitnehmer als Gläubiger einen vorläufig vollstreckbaren Titel auf Weiterbeschäftigung hat, hindert der Umstand, dass der Arbeitgeber eine weitere Kündigung ausgesprochen hat, eine Zwangsgeldfestsetzung nach § 888 ZPO nicht. Macht der

Arbeitgeber im Zwangsgeldfestsetzungsverfahren nach § 888 ZPO geltend, er habe schwerwiegende Gründe für eine Nichtweiterbeschäftigung des Arbeitnehmers, hätte es ihm freigestanden, einen Antrag auf vorläufige Einstellung der Zwangsvollstreckung unter Darlegung der diesbezüglichen Voraussetzungen zu stellen. Das bedeutet, dass die Vollstreckung dem Arbeitgeber einen „nicht zu ersetzenden Nachteil" hätte erbringen müssen (§ 62 Abs. 1 Satz 2 ArbGG), vgl. Hessisches LAG 28. 1. 1985, DB 1985, 1139.

Allerdings kann nach Auffassung des LAG Köln (23. 8. 2001, NZA – RR 2002, 214) allein aufgrund eines Weiterbeschäftigungstitels, welcher den Arbeitgeber zur Weiterbeschäftigung des Arbeitnehmers zu unveränderten Arbeitsbedingungen verpflichtet, im Fall der Nichtvornahme der Weiterbeschäftigung keine Zwangsgeldfestsetzung erwirkt werden, wenn der Arbeitsplatz des Arbeitnehmers oder ein vergleichbarer Arbeitsplatz nicht mehr existiert. Dies gilt selbst dann, wenn der Arbeitsplatz bereits während des Erkenntnisverfahrens durch eine Umstrukturierungsmaßnahme des Arbeitgebers aufgelöst wurde.

6. Gegen den Beschluss, der den Antrag des Gläubigers zurückweist oder für den Schuldner ein Zwangsmittel anordnet, ist sofortige Beschwerde nach §§ 78 ArbGG, 577, 793 ZPO statthaft (str., vgl. *Baumbach/Lauterbach/Albers/Hartmann,* § 888 Rdn. 14; *Zöller-Stöber,* § 888 Rdn. 16, jeweils m. w. N.).

7. Wird ein Zwangsgeld nach § 888 ZPO auf Antrag des Gläubigers verhängt, der Vollstreckungstitel dann aber aufgehoben, hat der Schuldner in entsprechender Anwendung von § 812 Abs. 1 Satz 2 BGB einen Rückforderungsanspruch gegen den Staat (vgl. BAG 6. 12. 1989, NJW 1990, 2579). Gegen den Schuldner steht dem Gläubiger ein Anspruch nach §§ 62 Abs. 2 ArbGG, 717 Abs. 2 ZPO zu (vgl. hierzu Form. I. 5).

Kosten und Gebühren

Gerichtsgebühren fallen für einen Antrag nach §§ 62 Abs. 2 ArbGG, 888 ZPO keine an.

Für die Anwaltsgebühren gilt § 57 BRAGO (3/10 Vollstreckungsgebühr, vgl. auch § 58 Abs. 3 Nr. 8 BRAGO). Hinsichtlich des Gegenstandswerts ist der Wert der Durchführung der Zwangsvollstreckung für den Gläubiger maßgebend (vgl. *Baumbach/Lauterbach/Albers/Hartmann,* Anh. § 3 Rdn. 144 m. w. N.).

11. Zwangsvollstreckung zur Erzwingung von Duldungen oder Unterlassungen nach § 890 ZPO[1]

An das
Arbeitsgericht[2] ......

Antrag nach § 890 ZPO

Az: ......
In der Zwangsvollstreckungssache

A GmbH/B

beantragen wir namens und in Vollmacht der Gläubigerin:
> Gegen den Schuldner wird wegen des Verstoßes gegen das Verbot, für die Firma C mit Sitz in ...... tätig zu sein, ein Ordnungsgeld, und für den Fall, dass dieses nicht beigetrieben werden kann, Ordnungshaft festgesetzt.[3]

Begründung:

Der Schuldner war bei der Gläubigerin als Vertriebsleiter beschäftigt. Er kündigte sein Arbeitsverhältnis mit der Gläubigerin fristgemäß zum ...... Zwischen den Parteien war ein verbindliches nachvertragliches Wettbewerbsverbot vereinbart.[4] Dennoch nahm der Schuldner in unmittelbarem Anschluss nach seinem Ausscheiden aus dem Unternehmen der Gläubigerin ein Anstellungsverhältnis als Gesamtvertriebsleiter bei der Firma C mit Sitz in ......, einem unmittelbaren Wettbewerber zur Gläubigerin, auf.

Mit einstweiliger Verfügung des Arbeitsgerichts ...... vom ......, Aktenzeichen ......, wurde dem Schuldner unter Androhung eines für jeden Fall der Zuwiderhandlung festzusetzenden Ordnungsgelds bis zu EUR 250.000,–, ersatzweise Ordnungshaft bis zu sechs Monaten, oder von Ordnungshaft bis zu sechs Monaten[5] untersagt, für die Firma C mit Sitz in ...... tätig zu sein. Die einstweilige Verfügung wurde dem Schuldner am ...... zugestellt.[6]

Beweis: Einstweilige Verfügung des Arbeitsgerichts ...... vom ......, Aktenzeichen ...... im Original,

Zustellungsprotokoll des Gerichtsvollziehers ...... vom ...... im Original

Dennoch ist der Schuldner nach wie vor bewusst und gewollt[7] für die Firma C tätig. Beispielsweise führte der Schuldner am ...... auf der Messe in ...... für die Firma C Beratungsgespräche an deren Stand in Halle A mit Interessenten der Firma C.

Beweis: Zeugnis des Mitarbeiters der Gläubigerin, Herrn D, der auf der Messe anwesend war, zu laden über die Gläubigerin[8, 9, 10]

Es bedarf demnach eines empfindlichen Ordnungsgeldes, um den Schuldner zur Einhaltung des nachvertraglichen Wettbewerbsverbots anzuhalten.

Rechtsanwalt

Anmerkungen

1. Die Zwangsvollstreckung nach §§ 62 Abs. 2 ArbGG, 890 ZPO setzt voraus, dass der zugrunde liegende Schuldtitel die Verpflichtung enthält, eine Handlung zu unterlassen oder die Vornahme einer Handlung zu dulden (zur Abgrenzung zur Zwangsvollstreckung nach §§ 62 Abs. 2 ArbGG, 887, 888 ZPO vgl. *Baumbach/Lauterbach/Albers/Hartmann,* § 890 Rdn. 1).

Der Unterlassungs- oder Duldungsanspruch wird durch **Ordnungsgeld** und **Ordnungshaft** durchgesetzt.

2. Ausschließlich zuständig ist das Prozessgericht I. Instanz (§§ 62 Abs. 2 ArbGG, 802 ZPO), also das Arbeitsgericht. Es entscheidet durch Beschluss, § 329 ZPO. Die Entscheidung kann ohne mündliche Verhandlung ergehen; vor der Entscheidung ist der Schuldner zu hören, §§ 62 Abs. 2 ArbGG, 891 ZPO.

3. Der Antrag des Gläubigers hat ein bestimmtes Ordnungsmittel und dessen Höhe nicht zu bezeichnen (vgl. *Baumbach/Lauterbach/Albers/Hartmann,* § 890 Rdn. 12; *Zöller-Stöber,* § 890 Rdn. 13). Das Gericht entscheidet nach eigenem pflichtgemäßem Ermessen, welches Ordnungsmittel es anordnet. Ein etwaig beantragtes Höchstmaß darf nicht überschritten werden. Das Mindestmaß des Ordnungsgeldes sind EUR 2,50 (Art. 6 Abs. 1 EGStGB), das Höchstmaß des einzelnen Ordnungsgeldes EUR 250.000,– (§ 890 Abs. 1 Satz 2 ZPO). Das Mindestmaß der Ordnungshaft beträgt einen Tag (Art. 6

Abs. 2 EGStGB), das Höchstmaß sechs Monate (§ 890 Abs. 1 Satz 2 ZPO). Die Vollstreckung von Ordnungsgeldern erfolgt von Amts wegen nach der Justizbeitreibungsordnung (§ 1 Abs. 1 Nr. 3 JBeitrO).

4. Zur Verbindlichkeit eines **nachvertraglichen Wettbewerbsverbots** vgl. §§ 74 ff. HGB. Der Arbeitgeber hat bei verbindlichem nachvertraglichem Wettbewerbsverbot einen Erfüllungsanspruch, gerichtet auf Unterlassung abredewidrigen Verhaltens, der auch im Wege der einstweiligen Verfügung geltend gemacht werden kann. § 888 Abs. 2 ZPO steht nicht entgegen (vgl. hierzu ArbG Göttingen 11. 3. 1974, DB 1974, 632).

5. Der Verurteilung nach § 890 Abs. 1 ZPO hat eine entsprechende Androhung vorauszugehen, die bereits in dem die Unterlassungs- oder Duldungsverpflichtung aussprechenden Urteil enthalten sein kann; anderenfalls ist sie auf Antrag vom Prozessgericht I. Instanz zu erlassen, § 890 Abs. 2 ZPO. Umstritten ist, ob auch ein Vergleich eine wirksame Androhung enthalten kann (vgl. *Zöller-Stöber*, § 890 Rdn. 12 a m. w. N.).

6. Die allgemeinen Voraussetzungen der Zwangsvollstreckung müssen vorliegen. Der Schuldtitel hat die zu unterlassende oder zu duldende Handlung hinreichend bestimmt zu beschreiben (vgl. zur so genannten Kerntheorie *Baumbach/Lauterbach/Albers/Hartmann*, § 890 Rdn. 2 ff. m. w. N.).

7. Nach herrschender Meinung setzt die Verhängung eines Ordnungsmittels Verschulden des Schuldners voraus (BVerfG 14. 7. 1981, NJW 1981, 2457; *Zöller-Stöber*, § 890 Rdn. 5 m. w. N.; a. A. *Baumbach/Lauterbach/Albers/Hartmann*, § 890 Rdn. 21 m. w. N.). Der Gläubiger hat dementsprechend in seinem Antrag das Verschulden des Schuldners darzulegen und gegebenenfalls zu beweisen. Glaubhaftmachung nach § 294 ZPO genügt nicht.

8. Auf Antrag des Gläubigers kann der Schuldner zur Bestellung einer Sicherheit zur Absicherung des Schadens verurteilt werden, der durch künftige Zuwiderhandlungen gegen die Unterlassungs- oder Duldungsverpflichtung entsteht, § 890 Abs. 3 ZPO.

9. Handelt der Schuldner der im Vollstreckungstitel festgelegten Verpflichtung zuwider, eine Handlung zu unterlassen oder die Vornahme einer Handlung zu dulden, so können Ordnungsmittel nicht mehr verhängt werden, wenn die Verpflichtung des Schuldners sich durch Titelablauf erledigt hat, beispielsweise also der Karenzzeitraum für das nachvertragliche Wettbewerbsverbot abgelaufen ist. Dies gilt auch dann, wenn die Zuwiderhandlung des Schuldners in einen Zeitraum fällt, in dem der Vollstreckungstitel noch in Kraft war (LAG Hamm 22. 5. 1975, MDR 1975, 696).

10. Gegen die Androhung eines Ordnungsmittels durch besonderen Beschluss (§ 890 Abs. 2 ZPO) ist sofortige Beschwerde nach §§ 78 ArbGG, 577, 793 ZPO statthaft. Dies gilt auch bei Festsetzung des Ordnungsmittels. Hier steht Gläubiger und Schuldner der Rechtsbehelf der sofortigen Beschwerde zu.

Kosten und Gebühren

Für Beschlüsse nach §§ 62 Abs. 2 ArbGG, 890 ZPO fallen keine Gerichtsgebühren an.
Für den Antrag nach §§ 62 Abs. 2 ArbGG, 890 ZPO fällt für den Anwalt eine 3/10 Gebühr an (§ 57 BRAGO), wobei jeder neue Antrag wegen Zuwiderhandlung nach bereits vorausgegangener Verurteilung eine besondere Angelegenheit bildet (*Zöller-Stöber*, § 890 Rdn. 29).
Die einer Verurteilung vorausgehende Androhung im Sinne des § 890 Abs. 2 ZPO ist keine besondere Angelegenheit (§ 58 Abs. 2 Nr. 6 BRAGO). Dies gilt auch, wenn die Androhung bereits im Urteil enthalten ist. Ist die Androhung jedoch nicht im Urteil erfolgt, entsteht eine 3/10 Gebühr gemäß § 57 BRAGO.

12. Antrag auf Zwangsvollstreckung zwecks Herausgabe bestimmter beweglicher Sachen nach § 883 ZPO

An das
Amtsgericht
– Gerichtsvollzieherverteilungsstelle –
......

In der Zwangsvollstreckungssache

A/B GmbH[1]

überreichen wir namens und in Vollmacht des Gläubigers vollstreckbare Ausfertigung des Urteils des Arbeitsgerichts ...... vom ......, Az.: ...... und beantragen, im Wege der Zwangsvollstreckung der Schuldnerin folgende in Ziff. 1 des Tenors des Urteils aufgeführten Sachen wegzunehmen und dem Gläubiger zu übergeben:[2, 3, 4, 6]
1. Ein Autoradiogerät der Marke ......, Typ ......, ...
2. Eine Werkzeugtasche, schwarz, Kunststoff, die folgende Gegenstände enthält: ......
Wir beantragen ferner namens und in Vollmacht des Gläubigers, die gemäß Kostenfestsetzungsbeschluss des Arbeitsgerichts ...... vom ......, Az.: ......, festgesetzten Kosten von EUR ...... nebst Zinsen in Höhe von 5 Prozentpunkten über dem Basiszinssatz seit ...... im Wege der Mobiliarvollstreckung beizutreiben und an uns abzuführen.[5] Wir sind inkassobevollmächtigt.
Originale der vollstreckbaren Ausfertigung des Urteils, des Kostenfestsetzungsbeschlusses sowie der Inkassovollmacht fügen wir bei.[8]

Rechtsanwalt

Anmerkungen

1. Im Ausgangsfall hatte die Arbeitgeberin B GmbH dem Arbeitnehmer A ein Firmenfahrzeug, das A in Besitz hatte, mittels eines Zweitschlüssels weggenommen. Im Fahrzeug befand sich ein von A eingebautes Autoradio sowie eine Werkzeugtasche des A. Das Arbeitsgericht hat die B GmbH zur Herausgabe des Autoradiogeräts und der Werkzeugtasche verurteilt.

2. Die Zwangsvollstreckung zur Herausgabe bestimmter beweglicher Sachen erfolgt durch Wegnahme seitens des Gerichtsvollziehers und Übergabe an den Gläubiger oder an den im Titel genannten Dritten. Bei einer **Wohnungsdurchsuchung** bedarf es einer richterlichen Durchsuchungsanordnung. Die wegzunehmende Sache soll dem Gläubiger an Ort und Stelle ausgehändigt werden. Bei Nichtanwesenheit des Gläubigers oder seines Vertreters erfolgt Übersendung durch den Gerichtsvollzieher (§ 179 Nr. 2 GVGA; *Zöller-Stöber*, § 883 Rdn. 10).
Vorliegend fallen Arbeitskosten für den Ausbau des Autoradiogeräts an. Diese sind nur dann erstattungsfähige Kosten der Zwangsvollstreckung nach §§ 62 Abs. 2 ArbGG, 788 Abs. 1 ZPO, wenn sich die Verpflichtung des Schuldners auch zu dieser Arbeitsleistung aus dem Vollstreckungstitel ergibt (vgl. *Zöller-Stöber*, § 883 Rdn. 11 m.w.N.).

3. Bewegliche Sache im Sinne des §§ 62 Abs. 2 ArbGG, 883 ZPO ist nur eine körperliche Sache. Eine Zwangsvollstreckung nach § 883 ZPO erfolgt bei Vorliegen einer bestimmten Gesamtheit, die sich aus bestimmten beweglichen Sachen zusammensetzt (z.B. Urkundenmehrheit), vgl. *Baumbach/Lauterbach/Albers/Hartmann,* § 883 Rdn. 2.

Lautet ein Vollstreckungstitel sowohl auf Herausgabe als auch auf Ausfüllen von Arbeitspapieren, muss zunächst die Herausgabevollstreckung nach § 883 ZPO erfolgen (vgl. LAG Berlin, BB 1998, 1216).

4. Mit der Wegnahme ist die bewegliche Sache beschlagnahmt. Sie verschafft dem Gläubiger den Besitz der Sache und befreit den Schuldner (*Baumbach/Lauterbach/Albers/Hartmann,* § 883 Rdn. 6).

5. Sind neben dem Herausgabeanspruch Geldforderungen zu vollstrecken, gelten die §§ 62 Abs. 2 ArbGG, 808 ff. ZPO. Beachte aber § 12a Abs. 1 Satz 1 ArbGG, wonach im Urteilsverfahren I. Instanz kein Anspruch der obsiegenden Partei auf Kostenerstattung besteht.

6. Ist die herauszugebende Sache im Gewahrsam eines Dritten, finden §§ 62 Abs. 2 ArbGG, 886 ZPO Anwendung.

7. Wird die herauszugebende Sache beim Schuldner nicht vorgefunden, ist er verpflichtet, auf Antrag des Gläubigers zu Protokoll an Eides statt zu versichern, dass er die Sache nicht besitze und nicht wisse, wo sich die Sache befinde; das Gericht kann eine der Sachlage entsprechende Änderung der eidesstattlichen Versicherung beschließen, § 883 Abs. 2 und 3 ZPO.

8. Gläubiger und Schuldner stehen gegen das Verfahren des Gerichtsvollziehers der Rechtsbehelf der Erinnerung zu, §§ 62 Abs. 2 ArbGG, 766 ZPO. Wendet der Schuldner Erfüllung ein, gelten §§ 62 Abs. 2 ArbGG, 767 ZPO. Behauptet ein Dritter, dass ihm an dem Gegenstand der Zwangsvollstreckung ein die Veräußerung verhinderndes Recht zustehe, kann er Drittwiderspruchsklage erheben, §§ 62 Abs. 2 ArbGG, 771 ZPO.

Kosten und Gebühren

Für die Anwaltsgebühren gilt § 57 BRAGO (3/10 Gebühr). Das Verfahren zur Abgabe der eidesstattlichen Versicherung ist eine besondere Angelegenheit, § 58 Abs. 3 BRAGO, so dass eine weitere 3/10 Gebühr anfallen kann.

Für den Gerichtsvollzieher fällt für die Wegnahme der Sache einschließlich deren Übergabe die Festgebühr nach § 13 Abs. 2 GVKostG an, selbst wenn der Schuldner freiwillig leistet. Nimmt das Geschäft des Gerichtsvollziehers mehr als eine Stunde in Anspruch, so erhöht sich die Gebühr für jede angefallene weitere Stunde um einen Betrag in Höhe der Festgebühr (§ 22 Abs. 2 GVKostG). Wenn nach dem Inhalt des Protokolls die herzugebenden Sachen nicht aufzufinden sind, wird für den Wegnahmeversuch die Hälfte der Gebühren erhoben (§ 22 Abs. 3 GVKostG). Hinzu kommen ggf. die Kosten für die Mobiliarvollstreckung wegen Geldforderungen.

13. Zwangsvollstreckung im Beschlussverfahren
Zwangsvollstreckung eines Unterlassungsanspruchs des Betriebsrats nach § 890 ZPO[1]

An das
Arbeitsgericht ......

Antrag nach § 85 Abs. 1 ArbGG iVm § 890 ZPO

Az: ......
In der Zwangsvollstreckungssache

Betriebsrat der Firma A GmbH/Firma A GmbH[2]

beantragen wir namens und in Vollmacht des Gläubigers:
> Gegen die Schuldnerin wird wegen Verstoßes gegen das Verbot, wahrheitswidrig zu äußern, der Gläubiger habe ohne Begründung die Zustimmung zur Leistung von Überstunden verweigert, ein Ordnungsgeld, und für den Fall, dass dieses nicht beigetrieben werden kann, Ordnungshaft festgesetzt.

Begründung:

Der Gläubiger ist der gewählte Betriebsrat der Schuldnerin.
Mit rechtskräftigem Beschluss des Arbeitsgerichts ...... vom ......, Aktenzeichen ......, wurde der Schuldnerin untersagt, wahrheitswidrig zu äußern, der Gläubiger habe ohne Begründung die Zustimmung zur Leistung von Überstunden verweigert.[3]

Beweis: Beschluss des Arbeitsgerichts ...... vom ...... mit Vollstreckungsklausel
und Rechtskraftvermerk im Original

Am ...... ersuchte der Werksleiter der Schuldnerin die Vorsitzende des Gläubigers um Zustimmung zur Leistung von Überstunden für die in Halle C der Schuldnerin beschäftigten Mitarbeiter für Samstag, den ...... Der Gläubiger stimmte diesem Ersuchen der Schuldnerin entsprechend Beschluss vom ...... nicht zu, da ...... Der Beschluss nebst Begründung wurde dem Werksleiter, Herrn ......, am ...... übergeben.

Beweis: Beschluss des Gläubigers vom ...... nebst Begründung,
Zeugnis des Betriebsratsmitglieds ......

Dennoch äußerte der Werksleiter am ...... gegenüber den in Halle C der Schuldnerin beschäftigten Mitarbeitern, Frau ...... und Herr ......, der Betriebsrat habe „wieder einmal ohne Begründung die Zustimmung zur Leistung von Überstunden verweigert".

Beweis: Zeugnis der Mitarbeiter ......

Die Schuldnerin verstößt also trotz des rechtskräftigen Beschlusses des Arbeitsgerichts ...... vom ...... gegen das ihr darin auferlegte Verbot. Zwangsvollstreckung ist demnach geboten.[4]

Rechtsanwalt

Anmerkungen

1. Nach § 85 Abs. 1 Satz 1 ArbGG findet aus rechtskräftigen Beschlüssen der Arbeitsgerichte oder gerichtlichen Vergleichen, durch die einem Beteiligten eine Verpflichtung auferlegt wird, die Zwangsvollstreckung statt. Für die Zwangsvollstreckung gelten grundsätzlich die Vorschriften des 8. Buches der ZPO entsprechend mit der Maßgabe, dass der nach dem Beschluss Verpflichtete als Schuldner, derjenige, der die Erfüllung der Verpflichtung auf Grund des Beschlusses verlangen kann, als Gläubiger gilt (§ 85 Abs. 1 Satz 3 ArbGG). Die Vollstreckung zur Vornahme und zur Unterlassung von Handlungen richtet sich somit nach §§ 887 bis 890 ZPO. Wegen der Zwangsvollstreckung zur Erzwingung der Duldung oder Unterlassung von Handlungen nach § 890 ZPO vgl. Form. I. 11.

2. Obgleich der Betriebsrat oder sonstige betriebsverfassungsrechtliche Stellen nicht rechtsfähig sind, können sie Vollstreckungsgläubiger und Vollstreckungsschuldner sein (vgl. *Germelmann/Matthes/Prütting/Müller-Glöge,* § 85 Rdn. 12 f; *Grunsky,* § 85 Rdn. 3). Dementsprechend kann der Betriebsrat als Vollstreckungsgläubiger aus einem Beschluss, der den Arbeitgeber verpflichtet, dem Betriebsrat Sachmittel für die Geschäftsführung zur Verfügung zu stellen, die Zwangsvollstreckung nach § 887 ZPO betreiben oder – wie in vorliegendem Beispielsfall – die Unterlassung mitbestimmungswidriger Handlungen des Arbeitgebers nach § 890 ZPO vollstrecken.

Problematischer ist die Rechtslage, wenn der Betriebsrat oder andere Stellen der Betriebsverfassung Vollstreckungsschuldner sind, da der Betriebsrat und die betriebsverfassungsrechtlichen Stellen nicht vermögensfähig sind.

Mangels Vermögensfähigkeit kann gegen den Betriebsrat kein Zwangsgeld oder Ordnungsgeld festgesetzt werden (str., *Germelmann/Matthes/Prütting/Müller-Glöge,* § 85 Rdn. 14; a. A. *Grunsky,* § 85 Rdn. 5 m. w. N.). Umstritten ist demgemäß die Vollstreckung von Titeln auf Vornahme, Duldung der Unterlassung einer Handlung. Im Hinblick auf die Vermögenslosigkeit des Betriebsrats kommt insoweit die Anordnung eines Zwangsgeldes oder Ordnungsgeldes sowie bei vertretbaren Handlungen eine Ersatzvornahme auf Kosten des Betriebsrats nicht in Betracht (vgl. *Germelmann/Matthes/ Prütting/Müller-Glöge,* § 85 Rdn. 17 m. w. N.; a. A. *Grunsky,* § 85 Rdn. 5). Nahezu Einigkeit besteht dagegen, dass ein Titel gegen den Betriebsrat nicht auf einzelne Betriebsratsmitglieder umgeschrieben werden kann (vgl. LAG Hamburg 3. 9. 1987, NZA 1988, 371; *Schaub,* Formularsammlung, § 120 4 d m. w. N.).

Da der Betriebsrat nicht Inhaber von Rechten und Eigentümer von Sachen sein kann, scheidet eine Pfändung nach §§ 808 ff. ZPO aus (vgl. *Grunsky,* § 85 Rdn. 5). Nach herrschender Meinung findet dementsprechend angesichts der Vermögenslosigkeit des Betriebsrats und betriebsverfassungsrechtlicher Stellen § 717 Abs. 2 ZPO keine Anwendung (vgl. *Germelmann/Matthes/Prütting/Müller-Glöge,* § 85 Rdn. 26; *Grunsky,* § 85 Rdn. 1, jeweils m. w. N.).

Eine Zwangsvollstreckung nach § 883 ZPO mit dem Ziel beispielsweise der Wegnahme von Unterlagen, Akten, Geschäftsbedarf usw. kommt demgegenüber auch gegen den Betriebsrat als Vollstreckungsschuldner in Betracht (vgl. *Germelmann/Matthes/ Prütting/Müller-Glöge,* § 85 Rdn. 15 m. w. N.).

3. Vollstreckungsfähige Titel im Beschlussverfahren sind
– rechtskräftige Beschlüsse
– vorläufig vollstreckbare Beschlüsse in vermögensrechtlichen Streitigkeiten (§ 85 Abs. 1 Satz 2 ArbGG)
– gerichtliche Vergleiche
– einstweilige Verfügungen, sofern sie einem Beteiligten eine Verpflichtung auferlegen.

Da es nach herrschender Meinung im Beschlussverfahren keine Kostenentscheidung gibt, ergeht kein Kostenfestsetzungsbeschluss, so dass insoweit auch keine Zwangsvollstreckung stattfindet.

Lediglich in vermögensrechtlichen Streitigkeiten findet eine vorläufige Vollstreckbarkeit statt. Um eine vermögensrechtliche Streitigkeit handelt es sich dann, wenn über Ansprüche entschieden werden soll, die auf eine Geld- oder geldwerte Leistung gerichtet sind oder die auf vermögensrechtlichen Beziehungen beruhen, oder wenn mit dem Verfahren in nicht unerheblichem Umfang wirtschaftliche Zwecke erstrebt werden (vgl. BAG 28. 9. 1989, AP Nr. 14 zu § 64 ArbGG 1979; *Germelmann/Matthes/Prütting/Müller-Glöge*, § 85 Rdn. 5 m. w. N.; *Schaub*, Formularsammlung, § 120 1 b). Wird über Beteiligungsrechte des Betriebsrats oder über deren Ausübung gestritten, handelt es sich nicht um vermögensrechtliche Streitigkeiten. Ebenso wenig ist der Streit über die Wirksamkeit eines Sozialplans oder einer Betriebsvereinbarung eine vermögensrechtliche Streitigkeit (vgl. LAG Niedersachsen 19. 12. 1986, DB 1987, 1440; *Germelmann/Matthes/Prütting/Müller-Glöge,* § 85 Rdn. 6). Dagegen handelt es sich beim Streit über Sachmittel und Kosten der Tätigkeit des Betriebsrats um vermögensrechtliche Streitigkeiten.

Eine Ausschließung der vorläufigen Vollstreckbarkeit im Beschlussverfahren kommt nach § 85 Abs. 1 Satz 2, 2. Halbs. ArbGG unter den Voraussetzungen des § 62 Abs. 1 Satz 2 und 3 ArbGG in Betracht (vgl. hierzu Form. I. 2).

Umstritten ist, ob der Gläubiger, der aus einem vorläufig vollstreckbaren Beschluss vollstreckt, zum Schadensersatz verpflichtet ist, wenn die vorläufig vollstreckbare Entscheidung aufgehoben wird (vgl. *Schaub*, Formularsammlung, § 120 1 d m. w. N.). § 85 Abs. 2 Satz 2 ArbGG sieht lediglich vor, dass ein Anspruch auf Schadensersatz nach § 945 ZPO nicht in Betracht kommt, wenn sich eine einstweilige Verfügung als von Anfang an ungerechtfertigt erweist oder sie nach mündlicher Verhandlung aufgehoben wird.

Vgl. im Übrigen zur Rechtsprechung des BAG zum betriebsverfassungsrechtlichen Unterlassungsanspruch des Betriebsrats bei mitbestimmungswidrigem Verhalten des Arbeitgebers *Richardi*, NZA 1995, 8; zum Unterlassungsanspruch des Betriebsrats, wenn der Arbeitgeber die Kosten der Betriebsratstätigkeit in einer Weise bekannt gibt, die nicht im Einklang mit dem BetrVG steht, vgl. BAG 12. 11. 1997, NZA 1998, 559.

4. In den Fällen der §§ 23 Abs. 3, 98 Abs. 5, 101 und 104 BetrVG findet eine Festsetzung von Ordnungs- oder Zwangshaft nicht statt (§ 85 Abs. 1 Satz 3 a. E. ArbGG).

J. Rechtsbehelfe in der Zwangsvollstreckung

1. Einwendungen gegen die Zulässigkeit der Vollstreckungsklausel und Antrag auf einstweilige Anordnung nach § 732 ZPO[1]

An das
Arbeitsgericht[2] ......

Antrag nach § 732 ZPO
Antrag auf einstweilige Anordnung

Az.: .....

In Sachen
A ......

– Kläger und Gläubiger –

gegen

B-GmbH ......

– Beklagte und Schuldnerin –

beantragen wir namens und in Vollmacht der Beklagten/Schuldnerin:
1. Die Zwangsvollstreckung aus der am ...... für den Kläger/Gläubiger vom Arbeitsgericht ......, Aktenzeichen ......, erteilten Vollstreckungsklausel wird für unzulässig erklärt.
2. Bis zur Entscheidung über Antrag Ziffer 1 wird die Zwangsvollstreckung aus der am ...... für den Kläger/Gläubiger vom Arbeitsgericht ....., Aktenzeichen ....., erteilten Vollstreckungsklausel einstweilen eingestellt.

Begründung:

Das Arbeitsgericht ...... hat mit Urteil vom ......, Aktenzeichen ......, die Beklagte/Schuldnerin verurteilt, dem Kläger/Gläubiger einen Dienstwagen der Marke ......, Typ ......, mit Sonderausstattung gemäß der Auflistung des Autohauses C, ...-Stadt, zur Verfügung zu stellen. Die Auflistung des Autohauses C war der Klageschrift des Klägers/Gläubigers im Rechtsstreit vor dem Arbeitsgericht ......, Aktenzeichen ......, als Anlage K 3 beigefügt. Diese Anlage war aber nicht Bestandteil des Urteils des Arbeitsgerichts ...... vom ......, Aktenzeichen ......

Das Urteil des Arbeitsgerichts ...... vom ...... Aktenzeichen ...... hat einen inhaltlich nicht bestimmten Inhalt, da es auf eine nicht zum Urteilsbestandteil erhobene Urkunde Bezug nimmt.[3] Dennoch hat der Urkundsbeamte der Geschäftsstelle dem Kläger/Gläubiger eine vollstreckbare Ausfertigung des Urteils erteilt. Der Kläger/Gläubiger betreibt die Zwangsvollstreckung nach § 887 ZPO aus diesem Urteil mit Vollstreckungsklausel. Angesichts des inhaltlich unbestimmten Titels in Form des Urteils des Arbeitsgerichts ...... ist die Vollstreckungsklausel unzulässig.[4, 5]

Rechtsanwalt

Anmerkungen

1. Wendet sich der Schuldner gegen die Erteilung einer Vollstreckungsklausel, hat er die Möglichkeit der Einwendung nach §§ 62 Abs. 2 ArbGG, 732 ZPO. Er kann auch Klage wegen Unzulässigkeit nach §§ 62 Abs. 2 ArbGG, 768 ZPO erheben, allerdings nur in den dort ausdrücklich genannten Fällen, das heißt wenn der Vollstreckungstitel lediglich unter einer Bedingung oder nur für oder gegen einen anderen als den in ihm Genannten vollstreckbar ist. Einwendungen nach § 732 ZPO schließen in den in § 768 ZPO genannten Fällen die Klage nach § 768 ZPO nicht aus, wie sich aus § 768, letzter Halbs. ZPO ergibt.

Formelle Einwendungen, die nach § 732 ZPO geltend gemacht werden können, sind beispielsweise (vgl. *Zöller-Stöber*, § 732 Rdn. 6 ff.):
– Fehlen eines vollstreckbaren Titels
– inhaltlich unbestimmter Titel oder Titel ohne vollstreckungsfähigen Inhalt
– Vollstreckungsklausel zugunsten eines Gläubigers, der nicht Prozessbeteiligter war
– Vollstreckungsklausel gegen einen Schuldner, der nicht aus dem Titel zur Leistung verpflichtet ist
– Erteilung der Vollstreckungsklausel unter Verletzung von Verfahrensregeln.

2. Ausschließlich zuständig für einen Antrag nach § 732 ZPO ist das Gericht, dessen Geschäftsstelle die Vollstreckungsklausel erteilt hat. Die Entscheidung kann ohne mündliche Verhandlung ergehen. Allerdings ist dem Gläubiger rechtliches Gehör zu gewähren.

3. Nach allgemeiner Auffassung fehlt einem Titel ein vollstreckungsfähiger Inhalt, wenn er auf eine nicht zum Urteilsbestandteil erhobene Urkunde Bezug nimmt (vgl. *Zöller-Stöber*, § 704 Rdn. 5 m. w. N.).

4. Das Gericht, von dessen Geschäftsstelle die Vollstreckungsklausel erteilt ist, entscheidet durch Beschluss. Wird der Antrag des Schuldners zurückgewiesen, hat er die Möglichkeit der einfachen Beschwerde (§§ 78 ArbGG, 567 ZPO). Wird dem Antrag des Schuldners stattgegeben, steht dem Gläubiger das Rechtsmittel der einfachen Beschwerde zu.

5. Da die vom Schuldner nach § 732 ZPO geltend gemachten Einwendungen nicht aufschiebende Wirkung haben, bedarf es unter Umständen einer einstweiligen Anordnung (§ 732 Abs. 2 ZPO). Sie ergeht auf Antrag oder von Amts wegen. Nach herrschender Meinung ist eine Beschwerde gegen den Erlass der einstweiligen Anordnung nach § 732 Abs. 2 ZPO unzulässig.

Kosten und Gebühren

Für eine Entscheidung nach § 732 ZPO fallen keine Gerichtsgebühren an.

Hinsichtlich Anwaltsgebühren gelten §§ 57, 58 Abs. 3 Nr. 1 BRAGO. Der Gegenstandswert richtet sich nach dem Wert des zu vollstreckenden Anspruchs.

2. Erinnerung gegen Art und Weise der Zwangsvollstreckung nach § 766 ZPO[1]

An das
Amtsgericht
– Vollstreckungsgericht –[2]
......

Erinnerung nach § 766 ZPO

In der Zwangsvollstreckungssache

A ......

– Gläubiger –

gegen

B ......

– Schuldner –

legen wir namens und in Vollmacht des Gläubigers

Erinnerung

gegen die Vollstreckungshandlung des Herrn Gerichtsvollziehers ......, ... -Straße ......, ... -Stadt, vom ...... gemäß Vollstreckungsprotokoll vom ......, Aktenzeichen: DR Nr. ...... ein und beantragen:[3, 4]

Der Gerichtsvollzieher wird angewiesen, den Differenzbetrag in Höhe von EUR ...... zwischen der Hauptsumme in Höhe von EUR ...... aus dem Urteil des Arbeitsgerichts ...... vom ......, Aktenzeichen ...... und dem bereits bezahlten und abquittierten Teilbetrag in Höhe von EUR ...... beizutreiben.

Begründung:

Mit Urteil vom ......, Aktenzeichen ......, hat das Arbeitsgericht ...... den Schuldner verurteilt, an den Gläubiger als rückständige Vergütung einen Betrag von EUR ...... brutto zu zahlen.

Beweis: Vollstreckbare Ausfertigung des Urteils des Arbeitsgerichts ...... vom ......, Aktenzeichen ......

Am ...... beauftragte der Gläubiger Herrn Gerichtsvollzieher ......, den Bruttobetrag aus dem Urteil des Arbeitsgerichts ...... vom ...... zu vollstrecken.[5]

Beweis: Kopie des Zwangsvollstreckungsauftrags vom ......

Aufgrund dieses Zwangsvollstreckungsauftrags hat Herr Gerichtsvollzieher ...... am ...... beim Schuldner lediglich einen Betrag von ...... vollstreckt. Hierbei handelt es sich um den Nettobetrag aus der im Urteil des Arbeitsgerichts ...... vom ...... titulierten Bruttoforderung.

Beweis: Vollstreckungsprotokoll des Herrn Gerichtsvollziehers ...... vom ......, Aktenzeichen: DR Nr. ......

Diese Vollstreckungshandlung des Herrn Gerichtsvollziehers ...... war fehlerhaft. Die Vollstreckung des Differenzbetrages zwischen der Bruttoforderung (Hauptsumme) und dem Nettobetrag durfte nur dann unterbleiben, wenn der Schuldner

Hahn   873

dem Gerichtsvollzieher Quittungen des Finanzamts und des zuständigen Sozialversicherungsträgers im Sinne von § 775 Nr. 4 ZPO vorgelegt hätte, aus denen sich ergibt, dass die Steuerbeträge und Sozialversicherungsabgaben abgeführt wurden. Der Schuldner hatte jedoch dem Gerichtsvollzieher ausweislich des Vollstreckungsprotokolls lediglich mündlich mitgeteilt, er habe Steuerbeträge und Sozialversicherungsabgaben an das Finanzamt bzw. den Träger der Sozialversicherung abgeführt. Dies entspricht nicht den Anforderungen des § 775 ZPO. Die Vollstreckung des Differenzbetrages in Höhe von EUR ...... hätte somit nicht unterbleiben dürfen.[6, 7]

Rechtsanwalt

Anmerkungen

1. Maßnahmen der Vollstreckungsorgane (Gerichtsvollzieher oder Vollstreckungsgericht) werden im Wege der Erinnerung nach §§ 62 Abs. 2 ArbGG, 766 ZPO nachgeprüft. Während materielle Einwendungen des Schuldners oder Dritter im Rahmen der Zwangsvollstreckung im Erkenntnisverfahren geltend gemacht werden müssen, sind Anträge, Einwendungen und Erinnerungen, welche die Art und Weise der Zwangsvollstreckung oder das vom Gerichtsvollzieher bei ihr zu beachtende Verfahren betreffen, durch den Rechtsbehelf des § 766 ZPO geltend zu machen. Die Zwangsvollstreckung muss bereits begonnen haben und darf noch nicht abgeschlossen sein. Das unmittelbare Bevorstehen einer Vollstreckungsmaßnahme genügt (vgl. *Baumbach/Lauterbach/Albers/Hartmann*, § 766 Rdn. 24 m. w. N.).

Liegen die entsprechenden Voraussetzungen vor, sind unter anderem eine Vollstreckungsabwehrklage oder Drittwiderspruchsklage (vgl. hierzu Form. J. 4 und J. 5) neben der Erinnerung nach § 766 ZPO zulässig.

Hinsichtlich Beispielen zur Frage der Zulässigkeit einer Erinnerung vgl. *Baumbach/Lauterbach/Albers/Hartmann*, § 766 Rdn. 15 ff.).

2. Sachlich und örtlich zuständig ist das Amtsgericht als Vollstreckungsgericht, in dessen Bezirk das Vollstreckungsverfahren stattfinden soll oder stattgefunden hat (§§ 766, 764 ZPO). Es entscheidet durch Beschluss.

3. Antragsberechtigt können Gläubiger, Schuldner, Drittschuldner oder Dritte sein, deren Rechte von einer Zwangsvollstreckungsmaßnahme berührt werden (vgl. *Zöller-Stöber*, § 766 Rdn. 14 ff.). Eine Erinnerungsbefugnis des Gerichtsvollziehers ist umstritten (vgl. die Nachweise bei *Zöller-Stöber*, § 766 Rdn. 37).

4. Der Erinnerungsantrag kann schriftlich oder zu Protokoll der Geschäftsstelle erklärt werden. Die Erinnerung nach § 766 ZPO ist nicht fristgebunden. Der Antrag muss erkennen lassen, welche Nachprüfung der Antragsteller erstrebt und was er rügt.

Hinsichtlich der Darlegungs- und Beweislast gelten die allgemeinen Grundsätze. Eine mündliche Verhandlung braucht nicht durchgeführt zu werden.

5. Zur Pfändung von Bruttolohnforderungen vgl. Form. I. 7.

6. Vor seiner Entscheidung kann das Gericht auf Antrag oder von Amts wegen eine **einstweilige Anordnung über die Erinnerung** entsprechend §§ 62 Abs. 2 ArbGG, 732 Abs. 2 ZPO treffen (§ 766 Abs. 1 Satz 2 ZPO). Gegen eine solche einstweilige Einstellung der Zwangsvollstreckung ist kein Rechtsbehelf statthaft (vgl. *Baumbach/Lauterbach/Albers/Hartmann*, § 766 Rdn. 30).

7. Gegen die Entscheidung des Gerichts ist sofortige Beschwerde nach §§ 78 ArbGG, 793, 577 ZPO zulässig. Über die sofortige Beschwerde entscheidet das Landesarbeitsgericht ohne Hinzuziehung der ehrenamtlichen Richter (§ 78 Satz 3 ArbGG).

Kosten und Gebühren

Es fallen keine Gerichtsgebühren an. Auslagen sind jedoch anzusetzen.

Dem Rechtsanwalt des Gläubigers fallen keine gesonderten Gebühren neben der Gebühr für den Vollstreckungsauftrag an. Der Rechtsanwalt des Schuldners hat Anspruch auf eine 3/10 Gebühr nach § 57 BRAGO (vgl. *Zöller-Stöber,* § 766 Rdn. 39).

3. Vorzugsklage[1] und Antrag auf einstweilige Anordnung nach § 805 ZPO

An das
Amtsgericht/Landgericht[2] ......

Klage auf vorzugsweise Befriedigung
Antrag auf einstweilige Anordnung

In Sachen

A ......   – Kläger –

gegen

B ......   – Beklagter –

wegen vorzugsweiser Befriedigung

vertreten wir den Kläger. In dessen Namen und Auftrag erheben wir Klage und werden beantragen:

Der Kläger ist aus dem Reinerlös aus der Pfandverwertung folgender Gegenstände bis zum Betrag der Forderung des Klägers in Höhe von EUR ...... nebst ...... % Zinsen bis zum Tag der Auszahlung vor dem Beklagten zu befriedigen: ...... (Aufzählung der Gegenstände)

Wir beantragen ferner, vorab durch einstweilige Anordnung zu beschließen:

Der Reinerlös aus der Pfandverwertung folgender Gegenstände wird bis zum Betrag der Forderung des Klägers in Höhe von EUR ...... nebst ...... % Zinsen bis zum rechtskräftigen Urteil über die Klage hinterlegt: ...... (Aufzählung der Gegenstände)

Begründung:

Der Kläger hat Herrn C die Gaststätte D in ...... -Stadt, ... -Straße ...... zu einem monatlichen Pachtzins von EUR ...... verpachtet.

Beweis und Glaubhaftmachung: Pachtvertrag vom ......

Der Beklagte war Arbeitnehmer des C. Er hat auf Grund vollstreckbarer Ausfertigung des Urteils des Arbeitsgerichts ...... vom ......, AZ: ......, wonach er einen titulierten Anspruch auf Zahlung rückständigen Arbeitsentgelts gegen C in Höhe von EUR ...... brutto hat, folgende Gegenstände des C, die sich in den Gaststättenräumen befinden, von Herrn Gerichtsvollzieher ...... pfänden lassen: ......

Beweis und Glaubhaftmachung: Von Herrn Gerichtsvollzieher ...... errichtetes Pfändungsprotokoll vom ......, AZ: DR Nr. ......

Herr C hat dem Kläger jedoch seit ...... bis heute den jeweils am dritten Werktag eines Monats fälligen Pachtzins nicht bezahlt. Er schuldet dem Kläger mithin einen Betrag von EUR ...... zuzüglich ...... % Zinsen.[4]

Beweis und Glaubhaftmachung: Pachtvertrag vom ......
                                  Zeugnis der Mitarbeiterin aus der Buchhaltung des Klägers, ...
                                  Eidesstattliche Versicherung der Mitarbeiterin aus der Buchhaltung des Klägers ......

Das gesetzliche Pfandrecht des Klägers als Pächter gemäß §§ 581, 562 BGB hat Vorrang vor dem Pfändungspfandrecht des Beklagten.
Der Kläger hat den Beklagten mit Schreiben vom ..... aufgefordert, er möge das Vorrecht des Klägers bestätigen.

Beweis und Glaubhaftmachung: Schreiben vom ......

Eine Reaktion erfolgte nicht. Klage ist daher geboten.[5]
Der Kläger hat sein vorrangiges Pfandrecht glaubhaft gemacht.[6] Dementsprechend ist im Wege der einstweiligen Anordnung die Hinterlegung des Reinerlöses aus der Pfandverwertung anzuordnen.

                                                  Rechtsanwalt

Anmerkungen

1. Die Vorzugsklage ist eine prozessuale Gestaltungsklage. Während die Drittwiderspruchsklage (vgl. Form. J. 5) auf Erhaltung des Gegenstands abzielt, kann ein Dritter, der ein besitzloses Pfand- oder Vorzugsrecht hat, seinen Anspruch auf Vorrang nur mit der Klage auf vorzugsweise Befriedigung geltend machen (vgl. *Zöller-Stöber*, § 805 Rdn. 1). Diese gewährt dem Dritten eine vorzugsweise Befriedigung aus dem Erlös (vgl. *Baumbach/Lauterbach/Albers/Hartmann*, § 805 Rdn. 1).

2. Sachlich ausschließlich zuständig ist je nach Höhe des Streitwertes das Amtsgericht oder Landgericht (§§ 62 Abs. 2 ArbGG, 802 ZPO). Örtlich zuständig ist das Gericht, in dessen Bezirk das Vollstreckungsverfahren stattgefunden hat (§§ 62 Abs. 2 ArbGG, 805 Abs. 2, 764 Abs. 2 ZPO).

3. Die Vorzugsklage hat folgende Voraussetzungen (vgl. *Baumbach/Lauterbach/Albers/Hartmann*, § 805 Rdn. 5):
– Pfändung einer körperlichen Sache
– Keine Beendigung der Zwangsvollstreckung
– Vorrangiges Pfandrecht oder Vorzugsrecht des Klägers
– Geldforderung des Klägers.

4. Der Kläger hat regelmäßig lediglich das Entstehen seiner Forderung zu beweisen, nicht aber, dass sie nicht erloschen ist (vgl. BGH 20. 3. 1986, NJW 1986, 2426).

5. Wird die Klage gegen den Gläubiger und den Schuldner gerichtet, so sind diese als Streitgenossen anzusehen (§ 805 Abs. 3 ZPO). Eine solche gleichzeitige Klage ist lediglich geboten, wenn der Schuldner das Vorzugsrecht des Klägers bestritten hat (vgl. *Zöller-Stöber*, § 805 Rdn. 7).

6. Macht der Kläger seinen Anspruch glaubhaft, hat das Gericht die Hinterlegung des Erlöses von Amts wegen anzuordnen. §§ 769, 770 ZPO gelten entsprechend (§ 805 Abs. 4 ZPO).

Kosten und Gebühren

Hinsichtlich der Gerichtsgebühren gelten die Regelgebühren. Keine Gerichtsgebühr fällt bei Erlass einer einstweiligen Anordnung an.

Für die Anwaltsgebühren gelten §§ 31 ff. BRAGO. Hinsichtlich des Verfahrens der einstweiligen Anordnung vgl. §§ 37 Nr. 3, 49 BRAGO.

4. Vollstreckungsabwehrklage und Antrag auf einstweilige Einstellung der Zwangsvollstreckung nach § 767 ZPO

An das
Arbeitsgericht[1] ......

Vollstreckungsabwehrklage
Antrag auf einstweilige Einstellung der Zwangsvollstreckung

In Sachen
des ......, Inhaber der Firma ......

– Kläger –

gegen

......

– Beklagter –

Prozessbevollmächtigte: ......
wegen Unzulässigkeit der Zwangsvollstreckung

vertreten wir den Kläger. In dessen Namen und Auftrag erheben wir Klage und werden beantragen:

Die Zwangsvollstreckung aus dem Urteil des Arbeitsgerichts ...... vom ......, Aktenzeichen ...... wird für unzulässig erklärt.[2]

Zugleich beantragen wir, vorab im Wege der einstweiligen Anordnung[7] ohne mündliche Verhandlung zu beschließen:

Die Zwangsvollstreckung aus dem Urteil des Arbeitsgerichts ...... vom ......, Aktenzeichen ...... wird bis zum Erlass des Urteils in dieser Sache einstweilen eingestellt.

Begründung:

Mit Urteil des Arbeitsgerichts ...... vom ...... wurde der Kläger verurteilt[4], an den Beklagten rückständiges Arbeitsentgelt von EUR ...... brutto zu zahlen. Der Kläger zahlte hierauf am ...... dem Beklagten einen Betrag in Höhe von EUR ...... netto.

Beweis und Glaubhaftmachung: Zeugnis ......, Lohnbuchhalterin des Klägers, zu laden über diesen;
eidesstattliche Versicherung der Frau ......

Ferner überwies der Kläger die Sozialversicherungsbeiträge (Arbeitgeber- und Arbeitnehmeranteil zur Renten-, Arbeitslosen-, Kranken- und Pflegeversicherung) für den Beklagten in Höhe von EUR ...... an die AOK in ......, bei welcher der Beklagte krankenversichert ist. Am ...... überwies der Kläger die von ihm für den

Beklagten abzuführende Lohn- und Kirchensteuer sowie Solidaritätszuschlag in Höhe von insgesamt EUR ...... an das Finanzamt ......[5,6]

Beweis und Glaubhaftmachung: wie vor;
         Kontoauszüge des Klägers;
         für den Beklagten erteilte Verdienstbescheinigung.

Mit Schreiben vom ...... meldete sich beim Kläger ein vom Beklagten eingeschaltetes Inkassobüro. Dieses teilte im Auftrag des Beklagten mit, der Kläger habe die Lohn- und Kirchensteuern sowie den Solidaritätszuschlag nicht richtig errechnet. Der Beklagte habe im Jahr ...... Steuerklasse III und zwei Kinder auf der Lohnsteuerkarte eingetragen gehabt. Ferner habe der Kläger die Sozialversicherungsbeiträge nicht abgeführt. Das vom Beklagten eingeschaltete Inkassobüro drohte an, ohne weitere Ankündigung Zwangsvollstreckungsmaßnahmen einzuleiten.[2]

Beweis und Glaubhaftmachung: Schreiben vom ......

Tatsächlich errechnete der Kläger die Lohn- und Kirchensteuern sowie die Sozialversicherungsbeiträge auf der Basis der maßgebenden Beträge für das Jahr ...... auf der Grundlage der Lohnsteuerklasse III/zwei Kinder.

Beweis und Glaubhaftmachung: Zeugnis der Frau ......,
         eidesstattliche Versicherung der Frau ......

Die Sozialversicherungsbeiträge wurden, wie dargelegt, an die zuständige AOK abgeführt.

Im Hinblick auf die angekündigte Zwangsvollstreckung liegen Rechtsschutzbedürfnis für die Vollstreckungsabwehrklage und den Antrag auf einstweilige Einstellung der Zwangsvollstreckung vor. Klage und Antrag auf einstweilige Einstellung sind angesichts der Erfüllung des titulierten Anspruchs des Beklagten auch begründet.

Rechtsanwalt

Anmerkungen

1. Rechtlich und sachlich ausschließlich zuständig (§§ 62 Abs. 2 ArbGG, 802 ZPO) ist das Prozessgericht I. Instanz des Vorprozesses. Die Zuständigkeit der Kammer ergibt sich aus der Geschäftsverteilung. Die Klage ist an den/die Prozessbevollmächtigte(n) des Vorprozesses zuzustellen, §§ 81, 176, 178 ZPO.

2. Die Vollstreckungsabwehrklage ist eine prozessuale Gestaltungsklage (BGH 23. 5. 1989, NJW-RR 1990, 48). Sie richtet sich gegen die Vollstreckbarkeit des Titels insgesamt, was bei der Antragstellung zu beachten ist.

Das Rechtsschutzbedürfnis für die Vollstreckungsabwehrklage liegt vor, sobald eine Zwangsvollstreckung ernstlich droht. Die Zulässigkeit bleibt bestehen, bis der Titel dem Schuldner ausgehändigt ist. Nach Beendigung der Zwangsvollstreckung bleibt lediglich die so genannte **verlängerte Vollstreckungsabwehrklage**, also eine Klage aus materiellem Recht (vgl. *Zöller-Herget*, § 767 Rdn. 8 m. w. N.).

Zur Frage der unzulässigen Versagung von Prozesskostenhilfe bei einer Vollstreckungsklage gegen ein arbeitsgerichtliches Urteil vgl. BVerfG 7. 4. 2000 – 1 BvR 81/00.

3. Klagepartei ist jeder Vollstreckungsschuldner, Beklagtenpartei der Vollstreckungsgläubiger. Dies ist jeder, dem eine Vollstreckungsklausel erteilt worden ist oder der die Zwangsvollstreckung im eigenen Namen betreibt.

4. §§ 62 Abs. 2 ArbGG, 767 ZPO ist nicht auf Urteile, sondern auch auf andere Vollstreckungstitel anwendbar (vgl. *Baumbach/Lauterbach/Albers/Hartmann*, § 767 Rdn. 9 ff. m. w. N.).

5. Wird der Arbeitgeber zur Zahlung eines Bruttobetrages verurteilt und treibt der Arbeitnehmer den Bruttobetrag im Wege der Zwangsvollstreckung bei, hat der Arbeitnehmer die abzuführenden Lohn- und Kirchensteuern sowie die Sozialversicherungsbeiträge zu errechnen und an die zuständigen Stellen weiterzuleiten. Hat der Arbeitgeber dagegen die Lohn- und Kirchensteuern und/oder Sozialversicherungsbeiträge bereits abgeführt, hat er Vollstreckungsabwehrklage zu erheben, sofern der Arbeitnehmer trotzdem wegen des Bruttobetrages vollstreckt (vgl. *Hauck*, § 62 Rdn. 11).

6. Die Gründe, auf denen die Einwendungen, welche im Wege der Vollstreckungsabwehrklage geltend zu machen sind, beruhen, dürfen erst nach Schluss der mündlichen Verhandlung entstanden sein und durch Einspruch nicht mehr geltend gemacht werden können. Der vorliegende Einwand der Erfüllung ist stets durch Vollstreckungsabwehrklage geltend zu machen (vgl. *Baumbach/Lauterbach/Albers/Hartmann*, § 767 Rdn. 21; *Zöller-Herget*, § 767 Rdn. 12).

Ist eine Einwendung nach Schluss der letzten mündlichen Verhandlung I. Instanz, aber vor Rechtskrafteintritt entstanden, hat der Schuldner die Wahl zwischen Berufung und Vollstreckungsabwehrklage. Nach Erheben der Berufung fehlt regelmäßig das Rechtsschutzinteresse für die Vollstreckungsabwehrklage (vgl. BAG 28. 3. 1985, AP Nr. 4 zu § 767 ZPO; *Zöller-Herget*, § 767 Rdn. 4).

7. Auf Antrag kann das Prozessgericht gemäß §§ 62 Abs. 2 ArbGG, 769 ZPO anordnen, dass bis zum Erlass des Urteils über die Vollstreckungsabwehrklage die Zwangsvollstreckung gegen oder ohne **Sicherheitsleistung** eingestellt oder nur gegen Sicherheitsleistung fortgesetzt wird und dass Vollstreckungsmaßregeln gegen Sicherheitsleistung aufzuheben sind. Zuständig ist das Gericht der Instanz, in der die Vollstreckungsabwehrklage anhängig ist, vorliegend also das Arbeitsgericht. Eine grundsätzlich zulässige mündliche Verhandlung ist nicht erforderlich. Hinsichtlich der Glaubhaftmachung gilt § 294 ZPO. Bei der Entscheidung nach pflichtgemäßem Ermessen hat das Gericht die Erfolgsaussichten der Vollstreckungsabwehrklage zu berücksichtigen. Ob eine Einstellung gegen Sicherheitsleistung im Hinblick auf § 62 Abs. 1 ArbGG zulässig ist oder nicht, ist umstritten (vgl. die Nachweise bei *Baumbach/Lauterbach/Albers/Hartmann*, § 769 Rdn. 7; nach LAG Bremen 24. 6. 1996, AP Nr. 7 zu § 62 ArbGG 1979, ist § 62 Abs. 1 ArbGG auf die einstweilige Einstellung der Zwangsvollstreckung nach § 769 ZPO anzuwenden, da kein Grund ersichtlich sei, die Anforderungen an die Einstellung der Zwangsvollstreckung im Urteil oder bei angefochtenem Urteil anders und insbesondere näher auszugestalten als im Eilverfahren nach § 769 ZPO; a. A LAG Nürnberg 7. 5. 1999, BB 1999, 1387).

Kosten und Gebühren

Hinsichtlich der Vollstreckungsabwehrklage gelten die Regelungen des Erkenntnisverfahrens. Betreffend der Anwaltsgebühren finden §§ 31 ff. BRAGO Anwendung.

Für eine einstweilige Einstellung der Zwangsvollstreckung fallen keine Gerichtsgebühren an. Hinsichtlich der Anwaltsgebühren gilt bei einem Antrag auf einstweilige Einstellung der Zwangsvollstreckung nach § 769 ZPO § 37 Nr. 3 BRAGO; bei mündlicher Verhandlung ist § 49 Abs. 1 BRAGO anzuwenden.

5. Drittwiderspruchsklage[1] und Antrag auf einstweilige Einstellung der Zwangsvollstreckung nach § 771 ZPO

An das
Amtsgericht/Landgericht[2] ......

Drittwiderspruchsklage
Antrag auf einstweilige Einstellung der Zwangsvollstreckung

In Sachen

A ......

– Kläger –

gegen

B ......

– Beklagter –

Prozessbevollmächtigte:[3] Rechtsanwälte ......
wegen Unzulässigkeit der Zwangsvollstreckung

vertreten wir den Kläger. In dessen Namen und Auftrag erheben wir Klage und werden beantragen:

> Die Zwangsvollstreckung aus dem vor dem Arbeitsgericht ...... am ......, Aktenzeichen ......, abgeschlossenen Prozessvergleich in den Pkw der Marke ......, Typ ......, Farbe ......, Fahrgestell-Nr. ......, amtliches Kennzeichen ...... durch den Beklagten wird für unzulässig erklärt.[4]

Wir beantragen ferner, vorab im Wege der einstweiligen Anordnung ohne mündliche Verhandlung zu beschließen:

> Die Zwangsvollstreckung aus dem vor dem Arbeitsgericht ...... am ......, Aktenzeichen ......, abgeschlossenen Prozessvergleich in den Pkw der Marke ......, Typ ......, Farbe ......, Fahrgestell-Nr. ......, amtliches Kennzeichen ......, durch den Beklagten wird einstweilen eingestellt.

Begründung:

Der Kläger ist Eigentümer des in den Anträgen näher bezeichneten Pkw.

Beweis und Glaubhaftmachung: Kfz-Brief, ausgestellt von ......,
                                        eidesstattliche Versicherung der Mitarbeiterin des Klägers ......

Aufgrund Leasingvertrages vom ...... hat der Kläger den Besitz an diesem Pkw am ...... auf Herrn C, Inhaber der Firma C, übertragen.

Beweis und Glaubhaftmachung: Leasingvertrag vom ......,
                                        eidesstattliche Versicherung der Mitarbeiterin des Klägers ......

Der Beklagte war Arbeitnehmer der Firma C. Am ...... vereinbarten der Beklagte und Herr C vor dem Arbeitsgericht ...... einen Prozessvergleich, wonach Herr C dem Beklagten eine am ...... fällige Sozialabfindung von EUR ...... zu zahlen hat.

Beweis und Glaubhaftmachung: Prozessvergleich vom ......

Aufgrund der vollstreckbaren Ausfertigung dieses Prozessvergleichs, welche C zugestellt worden ist, betreibt der Beklagte die Zwangsvollstreckung. Er hat den in den Anträgen näher bezeichneten Pkw des Klägers, der im Besitz von C steht, durch den Gerichtsvollzieher D am …… pfänden lassen.

Beweis und Glaubhaftmachung: Pfändungsprotokoll des Gerichtsvollziehers D
vom ……

Eine Versteigerung ist noch nicht erfolgt.[5]

Beweis und Glaubhaftmachung: Zeugnis der Mitarbeiterin des Klägers ……;
eidesstattliche Versicherung der Mitarbeiterin des Klägers ……

Der Kläger hat mit Schreiben vom …… den Beklagten zur Freigabe des gepfändeten Pkw aufgefordert. Eine Reaktion erfolgte nicht.[6, 7, 9]

Beweis und Glaubhaftmachung: Schreiben vom ……,
eidesstattliche Versicherung der Mitarbeiterin des Klägers ……

Im Hinblick auf den drohenden Rechtsverlust des Klägers, der durch eine Versteigerung des in seinem Eigentum stehenden Pkw eintreten würde, beantragen wir, vorab im Wege der einstweiligen Anordnung ohne mündliche Verhandlung zu entscheiden.[8]

Rechtsanwalt

Anmerkungen

1. Die Drittwiderspruchsklage (Interventionsklage) ist wie die Vollstreckungsabwehrklage eine prozessuale Gestaltungsklage. Aktivlegitimiert ist jeder Inhaber eines die Veräußerung hindernden Rechts, gegen den nicht vollstreckt wird. Passivlegitimiert ist der vollstreckende Gläubiger.

2. Örtlich ausschließlich zuständig (§§ 62 Abs. 2 ArbGG, 802 ZPO) ist das Gericht, in dessen Bezirk die Zwangsvollstreckung erfolgt (§§ 62 Abs. 2 ArbGG, 771 Abs. 1 ZPO). Die sachliche Zuständigkeit richtet sich nach der Höhe des Streitwerts (Amts- oder Landgericht). Eine sachliche Zuständigkeit des Arbeitsgerichts scheidet stets aus (vgl. *Zöller-Herget*, § 771 Rdn. 8 m.w.N.).

3. Die Drittwiderspruchsklage wird an den Prozessbevollmächtigten I. Instanz oder an den Gläubiger, also die Beklagtenpartei, zugestellt, §§ 81, 176, 178 ZPO. Hinsichtlich Anwaltszwangs gilt § 78 ZPO.

4. Neben dem Antrag, die Zwangsvollstreckung für unzulässig zu erklären, bedarf es keines auf die Herausgabe gerichteten Antrags (vgl. *Baumbach/Lauterbach/Albers/Hartmann*, § 771 Rdn. 8).

5. Die Drittwiderspruchsklage ist ab Beginn der Zwangsvollstreckung bis zur Befriedigung des Gläubigers zeitlich zulässig.

6. Begründet ist die Drittwiderspruchsklage, wenn der Klagepartei „ein die Veräußerung hinderndes Recht" zusteht (vgl. die Beispiele bei *Baumbach/Lauterbach/Albers/Hartmann*, § 771 Rdn. 14ff.; *Zöller-Herget*, § 771 Rdn. 14ff.). Die Beklagtenpartei darf keine Einwendungen, die dem Recht der Klagepartei entgegenstehen, erheben können (vgl. die Beispiele bei *Baumbach/Lauterbach/Albers/Hartmann*, § 771 Rdn. 10; *Zöller-Herget*, § 771 Rdn. 15).

7. Wird der Drittwiderspruchsklage stattgegeben, hat das zuständige Vollstreckungsorgan die Zwangsvollstreckung einzustellen oder aufzuheben, wenn ihm eine vollstreckbare Ausfertigung des Urteils vorgelegt wird (§§ 62 Abs. 2 ArbGG, 775 Nr. 1, 776 ZPO).

8. Nach § 771 ZPO ist eine einstweilige Anordnung gemäß § 769 ZPO zulässig. Vergleiche hierzu Form. J. 4.

9. Drittwiderspruchsklage und Erinnerung nach §§ 62 Abs. 2 ArbGG, 766 ZPO sind nebeneinander grundsätzlich zulässig, sofern ein Verfahrensverstoß bei der Pfändung vorliegt (vgl. *Zöller-Herget*, § 771 Rdn. 2 m.w.N.).

Kosten und Gebühren

Es gelten die Ausführungen zur Vollstreckungsabwehrklage, vgl. Form. J. 4.

5. Kapitel. Sonstige rechtsförmliche Verfahren

K. Kündigungsvoraussetzungen

1. Antrag auf Gleichstellung nach § 2 Abs. 3 SGB IX[1]

An das Arbeitsamt[2]
......

Antrag auf Gleichstellung mit einem schwerbehinderten Menschen
nach § 2 Abs. 3 SGB IX

Sehr geehrte Damen und Herren,

wir teilen mit, dass uns
Herr ......
mit der Wahrnehmung seiner Interessen beauftragt hat. Die Bevollmächtigung ergibt sich aus der beigefügten Vollmachtsurkunde[3].

Namens und im Auftrag unseres Mandanten stellen wir den

Antrag

auf Gleichstellung mit einem schwerbehinderten Menschen nach § 2 Abs. 3 SGB IX
zur Erhaltung eines geeigneten Arbeitsplatzes/zur Erlangung eines geeigneten Arbeitsplatzes.
Zur

Begründung

ist vorzutragen:
Unser Mandant ist am ...... in ....../...... geboren. Er ist deutscher Staatsangehöriger. Die Rentenversicherungsnummer lautet ......
Er ist verheiratet, alleinstehend/nicht alleinstehend.
Unser Mandant hat nach der mittleren Reife eine Lehre als ...... mit der Gesellenprüfung abgeschlossen. Er ist für die
Firma ...... seit dem ...... als ......
im ungekündigten Arbeitsverhältnis tätig. Für das Arbeitsverhältnis finden die tariflichen Bestimmungen des ...... Anwendung.
Unser Mandant leidet unter folgenden Gesundheitsstörungen:
......
Es wurde am ...... ein Grad der Behinderung (GdB) in Höhe von 40% festgestellt.
Der entsprechende Feststellungsbescheid des Versorgungsamtes/Rententrägers/der
Berufsgenossenschaft ...... vom ...... ist in der Anlage beigefügt.
Die Gefährdung des zu erhaltenden Arbeitsplatzes[4] ergibt sich aus folgenden Umständen:
Die Arbeitgeberin hat unseren Mandanten wiederholt angesprochen und bemängelt, dass er nicht die Leistungsfähigkeit seiner Kollegen erreicht. Weiter hat sie mit

Schreiben vom ...... unseren Mandanten wegen Schlechtleistung bzw. Nichterfüllung seiner Arbeitspflicht abgemahnt. In dieser Abmahnung hat die Arbeitgeberin eine Änderungskündigung bzw. Versetzung auf einen anderen Arbeitsplatz angedroht, die für unseren Mandanten eine Einkommenseinbuße von ca. 25% bedeuten würde. In einem persönlichen Gespräch am ...... wurde unserem Mandanten darüber hinaus erklärt, dass er, „wenn er sich nicht zusammenreißt und endlich wieder vernünftig arbeitet, froh sein darf, wenn es nicht zu einer Kündigung kommt".

Weiter ist darauf hinzuweisen, dass der – zu erhaltende – Arbeitsplatz trotz der unstreitig vorliegenden Behinderung für unseren Mandanten geeignet ist.

Ungeachtet dessen könnte der Arbeitsplatz mit technischen Arbeitshilfen ausgestattet werden. Die Leistungsfähigkeit unseres Mandanten mit vergleichbaren Arbeitnehmern würde spätestens dann gewährleistet sein. Im Einzelnen wären die folgenden Arbeitshilfen erforderlich:

......

Abschließend erklären wir namens unseres Mandanten das Einverständnis damit, dass der Arbeitgeber, der Betriebs-/Personalrat und die Schwerbehindertenvertretung zur Frage der Gefährdung des Arbeitsplatzes auf Grund der Behinderung gehört[5] und zudem das Arbeitsamt gegenüber den mit der Antragstellung befassten Stellen von der Schweigepflicht nach § 35 SGB X in Verbindung mit § 67 SGB X entbunden wird.

Bitte sprechen Sie uns an, wenn Rückfragen bestehen.

Rechtsanwalt

Anmerkungen

1. Behinderte Menschen mit einem Grad der Behinderung von weniger als 50%, aber wenigstens 30%, sollen schwerbehinderten Menschen gleichgestellt werden, wenn sie ihren Wohnsitz, ihren gewöhnlichen Aufenthalt oder ihre Beschäftigung auf einem Arbeitsplatz im Sinne des § 73 SGB IX rechtmäßig im Geltungsbereich des Sozialgesetzbuches Neunter Teil haben, § 2 Abs. 3 SGB IX. Zuständig für die Entscheidung über die Gleichstellung mit einem schwerbehinderten Menschen ist nach § 104 Abs. 1 Ziffer 5 SGB IX die Bundesanstalt für Arbeit.

Wird der behinderte Mensch durch die Bundesanstalt für Arbeit einem schwerbehinderten Menschen gleichgestellt, so genießt der gleichgestellte behinderte Mensch insbesondere den besonderen Kündigungsschutz aus § 85 SGB IX. Entscheidend für den Kündigungsschutz des gleichgestellten schwerbehinderten Menschen ist der Tag der Antragstellung. Um den Sonderkündigungsschutz gemäß den §§ 85 ff. SGB IX in Anspruch nehmen zu können, muss bis zur Kündigung zumindest ein Antrag auf Gleichstellung mit einem schwerbehinderten Menschen durch den behinderten Menschen gestellt worden sein.

Der Arbeitsplatz des gleichgestellten behinderten Menschen wird auf die Behindertenpflichtplätze des Arbeitgebers angerechnet. Darüber hinaus kann der Arbeitgeber bei Einstellung des behinderten Menschen eventuell finanzielle Vorleistungen nach dem Sozialgesetzbuch Neunter Teil erhalten. Der Arbeitsplatz des behinderten Menschen kann mit Hilfe des Integrationsamtes behindertengerecht ausgestattet werden.

Hinsichtlich der Mitteilungs- und Nachweispflichten des schwerbehinderten oder gleichgestellten Arbeitnehmers gerade im Hinblick auf eine bereits erklärte Kündigung des Arbeitgebers vgl. die umfangreiche Darstellung in KR-*Etzel*, §§ 85–92 SGB IX Rdn. 14 ff.

2. Der Antrag ist formlos – mündlich zur Niederschrift oder schriftlich – bei dem für den Arbeitnehmer zuständigen Arbeitsamt zu stellen. Örtlich zuständig ist das Arbeitsamt, in dessen Bezirk der behinderte Mensch seinen Wohnsitz, gewöhnlichen Aufenthalt oder Arbeitsplatz im Geltungsbereich des Bundesgebietes hat. Arbeitsplätze i. S. d. § 73 SGB IX sind Stellen von Arbeitern, Angestellten, Beamten, Richtern, Auszubildenden und zur beruflichen Bildung Eingestellten (nicht ABM-Stellen, geringfügig Beschäftigte und Selbstständige).

3. Der Antrag kann nur durch den behinderten Menschen selbst gestellt werden. Weder der Arbeitgeber ist zur Antragstellung berechtigt, noch eine dritte Person.

Eine **Vertretung** des behinderten Menschen bei Antragstellung ist zulässig. Auf Verlangen der Behörde (§ 13 Abs. 1 3 SGB X) hat der Vertreter die Vollmacht schriftlich nachzuweisen.

4. Die Schwerbehinderteneigenschaft im Sinne des Sozialgesetzbuches Neunter Teil geht von Inlandssachverhalten aus (Wohnsitz, gewöhnlicher Aufenthalt oder Beschäftigung auf einem Arbeitsplatz im Geltungsbereich des Schwerbehindertengesetzes).

Die auf Antrag erfolgte Gleichstellung nach § 2 Abs. 3 SGB IX hat konstitutive **Wirkung**. Es handelt sich um eine arbeitsplatzbezogene Feststellung. Anders als bei § 2 Abs. 2 SGB IX entscheidet über die Gleichstellung das Arbeitsamt, was angesichts des arbeitsplatzbezogenen Charakters der Entscheidung sinnvoll ist. Der Antragsteller hat insoweit keinen Anspruch auf Gleichstellung, sondern nur auf fehlerfreien Ermessensgebrauch durch das Arbeitsamt (Erfurter Kommentar zum Arbeitsrecht, 2. Aufl. – *Steinmeyer* §§ 1–4 Schwerbehindertengesetz Rdn. 9). Dieser kann sich bei Vorliegen der Voraussetzungen auf Null reduzieren.

Im Gegensatz dazu hat die Feststellung der Schwerbehinderteneigenschaft nach § 2 Abs. 2 SGB IX nur deklaratorische und keine konstitutive Wirkung. Das Sozialgesetzbuch Neuntes Buch knüpft seine rechtliche Wirkung grundsätzlich an die objektiv bestehende Schwerbehinderteneigenschaft an (BAG 10. 12. 1987, NZA 1988, 428).

5. Der Arbeitgeber ist – da seine Rechte berührt werden – gemäß §§ 12, 24 Abs. 1 SGB X zu unterrichten und anzuhören. Falls mit der **Unterrichtung** kein Einverständnis besteht, kann über die Gleichstellung nicht entschieden werden. Der Betriebs- bzw. Personalrat ist nach § 80 BetrVG bzw. § 68 Abs. 2 BPersVG zu beteiligen.

Kosten und Gebühren

Vgl. die entsprechenden Ausführungen zum Antrag auf Zustimmung zur Kündigung bei dem Integrationsamt, nach Form. K. 2. § 85 SGB IX Anm. Kosten und Gebühren.

Rechtsmittel und Fristen

Wird der Antrag auf Gleichstellung abgelehnt, so ist hiergegen binnen eines Monats **Widerspruch** zulässig. Über diesen entscheidet nach § 116 SGB IX der Widerspruchsausschuss beim Landesarbeitsamt. Gegen den Widerspruchsbescheid ist Klage zum Sozialgericht statthaft.

Ein eigenes **Widerspruchsrecht des Arbeitgebers** im Fall der Stattgabe des Gleichstellungsantrages wird abgelehnt. Das Persönlichkeitsrecht des Behinderten würde durch ein solches Widerspruchs- und Klagerecht des Arbeitgebers verletzt werden, da das Gericht von Amts wegen zu ermittelnde gesundheitliche Verhältnisse des Arbeitnehmers dem Arbeitgeber als Verfahrensbeteiligten bekannt geben müsste (BSG 22. 10. 1986, NJW 1987, 2462).

2. Antrag auf Zustimmung zur Kündigung beim Integrationsamt nach § 85 SGB IX

An das
Integrationsamt[1].....

Antrag auf Zustimmung zur ordentlichen[2] Kündigung[3]

des Schwerbehinderten[4] ......, geb. am ......, wohnhaft ......, Familienstand ......, mit ...... unversorgten Kindern im Alter von ......
Herr/Frau ...... ist schwerbehindert/den Schwerbehinderten gleichgestellt mit einem Grad der Behinderung von ...... gemäß Feststellungsbescheid/Schwerbehindertenausweis/Gleichstellungsbescheid[5] vom ......, Ausstellungsbehörde: ......
Der Schwerbehinderte ist seit ...... als ...... zu einem Nettoverdienst von monatlich ...... EUR beschäftigt. Es ist beabsichtigt, das Arbeitsverhältnis unter Einhaltung der gesetzlichen/tarifvertraglichen Kündigungsfrist von ... zu beenden. Dies ist erforderlich, weil ...... Eine innerbetriebliche Umsetzung kommt nicht in Betracht, weil ......[6]
Beim Antragsteller sind ...... Arbeitskräfte beschäftigt, hiervon ...... Arbeiter und ...... Angestellte. Die Zahl der Schwerbehindertenpflichtplätze beträgt ......; hiervon sind ...... besetzt.
Weitere Auskünfte erteilt Ihnen Herr A als Schwerbehindertenvertreter, Frau B als Betriebsratsvorsitzende sowie der Unterzeichner.
Die Stellungnahmen von Schwerbehindertenvertretung und Betriebsrat sind beigefügt.
Um antragsgemäße Entscheidung[7] wird gebeten.

Rechtsanwalt

Anmerkungen

1. Der Antrag ist an das Integrationsamt zu richten, die für den Sitz des Betriebes oder der Dienststelle zuständig ist, § 87 Abs. 1 Satz 1 SGB IX. Der Begriff des Betriebes bestimmt sich nach dem BetrVG, der der Dienststelle nach dem PersVG, § 87 Abs. 1 Satz 2 SGB IX. Wird der Antrag bei einem örtlich unzuständigen Integrationsamt eingereicht, ist dieses zwar zur Weiterleitung an das örtlich zuständige Integrationsamt verpflichtet, der Antrag gilt jedoch erst mit dem Eingang dort als gestellt (KR-*Etzel*, 6. Aufl., §§ 85–90 SGB IX Rdn. 69).
Der Antrag kann, muss aber nicht auf dem von den Integrationsämtern ausgegebenen Formblatt gestellt werden. Die Soll-Bestimmung des alten § 17 Abs. 1 SchwbG, den Antrag in zweifacher Ausfertigung einzureichen, gibt es nicht mehr; gleichwohl empfiehlt es sich, so vorzugehen (KR-*Etzel*, 6. Aufl., §§ 85–90 SGB IX Rdn. 63)
2. Bei einer beabsichtigten außerordentlichen Kündigung gilt grundsätzlich dasselbe wie bei der ordentlichen Kündigung; mit folgenden Abweichungen:
– Die Zustimmung zur Kündigung kann nur innerhalb zweier Wochen ab Kenntnis von den für die Kündigung maßgebenden Tatsachen (hierzu gehört auch die Schwerbehinderteneigenschaft) gestellt werden, § 91 Abs. 2 SGB IX.

– Das Integrationsamt hat binnen zweier Wochen ab Antragseingang zu entscheiden; geschieht dies nicht, gilt die Zustimmung als erteilt, § 91 Abs. 3 SGB IX.

– Das Integrationsamt soll die Zustimmung erteilen, wenn die Kündigung aus einem Grund erfolgt, der nicht im Zusammenhang mit der Behinderung steht, § 91 Abs. 4 SGB IX.

– Die Überschreitung der Frist des § 626 Abs. 2 BGB steht der Wirksamkeit der Kündigung nicht entgegen, wenn die Kündigung „unverzüglich" nach Erteilung der Zustimmung ausgesprochen wird.

Die Ausnahmen des § 90 SGB IX vom Zustimmungserfordernis gelten auch für die außerordentliche Kündigung.

3. Auch eine Änderungskündigung gegenüber einem Schwerbehinderten/Gleichgestellten bedarf der vorherigen Zustimmung des Integrationsamtes (KR-*Etzel*, 6. Aufl., §§ 85–90 SGB IX Rdn. 6). In diesem Fall hat das Integrationsamt zusätzlich die Angemessenheit und Zumutbarkeit des für den Schwerbehinderten vorgesehenen neuen Arbeitsplatzes oder der neuen Arbeitsbedingungen zu prüfen, § 89 Abs. 2 SGB IX (KR-*Etzel*, 6. Aufl., §§ 85–90 SGB IX 5. Rdn. 82 b).

4. Nicht nur die Kündigung des Schwerbehinderten i. S. d. § 2 Abs. 2 SGB IX bedarf gemäß der Zustimmung, sondern auch die Kündigung des Gleichgestellten i. S. d. § 2 Abs. 3 SGB IX, § 68 Abs. 1 i. V. m. § 85 SGB IX. Der **Schwerbehindertenschutz für Gleichgestellte** beginnt mit dem Eingang des Antrags beim Arbeitsamt, § 68 Abs. 2 Satz 2 SGB IX; der Schwerbehinderte soll geschützt sein, wenn im Zeitpunkt des Zugangs der Kündigung ein Bescheid über die Schwerbehinderteneigenschaft des Arbeitnehmers vorliegt oder der Arbeitnehmer einen entsprechenden Antrag gestellt hat (BAG 5. 7. 1990, AP Nr. 1 zu § 15 SchwbG 1986). Stellt der Arbeitnehmer also nach Zugang der Kündigung den Antrag gemäß § 68 Abs. 2 SGB IX und wird ihm die Schwerbehinderteneigenschaft rückwirkend bis vor den Zugangszeitpunkt anerkannt, besteht gleichwohl kein Schutz nach § 85 ff. SGB XI (zuletzt BAG 7. 3. 2002, NZA 2002, S. VII; a. A. KR-*Etzel*, 6. Aufl., §§ 85–90 SGB IX Rdn. 32 f.). Sowohl für Schwerbehinderte als auch für Gleichgestellte gilt, dass der besondere Schutz des SchwbG erst nach 6-monatigem Arbeitsverhältnis im Zeitpunkt des Kündigungszugangs greift, § 90 Abs. 1 Nr. 1 SGB IX.

5. Hat der Arbeitgeber im Zeitpunkt der Kündigung keine Kenntnis vom Schwerbehinderten-Kündigungsschutz (Vorsicht: wegen § 81 Abs. 2 Nr. 1 SGB IX ist die Frage nach der Schwerbehinderteneigenschaft bei der Einstellung nunmehr unzulässig!), so ist str., binnen welcher Frist der Arbeitnehmer sich hierauf berufen muss. Im Ergebnis nimmt das BAG eine Regelfrist von einem Monat nach Zugang der Kündigung an (5. 7. 1990, AP Nr. 1 zu § 15 SchwbG 1986): Die Rechtssicherheit gebiete dies, da der Arbeitgeber grundsätzlich von einem objektiv bestimmten Zeitpunkt an darauf vertrauen solle, dass die Wirksamkeit der Kündigung nicht mehr wegen einer ihm nicht bekannten Schwerbehinderung in Zweifel gezogen werden könne. KR-*Etzel*, (6. Aufl., §§ 85–90 SGB IX Rdn. 24) geht davon aus, dass die Schwerbehinderteneigenschaft binnen zweier Wochen ab Zugang der Kündigung mitzuteilen ist.

6. Die Ermessenseinschränkung des § 89 Abs. 1 Satz 1 und 2 SGB IX gilt nicht, wenn eine Weiterbeschäftigung auf einem anderen Arbeitsplatz desselben Betriebs oder derselben Dienststelle oder auf einem freien Arbeitsplatz in einem anderen Betrieb oder einer anderen Dienststelle desselben Arbeitgebers mit Einverständnis des Schwerbehinderten möglich und für den Arbeitgeber zumutbar ist, § 89 Abs. 1 Satz 3 SGB IX.

7. Grundsätzlich entscheidet das **Integrationsamt** nach freiem, pflichtgemäßem **Ermessen**. Eingeschränkt ist das Ermessen insoweit, als die Sicherung der Eingliederung und das Verbleiben des Schwerbehinderten im Berufsleben gegen die besonderen Belange des Arbeitgebers an einer Beendigung des Arbeitsverhältnisses gegeneinander abzuwägen sind, wobei das durch die Schwerbehinderung verminderte Leistungsvermögen, die Ursache des Kündigungsgrundes (die gesteigerte Anforderungen an die Kündigung stellt, wenn sie in der Schwerbehinderung liegt), die Umsetzbarkeit im Betrieb sowie die aktuelle Arbeitsmarktsituation mitzuberücksichtigen ist (KR-*Etzel*, 6. Aufl., §§ 85–90 SGB IX Rdn. 82).

Wird ein Betrieb oder eine Dienststelle nicht nur vorübergehend eingestellt oder aufgelöst, muss die Hauptfürsorgestelle die Zustimmung zur Kündigung erteilen, wenn zwischen dem Tag der Kündigung und dem Tag der letzten Entgeltzahlung mindestens drei Monate liegen, § 89 Abs. 1 Satz 1 SGB IX. Bei der wesentlichen Einschränkung von Betrieben oder Dienststellen, die nicht nur vorübergehend ist, soll die Zustimmung erteilt werden, wenn wiederum der Dreimonatszeitraum zwischen Kündigungsausspruch und Ende der Entgeltzahlung erfüllt ist und darüber hinaus die Gesamtzahl der verbleibenden Schwerbehinderten zur Erfüllung der Verpflichtung aus § 71 SGB IX ausreicht, § 89 Abs. 1 Satz 2 SGB IX.

Kosten und Gebühren

Gegenstandswert: Str. ist, ob gemäß § 12 Abs. 7 ArbGG ein Quartalsbezug (so Hess. VGH 23. 12. 1987, AnwBl 1988, 646) oder der Auffangwert von derzeit 4.000 EUR (so BVerwG 16. 12. 1992, MDR 1993, 584) zugrunde zu legen ist (hierzu *Meier*, Lexikon der Streitwerte im Arbeitsrecht Rdn. 162 f.).

3. Antrag nach § 9 Abs. 3 MuSchG

An die
(zuständige Verwaltungsbehörde)[1]

Antrag auf Zulassung einer Kündigung nach § 9 Abs. 3 MuSchG

Sehr geehrte Damen und Herren,
namens der von uns vertretenen Firma ...... und unter Vorlage von deren Vollmacht wird beantragt:
1. Die außerordentliche Kündigung des Arbeitsverhältnisses mit Frau ...... für zulässig zu erklären.
2. Vorsorglich: über den Antrag auch nach § 18 Abs. 1 Satz 2 BErzGG zu entscheiden.[2]
3. Die sofortige Vollziehbarkeit der Entscheidung anzuordnen.[6]

Begründung:

Frau ...... ist schwanger. Der voraussichtliche Termin der Niederkunft ist für ...... attestiert.
Die Inanspruchnahme eines Erziehungsurlaubs ist bereits angekündigt.
Es liegt ein besonderer Fall[3] im Sinne von § 9 Abs. 3 MuSchG vor: die Antragsgegnerin hat am ...... sich gegen das Eigentum des Arbeitgebers in schwerer Art vergangen: sie hat aus der von ihr als Buchhalterin und Kassiererin zu verwaltenden Kasse des Betriebs einen Betrag von ...... EUR entnommen und zur Vertuschung einen von ihr gefälschten Beleg verbucht.
Beweis: ......[4]

Das ist ein für eine fristlose Kündigung geeigneter Grund. Die Fortsetzung des Arbeitsverhältnisses ist unzumutbar, denn zur Erfüllung wäre ein erheblicher Vertrauensvorschuss erforderlich, der durch die Tat verspielt ist.

Frau ...... ist[4] seit ...... im Betrieb beschäftigt, sie ist verheiratet, der Ehemann erzielt eigenes nicht unerhebliches Einkommen. Sie lebt in geordneten Verhältnissen. Irgendwelche Komplikationen bei der Schwangerschaft sind bislang nicht zu beobachten gewesen.[5]

Rechtsanwalt

Anmerkungen

1. Die **Zulassung einer Kündigung** im besonderen Fall nach § 9 Abs. 3 MuSchG kann die für den Arbeitsschutz zuständige oberste Landesbehörde erklären. Die **Zuständigkeit der Behörden** sind in den Bundesländern wie folgt geregelt:

Baden-Württemberg:	Gewerbeaufsichtsamt
Bayern:	Gewerbeaufsichtsamt Nürnberg (Nord) und München-Land (Süd)
Berlin:	Landesamt für Arbeitsschutz und technische Sicherheit
Brandenburg:	Amt für Arbeitsschutz
Bremen:	Gewerbeaufsichtsamt
Hamburg:	Amt für Arbeitsschutz
Hessen:	Regierungspräsident
Mecklenburg-Vorpommern:	Ämter für Arbeitsschutz und technische Sicherheit
Niedersachsen:	Gewerbeaufsichtsamt
Nordrhein-Westfalen:	Bezirksregierung
Rheinland-Pfalz:	Landesamt für Umweltschutz und Gewerbeaufsicht
Saarland:	Ministerium für Umwelt
Sachsen:	Gewerbeaufsichtsamt
Sachsen-Anhalt:	Gewerbeaufsichtsamt
Schleswig-Holstein:	Gewerbeaufsichtsamt
Thüringen:	Amt für Arbeitsschutz

2. Voraussetzung für den Antrag ist, dass die Kündigung innerhalb der Zeit der **Schwangerschaft** bzw. innerhalb von vier Monaten nach der **Entbindung** erklärt werden soll.

Könnte die Kündigung – wegen der zu prognostizierenden Verfahrensdauer bei der Verwaltungsbehörde – erst nach dieser Zeit erklärt werden und bestünde dann ein **Sonderkündigungsschutz** nach § 18 BErzGG (hierzu siehe 5. Kap. Form. 3), so wäre ein gesonderter Antrag erforderlich, für den abweichende Maßstäbe gelten; die Kündigungsverbote nach § 9 MuSchG und § 18 BErzGG stehen selbstständig nebeneinander, so dass gesonderte Erlaubnisse erforderlich sind (BAG 31. 3. 1993, AP 20 zu § 9 MuSchG 68).

Die **doppelspurige Antragstellung** ist daher zu empfehlen, um nicht ein zweites Verfahren zu benötigen.

3. § 9 Abs. 3 erlaubt die Kündigung während der **Schwangerschaft** und bis zum Ablauf von vier Monaten nach der **Entbindung**, wenn in besonderen Fällen die Verwaltungsbehörde sie für zulässig erklärt.

Der „**besondere Fall**" ist nicht identisch mit dem „wichtigen Grund" im Sinne des § 626 Abs. 1 BGB. Vielmehr kann der besondere Fall sowohl dann vorliegen, wenn Gründe im Sinne von § 626 Abs. 1 BGB gegeben sind, wie auch, wenn Gründe im Sinne von § 1 Abs. 2 Satz 1 KSchG in besonderer Form geltend gemacht werden können, z. B.

– als betriebsbedingte Gründe: Betriebsschließung oder sonstiger ersatzloser Wegfall der Beschäftigungsmöglichkeit (BVerwG 18. 8. 1977, AP 5 zu § 9 MuSchG 69)
– als verhaltensbedingte Gründe: grobe Pflichtverletzungen wie z. B. Straftaten gegen den Arbeitgeber (KR-*Etzel*, 6. Aufl., Rdn. 122 zu § 9 MuSchG)
– als personenbedingte Gründe: Wegfall der Arbeitserlaubnis; nicht hingegen jede Art schwangerschaftsbedingter Beschäftigungsverbote oder Leistungsminderungen (KR aaO.).

Auch eine **Änderungskündigung** kann Gegenstand der Zulässigkeitserklärung sein.

4. Die **Verwaltungsbehörde** wird nur auf Antrag tätig.

Der Antrag ist formlos, gegebenenfalls sogar mündlich, zulässig. Er muss aber erkennen lassen, welche Art von Kündigung beabsichtigt ist und aus welchen Gründen sie erklärt werden soll.

Die Verwaltungsbehörde verfährt nach dem **Untersuchungsgrundsatz** (§ 24 Abs. 1 VwVfG). Die Erhebung von Beweisen liegt in ihrem pflichtgemäßen Ermessen (§ 26 VwVfG). Ihre Ermittlungspflicht erstreckt sich auf alle für den Einzelfall bedeutsamen Umstände, wie z. B. auch Lebensalter, Familienstand, Betriebszugehörigkeit, Vermögensverhältnisse, so dass sich zur Vermeidung von Verzögerungen durch Rückfragen von Anfang an deren Darstellung empfiehlt.

Gleiches gilt für die Angabe von Beweismitteln.

Die Entscheidung ergeht als **Verwaltungsakt**. Die Behörde hat auf der Voraussetzungsseite den unbestimmten Rechtsbegriff „besonderer Fall" anzuwenden. Insoweit unterliegt sie nach allgemeinen verwaltungsrechtlichen Grundsätzen der vollen verwaltungsgerichtlichen Nachprüfung (BVerwG 18. 8. 1977, AP 5 zu § 9 MuSchG 68).

Ist die Voraussetzung des „besonderen Falles" bejaht, so „kann" die Behörde auf der Folgeseite die Kündigung zulassen: insoweit trifft sie eine Ermessensentscheidung (KR-*Etzel*, 6. Aufl., Rdn. 119 zu § 9 MuSchG).

5. Die Behörde hat eine **Interessenabwägung** vorzunehmen, aber nicht nach arbeitsrechtlichen Maximen (Zuständigkeit der Fachgerichte), sondern unter Zugrundelegung der mutterschutzrechtlichen Erwägungen. Maßgebliches Kriterium ist daher nicht, wie bei § 626 Abs. 1 BGB, die Zumutbarkeit der Weiterbeschäftigung, sondern die Vermeidung von materiellen und psychischen Belastungen während der Schwangerschaft.

6. Fristen sind für den Antrag nicht vorgesehen, soweit der „besondere Fall" zum Ausspruch einer ordentlichen Kündigung führen soll.

Wird jedoch eine außerordentliche fristlose Kündigung angestrebt, so muss der Antrag innerhalb der **Frist des § 626 Abs. 2 BGB** bei der zuständigen Behörde angebracht und nach Bekanntgabe der Entscheidung die Kündigung unverzüglich ausgesprochen werden. Insoweit ist von einer entsprechenden Anwendbarkeit des § 21 Abs. 5 SchwbG auszugehen (LAG Hamm, 3. 10. 1986, BB 1986, 2419).

Der vom Kündigungsverbot befreiende Bescheid wird als „schwebend wirksam" behandelt (LAG Rheinland-Pfalz, 14. 2. 1996, NZA 1996, 984).

Ob diese Auffassung mit verwaltungsrechtlichen Prinzipien vereinbar ist, muss bezweifelt werden, denn die entsprechende Anwendbarkeit von § 18 Abs. 4 SchwbG ist zweifelhaft (KR-*Etzel*, 6. Aufl., § 9 MuSchG, Rdn. 127).

Deshalb sollte – insbesondere in den beschleunigungsbedürftigen Fällen einer beabsichtigten außerordentlichen Kündigung – die sofortige Vollziehbarkeit nach § 80 VwGO sogleich im Antrag enthalten sein.

Hinweis

Ist die Kündigung zugelassen, so bedarf sie
– der **Schriftform** und
– der **Angabe des zulässigen Kündigungsgrundes.**
Nach § 9 Abs. 3 Satz 2 sind dies Wirksamkeitsvoraussetzungen.

4. Antrag nach § 18 Abs. 1 Satz 2 BErzGG

An die
(zuständige Verwaltungsbehörde)[1]

Antrag auf Zulassung einer Kündigung nach § 18 Abs. 1 Satz 2 BErzGG

Sehr geehrte Damen und Herren,
namens der von uns vertretenen Firma ...... und unter Vorlage von deren Vollmacht wird beantragt,

1. die außerordentliche Kündigung des Arbeitsverhältnisses mit Frau/Herrn ...... für zulässig zu erklären.
2. die sofortige Vollziehbarkeit der Entscheidung anzuordnen.

Begründung

Der/die Antragsgegner(in) hat im Anschluss an die am ...... erfolgte Geburt des ehelichen Kindes bei der Antragstellerin rechtzeitig nach § 16 BErzGG Erziehungsurlaub beansprucht und diesen für die Dauer von ...... eingefordert.
Die Antragstellerin will schon vor Ablauf des Erziehungsurlaubs das Arbeitsverhältnis kündigen.
Hierfür liegt ein besonderer Fall im Sinne von § 18 Abs. 1 Satz 2 BErzGG vor.[2]

Rechtsanwalt

Anmerkungen

1. Wegen der zuständigen Behörden wird Bezug genommen auf 5. Kap. Form. 2, Anm. 1

2. Wegen aller weiteren Umstände wird ebenfalls auf den Antrag nach § 9 Abs. 3 MuSchG verwiesen.

Abweichungen sind trotz identischer Formulierung der Gesetze gegeben, soweit es um den Gesetzeszweck geht, der beim MuSchG weitergehend ist: dort ist die ungefährdete **Schwangerschaft** bzw. ungestörte Entwicklung des ungeborenen Kindes der Schutzzweck.

Bei § 18 BErzGG existiert eine vergleichbare Schranke nicht, zumal der **Sonderkündigungsschutz** nach dem BErzGG auch für männliche Arbeitnehmer bestehen kann.

Voraussetzung für diesen **Sonderkündigungsschutz** ist, dass der Erziehungsurlaub vom Arbeitgeber rechtzeitig gefordert wurde (§ 16 BErzGG).

Dann beginnt nach § 18 Abs. 1 Satz 1 BErzGG acht Wochen vor dem Beginn des Erziehungsurlaubs der Sonderkündigungsschutz.

Aufgrund der Ermächtigung in § 18 Abs. 1 Satz 3 BErzGG hat das Bundesarbeitsministerium am 2. 1. 1986 allgemeine Verwaltungsvorschriften erlassen (BAnz 1 vom 3. 1. 1986, Seite 4), die zwar die Verwaltungsgerichte binden, nicht aber die Arbeitsgerichte.

In § 2 dieser Verordnung ist ein Katalog von Vorschriften enthalten, nach denen „insbesondere" der **besondere Fall** gegeben sein kann, wenn z. B. vorliegen
- Betriebsschließung
- Abteilungsschließung
- Betriebsverlagerung
- Ablehnung zumutbarer anderer Beschäftigung in den vorangehenden Fällen
- Existenzgefährdung des Betriebs bei Zwang zur Beschäftigung nach Ende des Erziehungsurlaubs
- besonders schwere Vertragsverstöße/strafbare Handlungen.

Das **Ermessen der Behörde** ist hier unter **Interessenabwägung** nach arbeitsrechtlichen Aspekten auszuüben (OLG Düsseldorf vom 17. 10. 1991; EzA § 18 BErzGG Nr. 1).

5. Anzeige von Entlassungen an das Arbeitsamt gemäß § 17 KSchG

An das
Arbeitsamt ......

Anzeige

von Entlassungen gemäß § 17 KSchG

Sehr geehrte Damen und Herren,

zu unserem Bedauern sehen wir uns gezwungen, Ihnen namens und im Auftrag unserer Mandantin, der ......, ... (vollständige Anschrift), eine geplante Massenentlassung gemäß § 17 KSchG anzuzeigen und die Genehmigung zur Kündigung von neun Betriebsangehörigen zu beantragen. Eine auf uns lautende Vollmacht ist beigefügt.

Die Antragstellerin ist ein Betrieb der Bauwirtschaft und erbringt komplette Bauleistungen für private Bauherren sowie für Kleinbetriebe. Der Betrieb ist vorwiegend in ... und seinem Umland tätig. Der Betriebssitz ist ......[1]. Zweigbetriebe bestehen nicht[2]. Ein Betriebsrat wurde nicht gewählt[3].

Regelmäßig beschäftigt die Antragstellerin 43 Arbeitnehmer (11 weibliche/32 männliche)[4]. Diese sind auch zum gegenwärtigen Zeitpunkt bei ihr tätig. Zu ihnen gehören sechs Auszubildende (2 weiblich/4 männlich). Acht Bauarbeiter sind älter als 45 Jahre. Zwei Bauarbeiter sind ausländischer Herkunft. Schwerbehinderte beschäftigt der Betrieb gegenwärtig nicht[5].

Es ist beabsichtigt, neun Arbeitnehmer (vier weibliche/fünf männliche) zum 31. 1. ...... zu kündigen. Drei weitere Bauarbeiter (alle älter als 45 Jahre) sollen zum 28. 2. ...... entlassen werden[6]. Unter den zu kündigenden Arbeitnehmern befinden sich keine Auszubildende und keine ausländischen Arbeitnehmer. Die zu entlassenden Mitarbeiter gehören folgenden Berufsgruppen an[7]:

Elektriker:	1	Bauhilfsarbeiter:	3
Zimmerer:	1	Maschinist:	1
Maurer:	2	Bürohilfskräfte:	4.

Bei der Auswahl der zu entlassenden Arbeitnehmer hat die Antragstellerin die Kriterien der Betriebszugehörigkeit, des Lebensalters, der Unterhaltsverpflichtungen sowie der persönlichen Leistungsfähigkeit berücksichtigt[8].

Die Antragstellerin verzeichnete im vergangenen Jahr einen starken Auftragsrückgang, der bei über 30% lag. Hinzu kommen umfangreiche Außenstände aus nicht bezahlten Rechnungen, deren Realisierung auf Grund von Insolvenzen der betroffenen Firmen höchst ungewiss ist. Im vergangenen Jahr hat die Antragstellerin deshalb Verluste in Höhe von 2,5 Millionen EUR erlitten. Die Aufrechterhaltung des Betriebes war nur durch massive Stützung seitens der Gesellschafter möglich. Für das laufende Geschäftsjahr werden sich die Aufträge voraussichtlich auf dem niedrigen Niveau des Vorjahres einpegeln. Zur Sicherung des Betriebes ist daher eine deutliche Kostensenkung erforderlich. Da andere Möglichkeiten der Kostenreduzierung bereits ausgeschöpft wurden, sieht sich die Antragstellerin leider gezwungen, Personal abzubauen[9].

Wir beantragen Ihre Zustimmung gemäß § 18 Absatz 1 KSchG für die vor Ablauf der einmonatigen Entlassungssperre geplanten Entlassungen[10]. Eine frühere Anzeige war nicht möglich, da die Entscheidung über die Kündigungen auf Grund der Eckdaten für das abgelaufene Geschäftsjahr zu treffen war. Die Kostenanalyse unter Berücksichtigung der Daten des abgelaufenen Geschäftsjahres konnte erst am 8. 1. ...... fertiggestellt werden. Die beabsichtigten Entlassungen müssen wegen der prekären Situation des Betriebes umgehend erfolgen, um nicht die verbleibenden Arbeitsplätze zu gefährden.

Rechtsanwalt

Anmerkungen

1. Nach § 17 Absatz 3 Satz 4 KSchG gehört der Name des Arbeitgebers sowie der Sitz und die Art des Betriebes zu den Pflichtangaben der Anzeige. Das Fehlen von zwingend vorgeschriebenen Angaben führt zur Unwirksamkeit der Anzeige. Werden Pflichtangaben nachträglich dem Arbeitsamt bekannt gegeben, ist die Anzeige erst zu diesem Zeitpunkt wirksam, so dass die Entlassungssperre nach § 18 Absatz 1 KSchG erst ab diesem Zeitpunkt zu laufen beginnt.

2. Die Pflicht zur Anzeige i. S. v. § 17 KSchG bezieht sich auf einen Betrieb. Gehören zu einem Unternehmen mehrere selbstständige Betriebe, so bezieht sich die Anzeigepflicht nur auf den jeweiligen selbstständigen Betrieb, bei dem Entlassungen geplant sind. Bei der Berechnung der Arbeitnehmerzahl werden nicht die Beschäftigten aller zum Unternehmen gehörenden Betriebe zusammengezählt.

3. Damit entfällt die Verpflichtung gemäß § 17 Absatz 3 Satz 1 und 2 KSchG die Mitteilung an den Betriebsrat über die beabsichtigten Entlassungen sowie dessen Stellungnahme diesbezüglich beim Arbeitsamt einzureichen. Eine ohne Beteiligung des Betriebsrates vorgenommene Anzeige ist grundsätzlich unwirksam. Gemäß § 17 Absatz 3 Satz 3 KSchG ist die Anzeige auch ohne Stellungnahme des Betriebsrates wirksam, wenn der Arbeitgeber glaubhaft macht, dass er den Betriebsrat mindestens zwei Wochen vor Erstattung der Anzeige nach § 17 Absatz 2 Satz 1 KSchG unterrichtet hat (ErfK-*Ascheid*, § 17 KSchG Rdn. 21).

4. Zunächst ist gemäß § 17 Absatz 1 KSchG die Zahl der regelmäßig im Betrieb beschäftigten Arbeitnehmer anzugeben, da sich die Anzeigepflicht an dieser orientiert. Es gilt der allgemeine Arbeitnehmerbegriff, wie er üblicherweise im Arbeitsrecht verstanden wird (*Hueck/v. Hoyningen-Huene*, KSchG, § 17 Rdn. 7 und § 1 Rdn. 22 ff.). Zu den regelmäßig beschäftigten Arbeitnehmern gehören auch Auszubildende, Volontäre und Teilzeitbeschäftigte. Nicht mitzurechnen sind nach § 17 Absatz 5 KSchG Vorstandsmitglieder, Geschäftsführer sowie leitende Angestellte, die selbstständig Einstellungen und Entlassungen vornehmen können. Regelmäßig beschäftigt ist der Arbeitnehmer, der im Normalfall im Betrieb angestellt ist. Nicht mitzuzählen sind Aushilfsarbeiter, die nur vorübergehend wegen eines kurzzeitigen Arbeitsbedarfes beschäftigt werden. Maßgebend ist die den Betrieb kennzeichnende Personalstärke zum Zeitpunkt der geplanten Entlassung der Arbeitnehmer.

5. Das Arbeitsamt erwartet, dass die Beschäftigungssituation im Betrieb zum Zeitpunkt der Anzeige dargestellt wird, also auch Arbeitnehmer angegeben werden, die nur aushilfsweise tätig sind. Außerdem ist eine Aufschlüsselung nach Geschlecht, Alter und Schwerbehinderteneigenschaft erwünscht. Dies gilt auch für die Angaben zur Beschäftigung von Auszubildenden und ausländischen Arbeitnehmern. Eine rechtliche Verpflichtung für die Mitteilung dieser Angaben besteht jedoch nicht.

6. Gemäß § 17 Absatz 1 KSchG müssen alle Entlassungen angegeben werden, die innerhalb eines Zeitraumes von 30 Tagen wirksam werden. Fristbeginn ist der jeweilige Entlassungstag, so dass die 30-Tage-Frist immer neu beginnt und nicht durch gestaffelte Kündigungen in kurzer Abfolge umgangen wird (ErfK-*Ascheid*, § 17 KSchG Rdn. 17). Bei der Angabe des Entlassungstages handelt es sich um eine Pflichtangabe i.S.v. § 17 Absatz 3 Satz 4 KSchG. Das Arbeitsamt verlangt gelegentlich auch Angaben darüber, inwieweit Entlassungen innerhalb der nächsten drei Monaten geplant sind. Dies dient dazu, dass sich das Arbeitsamt besser auf Entlassungen größeren Umfangs einstellen kann.

7. Gemäß § 17 Absatz 3 Satz 4 KSchG sind die Anzahl und die Berufsgruppen der zu entlassenden Arbeitnehmer zwingend mitzuteilen. Wegen der Sollvorschrift des § 17 Absatz 3 Satz 5 KSchG erwartet das Arbeitsamt eine Namensliste mit genauen Alters-, Berufs- und Staatsangehörigkeitsangaben. Eine solche Liste kann nach Aufforderung durch das Arbeitsamt aber noch nachgereicht werden, ohne dass die Wirksamkeit der Anzeige davon berührt wird.

8. Die Angabe der Auswahlkriterien für die zu entlassenden Arbeitnehmer ist gemäß § 17 Absatz 3 Satz 4 KSchG zwingend vorgeschrieben.

9. Zu den Pflichtangaben i.S.v. § 17 Absatz 3 Satz 4 KSchG gehören die Gründe für die geplanten Entlassungen.

10. Das Arbeitsamt kann allerdings auch die Entlassungssperre gemäß § 18 Absatz 2 KSchG auf zwei Monate verlängern. Dies setzt aber eine Einzelfallprüfung voraus und kann nicht für bestimmte Betriebe pauschal angeordnet werden. Eine Verlängerung der Frist dient arbeitsmarktpolitischen Zielen und darf nicht erfolgen, um den Arbeitnehmern den Lohn für einen weiteren Monat zu sichern oder um die Arbeitslosenversicherung zu entlasten. (*Hueck/v. Hoyningen-Huene*, KSchG, § 18 Rdn. 4).

Nach Ablauf der Entlassungssperre nach § 18 Abs. 1 bzw. 2 KSchG kann der Arbeitgeber gemäß § 18 Abs. 4 KSchG Entlassungen innerhalb von 90 Tagen ohne Zustimmung des Arbeitsamtes vornehmen, das heißt, das Arbeitsverhältnis muss innerhalb dieser Zeit beendet sein (ErfK-*Ascheid*, § 18 Rdn. 16). Lässt der Arbeitgeber diese Freifrist ungenutzt verstreichen, bedarf es bei Vorliegen der Voraussetzungen des § 17 Abs. 1 KSchG einer erneuten Anzeige.

L. Arbeitszeitfragen

1. Antrag auf Bewilligung der Beschäftigung von Arbeitnehmern an Sonn- und Feiertagen[1]

An das
Gewerbeaufsichtsamt ......

> Antrag[2] der Firma ...... nach § 13 Abs. 3 Nr. 2a ArbZG auf Bewilligung der Beschäftigung von Arbeitnehmern an Sonn- und Feiertagen

Sehr geehrte Damen und Herren,

ich vertrete die Firma ......, ... (Anschrift). Auf mich lautende Vollmacht füge ich bei.

Namens und in Vollmacht der Firma ...... beantrage ich gemäß § 13 Abs. 3 Nr. 2a ArbZG, die Beschäftigung der Arbeitnehmer Frau ...... (geboren am ......) und Herrn ...... (geboren am ......) an folgenden Sonn- und Feiertagen in der Zeit von ...... Uhr bis ...... Uhr in ...... zu bewilligen.

Zur Begründung teile ich mit:

Die Firma ...... ist eine Broker-Firma[3] mit Sitz in den USA im Staat ...... Die Arbeitnehmer Frau ...... und Herr ...... arbeiten für die Firma ...... in ...... Sie nehmen telefonisch Aufträge von Kunden der Firma ...... entgegen, um an den Börsen von ...... die Aufträge der Kunden auszuführen. Unvorhergesehene Kursschwankungen an internationalen Börsen machen einen Geschäftsverkehr auch an deutschen Feiertagen erforderlich, die in den USA keine Feiertage sind. Die Unvorhersehbarkeit wirtschaftlicher Ereignisse und die hierdurch veränderten Notierungen an der Börse stellen „besondere Verhältnisse"[4] im Sinne des § 13 Abs. 3 Nr. 2a ArbZG dar. Die Bedeutung dieser besonderen Verhältnisse überwiegt vorliegend die vorrangigen Interessen der Arbeitnehmer Frau ...... und Herrn ...... an der Erhaltung ihrer Feiertagsruhe an den genannten Tagen, zumal die Bewilligung lediglich für ...... Tage beantragt wird, also weniger als die in § 13 Abs. 3 Nr. 2a ArbZG vorgesehene Höchstzahl an Sonn- und Feiertagen.[5, 6, 7]

Rechtsanwalt

Anmerkungen

1. Nach § 9 ArbZG dürfen Arbeitnehmer an Sonn- und gesetzlichen Feiertagen von 0–24 Uhr nicht beschäftigt werden. In mehrschichtigen Betrieben mit regelmäßiger Tag- und Nachtschicht kann Beginn oder Ende der Sonn- und Feiertagsruhe um bis zu sechs Stunden vor- oder zurückverlegt werden, wenn für die auf den Beginn der Ruhezeit folgenden 24 Stunden der Betrieb ruht. Für Kraftfahrer und Beifahrer kann der Beginn der 24-stündigen Sonn- und Feiertagsruhe um bis zu zwei Stunden vorverlegt werden.

§ 10 ArbZG sieht im Einzelnen aufgeführte Ausnahmen vom Verbot der **Sonn- und Feiertagsruhe** im Sinne des § 9 ArbZG vor. Dabei ist jedoch ein Ausgleich für Sonn- und Feiertagsbeschäftigung gemäß § 11 ArbZG zu gewähren, wobei die Möglichkeiten der Modifizierung durch Tarifvertrag oder auf Grund eines Tarifvertrags in einer Betriebsvereinbarung nach § 12 ArbZG zu beachten sind.

Nach § 13 Abs. 1 Nr. 2 und Abs. 2 ArbZG können die Bundesregierung und, sofern die Bundesregierung keinen Gebrauch gemacht hat, die Landesregierungen, weitere Ausnahmen vom Verbot der Sonn- und Feiertagsruhe durch Rechtsverordnung regeln. Nach § 13 Abs. 3 Nr. 1 ArbZG kann die Aufsichtsbehörde durch Verwaltungsakt feststellen, ob eine Beschäftigung von Arbeitnehmern an Sonn- und Feiertagen nach § 10 ArbZG zulässig ist. § 13 Abs. 3 Nr. 2 ArbZG sieht eine Bewilligung von Sonn- und Feiertagsarbeit durch die Aufsichtsbehörde unter den dort genannten Voraussetzungen vor. Vorliegendes Muster befasst sich mit einem Antrag an die Aufsichtsbehörde nach § 13 Abs. 2 a ArbZG, wonach die Aufsichtsbehörde abweichend von § 9 ArbZG bewilligen kann, dass ein Arbeitgeber mit einem Handelsgewerbe an bis zu zehn Sonn- und Feiertagen im Jahr, an denen besondere Verhältnisse einen erweiterten Geschäftsverkehr erforderlich machen, Arbeitnehmer beschäftigen darf. § 13 Abs. 4 ArbZG sieht vor, dass die Aufsichtsbehörde abweichend vom Verbot des § 9 ArbZG bewilligen kann, dass Arbeitnehmer an Sonn- und Feiertagen mit Arbeiten beschäftigt werden, die aus chemischen, biologischen, technischen oder physikalischen Gründen einen ununterbrochenen Fortgang auch an Sonn- und Feiertagen erfordern. Schließlich hat die Aufsichtsbehörde gemäß § 13 Abs. 5 ArbZG abweichend vom Verbot des § 9 ArbZG die Beschäftigung von Arbeitnehmern an Sonn- und Feiertagen zu bewilligen, wenn bei einer weitgehenden Ausnutzung der gesetzlich zulässigen wöchentlichen Betriebszeiten und bei längeren Betriebszeiten im Ausland die Konkurrenzfähigkeit unzumutbar beeinträchtigt ist und durch die Genehmigung von Sonn- und Feiertagsarbeit die Beschäftigung gesichert werden kann.

Zweck der Ermächtigungen in § 13 ArbZG ist es, dem Gemeinwohl, den Bedürfnissen der Bevölkerung und den berechtigten Belangen der jeweiligen Beschäftigungsbereiche unter Berücksichtigung des Schutzes der Arbeitnehmer und der Sonn- und Feiertagsruhe Rechnung zu tragen (vgl. *Zmarzlik/Anzinger*, ArbZG, § 13 Rdn. 4).

2. Eine **Ausnahmebewilligung nach § 13 Abs. 3 Nr. 2 a ArbZG** erfordert zwar keinen formellen Antrag. Allerdings wird die Aufsichtsbehörde erst auf Antrag tätig.

Welche Behörde **Aufsichtsbehörde** ist, ergibt sich aus dem Landesrecht (§ 17 Abs. 1 ArbZG). Nach den gesetzlichen Zuständigkeitsregelungen der Länder sind sachlich zuständige Aufsichtsbehörden vorwiegend die Staatlichen Gewerbeaufsichtsämter bzw. Ämter für Arbeitsschutz. Dementsprechend sind in den Ländern Baden-Württemberg, Bayern, Bremen, Rheinland-Pfalz, Saarland, Sachsen, Sachsen-Anhalt, Niedersachsen zuständige Behörden die Staatlichen Gewerbeaufsichtsämter, in Berlin das Landesamt für Arbeitsschutz und technische Sicherheit, in Brandenburg, Hamburg und Thüringen das Amt für Arbeitsschutz bzw. das Amt für Arbeitsschutz und Sicherheitstechnik, in Hessen und Nordrhein-Westfalen das Staatliche Amt für Arbeitsschutz und Sicherheitstechnik bzw. das Staatliche Amt für Arbeitsschutz, in Mecklenburg-Vorpommern das Amt für Arbeitsschutz und Technische Sicherheit. Die örtliche Zuständigkeit bestimmt sich nach den allgemeinen Verwaltungsverfahrensgesetzen der Länder.

Der Antrag sollte alle Angaben enthalten, welche die Aufsichtsbehörde zur Beurteilung des Sachverhalts benötigt, das heißt insbesondere Namen und Anschrift des Antragstellers, Art, Ort, Zeitpunkt und Dauer der Beschäftigung, wegen derer die Bewilligung nötig wird, sowie Zahl und Alter der zu beschäftigenden Arbeitnehmer. Ferner sollte die Notwendigkeit der zu bewilligenden Beschäftigung dargelegt werden (vgl. *Zmarzlik/Anzinger*, ArbZG, § 13 Rdn. 64).

3. Der Begriff des „Handelsgewerbes" im Sinne des § 13 Abs. 3 Nr. 2a ArbZG ist weit zu verstehen. Das Handelsgewerbe umfasst ganz allgemein den Umsatz von Waren aller Art und von Geld (vgl. BAG 4. 5. 1993, DB 1993, 1881).

4. Die Ausnahmegenehmigung nach § 13 Abs. 3 Nr. 2a ArbZG setzt voraus, dass „besondere Verhältnisse" einen erweiterten Geschäftsverkehr an dem Sonn- oder Feiertag erforderlich machen. Es muss sich um außerbetriebliche Umstände handeln, die an einem bestimmten Sonn- oder Feiertag vorliegen und das Bedürfnis nach einem Geschäftsverkehr an diesen Tagen hervorrufen. Diese besonderen Verhältnisse müssen so gravierend sein, dass sie gegenüber dem Verbot der Sonn- und Feiertagsarbeit Vorrang haben. Nicht ausreichend ist eine bloße Beeinträchtigung der Rentabilität (vgl. *Neumann/Biebl*, ArbZG, § 13 Rdn. 13 m.w.N.). Für Broker-Firmen wie in vorliegendem Muster wurde das Vorliegen „besonderer Verhältnisse" im Sinne des § 13 Abs. 3 Nr. 2a ArbZG bejaht (vgl. OVG Münster 30. 6. 1980, DB 1980, 2088). „Besondere Verhältnisse" können auch vorliegen, wenn eine oder mehrere Firmen aus Anlass von Messen, Ausstellungen und Märkten im Sinne des § 10 Abs. 1 Nr. 9 ArbZG eine Veranstaltung für gewerbliche Wiederverkäufer durchführen oder an ihr teilnehmen, die zu der Messe, zu der Ausstellung bzw. zu dem Markt in einem zeitlichen und sachlichen Zusammenhang steht, zum Beispiel in Form von Hausmessen (vgl. VG Düsseldorf 2. 10. 1987, GewArch 1988, 300, *Zmarzlik/Anzinger*, ArbZG, § 13 Rdn. 61).

5. Die Aufsichtsbehörde entscheidet nach pflichtgemäßem Ermessen. Es sind die vorrangigen Interessen der Arbeitnehmer an der Erhaltung ihrer Sonn- und Feiertagsfreizeit sowie die „besonderen Verhältnisse" abzuwägen.

6. Gegen die Entscheidung der Aufsichtsbehörde ist Widerspruch und bei dessen Zurückweisung Klage zum Verwaltungsgericht statthaft.

Arbeitnehmer, die arbeitsvertraglich an Sonn- und Feiertagen beschäftigt werden dürfen, sind befugt, gegen eine auf Antrag des Unternehmens ergangene behördliche Feststellung zu klagen, dass eine Beschäftigung von Arbeitnehmern an Sonn- und Feiertagen zulässig ist (BVerwG 19. 9. 2000, C 17.91).

7. Auch bei Erteilung der Bewilligung durch die Aufsichtsbehörde sind die Arbeitnehmer nur dann zur Sonn- und Feiertagsarbeit verpflichtet, wenn sich dies aus dem Arbeitsvertrag, einer Betriebsvereinbarung oder aus dem Tarifvertrag ergibt. Die Mitbestimmungsrechte des Betriebsrats nach § 87 Absatz 1 Nr. 2 und 3 BetrVG sind zu wahren. Die Aufsichtsbehörde kann allerdings die Ausnahmebewilligung nicht mit der Begründung verweigern, die Mitbestimmungsrechte des Betriebsrats seien nicht beachtet (vgl. *Neumann/Biebl*, ArbZG § 13 Rdn. 22).

2. Antrag auf Bewilligung einer längeren täglichen Arbeitszeit nach § 15 Abs. 1 Nr. 1b ArbZG[1]

An das
Gewerbeaufsichtsamt[2] ......

Antrag der Firma ...... auf Bewilligung einer längeren täglichen Arbeitszeit nach
§ 15 Abs. 1 Nr. 1b ArbZG

Sehr geehrte Damen und Herren,

ich vertrete die Firma ......, ... (Anschrift). Auf mich lautende Vollmacht füge ich bei.

Namens und in Vollmacht der Firma ...... beantrage ich, die tägliche Arbeitszeit für die auf der Baustelle in ......, ...-Straße beschäftigten Arbeitnehmer der Firma ...... auf 12 Stunden täglich zu verlängern.

Zur Begründung teile ich mit:

Die Firma ...... betreibt ein Tiefbauunternehmen. Sie ist beauftragt, beim Bauvorhaben der Firma ...... in ......, ...-Straße Tiefbauarbeiten durchzuführen, die termingebunden sind. Ich füge den Bauvertrag zwischen der Firma ...... und der Firma ...... vom ...... als Anlage bei. Die Baustelle in ......, ...-Straße liegt 100 km vom Sitz der Firma ...... in ...... entfernt. Damit die Firma ...... termingerecht die ihr obliegenden Tiefbauarbeiten durchführen kann, bedarf es einer Verlängerung der täglichen Arbeitszeit der auf der Baustelle beschäftigten insgesamt ...... Arbeitnehmer auf 12 Stunden[3]. Dies liegt auch im Interesse der Arbeitnehmer, da sie durch eine längere tägliche Arbeitszeit Überstunden ansammeln können, welche durch mehr Freizeit an ihrem Wohnort ausgeglichen werden können.[4, 5]

Rechtsanwalt

Anmerkungen

1. Die werktägliche **Arbeitszeit** der Arbeitnehmer darf nach § 3 ArbZG acht Stunden nicht überschreiten. Sie kann auf bis zu zehn Stunden nur verlängert werden, wenn innerhalb von sechs Kalendermonaten oder innerhalb von 24 Wochen im Durchschnitt acht Stunden werktäglich nicht überschritten werden. Die werktägliche Arbeitszeit der Nachtarbeitnehmer darf acht Stunden nicht überschreiten. Sie kann auf bis zu zehn Stunden nur verlängert werden, wenn abweichend von § 3 ArbZG innerhalb von einem Kalendermonat oder innerhalb von vier Wochen im Durchschnitt acht Stunden werktäglich nicht überschritten werden (§ 6 Abs. 2 ArbZG). Die Höchstarbeitszeiten dürfen auch bei einer ausnahmsweise zulässigen Beschäftigung an Sonn- und Feiertagen nicht überschritten werden (§ 11 Abs. 2 ArbZG).

Nach § 15 Abs. 1 Nr. 1 und 2 ArbZG kann die Aufsichtsbehörde abweichend von den §§ 3, 6 Abs. 2 und 11 Abs. 2 ArbZG für die dort genannten Bereiche längere tägliche Arbeitszeiten bewilligen. Zweck einer Ermächtigung nach § 15 Abs. 1 Nr. 1 und 2 ArbZG ist es demnach, in den dort genannten Beschäftigungsbereichen eine Verlängerung der täglichen Arbeitszeit über zehn Stunden hinaus auch in anderen als den in §§ 7 Abs. 1 Nr. 1 und Abs. 2 ArbZG genannten Fällen zu ermöglichen.

2. Zur Frage der Zuständigkeit der Aufsichtsbehörde vgl. Form. L. 1. Anm. 2.

3. Eine längere tägliche Arbeitszeit für Bau- und Montagestellen kann durch die Aufsichtsbehörde nach § 15 Abs. 1 Nr. 1b ArbZG ohne besondere Voraussetzungen bewilligt werden. Die Ausnahme nach dieser Regelung kommt vor allem für Bau- und Montagestellen in Betracht, die weit entfernt vom Sitz des Betriebs des Arbeitgebers liegen. In diesen Fällen liegt es regelmäßig auch im Interesse der beschäftigten Arbeitnehmer, während ihres Aufenthalts an der Bau- oder Montagestelle länger zu arbeiten und angesammelte Stunden durch mehr Freizeit ausgleichen zu können (vgl. *Neumann/Biebl*, ArbZG, § 15 Rdn. 4). Eine Verlängerung der täglichen Arbeitszeit auf über zehn Stunden kommt auch an Sonn- und Feiertagen in Betracht, falls auf der betreffenden Bau- und Montagestelle grundsätzlich Sonn- und Feiertagsarbeit zulässig ist (vgl. Form. 5).

§ 15 Abs. 1 Nr. 1b ArbZG sieht zwar keine Grenze vor, bis zu der die tägliche Arbeitszeit verlängert werden kann. Allerdings kommt eine über 12 Stunden hinausgehende Arbeitszeit pro Tag aus Gründen des Gesundheitsschutzes regelmäßig nicht in Betracht (vgl. *Neumann/Biebl*, ArbZG, § 15 Rdn. 4).

4. Die Ausnahme nach § 15 Abs. 1 ArbZG wird regelmäßig nur auf Antrag des Arbeitgebers bei der zuständigen Aufsichtsbehörde erteilt. Die Bewilligung ist ein Verwaltungsakt. Rechtsbehelfe sind Widerspruch und Klage zum Verwaltungsgericht.

5. Bei Nichtvorliegen einer Ausnahmebewilligung nach § 15 Abs. 1 Nr. 1 oder 2 ArbZG handelt ein Arbeitgeber ordnungswidrig nach § 22 Abs. 1 Nr. 1 ArbZG, sofern er Arbeitnehmer über die in §§ 3, 6 Abs. 2 und 11 Abs. 2 ArbZG festgesetzte tägliche Arbeitszeit von acht bzw. zehn Stunden hinaus beschäftigt.

3. Antrag auf Einräumung von Teilzeit nach § 8 Abs. 1 TzBfG[1, 2]

Firma ......
Personalabteilung
......

Antrag auf Teilzeit gem. § 8 Abs. 1 TzBfG[3]

Sehr geehrte Damen und Herren,
wir teilen mit, dass uns
Frau ......
mit der Wahrnehmung ihrer Interessen beauftragt hat. Die Bevollmächtigung ergibt sich aus der beigefügten Vollmachtsurkunde. Namens und im Auftrag unserer Mandantin stellen wir den
Antrag,
beginnend ab dem[4] ......, einer Verringerung der Wochenarbeitszeit von 37,5 auf 25 Stunden zuzustimmen und die Arbeitszeit einschließlich der Pausen auf Montag bis Freitag jeweils vom 8.00 Uhr bis 13.30 Uhr festzulegen.

Zur
Begründung
ist vorzutragen:

Unsere Mandantin ist für Ihr Unternehmen seit dem 1. 3. 1989 als Verkäuferin tätig. Das Bruttomonatseinkommen ist mit 3.300,– EUR zu beziffern. Unsere Mandantin ist verheiratet. Ihr 70-jähriger Ehemann ist schwer erkrankt. Eine Verringerung der Wochenarbeitszeit und deren Umverteilung ist dringend erforderlich, um eine medizinisch notwendige Betreuung ihres Ehemannes sicherzustellen. Einzelheiten sind dem in der Anlage beigefügten ärztlichen Attest vom ...... zu entnehmen. Nach den uns vorliegenden Informationen haben Sie ohne weitere Erörterungen mit Schreiben vom ...... die Verringerung der Wochenarbeitszeit „auf Grund Ihrer Unternehmensstruktur und Ihres Marketingkonzepts" abgelehnt.

oder:

Ihnen ist bekannt, dass unsere Mandantin nach der Geburt ihres zweiten Kindes Erziehungsurlaub in Anspruch genommen hat. Die Kinder sind nunmehr sechs und drei Jahre alt. Der Erziehungsurlaub hat am ...... geendet. Unsere Mandantin möchte nunmehr ab dem ...... ihre wöchentliche Arbeitszeit auf 19,25 Stunden verringern und diese Arbeitszeit auf drei beliebige Wochentage mit der Maßgabe verteilen, dass sie an einem der drei Tage spätestens um 13.00 Uhr endet. Die Kinder können an zwei Tagen in der Woche nach Schließung der Kindertagesstätte bzw. der Schule am Nachmittag bis abends 19.00 Uhr von der Schwiegermutter betreut werden. Eine weitergehende Betreuung ist nicht möglich. Der Ehemann ist beruflich nicht in der Lage, die Kinder nachmittags zu betreuen (wird ausgeführt). Eine Betreuung durch dritte Personen ist nicht möglich und auch nicht zumutbar.

Nach den uns vorliegenden Informationen haben Sie erkennen lassen, dass Sie grundsätzlich einem Teilzeitverlangen ablehnend gegenüberstehen[5].

Wir haben Sie deshalb aufzufordern, Ihren Rechtsstandpunkt zu überdenken und uns Ihre Zustimmung bis spätestens

......

zuzuleiten. Selbstverständlich stehen wir auch für ein persönliches Gespräch zur Verfügung.

Bereits jetzt möchten wir vorsorglich darauf hinweisen, dass unsere Mandantin für den Fall einer ablehnenden Entscheidung gerichtliche Schritte einleiten bzw. insbesondere einen Antrag auf Erlass einer einstweiligen Verfügung bis zur Verkündung einer erstinstanzlichen Entscheidung in der Hauptsache (alternativ bis zu einer rechtskräftigen Entscheidung in der Hauptsache) stellen wird.

Rechtsanwalt

Anmerkungen

1. Das Teilzeitbefristungsgesetz räumt dem Arbeitnehmer einen individuellen Anspruch auf die Reduzierung des Umfanges seiner Arbeitszeit ein.

Die Reduzierung der Arbeitszeit erfolgt durch Vereinbarung zwischen Arbeitgeber und Arbeitnehmer oder durch Eintritt der Fiktion des § 8 Abs. 5 Satz 2 TzBfG. Hinsichtlich der Verteilung der Arbeitszeit auf die einzelnen Wochentage ist zu differenzieren. Soweit in dem Betrieb ein Betriebsrat besteht, sind die Mitbestimmungsrechte des Betriebsrates nach § 87 Abs. 1 Ziffer 2 BetrVG zu wahren. Der Arbeitgeber kann sich der Mitbestimmung des Betriebsrates als Wirksamkeitsvoraussetzung wohl nicht durch Individualvertrag entziehen. Eine Bevorzugung eines Arbeitnehmers gezielt und ohne Mitbestimmung des Betriebsrates, sei es durch ausdrückliche Regelung oder über die Fiktion des § 8 Abs. 5 Satz 2 TzBfG, ist nicht möglich. Die Festlegung der Lage der Arbeitszeit am jeweiligen Arbeitstag ist nicht Gegenstand des „Teilzeitanspruchs". Allein der Arbeitgeber legt auf Grund seines Direktionsrechts den Beginn und das Ende der täglichen Arbeitszeit fest. Dabei unterliegt der Arbeitgeber nur der notwendigen Mitbestimmung des Betriebsrates aus § 87 Abs. 1 Ziffer 2 BetrVG. Ein Widerspruch des Arbeitgebers zu den geäußerten Wünschen des Arbeitnehmers hinsichtlich Beginn und Ende der täglichen Arbeitszeit ist daher **nicht** erforderlich (so *Riedle/Gutzeit*, NZA 2002, 7; es bleibt abzuwarten, ob auch die Rechtsprechung dieser Auffassung folgt).

Es bestehen im Übrigen keinerlei Beschränkungen hinsichtlich des Umfangs der Arbeitszeitverringerung (so *Lindemann/Simon*, BB 2001, 146; *Hromatka*, NJW 2001, 400).

2. Das Gesetz sieht in § 8 Abs. 2 TzBfG für die auf Reduzierung und/oder Umverteilung der Arbeitszeit gerichtete Erklärung des Arbeitnehmers kein Formerfordernis vor. Ein Schriftformerfordernis für das Verlangen des Arbeitnehmers kann auch nicht arbeitsvertraglich vereinbart werden. Denn nach § 22 Abs. 1 TzBfG kann von den Regelungen des § 8 Abs. 1 und 2 TzBfG nicht zu Ungunsten des Arbeitnehmers abgewichen werden. Die häufig in Arbeitsverträgen vereinbarten Schriftformerfordernisse für Nebenabreden können daher nicht für auf Reduzierung und/oder Umverteilung der Arbeitszeit gerichtete Erklärungen des Arbeitnehmers gemäß § 8 Abs. 2 TzBfG Geltung beanspruchen. Auch wenn der Gesetzgeber die formlose Erklärung des Arbeitnehmers genügen lässt, erscheint es aus Gründen der anwaltlichen Vorsorge geboten, dass der Arbeitnehmer die Erklärung schriftlich gegenüber seinem Arbeitgeber abgibt. Bestreitet der Arbeitgeber den Erhalt oder den Inhalt der Erklärung des Arbeitnehmers, trägt der Arbeitnehmer vollumfänglich die Darlegungs- und Beweislast für den Zugang und den Inhalt des Verlangens.

3. Der Arbeitnehmer kann die Verringerung und/oder Umverteilung seiner Arbeitszeit verlangen, wenn der Arbeitgeber unabhängig von der Anzahl der Personen in Berufsbildung in der Regel mehr als 15 Arbeitnehmer beschäftigt und das Arbeitsverhältnis länger als sechs Monate besteht (§ 8 Abs. 1 und Abs. 7 TzBfG). Dies bedeutet: Der Arbeitnehmer kann frühestens nach Ablauf von 6 Monaten die Reduzierung und/oder Umverteilung seiner Arbeitszeit verlangen (*Küttner/Reinecke*, Teilzeitbeschäftigung Rdn. 21). Es ist auf die im Unternehmen tatsächlich beschäftigte Anzahl an Arbeitnehmern abzustellen. Bereits in Teilzeit beschäftigte Arbeitnehmer sind bei der Bestimmung der Anzahl der regelmäßig Beschäftigten nicht anteilsmäßig zu berücksichtigen. Die in § 8 Abs. 7 TzBfG bestimmte Betriebsgröße ist nicht verfassungswidrig. Es handelt sich um keine mittelbare Diskriminierung (LAG Köln 18. 1. 2002, DB 2002, 1057; ArbG Bielefeld 12. 3. 2002, Az. 5 Ca 3150/01).

Weitere Voraussetzung ist, dass der Arbeitnehmer in den letzten 2 Jahren vor dem Verlangen nicht bereits seine Arbeitszeit mit Zustimmung des Arbeitgebers verringert oder der Arbeitgeber ein entsprechendes Verlangen des Arbeitnehmers berechtigt abgelehnt hat, § 8 Abs. 6 TzBfG.

4. Nach § 8 Abs. 2 S. 1 TzBFG ist die Verringerung und/oder Neuverteilung der Arbeitszeit mindestens 3 Monate vor dem gewünschten Beginn geltend zu machen. Der Arbeitnehmer muss ein kalendermäßig bestimmtes oder bestimmbares Datum angeben. Eine Erklärung mit dem Inhalt „zum nächstmöglichen Zeitpunkt" Teilzeit arbeiten zu wollen, dürfte nicht ausreichend sein. Es fehlt dieser Erklärung am formellen Mindestinhalt. Diese Ansicht hat auch zur Konsequenz, dass ein am 1. Februar gestelltes Begehren am 15. April in Teilzeit wechseln zu wollen, nicht dahingehend ausgelegt werden kann, dass eine Teilzeitarbeit zum frühestmöglichen Zeitpunkt – hier 2. Mai – begehrt ist (*Hopfner*, DB 2001, 2144; a. A. wohl *Richardi/Annuss*, BB 2000, 2201). Die Fristberechnung erfolgt nach § 188 Abs. 2 i. V. m. § 187 Abs. 2 BGB analog, da es sich um eine Vorschaltfrist handelt (Beispiel: Abgabe der Erklärung am 31. 1. bei gewünschter Aufnahme der Teilzeittätigkeit am 1. 5.). Es müssen volle 3 Monate zwischen dem Zugang des Verlangens beim Arbeitgeber und dem Beginn der Arbeitszeitverringerung und/oder Umverteilung liegen. Die Rechtsfolgen der Fristversäumung sind im Gesetz nicht geregelt.

Im Schrifttum sind folgende Konsequenzen angedacht:
– Der Antrag ist wirksam mit der Maßgabe, dass sich der Beginn der gewünschten Verringerung der Arbeitszeit – durch Umdeutung des Antrags – um eine der Säumnis entsprechende Zahl von Kalendertagen verschiebt (ArbG Oldenburg 26. 3. 2002, Az. 6 Ga 3/02).
– Der Antrag ist unwirksam, da die Fristwahrung Wirksamkeitsvoraussetzung ist. Der Mitarbeiter kann aber – auch wenn der Arbeitgeber den Antrag schriftlich abgelehnt hat – den Antrag fristgemäß jederzeit neu stellen (*Küttner/Reinecke*, „Teilzeitbe-

schäftigung" Rdn. 23; *Meinel/Heyn/Herms*, § 8 Rdn. 40). Da die weitere Entwicklung der Rechtsprechung nicht abzusehen ist, soll auch auf einen verspäteten Antrag auf jeden Fall **schriftlich** reagiert werden (vgl. Formular L. 4).
– Der Antrag ist unwirksam. Der Arbeitgeber braucht nicht zu reagieren. Lehnt er den Anspruch schriftlich ab, gilt er als „berechtigt" abgelehnt mit der Folge, dass die 2-jährige Sperrfrist für einen neuen Antrag greift. (Diese Auffassung entspricht der Regelung in § 15 Abs. 7 Ziffer 5 BErzGG. Die Fristwahrung ist hier Anspruchsvoraussetzung. Eine Angleichung mit § 8 TzBfG und § 15 Abs. 4–7 BZRG durch den Gesetzgeber erscheint nicht ausgeschlossen).

Da es sich bei der Mindestfrist um eine materiell-rechtliche Wirksamkeitsvoraussetzung handelt, erscheint folgende Auffassung richtig.

Hält der Arbeitnehmer diese Frist nicht ein, so läuft sein Antrag ins Leere. Die Nichtbeachtung führt dazu, dass die Erklärung des Arbeitnehmers unwirksam und damit rechtlich unbeachtlich ist. Da es sich um eine unbeachtliche Erklärung handelt, kann der Arbeitgeber nicht durch „berechtigte Ablehnung" die Bindungswirkung nach § 8 Abs. 6 TzBfG herbeiführen. Der Arbeitnehmer kann jederzeit erneut einen formgerechten Antrag stellen (so auch *Hopfner*, DB 2001, 2144, 2145).

5. Das Gesetz sieht in § 8 Abs. 3 TzBfG weiter vor, dass Arbeitgeber und Arbeitnehmer die gewünschte Verringerung und/oder Umverteilung der Arbeitszeit erörtern und sich einigen. Hierbei handelt es sich lediglich um eine Obliegenheit des Arbeitgebers. Eine Verletzung der Erörterungspflicht ist im Gesetz nicht sanktioniert (vgl. aber Form. L. 4 Anmerkung 1 a. E.)

Kosten und Gebühren

Der Gegenstandswert für das Verlangen eines Arbeitnehmers auf Reduzierung und/oder Umverteilung der Arbeitszeit wird in der Rechtsprechung nicht einheitlich bewertet.

Das LAG Düsseldorf (12. 11. 2001, NZA-RR 2002, 103) hält im Anschluss an das LAG Berlin (24. 11. 2000, MDR 2001, 636) einen Gegenstandswert von 2 Bruttomonatsgehältern für angemessen. Nach Ansicht des Gerichtes sind diese Fälle mit solchen vergleichbar, in denen es um die Wirksamkeit einer unter Vorbehalt angenommenen Änderungskündigung geht.

Nach wohl richtiger Auffassung ist der Gegenstandswert nach dem wirtschaftlichen Interesse der klagenden Partei in entsprechender Anwendung des § 12 Abs. 7 Satz 2 Halbsatz 1 Alternative 2 ArbGG zu bemessen, jedoch begrenzt auf den in § 12 Abs. 7 Satz 1 ArbGG definierten Vierteljahresverdienst (LAG Berlin 4. 9. 2000, NZA-RR 2002, 104; LAG Hamburg 8. 11. 2001 – 6 Ta 24/01; LAG Hessen 28. 11. 2001, NZA 2002, 404; vgl. auch *Ennemann*, NZA 2001, 1190 m. w. N.).

Rechtsmittel und Fristen

Lehnt der Arbeitgeber das Verlangen des Arbeitnehmers auf Reduzierung und/oder Umverteilung der Arbeitszeit ab oder besteht zwischen Arbeitnehmer und Arbeitgeber Streit über den Inhalt der geschlossenen Vereinbarung über die Reduzierung und/oder Umverteilung der Arbeitszeit, so kann der Arbeitnehmer Klage zum zuständigen Arbeitsgericht erheben. Hat der Arbeitgeber das Verlangen des Arbeitnehmers abgelehnt, muss der Arbeitnehmer den Arbeitgeber auf Zustimmung zur Reduzierung und/oder Umverteilung der Arbeitszeit verklagen. In diesem Fall richtet sich der Klageantrag auf Abgabe einer Willenserklärung im Sinne von § 894 ZPO, die mit Rechtskraft des Urteils als abgegeben gilt. Steht der Inhalt der getroffenen Vereinbarung im Streit, so ist eine entsprechende Feststellungsklage zu erheben. Der Arbeitnehmer ist für die anspruchsbegründenden Voraussetzungen darlegungs- und beweisbelastet. Die entgegenstehenden betrieblichen Gründe sind hingegen vom Arbeitgeber darzulegen und zu beweisen (zur prozessualen Durchsetzung des Teilzeitanspruches siehe auch *Grobys/Bram*, NZA 2001, 1175 ff).

Es kommt neben der Klage auch eine Sicherung des Anspruchs des Arbeitnehmers auf Verringerung und/oder Umverteilung der Arbeitszeit im Wege der einstweiligen Verfügung in Betracht. Hierbei handelt es sich um eine so genannte Leistungsverfügung, die zu einer teilweisen oder völligen Befriedigung des streitigen Anspruchs führt. An die Darlegung und Glaubhaftmachung von Verfügungsanspruch und Verfügungsgrund sind daher strenge Anforderungen zu stellen (LAG Rheinland-Pfalz 12. 4. 2002, DB 2002, 1723) und im Hinblick auf die gebotene Planungssicherheit für die betriebliche Disposition auf Ausnahmefälle zu beschränken, z. B. wenn die Teilzeitarbeit zur Abwendung wesentlicher Nachteile des Arbeitnehmers geboten ist. Wesentliche Nachteile liegen beispielhaft vor, wenn die Kindesbetreuung ohne die Verringerung der Arbeitszeit nicht gewährleistet ist. Der Arbeitnehmer hat insoweit darzulegen und glaubhaft zu machen, dass er alle ihm zumutbaren Anstrengungen unternommen hat, die Betreuung der Kinder sicherzustellen. Der Erlass einer solchen einstweiligen Verfügung ist daher auf Ausnahmefälle beschränkt (ArbG Berlin 12. 10. 2001, DB 2001, 2727; LAG Köln 5. 3. 2002 – 10 Ta 50/02; LAG Rheinland-Pfalz 12. 4. 2002, DB 2002, 1723).

Dem Arbeitgeber kann – wenn Verfügungsanspruch und Leistungsverfügung glaubhaft gemacht sind – im Wege der einstweiligen Verfügung aufgegeben werden, den Arbeitnehmer in dem von ihm beantragten Rahmen bis zum Erlass des Urteils in der Hauptsache zu beschäftigen und seinem Teilzeitbeschäftigungswunsch **vorläufig** zu entsprechen. Sofern sich allerdings im Hauptsacheverfahren herausstellt, dass dem Arbeitnehmer ein Anspruch auf Arbeitszeitverkürzung nicht zusteht, wird dem Arbeitnehmer aufzuerlegen sein, seine arbeitsvertraglichen Verpflichtungen mit den Notwendigkeiten seines Privatlebens in Einklang zu bringen (LAG Rheinland-Pfalz, a. a. O.).

4. Erwiderung auf den Antrag auf Einräumung von Teilzeit nach § 8 Abs. 1 TzBfG[1]

Frau ......
Antrag auf Einräumung von Teilzeit nach § 8 Abs. 1 TzBFG
Ihr Schreiben vom ......

Sehr geehrte Frau ......,

bitte nehmen Sie zur Kenntnis, dass uns die Firma ...... mit der Wahrnehmung ihrer Interessen beauftragt hat. Bevollmächtigung wird anwaltlich versichert.
Ihr Schreiben vom ...... hat unsere Mandantin am ...... erhalten. Ihren Antrag auf Verringerung Ihrer Arbeitszeit um ...... mit Wirkung ab dem ...... müssen wir namens und im Auftrag unserer Mandantin leider ablehnen[2].
Ihrem Verlangen auf Teilzeitarbeit stehen betriebliche Belange des Unternehmens unserer Mandantin entgegen[3]. Diese betrieblichen Gründe liegen vor allem darin, dass sie in Ihrer Funktion als ...... in einer für die Produktion wesentlichen Stelle tätig sind. Die von Ihnen ausgeübte Funktion setzt eine hohe Qualifikation und langjährige Erfahrung voraus, über die im Unternehmen nur Sie verfügen ...... (wird weiter ausgeführt).

Ihr Antrag auf Herabsetzung der Arbeitszeit von bisher 35 Stunden (montags bis freitags) auf 21 Stunden (montags bis mittwochs) scheitert auch daran, dass unsere Mandantin einen Teilzeitarbeitsplatz auf eine auf 14 Wochenstunden begrenzte Arbeitszeit nicht besetzen kann. Das Arbeitsamt hat unserer Mandantin mitgeteilt, dass es trotz eingeleiteter Vermittlungsbemühungen regional wie überregional einschließlich der Veröffentlichung im Stelleninformationsservice nicht möglich war, einen geeigneten Bewerber vorzuschlagen. Auch auf eine Stellenanzeige in der „...... Zeitung" bewarb sich niemand.

Auch nur vorsorglich weisen wir hilfsweise darauf hin, dass jedenfalls Ihrem Verteilungswunsch zur Lage der reduzierten Arbeitszeit nicht entsprochen werden kann. Es ist in Ihrer Funktion als ...... unabdingbar, dass Sie täglich als Ansprechpartner zur Verfügung stehen und Störungen im Produktionsablauf beseitigen (wird ausgeführt).

Darüber hinaus stellen wir fest, dass Ihr Antrag vom ...... erst am ...... eingegangen ist. Da Sie bereits ab dem ...... nur noch ...... Stunden/Woche arbeiten möchten, hätten Sie diesen Antrag spätestens am ...... stellen müssen. Insoweit bleibt es Ihnen überlassen, ob Sie einen neuen Antrag unter Beachtung der 3-Monatsfrist des § 8 Abs. 2 Satz 1 TzBfG stellen wollen. (Alternativ: Da Ihr Antrag erst am ...... eingegangen ist, werden wir ihn als zum ...... gestellt behandeln und Ihnen spätestens am ...... Bescheid geben).

Im Übrigen müssen wir ausdrücklich klarstellen, dass die vorstehend erläuterten betrieblichen Ablehnungsgründe nicht abschließend sind. Insbesondere würden wir uns im Falle einer gerichtlichen Auseinandersetzung vorbehalten, andere bzw. weitere Ablehnungsgründe geltend zu machen; dies gilt auch für später hinzugekommene Ablehnungsgründe. Außerdem müssen wir vorsorglich darauf hinweisen, dass möglicherweise demnächst ein für Ihr Arbeitsverhältnis einschlägiger Tarifvertrag abgeschlossen wird, der im Einzelnen Ansprüche auf Arbeitszeitverringerung und mögliche Ablehnungsgründe regelt. Ein entsprechender Tarifvertrag kann auch rückwirkend in Kraft treten. Wir müssen uns deshalb ebenfalls das Recht vorbehalten, für den Fall einer gerichtlichen Auseinandersetzung auch derartige tarifliche Regelungen für die Ablehnung Ihres Anspruches heranzuziehen.

Ihrem Antrag kann nicht entsprochen werden.

Mit freundlichen Grüßen

Rechtsanwalt

Anmerkungen

1. Vgl. auch Anm. 1–5 zu Form. L. 3. Der Arbeitgeber muss dem Arbeitnehmer seine Entscheidung über das geäußerte Verlangen auf Reduzierung und/oder Umverteilung der Arbeitszeit spätestens einen Monat vor dem gewünschten Beginn der Verringerung schriftlich mitteilen, § 8 Abs. 5 Satz 1 TzBfG. Nach dem Wortlaut des Gesetzes gilt dies sowohl für Zustimmung als auch für die Ablehnung des Verlangens des Arbeitnehmers. Die Entscheidung des Arbeitgebers kann sich auf den Umfang der Verringerung und die Umverteilung der Arbeitszeit, als auch nur gegen den Umfang der Verringerung oder nur gegen die gewünschte Lage der Arbeitszeit richten. Der Arbeitgeber hat klarzustellen, welchen Punkt des Verlangens des Arbeitnehmers er ablehnt. Die Versäumung der Äußerungsfrist kann für den Arbeitgeber die Konsequenz haben, dass er mit dem Einwand entgegenstehender betrieblicher Gründe **ausgeschlossen** bleibt.

Zu beachten ist, dass zwischen dem Zugang des Schreibens beim Arbeitnehmer und dem von diesem gewünschten Beginn der Verringerung und/oder Umverteilung der Arbeitszeit ein voller Monat liegen muss, § 188 Abs. 2, 187 Abs. 2 BGB. Da der Arbeitgeber für die Einhaltung dieser formellen Anforderung beweisbelastet ist, erscheint es aus anwaltlicher Vorsicht geboten, den fristgemäßen Zugang der schriftlichen Entscheidung zu dokumentieren.

Der Arbeitgeber muss seine Entscheidung nicht begründen. Eine Begründungspflicht ist entgegen § 15 Abs. 6 BErzGG in § 8 Abs. 5 Satz 1 TzBfG nicht vorgesehen.

Soweit ersichtlich, geht die Rechtsprechung teilweise davon aus, dass die schriftliche Ablehnung des Teilzeitwunsches durch den Arbeitgeber erst dann erfolgen kann, wenn die in § 8 Abs. 3 TzBfG vorgesehene Erörterung durchgeführt wurde und gescheitert ist. Dies wird mit Sinn und Zweck der Stufenregelung in § 8 TzBfG begründet. Eine Ablehnung vor dem Erörterungsgespräch wird als nicht zulässig abgelehnt (LAG Düsseldorf, 1. 3. 2002, NZA-RR 2002, 407).

2. Auch wenn der Arbeitgeber nicht verpflichtet ist, seine ablehnende Entscheidung gegenüber dem Arbeitnehmer zu begründen, empfiehlt es sich, die Gründe für die Entscheidung zumindest kurz darzustellen. Dem Arbeitnehmer wird so die Möglichkeit gegeben, die Erwägungen des Arbeitgebers nachvollziehen. Macht der Arbeitgeber berechtigte betriebliche Belange geltend, kann so bereits im Vorfeld eine gerichtliche Auseinandersetzung vermieden werden (vgl. aber ArbG Mannheim 20. 11. 2002, NZA-RR 2002, 78 –. Eine nur pauschale Ablehnung ist nicht ausreichend, da sich der Arbeitgeber um eventuelle Möglichkeiten zu bemühen hat).

3. Der Arbeitgeber hat dem Verlangen des Arbeitnehmers zuzustimmen, soweit dem betriebliche Gründe nicht entgegenstehen (ArbG Mannheim 20. 11. 2001, NZA-RR 2002, 88; vgl. allg. *Reiserer/Penner*, BB 2002, 1694 ff.). Als entgegenstehenden betrieblichen Grund nennt das Gesetz in § 8 Abs. 4 Satz 2 TzBfG insbesondere, wenn die Verringerung der Arbeitszeit die Organisation, den Arbeitsablauf oder die Sicherheit im Betrieb wesentlich beeinträchtigen oder unverhältnismäßige Kosten verursachen würden. Hierbei handelt es sich jedoch um keine abschließende Aufzählung, sondern um Regelbeispiele (Kliemt, NZA 2001, 63). Aus der Fassung des Gesetzes („soweit ...... nicht") folgt, dass es sich bei den „entgegenstehenden betrieblichen Gründen" nicht um eine negative Anspruchsvoraussetzung handelt, sondern um eine vom Arbeitgeber gegen den im Grundsatz bestehenden Anspruch des Arbeitnehmers geltend zu machende Einwendung, für deren Vorliegen im Prozess der Arbeitgeber die Darlegungs- und Beweislast trägt (ArbG Kaiserslautern 13. Juni 2001, Az. 3 Ca 593/01; *Reiserer/Penner*, a. a. O.).

Dem Verteilungswunsch zur Lage der reduzierten Arbeitszeit ist immer dann zu entsprechen, wenn der Arbeitgeber ihm weder außergerichtlich noch im Prozess – und zwar auch nicht hilfsweise – entgegengetreten ist (ArbG Bonn 20. 6. 2001, NZA 2001, 973).

Ist es dem Arbeitgeber nicht möglich, eine zusätzliche Arbeitskraft zu finden, kann dies ein dem Teilzeitverlangen des Arbeitnehmers entgegenstehender betrieblicher Belang sein. In diesem Fall muss der Arbeitgeber allerdings nachweisen, dass eine dem Berufsbild des Arbeitnehmers entsprechende Arbeitskraft auf dem für ihn maßgeblichen Arbeitsmarkt nicht zur Verfügung steht (ArbG Essen 19. 6. 2001, NZA-RR 2001.573; ArbG Mönchengladbach 30. 5. 2001 NZA 2001, 970; ArbG Kempten 13. 12. 2001, Az. 5 Ca 1872/01 M). Auch berufsspezifische Anforderungen an die Dauer der Präsenz am Arbeitsplatz oder die Zeit derjenigen Personen, auf welche dieselbe Tätigkeit aufteilbar ist, kommen als entgegenstehende betriebliche Belange in Betracht (ArbG Bonn 20. 6. 2001, NZA 2001, 973; LAG Niedersachsen 2. 8. 2002, DB 2002, 2331).

Grundsätzlich lässt die bisherige Rechtsprechung – soweit ersichtlich – rationale und nachvollziehbare Gründe für die Ablehnung genügen (so beispielhaft ArbG Essen 19. 6. 2001, a. a. O.).

Sziegoleit

Im arbeitsgerichtlichen Verfahren hat der Arbeitgeber die gegen das Teilzeitverlangen des Arbeitnehmers sprechenden betrieblichen Belange substantiiert so darzulegen, dass sie nachvollziehbar zu einer wesentlichen Beeinträchtigung der Organisation oder des Arbeitsablaufs führen. Der Arbeitgeber muss ein nachvollziehbares, mit betriebswirtschaftlichen, unternehmenspolitischen oder betriebsorganisatorischen Gründen untermauertes Konzept darlegen, das der Verkürzung der Arbeitszeit widerspricht (ArbG Nienburg 23. 1. 2002 – 1 Ca 603/01; LAG Rheinland-Pfalz 12. 4. 2002; DB 2002, 1723). Das Arbeitsgericht kann voll nachprüfen, ob die behaupteten Gründe tatsächlich vorliegen und zu einer wesentlichen Beeinträchtigung des Arbeitsablaufs oder der Organisation oder der Sicherheit im Betrieb kausal führen (ArbG Stuttgart 5. 7. 2001, NZA 2001, 968).

Als entgegenstehende betriebliche Gründe können auch, neben den gesetzlich vorgesehenen tarifvertraglichen Regelungen, Betriebsvereinbarungen in Betracht kommen. Dies gilt zumindest insoweit, als eine Betriebsvereinbarung grundsätzlich die Verteilung der Arbeitszeit auf 5 Tage pro Woche vorsieht und der Arbeitnehmer eine Verteilung seiner Arbeitszeit auf weniger als 5 Tage in der Woche begehrt (LAG Berlin 10. 1. 2002, AuR 2002, 190).

Der maßgebliche Zeitpunkt für die Beurteilung der entgegenstehenden betrieblichen Gründe im Sinne von § 8 Abs. 4 Satz 1 TzBfG ist umstritten. Teilweise wird vertreten, dass maßgeblich der Zeitpunkt des Zugangs der schriftlichen Ablehnung des Arbeitgebers beim Arbeitnehmer ist (so ArbG Arnsberg 22. 1. 2002, 1 Ca 804/01; *Beckschulze*, DB 2000, 2598). Es wird aber auch vertreten, dass der maßgebliche Zeitpunkt der Schluss der mündlichen Verhandlung des letztinstanzlichen Gerichtes ist (so *Diller*, NZA 2001, 589 ff.). Letzterer Auffassung ist wohl der Vorrang einzuräumen. Denn grundsätzlich werden bei Leistungsklagen alle Umstände bis zum Schluss der mündlichen Verhandlung berücksichtigt.

Es ist bisher – soweit ersichtlich – nicht entschieden, ob an die betrieblichen Gründe, die der Verteilung der verringerten Arbeitszeit entgegenstehen, andere Voraussetzungen zu stellen sind als an solche, die der Verringerung der Arbeitszeit entgegenstehen (ablehnend wohl LAG Baden-Württemberg 4. 11. 02, LAGE § 8 TzBfG Nr. 10). Grundsätzlich können dem Wunsch des Arbeitnehmers auf eine bestimmte Verteilung der Arbeitszeit jedenfalls andere betriebliche Gründe entgegenstehen als der Verringerung der Arbeitszeit (vgl. *Beckschulze*, DB 2000, 2598).

Gebühren und Kosten

Vgl. Anmerkungen zu Form. L. 3.

Rechtsmittel und Fristen

Keine Besonderheiten, vgl. Anmerkungen zu Form. L. 3.

5. Inanspruchnahme von Elternzeit

(Adresse)   Firma XY

Sehr geehrte Damen und Herren,
im Auftrag unseres Mandanten, des Herrn ...... (vollständige Anschrift), dessen
Vollmacht wir beifügen, geben wir zur Kenntnis, dass dieser für die Zeit vom 4. 6.
2002 bis 21. 4. 2004 Elternzeit beansprucht. Er hat Ihnen dies bereits am 25. 4.
2002 mündlich mitgeteilt.[1]
Gleichzeitig beantragen wir für unseren Mandanten
a) weitere Elternzeit zu gewähren für 12 der Vollendung des achten Lebensjahres
   vorangehende Monate, also vom 22. 4. 2009 bis 21. 4. 2010.[2]
b) [3]während der Erziehungszeit vom 4. 6. 2002 bis 21. 4. 2004 einer Arbeitszeitverringerung auf 20 Wochenstunden zuzustimmen.[4]

Begründung:

Unser Mandant ist am 22. 4. 2002 Vater eines ehelichen Kindes geworden.
Nachdem sowohl Vater wie Mutter des Kindes Elternzeit – gegebenenfalls gleichzeitig – beanspruchen können, wird hier auch für den Vater des Kindes Elternzeit
beansprucht.
Unser Mandant und seine Ehefrau sind übereingekommen, bis zum vollendeten
2. Lebensjahr des Kindes sich die Betreuung zu teilen und deshalb beide Erziehungsurlaub in Anspruch zu nehmen.
Sie haben weiter vorgesehen, einen zusätzlichen Teil des Elternurlaubs ab dessen
beginnendem 7. Lebensjahr einzubringen, so dass zurzeit der Einschulung – im
Wechsel für je ein Jahr – eine vollschichtige Betreuung möglich wird.
Insoweit wird um Zustimmung zur Teilung der Elternzeit gebeten.
Außerdem wird darum gebeten, für die Dauer der ersten Periode der Elternzeit – also bis zum April 2004 – eine Arbeitszeitverringerung zu gewähren, damit das be-
schriebene Betreuungskonzept für die ersten zwei Jahre gewährleistet bleibt. Die
Verteilung der Arbeitszeit in der auf 20 Wochenstunden verringerten Arbeitszeit auf
die einzelnen Wochen- bzw. Arbeitstage kann verhandelt werden.[5]
Bevorzugt wäre eine Arbeitszeit von je vier Stunden montags bis freitags, jeweils
vormittags.

Rechtsanwalt

Anmerkungen

1. § 15 Abs. 1 Satz 1 BErzGG gewährt den anspruchs-berechtigten Arbeitnehmern
gegenüber dem Arbeitgeber eine Elternzeit bis zur Vollendung des 3. Lebensjahres des
Kindes als zwingenden Anspruch, der im Rahmen einer einseitig empfangsbedürftigen
Willenserklärung (*Küttner/Reinecke*, S. 976) einzufordern ist.
  Voraussetzung sind die Einhaltung von Frist und Form für die Geltendmachung.
  Die Frist für die Geltendmachung beträgt 6 Wochen, wenn die Elternzeit sich direkt
an die Geburt des Kindes bzw. die folgende Schutzfrist anschließt und in allen anderen
Fällen 8 Wochen.

Die Form ist gesetzliche Schriftform (*Sowka*, NZA 2000, 1187), auch wenn die gegenteilige Auffassung unter Bezugnahme auf die Bundestagdrucksache 14/3118 S. 21 vertreten wird (*Reinecke*, FA 2001, 11 und *Küttner/Reinecke*, S. 978). Schließlich ist das Gesetz als solches in seinem Wortlaut maßgeblich und nicht eine Bundestagdrucksache.

2. Mit Zustimmung des Arbeitgebers ist eine Verteilung des Erziehungsurlaubs auch in der Weise möglich, dass zunächst nur bis zum vollendeten 2. Lebensjahr des Kindes Elternzeit beansprucht wird und ein weiteres Jahr übertragen wird in den Zeitraum bis zur Vollendung des 8. Lebensjahres. Insoweit bedarf es nicht der einseitigen Ansage, sondern der Vereinbarung.

3. Unerlässlich ist es, bei Verlangen des Erziehungsurlaubs abschließend zu erklären, in welchem Umfang dieser beansprucht wird (§ 16 Abs. 1 Satz 1 BErzGG).

Das Verlangen ohne irgendwelche Einschränkungen verringert den Vertragsinhalt für die Dauer des Erziehungsurlaubs auf Null.

Wenn also vorbehaltlos Elternzeit verlangt wurde, kann nicht nachträglich ein Anspruch auf Arbeitszeitverringerung gestellt werden (*Küttner/Reinecke,* S. 908).

4. Eine Arbeitszeitverringerung für die Dauer des Erziehungsurlaubs kann nach § 15 Abs. 4 BErzGG und unter Vorliegen der persönlichen und betrieblichen Voraussetzungen des Abs. 7 Nr. 1–5 im Rahmen von 15 bis 30 Wochenstunden verlangt werden.

Wird im Rahmen der Elternzeit Teilzeitarbeit verlangt, so gelten für das Verlangen ausschließlich die Vorschriften des BErzGG, die insoweit Lex specialis zu § 23 TzBfG sind (*Kliemt*, NZA 2001, 71).

Auch das Verlangen nach Teilzeitarbeit bedarf ausdrücklich der Schriftform nach § 16 Abs. 1 Satz 1 BErzGG.

Der Arbeitnehmer hat zu definieren, welche Vorstellungen von der Teilzeitarbeit er hat (*Sowka*, NZA 2001, 1187).

5. Arbeitgeber und Arbeitnehmer „sollen" nach Abs. 5 Satz 1 BErzGG über die angemeldeten Wünsche verhandeln. Der Arbeitnehmer erwirbt mit seiner Forderung einen Verhandlungsanspruch gegenüber dem Arbeitgeber.

Jedenfalls für den identisch formulierten Verhandlungsanspruch nach § 8 TzBfG wird vertreten, dass die Verletzung durch verhandlungslose Ablehnung unwirksam ist (LAG Düsseldorf NZA-RR 2002, 407).

6. Antwort des Arbeitgebers

Sehr geehrter Herr Rechtsanwalt,

Ihr für Herrn ...... gestellter Antrag ist bei uns am 2. 5. 2002 eingegangen.

Sicher ist Ihnen bekannt, dass ein Verlangen auf Erziehungsurlaub 6 Wochen[1] vor Beginn gestellt werden muss und zwar schriftlich.[2]

Hieran fehlt es. Wir stehen der Inanspruchnahme dennoch nicht im Wege, jedoch – nachdem ein dringender Grund nicht genannt wird[3] – erst ab dem 21. 6. 2002.[4]

Eine Übertragung des dritten denkbaren Erziehungsurlaubsjahrs für die Zeit nach dem vollendeten 3. Lebensjahrs des Kindes findet unsere Zustimmung nicht.[5]

Teilzeitarbeit für die nächsten zwei Jahre können wir auch nicht gewähren,[6] weil wir den Arbeitsplatz zur Vermeidung von Informationsverlusten nicht zwischen zwei Arbeitnehmern aufteilen können.

Bitte bestätigen Sie den Zugang dieser Erklärung ausdrücklich.[7]

Anmerkungen

1. Das Verlangen im Sinne von § 16 Abs. 1 Satz 1 BErzGG ist als einseitige empfangsbedürftige Willenserklärung mit Zugang beim Arbeitgeber (§ 130 BGB) wirksam, also nicht abhängig von der Zustimmung des Arbeitgebers. Er setzt aber Frist und Formeinhaltung voraus.

Soll sich die Elternzeit direkt an die Geburt bzw. die Frist des § 6 MuSchG anschließen, muss die Frist von 6 Wochen – in anderen Fällen von 8 Wochen – vor Beginn des Erziehungsurlaubs eingehalten sein.

2. Die Form ist Schriftform im Sinne von § 126 BGB (*Sowka*, NZA 2000, 1187), auch wenn unter Bezugnahme auf die Gesetzesbegründung eine andere Ansicht vertreten wird (*Reinecke*, FA 2001, 11 und in *Küttner/Reinecke* S. 978).

3. Nur bei Vorliegen dringender Gründe ist auch ausnahmsweise eine angemessene kürzere Frist möglich (§ 16 I Satz 2 BErzGG).

4. Dennoch geht dem Elternteil der Anspruch auf Elternzeit nicht verloren; lediglich der Beginn verschiebt sich bis nach Ablauf der Frist des § 16 Abs. 1 Satz 1 (BAG 17. 2. 1994, AP 116 § 620 BGB).

5. Die in § 15 Abs. 2 Satz 1 vorgesehene Übertragung von bis zu 12 Monaten über das dritte vollendete Lebensjahr des Kindes hinaus auf Zeiten bis zum vollendeten 8. Lebensjahr ist von der Zustimmung des Arbeitgebers abhängig. Die Ablehnung unterliegt keinem Begründungszwang.

6. Teilzeitarbeit kann im Umfang von 15 bis 30 Stunden/Woche unter den Voraussetzungen des § 15 Abs. 7 Satz 1 Nr. 1–5 verlangt werden. Über den Antrag sollen sich nach § 15 Abs. 5 Satz 1 die Arbeitsvertragsparteien binnen vier Wochen einigen.

Der Arbeitnehmer erwirbt einen Verhandlungsanspruch gegen den Arbeitgeber.

Ob die Ablehnung nach § 15 Abs. 7 Satz 2 zulässig ist, wenn der Verhandlungsanspruch nicht realisiert wird, ist fraglich.

7. Will der Arbeitgeber die beantragte Teilzeitarbeit ablehnen, so muss er dies binnen vier Wochen mit schriftlicher Begründung tun.

Das Gesetz spricht als Ablehnungsgrund nur von dringenden betrieblichen Gründen (anders als das TzBfG), was diese im Einzelnen sind, muss von der Rechtsprechung entwickelt werden.

Der Arbeitnehmer kann im Falle unterbliebener oder nicht rechtzeitig erklärter Zustimmung Klage vor dem Arbeitsgericht erheben.

Die Klage richtet sich auf Abgabe der Zustimmungserklärung des Arbeitgebers, also ist auf Abgabe einer Willenserklärung (§ 894 ZPO) zu richten. Dabei verlangt das Bestimmtheitsgebot des § 253 Abs. 2 Nr. 2 ZPO, dass die gewünschten Arbeitsbedingungen genau bezeichnet werden. Nach § 894 ZPO wird die Zustimmung mit Rechtskraft des Urteils als erteilt angesehen.

Mit Argumenten, die für die Ablehnung in der schriftlichen Begründung vom Arbeitgeber nicht verwendet wurden, soll der Arbeitgebers im Prozess präkludiert sein (*Küttner/Reinecke,* S. 981).

Allerdings wird auch das Vorgehen im Wege der einstweiligen Verfügung für möglich gehalten (Praxis ArbR/*Hänsch* Teil 3 Rdnr. 605).

M. Schlichtungsverfahren

1. Verfahren nach § 111 ArbGG[1]

An die
Handwerksinnung für das ......-Handwerk
Ausschuss für Ausbildungsstreitigkeiten
......

Anrufung des Schlichtungsausschusses gemäß § 111 Abs. 2 ArbGG
zur Beilegung einer Streitigkeit zwischen einem Ausbildenden und einem
Auszubildenden aus einem bestehenden Berufsausbildungsverhältnis

durch
Herrn ......

– Antragsteller –

– Verfahrensbevollmächtigte: Die Unterfertigten –

gegen

Firma ......

– Antragsgegnerin –

Namens und in Vollmacht des Antragstellers rufen wir den Schlichtungsausschuss
an und beantragen:

1. Es wird festgestellt, dass das zwischen den Parteien begründete Berufsausbildungsverhältnis über den ...... hinaus fortbesteht[2].
2. Die Antragsgegnerin wird verpflichtet, an den Antragsteller einen Betrag in Höhe
von EUR ...... zu bezahlen.

Begründung:

Zwischen dem Antragsteller und der Antragsgegnerin wurde am ...... ein Be-
rufsausbildungsvertrag abgeschlossen. Dieser ist unter der Nummer ...... in das
Verzeichnis der Berufsausbildungsverhältnisse am ...... eingetragen worden.

I.

Am ...... kündigte die Antragsgegnerin das Ausbildungsverhältnis fristlos (außerordentlich zum ......) durch Übergabe der begründeten schriftlichen Kündigung an
den Antragsteller. Eine Kopie des Kündigungsschreibens haben wir in der Anlage
beigefügt.
Bei der Antragsgegnerin besteht ein Betriebsrat. Die Anhörung des Betriebsrates
wird mit Nichtwissen bestritten[3].
Die Antragsgegnerin stützt die fristlose (außerordentliche) Kündigung auf folgenden
Sachverhalt[4]:
Der Antragsteller sei vom ...... bis ...... und vom ...... bis ...... dem Berufs-
schulunterricht unentschuldigt ferngeblieben. In dieser Zeit war der Antragsteller
jedoch arbeitsunfähig erkrankt und hat dies durch entsprechende Arbeitsunfähigkeitsbescheinigungen gegenüber der Antragsgegnerin nachgewiesen. Die Arbeitsunfähigkeitsbescheinigungen wurden von der Antragsgegnerin jedoch zurückgewiesen.

Zum Nachweis der damals tatsächlich bestehenden Erkrankungen des Antragstellers haben wir die Arbeitsunfähigkeitsbescheinigungen in Kopie beigefügt.

Die Antragsgegnerin nimmt bei der Begründung der Kündigung weiterhin Bezug auf die unter dem Datum vom ...... und ...... erteilten Abmahnungen. Auch diese Sachverhaltsdarstellung der Antragsgegnerin ist unzutreffend. Eine Abmahnung am ...... wurde dem Antragsteller durch die Antragsgegnerin nicht erteilt. Die am ...... erteilte Abmahnung ist sachlich unrichtig. Auch für diese Fehlzeit wurde der Antragsgegnerin durch den Antragsteller eine Arbeitsunfähigkeitsbescheinigung vorgelegt. Diese haben wir zum Nachweis ebenfalls in Kopie beigefügt.

Entgegen der Ansicht der Antragsgegnerin rechtfertigt dieser Sachverhalt nicht die fristlose Kündigung. Es fehlt an einem wichtigen Grund im Sinne von § 15 Abs. 4 BBiG. Die fristlose Kündigung ist damit gemäß § 15 Abs. 2 BBiG unwirksam.

II.

Die Antragsgegnerin hat darüber hinaus teilweise dem Antragsteller das in der Ausbildung benötigte Werkzeug und Arbeitsmaterialien in Rechnung gestellt. Auch musste der Antragsteller das zur Erreichung des Ausbildungsziels benötigte Werkzeug und Arbeitsmaterial hin und wieder selbst kaufen.

Die entsprechenden Quittungen und Rechnungen der Antragsgegnerin sind in Kopie beigefügt.

Gemäß § 6 Abs. 1 Ziffer 3 BBiG ist der Ausbilder jedoch verpflichtet, dem Auszubildenden die Ausbildungsmittel, insbesondere Werkzeuge oder Werkstoffe, kostenlos zur Verfügung zu stellen. Dieser Verpflichtung ist die Antragsgegnerin nicht nachgekommen.

Wir bitten um die Anberaumung eines zeitnahen Termins für die Schlichtungsverhandlung[5].

Rechtsanwalt

Anmerkungen

1. Nach § 111 Abs. 2 ArbGG hat vor Klageerhebung zum Arbeitsgericht ein Schlichtungsverfahren vor dem zuständigen Ausschuss zur Beilegung von Streitigkeiten zwischen Ausbildenden und Auszubildenden zu erfolgen. Die jeweils zuständigen Stellen (Handwerksinnung oder IHK) müssen allerdings einen solchen Ausschuss auch gebildet haben (BAG 9. 10. 1979, EzA § 111 ArbGG 1979 Nr. 1). Es empfiehlt sich daher, bei der jeweils zuständigen Innung bzw. bei der IHK abzuklären, ob ein entsprechender Ausschuss eingerichtet ist.

Die Durchführung der Verhandlung vor dem Ausschuss ist unverzichtbare **Prozessvoraussetzung** für die Klage (BAG 13. 4. 1989, DB 1990, 586). Auf die Durchführung des Verfahrens kann auch nicht durch ausdrückliche Abrede bzw. rügeloses Verhalten der Parteien im gerichtlichen Verfahren verzichtet werden (KR-*Weigand*, §§ 14, 15 BBiG Rdn. 111; BAG 13. 4. 1989, NZA 1990, 395). Die Anrufung des Schlichtungsausschusses ist als Prozessvoraussetzung der Klage von Amts wegen durch das Arbeitsgericht zu prüfen.

Der Mangel der unterbliebenen Anrufung des Schlichtungsausschusses kann auch noch nach Klageerhebung geheilt werden, wenn das Verfahren nach § 111 Abs. 2 ArbGG zwar nach Klageerhebung, aber noch vor der streitigen Verhandlung nachgeholt wird (BAG 25. 11. 1976, EzA § 15 BBiG Nr. 3). Nach weitergehender Ansicht ist eine Heilung dieses Mangels bis zum Schluss der letzten mündlichen Verhandlung in der Berufungsinstanz möglich (LAG Nürnberg 25. 11. 1975, BB 1976, 1076).

Einstweiliger Rechtsschutz kann vom Schlichtungsausschuss nicht gewährt werden. Für Verfahren im einstweiligen Rechtsschutz sind direkt die Arbeitsgerichte zuständig (*Germelmann/Matthes/Prütting/Müller-Glöge,* § 111 Rdn. 63).

2. Umstritten ist die Frage, in welcher Frist ein bestehender Schlichtungsausschuss gemäß § 111 Abs. 2 ArbGG anzurufen ist. Ein Teil der Literatur vertritt die Auffassung, dass der Auszubildende die Unwirksamkeit einer außerordentlichen Kündigung des Ausbildenden innerhalb der 3-Wochenfrist der §§ 13 Abs. 1 Satz 2, 4 Satz 1 KSchG gegenüber dem Schlichtungsausschuss geltend machen muss (*Germelmann/Matthes/Prütting/Müller-Glöge,* § 111 Rdn. 22 ff.). Mit dem Bundesarbeitsgericht und der wohl herrschenden Meinung in der Literatur ist jedoch davon auszugehen, dass die §§ 13 Abs. 1 Satz 2, 4 Satz 1 KSchG weder unmittelbar noch analog auf die Anrufung des Schlichtungsausschusses Anwendung finden (BAG 26. 1. 1999, AP Nr. 43 zu § 4 KSchG 1969). Die Anrufung des Schlichtungsausschusses ist nach Auffassung des Bundesarbeitsgerichtes bis zur Grenze der Verwirkung möglich (BAG 13. 4. 1989, DB 1990, 586). Verwirkung tritt dann ein, wenn der Anspruchsteller seinen Anspruch erst nach Ablauf eines längeren Zeitraums (Zeitmoment) geltend macht und dadurch ein Vertrauenstatbestand beim Anspruchsgegner dahingehend geschaffen wird, dass er – gerichtlich – nicht mehr zu belangen ist. An den Eintritt der Verwirkung sollten allerdings keine zu hohen Anforderungen gestellt werden.

Strittig ist die Frage, ob die Versäumung der 3-Wochenfrist des § 4 KSchG die Annahme einer Verwirkung des Rechtes zur Anrufung des Schlichtungsausschusses rechtfertigt. Die Frage des Rechtsmissbrauchs lässt sich nur für den Einzelfall klären. Teilweise wird in der Literatur daher die Annahme einer Verwirkung allein wegen der Versäumung der 3-Wochenfrist des § 4 KSchG ausgeschlossen (Küttner-*Kania* „Ausbildungsverhältnis" Rdn. 70). Die 3-Wochenfrist des § 4 Satz 1 KSchG wird in anderen Teilen der Literatur jedoch wohl zutreffend zur Konkretisierung des Verwirkungstatbestandes herangezogen mit der Begründung, dass eine schnelle Klärung der Wirksamkeit einer außerordentlichen Kündigung sowohl im Interesse des Ausbildenden als auch des Auszubildenden ist. Nach dieser Ansicht muss der Auszubildende zur Vermeidung einer Verwirkung den Schlichtungsausschuss in der Regel binnen drei Wochen nach Zugang der Kündigung anrufen, es sei denn, er macht besondere Gründe geltend, die auch eine spätere Anrufung rechtfertigen können (GK-KündR-*Biebl,* § 111 ArbGG Rdn. 9).

Aus Gründen der anwaltlichen Vorsorge ist daher die Einhaltung der 3-Wochenfrist analog § 4 KSchG geboten (KR-*Weigand,* §§ 14, 15 BBiG Rdn. 116; LAG Düsseldorf 3. 5. 1988, LAGE § 111 ArbGG 1979 Nr. 1; a.A. LAG Hamm 19. 6. 1986, LAGE § 5 KSchG Nr. 24; LAG Hamm 29. 11. 1984, DB 1985, 391).

Wurde bei den jeweils zuständigen Stellen kein Schlichtungsausschuss zur Beilegung von Streitigkeiten aus einem Berufsausbildungsverhältnis gebildet, sind die Vorschriften der §§ 4 Satz 1, 13 Abs. 1 Satz 2 KSchG auf die außerordentliche Kündigung von Berufsausbildungsverhältnissen anzuwenden (BAG 26. 1. 1999, aaO.).

Allerdings ist § 13 Abs. 1 Satz 3 KSchG auf das Berufsausbildungsverhältnis nicht anwendbar (BAG 29. 11. 1984, NZA 1986, 230).

Höchstrichterlich ist bisher noch nicht die Frage entschieden, ob durch Anrufung des Ausschusses die Verjährung unterbrochen oder gehemmt wird (bejahend für §§ 195 ff. BGB aF: *Germelmann/Matthes/Prütting/Müller-Glöge,* § 111 Rdn. 26 f.). Nachdem der Ausschuss Organ der errichtenden Stelle ist (*Germelmann/Matthes/Prütting/Müller-Glöge,* § 111 Rdn. 13) kommt seit 1. 1. 2002 die Hemmung der Verjährung durch § 204 Abs. 1 Ziffer 12 BGB nF in Betracht. In der Praxis empfiehlt es sich, bei drohender Verjährung Klage zu erheben trotz Unzulässigkeit der Klage bis zum Abschluss des Schlichtungsverfahrens, da damit unstreitig die Verjährung unterbrochen wird.

3. Vor jeder Kündigung eines Berufsausbildungsverhältnisses – auch in der Probezeit – ist der **Betriebsrat** gemäß § 102 Abs. 1 BetrVG anzuhören. Auch bedarf die Kündigung eines schwer behinderten Auszubildenden der vorherigen Zustimmung des Integrationsamtes (BAG 10. 12. 1987, NZA 1988, 428). Ist der Auszubildende Mitglied der Jugend- und Auszubildendenvertretung unterliegt er dem Schutz des § 15 KSchG. Die Zustimmung des Betriebsrates zur Kündigung gemäß § 103 BetrVG ist in diesem Fall erforderlich.

4. Nach der Probezeit kann das **Berufsausbildungsverhältnis** nur aus einem wichtigen Grund ohne Einhaltung einer Kündigungsfrist gekündigt werden (§ 15 Abs. 2 Ziffer 1 BBiG).

Die **Kündigung** hat schriftlich unter Angabe der Kündigungsgründe zu erfolgen (§ 15 Abs. 3 BBiG) und muss nach § 15 Abs. 4 S. 1 BBiG innerhalb von zwei Wochen nach Kenntnis des wichtigen Grundes erklärt werden. Der Ausbilder hat dabei die wesentlichen Tatsachen anzugeben, die erforderlich sind, damit der Auszubildende sich ein Bild davon machen kann, warum das Ausbildungsverhältnis beendet wird (*Schaub,* § 174 VII 7). Wird die Kündigung ohne eine hinreichende Angabe der Gründe ausgesprochen, so ist sie unwirksam (BAG 22. 2. 1972, BB 1972, 1191). Nach Ansicht des BAG reicht eine pauschale Bezugnahme auf vorherige mündliche Erläuterungen oder auf Vorfälle in der Vergangenheit nicht aus (BAG aaO.; BAG 25. 11. 1976, DB 1977, 868). Andere Gründe, die nicht im Kündigungsschreiben aufgeführt sind, können zur Rechtfertigung der Kündigung nicht nachgeschoben werden (LAG Baden-Württemberg 5. 1. 1990, DB 1990, 588). Ist ein Güteverfahren nach § 111 Abs. 2 ArbGG eingeleitet, so wird bis zu dessen Beendigung diese Frist gehemmt (§ 15 Abs. 4 S. 2 BBiG).

Das Vorliegen eines wichtigen Grundes für die fristlose Kündigung ist an § 626 BGB zu messen. Es müssen folglich Tatsachen vorliegen, aufgrund derer dem Kündigenden unter Berücksichtigung aller Umstände des Einzelfalles und unter Abwägung der Interessen beider Vertragsteile die Fortsetzung des Vertragsverhältnisses bis zum Ablauf der Ausbildungszeit nicht zugemutet werden kann.

Bei der Annahme eines **wichtigen Grundes** ist zwischen Auszubildenden, die am Beginn ihrer Ausbildungszeit und in den beruflichen Fertigkeiten sowie in ihrer charakterlichen Disposition am Anfang eines Lernprozesses stehen, und fortgeschrittenen Auszubildenden zu differenzieren. An einen fortgeschrittenen Auszubildenden wird man bezüglich ihres Verhaltens im Betrieb wohl höhere Anforderungen stellen können. Bei einem fast zwei Jahre bestehenden Ausbildungsvertrag ist die fristlose Beendigung des Vertrages jedoch das äußerste Mittel (KR-*Weigand,* §§ 14, 15 BBiG Rdn. 47). Der Ausbilder ist grundsätzlich verpflichtet, den Ausbildungsvertrag so lange aufrechtzuerhalten, wie es ihm nach Treu und Glauben zugemutet werden kann (LAG Düsseldorf 24. 1. 1968, DB 1968, 401).

5. Nach der Anrufung findet gemäß § 111 Abs. 2 Satz 2 ArbGG eine mündliche Verhandlung statt. Eine Vertretung ist möglich (*Germelmann/Matthes/Prütting/Müller-Glöge,* § 111 Rdn. 35). Bei Ausbleiben einer Partei kann erneut ein Termin anberaumt werden oder Versäumnisspruch ergehen, gegen den ein Einspruch nicht zulässig ist. Der Versäumnisspruch kann vielmehr nur durch Klage vor dem Arbeitsgericht angefochten werden (*Germelmann/Matthes/Prütting/Müller-Glöge,* § 111 Rdn. 31 f.).

Gebühren und Kosten

Grundsätzlich ist das Verfahren vor dem Ausschuss gebührenfrei. Sind Kosten oder Auslagen entstanden, sind diese nur dann von den Parteien zu tragen, falls dies in einer Verfahrensordnung gesondert geregelt ist. Für die Hinzuziehung eines Prozessbevollmächtigten oder eines Beistandes ist ein prozessualer Kostenerstattungsanspruch gesetzlich nicht vorgesehen. Materielle Erstattungsansprüche sind jedoch nicht durch § 12 a Abs. 1 S. 1 ArbGG ausgeschlossen (*Hauck,* ArbGG § 111 Rdn. 16). Für die Vertretung vor dem Ausschuss erhält der Anwalt gem. § 65 I Nr. 2 BRAGO eine volle Gebühr, die nicht auf die im arbeitsgerichtlichen Verfahren entstehenden Gebühren angerechnet wird.

Rechtsmittel und Fristen

Hat der Ausschuss entschieden, kann der Spruch nach § 111 Abs. 2 Satz 3 ArbGG, wenn er nicht innerhalb einer Woche von beiden Parteien anerkannt wurde, nur binnen zwei Wochen durch Klage beim zuständigen Arbeitsgericht angefochten werden.

Bei dieser 2-Wochenfrist handelt es sich um eine prozessuale Ausschlussfrist mit der Folge, dass eine verspätet erhobene Klage als unzulässig abzuweisen ist (BAG 9. 10. 1979, AP Nr. 3 zu § 111 ArbGG 1953). Wird die 2-Wochenfrist versäumt, ist in entsprechender Anwendung von § 233 ZPO nach herrschender Meinung eine Wiedereinsetzung in den vorigen Stand möglich (*Germelmann/Matthes/Prütting/Müller-Glöge,* § 111 Rdn. 53). Materiell-rechtliche Wirkungen kommen der Frist jedoch nicht zu. Das Arbeitsgericht kann die vom Ausschuss entschiedene Frage als Vorfrage in einem Folgeprozess selbstständig würdigen (BAG 9. 10. 1979, aaO.).

Nach § 111 Abs. 2 Satz 4 ArbGG gilt § 9 Abs. 5 ArbGG entsprechend. Demnach bedarf es einer Rechtsmittelbelehrung. Die Frist für das Rechtsmittel beginnt nur dann, wenn die Partei ordnungsgemäß schriftlich belehrt worden ist. Ist die Belehrung unterblieben oder unrichtig erteilt, so ist die Einlegung des Rechtsmittels regelmäßig innerhalb eines Jahres seit Zustellung der Entscheidung zulässig. Nach der Rechtsprechung des Bundesarbeitsgerichtes ist die Rechtsmittelbelehrung nur dann ordnungsgemäß im Sinne von § 9 Abs. 5 ArbGG, wenn sie von Richtern unterschrieben ist. Für die dem Spruch des Ausschusses beizufügende Rechtsmittelbelehrung kann analog nichts anderes gelten. Die Unterschrift soll sicherstellen, dass diejenigen, die entschieden haben, die Verantwortung für die Rechtsmittelbelehrung übernehmen (BAG 30. 9. 1998, DB 1999, 292).

Vollstreckung

Wenn beide Parteien den Spruch fristgerecht (binnen einer Woche ab Erlass) anerkannt haben, kann aus ihm vollstreckt werden. Ist der Spruch nicht oder nicht rechtzeitig anerkannt worden, findet eine Vollstreckung auch dann nicht statt, wenn die Klagefrist verstrichen ist (*Grunsky,* § 111 Rdn. 13).

Aus Vergleichen und Sprüchen des Ausschusses findet die Zwangsvollstreckung nach den §§ 107, 109 ArbGG statt.

Der Vorsitzende der Kammer des ArbG muss den Spruch bzw. Vergleich für vollstreckbar erklären (§ 111 Abs. 2 S. 7 i. V. m. § 109 ArbGG).

N. Einigungsstelle

1. Einleitung eines betrieblichen Einigungsstellenverfahrens[1]

Betriebsrat der Firma ......

An die Geschäftsleitung der Firma ......

Anrufung der betrieblichen Einigungsstelle

Sehr geehrte Damen und Herren,
seit ...... verhandeln wir über eine Neuregelung der Arbeitszeit im Betrieb ......
Diese Verhandlungen waren leider ergebnislos. Nach eingehender Prüfung des
Sach- und Streitstandes ist der Betriebsrat zu dem Ergebnis gekommen, dass die innerbetrieblichen Verhandlungsmöglichkeiten ausgeschöpft sind. Er hat daher
am ...... folgenden Beschluss gefasst:
1. Der Betriebsrat erklärt die Verhandlungen über eine Neuregelung der Arbeitszeit
   für gescheitert.[2]
2. Der Betriebsrat ruft die Einigungsstelle zum Zwecke der Neuregelung der Arbeitszeit an.[3]
3. Zum Vorsitzenden der Einigungsstelle schlägt der Betriebsrat ...... vor.[4]
4. Der Betriebsrat schlägt ...... Beisitzer für jede Seite vor.[5]
Ich bitte Sie, mir bis ...... mitzuteilen, ob Sie der Anrufung der Einigungsstelle zustimmen und ob Sie mit der Person des Vorsitzenden und der Zahl der Beisitzer
einverstanden sind. Sollte das nicht der Fall sein oder sollten Sie sich nicht äußern,
wird der Betriebsrat ein arbeitsgerichtliches Beschlussverfahren zur Einsetzung der
Einigungsstelle einleiten.[6]

Betriebsratsvorsitzender

Anmerkungen

1. Das Verfahren vor der betrieblichen Einigungsstelle ist in § 76 BetrVG geregelt. Bei
der Einigungsstelle handelt es sich nicht um ein Gericht oder um eine Behörde, sondern
um ein von Betriebsrat und Arbeitgeber gemeinsam gebildetes Organ der Betriebsverfassung. Sie ist eine privatrechtliche innerbetriebliche Schlichtungs- und Entscheidungsstelle, der lediglich eine Hilfs- und Ersatzfunktion für die Betriebspartner zukommt. Sie
nimmt subsidiär Aufgaben wahr, die eigentlich den Betriebspartnern gemeinsam obliegen, die diese aber mangels Einigung selbst nicht lösen können (vgl. BAG 22. 1. 1980,
AP Nr. 7 zu § 111 BetrVG 1972; FKHES § 76 Rdn. 3; *Richardi*, BetrVG § 76 Rdn. 6 f.).
Hinsichtlich der von der Einigungsstelle zu regelnden Angelegenheiten ist zu unterscheiden: Handelt es sich um eine Angelegenheit der so genannten notwendigen oder erzwingbaren Mitbestimmung (vgl. z. B. §§ 87, 91, 95 BetrVG), so wird die Einigungsstelle auf Antrag einer Seite tätig. In der Terminologie des Gesetzes sind diese
erzwingbaren Mitbestimmungstatbestände dadurch gekennzeichnet, dass im Falle der
Nichteinigung der Spruch der Einigungsstelle die Einigung zwischen Arbeitgeber und Betriebsrat ersetzt (vgl. z. B. § 87 Abs. 2 BetrVG). In diesen Fällen kann die Einigungsstelle

auch gegen den Willen eines Betriebspartners gerichtlich eingesetzt werden und entscheiden (vgl. § 76 Abs. 5 BetrVG). In allen anderen Fällen wird die Einigungsstelle nur
tätig, wenn beide Seiten es beantragen oder mit ihrem Tätigwerden einverstanden sind
(§ 76 Abs. 6 BetrVG). In diesem sog. freiwilligen Einigungsstellenverfahren ersetzt der
Spruch der Einigungsstelle die Einigung zwischen Arbeitgeber und Betriebsrat nur dann,
wenn beide Seiten sich dem Spruch im Voraus unterworfen haben oder ihn nachträglich
annehmen.

Antragsberechtigt sind nur Arbeitgeber und Betriebsrat. Unter engen Voraussetzungen
kann der Betriebsrat das Antragsrecht auch auf einen Ausschuss delegieren (vgl. FKHES,
§ 27 Rdn. 73). Einzelne Arbeitnehmer können vom Betriebsrat nicht die Einleitung des
Einigungsstellenverfahrens erzwingen (vgl. DKK-*Berg*, § 76 Rdn. 61; FKHES, § 76
Rdn. 38).

Vgl. umfassend zum Einigungsstellenverfahren *Friedemann*, Das Verfahren der Einigungsstelle für Interessenausgleich und Sozialplan, 1997; *Pünnel/Isenhardt*, Die Einigungsstelle des BetrVG 1972, 4. Auflage, 1997; *Weber/Ehrich*, Einigungsstelle, 1999,
mit weiteren Mustern. Vgl. ferner die Kommentierungen zu § 76 BetrVG bei DKK-*Berg*,
ErfK-*Hanau/Kania*; FKHES, GK-*Kreutz, Richardi*, BetrVG.

2. Die Einigungsstelle wird nur dann tätig, wenn die innerbetrieblichen Verhandlungsmöglichkeiten ausgeschöpft worden sind. Die das Verfahren einleitende Seite muss
dies feststellen, was beim Betriebsrat zweckmäßigerweise durch einen Beschluss erfolgt.
Ein Scheitern der Verhandlungen liegt auch dann vor, wenn die Gegenseite trotz Aufforderung eine Verhandlung über den Streitgegenstand ablehnt (vgl. BAG 23. 9. 1997,
AP Nr. 26 zu § 1 BetrAVG Ablösung = BB 1998, 849; FKHES, § 76 Rdn. 40).

3. Die Anrufung der Einigungsstelle ist gesetzlich nicht an eine bestimmte Form gebunden, geschieht aber zweckmäßigerweise schriftlich. Der Erklärungsempfänger ist zunächst der jeweilige Betriebspartner. Ist dieser mit der Einberufung der Einigungsstelle,
der Person des Vorsitzenden und der Zahl der Beisitzer einverstanden, so kann das Einigungsstellenverfahren unmittelbar durch den Vorsitzenden in Gang gebracht werden.
Dieser wird dann einen Termin zur mündlichen Verhandlung und zur Beratung anbe-
raumen und die Betriebspartner durch entsprechende Auflagenbeschlüsse zur schriftlichen Vorbereitung des Termins auffordern. Ist hingegen die Gegenseite nicht mit der
Einberufung der Einigungsstelle einverstanden (z.B. weil sie das Vorliegen eines Mitbestimmungsrechts verneint) oder kommt über die Person des Vorsitzenden oder die Zahl
der Beisitzer keine Einigung zustande, so kann die das Verfahren anrufende Partei ein
arbeitsgerichtliches Bestellungsverfahren einleiten (§ 76 Abs. 2 Sätze 2, 3 BetrVG, § 98
ArbGG; vgl. im Einzelnen E.XII.1). Ohne das Einverständnis der Gegenseite kann die
Einigungsstelle nur nach vorausgegangener Bestellung durch das Arbeitsgericht tätig
werden.

4. Der Einigungsstellenvorsitzende muss eine unparteiische Person sein (§ 76 Abs. 2
Satz 1 BetrVG). Damit scheiden Betriebsratsmitglieder, Führungskräfte des Betriebs,
Verwandte des Arbeitgebers oder Verbandsvertreter in der Regel für dieses Amt aus
(vgl. *Weber/Ehrich*, Einigungsstelle, S. 14). Ferner muss der Vorsitzende eine besondere
Sachkunde im Arbeits- und Betriebsverfassungsrecht haben, da sonst die Gefahr von
rechtlich nicht haltbaren Entscheidungen besteht (vgl. *Weber/Ehrich*, aaO., S. 15 f.). In
der Praxis hat sich eingebürgert, Richter der Arbeitsgerichtsbarkeit mit diesem Amt zu
betrauen. Allerdings können auch Betriebsangehörige als Einigungsstellenvorsitzende
eingesetzt werden, sofern sie die erforderliche Neutralität haben oder sich die Betriebspartner auf sie verständigen (vgl. FKHES, § 76 Rdn. 16; a.A. *Schaub*, Arbeitsrechts-
Handbuch, 9. Auflage, § 232 Rdn. 8).

5. Die Anzahl der von jeder Seite zu benennenden Beisitzer ist von den Betriebspartnern einvernehmlich festzulegen. Sie werden sich dabei insbesondere vom Schwierig-

keitsgrad der Regelungsmaterie und evtl. erforderlichen Spezialkenntnissen leiten lassen. Beide Seiten entsenden eine gleiche Zahl an Beisitzern in die Einigungsstelle. In der Praxis werden zwei oder drei Beisitzer je Seite vereinbart. Kommt über die Anzahl der Beisitzer keine Einigung zustande, so hat das Arbeitsgericht hierüber zu entscheiden. Dabei hat es die Schwierigkeit und Komplexität des Streitfalls, die erforderlichen Sach- und Spezialkenntnisse sowie die Größe des Betriebs zu berücksichtigen (vgl. *Pünnel/Isenhardt,* Die Einigungsstelle des BetrVG 1972, Rdn. 36; *Weber/Ehrich,* Einigungsstelle, S. 25). Die Auswahl der Beisitzer obliegt dem Ermessen des jeweiligen Betriebspartners. Die Beisitzer müssen nicht unparteiisch sein, da sie als Interessenvertreter entsendet werden. Sie üben ihr Amt jedoch höchstpersönlich und weisungsfrei aus (vgl. BAG 27. 6. 1995, AP Nr. 1 zu § 76 BetrVG 1972 Einigungsstelle = NZA 1996, 161).

6. Ist der Betriebspartner mit der Einberufung der Einigungsstelle, dem vorgeschlagenen Vorsitzenden und der Zahl der Beisitzer einverstanden, so erübrigt sich ein arbeitsgerichtliches Bestellungsverfahren gem. § 98 ArbGG. Ist der Betriebspartner jedoch mit der Einleitung des Einigungsstellenverfahrens nicht einverstanden, so kann der Antragsteller das arbeitsgerichtliche Beschlussverfahren einleiten; er ist hierzu aber nicht verpflichtet und kann die Angelegenheit auch auf sich beruhen lassen. Zu den Einzelheiten des Bestellungsverfahrens vgl. oben E.XII.1.

2. Schreiben an den Einigungsstellenvorsitzenden mit der Bitte um Übernahme des Amtes und um Vornahme verfahrensleitender Handlungen[1]

Sehr geehrte(r) Frau/Herr ......,
die Geschäftsleitung und der Betriebsrat des Betriebs ...... haben sich darauf geeinigt, eine betriebliche Einigungsstelle durchzuführen. Verhandlungsgegenstand soll eine Neuregelung der im Betrieb ...... geltenden Arbeitszeit sein. Die Betriebspartner haben sich auf Sie als Vorsitzenden und auf jeweils drei Beisitzer für beide Seiten verständigt. Arbeitgeber und Betriebsrat bitten Sie, das Amt des Vorsitzenden zu übernehmen.[2]
Zugleich bitte ich Sie höflich, die erste Sitzung einzuberufen und die Parteien zur Benennung ihrer Beisitzer und Ersatzbeisitzer sowie ggf. eines Zustellbevollmächtigten für die Beisitzer aufzufordern. Ferner bitte ich Sie, dem Arbeitgeber und dem Betriebsrat für die schriftsätzliche Vorbereitung der Sitzung eine angemessene Frist zu setzen.[3]

Geschäftsführer/Betriebsratsvorsitzender

Anmerkungen

1. Für dieses Schreiben gibt es keine besonderen Formerfordernisse. Ein anderes Beispiel findet sich bei *Pünnel/Isenhardt,* Die Einigungsstelle des BetrVG, 1972, S. 210.

2. Es empfiehlt sich, bereits vorab mit dem angestrebten Vorsitzenden Kontakt aufzunehmen, um zu erkunden, ob er zur Übernahme des Amtes bereit ist. Berufsrichter benötigen vor Übernahme des Amtes des Einigungsstellenvorsitzenden eine Nebentätigkeitsgenehmigung (§ 40 Abs. 1 DRiG). Die Honorarfrage wird in der Praxis häufig ebenfalls vorab formlos geklärt.

3. Niemand ist verpflichtet, das Amt des unparteiischen Vorsitzenden zu übernehmen. Das gilt selbst dann, wenn der Vorsitzende durch ein gerichtliches Bestellungsverfahren eingesetzt wurde (vgl. *Weber/Ehrich*, Einigungsstelle, S. 22 m. w. N.). Übernimmt die angesprochene Person jedoch den Vorsitz, so kommt zwischen ihr und dem Arbeitgeber kraft Gesetzes ein betriebsverfassungsrechtliches Schuldverhältnis zustande (vgl. BAG 27. 4. 1994, AP Nr. 4 zu § 76a BetrVG 1972). Auf dieses Rechtsverhältnis sind zivilrechtliche Grundsätze, insbesondere die Regelungen über den Dienstvertrag und den Geschäftsbesorgungsvertrag anwendbar (vgl. BAG 15. 12. 1978, AP Nr. 5 zu § 76 BetrVG 1972; FKHES, § 76 Rdn. 31). Die Verfahrensleitung obliegt dem Vorsitzenden. Er hat den Termin und den Ort der mündlichen Verhandlung festzulegen. Er hat die Parteien aufzufordern, den Streitstoff umfassend darzulegen. Ggf. hat er auch Zeugen und Sachverständige zur Sitzung hinzuzuziehen (vgl. näher zum Verfahrensablauf *Weber/Ehrich*, Einigungsstelle, S. 33 ff.).

3. Anträge im Einigungsstellenverfahren[1]

An die Einigungsstelle ......

      Antrag im Einigungsstellenverfahren mit den Beteiligten

1. Betriebsrat der Firma ......, vertreten durch den Vorsitzenden ......

                            – Beteiligter Ziff. 1 –

2. Firma ......

                            – Beteiligte Ziff. 2 –

Verfahrensbevollmächtigte: Rechtsanwälte ......[2]

Namens und in Vollmacht der Beteiligten Ziff. 2 beantragen wir:

(Feststellung der Unzuständigkeit)

Es wird festgestellt, dass die Einigungsstelle hinsichtlich der Neuregelung der ...... unzuständig ist.[3]

(Sachentscheidung)

Die Einigungsstelle möge folgende Betriebsvereinbarung beschließen: ...... (Entwurf der Betriebsvereinbarung).[4]

               Begründung:

(......)

                            Rechtsanwalt

Anmerkungen

1. Für die Anträge im Einigungsstellenverfahren gibt es keine besonderen Formerfordernisse. Es genügt, wenn sie zu Protokoll des Einigungsstellenvorsitzenden gegeben werden. Allerdings empfiehlt sich bei komplexeren Sach- oder Rechtsfragen eine schriftliche Antragstellung.

2. Die Betriebspartner können sich im Einigungsstellenverfahren durch **Bevollmächtigte** vertreten lassen. Dies kann durch Verbandsvertreter, aber auch durch Rechtsanwälte geschehen. Der Betriebsrat ist allerdings nur dann berechtigt, einen Rechtsanwalt seines Vertrauens mit der Wahrnehmung seiner Interessen vor der Einigungsstelle zu beauftragen, wenn der Regelungsgegenstand schwierige Rechtsfragen aufwirft, die zwischen den Betriebspartnern umstritten sind, und kein Betriebsratsmitglied über den zur sachgerechten Interessenwahrnehmung notwendigen juristischen Sachverstand verfügt (BAG 21. 6. 1989, AP Nr. 34 zu § 76 BetrVG 1972 = NZA 1990, 107; FKHES, § 76 Rdn. 48, § 40 Rdn. 36). Ist diese Voraussetzung nicht gegeben, so ist der Arbeitgeber nicht gem. § 40 Abs. 1 BetrVG zur Tragung der Rechtsanwaltskosten des Betriebsrats verpflichtet. Der Umstand, dass der Einigungsstellenvorsitzende von den Parteien die schriftliche Vorbereitung und Darlegung der jeweiligen Standpunkte verlangt, berechtigt den Betriebsrat noch nicht ohne weiteres, einen Rechtsanwalt als Verfahrensbevollmächtigten heranzuziehen (vgl. BAG, aaO. unter Aufgabe der Entscheidung vom 15. 11. 1981, AP Nr. 9 zu § 76 BetrVG 1972). In der Praxis ist die Bestellung von Verfahrensbevollmächtigten relativ selten. Denn die Verfahrensbevollmächtigten dürfen an der Beratung und der Beschlussfassung der Einigungsstelle nicht teilnehmen. Die Betriebspartner können ihre Interessen deshalb wesentlich besser zur Geltung bringen, wenn sie den Verbandsvertreter oder Rechtsanwalt ihres Vertrauens als stimmberechtigten Beisitzer in die Einigungsstelle entsenden.

3. Die Einigungsstelle hat selbstständig ihre Zuständigkeit vorab zu prüfen (vgl. etwa BAG 8. 3. 1983, AP Nr. 14 zu § 87 BetrVG 1972 Lohngestaltung; *Weber/Ehrich,* Einigungsstelle, S. 9 m. w. N.). Diese Prüfung hat unabhängig von einem möglicherweise parallel stattfindenden Beschlussverfahren zu erfolgen, in dem ebenfalls die Zuständigkeit der Einigungsstelle beurteilt wird (vgl. hierzu E.IX.1. Anm. 4). Verneint die Einigungsstelle ihre Zuständigkeit, so hat sie das Verfahren durch einen Beschluss einzustellen. Dieser Einstellungsbeschluss ist arbeitsgerichtlich voll überprüfbar (vgl. FKHES, § 76 Rdn. 83; *Weber/Ehrich,* Einigungsstelle, S. 9). Bejaht die Einigungsstelle hingegen ihre Zuständigkeit, steht es in ihrem freien Ermessen, ob sie dies mit einem Zwischenbeschluss förmlich feststellt oder durch einen Spruch in der Sache inzidenter zum Ausdruck bringt. Selbst bei einer Zuständigkeitsrüge und einem Feststellungsantrag wie im Mustertext ist die Einigungsstelle zu einem förmlichen Zwischenbeschluss nicht verpflichtet (vgl. BAG 28. 5. 2002, NZA 2003, 171).

4. Die Sachentscheidung erfolgt, wenn keine Einigung zwischen den Betriebspartnern erzielt werden kann, durch einen sog. Spruch der Einigungsstelle. Zu den Einzelheiten und zur gerichtlichen Überprüfbarkeit vgl. DKK-*Berg,* § 76 Rdn. 86ff.; ErfK/*Hanau/ Kania,* § 76 BetrVG Rdn. 22ff.; FKHES, § 76 Rdn. 81ff.; *Richardi,* BetrVG § 76 Rdn. 114ff.; *Weber/Ehrich,* Einigungsstelle, S. 65ff.

4. Befangenheitsantrag gegen den Einigungsstellenvorsitzenden

An die Einigungsstelle[1]

Antrag im Einigungsstellenverfahren mit den Beteiligten

1. Betriebsrat der Firma ......, vertreten durch den Vorsitzenden ......

– Beteiligter Ziff. 1 –

Verfahrensbevollmächtigte: Rechtsanwälte......

2. Firma ......

– Beteiligte Ziff. 2 –

Verfahrensbevollmächtigte: Rechtsanwälte ......

Namens und in Vollmacht des Beteiligten Ziff. 1[2] beantragen wir:

1. Der Vorsitzende der Einigungsstelle, Herr Richter am Arbeitsgericht ...., wird wegen Besorgnis der Befangenheit abgelehnt.[3]

2. Das Verfahren wird bis zu einer Neubestellung des Vorsitzenden der Einigungsstelle ausgesetzt.

Begründung:[4]

Der Regelungsgegenstand der Einigungsstelle ist eine Abänderung der bei der Beteiligten Ziff. 2 bestehenden betrieblichen Altersversorgung. Beide Beteiligte haben in der zweiten Sitzung am ...... Entwürfe zur künftigen Ausgestaltung der betrieblichen Altersversorgung vorgelegt. Der Vorsitzende hat daraufhin mit Schreiben vom ...... hierzu Stellung genommen und den Entwurf des Beteiligten Ziff. 1 insgesamt ohne nähere Begründung verworfen. Zugleich hat er angekündigt, in der kommenden Sitzung der Einigungsstelle am ...... den Entwurf der Beteiligten Ziff. 2 zur Abstimmung zu stellen. Der Beteiligte Ziff. 1 hat nunmehr von der Personalleitung erfahren, dass dem Einigungsstellenvorsitzenden ein Sachverständigengutachten über die finanziellen Auswirkungen der beiderseitigen Regelungsentwürfe vorliegt. Er hat weder den Beteiligten Ziff. 1 hierüber informiert, noch hat er diesem das Gutachten zugänglich gemacht.

Glaubhaftmachung:[5]

Sitzungsniederschriften vom ......
Eidesstattliche Versicherung des ......

Der Einigungsstellenvorsitzende hat damit den Grundsatz des rechtlichen Gehörs in erheblichem Maße verletzt. Er hat sich nicht neutral verhalten, sondern einseitig rechtliches Gehör gewährt. Auch bei einer objektiv vernünftigen Betrachtung muss der Beteiligte Ziff. 1 befürchten, dass der Einigungsstellenvorsitzende nicht unparteiisch verhandeln und entscheiden wird.[6] Die Einigungsstelle möge daher mehrheitlich den Einigungsstellenvorsitzenden wegen Besorgnis der Befangenheit ablehnen.[7] Ferner möge das Verfahren bis zu einer Neubestellung des Vorsitzenden durch das Arbeitsgericht ausgesetzt werden. Der Regelungsgegenstand ist nicht eilbedürftig, da eine Neuregelung frühestens ab der Mitte des nächsten Kalenderjahres gelten soll. Es besteht daher ausreichend Gelegenheit, durch das Arbeitsgericht einen neuen Vorsitzenden bestellen zu lassen.[8]

Rechtsanwalt

Anmerkungen

1. Die Ablehnung des Einigungsstellenvorsitzenden wegen Besorgnis der Befangenheit ist gegenüber der Einigungsstelle zu erklären. Diese hat entsprechend § 1037 Abs. 2 Satz 2 ZPO über den Ablehnungsantrag zu entscheiden, wenn der Einigungsstellenvorsitzende nicht von seinem Amt zurücktritt oder die andere Betriebspartei der Ablehnung nicht zustimmt (vgl. BAG 11. 9. 2001, NZA 2002, 572). Das Verfahren der Behandlung von Ablehnungsgesuchen, die sich gegen den Vorsitzenden einer Einigungsstelle richten, ist gesetzlich nicht ausdrücklich geregelt. Das BAG wendet daher in ständiger Rechtsprechung die Grundsätze des Schiedsgerichtsverfahrens (§§ 1036, 1037 ZPO) entsprechend an (vgl. BAG, aaO; 9. 5. 1995, NZA 1996, 156). Der Vorsitzende einer Einigungsstelle kann zu jedem Zeitpunkt des Einigungsstellenverfahrens wegen Besorgnis der Befangenheit abgelehnt werden. Es wäre mit rechtsstaatlichen Verfahrensgrundsätzen nicht vereinbar, die Betriebsparteien zur Geltendmachung von Ablehnungsgründen ausnahmslos auf eine Anfechtung des Einigungsstellenspruchs zu verweisen, obwohl der Vorsitzende der Einigungsstelle während des Verfahrens Anlass gegeben hat, an seiner Unparteilichkeit zu zweifeln (vgl. BAG, aaO.; ErfK/*Hanau/Kania*, § 76 BetrVG Rdn. 16;

FKHES, § 76 Rdn. 28; *Richardi,* BetrVG § 76 Rdn. 53). Gibt die Einigungsstelle dem Ablehnungsgesuch statt, so ist nach § 98 ArbGG beim Arbeitsgericht die Bestellung eines neuen Einigungsstellenvorsitzenden zu beantragen (vgl. Muster oben E. XII. 1.1). Weist die Einigungsstelle hingegen das Ablehnungsgesuch zurück (vgl. unten Anm. 6), so kann die Betriebspartei, deren Ablehnungsantrag zurückgewiesen wurde, innerhalb einer Frist von einem Monat die Entscheidung des Arbeitsgerichts über die Ablehnung beantragen. Dies folgt aus einer entsprechenden Anwendung des § 1037 Abs. 3 Satz 1 ZPO (vgl. BAG, 11. 9. 2001, aaO.). Tut sie dies nicht oder nicht fristgemäß, so ist dieser Einwand grundsätzlich verloren. Allerdings ist die Einigungsstelle nach § 1037 Abs. 3 Satz 2 ZPO berechtigt, trotz eines Ablehnungsantrags im Rahmen des ihr eingeräumten Ermessens das Verfahren fortzuführen. Wird das Einigungsstellenverfahren durch einen Beschluss (Spruch) abgeschlossen, bevor das Arbeitsgericht über das Ablehnungsgesuch entscheiden kann, so ist ausnahmsweise über das Vorliegen von Befangenheitsgründen im Verfahren über die Anfechtung des Einigungsstellenspruches zu befinden (BAG 11. 9. 2001, aaO.; *Baumbach/Lauterbach/Albers/Hartmann,* ZPO, § 1037 Rdn. 5). Zur Anfechtung eines Einigungsstellenspruchs vgl. das Muster oben E. XII. 3.

2. Antragsbefugt sind der Arbeitgeber und der Betriebsrat. Diese werden häufig durch die von ihnen benannten Einigungsstellenbeisitzer Erklärungen abgeben. Wenn daher die Beisitzer des Betriebsrates den Vorsitzenden wegen Besorgnis der Befangenheit ablehnen, so wird dies regelmäßig als ein Befangenheitsantrag des Betriebsrats auszulegen sein. Dies ist zwar nicht zwingend, denn die Beisitzer haben ein eigenständiges, unabhängiges Amt, mit dem nicht unmittelbar die gesetzliche Vertretung der entsendenden Stelle verbunden ist. In der Praxis erhalten die Beisitzer des Betriebsrates mit dem Entsendebeschluss jedoch häufig die Befugnis, alle erforderlichen Erklärungen im Namen des Betriebsrates gegenüber der Einigungsstelle abzugeben. In einem sich ggf. anschließenden Beschlussverfahren sind die Beisitzer selbstverständlich nicht selbstständig antragsbefugt (LAG Köln, 11. 7. 2001, AP Nr. 13 zu § 76 BetrVG 1972 Einigungsstelle = NZA-RR 2002, 270).

3. Der Vorsitzende der Einigungsstelle kann wegen Besorgnis der Befangenheit abgelehnt werden. Seine Unparteilichkeit hat besondere Bedeutung. Denn er entscheidet von Gesetzes wegen den Konflikt der Betriebsparteien mit seiner Stimme, sofern eine Einigung nicht erzielt werden kann (§ 76 Abs. 3 Satz 2 BetrVG, vgl. BAG, 11. 9. 2001, NZA 2002, 572; 9. 5. 1995, NZA 1996, 156). Die Frage, ob ein Beisitzer wegen Besorgnis der Befangenheit abberufen werden kann, ist vom BAG noch nicht entschieden. Nach der überwiegenden Rechtsprechung und Literatur kann ein Einigungsstellenbeisitzer generell nicht wegen der Besorgnis der Befangenheit abgelehnt werden. Dies wird damit begründet, dass die Beisitzer stets als Interessenvertreter der entsendenden Seite tätig werden (vgl. LAG Düsseldorf, EZA zu § 76 BetrVG 1972 Nr. 30; DKK-*Berg,* § 76 Rdn. 29; FKHES, § 76 Rdn. 29; GK-*Kreutz,* § 76 Rdn. 48; für den Bereich des Personalvertretungsrechts BVerwGE 66,15). Unserer Meinung nach ist allerdings der differenzierenden Ansicht von *Weber/Ehrich,* Einigungsstelle, S. 53 f., zuzustimmen: Die Wahrnehmung der Interessen der entsendenden Stelle kann eine Ablehnung von Beisitzern nicht rechtfertigen. Es gibt aber Fälle, in denen Beisitzer unmittelbar persönlich vom Regelungsgegenstand des Einigungsstellenverfahrens betroffen sind (z.B. bei einem Streit über die Freistellung eines Betriebsratsmitglieds gem. § 38 Abs. 2 BetrVG oder bei der Behandlung der Beschwerde eines Betriebsratsmitglieds gem. § 85 Abs. 2 BetrVG). Hier ist es zwar geboten, das betroffene Betriebsratsmitglied im Rahmen des Einigungsstellenverfahrens anzuhören. Als Beisitzer der Einigungsstelle mit Entscheidungsbefugnis wäre das betroffene Betriebsratsmitglied aber wegen Besorgnis der Befangenheit abzulehnen. Ein weiterer Ablehnungsgrund kann darauf beruhen, dass ein Beisitzer vorsätzlich gegen die ihm obliegende Verschwiegenheitspflicht verstößt. In einem solchen Fall ist eine weitere vertrauensvolle Verhandlung im Einigungsstellenverfahren nicht mehr möglich, zumal ein solches Verhalten nach § 120 BetrVG strafbar ist. Im Übrigen bleibt es aber bei dem Grundsatz, dass Beisitzer als Interessenvertreter nicht wegen Besorgnis der Befangenheit abgelehnt werden können.

4. Das Ablehnungsgesuch hat schriftlich zu erfolgen (§ 1037 Abs. 2 Satz 1 ZPO entsprechend). Es reicht nicht aus, das Gesuch in der Verhandlung mündlich zu Protokoll des Einigungsstellenvorsitzenden zu erklären. Da keine Protokollierungspflicht besteht, kann eine spätere und nicht obligatorische Sitzungsniederschrift das Formgebot nicht erfüllen (vgl. BAG 11. 9. 2001, NZA 2002, 572, 575).

5. Entsprechend § 44 Abs. 2 ZPO ist der Ablehnungsgrund glaubhaft zu machen. Dies ist dann entbehrlich, wenn die Tatsachen offenkundig sind oder wenn der Ablehnungsgrund in tatsächlicher Hinsicht als wahr unterstellt werden kann (vgl. *Baumbach/Lauterbach/Albers/Hartmann*, ZPO, § 44 Rdn. 4). Die ablehnende Partei ist von der Abgabe einer eidesstattlichen Versicherung ausgeschlossen (§ 44 Abs. 2 Satz 1 ZPO). Entsprechend § 44 Abs. 3 ZPO ist der Einigungsstellenvorsitzende gehalten, sich gegenüber der Einigungsstelle zu dem Ablehnungsgrund zu äußern. Das Unterlassen dieser Stellungnahme ist allerdings ohne rechtliche Folgen, da es sich beim Einigungsstellenvorsitz nicht um eine richterliche Tätigkeit handelt.

6. Die Besorgnis der Befangenheit liegt nur dann vor, wenn ein objektiver Grund gegeben ist, der die Partei auch von ihrem Standpunkt aus vernünftigerweise befürchten lassen kann, der Richter werde nicht unparteiisch sachlich entscheiden. Maßgebend ist ein sog. „parteiobjektiver" Maßstab. Rein subjektive Vorstellungen ohne Tatsachengrundlage reichen nicht aus (vgl. im Einzelnen zu den Ablehnungsgründen *Baumbach/Lauterbach/Albers/Hartmann*, ZPO, § 42 Rdn. 9 ff. m. w. N.). Entsprechend § 43 ZPO verliert eine Betriebspartei, die sich in Kenntnis der Ablehnungsgründe rügelos auf die Verhandlung der Einigungsstelle einlässt, ihr Recht auf Ablehnung des Vorsitzenden wegen Besorgnis der Befangenheit (vgl. BAG, 9. 5. 1995, AP Nr. 2 zu § 76 BetrVG 1972 Einigungsstelle = NZA 1996, 156).

7. Die Einigungsstelle entscheidet mit einem Abstimmungsgang ohne Beteiligung des Vorsitzenden (§ 76 Abs. 3 Satz 3 BetrVG; vgl. BAG, 11. 9. 2001, NZA 2002, 572, 574). Ein zweiter Abstimmungsgang findet nicht statt. Erhält der Antrag auf Ablehnung des Vorsitzenden die Mehrheit der Stimmen der Einigungsstellenbeisitzer, so ist der Vorsitzende mit sofortiger Wirkung von seiner weiteren Tätigkeit ausgeschlossen. Die Betriebsparteien haben dann umgehend beim Arbeitsgericht die Bestellung eines neuen Vorsitzenden zu beantragen (vgl. oben Anm. 1). Erhält der Ablehnungsantrag nicht die Mehrheit der Stimmen der Beisitzer, so ist er abgelehnt. Dem Antragsteller bleibt dann nur die Möglichkeit, innerhalb der Frist des § 1037 Abs. 3 ZPO eine Entscheidung des Arbeitsgerichts herbeizuführen (vgl. oben Anm. 1). Die Durchführung eines zweiten Abstimmungsganges unter Beteiligung des Vorsitzenden wäre ein (unschädlicher) Verfahrensfehler (vgl. BAG aaO.).

8. Das Einigungsstellenverfahren muss nicht auf Grund der Ankündigung einer Betriebspartei, die Befangenheitsgründe arbeitsgerichtlich klären zu lassen, ausgesetzt werden. Nach Zurückweisung eines gegen den Vorsitzenden gerichteten Befangenheitsgesuchs kann das Einigungsstellenverfahren in entsprechender Anwendung des § 1037 Abs. 3 Satz 2 ZPO fortgesetzt werden. Über die Fortführung und ggf. den Abschluss des Einigungsstellenverfahrens entscheidet die Einigungsstelle nach freiem Ermessen (BAG 11. 9. 2001, NZA 2002, 572; a.A. *Weber/Ehrich*, Einigungsstelle, S. 51 f.). Ein Verfahrensfehler liegt nur dann vor, wenn die Einigungsstelle den Ablehnungsantrag übergeht und unmittelbar zur Sache abstimmt (vgl. LAG Köln, AP Nr. 3 zu § 76 BetrVG 1972 Einigungsstelle). Um eine Aussetzung des Verfahrens zu erreichen, sollte daher mit der fehlenden Eilbedürftigkeit des Regelungsgegenstandes und dem Erfordernis einer sorgfältigen Sachverhaltsaufklärung durch eine neutrale Person argumentiert werden.

5. Antrag an das Arbeitsgericht auf Abberufung des Vorsitzenden wegen Besorgnis der Befangenheit

An das Arbeitsgericht[1]

Antrag im Beschlussverfahren mit den Beteiligten

1. Betriebsrat der Firma ......, vertreten durch den Betriebsratsvorsitzenden
                                                    – Antragsteller –

Verfahrensbevollmächtigte: ......

2. Firma ......
                                                    – Antragsgegnerin –

Verfahrensbevollmächtigte: ......

wegen Abberufung und Neubestellung des Vorsitzenden einer Einigungsstelle.

Namens und in Vollmacht[2] des Antragstellers leiten wir ein Beschlussverfahren ein und beantragen:

1. Der Vorsitzende der Einigungsstelle mit der Regelungsthematik[3] ......, Herr Richter am Arbeitsgericht ......, wird wegen Besorgnis der Befangenheit abberufen.

2. Zum Vorsitzenden der Einigungsstelle mit der Regelungsthematik ...... wird Herr Richter am Arbeitsgericht ...... bestellt.[4]

Begründung:

Die Antragsgegnerin unterhält in ...... einen Betrieb mit ...... Arbeitnehmern (kurze Schilderung des Betriebszwecks). Der Antragsteller ist der in diesem Betrieb gebildete Betriebsrat. Die Betriebsparteien haben sich am ...... auf die Durchführung eines Einigungsstellenverfahrens zur Neuregelung der betrieblichen Altersversorgung geeinigt. Sie haben sich auf Herrn Richter am Arbeitsgericht ...... als unparteiischen Vorsitzenden und auf jeweils fünf Beisitzer einer Seite verständigt. Die Einigungsstelle trat am ...... erstmals zusammen.

In der zweiten Sitzung am ...... legten die Betriebsparteien Entwürfe zur künftigen Ausgestaltung der betrieblichen Altersversorgung vor. Der Vorsitzende nahm mit Schreiben vom ...... hierzu Stellung und verwarf den Entwurf des Antragstellers insgesamt ohne nähere Begründung. Zugleich kündigte er an, in der kommenden Sitzung der Einigungsstelle am ...... den Entwurf der Antragsgegnerin zur Abstimmung zu stellen. Der Antragsteller erfuhr kurz darauf von der Personalleitung, dass dem Einigungsstellenvorsitzenden ein Sachverständigengutachten über die finanziellen Auswirkungen der beiderseitigen Regelungsentwürfe vorliegt. Er hatte weder den Antragsteller hierüber informiert, noch hatte er diesem das Gutachten zugänglich gemacht. Der Antragsteller lehnte daraufhin mit Schriftsatz vom ...... den Einigungsstellenvorsitzenden wegen Besorgnis der Befangenheit ab.

Beweis: Schriftsatz vom ......

Die Einigungsstelle wies sodann am ...... das Ablehnungsgesuch des Antragstellers zurück. Wie aus der Sitzungsniederschrift ersichtlich ist, fand sich in der Abstimmung keine Mehrheit für das Gesuch. Dies wurde dem Antragsteller noch am gleichen Tage mitgeteilt.

Beweis: Sitzungsniederschrift vom ......

Entsprechend § 1037 Abs. 3 Satz 1 ZPO wird darum gebeten, den Einigungsstellenvorsitzenden Herrn Richter am Arbeitsgericht ...... wegen Besorgnis der Befangenheit mit sofortiger Wirkung von seinem Amt zu entbinden. Durch sein Verhalten hat er seine Neutralitätspflicht und den Grundsatz des rechtlichen Gehörs grob verletzt. Auch bei einer objektiv vernünftigen Betrachtung ist zu befürchten, dass er nicht unparteiisch verhandeln und entscheiden wird.

Der zum neuen Einigungsstellenvorsitzenden vorgeschlagene Richter am Arbeitsgericht ...... hat sich gegenüber dem Antragsteller zur Übernahme des Amtes bereiterklärt. Aufgrund seiner Person und seiner Qualifikation ist davon auszugehen, dass er den Vorsitz in der gebotenen Neutralität führen wird.[5]

Es wird um eine rasche Entscheidung gebeten, da zu erwarten ist, dass die Einigungsstelle trotz dieses Antrags das Verfahren unter Mitwirkung des abgelehnten Vorsitzenden fortführen wird.

Der Antragsteller hat am ...... beschlossen, das vorliegende Verfahren einzuleiten und mit seiner Durchführung die im Aktivrubrum genannten Verfahrensbevollmächtigten zu beauftragen.

Beweis: Zeugnis des Betriebsratsvorsitzenden

Rechtsanwalt

Anmerkungen

1. Das Antragsmuster ist in Ergänzung zum Befangenheitsantrag gegen den Vorsitzenden gegenüber der Einigungsstelle zu sehen (vgl. oben N.4). Zunächst ist das Befangenheitsgesuch an die Einigungsstelle zu richten. Lehnt diese das Gesuch ab, so besteht entsprechend § 1037 Abs. 3 Satz 1 ZPO die Möglichkeit, den Einigungsstellenvorsitzenden durch das Arbeitsgericht abberufen zu lassen. Dieser Antrag kann nur innerhalb einer Monatsfrist gestellt werden, die mit der Kenntnisnahme der Ablehnungsentscheidung der Einigungsstelle beginnt. Antragsbefugt sind die Betriebsparteien. Die Einigungsstellenbeisitzer haben kein eigenständiges Antragsrecht (vgl. LAG Köln, 11. 7. 2001, AP Nr. 13 zu § 76 BetrVG 1972 Einigungsstelle = NZA-RR 2002, 270; im Übrigen oben N.4 Anm. 1, 2).

2. Die ordnungsgemäße Bevollmächtigung des Rechtsanwalts erfordert eine entsprechende Beschlussfassung des Betriebsrates zur Verfahrenseinleitung (vgl. Muster E.IV.1. Anm. 4) und zur Anwaltsbeauftragung (vgl. Muster E.IV.2. Anm. 2).

3. Da klar ersichtlich sein muss, um welche Einigungsstelle es sich handelt, empfiehlt es sich, die Regelungsthematik kurz im Antrag zu skizzieren.

4. Vgl. ausführlich zum Antrag des Betriebsrats auf Bestellung eines Einigungsstellenvorsitzenden das Antragsmuster E.XII.1.1.

5. Der Antragsteller kann nur Vorschläge für die Person des Vorsitzenden machen. Das Gericht ist hieran nicht gebunden (vgl. *Germelmann/Matthes/Prütting/Müller-Glöge*, § 98 Rdn. 25; oben E.XII.1.1 Anm. 6).

O. Strafvorschriften des BetrVG

1. Strafantrag einer im Betrieb vertretenen Gewerkschaft gem. § 119 BetrVG

An die
Staatsanwaltschaft bei dem Landgericht[1] ......

Sehr geehrte Frau Staatsanwältin,
sehr geehrter Herr Staatsanwalt,
Hiermit zeigen wir unter Vorlage auf uns lautender Vollmacht an, dass wir die Gewerkschaft[2] ......, vertreten durch den Vorstand, dieser vertreten durch den/die Vorsitzenden ......, in ......, vertreten. Die Gewerkschaft ...... ist durch mehrere Mitglieder im Betrieb der X ...... GmbH in ...... vertreten[3].
Im Namen unserer Mandantschaft erstatten wir Strafanzeige gem. § 119 Abs. 1 Ziff. 1 BetrVG[4] und stellen Strafantrag gem. § 119 Abs. 2 BetrVG[5] gegen Herrn A ......, Geschäftsführer der X ...... GmbH in ...... wegen folgenden Vorgangs:

Am ...... in der Zeit zwischen ...... Uhr und ...... Uhr fand im Betrieb der Firma X ...... GmbH die turnusmäßige Betriebsversammlung für das erste Quartal 2002 gem. § 42 BetrVG statt.

Im Betrieb der Firma X ...... GmbH in ...... sind ca. insgesamt 450 Arbeitnehmerinnen und Arbeitnehmer beschäftigt. Es ist ein Betriebsrat gebildet, der Vorsitzende ist Herr B ......

Bei dieser Betriebsversammlung waren ca. 250 bis 300 Arbeitnehmerinnen und Arbeitnehmer anwesend.
Gemäß der in Kopie beigefügten Einladung zur Betriebsversammlung vom ...... war als dritter Tagesordnungspunkt der Bericht der Geschäftsleitung vorgesehen. Ca. um ...... Uhr ergriff zu diesem Zweck der Geschäftsführer Herr A ...... das Wort und erstattete den Bericht der Geschäftsführung.
Zwei Wochen nach dieser Betriebsversammlung, nämlich am ......, war gemäß Wahlausschreiben vom ...... der erste Tag der Stimmabgabe für die turnusmäßigen Betriebsratswahlen des Jahres 2002 vorgesehen.

Beweis: Wahlausschreiben vom ......, in Kopie anbei.

Der Bericht des Geschäftsführers befasste sich mit der allgemeinen schwierigen wirtschaftlichen Situation, deren Auswirkungen auf die Firma X ...... GmbH sowie die Finanzsituation des Unternehmens. Im Zusammenhang mit diesem wirtschaftlichen Situationsbericht führte der Geschäftsführer Herr A ...... unter anderem aus, dass die Gesellschafter das Ergebnis der Firma X ...... GmbH in den vergangenen Jahren stets durch eigenes finanzielles Engagement gestützt hätten, um für das Unternehmen gerade noch eine schwarze Zahl erzielen zu können.
Hiernach kritisierte Herr A ......, dass der Betriebsrat in der Vergangenheit dieses wirtschaftliche Engagement der Gesellschafter ungenügend bis gar nicht gewürdigt und stattdessen es offenbar vorgezogen habe, auf Konfrontation zu setzen.

Sodann ging Herr A ...... auf die anstehende Betriebsratswahlen ein und führte aus:

> „Jeder muss sich jetzt entscheiden, ob er bei der bevorstehenden Betriebs-ratswahl für oder gegen das Unternehmen arbeiten möchte. Jeder muss entscheiden, ob er seinen Arbeitsplatz behalten oder gefährden will. Ihr Verhalten bei der bevorstehenden Betriebsratswahl hat Einfluss auf Ihre Zukunft. Wer die bisherige Betriebsratspolitik und die hierbei agierenden Personen bei der Wahl unterstützt, gefährdet seinen Arbeitsplatz. Die Ge-sellschafter könnten das Unternehmen in ruhigere und bessere Zeiten füh-ren, wenn es einen anderen Betriebsrat gibt. Es ist eine Neuausrichtung des Unternehmens notwendig, denken Sie deswegen an Ihren Arbeitsplatz bei den Betriebsratswahlen."[6]

Beweis: Zeugnis Herrn B ......, Sekretär der Gewerkschaft ......, in ......, sowie Zeugnis des Betriebsratsvorsitzenden C ......, in ......

Bezüglich der bevorstehenden Betriebsratswahl sind insgesamt drei Wahlvorschläge beim Wahlvorstand eingegangen und zur Wahl zugelassen.

Eine Liste mit dem Kennwort „Gewerkschaft ......" benennt als Kandidaten im Wesentlichen die im derzeit amtierenden Betriebsrat vertretenen Betriebsratsmit-glieder.

Rechtsanwalt

Anmerkungen

1. Zuständig für die Durchführung von Ermittlungen wegen eines Straftatbestands ist die Staatsanwaltschaft bei dem Landgericht, in dessen regionalem Zuständigkeitsbereich die Tat begangen wurde. Der Strafantrag kann aber auch schriftlich zur Niederschrift bei jeder anderen Strafverfolgungsbehörde (Gericht, Polizei) gestellt werden (§ 158 StPO).

2. Eine Gewerkschaft wird in der Regel vom Hauptvorstand vertreten, nicht hingegen von ihren Unterorganisationen. Es empfiehlt sich daher stets, im Namen des Hauptvor-stands der entsprechenden Gewerkschaft tätig zu werden und sich auch entsprechend bevollmächtigen zu lassen.

3. Ausreichend für das Vertretensein einer Gewerkschaft im Betrieb ist, dass mindes-tens ein Arbeitnehmer des Betriebs der betreffenden Gewerkschaft angehört (vgl. FKHES, § 2 Rdn. 43; *Richardi,* BetrVG § 2 Rdn. 67). Zum Nachweis des Vertretenseins einer Gewerkschaft im Betrieb ohne Verletzung der Anonymität dieses Gewerkschafts-mitglieds (vgl. Muster E. V. 1 Anm. 5).

4. § 119 BetrVG umfasst mehrere Straftatbestände neben der Wahlbeeinflussung (§ 119 Abs. 1 Nr. 1) und stellt in Nr. 2 die Behinderung oder Störung der Amtsführung der genannten Organe der Betriebsverfassung unter Strafe. § 119 Abs. 1 Nr. 3 BetrVG schützt vor Benachteiligung oder Begünstigung einzelner Mitglieder der genannten Be-triebsverfassungsorgane.

5. Der Strafantrag ist binnen drei Monaten nach Kenntnis der Tat zu stellen. Der An-trag kann bis zur Rechtskraft einer Verurteilung zurückgenommen werden, ein zurück-genommener Antrag verfällt jedoch und kann nicht neu gestellt werden (vgl. FKHES, § 120 Rdn. 18).

6. § 119 Abs. 1 Ziff. 1 BetrVG schützt die unbeeinflusste Wahl des Betriebsrats. Diese Vorschrift verweist in ihrem Ge- bzw. Verbotsgehalt auf § 20 BetrVG (vgl. FKHES,

§ 119 Rdn. 4 f.), wonach ebenfalls das Verbot der Androhung von Nachteilen ausgesprochen bzw. das Versprechen von Vorteilen untersagt ist (§ 20 Abs. 2 BetrVG).

Hiernach ist nicht nur die konkrete Benachteiligung bzw. Bevorzugung von Arbeitnehmern sanktioniert, sondern auch die abstrakte Drohung mit Arbeitsplatzverlust bzw. die Ankündigung des Arbeitsplatzerhaltes bei entsprechendem Wahlverhalten.

6. Kapitel. Streitwertfestsetzung

Schrifttum: Baumbach/Lauterbach/Albers/Hartmann, Zivilprozessordnung, Kommentar, 60. Aufl., 2002; *Bertelsmann*, Gegenstandswerte im arbeitsgerichtlichen Beschlussverfahren, 2000; *Germelmann/Matthes/Prütting/Müller-Glöge*, Arbeitsgerichtsgesetz, 4. Aufl., 2002; *Gerold/Schmidt/v. Eicken/Madert*, Bundesgebührenordnung für Rechtsanwälte, Kommentar, 15. Aufl., 2002; GK-ArbGG, Gemeinschaftskommentar zum Arbeitsgerichtsgesetz/*Wenzel* (Bearb.), Stand 12. 2002; *Grunsky*, Kommentar zum Arbeitsgerichtsgesetz, 7. Aufl., 1995; *Hansens*, Bundesgebührenordnung für Rechtsanwälte, Kommentar, 8. Aufl. 1995; *Hartmann*, Kostengesetze, 31. Aufl., 2002; KR-KSchG, Gemeinschaftskommentar zum gesamten Kündigungsrecht/Etzel (Bearb.), 6. Aufl., 2002; *Meier*, Streitwerte im Arbeitsrecht, 2. Aufl., 2000; *Schäder*, Streitwert-Lexikon Arbeitsrecht, 2000; *Schaefer*, Anwaltsgebühren im Arbeitsrecht, 2000, *Schaub*, Arbeitsrechtliche Formularsammlung, 7. Aufl., 2001; *Stahlhacke/Preis*, Kündigung und Kündigungsschutz im Arbeitsverhältnis, 8. Aufl., 2001; *Thomas/Putzo*, Zivilprozessordnung, Kommentar, 23. Aufl., 2001; *Zöller*, Kommentar zur Zivilprozessordnung, 23. Aufl., 2002.

P. Das Festsetzungsverfahren

I. Die Rechtsgrundlage der Streitwertfestsetzung

1. Der Antrag gemäß § 9 Abs. 2 BRAGO i.V.m. § 25 Abs. 2 GKG

Maßgeblich für die Bestimmung der Rechtsanwaltsgebühren ist § 8 Abs. 1 BRAGO, wonach sich die Gebühren des Anwalts im gerichtlichen und gerichtslosen Verfahren auf der Grundlage des Gerichtskostenstreitwerts berechnen. Folgend der konkretisierenden Vorschrift des § 9 Abs. 1 BRAGO ist ein festgesetzter Gerichtskostenstreitwert auch für die Rechtsanwaltsgebühren entscheidend. Der Gerichtskostenwert und der Rechtsanwaltsgebührenwert sind jedoch nur dann gleich, wenn der Streitgegenstand, der der gerichtlichen Entscheidung zugrunde lag, mit dem Gegenstand der anwaltlichen Tätigkeit übereinstimmt. Das ist jedoch oft nicht der Fall, weil der arbeitsgerichtliche Gerichtskostenwert auf dem Gegenstand der gerichtlichen Entscheidung (Urteil/Beschluss) beruht, dieser durch Teilrücknahmen oder Antragsänderungen aber nicht all das beschreibt, was Gegenstand des Verfahrens war. Dieser Gesamtgegenstand bestimmt jedoch den Wert der anwaltlichen Tätigkeit und damit die anwaltlichen Gebühren.

Die Festsetzung des Gerichtskostenstreitwerts wird gemäß § 25 Abs. 2 GKG durch das Gericht durch Beschluss vorgenommen. Erfolgte eine solche Bestimmung des Streitwertes bis zum 1. 1. 1997 stets von Amts wegen, so ist dies nach der Neufassung des § 25 Abs. 2 GKG durch Art. 9 der 6. VwGOÄndG nur dann der Fall, wenn Gerichtsgebühren tatsächlich zu erheben sind.

Daraus ergibt sich für das arbeitsgerichtliche Verfahren in der ersten Instanz, dass bei Klagerücknahmen, Anerkenntnis- und Verzichtsurteilen vor streitiger Verhandlung, bei Eilverfahren, die ohne Entscheidung bleiben, bei Vergleichen sowie für nichtbetriebene Verfahren Streitwertentscheidungen nicht mehr von Amts wegen ergehen. Für das Landesarbeitsgericht entfällt die Streitwertfestsetzung von Amts wegen bei Vergleichen und bei gerichtsgebührenfreien Beschwerden. Der Rechtsanwalt muss in diesen Fällen einen Antrag auf Streitwertfestsetzung an das Gericht stellen, um auf dieser Grundlage eine Gebührenabrechnung vornehmen zu können (vgl. dazu ausführlich und überzeugend: *Creutzfeldt,* NZA 1998, 458, 459, a. A. *Hansens,* BRAGO § 10 Rdn. 4).

2. Der Antrag gemäß § 10 BRAGO

Von dem Antragsrecht auf Streitwertbestimmung nach § 9 Abs. 2 BRAGO i. V. m. § 25 Abs. 2 GKG ist der Antrag nach § 10 Abs. 1 BRAGO zu unterscheiden. Sind Gerichtskosten nämlich überhaupt nicht vorgesehen (z. B. im arbeitsgerichtlichen Beschlussverfahren) oder fallen die Streitgegenstände nach denen sich die Gerichtskosten bzw. die Anwaltsgebühren bestimmen (z. B. bei Nichtentscheidung über einen uneigentlichen Weiterbeschäftigungsantrag oder bei Tätigwerden eines Rechtsanwaltes nach Reduzierung der ursprünglichen Hauptforderung) auseinander, so setzt das Gericht den Gegenstandswert der anwaltlichen Tätigkeit auf Antrag durch Beschluss fest.

Eine Wahlmöglichkeit des Rechtsanwalts, den Streitwert nach § 9 BRAGO i. V. m. § 25 GKG oder nach § 10 BRAGO festsetzen zu lassen, besteht nicht, da § 10 BRAGO subsidiär zu § 9 BRAGO ist (BAG vom 30. 11. 1984, AP Nr. 9 zu § 12 ArbGG 1979, *Hartmann,* KostG, § 10 BRAGO Rdn. 4) und das jeweilige Festsetzungsverfahren unterschiedlich ausgestaltet ist.

Stellt der Rechtsanwalt einen Antrag auf Streitwertfestsetzung, wobei er sich nicht eindeutig festlegt, ob er eine Streitwertfestsetzung nach § 9 BRAGO i. V. m. § 25 GKG oder nach § 10 BRAGO begehrt, ist sein Antrag so auszulegen, dass ein für die jeweilige Sachlage statthafter Antrag gestellt wurde. Bei einem Streitwertfestsetzungsantrag nur für einen Teil der ursprünglichen Klage, ist davon auszugehen, dass der Rechtsanwalt eine Streitwertfestsetzung nach § 10 BRAGO begehrt (LAG Nürnberg vom 11. 11. 1997, 5 Ta 22/97, n. v.).

II. Die Streitwertfestsetzung im Urteil und ihre Bindungswirkung

Für das arbeitsgerichtliche Verfahren ist nach § 61 Abs. 1 ArbGG der Streitwert durch das Gericht im Urteil festzusetzen. Streitig ist, welche Bedeutung dieser Streitwertfestsetzung zukommt. Einerseits wird die Auffassung vertreten, der festgesetzte Wert habe lediglich kostenrechtliche Bedeutung (LAG Düsseldorf vom 20. 3. 1980, EzA § 61 ArbGG 1979 Nr. 5; LAG Hamm vom 15. 11. 1979, EzA ArbGG 1979 § 61 Nr. 1), da die Berufung nicht mehr vom Streitwert, sondern gemäß § 64 Abs. 2 ArbGG vom Beschwerdewert abhängt. Das BAG (Urteil vom 2. 3. 1983, AP Nr. 6 zu § 64 ArbGG 1979) und mit ihm die herrschende Meinung (*Grunsky* § 61 Rdn. 3) nehmen an, dem Urteilswert komme weiterhin Bedeutung für die Zulässigkeit des Rechtsmittels zu. Offen bleibt damit aber, ob die Streitwertfestsetzung im Urteil auch für die Berechnung der Gerichtskosten und der Anwaltsgebühren verbindlich ist.

Ursprünglich hatte die Angabe eines Streitwertes im arbeitsgerichtlichen Urteil jedenfalls die Funktion, die Zulässigkeit eines Rechtsmittels anzuzeigen. Da sich an dieser Funktion nach der herrschenden Meinung nichts geändert hat, richtet sich die Streitwertfestsetzung nach den Anträgen in der letzten mündlichen Verhandlung, die den Gegenstandswert des Urteils bilden (*Germelmann/Matthes/Prütting/Müller-Glöge* § 61 Rdn. 17 und 18; a. A. LAG Hamm vom 19. 3. 1981, EzA 1979 § 61 Nr. 7). Hat sich der Streitwert während des Verfahrens durch teilweise Klagerücknahme, Anerkenntnis, Verzicht, Erledigung der Hauptsache bzw. Teilvergleich erledigt, so finden diese Verfahrensgegenstände bei der Streitwertberechnung des Urteils keine Berücksichtigung. Damit steht fest, dass sich aus der Streitwertbestimmung im Urteil keine verbindliche Aussage hinsichtlich des Wertes für die Gerichtskosten bzw. Anwaltsgebühren entnehmen lässt. Vielmehr entscheidet das Prozessgericht gemäß § 25 Abs. 2 Satz 1 GKG über diesen Wert durch Beschluss.

Dies gilt auch dann, wenn zwischen den Werten für das Urteil und den Gerichtskosten bzw. Anwaltsgebühren keine Differenz besteht. Gegen die Annahme, bei einer Wertfestsetzung im Urteil sei ein entsprechender Beschluss entbehrlich bzw. der Beschluss bereits im Urteil enthalten (*Gerold/Schmidt/v. Eicken/Madert* § 9 Rdn. 95, *Hartmann,* KostG, § 25 GKG Rdn. 26), spricht der Wortlaut des § 25 Abs. 2 Satz 1 GKG, der ausdrücklich einen Beschluss verlangt, und zudem ist die Kammer, die den Wert durch Urteil festsetzt, ein anderer Spruchkörper als der Vorsitzende allein, durch den der Wertfestsetzungsbeschluss gemäß § 25 Abs. 2 Satz 1 GKG zu erfolgen hat, womit die Frage des gesetzlichen Richters berührt wird. Außerdem kann nur der Wertfestsetzungsbeschluss mit der Beschwerde gemäß § 25 Abs. 3 GKG angegriffen werden, ein isolierter Angriff gegen den im Urteil festgelegten Streitwert ist hingegen nicht möglich. Ferner besteht auch nur bei einem Beschluss die Befugnis des Gerichts, gemäß § 25 Abs. 2 Satz 2 und 3 GKG den Gebührenstreitwert von Amts wegen innerhalb von sechs Monaten zu ändern. Weigert sich ein Arbeitsgericht, einen gesonderten Gebührenstreitwert unter Hinweis auf den Urteilsstreitwert festzusetzen, kann dies mittels einer Beschwerde beim Landesarbeitsgericht angegriffen werden (LAG Köln vom 25. 7. 2000, 10 (7) Ta 107/00, AE 2001 Nr. 122).

III. Die Antragsberechtigten des gesonderten Streitwertfestsetzungsantrags

Fallen in einem arbeitsgerichtlichen Verfahren tatsächlich Gerichtskosten an, entscheidet das Prozessgericht von Amts wegen gemäß § 25 Abs. 2 Satz 1 GKG über den zugrunde zu legenden Wert. Daneben hat der Rechtsanwalt ein eigenes Antragsrecht **nach § 9 Abs. 2 Satz 1 BRAGO**, das nicht nur bei einer Differenz zwischen dem Urteilswert und dem Gebührenwert besteht, sondern auch wenn beide Werte übereinstimmen. Hingegen besteht kein Antragsrecht einer Partei, eines Beteiligten oder der Staatskasse (*Gerold/Schmidt/v. Eicken/Madert* § 9 Rdn. 39, a. A. *Hartmann,* KostG, § 25 GKG Rdn. 19).

Anders als bei § 9 Abs. 2 BRAGO ist bei der Wertfestsetzung für die anwaltliche Gebührenberechnung **nach § 10 Abs. 1 BRAGO** gemäß § 10 Abs. 2 BRAGO neben dem Rechtsanwalt der Auftraggeber und der erstattungspflichtige Gegner antragsberechtigt. Sofern Prozesskostenhilfe bewilligt wurde, steht das Antragsrecht auch der Bundes- oder Landeskasse zu. Ein eigenes Antragsrecht des Betriebsrates wird hingegen abgelehnt, da der Arbeitgeber die erforderlichen Kosten des Betriebsratsanwalts zu tragen hat (*Schaefer,* Anwaltsgebühren im Arbeitsrecht, S. 228).

Für einen Antrag der Staatskasse gemäß § 10 Abs. 1 BRAGO ist jedoch dann kein
Raum, wenn das Gericht bereits auf Antrag eines Rechtsanwaltes i.S.v. § 10 BRAGO
entschieden hat. Eine diesbezügliche Entscheidung entfaltet auch gegenüber der Staatskasse Wirkung. Der Staatskasse steht jedoch das Rechtsmittel der Beschwerde offen
(LAG Nürnberg vom 11. 11. 1997, 5 Ta 22/97, n. v.).

IV. Zeitpunkt der Antragstellung

Der Antrag des Rechtsanwaltes **nach § 9 Abs. 2 Satz 1 BRAGO** kann in jedem Stadium des Verfahrens gestellt werden (LAG Hamm vom 15. 4. 1982, DB 1981, 1470
LS). Eine Antragsstellung ist auch schon vor Abschluss des Verfahrens möglich, wenn
beispielsweise der Anwalt das Mandat niedergelegt hat. Ein solcher Antrag auf Festsetzung des Streitwertes ist als Feststellungsantrag gemäß § 9 Abs. 2 BRAGO i.V.m. § 25
GKG auszulegen (LAG Nürnberg vom 20. 1. 1995, 7 Ta 184/94, n. v.). Ferner kommt
ein Antrag auf Streitwertfestsetzung vor Abschluss des gerichtlichen Verfahrens dann in
Betracht, wenn der Rechtsanwalt Anhaltspunkte für die Abschätzung des Kostenrisikos
für seinen Mandanten benötigt (*Creutzfeldt*, NZA 1998, 458, 459).

Eine Frist, in der längstens ein Antrag gestellt sein muss, ist nicht gesetzlich normiert.
Jedoch kann das Antragsrecht verwirkt sein, wenn der Antrag erst gestellt wird, nachdem die Kostenberechnung längst abgeschlossen ist und sich alle Beteiligten auf sie eingestellt haben. Davon ist auszugehen, wenn der Gebührenanspruch des Rechtsanwaltes
gegen den Mandanten oder der Rückforderungsanspruch des Mandanten gegen den
Auftraggeber verjährt ist (*Gerold/Schmidt/v. Eicken/Madert* § 9 Rdn. 42).

Der Rechtsanwalt kann den Antrag i.S.v. **§ 10 Abs. 1 BRAGO** gemäß § 10 Abs. 2
BRAGO erst nach Fälligkeit der Vergütung stellen. Die Fälligkeit der Vergütung bestimmt sich nach § 16 BRAGO und tritt nach Erledigung des Auftrages oder Beendigung
der Angelegenheit ein. Außerdem auch dann, wenn der Rechtsanwalt in einem gerichtlichen Verfahren tätig ist und eine Kostenentscheidung ergeht oder ein Rechtszug beendet ist oder das Verfahren länger als drei Monate ruht. Eine Regelung über eine Frist, in
der längstens ein Antrag gestellt werden kann, besteht nicht, so dass auch noch nach
Begleichung der Gebührenrechnung ein entsprechender Antrag gestellt werden kann
(*Gerold/Schmidt/v. Eicken/Madert* § 10 Rdn. 6).

V. Der Streitwertbeschluss

Das Gericht kann in denselben Beschluss die Streitwertfestsetzung **nach § 25 Abs. 2
GKG** vornehmen und sogleich den Gegenstandswert der anwaltlichen Tätigkeit gemäß
§ 10 Abs. 1 BRAGO bestimmen, wenn die Rechtsanwälte zuvor entsprechende Anträge
gestellt haben (LAG Nürnberg vom 11. 11. 1997, 5 Ta 22/97, n. v.).

Gemäß § 25 Abs. 2 Satz 1 GKG entscheidet das Instanzgericht über den Gerichtskostenstreitwert und damit über den Anwaltsgebührenstreitwert, das auch über den Streitgegenstand entschieden hat. Die Streitwertfestsetzung kann gemäß § 25 Abs. 2 Satz 2
GKG von dem Gericht, das die Entscheidung getroffen hat, von Amts wegen geändert
werden. Diese Befugnis steht dem Gericht gemäß § 25 Abs. 2 Satz 3 GKG nur innerhalb
von sechs Monaten nach rechtskräftiger Entscheidung in der Hauptsache oder anderweitiger Erledigung zu. Entscheidet das Gericht außerhalb der mündlichen Verhandlung,

so ist der Streitwertbeschluss wegen § 53 Abs. 1 ArbGG durch den Vorsitzenden allein zu treffen.

Auch ohne eine spezielle Regelung hinsichtlich der Anhörung der Beteiligten wird allgemein die Ansicht vertreten, den Parteien und ihren Vertretern sei rechtliches Gehör wegen Art. 103 Abs. 1 GG zu gewähren (*Hansens*, BRAGO, § 9 Rdn. 14). Dies kann durch eine mündliche Verhandlung erfolgen (*Hartmann*, KostG § 25 GKG Rdn. 29). Ausreichend ist aber auch, wenn die Betroffenen durch das Gericht mit einfacher Post angeschrieben oder Absichtserklärungen des Gerichts sowie Stellungnahmen der Parteien bzw. ihrer Vertreter im Verhandlungsprotokoll festgehalten werden (*Creutzfeldt*, NZA 1996, 956, 958).

Unterschiedliche Auffassungen bestehen darüber, ob der Streitwertbeschluss zu begründen ist. Als entbehrlich gilt eine Begründung dann, wenn das Gericht den übereinstimmenden Anträgen der Parteien entsprochen hat oder sie die Erwägungen des Gerichts beispielsweise aus der mündlichen Verhandlung bereits kennen (*Hartmann*, KostG, § 25 GKG Rdn. 29). Das kann aber nur eine rein auf Gründen der Praktikabilität und nicht auf rechtlichen Erwägungen beruhende Empfehlung sein in der Erwartung, es werde keine Beschwerde eingelegt. Gleichwohl empfiehlt sich auch in diesen Fällen eine Begründung, denn eine Beschwerde ist nie auszuschließen und hierauf kann das Landesarbeitsgericht allein schon wegen einer fehlender Begründung die Sache zurückverweisen (LAG Baden-Württemberg vom 6. 6. 1990, JurBüro 1990, 1272 ff.; LAG Bremen vom 30. 4. 1987, NZA 1988, 260). Besteht eine Klage aus mehreren Anträgen, so muss das Arbeitsgericht den im Urteil festgesetzten Streitwert so begründen, dass der Wert jedes Teilantrages über den entschieden wurde, auch aus der Entscheidung hervorgeht (LAG Frankfurt vom 23. 1. 1996, 9 Sa 1680/95, n. v.). Auch unzulässige Anträge oder Anträge, über die nicht entschieden wurde, sind bei der Streitwertfestsetzung zu berücksichtigen, da es ein gerichtlich streitiges Verfahren ohne Gegenstandswert schlechthin nicht gibt (LAG Hamm vom 2. 11. 1998, 9 Ta 358/98, n. v.).

Der Streitwertbeschluss wirkt nicht nur für und gegen den Antragsteller, sondern entfaltet eine Bindungswirkung für alle Beteiligten. Erging der Streitwertbeschluss auf Antrag eines Rechtsanwaltes, so ist er auch Berechnungsgrundlage für die Gebühren des Gegenanwaltes, vorausgesetzt, die Tätigkeiten der Anwälte waren auf denselben Streitgegenstand bezogen. Die gerichtliche Festsetzung des Streitwertes bleibt auch bei einem späteren Streit zwischen dem Rechtsanwalt und seinem Mandanten über die Gebührenrechnung zu berücksichtigen (*Gerold/Schmidt/v. Eicken/Madert*, BRAGO § 9 Rdn. 53).

Im Verfahren **nach § 10 BRAGO** ist das Gericht zuständig, in dessen Instanzenzug der Rechtsanwalt tätig war. Erstreckte sich die Tätigkeit des Rechtsanwaltes auf mehrere Instanzen, so ist in jeder ein Beschluss für die jeweilige Instanz nach entsprechendem Antrag zu erlassen.

Gemäß § 10 Abs. 2 Satz 2 BRAGO sind die Beteiligten vor einer Entscheidung zu hören. Beteiligter ist derjenige, dessen Rechte und Pflichten durch den Beschluss berührt werden (*Gerold/Schmidt/v. Eicken/Madert*, BRAGO § 10 Rdn. 8). Aus diesem Grund ist auch der Arbeitgeber im Beschlussverfahren anzuhören, wenn der Verfahrensbevollmächtigte des Betriebsrates eine Streitwertfestsetzung gegen diesen betreibt (LAG München vom 12. 11. 1982, DB 1983, 2044). Der Beschluss entfaltet nur Bindungswirkung für den Rechtsanwalt, der selbst oder dessen Mandant einen Antrag nach § 10 Abs. 1 BRAGO gestellt hat. Auch für die Staatskasse soll der Streitwertbeschluss verbindlich sein (LAG Nürnberg vom 11. 11. 1997, 5 Ta 22/97, n. v.). Dem Gegenanwalt steht es hingegen frei, ebenfalls einen Antrag auf Streitwertfestsetzung zu stellen; ihm gegenüber tritt keine Bindungswirkung ein (*Creutzfeldt*, NZA 1996, 956, 962).

Hinsichtlich des Begründungserfordernis des Streitwertbeschlusses kann nichts anderes gelten als in dem Verfahren nach § 9 Abs. 2 BRAGO, 25 GKG. Es empfiehlt sich also grundsätzlich, den Beschluss zu begründen, da nur an Hand einer Begründung die Entscheidung überprüft werden kann.

Aus § 9 Abs. 5 ArbGG ergibt sich, dass der Streitwertbeschluss einer Rechtsmittelbelehrung bedarf, da er mittels einer befristeten Beschwerde gemäß § 10 Abs. 3 BRAGO angreifbar ist. Aus diesem Grunde ist auch eine förmliche Zustellung gemäß § 329 Abs. 2 ZPO notwendig.

VI. Rechtsmittel

Die Beschwerde gegen einen Streitwertbeschluss ist **gemäß § 25 Abs. 3 GKG** erst bei einem Beschwerdewert von mehr als EUR 50,– zulässig. Der Beschwerdewert ergibt sich aus dem Unterschiedsbetrag der Rechtsanwaltsgebühren nach dem festgesetzten Wert und dem mit der Beschwerde erstrebten Wert, wobei die Umsatzsteuer hinzuzurechnen ist. Die Beschwerde muss begründet werden, mindestens aber ein beziffertes Ziel angeben werden, da andernfalls nicht erkennbar ist, ob der erforderliche Beschwerdewert von EUR 50,– erreicht wurde. Fehlt es daran, ist die Beschwerde als unzulässig zu verwerfen (LAG Berlin vom 15. 6. 1995, 1 Ta 43/95 (Kost), n.v.; *Schäder,* Streitwert-Lexikon Arbeitsrecht, S. 27f.).

Als Beschwerdeberechtigte kommen die Parteien, die Staatskasse und die Prozessbevollmächtigten in Betracht. Allerdings muss zu der bloßen Erreichung des Beschwerdewertes auch noch eine tatsächliche Beschwer hinzukommen. Dies ist bei dem Rechtsanwalt regelmäßig nur bei einem seiner Meinung nach zu niedrig bemessenen Streitwert anzunehmen. Die Parteien sind hingegen nicht bei einem ihrer Auffassung nach zu niedrig bemessenen Streitwert antragsberechtigt (*Gerold/Schmidt/v. Eicken/Madert,* BRAGO § 9 Rdn. 72). Unzulässig sind auch Herabsetzungsanträge, die ein Rechtsanwalt „im Auftrag" der nicht antragsberechtigten Rechtsschutzversicherung stellt (LAG Düsseldorf vom 30. 12. 1994, MDR 1995, 1074, 1075, JurBüro 1995, 590, VersR 1996, 520). Im arbeitsgerichtlichen Beschlussverfahren kann der Arbeitgeber die Beschwerde aus eigenem Recht einlegen, da er grundsätzlich die Kosten des Rechtsstreits nach § 40 Abs. 1 BetrVG zu tragen hat (LAG Rheinland-Pfalz vom 7. 4. 1989, NZA 1989, 529). Eine Beschwerde des Betriebsrates bei einer niedrigen Bewertung des Gegenstandswertes ist somit ausgeschlossen (LAG München vom 4. 3. 1997, AnwBl 1997, 679).

Die Streitwertbeschwerde ist gemäß § 25 Abs. 3 Satz 3 GKG innerhalb der Frist nach § 25 Abs. 2 Satz 3 GKG einzulegen, also innerhalb von sechs Monaten, nachdem die Hauptsache rechtskräftig geworden ist oder sich das Verfahren anderweitig erledigt hat. Ferner bestimmt § 25 Abs. 3 Satz 3 a. E. GKG, dass eine Beschwerde auch noch innerhalb eines Monats nach Zustellung oder formloser Mitteilung des Feststellungsbeschlusses eingelegt werden kann, wenn der Streitwert später als einen Monat vor Ablauf der Sechsmonatsfrist festgesetzt worden ist.

Die Streitwertfestsetzung kann gemäß § 25 Abs. 2 GKG von dem Gericht, das die Entscheidung getroffen hat, oder, wenn das Verfahren wegen der Hauptsache, dem Streitwert, dem Kostenansatz oder der Kostenfestsetzung in der Rechtsmittelinstanz schwebt, von dem Rechtsmittelgericht von Amts wegen geändert werden. Eine Änderung ist aber nur innerhalb der Frist des § 25 Abs. 2 Satz 3 GKG möglich, also innerhalb von sechs Monaten nach Rechtskraft der Hauptsacheentscheidung oder nach anderweitiger Verfahrenserledigung. Nur wenn ein Abänderungsbeschluss i.S.v. § 25 Abs. 2 Satz 2 GKG ergeht, ist dieser auch zuzustellen, weil die Monatsfrist für den Abänderungsantrag nach § 107 Abs. 1 ZPO gemäß § 107 Abs. 2 ZPO mit der Zustellung beginnt (*Hansens*, BRAGO § 9 Rdn. 14). Ansonsten genügt eine formlose Mitteilung der Streitwertfestsetzung (*Hartmann*, KostG § 25 GKG Rdn. 32).

Zu beachten ist aber, dass der Streitwertbeschluss immer nur für die jeweilige Instanz Bindungswirkung entfaltet. Eine mögliche abweichende Festsetzung des Streitwertes in der Rechtsmittelinstanz gilt für die untere Instanz nur, wenn in dem abweichenden Beschluss eine von Amts wegen vorzunehmende Änderung des erstinstanzlichen Streitwertbeschlusses zu erblicken ist (*Gerold/Schmidt/v. Eicken/Madert*, BRAGO § 9 Rdn. 53).

Gegen den Beschluss ist **gemäß § 10 Abs. 3 Satz 1 BRAGO** die Beschwerde zulässig, wenn der Beschwerdegegenstand EUR 50,– übersteigt. Dieser Beschwerdewert errechnet sich aus dem Unterschiedsbetrag der Rechtsanwaltsgebühren nach dem festgesetzten Wert und dem mit der Beschwerde erstrebten Wert zuzüglich der Umsatzsteuer. Eine Begründungspflicht für die Beschwerde ergibt sich aus den oben zu § 25 Abs. 3 GKG angegebenen Gründen.

Gemäß § 10 Abs. 3 Satz 3 BRAGO ist die Beschwerde innerhalb von zwei Wochen nach Zustellung der Entscheidung einzulegen. Sie kann gemäß § 10 Abs. 4 BRAGO schriftlich eingereicht oder zu Protokoll der Geschäftsstelle gegeben werden.

Streitig ist, ob das Arbeitsgericht seine Entscheidung abändern darf. Dies wird mit der Begründung angenommen, die Beschwerde nach § 10 Abs. 3 BRAGO sei keine sofortige Beschwerde i. S. v. § 577 ZPO, sondern es handele sich um eine „normale" Beschwerde, bei der nur die Einlegungsfrist begrenzt sei (*Schaub*, Arbeitsgerichtliche Formularsammlung, 385; *Creutzfeldt*, NZA 1996, 956, 962). Die Gegenansicht sieht die Beschwerde nach § 10 Abs. 3 BRAGO als eine sofortige Beschwerde i. S. v. § 577 ZPO an, so dass eine Änderungsbefugnis des Arbeitsgerichtes wegen § 577 Abs. 3 ZPO nicht besteht (LAG Schleswig-Holstein vom 21. 1. 1996, 4 Ta 140/95, n. v.; LAG Düsseldorf vom 12. 10. 1995, 7 Ta 267/95, n. v.; *Gerold/Schmidt/v. Eicken/Madert*, BRAGO, § 10 Rdn. 12 ff.; *Hansens*, BRAGO, § 10 Rdn. 16).

VII. Die Beschwerdeentscheidung

Vor der Entscheidung über die Beschwerde hat das Landesarbeitsgericht den Beteiligten rechtliches Gehör zu gewähren (*Gerold/Schmidt/v. Eicken/Madert*, BRAGO, § 9 Rdn. 78) Der Beschluss des Landesarbeitsgerichtes ist zu begründen, damit die Beteiligten erkennen können, auf welchen rechtlichen oder tatsächlichen Erwägungen die Entscheidung beruht.

Das Verbot der „reformatio in peius" gilt im Beschwerdeverfahren für eine Streitwertfestsetzung nach § 9 Abs. 2 BRAGO, § 25 GKG nicht, da der richtige Streitwert von Amts wegen ermittelt werden muss. Das Landesarbeitsgericht kann deshalb auch den Streitwert zu Lasten des Beschwerdeführers abändern (LAG Hamburg vom 13. 11. 1995, NZA-RR 1996, 306–307; OLG Karlsruhe vom 13. 7. 1998, AnwBl 1998, 616; OLG Düsseldorf vom 3. 9. 1984, JurBüro 1985, 255; *Gerold/Schmidt/v. Eicken/Madert*, BRAGO, § 9 Rdn. 76).

Gegen die Entscheidung des Landesarbeitsgerichts ist kein Rechtsmittel gegeben. Dies gilt auch nach der zum 1. 1. 2002 in Kraft getretenen Zivilprozessreform und der damit verbundenen Streichung des § 70 ArbGG. Der neugefasste § 78 ArbGG verweist zwar auf die Regelung zur Rechtsbeschwerde in der ZPO (§§ 574 ff.), so dass eine der Rechtsvereinheitlichung dienende Beschwerde in Streitwertsachen an das BAG die wünschenswerte Konsequenz wäre, jedoch ist diese auf Grund der Spezialregelungen in § 10 Abs. 3 BRAGO und § 25 Abs. 3 i. V. m. § 5 Abs. 2 Satz 3 GKG ausgeschlossen (*Kaiser*, DB 2002, 324 ff.; a. A.: *Schmidt/Schwab/Wildschütz*, NZA 2001, 1217, 1226).

Die Beteiligten haben jedoch die Möglichkeit, innerhalb der Frist von 6 Monaten des § 25 Abs. 2 Satz 2 GKG dem Gericht Gegenvorstellungen zu unterbreiten, wobei das Landesarbeitsgericht innerhalb dieser Frist von Amts wegen seine Entscheidung ändern kann (*Creutzfeldt*, NZA 1996, 956, 960).

Eine Entscheidung über den Streitwert durch ein Gericht der Arbeitsgerichtsbarkeit bindet das Zivilgericht nicht, wenn der Rechtsstreit nach der Streitwertfestsetzung an ein Gericht der Zivilgerichtsbarkeit verwiesen wurde (OLG Frankfurt vom 14. 8. 1995, OLG-Rsp. Frankfurt 1995, 238).

Von der Rechtsprechung wird überwiegend angenommen, das Verbot der „reformatio in peius" gelte nicht im Streitwertbeschwerdeverfahren **nach § 10 Abs. 3 BRAGO**. Das Landesarbeitsgerichts sei deshalb nicht gehindert, den Streitwert zu Lasten des Beschwerdeführers neu festzusetzen (für eine solche Befugnis des LAG: BayObLG vom 19. 1. 1982, 1 Z 20/81, JurBüro 1982, 1024; LAG Hamburg vom 28. 10. 1987, LAGE Nr. 2 zu § 10 BRAGO; LAG Hamburg vom 13. 11. 1995, NZA-RR 1996, 306–307; a. A. *Gerold/Schmidt/v. Eicken/Madert*, § 10 Rdn. 12; *Hansens*, BRAGO, § 10 Rdn. 13; offen gelassen LAG München vom 28. 1. 1987, JurBüro 1987, 858 f.). Die Beschwerdeentscheidung des Landesarbeitsgerichtes muss eine Begründung enthalten (*Hansens*, BRAGO, § 10 Rdn. 17).

VIII. Besonderheiten im Beschlussverfahren

1. Vermögens- bzw. nichtvermögensrechtliche Streitigkeiten

Im arbeitsgerichtlichen Beschlussverfahren erfolgt die Streitwertfestsetzung zur anwaltlichen Gebührenabrechnung durch das Gericht nur auf Antrag gemäß § 10 Abs. 1 BRAGO. Eine spezielle Norm zur Streitwertbestimmung im Beschlussverfahren fehlt, so dass nach allgemeiner Meinung die Auffangvorschrift des § 8 Abs. 2 BRAGO Anwendung findet (LAG Bremen vom 29. 6. 1983, AnwBl 1984, 165; *Hartmann*, KostG, § 8 BRAGO Rdn. 12). Dabei ist in § 8 Abs. 2 Satz 2 2. Halbsatz BRAGO festgelegt, dass bei nicht vermögensrechtlichen Ansprüchen und bei ungenügenden tatsächlichen Anhaltspunkten für eine Schätzung des Streitwertes der Gegenstandswert EUR 4.000,– beträgt. Jedoch kann nach Lage des Falles eine niedrigere oder höhere Bewertung vorgenommen werden, wobei der Höchstwert auf EUR 500.000,– beschränkt ist.

Bei vermögensrechtlichen Streitigkeiten besteht diese Einschränkung nicht. Zwar kann auch hier das Gericht den Wert nach freiem Ermessen festsetzen (LAG München vom 7. 12. 1995, LAGE § 8 BRAGO Nr. 29; *Gerold/Schmidt/v. Eicken/Madert*, BRAGO, § 8 Rdn. 23). Bei bezifferten oder bezifferbaren Klageanträgen bestimmt sich der Gegenstandswert der Streitigkeit aber auf dieser Grundlage (LAG Schleswig-Holstein vom 15. 12. 1988, LAGE § 8 BRAGO Nr. 10; *Wenzel*, DB 1977, 722, 723).

Die Abgrenzung zwischen einer vermögensrechtlichen und einer nichtvermögensrechtlichen Streitigkeit erfolgt danach, ob die geltend gemachten Ansprüche auf Geld oder Geldwert gerichtet sind, wobei sie aus einem vermögensrechtlichen (BAG vom 10. 8. 1989, 6 AZR 776/87, n. v.; LAG Hamburg vom 4. 8. 1992, NZA 1993, 42 ff., LAGE § 8 BRAGO Nr. 18), oder auch einem nichtvermögensrechtlichen (BGH vom 27. 2. 1954, BGHZ 13, 5, 7; *Bertelsmann*, Gegenstandswerte im arbeitsgerichtlichen Beschlussverfahren, S. 13) Rechtsverhältnis herrühren können. Eine vermögensrechtliche Streitigkeit liegt schon dann vor, wenn der Anspruch im Wesentlichen auf die Wahrung wirtschaftlicher Belange gerichtet ist, unabhängig davon, ob weitere Zwecke verfolgt werden (BAG vom 24. 2. 1982, BAGE 38, 52, 54; BAG vom 31. 1. 1984, BAGE 45, 91, 97; BAG vom 10. 8. 1989, 6 AZR 776/87 n. v.).

Der Begriff des „Geldwertes" ist als Abgrenzungskriterium schwierig zu handhaben, denn fast jede betriebsverfassungsrechtliche Streitigkeit hat für den Arbeitgeber finanzielle Auswirkungen und besitzt damit Geldwert. Diese Unsicherheit bei der Abgrenzung beider Begriffe führt dazu, dass beispielsweise das Zustimmungsersetzungsverfahren nach § 99 Abs. 4 BetrVG unterschiedlich charakterisiert wird (als vermögensrechtliche Streitigkeit: LAG Schleswig-Holstein vom 15. 12. 1988, LAGE § 8 BRAGO Nr. 10; a. A. LAG Schleswig-Holstein vom 27. 4. 1988, LAGE § 8 BRAGO Nr. 6).

Teilweise wird die Unterscheidung zwischen vermögensrechtlichen und nichtvermögensrechtlichen Streitigkeit als bedeutungslos erachtet, weil der weite Bewertungsmaßstab des § 8 Abs. 2 Satz 2 BRAGO in jedem Fall derselbe sei (LAG Niedersachsen vom 26. 4. 1996, DB 1996, 1632, LAGE § 8 BRAGO Nr. 31). Diese Auffassung mag für die Mehrzahl der Beschlussverfahren ihre Berechtigung haben, jedoch hat die Entscheidung der Frage nach dem vermögensrechtlichen Charakter der Streitigkeit dann gebührenrechtliche Auswirkungen, wenn die in § 8 Abs. 2 Satz 2 2. Halbsatz BRAGO vorgenommene Begrenzung des Gegenstandswertes auf EUR 500.000,– durch den tatsächlichen Wert der Streitigkeit überschritten wird. Dies ist beispielsweise nicht selten bei der Anfechtung von Einigungsstellenbeschlüssen zu Sozialplänen der Fall.

2. Regelwert oder Hilfswert

Strittig ist, ob es sich bei den in § 8 Abs. 2 Satz 2. Halbsatz BRAGO angegebenen EUR 4.000,– um einen Regelwert oder Hilfswert handelt. Während die einen diesen Wert für einen Regelwert halten, von dem nur in Ausnahmefällen abgewichen werden kann (LAG Köln vom 29. 10. 1991, MDR 1992, 165 f.; LAG Schleswig-Holstein vom 17. 3. 1992, DB 1992, 1148), betrachten die anderen ihn als Hilfswert im Sinne eines Auffangwertes, der nur dann zur Anwendung kommen soll, wenn es für eine andere Bewertung keine Anhaltspunkte gibt (LAG Brandenburg vom 21. 9. 1995, NZA 1996, 112; LAG Mecklenburg-Vorpommern vom 3. 4. 1997, 2 Ta 14/97 n. v.).

Die letztere Auffassung stützt sich dabei auf den Wortlaut des § 8 Abs. 2 Satz 2 2. Halbsatz BRAGO, in dem es gerade nicht heißt, der Gegenstandswert beträgt „regelmäßig" EUR 4.000,–. Vielmehr soll der Wert „nach Lage des Falles" niedriger oder höher (und dabei bis zu maximal EUR 500.000,–) angenommen werden (LAG München vom 7. 12. 1995, LAGE § 8 BRAGO Nr. 29; LAG Hamburg vom 4. 8. 1992, LAGE § 8 BRAGO Nr. 10; LAG Stuttgart vom 5. 11. 1981, AnwBl. 1982, 312; *Gerold/ Schmidt/v. Eicken/Madert*, BRAGO, § 8 Rdn. 23).

Folglich ist lediglich mit dem genannten Betrag zu beginnen und dann zu prüfen, ob und inwieweit der zu bewertende Gegenstand von dem abstrakten Normalfall eines nicht vermögensrechtlichen Gegenstandes abweicht. In dem Verhältnis, wie der tatsächlich zu bewertende Einzelfall von dem abstrakten Normalfall abweicht, bestimmt sich auch der konkrete Gegenstandswert, wobei als Ausgangsbasis die in § 8 Abs. 2 Satz 2 2. Halbsatz BRAGO normierten EUR 4.000,– zugrunde zu legen sind.

3. Bedeutung des wirtschaftlichen Werts

Der weite Bewertungsrahmen sollte jedenfalls zu einer differenzierten Bewertung nicht vermögensrechtlicher Streitigkeiten führen, wobei zumeist ein höherer Wert als der Hilfsgegenstandswert anzuerkennen sein wird (LAG Niedersachsen vom 26. 4. 1996, DB 1996, 1632). An Hand welcher Umstände und Kriterien eine Unterscheidung zwischen dem abstrakten Normalfall und dem konkret zu bewertenden Einzelfall vorzunehmen ist, lässt § 8 Abs. 2 BRAGO offen. Um dennoch Bemessungsgrundlagen anzuwenden, die auf gesetzgeberischen Wertungen beruhen und nicht auf beliebiger Bewertung durch einzelne Gerichte, wird deshalb vertreten, auf Bewertungsvorschriften für vermögensrechtliche Streitigkeiten bzw. Gegenstände zurückzugreifen (LAG München vom 7. 12. 1995, LAGE § 8 BRAGO Nr. 29). Dabei käme § 12 Abs. 2 Satz 1 GKG in Betracht, wonach insbesondere der Umfang und die Bedeutung der Sache sowie die Vermögens- und Einkommensverhältnisse der Parteien zu berücksichtigen sind. Vergleichbare Bewertungskriterien finden sich in § 113 Abs. 2 Satz 3 BRAGO. Auch kann auf § 6 Abs. 1 Satz 2 BRAGO zurückgegriffen werden (LAG Nürnberg vom 2. 11. 1998, 7 Ta 167/98, n. v.).

Maßgebliches Gewicht bei der Bewertung der nicht vermögensrechtlichen Streitigkeit kommt damit der wirtschaftlichen Bedeutung der Angelegenheit zu. Abzustellen ist dabei auf die Wichtigkeit, die Auswirkung und die Tragweite der gerichtlichen Entscheidung für die Beteiligten, also inwieweit sie im positiven oder negativen Sinne vom Ausgang des Verfahrens ideell oder materiell betroffen werden (LAG München vom 7. 12. 1995, LAGE § 8 BRAGO Nr. 29). Für eine entscheidende Berücksichtigung der wirtschaftlichen Bedeutung der Angelegenheit spricht auch der weite Bewertungsrahmen des § 8 Abs. 2 Satz 2 2. Halbsatz BRAGO. Allein ein Abstellen auf den Umfang der Sache und damit auf die rechtlichen oder tatsächlichen Schwierigkeiten lassen kaum eine Fallgestaltung möglich erscheinen, bei der die Obergrenze von EUR 500.000,– auch nur annähernd erreicht werden würde (in diesem Sinne: LAG Mecklenburg-Vorpommern vom 3. 4. 1997, 2 Ta 14/97, n. v.).

Vereinzelt meinen Landesarbeitsgerichte jedoch, im arbeitsgerichtlichen Beschlussverfahren müsse die wirtschaftliche Bedeutung einer streitigen Maßnahme unberücksichtigt bleiben. Dies wird mit dem Hinweis begründet, betriebsverfassungsrechtliche Ansprüche könnten zwar vermögensrechtliche Auswirkungen auf die jeweiligen Individualarbeitsverhältnisse haben, derartige lediglich mittelbare Folgen würden sich jedoch nicht auf die Höhe des Gegenstandswertes auswirken, da der Gegenstand des Beschlussverfahrens inhaltlich unverändert bliebe (LAG Schleswig-Holstein vom 17. 3. 1992, LAGE § 8 BRAGO Nr. 17; LAG Schleswig-Holstein vom 6. 5. 1993, BB 1993, 1520; LAG Mecklenburg-Vorpommern vom 13. 10. 1994, 4 Ta 57/94, n. v.; auch *Vetter*, NZA 1986, 182, 185 hält den wirtschaftlichen Wert der Angelegenheit für bedeutungslos; a. A. LAG Köln vom 29. 10. 1991, MDR 1992, 165 f.).

Der in § 12 Abs. 2 Satz 1 GKG und in § 113 Abs. 2 Satz 3 BRAGO erwähnten Berücksichtigung der Vermögens- und Einkommensverhältnisse der Parteien kommt keine gesteigerte Bedeutung zu. Hierbei geht es eher darum, unbillige Härten für den Arbeitgeber zu vermeiden. Lediglich das Landesarbeitsgericht Schleswig-Holstein problematisiert in diesem Zusammenhang die Vermögenslosigkeit des Betriebsrates und folgert daraus, der Gegenstandswert sei gering anzusetzen (LAG Schleswig-Holstein vom 9. 3. 1993, LAGE § 8 BRAGO Nr. 19). Dagegen wird zu Recht eingewandt, dass dem Gesetzgeber diese Problematik bewusst war und deshalb gemäß § 40 Abs. 1 BetrVG der Arbeitgeber die erforderlichen Rechtsanwaltskosten des Betriebsrates zu tragen hat

(LAG Hamburg vom 6. 5. 1986, 7 Ta 19/85, n. v.). Außerdem würden durch eine solche Bewertungspraxis die vom Betriebsrat bevollmächtigten Rechtsanwälte benachteiligt, da sie nicht auf der Basis eines vereinbarten Honorars abrechnen können.

4. Schwierigkeitsgrad und anwaltlicher Arbeitsaufwand

Strittig ist, ob zur Bewertung nicht vermögensrechtlicher Streitigkeiten der Umfang und der Schwierigkeitsgrad der anwaltlichen Tätigkeit i. S. v. § 113 Abs. 2 Satz 3 BRAGO und § 12 Abs. 1 BRAGO zu berücksichtigen ist. Dies wird von zahlreichen Gerichten bejaht (LAG Bremen vom 24. 4. 978, BB 1979, 1096; LAG München vom 1. 9. 1993, BB 1994, 291; LAG Köln vom 27. 7. 1995, JurBüro 1996, 590, 591; LAG Baden-Württemberg vom 2. 4. 1992, JurBüro 1992, 601 f.; LAG Hamburg vom 4. 8. 1992, BB 1992, 1857 f.). Dabei betonen sie, dass die tatsächliche oder rechtliche Schwierigkeit der Angelegenheit und der notwendige Arbeitsaufwand sachgerechte Kriterien sind, wenn § 8 Abs. 2 Satz 2 2. Halbsatz BRAGO fordert, den Gegenstandswert „nach Lage des Falles", also bei Berücksichtigung aller Umstände des Einzelfalles, niedriger oder höher zu bewerten (LAG Schleswig-Holstein vom 15. 12. 1988, LAGE § 8 BRAGO Nr. 10). Die von einigen Landesarbeitsgerichten (LAG Schleswig-Holstein vom 6. 5. 1993, BB 1993, 1520; LAG Niedersachsen vom 6. 1. 1995, 12 Ta 223/94, n. v.) und teilweise auch in der Literatur (*Vetter*, NZA 1986, 182, 185) vertretene Ansicht, die oben genannten Umstände seien nicht zu berücksichtigen, stützt sich darauf, dass es dem Gleichheitssatz widerspräche, würde in nicht vermögensrechtlichen Streitigkeiten entgegen der sonst üblichen Praxis bei der Bewertung des Gegenstandswertes von vermögensrechtlichen Streitigkeiten plötzlich der Arbeitsaufwand eines Rechtsanwaltes Berücksichtigung finden (LAG Schleswig-Holstein vom 6. 5. 1993, 1 Ta 54/93, n. v.). Außerdem hinge der Arbeitsaufwand oftmals von der Schreibfreudigkeit und der Formulierfähigkeit des Rechtsanwaltes ab, so dass kein sachgerechtes Kriterium zur Bemessung des Streitgegenstandes vorläge. Dies gelte auch für den Schwierigkeitsgrad einer Sache, dessen konkrete Bestimmung unmöglich sei (*Vetter*, NZA 1986, 182, 185). Auch wenn insoweit Probleme nicht auszuschließen sind, muss insgesamt bei der Wertfestsetzung doch das mit § 8 Abs. 2 BRAGO verfolgte Ziel berücksichtigt werden, den beteiligten Rechtsanwälten eine angemessene Vergütung für ihre Tätigkeit zukommen zu lassen. Eine angemessene Vergütung erfordert eine ungefähre Gleichstellung mit einem Richter, einschließlich Altersvorsorge etc. Untersuchungen hierzu haben auf dem Stand 1991/92 einen notwendigen Honorarumsatz von DM 300,– pro Stunde ermittelt (*Franzen*, NJW 1993, 438). Wer einen Streitwert zu beantragen oder festzusetzen hat, muss diesen Betrag also auf den aktuellen Stand hochrechnen und sich in Ansehung des zu schätzenden Aufwands der Prozessbeteiligten fragen, ob der in Aussicht genommene Streitwert zu einer angemessenen Vergütung führt. Sicher ist diese Überlegung nicht das einzige Bemessungskriterium, denn auch die gesetzlichen Gebühren bezifferter Anträge führen nicht immer zu einer angemessenen Vergütung. § 8 Abs. 2 BRAGO fordert jedoch zur Berücksichtigung auch des Kriteriums der angemessenen Vergütung auf.

Q. Einzelne individualrechtliche Streitwerte

I. Das Kündigungsschutzverfahren

1. Der Bestandsschutzantrag nach § 4 KSchG

1.1 Arbeitsverhältnisse von mehr als einem Jahr Dauer

In pp

bitten wir gemäß § 25 GKG i. V. m. § 9 Abs. 2 BRAGO um Streitwertfestsetzung zum Zwecke der anwaltlichen Gebührenberechnung.[1]
Für den hier streitgegenständlichen Kündigungsschutzantrag wird gebeten, den Streitwert auf EUR 15.412,– festzusetzen.

Begründung:

Nach § 12 Abs. 7 Satz 1 ArbGG ist für die Festsetzung des Streitwertes über die Kündigung eines Arbeitsverhältnisses „höchstens der Betrag des für die Dauer eines Vierteljahres zu leistenden Arbeitsentgelts maßgebend". Bestimmend für den Streitwert ist also ein Viertel des Jahreseinkommens (LAG Köln vom 4. 3. 1994, NZA 1994, 1104; LAG Düsseldorf vom 9. 9. 1993, LAGE § 12 ArbGG 1979 Streitwert Nr. 99).[2]
Da der Kläger regelmäßig monatlich ein Grundgehalt von EUR 3.000,– brutto verdiente, ergibt sich hieraus zunächst ein Streitwertanteil von EUR 9.000,–.
Der Kläger hatte jedoch darüber hinaus Anspruch auf ein vertraglich vereinbartes 13. Monatsgehalt, das vier Monate nach dem streitigen Ende des Arbeitsverhältnisses fällig geworden wäre. Der Vierteljahresanteil beträgt mithin (EUR 3.000,– : 12 = EUR 250 × 3) EUR 750,– (LAG Köln vom 17. 11. 1995, NZA-RR 1996, 392; LAG Hamburg vom 19. 11. 1990, AnwBl. 91, 165–166; Hess. LAG vom 16. 5. 1998, 6 Ta 430/97. n. v.; LAG Düsseldorf vom 28. 6. 1990, LAGE § 12 ArbGG Streitwert Nr. 84; *Stahlhacke/Preis/Vossen*, Kündigung und Kündigungsschutz im Arbeitsverhältnis Rdn. 2064; *Hümmerich*, NZA-RR 2000, 225 f.).[3]
Darüber hinaus hat die Beklagte dem Kläger ohne eine zugrunde liegende vertragliche Regelung jährlich mit dem Novembergehalt eine Gratifikation in Höhe von EUR 4.000,– gewährt, verbunden mit dem Hinweis, diese sei zurückzuzahlen, wenn das Arbeitsverhältnis nicht über den 31. 3. des Folgejahres hinaus besteht. Wäre der Bestand des Arbeitsverhältnisses also weiterhin unbestritten geblieben, hätte der Kläger auf diese Gratifikation auch Anspruch gehabt. Die Gratifikation ist daher anteilig mit dem Vierteljahresbetrag, also mit EUR 1.000,– zu berücksichtigen (LAG Düsseldorf vom 28. 6. 1990, LAGE § 12 ArbGG Streitwert Nr. 84).[4]
Ferner hat die Beklagte dem Kläger seit mindestens zehn Jahren jährlich eine Tantieme gewährt. Die Höhe der Tantieme richtete sich nach dem Geschäftsergebnis. In keinem Jahr hat die Beklagte jedoch weniger als EUR 5.000,– gezahlt, so auch für das der Kündigung vorangegangene Jahr, und es sind keine Anhaltspunkte da-

für gegeben, dass das Geschäftsergebnis des laufenden Jahres hinter dem des vorangegangenen Jahres zurückstehen würde. Hieraus wäre die Pflicht der Beklagten gefolgt, im Rahmen der pflichtgemäßen Ausübung billigen Ermessens auch in diesem Jahr mindestens einen gleichen Betrag zu zahlen, wäre das Arbeitsverhältnis nicht durch die Kündigung beendet worden. Tantiemen sind deshalb bei der Streitwertbemessung mitzurechnen (siehe GK-*Wenzel*, § 12 ArbGG Rdnr. 140a); vorliegend in Höhe von EUR 1.250,–.

Bei der Bemessung des Streitwertes weiter zu berücksichtigen sind die dem Kläger von der Beklagten gewährten Sachbezüge. Deren Wert ist auf einer Jahresbruttobasis zu ermitteln und entsprechend anteilig zu berücksichtigen (LAG Köln vom 4. 3. 1994, NZA 1994, 1104). Im vorliegenden Fall geht es um die Gewährung der privaten Nutzung eines Dienst-Pkw. Als Wert der Sachbezüge ist der Betrag festzusetzen, den der Arbeitnehmer zur Beschaffung der Naturalien auf dem freien Markt aufzuwenden hätte. Das ist mindestens der Betrag, der aus den alljährlich vom ADAC veröffentlichten Kostentabellen ersichtlich ist (LAG Köln vom 4. 3. 1994, a. a. O., unter Berufung auf BAG vom 11. 8. 1981, AP Nr. 27 zu § 611 BGB und *Brill*, DB 1981, 2331 sowie BAG vom 23. 6. 1994, AP Nr. 34 zu § 249 BGB und DB 1994, 2239–2240). Nicht anzusetzen ist hingegen der in den Gehaltsabrechnungen ausgewiesene steuerliche Sachbezugswert, denn dieser Wert wird allein aus steuerlichen Gründen gewählt und hat mit dem wirklichen Wert der Sachleistung nichts zu tun (BAG vom 23. 6. 1994, a. a. O.; a. A.: BAG vom 27. 5. 1999, NZA 1999, 1038 ff.). Da die Beklagte dem Kläger ein Fahrzeug der Marke X, Typ 1300 L, zur Verfügung stellte, ergibt sich hieraus unter Bezug auf die ADAC-Tabelle ein Nutzungswert von EUR 32,– täglich, mithin (EUR 32,– × 365 : 4) EUR 2.920,– im Vierteljahr.

Schließlich hat die Beklagte dem Kläger monatlich eine zusätzliche Vergütung von EUR 100,– zugesagt, als sie ihm eine zusätzliche Aufgabe übertrug. Zu deren Übernahme hatte der Kläger sich nur bereit erklärt, wenn ihm der genannte Betrag auch tatsächlich zufließen würde. So haben es die Parteien dann vereinbart und ist die Leistung auch erbracht worden. Zur Bemessung des Streitwertes ist die dadurch vereinbarte Nettovergütung auf einen Bruttobetrag hochzurechnen (LAG Düsseldorf vom 7. 1. 1991, LAGE § 12 ArbGG Streitwert Nr. 89; *Germelmann/Matthes/ Prütting/Müller-Glöge*, § 12 ArbGG Rdnr. 98). Unter Berücksichtigung der Sozialversicherungsanteile, die auf Grund der Nettolohn-Vergütungsvereinbarung den Arbeitgeber einschließlich der Arbeitnehmeranteile treffen und der hochzurechnenden Steuer ergibt sich eine Bruttovergütung von monatlich EUR 164,–, vierteljährlich also von EUR 492,–.

Der Streitwert bemisst sich daher wie folgt:

dreifache Grundbezüge	EUR 9.000,–
3/12 des 13. Monatsgehalts	EUR 750,–
3/12 der Gratifikation	EUR 1.000,–
3/12 der Tantieme	EUR 1.250,–
3/12 des Sachbezuges/Pkw	EUR 2.920,–
dreifacher Monatsbetrag der auf Brutto hochgerechneten Nettovergütung	EUR 492,–
Summe:	**EUR 15.412,–**

Abschrift anbei

Rechtsanwalt

Anmerkungen

1. Ob im Einzelfall § 25 GKG i. V. m. § 9 Abs. 2 BRAGO oder § 10 BRAGO die zutreffende Rechtsgrundlage ist, muss anhand der Darstellung zu 6. Kap. P. I. 1 u. 2 der Einführung geprüft werden. Ob überhaupt eine gesonderte Streitwertfestsetzung zulässig ist, ergibt sich aus 6. Kap. P. II. und ob eine Antragstellung im Hinblick auf das Verfahrensstadium zulässig ist, kann in 6. Kap. P. IV. nachgelesen werden.

2. Das ergibt sich bereits aus dem vom Gesetzgeber gewählten Begriff des Vierteljahreseinkommens, da dem Gesetzgeber durchaus der Begriff des Monatsverdienstes bekannt ist, wie § 10 KSchG zeigt. Hätte die Absicht bestanden, den Streitwert auf drei Monatsverdienste festzusetzen, hätte einer entsprechenden Gesetzesformulierung nichts im Wege gestanden.

Auch das Bundesarbeitsgericht geht von einem Vierteljahreseinkommen aus und nicht nur von dem dreifachen regelmäßigen monatlichen Bruttobezug, wenn es in seiner Entscheidung vom 19. 7. 1973, AP Nr. 20 zu § 12 ArbGG 1953, davon spricht, Gegenstand der Festsetzung seien die Einkünfte, die der Arbeitnehmer gehabt hätte in den drei Monaten nach dem strittigen Beendigungszeitpunkt. Für eine solche zeitliche Eingrenzung gibt es aber im Wortlaut des Gesetzes keinerlei Anhaltspunkte. Das Arbeitsentgelt „eines Vierteljahres" ist nun einmal nicht das Arbeitsentgelt „des folgenden Vierteljahres". Zu Recht weist das LAG Düsseldorf in seinem Beschluss vom 28. 6. 1990, LAGE § 12 ArbGG 1979 Streitwert Nr. 84, ergänzend darauf hin, dass die Berücksichtigung nur der Einkünfte dieser drei bestimmten Monate zu unterschiedlichen Streitwerten für die Beendigung ein und desselben Arbeitsverhältnisses führen würde, je nach dem, zu welchem Zeitpunkt die Kündigung ausgesprochen wird. Im Vordergrund steht jedoch für beide Vertragsparteien der Bestand des Arbeitsverhältnisses als solcher und nicht, zu welchem zufälligen und beliebigen Zeitpunkt er enden soll. Auch nicht vergessen werden darf dabei, dass § 12 Abs. 7 Satz 1 ArbGG vom Grundgedanken keine eigenständige Vorschrift ist, sondern auf den einschlägigen Vorschriften der ZPO beruht (§§ 3 ff. ZPO), die sie nur reduzieren soll. Da die ZPO in vergleichbaren Fällen von Jahresbeträgen ausgeht, muss das zur Wahrung der Einheitlichkeit der Rahmenbedingungen für Streitwertbemessungen und in Übereinstimmung mit dem Wortlaut der Vorschrift auch für § 12 Abs. 7 Satz 1 ArbGG gelten, nur eben reduziert auf den vierten Teil hiervon.

3. Nach BAG vom 19. 7. 1973, a. a. O., Hess. LAG vom 22. 6. 1998, 6 Ta 340/98, n. v. sowie KR-*Friedrich*, § 4 Rdnr. 274, wäre dieser Teil nicht mitzurechnen, da außerhalb des auf die Beendigung folgenden 3-Monats-Zeitraums fällig. Nach Auffassung des Hess. LAG vom 16. 5. 1998, 6 Ta 430/97, n. v., sind jedoch Sonderzahlungen, auf die bei Austritt Anspruch pro-rata-temporis besteht, wie das unabhängig von dem regelmäßigen Fälligkeitszeitpunkt für 13. Monatsgehälter bei Vertragsbeendigung der Fall ist, zu berücksichtigen.

4. Nach dem geschilderten Sachverhalt bestand für den Kläger Anspruch auf die Gratifikation. Wäre diese jedoch als freiwillige, jederzeit frei widerrufliche Leistung ausgestaltet gewesen und wäre es deshalb bei Ausspruch der Kündigung noch völlig ungewiss gewesen, ob bei Fortbestehen des Arbeitsverhältnisses später eine Zahlung erfolgen wird, wäre die Gratifikation auch nach Auffassung des LAG Düsseldorf vom 28. 6. 1990, a. a. O. nicht zu berücksichtigen gewesen. Derartige Gratifikationen werden aber in der Regel nicht einem Arbeitnehmer allein gewährt und ein Kündigungsschutzprozess nimmt im Allgemeinen längere Zeit in Anspruch. Hat der Arbeitgeber inzwischen gegenüber vergleichbaren Arbeitnehmern die Gratifikation erbracht, ist die Ungewissheit in tatsächlicher Hinsicht entfallen. Zwar ist grundsätzlich für die Bewertung einer Kündigung auf die Verhältnisse zum Zeitpunkt ihres Ausspruchs abzustellen und dies dann

wohl auch der Zeitpunkt für die Bemessung des Streitwertes, doch sind auch bei der Beurteilung des Kündigungsgrundes Rückschlüsse zulässig, etwa bei einer Betriebsveräuße-
rung entgegen zuvor bekundeter Absicht der Betriebsstilllegung. Deshalb ist auch bei der
Streitwertbemessung die Berücksichtigung später eintretender Umstände nicht ausgeschlossen. Eine Gratifikation gar nicht berücksichtigen wollte die 10. Kammer des LAG
Köln im Beschluss vom 18. 7. 1994, LAGE § 12 ArbGG Streitwert Nr. 100, während
die 5. Kammer des LAG Köln im Beschluss vom 17. 11. 1995, NZA-RR 1996, 392, diese Frage ausdrücklich offen gelassen hat. Ebenfalls gegen eine Berücksichtigung von
Gratifikationen sind: BAG vom 4. 9. 1996, AP Nr. 19 zu § 12 ArbGG 1979; LAG Berlin
vom 16. 10. 1985, 2 TA 97/85, LAGE § 12 ArbGG 1979 Streitwert Nr. 44 und vom
24. 10. 2002, 1 Ta (Kost) 6095/02, n.v.; *Stahlhacke/Preis/Vossen*, Rdn. 2067; KR-
Friedrich § 4 Rdn. 274.

Danach sollen Gratifikationen nicht berücksichtigt werden, weil der Höchstwert von
drei Monatsbezügen vor einer höheren Kostenbelastung durch einen erhöhten Gegenstandswert schützen soll (so LAG Köln vom 18. 7. 1994, a.a.O.). Das stellt jedoch eine
den Wortlaut der Gesetzesbestimmung einengende Auslegung dar, für die kein Bedürfnis
besteht, da es sich bei § 12 Abs. 7 ArbGG bereits um eine Sozialvorschrift handelt, die
schon zu Lasten der beteiligten Prozessbevollmächtigten die allgemeinen Wertvorschriften der Zivilprozessordnung abändert (LAG Düsseldorf vom 28. 6. 1990, a.a.O.). Das
Argument des LAG Köln verfängt ferner deshalb nicht, weil das Gesetz gar nicht von
drei Monatsbezügen spricht. Behauptet wird weiter, Gratifikationen würden jeweils aus
besonderen Gelegenheiten gewährt. Tatsächlich werden Gratifikationen nur zu bestimmten Fälligkeitszeitpunkten gewährt, nicht aber aus besonderen Gelegenheiten, jedenfalls dann nicht, wenn sie wie in dem Beispiel, regelmäßig gewährt werden.

1.2 Arbeitsverhältnis von kurzer Dauer

Wie Form. Q. I. 1.1.

Bei der Bemessung des Streitwertes auf der Basis des für die Dauer eines Vierteljahres zu leistenden Arbeitsentgeltes bleibt es, obwohl das Arbeitsverhältnis zum Zeitpunkt des Ausspruch der Kündigung erst seit neun Monaten bestand (LAG Niedersachsen vom 13. 7. 1993, AnwBl. 1994, 192 und vom 27. 4. 1995, 9 Ta 141/95,
n.v.; LAG Niedersachsen vom 13. 9. 2001, 16 Ta 281/01, AE 2002 Nr. 282; LAG
Berlin vom 5. 1. 1996, 7 Ta 120/95 (Kost), n.v.; LAG Hamburg vom 15. 5. 1990,
LAGE Nr. 85 zu § 12 ArbGG Streitwert 1979; LAG Bremen vom 9. 7. 1993, 2 Ta
36/93 n.v. und LAG Mecklenburg-Vorpommern vom 17. 10. 1997, 2 Ta 62/97,
n.v.; *Germelmann/Matthes/Prütting/Müller-Glöge* § 12 Rdn. 96; *Grunsky* § 12
ArbGG Rdn. 6a und GK-*Wenzel*, § 12 ArbGG Rdn. 135).

Anmerkung

Anderer Auffassung war das Bundesarbeitsgericht im Beschluss vom 30. 11. 1984,
NZA 1985, 369 ff. Das BAG hielt den Wert des Streitgegenstandes für abhängig von der
Dauer des Arbeitsverhältnisses und wollte einem Arbeitsverhältnis von bis zu sechs Mo-
naten Dauer nur den Wert einer Monatsvergütung beimessen und bei einer Dauer von
bis zu einem Jahr den Wert von zwei Monatsvergütungen (in diesem Sinne ebenfalls:
LAG Sachsen vom 2. 11. 1999, 4 Ta 308/99, NZA-RR 2001, 326; LAG Berlin vom

13. 3. 2001, 17 Ta 6026/01, NZA-RR 2001, 436 f.). Tragendes Argument war der Hinweis auf die Einfügung des Wortes „höchstens" in § 12 Abs. 7 Satz 1 ArbGG. Zutreffenderweise sind die zitierten Landesarbeitsgerichte und die Literatur dieser Auffassung nicht gefolgt. „Höchstens" bedeutet lediglich, dass eine Herabsetzung unter den Regelwert in Betracht kommt, wenn die Fortsetzung des Arbeitsverhältnisses für weniger als drei Monate begehrt wird. Für eine Aufteilung in eine Monatsvergütung, zwei und dann drei nach Maßgabe von 6-Monats-Zeiträumen gibt es keinerlei gesetzlichen Anhaltspunkt. Die Frist stimmt zwar überein mit den Wartefristen für bestimmte Schutzgesetze (Kündigungsschutzgesetz, Schwerbehindertengesetz), doch gilt der Wert des § 12 Abs. 7 Satz 1 ArbGG auch für Arbeitsverhältnisse, die unabhängig von ihrer Dauer diesen Schutzgesetzen nicht unterfallen. Erst recht willkürlich ist die Jahresgrenze. Entscheidend ist allein das mit der Klage verfolgte Ziel der unbefristeten Fortsetzung des Arbeitsverhältnisses (oder jedenfalls über die Dauer von drei Monaten hinaus). Bereits die Begrenzung auf das Vierteljahreseinkommen erfüllt den aus sozialen Gründen erwünschten Zweck, das arbeitsgerichtliche Verfahren für die Parteien möglichst günstig zu gestalten, denn nach allgemeinen zivilprozessualen Grundsätzen würde der Streitwert auf Grund der Regelungen der §§ 3 ff. ZPO deutlich höher angesetzt werden müssen.

2. Besondere Antragsformen

2.1 Befristetes Fortsetzungsverlangen

In pp

bitten wir, gemäß § 25 GKG i. V. m. § 9 Abs. 2 BRAGO um Streitwertfestsetzung zum Zwecke der anwaltlichen Gebührenberechnung. Es wird gebeten, den Streitwert auf EUR ...... festzusetzen.

Begründung:

Ist Gegenstand eines Kündigungsrechtsstreits die Frage, ob das Arbeitsverhältnis des Klägers auf Grund der streitigen Kündigung vor dem unstreitig ohnehin eintretenden Auslaufen des Vertragszeitraumes enden würde, z. B. auf Grund einer Befristung unterschreitet die streitbefangene Dauer des Arbeitsverhältnisses also ein Vierteljahr, ist grundsätzlich der Betrag als Streitwert anzusetzen, den der Kläger zu beanspruchen gehabt hätte, wäre das Arbeitsverhältnis für den streitigen Zeitraum fortgesetzt worden (LAG Berlin vom 5. 1. 1996, 7 Ta 120/95 – Kost –, n. v.).
Einer derartigen Begrenzung können jedoch die besonderen Umstände des Falles entgegenstehen, nämlich dann, wenn das Interesse des Klägers an der Feststellung des Fortbestehens des Arbeitsverhältnisses den Wert des reinen Arbeitsentgeltes übersteigt, z. B. bei einer außerordentlichen Kündigung zu einem x-beliebigen Tag im Monat. Dieser Endzeitpunkt hätte von der Beklagten auch in einem Arbeitszeugnis als Beendigungstag für das Arbeitsverhältnis genannt werden müssen. Daraus kann sich eine schwere Beeinträchtigung des beruflichen Fortkommens des Klägers ergeben. Gleiches gilt auch dann, wenn der im Zusammenhang mit der streitigen Kündigung gegen den Kläger erhobene Vorwurf ehrenrührig ist. Die Beseitigung der Vorwürfe im Rahmen des Kündigungsschutzverfahrens ist in einem solchen Fall für den Kläger von erheblichem Rehabilitationsinteresse (LAG Düsseldorf vom 16. 2. 1989, JurBüro 1989, 955). Auch wenn Art und Ort der Kündigungserklä-

rung für den Kläger besonders belastend waren, kann ein höherwertiges Interesse an dem Feststellungsantrag bestehen. Schließlich ist es erheblich, wenn für den Kläger nicht nur das Arbeitsentgelt für die Restlaufzeit des Arbeitsvertrages von der Wirksamkeit der streitigen Kündigung abhängt, sondern darüber hinaus der Anspruch auf weitere Leistungen, die nur fällig werden, wenn das Arbeitsverhältnis nicht zum streitgegenständlichen Zeitpunkt beendet wurde, z.B. der Anspruch auf eine Gratifikation, eine vertraglich vereinbarte Abfindung, der Ablauf einer Wartefrist für den vollen Jahresurlaubsanspruch (Austritt in der zweiten Jahreshälfte) oder der Eintritt der Unverfallbarkeit für eine betriebliche Altersversorgung.

2.2 Mehrzahl von Kündigungen

Wie Form. Q. I. 2.1.

Spricht der Arbeitgeber mehrere Kündigungen aus, die in einem Verfahren behandelt werden, so ist jede Kündigung zunächst mit der Summe von drei Bruttomonatsgehältern gemäß § 12 Abs. 7 ArbGG zu bewerten.[1] Damit ist zugleich auch ein kalendarischer Zeitraum von drei Monaten abgedeckt. Überdecken sich bei mehreren Kündigungen die kalendarischen Zeiträume, verkürzt sich auch der Wertansatz für jede Kündigung entsprechend. Eine weitere Beschränkung der Streitwertbemessung, etwa auf einen Höchstbetrag von drei Bruttomonatsentgelten, ist auch nicht durch den sozialen Schutzzweck des § 12 Abs. 7 ArbGG geboten. Vielmehr stellt bei einer Klage gegen mehrere Kündigungen jede Kündigung einen konkret abgrenzbaren punktuellen Streitgegenstand dar, der für jede einzelne Kündigung eine wirtschaftliche Bewertung für die Streitwertfestsetzung erfordert (LAG Sachsen-Anhalt vom 20. 9. 1995, LAGE § 12 ArbGG Streitwert Nr. 104). Streiten sich die Parteien etwa zunächst um eine verhaltensbedingte Kündigung zum 31. 3., weiter um eine auf andere Gründe gestützte außerordentliche Kündigung zum 15. 6., die hilfsweise ordentlich zum 31. 7. wirken soll und schließlich um eine höchstvorsorgliche Kündigung zum 30. 9., dann ergibt sich daraus zunächst für die Kündigung zum 31. 3. die Bewertung mit drei Bruttomonatsentgelten. Der mit dieser Streitwertbemessung angesprochene Zeitraum überdeckt sich jedoch für die Dauer eines halben Monats mit der fristlosen Kündigung vom 15. 6. und ist damit um ein halbes Bruttomonatsentgelt zu kürzen.

Die außerordentliche Kündigung vom 15. 6. hat vorbehaltlich eines Makelzuschlags durch zeitliche Überdeckung nur einen Wert von 1,5 Bruttomonatsgehältern. Das insbesondere deshalb, weil der Kündigungsgrund nicht auf dem gleichen Sachverhalt beruht (zur Bedeutung unterschiedlicher Kündigungsbegründungen bei der Streitwertbemessung siehe LAG Bremen vom 13. 2. 1987, DB 1987, 2160).

Die vorsorglich gleichzeitig ausgesprochene ordentliche verhaltensbedingte Kündigung ist zwar auf einen identischen Sachverhalt gestützt, doch liegt hinsichtlich ihrer Wirkung und der zum 15. 6. beabsichtigten außerordentlichen Kündigung nur eine Überdeckung von 1,5 Monaten vor, so dass weitere 1,5 Bruttomonatsgehälter in Ansatz zu bringen sind.

Auf gänzlich anderen Gründen beruht die Kündigung vom 15. 8. zum 30. 9. Ihr Abdeckungszeitraum überschneidet sich mit dem der vorsorglichen ordentlichen Kündigung vom 15. 6. zum 31. 7. um einen Monat. Entsprechend ist ihr Streitwertanteil festzusetzen. Insgesamt ergibt sich daher folgende Bewertungstabelle:

Kündigung zum	Abdeckungs- zeitraum	Wert- zeitraum	Streitwert in Bruttomonats- gehältern
31. 3.	1. 4.–30. 6.	1. 4.–15. 6.	2,5
15. 6.	16. 6.–15. 9.	16. 6.–31. 7.	1,5
31. 7.	1. 8.–31. 10.	1. 8.–30. 9.	2
30. 9.	1. 10.–31. 12.	1. 10.–31. 12.	3
Gesamt:			9,0

Anmerkungen

1. Besteht Anspruch auf unregelmäßige Sonderzahlungen, ist zunächst nach der Berechnung in Beispiel Q. I. 1.1 das Vierteljahreseinkommen zu ermitteln.

2. In der Rechtsprechung werden unterschiedliche Auffassungen vertreten, wobei zu konstatieren ist, dass sich immer mehr Arbeitsgerichte der sogenannten Differenztheorie anschließen. Danach wird jede Kündigung zunächst mit dem Wert gemäß § 12 Abs. 7 Satz 1 ArbGG berücksichtigt, der für den Vierteljahreszeitraum nach der beabsichtigten Wirkung der Kündigung gelten soll. Überschneiden sich die so gebildeten („Wirk"-)Zeiträume von Kündigungen kommt es zu einer entsprechenden Kürzung des Wertansatzes (LAG Düsseldorf vom 9. 9. 1993, LAGE § 12 ArbGG 1979 Streitwert Nr. 79; LAG Hamm vom 15. 10. 2001, 9 Ta 552/01, AE 2002 Nr. 117; LAG Niedersachsen vom 17. 4. 2001, 3 Ta 118/01, NZA-RR 2001, 495 f.; LAG Brandenburg vom 26. 7. 2002, 6 Ta 80/02, n .v.; LAG München vom 7. 6. 2002, 3 Ta 130/02, AE 2002 Nr. 436; LAG Berlin vom 10. 4. 2001, 17 Ta 6052/01 (Kost), AE 2001 Nr. 272; LAG Sachsen-Anhalt vom 20. 9. 1995, LAGE § 12 ArbGG 1979 Streitwert Nr. 104).

Die 4. Kammer des LAG Bremen setzt jedenfalls dann, wenn zwei Kündigungen auf unterschiedlichen Gründen beruhen und zwischen den vorgesehenen Kündigungsterminen mindestens drei Monate liegen, jeweils den vollen Wert des § 12 Abs. 7 Satz 1 ArbGG an (LAG Bremen vom 13. 2. 1987, DB 1987, 2160, BB 1987, 479, LAGE § 12 ArbGG 1979 Streitwert Nr. 62). Die gleiche Auffassung hatte das LAG Köln bereits im Beschluss vom 19. 7. 1984, LAGE § 12 ArbGG 1979 Streitwert Nr. 27 vertreten und diese Rechtsprechung im Beschluss vom 8. 3. 1989, LAGE § 12 ArbGG 1979 Streitwert Nr. 79, MDR 1989, 673–674) dahin weiterentwickelt, dass eine weitere Kündigung in jedem Falle mit dem Mindestwert von einem Monatsgehalt zu bewerten ist, also auch dann, wenn es zwischen ihren Wirkungsdaten keine Zeitdifferenz gibt. Im Beschluss vom 7. 6. 1993, 3 Ta 93/93, n.v., hat das LAG Köln seine Rechtsprechung dahin differenziert, dass jedenfalls dann, wenn zwischen zwei denselben Sachverhalt betreffenden Kündigungsterminen ein Zeitraum von 11 Monaten liegt, der Ansatz eines Streitwertes im Betrag von drei Monatsbezügen auch für die zweite Kündigung nicht unangemessen sei.

Das LAG Hamburg hält derartige Zeiträume für gesonderte Streitwertbemessungen nicht für erforderlich, sondern ist der Auffassung, grundsätzlich sei jeder gegen eine unterschiedliche Kündigung gerichtete Feststellungsantrag einzeln mit dem Vierteljahresverdienst des § 12 Abs. 7 Satz 1 ArbGG zu bewerten und diese Einzelwerte seien alsdann zu einem Gesamtstreitwert zu addieren. Das gelte unabhängig davon, ob die Kündigungsschutzklagen in getrennten oder in einem einheitlichen Verfahren erhoben würden. Eine Ausnahme liege nur dann vor, wenn die Kündigungen unmittelbar hintereinander ausgesprochen würden, etwa um einen zunächst aufgetretenen Formmangel zu beseitigen oder wenn es sich um Kündigungen handele, die auf einen identischen Lebenssachverhalt und denselben Grund gestützt würden (LAG Hamburg vom 8. 2. 1994,

Meier

NZA 1995, 495, 496, AnwBl. 1995, 318–319; LAG Hamburg vom 15. 11. 1994, LAGE § 12 ArbGG 1979 Streitwert Nr. 102). Ebenfalls für eine Addition der einzelnen Streitwerte hatte sich das LAG Schleswig-Holstein bereits im Beschluss vom 23. 8. 1984, 4 Ta 89/84, n. v., ausgesprochen.

Die 3. Kammer des LAG Baden-Württemberg ging ebenfalls grundsätzlich davon aus, bei mehrfachen Kündigungen sei jeder Kündigungsschutzantrag mit dem vollen Vierteljahreseinkommen zu bewerten. Davon könne nur abgewichen werden, wenn spätere Kündigungen mit den früheren sowohl in einem engen sachlichen als auch zeitlichen Zusammenhang stünden (LAG Baden-Württemberg vom 5. 2. 1988, JurBüro 1988, 1161). Dagegen vertritt die 8. Kammer des LAG Baden-Württemberg die Auffassung, mehrere Kündigungen in einem Rechtsstreit verfolgt seien eine einheitliche Bestandsstreitigkeit und damit lediglich insgesamt mit drei Monatseinkommen zu bewerten.

Anders wäre es nur dann, wenn der Arbeitnehmer in verschiedenen Verfahren gegen die unterschiedlichen Kündigungen vorgehe, was allerdings aus gebührenrechtlichen Gründen ein Beratungsfehler des handelnden Anwalts darstelle (LAG Baden-Württemberg vom 18. 6. 1990, 8 Ta 67/90, n. v. und vom 2. 1. 1991, JurBüro 1991, 667–668). Grundsätzlich verfolgt auch die 7. Kammer des LAG Baden-Württemberg diese Auffassung, hält aber eine gesonderte Bewertung der gegen mehrere Beendigungsakte gerichteten Anträge dann für möglich, wenn zwischen den einzelnen Kündigungen ein längerer zeitlicher Abstand liegt (LAG Baden-Württemberg vom 19. 6. 1990, JurBüro 1991, 212 ff., KostRSp ArbGG § 12 Nr. 227).

Das LAG Nürnberg unterscheidet einerseits danach, ob verschiedene Kündigungen in einem oder mehreren Verfahren angegriffen werden (für mehrere Verfahren ist in jedem Verfahren der Höchstwert gemäß § 12 Abs. 7 Satz 1 ArbGG in Ansatz zu bringen: LAG Nürnberg vom 23. 6. 1987, LAGE § 12 ArbGG 1979 Streitwert Nr. 71) oder in einem Verfahren. In letzterem Fall soll eine jeweils gesonderte Streitwertbemessung nur dann erfolgen, wenn die mehreren Kündigungen nicht in einem engen zeitlichen Zusammenhang stehen (LAG Nürnberg vom 7. 2. 1992, NZA 1992, 617–618).

Das Thüringer Landesarbeitsgerichts stellt darauf ab, ob mehrere Kündigungen in einem zeitnahen Zusammenhang und wegen des gleichen Lebenssachverhalts ausgesprochen werden. In diesen Fällen sei unabhängig davon, ob die Kündigungen in einem oder in getrennten Verfahren angegriffen werden, ein gegen eine vorsorglich ausgesprochene Kündigung bezogener Klageantrag regelmäßig nur mit einem Monatsgehalt anzusetzen (Thüringer LAG vom 23. 10. 1996, 8 Ta 109/96, n. v.). Bei Kündigungen auf Grund unterschiedlicher Sachverhalte sind für diese jeweils die sich aus § 12 Abs. 7 Satz 1 ArbGG ergebenden Werte anzusetzen (LAG Thüringen vom 14. 11. 2000, 8 Ta 134/00, AE 2001 Nr. 123).

Das Hess. LAG will jedenfalls dann, wenn mehrere Kündigungen auf unterschiedlichen Gründen beruhen, die weiteren Kündigungen mit einem weiteren Monatsentgelt bewerten (Hess. LAG vom 19. 5. 1998, 6 Ta 430/97, n. v.).

Im Ergebnis gleich entscheidet das LAG Rheinland-Pfalz, das nur dann, wenn den Kündigungen unterschiedliche Lebenssachverhalte zugrunde liegen, dem späteren Kündigungsantrag ein Bruttomonatsgehalt beimessen will (LAG Rheinland-Pfalz vom 7. 4. 1987, 1 Ta 68/87, n. v., und vom 10. 10. 1987, ARST 1988, 125).

3. Fallen später einzelne Kündigungen aus dem Streit heraus, entweder, weil die Beklagte sich nicht länger auf deren Wirksamkeit beruft und der Kläger daraufhin seine Klage reduziert oder weil eine geringere Zahl von Kündigungen in die Rechtsmittelinstanz gelangt, so fallen auch die Überdeckungstatbestände weg. Gegebenenfalls lebt also für die einzelne Kündigung der gesamte Regelwert des § 12 Abs. 7 Satz 1 ArbGG wieder auf.

2.3 Kündigungsschutzanträge gegen mehrere Arbeitgeber

Wie Form. Q. I. 2.1.

Klagt ein Arbeitnehmer in subjektiver Klagehäufung gegen mehrere potenzielle Arbeitgeber, z. B. wegen Betriebsübergangs gegen den bisherigen Arbeitgeber und Betriebsveräußerer auf Feststellung, dass das Arbeitsverhältnis durch eine von diesem ausgesprochene Kündigung nicht aufgelöst worden ist und gegen den behaupteten Betriebsübernehmer zugleich auf Feststellung, dass mit ihm das beim bisherigen Arbeitgeber begründete Arbeitsverhältnis fortbesteht, so handelt es sich um zwei Streitgegenstände, die selbstständig bis zum Höchstbetrag nach § 12 Abs. 7 Satz 1 ArbGG zu bewerten sind (LAG Köln vom 16. 12. 1993, 12 Ta 204/93, n. v.). Anderer Ansicht war das Hess. LAG im Beschluss vom 15. 9. 1995, 6 Ta 427/95, n. v., mit der Begründung, maßgebend sei auf das materielle Interesse des Arbeitnehmers abzustellen. Für dieses materielle Interesse wäre die subjektive Ansicht des Arbeitnehmers bestimmend, dem es gleichgültig sei, welche der beteiligten Konzerngesellschaften ihn bezahlen und für welche er tatsächlich arbeiten müsse. Deswegen sei nur der einmalige Ansatz des Höchstwertes von drei Monatsbezügen für alle drei Verfahrensgegenstände anzusetzen. In diesem Sinne auch LAG Schleswig-Holstein vom 14. 11. 2000, 3 Ta 147/00, FA 2001, 184.

2.4 Der allgemeine Feststellungsantrag zum Bestandsschutz, § 256 ZPO

Wie Form. Q. I. 2.1.

Mit dem allgemeinen Feststellungsantrag wird das Ziel verfolgt, bezogen auf den Zeitpunkt der letzten mündlichen Verhandlung den durch keinen Beendigungstatbestand beeinträchtigten Fortbestand des Arbeitsverhältnisses festzustellen. Findet diese mündliche Verhandlung drei Monate nach Auslaufen der Kündigungsfrist statt, gibt es keine Überschneidung der durch ein Vierteljahresgehalt erzeugten Abdeckungszeiträume (LAG München vom 13. 10. 1988, 5 Ta 78/88, n. v., vom 12. 7. 1989, JurBüro 1990, 40–41, LAG München vom 8. 5. 1989, LAGE § 12 ArbGG 1979 Streitwert Nr. 81 und LAG Sachsen-Anhalt vom 20. 9. 1995, 1 [3] Ta 93/95, n. v.; *Frantzen*, EzA Anm. zu § 4 KSchG n. F. Nr. 48 S. 16; *Egon Schneider*, EzA Anm. zu § 12 ArbGG 1979 Nr. 34). Der Feststellungsantrag ist dann nach Maßgabe des § 12 Abs. 7 Satz 1 ArbGG zu bewerten.

Anmerkung

Der Termin zur mündlichen Verhandlung ist die Kammerverhandlung, in der eine Entscheidung zu erwarten gewesen wäre, in Ermangelung einer solchen der Zeitpunkt der Klagerücknahme, des Anerkenntnisses oder Vergleiches. Sollte der Zeitraum zwischen dem beabsichtigten Auslaufen der Kündigungsfrist und dem Zeitpunkt der Verfahrensbeendigung kürzer sein als drei Monate, ist das Arbeitsentgelt für den kürzeren Zeitraum anzusetzen (zur Bemessung siehe grundsätzlich Beispiel Q. I. 1.1 und ergänzend Beispiel Q. I. 2.1). In Anbetracht der für den Kläger aus einem antragsgemäßen Feststellungsbegehren folgenden rechtlichen Sicherheit kann der Wert jedoch nicht geringer als mit einem Bruttomonatsgehalt bemessen werden (allgemeiner Bewertungsmaßstab für LAG Brandenburg v. 26. 8. 1997, 6 Ta 98/97, n. v.). Dabei kommt es nicht darauf an, ob der Antrag letztlich erfolgreich war, sondern allein darauf, was das Interesse des Klägers war. Es kommt auch nicht darauf an, ob der Antrag zulässig war oder ob zusätzliche Beendigungstatbestände vorgetragen wurden, denn auch ein unzulässiger Antrag muss bewertet werden (*Wenzel*, DB 1997, 1869–1873; dieser Ansicht folgt ausdrücklich das LAG Hamm vom 26. 8. 1998, 9 Ta 358/98, n. v., das die gesonderte Berücksichtigung des allgemeinen Feststellungsantrages damit begründet, dass bei Geltendmachung eines solchen Feststellungsantrages in einem gesonderten Verfahren zwangsläufig ein Streitwert festzusetzen wäre, da es ein gerichtlich streitiges Verfahren ohne Gegenstandswert nicht gibt. Dieser Auffassung folgt im Grunde auch das LAG Berlin, dass den allgemeinen Feststellungsantrag jedoch nur mit einem Zehntel des Wertes des Kündigungsschutzantrages bemisst (LAG Berlin vom 26. 1. 2001, 17 Ta 6017/01 (Kost), AE 2002 Nr. 121). Die Bewertung von Anträgen kann also nicht davon abhängen, ob sie in einem oder mehreren Verfahren geltend gemacht werden. Anderer Auffassung sind hingegen LAG Thüringen vom 3. 6. 1996, LAGE § 12 ArbGG 1979 Streitwert Nr. 6 und LAG Köln vom 12. 12. 1996, LAGE § 12 ArbGG 1979 Streitwert Nr. 108 sowie LAG Niedersachsen vom 18. 4. 1994, 7 Ta 41/94 n. v. und früher bereits BAG vom 6. 12. 1984, NZA 1985, 296, AP Nr. 8 zu § 12 ArbGG 1979). Auch das LAG Bremen vom 29. 3. 2000, 4 Ta 15/00, LAGE § 12 ArbGG 1979 Streitwert Nr. 120, will einen allgemeinen Feststellungsantrag, der neben einem Antrag nach § 4 KSchG gestellt wurde, nur streitwertmäßig berücksichtigen, wenn es konkrete Anhaltspunkte für einen weiteren Beendigungstatbestand gibt. Gänzlich ohne Wert bleibt der allgemeine Feststellungsantrag nach Auffassung des LAG München vom 28. 11. 2001, 9 Ta 366/01, NZA-RR 2002, 657, selbst wenn über weitere Beendigungstatbestände gestritten wurde.

3. Der Kündigungsschutzantrag gegen eine (unter Vorbehalt angenommene) Änderungskündigung gemäß § 2 KSchG

Wie Form. Q. I. 2.1.

Regelmäßig sind Änderungskündigungen mit einer Gehaltsverminderung verbunden. Der Streit ist dann grundsätzlich mit der dreijährigen Gehaltsdifferenz gemäß § 12 Abs. 7 Satz 2 ArbGG zu bewerten, denn auf Grund der Annahme der Änderungskündigung durch den Kläger unter Vorbehalt steht nicht mehr der Bestand des Arbeitsverhältnisses im Streit, sondern nur noch die streitgegenständliche Änderung einer Bedingung. Dabei ist die Höchstgrenze des § 12 Abs. 7 Satz 1 ArbGG für einen Bestandsschutzantrag zu beachten, da es einen Wertungswiderspruch darstellen würde, hätten die Parteien für eine bloße Änderung von Arbeitsbedingungen höhere Gebühren aufzuwenden als für den völligen Abbruch der Vertragsbeziehung. Andererseits gibt es keinen Anlass, aus sozialen Gründen den Streitwert für eine Änderungskündigung noch weiter, etwa auf den Wert einer Dreimonatsdifferenz, zu reduzieren (BAG vom 23. 3. 1989, AP Nr. 11 zu § 17 GKG 1975, DB 1989, 1880; BAG vom 22. 1. 1997, EzA § 622 BGB Teilkündigung Nr. 7 unter ausdrücklichem Hinweis auf seine gleich lautende Rechtsprechung zum Wert der Änderungskündi-

gung; LAG Rheinland-Pfalz vom 25. 2. 1991, LAGE § 12 ArbGG 1979 Streitwert Nr. 91; LAG Niedersachsen vom 28. 12. 1993, 2 Ta 410/93 n.v. und LAG Köln vom 17. 11. 1995, NZA-RR 1996, 392).
Jedenfalls aber sind bei der Streitwertbemessung die neben/an Stelle einer Absenkung der Vergütung mit der Änderungskündigung eintretenden und näher darzulegenden Gesichtspunkte und des Prestiges und der Rehabilitation zusätzlich zu berücksichtigen.

Anmerkung

Einen anderen Bewertungsmaßstab haben das LAG Berlin z. B. vom 18. 10. 1993, 1 Ta 106/93 (Kost), n.v.; das LAG Schleswig-Holstein vom 18. 1. 1994, 6 Ta 132/93 n.v.; LAG Baden-Württemberg vom 18. 6. 1990, JurBüro 1990, 1268 und das LAG Hamm vom 30. 1. 1992, 8 Ta 447/91, n.v. Diese Landesarbeitsgerichte gehen grundsätzlich von dem dreifachen Monatsbetrag einer durch Änderungskündigung veränderten Vergütung aus, billigen aber eine Erhöhung des Streitwertes zu, wenn neben der Änderung der Vergütung sonstige Umstände des Einzelfalles eine derartige Streitwertbemessung für unangemessen erscheinen lassen. Das ist insbesondere dann der Fall, wenn neben oder an Stelle einer Vergütungsänderung mit der Änderungskündigung eine Veränderung der Stellung des Arbeitnehmers in der Betriebshierarchie oder ganz generell eine Absenkung seines Sozialprestiges verbunden ist, eine belastende Änderung seiner Tätigkeit oder Ähnliches. In der Regel darf man von ihnen bei Vorliegen derartiger Umstände mit dem doppelten Bruttomonatsgehalt als Streitwert rechnen (so ausdrücklich LAG Berlin vom 29. 5. 1998, 7 Ta 129/97 (Kost), n.v.; ebenso: LAG Brandenburg vom 22. 4. 2002, 6 Ta 29/02, n.v.). Auch eine volle Ausschöpfung des Vierteljahresverdienstes ist nicht ausgeschlossen (LAG Sachsen-Anhalt vom 6. 7. 1999, 5 Ta 101/99, n.v. sowie LAG Baden-Württemberg vom 18. 6. 1990, a.a.O.). Festgelegt auf ein Drittel des gesetzlichen Höchstwertes, also einen Monatsbezug, hat sich das Hess. LAG dann, wenn der Arbeitnehmer die Änderungsofferte unter Vorbehalt angenommen hat (Hess. LAG vom 16. 10. 1995, 6 Ta 349/95, n.v.).

4. Mit dem Kündigungsschutzverfahren verbundene Anträge

4.1 Weiterbeschäftigungsantrag (mehrere)/unechter Hilfsantrag

In pp
bitten wir, gemäß § 25 GKG i.V.m. § 9 Abs. 2 BRAGO um Streitwertfestsetzung zum Zwecke der anwaltlichen Gebührenberechnung. Es wird gebeten, den Streitwert auf EUR 20.000,– festzusetzen.

Begründung:

Gegenstand des Verfahrens war zunächst eine außerordentliche verhaltensbedingte Kündigung, auf die der Kläger mit einem Kündigungsschutzantrag und einem hilfsweise für den Fall des Obsiegens gestellten Weiterbeschäftigungsantrag reagierte. Während des laufenden Verfahrens kündigte die Beklagte drei Monate später vorsorglich ordentlich mit einer Kündigungsfrist von drei Monaten zum Monatsende. Die hiergegen gerichtete weitere Kündigungsschutzklage nebst Weiterbeschäftigungsantrag wurde ebenfalls im vorliegenden Verfahren erhoben. Beide Weiterbeschäftigungsanträge sind jeweils als unechte Hilfsanträge formuliert. Der Kläger erzielte ein Bruttomonatsgehalt von EUR 2.000,–. Für die beiden Kündigungen sind jeweils ein Vierteljahresgehalt gemäß § 12 Abs. 7 Satz 1 ArbGG anzusetzen (vgl. dazu Q. I. 2.2). Die Weiterbeschäftigungsanträge sind mit jeweils zwei Bruttomonatsgehältern anzusetzen, so dass sich ein Streitwert von EUR 20.000,– ergibt.

Die Hilfsanträge unterfallen nicht § 19 Abs. 4 GKG, weil es sich der Sache nach entgegen ihrem Wortlaut um Hauptanträge und nicht um Hilfsanträge handelt. Materiell handelt es sich bei ihnen nicht um Hilfsanträge, sondern um bedingte Klageerweiterungen (RG vom 2. 3. 1934, RG 144, 71–75; BAG vom 26. 11. 1964, AP Nr. 20 zu § 16 AOGÖ). Kündigungsakzessorische Ansprüche unterliegen durch Klageverbindung keiner Streitwertprivilegierung, sondern sind selbstständig zu bewerten und ihr Wert ist mit dem Wert des Hauptantrages zu addieren (LAG Baden-Württemberg vom 29. 5. 1990, JurBüro 1991, 210–211; LAG Köln vom 31. 7. 1995, NZA 1996, 840; ebenso LAG Köln vom 4. 7. 1995, LAGE § 19 GKG Nr. 15, MDR 1995, 1150; LAG Rheinland-Pfalz vom 19. 3. 1999, 6 Ta 48/99, NZA-RR 2000, 161 f.; Sächsisches LAG vom 15. 5. 1997, 7 Ta 101/97, n. v.).

Eine Wertfestsetzung mit zwei Bruttomonatsgehältern je Antrag ist interessengerecht und angemessen. Eine antragsgemäße Verurteilung macht es dem Arbeitnehmer möglich, seine Rückkehr in den Betrieb jedenfalls für die regelmäßig erhebliche Dauer des Kündigungsrechtsstreits durchzusetzen und damit nicht nur seinen Beschäftigungsanspruch, sondern auch seinen Vergütungsanspruch unabhängig vom Ausgang des Kündigungsrechtsstreits. In aller Regel wird ein umgesetzter Weiterbeschäftigungsanspruch also eine weit größere Auswirkung haben als nur wenige Monatsverdienste. Allein der Umstand, dass der Weiterbeschäftigungsanspruch dem Arbeitnehmer unter Umständen ermöglicht, trotz einer – später festgestellten – Unwirksamkeit der Kündigung zunächst das Arbeitsverhältnis über die Kündigungsfrist hinaus fortzusetzen, rechtfertigt die Bewertung mit zwei Bruttomonatsverdiensten (BAG vom 18. 1. 1996, AP Nr. 18 zu § 12 ArbGG 1979, DB 1996, 3148, NZA 1996, 1175; LAG Köln vom 31. 7. 1995, NZA 1996, 840; LAG Düsseldorf vom 20. 5. 1997, 7 Ta 120/97 n. v.; LAG Brandenburg vom 28. 10. 1997, 6 Ta 129/97, n. v.; das LAG Hamm vom 30. 1. 2002, 9 Ta 652/98, AE 2002 Nr. 285 und das LAG Berlin vom 13. 3. 2001, 17 Ta 6026/01, NZA-RR 2001, 636 f., kommen nur noch zu einer Bewertung von einem Drittel des Wertes der Bestandsstreitigkeit, maximal ein Bruttomonatsverdienst).

Beide Weiterbeschäftigungsanträge sind auch gesondert zu bewerten und in ihren Werten zu addieren, denn für die Bewertung eines Antrages ist auf die Verhältnisse zum Zeitpunkt der Antragstellung abzustellen (a. A.: LAG Hamm vom 22. 4. 1992, 16 Ta 1036/91, n. v.). Zum Zeitpunkt der Antragstellung hinsichtlich des Weiterbeschäftigungsantrages in Verbindung mit dem Kündigungsschutzantrag gegen die außerordentliche Kündigung war die zweite Kündigung noch nicht ausgesprochen. Ein etwa in der Güteverhandlung ergangenes Versäumnis- oder Anerkenntnisurteil hätte dem Kläger die beschriebenen Vorteile des Weiterbeschäftigungsanspruchs gebracht. Ein einmal entstandener Streitwert kann nicht durch die Fortsetzung des Verfahrens entfallen. Da hier zwischen den beabsichtigten Wirkungsterminen der beiden Kündigungen etwa sechs Monate lagen, sind Bedenken gegen die Bewertung der Weiterbeschäftigungsansprüche mit zwei Bruttomonatseinkünften nicht angezeigt. Jeder Beschäftigungsanspruch bedarf einer eigenen rechtlichen Prüfung, sowohl hinsichtlich seiner Rechtsgrundlage (allg. Persönlichkeitsrecht, § 102 V BetrVG) als auch der Abwehrmöglichkeiten.

Anmerkung

Dem Hilfsantrag keinen eigenen Wert beimessen wollte die 3. Kammer des Sächs. LAG im Beschluss vom 26. 4. 1995, JurBüro 1996, 147–148. Das LAG Köln und das LAG Berlin wollen teilweise den Anträgen, die (unter dem Druck der Rechtsschutzversicherungen) nur für den Fall gestellt werden, dass die Güteverhandlung scheitert und die deshalb durch Vergleichsabschluss in der Güteverhandlung nicht mehr zum Tragen kommen, keinen Wert beimessen (LAG Köln vom 30. 9. 1994, 4 Ta 207/94 n. v. und LAG Berlin vom 1. 12. 2000, 7 Ta 6063/00, FA 2001, 184, ausdrücklich offen gelassen von LAG Köln vom 31. 7. 1995, NZA 1996, 840). Das Hess. LAG vom 26. 6. 1997, LAGE § 19 GKG Nr. 16 und das LAG Düsseldorf vom 27. 7. 2000, 7 Ta 249/00, NZA-RR 2000, 613 f., berücksichtigen den Weiterbeschäftigungsanspruch nur dann werterhöhend, wenn über ihn entschieden wird. Den einschränkenden Auffassungen kann indessen nicht gefolgt werden. Eines der bestimmenden Ziele des § 8 BRAGO ist die Sicherung einer angemessenen Vergütung des Anwalts für seine Tätigkeit. Soweit er tätig wird, muss ihm auch ein Gebührenanspruch zugebilligt werden. Es kann aber nicht zweifelhaft sein, dass sowohl Kläger- als auch Beklagtenvertreter im Zusammenhang mit der Stellung oder der Abwehr des Weiterbeschäftigungsanspruches tätig geworden sind. Bei dem Klägervertreter erweist sich dies bereits durch die Antragstellung. Der Beklagtenvertreter muss die Bedeutung des Antrages mit seiner Partei erörtern und über eine Abweisung und deren Begründung beraten, also z. B. etwaige überwiegende Interessen des Arbeitgebers an einer Nichtbeschäftigung der Klagepartei ermitteln. Diese Tätigkeiten sind unabhängig von dem Ausgang der Güteverhandlung, denn beide Parteien müssen sich darauf einrichten, dass die Güteverhandlung scheitert. Nicht selten ist die Frage der Bewertung der Aussichten des Weiterbeschäftigungsanspruches von erheblichem Einfluss auf den Verlauf der Güteverhandlung. Jedenfalls für die Prozessgebühr kommt dem Weiterbeschäftigungsantrag also unabhängig von seiner Formulierung ein zu berücksichtigender Wert zu. Ist der Antrag unter dem Vorbehalt des Scheiterns der Güteverhandlung gestellt, hat er allerdings keinen Einfluss auf die Erörterungsgebühr, wohl dann aber wieder auf den Vergleichswert.

4.2 Vergütungsansprüche neben Kündigungsschutzantrag

Wie Form. Q. I. 2.1.

Wird neben dem Kündigungsschutzantrag Klage auf Zahlung von Gehältern erhoben für die Zeit nach Zugang der Kündigung, dann ist neben dem Dreimonatsbezug für die Feststellungsklage bei der Streitwertfestsetzung der nominal beanspruchte Zahlungsbetrag zu berücksichtigen (Hess. LAG vom 1. 8. 1994, LAGE § 12 ArbGG 1979 Streitwert Nr. 101; LAG München vom 29. 1. 2001, 9 Ta 354/01, AE 2002 Nr. 433).

Anmerkung

Überwiegend wird von den Landesarbeitsgerichten die Auffassung vertreten, der Zahlungsanspruch sei nach 12 Abs. 7 Satz 2 ArbGG zu bemessen, also höchstens auf den Wert eines Dreijahreseinkommens und stehe zum Kündigungsschutzstreitwert im

Verhältnis der Konsumtion. Würden beide Anträge nebeneinandergestellt, könne also für beide zusammen nur ein einheitlicher Streitwert gelten und zwar jeweils der höhere Wert (LAG Sachsen-Anhalt vom 20. 9. 1995, LAGE § 12 ArbGG 1979 Streitwert Nr. 104; LAG Baden-Württemberg vom 12. 2. 1991, JurBüro 1991, 1479–1480; LAG Berlin vom 1. 6. 1995, 1 Ta 31/95 (Kost) n.v.). Das gilt nach Auffassung des LAG Rheinland-Pfalz vom 10. 6. 1992, 10 Ta 115/92, n. v. allerdings nicht, wenn die Vergütungsklage in einem gesonderten Verfahren erhoben wird. Dann sind beide Verfahren nach ihrem eigenen Wert zu bemessen. Solche gesonderten Verfahren liegen im Interesse der Klagepartei, wenn beispielsweise zunächst auf die Zahlungsbereitschaft des Arbeitgebers nach einem obsiegenden Feststellungsverfahren vertraut wurde, die Erwartungen sich dann aber nicht erfüllten oder aber erst nach dem erstinstanzlichen Urteil überhaupt Zahlungsansprüche fällig wurden. Dann empfiehlt sich eine gesonderte Klageerhebung, um nicht für die Vergütungsansprüche eine Tatsacheninstanz zu verlieren. Eine Klageerweiterung in der Berufungsinstanz ist auch nicht immer sachdienlich, z.B. dann nicht, wenn der Arbeitgeber Einreden oder Zurückbehaltungsrechte aus § 615 BGB geltend macht oder geltend machen könnte oder andere Einwendungen erhoben werden oder solche zu erwarten sind, die dem Vergütungsanspruch auch dann entgegengehalten werden können, wenn der Bestand des Arbeitsverhältnisses feststeht, z.B. eine Ausschlussfrist oder eine Aufrechnung mit Gegenansprüchen. Bei einer derartigen Sachlage hätte der Kläger trotz der damit entstehenden zusätzlichen Gebühren Anspruch auf Prozesskostenhilfe für eine gesonderte Vergütungsklage (LAG Baden-Württemberg vom 16. 8. 1995, 14 Ta 14/95, n. v.). Gibt es aber im Falle getrennter Verfahren gesonderte Streitwerte, dann kann nichts anderes für verbundene Anträge gelten. Ob ein Sachgegenstand einen Streitwert hat, kann nicht davon abhängen, in welcher Verfahrensart er geltend gemacht wird. Das LAG Baden-Württemberg differenziert darüber hinaus nach künftigen Ansprüchen und rückständigen. Rückständige will es neben dem Kündigungsschutzantrag gar nicht bewerten, zukünftige jedoch nach Maßgabe des § 12 Abs. 7 Satz 2 (LAG Baden-Württemberg vom 12. 2. 1991, JurBüro 1991, 1479–1480).

Das LAG Hamm will hingegen bei einer Klage auf zukünftige Leistung im Rahmen eines Kündigungsschutzverfahrens den sozialen Schutzzweck des § 12 Abs. 7 Satz 1 ArbGG besonders berücksichtigen und bewertet den Antrag auf künftige Gehaltszahlungen lediglich mit einem Bruttomonatsgehalt (LAG Hamm vom 30. 1. 2002, 9 Ta 652/98, NZA-RR 2002, 267 ff.). Eine stichhaltige Begründung für die Abweichung vom Gesetzeswortlaut des § 12 Abs. 7 Satz 1 ArbGG findet sich in der Entscheidung jedoch nicht.

4.3 Antrag auf Nachteilsausgleich bei Unterliegen im Kündigungsschutzverfahren

Wie Form Q. I. 2.1.

Hat der Kläger mit dem Kündigungsschutzantrag die Auffassung vertreten, die von der Beklagten durchgeführte Betriebsänderung habe keine soziale Rechtfertigung für seine Kündigung begründet und weist er weiter für den Fall einer anderen Ansicht der Kammer auf die fehlende Durchführung eines Interessenausgleichsverfahrens durch die Beklagte hin und fordert deshalb einen Anspruch auf Zuerkennung eines Nachteilsausgleiches (§ 113 Abs. 3 BetrVG), dann ist der bezifferte Antrag auf Nachteilsausgleich mit dem Wert des Kündigungsschutzverfahrens zu addieren. Dem steht insbesondere die Einschränkung aus § 12 Abs. 7 Satz 1 letzter Halbsatz ArbGG, wonach Abfindungen bei der Streitwertbemessung unberücksichtigt bleiben, nicht entgegen, weil sich die gesetzliche Einschränkung nur auf Abfindungen im Rahmen von Auflösungsentscheidungen oder Auflösungsvergleichen bezieht (LAG Köln vom 14. 9. 2001, 13 Ta 214/01, AE 2002 Nr. 120; Hess. LAG vom 27. 3. 1995, 6 Ta 123/95, n.v.; LAG Berlin vom 17. 3. 1995, NZA 1995, 1072 und LAG Bremen vom 15. 3. 1983, LAGE § 12 ArbGG 1979 Streitwert Nr. 20; LAG Düsseldorf vom 30. 4. 1981, LAGE § 12 ArbGG 1979 Streitwert Nr. 3 und vom 17. 1. 1985, LAGE § 12 ArbGG 1979 Streitwert Nr. 33; LAG Hamm vom 15. 10. 1981, EzA § 12 ArbGG 1979 Nr. 8 (Rationalisierungsschutzabkommen); LAG Hamburg vom 15. 10. 1984, AnwBl. 1984, 315 (Sozialplan); a.A.: LAG Baden-Württemberg vom 15. 5. 1990, JurBüro 1990, 267–268).

5. Nicht rechtshängige Vergleichsbestandteile

5.1 Abfindung

Wie Form. Q. I. 2.1.

Legen die Arbeitsvertragsparteien in einem Rechtsstreit über eine Kündigung in einem Prozessvergleich neben einer Kündigungsabfindung fest, dass das Arbeitsverhältnis schon vor dem Kündigungstermin gegen Zahlung einer Entschädigung für die vorzeitige Beendigung enden soll, so ist diese Vergleichsregelung selbstständig zu bewerten. Der Vergleichswert erhöht sich gegenüber dem Verfahrenswert um den dreifachen Betrag des Monatseinkommens, denn es wird eine andere als die streitige Beendigung behandelt (vgl. LAG Hamm vom 10. 11. 1983, DB 1984, 2204, LAGE § 12 ArbGG 1979 Streitwert Nr. 21).

Das LAG Berlin bewertet die im Vergleich vereinbarte Anrechnung einer tariflichen Abfindung auf die zwischen den Parteien ausgehandelte Abfindung nach §§ 9, 10 KSchG mit einem Zehntel der tariflichen Abfindungssumme, da insoweit das Titulierungsinteresse Beachtung finden muss (LAG Berlin vom 26. 10. 2001, 17 Ta 6152/01, NZA-RR 2002, 608 f.).

Auch der darüber hinausgehende Anteil der Abfindung ist aber wertrelevant, da das Aushandeln der Abfindung meist für alle Prozessbeteiligten den bedeutendsten Anteil einer Prozessführung einnimmt und auf diese Abfindung auch das wesentliche Interesse der Parteien gerichtet ist. Entgegen der Entscheidung des BAG vom 20. 1. 1967 (AP Nr. 16 zu § 12 ArbGG 1953) bedarf die Bestimmung des § 12 Abs. 7 Satz 1 2. Halbs. ArbGG auch einer wortgetreuen und keiner den Wortlaut ausdehnenden Auslegung, weil eine solche ausdehnende Auslegung nicht nur im Widerspruch zur Leistung des Anwalts steht, der für Teile seiner Leistungen nicht vergütet wird, sondern auch den Widerspruch zwischen der Beschränkung der Gebühr einerseits und der unbeschränkten Haftung andererseits verschärft. Der Anwalt erhält seine Gebühren nur nach dem Wert des Vierteljahreseinkommens berechnet. Er haftet jedoch für den gesamten Schaden, der seinem Mandanten aus einer fehlerhaften Prozessführung entstehen kann. Verliert der Arbeitnehmer beispielsweise durch einen Anwaltsfehler den Kündigungsschutzprozess, dann hat der Prozessbevollmächtigte alle von da an eintretenden Einkommensverluste zu ersetzen. Das kann den jahrelangen Ersatz hoher Einkommensdifferenzen bedeuten. Bei gut verdienenden Arbeitnehmern kommen hier leicht einige hunderttausend EUR zusammen.

Selbst eine nur steuerschädliche Regelung im Zusammenhang mit der Abfindung kann einen ganz erheblichen Schadenersatz begründen. Die Anwendung des § 12 Abs. 7 Satz 1 Halbs. 2 ArbGG auf in Vergleichen vereinbarte Abfindungen ist daher weder leistungs- noch haftungsgerecht und entspricht nicht dem Wert der Tätigkeit des Anwalts für die Partei.

Anmerkung

Gegen eine streitwertmäßige Berücksichtigung allerdings ohne Auseinandersetzung mit den vorgenannten Argumenten sind: LAG Berlin vom 26. 2. 1999, 7 Ta 149/98 (Kost) LAG Hamm vom 21. 10. 1982, MDR 1983, 170 u. LAG Frankfurt vom 25. 2. 1977, BB 1977, 1549. Dagegen wie hier ArbG Berlin vom 30. 7. 1999, 78 Ca 16.308/ 99.

Werden im Zusammenhang mit dem Kündigungsschutzverfahren Ansprüche aus Rationalisierungsschutzabkommen, Sozialplänen oder sonstigen Vereinbarungen geltend gemacht, wird allgemein kein Raum für die Anwendung des § 12 Abs. 7 Satz 1 ArbGG 1979 gesehen, sondern der Streitwert auf den Betrag der Zahlungsklage festgesetzt (LG Frankfurt vom 15. 12. 1995, JurBüro 1996, 365–366; LAG Düsseldorf vom 30. 4. 1981, LAGE § 12 ArbGG 1979 Streitwert Nr. 3; LAG Hamm vom 15. 10. 1981, EzA § 12 ArbGG 1979 Nr. 8 [Rationalisierungsschutzabkommen]; LAG Hamburg vom 15. 10. 1984, AnwBl. 1984, 315 [Sozialplan]; LAG Bremen vom 15. 3. 1983, EzA § 12 ArbGG 1979 Streitwert Nr. 20; LAG Düsseldorf vom 17. 1. 1985, LAGE § 12 ArbGG 1979 Streitwert Nr. 33 und LAG Berlin vom 17. 3. 1995, NZA 1995, 1072 [Nachteilsausgleich nach § 113 BetrVG]).

5.2 Vergleichswert einer Freistellungsvereinbarung

Wie Form. Q. I. 2.1.

Der Streitwert entspricht der Höhe der vereinbarten Bruttovergütung für den Freistellungszeitraum (LAG Sachsen-Anhalt vom 22. 11. 2000, 1 Ta 133/00, FA 2001, 280; LAG Köln vom 27. 07. 1995, AR-Blattei ES 160.13 Nr. 99, ARST 1996, 18; Hess. LAG vom 26. 5. 1995, 6 Ta 170/95, n. v.; a. A.: Hess. LAG vom 23. 8. 1999, 15/6 Ta 426/98, NZA-RR 1999, 382, wonach die Freistellung nur noch mit einem Bruttomonatsgehalt bewertet werden soll). Das gilt jedenfalls dann, wenn die Pflicht zur Fortzahlung der Vergütung ohne Rücksicht darauf vereinbart wurde, ob der Arbeitnehmer seine Arbeitskraft anderweitig gegen Arbeitsentgelt einsetzt, wenn anderweitiger Verdienst also nicht angerechnet werden soll (LAG Sachsen-Anhalt vom 20. 9. 1995, LAGE § 12 ArbGG 1979 Streitwert Nr. 104).[1]
Dabei bedarf es keiner ausdrücklichen Vereinbarung über die Nichtanrechnung anderweitigen Verdienstes. Es reicht aus, wenn die Parteien im Rahmen einer Freistellungsvereinbarung keine Regelung über die Anrechnung anderweitigen Verdienstes treffen. (BAG vom 30. 9. 1982, 6 AZR 802/79, n. v.; LAG Hamm vom 27. 2. 1991, DB 1991, 1577, LAGE § 615 BGB Nr. 26; LAG Köln vom 21. 8. 1991, NZA 1992, 123–124, LAGE § 615 BGB Nr. 30 und LAG Brandenburg vom 17. 3. 1998, LAGE § 615 BGB Nr. 56).[2]
Die Bemessung des Freistellungsanspruchs mit dem vollen dafür anfallenden Entgelt wird auch nicht durch die ausdrückliche oder konkludente Vereinbarung der

Anrechnung von Urlaub auf die Freistellung gemindert (LAG Köln vom 20. 11. 1996, 7 Sa 416/96, n. v.).[3]

Anmerkungen

1. Grundsätzlich für eine Berücksichtigung war auch das LAG Berlin im Beschluss vom 1. 10. 2001, 17 Ta 6136/01 (Kost), NZA 2002, 406 f. Bei dem Bestehen eines besonderen Beschäftigungsinteresses des Arbeitnehmers beträgt der Wert bis zu 50% der Vergütung für den Freistellungszeitraum. Ansonsten wird die Freistellung ohne Anrechnung eines Zwischenverdienstes nur mit 25% der Vergütung für den Freistellungszeitraum bewertet (in diesem Sinne auch LAG Brandenburg vom 21. 2. 2000, 6 Ta 249/99, AE 2000 Nr. 431). Bei Anrechnung von Zwischenverdienst soll der Wert der Freistellung 10% der Vergütung im maßgeblichen Zeitraum betragen (so auch LAG Rheinland-Pfalz vom 13. 6. 2002, 2 Ta 531/02, DB 2002, 1460).

2. a. A. sind das LAG Köln vom 29. 1. 2002, 7 Ta 285/01, AE 2002 Nr. 283 und das LAG Hamm vom 17. 3. 1994, NZA 1994, 912, die zur Wertberücksichtigung die anderweitige Anhängigkeit der Entgeltansprüche oder des Beschäftigungsanspruches bzw. einen tatsächlichen Streit über die Freistellung fordern.

3. a. A. LAG Baden-Württemberg vom 27. 3. 1995, LAGE § 794 ZPO Nr. 5.

5.3 Vergütungsbestandteile

Wie Form Q. I. 2.1.

Verpflichtet sich der Arbeitgeber im Rahmen eines Vergleiches, einen streitigen Vergütungsanspruch des Arbeitnehmers zu erfüllen, obwohl dieser keine Arbeitsleistung erbracht hat, dann ist der entsprechende Vergütungsbetrag in den Vergleichswert einzubeziehen (LAG Sachsen-Anhalt vom 20. 9. 1995, LAGE § 12 ArbGG 1979 Streitwert Nr. 104). Das Gleiche gilt für die Verpflichtung zur Auszahlung von Urlaubs- und Weihnachtsgeld, weil mit einem solchen Vergleich hinsichtlich der genannten Regelungsgegenstände Klarheit über die Abwicklung des auslaufenden Arbeitsverhältnisses geschaffen wird (Hess. LAG vom 26. 5. 1995, 6 Ta 170/95, n. v.). Auch bis dahin nicht streitig gewesene Ansprüche werden durch die Aufnahme in den Vergleich zu dessen Bestandteil und sind deshalb so anzusehen, als seien sie spätestens bei Abschluss des Vergleiches streitig geworden (LAG Berlin vom 10. 11. 1998, 7 Ta 52/98 – Kost – n. v.).

5.4 Zeugnis

Wie Form. Q. I. 2.1.

Der Streitwert für ein im Vergleich vereinbartes qualifiziertes Zeugnis entspricht einem Bruttomonatseinkommen (Hess. LAG vom 26. 5. 1995, 6 Ta 170/95, n. v.)[1], jedenfalls dann, wenn die Parteien eine inhaltliche Regelung getroffen haben[2] (LAG Köln vom 27. 7. 1995, ARST 1996, 18, AR-Blattei ES 160.13 Nr. 199[3]).[4]

Anmerkungen

1. a. A. LAG Baden-Württemberg vom 5. 6. 1980, 8 Ta 57/90, n. v., dort nur wenn Streitgegenstand.

2. Das kann durch Bezugnahme auf ein schon vorhandenes Zwischenzeugnis oder durch die Vereinbarung einer bestimmten Beurteilungsnote geschehen.

3. Das LAG Köln fordert weiter, dass nicht schon vorher zwischen den Parteien über den Inhalt des Zeugnisses Konsens bestanden haben dürfe. Dazu ist jedoch auf LAG Berlin vom 10. 11. 1998, 7 Ta 52/98 (Kost), n. v., m. w. N., zu verweisen. Danach werden auch bis dahin nicht streitig gewesene Ansprüche durch die Aufnahme in den Vergleich zu dessen Bestandteil und sind deswegen so anzusehen, als seien sie spätestens bei Abschluss des Vergleiches streitig geworden.

4. Gibt es keine inhaltliche Regelung zum Zeugnis, sei ein Wert nur in Höhe des Titulierungsinteresses anzusetzen (ca. EUR 250,–), meinte das LAG Hamburg vom 15. 11. 1994, LAGE § 12 ArbGG 1979 Streitwert Nr. 102. Ein solches Titulierungsinteresse bewertet das LAG Berlin vom 31. 5. 2001, 17 Ta 6092/01 (Kost) mit einem Zehntel der Monatsvergütung. Dem bloßen Titulierungsinteresse misst das LAG Köln vom 29. 12. 2000, 8 Ta 230/00, NZA-RR 2001, 32 ff., überhaupt keinen eigenen Wert zu.

5.5 Ausgleichsklausel

Wie Form. Q. I. 2.1.

Haben die Parteien in dem das streitige Kündigungsschutzverfahren beendenden Vergleich u. a. nach Auflistung bestimmter noch zu erfüllender Ansprüche vereinbart, mit der Erfüllung dieser Ansprüche seien alle gegenseitigen finanziellen Ansprüche ausgeglichen, weil sie sich nicht sicher waren, ob alle zwischen ihnen noch bestehenden Ansprüche im Vergleich aufgeführt sind, sie aber auf jeden Fall vermeiden wollten, dass es noch zu irgendwelchen Streitigkeiten aus dem Arbeitsverhältnis kommt, und ist auch aus sonstigen Gründen eine fehlende Werthaltigkeit der Ausgleichsklausel weder belegt noch ersichtlich und auch ein höherer Wert nicht erkennbar, dann ist die Ausgleichsklausel mit einem Bruttomonatsgehalt zu bewerten. (Hess. LAG vom 26. 5. 1995, 6 Ta 170/95, n. v.).

6. Nachträgliche Zulassung der Kündigungsschutzklage

Wie Form. Q. I. 2.1.

Hat der Kläger unter Überschreitung der dreiwöchigen Klagefrist des § 4 KSchG Kündigungsschutzklage erhoben und einen Antrag nach § 5 KSchG auf nachträgliche Zulassung der Kündigungsschutzklage gestellt, so beträgt der Streitwert gemäß § 12 Abs. 7 S. 1 ArbGG ein Vierteljahreseinkommen.
Dies gilt auch für ein etwaiges Beschwerdeverfahren vor dem Landesarbeitsgericht, sofern die nachträgliche Zulassung der Kündigungsschutzklage vom Arbeitsgericht

abgelehnt worden ist (LAG Bremen vom 5. 9. 1986, DB 1987, 1996; LAG Brandenburg vom 23. 10. 1996, 6 Ta 130/96, n. v.).

7. Antrag auf Auflösung des Arbeitsverhältnisses nach § 9 Abs. 1 oder § 13 Abs. 1 KSchG

Wie Form. Q. I. 2.1.

Wird die Auflösung eines Arbeitsverhältnisses gegen Festsetzung einer Abfindung unter der Bedingung beantragt, dass es an der sozialen Rechtfertigung der ordentlichen Kündigung fehlt/an einem wichtigen Grund für die außerordentliche Kündigung mangelt, so soll nach herrschender Auffassung ein solcher Antrag mit Rücksicht auf die Bestimmung des § 12 Abs. 7 Satz 1 2. Halbs. ArbGG im Kündigungsschutzverfahren keinen eigenen Streitwert haben (LAG Berlin vom 13. 3. 2001, 17 Ta 6026/01, NZA-RR 2001, 434; LAG München vom 14. 9. 2001, 4 Ta 200/01, NZA-RR 2002, 493; LAG Köln vom 27. 7. 1995, ARST 1996, 18; LAG Düsseldorf vom 20. 7. 1987, LAGE § 12 ArbGG 1979 Streitwert Nr. 66; LAG Frankfurt vom 12. 8. 1975, 3 Ta 56/75, n. v.; BAG vom 25. 1. 1960, 2 AZR 519/87, AP Nr. 7 zu § 12 ArbGG 1953). Eine diese Auffassung rechtfertigende Begründung lässt sich indessen nicht finden. § 12 Abs. 7 Satz 1 2. Halbs. ArbGG gibt lediglich vor, Abfindungen, also das mögliche Ergebnis eines Auflösungsantrages, seien dem Kündigungsstreitwert nicht hinzuzurechnen. Das besagt nichts darüber, wie die Voraussetzung für eine solche Abfindungsentscheidung, nämlich eine entsprechende Antragstellung, ohne die das Gericht nicht tätig werden kann, zu bewerten ist.

Die Auflösungsentscheidung bedarf nicht nur eines besonderen Auflösungsantrages, sondern auch eines über den Gegenstand der Kündigung hinausgehenden Sachverhalts und einer ebensolchen Begründung. Der Auflösungsantrag bedarf also zu seiner Verteidigung und zu seiner Abwehr zusätzlicher Tatsachenschilderung der Parteien sowie ergänzender rechtlicher Überlegungen aller Beteiligten. Der Auflösungsantrag ist nicht etwa deshalb erfolgreich oder erfolglos, weil die Kündigung mehr oder weniger sozial gerechtfertigt ist, sondern nur dann, wenn sich außerhalb der reinen Kündigungsgründe Erwägungen finden lassen, die gegen die Fortsetzung des Arbeitsverhältnisses sprechen. Dieses gesonderte Interesse muss auch gesondert bewertet werden. Bereits aus diesen Umständen ist die fehlende Identität des Streitgegenstandes Auflösungsantrag mit dem des Kündigungsschutzantrages ersichtlich, denn über letzteren ist in jedem Falle zu entscheiden. Erst seine positive Bescheidung ist die Grundlage für die Auflösungsentscheidung.

Für die alle Beteiligten belastende zusätzliche Tätigkeit und den über die Entscheidung des Kündigungsschutzantrages hinausgehenden besonderen Vorteil/Nachteil aus der Auflösungsentscheidung bedarf es auch einer besonderen Bewertung.

Die Erkenntnis eines gesonderten Bewertungsbedarfes erschließt sich auch dann, wenn man prüft, wie denn zu verfahren ist, wenn lediglich die Frage des Auflösungsantrages in die Berufungsinstanz gelangt. Wäre dem Auflösungsantrag kein Wert beizumessen, würde auch keine Beschwer vorliegen. Der Rechtsstreit über den Auflösungsantrag wäre nicht berufungsfähig. Der Sachverhalt ist vergleichbar dem, dass in erster Instanz gar kein Auflösungsantrag gestellt wurde, sondern nur der Kündigungsschutzantrag und eine Partei Berufung mit dem einzigen Ziel einlegt, nunmehr in der Berufungsinstanz den Auflösungsantrag zu stellen. Ein solcher erstmals in der Berufungsinstanz gestellter Antrag allein erbringt keine die Berufung zulässig machende Beschwer (LAG München vom 30. 5. 1980, 4 Sa 147/80, n.v.; Hess. LAG vom 22. 10. 1996, 9 Sa 960/96, n.v.).

Um dem nach § 8 BRAGO angestrebten Ziel einer angemessenen Vergütung für die anwaltliche Tätigkeit nahe zu kommen, ist eine wortgetreue Anwendung des § 12 Abs. 7 Satz 1 2. Halbs. ArbGG erforderlich, d.h. die beantragte oder ausgeurteilte Abfindungssumme bleibt bei der Bewertung des Auflösungsantrages außer Betracht. Der Auflösungsantrag selbst ist jedoch zu bewerten und die damit verbundene anwaltliche und gerichtliche Tätigkeit einer gebührenrechtlichen Behandlung zuzuführen. Angemessen hierfür erscheint ein Wert von $^2/_3$ des Streitgegenstandes des Feststellungsantrages, also $^2/_3$ eines Vierteljahreseinkommens (so für die Berufungsinstanz: LAG Hamm vom 16. 8. 1989, NZA 1990, 328, DB 1989, 2032, BB 1989, 2048).

Das LAG Berlin (vom 30. 12. 1999, 7 Ta 6121/99 (Kost), DB 2000, 484, LAGE § 12 ArbGG 1979 Streitwert Nr. 119b) hat den Auflösungsantrag immerhin mit einem Bruttomonatsgehalt bewertet (ebenso: ArbG Würzburg vom 5. 6. 2000, 6 Ca 118/99 A, NZA-RR, 2001, 107).

II. Verfahren um die Zustimmung der zuständigen Behörde zur Kündigung eines Schwerbehinderten, § 85 ff. SGB IX

Wie Form. Q. I. 2.1.

Begründung:

Der Kläger hatte sich in dem das Verfahren abschließenden Vergleich verpflichtet, dem Integrationsamt mitzuteilen, auch nach seiner Auffassung seien die vom Arbeitgeber angegebenen Gründe, die zur Kündigung führten, zutreffend wiedergegeben und er erhebe gegen die Erteilung der Zustimmung zur Kündigung durch das Integrationsamt keine Einwände. Für den Fall der Erteilung der beantragten Zustimmung durch das Integrationsamt und des Ausspruchs einer auf die genannten Gründe gestützten Kündigung und deren Zugang innerhalb der gesetzlichen Frist hatte der Kläger auf die Erhebung einer Kündigungsschutzklage verzichtet.[1]

Jedenfalls dann, wenn der zu kündigende Arbeitnehmer die Zustimmung des Integrationsamtes zur Kündigung bekämpft und diese verweigert wird, führt dies unmittelbar dazu, dass die Kündigung des Arbeitsverhältnisses des schwerbehinderten Menschen unwirksam wird bzw. nicht erklärt werden kann. Die Bedeutung des Verfahrens für den Arbeitnehmer ist deshalb ebenso zu bewerten wie die einer Kündigungsschutzklage vor dem Arbeitsgericht und deshalb der Gegenstandswert entsprechend der Vorschrift des § 12 Abs. 7 ArbGG zu bemessen (Hess. VGH vom 23. 12. 1987, AnwBl. 1988, 646–667, JurBüro 1988, 1556–1557; OVG Lüneburg vom 25. 5. 1989, 4 L 22/89, n. v. und der von Sendler begründete [NVwZ 1989, 1041] „Streitwertkatalog für die Verwaltungsgerichtsbarkeit", DVBl. 1991, 1239–1343)[2].

Anmerkungen

1. Das Verfahren um die Zustimmung des Integrationsamtes zur Kündigung eines Schwerbehinderten spielt sich außerhalb des arbeitsgerichtlichen Verfahrens ab. Eine Streitwertfestsetzung erfolgt deshalb regelmäßig nur für den seltenen Fall der Durchführung eines verwaltungsgerichtlichen Verfahrens im Anschluss an die Entscheidung des Integrationsamtes und des Widerspruchsausschusses. Nichtsdestoweniger wird häufig ein Streitwert zum Zwecke der Abrechnung mit dem Mandanten oder der Rechtsschutzversicherung benötigt. Um dies im Rahmen der üblichen Fallbeispiele gestalten zu können, ist der Weg über die Einbeziehung in einen Vergleich gewählt worden, ein sicherlich seltener Vorgang.

2. a. A. Bundesverwaltungsgericht vom 17. 4. 1991, 5 B 114/89, n. v. und vom 16. 12. 1992, MDR 1993, 584–585; danach ist die Verwaltungsstreitigkeit über die Rechtmäßigkeit der Zustimmung des Integrationsamtes zur Kündigung eines schwerbehinderten Menschen entsprechend § 13 Abs. 1 Satz 2 GKG zu bewerten, zurzeit also mit EUR 4.000,–.

III. Statusstreit um die Eigenschaft als leitender Angestellter im Sinne von § 5 Abs. 3 BetrVG

Wie Form. Q. I. 2.1.

Zwischen den Parteien besteht Streit über die Frage, ob der Kläger als leitender Angestellter im Sinne von § 5 Abs. 3 BetrVG anzusehen ist. Von der Frage hängen diverse Rechtsfolgen für den Kläger ab. Einerseits geht es um die Anwendbarkeit von Betriebsvereinbarungen, z.B. über die Regelung der Arbeitszeit und der Beschränkung von Überstunden, andererseits um die Frage, ob der Kläger bei Einbeziehung in die von der Beklagten beabsichtigten Betriebsänderung Anspruch auf eine noch auszuhandelnde Sozialplanabfindung hat. Insbesondere unter Berücksichtigung der letztgenannten Ansprüche und der siebenjährigen Dauer des Bestehens des Arbeitsverhältnisses des Klägers und der damit zu erwartenden Abfindung aus einem etwaigen Sozialplan ist es angemessen, den Wert des Rechtsstreits auf drei Monatsgehälter festzusetzen (Hess. LAG vom 31. 10. 1997, 6 Ta 362/97, n.v.).[1]

Anmerkung

Das Hess. LAG hatte die Auffassung vertreten, grundsätzlich sei der hier gegenständliche Statusstreit eine nichtvermögensrechtliche Angelegenheit, da die Bedeutung der Geltung des Betriebsverfassungsgesetzes für ein Arbeitsverhältnis schwerpunktmäßig nicht im materiellen Bereich liege. Vermögensrechtliche Bedeutung könne dem Status jedoch dann zukommen, wenn er mit geldwerten Ansprüchen verknüpft ist. Das sei der Fall, wenn der veränderte Status Ansprüche nach Maßgabe der §§ 111 ff. BetrVG erwarten lasse.

IV. Bestandsschutz bei Dienstverträgen

Wie Form. Q. I. 2.1.

Gegenstand des Streits zwischen den Parteien war eine außerordentliche Kündigung des Geschäftsführer-Dienstvertrages durch die von ihm vertretene, hier beklagte Gesellschaft. Dieser Dienstvertrag war nach seinen Regeln zum Zeitpunkt des Zugangs der streitigen außerordentlichen Kündigung innerhalb der nächsten vier Jahre nicht ordentlich kündbar. Der Wert des Streits ist daher nach § 17 Abs. 3 GKG auf den dreifachen Jahresbetrag der Vergütung, also einschließlich aller Sonderzahlungen zu bemessen (KG vom 21. 6. 1996, KG-Report 21/96, 249). Von diesem wird wegen des Feststellungscharakters des Antrages ein 20%iger Abschlag vorgenommen (Kammergericht vom 21. 6. 1996, a. a. O.).

Anmerkung

A. A. sind allerdings das OLG Köln und das OLG Celle. Gemeinsam mit dem Kammergericht und dem BGH (vom 29. 1. 1986, JurBüro 1986, 714) vertreten allerdings auch sie zutreffend die Auffassung, die Begrenzung des Streitwertes durch § 12 Abs. 7 Satz 1 ArbGG finde im Verfahren vor den allgemeinen Zivilgerichten keine Anwendung. Das OLG Köln will aber nicht in jedem Falle auf den Drei-Jahres-Betrag abstellen, der im vorliegenden Fall die Berücksichtigung des Weiteren für eine ordentliche Kündigung gesperrten vierten Jahres ausschließt, sondern in den Fällen, in denen nach dem Vertrag/dem Gesetz eine (weitere, hypothetische, ordentliche) Kündigung zu einem früheren Zeitpunkt erfolgen könnte, den Streitwert auf denjenigen Betrag beschränken, der bis zum nächstmöglichen Endzeitpunkt des Vertrages gezahlt werden muss (OLG Köln vom 9. 9. 1994, AnwBl. 1995, 317). Die hier zur Anwendung kommenden Vorschriften (§ 17 Abs. 3 GKG i. V. m. § 25 KostO) setzen jedoch bei ihrer Streitwertbemessung einen Ausschluss des ordentlichen Kündigungsrechts für den von ihnen angesprochenen Drei-Jahres-Zeitraum gar nicht voraus. Das Begehren des Dienstverpflichteten geht in der Regel dahin, durch Feststellung der Unwirksamkeit des streitigen Beendigungstatbestandes die unbefristete Fortsetzung des Vertragsverhältnisses zu erreichen. Der Gesetzgeber vermutet mit seiner Wertfestsetzung nun, für den Fall der Fortsetzung des Dienstverhältnisses werde es mindestens noch für drei Jahre bestehen. Eine hiervon abweichende Beurteilung entspricht nicht dem Gesetz, zumal der Gesetzgeber sich sehr wohl über andere Streitwertbemessungen bei Dauerschuldverhältnissen Gedanken gemacht hat, soweit er seine Senkung unter den Drei-Jahres-Wert des § 17 GKG für angemessen hielt (§ 16 GKG). Es steht den Gerichten nicht zu, das Ergebnis ihrer Vermutung über die wahrscheinliche Dauer der Fortsetzung des Dienstverhältnisses an die Stelle der gesetzlichen Vermutung zu setzen. Hätte der Gesetzgeber grundsätzlich nur das Einkommen bis zum nächsten möglichen ordentlichen Kündigungstermin zum Streitwert bestimmen wollen, hätte er dies zum Ausdruck gebracht. Eine Minderung unter den Regelbetrag kommt deshalb nur dann in Betracht, wenn sich bereits aus dem Vertrag heraus ergibt, dass auch ohne eine Kündigung das Dienstverhältnis früher als drei Jahre nach der streitigen Kündigung enden würde, also vor allem bei einer vereinbarten Befristung.

Das OLG Celle hält ebenfalls die Vergütung bis zum nächsten ordentlichen Kündigungstermin für erheblich und einen Abschlag von 20% wegen des Feststellungscharak-

ters für geboten. Darüber hinaus will es aber bei der Feststellung der anfallenden Vergütung unregelmäßig fällig werdende Bezüge, wie Weihnachts- oder Urlaubsgeld und eine
Gewinnbeteiligung, nicht berücksichtigen (OLG Celle vom 22. 6. 1994, OLGRp 1994,
298–299). Auch diese Auffassung findet indessen im Gesetz keine Stütze. Es wäre dem
Gesetzgeber unschwer möglich gewesen, den 36-fachen Betrag der Monatsvergütung
zum Streitwert zu erheben. Dass ihm diese Maßeinheit bekannt ist, ergibt sich aus § 10
KSchG. Wenn der Gesetzgeber statt dessen vom dreifachen Jahresbetrag der Einkünfte
spricht, dann gehören dazu eben auch die nur einmal im Jahr fälligen Zahlungen, denn
sie stellen ebenso wie die monatliche Vergütung den wirtschaftlichen Wert des Dienstverhältnisses dar.

V. Verpflichtung des Arbeitnehmers zur Erbringung der Arbeitsleistung

Wie Form. Q. I. 2.1.

Begründung:

Der Arbeitgeber hat den Arbeitnehmer darauf in Anspruch genommen, seine vertraglichen Pflichten als Sprengmeister bis zum Auslaufen der vertraglichen Kündigungsfrist auszuüben, da er ohne einen Sprengmeister weder Aufträge ausführen noch Aufträge einwerben kann und Sprengmeister auf dem Arbeitsmarkt zurzeit nicht verfügbar sind. Die entsprechende Marktsituation war ja auch die Ursache für den Vertragsbruch des Arbeitnehmers. Die eingeforderte Leistung war somit für den Arbeitgeber von existentieller Bedeutung. Deshalb hatte er den Arbeitnehmer (und selbstverständlich auch sich) mit der relativ langen Frist von sechs Monaten zum Quartal vertraglich gebunden. Trotzdem hatte der Arbeitnehmer sechs Monate vor Auslaufen der Kündigungsfrist die anderweitige Arbeit aufgenommen.

Will der Arbeitnehmer seinen (Weiter-)Beschäftigungsanspruch durchsetzen, so wird dieser regelmäßig mit zwei Bruttomonatsgehältern, mindestens aber mit einem Bruttomonatsgehalt bewertet. Bei oberflächlicher Betrachtung würde es deshalb nahe liegen, die Pflicht des Arbeitnehmers zur Arbeitsleistung gleichermaßen zu bewerten (so GK-*Wenzel* § 12 ArbGG Rdn. 113). Der Anspruch des Arbeitnehmers auf Beschäftigung korrespondiert jedoch weder rechtsdogmatisch noch wirtschaftlich mit dem Recht des Arbeitgebers, die Leistungen des Arbeitnehmers zu fordern.

Die Hauptleistungspflichten aus dem Arbeitsverhältnis sind für den Arbeitgeber die Pflicht zur Zahlung der Vergütung und die Gegenleistung des Arbeitnehmers für die Vergütung ist die Pflicht zur Erbringung der Arbeitsleistung. Dagegen ist der Beschäftigungsanspruch des Arbeitnehmers ein vor allem aus seinem allgemeinen Persönlichkeitsrecht (gegebenenfalls auch aus dem Betriebsverfassungsgesetz) fließender Nebenanspruch. Der Beschäftigungsanspruch und die Leistungspflicht sind also von unterschiedlicher Rechtsqualität. Vergleichbar mit der Beschäftigungspflicht ist vielmehr die Vergütungspflicht.

Klagt der Arbeitnehmer auf Zahlung seiner Vergütung, so wird dieser Anspruch zunächst einmal an der Höhe seiner bezifferten Forderung gemessen, nach oben auf den dreifachen Jahresbetrag begrenzt. Für seine den Gegenwert der Vergütungszahlung darstellende Leistung kann im Grunde nichts anderes gelten. Auch wirtschaftlich erhofft der Arbeitgeber mit der Arbeitsleistung des Arbeitnehmers nicht nur so viel wieder einzunehmen, wie der Arbeitnehmer ihn kostet, sondern nach Möglichkeit auch einen darüber hinausgehenden Gewinn zu erzielen. Wirtschaftlich wäre die Arbeitpflicht des Arbeitnehmers daher sogar höher zu bemessen als der reine Vergütungsanspruch. Dennoch mag es aus Gründen der Gleichsetzung des Wertes der Hauptleistungspflichten bei der Bemessung anhand der Brutto-Vergütung verbleiben.

Die Leistungspflicht des Arbeitnehmers ist daher grundsätzlich wie eine wiederkehrende Leistung zu bemessen, allerdings nur bezogen auf den Zeitraum bis zum nächsten ordentlichen Kündigungstermin, denn der Beendigung der Leistungspflicht durch eine ordentliche Kündigung des Arbeitnehmers stehen keine rechtlichen

Hemmnisse entgegen und es gibt auch keine gesetzliche Streitwertvermutung, da die gesetzlich mit dem dreifachen Jahresbetrag bewerteten Leistungspflichten Zahlungspflichten meinen.

Da der Arbeitnehmer zur Erbringung seiner Leistungspflicht für die Dauer von sechs Monaten angehalten werden sollte, ist der Streitwert entsprechend der Summe der Bruttovergütungen für diesen Zeitraum anzusetzen.

VI. Anspruch auf Verringerung der Arbeitszeit

Wie Form. Q. I. 2.1.

Begehrt der Arbeitnehmer eine Arbeitszeitreduzierung gemäß § 8 TzBfG, so bemisst sich der Streitwert nach der dreijährigen Vergütungsdifferenz gemäß § 12 Abs. 7 Satz 2 ArbGG zwischen dem ursprünglichen Verdienst und dem zu beanspruchenden Gehalt bei Arbeitszeitverringerung. Die Gerichte nehmen allerdings in Anlehnung an die Rechtsprechung zur Änderungskündigung (siehe Q. I. 3.) eine Streitwertbegrenzung auf den Vierteljahresverdienst nach § 12 Abs. 7 Satz 1 ArbGG vor (LAG Berlin vom 4. 9. 2001, 17 Ta (Kost) 6121/01, n. v.; LAG Hamburg vom 8. 11. 2001, 6 Ta 24/01, NZA-RR 2002, 551; LAG Niedersachsen vom 14. 12. 2001, 17 Ta 396/01, NZA-RR 2002, 550f.; LAG Köln vom 29. 8. 2001, 11 Ta 200/01, AE 2002 Nr. 125; Hess. LAG vom 28. 11. 2001, 15 Sa 361/01, NZA 2002, 404f.; a. A.: LAG Düsseldorf vom 12. 11. 2001, 7 Ta 375/01, LAGE § 3 ZPO Nr. 14, das eine Bewertung mit nur zwei Bruttomonatsgehältern vornimmt.) Für eine solche Begrenzung des Streitwertes spricht aber weder der Wortlaut des § 12 Abs. 7 ArbGG noch ergibt sich aus dem Sinn und Zweck eine solche Notwendigkeit. Die Parteien streiten in diesem Fall gerade nicht um die Beendigung des Arbeitsverhältnisses, sondern um die Bedingungen seiner Fortsetzung. Insoweit ist die Interessenlage vergleichbar mit einer Eingruppierungsstreitigkeit (s. Q. XIV), so dass es bei dem Wertansatz des § 12 Abs. 7 Satz 2 ArbGG verbleiben muss.

Stützt der Arbeitnehmer seinen Wunsch auf Verringerung der Arbeitszeit auf § 15 BErzGG, so dass die Reduzierung der Arbeitszeit auf einen bestimmten Zeitraum beschränkt bleibt, ist auch insoweit nur die Vergütungseinbuße für diese Periode als Streitwert anzusehen.

Anmerkung

Insgesamt anderer Auffassung ist das LAG Baden-Württemberg. Danach handelt es sich bei der Klage auf Verkürzung der Arbeitszeit und (hilfsweise für den Fall des Obsiegens) deren Verteilung auf die Wochentage um eine vermögensrechtliche Streitigkeit, deren Bewertung gemäß § 12 Abs. 1 GKG nach § 3 ZPO zu erfolgen hat (LAG Baden-Württemberg vom 20. 12. 2001, 3 Ta 131/01 und vom 15. 2. 2002, 3 Ta 5/02, beide n. V.). Auf dieser Grundlage kann wegen der besonderen Bedeutung im Einzelfall (notwendige Betreuung mehrerer Kinder) und der Vergütungseinbuße der Wert 15.000 € betragen für den Hauptantrag und 8.000 € für den Hilfsantrag, der jedoch wegen § 19 Abs. 1 S. 3 GKG nicht hinzuzurechnen sei (ArbG Stuttgart vom 16. 12. 2002 3 Ca 4487/02).

VII. Streit um den Umfang des Direktionsrechts, Versetzung

Wie Form. Q. I. 2.1.

Besteht zwischen den Parteien Streit über verschiedene Arbeitsanweisungen des Arbeitgebers an den Arbeitnehmer, die für diesen belastend sind, und ist streitig, ob sie vom Direktionsrecht umfasst sind, wobei der Arbeitnehmer sie zunächst unter Vorbehalt akzeptierte, um nicht eine Kündigung zu riskieren, so besteht eine so enge Verbindung mit dem Bestand des Arbeitsverhältnisses, dass das Verfahren eine vermögensrechtliche Streitigkeit darstellt (BAG vom 10. 8. 1989, 6 AZR 776/87, n. v.; BAG vom 28. 9. 1989, NZA 1990, 202, DB 1990, 640, AP Nr. 14 zu § 64 ArbGG 1979).

Die streitige komplexe Anweisung (z.B. stärkeres Heben, Kälte, Schmutz, größere Verantwortung, höhere Schadensgefahr) erfasste zunächst eine bestimmte Arbeitsausführungsart, die die grundsätzlich ähnliche Arbeit als belastender erscheinen lässt. Dafür ist ein Streitwertanteil von etwa einem Drittel eines Bruttomonatseinkommens angemessen (BAG vom 28. 9. 1989, a.a.O.; für einen Monatsverdienst hingegen: Sächs. LAG vom 31. 3. 1999, 2 Sa 1384/97, LAGE § 12 ArbGG 1979 Streitwert Nr. 118).

Beinhaltet die Anweisung zudem eine (örtliche) Versetzung, die in erster Linie eine noch zumutbare Verlängerung der Anfahrtszeit verursachte, so ist unter Berücksichtigung von § 12 Abs. 7 Satz 1 ArbGG diese mit einem Bruttomonatsverdienst zu bewerten (LAG Nürnberg vom 27. 12. 1994, ARST 1995, 142; LAG Berlin vom 27. 11. 2000, 7 Ta 6117/00 (Kost), AE 2001 Nr. 124).

VIII. Antrag auf Entfernung einer Abmahnung

Wie Form. Q. I. 2.1.

Der Streit um eine Abmahnung ist grundsätzlich mit einem Bruttomonatsgehalt zu bemessen. Eine darunter liegende Bewertung wäre unzureichend, weil darin die wirtschaftliche und soziale Bedeutung des Prozesses über die Abmahnung nicht hinreichend zur Würdigung käme (LAG Hamburg vom 12. 8. 1991, LAGE § 12 ArbGG Streitwert Nr. 94; LAG Rheinland-Pfalz vom 20. 12. 1993, 6 Ta 258/93, n. v.; LAG Berlin vom 8. 1. 1993, 1 Ta 104/92 (Kost), n. v.; LAG Schleswig-Holstein vom 7. 6. 1995, BB 1995, 1596, LAGE § 12 ArbGG Streitwert Nr. 103; LAG Düsseldorf vom 4. 9. 1995, NZA-RR 1996, 391).[1]

Bei der Wertfestsetzung für eine Abmahnung kommt es nicht darauf an, ob die Abmahnung überflüssig, rechtsgrundlos oder der Streit hierüber einfach zu entscheiden war (LAG Schleswig-Holstein vom 6. 7. 1994, 6 Ta 28/94, n. v.).

Bei mehreren Abmahnungen sind diese unabhängig voneinander jede mit einem Bruttomonatseinkommen zu bewerten.[2] Dies muss jedenfalls dann gelten, wenn zwischen dem Ausspruch der Abmahnungen jeweils ein erheblicher Zeitraum von beispielsweise zwei Monaten liegt (LAG Düsseldorf vom 4. 9. 1995, a. a. O.) oder dem Arbeitnehmer unterschiedliche Pflichtverstöße vorgeworfen werden.

Anmerkungen

1. A. A. ist da LAG Schleswig-Holstein vom 6. 7. 1994, 6 Ta 28/94, n. v., gewesen. Danach ist eine Abmahnung schon mit einem halben Monatseinkommen angemessen und ausreichend bewertet. Wird hingegen neben der Entfernung der Abmahnung aus der Personalakte noch der Widerruf der Abmahnung verlangt, so ist dieser Antrag gesondert zu bewerten, wobei eine halbe Bruttomonatsvergütung als ausreichend angesehen wird (LAG Schleswig-Holstein vom 13. 12. 2000, 6 Ta 168/00, NZA-RR 2001, 496 f.).

2. A. A. ist das LAG Berlin. Danach hat zwar bei einer Klage auf Entfernung mehrerer Abmahnungen eine Addition der Werte für die einzelnen Abmahnungen zu erfolgen, jedoch sei andererseits „eine angemessene Relation zum Wert des Kündigungsschutzprozesses" zu wahren. Im Ergebnis hat das LAG Berlin die Entfernung von drei Abmahnungen mit zwei Monatsentgelten bewertet (LAG Berlin vom 8. 1. 1993, 1 Ta 104/92 (Kost), n. v.; vergleichbar: LAG Baden-Württemberg vom 26. 6. 2001, 3 Ta 75/01, n. v., das für 6 Abmahnungen 4 Bruttomonatsgehälter ansetzte.).

Das Hess. LAG vom 24. 5. 2000, 15 Ta 16/00, NZA-RR 2000, 438 f., bewertet hingegen die ersten beiden Abmahnungen mit jeweils einem Bruttomonatsgehalt und weitere Abmahnungen innerhalb eines Zeitraumes von sechs Monaten nur noch mit einem Drittel des Monatsverdienstes. Eine Beschränkung auf den Wert gemäß § 12 Abs. 7 Satz 1 ArbGG erfolgt aber zu Recht nicht.

Bei einem unter drei Monaten liegenden Zeitraum ist nach Auffassung des LAG Düsseldorf vom 4. 9. 1995, a. a. O., der Wert auf ein Drittel des auf diesen Zeitraum fallenden Einkommens zu bestimmen, jedoch nicht auf weniger als ein Drittel eines Monatseinkommens. Insgesamt darf nach Auffassung des LAG Düsseldorf wie nach der des LAG Berlin vom 8. 1. 1993, 1 Ta 104/92 (Kost), n. v., in einem Abmahnungsstreit der

Kündigungsstreitwert nicht überschritten werden. Die Anknüpfung an dem Zeitpunkt des Ausspruchs der Abmahnung vermag jedoch unter zwei Gesichtspunkten nicht zu überzeugen. Zum einen knüpft das LAG Düsseldorf damit an die Differenztheorie für den Ausspruch mehrerer Kündigungen an und in der Tat entfaltet die Abmahnung mit dem Zugang sofort Wirkung, weil damit die Warnfunktion erfüllt ist. Insoweit entspricht die Abmahnung der außerordentlichen Kündigung und nicht der ordentlichen Kündigung, die ihre Wirkung ja erst mit dem Auslaufen der Kündigungsfrist entfaltet. Anders als die außerordentliche Kündigung steht der Zeitpunkt des Ausspruchs einer Abmahnung jedoch im Belieben des Arbeitgebers, dem Zeitpunkt des Ausspruchs zu wählen. Auf den zeitlichen Zwischenraum zwischen dem gerügten Lebenssachverhalt und dem Ausspruch der hierauf gestützten Abmahnung kommt es (nahezu) nicht an. Damit würde eine hierauf gestützte Streitwertbemessung ebenfalls beliebig. Sammelt der Arbeitgeber rügefähige Ereignisse und überreicht dann an einem Tag (ein in der Praxis häufiger Vorgang) drei Abmahnungen für drei Vorfälle, die sich vor neun Monaten, sechs Monaten und vor drei Monaten ereigneten, dann wäre der Streitwert folgend der Entscheidung des LAG Düsseldorf, je nach ihrer Auslegung, mit ein/zwei/drei oder gar nur mit einem Bruttomonatsgehalt festzusetzen. Spricht der Arbeitgeber die Abmahnungen hingegen zeitnah zu den zugrunde liegenden Ereignissen aus und klagt der Arbeitnehmer gegen alle drei Abmahnungen in einem einheitlichen Verfahren, dann wäre dieses Verfahren mit zwei Bruttomonatsgehältern zu bewerten. In der Sache hätten sich alle Beteiligten mit dem gleichen Lebenssachverhalt auseinanderzusetzen und dem gleichen argumentativen Aufwand. Trotzdem wäre ihr Gebührenanspruch unterschiedlich, ein nicht zu billigendes Ergebnis.

Der Zeitpunkt des Ausspruchs der Abmahnung ist auch nicht bestimmend für den Arbeitsumfang der Anwälte und kann damit auch nicht Grundlage für eine angemessene Bewertung der anwaltlichen Tätigkeit sein. Hier muss vielmehr auf die Gleichartigkeit des gerügten Vertragsverstoßes abgestellt werden. Gleichartige Vertragsverstöße, begangen zu unterschiedlichen Zeiten, zwingen Gerichte und Anwälte nur einmal, sich mit der grundlegenden Frage auseinanderzusetzen, ob überhaupt eine entsprechende Vertragsverpflichtung besteht. Gesonderter Behandlung bedarf dann nur noch die Frage, ob der gerügte Lebenssachverhalt sich tatsächlich ereignet hat. Insoweit erscheint eine Verringerung des Streitwertes begründbar.

Bei mehreren gleichartigen Abmahnungen wäre damit die erste mit einem Bruttomonatsgehalt zu bewerten, eine weitere gleichartige, bei der es in der Regel nur um die Ermittlung des Lebenssachverhaltes geht, etwa mit einem Drittel eines Bruttomonatseinkommens.

IX. Anspruch auf Auskunftserteilung und Abrechnung

In pp

bitten wir gemäß § 25 GKG i.V.m. § 9 Abs. 2 BRAGO um Streitwertfestsetzung zum Zwecke der anwaltlichen Gebührenberechnung.[1] Für die hier gegenständlichen Anträge auf Auskunft, eidesstattliche Versicherung über die Richtigkeit der Auskunft und Zahlung nach Erteilung der Auskunft wird gebeten, den Streitwert für die Prozessgebühr und die Vergleichsgebühr auf EUR 60.000,– festzusetzen, für die Verhandlungsgebühr auf EUR 30.000,–.

Begründung:

Der Kläger begehrte zur Berechnung seines Provisionsanspruches von der Beklagten Auskunft über die insoweit relevanten Daten und forderte wegen der Vorfälle bei vorangegangenen Abrechnungen eine eidesstattliche Versicherung über die Richtigkeit der Auskunft. Ferner beantragte der Kläger Zahlung auf Grundlage der erteilten Auskunft, wobei er wegen (unvollständigen) eigenen Aufzeichnungen und den Provisionsansprüchen aus den vergangenen Jahren einen Mindestbetrag von EUR 50.000,– verlangte.

In der Güteverhandlung haben die Parteien zunächst über den Auskunftsantrag sowie bezüglich der Verurteilung zur Abgabe der eidesstattlichen Versicherung verhandelt und sich alsdann insgesamt verglichen.

Der Streitwertansatz geht für den Auskunftsanspruch von 40% der nach Maßgabe der Angaben des Klägers zu schätzenden Höhe der Hauptforderung aus, also von EUR 20.000,–, und für den Antrag auf Verurteilung zur Abgabe der eidesstattlichen Versicherung von 50% des Auskunftsanspruchs, also von EUR 10.000,–. Hieraus ergibt sich der Wert für die Verhandlungsgebühr mit EUR 30.000,–. Für die Prozessgebühr sind ein einheitlicher Wert für die Auskunfts- und Hauptforderung in Höhe der nach Angaben des Klägers geschätzten Hauptforderung angesetzt worden (EUR 50.000,–), zusätzlich der Wert des Antrages für die eidesstattliche Versicherung (EUR 10.000,–). Für diese Wertansätze sind die nachfolgenden Überlegungen ausschlaggebend.

Für eine Auskunftsklage in der hier gewählten Art der Stufenklage ist gemäß § 18 GKG nur einer der verbundenen Ansprüche maßgebend, nämlich der höhere. Eine Addition der Werte der einzelnen Ansprüche erfolgt also nicht. Nach diesem höheren Wert richtet sich der Wert der Prozessgebühr für den Auskunfts- und den Zahlungsantrag. Dabei ist der Zahlungsantrag (Hauptforderung) notwendig zu schätzen und richtet sich nach den Angaben der Klagepartei (*Zöller/Herget* § 3 ZPO Rdn. 16; OLG Hamm vom 6. 5. 1982, JurBüro 1982, 1376; BGH vom 31. 3. 1993, FamRZ 1993, 1189).

Über den Leistungsantrag kann entsprechend dem System der Stufenklage erst nach Erledigung der Auskunftsstufe verhandelt werden. Da es hier nicht mehr dazu gekommen ist, richtet sich die Verhandlungsgebühr ausschließlich nach dem Wert des Auskunftsverlangens (BGH vom 5. 5. 1994, FamRZ 1995, 348, III ZR 98/93). Dieser Wert der Auskunftsforderung ist mit einem Bruchteil des Wertes des Hauptanspruches zu bemessen. In Anbetracht der Bedeutung der Auskunft für die Durchsetzung des Anspruchs des Klägers erscheint auch eine Wertbemessung in Höhe von 50% des Hauptanspruchs vertretbar, denn die Erteilung der Auskunft ist grundlegend für die Durchsetzung des angeblichen Hauptanspruchs (OLG Frankfurt vom 9. 2. 1973, JurBüro 1973, 766). Vorliegend wird indessen eine Bewertung des Auskunftsanspruchs mit 40% vorgenommen.[1] Dieser Wert liegt innerhalb der Spanne von $1/_{10}$ bis $2/_5$ des Hauptanspruchs, der gemäß der herrschenden Meinung regelmäßig für ein Auskunftsbegehren anzusetzen ist und der sich nach den Umständen des hiesigen Einzelfalles ergibt.[2]

Dem Antrag auf Abgabe der eidesstattlichen Versicherung ist ein eigener Wert beizumessen. Dabei ist sowohl der erhöhte Druck auf den Wahrheitsgehalt der Auskunft als Interesse der Parteien zu berücksichtigen als auch die besonderen Voaussetzungen, die an die Begründetheit eines solchen Antrages zu stellen sind. Keineswegs ist jeder Auskunftspflichtige auch zur Abgabe der Versicherung verpflichtet. Dieser Antrag ist also kein notwendiger Bestandteil der Stufenklage und daher nicht von ihrem Einheitswert erfasst, sondern ist mit 50% des Auskunftswertes zu bemessen (OLG München, JurBüro 1984, 1376).

Anmerkungen

1. Abweichend hiervon hat das LAG Frankfurt im Beschluss vom 25. 11. 1995, 6 Ta 443/95, n. v., den Wert einer Auskunfts- und Entschädigungsklage einer Bau-Zusatzversorgungskasse in Höhe der nach Erteilung der Auskunft geschuldeten Beiträge festgesetzt, weil die erteilte Auskunft in diesen Fällen regelmäßig zur Zahlung und damit zur endgültigen Befriedigung führen soll. Ebenfalls abweichend hat das LAG Frankfurt im Beschluss vom 11. 3. 1968, DB 1968, 1764, den Streitwert einer Klage auf Auskunftserteilung unabhängig von der Höhe des Hauptanspruchs allein nach einem geschätzten Interesse des Klägers, d. h. der durch die Auskunftserteilung verschafften Erleichterung der Durchführung des Hauptanspruchs bemessen. Richtig an beiden Entscheidungen des LAG Frankfurt ist, dass im Allgemeinen mit der Auskunft die wesentliche Hürde bei der Durchsetzung des Anspruchs der Klagepartei genommen ist, sei es, dass die Verteidigungsmöglichkeiten der Beklagten damit entscheidend schrumpfen, sei es, dass der Kläger damit die Wertlosigkeit seiner vermeintlichen Forderung erkennt. Wegen dieser grundlegenden Bedeutung wird im Fallbeispiel die Auffassung vertreten, eigentlich sei der Auskunftsanspruch mit 50% der geschätzten Hauptforderung zu bewerten.

Gehen die Parteien gegen das Auskunftsurteil in die Berufung, so ergibt sich nach der übereinstimmenden Rechtsprechung des Bundesarbeitsgerichts und des Bundesgerichtshofes eine nicht überzeugend zu begründende Besonderheit. Der Wert der Beschwer soll nämlich für den erfolglosen Kläger anders sein als für die verurteilte Auskunftspflichtige. Bleibt es für den erfolglosen Kläger beim Ansatz eines Bruchteils des Wertes der geschätzten Hauptforderung, soll sich die Beschwer der zur Auskunft verurteilten Beklagten ausschließlich an dem Wert ihres Aufwands ausrichten, den sie zur Erfüllung des Auskunftsanspruchs zu tragen hat (BAG vom 27. 5. 1994, AP Nr. 17 zu § 64 ArbGG 1979, NZA 1994, 1054–1056; BGH vom 19. 10. 1993, DB 1993, 2481). Das führt in vielen Fällen für die Parteien zu unterschiedlichen Rechtsmittelmöglichkeiten. Häufig wird dem Auskunftspflichtigen die Berufung verwehrt sein, dem erfolglosen Kläger hingegen die Berufung möglich. Dennoch sehen die genannten Bundesgerichte hierin kein verfassungsrechtliches Problem.

2. Rechtsprechung und Literatur sind nicht auf einen bestimmten Prozentsatz festgelegt, sondern bewerten den Auskunftsanspruch nach den jeweiligen Umständen des Einzelfalls, wobei sie im Allgemeinen höchstens 50% des Hauptanspruchs zugrunde legen, regelmäßig jedoch nur zwischen $^1/_{10}$ und $^2/_5$ annehmen; vgl. *Thomas/Putzo* § 3 ZPO Rdn. 21; *Baumbach/Hartmann* Anh. zu § 3 ZPO Rdn. 24 und 108; *Zöller/Herget* § 3 ZPO Rdn. 16 – Auskunft –; für $^1/_{10}$ bis ¼ KG Berlin vom 18. 9. 1995, FamRZ 1996, 500; für $^1/_5$ bis ¼ Düsseldorf vom 11. 3. 1988, FamRZ 1988, 1188; für ¼ das OLG Köln vom 6. 4. 1976, VersR 1976, 1154; für 1/5 KG Berlin vom 8. 11. 1994, KGR 1994, 251; OLG Bamberg vom 14. 4. 1989, JurBüro 1989, 1307; für $^2/_5$ OLG Bamberg vom 6. 2. 1985, JurBüro 1985, 743.

X. Antrag auf Akteneinsicht

Wie Form. Q. I. 2.1.

Begehrt ein Arbeitnehmer Einsicht in seine Personalakte, um mit Hilfe vermuteter Leistungsbeurteilungen und Stellenbeschreibungen eine Höhergruppierungsklage vorzubereiten, von der er sich eine monatliche Mehrvergütung erhofft, so ist das Einsichtsbegehren als vorbereitende Maßnahme des Hauptziels mit einem Bruchteil des Wertes der Eingruppierungsklage zu bemessen.

Dient die Akteneinsicht ferner der Suche nach Vermerken und Unterlagen, um sich gegen eine Abmahnung oder gegen ein Zeugnis erfolgreich zur Wehr setzen zu können, so ist auch insoweit ein Bruchteil (25%) des Wertes für das Hauptziel anzusetzen. Der Streitwert für die Entfernung einer Abmahnung beträgt regelmäßig ein Bruttomonatsgehalt (LAG Hamburg vom 12. 8. 1991, LAGE § 12 ArbGG Streitwert Nr. 94) und für eine Zeugnisberichtigung ebenfalls ein Bruttomonatsgehalt (LAG Rheinland-Pfalz vom 31. 7. 1991, NZA 1992, 524). Hinsichtlich der Eingruppierung ist von einer Hauptforderung nach Maßgabe von § 12 Abs. 7 Satz 2 ArbGG auszugehen, so dass als angemessener Wert der Auskunft 25% des dreijährigen Differenzbetrages anzusetzen ist. Die sich so ergebenden Einzelstreitwerte sind zu einem Gesamtstreitwert zu addieren.

XI. Isolierte Vergütungsklage

1. Hilfsaufrechnung, Bruttoforderung, Abzug Netto von Brutto

In pp

bitten wir gemäß § 25 GKG i. V. m. § 9 Abs. 2 BRAGO um Streitwertfestsetzung zum Zwecke der anwaltlichen Gebührenberechnung. Für den hier streitgegenständlichen Zahlungsantrag wird gebeten, den Streitwert auf EUR 18.000,– festzusetzen.

Begründung:

Mit der streitgegenständlichen Klage hat der Kläger verschiedene Vergütungsbestandteile jeweils anhand des Bruttobetrages eingeklagt. Bei der Streitwertbemessung ist bereits deshalb auf die Bruttoforderung abzustellen, weil der Streitwert für die Parteien schon im Vorfeld des Rechtsstreits überschaubar sein und auch im Laufe des Rechtsstreits und im Rahmen seiner Beendigung ohne weitere Ermittlungen, lediglich anhand der Angaben im Rechtsstreit festsetzbar sein muss. Deshalb hat sich der Streitwert weder an dem dem Arbeitnehmer zukünftig tatsächlich zufließenden Nettoanspruch noch an der Gesamtbelastung des Arbeitgebers zu orientieren, weil beide über den Rechtsstreit hinausgehende Ermittlungen erfordern würden, an denen mitzuwirken die Parteien in der Regel nicht bereit und häufig auch nicht in der Lage sind. Etwas anderes gilt nur dann, wenn der Arbeitgeber den Nettovergütungsanspruch beispielsweise in der Lohnabrechnung ausweist, jedoch nicht zur Auszahlung bringt, so dass es dem Arbeitnehmer möglich ist, auf den Nettobetrag zu klagen.

Auf die Bruttoforderung von EUR 27.000,– hatte der Arbeitgeber in diversen Teilbeträgen und ohne nähere Bestimmung, auf welche Bruttoforderungsbestandteile die Leistungen verrechnet werden sollten, insgesamt EUR 2.500,– netto gezahlt. Aus den vorgenannten Praktikabilitätsgründen ist die Nettozahlung rein rechnerisch von der Bruttoforderung abzuziehen, um den Streitwert zu ermitteln.

Das gilt zusätzlich auch für den Nettobetrag von EUR 1.500,–, den die Krankenkasse dem Kläger als teilweisen Ersatz für einen der hier eingeklagten Entgeltbestandteil gezahlt hatte. Auch hier ist aus Gründen der erleichterten Ermittlung des Streitwertes lediglich der dem Kläger zugeflossene Nettobetrag von der Bruttoforderung abzusetzen und nicht der im Leistungsbescheid der Krankenkasse genannte Bruttobetrag, denn dieser bezieht sich auf ersatzweise erbrachte Arbeitgeberleistungen, die weiterhin nicht bekannt sind. Ferner sind die EUR 6.000,– netto in Abzug zu bringen, die der Kläger vom Arbeitsamt für den Zeitraum erhielt, für den der Arbeitgeber seiner Zahlungsverpflichtung nicht nachkam.

Hinzuzurechnen war dem Streitwert ein Betrag von EUR 1.000,–, nachdem die Beklagte einerseits die Vergütungsforderung des Klägers in dieser Höhe bestritten hatte, hilfsweise jedoch mit einem angeblichen Schadenersatzanspruch aufrechnete. Da es sich dabei nicht um eine Primäraufrechnung handelte, wohl aber um eine Hilfsaufrechnung, erhöht sich der Streitwert nach Maßgabe des bezifferten Wertes der hilfsweise zur Aufrechnung gestellten Forderung (§ 19 Abs. 3 GKG).

2. Klage auf rückständige und zukünftige Vergütungsanteile

In pp

bitten wir gemäß § 25 GKG i. V. m. § 9 Abs. 2 BRAGO um Streitwertfestsetzung zum Zwecke der anwaltlichen Gebührenberechnung und beantragen, den Streitwert auf EUR 18.000,– festzusetzen.

Begründung:

Die Beklagte hat dem Kläger jahrelang eine monatliche Zulage von EUR 500,– brutto gezahlt, sich dann aber aus dem in Rechtsstreit erörterten Gründen geweigert, diese Zulage weiterhin zu gewähren. Zurzeit der Klageerhebung war die Beklagte mit drei Monatsbeträgen im Rückstand. Den hieraus fließenden Forderungsanteil von EUR 1.500,– machte der Kläger mit dem Klageantrag zu 1) geltend. Mit dem Klageantrag zu 2) verlangte er die Verurteilung der Beklagten, die Zulage auch zukünftig zu zahlen. Zum Zeitpunkt der Verfahrensbeendigung. Zum Zeitpunkt der Verfahrensbeendigung waren weitere sechs Monatsbeiträge fällig geworden, woraufhin der Kläger den Klageauftrag zu 2) um die daraus entstandenen weiteren Rückstände von 3.000,– EUR erweiterte und daher Rückstände in Höhe von 4.500,– EUR einklagte. Der Kläger hat also mit dem Antrag zu 2) die Verurteilung der Beklagten zur unbefristeten Erbringung wiederkehrender Leistungen gefordert. Diese Forderung ist gemäß § 12 Absatz 7 Satz 2 ArbGG auf den dreifachen Jahresbetrag der Forderung zu bewerten, hier also mit 18.000,– EUR. Dabei kommt es nicht darauf an, ob das zugrunde liegende Arbeitsverhältnis innerhalb des Drei-Jahres-Zeitraumes gekündigt werden kann (GK-*Wenzel*, § 12 ArbGG Rdn. 187; *Germelmann/Matthes/Prütting/Müller-Glöge* § 12 ArbGG Rdn. 123; LAG Berlin vom 27. 11. 2000, 7 Ta 6117/00, AE 2001 Nr. 124; LAG Hamm vom 17. 3. 1983, EzA § 12 ArbGG 1979 Streitwert Nr. 21, DB 1983, 1264; LAG Saarland vom 23. 12. 1987, JurBüro 1988, 725; a. A.: LG Bayreuth vom 14. 3. 1990, JurBüro 1990, 772–773; LAG Baden-Württemberg vom 8. 11. 1985, DB 1986, 1080, LAGE § 12 ArbGG 1979 Streitwert Nr. 79).
Der Wert des dreijährigen Bezuges ist auch nicht wegen des auf die Zukunft gerichteten Feststellungsantrages zu kürzen, da § 12 Abs. 7 Satz 2 ArbGG bereits eine erhebliche Beschränkung gegenüber den Wertvorschriften des § 17 GKG und des § 9 ZPO enthält (LAG Köln vom 27. 11. 1992, LAGE § 12 ArbGG 1979 Streitwert Nr. 95).
Wird wie hier eine Klage auf wiederkehrende unbefristete, jedenfalls den Drei-Jahres-Zeitraum nicht unterschreitende Dauer zusammen mit bereits fälligen Rückständen eingeklagt, so werden diese dem Streitwert gemäß § 12 Abs. 7 Satz 2 Halbs. 2 ArbGG nicht hinzugerechnet. Dies gilt auch, wenn die Klageanträge während des Rechtsstreits umgestellt werden, weil inzwischen ursprünglich als zukünftig bezeichnete Forderungen fällig geworden sind (LAG Bremen vom 24. 3. 1988, LAGE § 12 ArbGG 1979 Streitwert Nr. 69, AnwBl. 1988, 487–488), wenn und soweit der Wert der zukünftigen und der rückständigen Forderungen den Drei-Jahres-Wert übersteigt. Sinn der Vorschrift ist es aber nur, das Übersteigen durch Rückstände zu verhindern (LAG Hamm vom 9. 10. 1986, BB 1986, 2132; GK-ArbGG-*Wenzel* § 12 Rdn. 188 a). Folgt man der abweichenden Auffassung, wo-

nach auch bei hohen Rückständen und (z. B. wegen Befristung des Vertrages) nur geringen zukünftigen Ansprüchen allein diese wertbestimmend sind (LAG Berlin vom 21. 9. 1998, 7 Ta 43/98 (Kost), n. v.; *Germelmann/Matthes/Prütting/Müller-Glöge* § 12 ArbGG Rdn. 125), wäre die Höhe des Streitwerts ein und desselben Sachverhalts und damit die Bewertung des gleichen Interesses für die Parteien und des Aufwandes für Gericht und Prozessbevollmächtigte von dem zufälligen Zeitpunkt der Klageerhebung abhängig. Wollte man auch noch eine mit fortschreitender Prozessdauer sich verändernde Fälligkeit berücksichtigen, würde der Streitwert in der Zukunft befristeter Forderungen allein hierdurch sich ständig mindern, auch wenn sich am Wert der Gesamtforderung nichts änderte. Es bleibt also in jedem Falle bei dem Wert des dreijährigen Bezuges (solange der Wert der fälligen und zukünftigen Forderungen nicht insgesamt geringer ist) und zwar auch dann, wenn eine von dem Beklagten erklärte Aufrechnung die Rückstände umfasst (LAG Hamm vom 19. 8. 1982, BB 1982, 1860).

Da im vorliegenden Fall, in dem zukünftige und fällige Forderungen zusammen geltend gemacht wurden, bereits der Wert der in die Zukunft gerichteten Forderung den dreifachen Jahreswert erreicht, sind sie allein streitwertbestimmend, hier also EUR 18.000,–.

Anmerkung

Werden allerdings nur Rückstände einer wiederkehrenden Leistung geltend gemacht, dann ist der entsprechende Zahlungsbetrag als Streitwert festzusetzen und zwar auch ohne Rücksicht auf die Begrenzung des § 12 Abs. 7 Satz 2 Halbs. 2 ArbGG. Es kann also grundsätzlich auch ein mehr als dreijähriger Rückstand in vollem Umfang beim Streitwert berücksichtigt werden, denn es handelt sich hierbei eben nicht um Leistungen, die erst noch wiederkehren sollen (*Germelmann/Matthes/Prütting/Müller-Glöge* § 12 ArbGG Rdn. 125; a. A.: GK-*Wenzel*, § 12 ArbGG Rdn. 188).

XII. Negative Feststellungsklage

In pp

bitten wir gemäß § 25 GKG i. V. m. § 9 Abs. 2 BRAGO um Streitwertfestsetzung zum Zwecke der anwaltlichen Gebührenberechnung und beantragen, den Streitwert auf EUR 3.000.000,– festzusetzen.

Begründung:

Der Kläger gehört zum Sicherheitspersonal der beklagten Bank. Während eines Nachtdienstes hat er sich aus Langeweile in das EDV-Programm der Beklagten eingehackt, sich die Kontenstände und Kontenbewegungen einer Vielzahl von Kunden angesehen und auf Grund von Fehlbedienungen den Verlust bzw. die Verfälschung einer großen Zahl von Kundendaten verursacht. Als die Beklagte zur Rekonstruktion der Daten notgedrungen mit den Kunden Kontakt aufnehmen musste, wurde der Vorgang presseöffentlich, woraufhin rund 30% der Bankkunden die Geschäftsbeziehung zu der Beklagten abgebrochen haben.

Die Beklagte hat den Kläger fristlos gekündigt und in einem sehr viel späteren Schreiben Schadenersatzansprüche geltend gemacht, die sie mit (vorläufig) pauschal EUR 3.000.000,– beziffere. Daraufhin hat der Kläger nach vorangegangener Abmahnung Klage mit dem Antrag erhoben, das Nichtbestehen eines solchen Schadensersatzanspruches festzustellen. Er hat dabei die Kausalität seines Handelns für einen etwaigen Schaden bestritten, insbesondere eine Verletzung der Schadensminderungspflicht der Beklagten gerügt, auf eine tarifliche Ausschlussfrist verwiesen und darauf, dass er durch das Vorgehen der Beklagten nur noch über ein monatliches Arbeitslosengeld in Höhe von EUR 1.000,– verfüge, dies auch nur noch für eine begrenzte Zeit und auf Grund der Presseveröffentlichungen auch keine Chance habe, einen adäquaten Arbeitsplatz zu finden. Er werde deshalb den Schutz der Insolvenzordnung in Anspruch nehmen, weshalb die Beklagte allenfalls einen in Anbetracht der erhobenen Forderung nicht nennenswerten Betrag als Schadenersatz werde realisieren können.

Der hier angeregte Streitwert entspricht der von der Beklagten pauschal erhobenen Schadensersatzforderung, denn im arbeitsgerichtlichen Verfahren bemisst sich der Wert einer Klage, die auf das Nichtbestehen behaupteter Schadensersatzansprüche gerichtet ist, nach dem Wert der mit der Feststellungsklage bekämpften Ansprüche der Beklagten. Das gilt unabhängig davon, ob eine auf den Gegenstand der negativen Feststellungsklage gerichtete Leistungsklage der Beklagten im Falle ihres Obsiegens realisierbar gewesen wäre (LAG Hamburg vom 12. 7. 1993, 6 Ta 16/93, n. v.). Für die Streitwertfestsetzung kommt es also weder darauf an, ob die bekämpfte Forderung ernsthaft verfolgt wurde, noch Aussicht auf Erfolg gehabt hätte und eine Vollstreckungsmöglichkeit gegeben war.

Anmerkung

Begehrt ein Arbeitnehmer im Wege eines negatorischen Feststellungsantrages Rechtsschutz gegenüber bereits ausgesprochenen und angedrohten Kündigungen, weil es der Beklagten an einer Kündigungsberechtigung mangelt, so ist der Streitwert mit einem Vierteljahresgehalt gemäß § 12 Abs. 7 Satz 1 ArbGG festzusetzen (LAG Hamm vom 6. 8. 1997, 8 Sa 2257/97, n. v.). Eine solche Verfahrenskonstellation tritt beispielsweise ein, wenn der Einsatz des Arbeitnehmers auf Grund einer Vereinbarung zwischen seinem Arbeitgeber und der Beklagten erfolgt, die ihm zwar weisungsberechtigt hinsichtlich der Arbeitsausführung ist, jedoch keine Disziplinarmaßnahmen ergreifen darf.

XIII. Streitwerte in der Insolvenz, Kündigungsschutzantrag, Feststellung zur Tabelle, Anmeldung zur Tabelle

In pp

bitten wir gemäß § 25 GKG i.V.m. § 9 Abs. 2 BRAGO um Streitwertfestsetzung zum Zwecke der anwaltlichen Gebührenberechnung. Für die hier streitgegenständlichen Anträge auf Zahlung einer Vergütung, Feststellung einer Forderung zur Insolvenztabelle und den Kündigungsschutzantrag wird gebeten, den Streitwert auf EUR 12.300,– festzusetzen.

Begründung:

Der Kläger hat vor der Insolvenz gegen die Gemeinschuldnerin eine Klage auf Zahlung seiner Bruttovergütung für 3. in Höhe von EUR 3.000,– erhoben. Die Beklagte hat auch die weitere Bruttovergütung des Klägers in Höhe von EUR 3.000,– für den Monat 4. nicht bezahlt. Nach Insolvenzeröffnung hat der Kläger diese Forderung zur Tabelle angemeldet. Der Insolvenzverwalter hat sowohl die anhängige Forderung als auch die zur Tabelle angemeldete Forderung bestritten, woraufhin der Kläger das inzwischen wieder aufgenommene anhängige Vergütungsverfahren um einen Antrag auf Feststellung seiner Forderung zur Tabelle erweiterte und schließlich auch noch um einen Kündigungsschutzantrag, nachdem der Insolvenzverwalter das Arbeitsverhältnis kündigte. Der beantragte Streitwert setzt sich zusammen aus der bezifferten Bruttoforderung für 3. in Höhe von EUR 3.000,–, einen Anteil von 10% (zu erwartende Quote) von der EUR 3.000,– Forderung für 4. und für die Kündigungsschutzklage mit EUR 9.000,– als Vierteljahresentgelt.

Wird ein vor einer Insolvenzeröffnung begonnener Prozess nach der Unterbrechung fortgesetzt, wie hier der Streit um den Anspruch des Klägers auf eine Bruttovergütung in Höhe von EUR 3.000,– für den Monat 3., bleibt es für die bereits entstandenen Gebühren bei der ursprünglichen Streitwertbemessung (OLG Frankfurt vom 31. 3. 1981, ZIP 1981, 638).

Hingegen bemisst sich der Streitwert einer Klage, mit der die Feststellung einer vorinsolvenzlichen Forderung nach Insolvenzeröffnung begehrt wird gemäß § 182 InsO unter Berücksichtigung der zu erwartenden Insolvenzquote für diese Forderung (LAG Berlin vom 28. 8. 2001, 17 Ta 6089/01, NZA-RR 2002, 157, und ebenso für die Anmeldung zur Tabelle: LAG Köln vom 5. 1. 1994, AnwBl. 1995, 380, ZIP 1994, 639), mindestens jedoch mit 10% (OLG Frankfurt vom 14. 5. 1986, ZIP 1986, 1063).

Unberührt vom Insolvenzverfahren bleibt hingegen der Wert einer Kündigungsschutzklage. Sowohl die bereits vorinsolvenzlich eingeleitete Kündigungsschutzklage als auch die erst gegen den Insolvenzverwalter erhobene Kündigungsschutzklage ist gemäß § 12 Abs. 7 Satz 1 ArbGG mit dem Vierteljahresentgelt zu bewerten (LAG Düsseldorf vom 12. 10. 1988, JurBüro 1989, 955).

Anmerkung

Das LAG Köln vom 5. 1. 1994, AnwBl. 1995, 380, ZIP 1994, 639, meint hingegen, dass immer dann, wenn mit einer Konkursquote nicht gerechnet werden kann, der Wert zur Berechnung der Anwaltsgebühren auf den für die niedrigste Gebühr maßgebenden Wert festzusetzen ist. Eine solche Festsetzung wird jedoch dem Umfang und der Schwierigkeit der anwaltlichen Tätigkeit nicht gerecht, jedenfalls nicht im Feststellungsprozess. Muss mit dem Konkursverwalter um die Berechtigung der Forderung nach Grund und Höhe wie Rang gestritten werden, stehen meist erhebliche tatsächliche und rechtliche Probleme zur Klärung an.

XIV. Individualrechtliche Eingruppierungsstreitigkeit

Wie Form. Q. I. 1.2.

Begehrt ein Arbeitnehmer von seinem Arbeitgeber die Eingruppierung in eine günstigere Vergütungsgruppe, so dass sich das monatliche Bruttoeinkommen erhöht, ist für die Streitwertberechnung § 12 Abs. 7 S. 2 ArbG maßgebend, der auf den „dreijährigen Unterschiedsbetrag" abstellt.

Eine nähere Eingrenzung des Begriffs „dreijähriger Unterschiedsbetrag" nimmt das Gesetz nicht vor. Es spricht weder von dem 36-fachen Unterschiedsbetrag wie im Falle der wiederkehrenden Leistung, noch spricht es von dem dreijährigen Unterschiedsbetrag zur begehrten monatlichen Vergütung. Bemessungszeitraum ist nach dem Willen des Gesetzgebers vielmehr der Unterschiedsbetrag in der Vergütung, die der Arbeitnehmer im Falle einer antragsgemäßen Entscheidung seiner Klage im Gegensatz zum gegebenen Einkommen in den nächsten drei Jahren erhalten wird. Bei der Streitwertbemessung sind also auch zu anderen als monatlichen Fälligkeitsdaten zu beanspruchende und von der Eingruppierung abhängige Leistungen, wie beispielsweise eine tarifliche Sonderzahlung oder ein 13. Monatsgehalt, das hälftig zur Urlaubs- und Weihnachtszeit ausgezahlt wird, zu berücksichtigen.

Dabei kommt es auch nicht darauf an, dass die Sonderzahlung Gratifikationscharakter hat und im Falle einer Beendigung des Arbeitsverhältnisses vom Kläger zurückzuzahlen wäre. Mit § 12 Abs. 7 Satz 2 ArbGG hat der Gesetzgeber zum Zwecke der Streitwertberechnung eine unwiderlegliche Vermutung über den weiteren Bestand des Arbeitsverhältnisses gesetzlich fixiert, nämlich die, das Arbeitsverhältnis werde mindestens für weitere drei Jahre fortbestehen. Dieser Vermutung über den Fortbestand des Arbeitsverhältnisses hat sich auch die Streitwertbemessung zu unterwerfen (LAG Hamm vom 23. 10. 1998, 4 Sa 1640/97, n.v.). Auch insoweit ist anzunehmen, dass eine Rückzahlungsverpflichtung nicht eintreten wird, weil das Arbeitsverhältnis fortbesteht, weshalb auch von Rückzahlungsverpflichtungen abhängige Vergütungsbestandteile Einfluss auf die Streitwertberechnung haben (a. A.: BAG vom 4. 9. 1996, AP Nr. 19 zu § 12 ArbGG 1979, DB 1996, 2552).

XV. Betriebliche Altersversorgung

In pp

bitten wir gemäß § 25 GKG i.V.m. § 9 Abs. 2 BRAGO um Streitwertfestsetzung zum Zwecke der anwaltlichen Gebührenberechnung und beantragen, den Streitwert auf EUR 30.025,– festzusetzen.

Begründung:

Zwischen den Parteien besteht Streit darüber, ob die Beklagte verpflichtet ist, dem Kläger beginnend mit Vollendung des 65. Lebensjahres eine monatliche Altersversorgung in Höhe von EUR 1.000,– zu gewähren. Streitig zwischen den Parteien ist weiter, ob für den Fall einer solchen Verpflichtung die monatliche Rente jeweils am Monatsersten oder am Monatsletzten zu zahlen ist.

Die Altersversorgung ist eine wiederkehrende Leistung. Wird auf die zukünftige Leistung mit unbefristeter Dauer geklagt, ist der dreijährige Bezugswert gemäß § 12 Abs. 7 Satz 2 ArbGG der Streitwertbemessung zugrunde zu legen. Da vorliegend lediglich auf die Feststellung des Bestehens des Altersversorgungsanspruchs geklagt wird, soll ein Abschlag von 20% akzeptiert werden (vg. hierzu KG vom 21. 6. 1996, KG-Report 21/96, 249 und OLG Celle vom 22. 6. 1994, OLG-Report 1994, 298–299, wonach ein 20%iger Abschlag bei dem Bestandsschutzantrag für ein Dienstverhältnis angenommen wird. Der 36-fache Betrag der Altersversorgung beläuft sich hier auf EUR 36.000,–. Unter Berücksichtigung eines 20%igen Abschlages ergibt sich hieraus ein Teil-Streitwert von EUR 28.800,–.

Streitig zwischen den Parteien ist aber nicht nur die Verpflichtung zur Zahlung der Altersversorgung selbst, sondern auch eine Zahlungsmodalität. Sind lediglich derartige Zahlungsmodalitäten zwischen den Parteien streitig, ist nicht der volle Wert des dreijährigen Bezuges der Altersversorgung bei der Bemessung des Streitwertes in Ansatz zu bringen, sondern der dem wirtschaftlichen Interesse des Klägers entsprechende Streitwert (LAG Rheinland-Pfalz vom 28. 11. 1984, 1 Ta 232/84, n.v.). Hier liegt ein Fall der bedingten Klageerweiterung vor, da über diesen Antrag nur zu entscheiden ist, wenn über das Begehren auf Feststellung der Altersversorgung dem Grunde nach im Sinne des Klägers entschieden wurde. Der Streitwert bedingter Klageerweiterungen ist dem Streitwert des Hauptantrages hinzuzufügen. Dieses wirtschaftliche Interesse ist hier zu schätzen. Die Beklagte will die monatliche Rente jeweils erst am Monatsletzten zahlen. Gegenüber der Rechtsauffassung des Klägers würde sie sich damit dauerhaft mit einem monatlichen Rentenbetrag im Verzug befinden. Daraus ergibt sich unter Ansatz durchschnittlicher gesetzlicher Verzugszinsen von 7,5% für drei Jahre ein Zinsanspruch von EUR 1.225,–. Zu berücksichtigen ist neben dem Zinsschaden die durch den fehlenden Rentenbetrag eintretende dauerhafte Beeinträchtigung in seiner Lebenshaltung. Der fehlende Monatsbetrag ist deshalb als Interesse hinzuzufügen. Hinsichtlich der Zahlungsmodalität ist also ein Streitwertanteil von EUR 1.225,– zu berücksichtigen, so dass sich insgesamt ein Streitwert von EUR 30.025,– ergibt.

XVI. Versetzung in den Ruhestand

Besteht zwischen den Arbeitsvertragsparteien Streit, ob der Arbeitgeber den Arbeitnehmer auf Grund einzeltariflicher Regelung und/oder tariflicher/gesetzlicher Bestimmungen in den Ruhestand versetzen kann, und wehrt sich der Arbeitnehmer mit einer entsprechenden Feststellungsklage, so kommt für die Streitwertfestsetzung einerseits der dreijährige Differenzbetrag zwischen den Ruhestandsbezügen und den Einkünften aus dem Arbeitsverhältnis gemäß § 12 Abs. 7 Satz 2 ArbGG oder andererseits das Vierteljahresanteileinkommen gemäß § 12 Abs. 7 Satz 1 ArbGG in Betracht.

Letzterem ist der Vorzug zu geben, da ein Arbeitsverhältnis nicht nur aus Vergütungspflichten besteht, sondern zum Beispiel auch mit der Pflicht zur Beschäftigung und zur Erbringung von Arbeitsleistungen verbunden ist, während der Ruhestand sich auf die reine Vergütungspflicht beschränkt. Entscheidend für das Interesse zwischen den Parteien ist also das (Nicht-)Ausscheiden aus dem Arbeitsverhältnis. Das Interesse kommt damit dem eines Streits um eine Kündigung gleich, so dass als Streitwert das Vierteljahreseinkommen maßgebend ist (LAG Schleswig-Holstein vom 4. 7. 1996, LAGE § 12 ArbGG Streitwert Nr. 105).

XVII. Herausgabeansprüche, allgemein/Arbeitspapiere/ Arbeitsbescheinigung

In pp

bitten wir gemäß § 25 GKG i. V. m. § 9 Abs. 2 BRAGO um Streitwertfestsetzung zum Zwecke der anwaltlichen Gebührenberechnung und beantragen, den Streitwert auf EUR 3.800,– festzusetzen.

Begründung:

Der Kläger hatte zu dienstlichen Zwecken für das inzwischen beendete Arbeitsverhältnis einen Laptop benutzt, den er im Zusammenhang mit den hier nicht näher interessierenden Umständen der Beendigung seines Arbeitsverhältnisses zunächst bei der Beklagten zurücklassen musste. Seiner Herausgabeforderung hielt die Beklagte ein angebliches Zurückbehaltungsrecht entgegen. Entscheidend für den Streitwertanteil für diese Herausgabeforderung ist grundsätzlich der Nutzungswert der herauszugebenden Sache. Da ein solcher hier nicht festgestellt werden kann, ist der Verkehrswert maßgebendes Kriterium für die Streitwertbemessung. Nach Angaben des Klägers handelte es sich um ein zwei Jahre altes Gerät, das er zum Preis von EUR 3.000,– erworben hatte. Der Verkehrswert des Gerätes kann deshalb auf 50 % des Neuwertes, mithin auf EUR 1.500,– geschätzt werden.

Weiter begehrte der Kläger von der Beklagten die Herausgabe der Lohnsteuerkarte und des Versicherungsnachweises sowie eine Arbeitsbescheinigung nach § 312 SGB III.

Steht eine Lohnsteuerkarte nicht zur Verfügung, kann der Lohnsteuerjahresausgleich nicht beantragt werden, oder der Arbeitnehmer muss in seinem neuen Arbeitsverhältnis für längere Zeit erheblich höhere Steuerabzüge hinnehmen. Diese Umstände sind bei der Streitwertbemessung nach Lage des Einzelfalles zu bewerten. Hier hatte der Kläger für die Dauer von sechs Monaten eine Minderung seiner Nettoeinkünfte auf Grund der vom neuen Arbeitgeber anzuwendenden Lohnsteuerklasse VI in Höhe von EUR 300,– monatlich hinzunehmen und erst nach Durchführung des Lohnsteuerjahresausgleiches wird er eine Erstattung der überhöhten Steuerzahlungen erhalten, voraussichtlich also erst in einem Jahr. Von den rein materiellen Folgen abgesehen bedeutet der Verlust der Lohnsteuerkarte aber auch erhebliche Unannehmlichkeiten für den Kläger, der seinen Lohnsteuerjahresausgleich dann unter Beibringung anderer Unterlagen beantragen muss. Zeitaufwand und Mühen können mit EUR 500,– bewertet werden, der materielle Nachteil mit EUR 300,– geschätzt, so dass sich für die Lohnsteuerkarte ein Streitwertanteil von EUR 800,– ergibt.

Der Verlust des Versicherungsnachweises hat für den Kläger jedenfalls gegenwärtig keinen unmittelbaren materiellen Nachteil. Allerdings drohen auch hier erhebliche Mühen und ein zeitlicher Aufwand, um dem Versicherungsträger zu gegebener Zeit die tatsächlich erbrachten Versicherungsbeiträge zu belegen. Auch in diesem Falle kann daher das Interesse am Besitz der Unterlage mit EUR 500,– bewertet werden.

Unmittelbare materielle Nachteile folgen aus der Vorenthaltung der Arbeitsbescheinigung, weil sich deswegen die Auszahlung bzw. endgültige Berechnung des

Arbeitslosengeldes verzögert. Arbeitslosenunterstützung zu erhalten ist in der Regel eine existenzielle Frage für den Arbeitnehmer. Da das Arbeitslosengeld abhängig ist von den vorangegangenen Einkünften und der hierüber erteilten Arbeitsbescheinigung, hat die Arbeitsbescheinigung auch materiell für den Arbeitnehmer einen hieran orientierten Wert. Unter Berücksichtigung der Höhe des zu erwartenden Arbeitslosengeldes (§ 129 ff. SGB III) und der hier andauernden Vorenthaltung der Arbeitsbescheinigung für bereits drei Monate, ist der Wert des Interesses des Arbeitnehmers an der Arbeitsbescheinigung mit mindestens EUR 1.000,– zu bewerten.

Anmerkung

In den Jahren 1984–1988 sind verschiedene Entscheidungen (LAG Schleswig-Holstein vom 8. 12. 1988, 6 Ta 163/88, n. v.; LAG Hamm vom 18. 4. 1985, DB 1985, 1897; LAG Baden-Württemberg vom 9. 2. 1984, DB 1984, 676, BB 1984, 1234) bekanntgeworden, die einer Arbeitsbescheinigung einen Wert von DM 500,– beigemessen haben. Rechnet man diesen Wert auf das Jahr 2003 hoch, erscheint ein Betrag von EUR 500,– nur als eine Fortschreibung und nicht als eine Überschreitung des damaligen Wertes. Das Herausgabebegehren von Lohnabrechnungen hat das LAG Köln (v. 12. 11. 1997, 8 Ta 271/97) immerhin bereits damals mit DM 1.000,– bewertet.

XVIII. Zeugnis

In pp

bitten wir gemäß § 25 GKG i.V.m. § 9 Abs. 2 BRAGO um Streitwertfestsetzung zum Zwecke der anwaltlichen Gebührenberechnung. Es wird beantragt, den Streitwert für die Anträge auf Erteilung eines Zwischenzeugnisses, Erteilung eines Zeugnisses sowie dessen Berichtigung auf EUR 5.000,– festzusetzen.

Begründung:

In dem Verfahren hatte der Kläger zunächst ein auf Leistung und Führung ausgedehntes Zwischenzeugnis eingeklagt, das die Beklagte verweigerte, weil sie der Auffassung war, das Arbeitsverhältnis habe zu kurz gedauert, um ein solches Zeugnis erteilen zu können. Während des Laufs des Rechtsstreits endete das Arbeitsverhältnis. Der Kläger erklärte den Antrag auf Erteilung des Zwischenzeugnisses für erledigt und beantragte nunmehr die Erteilung eines qualifizierten Zeugnisses. Nachdem die Beklagte im laufenden Rechtsstreit ein solches Zeugnis erteilt hatte, stellte der Kläger den Antrag um auf die Erteilung eines berichtigten Zeugnisses. Für den Antrag auf Erteilung eines Zwischenzeugnisses wird ein halbes Bruttomonatsgehalt als Streitwert für angemessen erachtet und für den Antrag auf Erteilung des Zeugnisses wie für den Antrag auf Berichtigung des erteilten Zeugnisses ein Streitwert von jeweils einem Bruttomonatsgehalt, das sich für den Kläger auf EUR 2.000,– belief.

Zunächst einmal war zwischen den Parteien lediglich der Anspruch auf Erteilung eines Zwischenzeugnisses im Streit, nicht aber dessen Inhalt. Für einen solchen Antrag ist ein Streitwert in Höhe eines halben Monatseinkommens angemessen (LAG Köln vom 21. 12. 2000, 12 Ta 315/00, AE 2001 Nr. 126; Sächs. LAG vom 19. 10. 2000, 9 Ta 173/00, FA 2001, 215). Dabei kommt es auf eine etwaige außergewöhnlich kurze Dauer des Arbeitsverhältnisses nicht an (LAG Köln vom 26. 8. 1991, MDR 1991, 1177).

Der Anspruch auf Erteilung eines Zeugnisses ist in aller Regel mit einem Monatseinkommen festzusetzen (BAG vom 20. 2. 2001, 9 AZR 44/00, EzA § 630 BGB NR. 23) und der Berichtigungsanspruch ebenfalls dann, wenn er sich – wie hier – mindestens auch auf eine Anhebung der Beurteilungsnote erstreckt (LAG Köln vom 29. 12. 2000, 8 Ta 299/00, NZA-RR 2001, 324; LAG München vom 20. 7. 2000, 3 Ta 326/00, NZA-RR 2000, 661 f.; LAG Rheinland-Pfalz vom 31. 7. 1991, NZA 1992, 524).

Auch bei Betrachtung des Gesamtverfahrens ist die beantragte Streitwertfestsetzung angemessen. Das Verfahren hat einen erheblichen zeitlichen Aufwand verursacht und das große Interesse beider Parteien an dem Rechtsstreit hat sich darin gezeigt, wie heftig um Wortwahl, Interpunktion, benutztes Geschäftspapier und Unterschriftsberechtigung gestritten wurde. Allein die zeitaufwändigen Vergleichsverhandlungen sowohl gerichtlicher wie außergerichtlicher Art machen deutlich, welches überdurchschnittliche Interesse die Parteien an dem Streitgegenstand hatten.

Anmerkung

Das LAG Baden-Württemberg war in dem Beschluss vom 11. 4. 1990, 8 Ta 43/90, n. v. der Auffassung, dass es keinen Regelsatz gibt, wonach der Streit über ein Zeugnis mit einem bestimmten Anteil des Bruttomonatseinkommens oder mit einem solchen zu bewerten wäre. Für einen geringeren Wert als ein Bruttomonatsgehalt spreche sowohl die kurze Dauer eines Dienstverhältnisses als auch eine am Einzelfall orientierte Annahme, das Zeugnis sei für das berufliche Fortkommen des Klägers von eher geringem Wert.

XIX. Notdienstmaßnahmen im Streik

In pp

bitten wir gemäß § 25 GKG i. V. m. § 9 Abs. 2 BRAGO um Streitwertfestsetzung zum Zwecke der anwaltlichen Gebührenberechnung. Für den hier streitgegenständlichen Antrag der Gewerkschaft, dem beklagten Arbeitgeber zu untersagen, während des laufenden Streiks Arbeitnehmer zu Notdienstmaßnahmen einzuteilen, wird gebeten, den Streitwert auf EUR 25.000,– festzusetzen.

Begründung:

Die Parteien befinden sich zurzeit im Arbeitskampf. Der Beklagte hat eine Reihe von Arbeitnehmern angewiesen, am Streik nicht teilzunehmen, sondern bestimmte Arbeiten im Betrieb auszuführen, die er als Notdienstmaßnahme bezeichnet hat. Die klagende Gewerkschaft hielt den beklagten Arbeitgeber schon aus Rechtsgründen nicht für berechtigt, ohne ihre Zustimmung Notdienstmaßnahmen anzuordnen. Jedenfalls aber war sie der Auffassung, die angeordneten Arbeiten überschritten erheblich das Maß von Notdienstarbeiten. In Wahrheit würde es sich um die teilweise Fortsetzung der Betriebstätigkeit handeln. Unter diesen Umständen ist der Streitwert auf EUR 25.000,– festzusetzen (LAG Hamburg vom 31. 3. 1992, 6 Ta 2/92, n. v.).

R. Einzelne Streitwerte im Beschlussverfahren

I. Personelle Mitbestimmung

1. Einstellung

In pp

bitten wir gemäß § 10 Abs. 1 BRAGO um Streitwertfestsetzung zum Zwecke der anwaltlichen Gebührenberechnung.[1] Für die hier streitgegenständlichen Anträge einerseits des Arbeitgebers, die Zustimmung des Betriebsrates zur Einstellung eines Arbeitnehmers zu ersetzen, die Rechtmäßigkeit der hierauf bezogenen vorläufigen Maßnahme festzustellen und andererseits des Betriebsrates, dem Arbeitgeber aufzugeben, die Einstellung des Arbeitnehmers aufzuheben, wird gebeten, den Streitwert auf EUR 11.000,– festzusetzen.

Begründung:

Die streitige personelle Maßnahme betraf einen Arbeitnehmer, mit dem der Arbeitgeber ein monatliches Bruttogehalt von EUR 2.000,– vereinbart hatte. Für die Streitwertbemessung wird hinsichtlich des Antrages auf Ersetzung der Zustimmung des Betriebsrates ein Wert von drei Bruttomonatsgehältern angeregt, für die vorläufige Maßnahme von 50% dieses Wertes und hinsichtlich des Aufhebungsantrages des Betriebsrates der Wert von einem weiteren Bruttomonatsgehalt.

Das Verfahren um die Ersetzung der Zustimmung des Betriebsrates zur Einstellung eines Arbeitnehmers ist „actus contrarius" zur Kündigung und deshalb entsprechend § 12 Abs. 7 Satz 1 ArbGG zu bewerten (vgl. LAG Hamm vom 13. 5. 1986, LAGE § 12 ArbGG 1979 Streitwert Nr. 55; LAG Düsseldorf vom 25. 4. 1995, ArbuR 1995, 332; GK-*Wenzel*, § 12 ArbGG Rdn. 289; *Germelmann/Matthes/Prütting/Müller-Glöge* § 12 ArbGG Rdn. 135)[2]. Für den Feststellungsantrag nach § 100 BetrVG (vorläufige Einstellung) ist die Hälfte dieses Wertes in Ansatz zu bringen (LAG Düsseldorf vom 25. 4. 1995, a. a. O.).

Für den Antrag des Betriebsrates zur Aufhebung einer personellen Maßnahme gem. § 101 BetrVG ist jedenfalls dann (nur) ein Streitwert von einem Monatsgehalt angemessen, wenn die Einstellungsmaßnahme bereits durch einen Zustimmungsersetzungsantrag im Streit ist und nur noch dann über den Aufhebungsantrag zu befinden ist, wenn der Zustimmungsersetzungsantrag zurückgewiesen wird und deshalb zum Zeitpunkt der Prüfung dieses Antrages bereits die wesentlichen rechtlichen und tatsächlichen Fragen des Sachverhalts geklärt sind (für eine generelle entsprechende Bewertung LAG Hamburg vom 13. 11. 1995, NZA-RR 1996, 306, 307).

Anmerkungen

1. Ob eine Antragstellung im Hinblick auf das Verfahrensstadium zulässig ist, kann im 6. Kap. P. IV. nachgelesen werden.

2. Teilweise a. A. ist das LAG Hamburg. Nach seiner Meinung dokumentiert sich das wirtschaftliche Interesse des Arbeitgebers an der Einstellung nicht an einem Vielfachen der monatlichen Vergütung, sondern an dem Gewinn, den der Arbeitgeber aus der Beschäftigung zu erzielen hofft. Diese Gewinnerwartung mache nur einen Bruchteil der Vergütung aus. Dieser Bruchteil sei in der Regel zu vervielfältigen, weil im Allgemeinen ein Ende der Beschäftigung nicht abzusehen sei. Mangels Anhaltspunkten für eine abweichende Bewertung sei deshalb von einem Bruttomonatsgehalt des Arbeitnehmers auszugehen (LAG Hamburg vom 24. 5. 1988, LAGE § 8 BRAGO Nr. 7). Dagegen ist auf die Entscheidung des LAG Nürnberg vom 2. 11. 1998, 7 Ta 167/98, n. v., zu verweisen, die auf die Beliebigkeit solcher Bewertungen durch die Gerichte verweist und die Notwendigkeit hervorhebt, sich auch im Rahmen der Streitwertbemessung nach § 8 Abs. 2 BRAGO an gesetzgeberischen Werten zu orientieren, hier also an § 12 Abs. 7 ArbGG, und damit an den „Umständen des Einzelfalles". Das LAG München lehnt eine Streitwertfestsetzung in Anlehnung an § 12 Abs. 7 Satz 1 ArbGG im Fall eines Beschlussverfahrens nach § 99 Abs. 4 BetrVG ebenfalls ab und will vom Regelwert ausgehen, den es bei dem Streit um die Einstellung einer kurzfristigen Aushilfskraft unterschreitet (ein Drittel des Regelwertes) und bei einer überdurchschnittlichen Stellung und Vergütung des einzustellenden Mitarbeiters verdoppeln will (LAG München vom 7. 12. 1995, NZA-RR 1996, 419–422, LAGE § 8 BRAGO Nr. 29; ebenso LAG Bremen vom 20. 1. 1993, DB 1993, 492 und LAG Köln vom 30. 9. 1997, NZA 1998, 448, LAGE § 8 BRAGO Nr. 36). Auch das LAG Berlin orientiert sich ausschließlich an dem Regelwert des § 8 Abs. 2 BRAGO (LAG Berlin vom 6. 4. 2001, 17 Ta 6049/01 (Kost), LAGE § 8 BRAGO Nr. 49).

2. Eingruppierung

In pp

bitten wir gemäß § 10 Abs. 1 BRAGO um Streitwertfestsetzung zum Zwecke der anwaltlichen Gebührenberechnung. Es wird gebeten, den Streitwert auf EUR ...... festzusetzen.

Begründung:

Streiten die Betriebsparteien um die Eingruppierung eines Arbeitnehmers, wobei der Betriebsrat eine höhere Vergütungsgruppe als einschlägig erachtet, so richtet sich der Streitwert in analoger Anwendung von § 12 Abs. 7 Satz 2 ArbGG nach dem dreijährigen Differenzbetrag zwischen der insoweit angenommenen tariflichen Vergütungsgruppe.

Eingruppierungsstreitigkeiten dienen im Ergebnis dazu, vermögensrechtliche Interessen zu wahren. Dies rechtfertigt es trotz der nichtvermögensrechtlichen Natur des Beschlussverfahrens, den Wert dieser Interessen bei der Festsetzung des Streitwertes zu berücksichtigen und deshalb vom Wert des § 8 Abs. 2 Satz 2 BRAGO abzuweichen. Für individualrechtliche Eingruppierungsprozesse gibt es eine einschlägige Wertbestimmungsvorschrift, nämlich § 12 Abs. 7 Satz 2 ArbGG (dreijähriger Betrag der sich aus den unterschiedlichen Eingruppierungsauffassungen ergebenden Vergütungsdifferenzen). Diese Vorschrift ist nicht nur für die Gerichtskosten gem. § 25 GKG einschlägig, sondern über § 8 BRAGO auch für den für die anwaltlichen Gebühren maßgebenden Gegenstandswert. Damit macht der Gesetzgeber für ein solches Urteilsverfahren deutlich, dass er die auf Grund einer Wertfestsetzung nach § 12 Abs. 7 Satz 2 ArbGG ergebenden Anwaltsgebühren für angemessen erachtet. Dann aber liegt es nahe, für einen vergleichbaren, in einem Beschlussverfahren erbrachten Aufwand der beteiligten Rechtsanwälte typisierend dieselbe Vergütung zu ermöglichen. Die Existenz des § 12 Abs. 7 Satz 2 ArbGG prägt maßgeblich die Lage des Einzelfalles im Sinne von § 8 Abs. 2 Satz 2 Halbs. 2 BRAGO mit der Folge, dass der Gegenstandswert für Beschluss verfahren über die Ein- und Umgruppierung nach dem dreijährigen Unterschiedsbetrag zu bemessen ist. Bei dieser strikten Bindung an die Wertbestimmung eines vergleichbaren Urteilsverfahrens bleibt kein Raum für Wertanpassungen aus Billigkeitsüberlegungen (LAG Nürnberg vom 2. 11. 1998, 7 Ta 167/98, n. v., und im Ergebnis ebenso: LAG Hamm vom 19. 3. 1987, DB 1987, 1847; LAG Rheinland-Pfalz vom 31. 8. 2000, 3 Ta 918/00, NZA-RR 2001, 325; ebenso, allerdings einen 20%igen Abschlag vornehmend: LAG Hamburg vom 1. 9. 1995, LAGE § 8 BRAGO Nr. 30; LAG Köln vom 29. 10. 1991, MDR 1992, 165–166; LAG Schleswig-Holstein vom 18. 4. 1996, 1 Ta 30/96, n. v.; Thüringer LAG vom 21. 1. 1997, 8 Ta 137/96, n. v., das sich an dem in § 8 Abs. 2 BRAGO genannten Wert orientiert).

3. Versetzung

Wie Form. R. I. 2.

Die beteiligte Arbeitgeberin hatte die Absicht, einen Arbeitnehmer in eine höherwertigere Position zu befördern. Sie hat den beteiligten Betriebsrat hierüber unterrichtet und die Versetzung vorgenommen, weil sie den Widerspruch des Betriebsrates zum einen für verspätet und zum anderen als nicht den gesetzlichen Voraussetzungen entsprechend erachtete und die Zustimmung des Betriebsrates zur Versetzung deshalb als durch eine gesetzliche Fiktion (Fristablauf ohne wirksamen Widerspruch) gegeben ansah.

Der Streit der Beteiligten bezieht sich also ausschließlich auf die Frage der Art und Weise der Ausübung eines Mitbestimmungsrechts. Die dem Streit zugrundeliegende Versetzung war nur Anlass des Streits, nicht aber der eigentliche Kern. Deshalb ist der Gegenstandswert für den Antrag des Betriebsrates, die Versetzung rückgängig zu machen, allein aus dem in § 8 Abs. 2 Satz 2 BRAGO genannten Wert zu entnehmen und deshalb auch hat das Arbeitsentgelt des versetzten Arbeitnehmers unberücksichtigt zu bleiben (LAG München vom 24. 5. 1993, NZA 1994, 47).

Anmerkung

Nur mit der hier gegebenen Begründung lässt sich der Streit um eine bloße Versetzungsmaßnahme mit dem relativ hohen Wert von EUR 4.000,– bewerten. Relativ hoch deshalb, weil ein individualrechtlicher Streit zwischen Arbeitnehmer und Arbeitgeber

über die Frage des Umfangs des Direktionsrechts im Allgemeinen mit einem Bruttomonatsgehalt bemessen wird (siehe Beispiel Q. VII). Jedenfalls nach Maßgabe der Verhältnisse des Jahres 2003 wird der größte Teil der Arbeitnehmer ein Bruttomonatsgehalt
von EUR 4.000,– nicht erzielen. Damit würde der Wert einer individualrechtlichen Streitigkeit um eine Versetzung niedriger liegen als der Wert einer betriebsverfassungsrechtlichen Streitigkeit. Das erscheint jedenfalls dann als ein Wertungswiderspruch, wenn es
nicht um prinzipielle betriebsverfassungsrechtliche Streitfragen geht, sondern um
Rechtspositionen, die auch der Arbeitnehmer geltend machen könnte, was für die Widerspruchsgründe nach § 99 Abs. 2 Nr. 1, Nr. 2 und Nr. 4 BetrVG angenommen werden kann. In diesen Fällen kann auf Grund der von der Rechtsprechung vorgegebenen
typisierenden Bewertung im individualrechtlichen Verfahren auch dem betriebsverfassungsrechtlichen Streit kein anderer Wert beigemessen werden, sondern die „Lage des
Falles" führt zur Bewertung in Höhe eines Bruttomonatsgehalts des Arbeitnehmers, dessen Versetzung streitig ist (vgl. hierzu LAG Nürnberg vom 2. 11. 1998, 7 Ta 167/98,
n. v., zur Anwendung der Regelungen aus § 12 Abs. 7 ArbGG auf vergleichbare betriebsverfassungsrechtliche Streitigkeiten). Das LAG Schleswig-Holstein (vom 27. 4.
1988, LAGE § 8 BRAGO Nr. 6) geht bei der Wertbestimmung einer Versetzung von deren Auswirkungen auf das Arbeitsverhältnis aus. Führt die Versetzung nicht zu Gehaltseinbußen, so hält das Gericht als Streitwert $1/3$ eines Monatsgehaltes des betroffenen Arbeitnehmers für angemessen.

4. Mehrere gleichgelagerte Fälle, hier: Eingruppierung

In pp

bitten wir gemäß. § 10 Abs. 1 BRAGO um Streitwertfestsetzung zum Zwecke der
anwaltlichen Gebührenberechnung und beantragen, den Streitwert auf EUR 14.400,–
festzusetzen.

Begründung:

Die beteiligte Arbeitgeberin hatte fünf Arbeitnehmern eine andere Aufgabe zugewiesen. Der beteiligte Betriebsrat vertrat die Auffassung, damit sei die Eingruppierung in eine höhere als die von der Arbeitgeberin vorgesehene Tarifgruppe verbunden. Die Vergütungsdifferenz zwischen den auf Grund der unterschiedlichen
Auffassungen in Betracht kommenden Tarifgruppen betrug EUR 100,– brutto monatlich.
Mit der 2. Kammer des LAG Köln wird die Auffassung vertreten, bei Eingruppierungsstreitigkeiten sei grundsätzlich von dem dreijährigen Unterschiedsbetrag der in
Frage kommenden Vergütungsgruppen auszugehen. Das LAG Köln will allerdings
hiervon nicht nur wegen der fehlenden präjudiziellen Wirkung der Entscheidung
einen Abschlag vornehmen, sondern darüber hinaus einen weiteren Abschlag, wenn
das Verfahren eines von einer Vielzahl gleichgelagerter Verfahren darstellt (LAG
Köln vom 4. 1. 1993, MDR 1993, 357).[1] Einen solchen Abschlag billigt auch das
LAG München, weil zwar für jeden Arbeitnehmer ein gesonderter Gegenstand vorliege, die Gleichartigkeit des Streits bei der Bewertung der einzelnen Gegenstände
jedoch wertmindernd zu berücksichtigen sei (LAG München vom 7. 12. 1995,
NZA-RR 1996, 419–422, LAGE § 8 BRAGO Nr. 29). Das Maß dieses Abschlages
sieht das LAG Hamburg zwischen 20 und 40%, wobei letzteres die Ausnahme darstellen und nur dann zur Anwendung kommen soll, wenn die wirtschaftlichen

Auswirkungen des Verfahrens für die Beteiligten eine weitere Kürzung erfordern (LAG Hamburg vom 1. 9. 1995, NZA-RR 1996, 266–267). Ein solches Erfordernis will das LAG Hamburg neben einem geringen Umfang, minderer Schwierigkeit der Sache und dem daraus resultierenden nicht erheblichen Aufwand für die Prozessbevollmächtigten auch in einem nicht bedeutsamen ideellen und materiellen Interesse der Beteiligten sehen. Das LAG Düsseldorf (Beschluss vom 16. 2. 1981, EzA § 8 BRAGO Nr. 3 und LAGE § 8 BRAGO Nr. 3) hat dagegen einen regelmäßigen Abschlag von 25% der Vergütungsdifferenz für richtig gehalten.

Im vorliegenden Fall sind für einen höheren Abschlag als 20% keine Anhaltspunkte ersichtlich. Die Vergütungsdifferenz für die fünf betroffenen Arbeitnehmer beläuft sich auf (5 × EUR 3.600,–) EUR 18.000,–. Unter Berücksichtigung des Abschlages von 20% ist der Gegenstandswert daher auf EUR 14.400,– festzusetzen[2].

Anmerkungen

1. Dagegen legt das LAG Nürnberg die dreijährige Vergütungsdifferenz in entsprechender Anwendung des § 12 Abs. 7 Satz 2 ArbGG auch dem Gegenstandswert des Beschlussverfahrens zugrunde (LAG Nürnberg vom 2. 11. 1998, 7 Ta 167/98, n. v.). Das LAG Nürnberg erachtet es in der genannten Entscheidung jeweils als einen Gegenstand im Sinne des § 7 Abs. 2 BRAGO, wenn für mehrere Arbeitnehmer um dieselbe Lohngruppe gestritten wird. In diesen Fällen sei in entsprechender Anwendung von § 6 Abs. 1 Satz 2 BRAGO für den zweiten und jeden weiteren betroffenen Arbeitnehmer der Gegenstandswert um drei Zehntel zu erhöhen, um auf diese Weise der gesetzgeberischen Wertung, wie zu verfahren ist, wenn mehrere gleichartig Betroffene an einem Verfahren beteiligt sind, Raum zu geben. Die entsprechende Anwendung des § 6 Abs. 1 Satz 2 BRAGO führt aber zu einer Höchstbegrenzung des Streitwertes und damit auch des anwaltlichen Gebührenanspruches, weil sich bei einem Streit um die Eingruppierung von sehr vielen Arbeitnehmern der Streitwert nicht mehr erhöht. Sind jedoch bei dem Streit um die Eingruppierung mehrerer Arbeitnehmer auch verschiedene Lohngruppen im Streit, kann jeweils nur der Streit um ein und dieselbe Lohngruppe ein Gegenstand sein. Der Streit um mehrere Lohngruppen würde zur Addition der Einzelstreitwerte führen.

2. Das LAG Schleswig-Holstein hat die schlichte Addition der Differenzbeträge angeordnet, wenn die Umgruppierung mehrerer Arbeitnehmer streitig ist (LAG Schleswig-Holstein vom 18. 4. 1996, 1 Ta 30/96, n. v.). Auch das LAG Thüringen vom 21. 1. 1997, LAGE § 8 BRAGO Nr. 34 sieht in dem Streit um die Rückgruppierung mehrerer Arbeitnehmer gesonderte Gegenstände, die wertmäßig zusammengerechnet werden müssen, wobei eine völlige Gleichartigkeit der Streitigkeiten bei der Bewertung der einzelnen Gegenstände wertmindernd zu berücksichtigen sei. Es hat diese Wertminderung aber nicht in einem Abschlag vom Gesamtstreitwert unter Beachtung der monatlichen Lohndifferenzen vorgenommen, sondern unter Berücksichtigung einer rechtlich wenig schwierigen Problemlage sowie einer nur kurzen Verfahrensdauer mit nur einem Anhörungstermin und dem Wechsel von nur zwei kurzen Schriftsätzen den Gegenstandswert für jeden einzelnen Verfahrensgegenstand auf die Hälfte des in § 8 Abs. 2 Satz 2 BRAGO genannten Wertes festgesetzt. Da es in dem zugrunde liegenden Streit um die Rückgruppierung von 40 Arbeitnehmern ging, ergab sich dennoch ein nicht geringer Streitwert.

II. Zustimmungsersetzungsverfahren nach § 103 BetrVG

Wie Form. R. I. 2.

Der Antrag auf Ersetzung der Zustimmung des Betriebsrates zur außerordentlichen Kündigung eines Betriebsratsmitgliedes ist analog gemäß § 12 Abs. 7 Satz 1 ArbGG mit einem Vierteljahresgehalt zu bewerten.

Der Gegenstandswert ist nach § 8 Abs. 2 Satz 2 BRAGO höher oder niedriger als der dort genannte Wert von festzusetzen, je nach dem, was die Lage des Falles erfordert. Was die Lage des Falles erfordert, lässt sich aus gesetzgeberischen Wertbestimmungsvorschriften entnehmen, die für das vergleichbare individualrechtliche Verfahren geschaffen wurden, so dass auf § 12 Abs. 7 Satz 1 ArbGG abzustellen ist (vgl. LAG Nürnberg vom 21. 6. 2001, 6 Ta 115/01, AE 2001 Nr. 426; ebenfalls für eine Wertfestsetzung nach § 12 Abs. 7 Satz 1 ArbGG LAG Bremen vom 20. 1. 1993, DB 1993, 492 und Hess. LAG vom 17. 1. 2002, 5 Ta 492 u. 493/01, AE 2002 Nr. 277).

Anmerkung

Das LAG Baden-Württemberg will sich dagegen ausschließlich am Wert des § 8 Abs. 2 Satz 2 BRAGO orientieren (LAG Baden-Württemberg vom 15. 6. 1990, JurBüro 1991, 62 ff.). Das muss jedoch nicht zu einem niedrigeren Gegenstandswert als dem des § 12 Abs. 7 Satz 1 ArbGG führen, sondern kann diesen vielmehr erheblich übersteigen. So hat das Arbeitsgericht Ulm im Beschluss vom 16. 11. 1998, 2 BV 6/98 unter Hinweis auf die ständige Rechtsprechung des LAG Baden-Württemberg den Streitwert für eine außerordentliche Kündigung eines Betriebsratsmitgliedes auf den 5-fachen Ausgangswert festgesetzt.

Dagegen will das LAG Schleswig-Holstein das Verfahren nach § 103 BetrVG im Allgemeinen ausschließlich an dem Hilfswert des § 8 bs. 2 BRAGO orientieren, weil es sich bei dem Verfahren nicht um einen individuellen Kündigungsrechtsstreit handelt sondern um das Beteiligungsrecht des Betriebsrates (LAG Schleswig-Holstein vom 12. 4. 1994, 6 Ta 16/94, n. v.). Dabei übersieht das LAG Schleswig-Holstein allerdings die präjudizielle Wirkung des Verfahrens nach § 103 BetrVG auf ein eventuell nachfolgendes individualrechtliches Kündigungsschutzverfahren (BAG vom 24. 4. 1975, DB 1975, 1610).

Das LAG München geht zwar grundsätzlich ebenfalls von dem Wert in § 8 Abs. 2 BRAGO aus, meint aber, dieser sei wegen der besonderen Bedeutung eines Beschlussverfahrens regelmäßig zu verdoppeln (LAG München vom 2. 11. 1998, 3 Ta 279/98, n. v.).

III. Der Einstellungsanspruch des Auszubildendenvertreters

Wie Form. R. I. 2.

Der Streit um den Einstellungsanspruch des Auszubildendenvertreters gemäß § 78 a BetrVG ist in entsprechender Anwendung des § 12 Abs. 7 Satz 1 ArbGG unter Bezug auf das Vierteljahresgehalt aus dem streitigen Arbeitsverhältnis zu bewerten.

§ 78 a BetrVG dient vorrangig den wirtschaftlichen Interessen des betroffenen ehemaligen Auszubildendenvertreters und nur mittelbar auch dem Schutz kollektivrechtlicher Gremien. Dementsprechend ist der für einen Kündigungsrechtsstreit individualrechtlich maßgebliche Wert des § 12 Abs. 7 Satz 1 ArbGG heranzuziehen, da es um die Beendigung des einmal begründeten Arbeitsverhältnisses geht. Nicht zuletzt wegen der rein individualrechtlichen Auswirkungen des Verfahrens war ja längere Zeit streitig, ob ein Verfahren nach § 78 a BetrVG überhaupt als Beschlussverfahren zu führen ist (BAG vom 5. 4. 1984, AP Nr. 13 zu § 78 a BetrVG 1972).

Anmerkung

Zum personalrechtlichen Beschlussverfahren auf Auflösung eines nach § 9 Abs. 2 BPersVG begründeten Arbeitsverhältnisses hielt der VGH Baden-Württemberg im Beschluss vom 6. 9. 1994, PersV 1995, 142–143, dagegen den Auffangwert des § 8 Abs. 2 Satz 2 BRAGO für zutreffend.

IV. Arbeitnehmereigenschaft gemäß § 5 Abs. 1 BetrVG

Wie Form. R. I. 2.

Der Streit um die Arbeitnehmereigenschaft i.S.v. § 5 Abs. 1 BetrVG wird beispielsweise dann relevant, wenn eine Betriebsvereinbarung den Arbeitgeber zur Einhaltung bestimmter Arbeitszeiten verpflichtet, von der leitende Angestellte ausgenommen sind. Betriebsrat oder Arbeitgeber haben dann ein Interesse daran, gerichtlich feststellen zu lassen, ob ein Mitarbeiter leitender Angestellter ist.

Nach Maßgabe des dargestellten Sachverhaltes handelte es sich bei dem zu bewertenden Verfahren jedenfalls deshalb um einen nichtvermögensrechtlichen Streit, weil für die Beteiligten keine wirtschaftlichen Auswirkungen entstehen, denn die geregelte Arbeitszeit ermöglicht es dem Arbeitgeber, das mit X vereinbarte Arbeitszeitvolumen auszuschöpfen, wenn auch die Betriebsvereinbarung bestimmt, wie das Volumen zu verteilen ist. Der Gegenstandswert ist somit nach Bedeutung, Umfang und Schwierigkeit der Sache zu bestimmen (§ 8 Abs. 2 BRAGO). Nach Lage des vorliegenden Falles rechtfertigt sich ein Streitwert in Höhe des Hilfswertes von § 8 Abs. 2 BRAGO (LAG Bremen vom 24. 4. 1978, BB 1979, 1096; LAG Hamm vom 5. 12. 1985, 8 TaBV 99/85, n.v.).

Auf den Hilfswert des § 8 Abs. 2 BRAGO ist beispielsweise auch dann abzustellen, wenn die Arbeitnehmereigenschaft in Vorbereitung von Betriebsratswahlen geklärt werden soll.

V. Unterlassungsanträge

1. Unterlassungsansprüche gegen die mitbestimmungswidrige Anordnung von Überstunden und den Einsatz von Arbeitnehmern von Fremdfirmen

In pp

bitten wir gemäß § 10 Abs. 1 BRAGO um Streitwertfestsetzung zum Zwecke der anwaltlichen Gebührenberechnung und beantragen für die hier streitgegenständlichen Unterlassungsansprüche, den Streitwert auf EUR 16.000,– festzusetzen.

Begründung:

Der Betriebsrat hatte das Verfahren mit einem Antrag eingeleitet, dem Arbeitgeber nach § 23 Abs. 3 BetrVG die Durchführung mitbestimmungswidriger Überstunden zu untersagen, die dieser gegenüber 462 Mitarbeitern innerhalb eines Monats angeordnet hatte. Einerseits in Anbetracht der Vielzahl der betroffenen Mitarbeiter, andererseits des nur kurzen streitgegenständlichen Zeitraumes ist insoweit eine Verdoppelung des Ausgangswertes des § 8 Abs. 2 BRAGO angebracht (vgl. LAG Hamm vom 27. 1. 1994, 8 Ta BV 147/93, n. v.).

Der Arbeitgeber hatte auf das vom Betriebsrat eingeleitete Verfahren reagiert, indem er keine weiteren Arbeitnehmer zu Überstunden heranzog, dafür aber Arbeitnehmer von Fremdfirmen einsetzte, ohne die Zustimmung des Betriebsrates einzuholen. Hiergegen richtete sich die Antragserweiterung des Betriebsrates. Da der Arbeitgeber auch hier einer mehrfachen Verletzung des Beteiligungsrechts des Betriebsrates beschuldigt war, ist ebenfalls ein zweifacher Ausgangswert des § 8 Abs. 2 BRAGO angemessen (LAG Bremen vom 21. 9. 1983, 4 Ta 78/83, n. v.).

2. Unterlassung von Kündigungen vor Interessenausgleich

In pp

bitten wir gemäß § 10 Abs. 1 BRAGO um Streitwertfestsetzung zum Zwecke der anwaltlichen Gebührenberechnung und beantragen, für den hier streitgegenständlichen Antrag des Betriebsrates, dem Arbeitgeber den Ausspruch von Kündigungen vor Abschluss eines Verfahrens um den Interessenausgleich zu untersagen, den Streitwert auf EUR 8.000,– festzusetzen.

Begründung:

Die beteiligte Arbeitgeberin strebt eine Betriebsänderung an und hat bereits mit dem Ausspruch der ersten von einer größeren Zahl von Kündigungserklärungen begonnen, obwohl das Verfahren um den Interessenausgleich bisher nicht abgeschlossen ist. Inhalt der Streitigkeit ist damit ausschließlich der Umfang des Beteiligungsrechts und der Schutz des Beteiligungsrechts des Betriebsrates. Zur Bewertung des Gegenstandswertes darf deshalb nicht auf die wirtschaftlichen Auswirkungen abgestellt werden. Ausschlaggebend ist vielmehr der Umfang und die Schwierigkeit des Verfahrens, die nachfolgend geschildert werden. Im Hinblick hierauf ist eine Bewertung mit dem Doppelten des Ausgangswertes des § 8 Abs. 2 Satz 2 BRAGO angemessen.

VI. Einsichtnahme in Bruttogehaltslisten durch den Betriebsrat

Wie Form. R. I. 2.

Bei dem Streit über das Einsichtsrecht des Betriebsrates in die Bruttogehaltslisten der im Betrieb beschäftigten Arbeitnehmer handelt es sich um eine nichtvermögensrechtliche Streitigkeit, so dass zunächst von dem in § 8 Abs. 2 BRAGO genannten Betrag auszugehen und je nach Lage des Falles ein höherer oder geringerer Betrag festzusetzen ist. Streitwertbestimmend kann insoweit sein, für wie viele Arbeitnehmer der Betriebsrat Einsicht in die Bruttogehaltslisten erhalten möchte und welcher Zweck damit verfolgt wird. Beispielsweise kann der Betriebsrat erst durch die genauen Kenntnisse der Gehälter fördernd in die Durchsetzung der Gleichberechtigung von Frauen und Männern bei der Lohngestaltung eingreifen bzw. einer Diskriminierung entgegentreten. Der geltend gemachte Anspruch ist für den Betriebsrat deshalb von erheblicher Bedeutung, da er nur bei Kenntnis der Bruttogehälter seinen Aufgaben aus §§ 75, 80 Abs. 1 Nr. 2a i.V.m. § 80 Abs. 2 BetrVG effektiv nachkommen kann.

Unter den dargestellten Umständen rechtfertigt es sich deshalb, den Streitwert in Höhe des Hilfswertes von § 8 Abs. 2 BRAGO festzusetzen (BAG vom 13. 7. 1980, BB 1980, 1157; LAG Hamm vom 12. 11. 1975, 8 TaBV 51/75, n. v.).

VII. Sachmittel

Wie Form. R. I. 2.

Bei einem Streit um die Zurverfügungstellung von Sachmitteln ist der Wert der Gegenstände für die Festsetzung maßgebend (LAG Düsseldorf vom 12. 10. 1995, 7 Ta 267/95, n. v.; GK-*Wenzel*, § 12 ArbGG Rdnr. 287).

VIII. Beauftragung eines Sachverständigen

In pp

bitten wir gemäß § 10 Abs. 1 BRAGO um Streitwertfestsetzung zum Zwecke der anwaltlichen Gebührenberechnung und beantragen, den Streitwert auf EUR 5.000,– festzusetzen.

Begründung:

Die Arbeitgeberin will ein neues EDV-System einführen und zwar sowohl in Software- als auch im Hardware-Bereich und hierüber mit dem Betriebsrat eine Betriebsvereinbarung herbeiführen. Der Betriebsrat sah sich zu sachgerechten Verhandlungen außerstande und wollte deshalb einen Sachverständigen beauftragen, das Gremium zu beraten. Das hat der Arbeitgeber abgelehnt, woraufhin der Betriebsrat das streitgegenständliche Verfahren eingeleitet hat.

Im Rahmen der Vertragsanbahnung hat der Betriebsrat den Sachverständigen nach seinen Honorarvorstellungen gefragt. Dieser Kostenvoranschlag in Höhe von EUR 5.000,– war auch Gegenstand der außergerichtlichen Verhandlungen zwischen dem Betriebsrat und der Arbeitgeberin über die Beauftragung des Sachverständigen. Dieser Betrag soll deshalb auch zur Streitwertbemessung herangezogen werden.

Begehrt der Betriebsrat gemäß § 80 Abs. 2 Satz 2 BetrVG die Zustimmung zur Beauftragung eines Sachverständigen, dann handelt es sich wegen der damit unmittelbar verbundenen Kosten nicht mehr um eine nichtvermögensrechtliche Angelegenheit. Die Streitwertbemessung hat deshalb nach Maßgabe der veranschlagten Kosten des Sachverständigen zu erfolgen (LAG Baden-Württemberg vom 26. 9. 1990, 8 Ta 108/90, n. v.; LAG Hamm vom 12. 6. 2001, 10 TaBV 50/01, AE 2001 Nr. 421).

IX. Zutrittsrecht zum Betrieb

1. Zutrittsrecht der Gewerkschaft

Wie Form. R. I. 2.

Der Streit über ein Zutrittsrecht der Gewerkschaft zum Betrieb des Arbeitgebers ist eine nichtvermögensrechtliche Streitigkeit, so dass bei der Streitwertbemessung zunächst von dem in § 8 Abs. 2 BRAGO genannten Hilfswert auszugehen und je nach Lage des Falles ein höherer oder geringerer Betrag festzusetzen ist. Dabei ist die Bedeutung und die Schwierigkeit der Sache zu berücksichtigen.

Wehrt sich ein Arbeitgeber gegen den beabsichtigten Zutritt des Gewerkschaftssekretärs R. anlässlich einer bestimmten Betriebsversammlung, ohne das Zutrittsrecht der Gewerkschaft generell in Frage zu stellen, nur weil R. früher bei ihm beschäftigt war und ihm auf Grund ungebührlichen Verhaltens fristlos gekündigt werden musste, so ist eine Bewertung der Angelegenheit in Höhe des Hilfswertes von § 8 Abs. 2 BRAGO vorzunehmen. Zwar ist die Teilnahme an einer Betriebsversammlung für eine Gewerkschaft und auch ihr generelles Zutrittsrecht von nicht unerheblichem Wert, doch rechtfertigt dies allein keine Überschreitung des Hilfswertes, solange unstreitig bleibt, dass die Gewerkschaft ihr Teilnahmerecht nicht nur in Person des R. ausüben kann. Ein wesentlich höherer Wert wäre anzunehmen, wenn der Arbeitgeber generell ein Zutrittsrecht der Gewerkschaft bestreitet und die Gewerkschaft verpflichtet ist, notariell beglaubigte eidesstattliche Versicherungen vorzulegen, mit deren Hilfe sie nachweist, dass Arbeitnehmer des Betriebes gleichzeitig Mitglied der Zutritt begehrenden Gewerkschaft sind und/oder der Arbeitgeber oder der Betriebsrat die Gewerkschaftseigenschaft (Tariffähigkeit) bestreitet (ArbG Stuttgart vom 4. 2. 1972, EzA Art. 9 GG Nr. 6; LAG Hamm vom 6. 10. 1981, DB 1981, 2388).

2. Zutrittsrecht des Betriebsratsmitglieds

In pp

bitten wir gemäß § 10 Abs. 1 BRAGO um Streitwertfestsetzung zum Zwecke der anwaltlichen Gebührenberechnung und beantragen, den Streitwert auf EUR 8.000,– festzusetzen.

Begründung:

Die Arbeitgeberin verwehrte dem antragstellenden Betriebsratsmitglied den Zutritt zum Betrieb, weil sie ihm ein ungebührliches Verhalten gegenüber dem Geschäftsführer vorwirft. Deswegen ist zwischen der Arbeitgeberin und dem Betriebsrat ein Zustimmungsersetzungsverfahren nach § 103 BetrVG anhängig.

Bei dem vorliegenden Beschlussverfahren handelt es sich mindestens deshalb um eine nichtvermögensrechtliche Streitigkeit, weil die angestrebte Entscheidung ohne

Meier

wirtschaftliche Auswirkungen für die Beteiligten ist, denn das zwischen ihnen bestehende Arbeitsverhältnis bleibt in seinem Bestand unberührt. Streitig ist lediglich die Ausübung der Amtstätigkeit des Antragstellers. § 8 Abs. 2 BRAGO gebietet die Prüfung, ob nach Lage des Falles eine Überschreitung oder Unterschreitung des Hilfswertes von EUR 8.000,– geboten ist. Aufgrund der angegriffenen Maßnahme war es dem Antragsteller im Wesentlichen unmöglich, sein Amt auszuüben. Es lag nicht nur eine Einschränkung in Teilbereichen vor. Aus der grundsätzlichen Verhinderung der Ausübung einer betriebsverfassungsrechtlich zustehenden Tätigkeit ergibt sich die Bewertung in Höhe des doppelten Hilfswertes von § 8 Abs. 2 BRAGO.

X. Freistellung eines Betriebsratsmitglieds

1. Pauschale Freistellung

In pp

bitten wir gemäß § 10 Abs. 1 BRAGO um Streitwertfestsetzung zum Zwecke der anwaltlichen Gebührenberechnung und beantragen, den Streitwert auf EUR 9.000,– festzusetzen.

Begründung:

Der Betriebsrat hatte von der Arbeitgeberin die Zustimmung zur Freistellung eines Betriebsratsmitgliedes über die Freistellungsstaffel des § 38 Abs. 1 BetrVG hinaus begehrt. Das betroffene Betriebsratsmitglied mit einem monatlichen Bruttoeinkommen von EUR 3.000,– sollte zukünftig pauschal für zwei Fünftel seiner wöchentlichen Arbeitszeit für Betriebsratstätigkeiten freigestellt werden. Der Streitwertantrag beruht auf einer entsprechenden Anwendung der Regelungen des § 12 Abs. 7 Satz 1 und Satz 2 ArbGG.

Die streitgegenständliche Freistellung ist für die Arbeitgeberin allein von wirtschaftlicher Bedeutung, denn sie verliert durch die Freistellung zwei Fünftel der Gegenleistung für die von ihr weiterhin in vollem Umfang zu erbringende Vergütungszahlung. Sie hat also wiederkehrende Leistungen ohne Gegenleistung zu erbringen. Dies rechtfertigt es zur Streitwertbemessung grundsätzlich den dreijährigen Bezug, d.h. hier ($^2/_5 \times$ EUR 3.000,– $\times$ 36) EUR 43.200,– anzusetzen. Im Rahmen der Bewertung der Lage des Einzelfalles muss jedoch bedacht werden, dass auch der endgültige Verlust der Arbeitskraft des Arbeitnehmers nicht mit mehr als drei Bruttomonatsgehältern bewertet wird (§ 12 Abs. 7 Satz 1 ArbGG). Auch in entsprechender Anwendung der Rechtsprechung des Bundesarbeitsgerichts zur Bewertung einer Änderungskündigung (BAG vom 23. 3. 1989, DB 1989, 1880 und BAG vom 22. 1. 1997, EzA § 622 BGB Teilkündigung Nr. 7) ist das Vierteljahresentgelt als Obergrenze heranzuziehen. Da die Arbeitgeberin dem freizustellenden Betriebsratsmitglied keine anderen Leistungen als monatlich EUR 3.000,– brutto schuldet, ist also hier das dreifache Bruttomonatseinkommen in Ansatz zu bringen (LAG Baden-Württemberg vom 17. 7. 1980, BB 1980, 1695; LAG Rheinland-Pfalz vom 3. 3. 1993, ARST 1994, 14).

Anmerkung

Nach der Entscheidung des LAG Baden-Württemberg vom 21. 3. 1991, JurBüro 1991, 1483–1484; soll die Bewertung in Anknüpfung an § 8 Abs. 2 Satz 2 Halbs. 2 BRAGO erfolgen, ausgehend hiervon je nach Lage des Falles niedriger oder höher. Gerade diese Lage des Einzelfalles wird aber durch Bezugnahme auf die Vorschriften des § 12 Abs. 7 ArbGG berücksichtigt.

Meier

2. Teilnahme an einer Schulungsmaßnahme

Wie Form. R. I. 2.

Streiten die Beteiligten im Beschlussverfahren über die Freistellung von Betriebsratsmitgliedern für Schulungsveranstaltungen und damit über die Fortzahlung der Bezüge und die Übernahme der Seminarkosten (§ 37 Abs. 6 BetrVG), dann bemisst sich der Streitwert nach den Gesamtaufwendungen des Arbeitgebers. Hierzu gehören neben den Kosten für die Teilnahme an der Schulungsveranstaltung (Reise-, Übernachtungs- und Verpflegungskosten sowie die Kosten für die Schulungsmaßnahme als solche) auch die während der Freistellungsphase an das Betriebsratsmitglied zu zahlende Bruttovergütung. Sind von dem Streit um die Teilnahme an der Schulung mehrere Betriebsratsmitglieder betroffen, sind die Gesamtkosten für die Streitwertbemessung maßgeblich (LAG Hamm vom 24. 11. 1994, LAGE § 8 BRAGO Nr. 27). Entgegen der Auffassung des LAG Hamm ist dabei jedoch weder ein Abschlag von 20% vorzunehmen, wenn Feststellungsanträge gestellt werden noch ein weiterer Abschlag von 25% wegen der beschränkten Rechtskraftwirkung der Entscheidung im Beschlussverfahren, weil mit der Entscheidung im Beschlussverfahren eine im Normalfall unumstößliche materielle Grundlage für die Forderung auf Erstattung der Kosten/Zahlung der Vergütung gelegt wird. Nur wenn es in einem Verfahren lediglich um die Erforderlichkeit einer Schulungsveranstaltung i. S. v. § 37 Abs. 6 BetrVG geht, so ist der Hilfswert des § 8 Abs. 2 BRAGO für die Streitwertbestimmung maßgebend (vgl. LAG Düsseldorf vom 2. 7. 1990, LAGE § 8 BRAGO Nr. 15). Das Hess. LAG vom 22. 12. 2000, 5 Ta 68/2001, AE 2001 Nr. 269, differenziert noch nach der Dauer der Schulungsveranstaltung und bewertet eine 1½-tägige Veranstaltung mit Dreiviertel des Hilfswertes gemäß § 8 Abs. 2 BRAGO. Jedenfalls dann, wenn ein Arbeitsgericht die Rechtmäßigkeit der Teilnahme vor Beginn der Maßnahme entschieden hat, ist dem Betriebsratsmitglied ein Vertrauensschutz zuzugestehen, aus dem heraus ihm der begehrte Vergütungsanspruch im individualrechtlichen Verfahren auch dann zu gewähren ist, wenn das Gericht des Folgeverfahrens die Beschlussentscheidung in der Sache nicht billigt.

XI. Ausschluss eines Betriebsratsmitglieds aus dem Betriebsrat

Wie Form. R. I. 2.

Beantragt ein Viertel der wahlberechtigten Arbeitnehmer eines Betriebes, die Gewerkschaft oder der Arbeitgeber den Ausschluss eines Betriebsratsmitgliedes aus dem Betriebsrat, so handelt es sich um eine nichtvermögensrechtliche Streitigkeit. Grundsätzlich erfolgt die Bewertung also nach § 8 Abs. 2 Satz 2 BRAGO. Zu berücksichtigen ist die Lage des Falles, so dass demnach auf die Bewertung vergleichbarer individualrechtlicher Vorgänge abzustellen ist (LAG Nürnberg vom 2. 11. 1998, 7 Ta 167/98, n. v.), obwohl der Ausschluss aus dem Betriebsrat zu keiner Beeinträchtigung des Arbeitsverhältnisses des ausgeschlossenen Betriebsratsmitgliedes führt. Verstößt ein Arbeitnehmer grob gegen die ihm auferlegten arbeitsvertraglichen Pflichten und entsteht daraus ein Kündigungsrechtsstreit, so erfolgt dessen Bewertung nach Maßgabe von § 12 Abs. 7 Satz 1 ArbGG. Auch der Ausschluss eines Betriebsratsmitgliedes aus seinem Amt setzt eine grobe Verletzung seiner Pflichten, hier allerdings seiner betriebsverfassungsrechtlichen Pflichten, voraus. Aus dieser Parallele rechtfertigt sich die gleichartige Bewertung der Verfahren (LAG Baden-Württemberg vom 17. 7. 1980, BB 1980, 1695).

XII. Anfechtung der Betriebsratswahl/Auflösung des Betriebsrats

In pp

bitten wir gemäß § 10 Abs. 1 BRAGO um Streitwertfestsetzung

zum Zwecke der anwaltlichen Gebührenberechnung. Für den hier streitgegenständlichen Antrag, die angefochtene Wahl für unwirksam zu erklären/den Betriebsrat aufzulösen, wird gebeten, den Streitwert auf EUR 36.000,– festzusetzen.

Begründung:

Gegenstand des Verfahrens war der Antrag der Arbeitgeberin, die angefochtene Wahl, mit der in ihrem Betrieb ein neunköpfiger Betriebsrat gewählt wurde, für unwirksam zu erklären/den in ihrem Betrieb existierenden neunköpfigen Betriebsrat aufzulösen. Dem Streitwertantrag ist für jedes betroffene Betriebsratsmitglied einmal der Auffangwert nach § 8 Abs. 2 BRAGO (EUR 4.000,–) zugrundegelegt worden.[1] Der Wert der anwaltlichen Tätigkeit bei einem Streit um die Nichtigkeit einer Betriebsratswahl und deren Anfechtung orientiert sich in typisierender Betrachtung an der Staffel des § 9 BetrVG, wobei § 8 Abs. 2 BRAGO den dazu gehörenden Ansatz durch den dort enthaltenen Auffangwert von EUR 4.000,– je Betriebsratsmitglied abgibt (Hess. LAG vom 20. 3. 1998, 6 Ta 517/97, n. v.; LAG Brandenburg vom 21. 9. 1995, NZA 1996, 112; LAG Hamm vom 9. 3. 2001, 13 TaBV 7/01, AE 2001 Nr. 270). Das ist nicht nur aus allgemeinen Erwägungen und der Rechtsklarheit und Rechtssicherheit verschaffenden typisierenden Betrachtungsweise geboten, sondern im vorliegenden Fall auch wegen dessen besonderer Schwierigkeiten.[2]

Anmerkungen

1. Die 5. Kammer des Hess. LAG bewertet den Streit bei Betriebsratswahlen mit einer Staffelung unter Berücksichtigung der Größe des Betriebsrates. Demnach ist für ein Betriebsratsmitglied der 1½-fache Regelwert des § 8 Abs. 2 BRAGO anzusetzen und für weitere Betriebsratsmitglieder jeweils die Hälfte des Regelwertes von EUR 4.000,–. Bei einem Feststellungsantrag ist ein 20%iger Abschlag auf den sich ergebenden Streitwert vorzunehmen (Hess. LAG vom 3. 1. 2003, 5 Ta 499/02, n. v.).

Eine ähnliche Staffel hatte das LAG Berlin im Beschluss vom 17. 12. 1991, NZA 1992, 327, aufgestellt. Das LAG Berlin ging jedoch von dem 1½-fachen Auffangwert für das erste Betriebsratsmitglied aus, um für jedes weitere betroffene Betriebsratsmitglied ein Viertel des Auffangwertes hinzuzufügen (so auch LAG Berlin vom 28. 6. 1999, 7 Ta 6045/99). Eine Begrenzung in der Bewertung für einzelne Staffelstufen hat das LAG Berlin nicht vorgesehen. Bei einem damaligen Auffangwert von DM 8.000,– wurde also die Anfechtung bei einem Betriebsratsmitglied mit DM 12.000,– zu bewertet, bei neun Betriebsratsmitgliedern mit DM 28.000,– (DM 12.000,– + 8 × DM 2.000,–) und bei 23 Betriebsratsmitgliedern mit DM 56.000,–. Dem LAG Berlin angeschlossen hatte sich ausdrücklich das LAG Rheinland-Pfalz im Beschluss vom 30. 3. 1992, NZA 1992, 667; geringfügig anders entschied das LAG Köln, als es im Beschluss vom 20. 10. 1997,

12 Ta 263/67, n.v., den Antrag auf Auflösung eines siebenköpfigen Betriebsrates mit DM 22.000,– bewertete und dabei für das erste Betriebsratsmitglied einen Auffangwert gemäß § 8 Abs. 2 BRAGO zugrunde legte, dann für die weiteren Betriebsratsmitglieder aber ebenfalls ein Viertel des Auffangwertes. Weniger typisierend entschied das LAG Baden-Württemberg im Beschluss vom 27. 8. 1990, 8 Ta 96/90, n.v., als es den Streitwert für die Anfechtung der Wahl eines 15-köpfigen Betriebsrates mit der Verdreifachung des Auffangwertes bewertete. Das LAG Hamm und das LAG Niedersachsen kamen im Ergebnis zu vergleichbaren Werten, als sie jeweils die Auflösung eines neunköpfigen Betriebsrates mit DM 22.500,– (LAG Hamm vom 18. 11. 1993, BB 1994, 291) bzw. DM 30.000,– bewerteten (LAG Niedersachsen vom 26. 4. 1996, DB 1996, 1632, LAGE § 8 BRAGO Nr. 31 unter besonderem Hinweis darauf, das Verfahren habe sich auch mit der Abgrenzung und der Größe des Betriebes befasst). Für den Antrag auf Abbruch der Wahl eines 19-köpfigen Betriebsrates im einstweiligen Verfügungsverfahren hat das LAG Nürnberg (27. 3. 2002, 2 TaBV 13/02, AE 2002 Nr. 281) den Streitwert auf EUR 25.000,– festgesetzt.

2. Hier empfiehlt sich eine ausführliche Sachverhaltsdarstellung. Besondere Schwierigkeiten hatte das Arbeitsgericht Frankfurt/Oder im Beschluss vom 6. 11. 1998, 6 BV 10/98, n.v., nämlich veranlasst, auch über die vom LAG Brandenburg (vom 21. 9. 1995, a.a.O.) gezogene Grenze der 5. Staffel hinaus pauschal für jedes Betriebsratsmitglied den Auffangwert gemäß § 8 Abs. 2 BRAGO anzusetzen, wobei die besonderen Schwierigkeiten gesehen wurden in Fragen der Zulässigkeit der Antragstellung und wohl auch gesehen werden können in einer Vielzahl von Anfechtungsgründen oder Problemen bei der Aufklärung des Sachverhalts.

XIII. Einigungsstelle/Bestellungsverfahren nach § 98 BRAGO

Wie Form. R. I. 2.

Der Streit um den Vorsitz einer Einigungsstelle sowie die Anzahl der Beisitzer stellt eine nichtvermögensrechtliche Streitigkeit dar, so dass zunächst von dem in § 8 Abs. 2 BRAGO genannten Betrag von EUR 4.000,– auszugehen und je nach Lage des Falles ein höherer oder geringerer Betrag festzusetzen ist. Dabei lässt sich eine Unterschreitung des Betrages von EUR 4.000,– nur in Ausnahmefällen rechtfertigen (vgl. GK-*Wenzel*, § 12 ArbGG Rdn. 279 ff.; LAG Düsseldorf vom 21. 9. 1990, DB 1991, 184; LAG Hamm vom 26. 9. 1985, LAGE § 8 BRAGO Nr. 4). Es ist deshalb ermessensfehlerhaft, das Bestellungsverfahren nach § 98 ArbGG regelmäßig nur mit dem halben Wert des § 8 Abs. 2 BRAGO festzusetzen (LAG Köln vom 4. 12. 1998, 5 Ta 268/98, n.v.).[1] Dies gilt insbesondere dann, wenn es sich bei dem zugrunde liegenden Streit nicht nur um einen Streit über die Zuständigkeit der Einigungsstelle an sich[2], sondern auch um einen Streit über die Person des Vorsitzenden handelt und von dem Gegenstand der Einigungsstelle auch noch eine nicht unbedeutende Zahl von Arbeitnehmern (LAG Köln, a. a. O.) betroffen sind. Besteht nämlich tatsächlich Streit um den Einigungsstellenvorsitzenden sowie die Anzahl der Beisitzer, kommt eine Bewertung mit dem doppelten Regelwert des § 8 Abs. 2 BRAGO in Betracht (LAG Köln vom 5. 8. 1999, 11 (8) Ta 55/99; Hess. LAG vom 19. 2. 2002, 5 Ta 31/01, AE 2002 Nr. 276). Dabei sind anhand des konkreten Sachverhalts folgende Umstände besonders zu berücksichtigen: ......

Anmerkungen

1. A. A. war das LAG Schleswig-Holstein im Beschluss vom 29. 9. 1995, NZA-RR 1996, 307–308. Unter Berufung auf gleich lautende Entscheidungen der 3. Kammer des LAG Schleswig-Holstein sowie des LAG Berlin vom 3. 11. 1987, 1 Ta 112/87, n. v., vertrat das LAG Schleswig-Holstein die Auffassung, eine Entscheidung nach § 76 BetrVG sei nur von geringer Bedeutung und das summarische Verfahren nach § 98 ArbGG rechtfertige eine deutliche Herabsetzung unter den Regelwert. Der Streit um die Anzahl der Beisitzer rechtfertige einen Anteil von einem Sechstel des Hilfswertes in § 8 Abs. 2 BRAGO, der Streit um die Person des Vorsitzenden ein weiteres Sechstel und der Streit um die Zuständigkeit der Einigungsstelle abermals ein Sechstel. Insgesamt seien im Bestellungsverfahren höchstens drei Sechstel des Hilfswertes gemäß § 8 Abs. 2 BRAGO als anwaltlicher Gebührenwert festzusetzen.

2. Bei Streit über die Zuständigkeit der Einigungsstelle für die Aufstellung eines Sozialplanes hat das LAG Baden-Württemberg vom 4. 12. 1979, BB 1980, 321, den Gegenstandswert auf $^1/_{10}$ des strittigen Sozialplanvolumens festgesetzt. Sogar ¼ des Sozialplanvolumens als Streitwert hat das LAG Hamm vom 11. 2. 1976, DB 1976, 1244, angenommen. Das Hessische LAG vom 21. 1. 1999, 5/6 Ta 572/98, n. v., geht bei einer Zuständigkeit vom Wert des § 8 Abs. 2 BRAGO aus und erhöht diesen auf Grund des Verfahrensziels auf den doppelten Wert.

XIV. Anfechtung eines Einigungsstellenspruchs

1. Kontoführungsgebühren

In pp

bitten wir gemäß § 10 Abs. 1 BRAGO um Streitwertfestsetzung zum Zwecke der anwaltlichen Gebührenberechnung und beantragen, für die hier streitgegenständliche Anfechtung eines Einigungsstellenspruches zur Erstattung von Kontoführungsgebühren, den Streitwert auf EUR 15.000,– festzusetzen.

Begründung:

Im Betrieb der beteiligten Arbeitgeberin war eine Einigungsstelle errichtet worden zur Regelung der bargeldlosen Vergütungszahlung. Im Rahmen dieses Regelungsgegenstandes hatte die Einigungsstelle die Arbeitgeberin verpflichtet, den Empfängern der bargeldlos erbrachten Vergütungsleistungen in bestimmtem Umfang die monatlichen Kontoführungsgebühren zu erstatten. Wie die Arbeitgeberin im Einigungsstellenverfahren vorgerechnet hatte, belief sich ihre wirtschaftliche Belastung aus der Übernahme dieser Kontoführungsgebühren auf jährlich EUR 15.000,–. Dieser Betrag ist Gegenstand des Streitwertfestsetzungsantrages, weil die Arbeitgeberin mit ihrer Anfechtung das Ziel verfolgte, von der Pflicht zur Tragung von Kontoführungsgebühren gänzlich befreit zu werden.
Entstehen aus dem Spruch einer Einigungsstelle wirtschaftliche Belastungen für den Arbeitgeber und ficht er diesen Spruch an mit dem Ziel, die wirtschaftlichen Belastungen insgesamt zu beseitigen, dann erfasst der Streit über die Wirksamkeit des Spruches der Einigungsstelle den gesamten wirtschaftlich messbaren Wert. Gleichlautend ist der Streitwert festzusetzen (LAG Berlin vom 14. 6. 1995, 1 Ta 28/95 (Kost), n.v.).

2. Rahmenbedingungen von Teilzeitbeschäftigten

In pp

bitten wir gemäß § 10 Abs. 1 BRAGO um Streitwertfestsetzung zum Zwecke der anwaltlichen Gebührenberechnung und beantragen, den Streitwert auf EUR 16.000,– festzusetzen.

Begründung:

Im Betrieb der beteiligten Arbeitgeberin war eine Einigungsstelle errichtet worden mit dem Ziel, die Vertragsbedingungen der von der Arbeitgeberin beschäftigten Teilzeitbeschäftigten im Rahmen der Mitbestimmungsrechte des Betriebsrates zu regeln. Da die Beteiligten sich nicht einigen konnten, kam es zu einem Spruch der Einigungsstelle, den der Betriebsrat mit dem Ziel, ihn gänzlich zu beseitigen, angefochten hat.

Die angefochtenen Bedingungen basieren auf den jeweils mit den einzelnen Arbeitnehmern geschlossenen Arbeitsverträgen einerseits und den betrieblichen Bedingungen andererseits. Im Rahmen dieser Bedingungen strebt der Betriebsrat eine Veränderung an. Damit lässt sich ein wirtschaftlicher Wert nicht ermessen. In Anbetracht der Zahl der von der Arbeitgeberin laufend eingesetzten Teilzeitkräfte und ihre hohe Anzahl in Bezug zur Gesamtbelegschaft rechtfertigt sich jedoch der Ansatz des 4-fachen Hilfswertes des § 8 Abs. 2 BRAGO (LAG Bremen vom 4. 10. 1989, 4 Ta 45/89, n. v.).

3. Anfechtung eines Sozialplans

In pp

bitten wir gemäß § 10 Abs. 1 BRAGO um Streitwertfestsetzung zum Zwecke der anwaltlichen Gebührenberechnung. Für den hier streitgegenständlichen Antrag der Arbeitgeberin, den Spruch der Einigungsstelle für unwirksam zu erklären, wird gebeten, den Streitwert auf EUR 500.000,– festzusetzen.

Begründung:

Die Arbeitgeberin hat eine Betriebsänderung durchgeführt, in deren Folge eine Vielzahl von Arbeitsplätzen in ihrem Betrieb entfielen. Über die Gestaltung des damit notwendig gewordenen Sozialplanes ist es zwischen den Beteiligten zum Streit gekommen. Eine Einigungsstelle wurde errichtet. Auch hier konnte keine Einigung zwischen den Betriebsparteien erzielt werden, so dass es zum Spruch der Einigungsstelle kam. Diesen wiederum hat die Arbeitgeberin angefochten.

Gegenstand der Auseinandersetzung war das Sozialplanvolumen. Während der Betriebsrat in der Einigungsstelle den Antrag stellte, den Sozialplan auf der Basis einer Gesamtaufwendung von EUR 5 Mio zu gestalten, war die Arbeitgeberin nur bereit, den Sozialplan mit einem Volumen von EUR 1,25 Mio auszustatten. Die Einigungsstelle hat das Sozialplanvolumen auf EUR 4 Mio festgelegt. Hiergegen richtete sich die Anfechtung der Arbeitgeberin.

Bei der Anfechtung eines Einigungsstellenspruches über einen Sozialplan ist für die Wertfestsetzung von dem Sozialplanvolumen auszugehen, wobei der Wert jedoch zu beschränken ist auf den Betrag der Sozialplanleistungen, der zwischen den Parteien streitig ist. Da eine nichtvermögensrechtliche Streitigkeit (Beschlussverfahren) in Rede steht, darf allerdings die Höchstgrenze von EUR 500.000,– nicht überschritten werden (LAG Düsseldorf vom 29. 11. 1994, DB 1995, 52, LAGE § 8 BRAGO Nr. 25; im Ergebnis ebenso: LAG München vom 3. 8. 1992, 7 [10] Ta 46/92, n. v., und vom 28. 2. 1992, 5 Ta 7/92, n. v.). Hier bekämpft die Arbeitgeberin einen Einigungsstellenspruch, weil er ihr Belastungen in Höhe von EUR 4 Mio auferlegt, während sie nur Belastungen im Werte von EUR 1,25 Mio akzeptieren will. Ihr wirtschaftliches Interesse beläuft sich also auf die Einsparung wirtschaftlicher Belastungen in Höhe von EUR 2,75 Mio. Dieser eigentlich anzusetzende Betrag ist hier durch § 8 Abs. 2 BRAGO auf den beantragten Wert von EUR 500.000,– zu begrenzen.

Anmerkung

Dagegen wollte das LAG Brandenburg mit Rücksicht auf die alleinige Kostentragungspflicht des Arbeitgebers den Streitwert der Anfechtung eines Sozialplanes nicht am Sozialplanvolumen, sondern – obwohl es in Abweichung zum LAG Düsseldorf in dem Anfechtungsverfahren eine vermögensrechtliche Streitigkeit sah – nach den Grundsätzen für nichtvermögensrechtliche Streitigkeiten bewerten und dabei auch den Umfang der anwaltlichen Tätigkeit berücksichtigen. Im Ergebnis bewertete es den nur sehr kurzfristig geführten Streit um eine Erhöhung des Sozialplanvolumens um DM 10 Mio mit DM 100.000,– (LAG Brandenburg vom 20. 11. 1992, LAGE § 8 BRAGO Nr. 20).

Die 9. Kammer des LAG Rheinland-Pfalz betonte die Notwendigkeit, bei nichtvermögensrechtlichen Streitigkeiten eine möglichst individuelle Bewertung vorzunehmen. Dabei seien auch die unterschiedlichen Zielvorstellungen der Parteien im Einigungsstellenverfahren zu berücksichtigen. Wie das nachvollziehbar erfolgen soll, hat das LAG Rheinland-Pfalz allerdings nicht aufgezeigt. Mit der Anfechtung forderte der Betriebsrat eine Erhöhung des Sozialplanvolumens um DM 3,5 Mio. Ohne nähere Begründung setzte das LAG Rheinland-Pfalz den Gegenstandswert hierfür auf DM 500.000,– fest (LAG Rheinland-Pfalz vom 6. 8. 1992, NZA 1993, 93–94).

Nicht von den wirtschaftlichen Wirkungen einer Sozialplanregelung durch Einigungsstellenspruch ist hingegen das LAG Baden-Württemberg ausgegangen. Es hat sich bei der Bewertung der Anfechtung eines von der Einigungsstelle errichteten Sozialplanes am Ausgangswert des § 8 Abs. 2 Satz 2 2. Halbs. BRAGO orientiert. Wegen des von ihm als außergewöhnlich empfundenen Umfangs und der hohen Komplexität des Verfahrens in tatsächlicher und rechtlicher Hinsicht hat es den Streitwert ohne nähere Darlegung der Berechnungsweise auf den 20-fachen Ausgangswert festgesetzt (LAG Baden-Württemberg vom 24. 10. 1990, 8 Ta 73/90, n. v.).

4. Verteilung übertariflicher Zulagen

In pp

bitten wir gemäß § 10 Abs. 1 BRAGO um Streitwertfestsetzung zum Zwecke der anwaltlichen Gebührenberechnung und beantragen, den Streitwert auf EUR 6.000,– festzusetzen.

Begründung:

Die Arbeitgeberin zahlt seit Jahren an eine Reihe von Arbeitnehmer übertarifliche Zulagen. Der Betriebsrat hat sein Mitbestimmungsrecht hinsichtlich der Verteilung des von der Arbeitgeberin vorgesehenen Zulagevolumens geltend gemacht. Als keine Einigung erzielt werden konnte, wurde eine Einigungsstelle tätig, die schließlich in einem Spruch die Verteilung des von der Arbeitgeberin zur Verfügung gestellten Zulagenvolumens innerhalb der von der Arbeitgeberin zur Begünstigung vorgesehenen Arbeitnehmergruppe anders als von der Arbeitgeberin geplant regelte.

Nach Maßgabe des dargestellten Regelungsgegenstandes handelte es sich bei dem zu bewertenden Verfahren jedenfalls deshalb um einen nichtvermögensrechtlichen Streit, weil für die Beteiligten keine wirtschaftlichen Auswirkungen entstehen, denn die Belastung des Arbeitgebers auf Grund des Einigungsstellenspruches ist durch die ihm allein vorbehaltene Bestimmung des Zulagevolumens gleich bleibend unabhängig davon, wie das Volumen zu verteilen ist. Der Gegenstandswert ist somit nach Bedeutung, Umfang und Schwierigkeit der Sache zu bestimmen (§ 8 Abs. 2 BRAGO). Nach Maßgabe der hier im Einzelnen geschilderten Umstände ist ein Streitwert in Höhe des $1^1/_2$-fachen des Hilfswertes von § 8 Abs. 2 BRAGO gerechtfertigt (LAG Düsseldorf vom 28. 11. 1994, JurBüro 1995, 483–484).

XV. Einstweilige Verfügung

In pp

bitten wir gemäß § 10 Abs. 1 BRAGO um Streitwertfestsetzung zum Zwecke der anwaltlichen Gebührenberechnung und beantragen, den Streitwert für die einstweilige Verfügung auf EUR 4.000,– festzusetzen.

Begründung:

Im Betrieb der Arbeitgeberin wird seit Jahren ein umfassendes System der elektronischen Datenverarbeitung angewendet, das im Laufe der Jahre auch jeweils mit Zustimmung des Betriebsrates verändert und erweitert wurde. Eine neuerliche Änderung des Programms hat die Arbeitgeberin dann jedoch ohne Zustimmung des Betriebsrates einführen wollen. Der Betriebsrat hatte daraufhin beantragt, diese neue Anwendung bis zu einer anderweitigen Regelung durch die bereits anhängige Einigungsstelle zu untersagen.

Ausgehend von der Bedeutung der Einführung des neuen EDV-Programms für die Mitbestimmungsrechte des Betriebsrates einerseits und unter Berücksichtigung der Auswirkungen des neuen Programms auf die Arbeitnehmer der Arbeitgeberin, sowohl was deren Datenschutz betrifft als auch was den Ablauf ihrer Arbeit angeht, ergeben sich grundsätzlich keine Anhaltspunkte dafür, den Wert des streitigen Mitbestimmungsrechts nach Lage des Falles höher oder niedriger als den Hilfswert des § 8 Abs. 2 BRAGO zu bemessen.

Der im Gesetz genannte Wert wird jedoch üblicherweise für streitige Verfahren von dauerhaftem Charakter angesetzt. Deshalb wird für Regelungen im einstweiligen Verfahren mit vorläufigem Charakter üblicherweise nur ein Drittel bis zwei Drittel des Wertes der Hauptsache angesetzt (Hess. LAG vom 20. 3. 1998, 6 Ta 517/97, n. v.; LAG Schleswig-Holstein vom 13. 3. 1997, 4 Ta 115/96, n. v.; LAG Baden-Württemberg vom 28. 5. 1998, 3 Ta 44/98, n. v.). Zu einer solchen Reduzierung besteht indessen im vorliegenden Fall kein Anlass, denn Gegenstand des Streits ist das Ziel des Betriebsrates, einen dauerhaften Schutz seines Mitbestimmungsrechts zu erreichen, indem er mit der Regelung bis zur Entscheidung der Einigungsstelle eine Lücke im dauerhaften Schutz schließt und weil zu erwarten ist, dass die Arbeitgeberin sich für den Fall einer antragsgemäßen Entscheidung dauerhaft der Mitbestimmungspflichtigkeit des Sachgegenstandes beugt (LAG Berlin vom 5. 9. 1997, 7 Ta 71/97 (Kost), n. v.).

XVI. Beschlussverfahren zum Kündigungsschutz
gemäß § 126 InsO

In pp

bitten wir gemäß § 10 Abs. 1 BRAGO um Streitwertfestsetzung zum Zwecke der anwaltlichen Gebührenberechnung. Für den hier streitgegenständlichen Antrag des Insolvenzverwalters, die Kündigung der im Antrag bezeichneten zehn Arbeitnehmer sei durch dringende betriebliche Erfordernisse bedingt und sozial gerechtfertigt, wird gebeten, den Streitwert auf EUR 90.000,– festzusetzen.

Begründung:

In dem Betrieb der Gemeinschuldnerin gibt es keinen Betriebsrat. Der Insolvenzverwalter beabsichtigt, die im Antrag bezeichneten Arbeitnehmer zu kündigen. Ihr Vierteljahreseinkommen im Sinne von § 12 Abs. 7 Satz 1 ArbGG beträgt für jeden einzelnen EUR 9.000,– und damit für alle zusammen EUR 90.000,–. Er hat deshalb den Antrag nach § 126 Abs. 1 Satz 1 InsO gestellt. Dieses Verfahren ist über § 8 Abs. 2 Satz 2 BRAGO in entsprechender Anwendung von § 12 Abs. 7 Satz 1 ArbGG mit dem Gesamtwert der Vierteljahreseinkünfte der zu kündigenden Arbeitnehmer zu bewerten. Dies ergibt sich insbesondere aus der durch § 127 InsO präjudiziellen Auswirkung des Beschlussverfahrens. Im Anschluss geführte individuelle Kündigungsschutzverfahren können für die einzelnen Arbeitnehmer allenfalls dann noch erfolgreich werden, wenn sich die Sachlage nach Schluss der letzten mündlichen Verhandlung im Beschlussverfahren wesentlich geändert hat. Die überragende Bedeutung des Beschlussverfahrens nach § 126 InsO zeigt sich auch in der nach § 127 Abs. 2 InsO gegebenen Möglichkeit des Insolvenzverwalters, bereits anhängige Kündigungsschutzverfahren durch die Einleitung eines Beschlussverfahrens nach § 126 Abs. 1 InsO zu unterbrechen und ihnen damit vorrangige Bedeutung vor dem individuellen Kündigungsschutzverfahren zu geben.

Anmerkung

Dagegen wendet sich *Müller*, NZA 1998, 1315–1321, insb. 1320, mit der Begründung, dass dem Beschlussverfahren nach § 126 InsO ein höherer Wert beigemessen werden würde, als ein Sozialplan mit Rücksicht auf § 123 InsO im Höchstfalle für die Arbeitnehmer erbringen könnte. § 123 Abs. 1 InsO bestimmt, dass in einem nach Eröffnung des Insolvenzverfahrens aufgestellten Sozialplan pro entlassenen Arbeitnehmer bis zu zweieinhalb Monatsverdienste als Ausgleich für die durch die Betriebsänderung verbundenen wirtschaftlichen Nachteile vorgesehen werden können. Die von Müller vertretene Begründung vermag jedoch nicht zu überzeugen, denn wegen der durch § 127 InsO vorgegebenen präjudiziellen Wirkung des Beschlussverfahrens für ein Kündigungsschutzverfahren ist der Wert des Beschlussverfahrens mit dem Wert des Kündigungsschutzverfahrens für alle Beteiligten gleich und auch im Kündigungsschutzverfahren wird die Streitwertbemessung nach § 12 Abs. 7 Satz 1 ArbGG nicht davon beeinflusst, ob ein antragsgemäßes Feststellungsurteil für den Kläger werthaltig ist. Ohnehin führt die Gebührendegression zu einem erheblichen Kostenvorteil für den Insolvenzverwalter bzw. die Masse. Die Führung des Beschlussverfahrens ist also bereits hierdurch wesentlich günstiger als die ansonsten bestehende Notwendigkeit, eine Vielzahl von Individualverfahren zu führen.

S. Verfahrensrechtliche Streitwerte

I. Rechtswegzuständigkeit

Wie Form. Q. I. 2.

Besteht zwischen den Parteien Streit, ob über die Wirksamkeit der vom Arbeitnehmer angegriffenen außerordentlichen Kündigung des Arbeitgebers der Rechtsweg zu den Arbeitsgerichten oder der zu den Zivilgerichten zulässig ist, bemisst sich der Streitwert für das Verfahren aus dem Vierteljahresentgelt gemäß § 12 Abs. 7 Satz 1 ArbGG. Wird auch das Beschwerdeverfahren im Arbeitsgerichtsweg durchgeführt, ist die streitige Kündigung weiterhin mit dem arbeitsgerichtlichen Streitwert zu bemessen. Der Streitwert der Hauptsache bestimmt zugleich den Wert des in § 17a Abs. 4 Satz 1 GVG geregelten Beschwerdeverfahrens (LAG Köln vom 14. 10. 1992, DB 1992, 2351, MDR 1993, 915; LAG Hamm vom 19. 5. 1995, LAGE § 48 ArbGG 1979 Nr. 12; a. A.: OLG Frankfurt vom 20. 4. 1994, OLG-RR Frankfurt 1994, 119–120; OLG Köln vom 8. 7. 1993, OLGZ 1994, 475–477, MDR 1993, 117, EzA § 17a GVG Nr. 8, die das Interesse an der Durchführung des Rechtsstreits in einem bestimmten Rechtsweg mit einem Drittel des Hauptsachewertes als ausreichend bemessen ansehen).

II. Aussetzung des Verfahrens

In pp

bitten wir gemäß § 25 GKG i.V.m. § 9 Abs. 2 BRAGO um Streitwertfestsetzung zum Zwecke der anwaltlichen Gebührenberechnung und beantragen, den Streitwert auf EUR 8.000,– festzusetzen.

Begründung:

Zwischen den Parteien ist eine Vergütungsforderung des Klägers in Höhe von EUR 10.000,– brutto streitig. Der Kläger war in Beweisnot geraten, nachdem ein von ihm benannter Zeuge auf absehbare Zeit nicht zur Verfügung stehen wird und hat eine Strafanzeige gegen die Beklagte gestellt mit der Behauptung, sie würde mit dem Leugnen des Anspruches Prozessbetrug begehen. Daraufhin hatte das Arbeitsgericht den Arbeitsrechtsstreit auf Antrag des Klägers bis zum Abschluss des Ermittlungsverfahrens gegen die Beklagte ausgesetzt. Dagegen hatte die Beklagte Beschwerde eingelegt mit der Begründung, das Verhalten des Klägers sei rechtsmissbräuchlich und das Arbeitsgericht weiche nur einer Entscheidung aus, da es ohnehin wegen der Unabhängigkeit der Rechtswege nicht an die Entscheidung der Strafgerichte gebunden sei, sondern eigene Feststellungen zu treffen habe.

Der Kostenwert einer Beschwerde gegen einen die Aussetzung des Verfahrens anordnenden oder ablehnenden Beschluss entspricht im Allgemeinen nur einem Bruchteil der Hauptsache. Eine pauschale Betrachtung scheidet dabei aus. Es bedarf einer am Einzelfall orientierten Abwägung der Interessen der Parteien an der Entscheidung über die Aussetzung. Der Wert des Beschwerdeverfahrens kommt dem Wert der Hauptsache dann mindestens nahe, wenn der Beschwerdeführer die Klage für sofort abweisungsreif hält und verhindern möchte, dass sie nachträglich begründet wird (LAG Bremen vom 14. 8. 1964, ArbuR 1965, 240). So liegt es hier, weshalb der Streitwert mit 80% der Hauptsache zu bemessen ist. Offensichtlich war die Klage zum Zeitpunkt der Aussetzungsentscheidung abweisungsreif, da der Kläger seiner Beweislast nicht genügen konnte. Eine solche Klageabweisung hätte auch dann Bestand, wenn der Zeuge später wieder zur Verfügung stehen würde. Im Rahmen der Bewertung des vorliegenden Verfahrens muss die entfernte Möglichkeit eines späteren Wiederaufnahmeverfahrens außer Betracht bleiben.

Sachverzeichnis

Die **fett** gesetzten Großbuchstaben, römischen Zahlen und arabischen Zahlen
beziehen sich auf die Systematik des Formularbuchs;
die nachfolgenden mageren Zahlen kennzeichnen die betreffende Anmerkung.

Sachverzeichnis

1024

Sachverzeichnis

Sachverzeichnis

Sachverzeichnis

Sachverzeichnis

Sachverzeichnis

Sachverzeichnis

Sachverzeichnis

Sachverzeichnis

Sachverzeichnis

Sachverzeichnis

Sachverzeichnis

Sachverzeichnis

Sachverzeichnis

Sachverzeichnis

Sachverzeichnis